"十二五"国家重点
出版物出版规划项目

中国志书精品工程
High Quality Project of China's Local Records

汶川特大地震抗震救灾志

WENCHUAN TEDA DIZHEN KANGZHEN JIUZAI ZHI

《汶川特大地震抗震救灾志》编纂委员会 编

卷二

大事记

方志出版社
Publishing House of Local Records

图书在版编目（CIP）数据

汶川特大地震抗震救灾志. 卷二，大事记 /《汶川特大地震抗震救灾志》编纂委员会编. -- 北京：方志出版社，2015.8

ISBN 978-7-5144-1575-9

Ⅰ.①汶… Ⅱ. ①汶… Ⅲ.①抗震—救灾—概况—汶川县 Ⅳ.①D632.5

中国版本图书馆CIP数据核字（2015）第049138号

汶川特大地震抗震救灾志

2008·5·12

汶

WENCHUAN

TEDA DIZHEN

KANGZHEN JIUZAI ZHI

WENCHUAN

TEDA DIZHEN

KANGZHEN JIUZAI ZHI

《汶川特大地震抗震救灾志》编纂委员会

《汶川特大地震抗震救灾志》编纂人员

总　纂

田　嘉　　邱新立

指导专家（按姓氏笔画排序）

王卫明　王复兴　齐家璐　苏炎灶　李　云　张东升　陈泽泓　武铁良
罗保平　周　慧　赵庚奇　段育达　姜昆阳　梅　森　谭烈飞　颜小忠
颜越虎

校　核（按姓氏笔画排序）

牛润珍　毛东武　仇玉英　任根珠　刘仕仲　刘柏修　杨大明　李继隆
李维怡　张世民　陈　华　陈　野　林顺道　欧阳发　卓　林　郑汝成
郑洪英　孟庆斌　陶利辉　梁建楼　梁滨久　曾祥林　缴世忠

编　务

段志贤　刘永强　程方勇　和卫国　王会世　曾　荣　谷春侠　李一龙
汪秀红

《汶川特大地震抗震救灾志》终审人员

朱佳木　吴恒权　项兆伦　穆　虹　姜　力　杨士秋　徐　科　王国庆
赵和平　孙原生　刘永富　江泽林　陈祖武　李孝聪

《汶川特大地震抗震救灾志·大事记》编纂委员会

《汶川特大地震抗震救灾志·大事记》编纂人员

主　编

田　嘉

副主编

李富强　刘玉宏

总　纂

邱新立

副总纂

刘永强

编纂人员

刘永强　杨海峰　詹利萍　李俊池　盖　克

编务人员（按姓氏笔画排序）

于伟平　才立华　马至柔　王广生　王丹林　王会世　王　超　王　黎
石　磊　曲　巍　朱文清　刘　丹　刘永强　刘翔宇　安　山　李一龙
李俊池　李晓红　杨军仕　杨卓轩　杨海峰　汪秀红　张英聘　陈广通
陈　旭　陈昱良　武　斌　和卫国　周　全　周勇进　赵文胜　柳学谦
段志贤　夏经林　黄占亚　黄　姗　梅家龙　程方勇　曾　荣　詹利萍

提供资料人员（按姓氏笔画排序）

丁国瑞　于宝清　于建慧　马霄鹏　王小利　王凤娟　王立新　王永利
王成玉　王江岩　王雨亭　王　锐　吕书红　朱云枫　朱　倩　刘　通
刘　婧　刘　睿　阮海峰　孙　国　孙　赟　杜国利　李兰颂　李先瑞
李　凯　李春雷　李　栋　李　涛　李鹏飞　李慧南　李　巍　邱小兵
张文祥　张世民　张同坤　张国君　张海峰　张辉鹏　张　锋　陈其针
陈洪玲　陈　雪　林志华　畅　达　罗会坤　金　辉　郑海荣　赵　芳
赵　越　柳长森　姜安鹏　袁　琪　贾　群　徐爱信　陶利辉　陶国庆
黄晓琴　黄静思　曹昌杰　寇　伟　随成伟　傅兆腾　傅　虹　傅雪华
曾坤宾　谭泽峰　穆祥桐

《汶川特大地震抗震救灾志·大事记》审稿人员

初　审

齐家璐　王国庆　李全茂　吕书红　刘　通　张文祥　赵庚奇　贾　群
姜昆阳

复　审

梅　森　马小彬　齐家璐　张正泉　张星星　张　赫　郑海荣　赵会强
番绍立

凡 例

一、编纂《汶川特大地震抗震救灾志》(以下简称全志),坚持以邓小平理论、“三个代表”重要思想、科学发展观为指导,贯彻落实习近平总书记系列重要讲话精神,坚持辩证唯物主义和历史唯物主义的立场、观点和方法,存真求实,全面、客观、系统地记述汶川特大地震灾害、抗震救灾和灾后恢复重建的全过程,以存史资鉴。

二、全志设11卷,《总述》总括汶川特大地震灾害及抗震救灾、灾后恢复重建活动全貌,概述特点;《大事记》记述抗震救灾和灾后恢复重建中有全局性影响的大事、要事;《图志》直观再现汶川特大地震灾害、抗震救灾和灾后恢复重建的真实场景;《地震灾害志》记述地震灾区地质地貌、地震灾害成因等,反映地震破坏、次生地质灾害等对自然生态环境、经济社会发展的严重破坏和灾难性影响,以及人民生命财产的巨大损失;《抢险救灾志》记述在中共中央、国务院、中央军委的领导下,全党全军全国各族人民全力抢救人民生命财产、抢修基础设施和防治次生灾害等的全过程;《灾区生活志》记述党和政府全力实施生活救助、恢复生产、保障受灾群众生活等工作;《灾区医疗防疫志》记述各方支援,全力开展医疗救治、卫生防疫、卫生监督及恢复灾区医疗卫生服务等工作;《社会赈灾志》记述全国各地、社会各界、港澳台同胞、海外侨胞以及国际社会的捐助活动;《灾后重建志》记述灾区人民自力更生恢复生产、重建家园,以及各地对口支援和社会援建等工作;《英雄模范志》重点记述抗震救灾英雄集体和模范人物事迹;《附录》收录与抗震救灾和灾后恢复重建有关的法律法规、重要文献、部分媒体评论及文艺作品。

三、全志综合运用述、记、志、传、图、表、录等体裁,以志体为主。对影响面大、事关全局的典型、特色内容,采用专记记述;与各卷记述内容密切相关的重要文献、档案资料等,采用文献辑存方式收录于各卷正文之后。

《英雄模范志》以传记形式记述在抗震救灾中牺牲的烈士、因公殉职并受到省部级表彰的人物;以简介形式记述2008年10月8日中共中央、国务院、中央军委联合表彰的全国抗震救灾英雄集体和模范,国务院、中央军委记功的集体和个人,以及中央军委表彰或记功的集体和个人。

四、各卷记述时限,《总述》《大事记》《图志》《灾后重建志》和《附录》为2008年5月12日至2011年10月;《地震灾害志》《抢险救灾志》《灾区生活志》《灾区医疗防疫志》《社会赈灾志》和《英雄模范志》为2008年5月12日至10月14日。为保持记述内容的相对完整,在必要的背景内容、捐赠款物统计、与抗震救灾工作密切相关的原始文件、重大事件后续发展等方面，记述时限适当上溯、下延。

《灾后重建志》中恢复重建工作“三年”和“两年”的时间概念，从国务院制定的《汶川地震灾后恢复重建总体规划》印发之日算起。其中，“三年”指从2008年10月1日起，至2011年9月30日止；“两年”指从2008年10月1日起，至2010年9月30日止。

五、全志记述范围，涉及地震灾害的，以2008年7月22日民政部、发展改革委、财政部、国土资源部、地震局联合发布的《汶川地震灾害范围评估结果》所界定的灾区范围为准，重点记述极重灾区10个县（市）、重灾区41个县（市、区）的地震灾害及抗震救灾；涉及救灾、赈灾的，以有关主管部门公告为准；涉及灾后恢复重建的，重点为《汶川地震灾后恢复重建总体规划》所确定的规划范围，即上述位于极重灾区和重灾区的51个县（市、区），一般用“重灾地区”代指。支援抗震救灾与灾后恢复重建对口支援，以事件（事项）涉及地区为准，包括非灾区及相关国家和地区。

六、全志横分门类，纵述史实。除《总述》《大事记》《图志》《英雄模范志》《附录》外，其余各卷按篇、章、节编次，节下设目。卷首设概述，篇下设无题述，章、节下视需要设无题述。

七、全志记述顺序，灾区一般按《汶川地震灾害范围评估结果》界定的极重灾区、重灾区和一般灾区的顺序排列，非灾区按民政部《中华人民共和国行政区划手册·2009》（中国社会出版社，2009年3月版）所列行政区划顺序排列；记述国家、地区，按其英文名称首字母顺序排列。

《大事记》依时叙事，有具体时、分的事条居前，无具体时、分的排后；时间相同的，按中央国家机关、解放军和武警部队、社会团体、灾区和非灾区省（区、市），以及国家、地区和国际组织顺序排列；为体现事物的完整性，个别时间跨度较大的，或将其结果记于开始之日，或将其起始情况记于结束之时。

《英雄模范志》记述英烈人物，按教育、公安、其他行业、解放军、武警部队顺序排序，各系统内按烈士被批准的时间先后为序，时间相同者以相关文件中的排名顺序为序；其他因公殉职人物排列于烈士之后，以表彰时间为序。记述英雄集体和模范，以中共中央、国务院、中央军委表彰文件所列名单为序。由国务院、中央军委记功的集体和个人，分别排列于公安系统抗震救灾英雄集体和模范之后；由中央军委表彰或记功的集体和个人，分别排列于解放军抗震救灾英雄集体和模范之后。

《附录》按类收录文献，同类文献按公布、刊发时间顺序排列。碑文据其所在地区，按极重灾区、重灾区、一般灾区顺序排列。

八、全志记述内容涉及国家法律法规的，以其时现行者为准。

九、全志行文规范，按照全志编委会制定的《〈汶川特大地震抗震救灾志〉行文规范》执行，个别条款有所调整。

县级以上行政区划名称及其隶属关系，以民政部《中华人民共和国行政区划手册·2009》

（中国社会出版社，2009年3月版）为准。乡镇名称及其隶属关系，以民政部《中华人民共和国乡镇行政区划简册·2010》（中国统计出版社，2010年9月版）为准。国家、地区名称的规范简称，以《世界地图》（中国地图出版社，2009年版）为准。

出现频率较高的党政机关、企事业单位、行政区划等名称，大体按照全志编委会办公室制定的《〈汶川特大地震抗震救灾志〉专有名称全称、简称使用规范》（见《索引》）使用简称；出现频率不高的部门、单位名称等，或用全称，或用约定俗成的简称。《英雄模范志》中英雄集体的名称使用表彰文件中的名称。

在上下文不产生歧义的前提下，记述汶川特大地震发生当年的事情，除《总述》"恢复重建"部分及《灾后重建志》外，其余各卷均直书月、日，不标注"2008年"；其他年份，标明年、月、日。同一段落中连续记述同月发生的多条事项，首次出现时标注月份，后直书日期。记述灾后恢复重建工作，同一目下记述同一年度内容的，首次出现年份时注明年份，后承前省略；记述跨年度内容的，逐年注明年份。

出现频率、知名度较高的人物，首次出现时交代职务（职称），其后一般直书其名。《英雄模范志》中人物职务以表彰文件中所列职务为准。

《英雄模范志》人物传、简介所记人物，凡未注明性别、民族及学历者，分别为"男""汉族"及"高中（含）以下"。

《附录》收入的原始文献，只校正其中的错字、漏字、衍字以及明显有误的标点符号，标题、目题版式根据全志统一要求予以调整。

记述货币，除特别注明的币种外，均为人民币。其他币种与人民币的汇率，均以当时市场汇率为准，一般不作换算。物资价值按照当年市场价格折算。

计量单位一般保持原貌，不特作统一处理，以避免换算后出现误差和约数；对"亿""万"数据的表述，也不强求一致。

十、全志资料，主要由中央国家机关、各民主党派和人民团体、各省（区、市）、解放军、武警部队提供，个别摘引自媒体报道、官方网站、公开出版物等，一般不注明资料出处，情况特殊者随文交代。《附录》收录公布或刊发的文献，一般注明出处。

全志记述的主要灾情数据，以2008年7月22日民政部、发展改革委、财政部、国土资源部、地震局联合发布的《汶川地震灾害范围评估结果》为准；其他数据，以中央国家机关、各民主党派和人民团体、各省（区、市）、解放军、武警部队等提供者为准。其中，《地震灾害志》所用数据，反映灾区总体情况和川甘陕三省灾区的数据，采用《汶川地震灾害范围评估结果》中的评估数，以及民政部、发展改革委、财政部、地震局发布的《汶川地震灾害损失校核结果的报告》中的校核数；所记经济损失主要为直接经济损失，记述间接经济损失的随文说明。其他各卷数据，反映同一事物的数据，凡有校核数的用校核数，无校核数的用评估数；地方数据用各级地方政府提供的数据，专业数据用行业主管部门、专业部门提供的数据，另有少量调查数据。因统计时间、统计口径不同等因素，统计范围与统计分组可能与评估报告不完全一致，致使个别统计结果会有出入；数据亦可能因四舍五入计数保留法而出现分项之和与总数不完全一致的情况。

《灾后重建志》中涉及总体规划和专项规划实施情况的数据，由国务院汶川地震灾后恢复重建工作协调小组办公室提供，灾损数据以规划公布数据为准；其他行业（专项）情况和数据，由中央和国家机关有关部委提供；项目重建、软件支援情况和数据，由各灾区、对口支援省市和有关社会组织提供。由于灾后恢复重建项目资金来源多样，对口援建和社会支持部分项目资金只是对口支援单位的投资部分；部分项目投资规模大于援建资金规模的，包含了中央重建基金、灾区地方自筹资金，或两者兼有；两者个别数据不一致而又不便取舍时，分别交代其资料来源。

《社会赈灾志》中的统计数据，以政府职能部门统计者为准；凡未说明截止日期的，截止日期为 2008 年 10 月 14 日。

目　录

2008 年

5 月

5月12日14时28分 四川省汶川县（北纬31.0° 、东经103.4°）发生8.0级特大地震（12日速报7.8级，18日修订为8.0级），最大烈度达Ⅺ度（11度），波及四川、甘肃、陕西、重庆等10个省（自治区、直辖市）417个县（市、区）。灾区总面积约50万平方公里，受灾群众4625万多人，造成69227人遇难、17923人失踪。此次地震因震中位于汶川县，故被称为“汶川特大地震”。地震发生后，中共中央总书记、国家主席、中央军委主席胡锦涛立即作出重要指示，要求“尽快抢救伤员，保证灾区人民生命安全”。根据胡锦涛指示，国务院当即成立以中共中央政治局常委、国务院总理温家宝为总指挥的国务院抗震救灾总指挥部；中共中央政治局委员、国务院副总理回良玉致电中国地震局，要求立即启动国家地震应急预案一级响应。中央军委迅速启动应急机制，全力投入抢险救援。

5月12日14时28分 地震发生瞬间，中国核动力研究设计院高通量工程试验堆主控室值班长易逸果断按下停堆按钮，紧急安全停堆。随后3天，堆内余热被顺利导出。试验堆未发生放射性外溢等事故。

5月12日14时35分 成都军区司令员李世明、政委张海阳在昆明得知四川汶川发生地震，当即决定立即启动成都军区抢险救灾应急指挥机制，把抗震救灾作为第一任务，迅速出动兵力，全力救灾。李世明命令，驻灾区附近部队和民兵预备役人员以最快速度赶赴灾区抗震救灾，驻云南部队做好入川救灾准备，并将情况上报中央军委。成都军区机关四大部紧急部署，全面展开抗震救灾组织指挥。

5月12日14时35分 成都军区总医院收治一名被震倒砖墙砸伤的人员，成为第一家收治汶川地震伤员的医院。16时40分，该医院抽调22名业务骨干组成医疗队赶赴都江堰，成为第一支到达地震灾区的医疗队。

5月12日14时35分 北川羌族自治县党政领导班子幸存成员在县委大院成立抗震救灾临时指挥部，组织群众开展自救和向安全地带紧急转移。17时30分，北川羌族自治县抗震救灾指挥部在任家坪北川中学（老校区）成立。

5月12日14时38分 汶川县成立抗震救灾指挥部。同日下午，绵竹、什邡、青川、茂县、安县、都江堰、平武、彭州等受灾严重县（市）也迅速成立抗震救灾指挥机构，积极开展自救互救工作。

5月12日14时38分 北川羌族自治县人武部组织脱险官兵、职工和参加集训的民兵共90人在北川县城抢险救人，24小时中从废墟中救出被埋群众42人。

5月12日14时40分 成都双流国际机场候机楼的工作人员将1万余名旅客疏散完毕。14时46分，在成都空域内飞行的25架飞机被安全疏散。14时49分，机场关闭。21时45分，双流机场单向开放，对出港飞机放行。13日零时23分，双流机场恢复双向开放，确保了通往四川灾区"空中生命线"的畅通。

5月12日14时41分 地震局成立由局长陈建民任指挥长的汶川特大地震应急指挥部，统一指挥和部署地震局系统抗震救灾工作。随后，地震局发出《关于四川汶川地震后加强地震应急处置工作的紧急通知》，启动一级地震应急预案，紧急部署地震后的应急处置工作。同日，地震局还成立汶川地震现场应急指挥部。

5月12日14时43分 武警总部启动应急机制，开设抗震救灾基本指挥所，由司令员吴双战、政委喻林祥任总指挥。16时45分，武警总部下达《赴四川汶川地区参加抗震救灾命令》，命令武警四川省总队及某部分别从成都、马尔康向汶川地区开进，要求武警四川省总队在汶川开设抗震救灾前进指挥所，指挥武警部队救灾行动。

5月12日14时43分 汶川县（北纬31.0°、东经103.5°）发生6.0级余震。

5月12日14时45分 新华社在尚未接到地震局震情通报的情况下，播发英文快讯"北京地区有震感"（FLASH：Tremor felt in Beijing）。14时47分，新华社又首发中文网络快讯："12日14时35分左右，北京地区明显感觉到有地震发生。"14时56分，新华社播发四川分社记者陈燮拍摄的四川分社办公家具因地震倾倒的照片，这是新华社播发汶川地震的第一张照片。15时，新华社向海外首发来自成都、上海等地有震感的现场报道。18时7分，新华社记者从都江堰发出受灾现场的图片。

5月12日14时48分 四川省委书记、省人大常委会主任刘奇葆召集有关省领导和省直部门负责人在省委院内召开紧急会议，部署抗震救灾工作。会议决定成立抗震救灾临时指挥中心（后改为“四川省‘5·12’抗震救灾指挥部”，指挥长由刘奇葆担任），立即采取对通往灾区的道路实施交通管制、派出医疗队赶往各个重灾地区、向社会滚动发布地震信息等应急措施。

5月12日14时50分 中央电视台新闻频道播发发生地震的滚动字幕消息。15时，新闻频道、中文国际频道等在《整点新闻》头条口述播报第一条地震信息。15时20分，新闻频道打开直播窗口，推出《关注汶川地震》和《抗震救灾、众志成城》直播报道和特别节目，全程关注抗震救灾进展，成为国内外媒体获取震区新闻的主要信息源。

5月12日14时50分 安全监管总局启动应急预案，开始调集安全生产应急救援队伍参与抗震救灾工作。

5月12日14时50分、56分 成都军区驻川78908部队官兵分头赶至什邡市师古镇民主中心小学、崇州市怀远镇中学。随后，该部队又出动300余人赶到都江堰市中医院、新建小学、新华书店，当日救出被压埋群众76人。

5月12日14时50分 青川县人武部组织机关干部、职工和正在参加集训的应急民兵100余人，紧急赶赴房屋整体坍塌的县城东桥宾馆、山珍市场和一处居民点，抢救被压埋群众。经过42小时连续奋战，救出36名幸存者，挖出138具遇难者遗体。

5月12日14时55分左右 中共中央政治局委员、中央书记处书记、中宣部部长刘云山在北京紧急召开中宣部部务会议，启动应急机制，成立抗震救灾宣传报道工作领导小组。同日，刘云山致电四川省委宣传部部长黄新初，向奋战在抗震救灾报道工作第一线的广大新闻工作者表示慰问。

5月12日15时 甘肃省地震局向中央和甘肃省多家新闻媒体的50多名记者介绍汶川地震基本情况，并将地震基本情况在“甘肃地震信息网”上发布。

5月12日15时 由民政部、财政部组成的汶川地震灾区联合救灾工作组赶赴四川灾区。13日，工作组到达成都，随即赶往北川、绵竹查看灾情，完成第一份沿途灾情情况报告。

5月12日15时 民政部国家减灾中心启动国内卫星遥感数据共享机制，向国内卫星数据提供方和数据代理机构申请商用高分辨率卫星数据，开展地震灾情监测与评估工作。

5月12日15时 国家核应急指挥中心按照国家核应急预案要求，进入应急待命状态，启动每天24小时不间断值班制。

5月12日15时 兰州军区召开战区安全形势分析会。军区司令部迅速研究制定抗震救灾兵力动用方案，在上报总部的同时向有关部队下达预先号令，指导各单位启动应急预案。同时，向陕南、陇南、甘南、川北4个方向派出先遣组了解灾情，勘察机动道路。

5月12日15时 四川省省长蒋巨峰赶到四川省地震局，听取关于汶川震情报告，并批准立即派遣直升机前往震区了解震情灾情、立即派出省地震灾害紧急救援队。随即，按照《四川省地震应急预案》要求，四川省启动Ⅰ级响应。

5月12日15时 四川省卫生厅向各市州卫生局发出指令，要求立即组织医疗防疫救援队伍赶赴灾区开展医疗防疫救援工作。同日，省卫生厅派出28支90余人的医疗、疾控队伍和28台救护车，紧急赶赴汶川、都江堰、什邡、绵竹、北川、青川等重灾地区，全力救治伤员。

5月12日15时 正在阿坝军分区检查工作的四川省军区副司令员获悉震中为汶川县后，组织阿坝军分区某独立营官兵、医护人员和数百名应急分队民兵分3个批次从马尔康出发，赶往汶川县城。13日3时50分，部队官兵冒着大雨和余震、飞石到达理县县城，成为第一支增援理县救灾的部队。

5月12日15时 绵阳市气象局在地震后电力中断的情况下发出第一份手工抄写的天气预报。

5月12日15时 中国电信甘肃分公司利用震后仍保持通信正常的小灵通网络，向甘肃全省人民发送关于汶川地震的短信息。18时许，陕西省应急管理办公室和省地震局以手机短信形式向公众发布第一条灾情信息。

5月12日15时左右 总参谋部发出指示，并启动应急预案。指示要求，成都军区、空军和武警部队迅速组织灾区驻军全力投入抗震救灾，保证灾区人民生命安全，最大限度减少损失。

5月12日15时左右 中国电信四川公司紧急派出近1000人的抢修队伍，沿松潘—茂县、马尔康—理县—汶川、都江堰—汶川3个方向赴灾区抢修光纤通信。

5月12日15时10分 在驻昆明部队调研的中央军委领导根据中共中央总书记、国家主席、中央军委主席胡锦涛的指示，对部队抗震救灾作出部署，组织部队迅速向灾区开进，投入抢险救灾。

5月12日15时10分 四川省消防总队启动跨战区重大灾害事故处置应急预案，调集资阳等13个公安消防支队和总队教导大队、医院共计4000余人，分别赶赴绵阳、德阳、广元、阿坝、成都等5个市（州）、9个县（市）的130多个抢险救援点实施抢险救援。

5月12日15时15分 四川省地震局召开第一场新闻发布会，公布地震震情、初步灾情和应急工作情况。随后，四川省地震灾害紧急救援队赶赴震中地区。

5月12日15时25分 中央军委委员、总参谋长陈炳德指示，部队要积极参加抗震救灾，做好防范余震准备，注意安全。15时40分，陈炳德签发第一份出兵命令，派出以66150部队为主组建的国家地震灾害紧急救援队赶赴灾区。

5月12日15时25分左右 中共中央总书记、国家主席、中央军委主席胡锦涛在听取军队负责人电话汇报后，作了四条指示："一、请总参和武警部队各派1名领导，随国务院领导赴灾区；二、灾区驻军和武警部队要加强与地方党委政府联系，了解受灾情况，部队要迅速组织出动，协助抗震救灾；三、驻灾区部队要认真清查自身受灾情况，同时要做好自救和防护工作；四、在抗震救灾同时，要密切关注余震，防止发生次生灾害。"军队负责人向中央军委委员、总参谋长陈炳德，中央军委委员、总政治部主任李继耐，中央军委委员、总后勤部部长廖锡龙，中央军委委员、空军司令员许其亮，成都军区司令员李世明，武警部队司令员吴双战等，分别传达了胡锦涛的重要指示。

5月12日15时30分 国家减灾委启动"在重大自然或技术灾害中协调利用空间设施的合作宪章"机制，向该合作宪章成员单位欧洲空间局、美国国家地质调查局、加拿大航天局、日本航天局、印度航天局等空间机构申请灾区遥感影像数据，利用11个国家的20颗卫星为汶川地震救灾和灾情评估提供图像及分析数据。

5月12日15时30分 铁道部在北京召开全路紧急电视电话会议，要求全路紧急动员起来，迅速查明铁路设备设施的受损情况，开展线路和行车设备大巡查，确保列车运行绝对安全。

5月12日15时30分 水利部在北京召开紧急会议，决定派出工作组赶赴四川灾区调查了解水利工程受灾情况，加强地震灾区水利工程的监测和巡查，加强预警预报。同日，国务院三峡工程建设委员会办公室新闻发言人表示，三峡大坝安全监测一切正常，三峡枢纽工程和三峡水库未受到汶川地震影响。

5月12日15时30分 国防科工局启动利用卫星应急机制，通知中国资源卫星应用中心与北京21世纪空间技术应用股份有限公司立即安排中（中国）巴（巴西）地球资源卫星（CBERS）02星、02B星和北京一号小卫星对灾区的成像计划。同日，中国资源卫星应用中心查询并下载受灾区域存档的资源卫星CCD相机数据70景、HR相机数据430景、WFI数据4景，提供给有关部门，为救援行动提供决策支持。13日，该中心启动重大自然灾害监测预案，密切关注灾情发展。

5月12日15时30分 四川省省长蒋巨峰等乘直升机前往震中汶川查看灾情，后因气候恶劣被迫返航。

5月12日15时35分 第二炮兵启动应急机制，组织驻灾区及周边部队疏散人员，防范余震。18时20分，第二炮兵装备部依托其在四川调研的工作组，成立抗震救灾一线协调组和重庆军代表局现场指挥组，投入抗震救灾工作。

5月12日15时40分 国家减灾委、民政部根据《国家自然灾害救助应急预案》紧急启动国家二级救灾应急响应。22时15分，将响应等级提升为一级响应。

5月12日15时50分 甘肃省地震局派出第一批13名地震现场工作队队员赶赴陇南灾区，对陇南、天水的灾情进行调查。

5月12日16时 教育部在北京召开紧急会议，要求各部门立即紧急行动起来，密切关注震情，配合各地做好防震救灾工作，采取有力措施，确保学校师生安全。会后，教育部发出《关于全力做好地震灾害预防和救助工作的紧急通知》。同日，教育部成立由部长周济任组长的抢险救灾应急领导小组。

5月12日16时 国资委启动应急程序，成立由主任李荣融为组长的抗震救灾应急领导小组，对做好中央企业抗震救灾工作作出部署。

5月12日16时 电监会在北京召开紧急会议，通报电力系统受灾情况，部署电力行业抢险救灾保电工作。晚上，电监会发出《关于做好抗震救灾保电工作的紧急通知》，要求有关电力单位立即进入一级应急状态，启动相应预案，尽快恢复灾区正常电力供应等。同日，电监会四川抗震抢险保电工作组飞赴四川。

5月12日16时 中国红十字会总会从成都备灾救灾中心紧急调拨价值78万余元的第一批救灾物资。四川省红十字会连夜将帐篷送抵都江堰、北川、绵竹、彭州等地灾区。

5月12日16时 成都市政府发布第一号公告，向全市人民通报灾情和市委、市政府抗震救灾措施。市政府派工作人员乘警用摩托车将公告送各新闻单位发布。

5月12日16时 陕西省委常委、常务副省长赵正永在西安主持召开紧急会议。会议决定启动应急预案，部署抗震救灾工作，并发出《关于切实做好抗震救灾工作，维护人民群众正常生活生产秩序和稳定社会的紧急通知》。随后，赵正永到省应急指挥大厅指挥抗震救灾。

5月12日16时10分 中央军委领导指示成都军区司令员李世明、政委张海阳要及时掌握受灾情况，组织部队全力救灾；16时30分，又指示部队要做好准备，尽量多地派出医疗机构参加救灾，注意与武警部队搞好协调，协助地方维护社会稳定。

5月12日16时20分 四川省委书记刘奇葆赶到都江堰查看灾情，部署抗震救灾工作。

5月12日16时30分 新闻办副主任蔡名照在新闻办网络新闻宣传局、网研中心会议上宣布启动抗震救灾网上新闻宣传工作。

5月12日16时30分 邮政局党组在北京召开紧急会议，决定立即启动一级应急响应，成立由局长马军胜任组长的抗震救灾领导小组。

5月12日16时30分 航天科工集团重庆航天新世纪公司派出技术人员，随同交付重庆市公安局及成都市公安局使用的应急通信车（简称“动中通”），紧急前往地震灾区。从12日晚到达都江堰开始，两辆“动中通”跟随国务院抗震救灾总指挥部先后前往德阳、绵竹、北川、青川等重灾地区，完成胡锦涛、温家宝等党和国家领导同志在灾区考察灾情、慰问群众的现场通信保障任务。

5月12日16时30分 汶川县城280余名医务人员组成抗震救灾医疗队，将150余名住院伤病员转移至威州民族师范学校和县人民医院内的安全地带，组建起震后第一所“帐篷医院”。

5月12日16时44分 中共中央政治局常委、国务院总理温家宝从北京乘专机前往四川地震灾区。起飞前，温家宝要来四川省地图，同国务委员兼国务院秘书长马凯及国务委员、公安部部长孟建柱一起听取有关部门汇报。温家宝在飞机上主持召开紧急会议，部署抗震救灾工作。温家宝说，国务院成立以他为总指挥的国务院抗震救灾指挥部，并设立有关部门、军队、武警部队和地方党委、政府主要负责人参加的救援组、预报监测组、医疗卫生组、生活安置组、基础设施组、生产恢复组、治安组、宣传组8个抗震救灾工作组。温家宝要求，各级党委、政府要把保护人民生命财产安全放在第一位，全力做好被困群众和受伤群众的救治工作，安排好受灾群众生活，全力组织恢复受损的基础设施，特别要抓紧通水、通电、通路，保证通信畅通，保证重要基础设施和水库大坝、铁路公路涵洞的安全，保证社会秩序的正常。19时10分，专机抵达成都，温家宝随即乘车赶往震中地区，在路上听取了四川省委书记刘奇葆有关地震情况的汇报。21时，到达都江堰后，由于道路受阻，决定在都江堰设立临时抗震救灾指挥部。初步了解灾区情况后，温家宝要求部队立即从南北两个方向向震中地区前进，克服一切困难尽快进入受灾最严重的地区，早一秒到达受灾地区，就可能早抢救更多的生命；要争分夺秒抢修公路，哪怕修一条临时道路，也要把道路打通；进一步摸清受灾情况；想尽一切办法将包括药品和食品在内的救灾物资运进灾区；地震部门抓紧会商，对地震趋势做出科学研判。随后，温家宝到都江堰市中医院和聚源中学查看灾情，慰问受灾群众。

5月12日16时45分 气象局启动地震灾害气象服务Ⅱ级应急响应，随即成立抗震救灾工作组。17时，气象局组织专题天气会商，发布第一期《地震灾区气象服务专报》。18时，抗震救灾气象服务专题在中国天气网、问天网同时上线。四川、甘肃、青海、陕西、重庆等省（市）气象局立即进入Ⅱ级应急响应状态。晚上，气象局发出《关于做好气象部门抗震救灾和气象服务工作的紧急通知》。

5月12日下午 发展改革委紧急动员，启动《国家发展改革委综合应急预案》等应急预案和24小时值守制度。同时，发展改革委经济运行局等单位按照委党组要求，研究部署灾区应急物资和煤电油运保障工作，要求全力以赴做好医药等应急物资保障，在准确掌握储备情况的基础上，随时做好调用准备，满足灾区需求；加强与受灾地区和有关部门联系，及时了解抗震救灾的应急需求，落实好货源，组织好调运，搞好煤电油运保障协调；对可能出现的更大范围、更多品种、更多数量的物资需求要早做准备，对灾区急需、国家储备以外的药品和其他急需的器械、装备要积极帮助落实好货源和调运，一切工作围绕抗震救灾一线需要。

5月12日下午 司法部在北京召开部长办公会议，成立由部长吴爱英任组长的抗震救灾领导小组。会议要求，各司法行政机关除进行抗震抢险外，还要为当地政府的救灾活动提供各种法律服务。

5月12日下午 民航局启动应急机制，成立以局长李家祥为组长的抗震救灾领导小组，并发出《关于做好抗震救灾工作的紧急通知》，要求民航系统各单位立即启动应急预案和应急程序，紧急应对抗震救灾相关工作。

5月12日下午 中国电信汶川分公司员工刘道彬将海事卫星电话背到汶川县城附近山顶上，与阿坝藏族羌族自治州分公司取得联系，实现震后汶川县与外界的第一次通话，并报告汶川受灾情况。19时，阿坝藏族羌族自治州州委办公室联系州林业局，开通护林防火无线电台，确定州、县灾后应急通信方式。

5月12日下午 云南省政府发出《关于进一步做好防震减灾工作的紧急通知》，要求全省各地加强监测预报，迅速核查并通报地震带来的影响和灾情，妥善安置受灾群众，全力维护各地社会稳定。

5月12日下午 江苏黄埔再生资源利用有限公司董事长陈光标率领由120人及60台吊车、推土机、挖掘机等大型机械组成的救援车队，分头从江苏、安徽向四川灾区进发。13日中午，车队抵达都江堰，成为首支自发抵达地震灾区的民间队伍。

5月12日17时30分 红十字会与红新月会国际联合会决定，向四川汶川地震灾区捐赠25万元瑞士法郎，并先期从中国红十字会总会备灾救灾仓库借调总价值95.89万元的救灾物资运往成都、德阳、安县等灾区。

5月12日17时40分 公安部发出《关于全力投入抗震抢险救灾工作的紧急通知》，晚上又发出两个通知，成立由国务委员、公安部部长孟建柱任指挥长的抗震救灾指挥部，并全面部署公安机关抗震救灾工作。同日，公安部成立公安消防部队跨区域应急救援总指挥部，公安部消防局启动公安消防部队地震抢险救援应急战备物资调运机制，调集抢险救援应急战备物资，于17时30分开始陆续发往四川灾区。

5月12日17时42分 成都军区下发《传达胡主席关于做好抗震救灾工作的重要指示》。23时30分，成都军区下发《加强地震后次生灾害防范的通知》。

5月12日18时28分 中央电视台第一批25名记者抵达灾区，迅速在都江堰搭建并开通前方采访系统。震后50小时，中央电视台新闻中心在四川、甘肃、陕西等地灾区建立5个大本营，形成了覆盖4万平方公里的实时直播网络。在抗震救灾报道中，中央电视台新闻中心建立战时组织架构，首次开通全开放式的实时直播平台，直播时长近1000小时。

5月12日18时30分至21时35分 受地震影响中断的铁路成渝线、襄渝线、阳安线、成昆线、陇海线天水至宝鸡段先后全线开通。

5月12日18时30分 银监会启动应急预案，并召开紧急会议，部署抗震救灾工作。同日，银监会发出紧急通知，要求四川、甘肃、陕西等17个省（市）银监局立即启动应急预案，迅速行动起来抢险自救，尽快摸清、查明受灾情况。

5月12日19时 中央人民广播电台推出特别直播节目——“汶川紧急救援”。从13日7时起，连续19天24小时不间断全程直播。这是该电台历史上第一次全天24小时开通直播节目。

5月12日19时 根据甘肃省委、省政府决定，由一位副省长率省地震局、民政厅等部门负责人赴陇南指挥抗震救灾。

5月12日19时许 陕西省副省长姚引良带领工作组急赴汉中。随后，在汉中召开现场指挥部会议，部署指挥抗震救灾工作。

5月12日19时10分 汶川县（北纬31.4° 、东经103.6°）发生6.0级余震。

5月12日19时30分 中央电视台播发中共中央政治局常委、国务院总理温家宝的讲话。温家宝要求，各级领导干部要站在抗震救灾的第一线，身先士卒，带领广大群众做好抗震救灾工作；要发扬不怕牺牲、不怕疲劳、连续作战的作风，一切想着人民，一切为了人民，一切为人民的利益而工作。温家宝指出，在灾害面前，最重要的是镇定、信心、勇气和强有力的指挥，在中共中央和国务院的坚强领导下，广大军民团结一致、众志成城，一定能够战胜这场特别重大的地震灾害。

5月12日19时30分 绵阳市常务副市长左代富率队抵达北川县城，并在新城区茅坝片区成立绵阳市北川抗震救灾前线临时指挥部，负责指挥协调北川抗震救灾工作。

5月12日19时40分 成都军区副司令员李作成等依托都江堰市人武部开设成都军区、四川省军区两级抗震救灾前方指挥所，指挥部队展开救援行动。22时35分，李作成与总参谋长助理孙建国、四川省军区司令员夏国富、四川省委负责人在都江堰市体育场开设联合前进指挥所，指挥抗震救灾。

5月12日19时50分 国务院抗震救灾总指挥部宣传组在都江堰搭建的临时帐篷内开展工作，统筹协调前方报道工作。20时，宣传组召开第一次会议，对抗震救灾新闻报道工作作出具体部署。

5月12日20时 中共中央总书记胡锦涛在北京主持召开中共中央政治局常委会会议，全面部署抗震救灾工作。会议听取有关部门关于汶川地震灾情汇报。会议要求，立即组织人民解放军、武警部队、民兵预备役和医疗卫生人员，尽快赶赴灾区，全力抢救受伤人员。要千方百计向灾区运送食品、饮用水、药品和帐篷、防寒衣被等救灾物资，确保灾区群众有饭吃、有衣穿、有干净水喝、有临时住处。要迅速组织力量，抓紧抢修受损的设施和设备，尽快恢复灾区通路、通电、通信和供水。要严密监测地震灾情，采取有效措施，防止次生灾害发生，同时要科学组织救灾工作，防止造成新的伤亡。要切实做好稳定人心工作，加强正面舆论引导，对那些散布谣言、干扰破坏抗震救灾的行为，坚决依法处理，确保社会大局稳定。中央决定，成立国务院抗震救灾总指挥部，由温家宝任总指挥，李克强、回良玉任副总指挥，全面负责抗震救灾工作。中央号召，灾区各级党组织和全体共产党员一定要坚持人民利益高于一切，奋不顾身地投入到抗震救灾第一线，急人民群众之所急，解人民群众之所难，把党和政府的关怀送到所有受灾群众中去。全国各地区各部门一定要大力发扬“一方有难、八方支援”的精神，万众一心、众志成城，迎难而上、百折不挠，共同夺取抗震救灾斗争的胜利。

5月12日20时30分 铁道部在西安召开全路抗震救灾紧急电视电话会议，通报地震对铁路的影响，部署铁路系统抗震救灾工作。同日，铁道部成立抗震救灾指挥部，铁道部及所辖灾区铁路局启动地震应急预案。

5月12日21时9分 总后勤部下发《关于迅速做好抗震救灾后勤保障和相关准备工作的指示》。同日，总后卫生部医疗管理局启动突发事件血液保障救援机制，由沈阳、济南、南京、成都军区及第三军医大学等10个军队采供血机构，分2个梯队承担血液筹集、储备及供应任务。震后24小时，首批10万毫升急救血液从解放军重庆血站迅速运抵灾区一线。

5月12日21时45分 安全监管总局在北京召开抗震救灾工作紧急会议，全面部署安全监管监察系统抗震救灾工作。会议决定，成立以局长王君为组长的抗震救灾指挥协调小组；加强灾区安全生产工作，防范次生安全生产事故发生；迅速调集安全生产应急救援队伍赶赴地震灾区，支持灾区抗震救灾。

5月12日22时 铁道部运输局发布救灾运输第一个调度命令，要求郑州、上海、南宁铁路局立即在郑州东、合肥南、南宁南站装运3.5万顶帐篷，开行专列紧急运往成都东站。

5月12日22时 人民银行党委在北京召开扩大会议，分析人民银行系统受灾情况，研究部署紧急工作措施。会议要求，全力维护支付系统、国库系统正常运行，确保现金供应。

5月12日22时 民航局抗震救灾领导小组在北京召开会议，发出《关于进一步做好抗震救灾工作的紧急通知》，要求全力做好抗震救灾有关工作，确保抗震救灾期间的飞行安全。同日晚，民航局局长李家祥率工作组携带17吨救灾物资飞抵成都。

5月12日22时许 应国家减灾委和卫星应用部门需求，西安卫星测控中心对中国在轨运行的9种型号15颗卫星采取应急测控措施，运用9个卫星型号组、7个班次的测控人员参与应急测控，为灾区提供卫星支持。

5月12日22时20分 济南军区召开会议，决定成立军区抗震救灾前进指挥部，调动71320、71521部队参加抗震救灾。13日早上，济南军区1.8万名官兵分三路从河南向灾区挺进，先头部队于当晚到达都江堰灾区展开救援。

5月12日22时30分 甘肃省委书记、省人大常委会主任陆浩在兰州主持召开紧急会议，听取甘肃省部分地区震灾情况汇报，分析灾情及发展趋势，对抗震救灾工作进行全面部署。会议决定，紧急启动Ⅱ级应急响应，成立甘肃省抗震救灾领导小组和总指挥部，由陆浩任抗震救灾领导小组组长，省长徐守盛任副组长兼抗震救灾总指挥部总指挥。

5月12日22时34分 中共中央总书记、国家主席、中央军委主席胡锦涛就抗震救灾工作向中央军委委员、总参谋长陈炳德作出重要指示，提出当务之急是救人，兵力出动越多越好、越早越好、越快越好；现在的关键是速度，要抓紧救人。深夜，经胡锦涛批准，中央军委下达《关于参加抗震救灾的命令》，要求成都军区、济南军区、空军出兵3.4万人，总后勤部组织10支医疗队和防疫队，迅速出动，全力协助抗震救灾；各部队到达灾区后，接受成都军区统一指挥，成都军区做好空中输送人员到达后的地面输送保障工作。

5月12日23时 发展改革委在北京召开有国务院有关部门参加的紧急会议，组成由主任张平任组长的国务院抗震救灾总指挥部基础设施保障组，要求各成员单位抓紧摸清电力、运输、水库等重要基础设施损毁情况，全力以赴保障煤电油运和药品等重要救灾物资供应，迅速抢修基础设施，尽快恢复通路、通电、通信和供水。同日晚，民政部在北京组织召开有国务院有关部门参加的紧急会议，组建国务院抗震救灾总指挥部群众生活组；卫生部牵头组建国务院抗震救灾总指挥部卫生防疫组。

5月12日23时 电信科学技术研究院信威公司派人随同地震局现场救援人员一起驾驶McWiLL（多载波无线信息本地环路）无线宽带接入系统应急通信车赶赴灾区，通过语音、视频、数据等多种方式提升现场应急通信支撑能力。

5月12日23时15分 国土资源部在北京召开会议，决定成立由部长徐绍史任组长的抗震救灾应急指挥领导小组；组派5个工作组分赴四川、湖北、重庆、陕西、甘肃五省（市），并在四川成立前线指挥部，指导地质灾害防治工作。同日，国土资源部办公厅发出《关于切实做好地震引发地质灾害防范工作的紧急通知》。

5月12日23时30分 交通运输部在北京召开紧急会议，部署交通系统抗灾救灾工作。同日晚，交通运输部发出《关于紧急应对并做好四川汶川地震抗灾救灾工作的紧急通知》，要求全国交通系统有关部门和有关地方要加强应对准备，迅速抢通损毁公路，确保救灾物资运输。

5月12日23时30分 重庆市卫生局从重庆市各大医院抽调101人组成第一批抗震救灾医疗队，携带15辆车和大量药品、设备、血浆紧急赶赴四川灾区。13日6时，医疗队到达德阳，成为全国首支到达四川灾区的四川省外医疗卫生救援队伍。

5月12日23时40分 中共中央政治局常委、国务院总理温家宝在都江堰临时搭建的帐篷内主持召开国务院抗震救灾总指挥部第1次会议。会议分析抗震救灾形势，部署下一步抗震救灾工作。温家宝提出，现在第一位的工作是抓紧时间救人，多争取一分一秒的时间就可能多抢救出一个被困者；要调动更多的解放军和武警部队官兵紧急投入到抗震救灾中。温家宝要求，要不惜一切代价连夜打通道路；同时，要采取措施，尽快恢复通水、通电、通信，不能有丝毫耽误。卫生部要统筹协调，从各地抽调医疗人员赶赴灾区，要准备好足够的救护车、药品等。温家宝还要求，要全力妥善安置好受灾群众，要紧急从各地调运大批帐篷，满足群众避震、避雨需要。温家宝强调，人命关天，救人要紧，抗震救援要科学、有序、统一进行。干部和党员要站在第一线，组织好抗震救灾工作。

5月12日23时50分 成都军区司令员李世明从昆明赶回成都军区作战指挥中心，随即组织召开成都军区党委常委（扩大）会议，研究部署抗震救灾工作。同日，成都军区出动部队官兵6300余人、民兵预备役人员1.5万余人、2批4架次直升机、各种车辆装备1210余台（套），动用物资360余吨，投入抢险救灾。

5月12日23时50分 中国红十字会通过中央电视台等媒体向社会各界发出救助汶川地震灾区募捐呼吁，并公布抗震救灾募捐账号。

5月12日近24时 根据中共中央总书记、国家主席、中央军委主席胡锦涛指示，军队负责人向总参谋部部署派空降部队空投官兵到灾区实施救灾。

5月12日晚 中共中央政治局常委李长春在北京主持召开抗震救灾宣传报道专题会议，对抗震救灾宣传报道工作作出部署。中共中央政治局委员、中央书记处书记、中宣部部长刘云山出席会议。李长春强调，新闻宣传战线要认真贯彻落实中央精神，增强政治意识、大局意识、责任意识，以对党对人民高度负责的精神，牢牢把握正确舆论导向，坚持团结稳定鼓劲、正面宣传为主，大力营造万众一心、众志成城、迎难而上、百折不挠的社会氛围，为抗震救灾工作提供强大的精神动力、舆论支持和思想保证。

5月12日晚 全国人大常委会副委员长兼秘书长李建国受中共中央政治局常委、全国人大常委会委员长吴邦国委托，致电四川省人大常委会，表达对四川灾区人民和全省广大干部群众的深切慰问。

5月12日晚 外交部部长杨洁篪应约同联合国秘书长潘基文通电话。潘基文代表联合国向中国政府和人民表示深切同情和诚挚慰问，表示联合国全力支持中国的救灾和重建工作。

5月12日晚 科技部在北京召开部长办公会，研究抗震救灾科技工作。

5月12日晚 应国家减灾委要求，科技部所属国家遥感中心提供北京一号小卫星存档影像，并部署卫星实拍。国家遥感中心迅速组织3支遥感专家队伍，分析雷达数据，处理北京一号小卫星影像信息，赴灾区进行航空遥感飞机实时拍摄。

5月12日晚 工业和信息化部抗震救灾指挥部在北京召开会议，紧急部署全行业抗震救灾工作，并成立由部长李毅中任组长的抗震救灾应急指挥领导小组。

5月12日晚 民政部成立以部长李学举为指挥长的抗震救灾应急指挥部。指挥部办公室设在救灾司。

5月12日晚 财政部在北京召开部长办公会议，要求迅速启动财政应急保障预案，成立财政应急保障政策协调小组，并按照“急事急办、特事特办”原则，及时拨付抗震救灾资金。会后，财政部发出《关于大力支持做好抗震救灾工作的紧急通知》。

5月12日晚 环境保护部在北京召开会议，成立以部长周生贤为总指挥的应急指挥部，组建前方工作组和后勤保障工作组，启动突发环境事件和核与辐射突发事件Ⅰ级应急响应。

5月12日晚 交通运输部启动国家公路水路交通运输突发事件应急一级预案，要求尽快抢修受损公路、水路基础设施，千方百计、争分夺秒地抢通救灾“生命线”，为人员救援和物资运输等抗震救灾工作提供交通保障。

5月12日晚 农业部在北京召开紧急会议，要求全国农业系统统筹兼顾，一手抓抗震救灾，一手抓生产。会议决定，成立以部长孙政才为指挥长的抗震救灾指挥部，启动农业救灾应急响应。

5月12日晚 商务部在北京召开紧急会议，部署抗震救灾工作，要求及时了解灾情和灾区市场供求情况。会议决定，成立由部长陈德铭任组长的抗震救灾应急领导小组。

5月12日晚 卫生部党组在北京召开会议，研究部署卫生系统抗震救灾工作。会议决定，启动抗震救灾一级应急响应机制，成立由部长陈竺和党组书记、副部长高强任组长的抗震救灾工作领导小组。同日，卫生部两次发出通知，调集卫生救援队伍，赶赴四川灾区。

5月12日晚 海关总署发出《关于配合做好四川省汶川县抗震救灾工作的紧急通知》，要求为进境的救灾物资和载运救灾物资的运输工具提供通关便利，加速验放。同日，海关总署启动突发事件应急预案，成立由署长盛光祖任总指挥的抗震救灾指挥部。按照《海关系统突发公共事件应急预案》要求，成都、西安、兰州、重庆海关启动突发事件应急响应机制。

5月12日晚 质检总局在北京召开紧急会议，研究部署质检系统抗震救灾工作。会后，质检总局发出《关于做好抗震、抢险、救灾工作的紧急通知》，要求受灾地区质检部门立即启动抗震救灾应急预案，其他地区质检部门认真做好抗震、防震和保证稳定工作。

5月12日晚 中科院心理研究所向中央办公厅、国务院办公厅提交抗震救灾心理援助的政策性建议，紧急启动心理学工作者为抗震救灾、重建家园提供服务的“我要爱——心理援助行动”。14—15日，“心理援助行动”两批专家赶赴四川灾区。

5月12日晚 证监会党委在北京召开会议，要求了解灾区证券期货经营机构及投资者受灾受损情况，分析评估地震对证券期货交易结算的影响，启动应急预案，研究部署应急措施。会议决定，成立由主席尚福林任组长的应急领导小组。

5月12日晚 中央军委委员、总政治部主任李继耐在北京主持召开部务会，决定成立抗震救灾应急小组，下发抗震救灾政治工作指示，派出工作组赴一线了解情况、指导工作。

5月12日晚 由33人组成的国家地震现场应急工作队与由地震局15人、66396部队8人、66150部队150人、武警总医院22人共195人组成的第一批国家地震灾害紧急救援队，带2辆救援车、12条搜救犬以及医疗设施、药品等，乘空军的2架伊尔—76运输机飞赴成都。

5月12日晚 陕西省地震局派出的第一批地震现场工作队30人连夜在宁强、南郑、镇巴、紫阳架设4个流动监测台，开展现场监测工作，并分为5个组分赴宁强、略阳、汉台、南郑、西乡五地进行灾害调查、灾害评估和科学考察工作。

5月12日 国务院在北京召开抗震抢险救援工作紧急会议，分析地震灾情，研究部署抢险救援保障工作。中共中央政治局常委、国务院副总理李克强出席会议并讲话。李克强要求，各部门和有关地方政府要紧急行动起来，把抗震救灾作为各项工作的首要任务来抓。各有关部门要各负其责，恪尽职守，一切为了灾区，一切服务灾区，围绕一线的抢险救灾和紧急救援开展工作，全力提供所需人力、物力、财力，切实做好各项保障工作。李克强要求，立即启动应急预案，切实保障抢险救灾急需，严密防范次生灾害，做好舆论引导和信息披露工作，实行24小时应急值守。

5月12日 中共中央政治局委员、国务院副总理回良玉因汶川地震发生，提前结束在乌拉圭的访问回国。回良玉要求国务院抗震救灾指挥部、国家减灾委立即启动应急预案；切实强化监测预警预报，及时客观地发布信息；要把保证人民生命安全放在首位，千方百计搜救人员，抓紧救治伤员；认真安排好抗灾救灾工作，妥善安置受灾群众生活；严防次生灾害发生，切实保障水库、堤坝、桥梁等重要基础设施的安全；要积极做好维护稳定工作，加强应急值守。

5月12日 中共中央政治局委员、国务委员刘延东指示教育部要高度重视、紧急动员、周密部署，切实做好教育系统抗震救灾工作。同日，刘延东致电科技部党组书记、副部长李学勇，询问地震灾区科技系统的损失情况，并要求科技界要最大限度地发挥科技在抗震救灾中的重要作用。

5月12日 国务委员戴秉国在《地震局值班信息》第47期《四川汶川发生7.6级地震》上作出批示，要求外交部部长杨洁篪和外交部党委书记、副部长王毅立即研究与地震相关的各项涉外工作，如向驻华外交机构通报情况，了解、关注驻成都等地外国总领馆的情况和需要提供的帮助，向中国驻外使领馆通报情况及接受外国援助等事宜。

5月12日 中组部发出《关于迅速组织广大基层党组织和共产党员投入抗震救灾工作的通知》，要求受灾地区各级领导干部坚守岗位、尽职尽责、全力以赴、齐心协力、深入一线，到灾情最严重的地方，身先士卒，靠前指挥，带领广大群众做好抗震救灾工作。

5月12日 外交部紧急启动应对地震灾情涉外工作应急机制，并向有关国家驻华使馆通报外交部24小时值班电话。

5月12日 工业和信息化部紧急调拨卫星电话等通信设施，支持抗震救灾工作，还要求四大电信运营商各分公司派出应急通信车，赶往汶川等受灾地区。同日，中国联通决定免除全国赴四川地震重灾地区用户的全部通信费。

5月12日 财政部安排综合财力补助资金5亿元，统筹用于各方面抢险救灾工作。同日，财政部会同民政部紧急下拨四川灾区自然灾害生活补助应急资金2亿元，用于受灾群众紧急转移安置。

5月12日 国土资源部在成都召开“5·12”地震部、省会商会，部署国土资源部门抗震救灾工作。

5月12日 住房城乡建设部启动建设系统破坏性地震应急预案一级响应，成立由部长姜伟新任指挥长的抗震救灾指挥部。同日，住房城乡建设部从北京、上海等地选派138名房屋安全鉴定专业技术人员，赴都江堰、德阳、绵阳、雅安等地开展房屋安全鉴定工作。

5月12日 国家防总办公室发出《关于切实做好地震灾区防洪工程安全工作的紧急通知》，对水利设施灾情清查、震区防洪工程监测和巡查、预警预报等工作提出具体要求。

5月12日 人口计生委启动人口和计划生育突发重大事件应急预案，并动员人口和计划生育战线的干部职工全力投入抗震救灾。

5月12日 广电总局启动全国安全播出应急预案，通过预警系统向四川、重庆、陕西等省（市）广电部门发出紧急指令，要求做好安全播出工作，及时报告灾情。同日，广电总局召开宣传工作会议，部署广播电视抗震救灾宣传。广电总局无线电管理局开动8部短波发射机、1部中波发射机，总功率9000千瓦，用9个频率向四川灾区转播中央人民广播电台第一套广播节目，及时传达中央政令。

5月12日 林业局召开会议，研究部署抗震救灾工作。会议要求，以最快速度、采取最得力措施，全力抢救自然保护区工作人员，并千方百计救助大熊猫等濒危野生动物。同日，林业局紧急拨出200万元专项资金，用于四川卧龙等保护区采购食品、药品、衣物。

5月12日 旅游局发出紧急通知，要求各地立即停止组织赴四川灾区或途经灾区的旅游业务。已经组团的旅游团队立即终止途经灾区旅游，并做好说服解释工作。旅游局还提示广大游客，近期暂不要前往或途经灾区旅游。

5月12日 中央台办、国台办成立以主任陈云林为组长的抗震救灾应急指挥工作领导小组和抗震救灾应急指挥工作小组。

5月12日 信访局在北京召开会议，研究部署信访系统抗震救灾工作。会议要求，积极做好抗震救灾方面的信访工作，各级信访部门要切实做好信息报送工作，凡涉及抗震救灾的信息必须在第一时间报送。

5月12日 国防科工局在北京召开会议，部署抗震救灾工作。会后，国防科工局发出《关于做好抗震救灾工作的紧急通知》，要求国防科工系统各单位及时掌握和报告本地区、本单位军工及民爆企事业单位受灾情况，启动应急预案，做好安全保卫、保密、消防、防疫等工作。

5月12日 中国电科第22所各电离层监测站启动加密观测程序，并组织专家对重庆站、昆明站等近期电离层数据进行分析，为国家相关部门、参与救灾的部队和灾区提供电离层骚扰预报服务。同日，中国电科第54所远东公司安装并调试开通汶川、北川、广元等地的10个应急通信基站，恢复当地网络服务。

5月12日 测绘局启动测绘应急保障服务预案，紧急部署抗震救灾测绘保障服务工作，并组织各级测绘行政主管部门开通测绘应急保障“绿色通道”，连夜提供地图服务。

5月12日 文物局发出《关于做好震后文物保护工作的紧急通知》，要求各有关地区文物部门加强对抗震救灾工作的组织领导，启动应急机制，采取紧急措施，加强馆藏文物和不可移动文物的安全，及时做好灾情上报工作。

5月12日 全国总工会书记处向四川省总工会紧急拨付100万元救灾慰问金，用于帮助震区受灾职工生活。

5月12日 四川省委办公厅、省政府办公厅发出《关于阿坝州汶川县发生8级特大地震有关情况的通知》，向各市（州）、县（市、区）政府、省直部门介绍灾情，通报省长蒋巨峰有关立即启动Ⅰ级响应、迅速组织有关部门摸清情况等要求。同日，省委办公厅、省政府办公厅还发出《关于切实做好抗震救灾工作的紧急通知》，要求各市（州）党委、政府把抗震救灾作为当前的头等大事和首要政治任务，全力投入抗震救灾工作；迅速行动，全力保护人民群众生命财产安全；加强社会面控制，全力维护社会稳定。

5月12日 四川省抗震救灾指挥部发出通知，要求各地各部门积极组织干部职工和广大群众科学避震，确保人员生命安全；及时提供地震、气象预报服务，消除群众恐慌心理；妥善做好户外避震群众的宣传、疏导和服务工作，为群众及时提供各种帮助；加大街面治安巡逻力度和密度，增强人民群众的安全感。同日，指挥部还发出紧急通知，部署抗震救灾工作。

5月12日 四川省抗震救灾应急新闻中心决定，增加电台各频率、电视台各频道新闻信息滚动播放次数，利用网络、手机、广播等各种平台及时公布最新情况。

5月12日 四川省环保局派出5个工作组分别赶赴都江堰、彭州、德阳、绵阳、广元等地，彻查各地集中式饮用水水源地保护情况，指导当地环保部门做好地震灾后次生环境污染防治工作。

5月12日 四川省军区在成都召开抗震救灾紧急会议，启动省军区应急预案，成立应急指挥部。随后，四川省军区制定下发《四川省军区抗震救灾指示》，建立省军区、军分区、人武部三级指挥体系，所属24个师（旅）级单位迅即启动抢险救灾预案，重灾地区及邻近的36个市、县人武部组织民兵预备役人员1.47万余人，就地就近抢救受伤群众。

5月12日 武警四川省总队派出直属支队、成都市支队、武警成都指挥学院、总队医院3000余名官兵到达都江堰实施救援，派出绵阳市支队、武警成都指挥学院、总队医院870余名官兵连夜冒雨紧急赶赴北川实施救援。

5月12日 中国联通四川分公司开通“爱心通信平台”，开设寻亲热线、免费充电服务点、免费报平安电话等，搭建寻亲平台。14日，中国电信四川分公司114号码百事通开通“灾民热线”，提供“让亲人放心”和“寻找亲人”服务。

5月12日 成都市成立抗震救灾指挥部，并在都江堰成立前线指挥部，市政府全面启动应急预案。同日，市政府批准将26个公共设施确定为成都市首批应急避难场所，并成立调运和收集救灾物资的应急中心，对麦德隆、家乐福、好又多、红旗连锁、互惠连锁等大型超市进行急需物资调用。

5月12日 云南省政府在昆明召开专题会议，了解云南省受地震波及的情况，要求省级有关部门和各市州政府立即启动地震应急预案，做好抗灾应急工作。省长秦光荣要求全省各级各部门密切注意汶川地震给云南各地带来的影响，做好应急处置工作，同时积极配合四川灾区搞好抗震救灾工作。

5月12日 部分省（区、市）党委、政府向四川灾区发慰问信（电），并紧急捐款捐物。发慰问信（电）的有：北京、天津、黑龙江、上海、江西、山东、重庆、云南、西藏、宁夏。紧急捐款捐物的有：北京市委、市政府捐款300万元，天津市委、市政府捐助500万元和相应救灾物资，江西省委、省政府捐款500万元，山东省委、省政府捐款300万元，重庆市委、市政府捐款100万元；湖南省委、省政府向四川省捐助500万元，向甘肃省捐助200万元。同日，北京市委、市政府在北京召开专题会议，通报有关汶川地震震情，决定动员全市各界紧急行动起来，全力支援灾区。

5月12日 香港红十字会通过中国红十字会向四川灾区提供50万元紧急资金援助。

5月12日 澳门红十字会召开紧急会议，决定由澳门红十字会赈灾基金拨出50万元给予四川省红十字会用于紧急救灾，并发出紧急募捐呼吁。至2009年4月，澳门红十字会为汶川地震灾区募集了近9000万澳门元善款。

5月12日 中国国民党中央委员会致函中国共产党中央委员会，对四川汶川地震灾区表示慰问，并表示如有必要，将促请台湾救灾人员前往协助。海峡交流基金会向海峡两岸关系协会发函，慰问四川灾区民众。同日，台湾地区候任领导人马英九发表新闻稿，对四川灾情表达关切之情，并呼吁台湾当局与民间社团发扬人道精神，提供物资及专业救援的协助。亲民党主席宋楚瑜致电中共中央总书记胡锦涛，对四川遭受严重震灾表示慰问。

5月12日（各国当地时间） 分布在世界各地的华侨华人获知地震消息后紧急行动，或急切查找亲人下落，或向中国驻当地使领馆询问灾情，或致电国侨办和各级侨务部门了解情况、慰问灾区人民，或积极组织捐赠活动。在亚洲，新加坡天府会展开捐款活动。在欧洲，奥地利27个侨团及7家当地华文媒体代表连夜召开会议，发出奥地利侨界紧急捐款倡议书及致灾区人民慰问信；意大利罗马华侨华人联合总会开始募捐；英国华人青年联会、全英华人专业协会发表赈灾倡议书。在美洲，多伦多加拿大四川同乡会、成都同乡会、重庆协会等侨团发起成立"加拿大四川地震赈灾委员会"，加拿大河南同乡会、加拿大中国总商会等多个侨团通过中国驻多伦多总领事馆捐款，多伦多华人团体联合总会、多伦多台商会慈善基金会开展筹款活动；美国华盛顿地区四川暨重庆同乡会向四川省和重庆市政府侨务办公室致信，北加州巴蜀同乡同学会设立账号接受社会捐款并向四川省侨办转交致灾区人民慰问信，旧金山湾区多个侨团联合组成"北加州中国5·12地震救助委员会"并发出赈灾呼吁，美国南加州华人华侨联合总会、洛杉矶中华总商会等侨团发起捐款活动；阿根廷中国和平统一促进会发出紧急赈灾呼吁。此后，全球华侨华人积极开展向灾区捐赠款物奉献爱心活动。

5月12日（各国当地时间） 美国总统布什发表声明，向中国四川汶川地震遇难者表示哀悼，向遇难者家属和受伤人员表示慰问，向中国人民表示同情。布什表示，美方随时准备向中方提供帮助。德国总理默克尔、日本首相福田康夫、罗马尼亚总统伯塞斯库与总理特里恰努、斯洛文尼亚总理扬沙、联合国秘书长潘基文等也向中国表示慰问。随后，许多国家元首、政府首脑、议会与政党领导人以及国际组织负责人致电中国国家主席胡锦涛、全国人大常委会委员长吴邦国、国务院总理温家宝、全国政协主席贾庆林、国家副主席习近平等以及国务委员戴秉国、外交部部长杨洁篪，或通过其他各种方式对中国四川汶川地震遇难者表示哀悼，向遇难者家属和受伤人员表示慰问，并表示支持中国政府和人民的抗震救灾工作。一些国家的前国家领导人、前政要以及政党领导人、各界友好人士也通过各种方式向中国发出慰问。

5月13日零时 国家电网在北京召开抗震救灾紧急电话会议，研究四川、重庆、陕西、甘肃等地电网灾情，要求全力组织恢复供电，保证电力通信畅通，做好水电厂大坝和重要设备特别巡查，全力恢复医院等重要用户供电。同日，国家电网成立抗震救灾工作领导小组和四川、西北电网抗震救灾工作组，两个工作组分赴都江堰、成县灾区，同时成立华中电网、西北电网抗震救灾指挥部。国家电网还决定，发挥公司集团化优势，调集其他省市电力专业抢修队伍、医疗救援队伍等赶赴四川、甘肃等地震重灾地区。

5月13日零时35分 因地震被巨石砸断的兰州至成都国家一级光缆甘肃境内段全部抢通，陇南市武都区、康县、文县、成县通信业务随即全部恢复。

5月13日1时15分左右 成都市抗震救灾指挥部发出“都江堰运力缺乏，急需汽车运送伤病员”的信息。当夜，上千名出租车驾驶员克服余震、塌方危险，自发驾车冒雨奔赴都江堰、什邡、彭州等灾区，免费多次往返运送伤员。随后，更多的出租车驾驶员自愿参加抗震救灾。“成都的哥”被网友称为“中国最棒的出租车司机”。

5月13日2时12分 首列运送成都军区驻滇77200部队1463名官兵的91502次军列从昆明站开出。20时56分，列车到达成都站。成都军区78525部队随即出动运输车61台，将救灾官兵运往北川。

5月13日5时30分 中国地震局与四川省地震局联合现场工作队在设立于都江堰市体育中心的四川汶川地震现场指挥部召开第一次工作会议。同日，中国地震局派出国家强震动观测中心和西南强震动观测中心10名技术人员赴灾区抢收强震动记录数据，开展强震动流动观测等现场工作。

5月13日凌晨 民政部紧急从沈阳、西安、天津、哈尔滨、合肥、郑州、武汉、南宁中央救灾物资储备库调运救灾专用帐篷49730顶、棉被5万床，解决四川、甘肃、陕西灾区群众临时安置困难。

5月13日6时 国土资源部发出《关于进一步做好抗震救灾，加强地质灾害防治工作的紧急通知》，要求受灾地区各级国土资源部门迅速成立抗震救灾指挥机构，启动突发地质灾害应急预案，发挥技术优势，加密监测预警，动员各方力量，全力支援灾区。10时，国土资源部在成都召开“5·12”地震灾害部省会商会，要求国土资源部门加大、加紧地质灾害监测预警，充分利用地质灾害调查成果，加强对地震引发次生地质灾害的监测。

5月13日6时 汶川县气象局局长付如友和同事何国平制作并用手抄写出第一期“汶川抗震救灾专题天气预报”。这种手抄式天气预报延续至5月下旬恢复供电为止，共发布20余期。

5月13日6时11分 郑州铁路局第一列救灾物资专列“抢”87601次装载1万顶帐篷发往成都东站。同日，南宁铁路局装载1.5万顶帐篷和5000副担架、上海铁路局装载1万顶帐篷的物资列车也先后紧急开往四川灾区。至15日18时，铁路系统累计开行“抢”字头救灾专列179列，运送救灾人员4万人、帐篷5万顶。

5月13日7时 中共中央政治局常委、国务院总理温家宝在都江堰主持召开国务院抗震救灾总指挥部第2次会议，研究尽快打通通往震中道路事宜。温家宝强调，部队指战员要全力以赴打通道路，进入震中区域，同时要组织对受灾地区进行空投，尽快将食品、药品和急需的抢险物资空投到重灾地区。温家宝要求，要力争在13日24时以前派人进入所有受灾的市、县甚至乡镇，进一步摸清灾情，组织开展抢救工作。同日，温家宝到都江堰市区街道、新建小学看望受灾群众和学生，到东汽和什邡市龙居小学查看灾情，到绵阳市九洲体育馆看望受灾群众。

5月13日7时许 成都军区驻渝77136部队官兵在北川羌族自治县曲山幼儿园废墟中成功救出3岁男孩郎铮。郎铮躺在简易担架上，抬起右臂向现场解放军官兵敬礼，被称为“敬礼娃娃”。这一情景成为抗震救灾最感人的瞬间之一。

5月13日7时50分 气象局在北京召开电视电话会议，要求受灾省气象局及时做好抗震救灾气象服务和灾情直报工作。同日，气象局办公室发出《关于进一步做好抗震救灾气象服务宣传工作的紧急通知》。

5月13日8时 卫生部、食品药品监管局、中医药局联合发出《关于切实做好抗震救灾医疗卫生应急救援和食品药品安全监管工作的通知》，要求灾区各级卫生部门、食品药品监管部门和中医药部门贯彻预防为主的方针，做好抗震救灾医疗卫生应急救援和食品药品安全监管工作，防止灾后传染病暴发流行。

5月13日8时 国家卫星气象中心开始向四川省气象局提供标注震区地理坐标的FY-2气象卫星1.25公里高分辨率可见光云图，为震区天气预报提供直观、可靠的观测资料。23时，由该中心制作的四川省地震重灾区震前卫星影像图送达国务院办公厅。这份影像图分辨率高、数据量大，被称为“前线作战图”。

5月13日8时 空军在北京召开处置突发事件领导小组会议，制定空军部队参加抗震救灾行动方案，对做好行动准备、严密组织部队行动和部队安全稳定提出要求。

5月13日8时30分 住房城乡建设部在北京召开部党组（扩大）会议和部长办公会议，研究部署建设系统抗震救灾工作。会议决定，立即开展灾区灾情调查工作，建立信息报告制度；抓紧组织做好技术支持准备工作，成立供水和燃气管道检测、灾后重建规划指导、施工技术指导等技术专家组，并组织好相关专业人员队伍。同日，住房城乡建设部办公厅发出《关于做好住房城乡建设系统抗震救灾和防范次生灾害工作的紧急通知》。住房城乡建设部调配的多台应急供水设备从海口运往四川灾区。

5月13日8时30分 国防科工局在北京召开抗震救灾专题办公会议，决定成立由局长陈求发担任组长的国防科技工业抗震救灾领导小组，启动相关应急预案。同日，国防科工局发出《关于进一步做好抗震救灾工作的紧急通知》《关于做好军工单位地震灾后重建工作的通知》。

5月13日8时30分 中国红十字会总会在北京召开会议，成立总会抗震救灾指挥部。7时，总会向公众开放15部抗震救灾捐赠热线电话。同日，中国红十字会决定通过红十字会与红新月会国际联合会发出国际紧急呼吁，并印发《中国红十字会5·12地震救助呼吁》。

5月13日9时 根据中共中央政治局常委、国务院总理温家宝指示，国务院抗震救灾总指挥部宣传组负责人等在前方通过电话协调中央外宣办、四川省政府，从即日起分别在北京、成都每天召开新闻发布会，公布受灾情况（包括伤亡人数等），通报救灾进展。

5月13日9时 文物局在北京召开局长办公会，部署落实灾后文物保护工作。会议综合分析受灾地区文物分布情况和易毁损文物的类型，要求各级文物行政部门把抗震救灾作为首要任务，切实保障灾区文物安全，尽最大努力把地震灾害造成的损失减少到最低程度。

5月13日9时 中国红十字会、香港红十字会、澳门红十字会及红十字会与红新月会国际联合会联合组成抗震救灾工作组，赴都江堰、北川考察灾情。

5月13日9时30分 根据绵阳市委、市政府的决定，九洲体育馆作为受灾群众安置点正式启用。至6月29日，九洲体育馆安全运行48天，前后共接纳受灾群众50万余人次。19日前后，九洲体育馆避难群众达到最高峰，超极限容纳4.5万人。由此，九洲体育馆被国外媒体称作“全世界人口最多的灾民避难所”，是灾区群众的“诺亚方舟”。

5月13日10时 因地震中断的铁路达（州）成（都）线修复开通。10时35分，宝成铁路四川境内上行线修复开通。

5月13日10时10分 中央军委领导飞抵成都，在机场召开紧急会议，听取成都军区司令员李世明有关情况汇报，现地研判灾情，了解兵力到达情况，明确指挥、协同、保障关系。该领导强调，成都军区要担当起此次抗震救灾的组织指挥和协调重任，认真研究统一组织指挥问题，确保责任清楚、关系明确。随后，有关人员到都江堰市聚源镇及什邡市师古镇、龙居镇、洛水镇等地查看灾情，看望救灾部队官兵。

5月13日10时30分 军队负责人主持召开专题会议，研究部署军队和武警部队贯彻落实中共中央总书记、中央军委主席胡锦涛的重要指示，做好抗震救灾工作。

5月13日10时45分 邮政局发出《关于做好抗震救灾工作的通知》，要求各级邮政部门把抗震救灾作为当前的首要任务，紧急行动起来，切实做好抗震救灾工作。14日，邮政局、中国邮政集团公司组成联合工作组赶赴四川灾区，指导抗震救灾工作。

5月13日11时 公安部在北京召开全国公安机关视频会议，进一步部署公安机关抗震救灾和维护社会稳定工作。会议要求，各地在抗震救灾工作中要采取有力措施，注意防止发生重大刑事案件，加大治安整治和打击力度，依法严厉打击传播谣言、制造恐慌的违法犯罪活动，并加强交通引导，确保赴灾区抗震抢险救灾人员、物资运输车辆迅速、安全通行。

5月13日11时许 中共中央政治局常委、国务院总理温家宝在德阳主持召开国务院抗震救灾总指挥部第3次会议，要求迅速调集食品尤其是饼干、奶粉、面包、牛奶和矿泉水，供应给受灾群众和孩子们；迅速调集帐篷，有序搭建，供群众避雨和休息；从各地调集的医疗队和药品，要加快速度，克服一切困难到达灾区，有些交通不便的灾区可以采用空投方式解决；时间就是生命，各级党委政府要迅速组织力量，调集机械作业工具，全力以赴抓紧时间救人。

5月13日11时30分 成都军区司令员李世明命令将成都军区全部库存指挥车提供给区外部队指挥员使用，并抽调技术过硬的驾驶员随车保障。12时12分，李世明组织召开会议，研究根据中央军委命令由成都军区统一指挥解放军、武警部队在四川抗震救灾行动的措施。会议决定，坚决担负起指挥责任，成都军区机关立即抽调人员组成3个联络组，分别负责与3个区外军级部队指挥所协调；提供车辆和交通保障，保障川外抗震救灾部队快速机动到位；加强与四川省抗震救灾指挥部联系，互派联络员，形成军地合力；及时向中央军委、总部报告救灾综合情况，让中共中央、中央军委放心。

5月13日上午 中央办公厅、国务院办公厅联合发出《关于四川省汶川县发生强烈地震情况和全力做好抗震救灾工作的通报》，介绍灾情，强调灾区各级党委政府和中央有关部门要紧急行动起来，把抗震救灾作为当前的首要任务。通报要求，立即组织解放军、武警部队、民兵预备役和医疗卫生人员，尽快赶赴灾区，全力抢救伤员；千方百计向灾区运送救灾物资；迅速组织力量，抓紧抢修受损设施和设备；严密监测地震灾情，防止次生灾害发生；加强正面舆论引导；切实做好稳定人心的工作。

5月13日上午 中宣部抗震救灾宣传报道工作领导小组在北京召开全国宣传系统电视电话会议，对抗震救灾宣传报道工作进行动员和部署。中宣部决定，向受灾地区宣传部门援助800万元专项资金。同日，中宣部印发《关于做好四川等地抗震救灾宣传报道的方案》，要求以对党对人民高度负责的精神，把握正确舆论导向，坚持团结稳定鼓劲、正面宣传为主，唱响“万众一心、众志成城、迎难而上、百折不挠”的主旋律。

5月13日上午 发展改革委和总后勤部紧急启动地方企业为军队代储药品应急动员机制，商定调集代储药品单位和药品、医疗器械清单。同日下午起，北京、河北、辽宁、上海、江苏、浙江、山东、河南等8个省（市）发改委、药监部门和17家代储战备药品医疗器械企业陆续将外伤止血、抗菌消炎、镇静麻醉、防疫消毒等100余种救灾急需药品和医疗器材运往灾区。14日上午，发展改革委和总后勤部调集的第一批军队代储药品运抵灾区。至18日，共调集359个品种、69974件、重达900多吨、价值7168万元的药品和医疗器械运抵灾区。

5月13日上午 发展改革委党组在北京召开紧急会议，部署抗震救灾工作。会议决定，加强煤电油运和重要物资的保障，为灾区尽早实现“三通”（通水、通电、通路）扎实基础工作；加强市场物资供应和价格监测工作，保障全国市场特别是灾区市场供应，维护价格基本稳定，防止出现集中抢购现象；启动应急预案；加强新闻宣传工作，有关地震灾情和抗震救灾情况统一由新华社对外发布。中午，发展改革委在北京再次召开紧急会议，研究基础设施保障方面的重点工作。同日，发展改革委发出《关于加强地震灾区价格监管，维护市场稳定的紧急通知》。

5月13日上午 教育部在北京召开会议，对收集和掌握受灾情况、宣传典型人物和先进事迹以及开展捐赠活动等工作进行部署。同日，教育部发出《关于全力做好抗震救灾工作的紧急通知》，要求全国教育系统特别是受灾地区教育部门和各级各类学校在当地党委、政府的领导下，迅速组织力量做好抗震救灾及自救、互救工作，全力抢救伤员，确保师生生命安全。

5月13日上午 科技部党组在北京召开扩大会议，研究部署科技抗震救灾措施。会议要求，迅速组织多领域专家对地震灾情和预防次生灾害进行综合技术研判，利用卫星遥感、遥测等技术手段获取灾情图像资料，组织抗震救灾和恢复重建应急适用技术和高新技术产品（装备）服务抗震救灾，建立遥感、地质、建筑、医药等各领域的技术咨询专家组。会议决定，从科技经费中紧急安排500万元，用于支援四川地震灾区，并从国家科技计划中再安排3000万元，专门用于支持抗震、防灾、减灾科技项目。会后，科技部发出《关于做好科技抗震救灾有关工作的紧急通知》。

5月13日上午 国家民委在北京召开委务会议，研究部署抗震救灾工作，决定从民族工作经费中安排200万元支援灾区抗震救灾。

5月13日上午 司法部在北京召开部长办公会议，对司法行政系统抗震救灾工作作出紧急部署。会后，司法部发出《关于做好抗震救灾工作，全力维护灾区社会稳定的紧急通知》，要求全力做好抢救伤员和运送救灾物品工作，确保监狱、劳教场所安全稳定，认真做好法制宣传、法律服务和法律援助工作等，全力维护灾区社会稳定。

5月13日上午 财政部在北京召开部长办公会议，研究部署财政支持抗震救灾工作。会议要求，抗震救灾资金要按照“急事急办、特事特办”的原则，保证受灾群众的基本生活需要和社会稳定。同时，要研究支持抗震救灾和灾后重建的税收政策措施。会议决定，成立财政应急保障政策协调小组。

5月13日上午 国家防总、水利部同四川、重庆、云南、甘肃、陕西五省（市）举行异地视频会商会，要求进一步加强险情排查，加强险情抢护，把确保群众生命安全放在首位，加强雨水汛情监测预报，加强资金和物资等各项保障。同日，国家防总发出《关于确保震区出险水库水电站大坝安全的紧急通知》《关于进一步做好地震灾区防洪工程安全工作的紧急通知》。国家防总、水利部派出5个工作组分赴四川、甘肃、陕西、重庆、云南等地灾区，指导抢险救灾工作。

5月13日上午 商务部在北京召开会议，部署商务系统抗震救灾工作。会后，商务部办公厅发出《关于全力配合做好抗震救灾和保障市场供应工作的通知》，要求受灾地区商务主管部门紧急行动起来，抓紧落实货源，全力保障市场供应，维护市场稳定，尽最大努力把地震灾害对市场造成的影响减少到最低程度。

5月13日上午 人口计生委应急管理领导小组在北京召开会议，专题研究人口计生系统抗震救灾工作，会后发出《同心携手战胜震灾——人口计生系统抗震救灾倡议书》。同日，人口计生委发出《关于做好抗震救灾工作的紧急通知》。

5月13日上午 航天科工集团207所紧急完成新研制机载高分辨率合成孔径雷达（SAR）的安装调试并送往四川灾区，执行航拍观测任务。随后，在15天内完成22个架次航拍，航拍面积覆盖汶川、茂县、北川等21个县（市、区）约11万平方公里的受灾区域，航程约5.5万公里，为国家抗震救灾指挥部门提供了高清晰遥感图像。

5月13日上午 工商总局在北京召开会议，研究部署抗震救灾工作。同日，工商总局发出《关于充分发挥工商行政管理职能作用，全力做好抗震救灾工作的紧急通知》，要求灾区各级工商行政管理机关立即建立应急指挥机构，启动市场监管应急预案，保障市场供应，维护市场稳定；灾区周边省市工商行政管理机关做好物资供应保障工作，严防假冒伪劣食品和不合格食品流向灾区。工商总局还拨付100万元资金，用于支持四川省工商系统抗震救灾工作。

5月13日上午 广电总局在北京召开会议，部署抗震救灾工作。同日，广电总局发出《关于全力做好抗震救灾工作的紧急通知》《关于做好广播电视抗震救灾宣传的紧急通知》《关于做好抗震救灾工作，确保广播电视安全播出的通知》。广电总局向四川广电系统拨付救灾款专项资金1500万元，用于紧急抢修、恢复安全播出；紧急调拨专项资金100万元，用于四川灾区影院的抗震救灾；决定向四川灾区捐赠便携式收音机（中短波）5万台（价值500万元），后又增加2.25万台，15日起陆续送抵灾区。

5月13日上午 中科院在北京召开视频会议，部署抗震救灾工作。会议要求，迅速组织力量，发挥中科院在资源环境和高技术领域关于地震、遥感、紧急救援、通信、交通、物流等方面的技术储备优势，开展相关科研工作，在灾情监测、次生灾害防治等方面为中央和地方政府提供咨询与服务。

5月13日上午 银监会在北京召开会议，要求受灾地区各级监管部门和银行业金融机构全力投入到抗震救灾工作中，一手抓本系统抗震救灾工作，一手抓银行业服务工作；要求各银行业金融机构尽快恢复各项服务工作，做到工作不断、秩序不乱，保开门、保营业、保资金供应、保服务。

5月13日上午 电监会在北京召开紧急会议，通报电力系统受灾情况，部署抗震救灾保电工作。下午，电监会四川抗震救灾保电工作组在成都召开会议，要求全面掌握电力系统受灾情况，督促落实电网抢修方案，抓紧了解发电企业抗灾抢险进展情况，并对映秀湾等水电站大坝现场勘察提出明确要求。晚上，电监会在北京召开抗震救灾保电专题会议，进一步研究部署抗震救灾保电工作。

5月13日上午 粮食局召开紧急会议，研究部署抗震救灾保障粮食供应工作。会议决定，成立由局长聂振邦任组长的救灾工作领导小组。会议要求，确保灾区及周边地区粮食供应和价格基本稳定，千方百计为灾区提供成品粮源，全力和紧急做好灾区驻地军队、武警和救灾军队、武警的粮食保障工作，并保障灾区粮食供应，稳定粮食价格。同日，粮食局发出《关于做好抗震救灾确保灾区粮油供应工作的紧急通知》。

5月13日上午 中央军委在北京召开常务会议，决定成立军队抗震救灾指挥组，在中央军委主席胡锦涛和中央军委集中统一领导下，按照国务院抗震救灾总指挥部的总体部署，组织指挥军队抗震救灾行动。组长由中央军委委员、总参谋长陈炳德担任，副组长由副总参谋长葛振峰、总政治部副主任贾廷安、总后勤部副部长李买富、总装备部副部长李安东担任。

5月13日上午 兰州军区成立抗震救灾应急指挥所。同日，兰州军区党委在兰州召开常委会议，明确应急指挥所负责组织指挥抗震救灾行动，成立陇南抗震救灾指挥所、舟曲方向抗震救灾领导小组、汉中地区抗震救灾应急指挥组，指挥协调部队分赴陕西、甘肃两省重灾区以及宝成铁路109隧道、徽县嘉陵江堰塞湖抗震救灾。兰州军区派出由医疗、工兵和防化等专业分队组成的600余人的应急救援队，紧急赴陇南等地执行抗震救灾任务。

5月13日上午 共青团中央书记处在北京召开扩大会议，研究部署动员组织团员青年参与抗震救灾工作。会议决定，拨出“特殊团费”100万元支援四川灾区。会议要求，发挥组织优势，广泛动员，为灾区捐款捐物；充分发挥青年志愿者和青年突击队的积极作用；安排北京、广东等地团组织与四川、甘肃、陕西、云南等地灾区团组织建立结对帮扶关系，展开对口支援工作。会后，共青团中央发出紧急通知，对共青团抗震救灾工作作出部署。

5月13日上午 中国科协党组、书记处在北京召开紧急会议，研究部署科协系统抗震救灾工作。会议决定，迅速安排500万元资金支援四川地震灾区。同日，中国科协发出《关于做好抗震救灾工作的紧急通知》。

5月13日上午 甘肃省委书记陆浩带领有关部门负责人到徽县、成县考察受灾情况。在赴陇南途中，中共中央政治局常委、国务院副总理李克强给陆浩打电话询问甘肃灾情，表示中央将全力支持甘肃抗震救灾。21时，陆浩在成县主持召开抗震救灾现场办公会议，部署抗震救灾工作。

5月13日上午 重庆市委在重庆召开常委会议，紧急部署抗震救灾工作。会议决定，成立由市委副书记、市长王鸿举任总指挥长的抗震救灾总指挥部。会议要求，各级政府、党政干部积极行动起来，把救助群众作为压倒一切的任务，积极组织灾区群众疏散转移。

5月13日上午 云南省政府在昆明召开防震减灾专题会议，安排地震部门加强对云南地震形势的分析，认真总结地震应急的经验教训，决定云南省对四川灾区的支持事项，做好省内抗震救灾工作。

5月13日13时 中国电信西安机动通信局派出15人的应急通信保障分队到达北川，通过海事卫星电话在北川抢险救灾指挥部现场拨通与外界的第一个电话。18时30分，该分队率先开通30路通信电路、8M视频通信，恢复了北川的对外联系。

5月13日13时30分 成都军区驻渝77146部队22名官兵徒步行军10多个小时到达汶川县映秀镇，迅速向成都军区作战指挥中心报告灾情，就地展开救援行动，成为首支进入映秀镇救灾的部队。20时30分，77100部队部队长许勇徒步到达映秀，与阿坝藏族羌族自治州州委书记侍俊共同建立起震中地区第一个抗震救灾联合指挥所。

5月13日中午 因地震受损的四川省成品油输送大动脉——“兰成渝”输油管线经沿线工作人员紧急抢修，顺利修复，恢复向四川供油。

5月13日14时30分 第二炮兵党委在北京召开常委（扩大）会议，决定成立抗震救灾领导小组、现场指挥组和任务部队现场指挥组三级抗震救灾组织指挥机构。14日，第二炮兵先后组织308工程指挥部、工程技术总队和医疗救护、防疫防化、后勤保障分队奔赴灾区，开展救援行动。

5月13日15时 甘肃省政府召开新闻发布会，通报甘肃省地震灾情及抗震救灾工作进展情况。

5月13日15时7分 汶川县（北纬30.9°、东经103.4°）发生6.1级余震。

5月13日16时 新闻办在北京就汶川地震灾害和抗震救灾情况举行第一次新闻发布会，由民政部、地震局介绍汶川地震灾害和抗震救灾进展情况。

5月13日16时30分 军队抗震救灾指挥组在北京召开第一次会议，强调全军和武警部队要把抗震救灾工作作为当前首要和重大政治任务来完成。会议要求，要组织救灾部队快速到位，全力做好各项保障工作，加强与国家有关部门和地方政府的沟通协调，严防发生连锁事件，确保部队自身的安全稳定。会议明确，为提高组织效率，部队到达灾区后的组织输送和用兵安排由成都军区负责。

5月13日17时 铁路受阻列车全部疏通完毕。铁路部门安排受地震影响的客车途中折返33列，迂回运行18列，停运98列。14日7时30分，受地震影响滞留途中的最后一列旅客列车T7次（北京西—成都）安全到达成都。至此，31列受阻客车全部安全到达目的地。

5月13日17时 四川省政府新闻办在成都召开汶川地震灾害第一场新闻发布会，由副省长李成云通报全省抗震救灾最新情况。

5月13日17时20分 成都军区司令员李世明在成都组织召开会议，研究成立成都军区抗震救灾联合指挥所，审定抗震救灾指挥编组及任务区划分方案，制定下发《关于明确抗震救灾指挥编组及任务区分的通知》。通知明确，成都军区抗震救灾联合指挥所由李世明与成都军区政委张海阳任指挥长，统一指挥四川灾区部队抗震救灾行动。通知要求，按照统筹部署、量情用兵、就近用兵的原则，划区展开救灾行动，将地震灾区划分为5个任务区；加强抗震救灾组织指挥和协调保障工作，成立空投空运联合指挥协调组、区外部队联络与安全管理协调组。

5月13日下午 中共中央政治局常委、国务院副总理李克强在北京主持召开会议，部署抗震救灾保障等工作。国务院抗震救灾总指挥部下设各工作组汇报工作进展情况。会议议定，抓紧做好灾区抢险应急物资供应保障工作，确保在最短的时间，以最快的速度，把抢险应急所需物资运送到灾区；全力做好抗震救灾的基本保障，抓紧抢修因灾受损的交通运输、铁路、电力、通信等设施设备；严防发生次生灾害；统筹做好四川和其他灾区的抢险救援保障工作；切实维护全国市场供应稳定；进一步加强信息联络和沟通。

5月13日下午 中共中央政治局委员、中央书记处书记、中宣部部长刘云山要求中央人民广播电台发挥优势，做好抗震救灾宣传工作；集中力量及时报道灾区情况和救灾进展，节目中要多请专家学者，多提供受灾群众需要的实用信息和自救知识。

5月13日下午 质检总局成立抗震救灾领导小组，并召开领导小组会议，要求加强对全国质检系统抗震救灾的组织领导，加强救灾物资质量安全监管，加强信息沟通，加强安全保卫。会议决定，派出特种设备工作组赴四川灾区指导工作，委托重庆市、陕西省质监局代表总局为四川灾区质检部门筹集急需的救灾物资。同日，质检总局发出《关于做好震后国际援赠物资检验检疫相关工作的紧急通知》《关于加大质量监督和执法打假力度，确保灾区食品、产品和救灾物资质量安全的紧急通知》《关于切实做好抗震救灾有关特种设备安全监察工作的紧急通知》。

5月13日下午 海军党委在北京召开常委会，成立抗震救灾专项指挥组，部署海军支援灾区抗震救灾工作。

5月13日18时 测绘局获取到都江堰地区3米分辨率卫星雷达影像，面积约240平方公里。同日，测绘局发出《关于认真做好抗震救灾测绘保障工作的紧急通知》；协调全球主要卫星遥感公司支持抗震救灾，4颗高分辨率遥感卫星当即调整姿态，对准中国灾区。国家基础地理信息中心向国务院应急办提供四川全省1：50000数字线划图（DLG）1123幅、数字高程模型（DEM）1061幅等。中国飞行试验研究院中飞通用航空公司根据测绘局指令，派出3个机组，分别对四川、甘肃、陕西灾区进行航空摄影。

5月13日18时 四川省卫生厅和绵阳市委、市政府在安县安昌镇设立医疗救治点，作为北川伤员转运中转站，形成北川羌族自治县曲山镇任家坪救护现场至安县“战地医院”，再至绵阳市城区各医院的伤员“三级转运”模式。同日，省卫生厅要求各灾区迅速建立现场救治点，对伤员作好处置和分类，建立“现场救治站（点）—就近医院—县级医院—市级医院—省级医院”转送伤员的救治网络。

5月13日18时50分 国家电网重庆公司由70余名工作人员及7台发电车、7台后勤保障车、2台指挥车组成的援川抗震救灾突击队到达成都，执行应急供电任务。

5月13日19时20分 成都军区驻渝77100部队政委崔昌军率所属77133部队抵达茂县叠溪镇，成为第一支进入茂县救灾的部队。崔昌军与阿坝藏族羌族自治州副州长刘文芝共同主持召开军地协调会，成立茂县方向军地联合抗震救灾临时指挥部。14日9时20分，77133部队500名官兵全部抵达茂县县城，随即展开救援。

5月13日20时 国务院抗震救灾总指挥部基础设施保障组在北京召开第二次会商会议，要求尽快摸清重要基础设施损毁情况，迅速抢修基础设施，尽快恢复通路、通电、通信和供水；保障药品、生活等重要救灾物资供应和应急调运工作；全面进入一级应急响应状态，严防次生灾害，力争把地震灾害造成的损失降低到最低程度；在保障抗震救灾需求的同时，做好全国市场供应和价格稳定工作。

5月13日20时 成都军区副司令员李作成与四川省委负责人、济南军区负责人等在都江堰成都军区抗震救灾前进指挥所研究部署济南军区抗震救灾部队救援任务。会议决定，济南军区71282部队以都江堰为基础，向汶川、理县、茂县重灾地区挺进；71622部队、71897部队主要担负彭州地区抗震救灾任务；5支医疗队在彭州担负救护任务；济南军区在都江堰开设抗震救灾前进指挥所。

5月13日20时30分 中共中央政治局常委、国务院总理温家宝在开往绵阳的列车上主持召开国务院抗震救灾总指挥部第4次会议。温家宝强调，当前抗震救灾的核心任务仍然是救人。要抓住时机、抓紧时间抢救人员，这是整个抗震救灾工作的重中之重，要把人员伤亡降低到最低限度。温家宝要求，必须力争尽快通路、通电、通水，保障电信畅通，其中通路是关键。要把灾民安置工作放在重要位置，在满足受灾群众物质生活需要的同时加强基层思想政治工作，干部要走到受灾群众当中去，真正地关心他们。要加强统一指挥，提高救人的效率，多种救援力量要协调行动，更加有力。卫生部门要迅速从全国抽调3000名医护人员，以最快速度到达四川灾区，开展医疗救治工作。要想尽一切办法，连夜抢修，尽快打通通往震中地区的公路。同时，参与抢险救灾的部队和武警官兵、公安干警要通过各种不同途径，采取空运、水路、步行、翻山等多种方式尽早进入汶川等重灾地区。会后，总指挥部各工作组连夜部署落实会议要求。

5月13日20时30分 岷江上游铜钟水电站发生漫坝，危及下游4个梯级水电站及区间两岸群众的生命安全。同时，涪江绵竹市境内有2座水库有垮坝危险。国家防总发出《关于立即组织岷江铜钟水电站下游人员转移的紧急通知》，要求尽快组织群众转移疏散，加大紫坪铺水库的下泄流量，并要求调查震区水库安全问题。

5月13日20时37分 中国货运邮政航空有限公司8Y9049航班满载着药品、食品、照明物品等13吨救灾物资，从上海飞抵成都双流机场。这是第一个到达双流机场运输救灾物资的货运航班。

5月13日21时许 成都军区司令员李世明先后命令四川省军区副司令员、77100部队部队长许勇，率领部队克服一切困难，想尽一切办法从西北面、北面、南面赶赴汶川，尽快把核心灾区的情况报出来。21时22分，李世明要求四川省军区发挥好桥梁、纽带作用，尤其解决好区外部队道路交通、住宿、生活等保障问题；强调军分区、人武部要一手抓救灾，一手抓协调和保障工作。

5月13日21时40分 总参作战部部长戚建国与成都军区司令员李世明通电话，传达中央军委主席胡锦涛关于“当前要全力救人，解决灾区群众治疗、吃饭、食宿”以及中央军委领导“一定要尽快把汶川的灾情搞清楚”的指示，并对区外救灾部队保障问题提出要求。

5月13日22时12分 德阳市东汽中学学生处主任谭千秋的遗体被从废墟中挖出。地震发生时，谭千秋正在给学生讲课，为保护未逃离的学生，被坍塌的教学楼压埋，不幸遇难。其后，新华社刊发报道《那一刻，他张开双臂护住4个学生》，引起广泛关注。

5月13日23时 什邡市湔氐镇龙居小学英语教师向倩的遗体被解放军某部官兵挖出。地震发生时，向倩正在给学生上课，为保护学生而不幸遇难，年仅21岁。

5月13日23时15分 武警驻四川某师参谋长王毅率200名先遣救援官兵，由理县古尔沟强行军90多公里到达汶川县城，成为首支进入汶川县城的救援部队。

5月13日晚 国家主席胡锦涛应约同美国总统布什通电话。布什表示，美方对中国四川汶川发生的地震灾情深表关切，向中国人民表示同情，愿意为救灾提供一切可能的帮助。胡锦涛感谢美方关切四川地震灾情，表示中国政府正全力组织抗震救灾。

5月13日晚 工业和信息化部抗震救灾指挥部在北京召开会议，对抗震救灾工作作出部署。同日，工业和信息化部紧急调集35台应急通信车、453部卫星电话、350部海事卫星电话运往灾区。

5月13日晚 民政部、财政部、审计署等部门组成的紧急采购工作领导小组召开第一次会议，决定将年初安排的2008年中央级救灾储备物资采购资金3亿元，全部用于采购灾区群众急需的帐篷等生活物资。救灾帐篷采购采取边生产、边发运的方式，尽快运抵灾区，解决群众生活困难。同日，民政部、财政部启动紧急采购程序，采购灾区急需的食品、瓶装水、衣裤、棉被、帐篷等物品。

5月13日晚 水利部门调集冲锋舟等防汛设备和物资，打通紫坪铺库区到灾区的水上救生通道。14日，35艘冲锋舟及操作手全部到位，开通水上救灾通道。

5月13日晚 陕西省委在西安召开常委（扩大）会议，听取省政府党组专题汇报，研究部署下一阶段抗震救灾工作。会议决定，成立陕西省抗震救灾指挥部，由省长袁纯清任总指挥，常务副省长赵正永与副省长姚引良任副总指挥，全面负责抗震救灾工作。

5月13日 中共中央总书记、国家主席、中央军委主席胡锦涛就抗震救灾工作作出重要指示，要求抗震救灾工作要点、线、面总体部署。胡锦涛提出，当地党委、政府要组织力量搞好自救，积极抢救受伤群众；救援部队与地方干部要组织联合救援组，深入县城和受灾乡镇，全力实施抢救；在抓好点上救援的同时，一定要考虑面上的救援工作，要根据情况迅速组织力量到需要救援的地方抢救群众。

5月13日（卢布尔雅那当地时间） 在斯洛文尼亚进行正式友好访问的中共中央政治局常委、全国政协主席贾庆林会见使馆工作人员、华侨华人和留学生代表。贾庆林介绍汶川地震灾害和中共中央、国务院开展抗震救灾工作情况，希望全体中华儿女以实际行动支持国内抗震救灾工作。

5月13日 中共中央政治局常委、国务院副总理李克强批示国土资源部，要求加大对四川等地地质灾害的监测力度，要与已在灾区排查险情人员密切联系，运用好网络视频进行会商，尤其要注意排查重大隐患，及时预警预报。14日，国土资源部在北京召开会议，要求尽快利用已有的地质灾害调查成果，查明地震引发地质灾害情况，部署受地质灾害威胁的群众撤离，并对抗震救灾临时避灾场所进行安全评估，为保障救灾及撤离人员安全提供依据。

5月13日 中共中央办公厅召开研究部署中央部门和单位开展向地震灾区群众“送温暖、献爱心”活动工作会议。14日，中直机关各部门各单位纷纷组织捐款捐物，支援抗震救灾。党和国家领导人胡锦涛、江泽民、吴邦国、温家宝、贾庆林、李长春、习近平、李克强、贺国强等带头捐献。

5月13日 最高人民法院发出紧急通知，要求全国各级人民法院认真履行好审判职责，全力维护本地区社会和谐稳定，及时处理好与抗震救灾和灾区重建工作相关的各类案件，努力化解各类纠纷，确保抗震救灾和灾后重建工作顺利进行。同日，最高人民法院成立由常务副院长沈德咏担任组长的抗震救灾协调小组，并紧急向四川灾区人民法院下拨200万元救灾慰问款，向陕西、甘肃两省受灾人民法院各拨付20万元救灾慰问款。

5月13日 最高人民检察院发出《关于积极投入抗震救灾，全力做好维护灾区社会稳定等工作的紧急通知》。15—17日，最高人民检察院有关人员到成都市区、绵阳市区、安县、北川、都江堰等地检察机关了解受灾情况，慰问检察干警。

5月13日 中央纪委、监察部发出《关于严肃纪律保证抗震救灾工作顺利进行的通知》，要求各级纪检监察机关和广大纪检监察干部把抗震救灾作为最紧迫的任务，积极投身抗震救灾工作，认真开展监督检查，严格执行纪律，保证抗震救灾工作科学、有序、统一进行。

5月13日 中组部发出《关于各级组织部门迅速动员组织广大基层党组织和党员干部投入抗震救灾工作的通知》。同日，中组部向四川、甘肃、陕西、重庆地震灾区紧急下拨代中央管理的党费600万元，其中四川省300万元、甘肃省100万元、陕西省100万元、重庆市100万元，用于支援灾区抗震救灾工作。

5月13日 中央统战部发出《发挥统一战线优势，紧急做好抗震救灾工作的通知》，要求灾区各级统战部门积极组织受灾群众救助伤员，参与当地生产自救和灾后重建工作，努力把损失减小到最低程度。

5月13日 中央政法委发出通知，要求各级政法机关和广大民警在当地党委、政府的统一领导下，迅速投入抗震救灾工作，全力维护人民生命财产安全，全力维护灾区社会稳定。

5月13日 中央台办、全国台联向灾区各级台办发出紧急通知，要求及时了解掌握灾区台资企业、台商、台胞受灾情况，积极配合当地政府组织抗震救灾工作。

5月13日 国务院抗震救灾总指挥部群众生活组在北京召开全体成员会议，研究部署抗震救灾重点工作，确定成员单位的责任分工。

5月13日 科技部在北京召开地震灾情和科技应对措施分析会，并与测绘局组建航空遥感工作组，飞赴四川灾区。

5月13日 科技部印发《抗震救灾减灾实用技术》，内容包括公共卫生、食品安全、灾后重建等。这是科技部发布的第一批公共卫生、食品安全方面的实用技术信息。

5月13日 国务委员、公安部部长孟建柱在都江堰通过“动中通”视频系统，两次连线公安部抗震救灾指挥部，部署公安机关抗震救灾工作。

5月13日 公安部下达《关于调派力量赴四川省参加地震灾害救援的命令》，命令重庆等13个公安消防总队的1263名官兵（包括100名医疗救护人员）立即组建跨区域应急救援队，奔赴四川地震灾区抢险救灾。同日，公安部消防局与四川省公安消防总队联合成立公安消防部队抗震救灾前线指挥部。当晚至次日，公安部从全国紧急调集1万名公安特警、消防特勤以及医疗救援人员赶赴灾区。

5月13日 民政部组建两个国务院救灾工作组，分赴甘肃、陕西灾区慰问受灾群众，检查受灾群众生活安置情况，指导救灾工作。同日，民政部发出《关于组织开展向地震灾区捐赠工作的通知》，与总后勤部联合发出《关于全力以赴做好抗震救灾军用饮食供应保障工作的通知》。

5月13日 民政部国家减灾中心开始处理灾区空间信息，利用受灾地区历史背景遥感数据及最新遥感数据，建立“小核心、大网络”的开放工作机制，进行灾情遥感应急监测与评估。14日，国家减灾中心建立卫星遥感数据库及索引，处理基础地理数据、灾前灾后遥感影像数据、灾区人员伤亡与损失情况专题信息等。

5月13日 民政部收到由国家减灾委专家委员会副主任史培军牵头完成的《汶川地震初步研判及应急、恢复与重建想法》。这是关于汶川地震灾情应急对策及恢复重建的第一份建议书。

5月13日 财政部会同民政部紧急下拨甘肃、陕西、云南、重庆四省（市）地震灾区自然灾害生活补助应急资金1.6亿元，并启动应急资金拨付通道；会同气象局紧急拨付气象部门预算机动经费2000万元，全力支持四川等五省（市）气象部门抗震救灾。

5月13日 人力资源社会保障部党组在北京召开会议，研究抗震救灾工作具体措施。同日，人力资源社会保障部发出《关于全国人力资源和社会保障系统支持地震灾区做好抗震救灾工作的通知》，要求人力资源社会保障系统采取有力措施，全力做好抗震救灾工作，并对地震灾区就业、农民工、医疗保险、工伤保险等工作提出要求。

5月13日 国土资源部、气象局联合发布的地质灾害气象预警预报开始加密预报，由原来一天1次改为一天3次，并在中央电视台7时、12时、19时30分的气象节目中播出。

5月13日 环境保护部发出《关于加强民用核设施和辐照装置抗震应急准备的通知》、《关于防范和应对地震灾害次生环境污染事件的通知》，环境保护部办公厅印发《抗震救灾期间环境应急监测工作方案》。同日，环境保护部由核安全、污染防治有关专家组成的21人专家组赶赴四川灾区，协调、指导当地环保部门做好次生环境灾害防范和应对工作。

5月13日 住房城乡建设部组织召开专家座谈会，研究部署城镇供水、供气等如何服务抗震救灾工作。

5月13日 交通运输部抗震救灾应急抢险指挥领导小组在北京连续召开3次会议，部署公路抢通工作，并发出《关于对抗震抢险救灾物资免缴车辆通行费的紧急通知》。同日，交通运输部成立专家组，奔赴灾区指挥救灾工作，并向四川省紧急下拨专项资金1000万元，用于灾区公路、桥梁和防护设施的抢修与恢复工作。应交通运输部中国交通通信中心要求，国际海事卫星组织为中国震区增加2倍卫星信道资源，提高海事卫星设备在灾区的通信能力。

5月13日 水利部在北京召开部务（扩大）会议，成立由部长陈雷任总指挥的抗震救灾指挥部，部署下一步抗震救灾工作。同日，水利部抗震救灾工作组在成都紧急召开有四川省相关部门和业主参加的工作会议，搜集震损电站情况，制订抢险救灾工作方案。

5月13日 农业部抗震救灾指挥部在北京召开会议，提出农业抗震救灾指导性意见。会后，农业部发出《关于全力做好农业抗震救灾工作的紧急通知》，并派出动物防疫专家组赴四川指导重大动物疫病防控工作。同日，农业部紧急启动全国农产品市场日监测工作，组织中国农产品市场协会会员单位积极筹集货源，开展市场对接，支援灾区；向海南、湖南等省农业部门发出通知，要求积极引导当地经销商加大向灾区运销农产品，稳定市场供应；紧急安排100吨消毒剂等救灾物资运往灾区。

5月13日 商务部发出通知，要求全国各省（区、市）商务主管部门加强市场监测，并落实应急救灾物资货源，调配生活必需品，向灾区运送食品、饮用水、药品和帐篷、防寒衣被等救灾物资。同日，商务部从上海向四川灾区紧急调运1万支手电筒、4万节电池、20万支蜡烛。四川省商务系统紧急启动生活必需品市场监测预警系统。

5月13日 卫生部从北京、河北、山西等地紧急调拨血液10350单位，协调总后卫生部调拨代血浆2万袋，连同急救医疗器械、药品等共15吨，运往汶川地震灾区。同日，卫生部在例行新闻发布会上介绍卫生系统抗震救灾情况，并号召全国健康适龄公民献血。各地血站当日的单日血液采集量突破历史之最，库存均达上限。

5月13日 中国疾控中心在官方网站上公布地震灾区急需的《地震后疾病流行风险》《灾难发生后遇难者遗体处理》《地震灾区安置点卫生指南》《地震灾区预防性消毒与杀虫专业技术指南》等公共卫生技术支持报告，并组建4支赴四川地震灾区救灾防病应急队。

5月13日 人民银行发出《关于做好抗震救灾工作的紧急通知》，要求人民银行系统启动突发事件应急预案，确保支付清算系统稳定运行，确保网络运行安全，加强发行基金安全保卫和调运工作，建立国库资金汇划“绿色通道”，认真做好抗震救灾信贷支持和金融稳定工作等。

5月13日 审计署成立由审计长刘家义任组长的抗震救灾款物审计领导小组，领导开展抗震救灾款物审计工作。

5月13日 国资委在北京召开抗震救灾视频会议，组织号召在京中央企业对位于灾区的中央企业进行对口援建，帮助灾区的中央企业迅速恢复生产，展开自救。同日，国资委发出《关于中央企业做好抗震救灾工作的紧急通知》。

5月13日 税务总局党组在北京召开会议，研究支持抗震救灾的税收征管措施，从税收征管以及征管数据的抢救保护等方面对税务系统抗震救灾工作作出部署。

5月13日 新闻出版总署发出《关于全力做好抗震救灾工作的紧急通知》，要求深入灾区做好宣传报道，加强正面舆论引导；灾区各新闻出版部门立即组织开展向受灾群众提供信息服务等活动；灾区新闻出版机关和新闻出版单位积极做好生产自救和灾后重建；加强新闻出版管理，强化舆论引导。

5月13日 安全监管总局在北京连续召开两次会议，部署抗震救灾工作。同日，安全监管总局发出《关于做好抗震救灾中安全生产工作的紧急通知》；总局工作组抵达四川灾区，到绵竹市汉旺镇天池集团公司、什邡市蓥华镇蓥峰实业有限公司查看灾情。

5月13日 林业局在北京召开两次专题会议，决定采取成立抗震救灾工作领导小组、派出抗震救灾工作组、拨出200万元紧急救灾资金等紧急措施，支援抗震救灾。同日，林业局前线工作组抵达成都。

5月13日 旅游局抗震救灾协调领导小组在北京召开会议，分析灾区游客滞留情况，进一步明确信息收集渠道，并决定各级旅游部门要全力以赴协助做好灾区滞留游客的撤离和救援工作。同日，旅游局发出《关于全力做好抗震救灾工作的通报》。

5月13日 知识产权局在北京召开会议，研究部署抗震救灾紧急救助工作。同日，知识产权局发出《关于地震灾害期间办理专利申请手续的通知》。

5月13日 侨办成立抗震救灾工作领导小组，并紧急启动“侨爱工程——抗震救灾温暖行动”，要求全国各级侨办系统行动起来，发挥侨务工作优势，广泛联络海外侨胞和国内侨界人士，向他们通报灾情，协助引导他们以各种形式向灾区奉献爱心。同日，侨办举行“侨爱工程——抗震救灾温暖行动”新闻发布会暨捐赠仪式，海外侨胞向地震灾区捐款6000多万元。

5月13日 银监会成立由主席刘明康任组长的抗震救灾工作领导小组，并派遣3个工作组奔赴抗震救灾第一线。同日，银监会办公厅发出《关于做好抗震救灾金融服务有关工作的紧急通知》，要求银监会系统及各银行业金融机构要动员一切力量，迅速投入抗震救灾工作，全力抢救受灾群众和财产，尽快恢复生产生活秩序，为抗震救灾提供金融服务与支持。

5月13日 证监会发出《关于做好证券期货市场抗震救灾和维护稳定有关工作的通知》，要求证监会系统各单位采取成立应急领导小组、掌握受灾情况、组织专门力量加强灾情分析预判等措施，切实做好证券期货系统受灾受损单位和网点恢复重建工作，全力维护市场正常运行。同日起，由于无法与部分灾区上市公司取得联系，暂时不能披露灾情影响，沪深证券交易所为保证投资者的合法权益，根据《股票上市规则》，对四川、重庆两地共66家上市公司实施技术性停牌措施，直至公司刊登公告后复牌。

5月13日 保监会发出《关于加强保险业应对地震灾害工作的通知》《关于做好抗震救灾工作的紧急通知》，要求启动保险业重大突发事件应急预案I级响应程序，设立应急指挥机构，做好应急保障，切实做好抗震救灾和理赔服务等工作。保监会成立由主席吴定富任总指挥的应急指挥中心。同日，中国人寿宣布向所有奋战在抗震救灾一线的解放军、武警官兵、公安民警、医护人员及相关专业救灾人员每人提供20万元的人身意外保险保障。

5月13日 民航局发出《关于加强抗震救灾关键阶段有关工作的紧急通知》，要求全行业全力保障抗震救灾人员和物资的航空运输，各航空公司要准备充足运力，优先运输救灾食品、药品和设备等。同日，民航局还发出《关于确保畅通优先保障抗震救灾物资和人员航空运输工作的通知》。

5月13日 民航局调集国航等6家航空公司10架飞机，从洛阳运送4160名解放军官兵赶赴灾区。14日，民航局调集国航等7家航空公司55架飞机，从28个省（区、市）30个机场运送特警、消防官兵及医务人员7450人赶赴灾区。14—15日，民航局又调集国航等3家航空公司19架飞机，从郑州、武汉等地运送4590名解放军官兵赶赴灾区。

5月13日 中国邮政集团公司、中国邮政储蓄银行开通“绿色通道”，对所有汇往中国红十字会总会、中华慈善总会、民政部及其下属机构和各类公益性基金会的抗震救灾捐款一律免收手续费。14日，四川省邮政公司启动“抗震救灾四川邮政绿色通道”，向社会提供个人捐赠渠道和免费寄递赈灾捐款、衣物、帐篷等服务。

5月13日 食品药品监管局党组在北京召开扩大会议，成立抗震救灾工作领导小组，启动一级应急响应，同时召开领导小组会议，部署抗震救灾工作。同日，食品药品监管局发出紧急通知，要求北京、上海、四川、甘肃、广东、湖北、吉林7个疫苗批签发授权药品生物制品检定所在保障疫苗和血液制品质量的前提下加快批签发工作。

5月13日 中医药局在北京召开会议，决定成立抗震救灾工作领导小组，组建9支中医药抗震救灾医疗救援队。14日，中医药局首批两支医疗救治队17人携带药品、器械等抵达德阳，开展救治工作。其后，中医药局协助一些全国中医骨伤重点专科所在医院组建医疗队，相继奔赴抗震救灾第一线。

5月13日 总参谋部发出《关于加强抗震救灾部队安全管理工作的通知》，要求严密组织，领导靠前指挥；注重防范，确保自身安全；严守纪律，做到秋毫无犯；跟踪检查，加大督导力度。同日，由总参气象水文局6名专家组成的抗震救灾联合气象水文保障专家组飞赴成都。应总参气象水文局要求，兵器工业集团所属江苏曙光光电有限责任公司紧急向灾区提供4台K/LLX502B型手持式激光测云雷达（对空测量仪器），为航空兵飞机起降提供及时准确的气象数据。

5月13日 军队由总参谋长助理孙建国负责，地方由四川省委负责人负责，建立军地联合指挥协调机制，根据实际需要实行军地协商兵力部署，统一指挥部队救援行动，组织部队通过冲锋舟运载、徒步推进、空降兵力3种方式快速挺进汶川、理县、茂县特别是汶川县映秀镇等重灾地区。14日2时，孙建国等在都江堰主持召开紧急会议，决定在都江堰成立前线总指挥部。

5月13日 总政治部在北京召开部务会，专题研究部署抗震救灾政治工作。同日，总政治部发出《坚决贯彻落实胡锦涛主席重要指示，扎实做好抗震救灾中政治工作》的通知。

5月13日 总后勤部派驻成都军区联勤部抗震救灾工作组（亦称总后抗震救灾前方指挥组）12人分别从昆明、北京赶赴成都。是日至14日，总后勤部3次下发通知，要求相关单位抽组38支医疗队、防疫队并明确任务。

5月13日 总装备部下发《关于做好抗震救灾装备保障工作指示》，要求全面检查装备、弹药、器材库和防化危险品等重要部位安全，尽快统计上报装备器材和维修设备受损情况，迅速调整补充抗震救灾所需装备，加强装备维修保障工作。

5月13日 武警部队司令员吴双战率武警总部工作组到都江堰、德阳等地指导抗震救灾。

5月13日 全国总工会发出《关于全力做好抗震救灾工作的紧急通知》，要求灾区工会把保障职工群众生命安全放在第一位，积极配合有关方面，深入企业全力救治受伤职工，采取多种方式，积极开展帮扶工作。同日，全国总工会再次向灾区拨付800万元救灾慰问金。

5月13日 全国妇联党组在北京召开紧急会议，部署妇联系统支持灾区抗震救灾工作。会议决定，向四川省妇联捐赠300万元，向汶川县妇联捐赠200万元。

5月13日 中国青少年发展基金会与东方卫视、《中国青年报》《21世纪经济报道》《新京报》、搜狐网、千橡互动、北京交通台、招商银行、世界杰出华商协会及全国33家省级青少年发展基金会联合启动“希望工程紧急救灾劝募行动”，号召社会各界救助四川地震灾区受灾学生，帮助抢修损毁学校。

5月13日 四川省抗震救灾指挥部发出《关于做好伤亡人员救助和善后工作以及群众工作的紧急通知》，要求灾区千方百计组织救人，同时高度重视做好群众安置工作和思想工作，特别是要妥善做好伤亡人员的善后工作和家属工作，维护灾区社会稳定。同日，省政府办公厅发出《关于做好抗震救灾工作的紧急通知》《关于做好金融支持抗震救灾工作的紧急通知》。

5月13日 四川省委书记刘奇葆在《四川日报》上发表《全体动员，众志成城，奋力夺取抗震救灾斗争的胜利》一文，提出一定要全力以赴、奋不顾身投入抗震救灾工作，切实保障灾区人民群众生命安全，尽最大努力把地震灾害的损失减小到最低程度。

5月13日 四川省卫生厅派出由四川大学华西医院、四川省人民医院、四川省肿瘤医院、成都市属医院等医疗机构组建的96支抗震救灾医疗队、约400余名医护人员，紧急赶赴灾区开展救援工作。同日，四川省红十字会卫生救护培训中心组织100名持有红十字急救员证的志愿者组成4支急救队，携带价值100万元的急救包等物资奔赴北川、都江堰、彭州、绵竹灾区，开展紧急救援工作。

5月13日 经国家电网四川公司工作人员全力抢修，宝成铁路四川段因震灾停电的5座电铁牵引站全部恢复临时供电。同日，国家电网重庆公司受地震影响的停电用户全部恢复供电。

5月13日 甘肃省抗震救灾总指挥部在兰州召开成员单位主要负责人紧急会议，部署全省抗震救灾工作。同日，省政府紧急筹措抗震救灾资金1亿元，下拨灾区用于解救被困人员，安排遇难者善后工作，恢复水、电、路等基础设施和灾后重建，同时派出8个救援组奔赴陇南灾区。省委办公厅、省政府办公厅发出《关于开展募捐活动支援地震灾区群众生产生活的通知》，同时在“中国·甘肃”网站上公布接收社会各界向甘肃省捐赠款项的账号及联系方式。

5月13日 中央国家机关、各省（区、市）政府纷纷向四川灾区发慰问信（电），并捐款捐物，帮助灾区人民渡过难关。发慰问信（电）的有：中央统战部，国家民委，文化部，人口计生委，审计署，海关总署，工商总局，信访局，河北省委、省政府，山西省委、省政府，内蒙古自治区党委、自治区政府，上海市委、市政府（第二次），江苏省委、省政府，浙江省委、省政府，安徽省委、省政府，福建省委、省政府，河南省委、省政府，湖北省委、省政府，湖南省委、省政府，广东省委、省政府，广西壮族自治区党委、自治区政府，海南省委、省政府，贵州省委、省政府，青海省委、省政府。捐款捐物的有：中共中央政治局委员、北京市委书记刘淇与市长郭金龙等带头向四川汶川地震灾区捐款。天津市捐助300万元和相应救灾物资。河北省捐助500万元及棉衣1万套、棉被1万床。山西省捐款1000万元。内蒙古自治区捐款300万元。辽宁省捐款1000万元。吉林省捐款200万元。上海市捐助1200万元及2批救灾物资。江苏省捐款1000万元。浙江省捐款1000万元。安徽省捐款300万元。福建省捐助500万元及相应物资。山东省捐款300万元。河南省捐款500万元。湖北省捐款500万元。广东省捐助200万元和价值250万元的救灾物资。广西壮族自治区捐助价值500万元的救灾物资，海南省捐款300万元。重庆市捐款1000万元。西藏自治区捐款300万元。宁夏回族自治区捐款100万元。上海市还向甘肃、陕西两省灾区人民各捐款200万元。14日，国侨办与甘肃省委、省政府向四川灾区发慰问信（电）。

5月13日　一些省市紧急向四川灾区派出医疗、救援队伍，运送救灾物资。云南省紧急调集1万床棉被和1万套棉衣裤运往灾区。陕西省派出由省地震灾害紧急救援队等共110人组成的紧急救援队，携应急专用车辆及专用器材，奔赴北川。北京、天津各抽调50余名医务人员组成2支共105人的医疗救援队，随队携带急救药品、血液血浆、手术器材、帐篷等物资共15集装箱，飞赴灾区。北京市红十字会紧急救援中心（999）的38名救灾、医护人员组成中国红十字会“999”应急医疗救援队赶赴四川灾区，于15日抵达绵竹。河北省红十字会派出由19人组成的救援队赶赴灾区，于14日到达绵竹市九龙镇，开展救援工作。辽宁省紧急调拨4000顶帐篷、5万床棉被等救灾物资运往灾区。江苏省公安厅派出的50人地震救援队和20人医疗队，携带8条搜救犬和生命探测仪等救援装备，赶赴灾区。江苏省卫生厅组建105人的医疗队，携带7吨应急救援药品、医疗器械和2万毫升新鲜血液等物资抵达绵阳灾区。山东省支援四川灾区的第一批卫生应急救援队55人飞抵成都。广东省卫生厅组建6支抗震救灾医疗队飞赴四川灾区。海南省由53人组成的地震灾害紧急救援队携带救援设备到达成都。

5月13日　中共中央政治局委员、北京市委书记刘淇在北京主持召开市委、市人大常委会、市政府、市政协主要负责人碰头会，专题研究支援抗震救灾工作。辽宁省政府在沈阳召开常务会议，吉林省政府在长春召开专题会议，上海市委办公厅、市政府办公厅发出《关于全力做好支援四川抗震救灾工作的紧急通知》，浙江省委在杭州召开常委会紧急会议，安徽省委在合肥召开常委会议，部署支援四川抗震救灾工作。

5月13日　澳门特区政府拨款1亿元，下辖的澳门基金会拨款1000万元，交付国务院抗震救灾总指挥部，支持抗震救灾工作。同日，香港红十字会、澳门红十字会分别派人到北川考察灾情。

5月13日 中国国民党荣誉主席连战致电中共中央总书记胡锦涛，表达对四川汶川等地遭受地震灾害的关切。16日，连战通过中华慈善总会向四川灾区捐款250万元。24日，连战通过四川省慈善总会向四川灾区捐赠价值100万元的1万件羽绒服。

5月13日 台湾地区候任领导人马英九到台湾红十字组织以个人名义向四川灾区捐款20万元新台币，亲民党主席宋楚瑜以“宋友会”名义向四川灾区捐款100万元新台币。同日，新党主席郁慕明致函国台办，代表新党向四川地震灾区同胞表达慰问。

5月13日（各国当地时间） 一些国家政府和国际组织向中国四川汶川地震灾区提供救灾援助。比利时通过联合国开发计划署向中方捐款75万美元。德国政府宣布通过德国红十字会向中国地震灾区提供第一笔总数为50万欧元的救灾援助。日本政府决定向中方提供总额500万美元的紧急资金援助。挪威外交部宣布，挪威政府决定向中方提供2000万挪威克朗捐款。国际奥委会宣布向中国提供100万美元经济支援。此后，国际社会通过各种方式继续向中国四川汶川地震灾区提供救灾援助。

5月13日（各国当地时间） 英国《泰晤士报》，澳大利亚《澳大利亚人报》网站，美国《基督教科学箴言报》、《纽约时报》网站，以及新西兰、马来西亚等国媒体，均发表文章，对中国政府的救灾工作予以积极评价。

5月13—14日 最高人民法院、最高人民检察院、外交部、发展改革委、科技部、人力资源社会保障部、环境保护部、铁道部、文化部、人口计生委、审计署、广电总局、安全监管总局、林业局、旅游局、侨办、港澳办、证监会、全国妇联、中国残联、民建中央以及武警总部等单位、部门纷纷行动起来，为灾区捐赠款物。

5月13—14日 气象局第一批抗震救灾工作组赶到都江堰、广元、绵阳市区、北川，组织、协调抗震救灾。

5月13—14日 中国文联在北京先后召开党组会议和党组（扩大）会议，落实、细化文艺界抗震救灾的具体措施，并发出《关于组织动员广大文艺工作者积极投身抗震救灾工作的通知》。中国文联代表广大文艺工作者向四川省委、省政府捐赠100万元，支持灾区人民。

5月14日凌晨 国土资源部支持研制的无人驾驶飞机低空遥感系统运抵成都。该无人驾驶飞机可在阴雨天情况下实施400米以下低空航摄，获取地面1～0.2米分辨率遥感影像。10时29分，国土资源部航空遥感中心派出一架飞机飞赴汶川、北川执行任务。23时，航空遥感中心完成对汶川地震灾区进行的第一次航空遥感拍摄照片解译，编制了6个测区的航空遥感分布图。

5月14日早晨 在2008年年初抗击南方冰雪灾害中被称为“唐山十三农民兄弟”（又称“唐山十三义士”）的唐山市玉田县东八里铺村2组13名农民之一的宋志永辗转到达北川灾区，随即和武警战士一起搜救被埋群众。15日，另外12人赶到四川，与宋志永组成“爱心志愿小分队”，与其他救援部队一起，在北川救出25名幸存者，挖出遇难者遗体近60具。随后，小分队转战绵阳市区、安县，帮助安县晓坝镇、千佛镇受灾群众转移。

5月14日7时5分 水利部抗震救灾指挥部在北京召开全体会议，要求重点保证震损水利工程、堰塞湖安全度汛和防范次生灾害，以及抓紧摸排、修复震损供水设施等。晚上，水利部抗震救灾指挥部再次在北京召开会议，决定成立抗震救灾前方领导小组，组织有关专家和技术力量、水利抢险队伍赶赴一线，加快修复通信、报汛和水文设施等。

5月14日7时20分 成都军区驻渝77100部队部队长许勇乘直升机飞临汶川县城上空查看灾情，9时降落在茂县县城，及时将两地受灾情况报告成都军区作战指挥中心。

5月14日8时30分 安全监管总局党组在北京召开扩大会议，要求有序组织安全生产应急救援队伍、矿山医疗救援队伍赶赴四川灾区参加抗震救灾，在地震灾区执行“百日督察”专项行动的督察组将工作重点转向防范因地震引发的次生安全生产事故。同日，安全监管总局在北京召开3次抗震救灾调度协调会，部署加强对灾区可能诱发次生事故的隐患排查和治理等工作。

5月14日9时39分 受地震影响中断的铁路成汶支线恢复通车。

5月14日10时20分 成都军区驻川77116部队3架直升机成功降落在汶川县城附近的牛脑寨山顶，成都军区抽组的应急通信保障分队随机进入汶川县城，于13时55分建立起汶川应急通信站，恢复了汶川县城与外界的通信联系。

5月14日11时 四川省军区协调中国联通四川公司、中国移动四川公司，分别调用20套VSAT（甚小口径卫星终端站）卫星通信系统、18套手持卫星通信终端设备，运至彭州、都江堰、什邡、绵竹、安县、青川、北川、平武等重灾地区，供抗震救灾部队官兵和受灾群众使用。

5月14日11时48分 空军某空降兵侦察小分队15人在没有准确气象资料、无地面引导等情况下，成功伞降茂县灾区，并展开灾情搜集报告工作。

5月14日上午 中共中央政治局常委、国务院总理温家宝到北川县城看望救援人员和受灾群众。在通往北川县城的路上，带领随行人员给伤员让路，还在救援现场向从成都赶来的美国志愿者介绍有关救援情况，并表示感谢。12时，温家宝主持召开国务院抗震救灾总指挥部第5次会议。会议议定，增加救援力量，再增派3万名解放军官兵，使总救援兵力达到10万人；调集救灾工具和设备；充实医疗救助队伍；保障生活用品供应；加强地方各级政府对救灾工作的组织领导。下午，温家宝致电陕西省省长袁纯清，询问陕西灾情和抗震救灾工作，向陕西受灾群众表示慰问，希望进一步做好抗灾救灾工作；还乘直升机到达汶川县映秀镇查看灾情，看望受灾群众，慰问救援人员。

5月14日上午 中共中央政治局常委、中央纪委书记贺国强在北京主持召开中央纪委常委会议，通报抗震救灾工作情况，要求加强对抗震救灾资金和物资管理、使用情况的监督检查，保证以最快速度用于受灾群众，对贪污、私分、截留、挪用行为严惩不贷。中共中央书记处书记、中央纪委副书记何勇出席会议。

5月14日上午 公安部成立前方临时协调小组，统一指挥、协调灾区公安机关的抗震救灾工作。同日，国务委员、公安部部长孟建柱到北川抗震救灾一线慰问参战民警。

5月14日上午 住房城乡建设部发布公告，启动建设系统对口援助地震灾区联络平台，要求各省（区、市）建设厅（建委）和有关部门紧急行动起来，积极调动相关物资、设备、资金和技术人力资源，全力支持灾区抗震抢险工作。

5月14日上午 商务部紧急调运16万箱瓶装水到达地震灾区。同日，商务部集中采购200万箱瓶装水，第一批25.2万箱于15时从武汉经铁路发往成都。

5月14日上午 人口计生委在北京召开会议，研究部署抗震救灾工作。会议要求，发挥人口计生公共管理服务网络优势，动员人口计生行政部门、服务机构、群众团体和自治组织，以家庭为中心，对受灾群众进行情绪疏导和心理关怀，大力普及抗震救灾知识。

5月14日上午 电监会四川抗震救灾保电工作组在成都召开四川省电力企业抗震救灾汇报会。同日，电监会有关人员12人抵达兰州，成立甘肃电力抗震救灾保电工作组。国家电网湖北公司390人、湖南公司350人组成的电网抢修队伍携带发电机、发电车以及工程车辆等设备分别到达绵阳、德阳，执行保电任务。

5月14日上午 总后勤部抗震救灾领导小组在北京举行会议，要求从解放军总医院、军事医学科学院分别抽调专家和防疫队，深入灾区展开医疗救治和技术指导。领导小组组长由中央军委委员、总后勤部部长廖锡龙担任。14时30分，总后勤部紧急增派的50支医疗队从北京飞赴四川灾区。

5月14日上午 上海9000余辆张贴着“赈灾义运”标志的出租车奔驰在上海街头，每辆车当天捐出100元营业款支援灾区。

5月14日上午 香港特区立法会财务委员会召开特别会议，通过特区政府3亿港元的紧急拨款申请，捐助国务院抗震救灾总指挥部用于四川灾区赈灾，另外拨款5000万港币供香港慈善和救助机构申请赈济四川地震灾区。同日，香港特区行政长官曾荫权致函国务院抗震救灾总指挥部，澳门特区行政长官何厚铧发出致四川省委书记刘奇葆、省长蒋巨峰的慰问信，向受灾同胞表示深切慰问。

5月14日12时30分 中央人民广播电台联合中国残联、广电总局电影卫星频道节目制作中心组织“爱在天地间——百名歌手广播赈灾大行动”大型赈灾义演活动。各界踊跃捐献，其中电台中国之声频率战略合作伙伴的捐款捐物价值超过1亿元。13时47分，随救援部队进入震中汶川县映秀镇的中央人民广播电台记者王亮与义演活动现场连线，向全国听众播报震中情况。

5月14日13时许 成都军区司令员李世明、政委张海阳研究决定，组织力量打通汶川县映秀镇水陆生命通道，指派成都军区副司令员吕登明到现场组织指挥。随后，成都军区向驻渝77100部队下达《关于抢修紫坪铺至映秀镇通道的命令》。

5月14日15时 新闻办在北京就汶川地震灾害和抗震救灾情况举行第二次新闻发布会，由交通运输部、铁道部介绍抗震救灾相关工作进展情况。

5月14日17时 总后勤部第三军医大学西南医院和新桥医院79人组成的抗震医疗队抵达汶川县映秀镇，成为首支抵达汶川震中展开救治工作的医疗队。随后，他们与从空中抵达映秀镇的成都军区第42医院30人医疗救护分队紧急搭建汶川震中地区首个野战医疗救护所。

5月14日17时20分 甘肃省政府决定启动一级地震应急响应，并向国务院应急办报送省政府《关于启动一级地震应急预案的报告》。同日，省抗震救灾领导小组发出《关于切实做好抗震救灾期间安全工作的紧急通知》。

5月14日下午 中共中央总书记胡锦涛在北京主持召开中共中央政治局常委会会议，进一步研究部署抗震救灾工作。会议听取国务院抗震救灾总指挥部关于抗震救灾工作汇报。中央要求，各地各有关方面务必把抗震救灾工作作为最重要最紧迫的任务，不畏艰难，连续作战，团结协作，全力以赴，坚决打胜抗震救灾这场硬仗。会议要求，要把抢救被困群众放在第一位，只要有一线希望，就要尽一切努力施救。中央决定，增派解放军、武警部队、公安消防特警，并配备必要的器械和工具，迅即赶赴灾区第一线，全力投入抢险救援。会议要求，要继续从各地和部队调集医护人员，组成医疗队和专家组，到灾区对受伤群众实施救治，并加强卫生防疫工作，防止灾区疫病流行。要千方百计安排好灾区群众生活，继续筹措和调运灾区急需的食品、饮用水、衣被、帐篷等物资，切实解决好受灾群众的吃饭、饮水、穿衣、住宿等问题。同时，要深入细致地做好灾区群众思想工作，确保灾区社会稳定。要抓紧抢修道路、电力、通信等基础设施，首先要想方设法尽快恢复通往灾区的公路交通，以保证整个抗震救灾工作顺利进行；还要切实防止次生灾害发生，避免造成新的损失。会议还要求，要进一步加强对抗震救灾工作的领导，统一指挥，科学调度，加强协调，分工负责，严明纪律，确保中央抗震救灾决策部署落到实处。

5月14日下午 中共中央政治局常委、国务院副总理李克强，中共中央政治局委员、国务院副总理回良玉在北京主持召开会议，研究部署和协调抗震救灾各项救援保障工作。会议强调，各地各有关部门要按照中共中央、国务院的统一部署，进一步加强统筹协调，加大工作力度，打破常规，特事特办，高效有序地组织抢险救援所需人力、财力和物力，确保把各项保障工作逐一落到实处，全力支持前方抢险救援工作。会议议定，进一步加强灾区应急物资保障，着力解决灾区运力紧张问题，加大次生灾害隐患排查力度，统筹做好经济社会发展和维护社会稳定的各项工作。

5月14日下午 发展改革委会同有关部门研究拟订希望国外支持和援助的第一批“抗震救灾急需物资目录”，包括生命探测仪、破拆机械、通信器材等共计6类25种。15日，外交部将目录印发各驻外使领馆、团、处，驻香港、澳门公署。

5月14日下午 质检总局抗震救灾领导小组在北京召开会议，要求进一步完善应急救援预案和措施，突出抓好供应灾区产品特别是食品的监管，做好国际国内援助物资检验和监管、特种设备安全监察、重点建筑材料监督检查、质检系统自身安全保障等工作。晚上，质检总局派出特种设备工作组，赴四川灾区指导抗震救灾工作。

5月14日下午 中科院2架高空遥感飞机、3架无人驾驶飞机飞抵四川地震灾区，开展遥感监测和灾情评估工作。

5月14日下午 烟草局、中国烟草总公司在北京召开会议，研究部署烟草行业抗震救灾工作。同日，烟草局、中国烟草总公司向四川省委、省政府发慰问信，并以中国烟草总公司名义向四川省政府捐款5000万元。

5月14日下午 中央军委向成都军区、济南军区和海军、空军下达《增派抗震救灾部队命令》，要求向灾区增派3.26万人，其中济南军区2.2万人、成都军区4000人、海军某陆战旅2600

人、空降兵某部4000人，以摩托化开进、铁路输送、空运等不同方式机动。命令明确，各救灾部队到达灾区后接受成都军区统一指挥。

5月14日下午 武警部队在成都召开抗震救灾工作会议，部署下一步抗震救灾工作。同日，武警部队党委在北京召开常委会议，研究部署抗震救灾工作。

5月14日下午 备战2008年北京奥运会的中国体育健儿向地震灾区捐款仪式在北京举行。国家运动队近500名运动员、教练员等参加捐助仪式。在全国各地备战2008年北京残奥会的中国残疾人运动员也向灾区捐款。至17时，体育总局向地震灾区捐款1800余万元。

5月14日18时 国家电网110千伏文县变电站恢复供电，陇南市八县一区基本恢复供电。文县电网与甘肃电网相连。同日，陕西地电集团因地震受损需恢复的输配电设施全部恢复了生产。

5月14日19时10分 财政部党组在北京召开会议，要求全力保障抗震救灾工作资金需要；全面掌握抗震救灾资金拨付使用、物资采购使用等情况，提高资金使用效益；努力加强和改善财政宏观调控，防止敏感商品价格过大波动，维护社会稳定；在灾后重建资金安排上，充分利用好专项资金。同日，财政部预拨发展改革委抗震救灾资金2亿元；会同教育部向四川省紧急拨付教育抗震救灾专项基金5000万元；会同水利部紧急拨付特大防汛补助经费1亿元，另向四川省紧急安排补助资金4000万元；预拨商务部抗震救灾资金5000万元；会同卫生部紧急拨付补助四川省卫生应急防疫救灾专项资金1000万元；拨付旅游局4000万元；会同民航局向灾区下拨救灾应急款5500万元。另外，财政部还下拨四川省1000万元资金，用于支持广播电视系统修复受损设备；紧急下拨红十字会彩票公益金4000万元，用于粮食、消毒剂、棉衣被、帐篷等物品采购。

5月14日20时 国务院抗震救灾总指挥部基础设施保障组在北京召开第三次会商会议，要求全力组织向灾区调运生活物品和救灾物资；水利和电力部门密切跟踪水库大坝受损情况，防范次生灾害；启动重要商品市场供应和价格监测机制，稳定物价。

5月14日20时 国土资源部抗震救灾领导小组在北京召开会议，要求灾区省国土资源部门迅速利用普查资料，向当地政府和抗灾指挥机构提出撤离人员避让地质灾害的建议，迅速组织当地地勘单位制定次生地质灾害排查工作方案，组成专家工作组对受灾地区做好地质灾害隐患点的巡查预警工作；各地国土资源部门和地勘单位要积极支持抗震救灾，迅速组织技术力量赴灾区开展相关工作。

5月14日20时 军队负责人主持召开专题会议，研究贯彻落实中央会议决定、向灾区增派直升机问题。

5月14日20时 河南省偃师市顾县镇顾县村民兵连24人打着“河南民兵抗震救灾突击队”旗帜，从贵州省辗转到达都江堰市聚源镇，投入救援工作。救援期间，突击队抢救出11名幸存者，挖出19具遇难者遗体，抢修20多公里道路。

5月14日21时20分 总后勤部下发《关于军队参加抗震救灾后勤保障指示》，明确部队参加抗震救灾的后勤供应保障关系、经费保障标准、后勤装备物资和勤务保障、加强后勤管理和防护自救及积极做好支援地方救灾工作等问题。

5月14日晚 中共中央政治局常委、国务院总理温家宝在从成都开往广元的列车上主持召开国务院抗震救灾总指挥部第6次会议。会议议定，调集直升机投入抢险救灾，经中央批准，从部队调集60架、从民航调集30架直升机，自15日开始，通过直升机将救灾人员和物资运抵陆路交通中断、尚无救援人员到达的58个重灾乡（镇）；进一步加强救援力量，增派参加救援的3万名解放军抓紧到位；加强救援队伍的技术指导；加强防震抗灾知识的宣传普及。此外，继续做好调集救灾工具设备、保障食品和饮用水等生活必需品供应、充实医疗救助队伍等各项工作。

5月14日晚 国务院副秘书长尤权在北京主持召开物资保障专题会议，研究落实抢险救灾物资保障工作。会议议定，明确救灾物资筹集和供应责任；铁路、交通、民航（包括军地直升机）要尽最大可能满足救灾物资运输的需要，按照特事特办原则安排运输计划；加强救灾物资需求调配管理；建立救灾物资供求协调机制。

5月14日晚 工业和信息化部在北京召开国务院有关部门负责人参加的会议，成立国务院抗震救灾总指挥部生产恢复组。

5月14日晚 民政部与中华慈善总会、中国红十字会总会等在北京21世纪剧院联合举办“同一首歌——凝聚每份爱·大型抗震救灾义演”。这是震后国内第一场抗震救灾晚会。晚会现场收到社会各界捐款1084万元。

5月14日晚 住房城乡建设部在成都召开救灾座谈会，决定增派房屋安全鉴定专家，预备一批灾后重建规划专家和工程地质方面专家，继续抓好各种救灾物资支援。同日，住房城乡建设部成立由中国城市规划设计研究院等单位权威专家组成的援建四川地震灾区规划工作队。由中国建筑科学研究院、北京市建筑设计研究院12名专家组成的住房城乡建设部首批专家工作组抵达都江堰，随后用8天时间对都江堰的建筑震害进行应急评估和调研工作。

5月14日晚 交通运输部党组在北京召开会议，要求各地交通运输部门把抢通汶川地震重灾地区公路作为工作的重中之重，保证整个抗震救灾工作顺利进行。同日，交通运输部紧急从重庆市调集100辆30～35座客车、100辆载重5吨厢式货车赴灾区提供运力支援。

5月14日晚 旅游局抗震救灾协调领导小组在北京召开会议，要求千方百计确定在灾区的旅游团队和游客的位置、去向和有关情况，对尚未明确具体位置、去向的旅游团要迅速采取措施尽快取得联系，已经明确位置的要千方百计协助解决他们的急迫需求。

5月14日深夜 河南省开封县陈留镇李郑庄村村民李明前等10人驱车1800余公里，将价值1.9万元的救灾物资运至成都市设在都江堰的抗震救灾物资捐赠点。这是全国第一个将救灾物资送至四川灾区一线的民间人士团体，成都市抗震救灾指挥部为其开具了“0001号”的接受捐赠证明。

5月14日 中共中央总书记、国家主席、中央军委主席胡锦涛多次打电话给中央军委领导等，要求部队全力抢救被困群众，在抗震救灾中发挥主力军和突击队作用。

5月14日 中共中央政治局常委、国务院总理温家宝，中共中央政治局委员、国务院副总理回良玉分别致电甘肃省委书记陆浩、省长徐守盛，询问甘肃省受灾情况和抗震救灾工作。

5月14日 国务委员兼国务院秘书长马凯和有关专家乘坐直升机到震中汶川县映秀镇查看灾情。

5月14日 中央台办在北京举行例行新闻发布会，向台湾媒体通报汶川地震相关情况，介绍中央台办、海峡两岸关系协会和各地台办救援被困台胞情况，并公布海峡两岸关系协会和四川、重庆、陕西、甘肃等九省（市）台办台胞救助热线。

5月14日 国务院抗震救灾总指挥部群众生活组在北京召开关于接收国际社会向地震灾区援助物资的工作协调会，就建立接收国外救灾援助物资快速通道和协作工作机制进行协商。同日，海关总署发出通知，明确进口直接用于救灾的捐赠物资等可以特事特办，由进口地海关先凭民政部等部门或各省（区、市）民政厅（局）出具的有关证明函及救灾捐赠物资清单，先登记放行，后补办相关手续。

5月14日 发展改革委紧急下达3亿元资金，统筹安排用于四川地震损毁基础设施应急抢修和恢复重建。

5月14日 教育部在北京召开紧急会议，专题研究汶川地震灾害对高考的影响，决定立即启动教育考试应急指挥系统、突发事件应急预案，并制定详细应对措施。根据地震对高考造成的影响，教育部向中共中央、国务院领导报送《迅速启动高考应急预案，应对四川汶川地震灾害》报告。中共中央政治局委员、国务委员刘延东要求全国高考按常规举行，重灾地区应特事特办。同日，教育部紧急开展“为了灾区的孩子”捐款活动。

5月14日 科技部印发《农村地区抗震救灾应急技术及实用产品（第一批）》，要求从农村民居、农村安全饮水、动物疫病防治、农业生产应急恢复方面筛选出灾区应急适用技术和产品，为灾区抗震救灾工作服务。

5月14日 科技部向各驻外使领馆科技处（组）发出通知，要求就地震灾后重建等开展紧急调研。驻日本使馆科技处报回综述《日本地震防灾对策的经验教训及启示》，驻意大利和驻美国使馆等科技处（组）也陆续报回灾区卫星图片等信息。

5月14日 民政部、财政部启动紧急采购程序，向有关厂商采购救灾帐篷13.9万顶、手摇式照明灯20万个、衣裤和棉被（或毛巾被）各20万件（床）、简易厕所1000套。同日，民政部派出现场技术工作组到四川灾区进行灾害评估，并向社会公布接受救灾捐赠账号和5条救灾捐赠热线电话。

5月14日 国务院农民工工作联席会议办公室发出《关于做好抗震救灾期间农民工工作的紧急通知》，要求全力做好抗震救灾期间的农民工工作，摸清情况，制定相应工作措施，做好在本地的灾区农民工的思想工作和安抚工作，对来自灾区的农民工提供相应的支持和服务，切实加大维护农民工合法权益的工作力度。

5月14日 人力资源社会保障部发出《关于认真做好地震灾区救灾期间基本医疗保险和工伤保险工作的紧急通知》。

5月14日 环境保护部党组在北京召开会议，进一步研究环境应急工作。同日，环境保护部发出《关于地震期间进一步加强放射源监管的通知》，要求防范地震灾害后可能发生的次生放射性污染事件，确保辐射环境安全。

5月14日 水利部确定紫坪铺以上岷江上游15座水电站为重点监测对象，重点水电站查险工作随即开展。此后，四川省地方电力局派人会同水利部抗震救灾水电工作组和阿坝工作组，对绵阳、广元、遂宁、德阳、成都、阿坝等地灾区50座有库容的大中型电站逐一进行排查。

5月14日 农业部办公厅发出《关于做好灾后重大动物疫病防控工作有关问题的紧急通知》，要求做到“五个强化、一个确保”，即强化环境消毒，及时消毒灭源；强化无害化处理，防止病死畜禽引发疫情；强化疫情监测，及时发现疫情，及时报告，及时处置；强化灾后免疫，提高免疫密度和质量；强化检疫监管，防止病死畜禽流入市场；确保灾后无重大动物疫病、人畜共患病发生。通知还要求，严格落实病死畜禽“四不一处理”措施，即不准宰杀、不准销售、不准运输、不准食用及无害化处理，并做好抗灾救灾信息报告工作。同日，农业部向四川灾区紧急拨付500万元，支援四川省购买防疫喷雾器及农药等防疫物资，并向灾区捐款279万元，紧急调运1.6万台喷雾器和100吨卫生杀虫剂。

5月14日 文化部在北京召开部务会议，要求与灾区保持密切联系，及时、准确了解受灾情况和抗震救灾迫切需求，及时汇总上报并采取必要救助措施，加强对灾区文化部门对口支援工作。

5月14日 卫生部抗震救灾工作领导小组在北京召开两次会议，决定在成都成立前方综合协调组，并要求灾区现场医疗队伍统筹布局、统一调配；派往灾区的医务人员要与救援部队同时行动、同时到达、同时开展工作，做到医疗救治队伍、医疗急救物资以及防疫队伍“三个全覆盖”。同日，卫生部发布地震灾区卫生防疫工作饮水卫生要点。

5月14日 审计署发出《关于加强当前抗震救灾工作的通知》，要求各级审计机关和广大审计干部积极履行工作职责，根据需要和条件，积极做好救灾款物管理使用情况的审计监督，促进管好用好救灾款物。

5月14日 税务总局党组在北京召开会议，成立抗震救灾领导小组，并责成临近灾区省份的税务机关积极组织帐篷、药品等急需物资运往灾区。同日，税务总局发出《关于四川省等遭受强烈地震灾害地区延期申报纳税的通知》。

5月14日 银监会在北京召开会议，要求受灾地区各银监局和银行业金融机构要以“救人、保财产、恢复营业”为重点，积极做好抗震救灾工作，确保灾区金融业稳定。同日，银监会办公厅发出《关于向救灾专用账户捐款免除跨行转账手续费的通知》。

5月14日 保监会抗震救灾工作组到达重庆，指导灾区保险机构抗震救灾工作。同日，中国人寿在绵竹宣布，通过中国人寿“国寿慈善基金会”全面承担在汶川地震中失去父母的孤儿成长至18周岁的基本生活保障。

5月14日 国防科工局在北京组织召开各军工集团公司地震灾后重建布置会。会后，发出《关于做好军工单位地震灾后重建工作的通知》，要求各有关军工集团在抢险救灾的同时，尽快主动启动灾后重建工作。同日，国防科工局工作组奔赴四川灾区，现场指导抗震救灾工作。

5月14日 民航局发出《关于征用直升机参加抗震救灾行动的紧急通知》，决定征用东方通用航空公司等6家航空公司30架民用直升机参加抗震救灾，成立民用直升机抗震救灾飞行指挥部，并要求对参加抗震救灾工作直升机免收航空性业务收费、地面服务费等。

5月14日 民航局发出《关于充分利用救灾飞行任务飞机积极疏散滞留旅客的紧急通知》《关于免收救灾飞机有关费用的通知》。中国民用航空西南地区管理局协调国航等3家航空公司调集飞机从重庆、西安飞往九寨黄龙机场，疏散滞留游客；划设多条临时航线，加快成都进出机场的飞行流量，确保运输救援物资及专业救护人员航班的顺利到达。

5月14日 食品药品监管局发出《关于加强捐赠救灾药品和医疗器械监管工作的通知》，鼓励和支持药品、医疗器械生产、经营企业捐赠救灾药品、医疗器械，并就捐赠品种、质量等问题提出要求。

5月14日 邮政局抗震救灾领导小组在北京召开两次会议，决定组建抗震救灾办公室，并对救援受困群众、摸清人员伤亡情况、开展自救互救、恢复邮政通信网络等工作进行部署。同日，邮政局和中国邮政集团公司研究确定，特别发行1300万套《抗震救灾、众志成城》附捐邮票，将发行收入1560万元邮资和1300万元捐款全部捐给灾区。

5月14日 中国联通携手中国红十字会帮助1.6亿联通用户通过短信平台向灾区捐款。联通用户通过手机短信进行捐赠，用户短信捐款所产生的通信费，一并捐赠给中国红十字会，支援抗震救灾工作。

5月14日 总参通信部为前线师旅以上部队指挥员提供3种卫星通信手段，确保前线指挥畅通，并紧急组织调配卫星电话和便携式机动通信器材装备，指导前线部队开设抗震救灾临时应急通信枢纽。

5月14日 总政治部印发《军队参加抗震救灾宣传教育提纲》，要求各单位认真搞好学习教育，大力弘扬解放军听党指挥、服务人民、英勇善战的优良传统，不怕艰难困苦，不怕流血牺牲，以强烈的政治责任感和高昂的战斗精神，坚决打赢抗震救灾这场硬仗。同日，总政治部下发通知，对军队集中开展向地震灾区捐赠工作作出部署。

5月14日 成都军区根据各部队到达灾区情况，明确由成都军区驻渝77100部队政委崔昌军统一指挥进入茂县、驻渝77100部队部队长许勇统一指挥进入震中汶川县映秀镇、驻滇77200部队部队长周小周统一指挥进入北川羌族自治县、四川省军区副司令员统一指挥进入汶川县抗震救灾的军队和武警部队及民兵预备役力量。截至当日，成都军区投入四川地震灾区抗震救灾部队1.8万余人、民兵预备役人员2.87万余人和14支医疗队，救援人员进入四川省所有地震受灾县，全面展开救援行动。

5月14日 成都军区在成都某军用机场开设的第一个野战兵站投入使用，随后根据抗震救灾工作需要，在汶川、什邡、绵阳市区、安县、北川开设5个野战加油站和3个前沿加油点。

5月14日 成都军区国防动员委员会发出《关于进一步做好抗震救灾工作的通知》，要求西南五省（区、市）各级国防动员机构充分发挥平战一体、军民结合的优势，加大各个方面国防动员力度，紧急组织民兵预备役人员和作战、通信、医疗分队投入抗震救灾。

5月14日 空军成立抗震救灾指挥小组。同时，空军还成立空军抗震救灾指挥小组前进指挥所、灾区机场空运空投现场指挥部、成都地区抗震救灾空中管制委员会、抗震救灾空运空投联合指挥协调组和抗震救灾联合管制指挥中心。

5月14日 全国总工会发出紧急通知，要求各级工会组织和工会干部为抗震救灾工作作出积极贡献，把保障职工群众的生命安全放在第一位，积极配合有关方面，开展帮扶工作，切实把党和政府的关怀送到每一个受灾职工中去，确保社会大局稳定。

5月14日 近200名艺术家联名向全国广大文艺工作者发出《众志成城、抗震救灾》倡议书，号召全国广大文艺工作者向灾区人民送温暖、献爱心。

5月14日 四川省抗震救灾指挥部发出《关于转发唐山市救灾经验的通知》《关于合理组织救灾工作的紧急通知》《关于转发唐山市抗震救灾经验的通知》。

5月14日 四川省政府在成都召开紧急会议，要求千方百计，争分夺秒，尽一切努力救援受灾群众、被困群众；加强信息沟通联络和相关组织保障工作，在15日零时之前，所有受灾乡镇都要有救援队伍到达；加强组织领导，统一指挥，分工协作，落实责任，进一步完善条块结合、上下联动、高效有序的工作运转机制；及时掌握最新灾情，统筹协调好救援和医疗队伍调配、后勤保障等工作，确保抗震救灾工作扎实有序推进。同日，省委办公厅、省政府办公厅发出《关于开展向地震灾区捐助活动的通知》，省政府办公厅发出《关于做好抗震救灾物资保障工作的通知》，省卫生厅印发《四川省地震灾害卫生应急预案》。

5月14日 成都电监办组织四川省电力承装修试行业协会召开主要由成都地区企业参加的抗震救灾动员会，号召全省电力承装修试企业积极行动起来，整合力量，充分发挥各自专长，组织突击队投入灾区电力抢修，全力支援抗震抢险保电工作。

5月14日 甘肃省委书记陆浩、省长徐守盛在文县召开现场办公会，指导文县抗震救灾工作。

5月14日 陕西省抗震救灾指挥部在西安召开会议，通报陕西灾情和抗震救灾情况，听取省级有关部门情况汇报，分析抗震救灾形势，部署全省抗震救灾工作。

5月14日 陕西省政府召开专题会议，研究解决因宝成铁路中断大批陕西、四川籍返乡农民工聚集、滞留西安、宝鸡火车站的办法。会议决定，由西安、宝鸡两市组织运力，安排运送。至18日，累计发送入川客运班车1904辆次，运送川籍返乡旅客6.4万余人。

5月14日 云南省委办公厅、省政府办公厅发出紧急通知，要求加强对抗震救灾工作的领导，全力保护人民群众生命财产安全，全力维护社会稳定。

5月14日 各省（区、市）党委、政府继续向灾区捐款捐物。北京市向四川灾区捐助1000万元，筹集的第一批30万件棉衣被等救灾物资由36节车皮组成救灾专列运往四川灾区。天津市向四川灾区捐款500万元，向甘肃、陕西灾区分别捐款200万元。吉林省向四川灾区支援100吨优质大米。黑龙江省政府捐款411.97万元。广东省向四川灾区捐款2000万元。广西壮族自治区向四川灾区捐赠500万元。重庆市筹集300万元救灾物资紧急发往四川灾区。贵州省向四川灾区捐款1000万元，运载首批总价值700余万元救灾物资的25辆卡车以及3台挖掘机驶往成都。甘肃省紧急组织的首批400吨抗震救灾油品运抵绵阳。新疆维吾尔自治区向四川灾区捐款400万元。

5月14日 福建省委在福州召开常委会议，广东省政府在广州召开广东支援四川抗震救灾工作会议，分别研究部署支援四川地震灾区抗震救灾工作。

5月14日 香港恒基地产主席李兆基以集团公司名义捐款1000万元，19日再由私人基金捐款1亿元。15日，邵逸夫及夫人邵方逸华向教育部捐款1亿港元。

5月14日 澳门红十字会与澳门街坊会联合总会合作，共同筹划和组织首批紧急救灾物资，以认捐物资的形式向市民筹集善款，随后利用特区政府协调澳门航空提供的免费舱位，向灾区抢运医疗器材、方便食品等约13吨共计价值125万余澳门元的紧缺救灾物资。

5月14日 台湾红十字组织通过中国红十字会向四川灾区捐赠30万美元，台塑集团通过中央统战部捐款1亿元。

5月14日 来自“心连心国际组织”的美国志愿者一行10人（包括生活、工作在成都的美国留学生、护士）到达北川，帮助救治伤病员。此后，来自美国、英国、日本、加拿大、澳大利亚、墨西哥等国家的100多名志愿者也参加到救治工作之中。

5月14日（各国当地时间） 一些外国媒体，如新加坡《联合早报》，阿拉伯联合酋长国《联合报》《海湾新闻报》，叙利亚官方通讯社和电视台，拉脱维亚《今日消息》《时报》《电讯报》等，罗马尼亚国家通讯社罗新社，英国《泰晤士报》，西班牙《阿贝赛报》《世界报》《国家报》等，美国美联社、《洛杉矶时报》，纷纷发表文章，肯定中国政府及领导人面对灾情做出的迅速反应与全力组织救援等工作。

5月14—16日 中央台办协调川航安排23个航班，将因地震滞留灾区的1070名台湾游客转运至成都、重庆。同时，中央台办会同民航局和四川省有关方面，在两岸未开通直航的情况下，促成台湾“中华航空公司”等4家航空公司于15—21日飞行9架次包机，接运受困台胞返台，并运载217吨救灾物资入川。

5月15日1时40分 发展改革委收到总参作战部关于部队急需的抗震救灾工具设备清单，随后立即联系各地具有抗震救灾物资生产能力的企业逐项落实。2时，发展改革委接到中共中央政治局常委、国务院副总理李克强“关于落实开通道路所需炸药”的批示，及时协调物资储备局落实货源，紧急联系总参作战部，衔接抗震救灾开通道路所需炸药事项。至18时，发展改革委联系确定35家企业落实机电设备资源1628台（套）、救援工具87万件（只）。

5月15日2时22分 空军一架伊尔—76大型运输机向位于绵竹市的德阳昊华清平磷矿被困群众空投5吨食品、药品等救灾物资。这是空军震后首次成功实施的夜间云中云上空投。

5月15日2时45分 在地震中受损最严重的铁路——宝成铁路广元至成都段，上下行全部恢复通车。

5月15日5时 成都军区驻渝77126部队搜救分队60余人在四川省青年登山队志愿者的协助下，冒着余震危险，翻山越岭，步行7小时进入绵竹市金花镇以北35公里的龙宝坪村，发现80名被困山谷中的村民。当日，搜救分队将未受伤村民安全转移出山。其后，救援人员三进龙宝坪，于18日中午利用直升机将剩余的重伤和年老体弱村民全部转移出山。

5月15日4时30分 经武警水电第三总队九支队40名重机操作手13小时的抢修，打通了都江堰市紫坪铺镇至龙池镇的应急便道，帮助龙池镇数千群众脱困。

5月15日凌晨 公安部从济南、青岛、武汉等地调派2159名公安消防官兵，携带必要的通信、搜救器材以及破拆、照明等抢险救灾工具和个人防护物资，搭乘民航局组织的15架飞机飞赴四川灾区。同日，公安部在都江堰成立抗震救灾前线指挥部，并新调派552名公安医务人员到达四川灾区。

5月15日凌晨　香港特区政府派出的首批21人专业搜救队员携带4吨救灾物资抵达成都，随即赴绵竹市汉旺镇东汽办公区进行搜救。16日凌晨，第二批20人专业搜救队员携带5吨救灾物资抵达成都。22日，香港搜救队撤离灾区，分两批返回香港。

5月15日7时35分　国家电网四川公司组织14艘冲锋舟组成国家电网冲锋舟队，搭载成都电业局50名抢险人员，从紫坪铺水库码头出发，开辟了通往汶川县映秀镇的“水上生命线”。至19日，冲锋舟队往返610船次，接送受伤、受灾人员和抢险救灾人员5000余人，运进大批急需的救灾物资。

5月15日8时　国土资源部抗震救灾领导小组在北京召开会议，组织专家进一步对汶川、北川、茂县等灾区航空遥感影像图解译结果进行研究、分析，研究部署地质灾害的防治工作。19时20分，领导小组再次召开会议，就及早开展支持灾后恢复重建相关政策与规划的研究工作进行部署。同日，国土资源部发出《关于支持抗震救灾，切实加强地质灾害防治工作的紧急通知》。

5月15日8时7分　成都军区驻川77105部队在通向汶川县映秀镇的岷江紫坪铺水库架设起载重80吨的漕渡门桥。至16日，又架设3座载重80吨的漕渡门桥，开通20多公里水上运输线，成功开辟通向映秀镇的水上救援通道。漕渡门桥被受灾群众亲切地称为“生命之舟”。

5月15日8时30分　卫生部抗震救灾工作领导小组在北京召开会议，要求完善工作机制、合理调配人员和急救物资、加强医疗救治、把灾区卫生防疫工作摆在更突出的位置。至15日，卫生部向灾区派出15支319人的卫生防疫队伍，会同四川省52支286人防疫队开赴四川省各重灾地区开展卫生防疫工作，实现外援医疗队对重灾地区21个县（市、区）的全覆盖。

5月15日8时40分　邮政局抗震救灾领导小组在北京召开会议，要求加大支援力度，积极开展恢复和疏运工作，做好服务和保障工作，发行抗震救灾邮票等。是日起，邮政部门陆续开通寄递爱心赈灾包裹、寻亲报平安和社会捐款汇兑服务3条抗震救灾“绿色通道”。中国邮政集团公司还在全国开展免费寄递业务，对寄往地震灾区47个市、县的赈灾包裹和救灾捐款免收邮费。

5月15日9时　军队抗震救灾指挥组在北京召开第二次会议。会议要求，部队务必在15日之前全部到达受灾严重的乡镇，及时掌握准确情况，精心组织部队行动，切实加强工作预见性，周密搞好各项保障。同日，军队抗震救灾指挥组下发《明确军队参加抗震救灾指挥协同有关问题》指示，明确成都军区成立抗震救灾联合指挥部，负责对进入成都战区的抗震救灾部队实施统一指挥，统筹协调各部队任务安排、行动协同、交通管制和综合保障。指示还明确，各级指挥机构派人参加相关地方政府抗震救灾指挥部工作。抗震救灾部队接受任务地域党委、政府的指导协调。

5月15日10时42分 成都军区驻川77116部队派出2架直升机，将地震后被困于汶川县卧龙自然保护区近3天的英、法、美三国35名游客转移至成都市区。

5月15日10时44分 330千伏略武线投运成功，陕西电网主网全面恢复正常运行。至16日8时，陕西受灾地区电网全部恢复供电。

5月15日11时 成都军区驻滇77208部队地震灾害紧急救援队与兄弟部队在北川曲山小学教学楼废墟中对被埋的11岁女生李月实施左腿截肢手术后，成功将其救出。随后，李月在绵阳404医院接受断肢再截手术，脱离了生命危险。李月从小喜爱跳芭蕾舞，被网友称为“芭蕾女孩”。9月6日，在北京残奥会开幕式上，李月与中国残疾人艺术团演员一起表演芭蕾舞《永不停跳的舞步》。

5月15日上午 农业部抗震救灾指挥部在北京召开会议，进一步研究部署农业系统抗震救灾工作。会议决定，紧急组织调拨消毒药品、器械等防疫物资，尽快开展灾区死亡牲畜无害化处理和消毒工作。同日，指挥部启动灾情会商机制，至23日共召开9次会商会，汇总、分析灾情走势，研判地震灾害对农业生产和农产品供应的影响，为农业抗震救灾、防止次生灾害以及灾后恢复生产提供决策依据。

5月15日上午 人口计生委党组在北京召开扩大会议，部署人口计生系统下一步抗震救灾工作。同日，人口计生委办公厅向非灾区人口计生系统发出《关于开展对口支援受灾省份活动的通知》。

5月15日上午 工商总局党组在北京召开会议，要求各级工商行政管理机关千方百计保障市场供应，维护市场稳定。同日，工商总局发出《关于进一步做好抗震救灾工作切实维护市场稳定的紧急通知》，并再次拨款100万元，支持灾区基层工商局（所）修复损毁设施，尽快恢复正常工作。总局抗震救灾工作组到达四川灾区一线，指导、协助四川省工商系统做好抗震救灾工作。

5月15日上午 中央军委领导到彭州市通济镇、小鱼洞镇、龙门山镇查看灾情，慰问受灾群众和救灾官兵，检查指导抗震救灾工作。15时，该领导在成都军区主持召开解放军和武警部队抗震救灾任务部署会。会议明确，在国务院抗震救灾总指挥部和中央军委的指挥下，四川灾区解放军和武警部队的抗震救灾由成都军区统一组织指挥，成立成都军区抗震救灾联合指挥部，由成都军区司令员李世明任总指挥、成都军区政委张海阳任政委。会议将部队抗震救灾地区划分为5个责任区，按照“成都军区抗震救灾联合指挥部—责任区指挥所—任务部队指挥机构”三级指挥体系组织指挥抗震救灾。

5月15日上午 成都军区司令员李世明对陆航部队使用及安全问题、空中救援协调组组成、空中管制及气象保障、动用战区储备的物资、抽调人员加强指挥中心力量、注重防范水库溃坝危险等提出要求，并安排用直升机飞撒传单，稳定人心。

5月15日上午 共青团中央书记处在北京召开扩大会议，就组织动员团员青年进一步做好抗震救灾工作进行研究部署。会议要求，各级团组织要动员具备专业技能的青年志愿者开展医疗救助、心理调适、思想安抚、特困人群护理等工作，在抢险救人、恢复生活和社会秩序、灾后重建等不同阶段有针对性地调配力量。会议决定，立即拨付甘肃、陕西、重庆3个省级团委首批资金各100万元。会后，共青团中央发出《关于进一步组织动员团员青年做好抗震救灾工作的通知》。

5月15日13时 进入绵竹市清平乡德阳昊华清平磷矿侦察救援的国家矿山应急救援芙蓉基地救护队、四川华蓥山广能（集团）有限责任公司矿山救护队27名队员，引导200多名被困人员，安全到达汉旺镇。16日13时10分，国家矿山应急救援平顶山基地救护队等3个小队20人成功引导清平矿区的1500多名被困人员安全到达汉旺镇，沿途近万村民也陆续跟随救护队安全撤出。

5月15日13时55分 中国电信汶川抗震救灾抢险突击队抢通汶川县通信光缆，汶川县城的电信固定电话、小灵通和宽带通信恢复正常。

5月15日中午 中共中央政治局常委、国务院总理温家宝辗转赶到青川县木鱼镇看望受灾群众和参与救援的解放军指战员、消防部队官兵、医护人员。在返回广元市的路上，温家宝和国务委员兼国务院秘书长马凯、国务委员孟建柱等进行研究，要求加快采取措施救治群众。当晚至次日凌晨，温家宝在列车上主持召开国务院抗震救灾总指挥部第7次会议。中共中央政治局委员、国务院副总理回良玉和马凯、孟建柱等参加会议。温家宝强调，抗震救灾要坚持以人为本，无论是抢救人员还是遇难善后，无论是安排群众生活还是开展恢复重建等各项工作，都要始终贯彻以人为本的指导思想，进一步强化协调配合，明确职责分工和目标任务，确保各项措施落到实处。会议议定，进一步做好抢险救援工作，妥善安排群众生活，全面做好善后工作，抓紧修复基础设施，严密防范次生灾害。总指挥部增设水利组，由水利部负责人任组长，负责水库安全、河道隐患排除、保障饮用水等工作。

5月15日14时5分 国家地震灾害紧急救援队40名救援队员携带4条搜救犬和专业装备，乘坐成都军区某部直升机空降至震中汶川县映秀镇，展开搜救行动。

5月15日14时20分 受中共中央总书记胡锦涛委托，中央政法委主要负责人代表中共中央、国务院，赶赴宝成铁路109隧道塌方现场查看险情、指导抢险工作、慰问抢险人员。

5月15日16时 新闻办在北京就汶川地震灾害和抗震救灾情况举行第三次新闻发布会，由卫生部介绍医疗救援等方面的情况。

5月15日17时30分 台湾同胞捐赠的首批43吨救灾物资由一架澳门航空专机运抵成都。这批物资由澳门航空免费承运，包括台湾慈济功德会捐赠的10.4万条毛毯，佛光山慈善基金会捐赠的1000顶帐篷、2000个睡袋、3000公斤饮用水，灵鹫山社会慈善基金会捐赠的2500个遗体袋。20时30分，经中国红十字会、海峡两岸关系协会协调，台湾红十字组织委托台湾“中华航空公司”运载110吨救灾物资的飞机从台北直航飞抵成都。

5月15日下午 中共中央政治局常委、国务院副总理李克强在北京主持召开会议，研究部署和协调汶川地震救援保障工作。国务院抗震救灾总指挥部下设各工作组汇报工作进展情况。会议强调，各地各部门要按照中共中央、国务院的统一部署，加快抢险进度，全力做好救援保障工作。会议议定，全力以赴做好灾区急需物资保障工作，想方设法为前方灾区尽快打通道路提供支持，严密防范重大次生灾害的发生。

5月15日下午 最高人民法院党组在北京召开专题会议，研究部署人民法院下一步抗震救灾工作。16日，最高人民法院发出通知，要求全国各级人民法院务必把抗震救灾工作作为当前最重要最紧迫的任务，全力投入抗震救灾，全力维护社会稳定；对散布谣言、干扰破坏抗震救灾的行为，要坚决依法处理，确保社会大局稳定。

5月15日下午 财政部党组在北京召开会议，研究安排受灾群众生活和支持灾后重建事宜。同日，财政部发出《关于切实做好中央财政抗震救灾资金管理使用监督工作的通知》，要求四川、甘肃、陕西等受灾地区财政部门和当地专员办全力做好抗震救灾资金监督工作，千方百计保证抗震救灾资金及时足额拨付到位。财政部紧急拨付2亿元资金，用于地震灾区急需的医疗救治药品和器械的采购和调运，免费用于灾区开展医疗救治工作，并追加卫生部2008年部门预算3000万元，以支持向地震灾区组派医疗防疫队。

5月15日下午 新闻出版总署党组在北京召开会议，研究部署新闻出版系统抗震救灾工作。会议要求，新闻出版系统要进一步集合全系统力量，竭尽所能，以实际行动全力投入救灾工作。

5月15日下午 旅游局抗震救灾协调领导小组紧急专门工作小组前往成都，协助四川省旅游主管部门组织在川的国内外游客安全撤离灾区。晚上，领导小组在北京召开会议，要求立即研究救援预案，有力、有序、有效地推动救援工作；高度关注仍然被困的游客、高度关注没有联系上的游客、高度关注已联系上的游客疏散情况。

5月15日下午 侨办主任李海峰赶赴四川灾区，将海外侨胞的第一笔捐款2000万元以及侨办职工捐款12.75万元转交四川省政府。

5月15日下午 民航局抗震救灾领导小组在北京召开会议。会后，发出《关于确保救灾和航班安全的通知》。同日，民用直升机抗震救灾飞行指挥部在广汉机场成立，民航局调集的30架直升机从各地出发飞往广汉。

5月15日下午 成都军区联指召开会议，学习贯彻解放军和武警部队抗震救灾任务部署会议精神，进一步明确成都军区联指机关的组织指挥、部队管理、思想政治、后勤保障等工作职能和值班、报告、通报、会议4项制度，以及通信联络、物资经费、工具器材等保障问题。同日，联指派出在四川参加抗震救灾的解放军和武警部队9个团，采取徒步行军、直升机机降等方式，向受灾严重的都江堰、彭州、绵竹、汶川、北川等重灾地区的58个乡（镇）开进。至23时35分，救援部队进入所有重灾乡镇。

5月15日下午 成都军区分别在汶川映秀、北川、茂县开通应急通信站，沟通救灾部队与责任区指挥所和成都军区联指作战指挥中心的通信联络。同日，成都军区还与抗震救灾师旅以上部队建立起无线电台通信指挥网。

5月15日下午 上海市警方经过48小时侦查，在贵州省公安机关协助下，摧毁一个以地震为名号召“爱心捐助”实施手机短信诈骗的犯罪团伙，胡某等8名犯罪嫌疑人在贵州被抓获。

5月15日20时 国务院抗震救灾总指挥部卫生防疫组在北京召开第一次全体成员会议，听取各成员单位抗震救灾工作进展情况通报，确定成员单位工作职责，研究卫生防疫组工作协调机制，部署下一阶段抗震救灾医疗救治和疫情防疫工作。

5月15日20时 国务院抗震救灾总指挥部基础设施保障组在北京召开第四次会商会议，协调防范灾区水库垮坝和救灾成品油供应问题，建议国务院专题研究在外务工的灾区籍民工稳定问题。

5月15日20时 国土资源部对台湾福卫二号卫星14日图像资料作初步解译分析，发现北川县城上游3.2公里处河道南侧唐家山段，因滑坡堵江形成堰塞湖，对北川县城及下游地区构成巨大威胁。

5月15日21时 气象局连线四川省气象局和天水市气象局，了解灾区情况，部署抗震救灾和气象服务工作。同日，气象局成立抗震救灾专项工作组，并召开会议部署抗震救灾工作。气象局两个抗震救灾工作组分别抵达西安、兰州，检查指导陕西、甘肃两省气象部门的抗震救灾工作。

5月15日21时30分 国道317线马尔康经理县至汶川的公路被抢通。22时，四川省道210线夹金山段抢通。至此，由成都经雅安，沿省道210线经芦山、宝兴、小金至马尔康进入国道317线至汶川的西线公路全线抢通。这是汶川地震发生后最早抢通的通往震中地区的公路。随后，因滑坡、泥石流、余震影响，国道317线公路多次阻断，又多次抢通。

5月15日21时40分 军队负责人致电成都军区联指总指挥李世明，要求对增加四川灾区的3.2万抗震救灾部队，成都军区联指要指挥好；对调用的100架直升机（军队70架、地方30架）、30架运输机，要加强管理使用，加大空投、机降力度，发挥空运力量的最大效率。

5月15日22时10分 成都军区联指总指挥李世明组织召开会议，研究联指成立后的组织指挥等问题，明确抽调人员加强联指机关力量、联指司令部成立抗震救灾指挥中心与抗震救灾协调中心等。

5月15日晚 国务院抗震救灾总指挥部群众生活组在北京召开协调会议，研究四川省提出的灾区救灾应急物资需求问题。同日，民政部与31家企业协议订购13.9万顶帐篷。

5月15日晚 日本国际紧急救援队首批队员31人飞抵北京。这是汶川地震后中国政府接受的第一支外国救援队伍。16日10时，救援队到达青川县关庄镇；15时30分，转场至青川县乔庄镇执行搜救任务。这是首支抵达灾区现场的国际救援队。下午，救援队第二批队员30人飞抵成都，奔赴乔庄镇参加救援。救援队配备有搜救犬4只、各种救援装备及物资7吨。17日，救援队转场至北川执行搜救任务。19日，救援队撤回成都，21日回国。

5月15日 经中央军委主席胡锦涛批准，总参谋部下达《派直升机部队执行抗震救灾任务》命令，决定济南、南京、广州、成都军区和空军以及总参陆航部派出陆航部队61架直升机，到四川灾区担负救灾物资空投、运输和救援等任务，各陆航部队到达灾区后归成都军区指挥。61架直升机16小时内从全国各地飞抵灾区。

5月15日 中共中央政治局委员、国务院副总理回良玉到绵阳灾区查看灾情，看望受灾群众，慰问参加抢险救援的部队官兵、公安民警、医护人员和基层干部。回良玉强调，当前抗震救灾第一位的任务是抢救被困群众，要进一步解决好救援队伍、工具、物资进入重灾地区的问题，切实安排好受灾群众生活，强化组织指挥，高效有序推进，确保抗震救灾各项措施落实到位。

5月15日 发展改革委、财政部、粮食局紧急安排中央储备和国家临时存储稻谷1亿公斤、小麦5000万公斤、食用油1400万公斤，运往四川灾区，用于灾区应急供应。

5月15日 教育部在北京举行新闻发布会，介绍中国教育发展基金会开展捐款活动支援教育系统抗震救灾工作的有关情况。同日，首批心理咨询师志愿者队伍抵达德阳，对从绵竹、什邡等重灾地区转移出来的学生和受灾群众开展心理援助工作。

5月15日 科技部国家遥感中心组织专家，利用意大利1米雷达卫星数据和美国光学遥感卫星1米影像，形成都江堰市区和北川地震灾害遥感监测报告，上报国务院抗震救灾总指挥部。同日，国家遥感中心会同中国地理信息系统协会、中地数码集团公司将价值1000万元的地理信息系统软件及设备捐赠给地震局。该系统和设备能明确标明地震发生地点、救援进展情况、救援队伍及灾区分布状况。

5月15日 工业和信息化部紧急调拨的60台海事卫星电话，由四川省抗震救灾指挥部分配给救援部队。同日，工业和信息化部调拨的20套IDR（域间路由选择）卫星移动系统设备、100台VSAT（甚小口径卫星终端站）设备、15部卫星电话、25台（套）应急通信设备运抵成都。

5月15日 环境保护部紧急筹措3500万元资金购置环境应急监测设备、设施，支持灾区抗震救灾。其中，将价值1000万元的应急监测设备、设施调往四川，主要用于饮用水、农药化工等高危行业以及核与辐射环境等应急监测急需。

5月15日 交通运输部在北京召开抗震救灾视频会商会，要求在抢通干线道路的同时积极抢通支线道路，并加大对危险路段、桥梁、隧道的排查。同日，交通运输部发出《关于继续全力做好四川汶川地震抗震救灾交通保障工作的紧急通知》，要求争分夺秒抢通灾区受阻公路，全力做好震区交通基础设施养护保通、抗震救灾交通运输组织保障、交通安全保障等工作。

5月15日 水利部在北京召开会商会，对成立堰塞湖险情处置工作组、实地查勘核实灾情、制定应急处置方案和人员转移预案等工作进行部署。同日，水利部成立抗震救灾前方领导小组，下设6个工作组，以水库、水电站、堰塞湖为重点，兼顾堤防、涵闸；设3个专业组，分别负责水文、供水和水电站专业指导。16日，6个工作组和3个专业组共100多位专家和工程技术人员，赴绵阳、阿坝、遂宁、广元、德阳、成都，以水库、水电站、堰塞湖为重点，逐一制订应急抢险方案和措施，落实群众转移预案和应急度汛方案，保证水供应。

5月15日 农业部紧急编制2万张《地震灾后动物疫病防控知识宣传挂图》，发往受灾省市，指导灾后动物疫病群防群控。同日，农业部组织农业出版社、中央农广校共制作并捐赠10万张技术明白纸、2万册口袋书和1.1万张技术光盘，指导灾后农业生产恢复。农业部渔业局发布《受地震灾害影响死鱼无害化处理技术指导措施》，落实渔业救灾资金1200万元。

5月15日 商务部发出《关于全力做好抗震救灾用机电产品进口的紧急通知》，强调救灾工作急需的机电产品在办理进口手续时，可凭民政部、地震局、接收援助或捐赠的归口部门及省级部门出具的证明文件优先办理，保证立等可取；涉及招标的，可免于招标。

5月15日 卫生部发出《关于加强抗震救灾医疗卫生组织领导和信息报送工作的通知》，印发《抗震救灾卫生防疫工作方案》以及《汶川地震现场检伤方法和分类标准》《抗震救灾现场医疗点参考配置》《汶川地震抗震救灾野战医院参考配置》《汶川地震抗震救灾医疗物资参考配置》等医疗救治有关标准。同日，中国疾控中心研究制定《地震灾害地区食品卫生状况评估要点》，并在其网站上公布。

5月15日 审计署办公厅印发《2008年汶川地震救灾资金和物资审计工作方案》。

5月15日 人民银行在北京召开会议，研究金融支持抗震救灾和灾后恢复生产、保证居民金融财产安全等政策。同日，人民银行国库系统启动国库业务系统应急处置预案，及时恢复支付清算、国库系统的正常运行。

5月15日 海关总署发出通知，规定对于企业捐赠用于抗震救灾的加工贸易货物，可由企业向主管海关提出申请，主管海关应简化手续、特事特办、登记放行，事后海关凭民政部救灾救济司、全国妇联办公厅、中国红十字会总会、中华慈善总会或各省（区、市）民政厅出具的证明函及救灾捐赠物资清单按规定补办相关海关手续。

5月15日 税务总局发出《关于做好地震灾害期间税收征管工作的通知》，要求抢救和保护好灾区税收征管资料，对于纳税人因地震而损毁、丢失的发票、税票、税务登记证和发票领购簿等，凡纳税人提出申请的，各地税务机关应及时记录、核销或备案，并按规定向社会公告。

5月15日 质检总局向外交部提供中国明令禁止进口的物资清单，由外交部发给中国驻外使领馆，供接受或婉拒外国政府援助时参考。同日，质检总局发出《关于做好国际救灾援赠物资出入境检验检疫相关工作的补充通知》。

5月15日 安全监管总局在北京召开两次抗震救灾调度协调会，要求继续加强抗震救灾情况调度，及时掌握受灾地区煤矿、非煤工矿企业损失情况，研究制定地震灾区受灾企业恢复生产措施。同日，安全监管总局发出《关于切实做好防范灾区发生次生事故工作的紧急通知》。

5月15日 新华社开通通过手机短信把简明稿件发往待编稿库的发稿功能，记者手机经授权绑定后，可将短信内容直接发到稿库，并显示来稿作者的手机号码，以提高突发事件报道的发稿时效。同日，新华社联合中国移动和中国联通推出免费《抗震救灾手机报》，分彩信、短信两种形式，每日两期。新华短信在四川地区有效覆盖超过1500万手机用户，用户累计接收新华短信12亿条次、新华手机报9亿条次。

5月15日 银监会通过中国银行业协会组织主要银行业金融机构，发布抗震救灾期间的6项服务承诺，包括开设抗震救灾捐款、汇款绿色通道，做好救灾款项的支付清算服务，做好资金调运和汇划，在保证安全的基础上设法恢复受灾地区网点的正常营业，对有关抗震救灾的国际救助资金快速办理并尽可能减免费用，开启抗震救灾绿色授信通道。同日，银监会在北京召开研究银行业金融机构灾后恢复生产会议，派出5人抗震救灾工作组赴四川灾区，慰问一线员工，指导抗震救灾工作。

5月15日 保监会抗震救灾工作组到四川保监局办公场所、都江堰市查看灾情，慰问坚守在保险服务一线的公司员工，并召集四川省各保险机构负责人召开会议，部署保险业抗震救灾工作。

5月15日 电监会甘肃电力抗震救灾保电工作组到成县、武都等地查看灾情，了解受损及抢修情况。同日，国家电网在成都召开四川电网抗震救灾会议，决定成立抢修、物资、综合、宣传4个工作组，加强抗震救灾组织协调工作。

5月15日 国家防总工作组与四川省地方电力局组成联合工作组，到彭州市莲花洞水库和银厂沟的凤鸣桥电站查看灾情，处理凤鸣桥电站水库闸坝险情。同日，岷江渔子溪一级水电站、映秀湾水电站周边山体崩塌，大坝漫溢。国家防总办公室要求立即查明情况，转移电站下游受灾害威胁人员；落实责任人，制订应急预案，做好抢险准备，确保防洪安全。

5月15日 新闻办、港澳办、台办等部门组织的中外记者团一行30余人飞抵成都，赴地震灾区采访。16日清晨，先期抵达成都的20多名境外记者加入采访队伍，使得全团达到39家媒体、61名记者，其中包括美联社、《纽约时报》、路透社等外国媒体20家、34人。记者团一行先后到北川、绵竹、什邡等灾区现场采访当地灾情和抗震救灾情况。

5月15日 国防科工局在北京组织召开航天技术应对地震灾害专题研讨会，就后续利用航天高技术服务抗震救灾工作进行部署。同日，国防科工局发出《关于开展军工单位地震灾害损失情况调查工作的通知》。

5月15日 核安全局发出《关于加强核设施运行管理工作的通知》。

5月15日 总参谋部、总政治部联合下发《关于进一步做好抗震救灾工作的指示》，要求各部队突出阶段性特点，紧紧围绕抢救被困、受伤群众开展救灾工作；紧贴抗震救灾实际，大力加强思想政治工作；加强组织领导，科学有序地实施救灾行动。同日，总参谋部下发《关于向灾区增派防疫分队事》通知，命令增派16支防疫分队赴四川灾区抗震救灾，并要求防疫分队携带必要的药品器材和生活保障物资于16日赶到四川灾区，接受成都军区的统一指挥。

5月15日 总政治部在北京召开部务会议，对紧贴抗震救灾进程和阶段转换、加强政治工作跟进指导、加强新闻舆论宣传工作、为抗震救灾部队办实事解难题、搞好科学统筹工作作出部署。

5月15日 总后勤部在北京召开办公会议，要求及时准确掌握灾情动态、部队行动情况和真实保障需求，增强后勤保障预见性、针对性和主动性；有坚强统一的组织指挥，把力量在同一时间指向同一目标，形成整体保障力。

5月15日 武警总部下发《关于全力做好抗震救灾工作指示》《关于加强武警四川抗震救灾前进指挥所力量问题的通知》《关于做好抗震救灾军事装备保障有关问题的通知》《关于做好抗震救灾卫生防疫工作的紧急通知》，对武警部队抗震救灾工作进行部署。

5月15日 中国红十字会总会决定向四川、甘肃、陕西、重庆、云南、贵州六省（市）紧急拨付救灾资金1亿元，用于采购帐篷、棉被、方便食品、饮用水等救灾物资，并发出《关于认真做好救助四川地震灾区捐赠工作的通知》。同日，总会抗震救灾工作队10人赴四川灾区，并在成都设立前方指挥部。

5月15日 四川省抗震救灾指挥部在成都召开会议，通报工作进展情况，研究需要协调解决的问题。同日，指挥部发出《关于组建救灾技术指导组的通知》《关于做好外来救援队伍接待工作的通知》《关于做好接收国（境）外救援物资通关通检工作的通知》《关于组织大学生青年志愿者深入灾区参与群众思想工作和心理调适工作的通知》《关于做好“5·12”地震灾害遇难人员遗体处理的紧急通知》《关于成立抗震救灾技术指导组相关事项的通知》。

5月15日 四川省委、省政府决定在省抗震救灾指挥部框架下设立港澳台及国际救援人员联络协调小组。

5月15日 四川省政府发出《关于切实做好地震灾后疾病防控工作的紧急通知》，要求各市州政府、省直有关部门立即成立灾后疾病防控领导小组，大力开展爱国卫生运功，做好环境清理和消毒工作，保证食品、饮用水安全，加强疫情监测，保障信息畅通。发生重大疫情要及时报告，并采取果断措施进行处置，防止暴发流行。同日，省政府网站发布《“5·12”抗震救灾急需捐赠药械目录》，省委办公厅、省政府办公厅发出《关于做好对自发赴地震灾区开展救灾慰问群众的引导工作的通知》，省政府办公厅发出《关于切实做好抗震救灾接受捐赠情况统计报送工作的通知》。

5月15日 四川省农机局发出《关于加强跨区作业联合收割机管理，保障汶川“5·12”地震救灾工作顺利进行的紧急通知》，就加强跨区作业联合收割机管理提出要求。成都、德阳、绵阳、广元等市农机部门设立跨区作业机手接待站，统一调度抢收抢种工作。

5月15日 九寨黄龙机场恢复运行，九寨沟县通过空、陆两线向外安全疏散游客。

5月15日 甘肃省抗震救灾总指挥部发出《关于认真贯彻中央政治局常委会会议精神，进一步做好全省抗震救灾工作的通知》，省政府办公厅发出《关于切实加强抗震救灾捐助款物管理使用工作的通知》。同日，省委、省政府应急工作组在文县召开会议，通报抗震救灾工作进展情况。

5月15日 陕西省政府办公厅发出《关于当前抗震救灾工作有关问题的紧急通知》，要求加强应急值守，不得召开与救灾无关的全省性会议以及大型活动，各级领导和上级部门到基层检查工作要轻车简从。同日，省政府办公厅还发出《关于切实做好抗震救灾中安全生产工作的紧急通知》。

5月15日 重庆市委召开常委（扩大）会议，要求全市紧急动员，在做好本市抗震救灾工作的同时，举全市之力支援四川抗震救灾，并充分利用川渝山水相连的有利条件及时转运各地救援人员和物资，尽最大可能接收灾区转运来的伤员和学生等受灾群众，使重庆成为四川灾区强大的后方。

5月15日 国务院有关部门与各省（区、市）党委、政府继续向灾区捐款捐物。工业和信息化部、民政部、铁道部等部门机关及其直属单位举行向灾区群众捐款活动。内蒙古自治区向四川灾区捐款700万元。重庆市向四川灾区捐款1000万元。云南省向四川灾区捐款500万元。青海省向四川灾区捐款300万元。新疆维吾尔自治区向甘肃灾区捐款200万元。江西省价值2221万元的救灾物资经铁路与航空发往四川灾区。

5月15日 以行乞为生的徐超（本名陈浩祥，67岁）到南京市江宁区东新南路一个募捐点，向地震灾区捐出其乞讨所得的105元，19日再捐乞讨所得的339.01元。16日，因患小儿麻痹症、只能靠双手走路的18岁行乞者龚忠诚到广州市越秀区华乐街支援抗震救灾募捐活动现场捐出仅有的30多元钱，其后又3次捐出乞讨所得，4次合计捐款近百元。“乞丐”捐款的善举经媒体、网络报道后，引起强烈反响。

5月15日 北京奥运圣火在井冈山站传递，在传递终点举行完庆典仪式，又举行了抗震救灾捐赠活动，现场募集款物折合1618万余元。是日起，江西境内的奥运火炬传递活动结束后均举行抗震救灾捐赠活动。

5月15日 香港红十字会派出的由6名医疗专业志愿者组成的工作队抵达北川，协助当地红十字会救助地震伤员。同日，香港红十字会还通过中国红十字会总会捐赠了价值1388万元的救灾款物。17日，香港红十字会代表赴陇南灾区考察灾情，并捐赠价值20万元的救灾物资。

5月15日（伦敦当地时间） 英国《每日电讯报》网站发表题为《中国在地震救灾行动中显示人性面孔》的文章，称中国当局对这场大规模灾难的高效反应令人印象深刻。15—16日（波哥大当地时间），哥伦比亚主流媒体《时代报》连续大篇幅报道中国地震灾情和救援进展情况，对中国各级政府的灾后救援工作给予高度评价。

5月15日 沙特阿拉伯国王阿卜杜拉决定向中国捐赠5000万美元现金和价值1000万美元的物资。这是地震发生后中国收到的最大数额的外国援助。20日起，沙特阿拉伯捐赠总价值1000万美元的救援物资分4批陆续运抵成都。

5月15日（日内瓦当地时间） 红十字会与红新月会国际联合会向国际社会发出紧急呼吁，呼吁额约为2000万元瑞士法郎，用于四川灾区购买帐篷、食品、衣被等紧急救灾物资和灾后重建。国际社会对此给予积极响应，2000万元瑞士法郎呼吁额当日完成。抗震救灾与灾后恢复重建期间，红十字会与红新月会国际联合会和各国红十字会或红新月会，共为汶川地震灾区募集资金27.45亿元，其中用于重建项目资金约21.91亿元，涉及四川、甘肃、陕西三省，重建项目700余个。

5月15—20日 北京21世纪空间技术应用股份有限公司利用北京一号小卫星32米/600公里的宽覆盖中分辨率成像载荷优势，连同联合国际灾害监测星座（DMC）成员国卫星对四川汶川地震灾区进行联合拍摄，6天内完成地震灾区20多万平方公里的基本无云覆盖影像。20日，该公司利用所获取的北京一号小卫星32米中分辨率灾后数据，对比灾前数据，开展针对汶川地震灾区78个县次生地质灾害的宏观分析，重点包括堰塞湖和崩塌、滑坡、泥石流地质灾害及影响区域。21日，形成《四川汶川地震北京一号小卫星遥感影像地质灾害信息图》及相关解译表，按时送到国土资源部抗震救灾应急指挥部。

5月16日零时26分 成都军区联指总指挥李世明打电话给77200部队部队长周小周，要求加强与地方政府联系协调，尽快查清北川、安县地区因地震山体滑坡形成的堰塞湖情况，有针对性研究应对措施，坚决防止次生灾害发生。

5月16日1时 经过成都铁路局154人抢险队伍82小时奋战，因地震受损严重的宝成线铁路大桥金龟岩大桥顺利抢通，宝成铁路四川境内下行线开通。至此，宝成铁路四川境内段双线贯通。

5月16日5时 第二炮兵施工部队等抢险队伍采取挖土埋石方法疏通难度极大的堵点安（县）北（川）路三道拐路段，连接北川羌族自治县的“生命通道”安北路全线贯通。

5月16日凌晨 公安部抗震救灾前线指挥部发出紧急通知，要求全体参战公安消防特勤、公安特警、边防医务人员立刻发起抢救生命总攻，争分夺秒抢救伤员，转移被困群众。

5月16日7时55分 中国卫通所属中国四维测绘技术总公司机组从成都太平寺机场起飞，执行对地震中心区域的航空拍摄任务。航拍覆盖面积约2200平方公里。至6月30日，成功执行航拍13个架次，传回地震灾区1.7万多平方公里的卫星影像资料。

5月16日8时 2750名海军陆战队队员经过43小时强行军，从广东湛江到达绵竹市汉旺镇灾区。至此，投入抗震救灾的现役部队总兵力达到10万人，涉及成都、济南、兰州、北京、广州军区和海军、空军、第二炮兵以及武警部队等单位，包括地震救援、防化、工程、医疗防疫、侦察、通信等20余个专业兵种。

5月16日10时 总后勤部从桂林紧急调往灾区的150吨野战食品通过民用航空运输陆续运抵成都。同日，总后勤部发出《关于做好抗震救灾部队卫生防病工作的紧急通知》《关于派遣医疗队和野战方舱医院的通知》。总后卫生部紧急组织的两所具有国际先进水平的野战机动医院由唐山、郑州经铁路、公路开赴灾区。军事医学科学院自行研制的25万件饮水消毒片（丸）运往汶川等受灾地区，用于保障灾区群众和救灾官兵的饮用水安全。

5月16日10时 成都军区司令员李世明与总参谋长助理孙建国及四川省纪委书记欧泽高、政法委书记王怀臣等研究建立抗震救灾空运、空投、空中救援协调机制以及防疫情、防次生灾害等问题，明确军地双方职责、任务及军地联动运行方式，确定军地协调基本原则：空中运输，地方提需求，军队安排、指挥；防疫情，军地合力，区分区域。

5月16日10时20分 甘肃省受地震破坏的省道206线陇南大岸庙至姚渡公路全线抢通。至此，甘肃省在地震中受损阻断的9条国道主干线公路和24条省道干线公路全部抢通。

5月16日10时30分 中共中央总书记、国家主席、中央军委主席胡锦涛飞抵绵阳南郊机场。飞行途中，胡锦涛摊开灾区地图和遥感影像图，同随行有关负责人一起分析地震灾情和抗震救灾工作进展情况。飞机降落后，胡锦涛在南郊机场主持召开会议，同中共中央政治局常委、国务院总理温家宝共同研究部署抗震救灾工作。中共中央政治局委员、国务院副总理回良玉，中央军委领导，中共中央书记处书记、中央政策研究室主任王沪宁，国务委员兼国务院秘书长马凯，国务委员孟建柱等参加会议。会议强调，抗震救灾工作要坚持以人为本，把抢救人民群众生命作为重中之重。要继续尽最大可能救人，只要有一线希望，就要作出百倍努力。会议要求，增派的3万名部队官兵要尽快到位，立即投入抗震救灾一线。要采取措施保证救援队伍在进入所有乡镇的基础上，尽快进入所有村庄。救援队伍要与基层干部结合起来，深入到群众中去，广泛开展救援工作。要为救援人员配备必要的设备、进行必要的培训，真正实行科学救援。对已经救出的群众要及时转移，对其中的孤儿、孤老要妥善安置。要密切关注震情，加强余震防范，防止发生新的伤亡。随后，胡锦涛到北川羌族自治县擂鼓镇、北川中学救援现场、绵阳市南河体育中心安置点、绵阳市中心医院看望和慰问受灾群众、抢险救援部队官兵、伤员和医护人员。回良玉、王沪宁等一同看望慰问。

5月16日上午 中共中央政治局常委、国务院总理温家宝到绵阳查看灾情和组织指挥救灾工作，并接受新华社、中央人民广播电台、中央电视台记者集体采访。温家宝指出，面对特大地震灾害，必须举全国之力，以救人为核心，克服重重困难，把抗震救灾工作进行到底。现在，抗震救灾工作仍然处在抢救人员的关键时刻，救人还是救灾工作的重中之重，只要有一线希望，就要用百倍的努力，绝不轻言放弃。随后，温家宝离开四川返回北京。

5月16日上午 成都军区驻川77116部队出动直升机实施空投，向在汶川县映秀镇的中国华能四川公司太平驿电站被困的98名职工提供通信工具、食品、药品和饮用水。同日，太平驿电站被困人员分组撤离，徒步10余小时，68人安全抵达都江堰。18日，最后一名职工被救援军用直升机救出。

5月16日16时 国家卫星气象中心提前启动“风云二号”气象卫星加密监测模式。每隔15分钟，“风云二号”向各地包括灾区提供一张卫星影像图，为灾区气象部门提供监测数据。

5月16日16时 新闻办在北京就汶川地震灾害和抗震救灾情况举行第四次新闻发布会，由住房城乡建设部介绍住房城乡建设系统抗震救灾工作进展情况。

5月16日16时25分 成都军区驻渝77133部队通过在水中架设供电设备，对因地震断电、排水闸门无法打开的茂县南新镇钟铜水库强行提闸放水，使该水库蓄水超出警戒水位6米的溃坝险情得以排除。

5月16日16时36分 因受地震影响中断的德阳至绵竹汉旺的铁路支线恢复通车。

5月16日17时30分左右 俄罗斯救援队第一批包括专业搜救人员和医生在内的50人抵达成都，随后到绵竹展开救援。17日凌晨，第二批队员47人到达成都。救援队配备有4只搜救犬、3辆救援车及27吨救援设备、药品和物资。19日晚，救援队返回成都。20日，救援队除20名医护人员留下继续参加救治工作外，其他队员回国。

5月16日下午 全国政协在北京举行政协委员抗震救灾捐赠活动。中共中央政治局常委、全国政协主席贾庆林出席捐赠仪式并讲话，指出抗震救灾是统一战线和人民政协当前最重要最紧迫的任务，政协委员要走在前头，作出表率，以实际行动为抗震救灾作出贡献。中共中央政治局委员、全国政协副主席王刚等出席捐赠仪式。

5月16日下午 发展改革委紧急协调中国航油集团通过调整资源流向、就近动用有关单位库存、增加供应等方式确保四川绵阳、成都机场用油。同日，发展改革委批准动用国家储备航空煤油1万吨，其中约7000吨用于成都双流机场；根据四川省政府《关于请求解决我省抗震救灾急需药品、医疗器械和环境消毒用品缺口的请示》，筛选出属于中央医药储备目录内的70个品种的药品，并于当日组织国药集团等企业陆续运往成都。

5月16日下午 台湾红十字组织救援队一行22人携带生命脉动探测器、光纤影像探测器等各种搜救器材与医疗、卫星通信等器材以及一只搜救犬飞抵成都，开创了台湾民间首次参与大陆救灾的历史。17日上午，救援队前往绵竹市汉旺镇开展救援工作。20日，救援队返回台湾。

5月16日18时 韩国救援队（又名韩国“中央119救助队”）一行47人抵达成都。救援队配备有两只搜救犬及其他搜救装备。17日，救援队到什邡市蓥华镇参加救援工作，23日回国。

5月16日18时20分 中国电信抢险队员修复平武灾区的光缆通信。至当日，汶川、北川、绵竹、青川、茂县、平武、理县、黑水8个极重灾和重灾县（市）的县城全部恢复了与外界的公众通信能力。同日，陇南市因地震中断通信的94个乡（镇）全部恢复通信。

5月16日18时30分 南京市消防救援队从什邡市蓥华镇蓥峰化肥厂的废墟中救出被埋100小时的德阳市东电公司职工刘德云，这是从废墟中救出的第一名被埋超过100小时的群众。同日，救援人员还成功救出被埋（困）超过100小时的汶川县工商局映秀工商所藏族职工陈晏、映秀小学羌族学生尚婷、三台县油漆工朱定军，102小时的河北沧州人董凤强，103小时的北川大学生刘畅，近104小时的北川羌族自治县国税局职工朱兰、周亚君与北川羌族自治县农业发展银行营业员贺晨曦、什邡市蓥峰化工厂俱乐部职工李青松、都汶路收费站职工袁艺。

5月16日19时10分 新加坡救援队第一批24人抵达成都。19时30分、50分，第二批15人、第三批16人分别抵达成都。救援队配备有4只搜救犬、3辆救援车及各种装备与物资21吨。17日，救援队到什邡市红白镇展开救援。21日，救援队撤回成都，22日回国。

5月16日19时30分 中央军委领导在成都军区组织召开抗震救灾工作会议，议定各个地区救灾部队的最高指挥员要参加当地救灾指挥机构，并担任副指挥长；要以最快速度到达地方请求救灾新增的40个乡（镇），使救灾工作尽快由城市向乡村拓展；认真搞好10万救灾大军的各项保障工作，确保完成救灾任务；全军支援灾区的救援物资统一交给成都军区，而后转交四川省分发到灾区。17日，成都军区联指下发《关于军队部分领导参加地方抗震救灾指挥机构》的通知，明确联指总指挥李世明参加四川省抗震救灾指挥部并任副指挥长，济南军区71521部队部队长宋普选等5人分别参加阿坝、成都、德阳、绵阳、广元5个市（州）抗震救灾指挥部并任副指挥长。

5月16日20时30分许 湖北省消防总队第一突击队114人经过14小时艰苦行军，到达震后与外界隔绝的青川县马公乡。随后，突击队将871名幸存村民转移至相对安全的关庄镇，并救治57人，运送救灾物资62吨。

5月16日21时40分 成都军区联指召开会议，决定进一步理顺指挥关系，提高军地统一指挥效率；切实把握工作重点，迅速派出部队限时到达四川省新提出的40个乡（镇）；加大救灾力度，迅速调拨成都军区储备的7000顶军用帐篷及食品、药品等物资运往灾区；认真搞好服务保障，千方百计解决好10万大军吃饭、饮水、医疗、通信、装备等问题；预置防化力量，提前做好次生灾害防范工作。同日，联指成立党委，联指政委张海阳任党委书记，总指挥李世明任党委副书记。联指还抽组成立3个野战兵站，分别部署到都江堰、什邡、绵阳，主要实施主副食供应、医疗、油料、运输等支援保障任务。下达《增派防化兵部（分）队执行抗震救灾任务命令》，紧急抽调成都军区驻滇77221部队、四川省军区内江陆军预备役防化团分别赶赴北川、都江堰，担负灾后大面积消毒防疫和应急防化救援任务。

5月16日23时34分 汶川县在震后中断电力105小时后，水厂、医院等重要部门恢复供电。

5月16日晚 中共中央政治局常委李长春，中共中央政治局委员、中央书记处书记、中宣部部长刘云山等到新华社和中央电视台，代表中共中央、国务院和中共中央总书记胡锦涛，看望和慰问新闻工作者。23时30分，李长春、刘云山等在新华社总编室通过视频与四川抗震救灾报道前方指挥部记者通话，了解一线采访报道工作情况。17日零时20分，李长春、刘云山等看望中央电视台新闻中心、播控中心、海外新闻中心编播人员，与正在都江堰采访的记者连线，向他们表示亲切慰问。

5月16日晚 中央国家机关团工委、中央国家机关青联联合主办的“中国，挺起脊梁”——中央国家机关青年抗震救灾义演在北京举行。全国妇联、交通运输部、农业部、卫生部、保监会等单位联合主办的“情系灾区·爱心奉献大行动”公益晚会在北京举行，募集资金、物资折合7000余万元。中国互联网协会主办的“网聚你我、共献爱心”——中国互联网赈灾义演活动在北京举行。辽宁省委宣传部等部门主办的“心系汶川”抗震救灾募捐义演在沈阳举行，募集善款3160多万元。广西壮族自治区党委宣传部等单位共同发起的“我们在一起”大型募捐电视晚会在南宁举行，至22时30分接收捐款8746万元。

5月16日 中央军委主席胡锦涛作出指示：新增派的部队3万人要尽快到位，要采取措施尽快进入所有村庄。

5月16日 最高人民检察院党组在北京召开会议，要求全国检察机关把抢救被困群众放在第一位，做好受灾检察人员的安抚和安置工作，密切配合有关部门，坚决依法打击各种干扰破坏抗震救灾的犯罪活动，切实维护灾区社会稳定。

5月16日 《人民日报》在第5～8版推出“抗震救灾特刊”，开创《人民日报》为突发公共事件创办特刊的先河。

5月16日 国务院抗震救灾总指挥部宣传组在北京组织召开工作会议，通报抗震救灾工作进展情况，分析有关舆情。会议要求，宣传中共中央、国务院决策部署，报道中共中央总书记胡锦涛到灾区考察工作、慰问一线干部群众，宣传解放军、武警官兵、公安消防干警、专业救援队伍、基层党员干部、医护工作者、教师以及各行业全力以赴抗震救灾的先进事迹。

5月16日 国务院抗震救灾总指挥部基础设施保障组在北京召开第五次会商会议，对四川绵阳机场航煤告急、四川部分电厂存煤不足和动用储备粮保障灾区粮食供应等问题进行协调，提出保障供应方案与措施。至21日，发展改革委与铁道部、电监会和国家电网就保障四川电煤工作进行协商，并与四川、陕西、贵州三省经济委员会（经济贸易委员会）和神华集团协调，确定铁路部门继续保证甘肃华亭煤矿向四川江油电厂每天提供一列电煤；自20日到月末，陕西铜川煤矿向四川金堂电厂每天增供一列电煤；从21日开始，神华宁夏煤炭集团向江油电厂每天增供一列电煤；自17日开始，贵州向四川广安电厂三天增供两列电煤。以上安排基本满足了四川省提出的电煤需求。

5月16日 教育部党组在北京召开会议，要求继续把救人作为第一位的任务，积极配合有关方面，抓紧做好伤亡人员的搜救工作和失踪人员的核查工作；在各级各类学校全面开展安全检查，对广大学生深入进行防灾知识教育；抓紧筹备灾区学校开学和恢复教学秩序的工作。同日，教育部在北京召开专题会议，研究地震灾区学生救助工作；召开座谈会，研究部署灾后中小学生心理援助工作。

5月16日 科技部在北京召开抗震救灾专家组会议，成立科技抗震救灾综合分析专家组和科技抗震救灾技术支撑专家组，宣布初步名单，确定专家组工作方案，明确各专家组职责、任务、进度要求等，并对相关工作进行部署。同日，科技部印发《农村地区抗震救灾应急技术及实用产品（第二批）》，内容包括地震灾区动物尸体处理技术建议、震后灾区人畜共患病防治技术建议等技术和产品清单，该批技术信息同日在科技部网站上发布。

5月16日 国务委员、公安部部长孟建柱在北京主持召开公安部党委会议，通报汶川地震情况，总结全国公安机关抗震救灾工作，研究部署下一步工作。会议要求，继续把抢救人民群众生命作为首要任务，全力维护灾区社会治安稳定，切实加强道路交通、消防和危化物品安全管理，进一步强化不安定因素排查、化解，切实做好受灾藏区社会政治稳定工作。

5月16日 科技部紧急组织的首批包括多功能LED聚光灯、太阳能草坪灯、太阳能野营灯等高新技术救灾捐赠物资运往灾区。随后，科技部先后组织了5次捐赠抗震救灾物资活动。

5月16日 民政部在北京组织召开民政部、卫生部、公安部有关负责人会议，研究地震灾区遇难者遗体辨认及火化等问题。17日，民政部、公安部、卫生部“5·12”地震遇难人员遗体处理工作组赶赴四川灾区指导、协调遗体处理工作。随后，民政部、公安部、卫生部联合印发《“5·12”地震遇难人员遗体处理意见》，对遗体处理方式、遗体辨认程序、境外人员遗体处理、卫生防疫、协调配合和经费保障等提出明确要求。

5月16日 民政部发出紧急通知，要求北京、上海、天津、山西、内蒙古、河北、河南、湖北、湖南、广西、广东等省（区、市）民政部门分别为地震灾区提供10万件衣物和10万床棉被。两天内，上述地区共向灾区援助110万件衣物和110万床棉被。

5月16日 司法部在北京召开部长办公会议，要求全力救治被困群众和受伤人员，进一步加强受灾地区监狱劳教场所的监管工作，维护正常监管秩序。会议决定，立即派出3个工作组，到受灾较重的监狱现场指导抗震救灾工作。18日，司法部3个抗震救灾工作组飞赴成都。

5月16日 财政部会同民政部下拨四川省中央自然灾害生活补助应急资金5亿元，同时下拨综合财力补助资金2亿元。同日，财政部紧急向四川灾区下达中央储备粮15万吨和1.4万吨储备食用油无偿动用计划，财政部负担粮油价款约3.5亿元。

5月16日 国土资源部在北京召开会议，明确参与抗震救灾的工作重点是根据部门职责和专业特点，为防范次生地质灾害和支持灾后重建做好保障服务工作。同日，国土资源部在北京召开地震引发次生地质灾害防治四川工作组远程会商会。四川省国土资源厅组织180人的震后地质灾害巡查排查组，分12个组赴各重点县，开展崩塌、滑坡、泥石流地质灾害动态巡查工作，并派出专门工作组赶往北川特大滑坡现场，指导排除滑坡堵塞河道形成的堰塞湖险情。

5月16日 环境保护部发出《关于批准四川、重庆、陕西、甘肃地震灾害次生环境污染事件预警与应急监测工作方案的通知》，并通报灾区水源地水质监测情况。同日，部长周生贤率该部相关司局主要负责人和有关专家赶赴地震灾区，检查灾后核设施环境安全状况，指导抗震救灾环境应急工作。

5月16日 住房城乡建设部在北京召开援建四川地震灾区规划工作队会议，决定成立该部援建四川灾区规划工作队临时协调机构，由80余人组成，并成立6个工作组。18日，绵阳和德阳工作组第一梯队第一批人员11人，以及由来自清华大学、同济大学等单位36名专家组成的灾后重建规划工作第一批专家组到达成都，随即奔赴灾区现场开展工作。

5月16日 交通运输部在北京召开紧急会议，要求全力抢通灾区公路，对已抢通公路要保障畅通，同时着手开展灾后交通重建规划工作。同日，交通运输部召开视频会商会，要求进一步细化打通四川受灾地区公路的工作部署，尽快打通通往汶川灾区道路，确保救灾物资运输。

5月16日 国家防总发出《关于进一步加强水利抗震抢险工作，防范次生灾害的紧急通知》《关于切实加强堰塞湖安全防范工作的紧急通知》。

5月16日 水利部抗震救灾指挥部在北京召开全体会议，落实国务院抗震救灾总指挥部水利组人员、机构和工作机制，核实震损水利工程和堰塞湖情况，解决灾区饮水问题，开展灾后重建前期工作，协调对口支援工作。同日，水利部发出《关于做好受灾地区城乡饮水安全保障工作的通知》。

5月16日 农业部抗震救灾前线专家组与四川省畜牧食品局等单位组建农业部、四川省联合动物防疫应急分队，分批进驻灾区开展动物疫病防控工作。同日，农业部向灾区紧急下拨1000万元动物防疫和鼠害防控经费，追加300吨消毒药品、2100台手动式农用消毒器、100台机械消毒器械。17日，农业部再次下拨500万元动物防疫经费。

5月16日 商务部发出《关于进一步做好抗震救灾保障市场供应工作的紧急通知》，要求各地商务主管部门加强市场监测和信息引导，加强各种形式的产销衔接，建立应急调运机制，扩大应急商品数据库覆盖范围，增加企业库存和政府储备，保障灾区市场供应和全国生活必需品市场稳定。同日，商务部召开抗震救灾援助国及国际机构情况通报会，介绍商务部接收紧急援助的执行方式和程序。

5月16日 文化部、商务部、广电总局、新闻出版总署、广东省政府和深圳市政府联合主办的第四届中国（深圳）国际文化产业博览会在深圳开幕。中共中央政治局委员、中央书记处书记、中宣部部长刘云山宣布大会开幕。中共中央政治局委员、广东省委书记汪洋，全国政协副主席孙家正出席开幕式。大会在主会场深圳会展中心和各分会场设立募捐箱，刘云山、汪洋、孙家正等带头捐款，募捐所得资金全部捐助给地震灾区。

5月16日 卫生部抗震救灾工作领导小组在北京召开会议，研究部署医疗救治、卫生防疫和物资保障等工作。会议要求，医疗工作重点是抓好重症救治和院内感染控制工作，确保信息准确畅通，落实卫生防疫方案，做好救援物资和生活保障等工作。同日，卫生部印发《灾区传染病防控预案》，并发布地震灾区卫生防疫工作疫情监测要点，四川省疾控中心组织专家紧急制定《四川省地震灾区重点传染病监测方案》。

5月16日　质检总局党组在北京召开扩大会议，决定充实抗震救灾领导小组，并部署总局卫生防疫队、特种设备队、检验检测队奔赴四川地震灾区，开展技术服务。同日，质检总局在北京召开专题会议，研究支持灾后恢复生产工作，并发出《关于寻求紧急援助地震灾区实验室仪器设备的通知》《关于组织动员全系统及有关企业为地震灾区捐款捐物的通知》。

5月16日　安全监管总局在北京召开两次抗震救灾调度协调会，要求做好调派救援队伍的物资、装备保障工作，及时协调解决救援中出现的问题，并全面落实隐患排查治理和重大危险源监控工作，加强恢复生产中安全生产工作的监督检查，严防发生次生事故。

5月16日　林业局赴四川抗震救灾工作组会同四川省林业厅紧急筹集一批食品、物资和大熊猫饲料，由专车绕道运往卧龙自然保护区，并于17日送达。

5月16日　气象局在北京召开抗震救灾专项工作组会议，进一步部署抗震救灾和气象保障服务综合协调工作。同日，气象局召开紧急会议，要求加强与军队、航空、卫生、水利和国土资源等部门的联系，做好针对直升机飞行条件、疫情防治、水库险情和地质灾害等方面的精细化预报服务。气象局预报专家组赶赴成都，协助灾区做好气象预报服务工作。国家卫星气象中心提前启动“风云二号”气象卫星加密监测，协助灾区气象台（站）做好抗震救灾气象服务。

5月16日　国防科工局抗震救灾领导小组在北京召开会议，对核应急值班制度、组织协调、生产自救、核设施环境监测、灾害评估等工作进行部署。同日，领导小组责成地方军工行政管理部门在地图上详细绘制标注民用爆炸物品企业生产点和仓库位置，上报省、市、县抗震救灾指挥部，通报抢险部队和相关单位。四川省国防科工办完成民爆企业生产点和仓库位置图的绘制，实施重点监控。

5月16日　国防科工局在北京分别组织召开各军工集团公司、机关司局有关负责人参加的紧急会议，研究部署抗震救灾、灾损调查和生产恢复工作，发出《关于开展军工单位地震灾害损失情况调查工作的通知》。

5月16日　中国电科启动各电离层监测站的加密观测程序，并组织专家加强对重庆站、昆明站等近期电离层数据分析，为参与救灾的部队和灾区提供电离层骚扰预报服务。同日，中国电科第54所为抗震救灾部门提供最新研制的双模式箱式站与成都车载站建立联系；18时，视频传输成功。

5月16日 兵器工业集团中兵光电赴川支援队携带两套某型无人机航摄系统到达广元，在能见度差的情况下，充分发挥无人机起降灵活、低空作业的优势，完成广元市利州区宝轮镇、青川县木鱼镇等地区的航摄任务。获取的高清晰数字影像被及时提供给国土资源部。

5月16日 粮食局在北京召开会议，研究分析地震灾区粮油供应形势。会议要求进一步采取措施，加强粮源组织调度和加工调运，全力以赴做好粮油市场供应工作。

5月16日 邮政局抗震救灾领导小组在北京召开会议，要求抓住救灾工作重点，做好机要邮件善后工作，组织邮件疏运。同日，四川省邮政系统启动灾后恢复邮政通信工作，为受灾地区群众提供邮政服务，并建立"抗震救灾四川邮政绿色通道"，利用全省邮政渠道在省内向社会提供个人免费捐赠渠道。

5月16日 文物局在北京召开局长办公会议，部署下一阶段文物、博物馆系统抗震救灾工作。

5月16日 中医药局发布《抗震救灾医疗救治应用中医药技术指导意见》，对地震灾害中常见的闭合性骨折、单纯软组织损伤、创伤后并发症（如创伤感染、挤压综合征、褥疮、深静脉血栓）等问题的中医药治疗提供指导性技术方法，并就灾后防疫工作中的中医药参与提出指导性意见和要求。

5月16日 民航局发出《关于开展灾后卫生防疫工作通知》《关于救灾物资中危险品运输有关事宜的通知》。

5月16日 中央军委决定从战略储备中紧急筹措5000顶班用帐篷、10万套单兵作战口粮、20万件御寒衣被以及2套野战方舱医院支援灾区，并派出240人的医疗队，分别在绵阳、德阳开设野战医院。

5月16日 总政治部向全军和武警部队印发《军队参加抗震救灾战斗口号》，共32条，用以激励部队士气、鼓舞官兵斗志。25日，总政治部补充印发新的战斗口号18条。6月19日，总政治部又补充印发新的战斗口号23条。

5月16日 成都军区联指司令部组织召开军地通信保障工作协调会，建立成都军区司令部通信部与中国电信四川分公司、中国移动四川分公司、中国联通四川分公司相互协作的抗震救灾联合通信保障协调机制，并在茂县县城、汶川县漩口镇阿坝铝厂码头开通卫星直拨电话，免费为受灾群众与外界亲人提供通话联系。

5月16日 成都军区驻滇77200部队抽调官兵500余名、运输车辆100余台，从北川县城紧急运送4000余名受伤群众到绵阳市区医院救治。成都军区驻滇77289部队将北川羌族自治县漩坪乡4000余名受灾群众紧急转移到安全地带。成都军区驻滇77298部队在绵竹市清平乡、天池乡等重灾乡（镇）安全转移受灾群众5000余人。

5月16日　兰州军区3000多名官兵通过空运、车辆运输和徒步开进等方式，抵达陇南市19个受灾严重乡（镇）展开救援行动，先后抢救转移群众、伤员500多人。

5月16日　武警部队协调成都军区空军为救灾武警部队空投6架次10吨生活用品，空中物资输送线路正式开通。同日，武警部队党委在北京召开常委（扩大）会议，研究部署下一步工作。武警部队司令员吴双战乘直升机到汶川县检查指导抗震救灾工作，看望慰问部队。

5月16日　中国侨联举行“心系灾区、重建家园”捐赠仪式，接受广大归侨侨眷和海外侨胞捐赠的首批善款共计3327万元。

5月16日　国家电网向中国红十字会捐款捐物折合2.16亿元，其中单位捐款1000万元，公司系统员工捐款7600万元，捐赠救灾物资价值1.3亿元。

5月16日　中国青少年发展服务中心、共青团系统心理健康辅导员考核认证管理办公室联合中科院心理研究所、中国心理卫生协会紧急启动主题为“心系灾区、奉献爱心”的心理援助行动。5月26日至8月6日，该行动心理援助志愿团98人分7批赴四川灾区学校开展心理援助工作。

5月16日　四川省抗震救灾指挥部发出《关于切实做好抗震救灾接受捐赠情况统计报送工作的补充通知》《关于港澳台及国际救援队伍到地震重灾区开展救援工作的通知》《关于积极为抗震救灾卫星电话提供充电方便的紧急通知》《关于确保震损水利工程安全度汛和防范次生灾害的紧急通知》等。同日，省委办公厅、省政府办公厅发出《关于开展秸秆禁烧工作，确保执行抗震救灾任务的飞机正常起降的通知》。

5月16日　成都市三只耳火锅连锁有限公司陆续在彭州市小鱼洞镇、绵阳市游仙区、都江堰市天府大道和莲花小区灾区群众安置点开设4个“爱心厨房”，为灾区群众送热饭菜。同时，该公司和四川省美食家协会紧急呼吁餐饮行业一起行动起来，协助政府在重灾地区开展“爱心厨房”活动。19日，成都传媒集团、成都市餐饮同业公会成立“爱心食堂”。自20日送出第一餐2000多人的免费热饭、热菜后，很快接近每餐供应3万人。6月20日，爱心食堂被移交给当地政府。活动历时一个月，在都江堰、绵竹、什邡、彭州4个极重灾县（市）前后共计设立17个分店，近150万灾区群众接受免费救助，来自全国各地的志愿者3500余人次在爱心食堂中央厨房、指挥部服务。

5月16日 汶川卧龙森林公安局副局长王刚在救援直升机卸载物资过程中，为保护一位处在极度危险中的女记者，被直升机尾翼击中，不幸牺牲。

5月16日 甘肃省抗震救灾指挥部指挥中心、省救灾募捐办公室发出《关于规范救灾捐赠活动的公告》，明确救灾捐赠工作统一由各级民政部门组织管理。同日，省政府办公厅发出《关于严格规范社会捐赠活动的紧急通知》。

5月16日 甘肃省青年志愿者协会和省志愿者指导中心成立抗震救灾志愿者招募工作办公室，通过电视、广播、报纸、网络等新闻媒介向社会发布志愿者招募信息。同日，省心理卫生协会组织12名受过专业训练的心理专家和精神科医生成立心理卫生救援工作队，首批2名队员当日赶赴陇南灾区。20日，第一支甘肃青年医疗卫生志愿者抗震救灾服务队16人携带救援物资赴陇南。

5月16日 陕西省政府办公厅发出《关于做好全省灾区校舍损毁鉴定及恢复重建方案的紧急通知》，要求各受灾市、县、区政府要认真做好损毁校舍排查、鉴定工作，做好损毁校舍恢复重建方案制订工作，并在确保师生安全的前提下，因地制宜，积极稳妥地实施复课。

5月16日 重庆市红十字会抗震救灾志愿者突击队65名成员携行20辆大货车救灾物资抵达成都。17日，突击队到达什邡市红白镇，先后有来自北京、上海、安徽、贵州、广东、浙江等13个省（市）的志愿者加入队伍，在什邡市救灾指挥部统一安排下展开救援行动。

5月16日 云南省委、省政府向中共中央、国务院请求进一步安排云南支援四川抗震救灾工作，表示将在人力、物力、财力方面给予最大程度的支持，与四川人民一道，全力以赴，奋力抗灾。

5月16日 各省（区、市）党委、政府继续向四川灾区捐款捐物，派遣医疗队伍。河南省捐款1000万元，湖北省捐款500万元，广东省捐款2000万元。北京市第二批价值1100万元的救灾捐赠物资，包括棉衣、棉被等生活用品，从北京发往雅安。陕西电力公司紧急调集1.7万根电线杆、145台配网变压器、235台发电机、1000件棉大衣等价值约2000万元的救灾物资，送往四川灾区。陕西省卫生厅组建由陕西省和西安市9所医院抽调226名医护人员组成的救灾医疗队，紧急奔赴四川灾区。同日，最高人民法院分别向甘肃、陕西两省高级人民法院发出慰问信，最高人民检察院向四川、甘肃、陕西、重庆、云南等省（市）人民检察院发出慰问电，新闻出版总署向身处抗震救灾一线的新闻记者发出慰问信，西藏自治区党委、自治区政府向四川省委、省政府发出第二封慰问电。

5月16日（各国当地时间） 秘鲁政府颁布最高政令，宣布19日为全国哀悼日，以悼念中国四川汶川地震遇难者。随后，孟加拉国看守政府20日宣布21日为全国哀悼日，科摩罗政府22日宣布该日为全国哀悼日，佛得角政府23日宣布该日为全国哀悼日，悼念中国四川汶川地震遇难者。

5月16日（各国当地时间） 法新社、俄塔社、美国《中华商报》、英国《每日电讯报》、印度尼西亚《国际日报》、澳大利亚《悉尼先驱晨报》与《澳大利亚人报》等海外报纸媒体发表文章，赞扬中国领导人对地震灾难作出反应的效率“让人印象深刻”，称中国的“救灾工作井然有序”。

5月16日（纽约当地时间） 联合国秘书长潘基文在纽约联合国总部表示，对中国政府在四川等地发生特大地震灾害后开展迅速、有效的救灾工作表示高度赞扬，并宣布联合国中央应急反应基金将拨款支援中国四川的抗震救灾工作。21日，联合国系统向中国政府捐赠从联合国中央应急反应基金里紧急调拨的800万美元。

5月16日（日内瓦当地时间） 联合国新闻发言人玛丽·厄泽在日内瓦联合国欧洲办事处举行的新闻发布会上，严词驳斥某西方记者以所谓“新闻自由”抨击中国抗震救灾的言论。

5月16日 世界银行、亚洲开发银行宣布愿意为中国抗震救灾提供必要支持，分别向中国捐赠150万美元、165万美元。至5月底，世界银行、亚洲开发银行、全球环境基金、国际农业发展基金等国际金融组织紧急安排665万美元赠款，主要用于研究中国四川汶川地震灾区灾害预防措施、建立和完善应急机制及灾后恢复重建措施等方面的援助。

5月17日凌晨 甘肃省地震灾害紧急救援队150人从陇南灾区到达青川县姚渡镇，展开救援。

5月17日早晨 中共中央总书记、国家主席、中央军委主席胡锦涛到汶川、彭州查看受灾情况，指导抗震救灾工作。胡锦涛到汶川县汶川振冲电力公司城关供电所与四川省和部队、公安的负责人现场研究救援工作，到漩口镇阿坝铝厂了解灾情，在白云顶隧道口看望来自海南公安边防医院的医务人员，在寿江大桥边看望来自上海、广东的公安特警和边防民警。离开汶川县后，胡锦涛还到彭州市龙门山镇查看、了解抗震救灾工作进展情况，亲切看望来自自贡疾控中心的防疫员。胡锦涛强调，要坚持把救人放在首要位置，继续争分夺秒地营救被困群众；要在妥善安置好受灾群众生活的同时，加快清理废墟，为下一步重建家园做好准备。中共中央政治局委员、国务院副总理回良玉，中共中央书记处书记、中央政策研究室主任王沪宁等一同前往看望慰问。20时，胡锦涛在成都组织召开抗震救灾工作会议，听取抗震救灾工作汇报，研究部署下一步抗震救灾工作。回良玉主持会议。四川省委书记刘奇葆与中央军委领导汇报四川抗震救灾工作情况和部队支援抗震救灾工作情况。在听取汇报过程中，胡锦涛详细询问灾区粮食供应、伤员救治、水库安全等方面问题。听取汇报后，胡锦涛发表重要讲话。胡锦涛要求，继续争分夺秒地搜救被困群众，全力救治受伤人员，想方设法安排好受灾群众基本生活，抓紧抢修因灾毁坏的基础设施，做好恢复重建准备工作，切实加强对抗震救灾工作的领导。中央军委领导在会上建议，一要抓紧处理唐家山堰塞湖险情，二要加强空中交通统一管理，三是请四川省委、省政府多给部队赋予任务。王沪宁等出席会议。会后，胡锦涛接见参加会议的军以上干部。

5月17日8时10分 成都军区驻川77118部队搜救分队在汶川县银杏乡桃关村成功救出被埋超过113小时的来自德国慕尼黑的登山爱好者伯格达。21时20分，俄罗斯救援队从都江堰管理局第二生活区10号楼废墟中成功救出被埋近127小时的退休女职工徐荣星，这是国际救援队在中国营救出的唯一一名幸存者。同日，救援人员还成功救出被埋（困）108小时的什邡市红白镇红白中学炊事员李克成，被埋近116小时的北川男孩米东，被埋117小时的北川货车司机陈先贵（羌族）、山东投资商季中山、北川南华小学学生邓波，被埋120小时的北川羌族自治县陈家坝乡大竹村村民赵富贵、平武县石坎乡红旗村村民严加富、北川男青年马斗，被埋122小时的什邡市红白镇金河磷矿矿工周志，被埋124小时的什邡市蓥华镇蓥峰化工厂职工卞刚芬、汶川县高速公路管理处职工蒋雨航、北川建筑工人康东（羌族），被埋125小时的北川羌族自治县社保局局长熊吉才，被埋超过127小时的平武人吴建平，被埋129小时的都江堰市民张晓平。18日上午，第四军医大学西京医院安县野战医院利用远程会诊车请全国各地20多名医学专家对伤情复杂、严重的康东进行远程会诊，使康东脱离生命危险。这是解放军首次启用卫星网络远程救治地震伤员。

5月17日9时 军队抗震救灾指挥组在北京召开第三次会议。会议要求，从政治和全局的高度出发，坚持以人民利益为重，顾全大局，团结协作；继续把救人作为当务之急、重中之重，适时调整救援工作重心；科学使用空运空投、道桥筑城、医疗防疫、核化防护力量；想方设法把情况查准报快；在坚持救人高于一切的前提下，适当把工作重心转到救人与救灾结合上来；精心组织、落实各项保障措施。

5月17日上午 中共中央政治局委员、国务委员刘延东在北京主持召开会议，研究部署教育系统进一步做好抗震救灾工作。会议议定，把维护师生的生命安全放在首位，坚持安全第一，高度警惕并切实防范余震和次生灾害；加强灾区学校防疫工作；抓紧核查师生伤亡、学生致孤和校舍、设备受损情况，摸清底数，配合有关方面做好善后工作；恢复教学对灾后安抚人心、稳定情绪十分重要；组织专家组指导灾区开展心理调适教育；妥善做好灾区学生升学考试工作；按照国务院抗震救灾总指挥部统一部署，适时启动受灾学校重建工作；大力宣传和适时表彰教育系统抗震救灾先进典型和感人事迹。

5月17日16时 新闻办在北京就汶川地震灾害和抗震救灾情况举行第五次新闻发布会，由农业部介绍农牧业灾情、农业抗震救灾、灾区农业产品供应、人畜共患病防治以及农业生产等情况。从即日起，新闻办根据国务院抗震救灾总指挥部授权，于每日16时发布四川汶川地震抗震救灾工作最新进展情况。

5月17日17时15分 由国家电网江西公司抢修的绵阳地区110千伏枢纽站——江油电厂110千伏升压站抢修成功，恢复送电。这是支援四川抢修电网队伍抢修完成的第一个工程。

5月17日17时30分 国道213线都江堰至映秀段公路被抢通，由都江堰市前往汶川县映秀镇的陆上“生命通道”全线打通。18日，因下雨、余震造成阿坝铝厂至映秀段5公里老线再次塌方，经抢修再次恢复通车。

5月17日下午 中共中央政治局常委、国务院总理温家宝在北京主持召开国务院抗震救灾总指挥部第8次会议。中共中央政治局常委、国务院副总理李克强，国务委员兼国务院秘书长马凯，国务委员孟建柱等出席会议。会议强调，抗震救灾要始终坚持以人为本，把保护人民生命安全放在第一位。会议要求，在搞好抢救的同时，要切实做好伤员救治和卫生防疫，妥善处理遇难者的善后工作，安排好受灾群众的生活，严密防范余震破坏和次生灾害，维护社会正常秩序。

5月17日下午 海航所属扬子江快运的一架波音747货机从上海起飞前往台北，将台湾“中国台商发展促进协会”捐赠的约110吨抗震救灾物资直接运往成都。

5月17日19时52分 经过125小时紧张抢修，紫坪铺水电站3台机组正式发电，恢复了向四川电网供电。18日，4台机组全部并网发电，同时利用机组发电泄洪。

5月17日21时30分 国道213线松潘至茂县、省道302线黑水至茂县公路同时打通，标志着地震后最后一座孤城与外界的公路交通被抢通。至此，通往震中地区所有县城的公路都已打通。

5月17日22时15分 中央军委领导在成都主持召开军队抗震救灾工作会议，要求立即把救灾工作拓展到农村，全力搜救被困群众；要尽快把救灾物资运送到灾区，安排好受灾群众的基本生活；要认真搞好宣传报道工作，充分反映部队官兵抢救受灾群众生命财产的英勇事迹；要加强抗震救灾工作的组织指挥，进一步提高救灾效率。

5月17日23时10分 成都军区联指党委在成都召开会议，要求抗震救灾部队坚决贯彻落实中央军委主席胡锦涛的重要指示，全力扩展救灾范围，尽快“进村入户”救人；提高指挥效率，勇于负责、机断专行；专门研究救灾部队保障问题，严格落实军队答应援助地方的物资；重视卫生防疫问题，整合配置好医疗、防疫队；充分发挥部队的集团作用和突击作用，做一些修复道路、桥梁的大事。同日，成都军区联指下发《坚决贯彻落实胡主席重要指示，全力推进救灾工作向村寨扩展》《关于向部分乡镇增派兵力的通知》，要求各任务部队向农村拓展救灾力量，把“进村入户”搜救受灾群众作为抗震救灾的重点工作，立即增派兵力，采取多种方式快速机动，在19日14时28分前到达40个边远乡（镇）的所有村寨实施救援行动。

5月17日晚 中共中央政治局委员、国务院副总理回良玉在成都主持召开国务院抗震救灾总指挥部四川前方指挥部会议。回良玉强调，要准确把握抗震救灾工作形势，细化实化工作方案，把抢救被困群众、救治受伤人员、安置受灾群众、防治次生灾害、抢修基础设施和恢复重建准备等工作抓紧、抓实，确保抗震救灾工作有力有序有效进行。

5月17日晚 陕西省委宣传部等部门主办的“朝阳行动、我们万众一心”大型赈灾晚会在西安举行。重庆市举行“我们一家人”赈灾义演，募得善款超过1亿元。上海市委宣传部等部门主办的“血脉相连、众志成城”——上海市社会各界赈灾文艺晚会在上海举行。第四届中国国际徽商大会文艺晚会“盛世徽风”暨“情系巴蜀、爱心同行”赈灾演出在黄山市举行。福建省“心系灾区、情满海西”赈灾文艺晚会在福州举行。中国青年志愿者协会、海南广播电视总台联合主办的“为了灾区的孩子”赈灾晚会在海口举行。

5月17日 中共中央、国务院根据四川灾区医疗救治的实际情况，决定把四川灾区部分伤员陆续转送到全国20个省（区、市）接受进一步治疗。中共中央总书记、国家主席胡锦涛就此作出重要指示，中共中央政治局常委、国务院总理温家宝要求通过空运、陆运等方式把重伤员转运到省内城市医院实施救治，同时统筹周边省市医疗资源，适度分流、转运、收治受伤群众。同日，卫生部医政司在北京组织召开地震灾区伤员转运工作协调会，研究制定转运工作方案，并成立伤员转运工作指挥部。18日，卫生部发出《关于做好四川地震灾区部分伤员转出和接收工作的紧急通知》，卫生部和总后卫生部组织专家制定《汶川地震伤员转运指导原则》。至31日，经过四川省委、省政府周密部署，全国卫生系统精心组织，铁路部门和民航部门紧密配合，通过19列专列、99架包机及万余辆（次）救护车，出动医务人员5000余人，共向北京、天津、河北、上海等20个省（区、市）340多家三级医院转送四川灾区伤员10015人。

5月17日 国务院抗震救灾总指挥部基础设施保障组在北京召开第六次会商会议，研究部署公路物资运输的指挥协调、灾区损毁建筑和生活垃圾处理和确保灾区粮食供应等问题。同日，发展改革委紧急组织的13个品种、价值300万元的医药用品、1000吨医疗器械和消杀药品等物资送达四川。

5月17日 教育部派出由北京大学、北京师范大学知名专家组成的中小学心理援助专家工作组赴四川受灾地区，协助指导灾区学生心理调适和复课等工作。

5月17日 科技部在北京召开部长办公会，部署科技抗震救灾有关工作。同日，科技部科技支撑计划“现代服务业共性技术支撑体系与应用示范工程”重大项目中的“区域协同医疗服务示范工程”课题，在绵竹市安置点成功开展远程医疗示范。战地医院设立后，近1100名患者得到远程会诊救治。

5月17日 公安部在北京召开会议，针对四川灾区社会治安管理防范工作相对薄弱等情况，再次部署灾区和全国各地公安机关加强对社会面治安管理和防范控制，严厉打击各种违法犯罪活动，保证社会稳定。

5月17日 公安部下达《关于紧急调派生命探测仪和操作人员赴四川参加地震灾害救援的命令》，从北京等4个消防总队调集22台生命探测仪和48名专业操作人员赴四川灾区参加搜救行动。至是日18时，公安消防部队分4批从全国27个省（区、市）调集的13434名消防特勤人员、67条搜救犬、491辆抢险救援车、153台生命探测仪全部到达四川灾区。

5月17日 民政部发出《关于进一步做好抗震救灾工作的紧急通知》，要求各级民政部门全面落实各项救灾工作部署，扎实做好各项军供保障工作，精心组织救灾捐赠工作，充分发挥城乡基层政权组织、群众性自治组织和社会组织在抗震救灾中的重要作用，认真做好地震灾区有关社会福利和社会事务工作，积极做好抗震救灾信息和宣传工作。

5月17日 国土资源部在北京召开会议，进一步研究部署抗震救灾工作。国土资源部抗震救灾前线指挥部在成都召开会议，对地震次生地质灾害防治工作进行会商，并将最新解译的灾区航空遥感资料提交四川省抗震救灾指挥部。国土资源部航拍资料显示，由于地震、滑坡，山上塌落的土石堵塞岷江支流河道，在四川省重灾地区形成13个堰塞湖。

5月17日 环境保护部办公厅发出《关于加强对水库坝下环境隐患排查和治理的紧急通知》，要求四川、陕西、甘肃三省环境保护部门主动与水利部门沟通、了解危险水库和堰塞湖的名单、位置，对灾区危、险水库和堰塞湖坝下的石油化工、有色金属尾矿库等高危行业信息情况进行排查，防范堰塞湖对下游环境安全构成威胁。同日，环境保护部办公厅还印发《预防和处置四川汶川地震次生环境灾害实施方案》《四川汶川地震灾区次生环境灾害防治监测方案》。

5月17日 住房城乡建设部在北京召开两次会议，专题研究灾民过渡性住房问题。同日，住房城乡建设部派遣中国城镇供水协会专业队伍赴灾区抢险，组织上海、济南、郑州、温州的城市供水企业组成第一批应急抢修和管网检漏队伍，赶赴绵阳市区、江油、绵竹、都江堰等地灾区。

5月17日 国家防总办公室发出《关于落实堰塞湖监测及安全防范工作的紧急通知》《关于切实做好高危堰塞湖安全防范工作的紧急通知》。

5月17日 水利部与四川省建立部、省水利部门“合署办公、集体会商、共同决策、地方落实”的工作机制，由水利部专家组负责提出险情处置方案，地方负责组织实施。同日，水利部印发《支援四川震损水利工程应急抢险工作方案》，决定组建水利工程应急抢险队，支援、帮助四川省对震损严重的水利工程进行应急抢险修复，妥善处置堰塞湖等险情。水利部紧急组建的专业应急抢险队第一批6支340余人于是日从各地出发，赴四川支援震损水利工程度汛抢修。

5月17日 卫生部抗震救灾工作领导小组在北京召开会议，就加强医疗资源调配、加强防疫、做好国际卫生救援的联系和接收、尸（遗）体处理等工作进行部署。财政部紧急安排2亿元资金，用于地震灾区开展医疗救治和卫生防疫工作。

5月17日 卫生部决定在四川大学华西医院设立抗震救灾省外医疗队后勤物资供应中心，并与四川省卫生厅在成都召开卫生防疫专项会商会，明确各省卫生防疫队主要任务是提供技术支持，接受当地领导统一指挥，确定汶川、理县、茂县由部队负责防疫工作，地方支持人员和物资。同日，卫生部统计中心建立卫生部短信平台系统，实现与1900余名前线医疗队员的短信联系。

5月17日 卫生部配合发展改革委紧急调拨国家储备的700台呼吸机和药品等医用物资支援灾区，紧急采购调运国家储备以外的医疗救治物资，包括价值2000余万元的100台血液透析机等。同日，卫生部从河南、山西、青海三省调派55辆卫生防疫车和5辆疫苗冷链专用车及第三批327名防疫人员赴四川开展防疫工作，并委托中国疾控中心精神卫生中心（北京大学第六医院）派出心理危机干预队伍共7人赶赴绵阳、成都。

5月17日 海关总署慰问小组赴四川检查成都海关关区地震灾情，看望慰问奋战在抗震救灾一线的海关人员。同日，署长盛光祖指挥成都海关快速验放西班牙政府捐赠的物资。

5月17日 质检总局向四川省委、省政府发出《关于支援四川抗震救灾方案的函》，决定对救灾物资供应企业实施生产许可“绿色通道”，对灾区生产企业申报免检予以特别支持。同日，质检总局发出《关于为地震灾区捐赠卫生处理药械的倡议书》。

5月17日 质检总局特种设备技术服务队到达成都，执行特种设备安全排查、抢修、检验任务。同日，质检总局组建天津、辽宁等地9支卫生防疫技术服务队共91人，赴四川灾区执行消毒、杀虫等卫生防疫任务；抽调84名专业人员组成7支检验检测技术服务队，赴四川灾区执行抗震救灾物资应急检验检测任务。

5月17日 安全监管总局党组在北京召开扩大会议，要求进一步摸清地震灾区煤矿、非煤矿山、危险化学品、烟花爆竹等行业（领域）企业受灾情况，增派应急救援力量，做好灾区伤员医疗救治，进一步做好防止地震灾害引发次生灾害的预防和隐患排查治理工作，着手谋划地震灾区恢复生产过程中的安全生产工作和地震灾区安全生产领域的恢复重建计划。同日，安全监管总局在北京召开两次抗震救灾调度协调会，要求继续加强与国务院有关部门及总参谋部的沟通协调，争取将总局调派的应急救援队伍与抢险救灾部队混编，发挥各自优势，联合作战。

5月17日 中科院抗震救灾工作领导小组在北京召开扩大会议，要求进一步发挥中科院在人才基础、知识积累和科学装置等方面的优势，开展对灾情的分析研判，对防治次生灾害和灾区恢复重建提出积极的咨询建议。

5月17日 地震局发出《关于加强监测预报工作的紧急通知》，要求强化震情会商，强化重点地区震情工作机制，加强速报和余震分析，保障地震宏观观测网点运行，保障台网运行，做好汶川地震应急流动前兆加密观测工作。

5月17日 气象局派出第一批由国家气象中心、贵州省气象台、云南省气象台3名预报专家组成的预报专家组抵达成都，协助四川省气象局做好抗震救灾气象服务保障工作。19日，气象局派出由重庆、云南、贵州、湖北、湖南五省（市）气象台5名预报专家组成的第二批预报专家组抵达成都。

5月17日 气象局为四川、甘肃等灾区紧急调集8套自动气象站、1架无人探测飞机、2部车载移动雷达等气象观测设备。

5月17日 电监会发出《关于进一步做好灾区恢复电力供应有关工作的通知》，要求灾区电力企业努力做好搜救工作的电力保障，积极恢复灾区电力供应，防止次生灾害和衍生人身事故的发生。同日，电监会决定在成都成立电监会四川抗震救灾保电工作指挥部，由四川工作组和成都电监办组成。国家电网陕西公司组建215人的抗震救灾突击队紧急奔赴汉中，支援抗震救灾保供电工作。

5月17日 民航局发出《关于通用航空飞机进行灾后疫情防治有关准备工作的紧急通知》，要求相关通用航空公司准备好飞机和设备，随时准备投入到灾区参加卫生防疫工作。

5月17日 邮政局发出《关于地震灾区邮政车辆通行问题的通知》，要求相关省市邮政管理局主动和当地交通主管部门协调、衔接，尽快将邮车列入救灾车辆管理，确保通行畅通，以满足邮政业抗震救灾工作的需要。

5月17日 总参通信部与中国电信、中国移动、中国联通等单位召开抗震救灾军地联合通信保障协调会，决定由4家单位分别成立两级抗震救灾军地联合通信保障协调机构。

5月17日 成都军区驻渝77100部队抽派400人编成25支突击分队，使用直升机采取“空中蛙跳”的方法，快速向汶川县映秀镇和北川羌族自治县周边村寨机动，建立起从县城和重点乡镇向村寨辐射的空中救援通道。

5月17日 成都军区驻川77105部队、驻渝77146部队救援分队翻山越岭深入汶川县卧龙自然保护区，救出8名中科院专家和14名受困群众。同日，驻滇77296部队翻山越岭步行41小时到达安县高川乡，挨家挨户搜救；至20日18时，将3134名受灾群众（其中伤员287名）安全转移至沸水镇。

5月17日 兰州军区某部和甘肃省气象局联合组建的军地联合应急保障组赶赴陇南灾区，为开展空投抗震救灾物资、运送危重伤员、空中搜救、重建航拍等工作提供航空气象保障服务。

5月17日 中国电信号百信息服务有限公司紧急在全国范围内开通“114”号码百事通“报平安、寻亲人”服务热线。中国移动正式开通“12580寻亲服务”。中国联通利用“10010”“10198”全国统一号码特性，在全国范围开通“地震灾区寻亲信息查询热线”。

5月17日 四川省抗震救灾指挥部发出《关于转发唐山市抗震救灾经验的通知》《关于增报“5·12”地震灾情及工作情况紧急通知》《关于“5·12”地震发生后7天内救援力量必须到达灾区村实施救援工作的紧急通知》《关于确保抗震救灾物资安全运输的紧急通知》。同日，指挥部在成都召开会议，研究贯彻落实中共中央总书记胡锦涛在同日抗震救灾工作会议上的讲话精神，细化、实化23项救灾工作措施。18日，指挥部发出《关于认真贯彻胡锦涛总书记重要讲话精神，细化实化具体工作措施的紧急通知》。

5月17日 四川省政府办公厅发出《关于尽快恢复灾区市场供应工作的紧急通知》《关于切实抓好当前“双抢”工作的紧急通知》。是日起，成都、德阳、绵阳、广元等市的农业部门，发挥部门组织优势，按就近原则，组织当地机关干部、进城农民工、农民，成立农业机耕队、助耕队等，开展抢收抢种。

5月17日 四川省唯一生产成品油的企业——中国石油南充炼油化工总厂灾后恢复生产。中国石油在灾区的天然气产量恢复至震前的99%。

5月17日 甘肃省抗震救灾总指挥部在兰州召开会议，专题研究恢复灾后重建工作。会议要求，进一步加强医疗救治和疫病防治工作，继续做好受伤人员的救治工作，继续加强对灾区饮用水、环境卫生及副食品等方面的检查和监测，组织动员广大群众搞好环境卫生，组织、协调相关部门加强对灾区药品、医药器械的流通监管，确保大灾之后无大疫。同日，总指挥部发出紧急通知，要求各受灾市州和有关部门把挽救人的生命作为最重要的任务，会同驻甘部队迅速组织力量开展拉网式搜救工作，不能留下救援盲区。

5月17日 陕西省政府在西安召开常务会议，专题研究抗震救灾和恢复重建工作。会议强调，要动员一切力量，采取一切措施，全面开展灾后恢复和生产自救工作，尽快恢复灾区群众正常生产生活秩序。

5月17日 甘肃省省长袁纯清到陕西日报社和陕西电视台慰问奋战在抗震救灾宣传报道第一线的新闻工作者。

5月17日 重庆市政府办公厅发出《关于做好收治四川地震灾区伤员有关工作的通知》。从18日3时起，重庆市派往绵阳灾区的50余辆救护车，陆续将1000余名受伤群众转运至重庆各家医院接受治疗。

5月17日 各地继续向灾区捐款捐物、派遣医疗队伍。黑龙江省派出的53人医疗救援队乘专机赶往四川灾区执行救援任务。广西壮族自治区援助的价值超过2000万元的救灾物资专列开往四川。海南省委、省政府通过省红十字会向四川灾区捐赠1710万元。青海省捐赠的价值2250万元的5000顶救灾专用帐篷运往四川。新疆维吾尔自治区首批31.5吨救灾物资由专机运往成都。山西省由252名医疗骨干组成的10支抗震救灾医疗队携带50多吨医疗救灾物资飞往灾区。

5月17日 山东省莒县农民刘中明等10人自发组成的莒县农民救灾志愿队到达广元灾区。随后，志愿队在安县、北川等地连续奋战18天，共搭建帐篷300余顶、铺红砖15万余块、搬运物资近百吨。

5月17—18日 陕西省委书记赵乐际到汉中地震灾区查看灾情，看望灾区学校师生员工，慰问受灾群众和医护人员。

5月18日1时8分 江油市（北纬32.1°、东经105.0°）发生6.0级余震。

5月18日早晨 中共中央总书记、国家主席、中央军委主席胡锦涛到什邡市慰问受灾群众，指导抗震救灾工作。上午，胡锦涛在蓥华镇废墟上对现场救援的部队官兵和消防队员说："任何困难都难不倒英雄的中国人民！"胡锦涛要求，一定要千方百计尽快把救援队伍开进每一个村，真正把抗震救灾工作延伸、拓展、落实到村。中共中央政治局委员、国务院副总理回良玉，中央军委领导，中共中央书记处书记、中央政策研究室主任王沪宁等一同前往看望慰问。

5月18日7时35分 成都军区组织研究提高直升机救灾效率、防止发生飞行事故问题，要求统一调节，分区保障。下午，成都军区组织研究腾出部队营房安置受灾群众、开设赈灾饮食供应站等问题。

5月18日9时 军队抗震救灾指挥组在北京召开第四次会议，要求把挽救人民生命作为抗震救灾的当务之急、重中之重，部队务必于19日14时28分前到达所有受灾乡村；积极协助受灾群众解决基本生活急需；组织兵力帮助地方恢复基础设施和开展灾后重建；采取切实措施，确保安全稳定；进一步加强与地方指挥部的协调，有效改进组织指挥和行动方法。

5月18日9时10分 海南地震灾害紧急救援队从北川羌族自治县人民医院宿舍楼废墟中成功救出被埋近139小时的该医院医生唐雄。同日，救援人员还成功救出被埋近140小时的彭州市小鱼洞镇太子村村民何年华、140小时的北川羌族自治县擂鼓镇老人刘孝生、146小时的汶川县映秀镇交通稽征所职工沈佩云、150小时的国家电网映秀湾水力发电总厂职工虞锦华。

5月18日上午 中共中央政治局委员、国务院副总理张德江到交通运输部、铁道部、民航局、工业和信息化部检查指导抗震救灾工作，慰问奋战在第一线的干部职工。

5月18日上午 中央军委在北京召开专题会议，对军队下一步抗震救灾工作作出安排。会议要求，把继续争分夺秒搜救被困群众作为重中之重；把救灾工作尽快扩展到所有乡镇，入村入户；尽快把支援物资送到灾区，抓紧解决受灾群众基本生活急需；抓紧抢修灾区基础设施；加强组织领导；做好宣传报道工作。

5月18日12时29分 中共中央政治局常委、国务院副总理李克强飞抵绵阳。在前往平武县平通镇途中，李克强听取绵阳市委、市政府负责人有关工作汇报。随后，李克强到平通镇林家坝村慰问受灾群众以及现场抢险的解放军指战员、消防官兵和抢修公路人员，到江油医院看望伤员和医护人员，到平通镇抢险救灾现场看望正在一线作业的防疫人员，还到绵阳看望绵阳市抗震救灾应急指挥部工作人员和安置在虹苑剧场的北川中学学生。李克强强调，要统筹协调救人、救治、防疫、防灾和受灾群众安置，有力、有序、有效做好抗震救灾工作。

5月18日14时 经16支通信应急抢险队伍300余人连续140余小时的奋战，中国网通四川分公司通过原址修复、易地新建等方式，开通35个SCDMA基站，覆盖都江堰城区绝大部分区域，全面恢复了都江堰城区的语音、数据业务，基本满足灾区的应急通信需求。

5月18日14时28分 由“我们的文明”网站组委会主办，“民族魂”网站、“我们的文明”网站、中国共青团网、中国青少年广播网、人民网、新华网等共同发起的“汶川大地震遇难同胞网络公祭”活动启动。这是第一次祭奠普通遇难同胞的网络公祭活动。

5月18日15时 成都军区司令部通信部的一个应急通信保障小组驱车400余公里到达青川，为在当地执行救灾任务的济南军区71352部队接入有线和军用传真通信。至此，救援部队师旅以上指挥所的通信全部实现有线接入，并开通保密传真通信。

5月18日16时 新闻办在北京就汶川地震灾害和抗震救灾情况举行第六次新闻发布会，由国防部、总参谋部、总政治部、总后勤部、总装备部、武警部队介绍解放军和武警部队抗震救灾情况。

5月18日16时30分 济南军区某摩托化步兵旅80名官兵赶到平武县泗耳藏族乡。随后，将16名重伤员和300多名藏族群众转移到安全地带。

5月18日17时 由成都军区驻滇77221部队720名官兵和数十台喷洒车、淋浴车组成的防化部队两个梯队分别到达北川、都江堰，对两地近20万平方米受灾区域进行消毒清理。

5月18日下午 中共中央政治局常委、国务院总理温家宝在地震局主持召开国务院抗震救灾总指挥部第9次会议。国务委员兼国务院秘书长马凯、国务委员孟建柱等出席会议。会议听取地震局关于汶川地震震情及趋势分析汇报，研究部署有关工作措施。会议议定，加强地震监测和趋势分析；做好地震灾害评估工作；加强地震科学考察和研究，总指挥部成立“汶川地震专家委员会”；充分发挥专业救援队伍作用；如实公布灾情。

5月18日下午 中央军委领导在成都主持召开抗震救灾工作会议，研究部署“进村入户”搜救被困群众、腾出营房解决受灾群众住宿、派人参加地方抗震救灾指挥、向边远山区空投救灾部队等工作。

5月18日20时 由中宣部、中央外宣办、文化部、广电总局、新闻出版总署、总政治部、中国文联、中国作协、中国记协主办，中央电视台承办的“爱的奉献——2008宣传文化系统抗震救灾大型募捐活动”在北京举行。中共中央总书记胡锦涛作出重要批示，对活动给予充分肯定和热情鼓励。中共中央政治局常委吴邦国、温家宝、贾庆林、李长春、习近平、李克强、贺国强等也分别作出批示。李长春，中共中央政治局委员、中央书记处书记、中宣部部长刘云山，中共中央政治局委员、国务委员刘延东，全国政协副主席陈奎元等出席活动并捐款。晚会共募集善款约15.28亿元。

5月18日20时48分 中国电信完成黑水县通信光缆抢通任务。至此，全部受灾县级城市的通信能力基本恢复至震前正常水平。

5月18日 国务院发布公告，决定19—21日为全国哀悼日。在此期间，全国和各驻外机构下半旗志哀，停止公共娱乐活动，外交部和中国驻外使领馆设立吊唁簿。19日14时28分起，全国人民默哀3分钟，汽车、火车、舰船鸣笛，防空警报鸣响。

5月18日 国务院抗震救灾总指挥部发出《关于国务院抗震救灾总指挥部工作组组成的通

知》，调整、完善总指挥部组成机构，明确设立抢险救灾组、群众生活组、地震监测组、卫生防疫组、宣传组、生产恢复组、基础设施保障和灾后重建组（原为基础设施保障组）、水利组、社会治安组9个工作组，并明确各组工作职责、牵头单位和成员单位。

5月18日 国务院副秘书长毕井泉在北京组织召开协调会，明确民政部和有关部门在一个月内再组织采购90万顶救灾帐篷、20万间活动板房，搭建80万间简易棚。

5月18日 中组部发出《关于做好部分党员交纳“特殊党费”用于支援抗震救灾工作的通知》，明确接受党员以党费捐款，作为“特殊党费”转送地震灾区。13日，浙江省绍兴县柯岩街道农民党员祁友富交纳10万元党费捐款，请党组织转送四川灾区。同时，各地许多党员希望通过交纳大额党费的形式捐款，用于抗震救灾。中组部根据中央领导指示精神，决定尊重和鼓励党员通过党组织表达支援灾区的心愿。6月12日，党和国家领导人胡锦涛、江泽民、吴邦国、温家宝、贾庆林、李长春、习近平、李克强、贺国强等带头交纳抗震救灾“特殊党费”。7月18日，中组部决定交纳抗震救灾“特殊党费”活动告一段落。截至11月5日，全国4557.89万名党员共交纳抗震救灾“特殊党费”97.3亿元。

5月18日 中宣部向四川地震灾区捐赠价值约1000万元的出版物，包括图书、宣传画和光盘，帮助灾区群众了解震后防病治病、食品安全、心理卫生等方面的知识。

5月18日 国务院抗震救灾总指挥部卫生防疫组在北京召开第二次全体成员会议，将国务院抗震救灾总指挥部第8次会议提出的“抓紧被救伤病人员的救治工作”和“全面加强灾区卫生防疫工作”两项任务，具体分解为12项工作内容，并明确每一项内容的负责部门，以确保各项工作落到实处。

5月18日 国务院抗震救灾总指挥部基础设施保障和灾后重建组在北京召开第七次会商会议，协调解决危险品（部分医药、卫生和防疫用品，如液体药品、消毒剂等）航空运输、向灾区通信设备空投油料等问题。同日，发展改革委分两次紧急调运80台呼吸机支援灾区。

5月18日 国务院抗震救灾总指挥部水利组在都江堰召开现场会，要求加强对出险水库和堰塞湖的监控、处置，确保水库、水电站安全，全力保障灾区供水安全。

5月18日 外交部发布消息，中国有关驻外使领馆紧急设立“绿色通道”，在办理签证、物资交接、专机入境等方面提供最大便利，以便及时把国际社会捐赠的资金和物资送抵地震灾区。

5月18日 教育部在北京召开会议，研究四川地震灾区的高考工作。同日，教育部发出

《关于继续做好抗震救灾工作有关事项的紧急通知》，要求坚持安全第一，高度警惕并切实防范余震和次生灾害，对教学设施进行安全排查，加强灾区学校防疫工作，抓紧帮助灾区学校恢复教学等。教育部紧急安排300顶专用帐篷送到已转移到安全地区的受灾学生聚集点，并指导绵阳市教育部门设立第一批“帐篷学校”。

5月18日 国家减灾委和科技部联合组成抗震救灾专家组，主要任务是为国家抗震救灾决策提供信息保障，为抗震救灾提供应急科技支撑，开展综合灾情评估。

5月18日 工业和信息化部在北京召开会议，要求各大电信运营企业进一步做好通信保障恢复工作，设法尽快解决灾区乡镇一级的通信问题，尽早考虑为救援部队向行政村挺进提供通信保障。

5月18日 公安部发出《关于认真贯彻国务院抗震救灾总指挥部会议精神，切实做好维护灾区和各地社会稳定工作的紧急通知》，要求严厉打击趁灾进行的各种违法犯罪活动，严防发生重特大治安灾害事故，积极预防、妥善处置各种不稳定事端。同日，公安部抗震救灾前线指挥部召开会议，明确要完成参与治安巡逻、保卫重要目标和协助处置突发性事件3项任务，部署维护灾区治安的重点工作，还要求继续全力搜救被困人员，努力做到搜救范围不留死角，解救被困人员和救治不漏一人。

5月18日 民政部部署辽宁、吉林、黑龙江、江苏、浙江等省向甘肃省援助50万条棉被、毛毯、毛巾被和50万套衣物，福建、江西、山东、安徽四省向陕西省援助40万条棉被、毛毯、毛巾被和40万套衣物。同日，财政部会同民政部追加甘肃省自然灾害生活救助资金1亿元，用于地震受灾群众转移安置生活救助。

5月18日 国土资源部向四川省提供200万份地质灾害防治科普宣传折页、2万册防灾宣传小手册。同日，国土资源部地震地质灾害调查组赴安县开展次生地质灾害调查。中国地质调查局在北京召开协调会议，决定按照国土资源部确定的12个重点县，由航空遥感中心成立6个专业组，每组负责2个县，尽可能运用各种遥感数据，力争尽快形成各县次生灾害总体评价。

5月18日 环境保护部从江苏、浙江、安徽、福建、江西、山东、广东、陕西等省环保局紧急调配一批快速监测仪器，用于抗震救灾期间环境应急监测。

5月18日 住房城乡建设部在北京召开各省（区、市）建设厅厅长、建委主任会议，要求举全国住房城乡建设系统之力，以最快速度建设一批过渡安置房，尽快解决灾区群众无家可归、露宿街头问题。同日，住房城乡建设部组织成立由3个总体组、6个市（州）组、22个县（市）组构成的三级工作组，开展城镇体系规划、农村建设规划、城乡住房建设规划编制工作。此后，规划工作组的100多名专家分赴各地实地调查，开展基础资料收集工作，协助受灾地区开展受灾群众活动板房规划选址工作。

5月18日 铁道部党组在北京召开扩大会议，要求运输建设部门进一步做好铁路基础设施抢修工作，加快打通109隧道，把救灾物资运输作为重中之重的任务，确保救灾物资安全、高效、快速运到灾区。同日，铁道部与工业和信息化部、民政部、商务部、卫生部等部门联合成立铁路抗震救灾物资运输协调小组。

5月18日 国家防总办公室向四川省防汛抗旱指挥部发出《关于切实做好存在溃坝及高危险情水库核查和应急抢护的紧急通知》《关于做好地震灾区城乡饮水安全保障工作的紧急通知》。

5月18日 水利部在北京召开会议，要求继续扎实做好水库、水电站、堰塞湖的勘察除险和防洪保安工作，加强水利抗震救灾信息和宣传的管理。

5月18日 农业部在北京召开会议，强调要把人畜共患病防控作为最紧迫、最重大的工作，切实抓好落实。会议要求，全力开展消毒和无害化处理工作，继续组织调拨消毒药物等应急防疫物资，进一步做好突发疫情应急准备，切实做好动物防疫、灾区灭鼠工作。

5月18日 卫生部抗震救灾工作领导小组在北京召开会议，就加强与医疗点和医疗队员的直接联系、重症伤员转运、卫生防疫等工作作出部署。同日，卫生部印发《关于做好地震灾区食品和饮用水卫生监督管理工作的紧急通知》《地震灾区鼠疫疫情应急处理预案》《地震灾区霍乱疫情应急处理预案》《地震灾区炭疽疫情应急处理预案》。

5月18日 卫生部组织的第一批总价值50万元的医疗救治药品，第二批总价值500万元的药品、医疗耗材，以及卫生部采购的首批350吨卫生防疫物资和6台海事卫星电话、200个冷光照明头盔与4000台小型收音机，运抵成都。

5月18日 商务部部长陈德铭一行到北川查看灾情，并与四川省商务厅、成都市和德阳市商务局负责人以及成都红旗连锁、四川互惠商业等四川重点商贸企业进行座谈，研究帮助四川灾区尽快恢复市场供应体系。

5月18日 质检总局在成都召开质检系统支援四川灾区动员大会。会后，9支卫生防疫队93人、7支特种设备队109人和4支检验检测队51人分赴灾区执行卫生防疫、受损特种设备排查抢修检验以及食品、水、建筑材料等产品的应急检测任务。同日，质检总局发出《关于做好保障检验检疫系统抗震救灾卫生处理工作的通知》。

5月18日 广电总局发出《关于进一步做好抗震救灾宣传的紧急通知》《关于动员全系统援助灾区广电救灾重建和恢复播出工作的通知》等，部署抗震救灾宣传和全国哀悼日的报道工作。

5月18日 中央人民广播电台的24名记者分兵13路，跟随12架直升机、1架运输机在空中和地面全程直播当日的空中大救援行动。行动中，该台记者进入了15个震后还从没有媒体进入过的重灾乡（镇），首创“平安纸条”“寻亲电话”等独家报道方式，让受灾群众用卫星电话直接向外界报告情况。

5月18日 安全监管总局党组在北京召开会议，要求及时跟踪地震信息，防范余震引发次生安全生产事故；总局调派的救援队伍做好应急准备，及时处置各类安全生产事故；加强对地震灾区恢复重建工作的指导，重点是地震灾区重建和恢复生产中的安全生产工作。

5月18日 林业局在北京召开抗震救灾紧急工作会议，要求确保卧龙自然保护区人员和大熊猫的安全。

5月18日 旅游局抗震救灾协调领导小组在北京召开会议，要求对已经取得联系但还被困在灾区的旅游团队，要尽量确定其准确位置，及早协调有关方面帮助游客尽快撤离灾区。同日，领导小组举行新闻发布会，向媒体通报地震灾区国内外游客的救助情况。

5月18日 中科院在成都召开中科院创新为民科技救灾动员视频会议，要求进一步动员中科院所属各单位集成已有知识积累，充分发挥跨所、跨学科协作精神，为抗震救灾提供科技支撑。同日，中科院武汉病毒所向灾区捐赠的自主研发的5吨高效生物杀蚊幼剂——C3-41杀蚊幼乳剂运往成都。

5月18日 中国地震局台网中心对汶川地震的震级进行修订，将速报震级7.8级修订为8.0级。地震最大烈度达Ⅺ度（11度），破坏特别严重的地区超过10万平方公里。受灾最严重的地区是四川省的北川、什邡、绵竹、汶川、彭州等地，灾区涉及四川、甘肃、陕西、重庆、云南等地。

5月18日 电监会四川抗震救灾保电工作指挥部紧急安排南方电网对口支援50台应急柴油发电机（总容量649千瓦）和1286顶帐篷，直接送到受灾严重的地方电网公司和电力建设企业。南方电网调集的210台（总容量1449千瓦）应急发电设备和3800顶帐篷运抵灾区。同日，电监会四川抗震救灾保电工作指挥部和甘肃抗震抢险保电工作组分别召开会议，部署保电工作。

5月18日 民航局抗震救灾领导小组在北京召开会议。会后，民航局发出《关于认真贯彻落实中央领导指示精神，进一步做好民航系统抗震救灾工作的通知》，要求继续做好抗震救灾期间的航空运输服务，确保救灾运输安全和正常航空运输安全，继续坚持积极主动、靠前服务，正确处理抗震救灾运输任务和正常航空运输之间的关系。

5月18日 邮政局抗震救灾领导小组在北京召开会议，部署发行赈灾邮票、恢复邮政通信、加强协调等工作。

5月18日 总参气象水文局与四川省气象局组建的军地联合气象小分队分别以空降方式或从陆路到达绵竹、安县、北川、平武、理县等重灾地区，开展空运气象保障服务。

5月18日 总政治部在北京召开部务会议，就指导部队各级党委更加有力有序有效地推进抗震救灾工作，加强抗震救灾舆论宣传，大力激发救灾部队的高昂士气等工作进行研究部署。同日，总政治部下发通知，要求全军和武警部队官兵切实把抗震救灾作为最重要最紧迫的任务，以更加顽强的精神、更加迅速的行动、更加密切的配合，坚决打胜抗震救灾这场硬仗，决不辜负党和人民的厚望。

5月18日 总后卫生部医疗管理局和卫生部医政司印发《汶川地震灾区战地医院和医疗点建设指导意见》，就战地医院和医疗点的功能、选址、布局、规模、伤员转送原则等作出规定。

5月18日 成都军区联指下发《关于积极响应胡主席号召，迅速开展“进村入户”救人立功活动的通知》。19日，中央军委领导组织中央军委、四总部、成都军区联指及有关大单位组成5个工作组，到茂县、理县、汶川、北川、平武、青川等重灾地区，检查各任务部队“进村入户”搜救受灾群众情况。随后，成都军区联指组织指挥在四川灾区的抗震救灾部队连续掀起4轮“进村入户”高潮，把救援范围拓展至274个乡（镇）、2480个行政村，救援兵力达到10万人。至8月20日，部队官兵和民兵预备役人员共搜救被压埋群众2.7万余人，解救被困群众140万余人，安置受灾群众102万余人，诊治灾区群众伤病133万余人次，完成全面搜救任务。

5月18日 成都军区驻滇77289部队“进村入户”搜救分队历经19小时，跋涉90余公里，成功解救被困北川羌族自治县青片乡熊猫自然保护区5天的中国旅行社夕阳红旅行团216名老年游客。

5月18日 成都军区驻滇77296部队战士严情勇在安县高川乡搜救群众过程中，由于连续三天三夜强忍着腹部剧烈疼痛背送救灾物资和伤员，过度劳累引发嵌顿性腹股沟疝，导致大网膜穿孔、小肠流进阴囊，晕倒在抗震救灾一线，被誉为“钢铁战士”。

5月18日 武警部队司令员吴双战到汶川县映秀镇、漩口镇检查指导抗震救灾工作，看望慰问部队。同日，武警部队安排2亿元，解决前期消耗和急需统筹统供的装备物资器材。

5月18日 全国妇联向社会招募家庭志愿者，组织开展地震灾区孤儿“情感关爱”行动。

5月18日 中国红十字会总会发出《关于切实做好5·12地震募捐款物管理、使用工作的通知》，要求继续做好募捐动员工作，切实加强捐赠款物管理和使用，包括做到专款专用、安排好资金使用、及时向社会公布募捐情况及资金使用情况，并接受和配合审计部门审计。

5月18日 欧美同学会·中国留学人员联谊会联合中国红十字会举办“华夏海归、情系灾区、募款赈灾”大型公益活动，并向世界各地留学人员团体及留学人员发出《关于向四川地震灾区开展捐助活动的倡议书》。

5月18日 四川省抗震救灾指挥部发出《关于在绵阳机场实施直升机救援任务的紧急通知》《关于强力推进救援力量进村实施救援工作的紧急通知》和《补充通知》《关于开展配对帮助灾区流动车供水的通知》《关于规范应急救灾物资运输车辆调运秩序的紧急通知》《关于公布“5·12”地震受灾群众求救电话的紧急通知》《关于进一步做好医疗救治卫生防疫药械管理的通知》。

5月18日 四川省委在成都召开常委（扩大）会议，研究部署全省抗震救灾工作，提出要在抢险救人、受灾群众安置、修复基础设施、群众思想工作、维护灾区社会稳定、灾后恢复重建准备工作等方面狠抓落实。

5月18日 四川省省长蒋巨峰组织省直有关部门负责人召开会议，要求灾区各地抓紧落实国务院作出的3个月内向灾区困难群众每人每天发放0.5公斤口粮和10元补助金的决定，全面摸清受灾困难群众底数，立即制定具体实施方案；妥善做好遇难者善后处理工作，在做好遇难者遗体身份辨认、火化、安葬工作的基础上，按照国家制定的抚慰政策，抓紧向因灾死亡人员家属发放抚慰金，抚慰金每人5000元。

5月18日 经教育部同意，四川省政府发布《关于我省2008年普通高考的通告》，决定成都、德阳、绵阳、广元、雅安、阿坝等6个重灾市（州）40个县（市、区）延期举行2008年普通高考，具体考试时间视救灾情况另行确定；其他地区高考时间不变。考上大学的孤残考生可免收学费，没考上大学的孤残学生可免费就读中等职业学校。20日，甘肃省政府经教育部同意，决定陇南市、甘南藏族自治州17个县（市、区）延期举行2008年普通高考。

5月18日 全国首所专门接收地震灾区孩子的“爱心学校”在成都市新都区开课，首批166名来自彭州、都江堰、绵竹等重灾地区的孩子入校就读。

5月18日 都江堰市委、市政府作出决定，由于救灾不力，对该市民政局原副局长肖某、市档案局原正局级调研员李某予以免职，蒲阳镇团结村原支部书记刘某就地免职。

5月18日 由中国青少年发展基金会和北京诚栋房屋制造有限公司捐建，第二炮兵工程技术总队参与援建的第一所抗震希望小学在绵竹市遵道镇落成。该小学共有9间教室和1间教师办公室约1100平方米，能帮助600多名学生复课。21日，学校正式开学。

5月18日 甘肃省抗震救灾总指挥部在兰州召开会议，专题研究抗震救灾及灾后恢复重建工作。会议要求，全力做好受伤人员的救治工作，不惜一切代价查明失踪人员下落，认真做好遇难人员亲属的安抚工作；加强对灾区饮用水、环境卫生及副食品等方面的检查和监测，严防食物中毒事件发生；对可能发生的传染病进行预警，采取有效措施，预防和控制疫病的爆发流行。同日，总指挥部发出《关于做好接收伊朗救灾物资的通知》《关于做好接收吉尔吉斯斯坦救灾物资的通知》《关于上报学校校舍倒塌情况及教学所需帐篷的通知》等，部署抗震救灾工作。省政府召开抗震救灾应急物资生产调度会。

5月18日 各省（区、市）继续向灾区捐款捐物。天津市委、市政府再向四川省捐款1000万元。上海市举行各界向四川灾区首批捐赠专赠仪式，转交上海社会各界首批捐款5.09亿元。广东省委、省政府向甘肃、陕西、重庆、云南等省（市）发出慰问电，并捐赠共计5400万元。西藏自治区党委、自治区政府向甘肃、陕西、重庆、云南四省（市）党委、政府分别发慰问电，并向四省（市）各捐赠100万元。

5月18—19日 公安部从全国抽调183人组成刑事科学技术工作组，携带法医检验、照相设备，赴四川灾区开展地震遇难者遗体身份鉴别工作。

5月18—20日 空降兵某团官兵组成的突击队冒着生命危险，在绵竹市清平乡小木岭水电站引水涵洞旁的悬崖绝壁上徒手架起近百米长的软梯，成功解救被困在涵洞中的受灾群众800余人。

5月19日零时 全国广播频率、电视频道以及广电网站同时启动全国哀悼日特别编排，所有文艺娱乐节目和活动全面停止。4时58分，北京天安门广场在正常的升旗仪式后降半旗；同日，全国各地和各驻外机构也降半旗志哀。这是中华人民共和国成立后第一次为自然灾害中罹难的同胞降半旗志哀。

5月19日10时20分 首列伤员转运专列57005次列车载运246名汶川地震灾区伤员从绵阳北站出发，下午到达重庆北站。至31日，共开行转运伤员“救”字头专列19列，向重庆、西安等全国22个城市转运灾区伤员5053人，占全国转运灾区伤员总数的51%。开行“救”字头转运伤员专列，在中国铁路史上是第一次。

5月19日10时42分 中国地震灾害紧急救援队从北川县城老城区废墟中成功救出被困超过164小时的北川老人李明翠。同日，救援人员还救出被困165小时的青川县石坝乡三江村村民王春邦、绵竹天池集团退休职工王发珍，近168小时的彭州市白鹿镇回水村村民沈运华，170小时的安县天池煤矿矿工彭国华。

5月19日14时28分 党和国家领导人胡锦涛、江泽民、吴邦国、温家宝、贾庆林、李长春、习近平、李克强、贺国强等在北京等地，同全国各族人民一起，为汶川特大地震遇难同胞默哀3分钟。王刚、王乐泉、王兆国、王岐山、回良玉、刘淇、刘云山、刘延东、李源潮、汪洋、张高丽、张德江、俞正声、何勇、王沪宁等，也在北京等地为四川汶川特大地震遇难同胞默哀。这是中华人民共和国成立后第一次为严重自然灾害造成重大伤亡举行的全国性哀悼活动。中共中央、全国人大常委会、国务院、全国政协其他领导人和中央军委委员也分别在所在地为汶川地震遇难同胞默哀。全国各地汽车、火车、舰船笛声长鸣，防空警报在各城市上空鸣响。默哀结束后，聚集在天安门广场的数万名群众高呼“汶川加油”“万众一心、众志成城”等口号。

5月19日 中共中央总书记、国家主席、中央军委主席胡锦涛在军队有关情况报告上作出批示：“全军担负任务的部队在完成现有任务的同时，要抽调力量组成小分队，深入责任区内村庄，营救被困群众，医治伤员，帮助群众解决困难。要争分夺秒，时不我待。”

5月19日 中共中央政治局常委、国务院总理温家宝在北京主持召开国务院抗震救灾总指挥部第10次会议，听取有关被困人员搜救、伤病员救治、遇难者善后处理和灾区卫生防疫等工作情况汇报。国务委员兼国务院秘书长马凯、国务委员孟建柱等出席会议。会议议定，扩大搜救范围，部队要克服一切困难，确保24小时内进入到所有受灾村庄；做好防疫工作，医疗救治、卫生防疫和医药器械物资要覆盖到所有灾区，尚无医疗防疫队伍进入的地区，要安排空运医疗防疫人员和药品进入；做好善后处理工作，发现遇难者遗体后尽快完成相关鉴别程序，并在卫生部门指导下进行处理，同时做好家属抚慰工作。做好孤儿、孤老、孤残的救助安置工作，确保他们的基本生活。

5月19日 中共中央政治局常委、中央书记处书记、国家副主席、中央党的建设工作领导小组组长习近平在北京主持召开中央党的建设工作领导小组会议。中共中央政治局常委、中央纪委书记贺国强，中共中央书记处书记、中央政策研究室主任、中央党的建设工作领导小组成员王沪宁出席会议。中共中央政治局委员、中央书记处书记、中组部部长、中央党的建设工作领导小组副组长李源潮在会上讲话。习近平强调，抗震救灾斗争正处在刻不容缓的紧要关头，党的建设战线要把抗震救灾作为最重要最紧迫的任务，以更加顽强的精神、更加得力的举措、更加深入的作风、更加扎实的工作，为打胜抗震救灾这场硬仗提供坚强的思想、政治和组织保证。

5月19日 中共中央政治局常委、国务院副总理李克强到什邡、北川、安县等重灾地区指导协调抗震救灾工作。李克强强调，要继续搜救被困人员，安置好受灾群众生活，把严防疫病等次生灾害放在突出位置。

5月19日 中共中央政治局委员、国务院副总理回良玉在成都主持召开卫生防疫专题会议，要求重视灾区疫情监测与报告，防止暴发疫情，并加强军地协调、部门配合，保证急需物资供给等。同日，回良玉在成都主持召开国务院抗震救灾总指挥部四川前方指挥部第五次会议，专题研究解决救灾帐篷调运、发放、使用等问题；还与广东、浙江、湖北、江苏、山东、河南六省主要负责人通电话，要求此六省与绵阳、德阳、广元、雅安、阿坝五市（州）建立对口支援机制。

5月19日 国务委员戴秉国在外交部四川前方指挥部《关于国际（境外）救援队在川情况》上作出批示："建议以适当方式向准备回国的国（境）外救援队予以真诚感谢。"

5月19日 最高人民法院抗震救灾协调小组在北京召开会议，决定再向四川灾区法院捐赠价值800余万元的救灾帐篷等物资，向甘肃、陕西两省灾区人民法院再各拨付10万元救灾慰问款，向云南、重庆两省（市）人民法院各拨付10万元救灾慰问款。

5月19日 国务院抗震救灾总指挥部基础设施保障和灾后重建组在北京召开第八次会商会议，研究部署继续全力抢修公路、铁路、通信、供水等受损基础设施，加强抢险救灾物资生产、选集和调运的组织协调等重点工作。同日午夜，发展改革委针对地震发生后从西北、东北、华北等地区进入四川的救灾车辆主要集中在陕西省内高速、国道通行，用油量激增的情况，协调从其他省追加柴油，由火车发运增供陕西，增加流动加油车，加大对入川各路段救灾车辆的供油。

5月19日 教育部党组在北京召开会议，要求把师生生命安全放在首位，抓紧做好帮助灾区学校恢复教学、恢复学生集体生活的各项工作，研究制定资助受灾学生的特殊政策等。同日，教育部工作组赴四川灾区协助灾区教育系统开展抗震救灾工作。

5月19日 国务委员、公安部部长孟建柱在北京慰问彭州市公安局女民警蒋敏和来自抗震救灾一线的公安消防战士。蒋敏在汶川地震中失去了十余位家人，但一直坚守在抗震救灾一线，被网友们称为"最坚强警花"。

5月19日 公安部成立全国公安机关对口支援地震灾区工作协调小组，研究部署对口支援灾区公安机关工作。

5月19日 民政部在北京举行新闻发布会，提醒社会公众应通过民政部网站和有关媒体公布的正规渠道捐赠善款，引导社会各界通过正规渠道奉献爱心，规范社会捐赠管理。

5月19日 司法部抗震救灾领导小组在北京召开会议，听取司法部监狱局、劳教局和基层司关于四川、甘肃、陕西等地震灾区有关情况汇报，研究落实进一步做好抗震救灾工作的具体措施。

5月19日 财政部、税务总局联合发出《关于认真落实抗震救灾及灾后重建税收政策问题的通知》，要求各级财税机关贯彻落实好现行税收法律、法规中可以适用于抗震救灾及灾后重建的企业所得税、个人所得税、房产税、契税、资源税、城镇土地使用税、车船税以及进出口税收等有关税收优惠政策。

5月19日 住房城乡建设部在北京召集发展改革委、民政部、财政部、国土资源部、交通运输部、铁道部、国资委、地震局和部分中央企业负责人，研究活动板房建设资金、产能、重建、运力、原材料等问题。同日，住房城乡建设部在北京召开过渡安置房生产企业负责人会议，研究部署为受灾群众解决过渡安置房建设工作。

5月19日 水利部抗震救灾指挥部在北京召开会议，要求针对余震不断、局部强降雨随时可能发生的严峻形势，全力做好水库和山洪灾害防范工作。同日，指挥部前方领导小组供水保障组与四川省水利抗震救灾指挥部研究决定，选派非受灾地区和轻灾区技术力量到地震重灾区协助调查统计饮水工程损毁、群众临时集居点数量、人口、范围和供水需求等情况，开展应急供水抢修、重建规划和水质监测等工作。

5月19日 农业部抗震救灾指挥部在北京召开会议，要求全力抓好防疫；切实关心灾区群众生活；认真做好灾情调研、灾害评估，做好灾后恢复重建方案；坚持一手抓抗震救灾，一手抓农业生产等工作。

5月19日 商务部在西安召开部分省市保障灾区市场供应座谈会，听取陕西、甘肃、重庆等受灾省（市）关于市场供应情况汇报，研究如何尽快恢复和搞好灾区市场流通。

5月19日 卫生部抗震救灾工作领导小组在北京召开会议，议定做好伤员转运工作、加强卫生防疫和监督工作、科学调配卫生救援物资、加强综合协调等事项。同日，卫生部办公厅发出《关于进一步做好四川地震灾区医疗救治工作的通知》，并印发《四川汶川大地震灾区医院感染预防与控制指南》《紧急心理危机干预指导原则》《地震灾区疫情监测信息应急手机报告工作方案》。

5月19日 卫生部从全国20多个省（区、市）紧急抽调1307名卫生监督员支援四川灾区，并从全国各地抽调饮水、食品卫生专家进驻四川灾区12个重点受灾县蹲点指导，帮助当地制定饮水、食品卫生安全技术保障策略。

5月19日 人民银行党委在北京召开扩大会议，要求会同有关部门抓紧研究出台支持灾区恢复重建的各项金融政策。银监会党委也在北京召开扩大会议，专题研究抗震救灾工作。同日，人民银行、银监会联合发出《关于全力做好地震灾区金融服务工作的紧急通知（第1号）》，要求保证各项捐款和救助资金及时到位，做好抗震救灾和灾区重建的信贷工作，并加强协调，密切合作，为灾区恢复金融服务提供有力支持。

5月19日 审计署发出11份审计通知书，并组成审计组到发展改革委、民政部、财政部、商务部、卫生部、气象局、中华慈善总会等单位开展救灾资金和物资审计。

5月19日 质检总局发出《关于开展抗震救灾专项执法打假暨应急服务工作的紧急通知》，要求全国质检系统以救灾食品和建筑材料为重点，开展抗震救灾物资质量安全专项执法打假行动，通过“12365”投诉举报电话及时做好救灾便民、执法监管等服务。

5月19日 林业局党组在北京召开扩大会议，部署下一步林业抗震救灾工作，对受灾林业职工救助安置和卧龙大熊猫整体救助等问题提出意见。

5月19日 旅游局协调领导小组在北京召开会议，议定旅游部门的工作重点仍然是千方百计搜救被困游客，同时要着手研究灾区恢复重建工作。至22日，被困在四川灾区的团队游客1.1万余人全部撤出灾区。

5月19日 地震局发出《关于开展汶川地震及全国地震形势专项跟踪研究的通知》，明确成立地震学、地震地质、综合学科3个专项研究工作组，开展二次数据快速处理、震情形势跟踪研究，提供有关数据和成果的快速服务。

5月19日 保监会在北京召开主席办公会，研究一线抗灾理赔过程中出现的新情况、新问题，明确下一阶段工作任务及具体安排。

5月19日 新闻办在北京就汶川地震灾害和抗震救灾情况举行第七次新闻发布会，由工业和信息化部、电监会介绍抗震救灾的通信保障、设备工具保障情况以及救灾保电情况。

5月19日 信访局发出《关于做好抗震救灾期间信访工作的通知》。

5月19日 食品药品监管局应急指挥领导小组在北京召开会议，决定派出工作组深入灾区，实地了解情况，提出加强全系统抗震救灾工作的建议。同日，食品药品监管局发出《关于进一步做好捐赠救灾药品和医疗器械监管工作的通知》。

5月19日 中医药局印发《关于在震区灾后疾病防治中应用中医药方法的指导意见》，对震区灾后常见腹泻、感冒、蚊虫叮咬的预防提出指导意见，对腹泻、感冒和皮肤湿疹的中医药治疗提供指导性方法。

5月19日 中央军委领导到茂县凤仪镇宗渠村、勒都村和南新镇小学、石古村、墨都村以及汶川县卧龙保护区、卧龙镇、映秀镇等地，检查部队落实中共中央总书记、中央军委主席胡锦涛“进村入户”指示情况，看望慰问灾区群众及抗震救灾部队官兵、民兵预备役人员。

5月19日 总参谋部发出《坚决贯彻胡主席重要指示，争分夺秒营救被困群众的命令》，要求迅速将中央军委主席胡锦涛关于“进村入户”搜救受灾群众的指示精神传达到所有任务部队，全面排查每一个村庄、每一所学校、每一处住房，争分夺秒解救被困群众和游客，及时抢救转运重伤员，倾全力以最短时间把生活必需品送到受困群众手中。同日，总参谋部还发出《关于进一步加强抗震救灾部队安全管理的通知》。

5月19日 成都军区联指发出《关于做好当前卫生防疫工作的紧急通知》，要求各任务部队完善卫生防疫方案，落实防疫工作制度，确保灾区和部队不发生重大疫情，实现“零”发生和“零”感染的目标。同日，联指总指挥李世明根据四川省主要领导提出的救援需求，要求抗震救灾部队重点抓好进乡镇、入村庄抢险救人和救助受伤群众等工作。成都军区将向四川地震灾区的捐款1000万元转交四川省民政厅。6月2日，成都军区向极重灾区青川县捐款1300万元。

5月19日 成都军区驻川77116部队出动直升机3架次，将滞留茂县的美国、巴西、澳大利亚、瑞典、马来西亚等国36名游客安全送到成都。

5月19日 济南军区某“铁军师”近2000名官兵和6支陆航部队在300余名武警官兵的配合下，分别从陆路、空中向汶川县映秀镇北部一条绵延上百里的大峡谷挺进，营救出被困7天的近万名群众。

5月19日 武警部队在北京召开电视电话会议，就充分认清当前形势、科学统筹抗震救灾等工作提出要求，对下一步抗震救灾工作进行部署。

5月19日 民盟中央发出《灾后重建家园、爱心汇成希望》倡议书，要求发挥民盟优势，积极做好灾区灾后家园重建工作，并公布赈灾募捐银行账号和联系方式。

5月19日 民进中央在北京召开抗震救灾专题工作会议，要求发挥民进系统自身特点和优势，及时跟进参政议政和社会服务工作，为灾区恢复生产、重建家园，特别是在重建中小学校、对中小学生和学龄前儿童实施灾后心理救援等方面献计出力。

5月19日 全国总工会发出《关于在工会会员中开展“重建家园、再献爱心”大行动的倡议书》。

5月19日 共青团中央向甘肃地震灾区捐款100万元，用于帮助地震灾区青少年救助和学校重建。23日，共青团中央再次向甘肃省捐款400万元。

5月19日 中国残联在北京召开会议，要求发挥各级康复机构优势，加大对地震伤员救治和康复的支援力度；要尽早谋划，研究提出解决灾后残疾人住房、生产、生活问题的方案。

5月19日 中国红十字会受权接受德国、日本、俄罗斯、意大利等国医疗队到华协助医疗救援工作。20日，中国红十字会发出《关于协助德国、日本、俄罗斯和意大利医疗队来华开展救灾工作的紧急通知》。

5月19日 四川省抗震救灾指挥部在成都召开成员会议，强调要继续把救人放在第一位，始终坚持以人为本，只要有一线希望，就要付出百倍努力，同时要做好恢复重建的准备工作。同日，指挥部发出《关于做好地震伤病员转移工作的通知》《关于切实做好来川援助抗震救灾工作队伍服务的通知》《关于进一步做好抗震救灾空运空投工作的通知》等。省政府成立灾后恢复重建规划编制协调小组，负责灾后恢复重建规划的协调和编制工作。

5月19日 四川省委书记刘奇葆到都江堰市查看受灾情况、指导抗震救灾工作。

5月19日 绵阳灾区“九洲帐篷学校”正式开班，2485名学生重返课堂。这是四川灾区最大的“帐篷学校”。24日，总装备部“绵阳八一帐篷学校”远程教育系统正式开通。这是灾区第一所实现远程教育的“帐篷学校”。

5月19日 东汽与中国节能发电投资有限公司签订价值12.4亿元的134台风电设备供货合同。这是汶川地震后东方电气集团及其子公司接受的第一单合同。24日，东方电气集团与中国华能在成都签订价值约45亿元的4个重要发电项目设备供货合同，中国华能以签订机组设备合同方式支援东方电气集团恢复生产和灾后重建。26日，东方电气集团与中国银行在成都签署灾后恢复重建金融合作协议，中国银行为该集团提供折合300亿元的灾后重建资金。6月26日，东方电气集团与中国国电在北京签订价值82亿元的4个重要发电项目设备供货合同。

5月19日 甘肃省委在兰州召开常委会议，要求继续抓好受伤人员救治和疫情预防，精心组织安排好群众的生产生活，抓紧规划和实施灾后重建工作，切实加强次生灾害监测和预防。

5月19日 陕西省政府在西安召开常务会议，研究部署全省抗震救灾和灾后恢复重建工作。会议议定，成立农村住房恢复重建领导小组和省教育系统抗震救灾暨恢复重建工作领导小组。同日，省政府决定2008年陕西省地震灾区高考及中考如期举行，并成立由省抗震救灾指挥部领导的高考应急指挥中心。

5月19日 宁夏回族自治区政府在银川召开紧急会议，进一步部署支援地震灾区抗震救灾工作。

5月19日 北京市政府在北京召开专题会议，部署支援四川灾区居民安置周转房建设工作。中共中央政治局委员、上海市委书记俞正声致电上海市救灾援助指挥协调工作小组，要求切实关心前方救援人员的健康安危，形成全市合力，全力以赴做好后勤保障工作。江苏省委、省政府在南京召开会议，研究灾区急需的帐篷、活动板房、药品、防疫消杀物品等物资的生产调运工作。浙江省委在杭州召开紧急常委会议，决定抓紧组织落实帐篷、活动板房等救灾物资，及早做好支持灾区生活安置、恢复重建的工作。山东省委、省政府在济南召开紧急会议，要求组织精干力量赴绵阳灾区，尽快摸清灾区情况和救灾需要，摸清山东省救灾物资的生产情况，分解任务，落实责任，搞好工作衔接，并再次向四川灾区捐款1000万元。河南省委、省政府在郑州召开紧急会议，要求立即组织运力，在最短时间内将筹集到的帐篷和活动板房运往灾区。湖北省委、省政府在武汉召开专题会议，研究部署对口支援雅安抗震救灾工作。西藏自治区政府通过青藏铁路向灾区发出第一批总价值1236万元的救灾物资。青海省委、省政府再次向四川灾区捐款700万元，向陕西、甘肃灾区各捐款60万元。

5月19日 河北省唐山市一支由20人组成的心理咨询志愿者服务队到四川灾区开展心理抚慰工作。服务队队员大多为唐山大地震的亲历者。

5月19日 香港特区政府派出由13人组成的防疫队，参加汶川县映秀镇的疫情防治工作。23日、27日，香港防疫队分两批返回香港。

5月19日 美国国会参议院全会通过一项决议案，对中国四川汶川地震造成重大人员伤亡和财产损失表示哀悼和慰问，呼吁美国总统对中国政府提出的任何人道主义救援要求给予积极回应。20日，美国国会众议院全票通过一项决议，就汶川地震造成重大人员伤亡和财产损失向中方表示深切同情和慰问，并对中国政府和人民的抗震救灾工作表示全力支持。

5月19日 国际社会一些主要媒体纷纷评论中国抗震救灾工作。欧洲主要的电视新闻频道《欧洲新闻频道》比利时通讯社、当地最大的法文报纸《晚报》和《自由比利时报》均在头版头条位置报道中国举国哀悼汶川地震罹难者的消息。俄罗斯主要媒体对中国决定19—21日为全国哀悼日给予高度关注和赞扬。英国《泰晤士报》发表评论，赞扬参与抗震救灾的中国青年志愿者，称其为救援工作的重要组成部分。新加坡《联合早报》发表社论《凝望地震废墟上的中国》，赞扬中国政府在救灾工作中再次展现了有效的动员能力、资源调配能力、总体指挥能力和分工协作能力。

5月19—21日 受中共中央总书记胡锦涛委托，中共中央政治局常委、中央书记处书记、国家副主席习近平到陕西灾区慰问灾区干部群众，指导抗震救灾工作。19日下午，在飞往汉中的飞机上，习近平召集随行人员详细了解和认真分析陕西地震灾情和抗震救灾形势。下飞机后，习近平到陕西理工学院、汉中市中心医院看望受灾师生，慰问伤员。晚上，习近平主持召开会议，听取陕西省委、省政府关于抗震救灾的工作汇报。20日，习近平到略阳县徐家坪镇徐家坪村查看灾情，到略阳二中看望受灾师生，到略阳县康明小区查看居民房屋受损情况，并到嘉陵广场考察受灾居民安置点。21日，习近平到太白县鹦鸽镇瓦窑坡村4组、宝鸡市陈仓区虢镇城区查看灾情，慰问干部群众。同日下午，习近平主持召开会议，听取当地关于抗震救灾的工作汇报，同陕西省各级领导干部和随行中央有关部门负责人一起研究陕西下一步抗震救灾工作。习近平强调，要始终坚持以人为本，继续全力救治受伤人员，想方设法安排好受灾群众生活，尽快开展灾后恢复工作，及早谋划和开展灾后重建。

5月19—21日 受中共中央总书记胡锦涛委托，中共中央政治局常委、中央纪委书记贺国强到重庆查看地震灾情，慰问受灾干部群众，看望奋战在抗震救灾第一线的部队官兵、公安民警和医护人员，指导协调抗震救灾工作。到达重庆后，贺国强会见驻渝部队、武警部队负责人，并连夜听取重庆抗震救灾工作简要汇报。21日，贺国强出席重庆市抗震救灾工作会议并讲话，指出抗震救灾工作形势依然严峻，任务艰巨，时间紧迫，重庆市要一如既往地做好抗灾自救和援助四川灾区工作。

5月19—21日 外交部和中国驻外外交代表机构设立吊唁簿，共有160多个国家和国际组织的领导人、政要和驻华使节前往吊唁，表达对中国政府和人民的慰问和支持。许多国家和国际组织领导人还向中国领导人致函或公开发表声明、谈话，表示在困难的时刻同中国站在一起。

5月19—22日 武警部队司令员吴双战等到汶川、茂县、都江堰、平武等地震灾区检查指导抗震救灾工作，看望慰问部队。

5月20日零时50分 上海市消防总队救援官兵和第三军医大学等救援队从国家电网映电总厂办公楼废墟中成功救出被困179小时的职工马元江。20时，上海、成都、南京、常州四地的著名医学专家联手为马元江进行卫星网远程联合会诊，使伤者脱离险情。同日，救援人员还成功救出被困近196小时的绵竹市金花镇响水沟煤矿和城墙岩煤矿矿工赖元平、肖永军、黄伯明、陈运新，以及超过196小时的成都游客王友琼。

5月20日上午 成都军区驻川77116部队副部队长姜广伟驾驶直升机侧身单轮强行在北川

唐家山堰塞湖堤坝的塌方土堆上着陆，首次将携带勘测仪器设备的水文地质专家送上湖堤，以现场察明水情，研究制订排险施工方案。

5月20日19时30分 武警水电部队在地方交通部门的配合下，昼夜奋战80多小时，打通汶川至茂县公路。

5月20日 中共中央政治局常委、国务院总理温家宝在北京主持召开国务院抗震救灾总指挥部第11次会议，研究受灾群众生活安排、防范次生灾害工作。国务委员兼国务院秘书长马凯、国务委员孟建柱等出席会议。会议议定，紧急调集帐篷满足灾区需要，尽快为灾区解决一批临时活动板房，加强震损出险水库排查除险和预防，对堰塞湖情况进行全面核查和防范，加强对灾区食品等物资供应等。21日起，全国媒体普遍开设“国务院抗震救灾总指挥部权威发布”栏目，集中刊播权威信息。

5月20日 中共中央政治局常委、国务院副总理李克强查看紫坪铺水库和岷江岸边的塌岸、滑坡和泥石流情况，到汶川县漩口镇友谊隧道附近看望负责道路抢修维护的成都武警交通第一总队官兵，到都江堰查看受灾群众安置点、救灾物资发放中心。

5月20日 中共中央政治局委员、国务院副总理回良玉召集有关部门就唐家山堰塞湖出现险情进行会商，到灾区水库现场查看灾情，现场协调解决有关问题。

5月20日 中央纪委、监察部、民政部、财政部、审计署联合发出《关于加强对抗震救灾资金物资监管的通知》，要求各地区各部门建立和健全抗震救灾资金和物资管理的规章制度，确保救灾款物规范募集和合理使用，提高救灾款物管理使用效益和公开透明度，强化对救灾款物的跟踪审计，加强对救灾款物管理使用情况的纪律检查。同日，中央纪委、监察部设立举报电话，24小时受理对抗震救灾资金物资管理使用中违法违纪行为的控告、检举。

5月20日 中组部发出《关于在抗震救灾中进一步发挥各级党组织战斗堡垒作用、各级领导干部模范带头作用和广大共产党员先锋模范作用的通知》。

5月20日 中央统战部在北京举行“统一战线著名书画家企业家捐赠活动”。活动共捐赠书画作品96幅，现场创作20多幅，募集的4600万元善款全部捐献给地震灾区。

5月20日 《人民日报》发表社论《悲痛中凝聚不屈的力量》，指出人民高于一切，生命高于一切。尊重生命，铭记苦难，将使一个国家在挫折中奋起，将让一个民族在磨难中前行。历史会证明，地震能摧毁一些东西，但它必将以另一种形式重塑。愿全民哀悼凝聚起抗震救灾、重建家园的顽强信念，用全国人民的不屈斗志和实际行动激励国人，告慰逝者——“任何困难都难不倒英雄的中国人民”！

5月20日 国务院抗震救灾总指挥部基础设施保障和灾后重建组在北京召开第九次会商会议，协调部分救灾物资（液体、电池等）民航运输安全检查、抢通乡镇通信设备用油保障和抢通乡镇道路所需小型工程机械等问题。同日，为缓解灾区救灾药品紧缺问题，发展改革委从大连紧急调拨一批重91.5吨、价值250万元的药品运往甘肃灾区。

5月20日 发展改革委、粮食局、财政部、中国农业发展银行联合发出《关于下达第一批中央储备粮抗震救灾计划的通知》，向四川、甘肃、陕西、重庆、云南五省（市）下达中央储备粮38.4万吨，用于因灾生活困难群众口粮供应。7月7日，下达第二批中央储备粮抗震救灾计划，向四川、甘肃、云南三省下达中央储备粮19.85万吨。9月8日，下达第三批中央储备粮抗震救灾计划，向四川、甘肃、云南三省下达中央储备粮约5.49万吨，调减陕西省、重庆市中央储备粮1.11万余吨。

5月20日 发展改革委发出《关于下达2008年地震重灾区乡村应急供水设施中央预算内计划的通知》，决定从2008年中央预算内水利建设投资中安排1.6亿元，用于重灾地区乡村应急供水设施建设和设备购置。

5月20日 科技部在北京召开全国科技系统抗震救灾电视电话会议，明确将科技抗震救灾工作作为工作的重中之重。同日，科技部与中科院会商，建立抗震救灾期间空间数据应用与分析会商机制。科技部、四川省科技厅、中科院成都分院、中科院心理研究所和中国心理学会联合组织成立四川省抗震救灾“安置安心”心理救援行动专家组，首批专家组即日赴四川灾区开展心理援助工作。

5月20日 公安部抗震救灾前线指挥部在都江堰召开会议，专题研究维护灾区治安稳定问题。

5月20日 民政部、财政部、粮食局联合发出《关于对汶川地震灾区困难群众实施临时生活救助有关问题的通知》，决定向因灾无房可住、无生产资料和无收入来源的困难群众每人每天发放10元补助金和0.5公斤成品粮，因灾造成的孤儿、孤老、孤残“三孤”人员每人每月补助600元，受灾的原“三孤”人员每人每月补助600元，补助期限均为3个月。

5月20日 民政部发出《关于核定上报汶川大地震受灾“三孤”人员情况的紧急通知》。同日，民政部办公厅发出《关于做好收养灾区孤儿咨询工作的紧急通知》。

5月20日 国务院农民工工作联席会议办公室发出《关于进一步做好抗震救灾期间农民工

工作的通知》，要求各级农民工工作协调机构充分发挥组织协调作用，在进一步做好对灾区农民工安抚和服务等工作的基础上，保持返乡灾区农民工劳动关系的基本稳定，帮助他们重返工作岗位，实现转移就业。

5月20日 国土资源部抗震救灾领导小组在北京召开调度会，要求尽快落实有关省支援四川次生地质灾害普查工作的具体方案；加快遥感工作速度，以12个重灾县为主，以县为单元获取并解译资料，尽快完成评估报告。同日，国土资源部发出《关于进一步做好地震灾区地质灾害隐患排查的紧急通知》。

5月20日 环境保护部印发《地震灾区集中式饮用水水源保护技术指南（暂行）》《地震灾区饮用水安全保障应急技术方案（暂行）》《地震灾区地表水环境质量与集中式饮用水水源监测技术指南（暂行）》，明确保障灾区饮用水的技术规范。

5月20日 住房城乡建设部在北京召开全国建设系统解决四川灾区受灾群众过渡安置房问题电视电话会议。同日，住房城乡建设部发出《关于建设四川地震重灾区受灾群众过渡安置房的通知》，向各援建省市下达活动板房建设计划，要求用3个月的时间在四川省地震重灾地区建造100万套过渡安置房。

5月20日 交通运输部发出《关于组织全国各地交通部门对口支援四川灾区开展公路抢通保通工作的紧急通知》，要求调集交通运输系统全行业力量，在不增加受灾地区负担情况下，集中帮助四川灾区开展抗震救灾工作；尽最大努力、用最短时间全面抢通汶川地震灾区受损公路，确保公路交通和救灾物资运输畅通。

5月20日 铁道部决定在开往成都的客车上增挂行李车，主要运送帐篷、活动板房、药品等救灾急需物资。首列加挂行李车运送救灾物资的LK117次客车于21日从北京发出。20日，首列运送电煤的列车“抢”937次将2130吨电煤从陕西省铜川市瑶曲站运往四川灾区。至6月底，为期40天的电煤抢运共运送电煤336万吨，有效缓解了四川省电煤供应紧张状况。

5月20日 水利部在北京召开抗震救灾会商会，要求着力做好水库、水电站、堰塞湖、堤防等震损工程摸排监测、风险评估、应急预案落实和工程除险工作，做好损毁水文设施修复，确保度汛安全；加强震损饮水工程修复、应急供水、水源地保护和水质监测等工作。

5月20日 农业部发布《当前和今后一个时期恢复渔业生产的主要措施和需要财政支持的重点内容》。同日，部长孙政才一行到彭州、都江堰检查指导防疫工作，要求切实抓好死亡畜禽无害化处理、环境消毒、疫情监测、检疫、防疫知识宣传及鼠害防控等工作。

5月20日 农业部与总后勤部决定由四川省畜牧食品局和军事医学科学院军事兽医研究所各派遣18名兽医卫生人员组建农业部、解放军联合动物疫病防控应急分队，进驻实施交通管控的重灾地区开展动物疫病防控工作。至6月10日，农业部发动和组建有地方、军队共388人参加的10支联合动物防疫应急分队。

5月20日 卫生部抗震救灾工作领导小组在北京召开会议，要求切实做好伤员转运、卫生监督和防疫以及综合协调等工作。同日，卫生部办公厅发出《关于进一步加强抗震救灾卫生防疫队工作的通知》。至22日，四川医疗救援覆盖到极重灾区和重灾区的每个乡镇。

5月20日 全国爱卫会办公室发出《关于大力开展灾后爱国卫生运动的紧急通知》，要求四川、甘肃、陕西、重庆、云南等省（市）爱卫会办公室广泛宣传普及灾后卫生防疫知识，发动群众全面综合整治环境卫生，积极协调落实灾后卫生防疫措施。

5月20日 国家知识产权局发出《关于继续做好知识产权抗震救灾工作的紧急通知》，要求全国各级知识产权局加强知识产权信息在抗震救灾工作中的应用，推动抗震救灾专利技术快速有效运用，做好食品药品领域知识产权保护工作。

5月20日 国侨办与四川省侨办联合在成都启动“侨爱工程—四川地震灾害重建计划”，号召全球华人和侨资企业积极参与地震灾后重建。

5月20日 气象局党组在北京召开专题会议，要求将抗震救灾作为预报服务的重中之重，并对灾后重建工作进行思考，积极总结预报服务过程中的经验教训。

5月20日 电监会在北京召开主席办公会议，强调要继续做好受灾地区供电恢复工作，密切关注灾情动态，重点防止次生灾害发生。

5月20日 新闻办在北京就汶川地震灾害和抗震救灾情况举行第八次新闻发布会，由民政部介绍地震灾区群众生活安排情况。

5月20日 中央军委领导在成都主持召开成都军区联指抗震救灾保障工作会议，着重围绕抗震救灾部队吃饭、饮水、医疗、防疫、穿衣、住宿、供油、运输、维修、经费等问题，提出保障方案和具体措施。会议决定，利用野战炊事车和野战净水车，专为受灾群众设置供应站，保障受灾群众吃饭、饮水问题。同日，中央军委领导到什邡市蓥华镇检查抗震救灾部队后勤保障情况，看望灾区群众和救灾部队官兵。

5月20日 总参谋部、总政治部、总后勤部、总装备部联合发出慰问电，向奋战在抗震救灾一线的解放军、武警部队官兵和民兵预备役人员表示慰问，希望继续发扬不怕艰难困苦、不怕流血牺牲的战斗精神，以无坚不摧、攻无不克的战斗意志去迎接新的挑战和考验。

5月20日 总参谋部发出《关于向灾区增派防疫队和心理救援队》通知。同日，总政治部组建的首批军队抗震救灾心理服务专家组21人赴四川灾区。

5月20日 成都军区联指要求联指参谋长艾虎生到北川唐家山堰塞湖实地查看险情，指导制定组织群众撤离方案和部队安全防范预案，做好宣传教育工作；要求抗震救灾任务部队高度重视安全问题，提防河流和水库决堤、溃坝及山体滑坡，注意车辆、飞机安全，加强部队自身防疫；要求提前筹划下一步部队抗震救灾任务；要求抓紧联系和筹划军队援建灾区学校工作，及时总结陆航部队参加抗震救灾的经验。

5月20日 中国残联党组在北京召开会议，部署残联系统下一步抗震救灾工作。

5月20日 四川省抗震救灾指挥部发出《关于加强救灾物资接收分发管理的通知》《关于接收国际医疗救援队的通知》。

5月20日 四川省政府在成都召开汶川特大地震灾区困难群众生活救助紧急会议，要求灾区各级党委、政府以及民政部门把受灾困难群众生活救助作为最重要、最紧迫的任务，全力做好各项救助工作。同日，省政府发出《关于进一步加强价格监管保持市场物价稳定的紧急通知》，省政府办公厅发出《关于编制“5·12”特大地震灾后恢复重建规划的紧急通知》《关于做好抗震救灾粮食筹措与供应的通知》。

5月20日 北川县城从凌晨开始实施封城，除救援人员外，其他人员不得进入城区，以防止发生疫情；至18时对县城消毒300万平方米。24日，四川省政府新闻办在成都举行新闻发布会，对北川县城实行特别管制的情况进行通报。

5月20日 安置在江油、绵阳城区的4900余名北川羌族自治县桂溪乡受灾群众全部返回家乡，开展生产自救。

5月20日 西安退伍老兵志愿者服务队60余人到达绵阳灾区，支援抗震救灾。随后，服务队根据绵阳市抗震救灾指挥部的安排，先后到绵阳市区、北川羌族自治县救灾物资集散点分发物资，为灾民搭建帐篷，协助当地政府维持秩序。26日，服务队返回西安。

5月20日 中国一拖集团有限公司志愿队经过连续3天的紧张工作，在青川县木鱼镇疏通堵塞路段28处、修复公路13公里，提前两天打通木鱼镇交通要道，使救灾物资从沙州镇运往木鱼镇的时间缩短一半以上。

5月20日 甘肃省抗震救灾总指挥部转发省地震局《关于甘川交界地区强余震对陕西省波及影响较小的意见》，要求严厉打击传播谣言、制造社会恐慌等违法犯罪活动，并采取有效措施及时化解各种不稳定因素，特别要消除群众恐慌心理，保持正常的工农业生产和社会生活秩序，确保社会稳定。同日，省委、省政府在兰州召开视频会议，强调要继续抓好人员救治和疫情预防，确保大灾之后无大疫。

5月20日 浙江省委、省政府发出《关于进一步做好支援四川抗震救灾工作的通知》，并决定成立浙江省支援四川抗震救灾工作领导小组。江西省政府在南昌召开会议，要求各地各有关部门做好奔赴灾区建设临时过渡住房的各项准备工作，并确保把江西省承建的临时过渡住房建成样板工程、优质工程、爱心工程和为民造福的工程。山东省政府在济南召开全省支援四川抗震救灾工作电视会议，要求举全省之力完成对口支援绵阳灾区的工作任务。河南省委、省政府在郑州召开会议，要求建立规范高效有序的援助机制，高标准做好支援灾区各项工作。20—21日，安徽省委、省政府向陕西、甘肃、重庆灾区分别捐款200万元。

5月20日 雅居乐地产控股有限公司在香港宣布，公司连同其大股东陈氏兄弟向地震灾区追加捐款1亿港元。雅居乐地产控股有限公司曾于14日向灾区捐赠500万元人民币。

5月20日 由37名医生及后勤志愿者组建的台湾红十字组织医疗队携带3.5吨紧急医疗救援物资，搭乘台湾华信航空包机抵达成都，赶赴德阳开展医疗救治工作。25日，医疗队返回台湾。

5月20日 加拿大《环球邮报》发表题为《悲剧彰显中国经济实力》的文章，称四川地震救灾工作开展之迅速，展示了中国强大的经济实力。新加坡《联合早报》发表题为《四川地震与中国民族精神的再现》的文章，称四川汶川地震使世界关注中国，而中国也在感动整个世界，中国政府对地震作出了最快速的反应。

5月20日 日本国际医疗队一行23人携带约5吨医疗物资抵达成都。22—31日，医疗队在四川大学华西医院开展医疗诊治工作，6月2日回国。2012年6月12日，应中日友好协会邀请，日本国际救援队、医疗队代表团一行15人访问中国；14—16日，代表团到华西医院交流，并到北川考察灾后恢复重建情况。

5月20日 俄罗斯政府紧急情况部和卫生部下属的重点医院组织医务人员47人携带医疗器材及7吨药品乘专机飞抵成都，会同结束救援任务的俄罗斯救援队中的20名医务人员，赴彭州展开医疗救援工作。6月2日，医疗队回国。

5月21日14时30分 广州军区驻武汉空军某部和武汉总医院医生在什邡市红白镇废墟中成功救出被困216小时的巴蜀金河一级电站职工崔昌会。

5月21日 中共中央政治局常委、国务院总理温家宝在北京主持召开国务院常务会议，听取并原则同意发展改革委关于抗震救灾和经济工作的汇报。会议要求，以科学发展观统揽全局，坚持“两手抓”，一手毫不松懈地抓抗震救灾，一手坚定不移地抓经济发展。会议要求，全力做好抗震救灾工作。继续全力搜救被困人员，尽快将重伤员抢运到条件较好的医疗机构救治，增派和充实专业防疫力量，强化灾区防疫工作。做好灾区群众安置工作，抓紧抢修灾毁基础设施。中央财政安排250亿元，加大对抗震救灾的资金投入。会议要求，及早谋划和适时开展恢复生产和灾后重建工作。举全国之力多渠道筹集灾后重建资金。中央财政2008年先安排700亿元，建立灾后恢复重建基金，并建立严格的监管制度。会议还要求，保持经济平稳较快发展。在全国开展支援灾区全民节约活动。中央国家机关2008年的公用经费支出一律比预算减少5%，用于抗震救灾。同日，温家宝在北京主持召开国家汶川地震专家委员会成立会议，听取专家委员会组成情况和近期工作安排的汇报。国家汶川地震专家委员会成员共30人，主任由中科院院士、中国地震局地质研究所名誉所长马宗晋担任。国务委员兼国务院秘书长马凯、国务委员孟建柱等参加会议。

5月21日 全国政协在北京举行政协委员抗震救灾捐赠仪式。中共中央政治局常委、全国政协主席贾庆林出席仪式并讲话。贾庆林指出，在中央的统一部署下，各级统战部门、政协组织、各地政协委员、各民主党派和工商联成员、无党派人士都已紧急行动起来，在不同的岗位上，以各种形式向灾区伸援手、献爱心、送温暖，以实际行动为受灾群众解难、为国家分忧，已成为当前抗震救灾的一支重要力量。中共中央政治局委员、全国政协副主席王刚等出席捐赠仪式。

5月21日 中共中央政治局常委、国务院副总理李克强到绵竹市乡村查看救援、防疫、群众安置和生产恢复等工作，到四川省人民医院看望在地震中受伤的群众并慰问医护人员，到成都火车站救灾物资转运站，了解救灾物资运输、转运和分发情况。同日，李克强与有关人员会商研究协调救灾需要解决的有关问题。李克强强调，抗震救灾仍处在紧要关头，务必抓好各项工作的落实，要把抢险救援与防疫防灾有机结合起来，把生活安置与生产恢复、重建家园有机结合起来。

5月21日 中共中央政治局委员、国务院副总理回良玉考察四川救灾物资转运中心和物资储备仓库，并主持召开会议，专题研究救灾物资调运工作。回良玉强调，必须以对党和国家事业高度负责、对灾区人民高度负责、对援助者和捐赠者高度负责的精神，精心组织，科学调度，认真细致地做好救灾物资的接收、运送、发放工作，尽快送到受灾群众手中，最大限度地发挥效益，确保受灾群众基本生活和灾区医疗防疫需要。

5月21日 中共中央政治局委员、国务委员刘延东到中科院地震灾害遥感监测应急指挥部听取工作汇报，看望、慰问抗震救灾科研人员。刘延东强调，科技战线要坚持创新为民，科技救灾，发挥学科交叉、综合集成的优势，发扬团结协作、连续作战的精神，全力以赴，为抗震救灾、灾区群众安置和灾后重建提供强有力的科技支撑与服务。

5月21日 中宣部出版局、中国音像协会策划的《生死不离》歌曲光盘由中国唱片总公司出版。这是中国音乐界推出的首张抗震救灾歌曲专辑。

5月21日 国务院抗震救灾总指挥部基础设施保障和灾后重建组在北京召开第10次会商会议，要求各成员单位认真落实国务院常务会议精神，继续把抗震救灾作为最重要最紧迫的任务，坚持“两手抓”，一手毫不松懈地抓抗震救灾，一手坚定不移地抓经济发展；做好基础设施的抢修、保通，灾区防疫及灾民安置所需物资调运，粮油供应和煤电油运保障工作。

5月21日 国务院抗震救灾总指挥部水利组在北京召开全体会议，要求各成员单位明确目标责任，加强协调沟通，搞好信息共享和宣传报道，有效整合资源，按照议定职责分工抓好落实，举各部门之力，做好水利组抗震救灾工作。

5月21日 发展改革委、财政部、粮食局、中国农业银行向四川省发出《关于做好四川地震灾区小麦收储和收购工作的紧急通知》。

5月21日 工业和信息化部发出《关于报送工矿企业损毁情况和恢复生产初步安排的紧急通知》，要求初步核实工矿企业受损情况，提出工矿企业恢复生产初步安排、措施以及需要解决的问题和政策建议。

5月21日 公安部在北京召开全国公安机关视频会议，部署对口支援灾区公安机关恢复运转工作，动员各地公安机关积极帮助灾区公安机关恢复日常工作基本条件，特别是尽快解决临时办公用房、羁押场所、民警宿舍、基本办公设备、急需交通工具，让灾区公安机关在一个月内恢复运转。

5月21日 民政部在成都召开全国民政系统支援汶川地震灾区电视电话会议，要求灾区民政部门充分发挥职能作用，全力以赴做好抗震救灾工作；非灾区民政部门积极支援灾区，为灾区、为受灾群众分忧解难。

5月21日 国家减灾委专家委员会、教育部—民政部减灾与应急管理研究院、北京师范大学等单位牵头成立汶川地震应对政策专家行动组，开通汶川地震心理援助与信息服务热线，为灾区群众及志愿者提供心理援助和各类信息服务。

5月21日 国土资源部在成都召开会议，要求对航拍工作进行统一规划，划分航拍空域，明确各单位任务，协调一致行动；对航拍数据由测绘局和航空遥感中心分别按要求进行处理，处理后送航空遥感中心统一解译。

5月21日 环境保护部在成都召开座谈会，全面部署防范次生环境灾害工作。会议强调，全力做好防范灾区次生环境灾害工作的核心是确保核与辐射安全和饮用水安全，重点是确保群众饮用水安全。

5月21日 住房城乡建设部印发《地震灾区过渡安置房建设技术导则（试行）》，对地震灾区过渡安置房的规划和单层钢结构装配式房屋的建设作出规定。

5月21日 交通运输部根据重庆、泸州、宜宾均有专门集装箱港口，宜宾至乐山航道能通行500吨级船舶，乐山经成都至灾区高速公路畅通的情况，建议采取水陆联运方式将救灾物资运往灾区，并对长江沿线水路运输保障工作作出部署。27日，交通运输部发布上海—重庆—成都、上海—泸州—成都、上海—宜宾—成都、上海—乐山—成都4条救灾物资水陆联运线路，以充分利用综合运输体系，缓解救灾物资运输压力。

5月21日 农业部发出《关于进一步做好农业抗震救灾工作的紧急通知》，要求尽快修复受损农田基础设施、温室大棚、畜禽水产养殖设施、沼气池，做好灾毁机具、库棚、机电提灌站、农产品批发市场等设施修缮工作，尽快恢复农业生产能力。同日，农业部还印发《地震灾区动物尸体深埋处理技术要点》。

5月21日 卫生部抗震救灾工作领导小组在北京召开会议，议定做好医疗救治和伤员转运工作，确保受灾伤员得到及时有效医治；加强卫生防疫和卫生监督工作；做好物资保障工作，确保救灾物资及时供应。

5月21日 审计署审计长刘家义在成都召集审计署驻成都特派办和四川省审计厅审计干部，专题研究汶川地震救灾款物的审计方案。22—25日，刘家义等到成都、德阳、绵阳、广元等12个市、县查看地震灾情，指导救灾款物审计监督工作。

5月21日 税务总局发出《关于个人向地震灾区捐赠有关个人所得税征管问题的通知》，要求本着鼓励纳税人捐赠的精神，在加强对捐赠扣除管理的同时，通过各种媒体广泛宣传捐赠扣除的政策、方法、程序，提供优质纳税服务。

5月21日 由侨办倡议发起，全球华侨华人烛光悼念汶川地震遇难同胞活动在世界各地同步举行。来自印度尼西亚、泰国、韩国、美国、日本、缅甸、老挝等19个国家和地区的在京华裔学生代表、港澳台学生代表500余人在北京举行“烛光悼念汶川大地震遇难同胞”活动。

5月21日 新闻办在北京就汶川地震灾害和抗震救灾情况举行第九次新闻发布会，由国资委介绍中央企业抗震救灾总体情况。

5月21日 国防科工局在北京召开会议，要求坚持对重点单位的不间断监管，确保安全，还要求支援灾区建设资金向四川、陕西、甘肃地区受灾单位适度倾斜。是日起至6月1日，国防科工局先后派出12个生产恢复和灾后重建指导工作组赴相关单位调研。

5月21日 测绘局在北京召开抗震救灾测绘保障服务用户座谈会。同日，测绘局在成都召开抗震救灾测绘航空摄影工作协调会，要求充分发挥测绘部门优势，全面完成抗震救灾测绘保障重任。

5月21日 民航局发出《关于做好利用航班运输和转运国外援助物资的紧急通知》。同日，国航改装的第一班向非灾区省市转移伤员的急救包机运载35名担架病人、1名普通病人及其家属、医护人员共77人抵达广州。

5月21日 总后勤部抗震救灾领导小组在北京召开会议，要求继续全力以赴做好抗震救灾各项后勤保障工作，确保灾区群众和一线救援部队官兵吃上热饭、喝上干净水。同日，总后勤部从沈阳军区、北京军区、南京军区、空军、第四军医大学、总装备部紧急抽派24名专家组成8支心理救援分队，赴绵竹、彭州、什邡、北川、平武、汶川、茂县、理县等重灾地区帮助受灾群众消除震后恐惧，重树生活信心。

5月21日 成都军区联指党委下发《关于切实端正党风，严肃军纪，严防违规违纪问题发生的通知》，要求严格抗震救灾经费物资管理，严防违规违纪问题的发生；下发《关于下一步抗震救灾政治工作指示》，要求各级党委大力加强思想政治工作，全力把救灾工作向乡村拓展，继续争分夺秒搜救被困群众，积极协助地方政府维护好特殊情况下的社会稳定。此后，联指多次组织研究应对北川唐家山堰塞湖险情问题，决定先群众后部队，迅速组织撤离；撤离工作由77200部队部队长周小周统一指挥；督促绵阳市加强险情监控，确保下游群众和部队安全。

5月21日 成都军区驻川77118部队搜救分队在汶川县银杏乡桃关村附近发现被困的10名重伤员和1名婴儿，迅速开辟机降场，协调在汶川县映秀镇上空执行任务的两架直升机将伤员送至成都医治。

5月21日 成都军区驻滇77223部队出动官兵，将绵竹市剑南春酒厂库存成品酒从危房中转运至德阳市剑南春分厂。至26日，该部队共出动官兵1200余人次、运输车700余台次，累计行程约4万公里，转运成品酒45.3万件。

5月21日 广州军区航务军代处负责组织运输的近200吨、2.3万箱压缩饼干全部发放到灾区。这是全军为地震灾区组织的最大一批食品运输。

5月21日 武警部队在北京召开抗震救灾电视会议，就进一步做好抗震救灾工作作出部署。

5月21日 民盟中央发出《认真学习胡锦涛同志在抗震救灾工作会议上的讲话精神，切实为夺取抗震救灾灾后重建工作胜利贡献力量》的通知，号召民盟各级组织和广大盟员，各尽所能，出资出力，建言献策，积极投入到抗震救灾和灾后重建工作中去。

5月21日 中国残联党组在北京召开会议，决定组派3个工作组前往四川灾区指导灾区残联抗震救灾，成立康复医疗队赴地震灾区支援抗震救灾。同日，中国残联发出《关于做好下一阶段抗震救灾工作的指导意见》。

5月21日 中国教育电视台"空中课堂"频道推出"空中课堂"抗震救灾特别节目，专门为因地震而无法正常上课的中小学生学习和心理健康提供辅导服务。节目每天播出12小时。"空中课堂"频道第一批接收点为7个，之后接收点逐步扩大。8月26日，由中国保险行业协会倡议发起，中国保险行业牵手中国教育电视台"捐助千所空中课堂站点"捐赠仪式在绵竹市汉旺小学举行。

5月21日 四川省抗震救灾指挥部印发《关于统筹做好当前抗震救灾工作的通知》《关于严格落实地震灾区疾病防控工作措施的紧急通知》《关于严格落实地震灾区疾病防控工作措施的紧急通知》《关于为灾后中小学复课积极创造条件的通知》《关于转发唐山市抗震救灾经验的通知》《震灾地区临时安置点卫生防疫技术方案》《关于切实帮助四川汶川特大地震重灾区群众搞好小春粮食收割和储存工作的紧急通知》《关于进一步加强地震灾区社会治安管理，确保灾区社会稳定的紧急通知》《关于切实做好地震重灾区外地群众返乡工作的通知》《关于我省汶川大地震医疗救援工作的情况报告》。

5月21日 四川省政府在成都召开鼠传疾病防控工作协调会。同日，省政府办公厅发出《关于加强灾后鼠传疾病防控工作的紧急通知》。

5月21日 位于绵竹市天池乡梅子林村，处于沱江支流绵远河小岗剑电站上游约300米处的高危级堰塞湖爆破排险成功。

5月21日 陕西省政府在西安召开会议，研究落实中央储备粮抗震救灾计划事宜。会议确定，供应品种按各地饮食习惯，原粮出库、调运和加工等费用原则上从原粮加工副产品收入中冲抵，不足部分由省财政厅在省救灾资金中统筹解决。

5月21日 重庆市政府发出《关于认真做好地震灾区救灾期间基本医疗保险和工伤保险工作的紧急通知》。

5月21日 云南省委在昆明召开常委会议，专题研究云南省如何进一步支援四川汶川地震灾区以及部署云南省抗灾救灾工作。

5月21日 中共中央政治局委员、北京市委书记刘淇等北京市领导和铁道部主要领导到北京大红门火车站检查指导救灾物资运输工作。吉林省委书记王珉、省长韩长赋到省民政厅检查指导抗震救灾捐赠工作。黑龙江省政府、广西壮族自治区政府分别召开常务会议，研究部署支援地震灾区工作。江苏省委办公厅、省政府办公厅发出《关于进一步做好支援四川地震灾区抗震救灾工作的通知》；省委书记梁保华召集各市和有关县主要负责人、部分救灾物资生产企业以及运输部门负责人研究支援四川灾区抗震救灾工作；21—22日，省长罗志军分别到南京、无锡走访江苏省为四川灾区生产调运救灾物资的部分厂家，了解物资生产调运情况。湖北省委书记罗清泉到仙桃市现场指挥支援四川灾区的医用卫生材料生产。

5月21日 浙江广厦集团100支建筑施工突击队飞抵四川抗震一线，为灾区抢建1000间抗震简易住房和200间抗震简易教室。浙江省民营企业“携手灾区、重建家园”行动正式启动。

5月21日 台湾大学与台湾商业周刊杂志宣布成立台湾支持四川灾后重建行动联盟，旨在借鉴台湾“9·21”地震重建经验，帮助四川受灾群众重建家园。

5月21日 美国《亚洲华尔街日报》发表文章说，中国政府安置受灾民众的努力令海外人士印象深刻。法新社报道说，在救助无家可归者的战役中，中国显得更加开放。

5月21—23日 银监会主席刘明康一行到北川、安县、绵竹等地慰问救灾部队和受灾银行业金融机构职工，并在成都召开银行业抗震救灾工作座谈会。

5月22日 中共中央总书记胡锦涛在北京主持召开中共中央政治局常委会会议，研究部署继续全力做好抗震救灾工作。会议指出，要继续把抗震救灾作为最重要最紧迫的任务，扎扎实实做好各项工作。要继续搜救被困群众，切实把搜救工作落实到每一个乡村。要继续抓紧救治伤病群众，尽快将重伤员转送到条件较好的医疗机构救治，保证灾区医疗急救物资供应。要继续做好卫生防疫工作，确保大灾之后无大疫。要下大气力做好受灾群众安置工作，切实保障受灾群众基本生活。要继续抢修因灾毁损的基础设施，严防次生灾害造成新的损失。要继续做好思想工作，注重做好心理安抚和思想疏导，加强社会管理，维护好社会秩序，确保灾区社会安定、人心稳定。要在确保安全的条件下，组织灾区干部群众尽快恢复生产，努力把地震灾害造成的损失减少到最低程度。会议强调，在全力做好抗震救灾工作的同时，各地区各部门要按照中央的决策部署，一手抓抗震救灾工作，一手抓经济社会发展，全力以赴支援灾区，努力保持经济平稳较快发展，努力保持社会和谐稳定。中央有关部门要指导受灾地区在深入调查、综合评估、科学规划的基础上，及早规划和适时开展灾后重建工作。同日下午，胡锦涛赶赴浙江省湖州市，实地考察救灾帐篷生产情况。

5月22日 中共中央政治局常委、全国人大常委会委员长吴邦国在北京主持召开十一届全国人大常委会第四次委员长会议。中共中央政治局常委、国务院副总理李克强代表国务院向会议作关于汶川地震抗震抢险及救灾工作情况汇报。吴邦国强调，要把思想和行动统一到中央的决策部署上来，同心同德，坚定信心，全力以赴夺取抗震救灾斗争全面胜利，奋发图强实现经济社会又好又快发展。

5月22日 中共中央政治局常委、国务院总理温家宝乘专机到四川灾区指挥抗震救灾工作。温家宝与中共中央政治局委员、国务院副总理回良玉及国务委员兼国务院秘书长马凯等乘直升机到北川查看唐家山堰塞湖，看望禹里乡准备转移的群众，到北川县城了解受灾情况。晚上，温家宝在绵阳主持召开国务院抗震救灾总指挥部第12次会议，专题研究处理堰塞湖的问题。会议议定，立即成立唐家山堰塞湖应急处置指挥部，由四川省省长蒋巨峰任指挥长；加强水位和堰体等监测工作；做好空中运输和施工设备的保障工作。温家宝提出了处理堰塞湖问题的三条原则：一是主动处理，避免被动处理；二是立足早处理，防止因水量增大增加处理难度；三是同时制订工程排险方案和人员转移避险方案，确保群众安全，确保部队和抢救人员安全，绝不能再造成人员伤亡。

5月22日 中共中央政治局常委李长春在北京主持召开中央主要新闻单位负责人会议。中共中央政治局委员、中央书记处书记、中宣部部长刘云山出席会议。李长春强调，要按照中央部署，在继续宣传搜救被困群众的同时，宣传好妥善安置群众生活、恢复生产、救治伤员、卫生防疫、防止次生灾害等；在继续宣传灾区抗震救灾工作的同时，宣传好全国各地各部门一手抓抗震救灾工作，一手抓经济社会发展，为保持经济平稳较快发展、维护社会和谐稳定、夺取抗震救灾斗争的全面胜利提供强大的精神动力、思想保证和舆论支持。

5月22日 中共中央政治局委员、国务院副总理张德江到国资委检查指导抗震救灾工作。张德江强调，中央企业要坚决贯彻中共中央、国务院的决策部署，一手抓抗震救灾，一手抓生产发展，为抗震救灾和经济社会发展作出更大贡献。

5月22日 中组部发出《关于对抗震救灾中表现突出的汶川县雁门乡萝卜寨村党支部等2个基层党组织和赵忠兴等11名同志进行通报表彰的决定》。30日，中组部发出《关于对抗震救灾中表现突出的彭州市宝山村党委等5个基层党组织和王理效等8名同志进行通报表彰的决定》。

5月22日 国务院抗震救灾总指挥部群众生活组在北京召开会议，专题研究救灾捐赠物资运输特别是驻外使领馆募集的大量救灾帐篷向灾区运输问题。

5月22日 发展改革委召开四川灾区电网恢复重建和煤炭生产供应工作会议，要求电网企业为灾区恢复重建提供可靠电力保障，煤炭企业在保证安全前提下尽快恢复生产，确保电煤供应。

5月22日 教育部组成工作组到四川灾区检查如期高考准备工作，要求全力保证考生生命安全。

5月22日 民政部在成都召开专题会议，研究制定孤儿、孤老、孤残人员安置意见。同日，民政部发出《关于对口支援四川汶川特大地震灾区的紧急通知》，明确对口支援主要任务、具体安排和工作要求。主要任务是为受灾群众提供临时住所，解决灾区群众基本生活，协助灾区恢复重建和发展经济等。具体安排是北京等21个省份分别对口支持四川省一个重灾县，北京市对口支援陇南市，天津市对口支援甘南藏族自治州，未承担对口支援任务的贵州省等省份和新疆生产建设兵团接收的捐赠款物重点用于支持陕西灾区。

5月22日 财政部紧急向四川、甘肃、陕西、重庆等地震灾区拨付救灾资金6500万元，专项用于支持地震灾区做好灾后动物防疫消毒无害化处理和鼠害防治工作。同日，财政部、教育部联合发出《关于切实做好高校地震受灾学生资助工作的紧急通知》。财政部办公厅发出《关于加强抗震救灾资金物资监管的紧急通知》，就资金筹措、分配、拨付、使用各环节加强财政监管提出了具体要求。

5月22日 人力资源社会保障部发出《关于对地震灾区开展技工培训援助的通知》，号召各省（区、市）劳动保障部门组织本地重点技工院校积极接收灾区学生就读。至6月29日，共有2737名四川重灾地区技校学生被有序转移到全国15个省（市）的103所国家级重点技工学校就读。

5月22日 国土资源部党组在北京召开会议，要求加快推进灾区地质灾害应急排查，加快航空遥感调查，配合有关部门做好国家汶川地震专家委员会的服务工作，及早研究制定灾区恢复重建的支持政策。

5月22日 住房城乡建设部科技委员会在北京召开会议，专题研究灾后重建规划工作。同日，住房城乡建设部办公厅发出《关于抗震救灾中做好住房公积金工作的紧急通知》，要求开展对口支援，帮助灾区尽快恢复住房公积金业务；采取措施，帮助受灾群众渡过难关；加强灾备系统建设，健全应急处置机制等。

5月22日 农业部抗震救灾指挥部在北京召开会议，要求切实抓好灾区防疫和抢收抢种“两件急事”，抓好保障灾区农产品供应和灾后恢复重建“两件大事”。同日，农业部、总后勤部共同组建的人畜共患病防疫队到汶川、北川、青川、理县、茂县、江油等地指导灾区开展消毒防疫和无害化处理工作，调查了解地震次生灾害，开展人畜共患病的监测预警。农业部办公厅发出《关于全力开展抗震救灾和“三夏”生产科技行动的紧急通知》。

5月22日 卫生部抗震救灾工作领导小组在北京召开会议，部署继续配合搜救被困群众和做好重伤员救治与转运、灾区卫生防疫、医疗卫生系统灾后重建规划编制等工作。同日，卫生部成立心理危机干预医疗总队，分5个组进入灾区群众安置点、医院、学校、特殊行业工作现场开展心理调查和服务。卫生部、中国残联共同组建的第一支赴四川灾区的国家康复医疗队到达成都，指导震后伤病员早期医疗康复工作。

5月22日 一例82岁的结核疑似病例完整信息电子报告卡从绵竹市剑南镇临时医疗点用手机专用功能发出，进入国家疫情网络直报系统。这是地震灾区第一例手机报告进入网络直报的病例。中国疾控中心震后快速开发的灾区手机疫情应急报告系统正式启动，并实现与国家疫情网络直报系统的成功对接。

5月22日 人口计生委等部门共同主办的“为了母亲和孩子——抗震救灾交响音乐义演”在北京举行，共募集款物折合4483万元。

5月22日 质检总局抗震救灾领导小组在北京召开会议，要求全国质检部门继续组织力量，充实一线卫生防疫、检验检测、特种设备安全3支队伍，支援灾区抗震救灾工作。

5月22日 安全监管总局在北京召开抗震救灾调度协调会，要求立即抽调安全生产专家组成4个专家组，分别到四川、重庆、甘肃、陕西四省（市）指导灾区安全生产工作，并对做好灾区安全生产工作提出明确要求。

5月22日 银监会发出《关于做好四川汶川地震造成的银行业呆账贷款核销工作的紧急通知》。同日，银监会还发出《关于向四川省农村合作金融机构紧急拨付赈灾资金的通知》，向四川省农村合作金融机构紧急拨付赈灾资金800万元。

5月22日 保监会在北京召开保险业抗震救灾工作视频会议，要求动员全行业力量，做好抗震救灾安置阶段工作。

5月22日 新闻办在北京就汶川地震灾害和抗震救灾情况举行第10次、11次新闻发布会，分别由国土资源部、商务部介绍国土资源部门防范次生地质灾害工作有关情况、商务系统抗震救灾和保障供应情况。

5月22日 民航局发出《关于在抗震救灾期间运输伤病员和救援人员航空器卫生防疫消毒

和灭虫工作的通知》。

5月22日 文物局抗震救灾工作组到陕西省检查指导文物抗震救灾工作，并在宝鸡召开文物局抗震救灾陕西现场会。

5月22日 国防科工局下发通知，要求各有关单位把抗震救灾工作重心逐步从抢险救援向人员安置和灾后重建转移，并采取切实措施，组织好军品科研生产。

5月22日 国防科工局接到四川省国防科工办紧急报告，绵竹市汉旺镇武都四方村一民爆仓库中20多吨炸药即将处于无人值守状态。国防科工局迅速协调守卫部队暂缓撤离，协调四川省国防科工办制定销毁炸药方案，并通过专家组最终确定采取化学溶解法的销毁方案。至29日，20多吨炸药全部被安全销毁，全体人员安全撤离。

5月22日 食品药品监管局抗震救灾工作领导小组在北京召开会议，决定全面加强对抗震救灾一线工作的指导和帮助，进一步加大对救灾药品、医疗器械的监管力度。

5月22日 中央军委领导在北京主持召开中央军委常务会议，研究贯彻落实中共中央政治局常委会会议精神和中共中央总书记、中央军委主席胡锦涛指示，部署下一步军队抗震救灾八个方面的工作。会议强调，中央军委和四总部要支持成都军区联指的工作，明确抗震救灾任务部队通过成都军区联指向总部反映情况，总部下达指示也通过成都军区联指，并要求成都军区联指加强集中统一领导，把握住防止次生灾害、防止疫病发生两个重点。

5月22日 总政治部发出《关于加强抗震救灾群众纪律的通知》《关于加强抗震救灾中心理教育和疏导工作的通知》。

5月22日 成都军区联指在成都召开党委会议，进一步明确5个责任区指挥长、副指挥长。会议明确下一步部队抗震救灾主要完成“进村入户”、清理废墟、卫生防疫、安置受灾群众、水利排险和恢复交通、供应赈灾饮食饮水、运送物资和转移伤困人员、援建村庄和学校等8项任务。同日，联指党委发出《关于重申和强调救灾款物管理使用规定的通知》，联指司令部发出《发动民兵预备役人员防范次生灾害和衍发事件的通知》。

5月22日 成都军区联指总指挥李世明在成都组织召开专题会议，研究解决受灾群众灾后生活设施有关问题，明确重点解决40个重灾乡（镇）的抢收抢种，清理5座城市废墟，组织120支防疫队“进村入户”防疫，加强空地运输等工作。

5月22日 成都军区驻渝77100部队调集1000余名官兵在汶川县城、映秀镇、绵虒镇、雁门乡萝卜寨村4个受灾群众聚集区同时展开工程作业，搭建安置点。汶川地震震中地区首批1.5万平方米活动板房动工建设，受灾群众安置工程全面启动。

5月22日 民革中央发出《关于认真学习胡锦涛5月17日重要讲话，积极参与新阶段抗震救灾工作的通知》，要求民革系统各部门积极行动起来，继续开展捐助活动，向灾区人民送温暖、献爱心，支援灾区抗震救灾。

5月22日 民建中央发出《关于贯彻落实胡锦涛总书记讲话精神，进一步开展灾区救援工作的通知》，要求把抗震救灾、恢复生产、建设家园作为今后一段时期参政议政的重要内容来抓，根据民建特点和优势，有针对性、有重点地开展参政议政活动，积极提出科学、合理的意见和建议。26日，民建中央在北京召开会议，要求动员广大会员特别是会员企业家积极捐款捐物。

5月22日 民进中央发出《关于认真学习贯彻胡锦涛总书记重要讲话精神，进一步动员全会力量做好抗震救灾工作的通知》，要求各级组织和领导干部把抗震救灾作为最重要最紧迫的任务，切实加强领导，进一步动员全会力量，支援灾区人民打胜抗震救灾这场硬仗。

5月22日 农工党中央在北京召开主席办公会议，决定继续组织动员全党力量为地震灾区募捐，将援助工作重心放在支援地震灾区重建工作上；充分发挥农工党界别优势，就灾区公共服务系统重建等问题提出有价值的意见、建议。

5月22日 九三学社中央发出《关于认真学习贯彻胡锦涛同志重要讲话精神，为夺取抗震救灾斗争全面胜利做出新贡献的通知》，要求进一步发挥优势，积极参与解决受灾群众基本生活问题；立足当前，着眼长远，为灾后恢复重建献计出力。同日，九三学社中央发出《关于为抗震救灾建言献策的紧急通知》。

5月22日 台盟中央发出《关于认真学习贯彻胡锦涛总书记重要讲话精神，全力配合做好抗震救灾工作的通知》，要求进一步号召广大盟员、机关干部及所联系的台湾同胞，大力弘扬中华民族“一方有难、八方支援”的传统美德和“万众一心、和衷共济”的崇高精神，把做好抗震救灾工作列为今后一个时期参政议政工作和社会服务工作的重点。

5月22日 中国红十字会总会发出《关于加强5·12地震捐赠款物管理的紧急通知》，要求尊重捐赠者意愿，严格按照指定用途管理使用捐赠款物；严格救灾物资接收、采购、分配及日常管理和监督；积极维护红十字会的公信力，各级分会要及时向社会公告接受捐款的收支情况。

5月22日 四川省抗震救灾指挥部在成都召开会商会，就深入推进抗震救灾工作进行协商。同日，指挥部发出《关于加强救灾物资发放管理的紧急通知》《关于加强救灾帐篷接收管理回收工作的紧急通知》《关于进一步加强抗震救灾货运运力征用工作的紧急通知》《关于切实做好救灾粮食、药品等救灾物资发放到村到户工作的紧急通知》《关于加强抗震救灾资金物资监督管理的通知》。

5月22日 四川省在成都召开地震重灾区受灾群众活动板房建设工作会议，决定组成6个工作组进驻6个重灾市（州），帮助和指导活动板房建设工作，并要求各地迅速开展安置点规划选址工作。同日，省政府办公厅印发《关于加强抗震救灾交通保障工作的紧急通知》。

5月22日 四川省委书记刘奇葆到绵阳市的“帐篷学校”、受灾群众安置点、社会福利院等地看望和慰问受灾群众，指导抗震救灾工作。

5月22日 甘肃省委书记陆浩到文县中庙乡、碧口镇等重灾区检查指导抗震救灾工作。22—23日，省长徐守盛到甘南藏族自治州检查指导抗震救灾工作。

5月22日 陇南市文县碧口镇水蒿坪村和武都区马街镇小庄头村通村公路抢通。至此，甘肃省所有因地震受损的国、省、县、乡、村五级公路全部抢通。

5月22日 陕西省政府在西安召开常务会议，确定继续把救治伤员作为重要任务，千方百计安排好受灾群众生活，尽快开展生产自救和灾后重建工作，确保抗震救灾和经济社会发展双胜利。

5月22日 云南省委宣传部主办的“汶川大救援、云南大行动”赈灾义演晚会在昆明举行。江西省委宣传部等单位联合发起的“为了我们的兄弟姐妹——江西省支援抗震救灾重建家园大型募捐活动”在南昌举行。湖北省“我们心相连”大型抗震赈灾晚会在武昌举行。

5月22日 北京市首批地震灾区活动板房施工队伍500人，携带6000套活动板房及物资、机械设备，到达安县灾区施工现场。这是第一支到达地震灾区施工现场的外省建设队伍。

5月22日 天津市委在天津召开常委会议，决定积极筹集灾区急需的帐篷、衣被、粮食、食品、饮用水、药品等各种物资，尽快送往灾区；主动参与灾后重建工作等。江苏省政府在南京召开常务会议，要求统筹安排好抗震救灾和经济工作。湖北省政府在武汉召开专题会议，湖南省政府在长沙召开常务会议，广东省政府在广州召开会议，分别研究部署援助四川受灾群众过渡安置房建设工作。同日，山西省委书记张宝顺带领省直有关部门负责人到太原市检查指导援助四川灾区过渡安置房生产，到太原北营火车站检查抗震救灾物资发运情况。湖北省委书记罗清泉到武汉市钢构企业考察过渡安置房生产情况。

5月22日 意大利医疗队一行15人抵达成都，随即到绵竹市孝德镇开展医疗救援工作。23日，医疗队携带的30吨设备运抵成都，转而运抵孝德镇。医疗队搭建医疗帐篷，建立起一所紧急医院。24日，意大利紧急医院开始收治病人。6月4日，医疗队完成医疗救援任务后离开孝德镇，5日回国。

5月22日 欧洲议会通过一项有关中国四川汶川地震的决议，积极评价中国政府迅速开展的大规模、有效的紧急救援行动，同时敦促欧盟委员会和欧盟理事会提供更多紧急援助和技术援助，以支持中国地震灾区的重建。

5月22—23日 中共中央政治局委员、全国人大常委会副委员长王兆国到全国妇联、共青团中央、全国总工会机关看望正在积极开展抗震救灾工作的干部职工。

5月23日 国家主席胡锦涛与到访的俄罗斯总统梅德韦杰夫在北京会见汶川地震俄罗斯救援队队员代表。梅德韦杰夫邀请中国四川、甘肃、陕西地震灾区的1570名中、小学生于2008—2009年分两批赴俄罗斯一些地方的儿童中心、疗养基地、康复营等以夏令营形式接受康复治疗。随后，胡锦涛批示："要妥善安排，精心组织，使活动成为今年中俄交往中的'亮点'。"组织灾区学生赴国外疗养在中国尚属首次。

5月23日 中共中央政治局常委、国务院总理温家宝到绵阳404医院、设在长虹培训中心的北川中学临时学校、"九洲体育馆帐篷学校"、东汽汉旺厂区和彭州市的两个受灾镇看望受灾群众，慰问解放军、武警官兵、公安民警、医护人员和志愿者。在北川中学临时学校，温家宝在黑板上写下"多难兴邦"4个大字。温家宝强调，抗震救灾工作要把受灾群众安置和恢复重建工作摆在更加突出的位置。做好受灾群众安置工作有3项紧迫的任务：解决住的问题，做好卫生防疫工作，防止次生灾害。晚上，温家宝在列车上主持召开国务院抗震救灾总指挥部第13次会议，研究卫生防疫和灾后重建问题。会议指出，要切实加强卫生防疫人员和物资保障、及时切断污染源、保证饮用水和食品安全、加强卫生监测工作、妥善处理地震废墟。要组建灾后重建规划组、制订灾后重建总体规划方案、制订恢复重建政策措施。中共中央政治局委员、国务院副总理回良玉，国务委员兼国务院秘书长马凯一同看望慰问并出席会议。

5月23日 中共中央政治局常委、全国政协主席贾庆林在北京主持召开政协十一届全国委员会第四次主席会议。中共中央政治局常委、国务院副总理李克强代表国务院通报汶川特大地震抗震抢险及救灾工作情况。贾庆林要求，各级政协组织和广大政协委员一定要按照中央的决策和部署，把抗震救灾作为最重要最紧迫的任务，以为国奉献、为民服务的态度，以不畏艰险、攻坚克难的斗志，以认真细致、深入扎实的作风，团结和动员参加人民政协的各党派团体和各族各界人士，积极协助党和政府做好抗震救灾工作，为夺取抗震救灾斗争的全面胜利作出更大的贡献。

5月23日 中共中央政治局常委、国务院副总理李克强在北京主持召开会议，研究抗震救灾各项保障工作。李克强指出，当前安置受灾群众突出的是临时住所问题，帐篷、篷布和活动板房的生产要加大力度，加快进度，做到保质、保量、保运。要进一步加强医疗救治、疾病防疫、次生灾害防治所需人员、技术、设备和物资的保障，加大转送伤员力度。狠抓各项措施落实，努力做到有求即应、有需必保。同时，要考虑整个抗震救灾各阶段任务的相互衔接，提早谋划恢复生产和灾区重建工作。

5月23日 中央政法委在北京召开会议，要求全国政法机关和广大干警继续把抗震救灾作为义不容辞的重大政治责任，继续发扬不怕疲劳、连续作战、能打硬仗的优良作风，积极主动地做好抗震救灾和维护社会稳定的各项工作。中央政法委副书记、国务委员孟建柱等出席会议。

5月23日 国务院抗震救灾总指挥部基础设施保障和灾后重建组在北京召开第11次会商会议，要求各成员单位为妥善安置受灾群众、加强卫生防疫、防范次生灾害、尽快恢复生产等方面提供有力、有序、有效的基础设施保障；对灾后重建工作做到早组织、早谋划、早安排。发展改革委拟订灾后重建规划方案，并请各成员单位立即着手灾后重建的前期准备工作。

5月23日 发展改革委召集工业和信息化部、财政部、交通运输部等部门以及中国石油等单位召开会议，专题研究和部署做好灾区保供和煤电油气运保障工作。

5月23日 教育部党组在北京召开会议，要求把受灾师生安置和学校恢复重建摆在更加突出位置，全力以赴做好抗震救灾工作。同日，教育部办公厅发出《关于调整2008年四川省普通高校招生来源计划的紧急通知》，要求各高校对四川省招生计划名额在原有基础上增加2%，延考区与非延考区考生按1:4比例进行招生。

5月23日 科技部在北京组织召开唐山地震灾后重建专家座谈会，借鉴唐山地震抗震救灾、灾后重建经验，提出服务汶川地震建议。同日，科技部与四川省科技厅联合组织心理专家到安县对受灾群众进行心理辅导和心理救助。

5月23日 公安部、民政部、卫生部联合发出《关于做好“5·12”地震遇难人员遗体身份鉴别工作的通知》，对遗体资料、样本采集范围、内容、方式、保管和检验等问题作出规定。同日，民政部、公安部、卫生部联合发出《关于“5·12”地震受伤人员转移救治中死亡遗体处理的通知》。

5月23日 民政部发出《关于派驻驻厂督导员的紧急通知》，要求帐篷生产企业所在地民政部门派督导员常驻生产企业，跟踪检查帐篷生产情况，协调解决企业在生产、银行贷款、原料配件供应和运输过程中遇到的各种具体问题。

5月23日 公安部在成都召开会议，听取四川灾区社会治安情况汇报，要求灾区公安机关把工作重心转移到维护灾区社会治安稳定上来，按照“全国保四川，四川保灾区”的工作部署，加强防范打击，全力维护地震灾区治安秩序。

5月23日 司法部发出《关于做好抗震救灾法律援助工作的紧急通知》，要求法律援助机构积极协助当地党委、政府以及抗震救灾相关部门，正确处理好地震灾害引起的和灾后重建遇到的法律问题。

5月23日 财政部会同水利部拨付四川省、陕西省、甘肃省水利抗震救灾应急资金1亿元，用于支持震后水库及堰塞湖险情排查和应急除险、修复震损堤防及抗震救灾越野车的购置。同日，财政部、卫生部联合发出《关于下达卫生应急救灾专项资金的通知》，要求专项资金要结合地方财力，统筹安排，合理使用，切实做好灾区卫生防疫工作。

5月23日 人力资源社会保障部、财政部发出《关于对地震灾区实施就业援助的通知》，要求对地震灾区大力开展就业援助行动，同时各地劳动保障部门要积极开展对灾区劳动者的就业服务。

5月23日 国土资源部在北京召集有关部门专题研究航空遥感资料在抗震救灾中如何实现快获取、快解译、快应用的问题。

5月23日 环境保护部印发《灾后废墟清理及废物管理指南（试行）》。

5月23日 住房城乡建设部部长姜伟新到四川灾区调研，指导建设系统抗震救灾工作。

5月23日 卫生部抗震救灾工作领导小组在北京召开两次会议，就四川汶川地震伤员转送、加强疫情监测和卫生监督等工作作出部署，要求在26日前建立起覆盖整个地震灾区的传染病疫情监测报告网络，严格执行日报告、零报告制度；制定伤员治疗、康复中长期规划，努力降低死亡率和致残率，提高康复率；做好卫生系统灾后重建各项准备工作。同日，卫生部办公厅印发《地震灾区预防接种指南》。

5月23日 审计署发出《关于进一步加强四川汶川地震抗震救灾资金和物资审计工作的紧急通知》。

5月23日 广电总局在北京召开会议，部署电影系统抗震救灾创作和放映工作。会议提出，集中协调救援资金和设备，尽快恢复灾区数字电影流动放映，尽力推动放映队增加放映场次，满足群众需求。

5月23日 林业局发出《关于切实做好抗震救灾中采伐林木和使用林地事项的通知》。

5月23日 气象局发出《关于做好地震灾区防雷减灾工作的紧急通知》。

5月23日 中国邮政集团公司决定，凡个人到邮政营业窗口办理寄往四川、甘肃、陕西、重庆47个市（县）民政局、红十字会、抗震救灾指挥办公室及慈善机构等的赈灾邮政包裹，一律免收邮费和包装用品费等相关费用。

5月23日 银监会办公厅发出《关于农村中小金融机构做好灾后重建金融服务工作的通知》，要求尽快确认资产损失情况，努力做好灾后恢复营业的各项工作，全力保证受灾群众支付结算，千方百计加强对灾后重建工作的信贷支持。

5月23日 新闻办在北京就汶川地震灾害和抗震救灾情况举行第12次、13次新闻发布会，分别由四川省、环境保护部介绍四川汶川地震灾害抗震救灾情况、汶川地震后保障环境安全等有关情况。

5月23日 国防科工局在北京召开会议，对生产恢复和灾后重建进行再部署。同日，国防科工局发出《关于进一步加强核设施安全工作的紧急通知》，要求各单位加大险情治理和监测力度，防止隐患扩大；加强核设施事故应急准备工作；切实做好保障工作，防止泄漏事件发生。

5月23日 食品药品监管局抗震救灾工作领导小组在北京召开会议，决定全力支援四川省等受灾省份食品药品监管工作，支援四川药品检验工作并了解灾区境外药品捐赠情况，对捐赠的救灾药品和医疗器械统一进行查验，未经查验的绝不允许发往灾区。同日，食品药品监管局发出《关于继续做好救灾药品和医疗器械监管工作的通知》。

5月23日 国家电网发出《关于全力做好灾区供电恢复工作的通知》，要求受灾地区电力公司全力保障抗震救灾指挥部、医院、学校、受灾群众安置点和临时抢险现场等供电，认真做好核工业单位、煤矿、化工企业等重要和高危客户供电恢复工作，并保障救灾物资生产和供应。

5月23日 中央军委领导在成都军区联指上报的《使用直升机参加抗震救灾阶段性工作情况报告》电报上作出批示，要求进一步搞好下一步的空运空投工作，同时加强机务、气象、指挥等各项工作，确保飞行安全，特别是重要飞行任务的安全。

5月23日 总参谋部发出《全力以赴排除唐家山堰塞湖险情》的指示。

5月23日 总政治部发出《深入做好抗震救灾政治工作指示》，要求部队各级党委政治机关大力加强思想政治工作，激励官兵继续发扬不怕疲劳、不畏艰险、连续作战的战斗作风，以更加顽强的精神、更加坚决的行动、更加密切的配合，坚决打胜抗震救灾这场硬仗。

5月23日 成都军区联指在成都召开会议，要求进一步整合联指机关力量，提高指挥效率；畅通责任区指挥所通信，确保指挥顺畅；搞好军地之间、部队之间协调，切实抓好工作落实；明确好下一步具体任务，确保自身安全；加强新闻报道，充分反映和展示部队救灾情况。同日，联指党委发出《关于切实加强印有“救灾”字样帐篷和其他救灾物资管理使用的通知》。

5月23日 民进中央在北京召开机关各部门负责人会议，研究部署民进系统抗震救灾工作。

5月23日 致公党中央发出《关于认真学习胡锦涛总书记最新讲话精神，进一步做好抗震救灾工作的通知》。

5月23日 全国人大常委会副委员长、九三学社中央主席韩启德针对汶川地震灾后重建工作向中共中央和国务院提出全面总结地震规律和防震、抗震经验，统筹规划，强化管理，因地制宜，合理建设等多项建议，并特别强调了将灾后恢复重建工作纳入法制化轨道、制定科学的灾后重建规划、开展对口支援的重要性。

5月23日 四川省抗震救灾指挥部在成都召开会议，要求把卫生防疫工作摆在突出位置，并研究制定灾后重建规划和堰塞湖处理等问题。同日，指挥部发出《关于做好地震重灾区受灾群众过渡安置房建设工作的紧急通知》《关于部队进一步参加抗震救灾工作的通知》。

5月23日 四川省政府办公厅印发《关于加强地震灾区灾民临时安置点防雷工作的紧急通知》《四川省“5·12”地震救灾过渡安置规划导则》。同日，省委书记刘奇葆、成都军区联指总指挥李世明到汶川、茂县查看灾情，慰问受灾群众，指导抗震救灾工作。

5月23日 四川省文化厅、文物局联合发出《关于征集“5·12”四川汶川特大地震有关文物的紧急通知》。

5月23日 四川省卫生厅组织中国疾控中心、四川省疾控中心等单位11名专家经过对北川县城地形地貌，公共卫生风险因素，现场卫生防疫工作，水源、环境、气候等相关要素的深入考察，形成《关于在北川县城区使用飞机喷洒消毒的专家现场论证意见》，认为不宜在北川县城采用飞机进行大面积喷洒消毒处理，同时建议将北川县城城区废墟设为控制区，限制人员进入，降低发生传染病的风险。四川省抗震救灾指挥部采纳专家意见，取消空中喷洒消毒计划，并于24日召开新闻发布会，向媒体通报。24日，在成都召开的抗震救灾工作会议上，中共中央政治局常委、国务院总理温家宝与卫生部领导高度评价了此次北川空中喷洒消毒工作的专家论证过程。

5月23日 经成都军区驻渝77100部队官兵空地立体营救，被困汶川县映秀镇水界牌涵洞中11天的26名群众成功脱险。至此，映秀镇的最后一个“生命孤岛”被打通，所有受困群众被安全转移并得到妥善安置。

5月23日 甘肃省抗震救灾总指挥部发出《关于加强抗震救灾安全防范工作的通知》。

5月23日 甘肃省委书记陆浩到康县阳坝镇慰问正在抢险救灾的解放军官兵，并到徽县检查指导抗震救灾工作。

5月23日 陕西省委在西安召开常委（扩大）会议，研究部署全省抗震救灾和恢复重建工作。

5月23日 陕西省省长袁纯清到省民政厅看望慰问奋战在抗震救灾一线的民政系统工作人员。

5月23日 云南省政府在昆明召开常务会议，重点研究加强云南防震减灾能力建设有关问题，决定采取进一步提高地震监测预报能力和水平等措施，全面增强云南预防和处置地震灾害能力。同日，省政府、省军区在昆明联合召开会议，通报汶川地震灾情，评估昭通地区灾损情况，分析云南省近期和未来一段时期的地震形势，研究部署抗震救灾重点工作。

5月23日 宁夏回族自治区党委在银川召开常委会议，要求全区各级党组织、各级领导干部和广大党员采取多种形式全力支援灾区。

5月23日 吉林省委宣传部等单位联合主办的吉林宣传文化系统和社会团体“白山蜀水心连心”赈灾晚会在长春举行，募集资金3230.6万元、物资折价3424.6万元。安徽省红十字会、省广播电影电视局等单位联合主办的“与爱同行、共建家园”大型赈灾义演在合肥举行，筹集善款2.52亿元。“鲁川血脉情·帮灾区人民建个家”山东省宣传文化系统抗震救灾大型赈灾义演募捐活动在济南举行，募集各类款项4.19亿元。新疆电视台、新疆人民广播电台、新疆慈善总会等单位联合主办的“万众一心——新疆援助四川汶川地震灾区爱心行动”募捐晚会在乌鲁木齐举行，募集款物折合1183.07万元。

5月23日 黑龙江省政府在哈尔滨召开对口支援成都市温江区工作专题会议，江苏省委、浙江省委、安徽省委、青海省委分别召开常委会议，就对口支援、调运物资等工作进行部署。同日，黑龙江省赠送四川灾区2400吨爱心大米启运仪式举行。

5月23日 澳门特区政府首批由10名医生、10名护士组成的医疗队携大批医疗物资飞抵成都，到成都市第三人民医院进行医疗救援；6月3日返回澳门。6月10日，第二批由10名医生、10名护士组成的医疗队乘包机飞抵成都，随后到南充川北医院、南充市中心医院进行医疗救援；23日返回澳门。7月21日，第三批由10名医生、5名护士组成的医疗队乘机飞抵成都，随后到都江堰中德红十字会野战医院进行医疗救援；8月2日返回澳门。

5月23日 古巴政府援助四川救灾医疗队一行36人携带一批急救用的药品与医疗设备抵达四川省人民医院。24日，医疗队投入医疗救治工作，6月6日回国。

5月23日 德国红十字会医疗队一行12人到达都江堰，参加中德红十字会野战医院筹建工作。25日，中德红十字会野战医院正式接诊病人。6月18日，德国医疗队除一名行政主管留下处理少量行政事务外，其余11人回国。此后，该医院交由当地医院管理。8月25日，该医院举行关闭仪式。

5月23—25日 中共中央政治局委员、中央书记处书记、中组部部长李源潮代表中共中央总书记胡锦涛到江油、北川、安县、绵竹慰问灾区各级党组织和党员，看望受灾群众，向受中组部表彰的第一批全国抗震救灾优秀共产党员和抗震救灾中表现突出的共产党员转达胡锦涛的亲切问候。27日，胡锦涛在中组部《工作简报》第25期《李源潮同志在四川省委组织部抗震救灾工作座谈会上的讲话》上批示："在重灾区安置受灾群众的同时，要把完善、重建基层党组织和政权组织工作做好，发挥他们的领导核心和战斗堡垒作用。"中共中央政治局常委、国家副主席习近平作出批示："讲得很好，五项工作很有针对性，这些工作落实了，抗震救灾夺取胜利才有保障。"李源潮批示将胡锦涛、习近平的重要指示"迅速传达到灾区的各级党组织和组织部门，切实把重建和完善基层党组织和政权组织的工作做好，为他们发挥抗震救灾和灾后重建中的领导核心作用和战斗堡垒作用提供组织保障。中组部赴灾区工作组要督促落实这项工作"。

5月23—25日 国土资源部部长徐绍史一行到陕西、甘肃灾区指导抗震救灾工作。

5月23—25日 重庆市市长王鸿举到云阳、开县等地检查指导抗震救灾和移民工作。

5月24日9时53分 经过5000多名抢险人员昼夜奋战，宝成铁路109隧道胜利抢通，"抢"977次救灾专列顺利通过109隧道，中断283小时的宝成线全线恢复通车。中共中央总书记、国家主席、中央军委主席胡锦涛专门作出批示，向全体抢修人员表示亲切慰问和崇高敬意。中共中央政治局委员、国务院副总理张德江出席通车仪式。12日14时30分，从宝鸡开往成都的21043次货车途经宝成铁路109隧道南口时，与因地震垮落的巨石相撞，导致列车脱轨，12节油罐车在隧道内起火，宝成铁路中断。胡锦涛与中共中央政治局常委、全国人大常委会委员长吴邦国，中共中央政治局常委、国务院总理温家宝分别作出重要批示，张德江等先后到109隧道现场指导抢险工作。铁道部迅速成立宝成铁路抗震抢险指挥部，现场组织铁路职工、解放军、消防和武警官兵紧急抢修，经过12天艰苦奋战，至此成功抢通。

5月24日 中共中央政治局常委、国务院总理温家宝到紫坪铺水库查看大坝安全情况，乘直升机到汶川县城看望慰问受灾群众，到映秀镇渔子溪村看望受灾群众，到四川大学华西医院、四川省人民医院看望地震伤员和日本、古巴医疗队，到四川省地震局考察地震监测预报工作，到成都双流机场了解救灾物资转运情况。在汶川县映秀镇，温家宝与专程走访慰问中国地震灾区的联合国秘书长潘基文会晤，共同会见正在灾区采访报道的中外记者，接受采访。同日，温家宝在成都主持召开抗震救灾工作会议。温家宝强调，要突出做好伤员救治和卫生防疫工作，确保大灾之后无大疫；着力安排好受灾群众生活，切实解决群众吃饭、住房、穿衣等问题；严密防范次生灾害，特别是防范由于降雨和余震引发的滑坡、泥石流、滚石造成人员伤亡，防范因水库、水电站、堤坝、堰塞湖垮塌而引起的水灾；要按照统筹规划、科学评估、分步实施的原则，组织专门力量研究制定灾后重建规划和具体实施方案；要加强组织领导，充分发挥基层组织的战斗堡垒作用和党员的先锋模范作用，把抗震救灾各项措施落到实处。中共中央政治局委员、国务院副总理回良玉，中共中央政治局委员、中央书记处书记、中组部部长李源潮，国务委员兼国务院秘书长马凯等出席会议。

5月24日 中共中央政治局常委、国务院副总理李克强到国家电力调度中心考察四川等受灾地区电网和全国电网运行情况。李克强强调，要进一步抓紧抢修灾区受损电力设施，突出做好电煤调运入川工作，尽快全面恢复灾区电力供应，同时加大电网对保证四川电力供应调度力度，确保满足抗震救灾和生产生活逐步恢复对电力的需求。

5月24日 国务委员兼国务院秘书长马凯在成都主持召开全国对口支援地震灾区临时住所工作会议，要求有关各方从全局高度统一认识，精心组织，密切配合，全力完成对口支援临时住所任务；灾区各级政府积极组织自救，鼓励投亲靠友、就地挖掘潜力，扶持有条件的受灾群众自建住房，多渠道解决受灾群众住的问题。

5月24日 中央纪委、监察部、民政部、财政部、审计署联合在北京召开会议，专题研究加强抗震救灾资金物资监管工作。中共中央书记处书记、中央纪委副书记何勇主持会议并讲话。会议强调，确保抗震救灾款物都用于灾区、用于受灾群众。会议要求，加强对抗震救灾资金物资监管工作的组织领导，尽快出台一批对抗震救灾资金物资监管的规章制度，加强对抗震救灾资金物资的审计监督和纪律检查。

5月24日、6月2日 中组部分两次将12亿元抗震救灾“特殊党费”划拨给灾区省委组织部，其中四川省10亿元、甘肃省1亿元、陕西省1亿元。三省按照有关规定，全部转交省抗震救灾指挥部统一安排使用。

5月24日 中宣部在成都召开新闻媒体主要负责人座谈会，安排加强对各级党政组织指挥抗震救灾、灾区群众恢复生产生活、学校恢复上课、预防次生灾害等方面的宣传报道工作。

5月24日 根据中共中央总书记胡锦涛等领导同志加大对山区提供彩条篷布的批示，国务院抗震救灾总指挥部四川前方指挥部群众生活组与四川省民政厅决定在民政厅前期运抵绵阳61吨彩条布基础上，25日再安排15吨彩条布运往绵阳。同时，决定使用民政部接收的非定向救灾捐赠资金，紧急为灾区采购2000吨防雨篷布。

5月24日 国务院抗震救灾总指挥部基础设施保障和灾后重建组在北京召开第12次会商会议，要求各成员单位立即采取有效措施防止活动板房原材料价格过快上涨，协助做好妥善安置受灾群众、灾区卫生防疫等工作，确保灾区特别是农村饮水安全，切实做好信息发布工作，抓紧开展灾后恢复重建前期工作。

5月24日 民政部发出通知，明确捐赠资金可用于遇难人员家属抚恤金发放、伤员治疗费用、受灾人员生活费；各地按照民政部要求或根据灾区需求，可以使用救灾捐赠资金采购群众生活物资；支援省在向灾区运送救灾物资时所产生的航空、铁路、公路等运输费用可以从救灾捐赠资金中解决。同日，民政部向四川省、甘肃省、陕西省、重庆市紧急下拨第一笔抗震救灾捐赠资金12.4亿元，其中定向资金5.6亿元、非定向资金6.8亿元。

5月24日 国土资源部印发《关于援助四川省开展地震灾区地质灾害排查避险和调查评估工作的安排意见》，要求充分利用已有地质灾害普查成果，结合遥感、航空资料开展应急排查；开展应急地下水水源地评价工作，为解决灾区群众的饮水安全提供依据。

5月24日 住房城乡建设部发出《关于组织第二批城镇供水水质应急保障和检测队伍支援灾区的紧急通知》《关于请及时向财政部门报送过渡安置房建设资金情况的通知》。

5月24日 交通运输部发出《关于开展向汶川地震四川灾区捐赠公路抢通保通小型机械设备活动的通知》。

5月24日 农业部在北京召开专题会议，就震后灾区鼠害发生特性、鼠传病害风险、防治措施以及防控工作中存在的问题进行研究。

5月24日 商务部、财政部在成都联合召开地震灾区恢复商业网点和保障市场供应现场会，明确恢复灾区商业网点经营和保障市场供应工作的总体思路和原则是以人为本、科学规划、分段实施、分类指导、分别负担。

5月24日 卫生部抗震救灾工作领导小组在北京召开会议，要求进一步做好地震灾区卫生防疫和卫生监督工作，确保大灾之后无大疫，保障物资供应及时。同日，卫生部、环境保护部、住房城乡建设部、水利部、农业部联合发出《关于切实做好地震灾区饮用水安全工作的紧急通知》。卫生部发出《关于进一步做好地震灾区饮用水卫生监督监测工作的紧急通知》，对灾区饮用水安全，尤其是分散式供水的卫生监督提出明确要求。

5月24日 人口计生委向四川灾区捐赠现金400万元和价值3100余万元的救灾物资。同日，由人口计生系统技术人员、医务工作者和医学院学生80人组成的心理安慰志愿团到都江堰灾区对受灾群众进行心理疏导。

5月24日 国资委在北京召开中央企业抗震救灾和恢复重建工作会议，要求继续做好抢险工作，千方百计安置受灾群众；全力做好通电、通信、通路工作，保障灾区救灾物资供应；做好受灾企业恢复生产和灾后重建工作；做好生产经营工作。

5月24日 安全监管总局在成都召开现场办公会，要求一手抓抗震救灾，一手抓安全监管监察，继续把抗震救灾作为首要任务，严防次生灾害造成新的损失。

5月24日 新闻办在北京就汶川地震灾害和抗震救灾情况举行第14次新闻发布会，由安全监管总局介绍安全生产监管监察系统抗震救灾情况。

5月24日 文物局在兰州召开抗震救灾甘肃现场会，要求受灾地区文物部门确保人员和文物安全，防止次生灾害发生，研究制订文物保护工作计划与方案。

5月24日 军队抗震救灾指挥组向成都军区联指下发《关于全力做好协助地方安置受灾群众工作的指示》。同日，成都军区联指在成都召开会议，要求各单位在搞好自救自建的同时，就地就近展开救灾帮扶工作，为受灾群众搭建临时住所、抢种抢收粮食、搞好生产自救，并积极动员各种社会力量支持和参与灾区重建家园活动。联指总指挥李世明要求救灾部队着重解决好受灾群众的灾后生活保障及灾后重建等问题，转换工作重点；切实加强组织指挥，进一步提高救灾工作效率；树立长期作战思想，周密组织各项保障；扎实抓好部队管理教育工作，确保官兵自身安全。

5月24日 由成都军区政治部战旗文工团30余名演员组成的文艺演出小分队到绵阳市南河体育中心灾区群众安置点为3000余名受灾群众进行慰问演出。这是全国、全军首家到四川灾区慰问演出的专业文艺团体。

5月24日 成都军区驻滇77200部队在北川羌族自治县桂溪乡动工援建一个能容纳1000名受灾群众的安置点。安置点占地面积5300余平方米，使用面积约3000平方米。同日，该部队出动

1000余名官兵赶赴唐家山堰塞湖下游的11个乡（镇），将2万余名群众转移至安全地带。

5月24日 成都军区驻滇77225部队排长牛玉新在江油市大康镇旧县村救灾时，面对突发余震引起的房屋倒塌，奋不顾身救出两名群众和一名战士，自己却身受重伤。旧县村党支部书记陈海兵给中央军委主席胡锦涛写了一封感谢信，全体村民在信上签名，为牛玉新请功。6月12日，胡锦涛作出批示，亲切问候牛玉新，要求精心治疗，祝愿早日康复。

5月24日 武警部队印发《抗震救灾卫生防疫技术指导原则》。

5月24日 四川省抗震救灾指挥部发出《关于严格落实地震灾区疾病防控工作措施的紧急通知》《关于灾后预防接种的紧急通知》《关于合理使用消杀灭药剂的通知》等。

5月24日 四川省政府在成都召开灾后恢复重建规划编制协调小组会议，要求在做好抗震救灾工作的同时，及早谋划恢复重建工作，加紧编制恢复重建规划，迅速启动恢复重建工作。

5月24日 位于茂县的中国大唐桂冠天龙湖电站正式并网发电，装机容量18万千瓦，保证了九寨沟、松潘地区生产生活用电与九寨黄龙机场抗震救灾物资转运需要。这是灾区首个并网发电的较大规模水电站。

5月24日 甘肃省抗震救灾前线指挥部在陇南召开会议，通报甘肃省近期抗震救灾工作成效，部署抗震救灾工作。

5月24日 甘肃省委书记陆浩到天水救灾物资转运站考察。

5月24日 陕西省政府发出《关于贯彻落实习近平同志来陕视察抗震救灾工作时重要讲话精神，切实做好抗震救灾和灾后重建工作的意见》，要求各级机关行政经费压缩6%，严格控制不合理开支；严格控制出国和外出考察，一般性出国一律停止；年内省里不再审批办公楼建设项目，停止购买公务车辆，挤出资金用于灾后重建。

5月24日 共青团重庆市委组织重庆抗震救灾“光明”志愿者服务队，到绵竹为灾区急需配备眼镜的群众服务。在灾区，服务队为急需配备眼镜的群众进行免费医学验光、维修和配备眼镜，赠送了价值80多万元的3000余副眼镜。

5月24日 上海市委、市政府致电慰问四川、陕西、甘肃等受灾地区，并代表上海人民再次向四川省捐款1000万元，向陕西、甘肃两省各捐款500万元。同日，山东省委在济南召开常委会议，要求加强与各市、各有关部门及前方救灾队伍、灾区党委政府的联系，建立畅通的沟通机制，及时研究解决支援抗震救灾工作中出现的新情况、新问题。湖北省对口支援工作组与雅安市初步商定湖北省对口支援项目，并代表省委、省政府向汉源县捐款1000万元。

5月24日 英国医疗队一行7人抵达绵阳市中心医院，开展医疗救治工作。27日，医疗队转到成都市第二人民医院工作，30日回国。

5月24日 联合国秘书长潘基文到汶川县映秀镇查看灾情，看望地震受灾群众。潘基文赞扬中国政府和领导人在抗震救灾中展现了超凡的领导能力，表示将尽其所能动员联合国力量帮助中国抗震救灾，重建家园。

5月24—25日 食品药品监管局组建的药品检验专家组和药品快检技术工作组分别抵达成都，协调解决捐赠药品和医疗器械接受、分发、处理等问题，对国内外捐赠药品进行质量把关，解决技术难题。

5月25日16时21分 青川县（北纬32.6°、东经105.4°）发生6.4级余震。这是汶川地震最大的一次余震。至20时30分，余震在四川造成1人死亡、728人受伤，其中重伤48人，并对青川县公路、通信等基础设施造成新的重大破坏，部分地质灾害隐患进一步扩大。陕西省普遍有震感，汉中、宝鸡震感强烈；至26日，余震造成西乡县4人死亡，全省47人受伤。

5月25日21时39分 由武警水电部队第一总队三支队11名武警官兵组成的“敢死队”到达唐家山堰塞湖坝顶，开辟出一条从陆路进入唐家山堰塞湖地区抢险的“红色生死线”。

5月25日 中共中央总书记、国家主席、中央军委主席胡锦涛到河北省廊坊市雅致集成房屋（廊坊）有限公司、中太建设集团股份有限公司考察救灾过渡安置房生产情况。胡锦涛要求，挖掘生产潜力，克服各种困难，千方百计增加产量，努力完成过渡安置房生产任务；把质量放在首位，坚持质量不合格决不出厂；运输部门要扩大运力、特事特办，优先保证生产出来的过渡安置房第一时间运往灾区；装配企业要及时组织队伍赶赴灾区一线，迅速把过渡安置房装配起来，让受灾群众尽快住进去；加强组织领导，各级政府部门要为过渡安置房生产企业提供服务。

5月25日 中共中央政治局常委、全国政协主席贾庆林在中央统战部《关于统一战线开展抗震救灾工作的情况报告》上批示：“抗震救灾任务艰巨，中央统战部要组织统战系统，各民主党派、工商联、无党派人士，认真学习贯彻胡锦涛同志重要讲话精神，把思想和行动统一到中央决策和部署上来，充分发挥统一战线的优势，继续为抗震救灾做出贡献。”26日，全国政协副主席、中央统战部部长杜青林在北京主持召开各民主党派中央、全国工商联有关负责人会议，就落实贾庆林批示精神提出要求。

5月25日 中共中央政治局委员、国务院副总理回良玉在成都主持召开国务院抗震救灾总指挥部四川前方指挥部紧急会议，专项研究唐家山堰塞湖排险问题。回良玉要求，认真落实确定的排险要求、目标、原则和时间表，下最大力气，争分夺秒排除唐家山堰塞湖险情。同日，回良玉到铁路成都北站看望慰问即将转往外地治疗的灾区伤员。

5月25日 中共中央政治局委员、国务委员刘延东在北京主持召开会议，研究教育系统抗震救灾工作。

5月25日 国务院总理办公室工作人员转达总理温家宝对中央电视台抗震救灾报道的肯定意见：中央电视台有关电视新闻报道时效性强、内容丰富，对抗震救灾政策措施的报道准确到位，对灾情和救灾行动的报道客观、透明，对慰问活动的报道饱含深情、生动感人。报道准确把握舆论导向，在日程紧、工作条件艰苦的情况下，实现了及时滚动更新播出，有利于全国人民及时了解政府救灾工作进展情况，为更广泛地凝聚力量投入抗震救灾工作营造了良好的氛围。

5月25日 中组部发出《关于抗震救灾“特殊党费”收缴、使用和管理的暂行办法》，明确抗震救灾“特殊党费”坚持自愿原则，量力而行，不定标准。党组织和党员个人交纳“特殊党费”，统一上缴到中组部“特殊党费”专用账户，全部用于抗震救灾工作，并专款专用，单独核算，明确专人管理。

5月25日 国务院抗震救灾总指挥部卫生防疫组在成都召开前方工作会议，要求切实做好伤员救治和卫生防疫工作，确保大灾之后无大疫。会议决定，军地有关部门建立统一指挥的卫生防疫体系，加强统筹指挥及协调工作。

5月25日 国务院抗震救灾总指挥部基础设施保障和灾后重建组在北京召开第13次会商会议，落实国务院部署的事项，研究有关成员单位反映的问题，要求全力做好四川煤电油运供应保障，并建议适当安排重要基础设备转运所需的活动板房。

5月25日 发展改革委发出《关于加强抗震救灾帐篷和过渡安置房及生产用原材料价格监管的紧急通知》，要求对串通涨价以及不执行临时价格干预措施、收费减免政策等违法行为依法从严从重查处，对典型案件予以公开曝光。通知还要求，各省（区、市）对运输活动板房等物资车辆免收车辆通行费。同日，发展改革委发出《关于提供彩条布、防雨布、篷布现货情况及生产企业有关资料的紧急通知》。

5月25日 民政部、财政部等有关部门组成联合检查组到四川实地检查中央下拨救灾款和救灾捐赠款物管理使用情况。

5月25日 国土资源部抗震救灾领导小组在北京召开会议，要求做好自主资料解译工作，设法将重大险情、灾情第一时间报送中央；开展地质灾害排查，为重建做准备。

5月25日 住房城乡建设部、铁道部、交通运输部、公安部建立过渡安置房生产、运输、安装的部际快速沟通协商机制，联合发出《关于确保地震重灾区受灾群众过渡安置房建设物资运输畅通与安全的紧急通知》。同日，住房城乡建设部发出《关于做好过渡安置房（活动板房）防火防雷工作的函》。

5月25日 铁路部门与四川省抗震救灾指挥部建立3小时通报制度。每隔3小时，铁路救灾调度台向四川省抗震救灾指挥部通报列车运输品类和到达方向，按灾区需求及时调整到站，保证救灾物资快速送到灾区群众手中。

5月25日 卫生部抗震救灾工作领导小组在北京召开会议，指出要按照防疫工作要求，坚决落实“三人包一村”防疫工作责任制，并继续积极稳妥地做好伤员转运工作。同日，卫生部印发《关于进一步做好抗震救灾医疗救治和卫生防疫工作的意见》，就实现灾区医疗卫生服务全覆盖、确保医疗质量和安全、协助做好伤员转送工作、切实加强传染病防治工作、确保灾区群众饮食和饮水安全等问题提出要求。

5月25日 保监会发出《关于进一步做好地震灾区保险服务工作的通知》，要求积极应对灾后保险服务面临的新情况、新问题；坚持理赔原则和灵活处理相结合，切实做好灾区理赔服务工作；严肃处理侵害消费者利益的行为，切实保护客户利益。

5月25日 新闻办在北京就汶川地震灾害和抗震救灾情况举行第15次新闻发布会，由水利部介绍防范次生灾害和水利抗震救灾情况。

5月25日 测绘局在北京召开会议，要求进一步加大统筹协调力度，为抗震救灾、灾后重建提供更快、更好的测绘保障。同日，测绘局发出《关于紧急为抗震救灾对口支援工作提供测绘保障服务的函》。

5月25日 中央军委委员、总参谋长陈炳德向成都军区联指总指挥李世明传达中央军委主席胡锦涛“给青川增加防疫力量，务必实现大灾之后无大疫”的电话指示。李世明立即组织召开联指司令部会议，专题研究紧急向青川县增派防疫队及在清理城市废墟中应注意把握的问题。

5月25日 中央军委委员、总后勤部部长廖锡龙就加强灾区卫生防疫工作组织有关部门进行研究，决定再向灾区派出军队专业防疫人员200人，组成40支防疫分队，于26日中午乘专机到灾区担负卫生防疫任务，由成都军区联指统一调配。

5月25日 成都军区驻川78098部队出动1211名官兵、40台车辆，组成31个工作组，分别到都江堰、什邡、绵竹、崇州4个市的乡村，组织村民建立97个农村生产自救组，帮助受灾村民恢复生产、重建家园。

5月25日 武警部队在北京召开会议，研究部署救灾及维护地震灾区社会稳定工作。

5月25日 中华慈善总会、中国商业联合会等13家全国性社团组织共同组织发起的“情暖汶川·我们在行动——全国社会组织抗震救灾募捐活动”在北京举行。同日，甘肃省委宣传部等单位共同主办的“与爱同行”——甘肃省大型赈灾义演在兰州举行，现场捐款6709.69万元，捐助物资价值2789万元。

5月25日 四川省抗震救灾指挥部在成都召开两次会议，要求把解决过渡住房作为最关键的任务，努力安排好受灾群众生活，并研究应对青川余震灾害各项工作，对及时发放救灾物资、抢修救灾便道等工作作出部署。同日，指挥部发出《关于加强我省抗震救灾恢复重建中安全生产工作的通知》《关于进一步加强灾民聚居区及周边环境卫生综合治理的紧急通知》《关于地震灾区过渡安置点卫生防疫工作实行社区化管理的紧急通知》《关于切断灾区污染源，确保人民生命健康的紧急通知》《关于鼓励农村居民自建过渡期安置房的通知》。

5月25日 四川省政府办公厅发出《关于进一步规范抗震救灾医用物资储备和分发的紧急通知》，对抗震救灾医用物资的接收、分配、发送等关键环节工作进行规范。

5月25日 广元市抗震救灾指挥部决定把青川县失去基本生活条件的受灾群众转移安置到剑阁县和元坝区。至9月底，青川县在剑阁安置因灾失地群众334户1262人，在元坝区安置240户866人。2009年3月、5月，四川省委、省政府又在邛崃市安置青川县受灾群众148户536人。

5月25日 陕西省省长袁纯清一行到省抗震救灾指挥部了解青川余震情况，研究强余震对陕西省特别是汉中市、宝鸡市的影响及应对措施。

5月25日 浙江省委、省政府分别向四川、甘肃、陕西三省省委、省政府发出慰问电，向四川省捐赠1000万元，向甘肃、陕西两省各捐赠500万元。浙江省支援四川抗震救灾工作领导小组在杭州召开会议，要求把援助灾区的帐篷生产和建设活动板房作为一项重要而紧迫的政治任务，保质、保量、保进度地完成好。同日，广西壮族自治区政府在南宁召开常务会议，研究部署对口支援黑水县抗震救灾、救治四川灾区伤员等工作。

5月25日 法国医疗队一行14人携带4.5吨装备物资抵达广元市中心医院。26日，医疗队投入医疗救援工作，6月6日回国。

5月25—26日 司法部部长吴爱英一行到四川灾区看望和慰问奋战在抗震救灾一线的司法行政干警和法律服务工作者。

5月26日 中共中央总书记胡锦涛在北京主持召开中共中央政治局会议。中共中央政治局常委、国务院总理温家宝作关于当前抗震救灾进展情况和下一阶段工作任务的报告。会议指出，要坚持以人为本，在继续做好被困群众搜救工作的同时，把安置受灾群众、恢复生产、灾后重建摆在更加突出的位置，扎扎实实做好抗震救灾各项工作。会议强调，要全力抢救受伤群众，尽最大努力保障伤员生命安全。要着力安排好受灾群众生活，确保灾区群众临时居住和基本生活。要全力开展卫生防疫工作，确保大灾之后无大疫。要严密防范次生灾害，加强地震监测预报，做好余震防范工作，重点做好堰塞湖险情处置。要抓紧抢修基础设施，尽快全面恢复灾区交通、通信、供电、供水。在确保安全前提下，灾区企业要自力更生、奋起自救。要创造条件帮助灾区学生恢复上课，妥善安排“三孤”人员生活，深入做好受灾群众心理安抚和思想疏导工作，加强社会管理，维护好灾区社会秩序。要认真做好灾后重建前期工作，统筹规划，科学评估，分步实施。同日，胡锦涛在新华社报道《救灾官兵中出现多种疾病应引起重视》上作出批示，要求关心救灾一线官兵的生活，认真落实后勤保障的各项措施，使部队保持持续旺盛的战斗力。胡锦涛还给中共中央政治局委员、国务院副总理回良玉打电话，询问唐家山堰塞湖抢险进展情况，要求一定要坚持以人为本，把确保人民群众生命安全放在首位；认真组织，精心安排，加强巡视，做好应急预案，确保紧急情况下不出大的问题。

5月26日 中共中央政治局委员、国务院副总理回良玉到汶川灾区公路堵塞段考察抢通工作，看望、慰问奋战在公路抢通一线的武警交通部队官兵。同日，回良玉听取气象局关于抗震救灾气象服务工作汇报，对安置、恢复重建阶段气象服务提出要求。

5月26日 国务委员戴秉国在中央外事工作领导小组办公室会议上就抗震救灾涉外工作问题作出指示，要求外交部党委书记、副部长王毅关注某外国医疗队因“医疗行为受限”而感到不满一事。

5月26日 最高人民法院发出《关于依法做好抗震救灾期间审判工作，切实维护灾区社会稳定的通知》，对涉灾案件审判与执行工作的基本原则和一些具体法律适用问题作出规定。通知要求，全国各级人民法院要充分发挥审判职能作用，立足于社会稳定，化解矛盾，促进和谐，为抗震救灾和灾后重建工作提供有力的司法保障。

5月26日 最高人民检察院党组在北京召开会议，要求各级检察机关特别是灾区检察机关依法严厉打击地震灾害中盗窃、抢劫、哄抢救灾物资，破坏灾区市场秩序，以赈灾募捐名义进行诈骗，散布传播各种谣言、制造社会恐慌等刑事犯罪活动；加大查处和预防灾区恢复重建过程中的贪污、挪用、私分救灾款物和失职、渎职等职务犯罪的力度；积极化解地震灾难中引发的社会矛盾和纠纷。

5月26日 国务院抗震救灾总指挥部基础设施保障和灾后重建组在北京召开第14次会商会议，部署做好活动板房产运需衔接等项工作。

5月26日 教育部办公厅印发《教育系统做好灾区师生安置和恢复重建准备工作的方案》，提出始终把师生生命安全放在第一位，创造条件帮助灾区学生恢复上课等措施。

5月26日 公安部在成都召开全国公安机关对口支援地震灾区公安机关工作会议，要求明确任务，落实责任，抓好对口援建工作。同日，公安部还在成都召开会议，研究部署灾后重建和受灾群众安置点消防工作，提出了充分发挥参谋职能作用、加强消防规划管理、加强受灾群众安置点的消防设施建设等措施。

5月26日 财政部在北京召开会议，研究受灾群众住房政策等灾后重建有关工作。

5月26日 住房城乡建设部发出《关于请即向铁路部门报送过渡安置房运输量的紧急通知》。

5月26日 铁道部运输局发出《关于做好灾区过渡安置活动房运输组织方案衔接工作的紧急通知》。同日，首列装载100套活动板房的集装箱专列从北京出发开往成都。至10月14日，全国铁路部门共组织开行“房”字头集装箱专列198列，运送活动板房27万套。

5月26日 农业部抗震救灾指挥部在北京召开工作会议，要求加快制定灾后重建规划方案，抓紧研究制定灾后恢复生产政策，进一步加强灾区防疫工作。同日，农业部办公厅印发《近期抗震救灾和农业生产重点工作安排》。

5月26日 卫生部抗震救灾工作领导小组在北京召开会议，要求选派权威专家组成专家组到灾区了解情况、评估措施、指导工作、提出建议和报告，并在四川大学华西医院和四川省人民医院等处设立重症患者集中治疗中心，集中收治挤压综合征患者，集中专家力量，集中调配血液透析仪等设备，尽最大努力挽救伤员生命。同日，卫生部前方综合协调组调整中国疾控中心卫生防疫人员在四川省各受灾县分布状况，使国家级卫生防疫技术力量覆盖到所有重灾县。

5月26日 卫生部办公厅印发《四川汶川地震伤员出院指导原则》。

5月26日 人民银行发出《关于地震灾区银行业金融机构办理支付结算有关事宜的紧急通知》，对个人客户办理支付结算业务、单位客户办理支付结算业务、单位应急结算账户的开立和使用、银行卡机具布放与银行卡的受理、对死亡和失踪者个人结算账户的处理以及赈灾款支付系统汇划费用的减免等内容作出规定。

5月26日 审计署办公厅发布公告，向社会各界公布汶川地震救灾款物审计举报电话和网址。

5月26日 税务总局发出《关于增值税一般纳税人抗震救灾期间增值税扣税凭证认证稽核有关问题的通知》。

5月26日 新闻办在北京就汶川地震灾害和抗震救灾情况举行第16次新闻发布会，由中组部介绍在抗震救灾中各级党组织和广大党员干部发挥作用的情况。

5月26日 国防科工局在北京召开抗震救灾专题会议，部署下一阶段恢复生产和灾后重建重点工作。同日，国防科工局发出《关于切实做好灾后复产重建过程中安全生产工作的紧急通知》，要求严禁带隐患盲目恢复生产，最大限度地保障复产重建工作的质量与安全。

5月26日 中医药局发出《关于在当前抗震救灾疾病防治中进一步发挥中医药作用的通知》，要求积极宣传中医药防病知识与方法，进一步做好疾病预防工作，进一步抓好地震伤员和灾后常见病、多发病的中医药治疗，切实做好受灾群众集中居住地的中医药服务。

5月26日 总政治部举行由工业和信息化部捐赠的拥军赈灾卫星电视器材赠送仪式。同日，成都军区联指政治部将器材发放到济南军区、海军、空军、第二炮兵和武警抗震救灾部队，并派出文化服务小分队专程到各部队安装调试卫星电视地面接收设备。

5月26日 成都军区联指总指挥李世明、政委张海阳分别到第二责任区和第三、四责任区检查指导抗震救灾工作，要求把抗震救灾工作重点由抢险救人转为安置受灾群众和灾后重建，进一步巩固扩大"进村入户"成果，确保每一户村民得到妥善安置；扎实抓好防疫工作，确保大灾之后无大疫；抓好清理废墟工作，必须确认废墟中没有生命迹象才能展开清理；尽全力修复灾区公路，帮助村镇通水通电；积极通过搭建"帐篷学校"等方式，尽快帮助灾区学校复课；全力帮助地方搞好运输保障，确保救灾人员、物资及时到位；高度重视水库、湖泊、堰塞湖等安全，严防次生灾害和水源污染，并对下一步部队救灾和自身营房恢复重建提出要求。

5月26日 武警部队党委在北京召开常委会议，研究抗震救灾和对家庭受地震灾害官兵的救济工作。

5月26日 全国文史研究馆抗震救灾书画捐赠仪式暨迎奥运书画展开幕式在北京举行。国务委员兼国务院秘书长马凯出席开幕式。捐赠仪式上，中央文史研究馆和地方馆的数百名馆员向国务院抗震救灾总指挥部捐献360余幅书画作品，请指挥部以适当的方式赠送给奋战在抗震救灾第一线的解放军指战员和武警部队官兵、医护人员、志愿者和新闻工作者的代表。

5月26日 中国红十字会总会发出《关于进一步做好抗震救灾红十字志愿服务工作的通知》《关于开展对口支援四川地震重灾区工作的通知》。

5月26日 中央人民广播电台中国之声开播全国第一个面向灾区少年的节目《同在星空下·送给地震灾区的孩子们》、第一个面向灾区儿童的节目《星空下的故事》，给孩子们送去心灵抚慰与心理救助。节目播出持续至6月30日。

5月26日 26位国内写实派画家创作的以抗震救灾为主题的大型油画作品《热血五月·2008》完成并对外展出。作品长20米、高2米，27日以3350万元拍卖，所得善款通过中华慈善总会全部捐献给四川地震灾区。

5月26日 四川省抗震救灾指挥部在成都召开会议，要求根据灾区实际，对国（境）外医疗救援队进行合理调配；科学选派人员，注重工作方法，切实做好遇难学生家长工作；高度重视并做好受灾群众集中安置点的消防安全工作。同日，指挥部发出《关于进一步规范抗震救灾医用物资储备和分发的紧急通知》《关于切实做好遇难学生家长工作的紧急通知》，省政府发出《关于切实加强地震灾区次生崩塌、滑坡、泥石流地质灾害监测预防工作的紧急通知》。

5月26日 四川省委书记刘奇葆到广汉市受灾群众救治中心和救助中心等地看望慰问受灾群众，指导受灾群众安置救助工作。

5月26日 四川省气象局与空军气象组人员联合组成的唐家山堰塞湖除险应急气象小分队，搭乘直升机到达唐家山堰塞湖堰顶，因无法着陆，改道从北川任家坪徒步进入唐家山堰塞湖湖区。小分队携带气象仪器徒步行走10小时，行程10公里，于27日凌晨到达堰塞湖堰顶，随后展开观测工作，为堰塞湖排险提供了湖区气象观测资料。

5月26日 四川省畜牧食品局印发与农业部抗震救灾专家组共同制订的《四川省灾区动物紧急免疫方案》，决定在灾区紧急开展动物免疫工作，防止发生灾后狂犬病、乙型脑炎、猪Ⅱ型猪链球菌病、炭疽等人畜共患疾病和重大动物疫情等次生灾害。28日，农业部决定向汶川地震灾区紧急调拨狂犬病疫苗50万头份、猪乙型脑炎活疫苗9万头份、猪链球菌Ⅱ型氢氧化铝灭活疫苗18万毫升。至6月27日，四川灾区人畜共患病动物紧急免疫任务顺利完成。

5月26日 四川省电影公司、太平洋院线、新天地农村院线共同发起的“爱心放映大行动”正式启动。至5月底，为灾区群众和救灾部队官兵放映电影1900余场。

5月26日 汶川抗震救灾东部环线——成都经绵阳、平武、松潘、茂县到汶川公路全线贯通。至此，四川重灾地区有了可以互相联通的迂回线路，干线公路构成生命线网络。

5月26日 经过济南军区某部300名官兵九天九夜连续奋战，平武县南坝涪江钢架大桥顺利合龙，贯穿绵阳灾区南北的交通大动脉被打通。

5月26日 甘肃省委在兰州召开常委会议，进一步研究部署受灾群众生活安置及灾后恢复重建工作。同日，甘肃省决定对延期高考的陇南市、甘南藏族自治州，实行单独命题、单独考试、单列计划、单独划线、单独录取。

5月26日 陕西省抗震救灾指挥部在西安召开会议，专题研究救灾和恢复重建资金筹措问题。

5月26日 陕西省委书记赵乐际到西电集团和陕西省煤业化工集团，省长袁纯清到咸阳、西安部分企业和重点建设工地进行调研，要求一手抓灾后恢复重建，一手抓经济发展。

5月26日 陕西省政府召开2008年陕西省普通高校招生考试工作电视电话会议，要求各市制定高考防震工作预案，并在考前对考生进行心理辅导和应急疏散演练，消除考生因心理恐惧对考试造成的影响。

5月26日 北京市委、市政府分别向四川、甘肃、陕西三省省委、省政府发出慰问信，并向四川灾区再捐700万元，向甘肃、陕西灾区各捐500万元。天津市政府、上海市政府、安徽省政府、山东省政府分别召开常务会议，河北省委、省政府召开专题会议，辽宁省委、福建省委分别召开常委会议，均就对口支援、过渡安置房生产建设等工作进行部署。同日，浙江省省长吕祖善到萧山调研救灾过渡安置房生产情况。

5月26—27日 水利部地震灾情考察组到宝鸡、咸阳等灾区考察供水设施受损情况，指导供水设施抢修方案，部署灾后重建工作。

5月26—27日 湖北省委书记罗清泉等就过渡安置房建设到省建设厅现场办公，并到孝感考察生产情况。

5月26—28日 中共中央政治局常委、全国人大常委会委员长吴邦国到四川灾区慰问干部群众，看望救援人员，指导抗震救灾工作。中共中央政治局委员、全国人大常委会副委员长王兆国，全国人大常委会副委员长兼秘书长李建国一同看望慰问。26日，吴邦国到成都军区总医院慰问接受治疗的受伤群众、学生和救援人员，看望医务工作者，并到铁路成都东站查看救灾物资运送情况。27日，吴邦国乘直升机到汶川县映秀镇、紫坪铺水库查看灾情，到都江堰市幸福社区集中安置点考察和慰问。同日，吴邦国听取四川省抗震救灾工作汇报，并发表重要讲话。吴邦国对四川省抗震救灾工作给予充分肯定，要求四川结合本省实际，坚决贯彻执行中央决策部署，把抗震救灾的各项工作抓紧抓实抓好，重点是全面细致地搞好卫生防疫、严密防范各种次生灾害、千方百计安置受灾群众。28日，吴邦国一行到绵竹市汉旺镇、平武县平通镇等地查看灾情，到德阳市第一人民医院的帐篷病房看望受伤人员和医务人员，到绵阳长虹培训中心看望在那里复课的北川中学师生。

5月26—30日 国资委主任李荣融一行到四川灾区调研在川中央企业受灾及灾后重建情况。

5月27日 国家主席胡锦涛在北京同韩国总统李明博举行会谈，并对韩方在中国四川汶川特大地震发生后向中方表示深切同情并提供宝贵支援表示感谢。

5月27日 中共中央政治局常委、国务院总理温家宝在北京主持召开国务院抗震救灾总指挥部第14次会议，议定全力解决帐篷、活动板房等临时住房问题，深入做好卫生防疫工作，尽早排除唐家山等堰塞湖险情，加强抗震救灾法制建设等事项。中共中央政治局常委、国务院副总理李克强，国务委员兼国务院秘书长马凯，国务委员孟建柱等出席会议。同日，温家宝应约同俄罗斯总理普京通电话。普京就中国四川汶川地震再次向中方致以深切的同情和慰问，表示俄方愿继续尽全力向中方提供援助。温家宝代表中国政府和人民，向普京、向俄罗斯政府和人民表达诚挚的谢意和崇高的敬意。

5月27日 中共中央政治局常委、全国政协主席贾庆林在北京出席世贸集团捐建地震灾区百家爱心医院仪式。在捐建仪式上，全国工商联副主席、世茂集团董事局主席许荣茂代表世茂集团捐款1亿元，用于为地震灾区建设100家爱心医院。

5月27日 中共中央政治局常委、中央书记处书记、国家副主席习近平到北京市五棵松篮球馆、北京射击馆、北京大学体育馆等奥运场馆考察北京奥运会、残奥会筹办工作情况。中共中央政治局委员、北京市委书记刘淇，中共中央政治局委员、国务委员刘延东等陪同考察。习近平强调，既要坚持抓好支援抗震救灾工作，又要坚持抓好奥运筹办工作，切实把人民群众在抗震救灾中迸发的万众一心、众志成城、重建家园的坚强决心，化作为进一步激发全国人民迎接奥运、支持奥运、奉献奥运的精神动力，真正做到支援抗震救灾工作同奥运筹办工作两手抓、两不误、两促进。

5月27日 中共中央政治局委员、国务院副总理张德江在交通运输部呈报的《关于交通运输系统抗震救灾抢通保运有关情况的报告》上作出批示，要求下一阶段在重点保障抗震救灾交通运输的同时，科学调度，为全国经济社会平稳健康发展提供交通运输保障。

5月27日 中共中央政治局委员、国务委员刘延东在北京主持召开会议，研究四川汶川地震校舍垮塌引发社会反映的问题。同日，刘延东出席在北京召开的国家自然科学基金会六届一次全委会，要求科学家和广大科技工作者利用自身独特优势，加大科技支持力度，为灾区传染病防控、伤员救治、生产自救、消除次生灾害隐患以及重建家园作出积极贡献。同时，加强抗击各类灾害科学研究，特别是加强对灾害形成规律、致灾机理和防范对策的研究，不断提高防灾减灾科学决策水平。

5月27日 中组部发出《关于各级组织部门要更加有效地为抗震救灾和灾后重建发挥组织保障作用的通知》。

5月27日 国务院抗震救灾总指挥部生产恢复组在北京召开第二次会议，通报工业、农业恢复生产和商品流通恢复情况，研究地震灾区生产恢复工作。

5月27日 国务院抗震救灾总指挥部基础设施保障和灾后重建组在北京召开第15次会商会议，部署继续抓紧抢修基础设施，尽快全面恢复灾区交通、通信、供电、供水。同日，发展改革委就四川地震灾区唐家山堰塞湖抢险用油与中国石油、铁道部等有关单位进行紧急协调，按唐家山堰塞湖抢险工程每日需要柴油30～40吨计量，确定具体供应方案。

5月27日 工业和信息化部前指生产恢复组通信小组发出《关于当前四川地震灾区通信恢复的工作方案》。

5月27日 公安部抗震救灾指挥部发出《关于调派公安特警队赴川执行维护灾区治安工作的通知》，决定从全国28个重点城市抽调5000名公安特警队员到四川灾区执行维护治安任务。至6月4日，5000名队员全部到达四川抗震救灾任务区。

5月27日 财政部会同水利部向四川省拨付唐家山等堰塞湖抢险治理资金2亿元，用于支持排除堰塞湖险情。

5月27日 国土资源部抗震救灾应急指挥领导小组在北京召开会议，就做好地质灾害排查和灾后重建进行研究。

5月27日 住房城乡建设部在绵竹市过渡安置房援建现场召开北京、上海等12个主要援建省（市）现场负责人办公会议，要求建过渡安置房须注意节地节材，确保实现援建安置房总体目标。同日，住房城乡建设部发出《关于准备生产和建设第二批地震灾区过渡安置房的通知》，对第二批地震灾区过渡安置房的任务分配等进行明确。

5月27日 水利部长江水利委员会应急抢险队成功疏通具有高危险级的平武县南坝镇文家坝堰塞湖。同日，国家黄河防汛抗旱总指挥部第二机动抢险队成功排除广元市利州区三堆镇凉水村的高危水库——鱼儿沟水库险情。

5月27日 商务部、住房城乡建设部联合发出《关于在地震重灾地区过渡安置区建设临时商业网点的通知》，要求各地建设部门应与商务主管部门密切配合，做好灾区过渡安置区、帐篷临时安置区商业网点设立工作，切实保障灾区群众日常生活必需品的供应。

5月27日 文化部在北京召开部长办公会议，要求发挥文化部门资源优势，想方设法筹措资金支援灾区。

5月27日 卫生部召集国务院抗震救灾总指挥部卫生防疫组成员单位和环境保护部、科技部、地震局等有关部门负责人举行会议，专题研究地震灾区环境污染控制的相关问题。同日，卫生部前方综合协调组在成都召开会议，要求会同四川省有关单位提出堰塞湖泄洪水道卫生学清理方案，消除污染源对水质的影响。

5月27日 卫生部办公厅、中国残联办公厅联合印发《四川汶川地震伤员康复工作方案》。

5月27日 “5·12”灾后重建中央企业援助基金在北京举行成立新闻发布会。国资委联合中国红十字基金会，用86家中央企业委托国资委转交的捐赠资金3.5亿元建立“5·12”灾后重建中央企业援助基金。

5月27日 工商总局印发《关于支持地震灾区恢复生产、搞活市场、重建家园的若干意见》。

5月27日 安全监管总局发出《关于进一步加强当前安全生产工作的通知》，要求坚定不移地一手抓抗震救灾，一手抓安全生产；既抓好灾区安全生产，又抓好其他地区的安全生产，保持和促进灾区及全国安全生产形势的基本稳定。

5月27日 体育总局发出通知，要求全国体育系统积极发挥体育行业的特点和优势，通过各种方式进一步为抗震救灾作出积极贡献，把抗震救灾和备战奥运紧密结合起来。

5月27日 新闻办在北京就汶川地震灾害和抗震救灾情况举行第17次新闻发布会，由卫生部介绍灾区卫生防疫工作的有关情况。

5月27日 成都军区联指下发《关于下一步部队抗震救灾工作的指示》，将中央军委明确的抗震救灾任务细化为拓展救援、安置受灾群众、援建学校、清理废墟、抢修道路、抢运物资、医疗救护、防疫监控、防疫消毒、赈灾饮食10项工作，并提出明确要求。同日，联指发出《加强灾区内危险品搜排工作的通知》，要求切实摸清责任区内储存、使用放射源和生产、销售、储存有毒有害、易燃易爆、强腐蚀性等危险化学品的单位情况，成立专业搜排队伍，加大危险品搜排力度，确保人民群众生命财产安全。

5月27日 民盟中央在北京成立抗震救灾重建家园领导小组，要求加强盟内联络、沟通与合作，形成合力；进一步做好参政议政、建言献策及促进民盟自身建设等工作；开辟多种有效渠道，做好盟内外沟通灾情、交流援助供求信息等工作。

5月27日 四川省抗震救灾指挥部在成都召开会议，要求各工作组和相关分管领导按照各自职责，对各项工作任务在现有工作基础上进一步细化、实化，抓好落实。同日，指挥部印发《关于进一步加强抗震救灾食品安全工作的紧急通知》《关于切实加强灾区消防工作的紧急通知》《关于确保灾区饮用水安全的通知》《堰塞湖泄洪流灾区卫生清理实施方案》《四川省“5·12”地震灾害遇难人员遗体处理暂行办法》《强化地震灾区传染病防控重点的工作方案》《四川省地震灾区重大传染病疫情应急处置预案（试行）》《关于做好地震灾区群众过渡安置工作的通知》。

5月27日 四川省委、省政府决定成立四川省汶川地震灾后重建规划专家指导组，主要职责是配合国家汶川地震专家委员会开展有关工作，负责四川省灾后恢复重建规划编制的咨询指导工作。同日，四川省委决定集中5天时间全力以赴抓好灾区受损基层党组织的恢复和重建工作。31日，四川重灾地区受损基层党组织和政权组织全面完成重建。

5月27日 甘肃省政府在兰州召开常务会议，要求认真落实各项救助政策，妥善安置灾区群众基本生活；以受灾群众住房建设为重点，全面启动恢复重建工作。同日，省政府办公厅发出通知，成立由常务副省长冯健身担任组长的灾后重建工作领导小组。

5月27日 陕西省十一届人大常委会第二次会议在西安召开，听取和审议副省长姚引良代表省政府所作《关于陕西省抗震救灾情况的报告》，要求省政府下一阶段在妥善安置受灾群众基本生活的基础上，全力开展灾后恢复重建工作，尽快恢复生产，保持全省经济平稳较快运行。

5月27日 陕西省政府在西安召开金融机构支持灾后重建工作座谈会，要求全省金融机构积极支持和参与灾后重建工作，重点对口支持重灾县（区）的恢复重建。同日，省政府还在西安召开会议，部署救灾资金和物资审计工作。30日，省政府办公厅发出《关于金融机构支持和参与灾后重建有关问题的通知》。

5月27日 北京市赴陇南工作组到甘肃灾区实地了解医疗救治、物资需求、受灾群众生活急需等方面存在的困难和问题。河北省政府召开全省支援四川灾区过渡安置房生产建设电视电话会议。山西省委召开常委会议，研究部署山西省支援灾区抗震救灾及灾后重建工作；省长孟学农到相关生产企业实地查看过渡安置房生产准备和动员情况，并召集省直有关部门和部分生产企业座谈，进一步动员部署过渡安置房生产工作。

5月27日 巴基斯坦医疗队一行28人携带医疗药品、器材和设备飞抵兰州。29日，医疗队赴陇南市武都区开展医疗卫生救援工作。31日，医疗队建立起野外医院。6月11日，医疗队回国。临行前，医疗队向陇南市医疗卫生部门捐赠价值70余万元的医疗器械和药品，并将所带急救车、发电机等价值约120万元的医疗设备全部捐赠给甘肃省。

5月27—28日 国家食品药品监管局工作组到陕西、甘肃灾区了解灾情，指导抗震救灾工作，并拨付陕西、甘肃两省食品药品监管局各100万元应急工作经费。27日，国家食品药品监管局药品检验专家组在四川着手解决棘手的境外捐赠的生物制品问题。

5月27—29日 科技部副部长刘燕华率国家汶川地震专家委员会灾害评估组一行9人到文县、武都、天水等地考察，对甘肃地震灾害进行评估。27—30日，科技部副部长尚勇率国家汶川地震专家委员会灾害评估组一行10人到陕西考察，对陕西地震灾害进行评估。

5月27—29日 中央军委委员、总参谋长陈炳德到四川灾区检查指导抗震救灾工作。

5月27—29日 江苏省省长罗志军到南京、镇江、常州和泰州考察抗震救灾物资生产情况。

5月27日至6月1日 中央军委委员、国务委员兼国防部长梁光烈率工作组到什邡、绵竹、北川、江油、平武、青川看望慰问抗震救灾部队，了解部队贯彻落实中央军委主席胡锦涛和中央军委决策指示情况。

5月28日 中共中央总书记胡锦涛在北京会见到访的中国国民党主席吴伯雄。胡锦涛指出，包括台湾同胞在内的全体中华儿女在患难之时体现出的同胞之爱、手足之情格外珍贵。这不仅是中华民族团结互助、共克时艰的精神力量，也将成为两岸同胞相互扶持、携手合作、共同开创两岸关系美好未来的强大动力。

5月28日 中共中央政治局常委、国务院总理温家宝在北京主持召开国务院常务会议，研究部署煤电油气运和农资供应等工作。会议要求，全力保障灾区煤电油运需要。在确保生产安全的前提下，加快恢复四川煤炭生产；继续组织电煤和成品油支援灾区，保证救灾和恢复重建急需；抓紧抢修电力设施，尽快恢复灾区供电等。

5月28日 国务院批转国务院抗震救灾总指挥部《关于当前抗震救灾进展情况和下一阶段工作任务的通知》，提出抗震救灾总的要求是坚持以人为本，切实做好伤员救治和卫生防疫，安排好受灾群众生活，严密防范余震破坏和次生灾害，维护社会正常秩序，同时部署恢复生产，规划灾后重建。

5月28日 中央纪委、监察部、民政部、财政部、审计署在北京召开抗震救灾资金物资监管工作汇报会。中共中央政治局常委、中央纪委书记贺国强出席会议并讲话。中共中央书记处书记、中央纪委副书记何勇主持会议。贺国强提出，加强抗震救灾资金物资监管要重点抓好7项工作：成立抗震救灾资金物资监督检查领导小组，切实加强组织领导；建立健全规章制度，为加强抗震救灾资金物资监管提供重要保障；充分发挥各方面作用，对抗震救灾资金物资管理使用情况进行全方位监督；开展专项审计，确保抗震救灾资金物资及时拨付、有效使用；组织专项检查，及时发现和纠正抗震救灾资金物资管理使用过程中出现的问题；坚持公开透明，切实把抗震救灾资金物资管理使用置于阳光之下；严格执行纪律，从快从严从重处理抗震救灾资金物资管理使用中的违纪违法行为。何勇任领导小组组长。

5月28日 国家汶川地震灾后重建规划组在北京召开第一次全体会议，对《灾后重建规划工作方案》进行讨论，明确灾后重建规划工作任务分工和时间要求。灾后重建规划组组长由发展改革委主任张平担任，副组长由四川省省长蒋巨峰、住房城乡建设部部长姜伟新担任。灾后重建规划组办公室设在发展改革委，下设综合、起草、政策、筹资和专家5个小组。

5月28日 教育部办公厅发出《关于做好地震灾区中等职业学校复学复课、就业援助和招生工作的通知》。

5月28日 民政部与财政部商定，从民政部直接接收的救灾捐款中统筹安排部分资金，用于紧急采购过渡性活动板房。其中，为四川省采购3.92亿元过渡性活动板房，为甘肃省采购1亿元过渡性活动板房。

5月28日 国土资源部发出《关于切实做好地震灾区地质灾害防范工作的通知》，要求认真开展地质灾害调查工作，迅速恢复和重建群测群防体系。

5月28日 住房城乡建设部发出《关于调整第一批地震灾区过渡安置房建设和分配任务的

通知》，对第一批过渡安置房建设和任务分配进行调整，提出总任务仍为100万套，分3期完成，并要求优先安排学校等配套设施的建设。6月15日，住房城乡建设部发出《关于调整地震灾区过渡安置房（活动板房）建设计划的通知》，明确总任务调整为71.5万套，分2期完成。7月16日，住房城乡建设部发出《关于下达地震灾区过渡安置房（活动板房）建设任务与分配调整计划的通知》，明确总任务调整为69.32万套。

5月28日 住房城乡建设部商中国石油、中国石化发出《关于保障地震重灾区过渡安置房建设物资运输车辆和生产企业油品供应的紧急通知》，对过渡安置房生产企业生产用油及运输板房材料车辆实行优先足量加油，确保完成任务。

5月28日 国家防总发出《关于切实做好当前防汛保安工作的紧急通知》。

5月28日 卫生部抗震救灾工作领导小组在北京召开会议，就地震灾区医疗救治、卫生防疫和监督、物资保障、新闻宣传和财政补助政策等工作作出部署。同日，卫生部前方综合协调组在成都召开工作会议，要求发挥专家指导作用，实地查看受灾群众食品、饮水现状，把预防肠道传染病放在突出位置。

5月28日 人民银行印发《中国人民银行支持受灾群众补助金发放实施方案》，明确补助金发放总体目标、账户设置与信息采集、补助金发放、补助金支取、业务差错处理、补助金发放相关业务收费、各部门工作职责及要求、实施计划等内容。

5月28日 全国质检系统特种设备抗震救灾现场会在成都召开，总结特种设备抢险工作。同日，质检总局发出《关于严厉打击在抗震救灾中制假售假违法行为的通知》。

5月28日 银监会分别向甘肃省、陕西省和重庆市农村合作金融机构紧急拨付赈灾资金100万元、80万元和20万元，用于灾后重建。农村合作金融机构结余的1000万元管理费全部用于汶川地震灾区灾后恢复重建工作。

5月28日 地震局印发《关于开展地震灾区过渡安置房建设用地安全评价工作的通知》《汶川地震灾区活动板房建设用地地震安全评价工作方案》。

5月28日 新闻办在北京就汶川地震灾害和抗震救灾情况举行第18次新闻发布会，由发展改革委介绍灾区基础设施修复及应急物资保障工作进展情况。

5月28日 信访局发出《关于妥善处理灾区校舍倒塌遇难学生家长聚集上访问题的通知》。

5月28日 中医药局组织专家编印《震后灾区中医药防病知识》宣传手册和《地震灾后常见病多发病中医药治疗手册》，介绍灾区常见病、多发病的种类和适合地震灾区群众防病的中医知识。

5月28日 成都军区联指司令部发出《指导部队“进村入户”66条》，要求各责任区任务部队把救援范围扩大到所有重灾地区，认真做好以安置受灾群众、恢复生产和灾后重建为重点的抗震救灾工作。

5月28日 成都军区驻滇77221部队抽出15名党员组成突击队，搭乘直升机进入被喻为“生命孤岛”的汶川县草坡乡执行防疫消毒任务。至此，四川灾区内所有行政乡镇实现军地消毒防疫队伍全覆盖。

5月28日 全国妇联与共青团中央、全国少工委联合发出《关于开展“心系灾区小伙伴，爱心奉献我行动”的倡议》，倡导全国少年儿童每人为灾区小伙伴捐零花钱1元、校外教育工作者每人为受灾儿童捐生活费10元。

5月28日 中国红十字会抗震救灾指挥部在北京召开会议，议定前方工作组要重点选择目前政府暂时顾及不到的边远灾区开展救援和重建工作，并拿出5亿元捐赠资金，参与由政府统一规划的灾区过渡性安置房建设。

5月28日 中国泛海控股集团在北京举行支援抗震救灾捐赠仪式。中共中央政治局委员、全国政协副主席王刚出席捐赠仪式并讲话。仪式上，全国工商联副主席、中国泛海集团董事长卢志强和中国泛海集团委托代表捐赠2.0378亿元，用于救助地震灾区“三孤”人员和表彰抗灾英雄。

5月28日 四川省抗震救灾指挥部在成都举行部队和民兵预备役人员抗震救灾专题新闻发布会。同日，指挥部发出《关于切实做好少数民族受灾群众特殊食品供给工作的通知》《关于统筹做好中央和省属单位抗震救灾工作的通知》《关于做好救灾物资特别活动房接卸工作情况汇报的通知》《关于做好地震灾后农作物改种补种的紧急通知》《关于及时上报鼓励农村居民自建过渡期安置房情况的紧急通知》。

5月28日 四川省政府在成都召开会议，重点研究向省外转移伤员、伤员救治费用处理、发放受灾群众补助金、抢通灾区广播电视等工作。同日，省政府办公厅发出《关于做好普通高考用房专项抗震鉴定工作的紧急通知》《关于做好2008年普通高校招生统一考试工作的通知》。

5月28日 四川省政府新闻办在新闻发布会上发布消息，多名干部因救灾不力或侵占救灾物品等问题被免职或受到其他处分，并被通报。

5月28日 青川县蒿溪回族乡党委书记强海英在青川县城将一封带有109位穆斯林群众签名和红手印的感谢信交给中共中央政治局委员、国务院副总理回良玉，请他转交中共中央总书记、国家主席、中央军委主席胡锦涛。19日，胡锦涛对安排好青川县回族群众生活，及时提供回族群众急需的清真食品等作出重要指示。穆斯林群众在感谢信中告诉胡锦涛，现在全乡和外来避灾的2000多名回族受灾群众不仅有水喝、有地方住，还吃上了政府专门送去的清真食品。

5月28日 甘肃省抗震救灾总指挥部在兰州召开专题会议，研究灾后重建工作，并发出《关于积极做好过渡安置房建设的紧急通知》《关于督促检查灾后“三无”、“三孤”和遇难人员补助抚慰有关政策落实情况的通知》等。同日，省政府在兰州召开常务会议，决定可转可不转的伤员留在当地，甘南、陇南活动板房建设重点是教育、医疗等公共设施，防疫工作要做到全覆盖。

5月28日 甘肃省委书记陆浩到迭部、舟曲查看灾情，了解受灾群众的生活安置情况，并就如何开展灾后重建同基层干部和群众进行座谈。

5月28日 陕西省抗震救灾指挥部在西安召开会议，研究陕西省境内一旦发生较强余震，应急救援队伍组建、大型工程机械调集、灾区基本生活必需品供应、灾区所需活动房生产调运、灾区医疗救治和防疫力量调配等内容。同日，指挥部发出《关于切实做好救灾资金管理使用监督工作的通知》。省抗震救灾前线指挥部在勉县成立，并召开会议部署下一步抗震救灾工作。

5月28日 天津市委宣传部等单位联合举办“支援灾区·重建家园”赈灾义演晚会。辽宁省委书记张文岳、省长陈政高到沈阳市考察援助四川灾区过渡安置房生产情况。新疆维吾尔自治区党委在乌鲁木齐召开会议，研究部署进一步支援四川等地震灾区抗震救灾、做好地震灾害防范等工作。

5月28日 印度尼西亚国际医疗队一行20人抵达兰州。30日，医疗队到文县进行医疗救援工作，6月7日回国。

5月28—29日 保监会召集人保财险、中国人寿和四川保监局等单位在成都召开现场办公会，分析研究保险业抗震救灾理赔工作中出现的新情况、新问题，统一思想，制定措施。保监会决定，成立由各主要承保总公司分管负责人参加的地震灾害保险理赔工作小组，负责指导、协调灾区理赔工作。

5月28—30日 中共中央政治局委员、国务委员刘延东到彭州、都江堰、汶川、德阳市区、安县、绵阳市区等地中小学校、受灾群众安置点和医院实地了解灾情，考察教育系统抗震救灾和恢复重建工作以及灾后新农村恢复重建科技试点工作，看望、慰问受灾师生、群众和解放军指战员、公安干警、医护人员、基层卫生防疫和计划生育服务人员。

5月28日至6月1日 山东省委书记姜异康到青岛、威海、烟台检查指导支援抗震救灾工作。

5月28日至6月8日 公安部常务副部长杨焕宁率中央办公厅、中央维稳办、中央政法委、安全部、信访局等有关部门组成的工作组到四川灾区就维稳工作进行调研。

5月29日 国务院抗震救灾总指挥部在北京召开会议，专题研究部署进一步做好地震灾区学生伤亡有关善后工作。会议要求，各级政府要高度重视，坚持以人为本，积极稳妥地做好地震灾区学生伤亡善后工作；尽快组织力量对灾区所有学校建筑进行安全评估和鉴定，确保复课学生安全；对遇难学生家庭给予特别的关爱和帮助。同日，国务院办公厅颁布《关于进一步做好地震灾区学生伤亡有关善后工作的通知》。

5月29日 中共中央政治局委员、国务院副总理回良玉在成都主持召开国务院抗震救灾总指挥部四川前方指挥部会议，专门听取汶川地震专家委员会主任、中科院院士马宗晋与专家委员会地震研究组组长张培震关于研究进展情况的汇报以及对抗震救灾工作的看法和建议，现场协调解决有关问题。同日，回良玉在成都主持召开四川省农业恢复发展工作会议，要求一手毫不松懈地抓抗震救灾，一手坚定不移地抓农业生产恢复发展，确保大灾之年农业不减产、农民不减收，力争增产增收，完成2008年预定目标。

5月29日 中央纪委、监察部印发《抗震救灾款物管理使用违法违纪行为处分规定》，对在抗震救灾过程中非法募捐，截留、挤占或者无故迟滞拨付、发放抗震救灾款物等行为提出纪律要求和惩戒措施。

5月29日 国务院抗震救灾总指挥部基础设施保障和灾后重建组在北京召开第16次会商会议，部署全力做好活动板房生产和运输保障工作。

5月29日 民政部在北京召开会议，研究恢复重建规划工作。29—30日，民政部副部长罗平飞到绵竹、什邡、汶川等地灾区查看受灾群众生活安置情况，指导灾区进一步做好受灾群众生活安置工作。

5月29日 财政部、商务部联合发出《关于恢复地震灾区商业网点和保障市场供应工作的紧急通知》，明确中央财政对地震灾区的部分流通企业承担商业网点恢复和市场保供任务给予财政补贴。同日，财政部下达东方电气集团紧急救灾补助资金5000万元，专项用于受汶川地震灾害影响严重的东汽汉旺生产基地受灾现场清理和恢复部分生产能力工作。

5月29日 财政部发出《关于加强汶川地震救灾采购管理的紧急通知》，对使用财政性资金（含政府部门获得的捐赠资金）采购货物、工程和服务的行为作出规定，要求合理规划和公平、公正地组织开展采购活动，采购项目的品种、数量、单价等结果在财政部门指定的政府采购信息披露媒体或其他媒体上公布，接受社会监督。

5月29日 环境保护部办公厅发出《关于做好地震灾区过渡性安置区建设环境保护管理工作的通知》。

5月29日 住房城乡建设部发出《关于地震灾区过渡安置房配套燃气设施（临时）建设有关事项的通知》，对过渡安置房配套燃气设施（临时）建设的负责部门、配套方式、补助情况等进行通告。

5月29日 铁道部根据四川省教育部门提出的运输计划，开始采取增开学生专列、提前预留客车票方式转移灾区学生。至8月28日，铁路部门共开行学生专列10列，运送师生团体41批、21563人。

5月29日 商务部在北京组织召开四川灾区抗震救灾灾后重建信息通报会，向各捐助国及国际机构代表介绍灾区开展灾后重建工作初步计划，并提供一份后续援助基本需要建议清单，供参会代表考虑。

5月29日 审计署印发《关于严格四川汶川地震抗震救灾资金和物资审计纪律的若干规定》。同日，审计署审计小组入驻中国红十字基金会，对接收的汶川地震社会捐赠资金和物资进行跟踪审计和监督。

5月29日 质检总局发出《关于对过渡安置房、救灾帐篷质量开展专项监督服务和执法打假的紧急通知》。

5月29日 侨办党组在北京召开会议，研究部署华侨华人捐赠款物管理使用问题。此后，侨办成立抗震救灾捐款捐物管理使用领导小组，并制定《国务院侨办加强抗震救灾捐赠款物管理使用办法》。

5月29日 电监会在北京召开主席办公会议，部署全面恢复灾区供电工作。

5月29日 新闻办在北京就汶川地震灾害和抗震救灾情况举行第19次新闻发布会，由质检总局介绍质检系统抗震救灾情况。

5月29日 文物局抗震救灾专家组经过对都江堰、简阳、绵竹等地25处文物保护单位受灾文物连续3天的实地调查，认为地震对四川文物破坏巨大，造成成都13处全国重点文物保护单位和26处省级文物保护单位受损，急需对古建筑屋面进行抢修。文物局决定，对16处受灾文物的后期修复进行技术援助。

5月29日 成都军区联指下发《关于印发直升机执行专机和重要任务飞行管制、装备保障工作有关规定的通知》。同日，联指司令部下发《关于做好抗震救灾保密工作的通知》。联指政治部在成都组织召开抗震救灾部队首场新闻发布会，介绍救灾部队展开救援情况、部队救援下一步任务和规划、救灾部队政治工作和后勤保障情况。

5月29日 共青团中央发出《关于团组织对口支援地震受灾地区的通知》，部署全国团组织对口支援灾区工作。

5月29日 中国红十字会抗震救灾指挥部在北京召开会议，确定总会从国内募集的非定向资金中投入5亿元，用于国家过渡性安置房建设中的学校、卫生诊所建设等。

5月29日 中国佛教协会在成都宝光寺举行中国佛教界为汶川地震灾区祈福追荐赈灾大法会，现场募集善款2600多万元。31日，中国道教协会在大邑县鹤鸣山举行“中国道教界为汶川地震灾区祈福・追荐・赈灾大法会”，现场募集善款（含物资折价）1400多万元。

5月29日 四川省抗震救灾指挥部印发《关于政法机关集中精力抓好维护灾后重建社会稳定工作的紧急通知》《关于统一归口接收、分配国际（境外）就地捐赠医疗器械、药品、流动医院全套设备的紧急通知》《震灾地区示范厕所建设工作方案》《关于组织发动群众开展生产自救重建家园的通知》《关于鼓励农村居民自建过渡期安置房的通知》《关于认真落实合理使用消杀灭药剂，切实做好消杀灭工作的通知》。

5月29日 四川省委办公厅、省政府办公厅发出《关于切实做好抗震救灾期间信访维稳工作的紧急通知》，省政府办公厅转发审计署《关于审计四川省2008年汶川地震救灾资金和物资的通知》。

5月29日 四川省省长蒋巨峰到德阳灾区调研。

5月29日 因受唐家山堰塞湖溃坝威胁，绵阳市文物局将6000余件文物包装并顺利转移到广汉三星堆博物馆。2009年6月29日，6000余件文物全部被安全运回绵阳博物馆。这是中国文化遗产保护史上首次因防御自然灾害而进行的大规模文物转移。

5月29日 绵阳市区及北川羌族自治县普遍降雨，唐家山堰塞湖集雨面积增加，堰塞湖大坝压力增大。同日，水利部发布信息，唐家山堰塞湖被列为“极高危险级”。30日，绵阳市启动唐家山堰塞湖三分之一溃坝撤离预案。成都军区联指指挥驻渝77100部队、驻滇77200部队和第二炮兵96501部队官兵以及民兵预备役人员6000余人，深入唐家山堰塞湖下游36个乡（镇），紧急疏散群众2万余人。至31日，共安全转移群众19.75万人。

5月29日 甘肃省在舟曲召开座谈会，明确安置好受灾群众生活、及时开展灾后重建是抗震救灾工作的重中之重，要求全力以赴抓好这两件大事。同日，甘肃省在兰州召开地震灾区卫生防疫工作座谈会，要求进一步加强灾区卫生防疫工作。

5月29日 甘肃省委组织部将中组部授予甘肃灾区的1000面党旗派专人送往灾区，要求灾区党委组织部门迅速将收到的党旗授予抗震救灾的基层党组织。

5月29日 陕西省抗震救灾指挥部在勉县召开会议，专题研究汉中市抗震救灾工作。会议指出，要积极抓好防震避险和应急准备，切实安排好受灾群众基本生活，创造条件，确保学生如期、安全参加高考、中考，认真谋划灾后重建。同日，省长袁纯清率省级有关部门负责人到宁强、勉县指导抗震救灾工作，检查受灾群众安置和救灾款物发放情况。

5月29日 中共中央政治局委员、北京市委书记刘淇，市长郭金龙等到北京老年医院看望慰问28日到北京治疗的四川地震灾区首批91名伤员。同日，刘淇、郭金龙和国家体育总局局长刘鹏到奥体中心场馆群和工人体育馆，围绕奥运场馆建设运行情况进行调研。刘淇强调，要坚决贯彻中央部署，一手抓抗震救灾工作，一手抓奥运筹办工作。

5月29日 河北省政府在石家庄召开会议，黑龙江省政府在哈尔滨召开专题会议，分别研究过渡安置房生产等工作。同日，内蒙古自治区代主席巴特尔到鄂尔多斯市准格尔旗调研煤炭、电力生产和供应工作，研究全力保障地震灾区煤电供应等问题。

5月29日 山东省对口支援北川重建工作前线指挥部在绵阳举行誓师大会。

5月29日 香港特区政府从赈灾基金中拨款370万港元采购2500顶帐篷，支援四川灾区。

5月29—31日 中共中央政治局常委、全国政协主席贾庆林到四川地震灾区慰问受灾群众，看望救援人员，实地查看灾情，了解抗震救灾工作进展，指导抗震救灾工作。在飞机上，贾庆林与各民主党派中央、全国工商联领导人，分析地震灾情和抗震救灾工作进展情况，研究部署抗震救灾工作。到达成都后，贾庆林等立即到四川省人民医院慰问接受治疗的受伤群众和救援人员，看望参加救援工作的古巴医疗队，并看望四川省政协机关和统战部门干部，会见海内外佛教、道教界人士。29日晚，贾庆林在火车上听取四川省委、省政府抗震救灾工作情况汇报，并发表重要讲话。贾庆林指出，在继续做好被困群众搜救工作的同时，要切实安置好受灾群众、抓好灾后重建、尽快恢复生产，充分发挥统一战线和人民政协的优势和作用，扎扎实实做好抗震救灾各项工作，坚决打胜抗震救灾这场硬仗。同日，随行的各民主党派中央、全国工商联领导人分别到本党派四川省委会、四川省工商联看望慰问，指导抗震救灾工作。30日，贾庆林在成都主持召开各民主党派、工商联抗震救灾座谈会。中共中央政治局委员、国务院副总理回良玉出席会议并讲话。贾庆林提出，这次抗震救灾是对中国人民精神和意志的一次重大考验，也是各民主党派、工商联和无党派人士同中国共产党风雨同舟、团结奋斗的一次深刻体现。希望统一战线各方面成员切实增强做好抗震救灾工作的责任感和使命感，协助党和政府解决好灾区最重要、最紧迫的问题；充分运用和挖掘各方面资源，努力为灾后重建献计出力。

5月29—31日 工商总局局长周伯华率全国工商系统检测专家和食品检测车到都江堰、什邡、彭州等灾区指导灾区恢复生产，搞活市场，重建家园。

5月30日 中共中央总书记、国家主席胡锦涛在北京与越南共产党中央委员会总书记农德孟举行会谈。农德孟再次代表越南党、国家和人民对中国四川汶川地震灾害造成的巨大人员伤亡和财产损失表示深切同情和诚挚慰问，并向中方再次提供价值20万美元的药品及其他物资。

5月30日 中共中央政治局常委、国务院总理温家宝在北京主持召开国务院抗震救灾总指挥部第15次会议。中共中央政治局常委、国务院副总理李克强，中共中央书记处书记、中央纪委副书记何勇，国务委员兼国务院秘书长马凯，国务委员孟建柱等出席会议。会议议定，立即以国务院办公厅名义印发《关于加强汶川地震抗震救灾捐赠款物管理使用的通知》；民政部要尽快修改完善《四川汶川地震抗震救灾物资分配办法》《四川汶川地震抗震救灾资金物资管理使用信息公开办法》并公布实施；财政部要及时向社会公布《关于加强汶川地震救灾采购管理的紧急通知》；其他有关部门要根据抗震救灾工作需要，及时制定相关规定和办法，做到成熟一个、公布一个；新闻媒体和有关部门、单位要通过多种形式广泛宣传抗震救灾款物使用管理相关法律法规和办法，及时公布救灾捐赠款物募集、使用和监管情况信息，接受社会监督。

5月30日 中共中央政治局委员、国务院副总理回良玉在看望慰问四川省民政系统干部职工时强调，下一阶段救灾工作要做得更细、更实，把党和政府的救助措施和社会各界的爱心捐赠落到实处，加强制度建设，提高工作规范性，切实把救灾款物管理好、使用好，发挥最大效益。

5月30日 国务院办公厅发出《关于做好当前煤电油气运和农资供应保障工作的通知》，

要求全力保障灾区煤电油气运需要，全力做好电力迎峰度夏工作，做好成品油市场供应，千方百计保证农业夏收、夏种、夏管用油，切实保证化肥等农资的市场供应，并继续推进产业结构调整，抑制不合理需求。

5月30日 最高人民法院发出《关于在全国法院开展对口支援四川汶川特大地震灾区法院工作的紧急通知》。

5月30日 全国检察机关抗震救灾工作电视电话会议在北京召开，要求全国检察机关继续把抗震救灾作为最重要最紧迫的任务和检察机关义不容辞的重大政治责任，继续全力以赴做好抗震救灾、灾后重建和各项检察工作。

5月30日 外交部部长杨洁篪在成都看望慰问支援中国抗震救灾的英国、古巴、日本、俄罗斯和德国医疗队，并通过电话向法国、意大利医疗队表示慰问和感谢。

5月30日 教育部发出《关于加强对教育系统抗震救灾资金物资监督的通知》，要求高度重视对灾后重建全过程的监督，确保廉洁救灾，确保救灾款物安全有效地全部用于灾区教育。同日，教育部会同财政部向四川省下达教育抗震救灾资金2000万元，用于灾区高考延考学生的临时安置。

5月30日 国家民委在北京召开四川地震灾区羌族民族文化抢救与保护座谈会，要求高度关注羌族物质文化遗产和非物质文化抢救与重建。

5月30日 民政部、住房城乡建设部联合印发《关于四川汶川大地震灾民临时住所安排工作指导意见》，在多渠道解决、制定分配原则、规范发放使用、保证住所安全、明确工作责任等方面提出指导意见。同日，民政部在北京召开部长办公会议，研究部署下一阶段受灾群众生活安排。

5月30日 环境保护部发布公告，发布《地震灾区过渡性安置区环境保护技术指南（暂行）》，指导解决灾区过渡性安置区选址、建设及使用中的有关环境保护问题。

5月30日 住房城乡建设部发出《关于地震灾区过渡安置房（活动板房）建设有关问题的通知》，要求过渡安置房建设应遵循因地制宜、节约土地和资源、节约成本的原则，各援建省要与受援省密切合作，建设点的选址、场地平整应从实际出发。同日，住房城乡建设部发出《关于报送建设系统地震灾害人员伤亡财产损失情况的紧急通知》《关于对过渡安置房生产情况进行自查的通知》，并派出由部领导带队的4个工作组分赴湖北、天津、河北、山西四省（市）检查督导过渡安置房生产、供应情况。

5月30日 农业部抗震救灾前线工作组到成都了解沼气排查除险工作，与四川省农业部门研究扶持措施。

5月30日 商务部成立灾后市场服务体系重建规划工作组，聘请近20名商贸流通规划专家提供技术支持。

5月30日 卫生部抗震救灾工作领导小组在北京召开会议，要求中央、地方和军队派出的医疗、防疫和监督队伍要统一指挥；进一步做好重症伤员的医疗救治工作；着手研究中央明确恢复重建对口支援分工后，医疗卫生救援队伍的布局调整计划等。

5月30日 卫生部在北京召开四川地震灾区预防接种电视电话会议，就开展甲肝和乙脑疫苗群体性预防接种及其他疫苗应急接种工作进行部署。卫生部抗震救灾前方综合协调组在成都召开四川灾区卫生防疫专家会议，专题研讨饮用水卫生、厕所和垃圾处理示范点建设等事项。

5月30日 人口计生委主任李斌一行到安县灾区指导抗震救灾工作。

5月30日 税务总局发出《关于中国共产党党员交纳抗震救灾“特殊党费”在个人所得税前扣除问题的通知》，明确党员个人通过党组织交纳的抗震救灾“特殊党费”属于对公益、救济事业的捐赠，党员个人的该项捐赠额可以按照个人所得税法及其实施条例的规定，依法在缴纳个人所得税前扣除。

5月30日 质检总局抗震救灾领导小组在北京召开会议，要求加强对灾区食品、饮用水质量的监测，重点加大对食品、饮用水等相关企业监管力度，保障灾区群众健康安全。

5月30日 新闻办在北京就汶川地震灾害和抗震救灾情况举行第20次新闻发布会，由民政部、中国红十字会、中华慈善总会介绍救灾捐赠款接受、使用和监督情况。

5月30日 总政治部发出《关于以抗震救灾实践为生动教材，深化“坚定中国特色社会主义信念，有效履行我军历史使命”主题教育活动的通知》，要求全军各部队扎实开展崇尚先进、学习先进、争当先进活动。

5月30日 成都军区联指在成都召开会议，专题研究军队担负的9条灾区道路抢修问题，决定增加抢修兵力和工程机械，进一步加快施工进度。同日，成都军区联指联勤部整合防疫力量，把专业防疫力量编组成5个防疫监控队，将各责任区防化部（分）队编组成6个防疫消毒队，并安排20～30支卫生救护小分队深入农村，确保关键地段和重点乡镇有防疫组、重点村组有防疫点、部队班排有防疫员。

5月30日 全国总工会发出《关于授予抗震救灾重建家园先进集体“工人先锋号”的通知》，在全国职工中开展以“抗震救灾做贡献、重建家园立新功”为主题的“工人先锋号”创建活动。

5月30日 共青团中央书记处研究决定，充分尊重广大共青团员支援灾区的心愿，共青团中央接受共青团员自愿交纳“特殊团费”并转交地震灾区。同日，共青团中央办公厅下发《关于做好部分团员交纳“特殊团费”支援抗震救灾工作的通知》。

5月30日 全国妇联、中央文明办、教育部等13家单位主办的六一国际儿童节《我们在一起》心系灾区儿童特别节目在北京举行。同日，全国妇联发出《关于在抗震救灾中充分发挥妇联基层组织作用的通知》。

5月30日 中国侨联、人力资源社会保障部联合举办的“侨商心系灾区·襄助万人就业”活动在北京启动。北京、重庆、广东等省（市）侨联、侨商会及侨商企业家代表在启动仪式现场与四川省侨联签订就业援助岗位意向1.37万个。

5月30日 四川省抗震救灾指挥部在成都召开会议，议定伤员出院办法主要由当地政府进行安排；及时落实有关政策，妥善做好遇难学生家长工作；建立军地双方卫生防疫信息沟通协调机制，各灾区驻军应将当天防疫工作进展情况向卫生部门报送；做好受灾农民工的求援工作。同日，指挥部还在成都召开灾后重建消防工作会议，提出在临时安置点实行联防，开展防火巡查，及时消除不安全因素。指挥部印发《关于进一步加强地震灾区过渡安置房建设工作的通知》《关于加强抗震救灾空中救援医用物资调配运送工作的紧急通知》《关于在重灾区设立过渡期临时医疗卫生机构的紧急通知》《四川省地震灾区过渡安置点建设消防系统措施》《四川省地震灾区安置点消防安全管理规定》。

5月30日 四川省抗震救灾款物监管工作会议在成都召开，要求监管工作重点放在建立制度上，促使抗震救灾款物接收、登记、调拨、转运、发放、使用等各个环节更加规范；把公示、公开的要求落到实处，让群众准确了解救灾款物管理使用情况以及违纪违规问题查处情况，接受群众和社会监督。

5月30日 四川省灾后重建规划编制工作会议在成都召开，正式启动灾后重建规划工作；省政府印发《四川省汶川地震灾后恢复建设规划工作实施方案》。

5月30日 四川省委组织部选派79名省直机关优秀年轻县处级干部到广元、阿坝、德阳、绵阳、雅安5个重灾市（州）挂职，帮助开展抗震救灾工作。

5月30日 甘肃省委、省政府在兰州召开全省灾后重建工作电视电话会议，安排部署甘肃省灾后重建工作，甘肃省灾后恢复重建工作全面启动。同日，省政府办公厅印发《甘肃省灾后恢复重建工作总体安排方案》《关于抗震救灾及灾后重建税收政策的通知》。

5月30日 甘肃省委书记陆浩到陇南市武都区马街镇姜家山村、康县王坝乡李家山村查看灾情，指导灾后重建。同日，甘肃省在兰州召开全省灾情核查工作会议，决定派10个工作组分赴灾区指导督促灾后恢复重建工作。

5月30日 河北省委在石家庄召开常委会议，部署河北省下一步支援灾区过渡安置房建设工作。

5月30日 黑龙江省委办公厅、省政府办公厅发出通知，成立支援四川汶川等地抗震救灾和灾后重建工作领导小组。

5月30日 安徽省支援四川抗震救灾前线指挥部在成都正式挂牌。

5月30日 韩国总统李明博到都江堰察看在地震中受损垮塌的中国银行都江堰支行营业部和蒲阳路群众健身活动中心，并在走访都江堰市幸福家园灾民安置点时为安置点题词。李明博是第一位访问四川灾区的外国元首。

5月30日 红十字国际委员会发出紧急呼吁，计划筹集9300万美元用于未来3年汶川地震灾区的救灾和恢复重建项目的实施。

5月30—31日 卫生部和四川省抗震救灾指挥部医疗保障组在成都召开联席会议，商议部省合作制订医疗卫生系统重建规划，协调转运伤员在省外治疗和省内救治伤员经费等相关问题。

5月30日至6月底 中央纪委、监察部共派出两批5个专项检查组，到四川、甘肃、陕西三省和中央有关部门、社会组织、群众团体专项检查款物监管工作机构的设置和运行，国内外社会捐赠款物管理使用，因灾困难群众临时生活救助金、救济粮和“三孤”人员基本生活费发放，以及住房建设补助执行情况。中共中央书记处书记、中央纪委副书记、抗震救灾资金物资监督检查领导小组组长何勇在动员会上强调，要严格检查，确保抗震救灾资金物资真正用于灾区，用于受灾群众。

5月31日 中共中央总书记、国家主席、中央军委主席胡锦涛到宁强县看望慰问受灾群众和救灾人员，实地考察抗震救灾和恢复重建工作。赴宁强途中，胡锦涛把当地有关负责人召集在一起，了解灾情，询问抗震救灾和群众安置情况。胡锦涛到宁强县金山寺村一个简易防震棚看望正在老师辅导下复习功课的孩子们，代表党中央向孩子们致以节日的祝福，向孩子们赠送学习用品，并向全国广大少年儿童和少儿工作者表示诚挚的问候。胡锦涛在黑板上写下“一方有难，八方支援；自力更生，艰苦奋斗”16个大字。随后，胡锦涛到金山寺村一个村民小组查看灾情，了解当地抢险救灾情况，并到兰州军区第三医院、武警陕西总队医院、广坪镇卫生院设在金山寺村的帐篷医疗点看望受伤群众。同日，胡锦涛在列车上主持召开会议，听取陕西省关于抗震救灾和恢复重建工作汇报。胡锦涛指出，要坚持把人民利益放在高于一切的位置，尽最大努力挽救伤员生命、减轻伤员病痛。要着力加强卫生防疫力量，防止灾区疫病流行。要千方百计安排好受灾群众生活，确保受灾群众有饭吃、有衣穿、有干净水喝，尤其要下最大的力气解决好受灾群众最急迫的临时住所问题，迅速筹集救灾帐篷、活动板房，让受灾群众尽快安顿下来，让灾区学生尽快复课。胡锦涛强调，要夺取抗震救灾的全面胜利，既需要依靠中央大力支持和全国人民无私援助，也需要发动灾区干部群众互帮互助、奋起自救。

5月31日 中央抗震救灾资金物资监督检查领导小组在成都召开现场会，要求各级审计机关全力以赴抓好对抗震救灾款物全方位、全过程的跟踪审计，促进救灾款物筹集合法有序、救灾款物管理安全有效、救灾款物分配公平公正、救灾款物使用合规合理。

5月31日 中央纪委副书记、监察部部长马馼率专项检查组到达成都，听取四川省有关部门对抗震救灾款物管理使用监督检查情况的汇报，研究确定检查工作方案。6月1-10日，检查组在四川灾区开展抗震救灾款物管理使用专项检查工作。4日，马馼一行在兰州听取甘肃、陕西两省抗震救灾资金物资监管工作汇报，并与两省纪检监察干部座谈。

5月31日 国务院办公厅发出《关于加强汶川地震抗震救灾捐赠款物管理使用的通知》，明确加强救灾捐赠款物管理使用基本原则，要求规范救灾捐赠款物接收管理，保证捐赠工作有序进行；加强规划引导，合理有效使用救灾捐赠款物；完善统计和信息公开制度，增强救灾捐赠工作透明度；建立部门协调机制，加强对救灾捐赠工作的监督检查。

5月31日 国务院抗震救灾总指挥部基础设施保障和灾后重建组在北京召开第17次会商会议，研究做好灾区生活生产恢复和灾后重建相关工作。

5月31日 教育部党组在北京召开会议，要求做好地震灾区伤亡学生善后、灾区学校建筑安全评估和鉴定、灾区学生升学考试、灾后重建规划、抗震救灾资金物资监管等工作。同日，教育部与四川省共同组成汶川地震灾后重建教育规划组。

5月31日 民政部办公厅发出《关于开展帐篷生产情况和抗震救灾款物管理使用情况自查工作的紧急通知》，要求各地民政部门对帐篷生产和保障情况、抗震救灾资金物资管理使用情况进行一次全面自查，并明确自查内容与重点、自查安排。

5月31日 财政部、教育部联合发出《关于切实做好高校地震受灾学生资助工作的紧急通知》，要求各高等院校将在校普通本、专科生中生源地为地震重灾区的农村学生和城市家庭经济困难学生纳入国家助学金资助范围，同时向这些学生给予一次性特殊困难补助和伙食补贴。

5月31日 住房城乡建设部、国资委联合发出《关于紧急组织生产5万吨聚苯乙烯的通知》，要求中国化工60天内提供总量5万吨活动板房所需聚苯乙烯，中国石化、中国石油配合在45天时间内分别组织生产供货3.5万吨和1.5万吨所需原料苯乙烯等，用于灾区群众临时安置房生产。同日，住房城乡建设部部长姜伟新一行到绵竹考察天津市、辽宁省援助四川灾区过渡安置房建设工程。

5月31日 铁道部在北京召开会议，研究汶川地震灾后铁路重建规划工作，并决定成立铁路灾后重建规划组。

5月31日 卫生部、民政部、财政部联合发出《关于妥善解决接收四川地震灾区伤病人员有关问题的通知》，要求对重伤员立即转送邻近省市救治，各地要妥善做好接收地震灾区伤病人员的医疗救治和出院返程工作。同日，卫生部办公厅、中国残联办公厅联合发出《关于做好四川汶川地震转送伤员医疗救治和康复工作的通知》，对康复对象、康复原则和康复工作要求作出明确规定。

5月31日 卫生部抗震救灾工作领导小组在北京召开会议，议定制订中央明确恢复重建对口支援分工后卫生救援工作任务、布局与结构调整方案，及时了解转运伤员救治情况，研究制订卫生防疫和监督工作布局与人员结构调整方案，并提出过渡期间灾区群众看病就医费用解决办法。同日，卫生部部长陈竺一行到安县考察灾后卫生防疫和医疗保障工作。

5月31日 人口计生委发出《关于做好地震灾区子女伤亡家庭有关扶助工作的通知》，要求在灾区全面实施计划生育家庭特别扶助制度，对有子女在震灾中伤亡的家庭给予再生育政策的照顾，提供免费生育咨询和技术服务；配合有关部门做好收养、领养地震孤儿的政策衔接工作；充分发挥人口和计划生育公共服务网络的优势，深入扎实做好心理安抚和思想工作。

5月31日 电监会在成都召开会议，要求做好水电站大坝安全收尾工作，做好对口支援物资工作，加强临时用电安全监管。

5月31日 食品药品监管局组织广州、上海医疗器械质量监督检验中心派出医疗器械检验专家组，到成都协助四川省食品药品监管局开展对境外捐赠的3类医疗器械追踪检验相关工作。

5月31日 总政干部部、总后卫生部组织成立军队抗震救灾医学专家指导团，以远程医学讲座、远程医学会诊和现场指导等方式开展地震伤员救治指导工作。工程院院士、解放军总医院高级专家卢世璧以《地震伤员创伤伤情特点及救治技术》为题，通过全军远程医学网作首次讲座。

5月31日 成都军区联指总指挥李世明在成都主持召开会议，围绕中央军委确定的抗震救灾任务，进一步研究贯彻落实措施。会议决定，狠抓任务落实，切实搞好保障，做好安全管理工作。同日，联指政委张海阳主持召开会议，研究进一步抓好抗震救灾中政治工作。

5月31日 成都军区驻川77116部队所属92734号运输直升机执行抗震救灾任务返回途中，在汶川县映秀镇附近因突遇低云大雾和强气流失事，机长邱光华及机组成员与因灾受伤转移群众、相关人员共18人全部遇难。6月1日，在陕西指导抗震救灾工作的中共中央总书记、国家主席、中央军委主席胡锦涛获悉后立即指示组织力量搜救。受胡锦涛委派，中央军委领导赶赴成都指挥搜救工作。2日，胡锦涛听取有关失事直升机当日搜救情况汇报，指示继续全力搜救。成都军区每天出动部队官兵和民兵预备役人员1万人左右，连续进行地空联合搜救。8日，成都军区空军高级工程师王君利用高科技手段分析航行轨迹，凭借经验判定一处直升机疑似失事地点。10日，四川省军区司令员夏国富等率部队官兵、民兵预备役人员300余人据此在映秀镇大红崖山脊下方密林陡坡发现失事直升机残骸和17具遇难者遗体。同日，胡锦涛得悉失事直升机找到消息后立即作出批示，向遇难机组人员和机上群众表示沉痛悼念，向遇难人员亲属表示亲切慰问，向执行搜救失事直升机任务的部队官兵和民兵预备役人员表示衷心感谢。12日，雅安陆军预备役步兵团搜寻到失事直升机黑匣子和最后一具遇难者遗体。

5月31日 各民主党派中央、全国工商联领导人等一行到北川羌族自治县擂鼓镇、什邡等地查看灾情，慰问受灾群众。

5月31日 四川省抗震救灾指挥部在成都召开会商会，强调抗震救灾工作进入新阶段后，要着眼受灾群众的长远生计和灾区未来更好更快发展，加大生产自救和灾后重建工作力度。同日，指挥部印发《灾区废墟清理及废物处理卫生防疫技术指导意见》《关于尽快恢复灾区市场经营的紧急通知》《关于做好民政部救灾物资和发放工作的紧急通知》。

5月31日 四川省委书记刘奇葆到北川、平武、广汉等重灾地区考察受灾群众安置情况，指导抗震救灾工作。

5月31日 某国捐赠的一批援赠物资运抵成都双流机场，四川检验检疫局检疫人员在检疫查验时发现393箱货物中大部分纸巾、卫生巾、纸尿布等裸露存放，不符合卫生检疫标准。检疫人员随即暂扣这批货物，之后进行销毁处理。

5月31日 83名来自四川地震灾区的孤老、孤残和孤儿乘1718次列车从成都抵达银川。这是全国首批转移安置的灾区“三孤”人员。

5月31日 甘肃省抗震救灾总指挥部发出通知，成立抗震救灾专家委员会，下设灾情评估、次生灾害防治、疫病防控、灾后重建规划、生产恢复5个专家组，由35名专家组成。同日，总指挥部还发出《关于规范地震灾区医疗救援工作的通知》。

5月31日 甘肃省委书记陆浩到康县部分受灾学校看望灾区儿童，省长徐守盛到康县检查指导受灾群众安置和灾后重建工作。

5月31日 中共中央政治局委员、上海市委书记俞正声到位于闵行区浦江镇的上海洋帆实业有限公司查看救灾帐篷生产情况。

5月31日 受日本政府委托，由日本相关学术单位成立的汶川大地震恢复技术援助前期考察团与中方相关单位在成都举行中日四川汶川大地震灾害修复与重建技术交流研讨会。

5月31日至6月3日 中共中央政治局委员、国务院副总理张德江到汶川县映秀镇查看公路抢修现场，到民航西南空管局区域管制室、成都火车站、中国移动四川网管中心考察民航运输、铁路救灾物资抢运和通信恢复保障情况，到东方电气集团、中国二重以及部分军工企业、蓥峰实业有限公司等受灾严重企业查看受灾情况和职工、家属安置情况。

6月

6月1日 中共中央总书记、国家主席、中央军委主席胡锦涛到陇南市考察抗震救灾和恢复重建工作。胡锦涛先后到陇南市康县王坝乡李家庄村和武都区马街镇姜家山村看望慰问灾区干部群众及救援部队官兵，到陇南市第一人民医院看望伤员和医护人员以及前来支援中国抗震救灾的巴基斯坦国际医疗队。晚上，胡锦涛在列车上主持召开会议，听取甘肃省委、省政府关于抗震救灾和恢复重建工作汇报。胡锦涛充分肯定甘肃抗震救灾斗争取得的重大阶段性成果，要求甘肃广大干部群众按照中央的决策部署，奋力夺取抗震救灾斗争的全面胜利，努力保持经济社会发展的良好势头，维护社会大局稳定。中共中央书记处书记、中央政策研究室主任王沪宁等一同考察。

6月1日 中共中央政治局常委、国务院副总理李克强在北京主持召开国务院抗震救灾总指挥部会议，听取发展改革委主任张平关于对口支援初步方案汇报，研究对口支援有关问题。会议原则同意发展改革委提出的有关意见，要求按照支援地区经济实力和受灾地区受损程度，合理确定对口支援组合方案，由东部、中部省份以及重庆市分别对口支援四川省重灾县，对甘肃省、陕西省也要建立对口支援关系。根据会议精神，发展改革委会后对初步方案进行了论证和修改。

6月1日 中共中央政治局委员、国务委员刘延东到北京市集中收治四川地震灾区受伤少年儿童的医院，和灾区少年儿童共度六一儿童节，并向他们赠送了礼物。

6月1日 发展改革委、水利部下拨什邡市2008年地震重灾区乡村应急供水设施中央预算内投资1000万元，用于应急抢修恢复供水工程。同日，中东部省（区、市）发改委主任、投资处处长座谈会在北京召开，专题研究汶川地震灾后恢复重建对口支援工作。

6月1日 民政部印发《汶川地震抗震救灾生活类物资分配办法》，对汶川地震救灾生活类物资分配、发放和使用的原则、程序、制度、监督等作出规定。同日，民政部还印发《汶川地震抗震救灾资金物资管理使用信息公开办法》，对汶川地震抗震救灾资金物资和管理使用者主体及信息公开的事项、内容作出规定。2日，民政部成立抗震救灾资金物资监督检查领导小组。

6月1日 财政部、民政部、人力资源社会保障部、卫生部联合发出《关于下达医疗卫生补助资金的通知》，明确地震伤员在紧急医疗救治阶段及之后治疗经费的解决渠道。通知明确，在紧急医疗救治阶段对伤员实行免费救治，对医疗卫生机构实行合理补偿。中央财政安排6亿元资金，对四川、甘肃、陕西、重庆、云南五省（市）地震伤员紧急医疗救治的费用给予补助。同日，财政部、旅游局紧急安排400万元，用于甘肃省旅游业灾后重建。

6月1日 卫生部办公厅发出《关于做好四川汶川地震转送伤员信息报送工作的紧急通知》，要求保证转送伤员信息数据的准确和完整，为以后的救治和安置工作提供决策依据。

6月1日 气象局发出《关于进一步做好抗震救灾气象服务工作的通知》。

6月1日 电监会发出《关于加强灾后居民临时安置点安全供用电管理的紧急通知》，要求避免不安全供用电给灾区群众造成进一步的人身伤害和财产损失。

6月1日 国防科工局组织制定《5·12汶川大地震灾区国防计量能力恢复重建工作方案》。

6月1日 成都军区联指在成都召开会议，研究救灾部队如何科学救灾、保持部队持续战斗力和全面掌握救灾部队情况等问题。同日，联指在成都召开抗震救灾后勤保障工作会议、灾区道路抢修工作协调会。

6月1日 民进中央主办的“为了灾区的孩子们——中国民主促进会抗震救灾书画义卖捐赠活动”在北京举行。391位民进书画家会员的783幅作品参加义卖，募得善款429万余元。

6月1日 全国妇联举办的“促进灾区儿童健康成长”心灵呵护行动在成都启动，组织专家及家庭志愿者赴灾民安置点对儿童及家庭开展心理抚慰工作。

6月1日 中国石油向四川省政府交付其员工向地震灾区的捐款约1.27亿元，帮助灾区重建百所小学。至5月30日，中国石油向四川灾区捐款捐物折价累计超过3.2亿元。

6月1日 四川省抗震救灾指挥部印发《关于科学规范抗震救灾卫生防疫措施的通知》《灾区废墟清理及废物处理卫生防疫技术指导意见》《关于进一步加强灾区群众供水保障工作的紧急通知》《关于加强灾区无主动物管理的紧急通知》《关于灾区遏止浪费保护环境的情况报告》。

同日，指挥部聘请的308名社会监督员持证上岗。

6月1日 四川省省长蒋巨峰到安县灾区调研恢复生产和重建工作。

6月1日 陕西省委书记赵乐际、省长袁纯清到略阳县重灾乡村和受灾群众安置点转达中共中央总书记、国家主席胡锦涛的问候，部署抗震救灾和恢复重建工作。

6月1日 中共中央政治局委员、天津市委书记张高丽到天津中学看望从绵竹到天津就读的灾区学生，代表市委、市政府分别捐赠30万元及书籍和学习用品。

6月1日 香港演艺界发起的“5·12关爱行动”大会演在香港举行，为四川受灾同胞募集捐款3000多万港元。

6月1—2日 全国组织系统抗震救灾工作座谈会在北京召开。中共中央政治局常委、中央书记处书记、国家副主席习近平出席会议并讲话。中共中央政治局委员、中央书记处书记、中组部部长李源潮主持会议。习近平强调，各级党委要紧紧围绕一手抓抗震救灾工作、一手抓经济社会发展，进一步推进党的建设和组织工作，大力发扬前一段抗震救灾中那种拼搏和奉献精神，充分发挥党委的领导核心作用、基层党组织的战斗堡垒作用、领导干部的模范带头作用和共产党员的先锋模范作用，为夺取抗震救灾和经济社会发展的双胜利提供坚强的思想、政治和组织保证。

6月1—2日 国土资源部部长徐绍史一行到四川灾区调研，与四川省政府商讨国土资源支持灾后重建政策，并就地质灾害防治及灾后重建中的土地利用规划、国土资源方面的政策支持等事宜交换意见。

6月1—3日 中共中央政治局常委李长春赴四川灾区看望慰问灾区群众，转达中共中央总书记胡锦涛的亲切问候，并向灾区转移安置和受伤治疗学生转交中央宣传文化部门赠送的10万台收音机和一批少儿读物、学习用品。中共中央政治局委员、中央书记处书记、中宣部部长刘云山等一同看望慰问。李长春到绵阳市广播电视中心、绵阳日报社看望慰问新闻工作者，到平武县南坝镇查看灾情并看望参加抗震救灾官兵，到设在长虹培训中心的北川中学临时学校看望复课学生，到罗江县金山镇一个群众安置点看望受灾群众，到汶川县映秀镇查看灾情并看望慰问救援人员，到都江堰广播电视台看望慰问干部职工，在都江堰二王庙古建筑群听取文物管理部门情况汇报，到四川大学华西医院慰问接受治疗的受伤群众，在成都会见从北京到灾区体验生活的作家、艺术家。2日，李长春在列车上主持召开座谈会，听取四川省委、省政府汇报，对四川抗震救灾工作给予充分肯定，并就进一步做好抗震救灾宣传报道工作作出指示。

6月1—3日 卫生部部长陈竺一行到什邡市、成都军区总医院、汶川县映秀镇、四川省人民医院等地考察医疗救治、卫生防疫和预防接种情况，看望慰问地震灾区伤员和医护人员以及来自广东、重庆等地的医疗防疫专家。

6月1—3日 工商总局局长周伯华一行到重庆慰问抗震救灾的基层工商干部，考察重庆市工商行政管理工作。

6月2日 发展改革委、能源局、电监会和四川省政府在成都召开地震灾区电力抢修与重建工作会议，决定成立地震灾区电网抢修和恢复重建领导小组，全面负责督导、组织协调电网抢修和恢复等有关工作。

6月2日 国务委员、公安部部长孟建柱到公安部消防局看望慰问在抗震救灾中作出突出贡献的消防官兵。

6月2日 财政部、住房城乡建设部印发《地震灾区过渡安置房建设资金管理办法》，规定中央财政统筹安排的，专项用于地震灾区学校、医院等公共设施和安置受灾群众需要的活动板房购建及相关配套设施建设支出的资金实行专款专用、定额包干办法。

6月2日 人力资源社会保障部发出《关于全力做好地震灾区“三支一扶”大学生救助与就业工作的通知》。“三支一扶”是指大学生在毕业后到农村基层从事支农、支教、支医和扶贫工作。

6月2日 住房城乡建设部召开全国住房和城乡建设系统电视电话会议，进一步部署过渡安置房建设工作。会议发出《关于地震灾区过渡安置房（活动板房）建设有关问题的补充通知》，就过渡安置房建设过程中的规划选址、场地平整职责、场地建设规模、优先建设学校等公共设施等问题作出明确规定。

6月2日 农业部在北京召开抗震救灾和“三夏”生产专题工作会议，要求坚持两手抓、两不误，一手抓农业抗震救灾，全力推进灾区农业恢复发展；一手抓农业生产，全力推进“三夏”工作，确保夏季粮油丰收到手，确保秋粮面积稳定，确保重大动物疫情不反弹，确保其他农产品生产健康发展。

6月2日 商务部办公厅发出《关于请尽快启动商贸流通灾后重建规划工作的通知》，要求四川省商务厅尽快研究提出规划工作方案、规划提纲，支持灾区重建的政策。同日，商务部办公厅发出《关于加强流动售货车和帐篷商店管理的通知》。

6月2日 卫生部、民政部、财政部联合发出《关于妥善解决接收四川地震灾区伤病员有关问题的通知》，明确对收治四川地震灾区伤病人员的医院，按接收伤病人员数量，平均每人给予2.8

万元医疗费用补助；补助经费及接送伤病人员和随同陪护人员返川发生的费用从各接收地省级民政部门接受的抗震救灾社会捐赠资金中解决，捐赠资金如有不足，由各省级财政安排经费帮助解决。

6月2日 卫生部抗震救灾工作领导小组在北京召开会议，对继续完善各省卫生救援队伍对口支援布局调整方案、加强医疗救治和卫生防疫工作安全管理等作出部署。同日，卫生部召开与江苏、浙江、河南、重庆、四川五省（市）卫生厅（局）电视电话会议，了解四川汶川地震伤员救治与康复情况，研究讨论康复工作存在的主要问题和加强康复医学的意见、建议。卫生部办公厅印发《梭菌性肌坏死（气性坏疽）诊疗意见》。

6月2日 银监会办公厅发出《关于鼓励信托公司开展公益信托业务支持灾后重建工作的通知》，就信托公司开展公益信托业务有关事项作出规定。

6月2日 国家电网公司党组在北京召开会议，决定由华中五省一市对口支援四川地方电网：四川公司对口支援汶川县，湖北公司对口支援理县，湖南公司对口支援茂县，河南公司对口支援北川羌族自治县，江西公司对口支援小金县，重庆公司对口支援松潘县。

6月2日 新闻办在北京就汶川地震灾害和抗震救灾情况举行第21次新闻发布会，由侨办介绍全球华侨、华人支持中国抗震救灾及捐赠款物监管使用情况。

6月2日 国家基础地理信息中心牵头编制完成汶川地震灾后重建影像地图制作总体方案，以及分县影像地图、1∶2.5万影像地图、城镇和重点地区1∶5000影像地图等3个作业技术规范，同时试制样图，提供给相关作业单位使用。

6月2日 中医药局在北京召开座谈会，研究如何在下一步医疗救治、灾后易发疾病防治和卫生防疫工作中更好地发挥中医药作用。

6月2日 成都军区国防动员委员会发出《发挥优势，凝聚力量，坚决打赢抗震救灾这场人民战争》公开信，要求军分区、人武部和预备役部队积极协调地方党委政府，千方百计解决参战民兵预备役人员后顾之忧；号召参加抗震救灾的4.8万余名民兵预备役人员继续发扬英勇顽强、连续作战的战斗精神，在“进村入户”、救助群众和恢复生产、灾后重建中争当先锋，坚决打赢抗震救灾这场人民战争。

6月2日 农工党中央邀请有关部门负责人和专家在北京召开支持地震灾区重建工作座谈会。同日，致公党中央、九三学社中央分别在北京召开主席办公会议，研究部署抗震救灾工作。

6月2日 全国总工会发出《关于认真做好地震灾区工会组织恢复和重建工作，切实发挥工会作用的通知》，要求灾区工会在重建家园中发挥作用。

6月2日 中国红十字会总会发出《关于加强汶川地震捐赠款物管理使用的通知》，就依法管理使用捐赠款物、尊重捐赠者意愿、坚持专款专用原则、按实际发生费用据实列支、未明确捐赠用途资金安排、救灾物资采购、严格资金使用审批制度、提高捐赠款物管理使用公开透明度等提出要求。

6月2日 四川省抗震救灾指挥部印发《关于对地震灾区部分区域实行交通管制的紧急通知》《关于加强和规范水环境质量监测和信息发布的紧急通知》《关于做好过渡安置房（活动板房）需求数量统计工作的紧急通知》《关于做好接受对口支援基础工作的通知》《关于切实加强受灾群众安置点次生地质灾害防范工作的紧急通知》《关于公布公示救灾物资接收和分配情况的通知》《关于向重灾区派驻遇难学生家长工作指导组的通知》《关于进一步加强灾区食品安全工作的紧急通知》《组织社会监督员开展抗震救灾资金物资监督工作实施方案》。

6月2日 四川省成立"5·12"汶川大地震遗址博物（纪念）馆、纪念地（点）、纪念设施前期准备及地震文物征集工作领导小组。同日，省政府办公厅发出《关于做好汶川特大地震"三孤"人员身份确认和异地转移安置工作的紧急通知》。

6月2日 四川省实现对成都、绵阳、德阳、广元、雅安、阿坝6个重灾市（州）的446个乡（镇）、4185个村和680个灾民临时安置点的卫生防疫工作全覆盖，每个村有2～3名卫生防疫人员开展工作。

6月2日 甘肃省委、省政府在陇南召开抗震救灾工作会议，进一步安排部署陇南、甘南重灾区抗震救灾工作。同日，省抗震救灾资金物资监督检查领导小组派出3个督察组，分别到省民政厅、财政厅、卫生厅、教育厅和省总工会、共青团甘肃省委、省红十字会、省慈善总会等单位，对救灾资金物资的筹集、管理、分配、使用等情况进行检查。

6月2日 北京市委办公厅、市政府办公厅发出通知，成立北京市对口支援地震灾区领导小组及指挥部，领导小组组长由中共中央政治局委员、市委书记刘淇担任，副组长由市长郭金龙担任。同日，新疆维吾尔自治区党委、自治区政府在先前分别向陕西省捐赠500万元、4000万元后，再次向陕西地震灾区捐赠6500万元。

6月2—16日 来自都江堰、绵阳市区、北川等地灾区的89名孩子到三亚开展由海南省广播电视总台等单位主办的"心灵呵护"之旅。

6月3日 中共中央总书记、国家主席、中央军委主席胡锦涛与军队负责人通电话，指出：

“参加抗震救灾的广大官兵临危不惧、顽强拼搏，充分展现了我军听党指挥、服务人民、英雄善战的优良传统，涌现出许多生动感人的英雄集体和英模人物，在抗震救灾中发挥了主力军和突击队作用。军队抗震救灾中思想政治工作发挥作用是好的。由于这次地震灾害特别严重，救灾部队接受任务紧急，救援强度很大，官兵连续奋战，部分同志出现心理疾患，亟须进行心理救助。要发扬我军优良传统，发挥我军政治工作优势，加强思想政治教育，搞好宣传舆论引导，进一步加强思想政治工作，进一步激励官兵斗志，鼓舞部队士气。对出现心理问题和疾患的官兵，一定要多关心体贴，切实了解他们的思想、心理和身体状况，有针对性地帮助他们解除思想负担、化解心理障碍、医治身体疾患，使他们尽快恢复身心健康，精神饱满地投入工作。这方面的工作，既要请专业的心理医生做，也要发动各级领导和战友一起做。真挚的官兵情、战友情，对医治心理疾患也是非常重要的。总之，在这次严峻的抗震救灾斗争中，一定要坚持以人为本，继续充分发挥我军政治工作的强大威力。既要大力发扬我军政治工作的优良传统，又要在实践中不断创新方法和手段，研究解决好遇到的新情况新问题，进一步增强思想政治工作的主动性、针对性、实效性，使官兵经受住严峻考验和锻炼，使部队保持持续旺盛的战斗力。”

6月3日　中共中央政治局常委、国务院总理温家宝在北京主持召开国务院抗震救灾总指挥部第16次会议，讨论灾后重建规划工作方案和对口支援方案，部署灾区恢复生产工作。中共中央政治局常委、国务院副总理李克强，中共中央政治局委员、国务院副总理回良玉，国务委员兼国务院秘书长马凯，国务委员孟建柱等出席会议。会议要求，灾区在安置好群众生活的同时，要着力抓好恢复生产工作，包括抓好农业生产，加快恢复工业生产，大力加强基础设施恢复，做好灾区商贸流通和服务业恢复工作。会议原则同意灾后重建规划工作方案、灾后恢复重建对口支援方案，原则同意有关部门关于工业、农业、商贸流通和服务业以及应急基础设施恢复工作汇报，要求加强对灾后恢复重建的政策性支持。

6月3日　中共中央政治局常委、国务院副总理李克强在北京主持召开汶川大地震房屋倒损农户重建住房专题会议，提出中央财政安排400亿元，专项用于补助汶川地震房屋倒损农户重建住房；灾区省市要多渠道筹集农户倒损房屋恢复重建资金；地方财政要相应安排补助资金。会议还就灾区省市接收的社会捐赠资金使用、农户倒损房屋恢复重建贷款、调控建筑材料价格、动员社会各方面力量参与重建等问题提出要求。

6月3日　中宣部、广电总局、新闻出版总署在西安举行慰问陕西省抗震救灾一线新闻工作者物品发送仪式，向中央驻陕媒体、香港驻陕媒体和陕西省主要媒体发送慰问品300套。

6月3日　科技部在成都紧急启动9个灾区应急技术及产品应用示范项目，涉及卫生防疫、饮用水卫生、震后建筑安全快速检测勘察评价等方面，总经费为2700万元。

6月3日　民政部印发《关于汶川大地震四川省“三孤”人员救助安置的意见》，就孤儿安置、孤老和孤残人员安置、保障措施提出指导意见。意见明确了“政府主导、多方参与，就近为主、异地为辅”的总体原则和临时安置与长期安置相结合的办法和措施。同日，民政部发出《关于抓紧做好汶川大地震“三孤”人员身份核实和信息上报工作的通知》。

6月3日 司法部印发《关于加强司法行政系统抗震救灾资金物资监管工作的意见》，要求对司法行政系统抗震救灾资金物资进行全程跟踪审计、监察，做到来源、数额、用途、去向“四个清楚”。

6月3日 财政部、民政部、人力资源社会保障部、卫生部联合下发通知，下拨甘肃省5200万元地震伤员医疗救治专项资金。

6月3日 住房城乡建设部派出工作组赴灾区实地调研过渡安置房需求数量、结构和用地落实情况，确保供需准确对接。在随后两个多月的时间里，工作组走遍四川、甘肃、陕西三省10个极重灾县（市）和33个重灾县（市、区）的全部乡镇，调查掌握第一手资料。根据调研情况，住房城乡建设部协商三省采取多种途径安置受灾群众，及时调整板房建设总量和结构，提高“板房学校”、医院等公共服务设施比例，在节约土地和资金的同时，满足受灾群众的过渡安置需要。

6月3日 卫生部办公厅发出《关于加强对医疗卫生系统抗震救灾资金物资监管的通知》。同日，卫生部制定《地震灾区临时医疗机构建设指导意见》。

6月3日 质检总局发出《关于进一步加强地震灾区饮用水监测和食品、日用品质量安全监管工作的紧急通知》。

6月3日 安全监管总局党组派出安全生产专家指导组到四川、甘肃、陕西、重庆地震灾区指导开展抗震救灾和安全生产工作。

6月3日 国防科工局局长陈求发一行到四川灾区考察部分军工企事业单位，召开在川部分军工企事业单位座谈会，听取相关单位受灾情况以及抗震救灾工作汇报，听取四川核应急与核安保情况汇报。

6月3日 测绘局局长鹿心社一行在兰州与甘肃省就国土资源部采取措施保障抗震救灾和灾后重建的特殊政策进行座谈。

6月3日 四川省抗震救灾指挥部印发《关于进一步做好抗震救灾志愿服务工作的通知》《关于做好灾区防雨防灾工作的紧急通知》《关于做好接受救灾物资审计工作有关事宜的通知》《关于进一步做好遇难学生家长工作的紧急通知》《关于转发“5·12”地震灾区重建的若干建

议的通知》《救灾物资发放工作流程》。是日起，四川省每天定时公布全省特别是地震灾区的环境质量监测情况。

6月3日 四川省政府发出《关于北川羌族自治县县城地震灾害现场及同类灾害现场清理保护的规定》，要求为北川县城及同类地震灾害现场的清理保护工作提供保障，以确保地震遗址、遗迹及少数民族文化遗产和具有科学研究价值的实物资料等得到有效保护。同日，省政府办公厅发出《关于做好地震灾后市场服务体系重建规划编制工作的通知》《关于“5·12”汶川地震灾害损失统计工作的紧急通知》。

6月3日 什邡市人民法院在临时搭建的“帐篷法庭”内宣判：毛某因犯盗窃罪，被依法判处有期徒刑7年6个月，并处罚金2万元，盗窃赃物予以追缴。这是汶川地震发生后四川省首例宣判的趁灾犯罪案。

6月3日 甘肃省委在兰州召开常委会议，进一步研究部署群众生活安置和灾后恢复重建工作。同日，甘肃省灾后重建物资生产保障暨受损企业恢复生产工作会议在兰州召开，要求全省工交系统干部职工突出抓好灾后重建所需物资的调查统计工作，抓好急需产品生产，抓好项目施工和工程质量。

6月3日 陕西省委在西安召开常委（扩大）会议，研究部署灾后恢复重建工作。

6月3日 阿拉伯联合酋长国政府向中国提供5000万美元捐助。

6月4日 中共中央政治局常委、国务院总理温家宝在北京主持召开国务院常务会议，研究部署农业生产工作，审议并原则通过《汶川地震灾后恢复重建条例（草案）》。会议还对汶川地震房屋倒损农户重建住房中央补助资金问题进行研究并提出安排意见：中央财政安排400亿元，专项用于补助汶川地震房屋倒损农户重建住房。会议要求受灾省市多渠道筹集农户倒损房屋恢复重建资金。

6月4日（莫斯科当地时间） 中国驻俄罗斯大使刘古昌在大使馆为俄罗斯紧急情况部举行招待会，感谢俄方对四川汶川地震救灾工作给予的大力支持和帮助。

6月4日 教育部办公厅发出《关于调整2008年甘肃省普通高校招生来源计划的紧急通知》，要求各高校招生向地震灾区考生倾斜，各有关高校面向甘肃省的招生计划在原招生计划基础上增加2%。

6月4日 民政部发出《关于向川甘陕三省拨付抗震救灾定向捐款用于灾区福利设施建设的

通知》，下拨深圳市慈善总会抗震救灾定向捐款1.4亿元，用于儿童福利院、敬老院、残疾人福利康复中心等灾区福利设施建设。

6月4日　商务部、工商总局联合发出紧急通知，明确严禁商家假借“抗震救灾”“为灾区人民祈福”等名义，搞虚假宣传，违法违规开展商品促销活动。

6月4日　税务总局发出《关于四川省遭受地震灾害地区出口货物退（免）税有关问题的通知》，明确灾区企业申报出口货物退（免）税期限延长至2008年12月31日。

6月4日　新闻办在北京就汶川地震灾害和抗震救灾情况举行第22次新闻发布会，由民政部、外交部、商务部介绍汶川地震后接受国际援助情况。

6月4日　知识产权局发出《关于为地震重灾区涉及专利事务的当事人提供有关优惠政策的通知》，明确对地震重灾地区涉及专利事务的当事人提供有关优惠政策，优惠政策截止日期为2008年12月31日。

6月4日　由国家旅游局、四川省政府共同组成的汶川特大地震灾后旅游业重建规划指导小组在成都举行会议，灾后旅游业重建规划编制工作正式启动。

6月4日　总政治部下发《关于在抗震救灾任务部队中广泛开展“学人民、爱人民、为人民”活动的通知》。同日，总政治部、总后勤部相关部门组派65名专家组成军队抗震救灾医学专家指导团，加强对军队医院震区伤员救治工作的指导。

6月4日　成都军区联指在成都召开抗震救灾装备保障工作会议，听取救灾部队装备保障工作汇报，对进一步完善装备保障指挥体系、搞清装备保障需求、科学整合装备保障资源、加强装备管理和自身安全防范、深化非战争军事行动装备保障研究等工作作出部署。同日，联指印发《“进村入户”工作规定（暂行）》，对“进村入户”工作指导思想、工作任务、方法步骤、工作标准、部队自身管理和保障等作出规范。

6月4日　全国大学生志愿服务西部计划项目管理办公室印发《关于开展2008年大学生志愿服务西部计划抗震救灾专项行动的通知》，决定6月5—20日在中东部19个省（市）和部分受灾省份增招1090名志愿者，到四川、甘肃、重庆地震灾区开展为期一年的灾后重建志愿服务。7月15日，由共青团中央、教育部、财政部、人力资源社会保障部共同组织招募的1000名“抗震救灾专项行动”大学生志愿者分头到各受灾县参与灾区重建工作。

6月4日　中国残联发出《关于在全国残联系统开展对口支援地震灾区恢复重建工作的通

知》，要求全国残联对四川灾区残联的对口支援比照民政部《关于对口支援四川汶川特大地震灾区的紧急通知》确定的21个省份分别对口支援四川省一个重灾县的方案组织实施。

6月4日 四川省抗震救灾指挥部发出《关于做好堰塞湖泄洪区移民安置点医疗救治和卫生防疫工作的紧急通知》《关于在省政府门户网建立救灾物资需求信息平台的通知》。

6月4日 四川省委在成都召开常委（扩大）会议，研究抗震救灾安置阶段的工作安排，分析地震灾害后四川全省经济形势。同日，省政府印发《关于汶川大地震“三孤”人员救助安置的意见》；省委办公厅、省政府办公厅发出《关于成立四川省抗震救灾资金物资监督检查领导小组的通知》，要求成都、德阳、绵阳、广元、雅安、阿坝6个市（州）及其所属受灾县（市、区）、乡（镇）成立相应领导机构，省级有关部门及其他市（州）视情况设立工作协调机构。

6月4日 川中监狱600名服刑人员被转移到嘉陵监狱关押点。

6月4日 位于平武县南坝镇文家坝涪江支流石坎河上的高危级堰塞湖——文家坝堰塞湖通过排险泄流，基本排除险情。同日，位于青川县红光乡清竹江东河口上游3公里处的高危级堰塞湖——石板沟堰塞湖成功实行第一次爆破；8—9日，经过连续爆破，堰塞湖进一步减小了溃坝危险。

6月4日 陕西省政府在西安召开常务会议，进一步研究部署灾后恢复重建各项工作。

6月4—5日 人力资源社会保障部部长尹蔚民一行到汶川县映秀镇、都江堰市查看灾情，就恢复生产和灾后重建过程中的人力资源和社会保障工作进行调研，还到彭州市通济镇慰问战斗在抗震救灾一线的四川省“三支一扶”（支农、支教、支医和扶贫）志愿者。

6月4—5日 质检总局在广东、上海两个片区同时召开过渡安置房、救灾帐篷质量监督服务现场会，部署过渡安置房、救灾帐篷质量监督服务有关任务和要求，并就确保灾后重建相关产品质量安全提出一系列工作措施和要求。

6月5日 中共中央总书记胡锦涛在北京主持召开中央政治局常委会会议，研究部署汶川地震灾后恢复重建对口支援工作。会议指出，灾后恢复重建要坚持一方有难、八方支援，自力更生、艰苦奋斗的方针，按照“一省帮一重灾县”的原则，合理配置力量，建立对口支援机制，组织有关省市对口支援灾区，加快灾后恢复重建。会议要求，承担对口支援任务的有关省市要按照中央的统一部署，积极为灾区提供人力、物力、财力、智力等各种形式的支援，优先解决受灾群众的基本生活条件，帮助恢复建设城乡基础设施、公共服务设施和居民住房，开展人才培训、科技支持服务等工作。中央统一研究制定对口支援的优惠政策。

6月5日 中共中央政治局常委、国务院总理温家宝到绵阳考察唐家山堰塞湖抢险情况，看望抢险部队指战员，并在绵阳机场看望俄罗斯米-26重型运输直升机机组成员，接见陆航部队飞行员代表。晚上，温家宝在列车上主持召开国务院抗震救灾总指挥部第17次会议，研究部署唐家山堰塞湖应急处置工作。会议议定，尽早实现导流渠泄洪，继续做好移民避险工作，健全监测预警机制，继续完善相关政策措施。国务委员兼国务院秘书长马凯一同考察并出席会议。

6月5日 国务委员兼国务院秘书长马凯在国家信访局呈报的《群众来信》第285期《四川省乐山市地方志编纂委员会离休干部王水关于编修〈2008·中国抗震救灾志〉的紧急建议》上作出批示："实属必要，先请国务院应急办商有关部门提出工作方案建议。"

6月5日 科技部派出由19人组成的抗震救灾应急分析专家组到达汶川县映秀镇，开始对震中映秀镇周围的水源、土壤、大气和建筑物等对象进行采样分析。

6月5日 国务委员、公安部部长孟建柱在北京与公安部抗震救灾指挥部宣传组工作人员座谈，向所有参加抗震救灾的公安宣传干部和新闻工作者致以亲切的慰问和崇高的敬意。

6月5日 公安部全国公民身份证号码查询服务中心开始免费为保险公司在地震灾区办理保险理赔业务提供身份信息服务，对确认投保人、被保险人、受益人的身份提供信息支持。同日，公安部就对口支援灾区消防部队有关工作进行部署，要求上海、湖南、北京等18个省（市）消防总队对口支援成都、德阳、绵阳、广元、阿坝、汉中、安康、甘南8个支队；四川省公安消防总队从本省非灾区抽调210官兵支援重灾地区；公安部消防局从南京士官学校、昆明指挥学校和武警学院抽调546人增援灾区。

6月5日 人力资源社会保障部重建规划组研究制定《人力资源社会保障部抗震救灾重建公共服务设施建设规划组工作方案》，提出以健全服务体系、完善服务功能、强化服务手段、创新服务模式、提高服务水平为重点，建立健全覆盖城乡的就业和社会保障服务网络，促进就业局势稳定和职工队伍稳定，维护劳动者合法权益，促进经济社会和谐发展；特别着力做好公共就业服务、社会保障服务、基层劳动保障工作平台、技工院校和信息系统重建规划的编制工作。

6月5日 卫生部、农业部、商务部、工商总局、质检总局、食品药品监管局联合发出《关于进一步加强地震灾区食品安全工作的紧急通知》，要求强化灾区食品安全工作的组织领导，加大农产品质量安全监管工作力度，加强食品安全监督检查和技术指导，深入开展食品安全宣传教育。

6月5日 卫生部抗震救灾工作领导小组在北京召开会议，决定成立地震灾后卫生系统重建规划编制工作小组，并就提出医疗机构等基础设施建筑标准和建筑规范、开展灾损调查等工作提出要求。

6月5日 广电总局在北京召开会议，研究部署抗震救灾及灾后重建有关工作，听取赴四川、陕西、甘肃工作组和调研组的汇报，介绍三省灾区广播电视的受损情况、应急恢复播出情况、存在问题及建议。会议决定，成立广播影视灾后重建规划工作领导小组，印发《四川地震灾区广播电视过渡期恢复播出方案》。

6月5日 由海峡两岸关系协会与台湾金门酒业公司、台湾演艺经纪人协会共同发起，中央电视台和九州文化传播公司主办的“两岸同心、重建家园”义演晚会在北京举行，并通过台湾TVBS电视台等媒体在台湾岛内播出。台资企业代表和台胞捐款6400万元，用于捐建灾区希望小学。

6月5日 证监会主席尚福林到四川灾区考察证券期货经营机构、上市公司的受灾情况，与省政府相关负责人就资本市场支持灾后重建问题交换意见。

6月5日 保险业地震灾害保险理赔工作小组在成都召开会议，要求保险公司加快理赔进度，提高理赔效率，保证理赔质量，切实保护被保险人合法权益。

6月5日 新闻办在北京就汶川地震灾害和抗震救灾情况举行第23次新闻发布会，由住房城乡建设部介绍抗震救灾和灾后重建规划工作的有关情况。

6月5日 国家电网湖北、湖南、江西、重庆、河南公司支援四川公司完成所有抢修恢复任务，累计抢修恢复变电站45座，其中220千伏变电站12座、110千伏变电站33座。

6月5日 中央军委领导在成都主持召开抗震救灾部队军以上领导干部会议，传达中央军委主席胡锦涛关于进一步加强思想政治工作、注重抗震救灾部队官兵身心健康、使部队始终保持旺盛战斗力的重要指示，听取抗震救灾部队8个单位负责人的工作汇报和意见、建议，对贯彻落实中央军委明确的抗震救灾任务进一步提出要求。

6月5日 总后勤部发出《关于进一步加强抗震救灾部队卫生防疫工作的通知》。

6月5日 成都军区联指装备部邀请四川大学、成都大学、成都军区总医院等单位军地知名心理专家，通过举办集体讲座、组织心理咨询、逐班座谈交流、重点人员个别谈心等方式，对在什邡参加抗震救灾的装备部所属3个直属单位的800余名官兵进行心理疏导，消除官兵的恐惧感和疲惫感。

6月5日 民盟中央在北京召开主席办公会议，介绍灾区抗震救灾工作情况，研究部署民盟下一阶段抗震救灾和灾后重建工作。

6月5日 中国红十字会会长彭珮云、红十字会与红新月会国际联合会主席托罗一行到什邡查看灾情，慰问湖南省红十字会紧急救援队。同日，长江商学院和长江校友总会一行到都江堰考察学校受灾情况，通过中国红十字基金会渠道捐赠近3.6亿元，用于定向援建灾区教育项目。

6月5日 中华慈善总会向四川、甘肃、陕西地震灾区下拨救灾捐款3.5亿元。11日和7月11日，中华慈善总会两次通过陕西省慈善协会向陕西灾区捐款，每次5000万元，用于陕西地震灾区灾后住房、学校、医院、福利院等恢复重建。

6月5日 四川省抗震救灾指挥部发出《关于转发西南民族大学〈对“5·12”地震受灾民族地区先后重建的建议〉的通知》《关于对发现或提供失事直升机线索的个人实行奖励的通知》《关于解决老鹰岩堰塞湖抢险施工急需工程装备的紧急通知》《关于做好地震伤员出院有关工作的通知》《关于加大做好遇难学生家长工作力度的紧急通知》。

6月5日 四川省抗震救灾安置阶段工作电视电话会议在成都召开，总结前一段抗震救灾工作，部署安置阶段的工作，分析震后四川全省经济形势。会议强调，要始终坚持以人为本，把抗震救灾作为当前的中心工作，把妥善安置受灾群众特别是解决好安置住房作为重中之重，尽快恢复受灾群众的家庭生活，全力以赴抓安置，围绕安置抓恢复，抓好恢复促重建。

6月5日 甘肃省在兰州召开抗震救灾工作电视电话会议，对灾后恢复重建工作作进一步部署。

6月5日 陕西省召开会议，专题研究部署全省灾后重建规划编制工作。6日，陕西省抗震救灾指挥部印发《陕西省汶川地震受灾地区灾后重建规划编制工作方案》。

6月5—6日 中央军委委员、总装备部部长常万全到成都军区联指装备部北线装备保障基地抗震救灾任务部队检查装备保障工作，看望抗震救灾一线官兵。

6月5—7日 中共中央政治局常委、国务院副总理李克强到文县中庙乡、碧口镇、范坝乡和宁强县青木川镇等受灾严重乡（镇）看望慰问受灾群众及救灾人员，实地查看群众安置情况，指导恢复重建工作。6日，途经青川县姚渡镇时，李克强特地看望姚渡镇受灾群众。考察期间，李克强听取甘肃省、陕西省抗震救灾工作汇报，对两省抗震救灾工作所取得的阶段性重大成果予以充分肯定，并现场研究解决两省提出的实际问题。

6月5—9日 审计署审计长刘家义到陕西、甘肃灾区看望慰问一线审计人员，考察指导抗震救灾款物审计工作，与两省省委、省政府领导就加强救灾款物审计监督问题交换意见。

6月5—9日 中央军委委员、总政治部主任李继耐到青川、江油、安县、什邡、绵竹等地看望慰问部队及受灾群众，检查指导抗震救灾部队政治工作开展情况。

6月6日 国家主席胡锦涛同沙特阿拉伯国王阿卜杜拉通电话，代表中国政府和人民特别是灾区人民，向国王并通过国王向沙特政府和人民表示衷心感谢。阿卜杜拉再次就汶川发生地震灾害向中国政府和人民表示诚挚慰问。

6月6日 中共中央政治局常委、国务院总理温家宝继续在绵阳考察唐家山堰塞湖除险工作，看望部分转移安置群众和参加唐家山堰塞湖抢险工作的武警水电部队官兵、水利专家，并乘直升机到唐家山堰塞湖现场查看。同日，温家宝在绵阳机场主持召开紧急会议，要求各方面都要紧急行动起来，密切合作，团结一致，抓住有利时机，采取果断措施排除险情。国务委员兼国务院秘书长马凯一同考察并出席会议。

6月6日 中共中央政治局委员、国务委员刘延东在北京会见北川中学校长刘亚春等4名全国抗震救灾优秀教师代表。刘延东强调，全国教育系统要广泛宣传抗震救灾英雄，大力弘扬抗震救灾精神，使之成为加快灾区学校恢复重建和教育改革发展的强大动力。

6月6日 最高人民法院发出《关于依法做好抗震救灾恢复重建期间民事审判和执行工作的通知》，进一步对涉灾案件审判与执行工作的基本原则和一些具体法律适用问题作出规定。通知要求，依法做好灾区民事审判和执行工作，保障灾区人民生活，维护灾区社会稳定。

6月6日 中央抗震救灾资金物资监督检查领导小组在北京召开第二次会议。中共中央书记处书记、中央纪委副书记、中央抗震救灾资金物资监督检查领导小组组长何勇出席会议并讲话。会议要求，各部门进一步加强监督检查工作力度，突出监督检查重点，及时发现和纠正存在问题；灾区纪检监察机关要加强对抗震救灾物资分配、拨付和发放的监督检查，加大查办案件力度，重视对群众举报问题和新闻媒体揭露问题的查处；审计机关在审计工作中发现的重大违法违纪线索，要及时移送纪检监察机关和有关部门进行查处；各成员单位要各司其职，加强沟通协调。

6月6日 中央外宣办发出《关于加强境外记者在汶川地震灾区采访管理和服务工作的意见》，要求按照“既开放、又有序”与“搞好管理和服务”的总体要求，做好赴灾区实地采访的34家境外媒体53名记者的管理和服务工作。

6月6日 国务院办公厅印发《国家汶川地震灾后重建规划工作方案》，明确汶川地震灾后重建规划编制工作主要任务、责任主体和时间要求。方案明确，灾后重建规划编制要坚持统一部署、分工负责，区分缓急、突出重点，相互衔接、上下协调，规范有序、依法推进的原则。规划范围主要是汶川地震严重受灾地区，具体范围在灾后评估的基础上确定。规划期为3年。

6月6日 教育部发出通知，成立由部长周济任组长的汶川地震灾后学校恢复重建工作领导小组，统筹指导、协调和帮助灾区开展灾后学校恢复重建工作。同日，教育部在北京召开教育系统地震灾后重建对口支援工作电视电话会议。会后，教育部发出《关于做好教育系统灾后恢复重建对口支援工作的通知》，明确教育系统对口支援灾区总体要求、工作安排和几项重点任务。

6月6日 公安部发出通知，对防范和打击借抗震救灾之机进行的经济犯罪活动进行全面部署。同日，公安部发出《关于开展过渡安置房和帐篷防火性能专项检查的紧急通知》。

6月6日 财政部在北京召开会议，研究中央财政支持抗震救灾及灾后重建资金安排和税收等政策。

6月6日 住房城乡建设部发出《关于开展受灾地区风景名胜区灾情状况和游览安全评估工作的通知》，要求四川、甘肃、陕西三省建设厅和重庆市园林局开展灾情综合评估，编制恢复重建规划并组织具备安全游览条件的风景名胜区恢复正常运营。

6月6日 卫生部办公厅发出《关于加强抗震救灾医疗卫生救援安全管理工作的通知》，要求充分认识地震中出现余震和其他次生灾害以及各类传染病，医疗卫生救援人员要提高安全防范意识，注意因暴雨而发生的泥石流、山体滑坡、塌方等次生灾害。

6月6日 税务总局、财政部联合发出《关于地震灾区补发税务登记证问题的通知》，明确纳税人因地震损毁、丢失税务登记证的，主管税务机关应根据纳税人的申请及时予以补发，并一律免收税务登记证工本费。

6月6日 测绘局发出《关于统筹做好四川汶川地震对口支援灾后重建测绘保障工作的通知》。

6月6日 中医药局抽调6名专家组建中医心理医疗队，到德阳、绵阳市区、绵竹、都江堰、江油等地灾区开展工作。25日，医疗队完成任务。

6月6日 成都军区联指在成都召开会议，要求严格直升机动用审批程序，坚决杜绝再次发生飞行事故；紧紧围绕中央军委明确的抗震救灾任务等开展救灾工作，圆满完成各项任务；采取有力措施抓好安全管理工作，防止发生重大安全事故；进一步提高联指指挥效率，扩大抗震救灾效果。

6月6日 成都军区驻渝77133部队派出排险突击队，冒雨对茂县维城乡中村山上因地震崩塌悬于半山腰的两块巨石连续实施3次爆破，成功排除直接威胁山下乡政府和学校、电站及35户群众生命财产安全的危险物。

6月6日 中国人寿“5·12地震理赔特别行动”启动仪式在成都举行。随后，中国人寿从全系统30个省份调集300余名理赔专业人员到灾区各地进行震灾理赔援助。

6月6日 四川省抗震救灾指挥部发出《关于保障地震灾区过渡安置住房建设水泥供应的紧急通知》。同日，省政府办公厅发出《关于我省地震重灾区过渡安置房建设中涉及场地平整对口支援的通知》。

6月6日 四川省在成都召开灾后农业恢复和发展工作电视电话会议，安排部署四川省灾后农业恢复和发展工作。

6月6日 四川省女子监狱启动“回乡看亲人、感恩促改造”专项活动试点工作。随后，该活动在全省监狱单位开展。活动允许家在重灾地区、家庭有人员伤亡、家庭财产损失较重等几类情形的服刑人员陆续回家探视。

6月6日 四川省财政厅、卫生厅联合发出《关于“5·12”地震伤员紧急医疗救治阶段医疗救治费用财政结算工作的通知》，对四川省地震伤员紧急医疗救治阶段医疗费用财政结算工作的原则、资金、范围、方法和程序等作出规定。

6月6日 位于安县千佛镇双电村境内涪江支流茶坪河上的高危级堰塞湖肖家桥堰塞湖经开挖的泄水渠开始泄流。此后，经几次整修，肖家桥堰塞湖降为低危级堰塞湖，险情基本排除。泄流中，有关方面组织下游群众安全避险转移，无人员伤亡。

6月6日 眉山市承接产业转移重点项目签约暨推介会举行，签约20个项目，总投资45.23亿元。这是四川省汶川地震后第一场招商引资推介会。

6月6日 甘肃省抗震救灾总指挥部发出《关于尽快下拨发放抗震救灾应急资金的紧急通知》，对应急期资金下拨、发放提出要求，同时要求各市州按照省民政厅、财政厅要求对紧急转移安置群众实施救助。

6月6日 陕西省委书记赵乐际到宁强检查指导救灾重建工作。省长袁纯清到宁强一中参加宁强县高考考务工作培训会议，指导灾区高考准备工作。

6月6日（华盛顿当地时间） 美国红十字会、商业圆桌会和美国商会三方在华盛顿组织召开“中国地震、美国反应”圆桌会议。美国总统布什、国务卿赖斯以及参与援助中国救灾的美国慈善机构、企业界和非政府组织负责人出席会议。中国驻美国大使周文重在会上介绍了四川汶川地震造成生命财产受损情况、中国政府所采取的救灾措施、灾民安置工作进展以及进行重建的初步考虑。美国红十字会会长亨特宣布，美国红十字会再向四川地震灾区增加1000万美元的捐款。

6月7日 中央社会管理综合治理委员会发出《关于充分发挥社会治安综合治理作用，全力做好抗震救灾和恢复重建工作的通知》，要求各级综治部门把排查化解灾区各种矛盾纠纷和突出问题作为首要任务，进一步维护社会治安和社会稳定。

6月7日 民政部发出《关于开展汶川地震灾害损失评估工作有关事项的紧急通知》，评估内容包括地震灾区社会经济基本情况，与灾害范围评估相衔接的地震灾害影响范围和程度情况，灾害对城乡住房、基础设施、公共服务设施、农业生态、工商企业等直接损失评估情况，受灾省灾害损失综合分析评估。

6月7日 水利部部长陈雷、四川省省长蒋巨峰听取四川省气象局关于唐家山堰塞湖气象服务情况和未来几天的天气预报后，充分肯定了气象部门做出的成绩，并希望再接再厉继续做好唐家山堰塞湖后续气象预报服务。

6月7日 总政治部开设的“解放军抗震救灾战地广播电台”开播。这是解放军抗震救灾史上的首次专题播报。

6月7日 成都军区驻滇77289部队官兵使用无坐力炮对北川唐家山堰塞湖大件漂浮物实施射击摧毁。这是抗震救灾中第一次使用军事武器。同日，成都军区驻滇77208部队官兵采取投掷爪耙清理小型漂浮物、实施小爆破分解较大漂浮物等方法，疏通泄流口，并对泄流槽实施爆破，增大泄流量。

6月7日 四川省抗震救灾指挥部向国务院抗震救灾总指挥部及其四川前方指挥部报送《关于切实做好抗震救灾安置阶段工作的报告》。同日，指挥部发出《关于正确处理震后危房鉴定和拆除有关问题的紧急通知》。

6月7日 甘肃省委书记陆浩、省长徐守盛在天水会见深圳市委书记刘玉浦所率深圳市党政代表团，双方就深圳市对口支援甘肃重灾县恢复重建工作进行磋商，就援建重点任务达成共识。8日，代表团到陇南了解灾情和灾区群众困难，衔接对口支援工作，共商恢复重建方案，并向文县捐赠2000万元，向陇南灾区捐赠价值415万元的救灾物资。

6月7日 湖北省委成立由省长李鸿忠任组长的抗震救灾对口支援工作领导小组。

6月7日 应中国驻美国大使周文重邀请，美国马里兰大学创伤急救中心医疗队一行5人抵达成都，被安排到四川大学华西医院重症监护病房开展医疗救援工作。16日，医疗队回国。

6月7—8日 宁强县、略阳县3045名考生在新搭建的112间防震活动板房内参加2008年"特殊"高考。

6月7—8日 中共中央政治局委员、上海市委书记俞正声到都江堰考察地震灾情以及上海援建绵阳市过渡安置房建设情况，了解都江堰市对上海对口支援的考虑和要求。

6月8日 中共中央政治局常委、国务院总理温家宝签署第526号国务院令，公布《汶川地震灾后恢复重建条例》。条例共9章80条，分为总则、过渡性安置、调查评估、恢复重建规划、恢复重建的实施、资金筹集与政策扶持、监督管理、法律责任、附则，自公布之日起施行。条例规定，地震灾后恢复重建应当坚持以人为本、科学规划、统筹兼顾、分步实施、自力更生、国家支持、社会帮扶的方针和相关原则，并明确一系列制度和措施。这是中国首个专门针对一个地方地震灾后恢复重建出台的条例。

6月8日 国务院抗震救灾总指挥部卫生防疫组在北京召开第三次全体成员会议，分析抗震救灾卫生防疫工作形势和工作任务，进一步明确各成员单位职责分工和工作协调机制。

6月8日 总政治部在成都召开抗震救灾部队政治工作会议，传达了6月3日中共中央总书记、中央军委主席胡锦涛所作的关于做好救灾部队官兵心理服务工作的重要指示，就贯彻落实问题进行了研究部署。会议听取成都军区联指政委张海阳及各责任区、相关任务部队领导关于抗震救灾部队政治工作情况的汇报，部署下一阶段政治工作任务。同日，成都军区召开陆航部队安全工作会议，对下一步抗震救灾和搜救工作提出具体要求，以确保飞行安全。

6月8日 国家电网发出《关于加强灾区临时居住设施供用电安全管理的通知》。

6月8日 四川省政府发出《关于进一步做好灾后恢复重建建材物资供应工作的紧急通知》，要求为灾区建材物资供应工作创造良好的价格环境，维护正常的市场秩序。

6月8日 甘肃省灾后重建领导小组召开灾情评估会议，印发《关于进一步做好灾情核查工作的紧急通知》。同日，省抗震救灾总指挥部发出《关于下达过渡安置房指标的通知》，明确过渡安置房的指标分配为陇南市4.5万套、天水市1.5万套、甘南藏族自治州1万套。

6月8—10日 武警部队司令员吴双战到什邡、北川、宁强等地灾区检查指导抗震救灾工作，看望慰问参战官兵。

6月9日 中共中央政治局常委、国务院总理温家宝在北京主持召开国务院抗震救灾总指挥部第18次会议。中共中央政治局常委、国务院副总理李克强，中共中央政治局委员、国务院副总理回良玉，国务委员兼国务院秘书长马凯，国务委员孟建柱等出席会议。会议听取《关于李克强同志考察甘肃、陕西两省抗震救灾情况的报告》和《关于进一步做好灾区医疗防疫工作的建议》，研究进一步做好灾区医疗防疫和甘肃、陕西两省抗震救灾工作。会议要求，继续做好伤员救治工作，切实做好卫生防疫工作，尽快恢复灾区正常医疗卫生服务秩序，坚持“地方为主、对口支援”的原则，加强对灾区医疗防疫工作的指导。会议要求，甘肃、陕西两省各级党委和政府要认真贯彻落实中央抗震救灾工作部署，做好灾后重建各项工作，做好倒房重建工作，保障灾区粮食供应，加快基础设施恢复重建，加强次生灾害防治。会议要求，对唐家山堰塞湖处理工作，国土资源、水利、地震等部门要密切关注地质灾害、水位变化和余震等因素对堰塞体的影响，做好监测防范工作；环境保护、水利、卫生等部门要密切关注堰塞湖泄洪带来的污染物，做好垃圾清理、水污染处置和卫生防疫等工作；水利部要会同有关部门研究参照行蓄洪区运用补偿有关政策，对受淹农作物给予适当补偿。会议还要求，加强对各方面捐赠资金使用的监督管理，并纳入灾后恢复重建规划，全部用于灾区群众；财政、民政、监察、审计等部门要加强指导和监督，避免贪污挪用或浪费，提高资金使用效率。

6月9日 民政部印发《汶川地震灾后重建规划工作方案》，对民政部以及四川、甘肃、陕西三省民政厅灾后重建工作任务进行分解，主要涉及农村住房建设规划、公共服务设施建设规划、防灾减灾规划、政策研究等方面。同日，民政部发布公告，就社会组织在抗震救灾中开展救灾募捐活动和接收救灾捐赠款物转交有关事项提出具体要求。

6月9日 卫生部对唐家山堰塞湖泄洪区开展卫生学评价，组织有关专家对堰塞湖溃坝后消杀灭药剂需求进行测算。

6月9日 质检总局发出紧急通知，要求对灾后重建急需的7类建材产品生产实行“四优先、两免费”政策，即优先受理、优先审查、优先检验、优先发证，对灾区新申请生产许可证的7类产品生产企业免收检验费、免收审查费。

6月9日 总政治部颁发抗震救灾群众纪律“十不准”：不准私藏清理出的钱物，不准与群众争水争电争购物资，不准向灾区群众借款赊账，不准截留、私分救灾款物，不准接受灾区馈赠宴请，不准擅自进入群众居所，不准与地方人员不正常交往，不准涉足地方消费娱乐场所，不准违反少数民族风俗禁忌，不准通过参与救灾工程项目谋取私利。

6月9日 成都军区党委在成都召开常委会议，传达学习中央军委主席胡锦涛关于做好抗震救灾工作的一系列重要指示及抗震救灾部队政治工作会议精神，研究贯彻落实措施。会议要求，部队继续发挥突击队作用，完成抗震救灾后续任务；成都军区机关进一步组织和保障好抗震救灾部队；突出抓好安全工作，防止出现重大人员伤亡和重大损害群众利益事件。

6月9日 四川省抗震救灾指挥部印发《关于加强救援队伍后勤工作的意见》《关于切实加强地质灾害隐患点防灾措施落实工作的紧急通知》。同日，省政府发出《关于进一步做好灾后恢复重建建材物资供应工作的紧急通知》。

6月9日 四川省委书记刘奇葆到绵阳市受灾群众安置点和重点企业了解安置工作进展和企业恢复生产情况。

6月9日 甘肃省委在兰州召开有关负责人会议，研究部署灾后重建规划的制订、灾情评估、重建资金筹措、受灾群众生活安置等工作。

6月9日 陕西省抗震救灾指挥部在西安召开会议，进一步研究部署陕西省灾后恢复重建各项工作。

6月10日 国务院总理温家宝应约同德国总理默克尔通电话。默克尔就中国四川汶川地震向中方致以慰问，表示德方愿继续向中方提供支持和帮助，祝愿灾区人民早日重建家园。温家宝向默克尔介绍抗震救灾工作进展情况，感谢德国政府和人民给予中方的支持和援助。

6月10日 国务院办公厅转发国土资源部《关于做好当前地质灾害防范工作意见的通知》，要求地震灾区充分认识防范地质灾害面临的严峻形势，在现有地质灾害调查成果基础上，结合遥感调查资料解译，加快组织推进地质灾害隐患应急排查和评估工作，并尽快恢复地质灾害群测群防体系。

6月10日 中宣部、新闻办、广电总局、新闻出版总署、总政治部、新华社联合主办的“抗震救灾、众志成城——2008中国抗震救灾大型新闻图片展”在北京开展。展览分关怀、灾情、营救、援助、恢复5个主题部分，包括200余幅照片、图表。12日，中共中央政治局常委李长春，中共中央政治局委员、中央书记处书记、中宣部部长刘云山参观图片展。李长春强调，在抗震救灾斗争中展现出来的伟大民族精神是中华民族的宝贵精神财富，是进行爱国主义和社会主义教育的生动教材。25日，教育部、新华社联合主办的“抗震救灾众志成城——2008中国抗震救灾大型新闻图片展”进校园活动在北京大学启动。随后，新华社各地分社制作展览图片，陆续与各省（区、市）有关部门合作举办图片展。

6月10日 发展改革委发出《关于保障灾后重建物资供应加强价格监管的通知》，要求保证灾区重建急需的钢材、水泥、玻璃、木材、砖瓦砂石等物资供应，防止价格不合理上涨。

6月10日 商务部印发《关于鼓励地震灾区个体摊点经营搞活商品流通的意见》，要求灾区各级商务主管部门引导个体工商户参与灾后商业网点恢复工作，在较短时间内恢复经营；积极与当地邮政储蓄银行等金融机构沟通，帮助个体工商户获得必要的流动资金贷款。同日，商务部发出《关于解决灾区蔬菜卖难问题的通知》，要求天津市、安徽省、福建省、广东省商务部门帮助四川灾区对口支援地区解决蔬菜卖难问题。

6月10日 文化部在北京召开会议，听取文化部灾后重建规划调研组关于灾区文化、文物设施灾后重建情况的调研报告及文化部抗震救灾体验生活小分队工作汇报，研究部署文化系统抗震救灾有关工作。

6月10日 卫生部抗震救灾工作领导小组在北京召开会议，研究部署卫生系统恢复重建对口支援工作，要求加强领导，积极探索建立“条块结合、以块为主”的卫生对口支援工作机制。

6月10日 国防科工局在北京召开专题会议，研究部署军工系统生产恢复和灾后重建工作。

6月10日 中央军委领导等在北京会见军队参加全国抗震救灾英模事迹报告团成员，代表中央军委主席胡锦涛和中央军委向大家表示热烈的祝贺，向奋战在抗震救灾一线的解放军和武警部队全体官兵表示崇高的敬意。

6月10日 成都军区联指颁发抗震救灾“六条纪律”：一切行动听指挥，不得违抗命令、指示；发扬英勇顽强作风，不得临阵退缩；认真履职尽责，不得玩忽职守、失职渎职；严格经费物资管理使用，不得借物资采购、分配等时机谋取私利；切实加强协同配合，不得推诿扯皮、贻误时机；如实报告情况，不得瞒报谎报灾情、争功诿过。

6月10日 四川省抗震救灾指挥部在成都召开会议，专题研究受灾群众安置住房建设、堰塞湖排危除险、省外省内对口支援等工作，对受灾群众安置和恢复重建阶段的规划、宣传、恢复生产等工作作出部署。同日，指挥部还在成都召开过渡安置房建设现场会，要求活动板房建设工作在8月12日前保质、保量、按时完成；发出《关于尽快恢复地震灾区居民服务业经营工作的紧急通知》《关于上报受灾农户失地情况的紧急通知》。

6月10日 四川省地震重灾区过渡安置房建设座谈会在成都召开，要求各援建省市提出施工进度节点计划，采用倒排工期、交叉作业、平行作业方法，组建突击队展开劳动竞赛。

6月10日 四川省召开切断污染源加强卫生防病工作电视电话会议，要求各地各部门突出重点，采取积极有效措施，做到疾病防控工作全覆盖，确保大灾之后无大疫。

6月10日 成都市就业局举行灾后最大规模灾区群众专场招聘会。招聘会提供1.4万个就业岗位，进场交流2万多人次，2076人达成意向性就业协议。

6月10日 唐家山堰塞湖排险取得决定性胜利，比原定计划提前20天完成任务。11时30分，堰塞湖泄洪槽流量达到峰值6500立方米/秒。15时15分，洪峰顺利通过绵阳，下游群众无一伤亡，重要基础设施没有受到损毁。18时30分，唐家山堰塞湖水位从最高743.23米下降到720.25米，险情基本消除。11日16时，唐家山堰塞湖坝抢险指挥部决定全线解除黄色警报。中共中央总书记胡锦涛就此作出批示：请水利部部长陈雷向参与排险工作的全体人员转致亲切慰问和崇高敬意。同日，国务院抗震救灾总指挥部给唐家山堰塞湖应急处置指挥部发贺电。按三分之一溃坝方案紧急转移疏散的20多万群众返回家乡，悬在绵阳、遂宁两市130余万群众头上的重大安全隐患全面排除。

6月10日 位于安县高川乡泉水村睢水河黄洞子沟中段老鹰岩水电站附近的高危级堰塞湖老鹰岩堰塞湖堰塞体泄流槽完成施工，应急排险任务完成。

6月10日（休斯敦当地时间） 美国国家篮球协会（NBA）休斯敦火箭队中国球员姚明在休斯敦与火箭队一起举行新闻发布会，宣布为帮助四川地震灾区校园重建成立姚明基金会，并向灾区追加捐款200万美元。至此，姚明为四川灾区捐赠约1600万元人民币。

6月10日 日本兵库县神户市成立由兵库县和神户市防灾减灾相关机构、大学、经济团体及华侨华人等组成的支持中国四川大地震重建神户委员会。委员会根据中方需求，以阪神大地震灾后恢复重建经验和教训为参考，协调日方政府和民间组织，研究确定援助项目和方式并组织实施。12日，委员会在日本首相官邸向中国驻日本大使崔天凯赠送阪神大地震重建资料，日本首相福田康夫出席赠送仪式。

6月10—11日 甘肃省委书记陆浩到定西检查指导抗震救灾和灾后重建工作。

6月10—12日 中国红十字会会长彭珮云一行到汉中、安康灾区考察灾后重建工作。

6月11日 中共中央政治局常委、国务院总理温家宝在北京主持召开国务院常务会议，研究部署地震灾区恢复生产工作。会议强调，开展地震灾区恢复生产工作，必须贯彻落实科学发展观，充分发挥地方、企业和广大干部群众的主体作用，坚持自力更生、生产自救，加大政府支持力度，鼓励社会广泛援助，调动各方面积极性，形成合力。会议要求，要统筹安排，确保重点；

调整结构，优化布局；主动自救，多方支援；注重安全，维护稳定；广开渠道，扩大就业；加强领导，协调配合。

6月11日 中宣部、中组部、总政治部、中央直属机关工委、中央国家机关工委、北京市委、四川省委共同举办的抗震救灾英模事迹首场报告会在北京举行。中共中央政治局常委李长春，中共中央政治局常委、中央书记处书记、国家副主席习近平出席报告会。报告会前，李长春、习近平会见抗震救灾英模事迹报告团全体成员。报告会上，北川中学校长刘亚春等7人讲述了在抗震救灾斗争中的亲身经历和真切感受。中共中央政治局委员、中央书记处书记、中宣部部长刘云山，中共中央政治局委员、中央书记处书记、中组部部长李源潮等参加会见并出席报告会。11—13日，报告团成员分别为中直机关、中央国家机关和北京市干部、驻京部队指战员、武警官兵、公安民警、奥运健儿和首都高校师生共作报告19场，现场直接听众2万人。6月16日至7月3日，中宣部、中组部、总政治部等组织的抗震救灾英模37人事迹报告团分为6个分团，赴全国31个省（区、市）作巡回报告，共作报告31场，现场听众近7万人。

6月11日 国务院办公厅印发《汶川地震灾后恢复重建对口支援方案》，确定举全国之力，建立灾后恢复重建对口支援机制，加快地震灾区灾后恢复重建。方案明确对口支援内容、形式和任务，要求坚持“硬件”与“软件”相结合，“输血”与“造血”相结合，当前与长远相结合，调动人力、物力、财力、智力等多种力量，优先解决灾区群众基本生活条件。对口支援安排是：山东省支援北川羌族自治县、广东省支援汶川县、浙江省支援青川县、江苏省支援绵竹市、北京市支援什邡市、上海市支援都江堰市、河北省支援平武县、辽宁省支援安县、河南省支援江油市、福建省支援彭州市、山西省支援茂县、湖南省支援理县、吉林省支援黑水县、安徽省支援松潘县、江西省支援小金县、湖北省支援汉源县、重庆市支援崇州市、黑龙江省支援剑阁县、广东省（主要是深圳市）支援甘肃省受灾严重地区、天津市支援陕西省受灾严重地区。对口支援期限按3年安排。

6月11日 公安部印发《关于公安机关维护地震灾区社会治安秩序需把握的法律政策界限的指导意见》。同日，公安部抗震救灾前线指挥部在成都召开赴川公安特警联勤工作电视电话会议，要求赴川公安特警队开展“争创灾区群众满意的公安特警队、争创灾区群众满意的公安特警”活动。

6月11日 民政部会同财政部预拨地震农村居民房屋重建资金300亿元，其中四川省250亿元、甘肃省38亿元、陕西省10亿元、云南省1亿元、重庆市1亿元。对房屋倒塌或严重损坏、无家可归的农户重建住房，原则上按每户平均1万元的标准补助，对其他损房农户给予适当补助。同日，民政部办公厅印发《四川汶川地震紧急采购规定》。

6月11日 民政部、财政部联合组成政策调研组到四川灾区就临时生活救助期过后继续对地震灾区困难群众实施生活救助等问题进行调研。6月15日至7月6日，调研组先后向国务院提交《四川受灾群众临时生活救助调研报告》《汶川地震灾区群众生活未来安排政策方案选择》及4份后续政策建议。

6月11日 国土资源部发出《关于实行保障灾后恢复重建特殊支持政策的通知》，要求在继续做好地质灾害隐患排查的同时，在四川、陕西、甘肃、重庆地震灾区实行特殊土地政策，全力支持、保障灾区恢复和重建。

6月11日 住房城乡建设部发出《关于加强地震灾区过渡安置房雷电防护的通知》，对雷电防护措施要求、遵循规范、因地制宜原则予以明确。

6月11日 商务部向甘肃、陕西地震灾区分别支援50辆、30辆流动售货车，帮助恢复灾区临时商业网点。

6月11日 工商总局发出《关于加强建材市场监管，支持灾后重建工作的通知》，要求各级工商行政管理机关充分发挥职能作用，加大建材市场监管力度，积极支持地震灾区恢复重建。

6月11日 地震局、文物局在北京联合召开会议，研究开展地震遗迹、遗址保护及建立地震博物馆等相关工作。

6月11日 新闻办在北京就汶川地震灾害和抗震救灾情况举行第24次新闻发布会，由国防部介绍解放军和武警部队抗震救灾最新情况。

6月11日 侨办主任李海峰一行到陕西地震灾区考察，转赠海外侨胞捐款1000万元，用于陕西受灾地区中小学校和县乡卫生院重建。13日，侨办组织募集的海外侨胞“侨爱工程—抗震救灾”1000万元捐款及价值500多万元的救灾物资转交甘肃省。截至7月中旬，侨办与四川、甘肃、陕西、重庆、云南等省（市）侨办分别签署“侨爱工程—双百项目”责任书，投入捐赠资金约1.16亿元，用于在地震灾区建设66所侨爱学校、54所侨爱卫生院。

6月11日 食品药品监管局在重庆召开灾区食品药品监管系统基础设施灾后重建方案编制会议，组织灾区省市食品药品监管局有关负责人研究编制灾区食品药品监管系统基础设施灾后重建方案。

6月11日 成都军区驻滇77293部队在平武县锰业集团清理废墟时，挖出银行存款汇票500万元和雷管213枚、炸药35公斤，当即移交地方有关部门。

6月11日 国家标准化管理委员会根据应急程序，批准发布《水质 组胺等五种生物胺的测定 高效液相色谱法》（GB T21970—2008）。5月23日，四川省环境监测中心提出水中生物胺快速检测的紧急求助。科技部、国家标准化管理委员会紧急启动标准制定“绿色通道”，从立项确认到批准发布仅用时13天（按正常程序，国家标准起草工作需1~2年）。6月13日，国家标准化管理委员会、科技部共同组织召开该标准发布会。

6月11日 国家标准化管理委员会批准《四川、甘肃、陕西部分地区地震动参数区划图》，将其作为国家标准GB 18306—2001《中国地震动参数区划图》第一号修改单发布实施。

6月11日 四川省政府在成都召开专题会，研究进一步推进规划编制工作，提出“非常、统筹、衔接、主动、协同、时效、质量、责任”8个方面16字要求。同日，省政府办公厅发出《关于加强地震残疾伤员康复工作的通知》。

6月11日 汶川灾区部分地区夜间突降暴雨，泥石流等次生地质灾害加剧。汶川县启动紧急避险安置大转移行动，将城镇、山区群众、学生5万多人转移到绵虒镇至雁门乡的紧急避险走廊和绵虒镇、威州镇、雁门乡3个紧急避险区。

6月11日 甘肃省抗震救灾总指挥部发出《关于进一步加强抗震救灾资金物资管理使用信息发布工作的通知》。同日，甘肃省在兰州召开省长办公会议，专题研究落实甘肃省抗震救灾和灾后重建工作措施。

6月11日 陕西省政府、省军区在西安召开陕西省军地抗震救灾工作协调会，研究由驻陕部队派出人员参与该省地震灾区毁损房屋的拆除清理工作。同日，省委组织部印发《关于开展“结对帮扶、传递爱心”活动，支援受地震灾害村级党组织和党员做好恢复重建工作的意见》，动员375个省级部门和企业、中央驻陕单位、高校及非受灾市、县对汉中、宝鸡、安康三市375个灾情严重的村进行结对帮扶。

6月11日 香港红十字会康复及假肢中心项目揭幕仪式在德阳举行。

6月11-12日 甘肃省委书记陆浩到庆阳查看地震灾情，考察重点建设项目，就灾后重建和经济社会发展工作进行调研和指导。

6月11—22日 解放军审计署对成都军区联指抗震救灾经费、物资管理使用情况进行专项审计。共审计经费2.9亿元、物资折合5.43亿元，没有发现违纪、违规问题。

6月12日 中共中央政治局常委、中央纪委书记贺国强在北京会见参加全国抗震救灾英模事迹报告团的彭州市公安局政工监督室副主任科员蒋敏和青川县木鱼镇党委副书记、纪委书记赵忠兴。贺国强听取两人关于自己和同事们抗震救灾的事迹汇报，询问灾区情况和两人的工作生活情况，向灾区干部群众表示亲切慰问，向所有战斗在抗震救灾第一线的纪检监察干部致以崇高敬意。中共中央书记处书记、中央纪委副书记何勇参加会见。

6月12日 教育部在成都召开全国教育系统对口支援四川地震灾区恢复重建工作会议，要求结合四川实际情况，特别突出抓好重建规划制订和支持灾区中等职业教育发展。会上，山东、广东等18个支援省（市）与北川、汶川等18个重灾县（市）对口洽谈中等职业教育支援，形成对口支援工作方案。

6月12日 民政部、财政部、住房城乡建设部联合印发《关于做好汶川地震房屋倒损农户住房重建工作的指导意见》，要求按照《汶川地震灾后恢复重建条例》规定，明确重建工作原则，制订住房重建规划，科学选址、合理设计、保证质量，多渠道筹集重建资金，严格重建资金管理，加强对住房重建的组织领导。

6月12日 财政部与世界银行在北京联合召开地震灾后恢复重建国际经验和政策建议介绍会。世界银行对发放现金补贴、提供卫生服务、重建私人住房、建立巨灾保险制度提出意见和建议。

6月12日 卫生部抗震救灾工作领导小组在北京召开会议，听取《国务院关于进一步加强地震灾区医疗卫生防疫工作的意见》起草情况汇报。会议提出灾区医疗卫生防疫工作目标分期，要求在6月底前完成对口支援工作队伍布局的调整。会议强调，灾区医疗救治重点已由应急救治转为康复治疗，要把康复和心理干预列入重要日程。

6月12日 银监会召开银行业支持甘肃省抗震救灾专题座谈会，强调要重点抓好灾区存款挂失和存取汇款业务恢复、小客户与个人的救灾小额贷款、灾区助学贷款和房屋重建贷款等工作。

6月12日 审计署发布《关于汶川地震抗震救灾资金物资审计情况公告（第1号）》，通报河南省安阳县工商业联合会主要负责人擅自将捐赠资金用于购买救灾物资等3起抗震救灾资金物资审计中发现的违法违规问题。

6月12日 新闻办在北京就汶川地震灾害和抗震救灾情况举行第25次新闻发布会，由国务院法制办介绍《汶川地震灾后恢复重建条例》有关情况。

6月12日 国防科工局会同地震局召开国防科技工业地震检测预测技术研讨会。

6月12日 全国总工会发出《关于开展“抗震救灾，重建家园”十大帮扶行动的实施意见》，要求全国各级工会组织地方工会、各全国产业工会与重灾地区工会在资金、物资、技术、信息、生活、就业、助学、医疗、法律、文化10个方面开展结对帮扶行动。意见明确，北京、辽宁、内蒙古等21个省（区、市）总工会分别与四川省重灾地区的21个市、县总工会实行对口帮扶；全国15个副省级城市中的9个市总工会以多帮一的方式对口帮扶甘肃省、陕西省的灾区工会。13日，全国总工会召开新闻发布会，宣布“抗震救灾，重建家园”十大帮扶行动正式启动。19日，全国总工会又发出《关于“抗震救灾，重建家园”十大帮扶行动结对帮扶有关事项调整的通知》，根据国务院办公厅《汶川地震灾后恢复重建对口支援方案》，对实施意见中有关对口援建安排作出相应调整。

6月12日 四川省抗震救灾指挥部发出《关于组织发放救灾物资有关事项的通知》《关于安排人员帮助红十字会做好抗震救灾款物接收管理分发工作的通知》《关于开展食品安全联合检查指导通知》。同日，指挥部还发表感谢信，感谢支援四川抗震救灾的各救援队伍、广大志愿者、社会各界人士、港澳台同胞、海外华人华侨及国际友人。

6月12日 四川省委书记刘奇葆到彭州调研受灾群众安置和企业恢复生产情况。

6月12日 国家开发银行与什邡市政府签署框架性合作协议，向什邡市提供10亿元专项融资支持，主要用于灾后危房拆迁、救灾安置房建设、交通基础设施修复及重建、经济开发区恢复和发展、社会公共设施修复及重建。按照协议，国家开发银行在贷款评审机制、贷款利率、贷款期限、还贷保障机制等方面给予什邡市最优惠的贷款政策。

6月12日 甘肃省启动“千村妇女重建家园计划”，在10个受灾区建21个留守儿童之家，用两年时间援助地震重灾地区的1000户单亲特困母亲重建住房，并开展各种救灾扶困活动，帮助地震灾区妇女儿童重建家园、恢复生产。

6月12日 陕西省政府在西安召开常务会议，研究地震灾区农民房屋、中小学校、乡镇医院、城乡供水设施恢复重建规划等事项。

6月12日 安徽省成立由省长王三运任组长的对口支援松潘县恢复重建工作领导小组。

6月13日 中共中央、国务院在北京召开省区市和中央部门主要负责人会议。党和国家领导人胡锦涛、吴邦国、温家宝、贾庆林、李长春、习近平、李克强、贺国强等出席会议。吴邦国主持会议。胡锦涛全面分析了当前形势，提出做好抗震救灾和恢复重建、推动经济社会又好又快发展、筹办北京奥运会等工作的总体要求和主要任务。温家宝在讲话中通报了前一阶段抗震救灾工作情况和当前经济形势，对地震灾后恢复重建对口支援、保持经济发展良好势头等工作作出具体部署。会议指出，要坚持以人为本，继续全力以赴做好救治伤员、安置受灾群众、加强卫生防疫、防范次生灾害、抢修基础设施等方面的工作，并在此基础上尽快开展灾后恢复重建工作。灾后恢复重建是一项十分艰巨的任务，必须全面贯彻落实科学发展观，充分发挥社会主义制度能够集中力量办大事的政治优势，举全国之力，精心规划、精心组织、精心实施，扎扎实实做好工作。会议提出，灾后恢复重建必须坚持4个原则：一方有难、八方支援，自力更生、艰苦奋斗，科学规划、分步推进，因地制宜、分类指导。会议指出，按照"一省帮一重灾县"的原则，中央组织广东、江苏等19个省（市）对口支援四川省18个县（市）和甘肃省、陕西省受灾严重地区。会议指出，要组织力量，对这次汶川特大地震以及抗震救灾工作进行系统的研究总结。会议强调，各级党委要增强政治意识、大局意识、责任意识，坚决贯彻落实中央的决策部署，紧紧围绕全党的中心任务，坚持一手抓抗震救灾工作，一手抓经济社会发展，更好地发挥领导核心作用。各级领导干部要深入基层、深入群众、深入一线，及时发现和解决工作中存在的突出矛盾和问题。要大力弘扬抗震救灾的伟大精神，大力宣传抗震救灾斗争中涌现出来的先进思想和模范事迹，使之转化为自力更生、艰苦奋斗、重建家园的坚定意志和强大力量。会后，中央各部门相继召开党组会议、部务会议，军队召开领导干部会议，各省召开党委会议、政府常务会议或其他会议，研究部署贯彻落实意见措施。

6月13日 国务院办公厅印发《关于汶川地震抗震救灾捐赠资金使用指导意见》，对捐赠资金进行界定，并就捐赠资金使用原则，捐赠资金安排、规范管理和有效使用等提出指导性意见。意见要求，救灾捐赠资金使用应遵循尊重捐赠者意愿和政府引导相结合的原则，捐赠资金全部用于汶川地震受灾省份，优先用于民生项目，同时兼顾地区、项目之间的平衡。

6月13日 中组部、审计署联合印发《关于做好"特殊党费"审计监督工作的通知》。19日、7月21日，审计署两次派专人到中组部对抗震救灾"特殊党费"收缴、使用和管理情况进行审计和检查。各省（区、市）委组织部收缴的抗震救灾"特殊党费"也按通知要求接受当地审计部门的审计和检查。

6月13日 国家汶川地震灾后重建规划组在北京召开第二次全体会议，讨论《汶川地震灾后恢复重建总体规划大纲》和《灾后恢复重建规划范围的初步意见》，听取四川省、陕西省、甘肃省灾后重建总体规划以及各专项规划、政策研究进展情况汇报。

6月13日 发展改革委发出《关于做好地震灾区电网抢修和恢复重建工作的通知》，要求相关单位做好地震灾区电网抢修和恢复重建工作，保障灾区电力供应，促进灾区尽快恢复正常的生产生活秩序。

6月13日 住房城乡建设部在兰州召开甘肃、陕西两省灾后重建农民过冬房建设座谈会，要求在尊重农民意愿的前提下，坚持政府帮助、社会扶持、农民自建相结合的原则，有计划、分步骤实施农民过冬房建设，保证灾区农户每户在入冬前有一间房安置过渡。

6月13日 文化部印发《公共文化设施灾后重建规划指导意见》，对地震灾区市、县、乡、村四级公共文化设施建设项目、占地面积、建设规模和建设内容等提出明确指标。

6月13日 工商总局发出《关于加强建材市场合同监管保障灾区重建工作的通知》，要求加强钢材、水泥、木材等重要建材市场监管，确保进入灾区的建材合法、实用、安全。

6月13日 新闻办在北京就汶川地震灾害和抗震救灾情况举行第26次新闻发布会，由陕西省介绍抗震救灾和恢复重建等方面情况。

6月13日 民航局在北京召开民航系统电视电话会议，要求全行业支援灾后重建工作，做好灾后重建的航空运输保障和民航直属单位的灾后重建等工作。

6月13日 中国残联发出《关于做好四川地震灾区残疾伤员康复医疗及辅助器具配置工作的通知》，要求做好残疾伤员康复需求的评估和转介工作，尽快为有康复需求的残疾伤员提供康复服务，做好返乡残疾伤员康复的交接工作，多方筹集资金，确保残疾伤员康复工作顺利开展。

6月13日 四川省抗震救灾指挥部印发《四川省地震灾区堰塞湖泄洪区域卫生防病应急预案（试行）》《关于进一步做好受灾群众活动板房安置管理工作的紧急通知》。

6月13日 四川省政府举行新闻发布会，明确四川省自6月15日起全面启动恢复13个市（州）旅游市场，重新迎客的景区门票价格不涨价，并实行多种形式优惠。

6月13日 陕西省委办公厅转发省委组织部《关于大力加强基层党组织和政权建设，努力为抗震救灾和灾后重建提供坚强组织保障的意见》。

6月13—15日 中共中央政治局常委、中央纪委书记贺国强代表中共中央、国务院到四川地震灾区查看灾情，看望慰问受灾群众和救援人员，指导抗震救灾和恢复重建工作，召开座谈会听取有关工作汇报。考察期间，贺国强到四川省纪委、监察厅看望纪检监察干部，会见抗震救灾先进集体和优秀纪检监察干部代表。贺国强强调，要一手坚持不懈地抓抗震救灾，做好受灾群众安置和恢复重建工作，一手坚定不移地抓经济社会发展，促进经济平稳较快发展和社会和谐，奋力夺取抗震救灾和经济社会发展双胜利。中共中央书记处书记、中央纪委副书记何勇陪同考察。

6月13—20日 国家民委赴四川汶川地震灾区灾后重建调研组就民族地区地震灾情、羌族文化抢救与保护、西南民族大学和灾区民贸民品企业受损情况及灾后重建等进行专题调研。

6月14日 中共中央总书记、国家主席、中央军委主席胡锦涛等党和国家领导人在北京同共青团中央新一届领导班子成员和共青团十六大部分代表座谈。座谈会前，胡锦涛亲切勉励北川羌族自治县团委书记马晓燕，要带领广大团员青年，在灾区恢复重建中继续发挥生力军和突击队作用。

6月14日 中央军委主席胡锦涛签署命令，授予成都军区某陆航团“抗震救灾英雄陆航团”荣誉称号，给该团92734号直升机机组机长邱光华追记一等功。成都军区给遇难机组其他4人追记一等功。15日，中央军委授予成都军区某陆航团“抗震救灾英雄陆航团”荣誉称号命名大会在成都举行。16日，抗震救灾失事直升机遇难烈士追悼大会在成都举行。胡锦涛向遇难烈士送花圈。同日，成都军区党委、成都军区联指党委分别作出决定，坚决响应中共中央、中央军委和胡锦涛的号召，广泛开展向驻川某陆航团学习活动。

6月14日 民政部、财政部、住房城乡建设部联合发出《关于进一步做好汶川地震灾区救灾款物使用管理的通知》，要求四川、甘肃、陕西、云南、重庆五省（市）民政部门、财政部门、建设部门及时审核拨付各项救灾资金，切实加强抗震救灾捐赠款物使用管理，切实做好因灾失去住所群众临时安置工作，进一步做好受灾群众临时生活补助和抚慰金发放工作，进一步加强救灾款物监督和管理。

6月14日 陕西省政府办公厅发出《关于妥善处理全省地震灾区中小学校舍危房的紧急通知》，要求各级政府建设行政部门分级审核确认和分类妥善处置中小学校舍危房，积极筹措恢复重建资金，稳定重建物资价格，规范灾后校舍恢复重建工作。

6月14日 江西省在南昌召开对口支援小金县灾后恢复重建工作会议，听取对口援建工作考察情况汇报，决定成立由省长吴新雄任组长的对口支援四川省小金县灾后恢复重建工作领导小组。15日，江西省对口支援先遣工作组一行12人赴小金县。

6月14日 中共中央政治局委员、广东省委书记汪洋在广州主持召开省委常委会议，研究部署对口援建汶川县工作。会议要求，全省各地、各部门要从人力、物力、财力、智力等方面做好长期支持的准备。会议决定，将原支援四川灾区抗震救灾工作领导小组更名为对口支援地震灾区灾后恢复重建工作领导小组。

6月14—16日 中共中央政治局委员、中央书记处书记、中组部部长李源潮到陕西灾区考察抗震救灾和恢复重建工作，慰问基层党员、干部和受灾群众。

6月15日 中宣部在北京召开全国宣传部长座谈会，研究部署抗震救灾和灾后重建、经济社会发展、北京奥运会宣传工作。中共中央政治局委员、中央书记处书记、中宣部部长刘云山出席会议并讲话。

6月15日 财政部在北京召开会议，研究完善支持灾区恢复生产和重建有关政策措施。

6月15日 成都军区联指党委召开电视电话会议，小结“八项任务”进展情况，要求扎实推进抗震救灾任务的全面落实，结合实际抓好救灾任务的延伸和拓展，继续抓好抗震救灾后勤和装备保障。

6月15日 四川省委在成都召开会议，专题研究铁路灾后重建规划和项目工作。

6月16日 中共中央政治局常委、国务院总理温家宝在北京主持召开国务院抗震救灾总指挥部第19次会议，研究防范地震次生灾害工作。中共中央政治局常委、国务院副总理李克强，中共中央政治局委员、国务院副总理回良玉，国务委员兼国务院秘书长马凯，国务委员孟建柱等出席会议。会议强调，各有关地区和部门必须高度重视，把防范次生灾害作为一项紧迫任务，按照职责分工，加强协调配合，及时采取有效措施，加强地质监测和地震预报，认真做好堰塞湖险情处置和病险水利设施恢复工作，确保人民群众生命财产安全，为灾后重建奠定良好基础。会议议定，抓好地震灾区安全度汛，高度重视地质灾害防范工作，做好汶川地震余震活动的跟踪监视和趋势研制，防止余震造成新的伤害。

6月16日 国务院办公厅发布《关于地震灾区恢复生产的指导意见》，对恢复生产的指导思想和主要原则、主要任务和组织实施等作出规定。意见明确，要贯彻落实科学发展观，按照党中央、国务院的统一部署，充分发挥灾区各级人民政府、企业和广大干部群众的主体作用，坚持自力更生、生产自救；加大政府支持力度，鼓励社会广泛援助，调动各方面积极性，形成合力；统筹人力、物力、财力，加强与灾后恢复重建规划的衔接，确保灾区工业、农业、服务业等早日恢复。意见明确，地震灾区恢复生产坚持5条主要原则：统筹安排，确保重点；主动自救，多方支援；调整结构，优化布局；注重安全，防范事故；广开渠道，扩大就业。

6月16日 民政部在成都召开四川、甘肃、陕西三省民政厅主管救灾工作的副厅长和处长座谈会，讨论“三无”（无生活来源、无劳动能力、无法定抚养义务人）、“三孤”（孤儿、孤老、孤残）人员3个月临时救助政策的落实情况，研究3个月后灾区困难群众临时救助等问题。

6月16日 中、法两国文化部部长签署《关于保护和修复汶川地震中受损文化遗产开展合作的联合声明》。7月29日至8月1日，法国文化遗产保护与修复专家组一行4人对四川地震灾区文物受损情况进行考察。

6月16日 地震局在北京召开汶川地震部分单位主要负责人座谈会，听取地震系统24个单位主要负责人围绕汶川地震科学考察和研究、系统总结、评估工作提出的意见和建议。

6月16日 新闻办在北京就汶川地震灾害和抗震救灾情况举行第27次新闻发布会，由甘肃省介绍抗震救灾工作有关情况。

6月16日 成都军区联指在成都召开会议，研究下一步大项抗震救灾工作及联合行动指挥问题。会议决定，要对下一步抗震救灾任务进一步明确，提出原则要求；要突出完成一些大工程，多为灾区做好事；跨任务区调动兵力，必须报告联指批准。

6月16日 共青团中央、中央党史研究室、国家档案局主办的网上“抗震救灾英烈纪念馆”正式开通。

6月16日 四川省抗震救灾指挥部印发《关于做好地震伤员返乡接收安置工作的通知》《受灾群众安置点爱国卫生工作方案》《四川省地震灾区临时医疗卫生机构建设指导意见》《关于进一步加快地震灾区过渡安置活动板房基础设施配套和项目验收工作的紧急通知》。

6月16日 四川省政府在成都召开常务会议，研究灾后恢复重建对口支援和农房重建等工作，明确省内对口支援安排。

6月16日 甘肃省委在兰州召开常委会议，进一步研究部署甘肃省灾后恢复重建和经济社会发展等工作。

6月16日 陕西省抗震救灾指挥部在西安召开会议，通报前一阶段抗震救灾资金和物资专项审计情况，研究部署加强抗震救灾款物管理使用工作。

6月16日 重庆市政府下拨4000万元救灾救济资金，专项用于受灾困难群众生活救助，并安排1.2亿元补助受灾倒房户，原则上每户可获1万元补助。

6月16日 天津市在天津召开全市区县局领导干部会议，全面部署对口援建工作。市委、市政府决定，成立天津市对口支援宁强县和略阳县震后恢复重建工作领导小组。随后，天津市还成立驻宁强县和略阳县工作组。7月9日，天津市首批35名规划设计专家起程赶赴灾区。

6月16日 吉林省委、省政府在长春分别召开常委会议、常务会议，研究部署吉林省对口支援黑水县恢复重建工作。23日，省政府印发《关于对口支援四川省黑水县恢复重建工作的指导意见》，并成立由省长韩长赋任组长的对口支援黑水县恢复重建工作领导小组。30日，领导小组办公室组建，下设前方工作组（吉林省对口援建领导小组办公室黑水联络处）和后方工作组。

6月16日 福建省委在福州召开常委（扩大）会议，研究部署对口支援彭州市灾后恢复重建工作。会议决定，成立福建省对口支援彭州市灾后恢复重建领导小组及其办公室、前方指挥部，省长黄小晶任组长。20日，福建对口支援彭州市灾后恢复重建前方指挥部在彭州正式挂牌。

6月16日 深圳市政府召开常务会议，研究对口支援甘肃地震灾区工作。会议决定，成立深圳市抗震救灾对口支援工作领导小组及其办公室。19日，市委办公厅、市政府办公厅印发《深圳市对口支援甘肃受灾严重地区恢复重建工作方案》。7月3日，深圳市抗震救灾对口支援工作前方指挥部在陇南市武都区设立，首批4名工作人员进驻。

6月16—17日 文化部主办的地震灾区非物质文化遗产保护工作座谈会在北京举行。会议主要议题是为灾后非物质文化遗产设施修复、重建及传承恢复，为羌族文化生态保护区的建立进行规划。

6月16—23日 阿坝监狱1900名服刑人员分8批先后安全转移至雅安监狱、崇州监狱和甘孜监狱。这一行动被称为“千里大转移”。至此，四川全省安全实施15个监狱共6686名服刑人员的跨监和狱内避险转移。

6月17日 中共中央政治局常委、中央纪委书记贺国强在北京主持召开中央纪委常委会议，研究进一步加强抗震救灾资金物资监督检查工作。中共中央书记处书记、中央纪委副书记何勇出席会议。贺国强在听取抗震救灾资金物资监督检查工作汇报后强调，要继续加大工作力度，狠抓工作落实，增强工作透明度，严格执行纪律，确保抗震救灾款物及时有效用于灾区和受灾群众，向党和人民交一个“明白账”“放心账”。

6月17日 国务院抗震救灾总指挥部群众生活组办公室致函外交部应急办，表明灾区已全面进入恢复重建阶段，建议对接收境外援助一般生活类物资表示婉拒，改以收取现金为主。

6月17日 民政部、财政部、审计署、统计局联合印发《关于进一步规范汶川地震捐赠信息统计工作的意见》，要求按照谁接收、谁统计、谁报告的原则，捐赠信息实行归口管理和属地化管理。

6月17日 人力资源社会保障部办公厅发出《关于支援地震灾区有组织劳务输出相关事项的函》，要求北京、天津、上海、广东、江苏、浙江、山东、福建八省（市）作为劳务输出对接的主要输入地区，重点支持对口市（州）有组织的劳务输出；其他有对口支援任务省份根据本地实际条件，精选一批就业岗位，积极参与劳务输出对接工作。

6月17日 环境保护部发出《关于进一步加强地震灾区环境监管工作的通知》。

6月17日 住房城乡建设部发出《关于加强地震灾区过渡安置房（活动板房）防火工作的通知》。

6月17日 卫生部在北京召开全国卫生厅（局）长会议，研究部署灾后卫生系统恢复重建对口支援等工作。会议要求，继续全力以赴做好伤员救治、康复和安置工作，全面加强卫生防疫工作，做好医疗卫生防疫对口支援工作，尽快恢复灾区正常医疗卫生服务秩序。

6月17日 人口计生委印发《关于人口和计划生育系统地震灾后恢复重建对口支援的意见》，明确对口支援原则、内容、方式，并对相关工作提出要求。

6月17日 广电总局在北京召开灾后恢复重建广播影视对口支援协调会，通报四川、甘肃、陕西等地震灾区广播影视受灾情况和抗震救灾情况，部署广播影视系统灾后恢复重建对口支援工作。

6月17日 测绘局召开专题会议，研究部署下一阶段灾后重建测绘保障工作。会议要求，有关单位继续做好灾区所需的影像地图的生产、测绘基准恢复重建、地理信息平台建设以及灾区恢复重建测图等工作。

6月17日 军队抗震救灾指挥组在北京召开第五次会议，研究部署下一阶段军队和武警部队抗震救灾工作。会议要求，抗震救灾进入新的阶段，要全力以赴做好救治伤员、安置受灾群众、加强卫生防疫、抢修基础设施和灾后重建工作。

6月17日 成都军区联指在成都召开会议，研究下一阶段部队抗震救灾重点任务。会议要求，各责任区任务部队进一步做好伤员救治、卫生防疫、道路抢修、安置群众等工作。

6月17日 中国红十字会总会印发《关于加强汶川地震灾后重建资金使用管理的指导意见》，就重建资金使用基本原则、使用规程、监督检查作出规定。

6月17日 四川省抗震救灾指挥部发出《关于继续做好遇难学生家长工作的通知》《关于加强救灾粮食食品质量管理的通知》《关于我省地震重灾区第二期过渡安置房（活动板房）建设计划的紧急通知》等。

6月17日 四川省委书记刘奇葆到汉源查看地震灾情，慰问受灾群众和参加汉源县抗震救灾的武警官兵，指导抗震救灾工作。

6月17日 四川省在成都召开汶川特大地震灾后重建省内对口支援会，决定建立省内对口支援机制，组织市州对口支援重灾乡镇，加快灾后恢复重建。除6个重灾市（州）和巴中市、甘孜藏族自治州外，其余13个市（州）分别对13个重灾县（区）的一个重灾乡镇开展对口支援。成都市在本市范围内进行对口支援工作。18日，省政府办公厅印发《汶川特大地震灾后恢复重建省内对口支援实施意见》。

6月17日 四川省地震灾后重建物资生产企业调度会在成都举行，要求确保重建物资有序供应。

6月17日 海尔央视网战略发布暨爱心网络课堂启动仪式在北京举行。海尔爱心网络课堂是为地震灾区推出的首个网络课堂。

6月17日 山西省委在太原召开常委会议，宣布成立山西省对口支援茂县灾后恢复重建工作领导组，专题研究山西省对口支援恢复重建工作初步方案。

6月17日 黑龙江省委在哈尔滨召开常委（扩大）会议，要求在城乡居民住房建设、基础设施建设、公共服务设施建设、恢复生产等方面认真做好对口支援剑阁县工作。黑龙江省成立由省委书记吉炳轩任组长的抗震救灾和灾后重建工作领导小组。19日，省政府决定成立支援剑阁县灾后恢复重建前线指挥部。

6月17日 福建省委办公厅、省政府办公厅印发《福建省对口支援彭州市灾后恢复重建工作方案》，确定由福建9个设区市承担对口支援彭州市全部20个镇的灾后恢复重建任务。

6月17—19日 中共中央政治局委员、天津市委书记张高丽和市长黄兴国率天津市党政代表团到汉中地震灾区查看灾情，看望慰问灾区干部群众，商讨研究对口支援灾后重建工作。18日，天津市对口支援陕西省地震灾区救灾物资交接仪式在汉中举行。19日，天津市政府、陕西省政府签署《天津市对口支援陕西省地震灾后恢复重建框架协议》。

6月18日 中共中央政治局常委、国务院总理温家宝在北京主持召开国务院常务会议，研究支持汶川地震灾后恢复重建的政策措施。会议决定，主要从财政、金融、税收、土地、就业和粮食收购等方面采取措施，大力支持灾后恢复重建。会议强调，要注重发挥政策的引导作用，鼓励灾区人民自力更生、艰苦奋斗。

6月18日 国务院扶贫办发出《关于东部和中部地区十九省市扶贫系统对口支援地震灾区有关事宜的通知》，就扶贫系统对口支援的组织形式、主要内容、投入等提出要求。

6月18日 民政部发出《关于下拨民政部直接接受的“爱的奉献”大型文艺晚会社会定向捐款的通知》，向四川、甘肃、陕西三省直接下拨接收的“爱的奉献”大型文艺晚会社会定向捐赠款1.15亿元，用于灾区广电系统设施恢复重建。

6月18日 住房城乡建设部印发《关于地震灾区过渡安置房（活动板房）建设的指导意见》，要求以需定产，按期完成板房建设任务；调整结构，优先建设公共服务设施；因地制宜，坚持节约集约建设原则；强化管理，确保及时验收交付使用。同日，住房城乡建设部印发《汶川地震灾后农房恢复重建技术导则（试行）》。

6月18日 农业部就开展“4+1”，即山西、河南、湖南、湖北四省对口支援四川省，组织灾区农产品产销对接工作进行研究，提出解决四川灾区鲜活农产品销售问题。五省农业部门有关人员进行当面沟通，“4+1”对接机制进入实施阶段。

6月18日 地震局、文物局在北京牵头组织召开地震遗址博物馆规划建设协调组第一次工作会议。协调组各单位交流研讨地震遗址博物馆规划建设相关工作，讨论形成《地震遗址博物馆规划建设工作方案框架》，确定地震遗址博物馆规划建设工作内容、工作模式、工作分工及进度安排。

6月18日 民航局派出工作组到西北民航系统各受灾单位调研，对做好下一阶段的灾后恢复重建工作提出要求，正式启动西北民航系统灾后重建工作。

6月18日 济南军区71282部队炮兵指挥连实习士官学员武文斌因连日救灾劳累导致肺部大出血，经抢救无效光荣牺牲。21日，济南军区某集团军政治部批准武文斌为烈士，追认武文斌为中国共产党正式党员，并追记一等功。

6月18日 四川省抗震救灾指挥部印发《四川省地震灾区群众安置点及周边环境卫生督查情况通报》《关于做好地震灾区防雨防灾工作的紧急通知》。

6月18日 四川省委、省政府决定对汶川地震房屋倒塌或严重损坏、无家可归的农户重建住房，在中央平均每户补助1万元基础上，由地方政府给予平均每户1万元补助；对自建过渡安置房的农户按原政策给予每户2000元补助。

6月18日 四川省委办公厅、省政府办公厅印发《四川省救灾捐赠款物管理使用过错责任追究办法》，明确19种需要追究责任的行为以及追究措施。

6月18日 四川省政府办公厅印发《汶川地震灾后恢复重建对口支援实施意见》，决定在省抗震救灾指挥部下设立灾后恢复重建对口支援组，并建立省内对口支援联系机制，由18个省直部门分别联系中央确定的18个东中部对口支援省（市），负责支援省（市）与受援县（市、区）的衔接、协调和接待工作。

6月18日 四川省召开全省恢复商贸流通和服务业工作会议。

6月18日 绵竹市政府与国家开发银行四川省分行签订《灾后重建专项贷款合作协议》，明确该银行向绵竹市提供10亿元灾后重建专项贷款。同日，都江堰市政府与该银行签订《都江堰市旅游景区灾后恢复重建专项贷款合作协议》《四川省都江堰中学灾后重建项目》，明确该银行分别提供6亿元旅游重建专项贷款和2000万元都江堰中学重建中长期贷款。24日，广元市政府与该银行签订灾后重建专项贷款合作协议，明确该银行提供15亿元灾后重建专项贷款。

6月18日 甘肃省政府在兰州召开常务会议，审议通过《甘肃省震后受灾农民住房重建维修资金补助办法》。办法规定，灾民住房重建维修资金原则上纳入统一专户，实行专户管理、封闭运行、集中支付，重建户每户补助2万元，维修户每户补助3000元。其后，甘肃省累计发放重建补助资金44.13亿元。

6月18日 上海市政府办公厅发出通知，成立对口支援都江堰市灾后重建工作领导小组，由市长韩正任组长。领导小组下设办公室，同时为上海市对口支援都江堰市灾后重建指挥部。30日，灾后重建指挥部先遣组入驻受援地。

6月18—20日 福建省省长黄小晶率福建省有关部门负责人到彭州查看灾情，开展调研对接工作，并同四川省委、省政府负责人就抗震救灾和对口支援工作交换意见。

6月19日 中组部通报表彰第三批抗震救灾先进基层党组织、优秀党员，决定授予文县中庙乡中坪村党支部等26个基层党组织“抗震救灾先进基层党组织”荣誉称号，授予文县范坝乡初级中学校长许伟等9人“抗震救灾优秀共产党员”荣誉称号。

6月19日 财政部发出《关于进一步做好抗震救灾资金监管工作的通知》，对灾后恢复重建阶段资金监管工作提出指导意见。

6月19日 住房城乡建设部在西安召开灾后城镇住房重建政策座谈会。同日，住房城乡建设部印发《汶川地震灾区过渡安置房验收规定》，从项目验收组织、条件、程序、标准以及过渡安置房统计等作出规定。

6月19日 成都军区联指在成都召开会议，要求树立长期持续作战思想，保持部队旺盛士气；突出重点、整体推进，不断拓展抗震救灾成果；加强安全管理，坚决防止发生重大问题；切实根据任务进展，突出搞好后勤、装备保障。

6月19日 成都军区驻滇77223部队参与援建的灾区第一座抗震救灾军地图书馆在绵竹落成。图书馆由军用帐篷搭建而成，有图书1万余册。

6月19日 中国红十字会总会抗震救灾指挥部在北京召开会议，明确总会首批投入25亿元用于灾后重建；与中国残联合作开展四川地震伤员红十字博爱辅助器具服务项目，总会投入500万元，香港红十字会投入5000万元，台湾红十字组织投入700万元，用于阿坝、广元、绵阳、德阳四地残疾人服务中心建设。

6月19日 四川省抗震救灾指挥部发出《关于进一步加强对救灾帐篷管理使用的紧急通知》。同日，四川省财政厅、民政厅、劳动和社会保障厅、卫生厅、残联联合发出《关于汶川地震出院伤员继续医疗有关的有关问题的通知》。

6月19日 四川省在成都召开抗震救灾资金物资监督检查工作会议，要求切实加强抗震救灾资金物资监管，确保救灾款物用于受灾地区和受灾群众，向人民群众交一本“明白账”。

6月19日 甘肃省赴重灾县区帮助指导灾后重建工作组在兰州召开成员会议，要求明确工作纪律和工作职责，努力完成帮扶任务。甘肃省委决定，从省直有关部门抽调干部和专家组成4个工作组，分赴文县、武都、康县、舟曲进行工作指导，确保灾后重建各项任务全面落实。

6月19日 浙江省委书记赵洪祝率浙江省对口支援工作组到青川考察灾后恢复重建对口支援工作，看望慰问在灾区开展卫生防疫工作的浙江省医疗卫生救援队以及浙江省赴川援建队伍。

6月19日 《深圳市对口支援甘肃受灾严重地区恢复重建工作方案》正式出台。

6月19—20日 食品药品监管局局长邵明立一行到四川地震灾区考察调研抗震救灾药品接收发放点的监管、供应保障情况，了解四川省食品药品监督管理系统抗震救灾和恢复重建工作进展情况。

6月20日 中共中央书记处书记、中央纪委副书记、中央抗震救灾资金物资监督检查领导小组组长何勇在北京主持召开会议，听取中央纪委、监察部赴四川省、中央有关部门及群众团体、社会组织专项检查组工作汇报，研究部署下一步工作。会议要求，纪检监察机关把加强救灾款物的监督检查作为当前的中心任务之一，切实摆上重要日程，采取更加有力的措施抓紧抓好。

6月20日 司法部、全国普及法律常识办公室印发《关于加强抗震救灾和灾后恢复重建法制宣传教育工作的意见》，要求大力加强抗震救灾法律法规的宣传教育，采取措施提高抗震救灾和灾后恢复重建法制宣传教育工作实效，加强对抗震救灾和灾后恢复重建法制宣传教育工作组织领导。

6月20日 人力资源社会保障部发出《关于做好为地震灾后恢复重建提供人才支持工作的通知》《关于进一步做好受灾地区就业援助工作的通知》。

6月20日 交通运输部完成《四川汶川地震灾区公路灾害技术调查与评估报告》，为恢复重建规划方案提供技术支撑，对完善国家相关标准规范及技术政策提出具体意见。

6月20日 农业部组织河南、湖北、湖南、海南、四川、甘肃、陕西七省在北京进行产销对接，密切产区与灾区联系，共同协作保障灾区市场供应。

6月20日 文化部发出《关于做好汶川地震灾后恢复重建对口支援工作的通知》。25日，全国文化系统灾后恢复重建对口支援工作会议在成都召开，要求对口支援省（市）与受灾县（市、区）文化部门抓紧协调，共同研究制定对口支援工作方案，全力做好受灾县（市、区）文化设施规划、公共文化服务体系建设、非物质文化遗产保护等方面工作。

6月20日 卫生部办公厅印发《卫生部、国家中医药管理局关于医疗卫生对口支援地震灾区工作方案》，规定医疗卫生对口支援工作遵循属地管理、分级负责、科学防治、省外与省内对口支援相结合的原则；对口支援和受援的范围按国务院有关规定执行，四川、甘肃、陕西三省在外省对口支援的同时，组织省内对口支援工作。同日，卫生部部长陈竺到绵阳市区、安县考察灾民安置点卫生防病综合示范点和乡镇卫生院灾后重建工作。

6月20日 人口计生委在北京召开部分省市人口计生委主任会议，总结人口和计划生育系统前一阶段抗震救灾工作，明确下一阶段主要任务，重点部署人口和计划生育系统灾后恢复重建对口支援工作。人口计生委成立灾后计划生育家庭扶助工作指导小组、灾区服务设施恢复重建工作指导小组、抗震救灾资金物资监督检查领导小组。

6月20日 质检总局发出《关于进一步加强抗震救灾和灾后重建重点物资执法打假工作的通知》。

6月20日 文物局在北京召开全国文物系统支援地震灾区文物抢救保护工作会议，研究部署全国文物系统支援地震灾区文物抢救保护工作。

6月20日 中央军委在北京召开常务会议，讨论解放军和武警部队援建地震灾区学校和康复中心问题。中央军委确定，成都军区在都江堰市、济南军区在北川羌族自治县、武警部队在茂县、兰州军区在陇南市武都区各援建一所高中学校，海军在绵竹市汉旺镇、空军在什邡市蓥华镇、第二炮兵在汶川县映秀镇援建一所初中学校，兰州军区在宁强县广坪镇援建一所初中学校和小学。27日，总参谋部、总政治部、总后勤部联合下发《关于援建地震灾区学校和康复中心的通知》，明确援建学校地点、规模、任务区分、标准要求、建设工期等。

6月20日 中国残联印发《中国残联、李嘉诚基金会合作5·12地震义肢轮椅捐赠项目实施方案》。

6月20日 中国全球定位系统技术应用协会主办的导航卫星系统在灾害监测中的应用研讨会在北京召开。中国卫星导航定位应用管理中心等单位介绍中国自主研发的北斗卫星系统在汶川地震抗震救灾中发挥实时定位监控、报知灾情险情、为减灾防灾提供灾情预警、为社会公众提供道路导航等公共信息应急服务等作用。

6月20日 四川省政府印发《四川省“5·12”汶川地震灾后农房重建工作方案》，对灾后农房重建指导思想、基本原则、目标任务、政府补助对象和标准、工作程序、保障措施提出明确要求。方案再次明确自建过渡简易房农户补助2000元，还规定自建永久性住房农户平均补助2万元。同日，四川省召开会议，研究汶川地震灾后恢复重建对口支援工作，对做好过渡安置房援建、灾区群众生活安排、防汛、稳定等工作提出要求。

6月20日 甘肃省民政厅、发展改革委、财政厅、国土资源局、建设厅联合印发《汶川地震甘肃灾区农村居民住房重建维修管理办法》。同日，甘肃省印发《甘肃省震后受灾农民住房重建维修工程质量监督管理暂行办法》。

6月20日 陕西省财政厅联合教育厅下达受灾中小学校舍维修加固资金约5.88亿元。同日，省建设厅公布《陕西省房屋建筑震后重建抗震设防暂行规定》。

6月20日 山东省委书记姜异康一行到绵阳考察对口支援北川地震灾区重建工作，看望山东省援建干部职工和公安干警。

6月20—22日 中共中央政治局常委、国务院总理温家宝到陕西、甘肃灾区检查指导抗震救灾工作，看望干部群众。温家宝强调，灾区广大干部群众要发扬自力更生、艰苦奋斗的精神，依靠自己的双手重建家园。20日，温家宝在汉中市主持召开国务院抗震救灾总指挥部第20次会议，听取陕西省委、省政府关于抗震救灾工作的汇报，研究部署受灾群众安置、灾后恢复重建、次生灾害防范等工作。会议要求，抗震救灾工作必须坚持以人为本，把安全贯穿于整个抗震救灾工作始终，继续做好受灾群众安置工作；坚持自力更生、艰苦奋斗，开展恢复重建；坚持“两手抓”，一手抓抗震救灾毫不松懈，一手抓经济社会发展毫不动摇；做好余震和次生灾害防范工作，力争不因次生灾害造成新的人员伤亡。会议强调，要把重建和修复倒损房屋放在恢复重建工作的重要位置，科学制定规划，做好地震受灾范围和损失的评估。会议议定，进一步做好灾区农民房屋重建资金保障，研究城镇居民损毁房屋重建政策，认真安排学校、医院等公共设施恢复重建，做好地质灾害防治资金保障，增加灾区信贷规模。21日，温家宝在成县黄陈镇苇子沟村主持召开国务院抗震救灾总指挥部第21次会议。会议听取甘肃省委、省政府关于抗震救灾工作汇报，研究部署受灾群众安置、灾后恢复重建、次生灾害防范等工作。会议议定，将因灾损毁公共基础设施纳入灾后重建总体规划，进一步做好灾区农民房屋重建资金保障，保障灾区建材供应，妥善处理受灾群众就地和异地安置，合理调整活动板房的使用。国务委员兼国务院秘书长马凯一同考察并出席会议。

6月20—22日 江苏省委书记梁保华、省长罗志军率江苏省有关部门负责人到绵竹查看灾情，就对口支援工作进行调研。

6月20—30日 卫生部委托中国康复医学会组建的地震伤员康复专家组一行13人分赴四川、江苏等八省（市）巡回进行转运地震伤员医疗康复调研督导工作，指导和进一步规范地震伤员康复治疗。同日，中国残联与卫生部联合印发《四川地震灾区残疾伤员辅助器具配置指导意见》。

6月21日 卫生部在成都召开地震灾后恢复重建卫生对口支援工作会议，要求支援省卫生行政部门和受援地卫生行政部门确保在2008年年底前全部完成卫生部提出的灾区卫生系统恢复重建既定工作目标，首要任务是帮助地震灾区尽快恢复医疗卫生服务体系，尽快推进灾区县、乡镇医疗卫生服务体系建设。同日，卫生部办公厅印发《综合医院建设标准》等14个汶川地震灾区医疗卫生机构建设和装备指导标准。

6月21日 四川省抗震救灾指挥部发出《关于进一步加强堰塞湖安全度汛工作的紧急通知》《关于切实做好下一阶段医疗卫生工作的通知》。

6月21日 陕西省委、省政府在勉县召开宁强、略阳两县灾后恢复重建工作会议，根据天津、陕西两省（市）对口支援框架协议精神，衔接落实天津市对口支援两县恢复重建有关事宜。

6月21—22日 中央军委委员、海军司令员吴胜利到位于绵竹市城东新区体育场的天河小学、成都军区联指、成都市青白江区考察海军部队援建情况、抗震救灾卫生工作。

6月21—22日 中共中央政治局委员、北京市委书记刘淇率北京市党政代表团到什邡、德阳市人民医院了解灾情，慰问受灾群众，看望工程建设者，部署援建工作，考察地震伤员救治情况。

6月21—22日 江西省省长吴新雄率江西省有关部门负责人到彭州查看援建过渡安置房情况。

6月22日 卫生部在成都召开四川地震残疾伤员医疗康复工作联系会，总结、分析前一阶段医疗康复工作，研究部署下一步工作。会议认为，地震伤员康复治疗已进入关键的窗口期，各部门要加强早期康复治疗，适时开展康复训练和安装辅具，提高地震伤员医疗和康复质量。

6月22日 四川汶川地震灾后文物抢救保护工程专家组在北京成立。专家组由规划、建筑、岩土、结构、科技保护、世界遗产、民族等方面25名专家组成。

6月22日 四川省抗震救灾指挥部印发《关于切实加强灾区公路交通安全管理工作的紧急通知》《做好灾后安置中涉校工作的宣传报道方案》《关于对口支援中涉及灾后城乡住房有关问题的紧急通知》。同日，省政府办公厅印发《关于做好因灾延考区考点检查，确保考生和考务工作人员生命安全的紧急通知》。

6月22日 西南交通大学抗震工程技术四川省重点实验室揭牌。这是中国首个针对抗震工程技术的重点实验室，也是西南地区抗震技术研究中心。

6月22日 以上海第四聋哑学校退休教师沈翠英为团长的“上海奶奶关爱未来爱心团”一行到达都江堰，看望灾区的孩子们。爱心团由曾从事幼教、医务、新闻工作的退休女性组成。汶川地震发生后，沈翠英曾卖房为灾区捐款450万元。

6月22—23日 甘肃省委书记陆浩到西和、礼县检查指导灾后重建工作。

6月23日 中共中央总书记、国家主席、中央军委主席胡锦涛出席在北京举行的中国科学院第十四次院士大会和中国工程院第九次院士大会并发表重要讲话，勉励广大院士用科技的力量积极支援汶川特大地震灾后恢复重建，帮助灾区人民早日重建美好家园，为夺取抗震救灾斗争的全面胜利作出重大贡献。

6月23日 国务院办公厅印发《关于进一步做好地震灾区医疗卫生防疫工作的意见》，要求各地区、各有关部门做好重症伤员的医疗、康复和安置工作，落实卫生防疫工作措施，尽快恢复灾区正常医疗卫生服务秩序，落实医疗卫生对口支援。

6月23日 国务院抗震救灾总指挥部卫生防疫组在北京召开第四次全体成员会议，通报卫生防疫组工作进展情况，要求按照中央确定的恢复重建对口支援总体要求，落实“一省支援一个重灾县”工作方案，军队和地方医疗卫生防疫力量要做到密切配合与无缝衔接。

6月23日 财政部发出《关于做好增收节支有关工作的通知》，要求大力压缩一般性开支，把资源更多地用于抗震救灾和灾后恢复重建等重点方面；承担对口支援任务的地方要按照中央统一部署，积极筹措资金支持灾区恢复重建。通知明确，中央国家机关2008年的公用经费支出按预算一律减少5%，节约下来的资金全部专项用于抗震救灾和灾后恢复重建。

6月23日 新闻办在北京就汶川地震灾害和抗震救灾情况举行第28次新闻发布会，由监察部、审计署、民政部及财政部介绍抗震救灾资金物资监管情况。

6月23日 成都军区联指组织研究抗震救灾部队回撤问题，要求统筹考虑抗震救灾全局，科学用兵；根据救灾任务需要统筹安排部队回撤，先民兵预备役后部队，先担负奥运安保、抗洪抢险部队后武警部队，先区外部队后成都军区部队，先一般部队后专业部队；回撤方式主要采取铁路输送与摩托化机动相结合，分期分批梯次回撤，稳妥实施。

6月23日 全国总工会办公厅发出《关于对地震灾区实施就业帮扶工作的通知》，决定开展跨地区劳务协作活动，对受灾地区职工和农民工组织实施就业帮扶。天津、江苏等省（市）近800家企业提供就业岗位8万多个。29日，“全国工会就业帮扶爱心行动”在绵阳启动。

6月23日 中国红十字会总会在北京召开灾后恢复重建工作座谈会，研究灾后恢复重建工作计划，商讨香港、澳门红十字会和台湾红十字组织参与灾后恢复重建具体方案。25日，总会又召集全国各省（区、市）和新疆生产建设兵团红十字会主要负责人召开座谈会，明确各级红十字会按照中央部署，独立开展灾后恢复重建。会议确定，红十字会重点支持四川、甘肃、陕西三省经济欠发达、地处偏远的重灾地区。

6月23日 四川省委在成都召开会议，研究部署打通映秀至汶川公路、堰塞湖排险工作、灾区损毁土地调查和灾区外出务工人员调查工作。同日，省政府印发《关于严格控制成品油、电力价格调整连锁反应，保持市场价格基本稳定的紧急通知》。

6月23日 英特尔援助四川灾区暨“i世界计划”启动仪式在成都举行。该计划投资3500万元，为8个受灾严重城市的200所学校建立计算机网络教室。英特尔公司与四川省政府签署“英特尔i世界计划”合作备忘录。

6月23—24日 上海市市长韩正率领上海市有关部门负责人到都江堰、绵阳、德阳灾区查看灾情，了解过渡板房援建情况，并调研对口援建工作。23日，上海市对口支援都江堰市灾后恢复重建首批启动项目意向书签字仪式在都江堰举行。

6月23—28日 文化部派出由27名艺术家、2名记者和2名工作人员组成的“心连心”慰问演出团到汶川县映秀镇、漩口镇、水磨镇以及彭州市白鹿镇、通济镇和都江堰市灾民安置点等地慰问演出。

6月24日 在北京召开的十一届全国人大常委会第三次会议上，中共中央政治局委员、国务院副总理回良玉受中共中央政治局常委、国务院总理温家宝委托，代表国务院抗震救灾总指挥部向会议报告前一阶段汶川地震抗震救灾及灾后恢复重建有关工作情况；财政部部长谢旭人受国务院委托，就调整2008年中央预算并建立地震灾后恢复重建基金的议案向会议作说明。26日，会议表决通过《关于四川汶川特大地震抗震救灾及灾后恢复重建工作情况报告的决议》，并批准国务院提出的2008年中央预算调整方案，同意中央财政安排地震灾后恢复重建基金收入预算700亿元。

6月24日 中宣部、中央文明办、教育部、共青团中央、全国学联联合下发《关于开展2008年全国大中专学生志愿者暑期文化科技卫生“三下乡”社会实践活动的通知》。随后，来自全国22个省（市）168所高校的189支服务队和来自四川高校的350支服务队共8500余名大学生奔赴四川、甘肃、陕西三省灾区，开展支教培训、医疗卫生服务、心理援助、灾区规划与调研等多项志愿服务。

6月24日 环境保护部办公厅发出《关于做好地震灾区恢复重建阶段环境监测工作有关事宜的通知》，要求开展环境应急监测，监控灾区环境质量，确保饮水安全。

6月24日 审计署发布《关于汶川地震抗震救灾资金物资审计情况公告（第2号）》，公布截至12日对中央和地方各级财政安排的救灾款物、国内国际社会捐赠救灾款物以及“特殊党费”审计情况。审计未发现重大违法违规问题。

6月24日 成都军区联指总指挥李世明与四川省委书记刘奇葆就抗震救灾形势、部队下一步主要任务及抗震救灾兵力使用等问题交换意见。同日，成都军区联指机关举行“讲党性、重品行、作表率”先进事迹报告会。

6月24日 四川省抗震救灾指挥部发出《关于做好“5·12”汶川地震重灾区农村外出务工家庭及外出务工劳动力和耕地损毁情况调查的紧急通知》。

6月24日 四川省政府在成都召开会议，研究支持灾后恢复重建的政策措施，包括财政、税收、金融、国土资源、对口支援、产业扶持、城镇住房、就业、社保和其他方面政策。

6月24日 陕西省政府在西安召开常务会议，讨论通过陕西省地震灾后恢复重建对口支援方案。中国红十字会确定对口支援石泉县、凤翔县、南郑县和勉县，支援期限为2008—2009年。省内对口支援的市和企业原则按照5000万元的资金规模支援对口单位，具体项目由双方协商确定。

6月24—25日 湖北省委书记罗清泉、省长李鸿忠一行到汉源调研湖北省对口援建工作。湖北省委、省政府向汉源灾区再次捐款1000万元。

6月24—26日 文化部主办的全国地震灾区非物质文化遗产抢救保护专家座谈会在成都举行，探讨汶川地震灾区非物质文化遗产保护及恢复重建、羌族文化生态保护区建设等问题。

6月25日 国务院批转发展改革委、电监会《关于加强电力系统抗灾能力建设若干意见的通知》，进一步明确电力设施灾后重建技术标准和管理措施基本原则。通知要求，国家电力主管部门会同有关部门抓紧研究制订配套措施，协调推动电力系统抗灾能力建设工作。

6月25日 民政部向发展改革委报送《汶川地震灾害损失汇总与评估报告》，汇总四川、甘肃、陕西三省和地震局提供的汶川地震灾害损失评估报告及统计数据，并会同国家汶川地震专家委员会在完成汶川地震灾害范围评估的基础上，进一步对汶川地震灾害损失进行综合评估。

6月25日 民政部在北京召开全国民政部门负责人会议，专题研究福利彩票支持抗震救灾事宜。会议决定，通过福利彩票网点即开票和中福在线即开票，募集汶川地震“福彩赈灾公益金”；全国福利彩票系统节约开支，利用节省出来的部分福利彩票发行费捐资建立“汶川大地震‘三孤’救助基金”；彩票发行机构对口支援灾区福利彩票发行销售机构恢复重建。

6月25日 人力资源社会保障部、国际劳工组织北京局在北京联合举办灾后重建国际经验研讨会，研讨汶川地震灾后重建过程中的就业和社会保障工作。

6月25日 四川省政府在成都召开会议，研究四川地震重灾地区资源环境承载能力评价工作。会议要求，进一步深化、实化评价工作，尽最大可能采集和使用最新、最全面、最权威的基础数据，合理设计指标体系和权重，开展综合性评价，为恢复重建决策提供针对性强的评价结论。

6月25日 陕西省政府发出通知，成立由常务副省长赵正永任组长的津陕对口支援工作领导小组，负责宁强、略阳两县灾后恢复重建及对口支援相关工作。同日，省政府印发《陕西省地震受灾农村民房恢复重建实施方案》，明确地震受灾农村民房恢复重建的指导思想和基本原则、补助范围和标准、补助资金筹集下拨、政策支持、组织实施等内容。

6月25日 川台工程界震后房屋结构鉴定加固研讨会在成都举行。四川、台湾土木建筑结构专家、学者70余人就四川震灾建筑物应急鉴定标准、灾区重建规划、安全鉴定及结构补强等议题进行研究讨论。

6月25—26日 中共中央政治局委员、全国政协副主席王刚到绵阳、德阳、成都等地看望慰问灾区干部群众，考察抗震救灾和恢复重建工作。

6月25—26日 陕西省委书记赵乐际到宝鸡金台、千阳调研，听取宝鸡市委、市政府工作汇报。

6月26日 十一届全国人大常委会在北京举行专题讲座，由地震局地质研究所所长、国家汶川地震专家委员会南北带地震构造研究组组长张培震主讲《中国地震灾害与防震减灾》。中共中央政治局常委、全国人大常委会委员长吴邦国主持讲座。

6月26日 中共中央政治局常委、国务院总理温家宝在北京主持召开国务院抗震救灾总指挥部第22次会议，研究汶川地震灾后恢复重建工作指导意见，讨论灾害范围评估工作。中共中央政治局常委、国务院副总理李克强，中共中央政治局委员、国务院副总理回良玉，国务委员兼国务院秘书长马凯等出席会议。会议议定，原则同意汶川地震灾后恢复重建工作指导意见，进一步做好地震灾害范围评估工作，抓紧制定城镇居民损毁房屋修复重建的政策措施，选择适当时机公布因灾遇难失踪人员名单。

6月26日 中央纪委、监察部开通“12388”举报电话，全天候受理对抗震救灾资金物资管理使用中违法违纪行为控告检举。有关地方纪检监察机关设立并向社会公布抗震救灾资金、物资管理使用违法违纪问题举报投诉电话或网络举报信箱。

6月26日 外交部在北京举办抗震救灾答谢招待会。中共中央政治局常委、国务院副总理李克强出席招待会并致辞。国务委员戴秉国出席招待会。300多名外国驻华使节和国际组织驻华机构代表出席招待会。

6月26日 财政部抗震救灾资金物资监督检查领导小组在北京召开会议，审议通过《财政部抗震救灾资金物资监督检查领导小组工作规则》，听取有关四川、甘肃、陕西抗震救灾款物监督检查的情况汇报，研究部署下一阶段工作。

6月26日 住房城乡建设部发出《关于切实做好地震灾区过渡安置房防火防雷工作的通知》，对严格执行相关标准、加强现场监管等问题提出要求。

6月26日 总后勤部发出《关于组织好医疗防疫任务交接，安排好军队抽组医疗防疫队撤离工作的通知》，明确医疗防疫队伍任务交接、撤离计划、运输计划以及战储后勤装备等事项。

6月26日 全国总工会组织的由劳动模范、高级技师等组成的首批劳模技术服务队赶赴四川灾区。中共中央政治局委员、全国人大常委会副委员长、全国总工会主席王兆国出席启程仪式，为服务队授旗并讲话。服务队主要为受灾企业在“抗震救灾、重建家园”工作中提供技术咨询、受损设备评估、调试维修、技术培训等。全国总工会先后组织5批劳模技术服务队赶赴灾区。

6月26日 四川省政府办公厅发出《关于做好2008年因灾延考区普通高校招生统一考试工作的紧急通知》，明确经教育部批准，同意四川省6个市（州）45个重灾县（市、区）的普通高校统一考试工作延期到7月3—5日举行。同日，四川省1803座震损水库应急除险工作基本完成，无一座震损水库溃坝。

6月26日 由卫生部发起，四川省卫生厅主办的“绿丝带爱心使者”四川震区灾后心理干预培训计划在成都正式启动。至12月底，四川省卫生厅先后培训心理卫生服务人员600余人。

6月26日 四川华电珙县电厂一期2×600兆瓦工程项目在珙县正式开工。该项目总投资48.04亿元。2011年2月20日，珙县电厂首台机组——国产首台60兆瓦超临界W火焰直流运行发电机组正式投运，每天可为四川电网、华中电网供电1440万千瓦时。

6月26日 陕西省政府办公厅发出《关于做好当前地质灾害防范工作的通知》，要求各地各有关部门把地质灾害防范工作作为灾后重建的一项紧迫任务，采取有力措施，为灾后重建和全省经济社会持续发展提供保障。

6月26日 吉林省委、省政府在长春召开全省表彰支援四川地震灾区抢险救援先进集体和个人暨对口支援地震灾区恢复重建工作动员大会。

6月26日 香港特区成立由政务司司长唐英年主持的支援四川地震灾区重建督导委员会，负责督导和统筹香港特区支援四川地震灾区重建工作，以及联系内地相关对口部门，推动开展支援重建工作。

6月26日 应国侨办和四川省侨办邀请，2008海内外华文媒体访华团一行到四川地震灾区采访抗震救灾和灾后重建工作。该团由美国《侨报》等7家和《人民日报》（海外版）等3家中外知名华文媒体12名总编辑、编辑、记者组成。

6月26—27日 人力资源社会保障部召开公共服务设施建设规划编制工作座谈会。四川、陕西、甘肃三省人力资源社会保障部门通报规划编制进展情况、存在问题及下一步工作建议。

6月26—28日 辽宁省委书记张文岳率辽宁省党政代表团到安县查看灾情，研究对口援建工作。

6月27日 中央文明办、教育部、共青团中央、全国妇联主办的“抗震救灾英雄少年”颁奖晚会在北京举行。中共中央政治局常委李长春，中共中央政治局委员、中央书记处书记、中宣部部长刘云山，中共中央政治局委员、国务委员刘延东，全国政协副主席陈奎元，全国妇联主席顾秀莲出席颁奖晚会，并为获奖少年颁奖。汶川县映秀镇渔子溪小学林浩等20人获得“抗震救灾英雄少年”荣誉称号，绵竹市东汽中学马小凤等30人获得“抗震救灾优秀少年”荣誉称号。

6月27日 中央国家机关抗震救灾先进基层党组织和优秀共产党员表彰暨先进事迹报告会在北京举行。报告会前，国务委员兼国务院秘书长马凯会见受表彰的先进基层党组织和优秀共产党员代表。

6月27日 国务院军队转业干部安置工作小组、中组部、人力资源社会保障部、总政治部联合发出《关于做好抗震救灾军队转业干部安置工作的通知》，要求各地按照军转安置政策规定，采取积极措施，对参加抗震救灾的军队转业干部给予从优安置，对立功受奖的重点安置。

6月27日 成都军区联指在成都召开抗震救灾部队经验交流会议，总结阶段性经验体会，加深部队应对多种安全威胁、完成多样化军事任务特点和规律的认识，动员部队进一步完成新阶段抗震救灾任务。

6月27日 成都军区某陆航团派出4架直升机，向马尔康、汶川、理县、茂县运送4000多套高考试卷。

6月27日 中国红十字会总会抗震救灾前线指挥部更名为中国红十字会总会驻川灾后恢复重建办公室，并在6个重灾地区设立重建工作组。

6月27日 四川省委书记刘奇葆到都汶公路映秀至汶川段查看公路损毁情况，看望慰问一线工人，指导抢通保通工作。

6月27日 四川省在成都召开专题座谈会，研讨对城镇住房重建的扶持政策。

6月27日 甘肃省委在兰州召开庆祝中国共产党成立87周年暨表彰抗震救灾先进基层党组织和优秀共产党员电视电话会议，授予文县中庙乡中坪村党支部等60个单位“甘肃抗震救灾先进基层党组织”荣誉称号、文县范坝乡初级中学校长许伟等120人“甘肃抗震救灾优秀共产党员”荣誉称号。

6月27日 陕西省在西安召开会议，启动宁强、略阳两县灾后恢复重建及津陕对口支援有关工作。同日，陕西省还召开会议，研究灾区学校恢复重建资金问题，确定教育系统恢复重建资金的来源及各市对口支援问题。

6月27日 吉林省政府办公厅印发《吉林省对口支援四川省黑水县恢复重建工作方案》，明确对口援建主要目标和基本原则、基本内容和主要任务、工作分工与援建方式、资金安排和筹措等。方案明确，由吉林省9个市（州）分别对口援建黑水县17个乡（镇）。

6月27日 山东省委、省政府发出通知，成立由省长姜大明任组长的对口支援北川灾后恢复重建工作领导小组。领导小组下设办公室和北川工作指挥部。7月3日，山东省首批16名援川前线工作人员抵达北川。

6月27日 海峡两岸防震减灾学术研讨会在北京召开，24名中科院院士和来自台湾的10名科学家参加会议。

6月27—29日 中共中央政治局常委、中央书记处书记、国家副主席习近平到四川地震灾区考察抗震救灾工作。中共中央政治局委员、中央书记处书记、中组部部长李源潮陪同考察。27日，习近平会见受中组部表彰的四川省先进基层党组织和优秀共产党员代表，并在成都会见香港特区政府派往四川省参加抗震救灾工作的飞行服务队、救援队、防疫队和医疗队成员。28日，习近平到都江堰市幸福家园受灾群众安置点和龙池镇南岳村、北川羌族自治县桂溪乡、平武县平通镇看望受灾群众、卫生防疫人员以及执行抗震救灾任务的部队官兵。在都江堰，习近平还会见香港特区行政长官曾荫权、澳门特区行政长官何厚铧等。29日，习近平到汶川县映秀镇考察抗震救灾工作，看望慰问映秀片区成都军区和武警部队等执行抗震救灾任务官兵，看望湖北医疗卫生防疫队。考察结束后，习近平主持召开座谈会，听取四川省委书记刘奇葆代表省委、省政府做的抗震救灾工作情况汇报。习近平强调，各级党委和政府要继续坚持“两手抓”，一手坚持不懈地抓抗震救灾，做好灾区生产自救和恢复重建，一手坚定不移地抓经济社会发展，促进经济平稳较快发展和社会和谐稳定。

6月27—29日 河南省委书记徐光春、代省长郭庚茂一行到江油查看灾情，调研对口支援工作。

6月27—29日 香港特区行政长官曾荫权和澳门特区行政长官何厚铧率领香港、澳门特区政府代表团到彭州、都江堰考察，慰问当地受灾群众。考察期间，曾荫权、何厚铧分别与四川省委、省政府领导在都江堰举行工作会谈，就香港、澳门参与四川地震灾区重建工作和加强川港、川澳经贸合作进行商讨。

6月27—30日 卫生部部长陈竺一行到陕西省的宁强、略阳灾区及甘肃省的文县、武都、康县灾区了解医疗卫生机构受损情况，慰问伤员和医务工作者，检查灾后卫生防疫和恢复重建工作。

6月28日 中国青少年发展基金会等单位发起成立的“5·12心灵守望计划”在北京启动。该计划通过5年有序、科学、持续的专业心理知识培训和心理热线咨询服务等，为汶川地震灾区师生提供长期心理疏导和精神支持。

6月28日 四川警察学院2000名师生陆续到达地震重灾地区，分批、分点进入任务区，执行为期一年的警务援助任务。这是全国公安高等教育领域首次大规模、成建制地开赴地震灾区执行警务任务。

6月28日 甘肃省抗震救灾总指挥部确定甘肃灾后重建农民住房资金补助政策，对倒塌和严重受损需拆除重建的农户每户最高补助2万元。

6月28日 陕西省委举行纪念中国共产党成立87周年暨抗震救灾先进基层党组织、优秀共产党员和“郭孝义式农村党支部书记”命名表彰大会。同日，省政府印发《陕西省地震灾后学校恢复重建实施方案》。

6月28日 江苏省委办公厅、省政府办公厅印发《江苏省对口支援四川省绵竹市地震灾后恢复重建工作方案》，明确对口支援基本原则、安排方案、工作任务、工作要求等。江苏省坚持“一市帮一受灾乡镇”的原则，安排13个省辖市及排名全国县域经济百强县（市）前十强的7个县级市（区），对口支援绵竹市20个乡（镇）。

6月28—29日 中共中央政治局委员、国务院副总理张德江到中核集团某企业、九洲科技工业园、四川航天技术研究院指导抗震救灾工作，调研恢复生产工作。

6月28日至7月4日 四川抗震救灾青年代表团一行14人到香港共进行6场主题为“川港心连心、共建新家园”的交流活动。

6月29日 国务院印发《关于支持汶川地震灾后恢复重建政策措施的意见》，明确地震灾后恢复重建指导思想和基本原则，要求充分发挥社会主义制度集中力量办大事的政治优势，贯彻“一方有难、八方支援”的方针，把国家支持、社会支援和生产自救结合起来，举全国之力支持地震灾后恢复重建。意见明确，政策措施支持范围覆盖灾后恢复生产和重建的各方面，同时重点支持城乡居民倒塌毁损住房、公共服务设施和基础设施等恢复重建。

6月29日 测绘局制作完成灾区95个县（市、区）分县影像图98幅、覆盖重点灾区的1：10000影像地图512幅，满足汶川地震灾区重建选址、科学规划、基础设施建设、灾害监测预测等对地图和地理信息数据的需要。

6月29日 成都军区联指总指挥李世明到成都军区驻川78098部队查看营房受损情况，听取抗震救灾工作汇报，研究尽快恢复学兵训练问题。

6月29日 四川省抗震救灾指挥部发出《关于加强地震灾区过渡安置房防火防雷工作的通知》。

6月29日 四川省委发出《关于表彰抗震救灾先进基层党组织和优秀共产党员、优秀党员领导干部的决定》，授予都江堰市虹口乡党委等100个基层党组织“抗震救灾先进基层党组织”荣誉称号，授予都江堰市向峨乡党委书记罗鸿亮等149人“抗震救灾优秀共产党员”荣誉称号，授予刘俊林等20人“抗震救灾优秀党员领导干部”荣誉称号，追授陆生苍为“抗震救灾优秀共产党员”。

6月29日 美国国务卿赖斯一行到都江堰腾达体育俱乐部废墟、“勤俭人家”受灾群众安置点参观，并考察由美国捐赠的玉堂镇永固村水净化项目。

6月29日（纽约当地时间） 联合国秘书长潘基文接受中国记者采访时说，中国政府在汶川地震发生后迅速采取积极有效的救灾举措，为世界树立了榜样。

6月29—30日 文化部部长蔡武一行到四川地震灾区考察抗震救灾及灾后恢复重建工作，并对文化系统进一步做好相关工作提出要求。

6月29日至7月1日 美国国际开发署署长福尔率领美国政府、企业、非政府组织联合代表团到四川考察灾后重建和经济建设情况，与四川省政府就合作机制、援建重点、参与方式等问题进行商讨。

6月30日 中共中央在北京召开抗震救灾先进基层党组织和优秀共产党员代表座谈会。中共中央总书记胡锦涛出席座谈会并发表重要讲话。中共中央政治局常委、中央书记处书记习近平主持座谈会。胡锦涛要求，各级党委要深入贯彻落实科学发展观，大力弘扬抗震救灾精神，坚决贯彻落实中央决策部署，为夺取抗震救灾斗争全面胜利、推动经济社会又好又快发展提供坚强保证。中共中央政治局常委吴邦国、温家宝、贾庆林、李长春、李克强等，中央政治局委员回良玉、刘云山、李源潮，中央书记处书记何勇、王沪宁，国务委员马凯、孟建柱等出席座谈会。座谈会前，胡锦涛等会见受到表彰的抗震救灾先进基层党组织、抗震救灾优秀共产党员代表和被追授为抗震救灾优秀共产党员的亲属代表。同日，中组部在北京举行抗震救灾先进基层党组织、优秀共产党员表彰仪式，授予陕西省公安消防总队党委等54个集体“抗震救灾先进基层党组织”称号、略阳县军供站站长张玉民等59人“抗震救灾优秀共产党员”称号，追授德阳市东汽中学学生处主任谭千秋等6人“抗震救灾优秀共产党员”称号。习近平，中共中央政治局委员、中央书记处书记、中组部部长李源潮出席表彰仪式并颁发奖章和证书。

6月30日 国务院发布公告，向对汶川地震受灾人员表达深切同情和提供宝贵援助的国家政府、团体和个人、国际组织以及华侨华人表示衷心感谢。

6月30日 中共中央政治局委员、国务院副总理张德江在成都主持召开地震灾区恢复工业生产和扩大就业座谈会。19个对口支援省（市）和深圳市与四川、甘肃、陕西三省签订20份就业援助协议。10月23日，人力资源社会保障部发出《关于继续做好地震灾区对口就业援助工作的函》。2009年3月2日，人力资源社会保障部发出《关于做好第三期对地震灾区对口就业援助工作的通知》。2010年4月2日，人力资源社会保障部发出《关于继续做好对地震灾区对口就业援助工作的通知》，提出将对口就业援助工作纳入常规工作模式开展，不再续签对口就业援助协议。截至2009年12月底，各支援地通过落实3期协议，共向灾区提供有效岗位信息167.2万个，直接帮助灾区劳动者18.64万人实现就地就业或就近就业，超过协议任务目标一半以上。

6月30日 中央纪委办公厅、监察部办公厅发出《关于加强对对口支援救灾款物监督检查的通知》，要求承担对口支援任务的19个省（市）纪检监察机关充分发挥职能作用，加强对对口支援救灾款物管理使用的监督检查，保证中央关于对口支援重大决策的贯彻落实。

6月30日 中宣部、中组部、总政治部联合主办的“向祖国报告——迎‘七一’暨抗震救灾文艺晚会”在北京举行。中共中央政治局常委李长春，中共中央政治局委员、中央书记处书记、中宣部部长刘云山，中共中央政治局委员、国务委员刘延东，中共中央政治局委员、中央书记处书记、中组部部长李源潮，全国政协副主席陈奎元，中央军委委员李继耐等出席并观看晚会。

6月30日 人力资源社会保障部在北京召集20个对口支援省（市）和3个受援省的劳动保障厅（局）长召开座谈会，研究对口支援具体措施，就建立对口支援工作机制、落实就业援助协议进行安排部署。

6月30日 环境保护部发布《地震灾区土壤污染防治指南（试行）》，对地震灾区土壤污染防治基本原则、土壤污染调查与评估、土壤污染治理和修复等提出指导意见。

6月30日 卫生部在汉中召开陕甘两省卫生系统灾后恢复重建暨对口支援工作会议，要求各级政府在大卫生的框架下考虑卫生系统重建问题，恢复重建工作坚持实用、适用原则，卫生基础设施作为公共设施的组成部分在恢复重建中应得到优先保障，反对搞攀比，更反对铺张浪费。

6月30日 成都军区驻滇77200部队和山东省济南市共同援建的北川羌族自治县擂鼓中心

小学在过渡板房中举行复课仪式，留守擂鼓镇的300名学生复课。仪式上，军地共同向学校赠送52台电脑、5000册图书和20余种报刊。

6月30日 全国总工会在北京举行工会抗震救灾先进事迹报告会。会上，来自四川灾区的6名工会英模代表先后讲述了各自在抗震救灾中的先进事迹。同日，中共中央政治局委员、全国人大常委会副委员长、全国总工会主席王兆国会见工会抗震救灾先进事迹报告团成员。

6月30日 四川省抗震救灾指挥部发出《关于开展受灾群众安置点用电用气用煤安全检查的通知》。

6月30日 世界文化遗产都江堰古建筑群灾后抢救保护工程开工仪式在都江堰举行，地震灾区文化遗产抢救保护工作全面启动。2010年11月，二王庙古建筑群灾后抢救保护工程竣工并通过验收。

6月30日 陕西省财政厅、民政厅联合下发《关于预拨2008年自然灾害灾后重建补助资金的通知》，向汉中等地九市（区）预拨灾后重建补助金共10亿元，专项用于因地震房屋倒塌或严重损坏的农村重灾户的住房重建。

7月

7月1日 教育部印发《关于贯彻落实中央会议精神，进一步做好教育系统抗震救灾和教育改革发展工作的意见》，要求确保灾区学校在9月1日复学复课，抓紧做好灾区教育恢复重建工作，全面做好教育系统抗震救灾工作。同日与18日，教育部分别向四川省、甘肃省发出《关于普通高校保送招收“抗震救灾优秀学生”的函》，特批获得中央文明办等部门授予“抗震救灾英雄少年”称号、有突出表现的4名优秀考生，被分别免试保送北京大学、清华大学、国防科技大学和装甲兵工程学院。教育部还批准保送四川省16名、甘肃省3名抗震救灾优秀高三学生进入高等院校学习。

7月1日 财政部发出《关于对汶川地震受灾严重地区减免部分政府性基金的通知》，规定从是日起至2011年6月30日对受灾严重地区减免部分政府性基金。

7月1日 国土资源部发出通知，要求四川、甘肃、陕西三省国土资源厅在地质灾害防范关键时期，结合灾区防灾实际，切实做好地质灾害防范工作。通知还要求，对灾民集中安置区域和基本适宜安置但又有地质灾害隐患或险情的安置点，要尽快向同级政府汇报，并切实加强已下拨地质灾害应急经费的管理使用。

7月1日 住房城乡建设部发出《关于请速报地震灾区过渡安置房（活动板房）计划执行情况的通知》。同日，住房城乡建设部前方工作组商四川省政府，请求成都军区给予支援，解决阿坝因板房建设任务量大、交通阻断，而导致的货运汽车短缺、材料运送困难的问题。7月10日至8月7日，成都军区联指组织成都军区驻川78511部队200辆、济南军区71282部队100辆运输车，抢运住房城乡建设部援建阿坝重灾区活动板房10批次，出动运输车1118辆次，安全行驶186.8万余公里，拆装集装箱747个，抢运活动板房4482套。

7月1日 全国质检系统卫生防疫救援工作总结大会在成都举行。至6月30日，质检总局完成灾区卫生防疫任务，处理面积3448万平方米，使用消毒剂和杀虫剂14.63万公斤；处理遇难者遗体199具；处理动物尸体423具；发放宣传手册1.19万册。

7月1日 证监会发出《关于做好支持汶川地震灾后重建工作的通知》，要求全力维护灾区市场正常秩序，积极支持灾区证券期货经营机构恢复重建；全面加强灾区市场服务，有效维护灾区投资者合法权益；全力支持灾区上市公司重建发展和企业融资，着力加强灾区市场基础培育。

7月1日 食品药品监管局印发《关于加强抗震救灾捐赠药品监管工作的指导意见》，对四川、甘肃、陕西、重庆、云南等地震灾区抗震救灾捐赠药品监管工作提出指导意见。

7月1日 中央军委领导等在北京会见受到中组部表彰的军队、武警部队抗震救灾先进基层党组织和优秀共产党员代表，代表中央军委主席胡锦涛和中央军委向大家表示热烈的祝贺，向正在抗震救灾一线英勇奋战的广大官兵致以崇高的敬意，向全军和武警部队各级党组织和广大党员致以节日的问候。

7月1日 成都军区联指发出《关于调整抗震救灾直升机运用机制的通知》，对使用直升机担负空投空运任务的原则、使用固定航班的方法、航班任务的区分、抗震救灾部队使用直升机程序等进行规范。同日，联指总指挥李世明到第四责任区抗震救灾任务部队检查调研，并与绵阳市领导就做好新阶段抗震救灾工作进行座谈。

7月1日 抗震救灾部队心理教育与服务工作座谈会在成都召开。

7月1日 全国工商联在北京召开各直属行业商会参与灾后重建工作座谈会，要求各直属行业商会着手组织业内企业，认真研究灾后重建帮扶工作，制订切实可行的援助计划，抓好落实，充分发挥直属行业商会在灾后重建工作中的作用。

7月1日 四川省抗震救灾指挥部发出《关于尽快下达第三期过渡安置房（活动板房）计划的紧急通知》。

7月1日 四川省启动地震灾区扩大免疫规划。7—8月，10个极重灾县（市）和部分重灾县（市、区）接种A群流脑疫苗5300人、A+C群流脑疫苗1587人、乙脑疫苗5156人、甲肝疫苗2662人、麻风疫苗（麻疹、风疹二联疫苗）3676人、麻腮风疫苗（麻疹、腮腺炎、风疹三联疫苗）10699人、麻腮疫苗（麻疹、腮腺炎二联疫苗）2704人。

7月1日 汶川县桑坪中学首批704名师生抵达广东省佛山市顺德区广东碧桂园集团举办的

国良职业培训学校，准备复课。这是中国教育史上少有的整校大规模跨省转移、复课行动。2009年6月17—18日，桑坪中学1500余名师生结束在广东近一年的学习生活，乘火车重返家园。

7月1日 重庆市抗震救灾表彰暨先进事迹报告会在重庆举行。

7月1日 新疆生产建设兵团向甘肃地震灾区捐款4500万元捐赠仪式在兰州举行。

7月1—2日 住房城乡建设部、日本国际协力机构等单位联合主办的四川汶川大地震中日恢复重建合作研讨会在北京举行。中、日两国专家学者共同探讨恢复重建的基本方针和战略、日本几次地震的经验和教训及恢复重建经验等。

7月1—5日 成都军区联指派出4个联合工作组到5个责任区任务部队检查调研抗震救灾任务完成情况。8日，联指在成都召开会议，听取检查调研汇报，分析任务完成情况，对下一步抗震救灾工作提出要求。

7月1—6日 国家汶川地震灾后重建规划组办公室组成调研组到什邡、绵竹、北川、安县、青川等地灾区考察灾区损失情况和重建工作情况。

7月2日 国务院总理温家宝在北京会见美国国际开发署署长福尔率领的美国政府、企业、非政府组织联合代表团。美方承诺将在卫生保健、教育、基础设施、技术转移、能源和灾害应对等6个领域为地震灾区恢复重建提供支持。同日，发展改革委副主任穆虹会见代表团，双方就汶川地震灾后恢复重建规划和美国有关方面参与灾后重建等相关问题交换了意见。

7月2日 全国政协十一届常务委员会第二次会议在北京开幕。中共中央政治局常委、全国政协主席贾庆林主持开幕会。国务院抗震救灾总指挥部向会议提供《关于四川汶川特大地震抗震救灾及灾后恢复重建工作情况的报告》。

7月2日 中央纪委、监察部在北京召开部分派驻纪检监察机构抗震救灾资金物资监督检察工作座谈会，要求加强对重大项目安排和资金拨付使用情况的监督，保证中央政令畅通。

7月2日 中组部、共青团中央在北京举行赴四川等地震灾区参与灾后重建的第九批“博士服务团”成员座谈会。中共中央政治局委员、中央书记处书记、中组部部长李源潮出席会议并讲话。“博士服务团”是中组部和共青团中央为实施西部大开发战略提供人才支持和智力服务的一项举措。第九批“博士服务团”先遣队20名成员，均是灾区重建急需的城市建设与规划、国土地质测量、交通运输、财政经济和水利及卫生等专业人才。3日，20名成员分赴四川、甘肃、陕西等地灾区参与灾后恢复重建工作。

7月2日 民政部发布公告，批准中国老龄事业发展基金会、中国宋庆龄基金会、中国光华科技基金会等16家公募基金会开展抗震救灾募捐活动。

7月2日 铁道部与四川省委、省政府在成都就加快四川铁路灾后恢复重建举行会谈，双方签署《关于加快推进四川省灾后铁路恢复重建会议纪要》。

7月2日 商务部发出《关于做好地震灾后商贸服务设施恢复重建对口支援工作的通知》，要求承担对口支援各地商务主管部门按对口支援关系为灾区提供各种形式支援，保证市场供应，在2011年完成商贸网点恢复既定目标。同日，商务部发出《关于协助地震灾区做好农产品销售工作的通知》。

7月2日 新闻办在北京就汶川地震灾害和抗震救灾情况举行第29次新闻发布会，由水利部介绍堰塞湖处置和震区防汛抗洪情况。

7月2日 共青团中央在北京举行全团选派百名优秀干部支援地震灾区基层团组织工作动员会。3日，来自全国29个省（区、市）团委与中央企业、铁道系统、民航系统、中直机关团委和共青团中央机关的101名团干部分赴四川、甘肃、陕西三省灾区的59个受灾县（市、区）挂职锻炼，开展为期半年的支援灾区建设工作。

7月2日 中国农业银行支持灾后重建银企座谈会在成都举行。按照金融服务方案，农行四川省分行向受灾地区工业、交通、能源、钢铁等行业中的龙头企业和优势企业提供授信贷款657亿元，其中新增授信贷款287亿元。同日，中信银行成都分行与四川省交通厅达成《灾后重建金融保障合作协议》，为省交通厅及其下属单位提供50亿元综合授信贷款，用于四川省各大交通企业的灾后重建和受损高速路、国道等交通基础设施的恢复。

7月2日 四川省抗震救灾指挥部召开会议，研究部署安置住房建设、因灾失业人员就业和灾区交通抢通保通工作。同日，指挥部印发《关于汶川地震灾后农房重建技术指导工作的实施意见》。

7月2日 陕西省财政厅、民政厅联合发出《关于下达地震受伤人员中央医疗救治资金的通知》，下达省卫生厅医疗卫生专项资金2160万元。

7月2日 河南省成立对口支援江油市恢复重建工作领导小组，下设对口支援江油市恢复重建指挥部与前线指挥部。

7月2日 湖南省委在长沙召开常委会议，研究对口支援工作，原则同意对口援建工作方案。22日，省委办公厅、省政府办公厅发出通知，成立对口支援理县灾后重建工作领导小组，并印发《湖南省对口支援理县灾后重建方案》，就对口支援基本原则、内容和时间、资金筹措和管理以及工作要求作出规定。

7月2—4日 中国侨联主席林军率香港特区和国外华侨领袖、企业家及社团负责人组成的中国侨联赴川慰问考察团到北川、都江堰进行慰问考察。

7月3日 中共中央政治局常委、国务院总理温家宝在信访局呈送的北川灾区夏碧及其母亲孙小芳致总理的感谢信上作出批示：希望夏碧小朋友早日康复，做一个坚强快乐的阳光女孩。

7月3日 国务院印发《关于做好汶川地震灾后恢复重建工作的指导意见》，明确灾后恢复重建工作指导思想和基本原则、主要任务和工作要求、实施步骤和保障措施。意见要求，充分发挥社会主义制度的优势，把政府主导和充分调动社会资源结合起来，组织实施好对口支援，广泛动员社会各界力量，采取多种形式，加快灾区恢复重建。

7月3日 民政部发起的汶川地震伤残人员康复辅具“牵手助残”项目在成都正式启动。项目先期投入启动资金500万元，免费救助5000余名地震伤残人员。

7月3日 财政部就该部赴四川、甘肃、陕西三省对审计署反映抗震救灾资金物资管理使用有关问题的调查情况进行研究，明确解决意见，提出下一步政策研究、配合指导和监督检查的工作重点。

7月3日 住房城乡建设部在成都召开灾后重建规划对口支援工作会议，提出重建规划方针和策略，指出规划要避免的主要问题。

7月3日 卫生部办公厅印发《灾后不同人群心理卫生服务技术指导原则》，针对灾区群众、灾区救援者、灾区伤员（住院病人）和灾区儿童等4种不同人群，包括对精神问题的筛查与诊断以及常见病症的医学治疗，提出指导意见。

7月3日 成都军区党委在成都召开常委会议，研究抗震救灾部队回撤方案和军队援建灾区学校有关问题。同日，成都军区联指在成都召开会议，专题研究抢修、维护灾区道路及支援地方运送活动板房建材有关问题。

7月3日 四川省政府办公厅印发《四川省汶川特大地震灾后恢复重建行政效能问责规定（试行）》，对灾后恢复重建工作中违反行政效能建设规定、应当问责范围作出界定，共有10项27种情形将被问责。

7月3日 四川省委书记刘奇葆一行到青川查看灾情，了解受灾群众安置情况，指导抗震救灾工作。省长蒋巨峰率省直有关部门负责人到德阳灾区调研。

7月3日 四川大学华西医院地震伤员康复中心揭牌。这标志着四川省首批9个地震伤员医疗康复中心开始正式收治地震康复伤员。

7月3日 陕西省政府办公厅印发《灾后恢复重建对口支援方案》，确定在天津市对口支援宁强县、略阳县的同时，陕西省相应建立省内对口支援机制，具体是西安市—陈仓区、延安市—太白县、榆林市—南郑县、陕西延长石油（集团）有限责任公司—陇县、陕西有色金属控股集团有限责任公司—勉县、陕西煤业化工集团有限责任公司—千阳县，中国红十字会对口支援石泉县、凤翔县、勉县、南郑县。

7月3日 辽宁省委、省政府成立由省长陈政高任组长的对口支援安县恢复重建工作领导小组。8月8日，领导小组在安县设立对口支援指挥部。

7月3日 江苏省政府在南京召开全省对口支援绵竹灾后恢复重建工作会议，全面部署江苏省对口援建工作。8日，江苏省成立由省委书记梁保华任第一组长、省长罗志军任组长的对口援建四川绵竹地震灾区领导小组，领导小组在绵竹设立对口援建指挥部。

7月3日 浙江省政府多个部门联合1000余家浙江企业倡议发起以“千家以上企业参与重建，为灾区提供万人以上就业岗位，为灾区提供数十亿元重建投入”为目标的支援灾区重建工程。

7月3日 江西省对口支援四川省小金县灾后恢复重建现场指挥部成立。

7月3日 河南省委、省政府在郑州召开抗震救灾英模事迹报告暨河南省支援江油市重建工作动员大会。

7月3日 香港特区政府公布，从赈灾基金中批出70万港元拨款，由中国福音事工促进会赈济四川地震灾区。同日，香港各界青年共建四川灾区青少年公益项目签约仪式在香港举行，向灾区捐款2500万港币，用于灾区兴建希望小学、青少年活动中心等11个青少年公益项目。

7月3日 澳门“川澳同心”委员会通过中华慈善总会向四川地震灾区捐赠6000余万澳门元，用于在四川灾区捐建一座以澳门相关名义命名的村庄。

7月3—5日 四川、甘肃两省共约12万名考生在分布于两省各地的102个考点4084个考场参加延期高考。同时，因伤在重庆治疗的绵竹市东汽中学3名高三学生在新桥医院专用考场参考，这是首次跨省市为少数异地考生设考场。

7月4日 财政部、民政部、体育总局联合发出《关于调整即开型彩票公益金分配办法支持汶川地震灾后恢复重建等问题的通知》，要求从7月1日起到2010年12月31日止，将中央集中的网点即开型和中福在线即开型彩票公益金全部用于汶川地震灾后恢复重建。

7月4日 住房城乡建设部会同农业部等部门在成都召开农村建设专项规划会商协调会，12日再次召开协调会，分别协调四川、甘肃、陕西三省农村建设规划编制重点、内容、深度和进度，制定拟撤并搬迁乡规范程序、慎重研究、科学决策的规划要求。

7月4日 卫生部办公厅、中国残联办公厅发出《关于加强汶川地震伤员康复工作有关问题的通知》，要求各地根据地震伤员伤情和康复需求等具体情况，明确分工，制订流程，细化方案，做好衔接，不断提高康复效果。《四川地震伤员康复治疗分流指导原则》随通知印发。

7月4日 全国中医药局长会议在北京召开，总结前一阶段中医药系统抗震救灾工作，分析面临的形势，研究部署参与抗震救灾医疗卫生防疫及支援灾区中医药系统恢复重建任务，着力推进下半年的中医药工作。

7月4日 四川省抗震救灾指挥部在成都召开灾后住房建设工作电视电话会议，总结前一段抗震救灾工作，部署安置阶段工作，分析震后全省经济形势。

7月4日 四川省委书记刘奇葆到广元市利州区、剑阁县调研受灾群众安置情况，指导抗震救灾工作。

7月4日 四川省财政厅、民政厅、劳动保障厅、卫生厅、残联等部门联合发出《关于汶川地震出院伤员后续医疗有关问题的通知》，明确在紧急救治阶段结束后至12月31日止，对地震伤员实行免费医疗。期满后的各种医疗费用，按正常渠道和办法执行。

7月4日 陕西省政府在西安召开专题会议，部署陕西省灾后恢复工业生产和扩大就业有关工作。

7月4日 浙江省支援青川县灾后恢复重建指挥部在青川挂牌。

7月4—6日 成都军区驻滇77283部队出动官兵900余人次、各型机械设备50余台次，在地方文物档案专家的指导下，挖掘抢救出北川羌族自治县档案馆8万余卷国家重点文物档案，并转运至绵阳市档案馆。

7月4—7日 国侨办、四川省政府共同举办以“关爱四川、携手共建、合作发展”为主题的“携手共建——知名侨资企业家四川行”活动，来自美国、澳大利亚等8个国家和地区的20多名知名侨资企业家以及海外侨资企业代表50余人参加考察活动。7日，中共中央政治局委员、国务院副总理王岐山在北京会见参加活动的侨商代表。

7月5日 住房城乡建设部前方工作组协调中建总公司等企业派出6支技术队伍到阿坝指导、帮助受灾群众安装活动板房，开展建设自救，按时完成活动板房建设任务。

7月5日 卫生部在成都召开座谈会，研究灾区卫生系统恢复重建、过渡期临时医疗机构建设等工作。至此，18个省（区、市）对口支援四川省18个县（市）的2400多名医疗卫生人员全部到位，对口支援医疗卫生队伍交接工作顺利完成。

7月5日 成都军区联指在成都召开会议，研究近期抗震救灾工作和救灾部队回撤问题。同日，联指政治部下发《关于抗震救灾部队撤离政治工作指示》。

7月5日 在四川省文物局协调下，因地震馆舍受损严重的茂县羌族博物馆将近1万件文物转移至成都，暂时存放在成都博物院和金沙遗址博物馆。

7月5日 拉美和加勒比地区16个国家驻华使团在北京为汶川地震灾后重建举行“拉美加勒比和中国团结之夜”赈灾募捐活动。

7月6日 湖北省委办公厅、省政府办公厅印发《湖北省对口支援汉源县灾后重建总体方案》，明确对口支援指导思想、基本原则、建设内容与阶段目标、援建方式与责任分工、资金来源。方案明确，湖北省直及15个市对口支援汉源县23个乡（镇），总投资约20亿元。其中，首期安排实施县城十大援建工程、乡镇援建工程、受灾群众安居工程、就业援助工程、智力技术支援工程，总投资约15亿元。7日，省委、省政府在武汉召开抗震救灾对口支援工作会议，对全省抗震救灾对口支援工作作出进一步部署。

7月6—10日 中共中央政治局常委、全国政协主席贾庆林到陕西、甘肃两省调研抗震救灾和恢复重建、维护藏区稳定、促进经济社会又好又快发展等工作。贾庆林先后到宁强县广坪镇、文县中庙乡了解受灾情况，看望灾区群众，指导抗震救灾和恢复重建工作。贾庆林充分肯定两省抗震救灾工作所取得的重大阶段性成果，强调要大力弘扬伟大抗震救灾精神，广泛凝聚各方面的人力、物力、财力、智力，坚持一手抓抗震救灾工作、一手抓经济社会发展，坚决夺取抗震救灾和经济社会发展双胜利，努力创造经得起实践、人民和历史检验的实绩。

7月7日 中央财经领导小组办公室、发展改革委联合主办的汶川地震灾后恢复重建国际研讨会在北京举行，中国、德国官员及其他国家专家学者数十人共同探讨中、德两国在灾后恢复重建上经济改革综合项目的合作事宜。

7月7日 四川省抗震救灾指挥部发出《关于切实做好地震灾区餐饮食品安全工作的紧急通知》《关于建立受灾农民自建过渡安置房和永久性住房建设情况日报制度的通知》。

7月7日 四川省召开汶川地震灾后恢复重建对口支援工作会议。同日，四川省在绵阳召开全省地震重灾区农村土地损毁情况座谈会，要求准确摸清农村土地损毁基本情况，切实维护灾区社会稳定，坚持就地分散安置受灾群众。

7月7日 东方锅炉（集团）股份有限公司、东汽、东方电机有限公司与山东电力基本建设总公司、山东电力建设第一工程公司在成都签署出口印度的6台660万千瓦超临界燃煤电站机电设备主机合同，订单总额近30亿元。

7月7日 中国工商银行四川省分行等28家银行与34家雅安企业召开灾后重建融资座谈会。中国农业银行四川省分行与雅安市政府签订100亿元的灾后重建全面合作协议，中国建设银行雅安分行、中国工商银行雅安分行等银行分别与中天地木业有限公司等签订14个项目3.77亿元借款合同，与四川华能宝兴河电力股份有限公司等达成24个项目意向性协议共56.5亿元。

7月7日 陕西省委书记赵乐际一行到宁强县青木川镇和安乐河乡检查指导灾后恢复重建工作。

7月7日 重庆市委、市政府分别召开会议，审议通过《重庆市对口支援崇州市地震灾后恢复重建工作方案》，部署对口支援工作。方案明确，成立由市长王鸿举任组长的援建崇州工作领导小组。同日，领导小组召开会议，审议通过《重庆市对口支援崇州市地震灾后恢复重建工作近期实施方案》。

7月7日 四川大学、美国加州大学、美国国家科学基金会（NSF）联合专家组一行10人到四川省地震局就汶川地震科学考察事宜进行咨询和交流。

7月7—8日 民盟中央在成都召开民盟组织参与地震灾后重建工作会议，听取灾区民盟组织抗震救灾、灾后重建工作通报，研究部署民盟开展灾后重建工作，并签署民盟援助灾区教育重建相关协议，全面开展“民盟烛光行动”支援灾区重建。

7月7—8日 广西壮族自治区慰问团到重庆地震灾区慰问，向重庆市捐赠2000万元支持抗震救灾和灾后重建。

7月7—9日 江西省省长吴新雄等率省直有关部门负责人到小金查看灾情，全面启动对口灾后恢复重建项目。8日，江西省、小金县签订《江西省对口支援四川省小金县地震灾后恢复重建协议》。

7月7—10日 吉林省委书记王珉、省长韩长赋一行到黑水查看灾情，与黑水县委、县政府研究对口支援恢复重建工作任务，看望慰问吉林省援建人员。9日，吉林省、黑水县举行恢复重建工作座谈会暨首批21个援建项目签约仪式，总投资12.9亿元。

7月8日 国家主席胡锦涛在日本北海道札幌与应邀出席八国集团同发展中国家领导人对话会议的印度总理辛格、巴西总统卢拉、南非总统姆贝基、墨西哥总统卡尔德龙举行集体会晤。胡锦涛代表中国政府和人民，衷心感谢各国政府和人民对中国抗击汶川特大地震灾害给予的大力支持和真诚帮助，衷心感谢各国人民对中国人民表达的同情和慰问。

7月8日 到日本出席八国集团同发展中国家领导人对话会议的国家主席胡锦涛在日本北海道札幌会见曾前往中国四川汶川地震灾区参与救援工作的日本国际救援队、国际医疗队代表。中共中央书记处书记、中央政策研究室主任王沪宁，国务委员戴秉国等陪同会见。

7月8日 中央纪委、监察部在北京召开纪检监察系统抗震救灾先进事迹报告会。中共中央政治局常委、中央纪委书记贺国强出席报告会并讲话，接见报告团成员。中共中央书记处书记、中央纪委副书记何勇主持报告会并参加接见。贺国强强调，要以抗震救灾英模为榜样，开拓进取，扎实工作，不断把党风廉政建设和反腐败斗争引向深入。青川县木鱼镇党委副书记、纪委书记赵忠兴等5人作报告。

7月8日 财政部、民政部向四川、甘肃、陕西、重庆、云南等省（市）地震灾区预拨中央自然灾害生活救助资金29.42亿元。

7月8日 环境保护部、联合国环境署联合主办的地震灾后重建环境保护国际经验交流会在北京举行，就灾后生态环境修复重建规划编制与实施、生态环境影响评估、生态修复与治理、安置区与重建区环境监管等议题进行讨论。

7月8日 新闻办在北京就汶川地震灾害和抗震救灾情况举行第30次新闻发布会，由发展改革委、四川省政府、住房城乡建设部介绍灾后恢复重建规划情况。

7月8日 成都军区联指在成都召开会议，要求救灾部队适应新阶段抗震救灾任务转换的需要，把安置受灾群众和灾区恢复重建作为工作重点，尽最大努力为灾区群众排忧解难；搞好思想教育，在灾区一天尽一天力，始终保持旺盛斗志；加强部队管理，严格正规秩序，不能发生违纪违规问题；按规定施工、科学施工，严防发生事故。

7月8日 甘肃省灾后重建领导小组在兰州召开会议，专题听取省委、省政府赴灾区工作组汇报，研究解决灾后重建中存在的困难和问题，部署灾后重建工作。会议决定成立基建材料供应组，协调甘肃省建筑材料供应问题。

7月8日 陕西省物价局、财政厅、公安厅、水利厅、交通厅、国土资源厅、工商行政管理局、环境保护局联合发出《关于保障我省灾后重建建材供应加强价格监管的通知》，全力支持省内外建材经销企业参与陕西灾区重建。

7月8日 福建省对口支援彭州市灾后恢复重建前方指挥部、彭州市政府举行首批援建项目签约仪式，确定20个援建项目和支医支教、规划援助等5个“软件”援助项目。12日，福建省对口支援彭州市灾后重建首批8个项目正式动工。

7月8日 深圳市抗震救灾阶段性总结暨对口支援动员大会召开，部署对口支援工作。

7月8—10日 卫生部在成都组织召开四川地震灾区食品和饮用水卫生监督工作培训会，对地震灾区食品和饮用水安全形势进行分析，对支援省与受援地卫生监督队伍衔接和整合以及下一步食品与饮用水卫生监督重点工作提出要求。

7月9日 国家主席胡锦涛在日本北海道洞爷湖会见美国总统布什，感谢布什总统、美国政府和人民就四川汶川特大地震灾害向中国政府和人民表达的诚挚慰问和提供的慷慨援助。同日，胡锦涛还会见法国总统萨科奇，对汶川特大地震发生后，萨科奇总统来函慰问并亲自前往中国驻法国使馆吊唁，法国政府提供救灾援助并向灾区派遣医疗队，深表感谢；会见加拿大总理哈珀，对哈珀在汶川特大地震发生后两次致函慰问、加拿大政府和社会各界积极向受灾地区提供救灾援助表示感谢；会见日本首相福田康夫，向日方对中国抗震救灾的大力援助表示衷心感谢，表示中方愿在防灾救灾领域同日方加强合作。

7月9日 发展改革委办公厅印发《关于灾后恢复重建规划编制中若干问题的意见》，对规划编制中需要进一步把握好的规划内容、工作进度、规划衔接等问题提出明确意见。

7月9日 国务委员、公安部部长孟建柱签署《关于表彰全国公安系统抗震救灾先进集体和先进个人的命令》《关于授予四川省公安消防总队绵阳市支队抗震救灾救援队等6个集体“抗震救灾英雄群体”和郭廷林等12名同志“抗震救灾尖兵”荣誉称号的命令》《关于给四川省公安消防总队成都市支队都江堰市大队等52个集体和董绍棠等310名同志记功、嘉奖的命令》，表彰公安系统抗震救灾先进集体和个人。

7月9日 公安部发出《关于做好赴川公安特警队回撤归建和对口支援四川灾区公安工作有关问题的通知》，决定在7月20日前逐步将第二阶段赴四川省28支公安特警队撤回归建，协助四川省维护灾区治安稳定任务由各对口支援省市公安机关组织抽调有关专业警力承担，做好对口支援警力和援助四川省特警队衔接工作。根据通知要求，对口支援警力于8月5日前全部到达灾区指定任务区。

7月9日 公安部消防局在四川省消防学校举行公安部消防局援助灾区消防装备发放仪式，为四川、甘肃、陕西灾区配发价值1000余万元的消防装备。各地支援四川灾区的857名消防官兵全部到位。

7月9日 华中电网五省一市公司援建队伍承担的地震灾区国家电网46座变电站修复工作全面完成，其中220千伏变电站13座、110千伏变电站33座。10日，非灾区省市公司电力援建队伍抢修恢复重建任务全面完成。

7月9日 成都军区联指在成都召开会议，总结前一阶段“进村入户”工作，研究后续救灾工作。同日，联指党委发出《坚决贯彻落实胡主席和军委首长重要指示，再接再厉善始善终完成“进村入户”工作任务的通知》。

7月9日 成都军区联指政委张海阳到汶川县映秀镇看望慰问执行抗震救灾任务部队官兵，查看都江堰至汶川水、陆“生命线”抢通保通情况。

7月9日 四川省政府在什邡召开全省抗震救灾资金物资监督管理工作现场会。

7月9日 广西壮族自治区党委书记郭声琨、自治区主席马飚率广西党政代表团到四川灾区慰问，向四川转交广西社会各界捐赠的2.6亿元资金和一批物资。10日、12日，广西另组慰问团分别到陕西、甘肃灾区慰问，向陕西省捐赠2000万元，向甘肃省捐赠3000万元。

7月9—11日 安徽省委书记王金山、省长王三运一行到都江堰、松潘查看灾情，慰问受灾群众，看望安徽省援建人员，调研对口援建工作，与四川省委、省政府领导交流抗震救灾和对口支援情况。

7月9—11日 中共中央政治局委员、广东省委书记汪洋与省长黄华华一行到四川、甘肃灾区查看灾情，慰问受灾群众，考察指导对口援建工作。10日，广东、四川两省举行对口支援灾后恢复重建工作座谈会，并举行两省经贸、旅游合作签约仪式。11日，广东、甘肃两省对口支援灾后恢复重建工作座谈会召开，双方签署《广东省深圳市对口支援甘肃省受灾严重地区恢复重建工作框架协议》，明确对口援建范围、方式、任务、时间和双方职责分工、资金安排、工作机制。

7月9—11日 联合国世界粮食计划署、联合国儿童基金会、联合国开发计划署、联合国环境规划署、联合国教科文组织及世界卫生组织等机构专家组成的联合国驻华系统代表团到北川、都江堰等地灾区实地了解灾情，考察联合国援建项目。

7月10日 中央军委主席胡锦涛签署命令，授予武文斌烈士“抗震救灾英雄战士”荣誉称号。18日，中央军委授予武文斌烈士“抗震救灾英雄战士”荣誉称号命名大会在都江堰举行。济南军区党委作出决定，成都军区联指下发通报，坚决响应中共中央、中央军委和胡锦涛的号召，广泛开展向武文斌学习活动。

7月10日 国防部在北京举行抗震救灾答谢招待会，感谢外国军方在汶川地震中提供的援助。

7月10日 民政部发布公告，代表灾区人民对所有关心和支持抗震救灾的政府、组织和热心人士表示敬意和感谢。同日，民政部向地震灾区拨付捐赠资金7742万元，全部用于捐赠人所指定的灾区恢复重建。

7月10日 中国红十字会援助甘肃地震灾区灾后恢复重建项目签字仪式在兰州举行。12日，首批援建项目正式启动。

7月10日 四川省政府印发《关于支持汶川地震灾后恢复重建政策措施的意见》，确定省级支持灾后恢复重建的政策措施，包括财政、税收、金融、国土资源、产业扶持、工商管理、就业、社保、粮食和其他政策措施10个方面共47条。同日，四川省在绵阳召开灾区外出务工家庭及外出务工劳动力调查情况座谈会。

7月10日 甘肃省启动“灾区重建青年志愿服务行动”计划，招募一批灾后重建所需的青年专业人才，到文县、康县、武都、舟曲的重点乡镇、重点村开展各类志愿帮扶活动。

7月10日 陕西省政府在西安召开常务会议，研究《关于支持地震灾后恢复重建有关问题和政策措施的意见》及其他事项。会议要求，切实把解决群众住房问题摆在首位，把恢复重建学校、医院、敬老院等公共服务设施作为重点，统筹安排，扎实推进，努力实现灾后恢复重建三年规划两年完成的既定目标。

7月10—11日 人民银行在苏州举办巨灾应对与金融支持国际研讨会，就全方位做好巨灾应急和灾后重建的金融支持与服务工作、加快研究建立国内金融业应对巨灾的长效机制等进行研讨。

7月11日 国家主席胡锦涛在北京同墨西哥总统卡尔德龙举行会谈，再次感谢墨西哥政府和人民在中国四川汶川特大地震发生后，向中国政府和人民表示同情和慰问，并提供救灾援助。

7月11日 四川省抗震救灾指挥部印发《关于上报受灾农民自愿过渡安全房和永久性住房建设的情况通报》《关于开展灾区永久住房安置督导检查工作的通知》。

7月12日 中共中央政治局常委、国务院总理温家宝在北京主持召开国务院抗震救灾总指挥部第23次会议，听取汶川地震灾害范围评估、灾后恢复重建规划范围以及地震活动特征与灾损评估研究结果的汇报，研究地震灾区困难群众后续救助政策等问题。中共中央政治局常委、国务院副总理李克强，中共中央政治局委员、国务院副总理回良玉，国务委员兼国务院秘书长马凯等出席会议。会议决定，在3个月临时生活救助政策到期后，对生活仍不稳定的受灾群众继续给予救助。会议同意国家汶川地震专家委员会关于做好余震监视、地质灾害防范、确定地震遗迹遗址保护点等工作建议，继续发挥好专家委员会的作用，同意民政部会同有关部门对汶川地震灾害范围评估的结果，并确定极重灾区10个县（市）、重灾区41个县（市、区）为灾后恢复重建规划范围。

7月12日 四川省委办公厅、省政府办公厅印发《关于加强抗震救灾捐赠资金管理的意见》，规定捐赠资金的使用和管理办法。

7月12日 “抗震救灾、与爱同行”《纪念　我有爱》邮票暨感恩邮资明信片首发仪式在绵阳举行。这是中国第一套为感谢汶川地震抗震救灾英雄发行的个性化邮票。

7月12日 重庆市民政局印发《重庆市“5・12”汶川地震倒损民房恢复重建工作实施方案》，对地震灾区民房恢复重建补助标准作出规定。

7月12—13日 山东省省长姜大明一行到北川考察对口援建工作，看望慰问援建干部职工和公安干警，并在北川召开对口援建座谈会。

7月12—18日 发展改革委小城镇改革发展中心牵头组织的60人调研组到汶川、北川、青川、绵竹、什邡5个重灾县（市）进行灾后重建情况调研。问卷调查内容主要包括农户家庭受灾情况、安置情况、住房需求、迁移意愿和目前迫切需要解决的问题。

7月13日 成都军区联指召开会议，专题研究善始善终完成“进村入户”、清理废墟、安置受灾群众等工作。

7月13日 四川省委在成都召开会议，总结前一阶段抗震救灾工作和上半年四川省经济发展情况，研究部署安置群众、恢复重建和下半年四川省经济发展以及维护社会稳定工作。会议审议通过《关于扎实做好抗震救灾工作，加快重建美好新家园的决议》。

7月13日 四川旅游宣传促销会在北京举行。这是汶川地震后四川省首次走出四川、面向国内传统客源市场进行的旅游宣传促销活动。

7月13日 甘肃省政府在兰州召开常务会议，研究、审定《甘肃省地震灾后恢复重建政策措施实施办法》。8月1日，省政府印发该办法，明确减轻重灾区企业、单位和个人基金、收费负担，3年内减免部分政府性基金和行政事业性收费，以及加大对受灾地区“三农”发展信贷支持力度、实行受灾地区住房信贷优惠政策等多项重建政策措施。

7月14日 最高人民法院印发《关于处理涉及汶川地震相关案件适用法律问题的意见（一）》，对涉及四川汶川地震灾害相关案件适用法律有关问题提出意见。

7月14日 国家汶川地震灾后重建规划组在北京召开第三次全体会议，通报国务院抗震救灾总指挥部第23次会议审议通过的《关于灾后恢复重建规划范围的意见》，审议民政部提出的《汶川地震灾害损失汇总与评估报告》和中科院提出的《资源环境承载能力评价报告》，对总体规划衔接协调和汇总综合等工作进行部署。

7月14日 教育部办公厅发出通知，组织实施援助地震灾区中小学教师培训计划。该计划主要内容包括组织实施地震灾区中小学教师暑期国家级培训、心理康复教育国家级培训和把支持地震灾区中小学教师培训纳入各地对口支援计划。至8月底，各省市帮助地震灾区培训教师5000余人。

7月14日 民政部、财政部、统计局联合印发《汶川地震抗震救灾捐赠款物统计办法》，明确民政部门为抗震救灾捐赠款物综合统计汇总单位，规定统计管理、统计内容、统计对象、报送渠道、报送时间、填报要求、统计时点和频率等事项。办法规定，抗震救灾捐赠综合统计信息由民政部门管理并对外公布。

7月14日 文物局局长单霁翔一行到茂县考察指导羌族文化保护工作，到黑虎羌寨、茂县羌族博物馆等地考察。

7月14日 成都军区联指在成都召开会议，研究抗震救灾后续任务和救灾部队管理等工作。会议要求，认真贯彻落实中共中央、中央军委和中央军委主席胡锦涛的决策部署，组织指挥部队高质量完成下阶段抗震救灾工作；加大思想政治工作力度，确保部队保持旺盛战斗力；突出重点，稳妥调整救灾部队部署，确保组织指挥顺畅；严格部队管理，科学组织救灾，扎实做好各项保障；科学指导，统筹兼顾，既抓部队回撤安全组织，又抓救灾行动扎实推进。同日，联指司令部开通卫星通信系统和电视电话会议系统，实时回传救灾部队抢修主要道路和“进村入户”等救灾图像。

7月14日 中国红十字会援助汶川地震陕西灾区灾后恢复重建第一期项目协议签字仪式在西安举行，项目涉及8374户农民住房、55所乡镇学校、47所乡镇卫生院以及一批村级卫生站，项目总投资2.4亿元。10月11日，第二批项目签字仪式在西安举行，项目总投资1.6亿元，重点支持略阳、宁强、勉县、西乡、镇巴、凤翔、千阳、石泉、宁陕灾区群众住房、乡镇中小学校、乡镇医院、村卫生室、村民饮水工程等项目。

7月14日 四川省政府办公厅发出《关于做好地震灾区档案抢救收集工作的通知》，要求各级政府加强灾区栏案抢救、收集工作，并建立健全工作机制，将灾区档案馆（室）的重建和恢复纳入恢复重建规划，按全省恢复重建规划工作的总体要求和有关国家标准统一建设，提高档案馆（室）抗震抗灾能力。同日，省政府办公厅还发出《关于进一步加强领导，确保灾区学校今秋全面复学复课的通知》。

7月14日 德阳市旌阳区工业集中发展区举行承接灾后中小企业重建项目签约和奠基仪式。德阳伯康机械公司等20家中小企业与工业集中发展区签订项目重建协议，协议投资总额12.85亿元。至2011年9月30日，园区有工业企业594家，入园企业累计投资394亿元，形成以机械、电线电缆、天然气深加工等三大产业为主的产业集群，2011年工业总产值突破170亿元。

7月14日 陕西省抗震救灾指挥部在西安召开会议，研究灾区困难群众后续救助政策落实、灾区教育卫生设施恢复重建规划、余震检测和次生灾害防治等有关问题。

7月14—15日 国务院扶贫办、英国国际发展部驻华代表处在北京联合举办“应对汶川地震：边远社区扶贫开发与灾后重建”政策设计国际研讨会，探讨灾后重建与扶贫开发结合的实现机制与途径。

7月14—15日 商务部、联合国驻华代表处在北京联合举办地震灾后重建国际经验研讨会。

7月14—18日 总装备部工作组到成都军区联指各责任区任务部队检查调研抗震救灾装备经费开支情况。

7月15日 国务委员戴秉国在外交部《接待外国救援队和医疗队来华协助救灾工作的总结》上作出批示：“总理批示是对外交部前一段抗震救灾工作的充分肯定和鼓励。这次抗震救灾是内政和外交的一次成功结合。今年以来，外交上遇到了一些新挑战，在中央正确领导下我们打了几场硬仗、胜仗。望部里认真总结经验，深化认识，按照科学办外交的要求，努力在外交工作中不断有所作为，有所创造，更好为党和国家工作大局服务。”此前，中共中央政治局常委、国务院总理温家宝批示：“在这次抗震救灾中，外交部在协调接待外国救援队和医疗队来华参加救援工作中，做了大量卓有成效的工作，在国际上产生了良好的政治影响，也积累了宝贵的经验。”

7月15日 中宣部在北京召开弘扬抗震救灾精神、坚持正确文艺创作方向座谈会。

7月15日 财政部、发展改革委联合发出《关于对汶川地震受灾严重地区减免部分行政事业性收费等问题的通知》，制定为期3年的减免部分行政事业性收费的政策，支持灾区重建。同日，财政部发出《关于对5·12地震部分受灾国际金融组织贷款项目债务展期的通知》，对四川、甘肃、陕西、云南、重庆的26个受灾贷款项目约1.4亿美元债务展期1年。

7月15日 财政部安排地震灾区综合财力补助28亿元，其中四川省26.5亿元，重点用于保障受灾严重县乡政府运转和社会事业需要。2009年6月22日、2010年4月19日，财政部分别安排四川地震灾区综合财力补助20亿元、18亿元。2011年2月11日，财政部发出通知，明确对四川地震灾区的综合财力补助政策延续到“十二五”期间，共计45亿元，帮助灾区财政正常运转和平稳运行。

7月15日 人力资源社会保障部、财政部联合发出《关于汶川地震灾后恢复重建对口就业援助有关政策的通知》，明确对职业培训补贴、交通费补贴、社会保险补贴的政策，要求做好汶川地震灾后恢复重建对口就业援助工作。

7月15日 住房城乡建设部会同财政部、教育部、地震局组成联合评估调研组，分别到四川、陕西、甘肃灾区开展震损校舍评估调研。

7月15日 四川省政府在成都召开常务会议，决定在地震灾后恢复重建中推行以工代赈方式，进一步做好地震灾区医疗卫生防疫工作，扎实推进经济体制改革。18日，省政府印发《关于在地震灾后恢复重建中推行以工代赈方式的意见》，明确以工代赈的基本原则、以工代赈方式的适用条件和范围。

7月15日 四川省政府办公厅发出通知，建立以常务副省长魏宏任召集人的香港、澳门特区参与四川灾后恢复重建协调机制，负责香港、澳门援建工作经常性组织协调工作。

7月16日 中共中央总书记、中央军委主席胡锦涛签发《组织抗震救灾部队分期分批回撤》命令，明确在安排足够兵力确保圆满完成抗震救灾任务的前提下，按照“统筹安排、保障需要、区分缓急、分期分批”的要求，有计划组织部队分期分批回撤。21日，成都军区联指和四川省委、省政府在铁路成都北站举行回撤部队列车首发仪式，欢送首批回撤的空军空降兵95985部队官兵。从21日起，担负抗震救灾任务的部队采用铁路、摩托化和空中机动方式分期分批回撤。11月10日，第二炮兵96512部队、武警交通第一总队在完成北川羌族自治县擂（鼓）禹（里）公路抢通任务后回撤归建。至此，四川地震灾区抗震救灾部队和民兵预备役人员全部撤离。

7月16日 公安部办公厅发出《关于迅速派遣赴川对口支援警力的紧急通知》，部署各赴四川省特警队撤离灾区，部署北京、河北等17个对口支援省（市）公安机关组织交通民警支援四川灾区。

7月16日 财政部、国土资源部联合发出《关于地震灾区灾后重建用地免征新增建设用地土地有偿使用费等事宜的通知》。

7月16日 中央军委委员、总参谋长陈炳德等率工作组到成都军区联指部署抗震救灾部队回撤和新阶段抗震救灾任务。同日，总政治部、成都军区联指与四川省抗震救灾指挥部在成都召开联席会议，通报并协商在四川抗震救灾兵力调整事宜。成都军区联指召开抗震救灾部队各责任区参谋长会议，听取对部队回撤及联指司令部工作的意见、建议。成都军区联指还分别组织召开军事、政治、后勤、装备工作对口会议。

7月16日 总后勤部发出《关于做好下一步抗震救灾后勤保障工作的指示》，对组织实施继续抗震救灾部队和回撤归建部队的后勤保障提出明确要求。

7月16日 抗震救灾先进团组织和优秀团员、团干部、第七届中国十大杰出志愿者和志愿服务集体、抗震救灾英雄志愿服务集体和英雄志愿者表彰大会暨新一批赴灾区志愿者服务团队出征仪式在北京举行。同日，中共中央政治局委员、全国人大常委会副委员长王兆国会见共青团抗震救灾先进典型及第七届中国十大杰出志愿者和杰出服务集体代表。

7月16日 四川省政府在成都召开全省灾区学校全面复学复课工作会议，重点研究解决复学复课必需的校舍维修加固和活动板房等，以确保全省灾区学校9月1日全面复学复课。同日，省政府召开全省工业企业恢复重建工作会议，发出《关于灾后重建国家投资工程建设项目招标投标工作的通知》，省政府办公厅印发《关于支持汶川地震灾后恢复重建就业和社会保险政策实施意见》。

7月16日 四川省委书记刘奇葆到成都市调研，指导灾后重建和统筹城乡发展工作。

7月16日 联合国支持汶川地震早期恢复呼吁启动仪式在北京举行。25日（纽约当地时间），联合国发展集团在纽约联合国总部发起总额为3350万美元的“联合国支持中国汶川地震灾区早期恢复呼吁”。2009年9月，联合国驻华系统灾害管理小组举办纪念活动，向国际社会通报过去一年支持中国汶川地震灾区重建工作总体进展和成果。通报称，联合国驻华系统共募集约7000万美元资金，已向灾区投入4500余万美元。

7月16—17日 交通运输部组织的四川汶川特大地震灾区公路恢复重建技术研讨会在北京举行，研讨四川震区公路恢复重建技术重点和今后公路防抗地震研究的方向与内容。

7月17日 民政部发出《关于进一步开展汶川地震灾害损失评估的通知》，要求四川、甘肃、陕西三省政府对汶川地震灾害损失数据进行复核。

7月17日 住房城乡建设部印发《关于汶川地震灾区城镇灾后恢复重建规划编制工作的指导意见》，指导灾后重建规划编制工作。

7月17日 军队抗震救灾新阶段任务部署会在成都军区召开，全面回顾军队和武警部队抗震救灾主要情况，认真总结抗震救灾工作中取得的宝贵经验和重要启示，研究部署贯彻落实中央军委主席胡锦涛的决策指示，圆满完成新阶段抗震救灾任务和组织部队分期分批回撤工作。中央军委委员、总参谋长陈炳德讲话，总政治部副主任贾廷安、总后勤部副部长李买富、总装备部副部长李安东分别对政治工作、后勤和装备保障工作提出要求。成都军区联指总指挥李世明代表联指对完成新阶段任务提出意见。随后，成都军区联指召开党委（扩大）会议，部署新阶段抗震救灾任务和部队回撤工作。同日，联指在成都举行“感天动地铸忠诚”文艺晚会，以抗震救灾为主线，展现解放军陆海空三军、武警部队及民兵预备役人员在巨大灾难面前雷霆出击的壮烈场面。

7月17日 四川省政府在成都召开全省经济工作电视电话会议，强调重灾地区尽最大努力实现经济恢复发展，轻灾区和非灾区要努力完成全年目标任务，夺取抗震救灾和经济社会发展的全面胜利。同日，省政府办公厅印发《关于进一步做好地震灾区医疗卫生防疫工作的实施意见》，要求进一步做好重症伤员的医疗、康复和安置工作，加强对重症伤员医疗救治，做好出院伤员安置工作。

7月17日 甘肃省省长徐守盛在北京与民政部部长李学举就加快甘肃地震灾区群众安置问题进行会谈。

7月17日 浙江省委、省政府在杭州召开全省对口支援青川县灾后恢复重建工作会议，全面部署下一步对口支援工作。16日，省委办公厅、省政府办公厅印发《浙江省支援青川县灾后恢复重建方案》，明确对口支援原则、安排、内容、方式和任务以及组织领导。浙江省对口支援按照“一市、县（市、区）帮一受灾乡镇”的原则，全省安排11个市及29个经济较发达县（市、区）参与对口支援青川县36个乡（镇）灾后恢复重建工作。

7月17—18日 中国红十字会、红十字会与红新月会国际联合会在西安联合召开汶川地震重建计划西安国际会议，听取和了解各捐款国红十字会的援助规模和援助资金使用意向，初步确定重建合作协调机制。会议同意中国红十字会建议，将援助国红十字会捐款中的40%用于为重灾区农村灾民修建永久性住房，20%用于修建倒塌毁损的乡镇、村级学校，20%用于修建倒塌毁损的乡镇卫生院或村级卫生站，20%用于开展社区备灾和能力建设项目。按照受灾程度，国外援助款按7：2：1的比例支援四川、甘肃、陕西三省灾区的重建项目。

7月17—23日 中央军委委员、总后勤部部长廖锡龙一行到四川、甘肃地震灾区检查、调研部队抗震救灾和后勤保障工作，查看部队受灾情况。

7月17日至8月5日 四川、陕西、甘肃三省灾区1007名中小学生和随团教师分别到俄罗斯克麦罗沃州新库兹涅茨克市“西伯利亚神话”儿童疗养康复中心等6个疗养中心疗养。16日，中共中央总书记、国家主席、中央军委主席胡锦涛在北京看望赴俄罗斯疗养的中小学生代表。中共中央政治局委员、国务委员刘延东，国务委员戴秉国等一同看望。30日（莫斯科当地时间），俄罗斯总统梅德韦杰夫在莫斯科接见在俄疗养的45名中国中小学生代表及5名中方陪同人员。

7月18日 民政部、财政部联合发出《关于对汶川地震灾区困难群众实施后续生活救助有关问题的通知》，明确在3个月临时生活救助政策到期后，对四川、甘肃、陕西三省重灾地区困难群众继续给予后续生活救助，时间为9—11月。救助对象主要包括“三孤”人员，生活困难的遇难（含失踪）者、重伤残者家庭人员，异地安置人员，因灾住房倒塌或严重损坏且生活困难的受灾群众。后续生活救助为现金补助，每人每月平均200元。

7月18日 民政部发出《关于下拨国际社会向地震灾区捐款的通知》，向四川、甘肃、陕西、重庆地震灾区下拨外交部转交的部分国外定向捐款3.659亿元，专项用于学校、医院、民房重建及购买大米和饮用水。同日，民政部发出《关于向地震灾区拨付救灾捐款的通知》，向四川、甘肃、陕西、重庆地震灾区下拨社会各界捐款7519.67万元，专项用于灾区设施重建、加强灾区卫生防疫工作及奖励表彰医务人员等。

7月18日 国资委在北京召开中央企业抗震救灾总结表彰大会。中共中央政治局委员、国务院副总理张德江出席会议并讲话。

7月18日 成都军区联指在成都召开部队回撤联合检查组任务部署会，确定派出5个工作组分赴各责任区跟踪检查指导部队回撤工作。

7月18日 四川省抗震救灾指挥部发出《关于我省地震灾区过渡安置房（活动板房）建设

任务与分配调整计划的通知》《关于进一步加强和规范地震灾区消杀灭工作的紧急通知》《关于做好农村外出务工人员及其家庭成员情况调查统计的紧急通知》。

7月18日 四川省政府发出《关于做好灾后恢复重建规划实施准备工作的通知》，明确灾区规划范围为国家认定的39个极重灾和重灾县（市、区）、省认定的12个重灾县、一般受灾县89个。同日，省政府办公厅发出《关于协助做好地震灾区应急测绘基准建设有关工作的通知》。

7月18日 政协四川省第十届常务委员会第三次会议作出《关于同心协力为抗震救灾恢复重建作贡献的决议》。

7月18日 香港特区立法会财务委员会特别会议通过特区政府20亿港元拨款申请，注入新成立的“支援四川地震灾区重建工作信托基金”。2009年2月20日，立法会财务委员会批准该基金承担额由20亿港币增至60亿港币，开展香港支援四川地震灾区第二阶段重建工作；7月3日，立法会财务委员会又批准注入30亿港币，将该基金的承担额提高至90亿港币，开展香港支援四川地震灾区第三阶段援建工作。

7月18—30日 中国驻澳大利亚大使馆主办的“抗震救灾、众志成城——2008中国抗震救灾大型新闻图片展”在澳大利亚首都堪培拉举行。

7月19日 公安部抗震救灾前线指挥部在成都召开赴川公安特警队工作总结电视电话会议，宣读国务委员、公安部部长孟建柱给圆满完成抗震救灾工作任务的赴川特警队发出的嘉奖令，并对这次调动给予高度评价。

7月19日 四川省委在成都召开常委会议，原则通过《四川汶川地震灾后恢复重建总体规划》。同日，常务副省长魏宏与澳门特区社会文化司司长崔世安在成都举行工作会谈，双方在援建范围和项目上初步达成共识。由此，澳门特区援助四川地震灾后重建正式启动。

7月19—23日 总参谋长助理孙建国率解放军四总部工作组到成都军区联指检查指导第一批抗震救灾部队回撤工作，并对组织好部队回撤和完成抗震救灾后续任务提出要求。

7月20日 住房城乡建设部发布《汶川地震灾区风景名胜区灾后重建规划》，确定恢复风景名胜区26处，其中重点恢复世界自然遗产四川大熊猫栖息地、青城山—都江堰国家级风景名胜区、西岭雪山国家级风景名胜区、罗浮山—白水湖省级风景名胜区、卡龙沟—打古冰川省级风景名胜区等5处，重点保育四川龙门山国家级风景名胜区等9处，一般恢复四川阴平古道省级风景名胜区等12处。

7月20日 交通运输部编制完成《汶川地震灾区公路恢复重建规划》，提出用3年左右时间恢复重建灾区交通基础设施，恢复重建灾区国道、省道，修复和建设一批高速公路项目，恢复农村公路损毁路段，同时恢复县乡客运站的服务功能。

7月20日 成都军区联指、四川省政府共同研究抗震救灾第一批部队回撤后部队救灾任务调整问题。会议明确，在汶川、北川、绵竹、青川等10个极重灾县（市）仍保持足够救灾兵力；在灾区主要交通干线保持一定数量的工程部队担负交通保障任务；在其他灾区突出重点，适当调整兵力。

7月20日 成都军区驻川77105部队出动80名官兵，把30吨炸药、300吨沙石人工搬运进都（江堰）汶（川）公路高家山路段一个高1.4米、宽1米、长90米的爆破洞实施爆破，使坍塌山体将淹没国道213线的岷江左侧水流封堵，并一次整体成型上百米路基，被专家称为中国“公路建设第一爆”。

7月20日 四川省抗震救灾指挥部印发《关于抓紧做好抗震救灾部队分批回撤前各项工作的通知》《关于组织欢送抗震救灾首批回撤部队的通知》《欢送抗震救灾首批回撤部队活动方案》。

7月20日 四川省财政厅按照5月26日预拨中央自然灾害临时生活补助金分配方案，再次预拨中央自然灾害临时生活补助金23亿元。

7月20日 福建省在彭州安装的36522套过渡安置房全部竣工交付，提前20天完成中央下达的安置房建设任务。

7月21日 卫生部办公厅印发《灾后妇幼卫生服务应急方案》，要求地震灾区卫生行政部门对受灾情况和灾区妇幼卫生工作及服务需求进行快速评估。根据评估结果，及时制订灾后妇幼卫生应急救治及恢复重建计划。

7月21日 中国经济50人论坛在北京召开研讨会，就汶川地震灾后重建问题进行研讨。

7月21日 在四川省十一届人大常委会第四次会议上，省长蒋巨峰向会议作《汶川特大地震抗震救灾灾后恢复重建工作情况报告》。25日，会议表决通过《关于汶川特大地震抗震救灾及灾后恢复重建工作情况的报告的决议》《关于汶川特大地震中有成员伤亡家庭再生育的决定》。“再生育全程服务工程”在14个市、54个县、1041个乡（镇）全面启动。

7月21日 攀钢集团成都钢铁有限责任公司、中国节能等6家中央企业与成都市签订投资总额超过100亿元的合作项目，支持成都市灾后重建和经济发展。

7月21—22日 世界卫生组织、联合国儿童基金会、联合国人口基金会联合考察团一行10人到汉中考察基层卫生系统地震灾后重建工作。

7月21—27日 国务院办公厅督察调研组到四川省的都江堰、彭州、绵竹、北川等地和甘肃省的文县、康县等10个受灾县（市、区）的25个乡（镇）、50多个村民组对地震损毁农房重建情况进行调查。

7月22日 民政部、发展改革委、财政部、国土资源部、地震局联合印发《汶川地震灾害范围评估结果》，将灾区分为极重灾区、重灾区、一般灾区3类。其中，极重灾区10个县（市），分别是四川省的汶川县、北川羌族自治县、绵竹市、什邡市、青川县、茂县、安县、都江堰市、平武县、彭州市；重灾区41个县（市、区），四川省29个、甘肃省8个、陕西省4个；一般灾区186个县（市、区），四川省100个、甘肃省32个、陕西省36个、重庆市10个、云南省3个、宁夏回族自治区5个。

7月22日 卫生部、中国残联联合发出《关于成立四川汶川地震伤员康复工作专家组的通知》，专家组由卫生、残联系统12名康复专家组成。

7月22日 侨办主办的“情系汶川——中外青少年‘心连心’夏令营”活动在西安开营。夏令营为期一周，来自四川、重庆、甘肃、陕西四省（市）地震灾区的450名中小学生和50名教师及工作人员参加活动。

7月22日 成都军区联指在成都举办“永恒的丰碑”——“5·12”汶川大地震解放军、武警部队抗震救灾大型图片展。

7月22日 汶川地震后第一对与国外城市建立友好合作关系的签字仪式在绵阳举行。绵阳市市长与新西兰纳皮尔市、黑斯廷市市长代表各自城市签署建立友好合作关系备忘录。

7月22日 甘肃省十一届人大常委会第四次会议通过《关于省人民政府灾后恢复重建工作情况专题汇报的决议》。

7月22日 陕西省政府印发《陕西省汶川地震受灾地区卫生系统灾后恢复重建工作方案》。同日，陕西省在西安召开会议，研究省教育系统首批灾后恢复重建项目规划编制原则及资金安排。

7月22日 重庆市举行对口支援崇州市恢复重建工作座谈会及首批行动计划启动仪式，重庆、崇州双方签订对口援建首批24个项目和涉及医疗、教育、物资供应、农产品、金融、商业、技术和永久安置房等8个方面工作协议。25日，市政府办公厅发出《关于建立重庆市主城九区对口支援崇州市重灾乡镇地震灾后恢复重建工作机制的通知》。

7月22日 中国驻韩国大使馆主办的“抗震救灾、众志成城——2008中国抗震救灾新闻图片展”在韩国首都首尔举行。

7月23日 国务院副秘书长王勇主持召开国务院抗震救灾总指挥部四川前方指挥部全体会议。会议研究落实中共中央政治局常委、国务院总理温家宝对四川地震灾区群众安置情况做全面调查的重要批示，通报总指挥部四川前方指挥部和四川省政府联合拟订的《四川灾区群众安置情况调查方案》。

7月23日 教育部发出《关于地震灾区中小学开展心理辅导与心理健康教育的通知》，要求灾区中小学9月开学时，把地震灾区中小学心理辅导与心理健康教育纳入正常教育教学。

7月23日 住房城乡建设部印发《地震灾后建筑鉴定与加固技术指南》，用于指导汶川地震灾后恢复重建地区房屋建筑鉴定和受损房屋加固的技术工作。

7月23日 由文化部主管、中国非物质文化遗产保护中心负责维护的“羌族文化数字博物馆”网站正式开通。

7月23日 侨办印发《侨爱学校设计导则》《侨爱卫生院设计导则》。

7月23日 四川省委在成都召开专题会议，研究重灾地区农民工在务工地城镇落户、重灾区失地农民安置、地震灾区部分群众异地安置等问题。随后，四川省成立汶川地震因灾失地群众返乡安置帮扶工作协调小组。成都、德阳、绵阳、广元、雅安、阿坝等6个市（州）和有安置任务的12个县（市、区）组建相应机构，采取措施推进失地返乡群众安置帮扶。9月11日，省政府办公厅发出《关于做好因灾失地群众返乡安置帮扶工作的通知》。至12月底，基本完成预定工作任务。

7月23日 四川省政府在成都召开专题会，分别审议地震灾后生产力布局和产业结构调整规划、水利重建规划、生态环境修复和防灾减灾规划。同日，省政府办公厅印发《关于建立灾区农房重建建材特供机制的意见》，对灾区农房重建建材特供范围、产品、价格、计划、优惠、责任、信息、督查等内容作出规定。

7月23日 “四川省灾后恢复重建网上通道”为18个重灾县（市）开通网上专区。该网站是四川省唯一一个灾后恢复重建综合信息网站。

7月23日 2008年第二批中国青年访日代表团327人抵达日本，开始为期8天的访问。29日，日本首相福田康夫在东京首相官邸接见代表团四川大地震灾区青少年分团成员。

7月23日 甘肃省政府在兰州召开常务会议，强调要加强统筹协调，严格组织实施重建规划，有序有效推进灾后重建工作。

7月23—24日 交通运输部召集19个省（区、市）运管局（处）在成都召开支持四川地震灾区发展省际道路客运协调会。四川省交通厅公路运输管理局和18个对口支援省（市）的运输管理局（处）签订《灾后四川省际道路客运班线发展合作协议》，议定开行线路，支持四川灾区发展省际道路客运。

7月24日15时9分 宁强县与青川县交界处（北纬32.8°、东经105.5°）发生6.0级余震。

7月24日 中央纪委、监察部在北京召开对口支援资金物资监督检查工作电视电话会议。中共中央书记处书记、中央纪委副书记、中央抗震救灾资金物资监督检查领导小组组长何勇出席会议并讲话。会议强调，要紧紧围绕对口支援任务，精心组织、扎实推进监督检查工作，确保中央关于对口支援的各项决策部署贯彻落实，确保对口支援资金物资真正用于灾区和受灾群众，确保灾后恢复重建取得最大效益和最好效果。

7月24日 中组部会同住房城乡建设部、国家外国专家局共同举办的第一期汶川地震灾后恢复重建专题培训班在北京开班。中共中央政治局委员、中央书记处书记、中组部部长李源潮出席培训班并讲话。27日，培训班赴日本学习培训。8月2日，培训班结束。至2009年1月，培训班共举办3期。

7月24日 教育部部长周济一行与甘肃省教育厅相关负责人就甘肃省教育系统抗震救灾及对口支援情况进行座谈。

7月24日 民政部印发《救灾物资回收管理暂行办法》。

7月24日 测绘局发出《关于下达汶川地震抗震救灾应急测绘保障计划的通知》，明确各单位承担的影像图制作、灾区地理信息公共平台建设、大地基准及形变监测与分析等任务内容。

7月24日 全国质检系统援助四川质监灾后重建工作会议在成都举行。质检总局决定，两年内在全系统筹集1亿元援建四川省质监系统，在帮助灾区企业恢复和扩大出口等7个方面加大质检政策倾斜力度，支持四川灾区恢复重建。

7月24日 中国红十字会总会印发《中国红十字会参与汶川地震灾后恢复重建项目实施意见》。

7月24日 四川省政府在广元召开地震灾区农房重建工作现场会，要求科学推进灾后农房重建工作，加强工程建设技术指导和质量安全管理，并加强监管，落实责任，又好又快推动农房重建工作。

7月24日 甘肃省政府发出《关于进一步加强灾区价格调控监管工作的通知》，要求加强产销衔接，做好灾区生活必需品和重建物资生产供应；依法实施干预措施，确保灾区价格基本稳定；实行政策扶持，促进生产供应和保持价格稳定；加强监测检查，维护灾区市场价格秩序稳定。

7月24日 广东省委、省政府在广州召开对口支援地震灾区灾后恢复重建工作会议，印发《广东省对口支援地震灾区灾后恢复重建工作方案》。方案明确，按照“一地级以上市支援汶川县一乡镇”原则，安排珠江三角洲和周边13个地级以上市对口支援汶川县13个乡（镇）。同时，确定成立对口支援四川省汶川县恢复重建工作组，承担对口支援任务的地级以上市相应成立恢复重建工作小组。8月6日，省工作组、市工作小组干部赴汶川，开始援建工作。

7月25日 教育部在兰州召开陕甘地震灾区中等职业学校对口支援暨东西部职业教育联合招生合作办学座谈会。东西部21个省（市）和计划单列市教育部门负责人在会上交流对口支援、联合招生、合作办学的经验和做法。

7月25日 科技部在北京召开抗震救灾恢复重建科技支撑工作座谈会，研讨震后灾区恢复重建过程中技术供求等问题。

7月25日 财政部从地震灾后恢复重建基金中安排专项补助资金23.2亿元，预拨四川、甘肃、陕西三省重灾地区，专项用于中小学校舍维修加固和教学仪器设备重置。其中，四川省17.4亿元、甘肃省3.1亿元、陕西省2.7亿元。

7月25日 中冶集团中冶成工建设有限公司与中国银行四川省分行签署灾后重建30亿元金融合作协议。

7月25日 陕西省政府在西安召开常务会议，研究首批灾后恢复重建项目和资金安排、受灾群众救助后续政策等事项。会议原则通过地震灾区中小学和医疗卫生单位、“五保”供养服务机构恢复重建项目规划。同日，省政府办公厅印发《天津对口援建宁强略阳灾后恢复重建项目规划和2008年援助投资计划》。

7月25日 湖北省政府在汉源召开乡镇援建现场会，明确各市乡镇援建工作任务。29日，省政府在武汉召开会议，就全省对口支援汉源县乡镇重建工作进行再动员、再部署。

7月26日 人力资源社会保障部在苏州召开四川地震灾区技工培训援助工作座谈会和推进技工院校改革发展加快高技能人才培养研讨会。与会的103所接收学校发出“为了灾区的孩子，做好技工培训援助”的倡议。

7月26日 四川省省长蒋巨峰率团到甘孜藏族自治州开展八一建军节慰问活动，慰问抗震救灾和维稳部队官兵。

7月26日 四川省科技厅发布《四川省建筑抗震鉴定与加固技术规程（试行）》。

7月26日 安徽省政府印发《安徽省对口支援松潘县恢复重建工作总体方案》，明确对口援建指导思想和基本原则、主要工作任务、年内工作安排及分工、机构设置及人员选调、工作要求。方案明确，安徽省对口援建主要工作任务是认真做好灾后恢复重建规划、精心实施援建项目、积极提供综合服务。

7月26—27日 卫生部、民政部、水利部、住房城乡建设部、中国地质环境监测院联合组成的国务院调查组到安县、平武、江油、北川等地调研受灾群众安置和恢复重建工作。

7月27—28日 上海市市长韩正一行到都江堰考察对口援建工作，看望慰问上海援建工作者。

7月28日 成都军区联指在成都召开会议，研究第一批抗震救灾部队回撤后抗震救灾后续任务和部队管理、保障等问题。会议决定，相应调整指挥关系，突出极重灾区和群众生活等重点问题，相对集中统筹安排兵力；把救灾重点放在抢修和维护交通线、排危清墟、卫生防疫、救灾物资运输上，竭尽全力为灾区人民扎扎实实做好事；加强思想教育，保持留下来救灾部队的旺盛战斗力，防止松劲麻痹情绪；严格部队管理，科学组织施工，确保部队安全。

7月28日 国家电网甘肃公司灾后重建工作全面开工建设，计划2008年重建投资8.46亿元、2009年4.68亿元、2010年0.6亿元。灾后重建工程于2009年年底提前全部完成。

7月28日 陕西省十一届人大常委会第三次会议在西安举行。会议肯定陕西省前一阶段的抗震救灾工作，同意《关于陕西省当前地震震情走势和灾后恢复重建工作进展情况的报告》提出的关于地震灾后恢复重建工作的安排意见。同日，省民政厅、地震局等部门依据国家关于编制汶川地震灾区防灾减灾规划框架建议，编制完成《汶川地震陕西省防灾减灾规划》（2008—2010年）。

7月28日 云南省财政厅、民政厅、建设厅联合发出《关于下达2008年中央自然灾害灾后重建补助资金的通知》，规定对受地震影响灾区房屋倒塌或严重损坏需重建农户及因滑坡威胁需异地重建户每户平均补助1万元，对其他损房农户给予适当补助。

7月28日 上海对口援建都江堰市医疗中心暨首批启动项目开工仪式在都江堰举行。首批开工项目重点是事关民生的公共服务设施和基础设施建设，包括24个项目。至2010年3月，上海市对口支援都江堰市灾后恢复重建项目共签约5批、117个。

7月28日 山东省在济南召开全省对口支援北川灾后恢复重建工作会议，全面部署全省对口支援北川恢复重建工作。25日，省委办公厅、省政府办公厅印发《山东省对口支援北川灾后恢复重建工作方案》，明确援建工作目标、基本原则、主要任务、资金筹措及使用、职责分工、工作要求等内容。山东省17个市对口援建北川羌族自治县的20个乡镇（北川行政区划调整后改为22个）。

7月28日 澳门特区政府成立澳门特区支持四川地震灾后重建协调小组，负责协调及跟进澳门在四川地震灾区开展的跨部门工作。

7月28—29日 中共中央政治局委员、国务院副总理王岐山到绵阳市涪城区、北川羌族自治县等灾区查看地震灾情及金融网点营业、商贸市场供应等情况，看望慰问受灾群众及金融、商贸系统干部职工，并就金融、商贸等部门落实支持灾后恢复重建政策措施情况进行调研。

7月29日 中国驻日本大使馆在东京举行招待会，答谢日本各界在四川汶川地震中对中国抗震救灾工作给予的援助。

7月29日 驻扎什邡的武汉特警队最后一批队员撤离归建。至此，第二阶段从7月20日开始赴川的28支特警队5221名特警在10天时间内顺利完成与全国对口援助灾区的3100名民警的工作交接，全部安全归建。

7月30日 中央抗震救灾资金物资监督检查工作领导小组在北京召开第三次会议。中共中央书记处书记、中央纪委副书记、中央抗震救灾资金物资监督检查领导小组组长何勇主持会议并讲话。会议强调，领导小组成员单位进一步健全抗震救灾资金物资监督检查工作体系，明确分工，把责任落实到具体部门、单位和个人。会议要求，严格执行已经出台的规章制度，突出检查重点，对前一阶段检查、审计以及调研中发现的问题，要督促有关地区和部门认真整改和纠正，对国（境）外捐赠资金物资，要强化监管，规范使用；继续严肃查处抗震救灾资金物资管理使用中的违纪违法行为；坚持公开透明，加强宣传和舆情分析，及时消除误解、澄清是非。

7月30日 财政部、海关总署、税务总局联合发出《关于支持汶川地震灾后恢复重建有关税收政策问题的通知》，明确在减轻企业和个人负担、促进企业尽快恢复生产、支持受灾地区基础设施、房屋建筑物等恢复重建、鼓励社会各界支持抗震救灾和灾后恢复重建以及促进就业等方面制定一系列支持灾后恢复重建的税收政策。通知明确，除增值税扩大抵扣范围政策外，凡未注明期限的政策措施一律执行至12月31日。2009年11月20日，财政部、税务总局联合发出《关于延长部分税收优惠政策执行期限的通知》，将灾后重建税收政策的执行期限延长至2010年12月31日。

7月30日 住房城乡建设部、质检总局联合发布工程建设国家标准《建筑工程抗震设防分类标准》（GB 50223—2008）和《建筑抗震设计规范》。8月4日，住房城乡建设部发出《关于做好〈建筑工程抗震设防分类标准〉和〈建筑抗震设计规范〉实施工作的通知》，指导灾区恢复重建，提高建筑工程抗震设防能力。

7月30日 人口计生委在成都举行灾区再生育全程服务行动启动仪式，宣布免费为灾区符合政策的再生育夫妇提供孕前、孕期和分娩3个阶段的再生育技术服务。同日，人口计生委办公厅印发《再生育全程服务行动项目工作方案》。随后，财政部下拨四川省1亿元资金，专项用于再生育服务工作。10月25日，财政部、人口计生委联合印发《四川地震灾区计划生育再生育服务专项资金管理办法》。

7月30日 四川省政府在成都召开常务会议，讨论通过《汶川地震灾区城镇受损房屋建筑安全鉴定及修复加固拆除实施意见》，决定对因地震及次生灾害受损但不构成危房、经维修加固后能够安全居住的农民住房，政府按照“轻微损坏”“中等破坏”“严重破坏”3个档次分别给予补助。

7月30日 四川省委书记刘奇葆率领慰问团到都江堰看望慰问参加成都地区抗震救灾的解放军、武警部队和民兵预备役人员以及公安干警。

7月30日 甘肃省政府办公厅发出《关于进一步做好灾后恢复重建建材供应保障工作的通知》。

7月30日 陕西省政府办公厅印发《陕西灾区地震动参数区划图》，并转发省建设厅《陕西省地震灾后恢复重建工程质量管理办法》、省监察厅《陕西省地震灾后恢复重建工程质量行政责任追究暂行办法》。

7月31日 发展改革委、文化部与四川省发改委、文化厅等部门在成都就保护震后羌族文化召开座谈会。

7月31日 民政部办公厅发出《关于做好地震灾后恢复重建工作中基层群众性自治组织和城乡小区建设工作的通知》，要求四川、甘肃、陕西三省民政厅尽快恢复建立基层群众性自治组织，积极组织受灾群众开展生产自救，努力搭建好小区服务平台，整合小区各类服务资源，做好志愿者的组织协调工作，发挥专家的积极作用。

7月31日 住房城乡建设部发出《关于进一步做好过渡安置房（活动板房）建设工作总结的通知》。

7月31日 卫生部会同四川、甘肃、陕西三省卫生部门编制完成《汶川地震卫生系统灾后恢复重建专项规划》，明确卫生系统恢复重建规划总投资120亿元左右，主要用于业务用房的重建、修复加固和设备购置及维修。

7月31日 陕西省政府在西安召开全省灾后恢复重建工作会议。会上，省政府与汉中、宝鸡、安康、咸阳、西安五市和杨陵示范区以及38个地震受灾县分别签订恢复重建责任书。

8月

8月1日16时32分 平武县与北川羌族自治县交界地带（北纬32.1°、东经104.7°）发生6.1级余震。

8月1日 财政部、商务部发出《关于拨付地震灾区2008年度万村千乡市场工程及双百市场工程资金的通知》，从中央外贸发展基金机动资金和“万村千乡市场工程”资金中调剂出29087万元，拨付四川、甘肃、陕西、重庆、云南五省（市）财政部门，并改变原有资金管理方式方法，由五省（市）财政、商务主管部门根据项目受灾情况、灾后恢复重建总体规划制订实施方案和资金管理办法。

8月1日 财政部、税务总局联合印发《汶川地震受灾严重地区扩大增值税抵扣范围暂行办法》，明确自7月1日起对汶川地震51个极重灾和重灾县（市、区）的增值税一般纳税人所发生购进固定资产等4个项目的进项税额准予抵扣。

8月1日 国土资源部发出《关于进一步加强地震灾区地质灾害危险性评估工作的通知》，提出要加强灾后重建规划地质灾害防治和危险性评估，加强灾后恢复重建集中安置和分散农户建房选址地质灾害危险性评估。

8月1日 新闻办、中国对外友协共同举办的“永难忘记——国际救援队、医疗队抗震救灾图片展”在北京开展。展览以61幅珍贵图片展现日本、俄罗斯、韩国、新加坡4支救援队和来自俄罗斯、古巴、巴基斯坦、日本、德国、意大利、印度尼西亚、法国、英国的9支医疗队在灾区实施救援、抢救生命的情况。21日，中共中央政治局委员、中央书记处书记、中宣部部长刘云山参观图片展。9月15日，展览结束。

8月1日 成都军区联指总指挥李世明、政委张海阳分别到什邡、安县抗震救灾一线慰问救灾官兵，祝贺八一建军节。

8月1日 四川省抗震救灾指挥部在成都召开会议，专题研究部署安置住房建设和建材生产供应等工作。会议要求，确保北京奥运会开幕前基本解决城乡无房户过渡安置住房问题，确保受灾群众安全过冬，同时确保建材生产和供应，控制价格上涨。

8月1日 四川省政府在成都召开首次对口支援工作座谈会。同日，省政府向国务院办公厅报送《关于报送“5・12”汶川特大地震抗震救灾工作阶段性总结的报告》，印发《四川省“5・12”汶川地震损坏农房维修加固工作方案》。

8月1日 四川省在全省特别是成都、德阳、绵阳、广元、雅安、阿坝6个重灾市（州）开始开展为期3个月的实有人口清理核实工作，为灾后重建和实有人口管理工作提供保障。

8月1日 四川省政府、香港特区政府在成都召开香港特别行政区参与四川灾后恢复重建协调机制第一次会议，香港援建工作正式启动。

8月1日 北京2008奥林匹克火炬接力四川省传递展示活动新闻发布会在成都举行。3—5日，奥运火炬在广安、乐山、成都传递。参加四川省传递的火炬手共有862人，其中包括新增选的29名抗震救灾英模火炬手。

8月2日 四川德阳奥林匹克后备人才学校捐赠仪式在北京举行，国际奥委会、北京奥组委和中国奥委会捐款800万美元，其中国际奥委会捐款400万美元；四川省政府配套投资3000万元人民币。中共中央政治局委员、北京市委书记、北京奥组委主席刘淇，国际奥委会主席罗格，体育总局局长、中国奥委会主席刘鹏等出席捐款仪式。学校开工于2011年2月，占地近10万平方米，建筑面积约1.7万平方米，建设工期18个月。

8月2日 彭州市磁峰镇鹿坪村鹿鸣荷畔永久性安置点开工建设。安置点建设面积7.8万平方米，安置587户村民。通过挂钩项目和有关部门多渠道投入，筹集灾后重建资金1.2亿元。2009年1月起，鹿坪村村民陆续搬进新居。该安置点是四川省灾后重建统规统建试点村之一，在重建过程中突出产业支撑的发展性、务求空间布局和建筑形态的多样性、与当地自然环境和生产生活方式的相融性、基础设施和公共服务设施的共享性。成都市即以鹿坪村为示范，遵循“四性”原则，规划设计698个灾后重建点位。

8月2日 北京市政府、什邡市政府在北京签署《灾后恢复重建对口支援（2008—2010年）总体构架协议》，确定“围绕一个盘子、开展两方合作、把握三个重点、突出四个优先、打造五个亮点”总体工作思路，安排资金70亿元，建设项目108个。

8月4日 国务委员兼国务院秘书长马凯主持召开全国抗震救灾英雄集体和抗震救灾模范评选表彰领导小组第一次会议，研究部署全国抗震救灾英雄集体和抗震救灾模范评选表彰工作。

8月4日 国家汶川地震灾后重建规划组在北京召开第四次全体会议，审议并原则同意《国家汶川地震灾后恢复重建总体规划（讨论稿）》，并对关系规划编制和灾后恢复重建的重大问题进行了研究。

8月4日 民政部发出《关于为汶川特大地震灾区有关人员出具婚姻登记证明问题的复函》，对灾区群众因领取抚恤金、过户银行存款、继承遗产等急需出具婚姻关系证明问题作出规定。

8月4日 财政部发出《关于进口抗震救灾物资免税通关问题的通知》，对抗震救灾和灾后重建时期进口税收政策作出规定。同日，财政部和教育部下达四川省专项教育资金17.4亿元，四川省级和地方配套资金7.46亿元，用于四川省重灾县中小学校舍维修加固和重置教学仪器设备。

8月4日 人力资源社会保障部在北京召开全国就业工作视频会议，通报对口就业援助工作进展，对进一步做好对口就业援助工作作出部署和安排。

8月4日 审计署发布《关于汶川地震抗震救灾资金物资审计情况公告（第3号）》，公布第二次公告以后至7月18日全国各级审计机关对18个中央部门和单位、31个省（区、市）和新疆生产建设兵团的1126个省级部门和单位、5281个地级部门和单位、20741个县级部门和单位进行审计情况。审计未发现重大违法违规问题。

8月4日 四川省政府完成《关于“5・12”汶川地震涉法问题调研情况的报告》，突出反映灾后恢复重建中群众比较关注的城市房屋毁损后救助以及房屋灭失后国有土地使用权处置、灾后农村土地承包经营权和宅基地使用权等问题。同日，省政府办公厅发出《关于迅速启动中小学校舍维修加固和教学仪器设备重置工作的紧急通知》。

8月4日 四川路桥集团对因地震移位的都汶公路草坡3号大桥实施复位。施工采用“整联整移”复位方法，由数十个千斤顶同步均匀用力、100余人同时同步操作液压泵。至16日，大桥复位成功，属世界首例。

8月4日 陕西省全面启动40个地震受灾县恢复重建，投入专款40亿元。包括农村倒塌房屋、倒塌中小学校和医疗卫生机构、集中供养中心等在内的首批恢复重建项目开始建设。

8月4日 湖南省成立对口支援四川理县灾后重建工作队。11日，湖南援川先遣队7人赴理县。

8月4—25日 重庆市梁平灾区43名中小学生到保加利亚疗养。4—26日，四川省都江堰、彭州灾区50名中小学生到匈牙利疗养。2日，中共中央政治局委员、国务委员刘延东在北京看望重庆、四川灾区疗养团成员。

8月5日17时49分 青川县（北纬32.8°、东经105.5°）发生6.1级余震。

8月5日 中共中央政治局常委、国务院总理温家宝在北京主持召开国务院抗震救灾总指挥部第24次会议，讨论汶川地震灾后恢复重建总体规划。中共中央政治局常委、国务院副总理李克强，中共中央政治局委员、国务院副总理回良玉，国务委员兼国务院秘书长马凯，国务委员孟建柱等出席会议。会议议定，原则同意灾后重建规划组提出的汶川地震灾后恢复重建总体规划稿；全面做好灾害损失有关基础数据的调查核实，总指挥部将适时向社会公布汶川地震灾害最终损失情况和遇难人数；进一步做好受灾群众生活安置各项工作；认真研究灾后恢复重建资金保障问题。会议要求，用3年左右时间完成灾后重建的主要任务，实现家家有房住、户户有就业、人人有保障、设施有提高、经济有发展、生态有改善。

8月5日 民政部、财政部联合发出《关于规范特大自然灾害救济补助费分配管理有关问题的通知》，明确灾情的报告、评估与核定，中央救灾资金的使用原则与范围，中央救灾资金的申请、办理与拨付，中央救灾资金的使用与监督等事项，规范特大自然灾害救济补助费分配管理。

8月5日 住房城乡建设部发出《关于加强汶川地震灾后恢复重建房屋建筑工程质量安全管理的通知》，提出认真落实恢复重建工程各方责任主体及有关机构质量责任、努力提高工程质量技术水平、切实加强安全生产管理等要求。

8月5日 四川省政府在成都召开全省金融支持灾后重建座谈会。中国工商银行四川省分行等13家银行与攀钢集团、中国二重等16家企业签署重建合作协议，签约总金额326.8亿元。同日，省委书记刘奇葆在成都主持召开会议，研究地震灾区遇难学生家长有关救助工作。

8月5日 四川省委、省政府将1000余台电视机送至北川、青川、汶川、茂县等地震灾区过渡安置点，陕西省委、省政府也给汉中、宝鸡两市地震灾区20个灾民集中安置点购置20台电视机和数字卫星接收器，保证受灾群众及时收看北京奥运会开幕式。

8月5日 河北省委在石家庄召开常委会议，研究通过《河北省对口支援平武县地震灾后恢复重建工作方案》，明确河北省对口援建的总体思路和原则，成立对口支援办公室和驻平武县联络处。

8月5日 经浙江省支援四川抗震救灾工作领导小组和浙江省政府同意，浙江省发改委印发《浙江省对口支援青川县灾后恢复重建项目2008年度实施计划》，首批安排恢复重建12类、52个项目，总投资11.25亿元。至2010年9月，浙江省共下达12批援建项目实施计划，除去中央基金安排或其他资金认建项目，浙江援建项目共547个。

8月5日 国家电网河南电力公司完成对口支援北川地方电网抢修恢复工作。至此，国家电网对四川地方电网抢修恢复任务全部完成。

8月6日 国土资源部与四川省政府、成都市政府在成都签署《共同推进国土资源管理工作，促进成都统筹城乡综合配套改革试验区建设的合作协议》。根据协议，三方在灾后重建用地计划指标、灾毁耕地核减、土地整理复垦项目、地质灾害防治资金、国土资源大调查专项资金和中央地勘基金安排等11项国土资源管理工作上开展合作。

8月6日 水利部发出《关于简化“5·12”四川汶川特大地震灾后恢复重建项目水土保持方案审批程序的通知》，就简化地震灾后恢复重建项目水土保持方案审批程序有关时间和范围、优先评审、及时审批等事项作出规定。

8月6日 人民银行、银监会、证监会、保监会印发《关于汶川地震灾后重建金融支持和服务措施的意见》，提出支持灾区金融机构尽快全面恢复和提高金融服务功能，鼓励金融机构加大对灾区信贷投放，加大对灾区重点基础设施、重点企业、支柱产业、中小企业、因灾失业人员等信贷支持力度。

8月6日 四川省政府在成都召开农田水利基本建设指挥部成员单位会议，决定恢复、重建损毁农田，提高灾区粮食生产能力，基本解决灾区农民粮食自给和吃饭问题，为灾区农业生产恢复提供基础保障。

8月6日 珠江地产100套别墅赠予地震灾区孤儿捐赠仪式在成都举行。珠江地产集团将总价值1亿元的100套精装别墅捐赠给成都市民政局，用于安置地震灾区孤儿。

8月6日 全国第一张抗震救灾卡——“蜀信·家园卡”在绵竹首发，16名绵竹村民、企业家和个体户首批领取。该卡主要用于发放国家对受灾群众各种补贴、兑付各种救灾补助资金。

8月6日 九寨沟、黄龙景区以及天全喇叭河、宝兴东拉山、硗碛藏寨等第三批旅游市场恢复对外开放。至此，四川省21个市（州）中成都、德阳、绵阳、广元、甘孜、阿坝6个重灾市（州）旅游市场部分启动恢复，其他15个市（州）旅游市场全面启动恢复。

8月6日 甘肃省政府在兰州召开常务会议，讨论对口援建资金筹集及安排意见。会议决定，除深圳市对口援建文县、武都、康县、舟曲外，将其余40个地震烈度在VI度（6度）以上的县（区）全部纳入省内对口支援范围。

8月6日 山西省委在太原召开常委会议，启动对口支援茂县的首批包括农村住房重建补贴、县城受灾群众住房重建等7类21个援建项目，总投资6.3亿元。至2010年4月，山西省启动3批援建项目，共计10类226个。

8月6日 江苏省援建指挥部首批26名工作人员进驻绵竹灾区。

8月7日 国务院应急办向国务院报告抗震救灾捐款接收使用总体情况，就规范和加强救灾捐款管理使用提出建议。中共中央政治局常委、国务院总理温家宝对此批示："捐赠款物的接收、管理、使用，一定要做到合理、守法、公开、透明，最后要向社会有一个完整、准确、明白的交待。"

8月7日 民政部、财政部联合发出《关于切实加强地震灾区群众生活安排和房屋倒损农户住房重建工作的通知》，要求切实做好灾区困难群众生活救助工作，加强集中安置点管理，加强房屋倒损农户住房重建，加强救灾资金物资管理，加强各项惠民政策的督促检查以及加强信息统计上报工作。

8月7日 卫生部办公厅印发《汶川地震灾区疾病预防控制对口支援工作意见》。

8月7日 地震局印发《建立汶川大地震信息资料库实施办法》，要求各地开展建立汶川地震信息资料库工作，于12月底实现为地震系统初步提供利用的要求，用3年左右时间建立起为全社会服务的内容丰富、数据准确、分类清楚、载体多样、保存与利用功能兼备的汶川地震信息。

8月7日 四川省委书记刘奇葆、省长蒋巨峰在成都代表四川省委、省政府向济南军区赠送绣有"危难时刻显忠诚、抗震救灾铸军魂"大字的锦旗和纪念品。同日，四川省下达首批灾区大中型水库移民后期扶持应急补助资金7000万元。

8月7日 十万场公益电影进灾区安置点活动暨公益电影流动放映专用车发放仪式在成都举行。广电总局向四川省51个受灾县（市、区）捐赠51辆公益电影流动放映专用车及配套放映设备。

8月7日 陕西省政府印发《关于支持地震灾后恢复重建有关问题和政策措施的意见》，就灾后重建资金来源以及财政补助政策、税收政策等作出规定。

8月7日 广东省对口支援汶川县灾后恢复重建工作组进驻汶川县城所在地威州镇。

8月7日 深圳市拨付首批对口支援甘肃受灾严重地区恢复重建资金3.3亿元。2010年5月27日，深圳市向甘肃省拨付最后一批恢复重建资金5.5亿元，至此，深圳市对口支援甘肃地震灾区灾后重建资金30亿元全部到位。

8月7日 菲律宾总统阿罗约一行到都江堰市腾达俱乐部聚居点、勤俭人家安置点考察、访问。

8月7—9日 国家主席胡锦涛在北京分别会见前来出席北京奥运会开幕式的一些外国领导人，代表中国政府和人民衷心感谢各国政府和人民对中国抗击四川汶川特大地震提供的宝贵支持和援助。

8月8日 中共中央总书记胡锦涛在北京分别会见中国国民党荣誉主席连战、中国国民党主席吴伯雄、亲民党主席宋楚瑜，再次对台湾各界支持大陆同胞抗击四川汶川特大地震灾害表示衷心感谢。

8月8日 2008年北京奥运会开幕。开幕式上，来自汶川地震灾区的“抗震救灾英雄少年”林浩与中国代表团旗手姚明一起引导中国代表团入场。

8月8日 四川省政府印发《汶川地震灾区城镇受损房屋建筑安全鉴定及修复加固拆除实施意见》，对汶川地震灾区城镇受损房屋建筑安全鉴定及修复、加固、拆除行为作出进一步规范。

8月8日 陕西省省长袁纯清率省级有关部门负责人到省建材企业检查救灾物资生产情况，要求灾后恢复重建中的建材生产和供应，要做到定企业、定数量、定价格、定政策。

8月9日 国家主席胡锦涛在北京会见菲律宾总统阿罗约。阿罗约提出，希望邀请四川地震灾区100名中学生访问菲律宾。9月24日，菲律宾驻华大使馆正式照会中国外交部，邀请100名地震灾区中小学生访问菲律宾。2009年1月11—17日，绵阳、德阳所属11所中学100名学生、11名工作人员组成四川地震灾区中学生代表团访问菲律宾；1月16日，阿罗约在总统府接见代表团。

8月9日 国家主席胡锦涛在北京会见前来出席北京奥运会开幕式的俄罗斯总理普京，再次对俄罗斯为中国人民抗击四川汶川特大地震灾害提供的宝贵支持和无私援助表示衷心感谢。

8月9日 斯里兰卡总统马欣达·拉贾帕克萨一行到都江堰灾区考察、访问。

8月10日 成都军区联指在成都召开会议，要求高度关注救灾部队第二批回撤期间的指挥关系转隶和第三批回撤部队的过渡期指挥关系，把任务交清楚，确保救灾任务不中断；留在灾区的救灾部队安下心，稳住神，继续高标准完成救灾任务；联指机关继续努力工作，不能松劲，不能懈怠。

8月10日 陕西地震灾区活动板房建设任务基本完成。截至是日，陕西省活动板房共完成11124套建设任务，总建筑面积22.72万平方米，解决1250户灾区群众临时住房，占应解决总人数的100%。

8月11日 住房城乡建设部印发《汶川地震灾区风景名胜区灾后重建指导意见》《汶川地震灾区市政公用基础设施灾后重建指导意见》。

8月11日 全国妇联印发《关于妇联系统参与汶川地震灾后恢复重建对口支援工作的意见》，部署各级妇联有序参与灾后恢复重建各项工作。

8月12日 《国家汶川地震灾后恢复重建总体规划（公开征求意见稿）》公布，向全社会公开征求意见，时间为12—24日。19—22日，发展改革委副主任穆虹带队赴四川、甘肃、陕西三省调研，召开座谈会，听取受灾省的意见、建议。20日，发展改革委主任张平主持召开专家座谈会，听取专家意见、建议。至25日，共收到国内外各种意见、建议约1.05万条。25日，发展改革委将修改后的总体规划（送审稿）正式上报国务院。

8月12日 民政部办公厅发出《关于可以开展汶川地震救灾募捐活动的基金会参与汶川地震灾后恢复重建工作有关问题的通知》，要求有关单位暂缓拨出尚未使用的抗震救灾捐赠款物，待国家重建规划发布及中央捐赠资金使用协调指导机制建立后，根据恢复重建工作重点和有关要求再进行安排使用。

8月12日 共青团中央印发《抗震救灾和灾后重建下一阶段工作计划》，根据党政关注、灾区青年急需、共青团能为的原则，确立灾后重建主要任务、具体安排和工作要求。

8月12日 四川省政府在成都召开常务会议，专题研究全省极重灾和重灾县（市、区）灾后重建规划，统筹安排各级各类资金，帮助圆满完成重建任务。同日，省政府举行“抗震救灾、百日攻坚”系列新闻发布会的首场发布会，宣布四川地震灾区已全面完成地震受灾群众的过渡安置工作，445.4万户家庭共1000余万灾区群众全部住进过渡安置房。四川省抗震救灾工作进入灾后恢复重建阶段，同时灾区城乡住房恢复重建工作全面展开。

8月12日 经四川省政府同意，省水利厅邀请18个对口援建省（市）水利厅（局）负责人在成都召开座谈会，探讨加快推进水利援建工作问题。

8月12日 甘肃省政府在兰州召开会议，研究陇南地震灾区中小学校恢复重建工作。

8月12日 中共中央政治局委员、北京市委书记刘淇给北京援建什邡的北京小学学生回信，鼓励孩子们好好学习，长大后把家乡建设得更好。7月，什邡市北京小学竣工，学校师生们给刘淇写了一封感谢信。

8月12—26日 地震局组织的汶川地震应急响应实施情况调查组分成5个调查小组，按照成都—都江堰、德阳—绵阳—广元、阿坝—汶川、西安—汉中—宁强、兰州—甘南—陇南5条线路，开展汶川地震应急响应实施情况实地调查。

8月13日 住房城乡建设部前方工作组到陇南市，在随后一个多月时间里，针对甘肃部分灾区建设资金不落实、交通不畅、建材缺乏等问题，协调援建和受援双方合理调整援建计划和方式，追加援建资金，派出技术专家指导、帮助受灾群众安装活动板房。18日，甘肃省抗震救灾总指挥部发出《关于加强地震灾区过渡安置房（活动板房）建设的紧急通知》。

8月13日 中国红十字会援助四川省首批灾后重建项目备忘录签字仪式在成都举行。首批项目总投资25亿元，重点支持地震灾区全部倒塌或严重毁损需要整村重建或相对集中重建的农户住房、村卫生站、村民活动室、乡镇卫生院、乡镇学校及社会福利、社区防灾减灾设施等项目。

8月13日 四川省抗震救灾指挥部向国务院抗震救灾总指挥部报送《关于基本完成受灾群众过渡住房安置攻坚任务的情况报告》，发出《关于灾后恢复重建工作中迅速启动城乡环境综合整治的紧急通知》。同日，省政府办公厅发出《关于做好汶川特大地震中有成员伤亡家庭再生育技术服务工作的通知》。

8月13日 四川省在成都召开重灾乡镇抗震救灾资金物资监督检查工作会议。20日，按照四川省委要求，省抗震救灾资金物资监督检查领导小组从全省抽调350名干部组成87个救灾款物监督检查工作组，到全省39个极重灾和重灾县（市、区）、392个重灾乡（镇）监管救灾款物发放。

8月13—14日 四川省委、省政府在成都举办第一期汶川地震灾后恢复重建专题培训班。至9月底，四川省共举办5期培训班，对6个重灾市（州）和140个受灾县（市、区）党政主要领导等1400余人进行培训。

8月14日 中央纪委、监察部召开会议，欢送赴四川地震灾区挂职的10名机关干部。中共中央政治局常委、中央纪委书记贺国强就中央纪委、监察部选派干部到四川地震灾区挂职作出批示，强调选派优秀年轻干部到地震灾区挂职是落实中央关于支援地震灾区灾后重建工作的实际行动，有利于加强灾区基层纪检监察工作，希望选派干部发扬伟大的抗震救灾精神，践行“做党的忠诚卫士、当群众的贴心人”要求，努力完成工作任务，不负组织和灾区群众的期望。

8月14日 人民银行发出《关于汶川地震灾区支农再贷款实行优惠利率的通知》，适用范围是民政部等部门《汶川地震灾害范围评估结果》界定的51个极重灾和重灾县（市、区）。各期限档次支农再贷款优惠利率在现行农村信用社再贷款利率基础上分别下调0.99个百分点，执行时间为2008年5月1日至2011年6月30日。12月18日，人民银行办公厅发出《关于汶川地震灾区支农再贷款优惠利率问题的通知》，将支农再贷款优惠利率范围扩大至一般灾区。

8月14日 中央军委批转总后勤部《关于汶川地震灾后部队基础设施恢复重建工作的意见》，明确部队基础设施恢复重建的总体目标、方式和实施意见及测算的重建需求，要求灾后恢复重建经费专款专用、专项管理。至11月19日，财政部共明确军队抗震救灾专项经费和汶川地震灾后部队基础设施恢复重建经费104.09亿元。

8月14日 四川省抗震救灾指挥部向国务院抗震救灾总指挥部报送《关于地震灾区百日卫生防疫工作的情况报告》。同日，省政府在成都召开会议，听取关于公路灾后恢复重建先期启动项目和2008年交通建设投资建议计划的汇报，研究部署相关工作。

8月14日 以“感恩致谢、产业承接、投资促进、加快重建、加快发展”为主题的“四川灾后重建大招商活动”和赴港澳地区的“感恩致谢招商活动”正式启动。9月26日至12月1日，四川省委、省人大常委会、省政府、省政协领导分别率团到18个对口支援省（市）和港澳地区宣传四川省发展环境，推介投资合作项目，洽谈区域经济合作，并与18个对口支援省（市）签约投资项目464个、投资总额2039亿元，与港澳签约投资项目71个、投资总额93.1亿美元。

8月14日 陕西省政府在西安召开专题会议，研究部署贯彻落实国务院和省政府关于支持地震灾后恢复重建政策措施。

8月15日 教育部、卫生部发出《关于做好灾区学校全面复学复课卫生防疫工作的通知》。

8月15日 民政部、财政部向四川、甘肃预拨中央自然灾害生活救助资金23.32亿元。自5月20日至8月15日，民政部、财政部累计向四川、甘肃、陕西、重庆、云南五省（市）预拨中央自然灾害生活救助资金82.74亿元，救助受灾困难群众916.84万余人。

8月15日 四川大学等13所高校150名来自地震灾区的大学二、三年级学生赴美国纽约州立大学22所分校学习。2009年4月14日，中共中央政治局委员、国务委员刘延东访问美国时专程看望学生代表。2009年5月25日，学习活动结束。

8月15日 甘肃省委、省政府在兰州召开全省对口支援地震灾区灾后重建工作电视电话会议。14日，省政府办公厅印发《2008年甘肃省灾后重建省内对口支援方案》，落实省内对口支援捐助计划资金84237万元，确定地震破坏烈度在Ⅵ度（6度）以上的40个县（区）（不包括深圳对口支援的4个）为受援范围，并分别确定未受灾市（州）政府及省内国有大型企业定点对口支援受灾县（区）。

8月16日 民政部、发展改革委、财政部、统计局、地震局、国家汶川地震专家委员会以及四川、甘肃、陕西三省政府召开汶川地震灾害直接经济损失核实工作协调会，通报前期汇总校核情况，要求四川、甘肃、陕西三省政府对截至7月中旬的灾害损失数据进行再核定，并与有关部门共同核实损失。25日，民政部、发展改革委、财政部、地震局、国家汶川地震专家委员会对三省上报核定数据进行最后校核。

8月16日 山东省淄博市援建的北川羌族自治县香泉乡场镇建设工程奠基仪式在黄江村举行，标志着山东省对口援建工作全面启动。新场镇占地20.45公顷，总投资约5000多万元，2009年1月8日投入使用。

8月16日 甘肃省政府在兰州召开电视电话会议，安排地震灾区受灾群众安全越冬工作。

8月17日 中国儿童少年基金会、双流县政府、山东日照钢铁控股集团有限公司共同实施的“转移安置四川地震灾区学生项目”在双流启动，19日正式举行签约仪式。日照钢铁控股集团有限公司捐资1.1亿元，在双流迁建一所小学、扩建一所中学和新建一个“安康家园”，双流县政府无偿提供建设用地和教学设备设施，中国儿童少年基金会负责项目规划、设计、建设。2009年8月26日，项目完工。

8月17日 四川省政府办公厅印发《支持非国家对口支援严重受灾县（市、区）恢复重建工作的意见》，明确四川省33个非国家对口支援严重受灾县（市、区）范围、支持主要内容和方式。

8月17日 河北省对口支援平武县重建的1亿元农房信用贷款担保风险基金、1亿元中小企业发展基金到位。依靠担保风险基金，平武县受灾群众可以为重建房屋向银行贷款3万～4万元，还款期限为3年。截至2010年9月，共计为17630户农民和52家企业发放担保贷款。

8月17—19日 北川县城在封城近3个月后向群众开放。19日，3万群众冒雨按照羌族纪念已故亲人的传统习俗进入老县城，为亲人举行“百日大祭”。

8月18日 中央纪委、监察部向中共中央、国务院呈报《关于抗震救灾资金物资监督检查工作进展情况的报告》。22日，中共中央政治局常委、国务院总理温家宝作出批示，要求对报告提出的救灾款物管理使用存在的问题，责成有关部门认真研究，抓紧解决。

8月18日 商务部、英国国际发展部在北京签署中英灾后紧急应对技术援助项目谅解备忘录。根据备忘录，英国政府向中国提供援助资金100万英镑，用于支持相关部委以及四川、甘肃、陕西、云南四省灾后恢复和重建规划。项目执行期为2008年8月至2010年7月。

8月18日 四川省抗震救灾指挥部印发《关于进一步做好抗震救灾过渡房配套设施建设工作的紧急通知》《关于进一步做好地震灾区救济粮款和救灾物资发放、监督工作的通知》《关于抗震救灾资金物资百日监督检查工作的情况报告》。同日，省抗震救灾指挥部、成都市抗震救灾联合指挥部印发《关于表彰抗震救灾民兵预备役先进单位和先进个人的通报》，对15个单位和30名个人予以通报表彰。

8月18日 四川省政府公布《汶川地震灾区城镇受损房屋建筑安全鉴定及修复加固拆除实施意见》。

8月18—21日 甘肃省委书记陆浩到成县、康县、文县、武都等地指导灾后重建工作。

8月18日 甘肃省政府发出《关于做好受灾农民住房重建贷款工作的通知》。

8月18日 陕西省政府印发《教育卫生系统和农村五保供养服务机构首批灾后恢复重建项目规划》。首批规划项目包括117所中小学、589个乡镇卫生院和1183个村卫生室、12个县中心敬老院，总投资16.52亿元。

8月18—20日 山西省委书记张宝顺率山西省慰问调研团到茂县慰问和考察恢复重建工作。

8月19 四川省委书记刘奇葆在人民网发表《百日攻坚、我们从废墟中站起——灾后百日感怀并深深感谢关心支持四川地震灾区的网友们》一文。

8月19日 四川省政府在成都举行抗震救灾国际援助答谢会。省长蒋巨峰向参加会议的法国、美国、韩国、巴基斯坦、泰国、德国、新加坡、马来西亚、日本、加拿大、丹麦、英国、印度等13个国家驻华领事机构代表颁发“5·12”抗震救灾纪念章，并通过他们向到四川参与抗震救灾的各国救援队、医疗队和相关人员特别致谢。

8月19—20日 国务院扶贫办在兰州举办第一期贫困村灾后重建规划实施和管理培训班。2009年3月3—5日，第二期培训班在广元举办。

8月20日 中央办公厅、国务院办公厅、中央军委办公厅联合发出《关于做好全国抗震救灾英雄集体和抗震救灾模范推荐评选工作的通知》。

8月20日 成都军区联指及5个责任区指挥所按照中央军委命令终止工作。21日零时起，继续留驻四川灾区执行抗震救灾任务的部队由成都军区统一指挥。

8月20日 四川省政府在成都召开灾后恢复重建专题会议，要求始终坚持以人为本、民生优先，深入细致地做好受灾群众安置工作，尤其要抓紧做好灾区学校按时开学复课、安全隐患排除和防范、灾区建材和生活必需品供应以及受灾群众就业、过冬等工作。同日，省政府办公厅发出《关于做好灾后恢复重建规划实施准备工作的通知》，对落实国务院《汶川地震灾后恢复重建条例》进行部署安排。

8月20日 深圳市政府、甘肃省政府成立深圳—甘肃抗震救灾对口支援领导小组及其办公室，协商确定有关援建重大事宜。

8月20—22日 四川省抗震救灾指挥部向国务院抗震救灾总指挥部报送《关于“5·12”汶川特大地震抗震救灾百日工作情况的报告》《关于交通等基础设施百日保障情况的报告》《关于地震灾区百日堰塞湖排险及其他水利次生灾害防治工作情况的报告》《关于地震灾区百日学校复学复课工作情况的报告》。

8月20—22日 浙江省省长吕祖善率浙江省政府代表团到青川检查指导援建工作，看望援建人员。

8月20—29日 四川省人大常委会组派3个执法检查组到重灾地区成都、德阳、绵阳、广元、雅安、阿坝6个市（州）及12个县（市、区），开展价格法律法规执法重点检查，重点关注灾后重建阶段灾区物价稳定情况。

8月21日 国土资源部发出《关于进一步加强地震灾区地质灾害危险性评估工作的通知》，要求四川、陕西、甘肃三省国土资源厅加强灾后重建过程中地质灾害防治和危险性评估工作，保障灾后恢复重建各项工作顺利实施，减少因不合理工程活动引发地质灾害造成的损失。

8月21日 四川省政府办公厅发出通知，成立省抗震救灾剩余医用物资处置协调工作组，负责剩余医用物资处置相关政策的制定和对处置工作进行指导、协调。

8月21日 河南省印发《河南省对口支援江油市灾后恢复重建工作方案》，明确对口援建总体要求和原则、对口支援重点和主要内容、机构设置和职责分工、组织实施、保障措施等。省委、省政府决定，由18个省辖市对口支援江油市40个乡（镇）。

8月22日 国家主席胡锦涛在北京分别会见前来出席北京奥运会闭幕式及相关活动的一些外国领导人，代表中国政府和人民对各国政府和人民为中国人民抗击四川汶川特大地震灾害提供的支持和援助表示衷心感谢。

8月22日 国家汶川地震抗震救灾捐款使用指导协调小组在北京召开会议，就建立救灾捐款使用指导协调机制进行研究，形成捐款使用指导意见（草案）。

8月22日 财政部印发《汶川地震灾后恢复重建贷款中央财政贴息管理办法》。贴息范围主要包括汶川地震灾区基础设施恢复重建、企业恢复生产和重建以及农业、林业恢复生产和重建贷款等。贴息期限为2008年5月12日至2011年12月31日，资金由中央财政从灾后恢复重建基金中安排。

8月22日 住房城乡建设部向国务院应急办并国务院办公厅报送《关于〈受灾群众生活安置工作任务分解方案〉有关工作落实情况的报告》。

8月22日 四川地震孤儿收养工作正式启动，全省532名地震孤儿中有88人符合收养条件。同日，四川省民政厅公布收养条件和收养原则。9月4日，绵竹市张安云成为汶川地震后四川省第一个被收养的地震孤儿，绵竹市民政局向收养人颁发了收养证。

8月22日 陕西省监察厅、民政厅、财政厅、审计厅联合发布《陕西省抗震救灾捐赠款物监督管理办法》。

8月23日 宁夏回族自治区援建甘肃灾区5000套过渡安置房交接仪式在天水举行。

8月24日 国家主席胡锦涛在北京会见前来出席北京奥运会闭幕式的尼泊尔总理普拉昌达，对尼泊尔政府和人民在中国遭遇四川汶川特大地震时表达的同情和给予的支持表示感谢。

8月25日 发展改革委召开19省（市）对口支援工作会议，就进一步做好汶川地震对口支援工作进行沟通、交流。

8月25日 教育部在北京举行新闻发布会，介绍汶川地震灾区学生9月1日全面复课前资金安排、校舍建设、师资队伍等各项准备工作进展情况。

8月25日 四川省委印发《关于在抗震救灾和经济社会发展中加强和改进党的建设的意见》。

8月25日 因地震中断营业的四川邮政网点和投递点全部恢复正常服务。至此，地震灾区邮政服务全部恢复。

8月25日 重庆市对口支援崇州市地震灾后恢复重建前方指挥部在崇州正式挂牌。

8月25日 江苏省对口支援绵竹灾后恢复重建首批35个项目签约暨开工启动仪式在绵竹中学原址举行。首批开工建设项目以学校、医院等公共服务设施为主，总投资11.22亿元。至2010年9月全面完成援建任务，江苏省累计完成援建项目共5批、项目295个。

8月25日 河南省对口援建江油市总体框架暨第一批项目签约仪式在江油举行，第一批援建项目192个，投资11.33亿元。2009年3月，河南省、江油市签订对口援建总体框架补充协议暨用工协议；3月、9月，河南省对口支援江油市恢复重建第二批、第三批项目分别开工，共援建108个项目，总投资18.29亿元；11月，河南省会同江油市制定《河南省对口支援江油市灾后重建三年规划实施方案》。

8月26日 中央纪委、监察部在北京召开会议，听取赴四川、甘肃、陕西三省开展抗震救灾资金物资管理使用情况专项检查工作的汇报。中共中央书记处书记、中央纪委副书记、中央抗震救灾资金物资监督检查领导小组组长何勇出席会议并讲话。会议要求，深入开展抗震救灾资金物资监督检查工作，实施全程跟踪监督，有效整合监督力量，确保抗震救灾款物管理使用廉洁高效。

8月26日 中宣部、中央文明办组织编写的《抗震救灾英雄少年》一书由四川少年儿童出版社出版，在各地新华书店公开发行。中宣部、中央文明办购买20万册，赠送给各地中小学校。

8月26日 国务委员、公安部部长孟建柱签署命令，给河北省石家庄市公安局特警支队等22支第二阶段赴灾区抢险救援的公安特警队记集体一等功。

8月26日 能源局印发《汶川地震灾区水电站恢复重建导则》，明确汶川地震灾区水电站恢复重建原则和标准，规范恢复重建工作程序。

8月26日 四川省政府在成都召开常务会议，研究四川实施后续生活救助有关事宜。会议明确，四川执行后续救助政策范围为省政府确定的51个重灾县（市、区），时间为9—11月。会议还原则通过《四川汶川地震灾后农村房屋恢复重建选址技术导则》。28日，省政府办公厅转发该导则，规范全省灾区农房选址工作原则、技术规定。

8月27日 在塔吉克斯坦进行国事访问的国家主席胡锦涛在杜尚别同塔吉克斯坦总统拉赫蒙举行会谈，对塔吉克斯坦在中国四川汶川特大地震发生后向中国人民表达的同情和提供的支持表示感谢。

8月27日 中共中央政治局常委、国务院总理温家宝在北京主持召开国务院常务会议，听取发展改革委副主任穆虹关于《汶川地震灾后恢复重建总体规划》送审稿的汇报，并原则通过该规划。规划明确了恢复重建的指导思想、基本原则、重建目标、重点任务和政策措施。会议强调，汶川地震灾后恢复重建任务异常繁重，必须切实加强党和政府的领导，紧紧依靠灾区广大干部群众，切实搞好对口支援与合作，使灾区人民在恢复重建中赢得新的发展机遇，与全国人民共同全面建设小康社会。会议确定，请发展改革委就加强地震灾区恢复重建建材价格管理制订具体办法，合理控制价格水平；请财政部、人民银行在已出台政策的基础上，研究完善进一步支持地震灾区恢复重建的财税、金融政策。

8月27日 交通运输部部长李盛霖到国道213线都江堰至汶川段抢通保通公路一线调研。

8月27日 绵阳110千伏晓坝变电站送电成功。至此，国家电网四川公司震损电力设施原地恢复重建工作全面完成，四川电网恢复正常运行。

8月27日 陕西省抗震救灾捐赠款物监管工作会议在西安召开，部署全省抗震救灾捐赠资金物资监督管理工作，要求提高捐赠资金物资使用效益，促进灾后恢复重建工作顺利进行。

8月27日 山东省下达第一批对口支援北川乡镇援建项目分市计划，向济南、淄博、潍坊、临沂、菏泽五市下达对口援建乡镇计划36个，投资约2.98亿元。是年10月至2009年3月，山东省又先后下达4批乡镇项目援建计划。5批援建项目共计168个，总投资近11.6亿元。

8月27—29日 河北省委书记张云川、代省长胡春华一行到平武考察灾后恢复重建和援建工作情况。28日，河北省政府、平武县政府在平武签署《河北省对口援建四川平武县地震灾后恢复重建框架协议》，明确对口支援指导思想、总体原则、工作机构、对口援建范围重点及项目建设方式等。

8月28日 国家主席胡锦涛在塔吉克斯坦杜尚别出席上海合作组织成员国元首理事会第八次会议并发表重要讲话，感谢上海合作组织成员国和观察员国在中国四川汶川特大地震发生后向中国人民表达的真诚同情和提供的宝贵帮助。

8月28日 中组部、人力资源社会保障部以及国家公务员局联合组织的2008年中央机关新录用公务员初任培训——“抗震救灾英模事迹报告会暨公务员宣誓活动”在北京举行。蒋敏、赵忠兴等英模代表在报告会上作报告。

8月28日 海关总署发布《关于抗震救灾进口物资税收政策及相关问题》公告，明确规定在5月12日至8月12日期间进口直接用于抗震救灾的各类物资（包括食品、药品、医疗器械等）、加工贸易企业捐赠直接用于抗震救灾的加工贸易货物所用进口原材料享受相应的进口免税政策。

8月28日 质检总局发出《关于选派干部对口支援四川省质监局的通知》，决定从山东、广东等18个省（市）质量技术监督局选派一批优秀干部对口支援四川省部分县（市）质量技术监督局，时间为半年。

8月28日 侨办在西安召开"侨爱工程—双百项目"建设工作会议。至12月15日，侨办落实侨爱学校208所（包括9所中学）、侨爱卫生院157所。至2010年12月底，地震灾区所有"侨爱工程—双百项目"全部竣工。

8月28日 四川省抗震救灾指挥部向国务院抗震救灾总指挥部四川前方指挥部报送《关于开展灾后恢复重建专题培训的情况报告》。

8月28日 陕西省政府在西安召开专题会议，研究灾后恢复重建政策落实中有关困难群众建房贴息贷款、倒房特困户的建设补助、农民受损住房维修加固补助、恢复重建所需建材运输和价格问题、集中安置点的基础设施补助等问题。

8月28日 北京市对口支援地震灾区指挥部印发《北京市对口支援什邡灾后恢复重建工作方案》《关于北京市对口支援什邡恢复重建2008年度援建项目计划的通知》。

8月29日 财政部、教育部联合发出《关于对汶川地震重灾区家庭经济困难学生实施特别资助政策的通知》，要求对地震重灾地区高中阶段学生免除学费、补助生活费，补助标准为一学年每人1000元；对高等教育阶段学生免除学费，扩大国家助学金资助面，将生源为地震重灾地区的普通高等学校全日制本专科在校生国家助学金政策覆盖面扩大到70%，平均补助标准仍为一学年每生2000元。

8月29日 住房城乡建设部、财政部、国土资源部联合印发《关于汶川地震灾区城镇居民住房重建的指导意见》，从组织建设安居房、增加廉租住房建设、优先安排除险加固、积极推进原址重建、促进住房市场发展、实施财政支持政策、确保住房工程质量等方面对地震灾区城镇居民住房重建工作作出规定。

8月29日 致公党中央与北大青鸟集团接受灾区学生异地复课仪式在青川县姚渡镇中心学校举行。随后，该校115名初三学生到北大青鸟集团旗下北京、珠海、南宁的3所附属实验学校进行为期一年的学习。

8月29日 四川省抗震救灾指挥部发出《关于做好剩余抗震救灾医用物资调剂工作有关事项的通知》。同日，省政府印发《2008年公路灾后恢复重建先期启动项目实施意见》。

8月30日 农业部提出《关于落实〈当前抗震救灾和恢复重建工作面临的问题和需要明确的重要政策〉有关情况的报告》，决定加大对农业救灾的支持力度，积极推动中央预算内资金向灾区倾斜。

8月30日 深圳援建甘肃活动板房整体移交仪式在文县桥头乡新落成的板房小学举行。至此，深圳市援建文县、康县、舟曲、武都三县一区5000套活动板房安装任务全部完成。

8月30日 111名日本旅行商和相关媒体人员组成的考察采访团到九寨沟、黄龙景区展开旅游考察。这是汶川地震后四川省首次以“请进来”方式面向海外旅游市场进行宣传促销。

8月30日至9月3日 中国疾控中心与四川省、绵阳市两级疾控中心有关专家到北川县城新、老两个城区，通过对环境卫生状况、媒介生物密度、消毒情况进行调研和现场查看，得出结论：已完全成为废墟的老北川县城消毒杀虫效果显著，空气基本恢复正常，媒介生物密度基本符合要求。

8月31日至9月3日 中共中央政治局常委、国务院总理温家宝到汶川、青川、北川、都江堰等地震灾区考察，深入村庄、学校、医院、企业、居民临时安置点和道路抢通现场，看望慰问受灾群众和施工队伍，鼓励大家共同努力，建设美好家园。8月31日晚和9月1日晚，温家宝在列车上主持召开国务院抗震救灾总指挥部第25次会议，分别听取四川省和国务院有关部门关于地震灾区受灾群众安置工作的汇报，研究部署下一步工作。会议议定，突出抓好受灾群众安全过冬问题，稳定灾区建材和居民生活必需品价格，加快城镇民居倒房重建，保证灾区学校正常开学复课，进一步做好灾区群众就业援助，做好困难群众、孤残人员救助安置和受灾群众异地安置工作，多渠道筹措灾后重建所需资金。2日上午，温家宝在汶川县映秀镇居民安置点举行记者招待会，回答记者提问。10多家中央和地方新闻媒体的记者参加。2日晚，温家宝出席在成都召开的四川省抗震救灾工作会议并讲话，指出抗震救灾斗争取得重大阶段性胜利，目前已经进入恢复重建的重要阶段。地震灾区各级党委、政府要认真组织落实《汶川地震灾后恢复重建总体规划》，坚持以人为本、尊重自然、统筹兼顾、科学重建，坚持自力更生、艰苦奋斗，力争用3年左右时间完成恢复重建的主要任务。国务委员兼国务院秘书长马凯陪同考察并出席会议。

9 月

9月1日 国家汶川地震抗震救灾捐款使用指导协调小组召开第一次会议，审议并原则通过《汶川地震抗震救灾捐款使用有关问题的指导意见》。10月20日，民政部、发展改革委、财政部、教育部、卫生部联合印发《关于汶川地震抗震救灾捐赠资金使用有关问题的意见》，明确捐赠资金使用原则和范围、定向捐赠资金调整使用、捐建项目冠名、捐赠资金统计和使用情况反馈、中央部门和单位接收捐赠资金汇缴和使用、地方接收捐赠资金管理使用以及全国性社会组织接收捐赠资金管理使用等事项。

9月1日 国家开发银行四川省分行、中国邮政储蓄银行四川省分行在成都签署协议，双方同意合作提供500亿元资金，支持四川省灾后重建工作。

9月1日 四川省2万多所中小学校开学，灾区339.99万中小学生全部复学复课。同日，甘肃、陕西灾区学校也都按时开学。

9月2日 卫生部办公厅发出《关于进一步加强地震灾区食品饮用水卫生监督工作的通知》。

9月2日 测绘局、地震局发布公告，公布对汶川地震震区及周边地区地形变化的监测与分析结果。

9月2日 甘肃省抗震救灾总指挥部发出《关于做好灾后重建所需建材供应的通知》。同日，省灾后重建工作领导小组发出《关于进一步做好灾区住房建设工作，确保受灾群众安全过冬的通知》。

9月3日 财政部印发《汶川地震灾后恢复重建资金（基金）预算管理办法》，要求受灾地区和承担对口支援的地方政府财政部门积极筹措地震灾后恢复重建资金，保障灾后恢复重建工作需要，并对资金（基金）的筹集方式、用途等作出具体规定。同日，财政部发出《关于拨付四川省外派劳务基地灾后重建专项资金的通知》，拨付专项资金500万元，用于成都、绵阳、德阳、广元、雅安五市外派劳务基地购置培训器材、聘请教师、编印教材、培训考试等方面的经费支出。

9月3日 住房城乡建设部、发展改革委批准发布《农村普通中小学校建设标准》，自12月1日起施行。

9月3日 四川省政府发出《关于对汶川地震灾区困难群众实施后续生活补助有关问题的通知》，明确救助范围、对象和期限，救助标准和资金，以及政策衔接、工作要求。

9月3—4日 黑龙江省省长栗战书一行到剑阁查看灾情，检查指导黑龙江省援建项目建设情况。4日，剑阁县人民医院住院楼、大仓受灾群众安置小区开工奠基仪式举行，黑龙江省对口支援四川地震灾区第一期40个援建项目全面启动。

9月4日 中央抗震救灾资金物资监督检查领导小组在北京召开扩大会议。中共中央政治局常委、中央纪委书记贺国强出席会议并讲话。中共中央书记处书记、中央纪委副书记、中央抗震救灾资金物资监督检查领导小组组长何勇主持会议。贺国强强调，要确保监管工作不留死角、不留盲区，有针对性地制定并认真落实有关规章制度，突出重点，深入开展专项检查，把公开透明贯穿于抗震救灾资金物资管理使用的全过程，严肃查处违纪违法行为，切实搞好宣传舆论工作。

9月4日 民政部、发展改革委、财政部、地震局、国家汶川地震专家委员会联合向国务院抗震救灾总指挥部报送《汶川地震灾害损失校核结果》，确定汶川地震灾害直接经济损失为8523.09亿元。根据四川、甘肃、陕西三省上报核定数据校核，三省直接经济损失为8451.36亿元，其中四川省7717.7亿元、甘肃省505.35亿元、陕西省228.31亿元。另外，根据重庆、云南、宁夏3个省（区、市）政府上报数据，重庆市损失54.07亿元，云南省损失16.83亿元，宁夏回族自治区损失0.83亿元。

9月4日 住房城乡建设部发出《关于加强汶川地震灾后恢复重建村镇规划编制工作的通知》，明确灾后恢复重建村镇规划编制的六大基本原则：民生优先、保障安全，因地制宜、分类指导，保护生态、保障生计，弘扬传统、突出特色，农民主体、自下而上，立足当前、谋划长远。

9月4日 商务部灾后商业网点恢复经营调研组到绵阳市城区和江油市部分商业网点调研受灾和恢复经营情况。

9月4日 文化部在北京召开羌族文化遗产保护工作协调小组会议，听取羌族文物抢救和保护、羌族非物质文化遗产抢救和保护、羌族文化生态保护实验区建设等工作进展情况汇报，对下一步工作作出部署。

9月4日 质检总局制定《灾后特种设备恢复重建工作方案》，帮助地震灾区恢复特种设备生产和使用安全。

9月4日 新闻办在北京举行新闻发布会，由国家汶川地震专家委员会介绍汶川地震及其灾损评估情况。

9月4日 四川省抗震救灾指挥部在成都召开剩余消杀物资处置专题研究会议，就待销毁消杀物资的处置和质量合格消杀物资的处置达成一致意见，各市州剩余抗震救灾消杀物资坚持就地处置为主。9日，指挥部医疗保障组发出《关于剩余消杀物资处置有关事宜的通知》。

9月4日 四川省委在成都召开常委会议，进一步研究部署全省抗震救灾和灾后恢复重建工作。会议要求，要喊响“两条标语”（即青川县黄坪乡枣树村村民贴在自建住房上的“出自己的力，流自己的汗，自己的事情自己干”“有手有脚有条命，天大的困难能战胜”），大力弘扬抗震救灾伟大精神，大力宣传和发扬群众自力更生、艰苦奋斗建家园的良好精神作风，用自己的双手和辛勤劳动建设灾后美好新家园。

9月4日 四川省委、省政府印发《关于表彰全省教育系统抗震救灾模范集体和抗震救灾模范的决定》，授予彭州市磁峰镇初级中学等20个单位“四川省教育系统抗震救灾模范集体”荣誉称号，授予周世树等30人和追授周培顺等5人“四川省教育系统抗震救灾模范”荣誉称号，并享受省部级劳动模范待遇。

9月4日 四川省政府办公厅发出《关于加强汶川地震灾区恢复重建建材产品质量监督管理工作的通知》《关于切实做好地震次生灾害防治工作的紧急通知》。

9月4日 总装备部援建的四川地震灾区第一所少年军校挂牌仪式在“绵阳八一帐篷学校”举行。学校成为灾区永久的爱国主义和国防教育基地。2010年7月25日，该学校从解放军驻绵阳某部营地迁入北川新县城校园，并改名为永昌镇第一小学。

9月4日 陕西省财政厅、民政厅发出《关于下达农村灾民倒危房重建资金的通知》，下达专项资金43938万元，用于农村灾民倒危房重建。

9月5日 旅游局在成都召开全国旅游灾后恢复重建对口支援工作会议，要求帮助受援地区加快恢复重建重要旅游景区景点和旅游基础设施，提高灾区旅游产业发展配套水平，帮助受援地区加强旅游宣传促销和客源市场组织，着力提升灾区旅游形象，帮助受援地区旅游企业和从业人员渡难脱困。会上，承担对口支援任务的22个省（市）旅游部门与四川省20个受援县（市）旅游部门以及陕西、甘肃两省旅游局签订《四川汶川地震灾后恢复重建旅游对口支援合作协议》。

9月5—15日 成都军区驻地震灾区部队15名优秀军官子女到塔吉克斯坦疗养。

9月6日 国家主席胡锦涛在北京会见前来出席北京残奥会开幕式的伊朗总统内贾德，感谢伊朗政府和人民对中国人民抗击四川汶川特大地震灾害提供的宝贵援助。

9月7日 国家主席胡锦涛在北京会见前来出席北京残奥会开幕式的德国总统克勒，感谢德国政府和人民对中国人民抗击四川汶川特大地震灾害提供的支持和援助。

9月7日 民进中央、中国民间文艺家协会等单位联合主办的《羌族文化学生读本》首发式暨向地震灾区学生捐书仪式在北京举行。10日，中共中央政治局常委、国务院总理温家宝作出批示，称赞这是“在保护民族文化遗产上又做了一项有益的工作”。

9月8日 全国教育系统抗震救灾先进集体和先进个人表彰大会在北京举行。中共中央政治局委员、国务委员刘延东出席大会并讲话。

9月8日 财政部、商务部发出《关于地震灾区商业网点恢复和保障市场供应财政补贴问题的通知》，明确中央财政安排专项资金2.91亿元，用于“万村千乡市场工程”和“双百市场工程”受损项目恢复重建。同时，安排资金1.5亿元，对灾区流通企业运输费用和流动资金贷款利息给予补贴。

9月8日 海峡两岸关系协会会长陈云林受海峡交流基金会委托，在成都向四川、甘肃、陕西三省地震地区转交台湾同胞捐款约2.72亿元。9—10日，陈云林一行到雅安、德阳等地灾区考察由台胞援建的中小学校重建项目。

9月8日 四川省抗震救灾指挥部发出《关于进一步加强地震灾区秋季卫生防疫工作的通知》。

9月8日 四川省政府办公厅发出通知，决定建立四川省灾区农房重建建材特供联席会议制度，负责统筹、协调、督促全省灾区重建建材物资的生产和供应。同日，四川省出台《汶川地震灾区生态县建设指导意见》。

9月8日 四川全省灾后农户永久性住房建设工作电视电话会议在绵阳召开，要求加强建筑质量安全管理，保质保量完成灾后农户永久性住房建设，确保农户住上优质、舒适的永久性住房。

9月8日 在厦门举办的第十二届中国国际投资贸易洽谈会上，彭州市政府与部分参会企业代表签订19个项目，协议资金30亿元，涉及灾后重建和旅游等领域。

9月8日 陕西省政府在西安召开常务会议，审定《陕西省灾后恢复重建项目规划》。10月14日，省政府印发该规划。规划范围是列入国家规划范围的宁强县、略阳县、勉县、宝鸡市陈仓区4个重灾县（区）和南郑县等36个一般受灾县（区），期限为3年。规划分为城乡住房、公共服务设施、城镇建设、农村建设、基础设施、产业重建、防灾减灾和生态环境等7类项目，资金总需求约580亿元。

9月9日 中共中央政治局常委、国务院总理温家宝邀请汶川县映秀小学校长谭国强等8名基层中小学教师到北京中南海参观，并与其进行座谈。中共中央政治局委员、国务委员刘延东陪同参观并参加座谈。

9月9日 成都市在都江堰、彭州、崇州、大邑4个重灾县（市）同时举行灾后农村住房重建规划设计会战动员大会。随后，四川省内外147家规划设计单位、2000多名设计人员参与会战，在一个月内高质量完成427个灾后安置点规划设计。2009年2月，成都市又组织第二次规划设计会战。两次会战，成都市共规划设计698个灾后重建点位。

9月9—11日 文物局局长单霁翔一行到茂县、汶川、彭州、都江堰等地调研茂县羌族博物馆新馆选址及羌族文化遗产保护、彭州领报修院和都江堰古建筑群灾后抢救保护工作。

9月10日 住房城乡建设部办公厅发出《关于加快汶川地震灾区受损城市道路桥梁隐患处置工作的通知》，对灾后受损城市道路桥梁隐患处置工作重点、要求和措施等提出要求。

9月10日 成都军区召开抗震救灾总结表彰大会，总结抗震救灾工作经验，表彰抗震救灾先进单位和个人。

9月10日 中国红十字会、中国残联、四川省政府等在北京举行《四川地震灾区“红十字博爱”康复援助项目》签字仪式。根据协议，中国红十字会、香港红十字会及台湾红十字组织共同捐赠6500万元，在四川灾区实施“红十字博爱”辅助器具服务中心建设项目、阿坝藏族羌族自治州康复中心建设项目、德阳康复服务及假肢装配中心建设项目、阿坝地震灾区基层医疗及康复服务网络重建项目，为地震人员和残疾人提供康复服务。

9月10日 四川省抗震救灾指挥部印发《关于地震灾区大力开展以城乡环境综合治理整治为重点的秋季爱国卫生运动的通知》《开展灾区城乡环境综合整治的实施方案》。

9月10日 陕西省政府印发《陕西省汶川地震受灾地区城乡供水设施灾后重建规划》，涉及灾后重建的主要内容和技术标准、投资估算及补助办法等内容。

9月10日 上海国大建设集团有限公司投资的四川国大水泥股份有限公司在江油市含增镇开工建设。项目占地面积26.67万平方米，投资15亿元。2009年12月26日，一期项目建成投产，可年产水泥200万吨以上。

9月10日 深圳—甘肃抗震救灾对口支援领导小组在兰州召开会议，总结对口支援阶段性工作，研究三年援建实施方案、援建工作重点、资金和项目安排、两地协调衔接机制等相关事宜。

9月11日 卫生部在成都召开汶川地震灾区结核病防治工作交流会，通报并交流灾区结核病防治进展情况，提出《四川地震灾区过渡期结核病预防控制指导意见》。

9月11日 中国红十字会总会发出《关于做好红十字系统救灾物资回收管理工作的通知》，对红十字系统救灾物资的回收利用提出规范要求。

9月11日 四川省政府发布《四川省汶川地震灾区生态环境恢复重建规划》，明确全省地震灾区计划用7年实施生态环境恢复重建，到2015年，灾区区域水源涵养、水土保持和生物多样性保护等生态主导功能基本恢复。同日，省政府办公厅发出《关于做好因灾失地群众返乡安置帮扶工作的通知》。

9月11日 甘肃省政府办公厅发出《关于进一步加快地震灾区受灾农民住房重建贷款工作的通知》，就加快农民住房重建贷款发放进度、多渠道筹集农民住房重建贷款资金等提出要求。

9月11日 陕西省省长袁纯清到太白、陈仓等地考察受灾群众住房恢复重建情况。

9月12日 国家汶川地震灾后重建规划组在北京召开第五次全体会议，对各专项规划编制、审定和发布工作进行部署。会议要求，做好衔接工作，数据要真实、可靠，按规定程序审定、发布，明确牵头责任和时间要求。

9月12日 都江堰灾后重建产业发展项目签约仪式和推介会在上海举行。两地企业和单位签订43个投资合作项目协议，投资金额24.15亿元。

9月12日 甘肃省政府办公厅印发《关于在地震灾后恢复重建中推行以工代赈的指导意见》，批转甘肃省发改委、财政厅《关于加强灾后重建公共服务设施等各类项目资金管理意见的通知》。

9月14日 四川省非延考区和地震灾区延考区两次高考录取工作结束，共录取新生306873名，完成招生总计划的105.87%，没有学生因地震而影响升学。同时，国家和学校通过多种途径进行资助，未让一名灾区学生因家庭经济困难而失学。

9月15日 四川省政府在成都召开常务会议，审议并原则通过《汶川地震灾区城镇住房重建工作方案》。28日，四川省政府印发该方案，明确建立健全城镇住房重建工作机制，优先安排受损住房除险加固，大力推进安居住房和廉租住房建设，鼓励受灾居民原址重建住房，促进住房市场发展，满足受灾城镇居民多层次住房需求。方案还明确，通过3年时间完成灾区城镇住房重建工作，实现家家有房住的目标。

9月16日 交通运输部发布《汶川地震灾后公路恢复重建技术指南》，对地震后公路工程恢复重建原则、抗震设防标准和技术要求以及公路震害的检测评估、处置措施等提出指导意见。

9月16日 四川省抗震救灾指挥部医疗保障组发出《关于开展“5·12”汶川大地震四川灾区传染病防控效果评估的紧急通知》。通知以附件形式公布《“5·12”汶川大地震四川灾区传染病流行因素和防控效果评估标准》，这是中国首次提出地震灾区大灾之后无大疫的评估标准。

9月16—20日 香港特区全国政协委员组成考察团到四川地震灾区考察受灾群众安置和灾后重建工作。

9月17日 中央纪委、监察部在成都召开对口支援资金物资监督检查工作座谈会，强调要根据对口支援项目的不同类型，明确支援方和受援方的监督责任。会议要求，承担对口支援任务的省市与受援地要建立相关制度，保证监督检查协调机制高效运转、有序运行。

9月17日 在保监会指导下，中国保险业协会印发《保险业“5·12”地震医疗险理赔处理指导意见》。

9月17日 四川省抗震救灾指挥部在成都召开全省秋季爱国卫生运动电视电话会议，要求全省特别是地震灾区全面开展以“城乡环境综合治理”“学校卫生”和“健康教育”为主题的秋季爱国卫生运动。同日，以“清洁卫生、绿色家园、健康生活”为主题的四川省秋季爱国卫生运动在都江堰启动。同时，甘肃、陕西等地震灾区也开展秋季爱国卫生运动。

9月17日 四川省政府办公厅印发《支持非国家对口支援严重受灾县（市、区）恢复重建工作的意见》，提出对省政府上报国家的51个严重受灾县（市、区）中，除国家确定对口支援的18个受援县（市）以外，对其余33个严重受灾县（市、区）恢复重建工作进行支持，并明确支持的主要内容和方式。

9月17日 陕西省财政厅、教育厅联合下达灾区中小学校舍维修加固和教学仪器设备重置专项补助资金2.7亿元。

9月18日 四川省政府发出《关于进一步做好价格调控监管工作的意见》，要求保持市场价格总水平基本稳定，加强价格监管和收费监管，确保地震灾区建材价格基本稳定，加强市场价格监测分析，加大价格监督检查力度，加强对价格调控工作领导。

9月18日 汶川县城区重大地质灾害防治工程正式启动，500多名工程技术人员对汶川县城周边数十处重大地质灾害隐患进行治理。

9月18日 中美通用航空应急救援经验交流会在绵阳召开，就通用航空在抗震救灾中显示出的重要作用以及应急救援情况进行经验交流。

9月18日 重庆市政府举行新闻发布会，介绍重庆市抗震救灾捐赠款物安排使用情况。至9月10日，重庆市共接收海内外捐赠款物104096万元，已基本分配拨付到位。

9月19日 国务院印发《汶川地震灾后恢复重建总体规划》，标志着灾后恢复重建工作全面启动。规划提出，筹措恢复重建资金1万亿元、用3年左右时间完成四川、甘肃、陕西重灾地区灾后恢复重建主要任务，使灾区基本生活条件和经济社会发展水平达到或超过灾前水平。规划明确汶川地震灾后恢复重建总体要求和空间布局，从城乡住房、城镇建设、农村建设、公共服务、基础设施、产业重建、防灾减灾、生态环境、精神家园等方面提出重建重点，制订实施针对性强的政策措施，明确重建资金来源，并对规划实施作出要求。此后，国务院有关部门和地震灾区三省、各市（州）和各县（市、区）都编制了重建规划。

9月19日 卫生部办公厅发出《关于做好地震灾区医疗卫生机构放射卫生防护工作的通知》。

9月20日 中宣部、发展改革委、总政治部联合主办的“万众一心、众志成城——抗震救灾主题展览”在北京举行。中共中央政治局常委李长春出席开幕式并宣布展览开幕。中共中央政治局委员、中央书记处书记、中宣部部长刘云山在开幕式上讲话。中共中央政治局委员、国务委员刘延东，全国政协副主席陈奎元，中央军委委员李继耐出席开幕式。10月7日，党和国家领导人胡锦涛、吴邦国、温家宝、贾庆林、李长春、习近平、李克强、贺国强等分别参观展览，王刚、王兆国、王岐山、回良玉、刘淇、刘云山、刘延东、李源潮、张高丽、张德江、俞正声、何勇等也参观展览。10月10日，来自60个国家和国际组织的驻华使节以及50余名外国专家参观展览。至11月20日展览结束，共接待观众115万余人，观众留言4万余条。

9月20日 吉林省援建黑水县人民医院搬迁新建工程奠基仪式举行，吉林省对口援建黑水县项目全面启动。

9月21日 国务院扶贫办、联合国开发计划署在广元市利州区三堆镇马口村举行贫困村灾后重建项目试点规划实施启动仪式。国务院扶贫办指导四川、甘肃、陕西三省选择若干贫困村开展灾后恢复重建试点，首批20个试点村每村安排100万～150万元财政扶贫资金。其后，又相继开展第二批、第三批各40个村试点重建工作。

9月21日 财政部向四川、甘肃、陕西安排中央自然灾害生活救助资金12.5亿元，11月10日再安排12.5亿元。9月，财政部向四川、甘肃、陕西、重庆、云南5个受灾省（市）下拨冬春救助资金14.82亿元，向受地震影响省（市）安排冬春救助配套资金2.23亿元。

9月22日 发展改革委办公厅发出《关于继续做好汶川地震灾后重建期间稳定重要商品价格工作的通知》。

9月23日 工业和信息化部在广州举办汶川地震灾区中小企业投资项目推介会。推介会上，四川、甘肃、陕西三省发布1283个中小企业项目。

9月23日 四川省政府在成都举行地震灾区对口援建产业合作园区座谈会，18个对口支援省（市）前线指挥部（工作组）负责人和彭州、什邡、绵竹、江油、黑水、青川6个重灾县（市）政府与省级部门负责人举行座谈，交流经验。对口援建全面进入产业对接阶段，催生了“产业园”这种新型合作方式。

9月23日 河北省政府在石家庄召开专题会议，决定在省政府统一指挥、协调下，由唐山、邯郸、保定、石家庄四市分别负责平武县南坝镇、平通镇、响岩镇和县城所在地龙安镇的恢复重建。

9月23日 辽宁省援建安县花荄镇初级中学、安县人民医院、安县广播电视大楼3个项目同时开工，辽宁省援建安县首批十大项目进入建设阶段。

9月23—24日 成都、绵阳、德阳、广元、乐山、眉山、雅安等地遭受特大暴雨袭击，暴发泥石流。四川省委、省政府立即组成工作组赴绵阳、广元，指导、组织协调抗洪抢险救灾，全力抢救受灾群众。

9月24日 人力资源社会保障部、国际劳工组织（ILO）在四川地震灾区实施的“紧急创办和改善你的企业”援助项目启动。项目由英国国际发展部提供资金资助，国际劳工组织提供技术和部分资金支持，在都江堰、彭州、什邡、绵竹、安县、江油六县（市）实施，是四川省灾后最大规模创业培训项目，为期一年。至2009年8月31日，共培训“紧急改善你的企业”学员1400名、“紧急创办你的企业”学员1018名。

9月24日 国家防总发出紧急通知，要求四川、陕西两省做好强降雨防御工作，督促做好堰塞湖的安全监测，确保水库、水电站、淤池坝、尾矿坝安全运行。

9月24日 审计署印发《关于汶川地震灾后恢复重建审计工作安排意见》，明确汶川地震灾后恢复重建审计的指导思想、目标、范围和重点。

9月24日 湖南省对口援建理县农村安全饮水及农田灌溉工程项目“三湘情——安全饮水工程”启动奠基仪式在理县夹壁乡举行。这是湖南省援建的首个项目，总投资5000万元，涉及理县13个乡（镇）81个村。2009年4月底，工程竣工。

9月24日 四川省政府、日中经济协会访华代表团在成都签订加强合作的会议备忘录。根据备忘录，双方致力于共享并宣传经贸资源与信息，就防震减灾和灾后重建等方面加强合作交流，促进日本企业参与四川省灾后重建、扩大对四川省投资。

9月24—26日 商务部组织17个援助国和国际组织驻华代表到四川地震灾区考察灾后重建情况。

9月25日 保监会、四川省政府联合主办的巨灾风险管理与保险国际研讨会在成都举行。

9月25日 新闻办根据国务院抗震救灾总指挥部授权发布：据民政部报告，截至当日12时，四川汶川地震已确认69227人遇难，374643人受伤，17923人失踪。

9月25日 四川省抗震救灾剩余医用物资处置协调工作组各成员单位联合印发《四川省剩余抗震救灾医用物资处置意见》。

9月25—27日 全国政协副主席李金华率全国政协常委重大灾害应急机制建设考察团到四川地震灾区考察。

9月26日 中国疾控中心第18批抗震救灾工作队队员返回北京。至此，该中心先后派出的18批救灾防病工作队、483名医疗防疫救援人员全部从灾区撤回。

9月26日 四川省政府、铁道部在成都签署《关于加快推进四川铁路建设的会议纪要》，双方同意进一步加快推进成都至兰州、成都至都江堰、成绵乐客运专线、成都新客站、成都枢纽成昆货车外绕线等项目的前期工作。同日，四川省政府办公厅印发《关于预防和处置汶川地震灾后恢复重建中行政争议的指导意见》。

9月26日 四川省委书记刘奇葆率四川代表团赴广东开展以“感恩致谢、产业承接、投资促进、加快重建、加快发展”为主题的致谢和投资促进活动。同日，四川省灾后重建（广东）投资说明会在广州举行，现场签约项目70个，总投资357.85亿元。

9月26日 国家灾后重建规划项目兰渝铁路开工动员大会在兰州市沙井驿举行，中共中央政治局委员、国务院副总理张德江宣布开工。2009年7月31日，兰州至重庆铁路（兰渝铁路）兰州东至夏官营、广元至重庆北，以及兰州、重庆铁路枢纽工程开工建设誓师大会在兰州举行，兰渝铁路进入全线开工建设实施阶段。该铁路贯穿甘肃、陕西、四川、重庆三省一市22个县（区），正线全长820公里。项目建设工期6年，投资估算总额774亿元，由铁道部与甘肃省、四川省、重庆市合资建设。

9月26—27日 民政部在北京召开全国救灾救助工作会议。中共中央政治局委员、国务院副总理回良玉出席会议并讲话。回良玉要求，抓紧汶川地震灾民安置和困难群众生活安排，切实抓好农村受灾群众住房恢复重建工作，解决好受灾群众安全过冬问题，继续安置好困难群众和孤残人员，落实好灾区教育救助政策和就业救助政策。

9月27日 中宣部、中央直属机关工委、中央国家机关工委、民政部、总政治部联合发出《关于切实做好2008年全国“送温暖、献爱心”——向汶川地震灾区捐赠衣被活动的通知》，决定10月组织开展全国“送温暖、献爱心”——向汶川地震灾区捐赠衣被活动。同日，中宣部、民政部、铁道部、交通运输部、总政治部联合发出《关于开展2008年全国“送温暖、献爱心”——向汶川地震灾区捐赠衣被活动的通知》。至11月27日，全国共接收各类捐赠衣被1900多万件（其中棉衣被1600多万件）、捐款8569万元。

9月27日 公安部在成都召开全国援川警队工作电视电话会议，总结、交流经验，对下一步工作进行再动员、再部署。

9月27—28日 中科院心理研究所、共青团中央中国青少年发展服务中心等单位联合主办的“灾后心理援助国际高峰论坛”在北京举行。

9月28日 教育部在北京召开总结会，听取22名选派到地震重灾地区帮助工作人员工作情况汇报。会议提出，教育部将进一步研究对地震重灾地区教育重建援助方案，全力做好灾后学校恢复重建和对口支援工作。

9月28日 四川省政府印发《四川省汶川地震灾后城镇住房重建工作方案》。

9月30日 中共中央政治局常委、国务院总理温家宝在北京接受美国《科学》杂志主编布鲁斯·艾伯茨专访。温家宝强调，抗震救灾要科学地进行组织领导工作，建筑的安全对于预防地震灾害十分重要。温家宝指出，必须按照地震地区可能发生地震的强度和烈度来制定房屋建筑设防标准，特别是对学校、医院等公共设施要采取更为安全的措施，使家长们放心、孩子们安心。

9月30日 经中央军委领导批准，总参谋部、总政治部、总后勤部、总装备部机关选调31名军师职领导干部到驻四川、陕西、甘肃、青海、云南等地区担负灾区重建任务的部队代职。

9月30日至10月6日 中国宋庆龄基金会和四川省联合组织“四川灾区学生代表赴台交流团”到台湾开展交流参访活动。交流团30名学生分别来自成都、德阳、绵阳、广元、雅安等重灾地区。

10月

10月1日 《人民日报》发表社论《祖国，巍然屹立在世界东方》，庆祝中华人民共和国成立59周年。社论颂扬全国人民在汶川地震发生后展开的气壮山河、感天动地的斗争，形成万众一心、众志成城，不畏艰险、百折不挠，以人为本、尊重科学的伟大抗震救灾精神。

10月3日 中共中央政治局常委、国务院总理温家宝，中共中央政治局常委、国务院副总理李克强，中共中央政治局委员、国务院副总理回良玉和国务委员兼国务院秘书长马凯批示同意国务院应急办商中国地方志指导小组研究提出的《汶川特大地震抗震救灾志编纂工作方案（建议稿）》。

10月6日 经国务院同意，发展改革委、住房城乡建设部、民政部联合印发《汶川地震灾后恢复重建城乡住房建设专项规划》，内容包括住房灾损情况、总体要求、主要任务、建设要求和标准、资金需求和筹措、政策措施和规划设施等。规划明确，两年内基本完成农村住房恢复重建工作，三年内基本完成城镇住房恢复重建工作，让灾区群众早日住上安全、经济、省地的住房，实现家家有住房，使城乡居民的住房安全性能明显加强、配套设施明显提高、居住环境明显改善。

10月6日 财政部向四川、甘肃、陕西三省拨付汶川地震灾区城镇居民住房恢复重建补助资金共计80亿元，其中四川省67.5亿元、甘肃省9亿元、陕西省3.5亿元。

10月6日 甘肃省抗震救灾总指挥部发出《关于进一步做好灾区困难群众安全越冬工作的通知》。

10月6日 重庆市委在重庆召开常委会议，审议通过《重庆市对口支援崇州市地震灾后恢复重建总体实施方案》，明确对口支援工作总体要求、援助方式和保障机制等，提出对口援建三年实物工作总量为17亿元的援助目标。

10月6日 江苏省对口支援绵竹市地震灾后恢复重建领导小组制定《江苏省对口支援四川省绵竹市地震灾后恢复重建工作指导意见》。同日，绵竹地震灾后恢复重建暨江苏省公益性援建项目认捐新闻发布会在南京举行，对总投资18.9亿元的108个公益性项目进行社会认捐。此后，江苏省各地踊跃认捐。

10月6日 亚太经济合作组织（APEC）巨灾恢复重建研讨会在成都召开。来自该组织19个成员单位的40余名救灾相关官员、专家和学者围绕四川地震灾区恢复重建问题交流技术和经验。

10月7日 四川省政府在成都召开灾后城镇住房恢复重建工作会议，部署和启动汶川地震灾后城镇住房重建工作。7—8日，四川省在成都召开地震重灾区灾后恢复重建工作会议，要求以重点突破带动整体推进，加快推进城乡居民住房建设，加强公共服务设施建设，抓紧重点基础设施的恢复重建，推进产业重建与发展，加强防灾减灾能力建设，重建精神家园，力争用3年时间基本完成恢复重建基本任务。

10月7日 阿拉伯国家驻华使节团一行27人到四川地震灾区慰问受灾群众，考察企业和统筹城乡建设情况。这是到四川灾区访问的最大规模外国驻华使节团。

10月8日 中共中央、国务院、中央军委在北京举行全国抗震救灾总结表彰大会。中共中央总书记、国家主席、中央军委主席胡锦涛在会上发表重要讲话。中共中央政治局常委、国务院总理温家宝主持大会。中共中央政治局常委吴邦国、贾庆林、李长春、习近平、李克强、贺国强等出席大会。胡锦涛在讲话中强调，在波澜壮阔的抗震救灾斗争中，全国人民用理想凝聚力量、用信念铸就坚强、用真情凝结关爱，大力培育和弘扬了万众一心、众志成城，不畏艰险、百折不挠，以人为本、尊重科学的伟大抗震救灾精神。胡锦涛提出，要在全党全社会大力弘扬伟大抗震救灾精神，使之转化为艰苦奋斗、重建家园的坚定意志，转化为推动经济社会又好又快发展的强大力量。李克强宣读中共中央、国务院、中央军委7日印发的《关于表彰全国抗震救灾英雄集体和抗震救灾模范的决定》，授予成都市公安局交通警察支队等320个集体“全国抗震救灾英雄集体”荣誉称号，追授雷勇等5人“全国抗震救灾模范”荣誉称号，授予蒋敏等517人“全国抗震救灾模范”荣誉称号。胡锦涛等领导人向受表彰的抗震救灾英雄集体和抗震救灾模范代表颁奖。会前，胡锦涛接见参加全军抗震救灾总结表彰大会的代表。

10月8日 国务委员、公安部部长孟建柱在北京会见出席全国抗震救灾总结表彰大会的公安系统代表，向他们表示热烈的祝贺和崇高的敬意，号召全国公安机关大力弘扬伟大的抗震救灾精神，掀起学习抗震救灾英雄的新热潮，不断为党和人民立新功。

10月8日 财政部、国土资源部、住房城乡建设部、农业部联合印发《关于做好汶川地震灾区因灾失地农民安置帮扶和安置点建设占用耕地补偿工作的指导意见》，对无法恢复或尚可使用农村因灾损毁耕地、废弃村庄与工矿旧址等可开垦土地、政府统一建设应急和过渡性安置点占用耕地等问题，提出兑付补偿、加快土地整理、相关资金倾斜等政策意见。

10月8日 全军抗震救灾总结大会在北京召开。中央军委领导在总结讲话中指出，这次抗震救灾是一场大规模非战争军事行动，是对解放军应对多种安全威胁、完成多样化军事任务能力一次难得的实践锻炼，为提高解放军全面履行新世纪新阶段历史使命的能力提供了有益启示。

10月8日 四川省抗震救灾指挥部发出《关于配合队伍加快灾区干线公路和通村道路抢救工作的通知》《认真组织开展灾区农房重建任务安全检查的通知》。

10月8日 四川省政府办公厅印发《关于调整汶川地震灾后恢复重建防灾减灾专项规划地质灾害相关内容的函》。

10月8日 四川省灾后重建（北京）投资说明会在北京举行。北京市、什邡市签署《北京市什邡市灾后恢复重建对口支援（2008—2010年）产业合作协议》，并举行投资项目集体签约仪式，共签约项目54个，总投资666.86亿元。

10月8日 山东省政府、北川羌族自治县政府在济南签署《北川—山东产业园区建设合作框架协议》。园区规划面积10平方公里，总投资额17.3亿元，其中山东省提供援建资金7亿元，主要用于园区基础设施建设。2009年8月8日，山东舒朗服装服饰股份有限公司等首批21家企业签约入园，总投资16.1亿元。

10月9日 中国残疾人福利基金会、上海市对口支援都江堰市灾后重建工作指挥部和有关企业在都江堰市太平街小学联合举行“都江堰市友爱学校”捐建仪式。2009年9月1日，学校开学典礼揭牌仪式举行。这是国内第一所无障碍、残健融合的九年义务教育学校。

10月9日 四川省暨雅安市灾后重建（湖北）投资说明会在武汉举行。雅安市与湖北企业举行签约仪式，东风汽车公司专用车改装等7个项目正式签约。

10月9日 陕西省十一届人大常委会第四次会议审议通过省政府《关于提请追加陕西省

2008年省级财政支出预算的报告》，批准追加省级支出预算11.06亿元，其中用于抗震救灾和灾后恢复重建资金5亿元。

10月10日 能源局印发《汶川地震灾区电网恢复重建导则》。

10月10—12日 中科院、日本文部科学省联合举办的中日地震防灾减灾学术研讨会在成都举行，就地震与防灾、地震发生机理与预警、地震伴生/次生灾害成灾机理与防治技术、地震灾害应急管理机制和管理等问题进行交流。

10月11日 香港特区政府援建四川地震灾后恢复重建首批项目签字仪式在成都举行。香港特区政府、四川省政府签署《就香港特别行政区支援四川地震灾后恢复重建合作的安排》。首批启动项目20个，投资18.97亿港元。2009年3月27日，双方在成都签订第二阶段援建工作意向书，确定援建项目100个，投资40亿港元；7月6日，双方又在成都签署第三阶段援建工作意向书，确定援建项目31个，投资29亿港元，并就“德阳阿坝公路绵竹至茂县段”（绵茂公路）项目交换《项目合作安排》文本。

10月12日 国际华人医学家心理学家联合会（IACMSP）、四川省精神卫生中心联合主办的汶川地震后心理援助首届国际论坛在绵阳举行。

10月13日 财政部向四川、甘肃、陕西三省拨付地震灾区地质灾害防治专项资金11.2亿元，其中四川省10亿元、甘肃省1亿元、陕西省0.2亿元。

10月13日 共青团四川省委牵头组建的四川省应急志愿者总队在成都成立。通过初审的300名志愿者成为首批应急志愿者。

10月13日 四川省抗震救灾指挥部发出《关于在农村高寒地区开展受灾群众安全过冬攻坚月活动的通知》，决定从10月10日至11月10日在全省高寒地区开展为期一个月的农村高寒群众安全过冬攻坚月活动。

10月13—19日 中国红十字会与成都、雅安、阿坝3个受灾市（州）分别签订价值2.9亿元、1亿元、2.3亿元的首期重建项目协议，主要支援灾区民房、乡镇学校、村级卫生室的恢复重建。

10月14日 中共中央政治局常委、国务院总理温家宝主持召开国务院抗震救灾总指挥部第26次会议，总结四川汶川地震抗震救灾工作，研究部署灾后恢复重建任务。中共中央政治局常委、国务院副总理李克强，中共中央政治局委员、国务院副总理回良玉，国务委员兼国务院秘书长马凯，国务委员孟建柱出席会议。会议议定，国务院成立恢复重建工作协调小组，负责协调重大政策问题，指导重建规划落实，组织规划实施中期评估和实施结束时的全面总结工作，不再保留国务院抗震救灾总指挥部；在国务院领导下，灾区省级政府成立恢复重建领导小组，统一领导、统筹协调、督促检查重建规划实施，并负责制订本省恢复重建年度计划；不再保留国家汶川地震专家委员会，相关任务由有关部门按职责分工纳入日常工作。会议要求尽快启动一批重要恢复重建项目，加强对口支援工作，确保中央有关政策措施落实到位。同日，国务院抗震救灾总指挥部向国务院呈报《四川汶川特大地震抗震救灾工作总结报告》，国务院抗震救灾总指挥部撤离汶川地震灾区。

10月14日 住房城乡建设部发出《关于派遣技术人员指导汶川地震灾后农房重建的通知》，要求对口支援省市建设厅（委）组织派遣技术人员，包括施工企业和建筑劳务企业的熟练工匠，指导汶川地震灾后农房重建工作。15日，住房城乡建设部发出《关于加强汶川地震灾后农房重建指导工作的通知》。

10月14日 四川省抗震救灾指挥部在成都召开会议，研究部署受灾群众安全过冬和灾后恢复重建重大项目建设等工作，要求从住房、衣被、口粮、卫生防疫等方面确保受灾群众安全过冬。同日，省政府办公厅印发《汶川地震灾后建筑废弃物综合利用实施意见》。

10月15日 经国务院同意，发展改革委、教育部、民政部、人力资源社会保障部、文化部、卫生部、人口计生委、广电总局、新闻出版总署、体育总局、文物局联合印发《汶川地震灾后恢复重建公共服务设施建设专项规划》，内容包括灾害损失、指导思想和基本原则、规划目标和实施进度、主要任务和投资估算以及组织实施等。规划明确，用3年左右时间基本完成公共服务设施恢复重建的主要任务，保证灾区人人享有基本的公共服务，公共服务设施条件、灾区群众享有的公共服务数量和质量高于灾前水平。

10月15日 发展改革委、工业和信息化部、住房城乡建设部联合印发《关于做好汶川地震灾后恢复重建建材生产供应和价格监督管理的指导意见》。同日，发展改革委、财政部在北京召开会议，研究中央财政地震灾后恢复重建基金分省包干方案，分别听取四川、甘肃、陕西三省意见。

10月15日 陕西省政府印发《关于加快推进应急避难场所规划和建设的意见》。

10月15日 浙江、四川两省党政领导座谈会在杭州举行，商讨对口支援四川地震灾区恢复重建工作，并就深化两省经济合作交换意见。会上，双方签署浙江省援建青川县项目协议和浙川合作产业园投资协议。同日，四川省灾后重建（浙江）投资说明会在杭州举行，签约合作项目75个，成都、资阳、广元三市吸引投资50亿元。

10月15日 浙江省援建指挥部印发《浙江省支援青川县农房援建“661工程”工作方

案》，明确安排6亿元资金、帮扶6万农户、组织100名技术指导员，支援青川县开展农村永久性住房恢复重建。2010年5月，青川县农房重建各项工程全面完成，共重建和维修加固农房61715户。国家补助、四川省各级政府支持以及浙江省援建资金共计投入25亿元，其中浙江省各级援建资金逾13亿元。

10月16日 经国务院同意，发展改革委、国土资源部联合印发《汶川地震灾后恢复重建土地利用专项规划》，内容包括基本情况、土地利用安全性评价、指导原则与目标、重建用地规模和布局安排、土地整理复垦、规划实施政策措施等。

10月16日 保监会发出《关于做好汶川地震保险服务有关工作的通知》，要求切实做好灾区保险理赔工作，做好灾区保险服务工作，进一步发挥保险的功能作用。通知强调，要体现针对灾区保险产品的费率优惠，针对受灾群众尤其是孤儿、残疾人、鳏寡老人等弱势群体，开发专门的保险产品。

10月16日 总后勤部、中国残联、四川省政府在北京举行军队援建四川省八一康复中心项目签字仪式，三方签署项目合作协议书。该项目由中央军委投资，以四总部名义援建，由总后勤部具体承办，中国残联、四川省政府予以协助。项目位于成都市温江区永宁镇，12月9日开工，2010年6月9日交付使用，占地面积约13.33万平方米，建筑面积约5万平方米，投资近4亿元，设置医疗床位500张。

10月16日 四川省灾后重建（湖南）投资说明会在长沙举行。湖南省、理县达成合作项目16个，总投资33.5亿元，其中3个项目现场签约，投资额9.5亿元。

10月17日 国家主席胡锦涛祝贺扎尔达里当选巴基斯坦总统，感谢巴方在中国四川汶川特大地震发生后提供的宝贵援助。

10月17日 中共中央政治局常委、国务院总理温家宝在北京主持召开国务院常务会议，要求对汶川地震重灾地区高中和高等教育阶段家庭经济困难学生给予特别资助；继续做好困难群众就业帮扶工作，特别是做好受灾地区劳动力就业和倒闭、转产企业职工社会保障工作；加快灾区公共设施建设，确保群众安全过冬。

10月17日 经国务院同意，发展改革委、工业和信息化部、农业部、文化部、旅游局联合印发《汶川地震灾后恢复重建生产力布局和产业调整专项规划》，内容包括灾前产业概况及受损情况、指导思想与基本原则及重建目标、生产力布局定位和方向、产业结构调整重点、资金需求与筹措、政策措施、规划实施等。规划明确，用3年左右时间使规划区农业、工业、旅游业和文化产业生产有效恢复，生产力布局和产业结构得到优化提升，三次产业良性互动、协调发展，规划区工业发展达到或高于灾前水平。

10月17日 经国务院同意，发展改革委、交通运输部、铁道部、工业和信息化部、水利部、能源局联合印发《汶川地震灾后恢复重建基础设施专项规划》，内容包括基础设施受损情况、指导思想和原则、主要任务、投资估算与筹资措施和政策措施等。规划明确，力争用3年左右时间基本恢复受损的基础设施，努力使基础设施服务水平和能力达到或超过灾前水平，实现“十一五”规划确定的目标。

10月17日 电监会印发《关于加强重要电力用户供电电源及自备应急电源配置监督管理的意见》。

10月17日 四川省委书记刘奇葆率四川省党政代表团到重庆开展致谢及投资促进活动。重庆市委与代表团举行座谈，双方签订《关于深化川渝经济合作框架协议》和《重庆市对口支援崇州市灾后恢复重建协议》。

10月17日 四川省政府办公厅发出《关于灾后重建投资工程建设项目招标投标工作的补充通知》。

10月17—19日 中共中央政治局委员、中央书记处书记、中宣部部长刘云山一行到成都市区、绵阳市区、北川考察灾后重建情况和部分宣传文化单位，并与基层干部群众进行座谈。19日，刘云山出席在成都举办的第五届中国公民道德论坛，作题为“大力弘扬抗震救灾精神、扎实推进公民道德建设”的讲话。

10月18日 59岁的都江堰市汶川地震伤员罗某跳楼身亡。这是首例地震伤员自杀事件。

10月18日 广东省下达对口支援汶川县灾后恢复重建第一批项目计划，援建项目130个，投资15.82亿元。2009年1月7日，广东省下达第二批项目计划，援建项目289个，投资20.69亿元；3月14日，下达第三批项目计划，援建项目129个，投资11.31亿元。

10月18—19日 陕西省委书记赵乐际到宁强看望慰问地震受灾群众，检查恢复重建工作进展情况。

10月19日 德阳市60个灾后恢复重建项目集中开工典礼在所辖6个县（市、区）、德阳经济技术开发区同时举行。项目总投资达252亿元。

10月20日 中央抗震救灾资金物资监督检查领导小组在北京召开第四次会议。中共中央书记处书记、中央纪委副书记、中央抗震救灾资金物资监督检查领导小组组长何勇主持会议并讲话。会议要求，灾后恢复重建阶段监督检查工作必须以重大建设项目为重点，对工程招标投标、大额资金拨付和大宗物资采购等进行全程跟踪监督。会议还要求，发挥城乡社区在恢复重建资金和物资监督检查中的作用，吸收工程建设领域专家学者和特邀监察员参加专项检查工作，提高监督检查的社会参与度和可信度。

10月20日 四川省政府发出《关于加强地震灾后恢复重建建筑市场监管工作的通知》。

10月20日 北京市市长郭金龙率北京市党政代表团到什邡考察指导灾后重建工作，并在成都召开北京市援建什邡座谈会，与四川省领导共同研究对口支援工作。

10月21日 四川省抗震救灾指挥部发出《关于扎实抓好受灾群众安全过冬和灾后恢复重建重大项目推进工作的紧急通知》。

10月21日 四川省委、省政府在成都举行四川省抗震救灾总结表彰大会，授予都江堰经济开发区党委等109个集体"四川省抗震救灾模范集体"荣誉称号，追授戎金亮等7人、授予崔林等731人（含中央部委和四川省委"七一"期间表彰的全省抗震救灾优秀共产党和优秀党员干部210人）"四川省抗震救灾模范"荣誉称号。

10月22日 人口计生委办公厅发出《关于在全国人口计生系统开展地震灾区人口计生专干救助活动的通知》。

10月22日 人民银行、银监会联合印发《关于做好汶川地震灾区农村居民住房重建信贷服务工作的指导意见》。

10月22日 陕西省政府办公厅印发《关于进一步做好地震灾区医疗卫生防疫工作的意见》。

10月23日 绵阳市30个灾后重建及新建重大工业项目集体开工，项目总投资102亿元。

10月24日 经国务院同意，发展改革委、林业局、环境保护部、农业部、水利部联合印发《汶川地震灾后恢复重建生态修复专项规划》，内容包括生态环境受损情况，指导思想、原则及目标，建设内容与主要任务，资金需求与筹措，保障措施等。规划明确，用3年左右时间基本恢复灾区森林植被和野生动植物栖息地，恢复重建受损的自然保护区，林木种苗生产和牧草种子基地生产能力恢复到灾前水平，使水土流失得到一定控制，森林、草地等生态功能初步恢复等。

10月24日 教育部、住房城乡建设部、发展改革委联合印发《汶川地震灾后重建学校规划建筑设计导则》，要求把学校建设成为最安全、最牢固、最让群众放心的建筑，确保广大师生生命财产安全。

10月24日 四川省灾后重建（山西）投资项目推介会在太原举行。

10月24日 甘肃省抗震救灾总指挥部发出《关于实施地震灾区困难群众后续生活救助的通知》，要求各地在省下达资金范围内统筹安排，在解决好灾民后续生活救助问题的同时，解决好入冬前无法入住新房的困难群众越冬购买燃煤和取暖设备问题，确保受灾群众不挨饿、不受冻，安全越冬。

10月24—25日 安徽省省长王三运一行到松潘调研受灾群众过冬和灾后恢复重建情况。

10月25日 四川省灾后重建（辽宁）投资说明会在沈阳举行。会上，辽宁省与安县签订《辽宁省支援安县恢复重建三年协议书》。华晨集团投资汽车配件等4个项目现场签约，总投资6.3亿元。

10月25—27日 中共中央政治局常委、国务院副总理李克强到阿坝、德阳、绵阳等地灾区农村、企业和受灾群众集中安置点看望慰问灾区干部群众，了解受灾群众过冬防寒保暖情况，考察灾后恢复重建工作。26日，李克强在成都分别会见出席第九届中国西部国际博览会的斯洛文尼亚总统图尔克、老挝总理波松、斯里兰卡总理维克拉马纳亚克，感谢三国政府和人民在汶川地震后给予中国的援助。27日，李克强听取四川省委、省政府关于抗震救灾和灾后恢复重建工作的汇报。李克强指出，全面推进灾后恢复重建工作既是广大受灾群众的迫切要求，也是扩大内需，推进经济持续稳定增长的重要工作，希望四川认真分析经济形势，抓住恢复重建机遇，以科学发展观为指导，推动灾后恢复重建和经济社会发展全面进步。

10月26日 2008年中国质量万里行暨汶川地震灾后重建服务质量行出征仪式在北京举行。出征团队由质量专家、质量工作者、消费者代表和新闻记者组成，分五路展开，分别担负汶川地震灾后重建产品质量和工程质量调查、食品质量安全调查等任务。

10月26日 欧盟—四川投资合作洽谈会在成都举行。世界银行、法国开发署（AFD）宣布分别向四川省提供7.1亿美元、2亿美元灾后重建援助资金，主要用于交通、能源、水利、医疗、教育等领域。

10月26日 国际著名咨询公司麦肯锡咨询公司发布《家园重建·产业重振·希望重生——四川省灾后重建国际投资、援助需求报告》，全面阐释四川灾后重建中对国际投资和援助的最新需求，并以大量翔实数据证明四川省的优势和产业基础未遭受严重破坏，投资环境未受到影响。

10月27日 商务部、中国商业联合会、四川省政府联合主办的首届中国四川采购商大会在成都举行。联合国采购中心、伊拉克重建采购团等500余家采购商和近1200家供应商赴会采购，累计签订采购协议金额483亿元。

10月28日（莫斯科当地时间） 国务院总理温家宝在俄罗斯首都莫斯科会见俄罗斯总统梅德韦杰夫。温家宝对俄罗斯政府和人民对中国抗震救灾工作给予的大力支持和帮助表示感谢。梅德韦杰夫表示，中国人民抗震救灾的英勇事迹给他留下深刻印象，俄方愿继续向中方提供支持和帮助。

10月28日 经国务院同意，发展改革委、住房城乡建设部、农业部、交通运输部、国务院扶贫办联合印发《汶川地震灾后恢复重建农村建设专项规划》，内容包括农村灾损情况，农村建设总体要求，农村居民点、农村基础设施、农业生产设施、贫困村恢复重建，以及资金需求和筹措等。规划明确，用3年左右时间完成农村恢复重建主要任务，使农业生产设施和农村基础设施明显改善，农业综合生产能力、农业科技支撑能力、农村公共服务能力基本达到或超过灾前水平，贫困村生活生产条件改善。

10月28日 经国务院同意，发展改革委、住房城乡建设部联合印发《汶川地震灾后恢复重建城镇体系专项规划》，内容包括总则、指导思想、总体布局、城镇住房恢复重建、城镇公共服务设施恢复重建、城镇市政公用基础设施恢复重建、历史文化名镇名村保护、风景名胜区恢复重建、城镇地质灾害治理与综合防灾体系建设、资金需求与筹措、规划实施等。规划明确，用3年左右时间完成城镇恢复重建主要任务，城镇布局得到优化，功能得到恢复和提高，防灾减灾能力得到加强，人居环境得到改善，主要公共服务设施和基础设施达到或超过灾前水平。

10月28日 工业和信息化部主办的汶川地震灾区中小企业投资项目洽谈会在成都举行，现场签约项目218个，签约金额约340亿元。

10月28日 四川重振旅游工程重大项目招商会在成都举行，推出271个旅游项目。项目吸引北京、上海、广东、浙江、江苏、港台地区以及美、英、法等国家投资商与会，签约项目48个，总投资550亿元。

10月28日 澳门特区政府支援四川灾后重建第一批项目签字仪式在成都举行。澳门特区政府、四川省政府签署《关于澳门特别行政区支援四川地震灾区重建的合作协议》，明确澳门特区政府投入50亿澳门元，援助四川地震灾区灾后重建。第一批第一阶段援建项目17个，投资约3.08亿元。2009年3月30日，双方确定第一批第二阶段援建项目19个，投资约9.38亿元；4月29日，澳门特区公布第二批援建项目名单，共23个，投资约11.29亿元。2010年2月27日，双方确定第三批援助项目36个，投资约10.32亿元；6月2日，澳门特区政府宣布第四批援建项目名单，共7个，投资约1.74亿元。2011年3月22日，澳门援建项目最后一批资金1.65亿元拨付四川省。

10月29日 全国政协、中华慈善总会向陕西省受灾县中小学校和图书馆捐赠图书仪式在西安举行，捐赠价值400万元的图书。

10月29日 侨办“侨爱工程—双百项目”第一所灾后重建学校——彭州市通济中学举行奠基仪式。学校总建筑面积2万多平方米，2009年9月15日举行落成典礼。侨办援助资金2000万元，由印度尼西亚财团金光集团APP（中国）提供。

10月30日 中组部在北川举行捐赠仪式，向四川地震灾区县（市、区）组织部门及其所属基层党组织捐赠53套计算机设备（包括打印机设备）、516套党务统计软件。

10月30日 国土资源部办公厅发出通知，要求四川、陕西、甘肃三省国土资源厅优先安排威胁县城、学校、集镇、居民集中区、群众安置点等人群聚居地的地质灾害隐患防治项目，严禁地质灾害防治项目分包转包。

10月30日 成都军区司令员李世明到成都军区驻川部队检查指导灾后重建和受灾部队过渡性安置工作。

10月30日 四川省政府办公厅印发《关于进一步做好确保灾区群众和生活困难群众安全温暖过冬工作的紧急通知》《关于做好“5·12”汶川地震遇难失踪人员名单清理核实公布工作的通知》《关于充分发挥保险功能作用支持和服务灾后恢复重建工作的意见》。

10月30日 四川省委书记刘奇葆、省长蒋巨峰与国家开发银行董事长陈元就深化双方合作，为四川省灾后恢复重建提供融资服务等举行会谈。双方签署《灾后重建融资服务协议》。

10月30日 福建省对口支援彭州市灾后恢复重建领导小组印发《福建省对口支援彭州市灾后恢复重建项目建设规划》，内容包括城乡住房、公共服务设施、基础设施、产业发展、就业、技术、医疗卫生和教育8个方面的援助和援建任务，援建项目覆盖彭州市全部20个镇。

10月30日 国际金融公司与成都小企业信用担保有限公司签署投资合作协议，共同为四川灾区小企业提供20亿元信贷支持，帮助灾区恢复生产、重建家园。

11月

11月1日 国务院批准发展改革委、财政部上报的《关于汶川地震灾后恢复重建利用国外优惠紧急贷款规划的请示》，同意借用世界银行、亚洲开发银行、法国开发署、欧洲投资银行、国际农业发展基金贷款15亿美元，由中央财政统借统还，专项用于四川、甘肃、陕西三省总体规划内51个极重灾和重灾县（市、区）城镇和农村公益性公用设施、基础设施、环境整治、水利、生态恢复等领域灾后恢复重建。至2009年8月11日，贷款资金来源全部落实。

11月1日 陕西省委书记赵乐际召集汉中、宝鸡两市党政主要领导谈话，了解灾区基层干部思想、工作情况，并对关心爱护地震灾区基层干部工作作出安排。

11月3日 国务院批准北川县城整体功能异地重建方案，要求四川省抓紧推进重建工作，细化落实方案，充分调动广大干部群众重建家园的积极性。国务院有关部门要特事特办，积极配合做好相关工作。12月27日，中共中央总书记、国家主席、中央军委主席胡锦涛到北川考察指导灾后重建工作时提出一定要把北川建设好，并将北川新县城选址地命名为“永昌镇”。2009年2月1日，民政部批复同意《北川羌族自治县行政区划调整方案》，将安县永安镇、安昌镇及黄土镇的顺义、温泉、东鱼、红旗、常乐、红岩6个村正式划归北川羌族自治县管辖，北川县政府驻地由曲山镇迁往安昌镇；4月7日，四川省政府同意将黄土镇的6个村所属行政区域划归安昌镇管辖，将永安镇、安昌镇所属行政区域划归北川羌族自治县管辖；11月9日，四川省政府批复同意将北川羌族自治县安昌镇的常乐、红岩、顺义、红旗、温泉、东鱼6个村从所辖行政区域析出，设立永昌镇。

11月3日 国务院办公厅发出通知，成立汶川特大地震抗震救灾志编纂委员会，由全国政协副主席、社科院院长、中国地方志指导小组组长陈奎元任编委会主任。6日，国务院在北京召开编委会成立大会暨第一次全体会议，编纂工作正式启动。国务委员兼国务院秘书长马凯出席会议并讲话。会议印发《〈汶川特大地震抗震救灾志〉编纂工作实施方案》《〈汶川特大地震抗震救灾志〉行文规范》。这是中华人民共和国成立后第一部由国家层面组织、针对特大自然灾害而编纂的志书，共设11卷。

11月3日 经国务院同意，发展改革委、商务部、人民银行联合印发《汶川地震灾后恢复重建市场服务体系专项规划》，内容包括规划背景、指导思想与原则及目标、规划布局、主要任务、资金需求与筹措、政策措施、规划实施等。规划明确，用3年左右时间完成市场服务体系恢复重建的主要任务，使市场服务网点全部恢复，流通基础设施得到加强和改善，市场服务体系的功能得到恢复和提升，满足居民生活需要，吸纳劳动力就业，促进工农业生产和经济社会发展。

11月3日 四川省委书记刘奇葆到绵竹市清平乡、汉旺镇调研灾区群众安置和恢复重建工作。

11月3—12日 中央电视台新闻频道联合全国27家省级电视台推出大型公益直播节目“温暖灾区行”，重点关注过冬救灾物资的捐赠、运输、发放等。

11月4日 科技部在成都召开地震灾后恢复重建科技特派团对口帮扶工作启动大会。会议期间，支援方与受援方22个重灾县签订对口帮扶协议，制定帮扶工作具体方案，并确定对口帮扶重点项目。

11月4日 世界卫生组织总干事陈冯富珍一行到四川地震灾区考察医疗卫生体系灾后重建工作。

11月5日 新闻出版系统对口支援灾区恢复重建工作会议在成都召开，明确对口援建基本思路、任务要求、重点项目、有关政策等，支援项目4000多个。6日，新闻出版总署、中国宋庆龄基金会联合组织的向四川地震灾区青少年捐赠图书活动启动仪式在北川举行。

11月5日 四川省政府办公厅印发《关于金融支持地震灾区农村居民住房重建的意见》，明确金融支持地震灾区农村居民住房重建的基本原则、工作重点、信贷条件等。

11月5日 国家开发银行甘肃省分行在兰州举行支持甘肃省灾后重建贷款合同签订暨捐赠仪式，向甘肃省提供贷款5.36亿元，用于支持天水、庆阳、平凉、定西四市受灾地区52个灾后重建项目建设。

11月6日 国务院领导批示同意发展改革委《关于汶川地震灾后恢复重建工作协调小组组建方案的请示》，同意成立以发展改革委为组长单位、财政部和住房城乡建设部为副组长单位、国务院有关单位为成员单位的协调小组。按照中共中央政治局常委、国务院总理温家宝批示精神，协调小组全称为国务院汶川地震灾后恢复重建工作协调小组。

11月6日 科技部、国土资源部、地震局共同组织实施的汶川地震断裂带科学钻探工程一号孔开钻仪式在都江堰市虹口乡八角庙举行。这是中国第一次在地震发生后通过科学钻探研究地震断裂和地震机理的重要工程。钻探项目在北川—映秀和安县—灌县两个断裂带上实施钻井4口，包括1口800～1200米深的先导孔和3口2000～3000米深的主孔科学钻，并在主孔内安放科学仪器，建立深孔长期地震观测站。至2009年8月27日，一号孔顺利终孔，孔深1201.15米。

11月6日 四川省抗震救灾指挥部发出《关于进一步做好地震灾区救济粮款和救灾物资发放、监督工作的通知》《关于扎实做好灾区防寒保暖工作确保受灾群众安全温暖过冬的通知》。7日，省长蒋巨峰召集成都、阿坝、雅安等6个重灾市（州）政府主要负责人，专题研究灾区过渡房保暖过冬问题。

11月7日 经国务院同意，发展改革委、民政部、国土资源部、地震局、气象局联合印发《汶川地震灾后恢复重建防灾减灾专项规划》，内容包括基本情况、指导思想与原则及目标、主要任务、资金需求与筹措、保障措施等。规划明确，用3年左右时间使灾害监测预警预报体系基本恢复，重大次生灾害隐患点得到有效治理，应急救援救助能力得到提高，综合减灾能力明显提升。

11月7日 全国测绘行业向地震灾区捐赠仪器设备现场分发会在成都举行。全国17个省（区、市）测绘单位捐赠的479台（套）全站仪、水准仪、经纬仪、GPS接收机、电脑等测绘仪器设备除因运输途中遭到损坏无法修复的以外，全部分发给成都、绵阳、广元、德阳等受灾较重的市（州）。

11月7日 四川省政府发出《关于加强农村自建过渡房保暖措施的紧急通知》。同日，省政府办公厅发出《关于定期公布捐赠资金收支情况的通知》，要求各地、各部门将截至10月31日前接收的捐赠资金收支情况认真填报并在省政府网站上公布、公示，并从即日起，每周一对接收捐赠资金收支情况进行一次更新，特殊情况下及时更新，自觉接受社会各界和新闻媒体监督。

11月7日 北川新县城暨北川—山东工业园总体规划工作动员大会召开，标志着北川新县城灾后恢复重建总体规划工作正式启动。随后，全国50多家甲级资质规划设计单位参与重要单体建筑方案设计，北川召开330多次规划设计评审会评审论证，著名建筑学家吴良镛等参与设计、咨询和评审。12月20日，住房城乡建设部与四川省建设厅在绵阳联合召开北川新县城灾后恢复重建总体规划技术审查会，原则通过总体规划方案。2009年3月30日，四川省政府正式批准北川羌族自治县新县城灾后重建总体规划。

11月7日 陕西省省长袁纯清一行到略阳县调研灾区群众过冬问题，检查指导灾后重建工作。

11月7日 香港特区政府与四川省政府在成都正式签署《香港特别行政区援建“川港康复中心”意向书》，香港援建首批项目正式启动。同日，香港赛马会援建四川地震灾区首批项目协议在成都签署，赛马会出资4亿元，援建4个医疗、教育及运动员培训项目。2009年1月12日，川港康复中心在四川省人民医院挂牌成立。该中心建筑面积2.7万平方米，项目总投资2.3亿元。

11月9日 国务院出台扩大内需10项措施，确定4万亿元投资计划，其中地震灾后恢复重建超过1万亿元，四川灾区成为灾后恢复重建的主战场。

11月9日 第20届中国“国际科学与和平周”在北京开幕。开幕式上，中国宋庆龄基金会主席胡启立向古巴、法国、德国、意大利、印度尼西亚、日本、韩国、巴基斯坦、俄罗斯、新加坡和英国等11支参加汶川地震救援的国际救援队颁发“国际和平友谊纪念牌”。

11月11日 中央抗震救灾资金物资监督检查领导小组在北京召开捐赠资金物资监管督察座谈会，要求抗震救灾资金物资监管督查要注意统筹兼顾，处理好长期性与阶段性、应急性与规范性、纪律性与建设性3个关系。

11月11日 民政部、国寿慈善基金会在北京签署“国寿汶川地震孤儿助养项目”合作协议。从12月起，国寿慈善基金会向624名汶川地震致孤儿童每人每月资助600元爱心助养金，直至年满18周岁或被收养之日为止。12月18日，地震孤儿助养项目正式启动。

11月11日 四川省抗震救灾指挥部发出《关于进一步做好灾区群众安全过冬医疗卫生工作的通知》。

11月11日 四川省通报在地震灾区查处的6起建材价格违法典型案件，并通过新闻媒体予以曝光。6起典型案件涉及彭州、北川、广元、巴中等地震灾区的砖厂、水泥厂以及钢材等建材销售企业。

11月11日 江西省政府办公厅印发《江西省对口支援四川省小金县地震灾后恢复重建三年规划实施方案》，明确对口支援总体要求和援助范围、基本原则、三年援建任务和分年度实施计划、援助方式、组织领导和工作要求。

11月11日 由世界卫生组织、联合国儿童基金会、美国红十字会、联合国基金会以及美国疾病控制和预防中心带头倡导，旨在降低全球麻疹死亡人数的国际伙伴关系“麻疹倡议”在四川、甘肃、陕西等地灾区为730多万名儿童提供麻疹疫苗，开展额外麻疹控制行动以及加强常规免疫接种。同时，“麻疹倡议”负责提供技术援助和近400万美元的资金，帮助恢复和加强灾区卫生系统工作。

11月11—13日 财政部下达2008年中央国有资本经营预算资金40亿元，对受汶川地震灾害影响的中国石油等16家中央企业给予资本金注入。12月10—11日，财政部预拨中国石油等16家中央企业汶川地震灾后恢复重建资金50.71亿元。

11月11—14日 卫生部在成都举办全国安全医院建设标准培训班，就汶川地震灾区安全医院重建工作作出部署。

11月12日 中共中央政治局常委、国务院总理温家宝在北京主持召开国务院常务会议，研究确定中央财政地震灾后恢复重建基金的具体安排方案：以中央财政地震灾后恢复重建基金3000亿元为主导，统筹安排受灾地区财政投入、社会捐赠、对口支援、银行贷款等各类恢复重建资金；基金重点支持恢复重建总体规划确定的51个县（市、区）。会议强调，要加强部门指导，落实地方政府主体责任，统筹协调各类恢复重建资金，发挥组合优势，加快恢复重建工作。会议要求，要严格财经纪律，加强监督检查，增加透明度，确保资金使用安全、合规、有效。

11月12日 发展改革委发出《关于加快汶川地震灾后恢复重建对口支援工作的通知》，要求尽快落实对口支援实施方案，优先实施灾区急需的民生项目，加快援建项目前期工作进度，确保工程质量，受援省要为对口支援工作创造良好条件。

11月12日 人口计生委、中国红十字会共同发起的“红十字博爱家庭关爱行动”项目签约暨启动仪式在德阳举行。

11月12日 四川省抗震救灾指挥部发出《关于进一步做好灾区群众安全过冬医疗卫生工作的通知》。

11月12日 浙江省援建的汶川地震后首个以地震遗址为主题的省级地质公园——青川县东河口地震遗址公园正式建成，举行开园暨青川震后旅游市场启动活动。公园建设项目于9月开工，保护面积约50平方公里。

11月12日 新建宝成铁路109隧道改线通车。新109隧道工程开工于6月26日，9月25日隧道全线贯通，项目总投资约1.26亿元。

11月13日 陕西省灾后恢复重建利用国外优惠紧急贷款工作启动会在西安举行。发展改革委安排陕西省灾后重建中央统借统还亚洲银行贷款1亿美元，用于4个重灾县（区）16个教育、交通项目。

11月14日 发展改革委发出《关于加快做好汶川地震灾后恢复重建规划实施工作的通知》，要求灾区省级政府组织专门人力、物力指导帮助县（市、区）政府做好实施规划编制工作，并做好相关规划的衔接协调；中央各有关部门要把灾后恢复重建作为年度计划安排的重点，在项目和资金安排上给予倾斜，协助灾区全面落实和完成规划任务；尽快确定和启动一批优先恢复重建项目，优先恢复灾区群众的基本生活条件和公共服务设施，加快交通基础设施的恢复重建，尽快恢复生产条件。

11月14日 民政部与加拿大自然资源部、加拿大不列颠哥伦比亚省政府共同签署关于汶川地震灾区重建专案的谅解备忘录。加拿大方面向汶川地震灾区捐赠800万加元，用于帮助受灾地区开展恢复重建，建造包括学校、敬老院在内的永久性木结构建筑。

11月14日 文化部在北京举行羌族文化生态保护实验区授牌仪式。中共中央政治局委员、国务委员刘延东出席仪式，并向四川、陕西两省羌族文化生态保护实验区授牌。同日，《羌族文化生态保护实验区规划纲要》出台，将茂县、汶川、理县、北川、松潘、黑水、平武等县（市）羌族聚居区以及宁强、略阳两县整体纳入文化生态保护实验区。10月8日，文化部批准设立羌族文化生态保护实验区。

11月14日 气象局在北京召开局长办公会议，审议气象部门汶川地震灾后恢复重建项目及资金安排方案，听取重大项目进展和安排情况汇报。

11月14—15日 全军抗震救灾卫勤保障研讨会在北京举行，提出建设一支军地结合、平战结合的职业化医学救援队伍势在必行。

11月15日 四川省委书记刘奇葆到绵阳灾区调研灾后恢复重建和灾区群众过冬工作。

11月15日 什邡市红白、蓥华等6个重灾镇控制性详细规划、修建性详细规划方案全部完成。援建涉及重灾镇的项目约70个，概算投资约45.97亿元。随后，北京对口支援什邡灾后恢复重建指挥部选择红白镇和八角镇先行恢复重建。

11月15—16日 中共中央政治局常委、国务院总理温家宝到绵阳地震灾区，深入乡村农户、企业、学校，看望慰问灾区群众，实地考察灾后恢复重建工作。温家宝指出，搞好灾后恢复重建的最终目的是让大家生活好，让后人生活得更好。要按照安全、经济、适用、省地的原则加快永久性住房建设。灾后恢复重建不能只靠政府投资，要重视发挥市场机制的作用，大力吸引民间资本，调动民营企业的积极性，让他们参与到恢复重建中来。各级干部要抓紧落实安全过冬的各项措施，决不能让一个受灾群众受冻挨饿。温家宝还考察北川县城新址，听取北川新县城总体规划汇报。温家宝提出，北川新县城要按照“安全、宜居、特色、繁荣、文明、和谐”12字标准进行建设，努力把北川新县城建设成为“城建工程标志、抗震精神标志和文化遗产标志”。

11月17日 中组部、发展改革委、民政部、财政部联合发出《关于抗震救灾“特殊党费”使用管理有关问题的通知》，明确特殊党费资金分配方案、资金使用方向、资金划拨方式以及资金使用管理和监督等。26日，中组部发出《关于抗震救灾“特殊党费”使用意见的通报》，通报抗震救灾“特殊党费”使用管理有关情况。同时，通过《人民日报》等中央新闻媒体向社会进行公告。

11月17日 海峡两岸关系协会批复同意住房城乡建设部《关于申请将部分台湾捐助善款定向用于甘陕极重灾区农民过冬房建设的报告》，将7978.908万元转交甘肃、陕西两省，用于两省受灾最严重的6个县总计865户农民住房、1个村民活动中心建筑和1个历史保护建筑项目的建设。

11月18日（哈瓦那当地时间） 中共中央总书记、国家主席胡锦涛在古巴首都哈瓦那探望古巴共产党中央委员会第一书记菲德尔·卡斯特罗。胡锦涛对卡斯特罗向汶川地震灾区派遣古巴医疗队开展救援工作表示感谢。卡斯特罗对中国成功抗击汶川地震灾害等重大自然灾害表示赞赏。

11月18日 工业和信息化部与四川、甘肃、陕西三省政府联合印发《汶川地震灾区工业恢复重建规划》，提出适宜重建区、适度重建区和生态重建区的产业布局和定位以及恢复重建目标，明确结构调整和恢复重建重点，力争通过3年努力，基本完成工业灾后重建主要任务。规划还发布902个工业企业恢复重建项目名单。

11月19日（利马当地时间） 国家主席胡锦涛在秘鲁利马同秘鲁总统加西亚举行会谈，对加西亚总统在中国四川汶川特大地震发生后，亲自前往中国大使馆吊唁地震灾害遇难者，秘鲁政府为遇难者举行全国哀悼日活动，表示诚挚的谢意。

11月19日 工业和信息化部与四川、甘肃、陕西三省政府联合印发《汶川地震灾后通信基础设施重建规划》，内容包括通信基础设施灾后恢复重建的指导思想、原则、目标以及任务。规划明确，通信基础设施建设的主要任务是加快实现灾区通信服务的正常化，高起点重建公众通信网，全面提升公众通信网安全性，强化应急通信系统建设，助力灾区信息化建设，推进设施共建共享。

11月19日 财政部、国防科工局联合发出《关于国防科技工业汶川地震灾后恢复重建中央财政补助政策的通知》。

11月19日 国家电网在成都召开支援四川地方电网恢复重建工作启动会议，全面部署和启动支援四川六县地方电网恢复重建工作。国家电网四川、湖北、湖南、河南、江西、重庆六省（市）电力公司分别对口支援汶川、茂县、理县、北川、小金、松潘6个极重灾和重灾县地方电网恢复重建第二阶段工作正式启动。重建工程投资为1.39亿元。2009年6月11日，国家电网对口支援四川地方电网重建工程竣工总结会在成都召开。

11月19日 四川省委办公厅、省政府办公厅发出通知，成立省"5·12"地震灾后恢复重建委员会，省委书记刘奇葆、省长蒋巨峰任主任。委员会下设办公室，规划实施组、城镇和住房重建组、工业重建组、物资保障和金融支持组、救济救助组、医疗防疫组、维护稳定组7个工作组，以及3个督导组。同日，省政府办公厅发出《关于加快地震灾区恢复重建城乡规划编制工作的通知》。

11月19日 上海市援建的都江堰市西区自来水厂工程开工建设。工程总投资3.67亿元，其中上海援建资金3.09亿元。2010年5月4日，水厂正式运营。该厂由一座日产20万立方米的取水设施、一座近期日供水规模10万立方米（远期20万立方米）净水厂和42公里清水输水管网组成，供水受益人口近50万。

11月20日 四川省委、省政府在汶川召开汶川地震失地群众返乡安置帮扶工作现场会，要求各级各部门进一步加大失地群众返乡安置帮扶工作力度，确保因灾失地群众年底前全部实现返乡妥善安置。

11月21日 新闻办在北京举行新闻发布会，由四川省介绍灾后重建情况。四川省通报，对汶川地震遇难者名单的公布工作正在进行中，第一批已公布19065名。遇难人员名单公布遵循3个原则：分期分批公布，核实一批公布一批；公布主体是市或县人民政府；公布方式可以是媒体、网络，也可以是由市、县政府决定的其他方式。

11月21日 国防科工局发布《关于地震灾区国防计量能力已完全恢复的通告》。通告称，经过几个月努力，灾区一级、二级计量标准全部检定合格，所有受损设备已经修复，并组织国防一、二级计量机构对灾区三级计量标准装置和测试设备14118台（件）进行校准，恢复灾区的量值传递体系。

11月21日 湖南省对口支援理县灾后重建工作队与理县县委、县政府在理县举行湖南省对口支援产业扶持基金项目签字仪式。该基金资金全部从湖南对口支援理县灾后重建资金中安排，注资1亿元，委托理县以信贷方式发放到灾民手中，主要用于理县农村灾后农房重建。

11月21—22日 甘肃省省长徐守盛到武都、康县、西和、礼县等受灾县（区），就安排好灾区群众安全过冬、进一步推进灾后恢复重建工作和加快陇南市经济社会发展等问题进行调研。

11月22日（利马当地时间） 国家主席胡锦涛在秘鲁利马出席亚太经合组织第十六次领导人非正式会议并发表重要讲话，对四川汶川特大地震抗震救灾过程中，包括亚太经合组织成员在内的国际社会给予的巨大支持和真诚帮助，表示衷心的感谢。

11月22日 全国妇联、联合国儿童基金会合作开展的“四川省灾区儿童保护项目”在成都启动。该项目为期3年，覆盖四川省21个受灾县（市），重点关注震后特殊时期易受犯罪分子侵害的儿童，建立反对暴力及打击拐卖儿童保护机制。

11月23日 广元市政府与中国邮政储蓄银行四川省分行签订10亿元授信协议，以支持广元市灾后重建和经济加快发展。

11月24日 都江堰市人民法院对汶川地震后首例因被申请人在地震中下落不明而申请宣告死亡案件作出判决，被申请人邓某被依法宣告死亡。

11月24日 陕西省政府在西安召开专题会议，听取灾后恢复重建工作进展情况汇报，研究部署进一步做好陕西省灾后恢复重建有关工作。会议决定，撤销省抗震救灾指挥部，成立由省委常委、常务副省长赵正永任组长的省灾后恢复重建领导小组。

11月25日 审计署在成都召开汶川地震灾后恢复重建审计审前调查与计划管理工作协调会，要求在下一阶段审计工作中重点关注各地灾后重建实施规划编制，重建资金来源、募集、分配和管理情况，灾后重建投资管理体制和项目管理办法，以及抗震救灾资金物资审计整改情况。

11月26日 财政部向四川、甘肃、陕西三省提前下达2009年中央财政地震灾后恢复重建基金包干资金200亿元，并追加中央国家机关2008年中央地震灾后恢复重建基金预算102.47亿元。财政部还向四川、甘肃、陕西三省拨付2008年灾后恢复重建基金预算133.13亿元。同日，财政部印发《中央财政地震灾后恢复重建基金地方包干资金使用管理办法》。

11月26日 四川地震灾区首所由教育部援建的重点重建学校——广元树人中学在广元经济开发区开工建设。学校占地面积8.94公顷，投资1.2亿元。2010年9月20日，学校高中部完工并投入使用。

11月27日 国务院汶川地震灾后恢复重建工作协调小组成立暨第一次全体会议在北京召开，成立国务院汶川地震灾后恢复重建工作协调小组及其办公室，组长由发展改革委主任张平担任。会议要求，灾后恢复重建要统筹兼顾，突出重点，切实做好民生工程恢复重建、加快整体进度、落实政策措施、做好对口支援、维护灾区社会稳定等方面的协调工作。

11月27日 陕西省财政厅下发《关于下达2008年陕西省城镇住房恢复重建补助资金的通知》，拨付2008年城镇居民住房损毁和加固补助资金37809万元。

11月28日 全国妇联、联合国儿童基金会、国务院妇儿工委在芦山举行“灾后及边远山区儿童保护项目”启动仪式。

11月28日 中国残联、中国残疾人福利基金会在北京共同举办“纪念国际残疾人日集善嘉年华·北京2008”慈善活动，旨在援助汶川地震灾区残疾儿童和截瘫残疾人。中共中央政治局委员、国务院副总理王岐山，全国人大常委会副委员长韩启德，全国政协副主席、中国残联名誉主席邓朴方出席慈善活动并捐款。

11月28日 四川省“5·12”地震灾后恢复重建委员会在成都召开第一次全体会议，研究部署受灾群众安全过冬及加快灾后恢复重建、城镇重建等工作。

11月28—29日 中组部、国务院发展研究中心在北京共同举办汶川地震灾后公共设施重建专题培训班。

11月29日 四川省政府办公厅发出《关于进一步做好确保群众安全过冬工作的紧急通知》。

11月30日 甘肃省灾后重建工作领导小组发出《关于核实上报地震灾区农民住房受损情况的通知》《关于加强维修补助资金管理，进一步做好地震灾区农民住房重建工作的通知》。

12 月

12月1日 中央台办要求四川、陕西、甘肃、重庆四省（市）台办按照灾区重建规划并依照台湾同胞捐赠意愿，制定捐款使用方案，明确使用项目、承办单位，向捐赠者通报使用情况，并报送中央台办。随后，中央台办分3次将全部捐款交民政部救灾账户。民政部、财政部审核后，转交四川、陕西、甘肃、重庆等地震灾区，用于134个恢复重建项目。

12月1日 四川省委书记刘奇葆、省长蒋巨峰率四川省党政代表团到上海开展抗震救灾致谢及投资促进活动，并举行四川省灾后重建（上海）投资说明会。四川省共推出灾后重建、新建及引进项目705个，投资总额6175.72亿元。同日，中共中央政治局委员、上海市委书记俞正声和市长韩正同代表团成员举行座谈。会后，双方出席上海市对口支援都江堰市灾后恢复重建第三批项目意向书签字仪式。

12月2日 财政部、发展改革委联合发出《关于下达中央财政地震灾后恢复重建基金包干总数和分类控制数的通知》，就恢复重建基金包干总数和分类控制数下达与调整，预算申请、下达和资金拨付等作出规定。同日，财政部、交通运输部下达2008年车辆购置税用于地震灾后恢复重建项目预算指标26亿元，其中四川省21亿元、甘肃省3亿元、陕西省2亿元。

12月2日 气象局在成都召开气象部门汶川地震灾后恢复重建工作会议，对重建工作进行部署。会议明确，通过3年努力全面完成灾区气象部门灾后恢复重建任务，使灾区气象监测、预警和服务能力超过震前水平。

12月2日 总后勤部印发《汶川地震灾后部队基础设施恢复重建规划》，确定灾后恢复重建项目572个，新翻建、加固改造、整修营房683万平方米，规划总投资71.69亿元。同日，总后勤部印发《汶川地震灾后部队基础设施恢复重建管理规定》，对部队基础设施恢复重建的职责、建设方式、项目审批、建设管理、财务管理、监督检查、奖励处分作出规定。

12月3日 交通运输部部长李盛霖一行到汶川县映秀镇考察交通恢复重建项目开工进展情况，并与四川省商讨加快灾后交通恢复重建和进一步加强省部合作、推进四川交通发展等问题。同日，汶川地震交通灾后恢复重建项目集中开工仪式在映秀镇和成都、绵阳、德阳、广元、雅安五市（分会场）同步举行。29个交通灾后重建项目集中开工，总投资50.54亿元。

12月3日 中国银行与成都市政府签订《银政合作框架协议》，承诺为成都市提供500亿元的信贷支持及相关综合金融服务，以加快成都灾后恢复重建、民生工程、新农村建设等。

12月3日 辽宁省对口支援安县恢复重建工作领导小组批准省发展改革委制定的《辽宁省对口支援安县灾后恢复重建援建项目计划》，确定项目138个、援建资金39.9亿元（后调整为项目102个、援建资金40.27亿元）。16日，领导小组印发《辽宁省对口支援安县灾后恢复重建工作方案》。

12月4日 澳门特区政府援建广元市朝天中学异址重建项目举行开工奠基仪式。新建校舍建筑面积约23.65万平方米，总投资1.273亿元，其中澳门特区政府援建资金6451万元、贵州茅台集团援建资金3000万元、中央资金2670万元、自筹资金609万元。2011年9月1日，该中学师生迁入新校园。

12月5日 民政部发布第128号公告，公布截至11月25日全国接收救灾捐赠款物及管理使用情况。公告还公布捐赠信息系统网址，方便社会公众登录该网址查询捐赠资金到账情况、拨付去向。

12月5日 审计署向国务院呈报《关于汶川地震抗震救灾款物审计情况的报告》。报告称，截至9月底，审计中没有发现重大违法违规问题，但也发现在救灾机制与制度等方面存在应急机制不够健全、应急预案缺乏操作性等问题。该报告经中共中央政治局常委、国务院总理温家宝阅示后，转送民政部、财政部、监察部等部门研究落实。

12月5日 总后勤部在北京召开汶川地震灾后部队基础设施恢复重建工作部署会议。

12月5日 四川省委、省政府在成都召开全面加快灾后文化恢复重建工作会议，强调灾后文化重建着力于文化条件的改善、文化氛围的营造、文化内涵的提升和文化精神的传承，尽早完成重建文化基础设施、恢复正常文化活动、抢救文化遗产、弘扬抗震救灾精神等重大任务。

12月5日 四川省政府办公厅印发《四川省汶川地震灾后恢复重建审计工作方案》。

12月5日 台湾红十字组织与中国红十字会在汶川县映秀镇签署《海峡两岸红十字组织共同参与汶川地震灾后重建协议》。根据协议，双方共同参与四川、甘肃、陕西三省地震重建项目，包括44所学校、43所卫生院、1所康复中心以及寒梅助学计划，总投资13.75亿新台币。2009年3月12日，中国红十字会与甘肃省红十字会、陇南市红十字会以及西和县政府签署《台湾红十字组织援助汶川地震甘肃陇南西和县灾区灾后恢复重建项目协议书》，签约金额9300万元，主要用于西和县在地震中毁损的19所乡镇卫生院和21所农村学校恢复重建项目；5月6日，项目正式启动。

12月6日 中央办公厅、国务院办公厅联合督察组在成都召开18个对口支援省（市）驻川机构负责人工作座谈会。7—11日，联合督察组分组分别赴德阳、绵阳、广元、雅安、阿坝等地灾区督察困难群众生产生活以及灾后恢复重建等工作。8—11日、12—14日，联合督察组分别到甘肃省的文县、武都、康县和陕西省的略阳、宁强、勉县督察困难群众生产生活和灾后恢复重建工作。

12月7日 中共中央政治局常委、国务院总理温家宝写给北川小学生刘小桦的亲笔信被中国国家博物馆收藏。温家宝在信中说，希望刘小桦和灾区所有的孩子们在灾难中成长，将来把家乡建设得更加美好。

12月7日 甘肃省确定公路灾后恢复重建3年规划。从2009年起，甘肃省实施公路灾后恢复重建项目共12条、1128公里，项目规划总投资153亿元。

12月8日 中国残联、四川大学签署合作协议，成立首个中国残疾人康复人才培养基地。

12月8日 陕西省建设厅、财政厅、国土资源厅联合印发《陕西省地震灾区城镇居民住房重建实施方案》，对灾区城镇居民住房重建提出具体补助标准。

12月9日 水利部、四川省政府在北京签署《加快四川水利发展与改革合作备忘录》，明确加快四川水利发展与改革的目标、任务，提出加快骨干工程建设、病险水库除险加固和堤防工程建设、灌区续建配套与节水改造、农村饮水安全工程建设、水资源保护和水土流失综合防治、藏区水利建设、水利灾后重建以及加强水利管理改革、创新水利体制机制等措施，力争到2013年提前完成地震受损水利设施灾后重建任务。

12月9日 四川省委、省政府在成都召开国道213线都汶路抢通保通暨全省交通行业抗震救灾表彰大会。

12月10日 四川省委、省政府在成都召开欢送全国援川警队座谈会。至此，分3批次、历时近7个月的全国调警援助四川灾区任务完成。至13日，第三批18支援川警队全部撤回归建。

12月10—11日 环境保护部、联合国环境规划署在广汉举办地震灾后恢复和重建固体废物管理培训班，培训内容包括灾后废墟清理、医疗废物、石棉等废物清理以及污染土壤管理等。2009年3月18—19日，双方又在德阳举办灾后废墟清理及固体废物管理培训班。

12月12日 四川省政府办公厅发出《关于进一步加强灾区城乡居民住房重建建材保障工作的通知》。

12月12日 重庆博赛矿业集团阿坝铝厂灾后恢复生产启动仪式在汶川县漩口镇举行，第一期11万吨电解铝生产线全线启动。2009年7月，该厂投资7亿元的二期扩建9万吨电解铝工程启动。2010年12月12日，两期生产线全部建成投产，年产值超过32亿元，项目累计投资15亿元。

12月12日 甘肃省政府办公厅印发《汶川地震灾后恢复重建甘肃城乡住房建设专项实施规划》。

12月12日 陕西省政府印发《陕西省四个重灾县灾后恢复重建实施规划》。

12月13日 测绘局大地测量数据处理中心完成陕西省临时全球导航卫星系统（GNSS）连续运行参考站系统建设，确保陕西省受灾地区大地基准应急需求，满足灾后重建快速保障需要。2009年3月17日，陕西省测绘局召开新闻发布会，公布汶川地震陕西灾区临时大地基准系统及灾区影像地图成果。

12月13日 四川省政府印发《关于加快恢复振兴旅游业的意见》，提出灾后重建产业基金优先安排旅游公共服务设施建设、加强对历史文化名城（名镇）等旅游产品的恢复重建和开发保护、加大文物抢救保护力度等6条措施。

12月14日 世界银行行长佐利克一行到北川灾区考察北川地震遗址、板房居民区、“板房医院”、“板房小学”和具有当地特色的羌族刺绣培训班等。

12月15日 银监会要求，灾区各级监管机构应督促银行业金融机构科学规划和制定灾后重建支持方案，积极主动做好支持灾区农房重建工作；对有贷款需求但不符合贷款条件的农户，主要包括“五保户”、“三孤”农户、有不良信用记录农户3类，银行及信用社要积极履行社会责任，分类处置，稳妥解决。

12月15日 四川省政府在成都召开新闻发布会，通报四川地震灾区住房重建建材供应情况。至12月，四川省出台10项措施，提高灾区住房重建供应保障能力，确保住房重建顺利进行。省政府在2008年补贴1亿元基础上，2009年再补贴1亿元，用于支持灾区建材企业贷款贴息和补贴。

12月15日 四川省政府办公厅发出《关于进一步加强地震灾区干部群众和学校师生心理服务工作的通知》。省政府成立地震灾区干部群众和学校师生心理服务协调小组，负责全省心理服务协调工作。

12月15—16日 农业部、四川省政府、联合国粮农组织（FAO）、加拿大国际开发署（CIDA）在成都联合举办四川地震灾区农业恢复与重建国际研讨会，交流国内外灾后农业重建经验。

12月16日 质检总局与环境保护部、住房城乡建设部、商务部、工商总局、林业局、电监会组成全国建材市场秩序专项整治联合督察组，到绵阳、德阳灾区检查建材整治工作情况。

12月16日 四川省在绵阳召开重灾市州建材价格监管工作座谈会，要求各级价格主管部门进一步加强灾后建材市场监管，对灾后永久性农房和城镇住房建设所需的砖、砂、钢材、水泥等建材价格实行政府最高限价管理，对建材乱涨价行为实施顶格处罚，规范市场价格秩序，切实维护群众利益。

12月16日 宁强县循环经济产业园区在高寨子镇举行开工仪式。园区占地面积2.7平方公里，总投资4.54亿元，主要发展茶叶、茶饮料、食用菌、中药材、蔬菜、山野菜及其他加工类无污染绿色产业。园区计划3年完成全部基础设施配套建设，5年初具规模。

12月16—18日 文物局在成都召开全国文物保护工程经验交流会，对迅速展开文化遗产灾后抢救保护工作提出要求。

12月17日 四川省政府办公厅发出《关于加快汶川地震灾区恢复重建对口支援工作的通知》。

12月18—20日 中国扶贫基金会主办的“为了孩子的梦想——航天英雄冬日暖阳灾区行”大型慈善公益活动在绵阳、德阳进行。

12月19日 人力资源社会保障部、北京华育助学基金会共同设立的技工培训援助“华育奖助学金”在北京举行签约仪式。基金会资助50万元，奖励与资助四川地震灾区技工培训援助中家庭经济困难、品学兼优的学生。

12月19日 海关总署、四川省政府在成都签署合作备忘录，就海关支持四川灾后恢复重建建设西部经济发展高地达成共识。根据备忘录，海关总署从支持四川开展地震灾后重建恢复生产工作、四川海关特殊监管区域建设、四川口岸扩大开放等方面对四川省进行支持。

12月19日 成都军区召开支援四川灾区灾后重建抢运建材任务部署会。22日起，成都军区抽调驻川、渝部队运输车辆1000台、驾驶员及保障人员3400多名，协助地方向德阳、绵阳、广元、雅安、阿坝灾区18个县（市、区）突击抢运建材。24日，中央军委主席胡锦涛作出重要指示，肯定军队协助地方抢运灾后重建建材工作。至2009年1月22日，抢运建材任务结束，一个月内为地方抢运各种建材13万多吨、红砖5300万多块。2009年2月1日，成都军区召开支援地方灾后重建抢运建材表彰大会。

12月19日 四川达州钢铁集团有限公司投资建设的20万吨离心球墨铸管项目奠基仪式在旺苍县嘉川工业集中区举行。项目总投资15亿元，分两期建设。2010年7月24日，一期工程竣工投产。

12月19日 经过近7个月抢修，国家电网映电总厂映秀湾水电站3号机组成功并网发电，在该厂11台机组中率先恢复生产。2010年8月13日，该厂遭受特大山洪泥石流袭击，3个水电站恢复重建工程被迫停止；16日，开始二次重建。2012年7月8日，渔子溪水电站2号机组正式并网发电。至此，该厂所辖映秀湾、耿达、渔子溪3个水电站11台机组全部恢复发电。

12月19日 陇南市68个灾后重建重大建设项目开工仪式在陇南市及其所辖八县一区同时举行。项目总投资15.89亿元，覆盖全市医疗卫生、教育、城市建设和社会公共服务事业等方面。

12月20日 四川省委办公厅、省政府办公厅印发《四川省地震灾后恢复重建资金管理监督办法》《港澳特别行政区援助四川灾后恢复重建项目资金监督检查办法》《四川省救灾捐赠资金物资管理使用和监督办法》《四川省抗震救灾“特殊党费”使用管理监督办法》。

12月21日 甘肃省农村公路灾后重建动员会在兰州举行，甘肃省首批农村公路灾后重建项目启动。至2009年10月底，首批项目全部完工。

12月22日 人民银行发出《关于下调人民币存款准备金率的通知》，明确51个极重灾和重灾县（市、区）及186个一般受灾县（市、区）的地方法人金融机构分别执行较低的存款准备金率。

12月22日 都江堰市大观镇茶坪村王正良和成都人邓小林拿到各自的联建房集体土地使用证。这是震后联建房屋集体土地使用“全国第一证”。联建房是成都市委、市政府在汶川地震灾后恢复重建中的一个创举。6月26日，成都市政府出台《关于坚持统筹城乡发展加快灾后农村住房重建的意见》，提出积极引导社会资金直接投资重建项目，吸引社会资金与农户、农村集体经济组织合作，联合重建；9月12日，成都市委统筹城乡工作委员会、国土资源局联合发出《关于重灾区农户灾毁住房联建等有关事项的通知》，明确联建相关规定。

12月22日 甘肃省政府办公厅印发《汶川地震灾后恢复重建甘肃城镇体系专项实施规划》。

12月22—24日 中共中央书记处书记、中央纪委副书记、中央抗震救灾资金物资监督检查领导小组组长何勇到绵竹、汶川等地灾区检查抗震救灾资金物资监管情况，了解受灾群众安置情况。

12月23—24日 四川省委在成都召开经济工作会议，对抓紧灾后重建项目全面启动和建设、加快推进灾后恢复重建等工作作出部署。

12月23—28日 什邡暨四川特色优质农产品展示展销会在北京举行，四川省21个市（州）120家企业参展，现场销售额410.7万元，签订销售合同16亿元。

12月24日 中国红十字会确定重点援建灾区全部倒塌或严重毁损需要整村重建或相对集中重建的农户住房、乡村两级卫生院（站）和乡村两级学校的业务、教学用房及社会福利、社区防灾减灾设施等项目。同时，中国红十字会与四川、甘肃、陕西三省红十字会签署援助重建协议，向三省分别援助25亿元、5亿元、4亿元。

12月24日 四川汶川地震灾区应急测绘基准建设项目通过国家测绘局验收。该项目建立24个连续运行基准站组成的应急测绘基准服务系统，覆盖汶川地震灾区。

12月25日 由山东省对口援建的、被称为“北川第一村”的北川羌族自治县擂鼓镇猫儿石村吉娜羌寨重建竣工，69户村民迁入新居。羌寨重建开工于7月7日。

12月25日 甘肃省政府办公厅印发《汶川地震灾后恢复重建甘肃生产力布局和产业调整专项实施规划》。同日，省政府办公厅还发出通知，撤销省抗震救灾专家委员会。

12月26日 财政部发出《关于给予美国公共—私营部门援助汶川地震灾后恢复重建项目无偿捐赠进口物资免税待遇的函》，对美国公共—私营部门援助汶川地震灾后恢复重建项目中由国外企业或非政府组织无偿捐赠给灾区的物资免征进口税收。

12月26日 绵阳市举行56个灾后重建市政、外经贸重大项目集中开工仪式，其中包括市政基础设施项目46个、外经贸重大项目10个，总投资181.56亿元。

12月27日 十一届全国人大常委会第六次会议修订通过《中华人民共和国防震减灾法》。同日，国家主席胡锦涛签署主席令，公布该法，自2009年5月1日起施行。该法由原来的7章45条增加到9章93条，重点对防震减灾规划、地震监测预报、地震灾害预防、地震应急救援、震后恢复重建等内容进行修改、完善，新增地震灾后过渡性安置和监督管理等内容。

12月27日 中央办公厅、国务院办公厅就做好2009年元旦、春节期间有关工作发出通知。通知要求，各级党委和政府要切实解决地震灾区“两孤一残”（孤儿、孤老、残疾）人员的实际问题；重点做好受灾地区劳动力的就业工作；受灾地区下大气力解决好受灾群众实际困难，确保他们吃饱穿暖、安全过冬。

12月27日 国务院汶川地震灾后恢复重建工作协调小组在成都召开汶川地震灾后恢复重建对口支援工作会议，总结交流工作进展情况和好做法、好经验，研究分析存在的主要问题，对深入推进下一阶段对口支援工作、加快灾后恢复重建步伐提出明确要求。

12月27日 卫生部部长陈竺一行到北川羌族自治县擂鼓镇医疗保健及公共卫生服务中心、安县人民医院重建工地及绵阳市中医院考察灾后卫生重建工作。

12月27日 阿坝藏族羌族自治州交通灾后恢复重建项目启动仪式在九寨沟举行，包括汶川县映秀镇至都江堰、九寨沟至文县等12个国、省干线及重要经济干线公路项目开工建设。

12月27日 甘肃省政府办公厅发出《关于进一步做好当前灾区群众生活安排工作的通知》。

12月27—28日 甘肃省委书记陆浩率慰问团到成县、武都、康县等地乡村农户和困难企业看望慰问受灾群众和困难群众。

12月27—29日 中共中央总书记、国家主席、中央军委主席胡锦涛到绵阳、德阳、成都、阿坝等地灾区考察灾后恢复重建和群众生产生活情况，看望慰问灾区干部群众和各地援建人员。考察期间，胡锦涛接见驻成都部队师以上干部。考察结束时，胡锦涛听取四川省委、省政府工作汇报，对四川省经济社会发展和灾后恢复重建取得的成绩给予充分肯定。胡锦涛提出，四川省要加快实施灾后恢复重建总体规划，把握好加快进度与确保质量、加大投入与厉行节约、整体推进与突出重点、立足当前与着眼长远、争取外援与自力更生的关系，全面重建灾区群众的物质家园和精神家园，早日实现灾区家家有房住、户户有就业、人人有保障、设施有提高、经济有发展、生态有改善的目标。中共中央书记处书记、中央政策研究室主任王沪宁等一同考察。

12月28日 四川省委书记刘奇葆、省长蒋巨峰到绵竹市汉旺新镇卫生院工程施工现场查看重建进展情况。

12月29日 中华慈善总会、四川省政府在北京签署《中华慈善总会援助四川地震灾区四亿元重建家园项目捐款合作协议书》。

12月29日 甘肃省政府办公厅印发《甘肃省地震灾后重建项目管理办法》《汶川地震灾后恢复重建甘肃省市场服务体系专项实施规划》《汶川地震灾后恢复重建甘肃防灾减灾专项实施规划》。

12月29—30日 2008年度全国审计工作会议在北京召开，审议通过《汶川地震灾后恢复重建审计工作方案》。2009年1月14日，审计署办公厅印发该方案，明确跟踪审计方式和工作机制。

12月30日 四川省委在成都召开地震重灾区挂职干部座谈会。汶川地震发生后，中组部、各部委、各对口支援省（市）及四川省委共向成都、德阳、绵阳、广元、雅安、阿坝6个重灾市（州）集中选派461名挂职干部，支援抗震救灾和灾后重建工作。

12月30日 四川省“五路两港”交通项目在省内多个城市同时开工。“五路”指泸州市纳溪至川黔界的纳黔高速、广元至川甘界的广甘高速、广（元）南（充）高速、成（都）绵（阳）高速公路复线、泸州至川渝界的泸渝高速，“两港”指泸州港和宜宾港，项目总投资470亿元。

12月31日 审计署发布《关于汶川地震抗震救灾资金物资审计情况公告（第4号）》，公布5月14日至11月30日对抗震救灾资金物资的总体审计情况。审计结果表明，救灾资金和物资基本做到筹集合法有序、拨付及时到位、分配公开透明、管理严格规范、使用合规有效、存放安全完整，各类救灾资金和物资账目比较清楚。审计未发现重大违法违规问题。至此，审计署顺利完成抗震救灾资金物资跟踪审计任务，转入灾后恢复重建跟踪审计。

12月31日 人民银行、银监会发出《关于汶川地震灾前贷款因灾延期偿还有关政策的通知》。

12月31日 四川省政府办公厅发出《关于加快推进灾后通信基础设施恢复重建工作的通知》。

12月31日 成都双流机场二跑道和新航站楼工程开工建设，项目总投资134亿元。2011年5月5日，二跑道正式运行，双流机场在中国中西部地区机场中率先迈入双跑道起降时代。2012年

7月6日，新航站楼工程通过验收。

12月31日 甘肃省政府办公厅印发《甘肃省地震灾区城镇居民住房恢复重建实施意见》《汶川地震灾后恢复重建甘肃省土地利用专项实施规划》《汶川地震灾后恢复重建甘肃省生态恢复实施规划》《汶川地震灾后恢复重建甘肃省农村建设专项实施规划》。

2009 年

1 月

1月2日 国务院批复同意民政部提交的《关于将5月12日确定为防灾减灾日的请示》，明确自2009年起，每年5月12日为“防灾减灾日”，具体工作由民政部商有关部门组织实施。

1月4日 气象局在南京召开气象部门汶川地震灾后恢复重建对口支援工作会议，全面部署气象部门汶川地震灾后恢复重建对口支援工作。会后，气象局印发《气象部门汶川地震灾后重建对口支援工作指导意见》。

1月4日 四川省政府发出《关于同意北川县3个乡原地异址重建选址的批复》，同意在汶川地震中遭受严重破坏，随即又遭遇洪涝泥石流灾害，已不适合原址重建的北川羌族自治县陈家坝乡、漩坪乡、香泉乡择址重建场镇。

1月4日 通往汶川县龙溪乡直台村的公路抢通。至此，四川省因地震受损或断路的5条国道、11条省道、254条乡道、2114条村道全部抢通。

1月4—8日 全国人大常委会副委员长、九三学社中央主席韩启德一行到青川、北川、汶川等地灾区考察灾后恢复重建和群众生产生活情况。

1月5日 财政部安排地震灾区后续生活救助资金25亿元。财政部要求，在后续生活救助政策到期后，地方财政、民政部门要及时将地震灾区仍需救助的城乡困难群众，纳入城乡最低生活保障、农村“五保”供养和冬春受灾群众临时生活救助等现行社会救助制度，切实保障受灾群众有饭吃、有衣穿、有住处、有干净水喝、有病能医。同月，财政部、人力资源社会保障部联合发出《关于拨付地震灾区工伤保险基金缺口补助资金的通知》，同意拨付德阳、绵阳、广元、阿坝4个重灾市（州）68049万元，用于弥补因支付地震伤亡人员工伤保险待遇而出现的缺口。

1月5日 审计署成立由审计长刘家义任组长的汶川地震灾后恢复重建审计工作领导小组。

1月5日 四川省政府办公厅印发《港澳特别行政区援助四川灾后恢复重建项目、资金管理暂行办法》，就援助范围、项目管理、资金管理、监督管理、工作机制等作出规定。

1月5日 黑龙江省政府印发《关于切实做好对口支援四川省剑阁县灾后恢复重建工作的实施意见》，明确对口援建的总体思路、基本原则、工作要求、主要内容、实施步骤、保障措施。

1月5—6日 全国人大常委会副委员长、全国妇联主席陈至立一行到四川看望慰问灾区妇联工作人员和妇女儿童，送去促进灾区妇女儿童发展的项目和资金。

1月5—8日 中国红十字会会长彭珮云一行到四川地震灾区考察红十字会灾后重建工作。

1月7日 共青团中央在成都召开百名团干部赴地震灾区挂职锻炼总结座谈会。该行动从2008年7月开始，至2008年年底结束，全国各地共101名团干部到四川、陕西、甘肃三省灾区的团县（市、区）委挂职。

1月7日 上海市向都江堰市捐赠23辆救护车和设备，总价值1400多万元。加上此前捐赠给广元市的13辆救护车，上海市捐赠四川地震灾区的36辆全新救护车全部到位。

1月8日 农业部办公厅发出《关于进一步做好农业灾后重建相关工作的通知》，要求地震灾区农业部门指导基层农业部门抓紧开展单体项目前期工作，并协调发展改革、财政等部门加快项目审批，尽早落实项目资金，加快建设进度，促进灾后农业恢复重建工作有力、有序和有效开展。

1月8日 气象局印发《气象部门汶川地震灾后恢复重建资金管理规定》。

1月8日 映秀地震中心纪念馆、渔子溪新村、映秀中心卫生院等5项灾后重建项目集体开工。这是汶川县映秀镇开工的第一批重大新建、恢复重建项目。

1月9日 中国青少年发展基金会、共青团四川省委共同举办的首届希望工程四川地震灾区援建项目推介会在成都举行。推介会达成对四川省33个地震重灾县（市、区）共254所希望小学的援建协议，签约金额达4.1亿元。

1月9日 陕西省政府印发《关于进一步加强防震减灾工作的意见》，从地震监测预测、灾害防御、应急救援和处置、社会公众防震减灾意识提升及保障措施等方面对全省防震减灾工作进行全面部署。

1月12日 国务院防震减灾工作联席会议在北京召开，听取地震局等部门和有关专家关于2008年防震减灾工作情况汇报，研究部署2009年防震减灾工作。中共中央政治局委员、国务院副总理回良玉出席会议并讲话。回良玉强调，要扎实推动汶川地震灾区恢复重建工作，全面落实恢复重建规划提出的各项目标任务，在资金、技术、政策等方面给予大力支持。

1月12日 总参谋部、总政治部、总后勤部联合发出《关于进一步明确军队援建地震灾区学校有关问题的通知》，明确军队援建各学校的援建地点、规模、建设标准和经费筹措等问题。

1月12日 四川省“5·12”地震灾后恢复重建委员会在成都召开第二次全体会议，研究灾区孤寡老人、孤儿、孤残人员过年和交通、饮水、失地农民安置等工作。

1月14日 四川省政府办公厅发出《关于切实做好灾后恢复重建，扩大内需用地保障，严格规范用地管理工作的通知》。

1月15日 发展改革委、教育部、卫生部、住房城乡建设部联合印发《关于切实做好学校医院等公共服务设施灾后恢复重建工作的通知》，针对在学校、医院等公共服务设施灾后恢复重建中出现的一些建设标准不一、超标准建设等现象，从加强统筹协调、引导资金投向、强化项目管理、严格执行标准、确保建设质量、加强监督检查等方面提出要求。

1月15日 四川省社科院举行汶川地震灾后重建与灾难学研究中心成立座谈会。这是国内组建的第一家专门研究灾难学的中心。

1月15—17日 中共中央政治局常委、国务院副总理李克强到天水、陇南、兰州等地考察调研灾区群众安全过冬、恢复重建和经济运行情况。

1月16日 成都军区召开汶川地震灾后部队基础设施恢复重建工作任务部署会议，部署灾后恢复重建任务。

1月16日 陕西省政府办公厅转发省财政厅等部门《关于做好地震灾区因灾失地农民安置帮扶和安置点建设占用耕地补偿工作实施意见》。

1月16—17日 重庆市市长王鸿举率重庆市党政代表团到崇州开展“送温暖”活动。

1月17—18日 福建省委书记卢展工、省长黄小晶率福建省党政代表团到彭州考察对口援建工作，慰问灾区群众和福建援建者。

1月18日 上海市援建的都江堰现代农业科技示范园在崇义镇开工，都江堰市10万亩现代生态农业集聚区项目开始建设。集聚区所占总耕地面积约合1.13万公顷，项目总投资约30亿元，其中上海市对口支援5亿元。2010年8月30日，集聚区全面建成。

1月20—21日 邮政局局长马军胜一行到四川地震灾区检查灾区邮政、快递企业灾后重建工作。

1月21日 四川省委、省政府组成多个慰问团，到都江堰、崇州、彭州、什邡、绵竹等地慰问灾区群众、部队官兵、兄弟省市对口援建指挥部以及灾区企业。

1月21—31日 由中央人民广播电台中国之声、经济之声、中国广播网和驻地方记者站骨干力量组成的四路报道慰问团，分赴四川、陕西、甘肃、重庆灾区，报道地震灾区恢复重建工作和灾区群众春节生活情况。

1月23日至2月1日 中宣部组织《人民日报》、新华社、《光明日报》《经济日报》、中央人民广播电台、中央电视台等中央媒体的200多名记者分四路到四川、甘肃、陕西、重庆等地震灾区采访灾后重建进程，并和灾区群众一起过春节。

1月24日 四川省政府印发《关于支持非公有制经济灾后恢复重建和加快发展的意见》。

1月24—25日 中共中央政治局常委、国务院总理温家宝到北川、德阳、汶川等地与地震灾区群众共度春节。24日，温家宝考察北川羌族自治县擂鼓镇猫儿石村吉娜羌寨时为羌寨题写“吉娜羌寨”寨名。

1月30日 商务部与美国国际发展署、美国商业圆桌会议在北京签署美国公共—私营部门合作伙伴（PPP）援助汶川地震灾区恢复重建谅解备忘录。根据备忘录，美方采取公共—私营部门合作伙伴方式，即美国国际发展署牵头协调，美国企业和非政府组织出资的方式提供援助，支持汶川地震灾区恢复重建。援助集中在医疗卫生、教育、基础设施、能源和灾害应对等领域。美国企业承诺向汶川地震灾区提供总金额1.24亿美元的援助。

2月

2月4日 财政部、民政部联合发出《关于下达2009年农村居民住宅恢复重建补助资金的通知》，在已预拨四川省250亿元基础上，再次拨给四川省农村居民住宅恢复重建补助资金100亿元，帮助灾区做好倒损房屋农户重建住房工作。

2月5日 北川新县城暨北川—山东工业园征地拆迁安置工作动员大会在北川举行，标志着北川新县城建设正式启动。

2月5日 陕西省灾后恢复重建工作领导小组在西安召开灾后重建工作汇报会，听取灾后恢复重建工作进展情况汇报，并就进一步做好灾后恢复重建工作提出要求。

2月8—10日 上海市市长韩正一行到都江堰看望上海对口支援建设者和当地困难群众，推进恢复重建工程建设。

2月9日 广电总局组织开通四川地震灾区移动多媒体广播电视信号，并送给都江堰市价值45万元的小屏幕接收终端，部分灾区群众利用终端收看到中央和四川的电视节目，度过震后的第一个春节。

2月9日 四川省政府办公厅发出《关于认真执行灾后恢复重建政策，严肃工作纪律的通知》。

2月10日 国家主席胡锦涛在沙特阿拉伯利雅得同沙特阿拉伯国王阿卜杜拉举行会谈，感谢沙特阿拉伯在中国人民抗击四川汶川特大地震灾害过程中提供的宝贵支持。

2月10—14日 中共中央政治局常委李长春到四川灾区考察，先后到北川县城地震遗址向地震遇难者纪念碑献花致哀，到阿坝藏族羌族自治州集中村、德阳市涌泉村、绵阳市铁牛街社区、成都市康庄社区考察了解基层文化阵地建设情况。李长春强调，要以灾区文化重建为契机，进一步加快公共文化服务体系建设步伐，提高广播电视村村通、文化信息资源共享、乡镇综合文化站、社区文化活动中心等文化惠民工程建设水平，更好地保障人民基本文化权益。

2月11日 四川全省地质灾害防治工作电视电话会议召开。会议公告，三年重建期内，四川省需完成2300处重大地质灾害治理，3695处地质灾害隐患点群测群防监测网络恢复重建，1.8万户分散农户的地质灾害防灾避险搬迁安置。

2月12日 中共中央政治局常委、国务院总理温家宝在北京与来自汶川县映秀镇地震灾区的民政助理员李云梅等13名基层群众代表座谈，听取他们对政府工作的意见。

2月12日 2009年震后文物抢救保护工程动员会及专家座谈会在成都举行，研讨藏羌碉楼与村寨等文化遗产震后的抢救与保护问题。

2月12日 甘肃省灾后恢复重建部署会议在兰州召开，要求充分发挥受灾地区各级政府恢复重建的主体作用，履行好省直部门职能，强化恢复重建项目的组织实施，全面推进甘肃省灾后恢复重建工作。

2月13日（阿姆斯特丹当地时间） 第52届世界新闻摄影比赛评选结果在荷兰阿姆斯特丹揭晓。来自中国摄影师拍摄的有关汶川地震题材的新闻作品取得多个重要奖项，其中杭州日报社陈庆港的《走出北川》荣获突发新闻类单幅一等奖，深圳晚报社赵青的《四川大地震幸存者》获得一般新闻类单幅二等奖，绵阳摄影师、英国路透社驻中国摄影师景长观的《四川大地震》组照获得突发新闻类组照银奖。

2月15日至3月8日 成都军区出动运输车619台、保障车59台次、指挥车42台、官兵2920人，从四川内地12个装载点向阿坝藏族羌族自治州、甘孜藏族自治州的26个县运送帐篷材料14.72万余件（包括篷布8.77万件、篷杆5.95万件），约4111吨。

2月16日 陕西省政府在西安召开常务会议，原则通过《中央财政地震灾后恢复重建基金陕西省包干资金分配方案》，决定对于中央财政专项基金对陕西包干的101.94亿元（含已按规定下拨的资金），按照“以县为主、包干使用”的原则切块下达到宁强等4个重灾县（区），以县级政府为主体负责项目实施。

2月19日 河北省政府在石家庄召开省长办公会议，决定调整原由平武方面负责组织施工、河北省负责提供资金和技术支持的援建方式，将龙安、南坝、响岩、平通四镇城区作为援建重点，进行统一规划、连片重建，由石家庄、唐山、保定、邯郸4个援建市作为业主，建成后整体移交给平武。四镇城区之外新确定的援建项目，凡500万元及以上的列为“交钥匙”工程，按照项目类型由河北省负责组织建设；500万元以下项目采用“交支票”工程方式，由平武县负责施工。

2月21日 成都至兰州铁路（成兰铁路）建设启动暨松潘车站开工动员大会在松潘举行。汶川地震灾后重建开始后，铁道部与四川省会商，同意将新建成都至兰州铁路纳入国家汶川地震灾后恢复重建总体规划。成兰铁路全长463公里，项目总投资553.15亿元，计划2015年完工。

2月22日 巴蜀江油发电厂33号机组提前恢复并网发电。至此，江油发电厂在汶川地震中受损严重的4台共126万千瓦的发电机组全面恢复生产。随后，巴蜀江油发电厂对4台机组进行灾后重建改造，2010年11月完成灾后重建任务，大幅度提高设备健康水平和运行稳定性。

2月23—25日 全国妇联、日本国际协力机构在成都举办中日合作四川大地震灾区重建—心理援助骨干培训班。

2月25日 住房城乡建设部发出《关于进一步做好汶川地震灾区受损城市桥梁隐患处置工作的通知》。

2月25日 四川省10家省级新闻媒体记者赴东汽采访，掀起“东汽精神”宣传热潮。此后，新华社、中央电视台、《人民日报》《经济日报》等中央媒体也纷纷发表反映“东汽精神”的文章和专题片。

2月26日 四川省政府印发《关于进一步加快汶川地震灾区城镇住房恢复重建的意见》，要求灾区各地争分夺秒，超常工作，把握主动，全力以赴加快城镇住房恢复重建。

2月27日 四川省“5·12”地震灾后恢复重建委员会在成都举行第三次全体会议，研究部署灾后恢复重建2009年度目标任务、学校和医疗卫生机构恢复重建、城镇重建等工作。

2月27日 中意环保合作——支援四川汶川地震灾区环保能力建设项目车辆设备捐赠仪式在成都举行。意大利环境、领土和海洋部向四川地震灾区捐助价值约100万欧元的14辆环境监察用车及监测设备。该项目于2008年7月启动。

3月

3月3日 四川省与中国工商银行在北京签署金融战略合作协议。根据协议，中国工商银行将四川省作为重要战略合作省份和业务发展的重点支持区域，全力支持灾后恢复重建和全省重大项目建设。

3月3日 澳门特区政府在成都签约援建广元市利州区爱心水厂等10个项目。至此，澳门特区支援利州区灾后恢复重建的17个项目全部签约。

3月3—12日 政协十一届全国委员会第二次会议在北京举行。5日，九三学社中央在会上提出建立西南山区高地震及地质灾害风险城镇的地质环境监测体系、加强地震及重大地质灾害的前兆识别和预警体系研究等建议。

3月4日 中国银行与四川省政府在北京签署《全面战略合作协议》。根据协议，中国银行在5年内向四川地区提供信贷支持总额不低于3000亿元，为四川省政府做好灾后重建资金和行政事业存款的归集和服务。

3月4日 四川省政府印发《关于汶川特大地震灾后恢复重建中土地权益保护的指导意见》。

3月5—13日 十一届全国人民代表大会第二次会议在北京举行。5日，中共中央政治局常委、国务院总理温家宝向会议作政府工作报告，提出灾后重建要加大力度、加快进度，力争在两年内基本完成原定三年的目标任务，让灾区人民早日过上更加幸福美好的生活。报告明确，抓紧全面实施灾后恢复重建总体规划，中央财政2009年再安排1300亿元灾后重建资金。

3月7日 美国、德国、韩国、泰国、法国、新加坡、巴基斯坦七国驻成都领事馆官员和代表到北川地震遗址参观。

3月9日 民政部发布第135号公告，公布截至2009年2月28日全国接收汶川地震救灾捐赠款物及使用情况。

3月9日 审计署印发《国外优惠紧急贷款汶川地震灾后恢复重建项目公证审计工作方案》。

3月10日 甘肃省、深圳市两地纪检、监察、财政、审计部门人员组成对口支援资金物资联合监督检查组到陇南检查对口支援项目建设和资金物资使用情况。

3月14日 四川省委、省政府向中共中央、国务院报送《关于确保灾区群众安全温暖过冬欢乐祥和过年情况的报告》。

3月15日 教育部部长周济一行到甘肃地震灾区考察灾后重建工作进展情况。

3月15—16日 中共中央政治局委员、国务委员刘延东到北川、安县和绵阳科技城的工业园区、企业、村寨、学校等地考察灾后恢复重建、企业自主创新、科技成果转化等情况。

3月16日 财政部向海关总署发出《关于日本援建四川省地震受灾学校进口轻钢组装教室进口税收问题的通知》，明确经国务院批准，自2008年7月至2011年6月，对日本生产教育协会·四川大地震教室复兴支援会无偿援助给四川地震受灾学校的轻钢组装教室群及其安装工具免征进口关税和进口环节增值税、消费税。这是第一个针对灾后重建出台的单项税收优惠政策。

3月18日 由发展改革委、科技部、民政部、测绘局联合主编，成都地图出版社出版的大型综合地图集《汶川地震灾害地图集》（中文版）首发仪式在北京举行。2011年5月，《汶川地震灾害地图集》（英文版）出版。

3月18日 中国建设银行开始发售投资成都地铁公司股权的基金股权融资信托产品。这是首个以支持灾后建设为主题和投资渠道的银行理财产品。募集到的近20亿元资金，全部用于成都至都江堰快速铁路项目和成都地铁项目建设。

3月18日 陕西省政府在西安召开常务会议，听取省发展改革委关于全省灾后恢复重建2008年进展情况和2009年工作安排的汇报。

3月18日 湖北省政府印发《湖北省对口支援汉源县智力技术支援工程实施方案》。4月10日，投资5000万元的智力技术支援“35510”工程启动。“35510”工程是指3个全覆盖，即所有中小学师资力量培训全覆盖、所有乡镇中心卫生院业务指导全覆盖、所有乡镇农业技术人员培训全覆盖；智力技术支援投资5000万元；选派500人（次）技术人员到汉源；实施10个智力援助项目，包括干部培训、教育、卫生、农业、科技服务、建筑技术支援、旅游事业支援、矿业技术支援、宣传文化援助、志愿服务与智力援助工程。

3月19日 教育部组织设计的《汶川地震灾后重建学校规划建筑设计参考图集》出版发行。

3月19日 气象局在成都召开气象部门汶川地震灾后恢复重建对口支援座谈会。

3月19日 北川羌族自治县政府发布《关于加强北川地震遗址保护，对安北路实施交通管制的通告》，规定从20日开始，任何单位和个人不得以“北川地震遗址”为内容组织参观、考察活动。

3月20日 世界银行贷款汶川地震灾后恢复重建项目签字仪式在北京举行。贷款总额7.1亿美元，其中四川省5.1亿美元、甘肃省2亿美元，分别用于两省重灾地区的公路、桥梁、供水、污水和垃圾处理等城镇基础设施、医疗卫生设施、教育设施的恢复重建。

3月22日 江西省对口援建小金县的小金县文体中心等5个项目开工建设，项目总投资2.2亿元。至此，江西省十大示范项目已全部开工。2010年5月7日，小金县两河口会议会址通过竣工预验收，十大示范工程全面完工。

3月23日 最高人民法院发布《关于处理涉及汶川地震相关案件适用法律问题的意见（二）》，对涉灾房屋买卖合同纠纷案件、房屋租赁合同纠纷案件、人身财产损害赔偿纠纷案件、企业租赁经营合同纠纷案件、工伤认定纠纷案件、不服行政机关行政处罚纠纷案件以及执行工作等方面问题提出法律适用的指导意见。

3月23日 国务院汶川地震灾后恢复重建工作协调小组在北京召开第二次全体会议，对农村贫困户住房重建、农村信用社支持政策、中小企业信贷资金落实、地质灾害和河道治理、加强技术力量支持、城镇住房恢复重建、青川县政府驻地迁移、恢复重建项目调整、规划外其他灾区重建、加快进度、时间界限等问题进行研究并提出协调落实意见。

3月23日 亚洲开发银行贷款汶川地震灾后恢复重建项目签字仪式在北京举行。贷款总额4亿美元，用于四川省19个极重灾和重灾县（市）农村道路及陕西省4个重灾县（区）学校、农村道路、城镇道路恢复重建。

3月25日 李嘉诚基金会捐助四川地震灾区教育项目启动仪式在成都举行。李嘉诚基金会连同长江实业及和记黄埔集团向灾区学生捐资1.1亿元，帮助他们顺利完成学业。汶川地震发生后，长江实业集团董事局主席兼总经理李嘉诚曾捐款3000万元。

3月25—26日 测绘局在成都召开汶川地震灾后恢复重建测绘专项建设工程工作会议，全面启动灾后恢复重建测绘专项建设工程。

3月25—26日 四川省委书记刘奇葆到邛崃、青川调研因灾失地群众安置和农房援建工作。

3月26日 青川县首批80户294名跨市异地安置的因灾失地农民正式搬迁到邛崃市南宝山农场。5月8日，第三批汶川地震因灾失地农民入驻邛崃市鲁川板房小区临时安置点。至此，四川省因灾失地农民跨市州异地安置任务基本完成。

3月27日 四川省“5·12”地震灾后恢复重建委员会在成都召开第四次全体会议，研究灾后恢复重建工作部署、工业恢复重建、因灾失地农民异地安置等工作。会议要求，到2010年9月基本完成城乡居民住房和学校、医院等公共服务设施主要重建任务，灾区基本生活条件和经济社会发展水平达到或超过灾前水平。

3月28日 汶川县映秀镇张家坪村举行永久性农房建设开工仪式，汶川县映秀镇重建工作全面开始。

3月30日 江苏省委在南京召开常委会议，决定向绵竹市农房重建户每户补助1万元。4月13日，再次安排支援绵竹市农户重建房屋补助款119986万元。

3月31日 发展改革委在成都召开汶川地震灾后恢复重建国外紧急贷款项目实施工作会议。

3月31日 广东省潮州市对口援建汶川县耿达乡广东潮州新村工程开工建设。工程主要包括5个广东潮州新村农村居民安置点住房基础设施及相关配套设施，占地面积约14.13万平方米，项目总投资约5300万元。工程按人均住宅占地面积35平方米的标准规划建设，共安置农户403户。2010年4月，工程竣工。建成后的广东潮州新村是藏族特色鲜明的农房集中安置区。

3月31日 澳门特区政府援建的广元市澳源体育中心签约暨奠基仪式在利州区举行。该中心是澳门援建重点项目，主要包括一座可容纳2万人的体育场、一座可容纳3000人的多功能体育馆和2.7万平方米的室外运动场，占地面积约25万平方米，建筑面积约2.55万平方米，项目总投资约2.92亿元。2012年5月29日，项目竣工。

4月

4月1日 中共中央政治局常委、国务院总理温家宝在北京主持召开国务院常务会议，决定从2009年起，用3年时间对地震重点监视防御区、7度以上地震高烈度区、洪涝灾害易发地区、山体滑坡和泥石流等地质灾害易发地区各级各类城乡中小学存在安全隐患的校舍进行抗震加固、迁移避险，提高综合防灾能力，使学校校舍达到重点设防类抗震设防标准，并符合其他防灾避险安全要求。会议强调，全国中小学校舍安全工程要实行全过程社会监督，技术标准、实施方案、工程进展和实施结果等向社会公布，所有项目公开招投标，建设和验收接受新闻媒体和社会监督，确保将学校建成最安全、学生家长最放心的地方。

4月1日 山东省援川工作会议在北川举行，总结山东省2008年援建工作，部署2009年援建任务，并表彰先进集体和先进个人。

4月1—4日 震后第一个清明节假期，北川老县城每日7—19时向遇难者家属开放，近10万人次进入北川县城遗址进行祭奠活动。4日清明节当天，四川省委书记刘奇葆、省长蒋巨峰等到汶川县映秀镇祭奠在地震中罹难的同胞。

4月2日 四川省委、省政府在成都召开全省加快灾后恢复重建工作动员电视电话会议，决定到2010年9月，全省基本完成灾后恢复重建估算投资和累计完工项目的85%；北川、汶川、青川县城和映秀、汉旺等重灾城镇建成城镇基本框架并形成城镇基本功能，其他33个恢复重建城镇完成重建主体任务；交通恢复重建项目完工达到90%以上，电网和电源恢复重建项目完工98%。

4月3—5日 世界卫生组织、中国卫生部、英国国际发展部联合主办的自然灾害医学救援国际研讨会在成都举行，总结汶川地震抗震救灾医疗卫生救援工作，并交流重大自然灾害医学救援措施和经验。

4月5日 第十三届中国东西部合作与投资贸易洽谈会在西安开幕。四川代表团推出灾后重建投资项目546个，投资总额4180.7亿元，涉及高新技术、优势资源、装备制造、现代农业、服务业、基础设施、产业园区等领域。

4月5日 甘肃省灾后重建工作汇报会在陇南召开。

4月5—7日 深圳市党政代表团到陇南市和甘南藏族自治州，实地了解深圳对口支援工作和直接援建项目进展情况。7日，甘肃省、深圳市在兰州召开对口支援座谈会，就灾后恢复重建工作进行协商和衔接。

4月7日 瑞典利乐拉伐集团与中国儿童少年基金会合作的“高中生爱心助学项目”在德阳启动。2000万元助学资金全部由利乐拉伐集团提供。至此，汶川地震发生后，利乐拉伐集团承诺的1亿元捐款全部到位。

4月8日 中国红十字会、中国红十字基金会、台湾红十字组织及日本红十字会分别与甘肃省红十字会、陇南市红十字会及受援县政府签署援助汶川地震甘肃灾区灾后恢复重建项目协议书。中国红十字基金会、台湾红十字组织及日本红十字会援助甘肃灾区灾后恢复重建项目正式启动。

4月8日 香港特区政府、四川省政府在成都签署《香港特别行政区援助省道303线映秀至卧龙公路恢复重建工程项目》和《香港特别行政区援助卧龙保护区规划编制专案项目》协议。省道303线映秀至卧龙段全长45.65公里，概算投资约8.12亿元，其中香港特区政府援建资金7.66亿元。该项目于4月开工，8月遭受特大山洪泥石流灾害，后改为“S303线映卧公路8·14山洪泥石流灾后重建工程”，初步方案全长44.45公里，项目总投资估算为11.1亿元，规划于2014年年底建成通车。

4月8—9日 四川省建设厅、广东省建设厅、阿坝藏族羌族自治州政府、中国建筑科学研究院联合主办的映秀灾后恢复重建国际研讨会在成都举行，围绕“安全、先进、优质、环保”的主题，商讨汶川县映秀镇灾后恢复重建工作。

4月9—10日 住房城乡建设部、香港特区政府发展局、四川省政府共同主办的“2009年内地与香港建筑业论坛”在成都举行。论坛交流灾后重建规划以及执行经验，对优质建设的重要元素及各类自然灾害的防治措施与对策进行探讨。

4月10日 全国大学生志愿服务西部计划项目管理办公室发出通知，决定将2008年开始实施的西部计划抗震救灾专项行动更名为灾后重建专项行动，继续向四川、甘肃、陕西三省地震灾区选派优秀大学生志愿者。2009年，该办公室共派遣1126名志愿者到地震灾区服务。2010年，又派遣2133名志愿者到四川灾区参与支教、支医、支农、基层青年工作等10个专项行动。

4月13日 住房城乡建设部发出《关于进一步加强建筑工程质量监督管理的通知》，明确加强建筑工程质量监督管理的工作目标、主要内容、工作要求等。

4月13日 水利部派出3个检查组分别到德阳、广元、绵阳等地检查水利灾后恢复重建工作，重点是震损水库除险加固、堰塞湖处置和河道堤防加固工程。

4月13—20日 新华社、《人民日报》、中央电视台、中央人民广播电台等中央新闻媒体记者一行到汉源采访报道湖北省援建工作情况。

4月14日 欧洲投资银行汶川灾后重建项目签字仪式在北京举行。贷款总额1.6亿美元，重点对灾区病险水库进行治理，实施灾区生态修复工程。

4月16—18日 审计署组织新华社、中央人民广播电台、《光明日报》等媒体记者组成采访报道团到绵阳市区、江油、德阳市区、绵竹、都江堰、汶川等地灾区采访汶川地震灾后恢复重建跟踪审计情况。

4月17日 陕西省灾后恢复重建工作座谈会在汉中召开，要求科学规划，选准项目，集中资金，严格按照标准，认真组织实施，切实做到建一个成一个、建一个达标一个，确保至6月全面完成受灾群众住房重建任务，至9月首批重建学校竣工投入使用。

4月18日 中国节能新型墙体材料生产线项目在彭州建成投产，年产量达到4亿标块。项目开工于2008年8月28日，投资5亿元。

4月19日 安徽省对口援建松潘县恢复重建项目全面开工暨松潘新城建设奠基仪式在松潘新城举行。安徽省首批启动川黄公路、牟尼沟隧道、川主寺过境路等项目17个，总投资约15亿元。

4月21日 财政部会同国土资源部向四川、甘肃、陕西三省拨付中央财政地震灾后恢复重建土地整理复垦项目资金30亿元。

4月22日 辽宁华晨汽车集团与安县政府签署协议，华晨汽车及发动机零部件工业园正式落户辽安工业园区。项目总投资15亿元，规划用地约66.67公顷。5月14日，华晨汽车零部件基地奠基仪式在安县花荄工业集中区举行。

4月23日 浙江省投资4.5亿元援建青川县的乔庄万众安居小区、乔庄高中、青川县人民医院等十大项目同时动工建设，青川县城原址重建全面启动。

4月24日 财政部与法国开发署签署《汶川地震恢复重建紧急援助项目贷款协议》。根据协议，法国开发署向中国四川汶川地震灾区恢复重建以及铁道部湘桂线铁路电气化项目提供总计约3亿美元贷款。

4月25日 加拿大红十字会与甘肃省红十字会签订协议。根据协议，加方出资1187万余元，帮助两当县开展灾后恢复重建工作，援建项目包括13所乡镇卫生院等。8月，项目开工建设。2011年3月，项目全部竣工并交付使用。

4月26日 中共中央政治局常委、国务院总理温家宝在收到都江堰中小学生绘画集《美丽的花朵》后，专门给都江堰学生回信，勉励他们要以坚忍不拔的意志努力做一个有用的人，去帮助人们过上更好的生活。信中说："你们就是在这片灾难的土地上绽放出的最美丽的花朵。""我们纪念那些遇难的人们特别是孩子们，最好的行动就是把灾后恢复重建工作做好，建设美好家园。"

4月26日 北川羌族自治县震后首场集体婚礼在擂鼓镇猫儿石村吉娜羌寨举行，10对普通群众和10对干部重组家庭参加婚礼。

4月27日 全国妇联在成都召开灾后重建对口支援工作会议，对救灾工作进行部署。会上，全国妇联、对口援建省（区、市）妇联和爱心企业、爱心人士向地震灾区捐赠重建资金3.366亿元。同日，全国妇联印发《关于妇联系统参与地震灾后重建对口支援的实施意见》，明确开展资金帮扶、加大培训力度、实施项目援助、扶持创业就业、关爱妇女儿童健康、维护妇女儿童权益六大帮扶举措。

4月27日 全国妇联、日本国际协力机构在成都举行中日合作四川大地震灾区重建心理援助人才培养项目启动仪式，双方签署项目协议。7月14日，全国妇联发出《关于实施"四川大地震灾区重建—心理援助人才培养项目"的通知》。该项目从2009年6月开始，历时5年，实施地域为四川、陕西和甘肃三省，主要开展灾区心理援助骨干培训，组织从事心理援助工作专业人员赴日本研修，在灾区建立心理援助示范点，开发心理援助培训教材。项目由日本政府提供支持，日本协力机构中国事务所、全国妇联、四川省妇联共同执行。至2010年9月，有3批共60余人赴日本研修，在国内共为四川、甘肃、陕西三省培训420余名心理援助工作骨干。

4月27—30日 中央军委领导到成都战区检查军队援建灾区重点工程建设、驻灾区部队灾后重建以及部队全面建设情况。

4月28日 财政部向四川、甘肃、陕西三省拨付中央财政地震灾后恢复重建基金地方包干资金304.39亿元。

4月28日 由新闻办网络新闻宣传局和四川省委宣传部、省政府新闻办公室指导，全国主要新闻网站和部分商业网站共同举办的“我的5·12”网络作品大赛启动。6月30日，大赛结束。评审作品分为文字、图片、视频3个类别，共有上万件作品参选，评选出金奖30名、银奖54名、铜奖75名。

4月28日 全国食品行业支援四川灾区重建工作会议在成都举行，决定通过协调行动，重点在项目合作信息、技术交流、招商引资、市场开发、产业重建、知识产权保护、园区建设等方面对四川食品工业灾后重建予以长期支援和合作。

4月28日 国家建筑工程质量监督检验中心什邡市灾后重建实验室揭牌。这是国家认证认可监督管理委员会批准成立的第一个国检中心异地实验室。

4月29日 四川省政府在成都召开常务会议，研究部署进一步做好就业工作和加快灾后恢复重建等工作。会议决定，把一部分中央农房重建补助资金用于建立困难农户住房重建贷款担保基金。基金规模40亿元。

4月29日 陕西省财政厅发出《关于下达省财政地震灾后恢复重建包干资金指标和分类控制数的通知》，明确省财政筹集的36亿元主要用于36个一般受灾县义务教育、乡镇卫生院、敬老院等公共服务设施的灾后重建。

4月30日 湖南省对口支援理县灾后重建工作领导小组批准实施《湖南省对口支援理县灾后重建项目三年总体援建计划》，确定14类62个重建项目，总投资18亿元左右。援建项目后根据实际调整为9类99个，总投资约19.73亿元。

5 月

5月4日 财政部下达2009年地震灾后恢复重建基金预算334亿元，其中四川省294亿元、甘肃省23亿元、陕西省17亿元。

5月5—6日 人口计生委主任李斌一行到四川看望灾区再生育家庭，慰问基层人口计生干部，考察指导再生育全程服务和人口计生灾后重建工作。

5月6日 大型文献纪录片《人民至上》在合肥举行全国首映式。该片由中央新闻纪录电影制片厂和安徽卫视联合摄制，是中宣部和广电总局在中华人民共和国成立60周年之际向社会推介的首批10部献礼电影中唯一以汶川地震为题材的纪录电影。

5月6—12日 中国作协、四川省委宣传部联合主办“名家看四川·聚焦新家园”采访活动。活动邀请来自全国各地20余名知名作家到都江堰、广元市区、青川、绵阳市区、北川、绵竹等地考察。

5月6—13日 新闻办网络新闻宣传局和四川省委宣传部、省政府新闻办共同举办“地震周年网络媒体灾区行”活动。活动邀请全国40余家网络媒体组成采访考察团到成都、德阳、绵阳、广元、阿坝等地震灾区采访。

5月7日 四川省政府在成都举行汶川地震一周年新闻发布会。会上通报，汶川地震造成全省68712名同胞遇难、17921人失踪；全省经审核认定的死亡学生和已经查核但尚未宣布为死亡的失踪学生共5335名；受伤学生中，已评残并发证的有546名。这是中国首次分类公布重大灾难事件导致死亡人数信息。

5月7—11日 新闻办会同外交部、港澳办、台办组织48家中外媒体89名记者在汶川地震一周年之际到成都市区、都江堰、德阳、绵阳市区、北川、彭州等地灾区采访。

5月8日 新闻办在北京举行新闻发布会，由发展改革委、财政部、住房城乡建设部介绍汶川地震灾后恢复重建情况。

5月8日 中国移动建设的“抗震型超级基站”在都江堰李冰幸福中学开通。这是中国首个抗震型超级基站，可在9级地震烈度以及百年一遇冰雪灾害、洪灾发生时保障通信畅通。

5月9日 国土资源部在成都召开汶川地震灾区地质灾害防治工作会议，对四川、陕西、甘肃三省地震灾区地质灾害防治工作进行研究和部署。

5月9日 文物局与四川省政府在成都就四川灾后文化遗产恢复重建、地震遗址博物馆建设和红色文物保护等问题举行会谈。同日，四川省灾后首个建成使用的重要文化基础设施工程——四川博物院正式建成开馆。

5月9日 都映高速公路延伸线——映秀至汶川高速公路在汶川县映秀镇开工建设。公路全长52公里，项目总投资49.93亿元，2012年11月29日建成通车。

5月9日 江苏省对口支援绵竹市灾后重建首批49个项目竣工典礼在孝德镇举行。

5月10日 中宣部、中央文明办、共青团中央、教育部、新闻出版总署联合发起“关心灾区少儿成长，建构多彩精神家园，为四川灾区中小学援建图书角”大型公益活动。活动收到捐赠图书144.7万余册、价值约3200万元，为2750个学校建立图书阅览室。

5月10日 四川省在北川举行纪念“5·12”汶川地震一周年活动。

5月10日 四川省收藏文化研究会常务副会长伍义江向汶川地震灾区无偿捐赠价值逾亿元国家级清代文物“花薰冠架”捐赠仪式在汶川县漩口镇举行。捐赠仪式上，收藏家孙学海、朱震将价值上千万元的文物“清乾隆珐琅彩花鸟纹灯笼瓶”、“清乾隆粉彩福寿纹将军罐”同时赠予汶川县。随后，汶川县委组建“国宝献汶川”活动领导小组，号召并发动全国文物收藏者、企业家捐献和购买文物。7月21日，“国宝献汶川”爱心行动座谈会在北京举行，来自全国各地的100多位收藏家现场捐赠66件珍贵藏品，其中有多件国宝级文物。这些捐赠品拍卖后所得款项全部用于汶川地震灾后重建。

5月10日 德阳市重大项目集中开工仪式举行，绵竹—江苏工业园先行启动区等项目开工建设。工业园由江苏省、绵竹市共同投资12.1亿元建设，其中江苏省援建资金5亿元。园区规划面积11平方公里，集中发展食品加工、机械制造、光电能源等产业，并配套商贸、物流等产业。12月22日，江苏雨润集团投资2.5亿元建设的年宰杀150万头生猪的绵竹福润肉类加工有限公司（一期）工程开工典礼在该园举行。该项目建筑面积约7.01万平方米，建成后年产值可达15亿元。

5月10日 都江堰市青城山天师洞黄帝祠灾后抢救保护工程竣工仪式在青城山举行。这是四川灾后首个竣工的世界文化遗产抢救保护援建工程。

5月10—15日 国侨办、四川省政府联合主办的“感恩侨爱—知名侨资企业家和海外华文媒体四川行”活动举行。来自10余个国家100余名海外华侨华人、侨资企业家、华人慈善机构代表以及海外华文媒体代表到四川地震灾区考察。12日，国侨办、四川省政府在成都联合举办座谈会，向海外侨胞介绍海外华侨华人支持抗震救灾和灾后重建情况。

5月11日 中宣部、发展改革委、总政治部和四川省委共同主办的“万众一心、众志成城——抗震救灾主题展览”在大邑县建川博物馆开展。同日，汶川大地震博物馆也在建川免费向公众开放。这是汶川地震后第一个向公众开放的地震博物馆。

5月11日 保监会宣布汶川地震保险理赔基本完成，合计赔付16.6亿元。

5月11日 新闻办在北京举行新闻发布会，由民政部、国家防总办公室、地震局、气象局介绍中国防灾减灾工作基本情况。同日，新闻办发表《中国的减灾行动》白皮书，介绍中国减灾事业的发展状况。

5月11日 汶川县映秀镇灾后恢复重建项目正式开工。重建项目包括映秀小学、映秀镇安居房、渔子溪大桥、中滩堡大道和映秀幼儿园。同日，汶川县空中输电线路重要枢纽220千伏二台山输变电工程完成重建，正式投入运行。变电站主体开工于2008年12月20日，项目总投资约2.2534亿元，其中中央重建基金5634万元、自筹资金1.69亿元。

5月11日 甘肃省委、省政府在兰州召开全省弘扬抗震救灾精神、加快灾后恢复重建工作电视电话会议，回顾抗震救灾和灾后重建历程，部署进一步加快灾后恢复重建工作。

5月11日 陕西省政府在西安举行汶川地震一周年专题新闻发布会，向社会各界通报陕西省灾后恢复重建进展情况。

5月11—12日 中共中央总书记、国家主席、中央军委主席胡锦涛和中共中央政治局常委、国务院副总理李克强到绵阳、德阳、成都、阿坝等地考察灾后恢复重建工作，看望慰问抗震救灾英模、对口援建人员和灾区基层干部群众。中共中央书记处书记、中央政策研究室主任王沪宁等一同考察。11日，胡锦涛在考察北川新县城建设时提出："北川新县城的重建第一要科学规划，第二要精心设计，第三要加快建设，第四要保证工程质量。"同日，胡锦涛在成都会见出席汶川特大地震一周年纪念活动的部分国家驻华使节和国际组织代表，再次向国际社会为中国四川汶川特大地震抗震救灾和恢复重建提供的巨大支持和宝贵援助表示衷心感谢。李克强、王沪宁等参加会见。考察期间，胡锦涛听取四川省委、省政府的工作汇报，希望四川广大干部群众大力弘扬伟大抗震救灾精神，以更加坚定的信念、更加坚强的决心、更加坚韧的毅力、更加坚实的举措，紧紧围绕保持经济平稳较快发展、加快灾后恢复重建步伐的中心任务，全力做好保增长、保民生、保稳定各项工作，以优异成绩迎接新中国成立60周年。

5月12日 中共中央、国务院、中央军委在汶川县映秀镇举行纪念汶川地震一周年活动。中共中央总书记、国家主席、中央军委主席胡锦涛出席纪念活动并发表重要讲话。中共中央政治局常委、国务院副总理李克强，中共中央政治局委员、中央书记处书记、中宣部部长刘云山，中共中央政治局委员、中央书记处书记、中组部部长李源潮，中共中央书记处书记、中央政策研究室主任王沪宁，全国人大常委会副委员长韩启德、周铁农、李建国、蒋树声、陈昌智、严隽琪、桑国卫，国务委员孟建柱，全国政协副主席杜青林、黄孟复、钱运录、万钢、林文漪，以及中央军委委员陈炳德等出席纪念活动。胡锦涛强调，在抗震救灾和灾后恢复重建中，举国上下同心协力，海内外同胞和衷共济，充分展现了中华民族团结奋斗的民族品格和风雨同舟的强大力量。胡锦涛要求，继续扎扎实实推进灾后恢复重建工作，加大力度，加快速度，攻坚克难，力争用两年时间基本完成原定三年的目标任务。

5月12日 民政部发布第140号公告，公布截至2009年4月30日的全国接受汶川地震抗震救灾捐赠款物及使用情况。

5月12日 都江堰至汶川县映秀镇高速公路建成通车。中共中央总书记、国家主席、中央军委主席胡锦涛为都映高速公路建成通车撞红剪彩。该公路开工于2008年9月27日，全长25.95公里。由于地震受损严重，修复难度很大，其中堪称世界难题的控制性工程——紫坪铺隧道和龙溪隧道两座特长高瓦斯隧道于2009年1月21日双线贯通，庙子坪大桥于4月25日修复完成。该公路通车后，都江堰至映秀镇的路程时间由原来3小时缩短为15分钟。

5月13日 中国红十字会印发《关于加强汶川地震灾区灾后恢复重建工作的意见》，要求红十字会各级组织建立项目监督、检查、上报机制，强化目标考核，提高项目管理水平，主动接受社会监督。同日，中国红十字会、人口计生委在都江堰举办"红十字博爱·家庭关爱行动"咨询能力建设培训班。

5月13—15日 国务院汶川地震灾后恢复重建工作协调小组办公室会同民政部、环境保护部、住房城乡建设部、商务部、国家物资储备局等部门相关业务负责人及建设、环保方面专家到四川省进行专题调研，实地查看活动板房拆除现场、已拆板房再利用情况和未利用板房保存情况，并听取四川省政府关于板房回收有关意见。

5月15日 中国作协、甘肃省委宣传部等共同主办的“5·12”全国抗震救灾文学研讨会在兰州举行。

5月15—19日 由中国友协组织，来自都江堰、彭州等地震灾区的20名孩子访问韩国。17日，应韩国总统李明博邀请，访问团一行到首尔青瓦台总统府作客。

5月16日 商务部、四川省政府在成都签署合作协议。根据协议，商务部同四川省在商务发展战略研究、灾后重建、开放合作、对外经贸、商贸流通、人才培养等方面加强紧密合作，合作重点包括加快建设灾后市场服务体系、打造中国西部国际博览会、推进西部商贸物流中心建设等10个方面。

5月18日 中国电信、中国移动、中国联通分别与四川省签署战略合作框架协议，在5年内投入1000亿元支持四川省灾后恢复重建和信息服务业发展。

5月18日 国际金融公司与四川玖源生态农业科技（集团）有限公司签署2000万美元贷款和1000万美元股权投资协议，用于支持该公司年产45万吨化肥生产厂建设项目，帮助四川省灾后恢复重建工作。

5月19日 港澳办在北京召开港澳特区参与四川灾后恢复重建协调会，总结港澳援建工作情况，提出进一步加快援建意见。

5月19日 气象局发出《关于进一步做好地震灾区防雷减灾工作的通知》，要求灾区各级气象主管机构通过开展灾区临时安置点防雷安全隐患排查治理，做好灾后恢复重建工程项目防雷装置设计审核和竣工验收，增强雷电灾害应急处置能力等措施，确保灾区干部群众人身安全。

5月19—21日 国务院扶贫办在广元召开汶川地震灾后贫困村恢复重建工作暨培训会议，总结贫困村灾后恢复重建试点工作，动员和部署全部贫困村灾后恢复重建工作。

5月20日 江油—河南工业园举行开工暨首批河南企业入园仪式。工业园是河南省援建的最大单项工程项目，用地面积约6.7平方公里。是日，河南煤化集团、义煤集团、新乡天丰集团、郑州燕南集团4家企业首批签约入驻园区，总投资2.4亿元。

5月22—24日 中国红十字会在天水召开汶川地震灾区灾后恢复重建工作会议，分析红十字会系统开展灾后恢复重建工作情况，就如何进一步做好灾后恢复重建工作提出要求。

5月25日 四川省委、省政府向中共中央、国务院报送《关于“5·12”汶川特大地震一周年工作情况的报告》。同日，省政府发出《关于进一步落实责任加快推进学校灾后恢复重建的通知》。

5月31日 中宣部、中央文明办、共青团中央、教育部、新闻出版总署在都江堰举办“向灾区学校捐赠优秀读物”活动，首批捐赠133万册优秀少儿图书。

6 月

6月2日 住房城乡建设部在都江堰召开地震灾区恢复重建工程质量管理经验现场交流会，要求各地在确保工程质量的前提下加快工程进度。会议还对严格恢复重建工程基本建设程序、加强恢复重建工程质量管理等工作进行部署。

6月2日 甘肃省政府办公厅发出《关于规范灾后重建和扩大内需数据报送及发布工作的通知》。

6月4日 四川省重灾市州农业灾后恢复重建暨安全度汛工作会议在资阳召开。

6月5日 住房城乡建设部公告发布新修订的国家标准《建筑抗震鉴定标准》（GB 50023—2009），自7月1日起实施。18日，住房城乡建设部公告发布《建筑抗震加固技术规程》，自8月1日起实施。

6月5日 林业局在成都召开地震灾后林业恢复重建座谈会，听取有关恢复重建项目报批、资金落实、工程进展及存在问题的情况报告，针对生态修复基金安排滞后、建设进度较慢、规划任务按期完成压力较大等问题进行研究。

6月5—11日 以全国政协副主席李金华为团长的全国政协灾后重建考察团一行到成都、德阳、绵阳等地震重灾地区进行考察。

6月7—9日 山东省省长姜大明率山东省党政代表团到北川检查指导对口援建工作。7日，代表团在北川组织召开山东省援建工作座谈会。8日，姜大明在成都与四川省委书记刘奇葆、省长蒋巨峰等就山东省对口援建工作交换意见。同日，山东省援建北川新县城的5类63个项目全面开工建设。

6月7—10日 中共中央政治局常委、中央书记处书记、国家副主席习近平，中共中央政治局委员、中央书记处书记、中组部部长李源潮等一行到庆阳、陇南、天水、兰州等地的农村、企业、学校和科研院所调研灾区恢复重建、开展深入学习实践科学发展观活动和加强党的建设等工作情况。调研期间，习近平专程到陇南市徽县龙头新村、天水市秦州区贾家寺村，实地了解地震灾区群众的生产生活情况。习近平指出，要继续把恢复重建工作作为重中之重来抓，坚持突出重点、以人为本，因地制宜、量力而行，确保达标、逐步完善，明确责任、加强管理，高质量完成恢复重建任务，努力建设人民安居乐业、城乡共同繁荣、人与自然和谐相处的幸福美好新家园。

6月8日 中国文物保护基金会、中国文物保护基金会古陶瓷专项基金管理委员会、四川省文物局、三星堆博物馆联合主办的“文物保护、我们携手——为四川灾后文物修复工程”在北京启动。28日，在“三星堆发现80周年暨震后修复文物返还仪式”上，经过专家精心修复的11件珍贵文物被交还给三星堆博物馆。

6月8日 中国—意大利能源环境合作项目——陇南市武都区震后生活垃圾管理及紧急干预项目在武都启动。项目总投资62万欧元，由意大利政府提供。

6月9日 四川灾后重建投资项目推介会暨新闻发布会在南宁举行。在会后举行的集体签约仪式上，四川省17个市（州）签约项目达107个，涉及总投资150.7亿元。

6月11—13日 全国政协副主席、港澳办主任廖晖一行到广元、绵阳、成都、阿坝等地灾区考察7个港澳援建项目，并到都江堰市沪都家园、汶川映秀镇漩口中学遗址和映秀新镇进行考察。考察期间，在成都召开港澳特别行政区参与四川灾后重建工作座谈会。

6月13日 在第15届中国兰州投资贸易洽谈会上，陇南市举行深圳·陇南投资采购启动暨招商引资签约仪式，签订合同项目33项，引进资金25.5亿元。

6月14—19日 审计署审计长刘家义一行到四川灾后恢复重建审计现场考察审计工作。18日，审计署在成都召开汶川地震灾后恢复重建跟踪审计工作现场会。

6月15—16日 陕西省省长袁纯清一行到勉县、镇巴、西乡等地调研加快灾后恢复重建步伐、发展县域经济问题。

6月16日 中国化工四川蓝星机械有限公司灾后异地重建项目在德阳高新技术产业园区开工建设，2010年6月建成投产，总投资15亿元。项目围绕大化肥、石油化工、盐化工和煤化工，形成300～650吨级重型容器、50～100吨级不锈钢和特材容器、2000～10000立方米球罐3条生产线，年工业产值可达15亿～20亿元。

6月17日（莫斯科当地时间） 国家主席胡锦涛在莫斯科同俄罗斯总统梅德韦杰夫举行会谈。胡锦涛对俄方邀请中国四川汶川地震灾区少年儿童赴俄罗斯疗养表示感谢，并邀请1000名俄罗斯中小学生2010年赴华参加夏令营活动。2010年7月31日至8月9日，第一批赴华参加夏令营的500名俄罗斯中小学生到北京、大连、青岛三地参观游览。2011年7月30日至8月10日，第二批赴华参加夏令营的450名俄罗斯中小学生在60名俄方工作人员陪同下到北京、上海、大连三地参观游览。

6月17日 吉林省对口支援黑水县恢复重建工作领导小组办公室成立对口援建黑水县前方指挥部。

6月22日 税务总局向四川省国税局发出《关于"5・12"地震受灾企业延期缴纳税款和欠税问题的批复》，对地震灾害中已消亡纳税人欠税核销、未消亡纳税人欠税核销、延期缴纳税款等问题作出规定。

6月24日 在北京召开的十一届全国人大常委会第九次会议上，发展改革委主任张平受国务院委托，向会议作《国务院关于四川汶川特大地震灾后恢复重建工作情况的报告》。报告说，灾后恢复重建取得了重要的阶段性成果，为夺取抗震救灾的全面胜利奠定了坚实基础。截至2009年4月底，四川、甘肃、陕西三省灾后恢复重建项目开工2.1万余个，完工项目9400余个，完成投资3600余亿元，占规划总投资的36%左右。

6月24日 四川省政府在成都召开全省地震遗址保护及博物馆建设工作会议，成立四川省地震遗址博物馆、纪念地建设协调小组。7月13日，省政府在成都召开地震遗址遗迹保护和博物馆纪念地建设工作协调会，与中国地震局、国家文物局组成的工作组就地震遗址遗迹保护及博物馆、纪念地建设工作进行协调沟通。

6月25—27日 中共中央政治局委员、国务院副总理回良玉到绵阳、德阳、都江堰等地受灾严重的乡村查看灾后重建进展情况，了解受灾群众生产生活。

6月28日 汶川地震灾后重建重点项目陕西汉中汉江钢铁（集团）股份有限公司500万吨钢铁技改项目在勉县循环经济产业园开工建设。项目占地面积约206.67公顷，总投资137.04亿元，分3期建设。项目建成后，总体生产规模可实现500万吨/年。

6月29日 四川省"5・12"地震灾后恢复重建委员会在成都召开第五次全体会议，强调要抓紧推进残疾人康复中心项目规划和建设管理工作，扎实抓好地震灾区再生育服务工作。

6月30日 甘肃省委、省政府在兰州召开全省科学有序做好灾后重建工作会议，分析研究灾后重建工作中出现的新情况、新问题，进一步统一思想，强化措施，调动各方积极性，确保完成全省灾后重建目标任务。

6月30日 崔学选同志先进事迹报告会在济南举行。崔学选是潍坊市建设局局长、山东省对口支援北川灾后恢复重建工作指挥部新县城建设组组长，因长期高强度工作，积劳成疾，于2008年9月病倒在援建前线。2009年5月15日，山东省委授予崔学选“山东省优秀共产党员”荣誉称号，并号召在全省广大党员干部中开展向崔学选学习活动；7月13日，崔学选病逝；8月13日，崔学选同志先进事迹报告会在绵阳举行。

7 月

7月3日 财政部、国土资源部下达四川省新增建设用地土地有偿使用费预算10亿元，专项用于因灾失地农民安置中与土地有关的支出。

7月5日 成（都）绵（阳）乐（山）客运专线铁路开工建设。该铁路全线长312.6公里，纵贯四川盆地，连接四川省辖主要城市。2008年7月2日，工程被纳入国家汶川地震灾后重建专项规划。铁道部批复该铁路建设概算投资405.92亿元。2012年12月2日，铁路开始铺轨，计划于2013年年底开通。

7月7日 达州至成都铁路扩能改造工程全线建成开通。工程开工于2005年6月，总概算116亿元。扩能改造后的达成铁路遂宁至成都段建成三线电气化铁路，三汇镇至遂宁段建成双线电气化铁路。列车设计时速从改造前的80公里分别提高到200公里和160公里。

7月10日 汶川地震灾后人力资源和社会保障公共服务设施恢复重建工作座谈会在成都召开。

7月13日 卫生部、英国国际发展部在成都启动灾后心理援助服务模式项目。2010年1月16—17日，双方在成都召开灾后心理援助服务研讨会，总结灾后心理援助实践经验，重点讨论灾后心理援助服务工作模式和长效机制，研究适合中国人群心理和文化特点的心理危机干预理论。

7月13日 审计署印发《关于加强汶川地震灾后重建跟踪审计工作的指导意见》。同日，审计署和有关参与审计的单位在四川、甘肃、陕西三省分别建立灾后恢复重建跟踪审计协调小组。

7月13—15日 达沃斯世界风险论坛、民盟中央灾害与社会管理专家论坛等联合发起的

2009年中国·成都国际灾害风险大会在成都举行，总结中国和国际社会应对汶川地震的成功经验，共商加强综合灾害风险管理的发展战略。

7月14—16日 海峡两岸关系协会会长陈云林、海峡交流基金会董事长江丙坤一行到汶川、都江堰等地考察四川省灾后恢复重建情况。14日，四川省政府、海峡两岸关系协会在成都共同举办四川省灾后重建情况介绍会。

7月14—18日 强降雨袭击四川省部分汶川地震重灾地区，成都、绵阳、德阳、广元、阿坝等7个市（州）的37个县（市、区）、221万人不同程度受灾。全省因灾死亡9人、失踪13人，紧急转移安置12.9万余人，直接经济损失约20.6亿元。17日17时30分，国家减灾委、民政部启动国家四级救灾应急响应，并派出工作组赶赴灾区，协助四川省开展抗灾救灾工作。

7月15日 国际农业发展基金四川灾后重建农村沼气项目签字仪式在北京举行，国际农发基金向四川灾区提供约2897万美元贷款。10月10日，四川灾后重建农村沼气项目在绵阳正式启动，国际农业发展基金2897万美元贷款和150万美元赠款投向绵阳市涪城区、游仙区、梓潼县、三台县的农村沼气建设。项目可使6万农户、近180万人从中受益。

7月17日 江西省援建小金县的美沃乡至汗牛乡农村公路C标段物资中转站发生大面积泥石流，造成4人遇难、1人失踪，部分施工机械设备、建材被冲毁。11月21日，小金县为在灾害中遇难的5名江西援建队员立碑纪念。

7月19日 海军援建的四川省“东汽八一中学”竣工并交付使用。学校开工于2008年10月29日，占地6.67公顷，总建筑面积2.8万平方米。

7月20日 茂县高载能工业经济园区项目集中开工暨奠基仪式在茂县土门镇举行。园区规划面积6.2平方公里，主要发展工业硅、电石、氯酸盐产品、铝型材等产业。至2011年9月30日，园区有工业企业16家，入园企业累计投资50亿元，实现工业总产值130亿元。

7月22日 济南军区援建的“北川擂鼓八一中学”交付使用。学校开工建设于2008年8月17日，占地面积约7.2公顷，总建筑面积3.2万余平方米，项目总投资1亿元。

7月23日 财政部办公厅、海关总署办公厅、税务总局办公厅联合发出《关于落实汶川地震灾后重建进口税收政策有关问题的通知》。

7月23日至8月12日 四川、甘肃、陕西灾区的550名中小学生应俄罗斯政府邀请，到俄罗斯符拉迪沃斯托克市“海洋”全俄儿童中心疗养。

7月24—25日 中共中央政治局委员、上海市委书记俞正声和市长韩正率领上海市党政代表团到都江堰慰问上海市援建队伍，考察援建项目进展情况。24日，四川省委书记刘奇葆等与上海市党政代表团在成都举行座谈。

7月25日 文物局在成都召开震后文化遗产保护研讨会。

7月25日 由于连日大雨冲击，国道213线都汶路彻底关大桥附近岷江右岸山体垮塌，彻底关大桥4号桥墩被巨石砸断，造成桥面坍塌、国道213线中断，至当日16时30分，灾害造成6人死亡。灾害发生后，四川省委书记刘奇葆、省长蒋巨峰要求全力抢通保通灾区"生命线"。31日，彻底关大桥恢复通车。

7月27日 中共中央政治局常委、中央纪委书记贺国强看望慰问正在中央纪委监察部北戴河培训中心培训休养的四川汶川地震灾区基层纪检监察干部。中共中央书记处书记、中央纪委副书记何勇一同看望慰问。

7月27日 总政治部、总后勤部联合发出《关于加强汶川地震灾后部队基础设施恢复重建和援建项目财经监督检查的通知》。

7月29日 卫生部在成都召开汶川地震灾区医疗卫生恢复重建对口支援工作协调会议，要求加大对口支援协调力度，细化制订对口支援工作计划和年度工作目标，落实工作责任，安排配备人力、物力、财力，有计划、分阶段扎实推进各项支援任务。

7月30日 甘肃省政府办公厅发出《关于对全省重大项目建设及扩大内需政策落实和灾后恢复重建进展情况进行督促检查的通知》。

7月30日至8月6日 四川地震灾区60名少年和7名工作人员到蒙古首都乌兰巴托西郊的"友谊"国际儿童中心访问。2008年8月24日，国务院总理温家宝在会见蒙古总理巴雅尔时，巴雅尔提出邀请四川地震灾区孩子们到蒙古访问。

7月31日 第二炮兵援建的"汶川八一小学"竣工并交付使用。学校位于汶川县水磨镇，开工建设于2008年11月17日，总建筑面积1.78万平方米，项目总投资8000余万元。

8月

8月4日 审计署向国务院上报《关于2009年上半年汶川地震灾后恢复重建跟踪审计情况的报告》。中共中央政治局常委、国务院总理温家宝批示："汶川地震灾后恢复重建情况全社会关注，建议将审计报告向国务院汇报。"此后，审计署还分别向国务院上报2009年下半年、2010年上半年、2010年下半年《汶川地震灾后恢复重建跟踪审计情况的报告》。

8月5日 空军援建的彭州市龙门山镇九年制学校新校舍竣工。项目投资1850万元，其中成都军区空军部队援助500万元。

8月6日 财政部印发《中央管理企业灾后恢复重建贷款贴息资金管理办法》。同日，财政部、国土资源部拨付甘肃省新增建设用地土地有偿使用费灾后土地整理复垦开发资金1亿元。

8月6日 汉源县顺河乡境内省道发生罕见的山体高位崩塌，山体大面积滑移，形成堰塞湖。山体崩塌造成2人死亡、29人失踪、18人受伤，有5个乡（镇）、227户受灾，损坏房屋1236间。7日，四川省委负责人、常务副省长魏宏等赶赴现场指挥抢险救援。至14日，经过多次成功爆破，险情排除。

8月9日 甘肃省政府办公厅发出《关于陇南天水甘南三市州受灾农户住房重建贷款项目的通知》，明确以省工业交通投资公司为融资平台，向国家开发银行贷款32亿元，解决陇南、天水、甘南两市一州受灾农户住房重建贷款缺口。

8月12日 四川省委、省政府印发《关于全面开展城乡环境综合治理的决定》，四川地震灾区城乡环境综合治理活动全面启动。

8月12—14日 由民政部和国务院扶贫办支持，中国扶贫基金会牵头策划、组织的“社会组织5·12行动论坛暨公益项目交流展示会”在北京举行。

8月13日 福建省援建的彭州市敖平中学、白马中学等9所学校全部竣工并交付使用。9所学校总建筑面积近14万平方米，总投资超过3.5亿元。

8月14日 国务院汶川地震灾后恢复重建工作协调小组在北京召开第三次全体会议，审议研究《关于汶川地震灾区部分在外务工经商人员及其家属在就业地落户的指导意见》《关于灾后恢复重建规划项目调整的指导意见》和《关于落实十一届全国人大常委会第九次会议审议意见和建议的工作分工》，并就规划实施中期评估相关工作做出部署。随后，发展改革委办公厅发出《关于印发落实十一届全国人大常委会第九次会议对灾后恢复重建工作情况报告的审议意见和建议工作分工的通知》，将归纳整理成的15个问题按工作职能分别落实到国家有关部门和四川、甘肃、陕西3个重灾省。有关部门和灾区省按照工作分工，制定具体措施，认真贯彻落实每个问题。

8月14—18日 中共中央政治局常委、全国政协主席贾庆林等一行到阿坝、绵阳、德阳、成都等地灾区就促进灾后恢复重建和经济社会发展进行调研。贾庆林强调，加快四川灾后恢复重建，要注重推进产业结构优化升级，注重增强自主创新能力，注重发挥民营企业和民间资本的作用，注重保障和改善民生，注重全面发挥对口支援机制的长效作用，使恢复重建成为一个发展和提升的过程。

8月17日 财政部下达2009年中央财政地震灾后恢复重建基金地方包干资金118.17亿元。

8月18日 财政部、环境保护部拨付甘肃省灾后重建环境综合整治资金1亿元。

8月19日 工业和信息化部批准中国电信四川公司申报的《成都至国际出口高效、直达数据专用通道建设方案》。这是成都通信枢纽灾后重建重大项目。11月初，中国电信四川公司完成国际专用数据通道高新南区接入路由器及园区交换机的建设工作，形成用户受理及使用能力。11月中旬，测试结具表明，在成都本地访问国际互联网平均速度提高30%～50%。

8月19日 四川省政府在成都召开常务会议，审议通过《北川、映秀、汉旺、深溪沟地震遗址遗迹保护及博物馆建设项目规划》。北川县城、汶川县映秀镇、绵竹东汽汉旺厂区、都江堰虹口深溪沟4处典型遗址遗迹作为重点建设项目纳入建设规划，即地震遗址博物馆（北川）、汶川地震震中纪念地（汶川）、工业遗址纪念地（汉旺）和地震遗迹纪念地（虹口）。10月15日，根据中央领导指示精神，“北川地震遗址博物馆”更名为“北川地震遗址纪念馆”。

8月20日 浙江省委书记赵洪祝率浙江省党政代表团到青川考察对口援建工作，看望慰问援建人员和青川县干部群众，并召开浙江省对口援建工作座谈会。

8月20—21日 测绘局局长徐德明一行到绵阳地震灾区考察灾后重建情况。

8月22—30日 应日本政府邀请，四川地震灾区高中生访日团86名高中生和11名随行工作人员到日本访问交流。

8月24日 成都军区援建的“都江堰市八一聚源高级中学”竣工并交付使用。学校开工于2008年10月7日，占地面积约7.73万平方米，建筑面积约3.76万平方米，总投资约1.33亿元。

8月24日 甘肃省政府、国家开发银行在兰州签订《“5·12”地震受灾农户住房重建项目合作协议》。根据协议，国家开发银行一次性提供贷款32亿元，支持陇南、天水、甘南16万受灾农户住房重建。

8月24—27日 民政部部长李学举一行到宁强考察灾后恢复重建情况，并考察陕西省救灾救助和社会福利中心建设工程。

8月25—26日 湖南省委书记张春贤、省长周强率湖南省党政代表团到理县考察对口援建工作，并召开湖南对口支援理县工作汇报会。25日，湖南省援建理县14所学校工程全部竣工并交付使用。项目开工于4月20日，总投资约2.4亿元。

8月27日 财政部发出《关于对汶川地震受灾主权外债项目实施债务减免的函》，明确对极重灾区和重灾区受灾严重的公益性主权外债项目实施债务减免，包括欠款和债务余额，减免金额共8.97亿元，全部由中央财政承担，以减轻灾区债务负担，支援灾后重建工作。

8月27日 空军援建的“什邡市蓥华八一学校”建成并交付使用。学校开工建设于1月11日，建筑面积7763平方米，项目总投资7000余万元。

8月27日 广东省援建汶川县的16所学校项目整体交钥匙仪式在汶川县第一中学举行。16所学校总建筑面积22万多平方米，项目总投资超过8.7亿元。其中，汶川县第一中学于1月19日开工，是广东省对口援建汶川县建设规模最大的项目，由震前原威州中学、桑坪中学、七盘沟中学合并而成，占地面积约9.87万平方米，建筑面积约6.89万平方米，项目总投资2.57亿元。

8月28日 上海市援建都江堰市22所学校移交仪式在向峨小学举行。22所学校总建筑面积37万平方米，项目总投资12亿元。其中，重建的向峨小学是全国唯一一所全木质结构学校。同日，上海市与都江堰市签订学校项目运行费用资助协议。

8月30日 北京市、什邡市签订《什邡市农产品及特色产品进京销售合作框架协议》。根据协议，什邡市农产品及特色产品以“零费用”进入北京超市。

8月30日 浙江省全额援建青川县39所中小学项目整体移交仪式在青川县关庄中学举行。39所学校建筑面积36万平方米，项目总投资10.46亿元。

8月31日 香港特区援建的汶川县水磨中学落成。学校总投资1.54亿元，其中香港特区援助5562万元，其余由广东省佛山市援助。这是香港特区援建的首个完工项目。

9月

9月1日 由“特殊党费”捐建、上海市援建的“都江堰市七一聚源中学”落成暨开学典礼举行。工程开工于2008年12月17日，占地面积约5.34万平方米，建筑面积约2.57万平方米，项目总投资7200余万元。四川省49所由“特殊党费”援建学校统一更名为“七一”学校。

9月1日 江苏省援建绵竹市首批55所学校、幼儿园交付使用。55所学校、幼儿园建筑面积约33.7万平方米，项目总投资9.83亿元。

9月2日 中共中央政治局常委、国务院总理温家宝在北京主持召开国务院常务会议，听取审计署审计长刘家义关于汶川地震灾后恢复重建跟踪审计阶段性情况汇报。会议要求各有关地方和部门严格执行灾后恢复重建资金使用各项规定，加强对恢复重建的审计，认真做好审计整改和捐赠资金使用情况公告工作。

9月2日 湖北省对口支援汉源县农业智力技术“1185工程”基建项目正式启动。该工程是湖北省对口援建汉源县“智力技术支援”工程之一，项目总投资1700万元，包括在汉源扶持建立1个马铃薯产业、1个农业远程教育网络平台、8个乡镇农业科技示范场以及指导开展5000名骨干农民培训。

9月3日 财政部地震灾后文化遗产抢救保护基金第一批资金6.2245亿元陆续下达到德阳、广元两市及中江、广汉、理县等12个县（市）。国家核定的灾后文化遗产抢救保护基金总控制数为24.22亿元。

9月3日 阿塞拜疆共和国捐资援建的江油市厚坝镇小学竣工。学校开工于2008年12月4日，建筑面积2400多平方米，项目投资72.6万美元。

9月4日 天津市援建的宁强县天津高级中学举行竣工典礼仪式。工程开工于2008年8月19日，占地面积约13.2万平方米，建筑面积约5.7万平方米，项目总投资约2.42亿元，其中天津援建资金约2.25亿元。该中学是陕西灾后重建投资最多、规模最大的一所学校。

9月7日 民政部、发展改革委、监察部、财政部、审计署联合发出《关于进一步做好汶川地震抗震救灾捐赠资金使用情况反馈工作的通知》。

9月7—11日 审计署邀请北京师范大学教授董藩等民主党派、社会团体和无党派人士担任的特约审计员组成督导组，到四川督导、检查汶川地震灾后恢复重建跟踪审计工作。

9月8日 香港特区援建的绵（竹）茂（县）公路开工建设。该路全长56公里，项目总投资32.33亿元，其中香港特区政府出资20亿元，是香港援川资金量最大的基础设施工程。2010年7月26日、8月18日，建设中的绵茂公路两次遭遇山洪袭击，受损严重。随后，绵茂公路避开地质灾害点重新建设，工程投资调增到33.29亿元。

9月9日 发展改革委、财政部联合向国务院呈报《关于汶川地震灾后恢复重建规划项目调整工作的请示》。

9月9日 全国质监系统援建四川质监灾后重建工作座谈会在成都召开。

9月10日 四川省政府与澳门基金会分别在北川、广汉签署《澳门基金会援助北川羌族民俗博物馆项目的合作协议》《澳门基金会援助三星堆博物馆及三星堆遗址灾后恢复重建项目的合作协议》。根据协议，澳门基金会援助1亿澳门元建设北川羌族民俗博物馆，援助约1.2亿元人民币建设广汉三星堆博物馆。

9月11日 国家旅游局、四川省政府在都江堰签署《灾后恢复重建旅游产业紧密合作协议》。根据协议，国家旅游局在四川重振旅游工程、四川加快旅游产业化发展、探索统筹城乡旅游发展工作、开展旅游线路统筹研究、宣传促销、人才培训、旅游标准化建设等方面支持四川旅游业发展。

9月12日 武警部队援建的“茂县八一中学”竣工并交付使用。学校开工于3月18日，占地面积约6.8公顷，总建筑面积约2.9万平方米，项目投资8000万元。

9月12日 广东省惠州市对口支援汶川县三江乡恢复重建项目整体竣工暨继续支持受援方产业发展合作协议签约仪式在三江乡举行。

9月13日 什邡—北京产业园首批项目开工奠基。首批开工项目包括产业园起步区孵化器（标准厂房）和新建环保漆（涂料）生产项目。产业园规划面积9.1平方公里，项目总投资3.2亿元。同日，举行北京对口支援什邡产业援助工作座谈会暨结对帮扶及投资项目签约仪式，共计签订投资项目协议14个。

9月14日 发展改革委办公厅发出《关于做好汶川地震灾后恢复重建规划实施中期评估工作的通知》，委托中国国际工程咨询公司开展启动恢复重建规划实施中期评估工作。10月26日至11月18日，该公司组织11个专题评估组近百名专家到四川、甘肃、陕西三省灾区调研，对规划实施情况进行评估，并针对存在问题提出建议。2010年3月7日，发展改革委向国务院上报《关于汶川地震灾后恢复重建规划实施中期评估情况的报告》。

9月14日 审计署发布《汶川地震灾后恢复重建跟踪审计结果（第1号）》公告，公布审计署组织驻成都等4个特派办对投资较大的76个重点项目（规划总投资336.94亿元）阶段性跟踪审计结果。审计结果表明，资金使用和建设管理情况总体是好的，未发现重大违法违规问题。

9月14日 都江堰市灾后重建情况介绍暨项目推介会在上海举行。400多家上海企业（园区）参加推介会，共签订53个投资项目协议，签约金额30.6亿元。

9月16日 日本兵库县支援四川灾区医疗设施重建项目协定书交换仪式在成都举行。兵库县为四川地震灾区募捐的4100万日元用于支援绵阳市涪城区青义中心卫生院重建。仪式上，兵库县还向四川赠送《阪神大震灾·创造性复兴》一书，与四川分享防灾减灾经验。2010年7月26日，青义博爱中心卫生院门诊与公共卫生综合大楼正式竣工并投入使用，总建筑面积1654平方米。

9月17日 陕西省政府在西安举行新闻发布会，宣布全省地震灾区农村民房恢复重建任务基本完成。至2009年8月底，陕西省121426户农村居民重建任务中开工121362户，竣工121008户；一般损坏房屋修缮任务于2008年年底全部完成。

9月21日 发展改革委向四川省政府办公厅发出《关于汶川地震灾区活动板房处置有关问题的复函》，同意四川省政府提出的以地方政府为活动板房处置责任主体、采取综合循环利用处置方式、中央适量储备与援外统筹安排、加强活动板房处置中环境保护方面的指导监督等意见。该函同时明确，甘肃、陕西两省灾区活动板房处置工作参照以上意见执行。

9月22日 发展改革委、财政部联合发出《关于做好汶川地震灾后恢复重建规划项目调整工作的通知》，明确因规划和实施条件发生变化而需要对部分规划项目进行必要调整。调整内容包括单项项目建设规模、单项项目建设布局、同类建设项目必要整合、规划编制时由于基础资料不明确未列入规划的漏项、项目资金安排必要调剂。通知还明确，规划项目调整引起的中央投资增减，原则上在同类专项规划对应的中央地震灾后恢复重建包干资金分类控制数中调剂解决。

9月22日 由八一电影制片厂摄制、展现全国军民抗震救灾的重大现实题材影片《惊天动地》在北京举行首映式。中共中央政治局委员、国务院副总理回良玉等出席首映式，并会见影片主创人员。

9月23日 工业和信息化部在广州举办第六届中国国际中小企业博览会汶川地震灾区中小企业投资项目推介会。四川、陕西、甘肃三省现场签约项目达24个，项目投资总额达66.9亿元。

9月23日 河南省对口援建江油市首批项目竣工暨第三批项目启动仪式在江油举行。

9月24日 陕西省十一届人大常委会第十次会议表决通过《关于批准陕西省2008年省级财政决算的决议》《关于批准追加陕西省2009年省级财政支出预算的决定》，批准追加2009年省级财政支出预算15.12亿元，其中地震灾后恢复重建支出7亿元。

9月24—26日 中共中央政治局常委、国务院总理温家宝到北川、青川、都江堰、汶川等地调研灾后恢复重建情况。24日晚和25日晚，温家宝主持召开座谈会，分别听取四川省委、省政府情况汇报，并就灾后恢复重建发表讲话。温家宝强调，要努力推进各项工作，夺取灾后恢复重建全面胜利。当前要重点抓好10件事：确保灾区群众早日住上永久性住房，尽快全面恢复公共服务功能，恢复和提高基础设施保障能力，高度重视余震监测和地质灾害防治，积极促进特色优势产业发展，有序推动生态恢复建设，全力做好对口支援工作，加强资金使用全程监督和审计，认真做好规划实施中期评估工作，确保灾区社会和谐稳定。温家宝强调，灾后恢复重建要把确保工程质量和安全放在第一位，决不能为了赶进度而降低标准、要求和质量。

9月25—28日 甘肃省委书记陆浩、省长徐守盛等到陇南市武都区、成县、康县、文县及舟曲县等地查看灾后恢复重建进展情况。

9月26日 中国华能太平驿水电站第四台机组（1号机组）恢复并网发电。至此，该电站4台机组发电全部恢复至震前水平。该电站恢复重建工作始于2008年6月15日，总装机容量26万千瓦，总投资3.68亿元。

9月26日 宝（鸡）天（水）高速公路通车。宝天高速公路全长40.2公里，开工建设于2007年3月，概算投资27.2亿元。汶川地震灾后重建启动后，国家将宝天高速公路（陕西段）后续建设纳入灾后恢复重建总体部署，工程至此完成。

9月28日 温州人黄加园个人捐款4500万元援建的绵竹市汉旺中学举行竣工典礼。该中学为异地重建，建筑面积2.2万平方米。

9月29日 铁道部、陕西省政府在汉中举行汉中灾后重建铁路职工住宅小区入住暨汉中车站改扩建工程开工仪式。汉中车站改扩建工程是国家灾后重建重点工程——西安至成都客运专线的配套项目，项目总投资10.06亿元。2012年5月，站房主体结构封顶。

9月30日 上海市援建的10万平方米标准厂房创业就业基地开工仪式在都江堰举行。该项目占地面积14万平方米，总建筑面积8.6万平方米，总投资约2亿元。至此，上海援建形成了覆盖第一产业（10万亩现代农业聚集区）、第二产业（10万平方米标准厂房创业就业基地）、第三产业（1.5平方公里“壹街区”）的“造血”功能项目。2010年7月27日，项目竣工。

9月30日 江西省援建小金县的美汗农村公路全面通车。公路开工于3月22日，全长51.66公里，是对口援建项目中海拔最高的项目。该路建成结束了汗牛、窝底、潘安三乡需绕道甘孜才能到达小金县城的历史。

10 月

10月1日 灾后重建的宝成铁路绵阳、德阳、广元、江油车站站房工程开工。2010年10月1日，投资2.42亿元的新建绵阳火车站建成投入使用，建筑面积1.5万平方米。

10月9日 四川省在都江堰市“勤俭人家”板房区启动地震灾区儿童疫苗接种项目。该项目一期为都江堰、绵竹灾区1.4万余名婴幼儿免费接种轮状病毒疫苗。

10月11日 财政部上报国务院《财政部关于2009年中央国有资本经营预算（草案）的请示》，安排资金139.16亿元，对受汶川地震灾害影响的中央企业注入资本金。

10月11—20日 中国残联、联合国儿童基金会在成都举办以心理辅导为主要内容的四川地震灾区特殊教育师资培训班。

10月12日 环境保护部发布《地震灾区活动板房拆解处置环境保护技术指南》。

10月14日 江苏省、绵竹市联合主办的江苏·绵竹产业合作洽谈会暨项目签约仪式在绵竹举行，江苏省111家企业与绵竹市签订118.66亿元的投资合作协议。是日，无锡市3家企业正式落户汉旺无锡工业园，总投资8.1亿元。

10月15日 四川—央企产业对接合作座谈会暨项目签约仪式在成都举行，成都、德阳、绵阳、阿坝等18个市（州）与26家中央直属企业签署46个合作项目、总投资1090亿元，涉及能源、化工等领域。

10月16日 富士康成都产业基地项目签约仪式在成都举行。该基地总投资10亿美元，涉及软件开发、精密模具生产、现代物流以及3G数码产品卖场等多个项目。2010年10月22日，富士康在成都投资的首个生产性项目投产。

10月16日 广东省对口支援汶川县映秀镇恢复重建项目总体计划下达，安排对口支援资金9.95亿元。

10月16—20日 第十届中国西部国际博览会在成都举行。博览会上，四川省签订投资促进项目协议1146个，总投资额4705亿元。

10月18—20日 中国大坝协会和巴西大坝委员会等联合举办的第一届堆石坝国际研讨会在成都举行。会上，紫坪铺水库大坝因在汶川地震中经受住8.0级强震考验，被授予国际堆石坝里程碑特别工程奖。

10月20日 财政部、交通运输部向四川、陕西、甘肃三省拨付2009年车辆购置税用于地震灾后恢复重建支出预算39.75亿元，其中四川省23.98亿元、甘肃省7.6亿元、陕西省8.17亿元。

10月20日 宝鸡市众喜金陵河水泥有限公司新型干法水泥生产线竣工投产。该项目开工于2008年11月，总投资12亿元，一期投资6亿元，建成后可年产400万吨高性能水泥，实现产值14亿元。

10月20日 广州市援建汶川县威州镇地震灾后恢复重建城镇住宅安置小区（阳光家园）一期工程竣工验收。一期工程开工于2月16日，占地面积4.5万平方米，建筑面积约7.4万平方米，建设住房826套，项目总投资2.58亿元。阳光家园工程包括4期安置房，总投资近8亿元，总建筑面积26万平方米，可安置群众2800余户。这是四川地震灾区灾后重建投资规模最大的安置房工程。

10月22日 国务院汶川地震灾后恢复重建工作协调小组在松潘召开汶川地震灾后恢复重建对口支援工作座谈会，要求全面推进规划项目建设，确保质量安全、施工安全和资金安全，抓好项目竣工验收、交付使用和后期管理工作，进一步为对口援建创造有利条件，积极探索巩固援建成果的长效机制。

10月22日 四川省“5·12”地震灾后恢复重建委员会在成都召开第六次全体会议，对灾后恢复重建各项重点工作进行部署。会议要求，要突出重点，保障民生，继续把住房、学校、医院、康复机构等民生项目作为重点摆在优先位置，继续抓开工、抓进度，努力做到早开工、早建设、早完工。

10月23日 四川省政府在成都召开全省地震重灾区城镇住房重建推进及农村特困户帮扶

工作会议，要求在2010年5月底前基本完成城镇居民住房重建任务。

10月24日 都江堰市人民检察院通报，该院起诉一起地震期间数额巨大的盗窃案。犯罪嫌疑人袁氏兄弟二人在震后人们躲避余震间隙，趁乱多次在极重灾区都江堰市盗窃受灾群众和商家财物，盗窃数额特别巨大，二人分别被依法判处有期徒刑12年6个月、12年。

10月26日 甘肃省政府、深圳市政府在兰州举行甘肃—深圳对口支援暨长期战略合作座谈会，并签署《长期战略合作框架协议》。根据协议，双方在能源、经贸、教育、医疗卫生、劳务、文化旅游等方面开展合作，建立合作协调机制，推进共同发展。

10月27日 四川省政府发出《关于又好又快推进灾后恢复重建的通知》，从加快推进住房重建、加快公共服务设施重建、加强基础设施恢复重建工作、高度重视地质灾害防治和隐患治理、培育壮大特色优势产业、有序推进生态恢复建设、全力做好对口支援工作、加强资金使用全程监督审计、认真做好规划中期评估、切实关心干部群众生活等方面提出要求。

10月27—28日 住房城乡建设部、四川省政府在绵阳联合召开北川新县城规划建设工作推进协调会。

10月28日 湖北省委、省政府在武汉召开湖北省对口支援汉源县乡镇援建工作表彰会。至8月31日，汉源县除县城富林镇外的22个乡（镇）涉及教育、交通、文化、卫生、体育、水利、电力及社会福利等方面的63个援建项目全部竣工并交付使用，总投资近4.2亿元。

10月29日 四川省政府在成都召开常务会议，决定灾后恢复重建增加部分民生工程和关系灾区经济社会可持续发展的重大基础设施及产业恢复重建项目，调减一些因地质灾害和余震等原因不再继续实施的项目，同时严格控制和压缩行政机关重建项目投资。

10月30日 银监会在成都召开全国农村合作金融系统对口支援工作座谈会，决定各支援省份农村合作金融机构继续加大对口支援力度，共同帮助灾区农村合作金融机构在2010年全面完成受灾农村合作金融机构灾后重建任务。

10月30日 黑龙江省援建剑阁县80个项目集中开工仪式在剑阁县下寺镇举行。

11月

11月2日 经四川省政府同意，四川省环境保护厅发布《地震灾区板房拆除环境保护及污染防治指南》，对拆除后的板房在综合利用以及无害化处置方面提出规范性要求。

11月2日 青海省委、省政府向陕西省政府捐赠救灾资金1000万元，用于宝鸡市中小学灾后恢复重建。

11月4日 财政部发出《关于做好汶川地震中央财政灾后恢复重建基金调整工作的通知》，提出与灾后恢复重建规划项目调整相衔接的中央财政基金调整工作的基本原则、调整程序、时间安排，重点从单项项目重建基金安排、单项项目重建基金预算、规划项目前期费涉及的基金和预算、支持创新融资支出涉及基金安排、地方包干资金分类控制数等方面明确中央财政基金调整的主要内容。同日，财政部发出《关于拨付2009年中央管理企业灾后恢复重建贷款贴息资金的通知》，对符合政策条件的东方电气集团等11家中央管理企业给予支持，共计核拨贷款贴息资金2.71亿元。

11月4日 四川省委书记刘奇葆一行到北川调研因灾离家和失地群众安置工作。

11月4—6日 民政部部长、全国新社会组织学习实践活动指导小组组长李学举一行到甘肃省考察灾后恢复重建工作，检查指导新社会组织学习实践活动。

11月5日 财政部向中央部门及企业拨付中央财政地震灾后恢复重建部门预算资金5.1亿元。

11月6日 财政部下达2009年中央财政地震灾后恢复重建基金地方包干资金171.35亿元，其中四川省149.72亿元、甘肃省21.63亿元。

11月9日 财政部拨付甘肃省灾后重建整村搬迁资金2亿元。

11月9—10日 四川省在剑阁召开全省水库暨农村饮水灾后重建现场会，推广震损水库和病险水库除险加固经验。

11月13—14日 浙江省省长吕祖善率队到青川考察对口援建工作，并在青川召开浙江省对口援建工作座谈会。

11月13—15日 体育总局局长刘鹏率奥运冠军“全民健身灾区行”到汶川县映秀镇、都江堰、北川以及德阳等地灾区慰问，向51个地震极重灾和重灾县（市、区）捐赠725万元和一批体育器材、服装。

11月13—16日 中共中央政治局常委、中央书记处书记、国家副主席习近平到延安、西安等地的农村、企业、学校和科研单位，围绕贯彻落实党的十七届四中全会精神、开展学习实践科学发展观活动和实施西部大开发战略进行调研。调研期间，习近平叮嘱中央有关部门和陕西的干部要紧紧围绕关心和帮助汶川地震受灾群众这个中心环节，加快学校、医院等公共服务设施重建进度，确保2009年年底以前基本完成农村群众住房重建任务，帮助灾区群众建设幸福美好家园。

11月16日 陕西省政府组织联合检查组对全省学校地震灾后恢复重建项目进行集中检查。

11月18日 北京市政府与什邡市政府签署《灾后恢复重建对口支援（2008—2010年）产业合作协议》补充协议。根据协议，北京方面提供的3亿元产业援助资金，由原用于什邡方面组建国有投资建设公司资本金调整为用于什邡—北京产业园基础设施建设。

11月23日 四川省委书记刘奇葆一行到汶川县高寒山区调研灾区群众过冬情况。

11月23日 “范曾先生保护羌族非物质文化遗产捐赠仪式”在北京举行。知名画家范曾向四川省非物质文化遗产保护传承展示中心捐赠300万元，用于抢救、保护四川省羌族非物质文化遗产。汶川地震发生后，范曾曾向灾区捐款1000万元。

11月26日 民建四川省委灾后重建汇报会暨投资合作项目签约仪式在成都举行。会上，签约金额共计69.8亿元。

11月27日 中欧甘肃“5·12”地震灾区灾毁地质环境修复治理研讨会在兰州举行。会上，来自中国、美国、英国、意大利、加拿大、荷兰等6个国家的专家就甘肃地震灾区灾毁地质环境的修复与突发性地质灾害防治问题进行联合会诊。

11月30日至12月9日 财政部下达2009年中央国有资本经营预算资金139.62亿元（含2008年预拨资金50.71亿元），向受汶川地震灾害影响的中国二重等20家中央企业注入资本金。

12 月

12月1日 中组部办公厅、审计署办公厅联合发出《关于加强抗震救灾“特殊党费”援建项目审计监督的通知》。2010年3月至2011年9月，审计署先后4次组织驻成都、西安、兰州、重庆特派员办事处和受灾省市审计机关对“特殊党费”资金和援建项目进行跟踪审计。

12月1日 四川省政府在成都召开专题会议，研究进一步加强灾后恢复重建中的次生地质灾害风险控制问题。23日，省政府发出《关于切实加强汶川地震灾后恢复重建次生地质灾害风险控制工作的通知》。

12月1日 文莱政府出资100万元援建广元市元坝区清水乡树丰村小学签约仪式在元坝区举行。工程于2010年7月竣工。

12月2日 民政部向国务院上报《关于汶川地震灾区农户住房恢复重建工作情况的报告》。报告称，四川、甘肃、陕西、重庆、云南五省（市）基本完成农房重建任务。2010年5月11日，民政部公布汶川地震灾后农户住房恢复重建情况，对农房重建进度和主要工作措施作详细说明。

12月2—3日 中共中央政治局委员、广东省委书记汪洋率广东省党政代表团到汶川考察对口援建工作，看望慰问灾区群众和援建人员。3日，广东省援建汶川县十大民生工程交付使用仪式在汶川举行，汪洋把象征十大民生工程的“钥匙”交给汶川县藏族、羌族、回族、汉族群众代表。十大民生工程包括农村和城镇居民住房、医疗卫生设施、城乡供水设施、城乡道路设施、社会福利设施、文化体育设施、农村公共服务设施、农副产品流通设施、防灾避灾设施等，共333个项目，总援建资金约30.1亿元。

12月4日 卫生部办公厅发出《关于建立地震灾区心理援助工作报告制度的通知》，要求

51个地震极重灾和重灾县（市、区）每季度上报一次灾区灾后心理援助工作情况。

12月6日 由兰州军区援建的“宁强县广坪镇八一中心小学”建成并投入使用。学校开工于3月28日，占地面积约7273.82平方米，项目总投资1600万元。

12月10日 四川省政府向国务院汶川地震灾后恢复重建工作协调小组上报《关于实施〈汶川地震灾后恢复重建总体规划〉的阶段性总结报告》和《关于四川省汶川地震灾后恢复重建规划项目中期调整的报告》。2010年7月15日，省政府办公厅又向协调小组上报《关于四川省汶川地震灾后恢复重建规划中期调整的补充报告》。经调整后，四川省灾后恢复重建规划总投资由调整前的8858.4亿元调整为8613亿元，规划项目由32728个调减为29700个。

12月11日 中共中央政治局常委、国务院总理温家宝在中国气象局通过视频连线与北川、安县气象局干部职工通话，了解地震灾区天气变化情况和气象服务工作。

12月13日 四川金旗水泥有限责任公司和安徽润基水泥有限责任公司合作兴建的陇南润基水泥公司年产100万吨新型干法水泥生产线在武都区建成投产。项目总投资3.2亿元，投产后每年可实现产值4亿元以上。

12月15日 北川羌族自治县因汶川地震受灾档案抢救第二批成果交接仪式在北川举行，北川档案抢救工作领导小组向北川移交120多万页的档案全文扫描数据及全套查询利用设备。

12月16—17日 教育部部长袁贵仁一行到四川地震灾区调研教育系统灾后重建工作，先后考察北川中学、“北川擂鼓八一中学”、安县秀水二小、成都石室白马中学、彭州市职业中学和都江堰市北街小学等学校重建及新校舍运行情况，看望遇难教师家属和受伤教师。

12月16—18日 全国人大常委会副委员长、民盟中央主席蒋树声一行到广元考察灾后重建。17日，由民盟中央、四川省政协和省慈善总会共同筹资捐建的广元民盟烛光中学举行竣工典礼。学校开工建设于2009年3月13日，占地面积约8200平方米，项目投资1550万元。

12月23日 四川省政府发出《关于切实加强汶川地震灾后恢复重建次生地质灾害风险控制工作的通知》。

12月23日 都江堰市荷花池市场600套城镇重建房通过抵押未来产权模式，获得金都村镇银行贷款，受灾群众每套房最高可得到6万元的5年期贷款。这是都江堰市房管局等部门为解决地震后城镇居民住房重建资金短缺问题创建的模式，为全国首创。

12月25日 财政部提前预拨2010年中央财政地震灾后恢复重建基金地方包干资金200.03亿元，其中四川省170.05亿元、甘肃省19.98亿元、陕西省10亿元。

12月26日 全国首条老年人灾后心理危机免费救助热线——“爱心传递热线”在都江堰开通。

12月26日 上海市援建都江堰市乡镇医疗卫生机构竣工移交运行仪式在都江堰举行，5个社区卫生服务中心项目、9个乡镇卫生院项目竣工交付。14个乡镇医疗机构总建筑面积近3万平方米，于5月开工建设。

12月28日 中国建材集团中国联合水泥集团有限公司与四川联鸿建材有限公司联合投资兴建的北川中联水泥有限公司日产4800吨水泥熟料生产线点火投产。项目开工于2008年7月12日，占地面积约22.47公顷，总投资7.9亿元，建成后可年产高标号水泥200万吨。

12月28日 世界文化遗产都江堰伏龙观古建筑群灾后抢救保护工程竣工仪式在都江堰举行。

12月28日 宝鸡—德阳±500千伏直流输电工程正式投产。项目位于罗江县御营镇万寿桥村，是国家电网支援四川灾后重建重点项目，开工于2008年9月，总投资23亿元。

12月29日 四川全省交通灾后恢复重建暨地震次生灾害防治工作会议在成都召开。

12月29日 甘肃省政府向国务院汶川地震灾后恢复重建工作协调小组上报《关于甘肃省地震灾后恢复重建规划项目调整的报告》。经调整，甘肃省8个重灾县（区）安排中央重建基金190.39亿元，从8个重灾县（区）调整出中央重建基金42.98亿元，用于36个一般受灾县。

12月30日 中华思源工程扶贫基金会·爱心火炬基金与德阳市政府、绵竹市政府、孝德镇政府联合主办的爱心玫瑰谷示范园播种仪式在孝德镇举行。爱心玫瑰谷通过扶持四川受灾地区妇女种植大马士草玫瑰，为其提供就业和脱贫机会。

12月31日 陕西省政府向国务院汶川地震灾后恢复重建工作协调小组上报《关于报送我省四个重灾县灾后恢复重建规划项目调整情况的函》。2010年3月14日，省政府又向协调小组上报《关于我省四个重灾县灾后恢复重建规划项目调整情况的函》。经调整后，陕西省4个重灾县灾后恢复重建规划总投资由调整前的约272.7亿元调整为约309.25亿元，规划项目由4039个（不含城乡住房）调增为4162个（不含城乡住房）。

2010 年

1月

1月1日 由国际竹藤组织、欧盟项目创新中心（成都）、荷比卢商会和四川省林业厅合作的四川地震灾后生计恢复和环保型竹产业链建设项目启动。项目由欧盟资助192.5万欧元，覆盖青神、北川、邛崃、崇州、长宁、合江、沐川、都江堰八县（市），旨在推进竹产品深度开发，形成可持续发展的产业链。2011年5月10日，该项目在瑞士日内瓦举行的世界灾后恢复重建大会上被授予“世界灾后恢复重建新途径”创新奖。项目计划于2013年年底完成。

1月1—3日 中共中央政治局委员、中央书记处书记、中组部部长李源潮到四川调研第三批深入学习实践科学发展观活动。调研期间，李源潮到北川看望慰问地震灾区干部群众，转达党中央对灾区人民的关怀和挂念；到灾后重建的都江堰市翠月湖镇五桂村检查该村党支部学习实践科学发展观活动。

1月5日 财政部、税务总局联合发出《关于汶川地震灾区农村信用社企业所得税有关问题的通知》，明确从2009年1月1日至2013年12月31日，对四川、甘肃、陕西、重庆、云南、宁夏6个省（区、市）汶川地震灾区农村信用社继续免征企业所得税。

1月6日 文化部第一批援助汶川地震重灾区文化市场执法车赠车仪式在成都举行，向四川省极重灾和重灾县（市、区）文化执法机构捐赠51辆崭新执法车。

1月6日 审计署发布《汶川地震社会捐赠款物审计结果》公告，公布全国审计机关对28个中央部门单位、31个省（区、市）和新疆生产建设兵团汶川地震社会捐赠款物筹集、支出和结存情况审计结果。截至2009年9月30日，全国共筹集社会捐赠款物折合797.03亿元（含“特殊党费”），共支出527.69亿元，尚结存269.34亿元。结存款中有119.26亿元正随重建项目进度陆续拨付，150.08亿元按恢复重建规划安排使用。审计未发现重大违纪违规问题。

1月7日 审计署在成都召开汶川地震灾后恢复重建跟踪审计工作会议，确定2010年灾后恢复重建审计重点，明确重点关注灾后恢复重建资金筹集、分配、管理和使用情况，灾后恢复重建规划和政策执行及中期调整情况，项目工程质量管理和工程组织建设情况，土地管理和环境保护情况。

1月7日 四川省“5·12”地震灾后恢复重建委员会在成都举行第七次全体会议，研究部署2010年全省灾后恢复重建工作。

1月14日 四川省水利厅出台《四川省堰塞湖工程处置验收管理办法》，明确堰塞湖工程整治验收的依据和程序。该办法填补了国内外水利工程管理上的一项空白。

1月14日 北京市援建什邡市地震灾后重建工程最后一批23个项目正式启动，项目安排资金约12.94亿元。

1月15—16日 国务院在成都召开全国防震减灾工作会议。中共中央政治局委员、国务院副总理回良玉出席会议并讲话。回良玉强调，要进一步深刻总结借鉴汶川地震抗震救灾的经验启示，强化监测预报、灾后救助和恢复重建等工作，全面提升地震灾害综合防范应对能力。

1月17—20日 陕西省委书记赵乐际一行到宁强灾区调研，看望受灾群众，慰问天津驻宁强援建工作组成员。

1月18日 民政部发布本级接收汶川地震抗震救灾捐款及使用情况公告。公告指出，截至2009年10月31日，民政部本级接收汶川地震抗震救灾捐款506632.5万元，全部拨付使用，其中直接拨付灾区省份453150.47万元、为灾区购买抗震救灾物品拨付其他省份52860万元、其他支出622.03万元。

1月22日 德阳·广汉市重大工业项目集中开工仪式在广汉举行。四川士达特种炭材有限公司年产5000吨等静压各向同性石墨建设项目、中昊创业高铁新技术开发有限公司高铁产业园等一批总投资过百亿元项目开工建设。

1月23日 四川省政府在成都举行重大项目金融对接会，研究资金、土地、环评等要素保障工作，进行重大项目推荐并与金融机构及国土、环保部门对接。会上，18家金融机构与21个重大项目业主签订合作协议和贷款合同，涉及金额1046.1亿元。

1月24—26日 中共中央总书记、国家主席、中央军委主席胡锦涛到汉中、西安等地城乡基层调查研究，看望慰问地震灾区干部群众。中共中央书记处书记、中央政策研究室主任王沪宁一同考察。考察结束时，胡锦涛听取陕西省委、省政府的工作汇报。胡锦涛强调，要毫不放松抓好地震灾后恢复重建工作，保质保量按期完成任务，同时要规划好地震灾区长远发展，把特色产业培育、生态环境建设、防灾减灾工作结合起来，帮助灾区增强自我发展能力。

1月27日 审计署发布《汶川地震灾后恢复重建跟踪审计结果（第2号）》公告，公布审计署对规划总投资768.5亿元的72个重点项目、753所学校和22个县（区、市）城乡居民住房重建项目恢复重建跟踪审计结果。审计结果表明，灾后恢复重建整体进展顺利，资金管理使用情况总体规范，项目建设管理不断增强。审计未发现重大违法违纪和损失浪费问题。

1月31日 中央电视台新闻中心开始分别在综合频道、新闻频道、中文国际频道推出“共建新家园”大型系列报道，全景展现汶川地震灾区恢复重建情况。从是日起，“新闻联播”节目陆续播出5集“共建新家园”挂标系列报道。

1月31日 北川新县城所在地永昌镇举行成立大会，永昌镇党委和政府正式挂牌办公。这是汶川地震后全国唯一整体异地搬迁的新县城驻地。

2月

2月1日 国务院汶川地震灾后恢复重建工作协调小组在北京召开第四次全体会议，审议四川、甘肃、陕西三省灾后恢复重建规划项目调整情况报告，审议对口支援工作总结表彰建议方案，并明确下一步工作重点事项：高度重视工程质量安全、加快推进城镇居民住房重建、逐步完善集中安置点配套设施、妥善处理贫困农户房贷还贷问题、重视加强地质灾害防治、妥善安排好群众生产生活。

2月3—6日 新闻办组织美联社、共同社、时事通讯社、日本《赤旗报》、日本朝日电视台和中国香港《南华早报》《大公报》等7家媒体12名记者到四川灾区采访汶川地震灾后恢复重建和对口支援建设情况。

2月13日 四川省委、省政府向全国人民致感谢信，感谢全国人民与四川灾区人民心手相连、患难与共，对四川省战胜灾难、重建家园给予无私援助和巨大支持，并代表四川灾区人民向全国人民致以新春祝福。

2月21日 审计署在北京召开支援新疆和汶川地震灾区挂职干部座谈会。会议强调，要通过跟踪审计，揭示和反映制度性、体制性、政策性问题，督促有关部门整改，促进汶川地震灾后恢复重建顺利进行；揭示和反映苗头性、倾向性问题，及时督促整改，保障恢复重建不出重大问题。

2月24日 财政部分别向四川省、陕西省预拨2010年中央财政地震灾后恢复重建基金地方包干资金310.43亿元、14.84亿元。3月，财政部下达中央部门和车辆购置税用于公路建设资金125.21亿元，其中中央部门预算28.21亿元，四川省81.37亿元、甘肃省15.63亿元。

2月27日 由“特殊党费”捐建、江苏省援建的绵竹中学交付使用。该项目是异地重建项目，占地面积约10万平方米，建筑面积约5万平方米，总投资近2亿元，学校可容纳近3000名学生。项目包括绵竹中学、绵竹市业余体校两部分，其中绵竹中学由9804万元“特殊党费”援建，又名“绵竹市七一中学”。

2月28日 北京市援建什邡市的第二批50项民生工程集中交付使用。其中，有学校17所、医院10家、廉租房项目5个、道路工程8个、福利院7家，以及集镇基础设施、援建项目配套设施、农房重建等项目3个。

3月

3月1日 住房城乡建设部慰问团赴雅安市慰问成都军区联勤部及川藏兵站部官兵，并与官兵共度元宵佳节，对川藏兵站部2008年7月派出数百辆军车向阿坝连续一个月运送活动板房材料，支持阿坝如期完成过渡安置房建设任务表示感谢。

3月2日 甘肃祁连山水泥集团投资建设的成县祁连山年产120万吨水泥生产项目竣工投产仪式在成县抛沙工业园区举行。项目开工于2008年6月25日，占地面积约20.67公顷，总投资4.95亿元。

3月3日 住房城乡建设部发出《关于开展地震灾区恢复重建工程质量检查的紧急通知》。随后，住房城乡建设部组织专家对四川、甘肃、陕西三省灾后恢复重建工程质量进行督察。三省住房城乡建设厅迅速部署检查工作，各对口援建省（市）也配合灾区县（市、区），对工程质量进行拉网式检查，并组织专门抽查。

3月3日 日本红十字会通过中国红十字会捐资360万元援建的绵阳市游仙区新桥镇瓦子博爱小学举行竣工仪式。这是日本红十字会在四川援建的首个项目。

3月4日 四川省新闻办在北京举行四川省暨成都、德阳、绵阳、广元、阿坝、雅安重灾市（州）恢复重建新闻发布会，通报全省及6个重灾市（州）灾后恢复重建基本情况。

3月5日 在北京召开的十一届全国人民代表大会第三次会议上，中共中央政治局常委、国务院总理温家宝向会议作政府工作报告。报告指出，2009年汶川地震重灾地区灾后恢复重建已完成投资6545亿元，占规划总投资的65.5%；2010年，要扎实推进地震灾区恢复重建，保质保量完成任务。

3月5日 山西省援建的茂县中国羌族博物馆开工建设。博物馆占地4万平方米，展陈面积4229平方米，项目总投资13868万元，包括中央重建基金5983万元、对口支援资金7885万元。2012年6月28日，博物馆正式开馆。

3月5日 冰岛驻华大使馆和在华冰岛企业联合捐资50万元援建的会东县冰华希望小学开学典礼在会东县姜州乡举行。

3月10日 中国红十字会公布汶川地震捐赠款物接收、拨付、使用和结存情况。中国红十字会及中国红十字基金会共接收捐赠款物折合57.12亿元，其中资金51.22亿元、物资折价5.9亿元；截至2009年12月31日，已支出42.3亿元。

3月10日 法国开发署优惠紧急贷款四川省城镇市政基础设施大邑县灾后重建项目正式开工。项目总投资3.1亿元，主要资金来源为法国开发署灾后重建优惠紧急贷款4000万美元。该项目是设计施工总承包项目，这种外资贷款属国内首例。

3月12日 四川省采用飞播造林方式，在青川地区播撒44吨马尾松、油松等植物种子，全面恢复青川地区13340公顷受灾植被。这是汶川地震后四川省首次进行的大规模森林植被恢复工程。

3月12日 北川羌族自治县人大常委会机关23名在北川老县城拥有物权人员以签名为证，为北川地震遗址纪念馆、为逝去的亲人同胞无偿捐出个人物权。1日起，北川老县城部分幸存者发起的《关于向罹难同胞“献爱心、捐墓地”活动的倡议书》开始在北川流传，倡议老县城幸存同胞捐出位于老县城的物权，建设爱心墓地。

3月16—19日 德阳市政府与德国联邦政府技术减灾署、中国地震应急救援中心联合主办的联合国城市搜索救援“第一响应人”培训活动在绵竹举行。“第一响应人”是指灾害发生后12小时内能快速到达灾害发生地并实施救援行动的人的总称。

3月17日 陕西省政府在汉中召开全省灾后恢复重建工作会议，通报陕西省灾后恢复重建工作取得的重大成果。

3月17—22日 以“情系灾区人民，合力促进就业，倾心维权服务，共建美好生活”为主题的全国工会对口劳务协作大型招聘会先后在绵阳、南充、遂宁三地举行。参与招聘的用工单位及企业为四川省外出务工者提供6万多个就业岗位。

3月19日 中日林业技术合作四川地震灾区森林植被恢复与重建示范项目在成都启动。根据双方2009年11月3日签署的合作协议，日本政府用5年时间，无偿援助6亿日元，中方配套5亿日元，帮助受灾严重的汶川、北川、绵竹三地制定森林恢复规划、开展示范性恢复工程。

3月21日（符拉迪沃斯托克当地时间） 国家副主席习近平到俄罗斯滨海边疆区“海洋”全俄儿童中心考察。习近平代表中国政府和人民以及四川等地震灾区的小朋友向“海洋”全俄儿童中心表示感谢，感谢他们在汶川地震发生后对来自中国地震灾区小朋友的真情关怀和热情款待。

3月24日 由国家图书馆、文化部全国文化信息资源建设管理中心、四川省文化厅主办的“县级数字图书馆推广计划”灾区援建仪式在北川举行。该行动向50个地震极重灾区、重灾区对口支援县（市、区）赠送1TB（1024GB）数字资源，包括视频资源、图片资源、电子书刊资源、政府公开信息数据以及反映社会主义现代化建设成果的五大专题网络信息资源。

3月24—28日 国务院汶川地震灾后恢复重建工作协调小组副组长、发展改革委副主任穆虹一行赴四川、甘肃、陕西调研灾后恢复重建情况。

3月25日 四川、山东两省政府在济南签署战略合作协议，商定以山东对口援建北川为基础，建立更紧密的全面战略合作关系和长期合作机制，推进由援建到合作、硬件到软件、对口到全面的转变。

3月26日 中共中央政治局常委、国务院总理、国务院西部地区开发领导小组组长温家宝主持召开国务院西部地区开发领导小组第二次全体会议，对汶川地震灾后恢复重建任务的完成提出明确时间要求，即到2010年9月底基本完成灾后恢复重建的主要任务。

3月29日 科技部、国土资源部、地震局联合召开汶川地震断裂带科学钻探项目进展成果汇报会。

3月29日 香港石狮籍女士、82岁的施建治捐建的彭州市新兴镇助炎幼儿园正式移交新兴镇政府。该幼儿园系由施建治卖掉香港房屋所得200万港元捐建。此外，施建治还捐献5万元人民币，帮助幼儿园添置教学设备和孩子生活用品。

3月30日 广东省中山市对口援建汶川县漩口镇灾后重建项目整体移交仪式在漩口镇举行，移交项目88个，总投资约4.11亿元。31日，广州市对口支援威州镇灾后重建项目整体竣工移交大会在汶川举行，移交项目77个，总投资约28亿元；佛山市对口援建水磨镇灾后重建项目整体移交仪式在水磨镇举行，移交项目78个，总投资约9.2亿元。

3月31日 审计署办公厅印发《关于开展汶川地震灾后恢复重建项目竣工决算审计的意见》，明确竣工决算审计范围、时间安排、组织方式等。意见要求各级审计机关重点对重大建设项目和社会关注的重点工程开展竣工决算审计。根据安排，2010年上半年，广东、江苏、北京、上海、河南、四川、陕西等省（市）审计机关陆续对已完工项目开展竣工决算审计。

4月

4月1日 广东—汶川工业园开园暨首批企业入园仪式在成都举行。工业园位于金堂县淮口镇，由广东省投资4亿元建设，占地4.5平方公里，是“成都—阿坝工业集中发展区”内的“园中园”。园区产业定位为有色金属深加工、农副产品深加工、医药、轻工、电子等资源加工型产业。5家来自香港、台湾、广州和阿坝本地的企业首批进驻工业园，总投资18.8亿元。

4月5日 中央军委委员、国务委员兼国防部长梁光烈到成都战区考察地震灾区恢复重建情况。

4月6日 澳门基金会援建青城山古建筑群落恢复重建项目开工。2009年4月11日，澳门基金会、四川省政府在都江堰签署合作协议，澳门基金会捐款1.796亿元，用于青城山15个古建筑群落和1个道教学院的恢复重建。重建总建筑面积约2.9万平方米，修复总建筑面积约2.18万平方米。至2011年9月，各建设项目陆续完工。

4月6—11日 审计署组织新华社、中央电视台、中央人民广播电台、《经济日报》等媒体记者组成采访报道团到四川省的汶川、彭州、什邡、绵阳市区、北川、广元和陕西省的宁强、勉县等地灾区采访灾后恢复重建跟踪审计情况。

4月7日 香港赛马会援建的四川奥林匹克运动学校开工建设。学校位于都江堰市幸福镇永丰村，占地面积约8.6万平方米，建筑面积约3.47万平方米，项目总投资1.35亿元。2012年4月23日，学校竣工投入使用。

4月8日 泰国公主诗琳通以个人名义全额出资1100万元捐建的绵阳市先锋路诗琳通公主小学落成，诗琳通出席落成典礼。学校建筑面积约7100平方米。

4月9日 财政部向甘肃省拨付部分地震受灾群众跨省安置补助资金10亿元，追加甘肃受灾群众新疆安置工作经费1亿元。

4月10—11日 由卫生部疾病预防控制局、联合国儿童基金会主办的汶川地震灾区婴幼儿营养改善项目启动会暨工作培训会在成都召开。四川青川、理县、茂县、汶川、彭州，甘肃文县、康县，陕西宁强等8个县被列为项目县，对全部6～18月龄婴幼儿进行为期18个月的营养干预。

4月10—11日 山东省委书记姜异康、省长姜大明率领山东省党政代表团到北川看望慰问山东援建人员和北川干部群众，检查对口援建工作。10日，代表团在山东省援建北川工作指挥部召开山东省及各市援建代表座谈会。

4月11日 中国重型汽车集团有限公司绵阳专用汽车有限公司举行揭牌仪式。项目开工于2009年5月13日，规划占地面积约33.33公顷，总投资3亿元，首期投资2亿元。2010年1月，第一台“重汽绵专”自卸车成功下线。该项目计划3年内两期工程建成后，可实现年产专用车1.2万台、销售收入36亿元。

4月12日 四川省政府在成都举行新闻发布会，宣布由联合国粮农组织和中国农业部共同实施的四川地震灾后农业恢复和重建项目顺利结束。项目通过提供农用物资和技术支持，成功帮助安县、北川、江油、绵竹和什邡的部分受灾群众恢复农业生产。项目总投资约230万美元，由联合国粮农组织与卢森堡、比利时、瑞典、拉脱维亚四国政府共同捐助。

4月12—13日 中共中央政治局委员、天津市委书记张高丽和市长黄兴国率天津市党政代表团到陕西地震灾区进行对口援建项目竣工交接。12日，天津市对口支援陕西省震后恢复重建项目交付仪式在汉中举行。天津市政府、陕西省政府签署《天津市对口支援陕西省震后恢复重建项目交接备忘录》《关于天津市对口支援陕西省震后恢复重建项目交接暨进一步加强全面合作交流的会谈纪要》。至此，天津市投资21.56亿元对口支援宁强县、略阳县的9类295个重建项目全部竣工。

4月13—16日 中共中央政治局常委、中央纪委书记贺国强到绵阳、德阳、阿坝、成都等地考察灾后恢复重建工作进展情况和灾后资金物资监管情况。15日，贺国强出席在成都召开的灾后恢复重建和中央扩大内需促进经济增长政策落实监督检查工作汇报会。贺国强强调，要把灾后恢复重建监督检查与扩大内需监督检查、工程建设领域突出问题专项治理结合起来，确保把各个工程项目组织好、实施好，坚决杜绝安全事故、“豆腐渣”工程，努力使工程建设经得起实践、人民和历史的检验。考察期间，正值青海玉树发生强烈地震，贺国强迅即会同四川省委、省政府研究制定救援工作方案。贺国强强调，要大力弘扬伟大抗震救灾精神，充分发挥四川与青海玉树地理相邻的优势和在汶川抗震救灾中积累的经验，全力投入支援玉树抗震救灾工作，为夺取抗震救灾斗争胜利再立新功。中共中央书记处书记、中央纪委副书记何勇主持会议并陪同考察。

4月15日 财政部向四川省拨付地震灾后恢复重建土地整理复垦项目预算20亿元。

4月15日 攀钢集团有限公司江油长城特殊钢有限公司灾后重建项目开工建设。项目总投资73亿元，建设周期2～3年，建设内容为炼钢及连铸工程、电渣冶炼工程等8条生产线。项目建成投产后，可实现年销售收入112亿元、利税9亿元。

4月17—18日 中央纪委副书记、监察部部长、中央抗震救灾资金物资监督检查工作领导小组副组长马馼一行到绵阳、成都就进一步做好汶川地震灾后恢复重建监督检查工作进行调研。

4月20日 四川省高级人民法院发布刘某编造和故意散布虚假地震信息扰乱社会治安秩序案等5起汶川地震后涉灾典型案例，并特别提示：灾害发生后，“五条高压线碰不得”，即虚假信息发不得、欺行霸市要不得、废墟财产捡不得、救灾款物贪不得、假冒伪劣使不得。

4月21日 审计署发出《关于进一步加强汶川地震灾后恢复重建跟踪审计的通知》，要求切实做到全面审计、突出重点，针对共性问题适时组织专项审计调查，进一步加大对重大违法违纪问题和经济犯罪案件线索的揭露和查处力度，及早安排竣工决算审计工作，进一步明确责任分工并严格工作要求。

4月23日 汶川县映秀镇汶川地震震中纪念馆正式封顶。项目开工于2009年12月16日，用地面积约2.5万平方米，包括纪念馆和纪念陵园两部分。

4月23日 吉林省援建黑水县的首批竣工项目整体移交仪式在黑水举行。首批援建项目完成182个，累计完成投资8.2亿元。2012年10月15日，吉林省对口援建黑水县灾后恢复重建项目整体移交仪式在黑水举行，标志着吉林省总投资12.97亿元的201个援建项目全部完成。

4月27日 北京市援建的广（汉）青（牛沱）公路全线通车。该公路是北京市援建什邡市的最大工程，全长60.95公里，开工建设于2008年6月22日，分两期建设，完成投资10.12亿元。城市恢复发展区市政工程二期、洛小路、沿山旅游公路、石亭江防洪通道等5项道路工程同时完成，总长68.6公里。

4月27日 广东省对口支援汶川县灾后恢复重建项目调整计划下达，取消项目93个，相应减少援建投资5.09亿元；新增项目93个，相应增加援建资金4.98亿元；规模调整项目253个，调整增加援建资金1092万元。调整后总盘子保持82亿元不变。

4月28日 四川省统计局公布《汶川地震灾区灾后重建综合调查报告》以及汶川、北川、绵竹、都江堰、彭州5个子报告，展示灾后重建的一些经验模式。

4月28日 全球人居环境论坛理事会副主席、联合国友好理事会主席努尔·布朗一行到汶川县水磨镇参观，并授予水磨镇"全球灾后重建最佳范例"的荣誉奖牌和证书。2011年4月7—8日，在纽约联合国总部举行的第六届全球人居环境论坛上，汶川县水磨镇地震灾后恢复重建城市设计项目获得"全球灾后重建规划设计最佳范例"称号。

4月28—29日 人民日报社、新华社、经济日报社、中央人民广播电台、中国新闻社、四川日报社、四川人民广播电台等近20家媒体组成采访团，到东汽、什邡职业中专学校、什邡市红白镇、绵竹市金花镇玄郎村和汉旺新城采访德阳市灾后恢复重建成果。

4月29日 卫生部办公厅发出《关于加强汶川地震灾区受灾群众心理援助工作的通知》。

4月29日 兰州军区援建的陇南市"武都八一中学"工程竣工并交付使用。学校开工建设于2009年3月26日，占地面积约3.4万平方米，建筑面积约2.91万平方米，总投资1.03亿元。至此，由解放军和武警部队援建汶川地震灾区的8所学校全部建成并投入使用。

4月29日 四川省委书记刘奇葆、省长蒋巨峰率领四川省党政代表团到广东省考察。中共中央政治局委员、广东省委书记汪洋和省长黄华华与四川省党政代表团举行两省合作交流座谈会，双方签署《经济社会战略合作协议》，广东省政府、汶川县政府还签署《粤汶长期合作框架协议》。30日，四川—广东产业合作对接会在广州举行，两省企业签订经济合作项目104个，投资额326.73亿元，涉及高新技术、优势资源、装备制造、现代农业、现代服务业和基础设施等领域。

4月29日 四川省剑门关重建竣工开放仪式暨2010中国蜀道·剑门关文化旅游节在剑阁举行。2009年2月26日，剑门关主景区重建开工。中国蜀道·剑门关景区重建共耗资5.52亿元，其中黑龙江省投入援建资金1.5亿元，共计99项工程，重点项目包括剑门关山门重建、游人中心建设、姜维祠维修改建等。

5 月

5月4日 辽宁省对口援建安县88个项目完工暨辽宁广场命名揭碑仪式举行。

5月4日 上海市援建都江堰市的都江堰市医疗中心、幸福家园二期、慧民雅居、西区自来水厂、青城山污水处理厂及A厂污水管道工程6个重大民生工程集中交付使用，涉及项目总投资16.47亿元。都江堰市医疗中心是上海市援建的最大单体工程项目，开工建设于2008年7月28日，占地面积约6.67万平方米，建筑面积约6.95万平方米，项目总投资约3.85亿元。

5月5—8日 四川省灾后恢复重建工作现场会在绵阳召开。与会650余人分成两个组分别到北川、平武等13个极重灾和重灾县（市）考察灾后重建成果。

5月7日 中共中央政治局常委、中央书记处书记、国家副主席习近平给太白县鹦鸽镇中心小学学生包俊丽复信，鼓励包俊丽要从小树立远大理想，刻苦学习，培养良好品德，努力成为对国家和社会的有用之才，将来更好地回报社会、报效国家。2009年11月，包俊丽给习近平写信，汇报学校灾后重建及自己的学习生活情况。

5月8日 四川省政府发出通报，全省地震灾区145万余户农房重建基本完成。

5月8—9日 辽宁省委书记王珉率辽宁省党政代表团到四川地震灾区考察辽宁对口援建工作。代表团在成都与四川省举行经济社会发展情况交流会，双方签署《辽宁—四川经济社会战略合作协议》。

5月9日 辽宁省援建的辽安路（江油界至秀水段）竣工通车。项目开工建设于2009年7月16日，全长30公里，横穿安县6个乡（镇），总投资4.1亿元。

5月9日 江苏省对口支援绵竹市地震灾后恢复重建指挥部在绵竹举行100个援建项目集中交付仪式。

5月9日 纪念“5·12”大地震两周年暨安徽省援建松潘县首批竣工项目交付使用仪式在松潘举行，包括城乡住房、交通、水利基础设施、公共服务设施、村寨风貌整治等首批5类近200个项目交付使用。

5月9—11日 绵阳市委、市政府与中国晚报工作者协会主办的全国晚报“聚焦绵阳、聚焦重建”大型采访活动举行。来自全国80多家晚报的160余名记者到江油河南工业园、安县中国重汽集团绵阳生产基地等地参观采访。

5月10日 东汽在德阳新基地举行灾后重建新基地竣工投产大会。中共中央政治局常委、国务院总理温家宝，中共中央政治局委员、国务院副总理张德江分别表示祝贺。至12日，东汽新基地全部建成投产。新基地占地173.33万平方米，投资45.59亿元，拥有19个世界一流的制造中心和科研设施。2008年8月1日，东汽新基地在旌阳区八角井镇正式动工。2009年12月31日，东汽完成由绵竹汉旺老厂区向德阳新厂区的整体搬迁。

5月10日 北京市对口支援什邡市的40个援建项目集中交付使用，其中包括21个道路和市政项目、8条骨干道路及配套市政管网系统。

5月11日 四川、陕西、甘肃三省政府与国务院发展研究中心在成都召开汶川特大地震暨巨灾应对全国研讨会，探讨“救灾与重建·创新与发展”的路径。

5月11日 绵竹市重建国家电气化县工程竣工仪式在新汉旺镇举行。工程开工建设于2009年4月，在国家电网四川公司和绵竹市委、市政府支持下，德阳电业局为重建绵竹电气化县投入2.4亿元。

5月11日 由一汽集团捐赠、中国红十字基金会“5·12”灾后重建中央企业援助基金立项援建的一汽红旗博爱小学和一汽解放博爱中学在都江堰落成并投入使用。2008年9月23日，两所学校开工建设。

5月11日 山西省援建的茂县抗震救灾重建家园展馆正式对外开放。展馆面积800余平方米，展出实物包括15勇士空降茂县的降落伞、邱光华烈士生前衣物等。

5月12日 中组部在北京举行抗震救灾“特殊党费”新闻发布会，由中组部有关负责人及四川、甘肃、陕西、云南、重庆五省（市）党委组织部有关负责人介绍“特殊党费”使用情况、援建项目进展情况。

5月12日 财政部分别向四川省、甘肃省拨付2010年中央财政地震灾后恢复重建基金地方包干资金187亿元、43.51亿元，向四川省拨付车辆购置税用于地震灾后恢复重建支出预算3亿元。9月，财政部下达中央部门中央财政地震灾后恢复重建基金14.9亿元，拨付中央管理企业灾后恢复重建贷款贴息资金15.75亿元，分别向四川省、陕西省拨付2010年中央财政地震灾后恢复重建基金地方包干资金16.72亿元、0.03亿元。

5月12日 四川省政府主办的“凤凰涅槃、辉煌重生——5·12汶川特大地震两周年灾后重建成就图片展”在香港尖沙咀揭幕。

5月12日 四川省内震后铁路新建项目成都铁路集装箱物流中心投入运行。该中心位于成都市青白江区，开工于2008年7月3日，占地约142.67公顷，总投资约7.59亿元。

5月12日 成都至都江堰铁路正式通车运行。这是汶川地震后首个灾后新建的铁路工程，也是西部地区首条按照客运专线标准建设的高标准、高等级市域铁路。铁路全长76.18公里，开工于2008年11月4日，总投资122.58亿元，其中铁道部出资70%、成都市出资30%。

5月12日 上海市援建的都江堰市蒲阳镇通往虹口乡的蒲虹公路全线贯通。25日，虹口乡连降大雨，同时发生5级余震，引发泥石流、山体滑坡，造成公路受损。8月5日，完成改道任务的蒲虹公路通过验收。工程开工建设于2008年11月13日，全长23.8公里，合同价额为2.23亿元，后追加至2.88亿元。

5月12日 福建省援建的彭州市通济镇的镇区道路、防洪堤、消防站、客运中心等23个公共服务设施项目整体移交彭州市，项目投资4.38亿元。

5月12日 河南对口援建江油恢复重建项目基本建成暨产业合作签字仪式在江油举行。在签字仪式上，河南华工重型机械公司等6家企业与江油市签订项目入驻江油—河南工业园协议，协议总投资4亿元。

5月14日 财政部下拨地震灾后恢复重建基金248.35亿元，其中四川省190亿元、甘肃省43.51亿元、陕西省14.84亿元，重点支持灾后城乡基础设施、公共服务、防灾减灾、产业重建等4000余个项目恢复重建。至此，2008—2010年3年安排的中央财政地震灾后恢复重建基金提前半年全部下拨。

5月20—24日 中共中央政治局常委、全国人大常委会委员长吴邦国到北川、什邡、都江堰、汶川等地灾区了解灾区群众生产生活情况，检查指导灾后恢复重建工作。吴邦国强调，工程质量是百年大计，要严格把好质量关，严格按程序办事，严格执行设计施工标准和规范，强化工程监理，严格责任追究。

5月23日 都江堰市举行灾后重建首批城市安居住房第一次电脑公开摇号分配活动。从5月起，都江堰市按照“建成一批、交付一批、分配一批”的原则，陆续分配18058户安居房，其规模之大创四川省之最，在全国范围内也是最大的一批。

5月23—28日 应中国国民党中央委员会邀请，四川省委书记刘奇葆率四川参访团到台湾开展以“感恩致谢、交流合作”为主题的“天府四川宝岛行”活动。参访团会见和看望台湾各界人士，到台湾“9・21”地震灾区考察，还开展一系列经贸、文化、教育、旅游推介等交流活动。23日，中国国民党荣誉主席吴伯雄在台北会见四川参访团。

5月24日 陕西省政府召开专题会议，研究部署灾后恢复重建工作，重点研究宁强、略阳、勉县、陈仓4个重灾县（区）和教育、卫生系统灾后恢复重建工作。

5月27日 香港特区政府出资重建和修复汶川地震中被破坏的四川大学华西医院远程医学网络平台项目启动。项目由香港特区政府出资5660万元，两年内完成重建和修复。该网络平台可覆盖286家医院。

5月28—30日 中国联合国教科文组织全国委员会、成都市政府、联合国教科文组织北京办事处和北京师范大学在都江堰联合举办主题为“教育灾后重建”的国际论坛。论坛透过都江堰灾后教育重建的典型案例，共同交流分享灾难应对、政府政策优化以及应急管理经验。

5月31日至6月3日 江西省党政代表团一行到小金考察对口援建工作。6月1日，江西省对口支援小金县灾后恢复重建工作汇报会暨对口合作长效机制框架协议签字仪式在小金举行，双方签署《江西小金对口合作长效机制框架协议》。2日，江西援建小金县灾后恢复重建项目整体移交仪式在小金举行。江西省对口援建安排项目128个，援建资金13亿元。

6月

6月2—3日 浙江省委书记赵洪祝率浙江省党政代表团到青川考察对口援建工作。2日，浙江省援建青川县的34条防洪堤整体移交仪式在关庄镇举行。3日，浙江省援建工作座谈会在青川召开。

6月3日 住房城乡建设部发出《关于进一步加强汶川地震灾后恢复重建工程质量管理的通知》，要求严格执行法定程序和工程建设标准，狠抓工程质量责任落实，强化工程竣工验收监管，加强建设工程档案管理，完善工程质量保修制度。

6月3日 陕西省政府在西安召开全体会议，研究地震灾后恢复重建等工作。

6月3日 台湾法鼓山慈善基金会援建的安县秀水镇中心卫生院、秀水镇第一中心小学建成启用。两个项目分别开工于2008年8月、10月，总投资6500万元。

6月4日 广元青川—川浙合作产业园落成揭牌暨5个项目集中入园开工仪式举行。5个项目总投资11.52亿元。产业园位于广元经济开发区，以发展新能源、电子、铝加工、纺织、建材为主。产业园开工建设于2008年11月5日，规划面积2平方公里，项目总投资3.75亿元，其中浙江省援建资金2亿元。

6月7—10日 全国政协副主席、中国残联主席邓朴方到成都、阿坝等汶川地震灾区考察恢复重建情况，就地方经济社会发展和残疾人工作等进行调研。

6月9日 国务院发布《关于进一步加强防震减灾工作的意见》，提出到2015年基本形成多学科、多手段的覆盖中国大陆及海域的综合观测系统。意见要求，扎实做好地震监测预报工作，切实提高城乡建筑物抗震能力，强化基础设施抗震设防和保障能力，大力推进地震应急救援能力建设，进一步完善政策保障措施。

6月9—12日 中央军委委员、总后勤部部长廖锡龙到成都战区调研部队灾后重建工作。

6月11日 中组部选派的首批38名到四川地震灾区挂职干部总结交流座谈会在成都举行。汶川地震后，中组部分别于2008年7月、2009年8月选派两批51名干部到四川重灾地区挂职，帮助恢复重建工作。

6月18—19日 全国社会治安综合治理工作会议在成都举行。中共中央政治局委员、中央政法委副书记、中央综治委副主任王乐泉，全国人大常委会副委员长、中央综治委副主任李建国，最高人民法院院长、中央综治委副主任王胜俊出席会议。国务委员、中央政法委副书记、中央综治委副主任孟建柱主持会议。会议期间，王乐泉、李建国、孟建柱、王胜俊等到成都市温江区万春镇天乡路社区和国色天乡产业区、武侯区玉林街道，德阳市交警支队直属大队、市中级人民法院和绵竹市金花镇玄朗村、孝德镇，实地考察当地统筹城乡发展、创新社会管理和地震灾后恢复重建、矛盾纠纷“大调解”工作情况。

6月20日 福建省援建的彭州市人民医院等7个市属社会事业项目全部竣工交付，项目总投资4.5亿元。彭州市人民医院项目开工于2009年6月26日，占地面积6.1万平方米，建筑面积约4.8万平方米，总投资2.78亿元。至此，福建省对口支援彭州市灾后恢复重建的146个援建项目（其中“交钥匙”工程115个）全部完成，援建资金33.77亿元。

6月22日 财政部、发展改革委向国务院上报《关于加快中央财政汶川地震灾后恢复重建基金预算执行的报告》，提出及时督促地方加快预算执行，及时对规划项目预算资金进行安排调整，及时明确并完善相关资金支出政策。

6月23—28日 中共中央政治局常委李长春到绵阳、德阳、阿坝、成都等地就推进灾后恢复重建、加快经济发展方式转变等进行考察调研。李长春强调，宣传思想战线要大力宣传抗震救灾和恢复重建的重大进展和巨大成就，深入发掘和运用蕴涵其中的宝贵精神财富，广泛开展社会主义核心价值体系学习教育，开展民族团结进步宣传教育，进一步唱响共产党好、社会主义好、改革开放好、伟大祖国好、各族人民大团结好的时代主旋律，不断巩固全党全国各族人民团结奋斗的共同思想基础。

6月25日 财政部印发《中央管理企业灾后恢复重建贷款贴息资金管理办法补充规定》。

6月25日 湖北省援建项目整体移交仪式在新落成的汉源体育馆举行，标志着湖北省总投资21.15亿元援建的116个项目全部完工并交付使用。同日，湖北省政府与汉源县政府签订《湖北省对口支援汉源县长效合作协议》。

6月26日 中国建材集团投资兴建的安县中联水泥有限公司日产4500吨水泥熟料生产线竣工点火仪式在安县桑枣镇举行。项目开工建设于2009年8月5日，投资7.2亿元，建成后可年产高标号水泥200万吨。

7月

7月1日 中共中央政治局委员、中央书记处书记、中组部部长李源潮给“特殊党费”援建的“北川羌族自治县七一职业中学”的同学们回信，祝贺新校园落成，鼓励同学们努力学习，健康成长，立志成才，回报祖国。之前，该中学一名学生代表全体同学给李源潮写了一封感谢信，汇报学校建设情况，并向全国共产党员表示衷心感谢。

7月2日 四川省委宣传部、省直机关工委、省教育厅、省文化厅联合举办的“感恩之声大家唱”活动启动，在全省特别是地震重灾地区开展，用歌声感恩党、感恩祖国、感恩援建、感恩社会各界。截至11月，全省参与群众超过3000万人次。

7月4日 加拿大总督米夏埃尔·让、加拿大原住民大酋长爱德华·约翰一行到四川地震灾区探望受灾群众，并向北川羌族群众捐赠象征友谊的4.9米高图腾柱。

7月5日 四川省政府办公厅发出《关于切实做好汶川地震灾区城镇重建住房分配安置工作的通知》。

7月6—7日 应国台办邀请，台湾少数民族民意代表高金素梅率109名台湾莫拉克台风灾区少数民族代表到四川，参加四川省台办主办的台湾莫拉克台风灾区“川震重建”参访交流活动。

7月8日 中共中央政治局常委、国务院总理温家宝签署第577号国务院令，公布《自然灾害救助条例》。条例共7章35条，分为总则、救助准备、应急救助、灾后救助、救助款物管理、法律责任、附则，自9月1日起施行。条例旨在规范自然灾害救助工作，保障受灾人员基本生活。2011年11月1日，中国政府网全文发布10月16日新修订的《国家自然灾害救助应急预案》，建立健全应对突发重大自然灾害救助体系和运行机制，规范应急救助行为。

7月8日 深圳市与陇南市签署《深圳—陇南经济文化合作交流框架协议》。协议涉及循环经济园区建设、工业发展、农业特色产业、旅游开发、劳务输出、教育、文化、医疗卫生等方面内容。

7月8—11日 首批韩国百名青少年代表团到四川地震灾区访问。访问期间，代表团参观大熊猫基地、都江堰灾后恢复重建项目。

7月11—14日 澳门特区行政长官崔世安率澳门特区政府代表团到成都、绵阳、广元等地考察澳门特区政府援建项目，了解有关工作进度，并与四川省共商四川灾后恢复重建事宜。

7月22日 北川羌族自治县擂鼓镇坪上村4组组长冯某因私占房屋重建款10万元，被北川羌族自治县人民法院以犯有职务侵占罪判处有期徒刑5年。这是震后四川省审结的首例利用职务之便侵吞灾后重建房款案。

7月25—27日 香港特区行政长官曾荫权率香港特区政府代表团一行到四川考察推进香港特区政府援建项目。26日，川港灾后重建高层工作会议在成都召开。

7月27日 成都军区司令员李世明、四川省委书记刘奇葆到成都军区驻川78511部队慰问，对该部在支援四川汶川特大地震抗震救灾及灾后重建，以及促进社会发展稳定等重大任务中作出的贡献表示感谢，祝贺八一建军节。

7月28日 审计署印发《汶川地震灾后恢复重建2010年下半年跟踪审计工作方案》。

7月30日 审计署发布《汶川地震灾后恢复重建跟踪审计结果（第3号）》公告，公布审计署对规划总投资684.54亿元的北川中学、“都江堰市七一聚源中学”等107个重点项目跟踪审计结果。审计结果表明，灾后恢复重建阶段性成果显著，项目建设管理总体较好，资金管理比较规范。

8 月

8月3—5日 中共中央政治局委员、国务委员刘延东到松潘、若尔盖、红原、理县、茂县、汶川、都江堰等地调研地震灾区恢复重建、民族地区教育事业发展以及四川省实施牧民定居行动计划和帐篷新生活行动情况。

8月5日 财政部发出《关于四川省灾后恢复重建公路项目进口沥青税收问题的通知》，对灾后重建9条高速公路项目进口沥青免征进口税。

8月5日 上海市援建的都江堰市“壹街区”工程竣工，月底交付使用。工程开工建设于2009年7月1日，占地面积约5平方公里，核心区约1.5平方公里，总造价18亿元，其中上海市承担12亿元。工程主要包括上善小区安居房（2691套）、都江堰市图书馆、都江堰市文化馆等以及9条道路、5座桥梁。

8月7—9日 农业部部长韩长赋一行到广汉、安县、北川、郫县、都江堰、汶川调研农业灾后恢复重建和城乡统筹发展工作。

8月8日凌晨 舟曲县城东北部山区因7日晚开始的强降雨，发生特大山洪泥石流。灾害发生后，中共中央总书记、国家主席、中央军委主席胡锦涛，中共中央政治局常委、国务院总理温家宝等分别指示要求千方百计救人，组织群众避险，确保群众生命安全，妥善安排灾区群众的生活。中午，温家宝率国务院有关部门负责人赶赴受灾地区。10日，胡锦涛在北京主持召开中共中央政治局常委会会议，全面部署舟曲县特大山洪泥石流灾害抢险救援工作。至30日，舟曲县因灾害致使1467人遇难、298人失踪、72人受伤住院。

8月12日 四川省包括汶川地震重灾地区在内的多个市（州）遭遇暴雨袭击。当晚至13日凌晨，绵竹市清平乡发生群发性特大山洪泥石流灾害。13日晚上，四川省委书记刘奇葆赶到清平乡查看灾情，研究部署抢险救援工作。14日，中共中央总书记、国家主席、中央军委主席胡锦涛作出批示，要求高度重视抢险救灾工作，务必把维护人民群众生命安全放在首位，及时做好受灾群众转移与安置，尽快恢复交通、通信，保证救灾工作顺利进行。中共中央政治局常委、国务院总理温家宝，中共中央政治局常委、国务院副总理李克强，中共中央政治局委员、国务院副总理回良玉等也分别对四川灾区抢险救灾工作作出批示。同日，国家减灾委、民政部紧急启动国家三级救灾应急响应，由民政部、发展改革委、财政部、交通运输部、卫生部组成的国家减灾委工作组紧急赶赴四川洪涝灾区，核查灾情，慰问受灾群众，协助开展抗灾救灾工作。

8月14—15日　上海市市长韩正率上海市党政代表团到都江堰考察对口支援灾后恢复重建工作。14日，上海市对口支援都江堰市灾后重建项目竣工仪式在都江堰举行。至此，上海市总投资82.5亿元援建的8类117个项目全部完成。15日，上海市对口支援都江堰市灾后重建工作汇报会暨对口合作长效机制框架协议签字仪式在都江堰举行。

8月15日　发展改革委、国土资源部发出《关于进一步做好汶川、玉树地震灾区地质灾害防治工作的紧急通知》。

8月17日　中国侨联援建的新北川中学竣工交付使用。2008年8月27日，中国侨联、四川省政府联合举行援建北川中学新闻发布会，宣布由中国侨联负责组织归侨侨眷、海外侨胞力量援建北川中学的工作正式启动。新北川中学于2009年5月12日在永昌镇开工建设，占地约15万平方米，建筑面积7.2万平方米，项目总投资2亿元。

8月18—19日　交通运输部部长李盛霖到汶川县映秀镇、绵竹市汉旺镇等地检查指导交通运输抗洪救灾工作，并与四川省委书记、省人大常委会主任刘奇葆，省长蒋巨峰等就公路抢通保通和恢复重建交换意见。

8月20日　香港赛马会125周年“心系家国——香港马会援助四川灾后重建”活动第二批援助项目合作安排签署仪式在北京举行。香港赛马会分别与四川大学签署《四川大学—香港理工大学灾后重建与管理学院及香港马会灾害管理研究中心合作安排》，与雅安市政府签署《雅安市香港马会职业技术学院合作安排》，为两个项目捐资2.897亿元；与中国残疾人福利基金会签署《四川省八一康复中心合作安排》，捐资5296万元，用于援助该中心购置康复设备等。

8月22—23日　中共中央政治局常委、国务院总理温家宝到四川特大山洪泥石流灾害重灾地区绵竹市清平乡、汶川县映秀镇查看灾情，看望慰问受灾群众和参加抢险救灾的部队官兵，指导抢险救灾工作。22日，温家宝在绵阳主持召开会议，听取四川省抢险救灾工作汇报，并对下一步工作作出部署。

8月24—25日 卫生部在成都召开汶川地震灾区医疗卫生恢复重建对口支援工作会议，交流总结恢复重建和对口支援工作经验，部署灾后恢复重建项目收尾和竣工验收工作。

8月26日 在北京召开的十一届全国人大常委会第十六次会议上，财政部部长谢旭人受国务院委托，向会议作关于2010年以来预算执行情况的报告。报告显示，2010年中央财政汶川地震灾后恢复重建基金预算安排1002.99亿元，已下达918.92亿元，完成预算的91.62%。

8月30日 国务院汶川地震灾后恢复重建工作协调小组在北京召开第五次全体会议，研讨汶川地震灾后恢复重建需要解决的重点问题，研究审议汶川地震灾后恢复重建对口支援工作总结表彰有关建议方案。会议对农房重建贷款还款、加强灾区扶贫、防灾减灾和应急保障能力建设、应对山洪泥石流灾害影响等问题提出指导意见，并要求做好项目竣工验收，办理规范的资产移交与划转手续。

9月

9月2日 新加坡“让爱川流不息”赈灾工作小组捐资1615万元援建的绵阳警钟街中新友谊小学投入使用。至此，“让爱川流不息”赈灾工作小组援建四川地震灾区的7所小学和1座桥梁全部建成并投入使用。

9月3—7日 旅游局与四川省政府共同主办的2010年中国四川国际文化旅游节举行，通过一系列主题专业性活动，展示四川省灾后科学重建的经验和成果，向海内外展示四川旅游灾后恢复重建的新面貌。4日，旅游节在汶川县水磨镇举行开幕式。

9月7日 四川省“5·12”地震灾后恢复重建委员会在成都召开第八次全体会议，研究部署地震灾区地质灾害治理、特殊困难群体帮扶、恢复重建工程质量监管等工作。同日，省政府发出《关于汶川地震灾后恢复重建项目竣工验收及资产移交工作的通知》，对做好竣工验收及资产移交划转、监督管理工作提出要求。

9月8日 四川省政府印发《四川省灾后恢复重建对口支援省市援助建设形成的国有资产管理暂行办法》。

9月8日 汉中市汉台区人民法院一审判决，因侵吞抗震救灾补助款，汉台区武乡镇明光村村主任李某犯贪污罪被判处有期徒刑10年、村支书周某犯贪污罪被判处有期徒刑5年。

9月9日 由“特殊党费”援建的“北川羌族自治县七一职业中学”举行竣工暨新学期开学典礼。该项目包括11栋单体建筑和运动场、篮球场等室外配套工程，是地震灾区最大的单体“特殊党费”援建项目。工程开工建设于1月，占地面积约7.73万平方米，建筑面积约4.65万平方米，“特殊党费”投入9923万元，地方财政配套资金6591万元，可安排60个教学班、4000名学生就读。

9月10日 江苏省援建的绵竹市体育中心交付使用。体育中心主要包括体育场、体育馆、全民健身中心3个单体建筑，开工建设于2009年11月28日，占地面积约15.47万平方米，建筑面积3.17万平方米，项目总投资约2.3亿元。

9月12—14日 江苏省委书记梁保华、省长罗志军率江苏省党政代表团到四川考察对口援建工作，推动两省交流合作。13日，江苏省援建绵竹市灾后恢复重建工程全面竣工暨汉旺新镇落成典礼在汉旺新镇广场举行。至此，江苏省对口援建绵竹市的295个项目全部建成交付，投入援建资金112.81亿元。同日，双方在成都举行交流座谈会，并签署《经济社会发展战略合作协议》。10月18日，绵竹市委、市政府组织举行“感恩江苏、援助绵竹”欢送大会。

9月13日 财政部发出《关于拨付2010年中央企业灾后恢复重建贷款贴息资金的通知》，拨付中央企业灾后恢复重建贷款贴息资金8.49亿元。

9月14日 四川省委办公厅、省政府办公厅印发《关于在地震灾区建设“三基地一窗口”的工作意见》，要求把重建后的灾区建设成为爱国主义教育基地、社会主义核心价值体系学习教育基地、民族团结进步宣传教育基地和展示中国发展模式、发展道路勃勃生机的窗口（简称“三基地一窗口”）。

9月15日 山东省援建的北川新县城羌族特色商业步行街交付使用。步行街开工建设于2009年12月20日，建筑面积7万平方米，项目总投资2.5亿元。

9月15—18日 四川省委书记刘奇葆率四川省政府及经贸代表团到新加坡开展以“感恩致谢、加强交流、深化合作、共谋发展”为主题的考察、访问。16日，四川省政府和新加坡有关方面签署“新川创新科技园”合作备忘录，并举行四川省感谢新加坡社会各界援助地震灾区见面会。17日，四川—新加坡贸易与投资合作推介会举行，促成合作项目52个，涉及贸易与投资总额63.6亿美元。

9月15—18日 绵阳市委、市政府与中国报业协会党报分会联合主办的“百家党报总编绵阳灾区行”大型主题采访活动举行。来自全国各地近200名党报总编、记者到北川、安县、平武、江油等地灾区走农家、入学校、进工厂、看园区，采访受灾群众。

9月16日 绵阳博物馆灾后重建项目奠基仪式在绵阳举行。项目选址于富乐山风景区，属异地重建，规划占地面积约4.33万平方米，建筑面积约2.6万平方米，总投资2.3亿元。工程计划于2012年内竣工。

9月16日 重庆市援建的崇州市人民医院和市妇幼保健院大楼正式投入运营。崇州市人民医院开工于2009年1月16日，建筑面积约4.59万平方米，项目总投资2.16亿元。

9月16—17日 福建省党政代表团一行到彭州看望慰问福建省援建人员和灾区干部群众，总结检查援建工作。17日，四川、福建两省在成都举行交流座谈会暨经济社会战略合作协议签署仪式。座谈会上，还举行闽商在川投资项目签约仪式，遂宁福建光电产业园等5个项目签约，总投资额36.7亿元。

9月16日至12月16日 财政部下达2010年中央国有资本经营预算资金7.26亿元，对受汶川地震灾害影响的中国电信等5家中央企业给予资本金注入。

9月17日 由美国《新闻周刊》《洛杉矶时报》、全国广播公司新闻网站等媒体组成的美国高级记者代表团一行12人到德阳参观、采访灾后恢复重建成就。

9月17—19日 浙江省省长吕祖善率浙江省政府代表团到青川考察对口援建工作。17日，浙江省援建青川县项目整体移交仪式在广元举行。至此，浙江省完成援建项目547个，累计投资86亿元。

9月18日 都江堰市社会各界举行欢送上海市援建队伍大会。21日，上海市对口援建都江堰市灾后重建工作指挥部正式撤离。

9月18日 浙江省援建的青川县智慧岛教育园区建成并移交使用。园区位于青川县竹园镇史家坝，包括青川中学、青川职业高级中学、青川县教师进修学校、青川体育馆以及智慧大道等市政道路5个项目，开工建设于2009年12月18日，占地面积约18万平方米，建筑面积约13万平方米，项目总投资约5.61亿元。

9月18日 浙江省援建的青川县剑青公路金子山段改造工程竣工通车，剑青公路灾后恢复重建工程全部完成。剑青公路灾后恢复重建工程包括剑青公路金子山至乔庄段修复、酒家垭隧道修复和金子山段改造3个项目，总投资约2.2亿元。酒家垭隧道工程于2008年8月12日恢复施工，2009年3月31日全线贯通，全长3015米。金子山至乔庄段修复工程于2008年11月10日动工，2010年4月19日通过竣工验收，全长64.74公里。金子山段改造工程于2009年11月30日开工，全长0.87公里。

9月20日 四川省委、省政府在成都举行四川灾后恢复重建对口支援省（市）先进集体、先进个人表彰大会。会上，省委、省政府授予徐振溪等来自18个对口支援省（市）以及内蒙古自治区、海南省的215人“四川省灾后恢复重建先进个人”荣誉称号，享受省劳动模范待遇；全国总工会授予27个汶川地震灾后恢复重建先进集体“全国五一劳动奖状”，授予215名先进职工“全国五一劳动奖章”。

9月21日 人民银行、银监会、证监会、保监会印发《关于进一步做好汶川地震灾后重建金融支持与服务工作的指导意见》，提出保持对灾区金融支持政策的连续性和稳定性，积极改进对灾区重点领域、关键环节和特殊人群的金融服务，加强灾区信贷结构调整和灾后重建贷款的贷后管理。

9月21—24日 中共中央政治局常委、中央纪委书记贺国强先后到延安、汉中、西安等地，就加快经济发展方式转变、保持经济平稳较快发展，以及加强党风廉政建设和反腐败工作等问题进行调研。其间，贺国强专程到宁强县考察受灾群众安置和灾后恢复重建情况。

9月22日 四川、陕西、甘肃三省政府和国家行政学院在成都共同举办"5・12"汶川特大地震恢复重建暨巨灾应对国际研讨会，总结交流汶川地震抗震救灾和灾后重建经验，共商巨灾应对能力建设。

9月25日 山东省委书记姜异康率山东省党政代表团到北川考察对口援建工作。同日，山东省对口援建北川项目竣工交接仪式在北川举行，山东省将北川新县城整体移交北川。山东省援建项目共369个，总投资122亿元，其中新县城建设总投资44亿元。仪式上，山东省与北川羌族自治县签署《山东援建北川县项目交接备忘录》和《山东省—北川羌族自治县合作协议》。

9月26日 财政部办公厅发出《关于进一步加强中央财政汶川地震灾后恢复重建基金管理的通知》，要求四川、甘肃、陕西三省财政厅加快预算执行，加快灾后恢复重建项目决算审批，加快已竣工项目资金清算和资产移交，加强灾后恢复重建资金监管。

9月26日 北京市市长郭金龙率北京市党政代表团到什邡考察对口援建工作。同日，北京—什邡援建项目竣工交接暨《北京—什邡合作框架协议》签字仪式、北京市对口援建工作座谈会在什邡举行，北京市与什邡市签署《北京—什邡2010—2013年合作框架协议》。北京援建的单体规模最大工程——什邡市人民医院同日交付使用。该医院开工建设于2008年12月24日，占地面积约10.6万平方米，建筑面积约5.5万平方米，项目总投资约4.48亿元。至此，北京市投资70亿元援建的108个项目全部竣工并交付使用。

9月26日 黑龙江省援建的剑阁县龙江大道等4个项目举行竣工仪式。至此，黑龙江省总投资15.5亿元援建的146个项目全部完工。龙江大道项目概算总投资2.2亿元，其中黑龙江省援助1.7亿元、中央补助5000万元。

9月28日 重庆市对口支援崇州市灾后重建项目整体移交仪式在崇州举行。同日移交的崇州市重庆路起于崇州市与都江堰市交界的泊江河大桥，止于崇州市白头镇，项目开工于2009年1月17日，全长42.33公里，总投资4.48亿元。至此，重庆市总投资17亿元援建的111个项目全部完成。同日，重庆市对口支援崇州市灾后恢复重建工作座谈会在崇州召开，双方签署《关于建立重庆市对口支援四川省崇州市工作长效合作机制的框架协议》，决定设立1000万元的支持崇州市医疗卫生事业发展基金，设立8000万元的扶持崇州市中小微型企业发展专项资金。

9月29日 国家电网四川电力公司建设的北川（永昌）110千伏智能变电站正式投运。这是完全遵循国家电网公司智能电网建设统一规划、统一标准、统一建设原则建成投运的第一座智能变电站，项目总投资5000万元。至2011年3月底，国家电网四川电力公司共完成灾后恢复重建投资140亿元，建成投运35千伏以上变电站27座，建成投运35千伏及以上线路约1200公里。

9月29—30日 辽宁省省长陈政高率辽宁省党政代表团到安县考察对口援建项目，看望慰问安县干部群众。30日，辽宁省对口援建安县工作基本完成总结大会在安县举行。至此，辽宁对口援建工作基本完成，援建项目102个，投入援建资金40.27亿元。会上，辽宁省与安县签署对口合作协议，决定在农业、工业、贸易、旅游、人才等方面加强合作，实现由对口援建向交流合作转变。

9月30日 国道212线两河口至临江段地震灾后恢复重建工程通过竣工验收。该段公路起自宕昌县两河口，止于文县临江镇，全长122.86公里，总投资14.37亿元，其中国家灾后重建资金5.34亿元，其他由甘肃省交通厅自筹。工程共分两期，一期于2009年3月1日开工建设，2010年6月30日通过验收通车；二期于2009年6月1日开工建设。

10 月

10月5—9日 香港《大公报》主办的“汶川站起来——全国各省市及港澳台援建成果大型图片纪实巡展”首展在香港举行，展出图片1500余张。11月11—14日，展览在北京举行。11日，中共中央政治局委员、中央书记处书记、中宣部部长刘云山参观展览。

10月9日 深圳市援建的陇南市人民医院、康县人民医院交付使用。至此，深圳市直接援建甘肃地震灾区的项目全部竣工。深圳市投入援建资金30亿元，援建165个项目。

10月9—10日 广东省省长黄华华率广东省党政代表团到四川地震灾区考察对口援建工作，推动两省交流合作。10日，广东省对口支援汶川县恢复重建任务全面完成庆祝大会在汶川县映秀镇举行。至此，广东省援建的702个项目全部竣工，总投资82亿元。

10月10日 湖南省对口支援理县灾后重建项目整体移交仪式在理县举行。至此，湖南省总投资20.1亿元援建的99个项目全部完成。仪式上，湖南省与理县签署《关于建立对口合作长效机制的框架协议》，在人才交流培训、旅游等方面建立共同发展机制。

10月10—30日 发展改革委、国务院扶贫办组成联合调研组到陕西、甘肃、四川三省12个地震极重灾和重灾县（市）调研恢复重建和因灾致贫返贫情况。

10月13日 卡塔尔援建的青川县大院回族乡锁家、花果博爱新村在大院回族乡举行竣工交接仪式。卡塔尔红新月会援助资金576万元，项目惠及384户。

10月14日 安徽省对口支援松潘县川主寺生态护岸、川黄公路工程竣工典礼在川主寺镇举行。川黄公路是川主寺镇到黄龙风景区的唯一通道，工程改建路线全长45.4公里，开工建设于

2009年4月19日，总投资约3.5亿元。

10月15日 四川省委、省政府向中共中央、国务院报送《关于基本完成灾后恢复重建任务情况的报告》。截至9月底，纳入目标重建规划的29170个重建项目完工25270个，占85.2%；完成投资7366亿元，占预算投资的85%，如期完成中央提出的“力争在两年内基本完成三年的目标任务”的要求。

10月15日 河北省对口援建平武县地震灾后恢复重建项目整体移交仪式在平武县南坝镇举行。至此，河北省总投资28亿元援建的108个项目全部完工并交付使用。

10月15—17日 财政部在成都召开灾后重建座谈会，就如何进一步加快中央基金预算执行进度提出要求。会议指出，中央基金预算执行进度明显慢于项目建设进度，存在县与县之间、专项规划之间结构性偏慢的问题。会议要求，2010年年底中央基金预算执行进度累计要达到90%。财政部把预算执行进度作为奖惩因素，与中央财政相关专项资金的分配挂钩。

10月16日 九寨黄龙机场三期改扩建主体工程新建平行滑行道及垂直联络道工程投入试运行。工程开工于2009年10月，总投资4.6亿余元。

10月18日 浙江省湖州市中级人民法院对吴兴区织里镇干部私分汶川地震捐款案进行二审宣判，4名涉案干部均被判处10年以上有期徒刑。

10月20日 全国重点文物保护单位德阳文庙灾后文物抢救保护工程通过竣工验收。工程开工建设于2009年10月12日，2010年9月12日完工。

10月21日 北京市委、市政府在北京召开北京市对口支援什邡灾后恢复重建总结表彰大会。

10月22日 财政部发出《关于建立汶川地震灾后恢复重建项目进展资金落实和中央灾后恢复重建基金预算执行情况旬报制度的通知》。

10月23日 安徽省政府、松潘县政府在成都签署建立对口合作长效机制框架协议书，确定在干部交流培养、旅游资源共享、经贸文化交流等领域展开长期合作。

10月25日 审计署办公厅发出《关于进一步加强汶川地震灾后恢复重建项目竣工决算审计的通知》，推进灾后恢复重建已完工项目竣工决算审计工作。

10月28日 国务院抗震救灾指挥部调研组到德阳、绵阳调研，了解两市贯彻全国防震救灾工作会议精神和国务院《关于进一步加强防震救灾工作的意见》相关情况。

10月28日 经档案局验收，汶川地震废墟中挖出的5万多卷（册）北川档案资料中轻度受损的36961卷档案在四川省档案学校完成修复整理、数字化处理。

10月28日（纽约当地时间） 由中国海外交流协会、四川省政府主办的“穿越灾难——中国汶川特大地震灾后恢复重建情况”图片展在纽约联合国总部大厦开幕。展览持续5天，共展出100多幅图片。

10月28日 联合国人居署、科技部、中国21世纪议程管理中心援建的名山县百丈镇涌泉村抗震样板小学举行竣工仪式。2009年12月，中国21世纪议程管理中心与联合国人居署签署合作协议，启动“中国四川省名山县涌泉村抗震小学恢复重建暨能力建设项目”，通过实施项目开展抗震能力培训活动，提高当地公众抗震设防意识，推广有效适用的抗震建造技术和有益经验。项目开工于2010年4月15日，学校综合楼建筑面积700平方米，由联合国人居署提供22.6万美元用于教学楼建设和抗震能力培训，当地政府出资32万元人民币用于操场建设和教学设备配置。

10月29—31日 中组部组织来自全国各地、各行各业的94名党员代表到成都、阿坝、德阳、绵阳等地灾区查看“特殊党费”援建项目完成情况。其间，四川省委发表致全国共产党员的公开信，代表灾区人民和全省9000万人民向支持四川抗震救灾和灾后重建的全国党员致以崇高敬意和衷心感谢。29日，四川省委、省政府向全国党员代表汇报“特殊党费”使用管理工作情况。31日，中组部在成都召开四川省“特殊党费”援建项目查看活动“感恩·奋进”座谈会。

11月

11月2日 由中国非物质文化遗产研究院、四川音乐学院绵阳艺术学院、四川省羌学学会、北川羌族自治县文化旅游局共同举办的首届中国羌族非物质文化遗产与灾后重建研讨会在绵阳举行。

11月2日 河南省对口支援江油市恢复重建项目整体移交仪式在江油举行。至此，河南省投资30.02亿元援建的302个项目全部交付使用。

11月3日 吉林省援建的黑水县吉林大道竣工交付使用。吉林大道全长3.16公里，开工于2009年8月15日，总投资约2亿元。

11月3日 山东省省长姜大明率山东省党政代表团到北川查看山东省援建项目建设情况，看望慰问援建工作人员。同日，北川羌族自治县在新县城举行仪式欢送山东援建队伍。

11月6日 汶川县在水磨镇举行“走进汶川过羌年暨水磨羌城开城”庆典活动，庆祝羌历新年及水磨羌城开城。同日，水磨镇被正式授予“国家AAAA级景区”称号。

11月7—9日 东帝汶全国重建大会党总书记巴博·苏亚雷斯率东帝汶执政联盟干部考察团到四川地震灾区考察灾后重建情况。

11月7—14日 农业部在绵阳举办四川省汶川地震灾区基层农技人员培训班。

11月9日 澳门特区援建的广元市利州区残疾人康复中心、宝轮中学、中心敬老院等5个项目竣工仪式举行。

11月10日 成都至西安铁路客运专线（四川段）、成都至重庆铁路客运专线（四川段）、成都至雅安铁路、成都铁路调度所、成都和谐型大功率机车检修段、成都客运专线综合维修段、成都动车检修段7项重大铁路工程在成都开工。项目总投资超过1000亿元。其中，成都至西安铁路客运专线长510公里（四川段长167公里），是国内首条穿越秦岭的快速铁路，总投资688.8亿元，工期4年；成都至重庆铁路客运专线全长308公里，总投资387.4亿元，建设工期4年；成都至雅安铁路全长88公里，投资62.5亿元，工期3年半。

11月11日 中国科协主办的汶川大地震后绿色重建及发展低碳经济学术研讨会在成都举行。

11月16—17日 四川省委在成都召开全体会议。会议宣布，四川省灾后重建进展顺利，如期实现“三年目标任务两年基本完成”。

11月16—18日 全军基层部队后勤综合配套整治暨汶川灾后恢复重建总结会议在成都召开，总结交流灾后恢复重建工作的经验做法，通报表彰灾后恢复重建工作先进单位和先进个人。

11月18日 世界文化遗产都江堰二王庙古建筑群灾后抢救保护工程正式竣工，并向游客开放。该工程被文物局授予“优秀文物保护工程特别奖”。

11月19日 台湾慈济基金会汶川地震灾后在川援建项目集中交付使用。汶川地震发生后，该基金会投资4.5亿元，援建什邡市方亭慈济中学、洛水慈济中学等13所学校、幼儿园和1个民居项目。

11月20日 澳门特区政府援建广元市利州区的陵江至宝轮快速公路通道竣工通车。该通道全长13.16公里，开工建设于2009年5月6日，项目总投资1.8亿元，其中澳门援建资金1.33亿元。

11月20—25日 国家地震灾害紧急救援队到马尔康、汶川等地调研汶川地震应急响应、抢险救援、指挥协调、医疗救护、卫生防疫、灾民安置、恢复重建工作，收集整理并推广抗震救灾及重特大突发事件应急处置的成功经验。

11月20—26日 全国政协副主席孙家正率领专题调研组到成都、阿坝、德阳、绵阳、广元等地考察汶川地震灾后文物抢救保护和文化重建情况。

11月21—22日 联合国开发计划署、中国国际经济技术交流中心、住房城乡建设部国家项目办、北川羌族自治县政府在北川联合召开可持续民生下的灾区民居建设与安置示范项目审评会。该项目是联合国开发计划署项目，主要围绕四川地震重灾地区民居建设、失地农民安置、饮水安全等民生问题进行专题研究。项目自2009年10月开始实施，由沙特阿拉伯政府无偿援助、北川政府分摊资金支持。

11月25日 阿曼苏丹国政府援建广元市利州区白朝乡灾后重建项目竣工仪式在利州区举行。项目包括350户永久性农房重建、白朝小学教学楼和学生宿舍、卫生院综合门诊大楼及医疗设备，总投资3238万元。

11月26日 林业局在成都举行汶川地震灾后恢复重建工作座谈会。

11月29日至12月3日 四川省委常委、常务副省长魏宏率四川省港澳援建协调机制工作团赴香港、澳门进行工作访问，向香港、澳门特区政府以及社会各界、港澳同胞通报港澳援建工作的最新进展，对港澳特区政府及港澳同胞的无私援助表示感谢。访问期间，双方举办四川灾后恢复重建情况介绍会，并签署川港、川澳卫生、教育合作项目备忘录。

12 月

12月3日 万国数据成都数据中心在成都高新技术产业开发区西区正式竣工。该中心是西部通信枢纽建设工程重大项目之一，也是灾后重建重要基础建设项目之一，建设占地约5.57万平方米，总建筑面积约12万平方米，项目总投资约16亿元。

12月8日 宜宾天池金堂煤矿井巷工程启动奠基仪式在珙县底洞镇举行。项目是德阳市天池集团遭汶川地震毁灭性破坏后，经发展改革委批准，四川省委、省政府决定的全省唯一灾后异地重建煤矿建设项目。金堂煤矿划定储量4000余万吨，设计生产能力为每年60万吨，服务年限40年。矿井建设项目总投资6.18亿元，计划于2013年年底投产。

12月14日 四川省汶川特大地震极重灾县灾后恢复重建工作座谈会在绵阳召开，听取10个极重灾县（市）负责人和省相关部门负责人汇报，并就极重灾县（市）重建决胜、发展振兴面临的困难和问题进行交流。

12月16日 四川省汶川特大地震灾后恢复重建暨参与玉树抗震救灾先进个人表彰大会在成都举行。13日，四川省委、省政府印发《关于表彰“四川省汶川地震灾后恢复重建先进个人”和“四川省参与玉树抗震救灾先进个人”的决定》，授予周启双等462人“四川省汶川地震灾后恢复重建先进个人”荣誉称号，授予参与玉树抗震救灾的扎西达瓦等51人“四川省参与玉树抗震救灾先进个人”荣誉称号，追授杨勇“四川省参与玉树抗震救灾先进个人”荣誉称号。以上先进个人享受省劳动模范待遇。

12月18日 北川新县城拆迁安置房摇号分配仪式举行，新县城规划区内的红旗、常乐、顺义、东鱼、温泉、红岩6个村的征地拆迁3984户、11869人如期分到新房。23日，北川老县城建成区入住新县城居民安置房现场摇号分配活动举行，首批摇号安置对象共有3534户、8504人，均为老县城建成区原有自有产权住房的受灾群众。

12月20日 辽宁省委、省政府在沈阳召开对口支援安县恢复重建工作表彰大会。

12月20日 香港特区政府出资援建的绵阳市中医院、绵阳市中心医院、绵阳市妇幼保健院3个灾后重建项目分别开工建设，总投资1.41亿元。

12月22日 中国白酒金三角·绵竹酒城建设暨剑南老街开街仪式在绵竹举行。剑南老街是四川剑南春（集团）有限责任公司灾后重建重要项目，投资1.5亿元，建设规模约2.36万平方米。同日，该公司新包装中心一期工程建成。新包装中心总建筑面积6.9万平方米，工程造价约5.39亿元，竣工投产后可实现年销售收入2.68亿元。

12月23日 全国重点文物保护单位梓潼县七曲山大庙古建筑群灾后抢险维修和壁画彩绘保护修复工程通过四川省文物管理局组织的检查验收。工程于2009年10月20日开工，2010年9月20日完工。

12月26日 中共中央政治局常委、国务院总理温家宝考察中央人民广播电台，并和四川青川、青海玉树、甘肃舟曲灾区的听众连线交流，详细询问灾后住房建设情况，关心灾区重建问题。

12月26日 山西省对口支援茂县灾后恢复重建竣工项目交付仪式在茂县举行。至此，山西省援建茂县的226个项目中有213个项目竣工并交付使用，投入援建资金19亿元。2011年12月23日，省委、省政府在太原召开对口支援四川省茂县灾后恢复重建工作总结表彰大会，226个援建项目全部完成，投入援建资金21.62亿元，帮助茂县累计完成投资72亿多元。

12月28日 由环境保护部环境保护对外合作中心、联合国开发计划署（UNDP）联合主办的全球环境基金四川汶川地震灾区恢复与重建中生物多样性保护应急对策项目总结会在成都召开。汶川地震发生后，全球环境基金（GEF）理事会向四川灾区紧急捐赠200万美元。该项目于2008年下半年启动，涉及四川省6个市（州）30个县（市），2010年10月结项。

12月28日 绵阳市政府在北川羌族自治县曲山镇任家坪举行北川地震纪念馆建设开工仪式。纪念馆占地约14万平方米，概算总投资2.3亿元。至2011年9月30日，纪念馆主体工程完工。

12月29日 黑龙江省委、省政府在哈尔滨召开黑龙江省对口支援四川省剑阁县灾后重建表彰大会。

12月30日 浙江省委、省政府在杭州举行浙江省对口支援青川县灾后恢复重建工作总结表彰大会。

12月30日 香港赛马会捐资2亿元援建、四川大学与香港理工大学共同组建的“四川大学—香港理工大学灾后重建与管理学院”在四川大学江安校区奠基。这是中国首次在高等院校开设以灾后重建为内容的学院。

2011 年

1月

1月4—7日 中共中央政治局委员、全国人大常委会副委员长、全国总工会主席王兆国到绵阳、德阳、都江堰等地震灾区和中国二重、东汽、五粮液集团公司和北川中学等单位，看望一线职工、劳动模范和工会干部，慰问困难职工。

1月10日 都江堰市委、市政府在上海举行都江堰市灾后重建暨对口支援工作汇报会。截至2011年1月，在上海援建带动下，都江堰市总投资398亿元的1031个灾后重建项目，累计竣工941个、完成投资357.6亿元，基本完成灾后恢复重建目标任务。

1月10日 陕西省代省长赵正永率陕西省代表团到天津参观访问。中共中央政治局委员、天津市委书记张高丽等会见赵正永一行。张高丽表示，灾后援建工作虽然已经结束，但两省（市）间的友谊还要进一步加深，相互间的项目合作、工作交流、人员往来还要进一步密切。

1月12日 都江堰市政府、全国台湾同胞投资企业联谊会在都江堰举行“台湾爱心家园”社区交钥匙仪式。工程开工于2009年11月18日，是台湾同胞捐助四川地震灾区的最大项目，占地面积约5.25万平方米，建筑面积约6万平方米，可容纳744户居民，项目总投资1.2亿元。全国台湾同胞投资企业联谊会组织台资企业和台湾同胞共捐资8997万元，其余部分由都江堰市政府筹集。

1月14日 审计署向国务院上报《关于汶川地震灾后恢复重建跟踪审计两年工作情况的报告》，总结跟踪审计经验，明确提出要促进灾后科学、规范、高效、廉洁和阳光重建。23日，中共中央政治局常委、国务院总理温家宝在报告上作出批示：“汶川灾后重建跟踪审计做得很好。”并要求审计署认真总结经验，继续做好2011年审计工作，做到善始善终。

1月19日 四川省灾后恢复重建通信设施类重点工程项目——中国西部信息中心投入运

行。这是中国电信在西部最大的数据灾备中心和全国第一家国家级数据安全中心。该中心位于成都高新区天府新城，开工建设于2009年5月18日，占地面积约6万平方米，建筑面积约22万平方米，总投资近10亿元。

1月24日 川渝中烟工业公司长城雪茄烟厂异地重建项目投料试生产并一次性取得成功。该项目是工业和信息化部确定的灾后重建重点建设项目，开工于2009年12月30日，占地面积30公顷，总投资12亿元。

1月25日 湖北省委、省政府在武汉举行对口支援四川汉源灾后重建工作总结表彰大会。

1月28日 财政部发出《关于进一步加强中央财政汶川地震灾后恢复重建资金管理工作的通知》，就严格执行相关政策、加强灾后恢复重建资金监督管理等问题作出规定。

2 月

2月1日 北川羌族自治县政府在新县城所在地永昌镇举行以“开启永昌之城·点燃幸福之火”为主题的开城仪式，北川新县城正式投入使用。

2月11日 湖南省委、省政府在长沙举行对口支援四川理县灾后重建工作总结表彰大会。

2月13—16日 国务院汶川地震灾后恢复重建工作协调小组副组长、发展改革委副主任穆虹一行赴甘肃调研灾后恢复重建工作。

2月18日 四川省省长蒋巨峰、常务副省长魏宏向中共中央政治局常委、国务院副总理李克强呈报《关于四川省灾后恢复重建征地拆迁补偿费用有关情况的汇报》，请求中央帮助解决北川新县城整体异地迁建及曲山镇、香泉乡、开坪乡、漩坪乡、陈家坝乡异址迁建，汶川和青川县城部分功能异地迁建，绵竹市汉旺镇原址异地整体迁建，即“三川一镇”所涉及的征地拆迁费用资金缺口问题。11月，国务院批准财政部、发展改革委联合上报的《关于解决四川“三川一镇”灾后恢复重建征地拆迁补偿费用的请示》，对四川省提出的“三川一镇”征地拆迁费用45.43亿元，由财政部安排35.43亿元，其余10亿元由四川省从包干资金以及其他地方财力统筹解决。11月25日，财政部向四川省拨付35.43亿元专项资金。

2月21日 审计署印发《汶川地震灾后恢复重建2011年跟踪审计工作方案》。至2011年年底，历时3年的汶川地震灾后恢复重建跟踪审计顺利完成。3年间，审计署和23个省（市）审计机关先后派出11648名审计人员，对四川省、甘肃省和陕西省51个重灾地区县（市、区）规划的27902个灾后恢复重建项目进行审计和调查。2012年3月15日，审计署向国务院上报《审计署关于汶川地震灾后恢复重建三年跟踪审计情况的报告》。

2月25日 河南省委、省政府在郑州举行对口支援江油市恢复重建工作总结表彰大会。

2月27日 第三届"四川依然美丽"大型公益活动启动仪式暨"美好新家园、天府新篇章"大型感恩晚会新闻发布会在北京举行。4月23日，"四川依然美丽——美好新家园、天府新篇章（绵竹篇）大型感恩晚会"在绵竹举行。

2月28日 河北省委、省政府在石家庄举行对口支援平武县地震灾后恢复重建总结表彰大会。

3月

3月5日 审计署在兰州召开汶川地震灾后恢复重建跟踪审计协调会。

3月7日 住房城乡建设部发出《关于做好汶川地震灾后恢复重建“回头看”工作的通知》，决定于3—12月在住房城乡建设系统组织开展对口援建“回头看”活动，由各援建省（市）与受灾县（市、区）认真检查回访对口援建项目，进一步总结对口援建的经验和教训，对规划实施情况进行评估总结。

3月8日 四川省卧龙国家级自然保护区大熊猫栖息地修复项目开工建设。项目总面积约7697公顷，总投资约1.51亿元，其中香港援建资金约9000万元、中央重建资金约6000万元。截至2011年9月底，项目中央重建资金完成任务约3733公顷，香港援建项目完成任务约1800公顷。

3月11日（日内瓦当地时间） 中国常驻联合国日内瓦办事处和瑞士其他国际组织代表团大使何亚非在瑞士日内瓦主持召开减灾问题大使级对话会，介绍中国汶川地震恢复重建情况，感谢国际社会提供的支持和帮助。联合国秘书长减灾事务特别代表和10多个国家驻日内瓦大使出席对话会。

3月17日 国务院汶川地震灾后恢复重建工作协调小组在北京召开第六次全体会议，对灾区地质灾害防治、用地政策、教育卫生领域人才支持、加大灾区扶贫力度等问题提出落实意见。12月9日，协调小组在北京召开第七次全体会议，审议并原则通过《汶川地震灾后恢复重建工作总结》，研究协调灾后恢复重建有关问题。会议明确，协调小组已完成国务院赋予的工作任务，在报请国务院同意后撤销。会议要求，做好汶川地震灾后恢复重建项目收尾工作，促进汶川地震灾区发展振兴。12月31日，国务院同意撤销协调小组及其办公室。

3月18日 由中央外宣办指导，四川省委宣传部、陕西省委宣传部、甘肃省委宣传部主办，193家中央和地方重点新闻网站、知名商业网站共同承办的“我与地震灾区”和“难忘的记忆”全国网络作品征集活动在成都启动。活动共收到各类作品3万余件，评审出优秀作品220件，于6月10日在成都举行颁奖典礼。

3月22日 四川省委宣传部与《光明日报》联合主办的抗震救灾和恢复重建与社会主义核心价值体系建设座谈会在成都举行。

3月23日 四川省在成都召开全省灾后恢复重建工作会议。会议强调，由于灾区部分地方2010年8月遭受特大山洪泥石流灾害，为确保项目选址安全，四川省对纳入灾后恢复重建总体规划项目进行再评估和微调，项目总数由规划中期调整后的29700个调减为29692个，总投资由8613亿元调增为8658.11亿元。10月30日，省委、省政府向中共中央、国务院报送《关于灾后恢复重建规划任务胜利完成的报告》。至2011年9月，29692个重建项目完工98.68%，8658.11亿元预算总投资完成98.96%，纳入本省规划的103个一般受灾县重建项目也已基本完成，实现“家家有房住、户户有就业、人人有保障、设施有提高、经济有发展、生态有改善”的重建目标，灾区基本生产力条件和经济社会发展水平超过震前水平。

3月24—27日 中央外宣办和四川省委宣传部共同组织网络媒体负责人汶川地震灾区宣传教育和考察采访活动。人民网、新华网、中国网等37家新闻网站及商业网站新闻负责人60余人参加活动。

4月

4月1日 《四川日报》与全国18个援建省（市）党报联合开展的“党报联动、请恩人再回四川”活动启动。至8日，各省（市）党报分别征召3名赴川“恩人代表”。从4月中旬起，“恩人代表”陆续到四川灾区考察灾后重建成果。

4月7—9日 中央外宣办、新闻办组织互联网业界高层汶川地震灾区恢复重建学习考察活动。新浪网、搜狐网、网易网等互联网业界高层18人参加活动。

4月14日 共青团中央学校部、四川省重建办、四川省教育厅联合主办的“走进美好新家园”全国百所高校学生四川灾区行活动在成都启动。来自全国109所高校的125名学生记者到汶川、北川、青川三地参观，感受四川灾区重建所取得的变化。5月10日，“走进美好新家园”系列活动抗震救灾志愿者交流会、四川灾后重建志愿服务座谈会在成都举行。

4月14—15日 中国国际扶贫中心、联合国开发计划署联合主办的主题为“后重建时期灾区贫困村扶贫开发与可持续发展”的灾害风险管理与减贫的理论及实践国际研讨会在北京举行。

4月16—18日 中共中央政治局委员、中央书记处书记、中宣部部长刘云山率中央宣传文化单位负责人一行到北川、安县、绵竹、汶川、都江堰等地灾区以及康巴卫视、新华文轩成都购书中心等文化单位，考察灾区恢复重建情况，看望慰问干部群众。17日，灾区重建与基层宣传思想工作座谈会在德阳召开，刘云山出席会议并讲话。

4月16—18日 由中国记协指导，中国妇女报社与广元市委、市政府共同主办了主题为“凤翔剑门、慧耀广元”的“中国百名女记者灾后重建广元行”活动。来自《人民日报》《中国妇女报》《四川日报》、四川新闻网等媒体的100名女记者参加活动。

4月17—21日 《人民日报》、新华社、《光明日报》《经济日报》、中央人民广播电台以及《重庆日报》等新闻媒体记者到崇州开展专题采访活动。

4月18—21日 新闻办会同外交部、港澳办、台办组织中外媒体记者赴四川开展以“重返灾区看巨变”为主题的汶川地震三周年灾后恢复重建采访活动，共有35家中外媒体的63名记者参加。

4月19日 由国家旅游局、四川省政府主办，四川省旅游局及成都、阿坝、绵阳、德阳、广元、雅安六市（州）政府共同承办的“2011中国四川国际文化旅游节”在汶川县水磨镇启动。4月19日至5月15日，四川省陆续推出60条灾后重建旅游精品线路，各市（州）也同步举办近70项配套活动。

4月22—26日 由商务部主办、民政部协办的发展中国家自然灾害应对能力建设研修班一行28人考察勉县中心敬老院、勉县救灾物资储备库以及宁强县北辰新村建设点、宁强天津医院、宁强高级中学等汶川地震灾后重建项目。考察团主要由亚洲、非洲和拉丁美洲15个国家负责灾害管理的相关专家和官员组成。

4月23日 四川省政府在成都召开重灾市州灾后恢复重建新闻发布会，成都、德阳、绵阳、广元、阿坝、雅安6个地震重灾市（州）党政官员向媒体介绍灾后恢复重建情况。

4月23—27日 由新闻办网络新闻宣传局和四川省政府新闻办指导，人民网、新华网、中国网、中国日报网、新浪网、搜狐网、网易网、腾讯网等43家新闻网站、主要商业网站共同主办了“全国网络媒体重返灾区看奇迹”采访报道活动。活动期间，45名网络媒体记者到成都、德阳、绵阳、广元、雅安、阿坝等地震灾区采访。

4月25—26日 由中宣部、中央党校、社科院、四川省委联合主办的抗震救灾和恢复重建与社会主义核心价值体系理论研讨会在成都举行。

4月26—27日 成都军区在成都召开灾后恢复重建暨基建营房工作会议，全面总结成都军区部队灾后恢复重建工作，组织交流经验，表彰先进单位和个人。成都军区灾后恢复重建项目有260多个，新翻建、加固改造和整修营房近400万平方米，总投资34亿多元。

4月27日 由中宣部、发展改革委、总政治部、四川省委联合组织的汶川特大地震抗震救灾和恢复重建先进事迹首场报告会在北京举行。报告会前，中共中央政治局常委李长春，中共中央政治局常委、国务院副总理李克强会见报告团全体成员。中共中央政治局委员、中央书记处书记、中宣部部长刘云山等参加会见。4月28日至5月12日，报告团分为两个分团，分赴济南、西安、兰州、南京、上海、广州、杭州、福州、成都作巡回报告。

4月28日　四川省委宣传部、省政府新闻办、省文明办联合主办的“三基地一窗口”网络展示馆在成都树德协进中学举行开馆仪式。展示馆是重现汶川地震发生3年里灾区“从悲壮走向豪迈”的大型体验式互动展馆。同日，四川省委宣传部、省文化厅等单位联合主办的中国“5·12”地震诗歌墙揭幕仪式及“四川开满鲜花”大型诗歌朗诵会在什邡市穿心店地震遗址公园举行。诗歌墙高4米，延绵51.2米，上面镌刻了20首地震后感人至深的诗歌。

4月29日　正在印度尼西亚进行正式访问的国务院总理温家宝在雅加达会见曾赴中国参与四川汶川地震救援工作的印尼国际医疗队队员，代表中国政府和人民对队员们表示敬意和感谢。

5 月

5月1日 西安至成都铁路（西成铁路）客运专线开工建设。汶川地震灾后重建开始后，新建西成铁路被纳入国家汶川地震灾后恢复重建总体规划。该铁路全长510公里，规划总投资688.8亿元，计划于2015年完工。

5月3日 汶川地震文化恢复重建工作汇报会在北京举行。截至2011年4月中旬，四川灾区公共文化设施的开工率达99%，重建项目完工率达88%，文化产业项目完工率达90%，文化遗产和羌族文化生态保护区项目完工率为74%，文化市场服务网点全部恢复。

5月3—4日 中共中央政治局常委、中央纪委书记贺国强到北川、安县、成都等地就抗震救灾和灾后重建以及监督检查工作进行调研。4日，中央纪委、监察部会同中央抗震救灾资金物资监督检查领导小组在成都召开抗灾救灾和灾后重建监督检查工作总结会，贺国强出席会议并讲话。会前，中共中央总书记、国家主席、中央军委主席胡锦涛，中共中央政治局常委、国务院总理温家宝等分别对抗灾救灾和灾后重建监督检查工作作出重要指示。贺国强要求，继续做好灾后重建监督检查后续工作，并进一步总结经验、把握规律、建立健全长效机制，为今后加强对重大工程、活动的监督检查工作提供借鉴。中共中央书记处书记、中央纪委副书记、中央抗震救灾资金物资监督检查领导小组组长何勇主持会议并陪同考察。

5月4日 在汶川特大地震3周年到来之际，中共中央总书记、国家主席、中央军委主席胡锦涛对汶川特大地震抗震救灾和灾后重建监督检查工作作出重要批示："监督检查工作扎实有效，确保灾后重建工作顺利进行。望认真总结经验，继续抓好其他重大工程、活动的监督检查工作。"

5月4日 四川省卧龙国家级自然保护区都江堰大熊猫救护与疾病防控中心重建项目开工建设。该项目总投资约2.1亿元，其中工程建设费约1.3亿元由香港特区政府全额援助，2013年3月1

日举行揭牌仪式。

5月5日 中国红十字会汶川地震三周年援建成果总结报告会在成都举行。截至2011年2月28日，全国红十字系统共接收救灾款物价值199亿元。其中，紧急及过渡安置阶段共投入款物价值64亿元，重建阶段投入资金123亿元，待拨付资金12亿元。

5月5—8日 中共中央政治局常委、全国政协主席贾庆林到南充、遂宁、成都等地农业生态园区、工厂企业、乡镇社区，就学习贯彻两会精神、促进经济社会又好又快发展进行调研。贾庆林强调，要高质量、高标准全面完成灾后恢复重建任务，维护好管理好运营好各类重建设施，加快灾区产业发展，抓好灾区产业园区建设，落实就业困难人员扶持援助政策，实施集中连片扶贫开发工程，全力推进灾区发展振兴。

5月5—8日 四川省在绵阳召开全省汶川特大地震灾区发展振兴工作现场会，总结交流地震灾区发展振兴经验，探寻灾区下一步加快发展、持续发展动力。

5月6日 中宣部、发展改革委、四川省委、甘肃省委、陕西省委共同主办的“科学重建、伟大壮举——汶川地震灾后恢复重建主题展览”在北京开幕。中共中央政治局常委李长春，中共中央政治局委员、国务院副总理回良玉，中共中央政治局委员、中央书记处书记、中宣部部长刘云山，全国政协副主席陈奎元等出席开幕式并参观展览。展览包括304张图片、106件实物和7幅大型合成图以及大量图表、沙盘。至6月9日展览结束，共接纳观众52万余人次。

5月6日 文物局在成都召开全国文物系统汶川地震灾后文物抢救保护工作总结大会。至2011年4月底，四川、甘肃、陕西三省列入国家《汶川地震灾后恢复重建公共服务设施建设专项规划》的294个灾后文化遗产抢救保护项目，完成237项，完成投资额为23.09亿元，基本完成恢复重建任务。

5月6日 四川省“5·12”地震灾后恢复重建委员会办公室、四川省委宣传部、四川省社科院、四川出版集团联合主编的大型纪实作品《感恩》丛书在成都举行首发暨赠书仪式。丛书共18卷，以18个援建省（市）和对应的受援地为单位，记录对口支援进行灾后恢复重建的历程和成就。

5月6日 甘肃省中央级、省级救灾物资储备库项目开工建设。该仓库占地面积约7.72万平方米，仓库面积约3.02万平方米，估算总投资约7.21亿元。

5月7日 中央文明办在绵阳召开“抗震救灾英雄少年”座谈会。会上，与会“美德少年”代表发出《“学抗震救灾英雄少年、做一个有道德的人”倡议书》。

5月7日 纪念汶川地震三周年国家图书馆灾区文化援建活动在都江堰市图书馆举行。援建活动面向汶川地震极重灾区和部分重灾区的县级图书馆，主要援建内容包括捐赠图书20万册、以硬盘封装方式向各馆赠送5000册近年新出版的中文电子图书等。

5月7日 理县羌族碉楼与村寨灾后抢救保护工程竣工仪式在桃坪羌寨举行。工程开工建设于2008年7月15日，文物局先后投入8000万元，用于老寨庄房、古碉楼等单元主体修缮工作。随后，理县县委、县政府投入资金1.5亿元，在老寨旁辟地打造桃坪新寨，规划建设全国首个以古羌文化为主题的AAAA级景区。新寨建筑面积约4.2万平方米，景观用地面积约6.9万平方米。2011年4月21日，该工程通过国家文物局和四川省文物管理局组织的专家验收。

5月7—8日 中国宋庆龄基金会、中科院心理研究所、共青团四川省委、诺基亚（中国）有限责任公司在北川新县城联合主办主题为“播洒阳光，凝聚力量，持续推进灾后心理援助”的汶川震后三周年灾后心理援助模式学术研讨会。

5月7—9日 中共中央政治局常委、国务院总理温家宝到青川、北川、绵竹、什邡、彭州、都江堰、汶川、茂县等极重灾县（市）查看灾后恢复重建情况，看望慰问各族干部群众。9日，温家宝在都江堰主持召开汶川地震灾后恢复重建座谈会，对四川、陕西、甘肃灾区恢复重建工作和对口支援省（市）援建工作给予充分肯定。温家宝指出，要认真总结宝贵经验，再接再厉，奋发图强，巩固灾后重建成果，不断提升自我发展能力，努力开创地震灾区发展振兴新局面。

5月8日 四川省灾后重建重大项目——铁路成都东站综合交通枢纽投入使用。项目开工建设于2008年12月29日，2011年5月1日竣工。东站站房建筑面积10.8万平方米，项目总投资约100亿元。

5月8—10日 什邡市委、市政府主办的“感受巨变、见证奇迹——百名恩人重返灾区行”活动在什邡举行。活动邀请对口援建什邡的北京市援建者代表、市民代表100余人实地走访什邡市重建成果。

5月9日 由国侨办和四川省委、省政府共同举办的“看重建、看藏区——海协理事四川行”活动在成都正式启动。是日起至13日，来自60多个国家和地区的200多名中国海外交流协会海外理事到汶川、都江堰、北川、绵竹等重灾地区和甘孜藏区考察灾后重建成果和藏区发展新面貌。

5月10日 中共中央总书记胡锦涛在北京会见专程访问汶川地震灾区的中国国民党荣誉主席吴伯雄，再次对台湾各界向汶川地震灾区民众展现的同胞之情表示感谢。

5月10日 光明日报社主办的公益与责任——纪念汶川地震三周年座谈会在北京举行。会议通过“光明公益倡议书”，期待更多人、更多企业参与公益慈善事业。

5月10日 新闻办在北京就汶川地震灾后恢复重建情况举行新闻发布会，发展改革委、四川省、甘肃省、陕西省介绍汶川地震灾后恢复重建情况。至2011年4月底，汶川地震灾区41130个国家重建项目中近95%已经完工，累计投资8851亿元。

5月10日 四川省委、省政府主办的“感恩祖国——四川省纪念‘5・12’汶川特大地震三周年特别节目”在成都上演。四川卫视等全国22家省级卫视和深圳卫视并机直播该节目。

5月10日 陕西省委、省政府在西安召开地震灾后恢复重建表彰电视电话会议。会上，对天津市对口支援宁强县恢复重建工作组等100个先进集体和张传捷等210名先进个人进行了表彰。

5月10日 安徽省对口援建松潘县灾后恢复重建项目移交大会在松潘举行。至此，除牟尼沟隧道外，安徽省援建的住房、交通设施、水利设施、公共服务设施及人才智力等6类320个项目全面完成，总投资21.3亿元。会上，安徽省政府、松潘县政府签订《安徽省对口支援松潘县长效合作机制框架协议》。10月16日，松潘县举行欢送安徽援建工作人员座谈会。

5月10日（新加坡当地时间） 中国驻新加坡大使馆举行“5・12”四川汶川地震三周年灾后重建情况介绍会。

5月11日 中宣部、广电总局、总政治部联合举办的“中国奇迹——纪念抗击汶川特大地震三周年大型专题文艺晚会”在北京举行。中共中央政治局常委李长春，中共中央政治局委员、国务院副总理回良玉，中共中央政治局委员、中央书记处书记、中宣部部长刘云山等观看演出。

5月11日（巴黎当地时间） 中国驻法国大使馆在巴黎举办汶川灾后重建视频图片展。历时一个月，展出近百张反映汶川灾区震情和灾后重建成果图片。

5月11日 成都市投资新建的“万众一心、众志成城——5・12抗震救灾纪念馆”在大邑县安仁镇正式开馆。这是中宣部、发展改革委、总政治部联合举办的“万众一心、众志成城——抗震救灾主题展览”迁到成都市永久展览而新建的国家级专题纪念馆。纪念馆投资超过8000万元，占地1.4万平方米，建筑面积8508平方米。

5月11日 受彭州市委、市政府邀请，韩国、新加坡、斯里兰卡、巴基斯坦四国领事和澳门驻成都机构官员到彭州市濛阳镇参观灾后重建农业项目四川国际农产品交易中心、中国（彭州）蔬菜科技博览园。

5月11日（日内瓦当地时间） 在第三届联合国减少灾害全球平台大会上，联合国减灾战略署把“灾后重建发展范例城市”殊荣授予成都、威尼斯、孟买等8个城市。这是中国首个获此殊荣的城市，成都经验成为全球范例。

5月12日 商务部发布《四川地震灾后商贸服务设施恢复重建成效显著》新闻稿，对灾区商贸服务设施灾后重建工作进行全面回顾和经验总结。通过恢复重建，四川灾区商贸服务设施功能逐步恢复并不断增强，市场供应得到有效保障，流通设施功能得到恢复和提升。

5月12日 由新闻办监制、五洲传播中心和美国探索（Discovery）频道合作拍摄的高清纪录片《崛起的希望：重建震后四川》通过美国探索频道亚太电视网播出，国内多家电视台《探索》栏目同期播出。纪录片时长60分钟。

5月12日 中央人民广播电台、四川人民广播电台、成都人民广播电台、甘肃人民广播电台联合推出“5·12汶川特大地震三周年”特别直播，展示灾区恢复重建的巨大成就。

5月12日 中国国际广播电台联合四川省旅游局开始以法语、德语、西班牙语、俄语、匈牙利语、保加利亚语、阿拉伯语、土耳其语、乌尔都语、柬埔寨语等10种语言、多媒体形式，在海外受众中开展“游在人间天堂”知识竞赛活动，介绍四川省灾后人民生活、九寨沟黄龙自然风光等。9月12日，活动结束，共收到来自海外120多个国家和地区近25万份答卷。

5月12日 四川省各个地震极重灾县（市）举行公祭活动，悼念汶川地震遇难者。阿坝藏族羌族自治州州委、州政府在汶川县映秀镇举行追思会，北川羌族自治县政府在老县城地震遇难者集体公墓举行公祭活动，绵竹市政府在汉旺镇钟楼前举行公祭活动，青川县政府在红光乡东河口地震遗址公园举行祭奠仪式。

5月12日 青川地震博物馆正式开馆，向公众免费开放。博物馆是首个汶川地震综合性地震博物馆，2009年11月14日奠基，2010年8月2日竣工验收，由浙江省全额援建，项目总投资8650万元。

5月15—16日 欧洲理事会主席赫尔曼·范龙佩一行到都江堰市向峨乡棋盘村考察欧盟援助的“四川地震灾后生计恢复和环保型竹产业链建设项目”，到成都市残疾人培训中心参观并考察欧盟资助的培训项目，还到向峨乡红光村竹林培育项目点和都江堰市竹业培训和示范中心访问。

5月16日 人口计生委在北京举办与什邡市赴京汇报人员座谈会，共同回顾灾后3年“再生育全程服务行动”所取得的成果。会上，成立“地震灾区儿童健康成长关爱基金”。截至2011

年5月，四川省在汶川地震中独生子女因灾死亡的家庭中有2901户家庭生育2927个孩子。

5月20日 广东省对口支援汶川县恢复重建工作组正式撤离汶川。

5月21—27日 中国作协组织灾区重建青年作家采访团一行14人到汶川、北川、绵竹、彭州、都江堰等地考察、采访。

5月21—27日 四川省省长蒋巨峰率四川参访团600余人赴台湾举办主题为“发展振兴、合作共赢”的“台湾·四川活动周”。活动期间，“四川·成都大庙会”、四川—台湾乡村结对交流暨农业合作洽谈会、川台中小企业对接会、川台地质灾害防治交流研讨会、川台旅游交流活动、川菜厨艺培训交流活动等分别在高雄、台中、台南、南投、嘉义等台湾中南部市、县举行。23日，灾区发展与经贸合作论坛在台北举行，川台双方签署旅游、金融以及地质灾害防治等方面4项合作协议。

5月24日 国务院妇女儿童工作委员会办公室、联合国儿童基金会在成都召开儿童友好家园项目总结暨培训会。儿童友好家园项目启动于2008年9月1日，2011年5月结束，在成都、德阳、绵阳、广元、雅安、阿坝、攀枝花和凉山等市（州）21个县（区）建立40所儿童友好家园，为灾区儿童建立安全的活动场所，开展儿童心理抚慰、家长培训及儿童保健服务等活动。

5月30日 外交部邀请近70个国家的100名驻华使节、国际组织驻华机构代表和外国驻京记者参观“科学重建、伟大壮举——汶川地震灾后恢复重建主题展览”。

5月31日 财政部发出《关于成都西岭雪山灾后恢复重建项目所需进口设备税收问题的通知》，对成都西岭雪山交通索道恢复改造项目进口设备免征进口税。

6月

6月1日 四川地震灾区49所“七一学校”的师生们收到中组部回信，鼓励师生们努力把“七一学校”建成人才摇篮，希望同学们树立报国之志，好好学习，天天向上。此前，由“都江堰市七一聚源中学”发起并执笔，四川省49所“特殊党费”援建学校联名向中组部写信，表达感恩之情。

6月17日 审计署发布《汶川地震灾后恢复重建跟踪审计结果（第4号）》公告，公布审计署对规划总投资1130亿元的1404个重点项目跟踪审计及审计调查结果。审计结果表明，灾后恢复重建总体进展顺利，项目建设管理较好，资金管理比较规范，使用效果较好，未发现重大违法违纪问题。2012年4月20日，审计署发布《汶川地震灾后恢复重建2011年度跟踪审计结果（第5号）》公告，公布审计署2011年度对规划总投资2031.8亿元的939个灾后恢复重建项目跟踪审计结果和其中完成投资132.17亿元的188个项目的工程决算或竣工决算紧急结果；发布《关于汶川地震抗震救灾“特殊党费”跟踪审计结果（第6号）》公告，公布审计署和四川、甘肃、陕西三省审计机关对“特殊党费”及其援建项目3年跟踪审计结果。

6月18—20日 中共中央政治局委员、国务委员刘延东到绵阳市区、北川、安县、德阳、什邡、彭州、都江堰等地的街道乡村、中小学校、科技园区和文化单位考察灾后重建情况，看望师生、科技文化工作者和灾区群众。

6月27日 美国思科系统公司与四川省政府在成都举行“思蜀援川”项目完成暨项目交接仪式，共同发表《携手重建、创新实践、持续发展——‘思蜀援川’项目三周年总结报告》。2008年7月1日，四川省政府与思科系统公司签署谅解备忘录，确定双方在未来3年里在教育、医疗卫生、IT培训等领域开展灾后重建合作。3年里，思科系统公司对四川地震灾区医疗卫生和教育两个重要民生领域灾后重建持续投入5000多万美元援助，为10多个县（市）的66所医疗卫生机构、102所教育机构提供现代化的信息化基础设施。

6月28日 由“特殊团费”援建的汶川青少年活动中心在汶川县映秀镇建成并投入使用。2009年8月，共青团中央决定从“特殊团费”中划拨1272万元，在汶川地震灾区援建青少年活动阵地。项目开工于2010年10月15日，占地面积8037平方米，建筑面积约4597平方米，汶川县、共青团广东省委等方面通过配套资金等方式对项目建设给予支持。

7月

7月7日 川港澳援建协调机制会议在成都召开。四川省相关部门分别通报香港、澳门援建四川省恢复重建项目的整体进展、资金使用、质量安全、跟踪审计等情况及存在问题。截至2011年6月底，香港、澳门特区共确定援建项目295个，援建资金130.41亿元。援建项目累计开工294个，其中在建213个、完工81个；累计完成投资83.46亿元，其中港澳援建资金72.54亿元；累计到位援建资金99.88亿元。

7月9—10日 国土资源部部长徐绍史一行到绵竹、都江堰、汶川调研地质灾害防治工程修建情况和群众群测群防情况，并与地质灾害防治专家座谈。

7月21日 涪江上游普降暴雨，松潘县西川岷江电解锰厂尾矿库因山洪发生垮坝，尾矿库1.6万余方电解锰尾矿渣进入水体，造成涪江水质异常。26日，绵阳市政府发布通告，公布涪江江油、绵阳段水质个别指标超标，请市民生活饮用水尽量使用成品水。环境保护部派出工作组连夜赶至现场指导处置。29日，绵阳市政府发布通告，解除用水异常警报，自来水供水全面恢复正常。此次事件被定为重大突发环境事件。

7月30日 安徽海螺集团投资的广元海螺水泥项目在朝天区工业集中区大巴口建材工业园建成投产。项目开工建设于2008年8月12日，占地面积约300公顷，总投资18亿元，建成后可年产500余万吨新型优质干法水泥，发电1.54亿千瓦时。

8 月

8月2日 四川省政府办公厅印发《关于组织实施汶川地震灾区发展振兴规划的意见》。

8月5日 四川省政府印发《汶川地震灾区发展振兴规划（2011—2015年）》，对全省39个极重灾和重灾县（市、区）实现经济社会全面发展振兴作出规划。规划内容包括发展振兴基础和条件、总体要求、产业发展振兴、就业促进、扶贫帮困、生态环境治理与保护、社会事业及社会建设、政策保障等。规划明确，用5年时间，基本建成人民安居乐业、城乡共同繁荣、人与自然和谐相处的美好新家园，促进灾区经济社会全面发展振兴。

8月12日 四川省救灾物资储备中心建成交付使用。该中心位于双流县航空物流园区，是全国17个中央级区域性救灾物资储备库之一。项目开工建设于2010年4月8日，占地面积约10.54万平方米，建筑面积约2.65万平方米，有效库容约3.7万立方米，总投资2.41亿元。

8月19—22日 中共中央政治局常委、中央书记处书记、国家副主席习近平到绵阳、德阳、成都的农村、企业、社区和科研机构调研四川经济社会发展、灾后恢复重建和党的建设情况。21日，习近平与正在中国进行正式访问的美国副总统拜登共同到都江堰参观灾后重建项目青城山高级中学和都江堰水利枢纽工程。习近平强调，四川各级党组织和广大党员干部要坚持弘扬伟大的抗震救灾精神，加快转变经济发展方式，加强和创新社会管理，推动四川经济社会发展在“十二五”时期实现新跨越。

8月22—26日 国务院汶川地震灾后恢复重建协调小组副组长、发展改革委副主任穆虹一行赴四川省调研汶川地震灾后恢复重建收尾工作。

8月29日 重庆市委、市政府在重庆举行对口支援崇州灾后恢复重建工作总结表彰大会，对渝中区发展和改革委员会等32个先进集体和刘婷婷等83名先进个人予以表彰。

9 月

9月17—20日 中共中央政治局常委李长春到广元、雅安、成都等地的企业、农村、社区、学校和基层文化单位，就加快转变经济发展方式、巩固灾后恢复重建成果、推动文化大发展大繁荣等进行调研。李长春强调，要牢牢抓住恢复重建取得决定性胜利的有利时机，进一步巩固和发展恢复重建的重大成果，深入挖掘和升华抗震救灾和恢复重建形成的宝贵精神财富，齐心协力促发展，坚定不移转方式，千方百计保民生，推动四川经济社会发展在“十二五”时期实现新的跨越。

9月22日 阿坝师范高等专科学校灾后重建新校园落成庆典暨2011级新生开学典礼举行。该校在汶川县水磨镇整体恢复重建，奠基于2009年8月26日，占地面积68.27万平方米，建筑面积22万平方米，主要由中央灾后重建基金拨款，总投资近8亿元。该校是四川省受灾最严重的一所普通高校，也是唯一一所整体异地重建的高校。

9月25日 由中央抗震救灾资金物资监督检查领导小组办公室、中央纪委宣传教育室和四川省纪委共同举办的“廉洁救灾·阳光重建”——汶川地震抗震救灾和灾后重建监督检查图片展全国巡展启动仪式在北京举行。

9月30日 成都首批35个应急避难场所全部完工。项目开工于3月底，成都市主城区建有22个，龙泉驿区、温江区、新都区、青白江区建有13个，总投资1.6亿元。应急避难场所依托广场、公园、绿地、学校等开阔场地建设，灾难发生时可同时容纳110万人避难，平时不影响其正常功能用途。

10 月

10月11日 中宣部、教育部和四川省委联合举办的叶志平同志先进事迹报告会在北京举行。报告会上，叶志平的妻子王关莉和报告团其他4名成员讲述了叶志平视教育如同生命的感人事迹。叶志平生前是安县桑枣中学校长，2011年6月因积劳成疾去世。叶志平长期注重维护校舍安全，定期对全校师生进行防灾逃生演练，在汶川地震中该中学师生无一伤亡，被誉为“史上最牛校长”。报告会开始前，中共中央政治局常委李长春会见叶志平家属和报告团成员，代表中共中央总书记、国家主席、中央军委主席胡锦涛向他们表示亲切问候。中共中央政治局委员、中央书记处书记、中宣部部长刘云山，中共中央政治局委员、国务委员刘延东参加会见。

10月14日 发展改革委、人力资源社会保障部、总政治部共同主办的汶川地震灾后恢复重建总结表彰大会在北京举行。中共中央政治局委员、国务院副总理回良玉出席大会并讲话。回良玉指出，在中共中央、国务院和中央军委坚强领导下，经过3年的顽强拼搏，汶川地震灾后恢复重建取得了全面胜利，灾区基本生产生活条件和经济社会发展水平得到全面恢复并超过灾前水平，实现了“家家有房住、户户有就业、人人有保障、设施有提高、经济有发展、生态有改善”的重建目标。会上，人力资源社会保障部部长尹蔚民宣读人力资源社会保障部、发展改革委、总政治部10日联合发出的《关于表彰汶川地震灾后恢复重建先进集体和先进个人的决定》，授予汶川县灾后恢复重建委员会等200个集体“汶川地震灾后恢复重建先进集体”荣誉称号，授予中共北川羌族自治县擂鼓镇委员会书记李光辉等295人“汶川地震灾后恢复重建先进个人”荣誉称号，获得“汶川地震灾后恢复重建先进个人”称号的先进个人享受省部级先进工作者和劳动模范待遇。

编纂始末

2008年11月，国务院启动《汶川特大地震抗震救灾志》编纂工作。2009年8月，依托于全志编委会的组成单位，成立了《汶川特大地震抗震救灾志·大事记》（以下简称《大事记》）编委会。编委会由中宣部、国务院应急办、外交部、教育部、发展改革委、科技部、工业和信息化部、公安部、民政部、司法部、财政部、人力资源社会保障部、国土资源部、环境保护部、住房城乡建设部、交通运输部、铁道部、水利部、农业部、商务部、卫生部、人民银行、国资委、质检总局、广电总局、安全监管总局、旅游局、港澳办、地震局、气象局、银监会、证监会、保监会、电监会、台办、新闻办、信访局、国防科工局、测绘局、民航局、邮政局、食品药品监管局、国家电网公司、中国红十字会、四川省、甘肃省、陕西省、总参谋部、总后勤部、武警部队、成都军区、中国地方志指导小组52个部门组成。随后，全志编委会办公室先后抽调5名工作人员组建《大事记》编纂工作室（简称编纂室），负责具体编纂工作。2009年11月，发出《大事记》分卷资料征集工作的通知，征集反映各部门参加汶川特大地震抗震救灾工作的大事、要事资料。12月，对各承编单位编纂人员进行专门培训，讲授《大事记》分卷的编纂要求、方法以及与编纂工作有关的规定。同时，结合全志编纂工作的进展情况，全志编委会办公室决定《大事记》分卷编纂工作与其他分卷编纂工作同时进行。

2010年2月以后，各承编单位的第一批资料经过本部门的保密审查后陆续报送到编纂室，编纂人员一方面对其进行加工整理、编辑资料长编，另一方面也全面收集有关报刊、网络资料。8月，全志编委会办公室在成都召开《大事记》分卷编纂工作研讨会，审阅《大事记》编纂室提交的部分资料长编。会议要求，为加快工作进度，立即进入初稿编写阶段，与资料长编编辑工作同时进行，但以编写初稿为主。会后，编纂室进一步加强资料收集工作，一方面坚持利用原有的资料报送渠道，根据需要有针对性地补充收集相关资料；另一方面抓紧收集整理《人民日报》《光明日报》《解放军报》、各灾区省市日报、中国政府网、新华网与国务院各部委局官网等重要官方报刊、网络的资料，以及有关汶川特大地震的最新研究成果。在有关专家的指导下，编纂室研究制定了《大事记入志范围与标准》，强调《大事记》分卷主要记述发生在抗震救灾工作中的、对抗震救灾工作全局有重要影响的事件，力争从抗震救灾全局记述大事，全面、系统、客观地反映出抗震救灾及灾后恢复重建的主要脉络。12月，在北京召开《大事记》志稿编纂研讨会，邀请方志专家对《大事记》“2008年5月12—31日”这一时段的试写稿进行点评。会议就《大事记》分卷资料收集整理、条目排序、入志范围及标准、编写方法等问题进行了深入讨论。至此，经过一个阶段的摸索，大事记基本确定编纂要求：一是站位要高，必须站在抗震救灾工作全局的角度，站在全国的高度，同时站在事后总结、反思的角度，从下限时段，来反映整个抗震救灾工作；二是随着资料的不断收集、整理，逐渐确定入志标准，适当把握资料的平衡；三是严格把握资料的丰富性和准确性问题；四是要在记述上坚持以编年体为主、纪事本末体为辅，依时叙事，一事一条，同时对一些紧密相关的内容适当进行归并；五是事条记述要素尽可能补充齐全；六是在编排与具体编写方法上充分借鉴相关比较成熟的经验，力求写得精彩。

2011年2月，完成《大事记》内部交流稿，即第一稿。其后，编纂室按照全志有关总纂工作的要求，明确了初稿编写的总体要求，就时间表述、事条排序、名称使用、会议与文件记述、人物活动记述、重要活动记述、纪事本末体使用等问题提出明确要求，以统一编纂人员的工作思想。随后，经过召开评审会、征求承编单位意见以及补充收集资料，编纂室对志稿进行了多次修改。5月，完成《大事记》初稿，即第二稿。6月15—16日，全志编委会办公室组织召开《大事记》初稿编纂研讨会，征求方志专家的意见。会议对《大事记》初稿存在的问题进行了全面、细致的梳理、剖析，并从指导思想、体裁运用、入志标准、资料选用与补充、编纂原则、编纂方法、排序、记述要素、详略处理、史实核对、篇幅控制、行文规范等方面提出具体意见。会议还根据灾后重建工作实际，决定将《大事记》分卷记述时间下限由原定的2010年12月31日下延至灾后重建工作完成总结之时，以完整记述灾后重建工作的全过程。会后，迅速修改完成《大事记》第三稿。6月28—29日，召开《大事记》分卷编纂培训会，进一步明确初稿的编写要求与方法，同时征求各承编单位对第三稿的意见，进一步补充各部门、各系统的相关内容。8月，全志编委会办公室就此向各承编单位发出《关于修改〈大事记〉初稿及补充报送有关资料的函》，进一步征求意见。9月，各承编单位陆续反馈了修改意见，并补充了很多重要资料。其后，编纂人员认真消化吸收反馈意见，核订史实，不断打磨、修订志稿，并补充编写2011年事条。同时，下大力气与先后通过初审或复审的《抢险救灾志》《灾区生活志》《灾区医疗防疫志》《社会赈灾志》等分卷进行比对，把缺记的大事、要事提炼出来并补充进《大事记》分卷，力求把抗震救灾的过程、阶段表现出来，将抗震救灾过程中有关决策和实施情况分类、分块地反映出来，使记述脉络更加清晰。12月，修改完成《大事记》初审稿，即第四稿。12月30日，召开《大事记》分卷初审会，原则同意《大事记》志稿通过初审。初审工作小组还从进一步突出主线、确定事条标准、加强综合记述、规范领导人职务记述、规范时间记述和排序、精炼事条文字、落实行文规范、核订史实等方面提出修改意见。随后，《大事记》编纂工作从资料收集和编写阶段，转入后期总纂阶段。

2012年2月，修改完成《大事记》第五稿，送全志编委会办公室领导审阅。4月初，根据全志编委会办公室领导的修改意见，并与《灾后重建志》初稿比对，补充了有关灾后重建的内容，完成第六稿。5月，根据全志编委会办公室的安排，就选事有无遗漏、记述要素是否齐全、表述是否准确等问题，将《大事记》与《总述》《附录》两卷征求意见稿一起分送各承编单位征求意见。6月底，根据各承编单位陆续反馈的修改意见，完成《大事记》复审稿，即第七稿，近40万字。7月12日，召开《大事记》分卷复审会，原则同意《大事记》志稿通过复审。复审工作小组还从版式、与其他分卷志稿校核、明确收录标准、核订史实、补充资料、注意叙事时序等方面提出修改意见。随后，编纂室根据复审会的要求，再次认真与其他分卷志稿进行比对，对记述歧异之处一一加以标注，并反复进行考订核实。9月，修改完成第八稿，送全志编委会办公室有关领导与部分方志专家征求意见。11月初，修改完成第九稿。11月中下旬，邀请四川、陕西等灾区省与部分方志专家对全志11卷进行集中审稿，勘误纠谬，核订史实。其中，河北省衡水市地方志办公室武铁良着重查找《大事记》分卷与其他分卷在记述上的歧异之处，并提出修改意见；四川省地方志编委会陶利辉、成都市地方志办公室曾祥林、绵阳市地方志办公室李维怡、德阳市地方志办公室郑洪英、雅安市地方志办公室郑汝成、广元市地方志办公室杨大明、阿坝藏族羌族自治州地方志办公室卓林、陕西省地方志办公室张世民等专门审订了涉及本省、本市州的事条，订正了一些讹误。编纂室在修改过程中，力争做到四点：一是严把政治关，一方面把大事选好、记准，事条之间不彼此相悖，另一方面加强政治上的规范，确保记述不违背政治常识。二是严把史实关，下大力气核对史实。对于存在多种说法且难以考证清楚的资料，尽可能记清基本史实。三是严把文字关，确保不出现简单、低级的文字错误。四是严把体例关，确保符合志书的编纂体例和规范要求。12月下旬，修改完成第十稿。

《大事记》在全志11卷中承担“提要”“大纲”的作用，要求按时间顺序，一事一条，记载汶川特大地震抗震救灾工作中的大事、要事。地方修志对于如何编纂大事记有很多成熟的经验，但是对于如何编纂像汶川特大地震抗震救灾这样的突发事件的大事记，并无多少可资借鉴的编纂经验。这就要求在编纂过程中既要借鉴和遵循地方修志的一些成熟经验，也要根据《大事记》分卷的特点，为充分反映抗震救灾、灾后恢复重建过程中的大势大略，在理论上和实践上进行探索。主要有：一是在系时上，大事记编纂一般依月、日系时叙事，这部《大事记》为充分发挥存史资鉴的作用，在记述救援黄金时间72小时的一些非常重要的事件、活动时，在系时上精确到时、分，这较以往的大事记编纂是个重大突破。二是在记述要素问题上，以往大事记在记述召开重要会议、发布重要文件、举行重要活动时一般不记其具体内容，这部《大事记》在基本记述要素齐全的基础上，还要求简记其核心内容。以重要会议为例，如果一次重要会议只记什么时间、什么部门召开，未记研究部署了哪些重要工作、决定了哪些重要事项，读者就了解不到重要的有用信息，就会一头雾水，不明所以，无从了解这次会议的价值，也就无从判断这次会议在不计其数的抗震救灾会议中为什么重要，发挥了什么作用。三是灵活使用纪事本末体，对于经历时间较长、影响重大、教育意义深远、存史价值高的重大事件，如交纳“特殊党费”、九洲体育馆向受灾群众开放、乞丐捐款、举办爱心食堂、抢运建材等，为完整反映其发展全貌，使用纪事本末体，着重记述事件发展过程中的关键节点、有重要影响节点的内容。四是加强综合记述，对同一活动或事件进行集中记述，不分散记述。五是坚持以灾区为主，记述内容与抗震救灾、灾后恢复重建密切相关的原则。六是根据抗震救灾工作实际，为避免事条内容支离破碎，采用“类为一事”的办法，将同日同一部门的多项活动合并，将同日不同部门、单位、地方开展的同类活动合并，将其视为一条大事，进行集中记述。这是对通常意义上“一事一条”原则的突破和变通。

为将《大事记》编纂成质量过硬的一部信史，编纂室本着精益求精的精神，付出了巨大的努力，但受资料收征集渠道的制约、事条选录标准的不确定性、编纂人员认识水平的局限等因素的影响，这部《大事记》在事条选录、核心内容提炼、史实考订等方面可能还会存在一些问题，请读者朋友批评指正。

《大事记》卷各承编单位及负责提供资料的人员为编写工作作出了很大贡献，没有他们前期辛勤收集资料，《大事记》现在就无法与读者朋友见面。他们是中宣部新闻局张文祥，国务院应急办贾群，外交部办公厅黄静思，发展改革委西部开发司刘通，教育部发展规划司林志华，科技部社会发展科技司陈其针，中国21世纪议程管理中心孙赟，工业和信息化部办公厅规划司李慧南、黄晓琴，民政部救灾司陈洪玲、李先瑞，司法部法律出版社邱小兵，财政部经济建设司寇伟，人力资源社会保障部考核奖励司袁琪、畅达，国土资源部史志办公室张锋，环境保护部应急与事故调查中心李巍、环境监察局赵越，住房城乡建设部建筑节能与科技司于宝清，交通运输部规划司杜国利，铁道部档案史志中心王雨亭，水利部办公厅李栋、江河水利志工作指导委员会朱云枫，农业部中国农业出版社穆祥桐，商务部市场体系建设司陈雪、朱倩、金辉，卫生部新闻宣传中心吕书红、傅雪华，人民银行金融市场司傅兆腾，国资委综合局柳长森，质检总局办公厅刘睿，广电总局规划财务司王小利，安全监管总局国家安全生产应急救援指挥中心王成玉，旅游局中国旅游出版社赵芳，港澳办联络司谭泽峰，地震局办公室徐爱信，气象局史鉴办公室陶国庆、于建慧，银监会合作部李春雷，证监会办公厅王锐，保监会办公厅马霄鹏，电监会电力编委会办公室曹昌杰，台办综合局王江岩，新闻办一局张海峰、王凤娟，信访局办公室罗会坤，国防科工局综合司张辉鹏、阮海峰，测绘局管理信息中心李鹏飞，民航局史志编辑部王立新，邮政局市场监管司王永利，食品药品监管局办公室刘婧，国家电网公司安全监察部李涛，中国红十字会中国红十字年鉴编辑部李兰颂、傅虹，四川省地方志编委会陶利辉，甘肃省政府应急管理办公室姜安鹏、李凯，陕西省政府应急管理办公室郑海荣及省地方志办公室张世民、随成伟，军事科学院战略研究部（全军军事志指导小组办公室）张国君、丁国瑞，武警部队编史办公室孙国、张同坤，成都军区政治部编研室曾坤宾等，谨此向他们表示感谢！

《大事记》编纂人员按时间段进行分工，承担收征集资料、编写事条、核订史实、打磨志稿等任务。具体分工如下：刘永强负责2008年5月12—18日部分、2011年部分，杨海峰负责2008年5月19—31日部分，詹利萍负责2008年6—7月部分，李俊池、盖克负责2008年8月至2010年12月部分。刘永强负责组织协调工作，并负责统稿。

《汶川特大地震抗震救灾志·大事记》

编纂委员会办公室

二〇一三年二月

汶川特大地震抗震救灾志　卷二　大事记

编　　者：《汶川特大地震抗震救灾志》编纂委员会
责任编辑：李　江

出 版 人：冀祥德
出 版 者：方志出版社
　　　　地址　北京市朝阳区潘家园东里9号（国家方志馆4层）
　　　　邮编　100021
　　　　网址　http://www.fzph.org
发　　行：方志出版社发行中心
　　　　电话　（010）67110500
经　　销：各地新华书店
设　　计：北京古涧文化艺术传播有限公司
排　　版：北京开和文化传播中心
印　　刷：北京华联印刷有限公司

开　　本：889×1194　　1/16
印　　张：28.25
字　　数：721千字
版　　次：2015年8月第1版　2015年8月第1次印刷
印　　数：0001～5000册

ISBN　978-7-5144-1575-9　　　　定价：468.00元

“十二五”国家重点
出版物出版规划项目

中国志书精品工程
High Quality Project of China's Local Records

汶川特大地震抗震救灾志

WENCHUAN TEDA DIZHEN KANGZHEN JIUZAI ZHI

《汶川特大地震抗震救灾志》编纂委员会　编

卷九

灾后重建志（上）

方志出版社
Publishing House of Local Records

图书在版编目（CIP）数据

汶川特大地震抗震救灾志．卷九，灾后重建志 /《汶川特大地震抗震救灾志》编纂委员会编．-- 北京：方志出版社，2015.8

ISBN 978-7-5144-1222-2

Ⅰ．①汶…　Ⅱ．①汶…　Ⅲ．①抗震—救灾—概况—汶川县 ②地震灾害—灾区—重建—概况—汶川县　Ⅳ．① D632.5

中国版本图书馆 CIP 数据核字（2015）第 049047 号

汶川特大地震抗震救灾志

2008·5·12

汶

WENCHUAN

TEDA DIZHEN

KANGZHEN JIUZAI ZHI

WENCHUAN

TEDA DIZHEN

KANGZHEN JIUZAI ZHI

《汶川特大地震抗震救灾志》编纂委员会

《汶川特大地震抗震救灾志》编纂人员

总　纂

田　嘉　邱新立

指导专家（按姓氏笔画排序）

王卫明　王复兴　齐家璐　苏炎灶　李　云　张东升　陈泽泓　武铁良
罗保平　周　慧　赵庚奇　段育达　姜昆阳　梅　森　谭烈飞　颜小忠
颜越虎

校　核（按姓氏笔画排序）

牛润珍　毛东武　仇玉英　任根珠　刘仕仲　刘柏修　杨大明　李继隆
李维怡　张世民　陈　华　陈　野　林顺道　欧阳发　卓　林　郑汝成
郑洪英　孟庆斌　陶利辉　梁建楼　梁滨久　曾祥麟　缴世忠

编　务

段志贤　刘永强　程方勇　和卫国　王会世　曾　荣　谷春侠　李一龙
汪秀红

《汶川特大地震抗震救灾志》终审人员

朱佳木　吴恒权　项兆伦　穆　虹　姜　力　杨士秋　徐　科　王国庆
赵和平　孙原生　刘永富　江泽林　陈祖武　李孝聪

《汶川特大地震抗震救灾志·灾后重建志》编纂委员会

《汶川特大地震抗震救灾志·灾后重建志》编纂人员

总　纂

马力强　秦玉才　费志荣　徐　平

副总纂

刘　捷　孙晓文

执行总纂

徐　平　梅　森　刘　通

撰　稿

梅　森　吕兰英　刘　通　陈俊生　张先禄　周　慧　王卫香
刘雪芹　翟　辉

编　务

张志青　郭旭杰　于　红　赵　凡　武凤翔　种　冲

技术编辑

刘　闯

编纂工作联系人（按姓氏笔画排序）

万　谦	丁夕平	王　平	王　弘	王　芸	王　坤	王立新	王永利
王吉江	王江岩	王国翔	王洪新	王海涛	邓红蒂	左　力	付朝华
白忠凯	白贵霞	冯晓波	吕兰英	朱红军	朱慧春	乔曼丽	任　凯
任育之	任锦雄	刘　魁	闫　金	孙安军	孙银生	苏民奎	杜　玮
李　刚	李　巍	李卫民	李世志	李先瑞	李关宾	李兴华	李学福
李宝卿	李福军	杨春霆	吴文学	吴东来	吴学良	吴建安	吴海军
何　春	何　洪	何　毅	何云春	汪安南	沙振华	宋建新	罗世海
张　迅	张　弛	张　晖	张　敏	张月光	张心国	张光进	张连普
张国珍	张国智	张金峰	张银桥	张智吾	陈　红	陈　静	陈培军
林志华	林居正	金国军	周　虎	周　涛	庞振华	孟　冬	孟　雷

孟祥利　赵一农　赵长胜　赵　鹏　钟小明　段进存　侯林霞　侯继洲
饶　权　弭　鉴　胥燕婴　都海江　聂新鹏　贾琳琳　钱力军　徐　晖
高广文　郭建阳　唐　凯　海　波　陶国庆　黄卫忠　黄英锋　黄贵平
黄祥云　曹昌杰　阎东星　彭泽昌　韩　晖　焦山斌　谢　多　靳　磊
窦　群　谭志武　薛　强　穆怀朋　戴新强

《汶川特大地震抗震救灾志·灾后重建志》审稿人员

初　审

田　嘉　赵庚奇　姜昆阳　周　慧　董　煜　吴晓华　邱新立　梅　森
贾　群

复　审

田　嘉　邱新立　梅　森　吴晓华　赵　鹏　李晓龙　张　林　刘大千
侯林霞　胡万欣　李光明　孟　雷　黄汉基

凡　例

一、编纂《汶川特大地震抗震救灾志》（以下简称全志），坚持以邓小平理论、“三个代表”重要思想、科学发展观为指导，贯彻落实习近平总书记系列重要讲话精神，坚持辩证唯物主义和历史唯物主义的立场、观点和方法，存真求实，全面、客观、系统地记述汶川特大地震灾害、抗震救灾和灾后恢复重建的全过程，以存史资鉴。

二、全志设 11 卷，《总述》总括汶川特大地震灾害及抗震救灾、灾后恢复重建活动全貌，概述特点；《大事记》记述抗震救灾和灾后恢复重建中有全局性影响的大事、要事；《图志》直观再现汶川特大地震灾害、抗震救灾和灾后恢复重建的真实场景；《地震灾害志》记述地震灾区地质地貌、地震灾害成因等，反映地震破坏、次生地质灾害等对自然生态环境、经济社会发展的严重破坏和灾难性影响，以及人民生命财产的巨大损失；《抢险救灾志》记述在中共中央、国务院、中央军委的领导下，全党全军全国各族人民全力抢救人民生命财产、抢修基础设施和防治次生灾害等的全过程；《灾区生活志》记述党和政府全力实施生活救助、恢复生产、保障受灾群众生活等工作；《灾区医疗防疫志》记述各方支援，全力开展医疗救治、卫生防疫、卫生监督及恢复灾区医疗卫生服务等工作；《社会赈灾志》记述全国各地、社会各界、港澳台同胞、海外侨胞以及国际社会的捐助活动；《灾后重建志》记述灾区人民自力更生恢复生产、重建家园，以及各地对口支援和社会援建等工作；《英雄模范志》重点记述抗震救灾英雄集体和模范人物事迹；《附录》收录与抗震救灾和灾后恢复重建有关的法律法规、重要文献、部分媒体评论及文艺作品。

三、全志综合运用述、记、志、传、图、表、录等体裁，以志体为主。对影响面大、事关全局的典型、特色内容，采用专记记述；与各卷记述内容密切相关的重要文献、档案资料等，采用文献辑存方式收录于各卷正文之后。

《英雄模范志》以传记形式记述在抗震救灾中牺牲的烈士、因公殉职并受到省部级表彰的人物；以简介形式记述 2008 年 10 月 8 日中共中央、国务院、中央军委联合表彰的全国抗震救灾英雄集体和模范，国务院、中央军委记功的集体和个人，以及中央军委表彰或记功的集体和个人。

四、各卷记述时限，《总述》《大事记》《图志》《灾后重建志》和《附录》为 2008 年 5 月 12 日至 2011 年 10 月；《地震灾害志》《抢险救灾志》《灾区生活志》《灾区医疗防疫志》《社会赈灾志》和《英雄模范志》为 2008 年 5 月 12 日至 10 月 14 日。为保持记述内容的相对完整，在必要的背景内容、捐赠款物统计、与抗震救灾工作密切相关的原始文件、重大事件后续发展等方面，记述时限适当上溯、下延。

《灾后重建志》中恢复重建工作“三年”和“两年”的时间概念，从国务院制定的《汶川地震灾后恢复重建总体规划》印发之日算起。其中，“三年”指从2008年10月1日起，至2011年9月30日止；“两年”指从2008年10月1日起，至2010年9月30日止。

五、全志记述范围，涉及地震灾害的，以2008年7月22日民政部、发展改革委、财政部、国土资源部、地震局联合发布的《汶川地震灾害范围评估结果》所界定的灾区范围为准，重点记述极重灾区10个县（市）、重灾区41个县（市、区）的地震灾害及抗震救灾；涉及救灾、赈灾的，以有关主管部门公告为准；涉及灾后恢复重建的，重点为《汶川地震灾后恢复重建总体规划》所确定的规划范围，即上述位于极重灾区和重灾区的51个县（市、区），一般用“重灾地区”代指。支援抗震救灾与灾后恢复重建对口支援，以事件（事项）涉及地区为准，包括非灾区及相关国家和地区。

六、全志横分门类，纵述史实。除《总述》《大事记》《图志》《英雄模范志》《附录》外，其余各卷按篇、章、节编次，节下设目。卷首设概述，篇下设无题述，章、节下视需要设无题述。

七、全志记述顺序，灾区一般按《汶川地震灾害范围评估结果》界定的极重灾区、重灾区和一般灾区的顺序排列，非灾区按民政部《中华人民共和国行政区划手册·2009》（中国社会出版社，2009年3月版）所列行政区划顺序排列；记述国家、地区，按其英文名称首字母顺序排列。

《大事记》依时叙事，有具体时、分的事条居前，无具体时、分的排后；时间相同的，按中央国家机关、解放军和武警部队、社会团体、灾区和非灾区省（区、市），以及国家、地区和国际组织顺序排列；为体现事物的完整性，个别时间跨度较大的，或将其结果记于开始之日，或将其起始情况记于结束之时。

《英雄模范志》记述英烈人物，按教育、公安、其他行业、解放军、武警部队顺序排序，各系统内按烈士被批准的时间先后为序，时间相同者以相关文件中的排名顺序为序；其他因公殉职人物排列于烈士之后，以表彰时间为序。记述英雄集体和模范，以中共中央、国务院、中央军委表彰文件所列名单为序。由国务院、中央军委记功的集体和个人，分别排列于公安系统抗震救灾英雄集体和模范之后；由中央军委表彰或记功的集体和个人，分别排列于解放军抗震救灾英雄集体和模范之后。

《附录》按类收录文献，同类文献按公布、刊发时间顺序排列。碑文据其所在地区，按极重灾区、重灾区、一般灾区顺序排列。

八、全志记述内容涉及国家法律法规的，以其时现行者为准。

九、全志行文规范，按照全志编委会制定的《〈汶川特大地震抗震救灾志〉行文规范》执行，个别条款有所调整。

县级以上行政区划名称及其隶属关系，以民政部《中华人民共和国行政区划手册·2009》

（中国社会出版社，2009 年 3 月版）为准。乡镇名称及其隶属关系，以民政部《中华人民共和国乡镇行政区划简册 ·2010》（中国统计出版社，2010 年 9 月版）为准。国家、地区名称的规范简称，以《世界地图》（中国地图出版社，2009 年版）为准。

出现频率较高的党政机关、企事业单位、行政区划等名称，大体按照全志编委会办公室制定的《〈汶川特大地震抗震救灾志〉专有名称全称、简称使用规范》（见《索引》）使用简称；出现频率不高的部门、单位名称等，或用全称，或用约定俗成的简称。《英雄模范志》中英雄集体的名称使用表彰文件中的名称。

在上下文不产生歧义的前提下，记述汶川特大地震发生当年的事情，除《总述》"恢复重建"部分及《灾后重建志》外，其余各卷均直书月、日，不标注"2008 年"；其他年份，标明年、月、日。同一段落中连续记述同月发生的多条事项，首次出现时标注月份，后直书日期。记述灾后恢复重建工作，同一目下记述同一年度内容的，首次出现年份时注明年份，后承前省略；记述跨年度内容的，逐年注明年份。

出现频率、知名度较高的人物，首次出现时交代职务（职称），其后一般直书其名。《英雄模范志》中人物职务以表彰文件中所列职务为准。

《英雄模范志》人物传、简介所记人物，凡未注明性别、民族及学历者，分别为"男""汉族"及"高中（含）以下"。

《附录》收入的原始文献，只校正其中的错字、漏字、衍字以及明显有误的标点符号，标题、目题版式根据全志统一要求予以调整。

记述货币，除特别注明的币种外，均为人民币。其他币种与人民币的汇率，均以当时市场汇率为准，一般不作换算。物资价值按照当年市场价格折算。

计量单位一般保持原貌，不特作统一处理，以避免换算后出现误差和约数；对"亿""万"数据的表述，也不强求一致。

十、全志资料，主要由中央国家机关、各民主党派和人民团体、各省（区、市）、解放军、武警部队提供，个别摘引自媒体报道、官方网站、公开出版物等，一般不注明资料出处，情况特殊者随文交代。《附录》收录公布或刊发的文献，一般注明出处。

全志记述的主要灾情数据，以 2008 年 7 月 22 日民政部、发展改革委、财政部、国土资源部、地震局联合发布的《汶川地震灾害范围评估结果》为准；其他数据，以中央国家机关、各民主党派和人民团体、各省（区、市）、解放军、武警部队等提供者为准。其中，《地震灾害志》所用数据，反映灾区总体情况和川甘陕三省灾区的数据，采用《汶川地震灾害范围评估结果》中的评估数，以及民政部、发展改革委、财政部、地震局发布的《汶川地震灾害损失校核结果的报告》中的校核数；所记经济损失主要为直接经济损失，记述间接经济损失的随文说明。其他各卷数据，反映同一事物的数据，凡有校核数的用校核数，无校核数的用评估数；地方数据用各级地方政府提供的数据，专业数据用行业主管部门、专业部门提供的数据，另有少量调查数据。因统计时间、统计口径不同等因素，统计范围与统计分组可能与评估报告不完全一致，致使个别统计结果会有出入；数据亦可能因四舍五入计数保留法而出现分项之和与总数不完全一致的情况。

《灾后重建志》中涉及总体规划和专项规划实施情况的数据，由国务院汶川地震灾后恢复重建工作协调小组办公室提供，灾损数据以规划公布数据为准；其他行业（专项）情况和数据，由中央和国家机关有关部委提供；项目重建、软件支援情况和数据，由各灾区、对口支援省市和有关社会组织提供。由于灾后恢复重建项目资金来源多样，对口援建和社会支持部分项目资金只是对口支援单位的投资部分；部分项目投资规模大于援建资金规模的，包含了中央重建基金、灾区地方自筹资金，或两者兼有；两者个别数据不一致而又不便取舍时，分别交代其资料来源。

《社会赈灾志》中的统计数据，以政府职能部门统计者为准；凡未说明截止日期的，截止日期为 2008 年 10 月 14 日。

目　录

概述

2008年5月12日14时28分，中国四川汶川发生8.0级地震，灾区范围包括四川、甘肃、陕西、重庆、云南、宁夏等6个省（自治区、直辖市）的237个县（市、区），城乡居民住房、部分城镇村庄、基础设施、公共服务设施、生产企业和生态环境遭到严重破坏。震后，中共中央、国务院迅速进行灾后重建工作的部署，明确重灾地区由国家统一规划重建，一般受灾地区由当地组织重建。但恢复重建工作面临巨大困难，仅四川重灾地区，即有1000多万名临时安置群众需要住进永久性住房，300多万学生需要进入安全校舍学习，2000多户规模以上受损工业企业需要重建，37.2万名城镇新增失业人员需要就业，115万名失去土地和农业收入来源的农村劳动者需要安置，加之受到随后国际金融危机的影响，恢复重建难度极大。在中共中央、国务院坚强领导下，在全国人民大力支持下，四川、甘肃、陕西三省灾区广大干部群众自力更生、艰苦奋斗，以邓小平理论、“三个代表”重要思想、科学发展观为指导，坚持“以人为本、尊重自然、统筹兼顾、科学重建”的方针，经过3年的艰苦奋斗，胜利完成恢复重建的各项任务。

2008年5月17日，中共中央总书记胡锦涛要求及早谋划恢复生产、灾后重建工作。22日，中共中央政治局常委会召开会议，要求中央有关部门指导受灾地区在深入调查、综合评估、科学规划的基础上，及早规划和适时开展灾后重建工作。23日，国务院总理温家宝主持召开国务院抗震救灾总指挥部第13次会议，决定在国务院抗震救灾总指挥部基础设施保障和灾后重建组下组建灾后重建规划组，要求抓紧制订灾后恢复重建规划的总体方案。6月8日，国务院颁布施行《汶川地震灾后恢复重建条例》。6月29日、7月3日，国务院相继印发《关于支持汶川地震灾后恢复重建政策措施的意见》《关于做好汶川地震灾后恢复重建工作的指导意见》。9月19日，国务院印发《汶川地震灾后恢复重建总体规划》，明确用3年左右的时间投资1万亿元完成川甘陕重灾地区51个县（市、区）恢复重建的主要任务。1万亿元的投入和各项支持政策，保证了灾后恢复重建的顺利进行，同时成为抵御国际金融危机的重要组成部分。面对艰巨的灾后恢复重建任务，必须发挥社会主义制度集中力量办大事的政治优势，举全国之力支援灾后恢复重建。中共中央、国务院多次研究对口支援工作，作出了实施对口支援的重大决策。6月11日国务院办公厅印发《汶川地震灾后恢复重建对口支援方案》，13日召开省区市和中央部门主要负责同志会议部署对口支援工作。此后，对口支援省市领导同志陆续到受援县（市、区）对接援建任务，迅速启动了一批与人民群众生产生活密切相关的重点项目。社会各界通过各种方式支援灾区恢复重建。

恢复重建总体规划公布前后，中共中央、国务院要求精心实施规划。至2008年9月，抗震救灾取得重大阶段性胜利，恢复重建工作进入实施的重要阶段。温家宝提出，恢复重建是一项重大而紧迫的民生工程，要进一步增强政治意识、大局意识、责任意识、质量意识，全面做好和按时完成各项恢复重建任务，向灾区群众和全国人民交出一份经得起实践和历史检验的答卷。经过灾区省、对口支援省市、社会各界以及灾区群众不懈努力，2009年5月，震损住房维修加固全面完成；9月，大部分学生进入永久性校舍学习；12月，农房重建任务全面完成。2010年5月10日，东汽德阳新基地竣工投产，当年实现产值200亿元，超过震前1倍；8月，灾区人民成功应对舟曲县城、绵竹市清平乡、都江堰市龙池镇、汶川县映秀镇的特大山洪泥石流，恢复重建成果经受住了考验；9月，城镇住房恢复重建基本完工；12月，19个对口援建省（市）大部分完成援建项目，并与受援县（市）签订长期合作协议。2011年2月1日，异地重建的北川新县城举行开城仪式，7397户北川居民入住新居；至5月，四川、陕西、甘肃三省灾区所有纳入国家重建规划的项目已全部开工建设，完工项目占规划项目的95%，完成投资占规划总投资的95%，灾后恢复重建取得全面胜利，实现"家家有房住、户户有就业、人人有保障、设施有提高、经济有发展、生态有改善"的重建目标；10月14日，汶川地震灾后恢复重建总结表彰大会在北京召开；12月31日，国务院同意撤销国务院汶川地震灾后恢复重建工作协调小组及其办公室，至此，恢复重建工作全面结束。

一

中共中央、国务院统揽全局，作出搞好规划、制定条例、对口支援、科学重建、加大力度、巩固成果等一系列重大决策，指导恢复重建各项工作有力、有序、有效开展。

搞好规划。2008年5月17日，胡锦涛提出，在搞好规划的基础上，帮助灾区群众重建家园。23日，国务院决定成立规划编制机构，要求在3个月内完成总体规划编制，着手编制专项规划。6月13日，胡锦涛提出要"精心规划、精心组织、精心实施"，对规划编制提出明确要求。温家宝多次主持会议听取总体规划编制工作汇报。总体规划公布后，又陆续公布10个专项规划。围绕规划，有关部门又按照中央领导同志在考察调研时提出的要搞好实施规划编制、搞好重大工程设计的要求，制定一系列配套政策措施。结合恢复重建实际，国务院部署开展了总体规划中期评估和调整工作，保证了规划的科学合理并顺利实施。

制定条例。2008年5月26日，温家宝要求国务院法制办加强恢复重建立法研究。国务院法制办随即启动相关工作，并着手起草《汶川地震灾后恢复重建条例》，全国人大有关专门委员会、全国人大常委会法工委、国务院有关部门对条例草案内容进行修改。经过13天时间，国务院颁布《汶川地震灾后恢复重建条例》。条例明确提出了恢复重建的指导思想和基本原则，确定了实施恢复重建的责任主体以及各级政府和各部门在恢复重建中的职责、任务；对恢复重建资金和物资的筹集、使用和管理，对恢复重建项目的监督检查，对违反条例应承担的法律责任等作出明确规定。

对口支援。面对繁重的恢复重建任务，2008年5月26日，胡锦涛主持召开中共中央政治局会议，作出"建立对口支援机制，举全国之力，加快恢复重建"的重大决策。6月5日，胡锦涛主持召开中共中央政治局常委会会议，要求支援地区和受援地区要加强领导，精心组织，加强协调配合，严格遵循灾后重建规划布局、选址要求和建设标准，制定科学合理的建设计划，依据规划抓紧实施。11日，国务院办公厅印发《汶川地震灾后恢复重建对口支援方案》，要求山东省等19个省（市）每年拿出上年财政收入的1%对口支援川、甘、陕三省重灾地区。13日，中共中央政治局常委胡锦涛、吴邦国、温家宝、贾庆林、李长春、习近平、李克强、贺国强等出席省区市和中央部门主要负责同志会议，部署恢复重建对口支援工作，加快灾区恢复重建。

科学重建。恢复重建要求妥善处理好恢复重建与发展提升的关系、当前与长远的关系。2008年5月31日晚，胡锦涛在听取陕西省关于恢复重建工作汇报后指出，在受灾农村重建中，要注意把重建工作与社会主义新农村建设结合起来，与扶贫开发工作衔接起来，着力改善农村居民居住环境，着力促进农村经济社会发展；在受灾企业重建中，要注意把重建工作与优化生产力布局、促进产业结构调整结合起来，提升企业技术层次和市场竞争力，推动企业整体水平迈上新台阶；在基础设施修复重建中，要充分考虑促进当地经济社会发展需要，考虑人民群众生产生活需要，使基础设施的布局更加合理，保障能力进一步提高。6月20—22日，温家宝在陕西、甘肃灾区调研考察时指出，新建住房一定要按照安全、经济、适用、省地的原则选好新址，把安全放在首位。凡是有可能发生次生灾害的地方都要进行科学调查，该治理的治理，该避险的避险，绝不能因次生灾害造成新的人员伤亡。7月3日，国务院印发《关于做好汶川地震灾后恢复重建工作的指导意见》，明确提出了“恢复重建深入贯彻落实科学发展观，坚持以人为本、尊重自然、科学重建”的指导思想，“科学规划、有序推进、因地制宜、分类指导、自力更生、艰苦奋斗、一方有难、八方支援”的基本原则，以及恢复重建的主要任务和工作要求、实施步骤和保障措施。10月8日，胡锦涛再次指出，坚持以解决民生问题为重点，把恢复重建与推进工业化、城镇化和社会主义新农村建设、扶贫开发紧密结合起来，与主体功能区建设和产业结构优化升级紧密结合起来，与保护民族文化遗产紧密结合起来，与促进灾区生态环境尽快恢复并不断改善紧密结合起来；坚定不移地走科学发展道路，锲而不舍地探索和认识自然规律，坚持按自然规律办事，不断增强人与自然和谐相处的能力，不断有所发现、有所发明、有所创造、有所前进，让人类更好地适应自然、让自然更好地造福人类。该讲话深刻阐释了科学重建的基本理念和基本要求。25—27日，李克强在四川灾区调研考察时指出，要坚持以人为本，加快恢复和完善公共服务设施，为群众生产生活提供便利条件。在加快住房建设的同时，要优先安排学校、医院等的恢复和建设，使其成为最牢固、最安全的场所，方便孩子上学，方便群众看病。2009年6月7—10日，习近平在陇南、天水等地考察，提出要坚持实事求是，做到因村制宜、因户制宜、因人制宜，实施中要讲求科学、尊重规律、尊重群众意愿，防止简单化、一刀切；要统筹处理好实施重点工程与推动面上工作、解决当前问题与加快经济发展的关系，一些要求高、用钱多的事情，可以在确保达标后逐步加以实现。2010年5月20—24日，吴邦国在四川灾区考察期间强调，要把产业恢复重建与加快转变经济发展方式、调整经济结构、促进产业优化升级有机结合起来，推动骨干企业技术升级、产品换代，大力发展特色优势产业，加快灾区产业结构优化升级步伐；工程质量是百年大计，要严格把好质量关，严格按程序办事，严格执行设计施工标准和规范，强化工程监理，严格责任追究。要坚持规划高起点，把重建与工业化、城镇化和新农村建设有机结合起来，提升恢复重建水平。6月23—28日，李长春在四川灾区调研考察期间，强调要把恢复重建与深入实施西部大开发战略结合起来，与加快产业发展结合起来，与建设社会主义新农村、统筹城乡发展结合起来，与改善民生结合起来，与推进基层精神文明建设结合起来，推动灾区实现跨越式发展，辐射带动全省经济社会又好又快发展。

加大力度。2008年5月23日，国务院抗震救灾总指挥部第13次会议要求灾后重建规划组根据恢复重建工作需要，研究制定中央财政、地方财政的支持政策，以及发动群众、实行各地区对口支援的措施等。28日，国务院提出要组织专门力量研究制定各项支持政策。6月3日，总指挥部第16次会议责成财政、税收、银行、证券、保险等部门和单位抓紧研究相关扶持政策。11日上午，温家宝主持召开国务院常务会议，明确提出加大政府支持力度，鼓励社会广泛援助，调动各方面积极性，形成合力；统筹人力、物力、财力，加强与灾后恢复重建规划的衔接，确保灾区工业、农业、服务业等早日恢复。29日，国务院发布《国务院关于支持汶川地震灾后恢复重建政策措施的意见》，要求有关部门尽快制定有关政策措施的具体实施办法，明确政策措施适用范围和执行期限，并根据灾后恢复重建进展情况和实际需要，及时调整和完善各项政策措施。7月3日，国务院发布《关于做好汶川地震灾后恢复重建工作的指导意见》，要求综合运用财税、金融、土地、产业、就业等政策手段；鼓励社会各界自愿捐助；鼓励国有大企业集团多承担社会责任，支持各类企业到灾区投资兴业；加大以工代赈力度，鼓励灾区群众投身灾后重建。10月，李克强到四川考察，要求提前下发中央财政灾后恢复重建基金，加大政策支持力度，加快推进恢复重建工作。11月5日，国务院常务会议研究部署，将恢复重建作为进一步扩大内需、促进经济增长的10项措施之一。为了加快恢复重建进度，2009年3月5日，温家宝在第十一届全国人大二次会议上提出力争用两年时间完成原定三年的主要目标任务。5月12日，胡锦涛在纪念汶川地震一周年活动时指出，继续扎扎实实推进恢复重建工作，加大力度，加快速度，攻坚克难。9月24—26日，温家宝在四川灾区调研考察期间要求，努力实现年底前全面完成农村住房重建目标，力争在2010年5月底前基本完成城镇居民住房重建任务；年底前确保95%以上的灾区学生进入永久性校舍上课，2010年春季开学时所有的学生都能迁入新校舍学习；2010年9月底前基本完成灾区县级医院和疾病预防控制、妇幼保健、计划生育服务机构以及乡镇卫生院重建任务，力争基本完成干线公路恢复重建任务，北川、汶川、青川县城和映秀、汉旺等重灾镇建成城镇基本框架，形成城镇基本功能，其他城镇完成重建主体任务。要把确保工程质量和安全放在第一位，决不能为了赶进度而降低标准、要求和质量。要从实际出发，制定科学、切实可行的规划，保质保量地把恢复重建工作做好，对国家负责，对人民负责，对子孙后代负责。

巩固成果。2011年5月9日，温家宝在汶川地震灾后恢复重建座谈会上指出，恢复重建三年目标任务已经基本完成，但要实现发展振兴，还有很长的路要走；要再接再厉，奋发图强，巩固灾后重建成果，不仅要让群众住上好房子，还要过上好日子，不断提升自我发展能力，努力开创地震灾区发展振兴的新局面。要巩固和发展恢复重建成果，加快提升灾区内生发展动力，着力解决灾区群众现实困难和长远生计，深入推进防灾减灾能力建设，自强奋进建设美好新家园。8月19—22日，习近平在四川调研时强调，四川各级党组织和广大党员干部要坚持弘扬伟大的抗震救灾精神，加快转变经济发展方式，加强和创新社会管理，推动四川经济社会发展在“十二五”时期实现新跨越。9月17—20日，李长春在四川调研时强调，要牢牢抓住恢复重建取得决定性胜利的有利时机，进一步巩固和发展恢复重建的重大成果，深入挖掘抗震救灾和恢复重建形成的宝贵精神财富，齐心协力促发展，坚定不移转方式，千方百计保民生，推动四川经济社会发展在“十二五”时期实现新的跨越。

二

机制创新是应对巨灾重建的必然选择。中国发挥社会主义制度集中力量办大事的政治优势，建立组织协调机制、灾区省负总责机制、对口支援机制、社会帮扶机制、监督检查机制、群众参与机制、政策保障机制、资金保障机制、建材保障机制和信息公开机制，广泛动员社会资源，有机整合各种力量，将各种社会主体的强烈愿望转化为化危为机、重建美好家园的强大动力。

组织协调机制。国家先后成立国务院抗震救灾总指挥部基础设施保障和灾后重建组及国务院汶川地震灾后恢复重建工作协调小组，开展规划协调、政策协调、重大问题协调、对口支援协调以及质量和进度协调。在总指挥部基础设施保障和灾后重建组下设的灾后重建规划组，由灾区省和多个部门组成，先后召开5次会议解决规划编制的重大问题。加强组织协调，组织专家和科研力量，统一规划范围，形成规划编制的基础。加强与灾区省的沟通协调，统一规划的体例、重点和任务；加强与成员单位的政策协调，制定一系列支持政策措施。加强规划协调，编制国家层面的总体规划，指导协调国务院有关部门编制10个专项规划，形成较为完善的规划体系。进入规划实施阶段后，国务院汶川地震灾后恢复重建工作协调小组由发展改革委牵头，由33个部门和单位组成，20余次深入灾区调研，召开7次全体会议和多次专题会议，召开2次对口支援工作座谈会，研究解决恢复重建中的重大问题。以规划全面实施为中心，对于重大问题，协调小组在充分调查研究和沟通的基础上，召开全体会议进行研究。加强规划实施协调，根据规划条件和实施条件的变化，组织规划实施中期评估，开展规划项目中期调整，使规划项目更加符合灾区实际。加强重大活动协调，中宣部、发展改革委、解放军总政治部和四川省委联合主办汶川特大地震抗震救灾和恢复重建先进事迹巡回报告会；中宣部、发展改革委、四川省委、甘肃省委、陕西省委共同主办，新华社、四川省委宣传部、中国人民军事博物馆承办汶川地震灾后恢复重建主题展览；发展改革委、人力资源社会保障部和解放军总政治部共同召开汶川地震灾后恢复重建总结表彰大会。加强专题协调，共同研究解决恢复重建中的难点问题，重点解决了灾区农村贫困户住房重建、农村信用社恢复发展、中小企业贷款、堰塞湖重大隐患、城镇住房重建、青川县政府驻地搬迁等重大问题，对加强重建资金统筹使用、加强灾区干部群众心理援助、延长部分灾后恢复重建支持政策等问题进行研究、落实。加强进度和质量的协调，强调既要加快进度，完成项目建设，更要实事求是，确保质量安全，不搞脱离重建性质和灾区实际的超标准建设和形象工程，切实克服盲目攀比、铺张浪费。组织推进对口支援，积极协调对口支援有关事项，召开对口支援工作座谈会，交流对口支援工作经验。

灾区省负总责机制。面对灾后重建任务重、项目多、时间紧的实际情况，恢复重建工作形成由灾区省负总责、受灾县（市、区）具体承担落实恢复重建任务的领导体制和组织实施体系。灾区省成立恢复重建领导机构，开展本省灾后恢复重建的规划编制、项目建设、资金和物资保障等各项工作，加强工作协调，创造和谐稳定的重建环境。积极应对特大山洪泥石流灾害，保卫恢复重建成果。采取分类分级的办法，按照特事特办的原则，打破常规，简化审批手续，下放审批权限。除重大项目外的重建项目，由县、乡镇政府具体组织实施，确保重建项目快速推进。陕西省对重灾区 4 个县（区）的恢复重建指挥组织，创造性地实施了省县直通车制度。

对口支援机制。多种层次、多种形式的对口支援是恢复重建的重要力量。山东省等 19 个援建省（市）把灾区当作自己的地区，与灾区群众一道建设美好新家园。大多数省市党政一把手担任对口支援领导小组组长，在受援地设立前方指挥部。一批批有责任心、有能力、有经验的干部到灾区一线工作。结合受援县市的实际，创造出“交钥匙”“交支票”“交钥匙与交支票结合”“统一援建”“包片援建”等多种援建模式。不仅开展硬件建设，而且开展教师培训、干部交流、劳务承接等软件支持。灾区省以对口支援为契机，赴支援省市开展招商活动和管理机制的学习交流。19 个对口支援省（市）实施援建项目 4121 个。此外，灾区省组织实施省内对口支援，四川省安排省内 13 个市（州）对口支援 13 个重灾县（市、区）的 1 个重灾乡镇，甘肃省确定 147 家单位支援受灾县（区），陕西省确定 3 个市和 3 家大型企业支援 6 个受灾县（区）。内蒙古自治区和海南省主动实施援建。国务院有关部门组织本系统的对口支援，国家大型企业组织系统内的对口支援。以对口支援为契机，支援与受援双方建立长期合作机制，签订长期合作协议，拓展合作领域，提升合作层次，推进由援建到合作、重建到发展的转变，开辟区域合作新篇章。

社会帮扶机制。社会各界主动请缨，要求支援灾后重建。灾区省将社会支持力量主要投入到对口支援没有涉及但重建难度较大的县（市、区），开展农房、学校、医院、卫生院等民生项目建设，开展支农、支医、支教和扶贫，以及帮助特殊群体创业、兴业等。援助项目采用全资援建、组合援建等方式，还有一部分采取资本金补助、贷款贴息、优惠贷款、设备设施援助等形式。支持形式多种多样，既包括资金支持，也包括人力、技术、管理等方面的支持。为了永远铭记援建者的大爱深情，援建项目在醒目位置标注援建标志、援建名称，如“特殊党费”援建项目标注“七一”，解放军和武警部队援建项目标注“八一”，华侨援建项目标注“侨爱”，红十字会援建项目标注“红十字博爱”等标志。全国 8000 多万名党员中有 4557.89 万名党员交纳“特殊党费”，规模之巨，前所未有。香港特别行政区、澳门特别行政区政府及非政府机构、台湾同胞慷慨捐款捐物。华人华侨、国际社会也以各种形式援助受灾民众。广大志愿者开展社会调查、心理抚慰、扶危济困等活动。可以说，浴火重生、凤凰涅槃的灾区崛起于大爱之中，每一项建设工程都是爱心的丰碑。

监督检查机制。恢复重建全程接受党政监督、审计监督、财政监督、媒体监督和人民群众监督。胡锦涛、温家宝等中央领导同志从恢复重建伊始就强调加强监督检查，成立中央抗震救灾资金物资监督检查领导小组。各部门、灾区省和对口支援省市相互支持、密切配合，创新监管手段，形成监管合力，构建全方位、多层次的监管体系。从项目资金下达开始，同步检查、同步审计，实行全过程监管，做到款物专用、公开透明、规范有序、廉洁重建。在工程建设中，国家要求严格实行项目法人责任制、招标投标制、合同管理制、工程监理制、竣工验收制。监察、审计和财政等部门派出专业监管人员，组成上千个工作组在重建一线跟踪审计，加强对重建资金的筹集、分配、使用和绩效跟踪、审计检查。从 2008 年 9 月至 2011 年 11 月，审计署对规划总投资 7678 亿元的 27902 个项目进行了跟踪审计。财政部制定完善多项制度办法，对资金管理全流程、各环节进行规范。灾区省财政系统加强现场监管，建立省、市、县三级联动查处机制，深入施工现场对项目实施精细化管理。中组部加强“特殊党费”使用情况的监管，组织审计人员对社会各界关注的“特殊党费”开展专项审计。对社会捐赠资金采取统一上缴、集中管理、统筹安排，有效防止截留、挪用等违规违纪问题的发生，并将使用情况及时向社会公告。对口支援省市加强资金使用监督检查，开展竣工验收审计。项目单位开展“回头看”，对恢复重建项目进行拉网式检查。正是由于全方位、无盲区、全过程的监督，恢复重建的各项工程成为阳光工程，成为人民满意的民心工程。加强建设工程质量和安全以及产品安全质量的监管，组织开展对重大项目的稽查。

群众参与机制。规划设计、重建选址、工程施工等各个环节，都坚持广泛听取群众意见，尊重群众意愿。灾区人民群众不等不靠，自力更生，互帮互助，共建家园。各级干部舍小家、顾大家，全天候战斗在工作一线。受灾企业积极开展生产自救，恢复生产；企业职工倾情付出，全力以赴。各级党支部发挥战斗堡垒作用，一个支部就是一面旗帜。党员干部冲锋在前、身先士卒，发挥先锋模范作用。受灾群众用坚强面对挑战，用微笑迎接明天。“出自己的力、流自己的汗，自己的事情自己干”，“有手有脚有条命，天大的困难能战胜”，是灾区群众参与重建的真实写照。2011 年 5 月，温家宝说：“过去三年灾区的巨大变化证明灾区人民是垮不掉的，永远能够坚强屹立在这片土地上，完全能够用自己的双手把家乡建设好。我相信，灾区的未来一定会更美好！”

政策保障机制。恢复重建面临的困难和挑战前所未有，面临的新情况、新问题前所未有，建设者、参与者深入研究，努力探索，采用新方法、新方式、新技术，成功迈过一道道坎，克服一重重困难。为增强政策措施的灵活性、针对性和有效性，从中央到地方，打破常规，制定实施政策措施，切实解决资金、用地、技术、人才、就业、创业等难题。《汶川地震灾后恢复重建条例》成为第一部支持恢复重建的法规，创造了立法时间最短的纪录。首次为恢复重建设立基金，首次为恢复重建编制规划，打破“一省对口支援一省”的惯例，首次实行“一省帮一重灾县”，确保重建的力度、进度和质量，支援、受援双方合作形式不拘一格，因地制宜。首次实施灾前贷款延期偿还的“四不政策”，利用中央重建基金为贫困农户贷款提供担保，解决农民缺乏抵押担保财产的困难。多途径保障用地计划指标、启动重建用地快速审批通道、实施特殊供地政策，调整用地审批程序，延长新增建设用地土地利用年度计划指标预支和追加认定政策；简化环评工作程序，提高审批效率。对灾后重建物资运输车辆实行“绿色通道”政策；对灾区农村信用社实行所得税优惠政策、延长灾区家庭经济困难学生特别资助政策和灾后恢复重建对口就业援助政策的执行期限；研究确定在《全国中小河流治理和病险水库除险加固、山洪地质灾害防御和综合治理总体规划》中，加强对灾区地质灾害的防治力度。根据实际情况，在城乡住房建设、产业重建等方面，积极推进政策创新。成都市利用城乡统筹的办法，促进城乡统一规划、建设用地指标流转和产业互动。一批开发区升格为省级开发区，创造性地在开发区内设立对口援建产业集聚区，建立起支援、受援双方长期互利合作的平台。扩大北川区划面积，解决北川新县城选址落地难题。保护性开发工业遗址旅游，发展工业园区和新型业态。正是由于不墨守成规，大胆开拓，勇于创新，才最终创造出一个个新的奇迹。

资金保障机制。面对规模巨大的重建任务，建立了重建基金、担保基金、产业基金、援建资金、信贷资金、直接融资、社会捐赠资金（含国际）和灾区自筹资金等多种资金渠道，保障了恢复重建的巨量资金需求。中央财政大力压缩一般性开支，紧急调整当年预算，积极筹措并建立中央重建基金。地方财政挖掘潜力，压缩 6% ~ 10% 的行政经费。各级财政通过财政补贴、贴息等多种融资手段，吸引各类金融机构贷款。19 个对口支援省（市）按照上年财政收入的 1% 投入援建。国家引导和鼓励金融机构加大信贷支持，实施特殊信贷政策，支持灾区灾后重建，支持灾区企业直接融资。积极利用社会援助资金，按照“渠道不乱、用途不变、捆绑使用、各记其功、公开透明”的原则，统筹使用资金。截至 2011 年 5 月，整个受灾地区（除川、甘、陕三大重灾地区外，还包括重庆、云南等灾区）灾后重建累计资金投入 10205 亿元，其中利用中央重建基金 3026 亿元①。截至 2011 年 9 月底，19 个省（市）安排对口支援资金 856.63 亿元（据财政部统计），银行贷款 5560.2 亿元（据银监会统计）。其他投入包括灾区省地方财政投入，国外优惠贷款，香港援建资金，澳门援建资金，台湾同胞捐赠，以及内蒙古自治区、海南省主动援建资金，部分“特殊党费”，接收社会各界（含国际、国内）捐赠资金等。

建材保障机制。发展改革委、工业和信息化部、住房城乡建设部联合发文要求建材生产企业严格按照国家和行业标准组织生产。建材流通企业要依法经营，防止不合格建材流入市场。加大执法力度，坚决打击制售假冒伪劣建材产品的行为。加强建材产品质量监督检查，建立健全产品质量责任追究制度，从建筑材料上确保工程质量。灾区省采取限价保护、投建砖厂、开辟外来红砖运输绿色通道，对指定水泥厂进行补贴等措施，解决建筑用砖供应紧张的问题。为了保障城乡居民住房建设所需红砖，从 2008 年 12 月 22 日到 2009 年 1 月 23 日，成都军区贯彻落实中央军委指示，向四川省 16 个受灾严重县（市、区）突击抢运红砖 5295.2 万匹。支持建材企业恢复生产，四川重灾地区 39 个县（市、区）新增干法水泥生产能力 5000 万吨，加强绿色环保型砖瓦生产。

信息公开机制。为增加恢复重建的透明度，回应社会各界的关切，确保阳光重建。各级政府及其相关部门通过政府门户网站、新闻发布会等信息公开平台，主动及时公布重建情况。2008 年 5 月 28 日，发展改革委在新闻发布会上提出对灾后恢复重建工作的总体考虑：大体用 3 个月的时间完成前期工作和灾后重建总体规划，大体用 3 年时间基本完成恢复重建的主要任务。协调小组分别于 2009 年 5 月 8 日和 2011 年 5 月 10 日，通过国新办举行新闻发布会向新闻媒体介绍恢复重建进展情况，并回答记者提问。协调小组多次实地调查重建情况，公开通报社会大众和新闻媒体反映的问题。2009 年 11 月 6 日，陕西省在媒体上发布《关于“5・12”汶川地震捐赠资金管理使用情况的公告》；2009 年 11 月 17 日、2010 年 4 月 7 日和 7 月 29 日、2011 年 1 月 28 日，通过陕西省政府《公报》、陕西省审计厅网站等媒介，4 次发布“5・12”地震灾后重建跟踪审计结果公

① 引自 2011 年 5 月 9 日温家宝在汶川地震灾后恢复重建座谈会上的讲话，载《人民日报》2011 年 5 月 10 日第二版。

告。12 月 31 日，四川省将接收的捐赠资金收支明细情况通过《四川日报》向社会公布。通过新闻发布会、媒体报道等形式发布恢复重建信息，增强了公信度，创造了良好的社会舆论氛围。

三

科学重建是贯穿恢复重建全过程的主线和总要求。恢复重建全程广泛吸收国内外的智慧和力量，科学规划、科学选址、科学设计、科学施工、共建共享，奠定了恢复重建的科学基础，促进了恢复重建项目的合理布局，保障了经济社会的可持续发展。

科学规划。国家组织专家组对灾区范围、损失和资源环境承载能力进行评估评价，为重建选址、规划和设计提供了可靠依据。国务院抗震救灾总指挥部灾后重建规划组和灾区省紧密配合，按照“以人为本、尊重自然、统筹兼顾、科学重建”的基本思想，经过 3 个多月的时间，在重建分区的基础上，制定印发《汶川地震灾后恢复重建总体规划》以及 10 个专项规划，共规划项目 46048 项，投入 9827 亿元。在中期评估的基础上，对规划项目进行了必要的调整，将项目减少为 40620 项，投入减少为 9455 亿元，使规划与实际相符。规划编制过程中，精心调研，召开 5 次全体会议及数十次规划衔接会，全过程征求国内外意见，学习借鉴国内外恢复重建的经验教训，广泛听取国内科研机构专家学者的意见、建议。灾区省集聚社会智慧，坚持全域全程、开门开放搞规划。在总体规划和专项规划基础上，又编制了数十个实施规划，以及一批城镇建设规划①、产业园区规划、集中居住区规划等，形成完整的规划体系，实现规划全覆盖。农村建设首次有了规划指导，规划坚持“三打破、三提高”：打破“夹皮沟”，提高村庄布局水平；打破“军营式”，提高村落规划水平；打破“火柴盒”，提高民居设计水平；体现山水田园风光，突出地域民族特色。

科学选址。恢复重建项目是百年大计，项目布局充分考虑立地条件，实行“避开地震断裂带”“避开地质灾害隐患点”“避开行洪通道”三原则。加强地质灾害危险性评估，将拟建用地划分为安全、部分安全、不安全和无法确认 4 种。项目布局采用原地、异地、易址、“飞地”4 种模式。城镇选址采用恢复功能、削减功能、疏解功能 3 种方式。重建伊始，三川两镇②等地重建选址成为难点，牵一发而动全身，必须慎之又慎。在详细的地质工作基础上，经多种方案比选，在尊重群众意愿基础上，确定绵竹市汉旺镇、安县晓坝镇原地易址重建。2008 年 11 月，国务院批复北川新县城异地新建，选址于安昌镇以东 2 公里处的安昌河冲积坝上③。同月，确定汶川县城主体功能原址重建，疏解部分功能至周边城镇。2009 年 3 月（比北川、汶川晚 4 个月左右），确

① 2008 年 9 月 28 日，四川省政府批复汉旺镇灾后重建规划；12 月 20 日，四川省政府常务会议通过汶川县城重建总体规划；2009 年 3 月 30 日，四川省政府批复北川新县城总体规划方案；4 月 30 日，四川省政府批复映秀镇灾后重建总体规划；5 月 27 日，四川省政府批复青川县城总体规划。

② 指受灾严重的北川县城曲山镇、汶川县城威州镇、青川县城乔庄镇，以及绵竹市汉旺镇和汶川县映秀镇。

③ 2008 年 12 月，中共中央总书记、国家主席、中央军委主席胡锦涛为北川新县城取名“永昌”，取新址永安、安昌两镇首尾各一字，寓意永远繁荣昌盛。

定青川县城行政等部分功能原址重建①，疏解部分功能至竹园镇。部分农村村民震后失去宅基地，失去赖以生存发展的耕地，面临着地质灾害威胁，必须避险搬迁。文县宋坝新村、陇南市武都区马街镇蒿坪村、略阳县徐家坪镇上坪村、宁强县燕子砭镇庙子岭等村庄实行整村搬迁②、集中安置，彻底改变了村民担惊受怕、交通不便、致富困难的局面。在互利共赢的基础上，在资源承载能力较强、发展潜力较大的区域建设成阿工业区、河北—平武工业园、广元青川川浙合作产业园3处“飞地型”产业区③，东汽从绵竹市迁址到德阳市郊的八角井，是国家推进主体功能区战略实施的生动实践。

科学设计。设计决定功能，决定特色。所有项目设计都践行“绿色、节能、环保”的理念，奠定可持续发展的坚实基础；所有项目设计都践行提高防灾减灾能力的要求，设置疏散通道和避险设施；所有项目设计都践行与自然相协调、与文化相适应的要求，实现自然和人文的有机统一。城镇设计注重功能，显山露水，依山傍水，打造山水相融之城、文化魅力之城、宜居宜业之城。青川县城乔庄镇避开断裂带，特别设计“二纵四横”应急疏散通道，共设计四大绿化生态广场，作为应急安全避难场所。汶川县水磨镇被联合国人居署誉为“全球灾后重建规划设计最佳范例”，汉旺新镇充分利用新镇区内5条流淌的水系创造出川流相间、高山相望、自然相融的生态城镇格局。绵竹市孝德镇苏州水街宽檐白墙黑瓦，错落有致，仿佛江南画卷。都江堰壹街区由同济大学城市规划设计院设计，融入“拜水都江堰”、川西民居和上海石库门的建筑理念和元素。村落设计注重文化传承，注重环境相融，注重产业支撑，注重功能完善，注重设施配套。农房设计注重外观特色，注重内部功能，注重经济适用，注重抗震设防。农房重建与新农村建设和小城镇建设结合，与高山生态移民迁建、危房改造工程建设结合，注重对少数民族文化的保护和传承。学校、医院设计注重提高防震减灾能力，注重与周围环境相协调。新建于接官亭新区的略阳天津高级中学南依秀丽的笔架山，寓意人才辈出。在这些地方，农房建设第一次有图纸，第一次有系统规范的设防标准，第一次有设计方案比选。社会福利设施设计注重满足特殊困难人群的基本需求。历史文化名城名镇的街区景点设计注重“修旧如旧”，重现历史。水利工程设计注重利用自然力，官宋硼堰水利枢纽重建工程吸取原枢纽拦沙坎的做法，并进行优化设计，拦住的沙石可在泄洪时一次冲净。交通工程设计注重节约耕地，严防次生灾害，注重避让保护动物的繁殖和迁徙通道，大量采用桥梁和隧道穿越，提高生命线的抗灾能力。铁路公路项目设计施工大量采用高架、隧道和桥梁，避险和节地有机结合，使“生命线”成为畅通线。厂房设计注重选用先进的工艺流程，实现资源综合利用。全国50多家甲级资质规划设计单位参与重要单体建筑方案设计，1100多人次专家参加评审会评审论证，其中有工程院院士、全国建筑大师、羌族历史文化和羌族建筑专家参与设计、咨询和评审。科学设计，确保了项目的质量、特色和功能。

---

① 2009年3月11日，国务院汶川地震灾后恢复重建工作协调小组办公室召开专题会议，研究青川县城选址问题；23日，协调小组第二次全体会议决定青川县城原址重建，县政府驻地乔庄镇不搬迁，竹园镇承担部分功能，自此三川两镇选址工作结束。

② 宋坝新村由宋坝、寺坪、草垭三社组成。马街镇蒿坪村迁到马街镇大李村张坪，并改名为感恩村。燕子砭镇庙子岭村迁移到木槽沟村，并改名为东丽村。

③ 成阿工业区选址于成都市金堂县。河北—平武工业园选址于绵阳高新区新扩区域内的磨家镇和河边镇。广元青川川浙合作产业园选址于广元经济开发区袁家坝工业区。

科学施工。加强施工各环节的管理，抓进度、质量、环保，使恢复重建的各项工程成为安全工程、优质工程和放心工程。制定严格的工程质量标准，自始至终加强工程质量监管。狠抓进度，采取“白＋黑”（白天夜间）、“晴＋雨”（晴天雨天）、“5+2”（工作日和周末工作）的办法。加强各工序之间的衔接，加强项目之间的协调配合。北川新县城建设实行“五个一”① 推进机制。宝成铁路新109隧道工程将工序衔接改为搭接，上一个工序完成前30分钟内，下一个工序的人员和机械设备必须到位，创造隧道单口月掘进最高270米和月成洞200米的国内隧道施工新纪录。狠抓质量管理，加强建材质量监管，使用抗震强度高的建材。京什旅游文化特色街项目建立项目部、监理单位、总包单位和分包单位4级安全管理体系，划分并明确各责任方在施工现场的安全责任区域。狠抓技术进步，广泛采用新技术、新工艺。严格执行抗震设防标准。对城乡住房按照抗震设防要求和抗震设计规范进行施工，并根据设防要求核定建设造价。对农村居民住房重建，加大技术指导和现场监督，基本采用圈梁、构造柱等建筑技术。学校、医院等公共服务设施，按照高于当地房屋建筑的抗震设防要求进行设计和施工，确保建成“最安全、最牢固、群众最放心的建筑”。施工过程中严格工程管理制度，认真执行法定基本建设程序，认真落实施工图设计文件审查、招标投标、施工许可、工程建设监理、工程质量和安全监督、工程竣工验收备案等制度，依法监督实施。加强重建项目的施工许可管理，严格市场准入审查和监管。所有项目实行业主负责制，明确由实施单位主要负责人为第一责任人，并指派专人负责具体施工安全、质量和进度管理，定期报送工程进度情况。严格监理、验收制度，确保施工安全和工程质量。综合利用建筑垃圾，综合利用过渡性板房②，加强环境保护设施投入。

共建共享。项目功能相同的不同建设主体心往一处想，劲往一处使，共同规划、协作建设，降低成本，提高效益，资源共享。小金—宝兴光缆工程由四川电信、四川移动和四川联通共建；绵阳—北川—平武光缆由四川移动、四川联通共建；“德阳什邡青牛沱基站”采取“分块建设、资源共享”模式，四川移动、四川电信各负责建设一段光缆，四川联通负责建设铁塔及市电引入，资源3家共用，每家节约投资近30万元。成灌铁路的电信基础设施由四川电信、四川移动和四川联通共同建设。通信管道与市政管道联合共建，通信光缆与公路同步建设，与广电系统在铁塔、传输光缆等方面开展共建共享。都江堰—汶川—马尔康光缆采用“军民共建、多家参与”的方式，由四川电信、四川移动、四川联通、成都军区四方联合共建，“安县晓坝—茶坪”的光缆由四川移动、四川电信、四川联通和广电4家单位联合建设。通信业通过共建共享，不仅加快重建进度，减少重复建设，节约资金和土地占用，而且更好地保护了自然环境和景观，打破以往“一个小区3根天线，一座山头3座铁塔，一条公路3排电杆”的重复建设格局。除基础设施外，

① “五个一”，即一个项目、一名领导、一个牵头部门、一个方案、一抓到底。

② 2009年4月23日，国务院汶川地震灾后恢复重建工作协调小组办公室召开专题会议，专题研究灾区过渡安置房处置措施。5月13—15日，在民政部和住房城乡建设部调研基础上，国务院汶川地震灾后恢复重建工作协调小组办公室会同民政部、环境保护部、住房城乡建设部、商务部、国家物资储备局等部门相关业务负责人及建设、环保方面专家再次赴四川进行专题调研。调研组实地查看了活动板房的拆除现场、已拆板房的再利用情况和未利用板房的保存情况，并听取四川省政府关于板房回收的有关意见。7月22日，《国家发展改革委关于灾区活动板房处置有关问题的报告》（发改西部〔2009〕1851号）上报国务院，建议明确地方政府为活动板房处置的责任主体，采取综合循环利用的处置方式，结合中央适量储备与援外统筹安排，并注意加强活动板房处置中环境保护方面的指导监督。

绵阳高新区将城市规划与产业规划、土地利用规划融入“一张图”，实现“三规（划）合一”，既明确产业分工布局，又规划同步、资源共享、基础互建。共建共享节约土地，降低成本，优化布局，强化功能，提高效率，实现小投入、大产出、高效率的良性格局。

四

以人为本、民生优先是恢复重建的基本出发点和落脚点。国家将住房、学校等民生工程置于恢复重建的优先位置，实现群众住有所居、学有所教、病有所医、老有所养、业有所就、困有所解、文有所传、精神康复。

住有所居。把住房重建放在首位，率先完成。采取原地和异地相结合，集中与分散相结合，统建、自建与联建相结合，购买安居房、租住廉租房和居民自建房有机结合，美观与实用相结合，发挥群众主体作用，妥善解决住房问题。震后一年，震损住房修复加固全面完成；震后一年半，农村住房重建全部完成；震后两年，城镇住房重建基本完成。截至 2011 年 9 月，川甘陕三省灾区维修加固农村住房 292 万户、城镇住房 146 万套，重建农村住房 191 万户、城镇住房近 29 万套。重建后的民居住房布局合理，功能完备，配套服务齐全。不少农民家里安装了上下水设施，用上自来水和热水，做饭用上沼气，生活方式发生根本性转变。彭州市鹿坪村建成总建筑面积 7.8 万平方米的农房，安置 587 户村民，每户为 2 ～ 3 层坡屋面川西民居风格的房屋。文县中寨乡阳志山村 80 户人家建成 80 座错落有致、具有民族特色的小院落。占地 28.42 公顷、总建筑面积 42.15 万平方米的北川温泉片区安居房平均容积率 1.48，建筑密度 31.46%，绿地率 30%。总建筑面积 196572 平方米的青川县乔庄安居工程分布在东山、万众、上坪、小坝 4 个安居小区，每个小区均为花园式小区，设有 50 ～ 110 个不等的停车位。安置 1000 户住房损毁户居民的江油市中原爱心小区一期工程，周边配套建设了爱心医院和爱心学校，方便小区居住人员的生活。

学有所教。教育设施重建中，完成教育项目 3941 个，覆盖 300 多万学生。按照“小学就近、初中进镇、高中进城”的原则和“安全、实用、方便学生”的要求，调整优化教育布局，在最安全、最优美的地块布局学校，促进教育集中化、优质化、综合化，建成一批综合性教育园区，大幅度改善办学条件。一幢幢气势恢宏、功能完备、设施一流的教学大楼拔地而起，成为当地的标志性建筑。温家宝题写校名的北川中学，占地面积 15 万平方米，抗震设防烈度为 8 度，教学和生活设施配套齐全。青川县智慧岛教育园区包括三校一馆一路网 5 个项目①，三面环水，一面靠山，行政图书楼、教学楼、运动场、宿舍、食堂及多媒体教室一应俱全。七一聚源中学考虑残障学生需要，每栋宿舍楼装备一间残疾人专门宿舍。农村小学硬件设施大幅提升，普遍配备音乐、舞蹈、美术、科技等教室，配备现代化的教学设施，改善教学条件。为了加强师资力量建设，培

① “三校”包括青川中学、青川职业高级中学、青川教师进修学校，“一馆”指青川体育馆，“路网”指智慧大道等校园路网，建筑面积 13 万平方米，总投资 5 亿余元。该园区建在青川县竹园镇，由浙江省援建。

养骨干教师和教育管理人员，组织重点学校结对帮扶。同时，大力开展支教活动，建立教师培训及学术交流基地。恢复重建的成都技师学院都江堰分院，满足职业教育教学的各种要求。异地重建的阿坝师范高等专科学校，依山傍水，规模宏大。2009 年 9 月，学生开始告别板房学校到新校舍学习[①]；2010 年春季开学，学生全部进入永久性教室学习。2011 年 6 月 18—20 日，中共中央政治局委员、国务委员刘延东考察灾后重建情况，充分肯定了四川省在灾后重建特别是教育、科技、文化重建方面取得的重大成就，希望在巩固重建成果的基础上，深入推进各级各类教育均衡发展，不断提高教育质量，促进教育公平，切实加强科技对经济社会发展的支撑引领，充分发挥文化在引导社会、教育人民、推动发展中的积极作用。

病有所医。在灾后重建项目中，现代化水平最高的是医院。建成的 2979 个医疗卫生项目，投资额在 1 亿元以上的医院有 15 个，建筑面积在 1 万平方米以上的医疗卫生项目有 33 个。有的县级医院拥有“三甲”医院的硬件设施，包括现代化的检查设施设备、现代化的远程医疗系统、现代化的门诊大楼、住院大楼。都江堰市医疗中心设计床位 600 张，除配备先进的医疗设备，上海交通大学医学院附属瑞金医院设置固定式双向卫星“白玉兰远程医学网”医学会诊与教育点，提供远程会诊、病例讨论、教学与合作交流等服务，使该医疗中心成为一所集医疗、教学、科研、妇幼保健、中医药治疗、康复、理疗、技术培训于一体的综合型医疗机构。为了加强医技人才培养，援建省市留下一支带不走的医疗队，通过支医活动选派优秀人才服务群众。在先进设备和优秀人才的支撑下，新建成医院开设新科室、引进新项目，开展新手术，甚至开展高难度手术，医疗服务水平明显提升，吸引大量患者就医，建成之时就满负荷运转，成为群众健康的守护者。建成后的乡镇卫生院普遍具备急诊、转诊功能，可进行常见病、多发病诊治、助产技术服务。一批高水平康复中心建立起来，使因灾致残人员得到先进的功能恢复训练。解放军四总部援建、成都军区组织实施的四川省八一康复中心，是全军系统规模最大、设备最先进的康复中心。四川省县、乡、村三级基层计划生育服务体系，服务设施设备齐全，140 余家机构开展再生育服务工作。现代的医院，优质的服务，群众就医需求得到更好满足，伤残人员得到优质康复训练，新生人口质量不断提升。

老有所养。传承中华民族尊老爱老的优良传统，加强养老设施建设，截至 2011 年 9 月底，四川省建设 41 个社会福利院；甘肃省完成 791 所倒损农村敬老院的重建和 769 所敬老院的维修加固；陕西省敬老院等农村“五保”供养服务机构恢复重建项目全部开工，其中 49 个项目完工并投入使用。根据老年人生活特点，老年福利设施多南向，阳光充足；居住房间配有卫生间，通风良好；室外既有集中也有相对独立的活动场地，置有座椅和活动设施，满足老人活动和休憩需要。遵循无障碍设计原则，设置专用无障碍坡道，出入口均做防滑处理，主要干道有扶手，让老人晴天雨天均有活动空间。汶川县社会福利和救助服务中心每个房间配有电视、电话、网络和紧急呼叫系统，热水采用空气源热泵 24 小时不间断恒温供水。什邡市社会福利救助中心打造舒适的“四合院”式生活环境，以满足老年人交流需求；设置方便病人、残疾人的坡道和车位。都江

① 四川省重灾地区 39 个县（市、区）的 317 万中小学生，88.6% 的学生进入永久性校舍中学习。甘肃地震灾区学生全部搬进永久性的新校舍学习。陕西省重灾区 2 万多名中小学生也告别“板房教室”，搬进永久性的新校舍。

堰市社会综合福利院为方便老人生活，室内安装双层扶手、紧急呼叫按钮；卫生间入口设计成斜坡，防止老人绊倒；淋浴处安装防滑木板，马桶边装有扶手。建筑面积6173平方米的宁强县中心敬老院成人供养区设供养床位400张，集居住、娱乐、健身等功能于一体。2011年5月3—4日，贺国强到四川地震灾区指导工作。当看到老人们的幸福生活时，他说，中华民族历来有尊老敬老的优良传统，要确保老人们老有所养、老有所学、老有所乐、老有所为，让大家切实感受到共产党好、社会主义好。

业有所就。就业是民生之本，开展以工代赈，组织农民参与工程项目建设；开展就业援助，开发公益性岗位，实施社会保险补贴和吸纳就业税收减免。人力资源社会保障部组织的3期对口就业援助，直接帮助灾区劳动者实现异地转移就业18.6万人。注重文化、旅游、农家乐等劳动密集型产业发展，加快骨干企业和中小企业恢复生产，扩大就业容量。依托绵竹年画和羌绣特色文化品牌建设，大力吸纳农村劳动力就业。加强职业教育培训，建立培训基地。上海市在都江堰建立就业创业基地，向社会提供近5000个就业岗位。2010年9月底，地震重灾地区至少一人就业家庭户数达到总户数的99.9%，提前实现“2010年重灾区98%以上的家庭至少一人实现就业”的目标。四川省3年多时间解决了170多万城乡居民的就业问题，动态解决“零就业”家庭问题。

困有所解。为解决特殊困难群体的安置难题，政府通过福利院、敬老院和其他福利机构场所，对新增孤老、孤儿、孤残“三孤”人员进行集中安置，对孤儿有亲戚朋友领养的、家庭亲友代养的，还有其他社会助养的，给予帮扶和社会保障。四川灾区失去宅基地和完全灭失耕地的20万农民群众，通过地方政府和基层组织出面，调整土地耕地，调剂宅基地，使绝大多数群众在当地就地就近得到安置。2008年和2009年两个冬季，各级党委、政府按照保过冬住房、保御寒衣被、保冬春口粮、保卫生防疫、加强过冬物资储备等“四保一储备”的要求，组织大规模的送温暖帮扶活动，确保了灾区群众安全温暖过冬。

文有所传。恢复重建中，始终注重藏羌文化的传承与保护，始终注重宗教文化的传承与保护，始终注重红色文化的传承与保护，始终注重抗震救灾精神的纪念与弘扬。实施羌族文化保护工程，设立了“羌族文化生态保护实验区”。无论是北川羌族自治县吉娜羌寨、新县城巴拿恰商业步行街、禹王风雨廊桥，还是中国羌族博物馆和牟托村，无不洋溢着浓郁的羌族风情。藏族居住区，重建的汶川县映秀镇、黑水县色尔古藏寨、理县甘堡藏寨等，其建筑布局、建筑风格都包蕴着鲜明的藏族文化元素。恢复重建中，重视地域文明、文物古迹、非物质文化遗产的保护与传承，重建的绵竹年画村等一大批特色村庄成为点缀在中国西部大地美丽画卷上的文化之花。恢复重建中，特别注重抢救修复文物、典籍及珍贵非物质文化遗产实物和资料，抢救和保护非物质文化遗产，培养民族民间文化传承人。都江堰、阆中、勉县、安顺场等26座历史文化名城名镇的古城区、古街区、古建筑和古文物得到修复。禅寿老街采用复原再生、恢复重建和立面改造3种模式，保留古街“家带店及院落”布局的传统，营造整体历史风格。在恢复重建过程中，创造优秀作品，宣传抗震救灾和灾后重建的感人事迹，城市文化、红色文化、地震纪念文化得以彰显，扩建了阆中市红军纪念馆，建起广元红星公园。2011年，都江堰虹口深溪沟地震遗迹纪念地、绵竹汉旺东汽工业遗址纪念地、什邡穿心店地震遗址纪念园、北川地震纪念馆、青川地震博物馆、东河口地震遗址公园、汶川地震震中纪念地被四川省公布为第五批爱国主义教育基地。纪念设施的建设，既是对逝者的纪念，也是对生者的慰藉，更是对来者的激励。

精神康复。组织实施心理康复工程，开展心理援助、心理关爱和心理干预活动，提高受灾群众自我调节能力，促进身心健康；在中小学校开展心理疏导教育，在医院设置心理门诊，在新闻媒体开办专栏节目，组织专业人员和志愿者进村入社开展心理咨询；培训心理疏导专业人员，编写灾区志愿者心理辅导手册。构建灾区群众和谐和睦、团结互助的邻里关系，发挥社区对安定人心、增进情感、反映民意、化解矛盾、提供服务等方面的重要功能。关爱基层干部，组织外出疗养，组织学生赴俄罗斯疗养。实施文化安民工程，通过电影放映、文艺表演等参与式、互动式活动，舒缓心理抑郁，宣泄心理压力；通过诗歌朗诵、歌曲演唱、报刊阅览等群体性、聚集性场景，放松心情；通过组织知名文艺工作者深入灾区和群众进行交流，为灾区群众提供心理支持和心理陪护，减少急性的和剧烈的心理创伤；通过编纂抗震救灾史志纪实，传承历史、弘扬精神。实施再生育工程，对地震中死亡孩子的家庭提供再生育服务，家庭有了新的生命，就能很快走出地震阴影；截至 2011 年 6 月底，地震灾区有 3888 名妇女怀孕、2990 个婴儿健康出生。这些难题的解决，安定了人心，稳定了社会，为灾后重建营造了和谐环境。

五

设施提升是恢复重建成果最典型的特征。重建后的城镇、农村的基础设施和交通、水利、能源、通信基础设施及防灾减灾设施实现质量和功能的大幅提升，奠定了今后相当长的时间内跨越发展的雄厚物质基础。

城镇基础设施升级。一座座新城拔地而起，“三川两镇”焕然一新。城镇新区框架拓展，扩大了城区面积。截至 2011 年 9 月底，城镇体系建设项目完工 1102 个。修复新建市政道路 558 公里和一批桥梁，促进了城市内部循环，开发城市景观资源，促进各功能区有机联系，增强交通出行和对外联系能力。新建 53 座水厂，有效保障了城市供水安全、饮水安全，较好地满足生产生活用水需求。建成的集中供热、垃圾处理、城镇防洪等工程增强了城市可持续发展能力。过去灾区很多城市没有污水处理设施，市政设施很不健全，在重建中全面加强了供水、污水处理和能源供应等公用设施建设。城镇供水、供气、排水等基础设施向周边农村延伸，乡镇市政公用设施实现跨越式发展。

农村基础设施提升。解决群众出行难、用水难、用电难、清洁难，生产生活条件得到改观。截至 2011 年 9 月底，川甘陕三省重灾地区修筑农村公路 4.85 万公里。新修建的小金县美汗路全长 51.66 公里，平均海拔 3500 多米，最高处海拔 4916 米，彻底改变窝底、潘安、汗牛 3 个乡不通公路的历史。修建农村供水设施 11.15 万处，解决 725.29 万人的饮水安全。理县“三湘情”安全饮水灌溉工程覆盖 13 个乡（镇）81 个村，解决了 3.5 万人饮水安全问题，新增有效灌溉面积 0.17 万公顷，深受群众欢迎。统一规划、统一组织实施居民集中居住区基础设施建设，提升重建档次。新建农村实施通路、通电、通自来水、通广播电视、通电话“五通”和建沼气池、建圈、建厕、建灶“一池三建”工程，恢复重建农村电网9517公里，恢复重建水电站213座，修建沼气池43万口。新建农村注重产业基础设施建设，注重农村旅游开发。

交通基础设施发展。胡锦涛等中央领导同志反复强调，道路等基础设施是保障民生、恢复生产的关键。按照构建生命公路网、恢复和提高灾区公路抗灾能力的思路，保护有限耕地，提高应对泥石流、滚石、落石、崩塌等各种次生灾害的能力，大量采用桥梁、隧道等技术，加强边坡防护，提高抗震等级。经过3年努力，“一环三纵四横十联”① 长达5000公里的灾区“生命线公路网”基本建成，恢复和建设干线公路7132公里。从“大动脉”到“毛细血管”，日益完备通畅的交通网络为灾区重建和发展创造更加良好的条件。都汶公路是成都通往阿坝唯一的“生命通道”，地震后，原本几十公里的距离要被迫绕行上千公里。在恢复重建中，除修复国道213线外，还修复都江堰至映秀高速公路②，新建映秀至汶川高速公路③，成都至汶川由3小时缩短至1.5小时，进而形成都江堰至汶川县城的两条生命线，不仅促进民族地区经济社会发展，还成为汛期应急抢险救援的通道。修复既有铁路4376公里，防灾减灾能力明显增强。全长76.18公里的成都至都江堰铁路是西部地区第一条按照客运专线标准建设的高标准、高等级的市域铁路，开工18个月即建成投入运营，乘车从成都到青城山只需30分钟④。西南地区规模最大、功能设施最先进、现代化程度最高的火车成都东站，站房建筑面积10.8万平方米，车场规模为14个站台26线，设计日均旅客发送量20万人次，并实现各种交通运输方式之间的立体衔接、无缝换乘。成绵乐铁路、兰渝铁路、成兰铁路、西成铁路渐次开工建设，进一步完善了铁路网络布局。总投资133.56亿元的成都双流机场二跑道和新航站楼工程建成后，双流机场年飞机起降量达到30.5万架次以上，旅客吞吐量可达3800万人次以上，成为中国第四大航空枢纽，在中西部机场中率先迈入双跑道起降时代。九寨黄龙机场三期扩建后，实现双向起降，通行能力从每小时起降8架次提升为18架次，2011年吞吐旅客175万人次，设施水平实现大幅度提升。

水利基础设施全面恢复。2934个水利设施重建项目全面完成。水库承担着灌溉、防洪、供水、养殖、旅游等综合功能，按照“先重后轻、先大后小、先易后难”的原则，区分不同的险情，分批组织建设，消除水库安全隐患，恢复1263座震损水库防洪库容，增强水资源调控能力。开展水库下游地区溃坝演练，增强防灾意识。紫坪铺水库震后进行坝顶和防浪墙修复加高，拆除下游坝坡松动变形部位的干砌块石，改建为浆砌块石护坡。三台县鲁班水库关系到周边的射洪、大

---

① “一环”，指成都—都江堰—汶川—茂县—松潘—九寨沟—平武—北川—安县—绵竹—什邡—彭州—成都环线。“三纵四横十联”内容见第503～504页表14的内容。

② 2009年5月12日，公路恢复重建的标志性工程——都映高速公路全线贯通。都江堰到映秀高速公路是通往汶川特大地震震中的“生命线”，该公路在地震中严重损毁，最大控制性工程——庙子坪大桥、新房子大桥、紫坪铺隧道、龙溪隧道的修复堪称世界级难题。

③ 映秀至汶川高速公路全长52公里，项目总投资49.9亿元，采用双向4车道技术标准建设，设计时速每小时80公里，桥隧比为75%，起于都江堰至映秀高速公路龙溪隧道出口，止于汶川县。2009年5月9日开工建设，2012年10月建成通车。

④ 2008年5月28日，铁道部和成都市政府签订关于加快推进成都市铁路建设的协议，共同建设成都至都江堰快速客运铁路以及成都新客站、成都货车外绕线等相关配套设施。这是四川省灾后重建第一个重大签约项目。2010年5月12日，成都至都江堰高速铁路正式开通。

英、三台、中江四县100多万人民生产生活用水，恢复重建中，清除大坝面板上2700多立方米的污泥，找到两条水平裂缝，经过7个月施工，将渗漏堵住。加强城市防洪堤建设，许多县城城区防洪能力由不设防或10年一遇标准提高到20年一遇、50年一遇的标准。改进防洪堤结构设计，将城市内部排涝与提高防冲能力有机结合。对防洪堤两岸进行亮化美化，对城区河道进行综合治理，清除杂草和污水，修建橡胶坝，使沿河两岸成为亲水景区，成为休闲纳凉、散步漫谈的好去处。各防洪堤经受住2010年夏季的暴雨洪水和泥石流灾害，保障城市安全度汛。全长9690米的青川县竹园镇防洪堤工程不仅增加了建设用地，而且成为竹园镇的风景线，防洪能力从不设防提高到50年一遇。海拔3000米以上的松潘县川主寺河段，引进生态治理理念，埋置格宾石笼，强化生态混凝土护坡，填筑配置营养材料以适宜植物生长，建设园林景观，配建廊桥，成为岷江上的一道新景观。

能源基础设施加强。恢复重建四川卧龙巴蜀龙潭电站、中国华能太平驿电站、巴蜀江油发电厂、国家电网映秀湾水力发电总厂、汶川县220千伏二台山输变电工程等骨干电源和电网，满足电力送出和阿坝铝厂等企业用电需求。恢复重建煤矿164个，恢复重建油气井1176口、天然气管线100多条、沚库8座、加油站922座。华星天然气有限责任公司恢复重建天然气管线65.8公里。

通信基础设施全域覆盖。恢复和建设的四川国际专用数据通道、四川移动绵阳交换网、四川电信绵阳C网重建、四川移动绵阳新建基站配套传输、甘肃电信陇南整村迁改配套、陕西联通居民集中安置点通信网等工程，使得通信设施水平实现新跨越。移动通信基站数为震前的3倍，传输光缆长度为震前的1.66倍，所有县城实现3G网络覆盖，全面实现行政村“村村通电话”、乡镇“乡乡通宽带”。

生态保护设施完善配套。全面修复林区受损房屋、管护站点、巡护道路、森林防火、病虫防治等生产生活设施，增添大批消防设施设备。截至2011年9月，川甘陕三省灾区共恢复林草植被35.16万公顷，林木种苗基地4619.6公顷，修复草地4.71万公顷；建成保护区业务用房67820.8平方米；建成防火瞭望塔175座，通信基站、中继台、转信台76座，林火监测站18座，防火道路1384.67公里。水土保持设施方面，建设坡面水系工程、沟道治理工程和辅助设施2.3万余处，原有功能得到基本恢复。四川省修复大熊猫圈舍29803平方米，完善大熊猫保护网络布局，推进大熊猫孤立小种群复壮试验和大熊猫走廊带建设。灾区水源地保护、废弃物处理、土壤污染治理等环境保护设施重建任务基本完成。

防灾减灾设施改善。四川省通过恢复重建地震观测系统，使区域内地震固定遥测台站达到22个，平均台距40 ~ 60公里，监测能力达到M ≥ 1.6级。绵竹市在青龙村和白房子两处滑坡地质灾害隐患点实验安装自动化地质灾害监测预警系统。陕西省全面建成地震监测系统和地震信息服务平台，建设固定自由场强震观测台30个，具有烈度速报功能。陕西省治理83个地质灾害隐患点，略阳县城凤凰山滑坡应急治理工程完工。川甘陕三省灾区完成《防灾减灾专项规划》规定的129个应急避难场所的建设。所有体育场馆设施都高标准抗震，成为避灾避险工程，包括被称为绵竹“鸟巢”的绵竹市体育中心、汶川县体育馆、广元澳源体育中心、都江堰市体育中心均有应急避难设施，成为很好的应急避难场所。唐家山等105处危险级堰塞湖得到有效处置。

六

产业恢复重建既考虑原有的发展基础、资源禀赋，又充分利用重建提供的发展机遇，高起点、高标准建设，高度重视产业升级、节能环保，并结合本地资源优势和特色，加快灾区经济结构调整、产业升级和布局优化，工业、农业、旅游、文化等5333个产业恢复重建项目全部完成，产业发展实现再生性跨越。

农业基础夯实。四川、甘肃、陕西灾区恢复重建期间，抓紧实施并大力推行“农产品地理标志＋专业合作社（协会）＋农户”的新型农业产业化模式，恢复重建了四川北牧南江黄羊、松潘夏旭冬日天然沙棘、青川川珍实业、北川佛泉茶叶、徽县新恒源、略阳西广香猪等一批机制较为健全、带动农民增收能力强的龙头企业公司，着力打造特色优势农产品品牌，积极申报国家农产品地理标志、原产地保护等绿色食品、有机食品标志，争创中国驰名商标、中国名牌产品，打造“汶川甜樱桃”“南江黄羊”“文县纹党参”等地理标志品牌。大力发展设施农业，至2011年9月底，川甘陕三省重灾地区修复畜禽圈舍2051.94万平方米，四川恢复重建农业生产大棚2460万平方米。建成一批优质粮油、特色果蔬、茶药桑种植、畜产品养殖基地。占地1.13万公顷的都江堰市现代生态农业集聚区包括工厂化农业、先进种植业、休闲观光业、配套服务四大板块，有种子育苗、优质农产品、农产品加工及物流、农业科技服务及产品交易等功能。占地面积86平方公里的宝鸡市陈仓区渭北环线东段绿色生态蔬菜基地，建成渭北环线宽幅观赏林带4.4公里。占地20公顷的绵竹市江苏高效农业示范园核心区，把江苏比较成熟的先进生产技术和管理经验嫁接到绵竹。

工业跨越提升。在灾区恢复重建中，工业恢复重建项目的完成，壮大了装备制造、电子信息、新材料、磷化工、医药、纺织以及农产品加工等特色优势产业，提升了产业的技术水平和市场竞争能力。恢复2440户规模以上受损工业企业，重建3601个工业项目，新建一批工业园区、国家级省级开发区和对口支援产业集中发展区。19个对口支援省（市）采用园中园的模式，与受援县市区合作共建产业园区，重点支持园区基础设施、标准厂房等建设，协助招商引资等。实施优势资源组合，甘肃厂坝铅锌矿成功实现重组，德阳实施磷化工产业重组，促进资源优势向经济优势的转化。加强节能减排，推广清洁生产技术和工艺，淘汰关闭落后生产能力。新建水泥产能大都超过100万吨，配建低温余热发电。北川中联水泥利用窑头和窑尾的废气余热进行发电，每年可节省标准煤约2万吨，减少二氧化碳排放量5.8万吨，年发电量约6000千瓦时。东汽新基地拥有19个世界一流的制造中心和科研设施，剑南春集团新增包装生产线16条，远远超过震前生产能力。

服务业安民富民。发挥旅游资源优势，有序推进旅游市场恢复，恢复重建旅游景区，包括城镇、村落，提升了应急救援能力。四川省优化旅游产业格局，建设三大旅游产业带、四大旅游经济区、六条主题精品线路[①]。保护性开发世界遗产如都江堰、青城山、卧龙、黄龙等旅游功能，恢复重建一批旅游景区景点，以民族特色村寨、年画村、农家乐、传统民俗展示为依托的乡村旅游业快速发展。分类恢复重建26处国家级、省级风景名胜区，加强特色风景名胜区旅游形象建设，促进旅游业有序恢复。2010年年底，四川省恢复重建规划区旅游总收入、国内旅游收入、国内旅游人次数等三大指标，与震前的2007年相比，分别增长54.9%、57.8%、46.2%。实施重点文化产业项目带动，推进绵竹年画和羌绣特色文化等品牌建设，恢复重建文化市场。到2011年9月底，四川省62个文化产业项目全部建成。恢复重建商贸服务和金融服务业。广元国际商贸会展中心等一批重点项目建成、投入使用。一批粮油企业和供应网点得到重建，设施布局更加合理，功能更加完善，粮食安全保障和宏观调控能力有较大提升。川甘陕三省重灾地区建设证券业网点36个，建设保险业网点281个（含新设机构）。银行业完成重建项目1930个，其中四川修缮加固银行网点1148个、原址重建银行网点234个、异地新建银行网点199个、新设银行业金融机构29个、撤并银行网点17个、添置自助机具设备1196台（不完全统计）等。金融服务体系基本建成，满足经济社会发展对金融服务的需求。

七

三年艰苦卓绝，三年浴火重生。在中共中央、国务院的坚强领导下，各级党委、政府带领人民艰苦奋斗，广大援建者顽强拼搏，社会各界大力支持，城乡住房建设任务全面完成，1000多万群众入住新住房，300多万学生入学新校园，5000多家企业建成投产，城乡就业妥善解决。无论是气势恢宏的宏观规划，还是精巧细致的微观布局，都彰显出山水相依、产城相融的理念。无论是星罗棋布的美丽村庄，还是鳞次栉比的城镇家园，都体现出布局精巧、功能先进的设计。“三年重建真如铁，而今迈步大跨越。”尽管国际金融危机依然阴霾不散，汶川地震灾区已然迈上了更高水平发展的康庄大道，已然成为城乡统筹、人与自然和谐相处的经典样板，已经为西部地区全面建设小康社会探索了新路。到2010年年底，四川省6个重灾市（州）[②]规模以上工业增加值增速均超过全省平均水平，工业增加值是震前2007年的1.69倍；工业利税由2007年的528亿元提高到2010年的1079亿元，翻了一番。甘肃省8个重灾县（区）农业生产总产值是震前2007年的1.47倍，农民人均纯收入是震前2007年的1.38倍。陕西省4个重灾县（区）农业生产总产值是震前2007年的1.6倍；农民人均纯收入是震前2007年的1.9倍[③]，经济发展水平和

---

① “三大旅游产业带”，包括平原丘陵地区以旅游城镇为中心的乡村休闲旅游产业带，低山至中山山地观光休闲度假旅游产业带，高山生态保护及科考、探险专项旅游产业带。“四大旅游经济区”，包括羌文化体验旅游经济区、龙门山休闲旅游经济区、三国文化旅游经济区、大熊猫国际旅游区。“六条主题精品线路”，包括九环线精品旅游线、藏羌文化旅游走廊、中国汶川地震遗址旅游线、大熊猫栖息地旅游线、三国文化旅游线、红色文化旅游线。

② 包括成都市、德阳市、绵阳市、广元市、雅安市和阿坝藏族羌族自治州。

③ 数据根据四川、甘肃、陕西三省向国务院汶川地震灾后恢复重建工作协调小组办公室报送的灾后恢复重建总结中的相关数据汇总。

人民生活水平大幅超过震前。

任何困难都难不倒英雄的中国人民！短短三年，妥善处理重建与提升、当前与长远、输血与造血、硬件与软件的关系，建成人民安居乐业、产业提质升级、设施适度超前、城镇功能完善、乡村宜业宜居的新家园，实现从灾难到复兴、从悲壮到豪迈的历史性跨越，一座座新村镇、新学校、新医院、新社区、新工厂和一条条新道路，已经并将深刻改变人民群众的生产生活方式。

汶川特大地震灾后恢复重建的辉煌历史必将使中华民族代代铭记，让子孙后代为其先辈的坚韧不拔和聪明才智而深感自豪。灾后重建的成果绝不仅仅是巨大的物质财富，同时，它还是中华民族取之不尽、用之不竭的精神源泉。

第一篇

决策组织

从2008年5月17日中共中央总书记胡锦涛提出搞好规划开始，至2011年10月14日汶川地震灾后恢复重建总结表彰大会召开，中共中央、国务院统揽全局，将恢复重建作为灾区走向新生活，同时作为应对国际金融危机扩大内需的重要抓手，做出了一系列重大决策部署，有力、有序、有效指导了规模宏大的恢复重建工作。一是要求国务院法制办在综合有关部门以及社会各界意见的基础之上，制定发布《汶川地震灾后恢复重建条例》，使恢复重建工作成为国家意志，依法开展。二是决定组织力量编制灾后恢复重建总体规划和10个专项规划，同时为支撑规划实施，制定一系列支持恢复重建的政策措施。三是明确了在灾区省自力更生的基础上，按照“一省帮一重灾县”的原则开展对口支援。四是做出了维护稳定的要求，加快生产恢复，加强工程质量监管，促进社会和谐。五是实施科学重建，坚持民生优先，坚持质量和进度的有机统一；做出了北川迁建的重大决策，使之成为恢复重建规模最大的工程；坚持物质家园重建和精神家园重建的统一，注重民族文化的保存，注重精神康复。六是保卫和巩固恢复重建的重大成果，既要让灾区群众住上好房子，更要过上好日子，支持灾区发展振兴，支持支援和受援双方建立长效合作机制。为了有效组织恢复重建，中共中央、国务院先后组织成立国务院抗震救灾总指挥部基础设施保障和灾后重建组（下设灾后重建规划组）、国务院汶川地震灾后恢复重建工作协调小组，研究解决恢复重建工作中的重大问题，协调政策落实，指导规划实施，组织对口支援省市和受援灾区的重建工作，发挥了灾后恢复重建组织保障作用。

第一章　决策部署

在汶川特大地震发生到灾后恢复重建取得全面胜利的3年多时间里，中共中央总书记、国家主席、中央军委主席胡锦涛，中共中央政治局常委、全国人大常委会委员长吴邦国，中共中央政治局常委、国务院总理、国务院抗震救灾总指挥部总指挥温家宝，中共中央政治局常委、全国政协主席贾庆林，中共中央政治局常委李长春，中共中央政治局常委、中央书记处书记、国家副主席习近平，中共中央政治局常委、国务院副总理、国务院抗震救灾总指挥部副总指挥李克强，中共中央政治局常委、中央纪委书记贺国强等党和国家领导人，多次深入灾区，在调研考察、慰问灾区群众和抢险重建人员、组织指挥抗震救灾和恢复重建工作中，提出了一系列事关灾后恢复重建全局和长远的指导意见，为灾后恢复重建决策部署和组织实施提供了思想和组织保证。

第一节　决策规划

一　科学规划

规划是开展恢复重建的前提和基础，是恢复重建的蓝图。从地震发生后不久至9月，中共中央、国务院领导同志多次强调按照统筹规划、科学评估、分步实施的原则搞好规划编制工作，为恢复重建提供科学依据。震后5天，在抗震救灾紧张进行的时刻，胡锦涛在成都金牛宾馆召开的抗震救灾工作会议上提出，“要在搞好规划的基础上，适时组织相关力量，帮助受灾群众重建家园”。5月19—21日，习近平在陕西调研考察期间就如何搞好规划指出，要加强地质测量，搞好统筹规划，提高建筑标准，确保新的建筑既安全又经济实用，把地震这个坏事变成重建这个好事。21日上午，温家宝主持召开国务院常务会议，提出尽快组织专门力量研究制定灾后重建规划和具体实施方案，充分考虑当地地质条件和资源环境承载能力，合理确定城镇、工农业生产布局和建设标准。22日，胡锦涛主持召开中共中央政治局常委会议。会议强调，中央有关部门要在指导受灾地区深入调查、综合评估、科学规划的基础上，及早规划和适时开展灾后重建工作。23日晚，国务院抗震救灾总指挥部第13次会议决定，在总指挥部基础设施保障和灾后重建组下设灾后重建规划组，在3个月内完成总体规划的编制，同时着手编制专项规划。24日晚，温家宝在成都主持召开抗震救灾工作会议，提出要组织专门力量研究制定灾后重建规划和具体实施方案。26日，在中共中央政治局会议上（参见图1），温家宝要求灾后重建规划组，在国家汶川地震专家委员会现场调查研究、科学论证的基础上，抓紧编制灾后重建总体规划，并着手编制专项规划和具体实施方案，明确各项支持政策。5月底至6月初，胡锦涛在陕西、甘肃灾区调研考察期间，要求在对灾区地质条件进行科学评估的基础上，着眼全局、着眼长远，因地制宜制定灾后重建规划。5月31日，贾庆林在听取四川省工作情况汇报后指出，要尽快组织专门力量开展地理环境条件评估和建设项目选址工作，抓紧研究制定灾后重建规划和具体实施方案。6月3日下午，温家宝主持召开国务院抗震救灾总指挥部第16次会议，原则同意灾后重建规划工作方案。26日下午，

人民日报

RENMIN RIBAO

人民网　网址：http://www.people.com.cn　手机：http://wap.people.com.cn

2008年5月27日　星期二　戊子年四月廿三

人民日报社出版

国内连续出版物号 CN11-0065

第21871期（代号1-1）

今日16版

各地紧急提供过渡安置

本报综合报道　（记者姜泓冰、刘泰山、江南、张志峰）根据有关部门统一安排，全国21个省区市分别全力对口支援灾区，为四川等受灾省份紧急筹措、运送帐篷等急需物资，援建过渡安置房，为受灾群众提供临时住所，帮助解决灾区群众的基本生活。

5月25日，上海援建四川绵阳的过渡安置房正式开工建设。上海市建设部门已决定将援建数量从原计划的8万套增至10万套，将全部在7月底前建设完成。眼下，上海城建集团已将6台大型机械包括推土机、挖掘机、装载机、吊车、轧路机等运抵现场，还有6个集装箱的电焊、切割、小型发电机等工具及施工人员的生活……

中共中央政治局召开会议

研究部署抗震救灾和灾后重建工作

中共中央总书记胡锦涛主持会议

会议强调，各地区各部门要按照中央的决策部署，坚持一手抓抗震救灾工作、一手抓经济社会发展，全力以赴支援灾区，全力以赴保持经济平稳较快发展、社会和谐稳定，切实做好奥运会和残奥会的筹备工作，以实际行动支持抗震救灾，坚决夺取这场抗震救灾斗争的全面胜利

新华社北京5月26日电　中共中央政治局26日召开会议，研究部署抗震救灾和灾后重建工作。中共中央总书记胡锦涛主持会议。

会议指出，四川省汶川县发生的特大地震是新中国成立以来破坏性最强、波及范围最广、救灾难度最大的一次地震。地震发生后，在党中央、国务院和中央军委坚强领导下，全党全军全国各族人民万众一心、众志成城，各地区各部门各方面紧急行动、全力以赴，灾区广大干部群众不屈不挠、奋起自救，全社会奉献爱心、倾力支援，香港特别行政区同胞、澳门特别行政区同胞、台湾同胞以及海外华侨华人和衷共济、踊跃捐献，形成了抗击地震灾害的强大力量，开展了规模空前的抗震救灾斗争。众多外国政府、国际组织和国际友人积极支援，为抗震救灾提供了宝贵帮助。经过顽强努力，抗震救灾斗争取得了重大阶段性成果。这场抗震救灾斗争，显示了党和人民的伟大力量，弘扬了中华民族的伟大精神，增强了广大干部群众战胜前进道路上艰难险阻的勇气，必将激励我们满怀信心百倍地把全面建设小康社会、加快推进社会主义现代化的伟大进程继续推向前进。

会议指出，当前，抗震救灾形势依然严峻，任务十分艰巨，仍处在刻不容缓的紧要关头。我们要坚持以人为本，在继续做好被困群众搜救工作的同时，把安置受灾群众、恢复生产、灾后重建摆在更加突出的位置，扎扎实实做好抗震救灾各项工作。

会议强调，要增派有经验的专家，保证医疗急救物资供应，做好部分伤员转移治疗工作，全力抢救受伤群众，尽最大努力保障伤员生命安全。要着力安排好受灾群众生活，调动各方面资源，抓紧生产和调运帐篷、篷布房材料、活动板房等物资，抓紧调运生活物资，确保灾区群众临时居住和基本生活。要全力开展卫生防疫工作，增派卫生防疫人员，及时调运防疫药品，迅速把卫生防疫力量覆盖到所有乡镇村庄，加强疫情监测报告，确保大灾之后无大疫。要严密防范次生灾害，加强地震监测预报，做好余震防范工作，重点做好堰塞湖险情处置。要抓紧抢修基础设施，尽快全面恢复灾区交通、通信、供电、供水。在确保安全的前提下，灾区企业要自力更生、奋起自救，农村要组织抢收、抢种，尽快恢复工农业生产。要创造条件帮助灾区学生恢复上课，妥善安排孤儿、孤老、孤残生活，深入做好受灾群众心理安抚和思想疏导工作，加强社会管理，维护好灾区社会秩序。要认真做好灾后重建前期工作，统筹规划、科学评估、分步实施，抓紧制定灾后重建规划和具体实施方案，建立对口支援机制，举全国之力，加快恢复重建。

会议强调，要进一步加强组织领导，加强地方、部队及各方面救援力量的协调配合，建立健全强有力的市县乡村抗震救灾领导体制，充分发挥基层党组织的战斗堡垒作用、各级干部的模范带头作用、广大党员的先锋模范作用，确保抗震救灾各项工作和措施的落实。各级干部要坚持把群众利益放在第一位，深入灾区、深入基层，靠前指挥，把受灾群众安危冷暖放在心上，满腔热情帮助受灾群众排忧解难，尽心尽力帮助他们渡过难关。要引导灾区群众发扬自力更生、艰苦奋斗精神，互帮互助，苦干实干，在全国人民支持下满怀信心重建家园，创造美好生活。要加强宣传舆论工作，及时准确公布震情灾情和抗震救灾情况，深入宣传抗震救灾中涌现出来的先进集体和模范人物，激励广大干部群众振奋精神，团结一心搞好抗震救灾工作。

会议强调，当前，改革发展稳定任务很重。各地区各部门要按照中央的决策部署，坚持一手抓抗震救灾工作、一手抓经济社会发展，全力以赴支援灾区，全力以赴保持经济平稳较快发展、社会和谐稳定，切实做好奥运会和残奥会的筹备工作，以实际行动支持抗震救灾，坚决夺取这场抗震救灾斗争的全面胜利。

会议还研究了其他事项。

图1　2008年5月26日，中共中央政治局召开会议，研究部署汶川地震抗震救灾和灾后重建工作

（选自汶川地震灾后恢复重建主题展览）

温家宝主持召开国务院抗震救灾总指挥部第22次会议，讨论灾害范围评估工作，特别要求做好极重灾区和重灾区范围评估，并报总指挥部审定。

7月6—10日，贾庆林在陕西、甘肃调研考察期间，提出制定科学合理的规划，要统筹考虑基础设施和公共服务设施建设、城乡布局和生产力布局、生态环境保护和次生灾害防治，提高设防标准，有序推进灾区恢复重建进程。12日下午，温家宝主持召开国务院抗震救灾总指挥部第23次会议，研究汶川地震灾害范围评估、灾后恢复重建规划范围以及地震活动特征与灾损评估研究结果等问题，确定51个极重灾和重灾县（市、区）为灾后恢复重建国家规划范围（参见图2），有关部门和地方按此范围抓紧编制灾后重建总体规划和专项规划。经国务院抗震救灾总指挥部第23次会议审议通过，22日，民政部、发展改革委、财政部、国土资源部、地震局联合发布《汶川地震灾害范围评估结果》。

图2　灾后恢复重建规划范围图

（发展改革委　提供）

8月5日下午，温家宝主持召开国务院抗震救灾总指挥部第24次会议，听取并讨论灾后重建规划组关于汶川地震灾后恢复重建总体规划编制情况的汇报，原则同意灾后重建规划组提出的汶川地震灾后恢复重建总体规划稿，要求作进一步修改并报总指挥部审核后，以中、英文形式向国内外公布，广泛征求并吸收社会各界意见，再报总指挥部审定。27日上午，温家宝主持召开国务院第24次常务会议，听取并原则同意总指挥部灾后重建规划组办公室主任、发展改革委副主任穆虹关于《汶川地震灾后恢复重建总体规划（送审稿）》的汇报。会议确定，由发展改革委根据会议提出的意见，对《汶川地震灾后恢复重建总体规划（送审稿）》进一步修改完善，报国务院审定印发。9月19日，国务院印发《汶川地震灾后恢复重建总体规划》，提出汶川地震灾后恢复重建的指导思想、基本原则、重建目标任务。在集中力量进行总体规划编制的同时，国务院组织指导协调灾区3个省和23个部门编制《城乡住房建设专项规划》《城镇体系专项规划》《农村建设专项规划》《公共服务设施建设专项规划》《基础设施专项规划》《生产力布局和产业调整专项规划》《市场服务体系专项规划》《防灾减灾专项规划》《生态修复专项规划》《土地利用专项规划》等10个专项规划，经国务院审定通过后，授权发展改革委等部门于10月6日至11月7日联署公布实施。由于编制灾后恢复重建规划时，对灾情的了解难以做到十分准确，对影响恢复重建的各种因素分析不够充分，加之余震影响和一线规划、勘察、设计力量不足等原因，部分项目难以按规划实施。在灾区省、审计署、对口支援省市、国务院有关部门的要求下，根据国务院领导的批示，2009年，国务院汶川地震灾后恢复重建工作协调小组根据实际情况对规划进行了必要的调整，调整后的规划项目更加符合灾区的实际情况和科学布局。

二　配套政策

为了支撑规划实施，保证规划落到实处，推进规划顺利进展，与规划编制过程并行，中共中央、国务院组织开展规划政策制定工作。2008年5月21日，国务院第9次常务会议作出“举全国之力多渠道筹集灾后重建资金”的决定。5月22日和6月下旬，全国人大常委会先后召开委员长会议和常委会议，支持和审查批准2008年中央预算调整方案，同意建立灾后恢复重建基金。恢复重建资金总需求为1万亿元，通过建立中央重建基金、地方政府投入、对口支援、社会募集、国内银行贷款、资本市场融资、国外优惠紧急贷款、城乡居民自有和自筹资金、企业自有和自筹资金、创新融资等多渠道筹措。在重建任务重、时间相对集中，导致建材价格出现较大幅度上涨的情况下，胡锦涛、温家宝分别批示，要求采取切实措施，保持建材价格基本稳定。6月29日、7月3日，国务院相继印发《关于支持汶川地震灾后恢复重建政策措施的意见》《关于做好汶川地震灾后恢复重建工作的指导意见》，决定中央财政建立地震灾后恢复重建基金，实施财税、金融、土地、产业、就业和社会保险等优惠政策。国务院有关部门和各灾区省政府，也陆续出台一系列支持恢复重建的政策措施。这些政策措施被规划吸收后，成为规划的重要组成部分。

第二节　条例制定

为了保障恢复重建工作有力、有序、有效开展，2008 年 5 月 26 日，温家宝指示国务院法制办加强恢复重建立法研究。法制办起草了《地震灾后重建条例（征求意见稿）》，并书面征求了 40 个国务院有关部门与地方政府的意见，约请 15 个国务院有关部门对征求意见稿进行讨论修改。29 日，修改后的意见稿送 45 个国务院有关部门和全国人大有关专门委员会、全国人大常委会法工委征求意见。31 日，《地震灾后恢复重建条例（草案）》提请国务院常务会议审议。

6 月 4 日上午，温家宝主持召开国务院第 11 次常务会议，审议并原则通过《汶川地震灾后恢复重建条例（草案）》。会议确定，该草案由法制办会同有关部门根据会议提出的意见作进一步修改，经国务院领导审定后，由国务院公布施行。8 日，温家宝签署第 526 号国务院令，公布《汶川地震灾后恢复重建条例》（见图 3），为促进灾后恢复重建提供法律依据。

《汶川地震灾后恢复重建条例》共 9 章 80 条，主要内容：一是明确恢复重建的方针和原则。地震灾后恢复重建应当坚持以人为本、科学规划、统筹兼顾、分步实施、自力更生、国家支持、社会帮扶的方针；应当遵循受灾地区自力更生、生产自救与国家支持、对口支援相结合，政府主导与社会参与相结合，就地恢复重建与异地新建相结合，确保质量与注重效率相结合，立足当前与兼顾长远相结合，经济社会发展与生态环境资源保护相结合的原则。二是确立过渡性安置制度。明确过渡性安置的方式，规范过渡性安置地点的选址，要求解决好受灾群众临时的基本生活，规范资金与物资的分配和使用，并要求各级政府积极组织生产自救。三是确立调查评估制度。明确组织调查评估的主体，规范调查评估的内容，建立建设工程质量和抗震性能鉴定制度，对地震资料的收集提出明确要求。四是建立恢复重建规划制度。明确规划编制和审批的主体，确立规划编制的原则，明确规划编制的要求和程序，强调规划的权威性和严肃性。五是强化恢复重建的实施。明确实施恢复重建的责任主体，规范灾

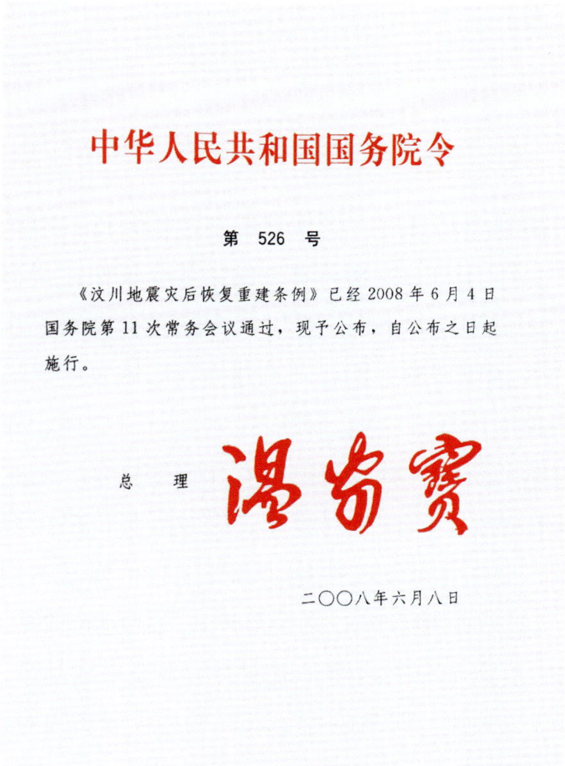
中华人民共和国国务院令

第 526 号

《汶川地震灾后恢复重建条例》已经 2008 年 6 月 4 日国务院第 11 次常务会议通过，现予公布，自公布之日起施行。

总　理　温家宝

二〇〇八年六月八日

图 3　2008 年 6 月 8 日国务院公布实施《汶川地震灾后恢复重建条例》

害现场清理，明确城镇、乡村恢复重建的要求，确立抗震加固措施，规范重建工程的选址，明确建设单位、设计单位、施工单位和工程监理单位的责任，对学校、医院等公共服务设施的抗震设防提出特殊要求。六是完善资金筹集与政策扶持措施。明确恢复重建资金的筹集方式，设立地震灾后恢复重建基金，严格对捐赠款物的监管，鼓励社会投资，实行税收优惠、费用减免、财政贴息、项目扶持等优惠政策，简化行政审批手续。此外，条例还对就业扶持和就学资助措施作了规定。为了保证地震灾后恢复重建工作的顺利进行，条例设专章对监督管理和违反条例应承担的法律责任作了明确规定。

第三节 决策对口支援

为了应对巨大灾难，中央提出在坚持自力更生、艰苦奋斗的同时，要发扬“一方有难、八方支援”的优良传统。国务院明确要求“灾区各级人民政府要建立健全恢复重建领导机构，省级人民政府对本地区的恢复重建负总责，统一领导、统筹协调、督促检查恢复重建的实施，市、县级人民政府具体承担和落实恢复重建的主要任务”。同时，按照“一省帮一重灾县”的原则，确定19个对口支援省（市）援建四川省18个县（市）以及甘肃、陕西受灾严重地区。

2008年5月22日，李克强在代表国务院向第十一届全国人大常委会第四次委员长会议所作报告中，提出“建立对口支援机制，实行一省帮一重灾县，几省帮一重灾市州，举全国之力，加快恢复重建”。24日，国务委员兼国务院秘书长马凯要求发展改革委结合支援地区经济实力、受援地区受损程度、抢险救灾阶段已经形成的对口支援关系、重庆市和四川省的历史联系等因素，起草对口支援方案。26日，胡锦涛主持召开中共中央政治局会议，研究部署抗震救灾和灾后重建工作，作出“建立对口支援机制，举全国之力，加快恢复重建”的重大决策。31日晚，胡锦涛在听取陕西省工作汇报后强调指出，夺取包括灾后恢复重建在内的抗震救灾斗争的全面胜利，“既需要大力弘扬一方有难、八方支援的团结互助精神，也需要大力弘扬自力更生、艰苦奋斗的自强不息精神；既依靠中央大力支持和全国人民的无私援助，也需要发动灾区干部群众互帮互助、奋起自救”。6月1日晚，胡锦涛在列车上听取甘肃省工作汇报后指出，要通过加大政府投入、社会捐助、各单位各企业帮扶等多种渠道筹集资金，完善和落实对口支援机制，充分调动各方面的积极性，努力完成灾后重建的任务。同日，李克强主持召开国务院抗震救灾总指挥部会议，听取发展改革委主任张平关于对口支援初步方案的汇报，要求按照支援地区经济实力和受灾地区受损程度，合理确定对口支援方案，责成发展改革委抓紧与受援、支援省份共同研究，提出具体对口支援方案建议，报国务院抗震救灾总指挥部会议审议。3日，国务院抗震救灾总指挥部第16次会议原则同意灾后恢复重建对口支援方案，确定由发展改革委对方案做进一步修改报批后，提请中共中央政治局常委会议审定。5日，胡锦涛主持召开中共中央政治局常委会议，要求承担对口支援任务的有关省市要按照中央的统一部署，积极为灾区提供人力、物力、财力、智力等各种形式的支援，优先解决受灾群众基本生活条件，帮助恢复建设城乡基础设施、公共服务设施和居民住

0000209

国务院办公厅文件

国办发〔2008〕53号

国务院办公厅关于印发汶川地震灾后恢复重建对口支援方案的通知

各省、自治区、直辖市人民政府，国务院各部委、各直属机构：

《汶川地震灾后恢复重建对口支援方案》已经国务院同意，现印发给你们，请认真贯彻执行。

二〇〇八年六月十一日

— 1 —

图4　2008年6月11日国务院办公厅印发《汶川地震灾后恢复重建对口支援方案》

房，开展人才培训、科技支持服务等；支援地区和受援地区要加强领导、精心组织，加强协调配合，严格遵循灾后重建规划布局、选址要求和建设标准，制订科学合理的建设计划，依据规划抓紧实施。11日，国务院办公厅印发《汶川地震灾后恢复重建对口支援方案》（见图4），未纳入对口支援的受灾县（市、区），由所在省政府组织本省范围内的对口支援；社会各界及境外提出对口支援的，由受灾省人民政府统筹安排。13日，中共中央、国务院在北京召开省区市和中央部门主要负责同志会议，胡锦涛、温家宝分别发表讲话，全面部署对口支援工作。会议指出，灾后恢复重建是一项十分艰巨的任务，必须全面贯彻落实科学发展观，充分发挥社会主义制度能够集中力量办大事的政治优势，举全国之力，精心规划、精心组织、精心实施，扎扎实实做好工作。一是要坚持一方有难、八方支援。灾区群众是祖国大家庭的一员，帮助灾区群众及早重建家园、恢复正常生活生产，是大家的共同心愿和义不容辞的职责。中央决定，按照“一省帮一重灾县”的原则，建立对口支援机制。（参见图5）要按照加强领导、抓紧实施，依据规划、有序开展，统一政策、有力保障，善始善终、搞好衔接的要求，在规划编制、建筑设计、专家咨询、工程建设和监理、城乡居民住房和基础设施、公共服务设施建设、恢复生产等方面认真做好对口支援工作。中央将采取一系列政策措施，拨出专项资金，大力支持地震灾后恢复重建。中央各部门也要按照中央要求做好支持地震灾后恢复重建工作。二是要坚持自力更生、艰苦奋斗。要动员和激励灾区广大干部群众发扬在抗震抢险斗争中表现出来的英勇气概，注重把政府推动和运用社会各方面力量结合起来、把建设物质家园和建设精神家园结合起来，坚定大灾面前压不垮、大难面前不低头的决心和信心，互帮互助、苦干实干，在中央和全国各地大力支持下，用自己的双手和辛勤劳动重建美好家园。三是要坚持科学规划、分步推进。地震灾后恢复重建是百年大计，要从长计议，经得起实践和历史的检验。要尊重规律、运用规律，深入调查、缜密研究，发扬民主、集思广益，总体安排、分步推进，坚持科学民主决策，充分听取包括地震灾区干部群众在内的各方面的意见和建议，在科学规划、科学设计、科学施工的前提下有重点、分步骤、高质量地推进恢复重建工作。四是要坚持因地制宜、分类指导。地震灾后恢复重建要从当地实际出发，与经济社会发展水平相适应，全面统筹、分类指导，立足当前、着眼长远，保证重点、兼顾一般，加强资源综合利用，努力争取最大效益和最好效果，让灾区人民满意，让全国人民满意。20—22日，温家宝在陕西、甘肃灾区调研考察时指出，要把国家支持、社会援助和生产自救结合起来，调动和发挥当地

为举全国之力，加快地震灾区灾后恢复重建，按照“一省帮一重灾县”的原则，依据支援方经济能力和受援方灾情程度，合理配置力量，建立对口支援机制。坚持一方有难、八方支援，自力更生、艰苦奋斗的方针，承担对口支援任务的有关省市积极为灾区提供人力、物力、财力、智力等各种形式的支援；受援地区树立地方为主的思想，充分发挥干部群众的积极性，互帮互助，苦干实干，生产自救，重建家园。

对口支援的内容、方式和任务

（一）提供规划编制、建筑设计、专家咨询、工程建设和监理等服务。
（二）建设和修复城乡居民住房。
（三）建设和修复学校、医院、广播电视、文化体育、社会福利等公共服务设施。
（四）建设和修复城乡道路、供（排）水、供气、污水和垃圾处理等基础设施。
（五）建设和修复农业、农村等基础设施。
（六）提供机械设备、器材工具、建筑材料等支持。选派师资和医务人员，人才培训、异地入学入托、劳务输入输出、农业科技等服务。
（七）按市场化运作方式，鼓励企业投资建厂、兴建商贸流通等市场服务设施，参与经营性基础设施建设。
（八）对口支援双方协商的其他内容。

基层政权建设以中央和地方财政安排为主，各级党政机关办公设施不列入对口支援范围。
各支援省市每年对口支援实物工作量按不低于本省市上年地方财政收入的1%考虑。具体内容和方式与受援方充分协商后确定。

图 5　灾后恢复重建对口支援示意图
（选自汶川地震灾后恢复重建主题展览）

干部群众的积极性，通过辛勤劳动和艰苦努力，用自己的双手重建家园。27—29日，习近平在四川调研考察时强调，恢复重建一定要把自力更生与对口支援结合起来，把政府主导与市场机制结合起来，充分调动各方面的积极性。2009年9月下旬，温家宝在四川调研考察期间提出，鼓励支援省市与受援县在巩固援建成果、互利共赢的基础上，探索建立长期合作机制。

第四节　强调维护稳定

恢复重建需要稳定的社会环境。中央领导同志多次强调，稳定的社会环境是灾后恢复重建工作的重要前提基础，要尽快恢复灾区正常的工作秩序、生产秩序、生活秩序，坚定受灾群众重建家园的信心；要认真研究灾区社会稳定面临的新情况、新问题，有针对性地调整勤务模式、采取相应防控措施；要依法严厉打击各类违法犯罪活动，增强灾区群众的安全感；要及时化解矛盾纠纷，促进社会和谐稳定。

一　组织恢复生产

生产恢复有助于人心稳定。2008年5月17日，胡锦涛在四川抗震救灾工作会议讲话中提出，“要及时调查了解工农业生产受灾情况，研究制定促进恢复生产的政策措施”。26日，温家宝在向中共中央政治局会议的报告中，提出要把“组织恢复生产”作为主要任务。31日和6月1日晚，胡锦涛在分别听取甘肃、陕西省抗震救灾工作汇报后的讲话中指出，恢复生产、重建家园任务相当繁重，要全面掌握工农业生产受灾情况，当务之急是要组织灾区群众搞好农业夏收夏种，组织灾区企业在确保安全的前提下尽快恢复生产，努力挽回灾害造成的损失。6月11日上午，温家宝主持召开国务院第12次常务会议，听取并原则同意工业和信息化部部长李毅中《关于地震灾区恢复生产的指导意见（送审稿）》的汇报，修改完善并报国务院领导审定后，以国务院办公厅名义印发。16日，国务院办公厅印发《关于地震灾区恢复生产的指导意见》。意见明确地震灾区恢复生产指导思想是：贯彻落实科学发展观，按照中共中央、国务院的统一部署，充分发挥灾区各级政府、企业和广大干部群众的主体作用，坚持自力更生、生产自救；加大政府支持力度，鼓励社会广泛援助，调动各方面积极性，形成合力；统筹人力物力财力，加强与灾后恢复重建规划的衔接，确保灾区工业、农业、服务业等早日恢复。意见提出了地震灾区恢复生产5条主要原则：一是统筹安排，确保重点。坚持恢复生产与抗震救灾急需相结合。科学评估受灾损毁情况，科学制定恢复生产方案，以修复重要基础设施、抓好农业抢收抢种、搞活商贸流通、保障救灾物资和群众生活、保证国家重点工程为重点，分类指导，先急后缓，分步实施。二是主动自救，多方支援。国家积极组织各方面力量，实施对口支援，加大政策支持和社会帮扶力度。同时，充分依靠灾区各级人民政府，组织受灾企业和干部群众开展生产自救，自力更生、艰苦奋斗，减轻灾害损失。三是调整结构，优化布局。灾区受损严重企业恢复生产，要与调整区域生产力布局和产业结构相结合，贯彻国家产业政策，按照市场需求，结合当地资源、环境条件，发展优势产业。要与推进节能减排、淘汰落后生产能力和促进企业技术进步相结合，推动产业升级，促进可持续发展。四是注重安全，防范事故。加强地震监测，防范次生灾害。加强隐患排查治理，严格安全审查验收，确保在安全前提下恢复生产。五是广开渠道，扩大就业。实施多种形式的就业援助，开发公益服务等就业岗位，加强岗位技能培训，开展以工代赈，增加就业机会，鼓励多渠道多形式就业。意见从6个主要领域部署了地震灾区恢复生产的主要任务。工业：分类分批组织恢复生产；抓紧恢复生产要素的生产供应；努力确保生产救灾、重建物资企业的恢复；重点支持大型骨干企业恢复生产；加强对中小企业恢复生产的政策指导；积极组织实施对口支援；加快工业园区恢复。农业、林业：抓好抢收抢种；抢修农业生产和服务设施；加快恢复养殖业生产；尽快恢复林业生产能力；加强对灾区农林生产的指导和服务。商贸流通：尽快恢复灾区商业网点；切实保障灾区重要商品供应；维护灾区正常市场秩序。基础设施：尽快抢通灾区公路、铁路；尽快恢复电网正常运行；尽快恢复灾区通信；尽快恢复受灾群众集中地区的供水、排水。金融服务：银行业，抓紧修复受损机构网点，尽快恢复金融服务；核实震前存贷款的风险状况，做好风险评估和不良资产处置工作，维护债权人、债务人的合法权益，防止恶意逃废银行债务；抓紧制定和落实灾区金融机构网点、基础设施恢复重建规划；加强银行业金融服务应急管理，在地方政府的支持下，防范和打击金融犯罪，保障金融安全，维护金融秩序和金融稳定。证券业，加快对营业网点建筑物进行安全评估和排险加固；尽快恢复证券期货经营机构场地、设备等交易和服务设施；维持网上交易、电话委托等交易途径通畅。保险业，抓紧修复保险业务系统，尽快恢复保险业务正常经营；认真做好灾后理赔服务工作，简化理赔程序，尽快到位理赔资金；抓紧做好保险营业网点的重建规划。旅游业：分类制订旅游业恢复计划；强化旅游安全；确保旅游服务质量。意见最后提出了地震灾区恢复生产组织实施要求。一是加强组织领导。地方各级人民政府和国务院有关部门要充分认识当前的严峻形势，树立全局意识，增强使命感和责任感，在继续做好受灾群众安置工作的同时，把恢复生产和灾后重建摆在更加突出的位置，建立健全强有力的恢复生产领导体制，统一指挥，明确任务，落实责任。各地要结合实际，根据意见制定和完善恢复生产的具体方案。二是注重协调配合。地方各级人民政府负责恢复生产工作的组织实施，国务院有关部门要加强协调、指导，及时解决出现的各种问题，切实做好服务。地方各级人民政府和有关部门要认真负责、紧密配合，充分调动各方面的积极性，共同做好恢复生产工作。三是制定扶持政策。鉴于灾区各类企业和个体工商户在地震中财产损失巨大，恢复生产任务繁重，需要在财政支持、税收减免、贷款贴息、信贷支持、金融机构不良资产处置、就业援助、产业政策以及对困难国有企业注入国有资本金等方面给予政策扶持，请财政、税务、金融、社保、国资监管等有关部门和单位，根据国务院抗震救灾总指挥部第16次会议精神，抓紧研究相关政策报国务院审批。四是强化监督检查。加强财政资金使用的监督管理，充分发挥资金使用效率。审计、监察部门要适时开展恢复生产专项检查，及时公布检查结果，及时处理违法违纪问题。进一步强化恢复生产过程中的安全监管监察。充分发挥新闻媒体的舆论监督作用，为恢复生产创造良好的社会环境。

二　促进社会和谐

中央领导同志要求，要认真研究灾区社会稳定面临的新情况、新问题，有针对性地调整勤务模式、采取相应防控措施；要依法严厉打击各类违法犯罪活动，增强灾区群众的安全感；要及时化解矛盾纠纷，促进社会和谐稳定。2010年1月2—4日，中央政法委主要负责人到四川考察并深入地震灾区指导工作。他说，广大公安政法干警在恢复重建中全力维护社会治安、服务群众，做出了重要贡献。加强信息公开，及时向群众介绍恢复重建进展。保持政策稳定透明，增强群众恢复生产的信心，稳定群众政策预期。积极帮助困难群体解决住房困难，解决群众后顾之忧。按照成熟一个、确定一个、公布一个的方式开展城镇选址，做好勘察、设计等基础工作，用科学结论为选址奠定坚实基础，增强了说服力，赢得了群众的理解和支持。广泛开展心理援助和心理疏导，及时化解社会矛盾。3年期间，坚持从群众中来、到群众中去的工作方法，问计于民，问需于民，开展扎实细致的勘察设计、调研论证、心理开导等工作，确保恢复重建稳定的社会环境，确保重建的各项工程顺民心、得民意。

三　要求加强监管

2008年9月2日上午，温家宝在四川省抗震救灾工作会议上发表讲话，要求“加强对恢复重建资金和物资的筹集、分配、拨付、使用和效果的全过程跟踪审计，定期公布审计结果，确保重建资金按照规定专款专用，不被侵占、截留和挪用”。11月16日，温家宝在听取江油市审计局抗震救灾和灾后恢复重建资金物资审计工作情况汇报后强调，审计机关对政府投资项目要实行全过程跟踪审计，全过程审计比事后监督更重要，要把问题发现在前面，国家审计监督才能更好地发挥为地方政府节约建设资金的作用。2009年5月12日，胡锦涛在纪念四川汶川特大地震一周年活动的讲话中强调，要加强对抗震救灾和灾后恢复重建资金物资的监管，确保工程建设质量。6月7—10日，习近平在陇南等地灾区考察，在强调明确责任、加强管理时指出，对恢复重建资金和物资，必须全方位监督、全过程监控，依纪严肃查处各种侵占、挪用、克扣行为，确保建设安全工程、放心工程、廉洁工程。2010年4月13—16日，贺国强在四川灾区调研考察。在北川新县城建设工地，他指出，北川新县城建设举国关心、世界瞩目，一定要科学规划、精心施工，加强监督检查，确保建设成为优质工程、廉洁工程、民心工程，为国家重大工程建设监督检查积累经验、提供借鉴。在灾后恢复重建和中央扩大内需促进经济增长政策落实监督检查工作汇报会上，贺国强强调，要把灾后恢复重建监督检查与扩大内需监督检查、工程建设领域突出问题专项治理结合起来，进一步提高思想认识、明确工作任务、加强组织协调、严格执行纪律、健全长效机制，切实加强对扩大内需建设项目、建设资金、项目实施、问题整改、监管机制建设的监督检查，确保建设项目符合科学发展观要求和中央的规定，防止盲目铺摊子、上项目，搞低水平建设，防止出现“形象工程”“政绩工程”或“半拉子”工程；确保资金专款专用、依法合规、节俭高效，防止挤占挪用、贪污浪费现象，切实向人民群众和社会各界交一本放心账、明白账；确保把各个工程项目组织好、实施好，坚决杜绝安全事故、“豆腐渣”工程，努力使工程建设经得起实践、人民和历史的检验。

第五节　引领科学重建

一　提出民生优先

2008年5月16日夜，中央政法委主要负责人在文县主持召开会议，听取甘肃省委、省政府关于全省灾情和抗震救灾工作的情况汇报，进一步研究救灾和灾后重建工作。他强调，要抓紧灾后重建和生产自救，特别是要切实做好受灾群众住房的规划、选址、设计、建设工作，政府要提供必要的支持，提高房屋的防灾抗灾能力。24日，温家宝在四川地震灾区调研考察时强调，必须坚持以人为本，把安置受灾群众和灾后恢复重建工作摆到突出位置。29日晚，贾庆林在列车上听取四川省工作汇报后强调，要坚持以人为本，把安置受灾群众、恢复生产、灾后重建摆在更加突出的位置。31日晚，胡锦涛在列车上听取陕西省工作汇报后指出，在受灾农村重建中，要注意把重建工作与社会主义新农村建设结合起来，与扶贫开发工作衔接起来，着力改善农村居民居住环境，着力促进农村经济社会发展；在受灾企业重建中，要注意把重建工作与优化生产力布局、促进产业结构调整结合起来，提升企业技术层次和市场竞争力，推动企业整体水平迈上新台阶；在基础设施修复重建中，要充分考虑促进当地经济社会发展需要，考虑人民群众生产生活需要，使基础设施的布局更加合理，保障能力进一步提高。6月20—22日，温家宝在陕西、甘肃灾区调研考察时指出，新建住房一定要按照安全、经济、适用、省地的原则选好新址，把安全放在首位。凡是有可能发生次生灾害的地方都要进行科学调查，该治理的治理，该避险的避险，绝不能因次生灾害造成新的人员伤亡。10月25—27日，李克强在四川地震灾区调研考察时指出，要坚持以人为本，加快恢复和完善公共服务设施，为群众生产生活提供便利条件。在加快住房建设的同时，要优先安排学校、医院等的恢复和建设，使其成为最牢固、最安全的场所，方便孩子上学，方便群众看病。2009年6月7—10日，习近平在陇南、天水等地灾区考察，对灾后恢复重建工作提出四点要求，在强调突出重点、以人为本时提出，恢复重建涉及灾区各个方面、各个环节的工作，应当区分轻重缓急，坚持以人为本，把解决受灾群众、贫困群众的生产生活问题作为重点、作为当务之急，特别要抓紧解决住房、道路、用水和农业生产等方面存在的困难，抓紧完成农村受损校舍的恢复重建。9月24—26日，温家宝在四川灾区考察期间，强调四川省灾后恢复重建最优先解决的是民生问题。他把确保灾区群众早日住上永久性住房列为灾后恢复重建的首要任务，要求重点落实解决农村贫困户住房重建困难的各项措施，努力实现年底前全面完成农村住房重建的目标；加强城镇廉租住房和经济适用住房建设，合理安排普通商品住房建设，力争在2010年5月底前基本完成灾区城镇居民住房重建任务。尽快全面恢复公共服务功能。要使义务教育、基本医疗、文化体育、社会福利等基本公共服务达到或超过灾前水平。2010年6月23—28日，李长春在四川灾区调研考察期间，强调要把恢复重建与深入实施西部大开发战略结合起来，与加快产业发展结合起来，与建设社会主义新农村、统筹城乡发展结合起来，与改善民生结合起来，与推进基层精神文明建设结合起来，推动灾区实现跨越式发展，辐射带动全省经济社会又好又快发展。

二　强调确保质量

2008年5月31日和6月1日晚，胡锦涛在分别听取陕西省、甘肃省工作汇报后讲话强调，要认真谋划灾区学校、医院的重建工作，要把建筑质量放在重要位置，提高抗震标准，确保建筑安全牢固。6月20—22日，温家宝在陕西、甘肃灾区调研考察期间指出，学校、医院等重要公共建筑要科学规划、严格标准、精心设计、搞好施工，建成最牢固、最安全、最让家长和群众放心的工程。12月27—29日，胡锦涛在四川灾区考察期间，要求在组织实施恢复重建总体规划过程中，把握好加快进度与确保质量、加大投入与厉行节约、整体推进与突出重点、立足当前与着眼长远、争取外援与自力更生的关系，全面重建灾区群众的物质家园和精神家园，早日实现灾区家家有房住、户户有就业、人人有保障、设施有提高、经济有发展、生态有改善的目标，奋力夺取抗震救灾斗争全面胜利。2009年6月7—10日，习近平在陇南等地考察，在提出加快重建进度的同时指出，要统筹处理好实施重点工程与推动面上工作、解决当前问题与加快经济发展的关系，在按计划按时间要求实施重建项目过程中，不能为赶进度而忽视重建质量，也不能为赶进度而盲目大量举债，造成后遗症。9月下旬，温家宝在对四川省灾后恢复重建进行考察时特别强调，灾后恢复重建工作要把确保工程质量和安全放在第一位。加快进度，是建立在确保质量安全基础上的，决不能为了赶进度而降低标准、要求和质量。要从实际出发，制定科学、切实可行的规划，保质保量地把恢复重建工作做好，对国家负责，对人民负责，对子孙后代负责。2010年5月20—24日，吴邦国在四川灾区考察期间反复强调，工程质量是百年大计，要严格把好质量关，严格按程序办事，严格执行设计施工标准和规范，强化工程监理，严格责任追究。要坚持规划高起点，把重建与工业化、城镇化和新农村建设有机结合起来，提升恢复重建水平。

三　加快重建进度

2009年3月5日，温家宝在第十一届全国人大二次会议上所作的政府工作报告中指出："灾后重建要加大力度，加快进度，力争在两年内基本完成原定三年的目标任务，让灾区人民早日过上更加幸福美好的生活"。5月12日，胡锦涛在出席纪念四川汶川特大地震一周年活动时强调，加大力度，加快速度，攻坚克难，力争用两年时间基本完成原定三年的目标任务。6月10日，习近平在陇南考察后，在强调灾后恢复重建工作确保达标、逐步完善时提出，中央提出"力争用两年时间基本完成原定三年的目标任务"，各地都制定了相应的时间表，应当看到，中央要求完成的目标任务是与群众生产生活关系最为密切的恢复重建内容，对这些恢复重建最基本的目标任务一定要加大工作力度，加快重建进度，确保按时完成。9 月下旬，温家宝在四川灾区调研考察期间要求四川省灾后重建重点抓好 10 件事，其中 6 件提出时限目标：一是努力实现年底前全面完成农村住房重建的目标；二是力争在 2010 年 5 月底前基本完成灾区城镇居民住房重建任务；三是年底前确保 95% 以上的灾区学生进入永久性校舍上课，2010 年春季开学时所有的学生都能迁入新校舍学习；四是 2010 年 9 月底前基本完成灾区县级医院和疾病预防控制、妇幼保健、计划生育服务机构以及乡镇卫生院重建任务；五是力争 2010 年 9 月底前基本完成干线公路恢复重建任务；六是力争 2010 年 9 月底，北川、汶川、青川县城和映秀、汉旺等重灾镇建成城镇基本框架，形成城镇基本功能，其他城镇完成重建主体任务。

四　重视精神重建

2008 年 5 月 22 日，温家宝就北川县城重建指出：这座老县城可以作为地震遗址保留，变成地震博物馆。另外，北川是中国唯一的羌族自治县，要保护好羌族特有的文化遗产，即使县城迁建到新的地址，也要做好这种保护工作。29—31 日，贾庆林在四川灾区调研考察时对当地干部说，在重建的过程中要充分考虑少数民族的特点，充分体现民族特色，注重保护少数民族文化。6 月 1—3 日，李长春在四川调研考察，对灾区文化重建工作提出，一是要坚持把文化领域的基础设施重建摆在第一位。要积极组织专家评估，把文化基础设施重建纳入灾区重建工作的整体规划中，一起谋划，一起实施。二是要把恢复重建家园和建设社会主义新农村结合起来。尽快恢复广播电视村村通工程，加快农村文化阵地建设。三是要和深化文化体制改革结合起来。在考察受损严重的世界文化遗产都江堰二王庙古建筑群时，李长春强调，要尽快组织专门力量，对受损文物进行及时抢救和保护，制定重建修复方案，同时要采取适当措施，防止次生灾害对文物、古迹造成新的破坏，保护好民族文化遗产。8 月 31 日至 9 月 3 日，温家宝第五次到四川地震灾区调研考察，在青川县黄坪乡枣树村，他对随行干部说，“出自己的力、流自己的汗、自己的事情自己干”，“有手有脚有条命，天大的困难能战胜”，“这是老百姓的话，抗震救灾要靠这种精神；重建家园、恢复生产要靠这种精神；使灾区将来发展得更好，也得靠这种精神”。在北川，温家宝叮嘱当地干部，再建新北川不光是物质上的，也是精神上的，要好好保护羌族文化。2009 年 2 月 10—14 日，李长春在四川灾区调研。在考察北川县城地震遗址时，他指出，地震遗址见证了感天动地的伟大抗震救灾斗争，是开展爱国主义教育的宝贵资源，要把地震遗址和新建县城纳入红色旅游规划，让干部群众特别是青少年受到教育。6 月 7—10 日，习近平在陇南等地考察后提出，既要重建好物质家园，又要重建好精神家园，对灾区干部群众更多地给予政治上的关怀、生活上的关心、心理上的抚慰和困难上的帮助，进一步激发灾区人民自力更生、艰苦奋斗的志气，形成恢复重建的强大精神力量。2011 年 5 月 7—9 日，温家宝震后第十次到灾区。他对北川中学的孩子们说：一个学校是有灵魂、有精神的。北川的灵魂和精神，就是在灾难面前永不屈服、永不退缩、永不低头，永远挺起不屈的脊梁。在青川县枣树村，看到残疾人夫妇石光武和张正芳在路边开的小卖部门上写着对联“一臂独擎天大困难能战胜，二人连心地动山摇何所惧”、横批“自强不息”，他称赞说：这就是青川精神，也是灾后恢复重建精神。

第六节　建设美好新家园

恢复重建取得的成果来之不易。2010 年 8 月，舟曲、绵竹等地灾区遭受特大山洪泥石流灾害，胡锦涛等中央领导同志要求迅速行动，科学应对，保卫恢复重建成果。2011 年 4 月 17 日，中共中央政治局委员、中央书记处书记、中宣部部长刘云山出席灾区重建与基层宣传思想工作座谈会。他强调，四川抗震救灾、恢复重建这 3 年形成的精神财富，将是中华民族文化非常宝贵的一部分，一定要把这笔精神财富挖掘好、积累好、丰富好。5 月 9 日，温家宝在汶川地震灾后恢复重建座谈会上指出，恢复重建三年目标任务已经基本完成，但要实现发展振兴，还有很长的路要走。要再接再厉，奋发图强，巩固灾后重建成果，不仅要让群众住上好房子，还要过上好日子，不断提升自我发展能力，努力开创地震灾区发展振兴的新局面。要巩固和发展恢复重建成果，加快提升灾区内生发展动力，着力解决灾区群众现实困难和长远生计，深入推进防灾减灾能力建设，自强奋进建设美好新家园。8 月 19—22 日，习近平在四川调研时强调，四川各级党组织和广大党员干部要坚持弘扬伟大的抗震救灾精神，加快转变经济发展方式，加强和创新社会管理，推动四川经济社会发展在“十二五”时期实现新跨越。9 月 17—20 日，李长春到广元、雅安等地就加快转变经济发展方式、巩固灾后恢复重建成果、推动文化大发展大繁荣等进行调研。他强调，要牢牢抓住恢复重建取得决定性胜利的有利时机，进一步巩固和发展恢复重建的重大成果，深入挖掘和升华抗震救灾和恢复重建形成的宝贵精神财富，齐心协力促发展，坚定不移转方式，千方百计保民生，推动四川经济社会发展在“十二五”时期实现新的跨越。10 月 14 日，汶川地震灾后恢复重建总结表彰大会在北京召开，宣布恢复重建任务胜利完成，表彰了恢复重建过程中涌现出来的先进集体 200 个和先进个人 295 名。

2011 年 12 月 31 日，温家宝批示撤销灾后重建协调小组及其办公室。至此，恢复重建工作全面结束，重灾地区 51 个县（市、区）进入正常建设状态。国务院有关部门继续加大对灾区的支持力度，在政策方面给予倾斜。

第二章 灾后重建组织机构

第一节 国务院机构

一 国务院抗震救灾总指挥部基础设施保障和灾后重建组

2008年5月12日下午，中共中央总书记胡锦涛得知汶川地震发生，指示成立国务院抗震救灾总指挥部。当晚，胡锦涛主持召开中央政治局常委会议，会议决定成立国务院抗震救灾总指挥部，由中共中央政治局常委、国务院总理温家宝任总指挥，中共中央政治局常委、国务院副总理李克强，中共中央政治局委员、国务院副总理回良玉任副总指挥，全面负责抗震救灾工作。总指挥部下设由中央有关部门、解放军、武警部队和地方党委、政府主要负责人参加的8个抗震救灾工作组。5月12日至10月14日，总指挥部共召开26次会议，研究部署包括恢复重建在内的抗震救灾一系列重大问题。温家宝、李克强、回良玉，以及国务委员、国务院秘书长马凯，国务委员、公安部部长孟建柱等总指挥部成员多次深入灾区，对抢险救援和灾后重建工作进行组织指挥。

依据中共中央“做好恢复重建准备工作”的要求，5月18日，国务院发出《国务院抗震救灾总指挥部工作组组成的通知》，将总指挥部原下设的8个工作组增设为9个，并将“基础设施保障组”更名为“基础设施保障和灾后重建组”，除原有基础设施保障工作职责外，赋予该组“规划编制，指导协调灾后重建工作”任务。灾后重建组由发展改革委主任张平任组长，副主任穆虹等任副组长。成员单位有发展改革委、工业和信息化部、民政部、财政部、住房城乡建设部、交通运输部、铁道部、水利部、农业部、国资委、广电总局、安全监管总局、质检总局、银监会、电监会、邮政局、民航局、国家电网、中国石油、中国石化等。基础设施保障和灾后重建组的设立，标志着灾后恢复重建工作在组织层面上的启动。

按照总指挥部工作部署，灾后重建组5月12—31日组织召开了17次会商会，传达中共中央、国务院有关会议、文件和领导的指示精神，沟通情况、分析问题和困难，研究落实基础设施抢修、应急物资调运、救灾物资价格监管、灾后恢复重建前期准备工作等事宜。各成员单位按照职责分工，组织具体落实，使基础设施抢修恢复得以正常进行，灾后恢复重建前期准备工作顺利开展。（参见图6）

图6　国务院抗震救灾总指挥部基础设施保障和灾后重建组调研灾损情况
（发展改革委　提供）

5月23日，总指挥部第13次会议决定，在灾后重建组下设灾后重建规划组。规划组由发展改革委牵头组建，组长单位发展改革委，发展改革委主任张平任组长；副组长单位四川省政府、住房城乡建设部，四川省省长蒋巨峰、住房城乡建设部部长姜伟新任副组长；成员单位为陕西省政府、甘肃省政府、教育部、科技部、工业和信息化部、国家民委、公安部、民政部、财政部、人力资源社会保障部、国土资源部、环境保护部、交通运输部、铁道部、水利部、农业部、商务部、文化部、卫生部、人口计生委、人民银行、国资委、税务总局、广电总局、新闻出版总署、体育总局、林业局、旅游局、中科院、工程院、地震局、气象局、银监会、证监会、保监会、电监会、能源局、文物局、食品药品监管局、国务院扶贫办。除43个组长、副组长、成员单位外，另有国家汶川地震专家委员会和测绘局2个支持单位。

6月4日，发展改革委办公厅印发《关于印发国家汶川地震灾后重建规划组办公室主要职责及组成的通知》。通知明确灾后重建规划组办公室设在发展改革委，发展改革委副主任穆虹任办公室主任，四川省副省长王宁、住房城乡建设部副部长仇保兴任办公室副主任，发展改革委副秘书长杨伟民任秘书长。办公室具体负责组织协调灾后重建规划编制过程中的各项工作，督促检查《汶川地震灾后恢复重建规划工作方案》的实施、总体规划的编制和各专项规划的衔接协调，向规划组提出工作建议，完成规划组部署的其他工作。办公室从发展改革委规划司、投资司、外资司、地区司、西部司、社会司、财金司等司局和信息中心、宏观经济研究院，财政部经济建设司，住房城乡建设部城乡规划司和四川省发改委等单位先后抽调40余名工作人员，设立了综合、起草、政策、筹资和专家5个小组，各小组分别按照工作职责开展规划编制工作。（参见图7）

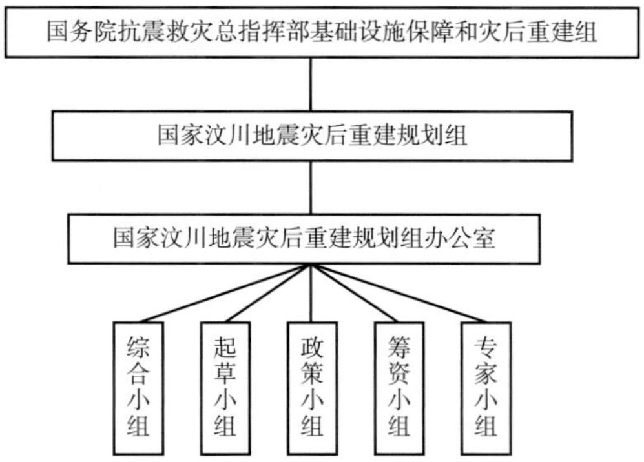

图7　国家汶川地震灾后重建规划组体系图

截至9月19日《汶川地震灾后恢复重建总体规划》颁布实施，规划组共召开5次全体会议及数十次各类衔接会。规划组办公室承担规划编制的具体组织工作，5个工作小组先后10余次组织编制人员深入灾区开展实地调研和考察评估工作，多次召开专家咨询会，并在网上开辟灾后恢复重建建言献策专栏，广泛听取灾区干部群众、社会各界对恢复重建的意见和建议。11月7日，印发汶川地震灾后恢复重建最后一个专项规划《防灾减灾专项规划》，国家汶川地震灾后重建规划组完成了全部规划工作任务。12月3日，张平主持召开规划组办公室会议，进行工作总结。

二　国务院汶川地震灾后恢复重建工作协调小组

《汶川地震灾后恢复重建总体规划》和各专项规划相继颁布，胡锦涛在2008年10月8日全国抗震救灾总结表彰大会上宣布抗震救灾取得重大胜利，汶川地震抗震救灾工作全面进入灾后恢复重建阶段。10月14日，国务院抗震救灾总指挥部第26次会议决定，不再保留总指挥部，成立由发展改革委牵头的“灾后恢复重建工作协调小组”；30日，发展改革委、财政部、住房城乡建设部向国务院上报《关于汶川地震灾后恢复重建工作协调小组组建方案的请示》。11月7日，国务院批准协调小组组建方案，温家宝在批示中特别提出，“协调小组”冠以“国务院”称谓。27日，协调小组召开成立暨第一次全体会议，正式成立国务院汶川地震灾后恢复重建工作协调小组（参见图8），明确协调小组组长、副组长和成员单位；通过了《协调小组工作规则》和《协调小组办公室工作规则》。会议强调，灾后恢复重建要统筹兼顾，突出重点，切实做好民生工程恢复重建、加快整体进度、落实政策措施、做好对口支援、维护灾区社会稳定等方面的协调工作。

协调小组组成　协调小组成员单位包括参与灾后恢复重建政策制定和规划编制工作的有关部门和单位，成员由各单位负责灾后重建工作的分管领导担任。发展改革委主任张平任组长，发展改革委副主任穆虹、财政部副部长张少春、住房城乡建设部副部长仇保兴任副组长。教育部、科技部、工业和信息化部、国家民委、公安部、民政部、财政部、人力资源社会保障部、国土资源部、环境保护部、住房城乡建设部、交通运输部、铁道部、水利部、农业部、商务部、文化部、卫生部、人口计生委、人民银行、国资委、税务总局、广电总局、体育总局、国务院扶贫办、林

图 8　国务院汶川地震灾后恢复重建工作协调小组工作会议现场

（发展改革委　提供）

业局、旅游局、地震局、气象局、银监会、能源局、文物局等单位的分管领导为成员。各成员单位确定一位负责灾后重建工作的司局级领导为协调小组联络员，参与有关协调工作。协调小组在发展改革委下设办公室，挂靠西部开发司。发展改革委副秘书长马力强担任办公室主任，西部开发司司长秦玉才、副司长费志荣担任副主任。协调小组各成员单位确定一位处级干部为办公室联络员，负责具体工作联系。

协调小组主要职责　协调灾后恢复重建有关政策问题，特别是政策落实中的重大问题；指导恢复重建规划落实，掌握实施进度；加强同灾区省灾后恢复重建工作领导小组的工作联系，组织交流对口支援工作；组织灾后恢复重建规划实施的中期评估和规划实施结束时全面总结工作；完成国务院交办事项，及时向国务院报告重大问题。

协调小组工作机制　协调小组全体会议和专题会议协调恢复重建有关政策和重大事项，研究部署工作。联系制度：由协调小组各成员单位联络员负责，加强恢复重建的沟通联络和有关协调工作。信息报送制度：灾区省和对口支援省市定期报送恢复重建进展情况，协调小组成员单位及时与办公室沟通、联系和报送信息；办公室负责编印《汶川地震灾后恢复重建简报》。行文程序：协调小组文件，协调小组有关重大事项的文件以发展改革委文件印发，报国务院的请示和报告由组长签发，其他文件由组长或组长委托副组长签发，会议纪要等有关文件以发展改革委办公厅文件印发，由副组长签发；办公室文件或会议纪要以发展改革委办公厅文件印发，由办公室主任或委托副主任签发，其中重要事项经请示协调小组组长或副组长后由主任签发；办公室一般行文以发展改革委西部司代章印发，由办公室主任或副主任签发。

3年间，协调小组共召开7次全体会议，及时研究协调解决重建规划实施过程中的突出问题：一是农房建材供应和价格、农村贫困户住房重建、集中安置点配套设施建设等农村灾后恢复重建问题；二是城镇住房重建、青川县政府驻地迁移等城镇灾后恢复重建问题；三是资金统筹使用、社会捐赠资金使用反馈、中小企业信贷资金落实、四川省“三川一镇”（北川羌族自治县、汶川县、青川县、绵竹市汉旺镇）资金缺口、灾后恢复重建资金筹集使用问题；四是用地、农村信用社支持，灾区部分在外务工经商人员及其家属在就业地落户，贫困农户房贷、灾区扶贫、灾后恢复重建支持政策延长等灾后恢复重建政策支持问题；五是城乡住房分配、灾区活动板房处置问题；六是地质灾害防治、河道治理、防灾减灾和应急保障能力建设问题；七是对口支援问题；八是人才、技术力量支持问题；九是对地震灾区干部群众心理援助；十是重建进度时间安排、工程质量安全、审计监督问题等。

协调小组主要活动　一是协调组织和参加全国人大财经委、全国政协视察团灾后恢复重建调研、视察工作；二是由协调小组或协调小组办公室领导带队，以及组织协调成员单位工作组，多次到地震灾区进行专题或综合调研，就相关问题提出对策建议，指导帮助和督导检查重建工作的落实；三是组织完成总体规划实施中期评估和规划项目调整；四是进行灾后恢复重建工作总结，筹备并组织召开灾后恢复重建工作总结表彰大会、先进事迹在京报告会和到全国各地巡回报告；五是组织召开对口支援工作会议或座谈会，与支受援省市保持密切联系，协调解决对口支援工作中的困难和问题；六是出席国新办新闻发布会，穆虹两次代表协调小组介绍汶川地震灾后恢复重建情况；七是完成向中共中央、全国人大常委会、国务院关于灾后恢复重建情况报告相关文件的准备工作；八是创办信息交流平台，沟通交流情况和经验，发现和解决问题，推进灾后恢复重建的顺利实施；九是承办国务院领导批办的其他任务。

3年间，协调小组认真贯彻中共中央、国务院的战略意图，加强与中央部门和地方各级政府的联系，在指导规划实施、协调政策落实、研究解决重大问题等方面进行了卓有成效的工作，圆满完成国务院赋予的工作任务。

第二节　灾区省组织机构

根据中共中央、国务院的决策部署和要求，由灾区省政府负总责，四川、甘肃、陕西3个灾区省结合自身实际情况，分别成立各层次的机构组织，形成上下贯通、军地协调、全民动员、区域协作的工作机制，具体组织指导、协调保障和监督检查灾后恢复重建规划的实施，在推进恢复重建工作顺利进行、完成恢复重建任务、实现恢复重建目标等方面发挥了重要的组织保障作用。

一　四川省组织机构

四川省灾后恢复重建规划编制协调小组　2008 年 5 月 19 日，四川省委书记、四川省抗震救灾指挥部指挥长刘奇葆在指挥部会议上，要求尽快制定灾后重建规划，为恢复重建提供科学依据。会后，副省长王宁、政协副主席解洪主持召开灾后恢复重建规划工作会议，研究部署加快灾后恢复重建规划编制工作。会议决定成立灾后恢复重建规划编制协调小组。由王宁任组长，解洪及省政府副秘书长崔广义、省发改委主任刘捷为副组长，省发改委、经委、国土资源厅、建设厅、民政厅、交通厅、水利厅、农业厅、环保局、林业厅、信息产业厅、商务厅、教育厅、卫生厅、文化厅、体育局、统计局、电力公司等部门主要负责人为成员。规划编制协调小组办公室设在省发改委，负责灾后恢复重建工作方案、规划纲要、总体规划及各专项规划编制的协调、组织等工作。

5 月 27 日，四川省委、省政府决定成立四川省汶川地震灾后重建规划专家指导组。解洪任组长，成员包括各方面专家学者共 29 人。主要职责是配合国家汶川地震专家委员会开展有关工作，负责四川省灾后恢复重建规划编制的咨询指导工作。

5 月 30 日，四川省政府印发《四川省汶川地震灾后重建规划工作实施方案》，明确在省抗震救灾指挥部成立省灾后重建规划组，负责编制灾后恢复重建总体规划。规划组由省长蒋巨峰任组长，王宁、解洪、崔广义、刘捷、杨洪波，以及成都、德阳、绵阳、广元、雅安、阿坝六市（州）政府主要负责人担任副组长。成员单位有省教育厅、民政厅、国土资源厅、建设厅、交通厅、水利厅、商务厅、文化厅、卫生厅、环保局、统计局、地震局、测绘局、银监局、电力公司、中科院成都分院山地所、城乡规划设计院、地方电力公司等 21 个厅（局）以及成都、德阳、绵阳、广元、雅安、阿坝 6 个市（州）政府。规划组下设办公室，在规划组领导下负责有关规划编制统筹、协调、汇总工作。办公室设在省发改委，刘捷任办公室主任，下设综合、起草、政策、筹资、资料数据和专家 6 个小组。各受灾市（州）政府也设置相应的规划编制工作机构。

四川省“5·12”抗震救灾指挥部灾后恢复重建对口支援组　2008 年 6 月 18 日，四川省抗震救灾指挥部设立灾后恢复重建对口支援组，主要负责全省灾后恢复重建对口支援工作的统筹协调、工作指导和监督检查。对口支援组在省发改委设立对口支援办公室，工作人员主要从成都、德阳、绵阳、广元、雅安、阿坝 6 个受援市（州）和省政府办公厅、发改委、建设厅、省委省政府接待办等部门抽调。办公室具体负责对口支援日常工作的衔接、协调和监督检查。各受援市（州）、县（市、区）也成立了以各地主要领导为负责人的工作机构，负责向支援省市提供当地受灾情况、震前经济社会发展情况、灾后恢复重建工作安排等，共同制定灾后恢复重建对口支援方案，并组织实施。

四川省“5·12”地震灾后恢复重建委员会　2008 年 11 月 19 日，四川省委办公厅、省政府办公厅发出《关于组建省“5·12”地震灾后恢复重建委员会的通知》。重建委员会由省委书记刘奇葆、省长蒋巨峰任主任；省委常委、省国资委党委书记王少雄，省委常委、常务副省长魏宏等任副主任；省委常委、省总工会主席李登菊等 12 名省级领导为成员。重建委员会的主要职责是贯彻落实中共中央、国务院和省委、省政府关于汶川地震灾后恢复重建工作的重大部署；研究制定省灾后恢复重建政策措施；统一领导、统一组织、统筹协调、督促检查加快灾后恢复重建工作；加强与对口支援省市的沟通衔接，协调解决对口支援工作中的突出问题。重建委下设办公室和 7 个工作组、3 个督导组。（参见表 1）2008 年 11 月 28 日至 2010 年 9 月 7 日，重建委共召开 9 次全体会议，就恢复重建的一系列重点问题进行研究、决策。灾区市（州）、县（市、区）和省直有关部门也成立了重建工作机构，在全省形成条块结合、上下联动、对口衔接、统筹协调的灾后重建工作机制，为全省的灾后重建工作提供了强有力的组织保障。（参见图 9 ～ 10）

图9　四川省“5·12”地震灾后恢复重建委员会领导在绵竹市清平乡现场指导灾后恢复重建工作

（选自汶川地震灾后恢复重建主题展览）

图 10　四川省负责人在松潘指导灾后重建工作

（四川省委宣传部　提供）

四川省“5·12”地震灾后恢复重建委员会组织结构及职责一览表

表 1

机构名称	牵头部门	职 责
办公室	省政府办公厅	负责灾后恢复重建委员会的综合协调和日常工作：灾后恢复重建委员会议定事项的组织落实和协调工作；灾后恢复重建委员会会议的准备、组织、记录等工作；灾后恢复重建委员会文电的起草、办理工作；协调、承办督导组的日常工作；灾后恢复重建委员会交办的其他事项
规划实施组（对口支援办公室）	省发展改革委	负责政策调研和总体规划实施等工作：制定全省灾后恢复重建年度计划，明确重建时序，推进灾后恢复重建总体规划的实施；协调省直部门和相关市州组织实施跨行政区的交通、能源等基础设施及其他跨行政区重建任务；负责总体规划实施的中期评估和规划实施结束时的全面总结工作；承担原省对口支援办公室的职能
城镇和住房重建组	省建设厅	负责组织灾区以城乡居民住房为重点的城镇和农村建设：组织实施农村和城镇居民住房重建规划及其他相关专项规划，落实城乡居民住房重建补助支持政策；确定原址重建和异地新建城镇选址、规模和水平，优化城镇空间布局，搞好城镇恢复重建
工业重建组	省经委	负责指导、协调、组织灾后工业重建：实施工业生产力布局和产业结构调整专项规划，联动推进工业化和城镇化，引导受灾企业原地恢复重建、异地新建和结构调整，加快“7+3”产业发展；牵头协调国家和省支持工业企业恢复重建政策的落实；引导大型骨干企业对受灾严重的企业开展对口帮扶，支持和鼓励企业通过联合、兼并、重组等多种方式参与灾区企业恢复重建；推进产业园区建设，促进承接产业转移
物资保障和金融支持组	省商务厅、人民银行成都分行	负责灾后恢复重建的物资组织和金融支持工作：组织实施市场服务体系恢复重建专项规划，保证灾后恢复重建物资的组织和供应，保障受灾群众生产生活物资供给；加强灾后恢复重建物资质量、价格的监督检查；积极争取特殊金融支持政策，制定支持灾区发展的金融措施；引导和支持灾区有条件的企业利用资本市场融资
救济救助组	省民政厅、省劳动保障厅	负责指导督促灾区困难群众的救济救助工作和就业救助促进工作：抓好临时救助政策与冬春受灾群众生活救助、城乡低保和农村五保等制度的衔接，指导和督察补助金、救济粮等救助政策的落实；进一步研究制定灾区困难群众救助办法，切实帮助“两孤一残”①人员、“五保户”②、低保户③等困难群众解决实际困难；落实促进就业的政策措施

① “两孤一残”指孤儿、孤老和残疾人。

② “五保户”指农村中无劳动能力、无生活来源、无法定赡养扶养义务人，或虽有法定赡养扶养义务人，但无赡养扶养能力的老年人、残疾人和未成年人。

③ “低保户”指家庭人均月收入低于低保标准的村民，享受国家最低生活保障补助的家庭。

续表 1

机构名称	牵头部门	职　责
医疗防疫组	省卫生厅	负责灾区的基本医疗和卫生防疫工作：组织实施相关专项规划，做好灾区医疗卫生服务体系建设，恢复和维持正常医疗卫生服务秩序，保障灾区基本医疗服务；加强集中安置点等重点区域的疾病和疫情监测；指导和督促灾区抓好饮用水、集中供餐点和排泄物、垃圾的卫生管理，确保无传染病暴发和突发公共卫生事件发生；协调相关部门共同做好地震灾区群众心理干预和地震伤员医疗康复工作
维护稳定组	省委政法委、省公安厅	负责指导灾区维稳工作：加强灾区矛盾纠纷和不稳定因素排查化解工作，积极预防和妥善处置群体性事件；加强灾区社会治安管理，严厉打击违法犯罪，严防恶性案（事）件发生；加强涉灾法律专项问题研究，提出有针对性的法律保障建议；健全推进大调解工作，多渠道畅通群众的各种利益诉求，从源头化解矛盾隐患
第一督导组	督导组成员按照精干、高效、灵活原则，根据每次督导重点，分别从省委办公厅、省人大常委会办公厅、省政府办公厅、省政协办公厅、省监察厅和省直有关部门抽调人员组成，日常工作由灾后恢复重建委员会办公室负责协调、承办	每个督导组负责对两个重灾市（州）进行不定期巡回督导。主要职责：不定期地对灾后恢复重建工作开展督促检查。督促检查灾后恢复重建委员会决策部署的贯彻落实情况；及时发现和反映灾后恢复重建中的新情况、新问题，有针对性地提出对策建议
第二督导组		
第三督导组		

二　甘肃省组织机构

甘肃省灾后重建工作领导小组　依据甘肃省委常委会议决定，甘肃省于 2008 年 5 月 27 日成立省灾后重建工作领导小组，由省委常委、常务副省长冯健身任组长，副省长泽巴足等任副组长，成员单位有省委新农村办，省政府办公厅、金融办、研究室，省发改委、民政厅、财政厅、国土资源厅、建设厅、环保厅、地震局及人民银行兰州中心支行等。领导小组全面组织协调全省灾后重建工作，研究决定灾后重建工作中的重大事项。（参见图 11）领导小组下设办公室，主要负责组织落实领导小组的决定，承担领导小组日常工作和领导小组交办的其他事项。办公室主任由省发改委主任赵春兼任，领导小组办公室下设 5 个组：综合协调组，由省政府办公厅牵头，负责日常工作联络，协调相关事项；灾情评估组，由省民政厅牵头，会同省建设厅、地震局等部门配合国家减灾委、中国地震局做好灾情损失综合评估工作；技术指导组，由省建设厅牵头，会同省国土资源厅、地震局等部门负责县城及以上受损基础设施的鉴定、地质灾害评估以及灾区抗震设防标准的修订，指导乡镇、村庄的规划建设；规划编制组，由省发改委牵头，负责编制全省灾后重建总体规划；资金保障组，由省财政厅牵头，会同省民政厅等部门负责省级财政资金、社会

图11 甘肃省灾后工作领导小组在重建一线指导灾后恢复重建工作
（选自汶川地震灾后恢复重建主题展览）

捐赠资金等各类资金的统筹安排。省灾后重建工作领导小组及办公室，按照省委、省政府关于灾后恢复重建工作的总体部署要求，先后多次召开会议，具体研究部署灾后恢复重建工作。

深圳—甘肃对口支援领导小组 2008年8月20日，经甘肃省、深圳市政府协商，决定成立深圳—甘肃对口支援领导小组。由甘肃省委常委、常务副省长冯健身和深圳市政府主要负责人任组长，甘肃省副省长泽巴足和深圳市委常委、常务副市长李锋任副组长，下设领导小组办公室。灾后恢复重建期间，对口支援领导小组就援建重大事项进行讨论协商，有力推动了灾后恢复重建的顺利进行。

三 陕西省组织机构

陕西省抗震救灾指挥部重建规划组 2008年5月30日，陕西省抗震救灾指挥部调整内部分工，建立重建规划组。6月6日，省抗震救灾指挥部转发《陕西省汶川地震受灾地区灾后重建规划编制工作方案》，明确省抗震救灾指挥部内设重建规划组，负责灾后重建规划的编制工作，规划组组长单位为省发改委，发改委主要负责人任组长；副组长单位为规划范围内受灾五市政府和省民政厅、教育厅、卫生厅、财政厅、建设厅；成员由省科技厅、工交办、国土资源厅、环保局、交通厅、西安铁路局、水利厅、农业厅、林业厅、商务厅、文化厅、人民银行西安分行、国税局、地税局、广电局、体育局、旅游局、气象局、水保局、银监局、证监局、保监局、电监局、文物局和扶贫办等部门组成。规划组设在省发改委办公室，具体组织灾后重建规划的编制及各专项规划编制的协调。

津陕对口支援工作领导小组 2008年6月19日，陕西省省长袁纯清和天津市市长黄兴国在天津签署《天津市对口支援陕西省地震灾后恢复重建框架协议》。21日，陕西省委、省政府在勉县召开宁强、略阳两县灾后恢复重建工作会议，专题衔接落实天津市对口支援宁强、略阳两县恢复重建工作。25日，陕西省委、省政府决定，成立津陕对口支援工作领导小组，由省委常委、常务副省长赵正永任组长，副省长姚引良、汉中市市长胡润泽任副组长，省政府一位副秘书长和省发改委、教育厅、民政厅、财政厅、国土资源厅、建设厅、水利厅、农业厅、卫生厅、扶贫办主要领导为成员。领导小组办公室设在省发改委。经支援、受援双方协商，7月25日印发《天津市对口援建宁强略阳恢复重建项目规划和2008年援助投资规划》，宁强、略阳两县成立津陕联合工作组，完善后勤保障，建立工作例会、临时党支部会议，定期讨论重大事项，协调解决困难。

陕西省灾后恢复重建领导小组　2008年11月24日，陕西省政府第120次专题会议决定撤销省抗震救灾指挥部，成立省灾后恢复重建领导小组，原抗震救灾指挥部成员单位省政府办公厅、发改委、监察厅、财政厅、科技厅、教育厅、国土资源厅等继续担任灾后恢复重建领导小组成员单位。2009年2月2日，根据灾后恢复重建工作的实际需要，省发改委向省政府提出灾后恢复重建领导小组组成方案，由省委常委、常务副省长赵正永任组长，副省长朱静芝、郑小明、姚引良任副组长，成员单位有省发改委、工信厅、教育厅、民政厅、财政厅、国土资源厅、建设厅、水利厅、农业厅、卫生厅、扶贫办、统计局和汉中、宝鸡、西安、咸阳、安康五市政府。领导小组办公室设在省发改委，办公室主任由省发改委主要负责人担任。领导小组及办公室按照省委、省政府关于灾后恢复重建工作的总体部署要求，贯彻落实国家灾后重建各项政策措施，全面组织实施省灾后恢复重建工作。（参见图12）

图12　陕西省灾后恢复重建领导小组部署灾后恢复重建工作
（选自汶川地震灾后恢复重建主题展览）

第三节　对口支援省市组织机构

2008年6月13日，中央召开省区市和中央部门主要负责同志会议，决定按照“一省帮一重灾县”的原则，建立对口支援机制。19个援建省（市）从各自实际出发，在省（市）党委、政府的统一领导和部署下，充分发挥了对口支援恢复重建工作的组织指挥、协调配合、监督保障等重要作用。

一　援建领导机构

省区市和中央部门主要负责同志会议召开之后，大多数支援省市相继成立了专门的对口支援领导机构，以加强对援建工作的组织指挥。多数支援省市将前期抗震救灾期间的领导机构改为援建领导机构。北京市将2008年6月2日成立的市对口支援地震灾区领导小组和指挥部作为援建的领导组织机构。河北省把地震发生当天成立的省支援四川灾区工作领导小组转成对口支援平武县灾后恢复重建领导小组。广东省6月14日召开的省委常委会议决定将省支援四川灾区抗震救灾工作领导小组更名为省对口支援地震灾区灾后恢复重建工作领导小组。各地对口支援领导小组组长大多数由省市党政主要领导担任，其中浙江、江苏、北京、黑龙江、深圳分别由省（市）委书记赵洪祝、梁保华（第一组长）、刘淇、吉炳轩、刘玉浦担任；山东、广东、江苏、上海、河北、辽宁、福建、吉林、安徽、江西、湖北、重庆分别由省（市）长姜大明、黄华华、罗志军（书记为第一组长）、韩正、杨崇勇、陈政高、黄小晶、韩长赋、王三运、吴新雄、李鸿忠、王鸿举担任；河南、山西、湖南、天津分别由副书记陈全国、副书记兼政协主席薛延忠、常务副省长于来山、副市长只升华担任。随着对口支援省市党政主要领导的调整变化，对口支援灾区领导机构主要领导也作相应调整变化。副组长一般设2～3人，多的达8人。各对口支援省市领导小组成员一般由30人左右组成，多的达50人左右，成员单位大多数由省（市）党委、政府直属主要职能部门和下属机构、单位组成。多数省市对口支援灾区恢复重建领导机构在本级发改委设立办公室，作为办事机构。办公室主任一般由发改委主任担任，有的由省级领导担任，如江苏省由副省长、安徽省由省长助理担任。一些省市领导小组办公室设在省政府办公厅，办公室主任一般由一位省政府副秘书长担任，有的由建设厅厅长担任；个别领导小组办公室设在省政府经济协作办公室，办公室主任由经济协作办公室主任担任；北京市在领导小组未设办公室而设重建指挥部，作为领导小组日常工作的执行机构。在灾后恢复重建过程中，随着有关领导干部的调整变化，对口支援灾区恢复重建领导机构办公室主要领导也作相应调整变化。各对口支援省市领导小组办公室通常下设若干工作小组，少则3个，辽宁省、深圳市多达12个，负责综合协调、规划编制、资金筹措、工程建设、信息宣传、后勤保障等业务工作。各对口支援省市领导小组办公室主要履行以下职责任务：在本省（市）对口支援灾后恢复重建领导机构的直接领导下，贯彻落实中共中央、国务院关于对口支援灾区灾后恢复重建的方针政策和本省（市）党委、政府以及领导小组的部署安排；拟订本省（市）对口支援受援地区灾后恢复重建具体工作方案，从支受援双方的实际情况出发，落实国家对口支援的支持政策措施；研究提出本省（市）对口支援受援地区灾后年度重建投资计划，提出重大项目规划和资金安排意见；组织协调本地各部门、下属行政区、企业及社会各界对口支援受援地区恢复重建工作；组织协调师资、医务人员、人才培训、专家咨询、科技服务、劳务输入输出等方面的工作；负责本省（市）对口支援受援地区的宣传和重要信息发布工作；负责与国务院各部门的工作联系，接受工作指导，与受援地区省、地市和县级政府有关部门加强沟通与协调；承担本省（市）党委、政府和对口支援领导小组交办的其他事项。

二　前方指挥机构

为及时有效实施对援建工作的组织指挥和管理监督，大多数对口支援省市领导小组设立了前方指挥部靠前指挥，总指挥或指挥长由领导小组成员中副省长、政府副秘书长、发改委副主任兼任。上海市 2008 年 6 月 18 日成立领导小组，同时成立了上海对口支援都江堰市灾后重建指挥部，从 7 月 2 日指挥部整体进驻都江堰市靠前指挥，至 2010 年 9 月 21 日完成援建任务撤离，历时 800 天左右。指挥部下设工程建设组、社会工作组、经济发展组、综合计划组、后勤组等，指挥部 34 名工作人员都是由上海市委组织部精挑细选的局处级干部，分别来自市政府办公厅、市政府应急办、发改委、建交委、浦东新区、合作交流办等，前后两任总指挥均由市政府副秘书长担任。河南省领导小组下设重建指挥部和前线指挥部 2 个机构。湖南省领导小组设直属工作队，履行相当于其他省市前方指挥机构的职责。北京市领导小组虽未设直属前方指挥机构，但设有重建、救灾、资金、人力资源 4 个办公室和规划、建设、前线 3 个分指挥部的组织机构。上述组织机构称谓虽有不同，但都是在领导小组领导下，承担对口支援受援地区恢复重建的具体组织实施工作，发挥了援建省市一线（靠前）组织指挥的作用。

第四节　香港和澳门特别行政区援建机构

2008 年 6 月 26 日，香港特区行政长官曾荫权宣布特区政府成立由政务司司长唐英年主持的香港特区支援四川地震灾区重建督导委员会。委员会的职责是，负责督导和统筹特区支援四川地震灾区重建的工作，以及联系内地相关对口部门，以推动支援重建的工作。委员会成员包括财政司司长以及相关的政策局局长和部门首长。

7 月 28 日，澳门特区行政长官何厚铧批示设立支持四川地震灾后重建协调小组，专责协调及跟进澳门在四川地震灾区开展的跨部门工作。协调小组主要负责制定特区的工作计划，建立与四川地震灾后重建负责单位的协调及沟通机制；促进社会互助团体或机构、民间组织，以及其他公共及私人实体支援及协助该计划；跟进及评估该计划的执行进度，并向行政长官提交有关跟进报告。

与港澳特区援建工作相衔接，7 月 15 日，四川省政府办公厅印发通知，建立由省委常委、常务副省长魏宏任召集人，以省发改委和港澳办为牵头部门的香港和澳门特区参与四川灾后恢复重建协调机制，国务院港澳办、中央政府驻香港联络办和驻澳门联络办及四川省政府办公厅、监察厅、教育厅、民政厅、财政厅、建设厅、林业厅、卫生厅、审计厅等部门负责人参与，负责港澳援建的经常性组织协调工作。该机制主要职责是全面统筹协调港澳特区援助四川灾后恢复重建工作，对应香港特区支援四川地震灾区重建督导委员会和澳门特区支持四川地震灾后重建协调小组，确定港澳特区参与灾后恢复重建的援助范围、援助方向、援助重点等重大事项，审定港澳特区援助项目，研究决策援助工作中的重大问题。该协调机制的日常工作由四川省港澳办负责衔接协调，省发改委负责港澳特区援助项目工作的衔接协调。

港澳特区政府援建组织机构与四川省的协调机构，通过召开多层次会议，沟通情况、增进互信、协调对策、形成共识，在港澳援建四川灾后恢复重建工作中发挥组织指导和协调保障作用。

第二篇

规划编制与调整

汶川特大地震灾后恢复重建，是人类救灾史上浩大而复杂的系统工程。为了保证恢复重建有力、有序、有效、科学地进行，中共中央、国务院作出及早编制发布重建规划的决策。2008 年 5 月 23 日，国务院抗震救灾总指挥部第 13 次会议决定，在总指挥部基础设施保障和灾后重建组下设规划组，由发展改革委牵头在 3 个月时间内完成总体规划和 10 个专项规划的编制任务。会后，为了取得规划编制的科学依据，规划组组织大批科技工作者到灾区考察，完成了灾害范围评估、灾害损失评估以及资源环境承载能力评价等工作。规划组先后召开 5 次全会、3 次专家会、5 次业务会、2 次规划衔接会，讨论审查规划工作方案、总体规划大纲、规划范围意见、灾损评估报告、资源环境承载能力评价报告、资金筹措方案以及总体规划送审稿等。规划组统筹谋划、把握方向，组长、副组长靠前指挥，各成员单位相互配合，相互支持，信息共享，按时完成了规划编制任务。

根据国务院部署和依据《汶川地震灾后恢复重建条例》，在四川省灾后重建总体规划和专项规划、甘肃省总体规划纲要、陕西省重建规划编制方案，以及国家有关部门专项规划初稿的基础上，根据国务院部署编制了灾后重建国家总体规划 1 个、专项规划 10 个。三省重灾地区 51 个县（市、区）分别编制了实施规划。51 个县（市、区）共编制乡镇重建规划 942 个、村庄重建规划 1.41 万个。四川省另编制行业规划 44 个。住房城乡建设部与 19 个对口支援省（市）动员组织中国城市规划设计研究院、清华大学、同济大学以及援建省市规划设计专家数千人，帮助灾区省编制完成以北川、汶川、青川、都江堰重建规划为代表的县域村镇体系规划、乡镇建设和村庄建设等各类实施规划数千个。四川省再按照国家总体规划和 10 个专项规划确定的重建任务，全面梳理本省灾后重建项目，将重建任务按 10 个大类、45 个子项全部落实到具体项目上，建立起灾后重建项目库，作为组织编制重建期年度计划的基础和依据。年度计划在突出城乡住房重建、公共服务设施重建、基础设施重建、重大产业重建等“四个优先”的基础上，将重建任务分 3 年制订年度计划。甘肃省编制了本省 8 个重灾县（区）实施规划。陕西省编制了村民住房、教育、卫生系统等行业灾后重建实施方案 4 个。以上规划整体上形成了目标明确、层次分明、范围清晰的规划体系，对灾后恢复重建工作从指导思想、任务目标到项目安排都起着方向性的指引作用。

规划编制工作历时 90 天，历经基础调研、提出工作方案、制定规划大纲、起草规划初稿以及规划文本的审查、论证、修订等程序后，按照国务院要求相继发布实施。2008 年 9 月 19 日，国务院发布实施《汶川地震灾后恢复重建总体规划》。10 月 6 日至 11 月 7 日，国务院相关部门先后联合发布实施灾后恢复重建《城乡住房建设专项规划》《公共服务设施建设专项规划》《土地利用专项规划》《基础设施专项规划》《生产力布局和产业调整专项规划》《生态修复专项规划》《农村建设专项规划》《城镇体系专项规划》《市场服务体系专项规划》《防灾减灾专项规划》等 10 个专项规划。规划编制工作有如下特点：

夯实规划基础。恢复重建工作刚启动，国家成立由国家汶川地震专家委员会（以下简称地震专家委）、国家减灾委和科技部等单位专家组成的灾害评估组，至重灾地区实地考察灾损、调查灾后恢复重建技术问题等，为灾后恢复重建规划编制积累第一手资料。评估组中有不少专家年事已高、体质虚弱，但他们在国家危难之时挺身而出、忘我工作，展示了老科学工作者的风范。在评估工作的基础上，规划组召集有关单位，研究形成了《汶川地震灾害范围评估报告》《汶川地震灾害损失汇总与评估报告》《资源环境承载能力评价报告》《四川、甘肃、陕西部分地区地震动参数区划图》等。规划组成员单位相继开展规划基础调研，安排调研组计 50 多批、2000 多人次至重灾地区开展行业灾害损失、行业规划思路、行业规划技术路线、有关县城（区）空间布局以及重建政策等情况调研。在调研基础上，撰写了比较客观的、反映灾区实际情况的调研报告，并向政府报送各方面重建意见和建议百余篇；拟订下发损毁农房重建方案和 24 种不同户型的农房设计方案；编撰成册受损住宅分级评价标准、结构加固标准、建筑工程抗震设防分类标准；编写印发农房重建技术导则、农村民宅抗震构造图、农民自建房屋设计图等。这些事关灾区群众切身利益的成果受到灾区群众的欢迎。

“开放、开门”搞规划。规划组成员单位贯彻落实省区市和中央部门主要负责人会议精神，倡导“开放、开门”搞规划。不少单位采取请进来、走出去的方式，征求民主党派、院士专家、大学教授和灾区群众的意见。国新办多次举办规划工作新闻发布会，请规划组向媒体和社会公众介绍规划思路和规划编制进展情况，并回答国内外记者的提问。中央新闻媒体积极报道有关规划编制思路和规划工作开展情况。规划组办公室领导和专家登门拜访地震专家委，接待来访的灾区省和有关部门领导及专家，共同研究统一规划思路和解决规划编制技术问题；组织召开国际灾后重建研讨会和专家座谈会，讨论交流国内外灾后重建的经验教训；借助发展改革委网站开辟灾后重建“建言献策”栏目，广泛征求国内外社会各界意见，整理收录各类意见和建议 1000 多条。有的部门与国家科研单位联系，请专家为规划提意见；有的部门征求灾区群众对住房政策、房屋设计、建筑风格的意见，让群众充分表达重建家园的意愿和诉求。此外，工程院及时召开各专业领域院士会议，组织动员院士专家为灾后恢复重建献智献策、做出贡献。

做好规划衔接修改。规划衔接修改是确保规划科学性和可行性的重要环节。规划衔接按照规划组组长、发展改革委主任张平在规划组第五次全会上提出的“四个衔接”要求，全面完成了专项规划与总体规划、各专项规划之间、专项规划与中央重建基金、专项规划与地方实施规划的 4 个衔接任务，为规划顺利发布实施奠定了基础。

规划实施一年后，国务院汶川地震灾后恢复重建工作协调小组根据《汶川地震灾后恢复重建总体规划》的要求和国家审计部门、全国政协视察团的建议，以及国务院总理温家宝的指示精神，动员组织国家权威评估机构和专业力量，开展规划实施中期评估和规划调整。评估结论显示，总体规划和 10 个专项规划共规划项目 46048 个，规划投资 9827 亿元。在评估基础上，协调小组综合灾区三省规划调整最终方案，对规划实行中期调整：规划项目从 46048 个减少到 40620 个，减少 5428 个，减少 11.79%；规划投资从 9827 亿元减少到 9455 亿元，减少 372 亿元，减少 3.79%。

第一章　总体规划

第一节　规划基础工作

一　制定规划工作方案

起草过程　根据中共中央、国务院恢复重建工作部署，由发展改革委组织完成《汶川地震灾后恢复重建规划工作方案》(以下简称《规划工作方案》)起草任务。规划组组长、发展改革委主任张平负责组织领导，具体起草工作由发展改革委副秘书长杨伟民牵头，组织规划司、宏观经济研究院和科研单位专家与四川省政府共同完成。发展改革委副主任朱之鑫接受规划编制任务时，提出灾后重建要与工业化、城市化、新农村建设、区域协调、人与自然和谐相结合，与产业结构调整、淘汰落后、产业升级相结合等重建思路。2008年5月22—25日，杨伟民率发展改革委有关司局人员和部分专家至成都，完成工作方案初稿起草任务。26日，张平、穆虹听取起草工作汇报，对完善规划工作方案提出意见和要求。28日晚，张平主持召开规划组第一次全体会议，审议通过《规划工作方案》，结合传达国务院抗震救灾总指挥部第13次会议关于组建灾后重建规划组的决定和恢复重建工作必须“及早规划、抓紧实施”的指示精神，对规划编制的开展做出部署。30日，发展改革委向国务院报送《规划工作方案》。31日晚，根据国务院反馈意见，张平、穆虹对《规划工作方案》进行研究，进一步明确规划范围和规划组成员单位。6月1日，修改后的《规划工作方案》报送国务院，中共中央政治局常委李长春等中央领导同志提出“要高度重视灾区文物保护工作”。3日，总指挥部会议审查《规划工作方案》，又在公共服务设施专项规划编制部门中增加了国家文物局。6日，《规划工作方案》由国务院办公厅正式印发规划组成员单位贯彻执行。

方案内容 《规划工作方案》明确："坚持以人为本，优先恢复重建受灾群众基本生活和公共服务设施；坚持尊重科学、尊重自然，充分考虑资源环境承载能力，科学民主决策；坚持统筹兼顾，与推进工业化、城镇化和新农村建设及扶贫开发相结合，与主体功能区建设和产业结构优化升级相结合，与弘扬中华民族的人文精神相结合；坚持以地方为主体，充分发挥灾区干部群众自力更生、艰苦奋斗精神，在国家和兄弟省（区、市）的支持下实现灾后重建和发展目标。"

《规划工作方案》指出，在国家汶川地震专家委员会进行现场调查研究、科学论证、地质地理条件评估和建设项目科学选址的同时，开展灾害范围评估、灾害损失评估和资源环境承载能力评价。前两项评估结论为确定规划范围提供依据；后一项评价结论为确定可承载人口的总规模、城镇居民点建设和产业发展导向提供依据。

《规划工作方案》明确总体规划由发展改革委和四川省牵头，有关部门参加编制；城镇体系规划由住房城乡建设部和四川省牵头，有关部门参加编制；农村建设规划由住房城乡建设部、农业部和四川省牵头，有关部门参加编制；城乡住房建设规划由住房城乡建设部、民政部和四川省牵头，有关部门参加编制；基础设施建设规划由交通运输部、铁道部、工业和信息化部、水利部、能源局分别与四川省共同编制，有关部门参加；公共服务设施建设规划由教育部、卫生部、文化部、广电总局、体育总局、民政部、发展改革委分别与四川省共同编制；生产力布局和产业调整规划由发展改革委、农业部、工业和信息化部、旅游局、能源局分别与四川省共同编制；市场服务体系规划由商务部、人民银行分别与四川省共同编制；防灾减灾和生态修复规划由地震局、国土资源部、水利部分别与四川省共同编制，民政部汇总，其中生态修复规划由林业局与四川省牵头，有关部门参加编制；土地利用规划由国土资源部和四川省牵头编制。

《规划工作方案》指出，财政政策研究由财政部负责；税费政策研究由财政部和税务总局负责；金融政策研究由人民银行、银监会、保监会、证监会负责；土地政策研究由国土资源部负责；社会募集政策由财政部、民政部和四川省负责；产业政策、对口支援和其他政策研究由发展改革委负责。

二 确定重建规划范围

根据《规划工作方案》安排，2008 年 6 月 10 日前后，承担灾害范围评估的民政部、地震局、地震专家委等单位，分别向规划组提交灾害范围评估报告稿。地震专家委依据地震烈度，崩塌、滑坡、泥石流等次生灾害，人员伤亡，房屋倒塌与受损，遥感抽样调查，野外调查资料以及划分标准等，将灾区划分为极度灾区、重度灾区、轻度灾区和影响区 4 种类型。民政部与地震专家委的评估标准基本一致，但称谓略有不同，分为极重灾区、重灾区、轻灾区和影响区 4 种类型。地震局依据地震造成的房屋建（构）筑物破坏程度、人员伤亡情况、地震地质灾害规模、震害指数等指标以及划分标准，将灾区划分为极重灾区、严重灾区、重灾区和受灾区 4 个等级。12 日，规划组在综合各家评估结果和地方意见的基础上，提出了《灾后恢复重建规划范围的初步意见》。13日，规划组召开第二次全会讨论《初步意见》，会议决定对规划范围作进一步平衡和衔接。18日，穆虹主持召开会议，约请发展改革委、科技部、民政部、财政部、国土资源部、地震局、地震专家委等部门领导和专家再次对灾后重建规划范围进行研究，并结合3个受灾省的意见，提出《灾后恢复重建规划范围的意见》。7月12日，温家宝主持召开国务院抗震救灾总指挥部第23次会议，审议并原则同意《灾后恢复重建规划范围的意见》。14日，规划组召开第三次全体会议，通报总指挥部第23次会议审议规划范围的结果情况。15日，规划办正式印发汶川地震灾后恢复重建规划范围，要求各规划成员单位贯彻执行。22日，由民政部、发展改革委、财政部、国土资源部和地震局共同发布《关于印发汶川地震灾害范围评估结果的通知》，评估结果为地震灾害极重灾区10个县（市）、重灾区41个县（市、区）、一般灾区186个县（市、区）。根据通知要求，10个极重灾县（市）和41个重灾县（市、区）纳入灾后恢复重建总体规划范围（见表2），要求有关部门和灾区省按此范围抓紧编制灾后重建总体规划和专项规划；未被纳入总体规划范围的其他受灾地区的恢复重建规划编制工作由灾区省组织开展，国家重建规划组给予指导。

国家规划的灾后恢复重建范围一览表

表2

省	县（市、区）	县（市、区）个数
四川	汶川县、北川羌族自治县、绵竹市、什邡市、青川县、茂县、安县、都江堰市、平武县、彭州市、理县、江油市、广元市利州区、广元市朝天区、旺苍县、梓潼县、绵阳市游仙区、德阳市旌阳区、小金县、绵阳市涪城区、罗江县、黑水县、崇州市、剑阁县、三台县、阆中市、盐亭县、松潘县、苍溪县、芦山县、中江县、广元市元坝区、大邑县、宝兴县、南江县、广汉市、汉源县、石棉县、九寨沟县	39
甘肃	文县、陇南市武都区、康县、成县、徽县、西和县、两当县、舟曲县	8
陕西	宁强县、略阳县、勉县、宝鸡市陈仓区	4

三　划分重建区域范围

资源环境承载能力评价是规划编制的重要基础。根据《规划工作方案》要求，主要由中科院牵头负责，以研究员樊杰为组长的研究小组，组织7个研究所的120名科研人员，充分应用《全国主体功能区规划》编制中的相关成果，根据地形、土地资源、水资源、生态重要性、环境、地震地质条件、次生灾害、工程与水文地质、人口以及灾情等对象要素，对重灾县进行重建条件适宜性分析，明确适宜重建、适度重建和不宜重建3类区域的范围。包括乡镇数、土地面积和人口，并提出不同区域产业发展的导向、人口合理规模及需要跨县外迁的人口规模。2008年6月20日，中科院向规划组提交《资源环境承载能力评价报告（初稿）》。26日，杨伟民主持召开专家小组、国土资源部、住房城乡建设部和地震局专项规划编制人员会议，讨论了中科院提交的评价报告（初稿）。会议要求，进一步完善评价工作的技术路线和指标体系，修改后报规划组审定。7 月 14 日，修改后的《资源环境承载能力评价报告》提交规划组第三次全体会议审议。会议认为，评价报告为科学确定灾区的主体功能定位、城乡和人口布局及产业结构调整等提供了重要参考。规划编制中要充分运用这些成果，提出人口安置、城乡布局、产业调整的科学方案。课题组在总体规划编制过程中，进一步修改完善评价结果，并与国家基础地理信息中心相配合，制作了《汶川地震灾后恢复重建总体规划图集》。

总体规划在资源环境承载能力评价基础上，按照国土开发强度、产业发展方向以及人口集聚和城镇建设的适宜程度，将规划区国土空间划分为适宜重建、适度重建、生态重建 3 种类型（见图 13、表 3）。

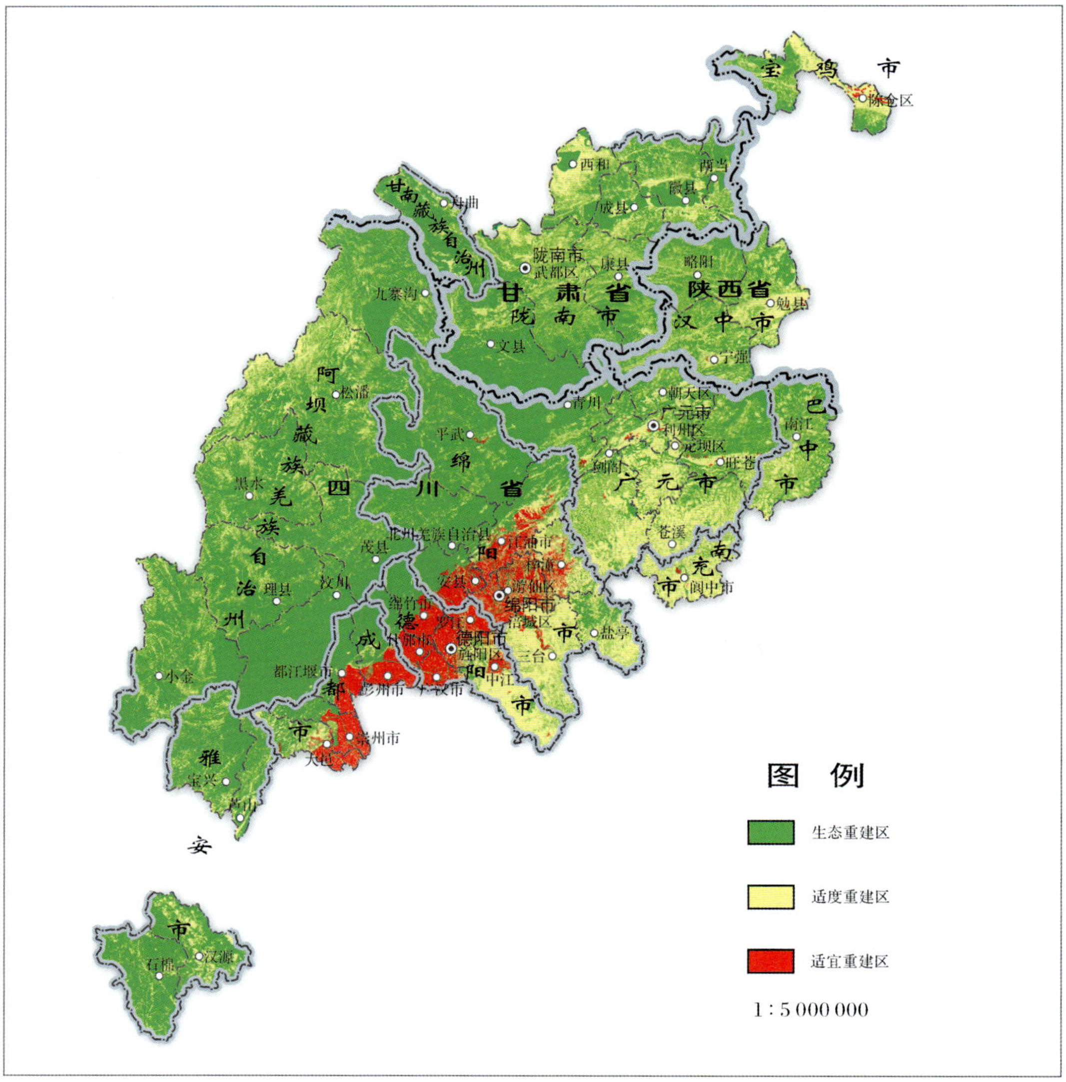

图 13　灾后重建分区图

（发展改革委　提供）

汶川地震灾后重建分区一览表

表 3

类　型	面积（平方公里）	占规划区比重（%）	人口（万人）	占规划区比重（%）
适宜重建区	10077	7.6	772.8	38.9
适度重建区	38320	28.9	1180.1	59.4
生态重建区	84199	63.5	33.8	1.7

适宜重建区。资源环境承载能力强，灾害风险小，分布于四川省龙门山山前平原和与龙门山山脉接壤的浅丘地区，甘肃省渭河、泾河河谷地带和徽成盆地，陕西省汉中盆地边缘和关中平原过渡地带（参见图 14），适宜在原地重建县城、乡镇，可以较大规模集聚人口和全面发展各类产业。

适度重建区。资源环境承载能力弱，灾害风险大，分布于四川省龙门山山后高原地区和山中峡谷地带、甘肃省西秦岭和陕西省秦巴山区，可以适度在原地重建县城、乡镇，适度集聚人口和

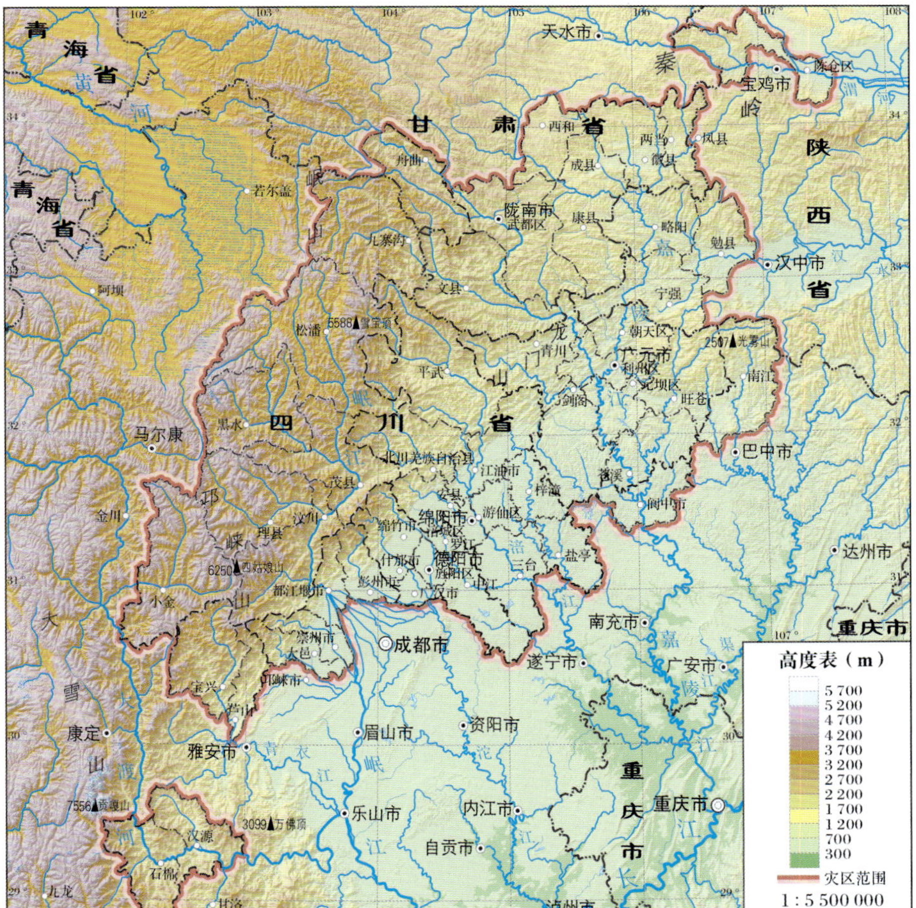

图 14　规划区地势图

（发展改革委　提供）

发展特定产业。

生态重建区。资源环境承载能力很低，地质隐患大，生态脆弱，建设用地匮乏，基础设施建设和维护代价大，分布于龙门山地震断裂带核心区和高山地区、甘肃库马和陕西勉略洋断裂带地区等。该区域应以保护和修复生态为主，适宜少量人口分散居住。（参见图 15）

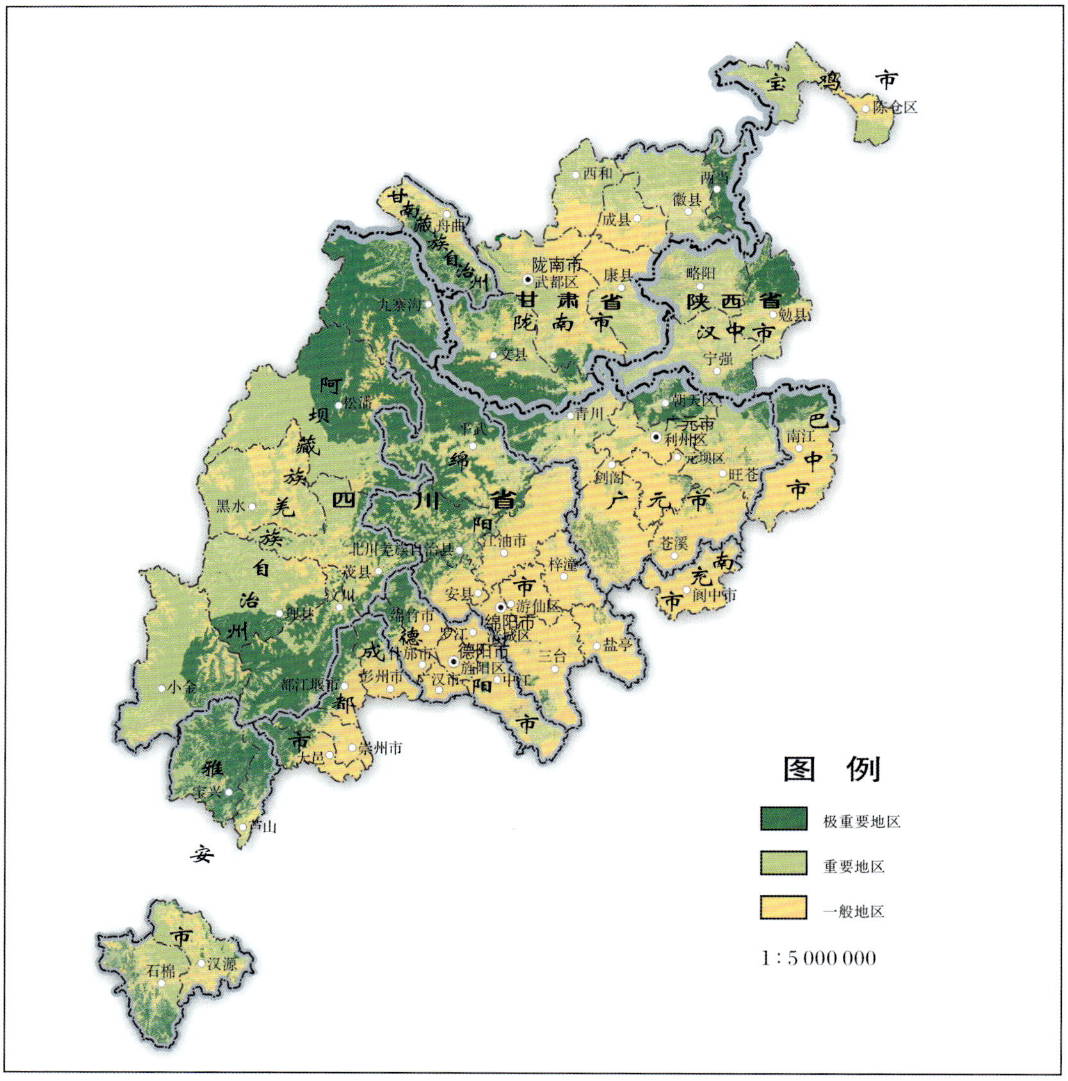

图 15　规划区生态功能重要性评价图

（发展改革委　提供）

四　资金测算

规划组第一次全体会议召开后，筹资小组明确了“测算重建资金需求规模、统计已确定来源的资金规模、研究新的筹资渠道”3 项工作任务分工。2008 年 6 月 11 日后，筹资成员单位根据第一阶段工作要求，陆续提交筹资方案材料。10—13 日，筹资小组依据《重建条例》，参考国外灾后重建筹资经验，有关部门意见方案和社会各界建议，结合调研情况和灾区省重建资金需求自测结果，拟定了由 4 个部分内容构成的《关于灾后恢复重建资金筹措的初步意见》，初步估算了恢复重建所需资金规模，估计了规划期内通过政府投入、对口支援、社会募集、市场运作等渠道能够基本筹集的重建资金规模，并提出了通过创新性投融资方式筹集资金的方案和建议。

根据张平、穆虹对《关于灾后恢复重建资金筹措的初步意见》的意见，筹资小组进一步征求各方面意见，重新测算恢复重建所需资金规模，明确资金筹集工作基本原则，进一步修改有关筹资措施。

7 月 10 日，筹资小组完成重建资金总规模初步测算，并向规划办提交《关于恢复重建资金规模测算的有关报告》。20 日，为配合筹资渠道可行性和操作性方案的研究，筹资小组在北京举办由国家开发银行、财政部、人民银行和灾区省等单位相关负责人参加的灾后重建筹资方案专题研讨会。4 个专题是“灾后重建特别银团贷款”“灾后重建并购贷款”“灾后重建投资基金”和“灾后重建融资担保机制”。筹资小组结合这些成果，对《初步意见》稿进行补充完善。7 月下旬，筹资小组起草形成《关于灾后恢复重建资金筹措的意见（征求意见稿）》，并提交规划办和有关部门征求意见。随着规划编制工作的深入，张平、穆虹指示筹资小组尽快拿出重建资金总需求测算和资金配置平衡结果。28 日，形成《灾后恢复重建资金平衡表》。根据 8 月 5 日国务院抗震救灾总指挥部第 24 次会议精神，最终明确约 1 万亿元的重建资金总需求。

在总体规划编制过程中，根据重建任务量的深化细化，筹资小组进一步测算了各领域的资金需求量，并根据规划进程不断进行调整。

五　开展国际合作

规划办在规划编制中主动开展相关国际合作，借鉴国外有益经验。2008 年 6 月中旬，穆虹安排发展改革委外事司与日本驻华使馆就提供日本地震灾后重建经验材料等事宜进行沟通。日方两次派人与规划办综合小组磋商，且提供涉及整体计划、福祉健康规划、社会文化领域、产业振兴和促进就业等 7 个领域 24 个大项 70 个小项的《四川地震灾后重建规划细目（日本可协助项目草案）》和相关日文资料。经会商有关部门和地方规划办，对 7 个领域提出近 50 个需求项目，提出合作建议 10 条和 2 个方面合作方式建议。30 日，规划办领导会见以日本外务省亚洲大洋洲局参赞小原雅博为团长的日本政府代表团，双方就汶川地震灾后重建规划和日本可协助项目草案相关问题交换意见。同日，规划办向日本驻华使馆经济部反馈中国征求有关部门和灾区省对《细目》7 个领域需求及合作意向的意见。

7 月 2 日，规划办领导会见美国国际开发署署长福尔和美国强生总裁韦尔登率领的美国政府、企业及救援组织联合代表团，就总体规划和美国有关方面参与灾后重建等相关问题交换意见。7 日，中央财经领导小组办公室和发展改革委共同主办，发展改革委宏观经济研究院和德国技术合作公司共同承办的“汶川地震灾后恢复重建国际研讨会”在京召开。中央财经领导小组办公室副主任刘鹤和德国驻华大使馆公使阿里斯泰德·芬斯特尔致开幕词。国家灾后重建规划组办公室负责人介绍总体规划的初步考虑。地震专家委副主任史培军对汶川地震灾害评估做了简要介绍。来自巴基斯坦、日本、墨西哥、德国和美国直接参与各国灾后重建规划工作的6位专家分别介绍了各国灾后重建经验。来自墨西哥和德国的4位专家就基金管理、技能培训等具体重建方法、策略进行评论和讨论。

六　征求社会意见

根据胡锦涛提出的恢复重建工作“要发扬民主，集思广益，坚持科学决策”的要求，2008年5月23日至7月23日，规划办在发展改革委门户网、人民网、中国网开展征求社会意见活动。新华社、《人民日报》《光明日报》、央视网等中央媒体和新浪网、搜狐网、《中国经济导报》《北京青年报》等各类媒体网站报道了征求社会意见的主办单位、程序、内容和要求等。规划办编发20期《灾后重建建言献策摘编》，摘编各类意见和建议共656条，其中民主党派65条、省市部委90条、中国工程院91条、国家图书馆15条（多为国外地震灾后重建经验教训）、群众（含灾区）70条、科研高校等325条。按意见事条划分，涉及重建思路和重建模式250多条，占摘编意见总数的38.1%，内容包括分区重建、分期重建、合理布局城镇、妥善安置人口、广泛动员社会力量参与重建和全程监管重建工作等；涉及重建领域100多条，占摘编意见总数的16.10%，内容包括民生、教育、文化、住房、基础设施、产业、旅游、生态等重建和环境保护等；涉及重建政策160多条，占摘编意见总数25.76%，内容包括多渠道筹资、困难救助、促进就业等；涉及重建标准90多条，占意见总数14.49%，内容包括建设标准、设防标准和新技术应用等。人大代表、政协委员、政府官员、院士专家、科研人员、大学教授、灾区群众、高校学生、部队官兵等倾其智慧，献计献策。各界人士通过致信党和国家领导人、举办重建论坛、组织集体会议和课题报告、发表论文、邮寄书信等方式向国家规划组提出意见和建议。（参见图16）

图16　2008年7月，《都江堰市灾后重建规划概念方案》座谈会在都江堰市召开（都江堰市重建办　提供）

第二节　开展规划调研

规划编制工作启动后，规划组办公室先后安排 11 批、100 多人次至重灾地区，实地调研考察城镇、乡村、社区共计 30 多个，与灾区三省领导交换意见 12 次，召开多种形式座谈会直接听取灾区干部群众意见和建议 11 次，收集整理干部群众意见和建议 27 条，提出政策意见和建议 18 条（参见图 17）。

图 17　规划专家实地指导制定贫困村灾后恢复重建规划（选自汶川地震灾后恢复重建主题展）

一　规划工作调研

围绕规划工作，穆虹于 2008 年 6 月 6—8 日、7 月 9—10 日、7 月 17—18 日，先后 3 次率组至重灾地区调研规划编制工作开展情况。（参见图 18）调研组在四川灾区听取该省灾后重建总体规划以及有关专项规划编制情况的介绍，还就该省规划编制过程中遇到的主要问题与副省长王宁交换意见。在甘、陕两省调研中，对甘肃省规划编制启动早、分层次、定方法、明职责，以及陕西省重点编制好宁强、略阳两县重建规划的做法给予充分肯定。

杨伟民于 5 月 31 日至 6 月 6 日、6 月 18—21 日，先后两次率组前往重灾地区开展规划思路、规划内容调研。（参见图 19）在四川灾区调研中，调研组会同省发改委商研拟订总体规划大纲；与省有关领导沟通规划范围确定情况。其间，调研组考察了汶川县映秀镇、都江堰市，听取灾区干部群众意见和建议，出席四川省规划编制工作会议，并在会上阐明总体规划编制思路的 4 个方面考虑，包括组织开展灾害评估和资源环境承载能力评价、明确人口安置 3 种方式（就地安置、

图18 规划编制组在都江堰开展规划调研
（发展改革委 提供）

图19 2008年6月国务院抗震救灾总指挥部灾后恢复重建规划组在汶川进行规划编制工作调研
（发展改革委 提供）

在省内各地务工的灾区人口在务工地落户、在省外务工的灾区人口在务工地安家落户等）、明确县城规模和乡镇村庄在不同区域的布局等。在甘肃灾区调研中，到天水、陇南两市实地考察机关、学校、医院、社区、家属楼等灾情。调研组深入成县、康县农村，走访了解受灾农户对重建的要求和愿望；组织召开陇南市受灾农民座谈会和城镇居民、教师、医务人员座谈会，直接听取各方面代表的意见。甘、陕两省深居高山地区、房屋土地损失严重的农民群众，向调研组提出希望国家明确农村住房补贴政策等多条建议；两省灾区干部群众希望重建规划起点高、标准高，有前瞻性、预见性，不能简单“克隆”或复制过去。两省地方政府针对国家重建计划无法全部覆盖所有受灾地区的情况，建议国家明确省级政府编制覆盖本省全部受灾地区的规划，一方面作为国家规划的基础，另一方面作为省域范围内所有受灾地区恢复重建的依据。

二 政策措施调研

主要包括热点问题、筹资方案、城镇空间功能布局和民营企业融资难等问题调研。

热点问题调研 2008年5月31日至6月6日，规划办联合调研组至四川灾区，就人口安置、工业园区建设、城镇异地迁建、重建政策公平等社会关注度高的4个热点问题进行调研，广泛听取灾区地方政府和群众意见。调研组考察极重灾县（市）6个及重灾县（市、区）的县城、乡镇、农村和临时安置点5个，召开市、县级政府领导、城镇普通居民、农民工、川籍专家座谈会4次，收集整理各方面意见12条，其中地方政府7条、群众意见5条。地方政府意见主要涉及群众安置、解决城镇损毁住房、完善对口支援机制、先期启动公共服务设施项目难度大等。群众意见主要涉及政府保障群众权益、异地或异址安置听从政府安排、希望政府帮助群众到就业地安家落户等。

调研组结合调研成果，提出了有待深化研究的4个政策设想：一是根据灾区人口安置困难的实际情况，提出人口安置政策意见，包括贯彻人口安置的“四个坚持”原则（坚持群众自愿、坚持就地安置与异地安置相结合、坚持根据资源环境承载能力评价结论安置人口、坚持少数民族原则上在少数民族地区安置）、人口安置的“七个结合”形式（实行务农、务工、务林相结合，多数人在乡镇内、县内、市内、省内安置与少数人到省外安置相结合，进城与回村相结合，投亲靠友与政府通过政策引导相结合，插花安置与整村迁移相结合，外出务工、经商、农民工在就业地落户与只就业不落户口的流动就业相结合，就业安置与教育培训相结合）等。二是根据北川、青川等县提出与对口支援省市联建工业园促进经济发展增加群众就业的要求，提出3个方面的政策设想，包括根据资源环境承载能力和地质地理条件，科学确定适宜、适度、不宜重建的不同区域的面积和比重；据此优化产业结构，布局工业园区，制止简单复制震前就不合理的产业结构；依据各区域功能定位，确定不同产业的重建方向。三是根据灾区县市之间因其享受重建政策和支持力度存在差别的情况，提出把握好重建公平和效率关系，包括涉及民生的城乡住房和学校，不再区分极重灾区、重灾区和一般灾区，只要城乡住房和学校倒塌、损坏，中央财政均给予相同数量的补偿；做好“两个统筹平衡”，即在城乡住房、公共服务、农村建设等的重建任务在县与县之间的统筹平衡，以及中央重建基金、地方重建基金、对口支援资金、社会捐赠资金在县与县之间的统筹平衡。四是针对灾区县市对“三川”（汶川、北川、青川）等县城以及一些乡镇政府驻地是原址重建还是异地迁建存在较大分歧的情况，调研组强调两个原则，即无论是县城乡镇、人多人少，都要避让断裂带，躲开地质灾害点；充分汲取汶川大地震造成生命巨大伤亡的惨痛教训，在县城、建制镇等的选址大事上必须坚持“科学、科学、再科学，慎重、慎重、再慎重”的原则。

筹资方案调研 筹资小组先后两次深入四川灾区开展重建资金需求调研。6月11—12日，由发展改革委、财政部、人民银行、银监会、证监会、保监会等8个单位组成调研组考察绵竹市汉旺镇、东方汽轮机厂和都江堰市的灾情后，在成都组织召开四川省发改委、财政厅、国税局、人民银行、银监局、证监局、保监局，以及成都、德阳、绵阳三市发改委负责人座谈会，听取情况介绍。该次调研在资金筹集渠道方面收到4个方面16条建议。其中，关于财政支持6条，涉及加大对灾区财力转移支付补助力度、实行灾区税费返还制度、减免四川省债务等；关于税费支持4条，涉及对社会资金参与重建给予税收优惠、对重灾地区受灾企业给予所得税和增值税减免等；关于金融支持6条，涉及下放对受灾地区的信贷审批权限，利用金融市场拓展恢复重建融资渠道等。6月29日至7月1日，调研组增加了全国工商联、国家开发银行和中国宽带产业基金3个专家成员，到都江堰市、什邡市洛水镇和红白镇、北川县城等重灾地区实地考察灾情，召开四川省有关部门负责人和绵阳市有关部门负责人座谈会，了解灾损及重建资金需求情况，听取地方政府对筹资政策意见和建议。其间，调研组在成都召开第三次资金筹集全体大会，讨论灾后重建资金筹措意见。该次调研，四川省财政厅从集中财力办大事基点出发，建议中央重建基金不再分条条下达，而以专项转移支付方式下达，还建议对口支援省市直接给受援县划入不少于上年财政收入1%的资金，而不再考核实物工作量。调研组在召开四川省有关部门负责人座谈会上，对融资政策提出4条建议，包括有效增加地方财力，中央财政建立担保基金和实行利率优惠、建立灾后重建投资基金（类似日本阪神大地震的财团法人基金）、建立担保公司放大发债规模和扩大利用国际组织贷款额度等。

城镇空间功能调研　9月24—28日，根据国务院领导有关批示精神和重建规划组领导要求，规划办专家组组长王一鸣率地震局地质研究所、中国城市规划设计研究院、中科院地理资源研究所、发展改革委宏观经济研究院和小城镇改革发展中心的专家以及规划办成员，就青川县和陇南市城镇功能空间布局调整问题进行实地调研。调研组踏勘青川县行政中心原址乔庄镇和拟迁建行政中心新址竹园镇、陇南市行政中心原址武都区和拟迁建行政中心新址成县；组织召开四川省、市、县三级领导，群众代表，地震、山地灾害、城乡规划、经济、社会专家座谈会；与甘肃省省直有关部门、陇南市和成县领导座谈。调研组在汇总整理各方意见基础上，提出青川县和陇南市城镇功能空间布局调整原则、迁建依据、具体意见、人口安置建议等。专家调研组综合地震地质灾害、自然地理条件、资源环境承载能力、区位和交通条件、经济社会发展要求和行政成本管理诸因素，提出在合理避让地震断裂带和次生灾害后，乔庄镇和武都城区可建设用地和发展空间十分有限，尤其是武都区难以容纳原有人口规模，将两地行政中心迁出异地重建，可为乔庄镇居民和武都城区居民腾出必要的安全和发展空间，使人口和经济活动与资源环境承载能力相适应。

民营企业融资难调研　11月20—22日，发展改革委副秘书长马力强率组至四川灾区调研民营企业融资难问题。采取走访灾区部分民营企业家和专家学者、委托四川省发改委了解省工商联及银监局等单位意见和建议，约请工业和信息化部中小企业司、人民银行金融市场司、发展改革委财金司以及规划办筹资小组等负责人座谈，了解民营企业灾损基本情况以及融资难的原因。在汶川地震中，四川省受损企业计1.88万户（约占总户数90%）、经济损失计1189亿元（直接经济损失607亿元），四成以上民营企业基本丧失生产经营能力。企业不仅损失惨重，且偿债能力也弱。受灾民营企业不良贷款余额90亿元，不良率达64%。有5494户企业完全丧失偿债能力，占金融机构信贷关系的81%。此外，还有一些企业销往灾区货物的货款基本上无法收回。

民营企业融资难既有企业原因又有银行原因。企业原因主要是原有担保物因地震损坏或灭失，难以提供有效的信贷担保物，同时部分业主诚信意识不够强，导致银行惜贷、慎贷、不贷。银行原因主要是地震灾害使部分中小银行机构受损，致使资本充足率不达标、银行存款下降、信贷资金缺口加大。

调研组提出解决融资难问题的建议：按照灾后重建总体规划“调整布局、优化结构、淘汰落后”的要求，分类提出近期需要给予扶持的灾区民营企业清单；中央财政在现有全国性中小企业扶持资金之外，在中央灾后恢复重建基金待安排资金中专门设立补助资金，用于政府引导组建担保基金，对担保机构提供风险补偿以及贷款贴息。

第三节 起草总体规划

规划组汇总整合灾区三省灾后重建总体规划，吸收国家有关部门与三省共同编制的相关专项规划的主要内容，广泛征求社会各界意见，最终形成了《汶川地震灾后恢复重建总体规划》。

一 起草过程

总体规划起草过程基本上可分为 3 个阶段。

第一阶段，2008 年 5 月 23 日至 7 月 20 日。此期，地方为主、部门指导，形成灾区三省重建规划。国家规划组主要通过 3 种形式指导三省规划编制：

一是会议指导。规划组第一次全会要求川、甘、陕三省按照《规划工作方案》确定的分工和任务要求，调配力量、明确责任、落实任务，做好省级总体规划编制工作；要求规划办对三省总体规划编制工作进行指导。5 月 29 日，规划办专家组在北京讨论四川省《总体规划纲要》，提出四川省规划工作要贯彻中央以人为本、科学重建、可持续发展、经得起历史检验的建议。

二是调研指导。5 月 22—25 日，国家《规划工作方案》起草小组在成都工作期间，向四川省传达了张平关于按照国务院抗震救灾总指挥部第 13 次会议精神做好规划编制工作的意见。31 日，四川省召开规划编制工作会议，规划办至川调研组在会议上阐明规划编制思路，建议四川省先要配合地震专家委做好灾害损失、规划范围以及资源环境承载能力的评估评价工作，以此为基础，分析判断灾区人口承载力，制定人口安置方向、城镇规模、乡镇布点、建设用地、公共服务配套设施等规划；强调总体规划与专项规划要做到思想统一、原则统一，专项规划思想、原则要更具针对性。6 月 6—8 日，规划办调研组至四川省指导规划编制工作，就规划编制过程中遇到的主要问题与省主要领导交换意见，提出解决办法。9 日，规划办调研组在成都与四川省发改委研究起草《总体规划大纲》期间，与该省领导沟通规划范围与灾损核实问题。10 日，规划办调研组赴甘、陕两省指导规划编制工作，两省负责规划编制的领导向调研组汇报了规划编制工作进展，以及需要解决的包括希望中央尽快明确规划范围、出台城镇居民住房重建有关政策、安排先期启动建设项目和资金等 5 个问题。调研组对两省下一步做好规划编制的衔接协调，包括省内各部门间的横向协调，以及与中央各部门的纵向协调提出具体意见和要求。

三是文件指导。7 月 9 日，规划组印发指导灾区省和有关部门规划编制工作的《关于灾后恢复重建规划编制中若干问题的意见》，内容涉及 9 个方面，主要有：总体规划和专项规划都要符合《汶川地震灾后恢复重建条例》确定的指导方针、编制原则、编制领域等要求；专项规划应当依据总体规划确定的指导思想和原则、重建目标、总体布局、主要任务、政策措施和建设时序进行编制；专项规划既是恢复重建工作的重要依据，也是灾区市、县编制实施规划的依据等。中旬，为指导规划汇总平衡工作，规划组印发《规划汇总工作说明》，进一步明确按照国务院抗震救灾总指挥部第 23 次会议精神确定的规划范围进行规划汇总平衡；灾区三省自主确定本省国家规划范围外的灾后恢复重建规划范围。24 日，发展改革委根据规划组 23 日总体规划衔接会精神，印发做好规划汇总工作补充通知，要求专项规划提出的重建任务必须分解落实到县，并明确专项规划属于重建性质的规划，未受损的项目、还历史欠账和新扩建项目等不属于恢复重建内容，不能纳入总体规划。

四川、甘肃、陕西三省在规划组指导下，根据《规划工作方案》和《规划大纲》的精神，研究起草各省灾后重建总体规划初稿。四川省 7 月 10—22 日后完成总体规划初稿起草、征求意见、专家论证和评估、修改完善、省政府审议、文本上报等工作。甘肃省灾后重建总体规划分为 44 个受灾县《总体规划纲要》和 8 个重灾县《总体规划纲要》，历经前期准备、规划起草、衔接评审 3 个阶段，7 月 13 日，全面完成《总体规划纲要》编制任务。陕西省 5 月 23 日启动规划编制工作，6 月 6 日印发《陕西省汶川地震受灾地区灾后重建规划编制工作方案》。7 月 14 日，陕西省抗震救灾指挥部召开第 11 次会议，要求纳入国家灾后重建范围的 4 个重灾县（区）重建规划要覆盖全面、做实做细。经前期准备、规划制订、反复衔接后，按时上报国家规划组陕西省 4 个重灾县（区）重建规划项目方案。

第二阶段，7 月 21 日至 8 月 11 日。此期，汇总整合、衔接平衡，形成总体规划公开征求意见稿。根据规划组第三次全会安排，7 月 17—20 日，规划办起草小组、政策小组、筹资小组会同甘、陕两省规划编制人员，汇总整合川、甘、陕三省的总体规划，形成《国家汶川地震灾后恢复重建总体规划（初稿）》（即第一稿）。汇总整合依据《汶川地震灾后恢复重建条例》《灾后恢复重建指导意见》、中央领导有关灾后重建指示精神和规划组领导有关规划汇总要求进行。整体上以四川省总体规划为基础，参考甘、陕两省的总体规划以及国家有关部门专项规划初稿的内容。

7 月 23—30 日，规划办起草小组根据总体规划衔接的讨论情况和有关部门提供的专项规划初稿，对总体规划进行修改补充，形成第二稿。30 日晚，张平主持会议，审议总体规划和向国务院的汇报稿；要求起草小组根据会议讨论意见继续修改总体规划，修改稿定于 8 月 4 日报国务院审查。

8 月 1—4 日，起草小组根据 7 月 30 日会议的要求，对总体规划进行修改，形成了提交规划组第四次全体会议审议的第三稿。4 日下午，规划组召开第四次全体会议，审议并原则通过《国家汶川地震灾后恢复重建总体规划（讨论稿）》。会后，起草小组充分研究吸纳各成员单位意见，进一步修改完善总体规划，形成提交国务院抗震救灾总指挥部第24次会议审查的第四稿。5日，温家宝主持召开总指挥部第24次会议，专题审议恢复重建总体规划，张平就总体规划的重大问题作了说明，杨伟民汇报总体规划的主要内容。会议原则通过总体规划，要求规划组按照会议提出的意见进一步修改后，以中英文两种文字公开征求国内外社会各界意见。7日，规划组召开规划有关成员单位参加的规划协调会，请各有关部门抓紧核对重建任务量等，使公开征求意见的总体规划数据更加准确。7—11日，起草小组根据总指挥部第24次会议审议意见和有关部门进一步核对的重建任务量，对总体规划稿进行修改，形成面向国内外公开征求意见的总体规划第五稿。11日，国务委员兼国务院秘书长马凯对总体规划文本中"重建分区"的提法提出修改意见，认为"不宜重建区"，尽管对其内涵作了界定，但群众对此仍易产生误解，甚至引起网民等不必要的炒作，建议改为"生态重建区"，温家宝同意马凯意见。

第三阶段，8月12日至9月19日。此期，征求意见、修改完善，审定发布总体规划。

征求意见形式多样。规划办根据总指挥部第24次会议的要求，8月12—24日开展《汶川地震灾后恢复重建总体规划》征求社会各界意见活动，并就征求意见的主体、方式、时间向社会发出公告。明确《汶川地震灾后恢复重建总体规划》中文版以新华社通稿形式在中央各主要媒体上刊发、英文版在各大网站上刊发。张平、穆虹分别组织召开专家座谈会和灾区省干部群众座谈会，直接听取专家和灾区省干部群众意见建议。将《汶川地震灾后恢复重建总体规划》征求意见稿送中科院、社科院、国务院发展研究中心等8家科研单位征求各领域专家意见建议；同时，征求联合国有关机构意见，并委托商务部征求有意向参与灾区重建的外国商务机构和外国企业的意见。规划办设立征求意见专用信箱和公布书面意见投寄地址，安排专人专职做好意见和建议的收集整理工作。（参见图20）

征求意见收到预期效果。征集有关单位建议意见累计190条，其中灾区省有91条（不含甘肃省），占总条数的47.9%；国务院有关部委46条，占总条数的24.2%；全国政协17条，占总条

图20　中科院专家在灾区实地勘察调研（选自汶川地震灾后恢复重建主题展览）

数的 8.9%；专家 19 条，占总条数的 10%；联合国 17 条，占总条数的 8.9%。建议意见主要涉及城乡住房建设、人口安置、基础设施、公共服务、资金安排和监管等。社会各界普遍认为，《汶川地震灾后恢复重建总体规划》是个理念先进、体现人民意愿、符合灾区实际和具有较强操作性的规划。社会各界所提意见除了希望把规划修改得更加科学合理外，比较集中的意见是反映加强重建资金使用的监管、完善城乡住房补贴政策、明确城镇是否搬迁和人口异地安置政策、加强生态保护、严格控制建材价格上涨和住房重建时间不搞“一刀切”等。

征求意见受到网民关注和热议。有关网站征求相关信息累计 30.83 万条，其中“谷歌搜索”26.4 万条、人民网 1.15 万条、腾讯网 3.28 万条。此外，收到国内外各界人士发来电子邮件 1200 多封（英文 120 封）、专栏留言 100 余篇、信件 40 余封，涉及意见和建议 1.05 万条。网络建议主体多为灾区省干部群众，还有关心恢复重建的专家、学者、人大代表、政协委员，参与抗震救灾和恢复重建的志愿者、工程技术人员、在校大学生、海外华人、华侨以及香港同胞等。

8 月 22—23 日，起草小组结合民政部、财政部等 12 家成员单位和专家组、灾区省等各方面的意见，按照“逐条分析，适当集中，能吸收的尽可能吸收”的原则，对总体规划（征求意见稿）笔削定稿，完成修改达 130 余处。主要有：将《国家汶川地震灾后恢复重建总体规划》标题，改为《汶川地震灾后恢复重建总体规划》；在规划基本原则中，增加“切实保护合法权益”“注重科技创新”“增进民族团结”以及“坚持市场化改革方向，解放思想、开拓创新，正确区分政府职责与市场作用”等内容。至此，总体规划第六稿形成。25 日，将第六稿印发灾区省征求意见；之后根据灾区省意见对第六稿 60 多处进行了修改完善，形成第七稿，即《汶川地震灾后恢复重建总体规划（送审稿）》。

8 月 27 日，温家宝在北京主持召开国务院第 24 次常务会议，穆虹代表规划组汇报《总体规划（送审稿）》修改情况：修改工作始终按照国务院抗震救灾总指挥部第 24 次会议要求，结合征求国内外社会各界意见情况，本着“能吸收的尽量吸收”的原则，对总体规划做了 190 多处修改，使总体规划的指导思想、基本原则、重建目标、重点任务和政策措施更加贴近实际、操作性更强。会议审议并原则通过了《汶川地震灾后恢复重建总体规划（送审稿）》。会议指出，发展改革委就《汶川地震灾后恢复重建总体规划》公开征求了国内外社会各界意见，并在充分吸收各方面意见和建议的基础上，对总体规划做了修改完善。会议指出，修改后的总体规划围绕用 3 年左右时间使灾区的基本生活条件和经济社会发展达到或超过灾前水平的重建目标，提出了灾后恢复重建的主要任务。规划明确了财政、税费、金融、土地、产业、对口支援、社会援助等方面的政策要求，对资金、项目和重要物资的监管等作出了具体规定。会议要求发展改革委结合此次常务会议精神，对《总体规划（送审稿）》做进一步修改完善后报国务院审定印发。

8 月 28 日至 9 月 5 日，起草小组根据国务院第 24 次常务会审议意见，对总体规划第七稿进行修改完善，形成第八稿。第八稿经张平、穆虹审定后，报国务院印发。其间，规划办召集有关人员修改完善总体规划附图、附表，使附表更好地反映出规划区 1271 个乡（镇）在 3 类重建区的比例，图集反映出重灾地区 51 个县（市、区）在 3 类重建分区的具体位置；使文本、附表、图集构成整体，体现总体规划是发展规划与空间规划相结合的一次尝试。9 月 12 日，规划组在北京召开第五次全会，向规划组成员单位负责人报告了国务院第 24 次常务会议审议通过总体规划的情况，并明确了报国务院发布时间。19 日，国务院发布实施《汶川地震灾后恢复重建总体规划》(见图 21)。

二　规划衔接与修改

规划衔接是确保规划科学性和可行性的重要环节。规划组办公室分别于 2008 年 6 月 23 日、7 月 23 日两次组织召开中央各部门规划衔接专题会议，研究部署衔接任务、规定衔接原则、明确衔接分工。发展改革委副主任、规划组办公室主任穆虹在 7 月 23 日规划衔接会议上提出：国家面临这么大的灾难，温家宝总理要求制定最好的重建规划，要鼓励创新，要保持开放心境，地方和部门间要充分交流，一定要吸收好的东西包括国外的经验，不要排斥，规划要实事求是，操作性要强，老百姓能看得懂。9 月 12 日，张平主持召开规划组第五次全会，要求必须做好规划 4 个方面衔接，即专项规划与总体规划在规划范围、主要目标和建设任务方面的衔接，各专项规划之间的衔接，专项规划与中央重建基金的衔接，专项规划与地方实施规划的衔接；明确专项规划由灾后重建规划组负责审定，由发展改革委会同相关牵头部门联合发布。9 月中旬至 11 月，在规划组办公室的统筹和指导下，专项规划衔接修改分两批进行，发展改革委基础产业司、社会发展司、产业协调司与有关部门共同修改公共服务设施、基础设施、产业调整 3 个专项规划；规划组办公室起草小组费志荣负责联系组织相关部门共同衔接修改城镇体系、防灾减灾、市场服务等 7 个专项规划。专项规划衔接修改与总体规划指导思想、基本原则、重建分区等不一致的内容；调整解决各专项规划之间相互交叉的内容；核实专项规划中超出总体规划有关要求的建设项目；调整专项规划提出的政策措施与总体规划不一致的内容；统一总体规划和专项规划的体例、统一使用灾损数据、统一任务量、统一项目深度①、统一规划期等。

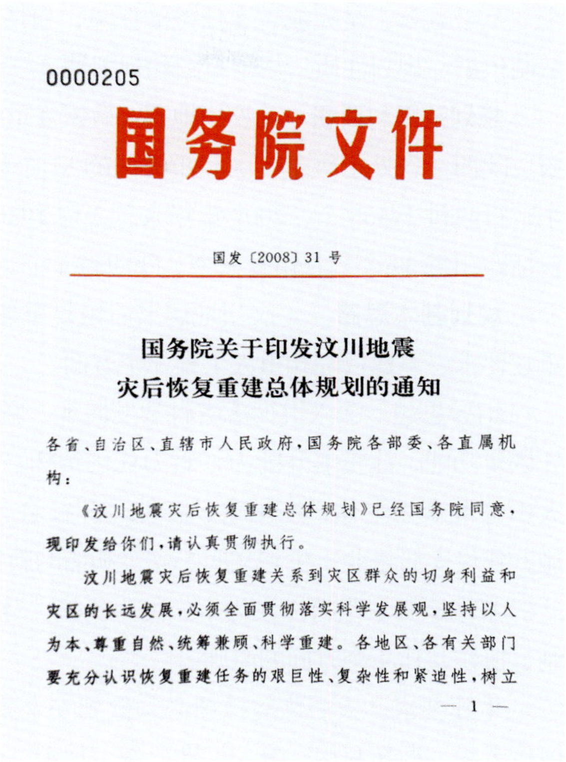
0000205

国务院文件

国发〔2008〕31 号

国务院关于印发汶川地震
灾后恢复重建总体规划的通知

各省、自治区、直辖市人民政府，国务院各部委、各直属机构：

《汶川地震灾后恢复重建总体规划》已经国务院同意，现印发给你们，请认真贯彻执行。

汶川地震灾后恢复重建关系到灾区群众的切身利益和灾区的长远发展，必须全面贯彻落实科学发展观，坚持以人为本、尊重自然、统筹兼顾、科学重建。各地区、各有关部门要充分认识恢复重建任务的艰巨性、复杂性和紧迫性，树立

— 1 —

图 21　2008 年 9 月 19 日国务院印发的《汶川地震灾后恢复重建总体规划》扉页

三　总体规划主要内容

《汶川地震灾后恢复重建总体规划》文本除前言外，分 15 章、57 节，约 2.5 万字。第一至三章，主要是重建基础、指导思想和原则、总体布局；第四至十二章，是恢复重建的主要任务；第

① 项目深度是指项目名称、建设内容、资金来源等。

十三至十五章，是完成重建任务的保障，包括政策措施、重建资金、规划实施。前言主要阐述了编制依据、规划性质、规划范围和规划期。

规划范围和面积　《汶川地震灾后恢复重建总体规划》指出："本规划的规划范围为四川、甘肃、陕西3省处于极重灾区和重灾区的51个县（市、区），总面积132596平方公里，乡镇1271个，行政村14565个，2007年年末总人口1986.7万人。"列入规划的灾后恢复重建县（市、区），包括四川省39个、甘肃省8个、陕西省4个。

规划基本思路　《汶川地震灾后恢复重建总体规划》基本思路，包括指导思想、基本原则、重建要求、重建目标和重大工程5个方面。

指导思想。深入贯彻落实科学发展观，坚持以人为本，尊重自然，着眼长远，科学重建。优先恢复功能，注重提升能力，着力优化结构。自力更生，艰苦奋斗，以灾区各级政府为主导、广大干部群众为主体，在国家、各地区和社会各界的大力支持下，精心规划、精心组织、精心实施，建设安居乐业、生态文明、安全和谐的新家园。

基本原则。坚持以人为本、民生优先，尊重自然、科学布局，统筹兼顾、协调发展，创新机制、协作共建4个方面的原则。

重建要求。灾后恢复重建必须做到安全第一、保证质量、符合定位、保护耕地、节能环保、厉行节约、循环利用、统一标准、统一规划、保护文化、保护生态等。

重建目标。用三年左右时间完成灾后恢复重建的主要任务，灾区的基本生活条件和经济发展水平达到或超过灾前水平，努力建设安居乐业、生态文明、安全和谐的新家园，为灾区经济社会可持续发展和全面建设小康社会奠定坚实基础。用老百姓看得懂的语言对具体目标加以概括，提出了家家有房住、户户有就业、人人有保障、基础设施有提高、经济社会有发展、生态环境有改善等6个方面目标。

根据科学重建的理念，以人为本的要求，考虑到恢复重建规划的性质，在重建任务中提炼了10个方面的重大工程，以鼓舞群众，坚定信心，也有利于在国外树立良好的形象。主要是：基础教育振兴、就业援助、羌族文化抢救、生命线公路网、循环经济产业集聚区、重振旅游、三江上游生态修复、心理康复、中国汶川国家公园、地震遗址和抗震救灾纪念工程。

规划空间布局　《汶川地震灾后恢复重建总体规划》空间布局，包括重建分区、城乡布局、人口分布、产业布局、用地安排5个方面。其中，根据中科院组织有关部门进行的资源环境承载能力综合评价的结论，从国土开发强度、人口集聚规模、产业发展类型的角度，将规划区划分为适宜重建、适度重建、生态重建3种类型。明确了3类重建区的空间分布、功能定位和发展方向。

规划灾后重建主要任务　《汶川地震灾后恢复重建总体规划》明确灾后重建主要任务，包括城乡住房、城镇建设、农村建设、公共服务、基础设施、产业重建、防灾减灾、生态修复等10个方面内容，并提出了灾后重建的具体任务和要求。

第二章　专项规划

第一节　城乡住房建设规划

一　规划编制过程

根据《规划工作方案》分工，《城乡住房建设专项规划》由住房城乡建设部、民政部与四川、甘肃、陕西三省政府共同编制。规划任务主要是提出城镇、农村住房的规模、标准和资金筹集方案等。城乡住房直接关系灾区群众利益，国务院要求该专项规划编制要比其他专项规划提前一个月完成。住房城乡建设部、民政部根据分工，会同灾区三省分别拟制完成农村居民住房重建方案、城镇居民住房重建方案后，由住房城乡建设部汇总整合形成《城乡住房建设专项规划》文本。

住房城乡建设部牵头负责《城乡住房建设专项规划》编制工作。按照部党组安排，由副部长齐骥分管，成立规划编制组，住宅和房地产业司（现为房地产市场监管司）、村镇建设办公室（现为村镇建设司）具体负责，制定工作方案。规划编制组从中国城市规划设计研究院、住宅产业化促进中心等多家科研单位、院校抽调 100 多名专业技术人员，组成 3 个小组，到成都、德阳、绵阳、广元、雅安、阿坝 6 个市（州）22 个县（市、区），进行灾损基础数据调查整理。四川省建设厅从重庆、武汉、杭州、广州、成都等地借调 138 名业务能力强、身体素质好的房屋安全鉴定专业技术人员，紧急奔赴德阳、绵阳、广元等地开展房屋安全鉴定工作，为城镇体系、城乡住房规划编制提供技术依据。住房城乡建设部从中国建筑科学研究院工程抗震所和北京市建筑设计研究院抽调专家，对震区自来水厂、医院、广播电视、通信、宾馆饭店和沿街店铺等公共建筑进行全面、拉网式的应急评估。在大量调研基础上，初步摸清城镇、农村居民住房受损情况。根据调研成果，专家组提出住宅重建标准建议，编制完成包括受损住宅分级评价标准、结构加固标准、建筑工程抗震设防分类标准等。

规划工作开展后，民政部成立规划工作组负责规划编制工作的组织和协调。部长李学举、副部长罗平飞等部领导多次到灾区开展农房调研，为农房规划编制提出指导意见；安排4批调研组50多人次前往什邡市洛水镇、红白镇等7个中心村，通过召开农民座谈会、问卷调查和实地勘察等方式，开展农房灾情调查，分别提出损毁农房重建方案和24种不同户型的农房设计方案；根据国务院常务会议精神，与财政部、住房城乡建设部联合下发《关于做好汶川地震房屋倒损农户住房重建工作指导意见》，对农房重建原则、规划制定、选址设计、资金筹集和管理等提出指导意见；安排灾区三省加快倒塌、损坏农房的全面排查和鉴定工作，摸清恢复重建和维修加固农房的底数，指导、协调三省在摸清农房灾损的基础上，分别制定农房重建规划；汇总整合三省农房重建方案，形成三省农房重建规划初稿报住房城乡建设部汇总。民政部《农房重建规划》明确三省农村倒房户、危房户388.5万户，损房户413.7万户；提出农房重建以农户自建为主，政府予以补助，初步考虑通过中央和地方财政安排、对口支援、社会捐赠等筹资方式对倒房户、危房户、损房户酌情补助。

《城乡住房建设专项规划》的起草，严格按照国务院《汶川地震灾后恢复重建条例》《关于做好汶川地震灾后恢复重建工作的指导意见》和《关于支持地震灾后恢复重建政策措施的意见》进行，从指导思想、基本原则、目标任务、政策安排等环节体现以人为本的思想。一是汇总整合灾区三省规划，形成住房规划基础稿；二是汇总整合规划设计、结构工程、抗震加固、建筑材料等专家组的调研成果，明确城乡住房新建和加固标准；三是根据专家组关于灾区住房建设造价情况、灾区群众重建意愿和需求情况的调研成果，科学测算城镇、农村住房重建和加固所需资金规模以及筹资方案等。规划编制组按照灾区群众意愿，汇总各领域专家调研成果，通过分析研究数据，吸收借鉴国外经验，于2008年6月25日形成城乡住房建设规划初稿。

7月3日，住房城乡建设部副部长仇保兴主持召开部务会，专题听取城乡住房建设规划编制工作汇报。13日，编制组根据发展改革委《关于规划编制中若干问题的意见》和《关于规划范围的意见》两个文件精神，重新统计房屋毁损数量、重新计算房屋经济损失，同时将民政部《农房重建规划》内容纳入《城乡住房建设专项规划》，形成征求意见稿。18日，住房城乡建设部总工程师王铁宏主持召开有40多人参加的《城乡住房建设专项规划》专家评审会，与会人员肯定该专项规划任务明确，目标可行；同时，提出修改意见。19日，修改后的《城乡住房建设专项规划》正式报送国务院抗震救灾总指挥部灾后重建规划组审查。

9月中旬，编制组按照总指挥部灾后重建规划组第五次全会提出的做好专项规划衔接工作的要求，就规划范围、规划目标、主要任务进行检查和衔接，同时细化落实了重建任务量、资金筹集的具体措施等。20日，《城乡住房建设专项规划》通过国家规划组办公室的审查。10月6日，发展改革委、住房城乡建设部、民政部联合印发《汶川地震灾后恢复重建城乡住房建设专项规划》，成为首个发布实施的灾后重建专项规划。

二　规划主要内容

《城乡住房建设专项规划》共有7个方面内容，包括住房灾损情况、总体要求、主要任务、建设要求和标准、资金需求和筹措、政策措施、规划实施等。

城乡住房建设的总体目标 规划指出："两年内基本完成农村住房恢复重建工作，三年内基本完成城镇住房恢复重建工作，让灾区群众早日住上安全、经济、省地的住房，实现家家有住房，使城乡居民的住房安全性能明显加强、配套设施明显提高、居住环境明显改善。"

城乡住房建设的主要任务 城乡住房建设任务包括重建分类、建设规模和年度任务安排。

重建分类。按照《建筑地震破坏等级划分标准》的规定对损坏住房进行鉴定分类，对被鉴定为"倒塌"和"严重破坏"的住房，在原址或异址新建；对被鉴定为"中等破坏"的住房，进行加固；对中等破坏以下的住房，由房屋所有权人或使用人自行维修。

建设规模。川、甘、陕三省重灾地区 51 个县（市、区）城乡共新建住房 290.92 万套，包括四川省 259.9 万套、甘肃省 25.83 万套、陕西省 5.19 万套。其中，新建城镇住房约 72.03 万套、加固住房 4712.99 万平方米；新建农村住房约 218.87 万套、加固住房 168.4 万户。

年度任务。第一年度：城镇住房，完成加固住房总量的 80%，新建住房完成投资总量的 30%；农村住房，基本完成加固住房工作，60% 的农户损毁住房得到恢复重建，基本解决受灾农民安全过冬住房问题。第二年度：城镇住房，基本完成加固住房工作，新建住房累计完成投资总量的 70%；基本完成农村住房恢复重建工作。第三年度：基本完成城镇住房恢复重建工作。

住房建设要求和标准 规划对新建住房提出 10 条要求和标准，主要有坚持原址重建为主、避开断裂带和地质灾害区域、注意节约土地、提高房屋抗震设防标准以及建筑材料须符合国家有关标准等。规划对加固住房提出了 5 条标准，主要有鼓励房屋所有权人加固受损住房、政府对住房加固提供技术方案、保护传统民居、选用加固材料应符合国家有关标准等。

城乡住房建设总投资、资金筹措 规划指出，城乡住房建设资金总需求为 2730 亿元（四川省 2485 亿元、甘肃省 196 亿元、陕西省 49 亿元），主要通过灾区群众自筹、政府投入、对口支援、社会捐赠、市场运作等方式多渠道筹集资金。其中，关于城镇住房重建，中央财政和地方政府采取对项目投资补助、居民个人补助等方式给予支持，加固住房给予适当补助；关于农村住房重建，中央财政和地方政府给予住房补助。

住房重建实施措施 规划明确城镇住房重建由政府统一组织，抓紧修复和加固破损住房，抓紧建设廉租房、经济适用房和普通商品住房，满足受灾城镇居民多层次需求；农村住房重建以农民自建为主，各级政府在选址、规划设计、施工技术等方面进行指导。

第二节 城镇体系规划

一 规划编制过程

根据《规划工作方案》安排，《城镇体系专项规划》由住房城乡建设部会同四川、甘肃、陕

图 22　2008 年 7 月 23 日，住房城乡建设部负责人在青川调研

（住房城乡建设部　提供）

西三省共同编制。住房城乡建设部规划司组织中国城市规划设计研究院、四川省城乡规划院，与甘肃省、陕西省城乡规划院组成编制工作组，在灾区现场完成了规划编制工作。（参见图 22）规划任务主要是提出城镇布局、人口和用地规模、公用设施建设方案等。

规划编制工作主要做法：一是明确任务，提出要求。震后第 10 天，住房城乡建设部副部长仇保兴主持召开部科技委员会委员会议，专题研究如何完成本部门牵头的《城镇体系专项规划》《城乡住房建设专项规划》《农村建设专项规划》3 个专项规划的编制任务。工程院院士周干峙、邹德慈等出席会议。会议强调，城镇体系规划要按照实事求是、立足当前、兼顾长远的要求，合理利用现有市政基础设施和公共服务设施，从规划上防止不切实际的政绩工程和形象工程；在优先规划受灾群众基本生活设施和公共服务设施恢复重建的基础上，考虑推进城镇功能的完善和产业结构的优化升级；注重规划与保护历史文化遗产、自然遗产、民族传统和风俗文化相协调；坚持体现地域和民族特色，与建设资源节约型、环境友好型城镇和推进城镇节能减排工作相结合。二是实地调研城镇体系规划编制基础数据，住房城乡建设部动员中国城市规划设计研究院、清华大学、同济大学等科研教学单位组成工作组，分赴重灾地区进行实地调查，收集基础数据，确保城镇体系规划的原则、技术路线和内容既符合设计要求又符合灾区实际。三是建立多方合作模式开展工作，城镇体系规划编制工作采取“规划工作组 + 地方政府 + 规划设计单位”合作的模式进行。规划工作组负责组织、协调和规划技术审查工作。地方政府规划建设局局长担任联络员，十几个规划设计院参与编制工作。四是编制工作按照内外结合、上下联动方式进行，采取野外调研与室内作业相结合、上下联动、三级工作组互动协调方式推进工作。国家与省级、地级、县级三级城镇体系规划，依据《中华人民共和国城乡规划法》《中华人民共和国防震减灾法》《汶川地震灾后恢复重建条例》《国务院关于做好汶川地震灾后恢复重建工作的指导意见》和《汶川地震灾后恢复重建总体规划》，同步编制、互动进行。五是发挥相关领域专家作用，住房城乡建设部邀请交通、建筑、环保以及文化、社会、经济学专家，从多学科、多领域、多视角对规划提出意见和建议，参与规划评估、论证、审查和修订工作，确保城镇体系规划的科学性、严肃性，避免规划设计失误。2008 年 10 月 28 日，发展改革委、住房城乡建设部正式印发《汶川地震灾后恢复重建城镇体系专项规划》。

二　规划主要内容

《城镇体系专项规划》共 11 章，包括总则、指导思想、总体布局、城镇住房恢复重建、城镇公共服务设施恢复重建、城镇市政公用基础设施恢复重建、历史文化名镇名村保护、风景名胜区恢复重建、城镇地质灾害治理与综合防灾体系建设、资金需求与筹措和规划实施。

城镇体系建设目标 规划指出："用三年左右时间完成城镇恢复重建的主要任务，城镇布局得到优化，功能得到恢复和提高，防灾减灾能力得到加强，人居环境得到改善，主要公共服务设施和基础设施达到或超过灾前水平。"

城镇体系总体布局 规划提出5条要求，包括以就地恢复重建为主，尽量利用原有建设用地和基础设施，提高恢复重建的效率和效益；避开地质灾害易发地段，满足水源及交通、市政工程等建设条件的要求，符合自然、人文和社会经济资源条件；适宜重建区的资源环境承载能力较强，灾害风险较小，区内城镇是灾区产业和人口转移的重点承接地，可适当扩大用地规模；适度重建区的资源环境承载能力较弱、灾害风险较大，区内城镇应以原地重建为主，控制城镇规模；生态重建区的资源环境承载能力很低、灾害风险很大，应调整区内城镇布局，限制或缩减城镇规模，受到极重破坏、通过工程措施无法原地恢复重建的城镇，应异地新建。

城镇恢复重建类型 规划指出，城镇恢复重建类型包括"重点扩大规模重建城镇、适度扩大规模重建城镇、原地调整功能重建城镇、原地缩减规模重建城镇和异地新建城镇"5类。其中，重点扩大规模重建城镇17个、适度扩大规模重建城镇16个、原地调整功能重建城镇11个、原地缩减规模重建城镇和异地新建城镇4个。

城镇人口与用地规模 规划对城镇人口规模、城镇重建用地标准、用地规模作出规定。其中，规划区城镇人口规模预计达到800万～850万人（城市或县城人口550万～580万人，建制镇人口规模为250万～270万人）。大中城市人均建设用地应控制在90～100平方米、小城镇人均建设用地应控制在100～120平方米；规划区内城镇建设用地规模约为840～890平方公里。

城镇体系建设主要任务 规划指出，恢复重建城镇571个，包括恢复重建50万～100万人的区域次中心城市2个、20万～50万人的市域中心城市1个（广元城区）、20万～50万人的中等城市5个、10万～20万人小城市（镇）10个、10万人的小城市（镇）30个、5万人的小城镇148个、2万人的小城镇375个。恢复重建规划区内有2座国家级历史名城、10座省级历史文化名城及2座国家级历史文化名镇、10座省级历史文化名镇（村）。

修建城镇道路4057公里（修复2548公里、新建1509公里）、桥梁851座（修复728座、新建123座）、公交场站657处（修复450处、新建207处）。恢复重建供水设施规模，四川省284.6万立方米/日、甘肃省18.9万立方米/日、陕西省19.3万立方米/日；恢复重建污水处理能力，四川省178.7万立方米/日、甘肃省10.8万立方米/日、陕西省11.3万立方米/日；恢复重建110千伏变电站，四川省117座、甘肃省11座、陕西省9座；恢复重建电信局，四川省54座、甘肃省8座、陕西省5座；恢复重建燃气站，四川省213座、甘肃省2座、陕西省3座；恢复重建热源厂，其中四川省213座、甘肃省7座、陕西省3座；恢复重建垃圾处理能力，四川省7234吨/日、甘肃省615吨/日、陕西省1217吨/日。

城镇体系建设资金需求 规划指出，城镇体系规划投资为973.2亿元，主要通过政府投入、对口支援、社会募集、国内银行贷款、国外优惠紧急贷款、创新融资等方式筹集。

第三节　农村建设规划

一　规划编制过程

根据《规划工作方案》安排,《农村建设专项规划》由住房城乡建设部、农业部、交通部、国务院扶贫办会同川、甘、陕三省共同编制。规划任务主要是提出灾区农村居民点布局和规模,农村道路、供水供电、污水垃圾处理等生活设施的建设方案以及农业生产设施重建方案。

编制规划主要做法:一是成立规划编制综合组,拟订规划编制工作方案,明确参编单位相关责任;提出规划的指导思想、主要内容等。二是组织力量开展规划编制基础数据和农民恢复重建意愿调研。一方面通过查阅已有的资料、深入灾区抽样调查、召开灾区基层政府座谈会征求意见、走访临时居民安置点直接听取灾区群众想法等方法,理清规划思路、明确规划框架;另一方面组织动员中科院生态环境研究中心、山东农业大学、山东科技大学、苏州科技大学等科研单位,分赴绵阳市和都江堰市、小金县、什邡市等重灾市、县开展农民重建意愿典型调查,确保规划的指导思想、基本原则和任务内容符合农民意愿和农村实际。在调研信息基础上,组织专业力量编写印发农房重建技术导则、农村民宅抗震构造图、农民自建房屋设计图集等,对农村住房建设实行技术指导。(参见图 23)三是按照事先协调好的规划框架整合灾区三省、部门行业规划内容,形成农村建设专项规划征求意见稿。四是建立重大问题多部门会商机制。2008 年 7 月 4—12 日,住房城乡建设部会同农业部等五部委在成都召开农村建设专项规划会商协调会,分别协调灾区三省农村建设规划编制重点、内容、深度和进度,制定拟撤并搬迁乡镇规范程序、原则和要求。协调会强调,在提出政策建议时,要注意保护农民利益、稳定农村产权关系、减轻农民负担等。五是发挥相关部门专家作用,广泛征求部门意见。由住房城乡建设部牵头,邀请农业部、交通运输部、国务

图 23　规划重建的绵阳市游仙区街子乡岳家博爱新村

（中国红十字会　提供）

院扶贫办、环境保护部等部委专家，对规划提出意见和建议，并全程参与规划的编制、评估、论证、审查和修订工作；主动征求教育、水利、商务、林业等部门意见，增补、调整、修订规划内容。9 月 20 日，住房城乡建设部将规划初稿报送国务院抗震救灾总指挥部灾后重建规划组办公室审查。10 月 7 日，根据规划组第五次全会关于做好专项规划“四个衔接”的要求，住房城乡建设部规划编制人员对农村建设专项规划进行最后修改；28 日，发展改革委、住房城乡建设部、农业部、交通运输部、国务院扶贫办联合印发《汶川地震灾后恢复重建农村建设专项规划》。

《农村建设专项规划》在 2009 年度中国城市规划协会组织的优秀规划设计评选中，荣获特别贡献奖。

二　规划主要内容

《农村建设专项规划》共 8 个部分，包括农村灾损情况、农村建设总体要求、农村居民点、农村基础设施、农业生产设施、贫困村恢复重建，以及资金需求和筹措。

灾区农村恢复重建的总体目标　规划指出：“用三年左右的时间，完成农村恢复重建的主要任务。农业生产设施和农村基础设施明显改善，农业综合生产能力、农业科技支撑能力、农村公共服务能力基本达到或超过灾前水平，贫困村生活生产条件改善，为实现国家农村扶贫开发目标奠定坚实基础。”

农村居民点恢复重建　规划指出，农村居民点恢复重建应坚持因地制宜、分类指导，以就地重建为主，异地新建为辅。就地重建指在本行政村范围内恢复重建，包括原址恢复重建、村组内相对集中两种形式。异地新建指在原行政村范围外选址建设，在充分考虑资源环境承载能力的基础上，优先就近布局。位于适宜重建区的村庄应就地恢复重建，并相对集中布局。位于适度重建区的村庄应以就地重建为主，有条件的可适度相对集中。位于生态重建区的村庄，通过工程措施可以避让灾害风险的，可在控制规模的前提下就地重建；灾害风险大或耕地灭失且无法恢复的应异地新建。

规划明确，恢复重建农村居民点 12005 个，包括四川省 9896 个、甘肃省 1602 个、陕西省 507 个。其中，原址恢复重建村庄 9712 个（四川省 7699 个、甘肃省 1538 个、陕西省 475 个），人口规模 1051.26 万人、302.84 万户；村组内相对集中重建村庄 1939 个（四川省 1897 个、甘肃省 42 个），人口规模 242.93 万人、74.02 万户；异地新建村庄 354 个（四川省 300 个、甘肃省 22 个、陕西省 32 个），人口规模 34.62 万人、10.37 万户。

规划明确，“农民宅基地及村内道路等配套设施用地规模总量为 12.73 万公顷”，“坚持集约利用、安置优先、适度倾斜的用地原则。建设用地按现状水平严格控制，原则上不得新增；异地新建村庄的建设用地标准也要从严把握。农民自建住房严格执行‘一户一宅’政策，宅基地面积标准分别按照三省的有关规定执行”。

农村建设主要任务　恢复重建农村公路 4 万公里（新建 0.9 万公里、恢复重建 3.1 万公里），恢复重建县乡两级公路客运站 412 个（县级 49 个、乡级 363 个）；恢复重建农村道路 3.99 万公里、桥涵 4.15 万座；恢复重建集中供水点 0.62 万处、分散供水点 27.51 万处；修复重建排水沟渠 0.9 万公里。

恢复重建受损农田 10.05 万公顷；恢复重建大棚 2880 万平方米；修复重建畜禽圈舍 2211 万平方米；修复重建 1.23 万公顷养殖池塘；修复重建 79 个农作物良种繁育场（站）、重建畜禽良种繁育场 141 个；恢复重建农业技术综合服务站（中心）1327 个；修复重建 37 个国有农场业务用房等 13.72 万平方米等。

支持 4834 个贫困村恢复重建村内生产生活基础设施，包括入户道路、入户供电设施、农户小型饮水设施、清洁能源和耕地恢复；支持 2408 个村建立村级互助资金，为 56.49 万个贫困户提供生产启动资金；为 40 万个贫困户提供实用农业技术培训和其他培训；支持 24 万个贫困农户实施“五改三建”（改居、改厨、改厕、改水、改路，建池、建园、建家）。

农村建设资金需求和筹资措施 规划指出，完成农村建设任务约需 970 亿元。主要通过政府投入、对口支援、社会募集、国外优惠紧急贷款、地方自筹等方式筹集。

第四节 公共服务设施建设规划

一 规划编制过程

根据《规划工作方案》安排，《公共服务设施建设专项规划》由教育部、卫生部、文化部、国家民委、广电总局、体育总局、民政部、人力资源社会保障部、文物局、发展改革委与灾区三省共同编制。规划任务主要是提出教育、卫生、文化、广电、体育、社会福利、就业保障、基层政权等恢复重建的具体方案。

编制规划方法：一是成立规划工作领导小组，提出规划工作方案。为了有序开展规划编制工作，各单位下发本行业《规划工作方案》，对规划指导思想、基本原则、目标任务和工作时限作出规定，使规划编制工作有章可循、目的明确。二是重视规划基础研究，确保内容科学性。各参编单位相继组织专家赴灾区三省开展本行业规划有关数据和情况调研，评估灾损，勘察灾情，查阅数字，考证资料，目的是使规划科学严谨。三是部门积极帮助、指导灾区三省起草规划初稿。各部门向灾区三省印发规划大纲，明确规划原则、任务目标和框架结构，组织召开三省协调会，分别协调任务、平衡资金、调整内容。四是发挥相关专家作用，各单位结合本行业规划特点，动员组织规划设计、结构、防震、环保以及社会、国情、文化等领域专家，对规划提出意见和建议，并全程参与规划编制工作。各参编单位提交规划中间成果后，发展改革委有关司局以部门行业规划为基础，进行内容汇总整合，正式形成《公共服务设施建设专项规划》初稿，提交规划办审查。2008 年 10 月 15 日，发展改革委、教育部、民政部、人力资源社会保障部、文化部、卫生部、人口计生委、广电总局、新闻出版总署、体育总局、文物局联合印发《汶川地震灾后恢复重建公共服务设施建设专项规划》。

二　规划主要内容

《公共服务设施建设专项规划》由 5 个部分内容组成，包括灾害损失、指导思想和基本原则、规划目标和实施进度、主要任务和投资估算、组织实施等。

指导思想和基本原则　规划提出："优先恢复重建教育、卫生等与民生紧密相关的公共服务领域基础设施，统筹并有序地恢复完善社会福利、就业和社会保障、广播影视、基层政权等公共服务设施，在规划期内恢复并逐步健全服务体系，恢复并逐步完善服务功能，保障并强化服务手段，针对灾区特点创新服务模式，保持社会稳定，推动经济社会恢复正常运行。坚持自力更生、艰苦奋斗，以灾区各级政府为主导、广大干部群众为主体，在国家、各地区和社会各界的大力支持，精心规划、精心组织、精心实施，又快又好地重建公共服务基础设施。"

公共服务设施建设总体目标　规划明确："用三年左右时间基本完成公共服务设施恢复重建的主要任务，保证人人享有基本的公共服务，公共服务设施条件、灾区群众享有的公共服务数量和质量高于灾前水平。"在总体目标后提出了包括教育、医疗卫生、计划生育、文化、文物保护等 11 个分项目标。

公共服务设施建设主要任务　教育设施建设主要任务是，川、甘、陕三省重灾地区 51 个县（市、区）恢复重建各级各类学校 4748 所。其中，义务教育学校 4135 所、普通高中 143 所、高等学校 24 所、中等职业学校（不包括技工学校）159 所、特殊教育学校 23 所、幼儿园 264 所，覆盖 333 万学生。（参见图 24）

图 24　2009 年 12 月 16 日教育部负责人在安县秀水镇第二小学调研重建工作

（教育部　提供）

医疗卫生设施建设主要任务是，重建和维修加固业务用房项目计1671个，其中综合医院建设项目90个、中医院建设项目51个、专科医院建设项目28个、乡镇卫生院建设项目1263个、妇幼保健机构建设项目52个、疾病预防控制机构建设项目63个、卫生监督建设项目50个、药品检验机构建设项目7个、其他医疗机构建设项目67个。（参见图25）

图25　2008年12月27日，卫生部负责人在安县实地考察调研灾后重建工作

（卫生部　提供）

计划生育设施建设主要任务是，重建加固县计划生育服务机构计1025个（新建816个、加固209个）。其中，重建和维修加固县计划生育服务机构66个（重建58个、加固8个）；重建和加固中心乡镇计划生育服务站348个（新建278个、加固70个）；重建和加固普通乡镇计划生育服务站611个（新建480个、维修加固131个）。

文化设施建设主要任务是，恢复重建公共文化设施1442个，其中文化馆54个、图书馆52个、剧场27个、剧团22个、文化站1177个、非物质文化遗产保护的各类博物馆38个、非物质文化遗产传习所72个。

文物保护设施建设主要任务是，加固和修复不可移动文物受损项目190处，其中四川省153处，包括世界遗产4处、“国保”单位35处、“省保”单位101处、“市（州）保”及“县保”① 单位13处；甘肃省30处，包括“国保”单位1处、“省保”单位10处、“市（州）保”及“县保”单位19处；陕西省7处，包括“国保”单位2处、“省保”单位4处、“县保”单位1处。可移动文物抢救保护3473件，其中四川省2731件、甘肃省531件、陕西省211件。修复受损博物馆28座，其中四川省17座、甘肃省8座、陕西省3座。羌族物质文化遗产（村寨）保护23处。文物业务用房32处。

① “国保”为全国重点文物保护单位，“省保”为省级重点文物保护单位，“市（州）保”为市（州）级重点文物保护单位，“县保”为县级重点文物保护单位。

新闻出版设施建设主要任务是，恢复重建党报党刊出版机构 4 个、党报党刊出版设备 451 台套；恢复重建新华书店 1146 处；恢复重建农家书屋 979 个；恢复重建县城乡镇公共阅报栏 2835 个等。

广播影视设施建设主要任务是，重建、维修加固 51 个广播电视台业务用房 22.28 万平方米，更新设备 2.01 万台（套、件）；90 座广播电视无线发射、监测台站设施设备，包括重建、维修加固等业务用房 38.66 万平方米等。

体育设施建设主要任务是，恢复重建体育设施 74.51 万平方米；加固体育场 20.65 万平方米；加固体育馆 5.35 万平方米等。

社会福利设施建设主要任务是，改扩建孤儿职业技术学校 1 所；重建（扩建）社会福利院 56 家；重建（修缮）敬老院 475 家、救助管理站 43 个、殡仪馆 35 家、光荣院和优抚医院 14 家等。

就业和社会保障设施建设主要任务是，恢复重建县区就业和社保综合服务中心 51 个，总面积 37.2 万平方米；恢复重建街道、社区两级基层劳动保障工作平台场所 1855 个，总面积 22 万平方米；根据人力资源社会保障部 2012 年 10 月提供的就业和社会保障恢复重建项目数，还包括恢复重建技工学校 60 所，总面积 111 万平方米；恢复重建就业和社会保障公共服务信息系统，包括 3 个省级数据容灾备份中心、10 个市州数据中心。

基层政权设施建设主要任务是，恢复重建基层政权业务用房 1378.8 万平方米；恢复重建党政机关房屋 563.6 万平方米；恢复重建政法系统房屋 279.4 万平方米；恢复重建部队房屋 53.4 万平方米等。

公共服务设施建设投资估算　估算总投资 1200 亿元。其中，修复加固估算投资 137.5 亿元，重建估算投资 920.4 亿元，购置设施设备估算投资 142.1 亿元。

第五节　基础设施规划

一　规划编制过程

根据《规划工作方案》安排，由交通运输部、铁道部、工业和信息化部、水利部、民航总局、邮政局、能源局与灾区三省共同编制《基础设施专项规划》。规划任务主要是提出交通、通信、能源和水利等基础设施灾后重建方案。各成员单位分别提出公路、铁路、民航、通信、能源、水利等行业灾后重建规划后，由发展改革委基础产业司负责汇总整合行业规划内容，形成《基础设施专项规划》文本。

规划工作启动后，交通运输部成立以副部长翁孟勇为组长的规划组（参见图 26），按 3 个阶段完成公路恢复重建规划编制任务：第一阶段安排两批专家开展规划基础调研；第二阶段明确公路重建规划总体思路，包括指导思想、基本原则、规划任务和投资规模等；第三阶段分别与四川、甘肃、陕西三省交通厅就规划范围、任务项目、筹资措施等方案交换意见，汇总整合灾区三

图 26　2008 年 8 月 27 日，交通运输部负责人在灾区进行规划调研

（交通运输部　提供）

省规划内容，形成国家灾后公路重建规划初稿并报发展改革委。

铁道部成立以副部长陆东福为组长，总调度长、总经济师、总工程师、副总工程师和部内计划、财务、建设等部门负责人为成员的灾后铁路重建规划组，拟订既有线恢复重建工作方案，提出复旧加固及改造、重建或废弃建议，编制灾后复旧重建计划等。同时，检查督促成都、西安、兰州 3 个铁路局完成各自管辖段铁路干线和铁路支线灾损调查评估任务，并形成重建规划初稿，分别上报铁道部。2008 年 7 月 2—26 日，铁道部发展计划司以灾区铁路局上报的规划内容为基础，依次完成灾后铁路重建规划初稿起草、审查、评估、修改、报送等任务。9 月 23 日，灾区铁路重建内容分别纳入《汶川地震灾后恢复重建总体规划》和《基础设施建设专项规划》。

根据民航局规划领导小组安排，民航恢复重建按照“自查、评估、规划、报批、实施、验收”等 6 个步骤进行。6 月下旬至 7 月上旬，灾区民航各单位先后完成规划工作方案拟订、规划文本编制和初稿修改上报等任务。7 月中旬，民航局汇总整合各民航单位重建规划内容，形成《民航地震灾后恢复重建规划》初稿。8 月初，经修改完善，《民航地震灾后恢复重建规划》正式形成征求意见稿，并报国家规划组审查。

工业和信息化部成立灾区通信基础设施恢复重建规划组，规划组由部规划司代表该部与四川省通信管理局共同牵头，中国电信、中国网通、中国移动、中国联通和中国卫通以及部电信研究院共同参与。按照灾区通信基础设施恢复重建和长远发展需要，结合灾区城镇体系建设、农村居民点布局、生产力布局、产业调整和社会公共服务等总体设计，按照安全可靠、先进实用的要求，统筹制定了四川、陕西、甘肃三省的通信基础设施恢复重建规划。7 月底，按照国家的总体要求，完成了规划稿编制并上报。11 月 19 日，工业和信息化部、四川省政府、甘肃省政府、陕西省政府联合下发《汶川地震灾后通信基础设施重建规划》。通信基础设施地震灾后重建工程总投资为 194.9 亿元。

邮政局明确由国家邮政集团完成邮政设施灾后重建规划编制任务，要求在科学论证的基础上，结合灾区省的总体规划，本着实用、有序、有效的原则，组织规划编制。6 月 10 日至 7 月 16 日，国家邮政集团先后完成规划工作方案起草、规划大纲制定和规划文本编制、审查、修改和送审工作。

规划组第一次全会后，发展改革委副主任、能源局局长张国宝主持会议，专题研究四川灾后能源设施恢复重建和规划编制工作，向灾区三省印发《地震灾区能源基础设施恢复重建规划提纲》。在实地调研取得能源企业和能源设施受损资料后，与四川省发改委、省有关专家讨论交流，明确和理清规划编制思路；与四川省发改委共同召开规划论证、评审会，修改完善规划初稿。7 月 20 日，能源局将《能源设施恢复重建规划》报国家规划组。

水利部组织成立水利灾后重建规划咨询指导组，并派出专家驻地指导。鉴于四川省在汶川地震中水利设施受损严重，量大面广，规划任务繁重，6 月中旬水利部与四川省政府共同组建汶川地震水利灾后重建规划工作协调领导小组，组长由四川省副省长张作哈和水利部副部长矫勇担任。规划工作按照国务院的统一部署，在与灾区三省充分沟通协商的基础上，以国务院《汶川地震灾后恢复重建条例》和《规划工作方案》为依据，拟订《水利灾后重建规划工作方案》《水利灾后重建规划编制大纲》，提出水利基础设施重建规划编制工作的指导思想、基本原则、任务要求、规划范围等意见，指导灾区三省编制水利设施重建规划；汇总整合三省规划内容，形成《灾后重建水利专项规划》。

发展改革委基础产业司承担规划汇总任务。汇总整合以行业规划为基础，内容包括受损情况、指导思想、基本原则、主要任务、投资估算和筹资措施等。7 月 20 日，《基础设施专项规划》初稿形成后，根据专项规划与总体规划衔接会的要求，将初稿分别征求部门和灾区三省意见。31 日，修改后的《基础设施专项规划》送审稿报规划组。9 月中旬，根据张平在规划组第五次全会上提出的关于做好专项规划四个衔接的要求，《基础设施专项规划》再次征求部门和三省意见。10 月 17 日，发展改革委、交通运输部、铁道部、工业和信息化部、水利部、能源局联合印发《汶川地震灾后恢复重建基础设施专项规划》。

二 规划主要内容

《基础设施专项规划》包括基础设施受损情况、指导思想和原则、主要任务、投资估算与筹资措施和政策措施等 5 个方面的内容。

基础设施建设目标 规划指出，力争用三年左右的时间，基本恢复受损的基础设施，努力使基础设施服务水平和能力达到或超过灾前水平，实现“十一五”规划确定的目标。

基础设施建设任务 交通工程建设任务是，公路重建规划明确恢复重建高速公路计1599公里、干线公路约6081公里、农村公路近4万公里、县乡客运站计412个。

铁路专项规划明确对既有线路投资约140亿元，主要对宝成、成渝、成汶、广岳、德天等受损线路修复加固，改线、移设及拆除新建；对达成、襄渝、乐巴铁路等在建和设计项目投资约18亿元，主要对工程采取必要防震补强措施；对铁路职工住宅修复重建估算42亿元，纳入地方政府灾后重建规划。

民航重点安排对成都、绵阳、九寨、南充、泸州、宜宾、广元、兰州等机场各类建筑物修复和重建，安排附属设施及设备的修复和更新等。

通信工程建设任务是，恢复重建固定通信交换机113万线、宽带接入设备56万线，重建移动通信核心网1036万户、基站7809个，重建光缆线7.08万皮长公里、电缆1.28万皮长公里和传输设备1.73万端，修复重建业务用房68.7万平方米；修复、重建邮政综合生产用房57处、邮政支局所385处，重置邮政生产设备设施2178台（套）等。

能源工程建设主要任务是，一是电网。恢复重建电网35千伏以上变电站324座，变电容量1809万千伏安，线路7372公里；恢复10千伏及以下变电线路9.24万公里，配电容量380万千伏安，更换配电设备455台（个）。二是电源。恢复重建江油、略阳电厂；恢复紫坪铺、映秀、碧口等发电设施，其中大中型水电站129座，装机容量700多万千瓦。三是煤炭。恢复重建天池、红星、大昌沟等164个煤矿及外部基础设施。四是油气。恢复重建气井1176口；恢复重建中坝净化厂、南充炼油厂、兰成渝输油管道及保护设施、天然气管线100多条、油库8座、加油站922座。

水利工程设施建设主要任务是，一是防洪减灾。除险加固震损水库1263座，处理堰塞湖（坝）105处，加固或建设堤防1199公里，以及恢复重建水文站112个。二是农田水利。恢复重建7处大型灌区、1289处中小型灌区的受损灌排设施，恢复重建受损独立微型水利工程5.55万处。三是恢复重建水资源监测设施4454处。

基础设施建设总投资和资金筹措 规划指出，“三年恢复重建规划期内基础设施建设总投资估算1669.3亿元”，资金筹措主要“采取中央财政性资金、银行贷款、地方自筹、对口支援省市资金、社会捐助以及企业自筹等方式”。

第六节 生产力布局和产业调整规划

一 规划编制过程

根据《规划工作方案》安排，《生产力布局和产业调整专项规划》由发展改革委、农业部、工业和信息化部、文化部、旅游局、能源局与四川、甘肃、陕西三省共同编制。规划任务是拟订灾区现有产业的企业关闭、搬迁、恢复重建等产业结构调整方案，提出灾区重点发展的产业以及发展方向、布局原则等。该专项规划包括工业、农业、能源和旅游业4个领域。发展改革委负责行业规划的汇总整合、评估、审查、修改发布等后续工作，环境保护部负责规划的环境评审并提出报告。

规划工作开展后，各部门成立规划工作领导小组，制定工作方案，明确规划指导思想、基本原则、主要任务和工作要求；动员组织多领域、多部门资深专家、教授，深入灾区开展行业规划调研。各部门分头召开灾区三省规划编制工作协调会，下达任务、统一思想、明确目标和提出要求。三省政府统筹安排，发挥专家的咨询、调研、指导作用，自下而上逐级落实规划编制任务。省直部门负责对口行业规划汇总、评估、审查、修改和报送工作。各部门在三省规划成果的基础上进行汇总整合，正式形成行业规划征求意见稿，并组织行业专家对规划开展评估、论证、审查和修订。审查结束后，规划征求意见稿修改定稿后正式提交发展改革委，汇总形成了《生产力布局和产业调整专项规划》。

汇总中，根据中央领导同志有关批示精神，将国防军工灾后重建纳入专项规划。同时，根据国家规划组要求，将文化部提交的灾区文化重建内容也纳入专项规划；将能源重建有关内容调整纳入基础设施专项规划。根据工业企业项目数量大（总体规划安排3601个）的情况，经请示国家规划办，并商工业和信息化部同意，将受灾较重工业企业恢复重建项目另作附表反映，不再单纯按投资额度设置项目表，这样既能包括一些投资比较大的项目，也能兼顾四川、甘肃、陕西三省之间的平衡。根据恢复重建总体规划“防止低水平重复建设，坚决淘汰或关闭不符合国家产业政策的落后产能和企业”的要求，结合产业政策对这些项目进行审核，在充分考虑灾区产业发展实际的情况下，对18个钢铁项目、11个化工项目、7个水泥项目、1个稀土项目共计37个项目提出了调整意见。2008年10月17日，发展改革委、工业和信息化部、农业部、文化部、旅游局联合印发《汶川地震灾后恢复重建生产力布局和产业调整专项规划》。

二　规划主要内容

《生产力布局和产业调整专项规划》由7个部分组成，包括灾前产业概况及受损情况，规划指导思想、基本原则和目标，生产力布局定位和方向，产业结构调整，资金需求和筹资，政策措施，规划实施等。

产业重建总体目标　规划指出：“用三年左右的时间，规划区农业、工业、旅游业和文化产业生产有效恢复，生产力布局和产业结构得到优化提升，三次产业良性互动、协调发展，规划区工业发展达到或高于灾前水平，为‘十二五’发展打下坚实基础。”规划分别对农业、工业、旅游业和文化产业提出了具体建设目标。

生产力布局定位和方向　适宜重建区：农业发展的重点为绿色高效农业，包括粮油种植加工、木竹培育加工、特色果蔬和蚕桑生产与加工、生猪和奶牛等畜禽养殖与加工、特色水产养殖、特色花卉种植业等现代农业和都市休闲观光农业。工业要集中建设一批资源节约利用、土地集约使用、环境综合治理的现代制造业产业园区，发展重大技术装备、电子信息、环保建材、绿色食品、医药、化工等现代制造业。旅游业、文化产业重点发展观光、休闲度假产业和动漫创意、演艺产业，打造龙门山山前观光、休闲、文化旅游品牌，支持发展“农家乐”等多种形式的乡村旅游。

适度重建区：重点发展以旅游、生态农业为主的特色产业，建设精品旅游区，适度开发优势矿产资源。严格控制工业园区的规模，撤并或迁建不具备恢复重建条件的工业园区。龙门山高山峡谷的东南部重点发展生态农业和绿色高效农业，包括粮油种植与加工，特色果蔬生产与加工，生猪等畜禽标准化规模养殖与加工，茶叶及桑蚕加工，优质高产木竹原料林、特色经济林和林产加工业。龙门山高山峡谷的东北部重点发展特色农业，包括肉牛、肉羊和优质茶叶、专用马铃薯、木竹原料、名优中药材、食用菌、特色干果和水果、蚕桑、核桃等经济作物及深加工，秦岭山区重点发展名优茶、中药材、食用菌等绿色产业。发挥区域旅游资源富集、组合条件优良、世界级旅游品牌众多的独特优势，构建集遗产保护、生态修复、观光休憩、山地休闲度假等多种功能的多元化旅游、文化产业体系；注重保护民族传统和地方特色文化，发展藏羌文化旅游；科学开发地震遗址旅游。

生态重建区：应在不影响主体功能的前提下，适度发展旅游业和农林牧业，严格限制其他产业发展，原则上不得在原地恢复重建工业企业。重点发展特色效益农业、草食畜牧业，主要包括牦牛等特色畜牧养殖、特色中药材种植加工，在低山与高山河谷地带发展反季蔬菜、茶叶和水果种植等。旅游业以适宜的生态、文化和乡村旅游为主。

产业集聚区：根据资源环境承载能力评价结论和重建区域3个划分定位，统筹考虑原有产业园区布局调整。主要统筹方案：“调整优化产业布局，发挥现有国家级、省级开发区的作用，引导企业集中布局，培育特色优势产业集群；结合灾区企业异地新建，撤并和迁建部分县（市、区）产业园区，适当扩大部分现有国家级、省级开发区的面积；新设循环经济产业集聚区，鼓励发展‘飞地经济’，承接适度重建区和生态重建区企业的异地新建和其他企业集中布局；支持对口支援地区与受援地区按合理布局的原则，合作建设产业园区，吸引东、中部地区产业转移。”由此，明确撤并和迁建的产业园区9个；扩建国家级、省级开发区7个；发展循环经济产业集聚区6个（四川省4个、甘肃省甘1个、陕西省1个）；原地恢复重建原有产业园区14个（四川省11个、陕西省3个）。

产业结构调整主要任务 农业：规划明确恢复重建优质粮油生产基地78个；恢复重建特色果蔬生产基地64个；恢复重建茶药桑生产基地64个；恢复重建畜牧业生产基地4个；恢复重建养殖规模分别为年出栏肉猪890万头、肉羊226万只、肉牛42万头、土鸡800万只、年存栏奶牛4.2万头、兔650万只，年产蜂产品5000吨的养殖基地；恢复重建特色水产基地39个。在都江堰市等13个县（市）恢复重建速生、优质、高产木竹原林基地1.93万公顷；在茂县等13个县（市、区）恢复重建核桃、厚朴、花椒等特色经济林基地1.07万公顷，以及恢复重建其他林业重建项目。

工业：规划明确了原材料工业、机械工业、消费品工业、电子信息工业的重建任务。其中，原材料工业要促进都江堰拉法基、双马公司和德阳利万步森等受损水泥企业原地恢复生产能力，引入中国建材、海螺、冀东等大型企业集团参与干法水泥项目建设，加快淘汰落后生产设备，发展安全舒适、节能环保的新型墙体材料，适量发展轻质隔墙板，配套发展新型节能门窗、防水材料及环保型装饰装修材料，鼓励利用建筑垃圾、工业固体废弃物和煤矸石发展混凝土空心砌块、实心砖等。机械工业主要有异地新建东汽总厂，抓好中国二重、川矿机、陕西北方动力等企业恢复重建，原地恢复重建绵阳华瑞、新华内燃机、都江堰银河等汽车零部件生产企业等。消费品工业主要支持剑南春、华淮蓝剑、丰谷及川渝中烟等知名企业的恢复重建，支持陕西宁强、勉县发展压缩木耳、茶叶等特色农产品深加工，支持国内食品加工龙头企业到灾区建立分厂或原材料基地等。

旅游业：规划明确重点建设世界遗产和重点景点区 8 个，重点建设重要旅游通道沿线旅游服务设施，恢复重建乡镇旅游公益设施，恢复重建旅游城镇公益设施，恢复重建旅游安全应急救援系统以及恢复重建旅游市场其他项目等，构建“三带、四区、六线”（3 个旅游产业带、4 个旅游经济区、6 条精品旅游线路）的旅游发展格局，打造拥有遗产保护、生态修复、观光休憩等多种功能的中国乃至世界重要的生物多样性和文化多样性旅游区。

文化产业：规划指出，“突出地域文化特色，重建文化产业基础设施，恢复城乡文化产业体系，繁荣文化市场，提高文化产品供给能力。加快文化产业基地和区域性特色文化产业群建设，培育骨干企业，构建特色文化产业带，促进文化产业结构调整和空间布局优化”。

资金需求与筹资方式　经测算，规划区内农业生产、工业、旅游业、文化产业恢复重建资金总需求为 1410.47 亿元，其中工业由财政资金引导的资金需求为 1226 亿元、农业生产 81.5 亿元、旅游业 68.04 亿元、文化产业 34.93 亿元。资金来源为中央地震灾后恢复重建基金、地方政府投入，通过对口支援、企业自筹、银行贷款、社会募集、创意融资等多渠道筹集。

第七节　市场服务体系规划

一　规划编制过程

根据《规划工作方案》安排，《市场服务体系专项规划》由商务部、人民银行与川、甘、陕三省共同编制，商务部负责汇总整合、评估、报审。规划任务主要是提出城乡商贸、金融等网点布局和重建方案。规划涉及商贸（零售、批发、餐饮、住宿、物流、屠宰）、粮食（粮油储备、军粮供应、粮食收购）、金融（银行、证券、保险）三大领域。

商务部开展编制工作步骤：一是成立规划工作组和专家组，制发规划工作方案，确定思路、明确任务、落实分工、规定节点。商务部委托中国商业发展规划院和国务院发展研究中心市场所担任规划起草工作，灾区三省抽调骨干人员参与工作，商务部负责指导、协调和帮助。二是开展调研和起草规划。起草小组深入灾区开展商贸服务网点灾损调研（参见图 27）、征求灾区省商务部门意见、共同拟定规划提纲、起草规划初稿。初稿形成后，起草小组 4 次赴灾区核实项目、明确资金、论证措施；组织召开规划成员单位协调会，汇总整合形成《市场服务体系专项规划》征求意见稿。三是召开专家组会议，请专家论证、评估和修订征求意见稿，征求意见稿送人民银行、粮食局和灾区三省征求意见，并听取发展改革委、财政部、建设部、税务总局等 15 个部门的意见，着重对规划指导思想、用地规模、民（族）贸（易）政策、服务网点、金融政策和粮食流通等内容进行了增减、细化和调整。2008年11月3日，发展改革委、商务部、人民银行联合印发《汶川地震灾后恢复重建市场服务体系专项规划》。

图27　商务部负责人在灾区调研

（商务部　提供）

二　规划主要内容

《市场服务体系专项规划》主要包括7个部分：规划背景，指导思想、原则和目标，规划布局，主要任务，资金需求与筹措，政策措施，规划实施。

市场服务体系建设主要目标　规划明确："用三年左右时间完成市场服务体系恢复重建的主要任务，市场服务网点全面恢复，流通基础设施得到加强和改善，市场服务体系的功能得到恢复和提升，满足居民生活需要，吸纳劳动力就业，促进工农业生产和经济社会发展。"

市场服务体系建设主要任务　规划明确了市场服务体系建设任务，包括商品零售网络、生活服务网络、商品批发体系、物流配送体系、屠宰加工体系、粮食流通体系、金融服务网络和市场监管体系等8个方面。

商品零售网络：恢复重建农村商贸综合服务中心80个、恢复重建"农家店"5809个、在自然村和行政村恢复重建个体店等多种形式的小型商贸网点；恢复重建乡镇商业功能区包括标准化农贸市场、乡镇特色商业、民族贸易网点、其他商贸网点；恢复重建城区零售商业包括恢复重建农贸市场267个，恢复重建城区商业中心包括百货店39个、超市79个；恢复重建成品油库8个、加油站 922 个。

生活服务网络：商业中心宜以综合超市、百货店为主力业态，因地制宜地恢复重建购物中心，振兴传统商业街区，合理配套文化娱乐、餐饮、金融、旅游服务、图书报刊、通信等网点。恢复重建餐饮店 35 个、住宿设施 81 个、主食配送加工中心 51 个、再生资源回收网点 42 个、其他网点 11 个。

商贸批发体系：恢复重建包括农产品批发市场、生产资料批发市场、日用工业品及其他批发市场。其中，恢复重建生产资料批发市场 6 个、家装建材批发市场 24 个、日用消费品批发市场 30 个、其他批发市场 36 个。

物流配送体系：恢复重建农产品配送中心 11 个、日用消费品配送中心 44 个、农资配送中心 28 个；恢复重建公共物流平台 13 个；恢复重建肉类储备库 9 个、其他重要商品储备库 28 个（国家物资储备库 2 个）。

屠宰加工体系：按照国务院《生猪屠宰管理条例》规定的合理布局、适当集中、有利流通、方便群众的原则，结合当地实际情况，恢复重建生猪定点屠宰厂（场）；在边远和交通不便的农村地区，设置仅限于向本地市场供应生猪产品的小型生猪屠宰场点。恢复重建机械化生猪屠宰厂 35 个、生猪屠宰场 65 个。

粮食流通体系：恢复重建粮食储备库 161 个（中央储备粮代储粮库 28 个、地方储备粮库 133 个）、其他设施 494 个。

金融服务网络：银行业修缮加固网点 1085 个、原址重建 776 个、异地新建 232 个、撤并 12 个；证券业修缮加固网点 19 个、原址重建 2 个、异地新建 12 个；保险业修缮加固网点 1211 个、原址重建 11 个、异地新建 50 个。

市场监管体系：规划指出，加强对食品市场、集贸市场、建材市场、农业生产资料市场等的市场巡查，重点加强对人民群众生活密切相关的食品、农副产品、家用电器等日常生活用品，钢材、水泥等建筑材料和农业生产资料的检测、监测。加强消费者投诉、举报网络平台建设，优化市场环境，为灾后重建提供有力的市场监管和服务支持。

资金需求与筹资措施 规划指出，“经测算，完成市场服务体系恢复重建任务约需资金 285.2 亿元（商贸服务体系 196.37 亿元、粮食流通 38.48 亿元、金融服务 50.35 亿元）”，明确“市场服务体系恢复重建资金主要通过财政性资金、对口支援、国内银行贷款、资本市场融资及自筹等方式筹集”。

第八节 防灾减灾规划

一 规划编制过程

根据《规划工作方案》安排，防灾减灾规划由地震局、国土资源部、水利部分别与四川、甘肃、陕西三省共同编制，有关部门参加，民政部汇总。规划任务主要是提出防治地震、地质、洪涝等自然灾害的预防和应对方案。

民政部成立规划编制机构，明确由救灾司负责防灾减灾规划编制的组织、协调工作。灾区三省根据民政部通知精神，在国土、水利、环保、林业、地震等部门的指导下起草规划初稿，相继于2008年7月上旬完成规划编制任务。同期，向民政部提交纳入防灾减灾专项规划相关方案的还有地震局和气象局。7月中旬，民政部组织人员按照“保重点急需项目、压缩一般性项目”的原则，对规划内容进行汇总整合；对灾害预警、测绘等方面的内容，通过征询职能部门意见后，统筹安排到有关防灾减灾项目里。在防灾减灾规划内容汇总和文本修改中，国家减灾委的专家给予了很多支持和帮助。11月7日，发展改革委、民政部、国土资源部、地震局、气象局联合印发《汶川地震灾后恢复重建防灾减灾专项规划》。

二　规划主要内容

《防灾减灾专项规划》共5章，分别是基本情况，指导思想、原则和目标，主要任务，资金需求与筹措，保障措施。

防灾减灾规划目标　规划指出：“用三年左右时间，使灾害监测预警预报体系基本恢复，重大次生灾害隐患点得到有效治理，应急救援救助能力得到提高，综合减灾能力明显提升。”

防灾减灾规划任务　规划明确防灾减灾任务包括灾害风险治理、监测预警、应急指挥和救援救助以及综合减灾等。

灾害风险治理包括两个方面：一是在调查评估基础上，针对危害严重、危险性差、不能或不宜采用搬迁避让的新增或加剧的地质灾害隐患点，采取抗滑桩、锚杆、挡墙、排水等工程措施，有重点地开展地质灾害治理。综合治理重大地质灾害隐患点3301处，其中四川省2300处、甘肃省777处、陕西省224处。二是对地质体不稳定、临灾征兆明显，采取工程治理方案难以有效治理或治理成本过高的地质灾害隐患点，实行搬迁避让。对位于4694处地质灾害隐患点的6.5万户农村居民进行搬迁避让，其中四川省3695处1.8万户、甘肃省772处4.5万户、陕西省227处0.2万户。

监测预警包括3个方面：一是建立省、市、县三级地震公共服务平台，建立健全灾情信息速报网络，完善地震信息交流共享系统。恢复建设专业地震台站257个，建设固定自由场强震动观测台46个，建设GPS连续观测基准站21个，恢复灾区市级、县级被损毁的地震信息节点，更换或增添数字化专用监测设备和通用设备219台（套），改造GPS区域站为基准站。二是恢复重建地质灾害群防群测点1.19万处、专业监测点111处。重点地区恢复建设监测预警系统和预警预报示范区。基本解决市、县两级国土资源管理部门地质灾害防治机构不健全、专业技术人员严重匮缺等问题。三是恢复重建气象监测预警预报能力，恢复综合监测系统，修复完善基本观测站网和重点区域加密站网及配套设备。恢复重建气象观测站和预警信息发布点264处。四是加强测绘应急保障能力建设，加快灾后重建基础地图测制，获取受灾县（市、区）航空摄影和卫星遥感影像，建立多比例尺地理信息数据库，对灾后重建不同阶段测绘基础地理信息数据进行历史管理。

开展灾区测绘基准恢复工作。

应急指挥和救援救助包括3个方面：一是按照突发公共事件应急管理工作要求，建立省、市、县三级应急指挥体系，加强应急指挥装备的配备，健全灾区救灾应急指挥、灾害评估、灾情上报等功能。建设省级减灾中心3个。在兰州建立国家卫星减灾西北区应用分中心。加强灾情信息网络建设，形成省市县乡四级灾情信息网络。二是加强和充实专业救援救助力量，依托武警、消防、民兵预备役等，建立针对不同地区不同易发灾种的自然灾害应急救援专业队伍，配备应急救援和通信装备，加强应急救援训练，提高防灾减灾专业队伍应急救援能力，同时加强志愿者队伍建设。三是加快建设西安、成都、兰州中央级应急物资储备库，形成以中央级救灾物资储备库为中心，省、市级储备库为骨干，县级储备库为基础的灾害应急救助物资储备网络。增加物资储备种类和数量，改善仓储和装运条件。建设救灾物资储备库121个。

综合减灾包括两个方面：一是在灾害高风险区内的城镇和人口密集、经济发达的城市规划建设综合避难场所；制定大型避难所、避难场地和疏散通道的技术标准和规范；建立大型避难所、避难场地和疏散通道的分级建设和管理标准；建设配套的各种防灾减灾设施。建设各类避难场所129个，其中四川省59个、甘肃省64个、陕西省6个。二是加强综合减灾教育，提高防灾减灾意识。建设自然灾害科普教育基地105个，其中省级3个，市、县级102个。

资金需求与筹措　该规划测算防灾减灾建设约需资金300亿元，主要通过政府投入、对口支援、社会募集、自筹等方式筹集。

第九节　生态修复规划

一　规划编制过程

根据《规划工作方案》安排，《生态修复专项规划》由林业局、环境保护部与四川、甘肃、陕西三省共同编制，有关部门参加。林业局成立规划工作领导小组，负责规划编制工作的组织协调。

林业局规划编制组根据地震局确定的地震灾害发生的范围，利用灾前和灾后卫（星）拍片和航（空）拍片及遥感资料，结合近年林业局完成的森林资源调查资料以及森林资源分布图、自然保护区布局图、植被类型分布图等专业图形数据，借助地理信息系统技术，获取森林资源损失信息。利用大尺度MODIS①卫星遥感数据等科学手段和资料，综合分析森林资源灾情，采用资产评估方法评估森林资源及生态效益损失价值量，定量测算损毁森林资源的间接经济损失，以此作为规划编制的科学依据。2008年7月初，林业局完成《地震灾后林业生态恢复重建规划》初稿起

① MODIS为搭载在terra和aqua卫星上的一个重要的传感器。

草任务，对三省和其他部门纳入生态修复规划的内容进行汇总整合，形成《生态修复专项规划》征求意见稿。9月中旬，编制组根据规划组第五次会议关于做好专项规划四个衔接的要求，就生态修复规划指导思想、重建任务、资金规模和政策措施等内容与《汶川地震灾后恢复重建总体规划》衔接并进行修改。10月24日，发展改革委、林业局、环境保护部、农业部、水利部联合印发《汶川地震灾后恢复重建生态修复专项规划》。

二　规划主要内容

《生态修复专项规划》共5章，包括生态环境受损情况，指导思想、原则及目标，建设内容与主要任务，资金需求与筹措，保障措施。

生态修复目标　规划指出："用三年左右时间，基本恢复灾区森林植被和野生动植物栖息地，恢复重建受损的自然保护区，林木种苗生产和牧草种子基地生产能力恢复到灾前水平，使水土流失得到一定控制，森林、草地等生态功能初步恢复。恢复重建灾区受损的生态保护、环境保护基础设施，使生态环境监管能力得到恢复。完成主要污染物减排任务，灾区环境质量基本恢复到震前水平。"

生态修复内容与任务　规划明确生态修复内容包括生态系统修复、环境整治、大熊猫栖息地及自然保护区恢复、基础设施恢复重建等4个方面。

生态系统修复。在重灾地区51个县（市、区）恢复森林植被面积48.55万公顷，包括封禁、飞播加封禁和人工造林；恢复林木种苗基地，包括重建苗种生产基地1.2万公顷和重建育苗温室、大棚28.1万平方米。

草地恢复：在四川省6个市（州）的21个县，恢复建设因灾损毁的天然草原12.8万公顷；在成都、阿坝等地的23个县，采取人工种植、围栏等措施，恢复建设因灾损毁的人工草地3.13万公顷（含陕西省1.06万公顷）；在阿坝藏族羌族自治州的汶川、茂县、理县等5个县恢复建设因灾损毁的草种基地0.2万公顷；在汶川、茂县、理县等5个县恢复建设因灾损毁的围栏草地1.43万公顷。水土保持：恢复重建必要的震损水土保持设施19.26万公顷；恢复重建坡面水系工程、沟道治理和辅助设施9.51万处；新建水土保持设施3.1万处。

环境整治，饮用水水源地污染防治。以岷江、沱江和嘉陵江流域水污染防治为重点，加强调查评估，开展水环境综合整治，加强城乡饮用水水源地污染防治，恢复水生态系统，提高水环境承载能力，改善灾区水环境质量。坚决取缔水源保护区内的排污口，清除水环境风险污染源，严禁在饮用水水源保护区上游建设污染严重的化工、造纸、印染等各类企业，水源保护区内原有的污染企业在遭到破坏后禁止恢复运行，并逐步关停并转水源保护区的污染企业。灾区需开展防治污染项目76个。

区域危险废物和医疗废物处置设施建设：地震灾区应加快《全国危险废物和医疗废物处置设施建设规划》项目的实施，确保已经下达国债的7个医疗废物集中处置建设项目高水平快速建成，实现每个地级市均有医疗废物集中处置设施的建设目标；分别在四川、甘肃、陕西配置7套、2套、1套医疗废物移动应急处理系统，形成机动调控能力；在土壤污染治理方面，针对救灾过程中大量有机药剂、消杀剂的施用，次生灾害引发的污染物上浮，矿山倒塌、尾矿渣或淋出液外泄等进行调查评估，建立污染土壤档案和信息管理系统，开展各类污染土壤治理改良示范项目 22 个。

大熊猫栖息地及风景名胜区、自然保护区恢复。通过栽植竹、云杉和冷杉，建立走廊带，恢复灾后以大熊猫为主的栖息地 12 万公顷；恢复重建人工圈养动物的圈舍 3.03 万平方米。

风景名胜区和自然保护区恢复。重点恢复灾区 14 个国家级风景名胜区以及 49 个国家级和省级自然保护区的业务用房、道路和水电通信等公共设施，提高保护区保护管理能力。

环境监管能力建设方面，恢复重建灾区内 286 个受损企业治污设施，以及在地震中遭到破坏的彭州市龙门山镇尾矿库等矿山环境保护治理设施，并适度提高部分企业治污要求，实现改造提升。恢复重建环境监管业务用房，按照《全国环境监测站建设标准》，在 47 个县级单位配置环境监察应急仪器设备 1084 套，建设 7 个流动水质监测系统和 16 个流动空气监测系统。

基础设施恢复重建。重建防火瞭望塔（台）350 座，恢复重建防火通信基站、中继台 152 处，维修改造防火物资储备库，重建扑救专业队营房，补充更新森林火险预测预报设备等；恢复重建灾区林业基层单位灾毁业务用房，恢复重建林区道路；恢复重建草原监理和草原防火业务用房。

生态修复资金及筹措　完成生态修复任务约需资金 201.64 亿元，其中林业投资 131.31 亿元、环保投资 26.86 亿元、水土保持投资 21.39 亿元、草地投资 3.74 亿元、其他 18.34 亿元，主要通过政府投入、社会募集、国外优惠紧急贷款和市场运作等方式筹集。

第十节　土地利用规划

一　规划编制过程

根据《规划工作方案》安排，《土地利用专项规划》由国土资源部与四川、甘肃、陕西三省共同编制。规划任务主要是统筹保障各项灾后重建任务在土地利用上的落实，促进灾区尽快恢复正常的经济社会秩序。

灾后重建规划工作开展后，国土资源部与灾区省国土资源主管部门共同成立灾后恢复重建规划编制工作领导小组和工作组，迅速开展灾后重建土地利用规划编制相关工作。国土资源部组织精干力量前往灾区调研，了解灾区灾情和恢复重建相关用地需求，并根据灾区灾前和灾后遥感资料、地质灾害危险性评估结果等，明确了灾后恢复重建土地利用规划的基本原则、规划范围、主要任务和工作要求，制定了《灾后重建土地利用规划编制工作方案》《汶川地震灾后重建土地利用规划技术标准》和《关于灾后重建土地利用规划技术方案的若干意见》等，确立了规划编制以灾区省国土资源厅为主、国土资源部派出技术工作组给予指导和帮助，推进灾后重建土地利用规划编制工作。在各灾区县土地规划编制的基础上，川、甘、陕三省完成了土地利用规划初稿编制任务。国土资源部汇总整合三省规划内容，形成国家灾后重建《土地利用专项规划》征求意见稿，组织科研院校专家和学者、中央部门有关人员评审、论证，确保土地规划符合中央要求和灾区实际。2008 年 10 月 16 日，发展改革委、国土资源部联合印发《汶川地震灾后恢复重建土地利用专项规划》。

二 规划主要内容

《土地利用专项规划》共设 6 章，包括基本情况（含灾前土地利用现状、土地受灾情况、灾后土地利用面临的形势）、土地利用安全性评价、指导原则与目标、重建用地规模和布局安排、土地整理复垦、规划实施政策措施。

土地利用原则 规划提出灾后恢复重建土地利用的原则是：以人为本、科学布局、保护耕地、节约集约、改善生态。

土地利用基本目标、重建用地规模及布局安排 土地利用基本目标。严格保护耕地，保障灾后重建必须建设用地（安排临时过渡性安置用地 0.93 万公顷，新增建设用地 5.74 万公顷，其中占用耕地 3.59 万公顷），节约集约用地，大力推进土地整理复垦（复垦 16.35 万公顷）。

重建用地规模及布局安排。统筹安排城镇、农村、基础设施、产业建设等各项用地规模及布局，妥善解决原地重建、易地重建等不同类型的用地需求。优先安排过渡安置住房、能源交通水利等基础设施、公共服务设施、农民生产与生活必需的建设用地，适当调整基本农田布局，根据城乡人口合理安排用地规模和城乡用地比例，形成有利于城乡统筹发展的建设布局。规划安排临时用地 9310 公顷，其中四川省 8700 公顷、甘肃省 460 公顷、陕西省 150 公顷；安排新增城镇用地 2.32 万公顷，其中四川省 1.92 万公顷、甘肃省 1910 公顷、陕西省 2080 公顷；安排新增居民点用地 1.1 万公顷，其中四川省 9500 公顷、甘肃省 726 公顷、陕西省 774 公顷；安排新增独立工矿用地 6246 公顷，其中四川省 4000 公顷、甘肃省 762 公顷、陕西省 1484 公顷；安排新增基础设施用地 1.64 万公顷，其中四川省 1.46 万公顷、甘肃省 1212 公顷、陕西省 555 公顷。

土地整理复垦任务、资金规模和筹资措施 总体要求。针对地震及次生地质灾害损毁的耕地、农田道路、抢险救灾应急用地（含道路、垃圾填埋场等）、过渡性安置用地、废弃的城镇、村庄和工矿旧址特点，科学有序地实施灾后重建土地整理复垦工程；根据城乡人口合理安排土地整理复垦规模，适当调整农田布局，适度拆并自然村落，适时复垦废弃农村居民点及工矿废弃土地，引导农民住宅相对集中建设，形成有利于城乡统筹发展的用地布局；统筹捆绑集中使用各项土地建设资金，鼓励群众参与灾后重建，让受灾群众在灾后重建土地整理复垦工程中受益；加强土地整理复垦试点，改进灾后重建土地整理复垦技术方法、规划设计、标准规范，加强实施管理，提高土地整理复垦工作水平，切实搞好灾后重建土地整理复垦工作。

任务安排。3 年中，累计整理复垦开发土地面积 16.35 万公顷，包括整理复垦恢复灾毁耕地 12.56 万公顷，整理复垦临时占用耕地 0.66 万公顷，复垦城镇、农民居民点及工矿废弃土地 2.95

万公顷，土地开发 0.17 万公顷。其中，四川省整理复垦恢复耕地 14.52 万公顷，甘肃省 1.55 万公顷，陕西省 0.28 万公顷。

资金规模和筹措。三省灾区土地整理复垦共需投入资金约 86.61 亿元，其中四川省 78.42 亿元、甘肃省 6.08 亿元、陕西省 2.11 亿元。集中捆绑使用中央财政安排的土地复垦专项基金、中央分配给地方的新增建设用地土地有偿使用费、用于农业土地开发的土地出让收入、地方留成的新增土地有偿使用费和其他可用于土地整理复垦的资金，由政府、部门、农户共同参与实施。

第三章 评估调整

第一节 中期评估

一 评估过程

根据《汶川地震灾后恢复重建总体规划》要求以及国务院总理温家宝的批示精神，开展规划实施情况的中期评估工作。2009 年 8 月 14 日，国务院汶川地震灾后恢复重建工作协调小组第三次全体会议决定，将规划实施中期评估委托中国国际工程咨询公司（以下简称中咨公司）承担，灾区三省、对口支援省市和中央部门参与、协助。9 月至 10 月上旬为评估前期准备。10 月中旬至 11 月上旬开展现场调研论证，完成专项评估报告初稿。12 月初提交评估总报告。

10 月 26 日至 11 月 18 日，中咨公司组织近百名专家分 1 个总体规划评估组和 10 个专项规划评估组，先后至灾区三省重建规划范围县（市、区），即 51 个县（市、区），以 2009 年 9 月 30 日为重建资料截止时间，通过实地考察规划实施进展情况，听取三省规划实施情况汇报，召开三省发改委、灾后重建办公室、各专项规划对口厅局、灾区县（市、区）负责重建工作有关人员座谈会，了解情况、分析问题、听取意见和建议。

12 月中旬，中咨公司评估报告征求意见稿形成，征求发展改革委、财政部、灾区三省、协调小组部分成员单位的意见。年底，灾区三省按照发展改革委和财政部的要求，分别上报规划项目调整方案，中咨公司对此作了进一步的分析评估。2010 年 2 月 1 日，协调小组第四次全体会议听取并审议中咨公司总经理肖凤桐“关于规划实施中期评估的情况报告”，对进一步征求意见和修改评估报告提出要求。4—8 日，肖凤桐率中咨公司调研组赴陕西、甘肃两省进行补充调研，进一步核实有关情况。同时，按照协调小组第四次全体会议精神，灾区三省、发展改革委、工业和信息化部、财政部等对评估报告征求意见稿分别提出了修改意见和建议。中咨公司根据各部门意见和建议对评估报告进行了修改完善。23日，中咨公司向发展改革委呈报《关于汶川地震灾后恢复重建规划实施的中期评估报告》。

二 评估结论

灾后恢复重建开展后，总体规划和10个专项规划共规划项目4.6万个，投资9827亿元。中期规划实施共开工项目3.11万个，占规划的67.6%；完工项目1.82万个，占规划的39.6%；完成投资5310.2亿元，占规划的54%。总体上看，国务院批准的《汶川地震灾后恢复重建总体规划》及各专项规划确定的指导思想、基本原则、重建目标和主要任务符合灾区实际，国务院《汶川地震灾后恢复重建条例》和各项政策措施得到落实，为有力、有序、有效推进灾后恢复重建发挥了重要指导和保障作用。灾区各级政府、中央有关部门、对口支援省市和社会各界积极推进规划实施，使规划实施进展顺利，灾后恢复重建取得了重要阶段性成果，灾区生产生活条件明显改善，灾区经济社会稳定，广大群众对灾后恢复重建进展和成效普遍满意。根据规划实施进度分析判断，原定三年的恢复重建主要目标可以在两年内基本完成。

三 措施建议

评估工作从规划调整、工程进度、质量管理、资金保障和使用、建设规模和标准、组织协调和后续发展等方面提出了进一步加强规划实施的措施建议。

规划调整。在对灾区三省规划项目调整方案分析后提出，规划项目调整方案大部分内容基本合理，但也需要解决好少数项目超出规划范围和跨专项调整幅度过大的问题，灾区三省应根据协调小组第四次全体会议议定意见，按照灾区省级政府负总责和坚持“三不变”原则，尽快完成规划项目调整工作。

工程进度。提出要在城乡住房、学校、医院等民生工程加快推进的同时，更加重视防灾减灾、生态修复和土地整理复垦等进度相对滞后的规划任务实施，保证恢复重建的整体协调推进。

质量管理。提出要继续把质量安全放在恢复重建的首位，坚持进度服从质量，确保安全第一。要进一步严格执行国家建设标准和技术规范，通过建立日常巡查、月度综合考评、季末汇总等制度，加强工程质量控制。

资金保障和使用管理。提出要大力加强地方自筹资金、企业自筹资金的筹措落实工作。四川省反映的“三川一镇”新增项目、甘肃省反映的重建资金严重不足、陕西省反映的农村公路重建资金缺口等，应尽可能在地方统筹资金中进行调剂，同时引导和鼓励金融机构加大对灾后恢复重建信贷支持力度，确实仍有困难的，建议中央财政在可能的情况下，再安排部分资金予以支持。

建设规模和标准。按照把握好加大投入与厉行节约的关系、不超标准建设、不搞形象工程、不盲目攀比、不追求“一步到位”、节约利用土地、节约使用资金的精神，提出4条具体建议：对同类项目不分资金来源，各地要按照相同的标准来执行；对尚未实施的同类项目，根据需求确定合理的用地规模和适当的建设规模，在土地资源有限的情况下，合理征地，合理用地；进一步严格执行施工合同条款，规范现场签证行为，控制突破设计标准的设计变更；在满足技术标准和规模需求的基础上，项目建设应以达到基本功能需求和质量安全为首要目标，并以此作为控制尺度，确保项目建设不超标、不浪费等。

组织协调。提出要继续坚持灾区省级政府负总责。协调小组继续加强规划实施的指导和政策落实工作，及时协调解决恢复重建中遇到的重大困难和问题。

灾区后续发展。提出要结合国民经济和社会发展“十二五”规划的编制，进一步加大对灾区经济社会发展支持力度，逐步完善灾区公共服务和社会保障体系，促进产业结构优化调整，加快特色优势产业发展，扩大群众就业，提高收入水平。鼓励对口支援省市与受援地区建立长期合作机制，加强双方之间经济、社会、文化、人才等交流与合作，促进优势互补、互利互惠、共同发展。

第二节　规划调整

一　调整过程

部署安排　根据国务院的要求，中央部门在调研论证的基础上，统一部署安排规划调整。早在规划实施的初期阶段，发展改革委就依据《汶川地震灾后恢复重建条例》关于规划修改的原则性要求，通过向灾区三省发函等多种形式，了解恢复重建进展情况，了解规划实施过程中存在的问题。按照国务院总理温家宝2009年6月21日关于对规划调整的批示精神，国务院灾后重建协调小组副组长穆虹率综合调研组到灾区进行专题调研，与灾区省政府及有关部门进行研究。在此基础上，发展改革委起草并会同财政部向国务院呈报《关于汶川地震灾后恢复重建规划项目调整工作的报告》，经国务院批复同意。据此，发展改革委起草了《关于汶川地震灾后恢复重建规划项目调整工作的指导意见》。8月14日，协调小组召开第三次会议，第二项议题听取发展改革委副秘书长、灾后恢复重建协调小组办公室主任马力强“关于灾后恢复重建规划项目调整的指导意见”的说明，对《指导意见》进行审议。协调小组组长、发展改革委主任张平就区域范围项目包干、项目整合、严控行政机关建设投资等问题提出要求。根据会议审议意见，发展改革委对《指导意见》做进一步修改完善，9月9日与财政部联署向国务院呈报《关于汶川地震灾后恢复重建规划项目调整工作的请示》，国务院批复同意。22日，发展改革委、财政部向灾区三省和国务院直属有关单位发出通知，对规划调整作出全面部署安排，明确灾区三省人民政府是规划调整的主体，提出了规划调整的内容、原则和要求，以及规划调整程序等。11月4日，财政部就中央重建基金调整工作向灾区三省财政厅发出通知，提出与规划项目调整相衔接的中央重建基金调整的基本原则、调整程序、时间安排等。

具体实施　规划调整由协调小组组织协调，灾区省级政府为责任主体，协调小组成员单位参与配合具体实施。

跟踪调查。在规划调整正式部署安排、灾区省逐步展开过程中，协调小组注意跟踪调查，多方面了解情况，听取对灾后恢复重建特别是规划调整中遇到问题的解决意见或建议。2009 年 9 月下旬，温家宝在四川考察指导灾后恢复重建工作期间，四川省向温家宝反映急需解决的几个问题，其中部分问题与规划调整紧密相关。对此，协调小组办公室迅速给四川省灾后恢复重建委员会办公室、财政部经济建设司和住房城乡建设部城乡规划司发函，征求对这些问题的解决意见或建议。10 月 10 日，上述 3 个单位分别就包括城镇住房重建进度较慢和北川新县城建设在恢复重建规划编制过程中未作考虑，很多建设内容未纳入规划，有 30 亿元资金缺口需协调解决等与规划调整有关的问题提出解决意见或建议。协调小组办公室对这些意见建议进行分析研究，并提出建议意见，分转 3 个灾区省在规划调整中予以考虑。11 月 30 日，发展改革委向国务院相关部门发函，征求对四川省要求给予灾后恢复重建政策支持的意见。财政部、税务总局、人民银行、银监会、教育部等部门，以及发展改革委有关司局等回复了意见，包括已解决或已明确意见的 6 项政策、部分同意或正在研究中的 9 项政策、暂时不宜调整或再研究的 7 项政策，发展改革委据此向四川省作了回复。3 个灾区省提交规划调整方案后，2010 年 1 月 11 日，协调小组召开联络员会议，听取灾区三省规划项目调整总体情况汇报，国务院有关部门详细了解相关内容调整情况，会后将三省汇报材料带回部门再行认真研究并予反馈。协调小组办公室将铁道部、扶贫办、林业局、交通部、水利部、国土资源部、银监会等单位对规划调整提出的意见加以汇总，作为协调小组审议的参考依据。

履行主体责任。根据国家的统一部署和要求，灾区三省从各自实际出发，采取相应的举措和步骤进行规划调整工作。四川省通过采取“两上两下”（“自下而上”征求意见、“自上而下”统一意见）程序提出最终调整建议意见报省政府审定，经省政府审定后的规划项目调整方案下发实施，并上报备案。四川省项目调整的范围除城乡居民住房外，均严格控制在国家规划确定的 39 个重灾县（市、区）内。甘肃省政府 2009 年年初向财政部、发展改革委发出涉及规划调整的建议函；9 月11 日，甘肃省灾后重建领导小组办公室依据协调小组第三次会议精神，向有关市（州）政府、省直有关部门发出通知，就该省规划项目调整的基本原则、调整内容、基本要求和调整程序作了明确说明。陕西省的做法是，调整原则具体化和县省直通，从省重灾县数量较少的实际出发，继续采取抗震救灾和灾后重建工作中建立的直通车制度。由县级政府提出项目调整申请，直接上报省灾后恢复重建领导小组办公室进行审核、审批，省灾后重建办对经省级部门审核、与县政府衔接达成统一意见的调整情况汇总并报省政府审核批复后下发施行。

严格审查把关。2010 年 2 月 1 日，灾后重建协调小组召开第四次会议，听取灾区三省领导汇报，对三省规划项目调整方案进行审议。会议再次明确灾区省级人民政府是规划项目调整的责任主体，重申项目调整要本着“三个坚持、三个不变”的基本原则；强调规划项目调整不宜增加铁路、水利工程等新的发展类项目，不能减少防灾减灾、生态修复、土地复垦等事关灾区民生和安全的重大建设项目和中央资金规模，中央包干资金原则上不作跨类别大幅度调整。张平从国家对灾后恢复重建的总体考虑、国家经济建设全局和长远发展角度，对四川省提出的新增铁路建设项目、“三川一镇”（“一镇”是汉旺镇，“三川”指北川、青川、汶川）资金问题和甘肃省、陕西省提出的跨领域调整资金安排等有关重大问题明确了意见，强调要本着对灾区的人民群众、对历史、对恢复重建负责，以科学的态度搞好项目调整，确保恢复重建任务顺利完成。会后，灾区三省结合协调小组第四次会议精神，对各自的规划调整方案进行再梳理和修改完善，并将修改情况反馈协调小组。

二 调整结果

总体调整结果 从2009年9月22日发展改革委、财政部部署，到2010年7月15日四川省上报补充调整报告，灾后恢复重建规划中期调整基本完成。规划项目从46048项减少到40620项，减少5428项，减少11.79%；投资从9827亿元减少到9455亿元，减少372亿元，减少3.79%。

专项调整结果 城乡住房建设：由于项目数计算方法不一,四川省将每一个县作为一个项目，甘肃省、陕西省未列入项目数，因此不分析项目变化数。调整后，投资减少275亿元，投资比重降低3.5个百分点。城镇体系建设：减少149项，投资增加5亿元，投资比重降低0.23个百分点。农村建设：增加71项，投资减少410亿元，投资比重降低4.33个百分点。公共服务设施建设：减少5012项，投资减少120亿元，投资比重降低1.53个百分点。基础设施建设：减少242项，投资增加413亿元（不含灾区三省铁路项目资金），投资比重提高3.6个百分点。生产力布局和产业调整：增加1031项，投资增加103亿元，投资比重增加0.26个百分点。市场服务体系建设：减少658项，投资减少47亿元，投资比重降低0.55个百分点。防灾减灾：增加194项，投资减少103亿元，投资比重降低1.1个百分点。生态修复和环境整治：减少658项，投资减少56亿元，投资比重降低0.61个百分点。土地整理复垦：减少1项，投资减少5亿元，投资比重降低0.07个百分点。精神家园建设：列入94项，投资列入14亿元，投资比重占0.14%。其他项目：列入12项，列入投资48亿元，投资比重占0.47%。

调增的重大项目 四川省“三川一镇”异地迁建，即北川县城和绵竹市汉旺镇的整体迁建、青川和汶川县城部分功能的异地迁建，新增用地、拆迁、安置补偿等费用49.74亿元。甘肃省新增两条铁路，在甘肃境内新建兰州至合作铁路300公里、成都至西宁铁路甘肃段174公里，估算投资229.4亿元，但建设资金按铁道部与省政府纪要确定的来源解决，不使用中央重建基金，享受灾后重建项目的优惠政策。陕西省新增铁路扩建项目，新增阳平关至安康铁路扩能改造项目，在单线基础上增建二线，全长360公里。基础设施专项规划中，四川省原成都—雅安—康定铁路、成都至蒲江铁路、成都至都江堰铁路彭州支线、成都至西宁铁路（四川段）等4条铁路项目不再纳入规划，减少规划投资773亿元；增补“映秀至汶川高速公路”项目，增加投资49.9亿元。

第三篇

政策措施

政策措施是恢复重建规划的重要组成部分，是规划实施的重要保障，但具有独立运行的特性。汶川特大地震恢复重建政策措施的制定始于 2008 年 5 月 23 日，国务院抗震救灾总指挥部第 13 次会议要求灾后重建规划组根据恢复重建工作需要，研究制定具体的政策措施，包括中央财政、地方财政的支持政策，以及发动群众、实行各地区对口支援的措施等。28 日，国务院批转总指挥部《关于当前抗震救灾进展情况和下一阶段工作任务》，提出做好灾后重建前期工作，要组织专门力量研究制定各项支持政策。6 月 3 日，总指挥部第 16 次会议，责成财政、税收、银行、证券、保险等部门和单位抓紧研究相关扶持政策。6 日，国务院印发《国家汶川地震灾后重建规划方案》，由发展改革委、财政部、民政部、国土资源部、人民银行、银监会、保监会、证监会、税务总局和四川、甘肃、陕西三省政府牵头或负责，于 20 日前分别提出财政政策、税费政策、金融政策、土地政策、产业政策、社会募集以及通过教育援助、孤残救助、定向招工等方式支持重建的政策措施建议。8 日，国务院公布《汶川地震灾后恢复重建条例》，提出设立地震灾后恢复重建基金，实行税收优惠、费用减免、财政贴息、项目扶持等优惠政策。11 日，国务院办公厅印发《汶川地震灾后恢复重建对口支援方案》，由中央统筹协调，组织东部和中部省市按照“一省帮一重灾县”的原则，就对口支援提出了明确的要求，要求 19 个支援省（市）按每年不低于本省市上年地方财政一般预算收入 1% 的实物工作量对口支援。18 日上午，温家宝主持召开国务院第 13 次常务会议，听取并原则同意财政部副部长廖晓军关于支持汶川地震灾后恢复重建政策措施意见的汇报。会后，财政部对《关于支持汶川地震灾后恢复重建政策措施的意见稿》作了进一步修改完善。29 日，国务院印发《国务院关于支持汶川地震灾后恢复重建政策措施的意见》，提出了包括中央财政建立灾后恢复重建基金、财政支出、税收、政府性基金和行政事业性收费、金融、产业扶持、土地和矿产资源、就业援助和社会保险待遇支付、粮食等 9 个方面的政策措施，并明确现行法律法规及政策中适用于抗震救灾和灾后恢复重建的各项优惠政策措施在重建规划区同时执行。要求国务院有关部门尽快制订有关政策措施的具体实施办法，明确政策措施适用范围和执行期限，并根据灾后恢复重建进展情况和实际需要，及时调整和完善各项政策措施。受灾地区省级人民政府要结合本地区实际，制订贯彻实施的具体操作办法，组织实施落实。此后，国务院有关部门根据实际情况，对支持恢复重建的政策措施进行了补充。7 月 3 日，国务院发布《关于做好汶川地震灾后恢复重建工作的指导意见》，要求综合运用财税、金融、土地、产业、就业等政策手段；鼓励社会各界自愿捐助；鼓励国有大企业集团多承担社会责任，支持各类企业到灾区投资兴业；加大以工代赈力度，鼓励灾区群众投身灾后重建。9 月 19 日国务院公布的《汶川地震灾后恢复重建总体规划》和之后陆续公布的 10 个专项规划，再次提出一系列恢复重建的配套政策措施。此外，《国务院批转发展改革委、电监会关于加强电力系统抗灾能力建设若干意见的通知》《国务院办公厅关于汶川地震抗震救灾捐赠资金使用指导意见》《国务院办公厅印发关于地震灾区恢复生产指导意见的通知》《国务院办公厅关于印发汶川地震灾后恢复重建对口支援方案的通知》《财政部、国家税务总局关于延长部分税收优惠政策执行期限的通知》《关于做好汶川地震房屋倒损农户住房建设工作的指导意见》《关于汶川地震灾区城镇居民住房重建的指导意见》等文件进一步完善了政策措施。

进入规划实施阶段以后，协调小组成员单位结合部门职责和协调小组研究事项，根据恢复重建工作的需要，制定了一系列配套政策、措施。中期评估报告反映地方筹措资金存在一定困难，一些地方关于支持企业贷款贴息、产业扶持方案和融资创新的办法尚未出台，致使企业难以获得贷款贴息，国家用于扶持产业重建的政策执行效果不佳。国务院汶川地震灾后恢复重建工作协调小组加强政策落实协调工作，协调落实了增加建材有效供给、支持贫困农户住房重建、支持农村信用社、加强金融信贷支持、中小企业贷款、城镇住房重建、灾区在外务工经商人员及其家属在就业地落户等政策，解决了恢复重建中遇到的一些重大问题。同时，还对加强重建资金统筹使用、加强灾区干部群众心理援助、延长部分灾后恢复重建支持政策等问题研究了落实意见。四川、甘肃、陕西3个灾区省根据灾后重建实际，从财政、税费、金融、土地、产业等方面制定实施意见，解决灾后恢复重建工作中遇到的实际困难，保障灾后恢复重建工作全面、顺利开展。

恢复重建政策措施的内容主要包括：中央财政建立灾后恢复重建基金，调整财政支出结构，减免部分政府性基金和行政事业性收费，支持利用国外优惠贷款等财政政策；减免企业和个人税收、延长农村信用社税收优惠政策以及延期申报纳税等税收政策；适当减免金融业收费；对受灾地区实施倾斜和优惠的信贷政策，鼓励银行业金融机构加大对受灾地区信贷投放；增加对灾区的再贷款、再贴现额度，继续对灾区执行倾斜的准备金政策，支持受灾地区金融机构增强贷款能力；鼓励和引导受灾地区企业通过债券市场、股票市场融资；设立灾后重建产业投资基金；加强地震保险赔付等金融政策；多途径保障建设用地指标，调整审批程序，启动用地审批快速通道；实施特殊供地政策，免收新增建设用地有偿使用费和土地出让收入，矿产资源补偿费等留给地方，降低用地成本；加大土地整理复垦支持力度，及时恢复土地确权登记资料，维护社会各方的土地权益；加大产业结构调整力度，扶持骨干企业和中小企业，大力发展服务业，合理进行产业空间布局，促进节能减排等产业政策；就业援助、教育援助、再生育支持、扶贫援助、人才支持、社会保障、人口安置、法律援助、孤残援助、社会参与等社会援助政策，以及与财政政策、税费政策、金融政策、土地政策等具有交叉关系、事关群众切身利益的住房政策。

第一章 财政政策

第一节 中央重建基金

一 基金建立

为确保灾后恢复重建资金来源，引导各类资金用于恢复重建，避免影响正常年度预算执行，国家决定建立中央重建基金。《汶川地震灾后恢复重建条例》第五十四条提出，国家根据地震的强度和损失的实际情况等因素建立中央基金，专项用于地震灾后恢复重建。《国务院关于支持汶川地震灾后恢复重建政策措施的意见》提出，中央基金以中央一般预算收入安排为主，中央国有资本经营预算收入、车辆购置税专项收入、中央彩票公益金、中央分成的新增建设用地有偿使用费用于灾后重建的资金也列入基金。调整经常性预算安排的有关专项资金使用结构，向受灾地区倾斜。统筹使用好受灾地区财政投入、对口支援、国内银行贷款以及国际组织贷款等资金，引导各类捐赠资金合理配置、规范使用，提高资金使用效益。受灾地区（主要是四川省）财政比照中央财政做法，相应建立地震灾后恢复重建基金。《恢复重建总体规划》提出，中央财政按照占恢复重建资金总需求 30% 左右的比例建立中央恢复重建基金，其余资金通过地方财政、对口支援、社会募集、国内银行贷款、资本市场融资、国外优惠紧急贷款、城乡居民自有和自筹资金、企业自有和自筹资金、创新融资以及其他渠道筹措。2008 年 11 月 12 日，国务院第 35 次常务会议审议通过中央基金安排和分省包干方案，明确 2008—2010 年以中央基金 3000 亿元为主导，统筹安排受灾地区财政投入、社会捐赠、对口支援、银行贷款等各类恢复重建资金约 1 万亿元，支持灾后恢复重建。

二　基金使用

《国务院关于支持汶川地震灾后恢复重建政策措施的意见》（参见图 28）提出，中央基金支出按照“统筹安排、突出重点、分类指导、包干使用”的原则，采取对居民个人补助、项目投资补助、企业资本金注入、贷款贴息等方式，对城乡居民倒塌毁损住房、公共服务设施、基础设施恢复重建以及工农业恢复生产和重建等给予支持。除中央基金安排外，统筹安排好受灾地区财政投入、社会捐赠、对口支援和国内外贷款等各类资金。中央基金重点用于支持规划确定的川、甘、陕三省重灾地区 51 个县（市、区）的各类恢复重建和规划范围以外的城乡住房恢复重建。除支持城乡倒损住房重建和维修加固外，规划范围以外其他灾区恢复重建，国家主要通过现行体制加大财政转移支付、扶贫开发等方式予以支持。按总体规划确定的城乡住房、城镇建设、农村建

图 28　2008 年 6 月 29 日，国务院印发《国务院关于支持汶川地震灾后恢复重建政策措施的意见》；7 月 3 日，国务院印发《国务院关于做好汶川地震灾后恢复重建工作的指导意见》；9 月 19 日，国务院印发《国务院关于印发汶川地震灾后恢复重建总体规划的通知》

设、公共服务、基础设施、产业重建、防灾减灾、生态环境、精神家园等方面，分别确定恢复重建任务的补助原则、标准和资金规模。中央基金实行总量包干和分类切块控制相结合的办法，对地方总量包干不变，但允许其根据恢复重建需要和实施中的实际情况，在分类切块控制数之间进行合理调整，根据项目轻重缓急统筹安排使用。

三　基金管理

地震灾后恢复重建资金按资金渠道分别在一般预算、政府性基金预算、国有资本经营预算中反映。

地震灾后恢复重建资金主要包括：收到的国内外捐款（含按规定变价处理的捐赠物资变价收入）；上级财政通过一般预算安排给下级财政的灾后恢复重建补助，通过政府性基金预算安排给下级财政的灾后恢复重建补助，通过国有资本经营预算安排给下级财政的灾后恢复重建补助；调用预算稳定调节基金用于灾后恢复重建的资金；调用预算外资金用于灾后恢复重建的资金。

地震灾后恢复重建资金主要用于以下方面：因灾倒塌损坏民房的重建补助；学校、医院等事业单位及政府机关恢复重建；交通、电力、通信、城市供水、污水处理、供气、受损水库等基础设施恢复重建；农林水、工业生产及商业流通恢复；地质灾害治理、移民搬迁；其他方面的支出。

承担对口支援的地方政府统一管理资金、物资，直接组织实施恢复重建工作的，灾后恢复重建支出分科目列入支援方的本级政府预算。支援方只提供资金、物资，不参与恢复重建具体实施工作的，支援方将相关支出列入本级政府预算的捐赠支出，受援方按捐赠资金的具体用途，分科目（地震灾后恢复重建支出各款项科目）列入本级政府预算。

各级政府、各部门、各单位按照规定的支出科目、资金用途、支出范围和支出标准编制地震灾后恢复重建资会支出预算，并优先保障受灾群众基本生活和公共服务设施恢复重建。各级政府财政部门依照规定及时、足额拨付地震灾后恢复重建资金，加强对地震灾后恢复重建资金拨付和使用的监督。

各级政府、各部门、各单位的恢复重建工作必须按预算执行，并加强对恢复重建支出的管理，不得侵占、截留、挪用灾后恢复重建资金或物资。地震灾后恢复重建资金按规定接受审计机关的审计监督。

年度预算和决算编制完成后，各级财政部门按规定编制地震灾后恢复重建资金收支情况，向本级人民代表大会及其常务委员会和上级财政部门报告。

四　基金安排

截至 2011 年 5 月 10 日，中央重建基金安排 3026 亿元，其中中央财政安排一般预算收入 2350 亿元、车辆购置税专项收入安排 300 亿元、国有资本经营预算收入 20 亿元、新增建设用地有偿使用费 50 亿元、彩票公益金 126 亿元等。

五　中央财政其他专项资金安排

甘肃整村重建配套资金安排　2009年1月15—17日，甘肃省向李克强汇报，灾后整村重建村庄配套的基础设施建设投资很大，建议国家给予补助。3月5日，财政部向国务院领导书面报告，为支持灾区加快做好农房灾后恢复重建工作，保障受灾群众尽早恢复正常生产生活秩序，在中央基金对甘肃包干数之外，经商交通运输部、环境保护部、国土资源部同意，从专项资金调剂4亿元对甘肃灾后整村重建所需配套基础设施给予适当补助。国务院领导批示同意。

失地农民异地安置资金安排　汶川地震造成四川省、甘肃省部分农民失去宅基地和耕地。四川省委、省政府于2008年7月开展因灾失地农民安置帮扶工作，通过进村入户，逐户登记造册，调查核实全省失去宅基地12307亩，涉及农户45316户、人口159037人；损毁灭失耕地17.6万亩，其中11841户、41443人的5.64万亩耕地全部灭失；全省共需安置56401户、197834人（有756户、2646人同时失去宅基地和耕地）。省委、省政府确定"就地、就近、分散安置"的原则。2009年5月11日，四川省委向胡锦涛、李克强汇报工作，恳请中央解决四川省因灾失地农民异地安置费用。6月17日，财政部部长谢旭人向李克强和温家宝汇报，提出关于四川省和甘肃省的因灾失地农民，建议参照大中型水利水电工程建设征地补偿和移民安置、异地扶贫搬迁、临时生活救助等政策和标准安置，核定两省由中央财政一次性补助金额20亿元。

"三川一镇"资金安排　北川新县城整体异地迁建及该县曲山镇（原县城）、香泉乡、开坪乡、漩坪乡、陈家坝乡5个乡（镇）异址迁建，汶川、青川县城部分功能异地迁建，绵竹市汉旺镇原址异地整体迁建，都涉及新征土地和拆迁补偿。北川新县城及该县5个重建乡（镇）征地拆迁规模约850万平方米，汶川县城及该县5个重灾乡（镇）征地拆迁规模约150万平方米，青川县新、老县城及该县10个重建乡（镇）征地拆迁规模约500万平方米，汉旺新镇征地拆迁规模约500万平方米，均需投入大量资金。2010—2011年，四川省多次向协调小组报告"三川一镇"征地拆迁资金缺口问题。2011年11月，财政部、发展改革委联合向国务院上报《关于解决四川"三川一镇"灾后恢复重建征地拆迁补偿费用的请示》，建议本着"中央财政与地方财政共同负担，中央财政多负担"的原则，对"三川一镇"征地拆迁费用45.43亿元，由财政部安排35.43亿元，其余10亿元由四川省继续从包干资金以及其他地方财力统筹解决。国务院批准同意。

财力补助　2008年7月15日，财政部安排灾区综合财力补助27亿元，重点用于保障受灾严重县乡政府运转和社会事业需要。2009年6月22日，财政部安排四川地震灾区综合财力补助20亿元。2010年4月19日，财政部再次安排四川地震灾区综合财力补助18亿元。2011年2月11日，财政部发出通知，对四川地震灾区的综合财力补助政策将延续到"十二五"期间（2011—2015年），共计45亿元，帮助灾区财政正常运转、平稳运行。

第二节　财政支出结构调整

一　加大转移支付力度

中央和灾区各级政府压缩行政事业费支出，加大转移支付力度，保障县乡基层政权机构正常运转。调整专项建设规划和专项资金安排，按用途不变原则整合资金，向灾区特别是受灾贫困地区倾斜。

二　按比例负担投资

教育、卫生、基层政权等公共服务设施恢复重建资金，原则上由中央和受灾地区财政按比例负担，其中中央垂直管理部门（含直属事业单位）由中央财政负担。同时，对口支援和社会捐赠资金要优先用于教育、卫生等公共服务设施建设。

三　贴息补助

中央财政重点对破坏严重需整体重建或搬迁的非经营性城镇市政设施给予项目投资补助；对经营性或有收费（收入）来源的城镇市政设施恢复重建给予贷款贴息。对交通基础设施恢复重建采取项目投资补助、贷款贴息等方式给予支持。其中，公路包括受损国道、省道及桥梁、涵洞、县乡公路，所需资金以车辆购置税专项收入调剂安排为主，中央一般预算收入适当安排为辅。对受损水库结合病险水库除险加固工程给予投资补助，对受灾严重地区的其他水利设施给予适当支持。对震后地质灾害治理、环保监测设施等给予项目投资补助。

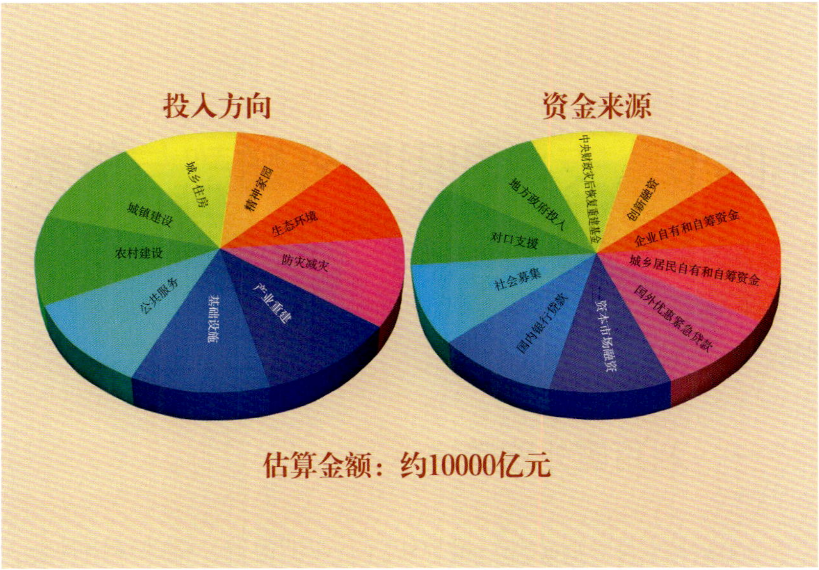

图 29　灾后恢复重建资金示意图

（选自汶川地震灾后恢复重建主题展览）

第三节　减免政府性基金和行政事业性收费

一　减免部分政府性基金

国家对受灾严重地区内的用电企业、单位和个人，免收三峡工程建设基金、大中型水库移民后期扶持基金；对企业和有关经营者免收属于中央收入的文化事业建设费、国家电影事业发展专项资金、水路客货运附加费。四川、甘肃、陕西三省根据本地实际情况，对受灾严重地区酌情减免属于地方收入的政府性基金。

二　减免事业性收费

对受灾严重地区内的建筑企业，全部免收属于中央收入的工程定额测定费、建设工程质量监督费、占用农业灌溉水源及设施补偿费、水利建设工程质量监督费、铁路工程质量监督费；对矿产资源开采企业，全部免收属于中央收入的矿产资源补偿费、探矿权采矿权使用费、石油（天然气）勘查开采登记费、采矿登记费、矿产资源勘查登记费；对银行、信用社、邮政储蓄机构（包括注册地在受灾地区的法人机构及在受灾地区的分支机构），全部免收银行业机构监管费和业务监管费；对保险公司、保险中介机构（包括注册地在受灾地区的法人机构及在受灾地区的分支机构），全部免收保险业务监管费；对证券、基金、期货公司（包括注册地在受灾地区的法人机构及在受灾地区的分支机构），全部免收证券市场监管费；对电力企业全部免收电力监管费。

第四节　支持利用国外赠款与贷款

重建规划区内国际金融组织和外国政府贷款项目，因灾无法按期偿还贷款本息的，暂由中央财政垫付偿还。

一　利用国外赠款

2008 年 5 月，财政部与世界银行、亚洲银行、全球环境基金、国际农业发展基金等国际金融组织紧急磋商，积极争取到 925 万美元赠款，用于国际经验交流、救灾和重建物资购买、次生灾害风险评估、可持续发展研究等方面，其中世界银行 410 万美元、亚洲银行 165 万美元、全球环境基金200万美元、国际农业发展基金150万美元。同时，还积极争取到德国赠款1440万欧元，用于四川、甘肃两省道路隧道、河堤以及学校等项目重建。

二　利用优惠贷款

2008年11月1日，国务院批准发展改革委和财政部联合上报的《汶川地震灾后恢复重建利用国外优惠紧急贷款规划》。2009年8月11日，经国务院批准陆续完成与国外贷款机构谈判和签约，贷款资金来源全部落实。国外优惠紧急贷款资金总额约15亿美元，全部由中央财政统借统还。同时，还积极争取沙特6000万美元特别贷款，用于灾区住宅建设、教育和卫生领域，贷款期20年，宽限期5年，贷款利率较低（3%），用途广，使用灵活，不附加限制性采购条件。除必要的少量资金由国内资金配套，项目其余建设资金均利用国外贷款解决。国家发改委授权四川、甘肃、陕西三省发改委审批列入国外贷款规划项目可行性研究报告，项目资金申请报告由三省发改委按项目分类分别打捆报国家发改委审批。

截至2010年12月31日，四川省利用国外优惠紧急贷款完成病险水库整治项目99.2%、生态修复项目66.2%、农村沼气项目82%。甘肃省教育领域完成项目80%，卫生领域完成项目67%，城镇基础设施建设完成项目49%。陕西省利用亚洲开发银行优惠紧急贷款项目资金申请报告全部批复，落实71个采购项目的招标工作，完成采购计划的87.7%；有13个子项目开工建设，开工项目数占总项目数的81.3%。开工项目中，交通项目完成投资的42%，教育项目完成投资的65%。

第二章　税收政策

第一节　减免企业和个人税收

一　减免企业税收

截至2010年5月，四川省国税局累计减免税收23亿元，惠及灾区纳税人2.3万户次，为671户次受灾纳税人办理财产损失税前列支56亿元，为2078户受灾严重企业办理延期缴纳税款42亿元。以剑南春集团公司为例，该公司资产在地震中直接损失7亿元、间接经济损失30亿元。按照国家出台的税收优惠政策，减免税收9691万元。

扩大增值税抵扣范围　自2008年7月1日起，允许受灾严重地区企业新购进机器设备所含的增值税进项税额予以抵扣，国家限制发展的特定行业除外。2009年1月1日起，新修订的《中华人民共和国增值税暂行条例》实施，全国除限制行业外的增值税一般纳税人新购进机器设备所含的增值税进项税额均予以抵扣。截至2010年6月30日，汉中市税务系统为灾区86户企业办理增值税抵扣5843万元。

免征企业所得税　对受灾严重地区损失严重的企业，免征2008年度企业所得税；对受灾地区企业取得的救灾款项以及与抗震救灾有关的减免税收入，免征企业所得税。截至2009年9月，四川省地税部门减免各类税收合计19.22亿元。其中，落实企业实际发生的因地震灾害造成的损失企业所得税税前扣除政策减征企业所得税6.75亿元，落实企业捐赠税前全额扣除政策减征企业所得税1.84亿元，为受灾严重地区损失严重的企业免征企业所得税4.84亿元。

截至2010年6月30日，汉中市税务系统为灾区企业所得税前财产损失扣除72户，扣除额为3388.74万元。受灾严重免征所得税企业268户，免征额为4460万元。

免征车辆购置税和资源税 对专项用于抗震救灾和恢复重建能够提供抗震救灾证明的新购的特种车辆，免征车辆购置税。

2008年7月10日，四川省政府印发《关于支持汶川地震灾后恢复重建政策措施的意见》，提出纳税人开采或生产应税产品（天然气除外）过程中，因地震灾害遭受重大损失的，2008年5月1日至2011年4月30日，免征应缴资源税。

提高营业税起征点 三年恢复重建期间，重灾县（市）按期缴纳营业税的起征点适用月营业额5000元的最高限额（当时营业税起征点为按期纳税的月营业额1000～5000元）。

二 减免个人所得税

受灾地区个人取得的各级政府发放的救灾款项、接受捐赠的款项，以及对抗震救灾一线人员按照地方各级政府及其部门规定标准取得的与抗震救灾有关的补贴收入，免征个人所得税。

2008年7月10日，四川省政府印发《关于支持汶川地震灾后恢复重建政策措施的意见》，经灾区县（市、区）政府批准，因灾造成重大损失的个人可在3年内减征五至九成个人所得税。截至2010年5月，四川省国税局累计为因地震灾害造成重大损失的个人减征个人所得税3.02亿元。

甘肃省规定，“因地震灾害造成重大损失的个人，可自地震灾害发生之日起2年内减征50%的个人所得税”。重建期间，甘肃国税系统减免各类税收1.93亿元，共有98家企业享受到税收优惠政策。截至2010年6月30日，甘肃省8个重灾县（区）中有5个重灾县（区）为47户企业办理固定资产所含增值税进项税额抵扣719.19万元。甘肃省地税系统减免税达到988万元，有108户企业享受到税收优惠政策。

第二节 免征其他税收

一 免征农村信用社所得税

2009年3月23日，协调小组第二次全体会议审议议定免除灾区农村信用社所得税5年。经国务院同意，2010年1月5日，税务总局和财政部联合下发《财政部、国家税务总局关于汶川地震灾区农村信用社企业所得税有关问题的通知》，规定从2009年1月1日至2013年12月31日，对四川、甘肃、陕西、重庆、云南、宁夏等六省（区、市）汶川地震灾区农村信用社继续免征企业所得税。汉中市税务系统对农村信用社免征所得税4户，免征额1877.3万元。

甘肃农村信用社免征企业所得税优惠政策实施效果明显，累计为35户农村信用社免征企业所得税17060.32万元，涉及7个重灾县（区）、28个一般受灾县（区）。

二 减免捐赠税收

对单位、个体经营者和财产所有人无偿捐赠物资、资金、财产的，给予税收优惠。

无偿捐赠免征增值税、城市维护建设税及教育费附加 对单位和个体经营者将自产、委托加工或购买的货物通过公益性社会团体、县级以上人民政府及其部门无偿捐赠给受灾地区的，免征增值税、城市维护建设税及教育费附加。

捐赠税前扣除 对企业、个人通过公益性社会团体、县级以上人民政府及其部门向受灾地区的捐赠，允许在当年企业所得税前和当年个人所得税前全额扣除。陕西省规定，个人以银行转账、电汇或通过邮局汇款等方式向中国境内的社会团体、国家机关进行捐赠，之后不索取受赠单位受赠凭证的，可按转账、汇款凭据作为个人所得税税前扣除凭证。

免缴印花税 财产所有人将财产（物品）捐赠给受灾地区或受灾居民所书立的产权转移书据免征应缴纳的印花税。

四川省规定，纳税人、扣缴义务人因灾不能按期办理纳税申报或者报送代扣代缴、代收代缴税款报告表的，可以延期办理；其应缴税款，可以延期缴纳，最长不超过3个月。延期期间，纳税人的应纳税款一律不加收滞纳金、不罚款。

给予进口税收优惠 对受灾地区企业、单位或支援受灾地区重建的企业、单位进口国内不能满足供应并直接用于灾后重建的大宗物资、设备等，在3年内给予进口税收优惠。

第三章 金融政策

第一节 支持金融机构扩大信贷

一 适当减免收费

适当减免金融机构交易费用，包括交易场所会费、投资者保护基金、保险保障基金等收费。鼓励受灾地区金融机构适当减免客户账户查询、挂失和补办、转账，证券持有人的证券账户卡挂失与补办、证券查询、证券继承等收费。免收重建规划区地方法人银行机构和全国性银行机构在该县（市、区）设立的分支机构的银行业机构监管费和业务监管费。银监会要求灾区省农村信用社联合社对灾区农村信用社减免管理费，银行业协会适当减免受灾严重的银行业金融机构缴纳的会费，银行业金融机构建立捐赠款绿色通道，减免捐赠款手续费。

二 信贷资源倾斜

全国性银行业金融机构加大系统内调剂力度，受灾地区地方性法人银行业金融机构可在满足资本充足率等要求的前提下充分运用资金。增加扶贫贴息贷款规模投放。四川省提出，各银行总行对灾后恢复重建贷款不计入其四川分行的贷款规模考核指标之内，以保障信贷资金对灾后重建的有力支持。加大对受灾地区的再贷款（再贴现）支持力度。2008 年增加受灾地区 200 亿元再贷款（再贴现）额度，以后根据实际需要可再适当增加支农再贷款额度，拓宽支农再贷款使用范围，允许用于支持农村信用社对农户发放住房重建贷款，简化灾区支农再贷款操作程序，提高支农再贷款使用效率。允许银行业金融机构开展并购贷款业务，在受灾地区没有营业网点的银行业金融机构可以开展跨地区贷款业务。

三 存款准备金倾斜

受灾地区地方法人金融机构执行倾斜的存款准备金政策，允许受灾地区金融机构提前支取特种存款，增加信贷资金来源。2008 年 12 月 22 日，中国人民银行印发《关于下调人民币存款准备金率的通知》，明确重灾地区 51 个县（市、区）及一般灾区 186 个县（市、区）的地方法人金融机构分别执行较低的存款准备金率。2010 年 9 月 21 日，人民银行、银监会、证监会、保监会联合印发《关于进一步做好汶川地震灾后重建金融支持与服务工作的指导意见》，明确在 2011 年 6 月 30 日前，继续对灾区地方金融机构法人执行较低存款准备金率，在此期间若逢存款准备金率上调，对灾区地方法人金融机构暂不执行。

四 再贷款利率优惠

2008 年 8 月 15 日，中国人民银行印发《关于汶川地震灾区支农再贷款实行优惠利率的通知》，明确支农再贷款优惠利率适用于人民银行有关分支行为满足汶川地震重灾地区农村信用社流动性需求发放的支农再贷款（含地震前已发放尚未到期的支农再贷款）。各期限档次支农再贷款优惠利率在现行农村信用社再贷款利率基础上分别下调 0.99 个百分点。优惠利率执行时间为 2008 年 5 月 1 日至 2011 年 6 月 30 日。2008 年 12 月 18 日，中国人民银行办公厅印发《关于汶川地震灾区支农再贷款优惠利率问题的通知》，将支农再贷款优惠利率范围由极重灾区、重灾区扩大到一般灾区。一般灾区支农再贷款优惠利率的执行时间为 2008 年 12 月 22 日至 2011 年 6 月 30 日。2008 年 12 月 23 日，人民银行将汶川地震灾区支农再贷款优惠利率下调 0.54 个百分点；2010 年 12 月 26 日，人民银行宣布对汶川地震灾区支农再贷款优惠利率水平保持不变。优惠利率支农再贷款集中用于受灾严重地区农村信用社发放农户贷款，满足当地农户从事农业生产、生活消费和灾后恢复重建的合理资金需求。

全国农村合作金融机构向灾区三省提供援助资金 3.29 亿元。银监会将农村信用社管理费结余的 1000 万元全部拨付损失严重的受灾地区农村信用社。截至 2011 年年末，地震灾区农村信用社专项中央银行票据兑付工作全部完成，兑付票据额度 115 亿元。

加快专项票据兑付进度。《国务院关于支持汶川地震灾后恢复重建政策措施的意见》提出，采取专项票据兑付方式增强农村信用社信贷投放能力。对灾区农村信用社持有的专项票据，人民银行通过简化兑付考核程序，加快兑付进度，支持其增强资金实力。

五 引导保险投资

积极引导和协调保险机构，将保险资金优先投资受灾地区关系国计民生的重大项目，支持受灾地区基础设施恢复重建。

六　银行债权保护

《国务院关于支持汶川地震灾后恢复重建政策措施的意见》提出，加强受灾地区金融运行监测，保持受灾地区金融秩序和金融安全。对暂时无主客户的债权，另账保存。依法确认和保护遇难者账户资金、金融资产所有权和继承权。2008 年 8 月 7 日，人民银行、银监会、证监会、保监会印发《关于汶川地震灾后重建金融支持和服务措施的意见》，要求加大对灾区金融机构风险的防范处置，依法维护金融债权。加强对贷款的日常监测分析，对贷款向下迁移的，要及时进行风险预警，督促采取增加担保、抵押等风险缓释措施，最大限度保护债权。

第二节　加大信贷支持

根据银监会提供的数据，截至 2011 年 9 月末，灾区银行业金融机构灾后恢复重建授信总额为 6385.6 亿元，累计发放贷款 5560.2 亿元。其中，发放基础设施贷款 1671.2 亿元、产业重建贷款 1383.7 亿元、城镇建设贷款 882.4 亿元、涉农贷款 1118 亿元、公共服务贷款 129.8 亿元。

一　银行“四不政策”

《国务院关于支持汶川地震灾后恢复重建政策措施的意见》提出，对灾前已经发放、灾后不能按期偿还的各项贷款延长还款期限 6 个月，在 2008 年年底前采取不催收催缴、不罚息、不作为不良记录、不影响其继续获得受灾地区其他信贷支持的“四不政策”。2008 年 12 月 31 日，人民银行、银监会联合印发《关于汶川地震灾前贷款因灾延期偿还有关政策的通知》，对灾前已经发放、灾后不能按期偿还的个人贷款，在 2008 年 12 月 31 日以前仍然不能按期还款或者借贷双方尚未达成重组或减免协议的，再给予 6 个月的宽限期；对灾前已经发放、灾后不能按期偿还的企业贷款，在 2008 年 12 月 31 日以前仍然不能按期还款或者借贷双方尚未达成重组或减免协议的，再给予 12 个月的宽限期。在宽限期内继续按“四不政策”处理。四川省根据灾区实际情况，请求延长“四不政策”执行期限，将对因灾不能按时偿还贷款客户的“四不政策”延期到 2011 年年底，人民银行、银监会原则同意，按“特事特办”申请。

银行业金融机构加大对重大项目、重点企业、支柱产业以及公共设施的信贷支持力度。根据人民银行提供的数据，在“四不政策”有效期内，3 个灾区省纳入“四不政策”覆盖范围的个人借款人有 42.56 万户、企业借款人有 2384 户，共涉及贷款金额 959.5 亿元，为灾后恢复重建创造了宽松的金融环境。

二　中小企业信贷

对受灾地区吸纳就业强、产品有前景、守信用的中小企业加大支持力度。对因灾失业人员和吸纳受灾群众就业达到一定比例的劳动密集型中小企业，参照下岗失业人员小额担保贷款政策执行。加大对流通基础设施建设项目和就业吸纳能力强、信用良好的中小型市场服务企业恢复重建的支持力度。灾区银行业金融机构向6.7万户小企业累计发放灾后恢复重建贷款478.7亿元，向1.2万户发放下岗再就业贷款5.1亿元。

三　农村小额信贷

拓宽农村贷款抵押担保范围，鼓励各金融机构大力发放面向受灾地区农户的小额信用贷款和农户联保贷款，对农村种养大户、特色种养业予以重点扶持。增加对受灾地区扶贫贴息贷款，支持农村受灾群众恢复生产。（参见图30）

图30　农机补贴发放仪式

（四川省委宣传部　提供）

第三节　支持直接融资

一　股票市场融资

符合法定条件，优先安排受灾地区企业申请首次公开发行股票和上市公司再融资，优先审核拟将募集资金投向受灾地区和生产受灾地区重建、安置急需物资的公司的融资申请。支持受灾地区上市公司并购重组、资产注入和整体上市。支持证券交易所适当减免受灾地区上市公司的上市年费等费用。加强对受灾地区企业的上市培育服务，推动符合条件的企业上市。

二　债券市场融资

支持符合条件的企业优先发行债券和短期融资券以及对上市公司的并购重组。扶持符合条件的中小企业发行短期融资券、中小企业集合债券等。鼓励符合条件的灾区企业和所筹资金重点用于灾区的企业通过债券市场发行企业债券、公司债券、短期融资券等债务融资工具，募集灾后重建与恢复生产所需资金，并为其提供债券融资的绿色通道。鼓励融资创新，支持有稳定收益的交通、水务等基础设施项目发行资产证券化产品。鼓励开展针对受灾地区重建发展的直接投资和集合理财、专项理财业务。

支持灾区符合条件的地方法人金融机构发行金融债券。支持灾区符合条件的地方法人金融机构通过发行混合资本债券和次级债券用于补充资本金，发行普通金融债券、资产支持证券等扩大灾后重建信贷资金来源。支持符合条件的地方法人金融机构通过发行各类债券，用于补充资本金和灾后重建信贷资金来源。

2010 年 9 月 21 日，人民银行、银监会、证监会、保监会联合印发《关于进一步做好汶川地震灾后重建金融支持与服务工作的指导意见》，进一步强调积极支持灾区符合条件的企业在银行间债券市场发行短期融资券、中期票据、中小企业集合票据等债务融资工具和通过资本市场融资，拓宽融资渠道。

三　设立融资平台

鼓励设立支持中小企业和科技创新的创业投资企业。探索开展基础设施项目等资产证券化试点。通过政府引导募集社会资金，探索设立支持恢复重建的公益性基金和产业投资基金等各类基金。

截至 2011 年 3 月末，共有 36 家受灾企业和 27 家承担灾后重建任务的企业在银行间债券市场发行 3819.7 亿元短期融资券和中期票据。四川省有 25 家企业实现首发上市、20 家上市公司实现再融资，累计实现融资577.51亿元。东方电气集团、攀钢集团攀枝花钢钒有限公司等一批企业通过并购重组实现整体上市，完成产业升级转型。2010年8月6日，汉中航空工业（集团）有限公司作为主发起人（占总股本的84.92%），联合江西洪都航空工业股份有限公司在创业板公开发行股票2000万A股（简称中航电测），募集资金5亿元，用于应变计和传感器改造建设、板式传感器与汽车综合性能检测设备改造建设等项目，实现陕南企业直接融资零的突破。2008年6月10日，陕西省推出国内首个灾后重建公益信托计划。

第四节　减轻债务负担

一　重组减免不良贷款

《国务院关于支持汶川地震灾后恢复重建政策措施的意见》提出，积极鼓励和支持金融机构对因灾形成的不良债务实施有效重组，促使企业和个人恢复生产和提高偿债能力。2008年11月26日，财政部发出通知，就金融机构重建规划区不良贷款重组和减免问题作出规定，要求金融机构实施不良贷款重组和减免，应由借款人或者继承人提出申请，经金融机构核实、审批等程序并通知借款人或者继承人后进行账务处理；若借款人死亡、失踪或者无继承人，可由金融机构自行发起，实施不良贷款重组或减免；对符合条件的住房抵押贷款，金融机构可自主豁免贷款或减免部分贷款本息。

二　核销呆账坏账

2008年5月22日，银监会出台《中国银监会关于做好四川汶川地震造成的银行业呆账贷款核销工作的紧急通知》，要求对地震造成的个人贷款和企业贷款损失，以及对地震中死亡或下落不明的银行卡持卡人透支的款项按规定及时认定为呆账并核销，及时足额提取损失准备。核销工作坚持“账销案存权在”原则，加强管理，把贷款损失降到最低程度。《国务院关于支持汶川地震灾后恢复重建政策措施的意见》提出，对于符合现行核销规定的贷款，按照相关政策和程序及时核销。

三　缓解债务还款压力

2008年6月，财政部对部分受灾严重的国际金融组织贷款项目和外国政府贷款项目分别出台债务展期和暂停预算扣款的措施，减轻重建规划区债务负担。7月15日，财政部印发《财政部关于对“5·12”地震部分受灾国际金融组织贷款项目债务展期的通知》，对四川、甘肃、陕西、云南、重庆的 26 个受灾贷款项目约 1.4 亿美元债务展期一年。

2009 年 1 月 1 日，人民银行、银监会印发《关于汶川地震灾前贷款因灾延期偿还有关政策的通知》，要求灾区各级地方政府和灾区各金融机构要有效防止随意逃废银行债务的行为。借款人或者借款的合法继承人要诚实守信，严格按照借贷合同或者与贷款人达成的贷款重组和减免协议要求，按时履行还款义务。对经营正常、信用良好，因灾害造成偿债能力下降的企业，给予必要扶持，允许贷款合理展期。

四　优惠保险费率

加大保险创新力度，支持为恢复重建提供工程、财产、货物运输、农业以及建设人员意外伤害等各类保险。对支持恢复重建的各类保险给予费率优惠。大力发展针对受灾地区的保险产品，针对受灾群众尤其是孤儿、残疾人、鳏寡老人等弱势群体，开发专门的年金保险、残疾收入保险、养老保险等产品。大力发展农村小额人身和财产保险，完善对灾区的保险服务，扩大灾区保险覆盖面，提高灾区保险保障水平。加快保险理赔进度，提高理赔效率。

五　债务减免

2009 年 8 月 21 日，财政部向四川、甘肃和陕西三省财政厅下发《财政部关于对汶川地震受灾主权外债项目实施债务减免的函》，减免公益性项目的债务损失部分（包括欠款和债务余额），共计 8.97 亿元，全部由中央财政承担。截至 2011 年 9 月，地震灾区银行业金融机构共减免因灾形成不良贷款 45 亿元，核销因灾形成不良贷款 12.5 亿元。

四川省保险业共接到保险客户报案 30 多万件，其中有效报案 23.59 万件。到 2009 年 5 月地震发生一周年之际，有效案件结案率超过 99%。截至 2009 年 7 月，四川省人寿保险赔付支出 10842.13 万元，健康保险赔付支出 1074.57 万元，意外伤害险赔付支出 14924.79 万元，学生平安险赔款支出 4604.38 万元。甘肃省保险业共接到有效报案 701 件，累计赔付与给付支出 7300 多万元。陕西省保险业累计赔付 165.52 万元。

第四章　国土资源政策

第一节　用地指标

为满足灾后重建用地需求，通过预支安排灾后重建用地计划指标、扩大城乡建设用地增减挂钩试点范围等，保证灾后重建用地计划指标。

一　预支灾后重建用地计划指标

国务院《恢复重建总体规划》提出调整灾区年度用地计划。国土资源部《关于实行保障灾后恢复重建特殊支持政策的通知》规定，2008 年，灾后重建需要的新增建设用地，由灾区各省国土资源管理部门在国家下达的土地利用年度计划中优先安排，指标不足的，本着节约集约用地的原则，可预支安排，并经分类统计后上报。国土资源部在国家计划指标中给予追加认定。2009 年起，按灾后重建用地需求结合耕地复垦情况，对灾区的灾后重建用地指标优先安排。《汶川地震灾后恢复重建土地利用专项规划》提出，对纳入灾后恢复重建规划的城镇、农村居民点、基础设施、公共服务设施及产业项目等新增用地，在土地利用年度计划指标中优先安排；2008 年度计划指标不足的，可根据各地实际预支安排。2009 年后按规划结合用地需求和耕地复垦情况、2008 年计划执行情况确定土地利用年度计划。根据灾区实际情况和请求，经国务院汶川地震灾后恢复重建工作协调小组全体会议审议通过，将土地利用年度计划预支安排政策截止时限从 2008 年年底延长至 2010 年年底。2010 年四川灾区连续遭受特大山洪泥石流灾害，使地震灾区二次受灾，国土资源部部长徐绍史与四川省委书记刘奇葆、省长蒋巨峰会商议定，再次将土地利用年度计划预支安排政策截止时限从 2010 年年底延长至 2011 年年底，保障灾后恢复重建顺利进行。

截至2011年12月31日，四川省重灾地区39个县（市、区）共预支安排新增建设用地计划指标45740公顷，其中城镇工矿用地31119公顷、基础设施建设用地4621公顷、农村居民点用地9500公顷、其他建设用地500公顷。截至2011年9月30日，甘肃省8个重灾县（区）共预支安排新增建设用地计划指标1677.06公顷，其中城镇工矿用地656.53公顷、基础设施建设用地353.38公顷、农村居民点用地667.15公顷。截至2011年9月30日，陕西省4个重灾县（区）共预支安排新增建设用地计划指标5505.06公顷，其中城镇工矿用地4085.46公顷、基础设施建设用地554.8公顷、农村居民点用地774.6公顷、其他建设用地90.2公顷，保障了灾后重建各项用地需求。

二　扩大挂钩试点支持灾后重建

国务院《恢复重建总体规划》提出，扩大城乡建设用地增减挂钩周转指标范围。国土资源部《关于实行保障灾后恢复重建特殊支持政策的通知》规定，三年恢复重建期内，对规划易地重建的村庄和集镇，凡废弃村庄和集镇具备复垦条件的，可以使用城乡建设用地增减挂钩周转指标。由市、县国土资源管理部门确定建新地块，先行安排重建。在建设过程中再将建新地块与拟复垦地块组成周转项目区，纳入建新拆旧规划。项目区经省级国土资源管理部门审定后，报国土资源部确认周转指标。

截至2011年9月30日，四川省分13批次批复了重灾区和一般灾区灾后重建城乡建设用地增减挂钩项目区，涉及挂钩周转指标为9888公顷，已验收“销账”6920公顷，有力推进了农村居民点的灾后恢复重建。

第二节　简化审批

为及时提供灾后重建用地，建立了用地审批的快速通道，简化各类用地审批程序。

一　用地审批快速通道

国务院《恢复重建总体规划》提出，对恢复重建项目，先行安排使用土地，简化审批程序，边建设边报批，并按照有关规定办理用地手续。国土资源部《关于实行保障灾后恢复重建特殊支持政策的通知》规定，国土资源部和省级国土资源管理部门要按照灾区各类用地的特殊要求，减少审批环节，简化报批材料，调整审批程序，依法依规，保证高效、及时用地。对于增强灾区防灾抗灾能力的新建基础设施和重点工程项目，需国土资源部进行用地预审的，委托省级国土资源管理部门审理，预审意见由部转办。对于控制工期的单体工程，经省级国土资源管理部门审核同意，可以先行用地，其中需国务院批准用地的，报国土资源部备案。《汶川地震灾后恢复重建土地利用专项规划》提出，根据灾后重建规划确定的城镇安居房建设项目，先行安排使用土地，简化审批程序，边建设边报批，并按照有关规定办理用地手续。对于符合规划、增强灾区防灾抗灾能力的新建基础设施和重点工程项目，需国土资源部进行用地预审的，委托省国土资源部门预审，预审意见由国土资源部转办。对于控制工期的单体工程，经省级国土资源管理部门审核同意，可以先行用地，其中需国务院批准用地的，报国土资源部备案。

截至2011年9月30日，四川省91个灾后恢复重建项目控制性单体工程先行用地，用地总量为4211.63公顷。这些用地主要用于灾后重建规划的城镇和配套基础设施建设、受灾企事业单位搬迁、基础设施恢复重建等灾后恢复重建项目，主要为成兰铁路、西安至成都铁路、巴中至达州高速、遂资眉高速、内遂高速、双流国际机场二跑道等一大批国家和省重点交通基础设施建设批准控制性工程先行用地。截至2010年12月31日，甘肃省8个重灾县（区）共办理了涉及城乡居民住房重建，学校、医院等公共服务设施重建，产业重建等灾后恢复重建先行用地578宗、总面积1350.04公顷，其中农用地1193.74公顷（农用地中耕地1067.68公顷）、建设用地42.02公顷、未利用地114.28公顷，有力地保障了灾后恢复重建用地需求。

二　提供灾后重建用地

国土资源部《关于实行保障灾后恢复重建特殊支持政策的通知》规定，对于灾区交通、电力、通信、供水等抢险救灾设施和应急安置、医疗、卫生防疫等急需使用的土地，可根据需要先行使用；使用结束后恢复原状，交还原土地使用者，不再补办用地手续。过渡性安置房及配套设施的用地，可根据需要先行使用，及时补办临时用地手续；使用期满不需转为永久性建设用地的，由当地政府组织复垦，需要转为永久性建设用地的，及时依法依规完善用地手续。凡被占地单位和群众的权益遭受损失的，应给予补偿。对于纳入灾后重建规划的城镇村和配套基础设施用地，以及受灾企事业单位搬迁用地，由市县人民政府先行安排供地。不涉及农用地转用和土地征收的，由市县国土资源管理部门办理用地手续；涉及农用地转用和土地征收的，可以边建设边报批，按用地审批权限办理用地手续。

临时用地　过渡性安置用地布局选址按照就地安置与异地安置、集中安置与分散安置相结合的原则，选取交通条件便利、方便受灾群众恢复生产和生活的区域，并避开地震活动断层和可能发生洪灾、山体滑坡和崩塌、泥石流、地面塌陷、雷击等灾害的区域以及生产、储存易燃易爆危险品的工厂、仓库。过渡性安置优先占用废弃地、空旷地，尽量不占或少占耕地，并避免对自然保护区、饮用水水源保护区以及生态脆弱区域造成破坏。截至2011年9月30日，四川省共安排灾后重建过渡性安置用地8700公顷、甘肃省安排灾后重建过渡性安置用地219.16公顷、陕西省安排灾后重建过渡性安置用地148.01公顷，用于恢复重建过程中的过渡性安置和配套基础设施、公共服务设施建设。

城镇用地　依据地震及地质灾害调查评估和资源环境承载能力评价，结合土地利用安全性评价结果，按照恢复为主、兼顾长远、节约集约用地以及不占或少占耕地的原则，针对灾区的地形地貌特征，形成合理的城镇用地空间格局。截至 2011 年 12 月 31 日，四川省共安排新增城镇建设用地 30677 公顷；截至 2011 年 9 月 30 日，甘肃省共安排新增城镇建设用地 1183.36 公顷，陕西省共安排新增城镇建设用地 2601.96 公顷，主要用于安排住宅、公共设施、产业发展用地、科技、教育、新闻出版、商务金融、医疗卫生和慈善、文体娱乐、机关团体用房、防灾减灾避灾设施、应急避难场所和紧急疏散基础设施用地。

农村居民点用地　根据灾后农村人口分布、基础设施条件、地震及地质灾害调查评估和资源环境承载能力评价结果，按照因地制宜、尊重民意、保障生活、兼顾生产的原则，与新农村建设相结合，引导农民适度集中居住。平原区农村居民点布局坚持节约集约、保护耕地的原则；山地区农村居民点布局以安全性为前提，通过开展地质等次生灾害排险和隐患点排查监测、实施工程防范措施等，降低受灾风险，提高抗灾能力。截至 2011 年 12 月 31 日，四川省共安排新增农村居民点用地 9500 公顷；截至 2011 年 9 月 30 日，甘肃省共安排新增农村居民点用地 1058.44 公顷，陕西省共安排 774.6 公顷。

独立工矿用地　坚持以市场为导向，根据资源环境承载能力、产业政策、生产力布局调整和就业需要，科学选址，优化布局，合理安排受灾工矿企业的原地重建和异地迁建，大力发展特色优势产业。截至 2011 年 12 月 31 日，四川省共安排新增独立工矿用地 442 公顷。截至 2011 年 9 月 30 日，甘肃省共安排新增独立工矿用地 22.66 公顷，陕西省共安排 1483.5 公顷。

基础设施用地　根据土地利用安全性评价、生产力布局和城乡分布，按照恢复功能、完善体系、增强保障能力的要求，客观评价基础设施损毁状况，科学评估地质条件，合理安排灾后重建各类基础设施用地。截至 2011 年 12 月 31 日，四川省共安排新增基础设施建设用地 4621 公顷。截至 2011 年 9 月 30 日，甘肃省共安排新增基础设施建设用地 841.06 公顷，陕西省共安排 554.8 公顷。

其他建设用地　满足应急通信体系和通信干线网络建设需要，建设临时安置点的通信设施，恢复重建移动通信基站、大小灵通基站，全力保障建立应急通信指挥系统和应急通信响应系统。积极恢复重建因灾受损广播电视等设施，恢复和提升广播电视网络体系和功能。截至 2011 年 12 月 31 日，四川省共安排新增灾区通信、广播电视、旅游设施等其他建设用地 500 公顷。截至 2011 年 9 月 30 日，甘肃省共安排新增灾区通信、广播电视、旅游设施等其他建设用地 22.3 公顷，陕西省共安排新增旅游、军事、文保等其他建设用地 90.2 公顷。

第三节　特殊供地

为加快速度支持灾区恢复和重建，采用行政划拨和协议出让供地，并根据实际情况降低地价标准出让，降低灾后重建成本。

一 行政划拨供地

国务院《关于支持汶川地震灾后恢复重建政策措施的意见》规定，对利用政府投资、社会捐助以及自筹资金为受灾居民建设非商品住宅用地，采取BOT（建设—经营—移交）、TOT（移交—经营—移交）等方式建设的经营性基础设施、公益性设施用地，规划易地重建村庄确需用地，按规划需要整体搬迁并收回其原有土地的工商企业用地，实行划拨土地。国土资源部《关于实行保障灾后恢复重建特殊支持政策的通知》规定，凡利用政府投资、社会捐助以及自行集资为受灾群众建设非商品住宅的用地，可以比照经济适用住房政策划拨供应用地。对采取BOT、TOT等方式建设的经营性基础设施、公益设施用地，市、县人民政府可以采取划拨方式供地。对按规划需要整体搬迁的工业企业，市、县人民政府在收回其原土地使用权的基础上，可采取划拨方式供地。规划易地重建的村庄需要使用本集体之外的集体所有土地的，可进行土地所有权互换调整；需要使用国有土地的，可划拨供地。在原址重建的工业或其他经营性项目，无论投资性质，土地不再重新出让，可按原方式使用土地。

二 协议出让供地

国土资源部《关于实行保障灾后恢复重建特殊支持政策的通知》规定，易地重建的工业或其他经营性项目用地，同一宗地只有一个用地意向者的，可采用协议出让方式供地，并挂牌公示。

三 降低出让地价

国务院《关于支持汶川地震灾后恢复重建政策措施的意见》规定，对投资规模大、促进经济发展作用明显的新建工业或大型商业设施等项目用地，可根据实际情况降低地价。国土资源部《关于实行保障灾后恢复重建特殊支持政策的通知》规定，市、县人民政府应对灾后地价标准及时调整。在未对因灾降低的地价标准进行调整之前，对投资规模大，促进经济发展作用明显的新建工业或大型商业设施等项目的用地，可根据实际情况降低地价标准出让。凡工业项目用地低于工业用地出让最低价标准、商业等项目用地低于原评估地价的，报省级人民政府备案。

截至2011年9月30日，四川省重灾地区39个县（市、区）共有16221宗土地供应，按供地方式分，行政划拨2338宗，面积5579公顷；出让13883宗，面积8058公顷。按土地用途分，商服用地1680宗，面积1276公顷；工矿仓储用地1182宗，面积3970公顷；住宅用地11800宗，面积2931公顷；其他用地1559宗，面积5460公顷。截至2009年12月31日，甘肃省8个重灾县（区）共有264宗用地通过划拨、出让等方式供应，其中行政划拨113宗，面积20.93公顷；协议出让56宗，面积27.03公顷；招拍挂出让95宗，面积61.41公顷。

第四节　减免费用

一　免收新增建设用地土地有偿使用费和土地出让收入

国务院《关于支持汶川地震灾后恢复重建政策措施的意见》规定，对受灾地区为安置受灾居民新建各类安置住房，以及非地震受灾地区为安置受灾居民新建各类安置住房；受灾地区的行政机关、学校等事业单位、各类企业、人民团体、社会团体等单位因地震造成房屋倒塌、毁损，需要在原地区进行重建或迁至异地重建的，免收新增建设用地土地有偿使用费和土地出让收入。2008年，财政部会同国土资源部印发《关于地震灾区灾后重建用地免征新增建设用地土地有偿使用费等事宜的通知》，明确免收新增建设用地土地有偿使用费和土地出让收入政策执行至2010年年底。

截至2011年9月30日，四川省对39个县（市、区）符合条件的用地办理减免手续，共计减免新增建设用地有偿使用费10.32亿元。2008—2010年，按照灾后重建支持政策，甘肃省对除舟曲县外的重灾县（区）符合条件的用地办理减免手续，减免新增建设用地有偿使用费和耕地开垦费共计3.2亿元。

二　增加矿产资源补偿费等地方留成

国务院《关于支持汶川地震灾后恢复重建政策措施的意见》规定，为支持受灾严重地区的矿山企业恢复生产和发展，三年恢复重建期内将四川、甘肃、陕西三省的矿产资源补偿费、探矿权采矿权使用费、矿业权价款收入等中央分成部分全额留给地方。

第五节　耕地保护与复垦

为给灾区恢复生产生活创造条件，加大了对灾区耕地保护和土地整理复垦的支持力度。

一　耕地保护

国务院《恢复重建总体规划》提出，依法保护耕地，支持土地整理复垦；对损毁耕地，要尽可能复耕，最大限度地减少耕地损失；对抢险救灾临时用地和过渡性安置用地，尽可能恢复成耕地；对损毁的城镇、村庄和工矿旧址，以及其他具备整理成建设用地条件的地块，要抓紧清理堆积物，平整土地，尽可能减少恢复重建对耕地的占用；对废弃的建设用地，能复垦为耕地的要尽可能复垦。国土资源部《关于实行保障灾后恢复重建特殊支持政策的通知》规定，灾区各级国土资源管理部门要在当地政府的领导下，切实保护好耕地。在保障灾后恢复和重建各项用地的同时，少占或不占耕地，临时用地、过渡安置房用地涉及占用耕地的，在平整和清理场地时要注意剥离耕作层，过渡安置房的地面尽量采用铺砖或铺砖后覆盖薄层水泥的硬化地面，为将来土地整理复垦、增加耕地创造有利条件。《汶川地震灾后恢复重建土地利用专项规划》提出，要针对灾区人多耕地少，临时、安置用地占耕地多的特点，对重建过程中阶段性超规模的用地、临时用地、救灾抢险用地、废弃的城镇村和工矿旧址、灾毁耕地以及保障农民长远生计的耕地，统筹做出整理复垦安排，编制实施方案，拟订土地整理复垦工程项目，组织实施，积极为灾区恢复生产生活创造条件。土地整理复垦工程可调整项目实施方式，组织农民广泛参与，确保农民在重建家园中直接受益，重灾地区山区村镇可按补助项目形式安排轻微受损耕地整理复垦。凡农民能施工的工程，都要组织农民施工；农民不能直接承担的工程，也要尽量招用当地农民工，要让农民通过参与工程项目实施得到实惠。

二　土地整理复垦

国土资源部《关于实行保障灾后恢复重建特殊支持政策的通知》规定，国土资源部会同有关部门制定灾区土地和矿产资源专项收入的支持政策，促进灾区的恢复和重建。中央分配给地方的新增费、用于农业土地开发的土地出让收入、地方留成的新增费和其他可用于土地整理复垦开发的资金，向灾区和灾后重建土地整理复垦重大工程倾斜。对需要实施整体恢复重建的，可由省级人民政府向国务院申报灾后重建土地整理复垦重大工程项目；对当前轻度受损的耕地、农田水利和农村道路等基础设施，以村为单位，给予一定的资金补助，尽快复垦和恢复利用。《汶川地震灾后恢复重建土地利用专项规划》提出，因灾造成的灾毁耕地和不宜原址重建而废弃的建设用地，凡具备复垦条件且编制复垦规划的，复垦经费由中央和地方共同解决。因灾区交通、电力、通信等抢险救灾设施和应急安置、医疗、卫生防疫等使用土地占用耕地的，过渡性安置房及配套设施临时用地占用耕地的，由所在县、乡镇政府组织当地群众整理复垦恢复，并可利用灾后重建资金给予群众补助。

四川省出台《汶川地震灾毁耕地整理复垦补助项目及资金管理办法》，印发《关于汶川地震灾毁耕地整理复垦项目实施有关问题的通知》，将部分管理权限下放到市州和扩权县，同时鼓励各地尽量多采取直补方式，支持农民自行复垦整理受损耕地，尽快恢复生产，增加劳务收入。采取提前预支安排项目资金的方式，以乡镇为单位，给予一定的资金补助，组织当地群众清理田面石块、修复受损田埂和坡面水系，为灾区群众尽快恢复生产创造基本的耕作条件；安排重点乡镇因地震及次生地质灾害损毁耕地、临时占用耕地的整理复垦，并结合灾后城镇、居民点重建规划，安排工程难度较小的城镇、居民点、独立工矿用地的复垦，适度拆并自然村落，引导农民住宅集中建设。重点安排临时用地腾退出的耕地和工程难度较大的城镇、居民点、独立工矿用地的复垦。

图 31 北川羌族自治县陈家坝乡太洪村毛坪因灾失地农民农房重建安置点示意图
（四川省委宣传部 提供）

四川省从 2008 年起开展以土地整理复垦适宜性为主要内容的调查评价工作，在 10 个极重灾县（市）中每县选择一个乡镇进行土地整理复垦试点研究（参见图 31），探索灾后重建土地整理复垦技术方法、规划设计、标准规范，加强实施管理。2009 年，在试点研究的基础上，组织实施灾后重建土地整理复垦重大工程。2010 年，全面推进地震及次生地质灾害损毁耕地的整理复垦，并结合灾后城镇、居民点重建规划安排。截至 2011 年 9 月 30 日，四川省完成土地整理复垦 14.52 万公顷，补充耕地 14.12 万公顷，其中灾害耕地整理复垦面积 11.19 万公顷、临时用地复垦补充耕地 0.62 万公顷、废弃建设用地整理复垦补充耕地 2.31 万公顷。

2008—2010 年，甘肃省根据灾后重建土地整理复垦特点，围绕人民生产生活急需用地，优先安排对轻度损毁耕地实施工程措施，平田整地、修复农田基础设施，尽快恢复生产能力，随着移民安置工作的进行，对灾毁居民点尽快进行复垦，防止水土流失；加紧开展沿江流域土地整理复垦，逐步实施移民计划，使灾区群众的生产生活尽快得到稳定。灾后重建土地整理复垦重大工程围绕重灾区的 8 个县（区）周围的西汉水流域、白龙江流域、白水江流域进行安排。重大工程是由整理点、复垦点共同组成：沿江河谷地整理点用于解决整体搬迁移民的生产生活用地，山坡整理点主要对灾毁的耕地进行治理，以提高耕地质量为主要内容；复垦点主要对移民搬迁后的废弃居民地进行复垦种植。通过三位一体的整理复垦工程的实施，达到解决异地搬迁灾区群众的生产生活用地。截至 2011 年 9 月 30 日，甘肃省 8 个重灾县（区）已完成土地整理复垦项目 94 个，投资总额 48898.26 万元，建设规模 26479.53 公顷，新增耕地 3269.75 公顷。

2008 年，陕西省首先在 40 个县（区）开展以土地整理复垦适宜性为主要内容的调查评价工作，同时，分重灾区、一般灾区积极开展整理复垦试点工作，每个县（区）可选择一个乡镇或几个行政村进行土地复垦试点，建立灾后重建土地复垦设计和实施方面的典范；采取提前预支资金的方式，以乡镇或行政村为单位，给予一定的资金补助；组织当地群众清理田面石块、修复受损田坎田埂、交通设施和灌排设施，让农民在重建中直接受益。在此基础上，对重点区域受损的耕地进行整理复垦（包括为异地集中安置的群众开发口粮田），使这部分耕地尽快恢复和达到基本耕作条件，以解决群众的口粮问题。2009 年，以实施重点项目为主，主要安排重点乡镇和重点村因地震及次生地质灾害损毁耕地、抢险救灾临时用地的整理复垦，并结合灾后城镇、居民点重建规划，全面开展农村废弃居民点复垦工作，逐步开展临时用地的复垦。2010 年，全面推进地震灾区损毁耕地的整理复垦工作，并结合灾后城镇、居民点重建规划，重点安排临时用地和废弃工矿用地的复垦。截至 2011 年 9 月 30 日，陕西省灾后重建土地利用规划安排的 54 个土地整理复垦项目全部完工，实际投资 12216.99 万元，其中中央灾后恢复重建基金投入 12098.93 万元，企事业单位自筹资金 118.06 万元。

第六节　土地权益保护

一　恢复土地确权登记资料

2008 年 6 月 11 日国土资源部印发的《关于实行保障灾后恢复重建特殊支持政策的通知》规定，灾区市、县国土资源管理部门要尽快恢复灾区的土地确权登记资料，充分利用原有地籍资料，对土地权利的灭失和其他变化情况及时更新，为灾后重建提供确权依据，防止因灾产生土地纠纷。结合重建，适时开展受灾严重需大规模重建地区的土地总登记，最大程度保护各类土地权利人的合法权益。

二　保护被征地农民权益

国土资源部《关于实行保障灾后恢复重建特殊支持政策的通知》规定，灾后重建用地和征地，要依法履行法律程序，避免群众的土地权益受损。2008 年为保障紧急用地，要迅速启动土地快速调查和确权程序，凡灾后重建需要紧急征收集体土地的，要以适当方式告知和征询农民意见，现场完成被征土地的产权调查、拍照和确认后，方可动工用地。快速调查和权属确认结果要记录存档备查，对现状有争议的，据实记录一并存档。要采取多种途径按规定做好被征地农民的补偿安置，协调相关权益，及时化解和裁决产权争议，维护灾区社会稳定。《恢复重建土地利用专项规划》提出，灾后重建用地和征地，要依法履行法律程序，避免群众的土地权益受损。凡灾后重建需要紧急征收集体土地的，要以适当方式告知和征询农民意见，现场完成被征土地的产权调查、拍照和确认后，方可动工用地。要采取多种途径按规定做好被征地农民的补偿安置，协调相关权益，及时化解和裁决产权争议，维护灾区社会稳定。

三　维护各方土地权益

国土资源部《关于实行保障灾后恢复重建特殊支持政策的通知》规定，灾区各项规划和重建涉及原有建设用地和其他土地的，用地性质和规划条件不变时，不对原土地使用方式和使用权人进行调整。如需改变原用地性质和规划条件的，应征求原土地使用权人特别是其中的中央企业的意见。涉及土地调整、置换或改变原用地性质和规划条件的，应坚持等价交换原则，确保原土地使用权人的权益。对因灾损毁的城镇居民住宅用地，也应在拆除和重建前，现场完成对原居民土地权属的调查和确认，并记录存档备查。《恢复重建土地利用专项规划》提出，灾区农村居民原宅基地已灭失或存在安全隐患确需按规划另行选址建设的，应当在本集体经济组织内重新分配宅基地。确有必要在其他集体经济组织土地上重建的，可以采取调整、互换的方式解决。城镇居民原住房垮塌或严重受损，经法定机构认定不能继续使用应拆除的，在拆除和重建前，市、县国土资源主管部门应当现场完成对原居民土地权属的调查和确认，并记录存档备查。在灾后重建中，涉及土地调整、置换或改变规划条件的，应当依法保护原土地使用权人的合法权益。

第五章　产业政策

第一节　粮农政策

一　农业补助

中央财政对种子、种苗、种畜等农业生产资料、土地整理以及受损农田水利设施、规模化种养殖棚舍池、良种繁育设施、农林推广和服务基础设施、森林防火设施、受损林木和农林业病疫情控制等采取项目投资补助、贷款贴息等方式给予适当支持。

促进种粮农民增收，粮食直补、农资综合直补等资金适当向受灾地区倾斜，促进受灾地区粮食增产和农民增收。（参见图32）

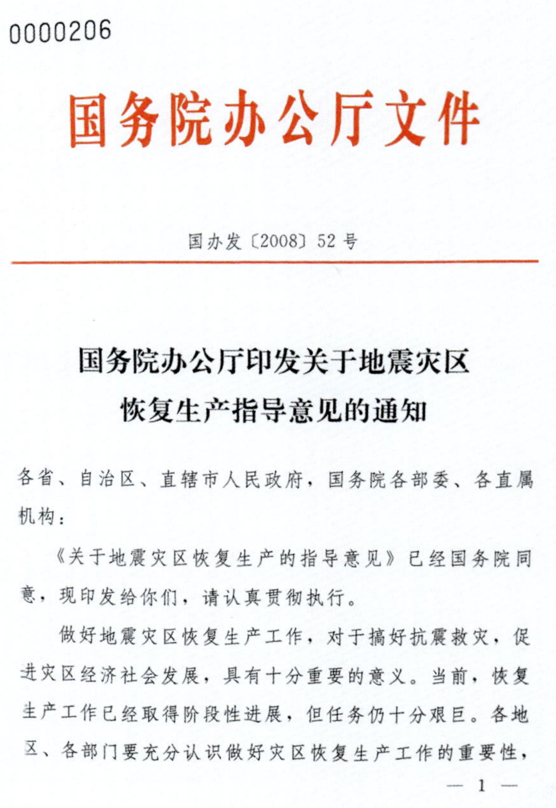

0000206

国务院办公厅文件

国办发〔2008〕52号

国务院办公厅印发关于地震灾区恢复生产指导意见的通知

各省、自治区、直辖市人民政府，国务院各部委、各直属机构：

《关于地震灾区恢复生产的指导意见》已经国务院同意，现印发给你们，请认真贯彻执行。

做好地震灾区恢复生产工作，对于搞好抗震救灾，促进灾区经济社会发展，具有十分重要的意义。当前，恢复生产工作已经取得阶段性进展，但任务仍十分艰巨。各地区、各部门要充分认识做好灾区恢复生产工作的重要性，

— 1 —

图32　2008年6月16日，国务院办公厅印发《关于地震灾区恢复生产指导意见的通知》

二　粮食储备

适时充实受灾地区中央和地方粮食储备，增加受灾地区市场供应。对已安排出库的抗震救灾中央储备粮，新粮上市后要及时补库。做好市场应急调控预案，运用中央和地方粮食储

图 33　黑龙江援建剑阁县粮食局城关粮站仓库开工仪式现场
（黑龙江省援建指挥部　提供）

备吞吐，确保当地市场稳定。中央财政对抛售的中央储备粮统负盈亏。支持受灾地区受损粮库维修重建。中央财政对四川省专门安排应急维修资金，用于抢修该省地震灾区受损粮库。（参见图 33）

第二节　骨干企业扶持

一　注入资本金与贷款贴息

中央财政对国资委管理的中央国有重点骨干企业恢复生产和重建，采取按因灾毁损恢复重建投资的一定比例注入资本金或贷款贴息方式给予支持。国资委对中央企业原则上按重建所需投资的 25% 比例注资；对特别困难企业，即资产负债率在 80% 以上，且直接财产损失和间接经济损失总额占上年净资产比例超过 35% 的企业，按重建投资的 40% 比例注资。注入资本金资金从中央国有资本经营预算收入中安排。

震后，中央财政通过公共预算拨付灾后恢复重建贷款贴息资金共计 14.2 亿元，支持受灾中央企业恢复重建。2010 年 3 月 17 日、9 月 1 日，四川省财政厅按 3% 和 1% 的贴息利率区间，拨付贴息资金 2681 万元。2011 年 8 月 4 日，四川省财政厅按 2% 的贴息利率区间，下拨省属 6 家企业 2010 年度恢复重建贷款贴息补助资金 1916.75 万元。

二　国有资本经营预算支持

2008年11月12日召开的国务院第35次常务会议决定，国有资本经营预算3年计划安排地震灾后恢复重建资金200亿元，其中2008年安排40亿元、2009年安排140亿元、2010年安排20亿元。国资委国有资本经营预算3年实际拨付198.1亿元，其中2008年实际支出40.5亿元、2009年实际支出139.6亿元、2010年实际支出18亿元（见表4），支持22家遭受地震灾害严重的中央企业恢复重建，共实施1742个重点重建项目，投资总额708亿元，国有资本经营预算资金占项目建设投资总额的比重为27.61%。截至2011年9月30日，中央企业灾后重点重建项目中有1661个项目竣工，项目完工率95.35%（见表5），生产恢复超过震前水平。

优化产业布局。对不适宜原地重建的企业进行异地迁建，在成都、德阳、绵阳、广元等地将企业相对集中，形成资源集约利用、土地节约使用、环境综合治理、功能有效发挥的产业集中区。2010年1月10日，国务院同意按照“政策条件成熟一个审批一个”的原则，在四川省重灾地区39个县（市、区）率先启动新设省级开发区审批工作。

2008—2010年国有资本经营预算灾后恢复重建资金安排统计表

表4　　　　单位：万元

行　业	企业名称	2008年	2009年	2010年	小计
电　力	国家电网	114660.00	645359.00	70000.00	830019.00
	中国华能	11024.00	13976.00	—	25000.00
	中国华电	11024.00	13976.00	—	25000.00
	中国大唐	4410.00	5590.00	—	10000.00
石油石化	中国石油	26458.00	33542.00	—	60000.00
	中国石化	8147.00	10328.00	—	18475.00
通　信	中国电信	53446.00	185754.00	30000.00	269200.00
	中国联通	—	105000.00	30000.00	135000.00
	中国移动	43667.00	55358.00	—	99025.00
建　筑	中国水电集团	30868.00	39132.00	—	70000.00
	中国葛洲坝集团	—	25000.00	—	25000.00
	中国铁建	8363.00	10603.00	—	18966.00
	中国中铁	4410.00	5590.00	—	10000.00
	中冶集团	2521.00	3196.00	—	5717.00
机　械	东方电气集团	49097.00	105903.00	—	155000.00
	中国二重	11025.00	13975.00	—	25000.00
冶　金	攀钢集团	11024.00	73976.00	15000.00	100000.00
	新兴铸管集团公司	—	—	10000.00	10000.00
建　材	中国建材集团	—	18000.00	—	18000.00

续表 4

行 业	企业名称	2008 年	2009 年	2010 年	小 计
服 务	水电顾问集团	—	—	10000.00	10000.00
化 学	中化集团	14856.00	28834.00	15000.00	58690.00
商 贸	国机集团	—	3134.00	—	3134.00
合 计		405000.00	1396226.00	180000.00	1981226.00

说明：此表资料由国资委收益管理局提供，财政部对部分数据进行了修正核实

中央企业灾后重点重建项目及其资金投入统计表

表 5

企业名称	重建项目数（个）	完工项目数（个）	项目完工率（%）	投资总额（万元）	其中预算资金（万元）	预算资金占投资总额的比重（%）
国家电网	645	645	100.00	3084000.00	815019.00	26.43
中国华能	3	3	100.00	40880.00	25000.00	61.15
中国华电	10	10	100.00	100000.00	25000.00	25.00
中国大唐	1	1	100.00	10000.00	10000.00	100.00
中国石油	4	4	100.00	397000.00	60000.00	15.11
中国石化	7	7	100.00	18475.00	18475.00	100.00
中国电信	11	11	100.00	939000.00	269200.00	28.67
中国联通	21	21	100.00	447900.00	125000.00	27.91
中国移动	87	42	48.28	99025.00	99025.00	100.00
中国水电集团	543	534	98.34	243200.00	70000.00	28.78
中国葛洲坝集团	38	38	100.00	134400.00	25000.00	18.60
中国铁建	106	106	100.00	25820.00	18966.00	73.45
中国中铁	13	13	100.00	10000.00	10000.00	100.00
中冶集团	2	2	100.00	5717.00	5717.00	100.00
东方电气集团	1	1	100.00	455900.00	155000.00	34.00
中国二重	229	217	94.76	35467.00	25000.00	70.49
攀钢集团	3	0	0.00	673000.00	100000.00	14.86
新兴铸管集团公司	1	0	0.00	10000.00	10000.00	100.00
中国建材集团	3	2	66.67	180000.00	18000.00	10.00
水电顾问集团	9	2	22.22	41944.00	10000.00	23.84
中化集团	4	2	50.00	130000.00	58690.00	45.15
国机集团	1	0	0.00	3134.00	3134.00	100.00
合 计	1742	1661	95.35	7084862.00	1956226.00	27.61

说明：此表资料由国资委规划发展局提供

第三节　中小企业和服务业扶持

一　中小企业扶持措施

鼓励地方政府出资引导建立中小企业贷款担保基金。对符合条件的中小企业特别是劳动密集型中小企业、带动农民增收作用大的农业产业化经营龙头企业，给予小额担保贷款和贷款贴息等支持。扶持少数民族特需商品和民族手工艺品的生产。

2009 年 8 月 19 日，国务院研究部署促进中小企业发展的 6 条扶持措施：一是完善政策法律体系，为中小企业发展营造公开、公平竞争的市场环境和法律环境。二是切实缓解中小企业融资难状况。鼓励各地建立小企业贷款风险补偿基金，对金融机构小企业贷款按增量给予适度补助。三是加大对中小企业的财税扶持。逐步扩大中央财政预算扶持中小企业发展的专项资金规模，重点支持中小企业技术创新、结构调整、扩大就业。加快设立国家中小企业发展基金，引导社会资金支持中小企业发展。四是加快中小企业技术进步和结构调整。五是支持符合条件的中小企业参与家电、农机、汽车摩托车下乡和家电、汽车以旧换新等业务。落实出口退税等政策，支持中小企业开拓国际市场。六是加强和改善对中小企业的服务。积极培育各类中小企业服务机构，加快建设中小企业公共服务平台、小企业创业基地和中小企业信息服务网络。

2009 年 3 月 23 日，国务院灾后重建协调小组召开第二次全体会议。会后，为解决灾区中小企业贷款难问题，银监会、人民银行督促指导金融机构建立中小企业金融服务专营机构，财政部、工业和信息化部将中央财政用于支持中小企业贷款担保的业务向灾区倾斜。金融机构加大对中小企业金融支持，截至 2009 年 6 月末，四川省金融机构对中小企业贷款余额为 4947 亿元，比年初增加 1133 亿元。国家在 2009 年拨付 10 亿元中小企业信用担保业务补助资金。四川省政府在 2009 年的工业发展资金中预安排 1000 万元，建立中小企业贷款担保补偿机制。促进银行业与担保公司创新合作，德阳市商业银行推出会员制担保公司赈灾贷款、灾区群众自助自救扶持贷款、灾区农民住房重建贷款等新产品，支持灾区中小企业重建。银行成立中小企业专营机构，引导银行业机构强化服务。截至 2009 年 6 月末，有 31 家银行设立中小企业金融服务专营机构，对灾区中小企业信贷支持规模超过 500 亿元。2010 年 1 月 26 日上午，在四川省、绵阳市、北川羌族自治县三级政府的支持下，经批准，北川汇商小额贷款有限公司正式成立，北川中小企业及发展农业产业化项目需要贷款，可以不再找担保或者用物品作抵押，手续灵活。青川县 2009 年 6 月开辟“绿色通道”，为劳动密集型中小企业进行贴息贷款担保，截至 2010 年 1 月中旬，有 1/3 的中小企业获担保贷款。

重建过程中，坚持发展循环经济，加强节能减排，提高技术水平的原则，坚决淘汰高耗能、高污染企业以及不符合国家产业政策和不具备安全生产条件的落后产能，关闭重要水源保护区内的污染严重企业。中央财政对地方淘汰“两高一资”（高耗能、高污染、资源性）落后产能给予适当奖励。调整行业准入，适度调整煤炭新建项目规模限制，鼓励国有煤矿企业整合受灾小煤矿。适当放宽水泥生产“上大压小”条件。

二　服务业扶持措施

旅游业作为先导产业，加快重点旅游景区、景点的恢复重建，优先安排恢复重建基金和鼓励各类投资基金等用于旅游基础设施和旅游企业的恢复重建。2009 年 12 月 1 日，国务院出台《关于加快发展旅游业的意见》，明确提出要把旅游业发展成为国民经济的战略性支柱产业和人民群众更加满意的现代服务业，加快旅游业灾后恢复重建进度。

对农产品批发市场、农贸市场、物流配送中心、民族贸易网点等流通基础设施以及重要商品储备设施的恢复重建，国家给予适当支持，将北川羌族自治县、平武县列入国家民族贸易县范围，享受有关民族贸易政策。各级财政以资金补助和贷款贴息等方式对流通基础设施恢复重建重点项目、保障群众基本生活和恢复工农业生产条件的项目予以支持，并向少数民族地区和边远山区倾斜。“双百市场工程”“万村千乡市场工程”等商贸服务和市场建设的财政性资金向灾区恢复重建重点项目倾斜。

有效整合灾区产学研力量，恢复重建高技术企业以及科技实验基地。支持灾区企业、科研机构提高自主研发和配套能力，并在财税、金融政策和政府采购等方面给予扶持。

2008 年 9 月 8 日，财政部、商务部印发《关于地震灾区商业网点恢复和保障市场供应财政补贴问题的通知》，明确对四川省、甘肃省、陕西省、重庆市的 24 个重灾县承担商业网点恢复和保障市场供应任务的 32 家企业给予运费补贴、贷款贴息的支持。2009 年 11 月 1 日，财政部拨付四川省、甘肃省、重庆市资金 4588 万元，对 27 家商业流通企业进行补贴。商务部会同财政部安排专项资金 2.91 亿元，用于“万村千乡市场工程”和“双百市场工程”受损项目恢复重建；安排资金 1.5 亿元，对灾区流通企业运输费用和流动资金贷款利息给予补贴。

第六章　就业和社会保障政策

第一节　组织劳务输出

一　组织部署

帮助汶川地震灾区劳动者尽快实现就业，是保障和改善受灾群众基本生活的根本途径。据不完全统计，仅四川灾区就有约8400余户企业因灾停产半停产，其中部分企业破产关闭，涉及职工76万人，并有34万户个体工商户因灾停业；因企业停产、停业和个体工商户歇业等原因，新产生城镇失业人员37.2万人；由于受伤人数多，因灾伤残的就业困难人员突增，就业困难群体扩大，其中仅零就业家庭即增加5.1万余户；此外，四川灾区因地震失去土地和农业收入来源的农村劳动者达到115.2万人。2008年5月30日，国务院副总理张德江批示："为受灾群众提供就业岗位，是解决灾民后顾之忧的好办法。一是要鼓励和组织经济发达地区到灾区招工，二是灾区在生产自救时由政府提供一批就业岗位，三是在灾区恢复重建时，有组织地大量安排灾区劳动力"。6月21日，胡锦涛指出："灾区有大批劳动者急需就业，沿海一些地区又急需劳动力。望加强协调，牵线搭桥，发挥对口支援机制作用，把这件互惠互利的事办好"。22日，张德江召集人力资源社会保障部、国务院办公厅、国务院研究室等有关负责人，研究组织支援省市和受援省开展对口就业援助工作。30日，张德江在成都召开地震灾区恢复工业生产和扩大就业座谈会上，对地震灾区恢复工业生产和扩大就业工作做出全面部署和安排，支援方和受援方举行了第一期（2008年7—9月）就业援助协议签约仪式，19个支援省（市）及深圳市与四川省、陕西省、甘肃省的省（市）政府负责同志分别在《对地震灾区开展对口就业援助协议书》上签字，正式确立了双方共同开展对口就业援助合作关系。9月12日，人力资源社会保障部印发《关于做好对地震灾区开展对口就业援助协议续签准备工作的通知》，要求各地劳动保障厅（局）做好第二期对口就业援助协议续签准备工作，执行期限为10月1日至12月31日。10月23日，人力资源社会保障部向支援省市和灾区省政府印发《关于继续做好地震灾区对口就业援助工作的函》，正式启动第二期对地震灾区对口就业援助工作。第二期协议任务目标顺利完成以后，人力资源社会保障部与支援省市和受援省进行了充分沟通和协调，确定了第三期（2009年全年）对口就业援助协议总体任务目标：向受援省提供有效就业岗位信息20万个；通过异地就业和项目吸纳就业的方式直接帮助灾区劳动者就业7万人；帮助灾区劳动者实现就地就近就业35万人。2009年3月2日，人力资源社会保障部向支援省市和灾区省政府发出《关于做好第三期对地震灾区对口就业援助工作的通知》，正式启动第三期对口就业援助工作。第三期协议任务目标顺利完成，灾区就业局势趋于稳定。2010年4月2日，人力资源社会保障部向支援省市和灾区省人力资源社会保障厅（局）印发《关于继续做好对地震灾区对口就业援助工作的通知》，将对口就业援助工作纳入常规工作，不再续签对口就业援助协议。

二　对口就业对接

对口支援省市及所辖地区，作为承担劳务对接的主要输入地，按照对口支援的总体安排，及时与受援省及所辖对口受援地市州建立工作联系机制，重点支持受援市州有组织的劳务输出。同时，根据本地岗位需求情况，在受援省劳动保障部门的协调下，积极为其他受援地区劳务输出提供支持。其他支援省也根据本省实际劳务需求，与对口支援地开展劳务对接。对已确定招聘的人员，支援省和受援省劳动保障部门及时联系用人单位，共同商定交通运输方案，指导做好对应聘劳动者的接送工作，保证将每一名灾区劳动者安全、免费送到用人单位。支援省劳动保障部门还指导企业与新招用的灾区劳动者依法签订劳动合同，维护劳动者的合法权益。

三　岗位信息对接

对口支援省市劳动保障部门收集一批适合灾区劳动者就业的岗位信息并进行筛选整理，积极与灾区劳动保障部门联系，适时将岗位信息送到灾区；受援省及所辖对口受援地市州、县劳动保障部门通过多种渠道及时发布招聘信息，开展有组织的劳务输出。支援省和受援省劳动保障部门密切配合，积极协调，通过灵活多样的招聘方式，为企业招用人员提供帮助，有的采取用人单位委托招聘、组织用人单位现场招聘、专场集中招聘和基层分散招聘等方式，有的在灾区群众安置点开展巡回服务和上门服务，有的运用远程视频面试系统进行招聘。在求职招聘的过程中，及时落实职业介绍补贴政策。各地公共就业服务机构对灾区外出务工劳动者实行专门帮扶，提供全程免费就业服务，即时提供岗位信息，力争使其尽快获得基本符合愿望的就业岗位。

四　职业培训和技能鉴定

省市对口支援劳动保障部门可联系灾区劳动保障部门，对有技能培训需求的灾区劳动者，开

图 34　地震灾区什邡市的学生在北京技工学校接受培训（北京市援建办　提供）

展技能培训和职业技能鉴定，并按规定享受培训补贴和鉴定补贴政策。对确定应聘的灾区劳动者，支援省劳动保障部门要组织培训机构和企业通过灵活多样的方式，提供及时有效的职业培训，帮助劳动者尽快适应岗位需要，并按规定给予职业培训补贴。（参见图 34）

从 2008 年 7 月到 2009 年 12 月，通过落实三期协议，共向灾区提供有效岗位信息 167.2 万个，直接帮助灾区劳动者实现异地转移就业 18.6 万人（见表 6）。灾区省实现有组织劳务输出 67.7 万人，其中省外 48.6 万人。在对口就业援助的推动下，经过全国各地的大力帮助，地震灾区就业局势基本稳定。

2008 年 7 月至 2009 年 12 月三期对口就业援助协议实施情况统计表

表 6

支援省、市	提供就业岗位（个）	直接帮助就业人数（人）	支援省市	提供就业岗位（个）	直接帮助就业人数（人）
山　东	75981	9366	山　西	7901	2959
广　东	130852	16369	湖　南	13220	3193
深　圳	94445	9500	吉　林	4748	6256
浙　江	884141	31235	安　徽	19894	8394
江　苏	111036	19083	江　西	25391	3598
北　京	30941	5367	湖　北	19577	4258
上　海	48215	17852	重　庆	29658	4373
河　北	18741	3831	黑龙江	12076	4241
辽　宁	11105	12037	天　津	33900	9763
河　南	8266	2132	合　计	1671982	186424
福　建	91894	12617			

说明：表中数据由人力资源社会保障部提供

第二节　促进就地就业

一　支持灾区稳定职工队伍

人力资源社会保障部门支持受灾企业在恢复重建期间尽最大努力稳定原有职工队伍，积极组织引导企业职工参加以工代赈和生产自救活动。灾区企业招用符合条件劳动者的，按规定落实定额减免税优惠、社会保险补贴、小额担保贷款及贴息政策。灾区劳动保障、人事部门会同财政、民政等有关部门，落实各项生活补贴，妥善解决企业职工的基本生活保障问题，确保职工队伍的稳定。企业依法规范与职工的劳动关系，维护职工的劳动报酬、社会保险等权益。

二　鼓励灾区劳动者就业创业

灾区劳动保障部门积极参与恢复重建计划的制订，努力将解决受灾地区劳动者就业问题纳入规划统筹考虑，通盘解决。鼓励灾区恢复重建企业和援建单位在恢复重建工作中优先吸纳灾区劳动者就业，同时鼓励劳动者自谋职业。

人力资源社会保障部门支持加强信息引导，开展创业培训，完善创业服务，鼓励受灾劳动者自谋职业、自主创业并带动更多人就业。协调有关部门，推行联合审批、一站式服务、限时办结和承诺服务，有针对性地解决资金、场地等问题，帮助因灾中断营业的个体工商户尽快恢复生产经营。从事灵活就业的就业困难人员，按规定享受社会保险补贴政策。符合有关残疾人就业优惠政策规定条件的，按规定享受现行增值税、营业税、企业所得税、个人所得税等税收优惠政策。对各类符合条件的劳动者，相应提供创业培训补贴、税费减免、场地安排、小额担保贷款及贴息等就业扶持政策。

支持个体工商户重新开业。个体工商户因灾中断营业后重新开业的，按国家规定享受相应优惠政策。对经营资金短缺且符合小额担保贷款条件的，按规定积极给予贷款扶持。对因地震灾害造成原借款人死亡、丧失劳动能力，以及经营场所被毁坏的，借款人的原贷款额度可按规定列入呆坏账，按照小额担保贷款管理和金融企业呆账核销的有关规定处理。

三　给予灾区劳动者就业补贴

人力资源社会保障部门职业培训补贴。对川、甘、陕三省的成都市、德阳市、绵阳市、广元市、雅安市、阿坝藏族羌族自治州、南充市、巴中市、陇南市、汉中市的受灾严重县（市、区）失业人员和从灾区转移的进城务工农村劳动者，在灾区或转移到其他地区参加职业培训的，培训地区可按规定给予一次性职业培训补贴，所需资金从就业专项资金中安排。职业培训补贴办法由地方按现行政策规定执行。

交通费补贴。对灾区劳动者转移到国务院确定的灾后恢复重建19个对口支援省（市）（含深圳）就业的，由受灾地区给予一次性单程铁路、公路或水运（路）交通费补贴。所需资金从受灾地区就业专项资金中安排。灾区劳动者可凭交通票据、本人居民身份证、企业吸纳就业证明，经劳动保障部门审核、财政部门复核后，按规定直接报销。上述交通费补贴政策审批的截止时间为2009年7月底。

社会保险补贴。人力资源社会保障部规定，对支援地区各类企业（单位）招用灾区劳动者，与之签订劳动合同并缴纳社会保险费的，按其为灾区劳动者实际缴纳的基本养老保险费、基本医疗保险费和失业保险费给予补贴，补贴期限最长不超过一年，所需资金从支援地区就业专项资金中安排。企业可凭吸纳灾区劳动者名单、灾区劳动者本人"居民身份证"复印件、劳动合同复印件、社会保险征缴机构出具的季度缴费明细、企业在银行开立的账户等凭证材料，按季度向当地劳动保障部门申请社会保险费补贴。劳动保障部门审核、财政部门复核后，按规定及时将资金支付到企业（单位）在银行开立的账户。上述社会保险补贴政策审批的截止时间为2009年7月底。从2008年7月到2009年12月，川、甘、陕三省实现本地就业139.6万人，其中公益性岗位安置22.2万人（见表7）。

2008年7月至2009年12月川甘陕三省地震灾区就业情况统计表

表7

受灾省份	有组织劳务输出（人）		本地就业（人）	
	合　计	省外	合　计	公益性岗位安置
	676652	485983	1395600	221964
四　川	326086	164539	1249504	218824
甘　肃	289900	284426	34389	1346
陕　西	60666	37018	111707	1794

说明：此表数据由人力资源社会保障部提供

第三节　开展就业援助

按照当地政府的统一安排，将就业困难人员（不含志愿者）正在参与的抗震救灾工作，如卫生防疫、环境清理、物资搬运、伤员看护、治安维护等，按规定纳入公益性岗位认定范围，时限为3个月。大力开发废墟清理、伤员看护、治安维护、卫生防疫、物资运输、临时居所建设等公益性就业岗位。结合当地经济社会发展的需要，继续开发保洁、绿化、社区服务等社区公益性就业岗位。协调有关部门和援建单位，在公益性岗位上积极吸纳灾区劳动者就业。

把就业援助与抗震救灾紧密结合起来，依托街道、乡镇和社区劳动保障工作平台，根据实际情况，将因地震灾害而出现的就业困难人员和零就业家庭按规定及时纳入就业援助的对象范围，有针对性地开展职业指导、职业介绍等就业服务，帮扶就业困难人员尽快就业。对从事公益性岗位工作的就业困难人员，落实就业援助的相关政策，按规定提供岗位补贴和社会保险补贴。对地震灾害造成的零就业家庭，劳动保障部门指定专人帮扶，综合运用各项就业服务措施和扶持政策，确保实现至少一人就业。

灾区受灾企业重建中吸收就业困难人员的，可按规定享受税费减免等优惠政策，并按规定给予相应的社会保险补贴。鼓励各地企业吸纳灾区劳动者，企业吸纳灾区劳动者的，按规定享受相关优惠政策。

各省级人事、劳动保障部门对在本省高校就读的灾区应届毕业生就业给予重点关注。准确统计未就业灾区毕业生的数量、专业、求职意向等信息，开辟就业绿色通道，进行重点推荐，实施重点帮扶，优先落实免费就业服务政策，优先安排就业见习活动，确保有就业愿望的灾区毕业生都能尽快落实工作岗位。各级机关考录公务员、事业单位招聘工作人员时，在同等条件下优先录（聘）用灾区毕业生，并免收报名费和体检费。街道社区聘用劳动保障协理员要积极吸纳灾区毕业生。

帮扶“三支一扶”大学生就业。各灾区人事、劳动保障部门结合实际情况，拓宽就业渠道，抓紧做好灾区“三支一扶”大学生就业服务工作的统筹安排。灾区党政机关考录公务员和事业单位招聘工作人员时，对经受抗震救灾考验表现突出的“三支一扶”大学生，在同等条件下，予以优先招录（聘）。

第四节　社会保障

一　养老保险

确保灾区企业离退休人员基本养老金支付，因灾停产企业可缓缴社会保险费，破产企业清偿后仍欠缴的养老保险费经批准后予以核销。对因灾困难企业距法定退休年龄不足 5 年的职工，可按《国有企业富余职工安置规定》办理内部退养，达到退休年龄后，享受相应的养老保险待遇。

为确保基本养老金按时足额发放，并调整提高基本养老金水平，中央财政逐年加大对地震灾区养老保险基金的补助力度。2008 年、2009 年、2010 年，中央财政对四川省基本养老保险基金补助分别为 72.5 亿元、87.4 亿元、108 亿元，对甘肃省基本养老保险基金补助分别为 21.8 亿元、25.7 亿元、30.3 亿元，对陕西省基本养老保险基金补助分别为 42.4 亿元、49.9 亿元、58.5 亿元。2011 年，中央财政对川、甘、陕三省基本养老保险基金补助分别为 135.1 亿元、35.5 亿元和 67.8 亿元。

二　失业保险

确保灾区失业人员和困难职工基本生活及相关待遇支付。对参加失业保险的企业因灾停产、歇业期间失去工作的职工，由失业保险经办机构进行失业登记，发放失业保险金。灾区受灾企业恢复生产经营期间，失业保险费率下调为单位 1%、个人 0.5%，下调期限 1～3 年。参加失业保险的受灾企业职工，在自救恢复生产期间，失业保险基金给予不超过上年企业实际缴纳失业保险费总额 30% 的职业培训补助；参加医疗保险的失业人员在享受失业保险期间，失业保险基金为其代缴医疗保险费的部分，失业人员可按规定享受医疗保险待遇；享受失业保险待遇的失业人员自谋职业、自主创业的，可一次性领取失业保险金；自主创业并招用其他失业人员就业的，经失业保险经办机构核实，失业保险基金一次性给予 3000 元创业补助金。

三　医疗保险

切实保障因灾受伤参保人员的医疗待遇，对急救、抢救必需的药品及治疗项目，将其纳入医疗保险和工伤保险基金的支付范围。受伤参保人员在非定点（协议）医疗机构救治所发生的医疗费用，视同定点（协议）医疗机构，按规定予以支付。切实保障参保人员因灾受伤救治医疗费用的支付，符合医疗保险支付规定的费用，做好结算服务，及时拨付；外地参保人员在此次地震中受伤的，其医疗待遇的支付也参照上述规定执行，保证其医疗待遇的落实。

四　工伤保险

确保参保人员工伤保险支付，通过社会捐助、救助制度扶助未参保伤亡职工。为解决四川受灾地区工伤保险基金收不抵支问题，对参加工伤保险职工伤亡的，在核实伤亡人数、伤残等级及具体待遇标准的基础上，按规定支付相关保险金，所需资金在地方实行市级或省级统筹、动用历年结余、加大基金调剂力度解决的基础上仍有不足的，通过全国社会保障基金调剂解决。对未参加工伤保险伤亡职工的待遇支付，由职工所在企业（单位）负责解决，企业（单位）无力支付或已不存在，符合救助条件的，通过相关的社会捐助、社会救助制度予以帮助。

2009 年 1 月，为保证四川省因灾伤亡职工的工伤保险待遇支付，中央财政从全国社会保障基金中安排 6.8 亿元给德阳、绵阳、广元、阿坝 4 个重灾市（州），以解决工伤保险待遇基金支付缺口问题。四川省为极重灾县（市）所在的成都、德阳、绵阳、广元、阿坝等 5 个市（州）因地震灾害、金融危机经营困难的企业减负，截至 2010 年 12 月，共缓缴养老、医疗、失业、工伤、生育等五险合计 174409 万元；降低社会保险费率，累计降低缴纳金额 223645 万元。

五　最低生活保障

受灾居民符合享受城市居民最低生活保障条件的人员，按规定纳入城市低保范围，享受城市低保待遇；符合享受临时生活救助条件的人员，按规定实施临时生活救助。

加大农村低保投入力度，将因灾返贫的困难群众按规定全部纳入低保范围。

第七章　社会援助政策

第一节　扶贫政策与困难学生资助

一　扶贫政策

中央财政增加扶贫贷款贴息资金。恢复重建基金中安排资金用于贫困村恢复重建。对少数民族地区和贫困地区的恢复重建项目不要求省级以下地方政府提供配套资金。恢复重建基金安排以工代赈资金，用于废墟清理和农村小型基础设施的修复等。鼓励采取以工代赈方式组织实施对口支援项目的建设。以工代赈的恢复重建项目不要求省级以下地方政府提供配套资金，适当提高劳务报酬所占比例。

2008 年 6 月 18 日，国务院扶贫办印发《关于东部和中部地区十九省市扶贫系统对口支援地震灾区有关事宜的通知》，要求对口支援灾后重建的 19 个省（市）扶贫（经济协作）办作为支援方，对遭受地震灾害严重的四川 18 个县（市）及甘肃、陕西受灾严重地区，按照“整村推进”要求，建设和修复贫困村生产生活损毁设施；提供劳动力转移培训、农业科技等服务；实施产业化扶贫，特别是为扶贫龙头企业的恢复重建提供支持；为农村饲养户提供“周转牛”“周转羊”“周转猪”等。

二　资助家庭经济困难学生

2008 年 8 月 29 日，财政部、教育部发出通知，对重建规划区高中阶段（含中等职业学校和普通高中学校）和高等教育阶段（含普通本科高校和高等职业学校）家庭经济困难学生实施特别资助政策。愿意接受中等职业教育的灾区学生，都可进入中等职业学校学习，并全部纳入国家助学金资助范围。

财政部于2008年12月9日下达2008年秋季学期汶川地震重灾区普通高中家庭经济困难学生免学费中央补助资金1.02亿元；12日，下达2008年秋季学期普通高校特别资助政策资金预算5.79亿元，下达中央教科文部门所属普通高校特别资助政策资金预算4977万元。生源地在地震灾区的各高等院校、中等职业学校和普通高中学校，迅速、及时、足额将资助资金发放到灾区学生手中。

第二节 人才支援

一 人才对口支援

2008年6月20日，人力资源社会保障部下发《关于做好为地震灾后恢复重建提供人才支持工作的通知》，要求从人才对口支援、提供高层次专业技术人才服务支持、加强能力建设等方面做好人才支持工作。19个对口支援省（市）根据灾区需求，积极组织教育、卫生、科技、农业、文化等方面的专业技术人员赴灾区对口服务；分期分批选派专家到灾区开展技术咨询服务活动；采取多种方式为灾区培训公务员、专业技术人员、技能人才、农村实用人才，提高他们带领群众生产自救的能力；积极帮助灾区建设统一的人力资源公共服务场所、人事考试设施、技工学校等人才服务平台。鼓励其他地区人事、劳动保障部门采取多种途径，为灾区提供人才和智力支持。（参见图35）

图35　北京—什邡远程教育培训资源网平台创新教育智力援助
（北京市援建办　提供）

国家有关部门在全国系统内组织选派规划、交通、建筑、工程建设管理等方面的专业技术人员到灾区尤其是非受援县（市、区）灾区参与恢复重建，帮助灾区培训灾后重建专业技术人员。对口援建省市积极增派技术人员指导汶川地震灾后村镇重建和农房重建，每个对口援建市州的乡镇至少有3名以上对口支援的技术服务人员，灾区技术力量不足的问题基本缓解。交通部和水利部分别组织26名工程技术管理人员和20名省外援助专家，分批到达重灾地区开展技术援助工作。国家公务员局支持四川省举办生态修复与林业可持续发展、灾区恢复重建规划建设、地震损毁水利工程修复整治等12个专题的灾后重建培训班，为灾区培训公务员1100余人，增强了培训的针对性、实效性，有力地支持了灾区灾后重建。

二　补充工作人员

震后，在公务员队伍补充方面，担任科以上领导职务的人员可按规定调任。根据公务员录用规定，有关省级公务员主管部门可以为灾区单独组织考试。在招考中，可以对招考程序进行调整，考试科目可以根据实际需要设定。录用时，对在抗震救灾中表现突出的报考者，予以政策倾斜。事业单位工作人员补充方面，及时组织灾区事业单位公开招聘，招聘程序适当简化。县级政府人事行政部门负责事业单位公开招聘工作的，公开招聘计划可在招聘工作完成后报备。在人员符合岗位资格条件的情况下，公开招聘直接采用面试和考察的方式进行。灾区急需的高层次专业人才，考察合格后可直接聘用。对在抗震救灾中表现突出的应聘者，予以优先聘用。

三　高层次人才服务

各级人力资源和社会保障部门根据需要及时组织专家为灾区提供智力服务。3年内，人力资源社会保障部每年组织高级专家和留学人员服务团，分赴四川、甘肃、陕西三省重灾地区进行技术咨询服务，服务内容根据当年灾区需求确定。同时积极协助联系海外留学人员赴灾区开展为国服务活动。对涉及灾后重建的引智项目给予重点支持，在经费上重点保证。在专家选拔培养工作中加大对灾区的倾斜支持力度。享受国务院政府特殊津贴专家、新世纪百千万人才工程国家级人选等高级专家选拔培养工作中，同等条件下对承担灾后恢复重建任务的专家予以倾斜。在博士后科研流动站、工作站建站，博士后科研项目资助，留学人员项目资助等方面，对灾区予以倾斜支持。抗震救灾中表现突出的人员，在同等条件下可优先申报职称。因为抗震救灾影响职称考试和评审的，要及时调整时间，对有外语、计算机应用能力要求的，可适当延长成绩有效期。加大对灾区职称考试设备设施配置的支持力度。

四　高层次专业人才培训

落实公务员对口培训计划中灾区灾后重建三年培训项目，支持四川实施灾区恢复重建千名骨干培训工程。根据继续教育规划，结合灾后恢复重建中的重大技术课题，人力资源社会保障部每年为地震灾区举办3期专业技术人员高级研修班，3年内共为灾区培训500名左右急需的高层次专业技术人才。在专业技术人才知识更新工程以及人力资源社会保障部组织的其他继续教育项目中增加灾区人员名额，组织有关部门和发达地区加大对灾区继续教育的支持。

五　农村实用人才培训

组织有关省份支持灾区高技能人才培养基地建设。在师资培训、考评员培训中，适当增加灾区参加人员名额，减免相关费用。组织全国各省技工院校募集教材、教具、实习实训设备设施，支持受灾技工院校重建。对受损企业在职职工开展技能提升培训和转业转岗培训，并为其提供职业技能鉴定服务。为灾区普通劳动者提供技能培训服务（参见图36），对符合条件的人员按规定落实职业培训补贴和职业技能鉴定补贴。组织全国相关行业领域的高技能人才为灾区企业建设提供技术支持。加强对农村实用人才的培养和使用。评选表彰优秀农村实用人才时，对在抗震救灾和灾后重建工作中有突出贡献的农村实用人才予以优先考虑。对口支援省市根据灾区需要，为灾区培养卫生防疫、农技植保、水土保持、民用建筑、农业生产等方面的实用人才。

图36　宝鸡市为灾区养殖业技术人员发放技术指导书籍

（陕西省重建志办公室　提供）

六 人才流动服务

对口支援省市人事、劳动保障部门采取多种措施，协助灾区恢复开展人才服务和公共就业服务工作，支持其重建服务场所，购置服务设备，补充、培训人力资源服务机构从业人员。有条件的地方抽调相关人员到灾区短期服务。组织各级人才服务机构开展面向灾区的服务活动，帮助灾区引进急需紧缺人才，为各类志愿者服务灾后恢复重建工作提供优质、快捷的服务。将“三支一扶”① 计划等大学生服务基层计划纳入灾后恢复重建的总体部署。在2008年“三支一扶”大学生招募中，适当增加数量，调整结构，并结合灾区实际，重点向灾区选派急需专业的大学生。对在抗震救灾和灾后恢复重建工作中有突出贡献的“三支一扶”大学生，按照有关规定，在同等条件下，优先聘用到事业单位，在报考公务员时同等条件下优先录用。

第三节 再生育扶持和人口安置

一 扶持再生育政策

为减轻灾区再生育家庭经济负担，财政部于2008年7月下达四川地震灾区计划生育再生育服务专项资金1亿元，专项资金统一管理，分级负责，预算申报，专项核算。四川省在此基础上又安排2900万元专项工作经费，用于再生育技术服务。7月25日，四川省第十一届人民代表大会常务委员会第四次会议通过《关于汶川特大地震中有成员伤亡家庭再生育的决定》，对子女伤亡家庭的再生育政策作出规定。10月25日，财政部会同人口计生委印发《四川地震灾区计划生育再生育服务专项资金管理办法》，中央财政安排的资金专项用于对四川省在汶川地震灾害中子女死亡或伤残的计划生育家庭免费提供再生育技术服务。

经过3年努力，至2011年9月，地震灾区有3800多名妇女成功再孕，占有再生育意愿和能力的子女伤亡家庭的95%，其中有2900多个婴儿健康出生，满足了许多父母再生育一个健康孩子、重建幸福家庭的愿望。

二 稳妥安置受灾人口

统筹安置重建规划区内需要安置的受灾农村人口。对实行农业安置的，依法调剂安排耕地、林地和宅基地，并给予后期扶持；对实行城镇安置的，妥善解决好居住、社会保障、创业就业以

① “三支一扶”指大学生毕业后到农村基层从事支农、支教、支医和扶贫工作。

及户籍等问题。

地震造成四川重建规划区20万农民失去宅基地和耕地，该省安置类型为：县内就近就地安置，通过地方政府和基层组织出面，调整土地耕地，调剂宅基地，使多数群众在当地就地就近得到安置；市内跨县进行安置，通过市政府安排，在该市范围内跨县进行安置，解决宅基地和耕地；省内跨市异地安置。对青川、汶川等地部分受自然条件限制，确实无法返乡安置的群众285户、1202人，按照“农民自愿、政府帮扶、统筹安排”的原则，实施省内跨市州异地帮扶安置到邛崃市南宝山农场。2010年，四川规划区20万失去宅基地和耕地的农民全部得到安置。甘肃重建规划区失地人口也全部得到安置。

三　就业地落户

根据《国务院关于做好汶川地震灾后恢复重建工作的指导意见》和《关于印发汶川地震灾后恢复重建总体规划》，人力资源社会保障部、发展改革委等11个部门联合研究提出《关于汶川地震灾区部分在外务工经商人员及其家属在就业地落户的指导意见》，制定初步方案。在此基础上，国务院应急办又征求北京、天津、辽宁、上海、江苏、江苏、福建、河南、湖南、广东、四川、陕西、甘肃、新疆、青海等省（区、市）的意见，对意见进一步修改完善。发展改革委起草并会同有关部门联合下发《关于汶川地震灾区部分在外务工经商人员及其家属在就业地落户的指导意见》，明确提出灾区在外务工经商人员及其家属落户的基本原则和基本条件，就业地省市据此制定具体办法或实施方案，并在推进符合条件的农业转移人口在城镇落户工作中，同等条件下优先办理灾区在外务工经商人员及其家属在就业地落户，为推进城镇化，推进城乡统筹、农民工落户问题探索经验。

第八章　住房政策

第一节　城镇住房

一　财政补助

中央财政对住房损毁导致无房可住的城镇受灾家庭的资金补助，按照平均每户 2.5 万元补助地方；对受损需要除险加固的城镇住房，适当补助地方。中央财政廉租住房保障专项补助资金和中央预算内投资补助资金分配，向地震灾区倾斜。中央财政补助灾区的城镇居民住房重建资金，由中央财政根据灾区城镇居民住房重建进度分期分批拨付灾区。对居民购买各类住房（包括安居房）或其他方式自行解决住房的，每户按一定标准给予补助。

2008 年 11 月 12 日，四川省财政厅印发《“5·12”汶川地震城镇居民住房恢复重建补助资金管理办法》，提出省财政按户均 2.5 万元的标准下达各地预算指标并足额拨付资金。

12 月 12 日，甘肃省政府办公厅印发《汶川地震灾后恢复重建甘肃城乡住房建设专项实施规划的通知》，城镇居民住房户均补助 2.5 万元，维修加固住房户均补助 0.6 万元。

二　安居房建设

《灾区城镇居民住房重建意见》指出，灾区地方政府可根据实际需要，参照经济适用住房政策，组织建设安居房，向住房倒塌和严重损坏不可修复（统称住房毁损）导致无房可住的城镇受灾家庭（含中央在受灾地区的机关、企事业单位职工家庭），以及租住住房毁损导致无房可住的当地城镇户籍家庭出售、出租，安置受灾群众。安居房每套建筑面积控制在 40 ~ 80 平方米，以

60平方米左右的中小户型为主，每户限购买或租赁1套。安居房建设用地实行行政划拨方式供应。政府可采取招投标等方式，选择房地产开发企业实施安居房建设。房地产开发企业开发建设的安居房项目，资本金占项目总投资比例下限下调为20%，项目利润率不高于3%。安居房销售、租赁价格由灾区市、县人民政府价格主管部门会同房地产主管部门、财政部门确定并向社会公布。安居房产权和上市交易管理，按照经济适用住房的有关规定执行。

三　廉租住房建设

灾区地方人民政府加大廉租住房保障力度，适当提高实物配租比例，直接投资、集中建设一批廉租住房，或在经济适用住房和普通商品住房建设项目中配建廉租住房，优先供应城镇孤老病残住房困难家庭和住房毁损的低收入家庭。廉租住房每套建筑面积控制在40平方米左右，不超过50平方米。

第二节　农村住房

一　多渠道筹集资金

2008年6月3日，国务院副总理李克强主持召开汶川大地震房屋倒损农户重建住房专题会议，提出中央财政安排400亿元，专项用于补助汶川大地震房屋倒损农户重建住房。灾区省市要多渠道筹集农户倒损房屋恢复重建资金；地方财政要相应安排补助资金；灾区省市接收的社会捐赠资金，要重点用于农户倒损房屋恢复重建；对于农户倒损房屋恢复重建贷款，地方政府要予以贴息，银行业金融机构要积极支持。

2009年8月14日，国务院灾后重建协调小组召开第三次全体会议，提出需加大恢复重建资金统筹使用的力度，使有限的资金发挥最大的效用，特别是请灾区省在政策规定允许的范围内，根据农房重建和维修加固的实际调整情况，加强农房重建各类资金的有效统筹使用。

中组部安排四川省“特殊党费”80.3亿元，其中49.41亿元用于灾区农房重建。民政部还积极协调中国红十字会总会、中华慈善总会安排捐赠资金用于农房重建。

二　明确户均补助标准

2008年6月29日，国务院《关于支持汶川地震灾后恢复重建政策措施的意见》提出：“对房屋倒塌或严重损坏、无房可住的农户住房建设，中央财政原则上按平均每户1万元的标准给予补助；对其他损房的农户给予适当补助”。《汶川地震灾后恢复重建城乡居民住房建设专项规划》

提出，中央财政安排的补助资金，由地方政府包干使用，按照重建规划和建房进度及时下拨。灾区各级政府要调整财政支出结构，加大农户住房重建资金投入力度；受灾省市接收的社会捐赠资金，要重点用于农户倒损房屋恢复重建。（参见图 37）对按规定政策补助不能完成重建和无法得到贷款支持的特困群众，用“特殊党费”给予重点倾斜。

中央财政共安排农房恢复重建资金 400 亿元，切块安排四川省 350 亿元、甘肃省 38 亿元、陕西省 10 亿元、云南省 1 亿元、重庆市 1 亿元。

图 37　三台县三元镇灾后重建民居

（何娴　摄）

7 月 25 日，四川省财政厅、民政厅联合下发《关于地震灾后农房重建政府补助资金拨付和管理问题的通知》，明确地方政府承担的农村居民重建永久性住房的政府补助资金，按照“三级负担，区别对待，省拿大头”的原则，由省、市、县三级政府共同分担。

甘肃省农村居民住房每户补助 2 万元；需维修加固住房，每户补助 3000 元。对农村特困群众住房，在按照每户给予补助后，仍然难以完成住房重建或维修加固的，经村级民主评议、张榜公示并报乡镇政府审核确认，在每户贷款不超过 3 万元的额度内，政府给予 3 年的贷款贴息。

8 月 7 日，陕西省政府印发《关于支持地震灾后恢复重建有关问题和政策措施的意见》，规定受灾地区房屋倒塌或严重损坏、无房可住的农户建房，在中央财政每户补助 1 万元的基础上，省、市、县按 5 : 3 : 2 的比例每户再补助 1 万元。对部分贫困地区的特困户，再从扶贫资金或红十字会捐赠资金中给予一定补助。贫困户在享受中央和省补助资金后仍无力建房的，省、市政府筹集资金 2000 万元给予贷款贴息。住房受损需要加固的农户，除执行中央补助政策外，陕西省再对每户补助 1000 元，省、市、县按 5∶3∶2 的比例负担。对 20 户以上的整体搬迁村，省里对其配套的基础设施投资给予补助。

三　农房贷款担保基金

国务院《恢复重建总体规划》提出，拓宽住房融资渠道，发展住房融资担保业务，开展住房融资租赁业务试点，解决城乡居民住房融资困难。2009 年 3 月 23 日，国务院灾后重建协调小组第二次会议议定，请灾区省统筹安排一部分中央农房重建补助的结余资金和可以调剂的地方财政配套资金、对口支援资金、特殊党费和社会捐赠等资金，建立专项担保基金，对金融机构向农村贫困户发放的住房重建贷款提供担保；请人民银行、银监会加强对金融机构的指导和协调，切实解决好农村贫困户住房重建所需贷款；金融机构对不符合贷款条件的贫困农户住房重建贷款单独建账、分账考核；农村贫困户如出现还款困难，可先通过贷款担保基金等归还，在贫困户有还款能力后逐步归还欠款。同时倡导因地制宜，合理分期建设，继续采取动员社会力量支持和地方政府、党员干部帮助等措施。

四川省政府第 31 次常务会议决定，从中央财政拨付的农房重建补助资金中划拨 40 亿元专门用于困难农户灾后永久性住房重建贷款担保基金，并于 5 月 11 日下达 51 个县（市、区），实行专户管理、专账核算、封闭运行。截至 7 月 16 日，四川省银行业机构共向 51.17 万农户发放住房重建和维修贷款 113.51 亿元，分别完成计划总量的 99.94% 和 100.69%。

四　信贷优惠

《汶川地震灾后恢复重建城乡住房建设专项规划》提出，对于有偿还能力的农户倒损房屋恢复重建贷款，银行业金融机构要积极支持。各商业银行对政府组织的住宅恢复重建项目优先给予贷款支持，对受灾地区居民购置自住房的贷款利率下限由人民银行规定的现行水平统一下调为贷款基准利率的 0.6 倍，最低首付款比例下调为 10%；具体利率水平和首付款比例由商业银行根据风险管理原则自主确定。个人住房公积金贷款利率各档次均优惠 1 个百分点。

2008 年 10 月 22 日，人民银行、银监会联合印发《关于做好汶川地震灾区农村居民住房重建信贷服务工作的指导意见》，要求金融机构根据当地人民政府制订的农房重建计划，以现有小额贷款管理机制为基础，因地制宜，积极创新信贷产品，满足受灾群众资金需求。对地方人民政府设立的担保公司或担保基金提供全额担保，并向借款人提供完全符合银行要求的抵押物、质物的农房重建贷款，按其贷款利率下限可按 0.6 倍执行。具体利率水平由金融机构根据风险管理原则自主确定。11 月 6 日，四川省政府印发《关于金融支持地震灾区农村居民住房重建的意见》，明确了农房重建金融支持要尊重农户意愿和银行业金融机构自主权，遵循金融市场化运行规律，在重建过程中引导形成政府补贴、农户自筹、金融支持三方结合的筹资格局。深入了解农户家庭收入状况和农房重建贷款需求等情况，具体设计贷款方案。受灾地区没有机构网点或机构网点较少的金融机构，可采取委托农村信用社发放贷款、开办协议存款、组织银（社）团贷款或者跨地区发放贷款业务等方式，积极支持灾区农户重建住房。金融机构应以现有小额贷款管理机制为基础，结合灾区实际情况，因地制宜，积极创新信贷产品，优化贷款流程，简化审批手续，缩短审批时间，以进一步便利农户贷款，满足受灾群众的资金需求。金融机构应与每个农户充分协商，按照收益覆盖成本和风险的原则，着重考虑农户灾前收入水平、家庭劳动能力、未来收入预期、有效担保状况及财政贴息等因素，自主确定农房重建贷款的额度、利率、期限及偿还方式。农房重建贷款可采取信用贷款和担保贷款方式发放。农村信用社因发放灾区农房重建贷款而出现资金不足的，人民银行根据实际需要适当安排增加支农再贷款予以支持。

截至 2011 年 3 月末，累计向 122.6 万户发放城乡住房贷款 700.7 亿元，其中向 89.6 万户符合贷款条件农户发放住房重建贷款 194.7 亿元（农村合作金融机构累计发放 183.2 亿元，占 94.1%）。重灾县居民在当地购买首套住房享受利率优惠。针对重建贷款期限短、农户偿债能力弱、收入特点与贷款还本付息方式不匹配等问题，四川省政府动用已经建立的担保基金，专门解决部分特别困难农户还贷困难问题。适当延长贷款期限，经借贷双方协商后，可重新确定和调整还款期限，以减轻农户的还款压力。合理调整还款方式，根据农户的偿债能力和实现收入的周期，与农户灵活约定按月（或季、半年、年）等额还本付息、按季（或半年、年）结息分期还本、利随本清等方式，有效避免农户"被动违约"导致的风险。

第三节 土地房产税费减免

一 减免税

对政府为受灾居民组织建设的安居房建设用地免征城镇土地使用税，转让时免征土地增值税。由政府组织建设的安居房，所签订的建筑工程勘察设计合同、建筑安装工程承包合同、产权转移书据、房屋租赁合同，免征印花税。对在地震中损毁的应缴而未缴契税的居民住房，不再征收契税；对受灾居民购买安居房，按法定税率减半征收契税。如因地震灾害灭失或损毁居民住房而重新购买住房（包括安居房）的，按照《财政部、国家税务总局关于认真落实抗震救灾及灾后重建税收政策问题的通知》的规定，准予减征或者免征契税，具体减免办法由受灾地区省级人民政府制定。经省级人民政府批准，对经有关部门鉴定的因地震灾害损毁的房产、土地，免征 2008 年度房产税、城市房地产税和城镇土地使用税。对经批准免税的纳税人本年度已缴税款可以从以后年度的应缴税款中抵扣。

四川省对受灾居民购买安居房按法定税率减半征收契税；对购买其他住房的（除安居房外），契税减征 80%。减免因灾损毁房屋有关税收。经法定机构鉴定，对因地震灾害损毁不堪居住、使用的房屋和危房，停止使用后，在2008年年底前免征损毁房产、土地的房产税、城市房地产税和城镇土地使用税。2008年11月28日，四川省政府下发《关于促进房地产市场平稳健康发展的若干意见》，对从事廉租住房、经济适用住房开发和经营的，按国家规定享受营业税、房产税、城镇土地使用税、土地增值税、印花税、契税、个人所得税减免；重灾地区受灾居民在其所在市、县购买安居住房和其他普通商品住房的，免征契税；降低住房交易税收负担。对个人首次购买90平方米以下普通商品住房的，契税由原来的3%～5%暂统一下调到1%；对个人销售或购买住房暂免征收印花税；对个人销售住房暂免征收土地增值税。同时要求全省各地根据房地产市场变动情况，及时调整普通住房价格标准，将更多住房纳入享受普通住房税收优惠政策的范围。

二　减免费

2008年7月16日，财政部会同国土资源部发出通知，对地震灾区和非地震灾区为安置受灾居民新建的各类安置住房，需要占用农用地和未利用地的，一律免收新增建设用地土地有偿使用费；需要占用国有土地的，一律免收土地出让收入。对地震中住房倒塌的农民重建住房占用耕地的，在规定标准内的部分免征耕地占用税。

《汶川地震灾后恢复重建城乡住房建设专项规划》提出，对建设安居房、廉租住房及原址重建住房和加固住房，一律免收各项行政事业性收费和政府性基金。其中，免收的全国性行政事业性收费包括防空地下室易地建设费、城市房屋拆迁管理费、工程定额测定费、白蚁防治费、建设工程质量监督费等项目；免收的全国性政府性基金包括城市基础设施配套费、散装水泥专项资金、新型墙体材料专项基金、城市教育附加费、地方教育附加、城镇公用事业附加等项目。地震灾区省级人民政府应当同时明确免收的地方性行政事业性收费项目。

第四篇

基本保障

汶川特大地震灾后恢复重建任务异常艰巨，需要多方面的保障。中共中央、国务院在实施恢复重建的任务部署、条例颁布、规划编制发布、组织协调机制建立的同时，制定了若干相关政策，建立了资金投入、物资供应、工程质量监管、审计监督等恢复重建项目监管机制，为恢复重建工作提供了强有力的保障。

2008 年 11 月国务院汶川地震灾后恢复重建工作协调小组成立后，33 个成员单位分工负责，组织调集各类专业技术力量，支持帮助灾区加强恢复重建项目的勘察、设计、施工和监理，及时制定和修订有关建筑标准，确保工程建设质量和安全；实行特殊的用地政策，多途径保障建设用地计划指标，调整用地审批程序，简化环评工作程序，提高审批效率；统筹调配运力，对灾后重建物资运输车辆实行“绿色通道”政策；积极解决征地拆迁的补偿资金缺口问题，安排过渡期综合财力补助，用于灾区基本公共服务支出；延长新增建设用地土地利用年度计划指标预支和追加认定政策、支持灾后恢复重建有关财税政策、免征灾区农村信用社所得税优惠政策，灾前贷款延期偿还的“四不政策”，灾后恢复重建对口就业援助政策的执行期限；研究确定在《全国中小河流治理和病险水库除险加固、山洪地质灾害防御和综合治理总体规划》中加强对灾区地质灾害的防治力度。

国务院《关于支持汶川地震灾后恢复重建政策措施的意见》，明确中央财政安排灾后恢复重建基金，所需资金以中央一般预算收入安排为主，中央国有资本经营预算收入、车购税专项收入、中央彩票公益金、中央分成的新增建设用地有偿使用费用于灾后重建的资金也列入基金。国务院批准同意，明确以中央重建基金安排 3000 亿元为主导，统筹安排地方财政、社会捐赠、对口支援、各类贷款等市场运作资金、居民企事业单位自筹资金等共计 1 万亿元的筹资方案，形成各类资金组合，发挥资金的规模效应。为统筹使用好恢复重建资金，财政部建立灾后恢复重建基金包干、统筹和创新融资机制，既保证了恢复重建工作顺利进行，又不影响正常财政预算的执行。同时，抓好资金拨付和预算执行，切实保障资金安全和发挥资金使用效率，推动灾后重建顺利实施和如期完成。

随着恢复重建工作的全面铺开，建材生产、供应、运输和价格问题日益突出。特别是在 2008 年年底和 2009 年春节前要完成大部分农房恢复重建的任务下达后，建材的集中使用与供应相对不足的矛盾凸显。由于生产成本上升、运杂费用提高、供求失衡等因素影响，砖瓦、水泥、钢材等主要建材价格出现非理性上涨。加上少数不法企业和中间商贩为谋取高额利润，囤积居奇，倒卖哄抬，加剧了建材价格上涨。2008 年 11 月，四川省少数灾区砖块的价格曾一度高达每块 6 角 3 分，偏远农村农民自行采购价格每块最高达 7 角 5 分；水泥每吨 500 多元，钢材每吨 5600 多元。针对供需矛盾，为稳定建材价格，发展改革委等有关部门先后下发《稳定灾区和周边地区抗震救灾物资市场价格工作的通知》等一系列文件，要求灾区省及其他省市采取临时价格干预，限定差价率或利润率，采取价格补贴，恢复生产、扩大产能，组织货源，建立对口特供机制，查处价格违法行为，保障了建材市场价格的基本稳定。

灾后重建开始后，中共中央、国务院高度重视重建项目的工程质量。住房城乡建设部和川、甘、陕3个受灾省制定了重建工程抗震设防标准和技术标准，以及一系列质量管理规章制度，把质量作为工程项目的生命线贯穿重建全过程，重视质量和安全，坚持进度服从质量，确保工程经得起实践和历史的检验。各级建设部门组织调集各专业技术力量，支持帮助灾区加强重建项目的勘察、设计、施工和监理。灾区各级建设主管部门加大对重建工程质量安全的监管力度，进一步完善相应的监督管理机制。各对口援建省市建设主管部门专人负责，配合灾区建设主管部门，共同做好质量安全管理。施工单位严格日常监督管理，针对突出问题进行专项检查治理。重建项目严格按照国家规定进行勘察设计、施工和后续验收，执行国家新的抗震设防标准，改变农房建设不设防的历史。重建工程还严格执行项目建设制度和基本建设程序，执行工程回访和质量保修制度，把好建筑材料检验、工程施工质量和工程验收关。2010年8月，四川遭受特大山洪泥石流灾害，重建项目经受住了严峻考验。

中央纪委对灾后重建的物资、资金进行监督检查。中共中央政治局常委、中央纪委书记贺国强在多次讲话中对此进行强调和部署。2008年9月4日，他在中央抗震救灾资金物资监督检查领导小组扩大会议上强调，要认真贯彻胡锦涛、温家宝关于进一步加强抗震救灾资金物资监管工作的重要指示精神，本着对历史负责、对党和人民群众负责的态度，坚持不懈地做好抗震救灾资金物资监督检查工作，确保灾后恢复重建工作顺利进行，真正向人民群众交一本明白账、放心账。12月22—24日，中央书记处书记、中央纪委副书记、中央抗震救灾资金物资监督检查领导小组组长何勇到绵竹市、汶川县等极重灾县（市），实地检查灾后重建资金物资监管情况，要求合理安排使用资金，加强对工程项目规划立项、工程项目审批和建设程序、项目建设资金管理使用，以及工程招标投标、大宗物资采购和工程建设质量的监督检查，对发现的问题要督促有关地方和部门认真解决。建立健全中央检查组、各省（区、市）和行业管理部门三方面协调配合机制，畅通联系渠道，形成条块结合、上下联动格局，增强工作合力。严肃查办违纪违法问题。对在民生工程、基础设施、生态环境和灾后恢复重建等方面建设中贪污、挪用、挤占、私分资金等行为，以及在项目投资中弄虚作假、铺张浪费等行为要严肃查处；探索建立监督检查长效机制。把公开透明贯穿于投资项目实施和资金管理使用的全过程，保障群众的知情权和监督权；加强宣传舆论引导，为中央政策落实和灾后恢复重建营造良好的氛围；把监督检查工作与加强教育、健全制度、深化改革结合起来，注重从源头上防止问题的发生。重建期间，3个灾区省与19个援建省（市）纪检系统共同建立物资资金监管联席会议制度，加强监管。2010年4月15日，在四川汶川特大地震两周年前夕，贺国强出席在成都召开的灾后恢复重建和中央扩大内需促进经济增长政策落实监督检查工作汇报会并讲话。他强调，各地区各部门要加强组织协调、严格执行纪律、健全长效机制，把灾后恢复重建监督检查与扩大内需监督检查、工程建设领域突出问题专项治理结合起来，切实加强对扩大内需建设项目、建设资金、项目实施、问题整改、监管机制建设的监督检查，确保建设项目符合科学发展观要求和中央的规定，防止盲目铺摊子、上项目，搞低水平建设，防止出现“形象工程”“政绩工程”或“半拉子”工程；确保资金专款专用、依法合规、节俭高效，防止挤占挪用、贪污浪费现象，切实向人民群众和社会各界交一本放心账、明白账；确保把各个工程项目组织好、实施好，坚决杜绝安全事故、“豆腐渣”工程，努力使工程建设经得起实践、人民和历史的检验。

保证重建资金在阳光下运行。震后，中共中央、国务院决定筹集1万亿元资金帮助灾区恢复重建，要求审计机关对恢复重建资金和物资的筹集、分配、拨付、使用和效果进行全程跟踪审计，定期公布恢复重建资金和物资使用情况，公布最终审计结果。审计署以“促进灾后恢复重建顺利进行、保障灾后恢复重建不出重大问题”为目标，按照“统筹安排、分级负责、把握总体、分头公告”的原则，由审计署和地方审计机关集中审计力量，提前介入，对灾后恢复重建进行全过程跟踪审计。在严肃查处违法违纪问题和经济犯罪案件的同时，着眼于预防，立足于服务，坚持边审计、边整改、边规范、边提高。通过跟踪审计，发现和弥补制度性缺陷，清除体制性和机制性障碍，揭示和反映资金管理使用、工程建设管理、土地征管、生态环境保护等方面存在的问题，规范资金使用管理和工程建设管理，提高恢复重建资金物资使用效率。

第一章　资金保障

汶川特大地震灾后重建资金需求巨大。为做好资金保障工作，中央财政和灾区省各级财政千方百计筹措资金，规范资金管理，加快预算执行，发挥资金使用效益。（参见图 38）对口支援省市足额落实支援资金。社会各界踊跃捐款。国际社会安排赠款贷款，灾区企业、个人积极自筹自救。各方资金汇集，确保了灾后恢复重建顺利推进和如期完成。

图 38　2010 年 5 月，财政部负责人到四川进行灾后重建调研

（财政部　提供）

第一节　资金筹集

一　财政资金

中央财政资金　2008 年 5 月 21 日，国务院第 9 次常务会议提出，举全国之力多渠道筹集灾后重建资金；中央财政 2008 年先安排 700 亿元，建立灾后恢复重建基金，2009 年、2010 年继续作相应安排。22 日，第十一届全国人大常委会第四次委员长会议决定，支持国务院集中财力投入抗震救灾的安排，对当年预算支出结构作出相应调整，以抗震救灾、保障灾区人民生活为根本。经全国人大批准的 2008 年中央预算中安排了中央预算稳定调节基金，根据特事特办的原则，同意从中央预算稳定调节基金中调用一部分乃至大部分，作为建立灾后恢复重建基金的主要来源，按基金实际收支情况列入和调整年度预决算，以后再依法报全国人大常委会审查和批准。

6 月 4 日上午，国务院第 11 次常务会议明确国家根据地震的强度和损失的实际情况等因素，建立地震灾后恢复重建基金，专项用于地震灾后恢复重建，基金由预算资金以及其他财政资金构成。基金的筹集使用管理办法，由国务院财政部门制定。23 日，财政部印发《关于做好增收节支有关工作的通知》，要求大力压缩一般性开支，把资源更多地用于抗震救灾和灾后恢复重建等重点方面；承担对口支援任务的地方，要按照中央统一部署，积极筹措资金支持灾区恢复重建。中央国家机关 2008 年的公用经费支出按预算一律减少 5 %，节约下来的资金全部专项用于抗震救灾和灾后恢复重建。24—26 日，第十一届全国人大常委会第三次会议批准了国务院提出的 2008 年中央预算调整方案。29 日，国务院印发《关于支持汶川地震灾后恢复重建政策措施的意见》，明确中央财政建立地震灾后恢复重建基金，所需资金以中央一般预算收入安排为主，中央国有资本经营预算收入、车购税专项收入、中央彩票公益金、中央分成的新增建设用地有偿使用费用于灾后重建的资金也列入基金。

7 月 4 日，财政部、民政部、体育总局印发《关于调整即开型彩票公益金分配办法支持汶川地震灾后恢复重建等问题的通知》，明确从 2008 年 7 月 1 日起，至 2010 年 12 月 31 日止，将中央集中的网点即开型和中福在线即开型彩票公益金，全部用于汶川地震灾后恢复重建。9 月 3 日，财政部出台《汶川地震灾后恢复重建资金（基金）预算管理办法》，加强对汶川地震灾后恢复重建资金（基金）筹集、分配和使用的监督管理，提高资金效益。同时，财政部会同发展改革委对灾后恢复重建资金来源进行研究，提出中央重建基金筹集意见。地震灾后恢复重建基金 3 年预算安排 3000 亿元，其中中央一般预算收入筹集 2350 亿元；其他方面列入基金的资金 650 亿元，包括中央国有资本经营预算 200 亿元、车购税专项收入 300 亿元、中央彩票公益金 100 亿元、中央分成的新增建设用地有偿使用费 50 亿元。分年筹集情况是，2008 年 700 亿元、2009 年 1300 亿元、2010 年 1000 亿元。

按照中共中央、国务院关于加快汶川地震灾后恢复重建进度的要求，11 月 5 日，国务院常务会议决定，将原定于2009年安排的200亿元灾后恢复重建基金提前至2008年下达，2008年实际安排中央重建基金为900亿元。

11月12日，国务院第35次常务会议审议通过《关于中央重建基金安排和分省包干方案》，明确2008—2010年，中央财政建立地震灾后恢复重建基金3000亿元支持灾后恢复重建。

2008年下半年，财政部经与世界银行、亚洲开发银行、全球环境基金、国际农业发展基金等国际金融组织紧急磋商和积极争取，共获得925万美元赠款，用于国际经验交流、救灾和重建物资购买及次生灾害风险评估、可持续发展研究等方面，其中世界银行410万美元、亚洲开发银行165万美元、全球环境基金200万美元、国际农业发展基金150万美元。同时，还积极争取德国赠款1440万欧元，用于四川、甘肃两省道路隧道、河堤以及学校等方面重建。在财政部积极推动下，国务院批准了关于汶川地震灾后恢复重建利用国外优惠紧急贷款规划，资金主要用于2009—2011年川、甘、陕三省重灾地区51个县（市、区）城镇和农村公益性公用设施、基础设施、环境整治、水利、生态恢复等领域的灾后恢复重建，总额约15亿美元，全部由中央财政统借统还，对于地方来说相当于"无偿"。其中，利用世界银行贷款7.1亿美元、亚洲开发银行贷款4亿美元、欧洲投资银行贷款1.6亿美元、国际农业发展基金贷款0.3亿美元、法国开发署贷款2亿美元。（参见图39）同时，还积极争取沙特阿拉伯6000万美元特别贷款，用于向灾区住宅建设、教育和卫生领域提供贷款支持。

图39　2009年4月24日，财政部与法国开发署在美国华盛顿签署汶川地震恢复重建紧急援助项目贷款协议
（财政部　提供）

地方财政资金　2008年7月29日，四川省财政厅发出通知，要求全力做好财政增收节支工作。采取"四压三停"的政策措施，即压缩10%各级党政机关日常公用经费；压缩因公出国（境）经费；压缩会议、培训、招待费；压缩能源消耗支出；除恢复重建和必要的维修加固外，暂停党政机关办公楼购建立项审批；除灾后恢复重建和必要的执法办案用车外，停止增加行政用车编制；除直接服务于灾后恢复重建的信息化系统建设外，停止信息化建设项目审批或增加经费预算。在厉行节约的同时，各级财政还通过调整支出结构、集中增量财力等方式，努力筹措重建资金。通过调整存量、集中增量，全省各级财政建立规模为412亿元的灾后恢复重建基金，其中省级财政筹集的重建基金为270亿元。

5月28日，甘肃省财政厅发出通知，要求省级行政事业单位压缩出国经费、公用经费、会议费、购车费、修购费等支出，其中出国经费压缩50%，公用经费压缩10%，会议费、购车费、修购费分别压缩20%，节省资金全部用于灾后恢复重建。各级财政通过压减公用经费、调整支出结构、争取中央转移支付等渠道筹措了12亿元灾后重建资金。

5月24日，陕西省政府下发《关于贯彻落实习近平同志来陕视察抗震救灾工作时重要讲话精神切实做好抗震救灾和灾后重建工作的意见》，要求各级机关行政经费压缩6%，严格控制不合理开支；严格控制出国和外出考察，一般性出国一律停止；年内省里不再审批办公楼建设项目，停止购买公务车辆，挤出资金用于灾后重建。通过以上措施，陕西省政府筹集了3亿元抗震救灾和恢复重建专项资金。12月30日，陕西省财政厅下达全省地震灾区中小学恢复重建专项补助资金53109万元，下达卫生系统首批地震灾后恢复重建补助资金15840万元，下达专项用于农村五保供养服务机构首批地震灾后恢复重建补助7315万元。

对口援建省市投入 按照“各支援省市每年对口支援实物工作量按不低于本省市上年地方财政收入的1%考虑”的要求，据财政部统计，19个对口支援省（市）共投入对口支援资金856.63亿元。

中央代发地方债券 2009年、2010年，中央财政代地方政府发行债券工作启动。为支持川、甘、陕三省灾后恢复重建工作，中央财政提高了三省地方债券发行规模。其中，四川省2009年发行180亿元、2010年180亿元，甘肃省2009年65亿元、2010年55亿元；陕西省2009年63亿元、2010年55亿元。三省安排了大量地方债券资金用于灾后恢复重建，其中四川省累计安排88.8亿元、甘肃省3亿元、陕西省21.5亿元。

二 其他资金

捐赠资金 据审计署2010年1月6日公告，截至2009年9月30日，全国接收国内外社会各界抗震救灾捐赠款物折合797.03亿元（含“特殊党费”）；全国共支出捐赠款物527.69亿元，其中用于应急抢险173.79亿元、灾后重建213.28亿元，140.62亿元与财政资金统筹安排用于灾后恢复重建。全国尚结存捐赠款物269.34亿元，其中有119.26亿元正随重建项目进度陆续拨付，150.08亿元将按恢复重建规划安排使用。

国内金融贷款与企业融资 灾区省各类金融机构按照国家有关规定，认真落实金融优惠政策，加大对灾区重建的支持力度。截至2010年12月31日，四川省金融机构累计发放灾后恢复重建贷款3786亿元，余额2556亿元。截至2011年3月末，四川省已有14家企业累计发行215亿元短期融资券，8家企业累计发行中期票据163亿元。共有36家受灾企业和27家承担灾后重建企业在银行间债券市场发行了3819.7亿元短期融资券和中期票据；有25家企业实现首发上市，20家上市公司实现再融资，累计实现融资577.51亿元。以上金融措施有效地弥补灾后恢复重建资金缺口。同时，川、甘、陕三省落实税收优惠政策，鼓励灾区企业自筹资金开展重建项目建设；综合运用个人投资、投劳、以工代赈等方式，鼓励个人筹集资金投入住房重建、农村基础设施建设等领域。据银监会提供的数据，截至2011年9月末，灾区银行业金融机构累计发放灾后恢复重建贷款5560.2亿元。

香港、澳门特别行政区援建资金 2008年10月，香港特区政府和澳门特区政府启动支援四川灾后恢复重建工作。截至2011年9月底，香港特区政府援助90亿港元，澳门特区政府援助50亿澳门元；此外，香港赛马会援助重建资金10亿港元，澳门基金会援助5亿澳门元。

第二节 拨付使用

一 中央重建基金

依据《关于中央重建基金安排和分省包干方案》规定，中央重建基金3000亿元中扣除列中央部门预算资金436亿元后，对地方的包干资金为2564亿元，其中四川省2203.43亿元、甘肃省256.63亿元、陕西省101.94亿元；另外，重庆市、云南省倒损农房重建资金各1亿元。按照灾后重建规划中央重建基金分3年拨付下达灾区省市。

优先拨付民生项目资金 根据2008年5月21日国务院常务会议决定，财政部紧急启动应急资金拨付通道，一个月内，中央财政向灾区拨付了第一笔灾后重建基金300亿元，其中四川省250亿元、甘肃省38亿元、陕西省10亿元、云南省1亿元、重庆市1亿元，用于支持灾区农村群众住房加固维修和住房建设。为确保当年秋季开学前中小学校舍的安全，7月25日，财政部下达灾区中小学校舍维修加固和教学仪器设备重置专项补助资金23.2亿元，其中四川省17.4亿元、甘肃省3.1亿元、陕西省2.7亿元。为及时启动城镇居民住房恢复重建工作，财政部于10月6日下达2008年城镇居民住房恢复重建补助资金80亿元，其中四川省67.5亿元、甘肃省9亿元、陕西省3.5亿元；10月13日，财政部下达灾区地质灾害治理专项资金11.2亿元，其中四川省10亿元、甘肃省1亿元、陕西省0.2亿元。

中央财政补助资金到位后，地方各级财政部门根据重建资金需求及时提出资金分配方案，确定补助原则、补助范围、补助标准和补助办法等。

四川省要求各地不得擅自扩大农村居民住房资金补助范围、提高补助标准，本着尽早到户与管理有序相结合的原则，各类农房重建政府补助资金一律通过特别专户进行归集和支出，封闭运行。凡“一折通”① 服务系统在灾后仍能正常运行的乡镇，政府补助资金通过该系统发放；凡“一折通”服务系统因灾已无法正常运行的乡镇，可采取活期存单和现金发放，确保农村居民住房资金及时安全运行。对城镇居民住房毁损补助资金采取分批预拨、据实结算的办法，按照“按户计算、直补到户”的原则，将资金直接补助给毁损住房的所有权个人。凡按规定应支付给居民个人的住房补助资金，由县及以上财政部门将补助资金直接存入受灾居民银行账户。

甘肃省第七次常务会议审议通过《甘肃省震后受灾农民住房重建维修资金补助办法》，要求重建维修补助资金原则上优先安排受灾严重的县、乡、村，兼顾一般灾区；优先安排无房户，兼顾一般维修户；优先安排优抚对象、低保对象、政策照顾对象，兼顾一般家庭。灾区群众住房重建维修资金原则上统一纳入专户，实行专户管理、封闭运行、集中拨付，重建户户均补助2万元、

① “一折通”，即发给每户农户一本专用存折。信用社按财政部门提供的清册，直接将粮补、低保、计生奖扶、村干部报酬等补贴或补助直接打入农户财政涉农补贴专用存折。

维修户户均补助3000元，各县区普遍采取财政逐级拨付资金，乡镇财政通过“一折通”专用存折发放给农户，累计发放重建补助资金44.13亿元。对城镇居民受损需加固维修住房，以家庭户数为单位进行补助。省财政根据灾区市州住房总体受损情况拨付专项资金，由灾区市州包干使用。灾区城镇居民住房按重建进度分期分批拨付重建资金。维修资金采取“一次核定、总额包干、超支不补”的办法拨付。

陕西省财政厅及时下达毁损房屋农户重建住房补助资金10亿元，其中拨付2008年城镇居民住房损毁和加固补助资金37809万元。

超前拨付重点项目资金　根据国务院审议通过的《关于中央重建基金安排和分省包干方案》，财政部于2008年11月26日提前下达2009年中央重建基金包干资金200亿元，其中四川省170亿元、甘肃省20亿元、陕西省10亿元，并追加中央国家机关2008年中央重建基金预算102.47亿元。12月2日，财政部、交通运输部下达2008年车辆购置税用于地震灾后恢复重建项目预算指标26亿元，其中四川省21亿元、甘肃省3亿元、陕西省2亿元。2008年财政部先后分7批下达中央重建基金包干资金897.7亿元，完成当年预算安排的128.24%，超额拨付当年中央重建基金包干资金。

2009年年初，财政部下达四川省农房重建资金100亿元，以加快农房重建步伐，并及时下达2009年中央部门及企业中央重建基金145.31亿元和车辆购置税用于地震灾后恢复重建支出预算112.55亿元。为帮助失地农民尽快恢复生产生活，4月21日，财政部会同国土资源部下达中央重建基金土地整理复垦项目资金30亿元，并于同日下达2009年中央重建基金地方包干资金304.39亿元，其中四川省268.94亿元、甘肃省21.74亿元、陕西省13.71亿元。地震一周年前，中央财政累计拨付重建基金超过1500亿元，资金下达总额超过基金总额的一半。8月17日，财政部下达2009年中央重建基金地方包干资金118.17亿元。10月20日，会同交通运输部下达2009年车辆购置税用于地震灾后恢复重建支出预算39.75亿元，其中四川省23.98亿元、甘肃省7.6亿元、陕西省8.17亿元。为加快灾后重建进度，确保建设资金及时到位，11月4日，财政部拨付中央管理企业灾后恢复重建贷款贴息资金2.71亿元；5日，下达中央部门及企业中央财政地震灾后恢复重建部门预算资金5.1亿元；6日，下达2009年中央重建基金地方包干资金171.35亿元，其中四川省149.72亿元、甘肃省21.63亿元。12月25日，又提前预拨2010年中央重建基金地方包干资金200.03亿元，其中四川省170.05亿元、甘肃省19.98亿元、陕西省10亿元。

2010年2月24日，财政部预拨四川省2010年中央重建基金地方包干资金310.43亿元，预拨陕西省2010年中央重建基金地方包干资金14.84亿元。3月，下达中央部门和车购税用于公路建设资金125.21亿元，其中中央部门预算28.21亿元、四川省81.37亿元、甘肃省15.63亿元。4月15日，下达四川省土地整理复垦项目预算20亿元。5月12日，下达四川省2010年中央重建基金地方包干资金187亿元，车辆购置税用于地震灾后恢复重建支出预算3亿元；下达甘肃省2010年中央重建基金地方包干资金43.51亿元。

及时足额拨付到位　地方各级财政部门积极筹集地方资金，根据灾后重建规划统筹安排及时拨付资金，全面落实国库集中支付和政府采购有关规定，确保灾后重建资金及时足额拨付到位和资金使用安全。截至2011年9月底，四川省、甘肃省、陕西省分别将财政部已下达的中央重建基金地方包干资金2203.43亿元、256.63亿元、101.94亿元全部下达有关县（市、区）。

二 其他资金

国外金融组织贷款拨付 震后，财政部立即与国际金融组织衔接沟通，就地震受灾情况进行及时通报，并就灾后重建国际金融组织贷款事项进行谈判，经过有关专家实地考察，对具体贷款项目进行认真筛选，确定贷款由中央财政统借统还。2009年3月20日，汶川地震灾后恢复重建项目获得世界银行贷款7.1亿美元，其中四川省5.1亿美元、甘肃省2亿美元，分别用于两省重灾地区的公路、桥梁、供水、污水和垃圾处理等城镇基础设施及医疗卫生设施恢复重建。甘肃省还包括教育设施的恢复重建。23日，亚洲开发银行提供4亿美元优惠紧急贷款，用于四川省19个极重灾和重灾县（市）农村道路的恢复重建，以及陕西省4个重灾县（区）学校、农村道路、城镇道路的恢复重建。4月14日，欧洲投资银行向四川省部分极重灾和重灾县（市）提供1.6亿美元紧急优惠贷款，用于灾区病险水库治理，彻底消除渗漏危害，恢复蓄水、拦洪和调峰功能；实施灾区生态修复工程，恢复植被，改善生态环境。7月15日，国际农业发展基金向中国提供约2897万美元贷款，用于四川灾后重建农村沼气项目。

中央财政安排国外优惠紧急贷款12亿美元并由中央统借统还，用于四川省城镇基础设施、农村公路、病险水库、生态环境、农村沼气和卫生机构等的恢复重建，其中世界银行贷款5.1亿美元、亚洲开发银行贷款3亿美元、欧洲投资银行贷款1.6亿美元、法国开发署贷款2亿美元、国际农业发展基金贷款0.3亿美元。四川政府结合当地灾后重建工作实际，将国外优惠紧急贷款项目独立实施或与内资项目打捆使用。在四川省灾后重建9个类别项目中，市政设施、历史文化名镇、农村基础设施、医疗卫生、交通、水利、生态修复等7个类别的197个项目使用了国外优惠紧急贷款。截至2011年9月底，甘肃省灾后恢复重建已落实世界银行紧急援助贷款2亿美元，根据项目建设进度拨付资金人民币36825.43万元。陕西省安排灾后重建亚洲开发银行贷款1亿美元。

“三川一镇”资金拨付 报经国务院同意，对北川、汶川、青川及绵竹市汉旺镇等“三川一镇”征地拆迁费用45.43亿元，由财政部安排35.43亿元，其余10亿元由四川省继续从包干资金以及其他地方财力统筹解决。2011年11月25日，财政部将35.43亿元专项资金拨付四川省。

甘肃整村重建配套基础设施资金拨付 报经国务院同意，在中央重建基金地方包干资金之外，中央财政专项安排4亿元，2009年8月6日，财政部、国土资源部拨付甘肃新增建设用地土地有偿使用费灾后土地整理复垦开发资金1亿元；18日，财政部、环境保护部拨付甘肃省灾后重建环境综合整治资金1亿元。11月9日，财政部拨付甘肃省灾后重建整村搬迁资金2亿元。分别由甘肃省财政厅、国土资源厅和环保厅、交通厅拨付陇南市武都区、舟曲县等8个重灾县（区）灾后土地整理复垦开发项目、灾后恢复重建环境综合整治和整村重建配套基础设施建设。

失地农民异地安置资金拨付 报经国务院同意，为妥善安置四川、甘肃两省因灾失地农民，在明确地方政府为因灾失地农民安置责任主体的前提下，在中央重建基金地方包干资金之外，中央财政一次性补助20亿元，其中四川省、甘肃省各10亿元，资金由地方政府统筹安排使用。经国务院领导批准同意，2009年7月3日，财政部、国土资源部下达四川省新增建设用地土地有偿使用费预算10亿元，专项用于因灾失地农民安置中与土地有关的支出。8月25日，四川省财政厅、国土资源厅联合研究提出21250元/亩的因灾失地农民调地经费补助标准，并呈报省政府研究。9月1日，四川省政府第40次常务会议审议通过因灾失地农民安置经费分配方案。之后，该省财政厅、国土资源厅3次下拨因灾失地农民安置调地经费。

2010年4月9日、2011年4月13日和26日，财政部分3次下拨甘肃省安置受灾群众专项补助资金11亿元（根据实际情况需要，比原定方案多拨付1亿元）。

农业综合开发资金灾毁补助资金拨付 震后，农业综合开发项目区的农业基础设施损毁严重。2008年年底，财政部决定从2009年起，将四川省的北川、青川、汉源以及甘肃省的渭源列为国家农业综合开发县，每年都安排一定数量的农业综合开发资金，以帮助当地群众改造中低产田，加强农业基础设施建设，同时发展农业产业化经营，提高农业综合效益，带动农民增加收入。2009年6月初，财政部迅速安排中央财政农业综合开发灾毁补助资金2400万元，专项用于灾区农业综合开发损毁工程修复。其中，四川省1000万元，重庆市、陕西省、甘肃省各400万元，云南省200万元。这些资金下达后，地方财政相应配套资金1245万元，发动农民群众筹资及投劳折资1029.2万元，从而使损毁工程修复项目的总投资达到4674.2万元，在上述5个省（市）的68个开发县（市、区）实施修复项目72个；同时，还把中低产田改造项目的亩投入标准在2008年的基础上提高20%。

三 社会捐赠资金

社会捐赠资金拨付 2010年1月6日，审计署发布汶川地震社会捐赠款物审计结果。截至2009年9月30日，全国共筹集社会捐赠款物797.03亿元（含“特殊党费”97.3亿元），审计中未发现重大违纪问题。截至2009年4月30日，向灾区拨付捐款397.5亿元。四川、甘肃、陕西、重庆、云南5个灾区省（市）共接收直接捐款93.28亿元。民政部接收的社会捐赠资金50.31亿元全部拨付完毕，其中拨付四川省22.78亿元、甘肃省18.39亿元、陕西省8.1亿元、重庆市0.59亿元、云南省0.01亿元、其他0.44亿元，主要用于汶川地震灾区倒损民房、医疗机构、学校、社会福利设施、基础设施等恢复重建项目，捐赠物资折价107.16亿元已全部拨给灾区使用。

“特殊党费”拨付 财政部按照中组部等部委确定的资金分配方案，将97.3亿元“特殊党费”分别下拨到灾区省市财政专户，再由灾区省市根据重建项目方案，将“特殊党费”逐级下拨到灾区市、县财政专户和项目资金使用单位。其中，四川省80.3亿元、甘肃省10亿元、陕西省5亿元、重庆市1亿元、云南省1亿元。

第三节　资金监管

一　健全监管制度

中央部门健全监管制度　财政部根据抢险救灾和恢复重建阶段的不同特点，从恢复重建项目的前期准备、预算申请下达、资金拨付等方面，制定完善了20多项制度办法，对资金管理全流程、各环节予以规范。地方各级财政部门从本地区的实际出发，建立完善灾后重建资金财政管理的制度体系。在预算管理方面，要求各级政府安排的恢复重建资金必须纳入财政预算管理，执行财政部门确定的预算收支科目，不得擅自调整、随意变更。在资金拨付方面，要求恢复重建资金必须由财政部门根据年度投资计划和建设项目支出预算确定的建设内容及工程进度，按照国库集中支付有关程序拨款。在财务管理方面，要求恢复重建资金切实做到专款专用，单独建账核算，按规定的标准开支。在捐赠资金管理方面，要求对接收的每一笔捐赠资金，按照捐赠人姓名（单位）、来源地、币种及金额、捐赠意愿、是否定向等明细信息登记造册，并开设专户进行管理。捐赠资金的安排首先尊重捐赠人意愿，积极引导捐赠人意愿与重建规划相结合。非定向捐赠资金原则上纳入政府统筹。在"特殊党费"管理方面，严格按照中组部、发展改革委、民政部、财政部《关于抗震救灾"特殊党费"使用管理有关问题的通知》要求，对"特殊党费"实行专户管理、专账核算。

2008年8月22日，财政部关于《汶川地震灾后恢复重建贷款中央财政贴息管理办法》要求各级财政部门、经办银行应确保贴息资金专款专用，不得以任何形式、任何理由截留、挪用贴息资金，保证贴息资金及时到位。上级财政部门负责指导辖内财政部门、经办银行、借款人办理申请和审核贴息工作；按有关规定认真审核贴息申请，及时拨付贴息资金，提高贴息资金使用效率；做好与上下级财政部门、与经办银行及借款人之间的协调和配合工作；加强贴息资金监督和管理工作，定期或不定期检查贴息工作，及时纠正、反映存在的问题；做好财政贴息工作的使用效益分析，提供年度分析报告，包括贴息计划和实际完成情况、资金使用情况、存在的问题和改进建议等。省级财政部门于每年4月30日前向财政部上报上年度恢复重建贷款贴息资金使用、管理情况，就存在的问题提出改进建议。财政部驻地震灾区各省财政监察专员办事处负责对当地恢复重建贷款贴息工作的监督管理。每年累计检查覆盖面原则上应不低于经办银行每年办理贴息金额的10%。各级财政部门未认真履行职责，或虚报材料、骗取挪用财政贴息资金的，财政部将采取责令纠正、追回贴息资金、媒体曝光等措施，并按国家有关规定进行处罚。

2008年9月3日，财政部制发《汶川地震灾后恢复重建资金（基金）预算管理办法》。将中央和地方财政建立的专项用于恢复重建基金，以及地方财政通过预算内安排的专项用于支持和开展恢复重建的资金（统称恢复重建资金），按资金渠道分别在一般预算、政府性基金预算、国有资本经营预算中反映。承担对口支援的地方政府统一管理资金、物资。支援方直接组织实施恢复重建工作的，灾后恢复重建支出分科目列入本级政府预算。支援方只提供资金、物资，不参与恢复重建具体实施工作的，支援方将相关支出列入本级政府预算的捐赠支出，受援方按捐赠资金的具体用途，分科目列入本级政府预算。

2010年10月22日，财政部制发《关于建立汶川地震灾后恢复重建项目进展资金落实和中央灾后恢复重建基金预算执行情况旬报制度的通知》，要求切实抓好中央重建基金预算执行工作。数据统计每月10日、20日和月底最后一天分别为截止日，数据统计截止日后3日内各灾后恢复重建县（市、区）以及各地市、省级项目管理单位将表格报送省财政厅。财政厅审核汇总后2日内报送财政部经济建设司。

灾区省健全监管制度 川、甘、陕3个灾区省相继印发关于《抗震救灾资金保障和监督管理的通知》《关于地震灾后农房重建政府补助资金拨付和管理问题的通知》《关于汶川地震灾后恢复重建资金（基金）预算管理办法》《关于地震灾后恢复重建资金管理监督办法》《关于扩大内需促进经济增长加快灾后恢复重建政策落实相关监管办法》等一系列管理制度，对控制和压缩一般性支出等工作提出具体要求。与纪检监察、审计、民政、财政部驻川专员办协作配合，划分监管职责，制订分类监管计划，形成监督合力，既避免重复监督，又不留监督空白。

在融资创新资金管理方面，四川省制定了《地震灾后恢复重建融资创新资金管理办法》，按照量力而行、效率优先、安全稳健的原则进行融资，通过注入投融资平台，建立贴息、担保和奖励基金及投资补助等方式，解决规划内项目的资金缺口。在竣工项目财务决算审批和结余资金安排使用方面，财政部门要求项目单位加快编制竣工项目财务决算，财政部门加快竣工项目财务决算审批，作出“重建资金的利息收入、项目结余资金，按预算程序和相关政策规定安排用于规划内其他项目建设”的规定。此外，对城乡住房资金的结算、结余资金的安排原则、范围等也作出了明确规定。

四川省财政厅依托“金财工程”平台，研究开发了“灾后恢复重建项目资金管理信息系统”，实现对项目资金的适时在线监管。该系统收录规划内所有重建项目，全面掌握了项目类别、名称、事权、建设方式、建设内容、总投资、年度投资、资金筹集、开竣工日期和建设形象进度等基础信息，还设置财政性资金分类控制数约束功能，资金分配和拨付只能在分类控制数额度进行，不能擅自修改，避免了资金用于规划外项目、超计划使用资金问题的发生。此外，系统还能够按照不同的管理需求，将容量巨大的信息数据自动生成为不同类型的报表，为有关部门统计、分析和研究问题提供参考。

对口支援省市健全监管制度 对口支援省市执行中央关于灾后恢复重建资金监管的部署，支受援双方结合，创造对援建资金和物资的管理办法，包括援建资金拨付规程、援建资金管理使用实施细则、援建财务监督管理实施细则、工程建设项目资金管理实施办法、重建资金核算工作方案等，对援建资金来源、用途、申请、拨付、管理以及监督检查目标、内容、措施等作出明确具体的规定。辽宁省制定《对口支援安县恢复重建工作经费使用管理暂行办法》，江西省制定《对口支援小金县灾后恢复重建现场指挥部工作经费管理办法》《业务接待费用管理办法》等。福建省制定《开展对我省援建彭州人员参与非公务公款消费和不健康娱乐活动明察暗访工作的实施方案》，对援建工作人员行为作出规范。四川省委办公厅、发改委、港澳办相继发布港澳特区援助四川灾后恢复重建《项目资金监督检查办法》《项目资金管理暂行办法》《项目监督统计管理暂行办法》《项目资金财务管理细则》。

二　监督检查

建立监督机构和运行机制　成立抗震救灾资金物资监督检查领导小组。经中央同意，2008 年 5 月 28 日成立抗震救灾资金物资监督检查领导小组，中央书记处书记、中央纪委副书记何勇任组长，中央纪委副书记、监察部部长马馼和审计署审计长刘家义任副组长，领导小组成员由中央纪委、监察部、民政部、财政部、审计署的分管领导组成。（参见图 40 ～ 41）领导小组办公室设在监察部，中央纪委常委、监察部副部长王伟任办公室主任。按照中央抗震救灾资金物资监督检查领导小组要求，财政部成立了抗震救灾资金物资监督检查领导小组，副部长廖晓军任组长，纪检组组长贺邦靖任副组长，办公厅、预算司、国库司、社保司、经建司、驻部监察局和监督检查局为成员单位。领导小组制定了《财政部抗震救灾资金物资监督检查领导小组工作规则》，明确各成员单位的职责分工，要求各司其职、各负其责、密切配合、形成合力。领导小组定期召开会议，研究检查调研过程中发现的问题，部署监管重点。监督检查局作为领导小组办公室所在地，对外积极发挥财政部与中央领导小组之间沟通协调的窗口作用，先后 10 余次起草财政部门抗震救灾、恢复重建资金监管工作情况汇报，上报财政部《抗震救灾资金物资监督检查简报》20 余期；对内积极发挥专员办和地方财政部门与财政部之间信息上传下达的桥梁作用，将各地上报的监管信息提供部领导参考。同时，及时将财政部最新的监管要求和工作重点反馈各地。其间，先后编发抗震救灾信息 40 余篇。按照要求，四川、甘肃、陕西等地灾区财政部门在第一时间落实监督检查要求。

图 40　监察部负责人在德阳市检查抗震救灾款物管理使用情况

（刘海州　摄）

图 41 审计署负责人在汶川县映秀镇灾后恢复重建现场指导跟踪审计工作

（审计署 提供）

制定完善监督检查制度办法。财政部下发一系列文件，明确监管工作的组织形式、主要内容、重点方向、监管方式和政策尺度，对财政部门做好灾后恢复重建资金物资监管进行具体部署。2008 年 5 月 20 日中央纪委、监察部等五部委《关于加强抗震救灾物资监管的通知》下发后，财政部立即制定下发了《关于加强抗震救灾资金物资监管的紧急通知》，要求有关地方各级财政部门积极筹措资金，加大财政投入，确保受灾群众尽快恢复生产、重建家园；认真履行资金分配下拨的各项审批程序，开通“绿色通道”，加快资金拨付进度；强化财政监督检查，对挤占、截留、挪用、虚报冒领和贪污浪费救灾资金物资等严重违法违规行为，及时纠正，严肃惩处；主动加强与当地纪检、监察、审计、民政等部门的沟通协调，确保抗震救灾资金物资按规定筹集、分配、拨付和管理使用，发挥救灾物资最大使用效益。

建立资金使用管理责任制和监督机制。责任制规定负责地震灾后恢复重建资金使用管理的责任单位，其主要负责人为第一责任人，分管负责人为直接责任人。对使用管理不善或反馈信息不及时造成恶劣影响的，依法追究单位领导和有关人员的行政责任；对情节严重、涉嫌犯罪的，移交司法机关处理。财政部门加强对恢复重建资金拨付和使用的监督检查，督促下级财政部门依照规定及时分配、足额拨付恢复重建资金，对重点项目进行绩效考评。

为加强对援建资金物资的有效监管，形成制约机制，广东、上海、福建等对口援建省（市）还建立了联席会议制度。上海市纪委监察局、成都市纪委监察局、都江堰市纪委监察局、上海援建指挥部、成都市恢复重建都江堰市工作委员会建立“两地五方”物资资金监管联席会议制度，共同对重建物资、资金进行联合监管。联席会议定期会商加强资金物资监管事宜，研究确定监督检查工作；会商加强对援建队伍的廉政教育、警示教育和预防教育事宜；会商重大项目的建设情况、行政效能监察情况、办信查案工作情况。重庆市审计局建立了“提前介入、全程跟踪、立足服务、着眼预防”的工作机制，加强与崇州审计部门协调，充分发挥审计“免疫系统”功能。

实行固定月报表制度及开展跟踪检查。从2008年9月起，按月通过逐级汇总，由灾区各市（州）和扩权试点县（市）向省财政厅、民政厅报送《农房重建政府补助资金执行情况月报表》。12月4日，中央重建基金地方包干资金使用各项目单位定期向同级财政部门报告项目资金使用情况。受灾省省级财政部门于月度终了后10日内按月向财政部报送中央重建基金预算执行进度和项目进展情况，年度终了后1个月内报送基金年度使用报告，并抄送财政部驻当地财政监察专员办事处。财政部对各省预算执行及项目进展情况进行督促、检查，并将地方上报的基金年度使用报告与预算下达情况进行对照，发现问题要求地方整改，并作为中央财政编列决算的依据。

建立健全信息公开制度。各地、各部门按照政务公开、政府信息公开有关规定，将适合公开公示的重建项目资金分配使用情况以适当方式向社会公众公告，确保人民群众的知情权。通过同级政府门户网站公布、公示捐赠资金接收情况和重建经费的使用情况，向捐赠人反馈捐赠资金安排结果，接受社会各界和新闻媒体的监督。受灾县（市、区）、乡镇（街道）、村（社区）在公共场所醒目位置张榜公布、公示捐赠资金接收、使用详细情况。

加强政府投资项目财务管理。各级财政部门按照财政部印发的《基本建设财务管理规定》执行。符合重大项目管理条件的项目纳入重大项目委托监管范围，及时派驻财政监管员，实行重点监管。财政监管员按照财政部有关规定进行监督管理，尤其对导致投资增加的设计变更项目加强审核。及时报告项目建设中存在的问题，协助项目单位建立健全内部财务管理制度，指导项目单位对基本建设资金实行专人、专账管理。及时办理工程价款结算和竣工财务决算。项目竣工后，建设单位督促施工单位及时办理工程价款结算，提请审计部门审计或财政投资评审机构评审，或委托有资质的社会中介机构进行审计。工程价款结算审计工作完成后，项目建设单位按照《基本建设财务管理规定》要求，及时编制项目竣工财务决算报告，报同级财政部门审批。

整合监管力量 财政部、专员办及省、市、县各级财政部门不断探索完善联动监管工作机制和信息沟通机制，逐步形成覆盖全面、上下一体的监管网络。2008年7月3日，财政部部长谢旭人召集部预算司、社保司、经建司、监督检查局等部门、单位，就监督检查局和社保司至川、甘、陕三省对审计署反映抗震救灾资金物资管理使用有关问题进行监督检查。10日，财政部专门召集三省财政厅和专员办负责人召开抗震救灾资金监管座谈会，明确要求三省财政厅和专员办建立完善横纵联动监督机制，扩大监管规模效应。按照要求，三省财政厅和专员办积极加入当地抗震救灾监督检查领导机构，与纪检、监察、审计等部门保持了横向沟通配合。三省财政厅与专员办之间也进一步建立健全了抗震救灾资金管理使用监督工作协调机制和资金分配拨付情况信息抄送机制，统筹监管力量，联合开展检查调研。为充分发挥基层财政贴近一线的监管优势，三省财政厅和专员办积极派出干部至受灾市、县、乡镇协助工作，并通过与基层财政部门建立联络员制度、信息报送制度、定期巡视制度等方式，建立起基层财政部门反映情况、提出建议的“直通车”“快车道”，为财政部门上下联动，开展对抗震救灾资金管理使用情况的日常监管和对政策执行情况的跟踪监控创造了条件。

灾区省各级纪检、监察、审计、财政、民政、卫生、建设等部门形成监管合力，构建横向到边、纵向到底的全方位、多层次监管体系，对恢复重建资金的使用情况进行监督检查，确保监督检查全覆盖。四川省从全省财政系统抽调100多名干部长期驻守一线参加重建资金项目现场监管，建立省、市、县三级联动查处机制。对重建资金项目进行严格的投资评审，杜绝财政资金的损失浪费。

对口援建单位浙江、河南、湖南、重庆等，在援建领导机构或前方指挥机构下专门成立由省市领导牵头的领导小组或监督检查组，专司对口援建资金物资监督检查之职。广东省设立援建资金物资监察审计部，公开聘请100名援建资金物资管理使用情况监督员，接受群众举报投诉，搭建起覆盖广泛、监管深入的监督工作网络。湖南援川工作队从事资金、财务、项目监督管理的专职人员达6人，加强了重建资金物资监管力量。江西省援建指挥部在小金县各界聘请10名特约监督员，对援建资金、物资、党风廉政等方面进行监督。安徽省成立安徽省驻松潘县临时纪委，以加强对援建资金物资监督检查的组织指导。湖北省确定1名副厅级干部任援建办纪检监察专员，省财政厅先后派出5名工作人员参加援建现场指挥部财务组，审计厅2名干部长驻汉源，全程监控重点环节，驻扎在施工现场跟踪审计，加强纪检监察和审计力量。

开展监督检查 财政部先后6次派出工作组，深入灾区一线对恢复重建资金使用及政策执行情况进行检查调查。其中，2008年7月24—29日，根据温家宝指示和前方指挥部统一部署，财政部派出干部分赴灾区三省对倒损房屋恢复重建资金筹集、安排、落实情况进行调查。9月10—12日，财政部监督检查局会同四川专员办、财政厅组成两个工作组，对彭州市、绵竹市抗震救灾资金物资管理使用情况进行调研，重点关注倒损农房恢复重建、对口援建工作开展、捐赠资金管理使用情况等，并实地走访有关乡镇，了解资金拨付管理情况。17—26日，财政部纪检组组长贺邦靖带队，赴川、甘、陕三省，与驻地专员办和财政厅就倒损农房恢复重建、捐赠资金管理使用、对口援建工作开展等情况进行检查调研，实地走访8个县（区）、14个乡（镇）和沿途村组，同地方党政领导座谈，与乡镇村干部和受灾群众交流，听取援建省市工作情况介绍，检查基层财政所账册。灾区三省专员办和财政部门建立了日常流程监控与一线检查调研相结合的工作制度，克服艰苦条件，先后数月、近200人次在灾区一线开展检查调研，跟踪问效，及时反馈抢险救灾和恢复重建中亟须研究和解决的新情况、新问题以及灾区干部群众的诉求，为加强资金管理、完善财税政策提供一手资料。

恢复重建资金监督管理的重点是资金的分配、管理、使用和绩效考评制度的建立执行，资金拨付的及时性和到位情况，重建项目实施和管理，招投标和政府采购制度的执行等。川、甘、陕三省财政厅制定了恢复重建资金（基金）管理办法，对恢复重建资金筹集和预算编制、分配和控制数下达、资金预算申请下达和拨付、资金使用监督管理等方面作出具体规定。同时，研究开发“灾后恢复重建项目资金管理信息系统”，将所有恢复重建项目基本情况、建设情况、资金安排情况、执行情况全部收录入系统内，实行实时在线监管，按照“全面核查、一查到底”的原则，对所有发现和反映的问题进行专项核查，建立省、市、县三级联动查处机制。另外，对灾后重建项目开展投资评审，有效节约重建资金。

各对口援建省市探索创造了与援建工作相适应的资金物资监管方式方法。广东省按照“施工单位—监理单位—代建单位—援建前期设计部—二程管理部—财务部—总工程师—组长”的制度化流程来实现集中支付。浙江省各级纪检、监察部门派出检查组，对工程项目招标投标、合同签订、工程变更、竣工验收、工程决算等实行全过程参与、全方位监督。北京市坚持从资金使用的源头抓起，严把资金使用关，对每一笔资金的拨付、使用都严格审核，每一笔都有专人负责，有效防止资金使用不规范等问题的发生。每拨付一笔工程款，施工单位首先要向管理单位申请，管理单位经过审核后再报前线分指挥部工程管理部门审批，然后再经过审核报财务部门审批，最后由总指挥签字才可拨付。上海市严格执行体制安全、集体决策、机制保障、流程有序、双重责任、绩效评估“六个环节”和资格审查、价格比选、合同备案、监督检查、责任追究“五个监管机制”。2010 年 1 月 14 日，贺国强考察都江堰时，对上海市坚持“制度 + 科技”、依托现代信息技术、对援建资金实行三级网上封闭管理的做法予以肯定。次日，贺国强在成都召开的灾后重建和中央拉动内需促进经济增长政策落实监督检查会议上说，上海市创造的“制度建设 + 科技支撑”源头治理的思路举措、支援地与受援地相互衔接的体制、各部门协同配合形成整体合力的机制，要认真总结推广。福建省前方指挥部创新监督检查手段，做到防范与检查、专项检查与一般检查、自查与抽查、跟踪检查与重点检查、明察与暗访“五个相结合”，深入了解对口支援资金物资管理使用的每一个环节；重点对社会关注度高、容易发生问题领域，以及大额资金调拨、工程招投标、重点工程建设质量、大宗物资采购等重要环节开展检查，增强监管实效。河南省自援建开始就围绕“两个确保”，健全“四项机制”，实现“六个监管”，全方位、全过程推进重建资金物资和工程质量的监督管理。“两个确保”，即确保资金物资管理的绝对安全，确保援建工程项目建成民心工程和廉洁工程；“四项机制”，即党内监督、程序监管、公示和社会监督、舆论监督机制；“六个监管”，即依法、责任、民主、全程、重点、有效监督。安徽省与松潘县监察审计委员会建立《安徽省援建工程情况公示栏》，把援建工程项目责任人、合同金额、每个月的投资进度等情况向社会公示，向群众和社会各界交一本明白账。江西省援建指挥部于 2009 年 5 月底在小金县电视台用 3 天时间连续播放《江西省对口支援小金县灾后恢复重建现场指挥部致小金县父老乡亲和社会各界的公开信》，欢迎小金县的父老乡亲和社会各界对江西省援建指挥部及其工作人员进行监督。深圳市创造“异地招投标”的监督模式，依托陇南市当地的建设工程交易平台进行招投标，并将深圳市直接援建的项目纳入甘肃省灾后重建电子监察系统，引入陇南市纪检监察机关的监督力量。

四川省港澳办在中国银行四川省分行、交通银行成都分行开设香港、澳门援建资金专户，在中信银行成都分行开设香港赛马会和香港非政府组织援建资金专户，分别用以核算接收香港特区政府、澳门特区政府、香港赛马会及香港特区非政府组织援建项目的资金。港澳援建项目在援建资金拨付前首先进行项目的可行性研究报告评估，港澳专家组作为观察员参加。对于项目涉及的拆迁征地、青苗补偿、运营流动资金等专用投资不予援助；对于项目必须发生的可研编制、咨询服务、初步设计等工程其他类费用要求详细列明，不能简单地用“其他费用”来概括；每个项目的澳门援建资金不得突破澳门方正式公布的援助金额。四川省港澳办建立省、市、县的项目资金三级管理体系，明确各市、县港澳援助协调小组和各项目业主单位的权责，明晰资金拨付的程序和每次资金申请拨付的比例，明确对项目资金采取按工程进度提前预付制，有效地加快了资金拨付的速度，保证了各项目工程进度。

对恢复重建政府重大投资项目建设资金发现的重大违规问题，当地党委、政府和项目业主有整改不力、未达到要求的，省直有关部门要视情况暂停该市（州）同类项目向国家的转报和审批，暂停年度计划下达，暂停财政资金拨付及农用地转用审批等。四川省对政府性投资累计超过1000万元的项目特别派驻200余名财政监管员，至项目单位和施工现场对项目实施管理。对进入财政专户的“特殊党费”实行专账管理，监督其使用是否做到公开透明，是否存在滞留、挤占、截留、挪用及虚报冒领、铺张浪费等情况。

对恢复重建资金采取上级督察与下级自查、日常检查与专项检查相结合。检查方式有：听取被检单位汇报；列席有关会议；与有关人员座谈；查阅建设项目文件、会议记录、财会资料；建设项目现场验查，核实项目招投标、工程质量、工程进度等；受理来信来访，核查上级机关及领导交办的信访件。两年间，财政部专员办近300人次到一线，按照“边检查、边纠正、边处理”的原则实施全过程的监督管理。地方财政部门履行就地监管职责，2011年年初，按照财政部统一要求对汶川灾后恢复重建资金进行“拉网式”排查。

查处违规行为　按照《财政违法行为处罚处分条例》和中央纪委《关于抗震救灾款物管理使用违法违纪行为处分规定》，严肃追究违纪违规责任人员的直接责任和领导责任。涉嫌犯罪的，及时移送司法机关追究刑事责任。对挤占、截留、挪用、虚报冒领和贪污浪费等严重违法违规行为，一经查出，严肃惩处。对群众举报和媒体反映的问题和线索进行逐一核查，并将核查结果及时反馈群众和媒体。对中江县检察院违规上报灾后重建项目性质、套取国家重建资金问题进行严肃处理，及时回收违纪资金990万元。结合各级财政牵头或参与的“小金库”“工程建设领域突出问题”治理工作，严防用灾后重建资金私设“小金库”，努力杜绝灾后重建项目不按规定履行招投标、政府采购等问题。

三　预决算执行

川、甘、陕三省各级财政部门按照财政部灾后恢复重建资金（基金）预算管理办法规定的支出科目、资金用途、支出范围和支出标准，编制地震灾后恢复重建资金支出预算。年度预算和决算编制完成后，各级财政部门按规定编制地震灾后恢复重建资金收支情况，向本级人民代表大会及其常务委员会和上级财政部门报告。

2008年11月26日，财政部决定，根据中央重建基金年度预算安排，分别下达川、甘、陕三省年度预算控制数。财政部会同发展改革委等有关部门对地方资金预算申请报告进行审核，核定补助金额，并按规定下达资金预算。对列入中央重建基金的、由车辆购置税和中央分成的新增建设用地有偿使用费安排的部分，按现行管理办法申请和下达预算。地方财政部门根据项目单位资金申请、预算安排和项目执行进度等因素，按照财政国库管理制度有关规定，将中央财政资金及时足额拨付到项目单位或个人。同年12月起，财政部对各省预算执行及项目进展情况进行督促、检查，并将地方上报的中央重建基金年度使用报告与预算下达情况进行对照，对发现的问题由地方进行整改，同时作为中央财政编列决算的依据。

2010 年 9 月 26 日，财政部按照重建任务“三年规划、两年完成”的目标，要求各级财政部门进一步加强中央财政汶川地震灾后恢复重建基金的管理，确保资金安全，切实提高资金效益。具体要求：一是加快预算执行，确保资金执行进度基本与项目建设进度相匹配，特别是对以前年度结转资金，要求抓紧执行完毕。二是加快灾后恢复重建项目决算审批，各级财政部门要主动加强与审计等部门沟通，组织财政投资评审机构及社会中介机构做好竣工财务决算审核工作，及时对符合条件、文件资料完备的灾后恢复重建项目竣工财务决算进行批复。三是加快已竣工项目资金清算和资产移交，对已批复竣工决算的灾后恢复重建项目，各级财政部门抓紧清算并拨付收尾阶段资金，督促项目主管部门和项目建设单位及时办理资产移交和产权登记等相关手续。

2010 年 10 月 15—17 日，财政部在四川召开座谈会，指出中央重建基金预算执行进度明显慢于项目建设进度，存在县与县之间、专项规划之间结构性偏慢的问题，要求年底中央重建基金预算执行进度累计要达到 90%。财政部把预算执行进度作为奖惩因素，与中央财政相关专项资金的分配挂钩。

2011 年 1 月 28 日，财政部办公厅发出《关于进一步加强中央财政汶川地震灾后恢复重建资金管理工作的通知》，严禁“以拨代支、库款搬家”，要求各灾区省加快预算执行。各级财政部门保障重建任务资金需要，组织财政投资评审机构及社会中介机构做竣工财务决算审核，及时对符合条件的决算进行批复；同时要根据批复的项目决算，抓紧清算并拨付收尾阶段资金，督促项目主管部门和建设单位及时办理资产移交和产权登记手续。

第二章　建材保障

第一节　生产、质检与运输保障

一　组织生产

2008 年 10 月 15 日，发展改革委、工业和信息化部、住房城乡建设部联合发出《关于做好汶川地震灾后恢复重建建材生产供应和价格监督管理的指导意见》，对灾后恢复重建建材生产供应和价格管理工作做出部署，要求采取措施，增强灾区建材企业生产能力，保障大宗建材物资供应，鼓励对口支援建材供应；尽快恢复灾区道路交通，统筹组织运输力量，开辟建材运输绿色通道，畅通输送渠道，提高快速运送能力；实行重要建材临时价格干预措施，确保大宗建材出厂和销售价格维持在合理范围内。

增强灾区建材企业生产能力，合理调整建材企业布局，简化审批手续，多渠道筹集资金，加快大型新型干法水泥生产能力建设，鼓励现有建材企业采用新技术，调整产品结构，扩大生产规模。原计划关停的落后生产能力建材企业，在符合产品质量和环保要求的情况下，经有关部门办理许可手续后，延缓至 2010 年淘汰。鼓励大型企业集团到灾区投资兴办、兼并重组建材企业，增强水泥、墙体材料生产供给能力。支持建材生产企业加强节能减排、降低资源消耗、提高产品质量。保障建材生产企业运营，搞好煤电油运等建材生产要素的协调服务，保障灾区水泥以及砖瓦沙石等墙体材料生产企业正常运营。

采取资金扶持、暂停执行一年差别电价等政策，鼓励大型水泥企业在灾区建设符合节能减排要求的水泥生产线，扶持当地水泥、砖瓦、沙石生产。鼓励灾区利用建筑和工业废弃物生产新型墙体材料。鼓励商业银行对有利于增强灾区建材生产能力的合规项目建设和企业生产所需流动资金，给予信贷支持。综合利用灾区固体废弃物，组织做好震毁建筑废弃物清理分拣、消毒防疫和集中运输。

引导建材生产企业和各类投资者，按照《地震灾区建筑垃圾处理技术导则》，综合利用灾区建筑废弃物、工业固体废弃物和煤矸石等研发生产环保建材产品，在恢复重建期间就地处理、就地利用、就地生产、就地销售。

鼓励和引导使用混凝土砌块、加气混凝土砌块、石膏砌块、煤矸石空心砖等新型墙体材料，替代部分传统墙体材料的使用。民族地区按照少数民族建筑风格，在保证石材选用和建筑安全的前提下，使用当地石材作为农房墙体材料。跨省供应的钢材、水泥、玻璃、沥青等大宗建材，由省级政府有关部门组织集中采购，衔接落实生产和流通配送，稳定出厂和运输价格。砖瓦沙石等建筑材料，立足省内平衡解决，由县级政府有关部门通过公开招标或邀请招标方式确定生产供应商和供货价格，组织集中采购；鼓励对口支援建材供应。

灾区周边省（区、市）根据恢复重建建材市场需求，发挥本地建材企业优势，积极组织货源销往灾区。鼓励对口支援省市自行组织紧缺建材采购，尽力保障灾后恢复重建的需要，保证灾区重建建材产品质量。建材生产企业严格按照国家和行业标准组织生产。建材流通企业防止不合格建材流入市场。

甘肃省政府办公厅于 2008 年 7 月 30 日下发《关于进一步做好灾后恢复重建建材供应保障工作的通知》，要求从 8 月份开始，对地震灾区水泥生产企业在恢复重建期间暂停执行差别电价政策，暂免征石灰石开采资源税。对列入限期淘汰计划的水泥、砖瓦生产企业，在加强环保监督、保证产品质量和确保安全生产的前提下，允许延续生产到 2010 年。结合灾后重建需要，调整优化全省水泥工业布局，集中力量支持灾区大型水泥生产项目建设，简化办事程序，提高办事效率，力争尽早开工形成产能。沙石砖瓦生产实行属地负责制，允许现有企业扩大生产能力，允许重灾地区在恢复重建期间新建砖瓦生产项目。对运往陇南、甘南等市（州）重灾区的钢材、水泥、玻璃、沥青等重要建材产品及建材企业所需煤炭等原料，铁路、公路等部门要优先安排运力，予以重点保障。9 月 2 日，甘肃省灾后重建工作领导小组下发《关于进一步做好灾区住房建设工作确保受灾群众安全过冬的通知》，要求组织协调生产企业通过就地取材、本地化生产增加产量，实行定点定量定价直供。同时要求加紧研究在重灾区建设一批规模化生产新型干法水泥、节能环保墙体材料的建材企业，从根本上解决重建建材供应问题。

本着"平抑物价、保障供应、保障质量"的目的，2009 年 5 月，山东省投资 3000 万元在北川县建设一座日产 30 万块页岩砖的现代化砖厂竣工投产，并以此为依托，成立了北川鲁援新型建材有限公司和建材集中采购管理部，构建起主要建材集中供应的管理格局，确保了援建北川新县城期间建材质量和价格的相对稳定。

二　建材质量监管

抗震救灾进入重建阶段后，质检总局要求各地质检部门全力加强重建物资质量监督，开展集中整治和专项监督，有效保障重建工作顺利开展。至 2009 年 9 月底，质检系统检查了 7 类建筑材料市场企业1547家，关闭不具备生产条件的小型炼钢厂58家；立案查处建材质量违法案件762起，查获不合格建材货值3570.09万元；共处理灾区建材质量投诉案件36起，挽回经济损失380余万元。国家及地方对2009年重建物资的监督抽查数据表明，被监督的重建产品的抽样合格率均达到或优于全国同类产品水平。国家认证认可监督管理委员会批准什邡市和都江堰市建立两个国家级的“灾后重建”实验室，边建设边检测，为灾区建筑材料等重建物资检验提供检测服务和检测技术支撑，减少重建工程送检的不便，缩短了重建工程建材检验周期。

钢材质量监督　2008年6月，陕西省质监局监督抽查该省钢筋混凝土用热轧带肋钢筋、钢筋混凝土用热轧光圆钢筋、低碳钢热轧圆盘条生产企业12家，抽取样品56批次，经检测，全部合格。7月7日，陕西省质监局组织辖区内各灾区或救灾物资生产供应区域质检部门，加强建筑材料监督抽查，对灾后重建所用的钢材、水泥、电线电缆产品进行重点监管。

从2008年6月底开始至年底，四川省质监局对省内市场企业生产的建筑用钢材进行专项监督抽查检验。第二季度建筑用钢材产品质量专项抽查发现建材质量存在严重问题，批次抽查合格率仅为67.6%，引起国务院和四川省委、省政府的高度重视，立即安排进行集中整治。为提高建材质量，四川省质监局将钢材、水泥、砖瓦、电线电缆等7类建材产品纳入当时正在开展的质检系统重点产品专项整治范围，充分利用电视、电台、报刊、网络等新闻媒体，加大重点产品专项整治行动的宣传力度。安排省级产品质量监督抽查资金300万元，用于加大对人造板、装饰材料、纤维制品、钢材、水泥、砖瓦、电线电缆等产品的抽查力度。成都、德阳、绵阳、广元、巴中、泸州等21个市（州）质监局均相继成立领导小组，在市建立建材特供办，在乡镇成立建材专供办，在村社成立建材监督组，在监督组内设建材质量监督员，形成“四位一体”的监督协管体系。该省质监局在第三季度省级专项抽查中，共抽查39家企业生产的70批次建筑用钢材，合格率为92.8%；在第四季度省级专项抽查中，共抽查91家企业生产的103批次建筑用钢材，产品涉及钢筋混凝土用热轧带肋钢筋、冷轧带肋钢筋、热轧光圆钢筋三大类，检验合格83批次，批次抽查合格率为80.6%。

2009年5月7日，质检总局和发展改革委、环境保护部、住房城乡建设部、商务部、工商总局、林业局、电监会等9个部门联合发出《关于开展2009年全国建材市场专项整治工作的通知》，要求各地相关部门严厉打击“地条钢”① 反弹势头，加强对重点工程和灾后重建建材质量的把关；组织对重点产品生产企业质量安全隐患开展专项调查。第二季度，四川省质监局对建筑用钢材（热轧钢筋类）产品质量实施省级专项监督抽查，共抽查热轧钢筋产品54批次，产品涉及热轧带肋钢筋和热轧光圆钢筋2类，合格51批次，合格率94.4%。7月23日，向社会公告抽查结果，同时公告对四川省建筑用钢材的低碳钢热轧圆盘条产品质量专项监督抽查结果，共抽查5个批次，合格率为100%。

同期，陕西省质监局抽查钢材生产企业6家，抽取样品30个批次。经检测，合格样品30批次，质量合格率为100%。另外，抽查西安市14家经销企业的不锈钢管（该省无此类生产企业），抽取样品24批次。经检测，合格14个批次，合格率为58.3%。不锈钢管质量存在的问题主要是

---

① “地条钢”，指以废钢铁为原料，经过感应炉等熔化，不能有效地进行成分和质量控制生产的钢及以其为原料轧制的钢材。

锰、镍、铬等化学成分超出标准规定范围。对于不合格产品，立即联系产品生产企业的所在地质检部门进行查处。

水泥质量监督　2008 年 6 月 10 日，四川省质监局向社会发布《对灾后重建建筑材料等产品加强质量监管》公告。公告指出，从震后至 6 月底，四川省共抽查重灾地区水泥企业 15 家，抽查产品 15 批次，从检验结果看，水泥合格率为 86.7%，主要不合格指标是抗压强度。同月，陕西省质监局监督抽查该省水泥生产和经销企业 195 家，抽取样品 213 批次；合格 193 批次，合格率为 90.6%；水泥产品质量存在的问题主要是 3 天抗折强度和抗压强度、28 天抗折强度和抗压强度、烧失量、安定性项目不合格。

2008 年第三季度，质检总局组织对通用水泥进行国家监督抽查，重点抽查川、甘、陕三省地震受灾地区的大部分水泥企业，以及重庆、福建、浙江、上海、河北、黑龙江、吉林、辽宁等省（市）的企业，共计抽查 242 家水泥企业的 242 种产品，其中 237 种产品合格，产品合格率为 97.9%。抽查结果显示，大部分水泥生产企业的产品质量高于国家标准的要求，全国水泥产品质量稳定在较高水平。

2008 年第四季度，四川省质监局再次对水泥产品质量进行专项监督抽查。经检验，宜宾、泸州、德阳、资阳等市的 60 个水泥生产企业生产的 60 批次水泥产品均合格，抽查批次合格率和企业抽查合格率为 100%。抽查结果于 2009 年 2 月 3 日向社会公布。

2009 年第一季度，四川省质监局对成都、德阳、绵阳、广元、雅安、自贡、攀枝花、内江、乐山、眉山等市的水泥生产企业生产的复合硅酸盐水泥、普通硅酸盐水泥产品质量进行省级专项抽查，共抽查 128 家批次水泥产品。依据《通用硅酸盐水泥》GB 175—2007 和《水泥产品质量监督抽查实施规范》CCGF 303—2008 检验，产品实物质量合格 124 批次，实物质量合格率为 96.9%。有 4 批次水泥产品实物质量抽查不合格，存在的主要质量问题是细度、3d 强度、28d 强度等重要指标不合格。监督抽查检测结果于 4 月 24 日向社会公告。

2009 年第二季度，陕西省质监局抽查全省水泥生产企业 158 家，抽查 166 批次，合格 154 个批次，合格率为 92.8%。

砖质量监督　2008 年第四季度，四川省质监局对烧结砖进行抽查。其中，烧结砖抽查 4907 批次，合格率为 90.5%；面烧结砖抽查 379 批次，合格率为 88.39%；抽查烧结普通砖企业 81 家，产品 81 批次，合格 55 批次，合格率仅为 67.9%，主要不合格指标是外观、尺寸偏差。

2009 年第一季度，四川省质监局对全省 20 个市（州）砖瓦产品生产企业的产品质量专项抽查，由各市（州）质监所（中心）对本辖区的主要砖厂实施抽样检验，共抽查 1114 家砖瓦生产企业生产的 1114 批次普通烧结砖、混凝土普通砖（承重）、混凝土空心砖、粉煤灰砖、烧结多孔砖等产品，合格 762 批次，批次合格率 68.4%。

四川省连续两个季度的监督抽查反映，砖的主要不合格项目是尺寸偏差。其间，汶川、北川两地先后两次出现灾区群众因为购买的用于灾后农房重建的砖存在质量问题而进行上访的情况。随着灾后重建工作的展开，灾区对于红砖的需求量也日益增大。针对上述情况，四川省质监局从 2009 年 4 月 25 日开始，先后两次制作 4 万把重建家园烧结砖普通专用检验尺和 20 万册灾后重建《建材产品质量安全手册》，免费发放到德阳、绵阳等重灾区红砖生产厂、监理单位和消费者手中，并开展相应的宣传和培训，增强灾区对建筑用砖质量的把关能力。7 月 24 日和 10 月 21 日，四川省质监局分别公告第二、第三季度全省建筑用砖生产企业生产的砖产品质量省级专项监督抽查结果，第三季度比第一季度合格率提高 20%，比第二季度合格率提高 10%。

三　建材运输

优先安排建设资金加强瓶颈路段疏通与维护，提高城镇和边远乡村的道路通达能力。加大重点路段滑坡、泥石流等次生灾害监测、预警和治理力度，确保交通运输安全。统筹组织运输力量，按区域建立建材配送中心，及时发布建材市场供需信息，组织引导社会运输力量参与大宗建材运输，减少倒运和仓储环节。对为政府采购提供配送服务的企业给予补贴，对交通运输经营者给予优惠政策，降低流通环节费用。对运往灾区用于恢复重建的钢材、水泥、玻璃、木材、砖瓦、沙石等大宗货物，铁路部门优先列入运输计划并实行特殊优惠运价，公路部门开辟“绿色通道”，由省级交通主管部门发放专门通行证免除通行费用，实施期限 3 年。2008 年 7 月 8 日，陕西省物价局、交通厅等制定《关于保障我省灾后重建建材供应加强价格监管的通知》，决定由物价部门对调入灾区的钢材、水泥、玻璃、木材等灾后重建物资加强价格监管，交通部门加快灾区毁损道路修复，为建材运输等提供道路畅通保障。

2008 年 12 月 19 日，胡锦涛指示：“请军队派出车辆帮助灾区群众运送建筑材料，降低建材价格”，四川省委、省政府责令在省经委设立省军地联席会议办公室。省经委与成都军区和灾区地方政府积极衔接，形成军车帮助运砖实施方案，每天投入 1000 台军车，连续运输 1 个月，帮助德阳、绵阳、广元、雅安、阿坝等市（州）的 16 个严重受灾县（市、区）抢运农房重建红砖。（参见图 42）省特供办及时发出《关于切实做好军车帮助农房重建运砖工作的通知》《关于确保军车帮助灾区优先抢运农房重建红砖工作的通知》，要求做好工作计划，保证军车有砖运，落实装卸力量，保证军车不“窝工”，做好 3 天内的短期运输计划，每天做好运砖量统计、核对工作，指导各地特供办与对口支援部队进行具体工作对接。以县为单位成立军地联合协调指挥部，共同协商军车运砖、购砖和后勤保障等工作。形成灾区政府联系砖源、确定卸货点、组织装卸，相关部门和砖源地政府大力支持，军队抢运快运的局面。中国石油四川销售分公司、中国石化川渝销售分公司按照“就近加油、先行挂账、定期结算”的原则，确保运砖军车在省内加油站点能够及时足量补充燃油。29 日上午，胡锦涛在汶川映秀看望正在执行抢运红砖任务的某汽车运输分队官兵，称赞官兵以自己的实

图 42　解放军为灾区抢运红砖
（选自汶川地震灾后恢复重建主题展览）

际行动，体现了人民军队爱人民的崇高精神，同时勉励官兵克服困难，在确保安全的前提下，把这次任务完成好。2008年12月22日至2009年1月21日，成都军区共出动军车17273台次，为灾区运送红砖5295.2万匹，其中绵阳市1458.8万匹、德阳市1512.55万匹、广元市1506.11万匹、雅安市283万匹、阿坝藏族羌族自治州534.74万匹，货运量达4591.78万吨公里。运抵灾区的红砖到户价格在0.32～0.36元/匹之间，较原来外地砖的到户价格低0.17～0.23元/匹，平均降幅37%左右，有效抑制了当地红砖的市场价格。

第二节　稳定价格

一　建材价格监管部署要求

恢复重建工作全面展开后，灾区对建材需求急增，价格上涨，供需矛盾突出。国务院要求各地做好建材保障工作，制定有关政策措施，统筹协调，对重建建材（主要包括钢材、水泥、玻璃、砖瓦、沙石、木材等品种）实施每日价格专报，加强价格监管，保障供应，防止不合理涨价。合理有序安排城乡居民住房重建进度。加强建材价格监控，对建材生产企业和运输企业严格实行成本核算，实施临时价格干预措施，确保到户建筑用砖控制在合理价格水平。加强部门联合执法，严肃查处价外加价、囤积居奇、哄抬物价等不法行为。加强对外地输入建材的质量监管，严厉打击生产、销售假冒伪劣行为，确保建材质量安全。鼓励使用环保、节能、抗震的新型建筑材料，落实相关优惠政策，有序开展建筑废料的综合开发利用。

从2008年5月14日开始，发展改革委要求启动重要商品市场供应和价格一日两报监测机制，并通过新闻媒体发布信息。随着恢复重建工作的开展，临时价格干预重点转向恢复重建物资，对外地调进的重要商品实行临时价格干预，协调价格政策。对恢复重建所需水泥、玻璃、木材、砖瓦、沙石等区域性较强的物资出厂、销售价格以及钢材销售价格，灾区及周边省份价格主管部门依据《价格法》有关规定，报请省级人民政府批准后，及时采取临时价格干预措施，通过限定差价率或利润率、规定限价等方式，保持价格稳定。

灾区价格主管部门落实重要建材临时价格干预措施，确保钢材、水泥、玻璃、墙体材料等大宗建材出厂和销售价格维持在合理范围内。地方政府成立临时价格协调机构，协调建材临时价格政策。有关行业协会指导企业加强价格自律，督促煤炭生产企业扩大生产，保障电力、水泥等重点行业和地震灾区重点区域的煤炭供应；做好产区和地震灾区钢材、玻璃等重要物资的产销协调，稳定企业产品价格；根据市场变化，对供求平衡、涨价压力缓解的建材品种及时调整临时价格干预措施。

灾区省组织开展钢材、水泥、玻璃、墙体材料等重要建材检查和巡查，防止价格不合理上涨。重点查处违反政府限价、擅自提价，以及降低质量、以次充好、短缺数量等变相涨价和欺诈行为。打击趁灾后重建之机囤积居奇、哄抬价格、串通涨价以及不执行临时价格干预措施、变相涨价等扰乱市场秩序的价格违法行为，对性质恶劣的依法从速从严从重查处，公开曝光典型案件。

二　建材价格监管组织实施

四川省建材价格监管　四川省是重建实物量最大的受灾省。2008 年 7 月之后，进入重建灾损（毁）农房阶段，由于建材需求刚性急剧放大，供求矛盾突出。7 月 28 日，省物价局、经济局、发改委、财政厅印发《转发国家改革委〈关于保障灾后重建物资供应加强价格监管的通知〉的通知》，针对本省重建实际，要求对沙石、砖瓦、木材价格监管实行属地负责制，沙石、砖瓦、木材以及区域性较强的水泥、玻璃价格稳定在灾前水平上。确实由于成本上升较大直接影响到企业正常经营的，按程序进行成本监审后，报省物价局统一考虑解决办法。按照国家已有规定，外省销往灾区的钢材出厂价格要求稳定在灾前水平。省内自产的钢材出厂、销售价格稳定在灾前的水平。对省外进货的钢材、水泥、玻璃销售价格实行差率控制，差价水平由销区市（州）物价局确定并审批。少数重灾地区由于运输条件和供货渠道变化而影响本地水泥、钢材、玻璃销售价格的，参考本地灾前销售价格水平实行差率控制。省物价局于 8 月 4 日下发《关于加强我省建材价格监管的意见》，明确要求建材必须采取本地采购和区（省）外购进相结合，市场运作和政府组织相结合，扩大本省生产能力和利用全国资源相结合的办法解决，并加强对建材价格，特别是沙石、砖瓦、水泥、钢材价格的临时干预。意见还要求省物价局继续向成都、德阳、绵阳、广元、雅安、阿坝 6 个重灾市（州）派驻价格监督巡查组，保持对价格违法行为的高压态势，指导和帮助基层物价部门对价格违法案件的处理。由于动力煤（除发电用煤之外的其他工业用煤）价格对水泥、钢材等建筑材料价格影响很大，对电煤价格也有影响，为支持地震灾后恢复重建工作和落实电煤价格临时干预措施，省物价局下发《关于对全省动力煤实行最高限价的通知》，8 月 1 日起对全省动力煤实行最高限价。2009 年 1 月 1 日解除全省发电用煤和动力煤最高限价。

随着价格干预监管措施的落实，四川省地震灾区物价基本稳定，建材市场价格水平从高位逐步回落，但市场价格形势依然严峻。按照中央“把保持经济平稳较快发展、控制物价过快上涨作为宏观调控的首要任务，把抑制通货膨胀放在突出位置”的要求，2008 年 9 月 18 日，四川省政府下发《关于进一步做好价格调控监管工作的意见》，其中对建材提出特别要求：充分发挥政策激励效应，鼓励各生产企业特别是建材企业千方百计加快生产，建立建材专供机制，确保灾后恢复重建建材供应；集中力量加强对建材价格的监管，确保地震灾区建材价格基本稳定。针对一些受灾市县建材价格仍然出现上涨和个别生产经营企业趁机哄抬物价的情况，省物价局于 11 月 10 日再次下发《关于加强当前灾后建材价格监督检查工作的通知》，要求各地物价部门对建材生产销售环节中的价格行为开展重点检查。进入 12 月，四川省灾后农房重建进入高峰期，建材需求与供应的巨大缺口显现。省长蒋巨峰于 12 月 11 日主持召开专题会议。会议要求各级政府采取多种方式对担负特供建材任务的企业给予支持，省政府在 2008 年补贴 1 亿元的基础上，2009 年再补贴 1 亿元。强化“砖瓦沙石由县统筹、市协调，钢材水泥由市统筹、省协调”的责任。对供需矛盾突出的建筑用砖等特供建材，实行县级政府统购后分销给农户的办法，最大限度地满足农房重建建材需求。23日，省物价局发出《关于加强建材类商品各环节成本监控，保障各项临时价格干预措施有效实施的通知》，对建材商品成本监控严格遵循"严防死守"的方针，有序扩大成本监审范围；逐步完善管制商品动态成本监控体制机制，为合理制定重要建材商品的最高限价提供基础保障；建材商品成本监审实行属地原则，必要时对重要建材商品实行本级与上级价格主管部门联合监审；将运输成本列入建材商品成本监控重点内容。鉴于建筑用砖供需矛盾突出，该局于24日专门就红砖价格下发《关于加强对建筑用砖实行临时价格干预措施的紧急通知》，要求全面实施建筑用砖临时价格干预措施，原则上以12月20日价格为准，实行一县一价。

为维护灾区群众切身利益，四川省价格主管部门组织力量对全省建材市场价格进行拉网式检查，在检查中发现个别价格违法行为，有关部门依法进行了严肃处理。2008年11月11日，省物价局通过新闻媒体，公布了在检查时发现的彭州市物价局对新兴镇富鑫矸砖厂涉嫌高价销售标砖等6起建材价格违法典型案件。12月16日，四川省召开重灾地区市（州）建材价格监管工作座谈会，要求对建材价格违法行为加大执法力度，严厉打击囤积居奇、哄抬物价、牟取暴利等违法行为；加大力量对建材价格采取"拉网式"检查，做到"全覆盖、零死角"，做到现场排查、现场纠正、现场处理。

至2009年9月，四川省灾后重建所需的建材总体供需实现平衡，水泥和建筑用砖出现供过于求、价格下降趋势。

图43　运送红砖
（山东省发改委　提供）

图44　抢运建材
（山东省发改委　提供）

甘肃省建材价格监管　震后，甘肃省物价局在全面分析灾区市场价格形势基础上，下发控制建材价格的通知。重建工作开始后，2008年7月3日，省物价局先后对酒泉钢铁（集团）有限责任公司等7家生产钢材、水泥、玻璃的企业实行最高限价进行预告。其中，酒泉钢铁（集团）有限责任公司直供重灾区的钢材品种的出厂限价水平为该公司5月12日的钢材品种出厂价格。8月5日，该局正式下发《关于对指定企业直供灾区的钢材、水泥、玻璃实行最高限价的通知》，进一步明确了对灾后重建物资价格实行干预的具体意见。12 日，该局派出两个工作组到酒钢集团、祁连山水泥集团、蓝天浮法玻璃股份公司等 7 家限价企业传达直供灾区的钢材、水泥、玻璃的最高限价，要求加强价格自律，自觉承担社会责任，维护良好的市场价格秩序，为灾区重建做出贡献。

2008 年 10 月 10 日，甘肃省物价局、省交通厅下发《关于对省内灾区重建物资运输价格实行临时限价管理的通知》，规定自 10 月 20 日起，对甘肃省受灾地区灾后重建物资运价实施临时限价干预。对省内运往陇南、天水、甘南等所属 8 个重灾县（区）及 36 个一般受灾县（市、区）的建材等主要重建物资运输价格实施临时限价管理。列入主要重建物资名单的有螺纹钢、线材、水泥及水泥制品、原木、板材、砖、石料、平板玻璃、沙石、瓦、电缆、电线、大白粉、涂料、油漆、水管、门窗、暖气管、暖气片等。

2009 年 7 月 28 日，甘肃省物价局发出《关于灾后重建物资价格监管有关问题的通知》，要求陇南市、甘南藏族自治州物价局继续对陇南当地水泥生产企业生产的水泥出厂价格（包括武都、成县两家新建水泥厂）实行最高限价，原则上不得突破 2008 年 5 月 12 日的价格水平。

陕西省建材价格监管　陕西省震后多次发出内部明电，要求保持包括建材在内的物价稳定。2008 年 7 月 8 日，省物价局、财政厅、公安厅、水利厅、交通厅、国土资源厅、工商行政管理局、环境保护局、质量监局、农业机械管理局联合印发《关于保障我省灾后重建建材供应加强价格监管的通知》，鼓励省内建材生产企业加大生产，增加供应，支持灾区重建；对就地取材的砖、瓦、沙、石等建材价格原则上限制在地震前的水平；要求市、县物价部门采取相应干预措施，确保省内生产的帐篷、钢材、木材、玻璃、砖瓦沙石等物资出厂价格的基本稳定。23 日，省物价局印发《关于进一步加强水泥价格监管的通知》，要求严格执行水泥临时价格干预措施。9 月，动用省级煤炭价格调节基金 4000 多万元，对定点限价供应 4 个重灾县（区）的 66 万吨水泥给予价格补贴，有效抑制了水泥价格上涨。

第三章　工程质量监管

第一节　部门监管

汶川特大地震发生后，住房城乡建设部下发《关于加强汶川地震灾后恢复重建房屋建筑工程质量安全管理的通知》，要求包括地震加固工程在内的恢复重建工程，无论其资金来源方式如何，均要纳入正常的质量安全监管，并对加强重建工程质量安全管理提出了全面和具体的要求。修订了《建筑工程抗震设防分类标准》《建筑抗震设计规范》，编制了《地震灾后建筑鉴定和加固技术指南》和《汶川地震灾后农房恢复重建技术导则（试行）》，发布了《镇、乡、村建筑抗震技术规程》，为有效实施重建工程质量管理奠定了坚实基础；组织开展《中小学项目建筑设计规范》《城市抗震防灾规划标准》《村镇防灾规划标准》《城镇防灾避难场所设计规范》《建筑抗震鉴定标准》《建筑抗震技术加固规程》等的制定与修订工作，明确规定重灾地区中小学以及体育场馆、展览馆、医院等人员密集地区公共建筑物抗震标准按照比本地区抗震设防烈度提高1度采取抗震措施；组织出版《灾后重建建筑设计标准规范汇编》《灾后重建市政工程标准规范汇编》《灾后重建规划相关建设标准汇编》等12套有关标准共7600册，免费送给灾区。同时，通过督导、调研、督察、检查等形式加强监督检查。

一　修订标准规范

修订《建筑工程抗震设防分类标准》　此次修订是总结国家自1966年邢台地震以后历次地震经验，鉴于地震基本烈度有很大不确定性的事实，要减轻强烈地震造成的灾害，根本对策是制定“设防标准对策、区别对待对策和技术立法对策”，提高各类建设工程的抗震能力。《建筑工程抗震设防分类标准》是同时具备上述3个对策的基础性工程建设标准。为此，住房城乡建设部组织力量修订《建筑工程抗震设防分类标准》GB 50223—2008，并于2008年7月30日发布。修订后的标准共8章，调整了分类的定义和内涵；特别加强对未成年人在地震等突发事件中的保护；扩大了划入人员密集建筑的范围，提高了医院、体育场馆、博物馆、文化馆、图书馆、影剧院、商场、交通枢纽等人员密集的公共服务设施的抗震能力；增加了地震避难场所建筑、电子信息中心建筑的要求；进一步明确标准所列的建筑名称示例，未列入标准的建筑可按使用功能和规模相近的示例确定其抗震设防类别。新标准设强制性条文3条。

修订《建筑抗震设计规范》　修订《建筑抗震设计规范》，并于2008年和2010年分别以住房城乡建设部公告发布《建筑抗震设计规范》GB 50011—2001（局部修订）和GB 50011—2010。汶川地震表明，严格按照现行规范进行设计、施工和使用的建筑，在遭遇比当地设防烈度高1度的地震作用下，没有出现倒塌破坏，有效地保护了人民的生命安全。说明1976年唐山地震后，建设主管部门作出房屋从6度开始抗震设防和按高于设防烈度1度的“大震”不倒塌的设防目标进行抗震设计的决策是正确的。

根据国务院《汶川地震灾后恢复重建条例》的要求，依据中国地震局修编的灾区地震动参数的第1号修改单，相应变更了灾区的设防烈度。新标准中有15条为强制性条文。

根据国家标准《中国地震动参数区划图》GB 18306—2001第1号修改单对四川、甘肃、陕西部分地区地震动参数的相关规定，对汶川地震后相关地区县级及县级以上城镇的中心地区建筑工程抗震设计时所采用的抗震设防烈度、设计基本地震加速度值和所属的设计地震分组加以调整。所调整的城镇涉及三省70个城镇，其变化情况为：新增为Ⅷ度（8度）0.20g的城镇有7个，四川省的平武、茂县、宝兴和甘肃省的两当由0.15g提高为0.20g，北川（震前）、汶川、都江堰由0.10g提高为0.20g。新增为Ⅶ度（7度）0.15g的城镇有9个，四川省的安县、青川、江油、绵竹、什邡、彭州、理县，陕西省的略阳，均由0.10g提高为0.15g；四川省剑阁由0.05g提高为0.15g附近。新增为Ⅶ度（7度）0.10g的城镇有15个，四川省的广元（3个市辖区）、绵阳（2个市辖区）、罗江、德阳、中江、广汉、金堂及成都市的2个市辖区，陕西省的宁强、南郑、汉中，均由0.05g提高为0.10g。设防烈度不变而设计地震分组改变的城镇有39个（对砌体结构，其地震作用取值不变；对混凝土结构、钢结构等，其地震作用取值略有增加或减少）：四川省Ⅷ度（8度）0.20g的九寨沟、松潘，Ⅶ度（7度）0.15g的天全、芦山、丹巴，Ⅷ度（8度）0.10g的成都（6个市辖区）、双流、新津、黑水、金川、雅安、名山、洪雅、夹江、郫县、温江、大邑、崇州、邛崃、蒲江、彭山、丹棱、眉山，VI度（6度）0.05g的苍溪、盐亭、三台、简阳、旺苍、南江；陕西省Ⅶ度（7度）0.10g的勉县；甘肃省Ⅷ度（8度）0.30g的西和，Ⅷ度（8度）0.20g的文县、陇南、舟曲。

此外，部分乡镇的设防烈度与该县级城镇中心地区不同，需按区划图修改单确定，包括四川省广元东南、剑阁东南、梓潼东北、中江东南、金堂东南、简阳西北、绵竹西北、什邡西北、彭州西北、汶川西南、理县东部、茂县西部、黑水东部；陕西省宁强西部、南郑东南；甘肃省文县东南、陇南东南角、康县东南。

为做好新标准的实施工作，2008年8月4日，住房城乡建设部下发《关于做好〈建筑工程抗震设防分类标准〉和〈建筑抗震设计规范〉实施工作的通知》，指导灾区恢复重建，提高中国建筑工程抗震设防能力。明确新标准实施之日起，新建、改建、扩建建筑工程的抗震设计执行新标准，强制性条文必须执行。尚未通过施工图设计文件审查的建设项目，必须按照新标准修改设计；已通过施工图设计文件审查，尚未取得施工许可证和已经取得施工许可证还未开工的，鼓励按照新标准调整设计；已取得施工许可证并已开工的，可按照经审查合格的施工图设计文件以及有关施工和验收的标准规范进行施工和验收。

针对地震灾区恢复重建房屋建筑的鉴定与加固工作需要，住房城乡建设部组织该部建筑物鉴定与加固规范管理委员会、四川省建筑科学研究院和有关科研院所编制完成了《地震灾后建筑鉴定与加固技术指南》，主要用于指导汶川地震灾后恢复重建地区房屋建筑鉴定和受损房屋加固的技术工作。新的国家相关标准规范发布后，指南中的相应要求应以新的国家有关标准规范为准，并于 2008 年 7 月 23 日发出《关于印发〈地震灾后建筑鉴定与加固技术指南〉的通知》，要求各地贯彻执行。

修订《建筑抗震鉴定标准》 2009 年 6 月 5 日，住房城乡建设部公告发布新修订的国家标准《建筑抗震鉴定标准》GB 50023—2009，7 月 1 日起实施，其中 24 条（款）为强制性条文，必须严格执行。原《建筑抗震鉴定标准》GB 50023—95 同时废止。

二　编制技术指导文件

编制《地震灾后建筑鉴定与加固技术指南》 住房城乡建设部组织编制《地震灾后建筑鉴定与加固技术指南》，并于 2008 年 7 月 23 日印发，用于指导恢复重建地区房屋建筑鉴定和受损房屋加固的技术工作。主要内容为地震灾后建筑应急评估、地震受损建筑应急处理、恢复重建阶段结构可靠性与抗震性能鉴定、结构承载与抗震加固，以及各种类型建筑地震破坏等级划分标准和民族地区传统建筑加固设计要点。在新的国家相关标准规范发布后，指南中的相应要求应以新的国家有关标准规范为准。

2009 年 6 月 18 日，以住房城乡建设部公告发布《建筑抗震加固技术规程》JGJ116—2009，8 月 1 日起实施，其中 17 条为强制性条文，必须严格执行。原《建筑抗震加固技术规程》JGJ116—98 同时废止。

编制《汶川地震灾后农房恢复重建技术导则（试行）》 为指导地震灾区农民建设安全、经济、实用的农房，住房城乡建设部迅速组织专家编制了《汶川地震灾后农房恢复重建技术导则（试行）》，并于 2008 年 6 月 18 日下发，要求四川、甘肃、陕西三省住房和城乡建设主管部门以此指导灾区农房的恢复重建工作。导则重点在指导农民提高农房的抗震性能，并在农房建设的同时，开展基本的村庄人居环境治理。导则从村庄用地布局、农房户型设计、设防烈度和设防目标、抗震设计和加固、地基和基础、相关类型结构房屋、村庄基础设施和公共设施等 12 个方面，针对灾后农房恢复重建的特点，提出切合农村实际、符合抗震安全要求的技术性指导意见。导则编制还充分考虑到具体实施单位（主要是农村工匠）及基层住房和城乡建设部门的实际，力求在语言和专业深度上做到通俗易懂。要求各级住房和城乡建设主管部门根据导则抓好农村建筑工匠的培训。建设质量监督、监理人员要熟悉和掌握导则的基本要求，指导和监督农房的恢复重建，切实提高农房建设的抗震安全质量。

三　出台重建房屋建筑工程质量安全管理规定

根据《汶川地震灾后重建条例》《建设工程质量管理条例》《建设工程安全生产管理条例》等有关法律法规，2008 年 8 月 5 日，住房城乡建设部发出《关于加强汶川地震灾后恢复重建房屋建筑工程质量安全管理的通知》，要求灾区省加强恢复重建房屋建筑工程质量安全管理，切实保证工程质量安全。要求川、甘、陕三省灾区各级建设主管部门加大对恢复重建工程质量安全的监管力度，进一步完善相应的监督管理机制。各对口援建省市建设主管部门要设专人负责恢复重建工程质量安全工作，积极配合灾区各级建设主管部门共同做好质量安全管理工作。所有恢复重建工程，包括抗震加固工程，无论其资金来源方式如何，均应按规定纳入正常的质量安全监管。应进行施工图审查的工程，未经审查合格的，不得使用。建设主管部门要加强对建材供应、施工组织、竣工验收等环节的监督管理。通知逐项明确了勘察设计、施工图设计的审查机构、施工单位和监理单位等恢复重建工程各方责任主体及有关机构质量责任，要求组织好《建筑抗震分类设防标准》和《建筑抗震设计规范》的宣传培训和落实工作，提高恢复重建工程质量技术水平。

在恢复重建工作全面展开之际，为进一步加强重建房屋建筑工程质量安全管理，住房城乡建设部于 2009 年 4 月 13 日发出《关于进一步加强建筑工程质量监督管理的通知》，要求按照中央“灾后重建要加大力度、加快进度”的要求，相关省市要针对灾后重建工作时间紧、任务重、涉及面广等特点，认真组织，精心建设，充实质量监督力量，扎实做好质量管理工作，为加快推进恢复重建工作提供有力保障。

2009 年 6 月 2 日，住房城乡建设部在四川组织召开会议，总结交流对口援建省市工程质量管理经验和做法，副部长郭允冲就切实保证恢复重建工程质量问题作了强调。2010 年 6 月 3 日，住房城乡建设部发出《关于进一步加强汶川地震灾后恢复重建工程质量管理的通知》，指出恢复重建工程大多进入收尾阶段，因时间较紧，项目数多，工程量大，竣工验收集中，工程投资、参建等主体多元化，使得收尾阶段工程质量管理工作难度加大，任务更加艰巨，灾区省、援建省市各级住房城乡建设主管部门和工程参建各方一定要高度重视并扎实做好恢复重建工程竣工收尾工作，切实采取有效措施，加强工程质量管理，保质保量地按期完成恢复重建任务。通知从狠抓工程质量责任落实、强化工程竣工验收监管、加强建设工程档案管理、完善工程质量保修制度等方面，对恢复重建工程的建设、勘察、设计、施工、监理等各方责任主体和工程质量检测等有关机构严格执行各项法定程序和工程建设标准作了进一步要求。

四　重建工程质量监督检查

2009 年 5—9 月，住房城乡建设部在全国范围内开展建设工程质量监督执法检查。四川、甘肃、陕西等地震灾区分别对本省恢复重建工程质量进行了全面自查。在此基础上，住房城乡建设部组织检查组对部分恢复重建工程的勘察设计质量、地基基础和主体结构实体质量、工程参建各方责任主体和有关机构及项目经理、总监理工程师等执业人员，就执行国家工程建设强制性技术标准的情况进行抽查。同时，对各地贯彻落实《关于加强汶川地震灾后恢复重建房屋建筑工程质量安全管理的通知》情况进行了检查。

为切实加强灾后恢复重建工作，确保恢复重建工程质量，按照国务院汶川地震灾后恢复重建工作协调小组第四次全体会议的要求，住房城乡建设部于 2010 年 3 月 3 日下发《关于开展地震灾区恢复重建工程质量检查的紧急通知》，并于 3 月底、4 月初组织专家对四川、甘肃、陕西三省灾后恢复重建工程质量进行督察。三省分别转发《关于开展地震灾区恢复重建工程质量检查的紧急通知》，部署检查工作，要求灾区各县（市、区）对灾后重建工程质量进行拉网式检查，并组织专门抽查。上海、山东、深圳、天津等援建省、市积极配合灾区县（市），做好援建工程的质量监督检查。在督察过程中，督察组听取了 3 个灾区省建设主管部门的书面汇报，实地督察了部分重灾市、县的恢复重建情况，抽查了四川省北川羌族自治县、都江堰市，陕西省宁强县、略阳县，甘肃省陇南市、成县共 6 个市（县）13 个重建工程，重点为学校、医院、住宅工程。督察组现场查阅了受检项目的建设、勘察、设计、施工、监理、施工图审查等单位的相关资料和工程项目资料，查看工程实体质量。从检查情况看，灾区省和各援建省市建设系统广大建设者全力以赴，认真组织，精心建设，严格管理，恢复重建工作进展顺利，工程质量总体情况良好，但也存在一些质量通病和建设程序等问题。

由于工期紧、任务重、压力大，重建工程抢工期现象普遍。针对重建工程存在的问题，住房城乡建设部要求灾区省及援建省市继续做好重建工程质量检查工作，突出加强竣工验收环节管理，确保恢复重建工程质量符合工程建设强制性标准的要求；继续配合财政部做好工程质量监督工作经费落实情况专项检查工作，进一步推动工程质量监督工作经费的落实；对督察中发现未按规定办理有关法定手续的项目，督促地方主管部门要求有关单位尽快完善手续；对存在的工程质量通病及其他质量问题，督促灾区省住房建设厅在征求援建省市意见基础上，制定重建工程质量保修措施，妥善处理好重建工程质量保修工作。（参见图 45）

图 45　重建工程监理

（发展改革委　提供）

第二节　灾区省监管

一　四川省工程质量监管

面对灾后恢复重建项目多、质量要求高、建设工期紧的严峻形势，四川省严格执行国家新的抗震设防标准，对农房重建，明确要求必须按照国家和地方建筑技术、抗震设防标准进行规划建设，改变了农房建设不设防的历史；对学校、医院等人员密集的公共服务设施，按照高于当地房屋建筑的抗震设防要求进行设计，将学校、医院建成最安全、最牢固、群众最放心的可供震时避险的场所。严格实行项目法人责任制、招投标制、合同管理制和工程监理制，严格执行基本建设程序。保障技术管理力量，由省住建厅向重灾地区6个市（州）派驻技术指导组，在前期工作中把好设计和施工图审查关，在建设过程中把好建筑材料检验关和工程施工质量关，在项目竣工时把好工程验收关。坚持开展重建工程质量安全监督和专项督察，依法责令整改工作中存在的问题，依法查处违法违规行为。严格执行工程回访和质量保修制度，督促项目施工单位定期对建设项目进行回访，要求所有重建工程项目必须实行质量保修，确保建筑物交付后的正常使用。总体上看，四川省重建项目处于受控状态，地基基础和主体结构安全牢固，工程质量总体较好。截至2011年9月，全省灾后房屋建筑和市政基础设施重建项目已竣工12050个，竣工合格率达到100%。其中，有1571个工程项目（省外援建项目680项）获四川省“省优质结构”、省优质工程“天府杯”奖，还有一大批项目被援建单位所在省市评为优质工程；175个建成并交付使用的项目获四川省优质工程勘察、优秀工程设计奖。在生产安全方面，杜绝了人员死亡事故的发生。工程质量经受住多次强余震和2010年特大山洪泥石流灾害的考验。

图46　2010年9月17日，四川省在绵阳召开全省工程建设招投标电子化工作绵阳现场会议

（发展改革委　提供）

落实重建工程质量安全制度　四川省住建厅要求恢复重建工程必须以恢复重建总体规划为指导，严格执行法定基本程序，坚持先勘察、后设计、再施工的原则，认真落实项目法人责任制、招标投标制、工程监理制、合同管理制。建设单位必须保证工程建设前期各项手续合法有效，并严格履行项目报建、用地许可、规划许可、招标投标、施工图审查、施工许可或开工报告、委托监理、质量安全监督、工程竣工验收备案和工程技术档案移交等法定建设程序。

坚持过程控制，严把工程质量监督管理关。按照建设工程质量实行企业负责、社会监理、政府监督的原则，督促参建施工单位完善自身质量管理体系，加强施工现场的质量管理。所有重建工程项目均实行工程建设监理制度，对工程建设的全过程实行“旁站式”监理，严格执行工程质量政府监督制度，建立工程项目质量监督档案。加强重点环节和关键工序的质量监管和督察工作。建立健全灾后重建工程质量统计报告制度，及时准确地掌握灾后恢复重建项目进度和质量的总体状况。

强化工程监理，切实履行职责。针对恢复重建工程政策性强、建设周期短、建设战线长、质量要求高、投资规模大等特点，监理企业发扬勇于担当和奉献精神，克服施工现场的诸多困难，认真履行监理职责，使恢复重建工程的进度和质量安全得到有效保障。针对一些项目“打包”建设的情况，采用“大旁站”的方式。在巡检上，不少监理企业还采用“大巡检”制度，为灾后恢复重建工程的圆满完成打下坚实基础。为抓好重建工程质量，监理工作中严把“四道”关口，即：材料关，对工程使用的材料进行严格把关；技术关，参建监理企业加大预控力度，列出预控点，要求施工单位严格执行；协调关，现场监理人员耐心地向住户说明解释，处理好相关事务；安装、验收关，从材料到工艺、工序层层把关，对质量标准严格要求，对施工措施认真落实。在交项目前的整体最终竣工验收环节，各参建监理单位从实测实量到功能检测均按规定认真把关，确保灾后恢复重建工程质量。

严把检测关，确保建材产品质量。灾区各级建设行政主管部门认真贯彻“百年大计、质量第一”的方针，严格加强对工程建设各方责任主体质量行为监管。四川省住建厅于 2008 年 11 月和 2009 年 1 月先后下发加强地震灾后重建进入施工现场建材产品质量监管的通知，要求重点抓好进入施工现场的建筑用钢材、水泥、砖材、混凝土、砂浆、人造板、电线电缆、管材管件、防水材料、涂料等涉及结构安全和人身安全建筑材料的监管，加强对建材的检测，杜绝不合格建材流入施工现场，严把建材质量关。2009 年 4—6 月，四川省住建厅组织灾区各级建设行政主管部门对进入施工现场的建材产品质量实施专项检查，共检查 1006 个工程项目，进一步规范建材产品质量管理规章制度、建材采购与使用工作程序，完善建材产品质量控制措施，落实建材质量责任制。同时，四川省住建厅还高度重视地震灾区检测机构技术能力建设，指派技术人员 100 余人次到汶川、北川、青川等地震重灾区帮助恢复当地工程质量检测所的检测技术能力，并呼吁社会力量进行技术援助。在四川省住建厅组织协调下，社会各界共为灾区援助价值 120 余万元检测仪器设备 60 余台（套）。汶川、青川等地震重灾县建设工程质量检测所在灾后恢复重建开始后，检测技术能力基本恢复到震前水平。通过省住建厅、都江堰市政府、绵竹市政府、什邡市政府和援建省指挥部积极协商，上海建科检验有限责任公司、江苏昆山正大建设工程质量检测有限公司、国家建筑工程质量监督检验中心分别在都江堰、绵竹、什邡设立灾后恢复重建建材检测实验室。积极协调非灾或轻灾地区建设行政主管部门，选派 6C 多名检测人员支援地震灾后重建，切实加强建材质量的监管。

开展抗震设防技术创新　坚持依靠科技进步和技术创新，进行前瞻规划，突出质量安全和抗震防灾能力，使重建后的灾区城镇乡村建设水平，特别是工程质量安全和综合防灾能力大大超过震前水平，实现历史性跨越。

加强震害调查分析和研究。四川省住建厅多次组织召开工程震害、抗震设防标准研讨会，先后收到清华大学、西安科技大学以及四川省建筑设计院、西南交通大学等科研设计单位提交的48份专题研究报告；还组织由清华大学建筑设计研究院、中国建筑科学研究院、防灾科技学院、西南交通大学及四川省建设、地震、国土等方面专家组成“5·12”汶川特大地震房屋震害研究专家组，在全面系统调查、分析和研究以及取样、检测、复核等工作基础上，发布《“5·12”汶川地震房屋建筑震害分析与对策研究报告》。报告总结分析房屋受损和倒塌的主要原因，为恢复重建和今后工作提出对策建议，对总结经验教训、完善技术标准，提高科技水平、指导恢复重建具有重要意义。

确定灾后重建抗震设防目标。重建规划和所有单体重建工程，均严格执行新颁布的《中国地震动参数区划图》国家标准第1号修改单。四川省有49个县（市、区）调整提高了地震动参数。如都江堰、北川、平武、汶川、茂县、宝兴等6个城镇地震抗震设防基本烈度由Ⅶ度（7度）提高到Ⅷ度（8度）；德阳、绵阳、广元、中江、罗江、广汉、金堂、剑阁等8个城市地震基本烈度由Ⅵ度（6度）提高到Ⅶ度（7度）。灾后重建城镇体系规划、农村建设规划和城乡住房建设规划中均明确将此标准作为规划的抗震设防目标。任何单位和个人均不得降低抗震设防标准。县（市、区）及镇乡灾后恢复重建城乡规划均设置防灾减灾专篇，明确标准及其保障措施等内容。创新性地细化乡镇村庄的抗震设防目标。根据灾后乡镇村庄重建的迫切需要，四川省住建厅会同省地震局细化乡镇一级的地震动参数，为确定灾区乡镇村庄抗震设防要求提供依据，在全国属首创和突破。

组织制定技术标准规范。根据灾区重建需要，四川省住建厅及时组织编制的《四川省建筑抗震鉴定与加固技术规程》，适当提高工程抗震设防标准，明确抗震鉴定的程序、方法等，加强新标准规范的宣传和培训。鼓励设计创新和技术创新，积极使用抗震性能好的建筑结构形式、结构体系以及抗震强度高的新技术、新材料。对于具有重要意义的重点工程项目，则聘请国外知名设计大师和国内顶尖级设计大师参与设计方案招投标和方案比选。援建省市充分发挥各地大型甲级勘察设计单位的技术和人才优势、勘察设计成果，充分展示其领先的设计理念和高超的技术含量。建成一批批现代、美观、抗震、有浓郁地方特色的学校、医院、博物馆、住宅和民居。灾区最漂亮的是住房，最坚固的是学校，最现代的是医院，最满意的是群众。加强施工新工艺、新方法的推广运用和施工现场统筹协调，确保工程顺利实施和如期完成。

抗震设防贯穿工程建设全过程。首先，坚持科学选址，确保选址工作的科学性和安全性。综合国土、地震、水利、消防等部门评估意见，坚持做到避开地震断裂带、避开地质灾害易发区、避开行洪通道“三避开”，严禁和限制在地震危险区进行工程选址。其次，坚持规划先行，科技引领重建，提升灾后重建水平。再次，坚持质量第一、强化建设监管，严格执行工程建设程序、抗震设防和技术规范等要求，加强质量安全监管，建立健全监管体制和机制，严把重建质量关；把抗震设防作为重建工程的“生命线”“高压线”，坚持标准，贯穿始终。落实各责任主体的质量安全责任。严把恢复重建工程各个环节，凡达不到抗震设防标准和质量安全要求的，均不得进入下一环节。

提高人员密集场所工程抗震设防标准。所有重建工程严格执行施工图设计文件审查制度，施工图审查中必须有抗震专项审查，实行抗震审查一票否决制度。超限高层建筑工程按照国家规定由部省级以上建设主管部门进行抗震设防专项审查。学校、医院、体育场馆、文化馆、图书馆、影剧院等人员密集场所工程的抗震设防类别，要求达到不低于重点设防类乙类要求，即应按高于本地区抗震设防烈度 1 度的要求采取抗震措施。

农房建设技术指导和服务。四川省委、省政府组织召开多次现场工作会，督导重建工作。组织设计工程技术人员和其他人员至灾区开展调查研究，迅速抓紧开展农房重建方案设计工作，编印《四川省农村居住建筑抗震设计技术导则》(2008 修订版)、《汶川地震灾后农村房屋恢复重建选址技术导则》《四川省地震灾区农村住宅施工技术导则》《灾区农村农房重建设计方案和施工图集》《四川省农村居住建筑抗震构造图集》《四川省地震灾区农村居住建筑抗震施工质量安全技术指导手册》等指导性文件和技术规范。与法国开发署合作，编印《农村抗震节能住宅建设实用指南》，向灾区农村房屋重建提供技术帮助。抽调专业技术人员，分村包镇进行技术指导，确保采用具有抗震能力的设计图纸。各重灾地区把农房建设放在恢复重建的首要位置和突破口，加大对农房建设抗震设防的技术指导和服务力度，以确保提高广大农村建筑的抗震防灾能力。积极动员社会各方面力量参与重建，积极组织建筑设计、施工企业和援建技术人员等多种方式补充技术队伍，鼓励和允许有资质的建造师、建筑师、结构师、监理工程师以个人名义参与农房重建技术服务指导工作。各级建设部门将技术人员派驻到村或分片派技术人员等方式，实行包干负责、责任到户，把农房重建技术服务指导工作落到实处。编写《建筑工匠培训教材》，加快培训农村建筑工匠，把培训领域范围扩大到村组基层干部，举办有 350 多人参加的《村庄整治技术规范》和《镇规划标准》培训班。德阳市巡回举办培训班 25 期，免费培训农房建管人员和农村建筑工匠 3000 余人。广元市连续两个月开展农房重建技术专项培训活动，培训各乡镇干部、市县部门住乡镇工作组干部、村组干部、村镇建设管理人员及农村建筑工匠。仅 2009 年，四川省建设部门组织技术人员下乡服务 735213 户、65128 人次，培训农村建筑工匠 47374 人，完成目标任务的 157.91%，较好地提高了农民建房的质量和水平。

四川省住建厅还配套出台 200 余套适合不同地区、各具风貌特色的农房设计方案，各地建设主管部门也牵头编制了农房设计方案图集等，从技术政策、建设标准、组织实施和监督管理等方面，创造性地全面指导灾区农房恢复重建。在总结灾后农房重建经验的基础上，2010 年完成《关于加强农村村民住宅抗震设防管理的决定》起草工作，四川省人大常委会以公告第 47 号发布实施，为提高农村房屋抗震设防能力提供法律保障。该决定是我国第一部关于农房抗震设防管理的法规。

支持新技术、工艺、材料、产品推广应用。鼓励和引导建筑企业使用抗震性能较好的新型墙体材料（如混凝土轻质高强墙板、加气混凝土砌块、煤矸石空心砖等），替代部分传统墙体材料的使用。推广运用隔震消能体系、轻钢结构、钢结构、木结构等技术，工程设计优先选用抗震性能好的结构体系。地震震中的汶川县映秀镇在城镇规划和单体工程的设计中均明确了每一栋项目所采用的新技术，建成“映秀镇现代建筑抗震技术博物馆和防震减灾示范区”。汶川第二小学、映秀镇映秀幼儿园、映秀小学、映秀中学、映秀中心卫生院、映秀抗震防灾国际学术交流中心等工程，均采用先进的隔震工程技术。广元市澳援体育中心、广元市中心医院、广元市公共卫生中心、彭州市人民医院病房综合楼、彭州市妇幼保健院门诊医技病房综合楼、彭州市通济社区幼儿园、绵竹市遵道镇学校教学楼和卫生院、什邡市剑南春办公大楼等一大批工程均采用世界上先进的隔震减震技术。都江堰市北街小学实验外国语学校艺术大楼、都江堰中学、都江堰市集能燃气有限公司办公楼、西南科技大学体育馆等工程采用消能减震加固技术。都江之春 1 号楼等工程采用隔震加固技术，一批学校、医院、敬老院和残疾人学校等工程采用全木结构、轻钢结构技术，既抗震又节能环保。都江堰向峨小学成为全国首个全木结构的乡镇中心学校。

解决抗震设防中出现的紧迫问题。四川省住建厅针对部分援建省市来自非抗震设防区或低烈度区，对灾区高烈度的抗震设防要求相对陌生的实际状况，通过技术培训、专家辅导和巡回指导，及时解决设计单位在抗震设计方面遇到的新问题。先后组织四川全省抗震设计、抗震鉴定、抗震加固技术培训，共培训近 2 万余人次。对重建工作中不断发现的诸多有关抗震设防的技术问题，根据国家标准并结合工程实际，对青川县城地震断裂带的避让，自贡市、犍为县等地关于建筑工程抗震设防标准，绵阳师范学院、广元市朝天区羊木镇援建项目关于重建项目抗震设防标准，平昌县学校建筑抗震设防烈度小于 6 度，省外援建单位在重建工程设计中的标准图集使用，地方建材选择等问题，均同有关部门会商后给予慎重、明确的答复，有效地指导了重建工程的进行。

创新工程质量监管模式　由于重建工程量大、建设时间集中，灾区工程质量监督技术人员严重不足，四川省结合重建工程和当地实际，及时研究解决办法，大力创新工程质量监管政策、监管体系和监管方式。

监管政策创新。在安全鉴定及修复加固拆除政策的创新方面，2008 年 8 月，四川省政府发布《汶川地震灾区城镇受损房屋建筑安全鉴定及修复加固拆除实施意见》，明确鉴定修复加固拆除工作的责任分工、实施主体、采用标准、组织实施、费用计价、工作程序等，地震灾区各级政府负责震后受损房屋建筑的安全鉴定，统一领导和监督对震损建筑的修复、加固、拆除工作。城乡规划、城市管理、国土资源、环境保护、公安、民政、财政、物价、审计、教育等行政主管部门依法履行有关监督管理工作，对灾区房屋建筑的安全鉴定及修复加固拆除工作起到了重要的指导作用。对灾后重建建筑市场监管政策的创新方面，根据《汶川地震灾后恢复重建条例》和《国务院关于做好汶川地震灾后恢复重建工作的指导意见》等有关精神，四川省政府下发《关于加强地震灾后恢复重建建筑市场监管工作的通知》，明确以科学发展观指导建筑市场监管的根本原则，按照职能分工落实监管责任，严格依照法律规定履行建设程序，严格实施工程质量和安全监管，加强市场准入的审查和监管，进一步强化建设执法监察和诚信体系建设。各级政府和有关部门结合实际制定本地、本部门具体实施办法和措施，并加强监督检查；省住建厅对各地落实情况加强跟踪督察和指导，切实维护灾后恢复重建建筑市场秩序。

监管体系创新。按照质量第一、又好又快地推进灾后恢复重建的要求，将重建项目建设的全过程纳入建设监管范围，严格实行项目法人责任制、招标投标制、合同管理制和工程监理制等各项制度，构建全方位、全覆盖、全过程的质量控制体系。一是鼓励灾后重建工程争先创优，各援建省市调集精兵强将，加强施工现场的管理，精心组织施工。二是开展对港澳援助项目检查，及时解决工程中出现的问题。各级工程质量安全监督机构依照相关法律、法规和规范标准对港澳援建工程项目进行质量安全监督。四川省住建厅加强对港澳特区援助项目的建设管理，要求各地对港澳援建项目进行质量排查，并多次组织和配合其他部门对港澳援助项目进行质量安全督察。三是加强督察，严格问责。四川省在加强参加工程日常监察的同时，开展重建工程质量安全监督检查及专项督察420余批（次），督察工程项目1.3万余个，对各类质量和施工安全隐患均及时责成相关单位限期进行整改。依法查处责任主体单位439家，处理相关责任人176人，撤销或吊销95个施工企业的安全生产许可证等相关证照，并纳入工程质量信誉档案，记入不良记录，进行网上公布。四是强化建筑执法监察和诚信体系建设，各地高度重视灾后恢复重建中的建设执法监察工作，加强和完善建设执法队伍，及时发现和严肃查处不履行工程建设法定程序、转包、违法分包等各种违法违规行为。对存在市场违法违规行为、发生质量安全事故的企业和责任人，以及出租出借资质资格，不履行执业责任等行为的企业和执业人员，及时记入不良行为记录，情节严重的清除出建筑市场。同时将诚信体系建设与招标投标、资质监管、市场稽查、评优评奖和市场准入相结合，及时记录和公布恢复重建过程中建筑市场各方责任主体的诚信情况，营造诚实守信、失信必惩的建筑市场环境。五是严格执行重建工程回访和质量保修制度，进一步完善重建工程回访制度，及时收集整理各灾区重建项目数据信息，建立全省灾后恢复重建工程基础数据库，为工程回访和质量保修提供信息和技术支持。

监管方式创新。一是按照职能分工落实监管责任。针对重建项目建设的不同模式，四川省采取不同的监管方式，保障工程质量。属对口支援省市出资、委托受援地组织建设的项目，由受援地政府组织实施并对建设全过程进行监督管理。对口支援省市全额出资的工程项目，可由援建省市负责组织建设并对建设全过程监督管理。对口支援省市非全额出资的工程项目，由受援地政府组织建设并对建设全过程监督管理。港澳台地区或境外机构组织援助并委托受援地政府组织建设的工程项目，由受援地政府组织实施并对建设全过程监督管理。港澳台地区或境外机构组织全额出资并组织建设的项目，可由出资方自行确定承建企业，受援地政府负责全过程监督管理。二是提高行政审批效率。灾区各住建行政主管部门积极与发改、国土、规划、环保等相关部门协调沟通，合理安排项目立项、土地、规划、环境评价、招标投标、施工许可等审批工作，建立灾后恢复重建项目快速审批通道。在保证质量的前提下，简化手续、缩短时限，确保工程项目尽早开工建设。在招标投标中，加强对恢复重建项目招投标活动的法律咨询和指导服务，合理缩短中小型项目的招标时限。建设行政主管部门在建设单位提供中标通知书、施工合同、监理合同和质量安全监督委托书后，先行办理施工许可证，尽可能地保证每个项目早日开工建设。三是创新工程质量监督模式。与各援建省市充分协商，形成3种工程质量监督模式：援建省（市）派出质量监督技术干部，对援建工程项目进行全过程监督管理，直到工程竣工验收后移交给当地；监督管理的具体工作以援建指挥部为主，当地工程质量监督机构参加做好协调工作并承担相应的监管责任，上海市援建都江堰市即采用此模式；援建省市和当地工程质量监督机构监督人员共同监督管理，由当地工程质量监督机构向援建省市质量监督人员发放监督员聘书进行监管。在青川、汶川等地，相关援建省派出300多名质量监管人员，援建省市只负责援建工程实施，质量安全监督管理全部由当地的质量监督机构负责，援建指挥部派人负责协调。为解决灾区工程质量监督人员严重不足的问题，四川省在全省非灾或轻灾地区选派5批1213人（次）工程质量监督骨干至重灾地区，同当地监督人员一道专门从事工程质量安全监督，同时省住建厅派出6个工作组计350余人（次）长驻成都、德阳、绵阳、广元、阿坝、雅安6个重灾市（州），对重建工程质量和安全进行现场督导。

二 甘肃省工程质量监管

加强重建工程抗震设防管理 甘肃省根据《汶川地震灾后恢复重建条例》及该省各专家组的大量震害调查和经验总结，在现行国家和地方相关抗震建设标准的基础上，结合甘肃实际，制定了《关于加强“5·12”汶川地震后我省灾区恢复重建城乡规划编制及房屋建筑和市政基础设施抗震设防工作的意见》，编制《甘肃省陇南、甘南灾区震后恢复重建建筑抗震技术规程》等地方技术标准并颁布实施，为灾后重建工作奠定了政策和技术准备；同时强化《建筑抗震设防分类标准》《建筑抗震设计规范》和《甘肃省陇南、甘南灾区震后恢复重建建筑抗震技术规程》的实施检查，保证灾后重建项目的抗震设防标准符合要求。一是严格审核各类建设工程的抗震设防要求。要求各级政府依法将抗震设防要求和地震安全性评价工作纳入基本建设管理程序。对一般恢复重建工程，市、县地震部门依据国家抗震设防要求强制性标准和《陇南甘南地震动参数区划图》规定，审核抗震设防要求。对《甘肃省地震安全性评价管理条例》等法规规定必须进行地震安全性评价的重要建设工程、生命线工程和可能发生严重次生灾害的建设工程项目，地震部门依法提出地震安全性评价意见，并按照经审定的地震安全性评价报告确定抗震设防要求，进行抗震设防。经地震部门审定的抗震设防要求，作为各类重建和加固工程的设防依据。二是切实落实城乡恢复重建抗震设防要求，将抗震设防要求管理贯穿城镇恢复重建规划、建设和改造加固全过程，把确保防震安全作为城镇和重要工程恢复重建的强制性内容。各级城建和规划部门按照《活动断层探测成果应用》要求，严格执行城乡迁建、新建工程和一般性基础设施的活动断层避让规定和避让距离，防止在滑坡、泥石流、崩塌等地震地质灾害易发场地规划和安排重建项目。对潜在震陷和沙土液化场地按照相应的技术规范采取必要的抗震处理措施。各级地震部门结合恢复重建规划实施，推进市县地震小区划和地震活断层探测等抗震设防基础工作，为城镇规划和建设提供科学的抗震设防依据。三是做好人员密集场所建设工程抗震设防工作。新建、改建、扩建学校、幼儿园教学用房及学生宿舍、食堂等主要建筑，医院的门诊、住院用房等主要建筑，按照《防震减灾法》、国务院办公厅《关于印发全国中小学校舍安全工程实施方案的通知》、省政府办公厅《关于印发甘肃省中小学校舍安全工程实施方案的通知》等法律和文件规定，根据地震部门确认的抗震设防要求，采取高于当地房屋建筑的抗震设防标准进行设计和施工。未采取抗震设防措施或抗震设防措施未达到法定抗震设防要求的学校、医院等人员密集场所的建设工程，要依法进行抗震性能鉴定，采取必要的抗震加固措施，消除地震安全隐患。四是强化抗震设防要求监督管理的保障措施。灾区各级政府建立健全了重建工程抗震设防要求监督管理机制，统筹协调恢复重建工程抗震设防要求与工程质量、重建进度的关系，将抗震设防要求纳入基本建设管理程序，落实到重建工程项目的论证、选址、设计、施工、监理等各个环节，切实提高城乡恢复重建工程项目的抗震能力。

制定监督管理办法 2008年6月20日，甘肃省制定下发《甘肃省震后受灾农民住房重建维修工程质量监督管理暂行办法》，规定监督检查工作覆盖全省地震灾区所有灾后恢复重建房屋建筑工程，加大对灾后恢复重建工作的监管力度，进一步完善相应的监管机制，明确将所有的灾后恢复重建工程（包括抗震加固工程），无论其资金来源如何，均按照住房城乡建设部《关于加强汶川地震灾后重建房屋建筑工程质量安全的通知》规定，纳入正常的质量安全监管，并适时采取自查、轮查、抽查的方式，加强监督管理工作。对农房重建从监督管理与质量责任、房屋实体质量监督、工程质量验收等方面作出具体规定。农房重建工作要与新农村和小城镇建设统一规划相结合，重建维修项目以行政村为单位组织实施。充分尊重农民的生活习惯与生产方式，坚持安全、经济、适用、美观的原则，落实节能、节地、节材的要求，体现地方特色和民族风格。由各市州建设行政主管部门对本行政区域内的重建工程质量实施统一监督管理，县区建设行政主管部门具体实施监督。整体重建及两层（含两层）以上重建农宅，必须纳入基本建设管理程序，委托具有相应资质的勘察设计单位或注册建筑师、结构工程师进行勘察设计，选择相应资质的施工和监理单位进行施工和监理。农房重建工程竣工后，由行政村农房重建维修评估小组代表村民，组织设计、施工、监理等单位，按照国家工程建设施工质量验收规定程序进行竣工验收。凡群众不满意或验收不合格的工程一律不准使用，并责令限期改正。8月18日，省住建厅下发《甘肃省地震重灾区农房重建技术指导方案》，明确工程质量监督管理的具体办法和技术要求。

陇南市制定《"5·12"汶川地震陇南灾区城镇居民住房灾后恢复重建工程竣工验收指导意见》，为全市城镇居民住房恢复重建验收工作提供政策依据和规范标准。进入工程竣工阶段，制定《甘南藏族自治州灾后重建工程安全质量监督实施细则》，进一步健全质量监督管理体系，建立完善质量检测、施工图审查、原材料抽检、竣工验收、质量保修等监督管理制度，针对灾后恢复重建项目的特殊性，积极配合建设单位进行现场办公，在严抓勘察、设计、施工、监理单位履行质量责任的同时，积极协调各参建单位工作关系，督促各参建单位建立健全质量责任制，确保灾后重建工程质量。

强化监督执法检查 甘肃省于2009年4月13日召开全省灾后重建工程质量安全工作大会，重点布置灾后重建质量监管工作。省住建厅于8月下旬制定《甘肃省地震灾区灾后重建房屋建筑工程质量监督检查实施方案》，决定建立运行重建质量监督检查制度，要求监督检查工作覆盖全省地震灾区所有灾后恢复重建房屋建筑工程。同时要求对全省恢复重建房屋建筑工程质量进行为期一个月的监督检查，覆盖灾区所有重建房屋建筑工程，包括各类需重建、加固的房屋建筑工程、农民灾后重建单体两层（含两层）以上工程及灾后整村重建项目。监督检查在建设单位自查基础上，实行县区普查、市州抽查、省级督察的监督检查方式。其中，县区建设主管部门对辖区内受灾重建工程普查率应达到100%，市州建设主管部门对管辖区内重建工程抽查比例应达到重建项目的30%以上。省住建厅结合县区、市州检查情况，对全省地震灾区的恢复重建工程实施督察，督察范围涉及所有受灾市州，重点检查地震重灾县区，督察的项目达到重建项目的5%以上。对发现的违规行为和质量问题，视严重程度，给予责令改正、记入不良行为记录、吊销相关单位及人员资质、资格等处罚。

农房建设技术指导和培训 甘肃省编印《甘肃省村镇抗震农宅设计图集》3000册无偿下发灾

区，内容强调房屋结构的抗震设计和抗震构造措施的完善。编印《甘肃省震后木构架承重农宅加固维修实施建议》赠送受灾地区，用于指导灾区群众维修加固受损农宅，供受灾地区的广大农民灾后重建和自建住房使用。针对灾区农房维修重建专业技术人员缺乏的现状，加大工程技术人员援助力度，2008 年 8 月 25 日，派出 31 名技术人员进驻陇南、甘南的 8 个重灾县（区），对 84 个乡（镇）的 147 个重建点农房施工工匠进行技能培训，重点指导视图能力、实际操作能力以及施工质量自查能力，共培训 2215 人。

三　陕西省工程质量监管

出台质量监管办法　2008 年 7 月 30 日，陕西省政府召开全省灾后恢复重建工作会议，印发《陕西省地震灾后恢复重建工程质量管理办法》和《陕西省地震灾后恢复重建工程质量行政责任追究暂行办法》，规定省级建设行政主管部门对全省恢复重建工程质量实行统一监督管理，灾区市、县建设行政主管部门及其他有关行业主管部门负责本行政区域内、本行业灾后恢复重建工程质量的具体管理，明确管理体系，确保整个重建工作井然有序，质量优而进度快。针对恢复重建阶段工程较多较集中的情况，制定《关于加强灾后恢复重建招投标监管工作的通知》等一系列文件，要求相关部门健全工程建设招标投标行政监督机制和内部监控机制，对工程建设实施全过程监督，明确规划选址、设计、招标投标、施工、验收各个环节的责任。在重建工作收尾阶段，制定《陕西省灾后恢复重建项目竣工验收办法》，对重建工程的验收范围、验收条件、验收程序和验收组织等作出规定。

确定重建工程质量监督重点　灾后重建工作中，陕西省始终将公共服务设施和城乡居民住房修复重建工作摆在首位。根据住建厅有关灾后重建工作指导意见，针对汉中、宝鸡受灾严重地区建筑工程类别、抗震设防等级要求，陕西省住建厅要求各级建设行政主管部门对重灾区受损房屋进行应急评估和危房普查，按照受损程度将其分为继续使用、维修后使用、加固后使用和拆除重建 4 类。对维修后使用和加固后使用的房屋建筑，由各地建设行政主管部门组织当地力量实施监管。对经确认核实需要拆除重建的房屋建筑，其重建工作必须全面纳入建设监管程序，依据国家标准、行业标准、地方标准及《陕西省房屋建筑震后重建设防暂行规定》《地震灾后恢复重建工程质量管理办法》，严格实行招投标制和工程质量安全监督制，对勘察、设计、施工、监理的全过程加强工程质量监督，对参与重建的勘察、设计、施工、监理等相关责任主体的资质严格把关。

严把建材质量关和竣工验收关　陕西省住建厅实行重建工程质量终身责任制。各级建设行政主管部门依照法律法规对参与工程建设的建设、勘察、设计、监理、施工、检测、施工图审查、设备和材料供应商等相关责任主体，严格实施监管，并在实际工作中注意提高其对保证恢复重建工程质量重要性的认识，全面落实责任与义务。加大对恢复重建工程材料的进场监管力度，对进场的建筑原材料、成品、半成品等严格实行见证取样送样制度，要求每个承检检测机构必须具备相应资质，坚决杜绝不合格材料流入施工现场。严格落实强制性建设标准规范，坚决执行项目合同制、法人负责制、工程监理制、招标投标制等制度，项目建成后要严格按规定验收，坚决防止无资质单位参与工程建设、假冒伪劣产品进入建设环节、施工过程中偷工减料和不合格建筑物在灾区出现。重建项目按照“谁建设、谁负责”的原则，实行质量终身负责制，出现问题追究有关人员的责任，造成重大损失的依法追究刑事责任。

加大工程质量监督执法力度 陕西省住建厅规定，在灾后重建中发生工程质量事故的，除追究当事单位和当事人的直接责任外，还要追究相关单位的监管责任。要求各地将灾后重建工程列入年度重点监管项目，按阶段组织人员对辖区内重建工程进行定期监督检查和抽查，指导相关单位对存在的问题及时进行整改，必要时采取监督检测方式，对工程质量进行抽检，确保各项重建工程都能够按照质量标准和技术规范进行建设。对检查中发现违反建设工程强制性标准条文的行为，及时按照相关规定进行处理，并向上一级建设行政主管部门报告。住建厅还组织检查组，对汉中、宝鸡等地的灾后重建工程质量进行巡回监督检查，对检查中发现的问题工程和相关责任单位，按照职能权限进行处理，记入不良行为记录，并将检查情况和各地灾后重建工程质量情况向社会公布。陕西省所有灾后恢复重建工程未发生任何质量安全事故。

第三节 对口援建省市监管

在对口援建过程中，19 个援建省（市）把质量作为生命线贯穿重建全过程，高度重视工程质量安全，坚持进度服从质量，确保重建工程经得起实践和历史的检验。在两年多的援建过程中，各援建省市在抓进度的同时，坚持科学援建，创造了很多可资未来借鉴的管理体系、方法和经验，留下一笔援建遗产和宝贵的援建财富。主要包括：尊重自然、遵循规律的恢复重建重要原则；依法推进、加强监管是重要保障；精心组织援建队伍，确保工程进度和施工安全，科学组织、科学规划；从实际出发统筹安排，严把工程设计、施工队伍、建筑材料、施工建设、基建程序五道关；发挥专家学者智力优势，提供技术支持；采用先进的科学规划设计理念、先进的抗震技术、先进的抗震材料和先进的施工工艺；按照安全行为管理规范化、安全管理制度化、作业秩序程序化和防护设施工具化“四化”要求，开展标准化工地创建工作；全面实施质量安全考评管理，举行建设工程项目质量安全大检查等。

一 组织保障

加强工程质量管理工作方面，各援建省市高度重视恢复重建工程质量管理工作，健全管理机构，充实管理人员，周密部署安排，精心组织实施，为加强工程质量监管工作提供了强有力的组织保障。湖北省、湖南省援建办均成立了以主要领导为组长、各项目组和有关单位负责人为成员的工程质量领导小组，制定工作细则，明确职责分工，层层落实责任，建立层次分明、内外联动的严密质量管理体系。辽宁省住建厅专门组织有关处室、质量监督、设计、监理等单位技术人员组成专家组，到灾区对援建工程质量进行全面检查。福建省住建厅抽调40多名工程技术人员至援建一线组成省、市两级质量监管组织，还根据需要派出近百名工程技术人员到前方执行阶段性质量监管任务，并先后召开多次工程质量安全工作会议进行动员和部署，保证各项工作落到实处。浙江省围绕“四个一流”目标（一流的工程质量、一流的工程管理、一流的文明施工、一流的建设队伍），开展以“促重点、创一流、比贡献”为主题、“八比”为内容的立功竞赛活动；为加强建设工程质量、安全生产管理，先后两次开展以“五检查五调研”为内容的安全质量大检查活动；援建指挥部与本省各市援建指挥部、青川县政府签订安全生产责任书，组织所有工程项目和参建单位建立健全工程安全质量保障体系，严格执行安全质量责任制和安全质量操作规程，完善安全质量检查制度、隐患整改制度、事故报告和查处制度。北京市援建指挥部为加强质量管理的组织领导，建立工程质量管理负责人和项目现场负责人制度，监理单位总监理工程师对所监理工程质量负责，施工单位项目经理对工程质量负总责；围绕工程项目建设质量管理目标，成立“安全生产月”活动领导小组，开展以加强质量管理为主要内容的自查、综合治理、评先树优“安全生产月”活动，活动收到了奖优罚劣、促进参建各方提高工程质量的效果。河北省明确住建厅对所有援建项目的质量和安全负总责，并实行前线指挥部、监理公司、施工企业、受援县政府“四位一体”的自检和监督机制，强化过程管理和节点质量控制，在招标投标、施工队伍选择、基础施工、建材质量等各个环节严格管控。辽宁省前线指挥部为了确保交出国家、地方政府、灾区群众“三满意”工程，开展争创“天府杯”活动，高质量、高效率地推进援建；为加强项目质量管理，选派辽宁省建设设计院项目管理咨询公司和辽宁省方圆监理公司两个质量监理队伍长驻安县，对辽宁援建的30多个项目建设实施监理。河南省援建指挥部在工程质量、安全监督管理上实行严格的质量终身责任制和安全责任追究制；援建项目的工程质量、安全监督，由国家或省建设、交通、水利等行政主管部门考核合格的质量和安全监督机构实施，江油市建设、交通、水利等行政主管部门负责依法监管并办理相关手续。安徽省驻松潘援建办、松潘县委县政府、松潘县恢复重建指挥部联合召开松潘县灾后恢复重建工程劳动竞赛动员大会，组织参建单位进行以“比工程质量、比工程进度、比安全生产、比科学管理、创精品工程”为主要内容的“四比一创”劳动竞赛，邀请四川省质监局专家在松潘召开申报“天府杯”讲座；省住建厅、水利厅、交通厅、审计厅和质量监督总站共派出34名工程技术专家至松潘对援建工程项目进行全面检查；安徽省承诺对代建项目负终身质量责任。

二　工程质量管理规范化和标准化

为有效规范和推动恢复重建工程质量管理，援建省市坚持制度先行，抓紧建章立制，统一技术标准，为工程质量管理工作提供制度保障。援建省市分别制定出台关于加强恢复重建工程质量管理的规范性文件，指导灾后恢复重建工程质量管理工作。上海市针对援建工程专门组织编制了《监督实施细则》和《项目管理规程》，使质量管理精细化、标准化。江苏省制定《关于援建工程建设质量安全监督以及工程质量检测等方面的管理规定》，建立系统化、全覆盖的工程管理制度体系，实现全方位监管。深圳市按照“满足功能及安全要求”的原则，组织编制援建工程设计统一技术标准，保证工程设计的合理性；制定《招标投标管理暂行办法》《合同管理暂行办法》《援建项目专项资金管理暂行办法》等12项规章制度，确保援建工程质量建设有序进行。浙江省在援建《项目管理实施办法》中对“交钥匙工程”和“交支票工程”实施主体及其责任予以明确。辽宁省按照规范运作，公平、公开、公正的原则，制定《援建四川地震灾区建筑项目管理实施方案》，严格规范招投标程序，成立项目管理组，明确由专家组织实施和项目建设管理。福建、河南、安徽、江西、湖北、重庆等省（市）分别制定对口援建《重建项目管理办法》，就工程前期规划、勘察设计、监理招标、施工与监理、竣工验收以及项目费用控制、决算，资金拨付、结算，资料整理、档案管理等环节进行规定，并在实践中抓好落实。

注重对工程质量过程控制　各援建省市积极探索行之有效的管理模式，创新监管方式，严格过程监管，控制和消除工程建设过程中的质量风险。吉林省改革传统的招投标方式，采用资格招标和商务招标两阶段招标法，对确保企业资格、控制工程合理造价起到重要作用。上海市与都江堰市对援建工程质量采取分阶段联合监管模式，在监督检查、达标创优等方面充分协调，相互配合，形成安全质量监管合力。浙江省对援建工程实施“三统三分”的管理体制，严格施工图审查，强化设计阶段质量管理，从源头控制工程质量。黑龙江省实行“三位一体”的监管模式，将建设、施工、监理单位责任联动，防止推诿扯皮，强化责任落实。山东省前线指挥部技术管理人员坚持施工全过程、无缝隙全面现场监督，以每道工序的严格把关确保整体工程质量。河北、天津、山西、安徽、河南等省（市）加强工程实体质量和施工过程监督控制，严把材料进场关、施工工序关和质量验收关，全面落实施工质量负责制和工程监理责任制，筑牢质量监管防线。

提高质量意识和技术水平　各地在强化恢复重建工程质量监管的同时，积极开展交流培训、达标创优和科技创新活动，着力提高各方主体的质量意识和工程建设技术水平。北京市建立农民工夜校，组织施工质量观摩互检和技术培训，实施质量标准样板引路制度，促进企业强化质量自控，提高质量水平。江苏省组织召开现场观摩和经验交流会，开展援建项目优质工程、优秀设计和示范监理等创优争先活动，全面提高工程参建各方的质量意识和创优意识。广东省、重庆市发挥专家学者的智力优势，加强技术攻关和新技术的应用，在援建的学校、医院等公共服务设施中广泛采用先进的隔震、节能环保等技术，以技术创精品，以技术保质量。

重视施工中建材质量监管　对口支援省市制定相关措施，加强项目施工中的建材和设备的质量管理。浙江省在开展项目施工“五检查”中，将建筑材料检验和设备进场的情况列入检查内容，对检查中不合格的建材和设备强令取消。北京市在工程项目建设中，建立参建单位与国家检测中心等检测单位的质量监管联系机制，对建材、设备生产厂家和混凝土搅拌站进行延伸管理。山西省根据茂县95%的建材要从成都等地购进的情况，专门成立采购小组先后赴成都、都江堰及周边乡镇进行市场调研，了解材料生产、供应、价咯和质量等实情资料，通过货比三家方式确定进料地点、品种、数量等任务。每一批材料进场都要进行层层质量验收，并请监理工程师现场见证取样、送检，对不合格材料一律退货。湖南省从源头上把住项目建设的材料、设备质量关口，对钢筋、水泥、瓷砖、铝合金以及机械设备等实现品牌准入，凡未进入国家名、优、特名录的一律不得采购进场使用。安徽省要求进场的各种建筑材料、构配件、设备等，必须出具出厂合格证和试验报告，且经取样复检合格后方可进入项目建设。湖北省强调援建项目的主要材料、设备进场时，施工方必须向监理机构报检，涉及结构安全的钢材、水泥、砌体、混凝土及砂浆等试件，监理机构必须见证随机取样送检。上海、河北、河南、山东、江苏、辽宁等援建省（市），从源头上做好项目建设的建材进购关。

三 援建省市工程质量管理选介

山东省援建北川新县城工程质量管理 北川新县城作为震后唯一一个异地重建县城，是灾后恢复重建的重要标志。山东省坚持“安全、宜居、特色、繁荣、文明、和谐”的12字方针，明确提出新县城所有援建项目和承建项目都要建成精品工程、放心工程。

为规范新县城援建项目招投标工作，山东省专门制定4项招标评标实施细则，包括投标人资格预审办法、建设项目勘察设计招标评标定标办法、施工招标评标定标办法、监理招标评标定标办法，要求各市严格按实施细则的规定组织招标投标。新县城援建项目的勘察、设计、施工、监理以及与工程建设有关的材料、重要设备采购项目，均遵循公开、公平、公正和诚实信用的原则招标。

山东省援川办与山东省住建厅共同研究制定了《关于加强对口支援北川新县城建设项目质量管理的意见》，严把设计关、建材关、施工关、资金关；对建筑企业加强监管，杜绝转包；对监理公司严格监督；对监理发现的工程质量问题，立即纠正，纠正不力的施工单位给予警告和经济处罚。同时，制定完善项目质量考核评比办法，由北川工作指挥部组织专业工程质检人员每半月对新县城援建项目进行一次检查，对各市承担项目的质量、工程进度以及安全文明施工等情况进行评比通报。组建由北川羌族自治县有关部门、社会人士和山东省建设系统专家组成的社会监督组，每两个月对援建项目进行一次检查，提出整改意见，并在一定范围内通报。省援川指挥部联合北川羌族自治县，定期对新县城援建项目进行观摩点评、量化打分。

山东省执行《山东省援建北川新县城和工业园区项目建筑材料及仪器设备采购管理办法（暂行）》，对砖、沙石、商品混凝土及钢材的采购，由省援川办负责统一组织；成立建材集中采购管理部，对砖、沙石、混凝土等主要建筑材料实行统一采购、集中供应，严把建筑材料供应关。

广东省对口援建项目质量管理 在对口援建过程中，广东省引入现代科技手段进行监督，在汶川建立援建项目建设一体化的工程质量监管体系，对汶川县工程质量监测站常规建材监测设备进行技术改造，实现数据自动采集，提高了检测精度和工作效率，并协助汶川县规划局在13个乡（镇）设立工程质量安全监督分站，实现援建工程质量监管“无缝”对接。工程全部实行项目合同制、项目法人制、工程监理制和招标投标制等制度，严把工程施工、质量监理、工程验收关，严格执行建设程序。广东省根据汶川县资源匮乏，大量建材需要从外地运进的实际，制定、启动了建材特供制和建材期货储备制，通过与大型建材企业集团签订期货合约，加强货源组织，确保了砖、水泥、钢材等建筑材料的供应；积极运用市场规则，在汶川增设砖厂、混凝土搅拌站和建材市场，保证建材供应和价格稳定。

全面推行质量安全随机巡查工作。针对恢复重建工程量多、面广、时间紧、任务重，除广东省住建厅直属单位派出6名专业人员外，13个对口援建市的建设部门都抽调工程质量管理专业人员在各对口乡镇对援建工程开展随机巡查，重点检查建设单位安全生产保障体系建设情况，施工现场重大危险隐患排查及整改落实情况，安全生产专项治理、文明施工情况等，发现问题及时处理。广东省援建工作组联合广东省住建厅、汶川县政府先后对援建项目进行3次大检查，重点对工程的设计方案、主体结构、关键部位处理、质量监管和安全隐患等有关方面的情况进行摸查。检查中发现问题及时内部通报，限期整改。至2010年2月，已发出责令代建、监理单位发出安全整改通知书（监理通知书）50余份，解决施工现场安全问题200余项，把施工现场的安全隐患消除在萌芽状态。

广东省在加快推进项目建设时严把“五道关”，确保每一项援建项目都成为放心工程。一是严把工程设计关。严格按照国家有关标准设计学校、医院等援建项目，并结合汶川实际，加强挡土墙、抗滑桩的强度设计。建筑物内采用剪力墙结构，加设隔震垫技术，努力提高建筑物抗震等级，确保把学校、医院、大型公共场所等公共设施建成最安全、最牢固、群众最放心的民生工程。二是严把施工队伍关。严格市场准入制度，通过比资质、比报价、比在建工程质量等办法，优选信誉好、实力强、有经验的“国”字号和品牌施工企业。承建汶川县第一和第二小学的中建一局就曾参与奥运“水立方”工程建设。水磨、绵虒和漩口等城镇的主要援建项目均由中铁二局负责建设。三是严把建筑材料关。震后的汶川县资源十分匮乏，大量建筑材料需从外地运输。为此建立建材特供制度，启动建材期货储备机制，同大型建材企业集团签订期货合约，确保砖、水泥、钢材等建筑材料的供应。同时，在汶川增设砖厂、混凝土搅拌站和建材市场。四是严把施工建设关。针对汶川地质条件复杂、可适宜建设用地有限、地基建设条件特殊的特点，加大施工建设环节的管理力度。广州市在威州镇的学校和医院建设中，大量采用成熟、实用的抗震技术，并实行工程样板引路、隐蔽工程验收和关键工序检查等制度，对影响结构安全的关键部位、功能实行第三方检测，严格施工过程监理旁站和巡检制度，多方位、全过程进行质量监控。五是严把基建程序关，按照“程序不减、时间缩短”的原则，实行一站式服务制度，确保项目加快实施。建设过程中，严格执行基本建设程序，依法实施招标投标，加强对项目业主、勘察、设计、施工、监理和施工图设计文件的审查，对检测机构等单位的监督管理。

在援建过程中，广东省发挥专家学者的智力优势，提供技术支持；积极运用先进的抗震减震技术，大力提高建筑抗震设防等级；针对援建项目工期紧迫的特点，加强技术攻关，克服质量通病的出现。广州市专门聘请广州大学工程抗震技术专家周福霖、华南理工大学建筑设计专家何镜堂、北京大学遥感技术专家童庆禧3位院士为对口援建高级技术顾问。在专家指导和建议下，在学校、医院等公共服务设施建设中广泛采用先进的隔震技术，优化建筑体型和结构布置。在安置房、学校、医院等项目建设中，采用烧结多孔页岩砖、BH胶粉聚苯颗粒等先进的外墙保温材料、太阳能技术等，达到环保节能效果。震中映秀镇的恢复重建强调采用先进的科学规划设计理念、先进的抗震技术、先进的抗震材料和先进的施工工艺，加强工程质量监督管理，组织优秀的施工队伍，把映秀镇建成汶川地震灾后恢复重建的样板工程和抗震建筑的示范区。推进建筑施工安全标准化工作。要求灾后恢复重建开工项目建筑面积在1万平方米及其以上的房屋建筑工程和工程造价在1000万元以上的市政基础设施工程，按照安全行为管理规范化、安全管理制度化、作业秩序程序化和防护设施工具化的“四化”要求，开展标准化工地创建工作。全面实施质量安全考评管理。对全部施工现场质量安全工作进行施工现场分类评比，将施工现场分类情况进行汇总、排序，并进行公示。对排名靠前的项目部开通绿色通道，对排名靠后的项目部作为重点监管对象。建立工程质量安全的绩效考核制度。广东省援建工作组与汶川县委、县政府紧密配合，将对口援建项目统一纳入政务目标考核体系。

上海市援建都江堰市重建工程质量管理　上海市对口支援都江堰市指挥部和各参建单位统筹安排、积极推进，各援建项目进展情况良好，安全质量总体受控，没有发生质量事故和安全事故，文明施工保持较高水平。

建立和完善项目管理体系，健全组织机构。在上海援助都江堰灾后重建指挥部统一指挥和综合协调的基本框架下，构建比较完善的咨询、监督和服务机构；确定管理的依据，指挥部组织上海市建筑科学研究院等单位编制《上海市对口支援都江堰市灾后重建工程项目管理规程》及工程承发包、建筑材料、施工现场、工程质量、安全文明施工等方面的配套管理办法或标准 20 多个，明确援建项目实施各个过程的条件、程序和要求，明确各方职责、管理流程、工作制度等，为推进援建工程建设提供系统性的文件依据；搭建管理信息平台，指挥部委托上海市建设工程受理服务中心组织开发“对口援建工程管理信息系统”，指挥部实时在线掌握和监管援建工程建设情况，对工程质量实行动态管理控制。

突出抓好勘察设计管理。指挥部把工程质量监管关口前移，从勘察设计阶段抓起，执行工程建设标准，要求参建的勘察设计单位把执行工程建设标准和勘察设计规范放在第一位。针对灾区“8 度设防、9 度构造”新的设防要求，指挥部组织专家进行专项论证设计，确保工程结构安全。对设计方案实行比选制度，在参建的 18 家勘察设计单位中建立竞争机制，通过组织专家评审，对每个项目实行多方案比选，择优确定设计方案和设计单位。

严格落实施工过程监管措施。择优确定参建施工队伍，指挥部选定入川的施工总包单位都是上海知名的国有企业，资质高、信誉好、能力强，并在抗震救灾和援建过渡安置房工作中有良好表现，同时加强监督，强化参建队伍的安全质量责任。援建工程启动之初，指挥部召开安全质量工作会议，明确提出安全质量工作目标。将援建工程委托给有能力、高资质的专业监理单位，实施全过程监理，把好各道工序的安全质量关；实行安全质量政府监督，从上海市建设工程安全质量监督总站抽调监督人员，在都江堰相关机构的支持、配合下，开展监督工作。

加强建筑材料质量监督管理。为保障援建工程建筑材料的质量，指挥部明确要求，只有经过检测合格的材料才能用于工程。为保证这一要求落到实处，采取 4 项措施。一是引入专业检测机构。指挥部委托上海建科检测公司在都江堰设立检测机构，对援建工程使用材料实施公正独立的第三方质量检测。二是严格执行材料“先检测后使用”的质量管理原则，与检测机构实行材料联动控制，发现不合格材料及时清退出场，在其余的援建工程中也不得使用，杜绝援建工程使用不合格材料。三是引入专业混凝土生产企业。为满足援建工程对商品混凝土的需求，确保混凝土质量，指挥部协调上海市专业混凝土公司在都江堰设立生产单位，定向提供商品混凝土，确保援建项目的结构质量安全。四是加强建筑材料监督抽查。指挥部安全质量监督组在进行抽查、巡查和重要节点大检查中，对建筑材料质量进行随机检查，发现问题及时予以处理和通报。

加强两地管理部门合作，形成安全质量监管合力。在项目立项、可研、选址、动迁、配套落实等前期工作中，充分与当地政府和建设主管部门协商，共同监管。在项目建设周期内，前期报监手续由都江堰市建设局办理，施工过程监管由指挥部安全质量监督组负责，重要节点验收监督由指挥部安全质量监督组和都江堰质监站共同负责把关，后期竣工备案手续由都江堰市建设局负责办理，双方相互配合，共同实施。按照“援建工程都要达到优质工程”的目标，要求援建工程争创四川省和上海市优质工程，建设工地同时申报两省（市）的标准化文明工地，通过联合创优活动提升援建工程的安全质量管理水平。

第四节　“特殊党费”援建工程质量管理

四川省所有“特殊党费”项目按照优质工程的标准规划设计，学校项目抗震按不低于重点设防类提高1度设防，确保把学校建设成为最安全、最牢固、最放心的建筑。所有项目均按国家有关规定程序规范运作，建立健全项目法人责任制、招标投标制、合同管理制和工程监理制，实行工程建设质量安全终身责任制。坚持勘察设计选择最强的技术力量，项目施工、工程监理选择信誉好、责任心强的单位，严把规划设计、建筑材料、工程施工、竣工验收等各个环节质量关。坚持开展经常性督促检查和质量回访（参见图47），一旦发现施工中有不规范不安全之处，坚决整改督办，不留安全隐患。

严格按照基本建设程序，坚持“周期缩短、程序不减”“提速不越轨”，采取合并部分审批环节和并联审批等方式，全力提高项目审批效率。另一方面想方设法克服灾区建筑工人紧缺、建筑材料紧缺、交通运输不便等诸多实际困难，坚持“好”字当头、“进度服从质量”，积极采取多

图47　全国党员代表赴绵竹市实地考察“特殊党费”援建项目情况
（发展改革委　提供）

种措施加快项目建设进度。四川省委组织部多次全面清查项目进展情况，及时发出督办通知，对滞后项目重点督办，并跟踪督察整改落实情况。省委常委、组织部部长柯尊平多次带队深入项目建设工地督察，要求加快建设进度，加强质量控制和资金监管，确保顺利完工、圆满交账。各地党政领导积极调集各方资源，加派人员驻守工地，加强道路交通、材料供应、后勤保障等协调服务，及时解决问题，保证项目顺利实施。全省"特殊党费"项目在2010年5月12日全面完工，比全省"三年灾后重建任务"的目标提前半年完成。在多次余震及次生灾害，特别是2010年特大山洪泥石流灾害中，"特殊党费"援建项目从规划选址到建设质量都经受住考验，没有出现垮塌、毁损的情况。

第五节　香港、澳门特别行政区援建工程质量管理

四川省通过3个层次的监督加强港澳援助项目工程质量管理，及时纠正施工质量偏差；每个项目均由独立监理工程师进驻现场，监察工程的质量、进度、资金控制、安全生产；当地政府质检站派出人员至项目现场抽查。

项目实施过程中，因功能改变或施工现场条件变化需要变更工程项目，为确保项目不超支或延误，经与港澳特区沟通协商，四川省制定了《港澳援助项目变更管理暂行办法》，对项目变更的条件、类别、审批程序和管理安排加以规范，明确所有涉及重大变更的申请，必须经项目所在市（州）发改委审核同意后报四川省发改委，省发改委根据与省协调机制成员单位、特区政府审批结果进行批复。

香港特区政府发展局也采取三方面管理：一是发展局四川重建组成员按项目进度及需要，定期或不定期至川检查项目实施，包括实地检查和与相关部门、单位举行工作会议。二是聘请"独立专业顾问"实施技术检查，范围包括项目整体进度、资金使用和质量管理。技术检查工作包括现场巡视，文件审阅（例如审批纪录、工程建筑材料的测试报告等），以及与项目负责单位（建设单位、施工单位、监理单位等）举行工作会议。"独立专业顾问"在完成巡查后，向建设、施工及监理单位提出技术检查所发现的问题，要求做出改正，并向发展局提交报告。发展局根据"独立专业顾问"的巡查结果，向四川省协调机制及港方负责项目的政策局反映和跟进。三是组织由香港建造界自发组成的"香港建造界5·12重建工程联席会议"志愿专业人士，赴川协助监察援建工程，包括以观察员身份参与工程竣工验收，以确保项目负责单位得到独立的专业意见。香港特区聘请"独立专业顾问"实施技术检查，技术检查范围除项目整体进度、资金使用和质量管理外，其中对工程建筑材料的测试报告的检查是极为重要的内容。

澳门特区"支持四川地震灾后重建协调小组"秘书处根据项目进度及需要，按项目类型，定期或不定期至川检查、巡查项目的实施，包括项目现场检查，与项目主管部门、单位举行工作会议，并聘请专业技术人员全程参与检查，及时发现和纠正问题。

第四章 审计监督

中共中央、国务院要求审计机关加强对汶川特大地震灾后恢复重建资金和物资的筹集、分配、拨付、使用及效果等情况进行全过程跟踪审计，定期公布灾后恢复重建资金和物资使用情况，并在审计结束后公布最终的审计结果。审计署启动重大自然灾害应急机制，以“促进灾后恢复重建顺利进行、保障灾后恢复重建不出重大问题”为目标，按照“统筹安排、分级负责、把握总体、分头公告”的原则，统一组织各级审计机关对恢复重建情况进行全过程跟踪审计。在审计中，坚持边审计、边整改、边规范、边提高的原则，着眼于预防，立足于服务，严肃查处违法违纪问题和经济犯罪案件线索的同时，注重及时发现和反映政策、制度、管理方面存在的问题，揭示和反映资金管理使用、工程建设管理、土地征管、生态环境保护等方面存在的苗头性、倾向性问题，促进完善政策和制度，健全机制和体制，规范资金管理使用和工程建设管理，提高资金使用效益，有效发挥审计的“免疫系统”功能，为灾后恢复重建顺利进行提供了有效保障。

第一节 决策部署

一 中共中央、国务院有关决策部署

《汶川地震灾后恢复重建条例》第 69 条规定：“审计机关应当加强对地震灾后恢复重建资金和物资的筹集、分配、拨付、使用和效果的全过程跟踪审计，定期公布地震灾后恢复重建资金和物资使用情况，并在审计结束后公布最终的审计结果。”《国务院关于做好汶川地震灾后恢复重建工作的指导意见》要求：“加强对恢复重建资金拨付和使用的管理，并进行全过程跟踪审计。”

《恢复重建总体规划》在第 15 章第 5 节“监督检查”部分专门规定了跟踪审计的内容。

中央领导同志对地震灾区灾后恢复重建过程中的审计工作高度重视。2008 年 9 月 2 日，中共中央政治局常委、国务院总理、国务院抗震救灾总指挥部总指挥温家宝在四川省抗震救灾工作会议上发表讲话，要求“加强对恢复重建资金和物资的筹集、分配、拨付、使用和效果的全过程跟踪审计，定期公布审计结果，确保重建资金按照规定专款专用，不被侵占、截留和挪用”。

2008 年 11 月 16 日，温家宝在江油市调研期间，在听取抗震救灾和恢复重建资金物资审计工作情况汇报后指出，审计工作很重要，审计人员一定要把所学的审计知识运用好、发挥好。加强审计监督，促进专项资金节约、有效使用，促进有限资金使用到人民最需要的地方，这是科学发展观的根本要求。恢复重建资金量大、项目多，审计任务十分艰巨，责任非常重大，加强恢复重建审计十分重要。审计机关对政府投资项目要实行全过程跟踪审计，全过程审计比事后监督更重要，要把问题发现在前面，才能更好地发挥为政府节约建设资金的作用。

2010 年 4 月 13—16 日，中共中央政治局常委、中央纪委书记贺国强到绵阳、德阳、阿坝、成都等市（州）考察灾区恢复重建及监督检查工作。在成都召开的灾后恢复重建和中央扩大内需促进经济增长政策落实监督检查工作汇报会上，贺国强对下一阶段的监督检查工作提出了明确要求，强调加强监督检查是贯彻落实科学发展观、加快经济发展方式转变的必然要求，是维护人民群众根本利益、促进社会和谐稳定的现实需要，是防范和减少腐败问题发生、深入推进反腐倡廉建设的重要举措，要把灾后恢复重建监督检查工作与扩大内需监督检查、工程建设领域突出问题专项治理工作结合起来，统筹谋划、整体推进，确保灾后恢复重建工作规范有序、健康顺利进行。

二　审计署组织安排

跟踪审计工作部署安排　2008 年 6 月 30 日，审计署审计长刘家义在全国审计机关深入开展抗震救灾款物审计暨表彰抗震救灾先进集体和个人电视电话会议上强调，要紧紧围绕中央关于抗震救灾工作的各项部署，适时调整工作重点，全力搞好灾后恢复重建全过程跟踪审计。7 月 1 日，审计长会议研究决定，由审计署固定资产投资审计司牵头，立即着手准备灾后恢复重建跟踪审计工作，在调查了解恢复重建规划编制和资金安排情况基础上，抓紧提出跟踪审计工作安排意见。8 月 7 日，审计署向国务院呈报《审计署关于汶川地震灾后恢复重建审计工作安排意见》。经国务院同意，9 月 24 日，审计署印发《审计署关于汶川地震灾后恢复重建审计工作安排意见》（以下简称《安排意见》），对跟踪审计工作做出部署。一是确定跟踪审计的指导思想和目标。以科学发展观为指导，按照“统筹安排、分级负责、把握总体、分头公告”的原则，立足全局，把握重点，对恢复重建物资和资金的筹集、分配、管理、使用和效果，以及重点建设项目进行全过程跟踪审计，全面检查国家有关灾后恢复重建政策实施与重建规划落实情况，掌握灾后恢复重建总体情况，揭示恢复重建过程中存在的突出问题，及时提出整改和加强管理的建议，保障资金使用安全、合规、有效，促进灾后恢复重建工作顺利实施和灾后恢复重建目标顺利实现。二是确定跟踪审计的范围和重点。审计范围包括国家规划、政策措施、重建资金、建设项目和建设市场秩序等；审计重点主要是恢复重建资金物资的筹集分配管理使用情况、国家规划落实情况、国家政策措施实施情况和重建项目工程建设质量情况等。三是确定了跟踪审计的组织方式和要求。审计署有关业务司局、派出机构以及3个受灾省和20个对口支援省、市审计机关对中央投资的审计覆盖面达到资金量的60%以上，对地方投资的审计覆盖面达到资金量的80%以上。审计署和地方审计机关按照“谁审计、谁公告”的原则定期分别向社会公告跟踪审计情况。（参见图48）

图48　审计署检查灾后重建资金使用管理情况
（发展改革委　提供）

跟踪审计工作方案　2008年11月4日，审计署发出开展审前调查的通知，并派有关人员赴四川、陕西两省调查了解情况，听取地方对跟踪审计工作的意见和建议。25—26日，在成都召开审前调查与计划管理工作会议，研究讨论起草《审计署汶川地震灾后恢复重建审计工作方案》，后经审计长办公会议和全国审计工作会议审议通过。2009年1月14日，审计署办公厅印发《汶川地震灾后恢复重建审计工作方案》（以下简称《总体审计工作方案》），正式启动灾后恢复重建审计工作。方案要求，从2009年开始，审计署统一组织成都、西安、兰州、重庆4个驻地方特派员办事处和3个受灾省、20个对口支援省、市审计机关（含深圳），集中力量对川、甘、陕三省重灾地区51个县（市、区）恢复重建进行全过程跟踪审计。审计内容主要包括灾后恢复重建规划实施情况、资金物资筹集分配管理和使用情况、政策措施落实情况、工程质量管理情况和建设效果、资源配置和土地管理情况等5项内容；同时，关注建筑材料供需和建筑市场规范情况。在全面审计的基础上把握重点，重点关注恢复重建资金安全有效使用和工程质量问题，以及涉及灾区百姓利益问题。审计方式上提前介入，全程跟踪，立足服务，着眼预防，帮助规范，把问题发现在前面；坚持边审计、边整改、边规范、边提高，充分发挥审计“免疫系统”功能；实行建设项目审计与专项审计调查相结合，建设项目预算执行情况审计与竣工决算审计相结合；大力推进绩效审计，在揭示和查处损失浪费问题的同时，积极关注质量效益，促进提高财政资金和公共资源配置的经济性、效率性和效果性。

跟踪审计推进会议　2009年6月18日，刘家义在成都主持召开跟踪审计现场会，对跟踪审计工作提出8点指导性意见：要以对党、对人民、对国家、对历史高度负责的精神和态度，全力搞好灾后恢复重建跟踪审计工作；要以促进灾后恢复重建顺利进行、保障灾后恢复重建不出重大问题作为跟踪审计的目标；积极创新审计方式，切实做到全面跟踪、抓住重点；要坚持“两手抓”，在揭露和查处重大违法违规和经济犯罪问题的同时，更加注重揭示和反映灾后恢复重建中存在的制度性、政策性、机制性及体制性问题，及时督促整改、帮助规范、促进提高，切实发挥审计的建设性作用；要坚持审计结果适时公告制度，向社会交一份明白账、放心账；要加强统筹协调，建立定期协调机制以及跟踪审计月报、工作动态和半年报告制度；要提高跟踪审计水平，确保质量；要严格执行审计纪律、廉政纪律、保密纪律和群众工作纪律，树立审计机关良好形象。

2009年10月8—15日，副审计长石爱中到四川灾区检查指导灾后恢复重建跟踪审计工作期间，提出2009年下半年跟踪审计要重点关注9个方面的内容。具体是：规划执行中严重超规划、超概算问题；项目进度是否能够实现三年任务两年基本完成的目标；灾后恢复重建政策执行情况；产业重建和产业结构调整中存在的问题，防止盲目上项目和低水平重复建设；土地管理中存在的违规越权审批、搭车多征地等问题；资金管理中的损失浪费、效益低下和资金缺口问题；项目建设中存在的工程质量问题；工程建设中的腐败问题和有关违纪违规案件；工程前期费用不足等建设单位遇到的实际困难，及时向国家有关部门提出完善政策的意见和建议。

第二节　组织实施

审计署在《安排意见》和《总体审计工作方案》中明确了跟踪审计的目标，就是“一促一保”：“促进灾后恢复重建顺利进行，保障灾后恢复重建不出重大问题”。2010年2月21日，审计署在北京召开支援新疆和汶川地震灾区挂职干部座谈会。会议强调，要通过跟踪审计，揭示和反映制度性、体制性、政策性问题，督促有关部门整改，促进汶川地震灾后恢复重建顺利进行；揭示和反映苗头性、倾向性问题，及时督促整改，保障恢复重建不出重大问题。在3年多的跟踪审计中，各级审计机关和广大审计人员紧紧围绕“一促一保”的跟踪审计目标，从审计组织实施到审计成果利用各个环节，做到事前审计努力预见态势，及时发出预警；事中审计努力发现苗头，及时纠正偏差；事后审计努力查找问题，及时督促整改，较好地实现了审计目标。

一　跟踪审计机构人员

2009年1月5日，审计署成立汶川地震灾后恢复重建审计工作领导小组，刘家义任组长，石爱中任副组长。领导小组下设办公室，由投资审计司司长任办公室主任，分管副司长任副主任，并指定一名处级干部担任项目主审，具体负责跟踪审计的组织协调、综合管理和业务指导。7月

13日，审计署在成都设立四川省灾后恢复重建跟踪审计协调小组，投资审计司牵头，审计署驻成都、重庆和西安特派办，四川省和18个援建四川灾区的省（市）审计机关派员参加。同时，在甘肃省、陕西省也分别成立由审计署投资审计司、相关特派办、灾区和对口援建地区审计机关组成的灾后恢复重建跟踪审计协调小组。随后，在有关市（州）和县（市、区）灾区设立了不同层次的由相关灾区和对口援建省市审计机关及审计署相关特派办组成的协调小组，建立起上下沟通及时，纵横联动有效的定期协调机制，及时协调各级审计机关之间的工作分工，协助审计署驻地方特派办和对口援建省市审计机关加强与当地政府及其部门沟通联系，联合组织开展专项审计调查。10月20日，审计署从机关和派出机构选调33名审计业务骨干到受灾严重的市、县两级审计机关进行为期一年的挂职锻炼，支援灾区基层审计机关开展跟踪审计工作。

二　跟踪审计组织分工

2009年3月18日，审计长会议进一步研究审计署投资审计司、4个特派专员办事处、3个灾区省和20个对口支援省、市审计机关（含深圳市）的工作分工。会议依据《安排意见》和《总体审计工作方案》决定，审计署负责灾后恢复重建审计的统筹安排，制订年度审计计划，投资审计司具体负责统一组织、协调和指导灾后恢复重建跟踪审计，对重大特定事项组织专项审计调查，对重大案件组织专项审计，并负责编发审计信息、组织审计质量检查、汇总审计报告等工作。4个特派办负责中央投资或投资为主的项目、中央单位和中央企业投资或投资为主的项目以及跨区域项目的跟踪审计。3个灾区省审计机关负责对辖区内其他灾后恢复重建资金和项目进行跟踪审计。20个对口支援省、市审计机关（含深圳市）负责对口援建项目中“交钥匙”项目的跟踪审计，“交支票”方式援建的项目由对口支援省（市）审计厅（局）与受援省审计厅共同商定审计组织分工，并将协商结果报审计署备案。4月3日，审计长会议研究决定重庆特派办负责四川省德阳市和绵阳市辖区内审计项目，西安特派办负责四川省广元市和陕西省辖区内审计项目，成都特派办负责成都、雅安、阿坝、巴中和南充等四川省其他市（州）辖区内审计项目，兰州特派办负责甘肃省辖区内审计项目。

三　跟踪审计推进情况

审计署坚持“五统一”的组织方式，积极推进对灾后重建跟踪审计工作。2008年9月至2011年年底，审计署先后下发16份指导性文件，召开5次全国视频会议、10次审计工作协调会，20多次赴汶川地震灾区30多个受灾严重的县（市、区）监督检查，建立跟踪审计月报和跟踪审计工作动态制度，定期传达审计署领导指示精神，逐月通报各地跟踪审计情况，交流审计工作经验，先后编发了72期《汶川地震灾后恢复重建跟踪审计工作动态》，有效发挥了对跟踪审计工作的指导作用。

根据灾后恢复重建不同阶段的特点，统一制定跟踪审计工作方案和重点跟踪审计项目计划，有计划分步骤组织开展跟踪审计。2009年起，审计署先后4次制定统一的审计工作方案、6次制订下发重点建设项目跟踪审计计划，统一组织4个特派办先后对农村和城镇住房、中小学校、医疗卫生机构、社会福利机构等民生工程，交通、能源、水利、通信和城镇基础设施，地质灾害防治和生态修复等攸关灾后恢复重建和社会关注度高的工程项目，中央重建基金、对口援建资金、社会捐赠资金、"特殊党费"等重点资金的筹集管理使用，以及建筑材料价格、建筑市场秩序、国家政策执行效果、工程质量管理等重点领域进行跟踪审计或审计调查，及时揭示和反映有关问题。

2009年下半年，审计署统一组织审计机关对农村住房、城镇住房和中小学校3个优先重建的民生工程开展专项审计调查。此后，审计署统一制定下发审计信息和审计报告框架及其附表，对有关审计数据的口径、标准、时间、范围做出统一规定，组织审计署4个特派办对63个重大问题开展了专项审计调查。

各参审单位按照审计署统一规定的时间，每半年上报一次跟踪审计情况及其效果。审计署汇总各参审单位阶段性审计情况后，向国务院报告。2009年8月4日，审计署向国务院报告了2009年上半年汶川地震灾后恢复重建跟踪审计情况，包括审计发现的主要问题及其整改情况，并有针对性地提出了审计建议。这是审计署首次向国务院报告汶川地震灾后恢复重建阶段性跟踪审计情况。26日，国务院常务会议听取了审计署关于灾后恢复重建跟踪审计阶段性情况的汇报。

按照"谁审计谁公告"的原则，审计署驻地方特派办的跟踪审计情况，由审计署统一向社会公告审计情况；除深圳市自行公告审计结果外，受灾省和19个对口援建省（市）以省为单位，统一向社会公告审计情况。原则上，各审计机关每半年公告一次审计情况；对于特殊情况和特殊项目，特别是社会关注度极高的重建项目，可适时公告。2009年9月14日，审计署发布《汶川地震灾后恢复重建跟踪审计结果（第1号）》，向社会发布第一份汶川地震灾后恢复重建跟踪审计结果公告，公布第一批76个重点灾后恢复重建项目阶段性跟踪审计结果。此后，审计署又先后发布了6份审计结果公告，分别公告了第二批至第五批重点跟踪审计项目和汶川地震抗震救灾"特殊党费"跟踪审计结果。与此同时，审计署组织各级审计机关向社会发布了103份审计结果公告，主动公告灾后恢复重建进展情况、跟踪审计情况、审计发现的问题及其整改情况。

四　跟踪审计方法创新

创新完善跟踪审计思路，以规划为龙头、资金为主线、重大项目为重点、资金使用效果为落脚点，有计划、有步骤地对恢复重建进行跟踪审计。除了按照固定资产投资审计的常规要求，跟踪检查建设资金筹集分配管理使用情况、项目建设情况及其效果外，还根据灾后恢复重建的特点以及社会关注的重点，全面检查建筑材料供应和建筑市场秩序、国家规划执行情况、国家政策措施落实情况、工程质量管理情况、土地利用及生态修复情况等内容，抓住重点资金、重点项目和重点领域，积极探索工程质量审计。为扩大审计覆盖面，有效解决审计力量不足的问题，在审计中坚持"三个结合"，即重点项目审计与重大事项审计调查相结合，日常跟踪审计与预算执行审计、经济责任审计等常规审计相结合，政府专门审计与联合纪检监察及其他职能部门检查或者委托内部审计、社会审计相结合，探索多维度、全覆盖的跟踪审计方式。审计方法方面，坚持边审计、边整改、边规范、边提高。审计过程中，审计署设计了跟踪审计专用审计文书——《审计情况通报》，及时向有关地方政府及其主管部门、参建单位通报跟踪审计情况，督促落实整改，帮助规范资金管理使用和项目建设管理，提高资金使用效益。

五　竣工决算审计安排

2010年3月31日，审计署办公厅下发《关于开展汶川地震灾后恢复重建项目竣工决算审计的意见》，确定“谁跟踪审计的项目谁开展竣工决算审计”和“量力而行、突出重点”的原则，要求各级审计机关重点对重大建设项目和社会关注的重点工程开展竣工决算审计。根据上述意见安排，2010年上半年，北京、上海、江苏、广东、河南、四川、陕西等省（市）审计机关陆续对已完工项目开展了竣工决算审计。

2010年7月28日，审计署下发《汶川地震灾后恢复重建2010年下半年跟踪审计工作方案》，安排4个特派办对重点项目竣工决算审计进行摸底调查，为开展竣工决算审计做好准备。3个受灾省的审计机关根据各省实际情况及时组织开展竣工决算审计。20个对口援建省、市（含深圳市）审计机关全面组织开展竣工决算审计，及时清算援建项目工程价款，促进援建项目顺利移交和运营。10月14日，审计署在北京召开对口援建项目跟踪审计座谈会，要求各援建省市审计机关做好援建项目竣工决算审计。25日，审计署办公厅下发《关于进一步加强汶川地震灾后恢复重建项目竣工决算审计的通知》，对恢复重建竣工决算审计工作提出明确要求。

2011年1月23日，温家宝对审计署上报的《审计署关于汶川地震灾后恢复重建跟踪审计两年工作情况的报告》作出批示，要求审计署认真总结经验，继续做好2011年审计工作，做到善始善终。2月21日，审计署办公厅印发《汶川地震灾后恢复重建2011年跟踪审计工作方案》，结合恢复重建收尾阶段的特点，安排各级审计机关在2011年跟踪检查灾后恢复重建后期规划实施、政策措施执行、资金管理使用、项目建设管理、土地利用和环境保护情况，并对已完工项目进行竣工决算审计。

2011年5月12日，审计署审计长会议对恢复重建跟踪审计收尾工作作出安排，要求认真总结跟踪审计经验，加强跟踪审计理论研究，加大对跟踪审计成果和先进典型的宣传力度。9月1日和20日、10月25日，审计署先后召开全国视频会议和北京、成都协调会，对恢复重建跟踪审计收尾工作作出具体安排。27个参审单位顺利完成汶川地震灾后恢复重建2011年跟踪审计工作，并于11月30日向审计署报送了重建三年跟踪审计情况报告、2011年度跟踪审计情况报告和“特殊党费”跟踪审计情况报告。至此，全国审计机关已对27902个重建项目进行了跟踪审计，并对17329个项目实施了工程结算和竣工决算审计。

2012年3月15日，审计署向国务院报送《审计署关于汶川地震灾后恢复重建三年跟踪审计情况的报告》《汶川地震灾后恢复重建2011年度跟踪审计结果（第5号）——939个灾后恢复重建项目跟踪审计结果》和《审计署关于汶川地震抗震救灾“特殊党费”跟踪审计结果（第6号）》。4月20日，审计署向社会发布《汶川地震灾后恢复重建2011年度跟踪审计结果公告（第5号）——939个灾后恢复重建项目跟踪审计结果》和《审计署关于汶川地震抗震救灾“特殊党费”跟踪审计结果（第6号）》，公告汶川地震灾后恢复重建情况、取得的成效和2011年跟踪审计发现的主要问题及其整改情况，以及汶川地震抗震救灾“特殊党费”管理使用情况及其效果。

六　跟踪审计宣传报道

2009 年 4 月 16—18 日，审计署组织新华社、中央人民广播电台、中央电视台、《光明日报》《法制日报》《中国青年报》、香港《文汇报》和《财经》杂志等媒体记者，赴德阳、绵阳、江油、绵竹、都江堰、汶川等地跟踪审计一线，采访审计人员、被审计单位人员和当地群众，深入了解汶川地震灾后恢复重建跟踪审计情况。根据采访情况，上述媒体分别于 27 日、28 日对恢复重建跟踪审计进行了报道，详细介绍了跟踪审计方式、审计过程及其效果，有的媒体还对完善跟踪审计工作提出了中肯的意见和建议。境内外数百家网站转载了上述报道，有效推动了跟踪审计工作，扩大了跟踪审计效果。

图 49　公示重建项目，群众参与重建监督
（发展改革委　提供）

2009 年 9 月 7—11 日，由审计署邀请有关民主党派、社会团体和无党派人士担任的特约审计员组成督导组，赴四川督导检查灾后恢复重建跟踪审计工作。督导组先后考察了北川新老县城、东汽新基地异地恢复重建的审计现场和绵阳市审计局、绵竹市审计局过渡办公点，与有关地方政府座谈，听取跟踪审计工作情况介绍。督导过程中，特约审计员提出了灾后恢复重建跟踪审计要突出重点、完善工作机制、加强跟踪审计力量、积极解决基层审计机关经费不足等建议。

2010 年 4 月 22 日，审计署投资审计司主要负责人做客审计署门户网站，以“全程跟踪，充分发挥审计在汶川地震灾后恢复重建中的‘免疫系统’功能”为主题，就汶川地震灾后恢复重建跟踪审计工作与网民进行在线交流，全面介绍了灾后恢复重建跟踪审计理念、审计目标、审计方式方法、审计重点和取得的阶段性成果等。10 月 28 日，在中组部组织的“特殊党费”资金管理使用情况查看活动上，投资审计司主要负责人代表审计署向全国 94 名党员代表通报了“特殊党费”资金及其援建项目跟踪审计情况。

2011年1月12日,《经济参考报》报道，文县尚德镇任家坝村44户村民灾后重建住房出现工程质量问题以及8000多万元中央产业重建基金违规安排使用，迅速被新浪、搜狐等网站和地方媒体转载。16日，中央电视台“东方时空”“新闻直播间”等栏目也作了详细报道，个别新闻媒体对灾后重建跟踪审计工作提出质疑。26日，审计署投资审计司主要负责人就此问题答记者问，说明审计署已对上述问题进行了跟踪审计，并督促有关施工单位进行了整改，同时厘清了有关政策问题。5月28日晚，中央电视台“焦点访谈”栏目曝光三台县挪用9000万元灾后恢复重建资金问题，引起媒体和网民评论。针对个别舆论对跟踪审计工作的质疑，6月2日，投资审计司负责人回答新华社记者提问，说明汶川地震灾后恢复重建跟踪审计情况，并对三台县有关问题的审计做出权威性结论。

第三节　开展跟踪审计

一　审计署特派员办事处跟踪审计

根据审计署的统一部署，审计署驻成都、西安、兰州和重庆特派员办事处具体承担了3026亿元中央重建基金的管理使用及其项目建设管理跟踪审计任务，并负责对44个重大事项开展专项审计调查。

成都特派办跟踪审计　成都特派办负责跟踪审计四川省本级及所属成都、雅安、阿坝、南充、巴中5个市（州）17个受灾县（市）灾后恢复重建情况，以及上述区域内中央投资或中央投资为主的重建项目。成都特派办整合审计资源，从各处室抽调审计人员，设立2个投资审计处，先后派出210名审计人员对规划总投资678亿元的222个重点建设项目进行跟踪审计，并对四川省本级以及5个市（州）17个县（市）灾后恢复重建开展审计调查，现场审计工作量累计达23024人·天。

审计中，紧扣审计方案确定的5项重点内容，突出阶段性工作重点。努力扩大审计覆盖面，在彭州市城乡居民住房审计调查、茂县中小学校重建项目跟踪审计中，坚持专项审计调查和重大项目工作审计并重、积极查处重大问题与促进问题整改并重，抓好灾后恢复重建跟踪审计与预算执行审计、竣工决算审计的结合，真实合法性审计与建设项目绩效审计的结合，工程建设领域专项治理与领导干部经济责任审计、地方政府性债务审计的结合。积极创新审计方式方法，在121个中小学校项目工程质量审计中，抓住4个关键风险点，采用方案表格化、操作标准化的办法；在城乡住房恢复重建专项调查中，采用数据分析模型和计算机审计方法，不断提升跟踪审计工作效率。3年共发出审计情况通报70份，提交审计信息和审计报告76份，提出审计意见和建议348条，促进建立健全规章制度149项、54个项目加快建设进度、规范了203个项目的建设管理，移送案件线索5起，有13人被依法追究刑事责任。由于工作业绩突出，成都特派办2个固定资产投资审计处被审计署授予集体三等功，实施的汶川地震灾后恢复重建跟踪审计被审计署评为优秀审计项目。

西安特派办跟踪审计 西安特派办负责跟踪审计陕西省本级和宝鸡、汉中两市与四川省广元市11个严重受灾的县（区）灾后恢复重建情况，以及上述区域内中央投资或中央投资为主的重建项目。截至2011年11月，西安特派办先后派出179名审计人员，对规划总投资171亿元的114个重点建设项目进行跟踪审计，并对陕西省及其两市四县（区）和四川省广元市七县（区）的灾后恢复重建情况开展了审计调查，现场审计工作量18469人·天。

审计中，以选定的恢复重建项目为重点，通过专项审计调查，及时揭示项目建设管理中存在的苗头性、倾向性问题，反映规划执行、资金筹集、城镇住房重建、地质灾害治理等方面的突出问题。注重在审计过程中解决问题，实行跟踪审计项目和审计信息“双审理”制度，不断提升审计信息质量。3年共计发出审计情况通报52份，提交审计信息和审计报告52份，提出审计意见和建议116条，促进建立健全规章制度83项、加快23个项目建设进度、规范31个项目的建设管理。实施的汶川地震灾后恢复重建跟踪审计被审计署评为优秀审计项目。

兰州特派办跟踪审计 兰州特派办负责跟踪审计甘肃省级及陇南市和甘南藏族自治州8个受灾严重的县（区）灾后恢复重建情况，以及上述区域内中央投资或中央投资为主的重建项目。截至2011年11月，先后派出166名审计人员，对规划总投资316亿元的104个重点建设项目进行了跟踪审计，并对甘肃省及其2个市（州）8个县（区）的灾后恢复重建总体情况进行审计调查，现场审计工作量14352人·天。

审计中，兰州特派办坚持在把握各级地方政府灾后恢复重建总体情况的基础上，抓住项目勘察、设计、施工、监理、材料采购、招标投标、质量检测等重点环节，对社会关注度较高、与群众利益息息相关的学校、医院、就业援助及农村住房等项目进行重点审计。坚持审计与服务相结合，从资金管理的有效性、拨付的及时性、使用的合规性着手，通过查错纠弊，向有关地方和单位通报审计发现的问题，积极督促整改，促进加强投资管理，健全规章制度，发挥审计的揭露和防范功能；同时，着力研究分析体制、机制和制度方面存在的问题，发挥审计的预防功能。如针对甘肃省灾后恢复重建进度较慢的问题，从灾区土地供应、资金落实、审批程序等方面进行分析并提出审计建议。3年共计发出审计情况通报38份，提交审计信息和审计报告82份，提出审计意见和建议218条，促进建立健全规章制度10项、加快18个项目的建设进度、规范了13个项目的建设管理，向有关部门移送案件线索3起，有2人被判刑，9人给予党纪政纪处分。实施的汶川地震灾后恢复重建跟踪审计被审计署评为优秀审计项目。

重庆特派办跟踪审计 重庆特派办负责跟踪审计四川省德阳市、绵阳市15个受灾严重的县（市、区）灾后恢复重建情况，以及上述区域内中央投资或中央投资为主的重建项目。先后派出305名审计人员对规划总投资686亿元的98个重点建设项目进行了跟踪审计，对四川省2个市15个县（市、区）灾后恢复重建情况进行了审计调查，现场审计工作量15528人·天。

审计中，重庆特派办坚持“围绕一条主线、实现两个目标、取得三个成果、做好四个结合、突出五个重点、分类分段推进”的总体工作思路，突出不同时期的审计重点，前期以促进政策落实和完善为重点，反映灾后恢复重建政策不落实、不配套、不完善的问题，从宏观决策、体制机制上找原因、提建议；中期以工程建设管理质量为重点，促进重建按时保质完成；后期以查处违法违规问题、评价资金效益为主，揭露违法犯罪行为，分析重建效果。统筹安排审计工作，做到把握总体与突出重点结合、项目审计与行业调查结合、预算执行与竣工决算结合、审计与整改结合，提高审计工作效率。实行审计取证记录审核前置，制定竣工决算审计实施办法，提高审计质量。3年共发出审计情况通报94份，提交审计信息和审计报告66份，提出审计意见和建议119条，促进建立健全规章制度113项、加快35个项目的建设进度、规范80个项目的建设管理，审计发现并向有关部门移送案件线索5起，有4人被判刑。实施的汶川地震灾后恢复重建跟踪审计被审计署评为优秀审计项目。

二　灾区省跟踪审计

按照审计署工作安排，四川、甘肃、陕西3个受灾省审计机关分别负责各自省内除中央重建基金、对口支援资金及其建设项目以外其他重建资金和项目的审计，包括社会捐赠资金、“特殊党费”、地方财政资金、港澳援助资金和境外金融机构援助贷款及其建设项目的跟踪审计。同时，根据与对口支援省市省级审计机关约定，对部分对口支援省市“交支票”援建项目进行跟踪审计。

四川省跟踪审计　2008年9月，抗震救灾款物审计基本结束之后，四川省审计厅提出“全省审计工作围绕灾后恢复重建进行”的指导思想，先后制定《审计工作方案》《项目跟踪审计实施办法》《扩大内需和灾后恢复重建资金跟踪审计实施办法》和《港澳援助资金跟踪审计实施办法》，迅速启动和实施灾后恢复重建跟踪审计。12月4日，成立灾后恢复重建审计工作领导小组及其灾后恢复重建审计办公室和港澳援建审计办公室，要求全省各级审计机关也成立相应机构，集中组织对地方重点重建项目和港澳特区援助资金进行跟踪审计，对重点民生资金项目和灾后恢复重建竣工决算进行审计，对“特殊党费”资金和社会捐赠资金进行专项审计。

截至2011年11月，四川省各级审计机关累计派出5754名审计人员，对总投资1274.73亿元的9677个项目进行了跟踪审计，对总投资1674.35亿元的2866个项目开展了审计调查，审计总金额2949.08亿元。并对总投资614.89亿元的8274个项目实施了竣工决（结）算审计，现场审计工作量341975人·天。累计发出审计情况通报2582份，提交审计信息和审计报告7468份，发布跟踪审计结果公告8期，提出审计意见和建议9864条，促进建立健全规章制度1268项，加快2495个项目的建设进度，规范了2181个项目的建设管理，发现并纠正违纪资金2.68亿元，促进节约重建资金或挽回损失42.93亿元，移送案件线索29起，有16人被依法判刑、25人受到党纪政纪处分。四川省组织实施的汶川地震灾后恢复重建跟踪审计被审计署评为优秀审计项目，绵阳市审计局实施的北川新县城重建项目跟踪审计被审计署评为表彰审计项目。

甘肃省跟踪审计　跟踪审计中，甘肃省审计厅重点指导督察各市州跟踪审计工作，各市州抓好本市州及所属县区跟踪审计工作；重点关注大宗资金、重点物资、重点项目以及审计查出问题的整改落实情况。先后制定《甘肃省地震灾后恢复重建审计工作方案》《甘肃省灾后重建资金物资监督检查办法》《甘肃省审计厅地震灾后恢复重建审计流程图》及《甘肃省审计厅政府投资重点建设项目审计流程图》，统一组织省、市、县三级审计机关分级实施，并与省监察厅组成联合检查组、与深圳市审计等部门人员组成联合监督检查组，实施灾后恢复重建跟踪审计。

截至 2011 年 11 月，甘肃省各级审计机关累计派出 1514 名审计人员组成 556 个审计组，对总投资 189.39 亿元的 5320 个项目进行了跟踪审计，并对总投资 96.86 亿元的 4673 个项目实施了竣工决（结）算审计，现场审计工作量 134236 人・天。累计发出审计情况通报 160 份，提交审计信息和审计报告 2985 份，提出审计意见和建议 2544 条，促进建立健全规章制度 546 项，加快 214 个项目的建设进度，规范 138 个项目的建设管理，发现并促进纠正违纪资金 1366.82 万元，促成节约重建资金或挽回损失 28445 万元，移送案件线索 4 起，有 1 人被依法判刑、1 人受到党纪政纪处分。组织实施的汶川地震灾后恢复重建跟踪审计被审计署评为表彰审计项目。

陕西省跟踪审计 陕西省审计厅安排部署灾后恢复重建审计工作，开展审前调查，并与天津市审计局和审计署驻西安特派办沟通协商灾后重建审计工作，制定灾后重建审计总体方案以及农村民房、学校、基层医疗卫生机构、农村“五保”供养服务机构、水利设施、交通、城镇体系建设 7 个专项审计工作方案，并派出综合审计工作组开展灾后恢复重建审计工作。

截至 2011 年 11 月，陕西省各级审计机关累计派出 815 名审计人员组成审计组，对总投资 233.26 亿元的 3843 个项目进行了跟踪审计，对总投资 32.23 亿元的 1229 个项目实施了竣工决（结）算审计，现场审计工作量 48418 人・天。累计发出审计情况通报 138 份，提交审计信息和审计报告 1199 份，提出审计意见和建议 1745 条，促进建立健全规章制度 80 项，加快 334 个项目的建设进度，规范 346 个项目的建设管理，发现并促进纠正违纪资金 2220 万元，节约重建资金或挽回损失 18332 万元。组织实施的汶川地震灾后恢复重建跟踪审计被审计署评为表彰审计项目。

三 对口支援省市跟踪审计

山东省跟踪审计 2009 年 3 月 19 日，山东省政府出台《山东省对口支援北川地震灾后恢复重建审计工作安排意见》，省审计厅据此制定了对口支援北川地震灾后恢复重建审计工作方案，安排全省 17 个市审计局分别对本市对口支援资金和承建的项目实施跟踪审计。实践中，山东省审计机关突出关注援建资金物资、政策措施、援建工程质量和审计发现问题的整改落实情况；坚持“五必到”，即招投标必到场、重要材料价格确定必到场、隐蔽工程实施前必到场、发生重要变更必到场、项目验收必到场；实行重点项目名单制度、跟踪审计日志制度、检查通报制度和跟踪审计意见单制度，在全面审计基础上，把握关键环节，保证跟踪审计成效。截至 2011 年 11 月，累计派出 691 名审计人员，对 252 个“交钥匙”项目实施全过程跟踪审计，审计资金总额 73.22 亿元，审计覆盖面 100%。共计发出审计情况通报 178 份，上报审计信息简报 151 份，出具审计报告 147 份，提出的 323 条审计意见和建议全部被采纳，各级领导批示 46 次，发布跟踪审计结果公告 5 期，促进建立健全规章制度 56 项，加快 45 个项目建设进度，规范 21 个项目建设管理，督促纠正违规违纪资金，节约了大量援建资金。（参见图 50）淄博市审计局实施的跟踪审计项目被审计署评为汶川地震灾后恢复重建优秀跟踪审计项目，省审计厅被山东省委省政府评为“对口援建工作先进单位”，44 人被记功，其中 3 人记一等功。

图 50　山东省审计厅对援建项目和资金使用全过程进行跟踪审计

（发展改革委　提供）

广东省跟踪审计（不含深圳市）　2009 年 1 月 14 日，广东省审计厅研究部署全省对口支援恢复重建跟踪审计工作，组织 13 个对口援建市审计机关分别对本市对口支援汶川县 13 个乡（镇）的重建项目进行跟踪审计。2 月 28 日，省审计厅印发《对口支援汶川地震灾后恢复重建审计工作总体方案》，全面启动跟踪审计工作。实践中，通过派出审计和常驻审计相结合、前方审计和后方审计相结合的“两结合”方式，进行全面跟踪审计，做到实时监督、就地监督。同时，按照“前期促规范和控制、过程抓质量和工期、后期重决算和绩效”的工作思路，确定不同阶段审计重点。截至 2011 年 11 月，累计派出 191 名审计人员，对广东省对口支援汶川县的灾后恢复重建资金以及援建 49.3 亿元的 345 个“交钥匙”项目实施了跟踪审计，并委托汶川县审计局对补助援建资金 30.54 亿元的 357 个“交支票”项目实施了跟踪审计。共发出审计情况通报 25 份，提交信息简报和审计报告 236 份，提出审计建议 175 条，发布审计结果公告 4 次，促进建立健全规章制度 33 项，加快 29 个项目建设进度，规范 24 个工程项目质量管理，促进节约资金 8800 万元，被审计署评为汶川地震灾后恢复重建优秀跟踪审计项目。

浙江省跟踪审计　2008 年 11 月 13 日，浙江省审计厅印发《浙江省对口支援青川县灾后恢复重建审计工作方案》，对浙江省援建审计工作作出安排。审计中，浙江省审计机关整合审计资源，实行省、市、县三级审计机关之间、浙江审计机关与青川县审计局之间以及国家审计机关、指挥部内审机构和社会中介机构之间 3 个层面联动，委托浙江省援建指挥部审计室和青川县审计局参与部分项目的跟踪审计工作。（参见图 51）截至 2010 年 10 月，共组织 635 名审计人员，对概算总投资 56.66 亿元的 399 个援建项目实施跟踪审计，审计覆盖面 100%。共提交审计情况通报 16 份、信息简报 90 份、审计报告 241 份，发布跟踪审计结果公告 4 期，提出审计建议 246 条，被各级政府及上级审计机关批示61次，促进有关部门、地方和单位建立健全37项规章制度，加快112个项目的建设进度，改进53个项目的工程质量管理，节约重建资金或挽回损失5.73亿元，被审计署评为汶川地震灾后恢复重建表彰跟踪审计项目。

图51　浙江省审计人员在烛光下进行项目跟踪审计
（审计署　提供）

江苏省跟踪审计　2009年1月19日，江苏省政府办公厅转发省审计厅关于做好对口支援绵竹市地震灾后恢复重建审计工作意见，统一安排江苏省21个审计机关对江苏省对口支援绵竹市灾后恢复重建开展跟踪审计。审计中，注重“三跟踪、两关注”：沿资金流向跟踪资金管理使用情况，沿基建程序跟踪投资控制情况，沿工程质量形成过程跟踪质量控制系统运行情况；关注灾后重建政策执行情况，关注援建工作绩效情况，逐步形成“造价审计、质量审计、绩效审计+同步审计”的项目跟踪审计模式。对重点事项的跟踪审计，努力做到“事前、事中、事后”三结合，事前跟踪预见态势，及时发出预警；事中跟踪发现苗头，及时纠正偏差；事后跟踪查找问题，及时补救，确保灾后重建不出重大问题，有效发挥审计的建设性作用。先后派出248名审计人员，对江苏省对口支援资金物资和总投资87.53亿元的全部261个“交钥匙”项目进行跟踪审计，2011年3月完成“交钥匙”项目决算审计任务。累计发出729份审计情况通报；报送280份审计信息简报和390份审计报告，各级政府领导对61份审计信息和报告做出批示；发布4期跟踪审计结果公告，提出2226条审计意见和建议，促进有关部门、地方和单位建立健全规章制度156项，加快110个项目建设进度，规范240个项目的建设管理，发现并纠正违规资金4832万元，节约重建资金或挽回损失14.03亿元，被审计署评为汶川地震灾后恢复重建优秀跟踪审计项目。

北京市跟踪审计　按照审计署和北京市有关规定并商四川省审计厅同意，北京市“交钥匙”援建项目接受审计署和北京市审计局审计，“交支票”援建项目接受审计署和什邡市审计局审计。2008年11月，北京市审计局制定《关于北京市对口支援地震灾区援建资金审计监督总体工作方案》，对70亿元对口援建资金及其108个建设项目跟踪审计工作作出安排。审计中，采取“完成一个、交付一个、审计一个”倒排工期等方法，制定审计工作时间表，合理安排工作进度。对于审计发现的问题，以建议函等书面形式即时提出整改建议并规定整改时限，注重整改工作的实效性，降低援建项目建设的管理风险，充分发挥审计的建设性作用。截至2011年4月底，北京市审计局共派出37名审计人员，对北京市70亿元援建资金以及规划总投资47.97亿元的72个“交钥匙”援建项目进行跟踪审计，审计覆盖面达到100%。共计发出6份审计情况通报，上报24份审计信息简报和12份审计报告，发布审计结果公告5期，提出审计意见和建议61条，促进有关部门、地方和单位建立健全规章制度3项，改进54个项目建设管理，节约建设资金4764.64万元。实施的北京市对口支援什邡市灾后恢复重建跟踪审计被审计署评为优秀审计项目。

上海市跟踪审计 上海市全面启动对口支援都江堰市灾后重建工作后，上海市审计局及时跟进，采用跟踪审计与项目竣工决算审计、就地审计与计算机远程审计相结合的方式，对上海市“交钥匙”“联建共建”“交支票”3类共117个援建项目全部进行了审计。其中，上海市审计局直接派出156名审计人员对83.48亿元援建资金和投资52.5亿元的70个“交钥匙”援建项目进行跟踪审计，同时委托都江堰市审计局对上海市投资30.97亿元的40个“联建共建”项目和7个“交支票”援建项目进行跟踪审计。累计上报8份审计简报，提交7份审计报告，发布4期审计结果公告，提出35条审计建议，帮助完善了《现场签证管理流程》等12项项目管理制度及规程，促进规范了32个项目的基本建设程序和70个项目的投资管理，共节约投资4.99亿元。上海市审计局组织实施的审计项目被审计署评为汶川地震灾后恢复重建优秀跟踪审计项目。

河北省跟踪审计 2008年6月5日，河北省审计厅派出审计组进驻平武县，成立驻平武县灾后恢复重建资金审计办公室，制定审计工作方案、审计联席会议制度、项目跟踪审计巡查办法、审计项目质量控制办法、审计工作纪律等文件，同时组织石家庄、唐山、保定、邯郸四市审计机关，对河北省对口支援平武县灾后恢复重建资金和项目实施全过程进行跟踪审计。截至2011年11月，河北省审计机关先后派出195名审计人员，对河北28亿元援建资金及其108个援建项目进行跟踪审计，并对31个资金补助类项目实施审计调查，审计覆盖面达到100%。累计发出41份审计情况通报，上报102份审计信息简报和110份审计报告，发布4期审计结果公告，提出242条审计意见和建议，促进有关部门、地方和单位建立健全规章制度32项，加快20个项目建设进度，规范92个项目的建设管理，节约重建资金或挽回损失8.93亿元，移送案件1起。唐山市实施的灾后恢复重建跟踪审计项目被审计署评为汶川地震灾后恢复重建优秀跟踪审计项目，保定、邯郸、唐山市审计局被河北省委省政府授予“河北省对口支援平武县地震灾后恢复重建工作先进集体”荣誉称号，12人被授予“河北省对口支援平武县地震灾后恢复重建工作先进个人”荣誉称号，2人被授予“河北省对口支援平武县地震灾后重建工作模范”荣誉称号。

辽宁省跟踪审计 2008年10月15日，辽宁省审计厅召开厅长办公会议，研究部署辽宁省对口支援安县灾后恢复重建跟踪审计工作。2009年3月18日，派出审计组赴安县开展跟踪审计。审计中，辽宁省审计机关将阶段性审计与竣工决算审计相结合、审计与审计调查相结合、动态审计与静态审计相结合，以点带面、点面结合，在发挥审计“批判性”作用的同时，更好地发挥审计的“建设性”作用。截至2011年10月末，先后派出19个审计组，同时委托安县审计局派出

33个审计组，对总投资41.73亿元（其中辽宁援建资金37.39亿元）的102个援建项目实施跟踪审计，并对报审金额36.23亿元的95个项目进行决算审计，占辽宁全部援建资金的92.85%。共计发出14份审计情况通报，上报11份审计信息简报和102份审计报告，发布5期审计结果公告，提出118条审计意见和建议，纠正违法违纪资金2270.56万元，促进有关部门、地方和单位建立健全规章制度7项，促进17个项目加快建设进度、94个项目规范建设管理，节约重建资金或挽回损失2.68亿元，被审计署评为汶川地震灾后恢复重建表彰跟踪审计项目。

河南省跟踪审计　自2009年2月24日起，河南省审计厅统一组织18个省辖市、1个扩权县审计局，对河南省对口支援江油市灾后恢复重建资金和项目进行跟踪审计。截至2011年1月30日，共派出591名审计人员，对河南省对口支援江油市灾后恢复重建资金和项目进行全面跟踪审计，审计覆盖率100%。累计发出审计情况通报156份，上报审计信息简报87份，提交审计报告181份，发布跟踪审计结果公告3期，提出审计意见和建议736条。各级政府和上级审计机关领导在42份审计信息、审计通报和审计报告上作出重要批示，督促审计反映的不规范问题及质量隐患全部整改落实，有2人受到党纪处分、3人受到行政处分，促进节约援建资金32421.03万元，结余资金全部拨付江油市政府并继续用于灾后恢复重建，促进了援建管理机制的完善与援建整体成效的提高。该项目被审计署评为汶川地震灾后恢复重建优秀跟踪审计项目，河南省委省政府授予省审计厅投资二处、济源市审计局“河南省对口支援江油市恢复重建工作先进单位”荣誉称号，授予审计厅投资二处处长周书文“河南省对口支援江油市恢复重建工作先进个人”荣誉称号。

福建省跟踪审计　福建省从全省审计机关抽调审计人员并聘请专业人员组成审计组，与财政部门一起“同步进行、资源共享、现场审计”，加强对福建省“交钥匙”援建项目的监督检查。从2009年3月24日起，对总投资37.33亿元的146个恢复重建项目和援建前期投入活动板房建设项目进行跟踪审计或评审。截至2010年12月，先后派出122人对福建省对口支援资金及115个“交钥匙”援建项目进行审计，并对83个已竣工项目实施竣工决算审计，同时委托彭州市审计局对31个“交支票”援建项目进行审计。发出审计情况通报11份，提交审计简报和审计报告117份，发布跟踪审计结果公告4期，提出审计意见和建议94条，促进建立健全了7项规章制度、加快了18个项目建设进度，改进了11个项目建设管理，核减不合理工程造价7492.83万元。龙岩市审计局实施的灾后恢复重建跟踪审计项目被审计署评为表彰跟踪审计项目。

山西省跟踪审计　2009年1月起，山西省审计厅启动对山西省对口支援茂县灾后恢复重建资金物资及其援建项目的跟踪审计。截至2011年11月，山西省审计厅7次派出26名审计人员赴茂县，对21.62亿元对口支援灾后恢复重建资金及其226个项目进行跟踪审计和审计调查，并对4个已完工项目开展竣工决算审计。提交审计信息和审计报告10份，发布跟踪审计结果公告5期，提出审计意见和建议38条，促进加快11个项目的建设进度，规范5个项目的建设管理，节约重建资金或挽回损失156.17万元，被审计署评为汶川地震灾后恢复重建表彰跟踪审计项目。

湖南省跟踪审计　2009年3月，湖南省审计厅制定《对口支援理县灾后恢复重建审计工作方案》，对湖南省对口支援理县灾后恢复重建资金物资及投资总额在5000万元以上援建项目实施跟踪审计，其他项目以竣工决算审计为主，委托社会中介机构开展工程造价审计。截至2011年11

月，先后派出179名审计人员赴理县，对54个援建项目进行跟踪审计，对45个援建项目进行审计调查，对75个已完工项目开展竣工决算审计，审计金额19.65亿元。共发出审计情况通报2份，提交审计信息和审计报告15份，发布跟踪审计结果公告5期，提出审计意见和建议25条，促进建立健全8项规章制度，加快17个项目的建设进度，节约重建资金或挽回损失53930.29万元，被审计署评为汶川地震灾后恢复重建表彰跟踪审计项目。

吉林省跟踪审计 2008年7月3日，吉林省审计厅成立灾后恢复重建跟踪审计领导小组及其办公室。2009年3月3日，制定《吉林省审计厅关于首批援建项目审计工作方案》，部署吉林省对口支援黑水县的灾后恢复重建资金物资及其项目建设管理情况的跟踪审计。截至2011年11月，吉林省审计厅先后派出39人次赴黑水县，对规划总投资12.97亿元的201个对口援建项目进行跟踪审计，会同财政厅组成联合审计组对50个已竣工的“交钥匙”援建项目进行竣工决算审计，共计发出审计情况通报4份，提交审计信息和审计报告6份，发布跟踪审计结果公告5期，提出审计意见和建议13条，促进加快2个项目的建设进度，规范2个项目的建设管理，纠正违纪违规资金4393万元，节约重建资金或挽回损失5618.97万元，被审计署评为汶川地震灾后恢复重建表彰跟踪审计项目。

安徽省跟踪审计 安徽省审计厅先后制定了《关于加强安徽省对口支援四川灾区恢复重建审计监督的意见》等3份文件，确定省审计厅对安徽省对口支援松潘县的灾后恢复重建资金物资及其“交钥匙”援建项目进行跟踪审计，并委托松潘县审计局对“交支票”援建项目进行跟踪审计。截至2011年11月，省审计厅抽调8名审计人员先后10次赴松潘，对规划总投资24.6亿元的全部45个对口援建项目进行了跟踪审计，发出审计情况通报6份，提交审计信息和审计报告13份，发布跟踪审计结果公告5期，提出审计意见和建议53条，促进有关部门和单位制定3项管理制度，加快19个项目的建设进度，规范4个项目的建设管理，促进纠正违纪违规资金8869万元，节约重建资金或挽回损失144.83万元，被审计署评为汶川地震灾后恢复重建表彰跟踪审计项目。

江西省跟踪审计 2009年2月16日，江西省审计厅制定《关于对口支援小金县灾后恢复重建跟踪审计工作方案》，对江西省对口支援小金县的灾后恢复重建资金物资及其援建项目作出跟踪审计安排。截至2011年11月，先后派出31名审计人员5次赴小金县，对规划投资13亿元的全部48个对口援建项目进行跟踪审计，发出审计情况通报2份，提交审计信息和审计报告24份，发布跟踪审计结果公告5期，提出审计意见和建议20条，促进出台《江西省对口支援四川地震灾后恢复重建示范建设项目费用控制管理办法》等28项规章制度，加快19个项目的建设进度，规范4个项目的建设管理，节约重建资金或挽回损失2690万元，被审计署评为汶川地震灾后恢复重建表彰跟踪审计项目。

湖北省跟踪审计 湖北省审计厅于2008年7月8日召开厅党组会议，安排布置湖北省对口支援汉源县灾后恢复重建跟踪审计工作。经与四川省审计厅商定，湖北省审计厅负责审计湖北省对口援建汉源县的灾后恢复重建资金物资及“交钥匙”援建项目，汉源县审计局负责审计湖北省“交支票”援建项目。跟踪审计中，湖北省审计机关采取国家审计与社会中介审计相结合、直接审计与延伸审计相结合、项目审计与资金审计相结合、跟踪审计与重点专项审计相结合等方式，以资金流向为主线、工程项目为载体，以投资控制为中心，以工程质量、工程造价审计为抓手，注重检查工程变更签证、隐蔽工程量、材料取费定额、工程竣工决算以及工程款支付等环节，根据不同阶段的援建任务，对项目和资金进行全过程监督，及时发现苗头性倾向性问题，及时提出审计建议，督促管理部门及相关项目单位进行整改。截至 2011 年 11 月，先后派出 131 名审计人员对投资 20.86 亿元的全部 252 个单项工程进行跟踪审计，并对其中 248 个投资大、社会关注度高的基础设施和重点民生工程进行决算审计，占投资项目的 98.4%。共发出审计情况通报 35 份，提交审计信息和审计报告 193 份，发布审计结果公告 3 期，提出审计建议 123 条，促进建立健全规章制度 38 项，加快 81 个项目的建设进度，规范 86 个项目的建设管理，纠正违规违纪资金 157.84 万元，节约重建资金或挽回损失 37172.85 万元，被审计署评为汶川地震灾后恢复重建优秀跟踪审计项目。

重庆市跟踪审计　根据分工，重庆市审计局负责审计重庆市对口支援崇州市的灾后恢复重建资金物资及以重庆市为主实施的“交钥匙”援建项目，委托崇州市审计局负责审计以崇州市为主实施的“交支票”援建项目和受灾群众永久安置房建设援助项目，并向其通报审计情况。（参见图 52）截至 2011 年 11 月底，共派出 46 名审计人员，对总投资 8.47 亿元的 5 个“交钥匙”项目进行跟踪审计，共发出审计情况通报 9 份，提交审计信息和审计报告 21 份，发布跟踪审计结果公告 4 期，提出审计意见和建议 37 条，促进建立健全规章制度 9 项，加快 5 个项目的建设进度，规范 5 个项目的建设管理，促进节约重建资金或挽回损失 1051.89 万元，被审计署评为汶川地震灾后恢复重建表彰跟踪审计项目。

图 52　重庆审计组听取崇州市政府灾后重建工作情况汇报（重庆市重建志办公室　提供）

黑龙江省跟踪审计　黑龙江省审计厅负责审计黑龙江省对口支援剑阁县的灾后恢复重建资金物资和龙江大道、沙溪中学、剑阁县职业高级中学、剑门关工业园区道路管网工程等 4 个重点援建项目，委托剑阁县审计局对剑南公路等142个援建项目实施审计，并定期将审计情况上报黑龙江省审计厅。截至2011年11月底，黑龙江省审计厅、剑阁县审计局及8个中介机构派出108名审计人员，先后6次赴剑阁县，对规划总投资12.18亿元的146个援建项目进行跟踪审计，审计覆盖面100%。共计发出审计情况通报6份，提交审计信息和审计报告129份，发布跟踪审计结果公告5期，提出审计意见和建议102条，促进建立健全规章制度27项，加快17个项目的建设进度，规范42个项目的建设管理，纠正违规违纪资金156.86万元，节约重建资金或挽回损失12136万元，被审计署评为汶川地震灾后恢复重建表彰跟踪审计项目。

深圳市跟踪审计 根据分工，深圳市审计局负责跟踪审计深圳市对口支援甘肃省灾后恢复重建资金物资及直接援建项目。截至2011年11月底，共派出25名审计人员先后10次赴甘肃灾区，对总投资7.5亿元的25个重点援建项目实施跟踪审计。共发出审计情况通报1份，提交审计信息和审计报告29份，发布跟踪审计结果公告3期，提出审计意见和建议10条，促进建立健全规章制度1项，促进节约重建资金或挽回损失4323.29万元，被审计署评为汶川地震灾后恢复重建表彰跟踪审计项目。

天津市跟踪审计 根据分工，天津市审计局负责跟踪审计天津市对口支援陕西省的灾后恢复重建资金物资以及天津施工的4个重点援建项目，陕西省审计机关负责跟踪审计天津市出资但由陕西省受援方实施的项目和补助资金项目。截至2011年11月底，天津市审计局派出8名审计人员，先后3次赴陕西灾区，对总投资7.08亿元的4个重点援建项目实施跟踪审计，共计发出审计情况通报1份，提交审计信息和审计报告11份，发布跟踪审计结果公告2期，提出审计意见和建议17条，促进建立健全规章制度5项，加快2个项目的建设进度，规范4个项目的建设管理，促进节约重建资金或挽回损失9800万元，被审计署评为汶川地震灾后恢复重建表彰跟踪审计项目。

第四节　跟踪审计项目

一　重点建设项目跟踪审计

在震后恢复重建跟踪审计中，各级审计机关对四川、甘肃、陕西三省重灾地区51个县（市、区）规划总投资3988.91亿元的20350个重点恢复重建项目进行跟踪审计，其中四川灾区12782个项目、甘肃灾区5489个项目、陕西灾区2079个项目。

都江堰至汶川公路重建项目 2009年11月，审计署驻成都特派办派出审计组，对都汶路灾后重建项目进行审计。由于映秀至汶川段二级路处于不断抢险抢修中，审计组决定把已建成通车的都映高速作为审计重点。审计组行车经过都映高速控制性工程龙溪隧道时，坑洼的路面和猛烈的颠簸让审计人员心生疑惑，实地踏勘后发现部分路面有分离起层、开裂和排水不畅等情况。审计人员调阅工程质量检测报告后发现，都映高速在施工方交工时混凝土路面平整度较差，局部路段存在渗水现象，抽检合格率仅为49.5%。审计组延伸调查发现，有两个隧道内的沥青混凝土路面均在2009年5月9日前完工，但建设单位在既没有施工图，又没有相应委托监理文件的情况下，临时要求施工方加铺6厘米厚沥青面层。刚修好的隧道路面又重新加铺沥青，带着疑问，审计人员进一步查明，由于隧道路面平整度不够，为保证“5·12”地震周年纪念当天行车，建设单位决定在纪念日前两天内突击为两座隧道加铺沥青混凝土路面。由于时间仓促，建设单位违规操作，监理不到位，施工单位未按规范要求施工，造成隧道路面出现工程质量问题。审计人员还发现，建设单位在都映高速续建工程中，沿用原标段施工和监理单位，未签订新的施工合同，导致工程结算依据不充分、交工验收不规范，容易引发争议和经济纠纷。

审计组向四川省委省政府通报了上述情况，并督促进行整改。2010年3月17日，四川省委有关负责人在汶川县映秀镇组织召开座谈会，要求有关地区和部门认真采纳审计建议，及时整改审计发现的问题，进一步完善制度、加强管理。22日，审计署向社会公告了都汶高速审计结果。4月30日，四川省交通厅回复成都特派办，已对都汶路建设中存在的问题进行了认真整改。

映秀湾水力发电总厂重建项目　2009年3月，成都特派办派出审计组对国家电网映电总厂开展跟踪审计。经审计核实，已经使用的1亿多资金主要用于边坡治理、基础设备恢复和加固除险工程，未发现违规问题。但审计发现，该项目24.8亿元重建投资估算缺乏科学依据。渔子溪电站和耿达电站的受灾损失暂时无法评估，规划重建的映秀湾电站坑道和机房并没有倒塌，只需要对受损设备进行抢修、对塌方边坡进行治理。在实地查看并对重建资金需求进行匡算后，审计组建议映电总厂动态安排建设资金，其中前期恢复重建安排6.8亿元，同时警示企业不可擅自挪用工程预算，审计人员将持续进行跟踪审计。厂方立即组织人员研究落实整改意见，调整重建规划。电厂负责人表示，跟踪审计有很多好处，督促合理合规使用资金，能够避免各种问题的发生。

2010年3月，成都特派办再次派出审计组对映电总厂进行审计。审计组发现，随着项目重建的推进，电厂发生了新的变化，部分机组被水淹没浸泡以后需要重新更换，受地震影响不稳定的边坡也需要治理，这些都不在当初的重建规划内，需要追加重建资金。映电总厂估算工程投资13.5亿元。审计组根据实际情况，对该项目工程投资调整情况进行了认真核实，确认映电总厂灾后恢复重建总投资的合理性。

2010年8月13日，映秀地区普降中雨至暴雨，岷江、渔子溪流域沿线山体滑坡，造成映电总厂3个电站发电厂房全部或部分被淹，电力、通信、交通等中断，建于电站上游侧的恢复生产用临时建筑全部毁坏，岷江河道映秀湾电站大坝及发电厂房段泥石流堆积体达200余万立方米，造成资产损失约1.2亿元。

2010年9月，成都特派办第三次派出审计组，对映电总厂二次受灾情况进行跟踪审计。通过实地查看复核，审计组对映电总厂上报的部分受灾损失进行了初步核查，并与电厂生产技术部、财务部、审计部等部门座谈，研究受灾报损和二次重建情况。此外，审计组还对电厂生产综合用房重建情况进行了审计。之后，审计组及时向有关部门反映了上述情况。

成都特派办对映电总厂灾后恢复重建的跟踪审计，得到电厂领导和职工的认可和支持，审计发现的问题在恢复重建过程中得到较好整改。2009年和2010年，多家新闻媒体两次到映电总厂，实地采访跟踪审计情况，充分肯定了跟踪审计工作，认为映电总厂重建预算一减一增的变化，彰显了审计工作实事求是的作风和态度。电厂厂长吴耕认为，跟踪审计有利于及时发现不足，及早采取整改措施，审计的适时介入推动了映电总厂灾后恢复重建工作高效、合规、有序进行。

彭州市白鹿小学重建项目　2009年9月，成都特派办在对成都市121所学校灾后恢复重建项目进行审计调查时发现，彭州市白鹿小学主体结构外观尺寸存在严重问题，主体结构发生偏离。出于对建筑质量的怀疑，成都特派办将其列为重点跟踪审计项目。

2009年10月，成都特派办派出审计组，对彭州市白鹿小学重建项目进行跟踪审计。审计组首先查看项目质量检测报告，发现该学校基础工程隐蔽前，教学楼78个基础承台中有34个轴线严重偏移，1个基础承台和1个框架柱的实际建筑尺寸小于设计尺寸，不符合设计和规范要求；主体结构的混凝土梁、板、柱和墙等存在工程质量隐患。经质检部门检测，2面剪力墙和4根框架柱为中度缺陷，1根框架柱为重度缺陷，6个混凝土构件内部存在不密实区及空洞现象。审计组追踪检查上述质量问题的整改情况时发现，有些问题并未按照设计和规范要求整改到位。经现场抽查，6根框架柱的垂直度和轴线位置、4根框架梁的轴线位置和尺寸均不符合《混凝土结构工程施工质量验收规范》要求。

审计组还对白鹿小学的前期立项、勘察设计、财务管理、工程管理等问题进行了检查。经过一周的现场审计，审计组决定将审计的重点放在工程管理和质量问题上。为此，审计人员走访了施工、监理、设计等参建单位，详细查阅了招投标、施工和监理资料。审计发现，个体包工头借用资质投标并承包工程，技术和管理人员不到位；一些施工人员不具备执业资格；部分关键部位和工序的监理旁站记录缺失，编造虚假混凝土工程旁站记录；有的工程验收不符合规范要求；钢筋水泥等材料进场报审数量不详，未按规定见证取样和抽检，商品混凝土在未见开盘鉴定情况下直接用于工程，提供的材料采购发票大部分为虚假发票，材料来源和质量失去控制。根据监理合同，至少应在项目现场派驻两名监理工程师，实际仅派一名，无法有效实施监理。

发现问题后，审计组立即要求建设单位和施工单位进行整改，在完工前聘请专业鉴定机构对学校工程质量进行鉴定。

2010年1月27日，审计署发布汶川地震灾后恢复重建第2号跟踪审计结果公告，向社会公告了对白鹿小学的审计结果及其整改情况，经过两个月维修加固，白鹿小学主体工程顺利通过了专业鉴定机构的安全鉴定并投入使用。公告后，舆论反响强烈，呼吁“灾区重建教学楼不能再变‘豆腐渣’”。

文县农村住房重建点项目　兰州特派办连续两年将文县农村住房重建点作为重建项目跟踪审计重点。2009年5月4日，兰州特派办派出审计组，赴文县对农村住房重建维修资金进行跟踪审计。11日，审计组在对尚德镇审计中发现，原镇长李某在2008年9—12月，挪用许家坪、周半山两个重建点50户农户43.2万元中央补助资金购买钢材并向全镇农户销售，所得钢材款存放在其弟弟个人名下。13日，审计署投资审计司项目负责人赴文县检查指导跟踪审计工作，了解到有关情况后，立即要求查深查透后移交有关部门处理。20日，兰州特派办特派员赴文县检查指导审计工作，要求审计组发出审计建议函，规范救灾资金管理。31日，审计组向文县县政府递交移送函，通报李某挪用资金问题，并要求核查处理。经过调查核实，10月10日，文县县纪委认定李某严重违反国家有关规定，决定给予其党内严重警告处分。

根据群众举报线索，2010 年 4 月 16 日，兰州特派办派出审计组，赴文县尚德镇任家坝村农房重建点进行审计。经审计核实，任家坝村灾后恢复重建点是文县县政府统建工程，为 51 户灾区群众统建住房，尚德镇镇政府统一负责建设，施工单位为桑繁荣个体施工队，合同金额 291.9 万元。有 7 户居民因不愿贷款转为自建住房。截至 2010 年 3 月底，镇政府共收到财政性灾后重建资金 217.99 万元，已支付 213.99 万元，建成 44 套住房。由于新建房屋质量不合格无法居住，尚未分配到户，群众意见很大。审计组调阅工程施工图纸、建设合同、财务账册等相关资料后发现，上述农房出现质量问题的原因主要是：施工图设计单位无设计资质，出具的施工图不规范；未经招标投标，尚德镇镇政府自行与无施工资质的个体施工队签订施工合同；未按照规定实行监理制，钢材、水泥等主要建筑材料未经报验即用于工程建设；桑繁荣施工队未经原设计单位同意，按照村民要求将房内高度由 3 米调整为 3.14 米，增加了墙体负重。经当地政府协调，任家坝村村民与施工队达成协议，由施工队给每户村民补偿 3 万元，村民自行加固维修。但截至 4 月 16 日，补偿款尚未发放给农户，房屋质量问题未得到彻底解决。审计组将有关情况与当地政府及相关部门交换了意见，兰州特派办向文县县政府发出审计情况通报，要求积极整改，并追究有关人员责任。

2011 年 1 月 12 日，新浪网报道了尚德镇任家坝村灾后恢复重建点农房重建中的质量问题，引起强烈社会反响。19 日，兰州特派办领导带队赶赴文县，督促当地党委政府进行处理和整改。同时，甘肃省委、省政府主要领导批示要求省纪委、监察、审计等部门组成联合调查组认真核查和处理。2 月 1 日，甘肃省纪委监察局对相关责任人分别作出撤销党内职务、党内警告、行政开除、行政记大过等党纪政纪处分。部分人员因涉嫌经济问题，被移送司法机关处理。至 3 月底，尚德镇任家坝村灾后恢复重建点 44 户存在质量问题的重建房屋，除 1 户自愿维修加固外，其余 43 户房屋已全部拆除重建。

宁强县南街小学重建项目　宁强县南街小学重建项目于 2008 年 11 月开工。陕西省审计厅派出民政社保审计处组成审计组开展审前调查，制定审计实施方案。12 月 10 日，审计组进点；11 日，对地质勘查、施工图进行审查；14 日，到施工现场进行实地调查，认定建设程序基本符合工程地质勘查、施工图设计、施工图要求，但一些专家提出项目设计不尽合理、楼房建造地点不适应当地土质要求。审计指出后，建设、设计和监理单位共同研究调整了工程桩基设计，不但节约了工程时间，而且减少了项目概算投资，保证了项目的建设质量。

2009 年 1—2 月，审计组将重点放在 4 个方面：检查项目开工前立项审批、招投标程序和施工企业、设计单位、监理单位的资质等级等情况，发现教学楼少数装修工程和室外附属工程未按规定招标，督促宁强县教育体育局纠正存在问题，严格执行招投标制度；审查项目各项制度是否健全和严格执行，帮助建立健全财务管理制度，规范项目管理；跟踪项目资金流向，揭示出项目经理将 229 万元项目建设资金打入个人账户的问题，要求限期退回，并规范工程款支付程序和相关制度；抓好工程监理关，揭示和纠正部分监理人员资质不符合规定等问题，并跟踪检查整改情况，逐一检查监理签发的签证文件，确保人员和资质相统一。

2009 年 3 月，审计组揭示了施工方建筑材料管理不严，施工现场管理不到位、施工日志填写不及时、现场无施工进度牌、安全防护措施不完善等问题，建议施工单位规范大宗、重要建筑材料的进场验收工作，加强现场施工管理。施工单位及时完善了施工日志填写，落实了安全防护措施、现场施工进度牌及警示牌等。

2009年4—7月，审计组重点检查工程建设质量，严把隐蔽工程关，重点核实地基开挖和回填的真实性，从蛛丝马迹中发现疑点，纠正不合格工程。随着灾区重建项目全面展开，建筑材料价格变化较大，审计组从材料价格关抓起，查看建设单位、监理单位的认质认价资料，审查施工单位购料发票，并深入市场实际调查，确定所用材料价格的真实性。

2009年7月30日，南街小学重建工程竣工，审计组随即进行竣工决算审计。审计结果表明，项目原概算投资1140万元，实际投资931万元，节约资金209万元。在该项目建设过程中，由于审计的及时介入和跟踪检查，较好把握和控制了施工建设各个环节，降低了建设资金“跑冒滴漏”问题发生的概率，最终竣工决算审计核减率仅为3.2%，是陕西省已完成的168个恢复重建竣工决算审计项目中审计核减率最低、发现问题最少的项目之一。

2010年4月21日，《中国青年报》以《守住善款底线是对爱心的最大呵护》为题，报道了宁强县南街小学重建项目跟踪审计情况，肯定了跟踪审计效果。5月，陕西省审计厅分管副厅长李健在《彰显免疫系统功能的5·12地震恢复重建审计——基于陕西省宁强县南街小学建设项目的跟踪审计分析》一文中指出，南街小学项目工期短、投资省、建设质量好，不仅未超概算，而且节约了大量投资，除了学校和设计、施工、监理等单位的共同努力外，全过程的跟踪审计也起到非常重要的作用。

什邡市人民医院重建项目　2009年3月25日，北京市审计局派出11名审计人员组成审计组赴北京对口援建的什邡市。审计发现，什邡市人民医院项目未办理施工许可证，监理人员不稳定且持证不全，防水施工单位未通过资格审查即进行防水施工，施工单位部分技术管理人员无资质资格资料，施工组织设计不全面等。4月14日，审计组向相关单位出具审计核实材料，要求进行整改，避免在其他援建项目中出现类似问题。9月3日，审计组展开第二阶段跟踪审计，并根据工程进展情况确定以工程管理审计为工作重点。现场检查发现，医院门诊楼二次结构工程未经验收即有部分墙体开始抹灰施工，有的项目结构观感质量较差等。审计组现场出具审计核实材料，督促相关单位整改。（参见图53）11月17日，针对其他项目工程结算审计中出现的问题，审计组向北京市前线指挥部出具审计建议函，建议及时明确什邡市人民医院工程结算中人工费调整及赶工奖计算原则，避免影响工程结算。

2010年3月30日，审计组展开第三阶段跟踪审计。除了将医院建设规模、建设标准和工程管理情况作为审计重点外，审计组还重点检查了项目建设内容、规模、设备购置及估算总投资的确定依据。4月11日，审计组向相关单位出具了审计核实材料，指出监理单位工程资料管理中出现的个别资料办理不及时、监理通知未回复等问题，要求其加强内部管理并开展自检自纠，避免类似问题再次发生。5月29日，审计组出具第三阶段审计报告，建议北京市前线指挥部尽快明确人工费调整和赶工费计算原则、财务决算工作具体办法，完善资产交付程序，规范资产移交管理，落实北京市对什邡市人民医院等项目的智力援助，帮助项目单位提高运营管理水平，确保援建项目达到预期目标。7月20日，北京市有关部门联合发布北京市对口支援地震灾区援建项目人工费调整和赶工补偿费计算标准，有力地推进了援建项目工程结算进度。审计期间，审计组有的同志病倒了，在什邡当地医院手术后仍带病坚持现场审计工作。

图 53　审计人员对什邡市人民医院重建项目进行跟踪审计
（北京市审计局　提供）

2010 年 9 月 5 日，审计组展开第四阶段跟踪审计。此时，什邡市人民医院已进入完工验收阶段。9 月 25 日，人民医院项目竣工验收，项目单位进入结算汇总报审阶段。审计组改变一次提交整个工程全部结算资料的方式，要求项目管理公司完成单项工程结算资料及时报送，对提交的单项工程结算随报随审。12 月 31 日，什邡市人民医院工程结算按期完成，项目管理单位报审建安工程结算金额 26180.43 万元。由于跟踪审计及时，加强投资控制，什邡市人民医院报审的资料规范、完整，编报数据较为真实、准确。经审计，核减工程款 293.88 万元，审减率仅为 1.12%。2011 年 2 月 1 日，北京市审计局完成什邡市人民医院项目竣工决算审计，审定项目最终竣工财务决算金额为 40158.5 万元。

绵竹市人民医院重建项目　江苏省审计厅把该项目列为重点跟踪审计项目，从 2008 年 10 月 12 日至 2010 年 10 月 8 日，先后 10 次开展跟踪审计，共发出审计建议书 19 份，提出审计建议 39 条，纠正工程质量安全管理不规范行为 9 项，帮助消除工程质量安全隐患 2 起，督促参建单位采取改进管理措施 6 条。

审计组对工程造价进行了全过程、全方位审计，促进健全造价控制约束机制。2008年10月至2009年2月，审计人员在代建协议签署和项目招投标阶段提前介入，在后方对项目代建协议和施工招标文件进行审核，着重帮助健全造价控制约束机制。根据审计建议，援建指挥部在代建协议中增加了对代建单位投资控制情况进行奖惩的条款，同时规定工期、质量、投资均要达到合同规定要求，并在兑现奖励时实行一票否决。

2009年3月17日，审计组第二次进驻绵竹市人民医院施工现场进行跟踪审计。审计组检查发现，由援建方续建的门诊楼在地震前已建至正负零标高（地下室已建设完成），但原地下室施工方未能提供完整的震前施工钢筋工程验收资料和混凝土试块质检资料，质量情况难以判断，存在一定的安全隐患。审计建议建设单位尽快委托有相应资质的质量检测单位对震前施工部分的质量情况进行检测，并根据检测结果确定后续施工方案。根据审计建议，建设单位委托江苏省建筑科学研究院质量检测中心进行检测，最终检测结果表明："地下室工程主体结构质量良好，个别部位存在缺陷"。施工单位根据检测报告对缺陷部位进行了加固处理。同时，审计还发现，门诊综合楼施工单位钢筋取样送检工作不够严谨，差错较多，检测报告所附的修改或补充申请单只有承包单位签字确认，并无监理单位意见及说明，也无检测机构的审批处理意见。审计组据此建议切实加强三方共同见证取样送检工作，确保检验报告单真实反映钢筋等进场材料的质量情况，严把材料质量关。

2009年8月3日，审计组第五次对绵竹人民医院项目进行现场审计。审计期间，江苏省审计厅厅长专程赴绵竹市进行实地调研，指导跟踪审计工作。通过查看项目施工现场，审计组发现门诊楼工程部分洞口临边处缺少安全防护设备，存在施工安全隐患，个别卫生间未经设计同意擅自在砌体开凿水平槽安装水管，电梯间筒身砖体有干砖砌筑现象，不符合相关规范要求。审计建议代建单位立即对施工现场进行全面安全排查，彻底消除质量安全隐患。

2009年12月30日，审计组在第六次现场审计中发现，门诊楼工程主楼12层直螺纹钢筋接头试验不合格，加倍复试后仍不合格。审计人员向监理和施工单位查询该批次钢筋接头的处理情况，监理单位解释称均已采用绑条同级别钢筋加固处理，并提供了照片，但缺乏相关文件资料证明。对此，审计组责成代建单位立即完善了该批钢筋处理程序及结果的相关文件。

2010年12月，江苏省审计厅组织对绵竹人民医院工程结算进行审计，重点对财政跟踪评审代表的结算审计结果进行复核，核减工程结算价款78.01万元，并初步核定项目完成投资12432.1万元，比项目概算节约1996万元。

港澳灾后援建项目 根据港澳特区政府要求和审计署工作安排，四川省审计厅对香港、澳门特区政府援助资金和项目进行跟踪审计，并出具公证审计报告。

2009年4月，四川省审计厅成立港澳援建审计办公室，负责港澳援建项目审计日常工作；印发《港澳特区援助四川灾后恢复重建审计工作方案》，按照"统筹安排、统一组织、统一方案"和"分级负责、统分结合"的原则，实行审计监督与群众监督相结合及内地监督与港澳特区监督相结合，对港澳援建项目的执行情况、援助资金划拨管理和使用情况、援建工程的保障体系和措施落实情况进行跟踪审计。

2009年5月24—26日，四川省审计厅召开港澳援建暨灾后恢复重建紧急贷款项目审计工作会。会议确定，由省审计厅对省本级负责的援建项目进行审计，市州审计局由省审计厅授权，对市州以下的援建项目组织实施审计。

自2009年起，四川省各级审计机关分别对香港特区政府及非政府组织援助82.31亿元的139个项目、香港赛马会援助4.02亿元的4个项目及澳门特区政府援助31.55亿元的59个项目、澳门基金会援助2.99亿元的3个项目进行跟踪审计，审计金额120.87亿元。

为加强审计工作管理，四川省审计厅制定下发《四川省审计厅港澳援建项目审计执行方案》和《港澳援建审计公证审计报告、报表、审计工作情况、台账、信息报送的规定》，要求下级审计机关按时向省审计厅上报报表、台账、情况月报，随时掌握港澳援助资金及其项目建设管理情况，挖掘跟踪审计中发现的信息，通过各种渠道利用审计成果，放大审计效应。

通过跟踪审计，审计人员发现香港特区政府援助的66个项目未如期开工，有部分援助项目建设进度滞后，部分项目内部控制制度不健全、财务管理较为薄弱、财务会计核算不够规范，个别项目招投标程序不合规、工程结算依据不充分，有些项目监理、咨询服务工作违规；有的援助项目发生变更未取得省港澳援助协调机构和港方或澳方同意，有的项目未经批准先开工建设，个别项目存在工程质量和安全隐患问题。针对这些问题，审计组提出了审计建议，督促有关单位进行整改，采取切实可行的措施加快实施进度，建立健全相关内部控制制度，补办相关手续，涉及违纪违规的责任人被移送纪检监察机关进行处理。

截至2010年12月31日，四川省各级审计机关对283个港澳援助项目（不含汶川水磨中学项目）进行了跟踪审计。通过对港澳援建项目跟踪审计和年度公证审计，掌握了港澳援建的总体情况，揭示了援建项目建设中存在的突出问题，提出整改和加强管理的审计建议377条，督促制定整改措施26项，建立健全规章制度12项，促进节约资金或挽回损失405万元，有力促进了港澳援建工作的顺利开展。

二 专题审计调查

3年间，审计署统一组织4个特派办和有关省市审计机关共开展44项专项审计调查，内容覆盖城乡居民住房、中小学校、医疗卫生机构、防灾减灾、基础设施、环境整治等重建项目，中央基金、地方财政资金、社会捐赠资金、“特殊党费”等重点资金管理使用，以及国家规划执行和调整、产业重建政策实施效果等方面情况。通过审计，及时向中共中央、国务院反映灾后恢复重建中存在的制度性、体制性、机制性问题以及苗头性、倾向性问题，促进中央有关部门和地方政府出台了16份规范性文件，保障了灾后恢复重建工作顺利进行。

城乡住房恢复重建审计调查 审计署先后于2009年下半年、2010年上半年和下半年，组织4个特派办和四川省审计厅对城乡住房恢复重建情况开展了3次专项审计调查。

2009年7—10月，审计署组织4个特派办和四川省审计厅对3个灾区省22个受灾县农村住房重建情况开展专项审计调查，重点关注重建补助资金的管理使用、重建进度、农房重建质量3个方面情况。12月22日，审计署向国务院报告灾区农房恢复重建总体情况，反映灾区农户面临的付息还本和生产生活困难等新情况和新问题，建议有关部门高度关注并妥善解决。温家宝、李克强、王岐山、回良玉等国务院领导相继作出批示。随后，国务院汶川地震灾后恢复重建协调小组召开会议，要求人民银行、银监会等部门与受灾省尽快研究制定和实施相应的具体措施，积极帮助贫困农户解决长远生计问题，大力发展生产，加强就业培训，组织劳务输出，拓宽收入渠道，增强还款能力。对极少数确实无力还本付息的特困农户，由地方政府采取多种办法尽力帮扶。

2010 年 3—5 月，审计署 4 个特派办对 16 个重灾县的城镇住房重建情况开展审计调查，发现灾区各级政府在积极推进城镇住房建设过程中，由于城镇住房产权关系复杂、政府与受灾户诉求不同、协调难度大等原因，部分灾区县难以如期实现 5 月底前基本完成重建任务的目标。6 月 3 日，审计署向国务院反映了上述问题，建议有关部门与地方认真研究解决，加大协调工作力度，有效引导居民合理诉求，努力拓宽重建投资渠道，加快安居房、经济适用房、廉租房和中小户型普通商品住房建设，妥善处理无产权居民的住房问题，切实加快重建工作进程。根据国务院领导指示，有关部门和地方政府一方面积极采取措施加快重建进程，另一方面从实际出发，适当延后了重建任务期限。

2010 年 6 月 28 日至 7 月 1 日，审计署副审计长董大胜到四川灾区调研。汶川县一些领导反映，由于四川省规定城镇住房重建补助对象为拥有自有产权的受灾户，汶川县部分震前长期租住公房的居民不能获得住房重建资金补助，住房重建问题悬而未决，与此同时，以这些居民名义申请并获得的住房重建补助资金大量结存。董大胜对这一情况非常关注，要求审计人员进行深入调查。之后，成都特派办、西安特派办分别对阿坝、广元、陕西灾区相关情况进行了调查。8 月 30 日，审计署向国务院反映了上述问题，建议有关部门协调灾区地方政府，尽快研究完善城镇住房重建补助政策，统筹安排城镇住房重建资金，解决这部分受灾户的住房重建问题，避免不同地区同类受灾户因补助政策不同引发争议。国务院领导对此作了批示。国务院灾后重建协调小组办公室会同四川省重建办，赴阿坝等 4 个市（州）进行实地调研，并向国务院领导提交了《国家发展改革委关于汶川地震灾区租住公房受灾群众住房重建有关情况的报告》。9 月 27 日，四川省政府办公厅发出《关于做好汶川地震城镇住房重建有关工作的通知》，提出加强城镇重建住房价格管理、为公房承租户提供必要帮助、积极支持毁损非住宅房屋重建 3 个方面 12 项措施，加快推进城镇住房重建。审计反映的问题得到有效解决。

中小学校恢复重建审计调查 在跟踪审计中，审计署始终将中小学校恢复重建作为审计重点，对北川中学等一批社会高度关注的中小学校恢复重建项目进行全过程跟踪审计。同时，还分别于 2009 年下半年和 2010 年上半年，两次组织对灾区中小学校恢复重建情况开展专项审计调查。

2009 年 7 月，审计署组织 4 个特派办对灾区 753 所中小学校恢复重建情况进行专项审计调查，重点调查建设进度和工程建设质量情况。审计调查发现，由于建设资金存在缺口、前期报批程序繁杂等原因，部分项目建设进展缓慢；由于重建项目集中，有关部门监督不到位，一些项目中存在技术管理人员不到位、工程质量关键环节控制不符合国家标准规范等问题。12 月 1 日，审计署以审计信息向国务院报告了上述问题，深入分析了问题产生的原因，建议有关部门督促地方政府尽快排查并消除已投入使用学校存在的工程质量问题，确保整改工作落实到位，并进一步加强在建工程质量管理，把学校恢复重建工程建成安全、放心的工程。国务院领导批示后，有关部门会同灾区地方政府对中小学校项目的工程建设质量进行了全面排查和整改。

根据2009年9月25日温家宝在四川灾区考察时关于灾区学校恢复重建的讲话精神，2010年上半年，审计署继续安排对灾区学校重建情况开展专项审计调查。2010年3月，审计署4个特派办分别调查了灾区三省16个重灾县学校重建情况，重点调查学校建设进度和完工项目投入使用情况。4月28日，审计署以审计信息形式向国务院反映，仍有部分学校未能在春季开学前建成，一些学生仍在活动板房或旧校舍或者租用民房学习，主要原因是：建设资金未完全落实到位；规划选址较为复杂，异地新建学校征地困难；四川阿坝和甘肃陇南高原地区和山区受到高寒霜冻气候、地震后道路交通不便等因素影响；部分配套工程和配套设施因灾区财政困难未及时建成，等等。审计建议有关部门和灾区各级政府抓紧研究解决办法，多方面筹措资金，及时化解异地重建学校规划和征地等问题，切实加快建设进度，尽快实现所有学生迁入新校舍学习的目标。同时，建议从实际出发，适当调整高原和山区学校的建成时限。根据国务院领导批示，发展改革委、教育部组织人员赴灾区进行专项调研，研究落实审计建议，督促受灾省有关部门协调帮助有关市、县解决实际困难，加快学校建设进度。11月，审计署4个特派办对灾区学校重建情况进行了回访。回访结果表明，除少数地方和项目受地理条件、气候条件等客观因素影响建设进度未达到预期目标外，绝大多数学校重建进展顺利。

防灾减灾项目审计调查　2010年上半年和下半年，审计署将防灾减灾项目作为跟踪审计的重点，组织4个特派办开展了3次审计调查，督促有关部门和地方政府积极采取措施，及时建立地质灾害预警机制，最大限度地保障灾区群众安全。

2010年年初，审计署驻西安特派办在农村住房和中小学校重建项目跟踪审计中发现，有的居民集中安置点和中小学校在建设前未开展地质灾害鉴定和危险性评估，群众生命财产存在安全隐患。审计组进一步对陕西省、四川省的5个县（区）有关项目进行调查，发现5个县（区）有297处地质灾害点未治理、63处农村居民集中安置点未经地质灾害鉴定、3所学校存在地质灾害安全隐患，影响上万人的生命财产安全。3月11日，审计署将上述情况紧急报告国务院，建议有关部门和陕西、四川两省政府加强对上述地质灾害点的监测，迅速采取必要措施，确保人民生命和财产安全。国务院领导对此作出批示。国土资源部迅速召开会议，督促四川、陕西两省进一步加大灾区地质灾害防治工作力度，确保防治经费到位，加快灾害治理，将已发现的隐患点全部纳入监测范围，强化监测预警和应急处置，最大限度保障群众安全。4月13日，国土资源部副部长汪民在2010年全国汛期地质灾害防治工作视频会议上强调，四川、陕西两省国土部门要抓紧按照国土资源部要求，配合省政府就审计署提出的问题进行研究，争取以此为契机，加大投入、加快进度，推动地震灾区地质灾害治理工作。

4月，审计署组织4个特派办对灾区3个省16个灾区县的防灾减灾项目实施情况进行全面审计调查。调查发现，由于灾区余震不断、地质条件不稳定等原因，防灾减灾项目建设进展缓慢，部分地质灾害点未得到治理，居民永久集中安置点未做安全鉴定或危险性评估。6月23日，审计署以审计信息形式向国务院反映了汶川地震灾区防灾减灾和应急保障能力建设工作滞后的问题，建议有关部门研究采取措施，支持和协助灾区解决防灾减灾项目存在的困难，促进防灾减灾和应急保障能力建设，有效保障灾区群众生命财产安全。对审计反映的问题，国土资源部多次组织开展调研，制定政策措施，解决地震灾区在地质灾害防治工作中存在的困难和问题。根据审计建议，7月28日至8月2日，国土资源部部长徐绍史带队赴陕西、四川等地的地质灾害点进行专题调研，考察指导地质灾害防治工作。8月15日，国土资源部、发展改革委联合下发《关于进一步做好汶川、玉树地震灾区地质灾害防治工作的通知》，要求进一步加强地震灾区地质灾害隐患排查和监测预警工作，加快实施规划确定的灾区地质灾害防治项目。

2010年夏，灾区部分地区连降暴雨，引发泥石流地质灾害并造成重大损失。针对这一情况，审计署再次组织对14个地质灾害比较严重的县（市）开展调查，发现灾区各地已建成的地质灾害防治项目特别是预警体系发挥了较好作用。例如，8月13日下午接到泥石流预警信息后，汶川县映秀镇迅速将8000余名施工人员和群众转移至安全地带，避免了14日特大洪水泥石流灾害造成重大人员伤亡。但由于强震造成的山体松动需要一定时间稳定和修复，加之长时间暴雨，地质灾害隐患点在短时间内难以全面、彻底排查和规划整治，部分地质灾害点未被纳入国家防灾减灾专项规划。9月30日，审计署将上述情况再次向国务院反映，建议有关部门会同灾区各级政府进一步加强排查工作，完善监测预警系统和群测群防体系，加大投入，加快灾区防灾减灾和应急保障能力项目审批和建设进度。国务院灾后重建协调小组第五次全体会议对此进行了专门研究和部署，要求有关部门将灾区防灾减灾和应急保障能力建设纳入正在编制的中小河流治理和山洪地质灾害防治规划，进行统筹安排；国土资源部和受灾省做好地质灾害隐患排查，加强治理。

社会捐赠资金审计调查 审计署于2010年3月组织对民政部、中国红十字会总会、中华慈善总会以及四川、甘肃、陕西3个受灾省和广东、山东、浙江3个社会捐赠资金较多省的募集、管理和使用资金情况进行专题调查。

2010年2月25—26日，审计署派出审计组赴民政部、红十字会总会、中华慈善总会等部门和机构开展审前调查。3月8日，制定《汶川地震社会捐赠资金专项审计调查工作方案》，安排社会捐赠资金专项审计调查，其中投资审计司审计组负责调查社会捐赠资金总体情况，成都、西安、兰州和重庆特派办分别调查四川、陕西、甘肃3个受灾省及其相关地方社会捐赠资金管理使用情况，广州、上海和济南特派办对认捐资金最多的广东、浙江、山东3个省的社会捐赠资金管理使用情况进行调查。

由于民政部联合七部委主办的“5·18爱的奉献”大型募捐晚会现场认捐单位及个人名单等资料未留书面材料，为查明捐赠资金到位情况，审计人员找来晚会视频录像，详细记录晚会发布的每一笔捐赠信息，并与民政部捐赠资金专户的财务凭证逐一核对后，确认晚会现场捐赠的企业和个人承诺捐赠都已足额到位。审计核实，民政部委托中民慈善捐助信息中心开发的“5·12汶川地震救灾捐赠信息管理系统”已在全国民政、红十字会、慈善会系统进行推广，并初步建立起捐赠资金统计、查询和监督的信息平台。截至审计时，已有2196个各级单位用户使用该系统，共录入各类捐赠款项182.36万笔，金额共计389.6亿元，占全部募集资金的49%。2010年3月15—22日，审计组先后赴红十字会总会审计其社会捐赠资金接收、管理和使用情况，以及捐赠票据管理、移动通信服务商短信捐赠平台资金结算、企业捐赠资金到位情况；赴中华慈善总会核查其社会捐赠资金接收、管理和使用情况，调查募捐晚会、定向捐赠资金委托管理、捐赠信息公告等情况。

与此同时，审计署成都、西安、兰州、重庆、济南、广州、上海等7个特派办分别派出审计组，对四川、甘肃、陕西、山东、广东、浙江6个省社会捐赠资金的筹集、到位和拨付情况，统计和公告情况，以及管理制度建设情况等进行了审计调查，并抽查了部分社会捐赠资金援建项目。在审计中，审计组及时督促一些单位兑现了认捐资金，帮助有关单位完善社会捐赠资金及其援建项目的管理，妥善安排好社会捐赠资金。

5月11日，审计署以审计信息形式向国务院报告社会捐赠资金到位情况总体较好，有关地方和单位向社会发布了社会捐赠实际到账金额，确保了信息真实准确，同时反映了社会捐赠资金统计和信息披露不完善等4个需要改进完善的问题。

“特殊党费”资金及其援建项目审计调查 2009年12月1日，中组部办公厅、审计署办公厅联合下发《关于加强抗震救灾“特殊党费”援建项目审计监督的通知》，要求加强抗震救灾“特殊党费”援建项目审计监督，对“特殊党费”项目进行全过程跟踪审计，对资金的拨付和管理使用情况进行全面调查。

审计署先后4次组织特派办和受灾省审计机关，对“特殊党费”资金及其援建项目进行跟踪审计，及时纠正存在的问题，确保用好每一笔资金，建好每一个援建项目。

2010年3月，审计署安排4个特派办对“特殊党费”进行审计调查，重点调查3个灾区省16个重灾县“特殊党费”资金到位、分配、管理和使用情况，并抽查部分“特殊党费”补助农户和援建项目，检查援助资金使用和援建项目建设管理情况。审计核实，97.3亿元“特殊党费”已全部拨付到四川、甘肃、陕西、云南、重庆五省（市），资金管理使用比较规范，未发现重大违法违规问题，同时指出部分项目建设进展较慢、一些地方农房重建补助办法不够完善等问题。7月5日，审计署将审计调查结果转送中组部。中组部立即组织各省组织部门全面清查“特殊党费”管理使用情况，采取有效措施，加快项目建设，完善“特殊党费”农房重建补助办法。

2010年下半年，审计署再次制定审计工作方案，安排3个受灾省及天津市等部分对口支援省（市）组织开展“特殊党费”及其援建项目的跟踪审计；同时，组织驻成都等4个特派办对“特殊党费”及其援建资金开展专项审计调查，并对都江堰市七一聚源中学、七一映秀中学等重点援建项目进行跟踪审计。10月29日，审计署投资审计司主要负责人在全国党员代表“特殊党费”援建项目实地查看活动中通报了跟踪审计结果及审计中发现问题的整改情况。2011年1月10日，审计署向中组部提交2010年下半年“特殊党费”跟踪审计情况报告，通报“特殊党费”管理使用情况、跟踪审计情况及结果。中组部督促有关省市相关部门立即采取措施，整改落实审计建议，严格执行各项规章制度。

2011年4月，审计署第三次组织4个特派办对四川、甘肃、陕西3个受灾省收到的“特殊党费”管理使用和援建项目建设管理情况开展专项审计调查，并于5月将审计情况报送国务院，抄报中组部，反映“特殊党费”管理使用情况、取得的成效及其存在的问题。国务院和中组部领导作出批示，要求认真落实审计整改意见。

2011年9月，审计署第四次组织4个特派办对四川、甘肃、陕西3个受灾省收到的“特殊党费”最终管理使用情况进行审计调查。2012年3月15日，审计署向国务院报送了“特殊党费”最终审计结果；4月20日，向社会发布了3年跟踪审计结果。

审计署和有关地方审计机关累计派出643个审计组共1980人次，对3个灾区省管理使用的95.3亿元“特殊党费”实施全过程跟踪审计，现场审计工作量达18586人·天。跟踪审计中，审计人员及时指出并纠正了资金管理和项目建设中存在的问题，有针对性地提出改进建议，确保每一笔“特殊党费”都用实、用好。

已完工项目资产移交和后续运营管理审计调查 2010年4月13—16日，审计署领导在陪同贺国强考察四川灾区恢复重建及监督检查工作期间调研发现，随着灾后恢复重建工作进程加快，已有不少恢复重建项目陆续投入使用，但多数未办理规范的资产移交与划转手续，影响后续管理和使用。为此要求审计署办公厅和投资审计司进一步调查了解有关情况和相关政策法规。19日，审计署向国务院报告了这一情况，并提出4条建议：研究制定重建项目资产移交相关制度规定；督促有关单位在项目交付使用前及时按照规定办理竣工验收；督促使用单位按资产分类登记已移交资产，建立健全资产管理制度；加强对项目资产移交划转工作的监管检查。22日，温家宝作出批示。按照温家宝批示精神和审计建议，国务院灾后重建协调小组先后两次做出安排，要求各受灾省做好已完工项目竣工验收工作，办理规范的资产与划转手续。9月7日，四川省政府出台《关于汶川地震灾后恢复重建项目竣工验收及资产移交工作的通知》，对做好竣工验收及资产移交划转、监督管理工作提出5个方面的要求。

2010年7月28日，审计署下发《汶川地震灾后恢复重建2010年下半年跟踪审计工作方案》，安排各级审计机关根据各自实际情况组织开展竣工决算审计，及时清算援建项目工程价款，促进援建项目顺利移交和运营。10月14日，审计署在北京召开部分省市对口援建项目跟踪审计座谈会，要求做好援建项目竣工决算审计，督促已完工项目规范移交已建成的援建项目资产和档案资料。25日，审计署办公厅下发《关于进一步加强汶川地震灾后恢复重建项目竣工决算审计的通知》，要求关注援建项目实物移交、资产管理和运营维护情况，以及援建方提供的后期运营维护费用的管理使用情况。

2011年2月21日，审计署办公厅印发《汶川地震灾后恢复重建2011年跟踪审计工作方案》，要求4个特派办结合灾后恢复重建收尾阶段的特点，对完工资产的交付使用情况进行跟踪审计。7月1日，投资审计司下发2011年下半年跟踪审计信息点，安排4个特派办在下半年对灾区后续发展中存在的突出问题开展审计调查。10月，成都特派办在对管辖区域内17个重灾县开展审计调查的基础上，上报了《审计署成都特派办关于四川省汶川地震灾后恢复重建对口援建资产移交运营中几个亟待解决问题的专题报告》。10月27日，审计署在成都召开汶川地震灾区可持续发展专题座谈会，就灾区后续发展存在的问题，与四川省有关部门及地方政府进行座谈。根据成都特派办报告和座谈会讨论情况，审计署于12月13日向国务院反映了对口援建项目后续运营管理急需解决的3个问题，建议有关部门尽快研究解决，建立健全相关制度办法，指导、协调援建省市和受援地做好相关工作。12月14日，国务院领导对此作出批示。30日，国务院灾后重建协调小组组织3个灾区省重建办在四川召开座谈会，进行专门研究，起草关于加强汶川地震灾后恢复重建项目竣工验收、资产移交及运营管理工作的文件。

第五节　效果评价

一　跟踪审计效果

2008年9月至2011年11月，审计署组织4个特派办和3个灾区省及20个对口支援省、市的审计机关，先后派出11648名审计人员，跟踪审计了灾后恢复重建规划总投资7678亿元的27902个项目，现场审计工作量累计74.24万人·天。累计发出审计情况通报4377份，提交审计信息简报和各类审计报告14680份，向国务院报送综合性审计报告6份、专题报告1份和重要审计信息29篇，向社会发布审计结果公告109期，累计提出审计意见和建议19640条，促进建立健全规章制度2785项，改进4000多个项目的建设管理，发现并促进纠正和节约违规资金上百亿元，还移送了一批犯罪案件线索，为推进汶川地震灾后科学、规范、高效、廉洁和阳光重建发挥了积极作用，为相关乃至整个审计工作提供了可资借鉴的经验和启示。

立足大局，促进科学重建。在跟踪审计中，审计机关以国家有关重建规划为基础，以重建资金、项目、土地征用和环境保护为重点，把跟踪审计重点项目建设过程与审计调查相关政策落实情况相结合，把促进经济社会发展与加强生态环境资源保护相结合，着力揭示重建规划部分内容与实际脱节、部分重建政策不明确、个别地方上报统计数据不准确、重建资金缺乏统筹安排、一些项目超规模超标准建设和进展缓慢，以及防灾减灾和应急保障能力有待加强等问题，并深入分析原因，提出有针对性的意见建议，促进有关部门和地方不断完善重建规划和相关政策，加强资金统筹安排，合理调整一些恢复重建项目的建设内容和进度要求，从审计工作职能上保证了灾后恢复重建的科学性和有效性。

提前介入，促进规范重建。在灾后恢复重建资金量大、建设项目多、涉及面广的情况下，审计机关坚持提前介入，及时发现并促进纠正了未履行必要的基本建设程序、资金管理使用不规范、招投标不合规、合同管理和建设管理不严格等问题。针对审计反映的部分灾后恢复重建项目存在质量问题的情况，住房城乡建设部落实国务院领导指示，对灾区三省恢复重建工程质量进行了全面督察，要求相关地方进一步加强汶川地震灾后恢复重建工程质量管理。

关注效益，促进高效重建。为促进实现中央关于“力争在两年内基本完成原定三年的目标任务”，审计机关一方面注重及时揭示和反映重建资金闲置、项目建设进度缓慢等问题，深入分析问题背后存在的项目安排不合理、规划不科学以及审批环节多等制度性缺陷和体制性障碍，另一方面，及时督促有关部门和单位认真整改，加快项目建设，加强投资控制，保证工程建设质量，提高资金使用效益和效果。3年间，根据审计意见和建议，促进3845个项目加快建设进度，节约重建资金或挽回损失100多亿元。如针对审计反映的大量重建资金结存、已完工项目竣工验收和资产移交不及时等问题，财政部专门发文要求灾区各级财政部门加快预算执行，加快重建项目决算审批，加快已竣工项目资金清理和资产移交，切实提高资金效益，对推动灾后恢复重建高效进行发挥了积极作用。

严肃查处，促进廉洁重建。在跟踪审计中，审计机关不断加大揭露和查处重大违法违规案件线索力度，坚持查深查透，并督促相关单位认真吸取教训，举一反三，开展全面自查自纠。3年间，各级审计机关向纪检监察和公安机关移送案件线索50起，向有关主管部门移送重大违法违规事项47起，已有34人被依法判刑、68人受到党纪政纪处分。与其他重大建设项目相比，恢复重建中出现的严重违法违规问题相对较少，且涉案人员级别较低，审计移送案件线索中的涉案人员均为处级及以下干部，审计监督起到了很好的震慑和警示作用。

及时公开，促进阳光重建。3年间，审计署先后两次邀请媒体记者到灾区现场采访，邀请5名民主党派和无党派特约审计员实地察看跟踪审计工作，公开跟踪审计过程，主动接受监督。按照“谁审计、谁公告”的原则，向社会发布审计结果公告，适时公告灾后恢复重建的成效、审计发现的问题和整改情况，及时回应社会舆论对灾后恢复重建中有关问题的关切，促进中央有关部门和相关地方党委政府及时公开灾后恢复重建资金管理使用和项目建设管理情况，向社会交上一本放心账、明白账，提升了政府公信力。

二　各界评价

审计工作在促进灾后恢复重建“有序、有力、有效”进行中发挥了重要作用，得到中共中央、国务院及有关领导同志的高度肯定，得到灾区各级党委政府的认同，也得到了社会公众的广泛认可。

中央领导同志肯定　2009年6月21日，温家宝对审计署在《关于汶川地震灾后恢复重建需要关注和解决的几个突出问题及建议》中提出的有关建议作出批示：“对规划进展情况要主动开展专项调研，根据实际及早调整、充实和完善，并适时启动中期评估、修订工作”。2011年1月14日，审计署向国务院报送《关于汶川地震灾后恢复重建跟踪审计两年工作情况的报告》，对两年间的工作情况和跟踪审计的经验进行了总结，明确提出要促进灾后科学、规范、高效、廉洁和阳光重建。23日，温家宝在报告上批示：“汶川灾后重建跟踪审计做得很好。要认真总结经验，继续做好今年的审计工作，做到善始善终”。

2011年5月4日，在成都召开的中央抗震救灾资金物资监督检查工作总结会上，贺国强指出，审计署把加强对救灾款物的审计列为审计工作的重中之重，组织力量对救灾资金物资、灾后恢复重建项目进行跟踪审计和审计调查，切实做到边审计、边督改、边规范、边提高，并适时公告审计结果，在抗震救灾和灾后恢复重建中发挥了重要作用。

灾区省领导表扬　2009年6月，四川省委书记刘奇葆、省长蒋巨峰、常务副省长魏宏分别在与审计署审计长刘家义交换意见时，代表省委、省政府高度评价了抗震救灾以来审计发挥的重要作用。刘奇葆表示，抗震救灾款物没有出大问题，审计发挥了重要的监督保障作用，真正发挥了“免疫系统”功能，四川人民发自内心感谢审计，真诚地欢迎审计。

2010年3月17日，四川省委有关负责人在汶川县映秀镇听取审计署成都特派办关于灾后恢复重建跟踪审计工作情况汇报后表示，跟踪审计是灾后恢复重建工作顺利健康进行的保障，发挥着重要的“免疫系统”功能，成都特派办在灾后恢复重建跟踪审计工作中，认真负责，成绩突出，提出的建议积极可行，为灾后恢复重建工作和灾区的社会稳定做出了积极贡献。

特约审计员评价　2009 年 9 月 7—11 日，审计署邀请 5 位特约审计员组成督导组，赴四川对灾后恢复重建跟踪审计工作进行督导。特约审计员在全面了解灾后恢复重建和跟踪审计总体情况后认为，灾后恢复重建总体效果好，这些资金都是爱心钱，必须管好用好；灾后恢复重建跟踪审计是一项意义重大、责任重大、难度也很大的工作；尽管灾后恢复重建跟踪审计任务十分繁重，但由于组织得当，分工明确，在各级审计机关的共同努力下，跟踪审计的成效明显，促进了灾后恢复重建的顺利进行，较好地发挥了审计的“免疫系统”功能。他们对审计人员吃苦耐劳、勤奋工作的精神表示钦佩。

社会各界反响　2010 年 1 月 27 日，审计署发布《汶川地震灾后恢复重建跟踪审计结果（第 2 号）》后，社会各界充分肯定跟踪审计对灾后恢复重建发挥了重要作用，特别是一些专家、学者对审计工作在重大突发事件后反应迅速、及时跟进的做法表示认同，认为“凸显出审计监管的进步”。国家行政学院教授汪玉凯认为，对灾后恢复重建的持续关注值得肯定，这表明审计不仅进入党政机关的日常运行，也介入地震等突发性重大事件，审计工作正逐步纳入制度化轨道。从此次公布的审计结果看，国家在灾后恢复重建上监管严格、管理规范，有效遏制了违法违纪现象的出现。

2011 年 6 月 17 日，审计署发布《汶川地震灾后恢复重建跟踪审计结果（第 4 号）》。当日，新华社、中央电视台和人民网等各大新闻媒体及网站均进行了报道和转载。从媒体报道和网民评论情况看，舆论和绝大多数民众对审计工作表示赞扬，认为审计结果公开体现了政府工作的进步，要求严惩审计查出问题责任人并予公开。雅虎网民特区评价说：“审计署好样的，继续加油！！”新浪广东深圳手机用户评价说：“审计署的同志们辛苦了。建议查一批就抓一批！”

媒体评价　在汶川地震灾后恢复重建跟踪审计中，审计署积极接受新闻媒体监督，主动邀请媒体记者赴灾区实地采访，公开跟踪审计过程及其取得的成效，得到媒体好评。

2009 年 4 月 27 日新华社报道称：“灾后恢复重建的一个重要特点就是实行全过程跟踪审计，边审计、边整改、边规范、边提高，充分发挥审计保障国家经济社会健康运行的‘免疫系统’功能。这种服务意识也受到了被审计单位的欢迎。”“很多审计建议着眼于从管理制度层面发现问题、解决问题，起到了从源头上防止损失浪费、违法违规的作用。”

2009 年 9 月 14 日，审计署发布《汶川地震灾后恢复重建跟踪审计结果（第 1 号）》后，《京华时报》评论文章指出：“从阶段性跟踪审计结果看，部分项目资金管理使用问题的及时发现和曝光，说明审计部门的工作切实到位，富有成效”。《重庆时报》评论文章指出：“持续的跟踪审计，可保证资金流向和使用透明，确保灾后恢复重建这项庞大的国家系统工程顺利进行。更重要的是，这本身也凝聚着政府的公共责任与民生情怀。”

2010 年 1 月 27 日，审计署发布《汶川地震灾后恢复重建跟踪审计结果（第 2 号）》后，新华网发布文章指出，公布跟踪审计结果，“不仅显示了汶川灾后恢复重建监管的严格规范，也显示出中国审计制度日趋透明，正在发挥日益重要的作用”。

2010 年 4 月 6—11 日，审计署再次组织境内外部分媒体赴灾区对跟踪审计情况进行采访。记者先后深入四川、陕西两省受灾严重的汶川映秀、汶川、北川、彭州、什邡、宁强、勉县等地的审计一线，就灾后恢复重建资金的管理使用、工程建设质量、审计整改以及审计发挥“免疫系统”功能等情况，对审计人员、被审计单位人员和当地群众进行采访。18日，中央电视台新闻频道在“新闻直播间”栏目对灾后恢复重建跟踪审计情况作了深入报道；新华社分别编发了题为《跟踪审计：一双紧盯汶川地震灾后恢复重建的“眼睛”》和《1.3万多个汶川地震灾后恢复重建项目被跟踪审计》的新闻稿，重点报道了跟踪审计在保障灾后恢复重建工程质量、预防大案要案发生、促进节约资金、提高资金使用效益等方面所发挥的“免疫系统”功能。

2010年7月30日，审计署发布《汶川地震灾后恢复重建跟踪审计结果（第3号）》。当日，中央电视台在整点新闻节目、中央人民广播电台在“中国之声”栏目对公告披露的灾后恢复重建情况作了报道，对审计工作作出较高的评价。

第五篇

城乡居民住房建设

汶川特大地震发生后，大批群众无家可归。为使灾区人民尽快摆脱灾害带来的痛苦，让受灾群众早日重建家园、安居乐业，中共中央、国务院高度重视地震灾区受灾群众住房安置工作，并作出了一系列决策部署。2008 年 5 月 20 日，国务院总理温家宝主持召开国务院抗震救灾总指挥部第 11 次会议，决定用 3 个月时间在四川省地震重灾区建造 100 万套过渡安置房。《国务院灾后恢复重建总体规划》要求“以人为本，民生优先，要把保障民生作为恢复重建的基本出发点，把修复重建城乡居民住房摆在突出和优先的位置”，并将“家家有房住”作为重建规划的首要目标，从而确保了灾后城乡住房恢复重建工作有力、有序、有效的开展，确立了让灾区群众早日住上安全、经济、适用、省地的住房的目标。9 月 2 日，温家宝进一步强调，城乡居民住房建设是恢复重建的重中之重，力争用一年多时间，基本完成因灾倒塌和严重损毁住房的重建任务，保证受灾群众在 2009 年 12 月底以前住进新房。

中共中央、国务院高度重视城乡住房的恢复重建，从地震发生到恢复重建任务全面完成的 3 年多时间里，中央领导同志时刻牵挂着灾区的恢复重建工作，统揽全局，深谋远虑，从全局、深层次、多角度进行调研谋划。恢复重建全面展开后，中央领导同志多次亲赴灾区指导恢复重建工作。在中共中央、国务院的坚强领导下，在全国人民的大力支持下，震后一年，震损住房修复加固全面完成。震后一年半，农村住房重建全部完成。震后两年，城镇住房重建基本完成。到 2011 年 9 月底，四川、甘肃、陕西三省已全面完成《恢复重建总体规划》中确定的各项任务，三省灾区共维修加固农村住房 292 万户、城镇住房 146 万套，新建农村住房 191 万户、城镇住房 29 万套。重建后的城乡住房安全牢固、经济实用、布局合理、配套完善，合理避让安全隐患区并提高了抗震设防标准，既具有浓郁的区域、民族特色，又适应现代生活需要，极大地改善了灾区群众的居住条件，全面实现了“家家有房住、户户有就业、人人有保障、设施有提高、经济有发展、生态有改善”的重建目标，灾区基本生活条件和经济社会发展水平明显超过震前水平，城乡住房重建成为灾区民众最满意的民生工程。人民安居乐业、城乡共同繁荣、人与自然和谐相处的美好新家园呈现在世人面前。城乡住房重建的全面完成，为促进灾后经济社会平稳健康发展做出了重大贡献。

第一章　农村居民住房建设

为了2008年年底灾区群众能够温暖过冬、2009年年底全部住进重建后的农房（维修加固、新建），中共中央、国务院高度重视，从3000亿元中央重建基金中拿出400亿元设立农房重建专项基金，并批准重建任务重的四川省拿出40亿元建立农房重建基金，支持住房困难户向金融机构借款，加快灾区住房建设。在农村住房重建中，四川省积极贯彻“三打破、三提高”的建设要求，作为新农村农房建设的根本要求：一是打破“夹皮沟”布局，提高村庄布局水平。严格控制在新建公路两侧夹道修房，实施农民集中安置点水、电、气、路、光纤等基础设施建设，同步推进农村环境综合治理，使远离主要交通干线的群众也能够享受到较为完善的公共服务和基础配套设施，为杜绝“夹皮沟”式的村庄布局创造条件。二是打破“军营式”结构，提高村落规划水平。农民集中安置点着力打破“军营式”的布局结构，注重与周边环境和生产生活方式的相融性。在平坝区农房建设中，坚持“房子进院子”“小院并大院”的理念，规划风貌各异、特色鲜明的农民集中安置点和农家院落，实现村落布局与地形地貌、自然环境的有机融合。山区农房建设均依山就势，错落有致，体现山水田园风光和自然和谐之美，在安置点位设计上，注重对古井、水碾、磨坊等历史遗存的保护，体现农村自然生态与历史文化的和谐交融。三是打破“火柴盒”建筑风格，提高民居设计水平。突出多样性，避免农房外观千篇一律，充分利用自然地形地貌进行规划设计，使每个农房相对集中点的建筑形态各有特色，按照外观突出特色、内部优化功能的要求，因地制宜采用不同的建筑形态和建筑符号，展示浓郁的山乡风情。

都江堰市龙池镇等山区乡镇，因地制宜运用木结构等建筑形态和建筑符号，展示了浓郁的山乡风情。对处于川西旅游环线的都江堰市蒲阳镇、青城山镇等旅游乡镇，重点以青瓦白墙、四合院等形式体现现代川西民居特色。在具体重建实施中，高度重视群众意愿，充分考虑农村群众合理的耕作半径和生活习惯，尽量把生产生活和生态空间有机结合，方便灾区农村居民生产生活需求，使灾区农村居民点布局得到全面优化，改变村庄布局、村落设计较为散乱无序的状况。陕西省坚持科学规划、合理选址、择优房型、提高质量的原则，从当地实际出发，立足当前，着眼未

图 54　陕西省灾后重建的新农房

（陕西省　提供）

来，合理确定农村居民点布局。积极采用建设部门推荐的通用设计图纸，提高农村居民住房质量和设防标准。略阳县是古代羌族的聚集区之一，部分地区群众在语言、服饰、饮食、民居建筑、风俗习惯、节庆礼仪、民间艺术、手工技艺等方面，至今保持着浓厚的羌族文化特色。结合这一实际，陕西省在略阳县九中金乡建设了“陕南氐羌民俗村”。建成后的村庄“白墙木阁楼、栗窗木雕门、灰色瓦屋顶、青色片石围”，在改善民居环境、提高建筑质量的同时，充分保护羌族的民俗民风，展现古羌族文化的特色。（参见图 54）

第一节　组织实施

汶川特大地震发生后，四川省委、省政府针对 450 万户、1000 余万名无家可归的受灾群众的住房安置问题，坚决贯彻中共中央、国务院的决策部署，各地迅速组织力量，派出多个工作组深入灾区，抓紧收集、整理、分析震后农房倒塌、损坏的数据，逐户建卡立档。四川省建设厅报请省政府办公厅下发《关于印发〈四川省“5·12”地震救灾过渡安置规划导则〉的紧急通知》，明确要求安置点选址要避开地质灾害多发地段和次生灾害隐患区，选择向阳、通风良好的开阔地带；尽可能结合生产和就业相对集中安置；有条件的可以结合农村新型社区集中安置，合理确定安置点建设规模，节约土地和资源。四川省抗震救灾指挥部从 2008 年 6 月上旬起，相继组织召开全省住房安置工作电视电话会和农村住房重建现场工作会议，对受灾群众的住房安置工作进行全面、周密的部署，组织协调省级有关部门及时研究解决安置房建设过程中遇到的各种困难和问题。同时，省政府及时出台《四川省“5·12”汶川地震灾后农房重建工作方案》，重建工作方案明确规定了地震倒损农房重建规划选址原则、设计要求、工程质量监管、补助范围、补助对象、补助标准及审批程序。维修加固工作方案明确了受损农房的等级鉴定、维修加固的补助范围、补助对象、补助标准及申请审批程序。7 月 4 日，省政府召开全省农房恢复重建电视电话会议，全面部署农房重建工作，并先后在广元、绵阳召开农房重建工作现场会，总结推广农房重建经验，快速推进全省灾后农房恢复重建进程。农村住房恢复重建，坚持农户自建、政府补助、社会帮扶相结合的原则，免费提供多样化的住房设计样式和施工技术指导，方便群众生产生活。按照国家和省政府有关乡村规划的法律、法规和技术规范标准，着眼于防震减灾，统一规划，科学选址，合理设计住房结构，明确重建或维修的建设标准和要求，确保村庄规划布局合理，制定农房重建规划。

灾区各级政府和有关部门组织力量，逐村逐户、重点排查住房倒塌或严重损坏、无法居住的危房以及受灾害威胁需搬迁的农户，按照原地重建和异地新建分类统计，登记造册，逐户建档立卡，为恢复重建工作提供准确依据。在摸清农户住房倒损情况的基础上，组织有关部门按照因地制宜、科学论证，保护生态、节约耕地，经济实用、保证质量，明确目标、落实责任，统筹安排、分步实施的总体要求，制定符合当地实际、群众认可的倒损房屋恢复重建规划。灾区各级政府调整财政支出结构，加大农户住房重建资金投入力度。受灾省市接收的社会捐赠资金，重点用于农户倒损房屋恢复重建。对于有偿还能力的农户，银行业金融机构积极发放倒损房屋恢复重建贷款。受灾农户是住房重建的主体，要尊重群众意愿，发动群众自力更生，生产自救，广泛开展对口援建、邻里互助、帮工帮料，动员全社会力量帮助农户重建住房。

甘肃省灾区各级政府根据维修加固住房的产权属性，责成建设、房管等相关部门，会同乡镇政府，负责督促、指导、实施城乡居民住房的鉴定、清理和维修加固等工作。技术鉴定机构在综合考虑房屋主体结构受损程度、使用年限、维修成本和地理、地质条件等因素的基础上，注重保护传统民居特色，不破坏保护区总体建筑风貌，科学合理地提出维修方案和提供技术服务。农村住房的加固应制定加固方案，由当地政府安排专业技术人员指导农村居民自行完成，农村两层以上住房的加固，参照城镇居民多层住房加固进行。城乡居民住房加固工程所用建筑材料、构配件的各项技术指标要符合国家相关规范、标准和施工设计要求。工程竣工后，按照国家有关规定由当地政府组织相关部门进行竣工验收。

陇南市在受灾农村用帐篷、活动板房等过渡安置房解决受灾群众临时居住的基础上，到 2009 年年底，全市因地震灾害造成倒塌、滑坡、裂缝或房屋严重损坏，致使农村无安全房屋居住的 3180 个村、420376 户群众全部恢复或重建新居，百姓安居乐业。异地重建、就地重建、加固维修 3 种类型的 27 个示范村和第一批 175 个重点村，于 2008 年 11 月底全面建成。第二批 216 个整村重建的重点村于 2009 年 5 月底建成。第三批 133 个整村重建的重点村于 2009 年 11 月底建成。分散重建村于 2008 年 6 月动工，2009 年 5 月底全面建成。维修加固工程从灾后第一时间内全面展开，于 2009 年入冬前全面完工。

2008年5月26日，陕西省政府决定成立陕西省农村住房恢复重建工作领导小组，在陕西省抗震指挥部的统筹下，具体负责农村居民住房的恢复重建工作。陕西省政府农村住房恢复重建工作领导小组下设办公室，协调解决各地在灾后重建工作中遇到的困难和问题。为做好农房恢复重建工作，陕西省民政厅下发了4个指导性文件。陕西省先后派出30多个工作组赴灾区检查指导工作，帮助解决农房重建的困难和问题。重建中推广了永寿县和略阳县重建工作的经验，建立了重建工作信息通报制度，有力地推进了各地重建工作的开展。县级民政、扶贫、城建（规划）、地震等部门，对倒塌、损坏房屋进行全面排查和评估鉴定，摸清因灾倒塌、严重损坏房屋需重建和损坏房屋需修缮数量并建立台账，为制订灾后重建方案提供依据。新建住房均采用砖混结构或砖木结构。灾后重建原则上采取就地重建的方式，对国土资源部门核定为地质滑坡、地裂带等危险地带的倒损房屋要求异地重建，并对农村道路、供水供电、污水和垃圾处理等基础设施和公共设施同步规划恢复重建。异地重建户在20户以上的村组，重建规划要求报省建设厅审定。重灾县（区）农村“五保户”和“三孤”人员集中供养调整方案，由县级民政、发改部门制订，并报省民政厅、省发改委审定后实施。8月7日，省政府下发《关于支持地震灾后恢复重建有关问题和政策措施的意见》，规定受灾地区房屋倒塌或严重损坏、无房可住的农户建房，在中央重建基金每户补助1万元的基础上，省、市、县按5∶3∶2的比例每户再补助1万元，其中未列入对口支援范围的汉中市汉台区和留坝县、凤县以及属于国家扶贫开发重点县的受灾县（区），县级每户2000元的配套资金由省里统筹解决；对部分贫困地区的特困户，再从扶贫资金或红十字会捐赠资金中给予一定的补助。

灾后民房恢复重建工作由县级政府牵头组织，县级有关部门和乡镇政府分工负责抓落实，村委会组织灾区群众具体实施。县级政府组织民政、规划（城建）、地震等部门会同乡镇政府，按照工程进度及时组织验收，确保工程质量。

第二节　受损农房加固

2008年6月20日，四川省民政厅、建设厅联合编制的《四川省“5·12”汶川地震损坏农房维修加固工作方案》经省政府批准印发全省。工作方案明确了受损农房的等级鉴定、维修加固的补助范围、补助对象、补助标准及申请审批程序。方案中规定的补助范围是因地震及次生灾害受损但没构成危房，经维修加固后能够安全居住的农民住房。补助对象是农村受损房居民。因灾倒房或严重损坏房屋无法居住且已享受重建永久性住房政府补助政策的农户，不能重复享受维修加固的补助政策。依照《四川省农村房屋地震破坏程度判别技术导则》，将因灾受损经过维修加固仍可居住的约300余万套农房划分为“轻微受损”“中等破坏”和“严重破坏”3个档次，各档次补助标准依次为1000～2000元、2000～4000元、4000～5000元。按照“公布标准、灾民申请、群众评议、村组公示、镇审核、县级民政部门审批”的程序，对符合维修加固条件的受灾户实施维修加固，以保证受灾群众得到及时妥善的安置。截至2009年年底，300余万套需维修加固的房屋全部完成维修加固工作，仅绵阳市维修加固地震受损农房755852户，发放补助金18.2亿元。

甘肃省陇南市农村居民住房重建采取自下而上、查灾核灾、统计上报和逐户核查评估的方式，根据灾情统计评估和房屋鉴定结果，全市共规划实施农村居民住房加固维修186459户。武都区委、区政府动员全区受灾群众发扬自力更生的精神，不等不靠不要，先期自筹资金，开展受损房屋的维修工作。经过认真核查摸底，全区确定农村维修户39545户、163240人，每户补助3000元，共投资11863.5万元，维修房屋33万多间。至2010年8月，全区农村居民的住房维修工作全面完成。徽县柳林镇的柳林村，地震致使全村农民住房损毁严重，全村369户村民受灾。镇党委和镇政府坚持“科学规划、因村施策、因户定案、群众自主、分点实施”的原则，维修房屋1684间，每户发放灾后维修资金3000元，震后3个月即全面完成农民受灾房屋的维修工作。全县10136户农村居民住房维修加固工作全部完成。舟曲县农村受损房屋维修加固涉及19个乡（镇）、210个行政村、18844户，每户补助3000元，共需资金5653.2万元，全部为中央重建基金。2008年6月3日，舟曲县制定《舟曲县“5·12”地震灾后农村居民住房维修加固实施方案》，强调在维修加固中为受灾户建档立卡，做到“一户一表一卡一证”“一乡一册”“一县一台账”，并且逐户落实技术人员，对维修加固进行指导，保证质量安全，尤其是对藏族村庄，结合民族特色进行维修加固。2008年10月，全县农村维修加固工程启动，至2009年9月全面完成。

陕西省对住房受损需维修加固的农户，除执行中央有关补助政策外，每户再补助1000元，省、市、县按5∶3∶2的比例分担。西安市对一般损坏需要修缮的农村居民房屋，由市里每间补助400元、区县每间配套补助200元。至2008年年底，陕西省地震灾区农房维修加固任务全部完成。

第三节　损毁农房新建

一　原址重建

在推进农房重建中，灾区各级政府按照“安全、宜居、特色、文明”的原则，坚持科学规划、科学重建。在做好震情、灾情评估和地质地理条件及资源环境承载能力分析的基础上，遵循“避开地震断裂带”“避开地质灾害隐患点”“避开行洪通道”的“三避让”原则，确保农房重建科学、安全、可靠。政府考核实行抗震审查一票否决制度，严格执行防洪和地质灾害设防标准，禁止在河道管理范围和山区冲沟沟口进行村镇和农房重建。为进一步提高农房设计和施工质量，四川省先后出台《农村居住建筑抗震设计技术导则》等10余个指导性文件和技术规范，提供了300多种农房设计方案供群众选择，从技术政策、施建标准、组织实施和监督管理等方面指导农房重建，使农房建设第一次有了规范、系统的抗震防灾设防要求和标准。各级建设部门组织专业技术人员进村入户指导农房重建，为农房重建提供技术保障。

灾区各地结合自身实际，采取不同的重建模式。其中，四川省的都江堰、青川、汶川、彭州 4 种模式最具代表性。都江堰市是 10 个极重灾县（市）之一，在地震中农房受损严重，全市倒塌和严重受损农房 7.7 万余户，灾后重建任务十分艰巨。都江堰市委、市政府深入调查灾情，尊重民意，集中民智，提出"政府引导、市场运作、社会参与、群众自建"的重建思路，构建"群众自筹、政府补助、担保贷款、上海支援、社会投资"的多元化投资机制（又称"五个一点"，即群众拿一点、政府补一点、银行贷一点、上海援建支援一点、社会投资一点）。2009 年 6 月，全市倒毁重建农房开工 38659 户，占重建总量的 92.7%；205 个集中安置点加紧施工；总投资 13 亿元的配套基础设施同步建设，全市农房重建任务于 2009 年年底全部完成。都江堰市农房重建包括业主联建、统规统建、统规自建、原址重建、异地重建 5 种做法，充分满足群众不同意愿，切实维护群众利益。"业主联建"是都江堰农房重建的特色，不仅引入社会资金，解决重建资金困难问题，而且提高了重建水平，解决了受灾群众的后续产业发展问题。该市大观镇茶坪村利用依山傍水的优美环境，引入社会资金，采取"业主联建"的方式，包括企业参与多家农户联建、自然人参与多家农户联建、自然人与农户联建 3 种形式进行农房重建；并在联建过程中突出后续产业发展，布局未来乡村连锁酒店业，构筑村民可持续增收平台。"统规统建"包括向峨乡的"指标换住房"模式和青城山镇石桥社区的"新型社区建设"模式。前者是农民通过宅基地产权置换新居住房、基础设施配套和产业发展等多项权利，对农业实施规模化与集约化经营，使农民的居住方式和生产方式得到根本性转变；后者是农民通过比选形式选择社会投资方进行"新型社区"建设，不仅保证农民先入住新房再拆除旧房，还能收取租金，并从受灾群众转变为产业工人。"统规自建"模式以翠月湖镇清江村的"院落统规自建"为典型，这种方法使农民就近居住，方便生产生活需要，实行了基础设施的集中共享。其具体做法是拆小院并大院，将拆除的小院落还耕，由都江堰市政府或成都市政府回购集体建设用地指标，使土地资源向土地资本转变，从而有效解决了资金难题。"原址重建"模式以蒲阳镇花溪村为代表。该村在充分尊重群众意愿的基础上，采取"依山靠水原址自建"，通过灾害重建永久性住房补贴、自筹资金、贷款资金 3 种方式筹集资金，改善水电气等基础配套建设，农民生活质量显著提升。"异地重建"模式的代表——青城山泰安古镇在破解资金难题上，通过置换平移集体建设用地指标，获得集体建设用地指标出让收益，集中迁址异地重建，有效解决了住房重建问题，促进了灾后产业发展。（参见图 55 ～ 56）

都江堰市天马镇向荣村 95% 以上农房在汶川地震中倒损，其中倒塌和严重损坏 513 户、一般损坏 117 户。该村通过开院坝会、问卷调查等，及时收集和掌握全村 630 户受灾户住房重建意愿，并分类建卡立档。经调查，全村有 186 户 605 人选择参与统规自建。随后对重建选址、户型及外观、施工队选择等问题，提出多个方案供大家选定，最大限度满足村民意愿。该村通过"提议、合议、审议、决议"4 个程序，议定全村人均调地准入标准为 131 平方米；人均不足但在 90 平方米以上，不足部分按 50 元一平方米留存给集体；人均超出部分由集体给予每平方米 30 元的补助。该方案得到普遍赞同，保证了重建进度，维护了群众利益。他们集中民智，民主决策，探索出一

图 55　震后都江堰市新建农房

（严永聪　摄）

图 56　震后新建的都江堰市向峨乡棋盘社区文化活动室

（严永聪　摄）

条“拆小院、并大院，依托林盘搞重建，节约耕地谋发展”的统规自建之路，成为都江堰市灾后科学重建的十大模式之一。（参见图 57）

彭州市农房重建按照产业支撑的发展性、建筑风格的多样性、周边环境的相融性和配套设施的共享性原则，将重建资源的合理分配和重建地区的可持续发展相结合，长远规划打造独具特色的“彭州民居”。新兴镇大部分农户自愿选择统规统建，将原来的宅基地复耕后，可以不花自己

图 57　都江堰市紫坪铺镇村民召开院坝会议事

（四川省委宣传部　提供）

一分钱获得人均建筑面积 35 平方米的新房。其资金来源有灾后农村住房政府补贴资金、宅基地置换资金、城乡统筹资金、银行贷款以及福建省援建资金等。德阳市原址重建的农房有 159070 户，占该市农房重建总数的 47.56%。什邡市本着“宜聚则聚、宜散则散”的原则，采取单户自建、统规自建、统规统建的模式，指导受灾户就地取材，在原址建设砖木结构住房。（参见图 58 ~ 59）绵阳市要求受灾散居农户在重建中坚持集中与分散相结合，原则上在原址重建。

图 58　什邡市震后统规统建的新农房

（四川省发改委　提供）

图 59 什邡市单户自建农房户主撒上梁糕

（北京市援建指挥部 提供）

绵阳市于 2008 年 7 月 28 日印发《关于“5·12”地震灾后农房重建工作的实施意见》，推广委托代建、互助自建、帮扶援建、包工建房、联户共建、分期建房等 6 种建房模式。分散建设以科学规划为前提，以“小集中”为主要形式，先后出台《灾后农房重建指导意见》《农房重建项目选址图集》，给农户提供了 26 种 5 万～ 15 万元不同造价的户型供选择；采取由市财政出资 4 亿元建立农房重建担保基金，各金融机构按 1∶10 比例放大，可为建房户每户提供 5 万元以内贷款；争取到援建省设立农房重建专项补助资金，为重建户提供贷款贴息和分户补助，破解重建的资金难题；采取批准一批新建砖厂、支持重建原有砖厂、开办免烧砖厂、免收运输路桥费、建立标砖特供机制等多项措施解决建材紧缺问题；抽调 1000 余名机关干部进村驻点、协调解决各种问题，推动农房重建。

2009 年 7 月 5 日，绵阳市召开农村永久性住房建设试点工作会，确定“安县—北川”“江油—平武”两条线的 6 个镇为市级试点镇；各县（市、区）也分别确定 1 个试点乡镇；各乡镇又确定 1 ～ 2 个试点村，以带动全市农房重建。15 日，绵阳市委五届九次全会通过《关于加大恢复重建力度，共创美好家园的决议》，强调坚持“就地、就近、分散安置”的原则，加快重建速度，力争在 2009 年年底前全面完成灾后农房重建工作。至 12 月 31 日，该市核定的 50.66 万户倒损重建户，除北川羌族自治县的 285 户未开工外，其余全部开工，竣工 480598 户，竣工率为 94.9%。广元市对受灾户坚持就地、就近、分散重建为主，无论是原址重建还是异地重建，均采取“自主置换、工程管理、异地重建、统规统征”的方式解决宅基地问题。在住房建设结构上，打破传统的砖混结构模式，在 6 万余户原址重建户中推广轻钢结构、钢木结构、全木结构及穿斗木结构建房，缩短了建设工期，节约投资 24 亿元。该市还按照“政府兜底、部门帮扶、群众主体”的要求，整合各方面力量，将责任落实到单位和个人，实行倒排工期、限期完成的办法，支持全市 4436 户特困户的灾后重建。截至 2009 年 6 月，广元市在全省率先完成特困户农房重建。雅安市在地震中倒塌和严重损坏的农房共 23662 户。该市按照“宜分散则分散，以原址和分散重建为主”的要求，80% 左右的永久性农房都在原址重建。石棉县在重建中组织专业技术队伍普查了全县 240 处地质灾害易发区和滑坡点，引导群众提前避让。同时，根据汉、彝、藏不同民族的住房特点，设计出 17 套风格各异的农房图集，免费供群众选择，由农户就地、就近自主建设。2008 年 7 月至 2009 年 12 月，该县用一年半时间全面完成 4039 户农房重建任务，其中原址重建的 3463 户，阿坝藏族羌族自治州在灾后农房重建中，除无法在原址重建的外，其余原则上原址重建，以群众自建为主、政府指导为辅。州和县针对一些村组外出务工人员多、缺乏重建劳动力的实际，要求以乡镇为主体，组织重建工程突击队帮助建房。截至 2008 年年底，阿坝全州共投入资金 29.92 亿元，2009 年年底前又投入近 47.13 亿元，全面完成 78398 万户农房的重建任务。

青川县农房重建将开发重建作为改善农村面貌、提升人居环境的机遇，遵循“安全、经济、实用、节地、特色”的基本要求，坚持“依山傍水、显山露水，随形就势、错落有致”的原则，集中与分散相结合，统建与自建相结合，因地制宜，建设具有青川特色生态环保的新家园。

汶川县农房重建着重体现民族风格，发展旅游产业。重建映秀镇老街村时，按照藏羌风格进行统一打造；结合茶马古道建设，大力发展新农村农家旅游经济。建房模式主要有单户自建、联户联建、援建单位统一规划统一重建、援建单位统一规划农户自建等。

截至 2009 年年底，四川省灾后核定需重建的 126.3 万户农村永久性住房完成重建。2010 年 5 月，因余震等因素新增的 19.6 万户需重建的农房，也在地震两周年时完工 99%；至此，四川灾区 145.9 万户毁损的农房重建任务全部完成。

地震造成甘肃省徽县 7506 户农户房屋严重受损，全县确定原址重建 6634 户，每户补助 2 万元，共投入灾后重建资金 13268 万元，其中有 3419 户特困户得到“特殊党费”援建，每户 1 万元。至 2010 年 3 月底，7506 户重建户农房全部竣工，入住率 100%。徽县重建按照“五通、五改、五化、一池、一灶、一整治”的思路①，对全县 31 个集中重建点的道路、水渠、河堤、护坡、供电、供水、有线电视、电话、太阳灶、沼气池及圈舍等基础设施进行统一规划，统一组织实施，提升了重建档次。2011 年 6 月，全县 31 个集中重建点水、电、路、太阳灶、沼气池等基础配套设施建设基本建成并投入使用，护坡、河堤、水渠等基础设施建设进入扫尾阶段。两当县 89 个村的 3100 户为原址重建。县政府制定了《两当县“5·12”地震灾后农村居民住房恢复重建实施方案》，具体规定了农村重建户享受的优惠政策和相关标准。按照“项目拼盘、资金捆绑、渠道不变、各负其责、各计其功”的原则，以集中重建点为重点，进行综合配套。经过全县各部门齐心协力的帮建和受灾群众的努力，3100 个原址重建户在 2009 年年底全部完工。

陕西省有 10 个市、92 个县（市、区）在地震中不同程度受灾，全省因地震倒塌和严重损坏房屋需重建的共 121416 户。陕西省委、省政府和灾区政府高度重视，切实加强对重建工作的组织领导，采取有效措施，加快重建工作进度。各级相关部门驻乡驻村指导灾后重建工作，取得了显

---

① “五通、五改、五化、一池、一灶、一整治”，“五通”指通路、通水、通电、通电视、通电话；“五改”指改水、改厕、改灶、改圈、改炕；“五化”指净化、美化、绿化、靓化、信息化；“一池”指沼气池；“一灶”指太阳灶；“一整治”指整治村容村貌。

著成效。截至2009年9月底，地震灾区农村民房重建任务全部完成。

2008年6月25日，陕西省政府印发《陕西省地震灾害受灾农村民房恢复重建实施方案》，方案明确：一是补助范围。因房屋倒塌和严重损毁无法修复的，且倒损房屋已经拆除的无房户，列入重建范围，每户住房面积一般依据人口多少按60～80平方米建设。对地震灾害造成房屋倒塌或严重损坏的农村分散供养“五保户”和“三孤”人员，可实行集中供养，重建或新建县级中心敬老院供养规模不得低于300人。二是补助标准。农村居民房屋因灾倒塌或严重损坏需重建的，国家每户补助1万元，省级每户补助5000元，市、县每户补助5000元。对部分贫困地区的特困户，在扶贫资金中视情况给予一定补助。三是补助金筹集下拨。补助资金来源为中央特大自然灾害救济补助费，省、市、县三级财政补助，扶贫开发和生态移民资金，各级救灾募捐资金，省内外对口援助资金。补助资金下拨，在灾情核定评估的基础上，依据市县灾后重建实施方案，按进度分期拨付。各市、县根据灾后重建需要，可先行安排本级财政补助资金和社会捐赠资金，提前启动灾后重建工作。四是政策支持。各有关金融机构要开设农村受灾群众建房贷款业务，省、市、县三级筹措2000万元用于贷款贴息。2008年的“农民安居工程”规划中，由民政、扶贫部门分别调整出1万人和4000人的计划，向汉中、宝鸡重灾区倾斜。国土资源、交通、水利、林业、物价等部门从各自职责出发，积极支持灾后重建。7月30日，省政府召开灾后恢复重建动员会，与市、县签订了恢复重建目标任务责任书。民政厅与灾区市民政局、县（区）民政局分别签订责任书，下发5份关于做好灾后恢复重建工作的指导性文件，派出30多个工作组赴灾区检查指导恢复重建工作，帮助解决困难。推广了永寿县和略阳县重建工作的经验；建立了重建工作信息通报制度，编发重建工作通报13期。特别是从2009年3月起，省民政厅要求汉中、宝鸡两市对尚未开工重建的受灾户，逐户摸清情况，有针对性地提出解决办法：对举家外出打工的重建户，由村组及时与重建户取得联系，督促其按时返乡重建；对经济上确有困难的特困户，由县、乡镇、村帮扶包建，重建面积可根据家庭人口情况确定；对从高山偏远地区迁至街道和公路沿线个人置换土地有困难、尚未落实宅基地的重建户，要求乡镇、村出面协调解决，确保了恢复重建工作的顺利实施。

都江堰市安龙镇徐家林盘 地震中，徐家林盘房屋受损严重，18户村民房屋严重损坏，17户中度受损，3户轻微损坏。重建初，徐家林盘的多数村民认为灾后重建是单纯的农房重建。通过对重建政策的宣传解释，使群众逐渐认识到生态资源的重要性和稀缺性，主动将房屋重建与耕地保护和林盘保护结合起来，户与户之间分权不分家，相互借景，资源共享。村民们把思想统一到依托成青旅游快速通道，大力发展乡村旅游，努力形成一、三产业互动格局上来。与此同时，安龙镇专门邀请四川诺杰设计院以“保护林盘院落及新农村村庄环境治理”为重点，对徐家林盘38处房屋及林盘等进行环境综合整治规划。为解决重建资金瓶颈，当地政府通过利用农村产权制度改革成果，为18户重建户贷款66万元，利用川西林盘保护专项资金打造徐家林盘，利用每户平均2万元的重建资金补助等渠道解决了资金不足的问题。村民把绝大部分积蓄投入到农房重建中，随之而来的是今后产业发展的问题。成都市、都江堰市的领导多次到徐家林盘，同广大村民交谈，打开他们产业发展的思路。乡镇、村组干部通过院坝会、研讨会、心桥信箱等形式，为徐家林盘产业发展出谋划策。通过一段时间的宣传引导，村民认同发展新型农家乐和具有川西特色的乡村旅游业是徐家林盘今后的出路。在解决资金问题和确定产业发展方向后，下一步面临的是基础设施配套问题。为此，一方面，广大村民充分发挥主人翁精神，“有钱出钱、有力出力”，在建设好自家房屋的同时，义务投工投劳，整治沟渠、清理建筑垃圾；另一方面，当地政府积极争取市级部门的支持。市交通局、统筹局、重建办对徐家林盘的基础设施进行了改造和完善。市旅游局完善了旅游标识标牌、修建了停车场和公厕。市体育局在徐家林盘设置了群众体育设施等。经过半年的恢复重建，村民们利用房前屋后的林盘地，打造出一个个生态美观的农家小院，每户修建 2 ~ 5 个标准间，有条件的农户修建专门用于经营农家乐的厨房。截至 2008 年年底，徐家林盘重建基本完成，并初步具备了乡村旅游接待能力。

青川县农房援建“661 工程” 地震几乎将青川县摧毁，全县 63510 户农房中，有 61715 户农房严重受损，其中 55224 户农房需恢复重建。根据《国务院关于做好汶川地震灾后恢复重建工作的指导意见》和浙川两省省委、省政府有关部署，浙江省援建指挥部会同青川县共同组织实施了农房援建“661 工程”，即安排 6 亿元资金、帮扶 6 万农户、组织 100 名指导员，全力支援青川县开展农村永久性住房恢复重建。2008 年 10 月 15 日，浙江省印发《浙江省支援青川县农房援建“661 工程”工作方案》，提出确保 2009 年年底前让全部受灾农户搬进永久性住房，扶持一批村容整洁的示范村（点）建设。

为实施好农房援建“661 工程”，浙江省克服重重困难，在规划先行、技术指导、示范村点建设、资金保障和建材供应等方面投入大量精力，保障了农房重建工作的有效开展。

突出规划先行。浙江省从援建开始，就把规划放在首位，迅速发动省内 30 多家规划、建筑设计单位 100 多名建筑师、规划师赴青川县开展规划设计，把沿海新农村建设和城乡一体化的经验、理念带到青川，对青川县 133 个农村安居示范村（点）进行规划，做到村村有规划、户户有样图。在选址布局上，强调“依山就势、错落有致、安全经济、生态节地”。在建筑风貌上，主推“安全、经济、快速、节材”的木结构房，彰显“小青瓦、白粉墙、人字顶、木栏花窗、提脚线、白吊檐”的川北民居特色。

强化技术指导。2008 年 10 月，浙江省从省内各市县选派 116 名农房建设技术人员，驻扎青川乡镇。技术指导组召开现场技术培训会，实地讲解建房技术要领，广泛宣传农房抗震设防标准，进村入户蹲点指导，发现问题及时指导整改。针对青川县农房重建专业施工人员紧缺、工匠数量不足且凭经验建房的突出问题，2009 年 2 月 16 日，青川县农房重建办、县委组织部、县规划建设局和浙江省农房援建“661 工程”推进办共同印发《关于开展建筑业农民工千人培训活动的通知》，及时开展建筑业农民工千人培训活动，采取送教下乡、集中授课、上门授课、随岗培训、现场农房样图讲解、就近工地实习等灵活适用的培训方式，进一步提高了青川建筑业农民工匠素质，确保农房恢复重建的质量。6 月 18 日正式印发了《浙江省支援青川县灾后重建房屋建筑施工图设计结构专业设计技术指导意见》，明确了房屋建筑的抗震设防烈度等要求。经过一段时间的摸索、总结，并向全社会公开征集、组织专家评选出 10 套设计样图，编制成《携手共建新家园——浙江援建青川“661 工程”农房样图集》，免费发放到广大农户，确保农户重建“户户有样图、幢幢按图建”，有效避免了无图无样凭经验建房可能存在的安全隐患、样式单调和不经济等问题。

抓好村点示范。浙江省与青川县共同研究后，2009年1月8日下发《关于切实抓好“5·12”灾后重建农村安居示范村（点）建设的通知》，在沿路、沿湖和乡镇集镇周边，按照生态小康示范新村建设标准，规划建设133个示范村（点），其中84个示范点当年7月底全面建成，49个示范村在9月底建成，为全县农村灾后永久性住房重建和社会主义新农村建设发挥了示范带动作用。

落实重建资金。2008年浙江省下达的第一批和第二批对口支援青川县灾后恢复重建项目资金计划，第一时间确保农房援建资金，计划安排农房援建资金60679万元，即每户安排1万元资金，其中直接补助3000元，农房建设配套补助7000元。青川县合理安排浙江援助的农房重建资金，发挥四两拨千斤的作用，发挥贷款贴息、政策补差、试点示范补助、风貌改造补助、农村基础设施配套资金等的作用。为突破资金筹措瓶颈，青川县实行“农户自筹、政府补助、浙江援建、银行贷款、公司担保”等多元化的资金筹措机制。浙江省安排5000万元支持青川县成立永生担保公司，为灾后农房重建及农村产业发展等贷款提供担保。该担保公司按照农户申请、乡镇审核、公司审验、银行放贷的运行机制，除“三孤”家庭、特困家庭外，给予每户3万元内的贷款担保。

保障建材供应。2008年下半年和2009年上半年，由于灾后恢复重建与国内扩大内需建设等原因，加上青川县原有建材生产能力不足、质量不高，青川县的砖瓦及其他建材供应成为严重影响农房重建进度的突出瓶颈。浙江省援建指挥部和青川县一方面建立特供机制，推行“统购分销”制度，按照轻重缓急加强机砖调配，保持机砖价格相对稳定，同时另辟蹊径，从俄罗斯、加拿大进口2.5万立方米木材用于农房重建。另一方面，浙江省专门安排2000万元机砖技改专项援建资金，于2008年年底开始，先后组织省内专家8批30多人次奔赴青川指导该县67家砖瓦企业的生产技术改造，调结构、增产能、提质量。这些措施的实施，有效化解了机砖供需矛盾。

经过400余天的苦战，至2010年5月，青川县农房重建各项工作全面完成（参见表8），重建后的青川农房，已经成为青川县一道道靓丽的风景线。2009年3月26日，四川省委书记刘奇葆在青川县考察灾后恢复重建和浙江省援建工地时，对农房援建工作给予了充分肯定。

青川县部分灾后重建农村安居示范村（点）一览表

表8　　　　单位：个

所属乡镇	示范村数量	示范村名单	示范点数量	示范点名单
乔庄镇	2	石元村、张家村	2	回龙村下坪社、百井坝
瓦砾乡	1	柴王村	1	庙子村苏家坪社
孔溪乡	1	青峰村	3	弓家河村弓家河社、碓坪村王家坝、三盘村
茶坝乡	1	炉场村	3	寺坝村上寺坝社、下寺坝社，双河村范家山社
青溪镇	2	阴平村、魏坝村	3	东桥村、堰坪村、落衣沟村
桥楼乡	2	青石村、河西村	1	渔寨村柿子坪社
三锅乡	2	东阳村、民兴村	2	杨柳村、民利村

续表 8

所属乡镇	示范村数量	示范村名单	示范点数量	示范点名单
嵩溪回族乡	2	光辉村、地坪村	1	青光村
曲河乡	1	青城村	2	双龙村、关东村
乐安寺乡	2	通坝村、寨子村	2	大桥村、后坝村
关庄镇	1	旭光村	3	高坝村、固井村、池坝村
凉水镇	1	凉山村	3	团结村、友谊村、凉华村
茅坝乡	1	茅坝村	2	华合会、群英村
竹园镇	3	卢山村、松树村、金真村	4	三郎村松树、庄子山、黄沙村中嘴坝、菜麻渠
马鹿乡	3	马鹿村、方石村、砂石村	2	衡柏村、莱溪村
建峰乡	3	建峰村、青峰村、葛底村	3	开峰村、青沟村、矿山自然村
白家乡	2	松盖村、华尖村	1	马村
七佛乡	1	芙蓉村	1	桂佛村
木鱼镇	2	木鱼村、文武村	1	新潭村龙潭子
板桥乡	2	上马村、红旗村	3	浮寨村、新堰村、毛坝村
骑马乡	2	里坪村、新民村	2	中元村、岩埝村
观音店乡	1	观音村	1	两河村
沙州镇	1	江边村	5	幸福村、三堆村、寺沟村、居山村、南丰村
姚渡镇	2	市坪村、平原村	3	阳山村、青元村、王家村

略阳县徐家坪镇徐家坪村集中重建点 天津略阳援建工作组参考西北综合勘察设计院完成的《西北综合勘察设计研究院关于陕西省汉中地区集中安置点规划选址地质意见的报告》，确定天津援建计划。略阳县、徐家坪镇、徐家坪村分别成立集中重建点建设领导小组，积极与津陕联合工作组协调落实援建资金，筹划徐家坪集中重建点灾后重建工作。略阳县水利局完成了灾区群众集中安置点基础设施项目建议书和可行性研究报告编制任务。2008 年 6 月中旬至 7 月底，徐家坪集中重建点完成地质分析、房屋和挡土墙规划设计、水电路配套勘测等前期工作，经略阳县计划局批复立项。8 月 1 日，建房和挡土墙及饮水、道路建设同步实施。

徐家坪村集中重建点的建设单位为陕西兴洲建筑安装有限责任公司。援建工作组与地方干部到一线调研，形成《破解农村灾后建房三大突出问题的对策和建议》报告。他们采取错峰建设缓压力、自力更生弥不足、外出调运作保障的办法，破解建材紧缺难题；采取争取政府价格补贴、实施市场价格干预等办法，破解建材价格上扬的难题；采取协调建筑企业专业技术人员驻点开展技术指导和服务的办法，破解技工不足难题；采取将援建资金账户放到放贷银行、提高贷款规模的办法，破解群众贷款的难题，徐家坪村农村建房顺利进行。

2008 年 12 月 10 日，徐家坪集中重建点建成。该村 31 户村民在寒冬来临之际全部搬进新家，温暖过冬。该重建点农村居民住房由天津市对口支援略阳规划设计专家组规划设计，建设方案结合新农村建设要求，兼顾当地农民的生活习惯又适度超前，为农村发展预留了空间。工程新修挡土墙8000余立方米、沼气31口，架设人饮管道5公里、农电线路2公里，安装广播电视及通信设施31户，水泥硬化安置点2.08公里道路，重建点绿化、靓化建设完成。

2009年9月30日，住进新房的31户受灾农户自发举办一场升国旗仪式，村民在自家房上插上了国旗，请来帮助他们建起新房的天津援建工作者和县乡驻村干部，用升国旗的方式庆祝搬入新居后的第一个国庆节，共迎中华人民共和国60华诞。

二 异地新建

地震造成四川灾区农民失去宅基地12307亩，涉及4.5万多农户、15.9万人；损毁灭失耕地17.6万亩，其中有约1.2万户、4.1万人的5.6万亩耕地全部灭失。为有力、有序做好因灾失地农民异地安置帮扶工作，四川省委、省政府确定了“就地、就近、分散安置”的原则，明确了返乡就地就近安置、市内跨县（市、区）安置和省内跨市（州）安置的次第安置方式。截至2009年5月4日，全省调剂宅基地1.2万亩、调整耕地2.3万亩，实现市（州）内安置的占应安置户数的99.7%；其余按照农民自愿申请、政府帮扶、统筹安排的原则实施跨市（州）异地帮扶安置。青川县首批80户因灾失地农民已搬迁到邛崃市南宝山农场。青川县第二批68户以及汶川县145户于2010年5月12日前搬迁到邛崃市南宝山农场。

德阳市本着节约用地原则，严格按照国家规定的农房建筑面积标准异地建设农村居民小区。什邡市集中异地重建建房点755个，容纳27472户；异地重建工程于2008年年底陆续开工，2010年4月底集中建房点的水、电、道路、排污、沼气、光纤等基础设施全部建设完成，农户已入住新居。

广元市根据山区面积大的实际，按照适宜重建、适度重建、生态重建三大类区域功能定位，对高危地区农户按村内跨组、乡镇内跨村、县内跨乡镇、市内跨县区、省内跨市的顺序，统筹异地重建安置。对自愿投亲靠友、自主转移等方式异地搬迁、重建或购房落户的，出台具体政策给予支持。2008年6月，市内跨县异地安置受灾群众3132人。其中，分3批将青川县红光、马公、石坝等3个乡地质损坏严重、次生灾害隐患多的533户2080人转移到剑阁县安置、285户1052人转移至元坝区安置。2009年3月，世界宣明会开始在青川县凉水、关庄、板桥、沙州等15个乡（镇）援建70余个集中居住点，投资2662万元，每户补助1万元，援助2662户重建。至2010年4月，援建工程全面结束。

雅安市雨城区根据当地受灾情况，规划在中里、合江、晏场3个重灾镇分别新建集中安置点，安置受灾村民109户。中里镇龙泉“肯德基博爱新村”由中国红十字基金会捐助146.5万元修建，规划安置65户，2008年6月动工，11月28日竣工入住。晏场镇“红十字博爱新村”安置33户，7月动工，12月22日竣工入住。合江镇集中安置区由于受地形限制，共新建3个相对集中安置点，安置21户，6月初动工，9月28日竣工入住。石棉县先锋藏族乡松林村1组震后需搬迁集中新建，规划安置100户村民，总投资1500万元。新村占地100亩，建筑总面积1.4万平方米。宝兴县硗碛藏族乡夹拉村张嘎组部分村民住房地处地质灾害易发区，需搬迁集中新建。新安置点选在夹拉村和平组，占地 57.9 亩，其中宅基用地 37.2 亩，以藏族“锅庄房”风格建设，计划安置村民 75 户。至 2010 年 9 月，配套的卫生院、派出所、森林管护站、旅游公厕等主体工程已完工，村民住房稍后建成。石棉县农房异地新建工作于 2008 年 10 月开始，至 2010 年 1 月全面完成，总计建成 7 个乡 1 个镇 12 个村的 15 个集中安置点，安置 576 户、1943 人。异地集中新建集中安置点改善了山区群众的居住条件，提高了生活质量，为新农村建设奠定了基础。

茂县太平乡杨柳村在地震中有 85% 以上的住房严重损毁，同时，山体崩塌、泥石流等次生灾害频频发生。太平乡党委、政府尊重民意，决定整村搬迁异地重建。该村重建全部采用轻钢架结构，按 9 度抗震设防。2009 年 9 月，全村 74 户 350 人全部住进新居。小金县异地选址重建 744 户。松潘县 6 月正式启动 34 个集中居住点重建，共安置受灾重建户 900 户 4532 人，同时县里投资 3584 万元，用于道路硬化、供水、供电、排水、排污等基础工程建设。

文县在异地重建中涉及 12 个乡（镇）60 个村 4455 户，重建中将地处边远、生活环境恶劣、自然灾害频发的贫困村庄列为重点。临江乡蒋冯村辖 2 个村 63 户 261 人，地处高半山，自然条件恶劣，生态环境脆弱，耕地 620 亩，2007 年人均纯收入 635 元。地震造成全村房屋全部受损，直接经济损失 199.84 万元。该村地处严重滑坡的地质灾害体上，必须进行整村异地搬迁，选址临江乡蒋家湾。成县农村 52650 户 18.3 万人受灾，异地重建 4489 户，占重建户的 23.47%。异地重建 4489 户中，本乡镇内异地重建 4471 户，县内乡外异地重建 18 户。黄陈镇苇子沟村位于黄陈镇西南的半山丘陵干旱区，总面积 6.7 平方公里。全村辖 18 个村民小组，684 户、2561 人。2008 年 6 月 3 日，国务院总理温家宝深入苇子沟村下堡社考察灾情、指导灾后重建时提出了“安全、经济、实用、省地”的农房重建指导原则。在灾后重建中，黄陈镇镇政府结合新农村建设的要求，在苇子沟村大河坝社统一征用土地 14 亩，规划安置 40 户；每户 3 间，主体建筑面积 58.2 平方米，总建筑面积 2328 平方米，辅助设施建设 1337 平方米。2009 年春节前，重建户全部入住新居。苇子沟村下堡社异地重建点在重建过程中按照新农村建设的标准和要求，做到“五统一”“三结合”“五配套”“十进户”。“五统一”即统一设计、统一规划、统一户型、统一管理、统一建设；“三结合”即灾后重建和新农村建设相结合，统一管理和群众意愿相结合，政府补助和群众自筹相结合。“五配套”即镇政府统一硬化“一纵九横”的道路、修建统一规格的排污渠、安装健身器材、栽植绿化树；“十进户”即家庭用电、有线电视、节能炕、太阳灶、沼气、卫生厕所、自来水、庭院经济树、大门围墙、厨房全部进户到位。村容村貌和群众生产生活条件全面改善。

徽县有 7506 户特重灾户和重灾户，其中受地质条件限制和地质灾害影响，有 872 户需搬迁，重新选址异地重建。全县共确定 29 个异地重建点，至 2010 年 3 月底全面完成异地重建任务。江洛镇龙头村是陇南市灾后重建重点村之一，也是安置户数较多的重点村，累计投资 1260 万元，共安置赵河、黄坝、杨柳、邱张门 4 个村 85 户 436 人。异地搬迁重建启动实施后，在工作中以“六个一”帮建工作机制为标准，每户确定一名县级帮建领导、一个帮建单位、一户帮建企业、一个帮建工程队、一户一名帮建干部、一户制定一个建设方案。派出专门的工作组，加强物资资金监管，严格实行重建工程质量监督员签字负责制。在建设中，尊重群众意愿，选择安全的 60 亩河滩地，动员当地企业挖掘机、铲车等大型设备 360 台（次）参加土地平整，回填土石 5.6 万立方米。新建农房每户面积 270 平方米，水、电、路、渠、沼气等配套设施一次设计。县发改、林业、水利等14个部门按照“五通、五改、五化、一池、一灶、一整治”的要求，各自配套完成河堤、供水、绿化、沼气、太阳灶、有线电视、文化体育等相关设施建设。2010年3月，85户重建户全部住进新居。

两当县12个乡（镇）、2个工作站、118个行政村，有异地新建户547户，占地164.1亩。按照该县《农村居民住房恢复重建实施方案》的规定，异地重建按每户3间住房，不少于45平方米，砖木结构，质量符合重建规定，并且坚固美观、实用，按8度地震设防要求建设。2009年年底，547户异地重建户的新建住房全部完工。

文县宋坝新村住房 震后，文县尖山乡宋家坝社、寺坪社以及草垭村的草垭社共76户村民房屋受损，其中宋家坝社、寺坪社受损严重，66户533间房屋损毁，229人受灾。重建工作开始后，相关技术人员的地质调查结果显示，3个社原地质结构脆弱，无法原址重建。县委、县政府研究决定将上述毗邻的3个社采取“三社合一”异地重建，重建村取名宋坝新村。工程于2008年7月10日开工建设，11月11日竣工。新村规划总面积26413.2平方米，其中居民建房用地13389平方米、公用基础设施用地9628.2平方米、绿化用地3387平方米，“五保户”7户，总投资820万元，是全县第一批由深圳市援建的灾后重建重点村，被誉为“灾后重建样板村”。

宋坝新村由深圳市勘察测绘院有限公司勘察，深圳市建筑设计研究总院有限公司设计，中国中铁四局股份有限公司施工建设。建设中，深圳市建筑设计研究总院有限公司按照先规划后建设的原则，注重体现当地民居特色的理念进行规划设计，并以安全、经济、实用为建筑标准。建设中，还制定出居民住宅、道路、排水渠、绿化带以及文化大院、体育活动场所等公共设施建设的方案。新村占地长210米、宽113米，主街道宽12米，辅助街道4条、宽5米。村内建设了120平方米的村级组织活动室、80平方米的村级医疗服务室以及200平方米的五保供养院，同时建设有农家书屋，配置电脑、投影仪、小超市、篮球场，安置了11套室外健身器材，建成并开通了全国文化资源共享工程系统和农村党员远程教育系统。

按照“生产发展、生活宽裕、乡风文明、村容整洁、管理民主”的灾后重建要求，实施主街道绿化、小区供电、供水及通信等配套工程，埋设排水管道2条220米、修建护村河堤250米，实现“五通”和“一池三建”。沼气安装覆盖全村66户。新村还制定了村规民约，绘制了文化墙2面、宣传画14幅，修建休闲花园1个、凉亭2座、小区绿地6块，使新村成为城乡环境卫生整治和文明长廊建设中的亮点村。

文县阳志山村住房 文县中寨乡阳志山村系一坐落在海拔1800多米阳志山的藏家山寨，全村有2个合作社、80户农家400多口人。村庄地处大山深处，交通不便，生活条件及环境十分恶劣，全村只有一条羊肠小道通向山外，也是村里唯一的一条交通线。生产生活资料全靠人背畜驮，村民生活饮水仅靠一眼山泉，住房年久未修，破烂不堪。年人均纯收入远低于全县平均水平，许多农户是特困户，靠国家救济过日子。地震中，阳志山村90%的房屋毁坏，村庄满目疮痍，村民根本无法居住。

灾后重建工作启动后，阳志山村被列为全县第一批异地搬迁重建村。文县县委、县政府非常重视阳志山村的灾后重建，组织相关人员多次实地勘察，选择阳志山新村的村址，在实地调查论证的基础上，实施下山入川（河流）异地重建。政府经多方协调，征得村民同意，最终在中路河畔有偿征用花庄坝良种场35亩地作为阳志山新村的村址，决定把阳志山新村重建成具有藏族特色的民俗文化示范村，为发展乡村旅游奠定基础。在尊重民族习惯的基础上，阳志山新村按照统一规划、统一设计、统一户型的原则，突出民族特色，实行分户自建。阳志山村异地搬迁重建项目总投资358.9万元，其中国家易地扶贫试点资金206.8万元（属贫困搬迁）、整合中央其他专项资金37.1万元、地方配套资金51.8万元、群众自筹63.2万元。2008年冬天，阳志山村的重建工作启动，为了体现藏家风格，尊重民风民俗，设计和施工人员都精心准备和筹划前期重建任务，征求农户的意见和要求。2009年春，阳志山村家家户户开始兴建新家园。家家出劳力，户户搞自建，互相帮助，互相扶持，历经半年时间，新村建成80座排列错落有致、具有藏族特色的小院落。全村80户人家，家家户户都有整齐划一的新家园。每家的院落，正面是两层木楼瓦房，两旁还建起“偏房”，每户房屋面积都超过了200平方米，是全县独一无二的“别墅式”农家小院落。

宁强县青木川镇长沙坝村　宁强县青木川镇长沙坝村震后形成较大规模地质灾害点，经省、市专家实地勘察，被鉴定为陕西省特大地质灾害点。县政府及时召开专题会议，确定对长沙坝村进行整体搬迁方案。经过多方实地考察，相邻的南坝村2组堰沟地土地平整，饮水和交通设施齐全，同时该址紧邻原长沙坝村，且不属于灾害易发和危险地段，重建点安排在此较为合适。由于该重建点紧邻金溪河，因此取名为金溪新村。金溪新村总占地面积63亩。震后，台湾民众援建轻钢板房140套，总投资1400万元。每套房屋占地70平方米，建筑使用面积86平方米，安置长沙坝村地质灾害点受灾群众121户。该建设项目由西安建筑科技大学规划设计，征地及场地平整由镇村负责实施，房屋基础由县城建局实施，轻钢房由上海万通公司承建。建设过程中，房屋重建村民和援建方、施工方进行了多次沟通和协调，对援建房屋的适用性和地域性进行了多次协调变更，使新建成的房屋更加实用，与周边环境更加协调，具有美感。基础设施建设上，总投资460万元，新修道路1160米、排水沟2处38延米、挡墙630米；架设10千伏线路400米、0.4千伏线路800米；安置点给排水、道路硬化、绿化等工程已完成，人畜饮水工程和景观吊桥完工。新建村级活动场所217平方米、总投资32万元，新建村卫生室60平方米已完工。金溪新村的建成，从根本上解决了长沙坝村121户重建户受地质灾害威胁的问题，极大地改善了村民的生产生活环境。

青木川镇位于陕、甘、川三省交会地带，这里有成规模的明清古建筑和陕西省省级自然保护区——马家山自然保护区。该镇是宁强县确定的省级重点镇和旅游开发重点镇。金溪新村位于该镇中心地带和马家山自然保护区进区路口。该重建点紧紧依托该镇的旅游优势，形成了以各户为单位、重建点为总体的农家旅游新村。村民在自己家门口开展旅游项目，经营集吃住、休闲、疗养为一体的农家乐，同时兼营当地土特产和旅游产品。该村自整体搬迁后，发展模式从以种养业为主，转变为以旅游服务业为主，生活环境、村民收入和村容村貌发生了巨大变化。

第二章　城镇居民住房建设

2008年8月29日，住房城乡建设部会同财政部、国土资源部联合向四川、陕西、甘肃省政府发布《关于汶川地震灾区城镇居民住房重建的指导意见》，提出要落实《国务院关于支持汶川地震灾后恢复重建政策措施的意见》，按照政府主导、市场运作、政策支持、群众自助的原则，有力、有序、有效地开展地震灾区城镇居民住房重建工作，让受灾城镇居民早日住上安全、经济、适用、省地的住房。意见共分七部分：第一部分为组织建设安居房，提出灾区地方政府可以根据实际需要，参照经济适用住房政策，组织建设安居房；安居房建设用地实行行政划拨方式供应。第二部分为增加廉租住房建设，适当提高实物配租比例，可直接投资集中建设一批廉租住房，优先供应城镇孤老病残住房困难家庭和住房毁损的低收入家庭。第三部分为优先安排除险加固，尽快组织实施受损住房的安全鉴定、修复、加固和拆除清理工作。第四部分为积极推进原址重建，毁损住房符合原址重建条件的，房屋所有权人可以依据城乡规划实施原址重建，灾区市、县政府应当给予支持；不符合原址重建条件，需异地重建的，应当依法收回土地使用权。第五部分为促进住房市场发展，鼓励开发建设中小户型普通商品住房，积极发展住房租赁市场，鼓励私人住房出租。第六部分为实施财政支持政策，包括采取对城镇居民住房重建予以资金补助，中央重建基金对住房毁损导致无房可住的城镇受灾家庭的资金补助，按照平均每户2.5万元补助地方，并提出减免行政事业性收费和政府性基金等手段。第七部分为确保住房工程质量，住房工程的建设，应当符合地震灾后恢复重建规划和抗震设防、防灾减灾要求，避开地震活动断层、生态脆弱和可能发生重大地质灾害的区域。（参见图60）

城镇居民住房重建要严格按照政府主导、市场运作、政策支持、群众自助的原则，实行原址重建、异地新建和维修加固相结合的方式分类进行。优先安排维修加固轻微损坏和中等损坏住房，并坚持与现行城镇住房供应体系相衔接，通过建设廉租住房、安居房、限价商品房和普通商品住房等方式，解决受灾城镇居民多层次住房需求。

根据汶川特大地震灾区的实际情况和市场化的程度，住房城乡建设部提出城镇住房重建工作

图 60　住房城乡建设部负责人在绵竹市汉旺镇指导住房重建工作

（张鸣力　摄）

应统筹 6 个方面的关系。一是处理好城镇与乡村重建补助的关系，城镇居民（房屋需重建者）每户名义上只应与农民建房均等地进行补助（中低收入家庭可由单位补助、公积金和金融扶持等酌情解决）。二是处理好市场与政府作用的关系，政府可在标准制定与贯彻、城镇规划编制与实施、灾后过渡安置房、经济适用房和廉租房建设等方面负责落实，而住房的加固修理或震毁后重建，应由住房所有者直接与企业联系按市场规律办，这样既可调动各方面的积极性，又可防止政府越位包办导致资源配置低效率所造成的浪费。三是处理好“产权所有”与社会公平之间的关系，所有震毁商品房的重建修复工作，应尽可能由产权拥有者通过市场解决，这样可避免面积、楼层、价格、产权等方面的纠纷。政府只对关系社会公平的低收入者、无房户提供保障性住房或过渡房。四是处理好当地政府与对口支援政府的关系，对口支援城市应在重建规划和原有城镇总体规划的指导下，主要负责所有市政公用设施的修复和公用品的建设，但这一切都应在灾区地方政府的统一领导下进行。对商品房的修建，对口支援城市政府可派遣设计、开发、施工企业参与灾区重建，但要依据市场公平竞争的原则来进行。五是处理好就地重建与异地搬迁重建的关系，就地重建可充分利用原有的城镇基础设施、外部交通的联系、原住民对周边自然环境和原有城镇空间机理的认识、邻里关系以及各类社会资源的持续利用的优点，故应优先考虑就地重建。对少数异地搬迁的居民，国家补助数额应与就地重建均衡，不能因差额巨大而造成异地重建的驱动力。而且对异地重建城镇，国家对基础设施的投入比就地重建要高出许多倍，不宜再在居民住房补贴上造成过大的差别。六是处理好房产拥有者（业主）与原住房贷款银行之间的关系，房产拥有者对可修复的房屋享有所有权，对不可修复的房屋仍享有国有建设用地使用权。对于存在按揭贷款关系的银行来说，也应依法享有对可修复房屋的未损毁部分和土地证的抵押担保利益，但此时银行无法通过拍卖抵押品来回收贷款。灾后重建和修复工作应在兼顾房产拥有者和银行两者利益的前提下，积极协商，共创互利的重建途径。

政府补助的基本原则是：均衡城乡居民补助标准；均衡住房灾毁重建与轻毁修复补助标准；均

衡地震极重灾区、重灾区和一般灾区的补助政策；均衡不同收入水平城镇居民的住房重建补助标准。

2008年10月7日，历经3个多月反复酝酿，召开12次专题会议讨论，备受关注的《四川省汶川地震灾后城镇住房重建工作方案》对外公布。四川省提出在2010年年底前，完成所有灾区城镇住房重建工作，实现家家有房住的目标。方案规定，在汶川地震中住房毁损导致无房可住的城镇受灾家庭住房重建，可享受资金补助的“明补”和建房税费减免优惠、房价政策性优惠补助的“暗补”，每户只能享受一次。对最低收入家庭、低收入家庭、一般收入家庭按户均2.5万元标准给予金额不等的补助，重点照顾最低收入家庭。对城镇低保中的“三无”家庭，住房因灾毁损的，由地方政府提供40平方米左右住房供其终身免费居住，不再予以资金补助。对因灾造成的“三孤”人员，通过福利院、敬老院统筹解决。免征恢复重建时的城镇土地使用税和销售合同印花税，减半征收契税，免收各种行政事业性收费等。房价政策性优惠补助，政府组织建设按建造成本定价安居房；政府委托开发商建设的项目，项目利润率不得高于3%；受灾居民购置自住房的贷款利率下限调整为贷款基准利率的0.6倍，最低首付比例为10%。原址重建、购买及加固，享受住房公积金优惠贷款支持，贷款利率在各档次利率基础上优惠一个百分点；对城镇住房的除险加固，政府将给予适当补助，轻微损坏的补助标准每户1000～3000元、中等破坏的每户4000～5000元、严重破坏的每户6000～8000元。

方案提出，灾区根据实际需要，可组织建设安居住房和廉租房。安居房参照经济适用房政策，每套建筑面积控制在40～80平方米，以60平方米左右的中小户型为主，每户限购或租赁1套。购买此类型住房取得的是有限产权，居住满5年后方可上市交易。其供应实行申请、审核、公示和轮候制度，其销售可参照商品房预售管理规定办理，且预售资金只能用于安居住房建设，严禁挤占挪用。安居住房的具体价格由各地物价、房地产管理、财政部门确定并向社会公布。廉租房每套建筑面积控制在40平方米左右。

四川、甘肃、陕西三省积极贯彻落实城镇住房重建规划，结合实际制定具体的实施计划和政策措施。四川省城镇住房需加固134.86万套，需新建25.91万套；截至2009年8月底，已维修加固住房112.7万套，占需加固总数的83.57%，新建住房已开工建设21.51万套，占需新建总数的83.02%。甘肃省城镇住房需加固4.5万套，需新建3.69万套；截至2009年8月底，已维修加固1.7万套，新建住房已开工建设1.02万套。陕西省城镇住房需加固2.65万套，需新建1.09万套；截至2009年8月底，已维修加固2.22万套。

2010年9月7—9日，同济大学建筑设计研究院（集团）有限公司副总工程师郑毅敏和同济大学建筑工程系何忻炜等人对北川、绵竹、都江堰三地灾后重建城镇居民住房建设进行系统调查，调查对象包含不同结构类型、不同性质的房屋，并对灾区重建城镇居民住房总体质量作出评价。郑毅敏介绍，此次调研中，样本工程包含震后3个主要地震重灾区（北川、绵竹、都江堰）灾后重建保障房建筑，结构类型涵盖目前工程中的常用结构，具有较好的代表性，能基本反映四川省灾后城镇居民住房重建的现状。结论是，在四川当地以及援建地相关政府、单位的高度重视和设计、施工、监理等单位的通力合作下，灾后城镇居民住房的质量是有充分保障的。

第一节　规划政策与资金

四川、甘肃、陕西三省积极贯彻落实城镇住房重建规划，结合实际制定具体的实施计划和政策措施。四川省先后颁布实施了《汶川地震灾区城镇受损房屋建筑安全鉴定及修复加固拆除实施意见》《四川省汶川地震灾后城镇住房重建工作方案》《四川省人民政府关于进一步加快城镇住房重建工作的意见》《四川省建设厅关于汶川地震灾区城镇安居住房建设管理的指导意见》。甘肃省颁布实施了《汶川地震灾后恢复重建甘肃城乡住房建设专项实施规划的通知》《汶川地震灾后恢复重建甘肃城镇体系专项实施规划》《甘肃省地震灾区城镇居民住房恢复重建实施意见的通知》。陕西省颁布实施了《汶川地震灾后陕西城乡住房建设规划》《陕西省地震灾区城镇居民住房重建实施方案》。这些文件的及时出台，有效地落实了国家灾后城镇住房重建政策，确保了规划的顺利实施。

落实和发放财政补助资金。认真落实对受损房屋的补助政策，中央重建基金安排的城镇住房补助资金已按照住房重建进度分期分批下发到灾区各地。灾区政府根据具体情况制定了具体的补助标准及补助办法。四川省建立了城镇住房市（州）、县（市、区）、街道（镇、乡）三级台账制度，为每户受灾居民建立了住房档案，有效地保证了补助资金的发放。甘肃省组织力量对城镇居民住房损毁重建和除险加固的户数、规模等情况进行核查和分类造册登记，完善了城镇居民住房损毁分类分档明细台账。陕西省细化财政补助政策，对住房损毁无房可住、纳入低保范围的城镇受灾家庭的资金补助，在中央重建基金每户 2.5 万元补助的基础上，省财政每户再补助 1 万元。

认真执行税费、土地、住房政策。灾区各地积极落实灾后重建税费优惠政策，对于安居房项目，建设用地免征城镇土地使用税；政府组织建设的安居房，所签订的建筑工程勘察设计合同、建筑安装工程承包合同等，免收印花税。按照有关规定，对受灾居民的契税予以减免。受灾省认真执行政府性基金和行政事业性收费政策。对建设安居房、廉租住房及原址重建住房和加固住房，一律免收各项行政事业性收费和政府性基金。各地认真落实土地政策，积极协调住房用地供应，简化用地审批程序。受灾地区政府认真落实安居房、廉租房等住房政策，积极组织建设安居房、廉租住房。

积极争取住房建设信贷资金。各商业银行对政府组织的住宅恢复重建项目给予了一定支持。据人民银行成都分行统计，截至 2009 年 8 月底，四川省商业银行为城镇住房重建发放的贷款约 100 亿元，占全省城镇住房重建总投资的 16%。同时积极与国家开发银行等金融机构进行沟通，争取信贷支持。国家开发银行与绵阳市联合成立了工作组，双方已确定的首批 15 个合作项目，贷款金额 240 亿元。

四川省在城镇住房重建中，按照“四注重”“四提升”的要求，科学规划，统筹实施，极大地改善了人居环境，提升了城镇形象：一是注重塑造风貌，提升城镇整体形象。在住房重建中，根据城镇风貌定位，通过住房与其他建筑和环境的有机协调，突出地域特色和历史文化，处理好功能与品位、现代与传统、人文与自然的关系，建设宜居、生态、现代城镇。二是注重个性特色、提升单体建筑设计水平。注重住房单体建筑的风格设计，改变千篇一律的房屋模式，做到既个性突出又整体协调。三是注重色彩协调、提升建筑立面装饰美感，精心设计，搞好住房的风貌改造和色彩搭配，使住房表面色调与自然色彩搭配，形成鲜明的城镇色彩基调。四是注重历史传承、提升城市文化品位，对灾区有价值的历史建筑和有特色的民居，不轻易拆除，而是精心保护。确需重建的，不简单复制其他地方建筑样式，不盲目模仿欧陆建筑风格，而是尽量保持原有风格，充分展示民族特色、地域风情和文化传统的魅力。

2010 年，甘肃省灾区城乡住房建设的重心由农村转向城镇。在城镇住房建设中，要求能维修加固的尽量不拆除重建，确需重建的尽量要在原址重建，注重加固维修和重建的质量，特别是要符合新的城镇规划和抗震设防标准的要求。指导灾区搞好政府廉租房、经济适用房、安居住房建设，把城市住房恢复重建同经济适用房、廉租房建设、棚户区改造、新区开发和旧城改造、住宅小区建设以及公用设施建设结合起来，采取统筹安置、单位包干、货币补偿等多种形式，解决好灾区城镇居民的住房问题。

陕西省在推进城镇居民住房重建工作中，加强领导，全面安排，在做好住房个人档案填报工作的基础上，多批次下达经济适用房、廉租房投资计划，及时拨付资金。在建设过程中严格贯彻《陕西省地震灾后恢复重建工程质量管理办法》，确保工程质量。各市、县在实施过程中严格落实项目法人责任制、工程招标投标制、工程监理制、合同管理制，严把材料关、质量关、进度关和验收关。

第二节　维修加固与原址重建

一　实施

2008 年 9 月 28 日，四川省政府下发工作方案，明确城镇住房重建和维修加固的补助政策，提出了优先安排除险加固的城镇居民受损住房重建。按住房受损程度，由省财政给予每户 1000 ~ 8000 元的资金补助。在重建过程中，各地采取先易后难的方法，优先开展维修加固住房，优先开展原址重建。多数市、县对于产权明晰、意见统一的受损住房立即组织实施，对于产权复杂、重建意愿差异大的，加大研究力度，妥善处理。对于加固住房和原址重建等群众自建项目，都江堰市引导受损房屋业主选出本楼栋长，代表楼栋参与处理重建规划编制、户型设计、公共配套等具体事务。同时，该市还创新重建模式，提出组合重建，即对同一区域内的几栋居民楼根据居民意愿进行组合，对原址重建的进行统计，组合后，按需就近原址重建，其他实行房屋置换等政策。如龙潭湾两栋住宅楼，根据居民意愿，在原址上重建一栋，其余居民进行房屋置换。对于加固住房的出资问题，绵阳市坚持楼栋居民自主决策，资金发放“以户计算、按栋结算”，实行加固补助资金和维修进度挂钩的政策，使同一栋楼的居民尽快达成一致意见，尽快组织开工，尽快完成加固，该项政策收到较好的效果。江油市则分片组建业主委员会，由业主委员会负责办理报建手续，选择设计、施工和监理单位，对维修加固企业进行资质审查，及时将符合条件的企业名单向社会公布，供业主选择，政府抽调专业技术人员进行重建指导。该市积极与加固的设计、施工、监理单位协调，尽可能降低收费标准，减轻群众资金压力。广元市实行受损房屋产权认证政策，对于没有房产证和土地证的房屋，只要乡镇政府及有关部门确权认证，开具证明，即可纳入补助范围，享受相关政策。对于原址重建的，成都市的做法是坚持广泛民主，同一栋楼三分之二以上损毁住房产权人同意重建，即可报建，政府给予办理相关手续。成都市政府还积极与银行沟通，帮助受灾群众解决资金难题。维修加固和原址重建住房的群众每户可贷款 6 万元，同时政府给予部分贴息，减轻了群众重建的资金压力；对于不贷款的，给予 5000 元的奖励，以鼓励自筹资金重建。

各地还建立了原址重建的试点，起到了很好的示范作用。都江堰市将荷花池片区作为城镇原址重建的试点。江油市在城区建立了重建示范点 66 处。广元市在全市设立了 32 个示范点，分别有街道、乡镇、市级机关、城乡接合部等多种典型。试点的成功运作为其他重建工作打下了良好基础。

二　典型项目

都江堰市荷花池片区　都江堰市幸福社区荷花池片区是地震极重灾县（市）中开工面积最大的城镇居民住房重建片区之一，也是都江堰市在灾后原址重建中，体现政府指导、群众自助原则最成功的“实验田”。2008 年 11 月 29 日，荷花池片区居民住房灾后重建工程地勘正式开始。经过调查摸底，荷花池片区被确定为开展城镇原址重建的试点。震后，片区 90% 的住户和业主有强烈的原址重建意愿。市重建办选择这个片区试点，一是因为在地震中，这里的房屋受损面积大；二是因为这里的情况复杂，一旦取得经验，可以难带易，推广到一般，具有指导意义。为了建设好这片“实验田”，都江堰市委领导亲自带队，3 次到片区召开调研会、院坝会，开展板房夜话，同社区居民、业主座谈，解释政策规定，听取意见呼声。为了更加详尽地了解群众意愿，重建办和幸福镇联合在荷花池片区展开入户登记调查工作。该市公布了一系列优惠扶持政策：原地重建工程的地勘、设计等由政府给予补贴；减免所有的办证、报建等费用；重建完成后，原集体所有制土地转为国有划拨，在这片农村宅基地上重建的房屋全部给予办理双证，使得产权合法。政策透明了，规划与大家见面了，群众的心也安了。拆除还是加固，修什么套型，重建完全根据住户和业主的意愿。规划图纸、套型设计多次交给住户和业主们讨论修改。由于这个片区住户和业主构成、权属较为复杂，对如何重建，最初存在一些分歧。分歧不能统一，工程就会延迟。在项目重建办的指导下，社区以栋为单位选举出业主代表。业主代表再推举成立住房重建议事会，负责住房重建的组织协调工作，协助有关部门编制重建方案。议事规则还规定，重大决定必须由一定比例的住户和业主签字认可方能生效实施。事实证明，民主决策、民主管理，正是解决问题的钥匙。老百姓的事情，让老百姓自己做主，这就是都江堰市幸福社区这块灾后城镇居民住房重建

“试验田”建设成功的经验。

“阳光家园”住宅小区 广州市对口援建的汶川县威州镇（县城所在地）住宅安置小区（一期）工程——“阳光家园”，坐落在原阿坝师范高等专科学校地块。广州对口援建威州工作组为工程建设单位，广州珠江实业集团有限公司代建，广州市民用建筑科研设计院设计，广州珠江工程建设监理公司监理，四川奥博建设工程有限公司施工。工程于2009年2月16日开工，5月13日主体结构封顶，9月10日完工，10月20日竣工验收。

建成后的阳光家园包括11栋两连体、4栋三连体、1栋单体建筑，均为6层住宅。总占地面积约4.5万平方米，建筑面积约72380平方米，总投资2.58亿元，新建824套，可安置2680人。项目结构形式为现浇混凝土框架剪力墙结构，8度抗震设防。立面设计上很好地融合了现代建筑风格和当地羌族建筑特色，外墙砖采用青石材质，外墙涂料以当地广受欢迎的象牙黄为主色调，结构紧凑，造型明快简约。

项目建成后得到有关媒体积极评价和当地居民的欢迎。《广州日报》报道：“沿着岷江沿岸进入汶川县城，十多幢淡黄色的连排小楼被灿烂的阳光分割得整整齐齐，成为外人进入汶川县城的第一道亮丽风景。”“这个以小户型为主的‘一线江景’盘就是广州对口援建的安置房小区‘阳光家园’。”

第三节　损毁住房异地新建

一　实施

城镇居民住房重建严格按照政府主导、市场运作、政策支持、群众自助的原则，通过建设廉租住房、安居房、限价商品房和普通商品住房等方式，解决城镇受灾居民多层次的住房需求。2009年6月，为加快城镇居民住房重建，发展改革委在安排廉租房建设投资上，大力向四川、甘肃、陕西3个重灾省倾斜，下达廉租房补助资金45.2亿元。截至2010年12月底，地震灾区71.7%的城镇居民住进了安全可靠、经济适用的安居住房、廉租住房。城乡住房重建成为灾区民众最满意的民生工程。四川省建设厅会同财政厅、人民银行对安居住房建筑面积作出规定，原则上不得超过80平方米，超过部分不再享受土地划拨、税收减免等优惠扶持政策。同时规定，每户受灾居民家庭限购（租）一套安居住房，安居住房产权和上市交易管理，将按照经济适用住房的有关规定执行，安居住房办理房屋权属登记时，需注明“汶川地震灾区安居住房”。各地根据实际制定实施细则和工作方案，积极有效地推动城镇居民住房重建工作。都江堰市根据群众要求，先后推出了申请购买安居房、申请租住廉租房、申请购买限价房、自购商品房、按照规划置换土地异地自建等多种住房重建方式以供选择。针对建房中不符合规划或无法构成三分之二多数意愿的情况，经过多次讨论研究，集中群众智慧，由居民自主选择，引导不同区域、不同楼栋、具有相同意愿的住户组合到一个地块、一栋楼，实施组合重建。在重建住房分配中，都江堰市坚持搞“透明工程”，面向社会各界公开招募60余名社会监督员，市纪委、监察机构和检察机关介入，由公证机构对摇号分配全过程和结果进行公证。2010年5月23日，都江堰市举行首次城镇安居住房摇号分配。为保证摇号透明公平公正，采取了电视直播、公证人员和社会监督员全程监督、摇号电脑武装押运等措施。至12月8日16时，随着一首《都江堰谢谢你》的歌声在都江堰外国语实验学校场内响起，该市最后一批（第六批）安居住房摇号分配活动全面结束，18058户与政府签订置换安居住房协议的毁损住房户，全部实现安居分配。青川县城所在地乔庄镇3000多名居民喜迁东山小区792套安居廉租房；8月，小坝安居小区404户领到新房钥匙。为保障人人有房住，青川县还为弱势群体配置了200套低收入保障性住房和300套公租房。

二　典型项目

两当县保障性住房项目　两当县城建局在灾后重建中以适度扩大重建县城规划为契机，建设结合城镇廉租房、居民灾后重建安置房、道路拆迁安置房和经济适用房于一体的保障性住房项目。（参见图61）工程项目位于新城区广香北路，面邻广香湖，占地面积7333平方米，共布局5栋单体楼，建筑为6层，结构形式为底框剪力墙，二至六层为砖混结构，抗震设防8度。总建筑面积约2.03万平方米，其中廉租房7600平方米、安置房1万平方米、商铺2700平方米。246套住宅（5幢楼17个单元）总投资2500万元，其中廉租房152套、经济适用住房和城区居民灾后重建安置房94套。廉租房每套面积约50平方米，户型为1室1厅1卫1厨带阳台；经济适用住房和城区居民灾后重建安置房每套面积约101平方米左右，户型为3室2厅1卫1厨带储物间和阳台，造价1412元/平方米。资金含中央重建基金和自筹，廉租房中央重建基金补助400元/平方米、省补助200元/平方米、个人自筹812元/平方米。安置房灾后重建补助资金为每户2.5

图61　两当县廉租房、安置房工程（甘肃省灾后重建志办公室　提供）

万元。工程由西北地勘综合设计院设计，两当县质量安全监督站监督，天水中核工程有限公司进行地勘，陇南磊泰建筑公司等施工。总体设计采用新观念，力求创造舒适、安全、便捷的居住环境。设计风格上外墙采用红白相间色。建筑设计无论是从立面材料的选择上，还是平面布置上，都精心设计，做到建筑沉稳大方，居住空间舒适。实际建设过程中，既保障质量，又照顾到百姓的购买力，在合理控制建设成本的前提下精心选择建筑材料，为老百姓提供舒适居住环境的同时，体现出对低收入者的人文关怀。

宁强县廉租房项目 宁强县是国家级贫困县，受地域、自然条件等因素的制约，全县贫困面广，城镇低收入家庭大多房屋低矮、破旧，居住条件十分差。地震中，该县住房受到严重破坏。据统计，县城低收入居民房屋倒塌和严重受损需要拆除重建户数达 625 户，受损房屋建筑面积达 56705 平方米，其中倒塌房屋 27 户、2862 平方米，严重受损房屋 598 户、53843 平方米。为切实解决这些城镇低收入家庭无房户的住房问题，宁强县把廉租住房建设工程列为县民生八大工程之一。该项目位于县城以北王家坪，总投资 8247 万元，计划建设 1052 套、5.1 万平方米的廉租住房小区。项目被列入天津市对口援建规划，其中天津方支援新建廉租住房 1.6 万平方米，解决 400 户低收入居民住房。项目由县城乡规划建设管理局组织建设，县建筑设计院设计，汉中市工程建设监理公司监理；经过招投标，由宁强县建筑工程公司、汉中安泰建设工程有限公司、宁强县羌州建筑工程有限责任公司、陕西晟方建设工程有限公司中标承建。2008 年 8 月 14 日开工建设，实行项目法人制。各参建单位克服雨天多、施工道路不畅等诸多不利因素，2009 年 4 月建成，5 月 6 日举行入住仪式，首批入住 48 户。该项目建成，基本消除宁强县城镇住房困难和无房户问题。汉源镇 70 岁的贫困老人禅翠莲站在王家坪廉租房住宅小区的新家里，手里紧紧攥着新房钥匙激动地说："我们这样没有生活来源的人，做梦都没想过能住进这样的房子"。建设单位连续在 2008 年、2009 年被陕西省政府授予全省保障性住房建设先进集体荣誉称号。

北川羌族自治县温泉片区安居房项目 根据山东省与北川羌族自治县协商对接，确定将温泉片区安居房建设作为山东省援建北川新县城率先启动的建设项目，主要用于安置原老县城受灾群众。

温泉片区安居房项目占地总面积 28.42 公顷，总建筑面积 42.15 万平方米，157 栋单体建筑，总投资 9.19 亿元。其中，住宅建筑面积 37.71 万平方米，商业等公共建筑面积 4.44 万平方米，平均容积率 1.48，建筑密度 31.46%，绿地率 30%，停车率 23.5%。住宅建筑以 6 层为主，局部 5 层；独立地段商业建筑以 2 层为主。建成后可安置受灾群众 3641 户、10195 人。温泉片区安居房由济南、青岛、烟台、潍坊、淄博、济宁、威海、临沂、枣庄 9 个市承担援建任务。

2009 年 6 月 9 日，山东省援川指挥部下发《关于同意济南等 9 市建筑设计院为中规院北川新县城温泉片区安居房（含幼儿园）设计工作技术协作单位的通知》，明确承担安居房援建项目和片区内幼儿园援建项目的 9 个市的建筑设计院作为中国城市规划设计院的技术协作单位，在中国城市规划设计院的统一协调和技术指导下，按照该院研究制定的《北川新县城温泉片区安居房施工图设计技术导则》，承担各自城市承建楼房的施工图设计工作。建筑方案设计和初步设计由中国城市规划设计院直接委托中国建筑设计院负责，小区内的景观绿化和道路、管网施工图设计由该院专业设计所承担。

为保障各援建市安居房建设的顺利进行，山东省援川办积极协调做好前期准备工作，加强施工中的统一管理。

北川新县城建设指挥部规划组、建设组和山东援川指挥部新县城建设组联合办公。北川羌族自治县设立建材批发市场，引入市场机制，以保证价格低、质量好的建材用于援建项目，确保建材供应。北川羌族自治县质监站负责所有援建工程质量检测工作。山东省各市援建指挥部安排专人值班，及时向山东援川指挥部汇报安居房建设情况。山东省援川指挥部与北川羌族自治县密切配合，及时解决停水、停电和供应不足、施工便道占压援建项目、大雨冲毁施工便道和便桥、雨季施工场地泄洪困难等问题，全力保障临时水、电、路的畅通。山东各援建市指挥部正排工序，倒排工期，制定详细的推进表，以确保按时完成任务；大力推进标准化工地建设，并进行检查和评比，确保安全施工。

2009 年 7 月，针对 40 万平方米安居房户型面积和配套公共建筑布局反复调整变化，导致具体援建地块难以划分的问题，山东省援川指挥部与中国城市规划设计院、中国建筑设计院和北川羌族自治县进行沟通协调，研究提出居住面积与公用建筑面积一并计算，不单纯以面积均等为原则，而以方便施工组织为原则整块划分；工程地质勘查提前启动，施工图设计按统一标准协同进行的工作思路，加快了工作进度。

2009 年 6 月 28 日，临沂市援建北川新县城安居房项目开工建设，标志着北川新县城安居房建设项目全面启动。7 月 16 日，烟台市承建的安居房项目破土动工。其他几个项目承担市的安居房项目也先后开工建设。至 8 月 27 日上午，经过全体援建人员 40 天的连续奋战，烟台市援建的北川新县城安居房（温泉片区）22 街坊 15 号楼实现封顶，成为山东省援建北川新县城安居房 130 个单体项目中第一个实现封顶的项目，标志着山东省援建北川新县城取得初步成果。9 月 27 日，烟台市承建的北川新县城 22 栋安居房全部封顶。该项目占地 7.8 万平方米，总建筑面积 71439.68 平方米，约占山东省对口支援北川新县城安居房工程的六分之一。

2009 年 7 月 20 日，潍坊市承建的北川新县城安居房工程开工；至 9 月 25 日，经过连续 60 多个昼夜不间断施工，援建的 17 幢安居房工程全部封顶，工程总建筑面积 53870 平方米，共 475 户。这是北川新县城项目开建以来，一次性封顶楼房最多、规模最大的一次，中央电视台新闻频道对封顶仪式进行了现场直播，山东援川指挥部、北川羌族自治县有关领导出席封顶仪式。

2009 年 9 月 25 日，温家宝考察北川新县城安居房建设情况时高兴地说："谢谢你们啊！同志们，在新中国建立 60 周年喜庆的日子，我来看望大家，向大家致以节日的祝贺！你们是参加地震灾区恢复重建的援建单位，你们发扬了一方有难、八方支援的这种血浓于水的民族感情，你们承担的是安居工程的建设，把质量放在第一位，把安全放在第一位，正像你们所说的那样，'安全是幸福的源泉，安全是效益的保障'（山东援建工地上悬挂的标语口号），我们一定要把安居工程建设成一个安全工程、人民安居乐业的工程，我们把这个工程留给北川的人民，留给灾区的子孙后代，这就是大家给灾区人民做出的贡献，我向大家表示感谢！"温家宝同时勉励援建人员再接再厉，争取早日完成安居房施工任务，确保北川居民年底前住进安全、舒适的家，过一个欢乐、祥和的春节。

2009年国庆、中秋长假期间，山东省广大援建干部、施工人员放弃与家人团聚的机会，坚持工作在援建岗位，近万人的新县城建设大军夜以继日、连续奋战，工地上塔吊林立，机器隆隆，运输车辆穿梭不停，建设场面紧张有序、热火朝天。2010年3月，安居房建设进入装修阶段，山东省援川指挥部协调本省有关援建市和中国城市规划设计院、中国建筑设计院等单位，研究提出室内外主要部位装修材料型号和标准，及时与援川办有关工作组沟通，确保了工程质量。

2010年5月27日，济宁市援建的温泉片区35-2安居房工程顺利通过竣工验收，这标志着温泉片区安居房项目所有工程竣工验收。该工程获得四川省“优质结构工程”和绵阳市“绵州杯”奖以及四川省“天府杯”金奖。

青川县乔庄安居工程　青川县城乔庄镇在地震中损毁严重，县城各类住房倒塌面积48.75万平方米，住房倒塌影响人口11807人、户数5766户。其中，破坏严重的各类住房面积20.98万平方米，影响人口4700人、户数1607户。地震造成当地居民居无定所，城镇居民住房（安居房）援建是浙江省援建的重中之重。2008年7月10日下午，浙江省政府赴青川调研组实地考察青川后，向浙江省领导汇报时建议，先在乔庄镇援建一个约10万平方米建筑面积的灾后安置小区，首次正式提出援建乔庄安居工程的思路。16日，浙江省委办公厅、省政府办公厅印发《浙江省支援青川县灾后恢复重建方案》，明确建设和修复城乡居民住房是浙江省对口支援青川县的八大内容之一。根据援建方案，浙江省支援青川县灾后恢复重建工作办公室和浙江省支援青川县灾后恢复重建指挥部迅速落实乔庄安居工程援建任务。

乔庄安居工程包括东山、万众、上坪、小坝4个安居小区，总建筑面积196572.2平方米，总投资4.95亿元。东山安居小区是浙江省援建的第一个安居房项目，也是青川县灾后恢复重建的第一个城镇住房项目，纳入浙江省援建项目2008年度实施计划（第一批），为全额投资类援建项目。2008年8月21日工程奠基，标志着乔庄安居工程建设拉开序幕。万众、上坪、小坝3个安居小区建设由宁波市支援青川县部分乡镇灾后恢复重建指挥部实施。2009年5月16日，浙江省援建指挥部召开加快推进安居房建设专题会议，围绕2010年5月12日前完成40万平方米安居房建设目标任务进行研究部署，提出10个方面措施，进一步推动了3个安居小区建设的前期工作。

乔庄安居工程的建设任务十分繁重，有关方面注重工程建设团队的选择与管理。东山安居小区的设计单位浙江省建筑设计研究院，是浙江省内最强的设计队伍之一。万众、上坪、小坝安居小区的设计单位宁波市建筑设计研究院有限公司和宁波大学建筑设计研究院，也是宁波市内最有权威的设计单位。浙江省援建指挥部采用“杀鸡用牛刀”“大马拉小车”的思路，经公开招标，东山安居小区由年产值“百亿”、全国500强企业浙江省建工集团有限责任公司负责施工，由浙江省内实力最强的浙江工程建设监理公司负责监理。万众、上坪、小坝安居小区由实力雄厚的宁波建工股份有限公司和宁波市建设集团股份有限公司施工，并抽调虞建华等优秀人才组建东山项目建设办公室等项目推进机构，有力地推动了工程建设。

工程建设注重方案设计。为确保选址安全，乔庄安居工程4个小区均选址于乔庄镇断裂带退让100米控制范围外。安居小区设计结合当地实际、因地制宜、各有特色。万众安居小区（现名为万众嘉园）的设计理念是本着安全、节地、经济的原则，尊重地块原有的自然肌理，挖掘现有地形和景观资源，合理安排各项建筑功能及建筑体量关系，营造一个空间舒适、环境优美、设施齐备、交通便捷且有现代气息的安居小区。设计时突出归属性、均好性、舒适性、文化性、生态性，真正做到“花钱不多质量高、占地不大环境美”。2009年4月23日，工程举行动工仪式。

浙江省援建指挥部在建设东山安居小区时，会同青川县政府提出整个小区工程造价控制在1500元/平方米左右，并对小区配套进行限额设计。2008年12月2日，浙江省援建指挥部组织浙江省工程咨询公司对东山安居小区工程进行概算审核后，发函明确了工程核定概算为13620万元，作为初步设计批准的依据。该工程多次优化结构方案设计，在满足8度抗震设防要求的前提下，把框架结构改为砖混结构钢筋网片砌体的结构形式，每平方米单价比框架结构节省造价近400元。工程实际投资13608万元，与核定概算投资仅差12万元。工程建设时注重施工进度把握。东山安居小区2009年10月完成工程量的90%，比合同工期提前100多天移交400多套作为乔庄镇板房腾挪过渡周转使用，青川百姓陆续入住。

乔庄安居工程受到浙、川各级领导和青川县广大群众的关注，对项目的实施提出了很多意见和建议，对项目的质量、安全、进度给予高度肯定。东山安居小区工程为服从青川县城重建的整体安排，配合板房区项目腾挪工作，在基本具备入住条件但室外配套有待完善的前提下，特事特办，明确“五个服从服务”，坚持“足额限时、规范有序、协作服务、多方满意”4个原则，顺利提前移交南区块17幢432套住房及物管用房，极大改善了板房区项目腾挪住户及周边农户的居住质量。2010年12月，青川县城4个安居小区，除小部分用于拆迁户置换及过渡安置外，全部交付钥匙，入住率达98%以上。百姓安居乐业，这座汶川地震中遭受重创的县城重现生机与活力。

绵竹市金陵雅居小区　地震中，绵竹市90%的房屋倒塌或严重损坏，公共设施严重损毁。50多万灾区群众陷入无家可归的窘境，他们渴望有一个遮风挡雨的家。金陵雅居小区是江苏省援建的民生工程之一。该工程最初叫玉马天河安置点，后改为景观立交安置房，最后被绵竹市政府地名办命名为金陵雅居小区（见图62）。

小区位于绵竹市南大门，玉马村5、6组，原是一片农田，占地13.6万平方米。小区由南京民用设计院精心设计，房屋选型新颖别致，砖混框架结构，按7度抗震设防。计42幢（其中5层的7幢、6层的35幢），有60平方米、90平方米、120平方米3种套型，建筑面积达17万平方米，主要安置绵竹工业园区的拆迁户。根据江苏省委、省政府的统一部署，金陵雅居小区由南京市负责援建，是南京市对口援建的最大一个小区。经过严格招标，项目由南京凯盛建设集团有限公司、中建八局第三建设有限公司、南京大地建设（集团）股份有限公司3家施工单位负责承建，南京建设工程项目投资管理有限公司负责代建，南京南房建设监理咨询有限公司、南京普兰宁建设监理有限公司、南京第一建设事务所有限公司3家单位监理。项目总投资36580.38万元。

小区于2009年3月28日开工。南京市援建指挥组精心组织，严格控制工程进度的时间节点，从工程前期手续完善、概预算编制和决算审查、工程项目招投标，到对监理公司的监督、管理、协调及工程施工阶段质量、安全、进度、造价、资料、信息进行全程管理，协调设计、测绘单位及其他相关部门配合施工等，无不精心布局，环环相扣。

图62　绵竹市灾后新建的金陵雅居小区

（四川省委宣传部　提供）

参建单位共3000余干部职工日夜奋战在工程第一线，冒着严寒酷暑、连绵雨季，发扬连续作战的精神，采取见缝插针、交叉同步施工的办法，24小时分班作业，流水操作，确保了工程全天候、全方位施工。仅用9个月的时间，被绵竹人称为“放心房”“称心房”“满意房”，不用装修即可直接入住的现代化小区在绵竹市城东新区拔地而起。

2010年2月初，金陵雅居小区顺利通过各项工程、合同完工验收及验收鉴定。2月5日，举行工程完工交付仪式，通过项目档案专项验收。至10月底，已有1695户居民入住小区。金陵雅居小区工程项目2010年获得四川省“天府杯”奖。

江油市中原爱心小区　江油市地震中人员伤亡严重，残垣断壁，满目疮痍，震损房屋111084户，其中损毁住房24159户、严重损坏5083户、中度损坏61030户、轻微损坏20812户，导致9.25万户、25.8万人居住困难。

为解决江油地震后无房户的居住问题，河南省援建前线指挥部决定实施中原爱心小区工程，并将其作为灾后援建的重点项目进行建设。2008年8月10日，河南省印发《关于下发河南省对口支援江油市恢复重建第一批项目名单的通知》。

中原爱心小区（见图 63）工程项目分为一、二、三期和一个配套设施工程，分别在不同地点、不同时间进行施工。小区一期工程属于“交支票”工程，即由江油市负责项目实施，河南省一次性拨付 80% 建设资金，待项目竣工验收合格后拨付剩余资金，并由前线指挥部和各省辖市的前线人员负责对项目的进度、质量进行监督。二期和三期工程属于“交钥匙”工程，即由河南省相关厅局为建设主体，负责工程设计、施工、监理及招投标等全过程管理，江油市负责征地拆迁、前期手续审批并参与监督；工程完工后整体交付江油市。中原爱心小区一期工程于 2008 年 9 月 28 日奠基、12 月 10 日正式开工，2009 年 9 月 23 日举行竣工典礼。二期工程于 2009 年 3 月 29 日奠基、5 月 10 日正式开工，2010 年 5 月 10 日竣工。三期工程于 2010 年 2 月 1 日正式开工，2011 年 1 月 18 日进行工程初步验收，4 月 28 日完成综合验收并移交当地。

中原爱心小区一期工程。位置在江油市南的明月新城范围内，安居路北侧，栖仙路东侧。场地地质条件稳定性良好，适宜建筑居民住宅。小区周边配套建设有爱心医院和爱心学校，方便小区居民的生活。一期工程项目净用地面积 43333 平方米，总建筑面积 70900 平方米，其中建筑面积 50 平方米的住房 118 套、建筑面积 60 平方米的住房 582 套，建筑面积 80 平方米的住房 300 套。由 31 幢多层住宅及 1 栋 3 层幼儿园组成。

建成后的中原爱心小区一期，房屋建筑形式明快、稳重、简洁，充分彰显出川西民居的建筑风貌，具备经济实用的特点。小区内水、电、气、道路、绿化、排水、停车位、健身场所、物业用房、消防系统、监控系统等设施功能齐全、配套完善。整个小区可安置江油市城区地震住房损

图 63　江油市灾后新建的中原爱心小区

（四川省委宣传部　提供）

毁户1000户。安置对象主要包括城区因地震灾害住房损毁无法原址重建户、因抗震救灾中搭建安置板房造成的征地拆迁安置户、“城中村”及城镇最低收入家庭无房户。

中原爱心小区二期（豫江苑）工程。位于江油市江彰大道西侧、望月路和金沙路之间，总建筑面积32230平方米，为一独立住宅组团，由12栋住宅楼组成，可安排576户居住；建筑结构形式为6层砖混结构，给排水、电气照明、电视、电话、网络、安防、燃气、垃圾中转、道路、绿化等设施配套齐全。项目建成后将作为抗震救灾及恢复重建拆迁安置用房。

河南省住建厅为该项目的责任主体单位。河南省建筑设计研究院有限公司承担了中原爱心小区二期“交钥匙”工程项目的全过程项目管理工作。新蒲建设集团有限公司负责项目施工。用时一年，提前完成建设任务。为表现河南与江油人民血肉相连、同甘共苦、源远流长的兄弟情谊，河南援江办工作人员建议将工程名称更名为“豫江苑”，江油市有关方面欣然同意。

中原爱心小区三期（民心苑）工程。位于江油市体育北路和白至路交叉口，总占地面积17266.68平方米，容积率为1.34，绿化率为31%，设有62个停车位。总建筑面积23144平方米，新建廉租住房458套（含物业用房2套）；分为3种户型，均为2室2厅1厨1卫，平均住宅面积均在50平方米左右。三期项目工程为河南援建的廉租住房，含9栋单体楼，其中1～4号楼为6层、5～9号楼为5层。该工程项目协议投资5590.48万元，最终审计投资额5541.64万元，其中江油市争取国家廉租房补助资金912万元，河南省援建资金4629.64万元。三期工程项目为交钥匙工程，户内设有电视和电话接口、卫生洁具、灯具、燃气具等，生活设施齐全，单元对讲门、入户防盗门、户内木门、塑钢中空玻璃门窗等设施完善。院内道路、绿化、停车位、自行车棚、垃圾站、红外线监控、庭院灯、箱式变电站、电动伸缩门、围墙等均按要求配置齐备，还按规划设计要求建设了设施配套的市政半幅白至路（15米宽）快慢车道、人行道、盲道砖、路灯。居民可即时入住，生活方便。

中原爱心小区二期工程获2010年度河南省省优质工程“中州杯”奖、2010年度四川省优质工程“天府杯”银奖。

茂县晋茂新园　2008年8月6日，山西省委召开常委会议，强调援建工作必须坚持以帮助解决最紧迫的民生问题为重点。会后，启动了城镇居民住房重建项目——晋茂新园项目，并进一步强调县城住房重建主要是解决低收入受灾家庭的住房问题，要按廉租房政策和标准建设。

茂县晋茂新园安居工程位于县城南滨江路东侧，属联建共建项目，占地面积达91.39亩，是茂县灾后重建中最大的民生工程。城镇居民安居房、廉租房的建设，需政府投入的建设资金较大，茂县县政府决定引入外部资金并按照市场运营方式进行开发。2009年1月19日，茂县县政府第42次会议批准通过《茂县安居工程综合开发招商方案》。24日，四川德润房地产开发有限公司获得晋茂新园开发建设权。一个月后，该公司向社会公开招标晋茂新园的建设单位。2月23日，广安银河建筑有限责任公司中标，承担晋茂新园的建设。

四川中翰建筑设计院有限公司承担晋茂新园工程的设计工作。2009年3月13日，广安银河建筑有限责任公司组建的专业施工队伍正式开工建设。晋茂新园是茂县最大的安居房建设项目，施工方将工程质量放在第一位。12月30日，晋茂新园安居房如期完工。2010年10月15日，该项工程通过竣工验收。新建设的晋茂新园共有39幢楼、894套住房，其中安居房564套、安置房230套、廉租住房100套，全部采用钢筋混凝土和管网结构规划设计，达到8度抗震设防标准，总投资 1.4 亿元。晋茂新园的建成，让茂县的城镇受灾家庭和住房困难家庭圆了安居梦。

什邡市物华西苑廉租房小区　地震使什邡市城区民居建筑严重受损，特别是建造年代久、标准低的平房区，损毁尤为严重。居住群众绝大多数是城市低收入者，甚至是城市贫困户；同时不少困难、破产企业的职工居住的房屋也受到破坏。对口援建的北京市与什邡市决定将物华西苑廉租房小区项目列入灾后重建项目，尽快解决震后无房群众的住房问题。

物华西苑廉租房小区为灾后异地重建项目，新址位于什邡市东南部，处于城市科教文化区，东临环城线，现场基础设施条件良好，交通便利。完全符合城市总体规划，功能设置充分考虑了建筑的使用性质和用途，方便群众居住生活的要求。该项目分两期建设，一期于 2008 年 9 月开工，2009 年 7 月竣工；二期于 2009 年 1 月开工，12 月竣工。根据什邡市城镇居住建筑重建规划，一期、二期建设用地面积 66329.27 平方米，总建筑面积 90085 平方米，拥有 26 栋楼，总计 2000 户，容积率 1.506，建筑密度 27.5%，为 6 层单元式住宅，南北朝向布置。建筑等级为二级，总高度 19.2 米，层高 3 米，抗震设防 7 度，耐久年限 50 年。

物华西苑廉租房小区户内设施较完备，天然气、有线电视、电话接入每家每户。外墙贴陶瓷面砖，采用外墙内保温体系。室内厨房、卫生间镶贴仿瓷地砖和内墙砖。内墙面和顶棚采用仿瓷涂料装饰。小区内处处体现着人性化设计。小区设置 3 个出入口，交通非常便利。由于入住的居民都是困难家庭，每栋楼前都建有自行车停车棚，方便居民的生活。水泵房进行隔震处理，所有给排水管道设计均考虑了水流噪声和对共振的控制。

物华西苑廉租房小区是北京市援建什邡市最大的保障性住房小区，工程设计概算为 18138.44 万元，其中工程费 16429.33 万元、工程建设其他费用 844.38 万元，预备费 864.73 万元，为北京出资、北京建设，资金来源为北京红十字会捐赠。工程的建设单位为北京求实工程管理有限公司，监理单位为北京光华建设监理有限公司，由中建一局、中建二局、北京城乡建设集团 3 个总承包单位承建，质量监督单位为什邡市质检站。参与援建的施工单位都曾是北京奥运会场馆建设的主力军，他们共同的心愿是让灾区人民早日住上放心房。该项目的建成（见图 64），使灾后失去住房的 500 多户居民搬出临时性活动板房，住进了安全、明亮、环境优美的永久性住房，同时让 1000 余户无房和住房困难的家庭喜迁新居，实现了安居梦。

图 64　什邡市灾后新建的物华西苑廉租房

（北京市援建指挥部　提供）

第六篇

城镇体系建设

川、甘、陕重灾地区51个县（市、区）规划重建城镇571个，其中区域次中心城市2个、市域中心城市1个、县域中心城市45个、重点镇148个、一般镇375个。编制城镇体系规划是城镇体系建设的前提。2008年5月20日城镇体系规划编制工作正式启动后，规划组克服了地质灾害威胁、信息混乱等重重困难，采取野外调研与室内作业相结合，大兵团作战、上下协调的组织方式，成立了由总体组、市州组、县市组构成的三级工作组，国家级与省级、地州级、县级灾后重建城镇体系规划同步编制、互动进行，十几个规划院并肩作战，10月28日正式公布，确定了8年的规划周期，近期3年以恢复重建为主，后期5年以发展提高为主。规划主要围绕近期3年恢复重建阶段进行，尽快恢复城市的基本公共职能，确定安全建设用地及其承载人口数量，安排人口布局，恢复交通等公共职能。6月6日，印发《四川省灾后重建城镇体系规划编制要求（试行稿）》。四川省将城镇体系规划的要求向下一级延伸，完成了成都、德阳、绵阳、广元、雅安、阿坝6个市（州）的恢复重建城镇体系规划，构成了相互辅佐、各有侧重、层级深化的规划系统。成都市市域城镇体系规划由同济大学规划设计院主编，成都市规划设计院配合。德阳市市域城镇体系规划由中国城市规划院主编，四川省城乡规划设计研究院配合。绵阳市市域城镇体系规划由中国城市规划院主编，四川省城乡规划设计研究院配合。广元市市域城镇体系规划由四川省城乡规划设计研究院主编，中国城市规划院配合。雅安市市域城镇体系规划由重庆市城市规划院主编，自贡市规划院配合。阿坝藏族羌族自治州州域城镇体系规划由清华大学规划设计院主编，四川省城乡规划设计研究院配合。在科学的城乡规划体系的整体约束控制下，四川灾区编制的恢复重建城乡规划具有相互协调、层层落实的内容特点，并取得了恢复重建城乡规划与当地工业化、城镇化和新农村建设紧密结合，与灾区交通体系、生产力布局和产业结构优化调整相互协调的良好效果。四川省在灾后恢复重建城镇体系、城乡住房和农村建设等城乡重大专项规划中，提出在灾区6个市（州）和10个极重灾县（市）范围内形成“一群”（成德绵城镇群）、“一带”（成德绵广城镇密集带）、“多线”（旅游发展和生命线通道）的城镇体系空间结构。县（市、区）抓住灾后恢复重建的机遇，通过编制规划或者规划修编的形式，明确了县域（或者县城）的内部空间结构。灾后恢复重建工作协调小组研究了北川和青川行政驻地选址，明确了北川行政驻地搬迁和青川行政驻地不搬迁。

全国1000多家规划设计单位、1万多名城乡规划和建筑设计工作者，参与了四川省39个县（市、区）、700多个乡镇重建规划的制定。美国、德国、意大利、日本、加拿大、新西兰等国专家参与映秀镇规划和设计。2011年4月，2011中国四川国际文化旅游节在水磨镇举行开幕仪式，来自全世界旅游界的专家和嘉宾参观水磨镇建设后赞叹不已。在城镇体系规划的指导下，经过选址论证、科学设计和精心施工，城镇体系建设任务基本完成。

市政公用基础设施是支撑城镇发展的基础。住房城乡建设部于2008年7月1日印发《关于汶川地震灾区城镇灾后恢复重建规划编制工作指导意见》，指导受灾地区规划编制。10月27日，四川省建设厅印发《四川省地震灾区市政公用基础设施灾后重建方案编制和实施指导意见》，提出坚持以恢复为主、重建为辅、适度超前、科学重建的原则，突出城镇供水、供气、道路桥梁等生命线工程，加快灾后市政公用基础设施建设步伐，早日完成灾后重建任务。

城镇基础设施项目建设使用世界银行贷款4.5亿美元、法国开发署贷款1.5亿美元。2009年3月20日，世界银行与中国政府签署《贷款协定》和《项目协定》，并于6月17日正式生效。4月24日，法国政府与中国政府签署《贷款协定》。5月20日，财政部与四川省签署《执行协议》。项目覆盖灾区5个县（市、区）的城镇基础设施，总投资约11.3亿元，使用法国开发署贷款1.5亿美元。

在城镇重建中，坚持把城镇重建同新型工业化和新农村建设结合起来，统筹安排交通、能源、水利、通信、环保等市政设施和教育、文化、体育等公共服务设施建设，推动城乡产业互动，增强城镇可持续发展能力，发挥城镇对农村的辐射带动作用。恢复重建中突出村镇布局和风貌特色，提高民居设计水平，突出地域民族特色。德阳市、绵阳市等区域中心城市和部分县级城市建设污水处理、垃圾处理等设施，以及城市道路、桥梁等市政基础设施项目，采取特许经营权出让等多种方式引进资金。

截至2011年9月底，城镇体系建设项目完工1102个，完成投资966亿元，北川、汶川、青川等县城和映秀、汉旺、水磨等镇完成主体功能的重建。一座具有浓郁藏羌风格的北川新县城已矗立在世人面前。一批城镇新区和新场镇增强了城镇的辐射集聚功能。市政设施功能不断完善，修复新建市政道路558公里，新建了一批桥梁，新建水厂53座，集中供热、垃圾处理、城镇防洪等工程增强了城市可持续发展能力。20余座历史文化名城名镇的古城区、古街区、古建筑和古文物得到恢复再现，城市底蕴进一步增强。在城镇体系的规划过程中，涌现出一批高起点、高标准的城镇规划。在城镇体系的建设过程中，项目单位精心组织，精心管理，抓质量，保进度，创造了城镇建设史上的辉煌业绩。

第一章　城镇布局

川、甘、陕重灾地区51个县（市、区）的地质、地形复杂，生态环境承载能力相差很大，经济发展水平和发展潜力各异。为了合理集聚产业和人口，对恢复重建提出了空间布局的总体要求（参见图65），对易址重建县城和城镇进行选址论证，在城镇内部新建功能区，保护旧城和发展新城有机结合。对一些损毁严重的场镇进行重建。

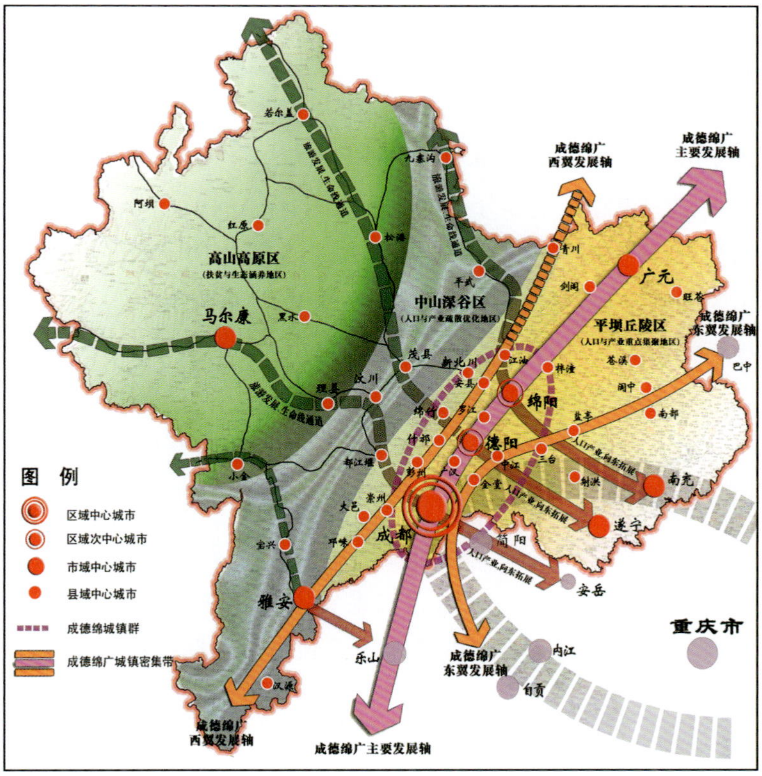

图65　四川省灾后重建城镇体系规划图
（选自汶川地震灾后恢复重建主题展）

第一节 空间布局

城镇是大规模集聚人口和产业的区域，是区域经济发展的主要载体，需要合理选址，优化布局，增强可持续发展能力。51个县（市、区）的城镇布局优化体现在3个方面：一是分区重建，将整个规划区分为适宜重建区、适度重建区和生态重建区。适宜重建区和适度重建区的城镇适度扩大规模，损毁的城镇异地重建向适宜重建和适度重建区转移。二是通过明确城镇重建的5种类型，实施分类重建。三是调整城镇内部的功能分区，增强城镇集聚产业和人口的能力。

一 分区重建

根据资源环境承载能力综合评价，按照国土开发强度、产业发展方向以及人口集聚和城镇建设的适宜程度，51个县（市、区）国土空间划分为适宜重建区、适度重建区和生态重建区，其中适宜重建区10077平方公里、适度重建区38320平方公里、生态重建区84199平方公里，分别占规划区面积的7.6%、28.9%和63.5%。

适宜重建区主要分布于四川省的龙门山山前平原和与龙门山山脉接壤的浅丘地区，甘肃省的渭河、泾河河谷地带和徽成盆地，陕西省的汉中盆地边缘和关中平原过渡地带，以及其他零散分布的少数地块。位于适宜重建区的城镇原地恢复重建，其中条件较好的，与经济发展和吸纳人口规模相适应，可适当扩大用地规模。

适度重建区主要分布于四川省的龙门山山后高原地区和山中峡谷地带，甘肃省的西秦岭山区，陕西省的秦巴山区，以及其他应当控制开发强度的区域。位于适度重建区的城镇以原地重建为主，其中不宜发展工业的，应调整功能；发展空间有限的，缩减规模。

生态重建区不适宜在原地重建城镇并较大规模集聚人口，主要分布于四川省龙门山地震断裂带核心区域和高山地区、甘肃省库马和龙门山断裂带、陕西省勉略洋断裂带，以及各级各类保护区等。位于生态重建区且受到极重破坏、通过工程措施无法原地恢复重建的城镇，异地新建。

二 分类重建

县城恢复重建是城镇体系恢复重建的重点。县城（城区）分为重点扩大规模重建、适度扩大规模重建、原地调整功能重建、原地缩减规模重建和异地新建5种类型。（参见表9）灾后重建过程中，规划区的城镇采取了4种重建方式，具体是：少数受灾特别严重、原有城镇场址不宜再作城镇发展空间的城镇，整体异地重建；受灾较重城镇基于地质灾害隐患和环境安全性考虑，进行局部用地布局调整和重建；部分城镇原有建设过于狭窄，为增加防灾避灾空间，在原有基础上进行城镇改建和适度扩建；一些具有相对区位优势、资源环境承载力高的城镇，作为灾区城乡人口和产业布局转移的承接地，在原有基础上进行城镇集聚发展建设。

规划区县城（城区）重建规划类型与实现情况一览表

表 9

重建类型	四　川	甘　肃	陕　西
重点扩大规模重建	规划有彭州城区、崇州城区、大邑县城、都江堰城区、绵阳市旌阳区、广汉城区、绵竹城区、什邡城区、罗江县城、绵阳市游仙区、绵阳市涪城区、江油城区、广元市利州区，均按规划实施完成	成县县城、徽县县城，均按规划实施完成	勉县县城、宝鸡市陈仓区，均按规划实施完成
适度扩大规模重建	规划有中江县城、安县县城、三台县城、盐亭县城、梓潼县城、广元市元坝区、广元市朝天区、剑阁县城、旺苍县城、苍溪县城、茂县县城、南江县城、阆中城区，均按规划实施完成	西和县城、两当县城，均按规划实施完成	宁强县城，按规划实施完成
原地调整功能重建	规划有芦山县城、石棉县城、理县县城、松潘县城、小金县城、黑水县城、九寨沟县城，均按规划实施完成	陇南市武都区、文县县城、康县县城、舟曲县城，均按规划实施完成	略阳县城，按规划实施完成
原地缩减规模重建	规划有平武县城、宝兴县城、汶川县城。汶川县城功能疏解，平武县城和宝兴县城规模没有缩减，实施完成	—	—
异地新建	规划有北川县城、青川县城、汉源县城，北川县城和汉源县城实现异地新建，青川县城实现功能疏解，实施完成	—	—

三　功能调整

通过功能调整的方式，实现城镇恢复重建。功能调整的方式有 4 种，一是全功能新建城镇，主要有北川新县城永昌镇、汶川县映秀镇、汶川县水磨镇、安县晓坝镇、绵竹市汉旺镇、绵竹市孝德新镇；二是部分功能疏解城镇，主要是汶川县城威州镇和青川县城乔庄镇功能疏解，形成一城多镇格局；三是城镇现有功能扩充，在城区内建设新的功能区，如都江堰市的壹街区、略阳县的接官亭新区等（参见图 66）；四是飞地型产业新区，主要有阿坝工业园、平武工业园等，这些产业园已经成为城镇的重要功能区。

图 66　震后新建的旺苍县城建筑群
（杜跃泽　摄）

第二节　选址论证

选址论证涉及的城镇分布在四川规划区。震后，四川规划区出现了大量次生灾害，大于 1000 万立方米的特大型山体滑坡即有 26 个，许多城、镇、乡、村处于地震断裂带或存在各种灾害隐患点，面临着地质灾害的威胁和原有建设用地灭失的困境。同时，由于当地居民对未来的安全和发展问题十分担忧，一些地方、部门和专家在安全选址和重建模式确定等方面又存在意见分歧，灾区的社会稳定与恢复重建工作的推进受到较大干扰。四川省开展城乡建设用地的安全性评估，在地质灾害危险性评估资料的基础上，反复进行城乡建设用地的选址论证，将拟建用地分为安全、部分安全、不安全和无法确认 4 种；对能够确认安全的用地，包括各城、镇、乡、村的拟建用地进行发展性评估，审视其未来的发展潜力，综合考虑民族传统延续、地方文化保护、产业结构调整和经济社会长远发展等因素的影响，将拟建用地划分为较大发展潜力、一般发展潜力、潜力不明显和发展条件差 4 级；按照原地重建为主、异地新建为辅的思路，结合安全性评估和发展性评估意见，将四川灾区的城、镇、乡、村归为重点扩大规模重建、适度扩大规模重建、原地调整功能重建、原地缩减规模重建和异地新建 5 类，形成宏观层面上的选址指导意见。2008 年 10 月底，经过有关部门和专业人员的努力，四川灾区绝大多数城、镇、乡、村，包括 14 个受灾严重、重建条件差的镇、乡选址取得了一致意见，汉旺、晓坝两镇确定为原地异址重建模式，分别在老镇区以西一公里和以南两公里处修建新镇区。有争议的汶川、北川、青川等县城的选址与重建模式，也于 2008 年 11 月取得了比较一致的选址意见：汶川县城和青川县城的大部分地质灾害点可以通过工程措施得到有效控制，在避开部分高危地质灾害点、控制县城人口规模增长的前提下，两县城仍有较为充足的可建设用地，确定原址重建。北川县城因原址地质灾害过于严重，无法确保安全，确定搬迁至安昌河冲积坝建设新县城，以利于新北川的建设和未来的发展。

一　县城选址重点项目

按照尊重自然、安全第一的要求，采取城镇全部功能异地恢复重建、城镇全部功能就地恢复重建和城镇削减功能就地恢复重建 3 种模式，解决了北川、青川、汶川等县城及映秀、汉旺等重灾镇的选址难题。

北川新县城　北川老县城曲山镇本身位于"V"字形中低山河谷，四周山体陡峭，地震中大面积垮塌，稳定性差。2008 年 5 月 14 日，经绵阳市规划部门现场勘查，初步判断无法原址恢复重建。19 日，以中国城市规划设计院为主的专家组再次实地查勘，提出擂鼓镇、永安镇、桑枣镇和安昌镇东南 4 个选址方案。6 月，专家组通过对地形地貌、地质构造与新构造运动、工程地质条件、水文地质条件等的综合考虑，提出新县城选址在原安县安昌镇东南约 2 公里处的建议方案。成都军区某测绘大队 51 名外业官兵于 7 月 4 日进入安县板凳桥地区，全面展开北川新县城的选址测绘工作。在板凳桥地区方圆 12 公里范围内实施 1∶2000 地形图、正射影像图、三维模型等测绘工作，并对结构变化作出数据论证，完成 50 幅地籍图，为北川新县城选址提供了一流的、精准的地理信息资料。8 月 5 日，北川新县城的选址测绘工作全面完成。同月，四川省政府正式向国务院报送北川新县城选址意见。11 月 10 日，国务院常务会议通过北川新县城选址方案，确定新县城位于安昌镇以东约2公里处。12月，中共中央总书记胡锦涛为北川新县城取名"永昌"，取相邻的永安、安昌两镇首尾字，寓意永远繁荣昌盛。2009 年 2 月，民政部批复同意北川、安县新的区划调整方案，将安县的安昌镇、永安镇和黄土镇的长乐、红岩、顺义、红旗、温泉、东鱼 6 个村划归北川羌族自治县管辖，该县人民政府驻地由曲山镇迁至安昌镇；11 月，四川省政府同意设立永昌镇。2010 年 1 月 31 日上午，永昌镇举行成立大会，永昌镇党委和政府正式挂牌办公，标志着永昌镇正式成立。（参见图 67）

图 67　震后新建的北川新县城

（四川省委宣传部　提供）

青川县城 青川县城坐落于平武—青川地震活动性断层上，地震前 11 处地质灾害点，震后又新增灾害点 32 处，处于地震高风险带。2008 年 7 月 17 日，地质灾害报告称，狮子梁山体有大裂缝。经地质勘查，桅杆梁山体、东山等处均有滑坡体威胁。

住房城乡建设部安排中国城市规划设计研究院承担青川县城选址规划研究工作，2008 年 7 月 23 日进入青川乔庄调研，展开公众意愿调查。8 月 31 日，根据该部副部长仇保兴的批示，工程院院士周干峙、中国城市规划设计研究院院长叶耀先和副总规划师杨明松、武汉市勘测设计研究院副总工程师官善友等 7 人组成调研组，至青川、陇南调研。通过历史、场地、经济、人口、交通以及自然环境等要素比选，中国城市规划设计研究院提出两种选址方案，一是县城功能疏解——“双中心”型，二是县城搬迁——“职能全面疏解”型。

2009 年 3 月 23 日，国务院汶川地震灾后恢复重建工作协调小组第二次全体会议提出：“鉴于各方面形成共识，青川县人民政府驻地不搬迁，保持乔庄镇作为县城的基本功能，请四川省政府抓紧开展县城恢复重建工作，加强地质灾害治理，提高抗震能力，保障居民安全；统筹规划建设竹园镇，加强防洪设施建设，县城部分教育机构和工业企业向竹园适当分流，减轻乔庄镇的承载压力”。青川县城选址工作结束。（参见图 68）

图 68 震后恢复重建的青川县城乔庄镇布局

（沈若飞 摄）

二 城镇选址重点项目

绵竹市汉旺镇 汉旺镇原位于四川中北部盆地边缘，龙门山断裂带东侧。震前，该镇建成区面积 3.8 平方公里，基本形成以机械加工、矿山采掘为主体，磷化工业为龙头的工业格局。区内有国有大中型企业和驻镇单位 40 余家，围绕东汽在汉旺境内已形成了近 200 家大大小小的零配件

图 69　震后新建的绵竹市汉旺新镇布局

（四川省委宣传部　提供）

加工企业以及磷化工企业。地震中，汉旺镇几乎被彻底摧毁。2008 年 5 月 13 日，国务院总理温家宝赶至汉旺镇考察灾情，指出："汉旺镇人是英雄的人民，汉旺镇人是压不倒的，也是不会从地球上消灭的，我和你们一样相信，我们活着的人，一定会努力建设一个新的汉旺镇"。经地质权威机构鉴定，汉旺处于小坝、金花断裂带上，地壳活动非常活跃，整个城镇不能原址重建，须进行原地易址重建。

5 月 20 日，绵竹市政府委托中国城市规划设计研究院编制汉旺镇灾后恢复重建规划。东汽迁移至德阳市城郊。对于大于地震断裂带最小避让距离的普通居住建筑等，在不违背综合防灾和规划功能布局要求的条件下，在原址进行选择性的恢复重建。（参见图 69）

安县晓坝镇　晓坝镇新镇区坐落于罗浮山旅游区内，距安县千佛山国家森林公园约 22 公里，距白水湖国家水利风景名胜区约 15 公里，位于三大景区的核心部位。在辽宁省城乡建设规划设计院制定的《四川省安县晓坝镇总体规划》中，晓坝新镇区的功能定位以绵阳丰富的旅游资源为依托，以旅游服务、温泉度假为支撑，建设成为以川北民居风格为特色的全国灾后恢复重建"窗口"，同时也是罗浮山旅游区的重要组成部分，是全镇的政治经济文化中心。晓坝镇被定性为国家灾后恢复重建试点小城镇、绵阳市温泉之乡、安县中西部地区旅游服务型小镇。

2008 年 6 月，中国城市规划设计研究院在安县作城镇体系规划，经考察确定晓坝镇处于地质断裂带。为避开地质断裂带，保证灾区人民生产生活安全，中国城市规划设计研究院在《安县

“5·12”特大地震灾后恢复重建县域村镇体系规划（2008—2010）》中明确指出：“晓坝镇场镇的灾后恢复重建方式为镇区内的原地迁址重建，镇场人口整体外移，需跨行政村异地安置的农业人口为1946人，建议迁移至新场镇”。

6月28日上午，辽宁省委书记、省人大常委会主任张文岳一行专程到安县晓坝镇实地查看灾情，并同安县县委、县政府主要领导研究晓坝镇迁建有关事宜，决定迅速派出一批一流的辽宁省城建规划设计专家，协助安县做好重建规划。6月底，辽宁省城乡建设规划设计院制定出晓坝镇场镇异址重建的A、B两套方案。A方案为：选址麦草岭，位于现晓坝老镇区西南约0.8公里，北抵晓坝至沸水镇公路，南至李石匠坡，北部为废弃的晓坝砖厂，用地面积约55.3公顷。距龙门山脉晓坝断裂带约400米，面积较小，周边无可用土地，不利于未来发展；交通不便利，建设周期长；地势较高，水源缺乏，易受崩塌、滑坡影响；处于罗浮山风景区外，不利于旅游发展。优点是拆迁量较小。B方案为：选址陈家大院，位于茶坪河以南的谷地上，距原镇区东南约800米，晓坝至茶坪、晓坝至沸水公路从用地穿过，北部距茶坪河约300米，东靠罗浮后山，南抵雷打树，用地面积约60公顷；距地震断裂带约960米，距离较远；周边开阔，发展空间大；现有3条公路穿过用地，交通便利；建设周期短，位于罗浮山风景区内，有利于旅游发展。缺点是拆迁量较大。通过专家反复论证和广泛听取群众意见，结合《四川省汶川地震灾后重建地震评价图》和省地矿局915水文地质大队的专题论证，以及市水电勘察设计院的防洪报告，最终确定实施B方案。

7月，四川省政府《关于安县晓坝镇和北川羌族自治县香泉乡原地异址重建选址的批复》，批准该项目启动实施。12月25日，四川省政府《关于同意安县晓坝镇人民政府驻地迁移的批复》，批准晓坝镇镇政府办公驻地从关心村迁移至中心村（新场镇）。（参见图70）

图70　震后新建的安县晓坝镇

（安县县委宣传部　提供）

第三节 城镇重建与功能调整

在汶川特大地震灾后恢复重建城镇体系规划的基础上，四川省完成成都、德阳、绵阳、广元、雅安、阿坝6个市（州）的恢复重建城镇体系规划，先后完成受灾地区的县域城镇体系规划、县城总体规划、近期建设规划、重建安置区的控制性详细规划和修建性详细规划、县（市）域范围内的乡镇建设规划、乡镇安置区的控制性详细规划和修建性详细规划、村民安置点的建设性规划，以及援建项目的详细规划等一大批“落地实施规划”，为规划区的重建和发展打下良好的基础。甘肃省和陕西省也编制了城镇建设规划。对口支援省（市）帮助受援县（市、区）编制城镇建设规划。一批知名规划单位和规划专家参加规划编制工作。在规划基础上，建设单位精心组织、精心施工，抓质量、抓管理、保进度，圆满完成了城镇建设任务。

一 县城重建重点项目

北川新县城异地重建 北川新县城永昌镇，2009年5月开工建设，2010年9月建成基本框架，2010年12月居民入住，2011年9月全面完成重建任务。规划城区面积7平方公里、城区人口7万，至2011年11月建成区面积5平方公里，入住人口3.5万。首期启动项目218个、实物量122亿元，全部完工。

2008年10月28日，中国城市规划设计研究院专家进驻北川，启动新县城建设规划编制与设计。11月16日，温家宝提出“安全、宜居、特色、繁荣、文明、和谐”12字建设标准，提出“要努力把新北川羌族自治县城建成标志性工程，成为城建工程标志、抗震精神标志和文化遗产标志”。北川国土部门和相关勘测单位就北川新县城区域工程地质勘查和地质灾害评估提出具体的工作方案，对工程地质进行了初步调查。水务部门对新县城区域内的水利、水文、防洪、水土保持、水环境保护、水资源开发利用、水系统建设等进行专题研究，并于11月中旬出具科学报告；此外，新县城规划办和中国城市规划设计研究院对北川、安县和绵阳部分地区开展了水资源、防洪排涝、水系、供水、排水等15个方面的详细基础资料收集工作。10月29日至11月2日，规划项目组的专家们到汶川、理县、茂县、松潘、九寨沟等县，开展羌寨、藏寨传统风貌和县城城市特色风貌的详细考察，形成一份比较完善的羌藏风貌考察报告，为北川新县城规划工作提供了重要依据。11月底，专家组又前往广东东莞松山湖、深圳华侨城三期、山东寿光和潍坊等地参观考察建设水平较高的特色小城镇和工业园区，借鉴其他地区小城镇和工业园区建设的先进经验。全国50多家甲级资质规划设计单位参与重要单体建筑方案设计，北川召开330多次共1100多人次专家参加的规划设计评审会评审论证，吴良镛、周干峙、张锦秋、邹德慈、何镜堂、王瑞珠等10余位院士，崔恺、庄惟敏等6名建筑大师，冉光荣、季富政等羌族历史文化和羌族建筑专家参与设计、咨询和评审。（参见图71）规划设计注重传承和弘扬羌族文化，建筑设施以羌族特色为

图71　院士、专家就北川新县城规划设计开展调研（住房城乡建设部　提供）

主要建筑风格，外观普遍融入羌族风韵与现代元素。11月26日，中国规划设计研究院专家组编制完成《北川新县城总体规划方案》。12月20日，住房城乡建设部、四川省建设厅审查通过总体规划方案。2009年2月，四川省灾后重建工作委员会审查通过总体规划方案；3月30日，四川省政府正式批复总体规划方案。按照恢复功能、完善设施的目标，需要启动的项目共221个（含征地拆迁项目），估算投资153.7亿元，资金来源为国家灾后恢复重建基金4.4亿元、山东省援建资金43亿元、社会捐建资金4.1亿元、争取国家专项资金1.5亿元、市场主体投入50亿元、银行贷款等多渠道解决50.7亿元。

北川新县城建设过程中形成了较为完善的规划体系。《北川新县城总体规划》的内容包括北川新县城发展定位："北川羌族自治县县域政治、经济、文化中心，川西旅游服务基地，绵阳西部产业基地和现代化的羌族文化城和生态园林城。"人口规划为2015年5万人、2020年7万人；用地规模为2015年6平方公里、2020年7平方公里。分期分步建设目标是：三年恢复重建期（2008—2010年）主要目标是"安置人口、恢复功能、启动园区"，优先建设保障性住房；五年发展提高期（2011—2015年）主要目标是"集聚人口、完善功能、彰显特色"，进一步扩大城市规模，完善服务功能，新县城整体面貌基本建成；远景展望期（2015—2020年）发展目标是"提升地位、拓展功能、辐射周边"，进一步发挥新县城的辐射带动作用，促进县域和周边地区城镇化和工业化。

《北川新县城综合防灾规划》的内容包括：新县城用地安全布局、应急救灾设施建设、避灾场所建设、防洪规划的整合、消防、抗震、地质灾害防治和人防工程建设要求。北川新县城居民5分钟内可步行到"防灾避难绿地"，包括北川中学在内的7所学校用地被列为新县城固定避难场所。新县城建筑按照7度抗震标准设防，学校、医院等重要公共设施按照8度抗震标准设防。《北川新县城灾后恢复重建住宅区规划与设计》的内容包括：温泉片区一期和二期为受灾群众安置区；红旗片区、白杨坪片区为拆迁农民安置区。规划总户数2350户，规划人口6563人。

《北川新县城市政工程专项规划》的内容包括：北川新县城用水标准，构建安全、稳定、高效的新县城供水管网系统，集中供水普及率达100%。雨污分流制，在城区形成相互独立的雨水和污水收集系统。污水处理标准，污水管网覆盖率大于95%，污水集中处理率95%。城区以顺义河、永昌河、蒋家河、桂花河、钻岩子河等天然或人工水系为受纳水体组织雨水排放系统，按照顺坡、就近的原则，沿道路布置雨水管渠。建立以地区电网、燃气管网为依托的基本能源保障体系。以110千伏变电所为电源城网系统，布局了10千伏城区中压配电网。邮政、电信、广播电视等综合通信系统，能满足数字城市的通信需求。建设城区垃圾收集、转运和处理系统。

《北川新县城道路交通专项规划》的主要内容包括：建设干路51条、综合客运枢纽1个、旅游停车场1个、公交综合场站2个。其中，干路总长度71.6公里、综合客运枢纽占地1.5公顷、旅游停车场占地0.5公顷、2个公交综合场站占地1.3公顷。

《北川新县城水系专项规划》的主要内容包括：确定水系景观形态、水系工程量、水系景观水源、水量储存、调配要求，保障水质和水量。

2009年5月11日，胡锦涛提出："北川新县城的重建第一要科学规划，第二要精心设计，第三要加快建设，第四要保证工程质量"。12日，中国侨联捐建的北川中学开工建设，这是北川新县城正式开工建设的首个项目。9月25日，山东省援建北川项目交接仪式在北川新县城隆重举行，山东援建和承建北川新县城项目共102个。北川新县城水、电、路、气、桥等齐全，重建住房总建筑面积达120万平方米，满足3万居民的需要。教育设施包括2所幼儿园、2所小学、1所职业学校、1所中学，还有青少年活动中心和妇女儿童活动中心；医院有县人民医院、爱卫办（含红十字会、新农合办、卫生进修学校）、中医院、疾控中心、妇幼保健院等；文化广电设施包括北川体育中心、抗震救灾纪念园、影剧院、川剧团（含艺术团、羌族文化艺术学校）、图书馆、文博中心、广电中心等；社会福利设施有民生大楼、老年活动中心、敬老院、福利院、儿童保护中心；计生和社保设施有计生指导站、就业和社会保障综合服务中心等。

北川新县城5平方公里的城区内，林木覆盖率接近30%。无论处在县城的任何地点，步行5分钟可达县城的一处绿地或休闲广场；步行10分钟可达学校或医院等公益设施，可谓宜居之城。在援建的1.5平方公里的工业园区内，实现了"六通一平"，建设了配套服务设施，建设了产业园区服务中心（即综合服务大楼及职工公寓）。已有25家山东企业入住园区，多数已经投产。项目全部建成达产后，每年产值可达35亿元，可增加就业岗位8000多个。

北川新县城将羌族特色和现代元素有机结合在一起。提高各项建筑抗震等级设防标准，住房按照7度设防，公共设施按8度设防。已经经受住了2010年"8·13"特大泥石流的考验。新县城内，处处川风羌韵，内外装饰装修使用了羌文化符号、文化石等，充满了羌族特色。建有风雨廊桥和羌族特色商业街雕楼等。

北川新县城在规划建设时，提出了努力建设超低碳城镇、最终实现零碳城市的目标。新材料、新能源、新技术在新县城的各个援建工程中得到充分运用。新北川宾馆、人民医院推广使用地源热泵中央空调系统。川剧团、文化艺术学校采用雨水收集系统、太阳能光电系统、自然通风系统。妇幼保健院、中医院均规划使用节能便器、声光控开关、节能灯具、环保型建筑涂料、装饰材料等节能设施和材料。安居房全部使用聚苯板外墙保温材料和中空玻璃，所有单体建筑都采用外墙节能保温系统，多数路灯采用LED节能灯等绿色节能措施，降低碳排放量，实现节能环保。通过利用清洁能源和循环能源，可大大降低北川新县城的维护运行成本，代表了中国未来小城镇的发展方向。

北川新县城建设成为数字化城市，为未来科学管理、规范运行创造良好条件。不仅重视建筑材料、建设工艺等方面的高新技术运用，在配备设施设备上，引进最新最好的设备，为灾区人民提供良好服务。另外，山东省还投资建设数字北川项目工程，以北川的信息化、智能化建设为目标，以一个中心（数字化城市管理中心）、一个平台（城市空间地理信息技术平台）、两项信息化技术应用（数字市政、数字城管）为重点，结合物联网技术的应用，整合各类信息资源，推进政府管理和社会服务信息化建设，提升城市管理水平，为北川的全面信息化打下了良好的基础。

青川县城乔庄镇原址重建　2009年3月，国家确定青川县城原址重建。乔庄规划区面积2.2平方公里，避开3条地震断裂带和3个变形体后，安全用地只有1.1平方公里，资源承载极其有限。为加快工作进度，浙江援川指挥部调整指挥部内部机制，将宁波市指挥部干部与乔庄分指挥部干部整合，下设3个项目部，即房建一部、房建二部、市政项目部；将垂直作业方式改为平行作业方式，即将原来的拿出总规→根据总规制定详规→根据详规选址→根据选址设计→开工建设的垂直作业顺序改变为5个过程同步推进，对每个环节中出现的衔接问题，边做边改。打破按部就班的工作程序，组织规划师和建筑师同步设计，做规划的同时进行援建项目的建筑设计，两者互动，加快推进援建项目建设。4月23日，乔庄万众安居小区、乔庄高中、青川县人民医院十大项目同时动工建设，标志着青川县城原址重建全面启动。

2009年5月27日，四川省政府批复青川县城总体规划。批复指出，乔庄镇是青川县行政中心、文化中心、商贸重镇；竹园镇作为县城乔庄功能疏解的承接地，要和县城乔庄镇同步规划、同步建设，以确保青川县城灾后恢复重建目标的顺利实施。6月22日晚，青川县城灾后重建控制性详细规划评审会召开。评审专家组及与会领导对青川县城乔庄灾后恢复重建控制性详细规划进行了认真评议和审查，一致认为青川县城控制性详细规划落实了总规划的任务，保证了县城基本功能，规划设计深度、内容基本达到相关要求，同意通过评审。

2010年5月，在浙江省援建指挥部帮助下，青川县委、县政府完善规划，合理避让3条断裂带，科学治理三大滑坡体，全力破解县城危房拆除、板房腾挪、老城修复利用等难题，拆除拆迁57万平方米，腾挪板房9000余间，78个项目开工71个。7月18日，通过了《青川县“5·12”地震灾后县城重建有关问题的补充实施意见》及老城区拆除拆迁过渡安置方案。2010年年底，青川县城框架基本形成，功能基本配套。入城干道、北井坝干道、滨河路、供水、供电、污水项目建成，学校、医院、广电、文化中心正常使用。

二　乡镇建设重点项目

汶川县映秀镇原地重建　地震发生后，温家宝多次到映秀考察，指示要把“映秀镇建设成为灾后恢复重建的样板”。2008年7月，东莞市城市规划设计院会同同济大学规划设计院，就映秀镇总体规划向全球招标，收到20余套方案。规划编制过程中，先后邀请国内外建筑大师贝聿铭、吴良镛、保罗·安德鲁、何镜堂、周福霖、郑时龄等参与镇内建筑、抗震设防的设计工作。贝聿铭负责镇政府、大地震纪念广场、文化活动中心的设计，工程院院士吴良镛负责设计映秀中学，纪念地体系的设计由工程院院士何镜堂负责，北京奥运会“鸟巢”的设计者——法国建筑师保罗·安德鲁负责设计漩口中学遗址。

2009年4月7—9日，四川省建设厅、广东省建设厅、阿坝藏族羌族自治州政府、中国建筑科学研究院在成都召开映秀镇灾后恢复重建国际研讨会。会议邀请美国、日本、加拿大、意大利、新西兰、德国6个国家和中国台湾地区的专家参会；同时还邀请工程院院士周福霖、何镜堂，中国建筑科学研究院、清华大学、同济大学、天津大学等在建筑、规划、抗震、生态环境等方面的国内权威，以及国内建筑设计院、规划院、抗震新技术新材料相关企业负责人等260余人参加。同月，四川省政府批复《映秀镇灾后重建总体规划》。在规划设计上，镇区整体选址充分考虑安全性因素，因地制宜安排城镇居民住宅用地，合理组织避险分区。城镇居民的住房选址均退让到地震断裂带200米以外，学校、医院等重要公共设施则退让到地震断裂带300米以外；根据地形地质的条件、距离断裂带的远近以及在防灾体系中的作用，划分不同的开发强度分区，分别进行高度控制和开放空间布局；建筑安全上广泛利用新材料、新技术，实现抗震功能；建筑结构方面，采取了钢架结构、轻钢结构、木质结构、框架结构等多种建筑结构；建筑技术方面，将阻尼器、隔振垫、耗能支撑等先进的防震技术应用于公共建筑；对于道路、桥梁等市政工程，则全面采用柔性连接技术，确保生命线的畅通。

绵竹市汉旺镇异地重建　2008年5月20日，绵竹市政府委托中国城市规划设计研究院编制汉旺镇灾后恢复重建规划。规划采取“中心迁移、功能重建”的原地异址建设模式，将处于极重损毁区的镇区核心功能迁移到远离地震断裂带的区域重建。对于大于地震断裂带最小避让距离的普通居住建筑、社区级服务设施、中小型企业、仓储设施等，在不违背综合防灾和规划功能布局要求的条件下，在原址进行选择性的恢复重建。同时，对于具有代表性的地震遗址有针对性地予以保留。规划研究过程中，规划组与汉旺镇各个阶层的居民进行了大量交流与访谈，在规划初步研究完成后，配合镇政府进行了大范围的民意调查，全镇97%的人赞成镇区迁建。新镇区建设选址方案在全镇人代会上获得高票通过。东汽从汉旺镇迁至德阳市郊。7月5日，无锡规划设计研究院到汉旺镇进行灾后重建总体规划的编制工作。8月25日，汉旺新镇首批启动项目奠基仪式隆重举行。9月7日，总体规划方案通过四川省建设厅组织的专家评审；28日，四川省政府对《汉旺镇灾后重建规划》予以批复。11月12日，首批项目开工建设。在河道水系整治中，以江南的小桥流水和亭台楼榭贯穿其中，让居民在休闲度假中感受浓厚的江南文化气息与人文特色。同时，融入生态环保理念，充分利用新镇区内5条水系，构筑“川流不息、生态家园”的主题，创造出川流相间、高山相望、自然相融的生态城镇格局，体现出以人为本、以水为脉、以文为魂的原则。2010年7月15日，汉旺援建工程全面完成。

安县晓坝镇异地重建　晓坝镇场镇异址重建项目由辽宁省城乡规划设计院规划设计，除政权设施由中央资金建设外，其余市政基础设施、公益设施建设均由辽宁省统筹援建。3年共援建市政基础设施、公益设施建设项目14个，主要是晓坝镇九年一贯制学校、晓坝镇卫生院、晓坝镇敬老院、晓坝场镇道路设施、晓坝镇场地回填平整、晓坝镇污水处理厂、晓坝镇垃圾转运站、供水设施建设、晓坝镇市政基础设施建设、晓坝镇集贸市场、晓坝镇场镇堤防建设、晓坝镇防洪沟等，投入援建资金2.49亿元。

2010年1月4日，辽宁省委常委、常务副省长许卫国到晓坝镇新场镇考察异址重建时说："这就是典型的新农村建设，新型小集镇建设的典范"。经过近两年的艰苦重建，昔日的河滩地已初步建成一座依山傍水、青瓦白墙、木门格窗、亭台楼榭、古风今韵、人与自然和谐相处、生活与生产共同提升的，以川西北民居风格和现代城市建筑相融合为特色的旅游服务型集镇。为让晓坝人民世代铭记辽宁人民的援建恩情，在晓坝文化广场前，立碑为记。全文如下："星汉浩淼，日月沧桑。晓坝古镇，清代建场。隶属彰明，暨并安昌。钟灵毓秀，姊妹桥卧茶坪河；峰峦迭荡，罗浮仙山好风光。物富民风淳，山珍美名扬。天涌风云，地漫洪荒。二〇〇八年五月十二日，地震八级铸国殇。上下同心赴国难，感天动地抗灾殃。同年九月二十八，省府决定迁新址。辽安结同心，援助爱无疆。新规六十万平方，异地重建民安康。恩德垂青史，友谊万古长。结辽安同心，铸新镇之辉煌。感辽宁大恩，励万代之昂扬。"

绵竹市孝德新镇建设　孝德新镇由孝德、齐福、清道三镇合并而成，由苏州市援建，苏州规划设计院按照现代化小城镇标准，先后编制完成镇域总体规划、2.2平方公里镇区控制规划和0.6平方公里核心区详细规划，概算总投资近4.8亿元。为确保新镇建设高起点、高标准、高水平，苏州援建要求每个单体项目都由国内一流的设计单位、设计师担纲，所有施工、监理单位都必须高出苏州建筑市场同级别工程项目的资质档次。2008年9月，孝德镇各项规划通过四川省和绵竹市相关部门评审。新镇区按照规划将建成"三纵三横"格局，形成教育卫生、行政服务、商贸休闲、安居小区等不同功能板块，还为以后发展预留了空间。10月25日正式开工，2010年5月12日全面竣工。

主要工程包括苏州慈善爱心学城（孝德镇中、小学）、孝德幼儿园、苏州红十字博爱医院（孝德镇卫生院）、孝德镇文化中心、孝德镇农贸市场及配套设施、孝德镇垃圾中转站、姑苏苑东区、姑苏苑西区（一、二期）、镇区道路（孝安街西延、桂兰大道西延、苏州街、天香路、苏孝路、学仕路、苏孝路南延）、苏州水街、苏州公园、孝德大道改造以及孝德镇委托代建的镇政权政法设施等20个项目。孝德新镇的项目共有9个获得"扬子杯""天府杯""省级文明工地"奖或称号。

苏州援建还将一条穿镇而过的排污沟精心打造成商贸休闲一条街——苏州水街。水街的商面房与农贸市场为孝德镇提供了近3万平方米的优质集体资产，每年租金可达数百万元之多。苏州水街原是一条臭水沟，重建后溪水清澈见底，两边是商业街，建筑风格一律宽檐白墙黑瓦，高低错落有致。水街溪水边是石柱扶栏，栏边依依杨柳，随风而摆。溪水上有石拱桥，长椅凉亭依水而建，让人如入江南画卷之中，如临苏州山塘一般。

2009年8月16日，中共中央政治局常委、全国政协主席贾庆林考察孝德新镇时说："你们把苏州的理念带来了，川西风格与苏州元素融合得很好，你们创造了一个个好作品，水平很高，了不起！"

三　城镇功能调整重点项目

汶川县水磨镇调整　震前，水磨镇是个工业小镇，境内有63家高耗能高污染企业。对口援建水磨镇的广东省佛山市面向全国公开征集水磨镇重建方案。2008年12月12日，北京大学中国城市设计研究中心的设计方案胜出。该方案提出3个跨越的总体思路：实现从高耗能工业和家庭式小农业向现代服务业、都市型生态农业跨越，从高污染工业园区向生态新城的跨越，从汉化到重现西羌文化魅力新城的跨越。水磨镇重建设计被联合国人居署誉为“全球灾后重建规划设计最佳范例”。2011年4月举办的“2011中国四川国际文化旅游节”在水磨镇举行开幕式，来自全世界旅游界的专家和嘉宾对水磨镇的重建设计与建设赞叹不已。

禅寿老街是水磨镇重建的重点，设计使用年限50年，抗震设防8度，公共设施抗震按9度设防，建筑耐火等级三级。采用复原再生、恢复重建和立面改造3种模式，对老街建筑立面和整体风貌进行整治，保留古街“家带店及院落”布局的传统模式，营造整体历史风格。老街恢复重建工程分两期实施，重建改造街道1000米，平均宽度约4米，采用当地石材，配以古制铺法图案，整洁美观而不失传统风味。重建改造建筑面积2万平方米，立面整治面积3000平方米，共安置受灾群众270户，工程总投资5500万元。2010年3月1日，禅寿老街全部交付使用，居民家家有房住、户户有商铺、人人有就业。对大夫第进行原貌改造，恢复其历史平面形式和立面样式。原貌重建万寿台，更名万年台。以戏台为焦点设计了广场，新建“大爱无疆”照壁及观戏台阶，在广场北面重建字库塔。新建景点水磨亭、春风阁及望湖广场。春风阁位于老街片区的凸出部分，重檐木构主体建筑融合川西与羌藏传统建筑的精华，以朱红、白色及青灰色为基调，成为小镇视线的焦点。建设藏塔、藏楼、羌碉、汉阁，构成多样化而又和谐统一的景观，并把佛山文化融入其中，建设佛山南风古灶烧制的陶瓷门楼、模仿佛山祖庙门面的社区居民委员会办公楼等，表现出老街古朴而又现代的风貌。（参见图72）四川省委书记刘奇葆考察禅寿老街后说：“佛

图72　震后重建的汶川县水磨羌城（广东省援建指挥部　提供）

山援建项目不仅很好地保存了水磨的历史文化，又能和现代元素很好结合起来，此外还充分考虑到受灾群众今后的生计问题，灾后工作做得井然有序，各方面工作令人满意。”

水磨镇引进阿坝师范高等专科学校和四川音乐学院分校两所高等学校1万多名师生进驻水磨，使水磨镇成为阿坝藏族羌族自治州唯一一个拥有幼儿园、小学、中学、大学的乡镇，成为汶川县的文化中心。

水磨镇投资2.2亿元完成水磨大道、佛水大道、寿溪河等市政及其他道路建设共约212公里，投入1000万元完成2万平方米体育公园，投入2000万元完成5万平方米城市绿化。

青川县竹园镇调整 震后，青川县竹园镇从一般城镇调整为青川县经济文化中心。2009年年初，杭州市援建指挥部按照竹园新区规划方案启动防洪堤、两座跨江大桥、外部联系道路等基础工程建设项目。2—4月，中国城市规划设计院项目组往返于乔庄镇、竹园镇，与相关单位进行座谈，形成城市设计综合方案。5—8月，中国城市规划设计院以城市设计综合方案为基础，结合同步进行的防洪规划、梁沙坝道路设计、史家坝智慧岛建筑设计等各专项设计，完成控制性详细规划。7月，广元市政府批复调整后的《灾后重建青川县竹园镇总体规划》指出：竹园镇为一级中心城镇，县城乔庄疏解功能和人口的承接地，青川县的经济、教育、文化中心，必须同步规划建设。同月，浙江省援建指挥部召开“史家坝智慧岛区块内项目建筑设计方案征集活动”，向中国建筑设计研究院、浙江省建筑设计院等5家建筑设计单位征集各学校设计方案。8月20日，浙江省委书记赵洪祝率浙江省党政代表团抵达青川，同四川省省长蒋巨峰等出席智慧岛教育园区奠基仪式，竹园新区建设全面展开。（参见图73）

图73　震后新建的、具有疏解和人口承接功能的青川县竹园镇

（沈若飞　摄）

2010 年 6 月，全长 8.4 公里的竹园镇浙川大道通车，并建成通村公路 20 余公里。9 月，总投资达 4.5 亿元的青川县智慧岛教育园区和梁沙坝区块的卫生院、社会福利院、医院交付使用。启动占地 20 平方公里的竹园省级经济开发区建设，投资 20 亿元提升基础配套设施，推进矿产品、农产品、新型建材等精深加工进入园区。12 月 8 日，总投资近 6 亿元、建成后可实现产值 20 亿元以上、年利税 1.2 亿元，提供就业岗位 2000 余个的四川中哲、青云上锰业、天运金属工程项目，在青川县竹园经济开发区碑垭新型材料产业园开工。

四　城镇新区建设重点项目

都江堰市、松潘县城和略阳县城在重建过程中建设了一批城镇新区，扩大了城区面积，完善了城镇功能。

都江堰市“壹街区”建设　“壹街区”由上海市援建，都江堰市共建，位于都江堰市东北角、二环线外侧、蒲阳大道南侧的蒲阳河西块地区。（参见图 74）清清的蒲阳河沿地块西北半环形流过，形成了这块亲水区域。为选择这一安居点，从 2008 年 8 月起，上海市派出 130 名建设方面的专家在都江堰进行了一个半月的选址考察。东北角是都江堰市原来最偏僻、发展最缓慢的地区，工业和农业混杂，地形复杂。都江堰因水而生，都江堰人说“水是灵魂”——要重建都江堰人的家园，怎能“丢了灵魂”？壹街区的“壹”，一是体现都江堰与上海，“君住江之头，我住江之尾，彼此情无限，共饮一江水”；二是上海援建项目中规模第一大的综合性集中区域；三是寄希望都江堰能以壹街区规划、设计、建设理念开创“贰街区”“叁街区”等城市新区。“壹街区”属综合性援建项目，包括“交钥匙”“联建共建”“交支票”3 种建设方式。该区占地 1.5 平方公里的核心区内，上海负责一期 0.77 平方公里的建设开发。整个项目动迁和土地整理、部分路桥、绿化景观、雨污水管道等基础设施由都江堰市承担，勘察设计、公建配套、房屋建设、部分路桥、景观等由上海市援建，商业房产开发由都江堰市承担、上海市予以协助。2009 年 5 月至年底，60 亩中

图 74　上海市援建的都江堰市壹街区街头一角（上海市档案局　提供）

央人工湖及文化馆、妇女儿童青少年活动中心、工人文化活动中心、图书馆等陆续进入施工建设阶段；10 月全面建设。2010 年 6 月起，各项目相继建成，8 月 5 日全部工程宣告竣工，8 月底交付使用。

"壹街区"总体布局坐北朝南，蒲阳河依偎"壹街区"而过，建设者新挖一条河（颐河）和一个人工湖（颐湖），与蒲阳河形成手臂状，将"壹街区"环抱其中。街区分布有八纵七横以及环湖沿河市政道路，以长 382 米的上善南路为中轴，东南西北均有出口的 15 个街坊及各类建筑两侧展布，错落有致，高低有别，住宅楼、公建楼交互相间。南侧主要为建筑，北侧主要为河湖绿地。上善南路以东分布有香樟园、紫荆园、紫薇园、桢楠园、红豆园、银杏园 6 个安居房小区，妇女儿童青少年活动中心、幼儿园，以及一座地上综合停车楼。上善南路以西镶嵌有玉兰园、牡丹园、海棠园、金桂圆、杜鹃园、珙桐园、银桂圆等 8 个安居房小区，图书馆、文化馆、工人文化活动中心、小学、妇保院，以及另一座地上综合停车楼。上善南路以北展布有引入蒲阳河水的景观河湖（颐河、颐湖），湖畔伸展有半岛楠木岛，河中有长岛同心堰，环颐河、颐湖间有大片绿地和花草树木。壹街区西首、蒲阳河畔、二环路侧建有以上海石库门建筑为标志、为元素面向公众的体育公园。蒲阳河、颐河上构筑有以"红桥"为代表的大小 20 座钢结构景观步行桥或钢筋混凝土车行桥，被人称为"桥梁大观"。由同济大学设计的"红桥"，体现后现代设计风格，总重 300 多吨，全钢整体结构，直接吊装完成。壹街区内还设置有 4 块面积较大的铺装广场，以供居民休闲聚会。其中，同心广场占地 1 万平方米，"同心"寓意上海人民与都江堰人民心手相连。广场中央铜质雕塑"母亲"，象征"慈祥母亲深情凝望着美丽的新家园，护佑子孙吉祥安康"。壹街区每个街坊内均有绿地、树木、广场、景观小品，沿街种植有当地各种珍贵树木。

整个项目，除以同济大学建筑设计研究院为设计主体外，同时通过不同设计团队创造性的个性探索与互相协作、不同建设单位的施工建设，达到成果的整体性与独特性的结合。上海现代设计集团参与了规划设计。

四川省川西南地质工程勘察院、中国华西工程设计建设有限公司等 6 家公司负责地质勘查。上海市建筑科学研究院（集团）有限公司负责整个壹街区项目代建和上海援建项目管理。中国建筑第八工程局有限公司（总部上海）、中铁二十四局（总部上海）、上海绿地建设（集团）有限公司等总承包施工，负责具体施工建造。上海建科建设监理咨询有限公司负责监理。"壹街区"项目建设从一开始就做到尽可能保持原生态，保留城市历史的记忆，保留旧区的文化特点和地貌特征，杜绝商业开发式的大拆大建。新的市图书馆是由 50 年前建成的四川省青城造纸厂吊装车间改建，原红砖墙体非常好看，虽经地震略有毁坏，加固后的图书馆仍保留了原建筑的诸多元素。项目所在地原有很多树木，援建者将其作为原生态绿地予以保留。"壹街区"虽有上海里弄元素，但更加注重融合当地群众熟悉的川西建筑风貌，都江堰的"小巷"和上海的"弄堂"，条条相连，又都通向区域内的繁华商业中心、学校、图书馆等功能区。"壹街区"项目总造价约 18 亿元，上海市承担 12 亿元。

作为民生安居重点工程，"壹街区"工程重视施工质量，多个项目获沪、川两地建筑大奖。上善小区安居房、小学、幼儿园、图书馆、文化馆、工人文化活动中心、妇女儿童青少年活动中心，分别获得 2010 年度成都市芙蓉杯、四川省天府杯、上海市白玉兰杯优质工程奖。路桥项目获成都市芙蓉杯、四川省天府杯优质工程奖、上海市市政工程金奖。妇幼保健院项目获2010年度成都市芙蓉杯、四川省天府杯奖。2010年4月16日，全国政协副主席、科技部部长万钢表扬该项目整体设计科学，体现了上海水平。都江堰市委主要负责人评价：集居住、学校、医疗、购物、观光、休闲于一体，综合发展的“壹街区”项目，对都江堰居民的安居乐业和城区发展具有重要意义。“壹街区”的建成，进一步增添了都江堰的城市魅力，有力地推动都江堰城镇重建，提升了城市的发展水平。

松潘新城建设　松潘新城由安徽省对口援建。按照国际旅游胜地建设战略思路和县城总体规划，为疏解古城功能，发展文化旅游，在古城北面建设一座以公共服务、行政、文化和居住为主的新城区。新城规划面积1.41平方公里，其中建设用地64.67公顷，分为生态景观带，行政文化、教育和卫生商住“一带三区”。

2009年4月19日，松潘新城建设奠基仪式在松潘新城举行。新城1.41平方公里，共投入7亿元，建成市政道路、管网、桥梁、景观等设施，新建了11万平方米的社会事业用房和保障性住房，建成新的学校、医院、福利院、文化中心、政务中心、徽苑小区等公益设施。新建松潘中学总投资1.56亿元，教学、生活、运动分区设置，各类实验室、计算机教室、图书室等23个，配套建设信息化教学系统和体育场馆。新建松潘县人民医院总投资8900万元，占地35亩，建筑面积1.65万平方米，按二级甲等医院标准、160张床位设计，建有门诊综合楼、病房楼、后勤楼及室外附属工程，配套建设有洁净手术室、中心供氧、集中供暖等设施。扩建松潘社会福利院总投资1100万元，占地10亩，新建二期公寓楼建筑面积3133平方米、140张床位，配套建设室外总体工程。新建松潘文化中心总投资3000万元，占地7333平方米，建筑面积9100平方米，集历史文化展览馆、档案馆、图书馆、群艺馆等四馆于一体。新建松潘行政服务中心总投资5000万元，占地27亩，建筑面积1.29万平方米。行政主楼建筑面积9500平方米，会议中心建筑面积3400平方米，配套信息系统、视频会议系统，配备办公设备等。新建徽苑小区总投资4500万元。占地29亩，建筑面积1.87万平方米，建有周转公寓房7幢170套，服务楼1座1500平方米，配套建设道路管网、照明绿化等。

2010年12月6日和8日，松潘新城道路、排水、桥梁、河道治理和景观土建工程顺利通过初步验收，并移交给松潘县城管局进行管理，标志着松潘新城市政基础设施工程基本完成。一座布局合理、景色宜人、功能完善、文化浓郁的山水生态新城落成。

略阳县接官亭新区和菜籽坝新区　震后，略阳组织编制了《5·12地震灾后略阳县城及新区恢复重建规划》，实行“中疏、北拓、东扩原则”：疏散过密的城市中心区，开辟公共空间和避难场所；实施城区以北的菜籽坝新区建设，将坐落在县城东关的略阳县中医院迁至菜籽坝新区，更名为略阳县天津中医医院。启动接官亭新区建设，成为全省107个重点镇之一。落实省市县重点镇建设配套资金1100万元，对集镇基础设施进行新建改造，将中心城区的略阳县一中、略阳县职教中心迁到县城以东的接官亭镇，更名为略阳县天津高级中学和略阳县天津职教中心。完成供排水设施、新区道路及附属工程等项目建设；吸纳社会资金1440万元，在集镇区建成6栋商住一体的居民新区，吸收80户周边群众移居集镇；招引开发商在集镇新建商品楼2000平方米；整合清洁工程资金，对集镇周边环境进行综合整治；利用扶贫开发资金对全镇农户进行产业开发和以“两建三改四化五统一”① 为内容的新农村建设。在保证基础设施建设同时，共吸引扶持驻镇企业 14 家、规模以上养猪场 3 家、茶园 2000 亩、菜园 2000 亩、干果 2000 亩、乌鸡养殖 10 万只。

五　场镇重建

部分受到严重损毁的场镇（集镇），经过实施一系列重大市政工程及学校、医院等公共服务设施建设，恢复提升了集镇功能，促进了集镇辐射能力的发挥。（参见图 75）

图 75　建设中的彭州市白鹿镇“中法风情传统小镇”（四川省政府　提供）

汶川县龙溪乡场镇　龙溪乡场镇由广东省湛江市援建，以“交钥匙”方式组织实施。为节约土地、时间和资金，湛江市将项目选址于龙溪乡内唯一一块平整地块，统一规划，集中建设。2009 年 5 月 16 日项目动工，建设内容包括卫生院、避灾广场（湛龙友谊广场）、湛龙大道（含阿其里沟涵洞）、羌人谷文化活动中心（含普通乡镇公共设施用房）、农贸市场、公交停靠站、独立式公共厕所（含垃圾中转站）、联合村公共服务房、项目后山边坡挡土墙工程、群众性体育设施（篮球场）等 11 个单体项目。

2010 年 1 月 20 日，项目竣工验收，实际总投资 1908 万元，占地 9733 平方米，全部为框架结构，形成龙溪乡新的集镇中心雏形，集镇建成区面积比原来扩大 4 倍。新建成的公共服务设施融合羌民俗元素，既有现代建筑的实用性，又保留古羌建筑的风貌。其中，羌人谷文化活动中心内设的羌民俗文化展示厅，是地震灾区灾后恢复重建中建设的唯一的乡镇一级文化博物馆。该馆反映羌民族文化、民族风俗、农耕文化、民居风格、生活方式、民间艺术和自然资源，为研究、

① “两建三改四化五统一”是指建庭院，建产业；改圈、改厕、改灶；绿化庭院、硬化户道、美化环境、气化燃料；统一拆除危旧房屋、统一规划庭院、统一改造圈厕、统一环境治理、统一房屋造型。

传承、发扬羌民族民俗文化提供了平台。

平武县南坝镇场镇 南坝镇震前是平武县人口最多、面积最大、经济实力最强的场镇。援建方唐山市在编制《南坝镇修建性详细规划》时，发现南坝场镇建设用地极其紧张。经与绵阳市和平武县政府协调，援建指挥部对原南坝镇总体规划进行了大规模调整，填埋南坝水电站堰渠，增加建设用地8万多平方米。向河流一侧推移滨江路河堤，把部分河滩地纳入建设用地，增加建设用地8万多平方米，还形成九环线滨江路段较为集中的水面景观。同时，通过填埋垃圾坑、废弃坑，又增加建设用地近10.67万平方米。新增用地规模超过26.67公顷，相当于再造一个“新南坝”。有了新增加的400多亩建设用地，南坝镇政府机关和公共服务单位在建设中与民争地的问题迎刃而解，镇里还为发展绿色加工产业预留了发展空间，平武县最大的矿业企业——锰业集团总部落户该镇。

根据蜀汉历史，唐山市援建者恢复了古江油关城。新江油关城楼坐落于南坝场镇中轴线并靠近涪江处，将南坝涪江索桥、唐山大道和江油关统一结合起来，成为九环线上的靓丽景观。登上复建的江油关城楼的四层顶层观景平台，俯视脚下的新南坝，可以看到狄公山、牛心山、凤翅山、左担山四山环抱，清澈的涪江江水从东面绕镇而过，奔腾南流。

通过深入发掘南坝历史文化和整体景观打造，南坝镇已形成以紧急避难广场为中心，以唐山大道和龙州古街为纵横景观带，周边的江油关、抗震纪念碑、文化长廊、历代文人碑刻展示墙、综合文化站、公共服务和政权设施建筑、民居等风貌统一的建筑群相呼应的蜀汉文化和抗震文化集中展示区，不但实现了人与自然、历史与现实的和谐统一，更加提升了对口援建的整体效果。2011年年初，四川省旅游管理部门将蜀汉江油关（南坝镇）确定为省内的旅游目的地之一，并制作标识与白马山寨、王朗保护区一并悬挂在九环线上。

宁强县青木川镇场镇 青木川镇位于宁强县最西端，素有“一脚踏三省”之称。镇中心位于魏家坝，金溪河由北向南将镇区分为古城区和新城区两大片，阳（平关）青（木川）公路穿境而过，广坪至青木川、青木川至姚渡两条公路使古镇与四川紧密相连，形成“人”字形骨架，凤凰山、斜台山、龙池山连绵环抱，构成了城镇背景。

宁强县委托陕西省城乡规划设计研究院修编了《青木川城镇建设总体规划》，集镇规划区面积由0.5平方公里扩大到3平方公里，涵盖青木川、东坝、南坝、长沙坝4个行政村。同时，委托汉中市城乡规划市政工程设计院编制了《青木川重点镇建设项目实施方案》，着力把青木川古镇打造成通往九寨沟旅游专线上的精品景区和三省交界地带的历史文化名镇。

2009年1月，宁强县文化旅游局与同济设计院陕西分院签订青木川古镇景区恢复重建的设计合同，要求按“修新如旧、符合风貌、科学设计、统筹实施、以人为本、尊重民意”的原则进行设计。同年，陕西省将青木川镇列为重点镇建设。先后修复建设的项目有：投资600余万元的魏氏宅院修复工程，游客中心和辅仁中学礼堂、旧校门等修复工程；投资2700万元的金溪大道东坝段人行道工程、小广场建设等项目；投资1540万元的新街房屋改造包装工程等。拓宽了青木川镇集镇两条主干道，实施新城区和古城区亮化工程，栽植行道树，修建了集镇供水工程，集镇雏形基本形成。

截至2011年9月，镇中心区常住人口达3100人，流动人口近万人，城镇建成区面积由0.23平方公里扩大到0.5平方公里，形成“一河三坝相连、群山环抱、山水相嵌、一字形轴向扩展、多中心结构”的空间形态布局。

第二章　市政公用设施

市政设施是支撑城镇功能的基础设施，主要包括城镇内的道路桥梁、供排水、供电、供气、照明、环卫、绿化等基础工程。截至2011年9月底，四川省新建城镇道路366.21公里、城镇水厂（供水站）37座。甘肃省修复城镇道路64.64公里，桥梁7处、202延米；新建城镇道路64.57公里，桥梁33座、3055.72延米，供水设施11处、新增供水能力7.49万立方米/日，污水处理厂6座、新增污水处理能力8.05万立方米/日，垃圾处理场7座、新增垃圾处理能力560.3吨/日。陕西省修复城镇道路13.72公里，新建城镇道路49.17公里，桥梁4座、410延米，城市供水设施5处、新增供水能力4.9万立方米/日，污水处理厂1座、新增污水处理能力3万立方米/日，垃圾处理场2座、新增垃圾处理能力175吨/日。灾后城镇基础设施的修复、新建，提升了城镇市政服务水平，城镇功能进一步完善，城镇的综合承载能力和辐射带动能力明显增强。

第一节　组织实施

震后，住房城乡建设部发布《汶川地震灾区市政公用基础设施灾后重建指导意见》，明确指出坚持以恢复为主、重建为辅、适度超前、科学重建的原则，市政公用设施建设中突出城镇供水、供气、道路桥梁等生命线工程。川、甘、陕三省建设厅和相关部门在深入调查摸底，完成对城镇供水、燃气、污水处理、环卫、道路等城市基础设施恢复重建需求分析的基础上，编制了本省的城镇基础设施重建规划。为满足灾后重建规划编制工作的迫切需求，住房城乡建设部标准定额司按照部党组的指示要求，编印《灾后重建规划相关建设标准选编》送到灾区各省。工程项目建设标准、用地指标是项目投资的依据，是完善项目科学决策、细化项目规划、提高投资效益的基础。各灾区省规划区范围内城镇基础设施修复、重建严格按照国家标准和工程项目建设规模、选址和规划用地等条件和要求进行规划，保证了规划的准确、科学。

规划区在市政设施的建设中，坚持规划引领，结合城镇的自然条件、现状设施以及未来发展方向，收集、整理市政基础设施现状资料，按照当地控制性详细规划要求，落实城区市政基础设施规模、布局及占地；落实城市河道、高压线走廊及其他重要市政廊道平面位置、占地；落实雨污水、垃圾等出路；落实主要市政管网干线走向、管径及重力流管道高程，促进市政基础设施合理布局，拓展城镇发展空间。

为实现城市向西跨越式发展，突破宝成线对城市的分割，德阳市规划形成 8 条穿越宝成铁路的通道；为进一步加强绵远河两岸的联系，增加 8 座桥梁，形成 14 座跨河桥梁；为加快东山片区发展，启动青衣江路、嘉陵江路跨高速路向东延伸，为德阳向东发展奠定了良好基础。

成县委托具有甲级规划设计资质的上海同济城市规划设计研究院，对成县城市近期、远期总体规划进行修编。修编后的规划，县城规划控制面积从原来的 10.86 平方公里扩大到 20 平方公里。中江县聘请深圳市宝安规划设计院（甲级）修编全县城市总体规划。新的城市规划将小东河改为东江，余家河改为西江，与凯江相映成趣。充分利用县城规划区内 22 座小山，通过 3 ~ 5 年努力，建成 22 座森林公园或城市市民休闲中心绿地，在城市规划控制范围内拓展出数万亩的城市森林公园和绿地。将凯江城区段的上下游与现在的公益采沙场巧妙结合，规划建设上千亩湿地公园，使重建后的中江市民出门 500 米就有江河、山林风光相伴。他们还结合城市建设，修缮南北二塔以及文庙、寿宁寺、白塔寺、火神庙、玄武观等 5 座寺庙，彰显中江的人文底蕴。

川、甘、陕三省和援建省市将规划区内城镇市政公用基础设施的修复、重建作为民生优先项目安排。从提高城镇质量、完善城镇功能出发，在优化布局的基础上，全面恢复建设城镇道路桥梁、供水排水、供电供气和环保等市政设施。完善了城市功能，提升了城市品位。截至 2011 年 9 月底，51 个县（市、区）市政设施基本建成投入使用。

第二节　典型项目

一　路桥项目

茂县晋茂路和羌城古街西段　由山西省援建。茂县县城晋茂路起于茂汶大桥，止于静州村口，途径老西门、糖果厂、农具厂、静州村，与省道 302 线连接，采用沥青混凝土柔性结构设计。该项目的实施，把县城区和城北紧紧相连，有效地改善了茂县城区道路狭窄拥堵的状况，成为城市景观轴线。

根据茂县规划，羌城古街西段市政道路新增加3条支路，全长2718米，总投资5597万元。新设计的羌城古街西段市政道路项目包含羌城古街西段及其4条支路（即羌城古街西段支路1、支路2、支路3、支路4），均为茂县河西区市政道路，按照三级公路标准设计。新建设的茂县羌城古街西段始于茂县境内的国道213线，与县城主次干道及支路均有联系，完善了城内的路网，提升和优化了茂县市政道路路网结构，提高了茂县市政道路综合运输能力和应变能力。

南坝镇滨江路（唐山大道） 由河北省唐山市援建。平武县南坝镇位居成（都）九（寨沟）环线公路与成青路交会处，成九路在南坝场镇西侧穿过，汶川地震使该条道路严重损毁，急需一条替代道路。原镇东侧有一贯穿南北约3公里的引水堰渠。堰渠东侧至涪江沿岸为荒滩，该堰渠功能是为南坝水电站发电引水。水电站和堰渠在地震中损毁严重，修复水电站从经济上不划算。为解决场镇恢复建设与材料运输的矛盾，并为南坝场镇增加有效用地。唐山市援建指挥部大胆提出“填死堰渠，作为临时道路；河堤外扩，修建滨江大道”的思路。经平武县、绵阳市政府多次协商，报经河北省指挥部批准，取消引水堰渠修复项目，将堰渠填埋作为成九环线临时过境通道，并在涪江河堤上修建滨江路，以分流九环线运输压力。

滨江路由河北省全资援建。项目内容包括新建宽24米、长3公里的以堤代路及景观和绿化工程；对南坝电站堰渠进行平整，新增建设用地146.8亩，修建临时便道2.9公里。2009年6月21日项目开工，11月完工。建成后的滨江路是九环线东线最宽阔的路段，路线全长2.8公里，为三级公路标准，行车速度30公里/小时。南坝镇滨江路工程（唐山大道）获2010年度四川省“天府杯”金奖。

2009年7月3日，平武县委、县政府决定将南坝滨江路定名为“唐山大道”。唐山大道的修建彻底解决了九环线南坝段道路拥堵的问题，为南坝场镇增添了一道靓丽的风景线。同时通过涪江河堤外扩、内侧大量填埋土石等方式，既清理了山体滑坡土石方，又新增南坝场镇建设用地29.07公顷，彻底解决了公共建筑与民居灾后重建争地问题，为南坝发展预留了宝贵的用地空间。

理县三湘大道 由湖南省援建。理县三湘大道全长3236.3米，投资估算1亿元，总工期15个月。经过公开招投标，湖南省建筑设计院为该项目的代建单位，湖南大学设计研究院有限公司为设计单位，湖南长顺工程建设监理有限公司为监理单位，湖南省建工集团总公司为I标段施工单位（道路），中国建筑第五工程局为II标段施工单位（桥梁）。

2009年8月18日，三湘大道正式开工建设。2010年9月30日竣工验收，10月交付使用。三湘大道作为理县县城唯一一条南北主干道，贯通杂谷脑镇南北，跨杂谷脑河，把老街片、新街片连为一体，与国道317线相接，使县城向北拓展延伸。道路建成后，城区面积从0.56平方公里扩大到1.7平方公里，县城面积增加了2倍。

小金县江西路 由江西省援建。小金县为拓展城区发展空间，规划将行政、文化中心区移至喇嘛寺和石灰窑一带较平坦处开拓新城区。喇嘛寺新城区位于旧城区南部的喇嘛坪，比旧城区高出约60米。江西路为连接新老城区的主干道和城市景观道路，总投资1.2亿元，全长1.58公里，路宽13米，行车道宽8米，两侧人行道各宽2.5米，设计时速30公里。

2008年10月29日项目开工，2010年4月27日竣工验收，8月获四川省“天府杯”金奖。

该项目拓展了小金城市框架，丰富了小金县人民文化生活，完善了城市功能，提升了城市基础设施建设水平。

剑阁县下寺镇龙江大道　由黑龙江省援建。剑阁县龙江大道项目含“三路两桥一堤”及绿化景观工程，概算总投资 2.2 亿元，其中黑龙江省援建 1.7 亿元、中央补助 5000 万元。龙江大道将修城坝、沙溪坝、大仓坝和拐枣坝 4 个坝区连为一体，其中的之江路和滨河路两段河堤的建设，使沙溪坝和大仓坝居民的生命财产安全得到保障。两座龙江大桥的建设实现了“渡改桥”的转变，改变了渡口社区及拐枣坝居民依靠清竹江渡船过河的方式，保障了群众的生命安全。

盐亭县郑家岛梓江二号、三号桥　盐亭县郑家岛梓江二号、三号桥及连接道路工程位于该县县城云溪镇，道桥全长 1245.08 米，由 2 座桥梁和 3 段道路组成。二号桥东起云溪镇石岭村，西止郑家岛，全长 186 米，跨河主桥 180 米、宽 30 米，以 6 跨跨越梓江，每跨 30 米，连接道路长 370 米、宽 30 米，为城市主干路三级。三号桥西起郑家岛东，止于上月园村，主桥 210 米、宽 30 米，7 跨跨越梓江，每跨 30 米，连接道路长 479 米、宽 30 米，为城市主干路三级。该工程连接县城、月园坝工业园区和成南高速公路，成为盐亭县城南主要交通干道，建成后将加快郑家岛 1000 余亩土地的开发。项目总投资 1 亿元。2009 年 9 月 3 日，设计方案通过专家评审组的评审。2010 年春节进入桥梁浇注阶段。二、三号桥建成后大大方便了盐亭与周边大城市的交通，增强盐亭县城的交通承载能力，带动盐亭县域经济的发展。

江油涪江三桥（中原江油连心桥）及引道　由河南省援建。江油市于 2007 年 12 月 16 日在涪江一桥下游约 3 公里处的太平镇和彰明镇之间的江上开工建设涪江三桥，后因地震停工。2008 年 8 月 25 日，签订《河南省对口支援江油市恢复重建涪江三桥主桥项目实施协议》，河南省委书记徐光春题名“中原江油连心桥”。9 月 28 日，项目复工修建，2009 年 9 月 30 日通过交工验收。10 月 30 日，中原连心桥及连心桥引道工程开始建设，2010 年 4 月底完成，6 月 8 日通过交工验收开放通行。新建的“中原江油连心桥”是连接太平镇和彰明镇的交通纽带，有利于加速江油市城区东西两岸一体化进程，加快江油市工业园区土地综合开发、利用，完善城市功能，推动环保、旅游产业的发展。

二　给排水与防洪工程项目

汶川县自来水厂　由广州市对口援建。项目占地 5410 平方米，总投资约 2760 万元，2008 年 11 月 18 日开工。汶川县自来水厂选址于岷江河水冲刷出来的一片河滩，受地形限制，在河滩上填筑起来的构筑物呈狭长形，从综合办公楼到取水泵房共 7 个单体构筑物，一字排开。施工方中铁十八局集团公司采用较为先进的工艺，在江中构筑一座吸水井，并在四周布设反滤层，阻止沙石进入，成功从岷江取水，并达到设计要求的每日 1 万吨的取水量。

水厂于 2009 年 8 月 3 日竣工并移交使用。新自来水厂不仅担负了供应居民用水的功能，还是人们休闲、观景的好去处。厂区内各个构筑物在建筑风格上、外墙装修上都体现了羌族元素。在综合办公楼与送水泵房之间建设了观景长廊，在沿岷江的防洪堤外侧建设了亲水平台，在清水池上方建设了体现羌族文化的水磨和喷泉，厂区进行了绿化（见图 76）。

图 76 震后新建的汶川县自来水厂
（京陵 摄）

都江堰西区自来水厂 由上海市对口援建。都江堰西区自来水厂项目预算工程总投资 3.67 亿元，其中上海市援建资金 3.09 亿元、建设单位承建资金 5651.44 万元。2008 年 11 月 19 日开工建设。

2010 年 2 月，虎年春节期间，水厂试运行。4 月 21 日，工程竣工验收并交付使用。5 月 4 日，正式运营，水质达到国家饮用水标准。该项目担负都江堰主城区、城市西区及聚源镇、青城山镇、翠月湖镇、柳街镇等 10 余个乡（镇）供水任务，受益人口近 50 万，占全市人口的 85%。同年，该项目获得四川省“优质结构工程”、“天府杯”金奖，以及上海市市政金奖、“申安杯”奖、“白玉兰”奖。

舟曲县小城镇供水工程 面对群众饮水困难的问题，舟曲县将解决群众饮水问题列入全县灾后恢复重建的重要民生工程。2010 年 5 月，大川镇、南峪乡、巴藏乡、立节乡的小城镇供水工程项目招投标工作完成。

巴藏乡、立节乡小城镇供水工程，所选水源为大峪小水沟地表水，水量充足，山沟内植被良好，径流补给充足。供水工程主要采取重力流自压措施供水，工程概算总投资 530.64 万元，工程于 2010 年 5 月 28 日开工建设，11 月底完成水源地及 250 立方米蓄水池建设，敷设引水、输水管道 6720 米，完成投资 370 万元。工程全部竣工后，可彻底解决舟曲县 2 个乡 3 个村 7225 人和牲畜的饮水问题。

大川镇、南峪乡小城镇供水工程，取水口控制集雨面积为 38 平方公里，流域植被覆盖较好，经过测标后能够保证正常供水需求，满足设计要求。工程主要采取重力流自压措施供水，修建取水口 1 座、200 立方米蓄水池 1 座、各类阀门井 85 座、跨河吊索 2 座及引水、输水管道 7.12 公里。工程概算总投资 350.04 万元，于 2010 年 5 月 26 日开工建设，11 月底完成投资 280 万元。工程全部竣工后可从根本上解决大川镇的安子坪、泄流坡、官家山、老庄、土桥子、梁家坝及南峪乡等 2 个乡（镇）7 个行政村、学校、机关单位和居民 1486 户 6340 人的饮水问题。

广元西湾爱心水厂 澳门特区援建项目。广元西湾爱心水厂一期工程于 2011 年 3 月 20 日试运行供水，日供水能力5万吨。西湾爱心水厂一期工程的投产使广元市城区居民彻底告别供水管网压力偏低、水质浑浊的现象。

广元市原用水取自嘉陵江，西湾爱心水厂是广元城区第一个取用地表水为水源的水厂。与以前的水厂相比，该项目自动化程度高，产水量稳定，每天给城市管网输水量为5万吨，加上老水厂，完全能满足城区的供水量。二期工程完工后，日产水量10万吨，老水厂将作为应急备用水厂；水质检测达到国家规定的106项，水质更优，水量更加充沛。2012年年初，二期工程投产后，广元市可以彻底解决城区高位区域用水高峰时期的缺水现象以及新建片区的用水需求，同时还有效解决了城区饮水安全问题。

都江堰市青城山污水处理工程　上海市援建项目。2008年7月，青城山污水处理工程被列入灾后上海援建首批项目。8月25日，蒲阳污水处理厂正式动工。9月8日，大观污水处理厂综合楼正式动工。

青城山污水处理工程建设规模为日处理公共部分8万吨/日、生化部分4万吨/日，分A、B两厂建设，A厂即大观污水处理厂，B厂即蒲阳污水处理厂，工程总占地115亩。大观污水处理厂建设规模为公共部分2万吨/日、生化部分1万吨/日，选址在大观镇大通村6组，占地2.67万平方米，工程总投资约1.003亿元（含配套截污干管建设投资），主要收集中兴镇、青城山镇、大观镇等集镇的污水，收集的污水送至厂内处理达到国家一级A标准后排放。蒲阳污水处理厂建设规模为公共部分6万吨/日、生化部分3万吨/日，选址在蒲阳镇双柏村1组，占地5万平方米，工程总投资约1.21亿元（含配套截污干管建设投资），主要收集柏条河以北的城区污水，污水送至厂内处理达到国家一级A标准后排放。

2010年5月4日，青城山污水处理工程正式竣工交付，解决都江堰市城市北区蒲阳路、二环路、蒲天路、中兴镇、青城山镇、大观镇等集镇的生活和工业污水对该区域的水体污染，改善区域生态环境，有利于都江堰市及下游城市的工农业稳定发展，促进区域经济发展。

青川县竹园镇防洪堤项目　由浙江省援建。青川县竹园镇防洪堤工程，包括梁沙坝、陈家坝、竹园坝、史家坝四大防洪堤，总长9690米，以防洪为主。梁沙坝、史家坝两段防洪堤主要为竹园新区服务，竹园坝、陈家坝两段防洪堤主要保护竹园老镇区。

2009年7月1日，史家坝防洪堤开工建设。13—18日，青川县发生50年一遇的洪水灾害，竹园镇一片汪洋，受灾最为严重的陈家坝平均水深1.5米。在建的梁沙坝防洪堤工程出现重大险情。30日，浙江省援建指挥部会同青川县政府在青川组织召开“7·16”特大洪灾影响及竹园防洪工程专家咨询会，并邀请浙江省水利厅组织后方专家组与会。专家们分析研究了浙江省水利水电勘测设计院作出的《青川青江河竹园镇“7·16”洪水复核分析报告》。会议认为，青江河竹园镇断面洪水频率50年左右一遇的结论是可信的，拟建堤防宜按20年一遇的标准设计、50年一遇洪水不漫顶的要求进行建设。建议对部分堤段堤防适当加高，同时要进一步加强堤防防冲和结构设计，高度重视内涝和规划建成区小流域山洪问题，进一步完善内部排涝系统设计，尤其是陈家坝老镇区；有关部门应进一步加强河道管理，确保河道过流能力和两岸堤防安全；尽早建设流域水雨情监测预警系统，完善防汛预案，以提高防灾减灾能力。8月20日，浙江省委书记赵洪祝、四川省省长蒋巨峰、杭州市市长蔡奇一行至竹园防洪堤等工地检查，要求保质保量按时完成任务。2010年1月29日，陈家坝防洪堤工程通过验收；4月7日，竹园坝、史家坝防洪堤工程顺利通过验收，工程质量被评定为优良；30日，梁沙坝防洪堤工程完工。6月2日下午，浙江省援建指挥部、青川县政府在青川县关庄镇防洪大堤旁隆重举行浙江省援建青川防洪堤工程项目整体移交仪式。

三　环卫项目

剑阁县普安城市生活垃圾处理场　由黑龙江省援建。剑阁县普安镇是老县城所在地，常住人口近10万人。原有生活垃圾处理场1996年投入使用，设计使用年限为15年，处理生活垃圾40吨/日，总库容25万立方米。随着镇常住人口猛增，生活垃圾处理由原40吨/日逐步上升为85吨/日，库容达到饱和，无法满足城市生活垃圾处理要求。

新垃圾场建设地点位于普安镇剑坪村1组向家湾，距城区5公里。占地99.03亩，建设垃圾堆放库容量64.5万立方米，日处理生活垃圾100吨，设计使用年限为15年。工程总投资2600万元，其中黑龙江援建资金2000万元、中央灾后重建资金600万元。2009年12月1日正式开工建设，工程由主体工程、配套工程和生活管理与服务设施三大部分组成。主体工程（垃圾填埋场）包括进场道路、场地平整、坝体工程、防渗工程、填埋摊铺和碾压场区道路、渗滤液的收集和排放，填埋气体的导出和处理，雨水和地下水的导排、监测，防火及绿化隔离带工程等。2010年8月23日，处理场建成竣工，有效解决了普安老城10万余人口的生活垃圾处理难和垃圾场污染严重等问题，提升了城市整体形象。

勉县垃圾处理场　勉县属国家南水北调中线工程水源涵养区，过去垃圾一直露天自然堆放，对当地自然环境造成极大污染。2008年12月28日，垃圾处理场完成了前期可研、立项、环评、初步设计后顺利开工建设。工程占地150亩，设计总库容250万立方米，日处理生活垃圾近期175吨、远期270吨，总投资5220万元。项目于2012年6月投入运营。垃圾处理场建设过程中，高度重视环保工作，对堆放垃圾产生的渗滤液通过集中收集后达标处理排放。垃圾处理场建成后，对确保“一江清水送北京”具有重要意义。

第三章　历史文化名城名镇

规划区历史文化资源丰富，纳入重建规划范围的历史文化名城 12 座、历史文化名镇 12 座。在恢复重建过程中，通过旧城保护和新城开发的模式，合理划分城镇功能分区，对城镇中的古城区、古街道、古建筑、古文物实现有效保护，城镇发展能力得到增强。

第一节　历史文化名城

纳入灾后重建规划范围的 12 座历史文化名城中有国家级历史文化名城 2 座，即都江堰市和阆中市；省级政府认定的历史文化名城 10 座，即四川省的绵阳市、什邡市、松潘县、汶川县、广元市、江油市、绵竹市、广汉市、剑阁县和陕西省的勉县。

一　组织实施

加强规划编制，通过规划控制城市发展模式和空间布局。2008 年 5 月 20 日，绵竹市政府委托中国城市规划设计研究院编制绵竹市灾后恢复重建总体规划、村镇体系规划、城乡住房规划和农村建设规划，中国城市规划设计研究院联合西安市勘察设计院和德阳市城乡规划设计院承担了这些规划任务。7 月 20 日，绵竹市灾后恢复重建村镇体系规划成果完成。10 月 28 日，国务院批复了规划。

实行“新城 + 旧城”模式，将建设新城与保护旧城有机结合。松潘县城采取“三区 + 组团”发展模式，即城北新区（政治文化中心）、古城区（旅游区）、城南新区（以火车场站为依托的农牧加工旅游服务区），城市规划区面积由原来的1.8平方公里扩至6.4平方公里。广汉市采取"一城、两区、六组团"发展模式，"一城"即广汉市中心城区，是广汉市政治、经济和文化中心；"两区"即广汉经济开发区（北区和南区）、三星堆文化产业园区；"六组团"即小汉组团、连山组团、三水组团、向阳组团、南兴组团、高坪组团。广汉市建成区面积约达30.5平方公里，较地震前翻了一番。剑阁县实现"串珠式"组团发展，形成"一城六组团"的布局结构形式，即沙溪坝商贸中心组团、修城坝行政中心组团、大仓坝旅游服务接待组团、拐枣坝科技产业组团、下寺村旅游服务接待组团、上寺集镇工矿组团，重建用地规模由3平方公里增加到6平方公里。

加强文物古迹的保护。按照国家法规对各级文物保护单位和保护点进行保护，不改变文物原状，划定保护范围和建设控制地带。保护范围内，不得进行其他建设；在文物古迹周围划定建设控制地带，以保存文物古迹的历史环境。对非文物保护单位的古迹，也应根据具体情况进行保护，并向上级申报为保护单位，形成文物保护体系。文物古迹按照"有效保护、合理利用"的原则与旅游相互促进、协调发展。

二　重点项目

都江堰古城区保护　都江堰市是国家历史文化名城、中国最佳旅游城市、国家级生态示范区、中国最佳魅力城市、国家AAAAA级旅游景区、国家级重点风景名胜区、国家园林城市、长寿之乡，更是世界自然和文化双遗产所在地。

都江堰古城区面积2.1平方公里，人口4.1万人，以建设路、公园路范围内为核心，涵盖太平街中国水街、华夏广场等区域。辖区内保留了与水文化密切关联的文物古迹和不同时期建筑风格的古巷深院，以及淳朴的民风民俗，是都江堰2000多年沧桑变化的见证。为更好地抢救、修复、保护和传承古城区历史文化，都江堰市在2009年9月提出古城区整治改造和恢复重建，经过4个月的调研论证，最终梳理出近百个项目，涵盖古民居文物古迹保护与建设、拆旧后场地恢复重建、保留建筑物立面整洁、基础配套设施提升、商业旅游业打造等方面内容，预算投入28亿元，包括35个大项目、65个子项目。由政府投资10亿元、社会投资10亿多元，建成后可实现由旅游配套功能区向旅游景区的转变。

2010年2月21日，古城区重建项目开工建设，东门城楼项目奠基。10月22日，在第十一届中国西部博览会举办期间，都江堰市与上海浦东发展银行成都分行牵头的4家银行签署协议，4家金融机构组团贷款51亿元支持"都江堰历史文化文化名城恢复重建项目"。贷款主要用于都江堰老城区的住房、环境整治、绿道、河道等建设，着力打造"拜水都江堰、问道青城山"的有效载体，建设具有都江堰历史底蕴和地方特色的建筑、街道等配套设施，提高群众居住品质。

2012年5月19日，都江堰市举行盛大的"古城迎宾仪式"，历经3年全新打造的灌县古城正式开门迎客。恢复重建的东门城楼，修旧如旧的南街、西街、茶马古道、明城墙，引入城中的岷江活水，以及川西明清风格的建筑，营造出"满城水色半城山"的古朴风貌，让游客流连忘

图 77　震后整治改造和恢复重建的都江堰古城区

（向力民　摄）

返。传统与现代相互交融的“古城迎宾仪式”，被塑造成为城市旅游新亮点，并作为常态旅游产品加以推广。（参见图 77）

阆中市古城保护　阆中市位于四川盆地北缘。震后，阆中市拆除不协调建筑 60 多万平方米，扩建贡院、张飞庙，修复明代白塔，复建中天楼、明代古城墙等文物古迹。实施古城步行街管理和二次保护提升工程，恢复重建古城道路 12 条、3 公里，改造 20 多个文化古院落，打造出“风水古城、天宫仙境、构溪河湿地”三大核心景区。

2010 年 7 月 21 日开工修复滕王阁景区，包括景区道路、古建筑、广场、园林景观等，建设面积 26.2 万平方米。在入口广场新建一座长约 20 米、高约 9 米的仿唐代牌坊，在山腰新建仿唐古建筑。滕王阁主殿由原来的两重歇山式建筑改建为 5 层大殿。从入口广场到山顶的古树广场，修复千余级的万丈丹梯，使诗圣杜甫描写的“君王台榭枕巴山，万丈丹梯尚可攀。春日莺啼修竹里，仙家犬吠白云间”的胜景得以再现。

阆中白塔。白塔位于阆中古城嘉陵江对岸东山之巅，又名文笔塔，建于明代，是阆中行政建置地的标志性建筑，2005 年被评为国家 AAA 级名胜风景区。地震中 13 层白塔 7 层以上塔身轰然倒地。2008 年 7 月 8 日，四川省锦屏风景名胜区东山园林管理处委托广州市白云文物保护工程有限公司承担阆中白塔抢险加固及修复工程勘察设计工作；9 月下旬，白塔抢险加固及修复工程正式开工建设。

图 78 震后"加固残体、恢复重建"的阆中明代白塔
（四川省发改委重建志办公室 提供）

阆中市文管部门在广泛收集意见的基础上，采用了"加固残体、恢复重建"的方案。按照修旧如旧的原则，采用传统工艺，专门从陕西买回仿古砖，以及麻刀灰、糯米石灰浆等仿明代建筑原料，同时将被风化的基脚石材"清洗"掉风化层，喷涂专业的药剂，还原白塔风貌，加固地梁并新增防震、防雷和灯饰功能。通过抢修加固及修复保护，阆中白塔恢复原有形态，达到预期效果（见图 78）。2009 年 3 月 22 日，由故宫博物院学术委员会委员、中国艺术研究院研究生导师张克贵率领的国家文物局专家组一行，专程前往阆中对明代白塔进行检查验收。专家组认为，白塔整体工程修复基本遵循了文物保护的准则，原工艺、原材料、原结构，基本符合规范，修复后的白塔体现出文物原有的风貌和价值，同意通过验收。

什邡市京什旅游文化特色街 京什旅游文化特色街是什邡市地震后的最后一批北京市援建重点项目。该项目位于什邡市区中心，是鼓楼街到罗汉寺最具代表的历史街区，全是清一色的仿古两层小楼，竹瓦屋面、灰色仿古砖墙，青石条地面，与紧邻的西川佛都罗汉寺十分协调，成为北京传统庙会文化与川西休闲文化结合体，是什邡市历史古城格局中重要的组成部分，也是什邡旅游休闲名片。项目规划总用地面积 51472 平方米，总建筑面积 27886 平方米。

该街区在规划设计上，各建筑体有机融合，形成由南向北的两条不同形态的街道。一条为步行街道，主要供游人赏玩购物。另一条街道西邻主干道，有商业街的出入口和具有当地传统风格的院落；东面借禅院内景，使步行街景与禅院内景完美结合。步行街内建有引导游览流线，通过种植、雕塑、铺地和城市家具的相互叠合，丰富街区的文化内涵。

京什旅游文化特色街在建筑设计上，外立面采用四川中部地区风格，沿街风雨廊和通透宽大的门窗，再现传统四川民居建筑类型，具有强烈的地域文化色彩。在建筑空间上，通过现代设计方法将街道分成地面层和空中两条街道，由连廊贯穿一体，避免人群上下的不便，增加有效的营业面积。

工程于2008年9月开工建设，2010年5月竣工。该项目对什邡市城市功能扩展起到了积极作用，成为什邡市展示现代城市形象的窗口。

广元红星公园　2009年年初，广元市委、市政府决定在城区东部当年红四方面军九华岩战斗遗址建设开放式城市公众公园——红星公园。在总体设计中以“红色为基调、红星为符号、红军塔为标志”。红星公园规划为“一核、一线、四区、十点”。“一核”即红军塔；“一线”即串联贯通整个公园的主脉红线，由红星广场出发，串联红军精神主题纪念区、传承红军精神的抗震救灾纪念区及教育励志区，顺山势地貌自然形成，象征红军精神代代传承；“四区”即红军主题纪念区、抗震救灾纪念区、教育励志休闲区和红星广场；“十点”即红星广场、震不垮的广元人组雕、红星乐章、红星墨韵、红星画卷、红星诗笺、红军礼赞雕塑、友情援建纪念坛、“红星耀广元”博物馆、教育励志台。

公园分两期建设，一期工程包括红军精神主题纪念区和传承红军精神的抗震救灾纪念区建设，教育励志区作为二期后续建设项目。项目总投资7800万元（不含征地拆迁）。从2009年2月起进行规划设计和用地拆迁，7月正式启动建设，经过全体建设者辛勤工作，完成包括“红军塔”“红军礼赞”“红星墨韵”“红星诗笺”“红星乐章”“红星画卷”、红星广场、北入口广场在内的“红军精神主题纪念区”和包括“脊梁——震不垮的广元人”组雕、“5·12爱心纪念坛”雕塑在内的传承红军精神的“抗震救灾精神纪念区”的建设。截至2011年9月，已完成投资4000余万元。中共中央政治局常委、全国人大常委会委员长吴邦国特为红星公园标志性主塔题名“红军塔”。中共中央政治局原常委、中央军委原副主席刘华清为其题字“军魂”，中共中央政治局原常委、全国政协原主席李瑞环为其题字“红军精神”。

第二节　历史文化名镇

纳入灾后重建规划范围的历史文化名镇12座。其中，国家级历史文化名镇有大邑县安仁镇、阆中市老观镇2座；省级历史文化名镇有广元市元坝区昭化镇、德阳市旌阳区孝泉镇、崇州市街子镇（参见图79）、崇州市怀远镇、崇州市元通镇、石棉县安顺场镇、三台县郪江镇、江油市青莲镇、文县碧口镇9座；拟申报国家级、省级名镇的有宁强县青木川镇。此外，省级历史文化名村有甘肃省两当县杨店乡杨店村。

图 79　震后新建的崇州市街子古镇银杏广场

（四川省委宣传部　提供）

一　组织实施

加强规划编制。编制规划，促进了名镇保护与城镇发展的协调。江油市青莲镇组织编制了《青莲镇城镇总体规划》，围绕青莲“李白文化建设、旅游小城镇和 5 万人口小城镇发展”的主体思想，结合旅游产业发展和绵江产业带社会主义新农村建设要求，突出以改善民生和旅游产业发展重点，强化城镇功能的恢复。组织编制《李白故居旅游总体规划》，划分出故居旅游区、田园风光区、湖泊游乐区、青莲古镇区、文化创意区等 5 个功能区，创建以“李白文化”展示和各种文化活动为主体内容的特色文化主题景区，进一步叫响“江油——李白故居”品牌。组织编制《青莲镇名贤路片区风貌规划设计》，明确了保护及整治范围，并进行了景观环境风貌设计指引和道路交通规划。

实施分区保护。崇州市怀远镇历史镇区划分为重点保护区、建设控制区、风貌协调区 3 类。重点保护区是指特色鲜明、风貌完整、历史原物比例大，需要重点保护的区域，是古街区的核心部分。建设控制区是指为保护历史风貌和环境的完整而划定的建设控制区域。风貌协调区是指与历史文化街区保护区一体的空间环境区，是重点保护区的“背景”和衬托。历史镇区重点保护区内的建设必须按保护规划要求，在城市规划管理部门和文物管理部门的严格审批下进行。其建设活动应以维修、整理、修复及内部改造为主；其建筑形式、体量、色彩、高度都应与保护对象相适应，基本上是原址、原样的恢复性整治。规模较大的修建活动和环境变化应经专家评审。建设控制区内的各种修建活动，也应根据保护规划要求，经由城市规划主管部门和文物管理部门审批方能进行。对于现有与传统风貌不协调的建筑采取整治和逐步改造的方式。新建建筑层数不超过3层，体量不能过大，屋顶形式以青瓦坡顶为主，局部可作平顶。建筑外墙及檐部可取用传统民居建筑符号，如穿斗式结构枋架、吊挂、撑弓等。墙面色彩以白色、浅黄、浅灰为主。风貌协调区内的建筑沿袭传统风貌，该区整体空间尺度与古镇历史街区相协调，建筑层数一般控制在4层以下。

二　重点项目

大邑县安仁镇　大邑县安仁镇总共有保存完好的27座中西合璧的老公馆、14座现代博物馆、16处文保单位、800余万件藏品、134件国家一级文物。安仁现存文物的价值和规模、拥有博物馆的数量，在全国同类小镇中首屈一指。该镇被住房城乡建设部、文物局命名为“中国历史文化名镇”，被博物馆学会冠名为“中国博物馆小镇”等称号，被中国文物学会命名为“中国文物保护示范小镇”，被国家旅游局评为国家双AAAA级旅游景区（刘氏庄园AAAA级旅游景区、建川博物馆聚落AAAA级旅游景区），被文化部命名为“国家文化产业示范基地”（建川博物馆聚落），被中宣部命名为“爱国主义教育示范基地”（建川博物馆聚落），被共青团中央命名为“全国青少年爱国主义教育基地”（刘氏庄园）。

2009年4月28日，成都市政府召开新闻发布会，对外宣布用5年时间将安仁镇建设成为世界级的中国博物馆小镇。由中国城市规划设计研究院负责成都安仁中国博物馆小镇规划设计。规划区面积7.07平方公里，按照“天府绿岛，芙蓉花开；滨水而生，田园相栖”的规划理念，以“一蕊五瓣两带”总体结构，建设博物馆及泛博物馆区、会展酒店宜居区、文化创意休闲区、民俗风情体验区，承载博物馆及相关产业功能、文博会议功能、商务功能、休闲与创意功能、综合旅游服务功能、宜居社区功能等六大主题功能。

安仁古镇的保护范围，东至桤木河东岸线以东60米，西至黄堰沟西岸线以西20米，南至迎宾大道，北至古镇边缘，总面积约为160.87公顷。古镇保护范围内有一处历史文化街区，为裕民街—树人街历史文化街区。历史文化街区划分为核心保护范围与建设控制地带，其保护严格按照规划文本“历史文化街区保护”要求实施，核心保护范围的主要出入口设置标志牌。

阆中市老观镇　阆中市老观镇本着“修旧如旧、仿古如古”的原则，编制了古镇保护重建规划，确定了古镇的核心保护区、建设控制区和环境协调区。核心保护区为10.84公顷，建设控制区为35.31公顷，环境协调区为77.85公顷。重建了青石板古街道880米，恢复财神楼1座、石栅子门2处、古镇广场1处、古民居148户面积1.6万平方米。按6度抗震设防，交通、供水、供电、燃气、通信、医疗、粮食等系统的生命线工程设施按7度抗震设防，规划了一个小型普通消防站。通过两年的灾后重建，城镇建成区规模由震前的1平方公里扩展到2平方公里，人口由5000人增加到1.2万人，城镇规模扩大了一倍。将“绿”“山”引入城镇，城镇的东西向干道作为城镇发展、联系轴线，将整个城镇组织成有机的整体。投入绿化资金52万元，新栽人行行道树300余株，绿化老君山面积67公顷。新增街道5条，新增街道面积2.7万平方米。

石棉县安顺场镇　石棉县位于四川省西南部，大渡河中游，有著名的安顺场红军渡。2009

年2月，编制完成《石棉县安顺场集镇总体规划》《石棉县安顺场旅游总体规划》和《石棉县安顺场旅游区修建性详细规划》，安排安顺场灾后恢复重建资金1.7亿元。已经完成老街核心区房屋灾后重建、安顺场供水工程、安顺场集镇泄洪道工程和安顺场生活垃圾中转站建设工程。灾后重建突出红色旅游，开发历史文化游、古镇游、民俗生态游。建设形象鲜明、环境优美、世界知名、国内一流的红色旅游精品景区，建设全国爱国主义教育基地和山水阳光休闲胜地，以及国家AAAA级旅游区。重走红军长征路必经的安顺场在重建后，一排排错落有致的新建民居混合搭配，屋顶用小青瓦铺盖，门窗、栏杆全部为木质，乡土气息浓郁，呈现出一种天然的质感美，透出典型的川西民居风格。

第七篇

农村建设

川、甘、陕三省重灾地区51个县（市、区）多属“老、少、穷”地区，共有行政村1.5万个，农村人口1577万人，城镇化率17.7%；2007年尚有1056个村不通公路、187个村不通电，农民年人均收入2086元，是全国平均水平的50%。其中，有国家和省定扶贫开发重点县43个，共有贫困村4834个、贫困人口218.3万人，分别占重灾地区行政村总数、重灾地区农村总人口的32.23%和13.84%。地震灾害使重灾地区农村生产生活条件和经济社会发展受到重创，贫困村返贫人口增加，贫困程度加深。

中央结合重灾地区大多数农村居住环境恶劣、经济条件落后、交通信息闭塞的实际，提出灾区农村恢复重建要与新农村建设、扶贫开发相结合，着力改善生产生活条件，为促进灾区农村经济、社会长期发展创造有利条件的总体要求。国务院《汶川地震灾后恢复重建总体规划》和《农村建设专项规划》以中央要求为指导，将优先恢复重建灾区农村生产生活设施条件，改善人居环境、发展现代农业作为灾区农村建设的基本思路。灾区农村建设包括农业生产恢复重建、农村基础设施建设、村庄和贫困村建设。在重建项目安排上，除四川省部分农村项目纳入其他重建领域另作安排外，明确农村建设项目总数为1850个，其中四川省183个、甘肃省890个、陕西省777个；规划投资575.64亿元，其中四川省536.84亿元、甘肃省17.08亿元、陕西省21.72亿元。

农业生产恢复重建，重点做好稳粮增收，因地制宜恢复发展优势特色农产品，积极发展生态农业，稳步提高农业综合生产能力；立足资源优势，恢复重建一批专业化、标准化、规模化的优质特色农产品基地；恢复重建农业生产基础设施和服务设施；扶持农业产业化经营龙头企业和各类农业专业合作组织及农产品流通基础设施的恢复重建，抓好农产品加工和收购、仓储、运输的恢复重建。

农村基础设施恢复重建由灾区省和对口支援省市共同承担，其中农村公路、灌溉设施、供水供电等技术含量较高的项目，主要由对口支援省市组织专业施工力量为主，当地村民参与，共同完成项目建设。农村沼气、村庄道路、社区道路等项目建设，由灾区地方政府组织群众投工投劳、以工代赈完成。通过三年恢复重建，修筑农村公路累计4.85万公里，修建农村供水设施累计11.15万处，恢复重建农村水电站累计213座，恢复重建电网累计9517公里。

农村村庄建设坚持以科学规划引路，突出以人为本理念，坚持“三个避让”（避让断裂带、避让地质灾害隐患点、避让泄洪通道）的村庄选址原则，打破“军营式”和“一刀切”的村庄布局结构，体现田园风光，注重人与自然的和谐；按照“五通”（通电、通路、通水、通信、通广播电视）和“一池三建”（建设沼气发酵池、原料预处理、沼气利用和沼肥利用设施）要求，同步实施村庄集中安置点水、电、路、光纤等基础设施建设，以及农户必须有的能源、电灯、电话、广播电视等设施设备安装到户。通过灾后恢复重建，绵阳市完成“小集中”安置点5318个，广元市完成村庄规划任务250个。陇南市村庄恢复重建分3批进行，首批建成村庄175个，其中示范村27个；第二、三批建成村庄216个、133个。略阳县完成村庄规划建设任务包括行政村151个、自然村12个。国家重视灾区名寨名村建设，文化部、文物局、国家民委共同成立藏羌文化遗产保护协调小组，及时启动以理县桃坪羌族碉楼，汶川阿尔村、萝卜寨为代表的名寨名村维修保护工程，明确规划理念，制定修缮原则；培训藏羌技术工匠，坚持“修旧如旧”“保护、开发、传承并重”等原则，稳步推进藏羌名寨名村修缮保护工作，使古老的藏羌碉楼、村寨焕发生机。

遵照国务院副总理回良玉的指示，灾区三省4834个贫困村恢复重建纳入国家规划，恢复重建工作由三省扶贫办和以工代赈办具体负责实施。贫困村恢复重建先试点后铺开，第一批试点19个贫困村，第二批试点80个贫困村。试点结束后，国务院扶贫办在广元召开汶川地震贫困村灾后恢复重建工作暨培训大会，标志灾区贫困村灾后重建全面展开。通过三年恢复重建，4834个贫困村恢复重建住房255.26万间、完成“五改三建”（改厕、改水、改圈、改厨、改路和建园、建池、建家）4.53万户，基础设施建设以及劳动力输出转移培训等规划任务全面完成，累计完成建设投资125亿元。

灾区三省农村群众自觉弘扬“自力更生、艰苦奋斗”的精神，响应党中央号召，体谅政府困难，自筹资金、以工代赈、投工投劳，“出自己的力、流自己的汗”，建设自己的美好家园。截至2011年9月底，三省农村基础设施、村庄等建设开工项目总数1850个（不含农业重建），占规划项目的100%；竣工项目总数1842个，其中四川省182个、甘肃省889个、陕西省771个，占规划项目数的99.57%（四川省99.45%、甘肃省99.89%、陕西省99.23%）；完成投资575.13亿元，其中四川省536.84亿元、甘肃省17.31亿元、陕西省20.98亿元，占规划总投资的99.91%（四川省100%、甘肃省101.35%、陕西省96.59%）。4834个贫困村重建住房255.26万间，“五改三建”4.53万户。贫困村人均粮食产量由地震当年的298公斤增加到349公斤。

第一章　农业恢复重建

汶川特大地震发生前，灾区三省以粮食、油料、生猪、渔业等为农业主导产业，兼顾发展蔬菜、食用菌、水果、茶叶、中药材、蚕桑等特色经济产业。重灾地区 51 个县（市、区）2007 年农、牧、渔业产值 694.3 亿元，其中四川省 39 个县（市、区）632.2 亿元、甘肃省 8 个县（区）33.7 亿元、陕西省 4 个县（区）28.4 亿元。地震灾害造成 51 个县（市、区）农业直接经济损失达 204.48 亿元。

国家农业生产恢复重建方案明确，农业恢复重建具体项目 1032 个（四川省 641 个、甘肃省 252 个、陕西省 139 个），规划投资 251.36 亿元（四川省 230.92 亿元、甘肃省 12.95 亿元、陕西省 7.49 亿元），占农村建设总投资的 43.7%。截至 2011 年 9 月底，累计完成投资 240.26 亿（中央重建基金 60.81 亿元），占规划投资的 95.58%。

农业部围绕农业重建中心任务，全力做好协调和服务（参见图 80），组织专家编写印发《地

图 80　2008 年 8 月 25 日，农业部总经济师在四川指导农业生产恢复

（农业部　提供）

震灾后粮油作物恢复生产技术方案》《地震灾后经济作物恢复生产技术方案》等5个技术方案，为农业重建提供技术支持；配合联合国粮农组织向瑞典、比利时、卢森堡等国分别争取到100万美元、50万欧元和10万美元的贷款，投向灾区开展农业项目研究和推广；面向四川省39个县（市、区）投入中央基金8610万元，组织开展“阳光工程”培训，有4.57万人接受培训；统筹安排川、甘、陕3个灾区省农业财政专项资金和农业补贴资金60亿元；落实19个对口支援省（市）农业援建资金10亿元。此外，对农业财政专项资金提出了使用方向，固定资产投资重点在畜禽良种改良、农产品质检体系和动物防疫体系建设（参见图81）、农村沼气修建和退牧还草等方面；资金倾斜重点在动物防疫疫苗补助、农村劳动力转移培训、农作物良种推广、测土配方、农业机械购置、畜禽良种推广和保护性耕作等方面。

图81　广东省潮州市新丰镇援建的动物防疫站
（农业部　提供）

灾区三省各级政府采取有力措施落实农业重建。四川省实施“四新”示范（新品种、新技术、新模式、新机制）和“五良”配套措施（良种、良法、良壤、良制、良机）后，地震当年全省粮食总产量达350.4亿公斤，实现国务院副总理回良玉“大灾之年不减产要增收”的要求。2010年，四川39个县（市、区）粮食种植面积达141.89万公顷、总产量达79.3亿公斤，比灾前增加0.36万公顷和1.62亿公斤；油菜种植面积达28.29万公顷、总产量达6.2亿公斤，比灾前增加1.31万公顷和0.7亿公斤。2008—2010年，重灾地区有12个县（市）获得该省粮食生产“丰收杯”奖，占评选表彰的60个粮食生产先进县（市）的五分之一。2010年，四川39个县（市、区）农民人均年收入达5648元，比灾前2007年增加1822元、增幅47.6%；比全省农民平均年收入多508元、高于全省平均水平9.9%。甘肃省8个重灾县（区）通过恢复重建，农业生产总产值由2007年的102.11亿元提高到2010年的150.41亿元，增长了47.3%；农民人均纯收入由2007年的1759.4元提高到2010年的2420.6元，增长了37.6%。

四川省农业部门针对地震灾害塌方体堵塞进出四川的国道、省道，造成灾区很多县（市）农产品“卖难”问题，积极协调省内外150多家大型农贸市场和农产品加工企业、860多个农民专业合作社到灾区直接采购，带动了110多万吨果蔬产品销售；组织都江堰市、彭州市、崇州市等8个县（市）的36家农产品龙头企业，集中水果、蔬菜、茶叶、中药材等8类150余个名优特色产品，参加上海等地特色农产品展销会，诸多举措，助农销售蔬菜77万吨、水果50万吨、茶叶6000吨、中药材6000吨；动员开展了蔬菜“4415”行动，即在全省40个重点县（市）发展优质商品蔬菜26.67万公顷，实现农民人均增收1500元；安排2400万元在重灾地区成都、德阳、绵阳、广元、雅安、阿坝6个市（州）建设8个蔬菜应急育苗场，保障种苗供应，尽快恢复蔬菜生产。

农业恢复重建与产业结构调整相结合，大胆突破传统农业模式的束缚，适时创建现代生态农业。19个对口援建省（市）与受援县（市、区）合作共建农业特色产业园和示范区计24个，完成投资178亿元。其中，最具代表性的是由上海市投资3100万元建成的面积33.33公顷，集设施农业、有机农业、观光农业于一体的“都江堰市现代农业科技示范园”，山东省寿光蔬菜产业集团投资3.5亿元对口援建的北川羌族自治县“中国北川维斯特农业高科技示范园”（见图82），浙江省援建的“青川县食用菌菌种繁育农科教示范基地”，江苏省援建的“绵竹市九龙镇清泉村高效农业示范园”，成为引领新农村建设的示范。

图82　北川维斯特农业高科技示范园（四川省委宣传部　提供）

在农业生产恢复重建中，重灾地区县（市、区）坚持一乡一业、一村一品，因地制宜，突出特色，使特色效益农业由零散状向块状、带状聚集发展，逐步形成“三区四带”，即以彭州、江油等为主的外销加工蔬菜区，以松潘、理县等为主的山区秋淡季蔬菜区，以三台、阆中、中江、南江等为主的中药材生产区；以汶川、茂县、苍溪、都江堰为主的龙门山脉特色水果产业带，以北川、平武、青川、旺苍等为主的川西北富硒茶产业带，以什邡、青川、南江等为主的名特优菌类产业带和以陕西省宁强、勉县、略阳三县中药材、蔬菜和茶叶生产带等经营发展格局。三省特色效益农业种植总面积累计达63.3万公顷（含蚕桑）。

三年重建，灾区三省畜牧业形成基地8个、产业带1个：四川省包括以北川白山羊为代表的特色优质肉羊产业基地，以成都、德阳、绵阳为代表的奶牛产业基地，以江油獭兔、苍溪长毛兔、什邡和青川肉兔为代表的特色优质兔产业基地，以平武蜜蜂为代表的特色蜜蜂产业基地，以成都平原和丘陵地区为基础的传统优质生猪产业基地；甘肃省包括以成县、徽县等地区为主的肉牛、肉羊生产基地，以徽县盆地、白龙江流域为主的生猪产业带；陕西省包括以宝鸡市陈仓区为主的奶牛、肉牛生产基地和以宁强、略阳、勉县、陈仓区为主的生猪生产基地。推行规模化经营，走产业化之路已在畜牧行业形成共识。灾区三省恢复重建畜牧产品加工企业123家，其中四川省99家、甘肃省6家、陕西省18家。通过三年恢复重建，四川省畜牧业迈上新台阶，成都、德阳、绵阳、广元、雅安、阿坝等6个市（州）销售收入超过亿元畜牧龙头企业达50家，新增28家。国家级龙头企业11家，新增4家；省级龙头企业41家，新增10家。养殖专业合作社发展到3064个，新增951个。至2010年年底，宝鸡市陈仓区牛、猪、羊、家禽出栏分别达3.9万头、50.06万头、3.56万只和214.14万只，比震前分别增长21.9%、36.4%、10.6%和6.6%；肉类产量5.5万吨，蛋类产量2.05万吨，奶类产量6.95万吨，分别增长43.2%、6.8%和2.1%。牧业总产值12.5亿元，比震前2007年的8.1亿元增长54.3%。

农业灾后重建成果博得好评。中共中央总书记胡锦涛于2008年12月28日和2009年5月12日，两次考察都江堰市现代生态农业示范园项目工地，第二次考察时赞扬上海市援建的都江堰现代生态农业示范园项目是中国现代农业的“样板”和“示范”。国务院总理温家宝肯定重建后农业“经济发展的基础明显夯实，可持续发展能力得到提高”。联合国粮农组织驻华代表维多利亚·赛奇托莱科表示，要把联合国粮农组织和中国农业部共同实施的农业重建项目所取得的成功经验，推广到海地地震灾后农业恢复重建中去。2011年春，韩国、斯里兰卡驻成都总领事馆领事参观四川国际农产品交易中心和彭州蔬菜科技博览园。韩国领事金美玉感叹说：“看过才知道，这里多么先进。”斯里兰卡领事苏木杜表示愿意介绍斯里兰卡红茶、海鲜等农产品参加交易。媒体称赞，四川灾区农业通过三年重建，从“原地起跳”迈到“发展起跳”，由农业大省向农业强省跨越发展的步履更加稳健有力。

第一节　生产设施

一　基础设施

重建实施　灾区三省重灾地区51个县（市、区）农业生产基础设施恢复重建，包括修复受损农田10.03万公顷，修复机耕道1.39万公里；重建蔬菜温室大棚2881万平方米，重建畜禽圈舍和农机库棚 2210.88 万平方米，重建机电提灌站 7314 座。通过恢复重建，使农业生产设施明显改善，农业综合生产能力基本达到或超过灾前水平。

农业生产基础设施恢复重建，政府组织，群众参与。农田、草原植被、机耕道修复，由县农业部门提出建设方案和提供技术指导，乡镇政府负责组织项目地群众以投工投劳、以工代赈形式参与项目实施。通过开工前技术培训、技术人员现场指导、项目竣工验收等工序后，农业部门会同乡镇政府，按投工数量支付投工群众报酬。农户为确保项目建设顺利推进添置必要农机具所支出的费用，由乡镇政府按农业部门制定的标准发给适当补贴。

灾区三省农户畜禽圈舍修建按照农业部门制定的措施和标准进行。四川省下达重灾地区 39 个县（市、区）修建畜禽圈舍 2064.8 万平方米，规划投资 82.59 亿元。甘肃省下达 8 个重灾县（区）修建畜禽圈舍 15.8 万平方米，规划投资 8582.65 万元。陕西省下达 4 个重灾县（区）修建畜禽圈舍 54.16 万平方米，规划投资 2.51 亿元。三省农业部门负责为农户圈舍修建提供技术服务，包括制定各类畜禽养殖技术规范、圈舍修建技术标准和圈舍图纸设计等。分散养殖户畜禽圈舍由农户在自家宅基地内自己投劳投物建设，圈舍建成后，农业部门派技术人员进入项目地依据标准验收。验收合格后，由乡镇政府按照有关部门制定的并经过公示的资金补助标准兑现养殖户资金补贴。私营养殖户按照乡镇或村社规划，由业主在规划养殖区建场修建畜禽圈舍，项目资金由中央重建基金补贴和业主自筹相结合。国有种禽场、国有农场自己组织本场畜禽圈舍修建，项目资金由国家财政投入与企业自筹相结合。

四川、陕西两省山区农村微型水利设施在地震中受损 14.8 万处，其中严重受损 4.12 万处（四川省 4.02 万余处、陕西省 957 处），造成经济损失 30.4 亿元。蓄水池、山坪塘等微型水利设施被山区农民视为“生命池”。震后，国家从灾区农民的生计出发，将山区农村微型水利设施的修建纳入农业恢复重建统一部署，明确项目建设资金 2.26 亿元，其中四川省 1.54 亿元、陕西省 7183.2 万元。四川省针对本省农村微型水利设施相对较少的情况，推出“民办公助”“以奖代补”和“谁建设、谁拥有、谁管理”的政策，鼓励灾区农民群众自愿通过投资投劳等方式参与小型水利设施重建。政策明确，属于农民自建项目，在项目建设告竣后，以村为单位核实项目地点和项目数，按照农户投资比例确定补助标准和额度，并在全村张榜公布，接受村民审查监督，如无意见反映，正式兑现补助。项目实施过程充分保证群众享有知情权、决策权、监督权和管理权。项目后续管理，主要由政府颁发产权证和股权证，明确所有权、使用权和管护责任，并且允许自由流转、承包等。集体修建的山坪塘管理，主要按协会管水模式进行。陕西省于地震当年秋季，在宁强召开全省冬春农田水利建设现场会，推广宁强县微型水利设施重建的“四制”（建设进度、质量、安全、投资管理）、“五个明确”（明确项目名称、项目地点、项目内容、项目规模、设备购置型号及数量）和“两个挂钩”（投资额度与工程量挂钩、与设备购置数挂钩）的经验和做法。

灾区省各级农机部门按照项目管理有关要求，认真组织项目实施。严格土建工程审核程序，通过招标比选方式确定项目施工单位和工程监理单位。仪器设备购置坚持政府集中采购；各级农机部门严格按照规定与施工单位、监理单位签订施工合同和监理合同。审计、财政、监察等部门联合成立监督检查组，定期或不定期对农机重建项目进行监督检查和跟踪审计，同时聘请社会监督员和项目实施地群众代表参与监督工作。

截至2011年9月底，三省重灾地区51个县（市、区）修复畜禽圈舍计2051.94万平方米，其中四川省2029.57万平方米、甘肃省15.9万平方米、陕西省6.47万平方米，川、甘两省共计完成投资51.35亿元（中央重建基金5.2亿元）；修复农田计10.03万公顷。四川省恢复重建农业生产大棚2460万平方米，恢复重建农机库棚33.34万平方米，修复机耕道1.39万公里、提灌站7314座，农机设施建设累计完成投资30.23亿元。川、陕两省修建微型水利设施包括蓄水池、山坪塘1.49万处，其中四川省1.39万处、陕西省957处。两省恢复浇灌面积4.87万公顷，完成建设投资1.16亿元，其中中央重建基金8100.9万元。

都江堰市现代生态农业集聚区 都江堰市现代生态农业集聚区建设项目被列为上海对口援建都江堰第三批项目，由都江堰市和上海市共同建设，总投资6.57亿元，其中上海市援建5亿元、重建资金0.5亿元、都江堰市1亿元。都江堰市成立项目领导小组，市委主要负责人担任组长，负责推进项目实施和有关协调工作。项目铺展在都江堰彭青线、成灌路、沙西线、成青旅游快线等“四横三纵”骨干道路两侧各1公里范围内，占用耕地面积1.13万公顷，约占全市耕地总面积的66%。项目涉及崇义镇、青城山镇、天马镇等12个乡（镇）19万农村人口，约占农村总人口的44%。项目定位“粮经并举、综合发展，一三产业互动”，规划建设粮食—蔬菜特色示范带、粮食—食用菌特色示范带、粮食—川芎特色示范带、粮食—花卉特色示范带等4条产业带13个子项目。

项目建设采用联建共建形式，上海市援建指挥部负责制定项目实施方案，都江堰市负责组织项目建设；采用竞标形式选配专业施工队和地方政府组织农民投工投劳、以工代赈相结合开展项目建设。2009年1月18日，位于崇义镇的都江堰现代生态农业科技示范区开工建设，此项目为集聚区核心示范区，占地33.33公顷，投资3100万元，由上海孙桥现代农业联合发展有限公司整体承建。该示范区分工厂化农业、先进种植业、休闲观光业、配套服务四大板块，集种子育苗、优质农产品、农产品加工及物流、农业科技服务及产品交易于一体。在软件援助方面，上海市农委在上海组织了3次培训。2008年7—9月，分别培训了都江堰市农业科技服务推广部门的技术人员、农业产业龙头企业管理人员，都江堰市乡镇农业干部和农业实用技术人员。

绵阳市涪城区农田修复 地震中，绵阳市涪城区16个乡（镇）142个村受损农田920公顷，其中旱耕地受损348公顷、水田受损572公顷，导致该区粮食减产43.5万公斤。2009年12月1日，涪城区农业局根据四川省农业厅和绵阳市的部署，动员组织16个乡（镇）开展耕地修复工程。修复内容包括地块、田（地）形调整，地埂筑砌，累计修复受损农田42.96公顷，其中杨家镇罗汉寺村21.624公顷、关帝镇字库村22.77公顷；结合现代农业科技，对受损耕地增施有机肥，推广秸秆还田腐熟技术、聚土改土垄作物栽培技术和经济植物篱护埂等。施工过程中，监理人员采取巡视和平行检查的方式监督项目实施，发现问题立即向施工单位口头提出整改要求，整改不及时的，再向施工单位签发《监理工程师通知单》，要求施工单位及时整改。2010年8月19日，区农业局对竣工的耕地修复项目进行正式验收，验收结果合格，同意交付使用。该项目对当地农业产业结构调整、农业科技推广发挥了重要作用。关帝镇字库村引进四川佳昊农业开发有限公司技术，集中流转土地20余公顷，打造涪城区有机蔬菜基地，使关帝、玉皇、杨家三镇形成蔬菜产业带 66.67 公顷以上。杨家镇罗汉寺村引进业主参与集体开发，打造一、三产业互动的农业生态园。

苍溪县云峰镇大获、民合两村蔬菜大棚重建　2009 年 12 月 31 日，苍溪县云峰镇大获村、民合村蔬菜大棚恢复重建由苍溪县发改局立项，计划新建蔬菜大棚 360 个，建设投资 631 万元，全部为中央重建基金。项目建设采取法人负责制，法人单位为苍溪县经济作物站。该站与设计、监理、施工单位签订设计、监理服务合同、项目建设承包合同和设备材料采购合同。建设方和承包方按合同要求履行义务，接受监督。项目建设单位按照基本建设财务管理制度要求制定项目财务管理办法，开设重建专用账户，实行专账核算。项目土建工程竣工后形成的固定资产纳入国有资产管理，由项目建设单位具体负责管理和使用。

2010 年 6 月 17 日，两村蔬菜大棚项目开工，10 月 27 日竣工（见图 83）。工程项目验收结束后，苍溪县农业局通过公开竞标，确定四川四友蔬菜果品开发有限公司、苍溪县三川镇个体蔬菜开发商杜明森承包经营两村蔬菜基地。同时，县农业局推广蔬菜新品种、新技术，打造高产高效样板，推广优质品种进农户、技术培训到基地、生产服务到地块的“三到位”服务保障模式，促进苍溪县蔬菜产业的发展。建成后的蔬菜设施大棚成为集示范、观光、休闲于一体的生态农业和蔬菜优质高产示范基地，为苍溪县农业产业结构的调整，促进农业增效、农民增收奠定了基础。

图 83　苍溪县震后新建的蔬菜大棚（四川省委宣传部　提供）

广元市元坝区生猪养殖标准化圈舍修建　生猪养殖圈舍建设项目于 2009 年 1—12 月、2010 年 1—7 月分两个阶段，在广元市元坝区元坝镇、紫云乡、卫子镇、梅树乡等 28 个乡（镇）推行。该项目概算投资 1.15 亿元，其中中央重建基金 3310 万元。项目实施期间，技术小组进村入户帮助 1525 个生猪养殖大户进行圈舍选址、设计，跟踪指导项目施工。项目资金管理按照“五统一”制度要求，由区畜牧食品局统一建账、统一核算、统一采购、统一报账、统一组织实施。承担项目建设任务的乡镇一律实行公开招标采购方式购置设施设备，确保中央重建基金阳光使用。为了确保项目建设进度和质量，各乡镇建立项目建设目标管理责任制和项目激励机制，适时奖励严格

图 84　广元市新建的生猪养殖基地
（四川省委宣传部　提供）

按技术要求施工、进度快的农户。凡在异地重建圈舍，场地平整按每平方米 10 元、圈舍主体建设按每平方米 40 元给予补助。原址重建或维修加固的，根据受损情况按每平方米不超过 40 元标准给予补助。

截至 2011 年 9 月底，元坝区恢复重建畜禽圈舍 31.7 万平方米（参见图 84），建设标准化人工授精站 32 个。通过招标采购的 1571.9 万元的生产设备及附属设施设备安装结束并投入使用。区畜牧食品局发放圈舍修建、场地平整补助 1706 万元。元坝区生猪养殖圈舍项目累计投资 11532 万元，其中国家重建基金 3310 万元。生猪养殖标准化圈舍具有不冲圈、不排污、无污染的特点，克服了传统圈舍阴、冷、暗、臭的弊端，大大提升了养猪效益。

宝鸡市陈仓区渭北环线东段绿色生态蔬菜基地设施建设　该项目按照“政府主导、企业运作、部门配合、农民参与、统一规划、分步实施”的思路推进建设。园区占地面积 86 平方公里，辖 32 个行政村 276 个村民小组 1.95 万户 7.89 万人，耕地 673.33 公顷。中央重建基金投入 1400 万元。2009 年 5 月 27 日和 6 月 12 日，宝鸡市陈仓区在慕仪镇召开 2 次项目推进会，并成立项目建设领导小组，负责项目建设的协调工作。2009 年 8 月项目开工建设，2010 年 9 月底竣工，完成主要实物工作量包括：新架设变压器 8 台，埋设电缆线 6.1 公里，新打机井 14 眼，建设管网 16.08 公里，硬化园区道路 6.9 公里，栽植观赏苗木 13.26 万株，建成渭北环线宽幅观赏林带 4.4 公里；招商入园企业 12 户，建成日光温室 709 座（210.4 公顷）。

从 2009 年 10 月开始，入园企业按照协议要求陆续开展项目建设工作。陕西国人菌业科技产业园有限公司是集食用菌开发、技术培训、试管制种、立体栽培等于一体的现代农业公司。2009 年 6 月，该公司与科技示范园签订协议，投资 3000 万元建设占地 33.33 公顷的食用菌科技产业园，建成专家研发区和 150 座恒温日光室组成的食用菌栽培区及菌类食品加工厂等。陕西鸿盛农业科技有限公司与示范园签订协议，投资 1100 万元承租土地 33.33 公顷进行现代农业开发，建设长 100 米、宽 10 米的半地下式新型日光温室 110 座；投资 120 万元新建年出栏 20 万头猪舍 1 座。陕西大明绿色蔬菜开发有限公司 2010 年与示范园签订协议，投资建设占地 46.66 公顷的绿色蔬菜基地，包括蔬菜工厂化育苗中心，建设新型半地下式日光温室 57 座、12 米跨度钢骨架蔬菜大棚 3000 座。此外，园区还吸引了一批畜牧生产企业入住，形成良好的产业链。

陈仓区现代农业科技示范园通过两年恢复重建，已拥有日光温室 709 座，比震前翻了两番；2010 年园区农民人均年纯收入达 6513 元，较 2008 年 4505 元增长 2008 元，增幅达 44.57%。

剑阁县电力提灌站重建 从 2009 年 6 月开始，剑阁县电力提灌站恢复重建分 3 批实施。截至 2011 年 9 月，共恢复重建电力提灌站 71 座、总容量 3300 余千瓦；受益村 47 个、受益农民 3.3 万人。3 批项目累计完成投资 1802 万元，其中群众自筹资金 40 万元。

第一批项目主要是恢复重建 27 座电力提灌站，总装机容量 1140 千瓦，新增和恢复农田灌溉面积 683 公顷。项目内容包括恢复重建提灌站泵房、管道、电力设备、高低压线路等。项目涉及 5 个乡（镇)12 个村。项目总投资 670 万元，其中中央重建基金 630 万元、群众自筹资金 40 万元。第一批项目于 2009 年 6 月开工，10 月底竣工。第二批项目主要是恢复重建剑阁县汉阳镇现代农业园区节水灌溉设施。项目涉及锦屏乡百水村 3 组、5 组各建一座电力提灌站，装机容量均为 35 千瓦。项目建设内容包括泵房建设，安装变压器、电机、水泵等。建设总资金 40 万元，全部为中央重建基金。第二批项目于 2009 年 10 月开工，2010 年 3 月竣工。第三批项目主要是恢复重建公兴镇大桥社区等 42 座电力提灌站、总装机容量 2141 千瓦，新增和恢复灌溉面积 948.13 公顷。项目涉及 19 个乡（镇）42 个村组。项目内容包括建设泵房 760 平方米、管道 1.4 万米、电力设备 153 台（套）、供电线路 6000 米等。项目总投资 1092 万元，全部为中央灾后重建基金。2010 年 11 月开工，2011 年 5 月告竣。2011 年 7 月 20 日，由广元市农机局，剑阁县发改局、农业局、灾后重建办公室负责人和工程技术人员、监理、施工方组成的验收组，对 42 座电力提灌站进行竣工验收，全部合格。

理县机耕道恢复重建 2009 年 2 月，理县机耕道建设项目立项。项目内容：有 11 个乡（镇）29 个村新建机耕道 82.8 公里，有 12 个乡（镇)39 个村维修改建机耕道 151.7 公里，有 2 个乡（镇）2 个村新建桥梁 6 座。项目规划总投资 3890 万元，其中中央重建基金 1330 万元、农户自筹和投工投劳折合 2560 万元。理县农业水务局制定的《理县机耕道建设项目实施方案》提出了因地制宜、量力而行，节约土地、保护环境，保证质量、注重安全，政府主导、分级负责，各方参与、整体推进，建管并重、协调发展的工作思路。项目实施分为两个时间段、两批进行。2009 年 1 月至 2010 年春实施第一批项目，新建机耕道 7 条 6.3 公里，恢复改建机耕道 12 条 17.8 公里。2010 年 1—8 月实施第二批项目，新建机耕道 33 条 76.5 公里，恢复改建机耕道 53 条 133.9 公里，新建桥梁 6 座。

该项目实行县、乡镇、村三级管理模式，理县农业水务局与项目实施村签订施工合同，乡镇政府、相关村委会具体负责项目建设。恢复重建项目涉及土地占用、果树和苗木移栽等事项的协调，由乡镇政府、村委会负责与农户协商解决。项目采取以工代赈形式组织实施。各行政村实行项目资金专户储存、专款专用，严禁截留、挪用。项目资金往来，由县、乡镇、村法人审核，并由乡镇财务人员与县农业水务局财务人员办理项目工程款的结算和支付手续。项目资金实行报账制，以乡镇为主进行资金审查核算，经县、乡、村检查验收合格后，凭相关正式票据和验收报告、工程决算报告等相关手续进行财务决算。

二　生产服务设施

重建实施　灾区三省各级农业部门全程负责农业生产服务设施项目建设。四川省畜牧食品局成立4个专家服务指导组，组织畜牧兽医技术人员，进村入户开展技术指导8200人次。截至2011年9月底，重灾地区51个县（市、区）恢复重建乡镇畜牧兽医站计1175个，其中四川省986个、甘肃省143个、陕西省46个；累计完成投资8.79亿元，其中中央重建基金5.87亿元、其他投资2.92亿元。51个县（市、区）恢复重建畜禽良种场154个，其中四川省88个、甘肃省36个、陕西省30个；完成投资8.65亿元，其中中央重建基金2.26亿元、其他资金6.39亿元。恢复重建农业技术、农业机械综合服务站792个，其中四川省587个、甘肃省149个、陕西省56个；完成投资10.46亿元，包括中央重建基金8.95亿元、自筹9859.73万元、投劳折资5222万元。四川省农业生产服务设施恢复重建得到对口支援省市的支持，其中上海市、湖北省、江苏省各援资3100万元、1700万元、2000余万元，分别帮助都江堰市、汉源县、绵竹市恢复重建农业服务中心、农业科技示范园等。

阆中蚕种场重建　阆中蚕种场为四川省农业厅直管场，有职工600多人，其中中高级技工300余人。房屋建筑面积8万平方米，含蚕室等生产用房5万平方米。蚕种场土地面积140多公顷，含桑园面积113.33公顷，年产桑叶100多万公斤，年制原原母种8000蛾、原原种8万多蛾、原种8万多张、普通种40多万张。阆中蚕种场在地震中受到重创，震后恢复重建纳入国家重建专项规划。

2008年7月9日，阆中蚕种场成立灾后重建领导小组，下设办公室具体负责项目申报、资金筹措、组织项目实施等工作。四川省农业厅专设阆中蚕种场项目实施小组，负责项目实施和资金协调。蚕种场重建总投资立项时为1375万元，中期调整为2259万元，增加884万元，全部为中央灾后重建基金。项目建设包括拆除工程项目3个、维修加固项目7个、设施恢复项目9个、设备改造项目2个等。2009年8月8日开工，至2010年7月底，第一批12个项目完工8个、在建2个；至2010年12月底，除巴巴桑园业务用房外，其余子项目全部完工。蚕种场在项目建设中注重对历史文物的保护，争取中央重建基金600万元，对坐落于场内始建于清乾隆年间（1736—1795年）的陕西会馆（原名为古三元宫）实施维修加固。维修内容包括会馆台基、柱础、梁柱构架、屋面、土漆等全面修复。截至2010年年底，除196幅鎏金彩绘尚待专业人员修复外，修复加固工程全部完成。

四川省果树良种繁殖站重建　四川省果树良种繁殖站位于崇州市公议乡，距震中汶川县映秀镇不足80公里。2008年12月10日，繁殖站恢复重建被列入四川省农业厅直管项目。2009年3月24日，繁殖站重建项目实施方案获得批准。11月2日，四川省发改委下达批复，批复明确项目总投资1247万元，并下达首期投资批复948万元，其余299万元在中期调整中下达。资金全部来源于中央重建基金。项目内容包括恢复重建试验业务用房1060平方米、实验业务用房附属房260平方米、生产业务用房2300平方米；加固维修业务生产用房300平方米。新建塑钢大棚3000平方米和防虫网室1200平方米。恢复供水管道3000米、地下储水池80立方米1座，改造和铺设电力通信线路3600米等。

繁殖站项目实施领导小组，通过竞标方式确定邛崃市龙欣建筑有限公司为项目施工单位。截至 2010 年 9 月底，完成重建计划 95% 以上，竣工项目包括地下蓄水池、通信线路、供水管道、机耕道、耕作便道、排水沟渠、水塘维修等 7 个大项。恢复重建后的繁殖站，被列入成都市 19 平方公里的花果山园区规划范围。繁殖站邀请昆明柯莱芮德园艺有限公司对园区进行整体包装策划，以将其打造成“亚洲花都”。

安县畜禽良种繁育场重建　地震造成安县畜牧业经济损失 2.7 亿元。2008 年 12 月 12 日，四川省畜牧食品局将安县畜禽良种繁育体系重建项目纳入规划，规划初步安排畜禽良种场建设项目 7 个，其中种猪场 4 个，种羊场、种禽场、种兔场各 1 个；安排国家灾后重建资金 2816 万元。2009 年 11 月 6 日，经过招标、投标、竞标、评标等程序，确定四川鸿宇实业集团有限公司、河南华盛建设集团有限公司、四川绵阳朝阳园林建筑有限公司 3 家公司，分别承建安县 7 个项目的土建工程。2010 年 1 月 2 日、17 日、19 日和 3 月 26 日，鸿源种兔场、万春种羊场、绵樱公司种禽场、畜丰公司种猪场土建工程依次动工，11 月完工。“四场”畜禽圈舍建筑总面积 8262.51 平方米。4 月 7 日，金泉公司种猪场、金星公司种猪场土建工程动工，11 月完工。“两场”畜禽圈舍建筑总面积 5632 平方米。6 月，玉祥公司种猪场土建工程动工，12 月完工。该场畜禽圈舍建筑总面积 2382 平方米。

2010 年 1 月 18 日，安县畜牧兽医局委托四川勤德建设工程造价咨询有限责任公司组织采购安县畜禽良种繁育体系建设项目设备设施。经过招标公示、评审等程序，成都宁氏牧业设备有限公司、成都比斯特科技有限公司分别中标。5 月 6 日，安县畜牧兽医局委托四川勤德建设工程造价咨询有限责任公司对安县畜禽良种繁育体系建设项目组织引种采购，并在四川省政府采购网发布采购招标公示。12 月 3—4 日，安县畜牧兽医局、财政局组织 7 个项目的设计、施工、监理单位组成联合验收小组，分别对除玉祥公司种猪场之外的金泉村猪场、幸福村猪场、金华村猪场、金凤村种羊场、先林村种兔场和金凤村种鸭场 6 个子项目土建工程进行工程质量验收，验收结论为工程质量合格。安县兴仁乡长沟村凭借畜禽优良品种支撑，2010 年全村生猪出栏 7 万头，比震前的 2007 年增长 1 倍；全村畜牧业产值 4 亿元，村民人均纯收入 1.1 万元，比 2007 年的 4134 元增长了 1.66 倍。

松潘县牦牛引种改良　地震造成松潘县畜禽死亡 2.51 万头（匹、只），其中牦牛 1 万多头。根据安徽省援建指挥部的意见，松潘县畜牧兽医局组织科技人员编制完成松潘县牦牛改良项目实施方案。方案确定，从九龙县引进被列为中国五大牦牛地方品种首位的九龙牦牛种公牛 300 头。项目总投资 148.72 万元，所需资金从安徽省援建资金中解决。项目实行政府采购，松潘县畜牧兽医局负责组织实施。所引进种公牛投放 22 个乡镇（场）由养殖户饲养。县畜牧兽医局与项目实施乡镇签订了九龙牦牛种公牛饲养管理责任书，要求各乡镇与项目实施村、项目实施村与九龙牦牛种公牛饲养户层层签订饲养管理责任书，明确养殖户的责、权、利。责任书明确提出，任何单位和个人未经县畜牧兽医局许可，不得淘汰九龙牦牛种公牛，否则按市场价两倍赔偿。2009 年 8 月初，九龙牦牛种公牛引入并分配给饲养户。

引进九龙牦牛种公牛杂交改良本地牦牛，使松潘本地牦牛个体增大，解决了长期困扰松潘县牦牛产业增产不增收的瓶颈问题，为优化松潘县畜牧业内部结构、助农增产增收奠定了基础。截至2010年9月1日，九龙牦牛种公牛累计参配松潘本地母牦牛8400头，繁殖成活杂交F1代犊牛6408头。6月龄断奶杂交F1代犊牛每头售价为500元，新增产值320.4万元，实现纯收入64.08万元。

汶川县畜牧兽医体系重建 2009年6月30日，汶川县畜牧兽医局向县发展改革局报送汶川县畜牧兽医服务体系恢复重建项目请示。7月3日，发改局批复明确汶川县畜牧兽医服务体系恢复重建项目共包含14个子项目，其中县级畜牧兽医服务体系1个、乡镇畜牧兽医服务站13个（包括13个乡镇畜牧兽医站和118个村级畜牧兽医服务点）。项目资金1352万元，全部为中央重建基金。

截至2011年8月14日，汶川县畜牧兽医服务体系全部建成。县动物检验中心、家畜改良中心、牧草贮备中心配备总价值151.47万元的解剖台、解剖器具、采样箱、防护用具等设备和计算机、打印机、桌椅等办公设备。13个乡镇畜牧兽医站配备总价值117424元的解剖台、解剖器具、采样箱、防护用具等专业设备和计算机、打印机、桌椅等办公设备。118个村级畜牧兽医服务体系共配备总价值36216元的动物解剖器具、出诊箱、疫苗冷藏箱、检疫工具箱、药品陈列柜、办公桌椅等。据四川省畜牧食品局统计，项目实际使用资金1.21亿元，其中中央重建基金1352万元、其他资金10752万元。

第二节　生产基地

一　种植业基地

重建实施 四川省明确重灾地区39个县（市、区）恢复重建种植业基地累计13万公顷，分别为水稻基地2.22万公顷、小麦基地3000公顷、蔬菜基地1.9万公顷、水果基地2.72万公顷，其他经济作物基地恢复重建另作安排。（参见图85）甘肃省明确8个县（区）恢复重建马铃薯基地6700公顷、油菜基地3300公顷、蔬菜基地6700公顷、中药材基地1.67万公顷。陕西省安排4个重灾县（区）恢复重建油菜基地200公顷、茶叶基地340公顷、中药材基地130公顷、蚕桑基地700公顷等。

四川省39个县（市、区）根据自然和气候条件以及市场导向，合理安排适宜本地发展的优势农业产业，形成“一村一品、一乡一业”集中成片的特色效益、绿色产品基地的模式。汶川县在县域北部地区重点建设以甜樱桃为主的特色水果种植基地800公顷、无公害蔬菜种植基地1000公顷；在南部地区建设以猕猴桃为主的特色水果种植基地1000公顷、生态茶叶种植基地300公顷；在水磨、草坡、映秀等乡（镇）建设高原、生态、特色花卉种植基地666.67公顷。北川羌族自治县建设中药材种植基地133.33公顷、魔芋种植基地133.33公顷。茂县建设优质中药材种植示范基地333.33公顷。石棉县建设马铃薯种植基地341.33公顷。青川县建设茶叶种植示范园13.33公顷、核桃种植示范园6.66公顷、冬桃种植示范园3.33公顷和坡改梯示范点9.33公顷。（参见图86～89）

图 85　灾后新建的广元市利州区龙潭现代农业示范园

（四川省委宣传部　提供）

图 86　黄果柑基地

（四川省委宣传部　提供）

图 87　木耳基地

（向远木　摄）

图 88　中药材基地

（王堂甲　摄）

图 89　茶叶基地

（向远木　摄）

甘肃省建设优质粮油、特色果蔬、茶药桑种植基地项目 19 个，完成投资 1.05 亿元。

陕西省 4 个县（区）结合本地优势建设农业产业基地。略阳县建设雪莲果种植示范基地 66.66 公顷、大樱桃种植园 40 公顷、石参种植示范园 100 公顷。勉县建设标准化镀锌钢管大棚蔬菜基地 13.33 公顷、现代农业科技园 6.66 公顷、无性良种茶园 93.33 公顷。宁强县建设茶叶种植基地 6600 公顷、中药材种植基地 6600 公顷。宝鸡市陈仓区建设优质猕猴桃种植示范园 66.66 公顷。

农业部和联合国粮农组织投入 230 万美元在四川灾区共同实施农业恢复重建项目，主要是援助 1 万多农户价值近 130 万美元的农业生产物资，为两个小型茶叶加工厂灾后重建提供建材和设备支援；资助各类实用农业技术培训计 243 期，受训农民和农技人员 1 万人次。该项目的实施，使四川灾区受援乡镇获益。

大邑县优质粮食丰产示范工程 大邑县是国家商品粮生产基地县。（参见图 90 ～ 91）灾后农业生产恢复重建开展后，大邑县制定《大邑县 2009 年万亩优质粮食丰产示范工程项目实施方案》。方案明确建设优质水稻、小麦、玉米、红薯、马铃薯等粮食丰产示范田 20666 公顷，其中水稻 1 万公顷、小麦 5333 公顷、玉米 2667 公顷、红薯 1333 公顷 、马铃薯 1333 公顷。计划项目建成后，水稻、小麦、玉米总产量将增产 5%，红薯、马铃薯总产量将增产 10%。方案对项目实施乡镇作出安排，其中水稻项目 6 个乡（镇）、小麦项目 9 个乡（镇）、玉米项目 8 个乡（镇）、马铃薯项目 20 个乡（镇）、红薯项目 4 个乡（镇）。有的乡镇兼营多个项目。项目建设预算经费为 310 万元（不含农户自筹资金和投工投劳折资）。在项目实施中，成都市农业技术推广总站帮助推介作物品种。大邑县成立由农业技术推广、植物保护、植物检疫等农技人员组成的技术指导组，负责优质高产栽培技术的推广和病虫害的防治。该县实施粮食作物主导品种推介制，推广率达 95% 以上，核心示范区达 100%。大邑丰悦现代农业有限公司、大邑益民高新农业技术开发有限公司、大邑沙渠精米厂与农民专业合作社开展实施“订单农业”，使不少农民专业合

图 90 大邑县小麦丰产示范工程（农业部 提供）

图91　大邑县非洲菊生产基地
（四川省委宣传部　提供）

作社受益，调动了农民种粮积极性。大邑县还采取以奖代补措施，按每公顷150元标准奖补粮农，鼓励项目区农户参与项目建设。为加大项目良种良法推广力度，大邑县开展农技培训累计7万人次；建立激励机制，设立奖项11个（如水稻一、二、三等奖，分别奖励3000元、2000元、1000元），鼓励农户实施良种良法。

2009年5月5日、6月4日，成都市农委成立由市财政局、科技局、统计局等有关部门参与的验收组，对大邑县粮食丰产示范项目小麦、马铃薯种植进行现场验收。验收结果表明，实施小麦示范种植增产7.56%，实施马铃薯示范种植增产43.4%。7月29日、8月31日、11月4日，验收组对大邑县粮食丰产示范项目玉米、水稻、红薯种植进行现场验收。验收结果表明，实施玉米示范种植增产10.11%、实施水稻示范种植增产5.11%、实施红薯示范栽种增产30.85%，11月月底验收工作全部结束。项目建设共投入资金289.8万元，由成都市财政专项资金拨付，主要包括采购种子、农药、化肥、仪器和核心示范片农户技术指导培训、除草、抗旱保苗提灌、交通等补贴，以及验收支出和高产奖励。优质粮食示范工程项目建设不仅推动了灾后大邑现代农业发展，而且带动了农民增收。

青川县食用菌菌种繁育农科教示范基地　青川县食用菌菌种繁育农科教示范基地是浙江省对口援建青川县灾后恢复重建补助类项目。2008年9月项目立项，由青川县骑马竹荪协会、青川县旺源恒开发有限公司、青川县春光菌业开发有限公司、青川县原生态山野菜开发有限公司、青川县食用菌研究开发中心、青川县川珍实业有限公司等6家规模以上菌种企业分别实施。规划总投资2662万元，其中浙江省援建资金540万元、6家菌种企业自筹资金2122万元。项目于2009年3月开工建设，2010年3月底全面竣工。

该项目的实施改善了菌种生产企业的硬件设施条件，增强了企业的生产能力；其中实施种源项目，从多而杂的品种中筛选出适合青川县发展的对路品种，为规模发展食用菌产业提供了可靠的当家品种，使该县恢复发展食用菌产业获得充足的种源保障。通过建立产业园区，引进企业

（业主）开发，有效推动了食用菌栽培品种的更新换代和栽培技术的革新，促进了青川食用菌的标准化生产，为该县灾后发展食用菌产业起到引领作用。项目建设期间，青川县农业局组织培训食用菌生产技术人员306人，成为发展青川县食用产业的骨干力量。

绵竹市江苏高效农业示范园 绵竹市与江苏省句容市处在同一纬度上，年平均温度、年降雨量等自然气候条件基本相似，但两地农业收入差距很大。绵竹传统农业每公顷耕地收入1.2万元，句容高效农业每公顷耕地收入15万余元。针对绵竹土地回报率低的情况，援建绵竹的江苏省决定在该市推行高效农业示范园项目，并促成镇江农业科学研究所开展项目前期研究和准备。2008年7月，农业专家赵亚夫率领专家组至绵竹，走访了九龙、板桥等十几个乡（镇），实地察看种植、养殖业生产现场，与绵竹市领导、农业部门、镇村干部、农民等进行座谈，讨论示范园区建设方案。专家组在充分考察调研的基础上，编制了《绵竹江苏高效农业示范园建设规划》初稿。11月1日，规划通过专家评审委员会的评审。示范园区定址在九龙镇清泉村1组、5组。示范园核心区规划面积20公顷，由管理培训区（2公顷）和科技示范区（18公顷）两大功能区组成。项目总投资2074.81万元。24日，江苏省发改委下达批复，同意绵竹江苏高效农业示范园开工建设。赵亚夫担任顾问。高效农业示范园功能定位是“3个中心、1个窗口、1个景点”，即新品种、新技术展示中心，农业人才培训中心，种苗繁育中心；对外农业交流的窗口；农业旅游观光的核心景点。示范园项目采取硬件建设和软件建设同步进行，一边建设各项基础设施、生产设施，一边传授有关农业科技知识与实践技能。项目建成后，交由绵竹市管理，江苏省根据需要开展必要的帮扶和后续技术指导。

项目稳步推进。2008年11月至2009年8月，园区建设依次完成土地流转、农房搬迁、园区土地整治、水电设施和道路建设、果树和草莓的定植以及蔬菜的示范生产等。（参见图92）2010

图92　江苏省援建的绵竹市江苏高效农业示范园

（四川省委宣传部　提供）

年3月，培训楼工程竣工。示范园引入江苏最新的优质品种草莓、梨、葡萄、桃、蔬菜等；引进具有世界先进水平的发酵床，实施生态养猪和养鸡；采用“做给农民看、带着农民干、帮着农民销”的方式，把江苏比较成熟的先进生产技术和管理经验嫁接到绵竹。

“江苏专家+助手（江苏种植能手+当地农技干部）+当地农民”的技术传递模式，解决了绵竹农业技术干部和乡土人才不足的问题。江苏专家示范中带着农民干，专家、技术干部手把手教授示范户技术，解决疑难问题；通过制作示范光盘、编制多媒体教学课件、编印技术丛书和接待参观学习人员，普及有关园区的农业科技知识。赵亚夫不仅参与了示范园建设的前期调研、方案制定、项目落实工作，而且悉心指导示范园技术推广，独自承担培训农业技术人员150余人次，培训示范农户300余户次。示范园共组织各类培训27场、1360人次。通过两年示范推广，园区成为灾区地方政府获取农业信息和指导农业生产的平台。通过示范，在绵竹市16个乡（镇）的22个村发展培养示范户112户，种植应时鲜果19.53公顷，搭建生态养猪、养鸡发酵大棚56个，分别占规划的295%、293%、187%。示范园建设还注重外围人文景观和园内生态景观的协调，同时加入“农家乐”元素，吸引旅游者前往观光。

略阳县中药材出口示范基地 略阳县北枕秦岭，南靠巴山，境内山大沟深，平地不多；气候温暖湿润，中药材资源丰富，素有“天然药库”之称，常见中药材有143科489种；国家重点保护的42种中药材中，略阳县就有12种。国家在该县挂牌收购的中药材有172种。该县是陕西省首批确定的中药材现代化科技示范县之一。

在灾后恢复重建中，对口支援略阳县的天津市把发展该县中药材产业纳入援建内容，通过招商引资促进略阳县中药材产业上规模、上档次。在天津援建工作组的引荐下，略阳县中药材产业发展局成立招商经贸团前往天津，与韩国东牛堂制药株式会社天津代表处就共同发展略阳中药材产业进行磋商并达成共识。2009年2月，双方正式签订合作种植药材协议书。正式立项的略阳县中药材出口示范基地项目内容包括：在略阳县马蹄湾乡骆驼梁建立200亩的规范化绿色无公害中药材（种植生产性）出口基地。基地投产后，每年向日本、韩国出口百余吨优质中药材。基地建设按照“一年打基础、两年大发展、三年见效益”的目标稳步推进。

略阳县中药材出口示范基地竣工后，陕西省和天津市对口支援略阳县工作组组织验收，结论为优良工程。该项目总投资179万元，其中天津市援助130万元。略阳县200亩中药材示范基地主要由药材种植、产业开发、出口贸易3个部分构成。在产业开发上效果显现，项目计划内的雪之溶杜仲软胶囊生产线、杜仲叶绿原酸生产线和中药材饮片加工生产线3条生产线已经投入使用。在出口贸易上，示范基地与天津、江苏等制药企业完成了友好对接，初步形成在略阳建设中药研究所和对口销售杜仲、天麻、猪苓原药及共建猪苓基地等合作意向。

二 畜牧业基地

重建实施 震后，四川省畜牧业基地建设方面，共安排优质肉猪、肉牛、肉羊、奶业生产基地项目35个（参见图93），出栏猪、牛、羊、奶牛1235万头（只）。建设中，坚持产业恢复重建与新农村建设相结合的原则，明确异地重建的村民集中居住区，配套集中建设标准化养殖小

图 93　茂县肉牛养殖场

（四川茂县畜牧局　提供）

区，实行沼气统建、集中养殖。原地恢复重建的村民宅院，开工前明确畜禽养殖圈舍建设标准，要求新建圈舍与住房相协调，与村容村貌和环境整治有机统一。结合畜牧业基地恢复重建推进年活动，省畜牧食品局印发《开展畜牧生产标准化推进年活动的实施意见》，指导畜牧业基地标准化建设工作。畜牧部门把各类畜禽养殖的技术规范、圈舍标准等有关指标刊登在省畜牧食品网上，供灾区农户选择。同时制定畜牧业重建财政补贴政策，对灾区范围内受损的畜牧专业合作组织和规模养殖场实行财政补贴，重点扶持 152 个畜牧专业合作组织。根据受灾程度实行不同补助标准，明确 10 个极重灾县（市）每个专业合作组织补助标准 10 万元、29 个重灾县（市、区）每个补助标准为 5 万元。对存栏生猪或肉羊 300 头（只）以上的养殖场（小区、重点户）或存栏 30 头奶牛以上的养殖场，除享受建场补助资金外，39 个县（市、区）连续 3 年每年补贴 5000 元或 3000 元。推广“龙头企业＋专业合作组织＋适度规模养殖户”的发展模式，实现畜牧业生产方式优化提升，使灾区畜牧业发展进入产量、质量和效益三举并重的新阶段。2010 年，成都、绵阳、德阳、广元、雅安、阿坝等 6 个重灾市（州）畜牧业销售收入过亿元的市级龙头企业、省级龙头企业、国家级龙头企业和养殖专业合作社分别达 50 家、41 家、11 家、3604 个，分别比 2007 年新增 28 家、10 家、4 家、951 个；年出栏 50 头以上的生猪规模养殖比重达 53.6%，比灾前提高 17.2%；21 个养殖小区被农业部授牌为全国畜禽标准化示范场养殖小区。

陕西省安排畜牧业基地重建项目 30 个。宁强县重点发展 100 万头生猪养殖基地。勉县重点发展生猪养殖场建设项目 13 个，蛋鸡养殖圈舍 1350 平方米。宝鸡市陈仓区建设奶牛标准化规模养殖场 4 个、生猪养殖场 4 个、千头肉牛基地村 5 个、土鸡养殖大镇 8 个。略阳县重点发展香猪、黑凤乌鸡规模养殖基地和深加工项目 30 个（见图 94）。

截至 2011 年 9 月底，四川、陕西两省重灾地区 43 个县（市、区），恢复重建优质特色畜禽产品生产基地，形成优质特色畜禽生产规模 2239.67 万头（只），共完成投资 25.76 亿元，其中中央重建基金 3.97 亿元、其他投资 21.79 亿元。甘肃省陇南市 7 个重灾县（区）畜禽生产规模达

图 94　略阳县黑凤乌鸡规模养殖
（陕西省委重建志办公室　提供）

1103.5 万头（只），共完成投资 3.8 亿元，其中中央重建基金 3.72 亿元。

理县畜牧业生产基地　2010 年 1 月 5 日，理县发改局批复同意理县优质特色畜产品基地建设项目可行性研究报告，明确项目计划投资 8660 万元，其中中央重建资金 4860 万元、养殖户自筹资金 2800 万元、其他渠道筹集资金 1000 万元。该项目包括优质肉牛生产基地、特色肉羊生产基地、优质商品猪生产基地、生态“土鸡”生产基地、优质肉兔生产基地等 5 个子项目。

优质肉牛生产基地。实施该项目的有该县米亚罗镇、夹壁乡、古尔沟镇、朴头乡等 13 个乡（镇）。种牛品种选择秦川牛、鲁西牛或西杂牛（西门塔尔牛为父本，本地黄牛为母本，采取人工授精或自然交配方式所产生的二代牛）。肉牛养殖采取“肉品加工厂 + 场（户）+ 农户”的模式实施。养殖户符合验收标准给予奖励，每头牛奖励 604 元，修建圈舍每平方米补贴 150 元，购置草架、饲槽等设施按每头牛 127 元补贴，修建牛运动场按每平方米 72 元补贴，饲草按每公顷 1080 元实物补贴。肉牛繁育场饲养优质肉用种牛 50 头以上，每年向社会提供 30 头种牛，每个繁育场增加奖励 20 万元。村集体肉牛繁育场，采取以奖代补的形式给予全额补贴。2010 年 1 月至 2011 年 6 月，新建嘉绒肉牛养殖繁育专业合作社、米亚罗虹桥肉牛养殖场、官田村兴牧肉牛养殖专业合作社等 3 个肉牛繁育专业合作社。新建薛城镇水塘村、箭山村、大岐村、小岐村，朴头乡庄房村，下孟乡沙吉村和杂谷脑镇官田村等 7 个村集体肉牛养殖场。项目建设成果包括修建圈舍 2.87 万平方米、牛运动场 1.89 万平方米，引进购买麦洼牦牛种公牛 300 头、鲁西黄牛 3000 头分别投放各养殖户（场），培训养殖肉牛技术 156 人次。

特色肉羊生产基地。按照因地制宜的原则，绵羊养殖布局在理县米亚罗镇、古尔沟镇、上孟乡、夹壁乡等 4 个乡（镇）的 19 个高山村，山羊养殖布局在朴头乡、杂谷脑镇、甘堡乡、薛城镇、下孟乡等 8 个乡（镇）的 26 个半高山村。羊的品种选择小尾寒羊、黑山羊、波杂羊（波尔羊与本土羊杂交所产生的二代羊）等。特色肉羊生产基地项目按照每户 20 只母羊、1 只公羊的适度规模养殖模式培育养殖户 1000 户。每户圈养优质肉用绵羊或山羊 20 只以上。每只羊有 1 平方米圈舍面积、1.5 平方米运动场。要求养殖户羊的饲养周期 3 个月以上，且每户须种植优良牧草 0.13 公顷以上，有秸秆氨化或青贮饲料池窖 5 立方米以上（或冬草贮备每只羊 50 公斤），养殖附属设施完善，养殖档案健全。根据项目实施方案规定，凡接受过特色肉羊标准化规模养殖技术培训的养殖户，按照每只种羊 2000 元、每公顷饲料草 750 元、每平方米圈舍 100 元、每平方米运动场 40 元的标准给予补助。2010 年 1 月项目启动。截至 2010 年 12 月底，已引进藏绵羊 500 只，修建圈舍 3.08 万平方米，修建运动场 0.45 万平方米，种植牧草 600 公顷，开展饲养技术培训 17 期，培训养殖人员 500 余人次。

优质商品猪生产基地。2010 年 1 月，该项目在朴头乡、杂谷脑镇、甘堡乡、木卡乡、下孟乡、薛城镇等 8 个乡（镇）沿河谷地带的村组实施。种猪选择 PIC 猪、杜洛克猪、长白猪、约克猪和二元杂交种猪。国家投入该项目重建基金 1660 万元，其中 1629 万元用于养殖户和养殖企业商品猪出栏、种猪饲养、圈舍修建、附属设施建设、防疫等方面补助。截至 2010 年 12 月底，该项目共修建圈舍 8.3 万平方米，发展年出栏 10 头以上饲养户 263 户，采购发放种猪 130 头，养殖技术培训 1330 人次。

生态“土鸡”生产基地。（参见图 95）2010 年 1 月，该项目在杂谷脑镇、甘堡乡、蒲溪乡、薛城镇、下孟乡、古尔沟镇等 9 个乡（镇）实施。该项目选择由阿坝藏族羌族自治州科学研究院畜牧科学研究所与四川省茂县九顶原生态畜禽养殖有限公司利用当地藏羌土鸡选育的土鸡品种——九顶山鸡，该鸡种适应理县养殖条件。截至 2010 年 12 月底，项目已采购发放鸡苗 15 万羽，修建圈舍 4800 平方米，饲养技术培训 2570 人次。

图 95　家禽养殖由散户向规模化转型（四川省委宣传部　提供）

优质肉兔生产基地。该项目在该县 8 个乡（镇）的 37 个村实施。兔种选择齐卡兔（配套系）、新西兰白兔、加利福尼亚兔等优良品种。项目建立“公司 + 基地 + 专业合作组织 + 养殖户”的合作生产模式，形成“统一培训、统一建舍、统一供种、统一供料、统一防疫、统一销售”的发展模式。公司与农户签订销售合同，实行最低保护价，促进养兔业发展。截至 2010 年 12 月底，理县优质肉兔生产基地建设项目发展 10 组以上（每组公母比例 1∶4），种兔规模饲养户 327 户，修建圈舍 1.44 万平方米，肉兔养殖技术培训 970 人次。

据四川省畜牧食品局统计，截至 2011 年 9 月 28 日，理县灾后优质特色畜产品基地建设，共形成年生产优质特色畜禽 16 万头（只）规模，基地建设实际投入 11820 万元，其中中央重建基金 5410 万元、其他投入 6410 万元。

宝兴县优质药蜜生产基地重建 宝兴县养蜂历史悠久，产品享誉省内外。2009 年 10 月 19 日，宝兴县畜牧局提交项目立项报告。县发改局和经济商务局批准立项，规划在永富乡、蜂桶寨乡、陇东镇、硗碛藏族乡等乡（镇）建设 5 个 2000 群以上养蜂小区，建设 2 个药蜜加工基地，总投资 500 万元（中央重建基金 60 万元、农户自筹 440 万元）。项目建设期 12 个月。第一步进行生产加工基地建设。按照“统一规划、科学布局、相对集中、到村到户”的思路，县畜牧局实行农户分户实施的基本建设模式，选择在蜂群数量较多，养蜂环境较好，受灾较重的硗碛藏族乡、蜂桶寨乡、永富乡和陇东镇实施基地建设，通过建立中蜂养殖核心繁育区，以核心示范带动和辐射全县养蜂业的发展。在和平村、中岗村建设蜂产品加工基地，实现蜂产品就地精深加工。第二步从芦山县、邛崃市、名山县等地引进抗寒、抗病力强的中蜂投放养蜂户。截至 2010 年 8 月项目建设告竣，共完成投资 503.9 万元，其中中央重建基金 60 万元、农户和养殖合作社自筹 443.9 万元。

四川九寨食品有限公司 PIC 种猪场 四川九寨食品有限公司是由香港友力集团盟威国际投资有限公司在阿坝投资兴办的港资企业，注册资本 650 万美元。2006 年 9 月起，在茂县建立年产 30 万头无公害 PIC 生猪养殖基地，饲养 PIC 祖代、父母代种猪。地震后，该公司在茂县光明乡马蹄村建设 PIC 种猪场 1 个，占地 16.4 公顷，总建筑面积 3 万平方米。项目建设内容主要由 3000 头 PIC 祖代种猪核心扩繁场和年宰杀生猪 60 万头的肉食品加工厂构成。同时在茂县及阿坝藏族羌族自治州内邻近县发展 10 头以上母猪养殖户 500 户、30 头以上肉猪养殖户 1 万户，养殖母猪 5000 头，年出栏肉猪 30 万头。项目总投资 1.88 亿元，其中公司自筹 1.08 亿元、银行贷款 8000 万元。该项目由公司作为农业产业化的经营重点龙头企业，采用公司 + 示范农户的运作方式，按照出口欧盟国家的标准进行一条龙的指导和服务。项目使养殖户年均增加收入 3100 元，增加就业人数 3000 人以上。

项目建成后，企业每年为阿坝藏族羌族自治州相应地区提供 2000 头以上父母代种猪，年创产值 500 万元；年深加工 PIC 等优质生猪 10 万头以上，可创经济效益 500 万元以上；带动生猪主产区农户年出栏优质生猪 10 万头，促进农户增加经济收入。

舟曲县“一特四化”畜牧业基地 恢复重建工作启动后，农业部提出建设舟曲优质特色肉牛、肉猪、肉羊畜牧业生产基地的规划设想。甘肃省针对舟曲区位特征，明确提出舟曲县农业恢复重建应在“一特四化”上大胆尝试。“一特四化”即培育以牦牛和藏羊为特色的生态畜牧业，形成专业化布局、产业化经营、标准化生产和技能化培训的发展模式。以“一特四化”模式促进农民增收和现代农业发展。2009 年 5 月 19 日，甘肃省下达舟曲县项目建设任务，确定恢复重建武坪、大峪、丁字河口、坪定 4 个养殖牛、羊、猪、鸡的标准化养殖场。该项目与种植业、粮食加工业打捆下达，共安排资金2670万元，全部为中央重建基金。12月15日，甘南藏族自治州和舟曲县下达大峪乡黄牛标准化养殖基地、丁字河口土鸡标准化养殖场、坪定乡牦牛标准化养殖基地、峰迭乡生猪标准化养殖基地等4个子项目建设批复，首批安排项目资金870万元。舟曲县农牧局报县政府同意，将该项目调整为由全县16个乡（镇）36个村62个养殖户经营。

2010年5月，舟曲县“一特四化”畜牧业基地项目开工建设。由于8月8日特大山洪泥石流，2个养殖场土地被征做他用。曲瓦乡岭坝村房海泉养殖场被山洪泥石流冲毁，延至2010年年底项目建设结束。其余59个养殖场（户）共修建畜禽圈舍7760平方米、畜禽场围墙1920米，围栏草地248.67公顷、种草5.33公顷，修建畜禽场工作房664平方米，共完成项目投资696万元。2011年4月28日，甘南藏族自治州和舟曲县督察验收组对“一特四化”畜牧业基地建设项目进行验收，验收结论为合格。

建成后的舟曲县“一特四化”畜牧业基地，已取得社会经济效益。2011年舟曲县畜牧业增加值6673.17万元，较2007年的畜牧业增加值3373万元翻了近一番。农民人均纯收入3040元，较2008年农民人均纯收入的1969元增长了54.4%。项目建设带动了周边农户发展养殖业。据统计，项目建设期间，该县成立7个专业合作社，扶持发展专业养殖户1438户。该项目带动舟曲县16个乡（镇）36个村1240户农户发展养殖业。

三　渔业基地

重建实施　根据规划实施中期调整结果，四川省调整安排渔业重建项目32个，规划投资7.28亿元。其中，恢复重建渔业生产设施项目19个，投资5.45亿元；恢复重建渔业基础设施项目1个，投资266万元；恢复重建渔业产业项目12个，投资1.8亿元。农业部渔业局为青川县、都江堰市争取对口援建资金997万元和266万元。养殖企业和个人，通过贷款借款等方式解决重建资金缺口。地方政府渔业部门根据重灾地区渔业重建需求，从轻灾区协调苗种、鱼饲料、鱼药支援重灾地区，共向重灾地区调运苗种550吨、亲鱼3000组、饲料1.2万吨、鱼药5000余件。农业部组织上海、湖北、河北、广东等9个省（市）国家级水产养殖良种场，向重灾地区捐赠金鳟、建鲤、团头鲂等优质种苗526万尾、四大家鱼原种亲鱼2000公斤、大口鲶苗种2000公斤、家鱼苗种1亿尾。截至2010年4月底，四川省全部完成渔业重建32个项目，恢复重建水产养殖面积3.47万公顷，其中修复池塘1 .2万公顷，恢复生产及办公用房26万平方米，累计完成投资7.28亿元。

甘肃省康县7个乡（镇）12个村34户渔农，利用中央重建基金30万元恢复重建鱼塘3公顷。文县利用中央重建基金1082万元、企业与专合组织自筹资金2000万元，恢复重建网箱1237个（9.28万立方米）、池塘10公顷（年养殖量260万尾）。陇南市武都区完成渔业重建项目，利用重建资金170万元，其中中央重建基金160万元、自筹资金10万元。

陕西省略阳县利用中央重建基金50万元，完成大鲵救治中心生产设施重建，修建拦水坝1座、引水渠350米、大鲵救治池1200平方米、饵料池1500平方米、管理房300平方米、防护挡墙250米、垮河便桥1座。该县还利用中央重建资金20万元，完成硖口驿镇秦家砭大鲵种源基地重建，修建拦水坝1座、引水渠210米、大鲵救治池和饵料池1200平方米、防护挡墙120米。

江油市水产业恢复重建项目 灾后重建开展后，江油市从农业基础类重建资金中安排1200万元，用于渔业良种繁育、渔业技术推广和受损渔业设施修复等建设。具体项目包括江油市绿溪特种水产养殖有限公司繁育设施恢复重建，绵阳华晟水产品有限公司繁育设施恢复重建，江油市水库、水产龙头企业渔业设施恢复重建等3个项目。

江油市绿溪特种水产养殖有限公司是震前由原江油市鱼种站改制组建的集优良水产苗种繁育、水产科技试验、示范与推广无公害水产品养殖销售于一体的大型水产民营企业，是川西北地区规模较大的水产苗种繁育供应基地。项目重建包括：修复受损各种鱼苗池200亩，改造进排水渠2200米、场内道路3000米、围墙3800米，重建生产辅助用房1500平方米，改扩建其他用房800平方米等。规划投资680万元，全部为中央重建基金。2010年3月6日，该公司通过竞标方式确定四川省弘发建设集团有限公司承担项目工程施工，工期7个月。项目建成后实现年生产家鱼水花3亿尾，规格苗种14万公斤，完成产值310万元，实现利润90万元。

绵阳华晟水产品有限公司是由原绵阳市鱼种站改制组建的集优良水产苗种繁育，水产科技试验、示范和推广，无公害水产品养殖、销售和休闲观光为一体的大型水产民营企业，是四川省无公害水产品标准化生产示范基地、川西北地区最大的水产苗种繁育供应基地。2010年2月21日，通过竞标形式明确绵阳佳成建设有限公司为项目工程施工单位。项目工期7个月，恢复重建受损鱼苗池3公顷，改造进排水渠2300米、场内道路2600米、围墙6000米，改造输电线路2500米，修建生产辅助用房200平方米，规划投资380万元（中央基金140万元、自筹资金240万元）。项目投入使用后实现年生产家鱼水花5亿尾、规格鱼苗种3万公斤，完成产值110万元，实现利润33万元。

江油市水库、水产龙头企业渔业设施重建。江油市向家沟水库渔场等14座水库、7个水产养殖企业的渔业设施分布于江油市十几个乡（镇），养殖有草、鲢、鳙等家鱼和黄鳝、大鲵、龙虾等名优品种。该市将向家沟水库渔场等14座水库、7个水产养殖企业渔业设施的恢复重建统一打捆实施。2010年10月15日，通过竞标，四川佳和建设工程有限公司承建项目，建设工期100天。项目重建包括修复江油市14座水库、7个水产龙头企业的渔业设施，修复震损鱼池35.67公顷，改造进、排水渠5770米，修复渔场防洪设施2处。完成投资380万元，全部为中央重建基金。

青川县白龙湖水产园 白龙湖水产园项目位于广元市利州区和青川县境内，面积0.45万公顷，是地处汶川地震带上最大的水产养殖基地。2007年渔业产量1.28万吨，占广元市渔业产量的40%左右。为了全面恢复白龙湖库区渔业生产，2009年9月22日，青川县政府提出《青川县白龙湖水产园区规划》。规划目标包括年产各种鱼类1.8万余吨，实现产值4亿元，为库区失业移民提供500个就业岗位。10月初，青川县水务局制定《白龙湖水产园区建设实施方案》。10月8日，青川县政府组织专家评审并通过白龙湖水产园区建设项目；青川县发改局批复项目实施方案，明确该项目由县水务局组织实施。项目总投资1.13亿元，其中中央重建基金1000万元、浙江援建资金160万元、农户（业主）自筹资金1.01亿元。项目建设分两个阶段实施。第一阶段恢复重建水电设施，修复园区网箱设施、标志性建筑、天然鱼类繁殖场、钓鱼位等；第二阶段完成配套设施建设。乡镇农民通过投工投劳、以工代赈方式参加项目建设。2011年9月底，白龙湖水产园区建设项目竣工。项目投入使用后，实现年产各类商品鱼1.5万吨以上，帮助渔民人均增收5000元。

盐亭县水产养殖基地 震后，盐亭县努力打造以名、特、优、新养殖为主的水产养殖龙头企业。项目建设分恢复、重建两个阶段，由县水务局负责项目实施。恢复阶段，震后至2009年6月，修复加固垮塌、移位变形、开裂的鱼塘堤埂138公里；维修进、排水沟渠8.6公里；维修受损生产及管理用房2000平方米；维修、更换受损实验仪器28套；引进亲鱼1200组，补放鱼种30万公斤；维修架设受损各种管道、电网、通信线路820公里；加固补漏中小型水库面积286.67公顷；恢复稻田养鱼面积460公顷；修复、新置江河生态养殖防逃网39张；恢复全县水产技术推广站办公用房1700平方米。项目规划总投资1200万元。重建阶段，2009年6月至2010年6月底，以“一村一品、发展养殖龙头”为基本思路，安排中央重建基金360万元，支持6个水产龙头企业开展名、特、优、新渔业品种养殖，实施水产养殖龙头企业战略。另外，盐亭县再安排中央重建基金279万元，恢复重建震损鱼池和道路等。

第三节 农产品加工企业

一 重建实施

地震造成川、甘、陕三省农产品加工企业受损严重。农产品加工企业恢复重建受到各级政府的重视。地震当年，四川省政府指示积极创造条件，支持受损农产品加工企业恢复生产；甘肃省政府制定了扶持企业发展的若干优惠政策。截至2010年12月底，四川省农产品加工企业累计完成恢复重建项目3351个，占规划项目的90%；累计完成投资566.13亿元，占规划投资的91%。

农产品加工企业恢复重建具体做法：一是重点支持发展一批机制健全、带动农民增收能力强的龙头企业，同时鼓励和支持农民以资金、技术、土地承包经营权等生产要素入股组建专业合作社，推动主体企业迅速发展。都江堰青城贡品堂茶业公司年销售收入从2007年的3000多万元发展到2010年的5190万元。青川县川珍实业有限公司走出灾损困境，成为集农副土特产品开发、生产、加工于一体，销售网络遍布全国的国家级农业产业化重点龙头企业。二是借助恢复重建契机，立足本地资源优势，在新农村示范片建设过程中，成片整体推进农业产业基地建设，大力提升现代农业规模化、产业化、集约化、标准化水平。都江堰市投入直接工程费用6亿多元，建设“万亩现代生态农业集聚区”项目。三是推行资阳市“六方合作＋保险”① 和“大园区＋小业主”② 、岳池县三安蔬菜合作社股份合作等模式，促进产业体系各参与方形成利益共享、风险共担的利益共同体。四是着力打造灾区特色优势农产品品牌，积极申报

① “六方合作＋保险”指在财政引导下，金融机构、农业担保公司、饲料企业、种畜场、协会农户、肉食品加工企业“六方”互动发展，保险企业全程保障的现代产业组织体系。

② “大园区＋小业主”，指实行租赁承包、合作社入股、土地入股、土地托管等方式，培育、壮大农产品加工龙头企业，在重点产业、重点村加快组建农民专业合作社，延长产业链条，鼓励业主、大户成片规模经营发展种养业。

国家农产品地理标志、原产地保护等绿色食品、有机食品标志，争创中国驰名商标、中国名牌产品。

二　典型项目

四川北牧南江黄羊集团有限公司　该公司是四川省农业产业化经营省级重点龙头企业，下辖南江黄羊良种繁育推广公司、草业公司、生物制品公司、胚胎移植公司、北牧隆兴食品公司、北牧物资配送公司、南江黄羊原种场7个控股公司和1个黄羊科学研究所，总资产1.4亿元，主要在南江县从事南江黄羊品种选育、营销推广、牧草开发、技术服务、加工销售等业务。

该集团公司将南江黄羊18个扩繁场和交易市场重建作为集团公司灾后重建重点项目。此项目纳入灾后重建专项规划。项目总投资436.3万元，其中中央重建基金180万元、企业自筹156.3万元、银行贷款100万元。南江黄羊交易市场原址（南江县城沙溪坝）遭受地震破坏，不利于环保，集团公司决定撤出原址，选择南江县大河镇白院河、关田乡冉家坝、寨坡乡水田坪3处新址重建。（参见图96）交易市场2008年7月1日开工，8月4日竣工。扩繁场2010年4月开工，9

图96　南江黄羊集团养殖的黄羊

（周维国　摄）

月底竣工。

黄羊交易市场新建交易场所3处，建筑总面积7044平方米。其中，新建交易场所1500平方米、屠宰生产厂房2444平方米、办公用房500平方米、职工住房150平方米，修复羊舍2450平方米。该市场实行南江黄羊生产、加工、销售一体化经营及社会化服务的发展模式。交易市场搭建起养殖户和消费市场的桥梁，为搞活羊产品流通，规范交易程序，解除养殖户后顾之忧，也为农民致富、财政增收创造了条件。南江黄羊扩繁场项目，结合了四川南江黄羊原种场自身发展和南江黄羊选育保种实际，新建主体核心群5个、附属核心群5个，使黄羊原种场核心羊群达40万只；恢复扩繁场18个，实现年均饲养量2.3万只、年均出栏1.41万只。原种场羊舍、草场在重建中得到改善，确保南江黄羊选育保种和科研工作顺利进行。重建后的南江黄羊交易市场年对外推广种羊4000余只、集散销售肉羊2000万只，实现销售收入1.2亿元。

北川佛泉茶业有限公司 北川佛泉牌绿茶曾获国内国际13项荣誉奖励，苦荞茶出口韩国，银杏茶出口日本，绿茶出口德国等许多国家。截至2007年12月31日，该公司资产总额1.51亿元。

2008年8月8日，公司在绵阳高新区修建起简易苦荞茶生产车间，在北川茶叶核心基地擂鼓镇盖头村和曲山镇景家村筹建初制茶厂，开展生产自救。新北川县城开始建设后，公司向北川提交了《优质绿茶、苦荞茶、玫瑰精油深加工灾后重建项目资金申请报告》，申请资金援助。根据北川羌族自治县的安排，该公司项目规划投资3320万元，建设分两期推进。第一期新建北川曲山镇景家村大宗绿茶原料初制加工项目，包括修建绿茶生产车间3200平方米、库房500平方米，安装绿茶初制生产线1条和其他辅助设备，规划投资800万元。新建北川擂鼓镇盖头村名优绿茶原料初加工项目，包括修建绿茶生产车间2000平方米、库房500平方米，安装绿茶初制生产线1条和其他辅助设备；改建绵阳茶叶加工厂，包括改建紧压茶加工车间300平方米，新建苦荞茶加工车间400平方米，改建精制绿茶加工车间1300平方米，安装紧压茶、苦荞茶、绿茶精制生产线各1条和其他辅助设备，规划投资2120万元（自筹资金636万元、其他资金1484万元）。一期项目2008年8月开工，2009年3月竣工。第二期项目新建新北川工业园区，包括重建主要生产车间、辅助生产设施、公用工程、环保工程等6类25项，累计建筑面积3.88万平方米，搬迁绵阳茶叶加工厂生产线9条，购置生产线10条，规划投资1200万元。第二期项目2009年开工，2011年3月竣工。

两期项目实际完成投资3320万元，其中中央重建基金80万元。两期项目建成投产后，实现年销售名优绿茶1000吨、产值2900万元、销售收入3270万元；实现年销售大宗绿茶4000吨、产值3880万元、销售收入5550万元；实现年销售苦荞茶2000吨、产值2800万元、销售收入4000万元。项目投产后可以解决当地就业120人，季节性用工300人，带动1.1万户羌族同胞增收，促进北川生态恢复。

四川铁骑力士集团 四川铁骑力士集团位于绵阳市，1992年集团成立，是集饲料、食品、牧业、生物工程于一体的大型高科技企业、国家级农业产业化重点龙头企业，有饲料、食品、牧业三大事业部和科研中心。

2008年7月11日，该集团与绵阳高新区管委会签订《30万吨生物饲料项目投资协议》，标志着集团灾后重建工作正式开始。项目位于高新区永兴镇张家营，占地约4.67公顷，包括建设饲料加工车间、筒仓、原料库、成品库及研发中心等，规划投资 8800 万元，其中中央重建基金 50 万元、自筹 2750 万元、银行贷款 6000 万元。10 月 23 日，项目正式列为绵阳市首批灾后重建 30 个重大工业项目之一。2009 年 2 月 10 日，铁骑力士集团 30 万吨生物饲料项目开工建设，12 月 20 日项目竣工。2010 年 6 月 30 日，铁骑力士集团在广元市元坝区举行年产 20 万吨绿色无公害饲料加工项目建设签约仪式，规划投资 5000 万元。9 月 28 日，20 万吨饲料加工项目工程竣工。

青城贡品堂茶业有限公司　2007 年，该公司在都江堰市青城山镇投资 9000 余万元，建设建筑面积 5 万多平方米，集茶叶加工、品茗、茶艺欣赏、茶叶博览、茶文化展示、生态观光于一体的茶叶生态产业园区，同时新增名优绿茶产量 700 吨，计划 2010 年年底竣工。地震发生时，该项目才完成投资 2560 万元，建设进程遭到破坏。为了继续推进该项目，灾后重建开展后，该公司追加投资 1.1 亿元，其中自筹 5000 万元、贷款 6000 万元，用于修复被泥石流、山体滑坡破坏的基地茶园、茶园道路、U 形槽等基础设施，恢复重建优质绿茶生产基地 0.33 万公顷，打造标准化示范基地 333.33 公顷，建设生态茶园基地 200 公顷，建设名优绿茶出口核心基地 666.67 公顷。2010 年 12 月，标准化示范基地、名优绿茶出口核心基地项目竣工，其他项目计划 2012 年全部竣工。投产后，可有效带动 1.5 万农户年户均增收 2600 余元，转移 2000 人以上农业人口从事项目相关产业，实现年产值 1 亿多元、出口创汇 500 万元。

该项目建设得到对口支援方上海市的支持。公司与上海世纪联华、城市超市、光明食品集团等上海大型批发零售市场签订 2800 万元的销售订单和产品深加工项目战略合作协议。其中，光明集团下属上海茶叶有限公司与都江堰青城贡品堂茶叶有限公司达成茶叶全年总经销、夏秋茶叶综合利用、新茶共同开发 3 个方面的合作意向。青城贡品堂茶叶先后荣获“国际茶博会国际名茶金奖”“国际农博会系列农产品金奖”“中国道教文化节指定用茶”“四川省农产品知名品牌”“上海国际茶文化节中国名茶金奖”“国际茶业大会最具发展潜力品牌”等多项殊荣。青城贡品堂茶叶有限公司成为 2010 年上海世博会特许产品生产商。2010 年 4 月 17 日，贡品堂“贡品道茶”“五斗茶”在第 17 届上海国际茶文化节上荣获中国名茶“金奖”。

川珍实业有限公司　川珍实业有限公司位于青川县木鱼镇。公司生产的天马牌黑木耳曾获四川省名牌产品、中国西部农业博览会“金奖”等殊荣。公司建立并形成稳固的黑木耳、森林野菜原料基地，依托华中农业大学、四川农业大学和四川省农业科学院科技优势，不断进行黑木耳品种改良和袋料黑木耳生产。

公司灾后重建项目纳入重建专项规划，累计投资 3183.31 万元，其中中央重建资金 660 万元、浙江省对口援建资金 440 万元。项目面积 2 公顷，建筑面积 1.47 万平方米。建设包括维修加固生产厂房 3300 平方米，新建菌种繁育中心厂房 1500 平方米、培养室 1000 平方米、办公楼 2000 平方米、质检科研楼 800 平方米、员工食堂与倒班用房 3000 平方米，新增设备 79 台（套）。2008 年 5 月下旬项目开工建设，2009 年 12 月项目竣工交验。项目投产后可年加工森林蔬菜方便食品 1000 吨，年产食用菌菌种 390 吨。项目可直接带动 1.17 万农户年栽培椴木密植黑木耳 40 公顷、竹荪 5333 公顷，每年可获得 4385.7 万元的纯收益，户均经济收入 3748 元。公司新增就业岗位 230 个。

苍溪滴山粮油有限公司 四川省苍溪滴山粮油有限公司是集粮油加工、饲料加工、茶叶加工和销售于一体的综合性农产品加工企业，下有滴山米业、面业、饲料和茶叶4个子公司。该公司灾后恢复重建项目主要有2个：一是恢复重建年产8万吨的大米、面粉加工厂。2009年3月，由四川省发改委立项，规划投资1111万元，其中中央重建基金135万元、企业自筹资金976万元。2010年10月12日，四川省财政厅下达2010年“小巨人”资金的通知，资助该项目35万元。项目于2010年4月26日竣工投产。其中，挂面加工车间投入使用后，实现年新增干切面系列产品1.5万吨，新增销售收入5775万元。该项目依托国家粮食储备局成都粮食储藏科学研究所进行技术研发。2009年1月，公司注册的滴山牌商标获四川省著名商标称号。二是恢复重建苍溪县滴山粮食专业合作社优质粮油种植基地。项目计划投资89万元，建设优质粮油种植基地333.33公顷，附属重建两个分社基地各100平方米。该项目于2010年11月10日竣工验收。

项目投入使用后，该公司按照“粮食行业协会+龙头企业+专业合作社+农户”的新型产业化运行模式，完善粮食专业合作社组织机构31个，建立标准化示范专业合作社5个，落实订单农户3.1万户，发展优质原料小麦订单种植面积0.41万公顷，吸纳农村劳动力190人到专业合作社就业。

第二章 农村基础设施

地震中，川、甘、陕三省重灾地区 51 个县（市、区）农村基础设施严重受损。农村基础设施恢复重建被纳入国家灾后重建总体部署，要求利用成熟适用的技术、工艺和设备，鼓励使用当地材料和人力，优先恢复重建灾区群众最关心、最直接、最现实的基本生产生活设施。规划明确恢复重建农村公路 4 万公里、农户沼气池 43 万口、供水设施 28.13 万处以及农村水电站和电网设施等，规划投资 970 亿元（含农业重建投资）。2009 年 10 月，在总体规划实施中期调整中，农村基础设施建设投资被调整为 575.64 亿元（不含农村住房建设投资）。

农村基础设施建设主要由灾区省和对口支援省市共同承担。农村沼气、村庄道路等项目建设，由灾区省地方政府组织群众投工投劳、以工代赈完成。农村公路、灌溉设施、供水供电等技术含量高的项目，主要由对口支援省市组织专业施工力量为主导、当地村民参与共同完成项目建设。农村基础设施建设资金由中央投资、对口支援、地方企业和群众自筹、社会捐助以及利用国外优惠贷款等资金共同构成。

截至 2011 年 9 月底，通过灾区省和对口支援省市共同努力及社会各界大力支持，51 个县（市、区）修筑农村公路计 4.85 万公里，累计完成投资 270.8 亿元，其中四川省 249.2 亿元、甘肃省 18.4 亿元、陕西省 3.2 亿元；修建农村饮水设施 11.15 万处，受益灾区群众 725.29 万人，累计完成投资 49.33 亿元，其中四川省 44.9 亿元、甘肃省 4.1 亿元、陕西省 3295.87 万元；恢复重建农村水电站 213 座（含水利系统管理的水电站 77 座），累计完成投资 8.03 亿元（含水利系统管理的项目投资 4664 万元）；恢复重建电网 9517 公里，累计完成投资计 9.06 亿元。四川省重灾地区 39 个县（市、区）累计修建沼气池 42.86 万口、村级沼气网点 2328 个、县级沼气服务站 2 个，累计完成投资 13.88 亿元，其中政府安排资金 3.75 亿元、中央财政灾后重建切块资金等有关项目资金 10.13 亿元。甘肃省下达舟曲县 18 个乡（镇）100 个村恢复重建沼气池 6180 口，实际修建 1756 口，累计完成投资 1761.92 万元；其余 4424 口沼气池，政府投入 714.99 万元，购置节煤炉、太阳能热水器、太阳灶以代替沼气项目补发农户。陕西省 4 个重灾县（区）累计修建沼气池 1.24 万口，累计完成投资 5940 万元。

第一节　道路桥涵

一　重建实施

国家《农村建设专项规划》明确，地震灾区恢复重建农村公路4万公里，其中新建0.9万公里、恢复重建3.1万公里。规划还要求优先恢复重建通乡镇和通行政村公路，具备条件的乡镇通沥青（水泥）路、行政村通公路，以在新农村建设中发挥作用。对口支援省市将其作为民生工程优先安排。广东省投资约5.7亿元，援建汶川县城乡道路90多条1000多公里，使全县乡镇和行政村道路通达率达100%，极大地方便了基层政府公务往来和灾区群众生产和生活出行。浙江省为青川县修建通乡、通村、通社道路累计1100公里，建桥158座，其中为世居深山峻岭里的群众修建“漫水桥”92座，使山区群众出行困难得到解决。安徽省把农村公路建设作为援建松潘县6类21个项目应急工程之一，修建了基本覆盖所有行政村的村村通公路11条41公里，使地处深山的白羊乡通了公路。辽宁省援建安县以农村公路建设为主的项目6个，援建资金8.4亿元。已竣工全长30多公里的辽安路（江秀路），把安县县城与花荄镇、界牌镇、兴仁乡等6个乡（镇）紧密联结在一起，成为拉动6个乡（镇）经济发展的纽带。江西省投入资金8050万元，援建小金县农村基础设施4项，其中修筑农村公路66.4公里。很多施工路段位于海拔3000多米以上地区，工程技术人员忍受高寒缺氧、紫外线照射的痛苦，抢工期保质量，按时完成了公路铺筑任务。河北省投资1.56亿元，为平武县新建乡镇公路109公里、桥梁8座。河南省修筑安梓路、新太路、玻武路等乡镇道路11条。吉林省投资3.52亿元援建黑水县通村水泥路80条500公里。（参见图97）

图97　恢复重建的黑水县通村水泥路（吉林省　提供）

天津市投资1230万元，为宁强县修建农村道路桥梁22座。重庆市投资8650万元，为崇州市修筑农村道路28条。其他援建省市也投入一定资金修筑农村公路。

二 典型项目

理县农村公路建设 理县农村公路建设项目涉及全县19条乡村道路和6座桥梁，道路规划总长144.2公里，总投资9800万元。项目设计根据地形、地质条件及通达地区受益人口与耕地数量，采取原路优先、少占耕地或不占耕地、合理绕避农民建筑物的原则进行设计。路面分为混凝土、沥青表处、泥结碎石路面3种。路面宽度标准分为6.5米、4.5米、3.5米3种。

理县农村公路项目中湖南省援建“交钥匙”项目占10条，实行代建制。一是一标段6条路，包括猛古路（长4.454公里、路面宽3.5米）、古大路（长4.911公里、路面宽6米）、小沟村路（长3.209公里、路面宽3.5米）、木村组路（长3.869公里、路面宽3.5米）、官田村路（长4.137公里、路面宽3.5米）、营克路（长6.896公里、路面宽6米）。全线按通村公路标准建设，设计速度每小时15公里。2009年7月1日开工，12月15日竣工。二是二标段4条路：薛城小沟路长11.581公里，甘堡乡熊耳村路长4.08公里，桃坪乡佳山村路长10.54公里，通化乡院三公路长9.394公里。全线按通村公路标准建设，设计速度每小时15公里，路基宽3.5米，全长35.595公里。2009年7月1日开工,12月15日竣工。上述两个标段公路所经地段地势蜿蜒，山高路陡，纵坡较大。工程主要是加宽路基，铺筑混凝土面层或泥结碎石基层，完善交通安全设施等。

理县农村公路项目其他9条路计81.1公里，湖南省委托理县建设。项目包括上孟乡日京村路6.4公里、蒲溪乡色尔村路7.5公里、薛城镇南沟村路9.75公里、下孟乡萨门村路9.7公里、下孟乡班达村路9.3公里、桃坪乡东山村路11.7公里、通化乡汶山村路11.7公里、薛城镇马山村路9.75公里、蒲溪乡奎寨村路5.3公里。项目于2009年8月20日开工，12月31日竣工。

平武县与梓潼县乡村道路建设 震后，落后的乡村道路严重制约了平武县、梓潼县农村经济的发展。恢复重建中，平武、梓潼两线加快通乡、通村道路建设，造福山区群众。

灾后重建一开始，平武县就将通乡、通村公路纳入首批规划。经过一年多时间的努力，99个以县交通局为业主的乡镇道路建设项目全部开工，总里程766公里，完成投资5亿多元。由河北省援建的金藏沟通往杨家河村的道路，全长7.4公里，解决了当地3000多人出行难、卖货难问题。杨家河村是平武县龙安镇的无公害蔬菜种植基地，以前由于道路建设滞后，新鲜蔬菜不能及时运出卖个好价钱。村民赵胜华说：“现在路修好了，农副产品也可以及时卖出了，许多农户还修起了新房。”

梓潼县以建设“西部区域性综合交通枢纽”为契机，大力构建国、省、县、乡、村五级交通网络。2008年，梓潼县共争取交通项目资金10.6亿元，其中包括国道108线改造和省道302线维修。在具体实施过程中，该县以“一纵六横”为重点，全面提升通乡道路等级。同时按照“谁受益、谁修建”的原则，调动干部群众参与道路建设的积极性；豢龙乡青岗村在国家项目支持下，人均集资1000元，加上投工投劳，不仅修起了村道，而且连通了入户水泥路。目前全乡7个村有6个村修建水泥路29.4公里，占全乡通村公路90%以上。2009年，梓潼建成通村公路141公里，完成目标任务的113%。2011年，全县通乡公路硬化率达到90%，村道硬化率达到40%。

第二节　饮水设施

一　重建实施

地震造成川、甘、陕三省重灾地区51个县（市、区）989.5万群众饮用水受影响。灾区省农村饮用水设施恢复重建严格按照农村建设专项规划要求进行。邻近城区的村庄，优先选择城镇配水管网延伸供水。人口居住集中的村庄，在条件具备时，建设适度规模的联片集中供水设施。暂不具备条件的建造单村集中供水设施。分散的山区村庄修建引水工程、沉沙池（坑）、拦污栅、出水管和蓄水池等设施。

震后，水利部把重灾地区农村饮用水设施恢复重建放在民生工程之首，快速做出部署，要求三省水利厅做好农村饮用水设施恢复重建规划编制和资金安排工作。四川省农水局负责农村饮水安全的监督管理工作，包括前期工作的技术指导，工程建设中的质量、进度和施工安全。每月30日，该局要向水利厅重建办公室报送项目进展情况、存在问题和建议等汇报材料。2009年9月，四川省根据国家规划实施中期调整安排，对重灾地区39个县（市、区）农村饮用水设施建设项目实施计划进行调整。规划调整后，四川省政府办公厅、水利厅分别下发《关于加快推进水利灾后恢复重建工作的通知》和《关于下发水利灾后恢复重建规划项目实施计划（中期调整后）及2010年阶段目标任务的通知》，明确了灾区农村饮水设施恢复重建工作的责任主体、工作主体和投资主体。甘肃省水利厅发出《关于做好地震灾区农村饮水工程震损详查及制定恢复重建方案的紧急通知》，要求各级水利部门技术人员深入灾区，对饮用水设施灾损情况进行全面调查，按照因地制宜，突出重点，当前与长远、应急与永久相结合的原则，拟订应急、修复和重建方案，明确饮用水修复工程项目、重建工程项目的内容和投资规模。陕西省成立由省政府主要领导担任组长的农村供水设施重建领导小组，负责农村供水设施重建的组织实施、技术安排、资金落实等工作。省政府制定印发了地震受灾地区城乡供水设施灾后重建规划，推行重建项目方案由市水利（水务）局审批后报省里备案的制度。

截至2011年9月底，三省51个县（市、区）农村饮用水项目重建告竣。据水利部报表数据统计，灾区重建农村供水设施计11.15万处，其中四川省39个县（市、区）11.06万处、甘肃省8个县（区）810处、陕西省4个县（区）101处；累计完成建设投资47.49亿元，其中四川省44.86亿元、甘肃省2.3亿元、陕西省3295.87万元。（参见表10）

灾区农村饮用水工程项目建成后，改善了灾区农村用水条件，提高了灾区群众的生活质量，改变了缺水农户干旱时饮用塘埝、田凼被污染了的水和一水多用的状况，大大降低肝炎、肠炎、痢疾等流行传染病的发生。陕西省调查资料显示，项目受益区群众吃上洁净水后，肠炎发病率下降了87.8%，痢疾发病率下降了80.4%。项目区年人均减少医药费支出30元以上，户均节省因取水而支出的各种费用1300元。

汶川地震水利灾后恢复重建农村供水设施统计表

表10

县（市、区）	规划投资（万元）	完成投资		完成工程（处）	解决饮水人口（万人）
		合计（万元）	中央重建基金（万元）		
四川省小计	438330.73	448558.34	248461.73	110605	668.18
崇州市	3080.00	3018.00	500.00	35	8.50
彭州市	33207.00	32078.00	22378.00	459	33.80
大邑县	3084.75	3484.75	—	56	5.80
都江堰市	34600.00	42194.00	33000.00	47	33.90
旌阳区	5160.00	5160.00	4128.00	749	12.02
中江县	8610.00	8610.00	3200.00	3475	12.30
罗江县	7518.00	7627.50	7627.50	1519	12.03
广汉市	3264.80	3265.00	1134.00	221	8.58
绵竹市	26677.00	26677.00	18148.00	365	41.01
什邡市	22578.50	22578.50	11579.00	393	25.85
江油市	28740.00	28949.43	21854.78	1089	47.90
安　县	18938.00	18770.20	9570.00	43299	36.66
涪城区	7350.00	7608.49	2531.00	6018	18.20
游仙区	21388.50	8776.57	8000.00	127	32.26
三台县	18089.00	18458.66	15571.00	13735	32.44
盐亭县	7900.00	7681.36	6500.00	89	22.79
平武县	16663.00	16359.60	8228.00	7600	17.66
北川羌族自治县	16977.00	18553.50	12322.50	720	19.86
梓潼县	16233.00	14810.04	9312.00	11357	29.53
利州区	8204.00	9946.87	5884.00	1384	14.71
元坝区	11767.00	11826.5	3960.00	2493	16.81
朝天区	10150.18	10150.17	2718.00	2322	11.88
旺苍县	10000.00	13113.98	10000.00	1333	23.23
青川县	17276.00	29698.58	—	1720	24.68

续表 10

县（市、区）	规划投资（万元）	完成投资		完成工程（处）	解决饮水人口（万人）
		合计（万元）	中央重建基金（万元）		
剑阁县	25172.00	25171.73	9100.00	2060	30.96
苍溪县	10824.00	10479.48	4400.00	4926	30.92
汉源县	4578.00	4578.00	1034.00	370	12.00
石棉县	288.00	306.22	256.22	30	3.50
芦山县	997.00	997.00	790.00	37	3.60
宝兴县	795.00	373.20	149.66	136	1.83
汶川县	14000.00	14390.94	3600.00	230	7.38
理　县	2639.00	2236.00	250.00	81	4.07
茂　县	8817.00	8817.07	6000.07	320	9.09
松潘县	1260.00	1260.00	—	82	2.92
黑水县	3737.00	3524.00	106.00	206	4.55
小金县	3884.00	3144.00	1487.00	311	6.71
九寨沟县	900.00	900.00	900.00	36	2.00
阆中市	741.00	741.00	—	1020	2.45
南江县	2243.00	2243.00	2243.00	155	3.80
甘肃省小计	40775.00	23030.00	15521.00	810	44.96
文　县	7310.00	4738.00	3480.00	183	9.41
武都区	13009.00	4341.00	3037.00	174	7.50
康　县	6334.00	3187.00	2200.00	115	5.12
成　县	2687.00	1523.00	705.00	44	8.79
徽　县	3928.00	2176.00	1030.00	28	3.14
西和县	1907.00	2618.00	1500.00	142	5.50
两当县	2962.00	1390.00	727.00	40	0.90
舟曲县	2638.00	3057.00	2842.00	84	4.60
陕西省小计	7136.28	3295.87	2711.00	101	12.15
宁强县	2007.08	283.00	140.00	6	1.57
略阳县	2135.70	—	—	—	—
勉　县	1382.00	1207.80	1033.00	52	2.88
陈仓区	1611.50	1805.07	1538.00	43	7.70
合　计	486242.01	474884.21	266693.73	111516	725.29

说明：此表数据由水利部提供。中央重建基金具体包括水利基金、农村基础设施基金、以工代赈基金

二　典型项目

青川县农村安全饮水工程　地震前，青川县多数乡镇农村居民饮水靠人工背驮、肩挑解决，住在高山、高半山上的村民饮水更为艰难，每天要往返五六趟从山下背水上山，这种饮水方式世代延续。

2009 年 4 月，青川县浙江省援建指挥部委托浙江省城乡规划设计研究院编制了《青川县域供水设施布点规划》和《青川县水处理设施标准图集》。根据供水设施布点规划确定的目标，浙江省援建指挥部和青川县政府进一步提出了“创建农村饮水安全示范县行动计划”。计划提出，到 2010 年，各城镇（乡集镇）全部实现自来水供应；农村供水设施建设覆盖青川县全部村社，局部居住分散、水资源缺乏地区建设公共给水点；基本解决全县人民安全饮水问题。该项目由浙江省投资 3 亿元建设，工程包括设施、监管和保障三大体系，修建集中式供水设施 1.1 万个，由浙江省各市、县援建分指挥部具体实施。各项子工程因地制宜，做到一村一议、一事一议，并要求乡镇与各村签订责任制、规范施工管理制、项目公示制、建设销号制、技术力量协调整合制 5 种机制。

截至 2010 年 6 月底，青川县“安全饮水设施、安全饮水管理和安全饮水保障”三大体系基本建成。验收结论表明，36 个乡（镇）饮水安全，质量过硬，运行有效。农村饮水安全工程的实施，解决了青川县近 25 万人民群众饮水安全问题。农村供水安全工程规划目标总体达一类。通过水源地调整，修建取水设施，显著提高了供水保证率。水处理设施的改造和升级，敷设供水管道，显著提高了水质和用水的便捷性。老百姓说：“扁担水桶已下岗，龙头一拧泉水淌。”青川人民从此不再为喝水难而发愁了。

理县“三湘情”安全饮水灌溉工程　湖南省对口支援理县，在全国 19 个援建省（市）中率先启动农村安全饮水和农田灌溉工程项目建设。为了保证工程的全面顺利实施，理县和湖南省援建工作队联合成立理县人畜饮水、耕地灌溉用水工程项目建设领导小组，健全工作机制，明确理县政府和湖南援建工作队齐抓共管，共同实施。

2009 年 9 月 24 日，“三湘情”安全饮水灌溉工程奠基仪式在理县夹壁乡夹壁村嘉绒土司官寨举行，是湖南省对口支援理县灾后重建首个项目。9 月 24 日至 10 月 29 日，在 3 个乡（镇）4 个村进行试点，试点工程解决饮水受益人数 1641 人、灌溉耕地 154.06 公顷，投资 263.62 万元。11 月 1 日，理县召开全县人畜饮水灌溉用水工程实施现场会，推广试点经验。11 月 2 日至 12 月 20 日，实施了第二批饮水灌溉项目建设。全面建成的“三湘情”饮灌工程覆盖理县 13 个乡（镇）81 个村，为 3.5 万人解决了饮水安全问题，新增有效灌溉面积 0.17 万公顷，累计完成投资 5000 万元，全部由湖南省对口援建资金解决。

黑水县农村饮水工程　黑水县山多、地少、人稀，绝大部分农村人口居住在高半山。地震使部分村寨原饮水设施的进水池、压力池遭到损毁，次生灾害引发的山体滑坡体砸破饮水管道。灾害造成全县 17 个乡（镇）84 个村 6811 户 3.04 万人饮水受到严重影响。吉林省援建指挥部把解决农村饮水困难作为头等民生大事。该省水利厅组织 9 个市（州）的水利部门负责人和工程技术人

图 98　黑水县安全饮水进农家
（吉林省灾后重建志办　提供）

员 20 余人，在黑水县水利部门的配合下，深入受灾乡镇、村寨灾情现场进行勘察，收集基础资料。指挥部和黑水县政府共同决定，将农村饮用水项目建设委托黑水县水利局代建。黑水县水利局成立农村饮水项目重建领导小组，负责项目组织实施、资金下达、施工技术指导和工程质量监督等。领导小组将项目分解落实到乡镇、村、组、户，制定详细实施方案引导项目建设，并配备专职技术人员负责设计、施工和验收。2009 年 3 月项目开工，2010 年 9 月竣工，吉林省累计完成投资 2193 万元。已竣工项目使该县 3.04 万农村群众饮用水困难得到解决，尤其是使住在高半山的农户结束了长年吃水靠人背马驮和饮用溪沟水的历史。（参见图 98）

宝鸡市陈仓区农村饮水设施　地震造成宝鸡市陈仓区多处饮水设施受损，全区 13.03 万人饮水受到严重影响。震后，宝鸡市陈仓区饮水恢复重建工作按 3 个阶段进行，包括应急供水、过渡期供水、灾后重建。2008 年 5 月 14 日，周原镇杜赵村水塔爆破成功，成为第一个消除安全隐患的水塔。随后，虢镇镇水莲寨村和屈家村、周原镇坡子村、慕仪镇齐东村等 10 个村供水水塔接连实施紧急爆破。在应急修复工作中，陈仓区将城镇供水模式应用到农村饮水设施建设，筹备资金 105 万元用于农村推广变频式供水模式。陈仓区在饮水设施恢复重建中，拆除水塔 13 座，加固水塔 17 座，实施变频供水工程 6 处。修复工作开展后，陈仓区成立 4 个抢修队，连续抢修 30 多天，铺设管网 3.2 公里，修复围墙 35 米，加固房屋 350 平方米，修复水源井 1 眼，购置发电机组 3 台，保障了城区近 10 万群众正常饮水，累计完成投资 37 万元。

第三节　水电站、沼气

一　农村水电站

灾区农村水电站受损造成电站停止电力供应或电力不足，给灾区群众生产、生活造成很大影响。震后，水利部下发《关于抓紧开展“5·12”地震受损水利设施应急修复和灾后重建规划编制工作有关准备的通知》《关于印发四川汶川地震水利灾后重建规划编制大纲的紧急通知》，两个通知对紧急抢修灾区农村水电站和编制灾后恢复重建规划工作安排提出意见。灾区省水利部门按照水利部两个通知提出的“先生活，后生产；先除险，后完善；先应急，后重建提高，优先恢复重建受灾群众基本生活和公共服务设施”的要求，在多次深入现场排查灾情、核查评估损失的基础上，相继编制完成《汶川地震四川省水利灾后重建规划》《汶川地震甘肃省水利灾后重建规划》《汶川地震陕西省灾后恢复重建水利专项规划》。2008 年 10 月，水利部在审定灾区三省水利设施灾后重建规划时，明确除四川省重灾地区部分农村水电设施恢复重建纳入国家基础设施恢复重建专项规划外，其他由水利部门组织管理重建（甘、陕两省农村水电站 77 座），审定总投资 4889 万元，计划落实投资 4664 万元。

截至 2011 年 9 月底，灾区三省完成国家总体规划设定的农村水电设施重建任务。其中，重建农村水电站 213 座，包括四川省 133 座、甘肃省 67 座、陕西省 13 座，完成投资 8.03 亿元；重建电网 9517 公里，包括四川省 9449 公里、甘肃省 54 公里、陕西省 14 公里，完成投资 9.06 亿元。两项投资累计 17.09 亿元。水利系统管理的 77 座农村水电站竣工交验，完成投资 4664 万元（含中央重建基金 3285 万元），投资完成率 100%。

二　农村沼气设施

地震使灾区省多年建设的农村沼气成果毁于一旦，对农民生命财产安全、生产生活和农村生态环境造成威胁和影响。《国家灾后恢复重建总体规划》把农村沼气设施恢复重建纳入“农业基础设施”建设之中，要求利用成熟适用的技术、工艺和设备，鼓励使用当地材料和人力，恢复重建农村能源等设施。规划明确重建 51 个县（市、区）农村沼气池 43 万口，其中四川省 41.94 万口、甘肃省 8473 口、陕西省 2137 口。根据国务院部署，四川省迅速启动重建规划编制工作，各级农村能源管理部门深入灾区一线，进村入户，调查灾情，核实损失，认真评估，研究措施，结合农村能源损毁现状，编制完成《四川省汶川地震灾后农村沼气重建规划》。该规划明确用两年时间，使重灾地区 39 个县（市、区）重建沼气池 15.48 万口，修复受损沼气池 15.34 万口，填埋废弃沼气池 11.12 万口，规划安排重建资金 7.2 亿元（实际争取 10.13 亿元）。甘肃、陕西两省明确通过灾区县农村户用沼气池恢复重建，推广优质清洁能源，切实解决灾区农村生活用能短缺和用能方式落后问题，同时结合农房重建，使适宜建池的受灾农户都能用上沼气。

截至 2011 年 9 月底，四川省恢复重建农村沼气池 42.86 万口、大中型沼气工程 166 处、集中供气工程 2.5 万户、农村沼气服务网点 807 个。甘肃灾区农村沼气重建项目主要分布在舟曲县 18 个乡（镇）100 个村，规划设定重建农村户用沼气 6180 户，实际完成户用沼气“三改”1756 户。按国家下达计划和时限，2011 年春，舟曲县还有 4424 户沼气池重建未能按期完成；4 月 15 日，舟曲县委、县政府对剩余的 4424 户沼气项目建设内容进行了调整，投入 714.99 万元，统一购置节煤炉 6500 台、太阳能热水器 1500 台、太阳灶 1555 台，装备没有完成沼气项目的农户，并进户安装及进行安全管理使用知识培训。陕西省 4 个重灾县（区）共新建户用沼气 12369 口，其中宁强县 2434 口、略阳县 1022 口、勉县 1913 口、陈仓区 7000 口。三省重建中将农村户用沼气池与农户厨房、厕所、圈舍配套建设，这种模式具有推广价值。

四川省农村沼气新增中央预算内投资项目 根据四川省发改委、农业厅《关于下达农村沼气建设项目 2009 年新增中央预算内投资计划的通知》精神，四川省农业厅下达 39 个县（市、区）农村沼气建设任务，包括“一池三改”（沼气池，改灶、改圈、改厕）5800 户和户用沼气池 1.95 万口、服务网点 94 个、县级服务站 1 个、大中型沼气工程 3 个，中央重建基金投资 4627 万元。通知明确户用沼气项目的补助资金主要用于补助农户购置沼气灶具及配套产品、购买水泥等主要建材、支付技工工资等。乡村服务网点项目的补助资金主要用于购买进出料设备、检测设备和维修工具。县级服务站项目的补助资金主要用于购置大功率进出料车、培训检查设备、应急服务设备、维修检测设备等方面。大中型沼气工程项目的补助资金主要用于沼气发酵池、储气柜和输配气系统建造、工程设计和技术服务费等方面。

为了确保项目建设进度与质量，各地严格执行国家农业项目实施、管理的有关规定。剑阁县在项目实施过程中严格遵守“八制”，即资格准入制、项目承诺制、项目公示制、预制构件制、质量担保制、物资统购制、公开兑现制、物业管理制，提升了项目效益。汉源县全面落实“三公开”“六统一”制度。“三公开”指建设任务公开、补贴标准公开、物资分配公开，“六统一”指统一规划、统一模式、统一标准、统一材料、统一验收、统一补贴，做到“不挖坑不给料、不进料不给灶、不产气不验收、不验收不奖补”。四川省农业厅还会同省发改委制定了《四川省养殖场大中型沼气工程建设项目管理办法》，从项目申报审批、建设管理、资金监管、竣工验收等方面规范大中型沼气项目建设行为。

灾后沼气重建项目的资金管理是各方关注的焦点，各级农村能源管理部门针对农村沼气新增中央预算内投资项目建立健全资金管理制度、公示制度和资金使用审计制度，专账管理，专款专用，并接受各级职能部门监督，确保资金使用安全。项目建设过程中，大力推广“机械化挖坑、专业化施工、流水线作业”施工方法，推进预制大板结构、玻璃钢拱盖等新型建池工艺，仅利州区就推广施工简单的玻璃钢沼气池 1150 口，明显减轻了灾区沼气建设施工劳动强度。在各级农村能源办公室的共同努力下，农村沼气建设新增中央预算内投资项目顺利完成。重建户用沼气池 2.54 万口，完成投资 4627 万元，超额完成建设任务。

国际农发基金四川灾后重建农村沼气项目 2009 年 4 月 22—23 日，财政部组团与国际农业发展基金代表就四川地震灾后重建农村沼气项目贷款协定进行谈判，签署了《贷款协定》。根据协议，项目拟在绵阳市涪城区、游仙区、梓潼县、三台县 4 个县（区）实施，为受灾农户重建和新建农村户用沼气池，切实解决灾区农村生活用能问题。建设期限为 2009 年 3 月至 2011 年 9 月。项目总投资 2.07 亿元人民币，其中使用国际农发基金贷款 2897 万美元、接受国际农发基金赠款 150 万美元。

项目受益农户必须具备以下条件：一是地震灾害造成沼气池彻底损毁，经相关部门检测鉴定，纳入当地沼气重建规划的农户，或地震灾害造成房屋彻底垮塌，经相关部门检测鉴定，纳入当地农房重建规划和沼气重建规划的农户。二是家庭有长期养殖习惯，沼气发酵原料能够基本保证的农户。三是认同项目建设目标，积极要求并自愿申请参加沼气重建的农户。四是同意参加有关培训，严格遵守沼气使用规程、遵守沼气安全管理规定的农户。五是受灾贫困农户、妇女当家农户及少数民族农户优先安排。项目设计，每户主要建设 8 立方米户用沼气池。沼气池建设与农房建设同步规划，实行圈舍、厕所、沼气池三结合。

为了规范项目建设，四川省财政厅和农业厅还联合下发了《国际农发基金四川灾后重建农村沼气项目实施的指导意见》，明确规定了建池定额补助标准、补助内容、支付流程和项目公示内容等。在项目执行过程中，各级项目办多次组织项目管理人员、沼气技术人员和施工人员进行轮训，确保项目建设质量。项目办还多渠道、多形式、多层次宣传沼气安全使用管理知识。建池实行“机械化挖坑、专业化施工、流水线作业”，在挖池坑上有的采用小型挖掘机代替人工作业，每小时可挖 3 ～ 4 个池坑，效率比人工作业提高 60 倍。

截至 2010 年 12 月，梓潼县建设户用沼气池 1.48 万口，项目完成率为 97.5%；游仙区建设 1.63 万口，完成率 97.6%；涪城区建设 8500 口，完成率 97.4%；三台县建设 1.68 万口，完成率 93.2%。由国际农发基金支持重建的沼气池，每口建设标准 3500 元，其池体有外形美观、使用便捷、建设期限短的特点，优于传统农村户用沼气池。

第三章 村庄建设

灾区三省村庄恢复重建贯彻国务院“就地重建为主、异地新建为辅”的总要求，以“安全第一、有利生产、方便生活、节约耕地、保护环境”为宗旨，结合城镇化、工业化和新农村建设，坚持宜聚则聚、宜散则散以及充分尊重群众意愿的原则组织实施。2009年6月10日，中共中央政治局常委、中央书记处书记、国家副主席习近平在陇南市考察时，看到新迁建的龙头村和贾家寺村群众的新住房离承包地较远时提出，要把每家每户生产安排好，把孩子上学解决好，把重建工作做深做细。村庄恢复重建包括住房、基础设施、公共服务设施、名村名寨和贫困村建设等。村庄和名村名寨建设理念突出村庄村寨整体景观、历史文化特色、经济性和可持续性等。国家《农村建设专项规划》明确恢复重建农村居民点1.2万个、历史文化名村1个。

村庄建设以规划引路，实施村庄集中安置点水、电、路、光纤等基础设施同步建设，推进农村环境综合治理，使远离主要交通干线的农村也能享受到较为完善的基础配套设施和公共服务。村庄建设打破“军营式”和“一刀切”的布局结构，注重与周边环境和生产方式的融合，依山就势，错落有致，体现山水田园风光与自然和谐之美，注重对古井、水碾、磨坊等历史遗存的保护，体现农村自然生态与历史文化的和谐交融。住宅设计体现内部结构合理，外部造型美观，色调体现民族特点。规划实施中着重从群众意愿、村民耕作半径和生活习惯以及村民生产生活需求出发，合理优化重建村庄的布局，改变布局散乱无序状况。（参见图99）

第一节　村庄布局

一　任务与要求

国家《农村建设专项规划》明确，地震灾区恢复重建农村居民点 1.2 万个，其中原址恢复重建约 9700 个，村组内相对集中重建约 1900 个，异地新建约 350 个。原址恢复重建涉及农村人口规模为 302.84 万户 1051.3 万人，村组内相对集中重建涉及农村人口规模为 74.02 万户 242.9 万人，异地新建涉及农村人口规模为 10.37 万户 34.6 万人。村庄恢复重建总要求：以就地重建为主，异地新建为辅。位于适宜重建区的村庄应就地恢复重建，并相对集中布局。位于适度重建区的村庄以就地重建为主，有条件的适度相对集中。位于生态重建区的村庄，通过工程措施可以避让灾害风险的，在控制规模的前提下就地重建。灾害风险大或耕地灭失且无法恢复的实施异地新建。国务院要求在重建方式、重建选址、户型设计、质量监管、土地流转等涉及群众切身利益的问题上，既要听取群众意见，又要组织专家对重大事项进行深入论证，认真落实科学重建的原则。在重建项目选址上坚持“三个避让”，即避让地震断裂带、避让地质灾害隐患点、避让行洪通道，确保村庄灾后重建布局的合理性和安全性。

图 99　重建后的罗江县调元镇百花新村

（四川省委宣传部　提供）

二　规划与实施

规划引领村庄重建。四川省和对口支援省市组织全国1000多家规划设计单位、1万多名建筑设计人员，编制完成村庄规划2043个，绘制农房设计图1000套。甘肃省动员组织29家设计单位，编制完成陇南市8个县（区）159个村庄恢复重建规划。陕西省集中省辖规划设计单位编制完成略阳县151个行政村、12个自然村建设规划；完成略阳县徐家坪镇上坪、白水江镇走马湾、马蹄湾乡吕家坪等34个集中安置点规划编制及报批工作。

重建村庄，整体景观注重体现民族风格和山水风貌，重视对历史文化资源和生态环境的保护，特别是新建村庄和居民点注重实用性与景观风貌相结合。阿坝藏族羌族自治州原本自然生长的村落具有浓郁的地方特色，在恢复重建中尽量保留了原有的整体景观格局和内部肌理，同时又赋予其鲜明的时代特色，给村庄未来以旅游为基础的经济发展以较好的形象支持。（参见图100）村庄恢复重建应注意经济性，控制建设成本，包括建筑材料价格和运输成本；还应着重关心未来经济发展和村民未来生产生活需求，为将来的产业升级发展及村民生活品质提升做出适当安排。

图100　重建后的理县甘堡藏寨

（张建　摄）

截至2011年9月底，绵阳市完成3～10户以上的“小集中”安置点5318个，其中完成规划10户以上的“小集中”安置点1972个。广元市完成村庄规划任务250个和集中安置点916个。德阳市完成规划村庄和集中居民点恢复重建2131个、村庄整治230个。陇南市村庄恢复重建分

3批进行，2008年11月底第一批村庄建成，计175个村，其中27个示范村；2009年5月第二批村庄建成，计216个整体重建重点村；2009年11月底第三批整体重建重点村庄建成，计133个。灾区省分散重建村庄工程于2008年6月动工，2009年5月底全面完成；按照“五通”（通路、通电、通自来水、通广播电视、通信）和“一池三建”（沼气池、建灶、建圈、建厕）的要求，对新村和居民集中点的道路、水渠、河堤、护坡、供电、供水、广播电视等基础配套设施统一规划、统一组织实施，提升了重建档次。

三　典型项目

茂县坪头村项目　茂县凤仪镇坪头村位于岷江上游、茂县县城西岸，距成都190公里，是一个有农户550余户2000人的传统羌寨，保存有原生态的羌族传统民俗文化、土司文化、茶马古道文化、宗教文化。2008年8月6日，坪头村项目启动。该项目包括农房重建和打造旅游景区两大部分。在资金投入上，采取国家和四川省扶持、山西对口援助、银行贷款、群众自筹的农房重建筹资方式解决。属于联建共建项目。

旅游景区打造项目共投入中央重建基金4747.53万元（不含农房）。山西省与茂县县委、县政府坚持利用坪头村独特的区位优势，大力开发乡村旅游业和农家乐，建设集旅游观光、餐饮、休闲娱乐和农事体验等于一体的农家旅游项目。发展旅游业采取“村两委会＋农户＋企业”的模式，改变坪头村沿袭千年的农牧业生产方式，拓宽村民的增收渠道。在进行农房重建的同时，实施乡村旅游带建设、连户路建设、电网改造、村落保护及社会主义新农村建设等项目，启动创建国家AAAA级旅游景区工作。项目建设中，拆除了破旧房屋，改厕改圈，砌水渠，修建人行栈道，安装路灯等，对景区旅游服务设施和公共服务体系进行全面改造。坪头村旅游景区于2009年5月正式开业。当年，全村实现经济总收入1188.44万元，农民人均纯收入4080元。

2010年5月7日，坪头村作为四川省灾后恢复重建工作现场会的参观考察点，代表们一进村，立即被该村的风景吸引住，发出“太美了”“好像来到了世外桃源”的感叹。2010年9月17日，坪头村被评为国家AAAA级旅游景区（见图101）。

图101　恢复重建后的茂县坪头村（四川省发改委重建志办公室　提供）

彭州市鹿坪村项目 彭州市磁峰镇鹿坪村位于彭州市与都江堰市的交界地带——龙门山脉中南段，距彭州市区 33 公里。全村共有 14 个村民小组 587 户 2299 人，耕地面积 407.513 公顷。该村粮食作物以玉米、土豆等为主，经济作物以生漆、药材、竹木等产品为主，特色产业有食用菌、猕猴桃、莲藕及青蛙养殖。地震使村民们几十年的心血和汗水顷刻间化为乌有。

灾后重建开展后，磁峰镇政府和鹿坪村村两委会，在彭州市国土局和相关部门的指导下，反复论证，最终新村项目定址于鹿坪村坝区荷塘边，占地 10.6 公顷，建设用地 4.99 公顷。该点位距彭州市区 35 公里，地质条件稳定，靠近水源利于生产，靠近荷塘可以营造优美的居住环境，为发展特色乡村旅游打下基础。2008 年 8 月 2 日下午，新村重建动工。施工队进场后，村民们自发组织起来的志愿者服务队变成了场地平整突击队，他们打着“灾后重建当主人、建设美好新家园”的标语，10 天内义务平整场地 10.6 公顷。

承担鹿坪新村设计的四川三众建筑设计有限公司，抽调 27 名精兵强将按照产业支撑的发展性、空间布局和建筑形态的多样性、与当地自然环境和生产生活方式的相融性、基础设施和公共服务设施的共享性的“四性”设计原则设计，建设方案和施工图纸得到村民认可。项目实施主体为成都市国土资源局征地事务中心，项目施工主体为四川汇通建筑有限公司、四川富强建筑有限公司和四川三和恒生建设工程有限公司。2008 年 8 月 2 日动工修建；2009 年 1 月 20 日第一标段 A 区（建筑面积 1.65 万平方米）全面竣工，5 月二、三标段 B、C 区（建筑面积 6.15 万平方米）竣工，6 月完成小区道路、给排水等基础设施建设。新村基础设施项目节约集体建设用地 373.74 亩全部挂钩到城镇使用，由市政府牵头，统筹国土、建设、规划、农发、林业、财政、水务、交通等部门的涉农项目资金，集中投放到基础设施配套、产业发展配套设施等方面的建设上。通过挂钩项目和部门多渠道投入，共筹集 1.2 亿元用于新村重建。

陇南市武都区感恩村项目 陇南市武都区蒿坪村位于马街镇东南方向，距离市区 15 公里，全村有 2 个村民小组 69 户 341 人，耕地面积 15.06 公顷，花椒产业和劳务输出是村民的主要经济来源。

蒿坪村属于整体搬迁异地重建村。新村选址马街镇大李村张坪（原为大李村花椒园），重建后定名“感恩村”。感恩村新址地质结构为湿陷性黄土层，地势平坦，分上下两台，占地总面积 1.87 公顷，规划安置 69 户 341 人。新村建设按照“统一设计，统一规划，统一调配物资，统一修建标准，分户实施”的原则进行。农房设计分前宅后院，配套厨房、两层结构，有卫生间、沼气池和圈舍等，每户占地面积 129.6 平方米。规划总投资 276 万元，由政府补助款，以及红十字会、武都区烟草公司、深圳安防技术有限公司的捐助款构成。农房重建以农户自建为主。新村配套设施建设由武都区建设局负责设计，武都区东城建筑有限公司负责项目施工。工程于 2008 年 9 月开工，2009 年 5 月竣工。配套设施包括修建便民桥 1 座，修筑通村公路 3 公里，硬化村道 7880 平方米，修建排水渠 1210 米，新建活动广场 1750 平方米。总投资 185.3 万元，其中深圳安防技术有限公司捐款 131 万元、当地政府补助 54.3 万元。新村防灾减灾设施建设由甘肃省地质 219 大队现场设计，武都区东城建筑有限公司承建，2008 年 8 月开工、10 月竣工，建设资金 30 万元全部由中央重建基金解决。防灾减灾设施建设成果包括滑坡治理、排导沟修建、裂缝填埋、陡坝浆砌等。新村公共服务设施建设项目包括文体活动室和卫生室，两个项目建筑面积共 350 平方米，建设投资 48.5 万元，其中“特殊党费”38.5 万元、中国红十字会捐助 10 万元。建设中，市、区、镇成立联合工作组进驻感恩村指导重建。项目建设实施中遇到建材紧张困难，镇政府当即采取措施新建新窑 4 口，设立建材销售点 2 处，安排专职人员驻守石料厂、机砖厂，专门协调建材供应。11 月 5 日，感恩村村民住进新家园，个个脸上洋溢着喜悦的笑容，各家各户大门都贴上了乔迁对联，表达对党和国家的感恩之情。（参见图 102）

图 102　整体搬迁异地重建的陇南市武都区感恩村（甘肃省灾后重建志办公室　提供）

宁强县东丽村项目　宁强县燕子砭镇原庙子岭村位于宝成铁路复线 291 公里处上方。地震使该村山体裂缝，部分地方出现滑坡，巨大的堆积体严重威胁到该村 141 户 576 人的生命财产安全。经陕西省、汉中市专家实地查勘，鉴定为特大地质灾害点。庙子岭村灾后重建被纳入国家灾后重建总体规划。陕西省、汉中市决定将该村 166 户 696 人（含相邻木槽沟村 5、7 村民组受地质灾害威胁的 25 户 120 人）实行整村搬迁集中安置。新村定名为东丽村（见图 103）。

图 103　灾后迁址重建的宁强县东丽村（黎德华　摄）

根据陕西省和汉中市的安排，宁强县2008年7月制定《宁强县燕子砭镇庙子岭村地质灾害隐患点整村搬迁实施方案》，将庙子岭村整村移到木槽沟村进行集中安置，并列为天津援建项目。当月，陕西省批准了搬迁实施方案。8月，天津市规划设计院完成新村建设设计工作并提交设计图纸。9月5日，木槽沟集中安置点举行开工仪式。10月初，经公开招标投标，确定陕西省第十冶金建筑有限公司、宁强县嘉阳建筑有限公司、宁强县交通局和农村公路管理局分别承担农房、村庄基础设施、防洪设施等项目施工建设任务。安置点电力、电信、供水、绿地等配套工程先后开工建设。2009年4月底，河堤、农房、道路等工程全面竣工并投入使用。

第二节　名寨名村

一　修缮理念和原则

汶川地震灾害，使承载着厚重藏羌文化的理县桃坪羌寨和甘堡藏寨、茂县黑虎羌寨、汶川萝卜寨、马尔康松岗直波碉楼等受到重创，山石俱下，水系壅塞，楼体碎裂，宅屋坍塌，尤其是萝卜寨224座房屋无一幸免。2008年7月，国家启动地震灾区名寨名村维修保护工程，文化部、文物局、国家民委共同成立藏羌族文化遗产保护协调小组，文化部部长蔡武任组长。协调小组及时启动理县桃坪羌族碉楼与村寨、马尔康松岗直波碉楼及汶川阿尔村、萝卜寨、布瓦寨村寨碉楼抢救维修保护工程，规划实施茂县、北川羌族民俗博物馆建设项目。四川省地震灾后文物抢救保护工程专家组仅用18天时间即编制完成藏羌碉楼与村寨抢救保护规划。

名寨名村修缮方案设计体现“四个观念”：一是村寨建筑物复建和维修要与历史文化保护、区域布局、建筑特色和环境因素相结合，综合体现维修保护的全局观。二是建筑物修缮充分考虑建筑物所在地的地理环境和条件，恰当运用科学技术保护措施提高建筑物抗震性能，着力体现维修保护的技术观。三是建筑物修缮不仅要保持建筑物原来外貌特征，还要在古建筑修缮过程中体现藏羌建筑工艺、技术特色和民族风格的民族观。四是修缮工作力求体现将文化遗产、民居重建有机结合，为藏羌民族谋求可持续发展留有空间余地的发展观。

名寨名村修缮工程坚持“五个原则”：一是在修缮工程中力图保持建筑物原造型、原结构、原构件、原材料及原工艺。二是保持建筑物本体及村落所包含的全部历史信息的真实性、完整性。三是修缮项目包括村内建筑物和环境等全方位整治，实现遗产构成要素的全面保护。四是坚持将古建筑的保护与展示相结合，完整地体现名寨名村历史价值和科学艺术价值。五是确保名寨名村整体社会效益、经济效益与环境效益的协调发展。（参见图104）

二　修缮实施

培训藏羌建筑技术工匠，确保少数民族文化和技艺长久传承。针对藏羌建筑民族特色浓、修复工艺复杂、技术标准高的情况，四川省文物管理局携手中国古迹遗址保护协会，分别在理县、马尔康、汶川三地举办了3期“四川藏羌地区传统建筑维修保护技术工匠培训班”，对三地工匠进行民族传统建筑技艺培训，邀请国内外古建筑与文化遗产保护专家系统讲授民族传统建筑结构、传统技艺、文化遗产保护理念；启发、倡导现代建筑材料与传统工艺相结合，有效保护民族建筑特点的思路与方法。受训后的当地工匠在桃坪羌寨、甘堡藏寨、布瓦黄土碉群、阿尔村修复中，对确保修缮质量和建筑民族特色、贯彻修建理念发挥了重要作用。

修旧如旧，确保古建筑物原真性。在藏羌村寨、碉楼遗址的修复中，业主与施工单位、监理公司、群众代表一起，探索一套包括监理公司的现场监督、业主现场代表监督、村寨居民代表的日常监督、当地德高望重的工匠作技术顾问的技术监督的“四监督”工程质量监管模式。项目实施中，专业施工队伍和羌族民间艺人密切配合，尽量听取和采纳羌族传统艺人意见，保持夯土建筑技艺的原有习俗、原有工艺、原有材料，以确保“修旧如旧”原则的贯彻落实和文物的真实性。

保护、开发、传承并重。在维修保护方案编制过程中，设计单位注重当地的实际情况和遗产特色，将文化遗产保护与现代文化因素相结合形成最佳方案，为藏羌民族地区谋求更大福利。主要是能原地原址复建的尽量原地原址复建，因故无法原地原址复建的采用异地异址复建，或通过建设非物质文化遗产专题博物馆、民俗博物馆加以保护；通过开展藏羌民俗实物征集工作，丰富相关博物馆藏品内容，为民族地区传统文化宣传教育和研究提供实物资料，为羌族文化的“活态传承”提供保障。

图104　绵竹市年画村

（四川省委宣传部　提供）

三 典型项目

两当县杨店村 杨店村位于两当县杨店乡政府驻地，距县城19公里，与陕西省凤县地界相连，有村民165人。杨店古建一条街人文和自然景观丰富多彩，自古就有“山水画廊”之称。古街区呈南北走向，街道长718米、宽10米，保护面积7200平方米。保存较完整的有明清古建筑35座123间，共计2641平方米。地震中，杨店古建一条街中的“永顺店”“太和堂”“余圣宫”“堆金所”等古建筑严重损坏。

2009年9月25日，陇南市发改委下达杨店古建一条街修复保护立项批复，项目规划投资315.32万元。杨店乡按照“统一规划、统一拆迁、统一建设”的原则，对古建一条街37户居民危房实行搬迁。文化部门根据文物保护需要和实际情况，对现存的明清古建筑逐一登记，建立档案35份，对街区内4株国槐古树建立档案并进行挂牌保护。为使古街“修旧如旧、再现风貌”，两当县聘请有丰富古建筑修复保护经验的湖北中鲁古建园林工程设计有限公司对修复工程进行设计。修复工程以明清时期的35座123间2641平方米古建筑为重点，再现古街历史风貌的同时，对古街其他建筑物进行改造修缮，力求使古街既具历史韵味，又彰现代特色。11月26日，杨店乡通过竞标方式确定甘肃腾泰公路建筑有限公司担任项目施工，陇南科诚工程监理咨询有限公司担任项目施工监理。杨店古建一条街修复保护和杨店乡小城镇建设工程于12月9日开工，2010年12月20日全部竣工，总投资506.32万元。

汶川县阿尔村 阿尔村位于汶川县龙溪乡，是羌族地区高山村落的典型代表。高山、河谷、植被与村落共同构成的文化景观，具有历史学、人类学、社会学、建筑学研究价值和艺术观赏价值。该村建筑布局独具特色，村寨内碉房看似独立，实则户户相连，层层叠叠。碉房下层巷道纵横交错，屋顶成片相连可做各户交往通行的道路。巷道一上一下，形成立体交通联络通道和严密的防御体系。村民用夯土技术营建家园。阿尔村寨非物质文化遗存十分丰富，包括释比文化（释比文化是古老的羌民族遗留至今的原始宗教文化现象，主要是自然崇拜和祖先崇拜，信奉“万物有灵”）、祭祀文化、语言、羌绣、羌笛、树皮鞋等。2006年，汶川县政府公布阿尔村为“释比文化传承地”。汶川地震造成该村羌族标志性建筑——阿尔碉楼、巴夺碉楼严重垮塌。

2009年3月，国家启动阿尔村维修保护工程，汶川县政府委托广州市翰瑞文物保护设计研究中心、广州市白云文物保护工程有限公司共同编制，设计阿尔村灾后抢救保护修复规划和抢救保护维修方案。4月，阿坝藏族羌族自治州组织专家对规划和方案进行评审。5月，汶川县通过招投标，决定成都鑫荣华古建筑工程有限公司担任阿尔村维修保护项目施工。2010年6月19日，阿尔村维修保护工程动工。在阿尔村维修保护过程中，施工单位始终坚持文物“修旧如旧”的原则，秉承民族工艺和传统技术，尽量采用当地建材，使复原的古建筑保持原汁原味。民居修复改造着重将现代钢窗更换为传统木窗，外貌特征和色调与周边标志性古建筑保持协调一致。2011年5月，阿尔村修复工程竣工。修复工程成果包括维修保护碉楼2座、新石器遗址1处、祭祀塔1处，修复阿尔组、巴夺组受损传统民居57户，改造现代民居风貌13户。

汶川县萝卜寨　萝卜寨村位于汶川县雁门乡海拔1970米的高半山台地上，是唯一以黄土为建筑材料的古老羌寨，素有“古羌王遗都”“云朵上的街市”“中国羌族第一寨”的美誉，是迄今为止世界上少有的最大最古老的用黄泥建造而成的民族村落。地震灾害使萝卜寨224座房屋基本被夷为平地。

萝卜寨恢复重建包括老寨维修保护和新村建设两部分。2009年6月，汶川县委托陕西省古建设计研究所和北京市建筑设计研究院联合设计老寨方案。8月24日，老寨维修保护工程启动。老寨维修保护由阿坝民羌建筑保护研究有限公司负责。施工技术人员遵循“修旧如旧”原则，对萝卜寨毁损程度不同的10户民居进行先期实验性维修，为全面开展村寨维修保护工程积累科学数据。2010年7月6日，实验性维修工程结束。之后，四川省文物局组织专家在对实验性工程进行实地考察中，提出了在不改变文物原状的基础上适当增加竹木构件的意见。16日，汶川县通过竞标方式确定阿坝民羌建筑保护研究有限公司承担萝卜寨修复保护工程任务；18日，老寨维修保护工程开工。参与老寨维修保护任务的工匠艺人绝大多数来自萝卜寨本土，他们熟悉羌寨传统夯土建筑工艺和建筑布局，对确保传统工艺和材料的运用、民族建筑文化的传承发挥了重要的作用。

萝卜寨新村由广东省江门市对口支援，2008年9月24日动工。新村建设项目包括新村农房、基础设施和公共服务设施3个部分。（参见图105 ~ 106）基础设施建设内容包括市政道路、供水、排水、供电等。公共服务设施建设包括办公用房、村民广场等。江门市规划勘察设计研究院、江门市市政工程研究院、江门市建筑设计工程公司承担新村项目设计。新村建设施工由汶川县建筑工程公司承担。江门市投资366万元，建设萝卜寨和索桥村饮水工程。工程任务包括在雁门乡海拔2600米大山深处修建取水坝1道和过滤池1个，铺设引水管道13.5公里，将清水引进萝卜寨

图105　迁入新居的萝卜寨村民
（广东省　提供）

图106　萝卜寨新村外景
（广东省　提供）

和索桥新村。2009年4月26日，饮水工程完工。5月10日，萝卜寨新村交付使用，累计完成建设投资3000万元。新村位于离旧寨几百米的半山台地上，建成新房229户，每套52平方米，钢筋混凝土结构，按8度抗震设防，黄泥墙面，屋角配有羌寨特有的石碉楼装饰，门楣上砌有白石神，窗户上镶着羌字图案，房前铺陈石板块，自来水安装到户。村内建有长1000米、宽4米的水泥混凝土环路和长2700米、宽1.2～2米的青石板巷道，还新建了极具羌族特色的新村门楼、600平方米的恒健广场、400平方米的非物质文化遗产传习所（含村民活动中心）。

理县桃坪羌寨　桃坪羌寨位于理县杂谷脑河畔桃坪乡，始建于西汉元鼎六年（前111年），距今已有2100多年的历史，是以防御为主的古羌建筑群，历史悠久，建筑奇特，民俗古朴，保存完好的古堡式建筑被誉为“东方古堡”。1996年，桃坪羌寨开始开发旅游，经过10余年发展，成为“大九寨”环线上的一处重要人文景观，旅游产业成为当地的支柱产业，震前年接待中外游客约20万人次。2006年被国务院公布为第六批全国重点文物保护单位，2007年被列入《中国世界文化遗产预备名单》。汶川地震中桃坪羌寨受损严重。

2008年7月15日，桃坪羌寨灾后抢救保护工程启动。项目建设包括景点、服务功能恢复及配套设施、景区基础设施等。该工程由中国建筑设计研究院建筑历史研究所担任工程设计，北京大龙建设集团有限公司施工，四川园冶古建园林设计研究有限公司监理。工程分为两期，一期工程重点是抢险修复、抢险支护、遗址保护、遗迹清理。二期工程重点将全寨建筑按照建造年代、建造形式、保存的历史信息等作为价值判断标准进行分类，根据不同类别采取不同的修缮措施。工程设计方编制了《桃坪村分户建筑受损勘察及修缮、整治施工导则》。2011年4月20日，桃坪羌寨的维修抢救工作顺利完成。

理县甘堡藏寨　甘堡藏寨位于理县东北部甘堡乡，西距县城8公里，东距汶川县50公里，靠近国道317线。村寨辖3个村民组207户957人。2000多年前甘堡藏寨已成百户大寨规模，时喻为“甘堡甲穹”（意为百户大寨）。该寨为典型的汉、藏、羌文化结合体，以其优越的地理位置、藏寨规模、建筑艺术风格、历史文化厚重度，堪称“嘉绒藏区第一寨”，具有丰富的嘉绒藏族文化、石头建筑文化、清代两任守备衙署的军事文化、危关古栈道历史文化，以及丰富的水资源和可以打造的水文化。走近甘堡藏寨还能见到“端阳锅庄”和“博巴桑格”。寨子依山而建，建筑风格犹如小布达拉宫，距今已有200多年历史的守备衙署更是声名远播。震前，甘堡藏寨已受到世人关注，纳入四川省大九寨国际精品旅游区。地震中甘堡藏寨受到重创，千年古寨几乎毁于一旦。对口援建的湖南省高度重视甘堡藏寨的恢复重建。湖南援川工作队与理县政府协商决定，由理县负责甘堡藏寨的守备衙署、标志性建筑、寨内基础设施和服务功能配套设施的恢复重建，其余由湖南援建方负责。

甘堡藏寨在原址重建、扩建，按照新旧两条线进行。旧的老屋加强抗震功能，原貌保持不变。在老寨旁的日落河东岸台地上，规划新村建设区，建筑风格与老寨统一。主要建设内容包括守备官寨原貌恢复，白塔群、寨门、碉楼、转经楼等标志性建筑修建，游客接待中心、演艺厅、人工瀑布、锅庄广场、点将台等配套设施建设，给排水、供电、通信设施恢复等。2009年3月5日，理县政府与湖南援川工作队在甘堡乡甘堡村隆重举行“湖南省对口援建理县甘堡藏寨委托重建启动仪式”，双方签订《湖南省对口支援理县项目委托恢复重建甘堡藏寨协议书》，并举行藏寨重建项目奠基仪式。12 月 15 日，甘堡藏寨项目竣工验收，总建筑面积 9800 平方米，总投资 8000.62 万元。

第三节 贫困村建设

川、甘、陕重灾地区 51 个县（市、区）有 4834 个贫困村，灾害后低收入农户由灾前的 29.18 万户上升到 55.46 万户，贫困发生率由灾前的 25.45% 上升到 48.39%。贫困村多年努力建成的生产生活基础设施被地震损毁，扶贫开发受到严重影响。国务院扶贫办成立贫困村灾后重建领导小组，负责贫困村灾后恢复重建的组织协调工作。恢复重建项目实施工作，主要由三省扶贫办和以工代赈办公室共同负责。其中，三省扶贫办负责 2229 个贫困村（四川省 1224 个、甘肃省 513 个、陕西省 492 个）项目实施，规划投资 68.59 亿元，包括四川省 30.99 亿元、甘肃省 23.17 亿元、陕西省 14.43 亿元；三省以工代赈办负责 2605 个贫困村项目实施，规划投资 57.29 亿元（由于三省以工代赈办将贫困村重建项目捆绑下达，并明确由地方政府具体负责，本节只略作交代）。

贫困村灾后恢复重建先试点、后铺开。试点阶段分别于 2008 年 9 月、2009 年 3 月由联合国开发计划署、香港乐施会和灾区三省联合启动实施。第一批试点 19 个贫困村，第二、三批试点共 80 个贫困村，试点期为 60 天。2009 年 5 月 19—21 日，国务院扶贫办在广元召开汶川地震贫困村灾后恢复重建工作暨培训大会。会议结合第一批试点经验，就全面启动贫困村灾后恢复重建工作的方法、步骤、资金落实、资金管理、质量监督以及动员组织群众投工投劳等作出全面部署。三省扶贫办为指导贫困村项目建设的实施，根据国务院扶贫办《贫困村灾后恢复重建试点工作指导意见》的精神，结合实际制定了本省的实施意见。灾区县扶贫办根据项目内容、项目要求提供全方位技术服务。

贫困村灾后恢复重建，全村受益的项目，由村项目实施小组负责召开全体村民大会集体讨论，决定项目设计单位、施工单位或组建施工队伍、工程监理人员等。自然村受益的项目，由自然村项目实施小组按照村民大会规定的项目实施程序组织项目施工。农户个体受益的项目，由受益农户按技术标准和投资概算自行实施。农户个体受益项目的竣工验收，由村项目实施小组逐户检查和乡镇抽查相结合进行。工程类项目竣工验收，由乡镇工作站按设计要求进行全面验收和县扶贫办抽查相结合进行。对已竣工项目的后续管理，全村受益项目由村民大会研究制定管理办法、推选管护人员、明确管护责任。自然村受益的项目由自然村村民讨论制定管理办法。农户个体受益的项目由受益农户自行管理。项目资金实行专户储存，封闭运行，还将捐赠资金、帮扶资金也纳入专户管理。严格执行项目经费报账制度，明确村项目实施小组只使用预拨资金，并在技术部门帮助指导下，按规定的程序实施项目建设。项目竣工交验后，凭培训、招标采购、物资发放、验收等过程中形成的支持性证明材料和发票，经村民代表签字、县扶贫办审核后由财政部门报账。严格项目经费监管制度，明确村民监督小组定期检查资金使用、物资发放和群众投工投劳情况，检查结果向村民公示。

经过三年恢复重建，4834个贫困村恢复重建住房，完成“五改三建”（改水、改路、改厨、改厕、改圈、建池、建家、建园），恢复耕地，重建灌溉渠道、山坪塘、水库、灌溉蓄水池、石河堰、提灌站，恢复重建村级公路、社道路、入户路、桥涵，恢复重建沼气池、节能灶、太阳能热水器，累计完成投资125亿元。2010年，贫困村人均纯收入由地震当年的1871元增加到3691元，人均粮食由地震当年的298公斤增加到349公斤，分别增长97.3%和17.1%。

一　村庄与农房

贫困村重建试点广元市利州区三堆镇马口村　地震前，广元市利州区三堆镇马口村是四川省重点贫困村，辖村民小组3个212户767人，其中贫困户29户139人。全村青壮年劳动力450人，常年在外务工250人。地震造成67户246人因灾返贫。

灾后，全村群众喊响“力气用不完，汗水流不尽，甩开膀子拼命干”，自发投工投劳整治维修受损公路、山坪塘渠坝等基础设施。2008年6月3日，国务院扶贫办副主任王国良到马口村考察灾情，被他们这种精神所感动，建议将马口村列为贫困村灾后恢复重建试点村。27日，四川省扶贫办聘请专家组成规划小组深入马口村开展规划试点工作，编制完成《马口村灾后重建村级规划》。7月初，村民自筹资金开始平整场地重建住房；8月上旬，开始维修加固受损农房。国务院扶贫办将马口村列为恢复重建首批19个试点村之一时，全体村民欢欣鼓舞，精神振奋。至9月21日全国贫困村灾后恢复重建试点村规划实施启动仪式在马口村举行时，全村已完成2个集中安置点、28套住房一楼主体工程和3口受损山坪塘60%的整治维修任务，村组道路全部恢复畅通。

马口村运用“参与式”扶贫理念，引导村民参与重建，鼓励村民“我的事情我做主”。村民积极参与灾后发展问题分析、重建项目排序，集体讨论决定基础设施、农房、产业项目的重建模式，民主选举产生马口村重建施工组、物资组、理财组、监督组、协调组，具体负责施工组织、建材采购、资金管理、质量监督等工作，使所有项目重建都在村民参与和监督下实施，确保项目建设进度和资金使用效益。

在重建过程中，马口村通过创立“互助合作”等机制，有效解决农房重建、基础设施重建和产业重建资金短缺、劳动力和建材紧张等矛盾。采用的方法：一是整合资金创新投入机制，采取农户为主、信贷为辅、政策扶助、部门帮扶、社会支援的办法筹集重建资金。二是互帮互助力量整合机制，村民每10户组成1个互助小组、每40余户组成1个工作组，轮流投工投劳自建公益性项目，解决恢复重建中劳动力不足的问题。三是合作经营产业发展机制，对生猪、土鸡、水果、蔬菜等产业，坚持“公司（合作社）+农户”的运作模式，规模经营，产业化发展，共享资源、共担风险、共得利益。四是统规联建农房机制，对集中安置点农房，采取“五统一、三公开、一分户”（“五统一”即统一规划设计、统一资金管理、统一建材采购、统一施工作业、统一排工用工；“三公开”即国家建房补助政策、建房内容及程序、物资采购及资金使用全部向群众公开；“一分户”即分户集资，抽签分房）的模式推进重建，达到省心、省钱、省材料的目的。

截至2010年年底，该村完成重建投资1806.42万元，其中农户自筹（含投劳折资）1055.6万元、财政扶贫资金220万元、政府部门整合资金166.41万元、“特殊党费”34.5万元、澳门援建180.4万元、联合国开发计划署90万元、香港乐施会59.51万元。维修加固农房109户，重建农房101户，援建“爱心民居”260平方米，集中安置孤残人员4户。基础设施方面，恢复改造村庄道路4公里，重建通组水泥路9.6公里、连户路3.2公里。水利用水方面，维修加固山坪塘3口，重建蓄水池5口（供168户604人饮水），安装饮水管道3公里。产业发展方面，建设养殖小区3个，恢复发展果蔬产业，栽植枇杷6.66公顷、海椒13.33公顷，管护梨树26.66公顷、樱桃5.33公顷。生产组织方面，组建了生产互助社、养猪业合作社、农民工协会，开展实用技术培训和劳动技能培训1200人次，提高了村民增收和自我发展能力。

贫困农户“五改三建”　灾后，国家将支持重灾地区贫困农户实施“五改三建”纳入《农村建设专项规划》，规划投资3.63亿元，涉及农户24.18万户。通过实施“五改三建”，贫困农户居住条件和环境得到改善。2008年11月24日，国务院扶贫办在北京召开贫困村灾后重建工作会议，明确省扶贫办是组织实施贫困村“五改三建”第一责任人，要求抓好工作落实。国务院扶贫办与联合国开发计划署开展“中国灾后重建暨风险管理项目”合作，分两批在灾区三省15个受灾贫困村开展试点，每村投入8万元，支持贫困农户建造配套圈舍和沼气设施。为贯彻落实国务院扶贫办部署，四川省明确重建受灾贫困村沼气池计4.52万口、节能灶计2.47万口、太阳能热水器计5410套，建设村内小型垃圾和污水处理、村庄绿化、“五改三建”等环境改善项目计2516处。甘肃省明确投资1938万元，实施“一池三改”（即建沼气池，改厨、改厕、改圈）工程，新建沼气池7059口、改圈6432个、改厨6165个、改厕4784座。陕西省明确每户投资1500元，结合扶贫重点村和新农村建设实施农户“三改”3.35万户。

灾区县积极探索“五改三建”有效方法，推进家居文明清洁化、卫生环境优良化。汶川县按照改厕每户不低于8平方米、改厨每户不低于10平方米、改圈每户不低于30平方米、改庭院每户不低于30平方米的标准，实行每户以奖代补2000元，使“五改三建”取得较好的效果，全县45个贫困村7254个贫困户完成“五改三建”任务。陇南市武都区把“五改三建”项目具体落实在29个乡92个村1.05万户的“一池三改”上。

二　农业生产设施

恢复重建工作开展后，国务院扶贫办规划贫困村农业生产设施重建投资计31.3亿元，其中灌溉设施30.41亿元、基本农田8911万元，农业生产设施重建投资占贫困村建设规划总投资125.87亿元的24.87%。截至2010年12月31日，灾区4834个贫困村修复耕地计1.65万公顷，恢复重建灌溉渠道7591公里、山坪塘2.52万口、水库130座、灌溉蓄水池1.48万口、石河堰2894处、提灌站1145处。完成投资累计31.45亿元，占规划投资100.48%，其中由三省扶贫办组织的2229个贫困村完成耕地恢复投资8781.28万元、灌溉设施恢复投资3.29亿元。

耕地修复 地震造成三省重灾地区4834个贫困村耕地受损达2.07万公顷。为了修复贫困村受损耕地，国务院扶贫办规划耕地修复投资4.89亿元。其中，恢复石坎梯地2.3万公顷（规划投资3.46亿元），修复河坎、护坎12.9万米（规划投资1.43亿元）。2009年6—9月，灾区三省各级扶贫办、以工代赈办会同各级发改委衔接落实中央重建基金，整合部门资金和社会资金。以工代赈办组织动员贫困村群众投工投劳，逐步实施贫困村耕地恢复项目。

耕地修复后，不少农户耕地不仅没减少反而增加了。北川羌族自治县擂鼓镇许家村桂秀华告诉记者，她家耕地比原来多了3分（200平方米）。该村村委会主任何飞对记者说，震前许家村耕地没有灌溉和排水设施，造成土层板结、产量低，地震又使田坎和挡墙垮塌，把耕地掩埋了不少。震后耕地复修中，土地经翻挖、平整、捡石砌坎，增加排水沟、蓄水池设施，耕地质量提高了许多。耕地复垦后，新增耕地35%，村民生产条件得到了改善。

灌溉设施重建 国务院扶贫办将三省重灾区4834个贫困村灌溉设施恢复重建纳入规划，明确项目投资30.41亿元，主要恢复重建灌溉渠道2.37万公里（资金17.28亿元）、山坪塘2.78万口（资金6.01亿元）、灌溉蓄水池6.41万口（资金3.71亿元）、石河堰1427公里（资金1842万元）、提灌站3001个（资金2.32亿元）、机沉井5032口（资金9058万元）等。（参见图107～108）

图107 灾后恢复重建中新建的黑水县色尔古饮水灌溉工程
（吉林省灾后重建志办公室 提供）

图 108 剑阁县机电提灌站恢复建设项目（农业部 提供）

在项目组织实施中充分尊重项目农户意愿，在不损害农户利益、满足项目建设需要的原则下，组织村民按照技术要求投工投劳。需要集中采购物资的须成立有村民代表参加的采购小组，通过货比三家的方式进行采购。必须对外承包或招投标方式进行施工的，严格按有关规定和程序进行。项目监督采用确定专门人员或建立监督小组对承包单位的工程实施过程和质量进行监督。项目验收采用由村项目实施小组对每个农户的户建项目（人工井、蓄水池等）进行普查，乡镇根据项目技术标准按每类项目每村抽查 10% 的农户，县扶贫办按项目乡镇进行复查。每个项目村抽查 5% 的农户，最低不少于 5 户。

三 村庄基础设施

道路桥涵 2008 年，国务院扶贫办将贫困村村庄道路重建纳入贫困村灾后恢复重建总体规划，项目规划投资 49.1 亿元，其中村级公路 30.69 亿元、社道 12.01 亿元、入户道路 2.79 亿元、桥涵 3.61 亿元。村级路、社道、入户道路施工按照不同标准进行。村级路为泥结石路面，路基宽 4.5 米、路面宽 3 米、路面厚度 6 ~ 8 厘米。社道设计标准与村级公路标准基本相同，不同点是每 300 米设置错车道。各村通过全体村民选举成立项目执行小组，在上级主管部门和村委会的领导下，负责全村道路项目的组织实施、工作协调、处理解决施工难题。

项目实施采取招标和自建两种方式。必须对外招投标的项目，严格按照法定程序比选确定中标单位，村执行小组对中标单位实施质量监督。村内自建项目，根据工程内容和技术要求，一般按照村工程队建设、组织村民投工投劳建设、村工程队和村民共同建设 3 种方式实施。户建工程按照国家确定的补助对象、补助标准相关规定执行。

村执行小组对项目资金、物资、工程管理、投工投劳等进行公示，接受群众监督。资金、物资进出执行登记制度，严肃财经纪律。工程质量贯彻谁实施谁负责的责任制，充分发挥监测评价职能，加强过程监督。乡镇对口业务站技术人员发挥技术支持服务的职能，包括施工图纸设计、技术培训、现场指导、建筑材料协调和工程监督等。

位于高寒山区的宁强县巴山镇，在灾后重建中有4个贫困村铺筑了水泥路面，交通条件改善很大，促进了农村经济的发展。4个贫困村除传统种植业外，积极发展新型主导产业丹参、魔芋、黑木耳种植等，并已形成规模。通村道路为巴山镇1.1万人解决了出行难问题。

电力设施 贫困村电力设施重建纳入灾后重建规划，规划投资10.82亿元，恢复重建低压线路1.13万公里、更换变压器2015台、重建入户线路5135公里。其中，三省扶贫部门负责的2229个贫困村恢复重建低压线路1397公里、更换变压器216台、重建入户线路1797公里。项目实施按标准进行。低压线路以单放射式接线为主，较长的主干线或分支线装设分段或分支开关，并使用自动重合器和自动分段器。变压器采用节能低耗配电变压器，配电变压器容量以现有负荷为基础，适当留有余地，新增加生活用电变压器，单台容量一般不超过100千伏安。农户生活用电实行一户一表计量。

贫困村电力设施重建由贫困村所在乡镇政府组织实施，在汇总贫困村规划基础上编制实施方案，方案通过征求村民意见后，报县（区）财政评审中心评审后投入实施。乡镇政府同时负责项目招投标、项目实施进度和质量监督、项目审计等。项目所在村是项目实施地，主要负责项目实施的宣传发动、群众投工投劳、项目实施进度和质量监督等。县（区）扶贫办是项目实施的主管单位，负责项目各方面的协调、实施进度、质量监督检查、项目资金拨付等。县区扶贫办、发改局、财政局、电力等相关部门负责对项目实施情况进行总体验收。截至2010年12月31日，三省重灾地区4834个贫困村共恢复重建高压线路2121公里、低压线线路2.88万公里、变压器4796台。其中，由扶贫办负责的2229个贫困村累计完成入户供电设施项目投资5163万元，包括变压器908万元、入户线路4255万元。

清洁能源 清洁能源项目纳入灾后重建规划，项目总投资12.77亿元，其中沼气池11.39亿元、节能灶7400万元、太阳能6403万元。经过三年恢复重建，4834个贫困村清洁能源利用率超过灾前水平。其中，三省扶贫部门组织的2229个贫困村恢复重建清洁能源项目总投资3.87亿元，包括沼气池2.95亿元等、节能灶1155万元、太阳能7263万元。清洁能源设施恢复重建，由灾区省各级扶贫部门与发改部门衔接落实各项资金，组织村民投工投劳。项目实施按标准进行，逐步推行。沼气池单池容量8～10立方米、混凝土结构，采取沼气池、牲畜圈舍、厕所三结合方式建池。节能灶采用砖、水泥、沙石料、瓷砖等材料，修建长宽各1米、高0.8米的节煤、节材兼备的正方形灶体。县能源局根据实际设计多种图纸供农户选用。

项目采取以奖代补的方式由县扶贫办与能源办（局）共同组织实施，新建沼气池每口按8立方米补助资金1000元，主要用于采购水泥、隔气罩、气管、节能灶具和支付技术人员工资等。其余部分由受益农户投工、筹资解决。

截至2010年12月31日，三省灾区4834个贫困村恢复重建沼气池8.65万口、节能灶5.53万口、太阳能3.71万套。其中，由扶贫办直接组织的2229个贫困村完成清洁能源项目投资1.93

亿元，包括沼气池1.21亿元、节能灶1314万元、太阳能5845万元。重建后的贫困农村能源设施，其规模和数量均超过灾前水平。

饮水设施 地震灾害致使贫困村生活用水水平一度倒退10年左右。国务院扶贫办将贫困村饮用水设施项目纳入《汶川地震贫困村灾后恢复重建总体规划》，规划投资17.89亿元，其中供水站5.6亿元、供水管道9.35亿元、饮用水池1.35亿元、饮水井1.19亿元、水窖3981万元。灾区三省各级扶贫办和发改部门负责项目各项资金衔接落实，并通过“一事一议”方法组织贫困村农户投工投劳。

工程项目实施按标准进行。供水站项目规定，饮水水质应符合《农村实施〈生活饮用水卫生标准〉准则》规定的标准，供水规模的确定综合考虑现行用水量、用水条件及未来发展等情况，供水水压应满足配水管网中用户接管点的最小服务水头。设计时，对位置很高或距离很远的个别用户可采取局部加压或设集中供水点等措施满足其用水需要。人饮管道项目规定，引（供）水管道要采用无毒塑料管，必须埋在地表0.8～1.0米以下，管道转弯角度在130度以上，弯道圆、滑、平直。人饮蓄水池项目规定，以户或联户修建5～20人或6～25头牲畜的饮用水池，池的规格为有效容积20立方米或25～120立方米，池墙80号水泥砂浆砌条（块）石或者使用砖进行浆砌，厚度均为0.6米的圆形池或矩形池。池底尽量置于岩石基础上，或采用150号混凝土防渗，池壁采用100号水泥砂浆抹面，有条件时采用预制板封顶并设检修孔和通气孔。人工井项目规定，开掘地下水，日出水量达5立方米以上，可解决4户15人和20头牲畜的饮用水。井的规格为直径1米、井深3米，或直径1.5米、井深5米。人饮水窖宽度不大于4.5米，拱的矢跨比不小于0.33，蓄水深度不大于3米。水窖可采用水泥砂浆抹面，混凝土标号不低于M10，厚度不小于3厘米，其表面用纯水泥浆刷二三遍。水窖顶采用混凝土拱或砂浆砌砖拱，混凝土标号不低于M10的水泥砂浆。

项目实施采取乡村两级合理规划提水设施、管道布局，水务农机站技术员提供技术指导，农户自己出资备料，以互助投工的方式建设。困难农户可享受政府特供政策，政府按扶持贫困人口的要求，提高政府补助标准。在实施饮水工程方面，除了以村民自建为主体，还用“以奖代补”的形式对已建成的每口合格水窖补给群众资金，操作中根据容积大小，按照每平方米30元的标准，一口水窖可获得1000～2000元不等的资金奖励。

截至2010年12月31日，4834个贫困村恢复重建供水站计7505处、供水管道3.24万公里、饮用水池1.66万座、饮用水井2.15万口。由扶贫部门负责的2229个贫困村完成重建饮水设施投资3.04亿元，其中供水站8477万元、供水管道1.53亿元、饮用水池5562万元、饮水井1076万元。经过三年重建，贫困村饮用水设施超过灾前水平，饮用水困难人数有了较大幅度减少。

四 财智扶贫

建立村级互助资金 根据国务院扶贫办贫困村灾后重建总体规划，国家投入资金3.61亿元，在三省重灾地区4834个贫困村中支持2408个贫困村建立村级互助资金。按照有偿使用、滚动发展的要求，支持贫困农户开展粮食、经济作物种植、畜禽养殖、小型农产品加工和开发家庭旅游项目等。2009 年 9 月 17 日，国务院扶贫办、财政部联合下发《关于进一步做好贫困村互助资金试点工作的指导意见》《互助资金操作指南》，对互助资金目标、原则、管理和操作办法等作出具体规定。8 月，国务院扶贫办在旺苍举办“全国贫困村互助资金培训会议”，培训试点省、县、乡村干部 200 多名。会后，灾区三省积极推动贫困村互助资金建立工作。

2008 年年底，四川省安排 1800 万元用于无援建省市对口支持的 18 个县 126 个贫困村建立村级资金互助社，聘请计算机软件专家为互助资金项目设计管理软件；在南充召开贫困村互助资金培训会议，印发《四川省贫困村村级发展互助资金管理办法（暂行）》，对互助资金拨付、资金管理、风险防范及监管等作出规定；编印《互助资金监管必读》，介绍互助资金管理基本常识，规范互助资金运作程序，以便于基层管理人员操作和管理。

甘肃省在康县举办互助资金整村推进培训班，对 93 个村干部进行贫困村互助资金试点管理系统培训。该省在陇南市 7 个重灾县（区）原有 41 个互助资金社的基础上，新建立 39 个村级互助资金试点，投入资金 905.1 万元，其中扶贫资金 814 万元、联合国开发计划署捐助 20 万元、北京富平学校捐助 33 万元、6193 户农户入股资金 38.1 万元。

陕西省扶贫办、财政厅、银监局和人民银行西安分行联合印发《陕西省贫困村互助资金试点工作指导意见（试行）》，对陕西省贫困村互助资金的宗旨、目标、原则作出规定，并对互助组织的建立和互助资金的运行、财务监督管理等提出要求。在 4 个重灾县（区）50 个贫困村开展互助资金项目试点，共投入财政扶贫资金 913.9 万元，吸收农户交纳互助金 202.5 万元、入社农户 3549 户，互助资金总规模达 1116.4 万元。

截至 2010 年年底，灾区三省扶贫部门在 2229 个贫困村中建立符合条件的村级资金互助社 228 个，资金规模达 3759.29 万元。四川省贫困村资金互助社发放借款 5300 户计 1855 万元，94.98% 农户在互助资金支持下取得明显经济收益。甘肃省陇南市 80 个村级互助资金总额达 905.1 万元，入社贫困农户 6193 户，贷出资金 929.9 元，还款率 99%，户均增收 400 多元。陕西省 4 个重灾县（区）扶贫互助资金社发放借款计 417.2 万元，其中扶持种植业项目 118.6 万元、养殖业项目 248.25 万元、商业运输和农家乐等项目 30.15 万元、农产品加工项目 9.3 万元、其他生产项目 10.9 万元，较好地解决了农村信贷产品单一、金融服务缺失、贫困户借款难的问题，被贫困农户亲切地称为“自己的银行”。

农民就业技能培训 国务院扶贫办针对地震灾后农村就业压力大的情况，将灾区劳动力转移培训列入灾区农村建设专项规划，明确灾区劳动力转移培训目标为 53.34 万人（不含肢体残疾人员），主要开展劳动力技能培训，提高贫困村农民就业能力和收入水平；此外，为 40 万个贫困户提供农业实用技术、健康和环境以及村级组织管理能力培训。国务院扶贫办与长沙环球职业教育集团联合举办“雨露计划·腾飞工程”培训，接受四川灾区学生 3425 人进行职业教育（2010 年毕业并推荐工作 2240 人），受到灾区群众尤其是贫困村农户的欢迎。

四川省以市场需求和农民工意愿为导向，实行分类培训，围绕重灾地区建筑业、制造业、服务业等产业重建，开展农村劳动力专项技能培训或初级技工培训。对与企业签订一定期限劳务合同的在岗农民工开展技能提升培训，对农村未能继续升学的初高中毕业生、农村籍退役士兵开展储备性专业技能培训。围绕重灾地区传统工艺、民族特色和现代农业建设，开展羌绣、藏织绣、绵竹年画、藏式唐卡、雕刻、竹编、农产品加工和新型农民培训；组织有技术、资金和创业意愿的灾区农村富余劳动力开展创业培训。实行劳务输出培训资金补助政策，少数民族自治县每人1200元，其他县每人800元，用作贫困村农民培训期间的培训费和食宿费补贴。省劳动和社会保障厅完善灾区职业培训机构和培训专业认定、培训监管和培训成果验收等工作，组织开展灾区劳动力定向、订单培训和创业培训，鼓励用人单位开展以农民工就业能力和技能提升培训。汶川县政府引导企业参与带动特色手工艺品产业开发。2009—2010年，该县党校、扶贫办、农业局、妇联、就业局和各乡镇共同举办藏羌刺绣培训班，聘请羌绣专家王天华、5名资深美术教师主持羌绣教学，特请羌绣传承人担任技能实习指导老师，拓展灾区群众就业渠道。

甘肃省推出“阳光培训”“两后生”培训等劳动力转移培训。陇南市扶贫办抓好劳动力技能、科技明白人和特殊人才培训等扶贫“五大培训工程”的组织。陕西省扶贫办下发《关于做好接收地震受灾区雨露计划培训学员工作的通知》，组织开展机械加工、电工、焊工、厨师、电子电器等符合劳动力市场和企业用人需求工种的培训。将受灾县区劳动力转移培训指标重点向地震灾区贫困村人口倾斜，提高补助标准，多方争取订单，落实定向培训，确保输得出、稳得住、能增收。

农业实用技术培训 灾区省各级扶贫部门贯彻落实国务院扶贫办部署，广泛开展农业实用技术培训。成都市先后在重灾地区举办猕猴桃、茶叶、蔬菜、竹产业等技术培训，邀请中科院武汉植物所和成都市农林科学院猕猴桃、茶叶等种植专家，传授种苗选择、适时移栽、合理施肥、中耕除草和病虫害防治等方面技能，解答村民提出的问题。都江堰市组织16个省级灾后返贫村开展果蔬栽培、管理、病虫害防治技术培训6550人次（1750人取得都江堰市农村发展局颁发的“绿色证书”），开展肉牛、肉兔、生猪等养殖技术培训710人次，组织村级干部培训1634人次、村级项目管理培训310人次、环境教育培训272人次。浙江省援建指挥部和青川县委、县政府共同实施青川县农业科技人才帮扶项目，聘请浙江农业专家125人次到青川指导农业产业发展，举办茶叶、畜牧业、大棚蔬菜、食用菌、水产、核桃产业技术培训班97期，受训乡村干部群众达1.2万人次。浙江农业大学完成农业产业管理干部、农业科技人员和农业产业带头人培训计390名。陇南市邀请10位农业专家，围绕农作物、中药材、经济果林、食用菌、沼气、养殖等农业技术内容，编撰《甘肃省扶贫开发培训实用教材丛书（陇南篇）》发给贫困村干群助智脱贫。投入资金200万元，累计培训种、养、销产业示范户2万人次。陕西省投入资金1000多万元，用于贫困村劳动力培训，重点开展以茶叶、生猪养殖、中药材、烟叶、食用菌、干果、务工常识等为主的农村实用技术培训，受训人员24.01万人次。其中，略阳县在21个乡（镇）64个村，举办中药材、养殖业、干果业三大支柱产业和食用菌、蚕桑、烤烟、大棚蔬菜四大区域项目以及电脑和信息技术等多领域培训94场，受训人数计8476人次，发放技术资料5000多份。宝鸡市陈仓区组织各类培训计24期，受训乡村技术骨干及扶贫系统干部计2119人次、实用技术骨干1650人次、农民3.6万余人次。

村级组织管理能力培训 国务院扶贫办将村级组织管理能力培训列入农村建设专项规划，并鼓励社会各界资金和吸引外资加入。2009年，联合国开发计划署投入15万美元，支持中国国务院扶贫办在绵阳举办首期防灾减灾、扶贫开发培训。灾区三省扶贫办、试点村挂职干部等160

多人接受培训。国务院扶贫办灾后重建办公室、民政部国家减灾中心、四川省外资项目管理中心领导专家作专题讲座。6 月，四川省扶贫办与香港乐施会合作举办两期项目管理培训，14 个重灾县扶贫办人员和村干部 70 多人参加培训。10 月中旬，国务院扶贫办与陕西省扶贫办在勉县举办贫困村灾后恢复重建工作培训班，宁强、略阳等 4 个重灾县（区）扶贫办干部、乡（镇）和村干部参加培训。2010 年，甘肃省先后在康县县委党校举办全省扶贫开发（陇南片）整村推进项目专题培训班 3 期，培训人员 439 人次。成都市震后连续 3 年组织都江堰、彭州、崇州、大邑 4 个重灾县（市）贫困村党支部书记开展党务和农业科技知识培训，使受训的村党支部书记开阔了视野。

第八篇

公共服务设施建设

汶川特大地震使四川、甘肃、陕西三省重灾地区 51 个县（市、区）的公共服务设施遭受严重损失。震后，党和国家把公共服务设施恢复重建摆到突出位置。发展改革委、教育部、民政部、人力资源社会保障部、文化部、卫生部、人口计生委、广电总局、新闻出版总署、体育总局、文物局等部门立即行动，部署安排。四川、甘肃、陕西省政府具体负责恢复重建规划编制、资金筹措、组织实施和协调保障。各对口支援省市将公共服务设施列为援建重点，积极落实资金，挑选队伍，精心规划设计，赶进度保质量推进项目建设。解放军、武警部队、社会各界、港澳台和国际社会采取不同的方式，对公共服务设施恢复重建施以援手。

立足当前，着眼长远，以恢复重建为契机，为各公共服务领域长远发展打下基础。恢复重建了一大批学校、医院、文化体育场馆、广播影视中心、社会福利院等社会服务设施，配置了较为先进的教育、医疗、文化、体育等方面的设施设备。建成的一大批项目，硬件设施好，功能齐全，不仅能满足灾区近期的需求，而且能满足长远的需要。经过三年重建，灾区公共服务设施全面恢复提升，资源进一步整合，布局更加合理。截至 2011 年 9 月底，川、甘、陕三省共完成公共服务设施建设项目 18521 个，完成投资 1083 亿元，占规划总投资额的 98.6%，其中教育项目 3941 个、医疗项目 2979 个、文体项目 4226 个、文化遗产（文物）项目 591 个、就业和社会保障项目 4646 个、社会管理项目 2138 个。

重建工作坚持软件支援与硬件建设相结合。教育方面，采取双向培训的方式，为灾区培养骨干教师和教育管理人员，组织重点学校与灾区学校结对帮扶，做好灾区学生资助及就业工作。医疗卫生方面，做好灾区的医疗卫生服务、疾病预防控制和卫生监督工作，推动对口支援省市医院与灾区医院结对帮扶，开展医疗卫生人员培训，做好子女伤亡家庭的再生育工作。文化体育方面，积极为灾区文化体育场馆培训业务骨干，选派艺术团体赴灾区慰问演出，为灾区送上精彩的文艺节目。社会福利方面，开展社会福利机构工作人员的培训，为灾区提供人才服务支持，使灾区的老人老有所养、老有所乐，残疾人得到照顾康复。就业和社会保障恢复重建中，不仅建设了就业和社会保障设施，而且建设了就业和社会保障公共服务信息系统，因灾失业失地人员实现就业，基本生活保障得到解决。开展震后后续治疗康复，实施受灾家庭再生育项目，确保灾区参保群众社会保险待遇按时足额发放。援建结束后，支援与受援地建立长效帮扶机制，为灾区留下“永远不走的医疗卫生服务队”“永远不走的高素质教师队伍”“永远不走的社工队伍”。通过灾后恢复重建，51 个县（市、区）公共服务设施水平和均等化程度跃居西部地区前列。

第一章 教 育

汶川特大地震给四川、甘肃、陕西三省教育系统造成严重破坏，学生、教职员工伤亡惨重，师生心理伤害严重，校舍、教学仪器设备和附属设施遭受重大损失。

中共中央、国务院强调要把教育灾后恢复重建放在优先位置，采取一系列举措进行部署安排。2008 年 5 月 26 日，教育部制定《教育系统做好灾区师生安置和恢复重建准备工作的方案》，提出教育恢复重建重点要做 10 个方面工作。6 月 6 日，教育部成立灾后学校恢复重建工作领导小组，部长周济任组长，副部长袁贵仁、陈小娅及部长助理杨周复任副组长。领导小组下设学校建设标准与推荐方案设计、灾害损失与重建评估、规划编写、资金支持与项目监管、教师保障、对口支援 6 个工作组及专家顾问组，负责教育灾后恢复重建组织实施工作。教育部领导多次带队到灾区教育系统调研，指导教育恢复重建工作。

坚持以地方为主，对口支援和灾区自力更生相结合。川、甘、陕三省灾后恢复重建领导机构多次研究部署教育灾后恢复重建重大问题。三省教育厅作为省灾后恢复重建领导机构的成员单位，着重负责本省灾区包括规划编制、对口支援、组织协调等工作。陕西省还成立了以副省长朱静芝为组长的省教育系统恢复重建领导小组，具体负责教育系统灾后恢复重建工作。在组织实施中，各灾区省根据灾后恢复重建规划，制订年度计划，明确建设进度要求，细化目标任务，落实责任主体。各部门根据规划要求，制定具体实施方案，灾区发改、财政、教育等系统明确职责分工，各司其职、各负其责，协同配合，共同推进教育的恢复重建。

各对口支援省市都将教育行政部门列为对口支援灾区恢复重建工作领导小组成员单位，与受援市（州）、县（市、区）教育行政部门一起，共同负责教育恢复重建的信息沟通、规划编制、组织实施及支持保障等工作。一些援建省市在领导小组下还专门设立教育小组，深圳市在领导小组办公室下设教育帮扶组，积极做好灾区的教育帮扶工作。吉林省组织教育卫生等考察小组，对黑水县进行灾后恢复重建考察和工作衔接。

第一节　校舍建设

一　规划设计

积极搞好学校建设规划。《恢复重建总体规划》和《公共服务设施建设专项规划》明确了教育恢复重建的主要任务，以及指导思想和基本原则、规划目标和实施进度、主要任务和投资估算、组织实施等内容。依据两个规划的要求，教育部编制了《汶川地震灾后学校恢复重建规划》，组织高校建筑设计院设计了针对各级各类学校在不同环境、不同规模情况下的校舍建设方案推荐给灾区学校重建选用。灾区省及各受灾市、县及时制订年度计划，各部门根据规划、计划要求，制定具体实施方案。在项目布局上，在充分考虑灾区人口、自然环境、教育资源的基础上做好教育项目的整合和合理布局，以缩小地区差距，实现教育均衡发展，提高灾区的总体教育水平。在项目安排上，坚持“自下而上提出、自上而下统筹”的原则，科学安排，确保项目安排既符合国家和灾区省的规划要求，又符合当地实际情况和群众实际需求。汶川县以人口为基数科学布局教育资源，统一标准、统一招标、统一配备，将中小学从82所调整为22所，缩小了城乡之间、区域之间教育发展的差距。汉源县制定中小学灾后恢复重建布局调整方案，将大田初中和前域中心小学合并，新建白鹤中小学一体化学校（见图109），学校按九年义务教育要求设置。舟曲县建设综合教育园区，整合了初中、职业高中等学校。宝鸡市陈仓区天王镇中心小学建成后，逐步撤并了天王镇十二盘小学、关尔下小学、孙李沟小学、曹家沟小学、庙嘴小学、西尧小学等学校。

认真搞好校园建设设计。灾区各省在教育恢复重建过程中，着重从5个方面严把项目设计关。一是严选设计主体。通过招标确定项目设计单位，设计单位严格选派设计人员完成校舍建筑设计方案。二是严格建设标准。各级各类学校建设严格依据《农村普通中小学校建设标准》《城市普通中小学校校舍建设标准》《特殊教育学校建设标准（试行）》《全日制中等专业学校校舍规划面积定额（试行）》《普通高等学校建筑规划面积指标》《城市幼儿园建筑面积定额（试行）》《建筑工程抗震设防分类标准》等标准进行建设设计、施工。教育部还会同国家相关部门制定《汶川地震灾后重建学校规划建筑设计导则》等，指导灾区学校恢复重建。三是充分体现防灾、减灾功能。2008年国家修订《农村普通中小学校建设标准》时，增加了“农村普通中小学校的建设必须确保师生安全，在抗御重大意外灾害时，学校可作为周边地区的紧急避难疏散场所”等内容。安县实验中学按照“防灾、抗灾、安全第一”原则，严格高起点、高标准，在功能上按照学校建筑的特点和要求进行设计。四是注重节能环保，注重节地、节能、节约资金，实践“绿色、节能、环保”等新理念，将一批先进技术应用到援建项目中。北京市援建的什邡市师古初中，采用了外墙保温材料、双玻中空窗等节能型材料和产品，既能保证使用功能，又节省了投资，节约了维护费用。剑阁县剑门关中学的设计注重废水、废气、噪音处理等环境保护功能。五是充分尊重民族风俗和传

图 109　汉源白鹤中小学

（刘勇　摄）

统习俗，充分考虑少数民族的风俗和习惯，做到新建校舍与当地文化相协调。汶川县克枯小学的主体建筑设计采用独立柱基础和框架结构，建筑单体造型和立面吸收当地“碉楼、门饰、檐饰、窗饰及白石”等羌族建筑文化元素，体现了当地文化特色和民族风格。汶川县第一中学、茂县中学等在设计中也充分考虑到羌族的风俗习惯，使学校具有浓郁的羌族风情。

二　项目援建

教育恢复重建的主要任务是：实施灾区教育振兴工程，恢复重建各级各类学校 4810 所，覆盖 333 万学生；新建校舍 1895 万平方米，维修加固校舍 794 万平方米。配备包括远程教育设备在内的教学仪器设备 46 亿元、图书资料 3365 万册。2008 年 6 月 6 日，教育部组织召开教育系统灾后恢复重建电视电话会议，部署安排对口支援：帮助灾区做好学校重建规划，全力保证灾区 9 月 1 日前实现全面复学复课，支持灾区中等职业教育发展，加强受援学校的软件建设。6 月 13 日，周济在成都与四川省教育厅研究四川灾区中等职业教育对口支援，组织 18 个对口支援四川省的省（市）教育部门与四川省 18 个重灾县（市）教育部门对口洽谈中等职业教育对口支援，“一对一结对子”，形成教育对口支援工作方案。

援建省市将教育项目作为灾区恢复重建的重点进行建设。国务院要求各援建省市支援的学校项目于 2009 年 9 月 1 日开学前全部交付使用，让孩子们搬出“板房教室”和其他临时教室，有个安全稳定的学习环境。为确保 9 月 1 日前竣工，灾区及援建省市明确并细化恢复重建目标和时间进度，展开了“决战九一”的攻坚战。各援建省采取分批建设方式进行，其中重大项目均列入各省市援建的首批或第二批项目。有的省市对口援建学校项目采取了交钥匙、交支票等方式建设，并在方案设计、评审、招投标、监理、竣工验收等方面给灾区以帮助。项目建设机制上采取政府主导、社会参与的模式，有力地促进了项目的顺利建设。山东省援川办规定，乡镇援建的重点是建设和修复学校等公共服务设施。浙江省安排公共服务设施援建项目117个，其中学校项目49个、占41.9%。湖北省援建汉源县城的一期十大工程中有4个教育项目。

教育项目除对口省市援建的以外，还有许多社会支援项目，如中组部用“特殊党费”援建项目（七一冠名）、解放军和武警部队援建项目（八一冠名）、红十字会援建项目、慈善组织援建项目、港澳援建项目、台湾同胞援建项目、海外侨胞援建项目、国际社会援建项目，等等。都江堰市七一聚源中学为了表达对“特殊党费”援建的感激，将上海一大会址的红灰色清水砖墙及窗棂样式植入到校园建筑外墙中，让党史中的重要建筑形式与符号在新校舍中得以重现。解放军和武警部队援建的“八一学校”在灾区也非常醒目。

三 项目成果

截至2011年9月底，灾区共完成教育恢复重建项目3941个（参见表11），完成投资493亿元。据不完全统计，投资1亿元以上的教育项目有20多个。按学校类型分，既有中等教育，也有职业教育和高等教育项目，分布于川、甘、陕三省。2亿元以上的项目有北川中学、汶川县第一中学、青川县智慧岛教育园区、宁强县天津高级中学、四川信息职业技术学院、四川工商职业技术学院等。投资1000万元以上的项目则更多。建筑面积在1万平方米以上的项目60多个，其中既有中小学项目，也有职业教育和高等教育项目。5万平方米以上的项目有北川中学、汶川县第一中学、青川县智慧岛教育园区、什邡市职业中专、茂县中学、松潘中学新校区、七一南江中学、舟曲县综合教育园区、宁强县天津高级中学、四川信息职业技术学院、四川工商职业技术学院等。

灾后重建主要教育项目一览表

表11

项目名称	项目地址	援建投资方	建筑面积（平方米）	投资额（万元）	基本情况
北川中学	北川羌族自治县	中国侨联（侨胞侨眷）	81800.00	20000.00	新址重建
永昌小学	北川羌族自治县	山东省淄博市	16462.55	5265.42	可容纳2000余名学生
永昌第二小学	北川羌族自治县	山东省德州市	14863.00	5056.42	山东省援建公共设施项目中第一个开工、竣工项目
西苑中学	北川羌族自治县	山东省威海市	24000.00	8827.00	设计48个教学班，可容纳2400多名学生
汶川县漩口小学	汶川县	广东省中山市	10102.70	6000.00	整合原百花小学、漩口小学及原有的村小新址重建，为“交钥匙”项目

续表 11

项目名称	项目地址	援建投资方	建筑面积（平方米）	投资额（万元）	基本情况
汶川县克枯小学	汶川县	广东省肇庆市	7715.00	2705.84	原址重建，设计有朱红色羌族风格图案，体现当地文化特色和民族风格
汶川县第一中学	汶川县	广东省江门市	68900.00	25700.00	荣获四川省“天府杯”金奖和广东省“样板工程”，2010—2011 年度中国建设工程“鲁班奖”
智慧岛教育园区	青川县	浙江省	130000.00	56100.00	包括青川中学、青川职业高级中学、青川县教师进修学校等，拥有在校生 2880 人
绵竹市侨爱道行中学	绵竹市	江苏省、印度尼西亚盐仓集团蔡道行家族	18000.00	5529.08	绵竹市城北中学更名重建 印度尼西亚盐仓集团蔡道行家族通过侨办“侨爱工程”捐款 2077.71 万元
绵竹中学	绵竹市	江苏省	49980.00	15517.30	可容纳 3000 名学生
什邡市北京小学	什邡市	北京市	8005.80	3000 余	原址重建
什邡市师古初中	什邡市	北京市	16221.00	5500.00	新址整合重建。北京红十字会捐赠
什邡市职业中专	什邡市	北京市	60600.00	18581.20	可容纳学生 6000 余人
向峨小学	都江堰市	上海市	5325.60	3143.44	上海市慈善基金会捐助
都江堰市友爱学校	都江堰市	上海市	18971.71	6384.16	新址重建，系无障碍、残健融合、实施九年义务教育学校
都江堰市八一聚源高级中学	都江堰市	成都军区	35000.00	13350.00	另外挂牌为成都军区国防生源基地
都江堰市七一聚源中学	都江堰市	中组部（“特殊党费”）	25500.00	7274.79	可容纳 2100 多名学生
平武县平通镇初级中学	平武县	河北省邯郸市	17000.00	3196.00	新址重建。为河北省“交钥匙”项目
平武县南坝中学	平武县	河北省唐山市	20090.00	4764.00	为“交支票”项目。是河北省援建的第二个大型教育设施
安县花荄镇初级中学校	安县	辽宁援建中央基金、社会援助	5316.00	1677.79	原址重建，辽宁省首批援建的十大项目之一
安县实验初级中学	安县	辽宁援建中央基金	18232.00	5216.00	新址重建
安县桑枣初级中学	安县	辽宁援建中央基金	25966.00	6492.00	新址重建。“交钥匙”项目
江油市中原爱心学校	江油市	河南省	16000.00	4312.00	河南省援建江油市“八项工程”之一

续表 11

项目名称	项目地址	援建投资方	建筑面积（平方米）	投资额（万元）	基本情况
中原职教中心	江油市	河南省	28700.00	6089.00	新址重建。是河南省第一批对口援建的八项工程之一
彭州市金光通济中学	彭州市	印度尼西亚金光集团	19200.00	4158.00	“侨爱工程——双百项目”示范工程
成都石室白马中学	彭州市	福建省	38706.00	8365.67	新建。可容纳学生 4000 人。获四川省“天府杯”银奖
军乐职业中学（成都石化工业学校）	彭州市	福建省	18597.00	4369.04	部分新建。获四川省“天府杯”银奖
敖平中学	彭州市	福建省	29860.00	7760.00	新址重建，设计 60 个班，可容纳学生 3000 人。获四川省“天府杯”银奖
茂县中学	茂县	山西省	56522.76	18777.00	新址重建
茂县八一中学	茂县	武警总部	28710.00	8000.00	建筑体现羌族特色
茂县七一民族中学	茂县	中组部（“特殊党费”）	40409.00	8890.00	—
理县中学	理县	湖南省	12700.00	5845.00	原址扩建。湖南省第一批 5 个援建项目之一
黑水县中学高中部	黑水县	吉林省	12009.94	4031.00	设计 18 个教学班，可容纳 800 名学生
松潘中学新校区	松潘县	安徽省	52000.00	15600.00	新址重建。可容纳学生 3500 人
白鹤中小学校	汉源县	湖北省荆州市、中国红十字总会	16660.00	3560.00	将大田初中和前域中心小学合并，新建白鹤中小学一体化学校
汉源二中	汉源县	湖北省武汉市	7000.00	12600.00	武钢对口援建
剑门关高级中学	剑阁县	黑龙江省	43899.79	5470.00	黑龙江省援建重点项目。体现“防灾、抗灾、安全第一”的设计理念
剑阁县职业高级中学	剑阁县	黑龙江省	39521.00	13475.00	“交支票”项目
广元市朝天中学	广元市	澳门特区	36512.00	12730.00	在校学生 3000 人
梓潼县文昌初级中学	梓潼县	香港特区	17974.00	4654.00	—
游仙经济试验区九年一贯制学校	绵阳市	台湾佛教慈济慈善事业基金会	19170.80	3450.00	可容纳 2000 余名师生
三台县第一中学	三台县	香港特区政府	20200.00	7737.00	在校学生 6500 余人
苍溪中学	苍溪县	香港特区政府	38300.00	6523.00	—

续表 11

项目名称	项目地址	援建投资方	建筑面积（平方米）	投资额（万元）	基本情况
宝兴县灵关中学	宝兴县	澳门特区政府	11022.00	3041.00	—
七一南江中学	南江县	中组部（“特殊党费”）	61775.00	9607.00	学校起源于1745年的公山书院，1905年更名为南江县第一高等小学堂
巴州四中	巴中市	香港特区政府	29785.00	4845.00	—
武都深圳中学	陇南市	深圳市	21312.97	5914.80	新址重建
武都八一中学	陇南市	兰州军区	29068.50	10300.00	陇南市委、市政府立碑纪念
康县一中学生公寓楼	康县	深圳市	26853.24	6756.75	可容纳3000名学生的住宿
舟曲县第一中学	舟曲县	深圳市	12200.00	3194.40	在抗击2010年“8·8”特大泥石流灾害中，成为舟曲数万受灾群众的避难所和临时安置点
舟曲县综合教育园区	舟曲县	中央财政	80130.00（规划）	16300.00（概算）	列入灾后中央重建基金项目
陇南市第一中学	陇南市	深圳市	28000.00	11600.00	新址重建
宁强县天津高级中学	宁强县	天津市	57016.00	24207.00	新址重建
宁强县天津荣程中学（宁强二中）	宁强县	天津市	11338.00	3500.00	原址重建
略阳县天津高级中学	略阳县	天津市	45823.00	18453.10	新址重建。设计60个教学班，可容纳3000名学生
略阳县天津职教中心	略阳县	天津市	32660.00	11997.60	新址重建。设计44个教学班，可容纳1800名学生
陈仓高级中学	宝鸡市	中央财政	22566.00	5095.00	整合多所高中后异地新建
陈仓区职教中心	宝鸡市	中央财政	39990.00	9818.00	新址重建
四川信息职业技术学院新校区	广元市	中央财政	119155.00	27164.23	新址重建，可容纳学生6000人
四川工程职业技术学院	德阳市	中央财政	38300.00	9959.00	原址重建
四川工商职业技术学院	都江堰市	中央财政	131000.00	36823.00	新址重建
阿坝师范高等专科学校	汶川县水磨镇	中央基金、四川财政、学校资金	220000.00	82200.00	新址重建

说明：此表系根据灾区省和各援建省市灾后重建志编纂单位报送的项目材料整理而成，选列援建、投资各方情况，项目投资一般在3000万元以上。表中数据已进行四舍五入处理

除大项目外，灾区农村还有许多投资一般不超过1000万元的小项目，此类项目以小学居多，既有援建项目，也有灾区自建项目，建筑面积从几百平方米到数千平方米不等。这些教育项目，尽管投资不多，建筑面积不大，但大都设有美术教室、音乐教室、舞蹈教室、自然教室、仪器室、语音教室、科技活动教室、图书室、阅览室、微机室、会议室、多媒体教室等，硬件水平比震前提高了许多，改善了当地的教学条件，促进了乡村教育的发展。江油市新春乡学校重建项目，重建教学楼、学生宿舍、食堂等总建筑面积2562.72平方米，投资382.88万元。文县恢复重建的石坊乡石坊中心小学、尖山乡尖山小学及康县的大堡镇朱家坝小学、云台镇上店小学、碾坝乡大庄小学、阳坝镇初级中学、云台镇上磨小学、店子乡中心小学、大堡镇何家沟小学等建筑面积多为几百乃至数千平方米，投资多为数百万元。

截至2011年7月底，利用“特殊党费”援建的中小学90所，其中四川省49所、甘肃省8所、陕西省27所、云南省5所、重庆市1所。投资5000万元以上、“特殊党费”援建的用“七一”冠名的学校，有都江堰市七一聚源中学（见图110）、都江堰市七一青城山学校、北川羌族自治县七一职业中学、江油市七一中学、梓潼县七一高级职业中学、四川省德阳七一中学、绵竹市七一中学、中江县七一初级中学、什邡市七一中学、青川县七一高级中学、宝兴县七一初级中学、七一南江中学、阆中市七一学校、茂县七一民族中学、汶川县七一映秀中学等。

成都军区、济南军区、海军、第二炮兵、空军、兰州军区等援建的八一学校分别是都江堰市八一聚源高级中学、北川羌族自治县擂鼓八一中学、德阳市东汽八一中学、汶川县水磨八一小学、什邡市蓥华八一中学、陇南市武都八一中学、宁强县广坪八一小学等。武警部队援建的八一学校

图110　“特殊党费”援建的都江堰市七一聚源中学

（四川省委宣传部　提供）

和爱民学校有茂县八一中学、康县长坝镇吴家坝武警爱民小学、宁强县铁锁关武警爱民小学等。

此外，还有民主党派援建的学校项目、国内企业捐助的学校项目等。民盟四川省委、四川省政协人口资源环境委员会等出资援建广元市元坝区民盟烛光初级中学，并将该校作为民盟“农村烛光行动”和广元市教师培训及学术交流基地。国内企业如浙商银行出资援建略阳县浙商银行接官亭镇中心小学。

截至2011年2月，全国红十字会募集资金在地震灾区共援建学校2114所。四川省许多红十字博爱中小学及甘肃省许多农村中小学均为红十字会募集资金援建。中国红十字会总会（含中国红十字基金会）在灾区共援建学校663所。灾区许多学校由中华慈善总会通过补充学校灾后重建资金和资助重建学校某部分的方式援建。中华慈善总会募集资金在四川灾区资助教育灾后重建项目共25个。补充灾后重建资金的项目有绵竹市南轩中学、中江县富兴镇小学、罗江县蟠龙学校、什邡市回澜镇慧剑寺小学、彭山县谢家镇第一初级中学、资阳市雁江区第二中学、广元市朝天区第二中学、西充县关文镇小学、彭山县谢家一中、仁寿县东方红小学、眉山东坡崇礼中学、大英县育才中学、射洪县太和镇第一小学、安岳县岳源乡九年义务教育学校综合楼、名山县新店初级中学、石棉县擦罗彝族乡中心校、荥经县宝峰彝族乡中心校、雅安市雨城区第二中学、乐山市实验小学。资助学校灾后重建某一部分的项目有德阳市孝泉师范学校“机电实训中心”、江油工业学校综合楼、资阳师范学校资阳职教中心综合大楼、名山县蒙顶山镇初级中学实验楼、中江县龙台镇中学厕所等设施、洪雅县东岳学校（“国兰学校”）。

灾区有88个教育项目为香港、澳门特区政府援建，援助金额31.6亿元。汶川县水磨中学、苍溪中学、三台县第一中学、德阳市第一小学、德阳市华山路小学等为香港特区政府援建。南江县实验小学、中江县东北初级中学校、盐亭县盐亭中学、绵阳市游仙区魏城镇初级中学等为澳门特区政府援建。此外，南充市高坪区第三初级中学、中江县兴隆中心校等13个教育项目为香港非政府机构援建。另外，还有台湾慈善组织、民间团体、台资企业及台商等社会各界捐助的教育项目。台湾佛教慈济慈善事业基金会出资援建的绵阳市游仙经济试验区九年一贯制学校、都江堰顶新新建小学、中江县南华初中、大邑县职业教育中心、文县石鸡坝初级中学、宝鸡市陈仓区陈仓小学等，均得到台湾同胞的资助。

截至2009年12月底，海外侨胞通过“侨爱工程——双百项目”在四川、甘肃、陕西、重庆、云南五省（市）捐款援建侨爱学校208所，其中通过国侨办办理的侨爱学校72所（其余侨胞捐建学校均通过各省市侨办办理）。通过国侨办办理的学校中，有23所在重灾地区51个县（市、区）范围之外。川、甘、陕三省一些中小学在恢复重建中还得到加拿大、日本、韩国、泰国等国红十字会（红新月会）的资助。

根据国务院确保2008年9月1日灾区学校全面复课，确保2009年9月开学时恢复重建学校全面投入使用的要求，在灾区省和援建省市、社会各界的努力下，灾区教育恢复重建项目如期完工。四川省重灾地区39个县（市、区）的317万中小学生中，2009年秋季新学期开学时88.6%的学生实现了在永久性校舍中学习的愿望，2010年春季开学时100%进入永久性校舍学习。（参见图111～112）2009年秋季新学期，甘肃省地震灾区学生搬进永久性新校舍学习；陕西省地震重灾区汉中等地的2万多名中小学生也告别“板房教室”，搬进永久性的新校舍。

图 111　重建后的都江堰安龙镇大乐小学（向力民　摄）

图 112　灾后重建的芦山县乡镇学校（四川省委宣传部　提供）

经过恢复重建，灾区的教育特别是基础教育办学条件实现跨越式发展。灾区教育工作者动情地说：国家在短短的两三年内投入这么多的资金和力量帮助我们恢复重建，超过过去 10 年投入的总和，真是“重建两三年，跨越二十年”！面对新学校，学校教师及领导对未来充满信心。汶川县克枯小学校长高炬说，新建的克枯乡小学占地是原来的 3 倍，建筑面积是原来的 5 倍，建筑质量过硬，建筑抗震设防烈度 8 度，硬件设施在全县属于最好的，不少外地学生都要转学到克枯读书。在新建的武都深圳中学，赵谦老师说：“能成为武都深圳中学的一名教师，我感到非常自豪，在今后的教学工作中，我会认真钻研教材，竭尽全力为学生上好每一堂课，不辜负深圳人民的深情厚谊”。在陇南市武都八一中学，校长张福团对学校的未来充满信心：“八一中学留给我们的不仅仅是物质的东西，留给我们更多的是精神财富。我们的教师和学生都要永远传承这种特别能吃苦、特别能战斗的精神，发扬优良作风，使其成为八一中学成长、壮大的不竭动力”。

第二节　智力支援

教育灾后重建工作除搞好校舍建设外，各省市和社会各界还为灾区学校提供了大量的智力支援。通过组织灾区教师参加培训，组织专家、优秀教师到灾区执教，组织灾区教师到援建省市培训等，提高了灾区教师的素质和教育教学的水平，各对口支援省市优质学校与灾区学校还建立长效合作机制，为灾区教育的长远发展提供人才支持。

一　教师培训

2008 年 7 月 14 日，教育部办公厅下发通知，提出要提升灾区教师的质量，并采取倾斜政策为灾区学校补充新教师。同时，部署灾区学校师资配备工作，做好灾区特岗教师招聘录用和骨干教师对口支援工作，增加免费师范生名额，配足配齐教师队伍。19 日，四川省组织重灾地区县（市、区）的中小学骨干教师 1500 人进行暑期培训，其中成都市 260 人、绵阳市 440 人、德阳市 340 人、广元市 360 人、阿坝藏族羌族自治州 100 人。西南大学、四川大学、四川师范大学、西华师范大学、四川教育学院 5 所院校每校承担 300 人的培训任务，参加培训的教师培训费、住宿费、伙食费、往返交通费、资料费、考察费等全部由教育部专项经费解决。

对口支援省市通过“走出去”和“请进来”相结合，采取“送训进川”“迎训入户”对灾区教师进行培训。“送训进川”。北京市组织教育专家和优秀教师至什邡，通过巡回报告、听课视导、座谈交流、办学指导等方式培训中小学校长、学科教师和管理人员，推广先进的教育教学理念，提升教师队伍的整体技能素质。辽宁省组织教育专家对口支援安县中小学教师、校长培训，开展教学示范课、探究式研讨课、心理学辅导课及教育教学讲座等讲学活动。湖北省从 2009 年起对汉源县义务教育阶段 7 个学科的中青年骨干教师进行援助性培训，从“湖北省农村教师素质提高工程”师资库中遴选 50 名骨干培训者，把培训送到汉源教师家门口，免费提供培训所需器材、教材、资料、学习用具，并为学员每人每天补助 100 元食宿费，集中培训 1210 人。

“迎训入户”。各对口支援省市充分利用各自教育资源优势，主动接收灾区教师到援建省市参加各类培训。从 2009 年 3 月起，广东省共组织汶川县 20 多名优秀教师和 30 名中小学校长、幼儿园园长及教育局股室负责人到广东学习培训，帮助参训教师“更新知识，拓宽视野，增强技能，改革教法，促进科研”，使参训教师回到汶川后，成为素质教育及新课程改革的推动者。浙江省从 2009 年 3 月至 2011 年 8 月，分 5 期帮助青川县培训 150 名骨干教师，其中义务教育阶段纳入浙江省“领雁工程”师资培训，职业学校教师纳入浙江省“中等职业教师六项行动计划”师资培训，青川教师赴浙的培训费和吃、住、行、医等相关费用均由浙江省承担。重庆市将崇州市 240 名中小学骨干教师接到本市，在重庆教育学院开展震后灾区中小学教师心理干预培训、中小学教师学科技能专项培训，帮助地震灾区教师更新教育教学理念，掌握最新的学科教育教学新知识、新技能、新技术，为他们的可持续发展提供长久支持与帮助。

二　支教

2008 年 8 月，教育部协调有关对口支援的省市支持灾区县的教师队伍建设，为此专门向有关省下发通知，要求将组织优秀教师到灾区支教作为援助灾区的一项重要内容。为加快灾区教育恢复重建进程，提升灾区教育水平，各对口支援省市、各级教育部门纷纷选派优秀教师到灾区开展支教活动。在支教工作中，支教教师勤奋敬业，勇挑重担，一手抓教育教学，一手抓传帮带，既有效提高受援学校学生的学习成绩，又为受援学校培养了年轻骨干教师。

援建期间，上海市、江苏省先后选派 2 批骨干教师共 237 名，到受援地都江堰市、绵竹市支教。河南省派出数批志愿者到江油市边远的乡村中小学任教，为当地带去了先进的教学方法和经验。吉林省派出 4 批 128 人到黑水支教。安徽省选派 3 批共 64 名优秀中小学教师到松潘支教。深圳市派出 3 批支教志愿者 50 人至甘肃“三县一区”（陇南市武都区、文县、康县及舟曲县）支教。浙江省按照“顶岗支教、对口负责”的模式，选派具有本科学历或中级以上职称的省级优秀教师到青川县对口乡镇学校顶岗支教，全面参与学校的教学、教研和培训等活动。浙江省临海汛桥中学教师陈芬芳与丈夫徐世卿是一对 80 后年轻夫妇，一同在青川县营盘乡支教。夫妻俩把板房当新房、他乡作故乡，其不畏艰险、积极向上、乐于奉献的事迹在浙、川两地传为佳话。

三　结对帮扶

各对口支援省市推动本省市重点学校与灾区学校通过缔结姐妹学校、友好学校，签订手拉手活动协议，以及结对子等方式，在学校管理、师资培训交流、教育教学、教育资源共享、科研合作创新、文化建设等方面结对帮扶，构建起长效性的帮扶机制，以增进双方友谊，提高灾区学校的教学水平。

广东省从省内遴选 21 所优质中小学校、幼儿园与汶川县 21 所中小学校和幼儿园，分别结成帮学帮教对子，加强师资队伍建设，交流教育教学管理经验，在教育信息资源开发和有效应用领域进行交流与合作。北京市与什邡市签订了《北京—什邡教育对口支援与合作框架协议》，组织安排北京与什邡两市中小学校之间建立一帮一、手拉手的对口支援与合作关系，什邡中学等 35 所学校与清华大学附中等中小学结成对子，充分发挥北京的教育、科技、智力和人才优势，推动什邡市教育水平的长足发展，实现两地教育资源共享、信息同步。上海市徐汇区梅园中学等 6 所学校分别与都江堰市灌口镇的中铁十局学校等 6 所学校缔结姐妹学校，采取以项目带动的帮扶手段，通过定期交流、指派名师、互相挂职等措施，提升当地教育水平。郑州市科技工业学校与江油市中原职教中心结为友好学校，双方在教育教学管理、师资培训、教育科研、实习实训指导、学生社团、联合办学等方面深度合作。河南省实验中学与江油市中原爱心学校结为友好学校，双方积极探索、创新合作方式，在教育、教学、科研、管理、队伍建设等各方面深入合作交流，推动双方共同发展。福建省先后组织全省 24 所优质中小学（中职学校）与彭州市 18 所中小学（中职学校）签订“手拉手”活动协议，通过互访交流、交换教学资料、学术讲座、网上教研、课题合作等多种方式进行长期协作。两批支教队共20位教师与彭州受援校的25位青年教师签订师徒结对子协议，形成长期的师徒关系。湖北省武汉二中、襄樊五中和武汉机电工程学校，分别与汉源一中、汉源二中和汉源县职业高中结成对口支援关系，通过“请进来”参观学习、“走出去”指导培训等形式，广泛开展教学交流，促进汉源县高中阶段教育水平的整体提升。

震后，教育部会同相关部门制定了对灾区学生的经济资助和对灾区学生招生、就学、就业的特殊倾斜政策，要求生源地在地震灾区的各高等学校、中等职业学校和普通高中学校，必须严格落实国家的一系列资助政策，迅速、及时、足额将资助资金发放到灾区学生手中；按照“优先安排、具体帮助、保障上岗”的原则，做好家在灾区的高校和中职毕业生的就业工作，对家庭受灾严重、经济困难的毕业生给予求职补助，对求职困难的毕业生提供“一对一”的就业援助。当年，对重灾地区61.5万名高校、高中和中职学生实行免学费政策，累计金额达到16.55亿元。

教育部要求对口援建省市做好地震灾区中等职业学校学生复学复课、毕业生就业援助和招生工作，支援省市积极做好异地来读的灾区学生资助工作。2008年8月，上海市接受1193名都江堰中职学生，进入上海南湖职业学校等24所重点中职学校的30个重点专业就读。吉林省18所职校接纳黑水县236名灾区学生就读。长春市机械工业学校接收30名藏族学生到校就读，学生可以进入该校“品牌专业”——机电一体化专业学习，学校选派最好的班主任、科任老师授课。生活上，学校特意将学生宿舍重新粉刷，从床铺到被褥全是新购置的，食堂单独开灶。浙江省对接纳的青川灾区的中职学生第一年除免去学费、课本费和住宿费外，还给予每人每年3000元的伙食补贴和1000元的其他生活补助，第二年起重点对家庭经济困难学生进行补助，纳入浙江省中职学生资助体系，根据学生毕业后意愿，就读地及接收学校优先推荐就业。浙江省为对口援建的市、县设立地方奖学基金，如首个地方奖学基金“温岭奖学基金”由温岭市政府专为木鱼镇中学、小学学生设立，中、小学各50万元，以每年取得的定期利息奖励优秀学生。江西省组织南昌第一中等专业学校、江西渝州科技职业学院等6所院校免费招收394名高中、初中学生赴赣学习，并承担小金县学生在赣学习期间的生活费用。深圳市开展灾区贫困学生资助计划，发放资助金数百万元，资助贫困学生1万多名。仅2009年一年，深圳市慈善会共资助陇南灾区贫困大学生127人，资助金额达63.5万元。

第三节　心理关怀

心理关怀，使灾区教师和学生的心灵得到抚慰，较快走出地震造成的心理阴影，增强对未来的信心，是教育对口支援的重要内容。

2008年6月27日，“教育部援助地震灾区首期中小学心理康复教育骨干教师国家级培训班”在四川师范大学举行开班仪式。灾区各级教育部门组织并依靠广大中小学教师，利用编印的灾后心理援助手册和开通的心理热线及专业网站，实现灾区学生心理援助工作的全覆盖。7月14日，教育部办公厅下发通知，实施“地震灾区中小学教师心理康复教育国家级培训计划”，对灾区500

名中小学骨干教师进行心理康复教育专题培训，参训教师满意度高达 98.3%。上海市组织该市教育专家、优秀班主任数十人次至对口的都江堰市，开展班主任和心理健康教师培训交流，对都江堰千余名小学、初中班主任进行短期心理培训。

组织灾区师生到对口支援省市参加校外活动是心理重建的重要方式，同时又可以进一步增进相互间的友谊和加快教育恢复重建进程。2008 年 7 月 16 日，什邡市中小学生北京夏令营在中国人民大学附属小学正式开营，这是北京市对口支援什邡市灾后恢复重建以后迎来的首批中小学生。在 6 天的时间里，师生们在天安门广场观看升国旗仪式，北京“红领巾小导游”带领师生同游颐和园、故宫等名胜古迹，与北京中关村中学、石油大学附中和北京第 20 中学的学生们一起度过“北京一日校园生活”，双方还举行了多种形式的文化、体育和科技互动活动。7 月 28 日至 8 月 3 日，上海市组织了“情系四川、爱满浦江”2008 阳光爱心夏令营活动，上海师范大学和东方绿舟组织 458 名都江堰师生参加各种游览体验活动，让他们感受到上海的热情，缓解了巨大的心理压力；在 2009 年、2010 年暑期，还邀请都江堰科技特长学生到沪参加第二届上海国际青少年科技博览会，英模师生代表团到沪参加教师节活动；组织区县校外教育骨干教师在都江堰设立多个活动校点，为都江堰市数千名中小学生开展德育、科技、艺术、体育等夏令营活动。浙商银行为略阳县浙商银行接官亭镇中心小学的小朋友开办夏令营，组织他们到杭州参观学习，观看比赛，与运动员接触等，使灾区的小朋友度过了一个快乐的暑假。2009 年 8 月，山东省举办北川师生齐鲁行“爱心之旅”夏令营活动，让 122 名亲罹直系亲属遇难惨剧、心灵遭受巨大创伤的师生领略齐鲁文化，愉悦身心，感受社会主义祖国大家庭的温暖和山东人民的深情。

第四节　项目选介

一　北川中学

震前，北川中学是北川羌族自治县唯一的高（完）中，是“四川省校风示范学校”“绵阳市示范性普通高中”。地震中，北川中学瞬间成为废墟。党和国家领导人多次到北川中学现场指挥救灾和灾后重建工作。国务院总理温家宝曾先后 8 次到北川中学考察，明确提出北川中学建设要坚持“以人为本、科学重建”的原则，坚持“高标准、严要求、精益求精、一丝不苟”的要求。

新北川中学主要由中国侨联募集资金建设。2008 年 9 月 21 日，项目设计启动仪式在北京举行，香港大学、清华大学及美国麻省理工学院、哈佛大学等海内外顶级设计团队代表就北川中学设计、建设定下基调：北川地处不发达地区，重建北川中学不能一味追求建世界一流、全国一流，要立足解决民生和孩子们的就学问题；北川是全国唯一的羌族自治县，重建要坚持现代性与民族性的有机结合；要做实、做好每一个细节，把北川中学建设成海外华侨华人、港澳台同胞和归侨侨眷抗震救灾、支持灾后重建的爱心丰碑。秉承认真、严谨、公开、透明的原则，经过专家和有关部门 12 次集体论证，最终由北京市建筑设计研究院设计团队综合各设计方案优点，形成北川中学的设计方案。北川中学重建是援建“交钥匙”工程，各界人士、海外侨胞共捐资 2 亿元。中铁二局股份有限公司对项目实行总承包，四川振川工程管理咨询有限公司为项目监理单位。

2009 年 5 月 12 日下午，北川中学新校区在北川新县城永昌镇正式开工。开工前一天，中共中央总书记胡锦涛到北川新县城建设现场，在听取援建北川中学的设计方案汇报后，明确提出要进一步搞好规划，体现特色，精心设计，保证质量，把北川中学建设成为北川新县城的标志性建筑的要求。2010 年 8 月 17 日，新北川中学建成。新校舍占地面积 15 万平方米，建筑面积 8.18 万平方米，8 度抗震设防，学校共 10 个建筑单体：4 栋学生宿舍楼、3 栋教学楼、1 栋实验楼（含礼堂）、1 栋综合楼（含图书馆、纪念馆）、1 个食堂，还有 400 米标准操场和 200 米运动场，教学和生活设施配套齐全。2010 年 9 月 1 日，北川中学 56 个教学班的 2489 名学生、181 名教职工在北川中学新校区举行开学典礼。

二　汶川县第一中学

2008 年 11 月 24 日，广东省江门市受领建设汶川县第一中学任务。该项目是广东省对口援建汶川县建设规模最大的项目，也是汶川县最大的民生工程，由广东耀南建筑工程有限公司承建，江门市建设监理顾问公司监理。2009 年 1 月 19 日正式动工，4 月 16 日 19 幢建筑全部封顶，8 月 8 日整体竣工验收、27 日正式交付使用。

汶川县第一中学由震前的威州中学、桑坪中学和七盘沟中学合并而成，是阿坝藏族羌族自治州最好最大的一所中学（见图 113）。占地 9.87 万平方米，建筑面积 6.89 万平方米，总投资 2.57 亿元（不含教职工周转房）。学校分高中部与初中部，可容纳 100 个教学班、4500 名学生，实行全封闭寄宿制管理。学校外观装饰具有浓郁的羌族风格。除基本教学生活设施外，学校还配有 400 米塑胶跑道、室内游泳馆、篮球馆、室内运动场等运动设施。项目有三大亮点：严格按照

图 113　震后新建的汶川县第一中学

（司京陵　摄）

最新抗震规范标准规划建设；工程规模大、工期紧、质量好，采用许多创新措施来确保“又快又好”；每道工序都有计划、有监督地进行，以“过程精品”保证了“工程精品”。项目质量得到四川、广东两省的充分肯定，荣获四川省“天府杯”奖和广东省“样板工程”，并获2010—2011年度中国建设工程“鲁班奖”。

三　绵竹中学

2008年8月，四川省绵竹中学作为江苏省首批援建的重点项目之一，正式立项启动。考虑到未来发展，支受援双方决定迁址重建绵竹中学。新校区选址在老城区东部绵竹新区，由苏州建筑设计研究院有限公司设计。设计方案尊重绵竹的川西地域历史文化特色，保护和继承绵竹中学悠久的“书院文化”，使之既具有川西民居的风格，又具有苏州园林建筑的特点，整个设计样式既显得古朴大气，又充满了现代气息。

项目总投资为15517万元，包括绵竹中学及绵竹市业余体校两部分。新绵竹中学校区南北长390米、东西宽260米，占地10万平方米。按近期48班2400名学生、远期60班3000名学生设计，建筑面积49980万平方米。北部教学区设有行政楼、教学楼、综合楼、实验楼和报告厅，东南部生活区设有食堂、宿舍，西南部体育运动区设有体育馆、400米标准田径场和篮球、排球等室外运动场。

2009年3月初，项目前期准备工作全部完成。经公开招标，南京南房建设监理公司中标为监理单位。江苏名豪建设工程有限公司为第一标段施工单位，负责7栋单体建设任务；中冶实久建设公司承建第二标段体育馆、报告厅的施工任务；徐州宏城市政工程公司承担第三标段看台、运动场施工。各援建单位团结协作，克服工地上交叉作业多，劳动力、材料紧缺等困难，保证了工程决战的胜利。2010年2月27日，项目举行竣工及交付仪式，江苏省副省长史和平为绵竹中学揭牌。2010年9月13日，江苏省委书记梁保华、省长罗志军，四川省委书记刘奇葆、省长蒋巨峰考察绵竹中学校园。新校园大气典雅，设计合理，功能齐备，将实用与美观合二为一，成为绵竹市标志性建筑之一（见图114）。

图114　震后新建的四川省绵竹中学（四川省委宣传部　提供）

四 青川县智慧岛教育园区

青川县震前有3所较大的学校，创办于民国32年（1943年）的四川省青川中学是广元市重点中学，青川县职业高级中学为该县唯一的中等职业技术学校，青川县教师进修学校为四川省首批103家县级教师培训机构之一。地震毁灭了三校大多数建筑，教学设施设备几乎全部损毁。

在浙江省援建指挥部的组织下，编制了《青川县中小学校、幼儿园总体布局规划》。规划评审会上提出了建设“智慧岛教育园区”的构想，使该区块成为青川县灾后重建疏解教育、文化功能的承接地，人民群众防灾避难的庇护地，青川县教育事业发展的区域中心。

智慧岛教育园区是浙江省援建教育项目中体量最大的项目，选址于竹园镇史家坝区块，概算总投资约58939万元，总占地面积约18万平方米，总建筑面积约13万平方米。包括三校（青川中学、青川职业高级中学、青川县教师进修学校）、一馆（青川体育馆）、一路网（智慧大道等岛内市政道路）5个项目。实施中，浙江省指挥部对中国建筑设计研究院、浙江省建筑设计研究院、浙江大学建筑设计研究院、浙江工业大学建筑规划设计研究院和中国联合工程公司等5家设计院提供的6套设计方案进行评审，最终确定由浙江省建筑设计研究院负责青川中学及智慧岛教育园区内部的集成设计，浙江大学建筑设计研究院负责青川体育馆的设计，浙江工业大学建筑规划设计研究院负责青川县职业高级中学和青川县教师进修学校的设计。通过公开招标，浙江建工集团有限公司为施工单位。

2009年12月18日，工程开工。2010年5月12日，园区内所有单体主体结构全部封顶；9月18日上午，教育园区举行移交启用仪式（见图115）。建设中，浙、川两省厅级以上领导现场考察指导500余人次，其中省级及以上领导40余人次。2009年8月20日，浙江省委书记赵洪祝、四川省省长蒋巨峰等为园区奠基。2010年9月18日上午，浙江省省长吕祖善、四川省省长蒋巨峰率两省党政代表团出席青川县智慧岛教育园区移交启用仪式。吕祖善说：“学校重建固然艰难，

图115　震后新建的青川县智慧岛教育园区（四川省委宣传部　提供）

教师素质提升更是一个长期的任务。希望浙川两地教师互相交流、共同提高，为提升青川教育水平贡献力量，为培养子孙后代做出新的更大贡献。”

智慧岛教育园区项目是浙江省援建青川的最大援建工程，也是浙江援建青川的收官工程、样板工程。项目建设单位和参与单位仅用300天时间就高质量完成总建筑面积达13万平方米、总投资达5亿多元的项目。青川县体育馆采用国内最为先进的柔性抗震垫技术，成为援川项目中应用抗震垫单体体量最大、应用数量最多（238个抗震垫）的项目。交付的3所学校全部被评为“青川杯”优质工程。园区三面环水，一面靠山，行政图书楼、教学楼、运动场、宿舍、食堂及多媒体教室等一应俱全，整个校园气势恢宏，洋溢着现代气息。截至2011年4月，园区内3所学校拥有在校生2880人。

五　都江堰市七一聚源中学

都江堰市七一聚源中学位于都江堰市聚源镇迎祥村，原名都江堰市聚源中学，在大地震中受灾严重，学校内的3层主教学楼垮塌，其余校舍不同程度破坏。按照都江堰市灾后重建规划的要求，原校舍拆除异地重建。该项目建设资金来源于“特殊党费”。上海援建指挥部组织施工建设。

2008年9月21日和10月5日通过两轮专家评审，从4家设计院的6个设计方案中确定上海华东发展城建设计集团有限公司为该项目的设计单位。新学校的设计将上海中共一大会址的红灰色清水砖墙及窗棂样式植入到校园整体的建筑外墙中，让党史中的重要建筑形式与符号向人们提示：学校是用党员“特殊党费”援建的。建筑中扶壁角柱等细节的处理，均代表着一种向上的精神，是中共一大会址建筑形式的演绎，体现着文化的传承，同时也融合了川西当地的建筑风格。

在确定设计方案后，中国建筑西南勘察设计研究院有限公司随即进场进行地质勘查，施工单位上海市第二市政工程有限公司立即组织进场，项目管理单位上海教育建设管理咨询有限公司开始办理方案报批等各项前期手续。2008年12月17日开工。2009年4月底，学校所有单体结构封顶；7月30日，新校区建设基本竣工。同时，上海市教委下属的上海市教育技术装备部严格依据《成都市教育局关于我市中小学校灾后重建规划的指导意见》，组织开展灾后重建教育装备援建项目的审核、专业深化设计、招标代理、采购及指导安装等技术服务，短短30天即完成开学必备设备的安装与调试。七一聚源中学项目获成都市、四川省“优质结构工程”奖和成都市“芙蓉杯”奖、四川省“天府杯”金奖及上海市“白玉兰”“申安杯”奖。

七一聚源中学新校区占地53360平方米，建筑面积25500平方米，共48个班，招生2160人，校内设有行政楼、教学楼（3幢）、实验楼、食堂、宿舍、运动场等设施，“特殊党费”投入7034万元，不足经费由上海市财政资金补足。教室照明采用复旦大学电光源研究所最新研制的照明灯，桌面照度达到300勒克斯以上（一支蜡烛的烛光是一勒克斯，教室标准是150勒克斯）。每位学生拥有一个独立的小柜用以存放书本，同时还配置了可升降的课桌椅，适合各年龄段学生需求。学生宿舍每间15平方米，有4张双人床和8个储物柜。每个床铺下面设计制作了两个可移动卧柜，可置放棉被及四季衣物。设计中还考虑到方便残疾学生就学，每栋宿舍楼配置了一间残疾人专门宿舍。校园大门口有上海油画雕塑院设计的雕塑，铜铸的来自四方的4只手连环紧握，形成坚实有力的方环结构（四方汇力量之源）；青石座基镌刻有10个金字——“聚八方之爱、汇力量之源”。

2009年9月1日，中组部抗震救灾“特殊党费”援建都江堰市聚源中学落成暨开学典礼召开，上海市副市长沈晓明出席仪式并讲话。他表示：特别让我们振奋的是上海市有幸承担了全国共产党员爱心铸就的学校——聚源中学建设任务。10月14日下午，中组部常务副部长沈跃跃专程到聚源中学考察，当得知聚源中学在短短9个月时间里就建成交付，成为四川灾区“特殊党费”援建学校中第一个交付使用的学校时，她称赞道：“上海援建有速度、有质量，资金使用有效率，特别是聚源中学项目建设给中组部‘特殊党费’援建项目带了一个好头”。

六　茂县中学

茂县中学是茂县一所高级中学，地震中损毁严重，教学楼、实验楼、综合办公楼及教师宿舍楼等楼体倾斜，教学设备损毁严重。山西省把对口支援茂县中学列为首批启动的援建项目之一。2008年10月17日，茂县中学建设项目获得批复，于凤仪镇南庄村异地重建，位于龙门山一块从未开发过的山坡上。资金来源为山西省对口支援茂县专项资金。

新茂县中学工程包括教学楼、实验楼、天文台、图书楼、综合办公楼、报告厅、风雨操场、教师宿舍、学生宿舍、附属建筑等20个单项组成的群体工程。2009年4月23日，山西建工集团第八建筑工程有限公司中标。中标后迅速抽调100余名优秀管理人员组建援茂前线指挥部，从山西7家实力最强的施工作业队伍中挑选出2100余名技术等级高的施工人员组建成一支年轻知识型、高效精干的援建队伍，拉开了茂县中学工程建设序幕。

2009年12月，茂县中学主体工程竣工。2010年11月16日，茂县中学通过竣工验收。项目经理表示：“茂县中学的地基牢固程度可以盖30层高楼，而学校最高的建筑不过7层。”该项目总建筑面积56522.76平方米，总投资18777万元。整个建筑群依山就势，层层叠叠，与羌寨颇有神似之处，深受当地群众的赞扬。藏青色的楼体、红白相间的“万字格”楼顶装饰，洋溢着浓郁的羌族风情。工程获四川省“优质结构工程”奖和“天府杯”奖。

七　三台县第一中学

学校位于三台县梓锦新城开发区，始建于民国19年（1930年），原名“三台县国立女子中学”。1982年经四川省教育厅定名为“四川省三台县第一中学”。该校为省级示范性普通高中、四川省现代教育技术示范学校、四川省中小学实验教学示范学校、巴金文学院青少年培养基地、西华师范大学实习基地。

2008年10月10日，香港特区政府官员实地考察该地时，提出帮助恢复重建意向。2009年3月27日，三台一中与香港特区政府签署《合作安排》。确定项目原址重建，内容包括重建、维修加固校舍，建运动场，购置教学设备、图书，维修教学设备等。香港特区政府总投资 7737 万元。

2009 年 6 月 12 日，中国建筑西南勘察设计研究院完成地勘。7 月 23 日，信息产业电子第十一设计研究院完成施工图设计。9 月 23 日，国信代理招标公司完成监理、施工招标，确定四川泰兴建设管理有限公司为监理单位、四川省第一建筑工程公司为施工单位。10 月 10 日，学校灾后重建各主体工程开工建设，香港特区政府领导、专家和建筑管理专业公司（香港嘉科工程顾问公司）每月到现场检查、指导。2010 年 6 月 3 日，6600 平方米的教学综合实验楼（50 间教室、6 间实验室）、两幢 8000 平方米的学生公寓（共 198 间寝室，能容纳 2376 名学生住宿）竣工验收。每间教室装备有 58 英寸的大屏幕等离子电视。2011 年 5 月学校整体投入使用，8 月 24 日标准运动场竣工。重建后的三台一中占地 10.67 万平方米，有 94 个教学班（初中 30 个班），在校学生 6500 余人，在职教职工 380 余人，办学规模扩大。

三台一中灾后重建项目受到媒体的关注，香港《文汇报》《大公报》等媒体记者多次进行采访报道，对其设计、施工、安全、进度、质量等予以赞扬。

八　广元市朝天中学

广元市朝天中学是朝天区唯一一所高级中学，具有 50 余年办学历史。2008 年 6 月，朝天区政府确定该中学异地选址，于朝天镇清风村 2 组、3 组交界处重建。四川宏吉建筑设计有限公司提出设计方案：围合式与顺应地形地势相结合布局；突出生态、景观特色，营建优美的生态园区；因地制宜的人车交通系统。校区总体布局为“一心四带五组团”，“一心”即位于规划区中部地带的体育活动中心；“四带”，即两纵、两横的通道；“五组团”，指教学组团、阅读与实验组团、办公组团、学生生活组团及教师生活组团。

2008 年 10 月，该项目被列为澳门特区援建项目。项目总投资 12730 万元，其中澳门特区政府援建资金 6451 万元、贵州茅台集团援建资金 3000 万元、中央资金 2670 万元、自筹资金 609 万元。12 月 4 日，新校址奠基。学校重建后实际占地 9.47 万平方米，有 60 个教学班，在校学生 3000 人。新建校舍建筑总面积 36512 平方米，其中教学行政楼 11116.6 平方米、图书实验楼 6074.6 平方米、学生公寓楼 13077.8 平方米、学生食堂 2550 平方米、教工周转房 3693 平方米；另外建有室外运动场 22472 平方米、道路场地 20672 平方米、绿化地 3.1 万平方米；购置音乐、体育、美术设备及校园网络、校园广播、多媒体、理科实验设备、语音设备、卫生用品、办公设备、课桌等教学仪器设备，购置图书 11 万册。2011 年 9 月 1 日，师生迁入新校园。

九　游仙经济试验区九年一贯制学校

灾后恢复重建中，绵阳市游仙区决定重建游仙经济试验区九年一贯制学校。2008 年 8 月 20 日，游仙区与台湾佛教慈济慈善事业基金会签订捐建协议，在充分考虑游仙镇地质、区位和用地条件等因素后，确定原址重建该校。学校在原有用地的基础上，新征地 24 亩，重建项目用地扩大到 52 亩。总投资 3450 万元。12 月 23 日，举行奠基仪式。2009 年 5 月 9 日正式动工修建，2010 年

8月28日交付使用。

该项目经招标，由四川省第六建筑公司第一分公司承建，正菱监理有限公司监理，台湾佛教慈济慈善事业基金会派专人驻绵阳负责施工现场监督。该校结构布局由台湾黄建兴建筑师事务所根据台湾慈济事业基金会在全世界范围内捐建的学校模式确定，以浅灰色为主色调，整体色彩素淡高雅。重建工程采用水磨石地砖与水刷石墙面为装饰，所有楼厅、廊道、门窗宽大畅通，室外走廊宽达5米，宜学、宜居，有利于防灾、避险、逃生。新学校可容纳40个教学班2000余名师生，主要服务于游仙经济试验区居民子女以及外来农民工子女就学。当地群众感谢台湾同胞的援助，称赞重建的新校“天人和谐、物我合一、仁慈深厚、堪称典范”。

十　武都八一中学

该校地处陇南市武都区安化镇曾街村，承担周边10个乡（镇）学生的就学任务，始建于1958年。按照中共中央、中央军委的指示，兰州军区决定在陇南市援建一所中学，通过充分调研，将灾情严重的武都区安化中学确定为援建学校。

援建项目确定后，兰州军区司令员王国生、政委李长才等领导多次对援建方案的制定、单体建筑的设计、整体布局的效果、工程质量标准、建筑材料的选购以及施工方的选择等进行研究。通过公开招标和竞标，学校综合教学楼、宿舍楼工程由具备甲级资质的甘肃地质灾害防治工程勘查设计院和中国市政工程西北设计研究院有限公司勘察设计，浙江环宇建设集团有限公司和中十冶集团有限公司承建，兰州军区联勤部建筑勘察设计院建设监理部实施工程监理，兰州军区工程环境质量监督站负责质量监督。新建学校更名为“武都八一中学”（见图116）。

图116　震后新建的陇南市武都八一中学

（甘肃省委宣传部　提供）

武都八一中学于 2009 年 3 月 26 日开工建设，总投资 1.03 亿元，占地 3.4 万平方米，总建筑面积 29068 平方米。校园设计集现代建筑风格与武都风貌于一体，建筑坐北朝南。绿地环绕在校门两侧及教学楼四周，绿草茵茵，树木成行。校区主要分为教学区、体育运动区、生活后勤区三大功能区。学校有教学班 33 个，可容纳学生 1980 余人、教职工 150 余人。学校绿化率达 33.4%，建筑密度 22.5%，容积率 101%。综合教学楼整体建筑呈“工”字形结构，教室宽敞明亮，按 9 度设防、具备强抗震性能。综合宿舍楼与综合教学楼错落有致，互相映衬。教学楼乃至校园围墙全部采用优质建筑材料和先进的建筑技术。楼层采用无梁大跨度筒芯楼板工艺。梁柱采用直螺纹连接技术。墙体采用隔热保温处理技术。屋面采用斜面红瓦样式，利用保温、防漏雨技术，不仅防水性能好，而且可以延长屋顶使用寿命。学校配备网络、多媒体教学设备及图书室、电子阅览室。援建指挥部还特意编写《兰州军区援建武都八一中学设施设备使用管理手册》，力求将重建工作做得细致入微。工程指挥部人员郭根记说：“我们这些援建工程的质量如何，关系着下一代的安危。”2010 年 4 月 29 日，兰州军区举行援建武都八一中学竣工暨交接仪式。甘肃省副省长郝远说：“灾后重建的关键时期，兰州军区心系灾区孩子，再伸援助之手，援建（武都）八一中学。新学校凝结着兰州军区广大官兵的无私爱心，是兰州军区和甘肃省双拥共建的又一座历史丰碑。”

附：武都八一中学落成碑记

公元二〇〇八年五月十二日，四川汶川特大地震波及陇南。顷刻之间，地动山摇，房倒屋塌，人民生命财产蒙受巨大损失。当此危难之际，奉党中央、中央军委之命，兰州军区万余官兵星夜急驰，开赴灾区，抢救伤亡人员，抢修基础设施，打通生命通道，抗震救灾屡建功勋，英雄壮举感天动地。

武都安化中学始建于一九五八年，办学已历五十余载，培育学子数以万计。地震突如其来，校舍严重受损，数千师生顿失学教之所。兰州军区官兵心系灾区，情牵学子，慷慨解囊，涓涓细流汇成江海，颗颗爱心奉献灾区人民，捐资一亿之巨，全力援建安化中学。军区首长屡次长途跋涉亲临指导，援建人员食宿工地精心组织，建设单位优质选材注重质量，社会各界鼎立配合积极支持，历时一年，新楼拔地而起，校貌焕然一新，设施功能完善，水平堪称一流。为铭记人民军队抗震救灾举世之功，感恩兰州军区官兵援建壮行义举，特将安化中学更名为武都八一中学。

勒石立碑，以志纪念，以励后人。

中共陇南市委　陇南市人民政府

二〇一〇年

十一　宁强县天津高级中学

原校址地处宁强县城南大街。该校是宁强县唯一一所完全中学，创建于民国 31 年（1942

年），灾后被列为天津市择址新建的重点援建项目之一。为弘扬爱心，教育学子，宁强县政府将新建学校命名为“宁强县天津高级中学”。

2008年7月项目立项，征地、拆迁，拉开建设序幕。新校址位于距县城3公里的汉源镇七里坝新区，地势平坦，交通便利，地理位置优越；北临玉带河，南枕秦巴翠峰，青山绿水环绕，自然环境优美；水、电、路等配套基础设施优良，相关硬件环境不但便于学校开展各项教学工作，而且有利于学校的长远发展。7月10日，天津市规划设计院、建筑设计院、勘察院的技术专家会同宁强县有关部门至现场踏勘，拟订设计方案。7月15日通过方案。8月19日破土动工。工程由天津市建工工程总承包有限责任公司第一分公司承建，宁强县教体局为项目建设单位，天津市建设工程咨询有限公司实施全程质量监督和工程造价咨询服务。2010年1月24—26日，胡锦涛到陕西省考察，在校园接见天津市援建人员时说：“‘5·12’大地震刚刚过去一年半，你们就为宁强建了这么好的学校，灾区面貌发生巨大变化，这里面凝结着援建人员的辛劳”。

2009年9月4日，项目竣工。新校占地13.2万平方米，总建筑面积57016平方米。近期办学规模为在校生4000人，远期规模为在校生5000人，按照省级标准化高级中学建设。工程总投资2.42亿元，其中天津援建资金2.25亿元。学校采用钢筋混凝土框架结构，按7度抗震设防，单体建筑以“品”字形分列教学区、生活区、体育运动区（见图117）。学校配备了多媒体教学、理化生实验、校园网络、教学办公等设备，绿化率达40%。

图117　天津市援建的宁强县天津高级中学

（天津市援建指挥部　提供）

十二　阿坝师范高等专科学校

阿坝师范高等专科学校创办于1978年，是经国务院批准建立的省属普通高校，四川省内唯一一所省属公办全日制师范高等专科学校。学校原址在汶川县威州镇。地震中学校设施毁坏严重，地面建筑全部成为危房。经批准确定在汶川县水磨镇马家营村重建新校，规划总投资8.22亿元，其中中央重建基金7.36亿元、省级财政拨付的地震灾后恢复重建基金0.66亿元、阿坝藏族羌族自治州政府捐建资金0.19亿元，还有社会捐赠的其他恢复重建资金。中央和省对少数民族地区高等教育十分关心和重视，四川省委、省政府把阿坝师专灾后重建纳入省政府直接管理，确保学校重建顺利推进。

2009 年 3 月，项目确定由中国建筑设计研究院、中国建筑技术集团有限公司、中建国际设计顾问有限公司、中国建筑西南设计研究院进行设计。经四川省发改委批复，项目总建筑面积 22 万平方米，规划用地 1024 亩，其中学术中心及音乐美术楼 32444 平方米、学校图书馆 16729 平方米、体育馆及行政办公楼 20134 平方米、教学实验楼 40891 平方米、学生食堂及附属楼 24740 平方米、学生宿舍 50981 平方米、教师宿舍及校医院 21488 平方米，以及学校自筹项目。学生规模 8000 ~ 10000 人。8 月 26 日，项目在汶川县水磨镇马家营村正式奠基。2011 年 9 月 22 日，阿坝师专隆重举行灾后重建新校园落成庆典暨首届 2011 级新生开学典礼。（参见图 118）

图 118　异地新建的阿坝师范高等专科学校

（刘通　摄）

第二章　医疗卫生

汶川特大地震给四川、甘肃、陕西三省的医疗卫生事业造成严重损失。震后，中央领导同志多次深入灾区考察指导医疗卫生恢复重建工作，中央有关部门、灾区省、对口援建省市相继做出部署安排，推动医疗卫生灾后恢复重建有效进行。

卫生部适时发布一系列指导性文件和技术规范，并积极协调灾区省和援建省市进一步修改完善原有规划；多次派出督导组深入灾区开展督导检查，确保卫生系统灾后重建工作扎实、有序开展。2008 年 6 月 17 日全国卫生厅局长会议，提出当年灾区卫生系统恢复重建的目标：一是 6 月底，各医疗卫生防疫队完成“交接换防”任务，做好调整与对接工作；二是 7 月底，灾区县、乡镇和受灾群众安置点普遍建立医疗卫生服务体系，开展基本医疗和卫生防疫工作；三是 9 月底，全面完成灾区县、乡镇的临时医疗卫生机构建设，基本恢复灾区正常医疗卫生服务秩序；四是年底，灾区医疗卫生服务体系全面恢复，临时业务用房、基本设备和技术人员配备比较齐全，能够全面开展正常医疗卫生服务工作，确保不发生重大传染病疫情。6 月 21 日，卫生部在成都召开卫生对口支援工作会议，要求在年底前全部完成灾区卫生系统恢复重建以上 4 个既定工作目标，尽快推进灾区县、乡镇医疗卫生服务体系建设。23 日，国务院办公厅在《关于进一步做好地震灾区医疗卫生防疫工作的意见》中提出，要编制好灾区卫生系统恢复重建规划，优先恢复基本医疗服务和卫生防疫设施，地震灾后恢复中央重建基金相应给予支持。意见还对如何落实医疗卫生对口支援工作提出具体要求。7 月 2 日，卫生部召开部务会，专题研究完善《卫生系统灾后恢复重建专项规划》。10 月 15 日，卫生系统恢复重建规划内容纳入《公共服务设施建设专项规划》并公布。为保证灾后恢复重建质量，卫生部协调有关机构提供技术支持，组织灾后恢复重建调研，帮助灾区省与对口支援地区提高规划、设计和建设管理水平；组织国内部分医疗卫生建筑规划、设计和管理专家，到灾区指导恢复重建工作，及时发现并研究解决存在的问题，在保证质量的前提下加快恢复重建进度。

川、甘、陕三省成立恢复重建机构，统筹做好医疗卫生恢复重建工作。四川省由卫生厅牵头成立医疗防疫组，组织实施相关专项规划，做好灾区医疗卫生服务体系建设，恢复和维持正常医疗卫生服务秩序，保障灾区基本医疗服务；加强集中安置点等重点区域的疾病和疫情监测；指导和督促灾区抓好饮用水、集中供餐点和排泄物、垃圾的卫生管理，确保无传染病暴发和突发公共卫生事件发生；协调相关部门共同做好地震灾区群众心理干预和地震伤员医疗康复工作。重灾地区成都、德阳、绵阳、广元、阿坝、雅安6个市（州）灾后恢复重建委员会内设有医疗防疫组，各受灾县市也成立相应的机构推进医疗卫生恢复重建。甘肃省建立新的工作机制，全力推动灾后恢复卫生重建工作。省卫生厅抽调8名熟悉工程建设的人员分赴文县等8个重灾县（区）帮助开展灾后重建，协调发改、财政、建设、国土等部门简化程序、减免相关费用，特事特办，为卫生系统灾后重建工作开辟绿色通道。灾区各级医疗卫生机构一手抓灾后重建，一手抓正常医疗卫生业务的开展。陕西卫生系统在编制灾后恢复重建规划时从实际出发、量力而行、循序渐进，既坚持高起点，防止规划标准过低和一般化，又防止重建项目贪大求全，脱离实际需求，超规划、超标准，导致形成“半拉子”工程和造成财力、物力的浪费。在项目实施过程中，针对在检查监督中发现的个别项目由专业设计部门完成的设计规模与原下达规模不一致等实际问题，积极协调、配合省发改委根据实际情况对部分建设项目规划进行调整，推进恢复重建规划的顺利实施。

各对口支援省市卫生行政部门除作为本省市对口支援灾区恢复重建工作领导小组成员单位外，还相继成立对口支援工作小组具体负责灾区的医疗卫生帮扶工作，与各受援市（州）、县（市）医疗卫生行政部门一起，共同负责医疗卫生恢复重建的信息沟通、规划编制、组织实施及支持保障等工作。

第一节　项目建设

一　规划设计

卫生部成立以副部长陈啸宏牵头、有关业务司局和四川省卫生厅负责人参加的卫生系统重建规划编制工作小组，同时成立规划编制专家组，通过实地座谈、部际协调、初步规划、专家论证、征求意见、反复修改，卫生系统灾后重建整体规划最终成型并发布。

在《恢复重建总体规划》中，明确了医疗卫生恢复重建的主要任务。在《公共服务设施建设专项规划》中，明确了医疗卫生恢复重建的规划目标、实施进度、主要任务和投资估算。主要建设任务：重建和维修加固业务用房建设项目共1671个，总建筑面积421万平方米；根据损失情况和设备配置标准，按填平补齐原则为受灾卫生机构配置设备；开展人员培训，提高人员技术水平，以提升医疗卫生机构服务能力与水平。估算总投资117.71亿元，其中业务用房建设投资94.5亿元、设备修复购置投资18.74亿元、信息系统恢复及人才培养等其他投资4.47亿元。

规划坚持民生优先，把最安全的地段用来建医院。在规划中合理布局医疗卫生资源。立足灾区实际，考虑近期医疗卫生服务需求和机构现状，进行硬件设施和软件建设；同时，兼顾灾区人民群众不断增长的医疗卫生服务需要和医疗卫生的长远发展需求。充分考虑灾区人口、自然环境、医疗卫生资源，做好项目整合和合理布局，以缩小地区差距，实现医疗卫生服务的均等化。

为确保医疗卫生项目建设的高效益、高质量，精心把好项目设计关：一是严格依据标准进行设计，严格按照国家和卫生部发布的《综合医院建设标准》《县级综合医院主要设备装备品目》《中医医院建设标准》《精神专科医院建设标准》《传染病医院建设标准》《社区卫生服务机构建设标准》《乡镇卫生院建设标准》《乡镇卫生院主要设备配置品目》《急救中心建设标准》《妇幼保健院、所建设标准》《县级妇幼保健院主要医疗设备配置品目》《疾病预防控制中心建设标准》《卫生监督机构建设指导意见》《省、地级药品检验机构实验室建设指导意见》《全国药品检验机构基本仪器配置标准》和《全国食品药品监督管理机构执法基本装备标准》等标准，精心进行设计。二是体现防灾减灾功能，坚持项目选址避开地震断裂带、避开地质灾害隐患点、避开行洪通道“三避开”原则，并加强建设中的日常监管。彭州市人民医院根据抗震规范，项目采用节地型高效能医院理念设计，采用新一代阳光医院模式建设，医技楼和门诊楼用“医院街”的形式串联成一幢楼，在满足通风采光的前提下，有效缩短病人和医护人员的路程，设计最大亮点是采用具有国际先进水平的橡胶隔震支座技术，以增强建筑抗震能力。三是确保科学合理。2009 年年初，卫生部组织国内医疗建筑设计经验丰富的建筑和结构方面专家，帮助三省卫生行政部门以县级医疗卫生机构和中心乡镇卫生院为重点，对一批项目的建设方案进行论证，同时督促灾区省加大对项目设计方案的审查力度，进一步帮助灾区完善项目功能布局和流程设计，确保项目的合理性、先进性和科学性。四是严格设计主体的遴选。为保证设计水平和质量，援建省和受援省以及项目单位都按照项目建设程序和要求，认真选择项目设计单位。不少援建项目通过公开招标选择了国内顶级、优质的设计团队进行项目设计。

二 项目援建

卫生部、中医药局于 2008 年 6 月 20 日下发《关于医疗卫生对口支援地震灾区工作方案》，对医疗卫生防疫对口支援工作进行部署要求。2009 年 7 月 29 日，卫生部在成都召开汶川地震灾区医疗卫生恢复重建对口支援工作协调会议，要求支受援双方完善工作协调机制，健全信息通报制度，做到工作及时协商、情况及时沟通、信息及时通报。19 个对口支援省（市）将医疗卫生列为援建重点，落实援建资金，选派援建队伍；在项目安排上，向医疗卫生领域倾斜；在建设机制上，采取政府主导、社会参与的模式。上海市援建都江堰市的医疗卫生项目采取“政府主导、社会参与、企业投入、市场运作、优势互补”的援建机制。山西援建采取“统分结合、共同参与、双向控制”的方式。在建设方式上，采用交钥匙、联建共建、交支票等方式。医疗卫生恢复重建项目除灾区省自建项目、各省市援建项目外，还有“特殊党费”援建项目、林业系统恢复重建项目、红十字会募集资金援建项目、慈善组织募集资金援建项目、香港和澳门特区援建项目、台湾同胞援建项目、海外侨胞援助项目及国际社会援助项目。林业系统恢复重建了阿坝藏族羌族自治州林业中心医院、甘肃省白龙江林业管理局中心医院、甘肃省小陇山林业实验局职工医院等。

红十字会将灾区医疗卫生设施作为募集资金的援建重点。截至 2011 年 2 月，中国红十字会总会（含中国红十字基金会）在地震灾区共援建卫生院 827 所、村卫生站 2531 所，全国红十字会在地震灾区共援建卫生院（站)5123 所。四川、陕西灾区及甘肃省的文县、武都、康县、成县、礼县、迭部、舟曲等地的许多乡镇卫生院的恢复重建都得到红十字会的捐助。中国红十字会总会协调香港、澳门红十字会参与灾区医疗卫生恢复重建。香港红十字会先后与绵阳市、德阳市签署项目协议，援建绵阳市 6 所卫生院、82 个卫生站，德阳市 2 所卫生院、22 个卫生站。香港红十字会除捐资支持汶川县第一人民医院建设外，还援建汶川县威州、克枯、龙溪、雁门、草坡、漩口、映秀、水磨等 8 个乡镇卫生院和除县中医院以外的其他县级医疗机构建设。澳门红十字会先后多批援建德阳、绵阳、自贡、阿坝等市（州）的乡镇卫生院和村卫生室。

四川医疗卫生恢复重建中 4 个项目为中华慈善总会支持项目，其参与方式为资金补充，具体为都江堰市中医院、西充县人民医院、绵竹市东北镇卫生院、壤塘县人民医院。

灾区 63 个医疗卫生恢复重建项目由香港、澳门特区政府援建，占两个特区政府全部 253 个援建项目的 24.9%，项目援助金额 23.24 亿元。台湾同胞同样倾情援助卫生项目，川、甘、陕三省灾区得到台湾同胞的大力援助。

截至 2009 年 12 月底，海外侨胞通过国侨办“侨爱工程——双百项目”在四川、甘肃、陕西、重庆、云南五省（市）捐款援建侨爱卫生院 157 所，其中通过国侨办办理的侨爱卫生院 55 所（其余侨胞捐建卫生院均通过各省市侨办办理）。通过国侨办办理的 55 所侨胞捐建卫生院中，有 33 所在重灾地区 51 个县（市、区）。

国际社会也给予了援助。川、甘、陕灾区一些卫生院、村卫生室得到加拿大、日本、韩国、马来西亚、泰国、德国等国的红十字会（红新月会）资助。绵阳市涪城区吴家中心卫生院由德国红十字会捐资建设。绵阳市游仙区魏城中心卫生院的恢复重建得到日本红十字会的捐助。

三　项目成果

截至 2011 年 9 月底，医疗卫生恢复重建项目共完成 2979 个（参见表 12），完成投资 161.21 亿元。其中，四川省完成项目 2016 个，完成投资 137.29 亿元；甘肃省完成项目 231 个，完成投资 15.27 亿元；陕西省完成项目 732 个，完成投资 8.65 亿元。截至 2011 年 11 月，灾区医疗卫生机构的建筑面积已由震前的 390 多万平方米增加到 580 多万平方米，床位数由 5.6 万张增加到 7.8 万张。灾区医疗卫生服务体系基本建立，城乡医疗卫生服务网络更加健全，基本实现灾区医疗卫生服务条件和能力达到或超过灾前水平的目标。（参见图 119）

灾后重建主要医疗卫生项目一览表

表 12

项　目	所在地	援建方	建筑面积（平方米）	投资规模（万元）	基本情况
北川羌族自治县人民医院	北川羌族自治县	山东省潍坊市	23978	15222.36（概算）	二级甲等医院，新址重建。山东省援建的重点工程之一，也是北川新县城建设的标志性建筑
汶川县人民医院	汶川县	广州市	21470	14000	设计床位 200 张，设计门诊容量为 600 人 / 日
绵竹市人民医院	绵竹市	江苏省	46581	11400	施工中创造了 4 天半一层楼的建设速度
什邡市人民医院	什邡市	北京市	55000	39541.24	新址重建。北京市援建单体规模最大的工程
都江堰市医疗中心	都江堰市	上海市	69488	38470.30	上海援建最大的单体工程项目。获成都市、四川省、上海市“优质结构工程”奖及四川省“天府杯”金奖、上海市“白玉兰”奖、“全国文明工地”称号、“鲁班奖”
都江堰市中医院	都江堰市	上海市	20000	15979.64	新址重建。大连万达集团捐资 6000 万元
平武县人民医院	平武县	石家庄市	20555	10287	工程获四川省省级“安全生产文明施工标准化工地”称号，获四川省“天府杯”奖
安县人民医院	安县	辽宁省	26590	12738	获四川省“天府杯”金奖
江油市中原爱心医院	江油市	河南省	24000	14000	新址重建
江油市人民医院	江油市	河南省	18000	6000	新址重建。在河南省 21 个“交钥匙”项目中，单体投资额最多、定额工期最长、技术复杂程度最高。获河南省优质结构中州杯奖、四川省“天府杯”奖
彭州市人民医院	彭州市	福建省	45800	27802	获成都市、四川省“结构优质工程”奖，成都市“芙蓉杯”奖，四川省“天府杯”奖，四川省省级安全生产文明施工标准化工地称号，福建省“闽江杯”优质工程奖
彭州市妇幼保健院	彭州市	福建省	19122	11195	获成都市和四川省“优质结构工程”奖、四川省省级“安全生产文明施工标准化工地”称号、“国家 AAA 级安全文明标准化诚信工地”称号、四川省“天府杯”金奖
广元市中心医院内科大楼	广元市	香港李兆基	47000	20500	李兆基出资 8000 万港元，2009 年 12 月 13 日动工
广元市第一人民医院外科大楼	广元市	中国海油	—	—	2009 年 4 月 28 日开工，2011 年 9 月 8 日竣工。中国海油捐资 8800 万元

续表 12

项　目	所在地	援建方	建筑面积（平方米）	投资规模（万元）	基本情况
茂县人民医院	茂县	山西省	21859	14000	原址重建。现有茂县建筑高度最高、单体面积最大工程
茂县中医院	茂县	山西省	6230	5800	原址重建。获四川省“结构优质工程”奖和“天府杯”金奖
理县人民医院	理县	湖南省	19233.9	10503	新址重建，将理县人民医院、中医院、急救中心合并建设
松潘县人民医院	松潘县	安徽省	16465	8200	安徽省第一批援建项目，获四川省“天府杯”金奖
小金县人民医院	小金县	江西省	17600	9792	是小金县第一座按二级甲等医院标准建设的综合性医院
崇州市人民医院	崇州市	重庆市	45906	21575	新址重建。设计标准为二级甲等，2011 年升级为三级乙等。获四川省“天府杯”和重庆“山城杯”、成都市“芙蓉杯”等奖项
崇州市妇幼保健院	崇州市	重庆市	11738	5517	新址重建，设计标准为二级甲等，2011 年升级为三级乙等。获四川省“天府杯”，重庆市“巴渝杯”、“三峡杯”和“山城杯”，成都市“芙蓉杯”等奖项
三台县人民医院	三台县	—	12964	5556.39	世界银行贷款 664 万美元，其余资金由医院自筹
盐亭县人民医院	盐亭县	香港特区	25096	9650	二级甲等综合医院
大邑县人民医院	大邑县	澳门特区	20470	5954	原址重建。澳门特区政府援助 3328 万元
康县第一人民医院	康县	深圳市	15505.48	5030	甘肃省卫生系统首批援建项目
陇南市人民医院	陇南市	深圳市	23243	8000	获甘肃省建筑装饰工程“飞天奖”
宁强县天津医院	宁强县	天津市	34038	18574.89	设计为二级甲等综合性医院
略阳县天津中医院	略阳县	天津市	17417	10738.7	新址重建，设计床位 200 张
陈仓区中医院	宝鸡市	中央财政	24610	7800	新址重建，设计床位 350 张

说明：此表系根据灾区省和各援建省市灾后重建志编纂单位报送的项目材料整理而成，兼顾援建、投资各方情况，选列项目投资额在 5000 万元以上

图119 震后新建的北川羌族自治县疾病预防控制中心
（卫生部 提供）

坚持民生优先，灾区省和援建省市均将医疗卫生作为灾后恢复重建的重点，医疗卫生项目中相当部分是大项目。据不完全统计，重建的医疗卫生设施项目中，投资在1亿元以上的有17个，其中什邡市人民医院、都江堰市医疗中心2个项目均在3亿元以上，彭州市人民医院、崇州市人民医院投资分别为2.78亿元和2.16亿元。投资额在5000万元左右的项目则更多。建筑面积在1万平方米以上的医疗卫生项目有33个，其中既有四川省项目，也有甘肃省、陕西省项目；既有综合医院项目，也有中医院、中心卫生院、妇幼保健院、精神病院项目。绵竹市人民医院、什邡市人民医院、都江堰市医疗中心、彭州市人民医院、崇州市人民医院、宁强县天津医院、广元市中心医院内科大楼项目的建筑面积都在3万平方米以上。

除大项目外，灾区乡镇农村还有许多规模小的医疗卫生项目，这些项目以卫生院居多，既有灾区省自建项目，也有援建项目，投资一般不超过1000万元，建筑面积从几百平方米到数千平方米不等。如康县恢复重建的岸门口镇卫生院、白杨乡卫生院、寺台乡卫生院等乡镇卫生院大多只有几百平方米，投资一二百万元，多利用中央重建资金、红十字会援建资金、国债资金等建设。再如文县恢复重建的范坝乡卫生院、丹堡中心卫生院、舍书乡卫生院、梨坪中心卫生院、尚德镇卫生院等也是投资额一二百万元，建筑面积多为几百平方米的小型项目。这些项目对农村乡镇医疗网点的覆盖产生积极作用，灾区群众可以在家门口就看上病并节约了开支。

第二节 软件建设

医疗卫生恢复重建在突出硬件设施建设的同时，通过多种方式、开展多项深入灾区的活动加强软件建设，从整体和长远意义上推进灾区医疗卫生事业的跨越发展。

一 恢复医疗卫生秩序

震后，伤病员大量增加。在国家统筹部署和各方面的大力支持帮助下，灾区充分利用帐篷、活动板房和原有医疗用房，组建简易接诊室、手术室、检验室等开展医疗卫生服务，通过灾后重建恢复医疗卫生秩序，2008 年年底全面恢复灾区医疗秩序。一是建立了更加完善的基层医疗服务网络，基础设施条件大为改善，千人口床位数等主要医疗资源指标超过灾前水平。二是对口支援省市医疗队通过开展“传、帮、带”活动，提高灾区医疗技术人员业务能力，帮助灾区县级医院开展纤维支气管镜应用技术、高难度骨科手术等 40 余项新诊疗技术。一些震前只能提供清创缝合服务的乡镇卫生院，经恢复重建也可开展一些手术。一些原来需要转诊的患者震后无须转诊，大部分急危重、疑难病例可就地得到救治处理。三是基本医疗服务数量和质量全面超越震前水平。据统计，2009 年四川灾区共开展诊疗服务约 2204 万人次，较 2008 年增加 26%。绵竹市医疗机构门急诊量、住院病人数和业务收入与震前同期相比，分别增加 12%、14% 和 15%。

19 个对口支援省（市）均选派医疗队，深入灾区城镇乡村，开展医疗卫生服务，帮助灾区尽快恢复医疗卫生秩序。广东省医疗队恢复汶川县 24 小时医疗服务，开展内科、外科、妇产科、儿科等临床服务和 B 超、心电图、血常规、尿常规、空腹血糖等基本临床检查检验。在医疗队的帮助下，促进部分卫生院开展中医、针灸、推拿诊疗，乡镇卫生院普遍具备急诊、转诊功能，可进行常见病、多发病诊治和助产技术服务，并定期到村里巡诊。通过广东省医疗队与汶川县的共同努力，形成覆盖乡村两级医疗、防疫及妇幼保健网络，群众就医难问题得到缓解。吉林省选派医务人员与黑水县医疗卫生人员深入农村开展义诊、健康咨询、体格检查、心理咨询，并在当地医务工作者中开展“一帮一、手牵手”活动，向当地卫生人员传授新的医学理论和医疗技术方法，帮助医疗单位规范诊疗常规、手术基本操作，完善规章制度。浙江省帮助青川县建立完善公共卫生服务体系，提高了该县公共医疗卫生服务能力。相比 2007 年同期，2009 年青川县人民医院年门急诊人次增长 28.55%，出院人数增长 38.68%，病床使用率增加 52.87 个百分点，达到 98.69%；36 个乡镇卫生院年门急诊人次增长 18.01%，出院人数增长 77.42%，病床使用率增加 28.95 个百分点，达到 60.77%。在安徽省的援助下，松潘原来一些不能开展的手术在恢复重建后也能开展了，一些原来需要转诊的患者在当地就可以得到医治，医院床位使用率大幅提升。

山东、江苏、北京、上海、河北、辽宁、河南、福建、山西、湖南、江西、湖北、重庆、黑龙江、天津等对口支援省（市）亦采取多种措施，协助灾区恢复医疗卫生秩序，满足灾区群众医疗卫生需求。

二 疾病预防控制

2008 年 8 月 7 日，卫生部办公厅印发《汶川地震灾区疾病预防控制对口支援工作意见》，指导各对口支援省市及灾区省做好疾病预防控制工作。中国疾控中心建立了国家级疾病预防控制应急队伍，制定了工作预案，并根据灾区疾病预防控制工作实际，做好相应技术保障和支持工作。

灾区和各对口支援省市组织开展重大传染病疫情和突发公共卫生事件的预防、应急管理和处置工作，及时做好居民安置点、学校、托幼机构、建筑工地等人群聚集场所的传染病疫情处理，防止疫情发生。做好医疗卫生机构恢复、新建传染病网络直报系统的管理工作，及时了解和掌握当地传染病疫情动态，开展灾区监测日报、周报、月报、阶段性分析等疫情分析与报告工作。全面恢复冷链系统、常规免疫冷链运转和免疫接种工作，严格按照《预防接种工作规范》和扩大免疫规划的有关规定和要求，建设计划免疫规范接种门诊（点）。加强结核病、血吸虫病等重点传染病的防治；对黑热病、疟疾、包虫病等虫媒寄生虫病重点流行县，恢复疫情、传播媒介的监测常规防治工作，做好相关危险因素的评估；对高危地区和人群及时采取防范措施，加强健康教育，做好防控物资的储备。

19个对口支援省（市）协助受援县市开展疾病预防控制工作。河北省医疗防疫队指导平武县疾控中心完成水样和餐具的大肠菌群检验，并帮助疾控中心恢复重建艾滋病初筛试验室。吉林省协助黑水县疾控中心开展结核病、艾滋病、麻风病、黑热病、包虫病、碘缺乏病等防治监测及消杀工作。山西省在茂县开展病员诊治工作的同时，还深入中小学校、幼儿园督导预防传染病和学生饮食卫生工作，开展手足口病、甲型H1N1流感防控宣传和演练，对疾控人员、乡镇村卫生院防保人员进行相关的技术培训。

山东、广东、浙江、江苏、北京、上海、辽宁、河南、湖南、安徽、江西、湖北、重庆、黑龙江、天津等省（市）也积极协助灾区做好疾病预防控制工作。

三　卫生监督

震后，灾区各级医疗卫生部门在各对口支援省市的指导帮助下开展卫生监督工作，加强内部管理，并选派工作人员深入村、组、社区、居民点，做好食品卫生监督、水质监测以及医疗垃圾管理工作，实现灾区大灾之后无大疫的目标，有力保障了灾后恢复重建的顺利进行。

对口支援省市针对灾区卫生监督中的不足，协助受援地制定工作方案及指导意见，加大监督力度，协助当地有关部门检查水源、供水点、供餐点、餐饮单位、食品经营点和加工企业、医疗服务机构等。河北省针对平武县存在的医疗机构无执业许可证、医疗卫生人员无相关资格证书，医院感染预防、控制、人员培训不到位，医疗废物处理不合理，传染病防治、医疗用血、毒麻药品的保存和使用缺乏制度等问题进行专题研究，并确定医疗卫生、冬季呼吸道传染病、生活饮用水卫生、学校卫生和餐饮业卫生5个工作重点，指导平武县卫生执法监督所向医院、学校、餐饮企业、生活饮用水供应商提出整改要求。同时，加大中小餐馆、中小学校等的饮用水源、食品卫生和消毒卫生的监督指导力度。河南省加强灾区集中供餐单位餐饮原料采购、储存、加工及餐饮具消毒的卫生监督管理；结合灾区实际制定了《江油市灾后重建期间学校食堂卫生监督指导意见》。辽宁省协助安县对灾区群众安置点、食品经营单位、学校以及传染病防治单位进行卫生监督检查。吉林省协助黑水县卫生执法监督所开展综合执法与监管，完成重大会议食品安全保障任务，帮助规范卫生执法监督基础档案。

山东、广东、浙江、江苏、北京、上海、福建、山西、湖南、安徽、江西、湖北、重庆、黑龙江、天津等省（市）亦积极协助灾区开展卫生监督工作，确保大灾之后无大疫。

四　医疗卫生人员培训

医疗卫生队伍建设是灾后恢复重建的重要内容，卫生部、灾区省及各对口支援省市采取多种方式开展医疗卫生人员培训，以加快医疗卫生恢复重建的进程。

卫生部组织安排中央财政补助项目，实施以全科医师为重点的基层医疗卫生人员培养工作，支持、鼓励农村卫生技术人员参加学历教育，推进住院医师规范化培训。开展农村卫生人员培训，先后为灾区培训农村卫生人员923人；并在妇幼卫生、疾病预防控制、卫生监督和康复医学等多方面为灾区培训人才。专门举办四川省重灾地区6个市（州）儿科师资培训班，加强妇幼卫生技术人员和妇幼卫生监测人员培养力度。对灾区进行康复医学培训，通过提高一线医务人员康复医学基本理论和实践技能，以提高地震伤员医学康复服务能力。

灾区省增强自身"造血"功能。四川省依托"健康中国工程"地震灾区基层卫生人员培训等4个项目，培训大批基层技术骨干，启动灾后恢复重建规划的18个人员培训项目，累计培训各类医疗卫生人员6710人次。甘肃、陕西等省亦采取多种形式，开展医疗卫生人员培训。

各对口支援省市或举办培训班、选派专家到灾区培训，或选派灾区医疗卫生人员外出学习培训等，为灾区培养医疗卫生人员。

采取举办培训班、选派专家到灾区培训等方式，为灾区集中培训医疗卫生人员。浙江省出台《浙江省对口青川卫生系统智力支援实施方案》，提出建立青川卫技人员培训体系、卫技人员临床进修制度、卫技人员继续教育制度和乡村医生注册培养制度。制定《浙江省援助青川县卫技人员培训计划》，采取统一计划、统一教材、统一考试的办法，依托浙江支医人员和浙江省卫生厅组织的专家授课周，分批次培训、远程网络培训、集中培训青川卫技人员，并派部分人员外出进修。北京市按学科带头人、学科骨干、公共卫生人员培训和卫生管理干部挂职锻炼等4种培训类型对什邡市医疗卫生技术和管理骨干实施多层次、全方位的培训。上海市邀请医疗卫生专家举办多期院前急救、医疗质量管理培训班，累计培训2018人次，并通过上海市白玉兰远程医学网，对都江堰市社区、乡镇医疗卫生机构的全体医护人员实施全科医学（社区护理）知识培训。辽宁省派专家到安县乡镇、社区对卫生技术人员进行面对面辅导培训，并举办对口支援医疗卫生管理干部培训班，共培训万余人次。重庆市聘请全国知名专家学者到崇州举办短期培训班，提升公立卫生院的整体管理水平和服务能力、提高专业技能。深圳市医疗队在甘肃举办各类培训班、学习班近20期（次）。

选派灾区医疗卫生人员外出学习、培训。浙江省卫生厅组织青川县级医疗卫生机构中层以上干部、乡镇卫生院院长118人，分期分批到浙江医疗卫生机构考察观摩。从2009年12月起，先后选送25名青川卫生技术人员赴浙江免费进修学习，进修时间为1个月至1年。北京市帮助什邡市选派110人赴京24家医疗卫生机构培训，其中医疗方面96人、公共卫生方面9人、卫生管理方面5人。河北省出资选派平武县医疗业务骨干到河北三级甲等医院接受业务培训。江苏省、河南省、湖北省、天津市分别接受绵竹市、江油市、汉源县、略阳县卫生管理人员和技术骨干进行中长期学习培训，免费食宿，每人每月还发给生活补助。

山东、广东、福建、山西、湖南、吉林、安徽、江西、黑龙江等省也采取多种措施为灾区培训医疗卫生人员，为灾区医疗卫生恢复重建提供智力支持。

五　结对帮扶

为促进灾区和对口支援省市医疗卫生的深度合作，加快灾区医疗卫生恢复重建进程，提高医疗卫生服务水平，各对口支援省市组织本省市医院与灾区医院、卫生院结为对口帮扶单位，在制定和实施医疗卫生发展规划、建立健全医疗卫生管理工作制度和规范、医疗卫生人员培训、远程会诊、远程医学咨询研讨等方面加强交流与合作。各对口支援省市与灾区省签署帮扶协议，开展“一对一、手拉手”等对口帮扶活动，建立长效性的医疗卫生帮扶机制，为灾区留下“永远不走的医疗卫生服务队”。

对口支援省市推动本省市医疗卫生机构与灾区医疗卫生机构签署对口帮扶协议。广东省肇庆市与汶川县克枯乡卫生院签订医疗卫生合作发展帮扶协议，在克枯乡健身广场开展“结对心连心、义诊送温暖”活动。上海市组织该市的瑞金医院、华东医院、曙光医院、精神卫生中心、疾病预防控制中心等9家医疗卫生单位分别与都江堰市人民医院（重建后称都江堰市医疗中心）、第二人民医院、中医院等7家医疗卫生单位签订定向结对协议书，并确定上海医疗卫生单位为援建项目正常运作提供管理指导和技术指导，组织专家赴都江堰指导、开办短期培训，接收都江堰市医疗卫生人员赴沪进修，以及开展远程医学咨询研讨等。

对口支援省市与灾区开展“一对一”帮扶活动，建立长效性的医疗卫生帮扶机制。江苏省组织省内医院与绵竹市各医院开展对口帮扶活动，建立起“一对一”或“多对一”的长期帮扶援助机制，互派医务人员交流学习。湖北省选择省直5家大型医疗机构对口帮扶汉源县直5家医疗卫生机构，确定15个市（州）县级以上医疗卫生单位对口帮扶汉源县23个乡镇卫生院。重庆市以对口接收进修生和派专家到崇州常驻、带教为主，帮助崇州市级医疗保健机构建设两到三个重点特色专科。

建立协作平台。北京、上海、福建、浙江等省（市）通过网络，与对口县（市、区）建立网络协作平台，资源共享。郑州大学第一附属医院与江油市人民医院建立网络协作平台，进行在线会诊、业务培训、进修和技术合作。

山东、浙江、北京、上海、河北、辽宁、山西、湖南、吉林、安徽、江西、黑龙江、天津等省（市）的医疗卫生机构，也都积极与灾区开展结对帮扶活动，并建立了长效帮扶机制。

六　支医与设备购置

重建期间，19个援建省（市）均对口向受援县（市、区）派去医疗队。截至2010年9月，浙江省共向青川县派出10批共1134名医疗卫生援建队员，专业分布广泛，涉及医疗卫生管理、内科、外科、妇科、产科、儿科、全科、骨科、手术室、护理、检验科、麻醉科、康复科、精神科、妇幼保健科、疾病控制、卫生监督、健康教育等近20个专业。自2008年6月至2010年7月

14日，上海市先后派出8批1118人次医疗卫生人员，至都江堰对口支医。山西省2008—2011年派出14批453人的医疗援助队伍，在茂县人民医院、中医院、疾控中心等医疗机构开展医疗援助工作。安徽省先后选派6批163人次对口支援松潘县人民医院等县直医疗卫生机构，使当地医疗卫生服务能力全面提高。

辽宁省赴安县支医人员中有相当一部分是辽宁省卫生厅抽调该省卫生系统骨干，采取“安县提需求、辽宁派人员”模式选派的。福建省卫生厅从省内三级医疗机构选派250多名医疗专家和技术骨干，分别进驻彭州市人民医院、中医院、妇幼保健院、结石病专科医院和精神病院，坚持定期到彭州市龙门山、小鱼洞、通济等重灾镇开展大型义诊和巡诊。福建省支医队累计巡诊4500人次，诊治患者10万人次，专家门诊2.53万人次，会诊3780次，手术3100余例。

江苏、河北、河南、湖南、黑龙江、吉林、天津、重庆、湖北等省（市）也组织业务能力强的医疗、疾病防控、卫生监督和卫生管理人员赴灾区开展支医工作。

根据《公共服务设施建设专项规划》的要求，医疗卫生机构恢复重建，不仅重建医院房舍，还根据损失情况和设备配置标准，按填平补齐原则，专门安排医疗卫生机构设备购置经费，为灾区医疗卫生机构购置医疗设备。

安县人民医院灾后重建项目总投资中安排有设备购置资金1540万元。小金县人民医院恢复重建项目总投资约9792万元，其中医疗设备购置费3000万元。江油市精神病院投入200万元从美国、加拿大新购置了IDC数字化X线摄影系统（DR系统）、百胜彩色超声诊断系统、全自动生化分析仪、心电监护仪等先进医疗设备。什邡市人民医院配有核磁共振、CT、直线加速器、X光机（双靶机）、彩超（心腹两用）、全自动生化分析仪等众多高科技检查设备和治疗仪器。宁强县天津医院装备核磁共振、螺旋CT、彩超、全自动生化分析仪、数字胃肠造影仪、DR电子胃镜、电子结肠镜等50余套大中型医疗设备。福建省在对口援建彭州市人民医院、妇幼保健院等6个项目的同时，利用项目建设的结余资金10778万元，为彭州市人民医院、妇幼保健、精神病院和三界镇公立卫生院、丽春镇计生服务站购置医疗专业设备、信息系统设备和医疗家具用具；安排专款购置10辆卫生防疫车赠送给彭州市卫生部门，购置一套进口内窥镜设备赠送给彭州市中医院。上海市援建的都江堰市医疗中心、精神卫生中心等21个卫生项目交付使用的同时，共提供设备7118台件、总金额1.33亿元，另赠送救护车23辆。

第三节 项目选介

一 汶川县人民医院

汶川县人民医院在地震中损毁严重。灾后恢复重建中，广东省与受援方商定重建该医院。项目由广州市对口援建，广东达安工程项目管理有限公司代建，重庆建工集团施工。医院选址汶川县原阿坝师专地块，可上通阿坝藏族羌族自治州各县，下达都江堰、成都，建成后可基本满足周围县的医疗需求。项目建设坚持“以人为本、节能环保”理念，注重援建项目与羌文化的融合。项目建设中引进了先进隔震技术，确保抗震 9 度设防。

2008 年 10 月 26 日，汶川县人民医院奠基。2009 年 5 月 12 日主体结构验收，7 月 30 日医院相关设备的采购工作完成，9 月 28 日竣工验收，10 月 30 日医院正式启用。

建成后的汶川县人民医院包括人民医院、急救控制中心和康复中心三部分（见图 120），建设用地 16670 平方米，总建筑面积 21470 平方米，总投资 1.4 亿余元。其中，人民医院为二级甲等综合医院，床位 200 个，总建筑面积约 1.7 万平方米，设计门诊容量为 600 人 / 日。急救控制中心总建筑面积 2500 平方米。康复中心总建筑面积 500 平方米。人民医院由门诊医技楼、住院楼、感染楼、设备辅助楼组成。重建后的汶川县人民医院成为阿坝全境最先进的综合医院，有 5 间洁净手术室，配置 16 排 CT、DR、800 毫安 X 光机、彩色 B 超、高压氧舱等医疗设施设备及医疗信息系统。2009 年 12 月 2 日，中共中央政治局委员、广东省委书记汪洋与香港特区特首曾荫权的夫人曾鲍笑微女士到汶川县人民医院，共同为康复中心揭碑。

图 120　震后新建的汶川县人民医院

（广东省重建志办　提供）

二　绵竹市人民医院

绵竹市人民医院被江苏省列为灾后重建的首批援建项目，总投资 1.14 亿元（其中江苏省电力公司捐资 5000 万元）。江苏省援建指挥部要求不低于震前水平，配备中央空调系统、智能呼叫系统、监控系统等，其中综合门诊楼是整个江苏对口援建项目中单体面积最大、楼层最高、施工最复杂的项目。项目总用地 33330 平方米，按 7.5 度抗震设防，总建筑面积 46581 平方米，其中门诊楼 2.25 万平方米、业务辅助楼 3500 平方米、新建感染门诊房 400 平方米、加固住院部楼 20181 平方米。门诊综合楼内设有诊室、药房、影像中心、门诊手术、体检、血透、理疗、信息中心及医院行政办公室，住院部包括病房、手术室及重症监护室等，业务辅助楼包括洗衣、消毒中心及药品仓库配送用房。

2008 年 10 月，项目确定由江苏省建设集团公司代建。2009 年 1 月通过公开招标，中国航空港建设总公司为项目的总承包施工单位。5 月 20 日，门诊楼主体工程封顶，创造了 4 天半一层楼的建设速度。2010 年 2 月 27 日交付使用。住院部楼总建筑面积 2 万多平方米，整个工期仅 150 天，改造 8 间普通手术室、4 间洁净手术室及 3 间门诊手术室，同时对住院部楼 ICU 进行改造，增加重要仪器设备 128 台套，使医院在硬件设施方面超过震前水平。5 月 6 日，绵竹市人民医院正式从板房搬迁到重建后的医院，10 月 10 日完成综合验收并交付使用。

三　什邡市人民医院

什邡市人民医院院始建于民国 31 年（1942 年），地震中受损严重。灾后恢复重建中，被列入北京市对口支援重建计划，按照二级甲等医院标准进行异地选址建设。重建后的医院东临环城线，南靠城市行政中心，北临雍城中学，向北道路通往中心城区，场地基础设施条件良好，交通便利。

重建后的医院成为集医疗、教学、科研、预防、康复于一体的综合性医院，是北京市在什邡援建的单体规模最大的工程。建筑主体呈 L 形，院前有较大面积的广场。主体建筑西侧为后勤设备楼及传染科楼。北侧和东侧预留完整空地，为未来发展预留空间。沿河休闲带为病人提供良好的休憩场所。道路两旁种植行道树，停车场隔离带种植花灌木和草皮。

项目建设用地 10.6 万平方米，总建筑面积 5.5 万平方米，有门急诊医技病房综合楼、传染科门诊病房楼、后勤辅助保障楼、高压氧舱、液氧站 5 个单体建筑和配套的室外工程。按 8 度抗震设防，建筑防火等级为一级，地下室防水为一级，建筑设计使用年限 50 年。设计床位数 605 张、门诊病人流量 1500 人次 / 天。项目总投资 39541 万元。由北京求实工程管理有限公司管理，中国中元国际工程公司设计，北京双圆工程咨询监理有限公司监理，北京建工集团有限责任公司施工。

工程于 2008 年 12 月开工，2010 年 8 月竣工。医院配置有核磁共振、CT、直线加速器、X 光机（双靶机）、彩超（心腹两用）、全自动生化分析仪等高科技检查设备和治疗仪器。北京朝阳医院、北京肿瘤医院、北京安贞医院、北京同仁医院、北京儿童医院对该医院进行全方位帮扶。

四　都江堰市医疗中心

原名都江堰市人民医院，创建于民国 28 年（1939 年），是都江堰市唯一一所综合性医院。

灾后恢复重建中，作为上海援建的标志性工程，沪、川两地协商确定，将人民医院异地重建为一所集医疗、教学、科研、妇幼保健、中医药治疗、康复、理疗、技术培训于一体的综合性医疗中心。2008 年 7 月 28 日，举行都江堰市医疗中心项目开工仪式，上海市市长韩正、副市长胡延照与成都市委、市政府主要负责人出席。2010 年 4 月 26 日工程全部竣工，5 月 8 日正式投入使用。

医疗中心是上海援建都江堰最大的单体工程项目（见图 121），上海援建总投资 38470 万元，属“交钥匙”项目，由上海建工集团四建公司实施建设。选择的劳务队伍中，施工人员大都是曾经在上海虹桥枢纽西广场、轨道交通、科技馆、东方艺术中心、华东医院、胸科医院等重大工程中施过工，有过 2 ~ 3 年工程磨炼的川籍民工。上海还特地投资 600 万元在都江堰专门设立混凝土搅拌站，产出的混凝土与世博工程混凝土质量不相上下。同时，项目施工中还采用最好的涂塑模板，成本比其他模板高 20% 左右，仅此一项即多投入 100 多万元。该项目建设得到住房城乡建设部的认同，在该部 2009 年 6 月召开的 19 个省（市）援建工作质量安全交流会上，被指定为观摩项目。

图 121　震后新建的都江堰市医疗中心（上海援建指挥部　提供）

建成的医疗中心占地 6.67 万平方米，总建筑面积 69488 平方米，其中地上面积约 59943 平方米、地下面积 9545 平方米。由门急诊楼和病房医技楼两部分组成，另有门卫、污水处理站、垃圾房等建筑。门急诊楼地上 4 层，建筑高度 20.7 米（室外地面至女墙顶），钢筋混凝土框架结构，设计使用年限为 50 年，按 8 度抗震设防，防火设计的建筑分类为多层，耐火等级为一级。病房医技楼地上 11 层、地下 1 层，建筑高度 50.7 米（室外地面至女墙顶），钢筋混凝土框架剪力墙结构，建筑结构的类别为乙类，设计使用年限、抗震设防烈度、耐火等级同门急诊楼。门急诊楼和病房医技楼通过底层医疗街和二层连廊连接。中心设计门诊量 2000 人 / 日，总床位 600 张。医疗中心工程硬件设施达到三级甲等医院标准。另外，医院设备配置已达到三级医院标准，设备总量 1.3 亿元（上海援助设备 5000 万元），拥有万元以上设备千余件，包括 1.5T 高场强核磁共振仪、16 排螺旋 CT、数字减影血管造影仪、西森美康 5000 全自动血球仪及 CA1500 型全自动血凝仪、西门子全自动生化分析仪等一流设备。三甲医院上海瑞金医院等与都江堰医疗中心结对共建。

建成后的都江堰医疗中心为中国县级医院中规模最大、等级最高的综合性医院之一。项目获四川省、上海市“优质结构工程”奖及四川省“天府杯”金奖、上海市“白玉兰”奖、“全国文明工地”和建筑大奖“鲁班奖”。

五　平武县人民医院

平武县人民医院工程是河北省政府下达给石家庄市的灾后恢复重建项目，资金全部为河北援建资金。工程设计单位为河北省建筑设计院，通过招标确定河北金秋建筑工程有限责任公司为施工单位，河北石咨工程建设监理有限公司为监理单位。

2008年8月28日，河北省委书记张云川、代省长胡春华参加平武县人民医院重建工程开工仪式。2009年5月12日正式开工，2010年1月26日竣工。

项目总投资10287万元，占地13923平方米，建筑物占地5714平方米，建筑面积20555平方米。医院主体为框架结构，共5层，建筑高度20.03米，框架抗震等级为一级，按9度抗震设防，安全等级为二级。医院集门诊、医技、病房、服务于一体，共分A、B、C、D、E、F、G 7个建筑区，各区之间相互连通，有病床213张，可基本满足平武县的患者就医（见图122）。病人说：“以前做个CT、B超都得往绵阳跑，现在家门口就能做了。”工程获四川省省级“安全生产文明施工标准化工地”称号，获四川省“天府杯”奖。

图122　震后新建的平武县人民医院

（向远木　摄）

六　安县人民医院

震前，安县人民医院是一所集医疗、教学、科研、预防保健于一体的国家二级甲等综合性医院、国家级爱婴医院、省级文明单位。地震中，医疗设备、基础设施受损严重。

2008年5月31日，卫生部部长陈竺至安县慰问，勉励大家“将来会为大家建比地震以前更好的医院”。援建工作开始后，6月14日，对口支援方辽宁省省委常委、常务副省长许卫国考察安县人民医院表示：“辽宁省将全力支援安县搞好伤员救治和防疫工作，超前规划好损毁医院的修复、建设工作”。经多次考察调研，安县人民医院住院楼和医技楼最终落户于安县花荄镇启明星大道129号。

2008年9月23日，辽宁省援建安县人民医院灾后重建项目开工奠基仪式举行。项目由辽宁省城乡建设规划设计院设计。新建的住院大楼和医技大楼采用全框架结构，按8度抗震设防。2010年4月投入运行。新建的安县人民医院形成“三楼两廊、一喷一园”的花园式医院，总投资12738万元，开放床位300～360张。住院大楼面积18590平方米、医技大楼面积3900平方米，总建筑面积26590平方米（其中恢复重建22490平方米、维修加固4100平方米）。住院大楼9层（不含地下室），医技大楼5层。项目获四川省建设工程“天府杯”金奖。

在硬件方面，医院配备了消防设施、中央空调、中央负压、中央吸引等设施。医疗设备增添了核磁共振、16排GE螺旋CT机、彩超、腹腔镜、全自动生化仪、电子胃肠镜、血液透析机、麻醉机、骨科动力系统、手术显微镜、荧光免疫分析仪、病理多媒体、纤维支气管镜等。2010年9月29日，辽宁省省长陈政高至该院考察援建工作时，感叹“这样的县医院在辽宁也不多见”。

七　彭州市妇幼保健院

彭州市妇幼保健院在地震中遭到严重破坏。2008年10月30日，福建省将彭州市妇幼保健院建设项目列入援建规划，由厦门市组织实施。项目选址彭州市致和镇清林村，与彭州市人民医院毗邻。2009年6月30日项目开工，由厦门经济特区房地产开发集团有限公司代建，福建省建筑设计研究院勘察和设计，福建四海建设有限公司承建，厦门市筼筜新市区工程监理有限公司监理。

2009年11月18日主体封顶，2010年5月30日项目竣工。建成的彭州市妇幼保健院，总投资11195万元，占地19285.8平方米，总建筑面积19122平方米，地上6层，总高23.99米，为框架结构独立柱基，结构设计使用年限50年。由门诊区医技病房综合楼、营养食堂及餐厅、设备用房及中心供应站组成，设200张床位。项目采用先进的橡胶隔震支座技术，安装使用底部铅芯橡胶隔震支座126个。工程获成都市和四川省“优质结构工程”奖、四川省省级“安全生产文明施工标准化工地”称号、“国家AAA级安全文明标准化诚信工地”称号、四川省“天府杯”金奖。

2010年9月15日，福建省从已竣工决算项目结余资金中安排2645万元购置X光机（含

DR、透视）、彩超、多功能麻醉机、救护车等医疗专用设备（含信息化）配置该院。2010年12月26日，彭州市妇幼保健院新院正式搬迁，当日接诊327人、收治住院69人。

八　小金县人民医院

灾后恢复重建中，经江西省与小金县多次协商，决定为小金县异地重建人民医院，纳入江西省对口支援三年规划实施方案，列为江西省援建十大示范工程之一。

项目设计总承包单位为江西省建筑设计研究总院，施工单位为江西省宏盛建业集团有限公司，监理单位为江西瑞林监理有限公司。2008年10月29日工程破土动工，2010年5月18日工程通过竣工验收。

小金县人民医院新址坐落在小金县石灰窑片区，总投资9792万元，其中医疗设备购置3000万元，配备病床200张。项目包括门诊楼、急诊楼、住院部、行政楼、食堂5栋大楼，总建筑面积17600平方米，按8度抗震构造设防，是一座具有浓郁嘉绒藏族特色的四合院式建筑群，是小金县第一座按二级甲等医院标准建设的设施先进、功能合理、设备齐全的综合性医院，拥有小金县第一部CT扫描仪、第一部医用彩超。工程获四川省“天府杯”银奖。

九　陇南市人民医院

陇南市人民医院前身为意大利、法国传教士开办的“武都公教诊所”。地震中该院门诊和住院大楼破坏严重，震后由深圳市对口援建，2008年7月19日，确定陇南市人民医院为对口重建项目，选址东江新区建设。新址占地40亩，首期按照250张住院床位建设，其中门诊综合楼和住院部各1幢，投资8000万元。

深圳市英龙建安（集团）有限公司获工程施工总承包权。陇南市人民医院等6个项目在陇南市交易中心公开异地招标，得到中央纪委、监察部的充分肯定。医院综合楼由深圳市勘察测绘院有限公司勘察，深圳市建筑设计研究总院有限公司设计，深圳市英龙建安（集团）有限公司施工。2009年12月19日动工，总面积23243平方米，地上16层、地下1层，建筑总高度66米，包括住院部、手术部、重症护理ICU、病人活动室、设备用房、住院部药房等，为陇南最大的综合性医院。至2010年1月29日，在100天内实现主体封顶，以4天半1层楼的建设速度体现了“深圳速度”。该院建有陇南首座儿科重症监护病房，实施第一台胆道手术（胆囊切除加胆道探查术）。该项目获得甘肃省建筑装饰工程“飞天奖”。

十　宁强县天津医院

宁强县医院原是该县唯一一所集预防保健、急救医疗服务于一体的综合性二级乙等医院。地震中，该院所有房屋遭受不同程度损坏。援建工作开始后，宁强县医院被列为天津市择址新建的重点援建项目工程，宁强县将新建医院命名为“宁强县天津医院”（见图123）。

图 123　震后新建的宁强县天津医院

（陕西省　提供）

医院选址玉带河畔，扩展了空间，有利于长远发展。2008 年 8 月 19 日，宁强县天津医院破土动工。天津市建工工程总承包有限责任公司第一分公司为项目建设中标人，宁强县卫生局为项目建设单位，天津市建设工程咨询有限公司负责对项目实施造价控制和工程咨询服务。2009 年 5 月 7 日，医院主体工程全部封顶，12 月 18 日验收合格。

新建的宁强县天津医院位于县城西南王家坝，依山傍水、环境优雅，毗邻国道、交通便利，占地面积 104 亩，建筑面积 34038 平方米，拥有 400 张床位，为二级甲等综合性医院。工程总投资 18574.89 万元，其中天津援建资金 17575.89 万元。采用现浇钢筋混凝土建筑结构，按 7 度抗震设防。医院装备有核磁共振、螺旋 CT、彩超、全自动生化分析仪、数字胃肠造影仪、电子胃镜、电子结肠镜等 50 余套大中型医疗设备，以及医院信息管理系统，设置科室 40 余个，年门诊量 15 万人次，设计年住院人数 8000 余人次、服务人口 50 万人以上。

第三章　人口和计划生育

第一节　组织实施

一　部署安排

四川、甘肃、陕西三省人口和计划生育服务机构设施、设备在汶川地震中遭到不同程度的破坏，灾区人口和计划生育服务基本处于瘫痪状态，群众正常的计划生育服务需求难以满足。

《公共服务设施专项规划》明确计划生育恢复重建任务：重建计划生育服务机构 816 个，维修加固 209 个，重建面积 48.79 万平方米，维修加固面积 10.2 万平方米。投资估算：总投资 17 亿元，其中土建 9.01 亿元、设备配置 6.59 亿元、服务车配置 1.4 亿元。

依据上述部署安排，人口计生委印发《关于人口和计划生育系统地震灾后恢复重建对口支援的意见》，确定人口计生系统灾后恢复重建对口支援的基本原则、主要内容、援建方式和基本要求。该委还召开专题会，对灾区人口和计划生育服务设施恢复重建工作、再生育政策、对口援建、规划编制等工作进行布置、指导、协调，提出定需求、定任务、定时间等原则要求；召开部分省（区、市）人口计生委主任会，对灾后服务机构重建、对口援建进行动员、安排；及时向中共中央、国务院提出做好灾区子女伤亡家庭再生育工作的建议，协调财政部做好再生育专项资金的安排工作；制定再生育工作流程，会同财政部制定下发《四川地震灾区计划生育再生育服务专项资金管理办法》，对 1 亿元中央财政再生育专项资金的使用管理进行规范。根据国务院《关于进一步做好地震灾区学生伤亡有关善后工作的通知》精神，及时制定下发通知，明确“在灾区全面实行计划生育家庭特别扶助制度，对独生子女伤残家庭给予定期补助”。组织心理关怀志愿团，赴四川灾区，有针对性地开展心理疏导和心理关怀，帮助灾区群众缓解心理压力，抚平心理创伤，重建家庭幸福。

3个灾区省分别成立相应的计划生育灾后恢复重建组织领导机构和工作机构，制定灾后重建工作制度，建立完善保障机制，加强沟通衔接，加快恢复重建进程。四川省重灾地区39个县（市、区），规划改扩建763个计划生育服务机构，投资12.96亿元；2009年，项目调整为609个，投资调整为8.83亿元。甘肃省人口计生委成立了灾后重建规划编制工作小组，将规划编制与新农村建设和人口主体功能区域规划建设结合，制定出省直部门规划编制指导意见；安排8个重灾县（区）的计划生育服务机构恢复重建项目116个，投资11927万元。陕西省安排县乡恢复重建计划生育服务站93个，规划投资13139万元。

二　重建运行

川、甘、陕三省人口计生系统以重建规划为依据，成立机构，明确责任，建章立制，积极协调，保障人口计生服务体系建设项目资金、土地供给，妥善解决项目建设中的拆、迁、占等问题，大力推进项目开工建设。

四川省分两期对灾区人口计生干部进行灾后重建专题培训，明确计划生育服务机构恢复重建任务、重点、步骤等；成立人口计生服务体系恢复重建专家指导组；编印下发《计划生育服务机构恢复重建和新增投资建设指南》，规范重建项目建设。在项目建设方面，四川省人口计生委将灾后重建任务分解下达各地，并纳入目标考核，对未完成建设任务的单位，在年度考核中实行“一票否决”。各级人口计生部门成立相应组织机构，由一把手亲自抓，分管领导具体抓，班子成员配合抓，层层分解、落实任务，确保每个项目、每项工作有领导具体负责，有承办机构跟踪落实。2009年2月，四川省人口计生委下发《关于切实做好计划生育服务体系恢复重建和新增投资项目建设的通知》，从资金落实、建设进度、工程管理、督促检查等方面对恢复重建投资建设项目提出具体要求。

甘肃省人口计生委下发《关于搞好灾后重建项目，尽快恢复地震灾区计划生育技术服务工作的通知》，及时将灾后工作重点转移到恢复重建上；制定灾后重建工作制度，建立完善保障机制，加强沟通衔接，加快服务站所恢复重建。在项目规划、建设、管理、监督中，主要采取4项措施保障重建工作顺利实施：审核建设方案，控制建设规模和投资；加强项目流程、资金管理，健全完善项目招投标、物资采购、工程监理、验收交接等方面的制度和办法，对项目资金实行专户管理，专款专用，确保资金及时足额到位；执行工程质量安全规定，将项目质量放在第一位；加强项目建设监督检查。

陕西省在重建规划下达后，4次组织重灾县区召开重建工作专题协调会，采取5项措施推动计划生育恢复重建：合理确定建设规模；争取项目资金；加强重建管理；加强监督检查，对重建项目进行全过程跟踪、检查，监督关口前移，防范违纪违法行为和腐败现象；适时调整重建项目规划。

三　子女伤亡家庭再生育

地震导致数千家庭失去子女，国务院及人口计生委积极研究对策。2008年5月19日、26日，人口计生委主任李斌两次主持召开专题会议，研究地震灾区再生育政策等问题。28日，人口计生委向国务院上报《关于汶川地震受灾家庭有关生育政策等问题的报告》，温家宝、李克强分别作出批示。29日，国务院办公厅印发《关于进一步做好地震灾区学生伤亡有关善后工作的通知》，要求在灾区全面实行计划生育家庭特别扶助制度，对有子女在震灾中死亡或伤残的家庭给予再生育政策照顾，免费提供生育咨询和技术服务。31日，人口计生委下发《关于做好地震灾区子女伤亡家庭有关扶助工作的通知》，明确在地震灾区全面实施计划生育家庭特别扶助制度，对有子女在地震中伤亡的计划生育家庭给予再生育政策照顾，提供免费生育咨询和技术服务，同时，中央财政紧急安排1亿元专项资金支持再生育技术服务。

再生育工作部署。为落实好再生育政策，人口计生委采取了一系列举措：成立专家指导组，保证再生育技术服务工作的科学、权威、高效；确定再生育重点任务，明确11项再生育全程服务的具体内容；组织编写再生育技术服务教材，开展再生育专题技术培训；组织6个省再生育专家医疗队，进行对口支援。7月30日，再生育项目全面启动，人口计生委副主任江帆在成都举行的“再生育全程服务行动项目”启动仪式上，对项目进行全面部署，提出在项目实施中要坚持“四统一、两制度、全程服务、归口管理”的总体要求。会议下发《国家人口计生委办公厅关于印发再生育全程服务行动项目工作方案的通知》。2009年年初，人口计生委印发《关于开展再生育全程服务行动项目中期督导的通知》，对项目中期督导工作进行部署。实施过程中，适时召开阶段工作总结会，组织研究技术难题，加强科学指导，控制服务风险。

制定再生育政策措施。四川省人口计生委领导分别带队深入灾区开展专题调查，以最快速度向省人大常委会和省政府法制办报送地震灾区子女伤亡家庭再生育情况和相关政策意见。2008年7月25日，四川省人大常委会审议通过《汶川特大地震中有成员伤亡家庭再生育的决定》。8月13日，省政府办公厅印发《关于做好汶川特大地震中有成员伤亡家庭再生育技术服务工作的通知》，明确为再生育的计划生育家庭育龄夫妇免费开展心理疏导、优生咨询、健康检查、终止避孕措施、生育力评估、辅助生殖技术、患生殖系统疾病导致不能自然受孕的诊治、孕期保健、产前筛查和住院分娩等全程免费技术服务。11月19日，省人口计生委等单位联合印发《汶川特大地震中有成员伤亡家庭再生育技术服务实施方案》，指定开展再生育服务的计划生育技术服务机构和医疗保健机构，并对服务程序作了明确规定。省委、省政府定期听取再生育服务工作汇报，省委书记刘奇葆指示要全力做好相关工作，搞好再生育服务宣传，并主持召开重建委会议听取再生育服务工作汇报。

加强人员培训。人口计生委同四川省人口计生委联合在成都举办“再生育技术服务培训班”。四川省各级人口计生部门在人口计生委指导和支持下，先后举办“地震灾区人口计生干部再生育技术服务培训班”和“再生育技术规范服务与管理培训班”“灾区县再生育技术服务培训班”。省专家组分片定期对基层技术服务人员进行强化培训。市、县还分别举办培训班，逐级对乡镇人口计生干部、村计生专干开展再生育技术服务培训。

强化服务保障。在四川灾区拟再生育家庭中，大部分妇女年龄超过35周岁甚至40周岁，帮助这些家庭实现再生育的任务十分艰巨。为了落实好再生育政策，四川省大范围开展政策宣传、咨询指导、走访登记、对象甄别和技术服务工作，将政策宣传到社区，对交通不便的乡村，实行上门办证服务，保证群众在最短时间内了解相关政策，办理各类证件。组织再生育家庭怀孕妇女定期到医疗保健机构接受孕期保健免费服务，部分妇女到省级医疗保健机构免费开展产前筛查，为孕期出现高危指征的孕妇实施重点保健治疗；对妊娠中、晚期妇女实行重点保护；组织对每一个怀孕妇女实行“一对一”跟踪随访服务，随时关注怀孕妇女身体情况；制定突发事件应急预案，在交通、通信等方面做好准备，及时将山区或路途不便的再生育对象送到医院住院分娩，全力保障服务对象生产安全。县（市）人口计生局成立“再生育技术服务办公室”，明确专人负责再生育技术服务信息收集、组织协调、服务登记、统计和报送等日常工作。省指定140余家机构承担再生育服务工作，这些服务机构公示服务科别和服务专家，优先安排再生育服务对象的各项检查。成立各级再生育技术服务专家指导组，省级指导组58名专家涵盖了妇科、男科、儿科、中医、心理等多个学科，专家们多次到都江堰、绵竹、什邡、北川等10个极重灾县（市）的乡镇，深入安置点、板房区，为再生育夫妇进行心理疏导、咨询，为患有生殖系统常见病的夫妻诊治，为已孕妇女开展孕期保健服务，为未怀孕妇女制定治疗方案，千方百计帮助群众实现再生育愿望。（参见图124）

图124　都江堰市震后出生的孩子

（李杨　摄）

第二节　重建成果选介

截至 2011 年 6 月，人口和计划生育服务体系灾后恢复重建工作基本完成，灾区各级服务机构办公用房的结构布局更加合理，服务条件显著改善，设备配置更加符合需求，站容站貌大为改观，服务机构承担的宣传教育、技术服务、优生指导、药具发放、信息咨询、随访服务、生殖保健、人员培训等公共服务功能得到有效发挥，基本形成以“县级服务中心为龙头、乡级服务站为骨干、村级服务室为基础、流动服务车为纽带”，覆盖城乡、功能完备的人口和计划生育服务体系。重建后的四川省人口计生服务机构在为灾区再生育家庭提供孕前、孕期、产后和婴儿养育的全程服务中发挥了很大作用，为灾区社会稳定和谐做出了贡献。徽县计生服务站建成后发挥设备先进、技术力量雄厚的优势，积极开展国家免费孕前优生健康检查项目，建立家庭服务档案 1820 余人份，增设优生五项检测等新的服务项目，满足灾区育龄群众需求。陇南市武都区汉王镇的服务所，配套男医生诊室、女医生诊室、手术室、检查室、药具室、康复室，添置 B 超、乳腺检测仪、显微镜、空气消毒器等设备，安装了电脑和平板电视，大大改善了医疗工作条件。宁强县利用灾后重建项目配套资金，统一为全县 27 个计生服务站按标准配齐 300 多台（套）各类医疗器械和 27 辆流动服务车辆，提高了临床检验、诊疗的准确度。

经过 3 年的努力，截至 2011 年 6 月底，地震灾区有 3888 名妇女怀孕、2990 个婴儿健康出生。其中，汶川县拟再生育对象 324 户，建档 324 人，已接受免费服务 324 人，怀孕 205 人，安全分娩 178 人。再生育技术服务的开展，政策得到广大群众的拥护和支持，成果受到灾区群众的称赞。成功再生育的夫妇们发自内心地感谢党中央，不少再生育家庭还给人口计生部门送去锦旗，以表达谢意。

一　什邡市计生服务站

2009 年 11 月 2 日，四川省发改委批复什邡市计划生育服务站项目总投资 760 万元，13 个镇服务站总投资 1745 万元。北京市人口计生委援助什邡市 100 万元用于计划生育设备购置，并长期援助什邡市，为什邡计生技术服务人员提供专业培训。

什邡市计生服务站于 2010 年 7 月动工建设，2011 年 9 月交付使用。实际投入重建资金 745 万元，其中设备购置费用 150 万元。建成的服务站包括业务用房、辅助用房、办公用房，供配电、给排水、消防、环境保护等配套工程，总建筑面积 3355 平方米；13 个镇级计划生育服务站建筑面积 2300 平方米，建设资金 1745 万元。建成的 1 个县级、13 个镇级计划生育服务站，可承担该市 12 万多育龄妇女和近万名流动人口的免费计划生育服务工作。

二　都江堰市计生服务站

上海市对口援建都江堰市。上海红十字会组织爱心人士及企业家捐款 2954 万余元援建都江堰市计划生育服务站及3个中心站。村级服务站纳入都江堰市委组织部牵头的灾后联建项目，新建村级计划生育服务站243个，构建了“以市站为龙头、中心站为枢纽、村级服务站为基础、流动服务车为纽带”的计生服务体系。

项目建成投入运行后，都江堰市引进专业技术人才，加强人员培训，推进技术服务队伍建设，打造“四优一满意”（环境优美、技术优良、服务优质、管理优秀，群众满意）的育龄群众温馨服务之家。依托硬件资源和先进技术设备优势，实行技术服务下基层，市站及中心站直接面向基层群众提供生殖健康检查、妇检、疾病诊治等基本公共服务，偏远地区群众可享受上门服务；同时创新“三查”模式，首次将市站及3个中心站确定为“三查一治”（查环、查孕、查体，治疗生殖系统疾病）集中检查点，推进免费孕前优生健康检查，积极争创孕前优生健康检查示范市，实现计生优质服务提质提速，促进了计生公共服务城乡全覆盖、均等化。

都江堰市计生服务体系重建（村级服务站）作为联建项目，建成灾后重建的示范和样板，巩固了都江堰市作为“国家级计划生育优质服务先进市”的成果。2010年12月，都江堰市计划生育服务站获全国首批“计划生育优质服务示范站”。2011年5月，都江堰市被确定为首批“四川省级免费孕前优生健康检查项目试点县（市）”，为促进计生公共服务均等化、推动城乡统筹发展发挥了重要作用。该站帮助近500个再生育家庭实现再生育梦想，提升了广大育龄群众的生殖健康水平和幸福感，受到社会各界和新闻媒体高度评价。

三　汉源县计生服务站

汉源县位于四川省西南部，是汉、彝、藏等17个民族杂居的省定贫困县。地震造成全县6万多育龄妇女的生殖健康、优生优育服务等工作无法正常开展。

震后汉源县规划新、改、扩建20个计划生育服务机构，其中县服务站1个、乡镇服务站19个。从2008年8月开始进行项目规划，12月开始建设，2011年8月全部竣工。中心乡镇服务站建成并投入使用，每个站的服务范围辐射4～5个乡（镇）。普通乡镇服务站与乡镇卫生院合建，也已全部完工并投入使用。

汉源县人口计生局利用灾后重建资金105万元，通过县政府采购中心为县服务站采购臭氧消毒机等设备，为九襄、清溪、皇木等中心服务站购置台式B超等设备，并为九襄、清溪中心站配备计划生育流动服务车。灾后恢复重建使汉源县计划生育技术服务工作恢复到震前水平，县服务站和乡镇服务站均能够开展计划生育、优生优育、生殖健康等各项服务工作。

四　成县计生服务站

2007年12月，成县计划生育服务站项目启动，2008年5—7月，受地震及余震影响，建设工程暂停。实施中的县计划生育服务站原为国债项目，资金缺口过大，经陇南市发改委批准，将原国债项目纳入灾后重建项目。倾斜安排1个县级计划生育服务站（县人口和计划生育服务中心）和15个乡镇计划生育服务所，总投资1428万元，其中国债资金80万元、中央重建基金1348万元。

2010年4月29日，新建县人口和计划生育服务中心项目举行落成搬迁典礼，正式投入使用。6月18日，二郎乡、苏园乡、沙坝镇、店村镇、陈院镇、抛沙镇等6个乡镇计生服务所完成粉刷安装和后期布置，投入使用；11月28日，小川镇、纸坊镇、鸡峰镇、王磨镇、城关镇、黄陈镇、黄渚镇、红川镇、索池乡等9个乡镇计生服务所完成粉刷安装和后期布置，开始搬迁。新的县乡服务中心、服务所布局合理，设施功能完备，工作条件改善，基本满足了全县城乡和流动人口育龄群众的计划生育和生殖健康的需求。

五　宁强县计生服务站

宁强县计生服务体系灾后重建规划，中心站建设规模不超出315平方米，普通站不超出150平方米，统一规范设计图纸，统一外观标识。全县规划新建和维修加固计划生育服务站27个，构建以县站为龙头、中心站为枢纽、普通站为基础、流动服务车为纽带的规范化计生服务体系。

2009年年底，宁强县20个新建项目和7个维修加固项目全部竣工验收并投入使用，同时利用灾后重建项目配套资金，统一为全县27个计生服务站按标准共配置300多台（套）医疗器械和27辆流动服务车辆，提高了临床检验、诊疗的准确度；采取“引进来、送出去”方式，引进专业技术人才，加强人员培训。各计生服务站在原计划生育门诊、手术室、化验室的基础上，普遍增加生殖健康门诊、优生门诊、综合咨询室及生化检验室、红外线治疗、B超、心电图等辅助科室，开展“母亲健康工程”和“优生促进工程”。

第四章　文化体育

灾后恢复重建中，中共中央、国务院把灾区文化体育的重建摆在重要位置组织实施。截至2011年9月底，文化体育项目完工4226个（参见表13），占规划数的97.13%；完成投资102.49亿元，占规划投资额的95.45%。其中，四川省开工项目4081个，占规划的100%；完成项目3981个，占规划的97.55%；完成投资93.76亿元，占规划投资的97.88%。甘肃省已开工项目222个，占规划的100%；完成项目200个，占规划的90.09%；完成投资4.94亿元，占规划投资的63.99%。陕西省已开工项目48个，占规划的100%；完成项目45个，占规划的93.75%；完成投资3.79亿元，占规划投资的97.93%。灾区群众的精神文化生活得到基本保障，规划范围内的体育设施得到恢复，必要的群众体育锻炼场所、业余训练场地的基本体育设施得到恢复建设。

灾后重建主要文化项目一览表

表13

项　目	项目所在地	援助方	建筑面积（平方米）	投资规模（万元）	基本情况
北川新县城影剧院、川剧团（歌舞团）、文化艺术学校工程	北川新县城	山东省临沂市	9000	5900	荣获四川省“优质结构工程”奖、“天府杯”奖、绵阳市“绵州杯”奖、山东省“泰山杯”奖
汶川青少年活动中心	汶川县映秀镇	共青团中央	4597	1272	“特殊团费”援建
汶川县工人文化宫	汶川县	广州市	5279	2200	新建
汶川县龙溪乡市政公共文化设施	汶川县	广东省湛江市	4522.09	1908	包括羌人谷文化活动中心、群众性体育设施（篮球场）等11个单体项目

续表 13

项 目	项目所在地	援助方	建筑面积（平方米）	投资规模（万元）	基本情况
青川县文化中心	青川县	浙江省宁波市	12280	8187	由图书馆、文化馆和影剧院组成，其中影剧院又包括剧场、演艺厅及两个观影厅
绵竹市“三馆三中心”	绵竹市	江苏省南通市	16900	16636	—
什邡市群众文化活动中心	什邡市	北京市	28732	16000	包括文化馆、图书馆、档案馆、影剧院、综合体育馆及妇女儿童活动中心
都江堰市图书馆	都江堰市	上海市	5950	5252.37	由建于 1958 年的青城造纸厂老厂房改造而成
都江堰市妇女儿童和青少年活动中心	都江堰市	上海市	8354.65	4020.46	—
都江堰市工人文化活动中心	都江堰市	上海市	14079.99	7255.95	—
都江堰市文化馆	都江堰市	上海市	6167.69	3609.55	—
平武文体中心	平武县	河北省	10236.09	6080	新建，是平武县灾后重建最大的单体建筑，包括篮球体育馆和青少年宫
安县文化和职工活动中心	安县	辽宁省	48000	14556	建筑面积中含广场面积。辽宁援建资金 9190 万元
江油市中坝剧场	江油市	河南省	18005	11396	—
彭州市群众艺术馆	彭州市	福建省	9719	5117	2009 年 8 月动工，2010 年 5 月落成。获四川省“天府杯”金奖、福建省“闽江杯”奖
彭州市乡镇综合文化站	彭州市	福建省	12916	4500	共建 20 个镇综合文化站
理县文体中心	理县	湖南省	32524.93	17850	包括文化馆、图书馆、影剧院、体育馆、广电中心、接待中心、博物馆、阅览室
黑水县文体广场	黑水县	吉林省	12000	1560	包括文化馆、图书馆、体育场、休闲广场等
松潘县民族文化展览馆	松潘县	安徽省	8300	3000	包括文化馆、图书馆、历史文化博物馆、档案馆
小金县文化体育活动中心	小金县	江西省	5000	2080	包括影剧院、抗震救灾展厅、藏族风俗展厅、长征历史展厅、室内球馆、阅览室及书库、排练室、摄影音乐书法工作室等
汉源县文化大厦	汉源县	湖北省	16000	6000	包括广播电视大楼、博物馆、图书馆和文化馆

续表 13

项 目	项目所在地	援助方	建筑面积（平方米）	投资规模（万元）	基本情况
崇州市乡镇综合文化站	崇州市	重庆市	—	3750	中央财政基金 2330 万元，新增中央投资 520 万元，援建 900 万元
剑门大厦	剑阁县	黑龙江省	25677.98	13000	包括文化馆、图书馆、档案馆、青少年活动中心、妇女儿童活动中心、老年人活动中心等 20 余个项目
宁强县数字档案馆	宁强县	中央财政	2665	1200	安排中央灾后重建包干资金 1200 万元，按 8 度抗震设防

说明：此表根据灾区省所报项目资料编制而成，列选项目投资规模在 1200 万元以上，同时兼顾省市分布情况

第一节　公共文化

一　组织实施

震后，文化部成立以副部长周和平为组长的灾区恢复重建规划指导小组；先后召开党组会、部务会和部长办公会 10 余次，召开 4 次专家论证会；制定下发《关于公共文化设施灾后重建规划指导意见》，明确了文化灾后恢复重建的一系列重大问题。

总体上，立足于恢复和建设公共文化服务设施网络，着力解决人民群众最直接、最急需的基本文化权益问题，使灾后文化设施建设与灾区重建总体规划相一致；注重保护民族文化遗产，体现民族文化特色，保证公共文化设施的使用功能和建设水平；妥善处理灾后恢复重建和解决历史欠账的关系，立足当前和兼顾长远相结合，确保质量和注重效率相结合，明确重建目标，提出工作措施，加强组织领导，确保重建任务按期保质完成。

基本思路是，服务“两个加快”，抢抓“两个机遇”，突出“四个着力点”，尽早完成“四项重大任务”。“两个加快”，即加快建设灾后美好新家园，加快建设西部经济发展高地。“两个机遇”，是充分利用国家宏观经济调整蕴含的政策机遇，把文化重建作为拉动内需的重要举措，寻求倾斜和扶持；充分利用灾后恢复重建蕴含的项目机遇，把文化重建摆上重要位置、纳入总体盘子、加快启动实施。“四个着力点”，着力于文化条件的改善、文化氛围的营造、文化内涵的提升、文化精神的传承。“四项重大任务”，就是重建文化基础设施、恢复正常文化活动、抢救文化遗产、弘扬抗震救灾精神。

重建目标方面，全面建设市、县、乡镇、村四级公共文化设施。阶段目标，一年攻坚破难，两年基本完成，三年全面建好。

根据国家的部署要求，文化部分别会同3个灾区省政府编制完成《文化灾后恢复重建规划》，明确文化重建的指导思想、基本原则、总体目标、主要任务、投资测算、政策措施、实施办法、实施步骤等。灾区文化行政管理部门充分发挥广大干部职工的积极性，自力更生，互帮互助，生产自救，重建家园。同时，成立机构，明确专人负责，与上级文化行政部门、当地政府、支援省市文化厅局建立联络和信息交流机制，主动做好对口衔接工作。2008年6月20日，文化部下发《关于做好汶川地震灾后恢复重建对口支援工作的通知》，细化对口支援方案，确定对口支援的内容。25日，全国文化系统灾后恢复重建对口支援工作会议在成都召开，安排部署文化系统对口支援四川地震灾区恢复重建工作。19个支援省（市）文化行政部门及时明确负责人和联络员，与本省对口支援机构、受援县（市、区）文化行政部门建立联络和信息交流机制，做好对口衔接工作。按照《公共文化设施灾后重建规划指导意见》，与本省（市）对口支援机构加强沟通，结合受灾地区实际情况，积极争取将文化建设项目纳入本省（市）对口支援方案。充分调动和整合本省（市）文化资源，为灾区提供多种形式的支援。协助灾区做好全国文化信息资源共享工程重建工作，为灾区提供物资支持，开展人才培训、人才交流等活动。

截至2011年3月底，四川省有1053个公共文化设施重建项目开工，占项目规划数的97%。其中完工项目954个，完工率90.60%；完成投资20亿元，占规划总投资26.3亿元的76.05%。

三年灾后文化恢复重建具有文化安民、文化跨越、文化重塑、形成体系4个鲜明的特色。

文化安民。灾后及时开展文化抚慰心灵活动，实施文化安民工程。通过电影放映、文艺表演等参与式、互动式活动，舒缓心理抑郁；通过诗歌朗诵、歌曲演唱、报刊阅览等群体性、聚集性活动，实现心理放松；通过组织知名文艺工作者深入灾区和群众进行交流，达到心理支持和心理陪护，减少急性、剧烈的心理危机。

文化跨越。灾后重建的博物馆（参见图125）、文化馆、图书馆、乡镇文化站、村文化室、“非遗”展示中心、“非遗”传习所和纪念地遍布城乡，这些重建的公共文化服务设施成为灾区的

图125　震后建立的汶川博物馆（广东省重建志办公室　提供）

文化名片和标志性建筑；形成一大批依托文物古迹资源的文化旅游、依托名城古镇的休闲娱乐、依托非物质文化遗产项目的艺术品生产项目，发展了一大批新的文化产业集聚区、文化旅游景区，成为就业和助推地方经济发展新的增长点。文化重建成果为城乡统筹提供了跨越发展的文化基础，提高了灾区的文化软实力，为灾后科学发展注入了文化活力。

文化重塑。在公共文化设施建设中融入最先进的设计理念，从汶川县城的西羌文化街，到映秀镇的漩口中学地震遗址，再到水磨镇的禅寿老街，一条很有吸引力的地震带文化旅游线路布局成型，初步形成“南生态北文化”的布局；打造“大禹故里、熊猫家园、羌绣之乡、震中汶川”四大品牌，推进了当地文化旅游的发展。对口援建的公共文化设施，在保留四川当地建筑风格和文化特色的前提下，又融入援建省市的地域文化元素。

形成体系。文化重建做到统筹兼顾，促进城乡文化协调发展。以政府为主导，以公共财政为支撑，打造市、县、乡镇、村四级公共文化体系，夯实公共文化服务阵地，延伸公共文化服务领域，提升公共文化服务品质，构建覆盖城乡的公共文化服务体系。

二　项目选介

汶川青少年活动中心　2009 年 8 月，共青团中央决定划拨“特殊团费”1272 万元援建汶川青少年活动中心。项目选址在映秀镇核心区域汶川大地震遗址——漩口中学斜对面。美国贝氏（贝聿铭）建筑事务所负责项目设计，安徽三建工程有限公司负责施工。2010 年 10 月 15 日项目开工，2011 年 6 月 28 日活动中心开放。中心用地面积 8037 平方米，建筑占地 1875 平方米，总建筑面积 4597 平方米。中心共有 3 层建筑，由两个对角相交的正方体组成，寓意灾后恢复重建和未来美好生活。其外观和内部设计秉承贝氏鲜明独特的建筑风格，为映秀镇标志性建筑之一。中心一层为青少年抗震救灾展示室和地震体验室，二层为 4D 电影院、多功能电影院、图书中心，三层为中小型培训教室。中心集教育、展览、艺术培训、娱乐活动、成长体验、爱国教育、交流锻炼等功能于一体，为青少年的健康发展提供了空间。

按照“服务灾区、面向全国、兼顾国际”的原则，汶川青少年活动中心与中组部“特殊党费”援建的映秀中学相映生辉，成为全国共青团员参与抗震救灾的标志工程、全国青少年弘扬抗震救灾精神的重要阵地、服务地震灾区青少年成长的重要场所。

绵竹市“三馆三中心”　位于绵竹市城东新区，主要包括年画博物馆、文化馆、科技城市规划展览馆（含江苏援建成果展示馆）和职工培训中心、青少年活动中心、妇女儿童活动中心，占地面积近 100 亩，总投资约 1.7 亿元。该项目是江苏省对口援建项目中单体规模最大的文化产业项目，也是整个四川灾区建设规模最大的文化保护类项目。项目融传统文化保护、群众文化建设、科技知识普及和抗震救灾成果展示等功能于一体，是德阳市广大职工、妇女儿童、青少年以及老年人集中活动的主要场所。

都江堰市“三馆两中心”　上海市援助都江堰市灾后重建文化设施，在大型商住区“壹街区”和幸福镇建起了“三馆两中心”。“三馆”即都江堰市图书馆、文化馆、档案馆，“两中心”即妇女儿童和青少年活动中心、工人文化活动中心。工程于 2009 年 5 月启动，2010 年 7 月竣工。

都江堰市图书馆、文化馆、妇女儿童和青少年活动中心、工人文化活动中心由同济大学建筑设计院（集团）公司设计、上海绿地集团施工，建在壹街区。图书馆建筑面积 5950 平方米，周边是河、湖、堰、岸、林园，可以服务 30 万人口，内有藏书区、借阅区、网络阅览室、视听资料室，上海市捐书 10 万册。文化馆建筑面积 6167 平方米，按国家一级标准建造，有综合排练室、艺术创作室、演艺厅、咖啡馆、娱乐活动及艺术培训场所。

都江堰市档案馆位于幸福镇，由中交三航工程局承建，总建筑面积 13494 平方米。南部一层为地震展示厅，二至三层为城市规划展示厅；北部为 5 层的档案馆，有可存放 100 万 ~ 120 万卷档案库房。2010 年 6 月 25 日，中共中央政治局常委李长春考察“三馆两中心”后说：上海考虑得长远，不仅帮助建设物质家园，还注重精神家园建设。

上海市援建的“三馆两中心”项目，均按 8 度抗震设防，其中都江堰市图书馆、文化馆、档案馆“三馆”共投资 15672.16 万元。5 个项目均获得四川省“天府杯”奖、上海市“白玉兰”奖。

安县文化和职工活动中心　地震中，安县文化馆、图书馆、文物管理所严重损坏，文化服务功能丧失。震后，活动中心作为安县灾后重建重点项目，由辽宁省以“交钥匙”项目方式对口援建，包括文化馆、图书馆、博物馆、文化广场、文物管理所、新华书店、体育馆、老年活动中心等项目。中冶集团华冶资源开发有限责任公司为项目总承包方。项目占地面积 9032 平方米，总建筑面积 4.8 万平方米（含广场），总投资 14556 万元，其中辽宁援建资金 9190 万元。项目由安县文化旅游局牵头，业主有文化旅游局、县总工会、业余体校、老龄委、四川新华文轩集团等。2009 年 9 月 20 日工程正式启动，2010 年 7 月 12 日通过主体验收。工程荣获四川省“天府杯”银奖。

2010 年 9 月 15 日，安县工人文化宫举行“感恩祖国感恩辽宁”、安县“感恩奋进”和庆祝新中国成立 61 周年系列活动。16 日，“百家党报总编绵阳灾区行”采访团在文化广场进行采访。30 日，辽宁省对口援建安县工作总结大会在此召开。安县 2011 年春节联欢晚会在新文化馆排练。安县文化和职工活动中心每天都有来自城区、城郊接合部上千群众自发开展活动，已初显其中心和辐射功能，提升了安县的公共文化服务功能。

江油市中坝剧场　江油市中坝剧场是灾后重建重点项目之一，由河南省援建，是绵阳市唯一一个灾后重建的百年工程。项目由深圳汤桦建筑师事务所设计，陕西建工集团第十建筑工程有限公司负责施工。

建成后的中坝剧场包括文化馆、中坝剧场、川剧团、非物质文化遗产博物馆、民俗馆、艺术培训基地、电影院 7 个单体项目（原址整体重建）。建筑面积 18005 平方米，采用钢筋混凝土框架结构，按 8 度抗震设防，主体建筑设计使用年限为 100 年。总投资 11396 万元，资金来源包括中央灾后恢复重建基金 10796 万元、地方财政补贴 600 万元。设计上将两个功能分区采用交流休息连廊衔接，既能满足实用功能，又能利用连廊的玻璃幕墙实现立面效果的虚实变化，充分增加通透的交流活动空间，给人营造出舒适的空间停留感觉，充分体现文化建筑的风格。其功能布局为：剧场 1150 座，为大型甲级剧场，歌舞、话剧、音乐会均可在此演出，也可兼作会堂。文化馆、展览馆（非物质文化遗产博物馆、民俗博物馆）位于建筑架空底层，充分利用了场地资源，并且避免太阳光直射而造成炫目的不良效果，展览空间无其他功能隔断，可分可合，并可以同与之相连接的架空景观通廊配合，进行多种内容、不同形式的展览。川剧团位于建筑架空底层，川剧演出厅共200座，可兼作电影放映厅。小电影院可容纳200名观众。多功能厅因为空间跨度大，将其设计在剧场观众厅底部，以减少工程难度，降低造价，可容纳400人，可用于举办中小型会议、学术交流活动和小型文艺演出。

崇州市乡镇综合文化站 地震使崇州市的公共文化服务设施遭到不同程度损毁，城乡文化建设差异拉大。灾后重建，确定在全市25个乡（镇）修建标准化综合文化站。

2008年6—9月，崇州市文化局会同市国土局、规划局、环保局及乡镇的相关人员，按照标准化文化站的建设标准和选址要求，最终确定崇阳镇等25个乡镇综合文化站的建设地址与占地面积，占地分为2666平方米、3333平方米、3999平方米3个标准。

2008年11月，崇州市乡镇综合文化站建设项目立项，总投资3750万元。资金来源为中央灾后重建基金2330万元、新增中央投资520万元、援建资金900万元。其中，怀远、街子、元通、王场、道明、文井江、公议、三郎、鸡冠山等9个文化站被列入重庆援建项目。乡镇综合文化站建设项目建设周期为1年。2009年3月19日，对综合文化站的地勘、设计单位进行比选，崇州市建筑研究勘测设计院地勘中选，四川省地坊建筑设计有限公司工程设计中选。乡镇综合文化站的建筑形式以川西民居风格为主；统一建筑结构，内部均包括多功能会议室、图书阅览室、电子阅览室、活动室、工作室等，另外配套桌椅、电脑、图书、书架等设施设备，室外配套2000平方米左右的群众文化活动广场。

2009年3月，乡镇综合文化站确定由四川省的宏大建筑工程公司、成都交大建设工程公司、新蜀建筑公司、四通建设工程公司、亚辉建筑安装工程公司、崇州市科辉建筑安装公司、鸿腾建设集团、侨台建设工程公司等分别承建。崇州市文化局负责资金管理。最早开工的时间为2009年7月，最迟竣工的时间为2011年4月。

乡镇综合文化站的建成，发挥了书报刊阅读、广播电影电视播放、信息提供、宣传教育、文艺演出、科普教育、体育和青少年校外活动等综合性功能，运用先进传媒技术和信息技术提供文化服务，特别是依托传统节日、重大节庆和民族民间文化资源，组织开展群众喜闻乐见的文化活动，惠及崇州市广大农民群众。

甘肃省农家书屋重建 2005年，农家书屋建设在甘肃试点。地震发生后，甘肃省自筹资金70万元，为陇南市、天水市受灾严重地区分别捐建30个和5个标准农家书屋。书屋统一纳入全省农家书屋工程建设规划中，按照国家标准建设，后争取到新闻出版总署和财政部2470万元专项建设资金，另有省级配套资金772万元。

在标准农家书屋建设的影响下，截至2010年年底，甘肃省建成1.3万个农家书屋，其中陇南市1640个、天水市2004个、甘南藏族自治州440个，占3个市（州）6578个行政村总量的62.1%。至2011年年底，全省共建成农家书屋14930个，覆盖全省88.6%的行政村。农家书屋建设通过公开采购招标和采购配送招标，保证农家书屋工程建设专项资金使用的安全性和有效性，确保农家书屋出版物准确及时配送到位；以选配农民群众“用得上、看得懂”的优秀图书为宗旨，针对全省各地尤其是少数民族聚居地区自然环境、气候条件、民族特点、文化传统、生活习俗差异，编制出版物配置目录，在全省实行差异化配书，突出所配出版物的实用性和针对性。2012年，1930个新建农家书屋共订阅报纸6种、154.5万元，期刊16种、261.6万元，音像制品

46种100张、210.5万元，图书1396种1511册、4647.2万元。同时，通过现场授课、召开培训会等强化业务培训，统一全省农家书屋图书分类、编目方法，提升农家书屋的管理水平和利用效率。

三　软件建设

文化信息资源共享工程重建　2008年6月，文化部向财政部申请到位文化信息资源共享工程重建资金6300万元，并派遣小分队至灾区指导重建。9月，文化部为四川省、甘肃省、陕西省分别配送流动文化服务车56辆、8辆和4辆。文化部在三省投放设备900套，其中四川省780套、甘肃省90套、陕西省30套，将人民群众喜闻乐见的优秀文化信息资源通过文化共享工程传递到灾区群众面前。设备包括服务器、PC终端机、无线路由器、UPS电源、移动播放器、移动硬盘、卫星机顶盒台、音箱、投影仪、软幕布及卫星接收设备。至2010年5月，四川省建设集中安置点文化服务站780个，提供流动图书18万余册，开展巡回艺术展览1200余场，组织捐赠各类图书6万余册，分发各类抗震救灾资料19万余份；还从乡镇文化专干、志愿者中选聘文化协管员，开展日常性报刊阅览、图书借阅、信息咨询、文化培训、电影放映等文化服务，满足灾区群众读书看报、看电影、获取信息的基本文化需求。至2011年5月，文化部在受灾群众集中安置点设置1000个过渡性综合文化服务站，为重灾地区45个县（市、区）各提供1辆流动文化车、配送1万册图书。

2009年，共享工程四川省分中心把文化部全国文化信息资源建设管理中心专门为地震周年祭下发的电影、聚焦“三农”、技能培训、医疗保健、晚会集锦、专题片、讲座、法律常识等资源，发放到四川各灾区共享工程支中心，要求支中心把资源刻录成光盘，发放到各地文化共享服务站，供灾区群众利用。

2010年2月1日，文化部组织国家图书馆启动“县级数字图书馆推广计划”。3月24日，“县级数字图书馆推广计划”灾区援建仪式在北川举行。此次援建行动，向重灾地区51个县（市、区）推送1TB的数字资源，内容包括《百年守望》《馆藏故事》《文明与创造》等视频资源；《前尘旧影》《年画撷英》等图片资源，近年出版的5000种电子图书和200种人文社科类电子期刊等书刊资源，21万余条政府公开信息数据，反映社会主义现代化建设成果的五大专题网络信息资源。“县级数字图书馆推广计划”灾区援建行动是文化部支持灾区援建工作的一项重要内容，目的是为灾区重建工作提供必要的文化支持和智力援助。

慰问演出　地震发生后，文化部派出两个“心连心”艺术家慰问团奔赴灾区慰问演出。各支援省也纷纷派出文艺团队至灾区慰问演出。2008年7月1—7日，中国儿艺与成都儿艺携手奉献“走进灾区、关爱儿童”大型公益演出。8日，重庆市文广局组织市6个专业艺术院团80多名文艺工作者，为对口支援的崇州市慰问演出，献上两场“巴山蜀水亲又亲——重庆专业艺术院团赴四川崇州慰问演出”。10月25日，“来自上海的问候”大型交响音乐会在都江堰举行，这是上海国际艺术节自1999年创办10年来首次在外省市设立分会场。羌历新年，湖南省举办以“大戏演川湘、藏羌舞婆娑——公共大戏台走进理县”为活动主题的大型演艺活动，快乐的湘西歌舞送出了湖南人民的节日祝福。2009年1月，由近百人组成的中央歌剧院演出团在什邡市、绵竹市、大邑县斜源镇敬老院和鹤鸣乡仙鹤社区举行精彩演出。2月，文化部组织4个慰问演出团，分别由文化部领导带队，在春节前后赴川、甘、陕三省地震灾区，把精彩的艺术奉献给灾区群众。5月17日，在全国第19个助残日之际，由湖南湘川情社会工作服务队统一安排，“湘理相亲”关爱理县公益活动组委会联合理县阿喷艺术团、湖南娄底“一缕阳光”残疾人艺术团，在湖南对口支援的理县中心广场举行“湘川一家亲、我们一路同行”公益晚会，2000多名乡亲欢聚一堂观看。

图书馆业务培训 2008年10月20日，由文化共享工程管理中心和国家图书馆共同组织的“灾区重建智力支持业务培训班”在国家图书馆举行，来自川、甘、陕三省受灾市、县图书馆的12名学员参加培训。培训为期4周，就基层图书馆综合知识等9个方面进行业务培训。培训承办单位还有北京、天津、河北、山西、辽宁、吉林、黑龙江、上海、江苏、浙江、安徽、福建、江西、山东、河南、湖北、湖南、广东、重庆等文化共享工程省级分中心，分别对各自对口地区的支援单位的骨干进行培训。

中国图书馆学会组织实施的“志愿者行动——基层图书馆馆长培训”和“中美图书馆员专业交流项目”的几十位中、美专家学者，在灾后两年中，先后为川、甘、陕图书馆界提供了智力援助。

文化捐赠 2008年5月18日，爱的奉献——2008抗震救灾宣传文化系统大型募捐晚会在北京人民大会堂举行。晚会共募集善款15.28亿元，在全社会产生巨大反响。5月底，中国写实画派26位画家将表现全国人民众志成城、全力抗灾的油画作品《热血五月·2008》义拍款项3350万元全部捐献给四川地震灾区，用于灾后文化设施恢复重建等工作。8月7日应上海市总工会号召，上海职工在中共中央政治局委员、上海市委书记俞正声等领导带动下，当天捐书10万册。25日上午，对口支援都江堰市新闻出版业灾后重建的上海市新闻出版局，将上海市民捐赠的3839册图书和企业捐赠的价值44万元图书移交给当地政府。上海新闻出版界支援都江堰“农家书屋”建设三年行动计划同时启动。在两年援建期间，上海市为都江堰市196个“农家书屋”各配备1500册图书。9月10日，中福会（驻上海）援建都江堰市中小学爱心书库工程启动，为都江堰全部中小学和幼儿园配备图书室。宋庆龄创建的中福会设立的灾区“重建家园”基金活动得到社会各界响应，摩根士丹利公司向中福会捐资25万美元用于在都江堰市所有中小学建立“宋庆龄爱心书库”，共捐赠13万册新书和400个书架。12月10日，第十届上海读书节为都江堰捐书近百万册。上海籍作家和全国400余位作家一起向都江堰市图书馆捐赠签名著作，共捐出作家著作签名本2万余册。中国作协主席铁凝为活动题词。

2009年3月30日，“中国艺术研究院希望小学”捐赠仪式在中国艺术研究院研究生院广场举行。文化部副部长王文章向受捐赠方捐赠100万元支票。2010年4月，上海市新闻出版界向都江堰市社会综合福利院捐赠20万元图书，其中上海韬奋基金会专门捐赠15个书橱。上海辞书出版社向都江堰52所中小学及部分优秀教师、学生赠送125部最新出版的《辞海》（第六版）缩印本。2008年11月14日，安徽新华发行集团向松潘县捐赠价值100万元的政治、经济、文学、社科、科普等各类图书音像制品，包括图书13962种、37056册，音像制品1137种、6064盒。山东省文化系统向北川羌族自治县捐赠价值155万元的文化设备，其中有公共文化服务车1辆、文化资源共享机6套，以及各类图书61942册。社会各界支持文化重建，捐建文化遗产项目包括绵竹年画博物馆、茂县羌族非物质文化遗产传习中心、北川羌族自治县非物质文化遗产保护中心等。国家图书馆向灾区赠送急需图书 35 万册。

澳门特区政府向灾区援助 7 个文化项目，援助资金 1.47 亿元，主要用于建设文化馆、图书馆等公共文化设施。澳门基金会援助 3 个文化项目，援助资金 3.85 亿元，用于文化遗产的保护和维修，包括广汉三星堆、青城山古建筑群落、北川羌族民俗博物馆，这些项目均为当地公共文化设施的骨干项目和开展公共文化服务的标志性工程。

展示展览　2009 年 5 月 12 日，为纪念汶川地震一周年，由国家博物馆提供展品，北京泉州商会捐建的“5·12 大地震展览馆”在德阳开馆。温家宝震后给灾区小朋友刘小桦的亲笔回信入藏国家博物馆。国家博物馆收藏了成都军区某陆航团 734 机组邱光华的特级飞行胸章，征集入藏汶川地震抗震救灾实物 214 件（套）。

2009—2010 年，在深圳市文联的组织下，与对口援助的陇南市文艺界沟通，先后在深圳举行陇南书画作品展览、“特区灾区·心手相连——深圳甘肃陇南抗震援建图片展”“爱在陇南——深圳援建灾后陇南摄影展”“爱让我们相逢——情系陇南，感恩深圳”将军书画展，以振奋重建精神，加深两地情谊。

2009 年 5 月 12—15 日，甘肃省图书馆联合省地震局、省摄影家协会、兰州晚报社等单位共同举办“纪念 5·12 大地震一周年——陇南灾区摄影纪实展”活动。摄影展全面反映了地震发生以后灾区人民重建家园的感人画面。5 月 12 日，由全国文化信息资源共享工程四川省分中心和四川省图书馆、省图书馆学会主办的“地震文献展”，展出的地震文献资料包括与汶川地震相关的出版物、宣传图片、影集、手稿、画册、电子音像以及原始档案等约 2100 种共 8000 余件。

2010 年汶川地震两周年纪念，安徽省参事室（省文史馆）会同省经济协作办于 8 月中下旬，组织近 30 余名省内知名艺术家分两批前往松潘，开展“安徽省国画摄影文学名家赴松潘采风考察”活动，创作出近 200 幅生动的画卷留在当地，还为当地摄影爱好者举办摄影讲座，并于 2010 年 11 月 18 日在合肥举办“聚焦松潘见证重建——松潘灾后安徽对口援建采风作品展”，于 2011 年 5 月 10 日在松潘举行采风作品捐赠仪式。

2011 年 5 月 6 日至 6 月 9 日，“科学重建、伟大壮举——汶川地震灾后恢复重建主题展览”在中国人民革命军事博物馆举办。展览于 5 月 6 日开幕，中共中央政治局常委李长春出席开幕式并参观展览。他强调，抗震救灾和恢复重建取得的巨大成就以及伟大的抗震救灾精神，充分彰显了中国共产党以人为本、执政为民的执政理念和非凡的执政能力，彰显了社会主义制度的巨大优越性，彰显了中华民族强大的凝聚力和向心力，进一步丰富和发展了以爱国主义为核心的民族精神和以改革创新为核心的时代精神。要在全社会大力弘扬抗震救灾和恢复重建形成的宝贵精神财富，激励广大干部群众坚定信心、振奋精神，为实现“十二五”规划目标任务而努力奋斗。中共中央政治局委员、国务院副总理回良玉，中共中央政治局委员、中央书记处书记、中宣部部长刘云山，全国政协副主席、社科院院长陈奎元，以及中央部委，川、甘、陕 3 个受灾省领导出席开幕式。刘云山在开幕式讲话中指出，主题展览系统回顾了在以胡锦涛同志为总书记的党中央坚强领导下抗震救灾和恢复重建的不平凡历程，全面反映了灾区人民的艰苦奋斗、全国人民和对口支援省市的大力支持，生动展示了科学重建的巨大成就。通过展览，广大干部群众将更加深刻地认识到中国共产党、中国人民和中国特色社会主义的伟大力量，认识到改革开放和社会主义现代化建设的光明前景，进一步坚定跟党走中国特色社会主义道路的信心和决心。开幕式后，李长春等领导同志和首都各界群众一同参观了展览。展览分为序篇“强震突袭众志成城”和“坚强领导科学决策”“团结奋战重建家园”“翻天覆地谱就华章”“伟大精神英雄壮歌”4个部分。304张照片、106件实物、21个图表、7幅大型主题创意图、2个沙盘，生动展现了恢复重建的重大成就和灾区巨大变化，带给人们强烈的视觉冲击和心灵震撼。汶川特大地震三周年纪念日，5月12日早晨8时许，北京中国人民革命军事博物馆门前排起长长的队伍，人们等待入场参观“科学重建、伟大壮举——汶川地震灾后恢复重建主题展览”。来自全国各地的22056名观众走进展厅，纪念罹难同胞，感受“人间奇迹”，见证“中国力量”。从5月6日开展至12日，共接待观众86642人。主题展览一直持续到6月9日。发展改革委西部司全体党员前往观展。国务院汶川地震灾后恢复重建工作协调小组办公室就设在西部司，从编制规划一直到组织实施，该司参与了灾后恢复重建的全过程。司长告诉记者，因为这样的渊源，他们将党员活动日选在5月12日，内容是参观主题展览。

3年间灾区通过恢复重建，不仅实现了“原地起立”，还实现了“发展起跳”，经济社会得到跨越式发展，充分体现了社会主义制度的优越性，彰显了中华民族的凝聚力和向心力。

第二节　文化遗产保护

中央领导同志在灾区考察期间，对文化遗产抢救保护工作作出一系列重要指示。胡锦涛要求把灾后恢复重建与保护民族文化遗产紧密结合起来。温家宝指示对灾后文化遗产保护“可以单独做一规划”，他在考察二王庙抢救保护修复工作时，从文相和文脉及物质文化遗产、非物质文化遗产哲理关系的角度，强调了加强文化遗产抢救保护的极端重要性。李长春指示一定要全力以赴抢救好、保护好都江堰水利工程这一珍贵的文化遗产。中共中央、国务院领导同志有关加强灾后文化遗产抢救保护的批示达140余次。3000万元总理预备费也及时下达到重灾地区用于文化遗产抢救保护。

地震当晚，文物局向全国印发《关于做好震后文物保护工作的紧急通知》；迅速启动应急机制，成立抗震救灾应急保障协调小组和灾后文物保护协调小组，积极参与汶川地震灾后《恢复重建总体规划》和《公共服务设施建设专项规划》编制工作；在不到40天的时间里，组织灾区省完成《文物抢救保护修复规划大纲》等10本共计120多万字的专项规划和评估报告；在此基础上，完成《国家汶川地震灾后重建规划——文物抢救保护修复专项规划》。发展改革委、文物局等11个部门印发《公共服务设施建设专项规划》，明确了恢复重建中文物保护的指导思想和基本原则、规划目标和实施进度、主要任务和投资估算、组织实施等内容，是文物保护恢复重建的基本依据。

文物局组织川、甘、陕灾区文物部门和专家深入现场，实地考察评估，采取排险加固支护等应急保护措施；编制文物保护恢复重建实施规划或计划方案；按照第一年启动重点文物保护单位和少数民族物质文化遗产的抢险加固工程、第二年全面展开文物修复重建工程、第三年基本完成恢复重建阶段全部文物抢救修复任务的步骤，组织实施文物保护恢复重建工作。

19个对口援建省（市）将文物保护列入重要援助内容，按照中共中央、国务院的总体部署和全国文物系统支援地震灾区文物抢救保护工作会议精神，支援灾区开展文物保护恢复重建工作。

截至2011年9月底，文物遗产抢修保护工程开工项目631个，占规划数的100%；完成投资53.28亿元，占规划总投资的97%。震后文物保护工作取得很大成绩，也探索出一些灾后实施文化遗产抢修保护工作的经验，即坚持文物安全第一的原则；建立应急启动机制；注重“修旧如旧”，确保文物的原真性、真实性、整体性；抢救与普查同步；物质文化遗产与非物质文化遗产并重；注重专家与传承人的积极参与等。正如国际古迹遗址理事会（ICOMOS）主席古斯塔夫、秘书长本尼迪克等中外专家在现场考察中所说：“四川震后文化遗产抢救保护工作的做法和经验应该在世界范围内推广，全世界的同行也应该积极向中国学习。”文化遗产的修复重建工作得到国际社会的广泛关注与支援，所取得的成功经验也得到国际社会的肯定。

一 世界文化与自然遗产保护

位于都江堰市境内的青城山是中国道教的发源地之一，都江堰水利枢纽工程是中国现存最早的水利灌溉工程之一。2000年11月，青城山—都江堰古建筑群被联合国教科文组织评为世界文化与自然遗产。汶川地震中，青城山—都江堰古建筑群落及基础设施遭受不同程度损毁。

在文物保护灾后恢复重建中，国家文物局率先启动青城山—都江堰古建筑群的抢救保护工程。2008年6月，国家文物局、四川省文物局、成都市文化局和都江堰市文物局建立三级联络员制度。施工过程中，都江堰市文物局定期收集整理工程进度资料，及时上报维修设计方案和方案变更。专家组成员对选择勘察设计、施工和监理单位严格把关，从工作经验、技术力量、工程质量、工作效率等方面，对全国具有文物保护工程甲级勘察设计资质和一级施工资质的单位进行反复比对、认真筛选，最终确定最优质的勘察设计、监理施工等专业队伍承担项目，以确保工程的进度与质量。

勘察设计、监理、施工“三同步”。面对“特定时期”的“特殊工程”，大胆采取“同步勘察设计、同步监理、同步施工”的特殊举措。整个工期需要文物主管部门、业主方、设计单位、施工单位、监理单位多方对施工现场实施动态监控，随时勘察、研究建筑原有结构，注意施工进程对原有结构造成的影响，对出现的设计或预期偏差及时纠正、调整乃至重新设计；对施工中出现的各种偶发性难题，及时会商解决。

先期抢救清理，确保文物的“真实性和完整性”。都江堰古建筑群受灾后，面临的第一个难题是抢救性清理。古建筑修缮不同于一般建筑物维修，要求以“真实性和完整性”为理念，按照“原位置、原形制、原材料、原工艺”进行。古建筑复原性修复的成败关键，在于保留古建筑原有的建筑材料。寻常建筑物掉落的砖头通常会被当作废料扔掉，但古建筑上掉下的构件，作为古建筑的重要组成部分，必须进行保护性清理和使用。为此，灾后现场清理工作就变得格外繁复和重要，所有物件都需一件一件地收集、整理和甄别。清理的同时，收集整理附属文物，记录建筑状况、地震遗迹等也是非常重要的工作内容。都江堰古建筑群的高质量修复，很大程度上归功于灾后细致的现场清理。地震之后，受损现场情况极为复杂，有损毁建筑形成的废墟，有从结构基本完好的建筑屋顶上滑落的瓦片瓦砾，有因地震造成的地面裂缝、起伏，有摔碎混杂的实物碎片。在工程全面铺开前，设计单位先勘查现场，制定详细的现场清理导则。2008 年 6 月，专业施工队伍进入现场，科学、有序地展开清理工作，确保清理过程中残损的文物能够得到妥善的保护，地震破坏信息能够得到准确的记录。7 月 24 日，都江堰市政府成立都江堰—青城山景区第一阶段项目维修领导小组，负责青城山古建筑群恢复重建项目的相关工作。

在都江堰古建筑群灾后抢救保护工程中，现场施工的文博工作者、维修工程技术人员和工友动脑筋、出思路，洋为中用、古为今用，提出了许多对文物清理、甄别、保护有益的措施并加以运用。震后勘查中引入了全站仪测量、三维激光扫描、摄影测量等测绘记录手段。三维模型清晰地记录下地震发生后的现场，为震后抢修和今后的研究工作保留下珍贵资料。三维激光扫描通过快速全面准确的扫描，为震后修缮及时地提供了精确的基础数据，提高了工作效率。

青城山古建筑群恢复重建　2008 年 8 月 28 日，完成青城山古建筑群恢复重建工程公开招标，确定设计与监理单位。2009 年 4 月 11 日，港澳援建基金会与四川省政府签署“援建青城山古建筑群落恢复重建项目”合作协议，澳门基金会捐款 1.796 亿元，用于支持青城山古建筑群的恢复重建。维修资金得到落实后，项目领导小组立即启动维修方案的编制工作。该方案由陕西古建筑设计研究所、北京建工建筑设计研究院共同承担。2010 年 5 月 26 日，青城山古建筑群维修方案经四川省文物局审批通过。

项目建设业主为青城山—都江堰旅游景区管理局。规划维修内容包括：15 处古建筑的修复及重建（含在建福宫新建一座纪念塔）；重建道教学院；修复重建中，配套建设给排水、强电、弱电、消防、环境保护、绿化、防护工程等辅助设施。重建总建筑面积 28940 平方米，修复总建筑面积 21818 平方米。项目建设工期计划为 2009 年 5 月至 2011 年 6 月，共计 26 个月。

2009 年 9 月 28 日，青城山建福宫、天然图画、天师洞、上清宫、青城山索道、月城湖等景点对外开放；12 月 30 日，老君阁开标。2010 年 1 月，工程开工；3 月 18 日，其余各宫观庙宇开标；5 月，各标段工程陆续开工。截至 2011 年 9 月，老君阁所有新建及维修工程完工；上清宫、天师洞、祖师殿、圆明宫、玉清宫、全真观、飞仙观文物及非文物部分的所有维修工程基本完工；朝阳洞非文物部分的维修工程完工，天鹤观除老君殿和消防值班室未实施外，药王殿、灵祖楼、道众生活区、居士楼及配套用房、游客服务部茶楼、公共厕所的维修工程完工；钟鼓楼及洞天乳酒厂房、建福宫、道教学院、九龙观所有维修及新建工程完工并进行竣工初验；八角庙主体完工进入装修；药王庙所有协议内容已完工，等待项目综合验收；太清宫非文物部分居士楼新建工程完成。

都江堰古建筑群维修　2008 年 5 月 29 日，在国家文物局调研组举行的成都总结会上，清华大学城市规划设计研究院文化遗产保护研究所承接了都江堰二王庙古建筑群勘察设计项目。6 月 2 日，该所对口支援工作队赴川进入现场勘查。项目组在最短的时间内拟定出《都江堰二王庙古建筑群紧急抢救性清理及排险方案报告》。13 日，文物局专家组审议通过该报告。5 天后，四川省文物局就启动都江堰古建筑群抢救保护工程向国家文物局提出申请，并很快得到批复同意。

整个都江堰古建筑群的维修设计由清华大学文化遗产保护研究所承担，监理由河北木石古建公司承担。伏龙观古建筑群与二王庙古建筑的维修施工分别由广西文保中心和泉州刺桐古建筑维修工程公司承担，这两家施工单位是从全国100家具有一级文物修缮资质的单位中精心挑选出来的。二王庙地质灾害治理设计、施工分别由辽宁有色勘探研究院、辽宁有色基础工程公司和中铁西北院承担。（参见图126）

图126　都江堰古建筑群抢救保护工程竣工仪式上部分施工人员合影留念

（国家文物局　提供）

2008年6月25日施工队进入现场，30日都江堰古建筑群抢救保护工程开工。工程分为两大部分，清理排险和抢救保护。由于灾后重建的特殊性，此次抢救维修采用边设计、边清理、边施工的方式，根据工程中碰到的新问题不断调整施工方案。工程内容主要包括抢救性清理、排险、基础加固、全面修复及避雷、消防、安防设施建设。施工方在修复过程中始终坚持“真实性和完整性”的理念，以及“原位置、原形制、原材料、原工艺”的方法。

伏龙观维修工程于2008年6月30日开工。8月25日，清理排险阶段工作完成，对建筑物及场地进行消毒，对10处难以移动的室内外文物进行原位保护，未坍塌建筑物加固排险展开面积。由于场地狭窄，伏龙观古建筑维修阶段分两期进行，第一期为老王殿、铁佛殿及挡土墙、地面整治等，第二期为玉皇殿、东西廊、观澜亭及院墙等。整个工程历时一年半，共完成维修面积1837.88平方米。2009年12月25日，国家文物局会同四川省文物局对伏龙观灾后文物抢救保护工程进行现场验收。专家组认为，工程符合文物保护原则，达到灾后抢救保护目的，工程质量良好，原则通过验收。28日，都江堰古建筑群伏龙观抢救保护工程竣工。

二王庙古建筑群抢救保护工程，包括6000多平方米的古建筑保护维修、秦堰楼重建、片区岩土加固和二王庙片区的环境整治。由于二王庙地处古滑坡带，需要对整个二王庙场地进行加固，即地质灾害治理，因场地狭窄且陡峭，维修工程分3期进行。2010年11月，二王庙古建筑群灾后抢救保护工程竣工并顺利通过验收（见图127）。国家文物局授予二王庙古建筑群灾后抢救保护工程“优秀文物保护工程特别奖”。

图127　修复后的都江堰二王庙大殿（国家文物局　提供）

二　中国世界遗产预备名录项目修复

汶川地震使列入《中国世界文化遗产预备名录》的三星堆遗址、藏羌碉楼与村寨、剑南春酒坊遗址等遭受严重破坏。在灾后重建过程中，这些文化遗产都得到妥善的维修和保护。

三星堆遗址位于广汉市（见图128），是一处距今5000—3000年左右的古蜀文化遗址，是迄今中国发现的范围最大、延续时间最长、文化内涵最丰富的古城古国古蜀文化遗址，被称为20世纪人类“最惊人的考古发现之一”。1988年1月，三星堆遗址被公布为第三批全国重点文物保护单位。1997年10月，三星堆博物馆开馆，集中收藏、展示和研究三星堆文物。2006年12月，三星堆遗址被国家文物局列入《中国世界文化遗产预备名单》。

汶川地震加剧了遗址区新构造的差异性升降运动，引起间歇性沉降，造成西城墙、月亮湾城墙、“三星堆”堆子等多处遗迹本体受损；博物馆文物库房主体结构受到破坏，20多件文物不同程度受损。2008年5月15日、28日，国家文物局副局长董保华、童明康先后考察三星堆遗址受灾情况，指导灾后保护工作。为彻底排除险情和安全隐患，防止剖面在余震中再次受损，确保文物安全，经专业人员对抢险加固方案进行多次讨论研究，6月7—8日，对月亮湾剖面等处进行紧急抢险加固。8月，四川省文物局将三星堆遗址列入灾后恢复重建首批重点文物修复保护项目。

2008年12月18日，三星堆博物馆成立灾后恢复重建工作组。2009年5月1日，博物馆委托中国轻工业成都设计工程有限公司提出《三星堆博物馆及三星堆遗址灾后恢复重建可行性报告》。6月20日，广汉市政府批复同意项目为申报澳门援建项目；28日，三星堆遗址修复正式启动。11月，委托四川省（文物）考古研究院着手编制三星堆遗址灾后保护展示方案。但三星堆遗址属于土遗址，其保护在中国乃至世界都是尚在研究的课题，没有可资借鉴的经验和范例，所以方案设计任务繁重、难度极大、进展缓慢。2010年5月18日，四川省文物局组织有关人员对澳门基金会援助工程进行专项督察。2011年5月底，《三星堆遗址灾后保护工程设计方案》完成；7月，《施工初设方案》完成。

图128　位于广汉市南兴镇的三星堆遗址（朱庆　摄）

剑南春酒坊位于成都平原北部的绵竹市，自唐代以来，一直是为宫廷酿造琼浆玉液的处所。剑南春“天益老号”酒坊遗址入选2004年度“中国考古十大新发现”。2006年，剑南春酒坊遗址被公布为第六批全国重点文物保护单位，并入选《中国世界文化遗产预备名单》。

地震使剑南春酒坊近万吨原酒从一个个巨型坛罐里倾泻而出，经济损失惨重。值得庆幸的是，“天益老号”酒坊遗址依然完好。剑南春集团有限责任公司灾后重建包括剑南老街历史文化旅游区建设、包装中心、万吨名优曲酒“十一五”扩建工程、五粮粉碎工程、办公楼工程等5个子项目。

2008年12月9日，“天益老号”酒坊遗址修复工程项目立项。2009年4月23日，国家文物局办公室印发《关于剑南春酒坊遗址保护工程设计方案的意见》。意见指出，保护应慎重，应坚持少干预的原则，以现状保存为主，重点保护其真实性和完整性。5月15日，剑南春酒坊遗址保护工程论证会召开，会议原则同意陕西文化遗产保护研究中心、陕西省古建设计研究所提交的修改方案。“天益老号”酒坊古建筑遗址修缮保护工程由成都市长龙建筑工程有限公司施工，四川绵竹东方工程咨询设计有限责任公司监理。剑南春“天益老号”酒坊遗址博物馆由陕西省古建设计研究所、西安宝合设计咨询有限公司设计。2010年7月，剑南老街保护、改造与更新（规划设计）项目经“中国民族建筑文化保护、传承、创新奖”评审委员会评审，获中国民族建筑文化传承奖。12月22日，中国白酒金三角·绵竹酒城建设暨剑南老街开街仪式在绵竹隆重举行。剑南老街项目投资1.5亿元，建设规模达2.36万平方米，街内有“天益老号”遗址博物馆、“天益老号”活文物酿酒作坊、历代饮酒民俗年画画廊、饮诗酒廊、川酒会馆、六朝酒肆、明清古戏台、关帝庙等重要文化景点。同日，剑南春酒庄奠基典礼在绵竹剑南老街举行，酒庄占地面积7326

平方米，分为窖藏、展示、体验3个功能区。

剑南春酒坊遗址修复过程中，还新发现3口酿酒窖池。2011年3月5日，中国文物学会古酒遗址保护专业委员会组织召开剑南春酒坊遗址新发现酿酒窖池的专家评估会。国家文物局文物保护司和博物馆司、西南交通大学建筑学院、中国文化遗产研究院、四川省文物考古研究院的专家对“天益老号”及新发现的窖池进行实地考察，评估意见为：在剑南春滚子坡广场建设中，在原清代窖池地层下新发现3口酿酒窖池为三合土结构，是已发掘的剑南春酒坊遗址的重要组成部分；依据窖池特征及窖池中出土的瓷片，结合地层关系及“天益老号”年代对比分析，该窖池的年代为明代中期。新发现窖池具有较高的历史价值和科学研究价值。

三　文物保护单位修复

灾后文物保护单位的修复主要采取修复重建、抢险加固、抢救维修、维修加固、建设中心库房等措施，分别对各级文物保护单位进行保护和修复。修复的重要文物保护单位有：江油李白纪念馆、江油市青莲镇李白故居、江油云岩寺、飞天藏殿、天王殿、窦圌山岩体、明月峡古栈道遗址、七曲山大庙、芦山青龙寺大殿、德阳文庙等。

江油李白纪念馆　位于江油市文风街12号，秀丽的昌明河畔，是纪念唐代大诗人李白的博物馆，也是全国李白研究中心之一，被誉为“诗的王国、艺术的殿堂”。该馆筹建于1962年李白逝世1200周年之际，1982年开馆。馆内收藏有李白历代诗集版本及历代书画精品等文物4000余件，其中祝枝山、仇英、石涛、张大千、傅抱石、潘天寿等名家手迹，堪称稀世之宝。馆内有太白堂、太白书屋、诗苑、宋碑碑廊、匡山画廊、归来阁等楼台轩榭，竹树掩映，清幽秀雅，是具有唐代风韵的古典园林式馆榭。汶川地震使纪念馆的太白堂、诗苑精品陈列室、临江仙馆、香云、花雨、问水榭及长廊、听涛轩及长廊等重要建筑遭到严重破坏，成为D级危房；太白书屋、晓雅斋、第二陈列室、大门等建筑遭到中等破坏，成为C级危房；第二陈列室、石刻楼、李白研究会馆、明月村等其他建筑遭到轻度破坏，成为B级房屋。灾后恢复重建中，河南省将其确定为第二批援建的“交钥匙”项目工程，提供对口援建资金4000万元，并指定河南省文物管理局承担重建任务、河南省文物建筑保护设计研究中心设计重建规划方案、河南省龙源古建园林技术开发公司负责施工。

李白纪念馆重建项目共5大类27小项，即大门、故园情及回廊、太白书屋、第一和第二陈列室及积秀院、李白研究会馆、明月村及晓雅斋等改造维修加固项目，秀云、花雨、太白堂、诗苑（精品陈列室）、临江仙馆及长廊、听涛轩及长廊、问水榭及长廊等重建项目，办公区小院（太白书屋旁）拆除项目，李杜台、杜甫馆（诗圣堂）及李白、杜甫雕像、新增工作用房及两处厕所（AAAA级）等新建项目以及基础设施、声光设施、公共服务设施、园林绿化等改造提升项目。重建最特别之处就是在展示区内新增“杜甫堂”，让诗仙和诗圣千年之后重新聚首。重建工程于2009年5月12日开工，2010年5月12日竣工。

重建后的李白纪念馆占地面积4.2万平方米、建筑面积1.9万平方米，分为5个功能区。第一区为纪念展示区，主要有太白堂和杜甫堂；第二区为文物陈列展示区，主要有太白书屋、精品陈列室和附属陈列室；第三区为李白文化研究交流中心，主要有李白研究会馆、明月村、晓雅斋；第四区为文化艺术服务区，主要由一二进四合院、临水榭和纪念品购物设施组成；第五区为商业休闲区，主要位于沿江地带，设置为一条临水建筑长廊。

江油市青莲镇李白故居 位于江油市西南部的青莲镇，是国务院公布的第一批国家级风景名胜区，“剑门蜀道”上的重要风景点，也是四川省的第一批省级文物保护单位。汶川地震使其建筑损毁面积达 1.66 万平方米。故居的陇西院照壁、太白祠屋脊全部垮塌，李白旧宅屋脊和序伦堂屋脊垮塌严重、屋面受损，陇风堂屋脊屋面损毁严重，太白祠围墙倒塌 70% 以上，粉竹楼照壁上部倒塌，高 33.3 米的太白楼成为危楼。

河南省将修复李白故居列入第二批援建“交钥匙”项目重点工程，总投资 4975.8 万元，由河南省文物管理局承担重建任务，河南省文物建筑保护设计研究中心设计实施方案。李白故居修复项目共 9 大类 83 小项。内容包括：太白祠、陇西院、粉竹楼、名贤祠文物保护单位内的建筑、围墙等维修以及内部基础设施的建设、园林绿化、陈列布展的提升改造，太白碑林景区太白楼、清风明月园、广场、园林绿化、基础设施、声光设施、仿古建筑等维修及增设，牛雪樵德政坊维修加固及周边环境整治，洗墨池保护，磨针溪治理。

李白故居援建工程总占地面积 7.58 万平方米，建筑面积 8941 平方米。规定耐火等级为一级，河南省龙源古建园林技术开发公司中标承担施工任务。河南省卓越工程管理有限公司为新建、仿古建筑监理单位，四川省文物考古研究院为文物建筑监理单位。工程于 2009 年 5 月 12 日开工、2010 年 5 月 12 日竣工。

重建的李白故居太白楼、太白祠、太白碑林、陇西院等古建筑皆为四合院式群体建筑群，以纯正的唐式建筑风格重新展现，结合了当地组群民居建筑的风格特点；此外，还扩大了故居规模，太白碑林以太白楼为制高点和标志性建筑，四周绕以 16 组雕塑和邀月台景点，形成以点、线、面相结合的现代化景区。

江油云岩寺 该寺位于江油市，始建于唐乾符年间（874—879 年），兴盛于宋代，明末毁于兵火。现存的云岩寺，除飞天藏殿外，其余均系清代康熙至道光年间（1662—1850 年）重建。飞天藏殿是中国现存为数不多的宋代建筑，是四川省现存最古老的木结构建筑，1956 年被列为省级文物保护单位，1988 年被列为第三批全国重点文物保护单位。

地震不仅对云岩寺文物保护区的自然环境和寺庙建筑造成严重破坏，还造成许多地质病害。根据修复方案，云岩寺文物建筑的抢险加固主要包括重修垮塌殿宇的墙体，整理屋面、飞檐，修复木构件，防腐及虫害防治等。承担这项特殊的工程，要求施工单位必须具备文物保护修缮、地质灾害治理的双重资质。

云岩寺飞天藏殿堂始建于南宋时期，建筑本身的大木梁架是南宋的、窗棂和窗花是清代的修建风格，而明代砌成的土坯在 20 世纪 80 年代又被水泥和红砖取代。按照文物保护“修旧如旧”的原则，灾后设计人员创造性地提出了“肢解法”。这个“肢解”，既是对坍塌建筑每个构件的分类清理，同时也是对整体建筑历史符号进行“肢解”。根据这个原则，施工方保留了飞天藏殿清代以前维修的痕迹，同时把红砖水泥全部剔除，重新使用青砖恢复建筑的原貌。针对建筑本体的病害与缺陷，进行现状修整，在建筑不完全解体的情况下，局部落架，翻修屋面，大木构架拨正、加固，斗栱检修补配，木构件修配，修整以解除现存的安全隐患、弥补结构缺陷。

江油窦圌山岩体加固 窦圌山又名圌山，相传唐代彰明（今属江油市）主簿窦圌（字子明）隐居于此。位于江油城北20公里处的涪江东岸。地震中岩体受损，需通过工程措施稳定窦圌山岩体的地质结构加固。在工程中，植入岩体的钢筋总长度3.6万米，打钻锚孔2834个。这些最短3米、最长24米的钢筋锚杆穿过松动和不稳定的岩土。在安装好锚杆后，施工人员又向锚孔灌入水泥，将锚杆与山体紧密黏合，从而保证岩体、岩石不会崩落。裂隙注浆是整个岩体抢修加固项目中工程量最大的一项，水泥浆严格按照比例调配，确保水泥不在输送管道里凝结，其复杂程度国内罕见。裂缝表面还进行了“卵石拼接”处理，以使岩体外观达到地震前的效果。2010年12月10日，四川省文物局专家组在云岩寺召开云岩寺文物保护区岩体抢险加固工程阶段性验收现场工作会。专家验收组听取施工、监理和设计三方的情况汇报，进行施工现场察看、抽样拉拔试验等验收程序，对工程质量给予肯定。2011年9月底，云岩寺古建筑群维修保护工程全面完成。

广元市朝天区明月峡古栈道遗址 该遗址位于川、陕、甘三省结合部的朝天区境内，是剑门蜀道的重要组成部分，是迄今国内发现保存孔眼最多、形制结构最科学、保存最完整的古栈道遗址之一。两公里的峡谷中，形成集鸟道、先秦古栈道、嘉陵江水道、纤夫道、宝成铁道、国道108线古今六道于一峡通行的壮观场面，集中展现了古代、近代、现代交通历史的演变过程，被誉为“中国天然交通历史博物馆”，1991年被四川省列为第四批省级文物保护单位，2006年被列为第六批全国重点文物保护单位，并入剑门蜀道遗址。

地震使明月峡景区遭受重创，老虎嘴景区山体垮塌，塌方2万余立方米，形成危岩10余处，古栈道大面积损毁，交通中断。地震后，朝天区文物工作者立即开展抢救保护工作：关闭景区，调查灾情，检查隐患，排除险情，清理、新增山体排水泄洪道，防止因地震而引发大面积滑坡山体的再次坍塌。

朝天区政府委托山东省文物保护中心制定《明月峡古栈道遗址灾后恢复建设方案》，并通过四川省文物局组织的专家评审；聘请同济大学编制《明月峡景区建设性详细规划》，四川省林业勘探设计院编制施工设计方案，最大限度地保证景区开发建设的科学性、规范性和可操作性。明月峡古栈道遗址灾后重建与综合开发建设规划分为五大工程建设，即古栈道文物修复与保护、地震地质灾害治理、景区公路建设、周边民居风貌改造、旅游公共服务设施建设。2009年10月25日，工程正式启动。工程建设中，施工人员根据古栈道遗迹分布特点，采取分散施工、多点布局、全面开花的方式，将工程建设划分为13个建设标段，近千人同时作业，各标段立体交叉施工。2010年10月，工程全面完成。

梓潼县七曲山大庙 梓潼县七曲山地处古蜀道南端。七曲山大庙始建于晋，为蜀地百姓祭祀张亚子（川人传说的文昌帝君）而建。大庙占地3万平方米，保护区51万平方米。大庙较完整地展现了由元至清各个时期的建筑风格，是研究古代建筑史的重要实例，1996年被国务院公布为第四批全国重点文物保护单位。

地震给大庙造成严重损害。2008年5月29日，国家文物局在成都召开的对口技术援建会上，确定由中国文化遗产研究院承担大庙的勘察设计任务。6月7日至7月25日，解放军总装备部工程勘察设计研究总院受中国文化遗产研究院委托，完成1∶200和1∶500的地形测绘；9月30日，提交《梓潼七曲山大庙地形测绘和地质勘查报告》。随后，中国文化遗产研究院相继完成大庙《抢险维修工程现状勘察报告》《抢险维修工程设计方案》《壁画和彩绘保护修复设计方案》，经四川省文物局组织专家评审通过后，国家文物局下达抢险维修工程立项批复。随后，中国文化遗产研究院又完成大庙《抢险维修工程施工图》《壁画和彩绘保护修复工程施工图》。2009 年 7 月 31 日，陕西省韩城市秦鑫古建筑有限责任公司中标“抢险维修工程”项目，西安文物保护修复工程有限公司中标“壁画和彩绘保护修复工程”项目，四川园冶古建园林设计研究有限公司承担工程监理。10 月 22 日，工程开工。

施工期间，按照“最大限度地保护原构件及式样，修旧如旧，不改变文物原状”的文物维修保护原则，最大限度地保护文物及其历史环境的真实性和完整性。通过全面维修，古建筑整体得到有效加固，地震所造成的创伤得到修复，多年存在的各种隐患得以排除。维修后的梓潼七曲山大庙更加坚实牢固、美丽壮观。桂香殿“禄神图”和“水淹许州”的壁画保护修复工程技术含量高，困难大，工艺要求严格，操作过程不能出现任何失误，否则将会对文物造成二次损坏。为不致对壁画造成伤害，施工方技术上采用整块揭取和加固工艺；在壁画修复中大胆采用不锈钢框架加固法，降低大庙潮湿气体对壁画造成的伤害。这种方法将壁画与墙体在空间隔断，预留排气孔和观察孔，达到通气除湿，减缓色彩褪色时间，延长壁画存放期。2010 年 9 月 20 日，七曲山大庙古建筑群灾后抢险维修工程和壁画彩绘保护修复工程全面竣工。12 月 23 日，工程通过四川省文物局专家组验收。

芦山青龙寺大殿　位于芦山县龙门乡青龙场，建于元代，震前仅有大殿尚存，故亦称“芦山青龙寺大殿”，为四川省内现存少数元代建筑中有准确铭文纪年的古建筑。虽经明、清历次维修，仍基本保持原建时代的特色，是研究元代古建筑和地方佛教文化史的重要实物。2006 年被公布为第六批全国重点文物保护单位。

因长期受自然因素影响，芦山青龙寺大殿局部残损较为严重，地震使损害加剧。屋瓦震垮、滑落，椽檩断裂，梁柱歪闪，斗栱移位，墙体严重开裂、受损面积达 50 平方米。地面青石砖多碎裂，室外台面局部出现凹坑；基础压面石和陡板石风化严重；室内杂物堆积比较潮湿。木构件、壁画被损毁。

青龙寺大殿维修保护分为文物本体维修和环境整治。主要维修项目：梁架打牮拨、正墩接、挖补糟朽木柱、增设石地栿和补配阶沿石、屋面维修、更换糟朽的椽檩、恢复红砖墙体为竹编泥夹墙；地面作人工夯筑卵石三合土层，并铺砌青石板。成都市屹华建筑工程公司承担维修工程。2011 年 9 月 29 日，工程完工。

德阳文庙修复　德阳文庙始建于南宋，是中国西部地区保存完整、规模宏大、具有浓郁地方特色的文庙，素有“德阳文庙甲四川”之称，2001 年被公布为第五批全国重点文物保护单位。

地震对德阳文庙古建筑群造成严重损害，脊饰部分断裂、倾倒，屋面瓦滑落、破碎，柱子歪闪、断裂，柱头劈裂，瓦垄松动脱落，檩枋糟朽。经勘察，德阳文庙古建筑群有 11 处较严重的损坏，文物库房及厢房受到不同程度的损害。

灾害发生后，德阳文庙管理部门迅即组织人员抢险自救，对部分受损文物建筑进行临时加固维修，避免二次破坏。对屋面上脱落的脊饰构件等进行清理、归类、照相、编号、制档和统一存放。文庙的维修加固设计方案由河南省文物建筑保护设计研究中心编制，方案按照结构可靠性鉴定的方法标准和古建筑维护与加固工程规定的划分原则，对文庙建筑群每一栋单体建筑进行针对性维修，恢复建筑群原貌。2009 年 8 月工程开工，主要内容是对文庙中轴线古建筑群进行修复加固，由前进到后进，依次为万仞宫墙、“道冠古今”“德配天地”、戟门、礼乐亭、东西御碑亭、大成殿、启圣殿等。工程建设规模达 2342.6 平方米。2010 年 10 月 20 日，四川省文物局组织专家组对修复工程进行了验收。

四　博物馆及文物库房修复

四川省纳入灾后恢复重建规划的博物馆、文物管理所和文物中心库房维修重建项目有 46 个。博物馆的恢复重建投资大、周期长、关注度高，部分项目还使用了对口援建资金、澳门基金会援助资金等，是恢复重建的重点。国家文物局、四川省文物局提出指导性意见，要求博物馆、文物管理所的恢复重建决不能按照震前水平简单复制，而应与时俱进，按照现代博物馆、文物管理所建设的科学理念、标准和规范去完成重建。

在整个维修重建工程项目组织实施过程中，把抢救、转移和征集文物放在非常突出的位置。强震过后，各博物馆与余震争时间，分期、分批、分组对馆内建筑和展厅内的所有文物进行安全检查，文物加固、清理和修复处理。安全转移精品文物到文物库房妥善保管；对展厅内被损坏的文物进行清理和统计，并逐一拍照、摄像，做好文字记录，安排人员进行修复。对不同种类、不同类型、不同大小的展品，分别采用支架、支钉、渔线拴系、增加防滑垫等多种方法进行加固处理。对所有展品在展陈上进行调整。文物库房的文物也得到紧急、妥善处理，安放到安全的位置。转移文物方面，震后都江堰文物局和茂县博物馆的文物库房遭到巨大破坏，建筑物及安防系统受损严重。为了最大程度保护两地珍贵文物，省、市文物管理部门研究、采纳成都博物院院长王毅的建议，将两地文物打包向成都博物院转移。成都博物院陆续接到两地转移的文物共计 55188 件，其中珍贵文物 1800 余件，包括近 30 个种类；时代始于新石器时代，截至近现代。这次文物大转移在中华人民共和国建国后的文化史上，是前所未有的一次超常规的文物转移。征集文物方面，2008 年 5 月 23 日，四川省文化厅、文物局联合向各市、县文化（文物）局、省直文博单位下发关于征集汶川地震有关文物的紧急通知，通知规定了征集的范围为与地震相关的文字资料、标语、横幅、标记、抗震救灾器材、物品、影像资料、遇难同胞遗物等。在征集文物的关键时期，每天都有大批博物馆工作人员在一线艰苦工作。毁损的“大禹故里”牌匾，“四川省北川中学”幸存的校牌，第一批救援队员留下的被砸凹了的安全帽，地震发生时孩子们使用的书包、作业本，路边被压扁了的自行车，从昔日风景点掉落的瓦当……都被珍藏。

中国羌族博物馆　羌族是中国一个古老的民族。为了继承和弘扬羌民族的传统文化，保留和再现羌族古老独特的风情民俗，1984 年，在中央、省、州的关怀支持下，羌族的主要聚居地茂汶羌族自治县（今茂县）创建全国唯一的“羌族博物馆”。博物馆收藏了从新石器时代到近现代的珍贵历史文物及民族文物 1.3 万余件。

汶川特大地震中，羌族博物馆遭受重创，展厅、办公楼成为危房，文物受损严重。为了保护馆藏文物，2008 年 7 月 4 日，转移该馆文物的车队由茂县出发，经松潘、平武、江油、绵阳，安全抵达位于成都的金沙遗址博物馆，将文物安放于地下库房。之后，6箱丝织文物（民俗）又由金沙遗址博物馆地下库房安全转移至成都博物院文物保护研究中心。至此，羌族博物馆文物千里大转移工作顺利完成，羌族珍贵的文化遗产得到妥善安置。

2008年5月22日，温家宝在北川对当地干部说：即使县城迁建，也要注意保护好羌族文化遗产。8月25—27日，国家文物局、国家民委、山西博物院、中国文化遗产研究院的领导、专家一行考察羌族博物馆重建工作。国家文物局对重建提出要求：重建规划大纲及陈列展览大纲要做到物质文化与非物质文化并举，尤其是要加强非物质文化的内容；博物馆展陈设计要大众化，内容除了表现羌区整体自然文化背景和羌民族特色，还应体现羌族与其他民族、文化之间的相互沟通；努力将羌族博物馆建设成为集文化展示中心、中心文物库房、文物保护中心和研究中心于一体的国家级博物馆，成为羌民族研究、岷江上游考古研究的中心、基地和平台。

2008年9月9—10日，国家文物局局长单霁翔带领专家组专程赴茂县调研羌族博物馆灾后重建工作。阿坝藏族羌族自治州、茂县两级党委、政府高度重视，组织完成了博物馆新馆选址、征地和拆迁、地质和水文调查勘探、可行性研究报告和项目建议书论证等前期工作。2009年1月11日，四川省文物局组织设计招标，中国文化遗产研究院北京清华安地建筑设计顾问有限责任公司中标。2009年3月30日，设计方案公布。5月12日，羌族博物馆奠基。2010年3月5日，新羌族博物馆正式开工建设，重建的博物馆馆体建筑分3个区域，之间用连廊连接，地上最高建筑为4层，还有一个高达19米的独立塔，塔体设计为羌族特有的羌雕式样。2012年2月14日，博物馆主体工程完工（见图129）。6月19日，上万件文物从成都运返新建的博物馆。

图129　重建后的茂县中国羌族博物馆（刘通　摄）

2012年6月28日，中国羌族博物馆在茂县正式开馆，“蓝天雪域为景、碉楼青山为台”的中国羌族博物馆成为茂县乃至川西地标式的建筑。新馆项目总投资13868万元，其中中央重建基金5983万元、对口支援资金7885万元；占地4公顷，展陈面积4229平方米，近万件珍贵文物分别陈列在自然厅、地震厅、信仰厅、羌源厅、民俗厅、重宝厅、营盘山厅、红军厅8个展厅，充分展示了羌族地区的历史面貌和文化脉络，体现了生生不息的羌民族精神。

略阳县灵岩寺博物馆 该馆位于略阳县城南3.5公里处嘉陵江东岸的玉文山腰，始建于唐开元年间（713—741年），依天然溶洞而建，2006年被国务院列为全国重点文物保护单位。2000年10月12日，灵岩寺博物馆成立。馆藏文物有石碑石刻等203件，其中一级文物3件、二级文物8件、三级文物34件、一般文物158件，素有“陕南小碑林”之称。

震后，陕西省政府安排930万元中央重建基金修复灵岩寺。项目聘请省内外有资质的规划设计部门制定灾后恢复重建规划方案。方案建设内容：恢复仿古建筑二道山门，修复石雕艺术陈列室，修复金刚殿等，总建筑面积1290平方米；加固恢复头道山门、药王祠、天王殿、围墙、南北展室、望江楼及望江楼外侧护坎，在头门至后洞新修高3～5米、长1000米的悬石防护墙，用于防护山上的悬石、黏结被损毁的石碑等，估算资金总计1300万元。2008年7月16日，略阳县文化文物管理中心安排建筑队对灵岩寺进行简易维修。8月3日，灵岩寺简易维修工程竣工。8月底，灵岩寺博物馆正式恢复对游客开放。

阆中市红军纪念园 阆中市红军烈士纪念馆，是县级文物保护单位，在原红四方面军总政治部旧址、阆南县委旧址、阆南县苏维埃旧址、红军石刻标语、阆中红军纪念碑等红军遗址上建成，占地13320平方米，陈列面积300平方米。列入馆中纪念的烈士有7890名，1997年被阆中市政府确定为爱国主义教育基地。2008年10月20日，阆中市将红军纪念馆灾后重建列入规划，2009年9月27日工程开工，2010年12月1日重建后的阆中市红军纪念园开园。

全园划分为五区一园：星火燎原区（红军魂广场区）、嘉流击楫区（渡江纪念区）、山河铭义区（瞻仰区）、女红军纪念区（缅怀区）、金戈岁月（展馆区）、碧血千秋（陵园区）、英烈园。扩建后，占地面积7.22万平方米，有红军烈士纪念雕塑群6组、红军烈士纪念碑1座、红军纪念广场2.1万平方米。重建恢复并提高了纪念园保存文物和展示文物的能力。纪念园可容2000人同时进行参观，达到每年接待参观、学习10万人次以上的规模。陈列馆以纪念碑、展板、照片、烈士遗物、图表等充实文化内涵，并收藏有多位老将军、老领导的题词珍品。园内的雕塑和景观墙通过浮雕集中反映了当年红军在阆中战斗和生活的场景，其中“强渡嘉陵江”雕塑长20米、高5米，上有20个人物，再现了红军战士强渡嘉陵江英勇壮烈的场景。

馆藏文物修复工程 四川省文物局组织对14个馆藏文物修复方案进行评审，成都市青白江区、崇州市、新津县、大邑县、广汉市、中江县、江油市、三台县、仪陇县、青川县、盐亭县、宝兴县、茂县等地文物收藏单位以及四川大学博物馆先后开展了馆藏文物修复工作，修复馆藏文物1200余件。

陕西省投入资金1800多万元，实施抗震救灾项目23项，完成陕西历史博物馆、秦兵马俑博物馆、汉阳陵博物馆、陕西省考古研究院、宝鸡青铜器博物馆、陇县博物馆、宝鸡陈仓区博物馆等受损可移动文物修复58件。恢复受损陈列及部分博物馆设施，完成文物转移安置等工作。

五 非物质文化遗产保护

国家将非物质文化遗产重建纳入《公共服务设施恢复重建专项规划》，明确了非物质文化遗产重建目标和主要任务。文化部及时部署灾区非物质文化遗产抢救保护工作，落实抢救方案，制定保护规划，并拨付 1181.61 万元专款用于地震灾区非物质文化遗产保护工作。2008 年 6 月 24—26 日，由文化部主办，中国非物质文化遗产保护中心、四川省文化厅承办的“全国地震灾区非物质文化遗产抢救保护专家座谈会”在成都举行。文化部制定《汶川地震灾区非物质文化遗产保护与恢复重建规划纲要》《羌族文化生态保护实验区规划纲要》，并将有关内容纳入三省文化重建规划。重建内容主要分为非物质文化遗产代表性传承人救助安置，非物质文化遗产实物资料抢救、征集、复制、制作，非物质文化遗产数字空间建设，筹办并开通羌族文化数字博物馆，非物质文化遗产保护研究和设备配置等 5 个方面。

非物质文化遗产代表性传承人救助安置方面，对四川省梓潼县文昌洞经古乐、青川县川北薅草锣鼓、广元市白花石刻、广元市麻柳刺绣、绵竹南派木版年画、绵竹北派木版年画、绵竹棚花村木版年画、绵竹射箭台村木版年画、德阳潮扇传统工艺、彭州市桂花土陶、崇州市道明日用竹编技艺、崇州市怀远藤编技艺、理县博巴森根、九寨沟县㑇舞、九寨沟县南坪曲子、小金县马尔锅庄等传习所传承人，对甘肃省傩舞—池歌昼、高山戏、康县木笼歌、康县锣鼓草、康南毛山歌、唢呐艺术、寺台造纸术、河池小曲、武都木雕、舟曲县织锦等传承人，以及对陕西省宁强县、略阳县、勉县、陈仓区共 47 名非物质文化遗产传承人进行了救助安置。（参见图 130）

图 130　2010 年 2 月 5 日，羌族文化传承人母广元带领羌家儿女唱起祝酒歌（广电总局　提供）

非物质文化遗产实物资料抢救、征集、复制、制作方面，共规划 45 个项目，投资 17.84 亿元。其中，四川省有安县民俗博物馆、江油市民俗博物馆、三台县潼川豆豉专题博物馆、梓潼县文昌洞经传习所、苍溪县民俗博物馆、旺苍县民俗博物馆、剑阁县高观皮影戏专题博物馆、青川县川北薅草锣鼓传习所、广元市白花石刻传习所、广元市麻柳刺绣传习所、绵竹市年画博物馆、绵竹南派木版年画传习所、绵竹北派木版年画传习所、绵竹棚花村木版年画传习所、绵竹射箭台村木版年画传习所、剑南春酒酿造技艺专题博物馆、中江县民俗博物馆、德阳潮扇传统工艺传习所、都江堰市民俗博物馆、大邑县民俗博物馆、彭州市桂花土陶传习所、崇州市道明日用竹编技艺传习所、崇州市怀远藤编技艺传习所、芦山县民俗博物馆、石棉县民俗博物馆、宝兴县民俗博物馆、九寨沟县民俗博物馆、理县博巴森根传习所、九寨沟县㑇舞传习所、九寨沟县南坪曲子传习所、小金县马尔锅庄传习所、阆中市民俗博物馆；甘肃省有陇南市、文县、武都区、康县、成县、徽县、两当县、甘南藏族自治州和舟曲县非物质文化遗产保护中心；陕西省有宁强县、略阳县、勉县和陈仓区非物质文化遗产资料抢救项目。

非物质文化遗产数字空间建设共24个项目，总投资3010万元。主要包括：四川省羌族文化遗产名录数据库，羌族非物质文化遗产影像资源库，羌族数字化资源综合管理系统，羌族文化虚拟体验中心，数字文化光盘，数字文化生产服务基地，数字化宣传、服务、传习平台，羌族数字博物馆，羌族数字图书馆，羌族网络学校；甘肃省的陇南市非物质文化遗产保护中心、文县非物质文化遗产保护中心、武都区非物质文化遗产保护中心、康县非物质文化遗产保护中心、成县非物质文化遗产保护中心、徽县非物质文化遗产保护中心、两当县非物质文化遗产保护中心、甘南藏族自治州非物质文化遗产保护中心、舟曲县非物质文化遗产保护中心；陕西省的宁强县非物质文化遗产数据库、略阳县非物质文化遗产数据库、勉县非物质文化遗产数据库、陈仓区非物质文化遗产数据库。

筹办并开通羌族文化数字博物馆。2008年7月23日，由文化部主管、中国非物质文化遗产保护中心负责论证、筹建、发布和日常维护的“羌族文化数字博物馆”正式在互联网开通。“羌族文化数字博物馆”运用数字化手段，通过互联网，以大量文字、图片和音频、视频资料，全面介绍羌族独特文化。数字博物馆分为8个栏目，即羌族概览、美好家园、文化风物、羌之印象、遗产保护、抢救重建、学术研究、新闻动态，系统详细地介绍了羌族的历史、现状及其文化遗产，包括人口及分布区域、资源环境、文化遗产、宗教信仰、村寨建筑、服饰和织绣、婚丧礼俗、传统节日、音乐舞蹈以及文化遗产保护和灾后抢救重建情况，并汇集了部分研究羌族文化的学术著作和论文。

非物质文化遗产保护研究和设备配置方面，共15个项目，投资860万元。包括四川羌族文化传承人纪实录、千年古歌——羌族多声部音乐研究、羌族释比文化研究、禹羌文化研究，以及甘肃灾区非物质文化遗产保护设备配置。

在非物质文化遗产保护恢复重建过程中，特别注重践行3个理念，即物质文化遗产保护与非物质文化遗产传承有机结合、非物质文化遗产整体性保护、非物质文化遗产生产性保护。

非物质文化遗产保护恢复重建项目选介：

羌族文化生态保护实验区　2008年6月24日，文化部启动灾区非物质文化遗产保护行动，通过实地调研和研究，完成《羌族文化生态保护实验区规划纲要》。纲要明确羌族文化生态保护实验区的范围包括羌族主要聚居区茂县、汶川县、理县、北川羌族自治县，毗邻的松潘县、平武县、黑水县，以及宁强县、略阳县等部分相关地区。

10月8日，文化部设立“羌族文化生态保护实验区”，明确保护区的指导思想、基本原则、总体目标、保护范围、保护对象、保护方式、保护措施以及保障机制等。国家级羌族文化生态保护实验区规划总投资共3.53亿元，项目53项。11月14日，羌族文化生态保护实验区授牌仪式在北京人民大会堂举行。仪式由文化部主办，中国艺术研究院中国非物质文化遗产保护中心承办，中共中央政治局委员、国务委员刘延东出席授牌仪式。

绵竹年画　绵竹木版年画技艺主要分布在绵竹市城区剑南镇和北部的拱星镇、遵道镇、新市镇、孝德镇等地。绵竹木版年画制作包括起稿、刻版、印墨、施彩、盖花等工序。绵竹木版年画与地方习俗紧密联系在一起，仅张贴就有许多规矩。画中种种图像亦有不同的象征与解释。2006年被列为国家级民间艺术类非物质文化遗产。

地震发生后，绵竹市年画基地、传习所、作坊的设备、工具、雕版、资料及展品、产品等损毁严重。遵道镇棚花村、拱星镇北派年画基地完全垮塌，6个非物质文化遗产保护中心设施受损达3.5万平方米，受损珍贵实物1000余件，直接损失2000余万元。

根据绵竹市重建规划，江苏省援建指挥部于2008年年底至2010年6月，相继援建了年画村（原射箭台村和大乘村）、遵道镇年画传习所，以保护和传承绵竹年画。

绵竹年画博物馆　绵竹年画博物馆是国家非物质文化遗产保护基地，也是四川省爱国主义教育基地之一。旧馆建成于1996年，占地面积5199平方米，建筑面积3808平方米，有专业文物库房、年画展厅、精品展厅、非遗传承人研究室和工作室等，集抢救、收集、整理、研究、保护、传承、开发于一体，是全国唯一的专业年画博物馆。馆藏清代年画木版文物及年画资料2000余件。清代绵竹年画大师黄瑞鹄所作《迎春图》，被专家学者称为清代的清明上河图。

地震发生后，绵竹年画博物馆被纳入灾后恢复重建的总体规划。江苏省南通市承担绵竹年画博物馆灾后重建的任务。建成后的新博物馆建筑面积4229.5平方米，展厅面积1450平方米，其建筑设计、功能布局和软、硬件配备等达到国家标准博物馆水准。从馆藏文物品种、研发人员数量、研究成果、历史影响等方面评估，该馆已具备国家二级馆的条件。新馆已全部对外免费开放。

建筑文化遗产　建筑文化风格是一个地区非物质文化遗产的重要元素。灾后恢复重建过程中，各援建省市充分尊重当地的建筑风格，使新旧建筑文脉传承浑然一体，最大限度地保护传承了当地的建筑文化。

浙江援建坚持“经济、适用、安全、节地、特色”原则，在建筑设计风格上，充分尊重和发扬青川传统文化，彰显“小青瓦、白粉墙、人字顶、木栏花窗”等川北民居特色。对青川县竹园老镇等场镇进行改造，借鉴杭州市背街小巷改造的经验，打造出“一街两岸三路”为主导的具有川北风情的小城镇。江苏援建的农村和城镇住房，不但实用，解决了灾区群众的居住问题，而且考虑到美观，在民居中融入了江南元素。吉林援建黑水县色尔古乡色尔古藏寨，注重建筑文化遗产的文脉传承，突出村寨特色风貌，按照“因山就势、依山傍水、自然布局、错落有致、彰显特色”的指导思想，最大限度地在风貌特色上体现地域和民族文化元素，重点实施210幢房屋风貌塑造，集中了县内不同乡镇、不同地域的民族民间文化与习俗，是个很好的民俗文化体验地。黑水县卡龙镇才盖村依托卡龙沟风景名胜区，重建工作重点是村寨风貌塑造，集中展现浓郁的安多藏寨民俗文化特色。安徽援建坚持“外观民族化、内部现代化”的原则，配合松潘县对全县约1.2万余户农房进行风貌改造，打造多元民族特色的46个文化村寨，建设民族文化长廊；重点对九环沿线县城至南界、安宏至牟尼沟、县城至川主寺沿线9个乡（镇）进行民族文化长廊设计改造，打造川主寺镇东北村、山巴乡上磨村等 5 个民族文化旅游示范村，对民居的房屋、门面按照民族风格进行统一改造和配套建设。上磨藏族村全部 84 户农房通过风貌改造，整个村寨村容村貌更加美观，民族风格更加鲜明。

第三节　广播影视

一　组织实施

总体部署　2008 年 5 月 23 日，广电总局局长王太华主持召开总局局务会议，提出分两步做好广播影视系统的重建工作。第一步，尽快恢复广播电视播出，尽快把广播电影电视送进受灾群众安置点，把广播喇叭送进灾区行政村，增加安置电视机、电影放映设备、广播喇叭。第二步，认真筹划重建工作。总局派技术工作组赴四川灾区，进一步摸清情况；灾区广电部门要把广播电视恢复播出和重建工作纳入党委和政府的首批重建规划中，尽快全面恢复灾区广播电视正常播出。总局成立工作组，分批多次至四川、甘肃、陕西，指导帮助灾区尽快恢复广播电视应急播出和正常播出状态，建立重建过渡时期的基本工作条件，配合解决受灾群众收听收看广播电影电视问题，尽快把广播电影电视送进灾区群众安置点和灾区行政村，做好摸底调查和灾后重建规划工作。26 日，广电总局副局长张海涛主持会议对工作组的工作进行部署。6 月 5 日，广电总局成立广播影视灾后重建规划工作领导小组，张海涛任组长，办公厅、电影局、社管司、计财司、科技司、设计院以及川、甘、陕三省广电局负责人为成员。10—11 日，广电总局组成工作小组，再赴四川指导制定广电灾后重建规划方案。工作小组与四川省广电局、重灾地区 6 个市（州）和 28 个县（市、区）广电局连续工作 24 小时，针对广电播出机构设施受损情况，按照四川省先期启动项目建设的要求，逐市、逐县、逐台分别编制、审定建设项目。确定的方案由四川省广电局上报省灾后重建规划领导小组并得到认可。

《恢复重建总体规划》明确了广播影视系统恢复重建的主要任务。《公共服务设施建设专项规划》进一步明确了广播影视系统恢复重建的指导思想和基本原则、规划目标和实施进度、主要任务和投资估算以及组织实施要求。依据国家的总体部署安排，广电总局组织制定《规划工作方案》《规划指导意见》，对广播影视系统灾后恢复重建进行具体部署安排。明确重建的主要任务是，在规划期内，恢复重建城乡一体化有线电视网络干线和用户分配网；恢复重建广播电台、电视台基础设施，广播电视无线发射、监测台站、电影院以及乡镇广播电视站等基础设施；继续做好“十一五”广播电视村村通工程、西新工程[①]、农村电影放映工程建设等的实施工作。上述

① 配合西部大开发，为了进一步推广广播电视“村村通工程”的成果，从 2000 年 9 月开展西藏、新疆等边疆少数民族地区广播电视覆盖工程，简称西新工程。

任务分两个阶段组织实施。第一阶段为应急恢复，初步恢复广播影视基本工作条件，恢复广播电台、电视台临时播出；第二阶段为全面恢复重建，全面修复、更新广播影视设施设备。

灾区省运行 四川、甘肃、陕西三省广电系统根据国家的部署要求，严格遵守相关法律法规，通过规范、合理、有序的项目建设流程，保证了广电系统灾后重建工作的顺利进行。

四川省广电局立足于灾情综合评估，认真核实广播电视受灾情况，确保项目完整、数据准确、情况真实，以便编制好具有科学性、前瞻性和可操作性的灾后重建方案。2008 年 5 月 30 日，在《四川省汶川地震灾后重建规划工作实施方案》中，明确将广播电视设施项目等纳入首批重建规划实施项目，先行启动建设。6 月 5 日，省广播电视震后重建规划工作会议在成都召开，会议就编制广播电视震后重建应遵循的基本原则、基本内容、阶段划分及时间安排作了部署，并就震后重建的资金来源和相关扶持政策提出意见建议。7 月 9 日，省广电局完成了重灾地区 39 个县（市、区）及成都、德阳、绵阳、广元、雅安、阿坝 6 个市（州）广播电视播出机构、省广电集团所属部分重灾地区发射台、省广电局在重灾地区的直属发射台和峨眉电影集团的广播电视社会事业基础设施灾后重建项目规划编制。自 2009 年 5 月开始，省广电局组成 3 个督察组至 39 个县（市、区），逐个督察项目资金和开工准备情况。随着灾后重建工作的深入推进，部分灾后重建项目与国家总体规划和专项规划不符的矛盾日渐显现。为增强灾后恢复重建的科学性，配合中期评估，8 月 24 日，四川省灾后恢复重建规划项目、基金调整工作电视电话会议在成都召开。从 9 月开始，对部分地区的广播影视灾后重建项目进行中期调整。12 月 5 日，省委、省政府组织召开全省全面加快灾后文化恢复重建工作会议，对全省广播电视灾后重建工作提出要求。

甘肃省广电局统筹安排，制定了《地震灾区广播影视设施恢复重建规划》和《广电总台及所属转播台发射台等广播影视设施恢复重建规划》。在优先解决机房及办公场所基础上，文县加大对广电基础设施的修复力度，努力加快机房设备的添置和更新，修复有线电视并进行数字化改造。陇南市武都区着眼城区发展，对城区网络主干线、支线进行升级改造。为避免重复建设，西和县广电局经向市发改委申请立项，将重建广播电视台及电影院这两个灾后重建项目整合在广电大厦项目中。

陕西省广电局责成受灾地区广电部门编制重建规划。宁强县确定了在 2010 年年底前完成的 4 项广播影视灾后重建目标任务。宝鸡市陈仓区广电系统将灾后恢复重建与陈仓区广播电视长远规划和社会发展结合起来，规划新建一座广播电视大楼，配备适当超前的采编播设备，使设备性能、技术参数和服务质量明显优于震前水平。天津广播电台对口支援宁强广播电台，先后 4 次派出 30 余人到宁强察看灾情、实地测量，援建宁强广播电台一台价值 30.9 万元的设备。由国家投资 2700 万元在原址建设的宁强县影剧院按 8 度抗震设防。勉县广播电视传媒大厦是灾后恢复重建重点建设项目，计划总投资 1890 万元。大厦外观设计既考虑到勉县独特的两汉三国历史文化元素，又充分融入现代广电传媒理念，设计新颖，特色鲜明，具有浓郁的文化和现代气息。

对口援建省市运行 重建中，广电总局多次召开广播影视对口支援协调会，明确广播影视系统对口支援首先保证恢复制作、恢复播出、恢复放映，同时科学制定重建规划方案。对恢复重建过程中涉及节目、频率、台址变更的要尽快与总局相关司局沟通。尽快落实本省（市）对口支援资金，在规定期限内帮助受援方完成重建任务。2008 年 6 月 10 日，山东省广电局召开专题会议，研究制定支援北川羌族自治县广播电视恢复重建工作方案，决定派驻入川工作组，实地开展支援当地广播电视设施重建工作。18日，北京、山西、湖北广电局分别召开对口支援工作会议，成立对口援建工作领导小组，明确援建工作任务和运作方式等。其他各支援省（市）广电局也迅速成立了由省（市）广电局局长或主管领导任组长的对口支援工作领导小组，落实机构和人员。至10月17日，19个支援省（市）的广播电视援建项目均被纳入本省（市）政府对口支援总体方案，并在实地调研的基础上，与四川、甘肃、陕西的受援县（市）基本上达成对口援建意向。援建项目主要涉及广播电视台、有线电视网络、广播电视无线台站、乡镇广播电视站等设施设备恢复重建，计划投入援助资金约7.4亿元，其中广播影视援建项目共298个。

二　恢复重建项目选介

截至2010年12月底，四川省广播影视开工项目600项，完工387个（参见图131），完成投资24.07亿元。陇南市广电系统灾后恢复重建项目68项，落实中央重建基金45498万元；舟曲县灾后恢复重建项目5项，落实中央重建基金1900万元。截至2011年3月底，陕西省的宁强县开工项目2个，完成1个，完成投资3000万元；略阳县开工项目7个，完成5个，完成投资1865万元；勉县开工项目2个，完成投资1595万元；宝鸡市陈仓区开工项目2个，完成1个，完成投资127万元。

图131　震后新建的北川羌族自治县广播电视台
（四川省委宣传部　提供）

绵竹市广播电视“村村通”工程　绵竹市广播电视“村村通”主干网及农房集中点有线电视配套工程涉及全市平坝地区17个镇、136个村、1888个农房重建集中建设点，惠及全市农房重建集中点中85%以上的入户人口。总投资4440万元，其中中央重建基金首期启动项目投资3400万元、绵竹市广播电影电视局自筹资金1040万元。2010年1月28日，工程施工队开始进场，陆续完成全市17个平坝乡（镇）广播电视“村村通”主干网，完成标书中农房集中点2万户有线电视的安装任务。12月15日，完成工程总量98%的任务，完成绵远镇、孝德镇、土门镇、板桥镇、遵道镇、玉泉镇、新市镇、什地镇、九龙镇和广济镇站的建设。

都江堰市新闻中心 项目位于都江堰市幸福镇联盟村3组，总投资7228.19万元，总建筑面积约1.02万平方米，属上海援建项目。工程由中交第三航务工程局承建。建筑总高37.8米，由主楼和辅楼两部分组成，主楼7层（局部8层），辅楼1层（局部2层），楼顶建有1座高20米的钢结构发射塔。工程主要用于都江堰市广播电视台和《都江堰》编辑部办公，功能涵盖电视节目制作、播出用房、后期制作用房、工艺用房、采编排新闻业务用房、行政管理用房、地下停车库及设备用房等。项目于2009年9月26日正式开工，2010年6月完成建设。中心内400平方米的综艺演播室除用于节目录制外，还可以用于会议和演出，音响、光线达到国家标准。演播室为标准4讯道，最大可以通过系统调至8个讯道，可完成电视节目的制作。

安县广播电视大楼 安县广播电视大楼是四川省第一个竣工的广播电视灾后重建项目。项目总投资2600万元，其中辽宁省投资2180万元、中央重建基金420万元；总投资中业务用房1600万元，台内其他设施设备1000万元。项目按7度抗震设防，全框架、全现浇结构。建筑为3楼1底，建筑面积3807米。项目建成后为安县广播电影电视业务的中心和枢纽，由中铁九局集团有限公司中标并由中铁九局集团援川安县项目部进行建设，2010年10月7日入驻办公。工程集广播电视节目接收、拍摄、制作、编辑、播出于一体，有电视新闻演播室、电视专题演播室、节目编辑制作室、电台播音室、前端机房、播出机房等设施。其中，演播室和制作室可以同时编辑制作电视新闻、电视专题、广播新闻等节目。前端机房内安装有线数字前端、有线模拟前端、无线数字前端、宽带网前端等设备，最多可传送324套有线数字电视节目，传送48套无线数字电视节目。楼顶安装有卫星电视接收系统，可接收中星6B、鑫诺3号、亚洲3S、中星9号上的电视节目。

西和县广电大厦 项目系将西和县广播电视台、电影院整合后建成的综合大厦。设计单位为甘肃建苑建筑设计研究院，施工单位为甘肃第七建设集团股份有限公司。2009年4月26日工程开工，2010年3月主楼主体工程完工、8月底土建工程完成。12月20日，完成广电大厦、电影院多功能厅、演播大厅的二次装修及设备安装并投入使用。大厦总占地面积3975平方米，总建筑面积11732.98平方米，总投资2722.62万元。建筑包括主楼和副楼（演播大厅）两部分，主楼为12层现浇钢筋混凝土框架剪力墙结构，建筑主体总高度47.25米；副楼（演播大厅）为3层现浇钢筋混凝土框架结构，建筑主体高度18.95米。主、副楼工程均为二类高层建筑，耐火等级二级，建筑物耐久年限均为50年。

宁强县广播影视系统 宁强县广播影视系统列入灾后重建规划的项目，包括宁强广播电视中心、宁强广播电台、宁强县影剧院、鹰嘴岩无线广播电视发射台恢复重建4个项目。

宁强县影剧院。安排中央重建基金2700万元，2010年11月开工，2012年8月竣工并投入使用。影剧院位于县城中心，按8度抗震设防，由演出放映大厅、舞台、办公用房、小型豪华放映厅、商业用房等组成。使用功能主要为举行大型会议、文艺演出、电影放映，同时承接商业演出、会展等。

宁强广播电视中心。项目位于县城中心的制高点，工程包含电视广播制作、播出机房，以及200多平方米演播大厅等配套用房和县广播电视局、台综合办公用房。项目总投资1180万元，其中中央重建基金1000万元、天津捐赠资金180万元，建筑面积2211平方米，8度抗震设防。2009年11月28日开工，2010年年底竣工。

鹰嘴岩无线广播电视发射台恢复重建项目。项目总投资100余万元，全部由陕西省广电局投入。2008年6月开工建设，8月6日完工，8日北京奥运会开幕之前投入运行。

宁强广播电台。由天津人民广播电台援建。通过援建，宁强广播电台在设备配置、人员素质、节目内容上都有了较大提升。

第四节 体育

汶川特大地震造成四川、甘肃、陕西三省灾区的公共体育设施严重损毁，加之震后作为安置受灾群众的避难场所、抗震救灾指挥中心、救灾物资集散中心、临时救治医院等场所，使这些原本不具备上述功能的体育场馆受到进一步损毁，急需修复重建，运动员亦需赴外地训练。

一 组织实施

总体部署 2008年5月29日，体育总局成立副局长王钧任组长的汶川地震灾后公共体育设施恢复重建规划小组，下设办公室，开展灾后恢复重建规划编制工作。同日，体育总局发出《关于下发体育系统地震受灾设施统计表的通知》，并组织专家编制“体育受灾基础数据统计体系”，川、甘、陕三省迅速启动受灾情况统计工作。经过4次统计后，完成受灾数据统计核实。6月10日，王钧带领总局职能部门人员到四川了解灾后重建工作，对重建规划编写提出具体要求。规划组办公室深入灾区调研，确定编制规划的基本原则为：实事求是、立足长远、满足功能、持续发展；重点恢复重建市、县、乡、村4级公共体育设施，公共体育设施要能满足社会应急避难的需要，满足灾区群众在过渡期的体育活动需求，尽早完成过渡期灾区群众集中安置点临时体育器材、设施的配置和建设。市（州）级建设的基本格局：必须建设一场（体育场）一馆（体育馆），条件允许的还应有一个全民健身中心，既能满足人民群众健身的需求，也是防灾减灾的需要。《恢复重建公共服务设施专项规划》明确了体育恢复重建的指导思想和基本原则、规划目标和实施进度、主要任务和投资估算以及组织实施要求。规划项目162个，其中四川省131个、甘肃省20个、陕西省11个。2009年年底，规划经过中期评估调整后，项目数量调整为143个，其中四川省120个、甘肃省19个、陕西省4个。投资规模31.3277亿元，其中四川省26.393亿元、甘肃省3.3987亿元、陕西省1.536亿元。

灾区省运行 川、甘、陕3个灾区省体育局及时将规划项目印发到灾区体育部门，并召开专题会议安排布置，组织灾区体育部门制定实施计划，协调省级相关部门工作。灾区市、县体育部门积极与当地政府、发改部门配合，将国家灾后规划项目纳入当地规划，并组织实施。2008年12月，四川省体育局举办为期一周的“体育系统灾后恢复重建项目管理培训班”，培训灾后重建业务骨干。甘肃省体育局与陇南市及各县（区）主要领导积极沟通，协调项目建设选址、用地，促进项目开工建设。2009 年 9 月 30 日，陕西省发改委召开 4 个重灾县（区）灾后恢复重建项目审查会议，对 4 个重灾县（区）公共体育设施恢复重建调整项目进行审查，并要求灾区县（区）体育局积极行动，承担项目建设的组织实施工作。

对口援建省市运行　各援建省市计投入资金 69386 万元，援建灾区公共体育服务设施项目 21 个，分别采取“交钥匙”工程、共建工程、“交支票”工程形式。援建项目主要有：汶川县体育馆及避难广场、北川羌族自治县体育中心、绵竹市体育中心、什邡市全民健身中心、平武县文化体育中心、平武县体育场、理县体育馆及全民活动中心、黑水县文体广场、剑阁县体育馆、松潘县体育馆、大邑县桃园新城体育中心（内蒙古自治区主动援建）、汉源县体育馆及 3 个社区活动

图 132　震后新建的绵竹市体育中心

（四川省委宣传部　提供）

图 133　震后新建的小金县文化体育活动中心

（四川省委宣传部　提供）

图 134　震后新建的阆中市体育活动中心

（四川省委宣传部　提供）

中心、小金县全民健身中心、文县体育场等。（参见图 132 ～ 134）

其他援建　2008 年 8 月 2 日，国际奥委会、中国奥委会和北京奥组委在北京向四川地震灾区捐款 800 万美元，在德阳修建一所奥林匹克后备人才学校（四川省政府配套资金 3000 万元，合计 8500 万元）。

香港赛马会捐资 1.35 亿元，在都江堰建设一所奥林匹克学校，学校能为乒乓球、羽毛球、举重、摔跤、柔道、田径、篮球、排球、足球等 9 个四川省奥运优势项目提供训练场地，可容纳 500 名体育尖子生学习和训练。澳门特区援建 6 个重灾县（区）11 个项目、援助总金额 4.802 亿元，其中投入最大的为广元澳源体育中心，资金 2 亿元，建设一座体育场、一座多功能体育馆、2.68 万平方米室外运动场及配套设施。

四川省运动员赴外省异地训练　地震发生后，四川省一些优秀运动队的部分训练场馆和住房受到不同程度损坏，如重竞技系、网管中心、乒羽中心、陆上运动学校均出现危房，不能安全开展训练。余震频繁，难以进行训练；个别运动员为躲避余震，在撤离疏散时摔伤、扭伤。四川省有 20 名选手正在备战北京奥运会，此外还有几百名一线选手正在为 2009 年全运会作准备。对此，体育总局高度重视，与有关部门积极协调，总局各项目管理中心以及兄弟省市体育局负责人和解放军热诚相邀、鼎力相助，把接待四川省优秀运动队训练作为向四川灾区人民奉献爱心的体现，在经费、器材、场地、吃住等方面给予全力支持和帮助。从 2008 年 5 月下旬开始，四川省运动队 30 个小项、600 余人，相继奔赴北京、上海、山东、河南、广西、广东、湖北、内蒙古、解放军等 15 个省（区、市）及单位进行训练。

二 恢复重建成果

公共体育设施灾后重建投资，主要由中央灾后重建资金、各级地方政府财政配套资金、对口支援省市援建资金，香港、澳门特区以及国际社会援助资金组成。中央重建基金是公共体育服务设施灾后重建的主要资金来源，共 178921 万元，建设项目 109 个；对口支援省市投入资金 69386 万元，援建项目 21 个；香港、澳门特区和国际社会援助资金 64970 万元，建设项目 13 个。各级地方政府财政资金主要用于项目用地划拨、征地、三通一平等辅助设施配套，一般未计入灾后重建资金投入。截至 2011 年年底，上述 143 个项目全部开工，完工项目 125 个，占 87.41%。

体育设施恢复重建具有以下明显特色：

防灾功能强。吸取汶川地震抢险救灾中利用体育场所进行避难、救灾前线指挥、医疗救治、物资中转发放的经验，灾后重建的体育场馆将防灾减灾纳入总体功能设计中，是新建体育场馆的最大亮点。恢复重建体育设施，设计之初就引入体育场馆可作为紧急避难场所的理念，增设相关应急设施，如铺设安装应急水电设施，解决疏散问题等，一旦灾情发生，可立即启用。

设施标准高。恢复重建的体育场馆不再是传统的体育场，而成为当地标志性建筑。灾后重建让基础体育设施产生巨变，除个别边远地市外，都有条件举行全省性运动会。绵竹市体育中心被称为绵竹“鸟巢”，标准的草坪足球场、电子记分牌、无障碍设施等现代化设施一应俱全。北川体育中心设施齐备、现代、气派，建成后，大师杯中国乒乓球 2010 年度总决赛和四川省、绵阳市的多项大型比赛落户北川。

建设速度快。灾后体育重建，举全国之力，三年任务两年完成，创下全国体育设施建设速度最快的纪录。汶川县体育馆 2009 年 7 月 8 日开工，12 月 28 日竣工，工期 173 天，被专家誉为“广东速度”。2010 年 5 月 12 日，由黑龙江省对口援建的剑阁县体育馆正式落成，也仅用了 190 天时间即建成。

北川羌族自治县体育中心 北川老县城龙王滩体育场被垮塌的山体淹埋，在新县城总体设计中，体育中心建设被纳入规划，并作为山东援建北川灾后恢复重建重点项目之一，由青岛市采取交钥匙方式对口援建，总投资约 1.035 亿元。山东省委、省政府强调要把北川体育中心建设成为城建工程的标志、抗震救灾精神的标志。

2009 年 1 月 15 日开工，青建集团股份公司负责项目施工。2010 年 5 月 11 日，主体工程竣工。工地先后被评为“青岛市标准化示范工地”“山东省援建北川安全文明工地”“四川省安全文明示范工地”，工程荣获“四川省结构优质工程”奖、“天府杯”“绵州杯”“青岛杯”“泰山杯”等建筑工程奖。

建成后的体育中心位于北川新县城城南 59 号街坊内，北为滨河路，毗邻永昌河公园景观带；西为禹龙桥，东为新北川主干道永昌大道。中心由体育场和体育馆两个单体工程组成，占地 5.6 万平方米，总建筑面积 1.65 万平方米。其中，体育场建筑面积 7600 平方米，可容纳观众 7200 人；体育馆建筑面积 6750 平方米，可容纳观众 2800 人；全民健身中心建筑面积 2400 平方米，包括摔跤练习场、台球、乒乓球场、武术室、舞蹈室、文化室、健身室以及室外篮球场、游泳池等。

体育场最大特点是自然景观和民族文化的融合。设计者着力让建筑跟周边的山体呼应。除北面主看台外，其余三面为浅草坡草坪看台，形成开放之势，让群众从沿街马路上就可以看到体育场里的活动，同时也使场内视野非常开阔，与对面绵延起伏的山峦融为一体，与自然生态和谐共处。体育馆的外形设计灵感来源于北川民居，在风貌选择、建筑体量和样式等方面完全按照羌族民居特色修建，着力展现羌族建筑特色。主看台的罩篷，呈扇形围绕体育场中心展开，前段微微上翘，两端随着看台呈弧形弯曲，使形象更加流畅，体现出运动的活力（见图 135）。2011 年 1 月 14 日，“长虹大师杯”乒乓球总决赛在此举行，刚刚迁居北川新城的乒乓球迷在这里观看了一场高水平赛事。4 月 10 日，北川体育中心体育馆又迎来“2011 年世界超模大赛半决赛”，30 名超模被授予“羌绣文化推广使者”称号。

图 135　震后新建的北川体育中心

（四川省委宣传部　提供）

汶川县体育馆　广东省对口支援汶川县灾后恢复重建项目，总投资 4500 万元，为“交钥匙”工程。项目由广东达安工程项目管理有限公司代建，广东省建筑设计研究院设计，成都兴蜀勘察基础工程公司勘察，广州建筑工程监理有限公司监理，广东耀南建筑工程有限公司施工。2009 年 7 月 8 日开工，12 月 28 日项目竣工并投入使用，工期 173 天，被专家誉为“广东速度”“广东质量”。项目获四川省“天府杯”金奖。体育馆投入使用后，可满足省级篮球、羽毛球项目训练和比赛，还可以满足汶川县老百姓日常休闲、体育比赛、文化演出等活动需求。体育馆按照 9 度抗震设防标准建设，并引入了避难广场的设计，体育馆前面的广场面积达 2 万余平方米。2010 年 8 月 14 日，汶川特大泥石流发生后，汶川作为进出阿坝藏族羌族自治州的南大门，县城滞留旅客达到 5000 多人。汶川县政府将新建成的汶川县体育馆作为临时安置点，组织滞留旅客在馆内避灾、安身，并为他们免费提供盒饭、水以及医疗救治，使该馆很好地发挥了应急避难功能。

体育馆的设计与当地的民族文化和自然环境有机融合。设计吸取羌族碉楼元素，以羌式碉楼为主体支撑，主体建筑带有条块相间的“羌红”图案，外墙粘贴的碎石富有美感，很好地体现了民族特色、地域特色，赢得了当地群众的赞扬。体育馆设计立意尊重大自然环境，建筑造型的灵感来自连绵起伏的山势，让建筑呼应自然环境，让建筑融入自然环境，建筑与自然和谐共生。落成后的汶川县体育馆，背靠岷江，整体造型优美大方，屋顶线条流畅、飘逸，与附近的山势、水流遥相呼应，与空旷的广场以及周围的环境协调一致、融为一体。

都江堰市凤凰体育场 都江堰市政府投资在建的体育场在汶川地震抢险中发挥了巨大的避难作用。灾后重建中，都江堰市将在建的体育场项目纳入国家灾后重建规划项目，增加立项内容和投资，并确定为灾后重建重点工程，继续由都江堰市体育局负责建设。2008 年 12 月 12 日开工，2010 年 5 月 15 日投入使用。

建成后的体育场位于都江堰市幸福镇永丰村，占地 8.6 万平方米，建筑面积 1.2 万平方米，可容纳 1.3 万人，地上 3 层，看台主体高度 18.9 米，挑棚最高处 23.2 米。配套有一个大型群众体育活动广场，由网球场 6 片、篮球场 2 片、极限运动场、轮滑场地、游泳活动区、室外乒乓球台 20 张和体育健身器材 20 套组成。总投资 1.2 亿元，其中中央重建基金 8000 万元、都江堰市政府投入 4000 万元。该体育场拥有一流的设施设备，具备举办国家级田径、足球等项目训练和比赛的条件，能开展乒乓球、足球、田径、网球、游泳、举重、极限运动、轮滑等体育比赛和训练活动，兼具市民健身及举办大型文艺演出的功能，同时也是都江堰市应对自然灾害的应急避难场所。

凤凰体育场创意出自“凤凰涅槃、浴火重生”，昭示着都江堰市虽经汶川地震特大自然灾害，依然焕发出勃勃生机，象征着都江堰市体育事业蒸蒸日上，勇攀高峰；还暗合了都江堰历史上出东门数里，登上“观凤楼”看凤凰求吉祥的典故，蕴含了都江堰市厚重的历史文化。体育场主体建筑平面呈椭圆形，屋面采用大尺度 14 片白色挑棚设计，与石材墙面形成强烈对比，展现力量与技巧的结合。树叶状罩棚，外形如片片白云，轻盈、飘逸，气质独特，充分体现了体育建筑的运动感与现代感，形成一种轻灵浮动的外观效果。

西和县体育中心 西和县属国家扶贫开发工作重点县，震前全县仅有一个简易土质体育场和简易的室内训练馆，体育基础设施建设十分滞后。2008 年年初，西和县委、县政府将新建西和县体育场列为全县 66 个重点建设项目之一，准备在体育场原址上进行新建。震后，西和县将体育中心项目纳入县第一批灾后重建项目。该项目由兰州交通大学勘察设计院设计，成县祥和建筑工程有限公司施工，陇南市昌信监理咨询公司为项目监理。工程于 2008 年 6 月 23 日开工，2011 年 6 月 10 日竣工。工程总投资 4800 万元，其中中央重建基金 3442 万元、西和县政府自筹 1358 万元。

建成后的西和县体育中心位于西和县城南开发区南侧，占地面积 33338 平方米，建筑面积 12326 平方米，由体育场、体育馆两个单体组成。体育场建筑面积 7241 平方米，可满足市级田径、足球项目训练和比赛。体育馆建筑面积 5085 平方米，可进行篮球、网球场、排球、羽毛球、乒乓球比赛。体育场建设工程竣工落成后，西和县隆重举办了全县首届中学生田径运动会，承办中国第三届乞巧文化旅游节，受到社会各界好评。

宁强县体育运动中心 地震造成宁强县体育中心严重损毁，直接影响到县城居民健身活动和全县体育活动的开展。体育中心建设被纳入灾后重建规划，列为县十大民生工程，决定在原址进行重建，并在体育场下段修建河堤以扩充体育场地用地空间，且起到安全防护作用。通过公开招标，该项目由广元工程勘察设计院（排水工程、绿化工程）和中国建筑西北设计研究院（体育馆）设计，宁强县羌州建筑有限公司、陕西华油公司承担体育馆工程建设，汉中市工程建设监理公司为工程监理。

工程于2009年5月开工，2011年12月竣工。至2010年4月底，附属设施篮球场、网球场、排球场、羽毛球场、乒乓球场地、儿童游乐场、中老年人活动场地、全民健身广场完工，投入使用。8月20日，体育场竣工，体育场内绿化、美化完成，绿化面积达1.5万平方米，建成生态停车场1000平方米、停车位56个，并安装有休闲座椅、灯饰、音箱等配套设施。9月7日，游泳池竣工投入使用。

建成后的宁强县体育运动中心位于宁强县汉源镇东门村的玉带河畔，占地8万平方米，建筑面积4万平方米，总投资7500万元，其中中央基金5870万元、自筹1630万元。体育中心由体育场、体育馆、游泳馆及附属设施组成。体育场建筑面积1.88万平方米，设观众座席2100个；游泳馆设标准游泳池、儿童戏水池各1个；附属设施包括塑胶篮球场、网球场、排球场、羽毛球场、乒乓球场及全民健身广场等。体育中心是集健身、体育赛事、避难等多功能于一体的综合性现代化的体育运动设施，可承办全县大中型田径、球类运动会。体育馆设置有物资储备站、生活救助站、灾区群众安置站、医疗救助站、志愿者工作室、应急宣传站、指挥室、消防控制室等灾时避难设施。2010年10月，宁强县第九届全民运动会在此举行。

三　体育精神家园建设

在灾后恢复重建过程中，国家和灾区省十分注重发挥体育运动在精神家园重建中的独特作用，组织各种体育活动，将体育人的关爱和支持送到灾区人民身边，帮助他们尽快走出地震的阴霾。

运动员赴灾区开展慰问活动　汶川地震后，中国红十字会组织心理救援团抵达四川灾区，奥运冠军高敏、邓亚萍、杨扬和国际象棋棋后谢军，还有14名心理学专家，在绵阳高新区实验中学的灾区群众安置点“帐篷学校”鼓励孩子们更坚强地面对生活。四川省体育局局长、前女子排球队员朱玲率陈龙灿等6名四川体育界明星，带着书包、文具、运动器材和运动服，到绵竹市遵道镇“地震希望小学”、什邡中学和绵阳市九洲体育馆“帐篷学校”和高新区实验中学慰问受灾学生。

中央部署灾后重建后，2008年6月9日，奥运冠军李宁、刘璇、杨凌及体操世界冠军李春阳等到位于绵阳市的“八一帐篷学校”探望灾区的孩子。27日，中国运动员教育基金发起人李宁、李春阳，奥运冠军杨扬、胡佳、张山以及乒乓球世界冠军丁松等组成的体育冠军探访队到德阳、绵竹看望慰问灾区的中小学生，并与遵道镇和东汽中学“活动板房学校”的师生开展体育表演、比赛，受到同学们的热烈欢迎。

2009年2月4日，奥运会男子体操冠军邹凯和奥运会女子帆板冠军殷剑到绵阳市绵阳中学，给师生们送年货，并陪孩子们一起参加课间体育活动。同日，中国女子曲棍球队韩国籍前主教练金昶伯和中国女曲队川籍运动员陈朝霞、张益萌到绵竹市南轩中学，和孩子们一起打球，陪他们度过热闹充实的一天。

2009 年 11 月 14 日，体育总局局长刘鹏、副局长王钧带领马琳、邓亚萍、王义夫、许海峰、高敏、邹凯、殷剑、张国政、郭晶晶等 18 位奥运冠军、世界冠军，参加在都江堰中学举行的“全民健身志愿服务——奥运冠军走进四川”活动。

2008 年北京奥运会火炬接力传递 北京奥运火炬传递四川段于 2008 年 8 月 3 日在四川省广安点燃。3—5 日，在广安、乐山、成都三市传递，在绵阳、广汉两市进行展示。“传递奥运圣火、弘扬抗震救灾精神、重建美好家园”是四川奥运圣火传递展示活动的主题。各城市的传递活动紧扣主题，将四川人民伟大抗震救灾精神与奥林匹克精神融为一体。特别是在绵阳、广汉的活动现场，大家喊出了“奥运加油、四川雄起”“四川依然美丽”“平武感恩全国人民”“支援省市与绵阳人民喜迎圣火”等口号，国旗、会旗、五环旗在火炬传递沿途交相辉映，突破奥运火炬传递的固定模式，充分展示了灾区人民万众一心、抗震救灾、重建家园的精神风貌，展示出灾区人民震不垮、压不倒的坚强意志。中央电视台和北京奥运官方网站评价此次活动为“充分实现了奥运精神与抗震救灾精神的完美结合”。在成都传递途中，10 余万群众夹道欢迎，处处彰显奥运氛围，人人表达喜悦之情，充分展示了四川人民喜迎奥运、参与奥运、奉献奥运的激情。整个活动历时 3 天，传递距离 28 公里，转场距离 954 公里，参加传递展示的火炬手 862 名，其中包括新增选的 29 名抗震救灾英模火炬手。首棒火炬手由抗震英模蒋敏担任，最后一棒火炬手则是英雄团体——邱光华机组所在的成都军区陆航团的代表。

8 月 5 日 10 时 41 分，随着最后一棒火炬手——英雄陆航团团长余志荣高举“祥云”火炬跑进成都世纪城国际会展中心点燃圣火盆，北京奥运火炬接力成都站的传递活动圆满结束。地震中许多可爱的身影如“可乐男孩”薛枭、“敬礼娃娃”郎铮等，也出现在火炬传递现场。

奥运主题活动 2008 年，汶川特大地震和北京奥运会是让中国人民难以忘记的一悲一喜的两件大事。灾难没有摧毁灾区人民对百年奥运的热情，迎奥运、庆奥运、传承奥运精神的活动在灾区的废墟上此起彼伏。

自 5 月 29 日起，以“迎奥运、庆七一、强体魄、建家园”为主题的四川省全民健身灾区行活动在雅安、都江堰、绵阳、德阳、广元、阿坝等灾区先后进行。活动由四川省体育局、省体育总会主办，省社体中心、市体育局承办。其间，专家教授开设体育健身讲座并进行心理干预，精彩纷呈的体育表演和趣味游戏互动及捐赠体育器材活动，让身处困境中的人们真切地感受到体育的快乐。参与体育表演的人员有省体育舞蹈协会、省健美操协会、省武术协会等团体的运动员，其中不少运动员曾在全国各类比赛中获得优异的成绩。

7 月 23—25 日，德阳市体育局与北京奥教执行团队、北京市教育局联合，以“素质教育”“体教共育”等工作为中心，以德阳市中小学生运动会为契机，向全市各级各类学校发出“动起来、迎奥运”的号召，开展“奥教春风沐德阳”活动，要求全市广大青少年学生积极参加课余体育锻炼，以实际行动迎接北京奥运会的召开。23 日，由四川省体育局主办，四川省社会体育指导中心、雅安市体育局承办，“全民健身与奥运同行”全民健身科学知识巡回讲演雅安站活动在雅安市人民医院学术大厅举行，市区各部门、企事业单位、体育协会、群团组织及抗震救灾各援建单位的干部职工踊跃参加。成都体育学院教授李建中和孙小敏分别就开展全民健身活动、国民体质现状、国内外先进的健身理念和科学有效的健身方法等进行全面、翔实、生动的讲解；针对国家工作人员长时间伏案工作情况，他们现场教授了一套简便有效的办公室伏案工作操，现场气氛既热烈活跃又秩序井然。北京奥运会举办前夕，为振奋精神、凝聚力量、喜迎奥运，把抗震救灾精神转化为自力更生、艰苦奋斗、重建家园的实际行动，经广元市委、市政府决定，在全市开展了“振奋精神、凝聚力量、喜迎奥运、重建家园”活动。

8 月 8 日，汶川、北川、青川、安县等地各级政府发文要求组织全县机关干部、企事业单位职工、救灾部队官兵、学生、板房安置点群众等集体收看北京奥运会开幕式盛况，以感受奥运精神。

9 月，德阳市体育局在旌阳、广汉、中江、罗江 4 个县（市、区），结合体育彩票大乐透一周年 1.5 亿元派送活动，开展以“重建家园、全民健身、强健体魄”为主题的“体彩超级大乐透杯”全民健身灾区行活动。市体育局集中编排了啦啦操、功夫扇、街舞、少儿武术、体育舞蹈、印度舞、无极健身球操，并用体育彩票公益金向灾区捐赠健身器材、体育用品。活动为期 2 个月，平均每站参加人数达到 2000 多人、演职人员 200 人次，4 站参加活动的灾区群众达到 1 万余人次、演职人员达到 800 余人次。

全民健身活动 在体育设施恢复重建过程中，社会各界把体育器材安置到受灾地区，把体育活动推广到受灾地区。

2008 年 11 月 3 日，四川省国家一级社会体育指导员培训班在成都举行。来自德阳、绵阳等地震灾区和其他市州的 91 名社体工作者参加培训。体育总局社体中心高度重视，联系健身专家赵之心赴蓉授课，随后深入阆中、遂宁等地为灾区群众进行现场指导。

阿坝藏族羌族自治州体育局坚持把恢复体育生活作为重建灾区群众“精神家园”的重要组成部分，仅在北京奥运会前夕和举办一周年之际，全州各县举办各种形式群体活动 30 余次，近 20 万群众参与。

2009 年 4 月 18 日，有 200 多支球队参赛的绵阳市涪城区第十八届排球赛落幕。5 月 12 日，在九洲体育馆举办了以“大爱无疆、和谐重建”为主题的“绵阳市九洲体育馆纪念 5·12 抗震救灾一周年体育联谊活动”。大地震中的被救者和援救者，用体育的互动，重温大爱之心。

2009 年 4 月 21 日，“全民健身、重建家园”都江堰市安置点运动会在“勤俭人家”受灾群众集中安置点启动，共设登山、拔河、乒乓球、踢毽球等 13 个民众喜爱的比赛项目，35 个安置点 1500 余名民众报名参加比赛，其中年龄最大的 58 岁、最小的 18 岁，活动持续到 5 月底。都江堰板房运动会第一天，17 支安置点代表队在勤俭人家广场上进行拔河比赛。

2009 年 4 月 27 日，绵竹市在广场上举办灾后首届健身运动会，3300 余名群众参加挑担子、拔河、抛秧、接力、广播操等趣味十足的比赛，5 天的运动会创下绵竹历史上参加人数最多、时间最长的市民健身活动纪录。地震一周年之际，由中国桥牌协会、四川省桥牌协会、德阳市政府共同主办的“感恩的心、重建家园”桥牌联谊赛于 27 日在德阳举行。

2009 年 5 月 20 日，四川省第一届全民健身运动会落幕。8 月 8 日，历时一年的四川省 21 个市（州）4000 多支代表队共计 10 万人次参与、四川省史上最大规模的业余篮球赛事结束。

第五章　社会福利

第一节　组织实施

一　总体部署

汶川地震发生后，中央领导同志多次对社会福利设施灾后恢复重建工作作出指示。发展改革委、民政部等部委成立领导机构，负责规划编制、组织实施，推进社会福利设施的恢复重建。《恢复重建总体规划》明确了社会福利恢复重建的主要任务。《公共服务设施建设专项规划》对社会福利三年恢复重建总体任务作了明确规定，对3个灾区省的主要建设任务和投资估算及资金来源作了细化。民政部印发《民政公共服务设施恢复重建专项规划》，提出了四川、甘肃、陕西三省重灾地区51个县（市、区）社会福利设施恢复重建的基本原则、目标任务、资金筹集和政策保障措施。

重建规划在充分考虑灾区人口、自然环境、经济、社会文化、土地及社会福利资源的基础上，做好项目的整合和布局，以缩小城乡、地区差距，实现社会福利的均等化和服务效益的最大化，确保安排的项目既符合国家和灾区的规划要求，又符合当地实际，满足群众的社会福利需求，同时在项目设计中注重人文关怀。什邡市社会福利救助中心屋顶采用西南民居的传统坡屋顶，既利于排水，又让老人有“家”的感觉；建筑房间多南向，保证阳光充足，居住房间及配套的卫生间均有窗户，保证通风良好；室外既有集中也有相互独立的活动场地，均设置座椅和活动设施，可满足老人活动和休憩需要；遵循无障碍设计原则，建筑首层入口设置专用无障碍坡道；设置了方便病人、残疾人及体弱病人的坡道和车位；卫生间为残疾人设计专用厕位，房屋出入口均做防滑处理；各层主要干道设有扶手，以方便老年人行走；房间门把手均采用椭圆旋拧式把手，既方便老人抓握，又不会有尖角或突出物伤害老人；居住房间内的电源插座由常规设计的距地30厘米提高到距地60厘米，使老人不需过度弯腰，即可轻松使用。

2009年8月27日，民政部部长李学举在宁强县中心敬老院建设现场指导工作，充分肯定了灾后恢复重建中将养老机构建设同步规划、同步建设的做法，要求敬老院建起来后，要尊重老人们的意愿，搞好集中供养。

二　灾区省运行

震后，川、甘、陕3个灾区省灾后恢复重建机构，都将社会福利设施恢复重建作为其重要工作职责，统筹做好社会福利设施恢复重建工作；分别编制了社会福利设施恢复重建规划，以指导灾区社会福利设施恢复重建工作。对口支援省市的援建规划中也包含了社会福利设施恢复重建规划内容。

四川省地震灾后恢复重建委员会救济救助组由省民政厅等牵头；重灾地区6个市（州）参照省里做法，民政部门参加恢复重建领导机构；各受灾县（市）也成立相应机构，各自负责省、市（州）、县（市、区）灾区社会福利设施恢复重建的规划编制、组织协调工作，推进社会福利设施恢复重建。甘肃省灾后重建工作领导小组先后召开会议研究社会福利等重点领域的灾后恢复重建工作。受灾严重的陇南市，灾后重建领导小组下设农村建房组，办公地点设在市民政局，负责“五保家园”、农村综合公共服务设施及社区和民政福利设施、残疾人服务设施、民政防灾减灾等项目的恢复重建。陕西省民政厅作为省恢复重建领导小组成员单位，负责全省包括社会福利设施在内的灾后重建工作上下衔接，协调重大问题，指导和组织规划实施，推进社会福利设施等方面的恢复重建工作。

三　援建

对口支援省市坚持民生优先，把社会福利项目作为主要援建内容。江苏省援建绵竹市的项目中有10个社会福利设施项目；辽宁援建安县率先启动的首批十大项目中便有敬老院项目；在《河南省对口支援江油市灾后恢复建工作方案》中，明确将福利院等公共服务设施列为援建工作的重点。广东、浙江、北京、上海、福建、安徽、江西、湖北等省（市）在四川灾区都有投资千万元至数千万元不等的社会福利设施或社会福利院援建项目。

除对口援建项目外，还有“特殊党费”援建项目、红十字会援建项目、慈善组织援建项目、港澳援建项目、台湾同胞援建项目、侨胞援建项目等。灾区的许多敬老院为“特殊党费”援建项目。彭州市老年福利中心由福建省红十字会出资建设。中国红十字会总会还协调香港、澳门红十字会援助灾区敬老院等社会福利项目。中华慈善总会主要采取慈善资助的方式援助四川灾区29个社会福利设施项目。地震灾区有38个社会福利设施项目为香港、澳门特区政府援建，占二者援建项目总数（253个）的15.02%；援助金额为5.39亿元，占援助总额的4.37%。截至2011年11月，台湾同胞捐款在四川援建社会福利机构7所、在陕西援建1所。

第二节　重建成果

经过近 3 年的恢复重建，四川、甘肃、陕西等省基本完成社会福利设施恢复重建任务，列入规划的灾区综合性社会福利设施及社会福利院、殡葬设施、敬老院、社会救助设施、光荣院和优抚医院、烈士纪念设施、军休所绝大多数已建成并投入使用。新建的社会福利设施投入使用后，基本满足灾区群众的社会福利需求，提升了灾区社会福利的水平。

截至 2011 年 4 月底，四川省规划的 41 个社会福利院项目中，26 个完工并投入使用，9 个完成了主体工程建设，5 个正在建设中，1 个进入工程前期准备工作阶段；完成 791 所倒损农村敬老院的重建和 769 所敬老院的维修加固工作，恢复重建敬老院床位 19.3 万张，全省农村“五保”对象得到妥善安置。至 2010 年年底，甘肃全省 454 所敬老院（含“五保”家园）全部建设完成并投入使用；陕西全省敬老院等农村“五保”供养服务机构恢复重建项目全部开工，其中 49 个项目已完工并投入使用，完成投资 2.42 亿元，占总投资额的 98%。截至 2011 年 4 月底，甘肃、陕西两省的社会福利规划项目基本完成。

灾区的社会救助设施大多数于 2010 年下半年竣工。恢复重建的光荣院和优抚医院基本于 2010 年建成，其中北川羌族自治县、广元市、广元市朝天区、小金县的光荣院，投资均在 500 万元以上。北川羌族自治县光荣院投资达 1500 万元。三台县、江油市优抚医院投资分别为 3015 万元和 4000 万元。灾区恢复重建的烈士纪念设施也基本于 2010 年完工。

至 2010 年 9 月底，四川省军休所（站、中心）恢复重建项目实际到位资金 1.25 亿元，完成投资 5757.4 万元。截至 2011 年 2 月，8 所军休所（站）基本完工或完成主体工程建设，6 所军休所开工建设，12 所军休所的重建已进入工程招标、征地等施工前期准备阶段。

汶川县社会福利和救助服务中心　地震中，汶川县福利设施遭到严重破坏，全县登记“三孤”人员由 355 名增加到震后的 451 名，很多福利救助对象失去居所。对口援建的珠海市投入资金 2996 万元，在绵虒镇板桥村原址重建汶川县社会福利和救助服务中心，该项目由珠海建筑设计院设计，中铁二局股份有限公司承建。2009 年 3 月 25 日开工，9 月 30 日竣工。

项目主体采用框架结构，按 8 度抗震设防，用地 7333.48 平方米，总建筑面积 7715 平方米，其中主楼面积 6215 平方米。每个房间配有电视、电话、网络和紧急呼叫系统，热水采用空气源热泵 24 小时不间断恒温供水。珠海伯轩医疗科仪有限公司捐赠 300 套病床，总价值约 80 万元。投入使用后，福利中心入住“三孤”人员 106 人。

什邡市社会福利救助中心　震前，什邡市没有市级综合性养老福利机构。震后，一批“三孤”人员、流浪人员和社会养老人员急需安置。北京市将什邡市社会福利救助中心建设项目列入对口支援重建计划。

中心位于什邡市元石镇，总投资 2202.54 万元，共有 350 张床位，满足 300 人以上的居住需求。布局上，在满足日照、通风、配套等基本要求的前提下，尽可能将绿地集中布置，注重庭院绿地围合，创建生态优美的老年人生活区；打造舒适的“四合院”式生活环境，让老人有“家”的感觉，以满足老年交流需求；设置方便病人、残疾人的坡道和车位。

项目于2008年5月28日开工，2009年6月17日一期工程竣工交付使用；2009年5月9日二期工程交付使用（见图136）。该项目是北京市援建什邡市的第一个项目，由北京奥运会主场馆“鸟巢”建筑施工企业之一的北京城建集团负责施工，工程获四川省“天府杯”奖。

图136　北京市援建的什邡市社会福利救助中心
（北京市对口援建指挥部　提供）

都江堰市社会综合福利院　都江堰市社会综合福利院为上海援建项目，由上海援建资金投入8635.77万元，其中上海市老年基金会捐资3000万元。

2008年10月30日开工建设。2009年上海雕塑家陈大鹏创作雕塑“浦江情溢岷江花”，雕塑放置在福利院1号楼大厅，凸显黄浦江岷江水水相融之意。在3号楼与4号楼之间设置文化演艺广场，以丰富老人娱乐生活。在连廊间设置书画艺术作品展示区，以增添文化气息。为方便老人生活，室内安装了双层扶手、紧急呼叫按钮。卫生间入口设计成斜坡，防止老人绊倒。淋浴处安装防滑木板，马桶边还有扶手。在完成室内装修的基础上，8月30日，室外总体工程全面竣工，10月23日交付使用。24日上午，首批100多名老人入住。该工程被评为成都市、四川省“安全文明标准化工地”称号及上海市“绿色节约型工地”称号，获得成都市、四川省、上海市“优质结构工程”奖和成都市“芙蓉杯”奖、四川省“天府杯”奖、上海市“白玉兰”奖。

安县社会福利中心　安县社会福利中心是辽宁省援建安县的十大民生项目之一。项目由辽宁建筑设计院设计，建筑按照7.5度防震设防，采用全框架、全现浇结构。设计人员根据川西民居的特点，结合现代技法，采用了传统坡屋面、灰白交叉墙体，融入钢结构、玻璃幕墙等现代元素。项目由辽宁金帝第二建筑有限公司承建，2008年11月28日动工，2010年4月投入使用。项目投资3390万元，全部由辽宁援助，其中基础设施投资2274万元、内部设施400万元、附属设施等716万元。项目占地38亩，建筑面积10550平方米，设计床位400张。截至2011年9月，城镇“三无”、孤老孤残等重点优抚对象及自费代养人员 216 人入住。

小金县三院一中心　灾后恢复重建中，江西省与小金县决定在日尔乡园艺场内新建福利院、光荣院、敬老院、救灾应急中心（简称“三院一中心”），该项目被列为江西省援建十大示范工程之一。南昌市建筑设计研究有限公司为工程设计单位，江西华东岩土工程有限公司为工程勘察单位，江西昌南建设工程公司为项目施工承包人。2009 年 12 月开工，2010 年 12 月竣工。工程获“天府杯”银奖。投入使用后，集中供养“五保户”、老红军、革命伤残军人、孤儿共 271 人。

项目总投资约 3220 万元，总用地约 20 亩，按 7 度抗震、8 度设防设计。综合楼设有老人康复区、儿童区、普通养老区，配有会议室、诊疗室、餐厅以及其他附属设施。救灾物资储备中心分为办公大厅、服务用房和救灾物资仓库三部分，其中救灾物资仓库面积达 1200 平方米。建有一座主题为“藏汉一家亲”的雕塑。残疾人康复中心按国家 2 级标准设计建设，整体 4 层，局部 3 层或 2 层，配置健身器材和医疗设备。福利院整体 4 层、局部 5 层，共 87 个房间（不包括卫生间），建筑面积 3944.22 平方米，设 120 个床位宿舍、健身房、娱乐室、医疗服务站、电视房、阅览室，配置健身康复器材、医疗设备及电视、电脑。

宁强县中心敬老院　汶川地震导致宁强县 26 个乡（镇）1613 名“三孤”人员基本生活无法保障。2008 年 9 月，宁强县政府决定在汉源镇高家坪村建设县中心敬老院；10 月中旬，陕西宏基建筑勘察设计工程有限公司完成施工图设计。敬老院分为“五保”供养区和社会养老区，总占地 105 亩，“五保”供养区又分成人供养区、儿童供养区和生产区 3 个部分。

2009 年 5 月 8 日开工。8 月 27 日，民政部部长李学举在陕西省省长袁纯清等陪同下考察中心敬老院等项目建设情况。12 月底，成人供养区建成。该区占地 45 亩，建筑面积 6173 平方米，设供养床位 400 张。项目总投资 1800 万元，其中中央重建基金 1300 万元、天津援建资金 500 万元。中心敬老院集居住、娱乐、健身等功能于一体。2010 年 3 月底前，敬老院完善配套设施，并进行院内绿化。新建室外健身场所 200 平方米，配备有漫步机、转腰器等健身器材；新建羽毛球场、乒乓球场，安装了乒乓球台；新设棋牌桌球室、文化娱乐室、图书阅览室、文艺活动室，添置电视机、DVD 等多功能影音设备；配备有厨房设备和餐厅设备。

第六章　就业和社会保障

第一节　组织实施

汶川地震对四川、甘肃、陕西三省人力资源和社会保障事业造成重大损失。震后，中共中央、国务院高度重视就业和社会保障工作，把恢复重建和扩大就业作为促进灾区经济社会发展的重要措施，将就业和社会保障服务设施建设纳入灾后重建公共服务设施建设规划。人力资源社会保障部迅速组织具体规划实施。2008 年 6 月 4 日，人力资源社会保障部成立由副部长胡晓义任组长、部内有关司局和 3 个灾区省人社部门有关人员组成的规划组，负责就业和社会保障服务设施建设规划编制和工作协调。4—5 日，部长尹蔚民、副部长张小建到四川灾区实地调研恢复生产和灾后重建过程中的人力资源社会保障工作。

川、甘、陕三省劳动保障厅作为省灾后恢复重建领导机构成员单位，相继成立本系统灾后恢复重建工作领导小组或就业援助领导小组，具体负责就业和社会保障恢复重建工作。

一　规划编制

2008 年 6 月 26—27 日，人力资源社会保障部召开会议，对本系统灾后恢复重建规划编制工作进行部署。会后，按照“统筹规划、科学布局、集中统一建设”的基本思路，编制完成《就业和社会保障公共服务设施规划》，后该规划主要内容被纳入《公共服务设施建设专项规划》，包括规划背景、指导思想、基本原则、重建目标、主要任务及恢复重建重点项目、政策措施、规划组织实施等内容。该规划提出，建立健全公共服务网络，力争到 2010 年建成“一市（县）一厅、一街道（乡镇）一所、一社区（行政村）一站”的服务网络，将就业和社会保障公共服务延伸到街道（乡镇）、社区（行政村），覆盖全部城乡人口。完善职业技能培训服务体系，以技工院校为依托，恢复和重建技工院校、实训基地和各种培训机构；使规划地区技工院校2010年招生人数和承担各类职业技能培训的规模超过震前水平，技工培养能力明显提高。加强信息网络建设，支撑人力资源社会保障各项业务工作的开展。实现“数据集中、服务延伸、互通互联、信息共享”，使信息系统全面覆盖到县（区）、乡镇（街道）、社区（行政村），并实现与其他系统的有效对接。规划任务主要包括建立健全就业和社会保障公共服务体系、推进就业和社会保障公共服务信息系统建设、完善技工教育和职业技能培训体系、制定就业和社会保障公共服务标准体系4个方面。重点重建4类项目：县（区）就业和社会保障综合性公共服务场所；基层就业和社会保障工作平台；就业和社会保障公共服务信息系统；技工院校。规划重建项目共4490个，建筑面积170万平方米，规划总投资45.1亿元。

二 设施重建

综合性公共服务场所 按规划，人力资源社会保障部积极协调、指导灾区就业和社会保障综合性公共服务场所重建；灾区省成立领导协调机构、制定规划、加强管理、筹集资金，积极开展公共服务场所重建；对口支援省市通过安排援建资金、选派援建人员等方式援助灾区恢复重建。重建过程中着重把握4个环节：一是合理确定规模。四川省依据就业和社会保障公共服务设施重建标准要高于灾前水平的总体要求，规定县域人口总数20万人以下的县级就业和社会保障公共服务机构建筑面积为5000平方米；县域人口总数20万～50万人的建筑面积为8000平方米；50万人以上的建筑面积为1.2万平方米。甘肃省确定新建人力资源和社会保障综合服务中心8处。陕西省确定县级就业和社会保障公共服务机构建筑面积分为5000平方米、8000平方米、1.2万平方米的重建标准。二是争取对口支援。除80%利用中央重建基金外，还积极争取对口支援省市的大力支持。四川省3年累计利用援建资金约1.23亿元。三是完善服务功能。四川省确定，就业和社会保障公共服务设施在功能设置上，主要满足公共就业服务、创业服务、人才交流服务、人事人才考试测评服务、人事劳动争议调解仲裁、社保经办申报登记、参保缴费、待遇支付、政策咨询、信息查询、离退休人员社会化管理、人事和社保档案管理等公共服务。在很多重灾县，新建成的就业和社会保障综合服务设施解决了以往办公场所面积不足、办公地点分散和不统一的问题，将就业和社会保障各项业务集中办公，增强了灾区就业和社会保障工作的服务能力，提高了服务质量和水平，极大地方便城乡各类人员享受就业和社会保障公共服务。四是注重设备购置。汶川县在就业和社会保障综合服务中心建设中，对口援建方广州市完善了中心的相关配套设施。松潘县就业和社会保障综合服务中心项目概算总投资1572万元，其中设施设备购置113万元，购置设施设备254台（套）。石棉县就业和社会保障综合服务中心规划总投资2669万元，其中设施设备投资919万元。宁强县就业与社会保障综合服务中心建设中，实际拨付资金1564万元，其中设备购置费485万元。截至2011年12月，四川省县级就业和社会保障综合服务中心规划重建项目43个，完工31个，在建11个，规划调整1个；累计完成投资8.71亿元，落实资金9.44亿元，占规划总投资的85.7%。灾区37.2万因灾失业人员实现重新就业，176万余名受灾群众的社会保险待遇按时足额发放。甘肃省规划新建的 9 处县级人力资源和社会保障综合服务中心已全部开工。陕西省规划新建的 4 处就业与社会保障综合服务中心，完工 3 个，略阳县人力资源与社会保障大厦完成主体工程，已开展装修工程招标工作。

基层劳动保障工作平台 地震中，四川、甘肃、陕西三省的基层劳动保障工作平台受损严重。震后，国家和 3 个灾区省人力资源社会保障系统，经过多方调研论证，合理确定基层劳动保障工作机构的服务功能设置、场所建设标准、重建数量和面积，多方筹措重建资金，按照“每个街道（乡镇）、社区建设一个劳动保障工作平台，村级综合公共服务场所设立一个就业和社会保障服务站点”的规划要求，采取新建、维修、购置 3 种方式，实施基层劳动保障工作平台恢复重建。截至 2011 年 12 月，四川省基层就业和社会保障公共服务机构重建项目 1371 个，完工 1260 个，在建 111 个；累计完成投资 2.68 亿元，占规划总投资的 89.1%。甘肃省新建、维修加固基层劳动保障工作平台 172 个，建筑面积 19460 平方米，投资 3291 万元，并配备办公设施，已全部完工并投入使用。截至 2011 年 12 月，陕西省宁强县 6 个乡（镇）、宝鸡市陈仓区 11 个乡（镇）和 1 个社区的就业与社会保障事务所建设工程已全部完工并投入使用；勉县建成 2 个就业与社会保障事务所，实现 19 个乡（镇）和 8 个社区各有一个劳动保障事务所的目标；略阳县于 2009 年 12 月对重建规划进行调整，将原计划新建的 13 个基层劳动保障事务所调整为 7 个；截至 2011 年 12 月，何家岩镇、两河口镇、徐家坪镇、郭镇镇 4 个劳动保障事务所已建成并投入使用，其余 3 个乡（镇）的基层劳动保障事务所仍在建设中。

就业社会保障公共服务信息系统 汶川地震使灾区各地就业和社会保障信息系统受损严重。按照灾后恢复重建“着眼长远、适度超前”的原则，基于降低系统重建成本和维护成本、提高管理和服务水平、便于政府部门的监管、支持统筹层次的提高和便于系统数据的备份等五方面的考虑，人力资源社会保障部提出在川、甘、陕三省受灾地区 10 个市（州）重建数据中心的规划，为提高针对大范围自然灾害的抗风险能力，采取“省级统建、服务各地”的方式建设。

为尽快修复完善地震中受损信息系统网络，确保公共就业和社会保障服务体系正常运转，四川省按照“统一、集中、安全、适用”的原则，确立“部、省、市、县、乡镇（街道）和社区（行政村）六级实现安全、统一的互联互通”的建设目标。基本要求是：“建成覆盖市、县（市、区）、街道（乡镇）、社区（行政村）公共服务场所的计算机网络，将城乡各类服务对象纳入信息系统统一管理，提供统一的信息服务，全面支撑就业和社会保障公共服务。建立省级数据异地容灾备份中心，实现各地数据统一异地备份，确保全省就业和社会保障基础数据安全。”重建内容包括规划区的县（市、区）及其街道（乡镇）、社区公共服务场所前台计算机设备及网络设施建设、重灾地区的 6 个市级就业和社会保障数据中心建设、1 个省级数据异地灾备中心建设。

截至 2011 年 12 月，四川省就业和社会保障公共服务信息系统重建项目 1543 个，完工 1307 个，在建 236 个；累计完成投资 2.55 亿元，占规划总投资的 88.2%，其中省级灾备中心和 6 个市级数据中心重建项目完成投资 2311 万元。甘肃省文县公共服务信息系统已完工并投入使用，总投资 150 万元；武都区、康县、成县、徽县、西和县、两当县均计划待各县就业和社会保障综合服务中心完工后实施建设。陕西省省级灾备中心在筹备招标工作；宝鸡市陈仓区就业和社会保障信息网络建设任务全部完成，已实现市、县（区）、乡镇（街道）和社区（村组）四级联网运行；

勉县规划的228台套服务终端设备全部购置到位；宁强县规划的信息化建设项目229万元已拨付到位，已在进行信息系统建设工作；略阳县配备3个县级、12个乡（镇）和21个社区服务网络设备任务共需资金214万元，由陕西省级财政拨付，已开展招标工作。

技工学校　地震中，川、甘、陕三省的技工学校损坏严重。震后，三省采取多种措施，加快重建和维修改造因灾损毁的技工学校校舍，补充被损毁的教学、实训和生活设施设备，尽快恢复正常的教学秩序，达到并超过震前技工教育和职业培训水平。

四川省根据地震带分布情况和今后发生地震的可能性，对完全损毁的中国水电高级技工学校、四川省机械技工学校（国重技校）和中国东方电气高级技工学校（汉旺校区）实行异地重建；对都江堰高级职业技校实行原地重建；对部分损毁和受损需加固的技工学校，实行原地维修加固。截至2011年12月，四川省技工学校重建项目32个，完工15个，在建15个，未开工项目2个；累计完成投资6.06亿元，占规划总投资的59.6%。

地震造成陇南市武都区白龙江林业管理局白林技校部分受损，灾后恢复项目由甘肃省教委切块负责重建，资金来源由中央重建基金解决。

2009年10月10日，中央财政配套资金项目调整，陕西省原规划重建和维修加固的3所技工学校项目中，只保留维修加固宝鸡铁路司机学校项目。2010年年底，宝鸡铁路司机学校使用中央重建基金50万元，完成车辆实习楼等共计15803平方米的维修加固工作。

三　软件支援

就业援助　2008年6月30日，国务院在成都召开地震灾区恢复工业生产和扩大就业座谈会，对地震灾区恢复工业生产和扩大就业工作作出全面部署和安排。中共中央政治局委员、国务院副总理张德江组织支援省市与灾区省政府间签订2008年7—9月第一期对口就业援助协议，重点工作是缓解灾区省的就业压力，帮助有就业意愿的灾区劳动者在支援地实现异地转移就业。10月初，在国务院的统一安排下，人力资源社会保障部又组织支援受援双方签订2008年10—12月的第二期协议，在继续做好异地转移就业工作的同时，结合当地恢复重建工作，通过项目吸纳的方式大力促进灾区劳动者实现就地就近就业。（参见图137）2009年年初，支援受援双方签订2009年全年的第三期协议，配合灾区省恢复重建项目全面开工，通过多种渠道促进灾区劳动者实现就业。在3期对地震灾区对口就业援助协议完成以后，结合地震灾区就业局势趋于稳定、各项恢复重建工作有序开展的实际情况，经报请国务院同意，人力资源社会保障部从2010年起，指导各地将对口就业援助工作转入常态化，通过加强灾区劳动者有组织劳务输出和就地就近就业，继续做好灾区就业工作。

2008年7月起，按照协议要求，对口支援省市将对灾区就业援助工作纳入本地对口支援的总体安排，作为重点工作进行部署。经过支援地和受援地的共同努力，3期协议任务目标均全面超额完成。各支援地通过落实3期协议，共向灾区提供有效岗位信息167.2万个，直接帮助灾区劳动者18.64万人实现就业。在对口就业援助政策的推动下，经过全国各地的大力帮助，地震灾区就业局势基本稳定。自地震发生后，灾区共实现有组织劳务输出67.7万人，其中省外48.6万人；实现本地就业139.6万人，其中公益性岗位安置22.2万人。

图137　江苏援建的绵竹年画村吸纳了村民就业

（张林　摄）

培训援助　汶川地震造成四川灾区多所技工院校受损，短期内难以恢复教学，7200名学生面临失学。为帮助灾区技工院校学生延续学业，2008年5月22日，人力资源社会保障部下发《关于对地震灾区开展技工培训援助的通知》，要求各省（区、市）劳动保障部门组织本省重点技工院校积极接收灾区学生就读。自此，一场由人力资源社会保障部发起，各地人力资源社会保障部门和技工院校踊跃参与的技工培训援助行动迅速展开。

张德江在第一批1244名学生安全转移后做出批示，对组织开展灾区技工院校援助行动给予充分肯定，并希望能将这项工作继续开展，不断完善。2008年6月10日，人力资源社会保障部部长尹蔚民和北京市市长郭金龙等专程到北京工业技师学院，与7所学校的200多名灾区学生座谈，看望并了解灾区学生生活、学习情况。人力资源社会保障部成立了尹蔚民任组长、副部长张小建任副组长的专门协调小组，负责技工培训援助行动的规划部署和组织推动，协调做好援助灾区技工院校在校生继续学业工作，制定援助灾区孤儿就读技工院校以及援助灾区技工院校重建等方案计划，协调财政部、发展改革委等部门给予相应支持。四川省人力资源社会保障厅全程指导灾区技工学校做好转移学生的组织输送工作，指定专人与受灾学校以及接收学校所在省人力资源社会保障部门沟通联系，确定转移的相关事宜。各接收省（区、市）人力资源社会保障部门也指定专人负责组织协调，确定本省市办学质量高、综合实力较强、就业前景较好的技工院校承担援助任务，指导接收学校将学生安置工作做细、做实、做到位，将责任落实到学校、工作落实到学生，确保学习、生活、安全三落实。援助行动得到当地党委、政府的高度重视和大力支持。北京市为使到京就读技校学生在京期间大病就医有保障，将223名学生全部纳入免费享受北京市“一老一小”医疗保险体系中。北京工业技师学院制订了定单式培养计划，与相关企业合作培养灾区学生，保证愿意在京工作的学生毕业后即可就业。湖北省各接收学校组织教师对灾区学生实行一对一帮扶。山东省技师学院专门选派四川籍教师担任助理班主任，并抽调四川厨师为灾区学生制作家乡饭菜。安徽省为接受的灾区每一名学生免费办理医疗保险、意外人身伤害保险，学生生病全部免费治疗，并为每名学生免费配备手机，每月补助电话费 50 元。至 6 月 29 日，在短短一个多月的时间内，两个批次共 2737 名四川地震重灾地区技校学生安全、有序地转移到全国 15 个省（市）的 103 所国家级重点以上技工院校免费就读。

2009—2010 年，灾区学生在各接收学校陆续进入实习阶段。为帮助灾区转移学生找到合适的实习、就业单位，接收省（市）及接收院校按照优先推荐的原则，根据灾区学生的志愿，精心组织安排实习和就业推荐工作。浙江省将接收学生安排在当地效益较好、工作生活环境好的企业实习，并协商企业给予每人 700 元以上的实习补贴。江苏汽车技师学院为灾区学生联系两家实习企业，企业为他们提供了免费住宿、工作餐，实习工资在 800 元左右。江苏盐城技师学院东汽班有 10 名学生到长江机械有限公司锻炼实践，受到企业好评。

农民工援助　2008 年 5 月 14 日和 20 日，国务院农民工工作联席会议办公室先后以人力资源社会保障部明电形式发出《关于做好抗震救灾期间农民工工作的紧急通知》和《关于进一步做好抗震救灾期间农民工工作的通知》，对抗震救灾期间各项农民工工作做出部署，要求各级农民工工作协调机构充分发挥组织协调作用，重点做好安抚工作、为返乡农民工提供便利、保持劳动关系的基本稳定、帮助灾区农民工实现就业、加强信息沟通和宣传工作。

各省（区、市）农民工工作协调机构迅速行动，组织力量，积极做好各项农民工工作。四川、甘肃、陕西等受灾严重的省份立即派组派员深入基层，逐户进行摸底调查，迅速掌握本省特别是极重灾区和重灾区外出农民工的数量、流向、从业情况以及受灾情况。截至 2011 年 9 月，四川重灾地区 39 个县（市、区）外出务工经商的农村劳动力有 266 万人，其中 10 个极重灾县（市）23.19 万人、29 个重灾县（市、区）242.8 万人；四川籍在京务工人员 49 万人，甘肃陇南地区在京务工人员约 3 万人。摸清情况底数后，有针对性地采取了以下举措：

帮助灾区农民工返乡。灾区政府和有关部门，向有返乡意愿的灾区农民工提供便利，调集车辆，护送他们返乡。截至 2011 年 9 月，山西省孝义市劳动保障、公安部门组织 47 辆大巴，护送绵阳市务工人员 2022 人返乡。2008 年 5 月，陕西省针对从山西、河南、陕西各地乘火车、汽车到西安的 7000 余名四川籍民工因运力不足无法及时返乡的问题，调集警力，维持秩序，迅速调集 110 辆长途客车，由西安市一位副市长带队警车护送，并配备油料、救护和生活保障车辆，以最快速度顺利安全地将返乡灾区民工送回家。

慰问、安抚和帮扶。地震发生后，各地政府迅速派人广泛深入四川籍农民工住地和务工企业，对受灾人员进行安抚，稳定情绪并给予必要的救助。深圳市发出“致川籍来深建设者的慰问信”，向身处灾区和受到地震灾害影响的人们表示最亲切的慰问，同时公布求助电话，帮助川籍到深圳的建设者克服困难，共渡难关。上海市对来自灾区且直系亲属遇难的农民工，每位给予 2000 ～ 2500 元的一次性救助金，对因家庭成员受伤、财产受损等原因导致生活困难的，根据困难程度给予每位农民工 500 ～ 1000 元的一次性救助金。宁波市向原籍在灾区的农民工免费提供通信渠道，开放职工之家的电视，电信中心营业厅利用 IC 卡话机设立灾区免费热线，将移动服务车开往工程工地，免费为工地灾区务工人员提供通信服务。

维护农民工权益。各地劳动保障监察部门加大维护农民工合法权益的工作力度，严厉查处拖欠、克扣农民工工资的行为，保证抗震救灾期间农民工与用人单位的劳动关系稳定。云南省劳动保障监察机构开通24小时值班电话，随时接听农民工咨询、举报、投诉，同时联合公安、司法、工商、工会等部门，对用工单位支付灾区返乡农民工工资情况、是否解除劳动关系等进行检查，监督用工单位及时为灾区返乡农民工办理休假手续；对灾区农民工举报投诉工资拖欠，采取特事特办措施。截至2008年5月25日，全省共清理支付灾区返乡农民工工资367.69万元。山东省劳动保障、法院、工会等部门联合启动了灾区农民工权益维护的“绿色通道”，实现“快而稳、忙而不乱”，切实维护灾区农民工的合法权益。

开展对口支援。为帮助灾区农村劳动力转移就业，各地政府积极落实就业扶持政策，收集岗位信息，实施帮扶。大连市公共职业介绍中心暨大连市戚秀玉职业介绍所积极为重灾地区到大连农民工提供专门服务，开辟特殊就业通道，只要重灾地区到大连的农民工有就业愿望，且符合岗位要求，24小时之内将其送到岗位。深圳市在都江堰市灾后就业现场招聘会上，通过远程网络招聘和现场招聘两种方式为灾区求职者提供就业岗位服务。

人才服务支持 2008年6月20日，人力资源社会保障部下发《关于做好为地震灾后恢复重建提供人才支持工作的通知》，就做好为地震灾后恢复重建提供人才支持工作做出部署。

针对震后灾区人才短缺的状况，人力资源社会保障部和灾区三省积极协调，采取多种措施，为灾区提供人才支持。一是根据灾区对人才的实际需求，及时为灾区补充公务员和事业单位工作人员，根据灾区实际需要调整考试程序、设定考试科目。二是组织专家学者支援地震灾区。震后，人力资源社会保障部先后组织多批留学回国专家服务团，分赴德阳、都江堰、汉中、宝鸡、陇南等地震灾区开展灾后恢复重建技术咨询和智力支持服务活动。服务团的专家来自著名高校、科研院所和一流医院，在各自领域颇有建树。在地震灾区服务期间，他们深入实地开展现场咨询、规划设计、学术讲座、座谈交流、门诊义诊、手术示范等形式多样、有针对性的服务活动，解决了一大批灾区群众安置、医疗卫生保障、重建项目规划等方面的重点和难点问题，有力支援了地震灾区的恢复重建。三是加强对灾区专业技术人员的培训，举办“灾后恢复重建规划建设培训班”和“灾区群众集中安置区综合管理培训班”，举办“生态修复与林业可持续发展”和“地震损毁水利工程修复整治”等专业技术人员高级研修班，加强灾区技能人才和农村实用人才的培养工作，为灾后恢复重建和灾区今后发展提供有力的人才保障。

各对口支援省市会同受灾地区，制定人才支持专项援助计划，建立对口支援机制，形成人才对口支援格局，并将人才对口支援工作纳入当地党委、政府对口支援的总体部署。江苏省派出工作组深入绵竹，向当地人事局等部门了解受灾情况和支援需求，在充分听取绵竹市人事部门意见和建议的基础上，结合实际，确定对口援助的工作重点，帮助灾区大中专应届毕业生推荐就业，为灾区重建提供智力和技术服务，对灾区公务员和专业技术人员进行对口培训。河北省研究制定措施，抓紧制定人才对口支援计划，为灾区补充公务员和事业单位工作人员提供服务，为灾区提供高层次专业技术人才支持，为灾区公务员和专业技术人员培训教育提供支持，协助做好灾区农村实用人才队伍建设工作，为灾区提供人才流动服务，积极采取多种措施为地震灾后恢复重建提供人才支持。

在当地抗震救灾指挥部门的具体指挥下，由人力资源社会保障部统一组织，四川省、重庆市、陕西省、甘肃省于2008年6月28—29日开展了企业人力资源管理师、心理咨询师等15个职业国家职业资格的鉴定工作。经过精心准备和周密安排，鉴定工作顺利实施，共有20211人参加延期鉴定。

第二节　项目选介

北川羌族自治县就业和社会保障综合服务中心　项目责任单位为北川羌族自治县政府，按最低面积标准5000平方米核定建设。中心办公楼项目由山东省莱芜市对口援建。项目由具有甲级资质等级的中国城市规划设计院进行规划，中国工程物理研究院电子9所（甲级资质等级）设计，山东莱芜建设集团有限公司（一级企业）组织施工。2009年10月22日开工，2010年1月17日主体建筑封顶，8月中旬竣工。县劳动和社会保障局按照县政府授权承担管理任务。该项目羌族文化特色鲜明，获四川省“天府杯”、山东省“泰山杯”、绵阳市“绵州杯”优质工程奖。

广汉市就业和社会保障服务中心　地震使广汉市劳动和社会保障局原业务办公楼严重受损，震后该中心项目被纳入国家重建计划。2010年6月8日，中心作为四川省首家县级就业和社会保障公共服务设施项目率先开工。2011年3月20日，该项目正式投入使用。

建成后的广汉市就业和社会保障综合服务中心位于广汉市北区行政中心区域内，占地14亩，净用地面积11.65亩，总规划建筑面积7800平方米，其中综合服务中心面积5872平方米、配套办公用房面积1928平方米；累计完成投资2000万元，完成总投资的100%。

项目设置了人力资源市场、养老保险服务大厅、医疗保险服务大厅、人事劳动监察仲裁、就业培训中心、综合办公等六大重点功能区；将人力资源市场、养老、医保大厅和监察仲裁这些老百姓打交道最多的办公场所放在一、二层，业务流程和环境有机统一。在四川省、德阳市两级人力资源社会保障部门的大力支持下，按照科学规划，合理布局原则，实现“五险”（养老保险、医疗保险、失业保险、工伤保险和生育保险）基础数据统一管理。

成都市技师学院都江堰分院　该院2007年11月动工修建，在建设过程中遭遇汶川地震，震后投资1亿元重建，其中中央重建基金5000万元、设备购置资金1000万元（已在原成都市技师分院融资贷款项目中列支）。2010年，成都市级灾后重建资金安排2000万元，都江堰市政府筹集资金2000万元。重建规模22594平方米。

2010年4月28日，分院在原址动工修建，12月10日竣工。建成后的分院新校舍可容纳在校生1600人、住校生1300人、各类中短期培训3000人，能基本满足教育教学、生产实训等各种功能需求。2011年9月，分院迎来重建后的首期秋季新生。

第七章　基层办公和业务用房重建

第一节　基层办公用房重建

在汶川特大地震中，川、甘、陕三省重灾地区 51 个县（市、区）基层政权房屋损毁 1131 万平方米。

《恢复重建总体规划》明确社会管理设施的恢复重建，同级同类机构的用房和设施要尽可能集中建设、共建共享。《公共服务设施建设专项规划》提出，在基本完成公共服务设施建设的基础上，按照节俭实用的要求，恢复重建各级行政机关办公设施。

根据上述规划要求，灾区三省，部队、铁路、林业等部门和对口支援省市开展基层办公和业务用房恢复重建。截至 2011 年 9 月底，川、甘、陕灾区共完成社会管理恢复重建项目 1327 个，占规划项目总数的 61.46%；已开工项目 2159 个，占规划数的 100%；完成投资 186.03 亿元，占规划投资额的 98.78%。其中，包括县级和乡镇党政机关、政法机构及工商、卫生、食品药品、质检、安全生产、环境、金融、文化等行政机构的业务用房，城市（城区）社区服务设施、村级综合公共服务设施等。异地重建的北川新县城建了民生大楼（惠民服务中心）及县委、县人大常委会、县政府、县政协和相应的县级机关办公场所。

震后，三省积极推进城市（城区）社区服务设施和村级综合公共服务设施恢复重建。截至 2011 年 7 月 8 日，四川省的村综合服务项目完工 7803 个，在建 1663 个，未开工 144 个；已到位资金近 27.66 亿元。甘肃省的陇南市武都区在地震中有 684 个村委会的办公场所和村级党员活动室不同程度受损，至 2011 年 9 月底维修重建完成并投入使用，其中中央重建基金 2060 万元重建村委会100个、“特殊党费”8525万元援建村委会453个。截至2010年5月底，陕西省1418个受灾村中，村（居）委会办公和活动设施严重受损的397个完成重建投入使用，一般受损的1021个完成整修。恢复重建的村（居）委会办公和活动设施，均具备开展村民自治活动、卫生计生、社会救助和保障、科技培训、文体娱乐、警务调解和社会治安综合治理、图书阅览、广播信息服务等服务功能。

第二节　部队营房重建

2008年8月7日，在调研川、甘、陕重灾地区团以上单位基地设施，听取成都、兰州两大军区机关和受灾部队意见建议后，总后勤部财务部提出《关于汶川地震灾后部队基础设施恢复重建工作的意见》，并以总后勤部名义呈请中央军委批转。14日，军委批转总后勤部，明确灾后恢复重建经费专款专用、专项管理。基础设施恢复重建经费，按照建设单位实行项目预算管理；其中，活动板房建设经费按照总后勤部批准的建设计划和预算，对大单位实行包干管理；营具及办公设备购置经费本着勤俭节约原则充分利用现有资源，尽量调整使用和修旧利废，确需添置的，原则上由部队立足自身财力解决。12月2日，总后勤部印发《汶川地震灾后部队基础设施恢复重建规划》，确定新（翻）建、加固改造、整修营房灾后恢复重建项目及投资额。

2009年2月至2011年11月，总后勤部陆续下达5批地震灾后部队营房工程恢复重建计划。2009年2月4日，第一批计划安排项目195个下达，新（翻）建、加固改造、整修各类营房。5日，总后勤部在北京召开汶川地震灾后部队基础设施恢复重建工作部署会议，要求各单位认真学习中央军委主席胡锦涛和中央军委的决策指示，精心筹划、组织、实施，确保又好又快地完成灾后部队基础设施恢复重建任务。5月8日，总后勤部下达第二批计划，安排项目147个；9月18日，下达第三批计划，安排113个项目；12月1日，下达第四批计划，安排75个项目；2010年11月5日，下达第五批计划，安排5个项目。

2010年11月16—18日，经中央军委批准，总后勤部在成都召开汶川地震灾后恢复重建总结会议。会议期间参观了成都军区某兵种训练基地、成都军区某集团军装甲旅和空军某机场3个大型灾后恢复重建项目现场，总结交流了灾后恢复重建工作的经验做法，通报表彰了在灾后恢复重建工作中做出突出贡献的先进单位和先进个人。

第三节　基层业务用房重建

林业系统用房重建。地震中，森林公安局和派出所办公、办案房屋垮塌严重，办公及办案用房 3.14 万平方米受损。震后，灾区三省共规划重建和维修加固项目 94 个，其中重建项目 84 个、41661 平方米；维修加固项目 10 个、6686 平方米，建设资金 10348 万元。恢复重建中，各省森林公安局高度重视重建工作，多次派工作组督察指导。截至 2011 年 5 月底，三省森林公安系统基础设施项目完成投资 8149.3 万元，新建业务用房 46007 平方米，维修加固 11915 平方米。

地震导致四川、甘肃、陕西等省的林业基层业务用房严重损毁。震后，国家林业局及灾区省林业部门积极组织恢复重建。截至 2011 年 5 月底，累计恢复重建林业业务用房近 70 万平方米、林区道路 2204 公里、给水管线 495 公里、输电线路 2911 公里、通信线路 161 公里，购置办公设施设备 9780 台（套）。

铁路系统用房重建。地震造成成都铁路局房屋受损面积 163.2 万平方米，西安铁路局受损面积 67.2 万平方米，兰州铁路局的房屋也有不同程度的损毁。2008 年 8 月，各铁路局按照铁道部灾后重建规划，分别对受损轻微的房屋进行一般性整修，对地基变化、主体结构并未产生破坏的房屋进行加固，严重倒塌的房屋推倒重建。成都铁路局结合设备改造的三年规划，考虑房屋对运营的影响，优先重建业务量大、能力紧张、装卸车困难的货场，使灾后重建与铁路中长期规划有机结合。2009 年 5 月，成都铁路局宝成铁路干线和支线生产办公用房灾后重建项目开工，投资 9006 万元，重建生产办公用房 4.2 万平方米，2010 年年底全部投入使用。截至 2010 年 12 月 31 日，西安铁路局投资 19247 万元，重建生产办公用房 6.8 万平方米；兰州铁路局投资 112 万元，维修加固生产办公用房 22.5 万平方米，重建 2.52 万平方米。

第九篇

基础设施建设

汶川特大地震使川、甘、陕三省交通、能源、通信、水利等基础设施受到重创，重灾地区51个县（市、区）基础设施直接经济损失1070.06亿元。中共中央、国务院提出了基础设施恢复重建要把功能恢复放在首位，根据地质条件和城乡基础设施分布调整布局，使其与当地经济社会发展规划、城乡建设规划相衔接，远近结合，优化结构，合理确定建设标准，增强安全保障能力的总要求。国家灾后《恢复重建总体规划》和《基础设施专项规划》明确基础设施恢复重建包括交通、通信、能源、水利4个方面；明确规划建设项目5059个，建设总投资2104.49亿元（其中央重建基金1669亿元）。重建资金通过中央重建基金、银行贷款、地方自筹、对口支援、社会捐助等渠道解决。

灾区基础设施恢复重建，包括实施“一省帮一重灾县”的对口支援政策，鼓励社会各方面力量支持，动员灾区自力更生共同完成建设任务。香港、澳门特区发扬“一方有难、八方支援”的精神，主动援助卧龙自然保护区基础设施工程建设和中江县继光大桥工程建设。

基础设施恢复重建项目多、资金数额大，交通、通信、水利、能源等部门和各对口支援省市以及受援省高度重视，从项目、资金下达开始，监管工作同步进入，项目施工到哪儿审计监督跟进到哪儿，监督工作贯彻工程建设全程。此外，建设单位、施工单位坚持把工程质量作为“生命线”贯穿工程建设始终，严格执行工程抗震设防标准和工程建设规范，严格基础设施恢复重建质量监管，确保工程质量重建经得起历史和实践检验。

经过各相关部门、各对口援建省市、受援省市及社会各界的共同努力，截至2011年9月30日，灾区三省51个重灾县（市、区）基础设施开工项目数5058个，其中交通2835个、通信311个、能源1285个、水利627个；完工项目数5028个，其中交通2806个、通信311个、能源1285个、水利626个；完成建设投资2067亿元，其中交通1316亿元、通信186亿元、能源353亿元、水利212亿元。

第一章　交　通

根据国家汶川特大地震灾损情况统计，在汶川地震中，重灾地区 51 个县（市、区）交通基础设施损毁工程实体，包括受损公路计 34125 公里、受损铁路计 2489 公里、受损民航机场 10 余个。

第一节　项目建设

一　公路建设

为了支持加快灾区省公路交通恢复重建，交通运输部以科学规划引领灾后公路交通恢复重建，及时编制完成并迅速实施灾后公路恢复重建规划；及时编制灾后公路恢复重建技术指南，对地震灾后公路工程的恢复重建原则、抗震设防标准和技术要求，以及公路震害的检测评估、处置措施等提出指导意见；派出 20 多名专家分成若干个小组奔赴灾区，为灾后公路交通恢复重建加大技术指导服务；加大中央车购税资金支持力度，支持灾区省高速公路、干线公路项目建设等，其中安排支援四川公路项目建设专项资金 240.4 亿元，这相当于“十一五”时期正常安排给四川公路建设资金的总和。此外，结合灾后重建交通整体部署，加大国道 318 线、317 线等项目支持力度，积极改善四川藏区通往省会成都的交通条件。

恢复重建《基础设施专项规划》明确，公路恢复重建国道 6 条、省道 22 条，修复和续建高速公路 11 条、启动建设高速公路 4 条，保障干线公路畅通。（参见图 138）借鉴国际经验，在恢复重建公路网中，按每个县至少建设一条抗震能力较强公路的标准，专门划定了“一环三纵四横

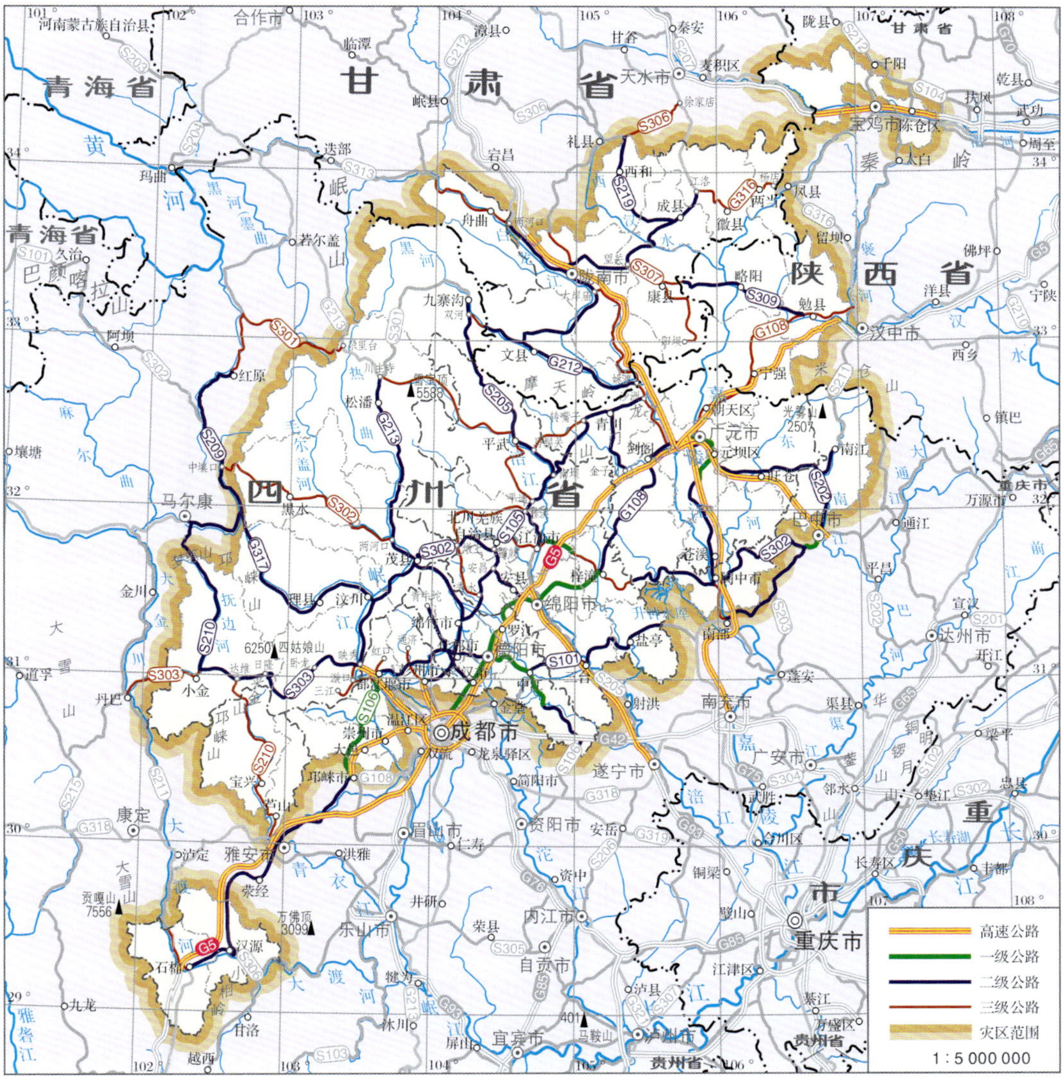

图 138　汶川地震灾后公路恢复重建效果图

（交通运输部　提供）

十联”总规模 5000 公里的灾区“生命线公路网”（参见表 14），通过一系列项目的实施，提高灾区公路网应急交通保障能力，并将其抗震设防标准提高 1 度。公路交通基础设施恢复重建规划投资 859.3 亿元。

四川省纳入国家重建规划公路交通项目计 483 个（含客运站点 383 个），计划投资 753.73 亿元（不含农村公路项目投资）。公路交通恢复重建工作启动后，四川省成立由一名副省长挂帅的公路恢复重建工作协调小组，省交通运输厅成立重建工作领导小组，并实行厅长、副厅长分片区包干负责制，及时协调解决重点、难点问题；以项目为单位确定建设规模、技术标准、工期目标和投资控制措施，确保规划顺利实施；组织科研人员以地震灾害为研究依托，从震后应急、重建和公路运营 3 个阶段，分别解决灾害判别、灾害评估、灾害防治等“三大关键

“生命线公路网”规划布局一览表

表 14

序号	组 成 路 段	连接县（市、区）
一环	成都—都江堰—汶川—茂县—松潘—九寨沟—平武—北川—安县—绵竹—什邡—彭州—成都，全部位于四川境内，由成都至映秀高速公路、映秀至汶川公路、G213 汶川至川主寺段、S301 川主寺至九寨沟、S205 九寨沟至平武南坝段、S105 平武南坝至彭州段和成都至彭州高速公路组成	成都市区、都江堰、汶川、茂县、松潘、九寨沟、平武、北川、安县、绵竹、什邡、彭州 12 个县（市、区）
三纵	纵一：勉县经广元、绵阳、成都至雅安，由京昆高速陕西境勉县至棋盘关（陕川界）段和四川境棋盘关（陕川界）至石棉段组成	勉县、宁强、朝天、利州、剑阁、江油、涪城、游仙、安县、罗江、旌阳、广汉、汉源、石棉 14 个县（市、区）
	纵二：舟曲经武都、广元至南充，由甘肃省 S313 线两河口—舟曲县城段、G212 甘肃境两河口至武都段、兰海高速武都至罐子沟（甘川界）段和兰海高速四川境姚渡（甘川界）广元至南充段组成	舟曲、武都、青川、利州、苍溪、阆中 6 个县（市、区）
	纵三：中壤口经小金、宝兴至雅安，由四川省 S210 卓克基至飞仙关段及 G318 飞仙关至雅安段组成	小金、宝兴、芦山 3 个县
四横	横一：勉县经略阳、康县至武都，由陕西省 S309 勉县至略阳（陕甘界）段、甘肃省 S307 康县（陕甘界）至望关段及甘肃省 S205 望关至武都段组成	略阳、康县、武都 3 个县（区）
	横二：绵竹经茂县至黑水，由绵竹至茂县公路、四川省 S302 茂县经黑水至中壤口段和 S209 中壤口至鹧鸪山隧道段组成	绵竹、茂县、黑水 3 个县（市）
	横三：梓潼经北川、汶川至马尔康，由四川省 S302 梓潼至茂县段、G213 茂县至汶川段和 G317 汶川至马尔康段组成	梓潼、江油、北川、茂县、汶川、理县、马尔康 7 个县（市）
	横四：盐亭经中江、广汉都江堰至小金，由四川省 S101 盐亭至德阳旌阳段、京昆高速德阳旌阳至广汉段、广汉至什邡公路、四川省 S106 什邡至彭州段、彭州经成都至映秀高速公路、S303 线映秀经日隆至达维段（映秀至卧龙暂按经三江考虑）组成	盐亭、三台、中江、旌阳、广汉、什邡、彭州、都江堰、小金 9 个县（市、区）
十联	联一：宝鸡至西和，由连霍高速宝鸡（陈仓区）至天水段、G316 天水至徐家店段和甘肃省 S306 徐家店至祁山段及 S219 祁山至西和段组成	陈仓、西和 2 个县（区）
	联二：两当至武都，由 G316 杨店（陕甘界）至江洛段、甘肃省 S205 江洛至望关段组成	两当、徽县、成县、武都 4 个县（区）
	联三：武都至文县，G212 甘肃境武都经文县至姚渡（甘川界）段	武都、文县 2 个县（区）
	联四：青川至平武，四川省 S105 青川沙州至平武南坝段	青川
	联五：青川迂回线，青川至金子山段	青川
	联六：广元至旺苍至巴中，兰海高速广元至巴中段	利州、元坝、旺苍 3 个县（区）
	联七：南江至巴中，四川省 S101 南江至巴中段	南江
	联八：安县至绵阳，安县安昌至绵阳永兴公路	安县
	联九：绵阳至遂宁，成渝环线绵阳至遂宁段	游仙、涪城、三台 3 个县（区）
	联十：成都至邛崃，成都至邛崃高速公路	崇州、大邑 2 个县（市）

说明：“G”表示国道，如 G213；“S”表示省道，如 S105

技术”，有针对性地提出解决措施，部分科研中间成果已应用于灾后映秀至汶川等公路建设中；通过简化项目审批程序、科学下放权限，提高办事效率；通过倒排工期、强化施工组织，在节点工期、人员设备、材料准备等方面，督促施工队伍加大机械和人力投入，确保按时完成施工任务；通过印发《四川省灾区公路“两个典范”建设实施意见》，在川主寺至九寨沟的“川九路”建设后，开展“将重灾区国省干线全面建成全省公路的典范”“将阿坝藏族羌族自治州公路建设成全国少数民族自治州的典范”的再创地方示范工程活动；严格执行“政府监管、法人负责、社会监督、企业自检”四级质量保证体系，积极推进“项目业主、监理、施工”三方独立检测工作机制，确保公路建设质量。截至 2011 年 9 月底，四川省高速公路全面完成规划期恢复重建任务。国省干线及重要经济干线完工项目 76 个，完成投资 249.62 亿元。客运站灾后重建完工项目 374 个，完成投资 4.51 亿元。其中，四川省的交通恢复重点项目都江堰至映秀高速公路于 2009 年 5 月 12 日前全线建成通车，绵阳至九寨沟公路于 9 月 30 日恢复原有设计标准和通行能力，为开通旅游复兴通道创造了基础性条件。通过实施灾后交通恢复重建项目，四川省重灾地区建成由“一环、三纵、三横、七联”组成的“生命线公路网”，阿坝藏族羌族自治州形成由“四纵四横二联”组成的干线公路骨架网和“二环三线”组成的全国规模最大、功能最完善的生态旅游公路网。

甘肃省纳入国家规划新建高速公路 1 条 132 公里、国道省道重建项目 12 项 1128 公里（二级公路建设标准 608 公里、三级公路建设标准 520 公里），项目涉及陇南市武都区、文县、康县、成县、两当县等重灾县（区），规划投资计 158.8 亿元（中央重建基金 36.5 亿元）。其中，干线公路 12 个项目 1128 公里被划分为 4 个设计标段、8 个监理标段、29 个施工标段和 3 个交通设施工程标段。干线公路建设分两期完成，2009 年 5 月完成招标，2010 年 9 月底全部建成。在项目建设中，甘肃省提出实现工程质量合格率必须确保 100%、工程进度必须确保在规定时限内完成、

图 139　恢复重建的德阳市区一环路（唐景瑞　摄）

资金使用必须确保全部用于建设项目、安全生产必须确保无重大责任事故、廉政建设必须确保无违纪违法行为的“五个必须确保”的总体目标。省公路灾后重建项目办采取严格措施，从设计、施工、监理到施工队伍的审核，层层把关，坚持每月召开一次生产调度会；省公路局制定了《廉政守则》和“五严禁、五不准”的规定，并与公路项目办临时党委、各临时项目支部分层签订了《廉政目标责任书》，围绕项目建设廉政目标层层抓好落实。

国家基础设施专项规划明确，陕西省修复高速公路58公里、国道干线公路210公里。至2011年9月底，陕西省全面完成规划期公路恢复重建任务。

灾区公路交通恢复重建中（参见表15～17），山东、广东、北京、上海等19个对口支援省（市）和全国交通系统、解放军和武警部队给予倾力支持。香港特区援建省道303线映秀至卧龙段、绵竹至茂县公路（含九鼎山隧道）德阳段；澳门特区援建广元市利州区部分公路。

川甘陕三省高速公路恢复重建重点项目一览表

表15

项　目	长度（公里）	投资规模（亿元）	基　本　情　况
广元至川陕界高速公路	56.70	39.11	2007年12月开工建设，2011年5月建成通车
广元至雅安段高速公路	465.00	1.73	完成维修加固任务
雅西高速公路雅安至石棉段	121.00	74.8	2007年开工建设，2010年年底完成灾后恢复重建任务，2012年5月建成通车
广元至川甘界高速公路	56.40	68.42（车购税补助资金10.45）	2010年年底完成灾后恢复重建任务，2012年年底建成通车
广元至南充高速公路	200.90	150.29（车购税补助资金20.21）	2010年年底完成灾后恢复重建任务，2011年年底建成通车
成都至都江堰高速公路	61.50	0.0182	2004年10月建成通车，2010年年底完成灾后恢复重建任务
都江堰至映秀高速公路	25.95	至2009年11月已完成投资12.77	2003年开工建设，2009年5月12日建成通车
成都至邛崃高速公路	61.50	0.008	2004年10月建成通车，2010年年底完成灾后恢复重建任务
彭州高速公路	21.30	0.0063	2004年10月建成通车，2010年年底完成灾后恢复重建任务
广元至巴中高速公路	121.00	71.5（车购税补助资金7.92）	2006年开工建设，2010年5月建成通车

续表 15

项　　目	长度（公里）	投资规模（亿元）	基　本　情　况
成渝环线绵阳至遂宁段	175.00	85	2008 年开工建设，2011 年 12 月建成通车
兰州至海口高速公路武都两水至罐子沟二程（武罐高速公路）	130.00	117.13	—
平凉至武都高速公路成县至武都段	91.00	121	—
京昆线宁强至棋盘关（陕川界）段	18.00	车购税补助资金 3.2	2006 年开工建设，2008 年 12 月建成通车
连霍线宝鸡至牛背（陕甘界）段	40.20	车购税补助资金 4.97	2006 年开工建设，2009 年 9 月建成通车

川甘陕三省国道恢复重建重点项目一览表

表 16

项　　目	长度（公里）	投资规模（亿元）	基本情况
国道 108 线川陕界至雅安段	594.20	15.40	2010 年 12 月完成灾后恢复重建
国道 212 线川甘界至南部段	259.70	5.86	2009 年 12 月完成灾后恢复重建
国道 317 线汶川至马尔康段	198.80	23.56	2011 年 8 月完成灾后恢复重建
国道 212 线宕昌至两河口段	52.00	1.47	建成通车
国道 212 线两河口至罐子沟段	316.00	13.58	建成通车
国道 316 线杨店（陕甘界）至江洛段	114.00	4.04	建成通车
国道 108 线勉县至宁强段	65.00	0.65	2010 年 5 月底建成
国道 213 线都映段	21.90	4.89	2011 年 9 月 12 日完工
国道 213 线映秀至汶川段	58.19	7.44	2012 年 5 月 12 日通车
国道 213 线汶川至川主寺段	192.27	31.00	2011 年 12 月通车

川甘陕三省省县道恢复重建重点项目一览表

表 17

项　　目	长度（公里）	投资规模（亿元）	基本情况
川省道 101 线	212.30	5.90	2011 年 9 月完成灾后恢复重建
川省道 105 线	364.70	28.80	2011 年 12 月完成灾后恢复重建
川省道 106 线	242.70	15.50	2010 年 9 月完成灾后恢复重建
川省道 202 线	99.90	1.50	2009 年 11 月完成灾后恢复重建
川省道 209 线	131.60	4.66	2010 年 9 月完成灾后恢复重建
川省道 210 线	318.30	4.60	2009 年 12 月完成灾后恢复重建
川省道 211 线	43.70	1.10	2009 年 12 月完成灾后恢复重建
川省道 301 线	177.50	7.50	2010 年 9 月完成灾后恢复重建
川省道 302 线	383.70	20.90	全线于 2012 年完成灾后恢复重建
川道省道 303 线	225.50	24.80	预计 2015 年完成灾后恢复重建
省道 307 线王坝（陕甘界）至望关段	50.00	2.87	建成通车
省道 205 线江洛至武都段	161.00	4.22	建成通车
省道 313 线两河口至舟曲县城	21.00	0.93	建成通车
省道 306 线徐家店至祁山堡	45.00	0.92	建成通车
省道 208 线洛门至马街（武都段）	34.00	0.96	建成通车
省道 219 线祁山堡至成县	104.00	2.80	建成通车
省道 313 线舟曲县城至黑水沟段	49.00	1.37	建成通车
县道 484 线东峪口至青龙桥	32.00	1.44	建成通车
县道 482 线康县至阳坝段	83.00	2.27	建成通车
省道 309 线勉县至略阳（陕甘界）段	119.00	2.51	2010 年 8 月底建成
省道 210 线潘家湾至太白段	17.00	0.43	2011 年 11 月完工通车

二　铁路建设

地震使宝成、成渝、成昆等干线铁路和成汶、广岳、德天、广旺等支线铁路严重受损，铁路设施直接经济损失达 207.04 亿元，铁路恢复重建是灾后恢复重建的重要内容。（参见图 140）铁道部在恢复既有线路运输能力的同时，重点安排新线项目建设，以缓解铁路运能紧张状况。通过制定铁路恢复重建规划、明确相关政策、与四川省签订加快推进成都市铁路建设协议、召

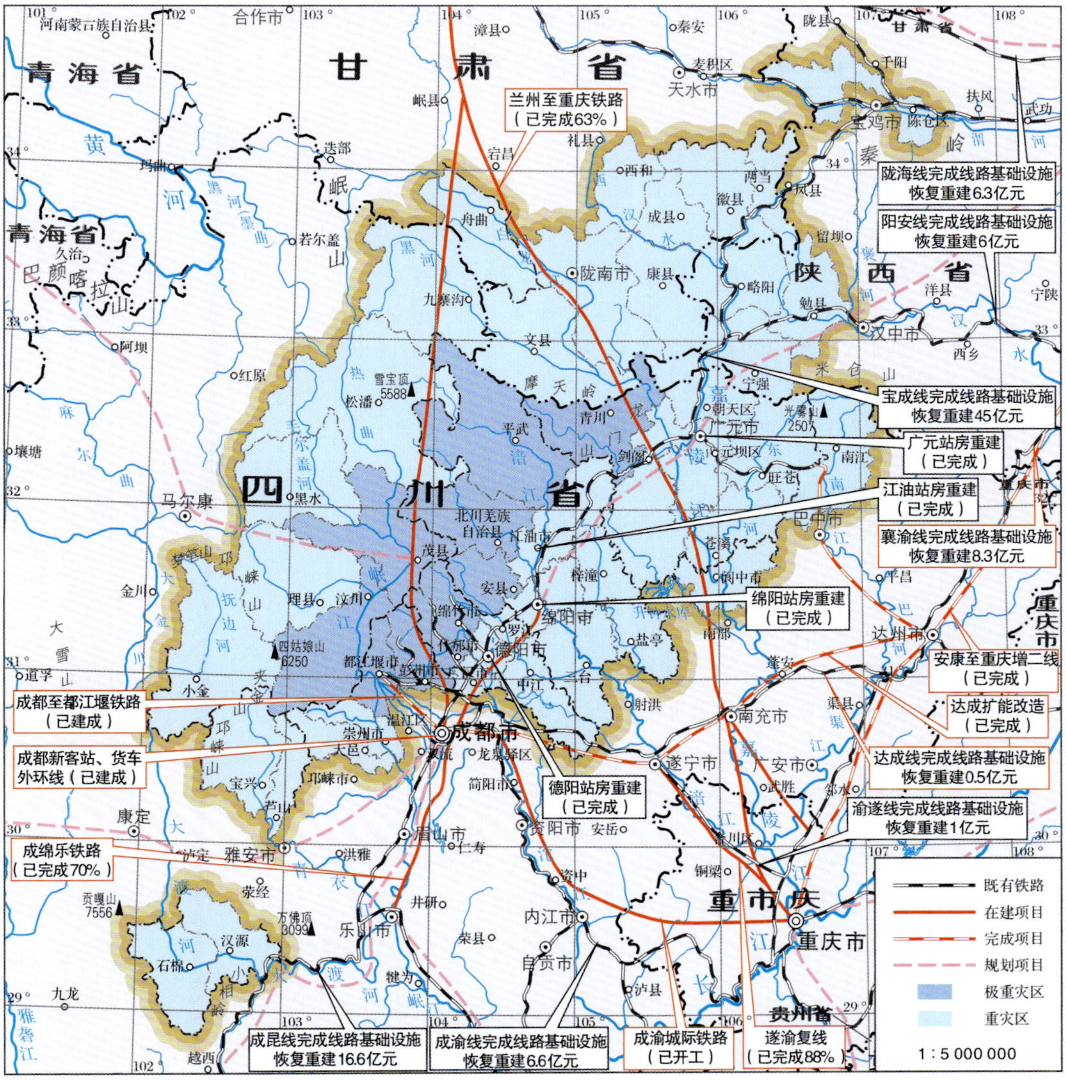

图 140 铁路灾后恢复重建示意图

（铁道部 提供）

开四川省铁路建设推进会等规划及政策措施，指导川、甘、陕三省铁路部门开展铁路恢复重建工作。三年恢复重建，安排既有铁路生产设施恢复重建资金 158 亿元，其中生产运营设备恢复重建 140 亿元、在建工程与设计项目增加投资 18 亿元。铁路既有线路设施设备得到改善（参见表 18），运输服务能力得到提升。

重点完成宝成、成昆、成渝等干线和成汶、广岳、德天等支线的明棚洞、防护网、拦石墙、牵引供电、电力的改扩建和新建工程，道床病害、危岩落石、边坡溜坍、路基下沉的整治，钢轨、轨枕、道岔的更换，轨道电路、机房、信号设备的修复以及德阳、绵阳、广元、江油、汉中等站房的建设。此外，一批重要新线项目顺利实施。2010 年 5 月 12 日，全长 76.18 公里、时速 200 公里的成都至都江堰快速铁路投入运营。这条铁路由中铁二局负责施工，投入施工人力 1.2 万

地震灾后重建铁路既有线加固修复情况一览表

表 18

线　路	加固修复主要内容	投资规模（亿元）	建设单位	完成时间
宝成线（陕西宝鸡至四川成都）	修复道床病害 304.8 公里，更换钢轨 459.86 公里，线路清筛 98.56 公里，道岔复旧 215 组，桥梁复旧 122 座，隧道复旧 41 座，涵渠修建 62 座，增设立交通道 27 处，109 隧道改线，封闭网 232.2 公里，修建明洞 21 处，牵引变电所改造 5 座，信号自动闭塞改造 73.76 正线公里，信号联锁设备改造 11 站，电力贯通线 95 公里，修复接触网设备 187.9 公里；重建铜承力索 223 公里、变动所设施设备 2 所、给水管网 50390 米、电力线路 63 公里、15 站水源设施、10 千伏电力自闭线 1 条、电力配电所设施设备 7 所、生产房屋 42814 平方米、生产生活建筑物 50.6 万平方米；修复重建危岩落石、滑坡、边坡溜坍等不良处所 292 处；增设水沟 20.1 公里，路肩加宽 55.1 公里	40.17	成都铁路局 西安铁路局	2010 年 12 月
广岳支线（四川广汉至什邡岳家山）	修复线路 65 公里，更换再用轨 4 公里，修复重建危岩落石等处所 11 处、桥梁 5 座、隧道 1 座、涵洞 2 座、给水管网 4604 米、9 站电力线路、生产生活建筑物 5700 平方米；重建 5 站水源设施、10 千伏电力贯通线 1 条、广岳线两路口等 4 站货运设施	1.20	成都铁路局	2010 年 5 月
成汶支线（四川青白江至都江堰）	修复道床病害 59.5 公里，更换再用钢轨 58.5 公里、轨枕 50.6 公里，修复滑坡、边坡溜坍、路基下沉等不良处所 8 处，桥梁设备 7 座，给水管网 2800 米，4 站信号设备，生产生活建筑物等 18030 平方米；重建 2 站水源设施、10 千伏电力贯通线 1 条	1.87	成都铁路局	2010 年 5 月
德天支线（四川德阳至绵竹汉旺段）	更换再用轨枕 4 公里，修复涵渠 4 座、给水管网 1990 米、电力线路 4 站；重建 2 站水源设施、10 千伏电力贯通线 1 条、落石滑坡处所 2 处、生产生活建筑物等 1.1 万平方米、3 站货运设施	0.55	成都铁路局	2010 年 5 月
成都枢纽	修复道床病害 6 公里，更换再用轨 7.3 公里；修复接触网设备 139.41 公里、给水管网 15381 米、电力线路 12 公里；修复重建桥梁 1 座、给水管道 3 处、驷马桥老水厂、配电所 1 个、生产生活等建筑物 55.2 万平方米、路基下沉等不良处所 12 处；重建 9 个站综合视频监控系统和成都车辆段调度运用系统	6.90	成都铁路局	2010 年 5 月

续表 18

线　路	加固修复主要内容	投资规模（亿元）	建设单位	完成时间
陇海线（陕西潼关至甘肃兰州段）	更换新钢轨 29.23 公里，线路清筛 18.7 公里；道岔复旧 46 组，桥梁 75 座，隧道 1 座；陇海上行线 1365.8 公里至 1368.30 公里改线 1 处、上行 1343.46 公里至 1343.8 公里段地质震害治理 1 处、封闭网 92.38 公里、生产房屋重建 11889.2 平方米，修建明洞 10 处、拦石墙 1 处、排水沟 1.8 公里、抗滑桩 4 处 47 根，增设主动性防护网 17 处计 11010 平方米	6.33	西安铁路局 兰州铁路局	2010 年 12 月
达成线（四川达州至成都）	修复重建危岩落石、滑坡、路基下沉等不良处所 18 处、桥梁 1 座、涵渠 6 座	0.54	成都铁路局	2010 年 5 月
成渝线（四川成都至重庆）	修复道末病害 93.6 公里，更换道岔 428 组、再用轨 182 公里；修复给水管网 14834 米、电力设备 54 站；修复重建危岩落石、滑坡、边坡溜坍等不良处所 159 处、桥梁 41 座、隧道 1 座、接触网设备 329.7 条公里、生产生活等建筑物 39.1 万平方米；恢复生产增设立交通道 3 处；重建 5 站水源设施、电力贯通线 1 条、配电所设施设备 14 所，37 站检测系统及机房整修，13 站综合视频监控系统	5.99	成都铁路局	2010 年 10 月
成昆线（四川成都至攀枝花段）	修复道床病害 457.4 公里，更换新钢轨 382.2 公里、再用轨 66.349 公里；修复重建危岩落石、滑坡、边坡溜坍等不良处所 243 处、桥梁 697 座、隧道 24 座、涵渠 6 座、生产生活建筑物等 41.6 万平方米；恢复生产，增设立交通道 4 处；修复接触网设备 353.3 条公里、给水管网 25907 米、电力线路 34.88 公里；重建供电能力增强改造 725 公里、11 站水源设施、电力配电所设施设备 4 所，11 站客货运设施，电缆 14.46 公里修复、85 站综合视频监控系统	16.18	成都铁路局	2010 年 10 月
广旺线（四川广元至普济段）	修复重建危岩落石、滑坡、路基下沉等不良处所 9 处、桥梁 37 座、隧道 4 座、涵渠 1 座、给水管网 6898 米、水池 1 座、7 站电力设施设备、生产生活等建筑物 1.2 万平方米；重建 2 站水源设施	0.21	成都铁路局	2009 年 12 月
遂渝线（四川遂宁至重庆）	修复道床病害 15 公里，更换再用轨 0.9 公里；修复给水管网 3668 米、电力线路 105.64 公里；修复重建危岩落石、滑坡、边坡溜坍等不良处所 79 处、生产生活等建筑物 3372 平方米；重建桥梁 41 座、涵渠 94 座	1.20	成都铁路局	2010 年 5 月

续表 18

线　路	加固修复主要内容	投资规模（亿元）	建设单位	完成时间
内六线（四川内江至贵州六盘水）	修复道床病害 45.67 公里，更换再用轨 152.54 公里；修复危岩落石、滑坡、边坡溜坍等不良处所 285 处、接触网设备 210.6 条公里、信号电缆 16.13 公里、道岔表示器 56 组、给水管网 11215 米、电力线 3.66 公里；修复重建生产生活等建筑物 8.8 万平方米、桥梁 53 座、隧道 46 座、涵渠 3 座设备；恢复生产增设立交通道 2 处；重建变电所设施设备 11 所、8 站水源设施、5 站货运设施；供电能力增强改造 384 公里	8.09	成都铁路局	2010 年 10 月
襄渝线（湖北襄樊至重庆）	更换新钢轨 239.44 公里，线路清筛 157.79 公里，修复道床病害 112.9 公里，更换再用轨 77.5 公里，道岔复旧 14 组，桥梁复旧 6 座、修建 38 座，隧道复旧 15 座、修建 7 座，修建明洞 2 处，生产房屋重建 1747 平方米，修复生产生活等建筑物 118557 平方米，增设立交通道及附属设施 24 处；修复接触网设备 100 条公里、给水管网 1.7 公里、13 站电力设备、400 个受损减速顶、电缆 5 公里、3 站监测系统及机房、16 站综合视频监控系统；修复重建危岩落石、滑坡、边坡溜坍等不良处所 102 处；重建 14 处隧道注浆及排水	7.02	成都铁路局 西安铁路局	2010 年 12 月
阳安线（陕西阳平关至安康）	更换新钢轨 150.32 公里，线路清筛 83.2 公里，更换轨枕 45.84 公里；复旧道岔 84 组、桥梁 29 座，信号联锁设备改造 7 站，生产房屋重建 5659 平方米，路肩加宽 85 公里，增设水沟 38.9 公里；修复重建危岩落石、滑坡、边坡溜坍等不良处所 40 处	5.11	西安铁路局	2010 年 12 月
西康线（陕西西安至安康）	更换新钢轨 11.15 公里，复旧桥梁 23 座，隧道 3 座，配电所改造 2 座，生产房屋重建 1373 平方米，修复重建危岩落石、滑坡、边坡溜坍等不良处所 55 处	0.80	西安铁路局	2010 年 12 月
宝中线（陕西宝鸡至固原段）	加固桥梁 1 座，复旧隧道 10 座，生产房屋重建 1927 平方米；修复重建封闭网 83.55 公里，危岩落石、滑坡、边坡溜坍等不良处所 16 处	0.38	西安铁路局 兰州铁路局	2010 年 12 月
川黔线（重庆至贵州贵阳）	修复道床病害 297.31 公里，更换道岔 201 组、新轨 120.138 公里、再用轨 104.8 公里，修复重建危岩落石、滑坡、边坡溜坍等不良处所 189 处和桥梁 83 座、隧道 7 座；恢复生产增设立交通道及附属设施 9 处；修复接触网设备 382 条公里，隧道接触网重建 20 公里，重建给水管网 12.1 公里、电力线路 12.8 公里、生产生活等建筑物 108512 平方米，以及 10 站道旁信号、11 站电源设备	7.89	成都铁路局	2010 年 10 月

续表 18

线　路	加固修复主要内容	投资规模（亿元）	建设单位	完成时间
渝怀线（重庆至秀山段）	修复道床病害 25.5 公里，更换新轨 3.8 公里、再用轨 4.1 公里；修复重建危岩落石、滑坡、边坡溜坍等不良处所 91 处和桥梁 26 座、隧道 1 座；恢复生产增设立交通道及附属设施 3 处；修复接触网设备 36 条公里、给水管网 5597 米、电力线路 360 公里、生产生活建筑物 6.5 万平方米和 10 站道旁信号、38 站电源；重建 9 站水源设施、1 所配电所	1.51	成都铁路局	2010 年 5 月
沪昆线（贵州大龙至徐屯段）	修复整治道床病害 651.82 公里，更换新轨 424.966 公里、再用轨 269.29 公里、道岔 402 组；修复重建危岩落石、滑坡、边坡溜坍等不良处所 219 处、桥梁 95 座、隧道 7 座、涵渠 4 座设备；增设立交通道及附属设施 8 处，修复接触网设备 785.2 条公里，扩能改造牵引供电 554 公里；修复重建给水管网 16890 米、电力线路 17.81 公里、生产生活等建筑物 21.3 万平方米、10 公里信号电缆、10 站电源设备	16.04	成都铁路局	2010 年 10 月

说明：此表材料由铁道部提供，时间截至 2010 年 12 月底

人、机械 1400 余台。成绵乐客运专线和兰渝、成兰铁路均按计划开工建设。这些项目不仅提升了成都、西安的枢纽能力，而且大幅提升西部地区、中东部地区的通道能力和西北进出四川的通道能力，实现国家《恢复重建总体规划》确定的目标。在铁路恢复重建中涌现出先进集体 10 个，分别荣获“汶川地震铁路灾后恢复重建火车头奖杯”；涌现出先进个人 37 人，分别荣获“汶川地震铁路灾后恢复重建火车头奖章”。

三　民航建设

地震使川、甘、陕三省重灾地区 51 个县（市、区）范围及其民航关联地区内 20 余个机场、航空公司以及地区管理局、空管、油料等多家单位的设施设备遭到不同程度的损坏。

根据国务院部署，灾区民航恢复重建纳入国家总体规划。重点对成都、绵阳、九寨、南充、泸州、宜宾、广元、康定、咸阳、汉中、安康、庆阳、兰州等机场各类建筑物进行修复和重建，对附属设施及设备进行修复和更新；对飞行学院、民航二所等科研院校各类建筑物进行修复和重建，对教学科研设备进行更新。民航局成立以局长李家祥为组长的民航灾后恢复重建领导小组，

负责民航灾后重建的组织协调、规划编制、资金筹集、重建实施等工作。

为了尽快修复受损设施设备，2008 年 5 月 14 日，震后第三天，民航局向财政部申请民航抗震救灾应急资金，并建议根据受灾严重程度和抗震救灾重要程度，实行特事特办，尽快向西南、西北地区民航单位拨付救灾应急款。拨付方案：西南地区空管局 3000 万元，西南局及所在地区机场、油料公司等受灾单位计 1000 万元，飞行学院 1000 万元，西北局及所在地区机场、油料公司等受灾单位计 500 万元。民航局明确应急资金主要用于抗震救灾急需的支出项目，包括必需的受损设施设备修复等。之后，民航局根据民航灾损评估所反映的实际灾情，再次向财政部申请拨付救灾应急资金 1000 万元，分别追加西北地区民航单位 500 万元、西南地区民航单位 300 万元、飞行学院 200 万元。

在机场、空管、航空公司、中国航油集团等单位基础设施的恢复重建中，体现了当前与长远相结合、保障与应急相结合的思想。在修复重建受损设施设备的基础上，扩充了基础设施保障能力，增加了应急通信、应急指挥等设施设备建设，以提高应急保障能力。由于机场实行属地化管理，部分灾后重建项目由所在省、市统一安排。民航在机场的受灾基础设施恢复重建工作中，主要是结合“十一五”规划的中期调整和“十二五”规划，重点解决机场的发展提升问题，以满足未来经济社会发展要求，将机场灾后重建工作纳入机场完善和扩建工程项目中，不作为灾后重建单独的机场基础设施项目安排。

第二节　项目选介

一　公路工程项目

都江堰至川主寺“生命线”公路工程　都江堰至松潘川主寺“生命线”公路工程由 3 段组成，包括都江堰至映秀段、映秀至汶川段、汶川至川主寺段。都江堰至映秀段，包括国道 213 线都江堰至映秀段和都映高速公路；映秀至汶川段，包括国道 213 线映秀至汶川段和映汶高速公路；汶川至川主寺段，包括国道 213 线汶川至川主寺段和已列入规划但尚未修建的汶川至川主寺高速公路。“生命线”公路工程全部完成后，都江堰至川主寺可形成国道和高速公路两条“生命线”通道，抗震减灾能力可得到极大提高。

国道 213 线都江堰至映秀段。该路段连接都江堰市和汶川县，是四川省公路网的重要组成部分，起于烧火坪隧道，经淦子溪、映秀、蒙子沟、小黄沟、阿坝铝厂、水打沟，穿越粤汶隧道，跨寿江大桥后，接国道 213 线已有公路，再过千金沟、张家沟、磨子沟等，止于友谊隧道（汶川与都江堰交界处）。此段共设置 9 处主要平交，线路全长 21.897 公里；按照二级公路标准重建，设计速度 40 公里 / 小时，路基宽度 8.5 米，路面宽度 7.0 米，沥青路面，项目建设投资 48913.6 万元。建设单位汶川县交通局。汶川县交通局委托西南交通大学环境科学与工程学院编制该路段灾后恢复重建工程环境影响报告书。项目建设分为3个标段。I标段、II标段分别由重庆中环建设有限公司、四川长城建筑（集团）有限公司承建，2010年4月25日开工建设，2011年9月12日完工。III标段竣工时间设计方案规定为2013年7月底。

都映高速公路。都映高速公路起于都江堰市石马巷，途经玉堂、紫坪铺水库，止于映秀镇，全长25.95公里。其中，因龙溪隧道和紫坪铺隧道需穿越须家河煤系地层，其断层、裂缝、褶皱十分发育，均为都映高速公路控制性工程。地震前，都映高速公路除龙溪隧道和紫坪铺隧道尚在施工外，其路基路面铺筑工程基本完成，石马巷至玉堂9.8公里已形成通车能力。震后，2008年9月27日，都映高速公路恢复重建。工程主要包括拆除左右隧道80%已经完成的路面和二衬等。施工中，隧道串珠式坍塌、路面隆起给作业造成困难。为了灾区“生命线”的建设，中铁二十一局在最短的时间里，星夜兼程把1500多名施工人员、80多台（套）施工机械设备集结到工地，迅速掀起会战龙溪隧道3600米衬砌和仰拱工程的高潮。2009年1月21日，都映高速公路紫坪铺和龙溪两座高瓦斯隧道全线贯通（参见图141）；5月12日，都映高速公路正式通车。都映高速公路的贯通使都江堰到映秀镇路程时间由原来的3个小时缩短为15分钟。

国道213线映秀至汶川段。属于交通运输部全额补助且列入四川省首批启动的交通重建重点项目。线路全长56公里，总投资7.44亿元，二级公路标准，主要工程涉及跨江大桥及涉水土建项目等。四川都汶公路有限责任公司负责项目建设。2008年12月5日，首期项目建设开工。2009年2月二期工程招标结束，3月1日二期项目建设全面开工。承建单位四川省交通厅成立前线指挥部全面管理项目建设。为抢工期，该路段施工先后两次累计10天实施断道封闭施工，突击完成桃关至草坡、老虎嘴、磨子沟改线段石方爆破工程量10万立方米，铺筑沥青混凝土应急路面13.2公里，累计完成投资8849万元，日均完成实物量885万元，是平常施工的14倍。在地震中受损的彻底关大桥是该路段关键性工程，成为阻断都汶路的“天堑”。施工单位经反复酝酿，多次论证，决定抢在汛期到来之前完成搭桥任务，同时预备千斤顶，做好施工期间洪水来临立即

图141　重建后的都汶高速公路龙溪隧道（四川省人民政府　提供）

抬高桥体的多项应急准备，一举创造出国内最长单跨钢桥 60 米的纪录。2009 年 5 月 12 日，国道 213 线映秀至汶川段包括彻底关大桥实现双向通车。映汶段实现双向通行，彻底改善了桃关至草坡、老虎嘴、磨子沟段路窄、坡陡、弯急、堵车的严重状况。7 月 25 日，彻底关大桥恢复通车后遭暴洪袭击，大桥柱基被巨石砸毁，造成 100 米的桥面坍塌、6 人遇难、12 人受伤，都汶路再次中断。交通运输部和四川省委、省政府要求有关部门科学快速修复大桥，抢通都汶公路"生命线"，并迅速派出专家和技术人员赶赴现场，组织开展抢通工作。当地交通运输部门紧急调集 50 余台机械设备和 200 多名技术及施工人员 24 小时昼夜施工。至 7 月 31 日 9 时，经过抢修人员 6 天奋战，映秀至汶川二级公路彻底关大桥恢复通车，国道 213 线都汶公路恢复通行。

映汶高速公路。映汶高速公路作为新建项目，起于都映段高速公路龙溪隧道出口附近，经过映秀、银杏、桃关、草坡、玉龙、汶川，止于阿坝师专接新都汶公路，全长 52 公里，规划投资 49.93 亿元；路基宽度 24.5 米、双向 4 车道；公路全线跨越岷江 26 次，建设特大桥 2 座、大桥 28 座；建设特长隧道 4 座、长隧道 4 座，桥梁、隧道比例达到 76%。高速公路立项前，映秀与汶川之间，只有一条 56.591 公里双向双车道的二级公路连接。映秀至汶川高速公路的建成，使都江堰与汶川之间形成两条"生命通道"，由成都至汶川通行时间只需要 90 分钟。2009 年 5 月 10 日映汶高速公路开工建设，2012 年 11 月 29 日竣工通车。映汶高速公路是震后公路恢复重建规划中确定的重灾地区"生命线"建设的重要项目，是阿坝藏族羌族自治州连接成都平原的关键通道。

国道 213 线汶川至川主寺段，是国道 213 线兰州至云南磨憨和九寨沟环线公路的重要组成路段，起于阿坝藏族羌族自治州境内国道 213 线郎川路，沿岷江而下，途经松潘县十里回族乡、新建松潘县城过境段、镇江关、太平乡、叠溪镇、茂县县城后，止于汶川县城，全长 192.273 公里，总投资约 31 亿元，其中松潘段全长 87 公里，总投资约 13 亿元。为了确保川主寺至汶川段抗灾、安全运营、应急能力，2008 年 12 月 28—30 日，四川省交通厅成立包括厅公路局、厅交通勘察设计研究院、四川公路工程咨询监理公司等单位 15 名专家组成的专家组，对该段的设计方案进行现场审查。主要对拟建的海子山隧道、较场大桥等重要桥隧构造物场地、地质病害、地震可能引起的次生灾害进行详细的踏勘，对各项推荐方案和比较方案进行了充分论证。2009 年 1 月 5 日，省交通厅在成都召开该路段项目设计文件审查总结会，专家组对川主寺至汶川段公路设计方案中有关总体布置、路线、路基、路面、桥梁、隧道、交通工程、工程经济、工程地质等提出专业审查意见。3 月，该路段建设正式开工。2011 年竣工通车。

国道 212 线两临段工程项目 国家对甘肃省重建项目。国道 212 线是连接甘肃、四川、重庆三省（市）的交通大动脉，全长 1302 公里，起点兰州市，终点重庆市，横跨甘、川、渝三省（市），甘肃境内段长 601 公里。两临段工程项目起于宕昌县两河口乡，途经两水、武都、汉王镇、大岸庙，终点文县临江乡，路线全长 122.86 公里，采用二、三级公路技术标准设计。资金来源于国家灾后重建基金和甘肃省交通厅自筹。

受地震影响，两河口至临江段作为甘肃境内最南部甘川交界的"生命线"几度中断，沿线设施、结构物、路面受损严重，上百处边坡塌方、路基滑塌、路面严重开裂，几十处桥梁垮塌。2009 年 1 月 12 日，甘肃省批准立项，明确工程总投资 16 亿元。8 月 14 日，甘肃省交通厅批准该工程路基及路面工程施工图设计及预算，批复预算 14.37 亿元，其中国家灾后重建资金 5.34 亿元。工程分为 5 个标段、2 期进行。2008 年 11 月至 2009 年 2 月，通过投标方式确定甘肃省交通规划设计院有限公司担负项目设计，甘肃省路桥建设集团有限公司、陇南通途公路工程处、陇南市公路工程总公司、天水路桥交通工程有限公司、甘肃恒和交通设施安装有限公司分别担负项目建设施工。2009 年 3 月 1 日一期工程开工，2010 年 6 月 30 日竣工并通过验收；2009 年 6 月 1 日二期工程开工，2010 年 9 月 30 日竣工并通过验收。新建成的两临段公路，按二级公路技术标准建设，路基宽 8.5 米，路面宽 7 米，设计时速 40 公里 / 小时，村镇等局部困难路段适当降低指标；新建大中桥 15 座、小桥 25 座、渡槽 15 座、加固桥梁 28 座、新建涵洞 1445.8 延米、旧涵洞加固 271 道。该段公路的建成，完善了陇南路网结构，为灾后重建的物资运输提供了有力的支持，而且为推动灾区经济和物资交流发挥了重要作用。

宝天高速公路　国家对陕西重建项目。宝（鸡）天（水）高速公路（陕西段），起于宝鸡市石家营村，沿渭河川道向西布线，经高家镇、晁峪乡、坪头镇、胡店乡至陕甘交界的牛背村，在牛背村与天水高速公路相接。宝天高速公路是国家东西大通道国道 30 线连云港至霍尔果斯国家高速公路的组成部分，是陕西连接甘肃的重要通道之一，对促进西部经济发展有着重大意义。宝天高速公路全长 40.2 公里，设计车辆行驶速度 80 公里 / 小时，概算投资 27.2 亿元。宝鸡市宝天高速公路建设管理处具体负责项目筹资、融资以及建设管理等工作。2004 年立项，2007 年 3 月开工建设。恢复重建工作启动后，为解决灾区重建物资运输困难，国家将宝天高速公路（陕西段）后续建设纳入恢复重建总体部署，明确要求加快项目建设速度，及早投入运营，为加快川甘恢复重建物资运输创造条件。

宝天高速公路在地貌上横跨堆积河谷阶地与剥蚀山地两种地貌类型，地质构造活动整体较强，地质环境复杂，地质灾害危险性评估级别为一级。危险性大的区段长达 11 公里多，占线路总长的 28.1%，属于陕西省在建高速公路地质条件最为复杂的工程之一。宝天高速公路也是一条名副其实的桥隧之路，桥隧折算总长度占路线里程的 60%。此外，宝天高速公路共有 4 处与铁路分别上跨、平行、交汇和下穿，26 次跨越渭河，工程建设难度极大。宝天高速公路建设中，陕西省省长袁纯清及副省长洪峰、吴登昌、姚引良等先后深入施工一线检查工作、慰问筑路职工。在国家重建基金的支持下，经筑路员工辛勤苦战一年，2009 年 9 月 26 日天宝高速公路实现通车，比原计划的 2009 年年底通车提前了 96 天。该路竣工投入运营，有效缓解了甘肃灾区重建物资运输困难。该路由中铁 12 局集团第一工程有限公司等施工建设。

川主寺过境公路　安徽省援助松潘县项目。川主寺过境公路地处松潘县川主寺境内，是西到黄龙景区，东到九寨沟、红原草原，南到省会成都的必经之路。由于老路穿过川主寺街道，随着游客增多，交通量加大，在旅游旺季常出现拥堵现象，制约了川主寺镇城镇建设的发展，故安徽省将该项目列为首批援建项目之一。

川主寺过境公路全长 7 公里，沥青混凝土路面。其中东线按城市道路功能设计，长 2.4 公里，路基宽 15 米，路面宽 9 米，两侧各 3 米人行道；西线按汽车二级专用路设计，长 2.7 公里，路基宽 12 米，路面宽 11 米，计划总投资约 1.14 亿元。该项目还包括修建跨越岷江的岷江源兴川友谊大桥，此桥位于川主寺镇，是通往九寨沟、黄龙风景区和川西北大草原的必经之处；桥为三塔地锚式钢箱梁部分斜拉桥，长 81 米，宽 21 米，桥上设有 3 个桥塔，整个桥形如一艘航行的帆船，象征“同舟共济”抗震救灾精神。3 个桥塔高耸江面，气势宏伟，形似“川”字；塔、梁与墩组合又似“兴”字，寓意四川震后的复兴。两侧塔顶采用金鼎装饰，中间塔顶镶嵌一金黄色圆球，体现藏、羌、回、汉各族人民的友谊如日月星辰天长地久。桥塔塔身人工绘有藏族八宝、56 只蝙蝠和祥云等图案，祝福全国各族人民团结、幸福和吉祥。

2009 年招标确定由安徽省路港工程有限责任公司承建，4 月 19 日开工建设。该项目开工后，皖、川两省党政领导多次作出批示，要求做到“一流的工程质量”和“务必让四川的干部和群众满意”。2010 年 5 月 9 日，公路建成通车（见图 142）。

图142　川主寺过境公路——漳黄公路（四川省委宣传部　提供）

绵茂公路　香港特区援助项目。绵茂公路又称德阿公路（德阳至阿坝），起于绵竹市，终于茂县，全长 56 公里。绵茂公路建设纳入国家地震灾后恢复重建总体部署，香港特区政府出资 20 亿元援建（香港特区援川资金量最大的基础设施工程）。绵茂公路的贯通，使德阳与阿坝两地“相邻不相通”的历史画上了句号。

绵茂公路是四川灾后恢复重建最艰巨的工程之一，沿线穿越龙门山等 4 条断裂带，堰塞湖、地质灾害多发，地质地形和水文条件复杂，桥隧占比高达 68%。该路绵竹市境内的汉旺至牛圈沟长 43.5 公里路段，其建设分两期实施。一期工程全长 22 公里（汉旺镇汉清路口至清平乡篾棚子），工程造价 5.56 亿元；按二级公路标准设计，路基宽度 10 ～ 12 米、路面宽度 9 ～ 11 米，沥青混凝土路面，设计车辆行驶速度 40 公里 / 小时；建设工期 24 个月。二期工程全长 21.5 公里（篾棚子至牛圈沟），公路建设标准与一期工程相同；建设工期同为 24 个月、2012 年竣工。绵茂公路建设费用昂贵（5700 万元 / 公里），几乎与高速公路建设费用持平。2009 年 9 月 8 日，绵茂公路正式开工建设。

绵茂公路建设中，2010 年 7 月 26 日和 8 月 18 日两次遭遇特大山洪、泥石流等自然灾害，建设中断，特别是楠木沟大桥至篾棚子长约 13.5 公里路段，灾害袭击最为严重，不仅施工料场、材料、施工机具等被洪水冲走或被泥沙压埋，而且已建成的工程损毁严重。2011 年 7 月 27 日，绵茂公司根据项目区域地质不稳定，雨季暴雨多，易引发山体崩塌、大型泥石流灾害等自然灾情，向德阳市德阿公路建设领导小组提交《关于对绵茂公路可研批复进行调整的请示》，请求调整原设计方案，建议隧道在原长 2 万多米基础上增加长度 5919 米（总长达到 26403 米），工程投资由原 32.33 亿元调增到 33.29 亿元，增加投资约 9600 万元（含山洪灾害损失 9000 多万元），使绵茂公路建设避开地质灾害重新建设。

交通运输部针对绵茂公路跨越四大断裂带、“三多两高一复杂”① 的工程自然条件，组织成立由部专家委员会、抗震重大科技专项及四川省等有关方面专家组成的部省联合专家组，对绵茂公路建设实施技术指导。2010 年 11 月 21—24 日，专家组通过召开绵茂公路建设专家咨询会、现场考察项目施工地后，对绵茂公路项目绕避重大地质灾害地段的设计思路和设计方案予以肯定；针对绵茂公路云湖隧道段、清平乡过境段、篾棚子至滴水岩段和蓝家岩隧道段施工存在的技术难题提出了具体解决办法。

麻龙公路 广东省援助汶川县项目。麻龙公路由麻龙公路 I 段、麻龙公路 II 段、麻龙公路 III 段组成，起点位于国道 213 线下索桥，途经小索桥、鱼跳、凉水井、两河村、码头村、金波村，终点位于草坡乡金波村麻龙坪，全长 14.7 公里。在地震中，麻龙公路严重损毁，其中麻龙公路 I 段（下索桥至两河村 7.45 公里）沿线山体大面积滑坡，致使草坡乡与外界中断交通联络，成为地震“孤岛”达两个月之久。

麻龙公路 I 段的重建首先要对山体边坡进行大量处理，因此工程量大、施工难度大、技术要求高。广东省将麻龙公路 I 段、II 段、III 段等 3 个路段项目，作为广东省援建汶川县灾后恢复重建第一批项目计划下达给汕头市；明确麻龙公路 3 个路段援建资金数量构成，其中 I 段援建投资 6000 万元、II 段援建投资 280 万元、III 段援建投资 600 万元。

麻龙公路 I 段是广东省援建汶川县规模最大的通乡公路。汕头市以“交钥匙”方式援建。汕头市援建工作小组委托广东粤路勘察设计有限公司、汕头市公路勘察设计院、阿坝藏族羌族自治州公路管理局设计室承担麻龙公路 I 段、II 段、III 段的测量设计工作。为缩短招投标过程，援建项目统一打包，采取邀请招标方式进行招投标，中铁二局股份有限公司中标。该项目由汕头市对口支援草坡乡工作小组组织实施工程建设，汕头市公路工程监理公司负责监理，阿坝藏族羌族自治州交通局公路质量监督分站负责项目质量监督。

2009 年 7 月 10 日，麻龙公路建设工程正式开工。2010 年 4 月 26 日，麻龙公路全线竣工交付使用，工期 10 个月。阿坝藏族羌族自治州交通局、公路局组织相关部门及人员对麻龙公路进行竣工验收，其中麻龙公路 I 段综合评分为 93 分，工程质量评为优良；麻龙公路 II 段、III 段综合评分均为 88.1 分，工程质量评为合格。

---

① “三多”指断裂带多、自然灾害多、桥隧比例多；“两高”指自然保护要求高、结构物抗震要求高；“一复杂”指水文地质复杂。

图143　重建后的汶川县麻龙路（四川省委宣传部　提供）

新建成的麻龙公路（见图143），共有桥梁7座、涵洞15道。其中，麻龙公路I段设计标准为三级公路，水泥混凝土路面，路面宽度6.5米，设计行驶速度30公里/小时；麻龙公路II段、III段设计标准为四级公路，路基宽度5米，设计时速20公里/小时。为铭记汕头市援建功德，汶川县草坡乡政府和群众将麻龙公路改称为“汕头路”。

广青公路　北京市援助什邡市项目。广（汉）青（牛沱）公路是贯穿什邡市南北方向的重要通道，连接师古、湔氐、洛水、冰川、蓥华、红白等6个重灾镇和沿线几十家大中型企业，被称为什邡市的“生命线”。恢复重建广青公路不仅是什邡市恢复自身“造血功能”、促进旅游资源综合开发的需要，而且对统筹什邡市平坝地区与山区的协调发展具有重要意义。

重建分3期进行。广青公路一期工程起点广汉市金鱼镇（成绵高速广汉北出口），终点什邡市洛水镇，全长43.7公里；设计标准为一级公路，路基宽度25～32米，工程项目包括路面工程、绿化工程、照明工程、交通工程等，工程概算2.7亿元。建设单位北京市公联公路联络线有限责任公司，北京市城建道桥工程有限公司、北京市市政第二建设工程有限公司共同承担一期工程建设，德阳市公路工程质量监督分站、北京市高速公路监理有限公司开发中心共同担任工程监理，北京市市政工程设计研究总院担任工程项目设计。2008年10月底，主路竣工通车；2009年4月底，一期工程建设全部结束。

广青公路二期工程起于什邡市洛水镇与广青公路一期工程终点相接，终点位于红白镇红东桥，全长18.95公里。设计标准为二级公路，路基宽度9～15米。工程建设以恢复性修建为主，项目包括路基、路面、排水、桥涵、照明、绿化等交通工程，以及沿线地质灾害治理工程等。全线新建蓥华大桥、烂柴湾大桥、红东桥等多座桥梁，同步翻建小桥11座，处理地质灾害点7处，总概算3.76亿元。广青公路二期建设单位、设计单位、监理单位与一期工程相同；施工单位除一期的两个单位外，增加了北京城建道桥建设集团有限责任公司。二期工程全部位于山区，施工难度比一期大。工程于2009年4月20日正式开工，2010年4月30日全线建成通车。一、二期工程共计完成投资 10.12 亿元。

广青公路路面铺筑采用先进的水泥混凝土板破碎技术，以提高路基强度、稳定性和均匀性；道路结构采用 ATB 沥青稳定碎石作基层，以便提高路面的抗车辙能力、延长道路的使用年限和降低道路养护成本。

广青公路的建成，彻底改变了什邡市的区位劣势，使什邡市正式融入成都“半小时经济圈”，成为推动什邡市经济发展的加速器，为什邡市促进城乡统筹，实现可持续发展奠定了坚实基础。2009 年 3 月，根据什邡市人大代表的建议，将广青公路广汉至洛水段改称为“北京大道”。2010 年 12 月，广青公路荣获四川省 2010 年度“天府杯”奖。

剑青公路　浙江省援助青川县项目。剑（阁）青（川）公路是青川县通往广元和成都的必经之路。剑青公路金子山至乔庄段全长 76 公里，途经 8 个乡（镇）。剑青公路金子山段是进入青川县的门户，也是青川县南门的交通瓶颈，几百米的公路只有双向两车道，却有大 S 弯道 2 个、狭窄岔道口 5 个（通向不同乡镇），车辆拥堵频繁发生。地震灾害造成该段 30 公里沿河线上边坡大量岩土垮塌，巨石直击路基路面，导致大部分路段路面路基开裂、沉陷、崩塌；涵洞及防护工程垮塌、安保设施被严重破坏。地震还造成剑青公路位于黄坪乡长 3015 米（四川省地方公路最长隧道）、2003 年开工建设的已完成掘进长度 1900 米的在建工程酒家垭隧道初期支护严重开裂、变形，坍塌 36 米，二次衬砌塌方 310 米、开裂 1496 米；已浇筑的仰拱填充大部分纵向开裂，洞内渗水十分严重，机械设备大量损毁，使耗时 4 年多的隧道工程全面停工。剑青公路的严重灾情，既造成群众进出青川县困难，又影响全县经济社会发展。剑青公路灾后修复工程包括剑青路金子山至乔庄段修复、酒家垭隧道修复和金子山段改造 3 个项目。

金乔路段路况复杂，一面是峭壁林立，一面是悬崖深谷，河水流淌，道路狭窄，弯道众多，泥土沙石路面，车辆行驶中扬起漫天尘土。抢险救灾中，运往青川的救灾物资由此路运进。2008 年 11 月 10 日，金乔段修复项目在马鹿乡破土动工。道路修复以原有线形、纵断面和路基及附属设施等为基础，对因震受损的路基、路面、桥梁、防护工程和安全设施进行恢复重建和完善。该项目由浙江省全额投资，浙江省援建指挥部交通项目建设办公室组织实施，浙江省交通规划设计研究院担任设计。工程建设中，浙江省交通工程建设集团有限公司派出 100 多名工程技术人员到工地指导项目施工，利用当地劳动力为骨干力量承担项目施工。施工中每天有 4000 ~ 5000 辆重型建材车辆的流量，边施工边通行，对施工影响很大。2010 年 2 月 10 日，经历一年多的施工，金乔段项目竣工，4 月 19 日通过验收，正式交付使用和养护。

2008 年 8 月 12 日，刚进驻青川才 10 多天的浙江省援建指挥部，决定对停建 3 个月的金乔段酒家垭隧道恢复施工。由中铁二十局第二工程公司担负施工，浙江省提供资金援助。复工后 3 次战胜较大塌方、涌水等灾害威胁。2009 年 3 月 31 日酒家垭隧道凿通，接着完成下导坑开挖、仰拱浇筑、二次衬砌、机电安装、2282 米的路面浇筑等工程。5 月 10 日，隧道试通车。隧道建成，青川县通往广元行车里程缩短 8 公里，节约半小时。该隧道与国道 212 线、剑青公路配套，形成一条青川县至广元、绵阳、成都的快速出口通道。

剑青公路金子山段起点绵广高速公路金子山出口，终点金子山观音庙。项目包括修建大桥 1 座、中桥 5 座。按一级公路标准设计，整体式路基宽 20 米，分离式路基单幅宽 10.25 米，匝道路基宽8米；设计时速60公里/小时，其中互通区及匝道设计时速30公里/小时。2009年11月30日，项目建设开工。2010年9月18日通车运行。改造后的金子山段工程，可通过立交桥将由青川县城行往广元、成都的车辆直接引入高速入口，避免了与当地道路的平面交叉。从山上鸟瞰金子山互通，车辆犹如巨龙穿越山间，再由5个岔道口分别用匝道引出分流。金子山入口段改造工程被四川省评为2010年度“天府杯”奖和2010年度工程勘察设计“四优”二等奖。

辽安公路 辽宁省援助安县项目。辽安路（江油界至秀水段）又称江秀路，是提高安县路网等级，构建县域半小时经济圈、打造安县新的枢纽交通的一条重要路网干线公路。该路作为安县路网规划中东西向的主骨架，路线布设以方便快捷、经济适用、促进地方经济发展，同时结合城镇规划为主要原则，它将安县县城与花荄镇、界牌镇、兴仁乡、乐兴镇、塔水镇、秀水镇等6个乡（镇）紧密连接在一起，是安县的主要快速干道，同时又是一条经济干道，起着重要的集散作用。该条公路成为拉动安县经济的纽带，辐射面积近360平方公里，受益人口约25万人，并且将安县县城到秀水镇里程缩短15公里，省时三分之二，方便了群众出行。

辽安路是辽宁省援建安县重点建设工程，也是辽宁省援建安县的单体最大工程。道路全长30.16公里，路基宽21.5米，路面宽20米。设计标准为一级公路，项目包括大桥、中桥、小桥、涵洞、通道桥、渡槽、改路、改渠等建设内容，总投资4.1亿元。项目建设时间紧、任务重，工程量大，地形地貌复杂，施工难度大。安县县委、县政府提出请求，经辽宁省批准，项目由辽宁省以“交钥匙”方式援建。经公开招投标，确定辽宁省内实力强、素质高、经验丰富的沈阳高等级公路建设总公司、辽宁省路桥建设有限公司承建，辽宁华通公路工程监理有限公司监理。2009年7月16日开工建设。2010年4月30日竣工，5月9日通车；6月23日，中共中央政治局常委李长春在晓坝镇考察辽安路，对道路建设的质量表示满意。以辽安路为枢纽的安县公路网，连接了安县20多条乡道、20多条村道。

蒲虹公路 上海市援助都江堰市项目。蒲虹公路由蒲阳镇通至虹口乡。该工程位于山岭重丘区和地震重灾区，地处龙门山脉前沿，紧邻龙门山断裂带。公路全长26.25公里，沥青路面，最高点卡子垭口海拔1450米。全线相对高差800余米，共有181个弯道、1座中桥、3座小桥、104道涵洞，公路等级为三级。

震前，都江堰市经紫坪铺至虹口的白八公路承担着虹口乡几乎全部物资进出和游客往来任务。地震灾害使该路受损严重，尤其是峡口地段，公路上方约500米的坡面岩石崩塌破损形成危岩，不仅随时可阻断道路通行，而且严重威胁过往车辆和行人的安全。该公路修复难度大、修复周期长。另一条由都江堰市经蒲阳镇、向峨乡至虹口乡的公路标准低、路况差、绕行距离长，受地震破坏也较重，要恢复通车相当困难。为了恢复和完善县乡公路网，带动都江堰旅游业的发展，经上海、都江堰两地政府研究决定，将蒲虹公路列为上海市对口援建都江堰市首批建设项目。该路段是都江堰地区交通重建“最难啃的一块骨头”，都江堰市把工程定为“安全之路、发展之路、生命之路”。

该项目建设采用设计施工总承包方式进行，合同价额为2.4亿元，但在项目建设中因受地质灾害等影响，使投资额追加到2.88亿元。项目实施中划分22个责任区段，每个区段配置项目管理人员1名、作业队管理人员3～5名，实行定人定区段责任管理。配备挖掘机、装载机、推土

图144　震后新建的都江堰市蒲虹公路
（何勃　摄）

机、压路机等大型机械60余台，施工力量分成5个作业队，包括1个路基作业队、1个水稳作业队、1个沥青作业队、1个交通安全设施作业队、1个绿化作业队。2008年11月13日，5支作业队同时开工。在施工过程中，中铁二十四局都江堰市蒲虹公路项目部援建队员克服一个又一个困难，使工程得以顺利进行。2009年11月15日，蒲虹公路大干100天工程推进会召开，发起最后决战冲刺。中铁二十四局集团公司董事长、党委书记王北京要求一定要把质量和安全放在管理的核心位置，要把上海的标准化管理推广应用到蒲虹公路建设管理中，干每一件事都要做到事事有标准、人人讲标准、处处达标准。28日，打通“鹰嘴”（山崖，远观状似鹰嘴）。2010年元旦期间，1300多名建设者依然奋战在海拔1000多米的工地上。施工现场云雾缭绕，相距30米即难辨人影。工人们居住在帐篷里，一住就是一个多月，每天在严寒中入睡，喝不到干净的饮用水，吃的是罐头食品，每次下山洗个澡就是“最大的享受”。5月12日，经过建设者一年多的艰苦努力，蒲虹公路全线贯通。25日，虹口乡连降大雨，同时发生5级地震，引发泥石流、山体滑坡，造成公路长约150米、宽约100米路段受损。设计和施工单位采取改道方案治理滑坡体；30日，改道任务竣工。6月30日，蒲虹公路交付验收（见图144），工程质量被评定为优良。该路荣获四川省“天府杯”金奖。

青平、豆锁公路　河北省援助平武县项目。青平公路起于平武县古城镇白草，止于平武和青川交界处的马鬃关村，全长18.35公里，按三级公路标准设计，路面宽7.5米，水泥混凝土路面，设计时速30公里／小时，项目规划投资6170万元。豆锁公路起于豆叩镇，经大印镇，止于锁江羌族乡，路线全长17.45公里，按四级公路标准设计，水泥混凝土路面，设计时速20公里／小时，项目规划投资4812万元。两项目建设投资均来自河北省援建资金。青平、豆锁公路位于山岭重丘区，公路线路起伏大，急弯和陡坡多，但它对平武、青川两县人民联系外部世界有着重要意义，是平武“生态立县、工业强县、旅游兴县”发展战略的基础保障。

河北省交通运输厅负责平武县青平公路平武段和豆叩至锁江两个公路项目建设。2009年6月

25日公开招标竞标，秦皇岛路桥建设开发有限公司承担县乡道路121线青平路平武段项目施工，张家口路桥建设集团有限公司担负豆叩至锁江公路项目施工。7月21日，青平路、豆锁路改建项目开工建设。

项目施工面临许多难题。公路两侧一边是高山，一边是沟谷，作业面狭小，很多路段施工是“头悬危石、脚临深渊”，频发的余震使松动的山体随时可能滑坡，而沙石、水泥等建筑材料不能及时供应，也给项目进展增加了困难。河北省援建办采取优化施工组织和技术方案，改进材料供应方式和加强材料储备等措施，确保项目建设进度。施工队三班倒作业，昼夜施工。2010年春节，建设者放弃春节假期，昼夜加班加点施工，中央电视台“新闻联播”节目以“春节看基层：平武——河北公路援建者工地过年”为题目向全国进行了报道。

2010年4月22日，平武县青平、豆锁公路改建工程竣工。6月3日，两条公路顺利通过竣工验收并移交平武县交通主管部门养护。验收结论为优良工程。

小金县美汗路 江西省援助小金县项目。美汗路起于该县美沃乡，止于汗牛乡。小金县窝底、潘安、汗牛3个乡位于县境内西南部，人口8000多人，是小金县最贫穷、最偏远的乡镇，没有直达县城的公路，年人均收入1000多元。村民去县城通常是骑马翻山越岭或者花上90元钱坐汽车绕道130公里。地震使汗牛大桥严重受损，车辆和人员无法通行。3个乡成为震后“死角”，与外界联系只能步行穿越海拔4916米的木壳壳梁子进入美沃乡境内，再乘车进入县城。

为了解决3个乡8000多群众出行难问题，江西省决定为小金县修建一条农村公路——美汗路，工程被列为江西省援建十大示范工程之一。该路全长51.66公里，按四级公路标准设计，路基宽4.5米，路面宽4米，路面横坡度1.5%，设计时速20公里／小时。工程项目包括小桥13座、涵洞51道，建设投资8900万元。施工地段平均海拔3500多米，最高处海拔4916米，是全国援建项目中海拔最高的工程，被称为四川省的“天路”。阿坝藏族羌族自治州公路管理局设计室负责项目设计。该项目分3个标段施工，江西省地质工程（集团）公司承担A标段、四川广夏建设有限公司承担B标段、江西中煤建设工程有限公司承担C标段施工。

2009年3月22日，美汗路开工建设。援建人员克服高寒缺氧、生活条件异常艰苦、工程条件极其复杂等各种困难，经过107天的艰苦奋战，在江西省援建一周年之际，实现路基全线贯通。路基工程贯通不到10天时间，7月17日凌晨，连降暴雨使美汗公路C标段发生大面积泥石流，5人遇难、1人失踪、1人轻伤，冲走挖掘机、吉普车、面包车、工程车、拖拉机、发电机、柴油空压机等多台设备和大量建筑钢材、水泥，直接经济损失达562万元；在建工程遭到不同程度破坏，直接经济损失达711万元。为纪念在泥石流中遇难的郑军、方海金、方福盛、余铁团、陈大福5位援建者，江西省援建指挥部决定立碑纪念。9月30日，该路全线实现通车（见图145），纪念碑落成。11月25日，美汗路通过专家验收，被评为江西省首个援建优良工程。

剑南公路 黑龙江省援助剑阁县项目。剑南公路是剑阁县境内纵贯南北的重要县级干线公路，是连接国道108线、省道302线以及升钟水库淹没区的通道。该路全长58.6公里，2007年开工建设。震前已完成投资4300万元，除公兴至马家伦路段油面铺筑没有结束外，其余路段已经完工。地震造成正处于路基铺筑阶段的剑南路路基沉陷、挡墙变形、涵洞断裂、水沟砸毁。同时为了抗震救灾需要，开放交通后致使已完工的路面基层强度受到严重破坏，直接经济损失2000

图145　震后新建的小金县美汗路（四川省委宣传部　提供）

余万元；严重影响普安、龙源、江石、禾丰、白龙等21个乡（镇）的交通运输及20余万人民群众的生产生活和出行。黑龙江省援建剑阁前线指挥部将剑南路列入第一批援建项目。工程建设里程60.04公里，总投资5500万元，其中黑龙江省投资2300万元。由原施工单位接续施工。工程项目包括拆除新砌被地震破坏的变形挡墙、填筑下沉路基；路面工程则在原基础上加铺15～20厘米厚的水泥石灰粉煤灰稳定碎（砾）石，基层水泥混凝土路面加铺5%水泥粉煤灰稳定碎（砾）石，以确保路面基层的强度；对破坏的涵洞进行重新恢复；对排水不畅的涵洞进行新建等。2008年6月，项目开工建设。分6个施工段，其中路面标段1个、路基标段5个。10月30日，项目提前通过验收投入使用，为黑龙江省对口支援首个完工项目。11月5日，中央电视台“温暖灾区行”大型直播活动对剑南公路交工通车剪彩仪式进行了报道。

汉源环湖公路　湖北省援助汉源县项目。汉源县新县城原只有一条进出通道连接境外。经地震教训与警示，必须建设第二条进出汉源“生命通道”。修建汉源环湖路既可连接新县城和萝卜岗隧道一端国道108线，又可缓解萝卜岗隧道交通压力，有利于改善汉源县新县城交通条件。2008年10月，项目由湖北省交通规划设计院完成初步设计。2009年3月25日施工图设计完成。7月1日，工程正式开工建设。该路全长8.4公里，总投资1.5亿元。工程项目分两个标段，一标段市政道路3.25公里，二标段山重三级公路5.15公里。项目于2010年5月12日竣工。

环湖路工程的路线基本是绕山而走，离山顶200米，离山脚150米。虽只有8.4公里，却包括6座大桥和20个涵洞，线路所经路段70%处在悬崖峭壁上。一标段施工难度相对较小，由武汉市汉阳市政建筑集团公司承建。二标段施工难度最大，由中铁二十二局集团有限公司承建。二标段工程从市荣乡桃坪村沿着葫芦岩山腰到青富乡国道108线萝卜岗隧道出口处。施工完全是在陡峭的岩壁上进行，山体坡度基本都在70度至90度之间，山体均由坚硬的岩石和散碎岩体构成，中铁二十二局集团有限公司发扬当年成昆铁路建设精神，攻坚克难，步步推进，稳扎稳打。葫芦岩工地上有一条宽约40厘米的羊肠小道，是环湖路二标段的施工人员每天进出工地的必经之路。

小道紧贴悬崖峭壁向前延伸，往下100多米便是奔流不息的大渡河，人们空手通过此路也得侧身小心翼翼前行，而施工人员要在这倾斜度80度的狭窄通道上，弯腰攀爬，将空压机、施工用水、油料、炸药等施工材料背至工地。为了保证安全，施工人员在山体上部平缓处打桩锚挂安全绳，再将安全绳系在腰部而人悬在半空中开凿炮眼，完成爆破作业，每天如此，完成约10万立方米的土石开挖量。曾参与青藏铁路建设的工人李涛说："在大渡河悬崖峭壁上施工远比青藏铁路施工环境险恶得多，大型机械和现代技术无法使用，最为原始的悬空作业成了唯一的选择，我们开凿的路是真正的天路。"

崇州市重庆路 重庆市援助崇州项目。重庆路（干线）项目起于崇州与都江堰交界处的泊江河大桥，与成青旅游快速通道相连，止于崇州市白头镇，贯穿崇州南北，跨越街子、三郎、怀远、道明、王场、白头等6个重灾乡（镇），是崇州连接众多乡镇的一条应急通道，为重庆市首批重点援建崇州市项目之一。项目由沿山抗灾应急快速通道、三龙灾后应急抢险道路（三龙路）和重庆路延伸段（四宝路）三部分组成。道路等级为双向双车道二级公路，抗震等级按7度设防，全长53.27公里，路基宽度10米，设计速度为60公里/小时。项目包括修建大桥1座、中桥7座、隧道2座，总投资5.43亿元。2009年1月17日开工建设，2010年9月28日竣工通车。

项目设计以人为本，设置20处客车停靠站。桥梁及重要平交道口设置反光突起路标、人行横道、减速限速标志。隧道内增设震荡标线及反光突起路标。全线安装大量的旅游景点提示标志；修建居民连接道491处，方便居民出行。停靠站造型体现川西民居特色，把崇州人耳熟能详的文庙风格与青砖白墙元素嵌入其中，与周边环境和谐统一；为了提升绿化效果，将紫薇、红花檵木、美人蕉、银杏等观赏性植物点缀道旁空白处，形成一条绿色走廊，营造鲜花绿叶错落有致、色彩丰富的行车环境。

茂银大桥 广东省援助汶川县项目。位于汶川县银杏乡兴文坪村岷江两岸。银杏乡村民沿岷江两岸居住，震前靠穿行江上的铁索往来，客货运输要绕道十几公里外的混凝土大桥。广东省茂名市从当地村民生产生活需要出发，决定在银杏乡兴文坪村岷江两岸架设一座方便村民出行的桥梁，并取用茂名市和银杏乡第一个字为大桥命名——"茂银大桥"。

大桥由中国市政工程东北设计研究院设计、广东省化州市建筑工程总公司施工，2009年7月22日开工建设。施工面临两个方面困难：一是地质条件复杂，桥梁桩基土层中含有大量块石、孤石和漂石，部分桩基漏浆严重。工程技术人员结合实际解决漏浆难题，对靠近河岸的桥桩注入低标号混凝土，位于河床的桥桩因河水渗漏严重，采取钢护筒做桩孔护壁。二是每年4月进入雨季，岷江江水暴涨，桩基、承台及桩柱施工必须抢在雨季来临前完成。建设单位采取在混凝土中添加减水剂、细化施工方案倒排工期的措施，抢在洪水来临前完成大桥桩基等项目施工。2010年7月1日，在汛期到来前10天，茂银大桥竣工交验。

建成后的茂银大桥双向两车道，桥长188.24米、宽9米。桥上部采用20米跨预应力混凝土T梁，桥下部为双柱式桥墩、座板式桥台。墩台均为双排钻孔灌注桩基础，每个墩台设置4根桩。项目总投资1500万元，交付使用后方便了银杏乡岷江两岸村民的通行，又将银杏乡集镇的河东商业、文化核心区与河西居住、特色旅游区连成一体，在集镇中心形成"一桥飞架东西、两岸争相辉映”的美景。银杏乡党委书记李川说：茂银大桥是银杏人民千百年来的梦想，现在实现了，老百姓感谢茂名人民。

井田坝大桥　浙江省援助青川县项目。井田坝大桥位于省道105线青川县沙州镇至木鱼镇段宝珠寺水库沙州井田坝附近，东距沙州镇约3公里，西距青川县城约33公里，既是青川县连接绵广高速公路的重要通道，又是青川县城连接沙州、营盘、姚渡3个乡（镇）3万群众的“生命主通道”，同时还担负着分流国道212线客货流量的任务。原桥为2×70（米）上承式圬工拱桥，地震中207延米的大桥整体垮塌，切断了青川县北部入境的陆路交通，卡住了青川县通往外界的咽喉。为了尽快恢复青川县北面的“生命线”，浙江省把抢修、重建井田坝大桥等交通设施列为首批重建项目。2008年7月，明确井田坝新桥位于老桥址上游16.5米，其中心线与原桥夹角为1.2°。12月30日，井田坝大桥正式开工建设。

为了赶在汛期来临前完成桥基浇筑，建设单位投入数倍的资金和设备，终于在2009年5月初完成大桥全部桥桩基础浇筑和大桥下部结构施工。大桥上部结构是施工的重点和难点，施工单位聘请卞钧霈等川浙两省专家，对大桥上部结构施工进行技术指导。为保证大桥材料质量，施工、监理单位远赴甘肃文县考察沙石料，经过反复比选，确定从文县中庙乡肖家坝料场运进大桥混凝土沙石料。为赶在2010年春节前完成大桥主体施工任务，大桥建设者加班加点，没有星期天和节假日，实行三班倒施工制，大桥主体终在2010年2月5日合龙。4月23日，井田坝大桥竣工通车。大桥建设完工后，提前70天完成青川到广元、成都的便捷通道修筑任务。5月10日，大桥通过验收并被评为优质工程。该工程荣获2010年度四川省“天府杯”金奖和2010年四川省工程勘察设计“四优”一等奖。

小鱼洞大桥　福建省援助彭州市项目。小鱼洞旧桥位于彭州市国家级旅游风景名胜区小鱼洞镇，钢架拱桥，建于1998年，桥长187米、宽12米。该桥是小鱼洞镇、龙门山镇近3万名群众与外界来往的唯一通道，是数十万中外游客进出银厂沟旅游风景区的必经之路。地震使小鱼洞大桥断为三截，桥体呈“W”字形。震后，彭州市三大地震遗址之一的小鱼洞大桥遗址，已成为中外地震灾害重要参观考察点。

福建省负责小鱼洞新桥援建。新桥位于旧桥上游400米处，横跨湔江，桥长276米、桥宽13米、引线长1426米，按二级公路标准设计，设计时速60公里／小时，按8度抗震设防。大桥建设投资1961.09万元。成都市交通规划设计院负责大桥设计，福建路桥建设有限公司承担大桥施工任务。

2008年11月11日，新桥建设正式开工。2009年1月7日，福建省委书记卢展工对福建援建工作者说：“在灾区搞建设，工程质量尤其重要，但速度也不能忽视。小鱼洞大桥肩负着小鱼洞等重灾区乡镇居民的出行问题，要在确保工程质量和安全的前提下，确保在‘5·12’一周年建成，以尽快恢复灾区群众正常的生产生活，加快灾后重建步伐”。援建步伐加快。

小鱼洞大桥建设工地位于龙门山山脉附近，气候恶劣、雨多、洪水多，对施工造成一定影响；桥桩所处位置地质结构复杂，桩基施工经常出现塌孔问题；受地理条件限制，大桥轴线与河道轴线斜交达45度。为攻克技术难题，福建省援建指挥部聘请国内20多位桥梁设计、施工和地质等方面的专家给予指导。针对塌孔问题，经过专家们现场勘察和集体“会诊”后，采取增加钢

图 146　震后新建的小鱼洞大桥

（四川省委宣传部　提供）

护筒、用砂岩片石回填原桩冲击嵌固护壁、控制泥浆比重等工程措施，提高了桩基施工成功率。桥梁吊装中，通过科学测算吊装安全系数、优化吊装方案、实施吊装现场指导等方法，吊装十分顺利。

2009 年 4 月 23 日，小鱼洞大桥成功合龙（见图 146）。5 月 12 日，经建设者 180 天日夜苦战，小鱼洞大桥比原计划提前 120 天竣工通车，创造了福建省援建工作的“海西速度”。中央电视台在“新闻联播”节目中报道了小鱼洞大桥竣工通车实况。通车仪式中，村民开着拖拉机参加“踩桥”，庆祝大桥通车。

龙潭沟大桥　湖北省援助汉源县项目。龙潭沟大桥分为 1 号桥、2 号桥，是汉源新县城主干道跨越龙潭沟的重要桥梁，为湖北省援建汉源县“两路两桥工程”的重点项目。两桥宽度均为 20 米双向 4 车道。大桥建设投资 7800 万元。2009 年 5 月 12 日开工建设，2010 年 5 月 12 日竣工交付使用。

该工程技术难度大、施工条件复杂，主要是桥址地质状况差加上地震破坏，加重了地质不稳定性，造成基桩位移、山体松、石块经常滑落；河岸两边为 90 度悬崖，沟谷深达 100 多米，搭建脚手架非常不容易。龙潭沟大桥施工单位葛洲坝集团第五工程有限公司始终将进度和质量作为重中之重，抓好落实，在比选和实践中将最初的“悬壁挂篮式施工”改为“满堂钢管支架施工”，有效缩短工期近一年时间。大桥施工坚持“速度第一、质量第一、安全第一”原则。副总工程师刘雄组织技术骨干研究难题，取得了合理减少 1 号桥拱架预压荷载并节约工期 15 天、节约预压吨位 3000 吨的成果。刘雄还进行了斜腿钢构临时支撑、40 吨缆索吊等设计，缩短工期并节约成本 100 多万元；通过优化设计 1 号桥拱圈施工的简易布料器图纸，将施工人力由 100 多人减至 20 人左右，既保证了工效又降低了成本。

2010年2月1日，2号桥成功合龙，龙潭沟大桥建设告竣。6月2日，1号桥、2号桥进行竣工验收。8月31日，龙潭沟1号、2号桥双双荣获2010年度四川省“天府杯”金奖。

二 铁路工程项目

成都至都江堰铁路（成灌快铁） 成都至都江堰铁路由铁道部和四川省共同出资建设，是四川省地震灾后首条按照客运专线标准修建的标准和等级均较高、连接成都市中心城区和都江堰市，兼顾旅游客流、方便市民出行的市域快速通道铁路（见图147）。

该铁路起于成都站，在铁路西环线安靖（郫县）站向西引出后，沿国道317线成灌公路走向延伸，止于都江堰市青城山镇，并与地铁2号线在犀浦同站换乘。站点有安靖、犀浦东、犀浦、红光镇、郫县东、郫县西、安德、崇义（预留）、聚源、都江堰、中兴（预留），最后抵达青城山镇。全长76.18公里（含在建的漓堆公园支线）。全程运行30分钟。该路缩短了成都市中心城区与卫星城之间的时空距离，形成成都经郫县至都江堰并辐射阿坝地区的铁路交通运输网络体系。

项目建设总投资122.58亿元（铁道部出资70%、成都市出资30%）。中铁第二勘察设计集团有限公司60天完成勘察设计。2008年9月，铁道部和四川省审查通过方案，11月4日开工。2009年4月22日，铁道第一孔箱梁架设成功。5月23日，全线第一座特大高架桥——安德高架桥按期竣工。11月26日，中铁八局承建的郫县特大桥最后一片箱梁架设成功，标志成都至都江堰铁路正线桥梁全部架通。12月23日，中铁二局铺轨启动，经30多天作业，2010年1月26日最后一根钢轨在都江堰市青城山站稳稳放下，正线铺轨告竣。3月，在中铁电气化局集团成都至都江堰铁路工程项目部人员连续奋战下，完成路基、桥梁和通信、信号等工程铺设和调试；成都铁路局检测车完成检测试验。3月12日，成都铁路局和成都市域铁路有限责任公司完成静态验收。3月20日至4月初，铁道部试验动车组对新线进行联调联试。4月7—8日，铁道部运输局基础部、

图147 震后建成的成都市区至都江堰市的成灌快速铁路（四川省委宣传部 提供）

工程管理中心在成都组织召开成都至都江堰铁路工程工务专业静、动态验收报告审查会。5 月 12 日，在纪念汶川地震两周年之际开通运营。都江堰市区内还将修建一条支线，分设迎宾路站、李冰广场站、漓堆公园站，由于线路从地下穿过，这 3 个车站是地下站台，也将使都江堰市成为国内首个通“地铁”的县级市。

成绵乐客运专线铁路 成都至绵阳至乐山客运专线铁路在建中。全线设车站 20 座，其中既有车站 4 个、高架车站 3 个、地下车站 1 个。线路可在成都东站与成都地铁 2 号线、在成都南站与成都地铁 1 号线、在双流机场站与成都地铁 10 号线实现无缝换乘。线路北起绵阳市境内既有宝成铁路江油站，经青莲、绵阳（既有）、罗江东、德阳（既有）、旌阳、广汉北、青白江东、新都东、成都东、成都南（既有）、双流机场、双流西、新津、新津南、彭山北、眉山东、青神、乐山、峨眉，南至乐山市境内的新建峨眉山站，全线长 312.6 公里。该专线铁路纵贯四川盆地，连接四川省辖主要城市，与国家计划建设的成渝铁路客运专线连成“T”形，构筑起成都至贵阳、兰州、昆明、西安的 4 小时交通圈，至京津冀、珠江三角洲、长江三角洲的 8 小时交通圈和四川省内主要城市半小时交通圈。

2005 年 4 月 2 日，铁道部商四川省决定适时启动成都至绵阳至峨眉城际客运专线建设。铁道部和四川省共同成立成绵峨城际铁路有限责任公司（已更名为成绵乐铁路客运专线有限公司，以下简称成绵乐公司）。8 月起，中铁二院工程集团有限责任公司经过 8 个多月科研，完成江油至德阳段、成都至眉山段、眉山至乐山段可行性研究并提交报告。2005 年 12 月和 2006 年 6 月，铁道部工程设计鉴定中心组织专家评审三段可研报告送审稿。评审结束，中铁二院完成《成都至绵阳、乐山城际客运专线预可行性研究报告》，安排北京华协交通咨询公司对成都至绵阳、乐山城际铁路进行立项评估，分别提交可行性研究和立项评估报告。

2008 年 7 月 2 日，此项工程纳入国家汶川地震灾后重建专项规划，明确尽快推进建设。8 月，中铁二院根据项目建议书批复和历次评审意见，结合地震后区域地震参数，对该项目再次进行可行性研究，并在可行性研究基础上完成该项目的初步设计工作。铁道部批复成绵乐客运专线铁路建设概算投资 405.92 亿元，其中江油至眉山段 312.72 亿元、眉山至乐山段 93.2 亿元。项目于 2009 年 7 月 5 日开工建设，计划 2014 年 6 月完工。

兰州至重庆铁路 兰州至重庆铁路在建中。该路北起兰州铁路枢纽，途经甘肃榆中、渭源、漳县、岷县、宕昌、陇南，穿过陕西省界进入四川广元、苍溪、阆中，再经过渭沱、广安进入重庆枢纽，全长 820 公里，其中甘肃境内 435 公里、四川境内 385 公里，跨越甘、陕、川、渝 4 个省（市）22 个县（区），吸引面积约 11 万平方公里人口 3399 万人。另据计划安排，建设南充经广安至高兴段单线铁路 95 公里。

兰渝铁路勘察设计始于 20 世纪 50 年代，勘察设计由中铁第一勘察设计院和中铁二院共同担任，依次完成《兰州至重庆线预可行性研究报告》《兰渝线经济与运量分析报告》《西南至西北铁路通道规划研究》等科研任务。2004 年 4 月，国务院审议通过《铁路中长期发展规划》，将兰渝铁路作为完善西南与西北路网建设项目列入国家“十一五”规划。2005—2007 年，铁道部与甘肃省、四川省、重庆市先后共同签订《关于加快兰渝铁路建设的会议纪要》《关于报送新建兰州至重庆铁路项目建议书的函》《关于加快推进兰渝铁路建设前期工作的会议纪要》；铁道部、甘肃省、四川省、重庆市共同出资组建成立兰渝铁路公司，代表铁道部和三省（市）负责兰渝铁路建设和客货运输业务。兰渝铁路公司成员单位包括兰州铁路局、甘肃投资集团铁路有限公司、四川省产业投资集团有限责任公司和重庆市政府出资代表。

汶川地震造成宝成线运输中断，南北救灾物资被迫绕行，凸显加快兰渝铁路新线建设的重要性。重建开启后，铁道部商川、甘、渝三省（市），提请国务院将兰渝铁路新线建设纳入灾后恢复重建总体规划。发展改革委批准了新建兰渝铁路可行性研究报告。2008 年 5 月 31 日，铁道部鉴定中心组织召开兰渝线重点隧道工程专家研讨会。7 月 8 日，铁道部批复西秦岭隧道工程静态投资 37.58 亿元。10 月 7 日，由铁道部鉴定中心组织在北京召开了全线工程初步设计审查会。12 月 29 日，铁道部批准新建兰州至重庆铁路夏官营至广元段初步设计，批复概算总额 353 亿元。2009 年 3 月 7 日、6 月 3 日，铁道部先后批准新建兰州至重庆铁路广元至重庆段及兰州重庆枢纽初步设计和新建兰州至重庆铁路兰州东至夏官营、渭沱至重庆北及引入南充地区初步设计。项目投资估算总额 774 亿元，由铁道部与甘肃省、四川省、重庆市合资建设。

兰渝铁路建成后，可将兰州至成都、重庆的铁路距离由 1172 公里和 1466 公里，分别缩至 836 公里和 831 公里；客运时间由 17.5 小时和 22 小时，分别缩短为 7.5 小时和 6.5 小时。铁路沿线地区有铅、锌等丰富矿产资源和哈达铺、腊子口等革命纪念地及其他自然、人文景观资源。截至 2010 年 12 月 31 日，兰渝铁路建设已累计完成投资 327.7 亿元，占总投资的 42.3%。

成都至兰州铁路　成都至兰州铁路在建中。该铁路南起成都，经什邡、绵竹、安县、茂县、松潘、九寨沟，向北延伸至兰渝铁路哈达铺车站。线路全长 463 公里（其中四川境内 378 公里、甘肃境内 85 公里），共设三星堆、什邡西等 19 个车站。

2004 年 4 月，国务院审议通过的《铁路中长期发展规划》，将成兰铁路作为完善西南与西北路网建设项目列入国家"十一五"规划。恢复重建开始后，铁道部与四川省会商，同意将新建成都至兰州铁路纳入国家《恢复重建总体规划》。成兰铁路建设，可将西北与西南地区紧密联系在一起，有利于西北和西南地区资源优势和区位优势的发挥。成兰铁路与兰渝、包兰、兰青、陇海、成昆、成渝、达成铁路衔接，对于扩大西部地区开发、统筹区域经济社会协调发展、实现民族地区团结进步，具有重要战略意义。

2009 年 1 月，中咨公司组织对《新建铁路成都至兰州铁路可行性研究（送审稿）》进行审查。2—3 月，根据中咨公司的初步审查意见，中铁二院完成《新建铁路成都至兰州线可行性研究（送审稿）修改补充说明》；完成并上报《新建铁路成都至兰州铁路可行性研究》；根据新航拍的 1∶2000 地形图，完成补充最新地质资料和路线定测方案优化工作。6 月 10—15 日，中咨公司对成兰铁路可行性研究进行了评估。7 月，根据中咨公司专家组提出的成兰铁路施工安全、生态保护等问题，中铁二院补充完成《新建成兰铁路可行性研究报告补充资料》。2010 年 1 月，中铁二院完成成兰铁路建设初步设计。5 月，铁道部鉴定中心完成成兰铁路设计方案的审查。

成兰铁路根据铁道部《新建时速 200 公里客货共线铁路设计暂行规定》进行设计，该路为 I 级双线电气化干线，设计速度 200 公里 / 小时，工程静态投资 553.15 亿元，设计建设工期 6 年。建设单位为成兰铁路有限责任公司。2009 年 2 月 21 日，成都至兰州铁路正式开工建设。计划 2015 年完工。

西安至成都铁路 西安至成都铁路在建中。该铁路北起西安枢纽，向南延伸途经户县、洋县至汉中，从宁强县翻越大巴山入川，经广元、剑阁等地进入江油，接入在建的成绵乐客运专线，全长510公里（其中陕西境内343公里、四川境内167公里）。

震后重建启动，新建西安至成都铁路被纳入国家灾后重建规划。2008年12月，铁道部与陕西省、四川省向发展改革委上报《关于报送新建铁路西安至成都铁路客运专线西安至江油段项目建议书的函》。2009年10月23日，发展改革委批复项目建议书。西成铁路是西南（川渝）地区向北的快速客运通道，是国家高速铁路网的组成部分，主要承担西安、成都、重庆三大都市间和西南（川渝）地区与陕西、华北、东北地区的客运任务。该铁路建成，可构筑起成渝经西安通往北京、华北（含鲁、豫）的快捷通道，实现西南地区快速客运网与全国客运专线联网，使成都至西安、北京的旅行时间由13小时、26小时分别缩短至3小时、8小时以内。

2009年4月，中铁一院、中铁二院共同编制完成项目可行性研究报告。5月，两院完成该项目可行性研究的修改概算编制工作。发展改革委委托中咨公司对该项目建议书进行评估。9月，两院完成工程初步设计文件。11月，中咨公司对项目可行性研究进行评估。2010年1月，铁道部组织业内专家审查了设计方案。11月2日，发展改革委批复新建西安至成都铁路西安至江油段可行性研究报告。该铁路设计时速250公里/小时，规划投资总额688.8亿元。建设单位为四川段由成绵乐铁路客运专线有限公司负责建设管理，陕西段由西安至成都客运专线有限公司（陕西）负责建设管理；计划2012年12月开工，工期5年。

宝成铁路新109号隧道 宝成铁路109隧道在汶川地震中受到重创，隧道山体大面积塌方，造成一列货车在隧道内脱线并燃起大火，宝成线运输中断。宝成铁路全线恢复通车后，铁道部专家组对震后的109隧道进行评估，评估结论为：隧道在新线建成前的临时过渡期内结构安全，列车速度限行45公里/小时。出于安全考虑，铁道部决定异地重建109隧道。2008年5月16日，铁道部计划司在宝成铁路徽县车站主持召开新109隧道改线工程设计方案审查会。铁道部鉴定中心、西安铁路局和中铁第一勘察设计院领导、专家和工程技术人员共同研究改线方案，明确了隧道建设的任务分工。5月28日和6月13日，铁道部分别批准中铁第一勘察设计院上报的宝成线109隧道改线应急工程项目建议书和改线抢险救灾工程可行性研究报告，工程计划投资1.26亿元，工期6个月。方案明确：新建109隧道线路全长2.1公里，其中新建隧道873米、新建谈家庄大桥208米、新建高家坪大桥173.78米。新109隧道位于既有线下行方向左侧嘉陵江对岸，内部采用钢筋混凝土衬砌，坚固性和抗震性大幅度提高。新建线路采用取直方案，比既有线路缩短486米，曲线半径由原来的30C米扩为500米，列车通过隧道的时速提高到80公里/小时。

2008年6月26日，宝成铁路新109隧道工程开工建设。中铁一局集团公司的施工人员在开工前就制定了快速推进的总体施工方案。施二中，始终突出一个“抢”字，他们将工序衔接改为搭接，上一个工序完成前30分钟内，下一个工序的人员和机械设备必须到位，保证作业流畅。1200多名施工人员从新隧道进出口两个工作面实行24小时开挖，创造了隧道单口月掘进最高270米和月成洞200米的国内隧道施工新纪录。9月25日，新109隧道全线贯通，比原计划提前45天。11月12日，新109隧道改线开通。

三　民航工程项目

四川机场公司基础设施　四川机场公司基础设施建设包括申请灾后重建资金和成都双流机场、绵阳机场申请购置升降平台车两部分。震后，四川机场公司根据机场受损情况数次向上级单位提出重建资金申请。2008年5月15日至9月4日，四川机场公司先后5次向民航西南地区管理局申报灾后重建资金2235.9万元、4.86亿元、404万元、135.73亿元、259.5万元，用于灾后重建，包括应急处置警用装备购置等。2009年6月初，该公司通过招标竞标确定湖南大学设计研究院有限公司承担双流机场灾后恢复重建方案设计。抢险救灾中，绵阳机场、双流机场除保障正常航班运营外，还担负了大量专机、国外包机的保障任务，随着保障任务加大特别是进港货运量激增，机场地面保障服务压力增大，原有设施设备难以满足应急保障工作需要，因此，民航局为两机场紧急调拨升降平台车各1台，提高了两机场抢险救灾物资装卸的能力。灾后重建开展后，大量重建物资通过双流、绵阳机场中转运输，需要提升物资运输装卸能力，民航局批准了双流、绵阳机场购置升降平台车的申请，安排民航专项基金455万元由双流机场、绵阳机场分别购置WGSJT14型升降平台车和WGSJT7型升降平台车各1台。

广元机场复航改造工程　地震灾害使广元机场地面建筑、专业设备受到严重损坏。2009年1月，民航西南地区管理局以《关于征求对广元机场复航工程立项意见的函》征求四川省发改委意见，该委回函同意广元机场复航项目，明确项目总投资6600万元。2月5日，民航西南地区管理局向中国民航局申请广元机场复航工程立项，项目内容包括跑道路面局部修复、飞行区围界改造、飞行区供电与灯光维修、建设跑道消防系统、航站楼维修改造、航站楼弱电系统建设、航站楼中央空调、空管设备维修改造、特种车辆购置、生产辅助设施改造等。3月18—20日，民航工程咨询公司组织专家实施项目评估工作，形成《关于广元机场地震重建及复航可行性研究（代立项）的评估报告》。5月26日，中国民航局对民航西南地区管理局广元机场复航改造工程立项批复，明确项目包括加固飞行跑道3000平方米、修复垮塌挡墙、助航灯光系统；航站楼、货运库房内部恢复改造；修复和添置空管、供电、供水、排污和消防救援等配套设施设备。项目总投资6148万元，其中民航专项基金3000万元。

西部机场公司基础设施　震后灾损评估认为，汉中机场和咸阳机场跑道出现大量裂缝，维修难于根治；汉中机场职工宿舍楼、咸阳机场3号职工公寓楼、安康机场综合楼地基下沉；咸阳机场1号制冷站、锅炉房、机场宾馆以及汉中机场候机楼、航管楼、塔台等生产运营设施地基下沉，多处墙体严重裂缝。2009年7月21日，民航西北地区管理局审查灾损评估报告后，为西部机场公司全额拨付重建资金1594万元；30日，西部机场公司将重建资金分别拨付给各机场用于损毁设施修复。

西南空管局空管基础设施建设　地震灾害造成西南空管局航管楼、成都双流机场雷达、牧马山雷达、广元雷达等空管设备受损。西南空管局基础设施修复重建主要包括建立抗震应急指挥室、局第四办公区房屋拆除重建、老航管楼拆除重建等。

抗震应急指挥室建筑面积880平方米，建设空管应急自动化系统1套，改造4信道VHF通信系统，配置航管信息、航行情报及气象应急终端、通信网络等，工程总投资1263万元，资金来源于中国民航局先期下拨的抗震救灾应急资金。西南空管局第四办公区拆除重建，项目位于成都双流机场，建筑面积4500平方米，建设投资1922万元（为中央重建基金和西南空管局自筹资金）；西南空管局老航管楼拆除重建，项目位于成都双流机场，建筑面积5000平方米，建设投资2291万元（中央重建基金、西南空管局自筹资金）。西南空管局3个项目累计建设投资5476万元。

西北空管局空管基础设施建设 地震灾害对西北空管局设施设备造成不同程度的损坏。灾后恢复重建项目包括西北空管局安康二次雷达站、宁陕NDB导航台、咸阳机场航管楼、西北空管局西安办公楼、西北空管局设备安装公司办公用房、塔台等处受损空调器、受损空气净化器、西北空管局西安车队围墙、受损的卫星接收机和功率放大器、西北空管局气象楼、西北空管局甘肃分局气象雷达塔及航管楼、西北空管局青海分局曹家堡机场办公楼等12个项目，累计投资814.57万元。

民航第二研究所基础设施建设 民航二所是中国民航唯一从事应用技术开发的科研机构，曾在机场电子信息、空中交通管理等方面取得丰富的科研成果。地震使民航二所的基础设施设备受损严重。2009年1月14日，民航二所地震受损设施设备恢复重建由西南空管局向中国民航局申请立项。重建项目包括所科研生产大楼和科研基础设施设备两项。科研基础设施设备项目有航化生产基地库房、测试中心大楼、航化生产基地及生产线、行李自动分检产业化建设工地设施等。科研生产大楼建于1989年，因建设标准低，其安全系数已不能满足现行规范要求且存在安全隐患。2006年12月，中国民航局批准民航二所科研生产大楼改造工程立项。2008年年初准备施工。汶川地震使科研生产大楼受到严重损坏，专家鉴定建议拆除重建。2009年7月31日，科研生产大楼重建项目由中国民航局批准立项，项目位于成都市二环路南二段17号，建筑面积2.83万平方米。项目总投资为1.6亿元；重建资金由中央重建基金、民航二所自筹资金、民航局专项基金三部分构成。9月项目变更申请，将地上18层变更为25层。2010年9月27日，科研大楼建设开工。

中国民航飞行学院广汉分院基础设施建设 广汉分院多栋建筑物在汶川地震中严重受损，灾后重建项目被列为民航局灾后重建重点项目。2009年3月20日，民航局批复立项，同意飞行学院实施灾后受损基础设施设备维修更新项目。重建项目包括广汉机场DVOR/DME（导航台）侧方台重建工程，总建筑面积850.6平方米，总建筑高度12.15米；飞机修理厂特设车间重建工程项目，总建筑面积1738.4平方米，2层框架结构；公安业务楼重建工程项目，5层钢筋混凝土结构，总建筑面积3328平方米，占地面积2340平方米；教学楼重建工程项目，建筑面积1.63万平方米；教学行政楼重建工程，建筑面积为2.53万平方米，由主楼（地下1层、地上10层）、辅楼（地下1层、地上6层）和连廊（2层）3个部分组成。5个项目累计投资20178万元。

第二章　通信与邮政

汶川特大地震造成川、甘、陕三省重灾地区 51 个县（市、区）通信基础设施损毁严重。根据国务院部署，重灾地区通信、邮政等基础设施恢复重建纳入国家总体规划。明确通信恢复重建任务包括重建固定通信交换机 113 线、宽带接入设备 56 万线，重建移动通信核心网 1036 万户、基站 7809 个，重建光缆 70775 皮长公里等。邮政恢复重建包括修复重建邮政综合生产用房 57 处、邮政支局所 385 处等。通信和邮政恢复重建规划投资 200 亿元（其中通信 195 亿元、邮政 5 亿元）。重建资金通过中央财政拨款、银行贷款、地方自筹等途径解决。

恢复重建工作实施中，四川通信行业围绕“加快建设灾后美好家园，加快建设本部经济发展高地”，坚持把通信灾后恢复重建作为全行业中心工作，谋划组织，实现三年重建任务两年基本完成的目标。

第一节　项目建设

一　通信建设

灾后重建启动后，工业和信息化部成立了灾区通信基础设施恢复重建规划组，负责通信重建规划编制及部署。川、甘、陕三省通信管理局分别成立灾后重建领导小组，具体组织协调本省的通信重建工作。通信恢复重建由中国电信、中国移动、中国联通 3 家通信有限公司分别组织各自所属分公司具体实施。各企业分别成立各级灾后重建领导小组，启动应急预案，科学制定重建规

划，组织力量在灾区开展一场通信建设大会战。（参见表 19）

四川电信、四川移动、四川联通 3 家企业自筹重建资金 188.8 亿元，累计开工建设项目 7294 个，修复损毁的线缆、杆路、基站等设施，恢复通信服务能力；加强干线光缆建设，增加出口路由，优化网络结构，建设抗震能力国际一流水平的超级基站等，提升网络安全性能；增加应急通信设备和加强队伍建设，提升应急通信保障能力。全省电信行业累计超过 100 万人次参与通信基础设施重建，在建设最高峰时，每天超过 3 万人参与管理、设计、监理与施工。重建后，四川省通信能力、通信服务水平及网络安全性能均已经远远超过灾前。新建移动通信基站 2.24 万个，达到 3.35 万个，为震前的 3 倍；新建传输光缆 4.28 万皮长公里，总数达到 10.8 万皮长公里，为震前的 1.66 倍；新建成固定交换机容量 110 万线，移动交换机核心网容量 1353 万户，业务用房 18 万平方米。建成全国最大的专用超短波应急通信网，该网覆盖四川省 21 个市（州）的所有县级城区、大部分乡镇和主要交通干线。全省已拥有应急通信车 100 余台、带充电油机卫星电话 500 余部、应急基站 200 余个、抢险车辆 2000 余台，能够保证在基础通信、电力全部中断的情况下，快速恢复通信。灾区所有县城实现 3G 网络覆盖，通电话的行政村、自然村比震前分别增加 289 个、1840 个，全面实现行政村“村村通电话”，乡镇“乡乡通宽带”。

按照重建规划，通信行业专项编制了重点城镇规划，对北川新县城、青川县城、绵竹市汉旺镇、汶川县映秀镇 4 个重点重建城镇的通信基础设施全面实行共建。三大电信企业开展地震灾区 10 条长途传输光缆的共建共享，以新建县城和乡镇、长途传输线路为重点，加大运营企业在基站、杆路、线缆、管道、局房等基础设施的共建共享和互联互通，有效改变了基站林立、管线纵横的状况。同时，广泛开展跨行业、跨部门的共建共享，推进通信管道与市政管道联合共建、通信光缆与公路同步建设；与广电系统在铁塔、传输光缆等方面开展共建共享，与成都军区通信部共建都江堰至马尔康长途传输光缆。通过统一规划、统一协调、统一设计、统一实施共建共享，不仅加快了重建进度，减少重复建设，还节省 1 亿元建设投资，节约 50% 以上的土地占用和大量能源、原材料消耗，更好地保护了自然环境和景观。

陕西电信、陕西移动、陕西联通首先快速抢通通信网络，然后自筹重建资金迅速组织重建，修复受损的通信局房、通信杆路、光缆线路、通信铁塔等设施。新建、扩容光缆传输线路，恢复传输设备，新建基站，新增卫星应急通信车等。按照“三年规划、两年完成”的总体部署和工作安排，陕西省于 2009 年年底基本完成通信业灾后重建工作。全省网络通信能力、覆盖水平、服务水平、应急能力已全面超越灾前水平，基本实现所有 20 户以上自然村“村村通电话”。

甘肃省的陇南、甘南、临夏、白银、兰州、天水、定西、平凉、庆阳等 9 个市（州）通信设施在地震中不同程度受损，情况比较严重的为陇南市的武都区、成县、康县、文县分公司。地震发生后，甘肃电信、甘肃移动、甘肃联通迅速启动灾后重建工作。重建规划总投资 17 亿元，开工 154 个项目。重建后，灾区通信网络基础设施建设已基本完成，通信能力已超过灾前水平。

汶川地震通信业重点重建项目一览表

表 19

项　　目	立项批复总投资额（万元）	完成时间
四川电信 2008 年绵阳 C 网灾后重建工程	13000	2009 年 2 月
四川电信成都 C 网灾后重建项目	45000	2008 年 12 月
四川电信汉源县中心机房灾后搬迁重建工程	1300	2008 年 6 月
甘肃电信陇南市农话光缆重建项目	2149	2008 年 8 月
中国移动四川公司 G 网 2008 年・灾后重建川南新建基站工程	4938	2009 年 5 月
中国移动四川公司 G 网 2008 年・灾后重建市新建基站工程	37127	2009 年 6 月
中国移动四川公司 G 网 2008 年・灾后重建彭州、都江堰新建基站工程	3678	2009 年 6 月
中国移动四川公司 G 网 2008 年・灾后重建大邑、崇州新建基站工程	2743	2009 年 6 月
中国移动四川公司 G 网 2008 年・灾后重建绵阳新建基站工程	17886	2009 年 5 月
中国移动四川公司 G 网 2008 年・灾后重建攀枝花新建基站工程	4961	2009 年 5 月
中国移动四川公司 G 网 2009 年・灾后重建成都 BSS 扩容工程	14207	2009 年 12 月
中国移动四川公司 G 网 2009 年・灾后重建成都郊县网络改造工程	9720	2009 年 9 月
中国移动四川公司 2008 年灾后重建绵阳交换工程	4634	2009 年 5 月
中国移动四川公司 2008 年成都交换灾后重建新建、扩容工程	7339	2009 年 3 月
中国移动四川公司 2008 年攀枝花、凉山交换灾后重建工程	3820	2009 年 6 月
中国移动四川公司 2008 年乐山、眉山、雅安、甘孜交换灾后重建工程	3469	2009 年 6 月
中国移动四川公司 2008 年内江、泸州、资阳交换灾后重建工程	2778	2009 年 4 月
中国移动四川公司 2008 年宜宾、自贡交换灾后重建工程	2646	2009 年 4 月
中国移动四川公司 2008 年南充交换灾后重建工程	2442	2009 年 5 月
中国移动四川公司 2008 年达州、遂宁、广安、巴中交换灾后重建工程	2189	2009 年 5 月
中国移动四川公司 2009 年灾后重建智能网十三期扩容工程	7488	2009 年 5 月
中国移动增值电信业务平台四川公司 2009 年灾后重建彩铃十期扩容工程	5742	2009 年 12 月
中国移动四川公司 2008 年灾后重建绵阳本地传输网工程	8231	2009 年 7 月
中国移动四川公司 2008 年灾后重建雅安本地传输网工程	2110	2009 年 5 月
中国移动四川公司 2008 年灾后重建遂宁等五市（州）本地传输网工程	2620	2009 年 5 月
中国移动四川公司 2008 年灾后重建阿坝本地传输网新建扩容工程	8502	2009 年 12 月
中国移动四川公司 2008 年灾后重建省内二级干线光传送网绵阳—遂宁光缆线路工程	2029	2009 年 5 月

续表 19

项　目	立项批复总投资额（万元）	完成时间
中国移动四川公司 2008 年灾后重建省内二级干线光传送网广元—南充光缆线路工程	2901	2009 年 5 月
中国移动四川公司 2008 年灾后重建德阳本地传输网工程	3426	2009 年 5 月
中国移动四川公司 2008 年灾后重建广元本地传输网工程	5600	2009 年 5 月
中国移动四川公司 2008 年灾后重建绵阳新建基站配套传输工程	1815	2009 年 5 月
中国移动四川公司 2008 年灾后重建成都城域传输网市区汇聚层二平面汇聚层光缆线路工程	1269	2008 年 12 月
中国移动四川公司 2008 年灾后重建成都城域传输网郊县光缆线路工程	12779	2009 年 7 月
中国移动四川公司 2008 年灾后重建广元新建基站配套传输工程	2653	2009 年 5 月
中国移动四川公司 2008 年灾后重建成都北片区新建站配套传输工程	1046	2009 年 5 月
中国移动四川公司 2008 年灾后重建二期凉山新建基站配套传输工程	1271	2009 年 5 月
中国移动四川公司 2008 年灾后重建省内二级干线成都—雅安—马尔康新建波分系统工程	1039	2008 年 10 月
中国移动四川公司 2008 年灾后重建省内二级干线光传送网德阳—资阳光缆线路工程	2424	2009 年 5 月
中国移动四川公司 2009 年成都一期、二期新建基站配套传输工程	1306	2009 年 5 月
中国移动四川公司 2008 年灾后重建雅安本地传输网工程	1844	2009 年 5 月
中国移动四川公司 2009 年灾后重建凉山本地传输网工程	3363	2009 年 11 月
中国移动四川公司 2009 年灾后重建自贡本地传输网络优化扩容工程	2381	2009 年 11 月
中国移动四川公司 2009 年灾后重建攀枝花本地传输网络优化扩容工程	2349	2009 年 11 月
中国移动四川公司 2009 年灾后重建德阳本地传输网工程	3378	2009 年 9 月
中国移动四川公司 2009 年灾后重建阿坝本地传输网第三期工程	1416	2009 年 11 月
中国移动四川公司 2009 年灾后重建德绵广一期新建基站配套传输工程	2152	2009 年 9 月
中国移动四川公司 2009 年灾后重建德绵广二期新建基站配套传输工程	1793	2009 年 11 月
中国移动四川公司 2009 年灾后重建成都城域传输网支链改环优化二期光缆线路工程	2516	2010 年 6 月
中国移动四川公司 2009 年灾后重建省内二级干线光传送网遂宁—广安光缆线路工程	1624	2009 年 12 月
中国移动四川公司 2009 年灾后重建省内二级干线光传送网康定—西昌光缆线路工程	4235	2010 年 5 月

续表 19

项　　目	立项批复总投资额（万元）	完成时间
中国移动四川公司 2008 年灾后重建成都城域传输网市区汇聚层二平面配套管道工程	2471	2008 年 12 月
中国移动四川公司 2009 年灾后重建成都城域传输网市区汇聚层二平面配套管道工程	1361	2009 年 3 月
中国移动四川公司 2008 年灾后重灾县生产管理用房恢复重建工程	7460	2009 年 12 月
中国移动甘肃省 2008 年灾后重建甘南、陇南传输管线工程	7827	2009 年 8 月
中国移动甘肃省 2009 年灾后重建甘南、陇南传输工程	7902	2010 年 7 月
中国移动甘肃公司 2008 年 GSM 网灾后重建工程（陇南、甘南地区）	5950	2009 年 3 月
中国移动甘肃公司 2009 年 GSM 网灾后重建工程（陇南、甘南地区）	8011	2009 年 12 月

二　邮政建设

地震造成邮政企业局房（生产楼）受损计 1021 处、邮政网点受损 1185 处、邮政职工住房受损 3364 处。川、甘、陕重灾地区 51 个县（市、区）邮政业直接经济损失 2.93 亿元。恢复重建工作开始后，国家邮政局成立由局长马军胜担任组长的邮政行业灾后重建工作领导小组，负责规划编制、项目平衡、资金协调以及组织实施重建工作。邮政行业恢复重建由四川、甘肃、陕西三省邮政管理局及邮政公司具体负责实施。

四川省邮政恢复重建。根据规划，四川邮政生产营业用房恢复重建项目 421 个，重建经费 3.79 亿元。中期调整，中国邮政集团对四川项目调整了一些加固维修项目和部分重建费用，调整解决了重灾地区 39 个县（市、区）漏报项目以及一般灾区项目 245 处恢复重建的经费。

四川省邮政公司参考 16 个支局所重建方案，采取自建、联建、购置等多元化方式组织重建。自建项目以市（州）邮政局为建设单位，在地方政府的统一规划下，按基本建设程序，由邮政企业自己组织原址或异址重建。联建项目由地方政府按城镇建设总体要求统一规划、统一设计、统一招投标、统一组织施工。北川羌族自治县邮政综合楼，汶川县映秀、漩口邮政支局，绵竹市汉旺邮政支局等按联建方式实施修建。对于地质条件复杂、不便统一规划、原址无法重建的邮政支局（所），采取购置方式解决支局所生产业务用房；邮政网点重建或购置项目，由市（州）邮政局协调组织计划、财务、审计、监察等部门进行实地调查、论证和商务谈判，形成方案。省邮政公司在邮政业灾后重建中主要负责规划编制、资金概算、装修标准等的审查和审批；明确 200 万元以上项目公开招标、200 万元以下项目由省公司统一组织比选或竞争性谈判确定施工单位；支局所加固、维修项目招标，由各市（州）局组织比选或竞争性谈判确定施工单位。截至 2011 年 9

月底，四川省邮政行业421个重建项目全部竣工，重置设备5032台（套）且全部安装到位，累计完成投资3.05亿元（含设备1856.8万元）。

甘肃、陕西两省邮政恢复重建。甘肃省邮政公司辖兰州、天水、酒泉等14个市（州）邮政局、69个县（市、区）邮政局，有邮政局所服务网点1392处。灾后重建开展后，经省发改委审查备案，确认省邮政行业恢复重建项目153个，规划投资1.09亿元。截至2011年3月底，累计完成项目投资9629万元，已竣工项目123个。

陕西省纳入国家重建总体规划的4个县（区）邮政局，有5栋生产楼、23处农村支局所在地震中受损。省邮政管理局向国家邮政局和陕西省发改委提出4个县（区）邮政业重建资金1123万元的申请计划。2008年12月，陕西省政府明确4个县（区）邮政业恢复重建资金1123.43万元。其中，安排邮政业重建资金862.62万元，主要用于宁强、勉县、略阳三县维修加固邮政综合楼和横现河、何家岩等20处支局所业务用房。安排邮政业重建资金260.8万元，用于宝鸡市陈仓区邮政生产大楼和15处生产办公局所业务用房维修加固。

第二节　项目选介

一　通信工程项目

四川国际专用数据通道重建工程　由中国电信四川公司负责建设的四川国际专用数据通道，是成都通信枢纽灾后重建重大项目，纳入国家灾后重建基础设施规划。2009年5月，四川电信开始组织编制《成都至国际出口高效、直达数据专用通道建设方案》。7月24日，工业和信息化部组织专家评审并通过该方案。8月19日，工业和信息化部正式批准该项目方案，明确中国电信四川公司作为四川国际专用数据通道项目的首个承建单位。四川公司根据批复精神，组织开展项目建设各项准备工作；拟定了《关于“扶持百家企业宽带提速”推进成都至国际出口专用通道建设专项工作的报告》报送成都市委、市政府及市信息办等相关单位。11月初，完成国际专用数据通道高新南区接入路由器及园区交换机的建设工作，形成用户受理及使用能力。11月中旬组织测试，测试结果表明，在成都本地访问国际互联网的平均速度提高30%～50%。该项目的建成，大大缓解了西部地区国际进出口带宽压力，提高了互联网络性能，对于改善西部地区投资环境，发展区域经济，增强综合竞争能力，具有重大意义和作用。

四川移动绵阳交换网重建工程　地震中，受超高话务冲击影响，四川受灾地区部分交换机出现了拥塞、接通率大幅下降以及用户感知度下降的情况。灾后，中国移动四川公司分析了现网资源情况、2009年绵阳的话务量稳步增长的实际情况以及相关统计数据，决定采用新建、扩容交换端局等手段来增加核心网的网络处理能力，以提高整个核心网络在灾害情况下抗击高话务冲击的能力。2008年12月25日，四川移动绵阳交换网灾后恢复重建一期工程（MIS编号B0838266）设计获批复。2009 年 2 月 16 日新建工程正式启动，5 月底完工。为确保工程进度，使设备早日入网发挥效益，交换中心成员加班加点在 20 天内完成一个新局的安装、调试和入网，在 40 天内完成 35 次网络的调整割接。5 月底完成核心网工程建设，新建网元投入运营产生效益。新建网元的及时入网为绵阳市场的快速发展提供了坚实的保障。

四川电信绵阳 C 网重建工程 绵阳市的通信网络在地震中受灾惨重，尤其以北川、平武、江油 3 个县（市）的损失最大，通信严重阻断。当时正值电信运营企业重组，C 网刚从中国联通划转到中国电信。C 网基站点多面广、施工地点偏僻，加上震后道路条件差，灾后重建面临很大困难。为保障工程的质量和进度，中国电信组建由四川电信移动建设部、维护部及绵阳分公司网络部、四川通信产业服务有限公司等单位参加的工程实施项目组，绵阳分公司成立 C 网建设领导小组。工程投资约 1.3 亿元，新建 223 个基站、215 座铁塔，重点加强北川、平武、江油 3 个极重灾县（市）网络覆盖，同时实现全市新增临时性灾区群众安置点的网络覆盖。2008 年 8 月项目开工，12 月底竣工，建设工期 5 个月。9 月初，绵阳分公司组织各县分公司及各施工单位完成站点协调，部分站点开始进场施工。在施工过程中，站点协调反复比较大，设计变更多，其中仅铁塔高度变更就有 40 多处。由于参建单位众多，启用了公共信息邮箱和公共图纸邮箱（公共信息邮箱发布通知、公告及变更；公共图纸邮箱存放每个站点的施工图纸），并要求参建单位每天必设专人跟踪这两个邮箱的相关信息，这一措施避免了因信息传递不及时可能带来的损失。施工期间，绵阳地区连续下雨近 20 天，最初的建设计划被全盘打乱。绵阳分公司再次组织参建单位重新讨论建设方案，确保工期不受影响。当时北川关内的 11 个站点的建设，全部设备必须经绵阳—成都—都江堰—汶川—茂县，再到基站，由于震后道路损毁严重，施工难度很大。通过调整协调施工力量、增加技术装备等措施，于 11 月底开通 108 个基站，还有 100 多个基站尚未开通，工期只剩 1 个月。绵阳公司再次召集各参建单位进行周密部署安排，并召集监理、长传、电力、传输、铁塔、活动板房、设备施工单位等参建单位的项目负责人每天坐镇项目指挥部，督促项目建设，现场解决施工问题。12 月底，工程如期完成。2009 年 2 月，由绵阳分公司网络部、移动网络中心、各县分公司维护部、四川公众通信建设监理有限责任公司、中兴通讯公司 11 个单位组成的联合验收小组，对工程进行验收，认为工程质量合格，可投入正式运营。该工程的顺利实施完成，极大地提升了绵阳 C 网的接入能力，网络覆盖率由建设前的 58% 提升至 89%，为灾后重建提供了重要的通信保障，迅速解决了北川关内等固话接入难以恢复区域的通信需求。同时，也为绵阳分公司及各参建单位面对今后的大规模、紧工期工程实施提供了宝贵经验。

四川联通绵阳 SCDMA 基站抢修工程 地震中，四川联通位于绵阳的多处 SCDMA① 通信基站受损，造成通信受阻或中断。四川联通启动绵阳 SCDMA 基站抢修工程。工程分 3 期进行，2008 年 6 月 5 日开工，7 月 30 日竣工，整个工期仅 1 个月。绵阳 SCDMA 基站抢修 1 ~ 3 期工程由四川省通信服务产业有限公司绵阳市分公司负责勘察、设计，一期工程由四川信网通信有限公司实施，二期、三期工程由四川信网通信有限公司、四川广通联通信网络有限公司共同实施。绵

① SCDMA 是同步码分多址的无线接入技术，它采用了智能天线、软件无线电以及自主开发的 SWAP+ 空中接口协议等先进技术，是一个全新的体系，一个全新的中国拥有完整自主知识产权的第三代无线通信技术标准。

阳 SCDMA 基站抢修一期工程恢复了绵阳、江油、安县、梓潼城区及乡镇的基站，新建 SCDMA 全向应急基站 10 个。二期工程恢复绵阳、江油、安县、梓潼城区及乡镇的基站，新建 SCDMA 全向应急基站 14 个、三扇区应急基站 1 个。三期工程恢复绵阳主城区及江油市城区、安县地区及乡镇的基站，新建 SCDMA 全向应急基站 3 个、定向扇区应急基站 2 个；对前期临时应急建设的 20 个 SCDMA 基站进行搬迁重建；在绵阳、江油、安县的 10 个灾区群众安置区安装直放站 10 个。此工程完工后，绵阳 SCDMA 覆盖水平超过震前，特别是在江油市安县板房区，大灵通成为灾后百姓最好用的通信工具。

陕西联通重点受灾区域灾后重建项目 地震中，陕西联通的移动核心网部分主设备完好、网络结构完整，受影响部分主要是震区部分基站房屋及铁塔受损、光缆阻断及部分供电中断导致基站退服。地震后，陕西联通立刻启动了汉中、宝鸡等重点受灾区域的灾后重建工作。恢复重建项目于 2008 年 5 月底启动，2009 年年底完工，投资 11292 万元。项目设计单位为中国通信建设集团设计院有限公司第二分公司。项目建设内容包括载频 1135 块、集装箱式基站 60 个；交换应急板件 183 块；修复机房 155 个、铁塔 30 座、电源 54 套、传输设备 208 端架空线路 1407 公里，地埋光缆 166 公里。此工程完工后，陕西联通传输网络的通信能力超过灾前水平，宝鸡、汉中重点受灾乡镇实现了双路由的保护，该期工程应急集装箱基站建设提高了应急机动能力，提升了网络的保障能力。

陕西电信居民集中安置点通信网工程 为解决宁强、略阳两县居民集中安置点用户通信需求，陕西电信启动居民集中安置点通信网建设工程。工程投资 250 万元。结合居民集中安置点的实际情况，采用了综合接入方式进行通信网建设，共建设综合接入设备 13 台（语音 2802 线、宽带 608 线），解决了略阳县五郎坪村、蹇家坝村、亮马台村、柳树沟村、大铁坝村、龙洞湾村、鱼洞子村、大山村、干河坝村和略阳县天津中学，以及宁强县燕子砭木槽沟村、大竹坝村、毛坝河村、宁强县天津中学与天津医院等 15 处居民集中安置点 2492 户灾区群众的通信需求。该项目 2008 年 12 月开工建设，2009 年 6 月完成。

甘肃电信陇南整村迁改配套工程 震后，陇南市需要恢复重建行政村 551 个，通信线路必须进行改道或迁移；异地重建使原有通信线路、设备全部报废，必须在新址重新建设通信设施。甘肃电信陇南分公司除了在规定的时限内做好农村受损通信设施临时抢修恢复通信外，积极配合就地重建的行政村做好线路的规范建设和用户接入线路的修复整治。迁改配套工程项目点多面广、工程量大，电信部门采取设计、施工、监理协调统一、积极跟进的方式进行。设计人员兵分四路，顶着余震挨村挨户进行勘察设计。为了不耽误工期，工程技术人员白天勘察，晚上设计图纸和完成项目投资预算业务。材料保障和项目施工人员接到订货清单与施工图后，积极实施材料保障和项目施工。监理人员对重点施工区实施蹲点监理，对一般施工区实施流动监理。2008 年 12 月，项目全面完工。仅用半年多时间，通信部门解决了约 50% 重建行政村的电信接入配套建设。

四川移动绵阳新建基站配套传输工程 震后，绵阳新建基站配套传输工程项目分两期实施。第一期工程于 2008 年 8 月 19 日立项，工程投资 582 万元。第二期工程于 2009 年 9 月 19 日立项，工程投资 1233 万元。

一期工程投资主要用于灾后恢复重建绵阳新建工程基站配套传输线路网络连接，绵阳移动公司采取共建共享的方式，与通信合作单位协调，以就近、方便、安全为主，附挂、共建、共用传输线路的方式，快速、安全完成传输配套施工。第一期工程支撑了新建基站的开通，解决了绵阳城区部分网络覆盖区域，提升了城区的通信恢复与通信质量。共完成绵阳市区 50 个基站的传输接入，新建光缆 147 公里，新增 622Mb/s SDH（同步数字体系）设备 1 端、155Mb/s SDH 设备 34 端、综合柜 35 架，于 2009 年 3 月完工并通过验收。二期工程总投资主要用于 2008 年灾后恢复重建二期绵阳新建工程基站配套传输线路网络连接。二期工程实施光缆接入技术，共完成 7 个县 97 个基站传输接入任务，新建光缆 349 公里，新增 155Mb/s SDH 设备 64 端、综合柜 64 架，2009 年 5 月底完工。

二　邮政工程项目

四川省邮政项目　汶川县邮政项目。包括局生产综合楼和映秀邮政支局生产用房异址重建。局生产综合楼由县政府统一修建，建筑面积 3800 平方米，建设总投资 875 万元。2010 年 7 月 15 日开工建设，次年 3 月底主体工程完工、6 月底装修完毕交付使用。映秀邮政支局生产用房异址重建，建设规模 800 平方米，重建投资 240 万元，由四川省邮政公司出资，映秀镇政府统一规划、设计、建设，2009 年 6 月开工，2010 年 8 月竣工。

汉源县邮政综合大楼异址重建项目。异址重建的汉源县邮政综合大楼位于新县城萝卜岗，建筑面积 2100 平方米，建设投资 317 万余元，2009 年 6 月 9 日开工建设，10 月 14 日竣工交验，工程质量优良。

北川羌族自治县邮政局生产综合楼项目。与北川羌族自治县邮政储蓄支行办公用房合建，建设规模 3800 平方米，其中邮政生产综合楼 3000 平方米、邮政储蓄支行 800 平方米，总投资 760 万元（中央重建基金）。项目由绵阳市邮政局负责建设，建设周期 10 个月，工程质量优良。

甘肃省邮政项目　陇南邮政局灾后重建和加固维修项目总计 108 项，总面积 6.49 万平方米（含加固维修），总投资 6754 万元。

陇南市邮政局办公楼项目。位于陇南市建设路十字路口，建筑面积 4185.3 平方米，主要维修墙体、加固梁柱、屋面防水、房屋维修，投资 592 万元。甘肃省建筑科学研究院设计。2010 年 12 月，陇南市邮政局办公楼灾后加固维修工程竣工后投入使用。

平凉市邮政局邮件处理中心项目。主楼建筑面积 3248.24 平方米，室外配套及院内地面硬化面积 2690 平方米，工程主体概算 522 万元、综合机房工艺设备安装工程概算 150 万元、附属套及室外硬化工程概算 72 万元，主体 1 层，局部 2 层，钢结构，一层面积 2425.86 平方米，设邮件转运区，包裹、报刊、信函处理区，速递物流、投递独立处理区，综合机房区，邮品库等；二层面积 822.38 平方米，设消防设备间、办公室。综合机房区面积 127.98 平方米。甘肃省第二建筑工程公司承担项目施工。

第三章　水　利

汶川特大地震造成川、甘、陕三省重灾地区 51 个县（市、区）受损水库 1263 座，形成危险级堰塞湖（坝）105 处，严重受损堤防 1047 处；7 个大型灌区、46 个中型灌区、1243 个小型灌区等水利灌溉设施受损，直接经济损失 243.29 亿元。三省纳入国家灾后重建基础设施专项规划水利设施建设任务包括，除险加固受损水库 1257 座，处置危险级堰塞湖（坝）105 处（实际处理堰塞湖 114 座），加固和重建堤防 1199.4 公里，恢复重建水文站 112 个。（参见图 148）规划提出水利建设投资 222.6 亿元。资金通过中央财政支持、银行贷款、地方自筹和对口支援等措施解决。

水利灾后重建开展后，水利部加强对三省水利灾后重建工作的组织指导，开展四川省灾后恢复重建水利项目建设情况专项检查，印发《关于加快汶川地震水利灾后恢复重建项目建设进度的通知》《关于汶川地震灾后恢复重建水利项目建设专项检查情况的通报》，并就四川地震灾区震损水库除险加固情况向国务院专题报告。灾区三省在水利部指导下，建立多种机制，采取多项措施，全面推进水库、堤防工程建设。四川省仅用 60 天时间完成水利设施恢复重建规划。甘肃、陕西两省分别拟定《震损水库除险加固的专项规划报告》，初步提出 3 年时间完成 34 座水库除险加固任务。灾区三省按照“以人为本、尊重科学、尊重自然、远近结合、统筹兼顾”的原则，开展水库除险加固工作。四川省针对堤防恢复重建工期紧、难度大、汛期迫近、防洪压力大的情况，统筹安排防洪设施建设和其他民生工程建设，充分利用已有堤防规划成果，结合堤防工程自身特点，采取加强组织领导、加强制度建设、积极争取上级部门政策支持、强化项目建设管理，确保顺利完成受损堤防设施除险加固任务。省水利厅在主管水利设施建设中，将绝大部分项目审批权限下放县（市），减少审批环节，加快建设步伐。截至 2011 年 3 月底，川、甘、陕三省已基本完成防洪减灾设施的灾后恢复重建任务。

100万方以上堰塞湖基本信息表

序号	名称	市县	河流
1	唐家山	北川	湔江
2	苦竹坝下游	北川	湔江
3	新街村	北川	湔江
4	白果村	北川	湔江
5	岩羊滩	北川	湔江
6	唐家湾	北川	都坝河
7	罐子铺	北川	都坝河
8	马鞍石	平武	石坎河
9	南坝（文家坝）	平武	石坎河
10	肖家桥	安县	茶坪河
11	老鹰岩	安县	干河子
12	罐滩	安县	干河子
13	石板沟	青川县	清江河
14	红石河	青川县	红石河
15	东河口	青川县	清江河
16	黑洞崖	绵竹市	绵远河
17	小岗剑电站上	绵竹市	绵远河
18	一把刀	绵竹市	绵远河
19	谢家店子	彭州市	沙金河
20	凤鸣桥	彭州市	沙金河
21	竹根桥	崇州市	文井江
22	六顶沟	崇州市	文井江
23	火石沟	崇州市	文井江
24	虎跳崖	北川	都坝河
25	青林	北川	都坝河
26	小毛坡	北川	都坝河
27	李家院	平武	平通河
28	芭蕉坪	安县	茶坪河
29	蹇家包	安县	茶坪河
30	枳竹坪	安县	茶坪河
31	观音岩	安县	茶坪河
32	崖湾	安县	干河子
33	鱼洞口	安县	干河子
34	道渣石厂	安县	干河子
35	罗家大坪	安县	干河子
36	枷担湾	都江堰	白沙河
37	窑子沟	都江堰	白沙河
38	关门山沟	都江堰	白沙河
39	黑水县哈木湖	黑水县	岷江

图 148　汶川地震四川主要震损水库除险加固及堰塞湖治理项目分布图

（水利部　提供）

第一节　项目建设

一　水库建设

地震灾害造成水库大坝裂缝、坝体滑坡、坝基渗漏、溢洪道裂缝、垮塌、放水设施等不同形式、不同程度损毁。受损水库承担着灾区县灌溉任务，并兼有供水、防洪、养殖和旅游等综合作

图 149　重建后的剑阁县团结水库
（四川省委宣传部　提供）

用，受损水库除险加固被纳入国家灾后重建规划。2008 年 5 月底，灾区三省水库应急抢险工作结束，随之开展水库灾后恢复重建。在水利部指导下，灾区三省水库管理单位委托具有相应资质的设计单位，科学制定震损水库的除险加固实施方案，并经过各地水库主管部门审批后实施。四川省水利厅明确按照“先重后轻、先大后小、先易后难”的原则，分年度安排实施水利重建任务，将影响安全的震损水库的除险加固、影响灾区春灌的灌溉工程和影响灾区群众基本生活保障的农村供水工程的恢复重建作为重点项目优先实施。在剑阁召开全省受损水库除险加固和农村饮用水保障设施恢复重建现场会，推广剑阁县水利设施恢复重建经验。制定印发《四川省震损水库应急除险及除险加固建设项目管理办法》等 10 个文件，指导灾区开展水库管理人员培训、妥善安置安全度汛与蓄水保水等工作。针对不同险情的水库，制定“一库一策”安全蓄水和防洪调度运用计划。指导中江县兴建水库、彭州市西河水库下游群众进行水库溃坝避险演练。

截至 2011 年 3 月底，甘肃、陕西两省完成震损水库修复加固任务。四川省全面完成震损水库除险加固任务，完成投资 32.98 亿元。震损水库除险加固后，消除了水库安全隐患，恢复了防洪库容，增强了水资源调控能力，结束了“头悬一池水、祸福两相依”的震后险情。（参见图 149）

二　堤防建设

汶川地震造成川甘陕三省灾区上千处堤防工程严重受损。国家启动灾后重建后，三省针对堤防设施震损实际情况展开规划编制工作。四川省统筹考虑防洪安全以及恢复生产等各项需求，利用现有堤防规划成果，结合堤防工程自身特点，迅速组织堤防灾损评估，成立重建规划领导小组。甘肃省水利厅、甘肃省抗旱防汛指挥部部署各级防汛部门落实地方行政责任人和技术责任人，加强对受损堤防的巡查与观测，采取措施，及时控制堤防险情。陕西省建立了多种机制，多措并举，全面推进堤防工程灾后重建工作。水利部重视堤防灾后重建这一“民生工程”“安保工程”，多次派出由工程技术人员组成的检查组至灾区检查指导堤防恢复重建。

苍溪县在堤防灾后重建中，采取抓质量、保安全、促进度的措施，使县城滨江路堤防东南段（杜里坝）和全县 119 座水库，均在主汛期来临前完成建设任务。2010 年 7 月，连日的特大暴雨袭击苍溪县，嘉陵江苍溪段水位暴涨，新建滨江堤防经受住洪水冲击的考验，重建成果得到检验。2010年，四川地震灾区屡遭山洪、泥石流袭击，但重建后的堤防设施无一受到破坏。

截至2011年9月底，灾区三省堤防设施建设任务全部完成，许多县（市）的防洪能力由原来的不设防或由10年一遇标准提高到20年、50年一遇标准。重建后的堤防工程还起到了美化城市环境的作用。西和县在恢复重建漾水河城区段防洪堤工程中，采取配套生态治理和美化、亮化等措施，对城区段约4.15公里河道进行综合治理，在保证县城防洪安全的同时，消除河道杂草和污水，为震后城镇恢复重建生态与人的和谐、舒适和安居创造条件。

第二节 项目选介

一 水库工程项目

紫坪铺水利枢纽工程 紫坪铺水利工程位于岷江上游汶川县映秀镇至都江堰市紫坪铺镇间，距都江堰市9公里，距成都市60公里，上游26.5公里与映秀湾电站尾水衔接；是一座以灌溉、供水为主，兼有发电、防洪、环境保护等综合利用功能的大型水利枢纽工程；钢筋混凝土面板堆石坝，最大坝高156米，水库正常蓄水位877米，总库容11.12亿立方米，调节库7.74亿立方米，电站装机容量4×19万千瓦，多年平均发电量34.17亿千瓦时；枢纽建筑物包括堆石坝、溢洪道、引水发电系统、冲沙放空洞、1号泄洪排沙洞、2号泄洪排沙洞。汶川地震使紫坪铺水库大坝受到强烈振动，电站机组瞬间全部停运，下游岷江断流，枢纽工程等各建筑设施均遭到不同程度的损毁。

2008年6月，紫坪铺开发公司、四川省水利水电勘测设计研究院编制完成《紫坪铺水利枢纽工程灾后重建规划报告》。9月，水利部水利水电规划设计院对混凝土面板防渗结构应急抢险进行了安全评估。10月13日，紫坪铺开发公司委托四川省水利水电勘测设计研究院对紫坪铺水利枢纽工程抗震情况和重建方案进行复核。11月，四川省水利水电勘测设计研究院委托中国地震局地震预测研究所对紫坪铺水利枢纽工程场地地震安全性进行复核评价。2009年1月，中国地震局批复紫坪铺工程区域地震安全性评价复核报告。9月，水利部水利水电规划设计总院提出枢纽震害安全鉴定报告。2010年4月，水利部批复《紫坪铺水利枢纽工程灾后恢复重建初步设计报告》，明确工程灾后恢复重建总投资为3.93亿元；明确工程恢复重建内容包括坝顶和防浪墙修复加高、下游坝坡松动变形部位干砌块石拆除并改建为浆砌块石护坡等124个项目。

紫坪铺开发公司按照轻重缓急分两个阶段组织实施工程建设。为安全度过2010年、2011年两年汛期，紫坪铺开发公司优先组织实施了58个涉及防洪度汛安全、生产安全的震损震害项目恢复重建。2010年4月15日至5月18日，审计署成都特派办对紫坪铺工程灾后恢复重建项目进行跟踪审计。5月18日，四川省水利厅转发水利部《关于〈紫坪铺水利枢纽工程灾后恢复重建初步设计报告〉的批复》，明确工程灾后恢复重建施工工期15个月、投资3.93亿元、工程项目124

个。紫坪铺水库工程项目勘测、设计单位为四川省水利水电勘测设计研究院、中国水电顾问集团成都勘测设计研究院。中国水电集团第十二工程局、中国水电集团闽江工程局承建大坝、压重体等项目；中国水电集团第五工程局承建厂房土建和机电安装、溢洪道、1号和2号泄洪排沙洞等项目；中国水电集团第七工程局承建电站引水隧洞及进水塔和冲砂放空洞隧洞等项目；中国水利水电建设工程咨询西北公司和小浪底工程咨询公司联合体负责监理大坝标和引水系统标；四川二滩建设咨询有限责任公司负责监理厂房土建和机电安装标。截至2010年7月底，完成主体项目58个。尚未实施的66个项目（建筑工程33项、机电设备及安装24项、金属结构及安装9项），被划分为40个标（建筑工程19个、机电设备及安装18个、金属结构及安装3个）实施。至2011年3月底，紫坪铺水利枢纽工程灾后恢复重建累计完成投资1.3亿元，其中中央重建基金9828万元。

鲁班水库 鲁班水库位于三台县新生镇凯江支流绿豆河铁线沟处，是都江堰人民渠七期干渠末端的一座大（2）型囤蓄水库。校核洪水位461.2米，总库容2.94亿立方米，正常蓄水位460米。鲁班水库于20世纪70年代末建成，主要控灌三台县和大英县、射洪县。汶川地震使鲁班水库枢纽工程严重受损。

鲁班水库震损项目整治关系到周边的射洪、大英、三台、中江四县100多万人民生产生活用水，是一项重大民生工程。工程建设内容主要是处置震损病害、治理库区污染等。取缔库区内的网箱养殖，避免水库水质继续恶化；坚持抗旱与防汛两手抓，突出防汛安保措施，同时，结合震损病险水库除险加固措施的落实，严防溃坝险情的出现，保障整治彻底、不留后患，为农业增产、农民增收和稳定安全创造条件。

2008年7月，水库应急除险开工，次年3月完工。主要是检测和修补主坝防渗面板、主坝坝顶路面及栏杆更换和维修，副坝坝面防渗面板修复、水库供水设施维修和更换。工程总投资1300万元。整治后的大坝路面平整，栏杆及路灯美观大方。迎水面用六角形混凝土预制块砌面，坝顶用混凝土铺面，栏杆全用水泥砂浆加固抹面，坝后坡面则用一个个城门洞形混凝土构件相连，重新种草，加固了马道和坝基。整治后的副坝内外结构浑然一体，美观实用。鲁班水库的灌溉供水功能恢复正常。

2009年4月，四川省发改委批准鲁班水库灾后重建初步设计方案，明确项目建设投资5588万元。4月初，为了摸清鲁班水库渗漏点情况以进行针对性治理，建设单位请青岛太平洋海洋工程公司水下作业队进行潜水作业，逐一排查渗漏点，再由专家汇总排查情况、研究整治方案（见图150）。鲁班水库整治工程一标主要是修复大坝防渗面板，修复项目分为水上和水下两部分。11月7日，一标段水下修复工程正式开工建设。12月，二、三、四标段开工建设。水下施工补漏难度极大，施工单位组织30多人的潜水力量沉入水底进行水库底部作业，在厚达10多米的淤泥中寻找大坝裂缝，在清除大坝面板上的2700多立方米污泥后，终于找到面板上的两条水平裂缝，裂缝修补工作进行了7个月，才将大坝渗漏堵住。2010年6月底，水下作业结束。截至2010年12月30日，鲁班水库灾后重建累计完成投资4400万元，占规划投资的78%，主体工程基本完成。

武都水库 武都引水工程从江油市武都镇的涪江干流上游取水，灌溉绵阳市的江油、梓潼、游仙、三台、盐亭，遂宁市的船山、射洪、蓬溪和广元市的剑阁、南充市的南部共4个市10个

图150 2009年4月，青岛太平洋海洋工程公司在鲁班水库潜水排查渗漏点

（水利部 提供）

县（市、区）282万亩农田，受益人口500多万人，曾被邓小平誉为“第二个都江堰”。它是四川省“五横四纵”① 调水补水网络的四大“北水南补”工程之一，是川西北地区工农业和城市经济发展的重要水源工程，具有防洪、灌溉、生态环保、国土资源保护、工业和生活供水以及发电等综合效益。该工程1958年规划建设，工程分两期进行。一期工程2000年5月基本建成，2001年通过竣工验收；二期工程包括武都水库和灌区工程，设计灌溉面积101万亩，其中武都水库于2004年11月开工建设。汶川地震使武都引水工程已建和在建的40多个项目均遭到损坏。据灾损评估，武都引水工程重建资金需3.72亿元。

灾后重建启动后，绵阳市武引工程建设管理局组织技术力量编制武都水库灾后重建方案。重建方案列入四川省水利厅《汶川地震四川省水利灾后重建规划报告》。2009年4月8日，四川省水利厅下达武都水库灾后重建项目批复，明确项目建设投资3.6亿元。11月2日，四川省发改委下达四川省汶川地震灾后恢复重建规划中期调整方案，明确批复武都水库工程灾后恢复重建项目建设投资3亿元。

2009年汛期来临之际，为确保安全度汛，实现2010年发电目标，绵阳市武都引水工程管理局从行政管理经费中挤出300万元，设立挂牌目标奖，与施工单位签订安全度汛节点目标任务责任书，坚持24小时作业，采用高悬长臂布料机、高压泵送和真空满管输送、溜槽传送混凝土，实行分段浇筑、错仓施工措施，加快工程建设进度，终于在6月20日前胜利完成3个底孔浇筑的艰巨任务，为工程节省了一年的工期。截至2011年3月，武都水库完成灾后重建投资5.7亿元，完成大坝混凝土浇筑180万立方米、厂房坝段浇筑至661.34米（高程）、河床溢流坝段浇筑至637.5米（高程），处理完成溶洞等地质缺陷，成功实现2008—2010年安全度汛目标。

① 四川省“五横四纵”水利调水补水网络，指都江堰、玉溪河、长征渠、向家坝、引大渡河济岷江工程5个大型西水东调工程和武都、升钟、亭子口、罐子坝水库4个大型“北水南补”工程。

武都引水工程建设严格贯彻“质量高于一切”的要求，进一步完善了项目法人负责、政府部门监督、监理单位控制、施工单位保证、设计单位参与的质量“五位一体”保证体系以及施工单位自检、监理单位复检、项目质量监督站抽检的质量检查体系。业主各部门本着“服务、协调、监督、管理”的原则，对所有在建项目实施过程进行全方位、全过程的监控，会同质监站对参建单位的质量保证体系和质量控制体系进行了检查，并督促其加强整改和完善。武都引水工程建设过程中，水利部副部长矫勇到项目工地考察，称赞该工程建设速度是最快的、效果是最好的。

官宋硼堰取水枢纽工程　官宋硼堰取水枢纽位于绵竹市汉旺镇绵远河出山口，是一座以灌溉为主，兼具防洪、灌溉、供水、发电、水产养殖、城市生态环境用水等综合利用的水利工程。它引绵远河水，通过官、宋、硼三堰分水，控制山区河道44.4公里，集雨面积410平方公里，提供灌区75%的用水量，灌溉绵竹市汉旺、兴隆等11个乡（镇）1113公顷农田，受益群众达18.7万人。汶川地震及随后的“6·12”小岗剑堰塞湖泄流，致使该工程闸墩、排架、导墙、工作桥、管理设施等出现垮塌、位移、变形、滑坡等重大病险。2008年10月24日，四川省水利科学院专家组鉴定该枢纽工程需整体报废重建。

官宋硼堰取水枢纽重建工程，是江苏省第二批对口援建绵竹灾后重建重点项目之一，也是江苏省援建指挥部直接援建的唯一水利工程项目，总投资6255.48万元。该工程由江苏省工程勘测研究院有限责任公司勘察，江苏省水利勘测设计研究院有限公司设计。2009年8月28日，德阳市水务局批准该设计。该项工程主要建设内容包括：重建泄洪闸、冲沙闸及进水闸；加固官宋硼三堰分水闸；重建枢纽管理房、官宋硼堰管理处，架设输电线路、整治进水闸至官宋硼三堰分水闸之间的输水干渠等。29日，该项目正式开工。在不到一年的时间里，参建单位精心组织、科学施工，2010年7月23日提前完成了工程的全部建设任务，成为江苏对口援建绵竹灾后重建的亮点工程之一。

工程位于汉旺地震遗址最远端，镇内一片废墟，水、电、网络全部中断，进水渠工程在陡峭的山脚下，山上的浮石随时都有可能坠落。上游有10余个堰塞湖，一旦暴发山洪，滑坡、泥石流等地质灾害随时可能影响施工安全，施工环境艰苦而危险。施工中，冲沟处理、地下渗流、抗冲磨混凝土施工等山区水利工程特有的技术难题，对来自江苏平原地区的水利人来说，是前所未有的挑战。施工队伍本着“以党建促援建”宗旨，充分发挥党员示范岗的作用，白天拼命施工抢工期，晚上开展技术攻关。山区气候多变，雨多量大。他们向暴雨要工期，见缝插针，冒雨多点同步施工，24小时分班流水操作，确保了全天候、全方位施工。

2010年7月25日，工程通过验收及鉴定（见图151）；7月31日，举行完工交付仪式。相比原有工程，重建的官宋硼堰取水枢纽在诸多方面得以改进：一是运用江苏先进的水利枢纽管理经验，设置了监控系统和视频监视系统，对枢纽的控制、调度、管理可在中央控制室利用计算机操作完成，从根本上改变了原枢纽必须在现场手动操作的模式，使运行管理更加方便、快速、准确。同时可利用网络系统，对枢纽站实行远程控制。二是枢纽安装了先进的避雷设施。枢纽位于雷电多发区，原枢纽曾多次遭到雷击，电话、电视等设备遭到损毁，职工在雷雨天操作时不敢打伞，必须穿雨衣、胶鞋以躲避雷击。新枢纽控制室采用封闭式设计，设置专用的避雷设施，有效

图151　绵竹市官宋硼堰水利枢纽重建工程（四川省委宣传部　提供）

地解决了避雷的问题，保证职工在雷雨天操作时的人身安全。三是枢纽基本解决了淤沙问题。以前的滚水坝和连锁闸，由于没有拦沙设施，进水渠常常淤积和堵塞。2001—2003年建成的老枢纽工程，利用拦沙坎，将大部分的泥沙拦在进水渠外。重建的官宋硼堰取水枢纽充分吸取原枢纽拦沙坎的经验，并进行优化设计，几乎可拦住全部沙石，并在泄洪时可一次冲净。四是新建的官宋硼堰取水枢纽，不仅是一座现代化、高标准的集民生水利、功能水利、环境水利于一体的和谐工程，同时成为绵竹一景。工程交付使用后不到半个月，官宋硼堰取水枢纽工程受到"8·13"清平特大泥石流（泥石流总量达600多万立方米）和"8·19"暴雨洪水（日降水量为300多毫米）的严峻考验，工程岿然不动。10月16日，工程通过德阳市水务局组织的竣工验收。四川省水利专家认为，江苏援建的官宋硼堰取水枢纽工程，以较快的施工速度、优美的造型、可靠的质量，树立了江苏水利建设队伍处于全国一流的形象。官宋硼堰取水枢纽重建工程被江苏省住房和城乡建设厅评为2010年度江苏省"扬子杯"优质工程。

黄江水库　黄江水库位于长江流域嘉陵江水系西汉水支流漾水河上游的黄江峡口，距下游西和县城15公里。20世纪50年代末修建投入使用。大坝控制流域面积24.4公顷，库容436万立方米。汶川地震使黄江水库大坝受损，导致大坝渗水点增多，渗水量达到每分钟30升，比震前增大了5倍。

2008年5月16日，水利部抗震救灾专家组对黄江水库进行现场检查时，提出为保证黄江水库安全度汛，需对坝体、坝基提交应急除险加固方案。6月7—13日，水利部黄河水利委员会赴甘肃抗震工作组一行13人对黄江水库进行现场勘察，编制了《甘肃省西和县黄江水库震损应急除险方案》。应急除险方案基本内容包括扩大溢洪道泄洪规模，对上游坝体、坝基进行防渗加固处理，下游坝脚设置反滤排水体进行保护。7月30日，陇南市财政局下拨2008年重点小型病险水库抗震抢险应急中央专项资金，安排黄江水库应急除险资金420万元。8月28日，通过招投方式确定甘肃省水利厅地质建设工程公司承担项目施工。黄江水库应急除险工程第一组标大坝及溢洪道工程、第二组标大坝灌浆工程分别于9月10日和21日开工建设。12月5日，完成该工程土石方开挖任务，通过验收。

2009年5月22—23日，甘肃省水库安全整治活动工作组现场验收黄江水库除险加固项目，没有发现较大工程质量问题。8月7日，黄江水库二标项目大坝帷幕灌浆及高压旋喷墙工程完工，顺利通过验收。10月19日，一标坝面防渗工程完工。

黄江水库坝体实施灌浆除险加固后，大坝渗漏问题得到根本解决，溢洪道、输水洞、闸门等设施运行良好，库容恢复至220万立方米，灌溉年效益达56万元、年养殖效益达20万元。

庆家寨水库 庆家寨水库位于汉江水系张家湾支沟，坝址位于勉县老道寺镇张家湾村，距勉县县城22公里，距下游阳安铁路2.5公里，是一座靠板凳堰东干渠蓄水、以灌溉为主兼营养殖的V等小（二）型水库，为均质土坝，总库容45万立方米，1964年建成。水库坝址以上控制流域面积1.88平方公里，有效灌溉面积100公顷；水库下游是张家湾村，有村民3000多人、农田400多公顷。受地震影响，勉县庆家寨水库出现4条纵向裂缝、3条横向裂缝，卧管15号、16号、17号台侧墙出现裂缝，渗漏严重。

抢修救灾期间，陕西省水利厅派出专家深入到每个震损水库现场进行认真分析，按照震损坝体的裂缝、塌陷和放水洞（管）的裂缝漏水险情状况，结合近年病险水库普查和2008年汛前小型水库安全情况排查的基础资料，确定庆家寨水库为高危险情水库。汉中市水利局组织专家组，对重灾县上报的各水库地震受损情况应急处理方案进行逐一复查，提出了各震损水库近期应急除险措施，其中明确庆家寨水库应急处理措施为：放空水库，空库度汛；对裂缝按要求进行处理；加强值班，昼夜巡查，畅通信息，落实抢险队伍、物资，补充、完善溃坝预案和抢险预案，并宣传到群众；转入应急设计。

2008年安全度汛工作中，勉县水利局按照省、市水利部门部署，组织人力物力于7月20日前通过对坝体110米裂缝采取开挖回填、夯实封缝等措施处理，完成了庆家寨水库的应急处理工作，以及溃坝预案和抢险预案补充完善工作，累计使用投资5.3万元（含应急抢险物料储备）。8月15日，汉中市水利局下达庆家寨水库震损除险加固工程应急设计批复，批准工程概算总投资104.8万元，明确项目包括坝体裂缝处理、主副坝迎水坡干砌石砌护、主坝背水坡培厚加固、坡角排水棱体修复等7项内容，计划建设工期7个月。11月5日，汉中市水利局下达《关于勉县震损水库除险加固工程施工招标总体安排及第一期项目实施方案的批复》。12月12日，通过竞标方式确定勉县水利水电工程队中标承担除险加固工程施工。2009年4月3日，勉县发展计划局下达水库重建资金总投资111万元（中央重建基金105万元、其他资金6万元），明确资金主要用于水库震损大坝加固、溢洪道扩建、放水设施改造及其他工程加固。

工程的实施确保了水库的安全、下游阳安铁路的正常通行、张家湾等村村民的生命财产安全和400公顷农田的灌溉用水。

公墓志水库 原公墓志水库位于什邡市洛水镇西北2公里处，距什邡市县城22公里，枢纽工程位于两河沟下游河段，是都江堰前进堰灌区什邡市大寨渠尾部灌区的补水水库。水库集水面积4.17平方公里，为均质土坝，总库容14万立方米，为小（二）型水库。该水库主要功能为：改善大寨渠灌区2.74万亩农田用水条件，发展水产养殖和开发旅游，是省管工程前进堰灌区的一个重要水源工程。汶川地震造成公墓志水库坝体受损，多处出现纵、横裂缝，闸房垮塌。震损后公墓志水库不能蓄水，导致原水库供水片区用水严重短缺，急需进行恢复重建。经国务院抗震救灾总指挥部水利组鉴定，震损等级为溃坝。2009 年 6 月 8 日，取得建设用地规划许可证，该工程建设用地 9.13 万平方米。8 月 3 日，四川省政府下达立项批文，批准将公墓志水库加固纳入灾后重建总体部署，明确项目计划投资 5396.1 万元（国家灾后重建资金）。通过投标方式确定中国葛洲坝集团股份有限公司承担该项目施工，成都交通大学工程建设有限公司担任项目施工监理。2010 年 4 月 15 日，项目开工建设。

工程施工进入 2010 年春季，放空洞进口施工在雨季中进行，边坡开挖出现严重垮塌，造成隧洞挂口十分困难；李冰陵公路路基受暴雨和泥石流袭击侵害垮塌十分严重。施工单位加大人力、机械、材料投入，加大施工强度，实行三班倒和轮换作业工作制，清理放空洞进口垮塌石方，加固李冰陵公路路基。2011 年 3 月，水库加固工程进入关键、核心环节，主要实施沥青混凝土心墙浇注作业。7 月上旬，因受局部地区暴雨影响，水库上游突发山洪，库区水位暴涨，险情对在建工程和下游群众生命财产安全构成威胁。针对汛情，什邡市水务局、洛水镇、设计单位、监理单位和施工单位适时制定度汛措施，采取对已填筑的沥青混凝土心墙加盖防护物、充分储备防洪物资、随时做好加高临时坝体准备、加强值班和观测等措施，保护已建工程成果和群众生命财产安全。洪峰退去后，施工单位和洛水镇安排人员，实行 24 小时轮流对隧洞入口和出口进行观察；洪水退去后及时清理隧洞入口处淤积物，保持隧洞入口畅通。9 月 30 日，项目建设告竣，累计完成投资 5396.1 万元，解决灌溉耕地 1073 公顷、年供水总量 67.2 万立方米。

二　堤防工程项目

茂县堤防工程　地震灾害使茂县岷江河道两岸堤防坡堤受到严重破坏，局部河段严重滑坡，影响岷江河道的行洪安全及两岸的生态环境。2009 年 4 月，水利部山西水利水电勘测设计研究院组织工程设计人员，在深入岷江两岸现场勘察的基础上，完成《四川省茂县城区段岷江河道治理工程初步设计报告》拟制工作，报告明确该项治理工程项目北起静州山麓，南至荞面桥，主要建设内容包括两岸堤防的加固、两岸生态修复等；确定治理堤防总长 12.22 公里（右岸长 5.85 公里、左岸长 6.37 公里），建设标准为 20 年一遇；明确堤防形式为复式断面、格宾石笼贴坡护岸、格宾石笼重力式岸墙及钢筋混凝土悬臂式岸墙。

2009 年 7 月，阿坝藏族羌族自治州批复工程投资 8777.46 万元（国家灾后重建基金）；明确该项目分 3 个标段。批复要求项目招投标严格按照审批部门核准的招标范围、组织形式、招标方式等进行，并在阿坝藏族羌族自治州公共资源交易中心进行公开招标。通过投标竞标，确定江西省新宇建设工程有限责任公司负责承建项目一标段，重庆市圣奇建设（集团）有限公司承建项目二标段，四川省麟鑫建设工程有限公司承建项目三标段。2010 年 1 月，一标段开工建设；4 月 1 日，二、三标段开工建设。截至 2011 年 9 月底，一、二、三标段主体工程全部完工。该项目建成后，在满足防洪安全的基础上，有效保障了工程保护区内近万名人民群众生命财产的安全，为今后岷江两岸的生态恢复重建创造了基础条件。

彭州堤防工程 在汶川地震中，彭州市有49处超过27公里的堤防不同程度受损，主要表现为裂缝、迎水面护坡滑落、塌陷等。堤防的损毁，大大降低了彭州市河道的防洪能力，对沿河人民群众的防洪安全构成了威胁。国家开展灾后恢复重建工作后，彭州市水务局委托成都市水利电力勘测设计院对彭州市堤防灾后重建工程进行勘测设计，2009年7月编制完成《彭州市堤防灾后重建工程实施方案报告》，并报成都市水务局审查。经成都市水务局组织咨询机构四川兴川水利水电咨询有限责任公司进行技术咨询，由成都市水务局于9月组织审查并予以批复。

彭州市堤防灾后重建工程项目包括小石河石灰窑堤防、老楠木场堤防、关口—人民大桥右岸堤防及白鹿回水村堤防等4处；重建堤防总长10.44公里（含新建一座消能设施），工程规划投资7472.96万元。工程建设分8个标段进行。采用公开招投标的方式，确定四川永一建设工程项目管理有限公司承担项目施工监理；确定四川省泰龙建设集团有限公司承担一标施工，四川金河建设工程有限公司承担二标施工，四川信德建设有限公司承担三标施工，四川省人民渠绵阳建设公司承担四标、五标施工，四川邛崃水电工程建设集团有限公司承担六标（白鹿回水村堤防灾后重建工程）施工，四川同达建设有限公司承担七标（老楠木场堤防灾后重建工程）、八标（石灰窑堤防灾后重建工程）施工。2010年3月项目开工建设。截至2011年9月底，彭州市堤防工程项目完工8个标段，5个标段通过验收。规划建设堤防16公里，实际完成17.434公里，完成投资1.39亿元。

江油涪江河堤一期工程 河南省援助江油市项目。涪江系嘉陵江右岸的最大支流，是长江的二级支流，全长675公里（四川境内580公里）。涪江中坝河段上起中坝岩嘴头，下至彰明北江渡，全长13公里。涪江中坝堤防修建于20世纪70年代中期，经过30多年的雨打浪摧，坝基冲刷严重，堤坡、堤顶多处塌陷，稳定性极差，安全隐患突出。汶川地震的发生，加剧了河堤破坏程度，使岩嘴头至彰明北江渡两岸26.42公里堤防受损147处，直接经济损失达3.21亿元。

2008年7月，国家启动灾后重建工作，四川省水利厅将江油城区涪江堤防恢复重建纳入水利设施重建规划，规划堤防灾后重建12.5公里。8月11日，通过招投标方式确定四川华蜀建设有限公司、四川海峡建设有限公司承担涪江河堤一期灾后重建工程B1、B2、C1标段施工；四川腾越监理公司承担项目建设监理；中国华西设计建设有限公司承担项目设计。12月30日，省水利厅下达《四川省水利厅关于江油市涪江中坝河段综合整治工程（防洪堤部分）实施方案设计报告的批复》，批准堤防整治长度为20.3公里，并对堤防重建资金作出具体安排。B1、B2、C1标段全长3310米，总投资5000万元，工程主要包括防洪主体工程（基础趾板、防渗墙、钢筋混凝面板）、马道亲水平台、生态护坡、堤顶栏杆等。12月25日，涪江河堤一期工程B1、B2、C1标段开工建设。

涪江河堤重建中，江油市与河南省对接，将涪江河堤改造工程列入河堤援建第二批“交钥匙”项目，将涪江中坝主城区河堤6015米堤防交由河南省水利厅组织援建，总投资2.5亿元，工程分为防洪主体工程、生态修复工程、景观绿化照明工程等。

涪江河堤改造一期工程是整个涪江河堤改造规划范围内最先实施的重点民生工程，由于受地震影响，历时3年多时间完成。在工程建设中，工程施工、监理单位严格按照国家水利工程建设规程和设计要求施工，严格执行工程各项规章制度，参与施工的600余名施工人员战高温、斗严寒，冒着余震的危险，加班加点，克服各种困难，顺利完成了各标段施工任务。2010 年 10 月，涪江河堤一期工程完成各分部工程验收，各项工程技术指标经检测验收达到设计要求。

苍溪滨江堤防江南段工程　滨江堤防江南段位于苍溪县陵江镇嘉陵江右岸，沿杜里坝（原名杨家坝）河岸一级阶地前沿布置。地震使滨江堤坝遭到严重损毁。设计方案规定，堤线全长 3573.1 米、堤顶宽 4 米、堤防高 15.97 米（最高点）；设计防洪标准 20 年一遇，采用 C20 混凝土面板护坡碾压砂卵石斜坡式堤型，堤顶为 C20 现浇混凝土，迎水侧设 0.6 米高防浪墙，防浪墙顶设置石材工艺护栏，临水侧马道以下采用 C20 混凝土现浇面板护面，马道以上采用具有城市美化和绿化功能的生态护坡；工程概算总投资约 6000 万元；工期 100 天。

2009 年 7 月，《苍溪县滨江堤防江南段可行性研究报告》正式通过四川省水利厅审查。11 月，《苍溪县滨江堤防江南段实施方案》通过审查。经过公开招标，曾经修建三峡电站的国家大型水利水电施工企业葛洲坝集团公司中标。2010 年 3 月 10 日，葛洲坝集团公司 600 多名工人和上百台大型机械进驻工地，滨江堤防江南段工程正式开工。江南段建设争分夺秒，施工单位葛洲坝集团二公司作出规定，主体工程施工 100 天时间内，任何人不过江与家人团聚，也不允许家人到工地探望；在决胜江南河堤建设时，业主、施工单位和监理单位协同配合，共同喊响“与洪水赛跑、同时间较劲”的口号，抢晴天、战雨天，昼夜奋战，工人三班倒，机械不熄火，奋战 92 天，全长 3.6 公里河堤修筑完毕，累计开挖土石方 40 万立方米、填筑堤身沙砾石 70 万立方米、现浇混凝土 2.5 万立方米；铺设土工格栅 34 万平方米；建设生态护坡 3.4 万平方米，创造了“苍溪速度”。7 月下旬，持续暴雨袭击，加之上游地区降特大暴雨，致使嘉陵江水位猛涨，超警戒水位 1.2 米，新修的河堤遭遇 10 年一遇洪水的考验，堤防和生态护坡“安然无恙”，成功地抵挡了洪水的肆虐。2011 年 8 月 23 日，滨江堤防江南段被评为广元市灾后重建十大经典工程之一。

西和漾水河堤防工程　漾水河位于甘肃省西和县何坝镇铁古坪，全长 47.4 公里，流域面积 682 平方公里。地震造成漾水河堤防城区段坍塌、变形达 1.16 公里，裂缝 4.15 公里，河道淤积 5.1 公里。

2008 年 7 月，西和县水利电力局完成《漾水河城区段生态环境治理工程可行性研究报告》。8 月 20 日，陕西省水利电力勘测设计研究院对漾水河城区段堤防及生态环境治理工程进行勘察、测量、可行性研究，编制招标方案、施工图实施方案等。9 月 20 日，工程初步设计报告编制完成。2009 年 1 月 10 日，甘肃省水利厅组织召开专家会议，审定批准工程灾后重建方案，规划投资 1500 万元。建设内容包括加高加固和重建堤防 9.85 公里，对工程区段 4.15 公里河道进行疏浚整治。项目分两期实施，一期工程为五里村至孟磨吊桥左右两岸全长 2.7 公里，规定 2009 年完工；二期工程孟磨吊桥至鱼山吊桥段工程，规定 2010 年完工。

2009 年 2 月，西和县水利局通过招标投标，确定甘肃省水利厅工程地质建设公司承担防洪堤一期工程和二期工程第二标段施工，武威市凉州区水利电力工程局承担二期工程第一标段施工，4 月 9 日开工。通过对漾水河城区段河道疏浚、堤防改建和加固实施，城市防洪标准由过去 10 年一遇提高到 20 年一遇，防洪堤生态环境经美化、亮化后变得整洁美丽，成为河堤两岸 6 万多居民休闲娱乐的好场所，实现了“景美不忘安全、亲水还能防洪”的初衷。

勉县堤防工程　汉江属长江的一级支流，发源于宁强县玉带河，自西向东流经陕西省汉中、安康和湖北省十堰、襄阳等地，全长 36 公里。汉江堤防宁家湾段、柳营段、左所段、海秀段、板桥段5处堤防工程自20世纪70年代开始修建，经90年代培厚加固，对沿岸地区的防洪安全起到了一定作用。地震后，5处堤防工程震损严重，宁家湾段堤防堤身出现多条裂缝，其余4段共44座丁坝、护基坝出现基础滑塌、坝体裂缝，一遇洪水，就会冲毁堤防，造成沿江及支流的乡镇村3133.33公顷农田受淹，危及3.03万人生命财产安全。

勉县堤防工程概算总投资363万元。加固的主要任务是：加固汉江堤防宁家湾段砌护堤防574米，加固维修柳营段、左所段、海秀段、板桥段丁坝、护基坝44座。通过招标，勉县江河管理站为项目建设单位，陕西泾河工程局承担宁家湾堤防工程标段施工，勉县水利工程队承担汉江南北两岸护基坝、丁坝工程标段施工，陕西咸阳郑国建设监理有限责任公司承担项目建设监理。2009年12月21日，项目建设开工。2010年5月30日，河堤重建项目全面竣工，完成宁家湾段堤防砌护加固0.6公里，海秀段堤防砌护加固0.54公里，板桥段护基坝加固和柳营段、左所段丁坝群加固，完成投资363万元。

阆中市城区堤防工程 阆中是国家级历史文化名城、中国优秀旅游城市、四川省优秀旅游城市。由于古城区三面环水、地势低洼平坦，每年发生的大小洪涝灾害，给城区基础设施及居民生产生活造成了严重威胁。1998年，为了保护古城不再受到洪水威胁，阆中市决定动工修建集防洪、交通、市政、旅游、绿化、环保及保护阆中古城于一体的综合性城市防洪堤工程。2007年年底，滨江路及防洪堤建设全线竣工。该工程保护城区面积达5平方公里，其中古城区面积3.5平方公里（古城核心区即历史风貌街区约1.78平方公里）；保护城区人口18万人，保护耕地1.87万亩。震后，城区各类建筑物都受到不同程度的毁损，特别是堤防工程毁损严重，早期施工的拉筋挡墙发生塌陷断裂，多处地方出现垮塌、裂缝、滑坡、沉陷、管涌等，原修建的防洪堤已失去应有的防洪功能，使阆中古城又受到洪水的严重威胁。

2008年7月，阆中市作出《关于阆中市灾后重建城区防洪堤的规划》，并上报四川省发改委。省发改委将阆中市城区东段与东北段堤防灾后重建工程、国道212线以路代堤东北段恢复重建工程、涉及堤防重建的绿化美化附属设施工程列入四川省水利灾后重建规划。2009年3月11日，受阆中市水务局、阆中市防洪工程建设管理局委托，南充市水利电力勘测设计研究院编制了《阆中市城区东段和东北段堤防灾后重建工程实施方案》，6月下旬完成。该方案确定工程内容包括城区东段与东北段堤防灾后重建工程、国道212线以路代堤东北段恢复重建工程、堤防重建的绿化美化附属设施工程三部分。

四川省发改委下达阆中市城市堤防恢复重建工程资金9500万元，其中中央灾后重建资金6500万元、其他资金3000万元。2009年9月27日，通过招投标确定重庆顺鹏建筑工程有限公司承担第一标段施工，重庆万州创业建筑工程有限公司承担第二标段施工，重庆锦通建设工程有限公司承担第三标段施工，湖南望城建设（集团）有限公司承担第四标段施工。30日，阆中市城区东段与东北段堤防工程正式开工建设。各施工单位按照工程完工时间要求，“顺排工序、倒排工期”、安排好足够的机械和人员，抢战晴天、大战雨天、加班加点、昼夜施工，强力推进工程建设，确保按期完成工程任务。同时，根据施工实际需要调整设计方案，将原设计混凝土重力式挡墙方案改为各种混合材料斜坡式坝型，取消独立标段的2号和3号混凝土挡墙方案，改为混合材料填筑。通过一个多月施工，累计修筑城区东段与东北段堤防主体工程2.93公里、填筑土石方

15 万立方米、浇筑混凝土 1 万立方米、修建穿堤管涵 10 余处共 400 余米。

松潘川主寺河段生态护岸工程　岷江川主寺河段生态护岸工程位于松潘县川主寺镇境内，是安徽省代建的基础设施项目之一。该工程建设目的是改善川主寺镇水环境，建设一条滨水绿色休闲景观带，提升川主寺镇的旅游文化品位，将川主寺镇建成游人来了就不想离开的旅游度假、休闲养生的休憩地和目的地。因此，该工程不是单一水利工程，而是一项承载着防洪安全、生态修复、景观再造、文化展示、旅游经营等多项功能的综合工程。2008 年 11 月 13 日，松潘县政府、安徽省驻松潘援建办委托具有国家水利水电行业甲级勘察设计资质的安徽省水利水电勘测设计院承担勘测设计工作。3 月 7 日，初步设计报自治州批准。工程设计结合川主寺镇总体规划进行，在海拔 3000 米以上的河道治理设计中，引进了生态治理的新理念，建筑物设计不仅要体现技术含量，且要突出新颖性。生态护岸和园林景观工程的施工，采用新技术、新工艺，强化生态混凝土护坡、孔隙率、强度生产性试验，以此确定原材料和配合比，同时填筑配置营养材料以适宜植物生长，确保绿化覆盖率；叠石或散石护岸、廊桥装修装饰等把握好工艺质量，注重园林艺术效果的体现；徽式牌坊、吊桥塔楼等设计装饰具有民族特色，实施中达到设计效果；格宾石笼基础确保了埋置深度，满足防冲刷和生态要求。

整个工程按照一次规划、分期实施组织建设。第一期治理工程主要完成源头生态保护区、滨河休闲绿带、特色餐饮街、都市酒吧水街、民俗文化园和滨河城市公园建设。第一期治理工程被列为安徽援建的重点工程，由安徽省驻松潘援建办公室组织实施。2009 年度组织实施第二期工程，内容包括震后水环境整治、生态修复和跨河桥梁重建等。3 月 26 日，在合肥完成招标工作，确认安徽省江河水利水电工程监理咨询有限公司负责监理，安徽水利开发股份有限公司负责施工。4 月 18 日，该项目正式开工建设。第三期工程整治范围从上游一心桥到下游污水处理厂间的岷江川主寺镇区段，岸线全长约 4 公里。主要建设内容为：河道整治及生态护岸工程、桥梁工程、截污工程、景观照明。2010 年 10 月 14 日，岷江川主寺河段生态护岸工程竣工。2011 年 5 月 6 日，安徽水利开发股份有限公司完成全部工程建设，且将工程投入使用移交证书和具有象征性意义的“金钥匙”经安徽省驻松潘援建办领导转交松潘县。

如今漫步在岷江两岸，水清岸绿，交通四通八达，廊桥水街错落有致，民族村寨古朴靓丽、别具风情；横跨江面的岷江源桥、红星桥、石嘴桥等造型独特、气势宏伟，衬托以城镇两边横亘连绵的岷山高原，俨然一幅美丽的“山水画卷”。当地老百姓交口称赞安徽援建者：“是安徽援建者用心血和汗水，把岷江河段治理得如此好，让我们震后的新家园更加漂亮！”

第四章 能 源

川、甘、陕三省重灾地区51个县（市、区）内能源工业是其重要产业，在当地经济总量中占有较大比重。汶川特大地震使这一区域能源基础设施严重受损，其恢复重建是灾区恢复重建的重要组成部分。

第一节 组织实施

能源工业是灾区重要的支柱产业，特别是位于龙门山地震断裂带附近的汶川、茂县、北川、平武、青川、宝兴等19个县（市、区），水电、天然气和煤炭在当地经济总量中占有较大比重。岷江流域水电是四川电网的重要电源，总装机容量达780多万千瓦，占全省的40%左右，包括紫坪铺、福堂、太平驿、映秀湾等骨干电站。水电基地的稳定，对保障四川电力供应、支持川电外送具有举足轻重的作用。灾区天然气产量占全省消费量的40%左右，是支撑省内需求、保障川东北天然气外输的重要基础。规划区内有新场、中坝、磨溪、平落坝等11个气田，探明储量3200亿立方米、占全省的20%，年产量40亿立方米、占全省的23%。兰成渝输油管道途经灾区青川、江油、什邡等14个县（市），承担川渝地区70%以上成品油运输任务。灾区煤炭产品以动力煤为主，主要供应本地区电力、建材、化工等用户。规划区内原有煤矿200多个，年产量958万吨，占当地消费量的35.3%。

能源基础设施恢复重建纳入国家灾后重建总体部署，并明确电网、电源、煤炭、油气等能源基础设施恢复重建任务。电网项目包括：恢复重建35千伏以上变电站324座，变电容量1809万千伏安，线路7372公里；恢复10千伏及以下变电线路9.24万公里，配电容量380万千伏安，更换配电设备455台（个）；修复或重建38个供电所、配电室；集中安置点供电设施约450万户。电源项目包括：恢复重建江油、略阳电厂，恢复紫坪铺、映秀、太平驿、福堂、杂谷脑河、碧口、汉坪嘴、葫芦头、东方红、金龙潭、自一里、渔子溪等发电设施，其中大中型水电站129座，装机容量700多万千瓦。煤炭项目包括：恢复重建天池、红星、大昌沟、赵家坝、荣山、坤达、西坡等164个煤矿及外部基础设施。油气项目包括：恢复重建气井1176口，中坝净化厂、南充炼油厂、兰成渝输油管道及保护设施、天然气管线100多条、油库8座、加油站922座。规划投资377.6亿元。

能源基础设施重建工作实施后，国家能源局与灾区三省发改委及有关部门通力协作，全力支持灾区能源设施恢复建设，保障了规划目标和任务的顺利进展，促进了灾区经济社会又好又快地恢复和发展。中国石油、中国石化、国家电网、中国华能、中国大唐、中国华电、中国国电、中电投集团、中国水电集团、中电工程等中央能源企业，以及四川地电系统、甘肃地电系统、陕西地电集团等地方企业，在全面认真开展震损调研工作的基础上，制定了地震灾后恢复重建规划。国家电网四川公司在深入摸底调研基础上，制定包括重建范围、基本原则、方法步骤、任务重点、资金来源、完成时限等输变配电工程405项工程规划，成为震后第一家完成灾后重建规划的中央企业。在制定灾后重建规划的基础上，各发电企业及中央各能源集团抓紧设备抢修和灾后重建工作。受灾省各部门和市县政府及有关企业按照省政府确定的灾后重建“三年规划、两年完成”的目标，抓紧落实项目建设工作，统筹安排各类资金，推进规划加快实施。

能源基础设施恢复重建中，中共中央政治局常委、国务院副总理李克强，中共中央政治局常委、书记处书记、国家副主席习近平，分别于2008年5月18日和6月28日到能源设施项目建设现场考察，指导二作、慰问建设者。

为支持灾后重建，中央各能源集团以社会责任为己任，配合灾后重建的需要，提供资金、技术、设施等方方面面的援助。2008年5月底，国资委向东方电气集团（驻地德阳）注资5亿元启动灾后重建。24日，中国华能与东方电气集团签订价值约45亿元的发电机组设备订单。6月9日，中电国际与东方电气集团签订战略合作协议。11日，中核集团与东方电气集团签署50亿元核电设备合同。27日，中国石油和中国石化表示，在成品油调价后将继续采取措施保障成品油供应，努力缓解部分地区加油困难问题，确保灾后重建的用油需求。同日，水电水利规划设计总院牵头召开加强水电工程防震抗震对策措施研讨会，指导地震震区水电恢复重建。7月17—19日，中国电力工程有限公司牵头组织灾后电力系统重建规划工作，解决恢复重建中的技术难题。

至2010年12月，四川省累计完成能源基础设施项目1066个（参见图152 ~ 153），占规划的99.91%，完成投资318.73亿元；甘肃省累计完成电力重建项目24项，完成投资4.46亿元，完成水电站重建并投产运营达200万千瓦。至2011年9月底，陕西省能源设施恢复重建计划项目29个全部完成，完成投资6916万元。灾区三省完成油气重建投资计35亿元。至2011年3月，国家电网四川公司完成灾后重建投资140亿元。2010年10月28日，四川省九寨沟县、射洪县、德昌县、安岳县、苍溪县、犍为县6个县被能源局、财政部、农业部授予“国家首批绿色能源示范县”称号。

图 152　2010 年 11 月 14 日竣工运行的理县下孟乡下孟 220 千伏变电站

（张建　摄）

图153　平武县木座藏族乡华能木座水电厂

（四川省委宣传部　提供）

第二节　电厂电网建设

灾后重建开展后，各电力企业认真做好灾损评估和重建基础调研，起草制定震后电源电网恢复重建相关技术要求；修订和完善水电工程设计标准及规范；编写涉及工程选址、地震评价、岩土勘察、抗震设计、辅件设计、配电装置、设备选型、设备安装、防治地震次生灾害等内容的《输变电工程抗震设计要点》；先后完成《阿坝藏族羌族自治州电网重建方案及 2010 年目标网架规划》和《二台山 220 千伏输变电工程可行性研究》等。四川水电集团、川投集团、甘肃电力明珠集团、陕西地电集团结合企业实际，制定了包括生产生活设施的地震灾后恢复重建规划。国家电网四川公司在深入摸底调研基础上，制定了输变配电工程 405 项工程规划，成为震后第一家完成灾后重建规划的中央企业。四川水电集团按“先进、安全、节能”及“小容量、短半径、密布点”原则，统筹安排项目资本金与银行贷款。陕西省水利厅在科学评估 32 座农村水电设施灾情和全面分析受损工程的基础上，根据电站修复的难易程度，统筹安排应急修复和灾后重建工作，规划期为 3 年，概算总投资 2631.5 万元。

各电力企业在规划引导下开展灾后恢复重建。四川省电力公司围绕阿坝地区水电送出问题，先后召开协调会议 20 余次，研究恢复重建水电送出通道工程 13 个，确保因灾受阻的太平驿等电站约 255 万千瓦水电、狮子坪等水电站约 99.5 万千瓦新增水电的输出。2008 年 6 月 2 日，国家电网辖区因地震造成停电的 1875 个乡（镇）、1.79 万个行政村、461.34 万客户全部恢复供电。5 日，四川电网日发电量达到灾前的 102%，用电负荷达到灾前的 100%。7 月 10 日，220 千伏青山线项目开工，11 月 23 日竣工。施工期间，因通往大山工地的道路被地震破坏，成都供电安装公司员工靠马帮驮运、身背肩扛，硬是把 800 多吨重的材料机具运进大山工地。不仅如此，工程进行中还遭遇强余震 86 次、泥石流 7 次。至 10 月 10 日，四川水电集团在地震中损毁的 831 座水电站，通过抢修恢复运行 375 座（含部分恢复）140 万千瓦，占损毁总容量的 49%，四川重灾地区 96 个乡（镇）全部恢复供电。地震使阿坝藏族羌族自治州水电群受损，造成 229 万千瓦电力不能输出，中共中央总书记胡锦涛指示尽快恢复阿坝铝厂供电，国家电网四川公司动员组织 2000 多人次，加快 500 千伏茂谭线和 220 千伏二台山变电站的原址重建速度。他们顶酷暑，战高温，冒余震，连续奋战 3 个多月，使茂谭线投入运行。阿坝铝厂第二条生产线提前 4 个月开工。在地震中受损的汶川县境内的四川卧龙巴蜀龙潭电站，是岷江一级支流渔子溪干流上的第四级电站，其功能是担负汛期调节水电站水位和为卧龙保护区科研生产提供电能支持。2009 年 9 月，四川省林业厅在灾后恢复重建项目中期调整时，将龙潭电站作为增补项目报送四川省发改委，批复项目总投资 6429.5 万元。截至 2011 年 9 月底，龙潭电站恢复重建结束，并入主网发电。重建后卧龙巴蜀龙潭电站年发电达 1.3 亿千瓦时。

中国华能太平驿电站　中国华能太平驿电站位于汶川县银杏乡境内。电站安装 4 台水轮发电机组，总装机容量 26 万千瓦。地震使太平驿电站大坝和引水系统、厂房建（构）筑物和机电设备、电站送出线路、厂区控制楼等设施设备受到严重破坏。

2008年5月28日，中国华能四川公司组织成都勘测设计院编制《四川华能太平驿电站震损修复方案》，明确原址恢复重建和由电站原建设单位负责重建。29日，中国华能四川公司和太平驿公司联合成立灾后工作领导小组，下设恢复生产组、重建家园组、总结表彰组3个小组，负责开展受损设备、设施安全性评估和编制恢复重建规划方案。6月15日，太平驿公司恢复重建方案正式投入实施。7月，确定由水电七局承担电站项目建设。

太平驿电站灾后的生产现场房屋破碎，电站施工人员在空地上搭建起简易工棚，用柴油发电机供电，开始了艰难的恢复重建工程。2008年7月19日，在通往电站厂房和大坝的道路仍未抢通的情况下，华能公司一方面组织工程技术人员分别经映秀徒步到达电站开关站，绕道翻越夹金山、梦笔山，辗转700多公里，到达大坝现场，对设备设施进行检查评估并完善恢复生产及重建方案；另一方面，组建清理施工队清理道路。8月11日，在克服泥石流和余震等困难后，先于国道213线打通电站上坝和进厂道路，为恢复生产施工创造了条件。9月2日，中国水电集团第七工程局施工队进场。10月5日，水电七局机电分局开始3号机组拆除。10月20日，水电七局完成水机各部检测工作，将工作面移交给发电机定子生产厂家，开始修复更换3号发电机定子。11月9日，3号机组定子修复工作结束。12月14日，七局机电分局开始机组回装；与此同时，大坝水工修复也大部分完成，具备下闸蓄水条件。

2009年1月22日，首台机组启动成功。2月6日，机组正式带厂用电运行。6月21日，电站完成送出线路平山线恢复；2号、3号机组组装成功并入四川主网发电，电网商业运营恢复。随后，电站分别于7月15日、9月26日完成1号、4号机组恢复并网发电。至此，电站4台机组全部恢复，发电能力恢复达到震前水平。12月，华能公司进行工程竣工验收；竣工项目通过2009年审计部门审计，审计结论是“立项合理，程序合法，资金使用合规，重建效果显著”。截至2010年11月30日，太平驿电站恢复重建大部分项目完工，环境和地质灾害整治继续进行。

江油发电厂　巴蜀江油发电厂是四川巴蜀电力开发有限责任公司的全资企业，拥有2台（31号、32号）单机容量为33万千瓦的法国进口燃煤发电机组，是四川220千伏电网重要的电源支撑点。巴蜀江油燃煤发电有限公司于2003年注册成立，与巴蜀江油发电厂为邻，拥有2台单机容量30万千瓦的国产燃煤发电机组，是四川500千伏电网重要的电源支撑点。巴蜀江油发电厂负责江油燃煤发电公司的经营管理。汶川地震使巴蜀江油发电厂2×33万千瓦机组资产损失达1.53亿元、江油燃煤发电公司2×30万千瓦机组资产损失达1.04亿元。

2008年6月21日，巴蜀江油发电厂成立地震灾后生产恢复试运指挥部，科学组织灾后重建工作；得到中央和地方政府资金支持4.61亿元（到位资金3.08亿元），灾后重建工作全面铺开。灾后重建工作正式开展后，巴蜀江油发电厂成立灾后恢复重建综合性评价专家组，邀请经验丰富的专家对灾后恢复重建中的重大技术问题进行论证和决策；成立机组修复试验试运指挥部，指挥协调各方面工作顺利开展；制定《巴蜀江油发电厂灾后重建工程物资采购制度》和《巴蜀江油发电厂工程建设项目招标、比选竞争性谈判制度》，规范灾后重建物资设备采购、工程项目招标程序。江油发电场职工在资金短缺的情况下，发扬自力更生、艰苦奋斗的精神，通过40多天的连夜鏖战，32号、31号、34号、33号等4个机组，先后于6月28日、7月14日、12月21号和

2009年2月相继恢复发电。恢复重建后的机组经济技术指标大幅度改善，脱硫环保指标达到国家要求。2009年12月，4台机组全部满负荷运行，仅1个月时间发电达9亿多千瓦时，创历史新高。至此，巴蜀江油发电厂2台33万千瓦机组和江油燃煤发电公司2台30万千瓦机组的灾后重建任务全部完成。（参见图154）

图154　江油发电厂新车间
（四川省委宣传部　提供）

国家电网映秀湾水力发电总厂　国家电网映电总厂下辖映秀湾、渔子溪、耿达3个水电站，总装机容量45.5万千瓦，年均发电量20多亿千瓦时。映电总厂是汶川电力的支柱，也是成都地区主要电源之一。映秀湾、渔子溪、耿达三站均处于映秀镇地震震中核心区域，地震灾害使总厂办公大楼、职工住宅等建筑物全部垮塌，厂房被水淹。

映秀湾电站恢复重建工作得到国家的重视，电监会、能源局、国家电网、四川省等领导先后深入电站现场，指导电站灾后恢复重建工作。映电总厂及时组织厂有关技术人员对映秀湾、渔子溪、耿达3座电站及闸首、二台山开关站进行现场查勘，制定完成3座电站恢复重建方案初稿。2008年7月1日，《映秀湾水力发电总厂恢复生产方案》在成都通过专家组评审。该方案明确委托成都勘测设计研究院承担电站恢复重建设计工作，四川水电工程建设监理公司承担项目监理。外国专家查看电站受损情况后断言，恢复映秀湾水电站至少要3年时间。武警水电官兵克服各种困难，抢时施工。2009年3月23日，渔子溪电站3号机组成功并网发电。2010年1月20日，耿达电站恢复生产工作全面启动。截至2010年8月13日，映电总厂共有5台机组（映秀湾电站3台、渔子溪电站2台）恢复运行，震后累计发电12.61亿千瓦时。

2010年8月13日，映电总厂受到特大山洪泥石流袭击，下属3座电站恢复重建工程被迫停止。国家电网四川公司灾后启动应急抢险预案，成立应急抢险指挥中心，妥善处理被泥石流围困的349人，将灾害损失降到最低。16日，开始二次重建，在总结以往经验的基础上，牢牢把握“科学”二字。截至 2011 年 6 月 30 日，映电总厂累计完成重建投资 8.4 亿元；映电总厂除耿达电站 3 号机组成功恢复投入运营外，其他电站机组恢复重建在加紧建设中。

二台山电网工程项目 二台山联合开关站位于映电总厂厂部后侧二台山上，1986 年 4 月建成。地震前，二台山开关站作为映秀地区水电集中送出的唯一通道，主要作用是汇集阿坝藏族羌族自治州南部电网 220 千伏水电站 65.35 万千瓦的装机容量，直接输送至成都电网。二台山联合开关站在地震中遭受巨大损失，建筑物（控制室）全部倒塌，站内构架全部毁坏，作为阿坝南部电网唯一的输送通道，它的中断意味着映秀、耿达、渔子溪等 5 个“骨干”水电站，以及其他十几座小水电站每年上百万千瓦的电能白白流失，无法输送到成都。阿坝藏族羌族自治州近 42% 的水电容量无法送出，对灾区生产生活电力供应和当地经济效益造成极大影响。

2008 年 5 月 17 日，胡锦涛考察重灾区汶川漩口，要求阿坝藏族羌族自治州“龙头企业”阿坝铝厂抓紧复建，尽快投产。四川省政府在抗震救灾、恢复重建的专题会上提出阿坝铝厂恢复重建关键是供电问题。7 月 4 日起，国家电网四川公司多次召开会议，专题研究阿坝电网恢复重建，组织多家单位开展阿坝电网恢复重建现场勘察和技术论证工作。9 月 18 日，国家电网四川公司正式决定将二台山重建输变电工程纳入电力灾后恢复重建规划。经过一系列的准备，12 月 20 日，220 千伏二台山变电站项目开工建设，四川送变电建设公司、四川电力通信工程公司承担项目施工，四川电力工程建设监理公司承担项目监理。该项目总投资 2.25 亿元，其中中央重建基金 5634 万元、自筹资金 1.69 亿元。

经过两个多月的建设，2009 年 3 月 5 日，先后完成 220 千伏二台山变电站 GIS 基础表面细石混凝土及预埋件安装、1 号主变构架吊装、220 千伏银杏变电站内 2 号主变检测调试。其竣工项目均为 220 千伏枢纽变电站的核心设施设备。3 月 23 日至 5 月 9 日间，先后完成汶川县的 220 千伏二台山—太平驿—福堂坝灾后重建送电线路工程，线路长 23.612 公里，铁塔 53 基（耐张塔 48 基），属于 220 千伏二台山开关站的配套工程；完成 110 千伏 GIS 主体设备安装；完成二台山—太平驿线路浇制、放线工程；完成二台山变电站站内土建施工、电气安装和调试等项目。汶川地震一周年之际，220 千伏二台山输变电工程结束施工投放运营。工程共投入施工人力 1000 多人，施工时间 8 个多月。至此，全部打通阿坝藏族羌族自治州南部电网水电外送通道，确保岷江上游水电站 107.5 万千瓦电力的顺利输送，为灾区经济发展和灾后重建工作提供了安全可靠的电力保障。截至 2010 年 5 月 11 日，二台山 220 千伏变电站安全运行 365 天，累计输送电量 28 亿千瓦时。

第三节 煤矿、油气建设

能源设施恢复重建纳入国家灾后恢复重建总体部署，明确恢复重建煤矿 164 个，恢复重建油气井 1176 口、天然气管线 100 条、油库 8 座、加油站 922 座。

根据资料整理，中国石化西南油气田灾后恢复重建，主要包括西南石油局华星天然气有限责任公司、中国石化西南油气田职工住房、西南石油局第二物探大队245队基地、石油工程西南有限公司四川钻井分公司、石油工程西南有限公司油田建设工程公司等恢复重建项目。华星天然气有限责任公司恢复重建天然气管线65.7公里、管线护坡护坎32处，完成投资47.01亿元（中央重建基金），2008年5月30日通过验收；华星天然气有责任公司下属塔水配气站、秀水配气站、睢水配气站、界牌配气站等4家配气站恢复重建，累计完成投资115.25万元，12月25日项目通过验收；华星公司市政管线及户内管线改造恢复项目，累计建成天然气市政管线15.03公里，庭院、户内管线65.8公里，天然气用户1.11万户，完成灾后重建资金853.49万元。中国石化西南石油局川渝基地各服务处办公楼和职工住房恢复重建项目，累计完成投资2522万元。西南石油局第二物探大队245队基地恢复重建项目，该基地位于罗江县泉水村3组，地震造成基地办公楼严重损毁，恢复重建基地建筑面积1278平方米，完成投资242万元，2010年4月5日通过竣工验收。西南石油局四川钻井公司办公楼购买项目，购买资金1791.6万元（中央重建基金）。西南石油局油田建设工程公司办公楼购买项目，购买资金1596.58万元，新办公楼位于德阳市嘉陵江西路。

四川煤矿在汶川地震中受损严重。震后，国家发改委组织专家4次深入德阳天池集团考察灾情，在调研基础上建议天池集团异地重建；四川省将天池集团异地重建纳入《四川省汶川地震灾后能源基础设施恢复重建规划》；宜宾市是四川省煤炭资源大市，煤炭产业有着良好的发展前景，2009年6月12日，四川省政府第34次常务会审议通过德阳市天池煤矿（天池集团公司）地震灾后在宜宾珙县异地恢复重建的议案，初步明确投资5.36亿元。

截至2010年12月，四川省全部完成煤炭、油气等恢复重建任务；甘肃省煤矿全面恢复生产；灾区省各加油站燃油储备正常，供气站恢复供气。

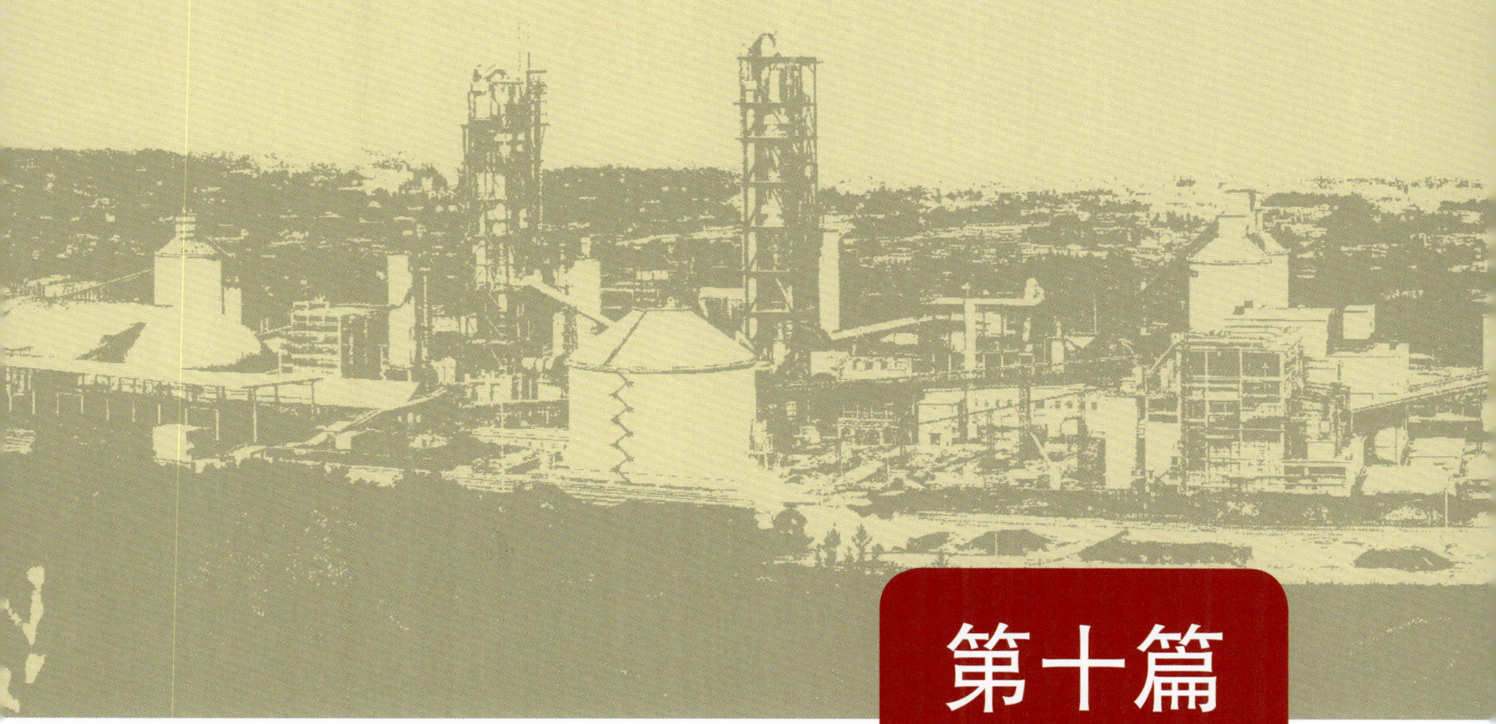

第十篇

产 业 重 建

2008年5月24日，国资委主任李荣融提出，受灾中央企业要自力更生、奋起自救，尽快开展恢复生产和灾后重建工作，要与结构调整紧密结合，防止搞低水平建设和简单扩大再生产；中央企业的总公司对受灾严重的分支机构和子公司要在资金、物资、设备、技术、人才等方面给予支持帮助；中央企业之间要发挥整体优势，一方有难、八方支援，对受灾严重的企业施以援手，帮助受灾企业渡过难关。28—29日，国务院抗震救灾总指挥部生产恢复组在成都设立由工业和信息化部牵头的前方指挥部，全面协调恢复生产工作。6月26日下午，国务院总理温家宝主持召开国务院抗震救灾总指挥部第22次会议，提出要以市场为导向，根据环境承载能力、产业政策和就业需要，合理安排受灾企业原地重建、异地迁建或关停并转，发展特色优势产业，发展服务业。9月23日，工业和信息化部在广州举办汶川地震灾区中小企业投资项目推介会，3个灾区省发布了1283个中小企业投资项目。11月，工业和信息化部、四川省政府、甘肃省政府、陕西省政府制定发布《汶川地震灾区工业恢复重建规划》，提出通过3年努力，工业发展达到或高于震前水平，重大装备、电子信息、农副产品深加工等优势产业地位进一步巩固，壮大一批优势产业集群，骨干企业主导产品技术水平达到国内先进水平，重大布局符合主体功能区划要求，逐步形成一批联系紧密、布局集中、用地集约、产业集聚、资源整合、污染集中治理的工业园区或者集聚区。国家旅游局和四川省政府制定《四川汶川地震灾后旅游业恢复重建规划（2008—2010）》，提出到2010年，灾区各项旅游经济指标达到“十一五”旅游规划目标的90%，非灾区超额完成“十一五”旅游规划的目标；经过三年恢复重建，按国际标准全面提升灾区旅游设施档次和服务质量；重树游客和投资者信心，促进灾区旅游市场尽快恢复；发挥旅游业安民富民的职能，促进灾区人民恢复就业和重建家园；把汶川大地震区域建设成世界知名的旅游目的地、著名品牌和新时期中华民族精神的纪念地，进一步提升四川省在国际国内旅游市场的整体形象。2009年8月19日，国务院研究部署促进中小企业发展扶持措施，加快了中小企业恢复重建。

经过三年重建，川、甘、陕三省重灾地区51个县（市、区）恢复2440户规模以上受损工业企业，重建3601个工业项目。新建了一批工业园区、国家级省级开发区和对口支援产业集中发展区，淘汰了一批落后产能。2010年，成都、德阳、绵阳、广元、雅安和阿坝6个重灾市（州）工业增加值总计达到2706亿元，是震前2007年的1.69倍。发挥旅游安民富民功能，有序推进旅游市场恢复，恢复重建旅游景区、城镇、村落和应急救援能力，分类恢复重建26处国家级、省级风景名胜区，加强特色风景名胜区旅游形象建设，促进旅游业的有序恢复。实施重点文化产业项目带动，加快文化产业基地建设，推进绵竹年画和羌绣特色文化等品牌建设，恢复重建文化市场。到 2011 年 9 月底，四川省 62 个文化产业项目全部建成。

2011 年 5 月 9 日，温家宝在汶川地震灾后恢复重建座谈会上指出：“我们坚持把产业恢复重建与转变经济发展方式、调整产业结构、优化产业布局结合起来，灾区经济浴火重生。震损企业全部恢复生产，东汽产能和销售收入再创历史新高；产业调整优化迈出重大步伐，淘汰了一批落后产能，建设了一批特色产业园区，形成了一批产业集群。灾区经济发展的基础明显夯实，可持续发展能力得到提高，主要经济指标超过震前水平，呈现良好的发展势头”。

第一章 工 业

开展企业重建，积极调整产业结构，建设一批工业集聚区。截至2011年年底，东汽、中国二重、阿坝铝厂、厂坝铅锌矿等重点骨干企业借势推动技术升级、产能扩张。一些中小企业、劳动密集型企业、带动农民增收作用大的农业产业化经营龙头企业得到快速发展。恢复重建了工业园区、经济开发区以及对口援建产业集聚区等不同层次的工业集聚区。工业集聚区坚持工业化和城市化同步推进，有些开发区成为城市功能区的重要组成部分。

第一节 企业重建

工业企业是产业重建的重中之重。2008年8月28日，地震重灾地区首个特大型企业剑南春集团全面恢复生产。11月22日，中国特大型磷矿之一的德阳市昊华清平磷矿有限公司在经过短时间的恢复重建后正式出矿。12月24日，阿坝铝厂全面复产。2009年6月28日，陕钢集团汉钢公司500万吨钢铁技改项目在勉县循环经济产业园开工。9月28日，攀钢集团四川长城特殊钢有限责任公司（攀长钢）灾后重建项目正式启动。（参见图155）2010年5月10日，东方电气集团东方汽轮机德阳新基地隆重举行竣工投产大会。2010年，东汽实现工业总产值200亿元，超过震前1倍。2010年5月11日，异地重建的国有企业德阳天池集团在珙县底洞镇正式启动。2011年6月1日，甘肃厂坝有色金属有限责任公司正式营运，铅锌资源整合取得历史性突破。截至2011年年底，纳入重建范围的2440户规模以上受损工业企业全部恢复生产，纳入规划的3601个工业重建项目全部实施。东汽、中国二重、阿坝铝厂、厂坝铅锌矿等受灾重点骨干企业借势推动技术升级、产能扩张。

图155 攀钢集团江油长城特殊钢材熔铸车间
（四川省人民政府 提供）

一 骨干企业重建

骨干企业投资规模大，技术水平高，产品市场占有率高，带动作用强。恢复重建了东汽、攀长钢、中国二重、长虹、蓝星机械、阿坝铝厂、剑南春、川渝中烟、海螺水泥、北川中联水泥、都江堰拉法基水泥、昊华清平磷矿、陕钢集团、甘肃厂坝有色金属等10余家骨干企业。这些骨干企业既有恢复重建的大型国有企业，也有通过招商引资、对口支援新建的大型企业。这些企业在地震灾区国民经济中具有至关重要的地位和作用，具有较高的市场占有率和科技创新能力。

东方汽轮机有限公司 东汽总资产超过120亿元，拥有主要生产设备2500余台，其中大、精、稀设备和数控机床500余台，具备百万千瓦等级火电汽轮机、核电汽轮机开发研制和批量生产的综合实力。地震摧毁了东汽汉旺基地。

2008年5月21日上午，中共中央政治局常委、国务院副总理李克强专程至东汽指导重建工作。他强调，党政各级组织都要高度重视东汽的恢复重建工作，对于东汽重建的各项工作，要特事特办。28日上午，中共中央政治局常委、全国人大常委会委员长吴邦国，中共中央政治局委员、全国人大常委会副委员长王兆国到东汽考察灾情。吴邦国指出，东汽对国家非常重要，它是国家火电、核电、风电、太阳能甚至燃气轮机的生产基地，是世界最大的发电设备制造企业，它连续4年产量位居世界第一；东汽在党中央、国务院、全国人民的关心帮助下，自己动手，恢复生产，重建家园。

震后，东汽通过外扩生产、租赁厂房等方式恢复生产。风电事业部2008年5月18日恢复生产；6月中旬，焊接分厂的隔板工段在主机二分厂部分恢复；铸钢件的后期处理在德阳八角钢厂恢复局部生产；锻热分厂租用一个厂房恢复下料工序；叶片分厂局部恢复生产。震后3个月，东汽大部分一线员工重新走上生产岗位。

东汽新基地选址德阳市郊八角井镇（见图156），占地面积173.3公顷，总建筑面积60.4万平方米，其中厂房面积55万平方米，总投资45.59亿元（含外汇8320.6万美元），其中国有资本金15亿元、银行贷款20亿元、股市募集资金5亿元、自筹资金5.59亿。2008年5月20日，启动异地重建选址，在短时间内完成规划、选址、论证、报批等工作。在规划设计上坚持了节能减排、最佳工艺流程、集约使用土地的方针，同时符合当地城市总体发展规划；布局上巩固和发展了原有的“多电并举”的产品战略格局，突出和强化大型火电汽轮机、重型燃气轮机、核电机组、风力发电机组、船（舰）用动力装置等研发、试验和核心制造能力的提升。8月1日，东汽新基地破土动工。2009年2月，第一个生产厂房（隔板分厂）开始设备安装，5月12日投入生产；2009年第三季度开始，部分生产厂开始倒班作业，9月30日新基地第一炉钢水出炉；2009年年底，绝大部分生产厂房陆续投入使用，2010年春节前完成全部搬迁工作。2010年5月10日，东汽全面建成投产，拥有19个世界一流的制造中心和科研设施。整个厂房为钢结构，按9度抗震设防。新厂房增添了许多环保设计，工业冷却用水可100%循环利用，所有厂房屋顶雨水都能够收集利用，各类工业气体由混合气站集中供应；厂区看不到冒黑烟的高耸烟囱，不会有工业烟雾尘污染，不会有光污染。东汽按照“精心组织、周密计划、平行作业、交叉施工、务期必成”的工作方法，严控节点，规范管理，以人为本，阳光操作，重建项目严格控制在预算内；提出了“只准提速、不准越轨”的廉洁重建要求，强化过程监督和项目监管，以保证不出问题，经得起历史的检验。

图156 东汽新基地外景

（四川省发改委 提供）

东汽以市场为导向，调整产品结构，着重发展清洁能源及新能源，开发研制国内外急需的百万级核电、风力发电、超临界及超超临界火电、大型燃气轮机等国家重大技术装备的生产，产品水平达到世界先进水平。东汽按时完成国有独资公司的公司制改建，并顺利启动了中央企业董事会试点。2009年，东汽完成发电设备产量3133万千瓦，继续保持行业第一，实现销售收入374.1亿元，同比增长9.9%，创历史最高水平；新承接合同595亿元，为计划的148.8%；结构调整取得突破，包括核电、风电在内的新能源产业所占比例逐步提高，新增订单中火电设备比例降至45%以下，在CPR1000核电设备市场居暂时领先的同时，进入了包括EPR和AP1000在内的第三代核电设备制造领域，显现了结构调整的成效。大型成套设备出口和国际电站工程承包履约项目累计合同额达70亿美元以上。集团控股上市公司两次实现非公开增发，为集团发展募集了宝贵资金。2009年，东汽完成汽轮机和风电设备产量2903万千瓦，实现同比增长19.0%，各项指标居国内汽轮机行业首位，生产经营也创历史新高。2010年一季度完成汽轮机机组共8台（其中核电1台）、电厂改造2台、分包2台、给水泵机14台、风电406台，实现工业产值46.21亿元，为年计划的25.67%，实现首季“开门红”。

东汽依托“产学研”联合之路，借智研发，加快核电生产技术改造，形成年产6台以上百万等级核电汽轮机的制造能力；同时推进第三代核电汽轮机技术引进及国产化工作；打造风电产业链。

中国第二重型机械集团公司 中国二重总资产110亿元，拥有主要生产设备6600余台，可年产各类优质钢水30万吨、各类铸锻件18万吨、焊接件4万吨、机器产品产量19.5万吨，具有一次冶炼900吨钢水、浇注600吨钢锭、加工400吨锻件的生产能力。地震造成中国二重大部分建（构）筑物、设备、基础设施严重损坏。

2008年5月14日，中国二重按照“先排除安全隐患、后加固修复、再拆除重建”的原则组织恢复生产和灾后重建工作。2009年1月，中国二重确定灾后重建工程包含229个项目，其中土建类143项（建筑物拆除重建项目27项、建筑物加固修复项目116项）、设备类86项（机器设备重置项目12项、机器设备修复项目74项），计划总投资35467万元。

截至2010年11月30日，中国二重固定资产重建项目开工225项，其中完工206项，施工中19项；尚未开工4项。共使用资金19612万元，其中国有资本经营预算资金18218万元、自筹资金577万元、捐赠资金817万元。

重建之后，中国二重作业面积、设备等级、生产能力、节能降耗、安全环保等指标得到提高。2009年，中国二重实现销售收入80.08亿元，比震前2007年增长39.37%。集团公司承担开展“大型锻件数值模拟国家工程实验室”的建设和技术研究工作，核电、大型水电、风电、清洁能源等产品研制实现重大突破。（参见图157）

中国化工蓝星机械灾后异地重建项目 蓝星机械位于什邡市，是全国最大的合金钢铁路辙叉芯轨研制单位和西南地区最大的化工压力容器研制单位之一。2009年6月16日，蓝星机械灾后异地重建项目在德阳高新技术产业园区正式破土动工。2010年6月建成投产，围绕大化肥、石油化工、盐化工和煤化工，形成300～650吨级重型容器、50～100吨级不锈钢和特材容器、2000～10000立方米球罐3条生产线，年工业产值将达到15亿～20亿元，成为中国西部现代化

图 157　中国二重制造的上海金山石化 460 吨加氢精制反应器

（四川省人民政府　提供）

的大型化工装备制造基地，产品结构实现了由低端向高端、由小型向大型、由单台件向成套化、由低附加值向高附加值转变。

阿坝铝厂 20 万吨电解铝生产线项目　博赛矿业阿坝铝厂位于汶川县漩口镇北 3 公里处。原计划 2008 年 5 月 13 日正式投产的阿坝铝厂第一期 11 万吨技改工程在投产前一天，遭遇地震，设备严重受损。

2008 年 5 月 17 日，中共中央总书记胡锦涛到阿坝铝厂查看灾情，要求阿坝铝厂要尽快研究详细的恢复重建方案，要从各方面大力支持、帮助博赛矿业阿坝铝厂尽快恢复生产，为少数民族地区的经济建设做贡献。

2008 年 6 月 7 日，四川省发改委召开博赛矿业阿坝铝厂恢复生产工作会议，决定成立由四川省经委牵头、各有关部门参与的阿坝铝厂恢复生产领导小组。同月，阿坝铝厂成立灾后重建工作指挥部。8 月 1 日，第一台电解槽原地顶升归位；11 月 3 日，5 台变压器全部复位；12 月 3 日，整流变压器成功带电运行；12 月 12 日正式恢复生产。7 个月里，阿坝铝厂攻克、解决了大型电解槽基础沉降后原地顶升修复、大型变压器铁芯受潮后原地干燥修复、大型整流柜导电铜排扭曲后原地矫正修复等罕见难题。（参见图 158）

2009 年 7 月 28 日，重庆博赛矿业集团投资 7 亿元开工续建阿坝铝厂二期年产 9 万吨电解铝生产线。2010 年 2 月，96 台电解槽全部制作完毕，土建主体工程完成。7 月 9 日，二期 9 万吨电解铝生产线顺利通电，进入试生产期。11 月 10 日，二期 9 万吨 96 台电解槽全部启动投入生产。12 月 12 日，阿坝铝厂第一期 11 万吨技改、第二期 9 万吨续建全部建成投产，年产值超过 32 亿元，提供就业岗位近 1400 个。累计投资 15 亿元。通过技改扩建和恢复重建，阿坝铝厂的产能提升了

图158 恢复重建的阿坝铝厂（四川省发改委 提供）

10多倍，生产设备和工艺技术达到国内先进水平。

2009年1月20日，阿坝铝厂“团结”牌铝锭再次荣获“四川省著名商标”称号；3月13日，阿坝铝厂被阿坝藏族羌族自治州评为“2008年度安全生产先进企业”；4月16日，阿坝铝厂被阿坝藏族羌族自治州州委、州政府授予“民族团结进步先进集体”光荣称号。

剑南春集团恢复重建 剑南春集团有限责任公司位于绵竹市，总资产90亿元，员工1万余人，是中国白酒企业前三强。地震造成集团重大损失。

2008年5月14日，集团领导班子制定恢复生产和重建规划，重建项目包括剑南老街历史文化旅游区建设项目、包装中心项目、万吨名优曲酒“十一五”扩建工程项目、五粮粉碎工程项目等。8月28日，剑南春全面恢复生产。

包装中心项目。项目总建筑面积6.9万平方米，新建包装主车间5.3万平方米，新建成品仓储车间，新增包装生产线16条，新增不锈钢储酒罐80个，工程造价5.39亿元，竣工投产后可实现年销售收入2.68亿元。2010年12月22日，剑南春集团投资1.5亿元的新包装中心一期工程建成。该中心引进2条德国最先进的包装生产线，每条每小时可灌装1万瓶酒（见图159）。该包装生产线也是国内最好、生产能力最强的生产线。

万吨名优曲酒“十一五”扩建工程项目。万吨酿酒车间项目，增加公司名优曲酒年生产能力1万吨，项目计划总投资5.42亿元。项目除拆除、加固维修外，新修12.65万平方米的酿酒车间（共计3600个酒窖池）；新建2.54万平方米的粉碎楼及粮仓、8个4000吨金属粮仓，配备相应的输送系统、粉碎配料混合系统、控制系统等；修建配套的配气站、配电房、泵房、机修车间、车间办公室、稻壳库及蒸馏车间、陶坛库等附属建筑，并配套相应的供水、供电、供气、输酒等设备设施。

五粮粉碎工程。项目建设规模2.2万平方米，总投资2700万元。五粮粉碎车间生产系统自动化程度高，自动粉碎、自动配料、自动混合、自动计量，粉碎质量高，混合均匀，配比准确。该

图 159　恢复生产的剑南春灌装线
（四川省委宣传部　提供）

生产系统由两条生产线组成，每条线的生产能力为 40 吨 / 小时，总生产能力 80 吨 / 小时，是地震前粉碎车间生产能力的 2.7 倍。

中国建筑材料集团有限公司年产 400 万吨高标号水泥熟料生产线项目　中国建材集团年产 400 万吨水泥熟料生产线项目由北川日产 4800 吨（年产 200 万吨）熟料水泥生产线和安县日产 4500 吨（年产高标号水泥 200 万吨）水泥熟料生产线项目构成。

北川日产 4800 吨熟料水泥生产线采用先进的新型干法窑外分解工艺，由中国建材集团控股的联合水泥集团有限公司与四川联鸿建材有限公司共同投资组建，分别持股 70% 和 30%，总投资达 7.6 亿元。该项目引进国内一流、世界领先的节能环保设备，配套建设 9 兆瓦的纯低温余热发电系统，并利用窑头和窑尾的废气余热进行发电，每年可节省标准煤约 2 万吨，减少二氧化碳排放量 5.8 万吨，年发电量约 6000 万千瓦时。

2008 年 7 月 12 日，项目开工仪式在北川羌族自治县擂鼓镇举行。12 月 28 日，项目竣工，并举行了盛大的点火投产仪式。2010 年 10 月 16 日，生产线配套建设的 9 兆瓦余热发电项目正式并网发电成功。2011 年 3 月 17 日，石灰石矿山正式投产运行，标志着北川中联全线正式由项目建设转入生产运营。4 月，北川中联日产 4800 吨熟料水泥生产线顺利通过环境保护部门验收。

安县日产 4500 吨水泥熟料生产线项目，投资 7.2 亿元，采用最先进的新型干法窑外分解工艺，年产高标号水泥 200 万吨，同期配套建设一座 9 兆瓦的余热发电站。项目全部达产后实现年产值 7 亿元，并增加 300 个就业岗位。2010 年 6 月 26 日，项目正式竣工投入使用。

甘肃成州锌业有限责任公司重建　甘肃成州锌业有限责任公司年产 10 万吨锌冶炼项目 2008 年 11 月开始启动，2009 年 1 月开工建设，重建工程估算总投资 64028 万元。6 月，中国恩菲工程技术有限公司（原中国有色工程设计研究总院）完成 10 万吨锌冶炼灾后重建项目设计，设计产能全部为 1# 锌（含锌大于 99.99% 的锌锭），还可生产 50% 左右的 0# 锌（含锌大于 99.995% 的锌锭）；年产副产品硫酸（93% ~ 98%H_2SO_4）18 万吨，电炉合金锌粉 3000 吨，并回收其他有价金属，合金锌粉锌品位达到92%左右，另回收粗镉、铜渣、钴精矿等。熔铸工序生产的氧化锌浮渣作为半成品出售。依据设计，重建工程主要是焙烧车间、制酸车间、浸出车间、净液车间、电解车间、镕铸车间、污酸污水处理车间、预热锅炉、工业锅炉、化学水处理、综合管网、中心化验室、总变压电所，水源井、高位水池等基本生产设施进行恢复性重建。

2010年10月，项目土建工程和设备安装任务全部完成。11—12月，生产设备调试，并顺利通过有关部门的验收，年底投入试生产。

德阳昊华清平磷矿有限公司重建 德阳昊华清平磷矿有限公司是全国六大化学矿山之一、四川省大型磷矿石生产基地，具有年开采100万吨磷矿石、水力发电240万千瓦时和年货运35万吨的能力。地震给清平磷矿造成重大人员伤亡和财产损失。

清平磷矿按照中国化工和昊华总公司的总体部署，从恢复矿山生产、职工安居房建设、项目建设3个方面开展灾后重建工作，到2010年6月底累计完成灾后投资总额1.4亿元，计划到2011年全部完成生产辅助、公用工程和绵竹新公司办公点的建设。新项目建成投产后可新增就业344人，新增产值4.5亿元，年新增利润4000多万元，走矿化结合（矿业与化工）的道路。

中国十九冶集团工业开发有限公司都江堰双180搅拌站项目 中国十九冶集团工业开发有限公司都江堰双180搅拌站选址于都江堰经济开发区灌温路十九冶钢构厂内，占地40亩，预算投资9370万元。装备全部采用三一重工的设备，利用西格马主机。年设计产能60万立方米。

2008年6月11日，中国十九冶工业开发有限公司都江堰混凝土分公司注册成立。7月12日，该项目正式破土动工。9月28日，都江堰搅拌站正式投产。截至2010年8月15日，总共为灾区生产供应混凝土97.8万立方米，完成产值33397万元，实现营业收入2.5亿元，实现利润1100万元，上缴国家税金1550万元。

该搅拌站投产后，参与了聚源中学、光明团结小学、成灌高铁、都江堰污水处理厂、中医院等95项灾后重建工程，以高品质产品支援灾区家园重建，赢得市场，打造了“实久商砼——中央企业的保证”品牌。

陕钢集团汉钢公司500万吨钢铁技改项目 2009年6月，在整合原汉中钢铁集团公司、略阳钢铁有限公司、汉中嘉陵矿业有限责任公司等企业资源的基础上，注资组建成立陕西汉中汉江钢铁（集团）股份有限公司。陕西省发改委批准由汉中市发改委、唐山钢铁设计研究院有限公司、西安有色冶金设计研究院编制的《陕西汉中汉江钢铁（集团）股份有限公司产业整合技术改造灾后重建实施方案》，方案提出，将工程努力建成“资源—生产—产品—消费—废弃物再资源化”的循环经济模式，并通过采用先进的节能节水和环境治理技术，最大限度地提高能源、水资源、原材料及环境容量空间的利用效率。项目总体生产规模500万吨/年（含原有生产能力），分3期建设。投产后，实现高速线材产量120万吨/年、棒材产量200万吨/年、H型钢产量100万吨/年、优特钢产量100万吨/年目标。项目占地206.7公顷，总投资137.04亿元，其中一期49.3亿元、二期60.54亿元。

方案提出，在2011年之前，淘汰落后炼铁产能250万吨、炼钢产能300万吨；在勉县新建1280立方米高炉4座、265平方米烧结机2台、120吨转炉3座，配套建立轧材及相应辅助设施；在略阳县新建100吨超高功率电弧炉、100吨精炼炉，配套建立连铸、轧制生产线；同时，配套建立高、转炉煤气回收及发电系统，高炉炉顶余压发电系统，高炉喷煤系统和余热运用回收系统，达到“环保、节能、高效”的目的。

2011 年 6 月 28 日，项目在勉县循环经济产业园开工，陕西省副省长吴登昌为陕西汉中汉江钢铁（集团）股份有限公司揭牌。

2011 年 11 月 30 日下午，陕西省省长赵正永带领省级相关部门负责人到陕钢集团汉钢公司考察调研。赵正永指出，要进一步加速汉中钢铁整合重组步伐，尽快把略钢整合进来。陕钢集团汉钢公司 500 万吨钢铁技改项目作为地震灾后重建重点项目，环保部门要协助企业做好环评工作，企业一定要按照相关要求做好环保等工作，确保建成后污染零排放，实现企业生产经营与周边生态环境相和谐。

甘肃厂坝有色金属有限责任公司　厂坝矿区是我国探明的第二大铅锌矿床，属国家重点规划范围。白银有色集团有限公司厂坝铅锌矿位于成县黄渚镇，占地面积 7.63 平方公里。该项目是国家“七五”和“八五”期间建设的重点项目，也是国家投资为白银公司西北铅锌冶炼厂建设的配套原料生产基地。

地震对厂坝铅锌矿造成严重破坏，矿山系统全面停产。为了恢复生产，公司制定复产、扩产计划，进行采矿系统和选矿系统灾后重建。2010 年“8·12”暴雨洪灾又对厂坝铅锌矿造成 4.6 亿元的直接经济损失。

在不到 3 年的时间里，厂坝铅锌矿两次遭受自然灾害的重创，但厂坝铅锌矿没有停止建设的步伐，一边重建，一边不断推进矿山资源整合，先后完成厂坝、李家沟、小厂坝采矿权范围内资源储量核实和各入组企业的资产审计评估工作。白银有色集团股份有限公司厂坝铅锌矿与成州矿冶公司经资源整合、资产重组后，成立甘肃厂坝有色金属有限责任公司，陇南厂坝矿区资源整合顺利结束。公司注册资本金 25 亿元，白银有色集团公司持有 70% 股权。

2011 年 1 月 16 日下午，甘肃省委书记陆浩和代省长刘伟平为甘肃厂坝有色金属有限责任公司揭牌。2011 年公司的生产目标是采选矿量 183 万吨，完成精矿金属量 8 万吨，锌冶炼完成电解锌 4.6 万吨，实现产值 8.49 亿元。“十二五”期间，公司将投资 80 亿元，对现有矿山进行扩能改造，达到年产 350 万吨生产能力，成为国内最大的现代化铅锌矿山。同时，公司还采用国际先进、国内一流技术新建冶炼生产线，实现铅锌互补，资源有效利用，形成 40 万吨铅锌冶炼规模；同时进一步延伸产业链，发展有色金属新材料，使新公司销售收入达到 100 亿元、利税达 20 亿元。

二　其他企业重建

除了骨干企业之外，川、甘、陕三省灾区依托产业基础和资源优势，抓住对口支援的有利时机，积极承接产业转移，重建汉江机械制造、德阳百世昌重型机械等机械制造企业，中国五冶、达钢集团等钢铁加工企业，阳山金矿等矿产资源开发企业，金河磷矿、汉源化工总厂等化工企业，甘肃文县玉丰、成县祁连山等水泥企业，天威硅业、汉源锰业等材料加工企业，北川益群、阆中光明等建材加工企业，中寨纹党、康美药业等医药制造企业，四川大渡河、宁强宝迪等农产品深加工企业，芦山纺织、四川汇诚等纺织企业。这些企业是县域经济的支柱，对于灾区实现优势资源就地转化、实现和骨干企业的相互协作、增加就业、增强产业园区的集聚辐射能力，加速工业化和城镇化进程均有重要作用。

汉江机械制造有限公司1600吨大型油压机技术开发及设备制造技术改造项目 “1600吨大型油压机技术开发及设备制造技术改造”灾后重建项目总投资8000万元，打造“铸锻造从粗、精加工到整台（套）设备、装备制造”的产业链，形成每年为中国二重、东汽、东电等企业配套加工轴类、轴承座等2万吨的生产基地。

德阳市百世昌重型机械有限公司大型机械加工设备技术改造项目 大型机械加工设备技术改造项目总投资7800万元，新征土地50亩。项目竣工投产后，可形成每年为重庆齿轮、东汽、中国二重配套加工风电齿轮箱体2000件的生产能力，新增销售收入2.6亿元。

达钢集团旺苍离心球墨铸管项目 2008年12月19日，总投资15亿元的达钢集团旺苍灾后重建年产20万吨离心球墨铸管项目开工。该项目分两期建设，全部建成投产后，年产离心球墨铸管20万吨，年销售收入12亿元以上，年利税1.8亿元以上。该项目也是旺苍县开发椿树坪钒钛磁铁矿资源，实现资源就地转化，延长产业链的招商引资项目，同时还具有良好的节能减排效应。

江油市六合汽轮机材料有限公司 重建中，2009年9月11日江油六合汽轮机材料有限公司搬迁到江油市河南工业园扩建，打造中国最高端的耐高温、耐腐蚀的特殊合金锻材基地。11月中旬，该公司2万吨专用锻材锻件生产线在园区开工奠基。截至2010年11月中旬，其产品中已有7个品种替代国外高价进口产品，主要供应东汽、上海汽轮机公司、哈尔滨汽轮机公司等大型企业。2万吨专用锻材锻件生产线项目总投资5亿元，一期投资1.85亿元，建设期为12个月，建成后，总产值将达10亿元；二期投资3亿元，总产值将达20亿元。

阳山金矿 阳山金矿地处文县堡子坝乡境内，20世纪末开始，经过武警黄金部队15年勘探，共发现100条金矿脉，探明黄金储量为308吨、远景储量500吨，位列亚洲第一、世界第六。2008年7月26日，阳山金矿安坝里南探矿权转让招标工作顺利完成。中国黄金集团公司和金川公司按约定股权比例以21.88亿元中标，并于12月在文县注册成立中国黄金集团阳山金矿有限公司，注册资金达8.8亿元。2009年9月，项目建设首期用地征地工作基本结束，建设工程组织有序，钻探工程场地平整和钻机搬迁等工作进展顺利，“三通一平”工程基本完成，地质勘探工程全面启动，面积1.45万平方公里，金矿资源量162.428吨。本着开发大阳山，建设大金矿的目标，确定“总体规划、分步实施，探建结合、快速建设，工艺先进、绿色环保”的开发建设思路，全力保护阳山金矿区的自然环境，大力实施生态建设和地质灾害综合治理工程，矿产资源开发利用与生态环境保护相结合，永葆金山的青山绿色自然生态。

四川省金河磷矿 2008年6月26日，四川省金河磷矿召开重建工作誓师大会，成立4支“抗震自救、重建金磷”突击队，誓言“2个月内化工恢复生产、4个月内矿山出矿”。在矿党政工各级组织的领导下，冒余震，顶烈日，战严寒，翻山越岭在一片狼藉的废墟上开始重建工作。7月26日硫酸开始恢复生产，8月26日恢复磷铵生产；机械厂于9月16日恢复生产，电力公司金燕电站于10月5日开始恢复发电，矿业公司马槽滩矿区于10月9日正式恢复出矿。2008年，原矿生产能力达到 30 万吨 / 年。2009 年 3 月 10 日矿业公司兰家坪矿区通过安监等部门的复产验收，5 月 13 日受灾最为严重的岳家山矿区通过复产验收。至此，该矿生产性恢复重建工作基本完成。至 2010 年 6 月，原矿生产能力已达到灾前水平。

文县玉丰年产 100 万吨新型干法水泥生产线 文县石坊乡、石鸡坝乡境内探明石灰石矿藏 3040 万吨。文县玉丰新型干法水泥生产线总投资 33449 万元，日产水泥 2500 吨，年产水泥 100 万吨，相当于原来的 10 个文县玉丰水泥厂，配套建设装机为 4.5 兆瓦的低温余热发电系统。2009 年 11 月开工，2010 年 12 月建成投产。项目总占地面积 230 亩，厂区占地面积 27642 平方米。

成县祁连山年产 120 万吨干法水泥生产线 祁连山水泥集团股份有限公司原名"甘肃省成县水泥厂"，有年产 10 万吨的机立窑水泥生产线，属国家明令淘汰的落后生产线。震后，公司决定以招商引资方式淘汰原生产线，建设祁连山成县 3000 吨 / 天新型干法水泥生产线，实施年产 120 万吨的新型干法水泥项目。项目建设选址在成县西成经济开发区，由甘肃祁连山水泥集团投资建设，是陇南市灾后重建中投资规模最大的招商引资项目，项目总投资 46999 万元。

2010 年 2 月 10 日成功实现一次性点火，22 日实现一次性投料生产，水泥粉磨系统设备单机试车也按计划进度进行。3 月 2 日上午，伴随着绽放的礼花和机器的轰鸣，成县祁连山年产 120 万吨水泥生产项目竣工投产仪式在成县抛沙工业园区隆重举行。（参见图 160）

图 160 成县祁连山干法水泥生产线项目（甘肃省委宣传部 提供）

汉源锰业公司 2×1.65 万千伏安铁合金项目建设 汉源锰业公司是汉源县迁建的首批重点企业之一。为改变原有企业散、小的状况，该公司紧紧抓住瀑电工程建设的机遇，将旗下有色金属公司、菱镁矿、轻烧厂、铁合金厂等小型企业的国家补偿，集中在汉源万里工业园区重组复建 2×1.65 万千伏安铁合金生产项目。该项目占地 100 余亩，计划投资 9000 万元。项目建成后，可年产铁合金 6 万吨，年创工业产值 6 亿元，增加税金 3000 万元。2009 年 10 月项目开工建设，2010 年 7 月 1 日锰业公司万里铁合金厂 2×1.65 万千伏安铁合金项目工程 1 号炉点火试产，7 月 12 日第一炉产品出炉。

北川蓝星特种玻璃有限公司 震后，山东省蓝星玻璃（集团）有限公司响应山东省及威海市产业支援北川灾后重建的号召，在北川投资6423万元建厂生产钢化玻璃、中空玻璃、夹层玻璃和防弹玻璃等特种玻璃。项目投产后，年产深加工玻璃160万平方米，实现年销售收入1亿多元。2010年5月中旬，北川蓝星特种玻璃有限公司在北川—山东工业园举行投产仪式。公司接北川在建工程项目供货订单超过10万平方米，为当地群众提供近200个劳动就业岗位。

芦山县祥龙机砖生产 2009年2月底，芦山县祥龙机砖厂投产试运行，日产标砖3万匹，正式投产后可达日产标砖8万匹。该厂主要生产标砖、空心砖两种类型免烧砖，属于环保型节能建材，原材料为水泥、沙石、建筑废渣和炭灰。4月底，芦山县清仁乡清源页岩砖厂第二分厂正式点火投产。该厂占地约6700平方米，正式投产后，年产量可达1000多万匹，加上老厂产能，年产量在2000万匹以上。

文县中寨纹党参种植加工项目 文县纹党参具有较大规模和产量，质检总局批准文县纹党参为“地理标志产品”。文县中寨纹党产区代元有限公司获准使用“地理标志产品专用标志”。截至2009年11月底，中寨纹党产区代元有限公司一期工程投入资金2500万元，建成年产2600吨“纹党参酒”为主的中药材系列产品生产线，建成5万亩林药间作模式的中药材特色产业基地；二期工程投入1200万元，建成以纹党参为主的中药材贸易物流中心。

广元科润药业物流项目 2009年6月21日，上海医药工业研究院与广元市就广元医药工业园区及医药企业发展达成初步意向。上海医药工业研究院向广元市医药企业投入资金进行厂房建设，并提供原材料采购、产成品销售、财务等方面服务，广元市在政策方面积极提供优惠及相应支持。计划通过合作，共同努力把广元市医药工业园区打造为集科技研发基地、医药制造基地、创业孵化基地、资金经营平台、国际合作平台、展示交易中心、人才培训基地与咨询服务中介于一体的国家级医药工业园区。

2009年7月28日，广元科润药业物流项目在广元经济开发区下西物流园区隆重奠基。该项目由四川科润药材种植有限公司投资修建，占地85亩，总投资1.1亿元，建筑面积3.5万平方米，是川北最大的药材交易市场，可容纳商户800～1000家，安置就业人员2000余人。

徽县新恒源公司核桃深加工项目异地重建 由于原厂址比较狭窄，重建中拆卸费用较大，新恒源公司决定在徽县工业集中区投资5238.6万元，新征32.1亩土地进行异地重建。工程由天水市工程设计研究院设计，天水市工程设计勘察研究院勘察，徽县建筑公司、天水海通钢构实业公司施工。2009年，项目全面开工建设。2010年7月，产品后处理部分因资金不足被搁置，徽县财政拨付灾后重建基金贷款400万元，帮助企业渡过经济难关，保障项目工程顺利开展。12月15日，项目建成开始生产运营，年利润达1457.2万元；提供232个就业岗位，增加了农民收入。

北川茶叶生产加工项目 震后，北川羌族自治县努力做大北川苔子茶、羌茶等茶叶品牌，全方位提升北川茶叶品质，力争带动北川10万茶农增收致富，与农业休闲旅游相结合，打造集茶园观光、自助采摘、炒制、品茗、茶艺表演及餐饮、住宿、休闲于一体的现代农业。规划到2015年，全县茶园总面积达9万亩，其中采摘面积8万亩；培育两个以茶叶为主导产业的精加工龙头企业，创造两个以上具有本地特色、具有市场竞争能力和自主知识产权的“品牌”。

2009年12月26日，北川羽琨茶叶精加工项目在北川—山东工业园破土动工。该项目总投资

6800万元，公司计划年产名优茶、茶制品等500吨、茶饮料1500吨、茶工艺品50万件。依托茶叶精加工项目，在北川建设千亩观光茶园和茶博览园。

2010年5月中旬，北川自然天堂茶业有限公司、羌山雀舌有限公司、禹露茶叶有限公司、五星茶叶有限公司和俏泉茶叶有限公司5家企业在北川新县城工业园举行茶叶企业灾后重建集中开工仪式。5家企业预计总投资0.85亿元，总建筑面积3.25万平方米，建成投产后，预计可实现年销售收入4.5亿元，实现利税0.7亿元，带动茶叶基地建设10万亩。同月，质检总局批准对北川苔子茶实施地理标志产品保护，根据《地理标志产品保护规定》，保护范围为曲山镇、擂鼓镇、通口镇、漩坪乡、陈家坝乡、桂溪乡、都坝乡、贯岭乡、禹里乡、白坭乡、香泉乡11个乡（镇）现辖行政区域。

2010年6月，北川“自然天堂”“俏泉”“茗香”“禹露”4家知名茶企产品陆续登陆济南市场，与山东签下年销售过百万元的代理协议。

松潘县夏旭冬日天然沙棘深加工项目　松潘县在重建中实施退耕还林工程，发展沙棘产业，成功种植适生性强、经济价值高的沙棘2000多公顷。2010年6月28日，松潘县第一家本土沙棘深加工民营企业——松潘县夏旭冬日天然沙棘食品有限公司正式建成投产。该公司配备3条沙棘加工生产线，年加工能力5000吨，前期开发有沙棘罐装饮料、速溶饮料、塑料瓶装饮料3个品种。

第二节　结构调整

工业重建以结构调整为主线，主要包括恢复重建急需产业，壮大特色优势产业，大力发展循环经济，调整优化产业布局，优化企业组织结构。

一　恢复重建急需产业

灾后重建需要大量的水泥、钢材等建筑材料。为此，兴建了一批水泥厂、钢铁厂和砖厂，以及一批投产快、容纳就业能力强的产业。

在水泥产能恢复和建设的过程中，根据资源条件，因地制宜，将淘汰落后产能与加快建设新型干法水泥生产线有机结合，在石灰石资源丰富、交通运输便利、需求量大的成都、德阳、宝鸡等地区，建设日产4000吨以上新型干法生产线。（参见图161）在经济基础相对薄弱、石灰石资源能够满足要求的甘南、汉中等地区，以减少运输量和满足本地区需求为原则，发展日产2000吨及以上的新型干法水泥，并同步配套建设低温余热发电装置。在资源缺乏地区，建设水泥粉磨站和水泥制品生产设施。淘汰窑径2.2米及以下水泥机械化立窑生产线，淘汰直径1.83米以下水泥粉磨设备。恢复重建中，四川省重灾地区39个县（市、区）内新增新型干法生产能力5000万吨，淘汰落后生产能力3000万吨；甘肃、陕西灾区分别新增新型干法水泥220万吨、310万吨。水泥

图161　震后新建的旺苍县卢家坝水泥厂（四川省委宣传部　提供）

产能的恢复和建设，为灾区恢复重建做出了贡献。

灾后重建对钢材、铝材的需求较大，由于阿坝铝厂、攀长钢、陕西汉钢等企业的产能迅速恢复，阿坝铝厂电解铝产能达到20万吨，攀长钢年产钢70万吨、钢材79万吨、钛材1万吨，陕西汉钢年钢铁产能达到500万吨，对稳定钢材、铝材价格，支持建材供给发挥了重要作用。

灾后重建对砖瓦和玻璃的需求较大，促使有生产能力的企业满负荷投入生产，最大限度地提高产品产量，扩大市场供应，同时鼓励和支持外地建材生产企业兴建砖瓦和玻璃生产企业。2009年2月，芦山县祥龙机砖厂投产试运行，日产标砖3万匹，正式生产日产标砖可达8万匹。3月，北川鑫鑫页岩砖厂、桂溪免烧砖厂、擂鼓免烧砖厂等恢复投产。4月底，芦山县清源乡清源页岩砖厂第二分厂正式点火投产，年产量达到1000多万匹。这些砖厂主要生产标砖、空心砖两种类型免烧砖，属于环保型节能建材。免烧砖原材料为水泥、沙石、建筑废渣和炭灰，材料经粉碎搅拌后，通过液压机器高压制成，抗压能力超过普通砖，市场价格每匹在0.35元左右，低于普通砖，稳定了重建期间砖瓦价格。为满足恢复重建对玻璃的需求，兴建了北川益群建材公司、北川蓝星特种玻璃有限公司、阆中光明玻璃制品有限公司等玻璃生产企业，生产钢化玻璃、中空玻璃、夹层玻璃、防弹玻璃、医用玻璃等特种玻璃。

二　壮大特色优势产业

灾区各级政府着眼长远，壮大装备制造、电子信息、新材料、磷化工、医药、纺织以及农产品加工等特色优势产业，提升了灾区产业的技术水平和市场竞争能力。东汽新基地拥有19个世界一流的制造中心和科研设施，开发研制国内外急需的百万级核电、风力发电、超临界及超超临界火电、大型燃气轮机等国家重大技术装备的生产，产品水平达到世界先进水平，形成年产6台以上百万等级核电汽轮机的制造能力。长虹PDP模组产能达600万片，市场占有率将达到17%，进入全球行业排名前三。陕西钢铁汉钢产能达到500万吨。攀长钢特殊钢生产坚持高端路线，以特为特，集中生产。剑南春集团新增包装生产线16条，恢复重建80口窖池，五粮粉碎工程投入生产，生产能力是震前的2.7倍。灾区矿产资源丰富，在整合矿产资源的同时，兴建甘肃厂坝、成州锌业、汉源锰业、天威硅业、四川国理等一批矿产资源加工企业，促进了资源优势向经济优势的转化。四川国理锂材料有限公司与成都亚商富易投资有限公司签署投资合作协议，5年内投资10亿元建设“中国锂谷”。灾区磷矿资源丰富，清平磷矿、金河磷矿实现复产。失去优势的煤化工产业，实现异地重建。灾区药用植物资源丰富，兴建了甘肃独一味、阆中康美药业、文县中寨纹党、广元科润药业、四川协力制药等优势医药企业。依托粮食、禽畜、茶叶、水果、桑蚕等农产品资源，建设了一批食品、饮料、肉类、果蔬加工、纺织等企业。盐亭县以全成生态食品、宏鑫粮油、嫘祖米业、弥江酒业、永隆清真、兴宝食品、坤昇食品等企业为龙头，不断延伸产业链，引导企业在名、优、特、新上下功夫；以绿神丝绸、华美丝织、志达丝绸等企业为龙头，巩固提高全县蚕茧生产基础，发展茧丝精深加工和资源综合利用，提升了茧丝质量和产品档次；以建丰木业、金明木业、龙昌林产等企业为龙头，大力生产中纤板、实木地板、建筑模板和高档木质卫浴器具等产品。北川羌族自治县依托四川自然天堂、五星茶厂等茶叶加工厂，新建、改建1万亩无性系良种茶园，提高北川茶叶产量质量；依托药业集团，建立当归、黄连、天麻等药材基地，积极进行中药饮片加工，争创名优品牌；（参见图162）支持大禹野生食品公司、禹珍食品公司等龙头企业，开发深加工产品，提高产品附加值。徽县新恒源公司依托300万亩核桃基地，建设5000吨果壳活性炭项目，年加工4.4万吨核桃壳，实现核桃壳资源的再利用。

图162　四川山区生态修复与发展中药材、茶叶产业结合

（四川省委宣传部　提供）

三　发展循环经济

灾区在恢复重建时，重点抓好高耗能企业节能减排，推广清洁生产技术和工艺，削减高能耗、高污染、高排放项目，淘汰关闭落后生产能力，促进循环经济发展。2009 年 1 月，德阳市向联合国工业发展组织中国投资促进处申请成为“清洁技术与再生能源装备制造业国际示范城市”，8 月正式签署合作备忘录。

一是延伸产业链条，以磷化工资源整合及开发利用为重点，推动磷化工向精细磷化工延伸；推动食品工业向精、名品牌发展；支持矿产加工企业加大技改力度，提升以锰、铅、锌、铁等为原料的工业产品精深加工水平。实施废弃物的资源化，大力发展再生资源产业。徽县新恒源公司核桃深加工项目异地重建，将核桃壳作为生产活性炭的原料，年利润达 1000 多万元。

图 163　恢复重建的旺苍煤化工厂区

（四川省委宣传部　提供）

二是实施大企业、大集团战略，大力发展规模经济和范围经济。所有水泥新建产能都超过 100 万吨，发展低温余热发电，主要能耗指标均达到国家《水泥工厂节能建设规范》要求。陕钢集团汉钢公司通过战略重组，实现上下游产业一体化。甘肃厂坝铅锌矿实施资源重组，增强了资源利用效率。德阳对江河上游自发形成的磷化工产业进行重组，将部分企业迁移出水源区和地质不稳定的山区，建立专门的产业园区，实行“集中生产、集中治理”，将 20 家磷矿企业整合成 6 家，组建德阳磷矿产业集团。陕西汉钢集团实现战略性重组。26 家投资过亿元的企业涉及冶金、机械、水泥、烟草、电子、食品加工、煤炭、化工、医药等多个行业，完成投资 330 多亿元。（参见表 20）

部分投资规模大于 1 亿元的产业恢复重建项目一览表

表 20

企业或者项目	行业	生产能力	投资（亿元）
攀钢集团江油长城特殊钢有限公司	冶金	年产钢 70 万吨、钛材 1 万吨	66.80
陕钢集团汉钢公司技改项目	冶金	年产 500 万吨钢铁	49.30
东汽恢复重建	机械	百万千瓦等级火电汽轮机、核电汽轮机开发研制和批量生产	45.59
天威四川硅业有限责任公司	冶金	年产 3000 吨多晶硅项目	27.00
广元海螺水泥项目	水泥	年产 500 万吨新型优质干法水泥	18.00
阿坝铝厂	冶金	20 万吨电解铝	15.00
达钢集团旺苍离心球墨铸管项目	冶金	年产离心球墨铸管 20 万吨	15.00
川渝中烟长城雪茄烟厂	烟草	设计生产能力 50 亿支	12.00
长虹虹欧 PDP 项目	电子	PDP 模组产能达 600 万片	10.00
甘肃厂坝有色金属有限责任公司	冶金	150 万吨生产能力	7.80
中国建材集团北川中联水泥项目	水泥	年产 200 万吨大型新型干法水泥	7.60
都江堰市拉法基水泥有限公司第三条生产线项目	水泥	年生产能力超过 200 万吨	7.50
中国建材集团安县桑枣镇水泥熟料生产线项目	水泥	年产高标号水泥 200 万吨	7.20
四川剑南春集团有限责任公司	食品	名优曲酒年生产能力 1 万吨，五粮粉碎 80 吨 / 小时	7.20
甘肃成州锌业有限责任公司	冶金	年产 10 万吨锌	6.40
德阳天池集团异地重建项目	煤炭	年产煤 60 万吨	5.36
中国第二重型机械集团公司	机械	年产各类优质钢水 30 万吨、各类铸锻件 18 万吨、焊接件 4 万吨、机器产品产量 19.5 万吨	3.55
文县玉丰新型干法水泥生产线	水泥	年产水泥 100 万吨	3.34
汉源锦泰矿业冶化公司	冶金	年产电解锌 10 万吨	2.50
绵竹福润肉类加工有限公司（一期）	食品	年宰杀 150 万头生猪	2.50
四川鸿宇冷冻公司新建 10 万吨阆州醋、饮料等系列产品生产线	食品	新增产能 9 万吨	2.00
四川阆州醋业有限公司迁建项目	食品	10 万吨阆州醋	2.00
汉源化工总厂	化工	10 万吨饲料级磷酸氢钙、10 万吨硫酸，5 万吨饲料级磷酸二氢钙	1.50
德阳昊华清平磷矿有限公司	化工	年产 20 万吨磷铵、30 万吨硫酸	1.40
甘肃独一味生物制药股份有限公司生产基地项目	医药	片剂、胶囊、颗粒剂、糖浆剂、巴布剂	1.20
宝兴县金兴矿业有限公司	冶金	年产锰合金 3 万吨、低锰合金 2 万吨	1.20

说明：攀钢集团江油长城特殊钢有限公司计划到 2012 年年底投产。此表数据根据各企业上报资料稿整理

三是关闭淘汰落后产能。四川省2010年淘汰413户落后产能企业，淘汰江油攀长钢60万吨落后产能、阿坝铝厂2万吨电解铝等落后产能。文县自2008年以来，对10户硅铁企业环保设备运行情况和排放治理情况进行现场督察检察，对龙江硅业等9户硅铁冶炼企业进行限期停产治理。

四是采用新工艺、新技术。中国二重生产的首批示范工程第三代AP1000核电主管道就像人体内输送血液的大动脉，是世界最先进的核电站中连接反应堆压力容器、主泵和蒸发器的大型厚壁承压管道，国内外企业都没有现成的制造技术，中国二重已逐步占领国际高端市场。阆中市化工有限公司8万吨合成氨及节能减排项目采用双一段换热式直接转化技术，吨氨耗气120立方米，吨氨耗电下降370千瓦时，年节省15295吨标煤。北川中联水泥利用窑头和窑尾的废气余热进行发电，每年可节省标准煤约2万吨，减少二氧化碳排放量5.8万吨，年发电量约6000万千瓦时。

四　调整优化产业布局

根据适宜重建、适度重建、生态重建区域产业布局的总体要求，通过产业的集中集聚发展，调整优化产业布局，建设了包括工业园区、经济开发区、高科技与循环产业集聚区和对口支援产业合作区等4种类型的产业集聚区。

在建设园区的同时，促进产业园区的撤并。四川省在重建中撤并、迁建、调整近40个功能不完善、配套条件差、布局不合理的工业园区。

产业园区不仅提高了土地集约利用效率，也促进了产业结构调整。文县依托阳山金矿，建设有色冶金工业集中区；依托临江20万千伏安铁合金基地，建设铁合金工业集中区；依托中寨纹党参加工企业，建设中药材加工产业集中区；依托碧口李子坝、马家山茶叶基地和茶叶加工企业，建设茶叶深加工产业集中区。工业集中区建设，加快弱小矿山、冶炼企业的整合，引导矿产资源勘探、开采、开发向有资质、有实力的企业聚集；加快淘汰高耗能、高排放行业的落后生产力，关停难以升等改造的硅铁企业。德阳市为了发展磷化工产业，建设新市—灵杰磷化工产业园区，绵竹市的新市重点以饲料磷酸氢钙为主，什邡市的灵杰重点以磷酸一铵、磷复肥为主；同时，两地都把磷石膏的开发和综合利用作为重点。磷化工产业园区的建设，有利于磷矿企业与磷化工企业的整合，解决磷化工产业的污染问题。

根据资源环境承载能力，发展飞地经济。成都阿坝工业区解决了阿坝工业发展布局不合理的问题。

五　促进中小企业发展

促进大中小企业协调发展，才能保障产业活力和可持续发展能力，保障形成合理的产业体系。在支持东汽、中国二重、长虹等大企业做大做强的同时，积极支持中小企业发展。彭州市中小企业信用担保公司着力推动信息共享和银行、政府、担保公司、企业良性互动，2009年上半年，利用仅有的1000万元注册资本金，为11户企业开展担保业务，贷款金额达1450万元；扩大担保公司注册资本金，使彭州市中小企业实现新增销售收入20亿～40亿元，新增税收2.8亿～4.5

亿元，新增就业岗位 1.6 万～3.2 万个；在工业开发区建立融资服务平台，以驻彭州的金融机构和市级相关部门为成员单位，组建融资代理服务中心和信用评审委员会，在园区集中办公，开展融资代理和信用评级工作，为中小企业提供“一站式”融资服务；鼓励企业上市直接融资。截至 2009 年 11 月中旬，有中顺纸业、华融华工、协力制药和一胜肴食品等企业开展上市前期准备工作。盐亭县积极引导中小企业参与大企业、大集团对接协作配套，形成以大企业为核心，中小企业分工协作、抱团发展的格局。安县完善中小企业担保体系，县财政注资 5000 万元扩大担保公司的资本金规模，对担保公司免征营业税 3 年。

第三节　工业集聚区

根据地质地理条件和资源环境承载能力，在适宜、适度重建区，合理布局及调整建设一批产业园区，鼓励和引导工业企业向工业园区集中，对于异地重建的工业制造业项目，原则上要求进入工业园区。推动园区产业关联、成链、集聚、集约、合作，以关联项目形成产业链，以产业链优化提升产业园区，以产业园区构建产业集群，以产业集群催生特色产业带。

一　工业园区

工业园区，有的称为工业集中区，有的称为工业发展区，有的称为工业开发区，还有的工业园区存在一区多园。比如，茂县工业集中发展区包括亚坪、太安、团结、槽木、棉簇、赤不苏等集中发展区，文县工业集中区包括高楼山有色冶金工业集中区、临江铁合金工业集中区、中寨中药材加工产业集中区、茶叶深加工产业集中区。尽管称谓不同，其实质均为工业园区，是工业空间聚集的一种形态。

在建设过程中，积极稳妥地安置拆迁居民，落实补偿政策。积极招商引资，加强与对口支援省市的合作；加强工业园区道路、给排水、供气、供电、通信、技术创新平台、物流、专业市场、环保设施等基础设施建设，以改善和提升工业园区硬件设施配套及发展水平。

除汶川漩口新型工业发展区、德阳旌阳工业集中发展区、中江仓山工业集中发展区、芦山工业集中区等较大型工业发展区外，广元市元坝工业园区、利州区回龙河工业园区、旺苍县工业集中区、邛崃市羊安工业园、大邑县工业集中发展区、苍溪武当工业集中发展区、平武县南坝工业集中发展区、松潘县工业集中区、松潘县镇江关园区、阆中江东工业园区（以上均在四川境内）及武都区工业集中区、徽县工业集中区、礼县工业园区、西和县石堡工业集中区、两当县工业集中区、康县工业集中区、文县工业集中区等（以上均在甘肃境内），园区规模相对较小，起步较晚，大多数处于建设过程之中，已经集聚部分企业，也将成为县域经济的增长极。2010 年，阆中市启动 10 平方公里江东工业园区建设。6 月底，工业集中区累计入园企业 48 户，投产22户。截至2010年6月，平武县南坝工业集中发展区入驻企业已有11家，这些企业全部投产后，可至少为南坝镇每年创税收1亿元，还可解决当地2000多人的就业问题。三台县芦溪工业集中区2009年引进中国500强之一的江苏雨润集团投资2.5亿元，发展生猪屠宰及肉食品加工项目。松潘桃关工业集中区到2010年5月底，企业累计生产电石59695吨、工业硅4912吨，累计完成工业总产值22518万元、工业增加值2769万元，实现销售收入2.67亿元，提供就业岗位1367个。羊安工业园截至2009年8月底，已入驻项目102个，初步形成以化工、家具为主的特色产业集群。

茂县工业园区 茂县工业园区位于茂县土门镇，2009年3月批准建设，规划面积6.2平方公里，已经开发面积4.5平方公里，主要发展工业硅、电石、氯酸盐产品、铝型材等产业。截至2011年9月30日，园区有工业企业16家，入园企业累计投资50亿元，实现工业总产值130亿元。

2010年6月初，园区基础设施建设基本完成场地平整和路基工程，槽木、庙坪、东兴3处园区变电站建设也在稳步推进；搬迁企业积极开展自身建设。茂县工业集中发展区包括亚坪、太安、团结、槽木、棉簇、赤不苏等集中发展区。截至2010年6月，在亚坪工业集中发展区，四川岷江雪盐化有限公司一期30万吨氯酸钠生产线的厂房主体工程建设基本完工；玻钢贮槽制作进入尾声；办公大楼当月底交付使用；职工宿舍、食堂已完成；110千伏变电站基础和预埋件工程进入浇筑阶段。茂县新纪元电冶有限公司一期15万吨电石主体工程已完工，附属工程开始建设，陆续组织设备进场，进入安装阶段。在太安工业集中发展区，茂县跃发化工有限公司建筑工程设计、场地平整工作已完成，开始进场施工。在团结工业集中发展区，阿坝大秦铬业有限公司炉体主体工程基本完成；茂县宇宫碳素有限公司、阿坝恒兴合金有限公司建筑工程设计、场地平整已完成。四川岷江电化有限公司建筑工程已完成设计，正在开展征地工作。在槽木工业集中发展区，茂县潘达尔有限公司、阿坝嘉铣硅业有限公司、四川大洋硅业有限公司正在开展施工进场准备。在赤不苏工业集中发展区，四川希望电盐产业有限公司二期5.5万吨氯酸钠项目完成厂房建设，进入设备安装阶段。

德阳市旌阳区工业集中发展区 截至2011年9月30日，德阳市旌阳区工业集中发展区有工业企业594家，入园企业累计投资394亿元，2011年工业总产值突破170亿元。

旌阳区工业集中发展区初步形成以机械、电线电缆、天然气深加工等三大产业为主的产业集群。2009年11月4日，在第十届西博会上，旌阳区工业集中区签约投资额44亿元。其中，旌阳区政府与常熟温州商会议定的投资22亿元的德阳西部国际贸易中心正式落地，建成后可填补成都之外的川西北地区无超大型、现代化的综合性专业市场的空白。2010年3月，该区规划的220项工业灾后重建项目全部开工，累计完成投资58.37亿元，占规划总投资的95%，其中竣工项目206项，累计完成投资48.64亿元。

罗江县工业集中发展区 罗江县工业集中发展区位于罗江县金山、御营、万安、鄢家四镇，2008年经罗江县政府批准建设，规划面积32平方公里，已开发面积9平方公里，主要发展电子、机械加工、食品加工、化工、家具、FRID（无线射频辨识系统）产业。截至2011年9月30日，园区有工业企业86家，入园企业累计投资18.5亿元，实现工业总产值7亿元。

罗江县工业集中发展区着力发展氯碱化工、电子材料、农副食品深加工、新型建材、家具等

图 164　四川天泉电子材料公司后处理车间（四川省委宣传部　提供）

图 165　四川玻璃纤维厂生产厂间（四川省委宣传部　提供）

图 166　罗江县帛汉电子公司生产车间（四川省委宣传部　提供）

重点产业，初步形成以氯碱化工产业、新材料产业、电子材料及加工、机械加工、特色农副食品加工为主的产业集群。该发展区分为 A、B 两区。A 区：以金路树脂公司为龙头，拓展氯碱化工及下游产品；以四川玻纤集团为龙头，以天泉、艾华、帛汉等企业为重点（见图 164 ~ 166），加快建设国家级电子材料（新材料）及加工生产基地；以御营场镇为中心，以轻化工和新型建材为产业支撑，发展小企业创业基地。B区：在金山镇建设粮油食品加工和承接产业转移基地。发展电子材料及加工、机械加工、新型建材。以家具生产为重点，建设集家具设计、培训、生产、展销、原辅材料交易于一体的家具产业园；以提升天府花生、正林瓜子、金府王、乐明食品、罗江豆鸡、罗江青椒等产品档次为重点，在万安镇建设休闲食品生产基地。建成具竞争力的氯碱化工、电子产业和粮油食品加工产业园。

芦山县纺织工业集聚区 芦山县依托飞强制衣有限公司、祥云纺织厂、四川成达纺织有限责任公司、乐山劲松织布、芦山县青衣江纺织有限公司、浙江红辣椒织袜项目，形成纺织工业集聚区。2008年9月初，飞强制衣有限公司正式投产。11月初，落户芦山县思延乡年产值1000多万元的祥云纺织厂正式调试投产。2009年1月下旬，四川成达纺织有限责任公司在芦山县工业集中区举行开业庆典。2月26日，乐山劲松织布与芦山县签订投资合同。8月中旬，芦山县青衣江纺织有限公司精梳棉纺项目顺利进场。8月27日，浙江红辣椒织袜项目在芦山县正式注册，其注册名为四川新丝路有限责任公司。12月9日，芦山县与青衣江纺织项目、新丝路包纱项目、华美包纱项目、华龙涤纶长丝项目、腾运物流项目进行集中签约仪式，标志着芦山县灾后工业产业重建中的纺织产业粗具雏形。以上5个项目总投资近3亿元，年产值可达5亿元，利税7000万元以上，解决就业1000余人。2010年芦山县纺织企业实现产值5.5亿元，同比增长150.5%，初步形成集棉纺、化纤纺、包覆纱等于一体的轻纺产业群。

宁强循环经济产业园区 宁强循环经济产业园区位于宁强县高寨子镇，总规划建设用地面积2.7平方公里，其中一期规划用地1200亩。新建河堤4公里、道路14公里、桥梁1座100延米，修建4公里引供水管道及配套净化处理设施，修建了输变电线路、通信设施、工业用水及污水处理系统，新建办公楼及园区管理机构相关办公设施，项目总投资4.54亿元。（参见图167）

2008年12月16日，园区举行开工仪式。2009年4月22日，陕西宝迪食品工业园暨种猪一

图167 发展改革委工作组在宁强循环经济产业园区调研（发展改革委 提供）

体化项目举行开工奠基仪式，该项目是第一个入驻宁强县循环经济产业园区的项目，拉开了宁强循环经济产业园区大规模开发合作的序幕。2010 年 5 月 1 日，宁强县循环经济产业园区食品工业园一期工程完工。江苏邳州鑫源生物制品有限公司的银杏叶加工项目、湖北永晟塑料管材有限责任公司 PE 管材生产线、宁强千山茶叶公司土特产加工项目入驻园区标准厂房，并开始生产。

二　国家级和省级开发区

国家级和省级开发区包括震前已有的绵阳高新区、江油工业园区、德阳经济开发区、广汉经济开发区、彭州工业园区、都江堰经济开发区、陇南西成经济开发区等，也包括灾后恢复重建中升格的四川什邡、绵竹、安县、崇州、成阿工业区、竹园经济开发区等。国家级、省级开发区坚持产城一体，实现工业化和城市化同步推进。加强基础设施建设，提高服务功能。在开发区内设立对口援建产业合作平台，增强产业合作水平。

成阿工业区　四川省成阿工业区（成阿工业集中发展区）由成都市与阿坝藏族羌族自治州合作打造，位于成都市金堂县淮口镇、白果镇、高板镇，是承接广东、江西、湖南、吉林等省（市）产业转移对口援建工业项目，同时承接阿坝藏族羌族自治州的水电资源、铝业资源和锂电池资源的深加工。园内有两座“园中园”，即“广东—汶川工业园”和“江西—小金工业园”。园区规划面积 10 平方公里，为省级开发区，被列入四川省培育成长型特色产业园区名单。

截至 2011 年年底，园区累计完成固定资产投资 42 亿元。骨干路网成型，建成道路 12 条，通车里程 54 公里。市政管网初步齐备，污水干管 I、II 号线完成管道铺设、泵站建设，初具排污能力；完成成阿大道、广东路、江西路给水管网，形成日供水 2 万吨能力；完成成阿大道、广东路、江西路通信管线埋设。园区临时供电网络基本形成，架设线路约 14 公里。成阿北 110 千伏变电站和成阿西 220 千伏变电站由中国国电审批立项。配套项目全面开建，部分投入使用。一期安置房建设面积 14 万平方米、共 34 栋，其中多层 29 栋 708 套、高层 5 栋 533 套全面完工。二期安置房建设面积 38.5 万平方米，其中住宅约 31 万平方米、商业及配套约 1.5 万平方米、地下室 6 万平方米，安置户数 3268 户。商务中心的行政办公楼、酒店综合楼已投入使用。园区配套的小学、幼儿园、农贸市场等 2012 年 6 月起陆续投入使用。

德阳经济技术开发区　德阳经济技术开发区建成面积 27 平方公里，震后被列为 7 个扩大面积的国家级、省级开发区之一，是四川省重点培育的成长型特色产业园区。开发区依托德阳国家装备制造业新型工业化产业示范基地的产业优势，引进、培育和发展东方自控、东汽树脂、东方阿海珐等一大批拥有自主知识产权的配套企业入驻园区。东方电气集团、东方电机、中国二重等重装龙头企业带动区域经济和中小企业 1470 多家配套机械制造企业，成为世界上集中度高的重大技术装备制造业基地。（参见图 168）

截至 2010 年年底，园区有规模以上企业 97 户；规模以上工业企业年实现销售收入 150 亿元，工业增加值 37 亿元，利税总额达到 11 亿元，其中利润总额 8.1 亿元；完成基础设施建设投入 8 亿元；初步形成装备制造工业产业集群、新材料科技园、服装及轻工产业集群和物流产业园等为主的开放型“一区多园”的产业集群。

图168　震后四川机械工业迅速恢复
（四川省委宣传部　提供）

绵竹经济开发区　开发区位于绵竹城区南端，规划面积22平方公里，规划设置江苏工业园、名酒食品工业园，另外将新市工业园、拱星工业园、无锡工业园、钣金工业园纳入开发区管理（江苏工业园、无锡工业园参见对口支援产业集中发展区）。2010年5月，被批准为省级经济开发区。康宁工业园位于绵竹城区西南，规划面积11平方公里，园区内规划建设以剑南春为核心的中国酒城——名酒工业园。拱星工业园位于拱星镇，规划面积5平方公里，建成面积2平方公里，重点发展精细化工和新型建材产业。钣金机电产业园位于绵竹市城市规划区南部、新市镇区北部，园区一期规划5平方公里，主要发展为富士康、仁宝科技等企业进行钣金配套的产业。新市工业园规划面积10平方公里，建成面积2.5平方公里。以龙蟒集团、盘龙化建为龙头，建设磷化工产业园，初步形成以精细磷化工、钛化工、新型建材等为主的产业集群，形成全国最大的磷复肥、磷酸氢钙、钛白粉生产基地和新型建材生产基地。

2011年，开发区建成投产企业72户，实现工业总产值211亿元，销售收入197.9亿元，利润总额19.5亿元，利税总额33.1亿元。

广汉经济开发区　广汉经济开发区被列为扩大面积的省级开发区，中长期规划面积40.8平方公里，2008年建成9.91平方公里，到2010年扩展到17.5平方公里。开发区分为南北两区：新丰和向阳为广汉经济开发区南区，主导产业为机械、医药食品；小汉为广汉经济开发区北区，主导产业是机械、冶金压延。

开发区发展“石油装备”主导产业，打造电子工业区、机械加工区、医药食品区等多个园区，发展机械、食品、医药、机电、新材料、新能源、现代物流、冶金压延等特色产业。2010年1月22日，广汉市集中开工9项重大工业项目，包括中昊创业高铁新技术开发有限公司高铁产业园项目、四川达圣投资有限公司高档家私建设项目、四川士达特种炭材有限公司5000吨/年等静压各向同性石墨项目、四川瑞峰轨道交通设备有限公司高速铁路工业产品建设项目等。12月29日，汉舟电气产业园等19个重点工业项目集中开工建设，计划总投资38亿元，涉及电力、轻工、汽车、化工、医药、机械、建材等多个产业。

截至 2010 年年底，经济开发区规模以上企业有 110 户，规模以上工业企业实现销售收入 160 亿元，工业增加值达 40 亿元，利税总额达 19.04 亿元，其中利润总额 15.6 亿元，完成基础设施建设投入 10 亿元。

什邡经济开发区　什邡经济开发区按“一区两园”布局，规划面积 35.31 平方公里，其中南区 13.95 平方公里、北区 21.36 平方公里。北京市在开发区北区规划了 9.1 平方公里作为京什产业合作园，其中 3.17 平方公里作为起步区，由北京市和什邡市共同负责建设和招商。开发区北区重点发展汽车及零部件、新能源、新材料、电子信息、装备制造等产业，南区重点发展食品（饮料）制造、现代服务业、研发中心和总部经济。

2009 年 7 月，开发区被列为四川省成长型特色产业园工程。2010 年 5 月，开发区被省政府批准为省级经济开发区。12 月，开发区被省科技厅确定为“四川省首批特色高新技术产业化基地”。截至 2011 年 3 月，开发区北区中北京援建的“五纵四横”及沿江 36 公里物流通道竣工通车，首期 6.8 万平方米标准化厂房已交付使用；开发区南区总长 23 公里的“一纵四横”5 条道路及多条支干道建设完成，南北两园内 110 千伏安变电站投入使用，天然气站、自来水厂、污水处理厂正常运转，形成完善的配套设施。经济开发区可为企业提供“八通一平”① 的基础设施配套服务。截至 2011 年，进驻开发区的工业企业总数已达 116 家，其中规模以上企业有 47 家。2010 年开发区完成工业总产值 100.61 亿元，实现工业增加值 49.88 亿元，实现销售收入 99.17 亿元，实现利税总额 48.36 亿元，完成固定资产投入 22.4 亿元。

绵阳高新区　绵阳高新区位于绵阳城市西区，建于 1992 年，规划面积 105 平方公里，已建成 28 平方公里。震后，绵阳市委、市政府提出把高新区建成“绵阳科技城经济社会发展的发动机、高新技术产业发展的火车头、改革创新的示范区、产业集群的集聚地和城市经济的重要增长极”，提出“三年再建一个高新区”的奋斗目标。

2009 年，高新区以爱默生、美国普斯、川渝中烟、中国重汽等支柱企业为中心，“画”出 6 个产业集中区：围绕菩提寺片建设 66.7 公顷的电子元器件和磁性材料园区；围绕石桥铺片建设 100 公顷的出口加工型产业园区；围绕绵安北路规划建设 333.3 公顷的绵阳汽车及零部件产业园；围绕绵安路口、绵广高速南侧规划建设 66.7 公顷新材料循环经济产业园；围绕飞云大道南侧规划建设 66.7 公顷食品包装产业园；围绕皂角铺火车货站，建设 66.7 公顷现代物流园。2009 年高新区用于基础设施的投资达 1 亿多元。新晨动力 50 万台发动机、爱默生配套工业园等一批新的项目相继入驻高新区。

截至 2011 年年底，高新区新引进工业项目 148 个，总投资 90.5 亿元。新开工投资 2000 万元以上工业项目 30 个，总投资约 81 亿元。2011 年，全区实现地区生产总值 159.57 亿元，规模以上工业总产值 701 亿元，规模以上工业增加值 144.97 亿元。高新区形成以长虹、九洲、爱默生等企业为代表的电子信息产业，以中国重汽、华晨汽车等企业为代表的汽车及零部件产业和以东方特塑、长鑫新材料等企业为代表的新材料产业集群。（参见图 169 ～ 170）

绵阳市农科区　绵阳市农科区位于绵阳市游仙区松垭镇，规划面积 28 平方公里，已建成 10

① “八通一平”，即道路通、电力通、通信通、有线电视通、供水通、雨水通、污水通、供气通和场地平整。

图169　入驻北川山东产业园的中国重汽厂区
（山东省援建指挥部　提供）

图170　华晨汽车生产线
（四川省人民政府　提供）

平方公里。

2009年，绵阳市农科区按照市委、市政府把农科区打造成科技城新的工业集中发展区和城市新区的要求，把坝区12平方公里建成绵阳科技城新的工业集中发展区；以现代农业产业园为载体，在丘陵区16平方公里集中发展现代农业。在核心区，按照“1+3”产业发展格局，以发展食品工业为主，做大做强食品、生物医药、新材料和新能源、优质动植物良种四大优势产业，力争3年后全区工业总产值超过100亿元。农科区围绕“建基础、引项目、搞拆迁、兴产业和保稳定”的工作思路，形成《农科区总体规划实施意见及建议》《农科区建设用地指标报告》，邀请上海城市规划设计院编制农科区控制性详规，邀请四川农业大学编制《现代农业科技示范区暨新农村建设示范片总体规划》。积极完善基础设施建设，为入区企业创造良好的成长空间。

截至2011年年底，农科区新引进工业项目77个，总投资95.16亿元。2011年，全区实现地区生产总值8.8亿元，规模以上工业总产值21亿元，规模以上工业增加值5亿元。

安县工业园　安县工业园是2010年经四川省政府批准成立的省级工业开发区，是以汽车零部件为主导产业，辅之以电子信息、医药食品、精细化工为配套产业的特色园区。近期规划面积8平方公里，北至花荄镇雍峙村与黄土镇长征村交界，南至界牌镇石安村与永兴双土地交界，东至辽宁大道，西至雍峙、前进、西岩、永丰、金凤、竹林、石安山脚路，辖雍峙、前进、西岩、永丰、金凤、竹林、石安7个村。远期规划控制面积15平方公里，辖区增加长征、盐井、马村3个村。“大园区”包含安县国家级中小企业工业园，安县花荄工业园区（辽安工业园、界牌工业园），银河科技产业园，睢水干河子化工工业园，桑枣、睢水片区建材工业园等。园区管委会负责对全县规模以上企业进行集中管理。园区地处安县新县城花荄镇。工业园规划投资7.35亿元，其中辽宁援建资金5.87亿元。

2009年4月总投资15亿元的华晨汽车及发动机零部件项目和总投资12.3亿元的广州华创银河科技园项目顺利落户园区。在华晨汽车工业园项目的牵引下，和业零配件制造有限公司投资3亿元的改装车项目，沈阳曲轴厂投资2亿元的曲轴项目，普什模具有限公司投资5亿元的冲压件项目，沈阳金杯车辆制造有限公司投资5亿元的改装车项目等14家企业入园投资兴业。

截至2011年年底，园区完成开发5平方公里，形成道路30公里，入驻工业企业96个，其中汽车配件企业25个。96个企业中，已投产58个。2011年园区完成工业总产值40.7亿元，工业增加值完成11.2亿元。

西成经济开发区　甘肃省成县西成经济开发区是省级工业园区，近期由“一心四区”构成。“一心”即以县城为中心的综合服务区；“四区”即以黄渚、王磨为重点的有色金属采选产业区，以抛沙、陈院为重点的新型建材与装备制造产业区，以红川、店村为重点的农副产品加工产业区，以镡河、宋坪为重点的黑色金属采选产业区。中远期实施吸纳徽县工业集中区扩区，辐射带动西和、礼县工业集中区，形成“一区多园”的国家级经济开发区框架。

开发区规划面积615.26公顷，建成面积298.44公顷，水、电、路、通信等基础设施较为完备，已经形成有色金属、新型建材、农产品加工等三大主导产业和黑色金属、装备制造、配套服务等三大配套产业。截至2010年年底，开发区累计完成固定资产投资53.85亿元，完成工业总产值10.33亿元，有从业人员7120人。

三　对口援建产业集中发展区

19个对口支援省（市）把自身的产业优势、市场优势与灾区的资源优势结合起来，采用园中园的模式，与受援县（市、区）合作共建广东—汶川工业园、北川—山东产业园、广元青川—川浙合作产业园、绵竹—江苏工业园、汉旺—无锡工业园、北京—什邡产业园、上海—都江堰就业创业基地、上海—都江堰川苏科技产业园、上海—都江堰10万亩现代生态农业集聚区、平武—河北工业园等园区，以及辽宁—华晨汽车及零部件工业园、江油—河南工业园、彭州—闽彭产业园、山西—茂县工业园、理县—湖南下孟工业区、黑龙江—剑门工业园、松潘—安徽产业园、江西—小金工业园、湖北—汉源工业园等园区，其中广东—汶川工业园、广元青川—川浙合作产业园、平武—河北工业园采取“飞地经济”模式，分别在金堂县、广元市利州区和绵阳高新区建设。（参见表21）对口援建的重点是园区基础设施、标准厂房以及协助招商引资等。安徽省投入

8000万元在松潘县镇江关工业园建设安徽产业园。无锡工业园规划用地2平方公里，首期启动1平方公里，由江苏无锡投资1.7亿元援建，园区完成配套水、电、气、路、通信等“七通一平”基础设施和3万平方米厂房建设，重点发展机械制造产业。2009年5月10日，中标企业上海张江高科技园区置业有限公司承建的川苏科技产业园10.6万平方米标准厂房建设工程破土动工开建，项目总投资超过2.5亿元。截至2011年9月底，园区内已有84个项目开始建设，其中亿元项目22个、5000万元以上项目23个。辽宁援建的华晨汽车及零部件工业园位于安县工业园区内，总面积1.2平方公里。园区道路基础设施及配套设施概算总投资3.5亿元，由辽宁投资。2009年5月14日，辽宁援建项目集中开工暨华晨汽车零部件工业园项目奠基仪式隆重举行，8月20日正式拉开建设阶段的序幕。截至2011年9月底，对口援建省市建立的主要产业园区规划面积共87.99平方公里，援建投入34.02亿元。项目建成投产后，园区综合经济实力及产业竞争力明显增强，园区规模效益、集聚效应和辐射能力明显提高。

对口援建省市支援建设的产业集中发展区一览表

表21

园区名称	规划面积（平方公里）	总投资（亿元）	援建投入（亿元）	合作内容
北川—山东产业园	10	17.30	7.00	“六通一平”及配套设施、征地拆迁和投资补助
广东—汶川工业园	4.5	4.00	4.00	投资补助、招商引资
广元青川—川浙产业园	2	3.80	2.00	基础设施
绵竹—江苏工业园	11	12.10	8.00	基础设施
绵竹汉旺—无锡工业园	2	1.70	1.70	基础设施
北京—什邡产业园	9.1	3.20	3.17	基础设施、标准厂房
上海—都江堰就业创业基地	0.14	1.98	1.98	标准生产厂房、仓储物流和基础配套设施
上海—都江堰川苏科技产业园	6.6	—	2.50	标准厂房建设
河北—平武工业园	3	15.40	3.00	基础设施
辽宁—华晨汽车及零部件工业园	1.2	15.00	3.5	道路基础设施及配套设施
江油—河南工业园	6.7	3.00	3.00	市政道路、创业中心、污水泵站
彭州—闽彭产业园	6	—	1.68	纺织服装创新中心、标准厂房
山西—茂县工业园	1.87	2.78	2.00	基础设施
湖南—理县下孟工业集中区	0.85	1.10	1.10	基础设施
黑龙江—剑门工业园	3.03	1.20	1.20	基础设施、标准厂房
江西—小金工业园	2	—	1.00	基础设施、发展基金
湖北—汉源工业园	14	2.50	0.26	电网基础设施

北川—山东产业园　北川—山东产业园区规划面积10平方公里（见图171），总投资额17.3亿元，其中核心区1.4平方公里，山东省提供援建资金7亿元，主要用于园区基础设施建设、征地拆迁及投资补助。2009年3月5日，山东省全额投资援建的北川鲁援新型建材有限公司年产6000万标块页岩砖项目投产。8月8日，招商投资促进活动，天诺光电、寿光蔬菜等21个项目成为首批签约入驻北川—山东工业园区的企业，总投资16.1亿元。11月底，北川羌族自治县与4家外来投资企业经洽谈协商后，签订正式投资合同，总投资1.6亿元，占地8.6公顷。其中，山东蓝星集团投资6000万元建设年产80万平方米安全节能玻璃深加工项目；威海万丰有限公司投资4000万元建设年产500台建筑机械项目；淄博兴华医疗器械公司投资3000万元建设一次性卫生敷料、高分子卫生材料生产、中药材精加工及销售项目；淄博凌通泵业有限公司投资3000万元建设年产5000台工业用泵项目。2010年1月15日上午，包括天诺光电、清源建材、虹源电子等10个项目在北川—山东工业园内集中开工建设。5月10日，青岛益群漆业集团第一个在北川—山东产业园举行项目投产庆典仪式。2009年9月至2010年11月，先后有24家山东企业、9家非山东企业落户园区，33家企业总投资19.54亿元。其中，电子信息配套企业6家、新型建材企业8家、制造业6家、食品药品企业11家、文化旅游企业2家。

图171　北川—山东产业园

（四川省发改委　提供）

广东—汶川工业园　广东—汶川工业园是成阿工业区的“园中园”，规划面积4.5平方公里，2008年年底开始筹建。2009年7月完成筹建前期工作，广东省安排4亿元帮助建设。园区产业定位为有色金属深加工、农副产品深加工、医药、轻工、电子等资源加工型产业，重点发展矿产品深加工、新型铝材加工、特色食品深加工和医药（中成药、藏药）产业，配套发展与主导产业相关联的包装业和现代服务业，择机发展电子信息和生物制药等高新技术产业。2010年4月1日下午，举行“广东—汶川工业园开园暨首批企业入园仪式”（见图172），成都南联食品机械有限公司、四川兴华玻璃有限公司、成都力晖食品有限公司、广东俊德矿业有限公司入驻。6月底，园区所有道路、管网、绿化、水、电、气等基础设施建设完成。12月23日，拥有西南地区最大的平、

图 172　广东—汶川工业园开园（广东省援建指挥部　提供）

弯钢化玻璃生产线的四川兴华玻璃有限公司入园开工建设，占地 208.6 亩，总投资 3 亿元；26 日，成都南联食品包装机械有限公司正式建成投产，占地 135.7 亩，总投资 1 亿元。2010 年年底，广东—汶川工业园共集中安排入园项目 31 个，总投资 37.8 亿元。

广元青川—川浙合作产业园　广元青川—川浙合作产业园位于广元经济开发区袁家坝工业园区东南部，规划面积 2 平方公里，基础设施建设投入 3.8 亿余元，其中浙江省援建 2 亿元。2008 年 11 月 5 日，川浙合作产业园授牌暨基础设施开工典礼举行。交通、电力、通信、给排水、污水处理等基础设施以及标准化厂房等配套项目建设开工。2009 年 7 月 17 日，浙江景兴纸业在川浙合作产业园正式奠基，投资 2.4 亿元。广元龙腾 5 万锭纺织项目工程在园奠基。

2010 年 1 月，引进项目达到 10 个，总投资达 10 亿元以上。2 月，产业园基础设施工程基本完成，为企业入园奠定了基础；8 日，建煌科技 LED 照明项目开工奠基，甬川钢结构生产项目竣工投产。5 月 6 日，宁波华东物资城公司钢结构件等首批 3 个项目正式开工建设；8 日，总投资 3.6 亿元的五神娃新能源项目开工建设，主要生产玻璃制品集热管、全自动太阳能热水器整机。6 月 4 日，产业园举行落成仪式。园区内建有广场、超市、宾馆等集休闲、观光、生产于一体的基础配套设施。同日，总投资 11.52 亿元的中弘新型铝材、旭辉光电单晶硅、元泰达泡沫铝、斯帝特太阳能热水器、飞亚新材料 5 个项目集中入园开工。

绵竹—江苏工业园　绵竹—江苏工业园位于绵竹市城区以南，由江苏、绵竹共同投资 12.1 亿元建设，规划面积 11 平方公里，已建成 5 平方公里，园区内路网、水、电、气和通信等工业发展基础设施建设基本齐全，形成“七通一平”的成片开发土地。集中发展食品加工、机械制造、新能源、医药等产业，并配套商贸、物流等产业。

2009 年 12 月 22 日，由中国肉食加工业排行第一的民营企业江苏雨润集团投资 2.5 亿元建设的年宰杀 150 万头生猪的绵竹福润肉类加工有限公司（一期）开工典礼在绵竹—江苏工业园区举行。这是首家中国 500 强企业在绵竹投资，该项目建成后，可实现年产值 15 亿元，并带动绵竹及德阳的30万农村群众增收致富。雨润集团“雨润牌”低温肉制品的销量连续10年位列国内第一。绵竹福润肉类加工有限公司占地229亩，建筑面积7.01万平方米，可带动绵竹市及周边地区多个产业的发展。

截至2011年9月底，江苏工业园共引进项目32个，协议投资额超过43亿元；开工建设项目32个，建成并投产的企业15个。

北京—什邡产业园　北京—什邡产业园区位于什邡市产业园区内，总投资3.2亿元，开发3.17平方公里，2010年3月23日开工建设，8月30日，北京—什邡产业园标准厂房建设通过项目竣工验收。2011年3月，产业园内天然气站、自来水厂、污水处理厂正常运转，相关配套设施全部完善，产业园开始投入使用。

2010年，北京—什邡产业园共引进项目30个，其中包括中关村“百家创新型试点企业”之一的亚太空间钛业有限公司投资的科研生产基地、腾中福田投资的新能源汽车生产基地、北京申安集团投资的LED节能产业基地以及曾荣获中国工业设计最高奖——“红星奖”的嘉寓门窗幕墙股份有限公司等。协议引资33.37亿元，全年实现工业总产值14.44亿元，利税3.2亿元。

上海—都江堰就业创业基地　震后，都江堰市17万人失业，生活面临极大困难，虽经过恢复生产稳定就业、引进项目创造就业、多方支援转移就业等措施解决11万人的就业问题，但仍有五六万人失业。解决就业成为震后都江堰面临的重要民生问题。上海市对口支援都江堰市灾后重建指挥部与都江堰市委市政府反复研究，设想在都江堰市建设就业创业基地项目。该项目为共建联建项目。2009年8月，都江堰市工业集中发展建设投资公司委托中国市政工程西南设计研究院进行可行性研究，确定项目选址在都江堰市工业集中发展区东北部。该地距市区7公里，与市火车站毗邻。周边有成灌高速、国道317线、成灌快铁等多条交通干线，20 ~ 40分钟内到达成都市区，40分钟到达成都双流机场，2 ~ 3个小时到达乐山、重庆河运码头。良好的区位优势，可为入驻企业提供便利的交通环境。由于都江堰的定位是发展机械制造和电子电器，兼顾生物制药、旅游纪念品和特色食品加工等产业，承接的企业以中小企业居多，因此该项目以小规模的标准厂房为建造主体。9月30日，都江堰就业创业基地项目奠基，正式开工建设。至2010年7月27日，经过300多个日夜的奋战，就业创业基地项目全面竣工。

作为共建联建项目，就业创业基地由上海市出资建造，总投资约2亿元，占地面积10万平方米，总建筑面积8.6万平方米，分标准生产厂房、仓储物流和基础配套设施三部分。从功能上可分为南北两个区域，南区约60米进深范围内为办公区、生活功能区，生活功能区含宿舍楼、餐厅、商店等生活设施；北区为生产功能区，含标准厂房及仓储物流设施。

河北—平武工业园　平武县地处深山，交通不便，全县只有南坝镇能够承载少量的工业。基于此，绵阳市决定采用打破区划、空间限制，实现资源互补、共同促进的“飞地”模式，建设河北—平武工业园。河北—平武工业园区位于绵阳高新区新扩区域内的磨家镇观音堂村、冯家湾村以及河边镇海峰村，规划面积3平方公里，投资15.4亿元，以发展高、精、尖、新产业为主。

工业园规划建设3个功能区，即核心企业区，主要为有实力的大型企业提供项目用地；中小企业区，发展园内核心企业和周边园区的配套企业，以及具有创新能力和发展潜力的中小企业；生活服务区，为整个工业园提供住宿、餐饮、金融、信息、医疗等配套服务。

2010年3月中旬，园区地界确定，组建工业园区投资开发建设有限公司。2010年11月至2011年4月的6个月内，先后与四川应得投资有限责任公司签约应得工业园建设项目，总投资5.1亿元；与绵阳高平投资有限公司签约投资服务创业园项目，总投资1.95亿元；与四川亚塑新材料有限公司签约塑料检查井及其配套项目，总投资1.01亿元；与四川天鑫科技有限公司签约智能化网络安全防范设备生产线项目，总投资2.4亿元；与绵阳中元实业有限公司签约年产3.24万吨发泡聚丙烯片材项目，总投资3.43亿元。

江油—河南工业园 江油—河南工业园选址于江油工业园区9.8平方公里的启动区内，规划控制面积6.7平方公里，核心区2.5平方公里。河南省投资3亿元，主要建设园区内总长约14.8公里的9条市政道路、3栋共1.2万平方米的标准厂房、1栋6000平方米的企业创业中心、1座雨污水泵站等基础设施。2009年10月，四川省发改委批准江油工业园区扩建为20.73平方公里，比原规模扩大一倍多。

2009年5月20日，江油—河南工业园暨首批河南企业入园仪式隆重举行。河南省副省长张大卫等为首批签约入驻该园的河南煤化集团、义煤集团、新乡天丰集团、郑州燕南集团4家河南企业揭牌。9月11日，江油市六合汽轮机材料有限公司搬迁并扩建到江油—河南工业园，打造中国最高端的耐高温、耐腐蚀的特殊合金锻材基地。11月中旬，该公司2万吨专用锻材锻件生产线在园区开工奠基，成为园区首个开工项目，项目总投资5亿元，一期投资1.85亿元，建成后总产值10亿元；二期投资3亿元，总产值20亿元。2010年5月12日，河南华工重型机械公司、威龙空分设备集团、鑫华夏矿业公司等6家企业与江油市签订项目入驻江油—河南工业园协议，协议总投资达4.3亿元。

截至2010年12月底，江油—河南工业园区已建成面积6.73平方公里，园区内核心区已经建成，入驻工业企业165户。

湖南—理县下孟工业集中区 湖南—理县工业园区包括下孟工业集中区和绿色经济集中区。下孟工业集中区由回龙桥河坝（东区）和三家河坝（西区）组成，总用地面积84.77公顷，是以发展硅业、盐化工、电解铝为主的水电高载能基地。项目总投资1.1亿元，由湖南对口援建解决，为“交钥匙”工程。2009年11月15日开工，2010年9月15日竣工，完成下孟工业集中区3711米防洪堡坎、3900米滨河路及主道道路，占地540.4平方米、4000吨/日的自来水厂及配套管网，占地641.7平方米、2000吨/日污水处理厂及配套管网，442平方米管理用房，滨河道路绿化亮化；绿色经济集中区1304米防洪堡坎、944米河堤堡坎加固、982米滨河路及支路，占地571平方米、2000吨/日自来水厂及配套管网，滨河道路绿化亮化基础设施工程。四川长化宏光盐化工有限公司、四川协鑫硅业科技有限公司、理成特种硅业有限责任公司、理县川苏生态农业发展有限公司、理县无公害蔬菜储藏保鲜库、理县阿吉郎绿色食品有限公司已正式签约入驻园区，入园企业项目协议总投资约1.36亿元。

黑龙江—剑门工业园 黑龙江省对口支援剑阁县，两地在剑门工业园基础上建设合作产业园区。园区以标准化厂房项目为基础，建成中小企业孵化园。建成的标准化厂房可为黑龙江省相关企业进军西南市场奠定基础。2008 年 10 月 9 日，黑龙江省与四川省签署《黑龙江省支持剑门工业园区发展备忘录》。

园区规划总面积 302.87 公顷。园区市政道路管网项目由黑龙江省全资援建。分两期建设，总投资 3000 万元。园区标准化厂房项目占地 18.33 公顷，建设标准化厂房 10 万平方米，其中黑龙江省援建 6.6 万平方米、安排援建投资 1.2 亿元。园区道路管网和标准化厂房等基础设施援建项目的实施，促进了剑阁县供水、供电、通信、天然气等公用事业的快速入园，配套的道路桥梁、职业学校、医院、污水处理厂等项目在 2010 年年底陆续建成。

2009 年 11 月 16 日，剑门工业园区被认定为四川省第四批小企业创业基地。园区已入驻企业 22 家，协议引资 25 亿多元，主要工业项目集中于建筑建材、轻工机电、食品医药等领域，10 多家企业建成投产。2010 年实现主营业务收入 7 亿元，基本实现“三年成规模”的阶段性目标。园区的产业聚集为当地农民工提供了 4000 多个就业岗位。

2011 年 8 月 8 日，剑阁县兽药产业园区基地项目举行开工仪式，项目正式落户剑门工业园区，项目建成后，将成为西南地区规模最大、产品最齐、功能最全的兽药生产基地和全国最大的民营兽用生物制品企业。

第二章　旅游业

灾后恢复重建发挥区域内旅游资源富集、景观景点独特的优势，将旅游业作为安民富民的优势产业，采取多种措施，恢复旅游市场，重建旅游生产能力，分类恢复 26 个国家级、省级风景名胜区，加强特色风景名胜区形象建设，积极推进景区信息化建设，增强美誉度和吸引力。截至 2011 年 4 月底，四川省旅游恢复重建项目 175 个，总投资 75.83 亿元，其中开工项目 164 个、已完工项目 121 个；累计完成投资 56 亿元，占规划总投资的 73.85%，其中完成中央基金投资 4.24 亿元。2010 年年底，四川恢复重建规划区旅游总收入、国内旅游收入、国内旅游人次等三大指标，与震前的 2007 年相比，分别增长 54.9%、57.8%、46.2%，四川省旅游业快速恢复。

第一节　旅游市场

地震灾难所造成的心理压力，成为旅游业灾后恢复重建最大的挑战，因而信心的恢复比物质重建更为艰难和重要。传递四川旅游依然美丽、安全的准确信息，是消除游客心理阴霾、重振市场需求的关键。为此，必须优先建设旅游基础设施，整合区域旅游线路。灾区省相关部门在交通恢复、文化保护、生态重建、城镇建设、新农村建设等方面主动考虑旅游发展需求，有力地推动旅游业的恢复性增长。利用震后世界聚焦四川，整合营销资源，采取“走出去、请进来”的方式，加大四川旅游美誉度和信任度的宣传，向世界传播“天下四川有爱、熊猫故乡更美”的旅游新形象，大力提振游客信心。刺激消费意愿，创新产品，先后开展了危机营销、感恩营销、事件营销、网络营销等工作。分阶段、分地域、分受灾轻重，有组织、有计划地向国内外推出四川、陕西、甘肃作为目的地营销的市场促销计划。2009 年，成都、德阳、绵阳、广元、阿坝、雅安 6

个重灾市（州）实现旅游总收入682亿元，与震前2007年的680亿元相比，增长0.3%，基本恢复到震前水平。

一　游客信心恢复

市场启动　聘请专业公司，对国内和入境客源市场进行抽样调查和综合分析；聘请专业人员对四川旅游景区、城镇及线路的特种设施设备、接待设施设备、旅游服务进行调研。通过调查分析，四川省将旅游市场恢复振兴分为3个阶段：第一阶段为2008年下半年，开展“四川人游四川”活动，全面恢复性启动非灾区旅游，树立“汶川地震百年不遇、四川旅游依然美丽”的安全旅游形象；第二阶段为2009年，全面推广恢复四川旅游，树立“天下四川有爱、熊猫故乡更美”的舒适旅游形象；第三阶段为2010年，旅游市场全方位恢复，逐渐推出震后形成的新资源和新产品，重塑“天下四川、熊猫故乡”的完美旅游形象。四川省政府于2008年6月、7月、8月和“十一”黄金周前，分4批启动恢复包括九寨沟、黄龙、都江堰—青城山等景区在内的旅游市场。九寨沟景区在2008年8月6日正式对外开放，都江堰—青城山景区在2008年“十一”黄金周前恢复开放。游客信心和投资商信心全面恢复，旅游业的恢复重建取得最先恢复人心、最先稳定民心、最先树立信心的效果。

旅游促销　推动乡村旅游市场发展。2009年，四川省农办和省旅游局联合开展“震后乡村依然美丽”主题乡村旅游活动。截至2009年年底，全省有农家乐13718家、乡村酒店558家，乡村旅游接待点共接待游客1.2亿人次，实现直接旅游接待收入175.67亿元，带动实现乡村旅游总收入382.8亿元，占2009年全省旅游总收入的27.6%。四川省旅游局联合省农办联合开展了全省乡村旅游示范县（市、区）、乡（镇）、村评定工作，经过严格的评审，共产生首批省级乡村旅游示范县（市、区）17个、乡村旅游示范乡（镇）66个、示范村154个。5月12日，九寨沟、黄龙、峨眉山、乐山大佛、都江堰、青城山、海螺沟等全省数百个景区免费向游客开放；成都市发行2000张“熊猫卡”，市内11个国有景区对省外游客实行全年减免门票、省内游客实行全年半价门票的优惠。

实施整体营销。整合省、市、县旅游宣传促销资源，统一全省旅游品牌、形象和营销，形成宣传合力，强化专业性活动。四川省统一组织赴云南、贵州的区域市场促销活动；举办第六届中国旅游论坛；组织赴德国等7个国家和香港地区10批次促销活动，邀请日本、北欧等国家和地区知名媒体7批次赴四川考察拍摄。多渠道、多方式、多批次向海内外宣传四川旅游震后依然美丽的安全旅游形象，同时加强媒体合作，分别与国内外知名媒体、杂志和网站合作，展示四川省旅游形象，制作宣传专版，请张艺谋班底拍摄制作了“灾后四川依然美丽”的新版形象宣传片。在北京、上海等地的口岸，投放宣传广告，设置宣传专栏等。与中国国际广播电台举办“美在四川”全球旅游知识竞赛活动，以53种语言宣传四川，听众超过1亿人次。在中央电视台主要频道、旅游卫视等播放四川旅游形象宣传片。与海内外大型旅游集团和主流媒体合作，多渠道对外开展宣传推广。与各大网站合作，开展“魅力四川2008”活动，为四川旅游灾后恢复重建设置专栏、专页，建设“四川旅游频道”，及时发布四川安全旅游的信息。

举办“四川爱心之旅”“四川舒心之旅”“四川同心之旅”——汶川地震遗址环线旅游大型活动；支持和鼓励开展“四川人游四川”的活动；赴中国台湾、中国香港、韩国、日本、新加坡、马来西亚、泰国、美国、德国等主要客源市场开展宣传促销活动，邀请境内外名人、世界性的旅游组织、境内外主流媒体、境外主要客源地旅行商和国内百强旅行社每年2次连续3年到四川考察旅游线路。

“宣传推介”。国内市场重点以周边客源市场为主，四川省继续开拓以广东、北京、上海为代表的珠江三角洲、渤海湾、长江三角洲等区域旅游市场。在省内开展“四川生态旅游”“三国旅游精品线路”“乡村旅游节”“休闲避暑游”“红叶之旅”等特色活动。重点做好南国冰雪节、中国西部博览会、第六届中国旅游论坛、第二届国际非遗节、中国四川国际文化旅游节等重大旅游活动。“四川人游四川”活动，先后启动成乐峨旅游线、川南旅游线和川东北旅游线等3条精品旅游线路。

甘肃省陇南市先后参加“多彩甘肃——走进秦晋豫”大型旅游宣传促销活动、陕川甘旅游恢复合作会、甘肃省灾后恢复旅游市场新闻发布会、第十三届西洽会旅游交易会（西安）、“全国百城旅游宣传周”暨“甘肃人游甘肃”旅游宣传周天水分会场启动仪式、川陕甘渝三国旅游精品线路启动仪式，举办2009“陇南人游陇南”旅游系列宣传促销活动、“陇南旅游感恩大行动”、兰州陇南旅游新闻发布会等活动，在西安、天水、兰州、深圳等地进行宣传推介，并发放500万元“陇南旅游消费券”，以拉动灾后旅游市场，引导大众旅游消费。在安康市举行的陕甘川旅游年会上，与会的三省18方决定共建秦巴国际生态旅游圈，强化区域合作保障机制，共同打造甘陕川区域旅游绿色通道。

特大地震吸引了全世界目光，大熊猫的故乡，一个优美的旅游胜地，一个优秀的旅游品牌，使得四川旅游品牌的知名度得以提升。据麦肯锡公司调查结果显示，全球媒体对于四川旅游的关注度在地震期间达到高峰。围绕主题整合市场资源，形成跨区域、跨国界的宣传推广力量，全面刺激对中国、四川的旅游需求愿望，形成强大的消费能力。国家旅游局将四川旅游精品线路纳入该局驻海外办事处宣传项目；为灾区争取举办了系列国际旅游相关会议，支持在四川召开亚太地区旅游目的地国际论坛、“旅游业应对自然灾害国际论坛”等重大会议活动；着力开发以中国台湾、日本、欧美为核心的入境市场，展开更广泛的国际合作。

社会支持　全国人民以及各援建省市纷纷开展“爱心之旅”和“祈福之旅”，到四川灾区旅游，直接拉动四川旅游业的恢复和发展。在震后两个月，上海、天津、河北、浙江、山东等地先后开展了“爱心之旅”，在旅行社的周密组织下，首先确定活动主题，然后派人专程到四川勘察线路，做好安全防范工作，如实对外宣传“四川依然美丽”和安全形势，组织成千上万的潜在游客积极报名。通过开展这些活动，不仅使援建省市的旅行社和游客树立了信心，而且也向世人传达了四川旅游业的灾后现状，客观地对外宣传了四川旅游形象，为四川旅游市场的恢复做出了贡献。

2008年9月29日，都江堰—青城山景区震后正式对外开放，为使都江堰旅游业尽快复苏，参加“爱心之旅”的850名上海游客次日即抵达都江堰，这是震后第一个到都江堰的上海旅游团。上海市还借助上海国际旅游节和上海世博会两个平台，依靠本市旅游产业和广大爱心市民，多方举办推介活动，助推都江堰旅游业恢复、提升。15 家上海旅行社与都江堰市达成协议，推出包括世博之旅、爱心之旅等 8 条特色旅游线路。地震两周年之际，由广州市对口援建威州前线工作组、广州市旅游局、汶川县政府启动“大爱之旅重走西部”的“旅游献爱心”活动。围绕成都、汶川、都江堰、阿坝等多个受灾地区，设计了“大爱中国”主题旅游线、地震遗址旅游线、灾区新貌旅游线等系列主题旅游线路。在系列汶川游线路中，特别指定“三个一”特色行程，即“一个特色购物点”“一顿特色农家饭”“一个特色旅游景点”，从旅游产业链的游、购、食等相关环节，刺激游客在当地消费，拉动灾后旅游经济发展和产业恢复。

二 旅游线路统筹

2011 年 11 月 25 日，四川省召开了全省旅游线路统筹工作会，先后编制了《四川省“重走长征路”红色旅游要素整合实施意见》《四川省三国文化旅游线路开发工作方案三国文化旅游线路要素整合实施意见》《四川省九环线旅游线路要素整合实施方案》《四川省成乐旅游线要素整合实施方案》《四川省川南线要素整合实施方案》《汶川地震遗迹旅游线要素整合方案》等。同时，以成乐旅游线为试点，召开成乐旅游线路统筹实施督察会议。国家旅游局和四川省政府签订灾后重建紧密合作协议，推动线路统筹工作，确定乐山、眉山、雅安、广元、南充、内江、资阳七市作为 2009 年全省旅游线路统筹试点市，指导广元、南充、内江、资阳等市启动旅游线路统筹实施和标志标牌建设工作。在四川旅游信息网上，推出了千条自助自驾旅游线路，将旅游景区、城镇、通道串联成线路产品，以区域、季节、主题、进入等分类方式进行编排，满足游客不同的需求。截至 2009 年年底，四川省编制完成并发布上网 1114 条旅游线路，总点击率突破 1905 万次。

国家旅游局将四川主要线路分阶段纳入全国重点旅游线路向国内外推广。主要线路包括：人类瑰宝——成（都）乐（山）世界遗产线路；温暖的南国冰雪世界——四川冬季旅游线路；新农村、新农民——青城山、都江堰、彭州、邛崃等乡村旅游带；童话世界·人间天堂——九（寨沟）黄（龙）线；最后的净土——香格里拉旅游线；三足鼎立今安在——三国文化旅游线；萧瑟秋风今又是——汶川地震遗址旅游环线等。旅游线路的统筹规划和宣传，有力地带动了灾后旅游业的振兴与发展。

第二节 旅游生产能力恢复

四川省优化旅游产业格局，建设三个旅游产业带、四个旅游经济区、六条主题精品线路。加强旅游通道、旅游景区、城镇和村落旅游设施和旅游应急救援能力建设，恢复重建旅游生产能力。

一　旅游产业格局调整

三个旅游产业带　按照大龙门山旅游试验区的资源特点和资源结构，以及生态环境承载力与生态保护的要求，调整区内的旅游产业沿 3 个带布局，即平原丘陵地区以旅游城镇为中心的乡村休闲旅游产业带，低山至中山山地观光休闲度假旅游产业带，高山生态保护及科考、探险专项旅游产业带。

四个旅游经济区　在三个产业带中，结合各区域的特点，形成四大不同主题的旅游经济区。

羌文化体验旅游区，以阿坝藏族羌族自治州、绵阳市为主，以九环线为依托，打通省道 213 线，以汶川、理县、茂县、松潘、北川、平武为支撑，以桃坪羌寨、黑虎羌寨、萝卜寨（新建）、色尔古寨、营盘山羌文化遗址、北川新县城、禹穴沟、西羌九黄山、药王谷（见图 173）、小寨子沟羌寨等为载体，构建羌文化体验旅游经济区。

图 173　北川羌族自治县 AAAA 级药王谷风景区
（四川省委宣传部　提供）

龙门山休闲旅游区，以成都市、德阳市为主，以沿龙门山山前乡村旅游为依托，以青城山—都江堰、西岭雪山、龙门山风景名胜区等风景游体系为载体，以大邑花水湾温泉、什邡—绵竹—安县罗浮山温泉带为承载点，发展观光、休闲度假产业，形成龙门山休闲旅游经济区。

三国文化旅游区，以成都、德阳、绵阳、广元四市为主，涵盖阆中市、南江县，依托武侯祠、庞统祠、双忠祠、富乐山、江油关、七曲山、窦圌山、仙海、涪江六峡、李白故里、郪江汉墓群、翠云廊、剑门关、昭化古城、明月峡（见图 174）、皇泽寺、千佛崖、阴平古道、苍溪红军渡、苍溪梨文化博览园、光雾山—诺水河、汉中勉县武侯墓等景区，打造三国文化旅游经济区。

大熊猫国际旅游区，以成都市、雅安市、阿坝藏族羌族自治州为主，依托蜂桶寨、卧龙、四姑娘山、夹金山、碧峰峡、汉源鲜花碧水阳光城、蒙顶山—百丈湖国际茶文化景区、周公山温泉

图174　广元市朝天区国家AAAA级明月峡旅游景区
（四川省委宣传部　提供）

等，打造大熊猫国际旅游区。

六条主题精品线路　在大龙门山旅游试验区内通过线路统筹，形成具有市场竞争力的精品旅游线路。

九环线精品旅游线（包括九寨沟北环线）。成都—汶川—茂县—九寨沟、黄龙—平武—江油—成都，该线路以九寨沟—黄龙世界自然遗产地为中心，依托成都市目的地口岸城市青城山—都江堰世界文化遗产地、羌民族文化展示区、松潘古城、平武报恩寺、广汉三星堆等国内外著名的城市、城镇和精品景区景点，形成四川省最具有旅游价值的重要线路。九寨沟北环线：广元—青川—文县—九寨沟—松潘—王朗—平武—北川—绵阳—广元，该线路以九寨沟—黄龙世界自然遗产地为中心，是从四川北部广元进入九寨沟—黄龙的重要通道。该快速通道的建设能有效促进九寨沟—黄龙市场的恢复，并带动沿线新资源的开发、新城镇的发展。

藏羌文化旅游走廊。成都—理县—汶川—茂县—平武—北川—绵阳—成都。该走廊依托汶理茂北四县城镇和村落，集中展示中国唯一的羌族和安多、白马藏族文化。

中国汶川地震遗址旅游线。都江堰—映秀—汶川—茂县—北川—青川—绵竹汉旺—什邡穿心店—彭州银厂沟—都江堰。依靠汶川大地震所带来的知名度，对各地的新增地震遗迹资源进行整合利用，形成吸引旅游者的新线路。

大熊猫栖息地旅游线。成都—卧龙—日隆—夹金山—宝兴—碧峰峡—天台山—南宝山—西岭雪山—成都。依托大熊猫世界遗产栖息地资源，以多元化的自然环境和文化环境，塑造吸引国际游客的精品线路。

三国文化旅游线。成都武侯祠—德阳白马关、庞统祠—绵阳富乐山、七曲山—广元剑门关（参见图175）、皇泽寺、昭化古城—阆中古城—南充万卷楼—成都。以武侯祠、剑门蜀道国家级景区为核心，通过恢复重建升级沿线的三国文物古迹点和城镇，增强线路的吸引力，实现线路的新发展。

图 175 广元市剑门关景区

（陈广通 摄）

红色文化旅游线。广元—旺苍—南江—巴中—阆中—苍溪—广元。以光雾山—诺水河景区、阆中古城、苍溪红军渡等景区为核心，整合红色旅游、绿色旅游和历史文化旅游，建设红色文化旅游精品线路。

二 旅游通道设施建设

现有交通基础设施的恢复重建，客观上有利于提高旅游可进入性，促进旅游业的发展。

旅游通道设施主要包括两类：一类是为了发展旅游业而建设的交通基础设施，比如九寨沟黄龙机场；另一类是在铁路、高速公路、国道和省道的基础之上，对道路沿线进行绿化美化，建设旅游服务区和旅游服务站，包括旅游咨询处、汽车站、机场、汽车旅馆、购物点、医疗服务站、观景点、餐饮点、旅游厕所、停车场、修车点等设施；在道路沿线设置的旅游标识标牌，包括道路里程、出口方向、邻近景区名称等；此外，还包括道路安全应急项目建设，危险地段均应设置糙化路面和振动标线，危险弯道处增设反光镜等。

九黄机场扩建 九寨沟、黄龙景区的九黄机场是国内旅游支线机场，处于黄龙、九寨沟、牟尼沟旅游景区的中心区域，距九寨沟 88 公里、黄龙 43 公里，与成都空中距离 240 公里。海拔 3448 米，地形复杂，气候恶劣，是中国三大高原机场之一，机场飞行区等级为 4C，2003 年 10 月建成使用。机场建成后，成为中国最繁忙的支线机场，旅客吞吐量远远超过设计能力。2006 年 5 月九寨沟黄龙机场二期扩建，2007 年 4 月扩建工程全面完工，飞行区等级达到 4D，在中国第一家引进风廓线雷达设备，在亚洲首家安装跑道拦阻材料，是第一批使用卫星导航技术的机场，高峰日航班起降量 100 架次以上。

地震发生后，为了提高旅游交通保障能力，支撑区域经济发展，实施三期扩建，在恢复重建期间替代九环线陆路运输，增加灾区旅游业的空中运力，对构建灾区快进快出的安全通道和应急系统，对尽快恢复和提升灾区旅游业的承接能力起着举足轻重的作用。2008 年年底，三期扩建工程正式启动，包括新建平行滑道、老候机楼改造、空管系统升级等，总投资 4.74 亿元。2011 年 11 月，主体工程完工，实现双向起降，通行能力从每小时飞行 8 架次提升为 18 架次。2011 年，九寨沟黄龙机场开通成都、重庆、西安、昆明、北京、上海、杭州 7 条航线，年吞吐旅客 175 万人次。

从 2003 年建成通航到 2011 年三期扩建完成，九寨沟黄龙机场累计旅客吞吐量突破 1000 万人次，创造了同等规模机场旅客运输增长最快的记录，是国内盈利能力最强的支线机场之一。

德阿快速通道修建　德阳市和阿坝藏族羌族自治州是四川省唯一两个相邻却不通公路的市、州。地震发生后，成都经汶川至茂县的生命线一度中断，修建绵竹至茂县的公路，可缩短成都至茂县的路程约 60 公里，也可避开都江堰至汶川段的地质脆弱区，对改变灾区的旅游交通环境有重要作用。

德阿快速通道主要工程是绵竹至茂县公路。绵竹至茂县公路于 2009 年 9 月 8 日开工建设，采用二级公路标准，设计行车速度每小时 40 公里，线路全长 55.8 公里，估算投资 32.2 亿元，其中香港援建 20 亿元。

绵竹至茂县公路沿线 20 多公里为无人区，线路勘测、公路建设困难，断裂带多，自然灾害多，桥隧多。为了避开“大熊猫走廊带”，为大熊猫不同种群的繁殖让出生命通道，绵竹至茂县公路采用隧道穿越的方式，增加 3.8 公里山体隧道，使绵竹至茂县一期工程从 4.9 公里增加到 8.7 公里，把对野生动物的影响降低到最低程度。2010 年 8 月工程遭遇特大泥石流灾害，9 月启动重建。为了增加线路抗地质灾害能力，将金鱼电站至清平乡场镇段的线形进行变更，线路比原来加高 10 余米。至 2012 年 11 月底，绵竹至茂县公路 K0+000 ～ K8+465 段工程全面完成，第一座长隧道金鱼隧道投入试营运，其余路段在建。

三　景区旅游设施修复加固

旅游景区是旅游资源最集中的地区，灾区景区恢复重建主要包括以下几类：一是世界遗产恢复重建项目，如都江堰、青城山、卧龙自然保护区、黄龙等，部分世界遗产更重要的功能是文化传承和濒危物种资源保护，旅游功能处于从属地位；二是龙门山休闲度假恢复重建项目，主要包括虹口、丹霞山、剑南老街、蓥华山、罗浮山、千佛山、唐家河等；三是羌族文化生态旅游区恢复重建项目，包括小寨子沟、禹穴沟、西羌九黄山景区（见图 176）、大禹纪念馆、营盘山羌文化遗址等；四是三国文化旅游区景区景点恢复重建项目，主要包括罗江三国文化旅游区、李白故里、窦圌山、江油关、翠云廊、剑门关、昭化古城、皇泽寺、千佛崖、明月峡、白龙湖、光雾山—诺水河、苍溪红军渡、阆中古城等；五是茶马古道旅游区，主要包括夹金山、碧峰峡、上里古镇、鲜花碧水阳光城、蒙顶山—百丈湖、周公山等。此外，对地震灾害形成的新旅游资源，高标准规划建设成世界罕有的地震遗址遗迹线路产品，推进灾区旅游产业升级。景区旅游公共服务设施的恢复重建主要包括游客中心、供电、供水、游步道、消防水池、污水处理站、管网、堡坎等基础设施和旅游厕所、购物点、标识标牌、垃圾箱、停车场、索道、观景亭、观众通道、电脑触摸屏、电视墙及休闲、餐饮场所等旅游配套服务设施的修复加固。

图176　北川境内的西羌九黄山猿王洞风景区（四川省委宣传部　提供）

陇南景区景点设施修复加固　陇南市武都区完成万象洞上水工程、凉厅和洞内灯光的检修工程，更新了洞内景点灯光、万象洞道路恢复、停车场恢复加固工程，新修仿古式廊桥（渡仙桥）1座，主体已完工。万象洞景区大门及游客接待中心建设已完成选址。完成五凤山景区游客服务中心、险段防护建设及古建筑维修，12.5公里道路拓宽硬化；完成朝阳洞游客服务中心及古建筑维修。文县完成天池景区步道、护栏的维修加固，建设游廊2处、观景平台3个。修建竣工的天池景区非物质文化遗产博物馆，主要有展厅、陈列厅、报告厅、演艺厅。修建完成的天池景区游客接待中心，主要包括客房、套房、购物大厅、售票厅、大小餐厅、会议室。白马风情寨项目建设内容为麦贡山村寨门、护栏、便道等，已完成主体工程。成县西狭颂景区灾后重建系列工程完工，主要有：2号、3号、4号、5号、6号、7号、8号坝库区库周工程；吊桥周围维修加固工程；震后水泵房坝体周围维修加固工程；山体危石初步排险工程；《西狭颂》碑亭西面道路及过水路面维修工程；保仁寺道路、院边挡土墙维修工程；单山水池维修、过水路面、庄子坝过水路面及江武路斜坡道路工程以及震后东入口栈道及东入口石板路面工程；西口停车场花坛、树池工程，旧水轮拆除及院面重建工程，折扇岩仿木栏杆工程等。康县完成阳坝景区环保公厕、天鹅湖环湖工程、道路维修加固工程、景区园林绿化和停车场硬化工程；完成阳坝梅园沟游客接待中心主体、检票口工程、快活林工程，建成龙神沟形象大门。徽县完成三滩景区游客接待中心建设工程，东沟峡人行步道工程，停车场和三滩山门广场供电工程，仿石硬化广场，绿化、美化等配套设施工程；完成三滩北部景区旅游道路路基工程2.2公里；修建完成严坪停车场至寺垭子6公里旅游道路。两当县完成两当兵变指挥部旧址修复工程，其中纪念馆工程包括主馆、广场、管理中心、雕塑等建筑物及排水、绿化等配套工程。西和县完成晚霞湖湿地休闲旅游区建设，主要包括入口大厅、方亭、圆亭、双亭、六角亭、四角亭等亭台廊榭共12座及画廊、九曲桥、栈桥等水上建筑，其中隍城森林公园灾后重建项目竣工并投入运营。

汶川大禹故里设施修复加固　汶川县绵虒镇有“大禹故里、西羌门户”的美誉。2010年年初，绵虒镇政府和广东省珠海市援建工作小组在绵虒镇高店村石纽山刳儿坪选址，投资兴建大禹故里文化景区。4 月 1 日项目主体工程开工建设，7 月 17 日项目主体工程竣工，总投资 4406 万元。景区配套工程项目于 2010 年 5 月 28 日开工，11 月 19 日竣工，总投资 2244 万元。

建成后的大禹故里文化景区项目分禹台景区和禹王纪念馆景区两大部分。禹台景区紧邻原国道 213 线东侧，禹王纪念馆景区位于石纽山刳儿坪山顶。整个景区由入口区、碑林、大禹文化研究陈列馆、祭前广场、甬道、祭坛、大禹殿、大禹雕像、上山步道、刳儿坪景区组成。（参见图 177 ～ 178）

图 177　汶川县绵虒镇大禹铜像
（广东省援建指挥部　提供）

图 178　汶川县绵虒镇大禹故里
（杨卫华　摄）

2010 年 7 月 17 日，阿坝藏族羌族自治州政府、珠海市政府和四川省社会科学院在大禹故里文化景区联合主办首届中国汶川大禹文化旅游节开幕式暨大禹故里景区落成典礼。文化旅游节主题为“永恒大禹・崛起汶川”。其间，举行华夏之声汶川感恩国乐音乐会、大禹祭坛落成典礼、大禹诞辰祭祀典礼、汶川旅游推介会、大禹文化旅游节文艺演出、大禹精神与华夏文明学术论坛、专题学术报告、群众文艺演出等活动。12 月 21 日，大禹故里文化景区项目工程获四川省灾后援建项目“天府杯”金奖。

江油李白故里设施修复　灾后重建中，江油市把李白纪念馆和李白故居列入重建项目，按照修旧如旧的原则精心修复。重建后的李白纪念馆计划打造为融国家一级博物馆、AAAAA 级旅游景区和全国爱国主义教育基地功能于一体的名胜。重建中，李白纪念馆面积扩大，清一色仿唐建筑风貌，陈列展览面积增加。新增了仿唐风格建筑“杜甫堂”，使一代诗仙、诗圣在馆内“相会”。

江油市依托李白故里景区丰富的文化内涵，与桃花山、天宝山等已取得的新农村建设成果相结合，整合老君山、养马峡、青林口古镇文化旅游资源，将山水风光与农业观光产业园结合，增强了景区的带动能力。由四川九天建设工程有限公司投资 1600 余万元修建的九天唐园，坐落于李白故里桃花山脚下，是集生态餐饮、会议、休闲、茶楼于一体的高档综合性生态园，充分融入和展示李白的诗仙、酒仙文化，于2010年年底顺利通过四川省农委、四川省旅游局创星级农家乐的评定，成为绵阳市首家四星级农家乐。

2008年6月5日，三星级江油宾馆率先对外开放；国家AAA景区匡山佛爷洞通过排危、维修，于7月20日试营业，并开展戏水节活动。国家AAAA景区窦圌山在部队官兵的帮助下，进行建筑、游道排危，开展维修工作，8月20日对外营业。2010年，江油市旅游接待200多万人次，旅游总收入10.41亿元。2011年春节黄金周，全市共接待游客20.56万人次，同比增长12.97%；旅游收入8187.4万元，同比增长28.53%。

四　城镇旅游设施建设

城镇旅游设施主要包括游客中心、旅游咨询点、旅游厕所、旅游标识标牌、旅游垃圾桶、旅游购物、旅游接待、旅游娱乐、旅游人才培训等旅游公益设施项目。在城镇建设中，注重城镇旅游功能的完善和旅游环境的再造。阿坝藏族羌族自治州在城镇建设中突出羌藏文化风貌，茂县、汶川县城、北川新县城突出羌族文化风貌。青川新县城突出川北民居风貌，平武突出羌族和白马藏族风格，都江堰市突出川西民居建筑风格，汉源县突出汉代建筑风貌特征。这些城镇不仅承担行政中心、经济中心和文化中心的职能，而且具有较强的旅游观赏价值。

由于历史文化名镇具有较高的旅游价值，灾后恢复重建的新城镇如映秀镇、水磨镇、晓坝镇等均注重彰显浓郁的藏、羌民族特色风貌，重建时增加了新元素，具有较高的旅游观赏与服务价值。水磨镇重建后被授予AAAA级旅游城镇称号。

五　村落旅游设施建设

乡村旅游是四川省旅游业的重要组成部分，乡村接待的旅游者数量占当地旅游市场的50%以上。乡村民居和村落建筑的恢复建设迅速带动乡村旅游，促进农民增收致富，被称作安民惠民的基础工程。四川乡村在恢复重建过程中，布局上实行“大分散、小聚居”，增加乡村民居建筑、院落、花园、绿化的面积，厨房、卫生间按星级农家乐标准配置，提高建筑的安全标准，保障村落建筑的个性化和多元化选择，增加乡村的公共性活动空间和公共性服务设施的配置，合理规划建设乡村小道，以此提升乡村建设水平；大力发展农家乐，发展观光农业。

乡村旅游带包括青城山—都江堰—彭州乡村旅游带、什邡—绵竹—安县乡村旅游带、江油李白文化乡村旅游带、青川白龙湖乡村旅游带、汉源花海果都乡村旅游带、龙泉山乡村旅游带等。

青城山—都江堰乡村旅游带。在都江堰城区、青城山镇、大观镇、龙池镇、虹口乡发展生态农业和观光农业，打造特色乡村风貌环境，完善基础设施、乡村旅游服务接待设施；在柳街镇、中兴镇、玉堂镇、安龙镇按照AAAA级景区标准建设，打造国际休闲运动度假区、观光农业基地。建设乡村旅游酒店、高档休闲度假区。

彭州乡村旅游带。在龙门山镇、小鱼洞镇、葛仙山镇、丹景山镇、白鹿镇、致和镇、隆丰镇、红岩镇、磁峰镇、新兴镇、桂花镇、敖平镇、丽春镇、三界镇、九尺镇、濛阳镇、升平镇、军乐镇、通济镇等地发展生态农业、观光农业等乡村度假、休闲避暑、户外运动、山地体验区等的建设。

什邡市乡村旅游带。在湔氐镇、红白镇、蓥华镇、马祖镇、马井镇恢复重建罗汉寺—马祖故里景区、温泉古镇区、韩家包休闲区、白虎头水库垂钓区，建设宾馆、山庄、乡村酒店、度假别墅等旅游服务接待设施。

绵竹市沿山乡村旅游观光带。在遵道镇、汉旺镇、金花镇、土门镇、九龙镇的射箭台村、清泉村、棚花村、五齐村、温泉村、枣林渔村、玄郎沟村、盐井村、楠木沟村、湔沟村等地恢复乡村旅游，重建沿线游客接待中心、停车场、招呼站、景区厕所、景区道路等旅游设施等，整体风格要求青瓦白墙，绵竹年画上墙。

江油李白文化乡村旅游带。在青莲镇月圆村、太华村、玉光村，含增镇金光村，重华镇广利村，文胜乡安胜村，武都镇五通村、青林口村，方水乡白玉村，九岭镇综合村，以及涪城区戈家庙村、小桥村、古井村和游仙区沉抗镇燕子村、小枧沟镇紫阳村、游仙镇吴家村、申家村等地发展特色餐饮、农事体验，整体风格以唐风格为主。

青川白龙湖乡村旅游带。依托青川白龙湖景区，恢复建设木鱼镇、沙州镇及利州区宝轮镇等10个乡（镇）的基础设施和接待设施，在镇域内建设游客中心、厕所、旅游购物点等旅游配套设施，发展水上乡村休闲设施，形成九寨北环线重要节点，发展农家乐400户。

六　旅游应急救援系统建设

旅游安全应急救援系统有助于增强旅游防灾减灾能力，促进旅游业可持续发展。经过3年努力，初步建立起旅游应急救援系统。

旅游远程监控系统及应急通信　利用公用通信网实现AAAA级以上景区的远程监控，建立能覆盖全省的远程网络监控指挥平台，实现无线通信（无线电）覆盖，随时掌握重要景区的旅游客流、旅游交通等动态，抗灾时用于应急组织指挥。在四川省旅游局建立监控指挥中心。为应对各种灾害的发生，方便旅游应急救援联系，配备若干卫星移动电话。

直升机野外机降场项目　在阿坝藏族羌族自治州的九寨沟、黄龙，甘孜藏族自治州的海螺沟、亚丁香格里拉，乐山市的峨眉山，都江堰市青城山，凉山彝族自治州的螺髻山，宜宾市的蜀南竹海等景区和茂县、平武等重要游客中转地，修建了10个直升机野外机降场，在九寨沟、峨眉山、都江堰—青城山3个AAAAA景区的机降场增设雷达导航设备。每个野外机场及地面建设必要的通道等附属设施。

游客急救远程医疗协同项目　建立了以四川大学华西医院为中心，旅游重点市、县级医院为支撑和旅游重点集镇、景区医疗机构为网络的“游客急救远程医疗协同系统”。实现病员资料管理、实时远程图像文字传输、远程诊断及急救指导、医学影像传输与诊断以及分诊、转送信息支撑与任务管理等功能。景区游客发生疾病或意外伤害后，可以得到最及时、权威的急救处理。

医疗急救（点） 医疗急救点共26个。成都市，在成都市急救中心建设一个一级医疗急救中心，在都江堰市医疗中心、青白江区人民医院各建设一个二级医疗急救站，与乡镇卫生院（所）、公路道班等相结合建立三级医疗求救点。德阳市，在德阳市第一人民医院建设一个一级医疗急救中心，在广汉市人民医院、罗江县人民医院、绵竹市人民医院各建设一个二级医疗急救站，与乡镇卫生院（所）、公路道班等相结合建立三级医疗求救点。绵阳市，在绵阳市中心医院建设一个一级医疗急救中心，在梓潼县医院、江油市青莲中心卫生院各建设一个二级医疗急救站，与乡镇卫生院（所）、公路道班等相结合建立三级医疗求救点。广元市，在广元市人民医院建设一个一级医疗急救中心，在青川县人民医院、苍溪县人民医院、剑阁县人民医院各建设一个二级医疗急救站，与乡镇卫生院（所）、公路道班等相结合建立三级医疗求救点。阿坝州在阿坝藏族羌族自治州人民医院建设一个一级医疗急救中心，在小金县人民医院、汶川县人民医院、理县人民医院、红原县人民医院、若尔盖县人民医院、松潘县中藏医院、茂县人民医院各建设一个二级医疗急救站，与乡镇卫生院（所）、公路道班等相结合建立三级医疗求救点。雅安市，在雅安市人民医院建设一个一级医疗急救中心，在宝兴县中医院、石棉县人民医院、芦山县人民医院各建设一个二级医疗急救站，与乡镇卫生院（所）、公路道班等相结合建立三级医疗求救点。

第三节　风景名胜区重建

规划区分布着40处国家级、省级风景名胜区及世界遗产，具有独特且突出的景观、生态、文化、科学和旅游价值。地震使风景名胜区的自然景观、原生地貌、森林植被、生态环境等遭到严重破坏，并危害野生动物的栖息与生存环境。但最具代表性的自然和文化遗产资源、最典型的自然景观资源基本保存完好，主体风景资源未受严重破坏。震后，规划分类恢复26处风景名胜区，加强特色鲜明的风景名胜区形象建设，青城山—都江堰国家级风景名胜区完成数字化建设重建规划。

一　分类恢复

2008年6月10日，住房城乡建设部常务会议决定单独编制汶川地震灾区风景名胜区灾后重建规划。18—27日，该部派10名专家分西线和北线两个组至重灾地区的卧龙、四姑娘山、西岭雪山和龙门山、白龙湖、蓥华山、李白故里以及青城山—都江堰等风景名胜区和世界遗产地进行实地考察和灾情评估。7月2—6日，分派规划人员进入甘肃、陕西灾区进行现场调研，考察了6处受灾的国家级和省级风景名胜区。

7月20日，《汶川地震灾区风景名胜区灾后重建规划》发布，确定恢复风景名胜区26处，其中重点恢复四川大熊猫栖息地世界遗产地、四川青城山—都江堰国家级风景名胜区、四川西岭雪山国家级风景名胜区、四川罗浮山—白水湖省级风景名胜区、四川卡龙沟—打古冰川省级风景名胜区等5处；重点保育四川龙门山国家级风景名胜区、四川鸡冠山—九龙沟省级风景名胜区、四川蓥华山省级风景名胜区、四川九顶山省级风景名胜区、四川紫岩山省级风景名胜区、四川千佛山省级风景名胜区、四川草坡省级风景名胜区、四川九鼎山—文镇沟大峡谷省级风景名胜区、四川神门省级风景名胜区等9处；一般恢复四川阴平古道省级风景名胜区、四川三江省级风景名胜区（见图179）、四川鼓城山—七里峡省级风景名胜区、四川米亚罗（含毕棚沟等）省级风景名胜区、四川田湾河省级风景名胜区、四川灵鹫峰—大雪山省级风景名胜区，甘肃万象洞省级风景名胜区、甘肃云屏省级风景名胜区、甘肃三滩省级风景名胜区，陕西灵岩寺—江神庙省级风景名胜区、陕西三国遗迹武侯墓祠—定军山省级风景名胜区、陕西石磻溪钓鱼台省级风景名胜区等12处。

对于重点恢复的风景名胜区，治理地质灾害点，恢复景区游路，修复景区古建筑，恢复重建特色村寨，加强生态修复，恢复基础设施。四川罗浮山—白水湖省级风景名胜区和四川卡龙沟—打古冰川省级风景名胜区于2008年年底开放。四川大熊猫栖息地于2009年开放。四川青城山—都江堰国家级风景名胜区和四川西岭雪山国家级风景名胜区于2010年开放。

图179 汶川县三江乡明月亭

（广东省援建指挥部 提供）

对于重点保育的5处风景名胜区，主要是开展生态恢复、道路修复、地质灾害排险、整治景区农家乐及旅游服务设施。

对于一般恢复的12处风景名胜区，主要是开展生态恢复，修复古建筑、古城墙，修复游览交通设施与基础工程设施。

二 形象建设

加强风景名胜区形象建设，增强美誉度和影响力。都江堰市的青城山—都江堰国家级风景名胜区着重打造“拜水都江堰、问道青城山”的旅游形象。彭州市的龙门山国家级风景名胜区着重打造地质奇观。崇州市的九龙沟省级风景名胜区重点打造“美丽故我”的旅游形象。崇州市的鸡冠山省级风景名胜区着重打造“自然之子”的旅游形象。大邑县的西岭雪山国家级风景名胜区着重打造“中国南方山地滑雪胜地”品牌。邛崃市的天台山国家级风景名胜区着重打造“生态休闲养生”的旅游形象。江油市的窦圌山省级风景名胜区着重打造“全面展示自然价值和水利产业价值”的旅游形象。什邡市的蓥华山省级风景名胜区着重打造“登高望远”的旅游形象。汶川县的三江省级风景名胜区着重打造“山地生态度假”旅游形象（见图 180）。汶川县的卧龙大熊猫栖息地世界遗产地着重打造“熊猫世界”旅游形象。小金县的四姑娘山国家级风景名胜区着重打造“东方阿尔卑斯”旅游形象。松潘县黄龙国家级风景名胜区着重打造“童话世界”旅游形象。九寨沟县的九寨沟国家级风景名胜区着重打造“人间天堂”旅游形象。

为了加强形象建设，各风景区加强供电、供水、通信、供暖、污水处理站、污水管网、垃圾处理系统、垃圾转运、堡坎等基础设施建设，恢复重建旅游厕所，加强景观景点和植被恢复，加强危岩、滑坡、河道及边坡治理，加强旅游接待设施建设，加强特色文化及民族风情展示。

图 180　国家 AAAA 级风景区——汶川三江水乡藏寨

（四川省委宣传部　提供）

适应数字化和信息综合集成管理的新要求，2008 年 11 月，青城山—都江堰风景名胜区管理局重新编制完成《数字化青城山—都江堰风景名胜区灾后重建规划》，包括基础层、应用层和数据中心、指挥调度中心、系统集成及协同办公平台 3 个部分，总投资 3800 万元。规划将景区有关生态和环境内容监测纳入数字化工程，设计环境监测、生物资源监测、电子巡更巡检、森林防火、多媒体展示等子系统，构建数字化智能指挥中心体系、景区管理与生态保护体系和现代旅游服务体系。其中，景区管理与生态保护体系负责对景区的生态资源、环境进行监测和管理，建立生态保护系统，对景区的资源分布情况进行调研和信息采集，并将相关数据录入到生态保护数据库中，实现景区资源的数字化管理，极大地提高景区的生态保护和环境治理，以实现“资源保护数字化、经营管理智能化、产业整合网络化”，以信息带管理、以信息促保护、以信息增效益，全面促进景区环境、社会、经济的可持续发展。2010 年 9 月景区数字化系统投入试运行，并通过十一“黄金周”检验。2011 年 3 月 19 日，全国风景名胜区数字化建设会议在青城山召开，全国 80 余家风景名胜区信息化分管领导、信息化管理部门（信息中心）负责人和示范基地景区代表参加会议，现场参观数字景区并观看演示，并给予高度评价。

第三章　文化产业

汶川特大地震使演出展览、文化娱乐、艺术教育培训、音像、艺术品、网络文化、对外文化贸易等行业受到严重损失。震后，国家实施重点文化产业项目带动战略，加快文化产业基地和区域性特色文化产业群建设，培育骨干企业，构建特色文化产业带，促进文化产业结构调整和空间布局优化。到2011年9月底，四川省62个文化产业项目全部建成。

第一节　产业基地建设

文化产业基地是文化产业最为集聚的地区，其中国家文化产业示范基地是支撑文化产业发展的主体。同时，三省地震灾区围绕传统文化资源的开发，形成具有地域特色的羌绣和年画等民间文化产业品牌。

一　国家文化产业示范基地

国家文化产业示范基地主要包括九寨沟演艺群、广元女皇文化产业园、建川博物馆、三星堆文化产业园等国家文化产业示范基地。

九寨沟演艺产业群　九寨沟演艺产业群是随着九寨沟的旅游开发而发展起来的。2006年5月，九寨沟演艺产业群被文化部命名为国家文化产业示范基地。游人赞誉："九寨沟的早晨是鸟儿唤醒的，九寨沟的白天是画山绣水相伴的，九寨沟的夜幕是藏羌歌舞拉开的。"2008年，为《藏谜》量身定做的神奇九寨大剧院建成，《藏谜》落户九寨沟驻演。由"民族帐篷表演式"升级为"水泥帐篷表演式”，再升级为“舞台艺术表演式”，又升级为“舞台精品艺术表演式”，形成“世界自然遗产景区＋藏羌民族风情晚会＋藏羌歌舞伴宴”的文旅互动双运组合模式。（参见图181）2010年4月，《藏谜》登陆东京涩谷文化村，连续演出10场，为日本大地震和大海啸的受难者送去雪山草地的祝福。

图181　九寨沟国家级非物质文化遗产——白马舞
（方燕明　摄）

建川博物馆聚落　建川博物馆聚落，占地33.3公顷，坐落于国家级历史文化名镇——大邑县安仁古镇，2004年被文化部评为国家级文化产业示范基地。至2008年5月12日，已建成开放中流砥柱馆、正面战场馆、红色年代瓷器陈列馆等10个展馆，形成抗战、红色年代、民俗三大系列，成为国内民间资金投入最多、建设规模和展览面积最大、收藏内容最丰的民间博物馆。

建川博物馆聚落川军抗战馆、飞虎奇兵馆、游客中心、金桂公馆以及展柜等配套设施在地震中不同程度受损，展馆建筑出现裂缝，藏品中瓷器受损较重，灾害造成的直接经济损失达700多万元。经过恢复修缮，受损展馆迅速恢复对外开放。为了铭记灾难、记录历史、弘扬伟大的抗震救灾精神，建川博物馆聚落自筹资金3000万元，新建了“5·12”汶川大地震博物馆。

汶川大地震博物馆由北京奥运会主场馆“鸟巢”的中方总设计师李兴纲担当建筑设计，建筑面积3300平方米。2009年1月展馆土建工程完工。博物馆在第一时间即进行广泛性、标志性、抢救性地震纪念物品的收集。在地震发生当天，通信一度中断，当电话能打通时，馆长樊建川就通知大家集合，立即奔赴灾区收集地震实物。2008年5月12日当晚，建川博物馆收集到国务院总理温家宝使用过的话筒，成为收藏的首件地震文物。至6月12日，已收集到各类实物5000余件。社会各方面大力支持地震实物收集工作，陈光标捐赠在抗震救灾中屡立奇功的3台大型机械，萧继东与几十名川籍画家捐赠几十幅与抗震救灾相关、价值上百万元的书画作品。地震博物馆开馆前，收集到中共中央总书记胡锦涛考察灾情时在一所小学黑板上用粉笔书写的“一方有难、八方支援，自力更生、艰苦奋斗”16个大字；温家宝在救灾现场喊话用的话筒和他在直升机上使用过的军用地图；邱光华机组直升机的残骸及其日记遗物；抗震救灾部队、武警部队第一艘到达映秀镇的冲锋舟；空降部队救灾时使用的降落伞以及各抗震救灾部队、医疗队所使用过的救灾工具；“背妻男”吴加芳的摩托车；“可乐男孩”喝过的可乐瓶；学校食堂最后一次伙食的记录；“范跑跑”的眼镜；在废墟中被埋36天后救出的“猪坚强”等各类来自地震灾区的地震实物5万件。“5·12”汶川大地震博物馆陈列由樊建川自己设计，经过精心准备，在地震周年前完成“震撼5·12—6·12日记”等30多个展厅的物品陈列。2009年5月11日，汶川大地震博物馆对外开放。

三星堆文化产业园 三星堆文化产业园位于国家文物局划定的三星堆遗址保护区以东，紧邻广汉市城区，距成都38公里。规划面积20平方公里，其中启动区面积6.7平方公里。2003年，三星堆文化产业园被四川省政府批准为省级文化产业园，2006年被文化部批准为国家级文化产业示范基地。汶川地震发生后，在国家灾后重建和大力发展文化产业的政策支持下，2008年完成三星堆文化产业园区湔江河堤路改造工程；2010年开工建设浏阳路下穿立交和浏阳路西4段工程，打通文化产业园区与广汉主城区联系的交通瓶颈。

在建成瞿上园酒店、帝景湾、江南映象、龙院、圣巴巴拉小镇等一批旅游酒店和旅游房地产项目后，2009年广汉市政府与成都中盛万吉文化投资有限公司签订了投资建设三星堆文化产业园的正式协议，2010年4月与该公司签订了一期土地整理协议。按照协议约定，中盛万吉公司将在三星堆文化产业园内投资5.5亿元，占地3000余亩，规划建设“联合国和谐人居示范小镇”“艺术教育园”和“文化主题公园”等文化产业项目。2010年9月，广汉市政府与四川师范大学正式签订在三星堆文化产业园建设“四川师范大学科教园区（广汉校区）”的投资协议，项目投资约5亿元，占地1000亩，规划到2013年达到在校学生1万名、专业总数60个的规模。

二　传统文化产业基地

绵竹年画 绵竹年画产生于宋代，明末清初进入繁盛时期。乾隆、嘉庆年间（1736—1820年），绵竹有大小年画作坊300多家、年画制作专业人员1000余人，年产1200多万副（对）。绵竹年画具有浓郁的四川乡土特色，与天津杨柳青、山东潍坊、苏州桃花坞年画齐名，被誉为中国“年画四大家”，同为国家级非物质文化遗产。汶川地震发生后，绵竹市的国家、省、市、县级的非物质文化遗产传承人虽无人员伤亡，但年画基地、传习所、作坊的设备、工具、雕版、资料及展品、产品等损毁严重。遵道镇棚花村、拱星镇北派年画基地完全垮塌，6个非物质文化遗产保护中心设施受损达3.5万平方米，受损珍贵实物1000余件，直接损失2000余万元。尽快恢复年画生产，成为绵竹干部群众和江苏援建者急需解决的问题。

年画村是绵竹南派年画发源地，90多岁的陈兴才是南派年画的掌门人，也是国家非物质文化遗产项目——绵竹木版年画的代表性传承人。该村震前有从事年画产业的家庭作坊10户、近50人，有业余制作人员近200人，年销售年画及旅游产品等收入在40万～50万元之间。

2008年8月，苏州市对口支援孝德镇重建，在调研中发现射箭台村、大乘村拥有年画这样一个国家级非物质文化遗产和旅游品牌资源，开发年画旅游产品具有得天独厚的优势，但基本处于零散的家庭作坊式状态，没有形成产业集群，市场影响力较小。经过广泛征求意见，苏州援建指挥组提出以射箭台村为核心，以年画路沿线为重点，着力打造一个集年画制作、展销、乡村旅游休闲于一体的年画产业基地，旨在更好地传承年画文化，切实做强年画产业，同时带动一方群众致富，并将年画基地项目列入首批援建项目。2009 年 2 月 12 日，中共中央政治局常委李长春到绵竹考察，专程赴年画村调研，陪同调研的苏州市援建指挥组总指挥沈国芳介绍说："苏州援建将依托年画村打造一个集年画制作、传习、展销、旅游为一体的年画产业基地，带动当地农民致富"。李长春非高兴地说："苏州援建很全面，把经济援建也予考虑。村落恢复重建与地域文化相结合很重要，这个设想很好。"年画基地建设遂重新提上议事日程。苏州园林设计院有限公司很快拿出设计方案，总投资 3703.99 万元，建设周期 6 个月。该项目以 3 公里长的年画路为主轴，从东往西依次建设入口广场、年画牌坊、水乡长廊、综合接待中心、年画展示馆、年画湖及年画街坊，建筑面积 4565.5 平方米。

2009 年 4 月 1 日，年画基地正式开工建设，2010 年 4 月全面完成，同期顺利完成招租工作。该项目荣获 2009 年度江苏省"扬子杯"奖、"文明工地"称号。

"授人以鱼不如授人以渔。"为进一步扩大绵竹年画知名度和影响力，苏州援建指挥组积极主动参与、推动绵竹年画与苏州桃花坞年画的合作，组织苏州年画大师和刺绣大师到绵竹开展交流活动（见图 182）。2009 年 2 月 18 日，指挥组在绵竹组织召开苏州—绵竹年画产业发展与交流座

图 182　苏州市组织年画大师和苏绣大师到绵竹市年画村交流

（江苏省对口援建指挥部　提供）

谈会，绵竹市文体局、年画博物馆、年画促进会主要成员单位负责人和绵竹市20多家年画商家、制作艺人参会。3月3日，德阳市委宣传部部长郝跃南、绵竹市委宣传部部长罗应光带领绵竹市年画艺人代表及相关部门负责人一行20人，专程赴苏州参加“同心同行·桃花坞—绵竹年画联展”。展会上，苏州年画大师顾志军和绵竹年画传人陈刚联手创作年画《融和》。5月14日，世界56家华文、华语媒体联合组织“感恩侨爱——海外华文媒体四川行”代表团集中采访绵竹年画村，《人民日报》海外版进行专题报道。2010年2月6日，“第九届中国·绵竹年画节”开幕，“苏州桃花坞木刻年画·绵竹年画联展”同期在新落成的年画产业基地展示馆举办，两地年画大师纷纷携作品参展并进行广泛交流。苏州桃花坞年画首次走进绵竹同样获得巨大反响，绵竹年画借节造势，声誉鹊起，在海内外引起广泛反响，两地年画界沟通、交流、合作的平台成功搭建。

年画基地建成后，发展势头良好，海内外的游客络绎不绝，成为川西一条农村旅游精品线路，绵竹市旅游局正在申报AAAA级景区。绵竹市委、市政府已原则同意将射箭台村、大乘村合并为年画村，使年画文化能够更好地得到保护、传承和发展，并做大做强年画产业，为致富一方百姓起到更大更好的促进作用。

羌绣 羌绣是羌族的传统文化产业，主要分布在北川、汶川、茂县、理县等地。震后，阿坝藏族羌族自治州实施“羌绣计划”，采取“公司＋基地＋农户”的方式大力发展羌绣产业，2009年7月24日，阿坝藏族羌族自治州州政府启动“羌绣帮扶计划”，采取“帮扶中心＋帮扶站＋帮扶点＋农户”模式，在灾区招募和培训妇女从事羌绣生产，到2009年年底已帮助约6000人就业。为打造“羌绣之乡”，2009年8月，北川羌族自治县成立羌绣产业推进办公室。经过两年多的发展，至2011年年底，有羌绣企业11家，组织培训羌绣2万多人次，培养专业绣娘300余人，以刺绣为主要收入的绣工近2000人。北川羌绣年创产值1450万元，纯收入760万元，人均年增收6000元。全县10个乡（镇）有30%的羌族妇女掌握了基本羌绣技艺。绣工们还成立北川羌绣协会，申请注册“北川羌绣”商标和地理标志。在距离北川新县城3公里处规划建设占地248亩的羌绣文化产业园，按照“文化＋创意＋科学＋旅游”的模式，打造以羌绣为特色的中国刺绣文化博物馆群落，形成集羌绣研发设计、技能培训、刺绣工坊等加工区及艺术家村于一体的特色园区。（参见图183）

第二节　市场恢复

灾区省启动“文化安民”行动。震后第一个春节，启动大规模的“文化暖冬”行动，送出2.3万场演出、1.7万场公益电影到灾区和社区，文化服务使灾后的冬天格外温暖。民间文化活动也如火如荼地开展起来。绵竹市遵道镇棚花村有一个四川震后首家农民自发创建的感恩艺术团——大宝艺术团，团长魏斌挨家挨户寻找农村文艺人才，并自发在板房区演出，随后奔赴全国

图 183 “羌绣之乡”北川羌绣文化产业园羌绣工坊

（北川羌族自治县 提供）

演出 60 多场。罗江县鄢家镇民间嫂子歌舞团在灾后深入山乡群众中，演身边的事，唱身边的人，用纯朴的艺术形式、健康向上的文艺节目，填补震后一度存在的山乡文化断层。

艺术培训机构重建。四川艺术教育培训机构恢复重建项目 39 项，投资 8503 万元。项目中市州级的有德阳市伟城艺术学校、德阳市雅韵艺术培训机构、德阳市艺术培训基地、德阳市舞蹈学校、德阳市文化馆培训基地、绵阳市东方艺术职业学校、绵阳市艺术培训基地、绵阳市文化馆、绵阳市扎西艺术团、绵阳市鸿远艺术学校、绵阳市老年大学丰谷酒业艺术团、绵阳市白马艺术团、绵阳市华奥文化交流中心、广元市艺术培训基地、广元市艺术学校、广元市阳光舞蹈培训学校；县级的有北川羌族自治县艺术培训中心、北川羌族自治县文化馆艺术培训中心、汶川县艺术培训基地、青川县艺术培训基地、绵竹市文化馆培训基地、绵竹艺术培训基地、什邡市艺术培训基地、什邡市文化馆培训基地、都江堰市艺术培训基地、平武县艺术教育培训机构、平武艺术培训基地、安县艺术培训基地、安县文化馆培训中心、江油市艺术培训基地、彭州市艺术培训基地、茂县艺术培训基地、理县艺术培训基地、汉源县文化馆、广汉市文化馆培训基地、中江县文化馆培训基地、罗江县文化馆培训基地、芦山县文化馆、石棉县文化馆。

结合灾后公共服务设施和市场服务体系恢复重建，调整优化城乡文化市场服务机构和网点布局，重点恢复重建从事文博、艺术品经营、文化娱乐、演出展览、出版发行分销、艺术教育培训等业务的文化服务机构、场所和网点，加大产品开发、包装、推广力度，培育壮大消费群体，加强旅游景区、接待场所的文化服务网点建设，扩大文化消费。恢复重建农村文化市场，满足灾区农民基本文化需求。四川省恢复网吧812项、音像制作949项、演出场所13项、娱乐场所485项。

编制四川省网吧市场、游艺娱乐市场发展总量和布局规划，引导网吧、游艺娱乐经营场所合理布局。促进其规模化、品牌化发展，繁荣全省文化市场。打造演出、网络文化、艺术品等市场品牌。着力扶持九寨沟演艺群、德阳杂技团等四川民营演出品牌，打造省演出展览公司、成都演艺集团公司等演出经纪知名企业，重点宣传、推广《尘埃落定》《红叶旅途》《未来组合2008》《5·12不能忘却的记忆》《红军花》等优秀剧目；指导飞马画廊、蓝色空间画廊、K画廊、雅风画廊、千高原艺术空间等中国诚信画廊举办现当代艺术展及学术交流活动。

“十二五”国家重点
出版物出版规划项目

中国志书精品工程
High Quality Project of China's Local Records

汶川特大地震抗震救灾志

WENCHUAN TEDA DIZHEN KANGZHEN JIUZAI ZHI

《汶川特大地震抗震救灾志》编纂委员会 编

卷九

灾后重建志（下）

方志出版社
Publishing House of Local Records

第十一篇

市场服务体系建设

汶川特大地震使川、甘、陕三省重灾地区 51 个县（市、区）的商贸服务网点、金融服务网点等设施设备损毁严重。市场服务体系建设纳入国家灾后重建总体部署，明确恢复重建任务包括受损商贸服务、粮食流通、金融服务设施三大类，规划建设项目 6428 个，安排项目建设资金 285.2 亿元。明确资金来源主要通过中央重建基金、对口支援资金、国内银行贷款、资本市场融资及自筹资金等方式解决。市场服务体系建设总体要求是："优先恢复重建与群众基本生活和工农业生产密切相关的市场服务网点及流通基础设施，逐步形成布局合理、设施齐全、功能配套、结构优化的市场服务体系，为灾区生活和生产恢复与经济发展提供市场服务和保障。"

通过灾区三省和对口支援省市的共同努力以及社会各界的广泛支持，截至 2011 年 9 月末，市场服务体系包括金融服务网点、商贸服务设施、粮食流通设施累计完成建设项目 6279 个（不含农家店、油库和加油站），完成建设投资 239 亿元。

第一章　商贸与粮食流通网点

商贸服务重建主旨是优化城乡服务设施网点布局，恢复重建与群众基本生活密切相关的商业服务网点、民族商品贸易网点以及便民利民的生活生产服务网络，包括商品零售网络（农村商贸网点、乡镇商业功能区、城区零售商业）、生活服务网络、商贸批发体系（农产品批发、生产资料批发、日用工业品和其他批发市场）以及物流配送体系等。

粮食流通设施重建包括恢复重建粮食和食用油库、粮食供应站、军粮供应站、粮食批发市场、粮食收购站点以及成品油、通用物资等国家物资储备库设施。

根据商务部安排，川、甘、陕三省商务厅主动与对口支援省市做好项目建设衔接，争取对口支援省市资金支持。双方衔接好的项目由对口支援省市负责资金安排和项目实施；其他项目由三省商贸、粮食职能部门组织建设，或与其他领域项目一起打捆下达，由地方政府统一组织实施。

对口支援省市积极支持商贸服务设施恢复重建。广东省投入6100万元，为汶川县12个乡（镇）修建农贸市场各1个；为威州镇建设占地35亩的建材市场、农产品批发市场以及附属设施。山东省支援北川新县城商贸服务设施建设项目5个，占新县城建设援建项目数的6%。上海市援建都江堰市支农惠农项目——农产品综合交易市场3万多平方米，建有实物交易大厅、综合楼、冷库和加工储藏车间，通过上海平台引进国际现代物流和信息技术，建设国内领先的农产品交易市场（见图184），总投资1.3亿元，上海援建资金5000万元。福建省在援建彭州市产业项目中，安排援建通济镇农贸市场、新兴镇综合市场各1个。福建省农产品加工龙头企业永辉集团在国家蔬菜基地彭州投资1.3亿元建设“永辉农产品加工和物流配送中心”，可实现年产值1亿元，带动彭州2000户菜农发展蔬菜。浙江省援建青川县“市场服务经营性基础设施”项目22个，其中农贸市场设施、农产品深加工、建材配送中心等建设项目占9个。湖南省投入资金7800万元援建理县贸易中心项目，建筑总面积14827平方米，项目包括县城超市、蔬菜水果批发市场、旅游产品批发市场、物流配送中心、县城农贸市场等。黑龙江省援建剑阁县救灾物资储备库，改写了剑阁县没有救灾物资储备仓库的历史。深圳市援建舟曲县丁字河口综合农贸市场，从此改变了舟曲县露天摆摊零散经营状况。

图 184　都江堰市崇义镇农产品交易市场

（龚继光　摄）

第一节　商贸网点恢复重建

一　组织实施

重建期间，商务部结合灾区川、甘、陕三省商业网点灾损、群众安置、生活急需等实际，制定流动网点、临时网点、过渡网点、固定网点的设置和恢复方案，印发通知，要求三省商务部门做好市场货源供应保障、临时商业网点建设等商贸市场稳定工作；组织召开国家商务系统对口支援工作座谈会，研究部署商务系统对口支援的内容、方式和进度；要求支援省市商业部门针对灾区省提出的市场服务体系援建内容，抓紧援建项目的衔接，积极争取本省市援建资金，尽快明确支持灾区农产品批发市场、农贸市场、物流配送中心、重要商品储备库等流通领域基础设施重建的具体援建方式，引导和组织本省市企业参与有关重点项目的建设；会同财政部安排专项资金 2.91 亿元和 1.5 亿元，支持“万村千乡市场工程”“双百市场工程”① 受损项目恢复重建和保障实施市场供应的运费补贴。其中，明确支持四川省 4 家受损农产品批发市场的 14 个项目恢复重建，重灾地区 39 个县（市、区）每个县（市、区）建设 1 家农贸市场，累计拨付补贴资金 5222 万元和 1840 万元。根据 2009 年 8 月 22 日财政部关于印发《汶川地震灾后恢复重建贷款中央财政贴息管理办法》的通知，中央财政对灾后恢复重建项目建设贷款实行三年贴息的规定，落实中央财政补贴资金 23.08 亿元，根据项目建设内容轻重分类，分别按 14.4%、10% 支持商贸流通基础设施项

① 为切实解决农产品“卖难”问题，促进农民增收，商务部启动“双百市场工程”支持 100 家大型农产品批发市场和 100 家大型农产品流通企业，建设或改造配送中心、仓储、质量安全、检验检测、废弃物处理及冷链系统等。

目和其他项目建设。针对北川中药材滞销问题，通过安排国内部分大中型药材经销大户与北川中药材、生产经营户对接，利用商务部信息平台加大信息发布力度引导产需衔接，鼓励中药材出口企业积极采购北川中药材扩大出口业务等措施，使中药材滞销问题得到较好解决。会同财政部安排资金5809万元，恢复重建川、甘、陕三省受损农家店5809个。指导四川省开展“农超对接”试点工作，引导大型超市和农产品流通企业与农产品生产专业合作社对接，建设农产品直接采购基地。商务部强调“双百市场工程”实施，财政主要对批发市场建设和仓储、分拣包装、加工配送等设施建设予以支持；加强农村商品配送中心建设，强化农村商品配送中心的商品采购、储存、加工、编配、调运、信息等功能。

四川省商贸服务和商贸设施建设中，坚持贯彻“一个突出（突出农产品、物流等重点流通设施的基础性地位与公益性作用）、两个注重（注重民生需要、注重发展区域商贸物流中心建设）、三个结合（农村网点与农村公共服务设施配套相结合、乡镇商业功能区与乡镇配套重建相结合、社区商业与城市社区重建等相结合）、四个适应（市场服务体系建设与新农村适度集中居住、产业发展、城镇化和工业化发展中城镇规模的扩大及区域发展优势互补、公共设施和交通等基础设施布局的要求等相适应）”的实施原则，注重规划引领项目、引领资金、引领管理，严格按照规划确定的项目和目标完成重建任务。商务厅组织举办灾后市场服务体系恢复重建工作培训班，召开灾区农产品市场建设座谈会和农村商贸综合服务中心研讨会等一系列培训研讨活动，从理论到实践，从政策法规到操作实务，为灾区各级商务主管部门、项目实施企业及时提供工作指导。根据省重建工作委员会关于加快灾后重建工作的总体部署，商务厅确定项目建设突出4个重点：一是突出民生性项目建设，优先安排实施农村消费品经营网点及配送中心、农产品批发市场、农贸市场、建材市场等项目，使建成投入使用的民生性项目在促进灾区市场稳定、解决卖难、促进农房重建等方面发挥重要作用；二是加大推进大项目建设，主要是集中重建政策资源，着力推进投资额2000万元以上的项目建设，充分发挥大项目在重建进程中的示范和支撑作用；三是抓好青川、汶川、北川3个极重灾县项目重建进度，确保按规划进度要求完成任务；四是采取多措并举，解决项目实施中遇到的用地难、拆迁难、贷款难、地价高、重建资金少等诸多问题和困难。阿坝藏族羌族自治州商务局争取落实重建资金累计占到项目投入总额的29%。德阳市、县两级商务部门帮助34个项目协调落实建设用地580亩、银行贷款1.6亿元。汶川、青川、北川等县争取上亿元援建资金，使30多个农贸市场和部分特色商业街既加快了建设进度又成为当地援建亮点工程。灾区商务部门积极到援建省市开拓市场，探索发展长期商贸合作，其中都江堰市与上海市商委签订了“加强都、沪商务领域支援合作协议”，开辟了猕猴桃等10余种特色产品“零费率”进入上海市场的通道。

甘肃省商务主管部门针对灾区商务设施受损具体情况，制定了《关于加快恢复灾区商业网点经营和保证市场供应的指导意见》，引导受损商业网点恢复正常经营，保障灾区市场供应；积极配合商务部、省政府完成市场服务体系专项规划编制和规划实施工作，确保受损商贸网点列入灾后重建规划；结合商务部下达的1100余万元灾后商业网点恢复建设资金，地震当年安排陇南市“万村千乡市场工程”建设规划指标220个，年底完成建设指标。

二　重建项目

灾后重建项目中期调整后，明确四川省重灾地区 39 个县（市、区）商贸服务设施含畜牧系统在内的恢复重建项目 871 个、项目建设总投资 148.58 亿元；规划恢复重建“农家店”5096 个。截至 2011 年 9 月底，由 39 个县（市、区）商务部门归口推进实施的商贸服务设施重建项目 762 个，规划总投资 136.36 亿元；竣工项目 757 个，竣工率 99.34%，累计完成投资 137.66 亿元，超过规划总投资 1.3 亿元，投资完成率 100.95%。其中，零售业规划项目 159 个，规划总投资 20.68 亿元，竣工项目 156 个，完成投资 20.92 亿元，投资完成率 101.2%；批发市场规划项目 86 个，规划总投资 40.41 亿元，竣工项目 85 个，完成投资 40.35 亿元，投资完成率 99.9%；农贸市场规划项目 250 个，规划总投资 13.8 亿元，竣工项目 249 个，完成投资 13.8 亿元，投资完成率 100%；物流配送规划项目 50 个，规划总投资 31.19 亿元，竣工项目 50 个，完成投资 32.56 亿元，投资完成率 104.4%；储备库规划项目 21 个，规划总投资 3.65 亿元，竣工项目 21 个，完成投资 3.49 亿元，投资完成率 95.6%；生猪屠宰规划项目 79 个，规划总投资 5.34 亿元，竣工项目 79 个，完成投资 5.4 亿元，投资完成率 101.1%；居民生活服务业规划项目 111 个，规划总投资 20.44 亿元，竣工项目 111 个，完成投资 20.32 亿元，投资完成率 99.4%；其他项目规划 6 个，规划总投资 8471 万元，竣工项目 6 个，完成投资 8242 万元，投资完成率 97.3%。商贸服务和设施建设资金中，银行贷款 15.51 亿元、到位重建资金 6.49 亿元，分别占完成投资的 11.3% 和 4.7%。通过两年多恢复重建，39 个县（市、区）商贸服务在保障民生、扩大内需、促进增长、吸纳就业等方面的经济社会功能得到提升。主要成效是：受损农家店、便民店、农贸市场、餐饮服务等网点优先恢复重建，保证了灾区生活、生产商品物资供应。汶川县水磨镇、威州镇民族特色风情街，北川新县城巴拿恰商业街，广元市银杏商业街等一批规模较大、具有地方特色和影响力的商贸流通设施项目相继建成投入使用，改善和提升了灾区流通服务业整体功能。（参见图 185）2009 年四川省灾区批发零售业固定资产投资增长 183.5%，超过灾区当年全部投资增速 8 个百分点。灾区 2009 年比震前 2007 年增加的 50 万社会就业人员中，批发、零售和餐饮业占 40 万。2010 年灾区城镇居民人均可支配收入、农村居民人均纯收入比上年分别增长 14%、16.2%，分别高出同期全省平均水平 2.3 个、1.1 个百分点。

甘肃省文县、陇南市武都区等 8 个重灾县（区）商贸服务和设施建设项目 201 个，规划投资 5.25 亿元。陕西省宁强县等 4 个重灾县（区）商贸服务和设施建设项目 90 个，规划投资 2.55 亿元。截至 2011 年 9 月底，甘肃、陕西两省均完成了规划的商贸服务设施项目建设任务。

三省重建的典型市场有广元国际商贸会展中心、崇州市标准化菜市场、文县农贸市场、勉县农产品批发市场等。

广元国际商贸会展中心　广元市纳入国家灾后恢复重建市场服务体系专项规划的专业批发市场、农贸市场、百货商场等重建项目 170 多个，重建资金超过 40 亿元，项目覆盖广元市中心城区和所属四县三区。广元国际商贸会展中心项目，是广元市根据国务院副总理回良玉考察广元抗震救灾工作时提出的广元恢复重建要突出重点的战略思想进行立项，并纳入国家灾后重建总体规

图 185　震后新建的石棉县永和乡白马集镇商贸街

（四川省委宣传部　提供）

划。该项目按照统筹规划、功能分区、分期建设、资源整合的原则实施，占地面积 232 亩，建筑面积 50 万平方米，总投资额 15 亿元。项目建设采取市场化运作，全部建设资金由业主自筹解决。项目分 3 期建设，由 3 个相对独立、各具功能、相互带动的子项目组成。具体为：会展中心主展馆、广元国际物流商贸城、配套五星级酒店、写字楼、酒店式公寓及商业项目“欧洲风情街”。广元市政府通过公开招标，确定中国建筑技术集团有限公司西南设计院承担项目设计，成都建筑工程集团承担项目施工，四川绵竹东方工程咨询设计有限公司承担项目建设监理。该项目建成后，形成“立足广元、辐射三省、影响全国”的物流集散地和商品展示贸易中心。经过前期 4 个月的准备，2010 年 5 月 13 日，项目一期广元国际会展中心主展馆开工建设。2010 年 8 月 9 日，该项目一期工程竣工。项目一期工程建设采用交叉作业方式高速推进项目施工，使主展馆建设周期仅用了 88 天。项目一期工程完成实物工程量包括主展馆 2 万平方米、室外广场 3.8 万平方米，完成投资 1.58 亿元。

新建成的广元国际商贸会展中心设有展览、交易、物流、商务、会议、旅游、休闲、美食、金融、政务服务等十大中心，建有国际标准展位 1000 个、信息化管理系统和电子商务网站，具有商品展示、产品推介、新产品信息发布和网上交易功能；能够主办、承办、协办各种大型订货会、展览会、博览会；负责提供包括展位搭建、展览工程设计、制作和施工在内的全套展览服务；提供物流、邮政、通信、仓储、包装、中介、消防、广告、安全等服务。屹立在嘉陵江畔的主展馆被群众称为“广元的鸟巢”。2010 年 9 月 1—10 日，第 21 届中国西部商品交易会在刚刚竣工的广元国际会展中心成功举办。10 月 29—31 日，又承办中国（广元）国际汽车展。广元国际商贸会展中心荣获 2010 年度中国十佳品牌会展中心称誉，是西部地区唯一获此殊荣的会展中心。

崇州市标准化菜市场　根据崇州市灾情实际，国家将崇州市城乡标准化菜市场建设纳入灾后恢复重建统一部署。该项目包括崇州市城区标准化菜市场和崇州市乡镇标准化菜市场两大项目，规划总投资 8806 万元（中央重建基金 4800 万元、对口援建资金 4006 万元），其中崇州市城区标准化菜市场建设资金 4006 万元、崇州市乡镇标准化菜市场建设资金 4800 万元。

城区标准化菜市场。崇州市城区标准化菜市场建设项目包括东门、金鸡、马家碾、白石、朱氏街、石羊社区实验小学南侧、石羊社区东兴街北侧等 7 个菜市场，累计用地 82.3 亩。建设分两次立项：2009 年 8 月 7 日，东门、金鸡、马家碾、石羊社区东兴街北侧 4 个标准化菜市场正式立项，项目总投资 1950 万元，资金来源为中央灾后重建基金；12 月 1 日，朱氏街、白石、石羊实验小学南侧 3 个标准化菜市场项目正式立项，项目总投资 2056 万元，资金来源为重庆对口援建资金。7 个菜市场全部按照标准化菜市场修建，基础设施包括钢架玻钢大棚、地面硬化、雨水污水管道、停车棚、管理用房、围墙、大门、水电设施等。四川广德建筑设计有限公司承担东门、金鸡、马家碾等 3 个标准化菜市场项目设计，崇州市建筑研究勘察设计院承担白石、朱氏街、石羊社区东兴街北侧、石羊实验小学南侧 4 个标准化菜市场项目设计。2010 年，7 个标准化菜市场项目竣工。城区标准化菜市场建成投营后，实现年交易额 1.5 亿元左右。

乡镇标准化菜市场。崇州市乡镇标准化菜市场灾后恢复建设项目共 14 个，资金来源为中央重建基金和重庆市援建资金。

中央重建基金 2850 万元，援建 10 个子项目，包括崇州市锦江综合集贸市场、崇州市道明综合集贸市场、崇州市怀远综合集贸市场、崇州市三郎综合集贸市场、崇州市文井江综合集贸市场、崇州市鸡冠山综合集贸市场、崇州市济协综合集贸市场、崇州市梓潼综合集贸市场、崇州市集贤综合集贸市场、崇州市桤泉综合集贸市场等。重庆市援建资金 1950 万元，援建 4 个子项目，包括崇州市公议综合集贸市场、崇州市街子综合集贸市场、崇州市元通综合集贸市场、崇州市王场综合集贸市场等。

文县农贸市场　文县农贸市场建设项目包括碧口镇、尚德镇、石坊乡、桥头乡、临江乡五大特色农贸市场，累计占地面积 1.6 万多平方米，项目总投资 900 多万元。五大农贸市场的建设，改变了长期以来文县乡镇农贸市场以路为市、占道经营、影响交通、零散和不规范的状况。

碧口镇市场（见图 186）。碧口古镇闻名遐迩，历史上就是商贾云集的水陆码头、西北诸省的货物集散地，素有“驮不完的阶州（武都）、填不满的碧口”之说。水陆码头，商贸繁荣，一直为小镇人引以为豪。受地震影响，碧口镇原农贸市场基础设施严重受损，停止使用。碧口镇农贸市场被列为灾后重建项目，投资 304 万元。为了加快建设进度，满足城乡群众需要，农贸市场采用施工队先期垫支的办法进行修建。2008 年 10 月开工，2009 年 6 月竣工、投入使用，建设工期 7 个多月。农贸市场占地面积 4200 平方米，其中硬化面积 3900 平方米，钢架大棚面积 3200 平方米，设有交易平台 270 个。市场建成后，加强管理、规范交易，数百个摊位分门别类，商品摆放整齐、琳琅满目，蔬菜、水果、米面、肉禽蛋等各种农副产品应有尽有。

图186　文县碧口镇灾后重建农贸市场
（梁新勇　摄）

尚德镇市场。尚德镇以盛产蔬菜闻名，是远近闻名的“蔬菜之乡”；蔬菜品质优良，远销九寨沟、兰州、青海等地。尚德镇长期没有固定的农贸市场，商业摊点、农产品交易为“骑路集”，摊贩拥挤在公路两旁，混乱的交易秩序给交通带来严重影响。重建启动后，尚德镇市场建设被甘肃省商务厅列为“退市还路项目”，明确在原尚德供销社旧址破土兴建尚德镇农贸市场，规划建设投资120万元（商务发展基金50万元、自筹资金70万元）。项目建设内容包括搭建钢塑大棚558平方米、硬化场地1000平方米、修建交易摊位48个、修建商铺24间计540平方米等。

石坊乡市场。石坊乡长期没有固定的农贸市场，农产品交易主要在九寨沟旅游线两旁进行，以路为市的交易极大妨碍了旅游线交通，成为九寨沟旅游线上的“肠梗阻”。文县政府将石坊乡市场建设纳入灾后重建计划，采用由政府和农民合作开发新模式。政府出资，村民提供建设用地并承担农贸市场管理。建设投资61万元（中央重建基金36万元），项目建设占地1800平方米，建设内容包括硬化交易场地1320平方米、搭建钢塑大棚400平方米、修建停车场300平方米。2009年1月项目开工，7月完工投入使用。

桥头乡市场。桥头乡地处洋汤河畔，全乡人口2.4万，占文县总人口的1/10，有文县大乡之称。该乡盛产中药材、干鲜果品、蔬菜等农副产品。恢复重建的桥头乡市场采取市场运作、整体规划、分步实施、自筹资金、联户修建的原则，投入建设资金276万元，占地面积5502平方米；修建商铺2009平方米，修建3座3层砖混楼房6600平方米，硬化场地4800平方米，搭建钢塑大棚3300平方米（交易摊位300个）。新建的桥头农贸市场，解决了桥头乡和周边乡镇5万多人的交易难问题。

临江乡市场。临江乡利用原临江供销社旧址修建农贸市场，占地总面积2972平方米，建设总投资160万元（中央重建基金100万元）。项目建设内容包括硬化场地2600平方米、搭建钢塑大棚1500平方米（交易摊位100个）、修建商铺17间520平方米。

勉县农产品批发市场　勉县农产品批发市场在汶川地震中遭到严重破坏，勉县政府决定异地重建。该项目位于定军山镇毛堡村西（安）汉（中）高速公路勉县引道以东；建设用地 43 亩（征用毛堡村土地），建筑总面积 8345 平方米。项目建设包括修建两层砖混营业用房 3 栋、交易大棚 2 个，概算投资 945 万元（中央重建基金 80 万元、毛堡村委会自筹资金 865 万元）。通过竞标方式确定陕西市政建筑设计研究院有限公司承担项目建设设计，陕西定军建设有限公司承担项目建设，汉中志诚建设工程监理有限责任公司承担项目建设监理。2008 年 9 月项目开工建设，2009 年 3 月 28 日竣工并通过验收、4 月 1 日项目交付使用。渭南市审计局负责该项目竣工审计，审计报告显示，该项目建设资金保证足额、到位及时、手续完备、按期竣工，项目建设内容落实，资金使用符合规定。勉县农产品批发市场投入运营后，日进场交易菜农近 1000 人次，日交易量达 260 吨；蔬菜远销四川、甘肃、宁夏等周边省份及宁强、略阳等县，成为汉中西部最大的蔬菜批发、集散交易中心。

第二节　粮食储备设施恢复重建

一　组织实施

汶川地震使川、甘、陕三省重灾地区 51 个县（市、区）粮食储备仓库、军粮供应网点、粮油质检站大量损毁。灾后恢复重建开展后，粮食局会同商务部和灾区三省编制发布灾后恢复重建市场服务体系专项规划，以引领粮食流通设施建设，明确粮食流通设施建设包括恢复重建粮食储备库 161 个（中央储备粮代储粮库 28 个、地方储备粮库 133 个）和粮油收购网站、军粮供应网站等其他设施 495 个，规划总投资 38.48 亿元（四川省 35.93 亿元、甘肃省 0.66 亿元、陕西省 1.89 亿元），要求通过财政性资金、对口支援、银行贷款和企业自筹方式解决重建资金；安排中央财政资金 1 亿余元于地震当年建成粮食收储仓库，同时完成收储粮食 100 多万吨；通过公开招标完成灾区 72 台套小型低温烘干机以及小型碾米机、输送机等粮食烘干和收购设备的采购任务；通过中央储备粮食收购补库、灾区粮食收购、政策性粮油跨省移库、充实地方粮油储备等举措，增强灾区粮食宏观调控能力，保护灾区农民种粮积极性，保障灾区粮食市场稳定；积极争取中央财政应急资金 940 万元（安排四川省 695 万元）用于受损军供设施的修复和建设，提升军供应急保障能力；安排中央补助资金 3 年累计 1450 万元（四川省 400 万元），用于受灾省军供网点维修和改造。

四川省粮食部门和省发改委对前期规划进行“两上两下”的全面梳理，进行中期调整后，明确重灾地区 39 个县（市、区）粮食流通基础设施恢复重建项目 261 个，总投资 19.8 亿元；针对粮油基础设施建设，专门成立领导班子，按照“规划先行、科学统领”和“既注重当前需要，又考虑长远发展”的思路，全面推进粮食基础设施恢复重建。省粮食流通设施恢复重建资金分别来自政府财政、银行贴息、转贷入股，居民“退城进郊”土地置换整合资金，企业自筹，引进民间资本加入，争取对口支援资金等5个渠道，使粮油设施恢复重建资金得到保证。其中剑阁县为城关粮站建设争取援建资金951万元，项目建设纳入黑龙江省第二批援建计划。四川省粮食局根据粮食流通设施建设专业性强、流程繁杂、政策要求高的特点，适时成立工作机构，细化工作目标，把每个项目具体落实到相关领导和工作人员的责任制中，要求每个重建项目严格按照程序实施。

甘肃省粮食部门印发经国家确认的《粮食灾后恢复重建规划》，明确本省规划区粮食系统灾后恢复重建包括舟曲大川粮库、文县马泉粮库、康县长坝粮库等粮储基础设施建设项目11个，总投资0.66亿元。

陕西省下达了修建宝鸡市陈仓区北村粮油购销站2万吨粮食储备库、宁强县粮食局粮油设施、略阳县粮食局粮油储备设施及勉县粮食储备库新街子库区改造等项目。

通过三年恢复重建，川、甘、陕三省粮油仓储设施布局更加合理，功能更加完善，粮食安全保障和宏观调控能力提升较大，粮食流通产业可持续发展条件基本具备。四川省39个县（市、区）累计恢复重建粮食企业103家（新建粮库78座）、粮食仓容达到122.4万吨（新建73.9万吨）；恢复重建收购网点297个、军粮供应网点24个、质量监测站12个、加工企业32家，实际完成投资与规划确定的投资持平。重建项目的建设和投入使用，使原本落后的陇南市的粮食储备设施至少前进了20年，为粮食企业可持续发展奠定了坚实的基础。甘肃省8个县（区）实际完成投资5173.01万元。

二　重点项目

小金粮食储备库　地震使小金县两个省级粮食储备库损失仓容3580吨。恢复重建规划安排小金县省级粮食储备库实行原址恢复重建，明确新建储备库占地1318平方米、仓容4000吨。按照国家规定重建程序，小金县省级储备库恢复重建依次完成勘察测绘、地质评估、环境评价、提出可行性研究报告及项目设计方案审定等，又按要求办理了气象、地震、消防等审查手续。2009年9月25日，项目建设第一环节招投标在阿坝藏族羌族自治州公共资源中心进行，通过竞标，确定小金县鑫达建筑有限责任公司承担项目建设施工、四川省泰兴建设工程管理有限责任公司承担项目建设监理。2010年3月20日项目建设开工，9月30日告竣交付使用。

苍溪五龙粮油食品站　震前，苍溪县五龙粮油食品站有仓库15栋、仓容1.8万吨，总占地面积30亩，承担县级储备稻谷1500吨的任务。2009年3月，粮油食品站恢复重建正式立项，异地新建地方粮食储备库。项目包括：新建仓库2栋1.5万吨（占地3780平方米），配建1000平方米机械罩棚仓，配备计算机管理粮情检测系统、消防设施、环流熏蒸系统和通风设备；修建2层综合楼，建筑面积800平方米；装备作业能力为500吨/小时的移动输送生产线1条等。项目规划投资739万元，除中央重建补助资金300万元外，其余部分通过银行贷款和企业自筹解决。苍溪县建筑安装工程公司承担项目施工，青岛建设监理研究有限公司担任项目施工监理。

大邑粮食仓储中心（储备库）　大邑县粮食仓储中心前身是韩场省库，震后该项目纳入《大邑县粮食流通领域基础设施建设灾后重建规划》。韩场省储备库地处大邑县粮食主产区韩场镇，相邻乡镇有安仁、蔡场、董场、上安等，粮食收购半径20公里。2009年承担5000吨市级储备粮、4500吨县级储备粮和17吨县级储备油的收储工作。年均库存商品粮1万吨。韩场省储备库距离成（都）雅（安）、成（都）乐（山）高速公路新建入口处和普兴火车站仅15公里。建设条件良好，符合国家粮库选址要求。该库占地37亩，原址重建3栋总仓容为1.59万吨的标准化储备仓房，配备散粮专用装卸设备，实现粮食散存、散装、散卸；装备应用机械通风、粮情检测、环流熏蒸、谷物冷却等储粮新技术；配套建设办公用房、检测化验楼、机械罩棚、器材库、药品库等。邛崃市邛州建筑工程有限公司承担项目施工，2009年10月项目建设开工，2010年8月竣工。

盐亭粮食产业园　盐亭县粮食产业园位于盐亭县工业园区内，距离县城中心6公里，宝成铁路、成绵高速公路、川陕公路等经由该县，形成四通八达的交通网络，为盐亭粮食产业园建设和发展创造了条件。粮食产业园占地104亩，建筑面积1.83万平方米。项目建设内容包括粮食仓储区、军供设施、粮食加工区、商务服务区设施设备等。整个项目建设分两期进行，首期项目包括建设库容3万吨、面积7725平方米的现代化粮仓和1947平方米的办公楼等相关设施，建设投资1787万元；第二期项目通过招商引资建设粮食加工区、粮食交易区等，计划投资3000万元。

2010年3月15日，盐亭县通过公开招投标确定新蒲建设集团有限公司担任粮食产业园项目施工，绵阳市潜鑫工程建设监理有限责任公司担任项目施工监理。盐亭县政府将县处置闲置资产收益全部用于粮食产业园建设，为产业园平整土地提供303万元资金补助。5月8日开工建设，2011年9月底竣工。

舟曲大川粮食储备库　舟曲县大川粮食储备库是甘肃省粮食企业改制后唯一保留下来的国有独资企业。储备库地处国道212线和省道313线的交汇处——两河口，占地16亩。恢复重建时纳入国家重建规划，明确项目建设投资1237.22万元（中央重建基金1228万元、企业自筹9.22万元），原址重建。项目包括：恢复重建24×42平房仓3栋（仓容1.29万吨），累计建筑面积4303.62平方米。舟曲县委托甘肃省城乡工业设计院进行项目可行性研究和施工方案设计，武威金程建筑有限责任公司、甘肃省第二建筑有限责任公司承担项目施工。2009年12月20日开工建设。2010年10月底，1号、2号库建设竣工，粮库所需机械设备、检测系统、环流熏蒸系统安装到位。2011年6月，3号库建设告竣。

宝鸡市陈仓区粮食储备库　宝鸡市陈仓区储备库地处陈仓区虢镇火车站，属国有控股粮食购销企业，承担地方粮食储备任务。该储备库恢复重建纳入国家重建规划，明确原址重建，建设资金1447.28万元。项目包括：拆除原废旧仓4座，原址新建仓容1.61万吨平房仓4座，配备相应的仓储设施、装卸粮设施及消防设施，建筑面积3892.75平方米。项目建成后储备库总仓容达2.33万吨（原7200吨）。国家粮食储备局西安油脂科学研究设计院负责项目设计。2009年8月6日项目开工，2010年7月10日竣工。

宁强中心粮库　宁强中心粮库，位于宁强县循环经济产业园区内，规划占用土地面积53.6亩，重建项目总投资3600万元。项目包括：新建储备库7002平方米（仓容3万吨）；添置食用油储油罐3000吨；新建综合楼1栋建筑面积1028平方米、附属设施建筑面积2250平方米；修建粮库配套设施标准厂房2651平方米。该项目建设分5标段进行。第一标段3万吨粮库由宁强县建设工程公司承建，仓房分为3排9个仓号，每排仓容为1万吨，属拱板仓、单层结构，2009年10月23日开工建设，2010年12月20日竣工，2011年8月19日验收。第二标段办公楼及附属工程建设，由汉中曙坤公司负责承建，2010年3月25日开工、9月中旬完工。第三、第四标段3000吨油罐建设，由宁强县羌州建筑公司承建，承建内容主要为浇筑5个油罐基础、环形混凝土梁及油罐地面硬化等，2010年5月30日开工、10月20日完工。油罐制作安装由陕西省第四建筑工程公司承建，2011年6月15日开工、8月15日竣工。第五标段围墙、地面硬化工程，由陕西大秦建设集团公司承建，5月1日开工，9月底完工。

勉县新街子粮食储备库 勉县新街子粮食储备库，规划总投资2000万元。项目建设分两期进行。第一期工程投资规模为850万元（中央重建基金500万元、企业自筹350万元），项目实施中，因按A型仓标准建设两座仓概算太高，资金缺口大，经县发改局批准，遂将原计划两座A型标准仓降低为按B型标准仓建设，投资调整为776万元（中央重建基金500万元、企业自筹276万元）。第二期工程建设内容与第一期基本相同。项目建设开工后，中央资金尚未到达，采取建筑公司垫资办法推进项目建设。2009年11月和2010年10月，两个标段工程先后开工建设。2011年9月底前全面完工并通过验收。勉县作为陕南产粮大县和粮食加工大县，新建成的储备库对缓解仓容压力起到积极作用。

第二章　金融服务设施

金融服务设施恢复重建包括银行、证券和保险三大分支机构，重建任务是合理布局基层营业网点；优化金融资源配置，完善金融服务网络；恢复重建营业用房、金库、金融网络信息系统；鼓励商业银行、保险公司到灾区设立分支机构等。

灾后重建开展后，人民银行、银监会、证监会、保监会联合发文，提出根据国家灾后重建总体部署，抓紧做好灾区金融网点布局和重建规划，合理布设灾区金融机构基层网点，扩大灾区金融服务覆盖面，尽快恢复并提高灾区金融服务功能的意见。人民银行联合银监会、证监会、保监会在成都召开灾后恢复重建金融服务工作座谈会，联合制定做好地震灾后重建金融支持与服务工作的指导意见，要求着力推进灾区金融机构自身恢复重建，促进灾区金融机构健全、可持续发展。

人民银行成都分行配合国家发改委开展对金融网点灾后恢复重建的评估工作，牵头会同四川各金融监管部门编制了中期调整规划、制定印发金融网点灾后重建监测制度；多次召开四川金融机构负责人及重灾地区六市（州）人民银行机构负责人会议，通报金融网点灾后恢复重建进度，分析解决重建中面临的困难与问题，加大与地方政府的协调力度，督促有关金融机构加快恢复重建进度。

川、甘、陕三省人民银行和证监局、银监局、保监局具体负责组织金融服务设施项目建设，主动与对口支援省市做好项目衔接，争取对口支援省市资金支持。2009 年 10 月 30 日，全国农村合作金融系统对口支援工作座谈会在成都召开后，对口支援省市农村合作金融机构通过各种途径向灾区三省提供援助资金 3.3 亿元，其中 1.5 亿元随本省政府援助资金一起投入灾区重建，另外 1.8 亿元单独列支灾区三省；此外，银监会还将农村信用社管理费结余的 1000 万元全部拨付损失严重的受灾地区农村信用社。

截至 2011 年 9 月末，四川省银行业金融机构累计向灾区发放灾后重建贷款 4449.11 亿元，贷款余额 2685.75 亿元，其中累计发放基础设施贷款 1256.95 亿元、产业重建贷款 1258.93 亿元、城镇建设贷款 727.28 亿元、农村建设贷款 291.72 亿元、城乡住房建设贷款 758.3 亿元、公共服务贷款120.38亿元、其他贷款35.55亿元。此外，四川省银监局积极引导银行业金融机构向阿坝、甘孜等地区发放牧民定居行动计划贷款2.46亿元，向4.6万余名灾区青年累计发放青年创业贷款11.05亿元。陕西省4个重灾县（区）银行业金融机构向3.46万户农户累计发放农房重建贷款7.25亿元。

截至2011年9月底，川甘陕三省重灾灾区银行业实际完成项目建设1930个（含修缮加固、原址重建、异址新建、新设银行机构、撤并网点等），完成规划投资累计12.34亿元；证券业完成网点建设36个，累计完成投资5001万元；保险业完成网点建设281个（含新设机构），累计完成投资2.72亿元。

第一节　银行业

一　服务重建

震后第九天，银监会在成都组织召开专题会议，对银行业抗震救灾和恢复重建做出部署，要求针对灾区生产恢复和灾后重建工作，早谋划、早安排、早启动重建贷款和发展基金；分期下达通知和指示，及时明确救灾专用账户捐款免除转账手续费；要求银行业大力节约行政经费支援抗震救灾，做好因地震造成的银行业呆账核销工作；鼓励信托公司开展公益信托业务，支持灾后重建等。为支持四川灾后恢复重建，特批在什邡、绵竹、都江堰等6个极重灾县（市）设立村镇银行，村镇银行均于地震翌年年初相继挂牌开业。灾后重建启动一年后，银监会在成都组织召开全国农村合作金融系统对口支援座谈会，进一步加大农村合作金融系统对口援助力度，落实农村合作金融系统对口援建资金1.23亿元，当年到位8296万元。同时，组织全国主要银行业金融机构为灾后重建捐款超过6.6亿元，其中四川银行业金融机构在自身受灾情况下捐款4288万元。部署安排建立绿色信贷通道，要求灾区省银行业金融机构按照急事急办、特事特办的原则，简化审批程序、提高审批效率，竭力提供及时、方便、快捷的金融服务；优先考虑基础设施、重点骨干企业的专项贷款，积极支持住房等民生工程恢复重建。

四川银监局先后批准兴业、浦发、华夏、招商、渤海、重庆银行及南充市商业银行、邮储银行8家机构在重灾地区设立支行，如浦发行设立都江堰支行，批准交通银行德阳分行开业。3年重建期间，辖内银行业机构在重灾地区共新设分支机构16家、迁址至灾区5家。震后，渤海银行、重庆银行、上海银行、浙江民泰商业银行、哈尔滨银行、大连银行、包商银行、德阳市商业银行、攀枝花市商业银行、南洋商业银行、摩根大通（中国）有限公司、三菱东京日联银行（中国）有限公司在成都设立分行。

2008年10月24日，都江堰市震后首家新设立的金融机构——上海浦东发展银行都江堰支行正式开业。浦发银行与都江堰市签订协议，授信都江堰市政府50亿元贷款用于灾后重建。在签字仪式上，浦发银行还向都江堰市捐款300万元。同日，上海市农村商业银行与都江堰市农村信用社签订了对口支援框架协议。上海市农村商业银行拨付资金1000万元，用于都江堰市农村信用社部分受损严重的农村信用社营业网点的恢复和重建。为了帮助解决崇州市恢复重建资金短缺问题，重庆银行成立崇州支行（见图187），具体承担落实、结算重庆对口援建资金的重要职责，开展重建项目的资金结算服务。截至2010年7月末，为崇州市灾后重建投放各类信贷资金计7.08亿元。其中，支持1390户城乡居民住房建设发放贷款2亿元，支持成都兴蜀投资开发有限公司开发崇州工业集中发展区基础设施建设提供贷款3亿元，支持崇州市国家级农业产业龙头企业带动周边养殖业发展提供流动资金贷款4230元，支持崇州酿酒业、皮革业、农产品加工业龙头企业灾后生产恢复发放资金贷款分别为2000万元、5000万元和1900万元。根据2010年9月28日重庆、崇州两地政府签署的《关于建立重庆市对口支援四川省崇州市工作长效合作机制框架协议》，设立重庆市扶持崇州市中小型企业贷款担保基金，为崇州中小型企业灾后重建贷款提供信用担保。

图187　重庆银行在崇州设立的崇州支行
（重庆市援建指挥部　提供）

银行网点项目建设启动后，四川银监局制定印发《关于加强灾后恢复重建工作中维修工程项目管理的通知》《关于加强灾后重建基建项目管理工作的通知》等规定，对灾后重建项目实施过程中采购、设计、施工、建设资金等关键环节的管理提出了要求。为了营造灾后重建宽松的金融环境，人民银行成都分行和四川银监局督促银行业机构对灾前已经发放、灾后不能按期偿还的各项贷款及时作出展期安排，严格执行在一定期内不催收催缴、不罚息、不作为不良记录、不影响其继续获得信贷支持的“四不政策”。在“四不政策”有效期内，四川灾区纳入“四不政策”覆盖范围的个人借款人有37.87万名、企业借款人有2157户，涉及贷款金额分别为107.66亿元、797.74亿元；督促省联社和相关农村信用社加强对援助资金的管理，确保银监会安排的800万元援助资金、全国农村信用社系统对口援助资金等专款专用。为了全力支持灾后恢复重建，四川银监局向全国30家中外资银行总行发出专函，请求各家总行紧急安排救灾专项贷款。各行纷纷表示大力支持，出台优惠政策，调增四川分支机构信贷规模。至2008年年底，国有大型银行和股份制银行向四川新增622亿元贷款规模；督促各银行业金融机构把商业性经营原则和履行社会责任有机结合起来，加大信贷支持灾区群众家园重建和生产恢复的力度，切实做到主动了解和研究灾后重建规划、主动了解和研究灾区产业结构和城乡统筹改革动向、主动了解和研究企业、主动了解“三农”生产经营情况和信贷需求、主动寻找重建项目和客户“五个主动”，实现经济效益和社会效益的协调发展。在灾区城乡居民住房建设的关键时期，银监局把信贷支持农房建设作为最紧迫的政治任务加大落实力度，先后7次召开四川银行业金融机构负责人会议，督促协调信贷

图 188　农民在农村信用社办理恢复重建小额信贷
（朱庆　摄）

支持工作，提出包括“对有效需求的投放要尽力、对不符合贷款条件的处理要尽心、对信贷资金的筹措要尽早、对贷款发放后的管理要尽责”的“四尽”工作要求，确保提前全面完成两年信贷投放计划；银监局专门成立四川地震灾区农房重建信贷工作指导组，在各灾区分局和有关银行业机构设立联络员，督促推进农房重建信贷工作的健康开展；指导小组先后走访 30 多家基层信用社网点、召开 10 多次现场座谈会，积极争取地方政府对农房重建信贷工作的理解和支持；强化“阳光”操作，要求每笔农房重建贷款对贷款人名单、贷款时间、金额、利率等要素及时上栏公布，接受民众监督。截至 2011 年 9 月底，四川省银行业金融机构累计发放城乡住房重建贷款 860.84 亿元，其中累计发放农村住房重建贷款 66.77 万户 158.05 亿元。（参见图 188）

为增强甘肃省地震灾区金融机构支持灾后重建的资金实力，三年恢复重建期间，人民银行兰州中心支行累计向陇南、甘南等地震灾区调增支农再贷款限额 48 亿元，并对灾区金融机构支农再贷款实行优惠利率，同时与政府相关部门研究制定《甘肃省农户住房重建财政贴息管理办法》。灾区银行业金融机构通过建立受灾农户、企业贷款绿色通道，简化贷款手续，增加贷款规模，努力加大对灾区重建的信贷支持力度，累计向 36.45 万农户发放农房重建贷款 64.15 亿元。其中，国家开发银行甘肃分行创新推出“政府融资平台委托贷款”模式，为 18.61 万户收入水平低、无法提供有效抵押担保物的贫困农户提供 32 亿元的农房重建贷款支持。

陕西省 4 个重灾县（区）银行机构坚持民生优先方向，简化贷款手续、缩短审批流程，提供最简便、最快捷的服务支持农房重建。截至 2011 年 9 月，发放农房重建贷款累计 5.41 万户 12 亿元；宝鸡市陈仓区针对企业因灾导致企业资金紧张的问题，7 次举办政银企业项目对接会和金融服务周活动，累计推介项目 223 个，达成贷款意向 114.6 亿元，受到宝鸡市政府通报表彰。宁强县人民银行向上级申请追加信贷规模 3425 万元、支农再贷款 1.2 亿元，为解决宁强信用联社支付困难，发放支农再贷款两笔 7000 万元，支持 4 家砖厂建设资金 860 万元。

二　网点重建

四川省震后规划修缮加固银行网点 1148 个，原址重建银行网点 234 个，异地新建银行网点 199 个，新设银行业金融机构 29 个，撤并银行网点 17 个，添置自助机具设备不完全统计 1196 台等，规划投资 8.17 亿元。其中，四川辖区人民银行恢复重建支行 13 个，建筑面积 2.97 万平方米，规划投资 1.29 亿元。灾后重建启动后，人民银行成都分行明确金融用房鉴定结论为 C、D 级危房列入重建范围；对鉴定结论为 A、B 级、主体结构未受损失的办公及附属用房列入维修加固范围；

重建方案经人民银行总行批准后投入实施。成都分行先后制定印发《关于加强灾后重建工作中维修工程项目管理的通知》《关于加强灾后重建基建项目管理工作的通知》。两个通知对灾后重建项目实施过程中采购、设计、施工、建设资金等关键环节的管理提出了要求；先后 10 次召开重灾地区成都、德阳、绵阳、广元、阿坝、雅安 6 个市（州）人民银行负责人会议，明确重建目标和各级职责。截至 2011 年 9 月，成都分行辖区列入规划的人民银行机构 81 个维修加固项目已全面完成，完成投资 3099 万元；13 个重建项目有 12 个项目交付使用，有 1 个项目处于施工阶段；完成建设规模 2.76 万平方米，完成投资 1.2 亿元。（参见图 189）

灾后重建工作启动后，甘肃省 8 个重灾县（区）明确银行业恢复重建规划项目 215 个；截至 2011 年 9 月底，累计完成项目 154 个，实际完成投资 3.82 亿元。陕西省 4 个重灾县（区）银行系统完成重建项目 77 个，累计完成投资 8530 万元。

图 189　中国农业银行在灾区建立服务重建的板房式营业网点
（朱庆　摄）

第二节　证券与保险业

一　证券业

汶川地震造成川、甘、陕三省证券服务网点受损严重。地震对证券业承销、自营、咨询等业务影响也较大。证监会积极支持证券期货经营机构灾后恢复重建，直接免除四川辖区 4 家证券公司 2008 年、2009 年机构监管费累计约 111 万元；投资者保护基金公司减免四川证券公司 2008 年应缴纳投资者保护基金 7700 余万元；批准华西证券获得开展资产集合、定向管理、股指期货中间介绍和直接投资等业务资格，同意在资阳、眉山、巴中等市新设证券网点。国金证券完成了对控股子公司国金期货的增资扩股，获得股指期货中间介绍业务资格。截至2011年9月末，四川省28个证券期货网点全部完成重建任务，累计完成投资5000余万元；有4家证券公司总资产达342.18亿元、净资本达67.58亿元，分别比2008年增长62.64%、61.67%；有3家期货公司总资产达27.57亿元、客户权益34亿元，分别比2008年增长184.23%和240%。

甘肃省重灾区8个县（区）唯有海通证券成县服务部受损，其恢复重建纳入国家灾后重建规划。国家灾后重建规划明确陕西省重灾区4个县（区）证券业恢复重建资金1633.66万元（网点重建1223.1万元、添置设施设备28.56万元、其他382万元）。截至2010年4月底，陕西省4个县（区）完成证券网点建设项目7个、累计完成投资362万元。

二　保险业

川、甘、陕三省重灾地区51个县（市、区）保险服务网点在地震中受损严重。震后，四川省保监局根据省政府《关于充分发挥保险功能作用支持和服务灾后重建工作的意见》的精神，指导全省保险业做好灾情保险理赔和组织开展业内灾后恢复重建，编制完成《四川保险业灾后重建规划》，确立了保险行业恢复重建“分两步走”的工作目标，主要是前3年全面恢复灾区保险机构网点、人员队伍、网络通信、办公设施等。恢复重建期间，四川保险业在灾区设立保险理赔和便民服务站计485个，设置24小时服务电话。2008年年底，重灾地区25家保险机构通过维修加固、搭建临时板房或租赁房屋等方式恢复营业网点134个，营业网点基本覆盖该区域。

通过三年恢复重建，有18家保险机构在四川省重灾地区39个县（市、区）新设营业网点173个，占全省新增营业网点的24%；保险从业人员增至2.85万人，比震前2007年增长47.37%。四川省保险业纳入全省灾后金融网点恢复重建规划的重建项目计82个，完成规划投资2.15亿元。

甘肃省8个重灾县（区）保险业在地震中受损营业网点18个。国务院将受损的18个网点恢复重建悉数纳入国家重建规划，明确规划投资2459万元。截至2011年9月末，18个重建项目全部完工交付使用，实际完成投资达3918.02万元。

国家安排陕西省重灾区4个县（区）保险业维修加固保险网点8个，明确规划投资656万元；至2010年年底，规划项目和规定投资额全部完成。此外，4个县（区）金融监管部门完成建设项目7个，累计完成投资1800万元。

第十二篇

防灾减灾体系建设

汶川特大地震发生后，发震断层龙门山断裂的中央断裂和前山断裂错动，出露地表，分别形成长约240公里和70公里的地表破裂带。地震触发的滑坡、崩塌、泥石流、不稳定斜坡等地质灾害隐患点在震后几年内将进入高度活跃期。

党和国家把防灾减灾工作、加强防灾减灾体系建设作为国家经济社会发展的重要保障和公共安全体系建设的核心内容，在灾后恢复重建中统筹部署安排。中共中央总书记胡锦涛到四川抗震救灾一线考察指挥时，面对伤痕累累的山体，一再嘱咐要"加强对塌方、泥石流等地质灾害的监测和预防，防止发生次生灾害"。2008年6月23日、10月8日，胡锦涛分别在两院院士大会和全国抗震救灾总结表彰大会讲话中进一步强调，必须把自然灾害预测预报、防灾减灾工作作为关系国家经济社会发展全局的一项重大工作进一步抓紧抓好。同年5月18日和21日、6月16日、7月12日，国务院总理温家宝先后4次主持召开国务院抗震救灾总指挥部和国家汶川地震专家委员会会议，研究加强地震监测预报、灾害评估、地震科学考察和专题研究、地震次生灾害防范等工作。11月7日，发展改革委、民政部、国土资源部、地震局、气象局等五部门发布《防灾减灾专项规划》，明确3年防灾减灾目标和主要任务。12月27日，中华人民共和国主席令第7号公布修订后的《中华人民共和国防震减灾法》，自2009年5月1日起施行。2009年1月2日，国务院批复同意民政部请示，确定自2009年起，每年5月12日为"防灾减灾日"。2010年6月9日，国务院印发《关于进一步加强防震减灾工作的意见》，从指导思想和工作目标、加强地震监测预报工作、提高城乡建筑物抗震能力、强化基础设施抗震设防和保障能力、推进地震应急救援能力建设、健全完善政策保障措施、加强组织领导和宣传教育等7个方面，对进一步加强防灾减灾工作做出部署安排。

依据国家总体部署安排，四川、甘肃、陕西3个灾区省将防灾减灾纳入灾后恢复重建规划，全力组织实施。四川省2009年在恢复重建项目中期调整中，对防灾减灾工作予以倾斜，防灾减灾规划项目由416个调整为425个，增加9个，相应增加项目投资7412万元。在重建项目规划选址上，严格执行《岩土工程勘察规范》《城乡用地评定标准》《工程结构可靠性设计统一标准》等规范，坚持避开地震断裂带、避开地质灾害隐患点、避开行洪通道"三避开"原则，严把防灾关口。甘肃省制定《省防灾减灾专项实施规划》，总投资11.77亿元，批复项目475个。2009年，从甘肃省实际情况出发，中央重建基金调整民政系统防灾减灾项目资金7.1亿元，用于一般受灾县的教育、卫生公共服务设施等恢复重建项目建设。2010年1月，甘肃省政府下发《省民政系统防灾减灾规划项目资金调整及完成项目计划安排的函》，决定将调整的7.1亿元民政系统防灾减灾项目资金通过省级财政预算分3年予以安排。民政部同意甘肃省延期组织实施原定的民政防灾减灾项目。陕西省在恢复重建过程中，制定《关于进一步加强全省防震减灾工作的意见》《关于加快推进应急避难场所规划和建设的意见》《关于贯彻实施防震减灾法，进一步加强建设工程抗震设防管理的通知》，将防灾减灾与恢复重建相结合，建立防灾减灾体系。

经过3年的不懈努力，灾区省基本实现国家五部委提出的“用三年左右时间，使灾害监测预警预报体系基本恢复，重大次生灾害隐患点得到有效治理，应急救援救助能力得到提高，综合减灾能力明显提升”的目标。截至2011年9月底的汇总统计，3个灾区省防灾减灾规划项目1304个，开工1304个，占规划项目数的100%；完工项目数855个，占规划项目数的65.57%；规划投资207.1亿元，完成投资192.7亿元，占规划总投资93.05%。3个灾区省成立减灾委员会或救灾协调机构，发挥防灾减灾综合协调职能，防灾减灾管理体制机制不断完善；地震、气象、地质、水文、测绘等各类自然灾害立体监测预警体系基本形成；以应急指挥、应急响应和应急资金、物资拨付等为主要内容的抢险救灾应急体系初步建立，国家自然灾害四级响应制度在灾区得到确立，中央级和地方救灾物资储备库体系进一步完善，基本可实现重大自然灾害发生24小时内受灾群众能得到基本生活救助，自然灾害应急处置和保障能力提升；科学技术在防灾减灾领域的支撑作用增强；以解放军、武警、公安消防部队、民兵预备役等应急救援队伍建设为重点，抢险救援、医疗防疫等为主体的应急救援队伍体系初步建立，防灾减灾队伍逐步壮大，防灾减灾社会动员能力和社会资源整合能力提高。

第一章　监测预报预警

第一节　地震监测系统

汶川特大地震使四川省83个地震观测点、观测仪器设施102台（套）、观测用房2.51万平方米损毁，2个市级、24个县级防震减灾机构业务用房倒塌或成为危房，汶川、茂县等信息节点完全破坏，广元、绵阳等信息节点严重受损；甘肃省震情会商系统及测震、强震、前兆3个台网中心的设备及设施遭到不同程度破坏，造成省、市、县之间通信联络不畅，震后信息计算及存储设备不足；陕西省地震监测设备14台（套）受损，涉及西安、汉中、宝鸡、安康、宁陕、乾陵、周至、泾阳、略阳9个台站。地震观测系统恢复重建项目种类多、细小量大面广、工程量和份额少。按照国家灾后恢复重建总体规划和防灾减灾专项规划提出的任务和要求，3个灾区省地震局分别制定了实施方案、项目实施细则和管理办法，成立项目主管或协调组织机构和项目组，精心组织运作。经过3年多时间的艰苦努力，三省地震监测系统基本恢复，地震监测水平和地震灾害综合防御能力提升，地震信息网络系统进一步完善，信息交换能力得到提高，公共服务系统功能和服务能力增强，基本实现地震信息共享。

一　四川省地震监测系统重建

四川省恢复汶川、北川、绵竹、青川等29个县（市、区）观测用房1.44万平方米；恢复重建18个地震前兆台（站点）、27个地震监测台、38个强震动观测台、1处水准流动测量场地；结合原有固定台站布局，增建10个测震台站、5个强震动台、3个跨断层综合场地；改造14个

GPS（Global Positioning System，即全球定位系统）区域站为基准站；恢复4个市级和4个县级信息服务节点，完善1个省级信息服务系统，增建28个县级信息节点；将全省测震、预测、应急、安全性评价、综合信息等所有信息统一进行交换服务；通过更新核心网络设备和处理设备，台网中心达到接入测震台站300多个，提供波形数据服务2000多路，数据在线存储3年以上；台网中心接入本省及邻省249个台站波形通过省验收，正式投入使用。通过恢复重建，使区域内测震固定遥测台站数量达到22个，平均台距为40～60公里，监测能力达到M≥1.6级，可结合“陆态工程”项目建设的GPS基准站，对连续站数据进行实时解算，及时获得断层活动信息；省地震信息网络全面实现信息共享，信息交换能力提升，能按权限有选择地向社会提供多种方式的实时或准实时信息服务；实现对全川测震网络和设备进行综合监控管理的目标，省大震应急监测能力全面提升。（参见图190）

图190　四川省重建的地震地下流体监测房

（四川省委宣传部　提供）

二　甘肃省地震监测系统重建

甘肃省完成省级信息公共服务中心改扩建项目与省西北区域防灾减灾中心大厦整合建设，新建30个强震动台站项目和陇南、天水中心地震台综合观测业务用房，完成台网中心改扩建项目、省地震应急指挥中心改造项目及市（州）地震局业务用房改造及附属设施建设工程，完成陇南、天水、平凉3个中心地震台和160个各类台站基础设施重建以及房屋、道路、线路维修和部分台站仪器设备订购和安装调试；完成陇南、甘南等14个市（州）地震局，甘肃6个中心地震台地震信息公共服务及数据交换平台、市（州）视频会议系统的机房装修、设备购置和安装调试工作；省地震局网络安全管理系统建设完成设备安装调试；建设完成省地震局网无线网络系统；省地震局高性能计算服务系统建设项目设备完成采购、安装调试；省地震信息服务系统完成仪器设备更新；完成县级地震信息公共服务及数据交换平台；完成省级地震信息数据库建设，收集到的相关资料已经入库；完成前兆、测震、强震动3个台网中心、震情会商系统改造，仪器设备采购安装完毕，进入试运行。通过恢复重建，改善观测环境，提高观测资料质量和地震监测能力，增加强震动台网密度和覆盖面，提高地震烈度速报能力，为将省地震台站建设成数据信息传输准确、高效的现代化、数字化、网络化台站奠定了基础；省地震信息传递能力得到加强，省、市、县之间地震信息网络系统建设进一步完善，地震相关信息的存储问题得到改善，信息发布途径和平台建设得到扩展，具备了履行公共服务职责的基本条件；增加震情会商系统、前兆、测震和强震台网中心的硬件设施，为地震发生后震情跟踪提供了有利条件。

三　陕西省地震监测系统重建

陕西省在监测中心方面，新建强震台网中心，完成省GNSS（Global Navigation Satellite System，即全球导航卫星系统）台网中心和省测震台网中心的改扩建工程，以及安康、汉中等8个地市虚拟台网中心和流动测震观测系统；补充优化前兆观测台网，拓展前兆观测种类，增加前兆观测信息量，实现了数据实时汇集及仪器的远程监控；在台站方面，在陕南、关中等地建设完成15个GNSS连续观测基准站并进行相对重力联测和精密一等水准高程测量，建设完成9个测震台，迁建1个测震台，恢复重建安康区域台网，改造8个“九五”建设台站，建设7个流体台、4个形变台和2个地电台及1个水准场地；在4个重灾县（区）建设11个固定自由场强震观测台，其他受灾县（区）建设19个；在信息网络方面，主要包括局门户网站集群，多节点信息统一发布系统，地震专网的扩容优化、网络安全防御系统，车载移动短波通信系统，基于智能手机的地震现场信息快速采集上报系统和视频会议及大屏幕显示系统、办公网扩容等几部分内容，涉及1个中心、2个市级和4个县级信息节点。恢复重建后，GNSS连续观测系统的完成，弥补了陕西GNSS观测用于地震研究的空白；陕南、关中地区地震监测能力由M2.5级提高到M1.5级，部分地区提高到M1.0级；强震项目的完成，能够在30分钟内对关中、陕南地区发生的Ⅴ度（5度）、峰值加速度0.1g以上地震影响场进行烈度速报，提升了省重点监视防御区的强震观测能力；前兆项目的实施，提高了陕南、关中地区的前兆监测能力；地震信息服务平台建设项目的实施，最大限度地提供稳定、可靠的地震通信网络，保证了地震观测数据和日常办公信息的可靠传输，同时，在地震等突发事件中仍能保证有效通信，并通过多种内容收集、处理与发布手段，便于地方政府和人民群众在最短时间内获取地震灾情信息，进一步提高地震应急处置能力。

第二节　地质灾害监测系统

一　四川省监测预警网络重建

依据中期调整后的防灾减灾规划，在三年重建期内，四川省组织在3420处地质灾害隐患点进行群测群防监测预警网络建设。主要任务和目标是：针对有变形迹象但发展趋势不明、对保护对象构成一定威胁的地质灾害隐患点，采取人工巡查、仪器观测等措施监测其发展变化，在出现临灾征兆时报警，并采取转移避险的防灾技术手段；对实施工程治理、避让搬迁、应急排危除险的地质灾害隐患点，在隐患尚未消除前，采取监测预警措施。在地方行政管理和专业部门技术指导下，组织驻地群众，建立以及时发现灾情、普遍获取监测信息为主要目的和实施以巡查为主要防灾措施的群众性监测与防灾减灾体系。截至 2011 年 9 月底，恢复重建 3356 处地质灾害隐患点的群测群防监测预警网络，占规划任务的 98.13%，主要包括工程实施前监测预警工程和群测群防监测预警网络恢复重建工程两大类。

工程实施前监测预警工程　对纳入治理、搬迁、应急排危的地质灾害隐患点，在地质灾害隐患尚未消除前，采取监测预警。地震灾区地质灾害防治工程点多面广，只能分期分年度实施。对纳入恢复重建的治理工程 2296 项、避让搬迁工程 2912 项、应急排危除险工程 1248 项，在工程实施并消除地质灾害隐患前，建立监测点，落实监测人员和防灾责任人；在出现临灾征兆时，采取监测报警、临时转移避险，切实避免或减少因灾死伤事件的发生。经费主要用于对地质灾害隐患点的日常监测工作，包括简易变形监测点选点、警示牌制作、简易监测仪器购置、报警通信设施、日常兼职监测人员的工资、办公费用、地质灾害宣传、基层防灾监测人员业务培训等，按每点 5000 元估算。

群测群防监测预警网络恢复重建工程　针对有变形迹象、但发展趋势不明、以威胁分散农户为主的地质灾害隐患点，建立监测点，落实监测人员和防灾责任人。通过监测地质灾害的发展变化，在出现临灾征兆时，采取监测报警、临时转移避险等措施，切实避免因灾死伤事件的发生。据县域地质灾害详细调查与区划工作成果，灾区需建立监测预警网络的地质灾害隐患点共 3420 处，涉及 3.26 万户 13.72 万人和 35.97 亿元财产的安全。地质灾害监测网络包括群测群防网络和群专结合监测体系。山区突发性地质灾害监测以群测群防为主，监测网络覆盖有地质灾害隐患点的行政村或临时群众安置点。监测工作实行统一要求、专家指导、专业监测与群众监测并重；构建完整有效的地质灾害群测群防行政管理体系与群测群防工作责任制度，明确事权和责权；根据地质灾害隐患点险情与威胁程度发放地质灾害防灾明白卡，编制重要地质灾害隐患点防灾预案，明确责任主体与监测责任人；建立群测群防预案撤销制度，当隐患点上的人员已避让搬迁，或对隐患点进行工程治理并通过验收，预案随之撤销。对山区分布广、数量多、以威胁分散农户为主要对象的地质灾害隐患点，通过建立县（市、区）、乡（镇）、村三级网络，充分发动群众进行群测群防监测。群测群防一级监测网方面，在县（市、区）建立群测群防监测站，由分管副县（市、区）长负责。国土资源局负责日常工作，负责本地域内重大地质灾害隐患点的监测预警，主要进行灾害应急调查、应急监测、抢险救灾；负责本地域监测预警系统的建设与管理，群测群防技术指导和信息管理，成为群专结合监测预警系统的纽带。群测群防二级网方面，建立乡（镇）级监测网，由分管副乡（镇）长负责，采取定人、定点、定时进行巡查和简易监测，主要任务是对本乡（镇）区域内较大地质灾害隐患点进行监测预警，协助做好本地区县级重点地质灾害的监测预警工作，领导所属村的群测群防工作，做好地质灾害发生的前兆宣传和自救。群测群防三级网方面，建立村组级监测网，由行政村指派

图 191　广东省援建项目安装橡胶隔震支座

（广东省对口援建指挥部　提供）

专人负责该村组（或临时安置区）地域内的地质灾害隐患点的监测预警，重要灾害点监测人员必须接受培训。

地质灾害智能视频分析系统建设　在野外和不发达农村地区，虽然交通、通信、电力都极为落后，但仍应对其区域的地质灾害隐患点，特别是对山体滑坡、泥石流、地质断层等危害极大的地质灾害地带进行长期有效的监测，并及时将灾害发生的实时现况反映到应急中心并迅速组织应急反应，保护人民群众的生命安全。2010 年，彭州市探索出一种廉价、便捷、不受时空制约，可长期对隐患点实施在线监测的手段。该系统由三维 GIS 地理信息系统、灾害预警子系统软件、MAS 移动代理服务器短信系统软件、视频监控软件和硬件设备（视频监控、DLP 数字光学处理大屏幕、地质灾害探测仪）组成。系统基于计算机视觉、人工智能、数字信号处理的视频分析技术，通过对实时视频信号的分析，得到该控制点是否出现地质灾害的前兆。对于明显的现象，在第一时间内通知相关人员采取有效措施，减少损失。对于现象不明显的，产生预警信号提醒专业人员注意。此系统有助于解决监控点多、专业人员少的问题，使专业人员能更有效地投入到有预警发生的地段。系统可以 24 小时运行，不受天气影响，同时具备录像功能，能有效记录发生地质灾害过程，以作为科学研究依据。绵竹市重视地质监测仪器的配备，在全市安装了 300 多个地质灾害裂缝报警器和 5 套裂缝伸缩仪，并与一些科研机构合作，在青龙村和白房子两处滑坡地质灾害隐患点实验安装了自动化地质灾害监测预警系统。这些监测设施对传统的人力监测起到了很好的补充作用。

二　甘肃省监测预警网络重建

2008年6月9日，国土资源部组织中国地质调查局水文地质环境地质调查中心研制的1000套地质灾害监测报警仪器从河北运抵陇南，专家对该市各县（区）31名工作人员进行实地培训。6月底，各县（区）仪器投入使用，发挥了较好的辅助监测效果。7月17日，陇南市政府出台《陇南市地质灾害群测群防体系建设实施意见》。8月，该市初步建立群测群防点1846个，全部落实监测预报、灾情报告和应急处置责任人员，逐步建立健全市、县（区）、乡（镇）、村社4级群测群防体系，落实群测群防责任。经过对灾区地质灾害排查编制治理规划，2009年在重灾区完成省、市、县三级45处地质灾害应急指挥能力平台建设，配备相应的设备装置。恢复建设8个重灾县（区）在内的38个县4481处群测群防地质灾害点；建设专业监测点37处；建立地质灾害预警示范区3处。2010年，新建38个县2134处群测群防地质灾害点，建设专业监测点13处。

三　陕西省监测预警网络重建

陕西省防灾减灾省级项目由省国土资源厅负责实施。一是利用中央重建基金400万元，建立研发地震灾区地质灾害基础数据库，构建省级地质灾害应急指挥与预警平台，并与市、县衔接；建立省级地质灾害应急专家库和省级地质灾害应急调查与救援队伍。二是组织开展地震灾区地质灾害发育规律及风险管理研究，利用中央重建基金280万元，开展地震灾区地质灾害发育、分布规律研究；选取重灾县开展地质灾害风险调查评价；提出地震灾区地质灾害风险管理与防范措施。

陕西省在地质灾害监测预警与应用系统建设方面，共安排项目138个，计划投资5400万元，均为中央重建基金。截至2011年9月底，已按计划完成。138个项目中，勉县项目131个，利用中央重建基金990万元，建设15个专业监测点、116个群防群治监测点。宁强县项目2个，地质灾害群测群防体系建设项目利用中央重建基金1312万元，地质灾害专业监测点项目利用中央重建基金308万元。略阳县项目2个，地质灾害监测点项目恢复重建利用中央重建基金470万元；对新增的35个大型、53个中型、71个小型灾害点进行监测，对震后发生变化的原地质灾害点加强监测，以及地质灾害、地震灾害预警设施建设项目，共利用中央重建基金880万元。宝鸡市陈仓区地质灾害监测预警项目1个，利用中央重建基金940万元，建立地质灾害监测点及预警系统，配套检测预警终端设施、预警仪器的相关设施。汉中市地质灾害监测预警系统建设项目1个，利用中央重建基金250万元，建设地质灾害监测预警系统平台、预警快速反应系统、联合预报预警平台及网络，并进行业务培训。宝鸡市地震灾害监测预警系统建设项目1个，利用中央重建基金250万元，购置各种监测预警设备。

第三节　气象监测系统

一　重建成果

地震使川、陕 2 个省级气象局和川、甘、陕等地 264 个市县级气象局的基础设施、业务系统以及职工住房遭到不同程度的损毁。国家和灾区统一规划气象部门灾后恢复重建项目 244 个，其中基础设施新建 60 个、维修加固 166 个、业务系统 18 个。总体目标是，气象业务系统能力恢复到震前水平；基础设施能保证职工的基本工作和生活需要，并具备今后抗击类似地震和滑坡、泥石流等其他自然灾害的能力。中国气象局和 3 个灾区省气象局分别成立领导机构，统一领导，协调和组织实施恢复重建工作。截至 2011 年 9 月底，气象部门灾后重建项目投资使用率达到 98.63%，项目完工率达到 98.07%，其中业务项目全部完工，基础设施类项目完工率 97.55%。各灾区省总体情况是：四川省气象部门灾后恢复重建累计完成投资 3.03 亿元，占总投资的 99.4%。甘肃省基础设施项目开工 40 项（中央 38 项 5133 万元、地方 2 项 1026 万元），除舟曲地震地方投资与泥石流项目合并执行外，其余项目全部完工，累计完成投资 6159 万元；业务系统实施项目 5 项，资金 4803 万元（中央资金安排 3829 万元、地方资金安排 974 万元），2011 年 9 月已全部完工。陕西省 63 个项目已全部完工，累计完成投资 9972.49 万元（中央重建基金 9687.49 万元、对口支援资金 285 万元）。

公共服务　川、甘、陕三省公共气象服务信息收集、传输渠道及与之配套的业务系统得到完善。新建灾害预警信息直播系统，完成中国气象频道气象信息节目本地化插播接入系统建设。建立应急语音广播系统，完成 596 套语音广播接收终端、2520 个电子显示屏建设，提高了边缘地区气象预警信息响应能力和气象信息覆盖面。恢复重建成都、德阳、绵阳、广元、阿坝、陇南等重灾市（州）气象局电视天气预报制作系统。完成气象信息手机短信服务平台和气象信息 12121 等电话语音服务系统升级改造，配置 19 套 12121 语音工作站和 30 套市（州）级气象服务数据服务器。恢复建设 7 个重灾市（州）人工影响天气业务系统和 27 个重灾县人工影响天气作业信息系统。恢复建设农经网工作站，提升了农村信息化服务水平和气象灾情搜集能力。

预报预测　受损的气象预报预警业务系统及配套设施得到全面修复。预报业务硬件水平较地震前有较大提升。新建 157 个县级电视会商系统，实现灾区省、市（州）、县（市、区）三级互动天气会商。配置市县级预报工作站及显示屏 182 套、地市级预报服务器 15 台，在市县级气象局建设气象信息综合处理系统 3.0 平台，预报平台现代化水平明显提高。

综合观测系统　在受灾的 264 个市县级气象局新建或改建 1145 个自动气象站，新建 189 套实景观测系统。修复绵阳、广元、南充、天水等 4 台在地震中受损的新一代多普勒天气雷达。新建 5 个闪电定位仪子站，提高闪电定位精度，完善了灾区雷电监测系统。在高速公路等主要交通干线布设交通气象监测自动站 31 套，用于灾区交通保障和实时气象要素监控。在通信不畅的基层台站建设移动式北斗卫星通信系统自动站10套，采用手机无线通信移动自动站9套，实时采集、传输该地区气象信息。新建65座土壤水分观测站。新建成的综合观测系统在2009年、2010年汛期气象服务特别是暴雨监测预警气象服务中发挥了重要作用，为抢险救灾工作有序开展提供了可靠依据。

信息支撑和应急通信 新建四川省级信息网络灾难备份（降级）系统、视频会议中心控制系统、省级气象信息存储管理系统，改造网络通信系统，在自贡建设“四川省气象业务灾难备份中心”，全方位提升了应对突发事件应急响应能力。配置市州级网络设备及磁盘阵列28套、县级网络设备145套，增强了灾区网络通信能力。为相关市（州）、县（市、区）气象局配备或修复设施设备，提升网络支持保障能力。为62个台站配备短波电台，保障其他通信条件遭到损坏时应急通信畅通。配置自动、人工应急观测设备35套到受灾严重的台站，提高应急状态下气象保障响应能力。为灾损较重的市州级气象局配置发电机31套、UPS① 电源45套。为受灾较重和交通不便捷的台站配置卫星电话22台，以提升应急状态气象信息接收、发送等通信保障能力。

台站设施 进行气象系统基础设施恢复重建，地震损毁的基础设施和办公环境得到较好恢复，职工工作生活条件得到较大改善，探测环境得到改观。新建的具有现代气息和地域、民族特色的北川、青川、汉源、中江、金川、黑水等县气象局业务楼，将气象服务业务硬件条件向前推进了10 ～ 20年，台站基础设施普遍达到或超过震前水平。

二　项目选介

四川省气象业务灾难备份中心 2008年10月，四川省气象局研究并报经中国气象局同意，在自贡建设“四川省气象业务灾难备份中心”（以下简称备份中心）。该中心独立建设，共投资430万元，全部为中央重建基金。项目包括省级预报业务降级备份系统、省级信息网络灾难备份中心两个分项目，其中省级预报业务降级备份系统，包括局域网络改造、卫星通信系统、视频会商系统、预报业务平台4个部分，省级信息网络灾难备份中心包括网络改造、降级信息收集传输系统建设、信息管理和共享应用、视频会商系统改造4个部分，由省气象信息中心、省气象台和自贡市气象局共同完成项目建设技术方案。

预报业务异地降级备份系统于2008年年底经四川省气象局批准，由自贡市气象局建设，仅用一个月时间，完成项目实施方案编制、设备采购、局域网络改造、系统安装集成和调试。项目建设达到设计要求，于2009年年初正式投入业务运行。信息网络系统灾难备份中心项目于2009年2月经中国气象局批准建设；2009年完成项目全部软硬件设备采购和专业技术人员技术培训。2010年年底完成项目所需配套基础设施建设、装修，设备全部到位，开始进行系统的安装集成和调试，正式投入业务运行。按照项目建设技术方案，灾难备份中心仅具备省气象台、省气象信息中心的基本功能。从灾难备份中心业务系统的配备来看，还不能完全实现省级业务项目的全部功能；从现有配套的基础设施情况看，无法为系统的深化完善提供更大空间。

① UPS（Uninterrupted Power Supply），即不间断电源，一般用于计算机或计算机网络设备供电。

四川省高清视频会议会商系统　汶川地震抗震救灾中，暴露出气象系统省到市州会商系统功能不完善、市州到省无法发送双流信号、市州到县还没有会商系统等问题，无法满足灾区恢复重建及应急气象服务需求。2009 年 5 月，四川省气象局批复同意气象信息中心提出的气象视频会商系统恢复重建可行性研究报告和实施方案。8 月，严格按政府采购相关程序进行了公开招标；经过商务谈判，9 月 16 日签订合同，12 月实施工作全面展开。全面监控全省 160 多个安装点的进展，采用省局监督市局、市局监督县局的安装过程。省气象信息中心技术人员到所有市州和各市州所属至少一个县局，现场进行技术把关，协调和协助建设实施以及现场培训。由于项目组织有力，在预定时间内完成所有的设备安装和技术调试工作。为使项目建设不影响正常的天气会商会议使用，采用边建设边使用的方式，项目组分别从建设和管理维护两个方面统筹安排，充分发挥技术人员特长，快速掌握该系统的技术和使用，及时发现和解决系统中出现的问题。在建设中应用，又将应用中发现的问题反馈给厂商，在建设中解决问题，逐步完善整个系统功能。截至 2011 年 9 月底，省高清视频会议会商系统建设通过业务验收进入试运行。（参见图 192）

图 192　绵阳市高清视频会议会商系统（中国气象局　提供）

系统建成后，四川省 21 个市（州）局，143 个县气象局、台站的核心设备、显示设备、语音设备等实现有机融合；更新原有终端和 MCU①，建成省到市双向双流 1080P、市州局至县气象局双向双流 720P 的高清视频系统；实现数字级联，形成省—市—县高清视频会议会商系统。依托全省宽带网络系统，建成省气象局 IP② 可视电话系统，系统容量达到 1500 门，并发用户数可达 250 路，支持 IP 可视和语音电话功能，并配置一套 IP 电话交换机、510 部普通 IP 电话、90 部 IP 可视电话。全省 IP（可视）电话系统实现省、市、县三级 IP（可视）电话的互联互通，且支

① MCU（Micro Controller Unit），中文名称为微控制器单元，又称单芯片微型计算机。
② IP（Internet Protocol），中文名称为互联网协议，是为计算机网络相互连接进行通信而设计的协议。

持与现有视频会议会商系统互通。系统建成后，省气象局召开过多次本地、远程视频会议，总控系统对各分会场的画面、声音进行了有效监控，在省现有气象信息网络系统环境下，实现省—市召开 1080P 高清会议、省—市—县 720P 高清会议、片区高清会议以及市—县气象局高清视频会议功能。系统除常态性功能外，在汛期服务特别是灾害应急气象保障工作中发挥着重要作用，实现旧系统所不具备的双向双流功能，能够满足气象部门的业务需求。

甘肃省气象预报预测系统 甘肃省气象预报预测系统，规划建立集气象信息分析与加工处理、天气预报产品制作、预报产品分发以及系统内部和部门间可视化会商于一体的气象预报预测系统平台，实现全省范围内从市州、县气象局到省气象局的可视通信业务会商；建成预报制作平台和服务产品制作分发平台，能够顺利制作出完整的各类天气预报预测产品，顺利分发到相关政府部门或预报服务单位，提供及时有效的气象预报服务。

截至 2010 年 9 月底，系统建设全面完成。围绕提升灾害性天气预报预警能力，建立省公共气象服务平台，各市州建设了具有本地特色的综合气象服务平台、预报预测业务平台、灾害性天气短时临近预报预警业务系统，并在各级气象部门积极推进 MICAPS3.0[①] 的本地化应用。进一步优化省级短时临近预报系统，完善短期气候预测业务系统。加强"风云三号"、新一代天气雷达、自动站、区域站、大气电场仪、闪电定位仪等在气象灾害监测预警等方面的应用。开发了常规、非常规资料诊断分析系统和检索应用平台。基于省、市、县三级可视会商系统，建立了全省天气预报会商制度。部分市州开展乡镇精细化预报的试点，气象灾害预警能力加强，常规天气预报和灾害性天气预报准确率逐年提高。利用救灾项目更新 2 个市（州）和 33 个受灾县的预报制作平台，完成陇南市和文县、舟曲县等 7 个重灾县的电视天气会商系统建设。陇南市气象局牵头建成陇南市自然灾害资料共享系统，实现气象与国土、水利、环保、地震、安监等 7 个部门监测资料的实时共享。省气象局于 2009 年 7 月 1 日起正式通过电视向公众发布省级农用天气预报。

2010 年 7 月 22—25 日，平凉、庆阳、陇南、天水等市出现强降雨，甘肃省气象局及时启动Ⅳ级（4 级）应急响应，同时充分利用新闻媒体向公众发布暴雨预警信息。陇南市气象局通过传真、电子邮件、手机短信等渠道向市委、市政府和各县县委、县政府，以及防汛部门和相关单位报送《重大气象信息专报》，同时将暴雨预警信号传递到广大群众手中，减少了强降雨造成的损失。

宁强县气象基础设施 宁强县气象局（站）地处汉源镇新市区石垭子，位于北纬 32° 50′、东经 106° 15′，气象观测场海拔 836.1 米。该局承担着 24 小时地面气象观测和县域内气象观测资料的采集、传输，气象预报和灾害性天气预警信息发布，人工影响天气和雷电灾害防御等气象防灾减灾职责。地震给宁强县气象站房屋设施及气象仪器设备造成破坏，业务值班用房受损 499 平方米，职工宿舍、食堂等业务辅助用房受损 425 平方米，受损围墙 500 米、护坡 240 立方米、道路 650 米、供水管线 40 米、供电线路 56 米，受损风杆、百叶箱、EL 风向风速仪、通风干湿表、温湿度自记仪等气象观测仪器设备和 UPS 电源、网络交换机、打印机、发电机等办公设备共计

① MICAPS（Meteorological Information Comprehensive Analysis And Process System），即气象信息综合分析处理系统，是与卫星通信、数据库配套的支持天气预报制作的人机交互系统。

26 件（套），给气象业务正常运转造成严重影响。

2008 年 9 月至 2009 年 11 月，陕西省政府分 3 次下拨该局 526.4 万元建设气象台站。2008 年 10 月起修复改造上山道路，重修观测场铁艺围栏、护坡。2009 年 3 月，长安大学城市规划设计研究院进行规划设计。在 4 个县级部门、17 个乡（镇）政府、31 个村以及一些重要公共场所安装电子显示屏 70 块，在县城中心广场安装 56 平方米单面全彩大显示屏 1 块，在高寨子镇安装 CAWS600－B（W）型六要素自动气象站 1 套，为 24 个乡（镇）购置安装 SAWS600R（T）型二要素自动气象站各 1 套。

第四节　水文监测系统

汶川特大地震对四川、甘肃、陕西三省的水文监测预报预警设施造成严重损害，大量水文监测和山洪防御设施受损，区域防洪体系遭到破坏，防洪能力、灾害预警预报能力大幅度降低。部分纳入国家、地方基本水情站网规划的重要水文站损毁严重。按照国家灾后恢复重建的统一部署，在水利部的大力支持指导下，三省水利部门分别成立灾后重建领导小组，加强重建工作的组织管理。截至 2011 年 9 月底，三省已基本完成水文监测预报预警设施的灾后恢复重建。部分预报预警系统等灾后重建成果在 2010 年、2011 年汛期发挥重要作用，为成功抗御 2010 年绵竹市清平乡特大山洪泥石流、2011 年渔子溪流域山洪泥石流等灾害做出了贡献。

一　水文设施恢复重建

汶川地震灾区河流众多，主要属川、甘、陕三省的青衣江、大渡河、岷江、沱江、涪江、嘉陵江、汉江、渭河等水系。地震造成规划区内水文设施不同程度的震损。按照“功能全面恢复，保障能力达到或超过当前水平”的目标，在水利部及三省水利行政主管部门的指导下，三省水文局组织编制重建规划，总投资 2.403 亿元。水文设施灾后重建项目的实施，不仅使水文基础设施得到恢复提高，加强了水文监测手段和测报能力，同时，部分水文站点配置了科技含量较高、实用性较强的仪器设备。灾区范围内水文测报、水质监测与分析评价以及水文应急抢险监测、山洪泥石流灾害防御监测预见期等能力得到提升。

四川省水文设施　2008 年 12 月，四川省水文水资源勘测局（以下简称四川省水文局）组织成都、绵阳、阿坝、雅安、南充、达州 6 个市（州）水文水资源勘测局，分别编制《重建项目实施方案》。省发改委会同水利厅于 2009 年 4 月 20 日批复，明确由四川省水文局负责项目的建设和管理。重建项目按水域分布，覆盖 6 个市（州）水文局管辖的 60 个水文（位）站、2 个巡测基地以及 212 个雨量墒情点，分为水文基础设施建设和仪器设备采购两大类，主要包括新建及维修加固生产业务用房，水文测验设施改造，测绘、测验和水质分析等水文巡测装备的采购，水雨情遥测，墒情与地下水监测设备的采购与集成等，总投资 2.179 亿元。

2009 年 6 月重建项目建设启动，截至 2011 年 9 月 30 日，规划的 6 个建设项目及相关水文设施建设设备采购按照要求全面完成。全省水文设施灾后重建项目完成总投资 2.179 亿元（非竣工决算数据），占规划总投资的 100%。

重建工作特别重视自动化、现代化能力的提高和先进技术与设备的运用，建设水文遥测站点，配备部分走航式声学多普勒流速剖面仪（ADCP）、手持电波流速仪、高精度（1+2）GPS、手持 GPS、全站仪、激光测距仪、超声测深仪以及水文巡测车等现代化水文应急巡测设备。灾区范围内水文测报、水质监测与分析评价以及水文应急抢险监测、山洪泥石流灾害防御监测预见期等能力得到提升，为实施最严格的水资源管理制度奠定了技术基础。汶川县映秀镇和清平乡水文监测设施在 2010 年 8 月 13 日突降暴雨暴发山洪、泥石流等灾情情况下发挥了重要作用。灾情发生后，四川省水文局立即启动抗洪救灾应急预案，密切关注水情变化。15 日下午，映秀上游黑水河流域出现强降雨，水文监测人员采用重建配备的水文监测仪器连夜施测，分析黑水河流域、威州镇至映秀沿江降水及地形情况。通过精确测量，四川省水文局预报次日 16 时左右映秀洪水将达到峰值，右岸最大流量将达到 670 立方米 / 秒。18 日 16 时，洪峰如期而至，右岸干流实测流量 675 立方米 / 秒。之后洪峰不断出现，特别在 20 日 6 时和 22 日 13 时 30 分出现的两次大洪峰的预测预报中，水文数据准确率均达到 95% 以上，为赢得抗洪抢险胜利做出了贡献。奋斗在一线的四川省水文局应急监测人员受到国务院总理温家宝的接见和慰问。

2010 年 8 月 12 日，绵竹市清平乡出现强降雨，四川省水文局决定在清平乡上游 10 公里范围内架设篾棚子、天池、陡梯子、清平 4 处水文遥测站点，两小时实测一次水位和流量，第一时间将数据和监测分析情况向省水利厅、德阳市前线指挥部汇报，为打赢抗洪抢险攻坚战做出了贡献。

甘肃省水文设施 地震使甘肃灾区水文设施受到不同程度的震损。重灾县（区）21 个水文测站损坏 16 个。震后，甘肃省水文局进行灾后重建规划。2009 年 5 月 18 日，省灾后重建工作领导小组下达省水利厅中央重建基金 1539 万元。在省水利厅管理下，重建工作由省水文局负责实施。省水文局委托河南黄河水文勘测设计院对工程进行实地勘察，完成施工设计；同时与陇南水文局签订目标管理责任书，分工明确，责任到人；派出技术指导与监督检查工作组赴陇南指导、监督、检查各项措施落实情况和工程进展情况。

截至 2011 年 9 月底，甘肃省水文设施灾后重建的项目全部完成，完成中央重建基金投资 1539 万元，占下达资金的 100%。项目实施对及时做好水情预报、洪水调度工作，不断提高长江流域的白龙江、白水江、西汉水等中小河流的防洪能力，重点设防城镇安全度汛，减少因局部暴雨、泥石流造成的人员伤亡和财产损失发挥了重要作用。

陕西省水文设施 地震使陕西省的水文监测预报预警系统遭到严重损毁。震后，陕西省规划宁强县、略阳县、勉县和宝鸡市陈仓区 4 个县（区）水文设施及山洪预警设施灾后重建总投资 2641 万元。对宁强县铁锁关等 7 座受损水文站配备应急测验设备、水环境监测设备和通信设备，恢复临时供水供电设施；建设自动雨量站 82 个、自动水位站 26 个，恢复山洪灾害预警及群测群防点 104 处，配备防汛信息平台、防汛指挥技术系统各 4 套，防汛预警设备 208 套。2009 年 9 月项目中期调整，落实投资 700 万元。截至 2010 年 10 月底，7 座水文站全部竣工验收，累计完成生产、生活用房1976平方米，完成仪器设备采购69台（套），完成投资700万元，全部为中央重建资金。

二 山洪防治及防汛预警

地震使川、甘、陕三省山洪灾害频发多发。国家加快山洪灾害易发区综合防控体系建设，加强三省山洪灾害防治及防汛预警系统恢复重建工作的组织指导和督察。三省组织各县（市、区）编制《山洪灾害重点防治区监测预警系统实施方案》，并将重建项目纳入国家《恢复重建基础设施专项规划》。规划以人员能及时转移、减少伤亡为目标，坚持以人为本，依法防控，科学防控，探索暴雨山洪的发生发展规律，提出切实可行的防御对策；工程措施与非工程措施相结合，强化应急管理，完善预案体系；预防与应急相结合，最大限度地减少因山洪灾害造成的人员伤亡和财产损失。

四川省山洪防治及防汛预警 2008年6月起，四川省组织地震灾区全面开展以监测预警为主的山洪灾害防治及防汛预警系统规划。规划项目包括1个省级、3个市本级和39个重灾县的建设。中期调整后规划总投资为28135万元。43个项目共规划自动雨量站589个、简易雨量站172个、自动水位站228个、水位雨量一体站84个、视频站239个，建立1个省级、21个市州级、39个县级平台，初步建立群测群防体系。截至2011年9月30日，43个项目到位资金2.66亿元，已完成投资2.4亿元，42个项目建成。省级山洪灾害防治及防汛预警项目规划总投资5280万元，主体工程信息采集与传输系统建设、信息汇集平台和预警指挥系统建设全部完成。

绵竹市的山洪防治及防汛预警预报系统在防御2010年山洪泥石流灾害中发挥了重要作用。绵竹市山洪灾害防治及防汛预警系统分两期，于2010年7月建成，投入资金642万元，在境内山区堰塞湖、地质灾害易发点、各河道标志性点位建立自动雨量站14处、自动水位站19处、人工水位站2处。2010年主汛期，强降雨导致严重的山洪泥石流灾害，绵竹市清平乡出现群发性特大山洪泥石流，最大一处泥石流达680万立方米。8月12日，四川省防汛办向德阳、绵阳等地发出预警。收到预警后，绵竹市防汛办在第一时间利用网络、电话、手机短信等方式，将预警传到清平乡政府。16时30分左右，山洪灾害预警系统监测到清平等地开始降雨，22时雨势加大。清平乡立即启动防汛预案，汛前已安排好的115处地质灾害隐患点的安全监控员全部到位。同时，山洪灾害预警实时监控雨情、水情，完成测报、预警等工作，安全监控员挨家挨户通知转移。群众按照汛前紧急撤离演练所确定的逃生路线和转移安置点紧急、有序转移。通过提前预报、科学预警、有序组织，整个清平乡在距离泥石流大面积暴发前一个多小时，成功转移安置5400余名群众。在这次强降雨过程中，利用恢复重建的山洪预警系统，密切监测，准确预报，提前预警，为群众转移创造先决条件，最大限度地避免了人员伤亡。

甘肃省山洪防治及防汛预警 甘肃省受灾区域地处秦巴山地西部、青藏高原的边缘，降雨集中，洪水峰高量大。部分地方防灾工程设施年久失修，基本失去防御洪水能力，处于遇水必受淹的状态。

震后，甘肃省水利厅组织县（区）水利部门编制完成各县（区）《山洪灾害重点防治区监测预警系统实施方案》。规划以人员能及时转移、减少伤亡为目标。甘肃省委、省政府确定2011

年治理水土流失面积2000平方公里，要求在5月12日前全面完成汶川地震重灾地区——文县、武都区、康县、成县、徽县、西和县、两当县、舟曲县8个重灾县（区）水利灾后恢复重建，以保障灾区的防洪安全。省山洪灾害重点防治区监测预警系统及防汛应急项目包括：建设文县东风沟等122条沟道山洪灾害监测预警系统，控制流域总面积5823.63平方公里；建设自动雨量站248个、简易雨量站929个、自动水位站10处、人工水位站24处，下达中央重建基金总投资3772万元。

2010年8月7日深夜，舟曲县在短短40分钟内降雨量达97毫米，8月8日引发白龙江左岸的三眼峪、罗家峪发生特大泥石流，宽500米、长5公里的区域被夷为平地，造成1604人死亡、161人失踪。泥石流发生后，省委、省政府制定了《甘肃省舟曲县城及周边地域山洪灾害防治规划及实施方案》，县城及周边地域将建立监测预警应急系统和群测群防体系，实现雨情信息的自动测报和及时预警。对已发生特大泥石流灾害的三眼峪沟、罗家峪沟，以及其余4条重点山洪沟，按10年一遇洪水标准进行排洪沟建设。

截至2011年9月30日，重建项目共落实投资6489万元，其中中央重建基金投资6139万元、其他水利资金投资350万元，用于陇南市7个县（区）山洪灾害防治和预报预警系统建设。陇南市已完成全部山洪灾害防治信息汇集平台及监测预警系统建设任务。

陕西省山洪防治及防汛预警 陕西省，特别是陕南秦巴山区、关中秦岭北麓和渭北、陕北黄土高原丘陵沟壑区，是山洪灾害频发区。

震后，陕西省采取工程措施与非工程措施相结合的办法，编制完成《陕西省地震区防洪监测预警设施灾后重建规划（防灾减灾非工程措施规划）》。规划3年维修或更换山洪防御设备96台（套）；恢复和建设乡镇村组一级防御措施和预警平台30个；恢复受损乡镇雨量自动测报设施，恢复建设乡镇村组一级防御措施和预警平台5个，总投资2456.4万元。2008年12月12日，省政府批准宁强、略阳、勉县、陈仓4个重灾县（区）山洪灾害预警设施灾后重建规划项目。2009年9月中期调整后，规划在勉县、略阳、陈仓三县（区）建设预警预报设施项目5处，落实投资229万元。

截至2011年3月4日，勉县、略阳、陈仓三县（区）山洪灾害预警预报设施灾后恢复重建任务全面完成，恢复重建项目5处，完成投资267万元。其中，勉县原址恢复重建自动雨量站30个、自动水位站10个，原址恢复重建山洪灾害预警及群测群防设施36处，购置防汛预警设备44套、水雨情信息采集系统2套，完成投资217万元；略阳县恢复重建多媒体视频会议系统、视屏监控系统、防汛断面修复工程，恢复重建阳山滑坡重点示范点建设，完成投资20万元；陈仓区原地重建区防汛信息平台及预警系统设施，完成投资30万元。

第五节　测绘系统

汶川特大地震使灾区测绘系统遭受损失。四川省基础测绘设施损失一、二等天文点86点，

GPS A、B、C 级点 254 点，一、二、三、四等三角点 10379 点，一、二、三、四等水准点 10698 点，一、二、三、四等水准路线 64376 公里等，造成测绘基础设施和设备直接经济损失共计 39299 万元。2008 年 5 月至 2010 年 5 月，国家测绘局（2011 年 5 月更名为国家测绘地理信息局）召开灾后重建测绘保障工作座谈会等会议，研究部署和组织实施测绘体系恢复重建工作，要求及时开展灾区航空摄影和遥感影像订购工作，在灾区重点区域开展大比例尺航空摄影，对重灾区开展高分辨率遥感影像订购，做好灾后恢复重建测绘保障前期准备；全面开展灾区平面控制网建设、高程控制网建设及大地水准面精化，为灾区规划、建设提供测绘基准；完成灾区 1∶2000、1∶10000、1∶50000 系列比例尺地形图、影像地图制作，满足灾区重建规划、设施建设的需要；建立多尺度的基础地理信息数据库，实现灾区基础地理信息的快速查询、分析和分发服务；建设灾情分析与服务地理信息系统，实现灾情信息快速查询，为灾后恢复重建提供多种样式的地理信息服务，给决策管理提供基础地理信息平台，为决策分析提供有力的信息支持；建立应急测绘保障机制，改建数据存储和传输设备，加强影像快速处理和应急图件快速制印的技术储备和硬件储备。根据财政部预算，灾区灾后恢复重建测绘专项建设项目总经费为 3 亿元，其中四川省 2.55 亿元、甘肃省 1224 万元、陕西省 3266 万元。

在三年恢复重建中，中央及地方政府、测绘地理信息企事业单位累计投入重建测绘资金近 5 亿元，进行大规模航空摄影，建成由 60 个 GPS 连续运行站组成的灾区实时动态空间定位基准系统，建立了灾区基础地理信息数据库和新老北川三维景观信息系统，完成数字德阳、数字绵阳、数字广元 3 个数字城市建设，测制系列比例尺地形图 34.4 万平方公里，完成全部对口支援测绘保障工作。成果已广泛应用于灾情评估、灾后重建规划、城乡住房建设、基础设施和公共服务设施建设等方面。

一 灾区遥感影像获取

四川省遥感影像获取 地震对四川航空摄影资料造成严重损失，大、中比例尺航空摄影资料损失分别达 1 万平方公里、16 万平方公里，共计损失 3380 万元。为服务灾情评估、灾后重建规划，四川省测绘局（2011 年 8 月更名为四川测绘地理信息局）开展了航天、航空遥感影像获取工作：1∶20000 ～ 1∶25000 中比例尺航空摄影 52271 平方公里；订购 2.5 米中分辨率立体卫星遥感影像 20 万平方公里；订购不低于 1.0 米分辨率的卫星遥感影像 3 万平方公里。截至 2011 年 6 月，全面完成影像获取任务，满足重建项目建设需求。共完成航空摄影 4.41 万平方公里，部分原计划航摄区域由于灾区天气原因，改购相应的卫星影像；采购 2.5 米中分辨率的影像 27.6 万平方公里；采购不低于 1.0 米高分辨率的影像 6.7 万平方公里。

甘肃省遥感影像获取 2008 年 5 月 18 日，国家测绘局紧急审批安排甘肃重灾区 20 个城镇彩色大比例尺航摄计划。5 月 30 日，河北省测绘局紧急支援甘肃南部地区，执行地震重灾区城镇大比例尺航空摄影任务。采用轻型翼展飞机和低空数字化航空摄影系统，冒着极大风险，在白龙江低空峡谷航空摄影。航摄过程中，为了寻找一块平整的飞机起降场地，往往要花费两三天时间，驱车往返上百公里，6 月 4 日，首飞距汶川地震震中最近的碧口地区，提交了第一批成果。7 月上旬，与甘肃省测绘局共同完成影像地图292平方公里。7—12月，甘肃省测绘局计划在甘肃南部开展航空摄影90712平方公里，于2011年10月全部完成。

陕西省遥感影像获取 陕西省测绘局（2011年8月更名为陕西测绘地理信息局）开展的遥感影像获取工作，包括2008年5月26日、6月5日分别获取宁强、略阳县城地区最新的高分辨率EROS卫星影像，生产完成宁强县、略阳县《城区卫星影像图》。收集覆盖全省重灾区的2.5米分辨率SPOT卫星影像，制作宁强、略阳县域《抗震救灾遥感影像图》，并向省应急办、省地震局、汉中市政府、宁强县政府、略阳县政府提供246幅卫星影像地图，用于政府指挥决策、地震灾情监测。6—8月，陕西省测绘局利用动力三角翼、运12和无人机等航摄平台，在宁强、略阳、勉县、陈仓等县（区）1086平方公里地域进行航空摄影，获取9511张数码真彩色照片。所获取的航摄资料主要用于省地震灾区1:2000数字正射影像图生产。2008年6月至2010年9月，分批获取汉中摄区1:25000航空影像，主要作为1:10000基础地图测制的资料源使用。

二　各种比例尺地图测制

四川省比例尺地图测制 地震发生后，四川省测绘局开展系列比例尺地图测制，主要包括测绘1:2000地形图750平方公里，新测、更新、印制1:10000地形图3926幅，更新1:50000地形图165幅。截至2011年6月，测制工作全面完成，其中灾区1:10000地形图生产3926幅、1:50000地形图更新165幅、1:2000地形图测制760.2平方公里。

甘肃省比例尺地图测制 2008年6月12日，甘肃省测绘局接到陇南市抗震救灾指挥部急电，需要紧急测绘第一批175个灾区重建村的大比例尺规划用图。省测绘局组成40个技术组进驻灾区作业，完成陇南市、甘南藏族自治州第一批221个村的全野外测绘工作，提供了村庄重建规划急需的1:1000地形图。历时3年完成1:10000数字高程模型、数字影像地图生产90712平方公里/3520幅、1:10000数字线划图生产4.7万平方公里/1852幅、1:50000数字地形图测绘90712平方公里/220幅。成果应用于兰渝铁路、武罐（武都至罐子沟）高速公路、灾区第二次土地大调查、矿业权实地核查等重大工程建设。

陕西省比例尺地图测制 1:2000基础地图。2008年7月，组织生产重灾区1:2000数字正射影像图，生产宁强县、略阳县、勉县、宝鸡市陈仓区1:2000数字正射影像图，于2009年3月完成生产并向社会免费提供使用。2009年3月，陕西省测绘局组织开展灾区1:2000数字线化图测绘，于当年全部结束，并免费向相关县政府提供成果。

1:10000基础地图。测制工作从2009年8月开始，2011年9月全部完成。

1:50000基础地图。测制工作于2010年12月启动，2011年5月结束，共生产数字正射影像图和数字线化图43幅，该成果已汇交至国家基础地理信息中心。

三　测绘基准体系建设

四川省测绘基准体系建设 2008年5月27日，四川省第一测绘工程院选调50多名测绘人员，组成15个观测组，对北川、绵竹、都江堰等地震灾区的20多个大地控制点进行灾后检测。6月，该院组成3个选点组分别至汶川、茂县、理县等12个极重灾和重灾县（市）进行选点。7月，四川省第三测绘院抽调12名测绘技术人员组成3个组先后奔赴北川、青川、平武、江油等地震重灾地区开展工作。截至8月22日，20座基准站的选点、埋石和设备安装、调试，以及数据处理中心的机房建设、设备安装、软件运行环境、安装调试工作全部完成。基准站坐标的测定和系统测试于9月初完成，并免费向社会各界提供测绘基准服务。12月24日，省汶川地震灾区应急测绘基准建设项目顺利通过国家测绘局验收。在系统运行的一年多时间里，先后为南京市测绘勘察研究院有限公司等20多家援建单位、四川省交通厅公路设计院等40多家省内外单位提供测绘基础数据，这些数据在灾情评估、重建选址、重建规划、基础设施建设、地图更新等工作中发挥了重要作用。该项目获2009年中国测绘学会测绘科技进步奖三等奖。2009年，四川测绘局着手开展空间定位基准恢复重建工作，项目主要包括构建由56站组成的全省GNSS连续运行基准站网，其中新建25个、改造19个、利用已有的基准站12个；开展一、二等水准点普查3587座、选埋1783座，开展一等水准观测7188公里、二等水准观测10568公里，GPS点三等水准联测2300公里；开展省、市大地水准面精化工作，实现了在四川盆地发达地区大地水准面精度达到 ±3 ～ ±5厘米、其他地区 ±10 ～ ±15厘米。截至2011年9月，全面完成全省空间定位基准恢复重建任务，完成覆盖全省的56个GNSS连续运行基准站建设以及覆盖全省的GPS B、C级点布设、观测，构建了全省平面控制网；完成全省一二等水准点全面检埋和观测，构建了全省高程控制网；综合利用地面重力数据、GPS、水准数据、数字地面高程模型数据，完成了四川省区域大地水准面精化工作。

甘肃省测绘基准体系建设 地震使甘肃省永久性测量标志不同程度损毁、偏移或沉降。国家测绘局决定在甘肃灾区选择部分国家高精度大地控制网和省级C级网以上GPS控制点进行变形监测，并紧急抽调重庆测绘院技术人员支援甘肃。2008年5月31日，重庆测绘院技术人员进入甘肃灾区开展监测工作。此次检测的重点标志，每个标石都需要24 ～ 48小时的连续采集数据，点组同步观测。6月3日，完成所有外业工作，外业观测数据提交国家基础地理信息中心处理和分析。

陕西省测绘基准体系建设 2008年，陕西省测绘局实施灾后应急测绘基准建设，具体由国家测绘局大地测量数据处理中心承担，开展汉中、宁强、略阳、安乐河4个临时GNSS连续运行参考站的选点、建站、运行、维护以及后期提供实时动态信息服务。12月24日在成都召开的《四川汶川地震灾区应急测绘基准建设》项目验收会议上通过国家测绘局的项目验收，并于2009年1月开始，提供为期一年的全天候服务，为地震灾区提供测绘保障服务。2009年4月，陕西省测绘局开始组织实施测绘基准体系恢复建设项目，范围主要为宁强、略阳、勉县和陈仓区所辖区域，主要包括对大地基准进行检测分析，重建灾区GPS控制网和高程控制网，对GPS网基线解算与平差、水准数据处理、区域似大地水准面精化与成果分析等进行数据处理。陕西地震灾区测绘基准恢复项目的外业实施分两期进行，2011年3月完成全部外业工作。国家测绘局大地数据处理中心对各观测数据进行处理，收集整理重力数据、地形数据并归算，2011年8月底前完成大地水准面精化。

四　灾区基础地理信息数据系统建设

2009 年，四川省测绘局在充分调研的基础上启动灾区基础地理信息数据库建设。该项目主要包括开展原始影像数据库、大地测量数据库、1∶2000、1∶10000、1∶50000 数字线划地图数据库、数字正射影像地图数据库、数字高程模型数据库和元数据库建设。截至 2011 年 9 月，全面完成灾区地理信息数据库建设工作。完成数据库建库方案设计，开发相关数据库管理软件，建成原始影像数据库、大地控制网数据库、DLG① 数据库、DOM② 数据库、DEM③ 数据库、地名库、专题数据库、元数据库等 8 个分库的建设。建库形式为 FTP④ 文件数据库与 Oracle⑤ 数据库相结合的方式。数据库运行稳定，各项性能指标达到技术设计的要求。

甘肃省测绘局开展的甘肃南部地理空间信息数据库及平台建设，分为一期和二期，分别于 2009 年年初先后启动实施。一期项目主要包括建立甘肃南部地理空间信息数据库以及建设完成陇西、秦安和两当 3 个县域应用专题；二期项目主要包括搭建甘肃南部地理空间信息平台和武都区地质灾害地理信息系统建设。截至 2011 年 5 月，已全面完成任务，项目成果通过验收，三县的项目成果已移交。地理空间信息平台、地质灾害地理信息系统已移交陇南市并投入使用。

2009 年 7 月下旬至 8 月中旬，陕西省测绘局组织编写《陕西省地震灾区灾情分析与服务地理信息系统专业技术设计书》，明确了系统建设目标、系统总体结构、系统建设内容、技术方法和要求等，为系统的建设打下坚实基础。12 月上旬建成省地震灾区灾情分析与服务数据库，并完成省地震灾区灾情分析与服务地理信息系统框架的搭建和基本功能的开发。12 月中旬至 2010 年 5 月底，为完善项目建设内容，国家测绘局大地数据处理中心组织人员进行地震次生灾害、灾后重建信息的资料收集、数据处理及相应的系统开发工作。2010 年 6 月初至 2011 年 9 月底，对分期、分批上交的省地震灾区基础地理信息数据进行处理和入库；同时，结合省公共服务平台的最新成果，对库中的数据进行了进一步的补充和更新，并以此为基础，完善了系统三维场景。2011 年 10 月，项目组对整个系统进行详细测试。12 月，国家测绘信息局组织对项目进行验收。项目建成陕西省灾情分析与服务地理信息数据库，制作了灾区三维场景，建成陕西地震灾区灾情分析与服务地理信息系统。

---

① DLG（Digital Line Graphic），即数字线划地图，是与现有线划基本一致的各地图要素的矢量数据集，且保存各要素间的空间关系和相关的属性信息。

② DOM（Digital Orthophoto Map），即数字正射影像图，是对航空或航天相片进行数字微分纠正和镶嵌，按一定图幅范围裁剪生成的数字正射影像集。它是同时具有地图几何精度和影像特征的图像。

③ DEM（Digital Elevation Model），是一定范围内规则格网点的平面坐标（X、Y）及其高程（Z）的数据集。它主要是描述区域地貌形态的空间分布，是通过等高线或相似立体模型进行数据采集（包括采样和量测），然后进行数据内插而形成的。

④ FTP（File Transfer Protocol），是 TCP/IP 网络上两台计算机传送文件的协议。FTP 是在 TCP/IP 网络和 INTERNET 上最早使用的协议之一，属于网络协议组的应用层。

⑤ Oracle 公司（甲骨文）是全球最大的信息管理软件及服务供应商，全球许多大型网站选用其 Oracle 系统。

五　测绘应急保障体系建设

地震发生后，四川省测绘局于 2008 年 5 月下旬开始着手进行应急测绘保障体系建设，项目建设内容主要包括：基础地理信息共享制度建设、应急影像快速获取以及快速纠正处理系统建设、地图数据快速更新系统建设、应急图件快速出图系统建设、数据快速传输及存储系统建设、《汶川地震灾害地图集》编制印刷。截至 2011 年 5 月，全面完成了计划任务，组建了一支无人机飞行小组，编写制定了《四川省应对突发事件测绘与地理信息保障预案》，开发集成了“地图数据快速更新系统”“测绘应急遥感影像快速纠正及影像专题图件快速制图系统”和“测绘应急基础图件快速出图系统”软件平台，装备了全数字摄影测量系统、企业级 / 部门级交换机、服务器、磁盘阵列、图形工作站、直接制版机等软硬件设备，编制出版了中 / 英文版的《汶川地震灾害地图集》。

陕西应急测绘保障体系建设，主要包括建立应急测绘保障机制、影像快速获取处理系统建设、应急图件快速制印系统建设三方面。2009 年 5 月起，在充分调研的基础上，制定并印发《陕西省测绘应急保障预案》。影像数据快速处理系统建设由陕西省第五测绘工程院承担，2010 年 5—6 月，该院开展项目调研，编写了引进方案，并形成最终方案。6 月，购置磁盘阵列，并对 163 套 Geoway 软件进行升级，组织开展升级培训，为应急测绘保障体系建设打下良好的基础。应急图件快速输出系统建设由陕西省基础地理信息中心承担。该中心重点对奥西彩浪 600（OCE COLORWAVE 600）进行调研和测试，编写了调研报告和测试报告。2010 年 3 月，陕西省测绘局组织专家对该中心计划购置的应急图件快速输出系统进行了评审。截至 2011 年 9 月，项目内容均已完成。影像快速处理系统建成后，在陕西灾后重建等多个项目中发挥作用。

第二章　应急指挥和救援救助体系

第一节　应急指挥体系

一　国家应急指挥体系建设

灾害应急指挥体系建设包括灾前预防减灾、灾中应急响应、灾后救援救助等灾害管理全过程。2003 年遭遇“非典”事件之后，党和国家把灾害应急管理水平作为检验政府行政能力的重要指标，国家的灾害管理从被动应对逐步走向救灾应急响应管理机制的法制化轨道。各级政府和民政部门加强应急预案建设，推动国家灾害应急管理体系建设。2005 年 5 月 14 日，国务院办公厅颁布《国家自然灾害救助应急预案》，对国家减灾委在自然灾害应急救助中的地位和职能、应急响应的程序和级别、应急响应的物资保障和技术支持体系等作了明确规定。通过汶川地震的检验和灾后的进一步完善，到 2011 年 9 月底国家已构建成相对完善的应急指挥体系和预案体系（参见表 22）。

国务院应急管理办公室　2006 年 4 月 10 日，国务院办公厅向各省（区、市）人民政府及国务院各部委、各直属机构印发《关于设置国务院应急管理办公室（国务院总值班室）的通知》。通知指出，根据《国务院关于实施国家突发公共事件总体应急预案的决定》和中编办《关于增设国务院办公厅国务院应急管理办公室的批复》，国务院办公厅设置国务院应急管理办公室（国务院总值班室），承担国务院应急管理的日常工作和国务院总值班工作，履行值守应急、信息汇总和综合协调职能，发挥运转枢纽作用。通知明确国务院应急办的主要职责和办理的主要业务。2008 年 7 月 10 日，国务院办公厅在《国务院办公厅主要职责内设机构和人员编制规定的通知》中明确，作为新增设机构，国务院应急办正式纳入国务院办公厅编制。

国家减灾委、民政部启动救灾应急响应的指标和标准体系一览表

表 22

响应等级	灾害种类	因灾死亡（人）	转移安置（万人）	倒塌房屋（万间）	其他情况
一级响应	一般自然灾害	＞200	＞100	＞20	发生事故灾难、公共卫生事件、社会安全事件等其他突发公共事件造成大量人员伤亡，需要紧急转移安置或生活救助
	破坏性地震				
二级响应	一般自然灾害	100 ~ 200	80 ~ 100	15 ~ 20	
	破坏性地震				
三级响应	一般自然灾害	50 ~ 100	30 ~ 80	10 ~ 15	
	破坏性地震				
四级响应	一般自然灾害	30 ~ 50	10 ~ 30	1 ~ 10	
	破坏性地震	20 ~ 50			

国务院应急办的主要职责：一是承担国务院总值班工作，及时掌握和报告国内外相关重大情况和动态，办理向国务院报送的紧急重要事项，保证国务院与各省（区、市）人民政府、国务院各部门联络畅通，指导全国政府系统值班工作。二是办理国务院有关决定事项，督促落实国务院领导批示、指示，承办国务院应急管理的专题会议、活动和文电等工作。三是负责协调和督促检查各省（区、市）人民政府、国务院各部门应急管理工作，协调、组织有关方面研究提出国家应急管理的政策、法规和规划。四是负责组织编制国家突发公共事件总体应急预案和审核专项应急预案，协调指导应急预案体系和应急体制、机制、法制建设，指导各省（区、市）人民政府、国务院有关部门应急体系、应急信息平台建设等工作。五是协助国务院领导处置特别重大突发公共事件，协调指导特别重大和重大突发公共事件的预防预警、应急演练、应急处置、调查评估、信息发布、应急保障和国际救援等工作。六是组织开展信息调研和宣传培训工作，协调应急管理方面的国际交流与合作。七是承办国务院领导交办的其他事项。

国务院应急办的主要业务：一是涉及防汛抗旱、减灾救济、抗震救灾，以及重大地质灾害、重大森林草原火灾及病虫害、沙尘暴及重大生态灾害事件的处置及相关防范业务，重要天气形势和灾害性天气的预警预报等业务。二是涉及安全生产、交通安全、环境安全、消防安全及人员密集场所事故处置和预防等业务。三是涉及重大突发疫情、病情处置，重大动物疫情处置，重大食品药品安全事故处置及相关防范等业务。四是涉及社会治安、反恐怖、群体性事件等重大突发公共事件应急处置和防范业务，涉外重大突发事件的处置等业务。

民政系统应急指挥体系　民政部于 2006 年、2009 年先后修订 2004 年 11 月印发的《灾害应急救助工作规程》、2006 年印发的《民政部应对自然灾害工作规程》，2009 年更名为《民政部救灾应急工作规程》。规程按照灾害损失情境，从国家层面将灾害响应分为 4 个等级，进一步规范细化灾害应急响应的工作流程，明确相应的救灾工作内容和对策。到 2011 年 9 月底，国家已构建成相对完善的应急预案体系。在国家层面，应对突发性自然灾害预案体系分为 3 个层次，即国家突发公共事件总体应急预案、应对自然灾害国家专项应急预案、应对自然灾害部门应急预案。

国务院相关部门还根据自然灾害专项应急预案和部门职责，制定了更具操作性的预案实施办法和应急工作规程。在地方层面，31 个省（区、市）均编制完成了省级突发公共事件总体应急预案，各省、市、县民政部门结合救灾工作的实际编制了自然灾害应急专项预案，并做到了预案之间的相互衔接。经过多年的工作积累，国家初步建立了以减灾救灾业务需求为牵引，基于遥感技术的灾害监测体系、预警体系、评估体系和决策支持体系，并成为减灾救灾体系建设的重要组成部分和主要发展方向。当重大自然灾害发生后，灾区政府在第一时间启动应急响应，成立由当地党委和政府领导担任指挥、有关部门作为成员的灾害应急指挥机构，负责统一制定灾害应对策略和措施，组织开展现场应急处置工作，及时向上级报告灾情和抗灾救灾工作情况。国家相关部门在国务院统一领导下，各司其职，密切配合，及时启动应急预案，按照预案做好各项抗灾救灾工作。比如在保障受灾群众基本生活方面，按照预案规定，启动四级以上响应时，立即启动救灾应急资金和救灾物资的调拨机制，一般情况下中央财政救灾应急资金 3 日内拨付到省；启动三级或二级响应后，由民政部副部长或部长带队，与相关部门联合组成国务院工作组赴灾区指导抗灾救灾工作，共同分析灾害形势和灾区需求，协调抗灾救灾行动，提出对灾区的支持意见。2008 年 5 月 12 日 14 时 28 分，汶川发生 8.0 级地震，根据《国家自然灾害救助应急预案》，国家减灾委、民政部于 15 时 40 分紧急启动国家救灾二级响应；22 时 15 分，将响应等级提升为一级，这是国家减灾委成立后首次启动一级响应。

国家减灾委员会 国家减灾委是国务院领导下的减灾救灾部际议事协调机构，负责研究制定国家减灾救灾工作方针、政策和规划，协调开展国家重大减灾活动，综合协调全国重大自然灾害应急及抗灾救灾工作，指导地方开展减灾工作，推进减灾国际交流与合作。国家减灾委主任由分管此项工作的国务院副总理担任，成员由国务院有关部（委、局）、军队、科研部门和非政府组织等 34 个单位组成，办公室设在民政部。减灾委的前身是 1989 年中国政府响应联合国倡议成立的中国国际减灾十年委员会，2000 年更名为中国国际减灾委员会，2005 年 4 月年更名为国家减灾委员会。

国家减灾委下设专家委员会，是国家减灾救灾领域的专家咨询机构。国家各相关部门也组建了防灾减灾、应急管理等方面的专家队伍。国家注重发挥专家队伍在救灾决策中的重要作用。汶川地震发生后第六天，即 5 月 18 日，减灾委与科技部联合成立“国家减灾委—科技部抗震救灾专家组”，专门就应急救援、灾后救助、灾区管理、灾区重建等提供技术和专家支持。21 日，国家汶川地震专家委员会成立，由 22 个专业学科的 13 位院士和 17 位研究员、教授组成，在国务院抗震救灾总指挥部领导下开展工作。到 7 月中旬，共有 323 名专家参加专家委员会及专家组工作。专家组主要开展如下工作：一是为抢险救灾应急响应提供决策建议，围绕应急救灾，先后共有 215 名专家协同工作，通过多学科系统分析、综合集成，对地震灾害进行综合性、区域性快速评估并及时提交应急决策建议和综合性报告。二是参与震后重建规划方案的研究，先后有 275 名专家分别参与灾害范围评估、灾害损失评估、资源环境承载能力评价，灾后重建总体规划中的各专项规划的论证和撰写，灾后重建财政、税费、金融、土地、产业、对口支援、社会募集等相关政策的研究论证和咨询服务。三是防灾减灾宣传和科普工作，编制《卫生防疫与心理援助》《食品营养与安全》《安全饮水与供水》《建筑安全诊断与重建》《地震安全诊断与重建》《地震次生灾害应急实用技术》《抗震救灾公共卫生技术手册》《抗震救灾食品安全技术手册》《农村地震灾区灾后恢复重建技术及产品手册》《抗震救灾应急分析测试技术手册》《震后卫生防病知识问答》《重建家园的建筑知识科普挂图》《农村地区抗震救灾科普折页》等一批实用性技术手册，有的在网上发布，有的编印成册送往灾区。2009 年 2 月 18 日，根据委员会章程规定，国家减灾委专家委员会完成换届选举工作，有委员 38 名，主任为中科院院士、地理学家秦大河。

二 灾区省应急指挥体系建设

四川省应急指挥体系建设 根据汶川地震《灾后重建总体规划》和《防灾减灾专项规划》有关部署，四川省建立省、市、县、乡四级应急指挥体系，加强应急指挥装备的配备，行使健全灾区救灾应急指挥、灾害评估、灾情上报等功能。全省四级综合减灾救灾应急指挥体系重建规划总投资 78596 万元。其中，21 个市（州）、181 个县（市、区）共 202 个项目，规划投资 66006 万元；省级项目规划总投资 12590 万元。省级综合减灾救灾应急指挥体系项目依托省减灾中心的建设进行。2009 年 11 月，省发改委对恢复重建规划项目实施计划进行中期调整，省级综合减灾救灾应急指挥体系规划总投资由 27400 万元调减为 12590 万元。2010 年 4 月，省财政厅下达该项目中央重建基金包干控制数 10072 万元；6 月，省发改委批复省级综合减灾救灾应急指挥体系项目投资概算控制在 10073 万元以内，主要为中央重建基金，建设内容主要包括硬件设备采购、软件开发和系统集成等，项目建设工期 24 个月；8 月，比选确定招标代理机构；10 月，完成设计、监理单位招标。2011 年 9 月底前设备采购及系统集成全部开标，完成 70% 的设备采购及系统集成招标，其余部分因投标公司的投标文件未通过评标专家组评审而流标，招标代理机构按有关规定再次进行招标。

四川省减灾中心建设。四川省减灾中心项目建于成都市武侯区武阳大道，面积约 17 亩。包括建设综合办公大楼、自然灾害应急救助指挥大厅、自然灾害信息数据库等设施；购置网络及终端、信息采集、通信、存储等设备，开发信息系统（软件），网络系统及设备，配备救灾专用车辆，绿化、安保、消防、恒温恒湿系统等基础设施。2009 年 2 月，省发改委批复同意开展省减灾中心项目建设前期工作；7 月，按照省政府要求，省减灾中心项目移交省代建中心代建；11 月，实施计划中期调整后，规划总投资由 2.53 亿元调减为 18280 万元。2010 年 4 月，省财政厅下达省减灾中心项目中央重建基金包干控制数 14624 万元；6 月，省发改委批复省减灾中心项目投资概算控制在 14624 万元以内，主要为中央重建基金，建设规模 20041 平方米，项目建设工期 19 个月；同年完成设计、勘察、监理单位招标。2011 年 4 月，完成基坑开挖和降水处理工程招标；7 月，完成施工总承包工程招标，建设工期 380 天。省代建中心要求总包单位在 2012 年 2 月底完成主体工程，8 月底全面竣工。

重灾市州应急指挥体系建设。德阳市建成市、县两级应急指挥体系，与省和全国应急指挥体系联网。2008 年 9 月，什邡市突发公共事件应急处置协调委会在市政府设立应急管理办公室和 6 个专项指挥部，办公室承担信息汇总、综合协调职能；全市 16 个镇（街道）成立相应的应急管理委员会和专项指挥机构；各村委会（社区居委会）及重点企业明确应急工作负责人。全市形成政府统一领导，市、镇（街道）、村（社区）和企业三级应急指挥、管理的组织体系。2010 年 9 月 27 日，绵阳市政府办公室印发《绵阳市灾后恢复重建项目对照表的通知》，确定全市防灾减灾项目 32 个。截至 2011 年 9 月 30 日，绵阳市 10 个市、县级应急指挥体系项目全部开工，完成投资 5962 万元，完成投资率 93.08%。广元市应急指挥体系含市本级和所辖县（区）共 8 个，建有指挥办公室、指挥中心机房，配置指挥软件、高端 PC 服务器和网络、安全、自储等相关设备，以及指挥车辆、通信设备，规划总投资 4505 万元；截至 2011 年 9 月 30 日，全市应急指挥平台体系建设完成投资 3501 万元，占规划总投资近 80%。阿坝藏族羌族自治州政府于 2010 年决定应急指挥体系利用驻州部队光纤、网络优势，与阿坝军分区整合资源，修建该州国防教育训练中心暨减灾救灾应急指挥中心。2010 年 7 月 12 日，项目完成立项审批。截至 2012 年 11 月，主体工程已完工。

甘肃省应急指挥体系建设 按照突发公共事件应急管理工作要求，甘肃省建立省、市、县三级救灾应急指挥平台 101 个，其中省级 1 个、14 个市（州）各 1 个、86 个县（区）各 1 个。为陇南市、甘南藏族自治州和 8 个重灾县（区）以及其他救灾任务重的市（州）、县（区）更新配备救灾车辆 102 辆、车载 GPS 定位仪 20 部、卫星电话 20 部、手持 GPS 电话 110 部、卫星电话 110 部、便携式电脑 110 台、摄录像设备 102 套、车载视频现场传输设备 16 套、无人驾驶微型飞机 5 架。建立 8 支地震灾害紧急救援队，其中在陇南、甘南、天水、定西、平凉、庆阳、临夏、白银等市（州）各建一支地震灾害紧急救援队。补充省地震灾害紧急救援队装备，新配备 8 支应急救援队专用装备以及专业培训设备等。

甘肃省防灾减灾综合项目主要由甘肃省减灾中心、国家卫星减灾西北区应用分中心、省救灾应急指挥平台、省救灾信息管理数据库以及省综合减灾救灾教育培训基地等项目构成，总投资 2.3 亿元，建筑面积 4.37 万平方米。2010 年 12 月，项目选址于兰州市安宁区，占地面积 32.9 亩。2011 年 11 月 23 日招标，12 月 25 日开标，中标施工单位进场。

2008 年 9 月，陇南市建立地质灾害应急平台信息系统，将全市险情等级三级以上的 551 个重要隐患点基本信息建成数据库，提高应急救援水平。中央重建基金安排市级和 9 个县（区）地质灾害应急指挥能力建设项目 10 个、专项资金 880 万元，2011 年 9 月全部建设完成并投入使用。两当县民政局 2009 年投资 150 万元，购置应急指挥部平台、灾害信息管理数据库办公设备各 15 套，购置指挥救灾车 2 辆及其他设施。两当县制定《自然灾害应急救助预案》，并对县、乡、村三级灾害信息员队伍进行充实调整，共 170 人。

陕西省应急指挥体系建设 陕西省自然灾害综合应急指挥系统由救灾指挥系统、电子演示系统、灾害信息管理系统和辅助系统四部分组成。指挥中心，计划使用面积 500 平方米，主要设有屏显区、网络通信区、档案资料区、多媒体制作演示区；通信网络，实现指挥部各成员单位之间及省、市、县三级实时信息交流，确保在第一时间获取灾情信息，并购置救灾卫星通信应急指挥车，建立卫星通信地球站，保证紧急状态下应急指挥通信畅通；演示系统，购置所需设备，建立网络环境和软件支持系统，制作救灾减灾网页，通过显示屏，演示灾区灾情及相关救灾工作信息；灾情监测系统、灾害预警预报系统、灾情信息采集和评估系统，建立地理信息数据库，开发灾害管理软件，实现对全省自然资源、人口、耕地、交通、水系等数字化、系统化管理，并通过救灾卫星通信应急指挥车，现场采集灾情数据，及时发送、上报灾情，实现灾情信息网络化管理；资料储存管理、救灾物资储备体系管理、减灾宣传和抗灾救灾减灾项目管理系统，实现专业化、系统化、网络化管理。在“统一规划、统筹安排、分级负责、分步实施”的前提下，省市县三级指挥系统一次性设计，以统一技术规范和标准，确保三级互联互通、上下一体、高效运转。指挥系统建成后，具有省内重大自然灾害预警预报、应急救助指挥、数据收集整理、信息发布、救灾资金和物资的调拨管理五大功能。截至 2011 年 9 月，省级指挥系统方案正在论证中，市县级指挥大厅全部建成，系统设备购置待省级方案确定后同步实施。

陕西省减灾中心选址于西安市北郊迎宾路，规划建筑面积 1 万平方米，投资概算 6000 万元。该中心于 2008 年 12 月开工建设，2011 年 7 月主体工程完工。中心的主要任务是，承担国家减灾卫星灾害信息的技术处理，及时进行评估分析，向省政府、省减灾委员会成员单位报告，为领导决策提供技术支撑；承担全省综合减灾信息系统建设任务，汇集和分析处理有关减灾信息，及时向基层通报减灾信息，为减灾工作提供技术服务；研究减灾工作发展，制定减灾工作规划，考察审定各地减灾工作建设项目，指导各地减灾工作；承担减灾科普宣传教育，为提高全民减灾意识服务（参见图 193）；承担灾区灾情核查任务，赴灾区实地采样，通过技术手段对灾害损失进行核定；承担国内外减灾合作与交流任务。

图 193　宁强县政府向灾区群众发放防灾减灾书籍

（陕西省灾后重建志办公室　提供）

宝鸡市自然灾害应急指挥系统选址于宝鸡市金台区十里铺张家新村81号，规划面积1200平方米，建筑面积700平方米，总投资720万元，其中市安排200万元，省财政解决520万元。规划建设救灾指挥系统、电子演示系统、灾害信息管理系统和辅助系统四部分，各部分建设内容和功能与省自然灾害综合应急指挥系统相似。该项目于2010年11月开工，2011年9月底完成主体工程建设。

县级自然灾害应急指挥系统，在宁强、略阳、勉县、陈仓各新建一个建筑面积500平方米以内的自然灾害应急指挥中心，主要建立灾情预警信息发布平台和信息收集、传输渠道及与之配套的业务系统。针对灾害发生过程，在事前、事中、事后分别做出相应风险评估分析，并给出相应的对策建议和救灾措施。土建、设备和软件开发总投资1904万元，资金投入分别由各县区财政解决。截至2011年9月，指挥大厅、档案室、值班室、工作人员办公室等场所建设全部完成，待省民政厅统一设计方案后，购置设备并投入使用。

第二节　专业救援救助力量

一　专业抢险救援队伍

国家在解放军、武警部队以及公安、交通、安监、林业、地震、红十字会等部门和单位分别建立专业应急救援队伍，在汶川地震抗震等历次抗灾救灾中发挥了突出作用。在专业救援队伍建设中，解放军的应急专业力量建设特别突出。2009年1月，中央军委下发《军队非战争军事行动能力建设规划》，部署军队应急专业力量建设任务，提出建设抗洪抢险应急部队、地震灾害紧急救援部队等8支国家级应急专业力量。明确把抢险救灾等非战争军事行动能力建设纳入军队现代化建设和军事斗争准备的全局中统筹和实施。围绕打赢信息化条件下局部战争这一核心能力，从应对多种安全威胁、完成多样化军事任务能力的角度，开展8支国家级应急专业力量的建设，实现平战结合、军民结合，避免重复建设。除解放军外，武警交通、水电部队抢险救援队伍也在规划建设，并将纳入国家应急力量体系。武警四川省和陕西省总队两个工化救援中队有人员188名，装备25台工程机械（车辆）、近4000件（套）抢险救援装备器材，突出“一专多能、一队多用”的特点，确保2012年年底全面形成抗灾救灾能力。全国已建有100支国家重点防汛抢险机动队，确定19支解放军抗洪抢险专业应急部队。地震专业救援队伍总人数达3000多名。组建城市公安消防特勤大队58个、特勤中队340个，配备各类专业救援车辆1.7万辆。各地依托消防特勤队伍组建55个水上救援队、25个山岳救援队、37个高速公路救援队。铁路专业应急救援队伍达到175支，专职应急救援人员2万余人。截至2011年9月底，已形成由国家级基地、骨干救援队伍和企业专兼职救援队伍组成的安全生产应急救援体系，矿山救护、危化救援队员达10万余人，全国森林消防专业队伍近50万人。以甘肃省重大灾害应急救援总队为例，总队于2010年4月正式组建；随后，全省14个市（州）依托当地公安消防支队组建应急救援支队，31个县组建应急救援大队。全省共有专职消防队48个、企业专职消防队60个。全省各级公安消防队和政府（企业）专职消防队共配备各类执勤消防车651辆。公安消防部队配有侦检类器材、警戒类器材、救生类器材、破拆类器材、堵漏类器材、输转类器材、洗消类器材和排烟类器材，还配有消防机器人、高倍数泡沫发生器、脉冲水枪等其他类器材，配有正压式空气呼吸器、氧气呼吸器、生命探测仪、卫星电话等。

各级公安消防应急救援队伍的主要任务是，在地方政府统一领导下，除完成火灾扑救任务外，积极参加以抢救人员生命为主的危险化学品泄漏、道路交通事故、地震及其次生灾害、建筑坍塌、重大安全生产事故、空难、爆炸及恐怖事件和群众遇险事件的救援工作，并参与配合处置水旱灾害、气象灾害、地质灾害、森林与草原火灾等自然灾害以及矿山、水上事故，重大环境污染、核与辐射事故和突发公共卫生事件的救援工作。

二　应急救援志愿者队伍

志愿者队伍是抗击自然灾害的重要力量。汶川地震抗震救灾中，民政部部署中国社会工作者协会发出倡议，全国856个城区、7000个街道、8万个居民委员会，3.36万个乡（镇）、611万个村民委员会及400万个城乡社区工作者、2000多万名城乡社区志愿者加入到抗震救灾队伍中来。灾后重建过程中，民政部和地方民政系统更加重视对民间组织的管理以及社工、志愿者队伍的建设工作，大力推进基于社区志愿者队伍培育发展工作，要求各级民政部门加强对志愿者参与救灾工作的管理，建立政府积极引导志愿者参与救灾工作的服务机制，及时提供灾情和相关信息，合理调度和配置志愿者资源，并为志愿者开展救灾工作提供力所能及的后勤保障。

第三节　民政应急物资储备库

救灾物资储备事关受灾群众基本生活保障，是灾害应急救助体系建设的重要组成部分。依据汶川特大地震《灾后重建总体规划》和《防灾减灾专项规划》，加快救灾物资储备库建设。到2011年9月，民政部中央救灾物资储备库和代储点增加到18座（个），进一步提高了中央级救灾储备物资的辐射能力。各地加快本级储备库点建设，救灾物资的储备也从单一的救灾帐篷扩展到棉被、棉大衣、睡袋、折叠床、厕所帐篷等救灾急需的物资。汶川地震救灾过程中，民政系统的救灾物资储备体系发挥了重要的物资保障作用。《防灾减灾专项规划》明确，川、甘、陕三省建设救灾物资储备库121座，其中四川省中央级救灾物资储备仓库1座、市级库19座、县级库39座，甘肃省中央级救灾物资储备仓库1座、省级库5座、市级库9座、县级库40座，陕西省中央级救灾物资储备库1座、市级库2座、县级库4座，形成以中央级救灾物资储备库为中心，省、市级储备库为骨干，县级储备库为基础的灾害应急救助物资储备网络。

一 四川省应急救灾物资储备体系建设

四川省救灾物资储备中心 四川省救灾物资储备中心作为中央布点建设的全国17座中央级区域性救灾物资储备库之一，是2009年四川省政府确定的重点建设项目。该中心由省民政厅代建、代管、代储，专项用于储存紧急抢险、转移安置灾区群众所需的各种救灾物资，定位为承担面向四川、辐射西南的救灾物资收、管、发任务。2008年8月，经省机构编制委员会批准，正式成立省救灾物资储备中心。2009年12月2日，省发改委批复项目规划，次年4月8日开工建设。中心选址于成都国际航空枢纽综合功能区内，占地面积10.54万平方米，建筑面积2.65万平方米，有效库容3.7万立方米，投资2.41亿元，资金来源为中央重建基金。库内可同时储备帐篷5.41万顶、棉被10.83万床、棉衣裤21.65万套等各类救灾物资和冲锋舟、橡皮艇、救生圈、发电机、挖掘机等各类应急救援工具。发生重特大自然灾害需紧急救援时，能满足两架直升机起降。项目建设周期为一年。储备中心在设计理念上突出仓库建设的自动化、信息化。设计有远程视频会议系统、全自动货物堆垛识别系统、仓库管理信息系统和救灾运输车辆GPS全球定位系统等。全省救灾应急指挥系统在仓库设有备份，便于主系统出问题时，可立即启动备份系统，确保救灾应急需要。该项目于2010年12月16日通过主体验收，2011年8月12日通过正式验收并交付使用。该库可以满足紧急转移安置人口86.6万人、救助21.65万人所急需的救灾物资储存、紧急调运任务。

重灾市州救灾物资储备库 成都市规划建设都江堰、彭州、崇州3座救灾物资储备库、大邑1个救灾物资储运站。2010年6月，都江堰市救灾物资储备库项目正式动工，投资1600万元，2011年9月完工。彭州市救灾物资储备库规划投资450万元，于2011年9月竣工并投入使用。崇州市救灾物资储备库投资400万元，于2011年3月完工。大邑县救灾物资储运站总投资450万元，于2010年8月完工。

德阳市规划新建救灾物资仓库7座，至2011年12月底，广汉市、什邡市、罗江县救灾物资仓库已投入使用，旌阳区、中江县救灾物资仓库主体工程完工，绵竹市救灾物资仓库完成招标。

绵阳市确定建设救灾物资储备库10座，规划投资5550万元。其中，绵阳市市级救灾物资储备库选址于涪城区新皂镇皂角村11社，占地2.03万平方米，建筑面积4754.12平方米，于2010年12月底竣工。

广元市规划新建市、县级救灾物资储备库8座，总投资6950万元；截至2011年9月30日，已竣工6座，完成投资5065万元，占规划总投资的73%。

阿坝藏族羌族自治州规划在汶川、茂县、理县、黑水4个县各建设一座救灾物资储备库。其中，汶川县救灾物资储备库投资450万元，建筑面积1598.91平方米，于2010年6月动工、12月底完工并投入使用；茂县应急物资储备库投资360万元，建筑面积2000平方米，从2008年11月开工，至2010年11月全面完成项目建设任务；理县应急物资储备库建设，以购代建，购买理县政府二办公区一层用作应急物资储备库，面积3432.13平方米，购买价318.5万元，至2010年12月，已完成产权置换；黑水县救灾物资储备库占地3000平方米，建筑面积1500平方米，总投资450万元，由中央重建基金投入，2009年6月10日开工，2010年10月30日完工。

此外，四川省还在自贡、泸州、遂宁、内江、乐山、南充、宜宾、广安、达州、巴中、眉山11个市和凉山彝族自治州等一般受灾市（州）投资22037万元，建设救灾物资储备库59座，总面积68479万平方米。

二　甘肃省应急救灾物资储备体系建设

甘肃省政府防灾减灾专项规划安排，在兰州建设中央级救灾物资储备库1座，新建或改扩建省级救灾物资储备库5座，新建市级救灾储备库9座、县级库40座。

从2009年开始，救灾物资储备库项目建设展开。民政部于2010年5月2日批复同意甘肃省民政厅关于中央级、省级救灾物资储备库整合建设的调整意见，要求按期完成项目建设。省民政厅上报省发改委，9月15日批复原则同意。甘肃省中央级、省级救灾物资储备仓库占地面积7.72万平方米，估算总投资1.1754亿元，仓库面积3.02万平方米，新建综合楼1344平方米、附属设施988平方米。配套建设停机坪、晾晒场及停车场3000平方米，道路及广场1.86万平方米。在工程设计中，建设布局1～7号救灾库。库房均采用轻钢结构单层仓库形式，其他配套设施使用年限为50年，耐火等级均为二级。物资储备可应急救援27万灾区群众的物资供应，其中中央库救援21万人、省级库救援6万人；储备救灾物资帐篷6.6万顶、棉衣裤2.64万包、棉被褥2.64万包、折叠床13.2万张、睡袋13.2万条、救生包13.2万个、移动厕所2640座、救生衣2640包。2011年4月2日，省政府代建办按照代建程序和招投标管理办法，向社会发布项目管理公司招投标公告，有10家建筑单位参与竞标。省建设投资（控股）集团公司中标。5月6日，省民政厅举行中央级、省级救灾储备库项目奠基仪式。

截至2011年9月，除舟曲县救灾储备库因被列入“8·8”特大泥石流项目建设未完成外，玛曲库、临潭库、迭部库全部完成，完成总投资930万元。

三　陕西省应急救灾物资储备体系建设

陕西省规划用3年时间建成1座中央级、2座市级、4座县级救灾物资储备库，建设总面积2.57万平方米（实际建成3.48万平方米），建成省、市、县三级相互支持、相互补充的救灾物资储备网络，共需建设资金1.01亿元；同时根据救灾实际需求，适当增加物资储备种类和储量，改善仓储条件和装运条件。

陕西省中央级救灾物资储备库　2008年，发展改革委、民政部、财政部规划在渭南市临渭区建设一座中央级救灾物资储备库，库址选在渭北工业园区，距火车站两公里。库区周边交通便利，运输单位较多，能够满足紧急运输的需要。救灾物资储备库征地8万平方米，库房建筑面积1.5万平方米，需投资7430万元，从国家防灾减灾专项规划项目资金中列支。2010年11月20日开工，2011年7月底完成库房及附属设施基本建设；至2011年9月底，内装修及设备采购安装基本完成，正进行库区绿化及工程收尾工作。该库建成后，可储存救灾帐篷4万顶、棉衣被50万件，形成较为完善的救灾物资储备和调运网络，主要辐射甘肃、宁夏、四川、重庆、山西、湖北等地区，保证救灾物资在24小时内到位，发挥支援周边地区抗灾救灾的作用。

陕西省市级救灾物资储备仓库 汉中市救灾物资储备仓库，系购买汉中油脂厂老君仓库，对原有设施进行改造而成。老君仓库占地6636平方米，原有仓库3座，总建筑面积4500平方米，钢筋混凝土结构，地面防水处理，消防设施齐备。项目计划总投资810万元，于2009年6月完成改造工作，投入使用。该库所处地区交通便利，辐射全市11个县（区），可满足该市救灾备灾工作的需要。随着十（堰）天（水）高速公路通车，该库还可以辐射宝鸡、安康部分地区。

宝鸡市救灾物资储备库，规划用地面积2万平方米，建筑面积9000平方米，其中仓库5000平方米，生产辅助用房500平方米，办公用房500平方米，附属用房300平方米，室外货场、观察场、晾晒场等2700平方米。储备库规划包括物资储存、物资接收转运和装卸、生产辅助、仓储管理、附属设施、绿化及环境治理六部分内容。项目建设费用共2500万元。工程于2010年11月开工，2011年9月底完成主体建设。

县级救灾物资储备仓库 宁强县救灾物资储备仓库选址于县城驻地汉源镇七星池村，位于县城南边，距离国道108线150米，位置适宜，交通便利，水电路设施建设齐全。计划占地2600平方米，属非基本农田保护区。新建建筑面积800平方米，项目投资206万元，2008年12月开工，2009年10月竣工投入使用。

略阳县救灾物资仓库选址于白石沟乡吴家营村，距略徽公路20米处。仓库建立自然灾害指挥系统，以适应救灾应急工作之需，提高防灾减灾能力。规划修建框架结构储备库1900平方米，层高5米，附属用房框架结构4间100平方米，项目总投资300万元，2009年3月建成投入使用。

勉县救灾物资储备库位于新街子镇杜寨村，距县城2公里，总建筑面积900平方米，其中新建仓库2座共26间，建筑面积800平方米，附属用房4间100平方米，硬化场地200平方米，用于储存救灾物资。项目总投资256万元，2009年11月开工，2010年8月竣工投入使用。

宝鸡市陈仓区救灾物资储备库选址于虢镇镇南环路中段，规划面积3500平方米，建筑面积2600平方米，其中仓库1400平方米、办公用房200平方米及室外货场、观察场、晾晒场等1000平方米。规划新建地下一层混凝土框架结构救灾物资储备仓库，包括物资储存、物资接收转运和装卸、仓储管理、绿化及环境治理四部分。项目总投资848万元，建设周期为2008年年底至2009年12月，2010年已建成投入使用。

第三章　灾害风险防范治理

第一节　地质灾害风险治理

一　组织实施

汶川地震发生后，国土资源部和川、甘、陕 3 个灾区省迅速组织地质灾害隐患排查工作组，展开对震后地质灾害隐患排查工作，并据以对地质灾害防治工作进行规划部署，地质灾害的调查评估和风险防范治理取得明显成绩。

四川省组织实施　2009 年，通过地质灾害初步排查和调查数据统计，四川省 133 个县（市、区）共查明地质灾害及隐患点 18997 处，其中滑坡 9326 处、崩塌 5511 处、泥石流 1279 处、不稳定斜坡 2692 处，其他如地面塌陷、地面裂缝等 189 处，总计威胁 28.33 万户 118.4 万人的生命和 552 亿元资产的安全（见表 23）。

2009 年四川地震灾区地质灾害发育的 133 个县地质灾害隐患点统计表

表 23

威胁对象	隐患点总数（处）	滑坡（处）	崩塌（处）	泥石流（处）	不稳定斜坡（处）	其他（处）	威胁人口（人）	威胁资产（万元）
县　城	120	45	28	21	26	0	80755	667707.00
学　校	238	96	65	28	49	0	141678	292195.00
集　镇	304	151	61	50	39	3	235555	1173370.00
聚居点	5396	2881	946	586	898	85	549503	2077711.00

续表 23

威胁对象	隐患点总数（处）	滑坡（处）	崩塌（处）	泥石流（处）	不稳定斜坡（处）	其他（处）	威胁人口（人）	威胁资产（万元）
分散农户	10899	5559	3404	422	1440	74	120940	471237.00
工矿企业	105	34	24	25	19	3	23256	325383.00
旅游景区	161	34	83	18	26	0	10904	142810.00
道　路	1419	413	742	79	165	20	3035	215090.00
水利水电	236	62	119	37	16	2	18080	155260.00
其　他	119	51	39	13	14	2	55	2846.00
合　计	18997	9326	5511	1279	2692	189	1183761	5523609.00

说明：此表数据由四川省国土资源厅提供

按照国家关于进行规划实施中期评估和规划调整的统一部署，四川省国土资源厅下达《2009年地震灾区县（市、区）地质灾害详细调查与区划项目任务的通知》，全面部署39个重灾县（市、区），依据《汶川地震灾区震后（县、市、区）地质灾害详细调查与区划技术要求（试行）》，进行震后地质灾害详细调查与区划工作。根据新的详细调查数据统计，39个县（市、区）共查明地质灾害隐患点11384处，新发现地质灾害隐患点5033处，总计威胁15.5万户78.8万人的生命和226.5亿元资产的安全（见表24）。地质灾害造成的损失十分惨重，北川县城王家岩一次滑坡就造成约3000人死亡。地质灾害调查与区划工作中，平武县的做法和效果突出。平武县的详查与区划由四川省地质调查院承担。该院7月15日完成《平武县地质灾害详细调查与区划项目设计书》，并随即展开野外调查，8月30日完成调查，确定地质灾害隐患点397处，提交《平武县“5·12”震后新增隐患点调查报告》和《平武县中小学校舍地质灾害隐患专题调查与评估报告》，完成《汶川地震灾区震后平武县地震灾害详细调查与区划报告》及附件、附图等。

2009年四川省39个极重灾和重灾县（市、区）地质灾害隐患点分类统计表

表 24

威胁对象	隐患点总数（处）	滑坡	崩塌	泥石流	不稳定斜坡	其他	威胁人口（人）	威胁资产（万元）
县　城	88	20	36	12	20	0	34530	179769.50
学　校	238	98	65	7	67	1	137889	97056.00
集　镇	178	59	53	29	37	0	61873	203720.00
安置点	135	38	17	33	47	0	45695	104109.00
聚居点	4013	1715	876	620	762	40	421235	1128874.90
旅游景区	190	30	100	40	18	2	6101	75770.20
工矿企业	151	23	58	41	27	2	14924	98671.60

续表 24

威胁对象	隐患点总数（处）	滑坡（处）	崩塌（处）	泥石流（处）	不稳定斜坡（处）	其他（处）	威胁人口（人）	威胁资产（万元）
分散农户	4861	2399	1239	308	855	60	61790	206506.40
道　路	1334	357	701	108	165	3	282	137347.00
水利水电	111	24	54	21	11	1	99	23503.50
其　他	85	26	21	5	18	15	3834	9276.50
合　计	11384	4789	3220	1224	2027	124	788252	2264604.60

说明：此表数据由四川省国土资源厅提供

2009 年 9 月，四川省国土资源厅组织编制完成《四川省“5·12”特大地震灾后恢复重建地质灾害防治专项规划》（修订版）。规划把恢复重建区可能产生危害的崩塌、滑坡、泥石流和不稳定斜坡等地质灾害隐患点作为主要防治对象，将县城、学校、集镇、受灾群众安置点、聚居点、旅游景区等作为重点保护对象。规划将全省地质灾害防治规划期定为 3 年，即 2008—2010 年，分为 2008—2009 年和 2010 年两个阶段实施。规划对不同地质灾害隐患点防治措施按标准划分为：一是工程治理。这是采取加固地质灾害体，提高其稳定性和安全储备，从而消除地质灾害隐患的治灾技术手段。主要针对已出现明显变形、不稳定、对重要保护对象构成严重威胁、实施避险搬迁困难的地质灾害隐患点。已纳入规划的地质灾害工程治理点，经前期调查、勘查后，对实施基础条件变化的可据实由治理工程转为应急排危除险、避让搬迁或监测预警。二是避让搬迁。这是将居住于地质灾害危险区内的群众搬到安全区重新安置的防灾技术手段。主要针对已出现明显变形迹象、对保护对象构成威胁，与工程治理比较，实施避险搬迁较易的地质灾害隐患点。三是监测预警。这是采取人工巡查、仪器观测等措施来监测地质灾害的发展变化，在出现临灾征兆时报警并采取转移避险的防灾技术手段。监测预警主要针对有变形迹象，但发展趋势不明，对保护对象构成一定威胁的地质灾害隐患点。对实施工程治理、避让搬迁、应急排危除险的地质灾害隐患点，在隐患尚未消除前，应采取监测预警措施。四是应急排危除险。这是采取清危、填缝、挡墙、排水沟等措施来消除地质灾害隐患的简易治理工程。主要针对灾害体规模较小、地质条件简单明了、变形迹象显著、对保护对象构成严重威胁和危害、治理紧迫的地质灾害隐患点。在制定该规划的同时，分别列出四川省汶川地震灾后恢复重建《地质灾害治理工程数据表》，共 2334 个治理工程；《地质灾害应急排危除险数据表》，共 1248 项；《地质灾害避让搬迁数据表》，共 2912 项；《地质灾害治理群测群防数据表》，共 3420 项。各数据表中对各类防治措施内容作了具体说明。此后，根据以上防治措施内容和主管部门职责有交叉等方面的情况，又列出《地质灾害综合防治数据表》，共 1457 项。

在规划项目调整中，将详查新发现的 5033 处地质灾害隐患点纳入规划范畴，分别落实了监测预警、避让搬迁和工程治理等各项防灾措施。其中，对 1687 处地质灾害隐患点实施工程治理措施，214 处实施避让搬迁，将 3132 处纳入以群测群防为主的监测预警体系。规划调整后，纳入规划防范措施范畴内的隐患点总数达 11384 处，较原规划的 8060 处增加了 3324 处。通过规划调整，原规划的 8 项任务中有 4 项发生变化，即由开展 2300 处重大地质灾害应急勘查、设计工作，调整为开展 2296 处重大地质灾害应急勘查、设计；由开展 2300 处重大地质灾害治理工作，调整为 2334 处，其中含规划调整前市（州）、县（市、区）在规划外已组织开展勘查、设计的 38 处重大地质灾害隐患点；由实施 1.8 万户农户的地质灾害避让搬迁工作调整为 2.86 万户；由开展 3695 处地质灾害隐患点的群测群防监测预警网络恢复重建工作调整为 3420 处。新增 2 项规划任务，即为了避免工程治理、避让搬迁、应急排危除险项目实施前突发地质灾害造成人员伤亡事件的发生，增加了对 6470 处需实施治理、搬迁、应急排危除险等防治工程的地质灾害隐患，开展工程实施前监测预警工作；针对险情突出、规模较小、处置简便、治理投资较少的地质灾害隐患点，为了加快防治工作进度，增加开展 1248 处地质灾害隐患点的应急排危除险工作。

经过调整，调整后的规划任务共 10 项：县域集中安置区地质灾害危险性评估工作；重灾地区 39 个县（市、区）地质灾害详细调查与区划工作；地质灾害防治关键技术与方法研究；开展 2296 处重大地质灾害应急勘查、设计工作；开展 6470 处地质灾害隐患工程实施前监测预警；开展 2334 处重大地质灾害治理工作；开展 1248 处地质灾害隐患应急排危除险；实施 28674 户农户的地质灾害避让搬迁工作；开展 3420 处地质灾害隐患点的群测群防监测预警网络恢复重建工作；开展重灾地区 8 个市（州）和 39 个县（市、区）地质灾害防治能力建设工作。规划项目总投资 110.27 亿元。2009 年 11 月 2 日，四川省发改委在对中期调整规划的批复中，对上述 10 项任务负责组织实施的责任主体予以明确，其中 4 项为省直管项目，由省国土资源厅负责组织实施；6 项由各相关市（州）、县（市、区）政府负责实施。2010 年 1 月 6 日，省政府办公厅下发通知，对地质灾害防治专项规划项目工作任务及责任作出进一步明确。（参见图 194 ~ 195）

图194　小金县江西路护坡

（江西省援建指挥部　提供）

图 195　青川狮子梁地质灾害治理

（沈若飞　摄）

甘肃省组织实施　震后，甘肃省国土资源厅组织省地矿局 32 名专家组成 6 个专家组，分赴陇南、天水等灾区，对因地震诱发的地质灾害隐患开展排查预警，共发现 4000 余处地质灾害隐患点，仅文县就达 1150 处，其中滑坡 242 处、崩塌 445 处、泥石流 245 条、地裂缝 2 条、不稳定斜坡 34 处。同时提出相应的防治措施和建议，为灾区群众安置和灾区重建提供有力的技术支持。2008 年 5 月 28 日，省地矿局又增派 21 名专家前往地震灾区，进一步开展地质灾害排查工作。省民政厅也组织对重灾区的地质灾害进行调查评估，结论是重灾县（区）需综合治理的重大地质灾害隐患点有 375 处，其中武都区 136 处、文县 138 处、成县 12 处、徽县 21 处、康县 14 处、两当县 1 处、西和县 18 处、舟曲县 35 处。对重灾地区 771 处有地质灾害隐患点的 44929 户农村居民进行避让搬迁。

陕西省组织实施　陕西省共安排地质灾害详查和科技支撑工作项目 8 个，计划投资 4180 万元，其中中央重建基金 3680 万元。前期详查包括震后省组织的对受灾较重地区的次生地质灾害隐患排查。2008 年 5 月 20 日组织由地质矿产勘查开发局、西北有色地勘局、省核工业地质局、中国地质调查局西安地调中心、省煤田地质局、武警黄金五支队、建材陕西总队、省地质环境监测总站、长安大学、西安科技大学等地勘单位和高校 220 名专业技术人员组成的 58 个排查组，在全省开展地质灾害全方位、拉网式隐患排查。排查工作做到“县不漏乡、乡不漏村、村不漏户”，共排查隐患点 1372 处，威胁 9968 户、78792 人、32705 间（孔）房（窑洞）

及国道、电站等设施，潜在威胁财产 5.17 亿元。省地震局负责实施省地震灾害防御和地质灾害详查评估工程项目 2 个，即陕南地区断层活动性调查及汉中市地震活断层探测、宝鸡市活断层探测与地震危险性，项目计划投资 2700 万元，其中中央重建基金 2200 万元、其他资金 500 万元（中国地震局资金）。截至 2010 年 9 月底，陕西省地震灾害防御和地质灾害详查评估工程的深部探测和浅层地震勘探完成，地面调查和年代测定工作基本完成，钻探勘探正在实施，完成投资 2340.27 万元。

依据地质灾害详查结果，陕西省国土资源厅编制印发《汶川地震陕西省重灾县（宁强、略阳、勉县、陈仓区）灾后恢复重建地质灾害防治实施方案》，通过实施五大工程，包括地质灾害详查评估工程（含地质灾害调查、地质环境适宜性评价、地质灾害危险性评估、地质灾害防治科技支撑和地质灾害预防能力建设）、地质灾害监测预警工程（含专业监测、群测群防、预报预警工程等）、地质灾害避让搬迁工程、地质灾害治理工程、地质灾害防治应急能力建设，用 3 年时间，使灾区地质灾害监测预警体系基本恢复和完善，重大次生地质灾害隐患点得到有效治理，防治管理能力得到提高。其中地质灾害风险治理项目 169 个，计划投资 87872 万元，利用中央重建基金 4.427 亿元。2011 年 9 月底，除陕南地区断层活动性调查及汉中市地震活断层探测、宝鸡市活断层探测与地震危险性评价、略阳城区凤凰山滑坡点综合治理、略阳城区南山滑坡 4 个项目外，其余项目均已完成。

在实施避让搬迁规划方案中，宁强县对肖家坝、何家院、七里坝等地质灾害点进行避让搬迁，利用中央重建基金 5000 万元。略阳县对白家坝地质灾害隐患点进行治理搬迁，利用中央重建基金 1500 万元。勉县对 70 处地质灾害隐患点避让搬迁，利用中央重建基金 570 万元。宝鸡市陈仓区对天王镇梁家台村、天王镇曹家沟村、贾村镇五星村、桥镇吴家沟村、坪头镇码头村、坪头镇庙沟村地质灾害隐患点实行避让搬迁，计划投资 1102 万元，其中中央重建基金 260 万元、企事业单位自筹 842 万元。

二　项目选介

汶川县青土山滑坡应急治理工程　青土山滑坡位于汶川县城东北部。平面形态呈舌状，纵向（南北方向）长 260 ~ 500 米，横向（东西方向）宽 150 ~ 320 米，平均坡度 20 ~ 25 度，滑坡面积 90.62 万平方米，主滑方向 356 度，滑坡总体积 240.5×2040.5（立方米）。20 世纪 60 年代发生过滑动，坡体出现裂缝，滑坡下滑的残余能量使该滑坡雨季处于缓慢的蠕动变形中。2003 年雨季，再次发生变形。汶川地震发生后，变形区内裂缝加宽，威胁县公安局刑警队等近 10 家单位和部门，按《滑坡防治工程规范》确定危害对象等级为一级。

青土山滑坡治理工程列入《四川省 5·12 地震灾区地质灾害防治专项规划》，2008 年 9 月 18 日举行开工仪式，四川省华地建设工程有限责任公司承担青土山滑坡的勘察设计任务。2009 年 1 月 7 日，阿坝藏族羌族自治州国土资源局组织专家对《汶川县城青土山滑坡应急治理工程施工图设计》进行评审，青土山滑坡属特大型土质滑坡，潜在经济损失上亿元；采用抗滑桩、排水沟、挡墙、裂缝填埋、生态恢复（绿化）等工程进行综合治理。后经公开招标，确定重庆基础工程公司为项目施工单位。工程投资 2131 万元，2009 年 10 月 1 日开工，2011 年 1 月 16 日通过项目初验。通过工程应急治理，消除了县公安局刑警队、检察院、法院、武警中队、消防中队、建委以及汶川捷顺汽车修理厂、预制厂等单位和国道 213 沿线的灾害隐患。由专业部门监测，经过 2010 年“8·14”和 2011 年“7·03”特大暴雨的考验，未发生变化。

江油市太平镇读书台崩塌应急治理工程　江油市太平镇读书台崩塌，地处前龙门山与四川盆地西北部接合地带，构造部位处于龙门山褶断带，向四川断陷盆地过渡带唐王寨向斜东南翼上，由一系列紧密褶皱和逆冲断裂组成，构造线走向为北东 45° ～ 50° 。崩塌区主要发育分布第四系松散堆积的碎块石土，岩体破碎成块状，形成崩塌源，总土石方量约 800 立方米，长 200 米、宽 150 ～ 180 米，位于太平镇读书台点灯山上。经勘查，在地震时已发生部分崩塌，一旦危岩体进一步发生变形、大规模失稳，将直接阻断边坡下太平镇读书台村民通往外界的交通，危及边坡下 70 户 285 人的生命财产安全。震后，江油市国土资源局与四川省地矿局九〇九水文地质队通过巡查，确定了该隐患点需治理并通过规划上报省国土资源厅。2009 年，四川岩页地质钻井大队对隐患点进行勘查、可行性研究及施工图设计，治理工程主要采取清方、拦石墙、主动拦石网的综合治理措施。2010 年 11 月 6 日通过公开招投标，确定襄樊地质基础工程公司为施工单位。项目投资 229 万元，于 2010 年 3 月开工，2010 年 7 月竣工，2011 年 12 月 27 日项目验收。通过治理，消除了灾害隐患，该工程被评为良好工程。

彭州市龙门山镇玉石沟泥石流治理工程　彭州市龙门山镇玉石沟泥石流位于龙门山镇九峰村 3 社和 17 社，距离彭州市 39 公里、龙门山镇 7 公里。2009 年 7 月 17 日发生中等规模泥石流，固体物质一次冲出量 3 万立方米，容重 1.6 吨 / 立方米，平均流量 200 立方米 / 秒，泥位 1.8 米，最大粒径 45 米，泥石流淤积于石城门电站与 B3 崩塌堆积体之间，造成 12 间民房淤埋，直接经济损失 30 万元。由于泥石流堆积固体物下的沟道纵坡降大，该处泥石流堆积固体物随时可成为下游发生泥石流的物源，严重威胁着九峰村灾后安置点的 370 户 1340 名村民、2000 多间房屋和下游附近板房安置点 400 户 1326 名居民、500 间房屋；另外，龙门山银厂沟的旅游公路通过此地，主沟中还有石城门电站，同样受到威胁。

2009 年 9 月，玉石沟泥石流治理新增为彭州市地质灾害工程治理项目。四川省地质工程勘察院承担应急勘查及可行性研究。10—12 月，完成项目野外勘查工作，编写了项目勘查报告、治理工程可行性研究和初步设计报告。评审认为，玉石沟泥石流危险区范围 0.11 平方公里，威胁财产约 8000 万元，潜在危险性为危险性特大，实施治理工程紧迫性评级为紧迫，建议尽快实施。2010 年 1—2 月，该院完成了施工图设计并通过评审，并对“停淤为主、导停结合”的治理方案进行了优化和细化。

2010 年 5 月 30 日项目开标，四川省通川岩土工程技术开发有限责任公司中标。工程投资 721.26 万元，8 月 8 日开工。整个治理工程先进行开挖土石方，再进行导流堤、防护侧墙、停淤坝、护坡挡墙、格构护坡的施工。2011 年 7 月 26 日工程进行初验。通过治理，有效保护了九峰村东林寺永久安置点 370 户 1340 人生命财产安全，还对九峰村过渡安置点 400 户 1326 人及东林寺散居居民、彭州渔业公司东林寺养鱼场、成都映象集团的开发用地、银厂沟旅游公路、东林寺电站和石城门电站的运营安全提供了保证。

凤凰山滑坡应急治理工程 凤凰山滑坡位于略阳县城八渡河东岸的凤凰山西侧山坡之上。滑坡体坡向西倾，地形北缓南陡，坡度30～50度。滑坡后缘高程830米，剪出口高程640～670米，长460米，宽280米，坡残积厚约12米，面积0.12平方公里，体积约130万立方米。滑坡体由强风化、破碎千枚岩及残坡积碎石土组成，向下过渡为碎块石，为一大型残坡积层滑坡。滑坡曾在1981年、1990年、1998年、2006年和2007年多次发生滑动，形成多个滑动面。受汶川地震影响，滑坡险情更为严峻。位于县公安局至县政府东侧的2号子滑坡区（长260米、宽100多米），原来就有长15～20米、宽10～20厘米的裂缝，震后裂缝加宽了5～15厘米，裂缝地段陡坎发育，地形坡度达到45度以上，15万立方米的滑体随时有可能倾覆而下。位于县政府大院至东关小学以东的3号子滑坡区，为高陡危坡，地形坡度达到50度以上，地震更加剧其不稳定状态，孩子们生命安全悬于一线。位于凤凰山西北部公路边的5号滑坡区坡顶有多条裂缝及错台，裂缝最大宽度0.5米，错台高度可达1～1.5米，震后该滑坡已经产生滑动。该滑坡直接威胁其下部的略阳县委、县政府、公安局、东关小学等数十家行政企事业单位和上百栋居民住宅楼约2万余人的生命财产安全。

温家宝、习近平及国土资源部部长徐绍史和其他有关部委、省市领导先后考察滑坡应急治理事宜。2008年5月，长安大学工程设计研究院受略阳县政府委托，对该滑坡进行了勘查和应急治理工程设计。7月17日，陕西省国土资源厅组织对该院提交的凤凰山《滑坡勘查报告》《滑坡应急治理工程设计》进行评审。陕西省级财政及时安排资金，各方面专家齐聚略阳对应急抢险予以指导。黄河勘测规划设计有限公司组建由地质、物探、水工、施工等专业14位专家组成的专家组驱车近千公里赶到略阳，收集资料，与当地国土、城建、水利部门进行会商，12日向略阳县政府提交《凤凰山地质灾害应急除险方案报告》。9月17日，中国地质调查局副总工程师、国家汶川地震灾后重建次生灾害防治专家组副组长殷跃平实地勘查后表示，该地质灾害点威胁着城区近2万余人的生命财产安全，威胁面积较大，地质条件十分复杂，应综合考虑各方面因素，做进一步的科学论证。9月，长安大学编制完成《略阳县凤凰山滑坡应急治理设计施工图》。11月，省国土资源厅组织有关部门和专家进行评审后，下达文件批准由略阳县政府组织实施。

略阳县政府委托华春建设工程项目管理有限责任公司实施招标，滑坡区分为5个标段进行招投标。2008年10月24日开标确定，中国有色金属工业西安岩土工程公司、中冶地集团西北岩土工程有限公司、西北有色工程有限责任公司中标。工程投资2000万元，于12月10日正式开工，2010年5月23日进行初验。通过治理，有效地保护了下部县委、县政府等10多家机关单位和2万余人的生命财产安全，消除了灾害隐患。

汉源县顺河彝族乡"8·6"山体崩塌避让排险 2009年8月6日23时30分，汉源县顺河彝族乡境内的省道发生罕见的山体高位崩塌。崩塌山体斜坡180米，垂直高度160米，崩塌断面水平宽度330米，崩塌土石方90万立方米，崩塌体冲击大渡河，激起水浪高达30米，巨大的泥石气浪冲击破坏区直径达300米。因山体大面积滑移，巨大的山体崩塌使大渡河形成堰塞湖。山体崩塌使途经省道306线的4辆车辆不同程度受损，造成2人遇难、29人失踪、18人受伤（重、轻伤各9人）、5人被围困，省道306线完全中断；共有5个乡（镇）、227户受灾，损坏房屋1236间，其中倒塌房屋561间，受灾农田253公顷，死亡大牲畜930头，直接经济损失10556万元。

山体崩塌灾害发生后，雅安市委主要负责人、汉源县委书记杨承一等率领市、县相关领导火速赶往现场指挥抢险，迅速启动紧急应急抢险预案，抢救受伤人员；组织武警官兵解救5名被困人员；通知大渡河下游地区政府做好安全预警，及时组织大渡河上游5个乡（镇）、9个村、36个组7200名和大渡河下游的3万多名群众有序撤离；通过广播电视发布地质灾害和防灾减灾消息。次日，四川省委书记刘奇葆、省长蒋巨峰就抢险救援作出指示，省委常委、常务副省长魏宏等率省水利、国土资源、交通等部门主要负责人和专家及省军区、武警总队有关负责人赶赴现场，指挥抢险救援。

8月8日19时20分，排危除险组实施第一次爆破，高位山体崩塌部分危岩体被成功爆破清除，四川省地质专家深入山体崩塌现场，再次开展危岩体调查，结论是猴子岩山体一次性排危难度较大，会引起山体周边岩体松动。经紧急会商后，指挥部决定采取分级爆破方式，从上至下爆破，对危岩体进行排危。10日7时40分，实施第二次爆破，成功炸掉了危岩体剩余的“耳垂”。11日18时30分，实施第三次爆破，对猴子岩危岩体坡面和两次爆破残留的松动块石成功进行爆破。猴子岩高位处山体部分危岩体被成功爆破，崩塌山体对大渡河下游群众的威胁解除，确保群众生命财产安全；同时排危除险组对大渡河中的壅塞体成功实施爆破，险情排除。

阿坝搬迁避让工程 根据国家和四川省关于搬迁避让工作的规划要求，阿坝藏族羌族自治州计划3年内共实施地质灾害避让搬迁48827户，其中2008年度搬迁33110户、2009年度搬迁9348户、2010年搬迁6369户。该州政府对不同的搬迁避让采取不同的办法：一是分散搬迁安置，以县级行政区划为单位，对原已确定为避险搬迁的农户，先调查核实其所在地质灾害隐患点震后活动特征，重新确定搬迁与否，对原确定的安置选址点重新进行地质环境安全、水土资源和生活保障条件等方面的评价，已变为不适宜的区域另行选址。对处在地震新引发地质灾害隐患点危险区范围内的农户，先按照“四川省地质灾害易发区群众避险搬迁调查区划技术要求”开展调查与评价，再将分散搬迁安置农户统一纳入“搬迁安置工程”分步实施。分散搬迁安置由省国土资源厅组织专业地勘单位，进行分散搬迁安置工程的调查与区划。年度实施方案由县级国土资源局负责组织编制，县级人民政府负责工程的组织实施。二是集中搬迁安置，对地质灾害危险性和危害性大、防治难度大的村落、场镇、工矿企业实施集中搬迁安置。对于各级建设行政主管部门初步确定的安置选址区，国土资源部门及时组织开展安置选址区的地质环境适宜性评价和地质灾害危险性评估工作，提出选址意见和安置区地质灾害防治措施建议。对于集中安置的村落、场镇和工业安置区，由县级国土资源管理部门按照《地质灾害防治条例》和《四川省地质环境管理条例》，组织开展安置选址区的地质环境适宜性评价和地质灾害危险性评估工作，并监督地质灾害防治措施的落实。在组织实施中，州政府强调避让搬迁安置工程要在充分尊重受地质灾害威胁群众自愿搬迁的前提下，本着搬迁后群众生产生活水平不降低的原则，组织力量为其建房选址，加强地质灾害安全性评价工作，严防搬入地又受地质灾害隐患威胁。搬迁中充分考虑居住、饮水、道路、风貌等配套建设，与当地规划相衔接，让群众住得舒心、安心。

第二节　堰塞湖后期治理

一　组织实施

汶川地震共形成危险级堰塞湖105座，其中四川省104座、甘肃省1座，分布于长江上游岷江、沱江、涪江、嘉陵江四大流域。为确保堰塞湖下游以及沿河两岸161个城镇905万人生命财产、231万亩耕地安全，排除重要城镇和工矿企业、铁路等基础设施的严重险情，按照国务院总理温家宝提出的“安全、科学、快速”处置堰塞湖的原则，国家和灾区省将堰塞湖的后期治理列入重建规划。堰塞湖后期治理主要通过人工干预，促成其尽快成为可供开发利用的对人类社会没有威胁的稳定型河湖。

2008年5月29日，水利部、四川省抗震救灾指挥部堰塞湖组提交了《堰塞湖后期治理规划报告（初稿）》。7月，堰塞湖后期治理分别列入四川、甘肃《“5·12”汶川地震灾后重建水利规划》，并通过水利部审查，成为三年恢复重建期堰塞湖治理的依据。105座堰塞湖后期治理全部列入规划，规划治理资金12亿元，以中央重建基金为主要来源。四川省水利厅单独或联合四川省防汛抗旱指挥部先后发出《关于切实做好堰塞湖后期治理有关工作的通知》《关于切实做好堰塞湖治理工作的紧急通知》，对堰塞湖后期治理工作作出具体安排。一场全新的、没有现成经验可资借鉴的堰塞湖后期治理工作，“分三步”全面展开：第一步，组织开展各堰塞体稳定安全性评价，委托有资质的勘测设计单位编制堰塞体安全评价报告，分析现状堰塞湖（体）存在的各种安全隐患，提出灾后治理的建议意见，为后期治理设计提供科学依据。第二步，组织勘测设计单位编制堰塞体治理工程整治方案及相关投资，对需开展后续治理的堰塞湖，采取工程措施和非工程措施相结合的办法进行治理：工程措施，主要根据治理设计方案，通过扩宽或深挖泄流槽，增大过流断面，保证行洪通畅；非工程措施，主要是编制防洪抢险应急预案、做好雨水情预测预报、加强监测和巡查等，必要时，组织人员避险转移，确保堰塞湖影响区域内无人员伤亡。第三步，以堰塞湖所在地党委、政府为责任主体，组织开展堰塞湖（体）的后期治理。为使治理工作顺利进行，四川省财政厅及时将汶川地震中央和省级灾后恢复重建水利补助资金按项目下达所在市（州）、县（市、区），并由当地党委、政府统筹安排，突出重点，分类控制，包干使用。

截至2011年9月，105座堰塞湖经人工处置和汛期洪水自然冲刷，除唐家山堰塞湖（还有围堰需要拆除）外，其余已不具危险性或不复存在，治理工作全部完成。整治方案审批投资共计7.48亿元，完成中央重建基金投资4.69亿元，占批复总投资的62.7%。

图196　水利部负责人现场研究唐家山堰塞湖后期治理措施（水利部　提供）

二　项目选介

唐家山堰塞湖后期治理　唐家山位于湔江上游北川老县城以上约4.6公里处。汶川地震中，唐家山的半个山头崩塌堵塞江道，形成此次地震中最大的堰塞湖。当水位涨至752米、库容超过3亿立方米时，湖水漫顶造成全溃的可能性高达93%。湖水一旦倾泻而下，下游130万名群众将面临灭顶之灾。2008年6月11日，通过应急排险，堰塞湖成功实现泄流，水位降至712.6米，危机得以解除。

2008年6月14日，四川省省长、唐家山堰塞湖应急处置指挥部指挥长蒋巨峰主持召开会议，要求抓紧后续工作，提出下一步处置方案，保留一定的应急施工力量，搞好后勤保障，继续保持空中通道，尽快打通陆上通道。水利部部长陈雷出席会议。之后，唐家山堰塞湖又经历数次洪水袭击。影响最为严重的是9月24日遭遇的暴雨袭击，再次将泄流明渠堵塞至718米高程。

2009年1月下旬，四川省发改委批复同意经省水利厅组织专家审查、由水电顾问集团成都勘测设计研究院编制的《唐家山堰塞体及上下游两岸边坡安全性评价报告》。报告中提出的唐家山堰塞体后期整治方案，原则是"在保证防洪安全的前提下尽量维持堰塞体原貌，并为堰塞体后期利用创造条件"。工程总投资约1.6亿元，分两期实施：一期工程项目主要为泄流槽"9·24"淤塞体的清淤，堰塞体左右岸山体变形观测和禹里乡治城村防洪堤护岸工程；二期工程项目主要为泄流槽整治，混凝土浇筑和堰塞体左岸泄流洞施工。2009年3月10日，四川省水利厅批复一期工程泄流明渠开工。由绵阳市唐家山堰塞湖治理暨北川老县城保护工作指挥部组织实施。

治理工程环节多，工作量大，作业难度大，施工条件艰苦，先要让湔江改道，接着清除淤泥，再埋设涵管，最后铺路基。施工单位为了将工程废料运出，先后修建4条便道通往废料场。施工期间，为随时掌握堰塞湖水位，确保防洪安全，3套设置在关键断面的由太阳能电池供电的水文自动遥感测报仪器，通过北斗卫星一刻不停地将数据从绵阳传输到水利部。经过近两个月的建设，施工单位克服水流湍急、施工作业难度大、滑坡飞石不断、施工道路多次被洪水冲断等不利因素，将原泄流明渠扩挖成宽 130 ～ 140 米、长约 650 米的“人工河道”，再次成功泄流，使水位由原来的 718.6 米降到 712.2 米，相应库容约 8000 万立方米，形成的泄流明渠防洪设计标准为 20 年一遇，实际可以宣泄 200 年一遇洪水。验收会议认为，泄洪能力已经恢复到 2008 年安全度汛的水平。

2010 年 4 月 12 日，二期左岸泄洪洞工程开工。该项工程对消除堰塞湖上下游防洪安全隐患具有重要作用。在遭遇特大暴雨或余震等不利影响后，如再次出现堵江情况，该工程可保上下游群众免遭洪水危害，对于维护当地社会稳定，增强受灾群众恢复重建信心意义重大。

2010 年 9 月 21 日，通口河上游唐家山堰塞湖区域突降暴雨，强大的暴雨在唐家山堰塞体右岸引发泥石流，垮塌物质顺河排流，长约 250 米，土石方量约 110 万立方米，阻断唐家山堰塞坝泄流槽。情形十分危急。险情发生后，四川省委有关负责人及时搭乘成都军区陆航团直升机从成都直飞堰塞湖现场及时组织抢险，开挖一条底槽宽 4.5 米、上口宽 25 米、长 250 米、深 15 米的泄流槽，并成功泄流，解除了险情。虽抢险成功，但由于现状泄流槽宽度未达到原设计要求，再加之过流后泄流槽右侧坡体垮塌物质仍堆积在泄流槽中，泄流能力有限，无法满足 20 年一遇设计洪水（3920 立方米 / 秒）要求，严重威胁上下游防洪安全和堰塞体自身安全稳定。四川省水利厅厅长冷刚按照省委、省政府领导的指示，要求工程指挥部立即组织设计单位进场，制定科学的治理方案，做到在 2011 年汛后务必将堰塞体泄流能力恢复到 20 年一遇设计洪水的泄流能力。

2011 年 1 月 4 日，四川省副省长钟勉在省水利厅《唐家山堰塞湖左岸泄洪洞等后期处置进展情况的报告》上批示：“两个项目都要在 5 月 1 日汛期间（前）完成为宜，并确保质量”。由于受道路通行制约、汛期暴雨天气、恶劣地质条件等不利因素影响，堰塞湖后期治理进度仍然较为缓慢。四川省水利厅组织有关专家 4 次深入工地现场，解决施工中岩体破碎、断层发育、成洞条件差和闸室选线等问题，并于 2 月致函绵阳市政府，提出在保证安全的前提下顺利完成节点要求的建设任务。具体节点是：2011 年 4 月 3 日前泄洪洞应全线贯通；4 月 25 日前完成闸室段混凝土浇筑；4 月 30 日前全面完成泄洪洞洞身衬砌和“9·21”泥石流滑坡应急治理工程；5 月 14 日前完成闸室段金属结构安装；5 月 20 日前完成收尾工作，泄洪洞满足主汛期正常运行需要。2011 年 1 月 17 日，省水利厅批复唐家山堰塞湖“9·21”灾后应急治理工程实施方案；3 月，“9·21”灾后应急治理工程按期完成，并经受了 2011 年洪水考验，满足设计泄流要求。

截至 2011 年 12 月，该项目共完成灾后重建资金投资 12015 万元。一期明渠治理工程于 2009 年 5 月全面完成，泄流明渠完成投入使用验收。二期左岸泄洪洞全面贯通，衬砌完成，闸门已安装调试完毕，具备在可控条件下正常通水条件。左岸泄洪洞完成洞身段开挖 488 米，累计完成土石方开挖 13207 立方米；进水口闸室混凝土浇筑至 EL726 米高程，累计浇筑混凝土 2042 立方米；消力池累计浇筑混凝土 1000 立方米，尾水明渠、护坦累计浇筑混凝土 1477 立方米；洞身段混凝土衬砌全部完成，累计浇筑混凝土约 4240 立方米；洞身段回填灌浆、固结灌浆等扫尾项目全部完成，累计完成回填灌浆 3100 平方米，完成固结灌浆 4500 米。

唐家山堰塞湖后期治理工程任务的基本完成（见图 197），确保了堰塞湖所在河道上下游人民生命财产和重要基础设施、城市乡镇防洪安全，有利于保护堰塞体自身安全稳定，有利于下游北川老县城遗址的保护。

图 197　治理后的唐家山堰塞湖

（四川省委宣传部　提供）

石板沟堰塞湖后期治理　石板沟堰塞湖位于青川县红光乡嘉陵江支流清竹江上，震后在上游形成 1000 多万立方米的高危堰塞湖。该堰塞湖集雨面积 1223 平方公里，威胁下游近 20 万人的生命财产安全。库容量一度超过 1200 万立方米，水头达 30 米。2008 年 7 月 8 日，在使用近 200 吨炸药后，石板沟堰塞湖逐渐消失；13 日，爆破排险告捷，水位降到海拔 700 米高程，回到原河道位置，不再有溃坝危险。新河道可以下泄百年一遇的大洪水，泄洪能力达到 3198 立方米 / 秒。

2008 年 12 月初，青川县委托浙江大学编制《青川县石板沟、东河口、红石河堰塞湖稳定安全性评价》，四川省水利厅组织专家评审认定有必要采取工程措施和非工程措施相结合的方式处置。石板沟堰塞湖的后期治理方案由青川县委托成都市水利电力勘测设计院设计完成。治理项目包括：对堰塞体进行清理整形，加固泄流槽，对堰塞体进行固结灌浆，加强堰塞体监测。2009 年 6 月 26 日，德阳市鹏程建筑工程公司中标承担该项目建设。7 月 6 日，项目正式开工。项目开工后进展并不顺利。7 月 16 日，洪水将已建成的临时道路、电力设施、库房等全部冲毁，14 台大型机械停工等待，直至 21 日复工。9 月 10—13 日，石板沟又连降大雨，青江河洪水较大，冲毁泄流槽和已装好的格宾笼，损失严重。两次洪灾发生后，实地发生了巨大变化，泄流槽冲刷较深，泄流槽两岸增高，危害大，按原设计无法施工，成都市水电勘测设计院对原方案进行变更。变更施工方案经批复同意后，根据调整后的施工方案，青川县水利农机局、德阳市鹏程建筑工程公司、中国华西工程设计建设有限公司等建设、施工、监理单位克服汛期、技术难度大等困难，全力以赴，全员上马，采取“人歇机不歇”、技术骨干驻守施工一线作业等方式，加紧施工。泄流槽扩宽加固工程于 11 月 21 日全面完工，新建右岸护堤（格宾笼）长 340.5 米、宽 10 米、高 8 米，整治堰塞湖泄洪槽长 550 米、宽 80 米，排水沟工程 200 米。共完成碎石土开挖 5.77 万立方米，回填夯实土4.18万立方米。工程总造价为606.4万元，资金来源为中央重建基金。

石板沟堰塞湖治理工程的实施，确保了下游剑阁县、广元市利州区等地近20万人的生命财产安全，改善了当地人居环境。距离石板沟堰塞湖最近，也是受灾影响最重的青川县关庄镇居民感激地说："悬在头上的定时炸弹终于排除，险情得到彻底治理，我们现在可以安安心心过日子了"。

肖家桥堰塞湖后期治理 肖家桥堰塞湖位于安县千佛镇茶坪河上游千佛镇与晓坝镇交界处，距离绵阳市区74公里。集雨面积154.81平方公里，堰塞体高57～67米、长260米、宽390米，滑坡方量约242万立方米，最大蓄水量2000万立方米。经专家鉴定，是仅次于唐家山堰塞湖的第二大高危堰塞湖。直接威胁下游晓坝、桑枣、安昌等6个乡（镇）近12万人的生命财产安全。该堰塞湖前期排险任务于2008年6月6日完成。

2008年11月16日，温家宝到肖家桥堰塞湖实地考察，就堰塞湖的后期治理作出明确指示。2009年6月16日，蒋巨峰深入千佛镇，查看指导肖家桥堰塞湖后期治理。安县水务局提出肖家桥堰塞湖后期治理方案，总投资500万元，11月初获得批复。治理主要采取扩口降坝、削坡减载、开挖导流渠、固坡、疏浚下游河道等工程措施，形成长1120米、底宽30米、边坡1：1.5、高15米的泄流槽，达到10年一遇的行洪能力。2010年1月底，工程完工。2月2—3日，在安县水务局主持召开的11处首批工程处置的堰塞湖完工验收会议上，该后期治理工程通过验收。

肖家桥堰塞湖后期治理工程的顺利完成，使得茶坪河行洪通畅，能够满足相应标准的洪水行洪，并经受了2010年8月19日安昌河上游千佛镇降水量244.9毫米时所产生特大洪水的考验，彻底消除了堰塞湖洪水对上下游人民群众生命财产的威胁，有力保障了千佛、晓坝等重灾乡（镇）灾后重建的交通运输。

老鹰岩堰塞湖后期治理 老鹰岩堰塞湖位于安县高川乡泉水村，系高危级堰塞湖之一。堰塞体高106～140米，体积约470万立方米，上游测水深96.3米，最大可能容量约530万立方米。2008年7月27日，老鹰岩堰塞湖成功泄洪。至2009年8月，经过3次扩口降坝应急处理，形成长150米、底宽7米的泄流槽，水位下降15米，库容降至210万立方米。

2009年7月17日凌晨，安县境内遭遇持续强降雨天气过程，部分地方出现暴雨或大暴雨。老鹰岩堰塞湖水位暴涨，堰塞体和下游边坡严重垮塌，堰塞体顺河床向下游推移200多米，形成新的险情。强降雨发生后，安县于20日3时启动全县抗洪抢险紧急预案，展开突击抢险救援各项工作。

为进一步降低堰塞湖溃决风险，保障下游群众及重要工矿企业的安全，根据水电顾问集团成都勘测设计研究院设计方案，四川得友建设有限责任公司从2010年2月开始紧张施工，采取扩口降坝、削坡减载、开挖导流渠、固坡、疏浚下游河道等工程措施。经过4个多月的紧张抢险施工，老鹰岩堰塞湖后期治理工程于6月25日顺利完工，共开挖土石方51.8万立方米，绿格网箱大块石护坡0.21万立方米，形成长270米、底宽30米、边坡1：1.5的泄流明渠，水位共下降40米，库容降至8万立方米，达到10年一遇的行洪能力。至此，安县最后一座堰塞湖后期治理工程顺利完工，标志着安县在汶川特大地震中形成的27处堰塞湖治理工程全部完工，从根本上保证了沿岸及下游群众的生命财产安全。7月2日，老鹰岩堰塞湖治理工程通过完工验收。

老鹰岩堰塞湖治理工程为后人治理堰塞湖留下了一个新的思路，即采用大量的堰塞体物质置换库容，不仅使得库容大幅度减少，将上百万立方米的库容减少至3万立方米，同时堰塞体的高度也大为降低，解决了大量物质难以找弃渣场的矛盾，堰塞湖的威胁彻底消除。

嘉陵江堰塞湖后期治理　嘉陵江徽县嘉陵镇段位于峡谷区，属秦岭南麓低中山区，为蜿蜒形山区河流。地震造成嘉陵江右岸山体崩塌，10多万立方米的岩石堵塞嘉陵江河道，形成库容约100万立方米的堰塞湖。堰塞湖水位最高12米，高出公路1米。崩塌的山体掩埋宝成铁路109隧道，形成半径约80米的扇形堆积体，其厚度达10～50米。险情威胁着徽县嘉陵、虞关两乡（镇）2.1万名群众和下游陕西略阳等部分县（区）群众的生命财产安全。2008年6月8日，嘉陵江堰塞湖应急抢险结束。

2008年11月，徽县水利局委托陇南市水电勘测设计院编制完成《徽县“5·12”地震水利工程灾后恢复重建2008年度堤防工程（堰塞湖）项目实施方案》，对堰塞湖后期治理工程进行详细设计。防洪标准按10年一遇洪水洪峰流量设计，工程级别为5级。灾后实施堰塞湖治理工程，用破岩机或膨胀炸药破碎岩石，用挖掘机、装载机、自卸汽车等工程机械施工，清除砾石共5.1万立方米，可满足河道行洪需要。堆料场选在距该河段12公里的许坝村及黄沙河河滩空闲地。甘肃省水利厅批复该实施方案，审定投资180万元。2009年5月29日，甘肃省灾后重建领导小组办公室下达陇南市水利局中央重建基金180万元，实施疏通徽县嘉陵江河道内堆积体1.5万立方米项目。

2009年5月26日，通过公开招标，堰塞湖清理疏导工程由甘肃长和水利工程公司负责。6月1日开工建设。8月20日，堰塞湖清理疏导工程竣工，恢复嘉陵江河道输水能力，使宝成铁路、徽白公路通畅，使徽县嘉陵镇、虞关乡2.1万名群众以及下游略阳县等县（区）免遭洪水威胁。

第三节　城镇防灾减灾

按照汶川特大地震《灾后重建总体规划》和《城镇体系专项规划》的要求，川、甘、陕3个灾区省特别是四川省采取一系列举措，进行城镇体系建设中地质灾害防治与综合防灾体系建设。

四川省的方式：一是按照国家关于灾后恢复重建区域划分、资源环境承载能力评价的有关结论，积极避让地震断裂带、地质灾害隐患点、行洪通道，进行科学选址。北川县城地震损毁极重，成为灾后唯一异地重建的县城。二是在城镇体系建设规划中将防灾减灾列入重要内容。在《城镇体系专项规划》中，把“防灾减灾能力得到加强”作为城镇恢复重建五大目标之一，在具体城镇建设中，注意包含防灾减灾内容，特别是北川新县城建设，专门制定《北川新县城综合防灾规划》，规划中充分考虑了新县城用地安全布局、应急救灾设施建设、避灾场所建设、防洪规划的整合、消防、抗震、地质灾害防治和人防工程建设要求。三是基于恢复重建范围仍离不开龙门山断裂带这一最大实际，在灾区城镇建设规划设计中，把提高防震等级放在非常突出的位置，以国家《建筑物抗震设计规范》《建筑工程抗震设防分类标准》为基本依据，抗震设防要求高于地震动参数区划图，大多将建筑工程抗震定为7度，什邡市红白镇对学校、医院等重要公共设施按照8度抗震标准设防。四是各个城镇都重视建设洪水防治工程。成都市规划中心城区金马河段达到100年一遇防洪标准；蒲阳河、柏条河、走马河、江安河、沙沟河、黑石河首段工程达到50年一遇防洪标准。崇州市城市防洪工程按洪水重现期50年一遇标准设防，城市防洪规划河段堤防工程等级为3级，主要建筑物按3级设计，安全超高为1米。德阳市按照各防护区、各防护目标重要程度，确定绵远河、石亭江采用100年一遇的防洪标准。五是加强城镇防灾设施建设。崇州市设临时避震疏散场地113处、固定避震疏散场地35处，以城市主干道蜀州路、崇庆路、世纪大道、永康路及唐安路作为人员疏散和物资运输主要救援通道，救援通道有7米以上宽度。德阳市在黄河公园、文庙广场、德阳体育中心等公园、广场、操场、体育场作为固定避震疏散场所。以青衣江路、庐山路、长江路、金沙江路、嘉陵江路等城市主次干道作为人员疏散和物资运输的避震疏散主通道。北川新县城居民5分钟内可步行到“防灾避难绿地”，包括北川中学在内的7所学校用地被列为新县城固定避难场所。

第四章　综合防灾设施

第一节　应急避难场所

汶川特大地震恢复重建《防灾减灾专项规划》明确，在川、甘、陕三省灾区建设各类避难场所 129 个，其中四川省 59 个、甘肃省 64 个、陕西省 6 个。三省按照“因地制宜，科学布局；统筹规划，平灾结合；就近就便，安全适用；政府主导，整体推进”的原则，认真组织实施，完成了专项规划规定的 129 个避难场所的建设。同时，三省还在一般灾区根据地理情况建设了避难场所。

一　四川省避难场所建设

根据《防灾减灾专项规划》的有关规定，结合灾多的实际，四川省在全省范围内新建、改建、扩建了 335 个避难场所，其中重灾市州 100 个、一般灾区 235 个。2011 年 9 月 30 日前全面完成建设任务，一旦灾情发生，即能投入使用。

重灾市州避难场所　成都市规划在市属 10 个区建设 35 个避难场所，主要利用绿地、广场、公园、体育设施等现有公共场所，按照国家有关标准设置应急停机坪、棚宿区、医疗区、应急指挥、监控、广播、供水、排污、厕所、电源和应急物资储备等避灾设施（设备），可供 110 万人应急避险。项目规划总投资 2.765 亿元。整个工程项目建设于 2011 年 9 月 30 日前全面完成。德阳市规划依托学校、公园、体育场、公共绿地新建、改建 21 个避难场所，其中市属避难场所 7个、县（区）避难场所 14 个，工程总投资 5440 万元。2011 年 9 月，该市避难场所建设全部竣工。绵阳市城区共规划避难场所 4 个，规划投资 6930 万元，其中市民政局负责建设 1 个，投资 1730

万元；市红十字会负责建设1个，投资1000万元；涪城区负责建设1个，投资3000万元；游仙区负责建设1个，投资1200万元。市民政局负责建设的避难场所结合城区现有的公共设施布局，共规划出20处避难分所，分4类进行完善：增挂标志标识和完善广播设施的6处，增挂标志标识和添置设施设备的8处，既增挂标志标识和添置设备，又增加建筑设施的4处，依托军供站和市救灾物资储备库新建的2处。2010年8月，市民政局负责的避难场所建设正式启动，当年12月底全部完成并通过验收。此外，该市所辖的其余7个县（市）也分别规划建设了各自城区的避难场所。广元市规划建设避难场所8个，包括市级1个、7个县（区）各1个，投资6146万元，其中市级避难场所投资1030万元。各县（区）避难场所建设分别由相关部门实施，青川县、旺苍县由县文体局实施，剑阁县由县地震局实施，苍溪县由县建设局实施，朝天区由县教育局实施。截至2011年9月底，广元市8个避难场所建设全部竣工。阿坝藏族羌族自治州建避难广场12处（参见图198），其中汶川县分别在县城威州镇（参见图199）、绵虒镇、龙溪乡、克枯乡、漩口镇、银杏乡修建避难广场，总投资9537万元；至2010年12月，已全部完工。茂县分别在滨河景观路、晋茂路、羌兴大道和体育场等处，投资2.77亿余元，建设20万平方米避难场所，于2010年年底全部完工并交付使用。黑水县将避难场所与救灾物资储备库建在一起，投资450万元，建筑面积1500平方米，由中央重建基金投入。项目于2009年6月10日开工，2010年10月30日竣工。

图198　新建的阿坝藏族羌族自治州应急避难场所

（四川省委宣传部　提供）

图 199　汶川县城避灾广场

（司京陵　摄）

小金县防灾综合广场　江西省援建项目。为满足小金县城市发展、防灾、救灾和群众娱乐、健身的需要，经江西省与小金县双方协商决定，在小金县建设一座具有救灾避险功能的现代化居民休闲公园——防灾综合广场。项目规划面积约 9000 平方米，总投资 3000 万元，为江西省援建十大示范工程之一。2008 年 9 月 8 日通过项目方案，选址于新街区喇嘛坪。2009 年 2 月 16 日，经过严格的招投标程序确定，江西省建筑设计研究总院、江西中恒建设集团公司和江西瑞林监理有限公司分别为项目设计、施工、监理单位。在设计方案竞标会上，与会人员还对项目设计方案提出了突出嘉绒藏族特色、广场水景部分需进行优化等修改意见。3 月 22 日，小金县防灾综合广场开工。因征地拆迁困难，江西省援建指挥部邀请新城区征地拆迁的 5 户群众到江西援建落成的小金服务中心作客，观看江西援建宣传片，当看到援建人员在海拔 4000 多米的高原冒雪艰苦施工的场景，他们感动得流下了眼泪，之后双方达成协议，保证了施工顺利进行。11 月 26 日，工程通过验收。工程获四川省“天府杯”金奖。

建成后的小金县防灾综合广场（见图 200），面积 7700 平方米（因拆迁原因较规划面积缩小，投资减少了 983.65 万元），预算控制价为 2016.35 万元，是集景观休闲与防灾避险于一体的综合广场，平时可作为休闲集会和大型演出场所，出现灾情时，有利于居民避灾。广场上的直升机停机坪可供直升机起降，以及时运送、抢救危重伤员和运输急需救灾物资。广场以中心舞台为轴线，东西两侧是“红色文化”雕塑、景观墙、“十大示范工程”雕塑及景观柱主题区，《藏汉同心赋》石刻碑文、灯光音乐喷泉为广场的亮点。项目的建成，提升了小金县城的城市形象，增强了小金县防灾减灾能力，为丰富小金县群众业余文化生活提供了良好场所。2010 年 10 月 1 日，在广场举行庆国庆大型文艺活动，小金人民载歌载舞，表达感谢之情。

图 200　小金县防灾综合广场（停机坪）
（江西省　提供）

二　甘肃省避难场所建设

甘肃省规划在 14 个市（州）政府所在地各建 1 个大型避难场，建立中型避难场所 50 个，其中重灾区陇南市 9 个、甘南藏族自治州 5 个。

文县避难场所　该工程北临白水江，利用江南公园进行改扩建，占地面积 2.74 万平方米。工程总投资 1840 万元，主要项目有指挥中心、服务中心、广场、绿化、亮化、硬化等工程。其功能配置分为休闲娱乐和避难场所两种功能结构，设置休闲区、娱乐区、健身区、展馆区和防灾避灾区。设置车行通道、人行景观道和残疾人通道 3 条通道。整个避难场所工程，绿化率占 52%，水体占 8%，硬化占 36%，房屋建设占 4%。工程建设以城市应急避难功能为主，同时增加滨江开放式公共绿化带，形成集城区居民休闲、娱乐、健身、避灾于一体的公共场所。避难场所内设置有指挥中心、活动中心以及公共厕所等建筑物。工程于 2010 年年底完工。

康县避难场所　中央重建基金投资 1000 万元，2009 年 9 月在县广场建成，占地面积共 1.57 万平方米，可容纳 3 万余人。达到应急供水、供电、棚宿、物资供应、医疗卫生、防疫、指挥等基本功能的应急避难广场，除避难功能外，还兼顾商业和休闲功能。在建设避难场所的同时，制定了相应的应急预案，确保一旦发生自然灾害，立即启用，组织群众避难。

西和县应急避难广场　规划总建筑面积 6228 平方米，由县政府划拨建设用地。建设分为基础设施、配套设施两大部分。配套设施主要包括水车、平板车、移动厕所等。陇南市发改委于 2010 年 7 月 19 日下达西和县应急避难广场初步设计批复，涉及场地景观设计、配套景观构筑物设计、绿化给排水及水景设计、照明设计、背景音乐设计、园林绿化设计等。以应急避难的功能为主，结合人民群众精神文化需求和地域特色进行整体布局，由西至东形成绿化、健身休闲、亲水景观等多元功能于一体的避难性城市广场。项目概算总投资 1185.9 万元，资金全部为中央重建基金。建成后紧急避难时可容纳 5 万人。项目于 2011 年 3 月开工建设，9 月底完成。

三　陕西省避难场所建设

2008年10月15日，陕西省政府下发《关于加快推进应急避难场所规划和建设的意见》。意见提出，“十一五”期间全省各设区市和杨陵示范区要各至少建设1个应急避难场所；“十二五”期间，20万人口以上城市在市区至少建成3个应急避难场所，有效应急避难场所总面积至少达到15万平方米，满足30%市区人口应急避险需求。百万以上人口城市在市区至少建设10个应急避难场所，有效应急避难总面积至少达到100万平方米，满足40%市区人口应急避险需求。每个县城至少建成1个应急避难场所，满足30%城镇人口应急避险需求。西安、宝鸡、咸阳、渭南、汉中五市共试点建设6个应急避难场所。宁强、略阳、勉县、陈仓4个地震重灾县（区）和36个受灾县（区），在恢复重建过程中，根据城镇的建设规模，利用现有公园、广场、绿地建设应急避难场所。各市、县（区）要根据本地区的抗震设防要求，严格执行新的国家标准《建筑工程抗震设防分类标准》，确保学校、医院等公共建筑工程达到抗震设防要求，真正成为安全、可靠的应急避难场所。其他设区市在做好应急避难场所规划和示范项目的基础上，按规划目标逐步推进应急避难场所建设。据此，省建设厅下发通知，要求建设规划管理部门在组织编制城乡规划时，充分考虑避震疏散场所和道路等应急需要，统筹安排应急避震必需的交通、供水、供电、排污等基础设施。

宝鸡市河滨公园避难场所　为陕西省应急避难场所典型工程。“十一五”期间，由省地震局投资100.23万元、市财政投资80万元建设渭河公园，初步形成10万人的避难场所。灾后恢复重建中，又争取到中央重建基金150万元，建设河滨公园避难场所。

项目建设由宝鸡市地震局具体负责实施，陕西东辰建筑设计工程有限公司设计建设方案。2010年7月12日，由陕西正昌建设工程项目管理有限责任公司对项目分3个标段进行招标，宝鸡君安建筑安装有限责任公司、眉县恒源钻井有限责任公司、西安竞禾油气技术有限公司分别中标。8月初开工，2011年7月底竣工，有应急蓄水池、供水井、应急照明、发电、通信、广播、标志牌等。

汉中等市、县应急避难场所　汉中市依托体育场新建应急避难场所，利用中央重建基金150万元，进行应急水井、厕所、发电机、指挥医疗中心、棚宿区、停车区、应急消防器材等建设。截至2011年9月底，项目建成。略阳县城区避难场所以县城为中心，以广场、公园操场为依托，按避难场所建设标准，建设容纳1万～2万人的场所，计划投资150万元，其中中央重建基金100万元、企事业单位自筹50万元。2011年9月底项目建成，实际投资150万元。勉县地震应急避难场所利用中央重建基金100万元，在县文体中心按照地震应急避难场所建设标准配备设施设备，2011年9月底项目建成。

宝鸡市陈仓区市民避难场所利用中央重建基金100万元，重建市民紧急避难场所10万平方米，完成广场绿化、建设雕塑、道路及配套设施。2010年9月底项目建成。

第二节　科普教育基地

汶川特大地震造成的破坏巨大，反思灾害过程，部分原因是民众缺乏防灾、减灾、避灾的基本知识和技能，面对突如其来的灾情，慌乱中痛失逃生的最佳时机，造成人员伤亡惨重；暴露出自上而下的单向综合防灾体系群众基础薄弱问题。普及自然灾害的科学知识和避灾自救技能，建设具有长远警示作用的综合减灾科普教育基地，是构建完善灾区省综合防灾体系的迫切需要。《防灾减灾专项规划》明确，在川、甘、陕3个灾区省建设自然灾害科普教育基地105个，其中省级3个、市县级102个。（参见图201）3个省分别组织实施。

图201　安县科普走廊

（辽宁省　提供）

一　四川省自然灾害科普教育基地建设

四川省综合减灾科普教育基地　根据国家防灾减灾专项规划，四川省发改委、民政厅将四川省综合减灾科普教育基地项目作为灾后重建的重要内容之一。项目选址于成都市武侯区武阳大道以南、铁路西环线以北、佳灵路以西，占地面积1.18万平方米。项目总建筑面积1.2万平方米，主要包括主展区、辅助展区、展馆附属用房及地下停车场四部分，估算总投资1.44亿元，由中央重建基金拨付80%、省财政投入20%。项目于2010年9月动工，2011年9月底竣工并试运行、10月开馆。该基地既是社会综合防灾体系的重要组成部分，也是一项新型社会公共设施。项目建成后，立足四川，运用现代声光电等一系列高科技手段普及自然灾害科学知识，在提升公众避灾自救能力的同时，展示四川省的自然地理特色和科学技术水平。

德阳市自然灾害科普教育基地 德阳市自然灾害科普教育基地包括汉旺地震工业遗址纪念地、绵竹市抗震救灾灾后重建纪念馆和什邡市穿心店地震工业遗址。

绵竹市汉旺地震工业遗址纪念地总投资3700万元，资金来源为省政府专项资金，截至2012年4月，已进行遗址区内道路修建和标牌制作。绵竹市抗震救灾灾后重建纪念馆总投资3000万元，资金来源为中央重建基金，建筑面积2616.97平方米，对原建筑进行改造，2012年5月开工建设。什邡市穿心店地震工业遗址，该遗址区域保护完好，以工业建筑为主，兼有民用建筑，类型丰富，成片集中，具有很强的视觉冲击力和震撼力。穿心店地震工业遗址于2009年7月开工，2011年10月完工，累计投资6600余万元，建成后每年约接待游客10万人，被评为“四川省科普示范基地”。

二 甘肃省自然灾害科普教育基地建设

甘肃省政府规划兰州市建设省级自然灾害科普教育基地1个，14个市（州）所在地各建1个市级科普教育基地，86个县（市、区）各建1个县级科普教育基地。建设标准是：有教育培训和组织机构，配置展板、图片、画册、音像、电脑、音响、投影仪、课桌、教具以及演练工具和培训基地标志牌等设施设备。各级地方组织实施，民政部门监督检查。陇南市科普教育基地10个，该市与武都区合并建设。徽县、西和县、成县、文县、康县、两当县、宕昌县、礼县2009年完成项目建设，2010年进行设备和设施安装调试。项目总投资310万元，全部为中央重建基金。甘南藏族自治州自然科普教育基地8个，总投资158万元，其中有7个在2009年建成，1个于2011年9月建成。截至2011年9月，其他市州建设情况分别是：平凉市8个，总投资156万元，完成投资46万元；庆阳市9个，总投资174万元，全部建成；天水市8个，总投资156万元，完成投资149万元；临夏回族自治州9个，全部完成建设；张掖市7个，总投资138万元，完成投资54万元；定西市8个，总投资156万元，完成投资102万元；白银市6个，全部建成；武威市5个，总投资102万元，完成投资58万元；酒泉市8个，全部建成；金昌市3个，总投资66万元，全部建成；兰州市9个，总投资174万元，完成投资144万元；嘉峪关市1个，总投资30万元，完成投资28.2万元。

三 陕西省自然灾害科普教育基地建设

陕西省减灾宣传教育基地 建于西安市。该基地主要具备科普教育、互动培训、实践演练等功能，综合设置预防和应对自然灾害、事故灾难、突发公共卫生和社会治安事件4个功能区，采用鬼影和半景技术、激光成像、红外热感、全息投影、图影跟踪、视频仿真、VR① 互动、4D② 动感等科技手段，通过科学知识讲解、解读典型案例、现场亲身体验、实景演练等形式，宣传防灾减

① VR（Virtual Reality），即虚拟现实。此概念是在20世纪80年代初提出来的，指借助计算机及最新传感器技术创造的一种崭新的人机交互手段。

② 4D影院是在3D立体电影的基础上加环境特效模拟仿真而组成的新型影视产品。所谓4D电影，也称四维电影，即三维的立体电影和周围环境模拟组成四维空间。

灾、人与自然和谐共处的生态文明理念。项目同时作为省民政厅举办减灾救灾演练基地，辐射全省，成为西北地区第一、全国先进的减灾科普教育基地和专业实践演练基地。基地选址于凤城二路与凤城三路之间的曹家庙村，占地面积2万平方米，交通方便。项目计划建筑面积1万平方米，其中主体工程科普展馆建筑面积5500平方米，室外活动场地及辅助设施4500平方米。项目费用合计9500万元，其中西安市自筹4000万元、省财政补助5500万元。截至2011年9月底，项目已完成征地等前期准备工作，省财政已下拨资金3500万元，剩余2000万元，根据工程进度下拨。

宝鸡市减灾宣传教育基地 规划在内容设置上，涵盖《国家突发公共事件应急预案》中所指出的自然灾害、事故灾难、公共卫生事件和社会治安事件四部分内容，落实联合国“国际减灾战略”行动计划关于“对自然灾害、技术灾害、环境灾害和其他因素所构成的风险实行综合管理”的要求，使全面综合和系统对策的特色得到最大限度的彰显；表现手法上增强互动性和趣味性；在案例选择上，既汇集全省和全市的典型案例，又包含全国和全世界的重大典型案例，以案示教；场馆设置预防和应对自然灾害、预防和应对社会安全事件、预防和应对突发公共事件、预防和应对意外伤害事故4个展区；调动鬼影技术、半景技术、激光成像、红外热感、全息投影、图像跟踪、视频仿真、半透半反灯箱、多影像重叠、VR互动、VR扣像、智能卡、数码成像、4D动感14种科技手段；通过解读典型案例，用事实说话，动手动脑，在现场亲自体验，引发思考，践行人与自然和谐相处的生态文明观念，达到以观众为核心的操作、理解、记忆和实践的目的。

汉中市自然灾害科普教育基地 选址于汉台区七里街道光辉村，占地1.67万平方米。其建设构想是：做到教育一个市民、影响一个家庭、带动整个社会，并培养人们与自然灾害作斗争的能力，最大限度地减少伤亡，保护自己；承担自然灾害志愿者培训、受灾群众心理救治和突发自然灾害应急避难等工作。规划项目：在汉中中心城区规划区内征地1.7万平方米，新建4层钢筋混凝土框架结构、8度抗震设防的3000平方米综合大楼1栋，室内设置展览区、体验区、放映区、心理恢复区、室外设置活动区、拓展训练区和实践演练区等10个功能区。其中，室内展览大厅设置消防安全教育、地震防震避震教育、国防教育、法制教育等展览馆，进行防灾减灾和公共知识展览宣传。放映大厅可一次性容纳400名市民，主要用于放映科普教育影片，宣传科普知识。灾害演示区采用鬼影和半景技术、激光成像、全息投影等技术，演示各种自然灾害成因、发展和规避自然灾害的方法。火灾体验区采用声、光、电等技术，模拟和再现火灾发生现场，让市民身临其境地体验火灾发生时的各种场景，并与场景进行互动，学习火灾避险逃生技能。地震体验区利用大型机械和传动装置，模拟地震波传播机制，再现地震发生时墙倒、屋塌等场景，让市民与场景实施互动，学习地震避险技能。心理救治区为受灾群众提供一个宁静、舒缓的环境，对他们进行心理矫治和心理疏导，帮助他们克服恐惧、焦躁的心理状态。还设有档案资料存储区、办公区、应急设备仓储区。该科普教育基地还承担突发公共事件应急避难场所功能，计划室内容纳500名，室外容纳1000名市民紧急避难。日常储备帐篷、毛毯、饮水净化设备。室外活动区，占地面积2000平方米，再现洪水、滑坡、泥石流等灾害场景，让民众了解各类地质灾害发生的成因、形态和避险知识。拓展训练和实践演练区，占地面积2000平方米，培养民众和救灾志愿者应急救援和团队合作能力。项目计划总投资3050万元，由市财政补助50万元，争取项目补助资金3000万元。截至2011年9月，已完成征地和设计方案的论证，2012年开工建设。

第十三篇

生态修复和环境整治

汶川特大地震灾害发生在北纬30度带独有的森林生态系统和野生动植物资源富集区，岷江、沱江、嘉陵江、涪江的发源地区。该区域是重要的水源涵养地和水土保持区，是长江上游生态屏障的重要组成部分和全球生物多样性保护的关键地区，生态服务功能突出、保护价值巨大。地震以及大量的滑坡、崩塌、泥石流等次生灾害给该区域生态环境造成严重破坏。

根据国务院总理温家宝以及中央其他领导同志的指示、批示精神，国家将灾区生态修复和环境整治纳入灾后重建总体部署。2008年5月30日，国家林业局召开专题会议，研究部署生态修复和环境整治工作，要求灾区三省将林业基础设施、生态恢复、大熊猫基地恢复重建纳入地方各级政府恢复重建规划。9月19日、10月24日，国家分别发布《恢复重建总体规划》和《生态修复专项规划》，明确要求做好生态修复和环境整治工作。中央要求生态修复和环境整治贯彻落实科学发展观，坚持自然修复与人工治理相结合、以自然修复为主，生物措施与工程措施相结合、以生物措施为主，全面恢复林草植被，保护生态多样性，治理水土流失，逐步恢复重要生态环境功能。发展改革委、住房城乡建设部联合发布城镇体系专项规划和名胜景区灾后重建规划，就人居环境和风景名胜区的生态修复提出具体的目标和要求。国家减灾委、科技部组织多学科专家编制生态环境修复实用技术手册，筛选、归纳、整理出近400项实用技术和产品信息，为生态修复和环境整治提供技术指导。国务院有关部门明确生态修复和环境整治等政策措施。2009年6月上旬，国家林业局在成都召开“全国林业地震灾后恢复重建工作座谈会”，强调全面做好、按时完成生态建设任务的同时，要防止超标准、超范围建设的倾向。

四川省林业调查规划院30余名专业技术人员，通过搜集地震及次生灾害的遥感影像和调查统计等各类相关资料，利用区域以往的森林资源监测、生物多样性保护、林业工程建设及生态环境等背景数据，以遥感影像对比和专业分析为基础，对林业及生态建设遭受灾害的损失进行了比较全面、系统的评估。甘肃省林业调查规划设计院在第一时间为灾后生态修复规划提供高质量的专题图纸。2008年8月25日，四川省召开林业工作会议，决定把森林植被恢复、大熊猫栖息地恢复作为生态修复重建的重要内容，要求各级政府抓好荒山造林、封山育林，广泛开展全民义务植树活动；结合城乡环境综合整治规划，实施“身边增绿”工程，开展部门绿化、单位绿化、道路绿化和小城镇绿化。在生态环境恢复重建中，四川省林业部门建立工作目标责任制，将生态恢复重建任务纵向分解到重灾地区39个县（市、区），横向分解到部门内部相关业务处室，明确任务目标纳入年度工作考核。同时，建立项目推进、项目管理、项目督察、项目联络和项目组织等“五项机制”，确保生态环境恢复重建项目、资金和物资的安全运行。针对生态恢复重建中可能出现的技术问题，四川省林业厅从省林科院、规划院等单位抽调 10 名专家和技术骨干，成立旨在为生态修复重建提供咨询服务的专家指导服务组。专家指导服务组在工作开展中，吸收日本灾后生态重建的管理经验和技术方法，提高咨询服务的有效性。

截至 2011 年 9 月底，川、甘、陕三省灾区生态修复和环境整治开工项目总数 745 个，总投资 145 亿元，竣工项目 605 个，完成规划投资 143 亿元。通过三年重建，三省规划生态区基础设施得到改善，次生灾害隐患点得到治理，防灾减灾水平有所提升。

第一章　植被水土修复整治

中国主要林区部分分布在震区，震前先后开展了天然林资源保护、退耕还林、长江中下游流域防护林和野生动植物保护建设，并实施了世界银行贷款造林等多项生态工程，使该地区森林生态系统保持较好。地震灾害造成大量植被损毁，形成次生灾害的隐患，对重建规划区生态安全带来巨大影响。国家结合灾区重建实际，将生态修复纳入重建总体规划。在森林植被恢复过程中，四川省林业厅通过举办重灾地区 39 个县（市、区）林业部门负责人和业务骨干培训班、印发《四川汶川地震灾害植被恢复重建主要模式和技术措施》和《植被恢复项目检查验收指导意见》等，对植被恢复工作提出要求，明确责任；派出工作组对植被恢复项目进行专项督察，协调解决植被恢复中存在的困难和问题。为加强植被恢复工程质量管理，2010 年 8 月 4 日，四川省林业厅制定生态修复植被恢复检查验收办法，进一步明确生态修复植被恢复工程的施工管理原则、检查验收方法和标准等。通过川、甘、陕三省共同努力，三省重灾区受损林地和山体植被逐步恢复，野生动物栖息地、自然保护区得到有效保护，水土流失状况明显改善，灾区林草植被以及林业和草地生产力得到较大恢复，水土流失得到有效控制。

第一节　项目建设实施

一　植被恢复重建

森林植被恢复　国家规划明确恢复川、甘、陕三省森林面积 48.55 万公顷。森林植被恢复包括封山育林、飞播造林、人工造林。其中，封山育林面积 19.42 万公顷，占恢复总面积的

40%；飞播面积 20.26 万公顷，占恢复总面积的 41.7%；人工造林面积 8.87 万公顷，占恢复总面积的 18.3%。

灾区省林业部门针对地震造成的滑坡、崩塌等各种破坏类型，以及结合森林恢复的立地条件，采用先恢复、后提高的原则，循序渐进地推进。在恢复方式上优先考虑封禁恢复，充分发挥自然力的作用，用较少投入扩大灾区植被面积，增加植被覆盖度。在植被恢复较难的地段辅助实施人工植树种草。重视选用抗逆性强的香樟、油樟、岩桂、檫木、四川大头茶等优良乡土树种作为树（草）种。对稳定性较差的滑坡体等地段，先实施锚杆加固、挂网护坡、土方铺填等工程措施后，再行人工植树种草。植物配搭采取乔、灌、草相结合，多种模式并举。林种以公益林为主，特殊地段可根据实际情况建设风景林、生态经济林。

在工程组织上，灾区省林业部门针对不同森林恢复类型，严格按照国家发布的《封山育林技术规程》（GB/T 15163—2004）、《飞播造林技术规程》（GB/T 15162—2005）和《造林技术规程》（GB/T 15776—2006），结合各地实际条件完成工程作业技术方案设计，指导工程实施。在实施过程中，各地因地制宜开展生态修复工作。绵竹市结合本市生态修复实际情况，把林草植被恢复与基地建设、城镇绿化、新村绿化结合起来，选派技术骨干定点帮扶受灾较重乡镇，采取人工植苗、点撒播、封山育林等传统植被修复措施，加大灾区森林植被修复力度。青川县坚持项目立项、招投标按程序进行，明确种子苗种由政府采购，资金使用实行专项预算、专项管理。

2009 年 3 月，四川省确定包括北川、青川 2 个极重灾县，南江 1 个重灾县和邛崃、天全、洪雅、沐川 4 个一般灾区县在内的 10 个县为首批林业产业发展重点县，通过重点扶持、培育典型，实现重点县林业产业发展率先突破，既恢复森林植被，又使农民增收致富，为全省县域林业产业发展提供经验。

图 202　盐亭县毛公乡退耕还林红叶杨（王堂甲　摄）

2010 年 1 月 1 日，欧盟委员会资助 192.5 万欧元，国际竹藤组织、欧盟项目创新中心（成都）、荷（兰）比（利时）卢（森堡）商会和四川省林业厅合作的“四川地震灾后生计恢复和环保型竹产业链建设项目”正式启动，项目建设方案明确于2013年12月31日完成。该项目覆盖北川、邛崃、崇州、都江堰等8个县（市），旨在推进地板、夹板、窗帘、房子、手工艺品以及食用竹笋等竹产品的深度开发，形成可持续发展的产业链，为2万农民提供新的收入来源，并改善灾后严重退化的环境。2011年5月10日，该项目获得在日内瓦举行的世界灾后恢复重建大会颁发的“世界灾后恢复重建新途径”创新奖，成为32个国家71个参选项目中最终获奖的3个项目之一。15—19日，欧洲理事会主席赫尔曼·范龙佩访问中国，参观了都江堰市向峨乡红光村社区雷竹林示范经营示范基地、都江堰向峨乡赵家沟笋用竹种植农民专业合作社和四川农业大学都江堰校区内的项目竹业培训和示范中心，对项目大加赞许。

截至2011年9月，四川、甘肃、陕西三省恢复森林植被计35.27万公顷，累计完成投资25.27亿元（中央重建基金14.58亿元）。其中，封山育林完成22.85万公顷，飞播封山完成3.6万公顷，人工造林完成8.82万公顷。（参见图203）

林木种苗基地恢复　汶川地震发生前，国家在重建规划区内兴建了大批苗圃、种子园、母树林等林木种苗生产基地。其中，四川省重灾地区39个县（市、区）已建成苗圃1145.9公顷、良繁基地167公顷、采穗圃238.5公顷、母树林711.9公顷、种子园307.9公顷、采种基地825.3公顷、大棚63.15万平方米、温室1.07万平方米，基本构建起与生态工程建设需求相适应的林木种苗生产体系，能够保证年度大规模造林任务顺利实施。地震造成基地种苗设施设备大量损毁，种苗供应对森林植被修复造成一定程度的制约。

图203　灾后松潘县重建植被恢复人工点播区

（松潘县委宣传部　提供）

国家生态修复规划明确，恢复重建种子园、母树林、采穗圃、种质资源收集区和试验林、示范林等种苗生产基地1.26万公顷，其中四川省0.76万公顷、甘肃省0.43万公顷、陕西省0.07万公顷。重建育苗温室、大棚28.1万平方米，其中四川省25.2万平方米、甘肃省1.4万平方米、陕西省1.5万平方米。

地震造成区域内已有种苗设施设备大量损毁，使重灾县林木种苗供需矛盾突出。部分受灾县市当年秋季人工造林、林分改造、生物防火林带和绿化任务已受到种苗不足的制约，更没有能力满足今后几年生态建设和修复任务对良种壮苗的需求。对此，灾区省林业部门将林木种苗基地项目作为先期恢复重建项目上报、实施，为保证工程项目建设进度，专门抽调、聘请专业人员对该项目开展指导服务和质量管理。为尽量缩小灾后生态重建工作中种苗需求与供应间的差距，川、甘、陕三省林业部门均采取快速恢复、分期建设的方法，根据"分步实施、逐步完善、尽快恢复"的实施原则，"清理一处、利用一处；建设一处、生产一处"，通过提高种苗基地的生产频率，提升种苗产出能力。结合种苗生产面临前期基础设施不完善、种苗安全受自然环境影响大的不利情况，各项目实施地根据当地气候环境特点，采取了有针对性的防范措施，在夏季暴雨季节到来前，施工单位增加围堰高度；在干旱期到来前，配套完成水源地堡坎、引水管道设施和提灌站房等配套工程修建，确保种苗生产时间的延长和种苗生产进度。在具体实施过程中，四川省提出育苗结构要兼顾生态建设和产业发展，将林木种苗基地建成科研成果转化基地，带动、辐射地方林木种苗培育。甘肃省依托灾区内大型国有林场的组织管理和技术优势，将种苗恢复项目捆绑交付给这些单位作为先期项目实施。陕西省则由省厅领导带队，联合林业厅纪检监察部门、陕西省重点项目资金稽查办和省森林资源管理局共同督察项目进度、质量和资金使用等情况。各项措施的推行，为种苗工程的快速、顺利实施创造了良好的条件。

截至2011年9月，四川、甘肃、陕西三省恢复重建种苗生产基地4619.6公顷；恢复重建育苗温室1390.9公顷；恢复育苗大棚7.723万平方米；恢复重建苗圃用房2.02万平方米；添置育苗设备620台（套）；完成苗圃地土壤改良及平整3466亩；累计完成规划投资39935万元（中央重建基金22736万元）。

草地植被修复 重建规划区是长江、黄河上游生态屏障，是中国西部地区乃至中国的畜牧业重要生产基地。其中，四川省是草原资源大省，也是全国五大牧区之一。地震及其次生灾害对灾区草地生态系统造成严重破坏，大量天然草原、人工草地、围栏草地、草种基地遭到损毁，尤其是25度以上坡地的牧草基地受灾更为严重。甘肃省、陕西省灾区草地同样遭到损毁。草地生产力降低，草地生态功能受损，不仅严重危及国家生态安全，而且也严重影响灾区牧业发展、农牧民增收。

国家生态修复专项规划明确，草地恢复重建包括天然草原、人工草地、草种基地和围栏草地等。规划安排天然草原、人工草地、草种基地和围栏草地恢复重建任务分别为12.8万公顷、3.13万公顷、0.2万公顷和1.43万公顷，累计17.56万公顷，规划资金3.76亿元。其中，四川省规划汶川县等24个重灾县（市、区）草地修复16.7万公顷，规划投入资金3.42亿元；甘肃省规划甘肃农垦集团有限责任公司所属农场草地修复2667公顷，规划投入资金688万元；陕西省规划略阳县等4个重灾县（区）草地修复4400多公顷，规划投入资金2736万元。

灾后重建中，川、甘、陕三省农业部门及时配合有关部门下达灾后重建任务，指导基层农业部门抓紧开展单体项目前期工作。相关县（市、区）编制完成了灾后草地修复实施方案，对修复任务进行分解、细化和完善。省级农业主管部门成立恢复重建工作领导小组，加强对灾后草地修复工作的指导，积极衔接灾后恢复重建资金，多次举办灾后草地修复专题培训班，并组织专家和技术人员至灾区，进村入户，帮助指导灾后草地修复。

为科学实施草地修复，四川省畜牧食品局组织专家编写了《5·12汶川大地震灾区草地生态修复与种草养畜恢复生产技术指南》，通过四川畜牧食品信息网和《四川畜牧兽医》杂志广泛推广。《指南》要求根据灾区植物群落，按照草地—灌木—乔木的植被演替规律恢复植被。根据草本植物易着生、耐土壤瘠薄、对裸露地面覆盖快的特点，灾区生态修复以草本作为先锋植物。为加大技术推广力度，四川省还组织草地科学研究院专家至绵竹等项目实施地现场示范，开展种草技术培训。截至2010年8月，仅广元市元坝区、朝天区和青川县就围绕种草技术培训1500人次。另外，草地修复项目实施县（市、区）普遍成立技术指导小组，制定实施方案、编写技术手册、开展技术培训，并建立技术指导责任制，落实包片指导，责任到人。黑水等县为使草地恢复建设项目生态、经济、社会效益最大化，组织专家召开项目建设可行性咨询评估会。草地修复项目劳动力组织主要采取以工代赈和农牧民投工投劳两种方式实施。截至2010年12月底，四川省草地修复共投工投劳折合503.55万元。以“以奖代补”的形式，将草地修复任务交修复地村组，由村组组织村民实施，任务完成并验收合格后，向村组拨付项目工程款。

截至2011年9月底，川、甘、陕三省共修复草地累计4.71万公顷，完成建设资金累计13957万元，其中中央灾后重建基金投入8289万元。草地生态的修复，进一步提高了灾区水源涵养和水土保持功能以及防灾减灾能力，最大限度地降低了山洪泥石流等地质灾害的危害。

二 水土流失治理

地震后水土流失治理是恢复灾区基本人居生态环境，提高土地承载能力，确保粮食稳产增产的必要措施。国家生态修复规划明确恢复震损水土保持设施，包括坡改梯、水保林、经果林和种草面积总计19.27万公顷，其中四川省17.85万公顷、甘肃省1.23万公顷、陕西省0.19万公顷；恢复重建坡面水系工程、沟道治理和辅助设施9.51万处，其中四川省9.31万处、甘肃省0.18万处、陕西省219处；适当为四川省就地重建城镇和迁建城镇建设水土保持设施，包括坡改梯、水保林、经果林1.5万公顷，建设坡面水系工程、沟道治理和辅助设施3.1万处。使灾区关系民生的安全隐患及时得到消除，受损的水土保持设施基本恢复到震前水平，新增水土流失得到有效控制，恢复和提高环境承载力，使灾区生存支撑保障能力尽快恢复到灾前水平并有所提高。

在水土保持设施恢复重建过程中，水利部和灾区三省成立相应的组织领导机构和工作机构，明确责任主体、工作主体和投资主体，层层落实责任；灾区三省建立水土保持灾后恢复重建工作例会制度，定期召开灾后重建水土流失治理工作会议，通报情况，议定措施，推进整体工作进度。四川省水土保持局建立了月报制、旬报制，先后派出4个工作组多次到项目县（市、区）进行现场督察，发现问题及时通报。陕西省水保局组织 4 个检查组，多次至汉中、宝鸡、咸阳、西安等市进行检查和督察，确保水土保持受损设施的恢复重建任务顺利完成。在水土保持设施恢复重建项目实施过程中，灾区三省结合重建需要，统筹考虑灾区群众生产、生活等需求，着力改善民生，提高环境容量。为提高粮食产量，解决生存问题，对部分震损梯坪地进行恢复重建，并将近村、近水处的坡耕地改造成基本农田；为增加灾区群众经济收入，进行产业结构调整，大力发展具有地方特色的经果林产品；为解决灾区群众出行问题和用水困难，恢复修建田间道路、排灌沟渠、沿山沟等小型水利水保工程。

截至 2011 年 3 月 31 日，水土流失治理取得了阶段性重大成果。四川省完成坡改梯、水保林、经果林、种草 3.03 万公顷，建设坡面水系工程、沟道治理工程和辅助设施 2.23 万余处（参见图 204），累计完成投资 4.97 亿元。甘肃省完成坡改梯、水保林、经果林、种草 1537.42 公顷，建设坡面水系工程、沟道治理工程和辅助设施 880 余处，累计完成投资 4754 万元。陕西省治理水土流失面积 23 平方公里，其中恢复梯田 1300.5 亩、排灌渠 10.7 公里、防护堤 4.01 公里、蓄水池 9 口、谷坊 9 座、植被恢复 36.75 公顷，累计完成投资 710 万元。灾区水土保持设施原有功能得到基本恢复，安全隐患得到及时排除，新增水土流失状况得到有效控制，粮食产量和农牧民收入有了明显提高。

图 204　广元市朝天区重建的防洪河堤（谢家平　摄）

三　生态保护设施恢复重建

灾区三省是中国林业生态工程主要分布区之一，除“京津风沙源治理工程”外，其他所有重点林业生态工程在灾区三省均有所分布。为确保生态工程建设成果，国家在此区域内配套建设了一批森林防火和有害生物防治的设施设备。地震导致 50% 以上的森林防火设施设备、有害生物防治基层站点受到重创，大量堆积的受灾林木使可燃物数量激增，生态安全形势非常严峻。

森林防火设施恢复重建 地震及其引发的泥石流、滑坡，造成大量树木损毁堆积，使得林下平均每公顷可燃物载量达到50吨以上，远超过发生重特大森林火灾可燃物的临界线，火险等级较高。而震灾造成区域防火设施半数以上损毁，则严重削弱了林业机构防火管理能力及基层生产单位的生态建设保障能力。为确保震损林地植被恢复安全和大熊猫等珍稀野生动物栖息地修复的顺利实施，各省林业厅和国家林业局十分重视防火工程设计和质量安全，川、甘、陕三省均通过省林业调查规划设计院或省林业勘察设计院进行专业论证。四川灾区有的重灾县提出建设单位负责、政府部门监督、监理单位控制、施工单位保证、设计单位参与的质量“五位一体”保证体系；完善施工单位自检、监理单位复检、项目质量监督站抽检的质量检查体系，为工程层层把关。

防火工程涉及类型较多，包括野外监测体系、通信指挥体系、专业营房、检查宣传体系以及扑救预防体系。三省在工程管理过程中根据本省建设情况采取不同的组织方式。四川省将防火工程与业务用房及其配套设施打捆安排，通过大项目组织的方式缓解前期工作量压力过大的问题。甘、陕两省则按照行政地域和大型林业单位组织专项防火工程，在重建任务相对较轻的情况下，更多地关注防火工程的专业性。

防火瞭望塔与通信基站。防火瞭望塔规划工程量198座，完成175座；规划投资3654.57万元，完成3478.21万元。其中，四川省规划171座、完成148座，规划投资3177.8万元、完成2974.8万元；甘肃省规划25座、完成25座，规划投资419.77万元、完成446.41万元；陕西省规划2座、完成2座，规划投资57万元、完成57万元。

通信基站、中继台、转信台规划工程量77座，完成76座；规划投资1008万元，完成626.23万元。其中，四川省规划19座、完成10座，规划投资909万元、完成527.7万元；甘肃省规划57座、完成65座，规划投资44万元、完成43.53万元；陕西省规划1座、完成1座，规划投资55万元、完成55万元。

专业队营房与物资储备库。专业队营房规划工程量12490平方米，完成12325平方米；规划投资2013.5万元，完成1941.4万元。其中，四川省规划9740平方米、完成9575平方米，规划投资1642.8万元、完成1570.7万元；甘肃省规划2750平方米、完成2750平方米，规划投资370.7万元、完成370.7万元。

物资储备库规划工程量13628.3平方米，完成12692.9平方米；规划投资2010.4万元，完成2002.79万元。其中，四川省规划10954平方米、完成10954平方米，规划投资1841.4万元、完成1835.2万元；甘肃省规划2674.3平方米、完成1738.9平方米，规划投资169万元、完成167.59万元。

防火检查站、指挥中心与林火监测站。防火检查站规划工程量10362.3平方米，完成10182.3平方米；规划投资1511万元，完成1482.3万元。其中，四川省规划6111.9平方米、完成5931.9平方米，规划投资1054万元、完成1025.3万元；陕西省规划4250.4平方米，规划投资457万元，全部完成。

指挥中心规划工程量13410.52平方米，完成13410.52平方米；规划投资2246万元，完成2210万元。其中，四川省规划7800平方米、完成7800平方米，规划投资1876万元、完成1840万元；陕西省规划5610.52平方米，规划投资370万元，全部完成。

林火监测站。四川省规划数量22座，完成18座；规划投资940.4万元，完成742.4万元。

防火道路与宣传碑牌。防火道路规划工程量1440.3公里，完成1384.67公里；规划投资

16672.8万元，完成15975.6万元。其中，四川省规划1305.3公里、完成1249.6平方米，规划投资14803.4万元、完成14107.7万元；甘肃省规划135公里、完成135.07公里，规划投资1869.4万元、完成投资1867.9万元。

宣传碑牌规划工程量332个，完成332个；规划投资290.27万元，完成290.37万元。其中，四川省规划302个、完成302个，规划投资235.7万元、完成235.8万元；甘肃省规划10个、完成10个，规划投资4.57万元、完成投资4.57万元；陕西省规划20个，规划投资50万元，全部完成。

消防水池、扑火车辆机具。消防水池规划工程量130处，完成130处；规划投资579.9万元，完成577.4万元。

扑火车辆规划数量90台，完成74台；规划投资1730.5万元，完成1480万元。其中，四川省规划79台、完成63台，规划投资1532.3万元、完成1281.8万元；甘肃省规划3台，完成3台，完成规划投资60.2万元；陕西省规划8台，全部完成，完成规划投资138万元。

扑火机具规划数量26874台（套），完成24980台（套）；规划投资2834.43万元，完成2423.33万元。其中，四川省规划26266台（套），完成24372台（套），规划投资2657.8万元、完成2246.7万元；甘肃省规划607台（套），完成607台（套），完成规划投资88.63万元；陕西省规划1台（套），完成1台（套），完成规划投资88万元。

森林病虫害防治设施恢复重建 地震灾害在造成林木损毁同时，还使受灾林木树势衰落，抗病害能力降低，灾后异常天气状况诱发溃疡病、腐烂病等树木病害；区内大量倒木、断枝、森林枯死物也成为一些害虫、病菌适宜的繁殖环境；幸存森林植物因地震次生灾害影响而生长不盛，也为森林病虫害的可能暴发提供了有利条件；运输清理木材的活动增加，为危险性病虫害扩散提供了便利条件，大规模发生森林病虫害的概率增加。大量野生动物尸体如得不到及时处理，也会引发野生动物疫源疫病、污染水源等次生灾害，生态安全形势严峻。

灾区林业部门根据受灾林区森林病虫害的严峻形势和本地易发高发病害类型，制定了各有侧重的针对性监测防治规划。由于各地病害类型不同，《生态修复专项规划》将各种设备、药剂药械类型进行合并处理，各县级单位根据规划核准工作量后，又分别安排建设方案。有害生物防治工程组织与森林防火工程类似，四川省采用工程打捆方式；甘、陕两省则组织专项工程推进，均取得较为理想的建设效果。截至2011年9月底，病害业务设备更新完工率为93.63%，监测样地完工率为94.62%，人工普查监测完工率100%，防治药剂药械完成投资（防治药剂药械由于合并统计，无法计算完工率）99.64%。工程中的监测样地建设项目一度受震后地质条件不稳定影响，使得建设速度较为滞后，其余项目推进速度达到预期目标。截至2011年9月，川、甘、陕三省基本完成森林病虫害防治设施恢复重建任务。其中，完成业务设备更新购置4025台（套），完成投资2298.45万元；重建固定监测样地299个，完成投资555.8万元；补充防治药剂药械3319.6台（套、件），完成投资826.44万元；完成人工普查监测点5833个，完成投资741.4万元（规划投资全部完成）。

林区基层单位基础设施恢复重建 西南地区林区基层单位房屋、交通、供电、供水等基础条件较差。山区办公用房、职工住房以及管护用房年久失修，抗灾设防能力差，难以抗击地震破坏。重灾区及其周边地区林区基层单位基础设施在地震及其次生灾害中多数被夷为平地，不少基层单位丧失基本的生产、生活条件，生态环境保护能力降低，灾区生态状况面临严峻挑战。《生态修复专项规划》要求除自然保护区外，全面恢复重建灾区林业基层单位灾毁业务用房、林区道路、水电通信线路及林区水、电、通信设施和相关设施设备。

截至2011年9月，川、甘、陕三省基本完成规划任务。其中，修建业务用房累计81.95万平方米，完成建设投资累计1.45亿元；修筑道路累计2727.75公里，完成建设投资累计9.678亿元；铺筑给水管线累计631.7公里，完成建设投资累计7772.4万元；架设供电线路3100.3公里，完成投资累计6207.2万元；埋设通信线路累计198.6公里，完成建设投资累计1068.6万元；修建圈舍累计52880.6平方米，完成建设投资累计554.1万元；购置设备累计完成10765台（套），累计完成投资8386.5万元。

第二节　典型项目

一　森林植被修复项目

青川县灾后生态修复植被恢复项目　地震严重影响青川县境内嘉陵江流域和白龙湖库区的生态安全。2009年7月，该县编制完成《“5·12”汶川特大地震青川县生态修复植被恢复项目规划》，中央重建基金投资31492万元。由于生态修复植被恢复涉及中央重建基金项目和欧洲投资银行紧急贷款植被恢复项目，青川县分别确定中央重建基金和欧洲投资银行紧急贷款植被恢复项目。

恢复重建中央重建基金人工造林17.4万亩，总投资15127万元（中央重建基金6738万元、群众投工投劳以劳折资8389万元）。项目在青川县36个乡（镇）、2个省级自然保护区、3个林场实施。封山育林25.5万亩，总投资8650万元，其中中央重建基金5490万元、群众投工投劳以劳折资3160万元。飞播造林20万亩（有效面积16.7万亩），项目总投资7715万元，其中中央重建基金600万元、群众投工投劳以劳折资7115万元（含后期管护）。截至2011年9月，植被恢复中央重建基金项目全面完成，累计完成人工造林17.42万亩，平均成活率达到85%以上；完成封山育林25.5万亩，封育对象准确，质量全部合格；完成飞播造林20万亩。欧洲投资银行紧急贷款项目总投资3674.91万元，其中地方配套资金27.79万元。项目总规模60150亩，分别安排在青川县的三锅、楼子、前进、房石、凉水、茅坝、桥楼、青溪、姚渡、营盘、骑马、观音店、关庄、红光、马公、七佛、建峰等17个乡（镇）和国营青川县三锅苗圃实施，至2011年9月全面完成，累计完成人工造林9600亩、人工点播17250亩、封山育林33150亩，苗圃恢复150亩。

四川省国际合作开展典型示范恢复植被项目　震后，四川省加强同国内外政府与非政府组织之间的合作，积极争取和利用国际资金和先进技术与理念，开展地震灾区灾后治山和森林植被与生态恢复。相继争取到欧洲投资银行贷款、日本政府无偿援助和日中绿化交流基金等方面的支持，至2011年8月，累计获得贷款、无偿资助等资金近6亿元。

中日合作四川地震灾后植被恢复项目。2009年11月3日，国家林业局国际合作司、日本国际协力机构（JICA）中国事务所分别代表中日两国政府在北京正式签署“中日林业技术合作四川地震灾区森林植被恢复与重建示范项目”实施协议。项目内容包括日本政府2010—2015年无偿援助6亿日元，中方配套5亿日元，用5年时间合作在北川、汶川、绵竹3个极重灾县（市）不同自然类型的项目区开展灾后植被恢复项目，主要是治山、植被恢复示范和技术人才培训，提高四川地震灾区从事具有代表性的灾后森林植被恢复工作的相关人员的技术能力，推动四川省地震受灾地区的森林植被恢复工作持续健康开展。项目于2010年3月19日正式启动，至2011年11月，共投入730万元，完成治山和造林治山3.2公顷，成为四川灾后生态恢复重建的典型示范。其中，北川擂鼓镇凤凰山至风岩子公路可视范围为项目示范区，面积约1.8公顷。首期治山工程试验工程——石岩村2组红岩子滑坡地于2010年10月27日开工，包括铁丝笼挡土墙工程、竹栅栏挡土工程、土袋阶梯工程、土袋渠系工程、苗木栽植工程等，年底竣工。至2011年3月，全部种上核桃、枇杷及酸枣等经济林木，恢复地震滑坡山地的森林植被。

国家统借统还欧洲投资银行贷款生态修复项目。2008年11月国务院批准的《国家发展改革委、财政部关于汶川地震灾后恢复重建利用国外优惠紧急贷款规划的请示》，同意四川省使用欧洲投资银行优惠紧急贷款开展灾后重建生态修复项目，12月上旬通过欧洲投资银行专家评估。2009年8月11日，四川省林业勘测设计研究院编制的《四川省使用国家统借统还欧洲投资银行贷款灾后重建生态修复项目可行性研究报告》，在都江堰、彭州、绵竹、什邡、平武、安县、青川等7个极重灾县（市），大邑、旌阳、罗江、中江、涪城、梓潼、游仙、三台、江油、盐亭、苍溪、旺苍、利州、剑阁、元坝、朝天、阆中、南江（见图205）等18个重灾县（市、区），全面修复林区受损房屋、管护站点、巡护道路、森林防火、病虫防治等生产设施，林草植被恢复面积59132公顷，其中新造人工林14750.5公顷，使项目区森林覆盖率恢复0.3个百分点。总投资54835.07万元，其中使用国家统借统还欧洲投资银行贷款8000万美元，其余由建设实施单位自筹解决。项目建设期限3年。至2011年9月，完成投资26585万元，完成植被恢复达46530.1公顷，建成生物多样性保护基础设施27173.63平方米、瞭望台22座、巡护及防火道93.8公里、林区作业道33.6公里，举办项目培训85期、6000人次。德阳市旌阳区通过近3年的努力，完成欧洲投

图205　南江县光雾山红叶

（南江县委宣传部　提供）

资银行贷款项目生态修复面积1300公顷，比灾前森林覆盖率提高1.3个百分点，已基本建立起一个健康、持续、稳定的生态系统。

北川羌族自治县飞播种草项目 国家规划安排的修复北川毁损草地1566.67公顷，仅占北川毁损草地的三分之一。为进一步加大损毁草地修复力度，有效遏制山体滑坡、山岩崩塌、水土流失，四川省畜牧食品局决定追加北川修复草地1333.33公顷；明确采用作业速度快、不受地形地貌限制的飞播种草方式加以落实。2010年6月13日，财政部拨付90万元专款，用于北川完成追加的飞播种草任务。8月，四川省畜牧食品局组织省草原工作总站和北川畜牧兽医局有关专家在坚持集中连片、生态脆弱区优先原则，在征得村民委员会和农牧民同意的情况下，选择确定陈家坝乡为飞播种草区域。随后，四川省草原工作总站编制出《飞播种草设计说明书》，确定3种飞行作业方式：对播区面积大、地块长度在1万米以上的，采用单程式飞行作业；对播区面积小，特别在长度较短的播区，采取复程式或穿梭式飞行作业。8月15日，北川畜牧兽医局向四川省畜牧食品局递交《北川羌族自治县2010年飞播牧草管护承诺书》，承诺在飞播前召开播区村民大会，动员广大农民主动配合支持飞播种草；飞播期间协同公安人员做好安全保障工作，确保飞播工作顺利实施；飞播后做好管护工作；成立县飞播种草项目后期管护领导小组，负责协调解决管护过程中的重大问题。陈家坝乡政府与项目所在村签订管护责任书，由播区所在地村民委员会具体负责项目区的后期管理工作。县、乡政府不定期对播区的管护工作进行检查，确保管护工作取得实效。管护目标为播区禁牧3年，冬草储备期可适当刈割牧草；第四年开始根据植被覆盖度、牧草产量酌情开放使用，实行以草定畜适度放牧，严格控制载畜量，严禁超载过牧。

按照《四川省2010年飞播种草项目实施方案》规定，飞播草种应符合适应性强、根系发达、耐瘠薄、抗性强和保水固土能力强、适宜于播区生长的，以多年生草种为主的多个草品种组合的要求，四川省草原工作总站委托四川省政府采购中心进行招标采购飞播草种，共采购5个品种，通过专门混种设备，保证5个品种种子混合均匀，其变异系数小于3%。

2010年9月16日，受四川省畜牧食品局委托，北川羌族自治县畜牧兽医局与西华通用航空公司签订《飞播种草合同》。10月10日，四川省草原工作总站、绵阳市畜牧兽医局、西华通用航空公司、北川羌族自治县畜牧兽医局有关专家和领导组成论证组，对《北川飞播种草项目实施方案》进行论证，形成论证意见：飞播区选择在由汶川地震引发大面积山体滑坡崩塌的、植被覆盖度低于10%的陈家坝乡，符合开展飞机种草的自然条件和飞行要求；根据气候条件和牧草生长特点，确定播种时间为10月中旬。10月14日，飞播种草工作正式实施。是日上午，西华通用航空公司一架运五B型飞机降落四川绵阳南郊机场，由2名机长、4名技术人员组成飞播小组。在海拔2000多米的飞播区，机长打开播种器，草种随之撒出机体。落种密度700～850粒/平方米，接种率95%以上，达到设计飞播质量要求。（参见图206）至10月29日，历时16天，飞行24架次，飞播草种22吨，飞播种草面积1586.67公顷，超额完成253.34公顷，圆满完成飞播种草项目规划任务。

2011年8月26日，四川省草原工作总站专家与绵阳市畜牧兽医局、北川羌族自治县畜牧兽医局等单位领导和技术人员查看陈家坝乡飞播种草出苗和牧草长势情况，认为飞播牧草在碎石裸露地面上覆盖度已超过60%以上，牧草高度50厘米左右，达到预期效果。

图206　北川羌族自治县飞机播种
（农业部　提供）

茂县草原生态修复项目　茂县位于四川省西北部、阿坝藏族羌族自治州东南部，是一个以羌族为主体的少数民族聚居县。全县草地面积10.67万公顷，占26.3%，可利用草地面积8.6万公顷，是长江上游的天然生态屏障。地震造成草山、草坡严重损毁。

震后，茂县编制《茂县地震灾后草原生态修复项目可行性研究报告》，制定《茂县地震灾后草原生态修复项目实施方案》，明确草原生态修复项目包含3个子项目，即天然草原植被恢复15.2万亩，包括采购草种、地面处理、播种施肥、围栏建设4项内容；人工草地建设1万亩，包括地面处理、草种采购、播种施肥田间管理3项内容；围栏改良草地建设1万亩，主要是利用钢丝围栏、天然屏障对天然草地进行封育改良草地。中央重建基金总投资1562万元，其中天然草原植被恢复1368万元、围栏改良草地建设14万元、人工草地建设180万元。（参见图207）

从2009年10月开始实施草原修复项目，到2010年12月全面完成（参见图208），历时14个月。在整个草原修复期间，茂县采取“统一规划布局、统一技术标准、统一技术培训、统一组织实施、统一检查验收”方法进行草原生态修复。坚持生态效益为主，兼顾社会效益和经济效益。注重因地制宜、科学布局。天然草原植被恢复以地震损毁草地为主进行布局；人工种草重点在海拔2000米以下、光热水肥条件较好的地域进行，采用适宜当地的草种与先进实用技术进行天然草原植被恢复，采用高产优质牧草进行人工草地建设。草种根据茂县不同气候、土壤条件和牧草的生物学特性，选择根系发达、入土深、分蘖力强、地上部分生物量大、刈割或适度放牧后植被恢复快、耐瘠薄的多年生禾本科、豆科牧草进行种植，以利培育蓄水保土性强、又能提供量多质优牧草的草种。

2010年9月，茂县畜牧兽医局专业技术人员对项目建设地进行抽样测产：每亩围栏草地增产鲜草90公斤，每亩天然草地增产鲜草50公斤，每亩人工种植草地增产鲜草1500公斤。抽测结果显示，茂县草原生态修复项目全部完成后每年可增产鲜草2350万公斤，按每公斤鲜草市场售价

图 207　茂县草原生态修复项目

（农业部　提供）

0.1 元计算，项目建设地的农牧民每年可增收 235 万元。另外，在项目建设中，项目所在地实行以工代赈，参加项目建设的农牧民投工投劳，每人平均新增劳务收入 2500 余元。

图 208　茂县灾后植被恢复工程实施区（四川省委宣传部　提供）

二　水土流失治理项目

汶川县水土流失治理项目　汶川县震前水土流失面积 1717.92 平方公里，占总面积的 42.07%，水土流失程度为轻度。地震后，水土流失面积达到3439.09平方公里，新增水土流失面积1721.17平方公里，山体破碎，水土流失加剧，水土流失程度为剧烈。

汶川县编制《汶川县生态修复水土保持工程实施方案》，计划在银杏乡、克枯乡、雁门乡、绵虒镇、漩口镇、三江乡、水磨镇、映秀镇等9个乡（镇）实施水土保持设施灾后恢复重建，投资4863万元。中期调整后增加威州镇堡子关生态恢复水土保持项目，增加投资1674万元。全县灾后生态恢复水土保持项目实际到位国家资金6537万元。

2010年8月3日，汶川县在阿坝藏族羌族自治州公共资源交易中心对9个乡（镇）规划打捆进行招投标后，于11月10日陆续开工，次年3月31日基本完工，完成坡改梯60.51公顷、水土保持林456.8公顷、经果林325.51公顷、种草427公顷、道路工程7.34公里、截排水沟34.51公里、蓄水池124个、沉沙凼112个、谷坊3座。

2010年4月9日，汶川县威州镇堡子关生态恢复水土保持项目在阿坝藏族羌族自治州公共资源交易中心进行招投标，于6月1日开工。由于项目实施区山高坡陡，实施难度大，给施工造成很大难度，先后遭受两次险情。11月14日，威州镇堡子关生态恢复水土保持项目完工，完成投资1674万元，2011年1月12日通过竣工验收。

汶川县水土流失治理项目实施后，改善了当地群众的生活条件，提高了林草覆盖率和保水保土能力，提高了沟河防洪标准，防止了沟道下切和河岸冲塌等潜在危险，有效控制了人为水土流失；生态环境得到改善，乡村景观旅游得到长足发展。

北川羌族自治县水土流失治理项目 北川羌族自治县震前水土流失面积1157.27平方公里，占总面积的40%，年侵蚀总量758.01万吨。地震新增水土流失面积272.76平方公里，其中剧烈水土流失面积为239.61平方公里。全县水土保持设施受损面积138.19平方公里，直接经济损失11738.3万元。地震使北川实行多年的退耕还林、生态保护、环境治理等所取得的成果化为乌有，生态功能退化。

震后，北川羌族自治县编制《汶川地震绵阳市北川羌族自治县水土保持灾后重建实施方案》，计划在17个受灾乡（镇）75个村实施水土保持设施灾后恢复重建，总投资24879万元。中期规划调整后，在擂鼓镇等地的9个村实施生态修复水土保持灾后重建项目，总投资1600万元。其中，擂鼓镇工程合同金额165万元，2009年10月开工，2010年4月完工；曲山镇杨柳坪村工程合同金额97.86万元，2010年5月开工，2010年11月完工；曲山镇景家村工程合同金额142.74万元，2010年5月开工，2010年11月完工；曲山镇石椅村工程合同金额81.96万元，2010年5月开工，2010年11月完工；香泉乡太平村工程合同金额77.06万元，2010年5月开工，2010年11月完工；香泉乡光明村工程合同金额121.7万元，2010年7月开工，2010年12月完工；香泉乡流溪村工程合同金额152.14万元，2010年12月开工，2011年3月完工；擂鼓镇河道村工程合同金额124.49万元，2010年11月开工，2011年3月完工；桂溪乡工程合同金额110.92万元，2010年12月开工，2011年3月完工。

在重建项目实施过程中，北川羌族自治县坚持“以人为本、改善民生”，注重与项目村干部群众的沟通协调，克服山高坡陡施工难度大、工程范围广管理难度大、措施实施打破地界难度大等问题，确保项目顺利完成。在香泉乡太平村水土保持工程实施过程中，为解决项目村偏远村民的饮水灌溉问题，修建了水磨沟蓄水池，在修建过程中，由于交通不便，材料不能运入，最后靠人背马驮完成整个工程；在擂鼓镇水土保持工程坡改梯工程中，由于涉及梯地线形调整，村民土地必须做出相应调整，县水务农机局多次与项目村及当地群众协调，重新测量、重新分配土地，在群众满意的前提下实施项目。

2011 年 3 月，北川生态修复水土保持灾后重建项目全面完工，共恢复重建水土保持设施面积 606 公顷，其中坡改梯 36 公顷、经果林 300 公顷、水保林 270 公顷；蓄水池 180 口，沉沙凼 130 个，排灌渠 18 公里，作业便道 9 公里，塘堰 2 座。项目完成投资 1750 万元，其中中央重建基金投资 1600 万元、群众投劳折资 150 万元。

三　生态保护设施建设项目

四川省林业生态效益监测重建项目　四川省林业生态定位监测站始建于 20 世纪 60 年代初，形成了覆盖全省不同地貌类型的森林生态效益监测网络。地震导致位于龙门山断裂带的卧龙森林生态研究站、绵阳市游仙区新桥生态定位站、广元市利州区碗厂沟生态定位站、平武宽坝生态定位研究站、黑水县罗坝沟生态定位站的基础设施、野外观测实验系统、仪器设备等遭受毁灭性破坏，损失十分惨重。为确保长期系统地提供研究、观测四川森林生态系统的变化与作用的基础资料，该项目列入《生态修复专项规划》，总投资 5382 万元。2009 年 12 月 15 日开工建设，2011 年 6 月完工，累计新建 5 个站点综合试验楼 4505 平方米、野外观测用房 475 平方米、引水管道 5 公里、引水渠 20 公里、水池 1 座、集水区测流堰 9 座、径流场 46 个、观察塔 2 座、观测桥 2 座、观测道路 16.5 公里，分森林类型新设置固定样地 300 个、气象站 10 个，购置变压器 2 个、柴油发电机 4 台、各类实验和监测设备 2170 台（辆、套、件），完成投资 5382 万元。截至 2011 年 9 月，四川省林科院卧龙、新桥、碗厂沟、宽坝和罗坝沟等 5 个生态定位站重建任务全面完成，四川省森林生态效益监测网络恢复正常运行。

北川林业基础设施重建项目　地震灾害使北川林业系统办公场所、防火设施设备、交通工具、职工住房、森林资源基础资料、数据库及资源监测体系全部被毁。该项目于 2010 年 3 月正式形成施工设计，5 月完成招标后陆续开工建设。主要建设内容包括房屋、道路、供水供电、森林防火基础设施设备、森林病虫害设施设备及林业远程监控系统及信息化系统建设，其中新建林权交易大厅、林业科技培训中心、森林防火指挥中心、林木种子仓库、动植物检疫检验中心、野生动物救护中心、林业综合办证及服务大厅、保护区接待处、国有林业企业管护站、3 个木材检查站、片口等 11 个乡镇林业站及林业综合业务用房；保护区及国有林区道路 84.1 公里，供水设施及供水管线全长 42.1 公里，供电设施及供电线路 105 公里；森林防火基础设施设备包括防火便道 32 公里、13 座瞭望台建设及森林防火物资购置；林业远程监控系统及信息化系统建设包括信息中心机房，检查站智能监控系统，生态环境监测管理系统，多媒体展示系统，GPS 定位系统。至 2011 年 6 月，片口等 11 个乡镇林业站及综合业务用房、林权交易大厅、林木种子仓库、动植物检疫检验中心、林业综合办证及服务大厅、森林防火基础设施设备、13 座瞭望台建设及森林防火物资购置等项目已经完工。到 2011 年 9 月，全县林业基础设施重建项目基本完工。

第二章　环境整治

汶川特大地震使灾区环境保护设施损失严重，环保机构公共业务用房、监测仪器设备和基层单位基础设施遭到严重破坏，灾害致使160多家企业的治污设施丧失处理能力，区域环境监管能力和生态环境保护能力下降。国家确定将灾区环境治理纳入重建总体规划。环境治理涉及饮用水源地污染治理、区域危险物和医疗废弃物处置、土壤污染治理、企业治污设施恢复重建和环境监管能力建设等。国家安排环境治理建设资金26.86亿元。规划中期调整后，川、甘、陕三省分别安排实施项目建设。四川省明确下达灾区9个市（州）、40个县（市、区）的环境监管业务用房恢复重建项目共计51个，项目建设投资51842.57万元，其中中央重建基金37294.18万元。甘肃省安排环境监测、环境保护建设项目12个，其中陇南市直接投入灾后环境建设资金6956.86万元（中央重建基金2919万元），主要恢复重建环境监测项目8个。陕西省安排环境整治建设项目13个，明确项目建设投资4996万元（中央重建基金4125万元）；至2010年9月底，该省环境整治开工项目13个，竣工5个，完成投资2777万元，其中中央重建基金2521万元、企事业单位自筹256万元。

第一节　项目建设实施

一　饮用水水源地污染治理

饮用水水源地污染治理，以岷江、沱江和嘉陵江流域水污染防治为轴心，开展水环境综合整治、城乡饮用水水源地污染防治，恢复水生态系统，提高水环境承载能力，改善灾区水环境质量。采取措施坚决取缔水源保护区内的排污口，清除潜在风险污染源，禁止在饮用水水源保护区上游建设污染严重的化工、造纸、印染等各类企业，水源保护区内原有的污染企业在遭到破坏后禁止恢复运行。

四川重建区饮用水水源地污染防治　规划中期调整后，四川省明确饮用水水源地污染防治项目计41个，规划投资36101万元。其中，成都市7个，包括都江堰市饮用水水源地恢复及污水治理工程、崇州市文井江上游备用水源地保护工程、崇州市重灾镇集中饮用水水源地恢复工程、崇州市白塔湖饮用水水源地水质保护工程、大邑县城饮用水水源地恢复工程、大邑县重灾镇水源保护设施恢复重建工程、彭州市乡镇饮用水水源地环境质量控制项目；德阳市4个，包括德阳市旌阳区饮用水水源修复、绵竹市集中式饮用水水源保护区修复项目、广汉市饮用水水源地污染防治项目、罗江县集中式饮用水水源保护区修复工程；绵阳市9个，包括涪城区饮用水水源地灾后恢复重建工程、游仙区饮用水水源地保护工程、平武县城及重灾乡镇饮用水水源地保护工程、安县县城及重灾区乡镇饮用水水源地保护工程、北川羌族自治县城及重灾乡镇饮用水水源地保护工程、梓潼县饮用水水源地保护工程、盐亭县饮用水水源地保护工程、三台县饮用水水源地保护工程、江油市城区及重灾镇饮用水水源地保护工程；广元市11个，包括广元市嘉陵江城市饮用水水源地保护工程、广元市南河城市饮用水水源地保护工程、利州区及重灾乡镇饮用水水源地保护工程、朝天区及重灾乡镇饮用水水源地保护工程、元坝区及重灾乡镇饮用水水源地保护工程、旺苍县及重灾乡镇饮用水水源地保护工程、青川县及重灾乡镇饮用水水源地保护工程、青川县竹园镇饮用水水源地保护工程、剑阁县普安镇（原县城）饮用水水源地保护工程、剑阁县下寺镇（新县城）饮用水水源地保护工程、苍溪县饮用水水源地保护工程；阿坝藏族羌族自治州6个，包括汶川县城及重灾乡镇饮用水水源地污染防治项目、理县县城及重灾乡镇饮用水水源地污染防治项目、茂县县城及重灾乡镇饮用水水源地污染防治项目、小金县城及重灾乡镇饮用水水源地污染防治项目、九寨沟县城及重灾乡镇饮用水水源地污染防治项目、黑水县城及重灾乡镇饮用水水源地污染防治项目；雅安市4个，包括汉源县饮用水水源地修复工程、宝兴县饮用水水源恢复重建工程、石棉县南桠河城区饮用水水源恢复重建工程（石棉县城区饮用水水源恢复重建工程）、芦山县城及重灾乡镇饮用水水源地修复工程。全省有23个为加固重建、14个为重建；至2011年9月，41个项目中，完成38个、在建3个。（参见图209 ~ 212）

图209　震后新建的青川县污水处理厂（沈若飞　摄）

图210　灾后治理发源于绵竹市白云山的马尾河

（四川省委宣传部　提供）

图211　治理后的石棉县月亮湖

（四川省委宣传部　提供）

图212　治理后的广汉市狮子堰排污渠

（四川省委宣传部　提供）

陕西重灾区饮用水水源地污染防治 规划中期调整后，陕西省安排饮用水水源地污染防治项目共计9个，规划投资4267万元，其中中央重建基金3235万元。截至2010年9月，开工9个，完工3个，完成投资3771万元（中央重建基金2941万元、县级财政资金540万元、企业自筹290万元）。宁强县使用中央重建基金150万元，实施老集镇饮用水水源地保护项目、新建集镇饮用水水源地保护项目计5处，至2011年9月全部完成。略阳县利用中央重建基金1000万元，将县城供水取水口由谭家院上移至金池院瓦厂坝；至2011年9月完成建设任务，新建拦河堤坝2座，铺设输入管道17.472公里，凿通引水隧道3.08公里，对金池院饮用水水源地进行保护区划定、立标定界。勉县动用中央重建资金90万元，实施城市水源地环境综合整治项目；至2011年9月底，项目建设完成，完成实物工程量包括水源地周边环境治理、防渗排污管网、防护隔离栏、警示牌、公告牌等。勉县另用中央重建基金45万元，至2011年9月底，完成农村饮用水水源地调查、农村饮用水水源地保护区划分、水源地周边环境治理、退耕补偿和建防护隔离栏、建警示牌和公告牌，以及实施建设小城镇生活污水处理试点项目。宝鸡市陈仓区利用中央重建基金1500万元，至2011年9月底，完成饮用水水源地污染治理和污染防治设施项目建设。

二 土壤污染治理

土壤污染治理内容包括对救灾过程中施用的、残留在土壤中的大量有机药剂、消杀剂，以及次生灾害引发的污染物上浮、矿山倒塌、尾矿渣或淋出液外泄污染物的治理。国家明确灾区三省土壤污染治理项目分别为四川省16个、甘肃省4个、陕西省2个。2008年6月30日，环境保护部印发《地震灾区土壤污染防治指南（试行）》，明确灾后土壤污染防治的基本原则、土壤污染调查与评估的方法、土壤污染治理和修复步骤与方法以及保障措施，为灾区土壤污染治理提供指导。

四川省灾区土壤污染治理 在规划中期调整后，四川省确定土壤污染治理类项目8个，其中成都市3个、德阳市1个、阿坝藏族羌族自治州3个、雅安市1个，项目建设总投资2650万元。总资金中含中央重建基金1172万元，其余为地方配套资金。截至2011年9月，完成土壤污染治理项目7个。土壤污染治理项目有：都江堰市川西化工土壤修复示范项目，完成投资106.2万元；彭州市饮用水水源地上游原彭县铜矿尾矿库加固项目，完成投资100万元；彭州市土壤环境质量控制示范项目，完成投资600万元；汶川县阿坝矿业土壤污染治理示范项目，完成投资400万元（业主自筹资金331万元）；汶川县水磨镇垃圾填埋场、危险废物处理处置点泄漏污染土壤治理示范项目，完成投资300万元；茂县受损甜樱桃基地土壤污染治理示范项目，完成投资200万元；中江县南渡加油站周围污染土壤治理示范项目，完成投资116.8万元；汉源县乌斯河铅锌矿尾矿治理项目，完成投资500万元。

陕西省灾区土壤污染防治 规划中期调整后，陕西省安排略阳县黄家沟尾矿库氰化尾矿外泄土壤污染治理项目1个，规划投资700万元，其中中央重建基金200万元、企事业单位自筹500万元，主要工程量包括黄家沟尾矿库无害化处置、配套建设永久性防洪设施、治理受污染土地210亩。2010年9月，项目建设全部完成。宁强县投入资金300万元，对巴山镇两个村的土地污染进行修复整治。

三　企业治污设施恢复重建

灾区省纳入生态修复和环境治理规划的有304个受损企业和治污设施，其中四川省267个、甘肃和陕西两省19个。中央要求治污企业通过恢复重建，环境保护实现提升目标。

四川省灾区企业污染设施恢复重建　四川省安排工业企业污染治理项目498个，规划投资143932.37万元，项目建设期限2008—2010年。主要项目分配：成都恒信淀粉有限公司等工业污染治理项目34个，规划投资2229.08万元；德阳市宏达化工股份有限公司（穿心店基地）工业污染治理项目144个，规划投资38654.16万元；绵阳市长虹表面处理厂等工业污染治理项目124个，规划投资38203.33万元；广元市青川电解锰有限责任公司等工业污染治理项目51个，规划投资9017万元；阿坝藏族羌族自治州汶川申广实业有限责任公司工业污染治理项目87个，规划投资53990万元；雅安市四川金安浆业有限公司等工业污染治理项目30个，规划投资1280.8万元；眉山市四川神虹丹棱化工公司等工业污染治理项目24个。

甘肃省矿山企业尾矿库治理　甘肃省主要集中对康县阳坝铜业公司、成州矿业公司、成县王磨选矿厂等19家矿山企业尾矿库开展治污，安排治理项目19个，规划投资6381万元，其中中央重建基金1980万元、自筹资金4401万元。2010年8月，项目开工建设。2011年5月，治理项目全部完成建设任务。

陕西省企业污染设施恢复重建　规划中期调整后，陕西省明确企业污染设施恢复重建项目2个，规划投资1780万元（中央重建基金240万元）。截至2011年9月底，项目建设竣工，完成投资1780万元，其中中央重建基金240万元、企事业单位自筹1540万元。

略阳县实达矿业有限责任公司尾矿库子坝修复项目，建设投资480万元。项目建设内容包括尾矿库子坝裂缝修复、排洪泄槽受损部位加固等。截至2011年9月，项目全部告竣，完成投资480万元，其中中央重建基金120万元、企业自筹360万元。略阳县新兴州工贸有限责任公司烟气治理项目规划投资1300万元，其中中央重建基金120万元、企业自筹1180万元。

四　区域危险废弃物和医疗废弃物处置设施建设

震后，灾区实施伤员救治行动，带来数以千吨医疗垃圾累积，短时间难以清除干净，难免给灾区人民生活环境造成影响。2008年12月8—9日，环境保护部、联合国环境规划署、四川省环保局联合成立专家组至汶川、北川灾区现场，对医疗废物管理和清理情况以及灾后废墟清理情况进行考察。2008年10—11日、2009年3月18—19日，专家调查组分别在广汉、德阳举办地震灾后恢复和重建固体废物管理培训班，组织四川省各重灾县（市）环保人员，就灾后废墟、医疗废物、石棉等废物清理以及污染土壤管理等内容开展治理工作培训，提高管理人员处置污染物的知识和能力。国家生态修复和环境治理规划明确要求灾区省加强医疗废物产生、收集、运输、处理、处置全过程监管，加快《全国危险废物和医疗废物处置建设规划》项目的实施，确保已经下达国债的7个医疗废物集中处置建设项目高水平快速建成，实现每个地级市均有医疗废物集中处置设施的建设目标。在四川、甘肃、陕西分别配置7套、2套、1套医疗废物移动应急处理系统，形成机动调控能力。在成都建设危险废物处置中心。建设四川省危险废物和危险化学品贮存库，逐步消化处理历年堆存的矿渣、铬渣、磷石膏。环境保护部编制《灾后废墟清理及废物管理指南》《灾后危险废物和危险化学品清理指南——现场操作手册》和《灾害废墟管理——各国灾害废墟管理指南与实践》，为灾区依法、有序、快速清理废墟和管理废物提供技术指导。截至2009年年底，灾区三省基本完成震后抢险救灾过程中医疗废物和危险废物的处置工作，转入常态化管理。

四川省区域危险废物和医疗废弃物处置 四川省按照环境保护部要求，在灾区积极推进《全国危险废物和医疗废物处置设施建设规划》项目建设（见表25）。截至2011年2月，德阳、广元、南充等市已经完成医疗废物处置项目的建设任务。2011年3月，四川省环保厅、省发改委联合召开会议，传达环境保护部、发展改革委关于加快环保规划项目建设指示精神，对涉及截止红线日的四川省13个规划项目（超出灾区范围），要求加快工程建设进度。8月，四川省印发《关于进一步推进危险废物和医疗废物处置设施规划建设项目有关工作的通知》，对已经完成、正在建设、尚未开工的规划项目分别提出具体要求。11月初，对于少数不能按时完成建设任务的地区，四川省环保厅以函件的方式督促地方政府简化办事程序、协调各方关系、保证配套资金，加快项目建设进度，在国家划定的截止红线日前完成建设任务。

四川灾区列入《全国危险废物和医疗废物处置设施建设规划》项目实施情况一览表

表25

项目名称	业主单位	建设内容	项目地址	设计规模（万吨/年）	总投资（万元）	开工建成时间	完成情况
成都危险废物处置中心项目	成都市兴蓉集团有限公司	废酸碱中和处理设施、一套30吨/日的焚烧系统、固化设备、污水处理厂、填埋库区及其他配套设施	成都市龙泉驿区万兴乡鲤鱼村叶家老房子区域作为主要候选厂址	4.14	32000.00	—	国家规定的完成时限为2014年年底
南充医疗废物集中处置工程	南充洁源环保服务中心	收集与运输、高温蒸气灭菌处理系统，车辆及设备的冲洗和消毒，灭菌医疗废物的输送及其他必要的相关配套工程	嘉陵区文峰镇（南充市生活垃圾处理场场区内）	5.00	826.78	2011年2月动工建设，2011年6月试运行	已完成
德阳市医疗废物集中处置设施	德阳市固体废物处置厂	高温蒸煮破碎处理系统、医疗废物收集运输车辆系统、相关配套设施、辅助工程	德阳市旌阳区和新镇万寿村	5.00	863.00	2011年3月开工，8月竣工，10月试运行	已完成

续表 25

项目名称	业主单位	建设内容	项目地址	设计规模（万吨/年）	总投资（万元）	开工建成时间	完成情况
广元市医疗废物处置中心	广元市生活垃圾处理场	高温蒸气灭菌系统、配套医疗废物收集运输系统、相关配套设施、辅助工程	广元市利州区盘龙镇南山村	5.00	926.00	2011 年 3 月开工，9 月试运行	已完成
巴中市医疗废弃物集中处置设施	巴中市城市建设投资有限公司	高温蒸煮处理装置及其配套工程	巴中市巴州区巴州镇白杨庙村（生活垃圾处理场场内）	3.00	684.00	2011 年 10 月试运行	已完成
阿坝藏族羌族自治州医疗废物处置中心项目	马尔康县城管局	马尔康项目	—	—	—	—	项目已启动，国家规定完成时限为 2012 年年底

说明：统计时间截至 2011 年 12 月。表中为四川省 13 个规划项目中涉及重灾区与一般灾区的项目

截至 2011 年年底，四川省共发放危险废物经营许可证 62 个，包括省级 39 个、市州级 17 个、县级 6 个。危险废物经营类别涉及只利用危险废物（不含医疗废物）35 个、只处置危险废物（不含医疗废物）3 个，同时利用和处置危险废物（不含医疗废物）1 个。四川省对经营类企业的经营规模进行了核准，其中利用规模 64.61 万吨 / 年、处置规模 88535 吨 / 年。2011 年利用危险废物实际经营规模 123951 吨、处置危险废物 46145 吨。四川省发放单独处置医疗废物经营许可证 16 个；Y10（处置方式类别代码，下同）医疗废物焚烧 14210.61 吨，涉及企业或医疗单位 5 个；Y11 医疗废物高温蒸汽处理 4998.28 吨，涉及企业或医疗单位 11 个。四川省涉及 D10 焚烧企业 2 个。医疗废弃物处置结果：R2 溶剂回收 / 再生（如蒸馏、萃取等）801.64 吨，R4 再循环 / 再利用金属和金属化合物 51445.741 吨，R5 再循环 / 再利用其他无机物 17072.13 吨，R9 废油再提炼或其他废油的再利用 25407.79 吨，R15 其他 29182.24 吨；D10 焚烧 205.2 吨，D16 其他 26651.92 吨。

甘肃省区域危险废物和医疗废弃物处置 中期规划调整后，甘肃省区域危险废物和医疗废弃物处置设施建设项目规划投资 950 万元。其中，陇南市武都区中医院实施医疗废物处理项目，中央重建基金 200 万元，已购置医疗废物处理设备一套，2011 年 9 月项目基本完工；成县危险废物及医疗废物处理项目，中央重建资金 750 万元，2011 年 5 月完工并完成全部投资。

震后至 2009 年年底，甘肃省共发放危险废物经营许可证 7 个，均为省级证。按危险废物经营许可证类别划分，只利用、处置危险废物（不含医疗废物）6 个，单独处置医疗废物 1 个。核准经营规模 72775 吨 / 年，其中利用规模 66680 吨 / 年、处置规模 6095 吨 / 年。2009 年实际经营规模 10889 吨，其中利用危险废物 10865 吨、处置危险废物 24 吨（医疗废物）。在利用危险废

物 10865 吨中，R1 作为燃料（直接燃烧除外）或以其他方式产生能量 10295 吨、R4 再循环 / 再利用金属和金属化合物 558 吨、R15 其他 10 吨。处置医疗废物 24 吨均为 Y13 医疗废物微波消毒处理。甘肃省单独处置医疗废物经营许可证 1 个，有设施地级市数量 1 个，总地级市数量 14 个，有设施地级市占总地级市比率仅为 7%，单独处置医疗废物设施有效使用率仅为 2%。

陕西省区域危险废物和医疗废弃物处置　陕西省明确区域危险废物和医疗废弃物处置设施建设项目共计 4 个，规划投资 1321 万元，其中中央重建基金 900 万元。截至 2010 年 9 月，开工 4 个，完工 1 个，完成投资 885 万元，其中中央重建基金 764 万元、企事业单位自筹 121 万元。此外，陕西省加快《全国危险废物和医疗废物处置建设规划》中的宝鸡市医疗废物集中处置中心项目和汉中市危险废物集中处置中心项目建设，分别于 2011 年 6 月和 11 月建成运行。

截至 2009 年年底，陕西省共发放危险废物经营许可证 30 个，其中省级 29 个、地市级 1 个。按危险废物经营许可证类别划分，只利用、处置危险废物（不含医疗废物）28 个，同时焚烧处置危险废物和医疗废物 1 个，单独处置医疗废物 1 个。核准经营规模 1284780 吨 / 年，其中利用规模 431900 吨 / 年、处置规模 852880 吨 / 年。2009 年实际经营规模 138101 吨，其中利用危险废物 24881 吨、处置危险废物（含医疗废物）113220 吨（含危险废物 104635 吨、医疗废物 8585 吨）。陕西省涉及 D10 焚烧企业 4 个，涉及 C1 水泥窑处置企业 2 个。处置医疗废物 8585 吨，均为 Y10 焚烧处置，涉及企业 2 个。陕西省发放单独处置医疗废物经营许可证 1 个，同时焚烧处置危险废物和医疗废物经营许可证 1 个。

五　环境监测能力建设

灾后重建开展后，环境保护部积极争取中央财政基金支持，重点支持极重灾区和重灾区环保部门环境监管能力建设。截至 2009 年年底，中央重建基金共支持极重灾县（市）和重灾县（市、区）环境监管能力建设资金 5480 万元，其中环境监察执法标准化建设项目资金 5189 万元，

图 213　崇州市羊马镇湿地
（四川省委宣传部　提供）

国控重点污染源自动监控能力建设项目资金291万元。累计为川、甘、陕三省极重灾县（市）和重灾县（市、区）环境监察机构配备执法车辆179辆、执法装备2275台（套）。2009年8月，环境保护部制定《边境地区和地震灾区监测站监测能力建设方案》，对地震灾区的环境应急监测机构进行能力建设，主要配备67种（套）仪器设备。四川省16个监测站、陕西省2个监测站、甘肃省4个监测站均在建设范围之内，并为三省配备环境监测仪器设备。其中，四川省6487万元、16个监测站；陕西省汉中市、宝鸡市2个环境监测站；甘肃省陇南市、两当县、徽县、甘南藏族自治州4个环境监测站。为保证监测站的正常运行，环境保护部监测司在《2008年中央财政主要污染物减排专项资金环境监测项目建设方案》中安排资金500余万元，更新各监测站工控机、计算机，增加了质控仪器；为宜宾城区凉姜沟和泸州沱江二桥自动站新增生物毒性和VOC在线监测仪（VOC监测仪可监测18种有毒有害有机物），提高了地震灾区的水环境预警监测能力。

四川省环境监管能力恢复建设项目共54个，截至2011年9月，已完成31个项目；规划投资74300.64万元，其中中央基金60030.82万元（见表26）。

四川省环境监管能力恢复建设项目统计表

表26

	项目数量（项）	已完成（项）	基本完成（项）	在建（项）	未开工（项）	规划投资（万元）	中央基金（万元）	地方配套（万元）
省直管	6	2	3	1	0	24349.64	24349.64	—
成都市	5	4	1	0	0	9291.00	7185.00	2106.00
绵阳市	10	10	0	0	0	9825.00	6754.00	1986.00
广元市	8	4	2	0	2	6080.70	4385.70	—
阿坝藏族羌族自治州	8	3	4	0	1	7184.00	4539.00	—
德阳市	8	4	2	2	0	9470.30	7435.48	886.30
雅安市	4	0	1	3	0	3331.00	2180.00	—
南充市	3	3	0	0	0	3532.00	2211.00	1321.00
巴中市	2	1	1	0	0	1237.00	991.00	—
总　计	54	31	14	6	3	74300.64	60030.82	—

说明：此表统计数据截至2011年9月

甘肃省环境监管能力共有12个项目。陇南市投入灾后重建资金6956.86万元，其中中央重建基金2919万元。

陕西省环境监管能力建设共有7个项目，至2011年9月全部完工，总投资1920万元，其中中央重建基金1500万元、企事业单位自筹资金420万元。竣工项目有秦岭生态环境监测能力建设项目，环境应急监测能力建设项目，汉江湿地生态修复项目，震后主要生态功能区现状调查和评估项目，省级生态环境监察能力建设项目，放射性废物库管理、安全保卫业务用房建设项目等。

六　突发环境事件应对

自 2008 年 10 月至 2011 年年底，环境保护部直接调度、指导处置汶川地震灾区（重灾地区和一般受灾地区）重大突发环境事件 2 起、较大突发环境事件 7 起、一般突发环境事件 33 起。

四川雅安华能集团两电站放水冲沙致使大量泥沙进入青衣江水体事件　2008 年 10 月 15 日晚，四川雅安华能集团铜头电站、雨城电站在检修过程中，未告知环保部门即放水冲沙，造成大量泥沙进入青衣江，致使青衣江内出现死鱼现象。环境监测结果表明 COD（化学需氧量）超标，水体浊度 4 万度，雅安市第二、三水厂和洪雅县自来水厂停止供水。环境保护部西南督查中心派出工作组赶至现场指导处置。经过两天处置，至 17 日，青衣江水质基本恢复正常。

四川岷江电解锰厂尾矿库垮坝造成涪江水质异常事件　由于山洪暴发，位于松潘县小河乡的四川岷江电解锰厂的尾矿库 2011 年 7 月 21 日 6 时左右垮坝，7 月 26 日 18 时尾矿库 1.6 万余立方米电解锰尾矿渣进入水体，致使涪江水质出现异常，江油市第二自来水厂水质超标停止供水。水厂停止供水期间，江油市采用限制供水、组织送水、调运瓶装水等方式满足群众生活用水。绵阳市第二、第三自来水厂通过采取一定的深度治理措施仍在维持供水，两家水厂供水区域群众的饮用水主要依靠桶装水等成品水，其他用水采用自来水。环境保护部、四川省环保厅派出工作组连夜赶至现场指导处置。至 29 日 10 时，绵阳城区所属各水厂出厂水和管网末梢水水质各项指标全部合格，均符合国家饮用水标准。30 日，江油城区取水供水恢复正常。此次事件被定性为重大突发环境事件。

四川绵阳输油管道泄漏　2009 年 3 月 11 日 14 时 40 分，成都至乐山城际铁路在进行地勘施工时，损坏兰州至重庆柴油输油管线并导致 110 余吨柴油泄漏，约 2 吨柴油经农灌渠进入涪江，事发点位于绵阳市涪城区龙门镇青霞村。经当地政府组织相关部门紧急处置，该事件未造成绵阳城区和下游三台县、遂宁市停水。此次事件被定性为较大突发环境事件。

四川成都柏木河轻微污染致成都部分地区供水限压　2010 年 4 月 2 日 13 时左右，都江堰市崇义镇桂桥村 11 组柏木河支渠崇义段倾倒的垃圾物，导致柏木河轻微污染，致使成都市自来水六厂生产受到影响，造成成都市中心城区部分地区供水限压。事件发生后，当地政府立即组织相关部门开展排查，切断、清理污染源，自来水厂部分关闭取水口。至 3 日 7 时，六厂取水口水质恢复正常。此次事件被定性为较大突发环境事件。

甘肃省舟曲县特大泥石流水源地破坏事件　2010 年 8 月 7 日凌晨，舟曲县因暴雨引发泥石流，造成舟曲县城白龙江段堵塞，形成堰塞湖，县城低洼地段被白龙江淹没。舟曲县 3 处饮用水水源地遭严重破坏，被泥石流冲毁或掩盖，已不具备供水能力。

陕西省略阳县苯乙烯泄漏事件　2010 年 10 月 28 日 21 时 30 分左右，一辆载有 32.7 吨苯乙烯的槽罐车在省道 309 线略阳段郭镇镇附近侧翻，无人员伤亡，苯乙烯全部泄漏，部分流入乐素河。乐素河系嘉陵江一级支流，事发地距乐素河口约45公里。事件发生后，当地政府组织附近群众疏散，在事发地河沟内构筑11道围堰，在乐素河构筑2道拦截坝，投入大量草帘和活性炭吸附苯乙烯。至30日10时，监测结果表明，污染物被控制在乐素河内，嘉陵江水质未受到影响。

第二节　典型项目

一　中挪四川灾区医疗废物环境无害化管理快速响应项目

中挪四川地震灾区医疗废物环境无害化管理快速响应项目由环境保护部与联合国工业发展组织（UNIDO）联合向挪威政府申请启动，项目资金25万美元。项目旨在支持九寨沟县建立医疗废物快速响应战略、开展医疗废物非焚烧处置与管理示范、完善医疗废物处置设施监督和监测政策；加强四川省地震灾区医疗废物管理能力和法规体系建设，防止疾病传播和二噁英等污染物造成环境污染。2009年10月，项目建设正式启动，2010年6月完工。2010年8月16日，环境保护部、四川省环境保护厅、阿坝藏族羌族自治州环境保护局和九寨沟县政府在成都联合召开项目成果推广会。

该项目的实施对灾区产生3个层面的积极影响：一是改变了项目实施地九寨沟县医疗废物与生活垃圾混合丢弃、混合处置的状况，实现医疗废物集中收集非焚烧处置，对保护九寨沟世界遗产胜地的环境意义重大。二是项目的硬件设施和包括应急处置预案、集中处置管理办法、运行管理规范、收费管理办法等在内的规章制度体系，对四川省各县区可起示范作用。三是通过项目的宣传、培训和制度的实施，增强了公众的环保意识，逐步改变人们对医疗废物处置的管理方式和行为习惯。

二　四川省环境监测能力建设项目

四川省环保监测能力建设项目包括省环境监测中心站站房和省环境质量监测2个项目。四川省环境监测中心站站房建设项目，建设投资11307.65万元，全部为中央重建基金，2010年12月开工，2012年6月20日竣工，通过验收后投入使用。

四川省环境质量监测项目包括流域断面水质监测站、酸雨监测、空气自动监测、生态监测、土壤监测5个子项目，主要任务是扩建22个、新建25个流域断面水质自动监测站，在成都、德阳等9个地区建设11个酸雨监测点位、16个空气自动监测站点，配置生态监测仪器设备和土壤监测仪器设备，建设投资10900万元。截至2011年年底，所有项目土建及设备采购工作均已完成，并相继投入试运行。

三 四川省环境监测能力建设国际援助项目

在四川省实施的环境保护国际合作项目主要有3个。

中意环保合作四川震后环保能力建设项目 震后，意大利环境领土与海洋部向中国环境保护部赠予价值约100万欧元的14辆环境监察用车及监测设备，用以支援四川省震后环保应急工作以及灾区重建过程中环境保护能力建设。该项目分为两个阶段实施，第一阶段向四川省重灾区提供14辆环境监察用车及监测设备；第二阶段向重灾区提供与饮水安全、有害垃圾处理、遥感监测等有关技术援助，并重点向北川羌族自治县提供在重建工作中所需环境监测设备及仪器等援助。项目于2008年7月启动，12月完成。

四川省汶川地震灾区生物多样性保护应急对策项目 震后，全球环境基金（GEF）理事会向四川地震灾区紧急捐赠200万美元。2008年5月26日，四川省环保厅上报环境保护部环境保护对外合作中心"关于《针对四川省地震灾害引发的生物多样性保护应急对策》项目的复函"，确定GEF援助四川地震灾区项目的主要内容是：对受灾严重的县市开展生态破坏情况现场调查；对重灾区自然保护区管护设施受损情况进行专项调查评估、援助；在重灾区建设生态监测站或生态观测站，监测生态变化情况。2010年10月，该项目结项，共产出成果报告10余个，其中由四川省环保厅、林业厅和TNC共同编制的《四川省生物多样性保护战略与行动计划》为国内省级层面首次编制，《震后生物多样性应急经验和教训》填补了灾后生物多样性应急保护知识的空缺。同时，该项目为绵阳环境监测站、都江堰环境监测站和唐家河自然保护区、四姑娘山自然保护区购置了价值300余万元的生态监测设备，以恢复和提高这些地区在地震中受损的生态监测管护能力。

洛克菲勒兄弟基金会援助设备 2009年5月，环境保护部和洛克菲勒兄弟基金会为支持四川灾区地方环保监测能力重建，向四川省21个市（州）和29个主要受灾县的环保系统捐赠价值35万元的50台戴尔E5400笔记本电脑，加强环境监测能力。

第三章　大熊猫等珍稀濒危物种保护

汶川特大地震重灾地区 51 个县（市、区）位于青藏高原向四川盆地过渡地带及秦巴山区区域，是全球 25 个生物多样性保护热点地区之一，是大熊猫、金丝猴、四川红杉、金钱槭等多种国家珍稀动植物的重要栖息地、保护区。国家已建设的 62 处大熊猫自然保护区全部位于地震灾区，而 49 处位于重灾区范围内。鉴于大熊猫等珍稀濒危物种的重要保护价值和国际地位，全国人民对这一工作予以高度关注，各级林业部门也将珍稀濒危物种保护列为工作的重中之重。地震发生当天，国家林业局局长贾治邦就提出及时妥善救治大熊猫等珍稀濒危物种的要求；地震第二天，副局长印红即紧急赴川指导大熊猫救助工作。2008 年 5 月 27 日，国家林业局派出 8 人专项工作组在卧龙国家级自然保护区参与灾后重建方案研讨会。28 日，受国务院副总理回良玉委托，贾治邦和林业局副局长祝列克、全国政协委员赵学敏赶到位于震中汶川的卧龙国家级自然保护区慰问。（参见图 214）以卧龙国家级自然保护区为代表的珍稀物种保护灾后重

图 214　震后国家林业局负责人在大熊猫栖息地调研

（国家林业局　提供）

建工作全面启动，重建内容包括栖息地修复和保护设施恢复等工程内容，其中保护设施恢复包括中国大熊猫研究中心、都江堰大熊猫与疾控中心等重点工程。灾后重建工作开展后，川、甘、陕三省按照有关专项规划要求和受灾区域实际情况，对大熊猫等珍稀濒危野生动物栖息地进行修复，对作为大熊猫等珍稀濒危物种保护主要载体的国家级和省级自然保护区进行了景观和生态系统恢复重建，使受损区域的物种保护水平基本恢复到或接近灾前水平。

第一节　项目建设实施

汶川特大地震主震区所在的邛崃、龙门山系是中国大熊猫的主要分布区，重灾区内分布的野生大熊猫数量占全国总量的88%，栖息地占全国的83%。地震中损毁的栖息地虽只占全国大熊猫栖息地的2.5%，但对局部地区的栖息地造成较大影响，尤以岷山B种群最为突出，超过37%的栖息地在地震中丧失，由于岷山B种群本身规模较小（根据全国第三次大熊猫调查，只有35只大熊猫），因此地震对这一种群的影响非常严重。震后，中科院成都生物所研究员印开蒲撰写了《高度重视大熊猫栖息地的恢复和保护工作的建议》，并于2008年8月28日刊登于中央办公厅《信息综合专报》上。次日，国务院总理温家宝对建议作出批示，要求川、甘、陕三省和灾后重建规划组重视大熊猫保护工作。三省确立“原地恢复为主，异地恢复为辅；自然修复为主，人工修复为辅”的大熊猫等珍稀濒危物种栖息地生态修复原则，明确栖息地的保护与恢复的目标和任务。主要开展栖息地的落石、倒木清理、以大熊猫主食箭竹为主的受损栖息地植被恢复、潜在栖息地植被改造等10多个子项目建设。

为提高大熊猫等珍稀濒危物种栖息地灾后重建工作的技术水平，灾区省均组织面向自然保护区工作人员的技术培训，从栖息地项目设计、管理、施工进行全方位强化，并建立以大熊猫为主的珍稀濒危物种栖息地恢复专家指导制度，分层级、分类型抽派专家指导重点县（市）科学开展保护区及大熊猫栖息地恢复重建，提高重建项目的建设水平。作为灾后重建任务最重的省份，四川省林业厅在立足国内先进技术培训的基础上，2009年还先后组织保护区技术人员参加世界银行项目专家组参与的自然保护区灾后重建示范GEF项目①研讨会、日本海外协力机构（JICA）举办的地震灾区生态恢复重建技术培训，引入先进的栖息地恢复技术。为实现对栖息地恢复效果的实时监测，灾区省林业部门通过对比卫星照片、应用监测设施及实地调查等方法，及时掌握重建工程对珍稀物种的保护程度，并根据重建目标，适时调整建设计划，提高重建工作的针对性。在实施过程中，川、甘、陕三省相继建立自然保护区及大熊猫栖息地恢复重建情

---

① “林业持续发展项目保护地区管理部分”，简称GEF项目，是世界银行支持的全球环境基金赠款项目。通过对一些具有全球意义的自然保护区的管理，采取创新性的自然保护区管理计划制定方法，开发技能，提高工作人员素质，并将当地社区的管理与自然保护区管理相结合。

况通报和督导检查制度，对项目实施进展缓慢的县（市）进行督导检查，实地分析问题，帮助解决重建中遇到的实际困难。

截至2011年9月，川、甘、陕三省完成大熊猫栖息地恢复148.91万亩。其中，四川省146.81万亩；甘肃省1.65万亩，超额完成0.45万亩；陕西省全面完成规划面积。四川、甘肃两省完成动物圈舍共31533平方米，其中四川省29803平方米、甘肃省1730平方米。

一　栖息地修复

四川省大熊猫及其他珍稀濒危物种栖息地修复　四川省以大熊猫为主要保护对象的自然保护区有41个，占全国总数的65%；保护区总面积221万公顷，其中大熊猫栖息地177万公顷，占全国大熊猫栖息地总面积的77%，在大熊猫保护中具有举足轻重的地位。栖息野生大熊猫1206只，占全国野生大熊猫总数的76%，主要分布在岷山、邛崃山、凉山、大相岭、小相岭等山系；人工圈养大熊猫193只，占全国人工圈养大熊猫总数的82%。大熊猫栖息地同时也是小熊猫、雪豹及云豹等濒危物种栖息地。地震造成四川省57391公顷大熊猫栖息地毁损，大熊猫潜在栖息地毁损1914公顷。彭州、什邡、都江堰、绵竹、安县、汶川等18个县（市）和卧龙、唐家河、九寨沟等27个保护区的大熊猫栖息地及其保护管理设施设备不同程度受损，导致四川省圈养大熊猫分布格局发生较大变化，震前已经开展的大熊猫野化放归训练被迫中断。

2008年9月9日，四川省林业厅邀请国内知名专家和相关部门领导召开地震灾后大熊猫栖息地的恢复和保护座谈会。会后，四川省林业厅根据专家的建议开展地震对大熊猫及其栖息地影响的专项调查和评估，采用遥感图片解译辅以地面调查校正的方法，在全省尺度上解译和分析大熊猫栖息地毁损情况，以掌握整体毁损和极重灾区大熊猫自然保护区受损情况。及时开展大熊猫栖息地灾情调查，编制《汶川地震灾后四川省大熊猫栖息地恢复和保护规划》《四川省大熊猫栖息地植被恢复技术指南》，为大熊猫栖息地损毁植被恢复提供技术支撑。印发《进一步加强汶川地震灾后大熊猫栖息地恢复和保护工作的通知》，规划投资28.51亿元开展大熊猫栖息地恢复和保护工作，其中大熊猫栖息地修复6.21亿元、大熊猫及其栖息地保护管理能力建设22.3亿元。2008年年底，正式启动大熊猫栖息地修复项目，规划在修复被毁损和潜在栖息地的基础上，新增4万公顷的大熊猫栖息地，并建成土地岭、泥巴山野生大熊猫遗传基因交流的关键走廊带，使全省震后大熊猫栖息地恢复到10.7万公顷以上的目标，较震前增加2.3%，野生大熊猫数量稳定在震前水平。同时，开展大熊猫及其栖息地保护管理能力、大熊猫迁地保护机构重建工作。

经过两年多时间的努力，至2011年9月，四川省已累计完成大熊猫栖息地恢复146.81万亩，占恢复任务的91.47%。大熊猫栖息地内的裸露区域已基本被植被覆盖，植物群落结构得到改善和优化，更接近大熊猫栖息地的植被构造，并向大熊猫栖息地植被演替，动植物群落逐步恢复。大熊猫活动已恢复至震前水平，迁移和交流基本摆脱地震影响，病饿现象显著减少，已安然度过震后危险期。另外修复大熊猫圈舍29803平方米。与此同时，采取完善大熊猫保护网络布局，推进大熊猫孤立小种群复壮试验和大熊猫走廊带建设，探索建立省内大熊猫圈养机构

图 215　2009 年 4 月 29 日举行大熊猫放归活动。图为全球首只异地放归自然的野生大熊猫（四川省委宣传部　提供）

定期交流机制，筹备建立四川省大熊猫保护基金会等措施，加强对野外大熊猫及其栖息地的保护，并编制了《大熊猫及其栖息地保护工程“十二五”规划》，有计划地开展对大熊猫及其栖息地的保护工作。（参见图 215）

甘肃省大熊猫及其他珍稀濒危物种栖息地修复　甘肃省境内分布的大熊猫栖息地占全国的 7.93%。甘肃省栖息地修复工作集中于白水江和小陇山两处国家级自然保护区内。

白水江自然保护区为中国面积最大的大熊猫自然保护区，其中分布的野生大熊猫数量占全国的 6.4%。灾后对白水江自然保护区开展的评估表明，区内林地受损 26.5 万亩，其中包含小部分大熊猫主食箭竹分布区，面积较小，说明地震对大熊猫食源造成了一定影响，但对其生存不产生大的威胁。此外，地震还造成保护区内大熊猫驯养繁殖中心兽舍毁坏 1730 平方米，大熊猫活动场围墙损坏 350 米，直接造成圈舍无法封闭和保温实效，使驯养繁殖中心的正常功能无法发挥。灾后，白水江自然保护区按照隶属关系，向国家林业局上报《甘肃白水江国家级自然保护区汶川地震灾后恢复重建规划》和项目资金申请计划，获得批复。圈舍维修项目批复投资 121 万元，实际完成投资 120.38 万元。项目于 2009 年 7 月动工，2010 年 11 月完成，建设地点位于邱家坝原驯养繁殖中心所在地。建设内容包括使用浆砌石加固圈舍围墙、利用彩钢板斜屋面解决圈舍渗漏和保温问题，修整了驯养繁殖中心地面等工程。

小陇山国家自然保护区以保护中国暖带—亚热带过渡地区原始森林生态系统、珍稀濒危物种为主，保护区是扭角羚、林麝、云豹、豹等珍稀濒危动物的集中分布区。地震造成保护区内山体崩塌，大面积森林植被破坏，对区内多种珍稀濒危物种栖息地环境造成较大影响。规划中期调整后，国家安排甘肃省修复珍稀濒危物种栖息地面积调增为 1.65 万亩，规划投资 65.5 万元，由小陇山国家级自然保护区管理局实施；建设地点位于小陇山自然保护区嘉陵保护站 72 号、75 号、76 号、95 号、98 号、100 号林班内。项目建设按照国家林业生态工程管理有关规定执行，作业设计由甘肃小陇山林业调查规划院完成，嘉陵保护站组织徽县嘉陵镇三联村副业队和两当县站儿巷镇高坪村中坝工程队建设实施，2010年3月10日开工建设，8月20日完成，实际完成封禁保护面积16513.5亩，完成投资66.05万元。

陕西省大熊猫及其他珍稀濒危物种栖息地修复 陕西省境内大熊猫栖息地面积占全国的15.09%，分布有全国17.11%的野外大熊猫。规划中期调整后，陕西省修复大熊猫等珍稀濒危物种栖息地的任务落实在青木川国家级自然保护区内。青木川国家级自然保护区位于略阳县，是野生动物类型的自然保护区，区内分布有大熊猫、金丝猴、豹等珍稀濒危物种。受汶川地震影响，保护区内出现山体垮塌、滑坡、泥石流和滚石填埋森林现象，造成栖息地大面积受损。对此，青木川国家级自然保护区组织实施了栖息地修复工程，共恢复森林植被4600亩，其中封山育林4300亩、人工造林300亩。

二 保护设施恢复

川、甘、陕三省重灾地区51个县（市、区）是我国生物多样性热点地区，与之对应，也是自然保护区集中分布区。该区有66处自然保护区，其中49处为大熊猫自然保护区。为实现区内资源的有效保护，中国政府先后完成了这些保护区的范围划定、管理机构设置。经过40余年的建设，区域内以大熊猫为代表的野生动植物资源和高山生态系统得到有效保护，3次全国大熊猫调查数据显示，区域内的物种栖息地质量和种群数量均呈上升趋势。根据第三次全国大熊猫调查数据显示，我国大熊猫分布最多的县为平武、汶川、宝兴，均位于重灾区，尤其是位于震中汶川县的卧龙国家级自然保护区，多年来的建设几乎损失殆尽，只有大熊猫博物馆一处建筑存留。为此，国家林业局安排大熊猫博物馆的设计人员在灾后道路尚不通达的情况下，绕道赶赴卧龙商讨重建事宜，并将重点恢复灾区国家级和省级自然保护区的业务用房、道路和水电、通讯等公共服务设施，提高保护区保护管理能力等建设内容列入《生态修复专项规划》。

在恢复重建中，建设力度最大的是损失最为严重的卧龙国家级自然保护区。在四川省委书记刘奇葆、省长蒋巨峰的协调促成下，卧龙国家级自然保护区的重建得到香港特区政府的援助，对包括基层管护站点、“数字卧龙”系统、道路交通、大熊猫救护与疾控中心、供排水、生态观测站、大熊猫研究中心、自然与地震博物馆、标桩标牌、垃圾处理、输配电、地质灾害治理、学校、福利院、医疗保健、乡土文化保存等多个项目安排资金，并积极组织项目方案筛选评比、招标、修改和进度推进工作。为保障项目的使用效果，香港特区政府多次增补资金，完善建设方案，为灾后重建工作树立了一座丰碑。除卧龙外，四川省还在平武、宝兴、九顶山自然保护区等21个县级单位开展保护设施恢复重建。截至2011年9月，完成投资12.12亿元（不含香港援资），其中中央投资8.63亿元。甘肃省的保护设施恢复集中于白水江、小陇山、鸡峰山3处自然保护区。陕西省则主要对青木川和云雾山回龙潭两处自然保护区开展恢复建设。截至2011年9月，川、甘、陕三省保护区业务用房规划86884.8平方米，完成67820.8平方米；道路规划677.3公里，完成414.5公里；供水线路规划18.7公里，完成18.2公里；供电线路规划157.21公里，完成151.71公里；通信线路规划394.6公里，完成186.1公里；设备规划140台（套），完成137台（套）。

第二节　典型项目

一　大熊猫栖息地修复项目

卧龙自然保护区大熊猫栖息地　该保护区位于四川盆地西缘岷江上游、阿坝藏族羌族自治州东南部，总面积20万公顷，是以保护大熊猫等珍稀野生动植物和高山森林生态系统为主的综合性国家级自然保护区。地震及其次生灾害对卧龙自然保护区生态系统和森林资源造成严重破坏，导致大熊猫栖息地连通性降低，迁徙走廊进一步断裂，部分大熊猫种群由于不能进行有效的基因交流而形成“生殖孤岛”。

为尽早修复保护区受损生态系统和恢复大熊猫栖息地，保护区启动灾后大熊猫栖息地生态重建工作。2009年6月，四川省发改委批准卧龙自然保护区大熊猫栖息地植被恢复重建立项，总面积7697.44公顷，总投资15102.79万元，其中香港援建资金11099万元。2010年8月，四川省林业厅批准了《卧龙自然保护区大熊猫栖息地植被恢复灾后重建项目作业设计任务》，确定以恢复大熊猫栖息地环境、区域地带性森林植被恢复为目标，林、灌、草、藤相结合的技术措施，提高森林质量、美化区域环境，发挥森林的生态效益等基本指导思想，建设内容包括封山育林、人工点撒播造林、人工植苗造林、低质低效林改造（含低质低效林分改造和四旁绿化改造两部分）和生态长廊建设等5个方面。其中，封山育林、点撒播造林、植苗造林、低质低效林分改造4个子项目为卧龙管理局自建项目，四旁绿化改造和生态长廊建设2个子项目实行招标，由四川润锋景观工程有限责任公司建设。工程造林措施为带状筑台造林、石缝补空式容器造林、植生袋造林3种，以及贯穿在3种措施中的排水沟施工。

2011年3月8日，项目正式开工建设；至9月底，卧龙大熊猫栖息地修复项目中央重建基金5.6万亩任务全面完成，香港援建项目完成任务2.7万亩。已经完工的12个小班滑坡治理已初见成效，生态环境得到了有效改善。

龙溪—虹口自然保护区大熊猫栖息地　该保护区位于都江堰市西北部25公里的龙池地区，距成都85公里，地处岷江上游西岸。地震及其引发的山体坍塌、滑坡、泥石流等次生灾害造成大量植被直接损毁，保护区基础设施及办公设备严重损毁，4个基层保护站点房屋部分垮塌或成危房，林区道路全部损毁。都江堰市保护区大熊猫栖息地恢复纳入灾后生态修复重建规划，并作为重点项目加以推动。明确修复大熊猫栖息地植被16.85万亩，其中中央重建基金修复栖息地13.09万亩（人工造林0.275万亩、封山育林12.815万亩）、欧洲投资银行紧急贷款修复栖息地封山育林3.76万亩。2010年3月，都江堰市大熊猫栖息地恢复项目采取“以工代赈”方式实施，即由项目业主委托当地村社、林业单位或农村集体经济组织实施，所需种苗、种子在保护区周边就近采集。11月17日，龙溪—虹口国家级自然保护区大熊猫栖息地恢复项目可行性研究报告获都江堰市发改局批准立项，规划总投资5234.17万元。通过公开比选确定招标代理单位后，于2011

年2—3月间通过公开招标方式确定都江堰市三木药材产业合作社和成都兴绿林业科技发展有限公司为项目施工单位。4月11日，中央重建基金大熊猫栖息地修复项目正式启动实施。5月初，欧洲投资银行贷款大熊猫栖息地修复项目全面开工建设。

截至2011年9月底，龙溪—虹口国家级自然保护区大熊猫栖息地恢复任务已全面完成并转入抚育管护阶段。香港海洋公园保育基金会捐赠的龙池保护站重建（总投资53万元、建筑面积272平方米）和林业科技服务中心（保护区功能用房重建，总投资1380万元，建设面积6203平方米）项目已竣工并投入使用。

二 卧龙自然保护区重建项目

卧龙自然保护区位于汶川县西南部、邛崃山脉东南部，距成都130公里。保护区包括核心区、缓冲区和试验区3个部分，总面积为20万公顷。保护区以保护大熊猫及其生存环境为主，兼以保护金丝猴、羚牛等其他濒危珍稀物种及其栖息地。地震导致保护区科学研究设施和交通、通信、供排水、电力、医疗、环卫等基础公共服务设施严重损毁。

2008年8月1日，经四川省政府和香港特区政府协商，卧龙国家自然保护区恢复重建计23个项目纳入香港协助四川灾后重建范围，安排建设资金约14亿元，大熊猫栖息地植被恢复项目由香港与中央共同出资建设。2009年3月23日，卧龙自然保护区恢复重建项目可行性研究报告通过四川省发改委初审。4月23日，卧龙自然保护区恢复重建项目环境影响评估报告通过专家评审。6月22日，国内外55家设计单位报名参加项目设计公开招标，中国建筑西南设计研究所、四川省建筑设计院、成都基准方中建筑设计事务所、北京联华建筑事务有限公司、香港国际工程设计研究院、美国ASA设计研究院等9家国内外设计单位通过四川省建设厅初选，进入设计招标比选阶段，为卧龙保护区都江堰大熊猫救护与疾病防控中心、中国保护大熊猫研究中心、卧龙保护区管理局办公与职工工作用房、卧龙特区耿达一贯制学校、卧龙生态展示和教育培训中心等5个标志性项目分别设计比选方案。

卧龙自然保护区中国大熊猫研究中心项目 该项目位于卧龙保护区皮条河下游的核桃坪。建设可行性研究报告（代项目建议书）由四川省勘察设计研究院编制。2009年6月17日，四川省发改委批准项目立项，明确在距原址约22公里的耿达乡神树坪区域异址重建中国保护大熊猫研究中心，规划投资13326.93万元。四川省环保局通过了项目建设环境评价。四川省建筑设计院通过竞标取得项目设计资格，按照“绿色建筑评价标签”3星（环保、低碳、绿色）级别完成项目设计。项目建设监理单位为四川兴旺建设工程项目管理有限公司。四川希望华西建设工程总承包有限公司担负项目施工。2011年4月12日项目建设正式开工，2012年年底竣工。

卧龙自然保护区管理局办公和职工用房重建项目 保护区管理局办公用房和职工工作用房受到地震破坏，其中管理局办公楼成为D级危房；职工工作周转房大部分成为D级危房，少量为C级危房。保护区管理局办公用房和职工工作用房灾后重建项目纳入香港援助计划。2009年5月初，四川省咨询研究院组织专家评审并通过可行性研究报告。6月25日，四川省发改委下达该项目可行性研究报告立项批复，批准在卧龙、耿达原址重建保护区管理局办公和职工工作用房，明确项目建设投资 10443.2 万元。随后，四川省环保局通过项目建设环境评审。规划中期调整后，重建明确项目资金为 8990.43 万元，分别由香港特区政府援助和中央重建资金提供。为便于管理，从项目设计开始，川港双方明确该项目实行打捆设计、打捆招标、打捆实施。中国建筑西南设计研究院有限公司以竞标第一名的资格担负项目建设方案设计。四川希望华西建设工程总承包有限公司、四川科恒建设监理有限公司通过竞标取得施工和监理资格。2010 年 12 月 12 日，项目建设正式开工，后分别完成管理局办公楼（2645 平方米）、沙湾职工工作用房（11625.36 平方米）、耿达乡职工工作用房（9552.4 平方米）的建设任务。

三　白水江、唐家河自然保护区

白水江自然保护区　该保护区位于甘肃省陇南市最南端文县，距离汶川县约 250 公里。地震使白水江保护区基础设施和林地林木资源遭受巨大破坏。保护站、护林点、检查站、大熊猫野外监测点及大熊猫馆、金丝猴馆、野生动物收容馆和动植物博物馆遭受不同程度损坏。该保护区恢复重建纳入国家总体部署，安排重建项目 5 大项 21 个子项，明确项目建设资金 3000 万元，全部由中央重建基金承担。项目建设内容涉及修建基层保护站业务用房、森林防火和生态监测设施设备、林区道路和供水供电等基础设施、大熊猫圈舍等项目，明确各项目资金分别是 570 万元、1133 万元、999 万元和 171 万元。截至 2011 年 9 月，红土河、让水河保护站办公业务用房完成原址重建；森林防火和生态监测等设施设备项目、大熊猫圈舍加固等项目建成；公用房屋以及林区道路、供水、供电等基础设施项目建成。与地震前相比，白水江保护区各保护站的办公、住宿条件大大改善，环境监测设备更加健全。

2010 年 10 月，为集中精力加强对保护区其他区域资源的保护，国家林业局、环境保护部决定将保护区没有大熊猫等珍稀濒危物种分布的 39872 公顷的区域移交文县政府管理。2011 年 4—5 月，保护区管理局在 11 万多公顷的保护区范围内开展大熊猫野外调查工作，占辖区总面积的 59.8%。调查结果显示，白水江保护区大熊猫的分布范围东至与四川省青川县接壤的碧口镇李子坝，西至与四川省九寨沟县、平武县交界地带的黄土梁。

唐家河自然保护区　该保护区位于四川省北部的青川县西北部，地处四川盆地北部边沿、龙门山系西北侧、岷山山脉摩天岭南麓，为四川盆地北部向青藏高原过渡的亚热带交汇带。地震造成大量山体滑坡，森林植被大面积损毁。震后调查多次发现扭角羚、斑羚等野生动物尸骸，区内办公用房、博物馆、电力通信、林区公路、保护站等基础设施和设备损毁严重。

2008 年 8 月，保护区全面启动灾后恢复重建，确立建设国内一流示范自然保护区和国际知名生态示范区的奋斗目标，随后，编制完成《唐家河自然保护区总体规划》《唐家河生态旅游规划》，修订完善《唐家河生态旅游建设详细性规划》，按照特色、生态、低碳理念，围绕打造“两个中心”（唐家河阴平古道关虎游客中心、唐家河科研交流中心）、“五个保护站”（白果坪、蔡家坝、水池坪、摩天岭、红石河）和三条生态旅游公路，争取中央重建基金和浙江省援建资金的支持。三条生态旅游公路包括唐（家河）青（溪）公路、红（军桥）摩（天岭）公路、毛（香坝）红（石河）公路。保护区建设涉及基础设施、生态保护、服务接待、景点打造、内涵提升等 5 大类22个项目（中央重建项目16个、浙江省援建项目4个、全额自筹项目2个）。规划建设投资24722万元，其中中央重建基金8586万元、浙江省援建资金11364万元。2010年年初项目建设开工，2011年4月项目建设竣工。新建白熊关、大草堂等野外监测点7座；恢复整治野外巡护道路130公里；实施封山育林补植和封山育林补播共598公顷；铺筑生态旅游公路52公里；新建生态建筑16500平方米；地埋高压线路14公里，通信、广电线路24公里。

2010年8月13日、19日两场大暴雨，导致唐家河区域内刚由浙江全额援建交付使用的唐（家河）青（溪）公路、红（军桥）摩（天岭）公路沿途出现多处山体滑坡、泥石流，损失巨大，交通一度中断。保护区迅速申报两条公路因灾水毁恢复项目，新增中央重建基金500万元，并于2011年4月中旬再次完成恢复重建。

第十四篇

精神家园建设

汶川特大地震不仅给灾区造成巨大的财产损失、人员伤亡，还给灾区人民造成心理创伤。灾区群众普遍受到惊吓，伴随出现悲伤、激动、易怒、情绪强烈等灾后应激反应，部分群众甚至出现生理症状。地震还使众多珍贵的文化遗产和博物馆设施遭到前所未有的破坏，非物质文化遗产也未能幸免于难。灾区精神家园亟待恢复重建。

灾区精神家园恢复重建被纳入国家灾后重建总体部署，明确由卫生部负责组织开展。民政部、教育部、共青团中央、中国红十字会总会、中华慈善总会及地震灾区各级人民政府、各级各类专业机构密切配合，分别在中小学、医院、新闻媒体等单位开展心理疏导，设置心理门诊，开办心理专栏节目；组织心理学专家、精神卫生专业人员和志愿者进村入社开展心理咨询，培训村社心理卫生服务人员，编写灾区志愿者心理辅导手册。通过采取诸多措施开展心理疏导、精神安抚，体恤关心灾区群众心理创伤，重塑积极乐观向上的精神面貌，坚定自力更生、艰苦奋斗和重建家园的信心。

震后灾区精神家园通过重建初步建构起以北川地震纪念馆、汶川映秀震中纪念地、绵竹汉旺东汽工业遗址纪念地、都江堰虹口深溪沟地震遗址纪念地和大邑“万众一心、众志成城”抗震救灾主题展等“一馆三地展”为龙头，以58个村镇陈列室为支点，以13条参观线路为纽带的宣传教育网点体系。社会各界创作出一批广播影视栏目、影视剧、诗歌、散文、小说、报告文学、美术、书法、雕塑、摄影、网络等多种形式的作品，弘扬伟大的民族精神。灾区三省党员干部和人民群众在灾后重建的实践中，展现了中华民族不屈不挠的自力更生精神；重建后的地震灾区已经成为国家“爱国主义教育基地、社会主义核心价值体系学习教育基地、民族团结进步宣传教育基地和展示中国模式及发展道路的窗口”（简称“三基地一窗口”）。

灾区党员群众弘扬自力更生精神，不等不靠，凭着自己的双手恢复生产、重建家园，打造企业、夺回损失，表现出特别能吃苦、特别能战斗、特别能创新的泰山压顶不弯腰的英雄气概。

第一章　心理康复工程

据国内已往资料统计，灾难创伤后应激障碍（PTSD）成人发病率约为10%～30%，儿童青少年发病率约为30%～50%。灾后精神安抚和心理康复非常重要。

灾后心理援助工作由卫生部牵头负责，按照“政府领导、部门合作、社会参与”工作机制运行，建立覆盖城乡功能完善的精神卫生防治服务网络，健全心理健康促进工作人员队伍，完善心理危机干预机制。统筹人力资源建立危机干预制度与规范，落实专项资金。民政部、教育部、共青团中央、中国红十字会总会、中华慈善总会及地震灾区各级政府、各级各类专业机构密切配合开展心理援助。各对口支援省市将灾区精神家园建设和心理援助工作纳入灾后援建内容一起统筹部署，组织安排精神卫生专业人员到灾区群众中开展心理疏导、举办灾区心理卫生服务人员专业知识培训，加强灾区心理康复能力建设。灾区省设立心理咨询门诊5278个，开展心理服务培训，推进灾区心理卫生服务队伍建设。实施以上措施对缓解灾区群众心理压力，延缓、减少震后灾区群众精神疾病的发生起到了积极的作用。

灾区群众心理康复工作有三大特点，即社会广泛支持，心理援助措施有效，体现了心理援助工作者的爱心和奉献精神。

在心灵家园重建的过程中，社会团体、企业、志愿者、社区工作者等社会力量加入救助行列。志愿者、社会工作者深入重建一线，抚慰灾区群众的心理创伤，帮助群众寻求心灵的康复。为了灾区重建精神家园，对口援建省市大多派出心理卫生专家和社工深入板房安置区，帮助灾区群众重塑生活信心。上海市民政、卫生、教育系统在都江堰安排了4个上海社工服务基地。上海市各区县的民政部门、社工团体都和都江堰的社区守望相助，开展了一系列的活动。灾区学生、家庭、教师、医生等人员到上海接受社工培训。都江堰市委主要负责人说：“上海的队伍过来，都江堰的队伍过去，对于克服灾难信心的培养，对于灾后重建愿景的形成，实现了良好的互动。”“援建不仅仅是留下一些建筑，更重要的是给灾区人民留下重新创造美好生活的信心。”2008年6月，华东理工大学社工服务队进驻都江堰“勤俭人家”安置点，他们的工作受到国务院总理温家宝和都江堰干部群众的好评。灾区群众的心理康复也得到了国际社会的关怀，美国强生公司践行强生“因爱而生”的价值理念，援助350万元支持灾区儿童心理康复及学校心理辅导中心建设。联合国人口基金、英国国际发展部、联合国儿童基金会、世界卫生组织等国际组织都伸出援助之手，分别在灾区设立心理援助干预项目。邻国日本在汶川地震灾区开办心理救助培训班，传授心理救灾经验。

针对援助对象的特点和心理重建的不同阶段，心理援助工作者采取心理抚慰、个别辅导、团队辅导等不同方式开展心理援助；通过励志报告、康复讲座、夏令营、开通心理热线、特制心灵抚慰广播栏目、定制心理抚慰节目和创作优秀作品等途径，提供心理援助服务。为使灾区群众最大限度地放松身心，尽快走出灾难阴影，文化部、灾区省、援建省市等分别举办慰问演出、放映公益电影、建立流动图书馆开展文化抚慰，重建灾区群众心灵家园。恢复重建期间，援建省市每年春节期间还开展送温暖活动，给对口的灾区县（市、区）送去温暖和关怀。未受灾地区的广大心理卫生工作者组织资源，编印心理救助宣传品、培训心理援助队伍、开展心理援助等活动，为灾区精神家园的恢复重建做出了贡献。在受灾地区，包括精神卫生专业人员、心理学专业人员、社会工作者和志愿者在内的所有心理援助工作者，承受着地震给自身家庭带来的创伤，发扬“奉献、友爱、互助、进步”的精神，在艰苦的环境中为罹难者家属、一线干部、受灾儿童及其他重点关注人群和受灾群众提供心理疏导、咨询和治疗，在工作中摸索出一系列心理卫生服务工作方法，涌现出一大批优秀心理卫生工作者的典型。

第一节 心理援助

一 援助工作部署

开展心理援助普查 2008年10月，在卫生部指导下，四川省卫生厅组织四川大学华西医院、成都市第四人民医院等多家医疗卫生部门的60名精神科医生和50名心理工作者，深入都江堰市、北川羌族自治县、青川县等极重灾县（市）开展流行病学抽样调查，接受抽样调查约20万人。调查结果显示，约90%的灾区群众心理状态受到不同程度影响；约25.16%为精神疾病发生的中、高危人群；约4%发生精神疾病，临床表现为创伤后应激障碍、抑郁障碍、广泛性焦虑障碍、酒精滥用、心理障碍、惊恐障碍及由创伤性事件诱发的重性精神病；其精神疾病已对灾区民众群体的个性发展、生活质量、工作能力及社会和谐造成影响。

2008年11月、2009年5月，成都市第四人民医院、四川省精神卫生中心分别完成都江堰市集中安置点和北川羌族自治县干部抽样调查。第四人民医院抽查群众500多人，抽查结果为震后半年时，灾区群众创伤后应激障碍、抑郁症状及焦虑症状发生率分别为18.3%、21.6%和19.7%；震后一年，发生率分别降低为6%、8.4%和5.6%。四川省精神卫生中心抽查干部1035人，抽查结果为地震创伤后应激障碍占 29%、抑郁障碍占 24.3%、焦虑障碍占 11.8%。四川省精神卫生中心在为北川羌族自治县 4000 名群众和 6000 余名基层干部建立心理健康档案中发现，极重灾县（市）受灾群众中，重度抑郁伴自杀风险患病率达 4% ~ 6%；在救灾和重建一线的干部，普遍存在精神紧张、焦虑、抑郁症状，如北川羌族自治县永兴群众安置点 80.5% 管理干部有精神痛苦或有创伤后应激障碍症状；41 名管理人员中有 10 人已患上抑郁症或创伤后应激障碍；村委会、居委会干部工作疲乏感突出，对自己工作满意程度偏低。调查结果表明，对出现严重症状的人员，一般心理抚慰、辅导已不能满足需要，需要给予医学治疗。抽样调查为灾后心理康复和精神家园建设提供了依据，调查结果表明心理救助任务相当艰巨。

明确心理援助方法步骤 地震当年心理援助工作启动后，卫生部印发《紧急心理危机干预指导原则》《灾后不同人群心理卫生服务技术指导原则》和《灾难后临床常见精神卫生问题处置原则》等规范性文件，指导灾区迅速开展心理援助工作。2009 年 7 月，卫生部在成都召开医疗卫生恢复重建对口支援工作协调会议，川、甘、陕三省政府领导、灾区省和市（州）卫生部门负责人、对口支援省（市）卫生厅（局）负责人和受援县（市、区）卫生部门负责人出席会议。卫生部部长陈竺就加强心理康复和心理卫生工作进行部署，提出各对口支援省市要将灾后心理援助工作作为对口支援整体工作计划的重要组成部分，通过派遣专业人员、举办师资培训等方式，加强灾区心理康复能力建设。9 月，卫生部在成都组织召开地震灾区灾后心理援助工作会议，通报各地灾后心理援助工作开展情况，分析存在问题，研究进一步开展灾区高危群体的心理援助工作。12 月 4 日，卫生部下发《关于建立地震灾区心理援助工作报告制度的通知》，要求重灾地区 51 个县（市、区）每季度，即在 1 月 31 日、4 月 30 日、7 月 31 日、10 月 31 日前上报一次灾后心理援助工作情况。再由灾区省卫生行政部门将基层上一季度数据统一汇总后上报卫生部。2010 年 2 月 2 日，卫生部协调发展改革委、教育部、民政部、财政部、人力资源社会保障部、共青团中央、全国妇联和中华慈善总会等部门单位，召开灾后心理援助志愿服务管理研讨会，邀请部分精神卫生工作部际联席会议成员单位和受灾地区有关政府部门代表、部分精神卫生和心理学专家共同研讨灾后心理援助志愿服务管理机制，会上鼓励具有专业知识的大学心理专业师生和志愿者参加灾后心理援助志愿服务工作。3 月，卫生部在甘肃召开中央补助地方灾后心理援助项目工作会议，组织交流并部署各地灾后心理援助工作。4 月 29 日，卫生部办公厅下发《关于加强汶川地震灾区受灾群众心理援助工作的通知》，协调相关部门加大心理康复和心理卫生工作力度，加强灾区心理康复能力建设。

落实经费与项目保障 2008 年，卫生部协调中央财政安排地震灾区心理援助项目专项资金 484 万元，重点为川、甘、陕三省重灾地区 51 个县（市、区）建立完善灾后心理卫生服务网络，培训当地卫生专业人员，开展大众心理康复宣传及高危人员健康教育和心理辅导工作。2009 年、2010 年，中央财政继续支持，两年共投入专项资金 3000 万元。美国强生公司在原设立“地震灾后儿童心理康复援助项目”援助 300 万元的基础上，追加 50 万元，用于支持“重症学生精神疾病治疗及心理辅导中心项目”建设，还在四川、陕西的 10 个学校开展项目推广工作，数千名学生接受心理辅导。

2009 年，卫生部积极争取联合国人口基金会、英国国际发展部等国际组织，在灾区设立多个心理援助干预点，不断探索有效的灾后心理援助工作方式。主要援助项目：联合国人口基金会在北川、安县、绵竹、什邡、都江堰、青川设立“灾后心理援助干预项目”；联合国儿童基金会设立“地震灾区社区乡镇医务人员基本精神卫生技能培训项目”；世界卫生组织设立“安县灾后儿童社会心理支持队伍建设项目”；英国国际发展部设立“灾后心理援助服务模式项目”，在四川建立10个现场工作点；中（国）加（拿大）设立“四川地震灾后心理重建专业人员培训”项目等。

二　援助工作实施

调配力量确保心理援助　四川灾后心理卫生服务人员由当地人员和对口支援人员组成，有心理治疗骨干4000余人、志愿者2万余人。各级卫生行政部门配备心理卫生服务资源，按照统一计划和方案开展服务。省卫生厅组织专家制定并完善实施方案，明确相关部门的职责，建立目标管理责任制。重灾市（州）、县（区）卫生局制订工作计划，明确心理援助以心理卫生服务门诊、心理咨询站咨询为主。成都市政府成立心理危机干预工作领导小组，成都市第四人民医院按照市卫生局的要求成立心理干预应急工作小组，统一指挥，搭建平台，整合专业资源，完善政策协调机制，充分发挥平台的上联下通作用。一是召开专题工作协调会，了解外来人力资源的专业技能范畴、援助区域时限和人力物力，根据受援地区的受灾情况、当地医疗资源和重点人群分布，统筹分配本市和外来心理卫生专家、团队开展心理援助工作。二是发挥乡镇、社区精神卫生服务网络的作用，将外援队伍与本地专业队伍合理有效整合的平台设在最基层即安置点和卫生院。在对口支援方面，四川省采取省外和省内两种方式。外援方面，卫生部督导各级卫生行政部门组织各类心理卫生专业人员（参见图216），支持四川省医学设施的恢复重建，对重点专业医疗机构安排资金，提高专业机构的心理干预能力；安排北京、重庆、辽宁、安徽、山东、河南、广东7个对口支援省（市）选派精神卫生骨干力量到心理卫生服务能力不足的灾区，指导当地心理援助；制定外援人员岗前培训和轮换交接制度，避免因人员交替导致服务间断；协调国内外1000余位精神专科医生编成分队到重灾地区开展心理干预和心理卫生服务工作；协调省级卫生行政部门向四川省21个非对口支援的灾区县县级医疗机构派出精神科医生，协调受灾县选送医务人员210人（次）到精神专科医疗机构接受培训。内援方面，组织四川省内15家精神卫生医疗机构的78名精神科专业人员，到重灾地区39个县（市、区）进行为期一年的对口援助。

图216　卫生部召开灾后心理援助项目专家督导会
（卫生部　提供）

进入心理重建阶段后，从全国各地到灾区开展志愿心理服务的人员绝大部分陆续离开，尚有部分来自四川省内的志愿者仍活跃在四川部分重灾地区。这部分志愿者来自各行各业，接受过统一的专业培训，具有心理咨询师资质，他们自愿参与心理援助服务；此外部分大学心理专业师生也以科研小分队的形式，分散在重灾地区开展心理援助工作。

甘肃省卫生厅与省心理协会合作组建省级心理援助工作队，深入灾区，并从重灾地区市、县、乡抽调已经过培训的心理卫生服务人员成立工作队，共同实施群众心理问题疏导。

陕西省明确灾区心理援助工作由省精神卫生中心负责。动员组织本省、市、县级精神卫生机构的专业人员到重灾区开展心理援助。（参见图217）县、乡（镇）成立心理援助中心和项目办公室，协调精神卫生专业机构和乡镇卫生院、站、室开展心理援助工作；要求乡村和安置点必须做到心理咨询服务点、服务人员落实到位。天津市派出精神卫生专家到受援地宁强、略阳开展工作，并安排受援县精神卫生医务人员到天津进修学习。

图217　宁强县举办地震灾后心理辅导故事会

（陕西省　提供）

心理卫生服务网络建设　卫生部组织指导各级卫生行政部门建立灾后心理卫生服务网络，加强灾区精神专科服务能力建设。截至2011年9月，川、甘、陕三省受灾地区共设立心理咨询门诊5278个，其中四川省5236个；开展心理辅导的机构4492所，其中四川省4201所；培训和参加进修人员1.4万人（次）。

四川省心理卫生服务网络建设。灾区心理卫生服务工作开展后，四川省先后下发《关于加强对震后伤员实施心理危机干预进行心理治疗的意见》《四川省地震灾后心理卫生服务工作方案》《关于进一步加强地震灾区干部群众和学校师生心理服务工作的通知》，对灾区干部群众心理服务工作做出安排、提出要求。要求逐步建立以心理卫生服务门诊、心理咨询站为主的省、市、县、乡、社区、居民安置点和村为构架的心理服务五级网络，并配备专（兼）职心理卫生服务人员。各网点设立心理危机干预热线电话，安排医务人员和志愿者为地震伤员和群众提供心理治疗服务；强化心理卫生服务人员培训。以市、县、乡卫生服务机构为依托，开展心理咨询、心理干预、心理康复等心理卫生服务，建立地震灾区心理重建的长效工作机制。

甘肃省心理卫生服务网络建设。甘肃省卫生厅组织专家制定实施方案，对灾区心理援助项目实施作出安排，明确要求。该厅针对卫生部门缺乏心理卫生专业人员的现状，从专业人员较多的省卫生和教育部门，选出知名专家组成专家组，负责培训和咨询。省卫生厅与省心理协会配合，组织省级工作队到灾区指导工作，建立了以卫生部门为主，多部门配合的省、市（州）、县（区）、乡（社区）4 级灾后心理援助工作网络。

陕西省心理卫生服务网络建设。陕西省成立由省精神卫生中心总负责的心理援助办公室，办公室下设由专家组成的 2 个培训组计 10 人、3 个干预技术组计 21 人、1 个专家会诊组计 5 人。宝鸡市和汉中市均成立灾后心理援助中心和项目办公室，具体工作由宝鸡市、汉中市精神卫生中心（医院）负责。宁强县、略阳县、勉县、陈仓区均成立灾后心理援助项目办公室，具体工作由 4 个重灾县（区）的县（区）医院心理科经省、市两级培训合格的医务人员负责。4 个重灾县（区）各乡村卫生院、站、室均成立灾后心理援助项目办公室。

心理援助业务培训　卫生部在组织专家编印培训教材和举办国家级培训班的基础上，组织灾区心理卫生服务专业培训，督导各级卫生行政部门制定人员培训计划，做好灾后心理卫生服务网络中的各级各类人员的培训工作。

心理卫生服务工作者培训。各灾区省采取培训和进修的方式，加强地市级和县级的精神专科医院或者综合医院精神专科的服务能力建设。通过短期培训、远程网络培训等方式，灾区三省累计培训各级各类心理服务人员 5 万余人（次），其中医务人员 1 万余人（次），重点加强社区和乡村卫生人员培训。各支援省市通过两种方式开展心理援助培训工作，包括灾区省选派骨干到支援省市脱产进修和支援省市派心理专家到灾区现场开展培训。

国际组织也派出心理卫生服务人员至灾区开展培训。联合国人口基金会支持编印《灾后社区社会心理支持与心理卫生手册》和配套 VCD 教学片 1.2 万套。世界卫生组织支持中南大学公共卫生学院在川、甘、陕三省为灾区培训基层心理卫生服务工作者 402 人（次）。联合国儿童基金会在甘肃省、陕西省培训县级专科及综合医院医生 140 人（次）。截至 2011 年 9 月，四川省受灾地区各级医疗卫生机构参加培训和进修的心理卫生医务人员达 32754 人（次），甘肃省培训市、县心理卫生人员 600 余人、基层心理卫生人员 3132 人（次），陕西省受灾地区参加培训和进修的心理卫生医务人员达 2499 人（次）。

心理教师、班主任培训。通过对心理教师、班主任进行培训，让更多的学生得到心理援助。（参见图 218）2009 年 4 月至 2010 年 3 月，中国红十字会心灵阳光工程讲师团队为“心灵阳光关爱中心”近 500 名心理教师、班主任等进行系列培训。讲师团队精心设计培训方案，从心理学理论基础知识到心理辅导活动的启动与运作，对参训教师进行了系统培训。培训内容主要包括辅导活动的原则、课程结构、具体的辅导技术等 9 项。培训采取游戏为主、讲授为辅的方式，结合实例和学员们自己的切身感受进行深入浅出的讲解，向学员们进一步展示游戏在儿童发展、教育上不可替代的作用。这种“玩中学”的培训方式扩大了从事专业心理咨询与辅导的视野，改变了死

图218　罗江县对鄢家中小学教师进行灾后心理辅导培训（四川省委宣传部　提供）

气沉沉的气氛，学习之后，可以马上用于日常的教育之中。

志愿者培训。志愿者是专业医疗资源的有效补充，但是，志愿者来自各行各业，仅凭一份热心肠无法很好地帮助灾区群众心理重建。2009 年 6 月 25—26 日，中国红十字会心灵阳光工程特邀中科院心理所危机干预中心绵竹站副站长胡宇晖至什邡实验中学，为关爱中心学校的心理辅导老师及各关爱中心服务的志愿者，进行为期两天的沙盘游戏治疗的操作与应用培训。2010 年 5 月 22 日，中国红十字会心灵阳光工程在什邡实验小学针对志愿者进行了“如何沟通与倾听”的主题培训。

心理康复宣传　在灾后重建阶段，卫生部继续开展大众心理康复宣传活动。截至 2011 年 5 月，四川省累计发放各类宣传资料 135 万份，灾区群众接受心理卫生健康知识宣传讲座 48.17 万人（次），通过电视台、电台等媒体进行了 300 余次专题宣传，报刊宣传 200 期。甘肃省开辟大众媒体专栏 364 块，发放心理健康教育材料 26 万份，开通心理援助热线 21 条，心理健康教育知识宣传覆盖 67 万人（次）。陕西省累计在报纸、杂志、电视台、广播电台、网站、宣传栏等大众媒体上开辟专栏 104 块，发放心理健康教育材料 30 万份，开通心理援助网站 3 个、心理援助热线 11 条，心理健康教育知识宣传覆盖 96 万人（次）。

成都、德阳、绵阳、广元、雅安、阿坝等 6 个重灾市（州）通过电视、广播、报纸等新闻媒体，进行覆盖面广的心理健康知识普及和宣传活动，举办现场咨询和专题讲座。卫生、教育、妇联、共青团、工会、残联等部门和团体按照各自分工在灾区开展心理服务、心理抚慰与心理疏导。通过建立“精神家园”、成立帮扶小组，深入社区、农村、学校机关进行心理服务。成都市通过电视台、广播电台等媒体宣传，举办心理辅导讲座。绵阳市组织编写并出版《彩虹重现——地震之后的生活》《灾后社区心理卫生手册》，编写《灾后学校心理卫生服务手册》《灾后心理卫生服务手册》等灾后心理服务人员培训手册和大众科普读物。汶川县向各医疗机构、各社区、乡（镇）人民政府发放灾后社会心理支持与心理卫生手册、宣传画册、宣传单，在汶川县广播电视台滚动播出灾后心理问题预防与应对知识等。四川大学华西医院心理卫生中心采取编写基层心理卫生工作者培训教材、未成年人心理康复读本和成年人心理卫生教育读本，制作《心手相连，大爱无疆》宣传画册和心理康复画册，建立 QQ 群，开通心理健康服务热线和搭建心理援助网上平台等形式开展心理健康宣传。

甘肃省各地充分利用电视、广播、报刊等新闻媒体，普及灾后心理问题预防及应对知识，提高群众自我心理调适能力，促进其主动求助。陇南市及各重灾县（区）在医疗卫生单位建立心理咨询室，公布 18 条心理援助热线，为群众提供便捷的心理援助服务。

陕西省通过举办大众心理康复宣传讲座、开展居民和学生健康教育、制作大众媒体专栏和发放心理健康宣传材料等形式，普及灾后心理预防知识。2008 年 5 月中旬，汉中、宝鸡两市分别开通心理援助热线，实行 24 小时值班，为广大群众服务；截至 2010 年 12 月，共实施心理咨询、心理援助 16 万人（次）。

三　心理援助项目选介

地震灾后儿童心理康复援助项目　2008 年 7 月至 2011 年 12 月，由四川大学华西医院心理危机干预基地牵头，美国强生公司赞助，西安市精神卫生中心参与的“地震灾后儿童心理康复援助项目”，在成都、绵阳及宁强选择 10 个试点中小学校进行心理干预。以 6 ～ 18 岁在校儿童、青少年及家长、教师为重点，开展一般心理健康教育、灾后心理健康讲座、教师灾后心理健康培训、高危群体筛查及诊断、团体心理辅导及治疗、个别心理辅导及治疗等。

项目组完成基线（软件文档或源码的一个稳定版本）调查及地震后 6 个月、12 个月、18 个月的随访评估 2.35 万人（次），对筛查出的创伤后应激障碍、抑郁等高危群体进行诊断，确定各种心理行为问题的发生率及严重程度，并进行动态分析，为震后针对其中部分群体进行心理危机干预提供数据支持。

2010 年 1—7 月，项目组针对低危学生常见心理卫生问题，包括情绪消极、失去生活目标等，开展一般心理卫生教育，普及心理卫生知识。为提高项目的可持续性，促使学校一般心理卫生教育常态化、内在化，对低危学生心理卫生教育工作更多地以在项目前期受过培训的学校骨干教师为主导，项目组人员以观察、辅助方式进行。各项目小组每周定期到负责的项目点辅导开展主题班会、团体活动等形式多样的心理卫生教育。

在低危学生心理卫生教育活动中，与以往有所不同的是，2010 年 5 月，在四川省的北川擂鼓小学、彭州市白鹿镇中心小学、彭州通济中学和陕西省的宁强逸夫中学、宁强杨森中学、宁强燕子砭初级中学、宁强燕子砭中心小学、宁强安乐河小学开展的“我想对玉树小朋友说”主题活动，形式多样、参与性高，将项目对象从被助者转化到助人者，在传递信心给玉树小朋友的同时，强化项目试点儿童青少年面对新生活的信心、树立积极心理状态。

针对高危学生，项目心理卫生保健人员以学生团体治疗方案《震后儿童心理援助团体治疗工作手册》为指南，在震后 18 个月调查评估中发现的高危学生中开展预防性团体治疗工作。从 2010 年 1 月开始，项目完成 1822 人（次）高危学生团体治疗。

家庭是儿童青少年心理卫生教育工作的重要环节。项目组采用约见学生父母、家访、电话、上网等方式，与学生家长沟通交流，提供充实的家庭支持。针对儿童青少年心理卫生问题的早期识别、沟通技巧等方面问题，开展父母讲座、父母训练。

重灾区教师本身就是地震的受害者，教师的心理问题必须首先解决，对此，项目组进行了教师心理团体辅导。2009 年 7—9 月，项目组就儿童青少年心理卫生问题，对项目示范点的 30 位学校心理辅导教师集中培训 4 次，提高了学校心理辅导教师对儿童情绪、行为问题的早期识别能力。接受过心理健康等专业培训的教师直接服务于学生，学生的间接受益人数达 28 万人。2010 年 1—7 月，项目组以青春期心理健康教育、心理卫生工作技巧为主要内容，采用专题讲座等形式，对项目试点的一般教师开展了 8 次培训，1240 人参加培训。通过观摩参与的方式，带教、指导 86 名班主任开展儿童青少年的团体辅导活动。项目共计完成教师团体心理治疗 1622 人（次），完成教师个别心理治疗 385 人（次）。

心理危机干预技术研究项目 2008 年 12 月至 2010 年 12 月，科技部组织以四川大学华西医院为主，21 个单位、103 名研究人员参加的震后心理危机干预技术研究项目。项目组共发表文章 31 篇，出版专著 3 本。该组调查灾区儿童 3645 人，调查灾区成人 1.01 万人，建立儿童和成人调查问卷的数据库，并进行数据库的调试和修改。对约 1800 例儿童及成人伤员进行心理危机干预和随访，摸索出一套结合本土文化的震后急性期及康复期的伤残人员心理干预技术，建立了面向伤残特殊人群的网上心理援助平台。在四川省 5 个重灾区建立了小学心理危机干预点，将干预与学校重建相结合，建立面向全省学校的四川省心理援助与咨询网，为受灾学生提供网上心理援助。

2008 年 10 月，项目组召开四川省高校心理援助培训会，培训心理咨询人员（教师、医生、志愿者）690 人；开展对教师、干部和群众的心理健康教育 60 余场，听众达 1.2 万人；收集 PTSD（创伤后应激障碍）病例样本 400 余例，其中儿童、青少年 100 余例；筛选神经递质及神经发育相关候选基因的 768 个 SNP 位点①，进行 SNP 基因型分型工作；深入四川省的德阳市、汶川县、茂县、理县、三台县及甘肃省的康县等地的村落，对灾区老年人、儿童进行心理健康状况调研。项目组还从积极情绪、文化模式及脑功能状态等角度进行干预方式方面的研究，建立了“远程无线实时脑电监控中心”，实现 8 小时不间断的脑电监控，监控中心可结合个体其他身心健康指标，进行实时反馈。

项目组对社区心理援助方面进行了持续运行和模式摸索，依托此项目及其他项目建立北川、绵竹、青川、安县、都江堰、彭州、江油等社会工作站，完善活动板房社区服务，丰富居民业余生活，提高居民生活质量，建立稳定和谐社区。在 PTSD 筛查及干预工作方面，针对灾后特殊人群与普通群众中的 PTSD 患者，进行筛查与干预治疗。在各灾区设置心理服务点，参与区域内的心理卫生服务工作，开通灾后心理咨询门诊“绿色通道”，接诊各受灾地区相关心理问题人群 800 余人次，干预群众突发心理危机事件。

灾后心理援助服务模式探索项目 2009 年 7 月，四川大学华西医院“卫生部 DFID 灾后心理援助服务模式项目”正式立项。项目通过在四川灾区建立试点，针对不同人群和不同场所

---

① SNP 即单核苷酸多态性，是由于单个核苷酸的改变而导致的核酸序列多态性。一般来说，一个 SNP 位点只有两种等位基因，因此又叫双等位基因。SNP 在人基因组中的发生频率比较高，大约平均每 1000 个碱基中就有一个多态位点。

灾后心理卫生现状及问题，开展灾后心理危机干预和医疗服务，并评估其干预措施的效果，为灾后心理危机干预提供循证医学的证据。项目的实施为10个项目工作点群众直接提供心理卫生服务，提高精神卫生知识知晓率，改善目标人群心理健康水平，培养了一批专兼职精神卫生工作者和志愿者，提升了各工作点心理卫生自我服务能力，形成《四川省地震灾后精神卫生工作手册》。

项目由四川大学华西医院牵头，广元、德阳、成都、绵阳等协作单位参与，选取工作基础扎实、有一定代表性的现场工作点10个，包括3所学校、3个城镇居民社区、3个农村社区和1个特殊人群工作点。10个现场工作点直接受益人口约4万人，间接受益人口约11万人。广元市精神卫生中心负责青川县一个农村居民社区及一所学校的项目工作。德阳市精神卫生中心负责德阳市一个农村社区。成都市第四人民医院负责都江堰市一个城镇社区。绵阳市第三人民医院负责一个农村社区和一所学校。华西医院心理卫生中心除负责组织实施项目总体工作外，直接负责北川羌族自治县、什邡市两个居民社区、一所学校及特殊人群的工作。

根据实施计划书，项目组把援助对象划分为一般人群、高危人群和患者，筛查工具为一般情况调查表和一般健康问卷12项，确诊采用SCID-I/P定式检查问卷。需求评估完成1万例，其中高危群体占16.08%，一般人群占83.92%，创伤后应激障碍、焦虑障碍、抑郁障碍、酒精滥用总患病率约为4%。根据需求评估结果，完成1264名高危个体的建档工作；实施团体和个别心理治疗，并进行定期随访，其中完成现场个别心理咨询210人（次），每次耗时约60分钟，参与志愿者210余人（次）；完成现场团体心理咨询40余场（次），采取游戏治疗、音乐治疗等方式，每次60 ～ 90分钟，覆盖人口500余人（次），参与志愿者和工作人员100余人（次）。此外，以QQ群、心理健康服务热线、心理援助网上平台、现场文化站等形式，为高危人群多途径心理援助提供帮助。

根据项目实施计划书，项目组对确诊的创伤后应激障碍（PTSD）、抑郁障碍、焦虑障碍、酒精滥用等患者及时进行治疗，轻中度患者由专门医疗组负责指导用药，重度患者到指定医院住院治疗，共完成364例患者治疗，其中学校102例、社区241例、特殊人群21例。反馈信息显示，93.8%的患者对治疗效果表示满意。完成项目后，对患者接受治疗率和治愈率、高危人群风险下降等内容进行评估，总结出在学校、社区和对特殊人群开展健康教育活动的经验，形成《灾后成年人心理问题及其应对》和《灾后未成年人心理问题及其应对》等文字材料。

2010年1月，卫生部在四川省组织召开灾后心理援助服务研讨会，及时总结推广经验，有关部委和国际组织、精神卫生和心理学专家、基层医疗和教育机构的100余位代表广泛交流不同领域开展灾后心理援助服务的工作内容和方法，重点讨论灾后心理援助服务的工作模式和长效机制，深入研究适合中国人群心理和文化特点的心理危机干预理论，探索出较为规范和成功的服务模式，包括对受灾人群分层进行干预。如采用针对大众的面上科普宣传、针对重点人群的集体讲座或团体辅导、针对高危或患病个体的个别深度咨询和治疗的"三合一"的心理服务模式；针对住院地震伤员的"生物医学、心理学、社会人文学"有机统一的"三位一体"应急救治模式；受灾群众安置点中以儿童为主要服务目标人群的"希望九洲"模式；以建立学校心理咨询室和设置专业心理辅导老师为基础的实现自我服务能力的学校心理援助模式等。

四川 PTSD 师生心理援助项目 中国红十字会心灵阳光工程特邀专家团队在硅谷清华联网关爱中心学校的评估筛查中，发现有 6182 例创伤后应激障碍的师生。他们的工作、学习和生活都因此受到不同程度的影响，迫切需要专业的心理援助。2009 年 11 月，中国红十字会心灵阳光工程正式启动对四川灾区 PTSD 师生的援助工作；至 2010 年 4 月，中学生治疗全面完成。

自 2009 年 11 月 2 日，援助首先从受灾严重的绵竹灾区开始，先后走访 9 所学校，确定首批 4 所学校 90 名师生。通过宣讲，PTSD 治疗得到校长、老师、孩子们的认真对待与积极配合。11 月下旬开始，治疗与服务首先在九龙小学展开，继而在城北中学、汉旺中学推广。具体做法是：建立良好的咨询关系，让接受辅导的师生产生信任感，同时对师生们的心理状况做出评估，得到不同个体的差异性信息。咨询师设计了针对小学生特点的游戏活动，和孩子们建立了良好的信任关系。原本带着陌生感和羞怯感的孩子们在活动中很快就活泼起来，一个个笑逐颜开。中学生相对于小学生理性思维更完善，更容易沟通交流，也更加独立反叛，因此，咨询师着重在尊重他们上下功夫，利用多媒体手段、成熟而有趣的团体活动，提高他们的兴趣，和他们交心、交朋友，赢得他们的信任。成年教师自主能力最强，主要注重个体私密性。此外采取一对一的具体评估和制定具体实施方案，同时介绍治疗的基本原理。在这个过程中，孩子们既有对治疗的渴望，也有对治疗的紧张、害怕。现实暴露阶段，通过专业沟通与评估发现症结所在，教会师生们正确地应对这些症结的信念，借着这些观念，通过不断暴露，让他们遗忘并愈合以往的黑暗经历。在想象暴露阶段，在进一步的治疗中实施。

2010 年 2 月，学校寒假。九龙学校的治疗工作将近尾声，有的孩子已完全从地震的阴影中走出来，没有任何回避、害怕的症状，但有一些孩子仍有症状的遗留。团队和学校领导、教师、家长、学生多方协商，确定寒假继续治疗方案。3 月，团队圆满完成九龙学校的治疗，并对治疗效果进行评估；建立起和各个学校的连接，完成小学生的 PTSD 治疗。至 2010 年 4 月，中学生 PTSD 治疗也全面完成。

希望工程“5·12”心灵守望计划 该计划是汶川地震后，由中国青少年发展基金会联合中国医师协会、中央直属机关青联、中央国家机关青联、北京市青联、四川省青联、国际彩虹助学基金、环球企业家杂志社、北京华夏国科心理学研究院等机构共同发起，由华夏心理教育中心负责实施运行的，以“授人以渔、助人自助”为服务理念，以“共建心灵守望、重建心灵家园”为服务宗旨，通过有序、科学、持续的专业心理服务和治疗计划为灾区教育系统的广大师生提供长期的心理援助、精神支持和康复治疗计划。中央电视台主持人担任形象大使，表演艺术家濮存昕和凤凰卫视主持人沈星担任爱心大使。

中国青基会为计划实施募集专项资金 500 多万元。第一阶段自 2008 年 9 月 1 日至 2009 年 5 月 12 日。计划围绕创伤后应激障碍和持续可能发生的心理困扰和行为问题，对 10 个极重灾县（市）的 100 所学校的 50 万名学生和 3 万名教师提供专业心理干预服务，同时开展知识普及和效果评估。中国青基会委托北京华夏心理教育中心组建来自海内外专家团队 50 余人，对彭州、绵竹、什邡、罗江等 6 个县（市）80 所学校 84 名老师提供专业心理培训，对 10 万余名学生进行全体普及、团体辅导和个体咨询，对 100 余名师生进行直接心理治疗，帮助他们从严重的心理问题中康复。

2009年年初，该计划与德阳市教育局签订援助协议及4项工作内容，包括心理健康知识宣教与普及、心理重建支持与服务、建立学校心理健康工作体系与人才队伍、为学校建立积极行为支持体系。同时，该计划拥有36所“心灵守望计划援助学校”，服务人群涵盖6.7万名学生和4300名教师，其中有近5万名师生接受专业心理援助服务，内容涉及专业宣教、专业心理评估。该计划还在德阳建设了“希望工程——心灵守望计划德阳服务基地”，这是四川省第一个集专业服务队伍、科学服务体系、系统服务流程于一体的大型心理援助服务基地。

该计划设置了专门针对灾区教师的培训项目，培训内容涉及危机干预、精神健康引导师、心理咨询等，有800多名当地教师接受了来自国内外心理学专家的专业培训；为当地教育系统的专职心理教师提供督导、实习见习等专业提升与完善的机会；为“心灵守望计划援助学校”中情况特殊的学生提供入校、入家的特别危机干预服务，帮助学校解决棘手困难；设置两条热线电话，24小时为需求者提供无偿心理援助服务，包括紧急危机干预、电话咨询、电话回访等；注重和当地媒体合作开设“心灵守望计划”专栏，引导人们对心理工作的认知，帮助提升积极心态。

理县“湘川情”社会工作服务项目　“湘川情”社会工作服务项目是湖南省的对口支援项目，是在19个援建省（市）中第一个启动的精神家园重建项目。

2009年3月17日，湖南援川工作队将先期在理县灾区开展社会工作服务的长沙民政学院社会工作义务服务队、湖南娄底红十字残疾人爱心互助会、湖南芙蓉心理咨询中心、湘理相亲社会公益组织等进行有机整合，组建成立了“湘川情”社会工作服务队，确立“社会工作和心理援助项目”，预算经费733万元，纳入湖南援川项目整体规划之中。服务队的成立，揭开了精神家园与物质家园同步建设的序幕。5月6日，“湘川情”社会工作服务队启动“重建心灵家园、构建和谐理县”的社会工作和心理援助项目。湖南援川工作队和理县党委、政府成立“湘川情”社会工作服务队领导小组和指导小组。8月16日，服务队注册为“理县湘川情社会工作服务中心”，形成以政府为主导、社会工作教育院校为主体、学术专家支持、专业社工服务与社会爱心力量参与的理县灾后社会重建的社会工作服务模式。服务队设有指导组、办公室、专业督导组、财务组、县城社会工作站、薛城社会工作站、外联部，还成立了理事会、监事会和站务会，建立中共理县湘川情社会工作服务队支部；拥有音乐治疗室、心脑训练室、个案室、沙盘室、宣泄室、推拿按摩室，建立了康复训练基地，内有全方位放松治疗的推拿按摩椅、头部按摩器、肩椎按摩器、眼睛按摩器和肢残康复训练设施等专业工作场地，以及20多台套的电脑等设施设备和SPCS等专业软件；拥有专职工作人员26名。

至2010年3月，湘川情社会工作服务队为33户地震伤亡家庭、30名党政干部、60余名青少年、8名残疾人、8名社区人员提供个案服务；为5户地震伤亡家庭、1200余名党政干部、2000余人次青少年、45名残疾人、103名社区人员提供团体辅导（小组工作）；在党政干部、青少年、社区中各成立（或协助成立）2个社会组织；为80名党政干部、50名青少年、26名残疾人、20名社区人员开展技能培训，在党政干部中培养22名、在青少年中培养72名、在残疾人中培养3名本土力量；为高校锻炼培养50名社工人才，其中大专37名、本科4名、研究生9名。2009年10月26日，中国社会工作协会授予该中心全国“社会组织示范点单位”称号。

第二节　心理关爱活动

汶川特大地震发生后，社会各界、全国各地陆续举办各种活动，关爱灾区人民，帮助他们尽快走出心理阴影。

一　夏令营活动

地震发生后，为使灾区青少年度过一个愉快而有意义的假期，帮助他们重塑信心，教育部及北京、上海、黑龙江、深圳等地共青团组织举办了多种形式的夏令营，让灾区的青少年充分感受到了祖国大家庭的温暖。

“手拉手情系灾区小伙伴”夏令营　2008年5月27日，北京团市委、市少工委邀请四川灾区小朋友及其家人一行6人抵京，由此拉开了“情系灾区小伙伴阳光少年手拉手”主题活动的序幕。来自灾区的孩子与首都青少年代表一起共度“六一”，共同观看天安门广场升旗仪式，参观天安门广场、奥运赛场、北京科技馆，参加首都青少年爱心慈善晚会等活动。6月21—22日，黑龙江团省委、省少工委组织来自灾区的29名少年儿童代表与黑龙江省150名少年儿童和100名辅导员，在黑龙江省青少年综合和实践活动基地开展“手拉手情系地震灾区小伙伴”素质拓展训练营活动。活动中开展了自救自护、水上救护、再接再厉、感恩冥想等训练项目，培养了孩子们的自理自立能力、互助精神、团队意识。7月5日上午，由共青团四川省委、攀枝花市政府、四川省旅游局、四川省少工委主办，共青团攀枝花市委、攀枝花市旅游局承办的“心手相连，共建新家园——四川共青团关爱灾区青少年暑期行动”启动仪式暨百名灾区少儿赴攀枝花清凉夏令营出征仪式在四川省科技馆广场举行。江油、安县、平武、北川灾区的100名少年儿童和部分带队老师参加仪式。仪式结束后，全体营员乘飞机赴攀枝花市开展为期一周的夏令营活动。孩子们参观金色攀枝花大型展览、游览二滩国家森林公园和欧方营地；参观攀钢，看钢铁是怎样炼成的；参加心理辅导、素质拓展活动；游览奥运会皮划艇竞训基地；亲手采摘特产水果；与攀枝花儿童联欢。丰富多彩的夏令营活动，让灾区的师生们既领略了祖国建设的成就，又放松了身心。

“深甘一家亲”夏令营　2008年7月，深圳团市委开展为期一周的“深甘一家亲”百名青少年手拉手夏令营活动。参加“深甘一家亲”夏令营活动的甘肃青少年分别来自陇南市武都区和舟曲县。参加夏令营的50名甘肃青少年与深圳市50个爱心家庭同吃同住，市民爱心家庭将长期结对资助这50名甘肃青少年，帮助他们完成学业，健康成长。

“阳光爱心”夏令营　2008年7月29日，情系四川·爱满浦江2008“阳光爱心”夏令营正式开营。来自都江堰市的458名师生开始为期7天的上海之旅。作为上海市对口支援都江堰市灾后重建的项目之一，该活动由共青团上海市委、上海市委宣传部、市科教党委、市教委等单位主办。整个行程既涵盖了南京路、外滩这样的标志性景点，又有东方绿舟、科技馆这样寓教于乐的场所，还观看多媒体梦幻剧《时空之旅》，安排了夏日水狂欢、游览野生动物园等互动性强、充满乐趣的活动。夏令营以“阳光呵护成长、爱心点亮希望”为主题，重点突出“阳光、爱心、快乐、和谐”四大元素，让灾区师生以愉快放松的心情享受假期，以更加饱满的精神状态投身到灾后的学习生活和教育工作中去。

奥运圆梦之旅 2008 年 8 月 12—18 日，由共青团中央、北京奥运会志愿者工作协调小组组织的“奥运圆梦之旅”活动在北京举办。活动为期 7 天，口号是：圆梦奥运，和谐中国。此次活动，在全国邀请了 130 名青少年参加。组委会重点考虑生活、学习条件相对艰苦地区的优秀青少年，其中来自四川、甘肃和陕西地震灾区的青少年 58 名。在主办方的安排下，灾区青少年观看了顺义奥林匹克水上公园的奥运赛艇比赛、首都体育馆的奥运排球比赛、工人体育馆的奥运拳击比赛，还前往鸟巢为中国马拉松运动员加油助威。此外，孩子们还参观了故宫博物院、中国青年报社、北京大学，游览了长城和北京夜景，参加了“心手相连一家亲”主题作品制作、个性 T 恤彩绘、泥塑制作；观看电影《微笑圈》、种植“圆梦树”。参观、联欢等丰富多彩的主题文化活动让孩子们体验了奥运文化，感受到北京魅力。

灾后留守学生心理康复夏令营 对于留守在灾区的学生，灾区各级团组织也给予了极大的关注。共青团中江县委联合南开大学、天津师范大学志愿服务团在中江县柏树乡中心学校和龙台镇中心学校开展“灾后留守学生心理康复夏令营”活动。在柏树乡中心学校，南开大学志愿者灾区服务团为留守学生提供灾后心理疏导、考前学习辅导和职业生涯规划 3 项服务。在龙台镇中心学校，天津师范大学灾区支教培训服务团为留守学生开展了“2008 北京奥运”图片展览、心理重建趣味运动会、经典诗词晨读、“新知影音室”电影放送和“爱，因为在心中”联欢文艺晚会等特色活动。

“师生齐鲁行”爱心之旅夏令营 2009 年 7 月 25 日，“北川师生齐鲁行”爱心夏令营开营仪式在山东大学中心校区邵逸夫科学馆举行，123 名参加夏令营的北川师生和 44 名济南师生代表参加了开营仪式。夏令营活动由山东省援川办、省教育厅、省关心下一代工作委员会共同组织，为期 10 天。组织北川师生在济南游览趵突泉、大明湖，参加十一届全运会主会场和部分运动场馆；到孔子家乡曲阜参观，感受体验儒家文化；到日照赶海拾贝，到青岛与海洋动物亲密接触。同时，邀请部分专家作专题讲座，并在济南、日照与当地中小学生进行交流互动。

二 慰问演出活动

2009 年 1 月 22—31 日（腊月二十六到正月初六），文化部从国家京剧院、国家话剧院、中国歌剧舞剧院、中国东方演艺集团有限公司、中国交响乐团、中国儿童艺术剧院、中央歌剧院、中央芭蕾舞团、中央民族乐团等 9 个直属院团，抽调有一定影响的各类演员组成 3 个小分队，分赴都江堰、崇州、汶川、北川、青川等地震重灾区进行慰问演出，以丰富灾区人民灾后第一个春节的文化生活。在此基础上，文化部又组织 4 个演出队在春节前后赴灾区演出，其中3个小分队赴四川、1个小分队赴甘肃和陕西地震灾区慰问演出。独唱、口技、唢呐独奏……节目令人目不暇接，这些来自国内一流院团艺术家们的倾力表演，赢得了现场观众热情的欢呼声。

各支援省市也纷纷派出演出团队赴灾区慰问演出。2009年2月9日元宵佳节，上海文艺界的40多名艺术家赶赴都江堰为灾区百姓送上精彩的慰问演出，1000多名灾区百姓从四面八方赶往观看。10日，元宵慰问演出结束后，上海文艺工作者分两路深入都江堰市胥家镇、灌口镇和向峨乡，继续近距离地为灾区百姓演出，受到当地乡亲的热情欢迎。河南省文艺界成功组织了河南艺术团赴江油慰问演出，深入工地、乡村、学校及田间地头，带去中原人民的深情厚谊。安徽省慰问演出团不远千里，冒着严寒两次赴松潘开展慰问演出，演出内容包括人们喜闻乐见的黄梅戏和众多皖地特色的节目，送去了6600万江淮儿女的深切问候。

三　大型励志活动

为加强青少年的耐挫教育，培养乐观积极的心态，重获生活的信心和希望，心灵阳光关爱中心开展了大型励志活动。

“我和世界不一样”——励志演讲活动　2009年10月31日，心灵阳光关爱中心学校的部分师生，在什邡中学进行了一场名为“我和世界不一样”的励志演讲活动。中国红十字会心灵阳光工程特邀著名残疾励志演讲家尼克·胡哲（Nick Vujicic）到四川灾区演讲，听讲的观众中有100多名是残疾人，包括部分在地震中失去肢体的孩子。主办方安排这些听众坐在台下前几排。尼克揭示了如何使生命告别痛苦的现实，坚强地向前看向前行的奥秘——“别抱怨自己没有的，要感谢自己拥有的”，“不要害怕失败，而且永远不要放弃”。讲座结束后，孩子们排队拥抱尼克。该活动共回收675份有效问卷。统计结果显示：参加本次讲座的大部分听众是初中生，占参加总人数的61%；其次是小学生和高中生，分别占参加人数的16%和14%，还有一些老师、家长和其他社会人士。其中，99%的听众对演讲表示满意，97%的听众表示“此次讲座对人生态度方面有帮助”，97%的人表示“此次讲座在树立人生目标方面有帮助”。

“让梦想成为现实”大型励志活动　2010年5月22日，“让梦想成为现实”大型励志活动在四川什邡实验小学多媒体厅顺利举行。讲座以浅显易懂而又生动有趣的龟兔赛跑故事，向孩子证明了兔子为什么没有赢得和乌龟的赛跑，为什么乌龟在并不具有优势的情况下却战胜了兔子，是因为乌龟在面对强大的敌人的时候，并没有气馁，也没有放弃，而是坚持不懈地奋斗、坚持不懈地努力，向着终点进发。通过放松等互动训练，孩子们表示，学会了控制自己的情绪，并且有了将愤怒等激烈情绪化解的有益方法。

四　主题月活动

2010年4月27日至5月27日，国际在线中文网络电台联合宝马爱心基金推出“助人为悦”爱心主题月活动，重点对汶川地震灾区需要心理引导和心灵陪伴的青少年提供可持续性的心灵陪伴帮助。具体形式是：首先通过有组织的见面活动或相关渠道，将爱心志愿者与需要帮助的青少年结成“爱心大小伙伴”。然后大小伙伴之间通过书信、电话等方式展开一对一的“心灵交流”，从而保证在至少一年的时间内，“大伙伴”能够与“小伙伴”共同面对“成长的烦恼”，能够彼此结伴共同走过一段美好的心灵成长之路。

活动期间，国际在线中文网络电台紧紧围绕音频互动和页面互动相配合的方式，根据受众收听心理，设计了话题互动、嘉宾访谈、志愿者在线招募等内容，通过页面调查、受助对象网络提问等音频、页面互动产品，号召电台受众对需要帮助的青少年给予心灵陪伴的公益理念。与此同时，为发挥网络电台主持人作为公众人物的影响力，推荐电台主持人作为爱心基金的代表进行志愿者招募报名工作。该活动受到广大网友的极大关注。据统计，近千人参与活动的网络调查及留言，共招募 20 名志愿者加入爱心基金心灵陪伴行动。曾多次带领学生们参加系列爱心活动的教师说：“我们真的非常感谢这些爱心大伙伴，通过和他们的交流，孩子们不仅越来越阳光，也逐渐学会了感恩和帮助别人。”从 4 月 29 日到 5 月 30 日的一个月时间内，国际在线中文网“助人为悦”爱心主题月活动页面的点击量达到 5033 万次，独立访问人数达 2114 万人次。

第二章　遗址保护、媒体宣传与文艺创作

保存地震遗址、建立地震纪念设施、创作弘扬抗震救灾精神的文艺作品，是中华民族应尽的责任。社会各界呼吁、中央领导同志高度重视地震遗址保护。地震遗址保护被纳入重建规划。根据典型性、代表性、民族性、科学价值、纪念意义和综合效益的综合评估原则，经初评和量化综合评估，北川县城、汶川映秀、绵竹东汽汉旺厂区、都江堰虹口深溪沟等最具典型性的 4 处地震遗址、遗迹，共同构成地震遗址博物馆建设的基础和主要内容。参照综合评估原则，灾区市、县也选取地震遗址、遗迹进行保护，建立了什邡市穿心店地震遗址纪念园、青川县东河口地震遗址公园等。2011 年，都江堰虹口深溪沟地震遗迹纪念地、绵竹市汉旺东汽工业遗址纪念地、什邡穿心店地震遗址纪念园、北川地震纪念馆、青川地震博物馆、东河口地震遗址公园、汶川地震震中纪念地被列入四川省公布的第五批爱国主义教育基地。

为弘扬伟大民族精神，灾区建设了一批博物馆、纪念馆、纪念雕塑、纪念碑刻等纪念建筑。如北川地震纪念馆、青川地震博物馆、汶川映秀地震纪念馆、汶川大地震纪念馆等。以抗震救灾、地震科普、地震体验、八方支援为主题的各种展览，成为人们怀念、瞻仰、传承中华民族精神的重要形式。《握手》等纪念雕塑、纪念碑刻记录和反映了抗震救灾和家园重建的经典瞬间。各级传媒还开设了一批广播影视栏目，文艺工作者创作出一批影视剧、诗歌、散文、小说、报告文学、美术、书法、摄影、网络文学等多种形式的优秀作品。

汶川地震遗址、遗迹的系列保护，对于促进人类科学文化教育事业的发展意义重大。在世界范围内，尚无地震后及时对灾害遗址、遗迹进行完整保护的先例。地震遗址、遗迹的保护和管理遵循铭记历史的原则，按照世界文化遗产的标准进行，尽可能保护其真实性和完整性，对配套的服务设施、陈列设施、纪念设施的规模和体量进行严格限制，在展示方式上采取多种形式，突出各类遗迹、遗物特征，增强公众与展示内容之间的互动性，使观众在参观过程中得到充分的视

觉、听觉、触觉体验，从而受到地震科普教育。

汶川地震触及了社会各界的心灵，各种弘扬伟大民族精神的作品不断涌现。广播、电视等打破常规播出体制，24 小时全方位报道抗震救灾实况，让全世界全面感知汶川特大地震；特制的慈善晚会、纪念晚会，传递人间大爱，给灾区人民送去关爱和信心；定制的各种“同在星空下”心理援助节目陪伴灾区的孩子度过一个又一个不眠之夜；创作的各种影视剧，让社会反思地震，感受振奋，传承伟大民族精神；一次又一次地回访灾区，让大家感受到重建“奇迹”，了解到重建家园的艰辛与快乐；许多经典摄影作品给人们定格了经典瞬间，“敬礼娃娃”“芭蕾女孩”广为人知；各种报刊登载着讴歌抗震救灾、重建家园的诗歌、散文、小说、报告文学。美术作品记录着一个个感人瞬间。社会各界用丰富的形式、多样的途径弘扬伟大的民族精神。

网络文化作品之丰富，是抗震救灾伟大民族精神弘扬形式的一大创新。地震时期是网络文学最为活跃的时期之一，各网站积极举办各种地震文学创作活动，网友热情创作诗歌、散文、报告文学等各种地震文学作品，用网络文学的形式表达爱心，抒发情感，鼓舞斗志；用鼠标书写坚强与奋起，用真诚的爱与祝福抚平每一处创口。

第一节　地震遗址保护

汶川特大地震破裂带经过之处，形成大量在地震学、建筑学、生命救助学等学科研究中具有极高价值的典型地震遗址、遗迹。地震发生后，在各级政府和民间力量对四川灾区积极进行生死救援的同时，关于地震遗址（遗迹）的保护问题已引起政府和社会各界的高度关注。2008 年 5 月 18 日，河北理工大学建筑工程学院院长苏幼坡在住房城乡建设部组织的山地城乡规划与防灾减灾专家座谈会上提出了地震遗址保护的问题。作家冯骥才等也大声疾呼，希望能够尽可能地保留地震的遗址和遗迹，以避免唐山大地震遗迹由于缺少保护和留存而产生的历史遗憾。对地震遗址进行必要的保护已成为震后各级政府和社会各界的共识。22 日，温家宝在考察北川灾情时动情地说：“我们要再造一个新北川。这座老县城可以作为地震遗址保留，变成地震博物馆”。

根据国务院《汶川地震灾后恢复重建条例》和中共中央、国务院领导同志的批示精神，2008 年 6 月 11 日，地震局、文物局牵头组建“地震遗址博物馆规划建设协调小组”，组长单位为地震局和文物局，成员单位包括住房城乡建设部、国土资源部、国家民委、旅游局和四川省政府，负责协调、指导四川省对具有典型性、代表性、科学价值和纪念意义的地震遗址、遗迹范围划定和建立地震遗址博物馆工作。13 日，汶川地震遗址博物馆规划建设协调组正式成立，并召开第一次工作会议。会议确定以四川省为主，协调组各部门负责协调、帮助、指导、支持的基本工作模式；明确了协调组各部门、专家顾问组和四川省政府的职责分工。四川省也建立了相应的工作机制，明确了工作内容：第一阶段是地震遗址博物馆规划阶段；第二阶段是地震遗址博物馆建设阶段，实施规划相关内容。

《5·12汶川地震遗址、遗迹保护及地震博物馆规划建设方案》按照原址保存、重点保护、区别对待，公众参与、自然和谐，以及点、线、面相结合的原则，制定“一馆三地”4处地震遗址博物馆建设内容：北川县城地震遗址博物馆、汶川地震震中纪念地、汉旺东汽工业遗址纪念地、都江堰虹口深溪沟地震遗迹纪念地，实施地震典型遗址、遗迹保护，实现见证和展示、纪念和凭吊、训练和演习、科普和教育、科研和发展等功能。

一　北川地震纪念馆

北川羌族自治县地处汶川地震发震断裂破裂的中段，北川—映秀段的破裂方式为右旋挤压逆冲；县城内建筑结构类型齐全，几乎涵盖了所有现代建筑结构类型，倒塌程度和倒塌方式多种多样；两侧的大型山体滑坡造成巨大灾害，唐家山堰塞湖是此次地震形成的最大的、最危险的堰塞湖。北川县城遗址代表了地震对极震区（烈度11度）城市的毁灭性破坏，在地震学、地震地质学、工程地震学、地震应急救援技术、地震社会学、民族学等学科和领域极具研究价值。北川的抢险救灾是党、政、军、民万众一心、众志成城的集中体现，遭受整体毁灭性破坏的北川县城异地重建，在原址可建立世界首座整体保存的地震遗址原貌、规模最大的灾难性遗址博物馆，能产生显著的社会、经济效益。

北川地震纪念馆建设项目包括北川老县城保护、北川地震纪念馆建设和唐家山堰塞湖三大部分。遗址遗迹保护区包括：新旧城区倒塌、倾斜的建筑；路侧被巨石砸毁的车辆；被洪水冲垮的桥梁等遗址（遗迹）；县城两侧山体的大面积滑坡、泥石流；城内的地震破裂带；连接城区的铁索桥；唐家山堰塞湖等典型地震遗迹；县城两侧山体滑坡地点；北川大酒店、三倒拐等胡锦涛、温家宝考察北川时的重要地点；第一支救援队伍到达地、救援地；抗震指挥部；出入北川县城消毒点、出入口检查点。纪念馆区包括纪念馆及服务设施。

为做好北川地震纪念馆建设工作，绵阳市成立了唐家山堰塞湖治理暨北川老县城保护工作指挥部，作为项目业主单位。遵循“原真性、可逆性、分级分类、最小干预”的原则，指挥部对北川老县城的保护工作分两个阶段实施。第一阶段工作，先后顺利完成北川老县城周边山体灾害治理工程，实施北川老县城防洪堤、禹里场镇防洪堤和唐家山堰塞湖泄洪洞等水利工程和河道疏浚工作，完成绿宝宾馆、交通运政大楼、北川大酒店、临街商住楼等10余幢震损建筑应急支撑加固工程。为保障地震遗址安全，北川老县城周边全面安装了5400米的防护围栏，在5公里长的纪念通道两边装了5230米的安全护栏并配有标识标牌和监控系统，严格控制进出震后的北川老县城人员、车辆，加强值班巡查，尽量避免人为毁坏地震遗址的现象发生；加强环境整治，清理影响道路通行的废墟和影响整洁卫生的杂物，修复并新增部分绿化带。2010年5月12日前，北川地震遗址实现局部开放；2011年国庆起，实现全面开放。第二阶段工作，将对北川老县城地震遗址里的震损建筑物进行永久性加固。北川老县城作为全世界原址原貌保存的最大灾难性地震遗址，被四川省确定为灾后精神家园重建“一馆三地”的重要组成部分，被中宣部确定为汶川地震灾区“三基地一窗口”、全国爱国主义教育基地。

按照规划，在北川老县城旁的曲山镇任家坪，建设一座现代化的纪念馆。2009 年 12 月，北川老县城保护工作指挥部与同济大学签订协议，正式委托同济大学开展北川地震纪念馆建筑设计。经过近一年的设计和反复评选、论证、修改完善，2010 年 12 月，“裂缝”方案从 36 套方案中脱颖而出，成为纪念馆的最终设计方案。按照设计，纪念馆将以模拟“大地裂缝”为总体形态，建筑面积 14280 平方米，由 11210 平方米的两层主馆和 3070 平方米的一层副馆组成，功能包括展厅、库房、后勤、办公、报告厅、商店、设备、公共空间等。28 日，北川地震纪念馆建设工程在任家坪正式开工，标志着纪念馆建设进入实质性阶段。负责此次项目施工的老北川建设指挥部总工程师李兴利介绍说：地震纪念馆有一个亮点，就是陈列展厅，外墙全是用耐候锈蚀钢板制作，所谓耐候锈蚀钢板，就是指钢板锈蚀到一定程度就不再锈蚀，以保证钢板的强度。而耐候锈蚀钢板因锈蚀而产生的斑驳花纹，则体现出庄严、肃穆的感觉。副馆内将修建全国首个地震体验中心，可模拟地震感觉。届时，地震体验中心将布置成一个房间的形式，人们进入房间内，通过技术手段，可以模拟出 4 级以上的地震，同时达到一定的破坏力，让人们感受不同等级地震的感觉。整个工程于 2011 年年底完成。

二　汶川县映秀地震遗址公园

汶川县映秀镇是汶川地震龙门山中央断裂首破裂点，也是汶川地震的震中地区。镇内建筑结构类型较齐，倒塌程度和倒塌方式不一，附近还有大型构筑物（公路、桥梁、水电站）遭受地震破坏。镇区有多种醒目的地震地质灾害现象，如地震造成的地基土液化、软土震陷、地裂缝及地表地震破裂带、山体崩塌、滑坡、泥石流。映秀镇是一个羌族、藏族、汉族等多民族聚居区。地震造成严重的交通阻塞，救援队伍以徒步、冲锋舟和空降方式进入映秀。国务院总理温家宝和联合国秘书长潘基文在此会晤，标志着国际社会对汶川地震的高度关注。映秀镇是党、政、军、民万众一心、众志成城、排除万难、抢险救灾的见证，也体现了人民群众自救、互救的不屈精神。渔子溪地震遇难者公墓体现了党和政府以人为本、对遇难者的人文关怀。映秀镇作为成都至九寨沟和四姑娘山的必经之路，在此建设地震遗址公园，可产生显著的社会、经济效益。

根据汶川映秀地震遗址建设项目立项批复和实施方案设计以及四川省文物局的要求，确定地震遗址纪念地项目主要建设内容有 7 个方面：漩口中学及地震遗物展示厅工程、牛圈沟纪念组工程、震源广场（百花大桥、国道 213 线）工程、天崩石工程、渔子溪遇难者公墓工程、温家宝与潘基文会晤处工程、桤木林地面断层工程。

截至 2011 年 3 月 31 日，映秀镇漩口中学遗址废墟保存工程项目，涉及 8 栋房屋的废墟保存加固，总投资 1200 万元（见图 219）。渔子溪遇难者公墓工程项目，该工程含温家宝与潘基文会晤处工程及桤木林地面断层工程两处铭牌；地震遗物展示厅项目，包括展厅、影视厅及其他相关辅助用房均已完成。牛圈沟震中百花大桥遗址和天崩石景区项目，由四川大学设计院完成扩大初步设计，待专家评审后及时开展招投标等建设前期工作。

图 219　汶川县映秀镇地震遗址公园

（国家文物局　提供）

三　绵竹汉旺地震遗址

绵竹市汉旺镇是汶川地震龙门山前山断裂通过地；东汽汉旺厂区，工业建筑类型齐全，倒塌程度和倒塌方式多种多样，铁路扭曲，火车出轨；部分标志性建筑物遭受严重的破坏；汉旺遗址代表了汶川地震对位于强震区工业区的毁灭性破坏，具有一定的科研价值。东汽汉旺厂区既有现代化的工业建筑，又有现代标志性建筑；钟楼四面时钟的指针都定格在 14 时 28 分地震发生时刻。汉武神王雕塑是东汽员工虽经地震但精神不倒的象征。东汽汉旺厂区曾是一个现代化的工业园区，交通方便，生活设施齐全，在此地建设地震遗址纪念地，有一定的象征意义和社会经济效益。

汉旺地震遗址主要包括“一片四点”：东汽、汉旺广场、神武汉王雕塑、政府遗址、官宋硼堰等。项目设计构思因地制宜，利用自然地形，突出“保留、改造、整理”的手法，在保留现有遗址的情况下植入纪念元素和景观元素，设计手法上采用简洁的现代手法，以现代简练的景观元素与遗迹散乱惨烈的背景形成巨大反差，烘托出思念与缅怀的遗迹氛围，以“对自然的敬畏、对生命的关爱、对科学的探寻、对历史的追忆”，通过公园实现对遗迹的更好保护，同时表达对昔日哀思。

整个遗址总面积1.72平方公里，包括东汽厂区、东汽生活区、汉旺钟楼、汉旺部分场镇遗址等。纪念馆设于厂区外，与东汽正门、汉旺钟楼隔街相望，建筑面积500平方米，由北京清华安地建筑设计顾问有限责任公司等单位设计。在中心外的广场上，是一座大手牵小手的《大爱永生》雕像，雕塑由北京798艺术设计部落林天强设计。

保护工作已先期将叶片分厂、船机分厂、装备分厂、主机一分厂、东汽热电厂、动力分厂、专家楼等工业厂房，钟楼、神武汉王石刻塑像、汉旺镇老政府、官宋硼堰水利枢纽、小火车站台、龙门山前山断裂带等城镇遗址以及死难者公墓、西山坡断裂带等划定为遗址保护区域，制定保护措施，对区域内环境进行了清理。其他项目正在进行中。

2009年5月12日地震一周年之时，“5·12”抗震救灾纪念中心在汉旺正式对外开放。中心广场上的雕塑《大爱永生》由一只大手和一只小手构成，成为人民抗震救灾的标志。纪念中心占地面积500平方米，主体以轻钢结构为主，外立面使用波纹板，凸显建筑的工业感与科技感。展示部分采用高科技手段，将数字化与互动性充分结合。纪念中心设有电子签名区、互动学习区、影像播放区、展览区等4个区域。展示区展出了大量的图片和地震受损实物展示，体现震后工业的受损情况，以及面对灾难时人们众志成城、重建家园的决心。北京大学副校长张国有说：“汉旺地震工业遗址纪念中心仅仅是国家对‘5·12’地震工业遗址保护的整体规划的一个起始点，也是我们爱与奉献精神的起点，希望汉旺地震工业遗址纪念中心可以像林天强先生的雕塑一样，是永远的、大爱永存的象征。”

四　都江堰虹口深溪沟地震遗迹纪念地

沿龙门山断裂带的中央断裂形成的地表地震破裂带（地震断层）通过深溪沟，切断乡村公路和地面，最大垂直位移近6米，水平位移近5米，运动方式为右旋—逆冲，是沿整条地震断层同震位错幅度最大的场所。在长约3公里的地段内，有多处水泥路面、山坡地面被地震断层断错、拱曲变形和开裂。深溪沟遗迹代表了在地震极震区地表地震破裂带（地震断层）的同震位错及其引起的地面破坏与变形现象，其地震破裂带地貌景观对比强烈，视觉冲击力震撼。深溪沟在龙溪—虹口国家级自然保护区内，在此建设地震遗迹纪念地，可吸引较多的民众参观。

遗迹核心景区占地约5600平方米，规划选定5处遗迹点位进行加固保护，入口处计划修建地震断层展示馆、都江堰抗震救灾回顾展示馆、地震科普演示体验馆及游客服务中心，作为重要的观光项目和地震科学教育基地。为方便游客游览遗迹，再修建一条长约12公里、环绕整个地震遗迹的木栈道。

由于2010年“8·13”特大山洪、“8·19”泥石流相继袭击虹口，对纳入保护的遗迹点位造成一定程度的破坏，建设被迫暂停。2011年3月10日，经过勘察论证和规划调整，都江堰市再次启动遗迹纪念地建设，对核心区进行清理、打围，遗迹核心区域标识标牌的设计制作安装及陈列展示、遗迹保护设计及地面工程的深化设计、项目招投标及实施等同步进行。5月12日前，遗迹核心区实现局部对外开放。2012年9月初，科普展示室筏板基础施工完成，正在进行减震墙体钢筋安装。10月，展馆主体、两处遗迹展示大棚、木栈道修建完成。

五　什邡市穿心店地震遗址纪念园

纪念园位于什邡市蓥华镇仁和村，占地约7.72平方公里，项目包括抗震纪念广场、地震遗址区加固和遗址区基础服务设施等。抗震纪念广场项目建筑面积20026平方米，有胡锦涛2008年5月18日在什邡市穿心店地震救灾现场讲话的纪念碑、气势磅礴主题浮雕群、形象逼真模拟地震倒塌的造型、催人泪下的“5·12地震诗歌墙”，还有大型液晶电视墙滚动播放抗震救灾及灾后重建的内容，总投资3761万元。地震遗址区加固项目，保护加固了倒塌方式、毁坏程度极为多样的大型企业的车间厂房、各类办公楼、医院、学校、影剧院、民用建筑等，视觉冲击力极强。

穿心店抗震纪念广场项目是从四川蓥峰实业股份有限公司的废墟上清理出来的一块用地，建筑面积20026平方米。该广场位于穿心店地震遗址规划范围内的一座在地震中严重倾斜的两层楼房右下方，因此该抗震纪念广场同样具有视觉冲击力和振奋精神的价值。2010年5月10日，广场的土建工程和主题浮雕群等竣工。2011年4月28日，“5·12地震诗歌墙”竣工。建成后的纪念广场，左面公路一旁是抗震救灾主题浮雕群，正前方是40平方米大小的LED液晶电视墙，滚动播放什邡及整个四川抗震救灾及灾后重建的画面，播放胡锦涛在穿心店抗震救灾现场的讲话。雕塑墙前面是纪念碑，雕刻有胡锦涛在穿心店救灾现场向全世界发出的“任何困难也难不倒英雄的中国人民”这一振奋人心的号召。纪念碑高25.2米。广场中央有一些钢架模拟地震倒塌的造型。右面是抗震救灾及灾后重建的巨幅照片。广场北面墙体上是“5·12地震诗歌墙”，长51.2米、高2.28米，镌刻了精选的20首震后抗震主题的诗作。这些诗作或激昂，或哀婉，或清新，书写出爱与希望、重生与坚强。

穿心店地震遗址区保护加固项目由华优建筑设计院设计，四川第六建筑有限责任公司承建。2011年2月7日开工，9月30日完工（见图220）。

图220　什邡市蓥华镇仁和村穿心店地震遗址纪念园

（朱庆　摄）

六　青川县东河口地震遗址公园

青川县红光乡东河口村位于青川县西南部。震前，东河口村三元坝、天井里、后院、马城府、王阳坪、高家山6个村民小组、332户1220人错落有致地分布在王家山以及河谷地带，金（子山）唐（家河）公路贯穿全境，清竹江（河）穿境而过。地震巨大能量从汶川映秀经北川传播至青川县，多条挤压逆冲断裂和多个推覆构造体在东河口集聚爆发形成，持续时间长达80多秒，地表破裂错距达2米，造成多处山体整体崩塌或滑坡、塌方、泥石流、地陷，整个区域山河改观，地震烈度达到10度，造成4个组184户房屋和村民、过往行人、东河口小学师生等共计670余人被掩埋其中。专家认为，该地集中展示了地震造成的崩塌、地裂、隆起、断层、褶皱等多种地质破坏形态，是汶川特大地震中地质破坏形态最丰富、地震堰塞湖数量最多最为集中、伤亡最为惨重的地球应力爆发形成的地震遗址群。山体运动造成的滑坡和泥石流形成了石板沟、东河口、红石河等36个形态万千的堰塞湖；在众多地震遗址中具有典型的代表性和鲜明特点，是研究地震类型和科考的重要基地。

2008年6月2日，国家旅游局人员到青川考察，青川县旅游局提出申请，请求支持在东河口建立一个新的遗迹景区。征得国家旅游局同意后，7月14日，四川省国土厅在成都组织召开了汶川大地震首个省级地质公园评审会。青川地震遗址公园通过评审，成为汶川大地震首个以地震遗址为主题的省级地质公园，也是国家首个全面反映地震遗址的主题公园。9月，青川县委、县政府成立“青川东河口地震遗址公园”保护和建设办公室。浙江省支援青川县后，对该项目予以重点支持。

2008年9月6日，浙江省援建指挥部委托浙江大学风景与城市规划设计院编制《东河口地震遗址公园建设性规划》，划分保护区域，确立保护和建设的关系，并为东河口地震遗址公园的建设提出详细方案。公园规划区的范围：北部以清竹江北岸山脊线为界，西至清竹江上游前进乡乡政府驻地古城，东抵清竹江下游关庄镇镇政府驻地沙坝，南部基本与马公乡乡界一致；清竹江南岸以南岸山脊线为界，红石河以其两岸山脊线为界，涉及关庄镇、红光乡、石坝乡、马公乡和前进乡，规划总面积约160平方公里。

根据东河口地震遗址纪念中心的地形地貌条件与遗迹资源分布情况，结合“纪念、缅怀”的主题内涵，规划功能结构为“一带多点”（“一带”为地震纪念带、“多点”为地震遗迹景观点）。地震纪念带长约500米，由“川”字广场、诗词路、爱心广场等节点串联起地震缅怀带，表达纪念地震、传递爱心、缅怀亲人之情。主要项目包括景区入口、地震石、“川”字广场、诗词路、爱心广场、地震一刻雕塑群、祭祀台等。地震遗迹景观点包括飞来石、生死线遗迹观察点、村庄遗址、学校遗址、主塌方体遗址等。根据功能定位以及现状资源，公园内分为“三区一带”，即地震旅游接待区、水上运动休闲区、石佛公园游憩区和滨水景观带。地震博物馆与旅游接待中心位于关庄镇西北，南面为主干道公路，西面与关庄镇客运站毗邻，交通便利，自然环境优越。

青川县东河口地震遗址公园一期工程由浙江省投资556万元全额援建。2008年9月下旬开工，11月12日开园仪式在东河口举行。书法家景岳为公园题写了“青川县东河口地震遗址公园”。2009年9月24日，温家宝考察公园后评价说，“这里用山崩地裂来形容一点都不过分”，“遗

图 221　青川县东河口地震遗址公园

（徐涛　摄）

址公园的建设是一件很有教育意义和纪念意义的事情”。2010 年 2 月底，东河口地震遗址公园二期工程完成招投标，规划总投资 1275 万元，其中 1000 万元为浙江省援建资金。3 月 2 日，二期工程开工。4 月，二期工程完成游客中心、导视系统、解说系统等基础设施和爱心诗廊、遗址广场、纪念广场、爱心广场、抛射残石阵等景点建设。作家马识途为纪念碑题写了“大爱崛起”碑名（见图 221）。

至 2010 年 5 月 12 日，该遗址公园已接待来自美国、日本、韩国、澳大利亚、加拿大等 10 多个国家和重庆、云南、甘肃、陕西等 20 多个省（市）的科研人员和游客 65 万人（次）。9 月 17 日，全国旅游景区质量等级评定委员会评定青川县东河口地震遗址公园为国家 AAAA 级旅游景区。公园先后被确定为全国科普教育基地、省级地质公园、四川省青少年地震科普教育基地、四川省防震减灾科普教育基地、成都理工大学地质灾害科研教学基地和市级文物保护单位。

第二节　纪念设施建设

在汶川特大地震抗震救灾斗争中，从受难者到救援者，从国家领导人到普通老百姓，从军人、专业抢险人员到志愿者，从中华儿女到国际友人，他们身上所展示出的顽强、勇敢、坚韧、团结、友善精神，是珍贵的精神遗产。建立纪念设施以兹纪念，是对生者的慰藉，也是对遇难亡灵的追念、缅怀和尊重。

一　地震纪念场馆

建立地震纪念馆，一方面可给地震科学研究提供翔实的资料，为人类进一步了解地震，掌握地震规律，解决地震预报难题做出贡献；另一方面可用遗址遗迹遗物铭记灾难、死亡，进行反思，弘扬以人为本、关爱生命的人文情怀，展示和宣传患难与共、血浓于水的中华民族精神。

汶川大地震纪念馆　该馆位于建川博物馆聚落内，为纪念汶川大地震而建。建川博物馆，全称建川博物馆聚落，位于大邑县，聚落占地500亩，坐落于国家级历史文化名镇安仁镇。2008年6月12日，汶川大地震特展馆对外开放，从筹备到开馆仅用8天时间。特展馆突破传统单元式陈列方式，以5月12日至6月12日这一个月的日记为展出提纲，以地震灾难、救援、灾后重建为线索，通过千余幅图片、4万余件地震灾难和救援实物，真实记录汶川地震的场景以及全体抗震救灾民众的泪水与汗水，定格巨大灾难降临时中华民族凸现出来的大勇和大爱。

纪念馆新馆于2009年5月11日正式向游客开放。纪念馆新馆由北京奥运会主场馆“鸟巢”中方总设计师李兴钢担纲设计，建筑面积3000余平方米，投资3000万元。30多个展厅，分为震撼5.12—6.12日记、地震美术作品馆、地震科普馆等，包括实物、照片和文字等，再现抗震救灾过程中一幕幕感人至深的场景。展出物品中有永远停留在地震发生时刻的座钟、被滚石砸瘪的运钞车、从废墟挖掘出的学生日记、书包、鞋等各类工作学习生活用品、“可乐男孩”薛枭喝过的空可乐罐和抗震救灾部队、医疗队所用过的救灾工具、获得的荣誉锦旗，温家宝指挥救灾时用过的扩音话筒和他在直升机上使用过的军用地图等。通过这些珍贵实物的永久展示，全方位、多角度反映这场大灾难，体现中华民族在灾难面前所呈现出的空前凝聚力和顽强不屈精神。纪念馆以汶川地震震级为参照，模拟真实的地震现场。观众进入封闭的模拟地震厅后，在视觉、听觉、触觉上，能身临其境体验地震发生的实时场景，感受到山崩地裂的恐惧，并能让体验者“闻”到地震的“气息”。

青川地震博物馆　地震首破点起于汶川映秀，止于青川县东河口。为铭记地震灾难，再现抗震救灾历程，弘扬抗震救灾精神，展示灾后恢复重建成果，记录各级领导对灾区人民的关怀和社会各界的关爱，青川县委、县政府决定在距东河口3公里的青川县关庄镇建设青川县地震博物馆，兼具“东河口地震遗址公园游客中心”项目的功能。项目列入2010年浙江省援建项目实施计划。

青川地震博物馆是青川县灾后恢复重建的重点项目，是东河口地震遗址公园创建国家地震地质公园和AAAA级旅游景区的必备项目。该项目由浙江省全额资金援建，占地面积8170平方米，由展示馆、管理中心和4D影院及室外广场等构成，总建筑面积5697平方米，投资4164.43万元。

2009年11月14日，青川地震博物馆奠基。2010年3月3日工程正式开工，8月2日工程竣工验收。11月，博物馆向全国公开征集布展文物和资料，进入室内布展阶段。

建成后的青川地震博物馆包括参观接待及纪念馆两个部分。参观接待部分设接待大厅、接待室等用房。博物馆设序厅、展厅、地震模拟体验厅、下沉展厅、内庭院、研究室、档案、文物修复、标本制作、管理办公以及相应的配套服务设施等。整个博物馆以物质形态对整个抗震救灾过程进行全方位、永久性记录。通过展示地震文物、地震景观、相关图片等资料的形式记录汶川大地震。建筑安全结构为二级，8度抗震设防，建筑使用年限为100年。

汶川映秀地震纪念馆 映秀地震纪念馆是广东省东莞市对口援建映秀镇的“交钥匙”项目，属于映秀镇纪念体系中新建的纪念项目。该项目由华南理工大学建筑设计研究院设计，设计标准按8度抗震设防，并采用了成熟先进的抗震技术、机构及材料，包括框架结构、框架—抗震墙结构形式、阻尼消能减震器的消能减震设计等。地震纪念馆的定位是自然、平和、静谧，植根于大地的地景式建筑，包括纪念馆和纪念陵园两部分。项目用地面积1.23万平方米，其中纪念馆用地8800平方米、纪念陵园用地3500平方米。纪念馆的总建筑面积为5148平方米，是一座2层的半覆土建筑，建筑高度11.3米（见图222）。项目总投资5488.96万元。2009年12月16日工程开工，2010年10月10日竣工。

图222 汶川映秀地震纪念馆
（广东省援建指挥部 提供）

二 纪念雕塑

灾难主题有利于将人性、生命、友情、民族和爱国情愫的表现推向纵深，以实现视觉冲击力和传播学意义的灵魂打动。雕塑自身的物体力量和纪念性功能，也让灾难主题的表现凸现了自身的门类优势。地震发生后，雕塑家创作出了大量雕塑作品，举办多次雕塑专题展出。

大型玻璃钢雕塑《握手》 2008年5月16日，胡锦涛乘飞机抵达绵阳，慰问灾区干部群众，看望抗震救灾一线的部队官兵和医护人员。温家宝到机场迎接胡锦涛。以此为背景，天水市麦积山美术馆雕塑家张北平历时 120 天，制作了胡锦涛与温家宝“握手”雕塑。这座大型玻璃钢雕塑，高 2.98 米、宽 1.68 米，重 1 吨多。张北平将其捐赠给了汶川大地震纪念馆。

骨灰雕塑《生命之花》　汶川地震吞噬了 6 万多个鲜活的生命（不含失踪人员），其中就包括一对花样年华的孪生姐妹——琦琦和佳佳。2009 年 5 月 12 日 14 时 28 分，大地震一周年之祭，这对漂亮姐妹的生命在“生命之花”雕塑中得到了延续。她们再获重生，傲然绽放。这朵“生命之花”，是用双胞胎姐妹的骨灰精制而成的——国内首例骨灰雕塑。柔嫩的花蕊，从花瓣缝隙中顽强地向外生长，似乎有点违背常规，不过，据制作者舒勇解释，这是他有意为之，象征着从地震中扩散出来的无所畏惧的生命张力。舒勇说，他一共创造了 3 朵“生命之花”，两朵大的，一朵将捐赠给四川地震博物馆，另一朵将捐给国家博物馆；那朵小的则要留给遇难小姐妹的父母亲。“它就如同一张照片，摆放在案头，看到它，他们就看到了自己的女儿……”

雕塑《大爱永生》　2009 年 5 月 12 日，“5・12”抗震救灾纪念中心在绵竹汉旺正式揭幕，中心广场上的雕塑《大爱永生》成为人民抗震救灾的标志。雕塑分 3 处屹立，除汉旺东汽工业遗址纪念地中心外，还屹立在作品诞生地北京 798 艺术区和上海世博会“城市救援与和谐生活”主题馆，表明全球对于灾难救援的深刻关注。陆川在为世博会中国馆拍摄的 8 分钟电影《历程》中，汶川地震内容专门有镜头表现遗址上一只手呼救和天上一只手救援的表征性动作，这就是大爱永生。

地震发生后，林天强向德阳市领导建议：灾后重建应该从艺术的角度做一点工作。林天强赶到灾区，在汉旺镇的一个橱窗看到一张照片，拍的是一只手从地下伸出来，是在挣扎，也是在呼救。这让他相当震撼，也受到启发：生命在灾难面前看上去很脆弱，但是生命是不屈服于这种灾难的，生命依然坚强！生命依然永恒！灾难终将过去，大爱永远存在！所有这些就引发了被他称为《大爱永生》的作品创意：一只纤弱而美丽的小手从废墟里顽强地伸出来，上面有一只强壮有力的手与之相连接，这是心手相连，也是救援救赎。从哲学意义上而言，这也是中华文化对人的重视和关心，二人为仁，仁是成熟社会的标志。林天强说，这个作品简洁有力，但是含意丰富：可以从中体会到生命的呼喊与不屈，体会到废墟外的人决不放弃，体会到血脉相连，生命不息，大爱永存！林天强还为之题写了“双手连心，天助自助。发展有道，文明如灯。希望不绝，大爱永生”的诗歌。

第三节　媒体宣传与文艺创作

震后，社会各界用各种形式，创作了大量颂扬生命、礼赞奉献、歌颂祖国的优秀作品，展现了灾难中团结抗争的人民群众和人间真情，弘扬了中华儿女万众一心、众志成城，不畏艰险、百折不挠，以人为本、尊重科学的伟大抗震救灾精神，成为精神家园重建的重要载体。

一　广播专栏节目

2008年5月12日在前往四川灾区的飞机上，温家宝指示：“媒体要如实、及时发布震情、灾情和救灾工作情况”。广电总局、中央人民广播电台、中国国际广播电台、中央电视台紧急部署抗震救灾及保障震后广播电影电视安全播出工作。灾后重建中，广播对精神家园重建事迹进行了大量报道。（参见图223）

图223　全国73家交通广播抗震救灾大型直播特别节目（广电总局　提供）

中央人民广播电台　地震发生后，中央人民广播电台推出了汶川大地震心理援助计划——“彩虹行动”，播出面向灾区少年儿童的心灵抚慰与心理救助系列节目，如《同在星空下·送给地震灾区的孩子们》《星空下的故事》《爱在天地间》《道德的力量》等。地震一周年之际，又推出《坚强四川，感恩中国》《重生——5·12汶川大地震周年祭》《回望山川，走向未来》等节目，反映灾区重建过程中的成就，唤起全国人民对灾后重建的信心。

中国国际广播电台　中国国际广播电台发挥语言优势，架起为灾区群众精神家园重建的桥梁。有代表性的专题有：心安之处是故乡——关注震后心理救援、“那些花儿，那些希望”“致2008汶川”——抗震救灾精神系列评论特别策划、“美在四川”全球知识竞赛活动等。

地震一周年，中国国际广播电台录制了纪录片《崛起》。全片分为“天地震撼”“汶川时间”、“生命至上”“信念坚守”“命运抗争”“大爱无疆”“前线后方”“共同家园”“四川雄起”“浴火重生”等10集，全面、纵深展示四川抗震救灾和灾后重建的伟大历程。2009年5月12日，为了反映四川震后一年恢复建设、重建家园的情况，该台动员组织“崛起的四川——5·12汶川地震周年国际广播电台外籍记者四川行”大型多媒体采访团，采访报道灾区民众生存、基础设施重建、羌族文化保护等恢复重建状况。

2010年，汶川灾后重建进入关键之年。1月、8月，为了向海外充分报道四川地震灾区的巨大变化，国际台派出多媒体、多语种记者组重返汶川灾区，集中采访灾后重建形势，开设“灾区重建”“震区新观察”特别栏目，关注灾区的基础设施建设、受灾民众安置、经济发展、学校建设、灾区群众心灵重建等内容。该台还在全球听众中举办了“我想去四川”才艺大赛，共收到近35万件海外受众参赛作品。根据国家“恢复重建精神家园”的工作要求，该台国际在线中文网于2010年上半年举行公益活动，关注灾区群众的心理援助工作，并对相关活动进行了报道。电台联手宝马爱心基金推出“助人为悦”爱心主题月活动，对灾区青少年提供可持续性的心灵陪伴。

汶川地震三周年之际，国际台开设了“汶川地震三周年”系列报道，其中包括“汶川·印象”“汶川·重建”“汶川·希望”“汶川·祝福”等小专栏，以及“汶川地震三周年特别报道”“外籍记者看重建”等专题。

地方广播电台　按照“先广播后电视、先无线后有线、先过渡后重建”原则，灾区广播电视系统职工全力投入抗震救灾，组织力量抢修广播电视设备，采取措施尽快恢复广播电视播出。

四川广播电台注重发挥音乐、文艺广播的精神激励、鼓舞作用，增加大量公益类歌曲，发挥了极大的宣传、鼓动、振奋作用，抚慰了民众心灵。各受灾县区广电系统抢修广电设备，恢复广播电视播出，架起临时信号接收天线，甚至临街搭建“帐篷电台”开办心理疏导节目，鼓励群众重返故里进行生产自救和重建家园。

甘肃广电总台广播新闻中心先后指派记者与甘肃省许多心理救治专家进行电话连线，以演播室访谈等形式疏导灾区老人、妇女和儿童因地震而产生的心理恐惧。2009年5月11—12日，甘肃广播电台“人生驿站”节目推出心理援助特别节目《重生》，邀请专业心理咨询师参与节目，选择《生命坚强》《希望》等励志文章与听众分享，同时开通热线接听灾区听众关于心理健康方面问题，与灾区听众进行心灵沟通。

地震发生后，陕西省广电系统不仅向全国、全世界播报有关地震灾情、抢险救灾的信息。随着灾后重建开始，及时调整报道重点，邀请赴四川地震灾区从事受灾群众心理辅导工作的志愿者、陕西心理学会心理健康委员会专家做客节目，为听众疏导心理问题，重新振奋精神，再沐温暖阳光。各地电台也发挥了报道在心理抚慰方面的作用，恢复灾区群众的信心。（参见图224）10家电台联手推出关注灾区儿童的特别节目。

图224　宁强人民广播电台及时报道地震灾损情况

（广电总局　提供）

二　影视媒体专栏节目

电视媒体在地震灾害报道中承担着无法替代的作用，通过电视画面，让人们了解震情、灾情，鼓舞士气，连接民众，寻找孤儿失去的家园。各电视台各具特色节目，推动了抗震救灾和灾后重建，激励了灾区群众精神家园的重建。

中央电视台　震后中央电视台选派多路记者徒步、乘车、乘直升机、乘冲锋舟深入灾区，通过海事卫星电话、卫星转播车发回报道，形成水、陆、空三栖报道格局。该台派往四川灾区的采访记者达556人次，其间联络18个地方台、150余名记者参与报道。

进入重建阶段，中央电视台重点报道灾后重建工作的举措、取得的成效；报道灾区人民众志成城、全力重建灾后美好新家园的良好精神风貌，及灾后重建过程中涌现出来的典型事迹。在灾区全面实施重建数月后，中央电视台组织新闻频道的众多主持人再次前往灾区体验采访灾区群众家庭，于春节前播出《温暖灾区行》《灾区过大年》等节目，将社会关怀带到灾区群众家中，给灾区民众以精神抚慰与鼓励。《新家园》则深入灾区现场零距离观察灾区细节，电话连线全面反映地震灾区一年间物质家园与精神家园发生的巨大变化。主题晚会“崛起5·12”则融合了新闻报道、人物采访等形式，反映了大地震发生后受灾群众之间团结互助、积极投身灾后重建的感人故事。（参见图225～226）

图225　中央电视台“激情广场”栏目走进剑阁

（四川省委宣传部　提供）

图 226　中央电视台“心连心”艺术团在四川慰问演出

（广电总局　提供）

该台还依托重点节目提升灾后重建报道的影响力，各档新闻专题栏目如“新闻联播”“新闻30分”“焦点访谈”“新闻调查”“东方时空”“小崔说事”“面对面”“新闻会客厅”“新闻周刊”“百姓故事”等从“发展型重建”的模式、政府的救灾经验和重建积累、灾区民众心理援助、志愿者遗书、灾区婚礼等不同侧面，以不同形式对灾区重建的进程、情感、困境和出路等方面进行深入关注和全面呈现。

29 期大型口述史节目《铭记》涉及家园重建、心理恢复、身体康复等内容。这些节目持续记录了灾区干部群众在震后乐观积极生活、克服困难重建家园的故事。还有关注灾后老百姓“心灵的重建”的节目《百姓故事》《与爱同行》《北川北川》《北川的爱情》《花落花开》《守望心灵》等。中央电视台 10 套“人与社会”系列节目《回望汶川》，通过《鼓舞》《特殊的志愿者》《漂亮妈妈》《村官老周》《爱的延续》《生死情缘》等对灾区参加重建的志愿者的采访，展现了汶川灾后重生的希望。

为了纪念地震一周年，2009 年 5 月 10 日，中央电视台播出《三百六十五个祝福》，继续弘扬“万众一心、众志成城”的伟大抗震救灾精神和民族精神，充分表达了全国人民支援灾区重建愿望，抚慰灾区人民的情感，推进了灾后重建。

2010 年 3 月 31 日，中央电视台“心连心”艺术团为汉中市的父老乡亲献上一场主题为“走在春风里”的大型文艺演出。通过慰问演出，鼓舞灾区人民斗志，树立战胜困难勇气，早日完成恢复重建任务，建设美好家园。

地方电视台 地方电视台在灾后重建报道中发挥了不可替代的作用。四川、甘肃、陕西等省的电视台不仅自身投入全力采访制作了一大批急需的电视节目，而且配合中央电视台的采访报道和制作活动，提供了大量的视频音像资料。

四川电视台根据抗震救灾进入灾后重建阶段，适时推出多组宣传片，如《救援篇》《医护篇》《爱心篇》《精神篇》《关爱篇》《感谢篇》《重建家园篇》等，在两个频道群滚动播出。2009年5月12日，四川电视台卫视频道、新闻资讯频道播出《坚强奋进走向未来》大型新闻节目，展现汶川地震一周年来灾区自强不息、自力更生，援建者与志愿者友爱互助的精神以及灾后新家园、新面貌。与中央电视台注重全局视野、全面兼顾报道策略不同的是，四川电视台发挥自身地理优势，以平民视角、本土意识、个体观照（比如“摩托男”结婚的报道），展现人性的光辉，让人感动，催人奋进。

甘肃广电总台电视新闻综合频道“法治视线”栏目、经济频道“健康之友”栏目、“家园”栏目制作了相应的专题节目，对灾区不同层面干部群众出现的心理恐慌等症状进行引导。“法治视线”栏目先后制作《流动法庭，为灾民重建家园保驾护航》《文县灾后重建记》《保灾后重建促和谐发展》等节目，起到了很好的心理疏导作用。电视新闻中心先后播发的有关新闻有《成县：‘阳光天使’加大心理干预助群众度过心理应急期》等30多条次，电视其他频道结合不同栏目的定位先后制作播出有关心理干预节目近30多期。电视新闻《成县：‘阳光天使’加大心理干预，帮助群众度过心理应急期》主要报道救灾部队中的68202部队成立“阳光天使”服务队，帮助群众进行心灵重建的活动。该台相关频道还制作了报道灾后重建的节目《重走灾区看变化》《在心灵的废墟上坚强站立》等。

重建开始后，2008年6月12日，陕西电视台编辑电视专题片《不屈——陕西抗震救灾备忘录》，记录了抗震救灾、重建家园的感人故事。11月3—12日，与中央电视台合作在央视新闻频道播出的大型直播公益节目《温暖灾区行》，对汉中灾区恢复重建、救灾物资发放、广大灾区群众积极开展生产自救等情况进行现场直播报道，在冬天到来之际再次唤起全社会对灾区群众的关注。在地震破坏严重的情况下，陕西省的县级电视台克服巨大障碍进行物质重建与精神重建的宣传。

三 电影、电视剧制作

震后，中宣部和广电总局调整全国各上星频道黄金时段电视剧播出安排，要求省级以上卫视频道播出一些基调高昂、鼓舞士气、振奋人心的主旋律电视剧。影视剧界也迅速行动起来，组织拍摄制作影视剧，为灾区人民送去心理慰藉。

广电总局电视剧司优先办理有利灾区群众精神家园重建题材的影视作品。中央电视台影视剧频道聚集各界力量，不到一个月就完成了《震撼世界的七日》从筹划申报到制作播出的全部环节。该剧讴歌英雄的或者不幸的生命，抚慰国人伤痛的心灵，其播出有力地团结了全国人民，对众志成城开展抗震救灾、灾后重建产生了积极的影响。山东电影电视剧制作中心拍摄的电影《北川重生》，真实刻画了山东人民和北川人民在救灾和援建过程中展示的不屈不挠、自强不息的精神风貌。影片获中宣部“五个一工程奖”。

中央新闻纪录电影制片厂灾区摄制组先后拍摄了灾区灾害景象、危机心理干预、部队及台湾医疗队救灾及灾区群众安置、灾后重建等素材，制作了 90 分钟的数字电影，以及《生死时刻》《救援在行动》等专题片、纪录片。八一电影制片厂拍摄纪录片《为了生命》，重点描述了地震发生后 14 分钟，全军启动应急机制，总参谋部关于迅速组织军力投入抗震救灾的命令就下达到了部队。接到军令不到 9 个小时，先后就有 2 万多名解放军和武警官兵从多个方向进入灾区展开救援。2010 年 1 月 21 日，该片在中央电视台 6 套节目首播，这既是对抢险救灾的追记，更是对灾后重建的鼓舞。

北京科学教育电影制片厂录制心理救援方面的《地震之后：心心相连》等 3 期节目并迅速播出，另制作了《百科探秘》之《感动童心》《走近科学：抗震系列——点燃心灵的烛光（三部曲）》《重建天日——5·12 大地震心理救援者口述》等片，有力地支援了灾区人民的心灵重建。

中央电影制片厂、科学电影制片厂也为中央电视台科教频道提供“灾后心理救援”等节目。

四　文学创作

灾后，作家、诗人创作了一批为抗震救灾呐喊鼓劲的文学作品，写出了在灾难面前，中华儿女战胜灾难、重建家园，营构和谐社会、逐步完善自我的伟大精神。文学评论家、鲁迅文学院教授何镇邦说：“地震发生后，关于抗震救灾题材的文学作品层出不穷。虽然它们形式各异，有诗歌、报告文学，也有长篇小说，但却有一个共同点，那就是凸显精神重建、文化重建这个主题。”

抗震救灾时期是网络文学空前活跃期。各家网站积极举办各种地震文学活动，各位网友热情创作以地震为题材的诗歌、散文、报告文学、摄影等作品，并迅速在网络空间传递开来。官方网媒新华网、人民网、光明网等，商业门户新浪网、雅虎网、腾讯网等，以及天涯社区、猫扑 BBS、百度贴吧、新浪博客、QQ 群空间、文学网站、校园网站等都是网友们表达情感的平台。在网友们的积极创作、上传、发布、点击、评论、转发中，各种样式的文学作品得到快速传播。各种地震文学作品，用网络文学的形式表达人们的爱心，抒发人们的情感，鼓舞人们的斗志，用每一份真诚的爱与祝福抚平每一颗受伤的心灵。

创作活动　地震发生后，作家奔赴灾区体验生活，收集创作素材。灾后重建过程中，作家再赴灾区，感受“奇迹”，一部部触及作家心灵的作品由此诞生。

“名家看四川、聚焦新家园”活动。2009 年 5 月 8 日，中国作协主办“名家看四川、聚焦新家园”系列采访活动，组织作家重访灾区，把灾区人民执着顽强、不屈不挠重建家园的信念和精神传扬给全国人民，以文学的形式为灾区人民重建家园加油、鼓劲。采访团在青川县东河口地震遗址公园时，中国作协华夏文学基金会“金叶育才图书工程”在现场向广元市、青川县的 20 所中小学师生捐赠了价值 100 万元的各类图书和书架。

“名家看四川、书写新家园”活动。在汶川地震发生两周年前夕，19 个对口援建省（市）选派多位作家参加四川省委宣传部、四川省作协主办的“名家看四川·书写新家园”作家采访活动。作家们实地采访，见证灾区在兄弟省份帮助和支援下开展灾后恢复重建所取得的成就和变化，亲身感受到灾区同胞逐渐走出悲伤阴霾，对未来生活充满乐观和自信。部分作家表示，要用手中的笔将此行的亲历见闻和所思所感展现出来，用援建的精神书写援建，以文学的形式为灾后重建做出贡献。安徽省作协副主席许辉以此次采访的收获为主要内容创作了报告文学作品《皖松一家亲共建新家园》，全面反映安徽和松潘人民共同进行灾后重建的壮举。

见证重建奇迹、探求奇迹成因——灾区重建青年作家采访活动。2011 年 5 月 21—27 日，中国作协组织“灾区重建青年作家采访团”，14 名“80 后”作家重赴汶川、北川、绵竹、彭州、都江堰，走进这片曾经饱受磨难的大地，凭吊遗址，考察新城，穿行社区，走访农家，时时处处感受着“中国力量”“汶川奇迹”“科学重建”，并为灾区在物质重建、精神重建上的努力和成就所打动。“大地震把家园变成废墟，共产党把废墟建成乐园”，成为采访团青年作家们的共识。灾后的精神文化重建，是采访团青年作家比较关注的一个重点。大家在采访中看到，灾区的精神文化重建与物质重建同步进行、互相促进，各地切实加大藏羌文化、非物质文化、群众文化的重建力度，并通过打造特色文化品牌，展示灾区新形象、新面貌，恢复灾区文化记忆。四川籍青年作家赵勤说：如何让灾区人恢复原有的生活状态，在好房子里过上美好的精神生活，是重建的重要内容。南飞雁、马萧萧、骷髅精灵等作家表示：在抗震救灾中，中国作家没有缺席；在灾后精神文化重建中，中国作家也不应当缺席，而应当有所作为。

“心系汶川”征文公益活动。2008 年 5 月 15 日，人民网的读书网页发起“心系汶川”征文公益活动，受到全球华人网友的广泛关注和热情参与。网友通过邮箱、论坛、传真、信函等各种途径投来稿件万余篇，其中 70% 是诗歌体，在人民网上共编发刊登投稿 3000 余篇。投稿作者有高层领导、知名作家、军队战士、灾区救护人员、普通教师、中小学生、海外华侨……遍及各个领域，包含不同地区，投稿作品发自肺腑，饱含深情，许多诗歌在网络上一出现便被广为传诵。正如《人民日报》副总编陈俊宏在发布会所说的：“人民网网友包含富有深情的文字通过网络、电视等媒体不断传播再传播，感动着亿万人民和观众的心，可以说感动了整个世界。它是一种思想精神，是一种文化的传扬。”人民网总裁何加正在《汶川情·中华魂——人民网“心系汶川”征文诗歌精选》公益出版发布会上表示：“通过网友的来稿，我们看到了在震区，在神州大地，在世界各地发生的有关舍己为人、生命救助和抗震救灾的真实故事，看到亿万网民对灾情与受灾同胞的真心牵挂，对在地震发生时刻闪耀着人性之光的英雄的关注，对党和国家领导人坚定果断地指挥全国抗震救灾伟大壮举的敬佩，对人民子弟兵的感激，对白衣天使的钦佩，对那些面临灾情无私奉献人们的赞扬。”

“我的 5·12”网络作品大赛。2009 年 4—7 月，国务院新闻办网络局和四川省委宣传部、四川省政府新闻办指导全国相关网站共同举办“我的 5·12”网络作品大赛。通过作品大赛的动员组织和征集参与，引导更多的网友关注“5·12”灾后重建，学习“5·12”中国精神，感恩驰援灾区的无疆大爱，形成关心“5·12”、学习“5·12”、支持“5·12”和感恩致谢的浓厚氛围，为灾后重建凝聚力量、鼓舞人心。征文内容分为文字、图片、视频三大类，其中包括“我”心目中“5·12”汶川地震中的英雄，“我”和“我”身边与有关“5·12”的感人故事，“5·12”所见、所思、所想，对家乡关切，对亲人牵挂，对汶川关注，对灾后重建支持以及重建美好新家园的突出成绩和精神风貌等。在征文大赛中，中央、地方各家主办的新闻类网站都挂了相关专题和征集专贴。中央网站人民网、新华网的作品数量较多；商业网站中凤凰网的征文数量较高，总共有2300多篇作品。地方新闻网站中，四川新闻网、东方网、西部网等网站，网友反映积极，其中四川新闻网征集到作品千余篇。从征文统计情况看，网友对文字类作品和图片类作品投稿尤为踊跃。

长诗《汶川故事》　作者为《星星》诗刊主编、诗人梁平，首发于汶川地震三周年之际。该诗具有浓烈的“史诗”情怀。它将灾后重建的现实场景，切入历史的纵深，用“故事笔法”展示一个又一个感人至深的镜头，具有一种客观面对灾难的品性与力量。它所呈现出的面对灾难的社会群体精神涅槃与民族气度，是由来已久的自然和人类的抗争与挑战，是文明进程中命运和时代的涌动与思辨。有评论家认为：《汶川故事》还是一部与苦难抗争的中华民族的心灵史和情感史。

报告文学《羌之红——北川重生羊皮书》　作者伍松乔，首发于汶川地震三周年之际，是关于新北川重建的第一部全景报告文学力作。该书系统梳理了北川三年重建的轨迹，零距离、全方位地记录和解读北川重生，再现了北川新县城从选址、规划、建设直至“开城”以及羌族同胞从绝望走向新生的全过程。

长篇小说《重生》　作者河北省作协主席关仁生，首发于汶川地震三周年之际。《重生》以唐山、汶川、玉树三地地震的人物和故事为背景，从救灾写到重建，呈现不同地域、不同民族、不同文化的人们在抗震救灾中的大爱精神和人性美德。小说分为“生命涅槃”“重生之光”“大爱无疆”三部分，以时间的顺序来展现汶川大地震发生之后，山东籍解放军战士童刚和羌族姑娘宁晓岩之间生生死死、恩恩爱爱的故事，歌颂了废墟上的爱情和重建家园的理想主义情怀，同时弘扬中华民族一方有难、八方支援的光荣传统，展现人性的光辉和人间大爱的力量。

诗歌《孩子　快抓紧妈妈的手》　2008年5月13日上午，一只废墟中垂下的孩子的手触动了24岁的山东青年苏善生，他用10分钟时间完成了《孩子，快抓紧妈妈的手》，发表在百度“地震吧”里。诗歌迅速被各大网站转载。网络空间的快速转载与传播，使得作品转发与作者署名“脱节”，诗歌转贴之处，都引来无数跟帖，网络开始了寻找诗歌作者行动。有网友说，这诗让人读来心痛，他很想知道作者是谁；也有网友表示，真的是看不下去了，看一次，流一次眼泪，流泪的时候还担心被办公室里的下属看到。诗歌的影响还远不止于网络，多家电视台的专题节目中都出现了它的身影。《广州日报》编辑部一位新闻工作者说，前两天他下班后已是凌晨时分，回到家打开电视，正好电视台的专题节目中在配乐朗诵这首诗，听着听着，想起地震中的那些瓦砾堆下的孩子，想起“拱身护子”，留下一条“宝贝，如果你活着，一定要记得我爱你”的短信，然后悄然逝去的母亲；想起香甜地吮着亡母乳头的孩子，不禁潸然泪下，不能自已。他和许许多多被感动的读者一样，真的非常想知道到底是谁写下了这样催人泪下的诗句。其实，受到感动的人还有很多很多，甚至有市民开始用短信传递这首无名的网络诗歌。为了向这位在大灾面前写尽人间大爱的作者致敬，《广州日报》还联合旗下大洋网发起寻找诗歌作者的特别行动，请各大网站、网友和广大读者积极提供线索，让大家一起替所有在地震中失去孩子的妈妈和失去妈妈的孩子，向作者说声谢谢。

报告文学《雄起》 作者熊小立地震后即投入新华社抗震救灾的工作，到7月12日已整整忙碌了62天。两个多月的时间里，他每天坚持在工作之余挤出一两小时，把自己所做、所见、所听、所想以自己的方式记录、拍摄、书写，并在新华网四川频道上源源不断地发表作品，服务于抗震救灾斗争大局。从他自己在62天里接触的人和事中，精选了109位英雄式的抗震救灾人物，站在人文和巴蜀景观的角度，向全世界网民，讲述震撼世界的62天里的故事。端午节那天，他完成了长篇网络纪实报告文学《雄起》（上部），并于当天下午开始在新华网四川频道上载，新华网总网和多家网站予以链接，新华手机报也予以转载。《雄起》上、下部写作和链接的历史资料计40余万字、图片约3000幅。

散文《江油的笑脸墙》 中国作家协会会员、江油市作协主席蒋雪峰，以清新的文笔记录了共青团中央选派到地震灾区挂职的团中央干部曾松亭到江油后，搭建一个由“政府—社会组织—企业”三方组成的平台，以志愿服务的方式为灾区人民排忧解难的故事。在江油市最大的京江板房社区安置点里，白发苍苍的老人、顽皮的孩子、瘦弱的妇女，在党和政府的关怀下、在援建者的帮助和志愿者的服务下，他们脸上露出的或活泼或羞涩或腼腆的笑容。曾松亭和志愿者们把这些笑脸都留在一面墙上，反映了灾区人民面对灾难自强不息的坚强乐观精神风貌，展现了志愿者平凡的举动所折射出的美丽心灵，见证了这一场声势浩大、艰难持久的抗灾攻坚战，见证了空前团结的民族精神和坚不可摧的中国力量。作者在文中写道：“在汶川、在北川、在江油，在给我们水稻、爱情和自豪的土地上，到处都将是春风吹又生的笑脸，因为，站在我们身后的，是强大的祖国。”该文发表在《求是》杂志2009年第4期，获求是杂志社文化编辑部和嘉兴市委宣传部联合举办的“南湖杯·辉煌30年”散文有奖征文三等奖。

五　戏剧音乐创作

地震发生后，根据中宣部的部署，文化部紧急组织由国家文艺院团知名艺术家组成的抗震救灾体验生活小分队于2008年5月25日到达四川地震重灾区，开始为期两周的体验生活行动。6月3日下午，文化部抗震救灾小分队全体成员在成都太平寺机场受到中共中央政治局常委李长春接见。7月15日，中宣部在京召开“弘扬抗震救灾精神、坚持正确文艺创作方向”座谈会。全国上下创作出一批鼓舞精神家园重建的文艺作品。

大型话剧《坚守》 由中国国家话剧院、成都艺术剧院联合创作，国家话剧院副院长王晓鹰导演。该剧讲述了成都地区一个山村在遭受地震灾难时，村长挺身而出，舍弃家人而援救群众和外来游客，在紧急关头团结全村群众，战胜死亡恐惧和食物饥荒，最后获得营救的故事。颂扬了坚守职责、坚守良知、坚守信念、坚守生命的崇高品质。2008年6月15日，该剧在北京海淀剧院首演，先后巡演于天津、重庆、长沙、武汉、成都、西安、杭州、上海、广州、福州、南昌、济南等28个城市，演出85场，观众达10万余人，给观众以强大的心灵震撼与战胜灾难的鼓舞。

抗震救灾歌曲专辑 2008年6月28日，辽宁省音乐家协会、新歌诗杂志社、音乐生活杂志社共同录制的两版抗震救灾歌曲专辑首发。专辑收录辽宁近百名词曲作家、演唱者为灾区创作的20多首歌曲，热情讴歌抗震救灾精神。两张专辑歌曲作者既有老一辈音乐家，也有新时代的业余音乐人。作曲家王卓含泪谱写了撼动人心的歌曲《中国心，民族魂》；部队词作家、《长江之歌》作者胡宏伟在汶川体验生活16天，创作了包括《伸出我的手，紧握你的手》、《烛光里，我为你祈祷》等几十首歌词；青年作曲家吕威一气呵成完成了《中国赤子》的创作；词作家韩冰在医院病床上创作出多首抗震救灾歌词。

川剧《大爱·国魂》 2008年7月21日15时，由四川省川剧院创作演出的抗震救灾主题川剧《大爱·国魂》，在成都市新生路省川剧学校剧场举行首场演出。该剧是川剧院特别创作演出的抗震救灾、重建家园主题戏剧，是全国首台表现汶川地震的戏剧作品，也是四川灾区的专业艺术院团推出的首部抗震救灾戏剧艺术品。

大型交响合唱作品《大地安魂曲》 《大地安魂曲》由关峡作曲，刘麟和宋小明作词，历时一年完成，是中国第一部“安魂曲”。2009年5月12日，中国交响乐团与四川交响乐团合作，在国家大剧院音乐厅首演。

六 书画摄影创作

中国美术家、书法家在灾难发生后迅速行动，以爱心投入创作，用手中的笔记录可歌可泣、感天动地的历史瞬间，弘扬悲壮激昂、大爱大义的时代主题，抚慰颗颗受伤的心灵，传承抗震救灾、家园重建的伟大精神。汶川地震期间，许多经典摄影作品广为流传，传递着一个个的感人瞬间。抗震英模火炬手朱建国忍泪拍下的《心手相连》，被美国《时代》周刊亚洲版作为该刊汶川地震报道的封面，国内外多家媒体相继转载，并在网上广为流传，引起强烈反响。四川日报报业集团在赈灾义卖活动时将这幅照片制作成巨幅公益海报。2008年6月3日，《解放军报》一篇题为《四个感人瞬间发生在同一个团》的报道，介绍了“敬礼娃娃”郎铮、“总理给她让路”的女孩宋馨懿、“芭蕾女孩”李月以及“最柔情的微笑”照片背后的故事。新华社记者陈燮拍摄的那个挤在混凝土块缝隙里的中学生照片，被新华社播发后很快就成为各界为地震灾区募捐的海报用图，而更多的手与手相牵、心与心相连的特写照片，更被用于各种抗震救灾的相应场合，感动着更多的公众，抚慰着受伤者的心灵，成为精神家园重建的题材。

感恩·重建——纪念5·12汶川大地震一周年全国美术作品展 2009年5月9日，由中国美术家协会、四川省委宣传部、四川省文联主办，四川省美术家协会、四川美术馆承办的“感恩·重建——纪念5·12汶川大地震一周年全国美术作品展”在四川美术馆开幕。同年2月中国美协发出征稿通知后，展览组委会共收到初评作品4000余件。经过评选，170余件入选，优秀作品40件。此次展览的全部作品，紧紧围绕感恩和重建两个主题，塑造和展现了中华民族在艰难困苦面前不屈的斗志和顽强的精神以及灾区大地山河重光的美景。展览首日便吸引了千余名艺术爱好者和市民到四川美术馆参观。开幕式前一个多小时，就已经有很多市民在大厅里等候。开幕式一结束，大量人潮便蜂拥进展厅，他们在一幅幅作品前驻足、欣赏、拍照，再次为此感恩之情、重建之志而深深感动。展览持续到24日结束。

“四川更加美丽”四川美术书法名家优秀作品展 2010年5月5—18日，该展览在北京中国人民革命军事博物馆二层西厅举行。展览由四川省委宣传部、省文化厅、省文联主办。共130余幅美术作品、80幅书法作品参展，全部作品由200余位在川及川籍美术、书法名家历时一年、深入地震灾区采风后创作完成。

“走进灾区发现最美”大型纪实摄影采风活动 2011年3月20日，为收集灾区重建成果，反映灾区新貌的最新摄影作品，四川省委宣传部、省文联主办了“走进灾区发现最美”大型纪实摄影采风活动，邀请中国摄影家协会副主席张桐胜、美国国家地理学会会员陈功等30位摄影家参加。摄影家们走进四川省各个重灾地区拍摄了数千幅作品。

瞬间永恒——“5·12”汶川特大地震三周年大型纪实摄影展 2011年5月9日，该摄影展在四川博物院开展，展现地震灾区重建成果。从数万幅作品中选出512幅参展作品，不少参展作品都已经在全国影展中获奖，参展作品《北川中学“红旗不倒”》被中国国家博物馆收藏。整个影展共分为4个主题区，前3个主题区——“昔日山河”“家园倾覆”“重建之路”采用对比手法，对从物质到家园的原貌、被毁、重建的过程进行诠释，而影展的第四部分“四川精神”则通过孩子们的笑脸、搬进新居、新县城风貌、新生活、新家园等，全面展现了三年重建成果。

巨幅油画《热血五月·2008》 作品长20米、高2米，由中国油画院院长杨飞云及艾轩、王沂东领衔创作，以抗震救灾为主题，借助写实画派的艺术追求和创作特性，截取自真实的现场画面，呈现了抗震救灾中全国人民众志成城、奋力抗灾的悲壮情景。整个创作过程历时10天，2008年5月26日，油画完成，并对外展出。

绘画集《美丽的花朵》 2009年5月28日，在地震一周年暨首个全国“防灾减灾日”到来之际，由上海市对口支援都江堰灾后重建指挥部和都江堰市委、市政府主编的《美丽的花朵》画集，在都江堰市人力资源市场板房里首发。地震中，都江堰市中小学生成为灾后心理创伤最为严重的群体之一。重建中，都江堰市教研室在上海市对口支援老师的协助下，根据绘画在灾后心理干预和治疗中的特殊作用，在全市中小学校开展了“抚平伤痛、展望未来”的绘画艺术抚慰治疗活动。活动中，让学生充分表达情绪，自由地画出自己的想法，鼓励学生大胆再现自己的痛苦、紧张、恐惧和焦虑，引导他们重拾梦想，坚定生活信心，帮助他们树立创造未来的意识。活动于2008年9月启动，12月结束。全市近50所学校的万余名学生参加，收到600余幅极具感染力的作品，从中挑选出150幅汇编成《美丽的花朵》出版。画册出版后，孩子们把画册送给关心他们的温家宝爷爷。温家宝很快回信，信中说：“你们签名赠给我的画集《美丽的花朵》收到了，非常感谢。当我看到你们精心创作的作品时，我的心被深深地震撼了。这不是一般的画作，是你们在那场悲壮的抗震救灾中亲身经历的真实写照。你们敢于面对灾难，充满战胜困难的信心和勇气；你们在废墟中站立起来，挺起不屈的脊梁；你们把痛苦和大爱深深埋在心里，化作前进的力量。你们幼小的心灵经过磨难，变得更纯洁、更庄严、更坚强、更美好。你们已经懂得要以坚忍不拔的意志努力做一个有用的人，去帮助人们过上更好的生活。你们就是在这片灾难的土地上绽放出的最美丽的花朵，就是国家和民族的未来和希望”。

摄影传递李月的芭蕾梦　2008年5月15日，在曲山小学废墟中，在废墟下坚持了70多个小时的李月被救援人员发现。她意识清醒，左腿已经发黑发紫，李月和家人坚持“保腿”，因为李月有个芭蕾梦。然而，专家判断腿已经坏死，必须截肢。李月因此而痛苦、绝望。在残奥会开幕式上，我们看到了另一个李月，她以另一种方式实现了她的芭蕾舞之梦。四川发生地震以后，北京奥运会开闭幕式副总导演、北京残奥会闭幕式执行总导演张继钢看到照片中的李月和报道中那句“虽然地震夺去我的左腿，但是我永远不放弃芭蕾梦想”时，他想要把李月邀请过来。张继钢如此解释这个舞蹈的意蕴：“芭蕾舞演员失去了腿，就失去了跳芭蕾最重要的部分，我们就让全体聋人用他们的双手去‘跳’，大家在整个意向上可以感受到，李月是上身的舞姿，全体聋人孩子是她永不停止的芭蕾舞脚尖，我们觉得这样做还不够，又请了中国最好的芭蕾舞王子，让这位芭蕾王子高高托举起李月，在空中不停地旋转，实现这个孩子的梦想。”李月以她的坚强、乐观，完成了残奥会开幕式上的优美舞步，完美诠释了张继钢的构思。

第三章　自力更生重建家园

地震来临，灾难面前，灾区人民展现了不屈的精神，灾区党员干部展现出特别讲大局、特别讲付出、特别讲实干、特别讲纪律的精神。面对灾后恢复重建的艰巨任务，灾区干部群众奋发图强，自力更生，没有去等、去要、去靠，把援建当包建，而是在地震废墟上勇敢地站立起来，安置受灾亲人，恢复生产重建家园。（参见图 227）川、甘、陕三省的一些非受灾市州，也在省委、省政府的领导下开展省内对口援建，“无灾区帮助有灾区、轻灾区帮助重灾区、一个市（州）帮一个重灾乡（镇）”。四川省安排省内宜宾市等 13 个市（州）分别对口支援广元市朝天区等 13 个重灾县（市、区）的一个重灾乡（镇），支、受援双方积极主动地开展对接工作，通过多层次、

图 227　四川灾区群众自力更生建设家园

（发展改革委等　提供）

多形式的沟通和衔接，合力推进省内对口支援工作（参见表27）；到2010年9月30日，累计省内对口支援资金3.04亿元，完成投资2.82亿元。甘肃省确定未受灾的市州及省内国有大型企业对口支援陇南、甘南8个重灾县（区），开展技术、人才、管理、资金、产业开发等方面的专项帮扶30余项。陕西省建立内援机制，明确援建内容，组织安排西安等3个市、陕西有色集团等3个大型国企，累计投入3亿元资金对口支援宝鸡市陈仓区、勉县等6个受灾县（区）灾后重建。面对地震灾难，广大灾区人民不等不靠、顽强自救，在残垣断壁、废墟瓦砾上建立起了美好新家园。

四川省省内对口支援关系一览表

表27

支援方	受援方	支援方	受援方
宜宾市	朝天区羊木镇	自贡市	苍溪县三川镇
达州市	游仙区魏城镇	内江市	盐亭县柏梓镇
南充市	梓潼县许州镇	资阳市	三台县新鲁镇
乐山市	中江县辑庆镇	攀枝花市	旺苍县五权镇
凉山州	罗江县金山镇	眉山市	九寨沟县草地乡
泸州市	元坝区昭化镇	广安市	宝兴县硗碛乡
遂宁市	金川县安宁乡		

第一节　灾区群众不等不靠自强奋进

汶川地震灾后重建开展后，灾区各族群众在全国人民大力支持下，共赴危难，共克时艰，不等不靠，用自己勤劳的双手重建家园，表现出“特别能吃苦、特别能战斗、特别能创新”的一种泰山压顶不弯腰的英雄气概。

曾喊出“有手有脚有条命，天大困难能战胜”的时代强音并受到国务院总理温家宝赞赏的青川县黄坪乡枣树村独臂农民石光武及其聋哑妻子张正芳，用水泥加固未垮塌的墙壁，在塌掉的偏房地基上，找来旧木料、砖头恢复重建两层小阁楼，成为震后全村第一个搬进新家的村民，重建的小卖部也于地震当年国庆节重新开张。村民们被石光武夫妇的精神所感动，重建住房积极性空前高涨。在深圳打工的姚桃成、陆爱夫妇，震后回家重建家园，恰逢浙江省出资援建的160个蔬菜大棚发包，承包者只需交纳土地租金，大棚、种子和种植技术都由浙江省提供，妻子说服丈夫第一个报名承包20个蔬菜大棚。他们夫妇认准了这条路，引进几样高端品种，主打宾馆酒店蔬菜经营。

曾在抢险救灾中喊出“哪怕只剩下一把骨头，也绝不屈服”豪言壮语的平武县农民企业家张洪建，他经营的木材企业先后遭遇汶川大地震、文家坝堰塞湖排险、“7·16”特大洪灾、泥石流4次灭顶之灾，4次遭灾，4次重建，屡毁屡建，锻造了企业精神。通过重建，企业年产密度纤维板达6万平方米、产值8000万元，带动6000余名农民从事营林生产，年为农民增收500余万元。平武县平通镇牛飞村羌族汉子赵林宅院门楣上挂起“灶淋酒家”和“民俗旅游定点接待”牌子，后院酿酒的大锅正在沸腾，醇厚的酒香沁人心脾。2008年岁末，正在平武考察灾后重建工作的中共中央总书记胡锦涛走进赵林家，信步于堂屋、厨房、酿酒作坊之间，详细了解赵林一家生产生活情况，还品尝了一口赵林自酿的苞谷酒。

四川星慧建设有限公司工程部副经理杨禹奎，受命担任四川省灾后重建重点项目——省道106线川西旅游环线大邑段C标段项目负责人。他带领项目部全体施工和技术人员，精心组织，科学管理，克服种种困难，按期完成了任务，节约施工成本100余万元。施工期间正赶上村民春灌保苗时节，他组织项目部人员帮助村民放水灌田，为施工沿线村民的水稻按时、按季满栽、满插赢得了时间。当地村民得知项目部前期工程建设由于让路农业生产使工期受到影响的情况后，积极主动支援工程建设。

绵竹农民在江苏省农业专家赵亚夫的指导下，搞起了现代高效农业，使得原来1亩收入800元增长到现在的1000多元。当地农民由衷地说：“要致富、找亚夫；留住赵亚夫，四川准能富。”绵竹市孝德镇年画村重建后，村里吃年画饭的人由原来的200多人一下子猛增到2000多人，一条百姓致富的产业链悄然形成。

从废墟中救出12人的汶川县“映秀好人”、59岁的杨云青，一家10口不幸遇难，200万元的家产也损失一空。然而，灾难并没有摧毁他的斗志，他与老伴刘明玉白手起家，在国道213线旁开起了简陋的震中板房饭店。映秀新镇拔地而起后，他又把饭店搬进了新城。映秀成为旅游新地后，寻着口碑而来的新老顾客，让他家的“震中饭店”天天爆满，生意兴隆。

彭州市龙门山镇宝山村14村民组黄家秀老两口，原来住在高山上，靠务农为生，一年只有3万元的收入，现在她家搬进了平坝别墅，2010年接待游客收入就达到8万元。

广元市利州区三堆镇马口村是贫困村灾后重建试点村，村民刘应祥承担重建工作物资管理任务，白天忙着奔市场、找厂家，晚上熬更守夜看守物资，白天黑夜连轴转，却从不叫苦喊累。

康县王坝乡李家庄村通过灾后重建改善了农村交通和环境条件，全村有30多户农民购买了三轮车、农用车跑运输，有10多户农民开起了饭馆和商店。成县黄陈镇苇子沟村，灾后重建使村子交通便捷了，全村50多个青壮年，发展经营核桃、养殖、蔬菜等产业；花椒、茶叶和药材也成为该村农民的“聚宝盆”。文县碧口镇通过灾后重建促进了产业发展“路线图”的形成，很多村民结合退耕还林政策投资承包荒山坡，营造花椒、茶叶园，走上了创业增收之路。

灾区群众不仅是地震灾害的承受者，更是重建奇迹的创造者。“坝坝会”“板房夜话”，协商式民主改变自上而下的决策程序，群众意见得以充分表达。“一事一议”“一执行一监督”，议事型民主让矛盾和纠纷大大减少。开放、民主、参与、监督的现代观念和公民意识，在灾后重建中萌发、积累、传播。

第二节　基层党组织战斗堡垒作用

绵阳市在灾后恢复重建中开展培养1000名农村党员致富先锋、表彰1000个先进基层党组织、评选1000名优秀党务工作者、塑造1000名优秀党员的“四个一千”活动，同时推进“挂包帮”活动，4.6万名党员干部联系2553个村、102个社区，联系服务群众10.94万户计37.4万人。广元市在集中安置点建立党组织195个，与援建队伍联建党组织123个，在重建项目工地上建立党组织425个，建立产业党组织302个。苍溪县文昌镇白岩村党支部重新设置3个党小组，分别负责宣传动员、规划设计、具体问题协调等。青川县黄坪乡枣树村党支部成了全县第一支党员义务服务队，采取“小活自己干、大活帮着干、技活请人干”的方式带领群众重建家园。他们四处联系建筑材料，分组帮助群众修建农房。支部书记罗义碧垫付私人存款7万元，帮助20余户村民完成住房重建。罗江县白马关镇结合党建工作、群众监督、特色农业，开展“党员传帮带、帮贫结对、党员先锋示范岗”活动。崇州市组建78支“党员突击队”“党员服务队”，修建道路、疏通涵洞、修建电力设施；设立500多个党员先锋岗，划分300多个党员责任区，帮助群众重建家园。都江堰市12万农民受灾，近8万户房屋倒塌或损毁，需要农房重建资金100多万元。该市大胆改革，推行农民出宅地基、城里人出钱、成果共享的“城乡联建”的政策，解决资金问题，深受群众欢迎。四川灾区各级党委组织部门采取有力措施关心爱护干部，实施“灾区基层干部心理援助计划”，组建“灾后专家服务团心理服务组”，派出5支队伍在极重灾和重灾县（市、区）设立社会工作站，服务党员干部1万余人次。茂县5000余名党员在重建一线喊响“我是党员、向我看齐、对我监督”，克服交通不畅、暴雨泥石流等困难，奋勇争先、超常工作，成为重建的先锋骨干。北川羌族自治县擂鼓镇茨沟村，农房重建初期，不少群众都在观望，村党支部决定试点永久性住房重建，实行“统一用机械拆除危房、统一用车辆清除废墟、统一开挖宅基、统一安装水电、统一选购建材和补贴建材必需品运费”。茂县坪头村党支部创造性地提出民主议事模式，推行“统一规划、统一建设、统一管理”的模式，成功打造“水风羌寨”。（参见图228）

图228　基层党组织在救灾现场举行宣誓活动
（选自汶川地震灾后恢复重建主题展览）

北川羌族自治县灾情惨烈，遇难党员1600名，95%以上的党员干部家庭破碎不全。北川百废待兴，县委把79名在抢险救灾中不怕牺牲、敢打硬仗的干部火线提拔到领导岗位上来，省、市也从各地选拔、派遣600名干部支援北川。当县委将1000多面党旗交到党员干部手中时，很多人都流泪了，他们向组织庄严承诺：“一定要把鲜红的党旗插在灾后重建的第一线，让党员明确肩上的责任，让群众感受到党的温暖！”县民政局长王洪发，强忍失去儿子、姐姐等20多位亲人的巨大悲痛，一头扎进灾后重建烦琐事务里，走遍23个乡（镇）的每一户需要救助的家庭。3年间，在王洪发和同事们的努力下，全县416名伤残群众安上了假肢、600多名残疾人有了工作、3万多人有了民政优抚保障。在地震中失去父母、妻子、女儿14天后才获知消息的北川羌族自治县漩坪乡党委书记张康奇，亲人的照片一张没留下，他难耐思念，请求志愿者中的画家按照他的描述画了一张“全家福”，时刻揣在怀里，领着乡亲们争分夺秒重建家园，开发了1000亩玫瑰园和10万亩红豆杉。地震当年初冬，北川有14万余名群众散在各地，由于通往唐家山堰塞湖上游的“生命线”擂禹路因大雪封山道路不通，御寒物资迟迟运不进去，县委组织上千名干部群众，肩挑、背扛、车拉、马驮，一步一步地翻越雪山，短短几天时间，就把一批批御寒衣被及粮油送到大山深处受灾群众的家里。

20世纪50年代入党、全国劳动模范、75岁高龄的彭州市龙门山镇宝山村党委副书记贾正方，震前带领全村自力更生创办集体企业26家，有固定资产40多亿元，宝山村被评为全国文明村，可地震来临时，村庄、企业瞬间被摧毁，损失高达27.8亿元,54人遇难。在惨烈的灾难面前，他主持召开全体村民誓师大会，立下誓言：三至五年，一定重建一个比原来更好的新宝山！灾后重建开始后，他带领100多名村民背沙石，每天要走30多公里山路，抢修受损的电站，72小时装机成功发电。村委会体谅国家建设过渡房安置的困难，鼓励村民自己动手修建住房，并给每个村民补助5000元。震后一年，宝山村15个生产组，集中修建了适合发展旅游的13个聚民点；震后两年，宝山村实现工农业总产值25亿元，人均收入超过3万元。

汶川县白果坪村党支部书记杨克富带领党员群众克服困难，完成全长17.8公里的开山引水工程。修建过程中，有一段悬崖没有路，杨克富二话没说，系上保险绳，攀上悬崖绝壁打眼放炮、开山劈岭，率领大伙儿终于打通这条“汶川红旗渠”。汉源县以集中安置点村党支部为主体，每名党员公开承诺办一两件实事，先后组织80多支移民搬迁和灾后重建党员服务队，走访移民和因灾返贫低保户1060户，帮扶困难家庭843户，解决群众热点、难点问题676个；唐家乡党委书记李忠勇在灾后重建中带领党员干部，为解决“谁的资金有困难、谁的地基不好落实”而四处奔波。

汶川县映秀镇黄家村党支部书记连富强带领党员起早摸黑，帮村民保暖加固过渡房。他妻子高烧转肺炎，乡亲们将她送进医院，两星期后连富强才抽空去医院探望。望着妻子憔悴的病容，他流下了愧疚的眼泪。在地震中失去父亲、儿子的映秀镇副镇长吴拥军承担协调和保障工作，每天从早到晚都在工地上奔波，每当思念亲人的时候，吴拥军总是盯着掩埋家人的废墟默念片刻，再悄悄抹去眼角的泪水，继续埋头苦干。

都江堰市向峨乡棋盘村女支部书记李天平，用坚强托举希望，在多方奔波下，由成都市国土局牵头负责的棋盘村永久性安置房援建项目开工，一年后竣工。村民搬进新居，张贴起对联“蒙党恩华居落成千般好，承国运齐家幸福万事兴”。天马镇党委书记竹柯坚持“白加黑”工作法，把办公室搬到田间地头和农户院坝，探索出“拆小院并大院、依托林盘搞重建、节约耕地谋发展”的灾后重建“天马模式”。

绵竹市遵道村党支部书记朱俊明家的竹编厂在地震中受损，损失 38 万元。震后，他带领群众走上重建致富之路，投入 10 万元建起 19 间玻璃钢厂房，重新开始了竹编生产。平武县飞牛村 20 多处水源只剩下 2 处，83 户村民无饮用水，村支部书记王小平带领全村群众自力更生，通过架设临时管道解决饮水困难。彭州市磁峰镇皇城村党支部书记王顺富身患股骨头坏死病，走路不便，仍战斗在重建一线，探索出“土地银行”模式，解决了重建农户土地流转难题。江油市铜星乡菩提村 26 岁女大学生村干部赵丽娜，引导群众发展小米椒种植项目取得成功，每亩收入 4500 元；2010 年，她当选为村主任。

重建任务非常繁重，大多数灾区基层党员干部都处于一种超负荷工作状态。平武县移民办主任罗世斌在地震中有 11 位亲属不幸遇难，却一直战斗在响岩镇武都水库移民区，负责响岩镇搬迁工作与 1300 户农房重建工作，同时还负责通村公路建设和武都饮水工程改造工程建设，2008 年 10 月因劳累过度而去世。2009 年 1 月，什邡市政府办公室干部刘庆禄，因过度劳累引发突发性脑出血去世。

宁强县广坪镇党委书记李阳，在灾后重建开始后，组织多方力量，一面进行规划、设计、选址，一面化解随时出现的各种矛盾。农户住房重建遇到资金困难，她协调信用社为全镇 1500 多户发放贷款 5400 多万元；住房重建需要大量建筑用砖，要从 500 多公里外的咸阳筹集调运，她组织人力包车皮、雇车辆，连续 4 个月，她既当指挥员，又当战斗员。家里刚建好的房子在地震中倒塌，家中财产荡然无存，她是全村最后一个领到救灾帐篷的。金山寺村党支部书记王显勤，其妻地震后心脏病加重，因为忙着村里的事，陪妻子看病的事只好一拖再拖。当一位在广坪查看灾情的镇领导得知这一情况后，当即拿出 2 万元钱捐给王显勤，让他给妻子看病，但是他却毫不犹豫地将钱捐给了村里，并对其他村干部说：村民盖房正缺钱，家里的事再大也赶不上村上的事大。

图 229　建成后的青川县黄坪乡枣树村（刘通　摄）

2008年8月，青川县黄坪乡枣树村挂出两条标语："出自己的力，流自己的汗，自己的事情自己干"，"有手有脚有条命，天大的困难能战胜"（见图229）。这两条标语，代表的是灾区人民共同的心声，宣示的是灾区人民自强不息的精神面貌，喊出的是灾区人民自力更生、艰苦奋斗重建家园的决心。

第三节　企业履行社会责任

灾后重建开始后，四川灾区建材企业为灾后重建开足马力，积极发挥现有产能，全省12户重点建筑钢材企业、312户规模以上水泥企业、1500户规模以上重点制砖企业，震后全部恢复生产，产能达到震前水平。四川省经委为落实省政府加快灾后重建项目进度、确保建材供应量的要求，新规划布局水泥生产线75条、产能9360吨，规划建筑用砖项目760个、产能380亿匹，共同推进和加快项目建设。地震当年年底有22条水泥项目建成投产，绝大部分砖厂均于2009年春节前后建成投产。该省还通过加大财政资金投入推动建材企业生产供应，地震当年从省工业发展资金中拨出1.55亿元支持灾区水泥、建筑用砖及建筑钢材等建材生产企业的项目建设和生产流动资金贷款贴息或补贴；2009年，又从省工业发展基金中拨出1320万元，支持灾区重点建材生产企业加快项目建设。截至2011年9月底，2420个规模以上受损企业中，有98.3%的企业恢复生产，10704个生产力布局与产业调整项目完工98.2%。中国二重、阿坝铝厂等一批重点骨干企业借机推动技术升级、产能扩张，再创生产经营新高。

东方电气集团是国有大型企业，地震造成东汽300余名职工和家属遇难，2200多台设备受损，经济损失数十亿元，手里还有几百亿订单等着兑现，但东汽人挺起脊梁做压不垮的巨人。震后第3天，东汽在北京项目招标会上拿下价值3亿多元的"震后第一标"，让中外业主大吃一惊。东汽组织人员兵分8路，走访100多家老用户，向老用户传达东汽没有被震垮，争取用户支持，签下238亿元订单，并立下誓言，两年还社会一个新东汽。至震后第12天，东汽为尽早恢复生产，硬是从汉旺废墟中抢出关键设备800多套、转移价值100多亿元生产资料。东汽82岁老厂长丁一拿出几十年积蓄的20.7万元存单交给厂里，捧出了一个老创业者滚烫的心。震前东汽与298名大学生签约，震后东汽坦诚相告现状，表示可以重新选择，但298名大学生全部报到，立誓要把东汽震后建设作为实现人生价值的起点。地震当年深冬季节，东汽百日劳动竞赛告捷的时候，中共中央总书记胡锦涛来到东汽。得知东汽当年实现产值100亿元，他频频称赞成绩来之不易，体现了工人阶级大无畏的英雄气概。总书记的关怀，激励着东汽干部职工向着"四个一流"（管理一流、技术一流、质量一流、设备一流）目标迈进。2010年，东汽作为主包方制造的岭澳二期国内首台百万千瓦超临界空冷机组在电厂成功并网发电；东汽风电制造基地在天津、酒泉、通辽等地相继建成。震后的十里东汽变成了百里东汽、千里东汽，产值从2008年的108亿元增长到2010年的200亿元，成功克服了汶川地震的影响和国际金融危机的冲击。2010年5月，一家著名跨国公司的总裁来到中国，看到灾后的新东汽，惊叹道：“这样的工程、这样的速度只有在中国才能实现啊！”

甘肃省政府专门下发省内对口支援方案，确定省内国有大型企业定点对口支援本省受灾县区。陕西企业在省内援建中发挥了重要作用，重点支援中央组织的对口支援以外的县区。陕西有色集团在自身受灾的情况下对口支援勉县 2000 万元灾后重建应急资金的同时，又支援 5000 万元用于勉县 1447 个项目的建设。陕西延长石油集团有限责任公司为陇县解决援建资金 5000 万元。陕西煤业化工集团援建千阳县的 22 个项目，援建资金 5000 万元。据《陕西日报》报道，千阳受灾群众称叹“是陕煤化集团帮助咱们渡过了难关”。

第四节　实现再生性跨越

2011 年，四川省委书记刘奇葆在国防大学作题为《四川：从悲壮走向豪迈》的报告。报告分为科学救灾、科学重建、科学发展 3 个篇章，讲述了四川省委贯彻中共中央的决策，团结和带领坚强不屈的四川人民抗震救灾、灾后重建和科学发展的事迹。刘奇葆指出，科学救灾创造了人类抗灾救灾历史上的伟大奇迹，四川抗震救灾经历了 3 个阶段，具有 3 个特点，即抢险救援急、安置群众难、恢复重建重，打了抢险救人、安置群众、道路抢通、卫生防疫、防治次生灾害、维护灾区稳定这 6 场硬仗，创造了人类抗灾救灾史上的一大奇迹。刘奇葆表示，四川省的科学重建工作成绩突出，向中央和全国人民交出了一份“四川答卷”。他从 6 个方面介绍了灾后重建的艰苦历程和取得的成果，包括“世界性难题”——重建规模空前、难度空前；“决定性胜利”——重建进展顺利、基本完成；“历史性巨变”——重建规划科学、质量优良；“突破性进展”——重建民生飞跃、百姓满意；“再生性跨越”——重建原地起立、发展起跳；“优越性窗口”——重建全国支援、人类创举，实现了中央提出的“力争在两年内基本完成原定三年的目标任务”。在谈到如何实现四川科学发展方面，刘奇葆认为四川省在抗击汶川特大地震过程中走出了化危为机、崛起危难的跨越发展之路：一是打造西部综合交通枢纽；二是培育壮大特色优势产业；三是实施充分开放的合作战略；四是深化统筹城乡改革发展；五是着力保障和改善民生，特别是四川藏区的稳定团结、科学发展的工程上做了有力的工作。

四川省“再生性跨越”灾后重建模式，其内涵是着眼发展抓重建，抓好重建促发展，处理好恢复与提升、当前与长远、政府与市场、物质与精神、困难与机遇的关系，使灾后重建的过程成为改善发展条件、推动科学发展的过程，努力实现“原地起立”基础上的“发展起跳”。“再生性跨越”路径表现为“五个结合”，即把恢复重建与工业化城镇化和新农村建设结合、与优化经济布局结合、与转变发展方式结合、与充分开放合作结合、与改善宏观环境结合。“再生性跨越”是一条自力更生、艰苦奋斗的自主创新之路，根本目标是跨越式发展，根本方法是统筹兼顾，核心是以人为本、自强不息。“再生性跨越”的重建模式就是把恢复重建作为灾区发展的强大引擎和推动全省加快发展的重要契机，把全面、协调、可持续发展的要求落实到灾后重建各项工作之中，在全省广大干部群众中牢固树立起“抓重建就是抓发展”的新理念，“两手抓”（一手抓抗震救灾、一手抓经济社会发展）、“两个加快”（加快建设灾后美好新家园、加快建设西部经济发展高地），按照“三年基本恢复、五年发展振兴、十年全面小康”的总体目标，以优先解决民生问题为基点，着力推进住房重建、设施重建、产业重建、城镇重建、生态重建和文化重建，使“再生性跨越”重建模式开花结果，涌现出映秀镇和新北川县城的重建模式、都江堰市的城乡联建模式、绵竹市孝德镇和遵道镇的产业重建模式、青川县的生态重建模式、理县桃坪羌寨和甘堡藏寨的文化重建模式等。“再生性跨越”重建模式，使民居、学校、医院等民生项目设施全面上档升级，建设标准更高，基础设施根本性改善，防灾减灾能力明显增强，产业性结构得到优化，特色优势农产品生产基地、地震遗址旅游、乡村旅游在灾区蓬勃兴起。“再生性跨越”的“四川模式”，为灾后重建提供了可以借鉴的成功经验，它将与改革开放后形成的具有中国特色的“深圳模式”“浦东模式”“苏南模式”等区域经济发展模式并存而载入史册！

第十五篇

恢复重建对口支援

第一章　对口支援极重灾县市

第二章　对口支援重灾县市

2008 年 6 月 5 日，中共中央政治局常委会召开会议，研究部署灾后恢复重建对口支援工作。会议指出，为加快灾后恢复重建，必须充分发挥社会主义制度集中力量办大事的政治优势，举全国之力；要坚持一方有难、八方支援，自力更生、艰苦奋斗的方针，按照“一省帮一重灾县”的原则，合理配置力量，建立对口支援机制，组织有关省市对口支援灾区，加快灾后恢复重建。13 日，中共中央、国务院召开省区市和中央部门主要负责同志会议，对开展恢复重建进行具体部署。中央在安排 3026 亿元中央财政重建基金的同时，决定由山东、广东、浙江、江苏、北京、上海、河北、辽宁、河南、福建、山西、湖南、吉林、安徽、江西、湖北、重庆、黑龙江、天津等 19 个省（市）和深圳市对口支援四川省的北川、汶川、青川、绵竹、什邡、都江堰、平武、安县、江油、彭州、茂县、理县、黑水、松潘、小金、汉源、崇州、剑阁等极重灾和重灾县（市）以及甘肃省、陕西省的重灾区。19 个对口支援省（市）快速启动对口支援工作，成立对口支援工作领导小组和前方援建指挥部，动员 35 万人的援建大军，采取省市统筹、市（区）负责，省市对口县（市）、市（区）对口乡镇的援建方式，积极为灾区提供人力、物力、财力、智力等各种形式的支援。

按照中央“一省帮一重灾县”的部署，援建工作依据支援方经济能力和受援方灾情程度，合理配置资源。各支援省市按照中央提出的每年对口支援实物工作量按不低于本省市上年地方财政收入 1% 考虑的要求，在提供规划编制、建筑设计、专家咨询、工程建设和监理，选派师资和医务人员，开展人才培训、异地入学入托、劳务输入输出、农业科技服务等软支援的同时，建设或修复城乡居民住房和教育、医疗、广播电视、文化体育、社会福利等公共服务设施，建设和修复城乡道路、供（排）水、供气、污水和垃圾处理等基础设施，建设和修复农业、农村等基础设施，提供机械设备、器材工具、建筑材料等硬件支持，同时按市场化运作方式，鼓励本省市企业在灾区投资建厂、兴建商贸流通等市场服务设施，参与经营性基础设施建设。受援地区自立自强，树立地方为主的思想，干部群众充分发挥自力更生、互帮互助、苦干实干、生产自救的精神重建家园。

对口支援，坚持以人为本、民生优先，坚持思想上尊重群众、感情上贴近群众、行动上依靠群众。从快速建成城乡住房到优先建设学校、医院，从保障群众基本生活到提供更多就业岗位，从关怀孤儿、孤老、孤残“三孤”人员到做好再生育服务，从崭新的城镇到漂亮的乡村，事事关系群众利益，件件惠及受灾群众。

对口支援，坚持科学规划、总体安排、分步推进，在科学规划、科学设计、科学施工的前提下，有重点、分步骤、高质量地推进；坚持因地制宜，注重引入先进理念与突出地方特色相结合，努力做到不留遗憾、不留隐患、不留包袱，经得起实践和历史的检验。汶川、北川、都江堰重建分别召开了国际性的规划论证会；北川新县城、汶川县映秀镇、绵竹市汉旺镇、松潘新城、汉源新县城以及投资 18 亿元建设的都江堰壹街区等，均是灾后重建的地标性建筑区。

对口支援，坚持“硬件”与“软件”相结合、“输血”与“造血”相结合、当前和长远相结合。基础设施事关受援地长远发展，建设贯通周边大中城市、连接经济圈的公路、桥梁是恢复重建的重要方面。广青公路、蒲虹公路、平武公路、三湘大道、吉林大道、川主寺过境公路、中原江油连心桥、龙潭沟大桥、穗威大桥、小鱼洞大桥、官宋硼堰取水枢纽重建工程、牟尼沟隧道、垭口山隧道等，投资巨大，为受援地解决了未来发展的大问题。为了给灾区造血、进行产业调整和升级，援建省市利用自己的产业技术优势，援建工业园、产业园、科技园，建成北川—山东产业园、上海—都江堰就业创业基地、汶川—广东工业园、北京—什邡产业园、辽安工业园、江油—河南工业园、湖南—理县下孟工业集中区、彭州—闽彭产业园等，帮助灾区招商引资，吸引东中部企业到灾区投资兴业。“授人以鱼不如授人以渔”，在精心实施硬件援建的同时，实施软件援助，为灾区开展党政干部和技术人员培训，开展教育、医疗卫生、科技、文化、商业、就业、公安干警援助等，实施旅游业拉动、环保培训、金融服务、规划支持、产业扶持、帮困送温暖、心灵关怀、心理重建、“绿色通道”等支援。

对口支援，坚持严格监管、阳光重建，把质量作为生命线贯穿重建全过程，在抓进度的同时，严把工程设计、施工队伍、建筑材料、施工建设、基建程序“五道关”，重视工程质量安全，坚持进度服从质量，确保重建工程经得起实践和历史的检验，成为放心工程。新建的大批项目，获得四川等受灾省和援建省市的优质工程奖，有的还获得国家建筑大奖。上海市援建的都江堰市医疗中心、山东省援建的北川羌族自治县人民医院、深圳市援建的陇南市人民医院住院部、广东省援建的汶川一中等荣获中国建筑工程“鲁班奖”；广东省援建的汶川县水磨镇获得联合国颁发的“全球灾后重建最佳范例证书”。

对口支援，坚持按客观规律办事，实施科学重建，创造了很多管理方法和经验，留下许多宝贵遗产，包括将尊重自然、遵循规律作为恢复重建的重要原则；将依法推进、加强监管，视为恢复重建的有力保障；科学组织，科学规划，从实际出发统筹安排；发挥专家学者的智力优势，提供技术支持；采用先进的科学规划设计理念、先进的抗震技术、先进的抗震材料和先进的施工工艺，加强工程质量监督管理，组织优秀的施工队伍进行重建；按照安全行为规范化、安全管理制度化、作业秩序程序化和防护设施工具化的“四化”要求，开展标准化工地创建工作；全面实施质量安全考评，举行建设工程项目质量安全大检查，树立“样板墙、样板房、样板楼”；让资金在阳光下运行，对援建资金实行三级网上封闭管理，以及资金异地审计社会公示，“提速不出轨”，等等。

对口支援，各路建设大军在艰苦环境中磨炼意志、锤炼作风，铸就了“顾全大局、忠于使命、不畏艰险、开拓创新、无私奉献”的援建精神。数十万建设者离开相对舒适的城市，不怕山高、谷深、坡陡、路险，冒着余震不断、山体滑坡、道路塌方、泥石流频发等危险，不怕气候潮湿、蚊虫叮咬、疾病传播，冒严寒、顶酷暑，无私无畏地奋战在建设一线。有人父母离世也未能见上最后一面，有人妻子住院仍坚持在援建一线，有人孩子高考未能守在子女身旁，有人晕倒在工地仍不肯后撤，有人为让受灾群众早一天过上好日子而永远长眠于斯。

按照中共中央、国务院的总体部署，灾区广大干部群众发扬伟大的抗震救灾精神，全党全军全国各族人民弘扬一方有难、八方支援的优良传统，至 2010 年 9 月，三年重建任务两年基本完成的目标基本实现。截至 2011 年 9 月底，全国 19 个对口支援省（市）共实施对口支援项目 4121 个，安排对口支援资金 856.63 亿元，其中支援四川省 805.07 亿元、甘肃省 30 亿元、陕西省 21.56 亿元①。“家家有房住、户户有就业、人人有保障、设施有提高、经济有发展、生态有改善”的重建目标基本实现。

① 此处数据为财政部提供。根据对口支援省市报送本卷编纂室的数据，19 个省（市）对口支援项目共安排资金 880.04 亿元，其中支援四川省 828.48 亿元、甘肃省 30 亿元、陕西省 21.56 亿元，超出财政部数据 23.41 亿元，为软支援方面资金。详见表 28 ~ 29。

第一章　对口支援极重灾县市

第一节　山东省支援北川羌族自治县

北川羌族自治县新县城是汶川特大地震发生后唯一一座经国务院批准异地重建的县城。北川重建，全国关注，举世瞩目。中共中央总书记胡锦涛3次到北川，指示“一定要把北川建设好”。国务院总理温家宝10次到北川，要求“再造一个新北川”。山东省举全省之力支援北川灾后恢复重建。截至2010年11月底，山东省对口支援北川恢复重建工作全面完成。山东省500多名援建干部、3.5万援建人员常驻北川援建一线，累计实施援建项目369个，其中“交钥匙”工程253个，完成投资57亿元；“交支票”工程38个，完成投资24亿元；人才智力支持和其他援建项目49个，完成投资1亿元；全省企业在北川工业园区投资项目25个，完成投资19亿元；加上前期过渡安置阶段板房建设和抗震救灾阶段援助灾区款物14亿元、“特殊党费”7.2亿元，合计援建实物工作量达到122亿多元。全面完成各项对口援建任务，实现三年任务两年基本完成的目标，北川新县城的大框架基本构成，城镇基础功能基本形成，创造了用1年零3个月建设一个新县城的业绩。

一　部署与组织

2008年6月，中共中央、国务院确定山东省对口支援北川羌族自治县灾后重建。6月14日，山东省委召开常委会研究援建问题，形成贯彻意见。20日，省委书记姜异康至北川考察时指出：“对口支援北川，就要把北川当成我们一个特殊的县来看待，北川的事情就是山东的事情，要举全省之力来支持”。7月13日，省长姜大明在北川主持召开对口援建工作座谈会，强调：“山东要举全省之力援建北川，不做表面文章，不摆花架子，要特别注重和追求实实在在的效率”。

2008年6月27日，山东省委、省政府决定设立山东省对口支援北川灾后恢复重建工作领导小组及工作机构。领导小组由姜大明任组长，省委副书记刘伟、副省长郭兆信、省长助理陈光任副组长，省委办公厅等29个部门单位的主要领导任成员，负责全省援建工作的领导、组织和协调。领导小组下设办公室和北川工作指挥部，李关宾任办公室主任，徐振溪任办公室副主任、北川工作指挥部总指挥。7月3日，由省委组织部从领导小组成员单位处级及以下党员后备干部或优秀干部中选派的45名援川人员到办公室及北川工作指挥部报到。山东省首批16名援川前线工作人员抵达北川。14日，经山东省委批准，成立中共山东省对口支援北川灾后恢复重建领导小组办公室委员会，李关宾任党委书记，徐振溪任党委副书记。参加援建的各设区市参照省里做法建立相应的领导和工作机构。

2008年7月25日，山东省委办公厅、省政府办公厅联合印发《山东省对口支援北川灾后恢复重建工作方案》的通知，明确援建工作目标、基本原则、主要任务、资金筹措及使用、职责分工、工作要求等内容。围绕“再造一个新北川”的目标，集中力量支援北川进行城乡重建、产业重组、社会再造，力争3年完成灾后重建的规划任务。从灾区群众的生活生产需要出发，坚持安全第一、质量第一，尊重民愿，体现民意，建设群众满意的居住和公共服务设施。科学制订对口支援灾后重建计划，统筹恢复重建和发展提高，统筹农村重建和城镇重建，统筹经济发展和环境保护。以恢复人民群众正常的生活生产秩序为重点，优先解决吃饭、饮水、住房、上学、就医等迫切问题，切实抓好恢复生产和基础设施援建。各级政府是对口支援建设工作的责任主体，要在发挥主体作用的前提下，通过市场化运作，引导和鼓励社会各方面力量积极参与对口支援北川灾后重建工作。尊重北川在重建工作中的主体地位。支援北川的实物工作量不低于上年山东地方财政收入的1%，加上社会捐赠款物，3年累计不低于90亿元，再加上工业园区项目建设资金，总投入在100亿元以上。为加快灾后恢复建设的进度，多数项目采用全额投资的形式进行援建，部分项目采用资金投入或补贴的方式由北川组织建设。

农户住房建设补助资金和新农村建设补助资金，由省、市两级社会捐助资金共同承担。省里集中的财政性资金主要用于新县城和工业园区建设。各市社会捐助资金剩余和新增部分，主要用于对口支援乡镇建设，同时按照省统一规划调度参与其他项目建设。

各设区市与乡镇的对口支援安排是：济南市—擂鼓镇，青岛市—曲山镇、陈家坝乡，淄博市—香泉乡，枣庄市—小坝乡，东营市—坝底乡，烟台市—漩坪乡、白坭乡，潍坊市—桂溪乡、贯岭乡，济宁市—马槽乡，泰安市—墩上乡，威海市—青片乡，日照市—桃龙藏族乡，莱芜市—开坪乡，临沂市—通口镇，德州市—白什乡，聊城市—片口乡，滨州市—禹里乡，菏泽市—都坝乡。北川羌族自治县行政区划调整后，再安排有关市对口支援新调整的乡镇。

山东省在援建方案确定后，通过一系列会议进行部署动员。2008年7月28日，山东省对口支援北川灾后恢复重建工作会议在济南召开。姜大明出席并讲话，刘伟主持会议，郭兆信、陈光和省援建工作领导小组成员、省直有关部门主要负责人以及各市市长、分管副市长、发改委主任、援川办主任、财政局局长参加会议。会议部署了全省对口支援北川恢复重建工作。

援建工作开始后，山东省领导多次至北川援建一线，考察调研援建工作，慰问援建队伍，并有针对性地就援建工作给予指示。姜异康3次至北川，多次对援建工作作出批示。姜大明4次、刘伟5次至北川考察慰问。省委常委、青岛市委书记阎启俊，省委常委、副省长王军民，省委常委、济南市委书记焉荣竹，省委常委、宣传部长李群，副省长才利民、郭兆信、李兆前、王随莲及省长助理陈光先后到北川一线考察指导工作。2008年6月20日，姜异康考察对口援建北川工作，举行座谈会并讲话。7月12—13日，姜大明在北川主持召开对口援建座谈会，提出对口援建的目标、原则、任务和急需抓紧落实的具体工作。8月7日，山东省对口支援北川灾后恢复重建工作调度会在山东省北川工作指挥部召开。郭兆信到会讲话，陈光及省、市援建前线指挥部负责人参加会议。28—31日，刘伟、郭兆信带领省直机关部门负责人至北川慰问援建人员，检查指导援建工作。

2008年12月27日，中共中央总书记胡锦涛考察山东省援建的北川桂溪中学施工现场并发表讲话，肯定山东省对口援建工作，提出要求。姜异康批示："总书记亲临北川视察我省援建工地，听取工作汇报，并发表重要讲话，为我们进一步做好援建工作指明了方向，这是对山东援建工作的充分肯定和有力鞭策，使我们深受鼓舞，深受教育。省援川办和前线指挥部要组织大家认真学习领会总书记的重要指示，切实抓好贯彻落实。要以总书记视察工作为动力，激励全省与援川同志奋发努力，创造性地开展工作，坚决完成好承担的各项援建任务。"姜大明批示："总书记的肯定，是对山东援川工作的鼓舞，总书记的希望，是对我省援川工作的要求。全省各级各部门要认真学习领会总书记的讲话精神，全力做好援建北川的各项工作，确保按时高质量地完成援建任务，让党中央放心，让人民群众满意。"刘伟批示："全力做好援助北川的各项工作，让中央放心、满意。要科学规划，科学组织，加快工程进度，确保工程质量。要认真做好确保灾民安全过冬的工作，确保受灾的群众有饭吃、有衣穿、有房住，不受冻、不挨饿。"

2009年4月1日，山东省援川工作会议在北川隆重举行。会议总结了山东省2008年援建工作，对2009年援建任务进行了安排部署，对先进集体和先进个人进行表彰。6月8日，姜大明、刘伟、郭兆信及青岛市市长夏耕、省长助理陈光等带领省直有关部门负责人，出席山东省援建北川新县城暨产业园区第一批项目开工仪式，标志着北川新县城建设正式启动。在与四川、绵阳、北川领导座谈时，姜大明表示，一定会举全省之力对口援建北川。虽然受世界金融危机影响，山东的经济运行面临一些困难，但无论遇到多么大的困难，援建北川的目标不会变、决心不会变、力度不会减，一定会按照原定方案完成中央交给山东的援建任务。

2010年1月11—12日，刘伟率领省委、省政府春节慰问团至北川，代表姜异康、姜大明看望慰问援建人员、医疗队员、支教教师和北川干部群众。郭兆信和省有关部门负责人参加走访慰问。刘伟指出，按照中央提出的三年重建任务两年基本完成的要求，2010年是对口援建工作的决胜之年，要采取倒排工期，确保如期完成援建任务；一定要本着对北川人民高度负责的态度，严把工程质量关，坚持时间服从质量，努力建设经得起时间、群众和历史检验的工程；要做好援建后续工作。4月10—11日，姜异康、姜大明率领山东省党政代表团到北川看望慰问援建工作人员，实地检查指导对口援建工作。四川省委书记刘奇葆、省长蒋巨峰陪同考察。在对口援建北川工作座谈会上，姜异康说：今年是恢复重建工作的决胜之年，要坚决贯彻中央关于三年重建任务两年基本完成的决策部署，全力打好北川新县城和产业园区援建攻坚战，确保2010年9月底全面完成援建任务。

2010 年 9 月 25 日，山东省对口援建北川灾后恢复重建项目交接仪式在北川新县城隆重举行。姜异康、刘奇葆出席仪式并致辞。刘伟向北川羌族自治县负责人递交了标志山东省援建项目完成的“金钥匙”，并接受北川羌族自治县赠送的锦旗。郭兆信主持交接仪式。四川省委常委、常务副省长魏宏，省委常委、秘书长、统战部长陈光志等出席仪式。仪式的举行标志着山东援建北川新县城工程全面结束并交付使用，山东援建任务全面完成。11 月 3 日，姜大明率山东省党政代表团到北川考察对口援建工作，并与蒋巨峰一道出席北川羌族自治县欢送山东援建干部仪式。仪式上，姜大明宣布：山东对口援建北川工作圆满完成，援建队伍胜利归建！

山东省在援建中把民生放在援建的突出位置，做到了“三个优先”。一是在农村援建中，优先抓好农户永久性住房建设，解决受灾农户过冬居住问题（参见图 230）；在乡镇援建中，优先搞好学校、医院、文化站、敬老院等公共服务设施建设；在新县城援建中，优先开工安居房工程。二是重点抓产业发展。着眼于不但要建设好新北川，更要为北川的长远发展、可持续发展打下基础，认真研究北川当地经济发展的条件和优势，分别对一、二、三产业发展援建了农业科技示范园、工业园区和商业步行街 3 个重点载体，启动发展的内在动力。创造了“山东速度”“山东质量”。山东省援建北川新县城，未出现一起质量安全事故，157 栋安居房主体工程一次验收合格。在援建农村和乡镇项目交付使用后，开展了多种形式的后续服务，确保发挥最大效能。

截至 2010 年年底，山东援建工程获四川省建筑工程最高质量奖“天府杯”79 个、“绵州杯”84 个、山东省建筑工程最高质量奖“泰山杯”46 个，所有援建工程均获四川省“结构优质工程”奖。2011 年，山东援建的北川羌族自治县人民医院获国家建筑工程“鲁班奖”。

图 230　震后重建的北川羌族自治县擂鼓镇吉娜羌寨

（山东省援建指挥部　提供）

二　北川新县城建设

北川新县城是灾后恢复重建的重要标志，也是山东省援建工作的重中之重。山东省领导姜异康、姜大明、刘伟、郭兆信、陈光等多次主持研究援建方案和项目，先后6次听取重点项目设计方案汇报。按照省领导“要密切关注国家对新县城选址的批复进程，提前介入、提前筹划、提前运作，为顺利启动新县城建设早做准备”的指示，山东援建大军不等不靠，积极参与，抓紧各项工作，为项目早日开工赢得了时间。2009年3月下旬，山东省援川工作领导小组批准省援川办报送的《关于启动北川新县城和工业园区等援建项目的请示》，确定山东省援建新县城包括40万平方米安居房、约37公里主要道路、15公里河道治理，以及主要公共服务设施、文化旅游、工业园区等在内的59个项目，计划总投资43亿元。后经调整和追加，最终为82个项目，计划总投资46.8亿元。从2009年6月8日开始，山东省17个市3.5万人的援建队伍在新县城工地，集中力量展开新县城援建攻坚战。

新县城总体规划方案　2008年11月，北川新县城选址方案获得国务院同意。受北川羌族自治县委托，中国城市规划设计研究院启动新县城及北川—山东产业园总体规划编制工作。12月10日，绵阳市委、市政府召开总体规划方案汇报会。次日，北川羌族自治县委、县政府召开北川羌族建筑风格研讨会。会议认为，新北川的建筑应充分体现出羌族风情和大禹文化两大特质，新县城要建设成为一座传承历史、开创未来的现代化新型羌城。

2009年1月10日，刘伟对新县城总体布局和规模、产业园区的区域和规模、主出入口建筑布置、道路建设、功能分区等方面提出修改意见。12日，山东省援建北川工作指挥部向北川羌族自治县和中国城市规划设计研究院发出《关于对北川新县城和工业园区总体规划意见的函》，中国城市规划设计院根据山东的意见对规划进行了调整。3月30日，四川省政府审批通过北川新县城总体规划，随后陆续开展修建性详细规划和各专项规划的编制工作。北川新县城规划到2020年用地规模7平方公里，人口7万人。

征地拆迁安置　2009年2月，民政部正式批复，安县的安昌镇、永安镇及黄土镇的长乐、红岩、顺义、红旗、温泉、东鱼6个村划归北川羌族自治县管辖。根据规划，新县城和北川—山东产业园区涉及黄土镇6个村共4000多户1万多人。首期征地拆迁（安昌河以东部分）涉及黄土办事处温泉、顺义、红旗、东鱼4个村，共2413户6000多人，约10平方公里。征地拆迁作为此期工作重点。2月6日，北川羌族自治县召开新县城征地拆迁动员大会。按照以人为本、依法拆迁、和谐拆迁的原则，至2月底，为首期征地拆迁范围内的2413户群众全部联系好过渡安置房，签订过渡安置协议，90%以上群众完成搬迁。民房拆除实行公开招标。3月2日，施工企业进场拆迁，4月初全部完成拆迁工作。

新县城援建项目确定　2009年3月19日，北川羌族自治县向山东省援川办提交《北川羌族自治县政府关于请求援建新县城和工业园区等项目的报告》。25日，山东省援川办向省援川工作领导小组报送《关于启动北川新县城和工业园区等援建项目的请示》，建议山东省援建新县城和工业园区项目59个，总投资43亿元；同时对农业、交通等其他援建任务提出资金切块安排意见。

姜异康、姜大明、刘伟、郭兆信、陈光等先后批示同意，新县城援建项目正式确定，主要包括安居房、基础设施、公共服务、绿化美化、文化旅游、产业再造6类工程。在援建过程中，根据情况变化和建设条件，又对援建项目进行多次调整和追加，最终下达新县城援建计划项目82个，总投资46.8亿元。具体有安居房10个项目、教育5个项目、医院5个项目、文化体育6个项目、广播电视1个项目、社会福利3个项目、供排水设施1个项目、计生及社保2个项目、市场经营服务设施7个项目、道路28个项目、桥梁4个项目、河道10个项目。

勘查与测绘　2009年3月初，为尽可能加快前期技术工作进度，山东省援川办协调山东省城乡建设勘察院到北川开展新县城地质勘查工作。3月3日，该院组织技术人员20余人开始新县城的地质勘查工作。勘查人员克服作业场地河沟纵横、庄稼茂密、机械设备难以移动等困难，于4月初完成对新县城和工业园区主要道路的市政勘察任务；同时，与济南市勘察测绘院一起，完成对所有山东援建项目的岩土工程勘察工作，勘察资料全部通过四川当地建设主管部门的审查。

应北川羌族自治县要求，山东省国土资源厅负责北川新县城1∶500比例尺地形图的测绘和测量控制点建立等工作。山东省国土测绘院从各测区抽调业务骨干，组成30人的山东省对口援建北川新县城测绘小组，携带最先进测绘仪器，于3月3日赶到灾区开展工作。由于新县城选址先期没有大比例尺地形图，地面缺少基本的测量控制点，测绘工作基本上从零开始。测绘人员克服水土不服、环境恶劣、生活不便、地形地貌复杂、原有基础资料严重不足等困难，多方收集资料，仔细分析项目特点，高标准、快速度完成了测绘任务。4月中旬，山东省国土测绘院将北川新县城及周边区域测绘成果资料提交北川羌族自治县规划建设局和承担道路设计的市政设计院及山东省北川工作指挥部。

新县城建筑设计方案　山东援建项目设计方案由北川羌族自治县会同山东省北川工作指挥部面向全国征集。2009年6月16日、22日、29日，北川新县城和北川—山东产业园区规划建设指挥部分3次组织召开新县城援建项目建筑设计方案专家评审会，邀请有关设计院、科研机构、大专院校等单位的专家，对山东省援建的特色商业步行街、风雨廊桥、体育中心等21个项目的建筑设计方案进行集中评审。为做到公平、公正，设计单位匿名参加评审，设计单位人员不到场，只向会议提交建筑方案设计资料和多媒体演示文件。听取演示文件汇报后，北川羌族自治县、山东省援建北川工作指挥部、援建市指挥部及业主单位分别对设计方案提出意见。专家组经过深入讨论，以记名投票方式选出每个援建项目的最优方案和优秀方案。为进一步优化方案，专家组对下一步方案深化工作提出建议，决定设计方案修改完善后，进行社会公示，方案征集委员会通过后，由北川羌族自治县城乡建设规划委员会确定最终方案。

9月14日，山东援建北川新县城重点项目设计方案研讨会在济南召开。会议强调，北川新县城的总体风格既要体现羌族特色，同时也要兼顾未来的发展，体现现代特色；要强化防震抗震意识，利用现代科技，确保建筑安全；要强化节约用地意识，提高土地利用率，留下发展空间；要强化便民意识，在设计中充分考虑停车、饮水、公厕、老人、街头绿地等因素；要实施“交钥匙”工程，确保工程交付后能够直接使用；要做好安昌河防汛工作，把美观和安全有机结合起来；要统筹风格、体现特色，步行商业街、小学、文化中心、广电中心、桥梁等建筑既讲求美观，更注重实用。

新县城建设实施 2009年6月7—8日，姜大明、刘伟、郭兆信、夏耕、陈光等带领省直有关部门负责人，出席山东省援建北川新县城暨产业园区项目开工仪式并为项目建设奠基，标志着北川新县城建设正式启动。9月25日，潍坊市援建的北川新县城17幢安居房工程全部封顶。这是北川新县城项目开建后，一次性封顶楼房最多、规模最大的一次。

图231 新北川大道

（发展改革委 提供）

2010年2月2日，经过济南市援建者8个多月的紧张施工，贯穿北川新县城的交通要道——新北川大道已具备全线通车条件（见图231）。3月28日，由淄博市援建的北川新县城重点项目——西羌南桥，实现主体工程竣工。作为从绵阳方向进入北川新县城第一个合龙的桥梁，它为北川新县城建设提供了重要的交通保障。尤其是随着北川地区桃花汛期的到来，该桥的全线贯通具有重要意义。4月14日，援建北川羌族特色商业街项目主体顺利封顶。羌族特色商业步行街是北川新县城景观中轴线和步行廊道的重要组成部分，也是集中体现传统羌族风貌特色的重点区域，对于北川的文化旅游发展有重要推动作用。5月5日，烟台市援建的北川经济开发区配套工程顺利通过竣工验收，该项目也是援建北川第一个竣工验收的公共建筑工程。汶川大地震两周年前夕，山东省援建北川新县城项目取得重大进展。4月22日，淄博市援建的北川新县城西羌南桥竣工通车。5月10日，德州市援建的北川永昌二小、烟台市援建的北川产业园区服务中心正式竣工；12日，潍坊市援建的西羌北桥正式通车；12日上午，东营市援建的民生大楼项目封顶，标志着山东省援建北川新县城全部工程主体完工，省北川工作指挥部举行全部工程主体完工仪式；24日，青岛市援建的北川新县城永昌河河道整治项目顺利通过竣工验收。6月22日，北川新县城温泉片区一期最后一栋安居房顺利通过竣工验收。至此，由山东省援建的安居房工程全部通过竣工验收。9月25日，山东省对口援建北川灾后恢复重建项目交接仪式在北川新县城隆重举行。仪式的举行标志着山东援建北川新县城工程全面竣工，山东援建任务全面完成。

援建北川新县城工程项目获“鲁班奖”1个、“天府杯”79个、“绵州杯”84个、“泰山杯”46个，所有援建工程均获四川省“结构优质工程”奖。汶川特大地震三周年之际，北川羌族自治县县委、县政府在致山东省委、省政府的感谢信中说：在艰难困苦的环境中，3万多名山东援建大军完成了22个乡（镇）重建后，又马不停蹄地赶至新县城摆下战场，短短一年多时间，一座现代化新城拔地而起，成就了新中国建城史上史无前例的壮举。“羌红朵朵感党恩，咂酒高举敬亲人，鲁川深情永牢记，援建功勋传万世。”感谢广大山东援建人员，视北川为第二故乡，视北川群众为亲人，用工作激情谱成“山东速度”，用智慧和心血书就“山东效率”，用真情和大爱诠释着“山东情义”。尤其让北川人民感动的是，山东援建大军在离别之际，抹去了所有援建项目的“山东”痕迹，没有留下一个“山东印章”。山东人民的无私奉献、深情厚谊和无疆大爱已深深镌刻在北川人民心底。

2010年10月，为保证北川援建项目持续发挥效益，搞好援建项目保修维护工作，确保援建项目不留尾巴、不留遗憾，山东省委、省政府在北川设立工作联络处，选派5人继续留守一年，负责援川后续工作。

三　新县城建设项目

山东省援建北川新县城主要采取了“交钥匙”的方式，共援建城镇安居、公共服务、基础设施、生态绿化、文化旅游、产业园区等6类82个项目，总投资46.8亿元。其中，安居房项目投资10亿元，教育、卫生等公共服务设施项目8.8亿元，道路、桥梁等市政基础设施项目11.7亿元，河道治理及绿化项目6亿元，市场服务、经营性基础设施项目10.3亿元。同时，应四川省、绵阳市和北川羌族自治县的要求，还承担了20亿元北川自建项目建设，使山东省组织实施的新县城项目总投资达67亿元，占2010年9月前新县城已完成和在建项目投资的85%。

安居房项目　济南市援建温泉片区一期安居房24－2地块，18个单体，总建筑面积约5.38万平方米，概算投资1.06亿元。青岛市援建温泉片区一期安居房24－1地块，由19栋单体（包括15栋安居房和4个独立网点）组成，总建筑面积约6.16万平方米，概算投资1.226亿元。淄博市援建温泉片区一期安居房（28号地块），总建筑面积4.62万平方米，概算投资9059.72万元。烟台市援建温泉片区一期安居房22号街坊，共25个建筑单体，其中砖混结构17栋、框剪结构5栋、框架结构独立商业楼3栋，建筑面积7.14万平方米，概算投资1.38亿元；温泉片区22、24、28街坊安居房市政配套工程，概算投资8760.84万元。潍坊市援建温泉片区一期35－1地块，总建筑面积5.39万平方米，共18栋楼，其中短支剪力墙结构商住楼6栋、砖混结构住宅楼11栋、清真寺1座，概算投资1.05亿元；温泉片区35号地块室外市政配套工程，概算投资6812.43万元。济宁市援建温泉片区一期安居房工程35－2地块，建筑面积4.92万平方米，共26栋楼418套房，概算投资9719.84万元。威海市建温泉片区一期安居房工程35－4地块，总建筑面积4.31万平方米，由14栋住宅楼和3栋独立商业网点组成，共397户住宅、33户商业网点，概算总投资8554.99万元。临沂市援建温泉片区一期安居房工程35－3地块，该项目由10栋住宅楼及2个商业网点组成，总建筑面积 3.47 万平方米，概算总投资 7279.42 万元。

教育项目 主要援建的是中小学项目，包括教学楼、行政办公楼、宿舍、食堂、体育场等工程。淄博市援建永昌小学（永昌第一小学），建筑面积 14428 平方米，概算投资 4784.43 万元。枣庄市援建永昌幼儿园和红旗幼儿园，永昌幼儿园总建筑面积 4800 平方米，18 个班，3 层，概算投资 1972.42 万元；红旗幼儿园总建筑面积 3814 平方米，建筑规模 12 个班，2 层，概算投资 1570.64 万元。德州市援建永昌第二小学，建筑面积 14863 平方米，概算投资 5056.42 万元。青岛市援建青少年活动中心项目，包括摔跤练习场、台球室、乒乓球场、武术室、舞蹈室、文化室、健身室以及室外篮球场、游泳池等，建筑面积约 5797 平方米，概算投资 3164.95 万元。

医疗卫生项目 主要援建的是医院和保健、防疫、卫生教育等项目。潍坊市援建北川羌族自治县人民医院，总占地面积 2.65 公顷，建筑面积 2.4 万平方米，设计床位 200 张，概算投资约 1.522 亿元，主要包括门诊楼、病房楼、办公楼及室外配套和医疗设备配备，按照 8 度抗震设防标准设计。莱芜市援建北川羌族自治县爱卫办（含县红十字会、新农合办、卫生进修校），建筑面积 4114.7 平方米，概算投资 1601.44 万元。菏泽市援建县中医院、妇幼保健院、疾控中心，概算投资 2985.79 万元，其中中医院建筑面积 5879.02 平方米，主楼 5 层，共设 60 个床位；妇幼保健院建筑面积 3500.66 平方米，主楼 4 层，共设 36 个床位；疾控中心主楼 3 层，8 度抗震设防。

文体广电项目 主要援建的是文化体育场所项目。青岛市援建的体育中心位于新县城南端，概算投资 1.035 亿元，项目分为标准 8 道 400 米跑道体育场和室内综合体育馆两个单体，总建筑面积 14387 平方米。青岛市援建的抗震纪念园位于新县城景观中轴线上，总占地面积 5.6 万平方米，包括静思园、英雄园和幸福园，概算投资 7933.94 万元。临沂市援建影剧院、川剧团和文化艺术学校，概算投资 6160.69 万元，其中影剧院建筑面积 3311 平方米、川剧团和文化艺术学校建筑面积 6166 平方米。德州市援建图书馆和文化馆，图书馆建筑面积 3046 平方米，概算投资 1409.8 万元；文化馆建筑面积 3008 平方米，概算投资 1637.6 万元。济南市援建的北川广电中心工程，建筑面积 3507.94 平方米，共 5 层，设室外大屏幕和信号发射塔，概算投资 4550.64 万元。

社会福利计生及社保项目 社会福利主要是老年人和儿童福利设施。临沂市援建的敬老院、福利院和未成年保护中心项目，总建筑面积 6919.55 平方米，其中福利院 4503.95 平方米、养老院 1758.96 平方米、儿童保护中心 656.64 平方米，包括主体建安工程、室外工程及设备、家具购置，概算投资 3145.98 万元。东营市援建北川新县城民生（惠民）大楼，该项目是集民政政务服务和办公于一体的综合性大楼，总建筑面积 11905 平方米，设有地下 1 层人防工程，建筑面积 1818 平方米；地上主楼 8 层，局部 9 层，附楼 4 层；顶部为塔楼，建筑高度 43.8 米，概算投资 4892.77 万元。枣庄市援建老年活动中心项目，总建筑面积 3442 平方米，4 层，概算投资 1114 万元。

莱芜市援建北川羌族自治县劳动和社会保障综合服务中心及北川羌族自治县计生指导站。综合服务中心建筑面积 4971.7 平方米，框架结构，主体 5 层（局部 6 层），概算投资 2037.29 万元；计生指导站建筑面积 1640.69 平方米，框架结构，主体 5 层（局部 6 层），概算投资 930.54 万元。

道路桥梁河道及供排水项目 济南市援建永昌大道、永昌大桥、顺义河治理和附属桥涵工程。淄博市援建西羌南街、新川路、西羌南桥、新川河，东营市援建文武街、禹王上街、禹王下街、廻龙街。烟台市援建振兴路、云盘路、云盘河、蒋家河、曲山路、擂鼓路、工横四路、工横五路、南支路、北支路、蒋家河路、振兴路园区、安昌路园区、永安路园区。潍坊市援建西羌北街、西羌北桥、安北路、安昌河综合整治工程。日照市援建东纵五路、东纵六路。青岛市援建禹王桥及桥头广场、永昌河景观。滨州市援建安昌河北段治理，济宁市援建新川河禹王广场段。道路概算投资，永昌大道 2.4 亿元，西羌南街（东横九路）1734.38 万元，新川路（东纵七路）3165.57 万元，文武街（东横五路）2196.11 万元，禹王上街（东横六路）2241.02 万元，禹王下街（东横七路）2404.31 万元，回龙街（东横八路）1429.48 万元，振兴路一部分（东横二路）1393.83 万元，振兴路一部分（东纵二路）2597.9 万元，云盘路（工横一路）2883.4 万元，曲山路（工横二路）1801.9 万元，擂鼓路（工横三路）1820.6 万元，工横四路 555.1 万元，工横五路 753.8 万元，南支路 136.3 万元，北支路 140.1 万元，蒋家河路（工纵一路）3603.2 万元，振兴路园区部分（工纵二路）1631 万元，安昌路园区部分（工纵三路）1288.2 万元，永安路园区部分（工纵四路）1938.3 万元，工纵五路 268 万元，工纵六路 473.2 万元，东横四路 1756.63 万元，山二路 534.08 万元，东纵五路（禹龙路）5093.32 万元，东纵六路（禹羌路）2383.69 万元，东纵九路（滨河路）5551.07 万元。桥梁概算投资，永昌大桥工程 9849.94 万元，禹王桥及桥头广场 9761.12 万元，西羌南桥 6273.74 万元，西羌北桥工程 7701.26 万元。河道治理概算投资，顺义河治理和附属桥涵工程 6517.88 万元，永昌河景观 7763.27 万元，新川河 2390.71 万元，云盘河 1779.89 万元，蒋家河 1397.66 万元，安昌河综合整治工程 23813.69 万元，安昌河北段治理 12342.14 万元，安北路南段铺装 1000.61 万元，安北路北段铺装 237.49 万元，安昌河下游综合配套 3243.08 万元。

泰安市援建北川新县城给水厂工程（见图 232），占地 1.88 公顷，公共配套设施 3 万吨 / 日建设，近期按供水能力 1.5 万吨 / 日，包括 13 个单体工程，概算投资 3770.75 万元。

图 232　震后新建的北川水厂（发展改革委　提供）

市场经营服务设施 主要包括旅游服务、工业园服务、广场、步行街等项目。淄博市援建新北川宾馆（北川新县城旅游服务中心），占地面积 1.47 公顷，建筑面积 20016 平方米，概算投资 16548.12 万元。烟台市援建北川工业园区服务中心及配套服务工程（见图 233），包括 1 栋服务中心大楼和 2 栋职工公寓及室外配套工程，建筑面积 15325 平方米，概算投资 5899.58 万元。济宁市援建北川羌族特色步行街西段和禹王广场，步行街西段总建筑面积 42128 平方米，共 15 个单体建筑，主体 3 层，局部 4 层，3 个碉楼，室外景观配套面积 1.5 万平方米，概算投资 1.534 亿元；禹王广场（地下为停车场和人防工程），占地 1.08 公顷，地下建筑物面积 3512 平方米，地上广场面积 10810 平方米。威海市援建羌族特色商业步行街东段，共 12 栋独立建筑，建筑面积 3 万平方米，概算投资 10428.46 万元。

图 233　震后新建的北川工业园区服务中心
（发展改革委　提供）

山东承建新县城北川自建项目 2009 年 10 月 5 日，北川羌族自治县县委、北川羌族自治县政府向山东省援建工作指挥部发出《关于委托山东省承建北川新县城急需自建项目的函》，提出由于各种原因，北川羌族自治县自建项目进展相对滞后，拟将部分新县城自建项目委托山东省采用“交钥匙”方式承建。12 月 11 日，山东省援川办向有关市援川办下发《关于启动北川委托承建项目前期工作的通知》，对需要山东承建的安居房、道路、博物馆、职业中学等项目进行部署。北川委托山东建设的自建项目 20 个，投资 20 亿元。

山东省承建新县城北川自建项目主要是安居房与市政项目。淄博市承建温泉二期安居房 42 栋建筑，其中 23 栋住宅楼、10 栋商住楼、9 栋商业房，总面积 10.5 万平方米，计划投资 2.37 亿元。潍坊市承建温泉二期安居房 54 栋建筑，其中 32 栋住宅楼、13 栋商住混合楼、9 栋商业房，总面积 13.1 万平方米，计划投资 1.9 亿元。烟台市承建白杨坪安置房 6 栋建筑，其中 4 栋住宅楼、

2 栋商住混合楼，总建筑面积为 18520 平方米，计划投资 4000 万元。日照市承建白杨坪安置房 34 栋楼，总建筑面积 100412 平方米，计划投资 2 亿元。聊城市承建白杨坪安置房，建筑面积 11.2 万平方米，计划投资 1.95 亿元。济宁市承建红旗片区安置房 26 栋建筑，其中 15 栋纯住宅楼、9 栋商住混合楼、2 栋纯商业楼，总建筑面积 6.6 万平方米，计划投资 1.35 亿元。威海市承建红旗片区安置房，总建筑面积 76450.2 平方米，包括 24 栋住宅楼及 6 栋商业网点，计划投资 1.53 亿元。德州市承建红旗片区安置房，总建筑面积 12 万平方米，计划投资 2.25 亿元。菏泽市承建红旗片区安置房 6.1 万平方米，计划投资 1.24 亿元。聊城市承建职业技术中学建筑面积 4.6 万平方米，计划投资 1.2 亿元。另外还有新川河下游景观带、东纵八路、东横十路、东纵三路、东纵四路、云盘河下游景观、羌族民俗博物馆等项目工程。

四 乡镇对口援建

乡镇对口援建指北川新县城建设以外的建设项目。因原县城曲山镇已作为汶川特大地震纪念遗址，新县城建设以外建设项目主要是北川羌族自治县原政区以及新划入北川的乡镇村的恢复重建和永久性住房等建设。

乡镇对口援建项目 山东省 17 个设区市分别对口北川 20 个乡（镇）进行援建，省要求各市与受援乡镇充分协商后签订援建协议，合理界定双方的权利义务，项目设计要符合群众意愿、体现民族特色。援建以“水、电、路、医、学”等基础设施、公共服务设施为重点，采取“交钥匙”方式，共安排项目 168 个，投资 11.6 亿元，实现对北川援建的全覆盖。北川大部分乡镇均位于高山峡谷中，地形和地质条件复杂，各市面对建设选址难、建材运输难、气候适应难、施工条件难和各种各样的危险，没有畏难退缩，没有丝毫懈怠，把指挥部设在乡镇援建一线，援建干部、管理人员和建筑工人一起，吃在工地，睡在板房，严格要求，精心建设，打造了一批精品工程、放心工程。2008 年 8 月 16 日，由淄博市对口援建的香泉乡场镇建设工程奠基仪式举行，标志着山东省对口支援北川乡镇灾后恢复重建工作全面启动。2009 年 12 月，所有乡镇援建项目完成并交付使用。这些项目历经震后多次次生灾害和暴雨泥石流的考验，均完好无损。19 个乡（镇）的整体援建项目被绵阳市评为优质工程并获“绵州杯”，其中 7 个场镇项目同时获得“天府杯”奖。

北川永久性住房建设 山东省率先启动农村永久性住房恢复援建，主要采取政府、集体和个人三结合方式，通过提供优惠的土地政策、补贴政策和住房建设管理政策，充分调动农户灾后永久性住房建设的积极性。山东省按每户 5000 元住房建设和每户 5000 元贷款贴息的标准为北川提供永久性住房建设补助，同时再给予 2 亿元新农村建设资金。山东省分两次将北川原有 20 个乡（镇）的农户永久性住房建设资金 5.6 亿元拨付到位。2008 年 7 月 6 日，山东第一笔永久性建房补助资金拨付北川。同日，擂鼓镇猫儿石村作为重建工作试点村建设破土动工。2009 年 2 月，国务院正式批复，安县的安昌、永安两镇和黄土镇的 6 个村划入北川，约 1.6 万户农户需要重建住房。2 月 27 日，山东省又划拨 1.6 亿元用于新划入乡镇的农民建房补助。山东省前后共计拨付 7.2 亿元永久性建房补助资金。

山东省要求各援建市与对口支援乡镇衔接，从各地实际出发，采取多种方式，切实加强对农户永久性住房建设的技术指导，编写了《北川羌族自治县农村永久性住房和社会主义新农村建设服务手册》，普及基本技术要求。山东省建设厅印制了农村永久性住房设计图集，共计780个方案，为北川永久性农房建设提供施工依据。同时对农户进行巡回指导。各市在对口乡镇组建4～5人的专业技术队伍，深入较大的农户聚居点，在建筑放线、施工关键工序质量控制等方面提供现场指导。山东省还派出60多名工程技术监理，组成工程监理咨询小组，为农房规划、选址、材料准备、开工建设等提供服务。为确保北川灾区百姓安全过冬、不断口粮，经努力，11月底，北川受灾群众全部搬入永久及各类临时性住所，无一人在帐篷内过冬。12月11日，受山东省委、省政府委派，山东省民政厅负责人专程向北川移交通过“送温暖、献爱心”活动募集的资金100万元。截至12月31日，北川2.3万户受损农房维修加固完成。次年12月底，重建农房全部完工，农户全部住进了永久性住房。

农村人畜饮水工程　为解决坝底、白什、青片、马槽、墩上、桃龙、片口、开坪、小坝、禹里、漩坪、白坭、都坝、贯岭14个乡、136个村、2个社区、3个场镇、12970户、48743人的人畜饮水困难，2009年12月，由山东省对农村人畜饮水工程项目给予2600万元资金援助。项目建设内容包括水源治理、沟渠建设、饮水管网铺设、蓄水池建设等。新建蓄水池1175个，铺设供水管网1798.4公里。协议确定，由北川羌族自治县政府负责组织农村人畜饮水项目实施，以北川各受援乡（镇）政府为项目实施主体，开展水源治理、沟渠建设、饮水管网铺设、蓄水池建设等；至2010年5月，完成项目建设。

公路项目　地震造成北川山体大面积滑坡，桥梁受损，导致主干道公路无法通行，北川公路网络受到毁灭性打击。2009年11月，山东省援川办与北川羌族自治县政府协议，由山东省对北川交通建设恢复重建项目给予7.5亿元资金援助，其中援助安北路建设资金5亿元、桂墩路建设资金2.5亿元。截至2010年年底，全长26公里的安北公路和147公里的桂墩路全线建成通车。

广播电视项目　震后，北川全县广播电视网络陷入瘫痪，群众无法正常收听收看广播电视节目。山东省确定对原北川十几个乡镇农村采取光缆与无线相结合的方式，主干光缆铺设到乡镇驻地，再由无线基站转发到户，恢复重建农村广播电视网络，实现“村村通”。2009年12月，山东省对北川广播电视“村村通”恢复重建项目给予3000万元资金援助，由北川羌族自治县负责组织乡镇网络建设项目的实施，2010年5月12日前完成项目建设并交付使用。

五　软件援助

规划编制　对口支援期间，山东省帮助北川编制了《北川羌族自治县灾后重建总体规划建议》和北川羌族自治县乡镇规划。

北川羌族自治县重建规划。2008年6月初，北川县委书记宋明致电山东省省长姜大明，请求帮助编制北川灾后恢复重建总体规划和专项规划。6月6日，姜大明和副省长王军民要求省发改委负责编制相关规划。8日，省发改委组成的规划小组调研组至曲山、擂鼓、通口、香泉、桂溪、陈家坝等乡（镇）考察，并到北川县城异地重建的5个备选点考察，于中旬形成《北川羌族自治县灾后重建总体规划纲要》初稿。下旬，按照姜异康、姜大明等省领导的指示进行了修改，形成

《北川羌族自治县灾后重建总体规划建议》，25日送达北川。《规划建议》覆盖区域包括异地安县6个半乡（镇）在内的新北川区划范围，内容主要包括灾后重建的条件、指导思想、基本原则、主要目标、总体布局、重点任务及保障措施。由省直22个部门60余位经济、地质、建设、交通、环境等方面的专家协助编制的9个专项实施方案，也陆续完成并交付北川。

北川羌族自治县乡镇规划。按照山东省领导“要尽快完成北川各乡镇驻地规划编制，积极参与新县城详规和项目设计工作”的要求，7月29—30日，省建设厅在济南召开北川羌族自治县乡镇灾后恢复重建规划对口支援座谈会。截至12月底，北川20个乡（镇）中除禹里乡由于水平线难以确定无法编制规划外，其余19个乡（镇）规划获得北川羌族自治县政府批复。

产业援助 援建中，山东省委、省政府坚持“输血”与“造血”相结合、援助和长期合作相结合，帮助北川在北川经济开发区内高起点建设一个产业园区，充分利用区位优势、资源优势、政策优势，组织和引导山东优秀企业到北川投资兴业。

产业园区规划。2008年10月，两地签署“北川—山东产业园区建设合作框架协议”，并着手编制产业园区规划。2009年3月，编制完成《四川北川经济开发区（北川—山东产业园）发展规划（2009—2020）》。规划采用“一区三园”的建设模式，北川—山东产业园是“一区三园”中的核心园，拟建成为四川省内跨省援建联建的工业示范区，为新北川的恢复重建奠定坚实的产业基础。近期目标（2009—2010年），尽快完成基础设施和配套设施建设，加快建立符合市场化运作规则的管理体制和运行机制，全面推进征地拆迁补偿工作和土地平整工作；通过定位招商，加快培育和引进一批优势企业和优势产业。到2010年，产业园区建设初具规模，使北川迅速走上经济自主造血的持续发展道路，成为山东首个跨省援建联建的工业示范区和山东产业转移最佳的西南接待站。园区产业定位为：重点发展电子信息、机械设备制造业、食品药品加工、服装纺织和新型建材五大产业。

园区优惠政策。为鼓励和吸引企业到北川投资兴业，2009年年初，北川羌族自治县颁布实施了《北川—山东产业园区优惠政策暂行规定》。规定共23条，明确落户园区企业享受国家西部大开发的各项优惠政策，国家、四川省、绵阳市出台的极重灾区灾后重建的各项优惠政策以及国家、四川省支持民族自治区域发展的各项优惠政策，同时还在税收、规费、土地、用电、信贷、劳动用工、基础设施、管理服务8个方面，提出了北川的优惠政策。

招商引资。2008年10月8日，四川省委、省政府在山东召开“四川省抗震救灾致谢暨灾后重建项目推介会”。山东省援川办组织各主要产业部门、各市主管部门及130多家企业派专人参加。会上，山东省与北川羌族自治县签订了《北川—山东产业园区建设合作框架协议》。27—31日，第九届中国西部博览会在成都举行。山东省代表团统一参会，将山东援建北川作为重点，组织参会代表实地考察北川—山东产业园区，进行投资合作项目洽谈、对接。为巩固招商会议成果，山东省从11月24日至12月26日，组织了专题招商活动，由省发改委、经贸委、农业厅、外经贸厅、国资委、旅游局六部门牵头，组织65家企业相继至北川进行专题投资考察活动，部分企业表达了投资意向。

签订投资合同。2009年4月22日，中国重汽集团公司与绵阳高新区管委会签署了中国重汽绵阳专用车及配套生产基地项目投资协议，标志着山东省援建四川灾区重大产业项目正式落户绵阳。项目选址于绵阳高新区产业园内，规划用地500亩，一期建设用地300亩，总投资1.5亿元，由中国重汽集团控股。项目投产后，3年内实现生产各类改装车、专用车1万辆，销售收入35亿元；二期建成中国重汽西南改装、特种、专业车辆生产基地，达到1.5万辆产能，实现销售收入50亿元。

2009年8月8日，北川羌族自治县政府分别与山东天诺光电材料有限公司、山东福德科技有限公司、山东寿光蔬菜产业集团有限公司、北川泰和新材料有限公司、山东俊华电子科技有限公司、青岛清源新型建材制品有限公司（2个项目）、淄博豪特抗震生态房屋制造有限公司、山东临沂中矿金鼎机电制造有限公司、济南安特生化药业有限公司、淄博丰煜食品有限公司、山东中通科技发展有限公司、山东羽琨茶业发展有限公司、山东佛泰铝业有限公司、青岛益群建材有限公司、青岛聚隆包装有限公司、北川祥义铝塑门窗有限公司、北川羌绣园文化旅游开发有限公司、四川海珂实业有限公司、山东华禾生物科技有限公司等21个项目企业负责人签署协议，标志着山东省对北川的产业援助开始进入快车道。

截至2010年10月，规划面积1.4平方公里的北川产业园核心启动区共签约有效合同项目34项，总投资（合同投资额）21.7亿元，其中山东企业25项、总投资19.1亿元。签约项目均已开工建设，完成投资约占合同投资额的四分之一；2010年地震两周年之前已有北川祥义、益群建材、虹源科技、蓝星玻璃4家企业建成或部分建成投产。

人力智力支持 地震中，北川羌族自治县机关事业单位有466人遇难，占干部总数的22.7%，幸存干部中90%有亲人罹难，震后各类教师和医卫人员存在较大缺口。山东省援建在集中力量抓好农村、乡镇、新县城、产业园区援建的同时，把人力智力支持摆上重要日程，组织实施了以"两训、双挂、三支"为主要内容的人力智力支持工作（即"223"工程）。"两训"，即分期分批对北川党政干部、专业技术人才进行专题培训，计划用2～3年时间将北川干部轮训一遍；"双挂"，即请北川选派年富力强、有发展潜力的优秀年轻干部到山东挂职，同时从山东选派得力干部到北川县直部门和乡镇挂职，带班顶岗；"三支"，即开展支医、支教、支农工作，尽最大力量满足北川人民对医疗、教育、农业服务等方面的实际需求。两年间，山东省先后举办了21期培训班，对970多名北川党政干部和专业技术人才进行专题培训，安排110名北川和山东的党政干部及专业技术干部进行"双向挂职"，抽调40名优秀中学教师到北川支教，安排700多名北川学生到山东就读，组织40位农业专家开展技术指导服务。在恢复重建前期，按照中央的统一部署，山东省抽调800多名公安干警，深入北川灾区一线，协助做好社会治安维护等工作，还制定出台了省内企业使用北川劳动力的优惠政策措施，累计向灾区发送岗位信息5.89万个，实际招收灾区至山东就业人员1559人，支援帮助9571名北川籍劳动者实现就业。

卫生支援 2008年6月28日至2010年11月3日，山东省卫生系统先后选派1779名医疗卫生工作者（其中2008年1090名、2009年541名、2010年148名）到北川县级医疗卫生机构和各乡镇卫生院帮助工作。在对口支援过程中，援川医疗卫生队员累计诊治伤病员近16万人次，实施各种手术2434例，消杀面积5276万平方米，使用消杀药液17.18万公斤，疫情监测2528867人次，监测居民村和灾区群众安置点7873个，监（检）测饮用水源和供水点11539个，监督检查食品配送、经营单位27613个，指导检查传染病防治单位1955个，培训人员31.2万人次，卫生宣传和健康教育 39.6 万人次，心理干预 24926 人次，发放宣传材料 80 万余份，为满足北川人民群众的基本医疗卫生需求，保障新县城建设的顺利进行做出了贡献。

教育支援　2009 年 8 月底，山东省教育厅选派来自东营、枣庄、聊城、滨州的 20 名优秀教师，分别到北川擂鼓八一中学、桂溪初中、陈家坝初中、西苑中学 4 个学校进行为期半年的支教；淄博市选派 12 名教师分别在黄江义务学校、香泉小学支教。他们为北川的教育教学注入了生机和活力。2008—2009 年，山东省教育系统共接受 393 名北川职业中学学生在山东异地就读。

精神家园重建援建　地震后，原属北川羌族自治县青片乡五龙寨的羌族民间艺术团被迫解散。为抢救、保护和传承羌族文化，提升羌族原生态歌舞艺术水平，挖掘和传承民间艺术，2008 年 7 月，威海市援川前线指挥部决定捐助 60 万元，重建北川羌族民间艺术团，聘请国家级编导和文史专家指导编排了 50 多个节目，以延续和发扬羌族人民一代代传承下来的灿烂文化。羌族民间艺术团的重建，为重建羌族人民的精神家园、抚平心灵创伤做出了贡献。

山东省还选派多批心理医生到北川开设心理门诊，深入重灾地区对重点人群、重点家庭开展心理干预；在学校举办心理卫生讲座，印发《心理危机干预知识》5000 余册；安排一名援川干部帮扶一名当地干部群众或一名“三孤”人员。2009 年 8 月，举办北川师生齐鲁行“爱心之旅”夏令营活动，北川 122 名有直系亲属遇难的师生参加，感受到山东人民的深情厚谊。

公安民警支援　根据国家安排，2008 年 7 月 27 日，山东省选派的援川警队最后一批 202 人抵达北川进行对口支援。警队成员包括治安、刑警、交警、消防 4 个警种，分别来自枣庄、泰安、威海、莱芜、临沂、菏泽 6 个市和淄博、泰安 2 个消防支队以及省厅机关。根据公安部、山东省公安厅要求，结合北川治安状况和工作需要，他们被分别派驻桂溪、曲山、擂鼓、安昌、陈家坝等 5 个重点乡（镇），分 10 个居住点，勤务职能覆盖 8 个乡（镇），12 月 22 日归建。

第二节　广东省支援汶川县

2008 年 6 月，中共中央、国务院明确广东省对口支援汶川县灾后恢复重建，广东省委、省政府迅速部署，从 7 月起，举全省之力全面启动对口援建工作。截至 2010 年 9 月 30 日，广东省总投资 82 亿元援建的 702 个项目全部竣工并移交使用，资金到位率 100%，全面实现中央部署的三年援建任务两年完成的目标。广东省援建项目中汶川县第一中学获中国建筑工程质量最高荣誉“鲁班奖”，一批项目获四川省“天府杯”金奖、银奖。援建项目主要分布在居民住房、学校教育、医疗卫生、社会福利等城乡公共服务设施、基础设施、特色乡镇建设上，充分体现了“以人为本”和可持续发展精神。党和国家领导人胡锦涛、吴邦国、温家宝、李长春、李克强、贺国强等先后至汶川考察指导援建工作，对“广东速度”“广东精神”“广东质量”“广东理念”“广东管理”等予以肯定。四川省各级领导、汶川群众、新闻媒体对广东项目援建和软件智力援助均给予好评。

一　部署与组织

根据国务院对口支援方案，2008年6月14日上午，中共中央政治局委员、广东省委书记汪洋主持召开省委常委会议，研究部署广东省对口支援汶川县恢复重建工作。会议指出，广东一定要从受援助地区的实际出发，以注重援助效果为原则，立足当前，着眼长远，充分调动各地各部门和全社会的积极性，全力以赴支援灾区灾后恢复重建。要求全省各地、各部门要从人力、物力、财力、智力等方面做好长期支持的准备。会议提出，调动全社会力量，分工包干，责任到人，推动对口支援取得实实在在的成效。决定将原广东省支援四川灾区抗震救灾工作领导小组更名为广东省对口支援地震灾区灾后恢复重建工作领导小组。次日上午，省长黄华华主持召开领导小组第一次会议。会后，汪洋、黄华华委托副省长、领导小组副组长李容根到灾区调研。18日，汪洋主持召开全省电视电话会议，向全省部署援建工作。16—20日，李容根带领省发改委等有关单位负责人至汶川，提出“援而不包”的宗旨，建立包括国家、灾区对口单位在内的对口支援工作网络和工作制度。7月2日，常务副省长黄龙云至灾区调研，要求做好重建规划、确定好项目，把解决道路通畅和灾区群众住房安置作为当务之急。4日，汪洋、黄华华批示由珠江三角洲和东西两翼各市各自支持汶川灾区一个受灾乡镇。9—11日，汪洋、黄华华带领省委常委、省委秘书长肖志恒，省委常委、省军区司令员辛荣国，以及承担对口支援的14个设区市和省委有关部门、省有关单位主要负责人到汶川调研。10日上午，在与四川省委书记刘奇葆、省长蒋巨峰座谈时，汪洋说，粤川两省虽远隔千山万水，但四川灾情牵动着广东人民的心。广东是唯一承担两省五县灾后恢复重建工作的省份，任务艰巨，责任重大。汪洋要求广东全省不折不扣地完成中央下达的援建任务。他提出3个总体要求：从实际出发，注重援建效果；充分发挥政府、社会和市场的作用，运用各种形式推进援建；在受援地党委、政府的统一领导下开展援建工作。此后，广东省对口支援进入实质性实施阶段。

2008年7月24日，广东省委、省政府召开全省对口支援地震灾区灾后恢复重建工作会议。会议宣布了广东省对口支援工作方案和恢复重建工作组干部选派方案，确定广东省珠江三角洲和东西两翼13个设区市对口支援汶川县13个乡（镇）。具体对接方案为：广州市—威州镇（县城），佛山市—水磨镇，东莞市—映秀镇，中山市—漩口镇，珠海市—绵虒镇，江门市—雁门乡，惠州市—三江乡，汕头市—草坡乡，湛江市—龙溪乡，肇庆市—克枯乡，茂名市—银杏乡，揭阳市—卧龙镇，潮州市—耿达乡。对口支援工作优先解决灾区群众基本生活条件，具体内容包括提供规划编制、建筑设计、专家咨询、工程建设和监理等服务；建设或修复城乡居民住房；建设或修复城乡基础设施、公共服务设施；提供机械设备、器材工具、建材等支持，选派师资和医务人员、人才培训、异地入学入托、劳务输入输出、农业科技等服务；鼓励广东省内企业到灾区投资、参与经营性基础设施建设等。根据工作方案，省领导小组统筹安排全省援建任务。援建资金通过政府投入、社会募集、市场运作等形式筹措，省级财政和对口支援市财政设立对口支援专项资金。确定成立广东省对口支援四川省汶川县恢复重建工作组，承担对口支援任务的设区市相应成立恢复重建工作小组，省、市工作组共选派70人。组长（小组长）担任县（乡镇）副职。8月6日，省工作组、市工作小组干部到达汶川，开始为期3年的对口援建工作。

援建工作组干部进驻汶川后，广东省委、省政府即启动确保灾区群众安全过冬的“暖冬计划”，启动总投资19.85亿元的158个项目。2008年9月26日，四川省党政代表团到广东考察，汪洋提出，援建要重点保证受灾群众的基本生活生产，形成政府重视质量、企业追求质量、社会崇尚质量、人人关心质量的氛围。鼓励广东企业到汶川参与基础设施建设、开发地方特色资源、促进产业合作和转移。10月16日，省援建工作领导小组第三次扩大会议要求，各对口支援市10月底前开工建设第一批援建项目，优先解决民生问题。18日第一批项目计划下达，标志着援建项目建设铺开。26日，中共中央政治局常委、国务院副总理李克强在映秀镇考察时，对映秀镇的建设作出“要集全国的力量进行一流的规划、设计、施工，确保建设成标志性工程”的指示。广东省立即协调东莞市、省建设厅等有关单位，加大协助汶川县做好映秀镇规划设计。11月28日，广东省政府常务会议审议通过《广东省对口支援汶川县灾后恢复重建项目管理暂行办法》和《关于对口支援地震灾区灾后恢复重建资金筹措和使用的指导意见》。2009年1月7日，广东省下达第二批项目计划。

进入2009年，广东省援建工作进入关键时期。1月9—11日，省人大常委会主任欧广源率广东省党政春节慰问团到汶川慰问考察。2月3日，汪洋指出，2009年是灾后重建的最关键时期，尽管广东在金融危机上遇到严峻的经济困难，但广东完成中央交给的对口支援汶川灾后恢复重建的决心不变、目标不变、力度不减。广东将积极帮助汶川招商，把映秀镇建设成为灾后恢复重建的标志性工程；援建工作重点要突出民生、公益性工程。黄华华提出尽快形成实物工作量，抓好重点工程和重点地区建设，2009年内完成城乡居民住房、中小学和农村供水等3项任务。3月14日，广东省下达第三批项目计划。为做好跟踪落实，汪洋、黄华华委托李容根于4月27日至汶川，督促抓好城乡住房、学校、幼儿园、医疗卫生、供水工程等民生工程项目建设。5月9日，惠州市支援三江乡的4个大类23项民生项目完成，汪洋批示：“经验应当总结，成绩应当肯定，各市要学习惠州的做法，创造更加突出的成绩”。为贯彻中央提出的三年任务两年基本完成的新要求，5月18日，省援建工作领导小组召开第四次扩大会议，提出全力以赴推进项目建设，加快提升受援地“造血”功能，做好医疗、教育、就业等技术援助，切实加强项目、资金、安全等监督管理。广东省政府常务会议确定对口援建汶川县资金总量为82亿元。

2009年8月27日上午，援建汶川县的16所学校整体移交。黄华华专程将象征性的16把“金钥匙”交到汶川人手中。他说：在短短的一年时间内，高质量、高标准建成全县16所中小学校、幼儿园，彰显了广东人的速度和实干精神。为了推进对口支援工作又快又好地发展，省援建工作领导小组于10月28日印发《关于进一步做好我省对口支援汶川县灾后恢复重建工作的意见》，要求各对口支援市严格按照省下达的基本任务和出资额组织实施项目，做好社会捐赠资金使用反馈工作。省援建工作领导小组发出《关于做好“广东—汶川工业园”招商引资工作的通知》，推进“广东—汶川工业园”建设，抓紧开展招商引资工作。为做好映秀镇建设工作，省援建工作领导小组又专门下达《对口支援映秀镇恢复重建项目总体计划》。12月3日，广东省援建汶川县的十大民生工程项目交付使用（参见图234），汪洋率领广东省党政代表团第二次到灾区。在交付

图 234　恢复重建后的汶川县城夜景

（袁蓉荪　摄）

仪式上，汪洋要求广东社会各界加大力度，为灾区群众再尽一份心，再出一份力，粤川同心，共同奋斗，共建新汶川。他强调："相对于速度，质量更为重要。"要求援建人员不求最快，但求最好。在与四川省委书记刘奇葆座谈时，他表示，要以灾后恢复重建为契机，建立粤川长期稳定的合作关系，成为东西部互动的典范；以建设"广东—汶川工业园"为突破口，加强产业合作，并在资源、能源开发利用和农业、经贸等领域积极开展合作。

进入 2010 年，广东省加快推进援建项目建设。4 月 27 日，针对在援建项目建设中出现因规划调整而无法实施、因建设条件超出预期而明显突破投资、因新的社会捐赠资金进入而需要调整援建资金等新情况，省援建工作领导小组下达了援建项目调整计划，在保持 82 亿元援建资金总盘子不变的情况下，取消 93 个项目，新增 93 个项目，调整 253 个项目规模。截至 2010 年 4 月底，广东援建汶川的项目全部开工，竣工率 87.5%；除映秀镇外，援建汶川各项"交钥匙"项目基本完成；全县农村居民家庭入住永久性住房，援建的城镇居民安居安置房全部交付使用。4 月 29 日，汪洋、黄华华在广州与刘奇葆、蒋巨峰座谈，共商建立对口援建工作长效机制和加强两省经济社会合作大计。黄华华与蒋巨峰签署《广东省人民政府、四川省人民政府经济社会战略合作协议》，广东省政府副秘书长林英和汶川县县长张通荣签署《粤汶长期合作框架协议》。2011 年 5 月 20 日，广东省对口支援汶川县灾后恢复重建工作组正式撤离汶川。

2010 年 8 月 14 日凌晨，受强降雨天气影响，汶川境内发生泥石流灾害，淹没了由东莞市援建的映秀自来水厂、枫香树村安居房项目和施工单位中建七局三公司驻地板房，映秀、漩口、水磨、银杏、三江等乡（镇）的交通、通信、电力、供水中断，国道 213 线银杏乡境内和漩口百花大桥路段均被泥石流阻断，形成 3 处堰塞湖；映秀镇所有援建项目施工被迫中断。灾情发生后，汪洋、黄华华迅速作出批示。省援建工作组组长陈茂辉，东莞市委常委、常务副市长冷晓明及东莞市援建工作小组迅速组织成立临时指挥部指挥抢险救灾。9 月上旬，援建项目全部复工。省援建工作领导小组安排 4000 万元用于东莞市援建映秀镇受灾项目的修复。9 月 30 日，广东省对口支援汶川县灾后恢复重建总投资 82 亿元的 702 个项目全部竣工并交付使用，资金到位率 100%，广东省援建汶川县任务全面完成。

二　项目援建

重建中，广东省始终坚持规划先行，尊重科学、遵循规律，尊重自然、尊重当地文化、尊重老百姓的利益，组织 200 多名专家和技术人员编制完成《汶川县灾后恢复重建村镇体系规划》及 13 个乡（镇）总体规划。汶川县城总体规划等多项规划获得广东省和四川省规划设计奖。按照温家宝、李克强将映秀镇建设成为“灾后重建的示范区”和“抗震减灾建筑博物馆”的要求，用 7 个月时间进行映秀镇总体规划编制和设计，组织 60 多位国内外知名专家参加映秀灾后恢复重建国际研讨会，汇聚全世界的智慧和先进理念勾画映秀美好新蓝图。援建项目安排方面，广东省坚持民生优先，科学安排援建项目，坚持“自下而上提出、自上而下统筹”的原则编制援建项目计划，确保项目安排既符合国家和省的规划要求，又符合当地实际情况和群众实际需求。在广东省对口援建汶川县的 82 亿元资金中，居民住房、学校教育、医疗卫生、社会福利等城乡公共服务设施项目投资占 40.64%，城乡道路设施项目投资占 18.42%，城乡水利设施投资占 10.06%。重建中科学布局公共服务资源。广东省援建项目充分体现城乡统筹和区域统筹的理念，实现公共服务均等化，城镇公共服务向农村延伸和覆盖。教育、医疗卫生、文化服务等公共服务都以人口为基数进行均等化分布，学校、医院等设施设备全部统一标准、统一招标、统一配备。取消村小学，集中建设乡镇中心小学，将汶川中小学从 82 所调整为 22 所。汶川所有中小学生全部到乡镇上学读书，城乡之间、区域之间教育水平的差异问题基本得到解决。统一规划、设计、建设乡镇和村级公共服务设施。按照平均每个乡镇 1000 平方米配置乡镇公共服务用房，包括文化站、广播电视转播站、人力资源和社会保障服务站、老年人服务站、党员和群众教育室及其他用房。村级公共服务设施方面，在汶川全县 118 个行政村统一规划、设计、建设村级综合公共服务设施，并按照平均每个行政村 300 平方米配置。针对汶川县城劳动就业、社会保障和人才培训等服务分散不便的状况，建设人力资源和社会保障公共服务大楼，为群众提供“一站式”“一条龙”服务。科学谋划灾区可持续发展。安排汶川县产业恢复项目 28 项，援建投资 6.74 亿元。特别是根据汪洋与刘奇葆座谈共识，安排“广东—汶川工业园”项目 4 亿元援建资金，安排漩口工业集中区基础设施建设资金 8000 万元，并与汶川县在香港、广州两地成功举办大型招商引资活动，共签约 46 个项目。同时，把项目建设与当地资源开发结合起来，挖掘开发藏羌风情、地震纪念、大禹文化、特色农业等资源。农业环线游、水磨镇禅寿老街及水磨羌城、三江水乡藏寨、绵虒大禹祭坛、龙溪羌人谷等项目都融合了旅游开发理念。由佛山市、东莞市分别对口援建的水磨镇、映秀镇，基本实现家家有铺面、户户有就业。在水磨、草坡、三江、克枯，支持当地按照“一村一品”的目标，发展特色农业，建设了花卉、果蔬、药材等基地。此外，广东省与汶川县签署《粤汶长期合作框架协议》及劳务合作、旅游合作等专项协议，建立长期合作机制，各援建市也与对口乡镇建立了长效合作关系。

截至 2011 年，广东省援建项目中汶川县第一中学获中国建筑工程质量最高荣誉“鲁班奖”，汶川县第一小学获国家优质工程银质奖，汶川县第一中学、汶川县第一小学、麻龙公路I段、绵虒镇珠海大道及广场公园工程（大禹故里文化景区）、汶川县体育馆项目获四川省灾后援建工程“天府杯”工程质量评奖金奖，10个项目被评为广东省优良样板工程，另有多个项目获得“天府杯”银奖和四川省“结构优质工程奖”等荣誉。重建后的水磨古镇被联合国人居署授予“全球灾后重建最佳范例”称号，并与三江生态文化旅游景区、映秀“5·12”纪念地和绵虒大禹文化旅游景区共同被评为国家AAAA级旅游景区。

城乡居民住房 城乡居民住房项目32个，总投资21.54亿元，占援建总投资的26.27%。其中，城镇居民住房项目16个，投资额15.58亿元，包括威州镇拆迁安置房建设，水磨镇、漩口镇、映秀镇安居安置房建设，映秀镇抗震减灾示范区住房抗震新材料新技术应用补助，威州县城中轴线危破房改造综合整治及城镇居民住房维修加固，绵虒镇、草坡乡住宅区配套工程，水磨镇“水磨羌城”项目等。农村居民住房项目16个，投资额约5.96亿元，包括13个乡（镇）的农村灾区群众永久性住房建设补助，全县农村藏羌风貌恢复重建（参见图235），耿达乡、卧龙镇、映秀镇等农房集中永久安置点基础设施建设，水磨寿溪老街、绵虒老街居民区的重建改造，雁门乡萝卜寨新村基础设施建设等。

学校教育设施项目 学校教育设施项目共27个，总投资8.11亿元，占援建总投资的9.89%。项目包括：汶川县第一、第二中学，映秀中学和绵虒初级中学；汶川县第一、第二小学，漩口、

图235　汶川县绵虒镇克约新村农房雪景

（广东省援建工作组　提供）

绵虒、雁门、三江、草坡、克枯、龙溪、银杏等乡（镇）各一所小学；汶川县第一、第二幼儿园，卧龙镇、漩口镇幼儿园；部分学校教职工周转房。其中，投资额最大的是汶川县第一中学。学校位于雁门乡，总投资 2.57 亿元，是广东省对口援建汶川县建设规模最大的项目，可容纳 100 个教学班、4500 名学生。该校除建有教学楼、宿舍楼、食堂等基本设施，还配有 400 米塑胶跑道、室内游泳馆、篮球馆、室内运动场等现代化运动设施。（参见图 236）

图 236　汶川一中援建工地

（广东省援建工作组　提供）

医疗卫生设施项目　医疗卫生设施项目共 34 个，总投资 3.12 亿元，占援建总投资的 3.8%。项目包括：各乡镇的卫生院、村卫生站、计生服务站；威州镇卫生院、县人民医院、县残疾人康复服务中心、县中医药、县妇幼保健院、县疾控中心、县卫生执法监督所等。其中，规模最大的是县人民医院（县残疾人康复服务中心），总投资约 1.4 亿元，家具、办公设备及附属设施约 2530 万元；用地面积 16670 平方米，建筑面积 21470 平方米。

社会福利设施项目　社会福利设施项目 2 个，总投资 5596 万元，占援建总投资的 0.68%。绵虒镇的汶川县社会福利服务救助中心，总投资 2996 万元，建筑面积 7700 平方米，床位 300 张；水磨镇的福利中心，总投资 2600 万元，建筑面积 6160 平方米，床位 240 张。2 个项目为保障农村“五保”老人、城市“三无”老人、孤残儿童等特殊群体基本生活提供了良好环境。

文化体育（含防灾减灾）设施项目　文化体育设施项目 28 个，总投资 3.03 亿元，占援建总投资的 3.7%。项目包括：水磨镇体育运动公园及文化活动中心、位于威州镇的汶川县文化中心（包括县图书馆、县文化馆）、县体育馆、禹羌博物馆；龙溪乡羌人谷文化活动中心；映秀镇地震纪念馆（含遇难者公墓）、中滩堡公园。其中规模较大的有：映秀镇的地震纪念馆（含遇难者公墓），投资5488.96万元，包含纪念馆用地8800平方米、陵园用地3500平方米；威州镇的禹羌博物馆，投资4750万元，占地面积约7950平方米，建筑面积5290平方米，含禹羌市民广场、碉楼、市政及园林绿化等公共设施，其中展示橱窗、展品及设施设备等投资约800万元；水磨镇的镇中心区坡地防灾整治及公共空间景观绿化（体育运动公园），投资3700万元，在镇中心区台地、护坡加固及公共空间景观绿化，对滑坡、塌方等地质灾害区域进行治理，修筑防护墙，其中护坡面积8万平方米，公共绿化面积5万平方米，同时建设约2万平方米的篮球、乒乓球等球类运动及健身等场所，可容纳1000人。

文物保护与修复项目 文物保护与修复项目4个，总投资422万元，占援建总投资的0.05%。项目包括：漩口镇、雁门乡各3处文物保护与修复；水磨镇对万寿台的保护与修复；龙溪乡对阿尔村祭塔、2座羌雕的维修。

广播影视设施项目 广播影视设施项目16个，总投资7667万元，占援建投资总额的0.94%。项目包括：全县广播电视设施恢复重建，共计5000万元；威州镇、水磨镇广播电视台业务用房建设及设备，共计2040万元；威州镇、漩口镇、绵虒镇、耿达乡的广播站业务用房重建及设备购置；威州镇、映秀镇、水磨镇、漩口镇、雁门乡、三江乡、卧龙镇过渡安置点的广播电视建设；威州镇重建布瓦山300瓦无线发射台并配置相应设备；威州镇至绵虒镇50公里光纤网络干线建设。

商贸流通设施项目 商贸流通设施项目共15个，总投资约6147.35万元，占援建总投资的0.75%。项目包括：各乡镇的农贸市场，其中威州镇、水磨镇各两个，映秀镇农贸市场投资额最大，达907.35万元；威州镇威州建材及农畜产品交易中心，投资2382万元，占地约35亩，总建筑面积6250平方米，包括1座建材市场、1座农畜产品批发市场（含2座冷库）、公共厕所及市政供水、排水等附属设施。

其他城乡公共服务设施项目 其他城乡公共服务设施项目共149个，总投资2.28亿元，占援建总投资的2.78%。项目包括：汶川县各乡镇、村的公共服务设施用房；电管站、垃圾转运站、公共厕所、排水排污设施等市政设施；公共绿化；县劳动保障培训机构；汶川县应急指挥中心；客运站、公交站等交通旅游设施等。其中规模较大的几个项目，一是县体育馆，总投资4500万元，占地面积4700平方米，总建筑面积6630平方米（其中体育馆建筑面积4000平方米、座位1551座，室内全民健身中心建筑面积2630平方米），含体育设施设备、办公用具等投资380万元。二是水磨镇公共空间绿化提升，总投资2000万元，用于水磨镇区绿化的提升和生态环境的恢复完善。三是位于县城的汶川长途客运站，总投资1870万元，用地面积112480平方米，新建建筑面积约4270平方米（含主站房、附属用房）；县城公交站场，设备、办公用具及其他器具投资约110万元。四是县劳动保障培训中心（含社会保险服务机构），总投资1505万元，用地2330平方米，建筑面积3820平方米，办公设施设备（计算机、电子显示屏）、桌椅及附属设施设备投资约110万元。

城乡路桥设施项目 汶川县震前农村道路总长1338公里，道路密度仅0.33公里/平方公里，路面硬化率仅5%。地震破坏当地农村道路路基长度340.3公里，水泥混凝土、沥青路面毁坏约

60%；损毁市政道路80公里、市政桥梁3座。广东援建项目中，安排城乡路桥设施项目203个，总投资15.11亿元，占援建总投资的18.43%。项目分为农村道路和市政道路建设两大类。农村道路建设全部采用水泥路面或沥青混凝土路面，路面硬化率达100%，其中县道采用二、三级公路标准，通乡镇道路采用三级公路标准，通行政村道路采用四级公路路基宽度标准。农村道路建成后，全县乡镇和行政村道路通达率达到100%。新建的市政道路提升了县城和各乡镇的发展能力，增强了对农村的辐射、带动作用，如漩三公路将漩口、水磨、三江3个乡（镇）便捷地联系在一起，促进三地形成功能互补、各具特色的发展区域。

其中规模较大的项目有：威州镇岷江东岸景观道路市政建设综合工程，投资1.46亿元，范围从时代广场至姜射坝大桥，长约3公里，总占地面积约9.092万平方米，含堤岸加固、市政供水、排水、栏杆、绿化、园林景观、休息广场、风貌改造、路灯、交通设施等附属设施及公共配套建筑。威州镇城区原主干道市政设施综合改造工程，投资8330万元，改造旧城区约5.2公里道路，路宽10～20米不等，含市政给水、排水、绿化、路灯、交通标识、交通设施等附属工程。包含穗威大桥在内的汶川大桥，投资7656万元，从原阿坝师专入口到时代广场，穗威大桥长142米、宽20.3米；棚洞长212米、宽15.2米、净高5.5米；新建道路长约672米，含边坡治理、市政排水、绿化、灯光照明、交通设施等附属设施。漩三公路水磨段，投资7200万元，新建长9公里、宽8.5米的水泥混凝土路面。草坡乡连接国道213线的唯一通道麻龙公路，投资6880万元，全长14.7公里，是汶川县灾后重建重点工程、广东省援建汶川十大重点项目之一，其施工环境艰险、难度大、技术要求高，后获四川省“天府杯”金奖。

城乡水利设施项目 城乡水利设施项目共118个，总投资8.25亿元，占援建总投资的10.06%。项目包括供水工程、灌溉工程、堤防工程三大类。其中，供水工程项目60个，投资4.9亿元；灌溉工程项目12个，投资768万元；堤防工程项目46个，投资3.27亿元。项目投资规模最大的是水磨镇寿溪湖防洪减灾水利及附属配套工程，总投资15790万元。该工程包括：河道疏浚整治，新建寿溪湖水利防洪堤总长约3.4公里；新建一号溢流坝约300米，一号坝桥（佛山大桥）桥面70米长、30米宽；新建二号坝群，由6道砌石滚水坝组成，约1000米长、1.5米高；对现有二村沟段及原有电站堤坝约600米进行加固改造；寿溪湖一湖两岸园林景观及生态复绿，同时作为公共避灾空间，面积约5.3万平方米。映秀镇渔子溪堤防工程，总投资10237.74万元，河堤总长2.7公里，每延米造价大约为6.5万元。河堤工程级别三级，8度抗震设防，设计防洪标准为50年一遇。河堤主体结构采用加筋土、自嵌式挡土块。自嵌式挡墙采用12度角倾斜，不用勾缝墙面板自然形成错落有致的规则图案，减少土地占用且造型美观，再加上多种色彩变化，图案灵活性大，其景观效果更加突出。由于采用干垒式柔性结构，河堤对地基下沉及地震也有较好的适应性。位于威州镇的汶川县城污水处理厂（七盘沟污水处理厂）总投资9870万元，占地12150平方米，处理能力1.2万吨/日；新建提升泵站2座，占地共约1800平方米，提升能力共约1.2万吨/日；2座泵井，提升能力约2000吨/日；收集管网总长5.5公里，管径为N300～DN600。映秀镇岷江右岸河堤受地震损毁严重，需要加固，加固工程总投资6539.15万元。河堤长2959米，按20年一遇防洪标准设计，工程级别三级，堤顶宽度12米，堤顶高程按50年一遇洪水位并有1～2米的安全加高值。位于威州镇的汶川县自来水厂为新建工程，是广州对口援建威州的十大民生工程之一，占地5410平方米，总建筑面积2930平方米，总投资2760万元，包括综合楼、投药间、取水泵房等功能房，堤岸加固及设施设备等，日供水1万吨，满足县城近期3万人、远期5万人的用水需求，水质达到国家卫生标准，解决了威州居民喝水难、用水难的问题。

产业恢复项目 广东省在援建中安排汶川县产业恢复项目28个，总投资6.74亿余元，占援建总投资的8.22%，实现灾后重建项目集中发展，增强规模效益和集聚效应。产业恢复项目分三大类：一是农业项目8个，投资额885万元，其中包括绵虒镇林业工作站苗圃基地、克枯乡优质商品猪生产基地、岷江甜樱桃和干果基地、乡农业技术服务推广站、优质高蛋白玉米生产基地、马铃薯产业提升行动项目建设。二是工业项目4个，投资额5.2亿元，包括汶川广东“飞地”工业园区（广东—汶川工业园）、漩口工业集中区基础设施和水磨镇住房、基础、产业、旅游业等扶持资金及龙溪乡产业发展基金。其中，广东—汶川工业园位于成都市金堂县，属异地开发，园区建设规划面积4.5平方公里，总投资4亿元。园区重点依托广东优势产业及汶川产业资源有利因素，承接广东及沿海其他发达地区优势产业转移和发展汶川县及阿坝藏族羌族自治州现有工业下游产品，延伸产业链，形成产业集聚。截至2010年年底，工业园共集中布置入园项目31个，总投资37.8亿元。三是旅游业项目16个，投资额1.46亿元，包括水磨镇环线农业旅游经济带基础、三江乡水乡藏寨、映秀镇AAAA级景区设施、三江乡及漩口镇环线农业旅游经济带基础、绵虒镇文化旅游基础设施等项目的建设，其中三江乡水乡藏寨项目被四川省和阿坝藏族羌族自治州作为四川省灾后科学重建“整乡推进基本完成”的典范，承担该项目建设的惠州市根据“家家有产业、人人有事做”的援建理念，把旅游产业定位为三江乡的支柱产业，在该乡农家乐旅游景点的基础上，打造出规模更大的水乡藏寨旅游景区项目。该项目覆盖三江乡全乡，建设包括以藏式风格为主、藏汉融合和广东文化风格为辅的2座藏式景观大桥、6条旅游索桥、3个文化休闲公园、3座景观塔、2个民俗广场、3公里旅游栈道、1条民俗步行水街以及水乡藏寨大门、明月亭、亲水平台等20多个集实用性、观赏性、生态性和藏文化元素于一体的旅游设施和景点。水乡藏寨旅游景区的建成，使三江乡场镇面积由震前的0.39平方公里扩展为1.1平方公里，将三江乡各居民点之间的交通、人员、经济和管理更紧密联系起来，促进三江乡形成一个以旅游为支柱产业的建制镇，成为汶川旅游的二级中心。

其他项目 其他项目共46个，总投资11.84亿元，占援建总投资的14.44%。项目内容包括项目征地拆迁补偿，县及各乡镇规划编制、城市设计及其他恢复重建前期工作（包括测绘、地质调查、勘界、房屋安全鉴定等），灾后环境清理和整治、地质灾害治理，农房重建指导，广东省直各单位的技术类援助项目，不可预见费用等，其中征地拆迁补偿费5.94亿元、项目不可预见费2.26亿元。

三 软件援助

规划编制 2008年6月15日，广东省政府召开恢复重建工作领导小组会议。黄华华指出，规划是恢复重建的龙头，省建设厅要组成“广东省规划设计援助队”，分别对以汶川县城威州镇为中心的北区和以映秀镇、水磨镇为中心的南区实地踏勘进行前期调研。7月28日，省建设厅、省城市规划协会统筹协调，由各对口支援市规划局组织成立17支规划编制队伍共200余人，至汶川开展规划编制调研。截至2009年5月中旬，广东省协助汶川全面完成《汶川县灾后恢复重建城镇体系规划》《汶川县城（威州镇）灾后恢复重建总体规划（2008—2020年）》等13个乡（镇）总体规划编制并通过审批。2009年7月28日，编制完成《汶川县地震小区划》。

农房重建指导　2009年3月，广东省建设厅在省建筑设计院、省质监总站和13个对口援建市建设局（建委）中选派63名技术人员至汶川县参与指导灾区农房重建。全部技术人员分3批轮流前往。

技术人员围绕灾后农房重建开展技术咨询、技术指导和技术服务，加强农房重建质量的督察，提高重建后农房的建筑质量和抗震防灾能力。在施工现场，技术人员严格按照《重建技术导则》《构造详图》和《抗震技术规程》，对房屋结构达不到抗震要求、施工质量低劣、材料不符合标准的，及时告知农户和建筑工匠，提出整改建议。针对农民传统意识强、不易接受新结构新工法新材料的问题，技术人员深入到村庄农户进行宣传。截至2009年年底，完成汶川县重建（新建）约1.6万户农房的技术指导任务，并注重在建筑风格上传承和弘扬当地藏羌民族文化，打造出三江乡"水乡藏寨"、水磨镇"禅寿老街"、耿达乡"潮州新村"等宜居宜商的民居。

医疗卫生援助　地震造成汶川县医疗卫生基础设施全部瘫痪。2008年6月中旬，广东省卫生厅即派队伍至汶川调研拟出对口支援方案，下旬与中医药管理局联合制定出方案，决定在汶川当地建立简易临时医疗防疫点，确保群众有病得到有效医治，防控传染病流行和重大食物中毒。方案按照广东对口支援汶川"一地级以上市支援一乡镇"的原则，由省内13个设区市及省直医疗卫生单位组派医疗卫生工作队伍到对口乡镇医疗卫生机构开展援助工作。28日，卫生厅派出162名医疗、防疫、卫生监督人员至汶川。医疗队按医疗、防疫、卫生监督3∶2∶1的人员比例组成，每3个月轮换一批。医疗队克服停电、交通、生活等困难，进入村社区进行巡回医疗和义诊咨询，指导当地餐饮加工场所、饮用水水源点、村卫生站建设、各村公共厕所等场所开展消毒和无害化处理，协助当地做好医疗卫生机构恢复重建技术指导、增添简易医疗卫生设施，对当地医疗卫生服务人员开展技术培训。

恢复医疗秩序提升服务水平。各市医疗队利用帐篷、活动板房和原有的医疗用房，组建简易接诊室、手术室、检验室等投入使用，另一方面通过各自派出单位的支援捐赠，完善当地基本的医疗设备。帮助当地卫生院先后救治急性胃肠炎、脑外伤、重症肺炎及胰腺炎等重症患者。参与当地灾后卫生基础设施重建，对受援乡镇卫生院的重建整体规划、科室设置、功能定位、设备配置等提出合理化建议。其中，广东省卫生厅组织4名医疗设备专家到汶川县对9所乡镇卫生院的设备装备需求清单进行评审，确认设备需求2366台（套），共需资金限额852.26万元，指导各卫生院设备配备更具实用性、合理性、科学性。通过与汶川县的共同努力，灾区实现基本医疗服务在地域和时间上的全覆盖，形成覆盖乡村两级的医疗、防疫及妇幼保健网络，群众就医难问题得到缓解。

疾病预防控制。2008年12月2日，医疗队开通首条面向汶川县全县居民的心理咨询热线，为群众排除心理疾患提供关爱平台。为预防冬春季节流感的发生与流行，广东各市医疗队在四川省卫生厅的统一部署下，制定流感疫苗群体接种实施方案，对灾区的易感人群进行预防接种，接种率达到震前当地疾控部门长期期望的98%以上目标。2009年3月24日第14个“世界防结核病日”，驻映秀镇的东莞医疗队到映秀大道开展主题为“控制结核、人人有责、关注农民、共享健康”的宣传咨询活动。广州市医疗队协助汶川县疾病预防控制中心对3000名居民进行B超检查，对300人作问卷调查，对13名可疑病例进行复查，完成包虫病前期调查问卷的输入及包虫病工作总结。协助县疾控中心进行肝炎高危调查项目资料录入，先后完成全县6个镇7个乡约300份调查资料。收集整理当地传染病、地方病信息资料，撰写了《1990—2007年汶川县法定传染病疫情分析》学术资料。动员深圳金卫信公司向汶川县疾控中心捐赠价值18.5万元的免疫规划信息化管理系统及打印机等设备，免费上门为13个乡镇卫生院安装该系统并组织培训。利用该系统平台，广东省各市医疗队协助当地卫生院建立电子版的疫苗出入库登记，并进行计划免疫底册的电脑录入。

卫生监督巡查。医疗队深入汶川县各乡镇开展饮用水安全、食品卫生和传染病防治监督工作。建立卫生防疫巡查队，巡查各村寨、安置点、医疗点，加强对地震灾区食品卫生、饮用水卫生、环境卫生和传染病防控方面的巡查。医疗队协助当地卫生监督部门规范卫生许可行为。广州医疗队为汶川县卫生执法监督所拟定了卫生许可证申领程序和办证指南，自行开发一套卫生许可信息管理系统。医疗队在日常监督基础上，加强节假日对全县食品生产经营单位、餐饮业及集体食堂的各种专项检查。广州医疗队在巩固无证经营整治成果基础上，打击餐饮业无证经营行为。医疗队卫监人员进行水源监督，完成威州镇春泉自来水一厂和二厂及威州镇12个行政村的水源点、张家坪堰塞湖蓄水池水、张家坪加油站水、二河水、水磨镇水厂等水源点的水质检测，并在当地村民带路下，翻山越岭，登山溯源，深入村寨，完成对多个村寨的集中供水点的水源监测，消除当地村民的饮用水安全隐患。2008年12月，医疗队对各对口支援的乡镇卫生院开展医疗垃圾管理检查，发现问题时提出整改意见。

基层医疗卫生人员培训。2009年2月起，广东省对口支援医疗卫生的工作形式由常驻改为对口帮扶，定期选派管理和技术骨干对当地进行指导培训或选派当地卫生工作人员到广东进修培训。7月2日，省卫生厅下发2009年度医疗卫生技术人员组派方案，共组派4批，每批25人，每3个月轮换一批，所组派人员分两组派驻县城威州镇和水磨镇，负责对威州片区和水磨、漩口片区的医疗卫生技术指导和培训。12月31日，省卫生厅又下发2010年组派方案，规定由广州、珠海、佛山、中山4个市组派医疗卫生技术人员33人，分4批全部派驻威州镇，负责对对口支援的13个乡（镇）进行医疗卫生技术指导和培训。2010年6月起，广东省停止派出常驻汶川的医疗卫生队伍，改为适时派出医疗卫生专家对汶川县医疗卫生机构进行指导及对相关专业技术人员进行培训。至此，广东省累计向汶川县派出医疗队60支、医疗卫生人员651人，其中医务人员371人、疾病控制人员170人、卫生监督人员101人、其他专业人员9人。广东省派出的每批医疗队均自带一批药品及医疗器械，到各村寨开展义诊和送医送药；累计开展巡回医疗980多次，体检4.72万余人次，方便边远村寨群众就医看病；培训村卫生人员654人次、县乡医疗机构卫生人员1860多人次。潮州、揭阳等市还安排汶川县医疗卫生人员到各自市免费进修培训。

教育援助　从2008年6月起，广东省陆续出台支援灾区教育事业发展的一揽子计划，开展对汶川县教育工作的援助。援助内容主要是帮助复学复课，派出教师支教，由广东中小学校、幼儿园与汶川县中小学校、幼儿园结对帮扶，接受汶川县教师至粤学习培训。

帮助灾区师生复学复课。地震发生后，广东省在灾区优先多建板房校舍，帮助复学复课。对难以在汶川当地复学复课的，协助安排师生在四川省其他地区复学复课。惠州市政府协调四川省教育厅在成都市金牛区科力职业学校过渡安置绵虒中学565名师生异地复课，并承担教学场地和师生部分生活学习费用。对投亲靠友或父母在粤务工、处于义务教育阶段和普通高中阶段的学生，广东省安排珠三角地区义务教育学校接受其到校复课。广东南海东软信息技术学院接受成都东软信息技术学院1468名学生、80名教师进行为期两个月的异地复课，学校承担全部交通费、床上用品费、宿舍水电费等，并向每名学生发放生活补贴。广东轻工职业技术学院接受四川工商职业技术学院551名学生复课。广东重点技工学校接受536名四川灾区学生到粤就读。均超额完成教育部下达的任务指标，同时免收灾区学生学费和住宿费，并向每名学生提供部分生活补助。广东省民营企业碧桂园集团捐资1亿元，从2008年7月1日起，先后在碧桂园集团顺德学校、凤凰城学校和江门五邑碧桂园学校成建制过渡安置汶川县桑坪中学1386名师生异地复课，并为师生提供学杂费、食宿费、基本医疗费和寒暑假回家路费等绝大部分学习和生活费用。广东省委、省政府高度重视桑坪中学复课工作。汪洋于2009年5月11日专程到该校看望慰问师生，特意从网上挑选《面对灾难我们选择坚强》一书作为送给学生们的礼物。7月1日，桑坪中学师生顺利完成在江门五邑碧桂园学校的复课学习返回汶川。除接收灾区师生至粤复课复学，广东省还着重做好招收灾区初中毕业生到广东就读中职学校工作。对2008年有到广东就读中职学校意向的初中毕业生和未能升学但有到广东接受职业教育意向的高中毕业生，省教育厅安排其到珠三角地区省重点以上中职学校免费入读。截至2010年年底，省教育厅直属的5所中等职业技术学校共接受345名汶川应届初中和高中毕业生就读。整个对口援建期间，广东省各地各学校共接收灾区各级各类学生4600余人就读。

结对帮扶与师资建设。广东省教育厅从省内各设区市中选拔一批优秀教师到汶川支教，支教时间两年，一年轮换一次。2009年8月，省教育厅从广州、珠海、佛山、中山、江门五市优质中学中挑选出6名高中教师组成第一批广东援川支教工作队。这些教师平均年龄31.3岁，均为大学本科以上学历，其中硕士研究生2人、中学高级教师1人。广东省还遴选出21所优质中小学校、幼儿园与汶川县21所中小学校和幼儿园，分别结成帮学帮教对子，在教育信息资源开发和有效应用领域进行交流与合作。9月20—23日，省教育厅在全省遴选出14名中小学校长和幼儿园园长到汶川，正式启动“结对子”活动，到“结对子”学校了解受援学校和幼儿园的帮扶需求，有针对性地予以帮扶。援建期间，广东省先后组织90多名汶川县中小学校长和骨干教师到广东学习培训，并参观珠三角地区部分名校，进行教学观摩。

农业科技援助　2008年10月，广东省科技厅从华南农业大学、广州中医药大学、广东省农业科学研究院、广州白云山制药股份有限公司选调专家，组成广东支援汶川灾区灾后重建科技特派团，围绕灾区科技需求开展科技服务和咨询。10月11—12日，省科技厅18人组成的科技考察团进入漩口镇猕猴桃基地、映秀镇、威州镇布瓦村、雁门乡萝卜寨甜樱桃基地和蔬菜基地及民俗文化旅游点考察。调研后，与汶川县政府签订《汶川地震灾后恢复重建科技特派团对口帮扶工作合作协议书》，初步确定以甜樱桃等水果项目为依托，开展新品种引进和技术咨询服务等，同时在农作物新品种的引进和选育、农产品加工、贮运、保鲜技术、中药材规模化种植技术示范及其产品开发研究、蔬菜种植等项目开展专项实用技术培训，以提高灾区新技术的应用与推广水平。还向汶川县科技局安排“猕猴桃等水果的复种、扩种与水果保鲜冷库前期建设”“水果加工前期建设”两个项目，共计投入100万元。此后，科技特派团继续派遣成员至汶川开展水果新品种引进种植及中药材新品种引进种植的深入调研，开展相关水果、蔬菜等栽培实用技术培训，进行田间现场培训指导。2009年6月20—22日，科技特派团专程到水磨镇高峰村的蔬菜与中药材种植基地、三江乡河坝村和漩口镇赵家坪村的猕猴桃种植基地、龙溪乡的蔬菜种植基地以及萝卜寨羌文化生态区的樱桃种植基地考察，指导基地生产管理，传授先进经营管理理念、技术，帮助延伸农业产业链等。

猕猴桃和甜樱桃种植技术示范。汶川县南部有三江乡河坝村和漩口镇赵家坪村两个猕猴桃种植基地，出产的猕猴桃色、形、味俱佳，成熟时正值水果淡季，很受消费者的青睐且售价较高。萝卜寨羌文化生态区是汶川重要的甜樱桃产区，灾后迫切需要提高甜樱桃的产量和品质。广东省提出建设汶川地区猕猴桃和甜樱桃种植技术研究与示范项目，并投入140万元。2009年6月，三江乡河坝村在科技特派团的帮助下，该基地种植的“海沃特”品种挂果1000亩，亩产1500～2500公斤，果形均匀，栽培技术提高。漩口镇赵家坪村的猕猴桃种植基地相对三江乡河坝村而言处于起步阶段，以农民自种为主。特派团指导果农搭架、栽培，在猕猴桃树下的空地种植中药材或养殖家禽，发展立体农业，实现水果种植与生态旅游共同开发。在萝卜寨羌文化生态区樱桃种植基地，特派团了解到当地樱桃树没有及时剪枝矮化，影响了品质，采摘困难，制定了甜樱桃果园改造、果树矮化等高产栽培措施，并建立示范点予以推广。

果蔬保鲜技术示范推广。汶川县大力发展猕猴桃种植，种植面积成倍增长，但相应的贮运物流技术以及销售渠道没有配套，大部分猕猴桃被经销商低价买走，再出口到日本等地。果贱伤农。汶川县的蔬菜种植企业也希望将当地的蔬菜销往成都等大城市，提高产品价格，故提高贮运保鲜技术成为强烈需求。广东省投入70万元在汶川实施果蔬采后预处理及保鲜技术研究与示范推广项目，主要是确定相应的田间预冷条件及相关贮运保鲜技术，制定相应的果蔬预冷操作及贮运保鲜技术规范；在当地建立一个田间预冷处理及贮藏保鲜示范点进行技术推广，对种植大户进行技术培训。至2009年上半年，在广东企业协助下，威州镇建起一座千吨级冷库，解决了果蔬等生鲜物资的贮藏保鲜问题。广东科技特派团还组织编写实用果蔬保鲜手册，供当地企业和农户学习使用。贮藏保鲜后，汶川猕猴桃上市延至春节前后，成熟期上市售价4元/公斤左右、春节上市8元/公斤左右，大大增加了产品的附加值。

中药材栽培技术推广。水磨镇高峰村属山地地形，非常适合发展中药材种植，广东科技特派团建议当地重点种植经济价值高且具有当地特色的中药材，并建议采取药菜间种的种植模式，并支援项目经费60万元。根据建议，该地区采用“合作社＋农户＋基地”经营模式，开发了500亩蔬菜与中药材种植基地，种植虎杖、绞股蓝、冬花、茴香、鱼腥草、紫苏、川芎、虫蒌等约10种中药材，间种马铃薯、西红柿、生菜、大豆、四季豆、甘蓝、玉米等蔬菜和作物，基地未来将以川芎、虫蒌种植为重点发展方向。基地的开发提高了土地利用率，取得不错的经济效益。2009

年 7 月，广东省科技厅安排广州中医药大学针对汶川道地中草药培育、种植、田间管理及采收的使用技术、实用操作方法，开展金银花、川芎等汶川道地中药材规范化生产关键技术研究。

蔬菜栽培技术示范推广。该项目包括引进适合市场销售的优良品种；对当地技术骨干、种植蔬菜大户进行安全蔬菜生产技术培训；示范推广引进的优良品种和安全蔬菜生产技术。项目共计投入 15 万元。广东省依托本省农业科学院蔬菜研究所的力量，发挥汶川县龙腾果蔬开发有限公司的带动作用，具体提出夏季种植优质蔬菜，引进菜心、杂交芥蓝、娃娃菜、奶白菜、豆苗等既适合当地种植又适合市场销售的蔬菜种类，其中对从广东省农业科学院蔬菜研究所引进的优良品种“金秀黄心娃娃菜”进行推广种植。为汶川龙腾果蔬开发有限公司提供相应栽培技术资料和叶菜类的保鲜技术措施，用于培训农户和蔬菜的保鲜运输，通过企业为汶川广大菜农传输先进技术，使蔬菜种植规模化、产业化，打出特色品牌。为企业提供产品销售信息，提供夏季蔬菜订单生产单位；种植过程中通过电话和邮件方式为对方解答有关蔬菜病虫害防治、种植技术措施和采后加工保鲜等问题。建立蔬菜生产示范基地，将优良品种和栽培技术辐射到周边农户，使农户通过种植优质蔬菜致富。2009 年，当地夏季优质蔬菜种植面积扩大到 2 万亩以上，蔬菜种植农户每亩收入达 2000 元以上。

2009 年起，广东省农业科学院与汶川县科技局、村村通公司等单位共同建设汶川农村信息直通车系统。该系统包括建设有关硬件和数据库、10 ~ 20 个信息直通车示范点。项目共计投入 15 万元。

其他农技帮扶，如开展养殖业的培训、指导。2008 年 8 月 22 日，全国“五一劳动奖章”获得者、广东省饶平县千秋绿农牧有限公司总经理郑坤龙至耿达乡，接收该乡 5 名青年到其猪场进行为期一个半月的养猪技术培训。水磨镇高峰村的蔬菜与中药材种植基地农民接受广东科技特派团专家的建议和指导，同时发展养殖业，该基地养殖了 1000 多只鸡。广东省博罗县东田实业有限公司针对汶川特殊环境，研发并推广适用各种山坡、斜地蔬菜、中药材、果树等农作物的喷雾器。

就业援助　广东省出台多项措施向灾区务工人员提供就业援助，包括提供就业“绿色通道”、提供就业培训和保障、举行招聘会等。2008 年 6 月 24 日，广东省劳动和社会保障厅要求各地从 6 个方面做好就业对口援助工作。20—26 日，该厅在省内 13 个设区市开展“2008 年高校毕业生就业网络联盟夏季联合招聘周”，共为 459 名地震灾区毕业生提供就业推荐服务，有 102 名与企业达成用工意向。29 日，在人力资源社会保障部在灾区举行的现场招聘上，广东省动员组织广州、深圳、江门、中山 246 家企业提供 1.5 万个岗位，当天前往广东摊位登记就业的应聘者 2100 人，达成初步意向的有 726 人，其中远程招聘视频网现场录用 50 多人。从 2008 年 6 月至 2009 年 3 月，广东省与四川省先后签订 3 期“对地震灾区开展对口就业援助协议书”，分别向汶川县提供优质岗位信息 5.99 万个、1.51 万个、3.24 万个，帮助灾区劳动者 5772 人、2668 人、6789 人实现就业，并接收 536 名灾区技校学生转移至粤就读。

2010 年 5 月 18 日　广东省人力资源和社会保障厅与汶川县联合举行人力资源市场网络连接开通仪式，在全国率先建立灾区人力资源信息对接平台，把业务系统网络延伸至汶川，让汶川县 13 个乡（镇）的劳动服务部门通过 VPN 方式直接联网使用广东人力资源和社会保障业务信息系统，拓宽灾区劳动力转移就业渠道。

招商引资 灾后恢复重建工作开展后，广东省经贸委根据震前汶川县产业结构和资源特点，组织广东水泥、有色、钢铁、冶金、机械、医药、流通等行业的重点企业至汶川考察调研。

2008年7月7日，广东省第一批省内重点经贸企业先后在水磨镇、漩口镇和映秀镇考察川西磁业公司、鑫通新材料公司、立敦电子材料公司、岷江硅业集团公司、潘达尔硅业公司、广盛锂业公司、紫坪水泥厂、阿坝铝厂、九寨沟天然药业公司等企业。江门市粉末冶金厂有限公司与川西磁业有限责任公司合作建设年产预烧料3万吨生产线和年产2万吨磁材生产线，总投资2亿元；与阿坝岷江鑫星磁业有限公司合作建设5000吨干压磁材生产线，总投资5000万元，项目投产后可为当地提供2200个就业岗位；另外，还就合作开发锂业、开发蓝宝石晶体、废墟爆破、硅铁合作、电石—水泥循环经济等5个项目达成意向。

2008年8月13日，广州、佛山、东莞、中山、惠州5个市经贸部门及24家涉及建材、冶金、医药、商贸流通等行业企业组成的第二批广东省经贸代表团，在水磨镇、漩口镇、映秀镇与当地企业达成工业硅、锂材料开发销售、医药业的合作意向。9月26日下午，四川省党政代表团在广州白云国际会议中心举办四川省灾后重建投资说明会，广东省经贸委组织608家广东重点工业商贸企业的负责人参会。10月27日，组织广东省200多家企业参加在成都举办的第七届中国西部地区经济博览会，重点与汶川企业座谈。12月22日，省政府驻西南（成都）办事处组织60多家在四川、重庆的广东企业，至汶川与援建单位对口洽谈援建项目和材料供应。

为扩大招商引资范围，在广东省援建工作组和香港广东各级政协委员联谊会的协助支持下，2009年7月29在香港举行汶川县招商引资项目推介会。香港广东各级政协委员联谊会与汶川县签订合作备忘录。香港广东各级政协委员联谊会主席戴德丰表示，将利用联谊会这个平台，为更多香港企业到灾区投资办厂提供服务。31日上午，汶川县党政代表团在广州继续举办招商引资项目推介会，广东省组织全省经贸部门特别是13个对口援建市经贸部门及重点企业、有关行业协会等参与代表团各项经贸活动。广东省内超过500家企业参加会议，签约项目46个，涉及加工制造、农林畜牧、信息服务、基础建设、环保、旅游等，投资（意向）金额超过10亿元。

广东省各对口援建市也组织针对汶川县的招商引资活动。惠州市林丰实业有限公司和恩歌源实业有限公司于2009年4月21日与汶川县政府签订“汶川县三江盘龙山生态旅游度假区”开发建设项目首期工程合同，投资4.2亿元建设星级旅游度假宾馆。广州市在援建威州建材市场中，多渠道招商引资，成功租出该市场全部64个铺位。

广东省采取“走出去、请进来”的办法，组织广东—汶川工业园区到广东、香港招商引资。从2009年8月至2010年4月，多次组织商会、企业协会、产业促进会、企业家到园区考察。江门市泛亚投资有限公司、江门市君盛五金塑料制品有限公司分别与园区签订吨头板项目、物流项目和五金塑料磨具生产基地项目投资意向。2010年5月31日，广东省委、省政府委托省援建工作领导小组副组长汤炳权率省政协部分港区委员和省工商联企业家一行70余人组成经贸考察团考察广东—汶川工业园，举行投资合作意向签约仪式，签订合作建设玻璃产业园、机械制造产业园和新材料产业园协议。

第三节 浙江省支援青川县

2008年6月，中共中央、国务院确定浙江省对口支援青川县灾后恢复重建。2009年3月，国家明确青川县城在原址重建，乔庄镇仍为青川县的行政中心、文化中心以及商贸重镇，竹园镇作为县城乔庄镇功能疏解的承接地，和县城乔庄镇同步规划、同步建设。从2008年7月16日浙江省部署援建任务，至2010年9月19日援建工作完成，共下达12批援建项目实施计划，合计547个项目，累计投入资金86亿元，超额完成中央交给的援建任务。通过两年多的灾后重建和对口援建，青川县生产力布局进一步集聚优化，整体安全性大大提高，城镇人口及各场镇建成区面积均比震前扩大近一倍，基础设施和公共设施整体跨越20～30年。

一 部署与组织

领导部署 2008年6月，国务院明确浙江省对口支援青川县灾后重建。8月31日下午，国务院总理温家宝考察青川，对浙江援建提出期望：援建青川是一副重担，浙江省经济实力强，应该把这副担子挑好，把青川的恢复重建搞好。为了贯彻中央部署，在2008—2010年不到3年的援建期间，浙江省多次召开省委常委会、省政府常务会议、省支援四川抗震救灾领导小组会议，专题研究部署对口援建工作，提出“要竭尽全力，把青川的事当作我们自己的事，把青川当我们的一个县来建设”。省委书记赵洪祝、省长吕祖善及有关省领导先后至青川考察指导对口援建。

2008年6月10日，赵洪祝主持召开浙江省支援四川抗震救灾工作领导小组第一次会议，要求做好援建准备工作。16日和17日，分别召开省委常委会议和全省领导干部会议，传达中央对口支援灾区灾后恢复重建精神。19日，冒着余震多发的危险，赵洪祝率省对口支援工作组至青川实地调研，要求尽早摸清青川情况，尽快做好规划设计；统筹安排推进对口支援工作，突出住宅、学校、医院、广电、道路等公共服务设施、城乡基础设施建设，采取统分结合的支援方式，坚持政府推动与市场运作相结合的支援途径；立足3年期限，着眼长远发展，区分轻重缓急，积极有序进行，与青川人民心手相连、共渡难关。24日，省援建工作领导小组举行第二次会议。赵洪祝强调，中央将对口支援青川县的任务交给浙江省，是对浙江的信任，是全国人民尤其是四川人民对浙江的重托，浙江要成为青川灾后恢复重建的坚强后盾和强大支撑。吕祖善指出，对口支援青川灾后恢复重建是一项长期的系统工程，援建工作要与青川恢复重建的重点紧密结合，优先恢复卫生院、学校、供水、福利院等公共服务设施，切实解决灾区群众最需要解决的问题。

为提高浙江省对口援建工作的针对性，2008年7月2—8日，浙江省政府组成调研考察组，在省政府副秘书长、省援建指挥部指挥长谈月明带领下至广元、青川调研考察，现场踏勘除暂未通车的马公乡外的青川县其余所有乡镇。4日下午，“浙江省支援青川县灾后恢复重建指挥部”在青川挂牌。10日，吕祖善主持召开援建青川工作专题汇报会，指出援建要突出“五个优先”，即功能恢复、民生优先，设施重建、基础优先，布局调整、安全优先，人口转移、集聚优先，产业发展、生态优先。15日，省援建工作领导小组第三次会议通过《浙江省支援青川县灾后恢复重建方案》和浙江省支援青川县灾后恢复重建工作办公室、浙江省支援青川县灾后恢复重建指挥部组建方案。16日，省委、省政府印发援建方案，对援建青川进行系统部署。方案突出了“三个明确”：一是明确对口支援的三大原则，即坚持以当地为主、浙江省积极援建相结合的原则；坚持对口支援、统分结合的原则；坚持政府推动、社会参与相结合的原则。二是明确对口支援工作的组织架构，即在省援建工作领导小组下设省援建工作办公室，在青川县组建省援建指挥部。三是明确浙江省对口支援结队方案，按照“一市、县（市、区）帮一受灾乡镇”的原则，全省安排11个市及经济较发达县（市、区）参与对口支援青川县36个乡（镇）灾后恢复重建。省级相关部门负责做好对口联系和指导服务，其他县（市）结合自身情况积极参与援建。

2008年7月17日上午，赵洪祝主持召开对口重建工作会议，提出力争用3年左右的时间，优先恢复灾区群众的基本生活条件、公共服务设施、基础设施，恢复生产条件，逐步恢复生态环境，使灾区群众的基本生产生活条件达到和超过灾前水平，并为可持续发展奠定基础。会议的召开标志着浙江援建工作进入实质性推进阶段。26日，赵洪祝、吕祖善等与即将至省援建指挥部工作的29名干部座谈。赵洪祝勉励至青川的干部，按照“特别能吃苦、特别能战斗、特别能团结、特别能奉献”的要求，在恢复重建工作中建功立业，锻炼成长。吕祖善希望大家要不辱使命，圆满完成对口支援任务，为浙江争光。27日，省援建指挥部全体人员至青川投入对口援建。8月20日，吕祖善率浙江省政府代表团到达青川，强调抓紧推进重点援建项目建设。12月30日，赵洪祝主持召开省援建工作领导小组第四次会议，部署2009年援建工作，吕祖善等参加。会议强调帮助灾区群众安全过冬，重申援建原则，处理好质量与进度的关系，做好灾后重建资金使用、管理的基础性工作，注重“软件”“硬件”并举，搞好青川县城的规划；在项目建设中，把城乡住房和医疗、教育等民生项目摆在首位，已开工项目要抓紧推进，尽早让青川人民受益。

2009年2月24—27日，浙江省委副书记夏宝龙至青川推进援建工作。8月4日，赵洪祝主持召开省援建工作领导小组第五次会议，强调保时间、保重点、保成效，优质高效，全面、顺利、按时完成对口援建任务。20日，赵洪祝赶至青川检查指导对口援建工作。赵洪祝指出，加快乔庄、竹园两个重点镇的建设和产业援建，要坚守时间、质量、投资、安全、廉洁“五个底线”。8月30日至9月1日，省政协主席周国富至青川考察援建工作。2009年年底中央作出三年重建任务两年基本完成的部署后，11月13—14日，吕祖善再至青川，强调要抓住乔庄、竹园镇两个重点，继续把群众最关心、最现实、最急迫的民生项目实施好，研究援建的长效机制，确保在2010年9月底前基本完成所有援建项目。他在考察援建的第一个安居房项目——东山安居小区时提出：“建一个项目，树一座丰碑。这个项目的建设，让灾区人民恢复重建树立了信心，看到了希望。”

2010年，是浙江援建工作的决战之年。3月3—4日，浙江省委常委、省纪委书记任泽民率团至青川，强调确保浙江的援建资金、物资、项目实现廉洁高效援建的目标。31日，赵洪祝批示：“8个项目获奖可喜可贺。要继续努力，把余下的各项工程也要打造成精品。”在浙江援建青川工作进入倒计时的最后决战时期，6月2—4日，赵洪祝第三次率浙江省党政代表团至青川，考察援建的智慧岛教育园区、浙川大道、东河口村三元坝组失地农民安置点、三锅乡獭兔养殖园、东河口地震遗址公园、乐安寺乡卫生院、乔庄镇小学、唐家河自然保护区浙川交流中心和川浙产业园等20余个援建项目，要求援建人员不放松士气、不降低要求、不减缓进度，以良好的精神状态投入到决战决胜的攻坚战之中。要围绕民生援建、城镇援建、产业援建3项重点，深化两地在农业特色产业培育、产业园区建设、招商引资等方面的合作，促进青川、广元自我发展能力的不断提高。9月17—19日，吕祖善率领浙江省政府代表团第三次至青川，17日下午在广元举行浙江省援建青川项目整体移交仪式，547个援建项目全面完成。19日上午，在与四川省委书记刘奇葆座谈时，吕祖善说，虽然援建项目已整体移交，但仍将配合当地做好项目后续管理，加强人才培训交流，促进产业对接，进一步完善双方合作的长效机制，为青川长远发展奠定坚实基础。12月30日下午，浙江省委、省政府在杭州隆重举行浙江省对口支援青川县灾后恢复重建工作总结表彰大会，标志援建工作全面完成。

组织机构　浙江省援建工作领导小组组长由省委书记赵洪祝担任，省长吕祖善任常务副组长，省委常委、常务副省长陈敏尔和副省长陈加元任副组长，成员由省委办公厅等单位负责人组成。领导小组下设办公室，设于省政府办公厅。省援建办公室设在省发改委，主任由省发改委主任厉志海担任，副主任由发改委、经贸委、财政厅、建设厅副职领导担任。办公室负责与青川县对口支援工作的联络和协调；负责与青川县协商拟定三年援建的项目规划、资金筹措计划以及分年度项目实施和资金安排计划；负责组织协调人力、物力、智力等方面的支援工作；负责与援建指挥部的联系协调以及日常管理工作。省援建指挥部具体负责浙江省在青川县援建联系工作的组织与领导；负责援建项目规划和年度计划的实施；负责跨县、跨乡镇的线性工程，以及重大城乡住房、公共服务设施和基础设施等重点项目的指挥、协调；负责援建项目建设质量和资金使用监督管理；负责对省内各援建分指挥部的协调。谈月明任指挥长。

按照“一市、县（市、区）帮一受灾乡镇”的部署，浙江省11个对口支援市也相应成立了由主要领导和部门参加的工作机构。浙江省援建指挥部于2008年7月4日在青川挂牌，27日全体成员进驻青川。8—9月，浙江省11个市援建指挥部和经济较发达县（市、区）援建指挥部陆续挂牌，分别进驻青川县36个乡（镇）。具体对接关系为：杭州市本级及萧山区、余杭区、富阳市、临安市对接竹园镇及白家乡、建峰乡、金子山乡；宁波市本级及鄞州区、北仑区、江北区、奉化市和象山县、余姚市、江东区、宁海县、镇海区、慈溪市、海曙区对接乔庄镇、黄坪乡、瓦砾乡、茶坝乡；温州市本级对接青溪镇，乐清市对接三锅乡，瑞安市对接桥楼乡；湖州市本级对接马鹿乡，长兴县对接七佛乡，德清县对接楼子乡；嘉兴市本级对接房石镇，海宁市对接曲河乡，桐乡市对接蒿溪回族乡，平湖市对接乐安寺乡，嘉善县对接前进乡，海盐县对接大坝乡；绍兴市本级对接关庄镇，绍兴县对接凉水镇，诸暨市对接大院回族乡，上虞市对接茅坝乡，嵊州市对接苏河乡；金华市本级对接孔溪乡，义乌市对接板桥乡，永康市对接骑马乡，东阳市对接观音店乡；台州市本级对接沙州镇，温岭市对接木鱼镇，玉环县对接姚渡镇，临海市对接营盘乡；衢州市对接马公乡；舟山市对接红光乡；丽水市对接石坝乡。

通过两年多时间的艰苦努力，浙江省建成一大批援建项目，也培养了一批干部，锻炼了一支队伍，形成了一种精神。332名援建干部情系灾区、无私奉献，被广元市、青川县授予荣誉市民称号。朱定勤、张启标被国务院授予全国劳动模范，马德富、郑力平等16人被全国总工会授予全国“五一劳动奖章”，浙江省援建指挥部被全国总工会授予“全国五一劳动奖状”、被浙江省政府授予“浙江省模范集体”荣誉称号。

规划先行 浙江省委、省政府将规划工作作为援建青川的基础性、先导性工作，组织400多名测绘和地质勘探技术人员、200多名规划人员，全面开展青川县各乡镇地形测绘、灾情评估，以及城镇体系、生产力布局、教育、卫生、交通、流域、产业、示范村点等各类规划的编制工作，形成各类规划成果130多项。

2008年7月9—14日，由浙江省发展规划研究院等7家省级规划设计、水文地质单位11位专家组成的省支援青川县灾后恢复重建规划技术工作小组至青川，对编制、完善青川灾后恢复重建规划进行技术指导。青川县的基础测绘资料十分欠缺，7月16日至8月18日，浙江省测绘局先后选派383名测绘技术人员组成测绘队至青川，经过一个多月的野外日测夜绘，完成覆盖青川全部县域的基础测绘任务。7月18日，浙江省援建办召开全省对口支援青川县灾后恢复重建规划工作会议，提出由浙江省帮助青川县建立较为系统、完整的规划体系。22日，浙江省发展规划研究院完成《浙江省支援青川县灾后恢复重建三年（项目）规划工作方案》，突出家园重建、设施重建和产业重建。2009年1月19日，《浙江省支援青川县灾后恢复重建三年（项目）规划》由省发改委印发，成为实施恢复重建项目、合理安排项目建设进度的依据。规划遵循“功能恢复、民生优先，设施重建、基础优先，布局调整、安全优先，产业发展、生态优先，人口转移、集聚优先”的基本思路。

2008年8月8日，浙江省启动实施“百名规划师支援青川行动”，规划工作组分组至青川县竹园、青溪、马鹿、乐安寺、木鱼、沙州、姚渡、营盘、孔溪、红光、乔庄等乡（镇）开展工作。经过一个多月紧张而艰苦的努力，初步完成青川县县域城镇体系规划和除乔庄、竹园、青溪三大镇以外的其他33个乡（镇）的总体规划方案。青川县城镇体系规划在空间布局上提出以县城乔庄和新区竹园为中心、其他主要节点乡镇为两翼的“飞鹰”发展战略。乔庄主要是“完善功能保民生”，按照“发挥基本功能、打造山水城镇”的目标要求，安排援建和重建项目；竹园主要是“拉开框架打基础”，重点建设“智慧岛”教育园区和经济中心。按照“搬得出、住得下、可脱贫、能致富”和“梯度、适度，安全、安心”的原则，积极创造条件鼓励和支持深山、高山和受自然灾害威胁的人口向中心城镇、周边场镇和中心村集聚。

乔庄镇总体规划编制单位宁波市规划设计院数易其稿，完成《四川省青川县城（乔庄镇）总体规划》评审稿。2009年5月6日，四川省建设厅召开该总体规划技术审查会，来自中国城市规划设计研究院、清华大学、同济大学、重庆大学、西南交通大学、四川省规划编研中心、浙江省城乡规划设计研究院、成都市规划设计研究院以及四川省级相关部门的专家及领导参加技术审查会。会议原则通过青川县城（乔庄镇）总体规划。

二 项目援建

浙江援建始终坚持“以人为本”“民生为先”的理念，把解决好“住房、就学、就医、出行、饮水”等“五难”问题，放在重中之重、急中之急的位置。在浙江对口援建城乡居民住房、公共服务设施、市政公用设施、农业和农村基础设施、市场服务经营性基础设施等 547 个项目中，农房和城镇安居房、学校、医院、通乡通村道路、农村安全饮水工程等民生项目达 340 多个，合计投资近 50 亿元。浙江援建项目真正实现全覆盖，提高了青川县公共服务设施整体水平和全民共享程度。

城乡居民住房项目　城乡居民住房恢复重建坚持“经济、适用、安全、节地、特色”原则，严格执行国家有关设计规范和抗震设防标准，既不因陋就简，也不贪大求洋。在建筑设计风格上，充分尊重和发扬青川传统文化，彰显“小青瓦、白粉墙、人字顶、木栏花窗”等川北民居特色，共建设城镇安居房和廉租房 4273 套，总建筑面积 36 万平方米。（参见图 237）同时，积极组织实施农房援建“661”工程，即安排 6 亿元资金、帮助 6 万户农户、派出 118 名技术指导员，全力助推农房重建，重点打造了 96 个农村集中安置点和农房重建示范村。

图237　浙江省援建的青川县生态小区（沈若飞　摄）

城乡居民住房项目共 57 个，包括农村居民住房项目 41 个、城镇居民住房项目 16 个。

农村居民住房项目主要包括：农居房补助项目、农房建设配套补助项目、地震暴发点所在村特困农民重建基金、农居示范配套、白家乡佛山村石门坎和松盖村东长沟农居示范点基础设施建设项目、农居示范点配套设施建设工程、金子山乡农居示范点配套设施工程、乔庄镇农业产业发展及农房示范点配套工程项目、乔庄镇大沟村新农村及城郊村庄整治项目、瓦砾乡庙子村苏家坪农房重建示范点工程、黄坪乡建设村农户示范点配套基础设施、黄坪乡场镇环境整治建设项目、黄坪乡枣树村农房重建示范点建设项目、茶坝乡灾后农房示范点配套设施建设项目、青溪村庄整治、青溪镇阴平生态休闲示范村建设（一期）、桥楼乡农村环境综合整治工程项目（农房示范村点）、房石镇场镇及沿省道 105 线农房环境整治工程项目、房石镇农居示范点配套工程项目、前进乡农房示范点配套设施建设项目、大坝乡农居示范点配套工程项目、曲河乡示范村点配套设施建设、乐安寺乡示范村配套设施建设项目、蒿溪回族乡农户示范点基础设施建设项目、马鹿乡农房示范点配套设施建设项目、楼子乡农房示范点配套设施建设项目、七佛乡农房重建示范点配套工程项目、关庄镇农房示范点配套设施建设、凉水镇灾后农房示范村基础设施建设项目、茅坝乡农房示范点配套设施、苏河乡农房示范点配套设施建设工程、孔溪乡农村安居示范点配套设施建设项目、板桥乡村庄整治、板桥乡农房重建示范点建设项目、观音店乡示范村配套设施建设项目、骑马乡农房示范点配套设施建设项目、红光乡农房集中点配套设施建设项目、沙州镇农村示范点配套设施建设、姚渡镇农房重建示范点项目、木鱼镇农房示范点配套设施建设项目、营盘乡灾后重建示范村建设项目。

城镇居民住房主要包括：城镇居民住房恢复重建补助项目、东山安居小区建设工程、竹园陈家坝安居房、竹园梁沙坝安居房建设项目、乔庄小坝安居房建设项目、乔庄万众安居小区、乔庄上坪安居房建设项目、青溪镇安居房建设项目、三锅乡安居房建设项目、关庄镇安居房建设项目、凉水镇安居房建设项目、沙州镇安居房建设项目、木鱼镇安居房建设项目、青川县城援建项目过渡安置板房建设工程项目、乔庄镇小坝过渡安置板房建设工程、大院回族乡居民集中安置点配套设施建设项目。

公共服务设施项目 浙江援建按照“恢复完善功能、规模适度合理、整合利用资源、确保质量安全”的原则，共援建49所学校、37所中心医院和乡镇卫生院、7所福利院以及中心城镇的文化、体育、广电等公共服务设施，确保每个乡镇都有“一学校一医院”，方便灾区群众就学就医，其中学校项目于2009年8月底前整体交付使用，全县义务教育阶段的2.3万学生提前半年告别板房搬入新校舍。青川县教育局长陈云感慨地说：“地震后两年，青川教育投入的总量相当于震前教育百年的投入。全县学校面貌发生了翻天覆地的变化，浙江援建使青川教育整体向前跨越发展了30年！”

公共服务设施项目共117个，包括学校项目49个、医院项目37个、文化体育项目6个、广播电视项目4个、社会福利项目9个、其他项目12个。

学校项目主要有：乐安寺小学建设项目、青川中学建设项目、青川职业高中建设项目（含就业培训中心）、竹园镇初级中学建设项目、竹园镇中心小学建设项目、白家乡九年制学校建设项目、建峰乡九年制学校建设项目、金子山乡中心小学建设项目、茶坝九年制学校建设项目、瓦砾乡中心小学建设项目、乔庄小学建设项目、黄坪乡中心小学建设项目、乔庄高中、青溪镇初级中学建设项目、青溪镇中心小学建设项目、桥楼乡中心小学建设项目、三锅乡中心小学建设项目、三锅初级中学建设项目、房石镇九年制学校建设项目、前进乡中心小学建设项目、大坝乡中心小学建设项目、曲河乡中心小学建设项目、马鹿小学建设项目、马鹿初级中学建设项目、楼子乡中心小学建设项目、七佛乡中心小学建设项目、关庄初级中学建设项目、关庄镇中心小学建设项目、凉水九年制学校建设项目、大院回族乡九年制学校建设项目、茅坝乡中心小学建设项目、苏河乡中心小学建设项目、孔溪乡中心小学建设项目、板桥乡中心小学建设项目、观音店乡中心小学建设项目、骑马乡小学建设项目、马公乡中心小学建设项目、红光乡小学建设项目、沙州镇初级中学建设项目、沙州镇中心小学建设项目、姚渡九年制学校建设项目、木鱼镇初级中学建设项目、木鱼镇中心小学建设项目、营盘中心小学建设项目、石坝小学建设项目、竹园第二小学、乔庄镇中心小学建设项目、马鹿乡衡柏小学、青川教师进修学校（电大）建设项目。

医院项目主要有：竹园医院建设项目、竹园镇中心卫生院建设项目、白家乡卫生院建设项目、建峰乡卫生院建设项目、金子山乡卫生院建设项目、黄坪乡卫生院建设项目、瓦砾乡卫生院建设项目、茶坝乡卫生院建设项目、青川县人民医院建设项目、青溪中心卫生院建设项目、桥楼乡卫生院建设项目、三锅乡卫生院建设项目、房石镇卫生院建设项目、前进乡卫生院建设项目、大坝乡卫生院建设项目、曲河乡卫生院建设项目、乐安寺乡卫生院建设项目、蒿溪回族乡卫生院建设项目、马鹿乡卫生院建设项目、楼子乡卫生院建设项目、七佛乡卫生院建设项目、关庄中心卫生院建设项目、凉水镇卫生院建设项目、大院回族乡卫生院建设项目、茅坝乡卫生院建设项目、苏河乡卫生院建设项目、孔溪乡卫生院建设项目、板桥乡卫生院建设项目、观音店乡卫生院建设项目、骑马乡卫生院建设项目、马公乡卫生院建设项目、红光乡卫生院建设项目、沙州中心卫生院建设项目、姚渡镇卫生院建设项目、木鱼镇中心卫生院建设项目、营盘乡卫生院建设项目、石坝乡卫生院建设项目。

文化体育项目主要有：青川县档案馆档案抢救保护项目、青川县重建展览馆、青川地震博物馆建设项目、青川县居民安置点板房文化活动室建设项目、竹园综合文化服务中心建设项目、青川县文化中心建设项目。

广播电视项目主要有：县乡广播电视光缆传输干线建设项目、居民临时安置点过渡房有线电视用户分配网络建设项目、广播电视网络建设及修复、青川县广播电视中心建设项目。

社会福利项目主要有：康复院（麻风病院）建设项目、县救灾应急网络重建项目、青川县残疾人康复服务中心建设项目、青溪镇社会福利院建设项目、乐安寺乡福利中心建设项目、关庄镇社会福利中心建设项目、凉水镇社会福利中心建设项目、木鱼镇社会福利中心建设项目、竹园镇社会福利中心。

其他项目有：东河口地震遗址公园一期工程、旅游市场开拓、东河口地震遗址公园二期工程、农家乐旅游村建设、青川县消防中队建设项目、乔庄幼儿园、青川县职工服务中心建设项目、沙州镇幼儿园建设项目、青溪幼儿园、蒿溪民族学校附属工程项目、马鹿乡中小学配套工程项目、石坝乡科教文化中心建设项目。

市政公用设施项目　浙江援建全面推进以道路桥梁、供水排水等为重点的城镇配套设施建设，除了重点建设好县域主骨架、中心城镇主干道外，着力援建与老百姓日常出行直接相关的通乡、通村、通社道路，总计建成 193 条、1100 多公里道路和大小桥梁 158 座，并专门为世居深山的青川群众建造 92 座“漫水桥”，切实解决了灾区群众行路难、运输难问题。酒家垭隧道是四川省震后第一个恢复重建的交通项目，其建成通车，不仅解决了青川交通建设中的一大难点，而且大大缩短了青川通向外界的距离。同时，为培育打造一批有潜力、有特色的小城镇，积极实施“十镇示范、百村整治”工程，援建了一大批场镇配套设施和环境综合整治项目，城镇基础设施保障能力全面超过灾前水平。

市政公用设施项目共 168 个，包括城乡道路项目 91 个、供（排）水设施项目 11 个、污水处理项目 2 个、垃圾处理项目 1 个、其他项目 63 个。

城乡道路项目具体有：酒家垭隧道修复项目、乡村道路修复项目、凉（水）前（进）公路东河口至前进临时道路建设项目、东河口至马公公路保通项目、空（桐树）大（坝）公路建设项目、通乡道路修复项目、凉前公路凉水至东河口段改造工程、酒家垭隧道机电工程、七岔口至楼子公路、剑青路金子山至乔庄段改造项目、井田坝大桥重建项目、竹园新区史家坝道路工程、竹下公路建设项目、竹园梁竹大桥、竹园梁沙坝宝成线铁路立交工程、竹园梁沙坝碑垭至三廊庙主干道工程、竹园三廊庙至梁竹大桥主干道工程、竹园滨江路（梁竹大桥—龙门观段）、竹园梁史大桥、浙川大道（竹园滨江路）龙门观到加油站段建设项目、竹园新区梁沙坝道路工程项目、乔庄甬川桥项目、黄（坪）茶（坝）公路建设项目、乔庄入城干道、唐青公路改造项目、唐家河自然保护区红军桥至摩天岭道路改造工程、七佛乡鱼洞河市政桥梁项目、姚渡镇小河坝桥梁工程项目、金子山高速公路接线改造工程、松树村道路、河口村道路、黄沙至陈家坝便道（含便桥）、竹园镇白沙社区场镇接头路改造、白家乡通村公路、竹下公路（二期）建设项目、场镇综合整治项目、通村道路桥梁建设、金子山乡明山公路灾后路面整治、乔庄镇道路建设项目、乔庄镇农村公路建设项目、瓦砾乡灾后道路交通项目抢修工程项目、瓦砾乡上河村通村公路工程项目、黄坪乡通村公路建设项目、黄坪乡通村道路桥梁工程、茶坝乡灾后重建道路交通建设项目、青溪新农村建设工程（通村公路）、唐青公路（集镇段）、青溪客运站、桥楼乡漫水桥铁索桥工程项目、桥楼乡河西村新龙村至苏阳村通村公路建设项目、桥楼乡集镇至渔寨村跨清竹江大桥工程项目、桥楼乡青石村中河坝漫水桥项目、桥楼乡通村道路工程建设项目、三锅乡杨柳村等通村公路项目、房石镇通村道路建设项目、前进乡通村道路建设项目、前进乡古城沟大桥工程项目、大坝乡通村道路建设项目、曲河乡通村道路建设、曲河乡场镇主干道建设项目、乐安寺乡通村道路建设项目、乐安寺乡兴乐桥工程项目、蒿溪回族乡场镇道路桥梁工程项目、马鹿乡通村道路工程项目、楼子乡场镇道路工程项目、楼子乡场镇箱涵工程项目、楼子乡通村道路建设项目、七佛乡农村公路工程、七佛乡新场镇主干道建设工程项目、关庄镇农村道路应急修复项目、凉水镇漫水桥工程项目、凉水镇村级道路工程项目、凉水第二大桥及连接线、大院回族乡通村公路项目、凉茅公路、茅坝乡通村通社公路项目、苏河乡场镇整治及配套设施建设工程、苏河乡通村道路建设项目、孔溪乡漫水桥及通村公路改造工程项目、板桥乡通村公路、板桥乡新场镇滨江路建设工程、板桥乡跨乔庄河桥梁、观音店乡农村公路恢复重建项目、骑马乡通村（社）道路补助项目、沙州镇农村通村道路建设、木鱼镇通村公路硬化工程项目、木鱼镇木鱼村道路硬化工程项目、营盘乡场镇道路修复工程项目、营盘乡五里垭至张家沟码头泥结石公路项目、营盘乡新南二社至清江村道路、石坝乡集中安置点道桥工程项目。

供（排）水设施项目具体有：供水设施应急修复项目、竹园自来水厂、乔庄自来水厂及管网改造项目、青溪镇供水项目、三锅乡场镇人饮工程、马鹿场镇人饮工程、关庄场镇人饮工程、凉水场镇人饮工程、马公乡人饮工程、红光乡场镇饮水安全工程、石坝乡场镇供水工程。

污水处理项目具体有：乔庄污水处理厂、马鹿乡场镇生态污水处理站工程项目。

垃圾处理项目具体有：乔庄垃圾卫生填埋场建设项目。

其他项目具体有：灾区群众安置及学校板房配套项目、城乡环境综合整治项目、沙州码头修建项目、金子山乡场镇基础设施项目、乔庄东山安居小区防洪堤（东山路）项目、乔庄河城区段综合整治工程、房石镇场镇基础设施项目、前进乡场镇基础设施项目、大坝乡场镇基础设施项目、曲河乡场镇基础设施项目、乐安寺乡场镇基础设施项目、蒿溪回族乡场镇基础设施项目、马鹿乡场镇基础设施项目（参见图 238）、七佛乡场镇基础设施项目、凉水镇场镇基础设施项目、孔

图 238　震后新建的青川县马鹿乡集镇

（沈若飞　摄）

溪乡场镇基础设施项目、观音店乡场镇基础设施项目、马公乡场镇基础设施建设、红光乡场镇基础设施建设、沙州镇场镇基础设施项目、石坝乡场镇基础设施建设、竹园镇道路综合整治工程项目、支铁街立面改造、支铁街道路改造、联宜街立面改造、联宜街道路改造、白家乡场镇整治、金子山乡临金楼建设项目、金子山乡场镇整治、青川县城街道摊铺建设项目、乔庄镇城乡环境综合整治设备购置项目、乔庄镇剑青公路上坪—下坪沿线通道环境综合整治项目、瓦砾乡环境综合整治项目、瓦砾乡场镇环境整治工程项目、瓦砾乡场镇基础设施项目、瓦砾乡场镇基础保障工程项目、黄坪乡场镇基础设施建设项目、黄坪乡环境综合整治、茶坝乡场镇基础设施建设项目、茶坝乡场镇风貌改造和环境整治建设项目、青溪镇商住区道路及市镇管网工程项目、青溪古城修复（一期）、青溪场镇环境整治项目、集镇农村环境整治和立面改造、桥楼乡坝街改造工程项目、三锅乡场镇综合整治项目、三锅乡场镇市政基础设施工程、马鹿乡场镇基础设施项目、马鹿乡场镇综合整治项目、楼子乡场镇综合整治项目、关庄镇场镇整治及配套基础设施建设、大院回族乡城乡环境综合整治及沿线农房统一风貌建设项目、大院回族乡环境综合整治项目、茅坝乡场镇整治及配套基础设施建设、板桥乡新场镇建设项目、观音店乡场镇桥梁项目、骑马乡场镇整治工程项目、沙州镇场镇基础设施和综合整治、姚渡镇场镇综合整治项目、木鱼镇场镇综合整治项目、营盘乡场镇梯步修复及亮化项目、木鱼镇场镇基础设施项目、场镇综合整治项目。

农业和农村基础设施项目　浙江援建全面推进以堤防、骨干渠堰、农村安全饮水等为重点的农业和农村基础设施建设，着力改造农民生产和生活条件。全面组织实施以设施、监测、管理三大体系建设为重点的“3311”工程，投资 3 亿元建设百余公里自来水地下管网和 1.1 万个供水设施，解决了全县 25 万群众“平时缺水、旱时背水”的“饮水难”问题。2011 年 4 月 20 日，“党报联动·请恩人再回四川”活动中，浙江援建人员再次回到青川。进入石坝乡街口，鞭炮声响彻山谷。上百名群众涌到街口，将远道而来的客人围成圈，手拉手亲热地嘘寒问暖。76 岁的村民何庚春为浙江援建者唱歌，旋律是《社会主义好》，歌词是老人自编的：“浙江人好浙江人好，浙江人出钱修水窖。以前背水背到驼，现在水多喝个饱。你从没喝我一口水，却让家家户户有水喝”。

针对青川县绝大部分城镇和村庄依山傍水而建、山洪灾害十分频繁的实际，浙江省专门安排 4.5 亿元援建资金，建设了 34 条、总长达 28 公里的防洪堤，受保护人口达 7 万人；同时配套建立水雨情预警系统，大大提高了沿河地区整体防洪能力。这些及时建成的防洪设施，在抗击抵御青川县 2009 年“7·16”和 2010 年“8·13”、“8·19”等 20—50 年一遇特大洪灾中发挥了关键性作用，经受住了严峻的考验。同时，浙江省积极培育、扶持青川“一乡一业”“一村一品”和以农家乐为重点的特色产业发展，形成 100 多个具有一定规模的食用菌、茶叶、核桃、畜禽、水产、蔬菜等特色产业区块和特色产业村，促进了青川农民增收致富。

农业生产和农村基础设施项目共 124 个，包括农业生产设施和基地项目 48 个、农村基础设施项目 76 个。

农业生产设施和基地项目主要有：青川县食用菌菌种繁育农科教示范基地项目、青川县茶叶产业化科技服务中心项目、沙州水产良种繁育场、关庄长毛兔种兔基地、红光长毛兔种兔基地、马鹿钢管蔬菜大棚、马鹿乡简家种鸡养殖、青川县农业特色产业发展专项资金、石坝乡食用菌菌种繁育、竹园镇高效农业种植示范基地设施项目、金子山乡獭兔扩繁示范场建设项目、竹园镇东曹种养场扩建项目、白家乡马村千亩贡米基地提灌系统建设项目、白家乡银溪樱桃基地产业提升项目、建峰乡农业特色产业援建项目、金子山乡农业特色产业援建项目、乔庄镇特色产业援助项目、瓦砾乡特色产业援助项目、黄坪乡特色农业产业援助项目、茶坝乡特色产业援助项目、青溪核桃种植示范园项目、青溪镇养殖业项目、桥楼乡农业产业发展项目、三锅乡特色产业扶持、房石镇特色产业扶持、前进乡产业援建工程项目、大坝乡产业灾后重建项目、曲河乡特色产业扶持项目、乐安寺乡大棚蔬菜产业项目、乐安寺乡茶叶产业化项目、蒿溪回族乡农业产业援助项目、楼子乡袋料香菇示范基地项目、七佛乡产业扶持、关庄镇长毛兔基地项目、凉水镇土鸡养殖项目、凉水镇凯歌 PIC 种猪扩繁场项目、大院回族乡核桃和黄羊产业扶持项目、茅坝乡特色产业扶持项目、苏河乡产业重建项目、孔溪乡特色产业扶持项目、板桥乡产业扶持、观音店乡核桃产业基地配套工程项目、骑马乡特色产业项目、沙州镇产业发展项目、姚渡镇特色产业援助项目、木鱼镇食用菌菌种繁育中心项目、木鱼镇木鱼村大棚蔬菜基地项目、营盘乡特色产业援助项目。

农村基础设施项目主要有：乔庄小坝河堤建设项目、东风堰修复重建项目、民兴堰修复重建项目、丰光堰修复重建项目、城北堰修复重建项目、农村安全饮水设施建设项目、竹园梁沙坝防洪堤、竹园坝防洪堤、竹园陈家坝防洪堤、竹园史家坝防洪堤、马鹿防洪堤（滨江路）工程项目、关庄防洪堤工程、凉水防洪堤工程、大院回族乡堤防工程、石坝场镇防洪堤工程、黄沙坝防洪堤、人畜饮水工程、白家乡老街防洪堤、白家乡松盖村水站、白家乡华尖村水站、农村供水设施建设（人饮工程）、建峰乡场镇集中供水及管网工程项目、金子山乡农村饮用水工程项目、乔庄镇水利设施工程项目、乔庄镇城周供水设施建设工程项目、瓦砾乡农村供水设施建设项目、瓦砾乡柴家坝灌溉小水库维修工程项目、瓦砾乡柴王村王家坝社饮水工程项目、黄坪场镇及解放村供水工程项目、黄坪乡农村供水设施项目、茶坝乡农村人畜饮水工程、青溪农村人畜饮水工程、青溪农村渠堰维修工程、青溪镇防洪堤、桥楼乡农村供水工程项目、桥楼乡场镇供水工程项目、桥楼滨江路及防洪堤工程项目、三锅乡农村集中饮水工程、三锅乡民利村民兴村供水工程、房石镇农村供水设施建设工程项目、前进乡农村供水设施工程项目、前进乡防洪堤工程项目、前进乡场镇供水站建设项目、大坝乡饮水工程项目、大坝乡场镇供水工程项目、曲河乡农村供水设施建设、曲河乡场镇饮水工程项目、乐安寺乡农村供水工程项目、蒿溪回族乡农村安全饮水工程项目、蒿溪回族乡场镇供水设施及农村供水二期工程建设项目、马鹿乡农村人畜饮水工程项目、楼子乡场镇给水工程项目、楼子乡人畜饮水工程项目、楼子乡燕子村肖家坝防洪堤项目、七佛乡农村饮水工程、关庄镇人畜饮水工程、凉水镇农村饮水工程、大院回族乡场镇桥梁与给水工程项目、大院回族乡人畜饮水工程项目、茅坝乡人畜饮水工程、苏河乡场镇集中供水项目、苏河乡农村饮水工程、孔溪乡供水工程项目、板桥乡农村供水项目、观音店乡农村供水管网工程项目、观音店乡场镇集中供水工程项目、骑马乡场镇供水工程项目、骑马乡农村供水设施项目、沙州镇农村供水设施建设、姚渡镇场镇供水工程项目、姚渡镇农村供水设施建设项目、木鱼镇新潭村农村饮用水工程项目、营盘乡场镇集中供水站建设工程项目、营盘乡农村饮水工程项目、石坝乡农村安全饮水工程。

人力物力投入项目　“人力物力投入”项目共50个，包括“提供设备物资”项目10个、“支医支教”项目2个、“人才培训”项目1个、“其他”项目37个。

提供设备物资项目具体有：教育仪器设备配置项目、卫生设备配置项目、建材检测设备购置项目、交通应急设备项目、过冬衣被购置项目、援助司法系统物资项目、广播电视设备购置、教育设备采购项目、社会福利中心设备采购项目、安全过冬物资援助项目。

支医支教项目具体有：支医支教和农业科技等、支医支教和科技帮扶。

人才培训项目具体为劳动力就业援助和农村万人培训。

其他项目具体有：青川县灾后恢复重建成果1∶10000正射影像图和三维影像辅助决策系统、技术服务与劳务培训产业项目对接及招商交流活动项目、竹园镇智力援助项目、白家乡智力援助等项目、建峰乡智力援助等项目、金子山乡智力援助等项目、乔庄河城区段综合治理市政景观工程、乔庄镇智力援助等项目、瓦砾乡智力援助等项目、黄坪乡智力援助等项目、茶坝乡智力援助等项目、青溪镇智力援助及困难帮扶项目、桥楼乡智力帮扶等项目、三锅乡智力等其他援助项目、房石镇智力援建等项目、前进乡智力援建等项目、大坝乡智力援助类等项目、曲河乡智力援助等项目、乐安寺乡智力援助等项目、蒿溪回族乡智力援助类项目、马鹿乡智力援助及社会救助项目、楼子乡智力援助等项目、七佛乡智力援助等项目、关庄镇智力援建（助）类项目、凉水镇智力援助类项目、大院回族乡智力援助类项目、苏河乡智力援建类项目、孔溪乡智力援助等项目、板桥乡智力援助项目、观音店乡智力援助等项目、骑马乡智力援助等项目、沙州镇智力援建等项目、姚渡镇智力援助等项目、木鱼镇智力援助等项目、营盘乡智力援助等项目、石坝乡对口帮扶项目、全县教师全员培训项目。

产业园及市场服务经营性基础设施项目　浙江援建把加大产业帮扶，强化“造血”功能，促进灾区经济可持续发展，作为对口援建青川的重要目标和工作主线之一。根据青川县资源环境条件和经济社会基础，浙江省与青川县共同提出“生态立县、创业富民”的总体战略和“建设产业园区、培育特色基地、开拓对外通道、完善服务体系”的基本思路。一是迅速推动工商企业恢复生产。在对口援建初期，重点扶持18家发展势头好、提供就业岗位多、对青川恢复重建和经济发展作用大的龙头企业。同时，迅速新建青川农资配送中心和50多家农资连锁店，及时解决灾后农民购买农资产品难问题。积极支持机砖技改，缓解建材紧缺矛盾。二是加快建立工业产业园。积极推进2平方公里的广元青川—川浙合作产业园建设，截至2010年9月底，已有18家企业落户，总投资31亿元。同时积极建立青川竹园浙商产业园，支持园区基础设施建设和招商引资。三是帮助拓宽市场渠道。积极为青川农产品和药材进入浙江市场开辟“绿色通道”，组织浙江省内133家卖场及超市设专柜销售青川农副产品，浙江省及各市的农博会免费提供青川农产品展柜和平台。

市场服务经营性基础设施项目22个，具体有：广元青川—川浙产业合作园、工业企业恢复生产项目、商贸网点恢复重建项目、特色优势农产品入浙市场通道、沙州水产品冷库、机砖生产线技术改造、蚕茧收购站建设、青川县农村信用社营业网点建设、建材配送中心建设项目、竹园粮食储备库建设项目、川浙交流中心、竹园黄沙产业集中发展区基础设施及配套（一期）、陈家坝农贸市场和公共厕所项目、建峰乡农贸市场项目、青川县农特产精深加工建设项目、青溪农贸市场、青溪镇旅游产业项目、桥楼乡农贸市场工程项目、三锅乡东阳村集体经济生产用房、三锅乡农贸市场工程、姚渡镇川北农贸综合市场建设项目、石坝乡集贸市场建设项目。

咨询服务项目 咨询服务项目2个，具体是各类规划编制、智力援助项目。

对口支援双方协商的其他内容项目 对口支援双方协商的其他内容项目共7个，具体有：村级集体经济用房建设项目、青川县项目前期专项工作经费、青川县灾后农房重建担保资金、应急修复和防灾能力建设项目（参见图239）、浙江帮扶基金、地形测量、项目前期工作经费。

图239 重建后的青川县气象站
（青川县气象局 提供）

三 软件援助

在加强硬件设施援建的同时，浙江省重点组织实施“十百千万对口支援计划”。“十”即对科技、教育、文化、卫生、农业、林业、畜牧业、渔业及地质灾害防治、工程技术咨询10个领域进行帮扶；“百”即选派百名教师、百名医生、百名农技人员到青川支教支医支农，同时对青川百名乡村医务人员进行培训，组织青川百名教师至浙进修；“千”即组织青川千名干部、千名专业技术人员至浙参加培训；“万”即对青川万名劳动力实行技能辅导，培养万名致富带头人。

医疗援助 浙江省卫生厅组织派出由256名高、中级职称人员组成的浙江省医疗卫生援建队，于2008年6月27日进驻青川县36个乡（镇），并开通浙江—青川远程网络医疗服务平台。8月31日温家宝考察青川县人民医院时，通过网络视频与浙江医疗卫生专家、工程院院士李兰娟交谈，赞扬了浙江的做法。

截至2010年9月，浙江省共向青川县派出10批1134名医疗卫生队员支医，其中党员489人、占43%，高级职称225人、占20%，中级职称539人、占47.5%。专业分布广泛，涉及医疗卫生管理及内科、外科、妇科、产科、儿科、全科、骨科、手术室、护理、检验科、麻醉科、康复科、精神科、妇幼保健科、疾病控制、卫生监督、健康教育等近20个专业。支医队共接收门诊病人98191次，抢救危重病人1549人，开展手术病例2926次、腹腔镜微创手术38例。为预防疫病发生，提高个人卫生意识，共制作发放宣传资料13.4万份，免疫接种22.15万人次，检查餐饮单位4394次，检查学校卫生1475次，检查集中供水设施804次。驻青川县人民医院、县中医院和县妇幼保健医院的浙江省级医疗队和宁波市医疗队，开展了近800台三类以上难度较高的手术，成功率达98.54%。第八批援建医疗队指挥长、浙江省第一人民医院副院长梁廷波放弃春节假期，于2010年大年三十主刀，从死亡线上挽救了一位因车祸导致脾脏破裂的山区危重病人的生命。

为提高青川县医疗卫生管理水平，支医队还帮助制定了《灾后重建时期疾病预防控制工作方案》《灾后重建时期卫生监督工作方案》；为提高医疗卫生队伍素质，制定了《卫技人员临床进修制度》《继续医学教育制度》；为构建完善的三级公共卫生服务体系，制定了《青川县灾后公共卫生体系应急预案》《青川县疾病控制工作规范》《地震灾后传染病防控方案》等制度。

2009年1月出台的《浙江省对口青川卫生系统智力支援实施方案》，明确提出要全面建立青川卫技人员培训体系、卫技人员临床进修制度、卫技人员继续医学教育制度和乡村医生注册培养制度。2月，制订了《浙江省援助青川县卫技人员培训计划》，依托浙江支医人员和浙江省卫生厅组织的专家授课周，采取分批次培训、远程网络培训、集中培训和外出进修等多种方式，对青川医务人员进行专业知识和常用技能培训。从第四批援川医疗队开始，浙江省卫生厅组织浙江专家编写《地震灾区恢复重建时期基础卫生技术人员培训系列教材》，共9册160万字，涵盖基本医疗、中医、妇幼保健、基础疾病预防控制、卫生监督、全科医学等内容，分发给青川县600多名医疗卫生工作者。医疗队员还进行临床示范和带教。第七批省级医疗队自编了20万字的麻醉、骨科教材；精心准备了2000余张教学幻灯片，制作光盘，举办了青川历史上第一次全县范围的麻醉、超声、骨科学习班，缓解了全县无麻醉师资质人员和超声技术人员匮乏之急。从2009年6月至2010年6月，浙江省医疗卫生专家给青川医疗卫生人员进行4次面授培训，培训人员483人。2008年7月至2010年9月，援建队对青川县临床医疗、疾病控制、卫生监督医疗卫生人员进行培训，开办讲座2330期（次），听课者达23026人次，并由浙江省卫生工作指挥部和青川县卫生局联合颁发合格证书。浙江省卫生厅还组织青川县级医疗卫生机构中层以上干部、乡镇卫生院院长118人，分期分批到浙江医疗卫生机构考察观摩。从2009年12月起，先后选送25名青川卫生技术人员至浙江免费进修一个月或一年。2010年3月9日，签订“浙江省结对帮扶青川县36所乡镇卫生院协议书”，用1—2年时间结对帮扶青川县36所乡镇卫生院。

教育援助 浙江教育援助注重建立对口帮扶长效机制。两年间，浙江省完成4批150名青川县骨干教师的培训，选派4批165名优秀教师至青川学校顶岗支教。至2012年，依托“县、乡结对”和“校、校结对”的“手拉手”对口支援与合作关系，对青川县所有中小学（含幼儿园）2500名教师开展一次全员轮训，全面提升青川县的教育水平和教师的教学水平。

其中，将义务教育阶段纳入浙江省“领雁工程”师资培训、职业学校教师纳入浙江省“中等职业教师六项行动计划”师资培训，青川教师至浙培训的培训费、吃、住、行、就医等相关费用均由浙江省承担。按照“顶岗支教、对口负责”的原则，浙江选派相应数量的优秀教师至对口乡镇学校顶岗支教。支教期间，顶岗教师全面参与所在学校的教学、教研和培训等各项活动，帮助提高所在学校教师教学水平。同时，从浙江高校中选派5名心理咨询师帮助青川县培训一批心理健康教育和心理危机干预骨干教师，指导建立若干个心理辅导示范点。截至2010年9月底，青川县所有中小学校均与浙江省的中小学建立了一对一、一对多的结对帮扶关系。

接纳青川灾区中职学生到浙江省重点职业学校就读，第一年免费教育，给每位学生每年3000元的伙食补贴和1000元的生活补助；第二年起，重点对家庭经济困难学生进行补助。学生毕业后愿意留在浙江的，就读地及接收学校优先推荐就业。截至2010年9月，浙江省已先后接收332名灾区中职学生至浙就读。

2008年9月，浙江省慈善总会“1+1”助学金发放仪式在青川中学举行。青川县有1550名学生受助，受助学生每年享受1000～4000元的助养助学金，最长捐助年限达10年；年资助总额达240多万元，覆盖青川县90%以上的学校。以浙江省人民教育基金会名义一次性出资100万元设立“青川教师奖励基金”，从2009年起，每年用基金利息所得，奖励10名业绩突出的青川县中小学优秀教师。浙江省有对口援建任务的市、县也设立地方奖学基金，首个地方奖学基金——“温岭奖学基金”由温岭市政府专为木鱼中、小学学生设立，中、小学各50万元，以每年取得的定期利息奖励优秀学生。

科技援助 浙江省把科技援助农业重建、促进农民增收作为援建重要内容，共派出125人次科技人员，采取长期帮扶和短期帮扶、定项目定基地帮扶、现场办班培训当地科技人员和实用人才等多种方式，帮助青川县农业特色产业的发展。绍兴市“绍兴长毛兔种兔引种到青川的试验项目”，被列入2009年第一批市级计划项目，并位居农业类项目首位。衢州市通过“空中课堂”向2500公里外的青川县马公乡农民讲授种菇技术，这一新颖的技术培训方式受到当地群众的交口称赞。

两年间，浙江省农业专家在青川举办茶叶、畜牧业、大棚蔬菜、食用菌、水产、核桃产业技术培训班 97 期，参加培训 1200 人次。通过百名科技人员帮扶，青川县建成 100 个农业特色基地，不仅帮助青川县传统的特色农业食用菌、畜牧、水产等发展，还将高效现代农业技术和浙江特色农业传授到青川，建成蔬菜大棚基地 6 个、笋用雷竹和高节竹种植基地 468 亩、沟坑式稻田养鱼示范基地 22.8 亩等，成功引进雷竹、高节竹、稻田养鱼、金玉米一号（水果玉米）、龙井四号和江山白菇等优良品种，优化了青川县特色农业结构。浙江省的农业科技帮扶，使得青川县形成了“一村一业”的特色农业格局。湖州市援建的马鹿乡钢管大棚蔬菜示范基地，采用“专业合作社＋基地＋农户”的经营模式，浙江专家长驻基地指导，具有明显的示范作用，被中央电视台新闻联播、新华网、四川卫视、《四川日报》、浙江卫视、《浙江日报》、凤凰卫视等报道。

为提高青川农民发展特色产业的技术水平，浙江省援建指挥部和青川县政府组织实施“劳动力就业援助和农村万人培训”计划。截至 2010 年 9 月，利用农闲时间，以田间地头为课堂，对每位参培人员免费进行 35 ~ 140 课时的专业技术培训，共组织培训农民 2.6 万余人次，有效提高了农民的农业技术水平和市场意识、合作意识、信用意识、质量意识。

干部培训　浙江省援建指挥部将青川县科级领导干部至浙接受培训作为支援青川“十百千万对口支援计划”的重中之重。2009 年 11 月 10 日，青川县科级领导干部至浙江培训班在浙江省委党校开班。培训分农业经济、工业经济、行政管理类、党建党务和社会事业类等 5 个类别，设置“领导干部行政压力及其心理调适”“管理者卓越领导力的培养和提升”“浙江精神与浙江经济发展——解读浙江现象之奥秘”等公共课程，安排“提高政府竞争力，促进区域经济持续发展”“统筹城乡经济社会发展，加快城乡一体化建设”“文化与建设社会主义新农村”等 30 余个专题，不同班次按需求选择培训“菜单”。同时，安排学员到安吉县新农村建设以及党建示范点江北区党员活动室、杭州湾跨海桥等 40 多个实地教学点实地考察，感受改革开放和科学发展的成果。截至 2010 年 9 月，共有 5 期 250 名科级领导干部参加培训，其中党建党务班 2 期 100 名、农业经济班 2 期 100 名、行政管理班 1 期 50 名。

绿色通道　浙江援建急灾区人民之所急，通过“政府搭台、企业唱戏、政策扶持、农民参与”的形式，拓展青川农副产品进入浙江的“绿色通道”。

2008 年 8 月 9 日，华东最大的综合性农副产品批发交易市场——浙江农都农产品有限公司与青川县农业龙头企业川珍实业有限公司携手，启动商贸业重建合作协议签署后首个实质性合作项目——“青川县农产品（药材）进入浙江市场合作协议”，标志着青川农副产品和药材进入浙江市场“绿色通道”开启。在浙江农都农产品市场，200 平方米的“浙江省援助四川省青川县地震灾区农特产品农都市场直销区”成为最受关注的摊位。浙江省专门安排 500 万元专项资金用于支持青川农产品入浙销售通道建设，组织青川县有关部门企业参加浙江省农博会、森博会、农交会、新春大联展等各种形式的展会，帮助青川县农副产品加工、经销企业在浙江设立办事处，在杭州、绍兴、台州、温州、宁波等地设立经销商，组织浙江农业龙头企业与青川县“一乡一品”农产品基地通过订单等形式开展产销对接，并通过浙江省农民信箱平台发布青川农产品产销信息，对有一定数量、质量好的农产品在“每日一助”平台上予以发布，青川黑木耳、中药材、核桃等农产品在浙江逐步打出知名度。11 月 26 日至 12 月 2 日举行的 2008 年浙江省农博会为青川县免费提供 2 个醒目展位，集中展销青川香菇、木耳、天麻、核桃等。在为期

6天的参展过程中，青川县展出优质农产品68个品种，其中核桃、天麻、黑木耳、辣椒等农产品深受浙江消费者青睐，青川企业共计销售优质农产品1200公斤，交易金额达到37万元。2009年1月8—11日，在杭州市优质农产品迎新春大联展上，浙江省为青川县69家农业企业搭建产销对接平台，并举办川浙农产品购销合同签约仪式和四川广元（杭州）农产品推介暨农业项目洽谈会，取得38家浙川企业9.59亿元投资和销售合同、农畜产品直销151万元的显著成效。在2009年11月27日至12月1日举行的2009年浙江省农博会上，组委会免费为青川县安排6个展位，展出青川七佛贡茶、川珍实业等龙头企业68个优质农产品，其中小包装的香辣蕨菜、香辣香菇、黑木耳、茶树菇、蕨根粉丝、核桃肉等山里土货，以及八角香料、花椒等调味料特色产品赢得了浙江消费者的青睐，现货销售近200万元，订货销售突破1000万元。大量青川农产品进入杭州华润、海曙三江、慈溪慈客隆等浙江省大型超市销售。截至2010年9月，浙江省内有133家卖场及超市设专柜销售青川农副产品，基本构建了青川特色农产品在浙销售网络，青川黑木耳、中药材、核桃等农产品在浙江的知名度进一步提升，青川农副产品在浙江市场累计销售额达3700多万元。

就业援助　震后，青川县12万亩土地无法耕种，企业停产，商店停业，农村8万多人无地可种无业可就，城镇因灾失业5500多人，“零就业家庭”有1890户，就业形势十分严峻。

浙江省把就业援助摆在灾区恢复重建重要位置进行部署。浙江省劳动和社会保障厅3次下发《关于落实浙江—四川地震灾区对口就业援助协议的通知》，把就业援助任务具体分解到杭州、宁波、温州、绍兴、湖州、嘉兴、金华、台州、舟山九市。浙江省除要求用人单位要为务工人员提供必要的住宿等生活条件外，还规定灾区至浙务工人员可一次性报销车旅费，途中每人发50元伙食补贴，享受社保补贴，带薪培训并享受每月300元的培训补贴等。

2008年9月5日，“浙江—青川劳务信息平台”在青川县城揭牌建立，及时向青川县发布劳动用工信息，首次开展对口青川和广元的大型劳务招聘会，达成意向性协议2415人。由于受全球金融危机影响，青川县原在广州、深圳、上海等沿海城市务工的农民工1.3万人返乡。12月24日，浙江省援建指挥部和青川劳动保障局在青川县城联合举办返乡农民工专场招聘会，组织20家青川本地企业和10家浙江援建企业共推出2200多个岗位，其中浙江援建企业提供600个建筑行业岗位，让返乡民工直接参与家乡的恢复重建。2009年2月13日举行的“青川县返乡农民工杭州企业劳务招聘会”，参加招聘会的有杭州娃哈哈集团有限公司、杭州宋城集团有限公司、杭州加多宝饮料等13家知名企业，提供1200个就业岗位，包吃包住，月薪1500～2000元。现场求职咨询者达3500余人，近600人达成就业意向协议。5月14日举行的“浙江—青川手牵手就业援助行动专场招聘会”，浙江企业、浙江援建企业和青川本地民营企业共提供1.58万个就业岗位，进场求职咨询的城乡劳动者4380多人，现场达成就业意向协议260人。10月10日，浙江省援建指挥部、广元市劳动保障局和青川县政府在青川县东河口地震遗址公园联合举办灾区群众专场招聘会，来自浙江省和广元市的60余家企业提供6200个岗位。青川县受灾最重的7个乡（镇）4500多名受灾群众参加应聘，当场达成就业意向3127人，培训登记353人。2010年3月2日举行的“宁波—青川春风行动专场招聘会”，宁波市雅戈尔、吉利汽车、阿尔卑斯、华芝电气等29家知名企业提供5287个就业岗位，达成就业意向协议282人。4月13—15日，在地震两周年之际，浙江省人力资源和社会保障厅、浙江省援建指挥部组织湖州市、金华市、舟山市、丽水市 82 家企业，携 1 万多个岗位，至青川县和广元市开展系列劳务招聘活动。分别在乔庄镇、木鱼镇举办“浙江—青川 2010 年春风行动专场劳务招聘会”，参加应聘 3500 多人，求职登记 875 人，达成就业意向协议 356 人。15 日，在广元举办“浙江—广元对口援助就业招聘会”，浙江省 82 家企业参加招聘会，提供近万个工作岗位，有 5900 多人求职应聘，达成就业意向协议 1475 人。

在两年多时间的援建期间，浙江省为青川县累计提供就业岗位 6.7 万余个，组织企业到青川举办大型劳务招聘会近 20 场，援助异地转移就业 12094 人，援建项目吸纳 9758 人。同时，宁波、绍兴、东阳、上虞等与青川劳动保障部门签订了长期劳务合作协议，为青川劳动力入浙就业提供了持续稳定的渠道。

第四节　江苏省支援绵竹市

2008 年 6 月，中共中央、国务院确定江苏省对口支援绵竹市灾后恢复重建。6 月 26 日，江苏省委全委会对全省进行部署动员；8 月 6 日，省援建指挥部首批人员进驻绵竹灾区。随后，从全省各级机关选调 222 名干部，组建省援建指挥部和 20 个援建指挥组陆续进驻绵竹。省援建指挥部按照“规划为龙头、民生是根本、创新求突破、输血更造血、帮忙不添乱”的基本思路，全力推进绵竹市群众安居、公共服务、基础设施、产业振兴、智力支持、就业援助六大工程恢复重建。从 8 月 25 日首批项目开工建设，至 2010 年 9 月全面完成援建任务，累计完成 5 批共 295 个援建项目，总投资 110 亿元。

经过江苏援建者与当地干部群众 800 多个日日夜夜的共同奋战，绵竹城乡面貌发生巨大变化，公共服务和基础设施功能超过震前水平，灾区群众生产生活条件得到很大改善。江苏援建资金总量、农房重建户数、就业援助人数在全国对口支援省市中均位居前列。江苏援建让绵竹新农村建设至少提前了 20 年，使绵竹重返四川省经济强县的时间大大提前，援建的住房、学校、医院等项目满意度高，体现了江苏水平、江苏效率、江苏速度、江苏质量。胡锦涛、温家宝等中央领导同志对江苏援建工作给予充分肯定。四川省、德阳市、绵竹市的干部群众对江苏援建工作普遍予以赞扬。

一　部署与组织

2008 年 6 月中央部署对口援建任务后，江苏省委于 14 日上午召开省委常委会传达中央会议精神，研究贯彻意见。15 日，委派副省长史和平带领工作组至绵竹与当地党委、政府协商对口援建工作方案和规划意见。20—22 日，省委书记梁保华、省长罗志军率省建设厅、财政厅、交通厅等有关部门负责人到绵竹考察灾情，就对口支援工作进行调研，共商绵竹恢复重建大计，提出“江苏绵竹一家人、一条心、一个目标，携手共建绵竹美好新家园”。24 日上午，省委再次召开常委会，确定了对口支援工作方案。26日，省委召开全委会对全省对口支援绵竹灾后恢复重建进行动员，明确工作要求，“吹响了江苏省援建工作的号角”。28日，出台《江苏省对口支援四川省绵竹市地震灾后恢复重建工作方案》，确定对口援建坚持统一领导、统一规划、统一标准、统一政策“四个统一”以及硬件和软件、输血和造血、当前和长远、生产和生活“四个结合”，采取“一市帮一受灾乡镇”的办法，建立对口援建机制。省里在规划编制、项目确定、援建进度等方面集中统一部署，集中统一行动，加强监督检查；各援建市、县按照省里的统一部署，结合各自实际，创造性地组织实施，积极推进援建项目建设，又服从省里的项目、资金统一调度，合力推进全省援建工作。这种统分结合、上下联动的对口援建机制既保证了全省援建工作“一盘棋”的要求执行到位，又充分发挥了各市、县的积极性、主动性和创造性。

江苏省根据各市、县经济发展情况，以及绵竹市各乡镇受灾程度和重建任务轻重，安排江苏省13个省辖市及排名全国前十强的7个县级市（区），对口支援绵竹市20个乡（镇）。绵竹市本级重要的公共服务设施（主要是学校、医院、社会福利等）和重要的交通、水利等基础设施由省级机关负责援建。具体对接方案为：南京市—剑南镇、苏州市—孝德镇、无锡市—汉旺镇（含天池乡）、常州市—遵道镇、镇江市—板桥镇、南通市—新市镇、扬州市—九龙镇、泰州市—拱星镇、徐州市—富新镇、淮安市—玉泉镇、盐城市—西南镇、连云港市—什地镇、宿迁市—绵远镇、昆山市—广济镇、张家港市—东北镇、江阴市—清平乡、常熟市—土门镇、武进区—金花镇、太仓市—齐天镇、吴江市—兴隆镇、省本级—绵竹市本级相关项目。

2008年7月3日，江苏省政府召开全省对口支援绵竹灾后恢复重建工作会议，进一步动员部署江苏省对口援建工作，要求各地、各有关部门认真贯彻中央和省委、省政府关于对口支援的决策部署，把援建工作摆上重要议事日程，切实抓紧抓好抓实。8日，江苏省成立对口援建四川绵竹地震灾区领导小组，梁保华担任第一组长，罗志军担任组长，省主要部门均作为领导小组成员单位。领导小组下设办公室，负责援建的日常工作，由史和平兼任办公室主任，办公室设在省发改委，实行统一指挥，整合各方资源，确保援建工作高效运转。领导小组在绵竹设立对口援建指挥部，省发改委副主任梁学忠任总指挥。同时成立党委，具体组织实施绵竹灾后恢复重建工作。29日，省委办公厅、省政府办公厅制定《江苏省对口支援四川省绵竹市地震灾后恢复重建指挥部机构设置、主要职责、干部选派及管理工作方案》。方案提出根据“一市帮一乡镇”的对口援建机制，有援建任务的市、县成立相应的领导机构，抽调精干力量专门负责对口援建工作；从各地各部门抽调到绵竹工作的干部和专家，原则上要干满3年，保持相对稳定。8月初，省委、省政府从省级机关抽调1名正厅级干部、3名副厅级干部，共26名干部组建省援建指挥部。8月6日下午，江苏省援建指挥部首批工作人员进驻绵竹。

2008年8月25日上午，在地震中损毁严重的绵竹中学原址，罗志军郑重宣布开工，标志着江苏支援绵竹灾后恢复重建全面拉开帷幕。两年多的援建中，江苏省领导多次前往灾区一线指导援建工作。省各有关部门、13个省辖市和7个县级市（区）视支持绵竹为己任，党政主要领导和分管领导深入灾区一线，靠前指挥。

江苏省委、省政府明确要求把城乡居民住房重建作为重中之重加快推进，建设1100多个农民集中居住示范点，同步推进基础设施配套建设，积极引导农民适度集中居住，既改善了农民居住环境、节省了土地，又带动了乡村旅游发展，促进农民增收致富；落实建房帮扶责任，确保每户建成不少于45平方米的房屋。2010年春节前，绵竹市13.9万户农房重建全面完成，36万受灾农民全部搬进新居。在城镇居民住房方面，建设了1.26万套城镇廉租房、安置房，4.5万城镇居民入住新房。坚持恢复重建与统筹城乡发展相结合，全面恢复和提升绵竹教育、医疗、文化体育、社会福利等公共服务功能，增强基础设施承载能力。帮助绵竹充分发掘"中国年画之乡"资源，建设了孝德镇年画村、遵道镇年画传习所，打造集年画制作、展示、旅游、交易于一体的文化产业基地，支持其发展壮大年画产业。利用绵竹沿山旅游资源丰富优势，帮助编制了沿山发展规划，打造沿山旅游观光带，带动乡村旅游实现更大发展。

二 项目援建

根据《四川省政府关于印发汶川地震灾后恢复重建对口支援实施意见的通知》精神，绵竹市希望江苏省对口支援、帮扶的重点是：共同建设一个省级经济开发区，并命名为"江苏工业园区"；帮助绵竹市对城乡居民毁损房屋进行新建和加固；支援建设和修复学校、医院、文化、广电、体育、社会福利等公共服务设施；支援建设和修复城乡道路、供排水系统、污水和垃圾处理等基础设施；支援建设和修复农业、农村基础设施；支援新建商贸流通等市场服务设施，并参与商贸活动；向绵竹市提供更多的就业和劳务合作机会；向绵竹市提供规划编制、建筑设计、工程建设和监理、专家咨询等服务；提供机械设备、器材工具和建筑材料等支持。先期进行城市居民永久性住房建设，启动与城镇居民生产、生活密切相关的公共设施和基础设施建设，启动农村居民住房和公用设施建设。2008年8月25日上午，江苏省支援绵竹灾后恢复重建首批项目签约暨开工仪式在绵竹举行。截至2010年9月，江苏省援助绵竹市灾后恢复重建共295个项目，包括住房、教育、卫生、文化、民政、基础设施、公共服务设施七大类。（参见图240）其

图240 江苏援建绵竹市项目的施工工地

（江苏省援建指挥部 提供）

中，城乡居民住房等项目35个，援建资金43.1亿元；教育项目44个，援建资金15.26亿元；卫生项目28个，援建资金4.42亿元；文化、民政与公共服务设施项目54个，援建资金8.67亿元；道路、桥梁、水利等基础设施项目125个，援建资金26.5亿元；其他项目9个，援建资金及后续资金共12.05亿元。

住房项目 农村住房项目7个，包括农房建设贷款担保、农房恢复重建补助、重建农房补助、农村集中居住点基础设施配套、遵道镇棚花村公共设施建设配套、九龙镇清泉村异地安置基础设施配套、农民安全过冬补助。投资大的项目有：绵竹市农房恢复重建补助3.6亿元，农房建设贷款担保2.2亿元，农房恢复重建补助3.6亿元。据统计，通过施行农民集中居住，绵竹市节省土地5000亩。在执行统一政策的前提下，江苏省安排援建资金22.7亿元，每户农房重建补助1.3万元，并对农房贷款担保、农民集中居住点基础设施配套建设、农民过冬保障等提供支持。选派89名江苏工程技术人员，加强对农房重建质量把关和指导。组织编制了32套看得懂、用得上、建得起。有浓郁川西特色，且满足不同抗震设防要求的农房设计方案，免费提供给农民选用。

城镇住房项目共28项，具体包括：孝德镇安置点、孝德镇廉租房、盛世华章安置点、飞凫村安置点、康宁村安置点、双胜村安置点、广济镇安置点、汉旺新镇安置点、孝德镇苏州街安置点（三区）、新市镇酱园安置点、板桥镇安置点、月亮片区安置点、天河D区安置点、联合村6组安置点、玉马安置点（金陵雅居安置房）、民主巷安置点、东北镇天河村点廉租房、剑南镇凉水井廉租房（含配套道路项目）、汉旺新镇廉租房、富新镇廉租房、遵道镇廉租房、九龙镇廉租房、拱星镇廉租房、广济镇廉租房等。投资大的项目包括绵竹市剑南镇首批廉租房建设1亿元，集中居住点基础设施配套3.82亿元，天河村安置房1.22亿元，汉旺镇安居房一期2.16亿元，玉马村安置房（金陵雅居安置房）3.66亿元，双胜村安置房1.02亿元，天河东廉租房1.38亿元。由南京市负责援建的金陵雅居，主要安置绵竹工业园区的拆迁户，仅用9个月时间即建成，被绵竹人称为“放心房”“称心房”“满意房”。在城镇居民住房方面，组织200多名江苏专家至绵竹，对近1700幢共300万平方米房屋进行全面鉴定，为城镇受损房屋维修加固打下良好基础；安排援建资金20.4亿元，建设1.26万套共99.4万平方米城镇廉租房、安置房，4.5万城镇居民入住新房。这些廉租房、安置房质量优良、功能实用、设施齐全、形态美观，有效地彰显了城镇特色，提升了城镇品位。

江苏援建的农村和城镇住房，不但实用而且美观，在民居中融入了江南元素。援建的金花镇玄郎村建筑风格整体粉墙黛瓦坡顶，但每幢房屋又有所差别，随着地势高低而错落有致，做到了“一户一景”。新的玄郎村位于绵竹市山沿，道路宽敞，交通便利，景色宜人，建有完善的基础设施和服务设施，超市、特色农家乐等为游客提供乡村特色美食和服务。玄郎村成为一个集观光、旅游、休闲、娱乐、消费、美食于一体的农业休闲旅游观光地。老百姓在重建新居门楣对联上吐露他们的心声，“乔迁方觉新家好，思源倍感党恩长”，“春花烂漫香满径，真情援建暖千家”，“深谢江苏传党恩，绵竹前程更锦绣”。墙上贴着“共产党好，祖国好，社会主义好，江苏人民亲！”的朴素标语，表达了劫后重生的绵竹人的真挚情感。

教育项目 江苏省援建绵竹市教育项目共44项，主要有：绵竹中学，南轩中学，富新小学，孝德中学，孝德小学、幼儿园，新市学校、幼儿园，观鱼小学、幼儿园，什地镇中心学校，玉泉学校、幼儿园，九龙学校（小学、幼儿园、成教中心），板桥小学、幼儿园，拱星小学、幼儿园，绵远小学、幼儿园、文化及成教中心，土门中学，广济小学、幼儿园，齐天中心小学、幼儿园，绵竹市城北中学，绵竹市城南中学，绵竹市大西街小学，绵竹市第一示范幼儿园，绵竹市第二示范幼儿园，绵竹市第三示范幼儿园，绵竹职业中专学校，绵竹市南轩小学，绵竹市紫岩小学，绵竹市天河小学，兴隆学校、幼儿园，东北镇广和村小学、幼儿园（永建博爱小学），汉旺小学、第一幼儿园，汉旺小学（二）、第二幼儿园，清平小学、幼儿园，土门小学、幼儿园，广济镇祈祥小学、幼儿园，金花小学、幼儿园，孝德镇清道小学、幼儿园，孝德镇齐福小学，齐福幼儿园，富新中学，富新中心幼儿园，富新镇五福小学（富新二小）、幼儿园，富新镇五福五里墩小学、幼儿园，春溢小学，全市中小学教育装备等。其中，绵竹中学投资 1.55 亿元、南轩中学投资 1.65 亿元。2010 年春季开学时，绵竹市 5 万多名学生全部进入新校舍上课。

重建后的教育设施实用美观，注重安全。江苏的努力，赢得当地师生的广泛好评。富新中学教师肖晓红说："地震后，江苏徐州的援建队伍来啦。他们用最快的速度建起了一栋新的教学楼。今年新学期，我们初中的学生和老师就先搬了进来。我们后来知道，这是灾区重建第一座投入使用的教学楼。新教学楼条件更好，也更安全了。我们要通过感恩教育，让孩子们牢记这 12 个字，'常怀感恩之心，常为感恩之行'。" 2010 年 6 月，绵竹中学迁入新校址后迎来首次高考，取得本科上线率 71% 的好成绩，续写了绵竹中学的辉煌，这也是德阳市的最好成绩。绵竹中学的师生们说："这是对江苏援建最好的回报礼物。"

卫生项目　江苏省援建绵竹市卫生项目共 28 项：绵竹市人民医院（含血防所、传染科、急救中心），绵竹市保健院（含计生指导站），汉旺人民医院，富新镇卫生院（含计生指导站），富新镇五福卫生院（含计生指导站），孝德镇卫生院（含计生指导站），新市镇卫生院（含计生指导站），西南镇卫生院（含计生指导站），九龙镇卫生院（含康复中心、计生指导站），板桥镇卫生院（含计生指导站），拱星镇卫生院（含计生指导站），绵远镇卫生院（含计生指导站），广济镇卫生院（含康复中心、计生指导站），绵竹市疾控中心，绵竹市中医院，绵竹市口腔医院，绵竹市精神病医院，土门镇卫生院（含计生指导站），东北镇卫生院（含计生指导站），兴隆镇卫生院（含计生指导站），新市镇观鱼卫生院，孝德镇清道卫生院，孝德镇齐福卫生院（含计生指导站），齐天镇卫生院（含计生指导站），什地镇卫生院（含计生指导站），清平乡卫生院，金花镇卫生院，绵竹市预防接种和儿童保健规范化门诊建设项目（与新市镇便民中心合并为一个项目），购置卫生装备。其中，绵竹市人民医院投资 1.14 亿元。重建的中医院综合大楼由 6 层主楼、4 层裙楼和 2 层辅助用房组成，项目获 2009 年度江苏省"扬子杯"工程奖。中医院院长李锐感慨地说："常州援建者奋战在灾区重建第一线，仅用 10 个月的时间就为我们建起了新的中医院，实现了'建精品工程、树援建丰碑'的庄严承诺，常州市的倾情援建，使我院在废墟中挺立、在重建中重生。"建成的医疗卫生机构和援助的 1239 台（件）医疗设备，极大地改善了当地群众的就医条件。

文化与民政项目　江苏省援建绵竹市的文化项目共有 14 项：绵竹市历史博物馆，绵竹市广播电视发射塔，绵竹市广播电视中心，遵道镇棚花村年画、刺绣传习所，孝德镇年画村产业基地，三溪寺修缮，清平乡广电基础设施，绵竹市文化设施项目（“三馆三中心”），绵竹市体育中心，诸葛双忠祠维修、茶盘街及周边道路，遵道镇文化设施，九龙镇文广中心，板桥镇文化活动中心，九龙镇无隐寺修复工程。绵竹市文化设施项目投资1.66亿元，绵竹市体育中心投资2.43亿元。

江苏省援建绵竹市的民政项目共有10项：西南镇敬老院，绵竹市救助站，绵竹市殡仪馆，广济镇敬老院，东北镇敬老院，九龙镇敬老院，玉泉镇敬老院，清平乡敬老院，遵道镇敬老院，新市镇敬老院。江苏省援建的敬老院牢固安适，宜于老人颐养天年。清平乡敬老院穿斗式建筑风格、坡屋面、硬朗的屋脊，体现了鲜明的川西地域特色。

道路、桥梁及配套项目 江苏省援建绵竹市道路桥梁及配套项目、城建项目，共99项。

项目主要包括：拱星镇村道恢复建设，西南镇台沟修复，遵道镇村道恢复建设，汉旺新镇区道路，西南镇明庵桥，省道105线成青路石亭江一号桥，省道105线成青公路射水河大桥，省道105线成青路富新绵远河大桥，县道101线德阿公路绵竹城区过境段一号桥，县道101线德阿公路绵竹城区过境段二号桥，县道101线德阿公路汉旺绵远河大桥，XF17绵金路金花大桥，XF07新寿路齐福大桥，XF17绵金路鹿角堰桥，X110桑绵路兴隆绵远河大桥，Y003武新路马尾河桥，广济镇石亭江昆山大桥，绵竹市二环路改建东北镇段，绵竹市二环路改建西南镇段，绵竹市二环路改建孝德镇段，绵竹市二环路改建富新镇段，景观大道延伸段，汉旺新镇二期道路，富新镇集镇基础设施改造，遵道镇基础设施改造，遵道镇军民桥改造，遵道镇梨园路，孝德镇道路改造，孝德镇街坊改造，新市镇学校配套道路及景观，新市镇市政配套设施完善，新市镇市政设施及村道建设，什地镇道路改造，九龙镇镇区道路及相关配套设施，九龙镇镇域桥梁，九龙镇沿山基础设施恢复工程，九龙镇双红路工程，九龙镇老红岩村村民回迁工程，板桥镇道路及桥梁改造，板桥镇学校、卫生院、幼儿园周边道路及水系整治，拱星镇学校配套道路，拱星镇工业干道延伸段，拱星镇汉拱路改建工程，绵远镇学校、医院配套道路，广济镇场镇街道道路、广济镇场镇恢复改造，东北镇白庙路（绵汉路通往永建博爱小学入口道路），东北镇东平桥修复，土门镇学校、医院配套道路，兴隆镇吴江路、重建路及配套设施，兴隆镇安居住房小区配套，齐天镇学校、医院配套道路，清平乡场镇公益性项目配套防护工程，清平乡场镇公益性项目配套道路（含雨、污水处理）、桥梁工程，清平乡银杏沟大桥，金花镇场镇街道及公共设施，金花镇文化广场，金花镇磷矿山、水泥矿的公路及电网恢复，汉旺新镇城区三期道路建设工程，汉旺新镇工业大道建设工程，汉旺新镇观山街延伸段、滴翠街延伸段，富新镇道路及镇区公共基础设施改建，富新镇绕镇道路，玉泉镇集镇道路，九龙镇道路及桥涵工程，九龙山沿山旅游开发项目，绵远镇镇区公共基础设施改建工程，广济镇石亭江大桥辅道，齐天场镇基础设施，安国路（含创业路），创泽路，创业路，顺发路，创新路，苏孝路南延，南轩中学配套道路，遵道镇廉租房配套道路，拱星镇廉租房配套道路，广济镇廉租房、安置房配套道路，西南镇飞凫点配套道路，天河东区安置点配套道路，景观立交安置点配套道路，双胜村安置点配套道路，南环路新建工程，顺兴路新建工程（创业路至南环路），城东公园及水环境整治，苏援大道，富新镇基础设施改造，遵道镇梨园路延伸段，顺文路、建设路东，开发大道东，建文路，建武路东，顺武路，迎竹路，玉妃路，江苏工业园区二期道路，现代农业示范园道路。

其中，石亭江昆山大桥项目具有代表性。长期以来，流经绵竹市、什邡市交界地区的石亭江成了两市天然屏障。两岸的老百姓枯水季节徒步蹚水过河，丰水季节只能靠传统的摆渡，存在很大的交通安全隐患，特别是汛期，翻船事件、人员伤亡事故时有发生，给当地老百姓的生产生活带来很大的困扰和不便。广济镇地处绵竹市区西北，是绵竹的交通死角。对口援建的昆山市决定将石亭江昆山大桥纳入援建工程。广济镇佛教协会人员专程给江苏宏鑫路桥建设有限公司送去蔬菜，称赞他们“建桥修路，造福广济百姓”。2010 年 8 月 30 日，大桥竣工通车，使广济镇到成都的车程缩短至 80 分钟。通车典礼上，德阳市委常委、绵竹市委书记兰开驰说：“广济昆山大桥的竣工通车实现了石亭江两岸人民多年的心愿，这座满载昆山人民和各级领导关怀的民心桥、幸福桥、致富桥，必将为密切绵竹、什邡两地经济社会交流与协作，统筹区域经济发展再创佳绩”。广济镇的老百姓激动万分，家住新和村的 83 岁老人王昌顺，在家人的搀扶下目睹了大桥的竣工剪彩仪式。他说：“从小就盼望能过桥到对岸去，盼了几十年了，今天我终于看到桥建起了。”

绵竹市二环路主要经过孝德、板桥、西南、富新、东北五镇，是绵竹市震后恢复重建的交通要道，大量救灾物资经二环路运往各受灾乡镇；同时也是灾后重建规划中江苏工业园和剑南春工业园的进出要道，地位十分重要。二环路改建工程，是江苏省对口援建项目中投资额最大的交通工程。2009 年 4 月 28 日正式开工，2010 年 4 月 30 日完工，历时 12 个月，合同工期 13 个月。改建工程以惊人的施工速度、可靠的质量，树立了江苏交通建设全国一流的形象。工程施工，实现理念靠前、程序规范、管理科学、档案完整、投资控制合理。工程获 2010 年度江苏省“扬子杯”工程奖、江苏省 2010 年度援川项目建筑施工省级文明工地。

城建与水利项目　城建项目共 18 项：遵道镇水厂（不含管网），汉旺镇水厂（不含管网），回澜大道延伸段，绵竹市马尾河沿线城市桥梁及沿岸护栏整治工程，富新镇自来水厂，新市镇自来水厂，新市镇污水处理厂，九龙镇自来水厂，绵远镇自来水厂，广济镇自来水厂，兴隆镇自来水厂，清平乡自来水厂一期，汉旺新镇污水处理厂，九龙镇污水管网，孝德镇垃圾中转站，廉租房天然气配套，安置房天然气配套，江苏工业园区产业孵化基地。

水利项目共 8 项：官宋硼堰取水枢纽工程，汉旺新镇河道水系治理、绿化及广场建设，汉旺新镇河道整治，马尾河（主城区）河道整治及环境改造，广济镇沟渠修复，拱星镇镇区河道除涝工程，拱星镇农田水利设施恢复工程，江苏工业园区河道整治。

拱星镇农田水利工程项目。拱星镇是农业大镇，但土壤属于沿山沙石薄土区，地底下全是大大小小的石头，上游水再大，到了这里都会被“漏”成涓涓细流。春灌期间因抢水打架是常事，镇、村干部只得整夜轮班守水。“拱星已经 30 年没修水利工程了，虽然我们想搞，但又没钱”，镇党委书记朱建军说。2010 年年初，拱星镇农田间 56 条斗渠（在水利术语里，干渠以下是支渠，支渠以下为斗渠）全部修成水泥硬质渠道，农民再也不用为生产用水发愁了。拱星镇农田水利工程是绵竹市 20 多个乡（镇）中唯一的农田水利工程。

官宋硼堰取水枢纽项目。枢纽位于绵竹市汉旺镇绵远河出山口、山区与平原交会处，是一座以灌溉为主，兼具防洪、灌区人畜用水、工业供水、发电、水产养殖、城市生态环境用水等综合利用的水利工程。运用江苏先进的水利枢纽管理经验，设置了监控系统和视频监视系统，对枢纽的控制、调度、管理可在中央控制室利用计算机操作完成，同时充分吸取了原枢纽拦沙坎的经验，可拦住全部沙石，并在泄洪时一次冲净。

公共服务设施项目及其他 江苏援建绵竹，安排公共服务及基础设施项目共30项，共计投资52亿元，具体有：绵竹市南门汽车站（绵竹市汽车客运站），汉旺新镇综合服务中心，遵道镇村委会，广济镇综合服务中心，广济镇农村“五保户”集中供养点、便民中心、警务站，清平乡综合服务中心，金花镇综合服务中心，汉旺无锡产业转移基地建设工程项目，汉旺镇公共服务设施建设，汉旺新城生活配套设施，孝德镇文体活动中心，清平乡幸福家园社区服务中心及基础设施配套项目，新市镇便民中心，广济镇便民中心，九龙镇灵官楼社区综合服务中心，齐天镇综合服务中心，绵竹市经济信息中心设备购置，绵竹市就业和劳动保障综合服务中心，富新镇市场建设，遵道镇农贸市场，新市镇农贸市场，九龙镇农贸市场，拱星镇农贸市场，广济镇农贸市场，齐天镇农贸市场，孝德新镇农贸市场及配套商业、公共厕所，板桥镇农贸市场，绵远镇农贸市场，兴隆镇农贸市场，金花镇农贸市场。

经过重建，汉旺新镇居民区、商业区、公共设施区各个功能区划分有致，占地750亩的镇中心绿地广场成为城市的“绿肺”。苏州市援建的孝德新城小桥流水、亭台楼阁相得益彰，全新的“水街”成为集居住、商贸、休闲、观光旅游等功能于一体的新兴小镇。广济镇是绵竹市经济最薄弱的乡镇之一，原来镇区规模很小，也谈不上什么功能，地震造成96%的房屋倒塌。对口支援的昆山市从东南大学规划设计研究院请来专家做规划方案，方案将“震后重建与先进城市设计理念”融入其中。通过援建，一个功能健全的现代化小城镇初步形成，水厂、学校、幼儿园、卫生院、福利站、文化站、便民中心、农贸市场、廉租房、安置房、垃圾站、公共厕所等一应俱全。东南大学城市规划设计研究院的专家在现场考察时说，作为一个小城镇，广济镇规划设计的科学性、合理性全国罕见。孝德、广济、剑南、齐天、土门、金花、玉泉、板桥、拱星、九龙等江苏援建的小镇，均系城乡一体化规划的精品，被称为新农村建设的样本。

其他项目共9项。其中，技术服务类项目4项：规划设计费用，质量监督、农房指导员等费用，产业对接等补助费用，城镇房屋建筑安全鉴定费用补助等；其他项目5项：“特殊党费”农民过冬棉衣被捐赠，2010年“8·13”清平特大泥石流捐款，前期板房建设，绵竹信用社网点，清平乡“幸福家园”。其他项目及后续资金投入12.05亿元。

三　软件援助

江苏省在援建工作中发挥科教人才大省的优势，实施大规模培训计划，积极开展智力支持和就业援助，为绵竹留下一支“撤不走”的人才队伍。两年多时间里，分7批安排350名绵竹市级机关、乡镇、村级干部到江苏昆山、华西村培训，考察江苏省发展市场经济、县域经济、园区经济、经济管理、社区党建等方面的最新经验，还将绵竹市的老师、校长、医务工作者分期分批组织到江苏培训。先后选派两批120多名江苏省优秀老师到绵竹支教；抽调500多名医务工作者到绵竹支医，帮助当地提高医疗防疫水平。江苏省重点中小学、医院与绵竹市学校、卫生院都开展

“一对一、手拉手”对口帮扶活动，建立起长效援助机制。2009年8月16日，中共中央政治局常委、全国政协主席贾庆林考察绵竹市灾后恢复重建工作时称赞：“这些都是关系民生的大事，中央很关心，你们做得很好”。

规划援助 受绵竹市政府的委托进行绵竹灾后重建规划编制。江苏省委、省政府高度重视绵竹灾后恢复重建规划编制工作，明确要求重建规划必须符合科学发展的要求，符合绵竹当地的实际，符合受灾群众的意愿，把绵竹打造成为“中国西部新农村示范区、城乡一体化先行区、西部产业新高地”。江苏省选派江苏省城市规划设计研究院、东南大学城市规划设计研究院等30家单位120名规划设计人员赶赴绵竹，用近50天时间编制完成《绵竹市城市总体规划纲要》《绵竹市城市近期建设规划》和汉旺等17个乡（镇）总体规划；此后，又帮助绵竹市编制了城东新区控制性详细规划、绵竹经济开发区控制性详细规划和历史文化名城保护规划、沿山地区发展战略规划、环境治理与保护规划、交通发展规划及1100个农村居民点规划等一大批专项规划，在重灾地区率先实现城乡规划全覆盖。

规划尊重民意。规划设计人员深入绵竹市区、乡镇、村庄，对1万多户家庭近4万人进行了选址、居住方式、重建模式等内容的问卷调查，4次征求绵竹市、各乡镇党委、政府和群众代表的意见。设计人员研究绵竹地形地貌和气候特征，根据环境承载能力，考虑灾害和潜在灾害威胁，科学确定不同区域的主体功能，优化城乡布局、人口布局、产业结构和生产力布局，促进人与自然和谐相处。规划的居民点和沿山旅游项目有针对性地避让和预防灾害。按照国家建筑设施抗震设防标准，确保建成最牢固、最安全、群众最放心的建筑，成为公共避难场所。规划建设城镇、村庄和产业集聚区，体现资源节约、环境友好的要求。坚持节约和集约利用土地，严格保护耕地。着眼绵竹长远发展，适度超前考虑恢复重建项目，并与实施西部大开发战略、推动新型工业化、城镇化、新农村建设相结合，统筹推动城乡经济社会发展。避开自然保护区、历史文化景点、水源地保护以及震后形成的有保护价值的新景观，加强生态修复和生态文明建设。积极传承民族优秀传统文化，保护具有历史价值和少数民族特色的建筑物、构筑物和历史建筑。注重把农民居住和生产用地、家庭副业用地或林地有机组合。村民住宅设计方案体现川西民居特点，保持和突出乡土风情。

帮助发掘“中国年画之乡”资源 绵竹年画与苏州桃花坞年画的合作。“授人以鱼不如授人以渔”，为扩大绵竹年画知名度和影响力，2009年2月，苏州市援建指挥部组织苏州年画大师和刺绣大师到绵竹，在绵竹组织召开苏州—绵竹年画产业发展与交流座谈会。绵竹市文体局、年画博物馆、年画促进会主要成员单位负责人和绵竹市20多家年画商家、制作艺人参会。3月3日，德阳市、绵竹市委宣传部组织绵竹市年画艺人一行20人至苏州，参加“同心同行·桃花坞—绵竹年画联展”。展会上，苏州年画大师顾志军和绵竹年画传人陈刚联手创作年画《融和》。协办此次活动的苏州桃花坞文化创意产业园决定为绵竹年画长期免费提供300平方米销售、展示场所。活动得到《人民日报》、新华社、中央电视台及江苏、四川两省各大新闻媒体的关注。江苏省委常委、苏州市委书记王荣在接受绵竹电视台记者采访时表示：“看到两地联展年画感到很高兴，这样的文化交流意义很大。汶川大地震以后，苏州与绵竹从抗震救灾到灾后重建，再到现在的经济、文化交流，进一步加深了双方的友谊，拓展了合作领域。”5月14

日，世界56家华文、华语媒体联合组织“感恩侨爱——海外华文媒体四川行”代表团集中采访绵竹年画村，《人民日报》海外版作了专题报道。2010年2月6日，“第九届中国・绵竹年画节”开幕，“苏州桃花坞木刻年画・绵竹年画联展”同期在新落成的年画产业基地展示馆举办，两地年画大师纷纷携作品参展并进行交流。桃花坞年画首次走进绵竹，同样获得巨大反响。绵竹年画借节造势，声誉鹊起，在海内外引起广泛反响。两地年画界沟通、交流、合作的平台成功搭建。苏州市援建指挥部还根据两地签署的《经济援建和合作发展协议》，参与制定绵竹年画市场发展报告，帮助绵竹年画在苏州开辟销售市场，引导绵竹年画由“家庭作坊”走向“公司＋作坊”相结合的市场发展道路。在建设年画基地的同时，苏州援建指挥部还在年画村东侧规划建设了农户集居示范点，共有68户。该集居点充分考虑川西民居风格与苏州园林元素的完美结合，与年画基地的整体风貌高度统一，又相互补充、相得益彰，成为年画村文化旅游的重点组成部分。

遵道镇年画刺绣传习所为常州市开工建设的第一个援建项目。工程按照川西民居风格设计，利用重建机会完成产业的升级换代，把年画整个生产制作过程贯穿其中，集年画培训、年画老艺人技艺展示、年画销售、交流、年画刺绣、实习基地于一体，凸显绵竹年画独特的艺术魅力。开业后，遵道镇棚花村已成为绵竹市沿山农村旅游线路的重要节点和绵竹赫赫有名的年画村、刺绣村。妇女们完成的刺绣产品由绵竹民间的艺术公司回收，一名妇女每月可收入800元以上。该村旅游业兴旺，有6家农家乐，年接待游客20万人（次）。

智力与就业援助　人才智力与教育卫生援助。利用江苏科教优势开展智力支持和就业援助。分7批组织绵竹市350名村级以上干部到江苏接受培训，先后安排1000多名绵竹市校长、教师和医护人员到江苏参加培训；从江苏选派2批1000多名公安干警、2批110名教师和8批688名医务人员到绵竹支警支教支医，搞好“传帮带”，帮助当地维护社会稳定，提高教学水平，实现大灾之后无大疫的目标；选派300多名心理专业教师和学生至绵竹开展心理咨询、教学等志愿服务。发挥江苏省人民医院在生殖医学技术方面优势，帮助培训当地医生，实施大龄妇女再生育技术服务工程，让绵竹300多名40岁左右（含灾害中失去子女者）妇女受孕再育，重新点燃生活的希望。

组织江苏省重点学校、医院与绵竹市所有中小学、幼儿园、医院建立“一对一”或“多对一”的长期帮扶关系，每年互派教师、医务人员交流学习。江苏省卫生厅与绵竹市卫生局签订了医疗卫生友好合作协议，进一步巩固医疗卫生援建成果。

农业科技支持。组织农业专家、技术管理人员到绵竹市免费辅导、开办讲座，同时安排绵竹市各类人才到江苏参加实习培训。考虑到绵竹市与镇江市地理条件相似，地处丘陵山区，气候适宜，帮助绵竹规划建设了高效农业示范园，其中核心示范面积300亩、示范面积5000亩，辐射面积5万亩，重点发展果蔬、养殖和观光农业。示范园区由70岁高龄的江苏省科技兴农模范、镇江农科所原所长赵亚夫主持，镇江农科所组织实施，采取“做给农民看、带着农民干、帮助农民销、实现农民富”的模式，先后培训当地农技人员242人次、农民1350人次，引进优质草莓、葡萄、无花果、桃子品种，成功实施具有世界先进水平的大棚发酵床养猪、养鸡技术，带动当地种植、养殖户1000多户，均取得较高收益。清泉村9组中国高称赞道：“我家的草莓每亩收入比

图 241　绵竹人民夹道欢送完成援建使命的江苏省援建队伍归建
（江苏省援建指挥部　提供）

种传统粮食作物增加 20 倍。”示范园办公室主任刘照亭自豪地说：“产品一上市，就轰动了德阳、绵竹，不仅示范园的 20 亩草莓不能满足消费者需求，就连 2009 年推广的 9 个农户，总面积 15 亩的草莓也成了紧俏产品，平均亩产值 4.87 万元。”

工商就业支持。为帮助绵竹恢复和发展工业经济，支持建设绵竹江苏工业园、汉旺无锡工业园，推动江苏优势产业向绵竹转移，鼓励江苏企业到绵竹投资兴业，促进绵竹产业集聚、企业集群发展。安排援建资金 8 亿余元，帮助绵竹完成工业园区“七通一平”基础设施、产业孵化基地等建设；坚持“政府推动、市场运作，优势互补、互利双赢”的原则，组织开展“百企百亿”产业对接活动。111 家江苏企业与绵竹市签订 118.66 亿元的投资合作协议，涉及新能源、机械制造、电子信息、生物制药、大型物流等产业，已有雨润等江苏企业落户工业园区；组织绵竹市相关人员到江苏省的经济开发区跟班学习，交流借鉴开发区建设模式和经验，为绵竹工业园区建设管理提供人才支撑。

就业支持方面。江苏省人力资源社会保障部门开展对口就业援助工程，建立劳务输出基地，开展定向培训，提供有效岗位信息 11.1 万个，帮助 2.17 万人实现就业。江苏省还与四川省建立长期劳务合作关系，把绵竹市作为江苏省稳定的劳动力来源基地。

第五节　北京市支援什邡市

2008 年 6 月，中共中央、国务院确定北京市对口支援什邡市灾后恢复重建。北京市委、市政府于 6 月 2 日成立北京市对口支援地震灾区领导小组和指挥部，决定举全市之力开展援建工作。在国际金融危机压力和举办奥运繁忙紧张的情况下，北京市坚决按照中央三年援建任务两年基本完成的要求，按时全面完成援建任务。

北京对口支援什邡灾后恢复重建累计投入援建资金 70 亿元，完成实物工作量 72.53 亿元，108 个援建工程项目如期竣工交付使用，被赞为“北京速度”“北京质量”。援建项目充分融入四川民俗风情与老北京传统文化，坚持“绿色、节能、环保、循环”的现代城市发展理念，使什邡基本实现交通便捷、融入“成（都）德（阳）绵（阳）”经济圈、现代生态旅游、安居乐业、“能上学、上好学”、一流医疗水平六大功能。北京援建项目中，什邡市人民医院等 12 个项目获“天府杯”省级优质工程金奖、银奖，还有 29 个项目获德阳市“旌湖杯”市级优质工程奖。项目援建为什邡发展构建起了城乡交通、文化教育、社会保障、产业发展、新农村建设五大支撑体系，使什邡市的城乡面貌发生了根本性变化。此外，智力支持、产业援助和精神家园建设等各项软支援也按期完成。2010 年 9 月 26 日，北京市向什邡市正式移交全部援建项目，北京的援建理念、首善意识、奥运标准、项目援建、智力支持、产业合作、精神家园建设、对口援助长效机制、京什合作等得到中央、国家有关部委和四川省各级领导及什邡人民的肯定和好评。

一　部署与组织

2008 年 6 月 2 日，北京市委、市政府成立北京市对口支援地震灾区领导小组，并下设指挥部。由中共中央政治局委员、北京市委书记刘淇任组长，市长郭金龙任副组长，市委、市政府相关领导为成员。北京市对口支援地震灾区指挥部，由市委常委、常务副市长吉林任指挥，副市长丁向阳、陈刚及市政府秘书长黎晓宏任副指挥，市政府办公厅等单位领导任成员。指挥部设立重建、救灾、资金、人力资源 4 个办公室和重建规划、建设、前线 3 个分指挥部。前线分指挥部内设办公室、项目规划发展部、规划设计部、工程建设部、质量安全监理部、工程管理部、财务审计部、宣传外联部、组织人事部 9 个职能部门。前线分指挥部成立初期由北京市住建委副主任栾德成担任指挥，2009 年 6 月 8 日改由市政府副秘书长刘永富担任指挥。

2008 年 6 月中央部署北京市对口支援什邡后，6 月 17 日，北京市委、市政府安排陈刚带队至什邡了解需求，提出对口支援工作初步设想，与什邡市建立联络协调机制，商谈启动北京市对口援建首批项目。21 日下午，刘淇率北京市发改、规划、建设、教育、卫生等部门负责人，至什邡实地考察，并与四川省领导座谈，共同研究对口援建事宜。他指出，北京援建要立足灾区实际，把解决民生问题放在突出位置，优先安排民生项目，尽最大努力为灾区群众恢复正常生活创造良好条件，并表示凡是灾区重建急需的资金要按时足额拨付，凡是灾区重建急需的人员要迅速派遣到第一线，凡是灾区重建急需的物资要在第一时间调拨到位。此后，郭金龙两次至什邡考察指导援建工作，与四川省、德阳市、什邡市领导共商恢复重建工作。市政协主席阳安江、市委副书记王安顺、市纪委书记马志鹏、市委宣传部部长蔡赴朝、市人大常委会副主任柳纪纲及副市长苟仲文、黄卫、丁向阳、陈刚、程红等分别带队至什邡检查指导恢复重建工作。吉林先后4次至什邡检查援建工作，7次在京分别与四川省和德阳市、什邡市党政领导协商研究恢复重建工作。从6月2日成立支援领导小组和指挥部，至2010年9月26日援建项目整体移交，北京市副市级以上现职领导共有20位33人次赴什邡考察指导援建工作。市人大代表、政协委员、捐赠者代表全程参与并考察了援建项目。

2008年6月19日，北京市委十届四次全会要求各单位各部门要发挥各自优势做好援建工作，鼓励企业采取市场化运作方式进行援建；市级机关压缩经常性预算开支10%，各区县也要压缩行政经费，节省资金全部用于灾后重建。7月16日，刘淇主持召开市委常委会研究援建工作。会议强调，对口支援工作要符合首都特点，充分发挥新技术优势，注重节能环保，发展循环经济，确保质量和注重效益，促进当地可持续发展；组织和引导北京企业到灾区投资；把灾区农民的住房建设好，努力为灾区群众办实事。会议讨论通过《北京市对口支援什邡灾后恢复重建工作方案》。8月2日，北京市政府与什邡市政府在京签署《灾后恢复重建对口支援（2008—2010年）总体框架协议》，确定了“围绕一个盘子、开展两方合作、把握三个重点、突出四个优先、打造五个亮点”的总体工作思路，坚持将“绿色、科技、人文”奥运三大理念和“质量、安全、工期、功能、成本”五统一的奥运工程建设经验融入援建中，以“建首善、创一流”为目标，发挥首都的科技智力优势，把握项目建设、智力支持、产业合作三个重点，突出民生项目、公共服务设施项目、基础设施项目、重灾区项目，打造安全、放心、满意、精品、示范工程五个亮点，有效地推进对口支援什邡市灾后恢复重建工作。

郭金龙在签约仪式上指出，总体框架协议的签署，标志着对口支援什邡市恢复重建工作进入全面实施阶段，要切实做好财力、物力和人力保障，要优先建设民生、基础设施和重灾区乡镇的项目，提供智力支持和服务，推进产业合作与发展，要让灾区人民群众满意。2008年8月底，指挥部印发《关于北京市对口支援什邡灾后恢复重建工作方案的通知》和《关于北京市对口支援什邡恢复重建2008年度援建项目计划的通知》。10月8日，刘淇等与四川省委书记刘奇葆等四川省党政领导在京座谈。刘淇强调，要充分发挥北京作为首都，在人力、物力、财力、智力等方面的优势，按照对口支援工作总体框架，组织动员规划、建设、教育、卫生、环保等各方面的专家、专业技术人员参与援建工作，要把北京的优势与四川的优势结合起来，推动两地发展，造福两地人民。郭金龙与什邡市市长李成金在京正式签署《北京市什邡市灾后恢复重建对口支援（2008—2010年）产业合作协议》。北京市拨付3亿元资金用于北京—什邡产业园建设，并帮助什邡市制定产业园前期规划。10月20日，郭金龙在成都参加北京市援建什邡市工作座谈会，强调要全力推进援建项目，优先抓好民生项目、公共服务设施项目、基础设施项目和重灾区项目，发挥首都在科技、人才、智力、信息、市场等方面的资源优势，着力帮助什邡提升“软实力”。坚持以“什邡为主、北京为辅、共同引资引项、适当资助”为原则，采取“政府引导、市场运作”方式，组织引入一批适应市场需求和配套产业链的投资项目，稳步推进什邡产业园区建设。引导北京市大型骨干企业对什邡市受灾企业进行对口帮扶，培育做强现有企业，促进什邡市产业恢复发展。

2009年7月3日，郭金龙主持召开会议。会议强调，要坚决贯彻落实中央对口支援三年任务两年基本完成的决策部署，面对国际金融危机，做到对口支援目标不变、总盘子不减，确保援建质量和安全。10日，刘淇主持召开市委常委会。会议要求，按照中央部署和要求，务实高效保证援建项目质量和进度，适当简化审批手续，力争早开工、多开工，千方百计加快建设进度，确保2010年9月底前对口支援任务全部完成。要选派干部和专业技术人员挂职，依法规范强化援建的监督管理，确保实现阳光援建、务实援建、廉洁援建。

2010年2月27日，元宵节期间，吉林代表市委、市政府到什邡慰问坚守岗位的一线援建人员，检查对口支援工作，并出席50个北京援建项目竣工交接仪式。4月28日，吉林在京会见德阳市委书记方小方、什邡市委书记李成金一行9人，听取对北京市对口支援恢复重建工作的意见和要求。5月9日，王安顺及市委常委、市总工会主席梁伟等到什邡出席北京市援建项目竣工交接仪式并检查对口支援工作。王安顺提出要按时高质完成各项援建任务，确保质量、确保安全，努力建立长效合作机制。至9月下旬，北京援建工作全面完成。

自2008年6月5日下午指挥部召开第一次全体会议起，至2009年11月12日，北京市对口支援地震灾区指挥部指挥、常务副市长吉林共主持召开指挥部会议13次，就对口支援地震灾区工作进行专题研究和部署。

在两年多的援建中，北京市坚持援建项目科学规划、合理布局，既满足灾区恢复重建的需求，又为今后的经济社会发展打下坚实基础。北京市选定15家具有国家甲级资质的规划设计单位，高水平编制了什邡市域村镇体系规划、什邡城区控制性规划等19个城乡发展总体规划和专项规划，做到了恢复重建与提升发展相结合。北京援建工作借鉴北京奥运理念和奥运工程建设经验，将“绿色、科技、人文”理念融入援建工作，创立了科学援建的优质、廉洁、高效样板；借鉴廉洁办奥运、阳光办奥运经验，形成“横向到边、纵向到底、覆盖完整、衔接紧密”的援建监督管理工作网络，筑起对口援建的廉政“防火墙”。通过逐项对108个援建工程进行优化，节约资金1.37亿元用于建设其他项目。

2010年年初，北京市委、市政府明确指示相关部门“要研究对口援建的长效机制”。9月26日，北京援建项目竣工交接。在签字仪式上，郭金龙向什邡市移交援建项目文本，并赠送记录对口支援历程的宣传画册《共铸辉煌》。北京市决定至2013年3年间继续与什邡在科技教育、农业技术、产业帮扶、人才培训、医疗卫生等方面进行合作并签署框架协议，以帮助什邡市全面提升经济社会发展水平。

二　项目援建

北京市按照“四个优先”原则，分3批确定108个援建项目，累计投入援建资金70亿元。采取“北京出资、北京建设”和“北京出资、什邡建设”及“联建共建”3种援建模式。项目实施中，始终把解决群众灾后住房作为首要任务，把快速恢复城市功能，促进城乡经济的恢复发展作为重点，坚持高起点、高标准的建设原则和“绿色、节能、环保、循环”的现代城市化发展理念，帮助什邡市构建起恢复发展的五大支撑体系。北京援建项目工程质量得到四川省和德阳市的充分肯定，什邡市人民医院工程、什邡市职业中专工程、城南开发区道路工程、什邡市群众文化活动中心工程 4 项获国家优质工程奖，广青公路工程等 7 个项目获四川省“天府杯”省级优质工程金奖，蓥华镇统迁安置小区工程、洛水镇渔江村统迁房工程等 5 个项目获“天府杯”省级优质工程银奖，什邡市外国语学校工程、什邡市实验小学工程等 29 个项目获德阳市“旌湖杯”市级优质工程奖。

构建城乡交通支撑体系　地震灾害给什邡市交通路网造成巨大破坏，受损道路占公路通车总里程的 82%，公路通行能力基本丧失。广青公路是与外界联系并贯穿什邡南北的“生命线”，地震时严重损毁；公路连接师古、湔氐、洛水、冰川、蓥华、红白 6 个地震重灾镇，沿线分布着几十家大中型企业。什邡市提出的第一个援建项目就是尽快打通与外界联络的广青公路，并以广青公路为主轴，构建道路支撑体系。

北京市投资 26.8 亿元援建包括广青公路和“一纵六横”路网在内的 41 个基础设施项目。由北京市出资建设全长 42 公里的广青公路一期主路建成通车，使什邡到成都路程时间由原来的 80 分钟减少到 40 分钟，正式融入成都平原“半小时经济圈”，从根本上改变了什邡市的区位劣势，为什邡市灾后恢复重建与经济社会加速发展提供了保障。2010 年 4 月 30 日，全长 19 公里的广青公路二期主路竣工，不仅有利于统筹什邡市平坝地区与山区的协调发展，而且能够促进什邡市旅游资源的开发利用。城区“一纵六横”路网总长 17.8 公里，“一纵”即环城路，“六横”分别是金河南路、人民医院南路、澜丰路、横三路、横四路和横五路，概算总投资 4.64 亿元，全部由北京出资，建成后，可为什邡市区拓展 13 平方公里发展空间，提前 10 年实现《什邡市（2002—2020 年）城市总体规划》确定的城市建设目标。另外 3 条贯穿什邡市区的主动脉和 22 条镇域间交通要道，覆盖什邡市辖区主次干道，总里程达 200.24 公里，使什邡在更大范围、更深层次融入了成（都）德（阳）绵（阳）经济圈。（参见图 242 ～ 243）

图 242　京什携手共建的什邡市北京大道
（四川省委宣传部　提供）

图 243　北京市援建的什邡蓥华大桥
（四川省委宣传部　提供）

构建文化教育支撑体系　按照教育优先原则，北京市把教育重建作为重中之重，总投资 7.2 亿元，援建 24 所学校、幼儿园等教育设施，总建筑面积 21.73 万平方米，可容纳在校学生 22450 人，其中 10 所学校还可解决 8616 名学生住宿，为什邡长远发展所需人才提供了保障。援建的学校具体有：什邡市城北小学、北京小学、什邡职业中专、什邡市外国语学校、城南学校、禾丰初中、双盛初中、云西初中、师古中心小学、师古慈山小学、双盛青杠（BTV）小学、回澜陈家观小学、师古幼儿园、马井中心学校、南泉初中、马祖初中、双盛小学、八角镇中心小学、八角镇中心区幼儿园、红白镇幼儿园、实验小学、第一幼儿园、第二幼儿园、元石幼儿园。

2008 年 11 月 18 日朝阳小学最先启动开工，11 月 21 日北京小学开工，11 月 27 日南泉初中和马井中心学校开工，24 个教育援建项目按计划相继启动。从建筑等级看，24 所学校建筑全部为现浇钢筋混凝土框架结构，耐火等级二级，8 度抗震设防。2009 年 6 月 30 日，北京市对口援建教育项目中首个竣工的学校——朝阳小学投入使用。该校建筑面积 7000 平方米，规划在校学生 1350 人，由北京市朝阳慈善协会投资 2500 万元建设。什邡市职业中专学校是北京市援建的教育项目中规模最大的工程，总用地面积 13.75 万平方米，建筑面积 6.06 万平方米，包括行政综合楼、教学楼、食堂、宿舍、室外运动场及其他用房，由北京市投资 18581.2 万元建设，学校硬件设施达到国内一流水平。截至 2010 年 4 月 30 日，北京市援建的 24 所中小学校、幼儿园全部交付使用，万余名学生告别冬冷夏热的活动板房，走进美丽的新校园。新建的学校功能完备，办公房、生活房一应俱全，运动场所达到标准、规范要求。什邡市教育局局长陈其文说："两年时间，什邡市学校硬件方面投入的资金是什邡 50—100 年的教育经费。经过重建，教育均衡发展目标和跨越式发展的硬件基础已初步奠定。"

构建社会保障支撑体系　北京市始终把解决民生问题放在重建工作的首位，构建了什邡市社会保障支撑体系。援建社会保障项目总投资 332099 万元，其中北京投资 314699 万元。

城乡住房项目。援建过程中，北京市率先启动支援什邡市城乡住房重建，出资 22.15 亿元，确定援建城乡住房项目 16 个。北京城建、北京建工、北京住总、北京市政路桥、城乡建设、中建一局、中建二局、中国新兴等建筑企业纷纷派出精兵强将，支援受灾群众重建住房，共建成廉租房3896套、安置房1177套，共31.63万平方米，有效解决了城镇居民住房困难。由“北京出资、北京建设”的物华西苑廉租房是唯一位于市区的项目（见图244），建筑面积90085平方米，总投资达18138.44万元。此外，在师古镇、马井镇、洛水镇、红白镇、冰川镇都有北京企业承建的廉租房。所有北京市援建的廉租房的抗震级别均达到8度标准。在设计红白镇永久性住房时，坚持既能安居又能增收的理念，助推由震前的工业服务小镇，逐步向以旅游业为主的城镇转化，打造川西最美的现代旅游小镇，让居民在家门口就能赚钱。该镇距什邡市城区最远，由城乡建设集团依山而建的80套灰瓦白墙廉租房每户都安装有热水器，保证住户洗浴；考虑到山区多雷雨，每栋楼都装有避雷针，保证雷雨天气的安全。一号廉租房还专设残疾人通道，方便在地震中受到伤害的户主出行。截至2010年9月30日，什邡市城镇人均住房面积达到40.08平方米，城镇住房水平提升20年以上。

图244　北京市援建的什邡市物华西苑廉租房
（四川省委宣传部　提供）

卫生项目。为满足灾区群众对医疗卫生服务的迫切需求，北京市安排援建12个卫生项目，总建筑面积约9.3万平方米，总投资约53137万元，其中北京市出资51742万元，帮助什邡市构建起以人民医院为中心、其他医院遍布乡镇的合理防病治病网络体系。援建的四川省地震灾区单体投资规模最大的什邡市人民医院总建筑面积5.5万平方米，总投资39541.24万元，是一所集医疗、教学、科研、预防、康复、治疗于一体的综合性医疗机构。什邡市人民医院工程采用了奥运工程水源热泵成套技术，通过交换设备实现地下水热交换，提高了节能、降耗、低碳、环保水平。在什邡市中心援建的什邡妇幼保健院，占地面积6398平方米，能够满足什邡市孕妇、儿童保健及技术培训指导的需要。北京市援建什邡市的10家乡镇卫生院，全部有手术室，配置X光机、口腔治疗仪、专业救护车等设备，理念先进。北京市还先后组织多批什邡医护人员到北京各大医院学习进修，使其专业技能得到快速提升。对此，回澜镇卫生院院长邓家全说：“感谢北京的无私援助，让我们卫生院整体水平有了质的飞跃”。

民政项目。北京市出资8000万元援建了8个福利院等民政项目，建筑面积3.7万平方米，拥有床位1620张。什邡市社会福利救助中心一期工程是北京市第一个完成的援建项目，工程于2008年5月28日开工，2009年6月19日第一期工程竣工，项目占地面积25亩。该中心采用先进的节能材料修建，防火保温隔热效果突出，每户装有太阳能热水器、节水马桶，为“五保”对象和“三孤”人员提供舒适的生活环境。另外，北京市还出资2.9亿元兴建了群众文化活动中心、妇女儿童活动中心等8个公共服务设施项目。这些项目的建成，极大地提高了什邡市民的生活水平。

民政、卫生项目主要包括洛水镇敬老福利院、马祖镇敬老福利院、马井镇敬老福利院、师古镇敬老福利院、湔氐镇敬老福利院、什邡福利中心二期、什邡市康复中心、什邡市人民医院、什邡市妇幼保健院、什邡市回澜卫生院、什邡市禾丰卫生院、什邡市南泉卫生院、什邡市元石卫生院、什邡市马井卫生院、什邡市灵杰卫生院、八角镇中心卫生院、师古中心卫生院、隐丰卫生院、双盛卫生院等。

构建产业发展支撑体系　地震前什邡市工业经济相对发达，曾连续13年蝉联“四川省十强县”。地震使什邡市经济遭受重创，工业设施设备损失高达127.3亿元。为帮助什邡产业灾后快速恢复发展，北京市与什邡市签署了《灾后恢复重建对口支援（2008—2010年）产业合作协议》，立足什邡现有产业基础、区域资源及未来发展方向，结合市场需求，将产业快速恢复和长期发展相结合，产业援助与调整产业结构、发展高端产业相结合，促进什邡市工业迅速恢复发展和实现跨越式发展。

按照“什邡为主、北京为辅、共同引资引项、适当资助”的原则，两市共同开发建设占地3.17平方公里的北京—什邡产业园，园区内有9条道路和5万平方米标准厂房。北京市在京举办了8场招商引资推介会，组织100余家在京企业赴什邡考察。

截至2010年9月，北京—什邡产业园内，已有新型建材和钛合金等新材料产业、电子信息制造产业、汽车零部件制造产业等一批“高、精、尖”及“低能耗、低污染、高附加值”的产业入园，支撑起园区的整体格局和骨架脉络，提升了园区产业的竞争力。

北京市对口支援什邡市恢复重建产业项目主要有：节能门窗及幕墙生产线、石油化工机电设备及金属材料新型检测设备的制造生产、重型压力容器制造、年产2000吨热塑性聚酯弹性体（TPEE）和1000吨热塑性动态硫化橡胶（TPV）工业化生产线、新建环保漆生产线、酿酒生产线、装饰水晶与钻石生产线、彩涂板生产加工线、起重机械生产研发、光机电一体化、大中型清洁能源锻件制造、天然气输配气设施、包装生产线、水处理设备研发与生产、电脑散热器等零部件生产、年产10万吨直缝焊管钢结构件生产、汽车涂料生产线、年产3万吨磷酸及2万吨磷酸盐生产线等。

构建新农村建设支撑体系　北京市投资16.8亿元帮助8.4万受灾农民盖起永久性住房，投资2亿元帮扶13个村落发展“一村一品”特色产业，为什邡农业发展、新农村建设探索了新途径，构建了新农村建设的支撑体系。

为推进社会主义新农村建设，在充分尊重农民意愿，在国家和四川省补贴的基础上，北京市对什邡农村因灾住房重建的83992个农户每户补助2万元，共16.8亿元。除提供补贴款外，还整体援建了具有浓厚川西风格的红白镇和渔江新村。

从2008年11月至2009年10月，北京市选派24名专业技术干部，分两批先后赴什邡市12个受灾较重的镇担任镇长助理，结合当地新农村建设，重点对农村工匠进行技术培训，严把建材、施工质量，帮助农民盖起永久性住房。2008年年底前基本解决农村因灾无房农户住房困难。第一批住进三室两厅新房的村民兰记勇说："住在城里的姐姐都羡慕我，说我的房子比她的好。"

在帮助农民脱贫致富方面，北京市共投资2亿元帮扶红豆村、马祖村、下院村等13个有特色、有条件的村发展"一村一品"特色产业。投资800万元，为红豆村建设"红豆树广场特色婚庆中心"，将红豆村打造成西南第一"婚庆民俗文化村"；投资1000万元，为马祖镇马祖村打造新农村与禅文化结合的特色村，使之成为当地提升旅游产业的新亮点；投资2000万元帮助湔氐镇下院村和元石镇箭台村发展猕猴桃产业和大棚花卉产业。2010年5月21日，中共中央政治局常委、全国人大常委会委员长吴邦国考察指导什邡灾后恢复重建工作，对北京市结合师古镇红豆村恢复重建，依托千年红豆树，打造婚庆文化特色旅游的做法给予充分肯定。考察结束后，他欣然挥毫书录《相思》一诗赠予红豆村："红豆生南国，春来发几枝；愿君多采撷，此物最相思"。以此勉励大家加快灾后恢复重建，发展婚庆旅游业，建设更加美好的新家园。特色村特色产业的发展，增加了农民收入，实现了灾区农民的安居乐业。协助当地村民积极探索解决农村、农业、农民经济发展的新途径，推进山区城镇化进程，通过实施供水、排污、道路、沼气、供电和光纤设施"六进村"工程，优化人居环境，使灾区农民有了好房又过上好日子。

北京市对口支援什邡市恢复重建新农村建设援建项目有：师古镇大泉坑特色旅游村、皂角街道义桥村特色村落、皂角街道城东村特色村落、洛水镇朱家桥特色村落、马井镇菠萝村特色村落、回澜镇石羊村特色村落、洛水镇洛城村特色村落、双盛镇亭江村特色村落等。

三　软件援助

2008年12月22日，北京市制定《北京市对口支援什邡市灾后恢复重建智力援助方案》，包括城乡规划编定、产业园区规划、智力技术支持、干部选调考试测评服务工作、农业智力技术支持、人才综合培训项目、技能人才培训项目、职工骨干培训项目、农业人才培训、卫生人才培训、恢复重建人才市场等。充分发挥首都优势，完成5个大类22项、140个小项的智力援助项目，增强什邡市经济社会发展的软实力。

援建期间，北京市选派专家和干部1000余人次至什邡开展帮扶工作。其中，有24批340名志愿者赴灾区开展志愿服务，52名挂职干部支援什邡市灾后恢复重建。先后接收什邡市干部4000余人次至京挂职，采取多种形式为什邡培训人员3万多人次，其中仅培训农业技术人员和村镇技术骨干即达1000余人次。

北京市在援建中还开展为什邡灾区送温暖活动。2008年10月25日，北京市民捐赠的92万件棉衣运往什邡地震灾区；29日，北京市政府从接受的社会捐赠资金中列支1亿元用于什邡受灾群众过冬物资准备及生活安置，帮助受援地灾区群众温暖过冬。

教育援助　2009年10月30日，在北京正式签订《北京—什邡教育对口支援与合作框架协议》，协议搭建起两地中小学校对口支援与合作平台，建立“一帮一、手拉手”的对口支援与合作关系。什邡中学、什邡市外国语学校、什邡市北京小学等35所学校与北京的清华大学附中、人民大学附中、首都师范大学附中等中小学结成对子，通过选派什邡教师到北京市挂职、培训、开通远程教育平台等方式，实现两地教育资源共享、信息同步。北京市还组织教育专家和优秀教师通过巡回报告、听课视导、座谈交流、办学指导等方式，就地培训什邡市小学、初中、高中校长、管理人员和各学科教师，仅2009年就在什邡培训教师2000余人。什邡市外国语学校校长刘东说：“北京师范大学附属实验小学的老师2009年第一次来我校，连着作了一天报告，场地座位不够，一些老师就站着听了一天。”北京外企集团为什邡市职业中专提供优秀的师资和管理人才，帮助学校开设专业课程，并利用与外企、国内企业合作的资源优势，为该校学生提供更多的实习就业岗位。

2009年11月27日，筹建的北京—什邡远程教育培训资源网正式开通，什邡老师凭借人手一张的学习卡即可登录这所网校，聆听北京教育科学研究院、教育学院开设的教师专业发展、班主任培训等20门网络课程。

医疗卫生援助　北京市在对口援建期间，建立了两地医疗卫生部门对口联系制度、卫生管理干部学习交流和挂职锻炼制度、医疗卫生和公共卫生人员定期进修制度。2008年6月29日，北京市第一批医疗卫生救援队139人抵达什邡。首批医疗队由来自北京市各区县40多个卫生机构的133名人员组成。医疗队携带手术床、无影灯等医疗设备和3个月工作期间的必要专科药品、消杀类药品和相应医疗器械、防护用品等物资，价值共计490余万元，为什邡市提供基础的医疗服务，并配合什邡市做好恢复医疗体系建设工作。整个援建期间，北京市共派出9批389名医疗队员，在什邡累计接诊10余万人次，开展健康教育3.6万人次。

北京市24家医疗卫生机构对什邡市医疗卫生技术和管理骨干按学科带头人、学科骨干、公共卫生人员培训和卫生管理干部挂职锻炼等4个培训类型，实施多层次、全方位的培训，基本覆盖什邡市医疗卫生和管理各个方面。2009年4月8日，什邡市首批医疗卫生人员至京培训项目在北京大学医学部启动，北京市24家医疗卫生机构承担培训任务，共培训学员110名，其中医疗方面96人（学科带头人17人、学科骨干79人）、公共卫生方面9人、卫生管理方面5人，有效提高了什邡市的医疗水平。11月5日，北京市与什邡市签署《医疗对口支援合作框架协议》，将对口支援什邡卫生系统机制化。

特色产品进京　针对什邡市农副产品和劳动力资源丰富但销售渠道不畅通的情况，2008年12月23日，北京市在京召开什邡市灾后重建投资说明会，并举办什邡暨四川特色农产品北京展示展销会，搭建什邡农产品和地方特色产品与北京市场对接平台，同时把进京的商品注册为“京什同心”。2009年8月30日，“什邡市农产品及地方特色产品进京启动仪式”在物美超市玉蜓桥店举行，北京市副市长程红和什邡市领导出席仪式。程红呼吁，北京市民购买什邡农特产品，就是对灾区人民重建家园多一份支持。

启动仪式上，北京市商务委员会与什邡市政府签订《什邡市农产品及特色产品进京销售合作框架协议》，北京市物美商业集团与什邡市京什同心商贸有限公司签订了购销合同。什邡市农民代表和北京消费者代表共同为来自什邡市“京什同心”牌农产品及特色产品揭幕。2009年8月31日，“京什同心”的什邡豆腐干、板鸭、食用菌、山野菜等54种什邡特色农副产品不仅进入首都一般市场、超市，而且进入了美国沃尔玛、法国家乐福、日本华堂等国际著名连锁企业设在北京的商场和超市。自2009年9月至2010年6月底的10个月间，共组织8场招商推介会，什邡市特色农副产品在北京销售额约3400万元。2010年7月29日，北京市商务委员会与什邡市签订《关于深化什邡市农产品及特色产品进京销售合作协议》，进一步深化双方相关合作。

就业援助　北京市把解决什邡市群众就业问题作为重要援建内容，按照当地就业和异地就业并举的原则，全面实施什邡市群众就业工程。通过帮助恢复什邡市人才和劳动力市场，搭建人才信息共享平台，帮助什邡群众就业。2009年2月20日上午，北京市在什邡广场举行什邡对口支援就业援助2009春季大型招聘会，什邡市各镇（街道）的数千名求职者前往应聘求职。此次招聘会共有47家北京用人单位入场招聘，提供工作岗位6000余个，其中包括收银员、保安员、家政服务、焊工、切工、文员等多个工种，月薪普遍在1200～2000元。同时，按照《劳动合同法》，通过此次招聘会前往北京的就业者将统一与用人单位签订劳动合同。至援建工作结束，北京市共帮助什邡市5.2万名灾区群众实现就地就近就业或至京转移就业，其中援建施工企业最大限度地使用本地劳动力，让2680多名受灾区群众在家门口实现直接就业。

精神家园重建援助　北京市与什邡市制定的《什邡市灾后重建精神家园项目》，包括群众心理调适、文艺创作、文化演出、环境美化和宣传文化人才培训等共11项精神家园建设项目。北京市拨付专项资金890万元，用于什邡灾区的精神家园建设。2008年12月3日，首都慈善公益组织联合会在京举办“善行天下——首都慈善公益日启动仪式暨慈善公益晚会”，动员社会力量参与对口支援什邡市灾后重建。2009年5月6日，什邡市在北京首都博物馆举办“重生——什邡5·12地震一周年纪念展”，北京市副市长陈刚出席。展览用230余幅照片和6个重建项目模型再现了什邡人民在全国人民的大力支持下共同抗震救灾、重建家园的日日夜夜，同时也展现出北京市对什邡市的无私援助。12日晚，反映重建的纪录片《重生》在北京电视台播出，并举办“见证·希望”——什邡市“5·12”特大地震周年纪念晚会等，展示京什联手同建家园的信心。

同时，北京市组织近百名什邡市宣传文化系统干部和专业骨干到北京对口单位进行脱产培训；组织全国知名心理专家和学者，对什邡干部群众进行灾后心理抚慰、心理健康教育和人文关怀，帮助什邡人民治愈地震灾害造成的心理创伤；组织北京市属多家新闻媒体持续跟踪报道什邡灾后重建成就，树立和展示重建过程中的什邡新形象。什邡人民把北京的援建理念与当地恢复重建实际相结合，形成了“感恩奋进、创新争先、诚信和谐”的新时期什邡精神。2010年9月，什邡市委、市政府在致北京市委、市政府及首都人民的感谢信中指出：“两年来你们将对口支援什邡灾后重建作为重要的政治任务和义不容辞的责任，始终坚持以科学发展观为指导，紧紧围绕‘建首善、争一流’的目标，创立了独具特色的首都援建模式，统筹兼顾、民生优先、面向未来、科学援建，对口援建工作取得了全面胜利，呈现出规划设计快、项目落地快、资金到位快、工程进度快和规划理念好、项目安排好、与什邡政府沟通协调好的‘四快三好’的特点，为加快什邡灾后重建做出了重要贡献，为推进什邡长远发展撑起了一片天。灾区群众充分感受到社会主义制度的优越性和祖国大家庭的温暖，充分感受到北京与什邡的两地亲情和心手相连”。

第六节　上海市支援都江堰市

2008年6月中共中央、国务院确定上海市对口支援都江堰市灾后恢复重建后，中共中央政治局委员、上海市委书记俞正声和市长韩正主持召开会议专题研究部署，多次带队赴四川调研推进援建工作。按照市委、市政府的部署，前期由市发改委负责编制全市对口援助都江堰市灾后重建规划，统一筹措资金，安排重建项目。6月18日，成立上海市对口支援都江堰市灾后重建工作领导小组。23日，上海市对口支援都江堰灾后重建首批项目签约仪式在都江堰举行。30日，上海市对口支援都江堰市灾后重建指挥部正式进驻都江堰市。尽管面临金融危机和上海经济转型的双重考验及筹办上海世博会的繁重压力，上海市仍举全市之力，“目标不变、力度不减、决心不动摇”，组织上海建工集团、上海城建集团、上海绿地建设集团、中建八局、同济大学城市规划设计院、上海建设科学研究院等26家参加过国内外大型工程设计、施工、项目管理、代建、财务管理的单位参加援建。1.2万名援建者采取“交钥匙”“联建共建”“交支票”3种方式，先后启动5批并建成涉及教育、医疗卫生、民房、市政公用设施、支农惠民等民生领域的117个项目，投资总额82.56亿元。上海援建的项目质量，以惠及成都平原2200多年的都江堰水利工程质量为标杆，援建项目有46个获四川省“天府杯”奖、42个获上海“白玉兰”奖、51个获上海设计奖，获奖比例占总项目的81%。都江堰市医疗中心荣获国家建筑最高奖“鲁班奖”。从成立援建工作领导小组到2010年9月15日整体资产移交，前后820天，上海援建充分发挥国际大都市自身的科技、管理优势，集中人力、物力、财力、智力，全力以赴、不折不扣地全面完成中共中央、国务院部署给上海市的援建任务。上海援建，在规划中客观评估地质灾害风险，建设中优先考虑民生，科学布局，融入低碳、环保、生态、宜居的理念，演绎了“城市，让生活更美好”的世博主题，融汇了沪川建筑与现代建筑结构风格，体现了科学援建、优质援建、务实援建，被称为上海速度、上海质量、上海规范、上海水平。其援建理念、管理方式、工程质量、软件支援、长效保障、沪川关系等得到中央、国家有关部委、四川省等各级领导的表扬和新闻媒体、都江堰市干部群众的好评。

一　部署与组织

上海市委、市政府提出，中共中央、国务院把援助都江堰这副重担交给上海，“是中央交给上海的光荣任务，是上海义不容辞的责任”。

2008年6月5日中共中央政治局常委会部署对口援建任务后仅隔一天，7—8日端午节假期，俞正声至都江堰调研对口援建工作。他对灾区的领导和群众说：“上海坚决按照中央方针、政策办，一定作灾区恢复重建的坚强后盾与可靠后方。这是不讲条件的。四川灾区的事就是上海的事，我们坚决保质、保量、按期完成过渡安置房和学校、医院等重建任务，上海有责任和义务走在全国前列。”在都江堰市向峨乡小学临时教学点帐篷里，俞正声对老师和同学们说：“上海也是你们的家，上海人民将尽全力帮助大家把美好的愿望变成现实，共建一个更美好的新家园！”11日，国务院办公厅对口援建通知下达当日，副市长沈晓明率队至都江堰启动上海对口援建的前期考察。20日上午，全国抗震救灾英模事迹报告会在上海展览中心友谊会堂举行，俞正声到会讲话。他说：“我们正在按照中央决定，研究部署对口支援都江堰市的灾后重建工作。我们要心系都江堰，全力以赴为都江堰办事，做好都江堰灾后重建的坚强后盾，这是上海人民的义务和责任，也是上海人民的光荣。”21日下午，韩正在对口重建领导小组第一次会议上提出，要统一规划、统一指挥，建立起高效精干的工作体系；要细化专业职责、建立协调机制、抽调精兵强将、充实完善专家小组，确保各项工作落到实处。

2008年6月下旬，上海市委、市政府确立了上海援建走在全国前列的目标，并提出“三项原则、一条主线”的要求。“三项原则”，即一切按照中央决策部署和政策规定，一切在当地党委政府领导下开展工作，一切从人民群众实际需求出发。“一条主线”即坚持以项目为主线推进援建，以科学规划为先导，以民生急需为重点，以质量一流为根本，以人民满意为目标，要求援建干部状态好、项目规划设计好、工程质量好、廉洁自律好、团结协作好、服务群众好，着力建设优质工程、可持续发展工程、人民满意工程，努力以优质工程向人民交代、以优秀队伍向组织交代。形成以人为本、民生优先、立足当前、着眼长远的“5·2·1”项目体系。坚持科学援建、优质援建、务实援建、阳光援建、廉洁援建；坚持“灾区期盼、群众得益、发展必须”的原则，充分体现国家标准、本地实际、上海水平相结合。

从援建工作开始至2010年8月援建完成，俞正声两次至都江堰考察调研，多次部署讲话。韩正五赴都江堰推进援建工作，慰问援建队伍。市人大常委会主任刘云耕、市政协主席冯国勤均三次至都江堰考察慰问。分管副市长胡延照11次至都江堰指导工作。据统计，自2008年6月7日起至2010年8月12日援建任务全面完成，上海市赴都江堰考察指导援建工作的副市级以上现职领导共34位61人次。

2008年6月17日下午，上海市委常委会决定成立对口支援工作领导小组，韩正任组长，下设办公室。与此同时，初步提出上海对口支援的内容和方式。18—19日，市政府副秘书长沙海林带领市政府办公厅（市应急办）、市发改委等单位负责人组成调研组，至都江堰初步安排落实第一批援助的44个项目，总投资32.3亿元。21日下午，市对口支援都江堰领导小组召开第一次会议，明确上海援建指挥部作为领导小组设在都江堰援建工作的基础平台，负责统筹协调对口支援工作，靠前指挥，沙海林任总指挥。26日，援建领导小组召开第二次会议，研究建立举全市之力、各区县全面参与的对口支援都江堰灾后重建工作机制。7月2日，援建指挥部先遣组入驻受援地。7日，俞正声批示，做到软项目和硬项目相结合，严把工程质量关，动员社会各界积极参与灾区学校、卫生、社会福利等公共设施建设。韩正在《对口支援工作简报》上批示，指挥部各项工作要有序推进，贯彻中央精神，按市委市政府的要求，克服各种困难，体现上海干部应有的精神状态和务实作风。

2008年7月28日9时30分，上海市对口支援都江堰市首批项目启动仪式在都江堰幸福镇举行，韩正出席并讲话。他说：“岷江黄浦江水水相融，上海都江堰心心相连。我们带着全体上海人民的重托来到都江堰，是代表上海人民来领受任务的。上海援建一切从都江堰实际出发，滚动实施，启动第一批、研究第二批、准备第三批。”他请都江堰人民放心，上海一定派出最有经验的专家、建设和管理人员参加援建，确保每一个项目都建成优质项目，经得起历史的检验。韩正对援建队伍强调，坚持建筑属地管理，把握规划设计原则，尊重捐赠人意愿，尽快落实民生项目，充实完善上海区县对口软件支援。9月11日第二批援建项目在沪签约期间，以及12月1日与四川省委书记刘奇葆、省长蒋巨峰率领的四川省党政代表团在沪座谈时，俞正声均强调，上海对口支援要从当地群众最迫切的民生需求出发，视灾情为命令、视援助为己任、视灾区群众为亲人，集中人力、物力、财力、智力，全力以赴，不折不扣地完成好对口援建任务，同时积极探索“政府主导、社会参与、企业投入、市场运作、优势互补”的援建机制，进一步增强都江堰市的“造血”功能。尤其是在12月1日的座谈会上，俞正声强调指出，尽管面临金融危机和上海经济转型的双重考验，但上海对口援建“目标不变、力度不减、决心不动摇”；在12月28—30日召开的上海市委九届六次全会上，他再次要求“全力做好灾后重建对口支援工作，确保援建工作有序推进、受灾群众安全过冬”。11月15日，市政府任命薛潮为市政府副秘书长，兼任援建指挥部总指挥。沙海林返沪履新。

中央提出力争在两年内基本完成原定三年的援建任务，让灾区人民早日过上更加幸福美好的生活。2009年2月8—10日，韩正第三次专程至都江堰推进项目建设。9日元宵节，他在上海援建指挥部提出要求：希望把上海援建都江堰的每个工程都建成精品工程。4月7日，俞正声批示：“认真贯彻当地省、市委的各项指示，保质保量地完成各项任务，向人民交一份满意的答卷”。为此，上海援建指挥部梳理三年任务两年完成的具体目标、时间节点和保障措施，深入工地现场办公，协调解决工程建设遇到的实际困难。6月22日召开的援建工作领导小组第三次会议要求，上海援建项目要“优”字当头，在此基础上确保“快”，2010年6月30日前完成援建任务。7月24—25日，俞正声、韩正、刘云耕、冯国勤等上海四套班子主要领导一起至都江堰考察援建工作。考察期间，俞正声说，中央提出的三年任务两年完成节点目标要不折不扣地确保完成。12月28日，新的一年即将来临，俞正声、韩正和市委副书记殷一璀在援建指挥部《重建工作情况汇报》上批示：在新的一年中，继续攻坚克难，基本完成援建任务，向川、沪两地人民交一份满意的答卷。再接再厉，确保每一项工程都能成为优质工程、人民满意的工程，为上海践行社会主义核心价值和城市精神再添精彩一笔。

为进一步落实中央三年任务两年完成的要求，2010年2月25日上午，市援建工作领导小组召开第四次会议。会议要求，本年上海将确保全面优质完成援建任务，其中上半年完成总量的95%、年内完成100%。韩正强调注重建管并举、强化资金监管，及时向社会公示援建资金使用情况和审计结果，主动接受社会监督；支持当地政府建立长效机制。7月30日下午，在上海援建完成总投资95%、完成“交钥匙”项目95%的情况下，市委常委会听取援建情况汇报。俞正声主持会议。会议指出，援建工作要善始善终，着力扩大援建效应；探索长效机制，巩固援建成果，深化两地情谊，不自满、不松懈、不懈怠。8月14—15日，韩正率上海市代表团至都江堰看望慰问在援建一线的建设者，就深入贯彻市委常委会关于进一步做好援建收尾工作、画好圆满句号进行部署。15日下午，上海市对口支援都江堰灾后重建工作汇报会暨对口合作长效机制框架协议签字仪式在都江堰举行，标志着上海对口支援都江堰灾后重建工作全面完成。

二　项目援建

上海市发改委在2008年6月随市领导两次赴都江堰实地调研、了解灾后恢复重建项目的总体情况和援助需求的基础上，根据市委专题会议、市政府常务会议确定的上海援助都江堰市灾后重建工作的要求、原则，以及国务院办公厅关于《汶川地震灾后恢复重建对口支援方案》提出的"按照每年对口支援实物工作量按不低于本省市上年地方财政收入的1%"的要求，在综合平衡城建、卫生、旅游、民政等部门提出的各口援建项目，并经上海市、四川省有关专家对各项目进行可行性评审的基础上，于6月21日向市政府提出上海市2008年对都江堰市对口援建规划，包括永久性救助安置房、学校建设、医院民政福利设施建设、农业恢复重建、城乡道路建设、供排水设施建设，教育、卫生、农业、民政、旅游对口建设，以及城市建设技术援助等项目共44个，总投资约32.3亿元。其中，硬件类项目31个，总投资约31.7亿元；软件类13个项目，资金约6000万元。该规划获得批准。与此同时，市发改委提出了上海市第一批援建11个项目的名单。22日，由上海市对口支援领导小组办公室（指挥部）与都江堰市灾后重建工作委员会协商，同意作为上海市对口支援都江堰市灾后恢复重建的首批启动项目。首批援建项目包括建设和修复城乡居民住房、学校、医院、社会福利设施、城乡道路、供（排）水设施、农业基础设施等；提供急需设备支持、对青城山—都江堰世界遗产进行抢修等；提供规划编制和师资、医务人员、人才培训、市场推介等服务。首批援建项目的安排，体现了上海市委、市政府对对口援建工作的要求。一是在对口支援的内容上，按照国务院《汶川地震灾后恢复重建对口支援方案》的要求，涵盖了技术支持、援建或修复城乡居民住房、学校、医院、社会福利等公共设施、城乡基础设施、农业农村基础设施，以及设备人才支持等各领域。二是在对口支援的项目选择上，把解决关系民生的紧迫问题放在首要位置，结合都江堰市实际，充分尊重当地政府要求，在突出城乡居民住房、学校、医院、社会福利、城乡基础设施等援建项目的基础上，把都江堰—青城山景区的恢复重建，列入首批援助项目。三是在对口支援方式上，把硬件和软件、援建和振兴相结合，在以建设项目为主的前提下，增加有关规划编制、社会服务、人才培训、市场推介等软件支持内容，加快都江堰市恢复重建和提升自我发展能力。

上海援助都江堰灾后恢复重建117个项目，概括为"5·2·1"，即"五大体系"、"两个支撑"、"一系列软件援助和智力支持"。"五大体系"指教育支撑骨干体系、医疗卫生服务体系、城乡安居房基础体系、城乡用水治污框架体系、支农惠农保障体系。"两个支撑"指公共服务设施支撑、产业发展提升支撑。在援建形式上，采用"交钥匙""联建共建""交支票"3种方式。上海市拨付的82.56亿元资金中，70个"交钥匙"项目共拨付52.5亿元，40个联建共建项目共拨付17.22亿元，7个"交支票"项目共拨付9.2亿元；对口援建项目结余资金3.64亿元也拨付都江堰市财政专户，由都江堰市政府统一管理，专项用于援建项目后续配套、运营保障和上海市对口支援都江堰市长效合作项目等。

上海市在确立援建项目的体系规划方面，始终坚持"灾区期盼、群众得益、发展必须"原则和国家标准、当地实际、上海水平相结合，突出"民生、公益、基础、功能"项目优先，组织沪川两地专家和业主等有关各方进行项目评审，请其对每个项目的功能定位、标准规模、建筑结构、抗震设防、节能环保、投资规模等提出意见和建议，实施科学援建、优质援建、务实援建，形成以人为本、民生优先，立足当前、着眼长远的“5·2·1”项目体系。

教育支撑骨干体系 教育支撑骨干体系包括26个项目，涉及24所学校基本建设和2项装备配套项目，占都江堰灾后重建学校项目的47%，可容纳学生3.4万名。具体有都江堰市向峨小学、团结小学、柳街小学、北街小学、土桥小学、金凤小学、虹口小学、大乐小学、奎光小学、壹街区小学、安龙九年制学校、大观九年制学校、翠月湖九年制学校、友爱学校、天马九年制学校、胥家九年制学校、蒲阳中学、塔子坝中学、柳街中学、北区中学、聚源中学、聚源职业中学、徐渡职业中学、文庙街幼儿园。其中，投资最多的是聚源职业中学，共1.288亿元；胥家九年制学校、天马九年制学校均为8000多万元，聚源中学、蒲阳中学均为7000多万元，最少的文庙街小学1000余万元。另外为临时“板房教室”和都江堰中学提供课桌椅等设备及远程影视系统。为援建的24所学校配置必需的教学装备投资约15614万元。援建的向峨小学是一所全木质结构学校。大乐小学项目建设从施工队伍进场，仅用50天就实现主体结构封顶，展现了“上海速度”。友爱学校是中国第一所设施无障碍、残健融合以及实施联合国倡导的全纳式教育理念的九年制义务教育学校（见图245），体现了对地震灾害中伤残孩子们的关爱。聚源中学主要由中组部用“特殊党费”投资援建，上海市负责建设施工，工程结构中融入了中共一大会址元素。

医疗卫生服务体系 医疗卫生服务体系包括28个项目，涉及6个市级医疗机构、14个乡镇卫生院（社区卫生服务中心）和村卫生室及医疗设备，共1800张床位，占都江堰灾后重建医疗床位数的74%，实现当地老百姓在家门口看病的愿望。具体有都江堰市医疗中心、中医院、精神卫

图245 上海市援建的都江堰友爱学校

（上海市对口交流办公室 提供）

生中心、妇幼保健院、卫生执法监督所、卫生应急指挥中心等重建工程，平义、金江、解放、桂花、幸福等社区卫生服务中心，柳街镇、中兴镇、胥家镇、崇义镇、翠月湖镇等公立医院，胥家镇公立卫生院驾虹分院、崇义镇公立卫生院土桥分院、蒲阳镇公立卫生院金凤分院、石羊镇公立卫生院徐渡分院、城区医疗过渡用房，以及疾控中心和其他10个社区卫生服务中心、乡镇公立卫生院医疗设备设施配置、医疗项目功能性装备、都江堰市计划生育服务站维修加固、都江堰市新城区计划生育服务站、天马镇计划生育中心服务站、青城山镇计划生育中心服务站等。都江堰市医疗中心是一家集医疗、教学、科研、妇幼保健、中医药治疗、康复、理疗、技术培训于一体的三级甲等综合型医疗机构，设置床位600张，总投资近3.85亿元，设计日接诊病人2000人。该医院是都江堰市灾后重建的标志性项目，已成为九黄黄金旅游线路（九寨沟—黄龙）上的重要医疗保障基地和西南地区一流并在全国有一定影响的县级综合医院之一，获中国建筑工程"鲁班奖"。此外，中医院项目投资近1.6亿元，精神卫生中心、妇幼保健院投资均在6000万元左右。

城乡安居房基础体系　城乡安居房基础体系包括8个项目，涉及57.1万平方米安置房、廉租房及公建配套，可安置5600户受灾居民；援建74个农民集中安置点水、电、气、路、通信等配套基础设施；实施农村低保户家庭自建房补贴和困难家庭安置补助。具体有幸福家园二期（沪都家园）、慧民雅居、壹街区内公建配套基础设施项目、农村低保家庭自建安居房补贴项目、困难家庭安置援助项目、壹街区人工湖及景观整治项目、向峨等农村集中安置房配套基础设施建设项目。幸福家园二期（沪都家园）是上海援建项目中建筑面积最大和投资额最高的安居房项目，总投资近4500万元，总建筑面积16.43万平方米，共40栋楼房。建设内容主要包括住宅楼、商业楼、幼儿园、地下车库等，为小高层住宅区（见图246）。其地下车库面积为都江堰最大，占地

图246　上海市援建的都江堰安居房项目幸福家园二期
（上海援建指挥部　提供）

7000平方米，可停放1000余辆汽车。由于都江堰地质特殊，土地上层为松软层，向下先是稍密卵石层，再是紧密卵石层，无法按传统方式打桩，建设难度大。为落实“科学援建、务实援建、优质援建”的目标，上海援建者根据当地水文地质特点，采用钢筋混凝土剪力墙结构，将剪力墙直接安装在着力层上；采购的钢材、水泥、砖头等建材都是经上海建筑科学研究院试验中心检测、质量最好的，从而解决了不能打桩的难题。慧民雅居安置小区投资2600余万元，包括修建住宅、商业楼、地下车库等。上善小区项目位于壹街区。壹街区人工湖及景观整治项目包括人工湖和引水渠建设、景观渠建设、太白堰整治工程和蒲阳河两岸环境整治等内容，体现了“水是都江堰城市灵魂”的特征。向峨等农村集中安置房配套基础设施建设项目为向63个农村集中安置点提供水、气、通信、道路等配套设施，项目总投资2.6亿元左右。

2010年“七一”前夕，在上海援建配套基础设施建设的都江堰市翠月湖镇清江村水磨坊安置点，接受上海援助资金盖房的农户熊泽全用一粒粒岷江鹅卵石，在自家墙上精心镶嵌出8个大字——“共产党对老百姓好”。两年多时间，都江堰人民以朴素的方式，表达对上海援建者的感情：摘水果、宰整猪、购饮料拿到山上；腌腊肉、酿美酒、做泡菜……自发向援建者送水、送土特产、送锦旗；援建项目完成时敲锣打鼓、载歌载舞、放鞭炮庆祝。（参见图247）援建队伍归建返沪时，1万多名群众冒雨自发沿途相送。

图247　2009年9月24日，都江堰市向峨乡棋盘村全体村民为喜庆乔迁新居，自编自演文艺节目歌颂社会主义新农村

（罗成章　摄）

城乡用水治污框架体系　城乡用水治污框架体系包括13个项目，形成整体性城乡给排水管网系统，为都江堰建设国际性清洁环保旅游城市打下坚实基础。主要包括1个水厂和8个污水处理厂，管道全长130多公里，能让80%的都江堰市民，尤其是青城山、中兴、翠月湖、胥家等多个乡（镇）近40万农村居民喝上干净卫生的自来水，并实现污水管网全覆盖，保护成都市水环境和市民用水安全。西区水厂总投资近3.1亿元，设计总规划为日供水20万吨，是上海援建都江堰首批项目之一（见图248），采用国内最先进的全自动化常规水处理工艺流程。

图 248　上海市援建的都江堰西区水厂

（上海市合作交流办公室　提供）

一流的出水水质、一流的现代化控制和一流的绿色环保技术，标志着都江堰市正逐步建成国内一流的现代化城市供水系统。此外还有青城山污水处理工程、青城山污水处理工程—A 厂污水干管工程、青城山片区供水管网、青城山片区消防蓄水池、青城山片区排污管网、青城山片区污水处理站、石羊镇污水处理厂及配套管网、天马镇污水处理厂及配套管网、聚源镇污水处理厂及配套管网、崇义镇污水处理厂及配套管网、胥家镇污水处理厂及配套管网、龙池镇污水处理厂及配套管网等 12 个分支建设工程项目，其中青城山污水处理工程项目规模仅次于西区水厂，由上海市投资 1.06 亿余元建设。

支农惠民保障体系　支农惠民保障体系包括 21 个项目，主要是都江堰 10 万亩现代生态农业集聚区，包括都江堰现代农业科技示范园区和 1 个现代化农产品交易市场、10 个特色示范基地及为农服务体系建设等，覆盖胥家、天马、安龙、柳街、翠月湖、石羊、青城山、大观、崇义等 12 个乡（镇）、60% 耕地、44% 农民。具体有全市城乡综合农业服务体系建设、都江堰市动物标识及疫病可追溯体系和畜牧远程监控信息平台、为恢复农业生产提供急需装备、添置新型农机设备（第二批）、都江堰市现代农业高科技示范园区、都江堰市海堰标准化生态型生猪种源基地、都江堰市乡镇机电提灌站修复、农作物生态化高效种植产业带建设、生态家园及川西盆景展示基地建设、循环农业示范工程、食用菌生产基地、粮食—川芎特色产业示范带农田基础设施、草木花卉示范生产设施（见图 249）、有机猕猴桃示范园和气调保鲜库、四川泡菜初加工基地建设、茶文化展示体验及猕猴桃生产基地建设、生态家园与生态休闲观光农业、农产品综合交易市场和信息化系统、粮食产业带农田基础设施、林盘整治农居环境和基础设施综合整治、农村村宅“五通工程”等项目，其中上述农作物生态化高效种植产业带建设项目之后（含该项目）所列的 13 个项目均为 10 万亩现代生态农业集聚区建设子项目。全市城乡综合农业服务体系建设分为两个子体系：即全市城乡综合农业服务体系建设 A 和全市城乡综合农业服务体系建设 B（以下简称 A、

图249 上海市援建的都江堰现代农业聚居区柳街镇草木花卉示范生产设施
（上海市对口交流办公室 提供）

B）。A即都江堰市为农服务综合中心建设，总投资3600余万元，建筑面积7567平方米；B即16个乡（镇）为农综合服务站建设，总投资3800余万元，建筑面积共9660平方米。该项目的建成，可进一步提升都江堰农业科研与技术推广、农业资源与生态保护、农产品质量安全与效益等综合服务水平。农作物生态化高效种植产业带建设有蔬菜预冷与分级包装加工基地，蔬菜基地滴灌系统，蔬菜花卉组培基地。生态家园及川西盆景展示基地建有盆景展示区、名木古树的保护与展示区，盆景、桩头、花木生产区，盆景物流中心及林盘风貌改造等。循环农业示范工程项目按照产业生态承载能力配置生猪养殖、沼气工程和生物有机肥厂，形成"粮、猪、菜"循环农业生产模式。食用菌生产基地建设有菌种生产、繁育基地，蘑菇堆置、发酵基地，栽培基地，200吨高温冷库、预冷及分级包装车间。有机猕猴桃示范园和气调保鲜库项目建设有200亩猕猴桃有机生态示范园、养猪场与示范园有机肥连通设施、2000吨气调保鲜库、冷水鱼养殖基地等。茶文化展示体验及猕猴桃生产基地建设项目建设包括村道和田间道路建设、蓄水池等供水设施建设、猕猴桃示范园、1000吨猕猴桃气调保鲜库、精品茶叶展示交易厅、茶叶种植体验园等。生态家园与生态休闲观光农业项目建有200亩猕猴桃新品种展示园、300亩猕猴桃观光采摘园和1000亩猕猴桃标准化的种植基地。农产品综合交易市场项目是上海援建涉农重点项目之一，总投资约1.3亿元，其中上海援建资金5000万元，总建筑面积3万余平方米，建设有实物交易大厅、综合楼、冷库和加工仓储车间等。该项目旨在通过上海平台引进国际现代物流和信息技术，建设国内领先的农产品交易市场，降低农产品流通成本，实现农业增效、农民增收，是上海市立足长远援建的"造血"项目、民生项目、可持续发展项目。

公共服务设施支撑 公共服务设施支撑包括13个项目，主要是都江堰文化馆、图书馆、档案馆、新闻中心、工人文化活动中心、社会综合福利院和村（社区）活动中心等公共服务设施，以援建的壹街区项目为载体，主要分布在壹街区里，又称"三馆三中心"，用于促进都江堰城市旅游、商业、公共服务等功能进一步完善。综合福利院项目投资8600余万元，由老人康复区、医疗区、综合管理区、综合服务区等区域组成，整体建筑在浓郁的川西民居风格中融入江南园林的特色。新闻中心项目包括都江堰市广播电视台和《都江堰》编辑部，楼顶建有一座高20米的钢结构发射塔，有电视节目制作、播出、后勤、工艺、采编排新闻业务等用房，投资近7100万元，按8度抗震设防。文化馆、图书馆、档案馆总投资近1.57亿元。档案馆按8度抗震设防，可存放100万～120万卷档案，每天可接待300～500人查阅档案资料，馆中另有城市规划展示厅、地震展示厅。市工人文化活动中心总投资近7300万元。公共服务设施项目还有妇女儿童活动中心、青少年活动中心项目、市防灾减灾应急救援基地、市村社区活动中心、青城山泰安寺普照寺受损修复、居民安居房环境配置基础设施、青城山片区供气管道建设工程、青城山遗产地公路及桥梁建设工程、场镇综合整治补贴等。

上海援建项目多，资金分散，希望集中打造一个社区，把上海的城市精神固化在都江堰这片土地上，壹街区的援建构想与此有关。上海市和都江堰市共同打造，想把壹街区最终建设成为“六个示范、样板”：一是成为城乡统筹、城乡一体化的示范、样板；二是成为四川省灾后科学重建、科学发展的示范、样板；三是成为促进都江堰社会事业发展的示范、样板；四是成为援建“输血”与援建“造血”相结合的示范、样板；五是成为全国对口援建的示范、样板；六是成为援建项目政府推进、市场运作和市场参与重建的示范、样板。壹街区的名称具有以人为本、和谐宜居的“街区”概念，上海人、都江堰人不分你我，手拉手“壹”起建设新家园。壹街区项目总造价18亿元，上海承担12亿元，建设高峰期，有1万多人同时施工。上海方面婉拒都江堰人民表达感恩心情的“上海新城”命名，而取名“壹街区”。同济大学建筑与城规学院副教授汤朔宁认为：“壹街区的规划设计，正是‘城市，让生活更美好’的上海世博会理念在灾区援建中的践行。”壹街区建筑风格突出了川西风貌和上海风情。为尊重当地居民的生活习惯，设计者选取川西特有的围合式院落作为居住单元，在风格一致的前提下，有意让每个街坊各具特点。“壹街区”中开挖一座60亩人工湖，引入蒲阳河水，突出“拜水都江堰”这一城市灵魂。图书馆项目保留原青城山造纸厂的建筑，留下都江堰城市昔日的记忆，与上海“新天地”保留石库门原貌的构思如出一辙。

产业发展提升支撑 产业发展提升支撑包括4个项目，涉及10万平方米标准厂房创业就业基地和道路建设。基地集聚了上海高科技园区的先进经验，在就业保障、创业孵化、科技支撑等方面先行先试。“蒲虹公路”项目被都江堰群众称为“生命之路、安全之路、希望之路、发展之路”，全长26.25公里，沿线山高、谷深、坡陡、弯多，最高处卡子垭口海拔1450米，施工条件十分艰险，是上海重建的重点项目之一。道路沿线分为5个工区，现场施工总人数1152人。该项目同连接城区与产业发展组团区域的蒲阳干道改造工程共同助推产业园区发展。蒲虹公路项目总投资近2.88亿元。蒲阳干道改造工程（见图250），全长6359米，投资近1.78亿元。工程涉及蒲阳干道路面、管网、街灯、排水、绿化、桥梁、通讯管沟、电缆沟、绿化景观、交通安全设施等建设。干道连接古城核心区与蒲阳经济技术发展组团，既是重要通道，又是景观大道。其建成通车，提升了该市产业发展能级和城市形象。10万平方米就业创业基地项目总投资约2亿元，建设标准化厂房8.6万多平方米，包含厂房17栋。

图 250　上海市援建的都江堰蒲阳干道（上海援建指挥部　提供）

三　软件援助

两年多援建期间，上海实行全市统筹与各尽其能相结合，在统筹 82.56 亿元援建资金和建设 117 个项目的同时，社会各界发挥各自优势开展对都江堰的软件援助。“5·2·1”项目体系中的“1”就是软件援助和智力支持。软件援助和智力支持共有 4 个项目，包括开展规划援助，编制都江堰市灾后重建总体规划和城镇体系、旅游、综合交通体系、现代农业发展、城市片区详规等 5 个专业规划。加强科技支持，推进上海研发公共服务平台、创新驿站、流动科技馆入驻都江堰，组织两地经济、社会、规划、建设、生态、环境等领域 100 多名专家为都江堰灾后重建建言献策。开展结对共建，发挥上海人才、技术、管理、科技等方面优势，通过人才培训、技术支持、完善项目管理规程，保障上海援建项目有效运行。

规划援助　2008 年 5 月 29 日，由成都市规划管理局和都江堰市政府发起，向国内外发布公告，无偿征集“都江堰市灾后重建规划概念方案”，作为制定灾后恢复重建规划的参考。短短 3 天时间，有美国、日本、法国、澳大利亚、德国、加拿大等国家以及国内共 47 家设计机构（或大学）报名。6 月 3 日，“都江堰市灾后重建规划概念方案”的编制单位名单正式公布，同济大学、参加水立方设计的奥雅纳工程咨询（上海）有限公司等全球 10 家单位中选。15 日，上海同济城市规划设计研究院正式成为“都江堰市灾后重建规划概念方案”编制单位。10 家中选单位的关系定为“9+1”方案，即由同济大学负责都江堰市灾后重建总体规划方案的综合深化任务，其他 9 家单位分别负责各自的优势专项，诸如地质评估、预防次生灾害、产业发展、城市形态等。

2008 年 6 月 14 日，成立“同济大学支持汶川地震灾后重建工作领导小组”。10 月，在都江堰设立上海同济城市规划设计研究院“西南规划设计所”，全面对接都江堰市的灾后重建规划工作。2009 年 2 月，上海援建指挥部委托同济大学负责上海对口援建的壹街区综合商住区规划设计、建筑设计、市政工程设计和景观设计任务，为此组织了由同济大学建筑与城市规划学院、上海同济城市规划设计研究院和同济大学建筑设计研究院（集团）有限公司近200人的专家和技术骨干队伍组成都江堰壹街区规划设计团队。在两年援建中，同济大学共计派出近110余名专家和技术人员，包括20余名教授和高级工程师，涉及规划、建筑、结构、设备、景观、市政等专业领域，直接参与都江堰灾后重建的教师和技术人员近300人。2010年12月，“上海同济城市规划设计研究院都江堰分院”在都江堰壹街区落户。

都江堰市灾后重建过程中，上海同济城市规划设计研究院先后完成《都江堰市灾后重建总体规划》《都江堰市域城镇体系规划》《都江堰“壹街区”综合商住区详细规划》《都江堰市灾后重建——历史城区城市设计和修建性详细规划》《都江堰市聚源片区控制性详细规划》5项上海对口支持规划的编制工作，同时完成都江堰市政府委托的《都江堰市西街历史街区保护与整治修建性详细规划》《都江堰二环路景观规划设计》《都江堰市成灌高速公路入城段景观规划设计》《都江堰市天马镇中心镇区控制性详细规划设计》《都江堰城区走马河、江安河地区修建性详细规划》《都江堰青城山沿山片区整体城市设计》《都江堰—青城山世界遗产地灾后评估》《都江堰市翠月湖镇规划设计》以及5个乡（镇）的灾后重建总体规划等21项规划编制工作。同济大学承担和参与的都江堰灾后重建规划，占都江堰灾后重建规划项目的80%以上，涵盖市域、城区、乡村、集镇各个层面，包括文化遗产保护、旧区更新、新区开发、安居区、城市景观、市政古城等各个方面，为都江堰灾后科学重建和持续发展奠定了可靠基础。由上海同济城市规划设计研究院编制完成的《都江堰市灾后重建总体规划及城镇体系规划》《都江堰“壹街区”综合商住区详细规划》获得2009年度上海市和全国优秀城乡规划（灾后重建）一等奖，《都江堰市灾后重建——历史城区城市设计和修建性详细规划》获得2009年度上海市和全国优秀城乡规划（灾后重建）二等奖。

医疗援助　援建期间，上海市先后派出8批1118人次医疗卫生人员，与都江堰医疗卫生人员共同努力，实现“大灾之后无大疫”的目标，无重大传染病疫情报告，未发生一起重大食物中毒和饮水安全事件。各级医疗卫生服务体系得到恢复。上海市援建的都江堰市医疗中心、精神卫生中心等21个卫生项目在交付使用的同时，共提供设备7118台件，总金额1.33亿元，另外赠送救护车23辆。上海市各援助医疗队共完成门诊指导17.5万人次、急诊指导2.3万人次、查房指导3.8万次、手术指导4458台次、抢救指导3044人次、社区卫生服务中心公共卫生服务指导4575次；义诊1077次，巡回医疗3259次，惠及群众15万人次左右。在上海市卫生局统一组织下，先后邀请31名上海市医疗卫生专家举办8期院前急救、医疗质量管理培训班，累计培训2018人次。通过上海市白玉兰远程医学网，对都江堰市社区、乡镇医疗卫生机构的全体医护人员实施全科医学（社区护理）知识培训。此外，各援助医疗队举办院内专题培训830场次、科室内部培训2870次，选送当地人员590人次赴上海对口支援单位参加异地培训。

2009年6月16日，上海、都江堰两地医疗卫生单位定向结对签约仪式在都江堰举行。上海市的瑞金医院、华东医院、曙光医院、精神卫生中心、疾病预防控制中心、卫生局卫生监督所、食品药品监督所、第一妇婴保健院、儿童医院等9家医疗卫生单位，分别与都江堰市人民医院（重建后称都江堰市医疗中心）、第二人民医院、中医院、精神病医院、疾病预防控制中心、卫生执法监督所和妇幼保健院等7家医疗卫生单位签订定向结对协议书。从协议签订起至2010年12月31日，上海市医疗卫生单位为援建项目正常运作提供管理指导和技术指导。2010年6月27日上午，都江堰市政府在新建的都江堰市医疗中心设立援建纪念标志物，上书“上医德风”4个大字。按照当地干部和医疗专家的说法，都江堰市的公共卫生事业前进了30年；更重要的是，通过软支援，提高了该市医护人员的水平，为都江堰留下了一支“永远不走的上海医疗队”。

教育援助 两年多时间，上海市教委共选派2批127名骨干教师分两个学年至都江堰中小学、幼儿园支教。2008年8月27日启程的首批67名教师全部具有中高级专业技术职称，本科以上学历占82%；平均教龄20年、45岁以下中青年教师占75%；63%的教师在派出学校担任一定行政职务，其中担任副校长以上职务者10人。第二批选派30名教育管理干部和30名信息技术教师，重点帮助当地提高教育管理和信息技术水平。上海市教委还先后组织本市教育专家、优秀班主任数十人次赴都江堰开展班主任和心理健康教师培训交流，对都江堰千余名小学、初中班主任进行短期培训。除赴都江堰支教外，同时接收都江堰中小学、职教系统骨干教师479人至上海开展为期两个月的研修学习，由华东师范大学和上海师范大学负责理论培训，上海市19个区（县）中小学承担学习实践安排。

2009年4月26日，徐汇区梅园中学、上海师范大学三附中、上海小学等6所学校，分别与都江堰市灌口镇的中铁十局学校、塔中联中、北街小学等6所学校签订缔结姐妹学校协议。徐汇区教育局采取以项目带动的帮扶手段，通过定期交流、指派名师、互相挂职等措施，提升当地教育水平。9月1日上海援建的新学校开学前后，为确保开学后“学生能上课、食堂能吃饭、宿舍能住宿、老师能办公、广播响起来”，上海市先后派出专业骨干数十人次至都江堰开展对援建学校教育装备项目的技术服务，年底前完成新建学校实验室、信息化设备等整体交付及装备技术服务，并对当地教育行政部门和各受援学校相关装备管理人员进行培训，两地教研室签署了长期合作交流协议。

灾后都江堰职校一时难于复学。2008年8月，上海市接收1193名都江堰中职学生赴沪，进入上海南湖等24所重点中等职校的30个重点专业就读。学生就读期间，免缴学费和书本费，每生每年补贴学费4000元、书本费500元和国家助学金1000元；就读专业包括加工制造、旅游服务、计算机、财经商务等专业。2010年，转移复学学生中有362名学生通过专业学习和顶岗实习考核，347人获得毕业证书。

暑期校外教育活动。2008年7月，为期一周的“情系四川、爱满浦江”2008阳光爱心夏令营活动在上海举办。458名都江堰师生在上海师范大学和东方绿舟“临时之家”体验了上海的热情。地震发生后，灾区教师承受了心理和体力的巨大考验。此次夏令营活动中，教师的人数超过半数，达262名。师生参加了浦江游轮览胜，参观了博物馆、科技馆、水族馆、东方绿舟、东方明珠、虹口足球场、百年历史的邮政博物馆。2009年、2010年暑期，上海市邀请都江堰科技特长学生至沪参加第二届上海国际青少年科技博览会，邀请英模师生代表团至沪参加教师节活动。此外，上海市组织区县校外教育骨干教师在都江堰设立多个活动校点，组织都江堰市数千名中小学生开展德育、科技、艺术、体育等内容的夏令营活动。

科技援助 科技援助主要是技术培训、咨询建议。2008年9月起，上海市科委与四川省、成都市、都江堰市的科技部门一起，梳理上海可提供都江堰的应用技术，包括广播电视以及宽带系统、核磁共振、失去子女家庭再孕、生态型水处理、中药材深加工、建筑垃圾资源化利用等技术；进行技术集成和应用示范，为援建项目推进提供科技保障；引导软件、多媒体、生物医药等高新技术企业参与都江堰恢复发展。

调度科技资源参与援助。在2008年9月12日举办的“都江堰市灾后重建（产业发展）项目推介会”上，上海市组织上海研发公共服务平台、上海软件园、上海技术交易所分别与都江堰市政府签署合作协议。平台互通，实现两地科技基础资源的开放与共享。上海软件园与国家数字媒体技术产业化（上海）基地合作，促进都江堰市软件及数字媒体产业发展。建立“都江堰市创新驿站”，在两地间搭建起技术转移和技术交易平台，加强技术、资本、人才的合作交流。10月29—31日，上海市科委组团上海软件园及上海市科技人才开发交流中心，并组织10余名上海软件园及部分软件龙头骨干企业负责人，到都江堰进行3天的科技人才交流活动。12月2日，都江堰市委主要负责人与市长许兴国率20余人考察上海软件园的国家863软件产业基地，达成共建青城山软件产业基地的意向。2009年5月8日上午，“上海研发公共服务平台都江堰服务驿站”“上海都江堰软件产业合作园”“上海流动科技馆”在都江堰举行开幕仪式。开幕式上，上海研发公共服务平台向都江堰市的220家企业赠送价值120万元的创新服务礼包，包括科技文献查询、全文传递、电子图书、平台仪器资源光盘等。通过服务驿站，都江堰用户可近距离体验上海研发公共服务平台提供的仪器与专业技术服务搜索、在线专家咨询等服务。这是“上海流动科技馆”首次走出上海。上海科普教育发展基金会精心挑选32件适合当地的科普互动展品，包括演示气体电离现象的“辉光球”、演示滚动物体惯性的“转动惯量”、体现中国传统智慧的“华容道”等，吸引了都江堰数千名居民和学生前往参观。

专家出谋划策与高新企业落户。2008年9月12日举办的“都江堰市灾后重建（产业发展）项目推介会”上，上海市科委举办都江堰灾后恢复重建专家论坛，组织上海、四川方面经济、社会、生态、环境、建设、规划、教育、就业等领域专家近百人，针对都江堰灾后重建中城市发展与建设、产业与经济发展、生态与环境、节能减排保护、社会公益事业等方面进行了专题研讨和专家座谈。

针对都江堰市高新中小企业的需求，上海市成立海川投资有限公司，作为上海高新技术企业落户都江堰的载体和平台，提供小额融资、相关政策与咨询服务，推动农家乐旅游及中药材产业，组织建筑垃圾资源化、科技农家乐连锁、高品质成品混凝土、保温抗震砌块和干粉建材等科技型公司落户都江堰。

派出农业科技特派团。上海市科委组织派遣规划、新农村建设、农业等科技特派员组成科技特派团至都江堰，制定了都江堰市猕猴桃灾后快速恢复生产技术方案和优化品种结构的调整优化方案，并进行示范与推广。参照上海建园技术标准，逐步在都江堰市平坝地区建立100亩猕猴桃标准化栽培示范园，技术辐射推广面积5000亩以上。2008年7月5—12日，上海市农委组织多学科专家团队到都江堰调研，提交了《关于都江堰市农业灾后恢复若干问题的报告》。28日，在沪为来自都江堰市的36名农业技术和经营人员举办7天培训班。月底，组织8位农业专家实地考察都江堰市14个乡（镇）的农业生产基地和农业企业，提出恢复重建建议。9月3日，新华网报道了80位来自都江堰市的农民在上海孙桥现代农业园区参加为期20天的农业技术培训的消息，培训内容包括大棚蔬菜栽种技术、蔬菜育苗工厂化生产、食用菌栽培技术、自控温室技术等。都江堰市柳街镇草木花卉生产示范基地采用上海孙桥的技术和奉贤区成功的种植经验，成功栽植“非洲菊”，让柳街人致了富。

技术成果应用示范。上海市科技部门组织上海综合交通所、上海发展研究院，配合都江堰壹街区“三馆三中心”项目建设，促进对生态、节能、信息等科技成果的应用。针对灾后重建安置房及农民住房建设，引导上海高校及科研院所与高新技术企业结成联盟，通过市场化的运作平台将智力资源、技术成果与灾区的实际需求结合，推进具备环保、节能、抗震、保温隔热、防水等新型建材、新型结构及快速施工等新型施工工艺在农民安居房建设中的应用，并利用相关技术建造样板房。

商贸援助“绿色通道” 地震中，都江堰市43家重点龙头农业企业全部受损，产品难以销售。上海市组织邀请本市百联集团、光明集团、上海民营企业城市超市等大型零售企业，为都江堰市特色农产品便捷地进入上海市场搭建“绿色通道”。主要在大型商店超市卖场设立“都江堰产品专柜”，进行集中展销和重点宣传推介；简化都江堰产品进入商店超市卖场手续、减免扣费、实行“零费率”进场；建立专销店，并配合网购、电话订购、直销送货上门等形式，建立销售网络和行销机制。

2008年7月5日，组织百联集团下属世纪联华超市连锁公司率先与都江堰市遛洋狗食品公司、欣禾实业公司、禹王生态实业有限公司等9家企业签订《都江堰市一揽子产品进入上海百联集团专柜意向协议》。8月22日，邀请上海民营企业城市超市到都江堰就农产品进入7家城市超市销售进行对接，并就都江堰特产冷水鱼的养殖加工达成协议。29日，上海光明集团确定第一食品商店南京东路店和五角场店为都江堰市产品开辟销售专柜。上海市茶叶公司与都江堰市贡品堂茶叶公司进行销售和生产合作。9月26日，光明食品集团举行都江堰专柜揭牌暨合作项目签约仪式。25—28日，光明食品（集团）有限公司等在上海国际农业展览中心联合主办四川暨都江堰市特色农产品展销专场，为都江堰市15家农业产业化龙头企业提供40个摊位。

2009年1月举行的上海迎新春农产品大联展上，免费为都江堰市提供200多平方米的展位。4月16—19日，第16届上海国际茶文化节暨上海茶叶交易会在上海国际农展中心举行，其间举办了都江堰茶文化专场。9月20日，上海农产品中心批发市场、上海果品公司与都江堰金色阳光、聚爱、伊顿3家企业签订供销猕猴桃协议，与都江堰龙泉供销社签订供销水蜜桃、枇杷等水果协议。上海市农委还在新建成的西郊国际农产品交易市场免费为都江堰设立专厅。

旅游援助 都江堰旅游业占该市GDP总量的半壁江山，相关从业者占城乡劳动力的60%。震后，都江堰、青城山旅游景点设施遭受重大破坏，旅游业停摆。上海借助上海国际旅游节和上海世博会两个平台，依靠本市旅游产业和广大爱心市民，多方举办推介活动，助推都江堰旅游业恢复并提升。在上海国际旅游节上，“都江堰花车”两次现身；上海市向都江堰市授予“世博会旅游推广站”许可，使都江堰市成为全国除省会城市外唯一获此许可的城市。15家上海旅行社还与都江堰市达成战略合作协议，推出包括世博之旅、爱心之旅等8条特色旅游线路，组织呼吁广大上海市民“拜水都江堰、问道青城山”。上海市旅游部门为都江堰提供培训，助推都江堰旅游业向更高水平发展。

旅游推介。为复苏推进都江堰旅游业，上海市做了大量的推介工作。鼓励上海游客到都江堰旅游，既是市场行为，也有组织动员，因为到都江堰旅游就是对当地的最大支持。2008 年 9 月 14—15 日，上海旅游节举办期间，以“中秋上海情、月圆都江堰”为主题的上海原创音乐会演在淮海公园举行，展出都江堰风光照片。来自都江堰的嘉宾向观众介绍都江堰风光，表演富有当地特色的文艺节目，推介都江堰旅游。29 日，都江堰—青城山景区震后正式对外开放，为使都江堰旅游业尽快复苏，参加“爱心之旅”的 850 名上海游客次日即抵达都江堰，这是震后第一个到达都江堰的上海旅游团。10 月 1 日 10 时，解放日报社与上海市旅游委联合启动援助都江堰“爱心之旅”活动，向市民游客呼吁：“用亲身经历去感受灾区重建，以旅游形式来参与爱心援建”，“这个‘十一’黄金周，去四川旅游吧！”在都江堰景区门口，“旅游市场全面恢复——上海‘爱心之旅’首游仪式”启动，上海市副市长赵雯等沪、川两地领导出席。上海旅行社组织的 1100 名游客参加仪式。（参见图 251）其间，赵雯对都江堰、青城山等旅游景区进行实地调研，双方明确了旅游规划、设施重建、客源输送、招商引资、营销推广、对口培训等 6 个方面的援助举措。11 月 20—23 日，在沪举办的 2008 中国国际旅交会现场，“拜水都江堰”展台吸引众多海内外买家的关注。11 月 21 日，都江堰市举办旅游资源推介会，沪上多家旅行社与都江堰市签订游客输送协议和市场拓展协议。上海航空公司假期旅行社与都江堰市签订 2009 年组团输送 2 万游客的合作协议，上海锦江旅游也与都江堰市签订拓展国际航线旅游产品的合作协议。2008 年 11 月 30 日，新华网成都讯《灾区都江堰与援建方上海实现“软合作”》报道：上海的旅行社设计的 5 条四川黄金旅游线路中，不仅全部将都江堰—青城山纳入，与峨眉—乐山、九寨、黄龙等景点并行，还把在都江堰的停留时间增加到一整天。自 9 月 29 日都江堰—青城山景区在震后正式对外开放至 11 月，接待上海游客 5000 多名。“目前景区已累计接待游客 20 余万人次，各项指标达到去年同期六成的水平。”

图 251　2008 年 10 月 1 日，上海千人团首游都江堰，拉动灾后都江堰旅游产业恢复（上海市旅游局　提供）

2009年4月6日，“情系都江堰感受新家园”2009年上海游客游都江堰活动启动仪式在青城山景区举行。上海市嘉定区、金山区、青浦区、崇明县旅游局，及上海春秋旅行社、上航假期旅行社、上海旅行社、上海大家好旅行社、上海宋庆龄陵园管理处等单位负责人和上海游客代表团参加活动，双方还在青城山庄举行2009年度上海旅游对口支援工作座谈会，就加强合作、共同做好旅游营销活动进行商谈。9月26日下午，“2009上海旅游节”花车大巡游在上海拉开帷幕，上海市旅游局与都江堰市旅游局携手推出的以“黄浦江岷江水水相融、上海都江堰心心相连”为主题的花车，代表了都江堰63万人民的感激之情和2000万上海人民对都江堰人民的亲切问候，展示了都江堰人民和上海人民重建美好家园的精神和重建的成果。

签订合作协议。2008年9月，中国青年旅行社、上海春秋国际旅行社、上航假期旅行社、大众交通国际旅行社、上海铁路旅行社等旅行社与都江堰市签署战略合作协议，从旅游线路设计、旅游产品宣传、游客输送等方面对都江堰旅游业提供支持。温德姆酒店管理集团与豪生酒店管理公司考察锦弘集团都江堰酒店，在项目融资、酒店管理等方面提供支持。9月12日，都江堰市旅游·商贸推介会在上海华亭宾馆举行，上海150家旅行社、50家媒体参会。会上，上海市与都江堰市签署旅游合作协议项目20个，包括旅行社战略合作项目8个、酒店旅店投资项目5个、旅游营销合作项目3个及酒店管理输出、旅游商场投资、设立旅行社分支机构项目各1个。2010年6月7日，“拜水都江堰、问道青城山”“观世博、游成都”——成都·都江堰旅游推介会在上海举行。都江堰市旅游部门与上海14家旅行社签订世博旅游战略合作协议，都江堰与上海各旅游企业共同推出4条上海至都江堰旅游线路和4条都江堰至上海的世博之旅线路。

管理人员培训。2008年7月13日，首批30名都江堰景区及乡镇的中高层旅游管理人员参加上海市举办的“都江堰市旅游景区管理干部培训班”。培训为期一周，围绕灾后景点重建、旅游规划等课题展开学习和研讨。11月26日至12月4日，40名旅游饭店总经理参加在上海的培训班，培训班由上海市旅游局和解放日报社主办，内容包括专家授课、景区交流等。2009年4月20—27日，32名都江堰市旅游业中高层营销管理人员在上海市旅游培训中心参加培训，学员分别来自都江堰市旅游局及旅行社、饭店等。课程涉及旅游市场营销、旅游节庆活动营销策划与组织、金融危机下的景区营销之道等。

都江堰市委书记刘俊林回顾说：在震后极端艰难的情况下，2008年“十一”长假，青城山、都江堰世界文化遗产、国家级风景名胜区就已经开放。当时上海的几十家媒体和几十家旅行社，还有上海市副市长赵雯带领1000位上海游客来访，启动了都江堰灾后旅游恢复。据都江堰市旅游部门统计，2009年都江堰市接待游客958万人次，实现旅游综合收入42亿元，分别比震前的2007年增长15.8%、26%。2010年1月3日晚，都江堰市青城山—都江堰景区管理局发布消息，2010年元旦假期，青城山、都江堰共计接待游客1.6万人次，游客数较2009年同期增长84%和74%，取得开门红。

就业援助　两年多援建期间，上海市人力资源和社会保障部门先后组织上海市用工单位赴都江堰举办了10场大型专场招聘会和1次专场招聘周活动。自2008年6月开展对口支援都江堰重建起，包括援建项目就业和赴沪异地就业，上海2000多家企业共为都江堰提供48215个就业岗位；帮助转移就业5550人，在上海援建项目中吸纳12302人，在联建共建项目中吸纳2.03万人，指导并协助就业21万人次，使都江堰市城镇登记失业率从震后的8.1%下降到援建结束时的2.4%。

2008年7月16日上午，在上海对口支援都江堰专场就业招聘会上，来自上海市青浦区、金山区、宝山区、奉贤区、虹口区、崇明县等区（县）的20家用人单位到场，提供了以技术工、维修工、普通工、服务员等为主的各类岗位1046个，工资最低1300元/月、最高2200元/月。2100余人次进场求职，其中239名求职者与上海用工单位签订意向性协议。30日上午，浦东新区与都江堰市两家劳动就业部门在都江堰市景环路临时人力资源市场联合举办“上海浦东新区·都江堰心连心现场招聘会”。浦东新区共提供岗位1383个，2000人次进场求职，达成意向性协议151人，127人面试合格。9月5—8日“上海对口支援都江堰专场招聘周”活动中，上海44家企业提供2500多个岗位，入场应聘8000余人次，近700名求职者经面试与用人单位达成录用意向。12月26日，上海援建都江堰的人力资源市场启用，同时举行上海—都江堰心手相连对口支援送温暖招聘会，32家上海企业提供了3000多个岗位，以餐饮服务员、客户服务员、生产操作工、保洁、保安等为主，月薪1000～4200元不等，大部分企业提供食宿；入场应聘求职者1800余人次，当场意向录用224人。2009年5月8日上午，“2009上海对口支援都江堰手牵手就业援助现场招聘会”在都江堰市人力资源市场举行，上海50余家企业带去1200余个就业岗位，460名应聘者当场达成录用意向。

文化援助　灾后重建不仅需要物质重建，还要进行精神文化重建，上海文化援助主要包括慰问演出、建“农家书屋”、捐赠文化设施设备。

援建影城。2008年7月22日下午，上海市文广局向都江堰市捐赠100台电视机、100套电视卫星接收机、120台DVD播放器、2套流动演出音响系统、60套公共广播扩声系统，总价值178万余元。8月19日上午，上海援建的“都江堰希望电影城”开业。该影城建设由上海龙影投资咨询服务公司牵头，联合上影集团等36家影院设计、建设、设备供应、管理单位共同捐建，总投资450万元，有4个电影放映厅、340张座椅，面积1500平方米，是一座集教育、娱乐、休闲等功能于一体的电影院。

赠书与书屋。2008年8月7日，应上海市总工会号召，上海职工前往各区县的20个捐赠点，以捐书形式传递对都江堰市民的关爱。俞正声、韩正、刘云耕、冯国勤、殷一璀等上海市领导带头捐赠，当天捐书10万册。25日上午，上海市新闻出版局对口都江堰市新闻出版业灾后重建工作座谈会暨图书捐赠仪式在都江堰举行，市新闻出版局将上海市民捐赠的3839册图书和企业捐赠的44万元图书移交给当地政府。上海市新闻出版界支援都江堰“农家书屋”与建设三年行动计划同时启动。在两年多的援建期间，上海市为都江堰市196个“农家书屋”各配备1500册图书。9月10日，驻上海的中福会援建都江堰市中小学爱心书库工程启动，为都江堰全部中小学和幼儿园配备图书室。中福会（驻上海）发起的灾区“重建家园”基金活动得到社会各界响应，摩根士丹利公司向中福会捐资25万美元用于在都江堰市所有中小学建立“宋庆龄爱心书库”，共捐赠13万册新书和400个书架。12月，第十届上海读书节开幕式发出为都江堰市民捐书的倡议，共捐书近百万册。中国作协主席铁凝及上海知名作家王安忆、钱谷融、叶辛等100余位上海籍作家向都江堰市图书馆捐赠签名著作，共收到作家著作签名本2万余册。2009年5月8日下午，由上海市政府参事室、复旦大学联合组织的“上海—都江堰心连心”图书捐赠仪式在都江堰举行，首批运抵的6000余册图书交都江堰市图书馆。2010年4月25日，上海市新闻出版界共向都江堰市社会综合福利院捐赠价值20万元的图书及15个书橱（书橱由上海韬奋基金会捐赠）。随后，上海辞书出版社还向都江堰市52所中小学及部分优秀教师、学生赠送125部最新出版的《辞海》（第六版）缩印本。

慰问演出。上海文艺院团除派出小分队深入灾区和援建现场进行慰问演出外，2008年10月25日，“来自上海的问候”大型交响音乐会在都江堰举行。这是上海国际艺术节自1999年创办以来首次在外省市设立分会场，来自都江堰的抗震救灾英模代表、解放军战士、武警官兵和上海赴都江堰的援建人员共1000多人参加音乐会。同日下午，都江堰玉垒山广场成了音乐的海洋，演出曲目包括管弦乐《红旗颂》、川籍歌唱家廖昌永的独唱《我和我的祖国》、柴可夫斯基第六（悲怆）交响曲第三乐章等，最后以《黄河》大合唱选段压轴。音乐会举办期间，还举行了上海爱乐乐团资助都江堰地区小音乐爱好者的仪式。2009年2月9日元宵佳节，来自上海文艺界的40多名艺术家赶赴都江堰为灾区百姓送上精彩的慰问演出。1000多名灾区百姓从四面八方赶来，两个多小时的演出期间，台上台下热情呼应，洋溢着川沪两地的深情厚谊。上海歌舞团艺术总监黄豆豆、上海歌剧院国家一级演员张峰和女高音歌唱家杨学进等上海艺术家登台献演。上海川籍二胡演奏家马晓辉深情表示：“我的父母也在台下坐着，和家乡的父老乡亲们一起观看我的演出。二胡，只有两根弦，这次，我不用伴奏，就用这二胡的两根弦，直白地表达我对父老乡亲的深情。”元宵慰问演出结束后，上海文艺工作者分两路深入都江堰市胥家镇、灌口镇和向峨乡，继续近距离地为灾区百姓演出，受到当地乡亲的热情欢迎。

守望相助心灵关怀 上海援建把人文关怀贯穿始终，上海对灾区群众心灵的抚慰，一是靠社工，同时培养都江堰当地的社工；二是靠“守望相助、情满人家”活动，杨浦区与胥家镇对接，双方在杨浦或者在胥家多了一个亲戚，户对户进行“情满人家、守望相助”；三是文艺演出，传递精神的温暖和关怀；四是上海老师一边在都江堰执教，一边为孩子心理辅导；五是“都江堰—上海光明行”，上海医生和都江堰医生一起做手术，让灾区已经失明的老人可以看到一个崭新的、震后重建的新都江堰；六是都江堰市和上海市组织两地市民看新家园，看到都江堰天天有变化、月月新变化。

“来自上海的问候”活动包括“三个一”：一声祝福，通过学生自制贺卡和发送短信，为都江堰送上真诚祝福；一次慰问，对都江堰城乡低保户、农村“五保户”、因灾生活困难家庭等6万户困难群众给予一次性的实物慰问，并组织上海文艺节目到灾区演出；一份情意，发动各援建队伍慰问困难群众、开展联谊活动等。上海市对都江堰市的特困家庭，通过安置补贴、生活补助等方式，让更多受灾群众直接得益、长期受益。上海市19个区（县）与对口的都江堰乡镇签订“社区守望相助”协议，走访慰问5.51万户受灾困难家庭，惠及面达21.7%。两地200多个居（村）委会结对，建立长期合作关系。组建4支236名上海社工服务队，在板房区开展社会关系重建、居民自治和社工培育等工作，帮助建立都江堰市社工协会，培养当地社工近200人。选派2批39名优秀大学生开展志愿服务。

社工服务。为了重建精神家园，上海派出心理卫生专家和社工深入板房安置区，开展心理辅导咨询，帮助灾区群众重塑生活信心。上海市民政局通过招标向社会筹集专项资金，设立专门账户，专款专用，在都江堰选择4个活动板房临时居住点建立上海社工服务基地。2008年6月25日，华东理工大学服务队进驻都江堰勤俭人家安置点。29日，6名专家社工与复旦大学服务队、阳光上海·师大服务队、浦东新区服务队进驻都江堰安置点。7月24日起，上海团市委派遣3批共26人组成社工服务队，开展"我要爱阳光"灾后重建服务。同日，上海社工服务团第二批服务队共33名队员分别安排在勤俭人家安置点、滨河新区安置点、幸福家园安置点和城北馨居安置点。截至10月20日，上海市社会工作者协会累计派出4支社工服务队90多名社工到都江堰。上海社工在都江堰实施"火凤凰"妇女技能培训计划、"幸福启程"就业援助计划、"银龄计划"等，"为百姓撑起心灵的雨伞"。2010年5月18日下午，在沪举行的"成都暨都江堰灾后援建工作新闻通气会"上，都江堰市委书记刘俊林向记者介绍：精神家园的建设关乎灾区能不能实现完整意义的灾后重建，不是简单地建一批房子、一批项目就完事，而是灾区人民通过大家的帮助，增强能力，能够对未来充满信心，能够实现可持续的发展，这才是一个真正意义上的灾后重建。上海社工使临时社区变得有序化、条理化。"勤俭人家"板房区有1.2万多人，通过以上海社工为主开展的工作，建立了和谐巷、团结巷、勇敢巷等街巷。上海社工培养都江堰当地的社工，促成了都江堰社工组织的建立。

帮困送温暖。上海市开展2009年元旦春节帮困送温暖活动，将都江堰灾区贫困家庭纳入帮扶范围。副市长胡延照代表市委、市政府向都江堰人民送上新年问候，向都江堰市政府捐赠500万元慰问金，将各类慰问品送到5.51万户（约12万人）灾区困难群众家中，其中城乡低保户0.86万户，两孤一残、农村"五保"老人以及80岁以上高龄老人1.32万人，因灾造成生活困难家庭2.85万户，慰问品折价824万元，困难受灾群众获得上海赠送的每户价值约150元的年货。2010年2月、灾后第二个春节，上海市对都江堰市10类对象进行帮扶，每户送去鱼、肉、蔬菜、大米、食油等价值150元的节日慰问品；向都江堰市转赠帮困送温暖捐款800万元，惠及当地4.7万户困难家庭。

心灵抚慰活动。2008年8月3日，"上海·都江堰社区守望相助——都江堰市青少年暑期走沪活动"启动，都江堰市各乡镇9～17岁共220名青少年参加活动。11月1日下午，"点燃希望、成就梦想——四川都江堰人民心系上海世博会活动"在都江堰市塔子坝中学举行。上海世博局负责人向观众介绍"城市，让生活更美好"的主题内涵和世博会筹办情况，向都江堰中小学生赠送2000本《上海世博会150问》图书。客登庸公司捐赠1000套印有上海世博标记的特许文具套装。都江堰市各学校师生和群众在一条印有"都江堰人民支持中国2010年上海世博会"横幅上签名支持世博。10月中旬起，浦东新区妇联组织了"手指间的母爱——浦东新区各界妈妈为灾区孩子编织毛衣"活动，通过媒体招募爱心妈妈"志愿者"，共有133名"爱心妈妈"报名参加，所有志愿者为灾区孩子编织御寒的毛衣，浦东妈妈"手指间的母爱"传递给了都江堰的孩子。

房子在大地震中垮了，龙灯、腰鼓被瓦砾掩埋，但精神要振奋。2009年春节，在上海志愿者的鼓励帮助下，都江堰市龙池镇一年一度的传统民俗"天官节"舞龙，元宵节照样"耍"了3天，

2000多名龙池人参加，吸引了周边地区群众前往观看。5月8日下午，由都江堰市委、市政府和上海援建指挥部共同策划编辑的都江堰中小学生绘画集——《美丽的花朵》首发。作者都是亲历汶川大地震的都江堰市中小学生，书名取自国务院总理温家宝重访新建小学时在“板房教室”黑板上写下的祝福语“美丽的花朵”。该画册从600余幅作品中精选出156幅汇编而成，画册分为花殇篇、凌霜篇和芬芳篇。温家宝收到画册后，给孩子们回信说：“你们幼小的心灵经过磨难，变得更纯洁、更庄严、更坚强、更美好。你们已经懂得要以坚忍不拔的意志努力做一个有用的人，去帮助人们过上更好的生活。你们就是在这片灾难的土地上绽放出的最美丽的花朵，就是国家和民族的未来和希望”。7月21日，来自都江堰绿地土桥小学“绿地爱心夏令营”的20名学生和6名老师走进上海人民大厦，刘云耕亲切接见了师生们。汶川地震发生后，绿地集团出资捐建都江堰市绿地土桥小学，2009年5月9日竣工之日刘云耕曾发去贺信。夏令营学生代表朗诵了全体师生写给刘云耕的信，并向上海市人大常委会赠送学校画册。刘云耕与师生们一一握手，询问学生们的生活学习情况，赠送了学习用品。7月22日，“手牵手，同绘两地情”绘画活动在上海市政协文化俱乐部举行，冯国勤走到都江堰小朋友中间表达亲切慰问。

2010年8月17—20日，“上海—都江堰儿童手拉手世博寻访大行动”启动，40名都江堰少年儿童与50名上海同龄人手牵着手，一起看上海看世博。上海、都江堰儿童一起登上东方明珠电视塔，携手走进世博园，体验世界各国的文化艺术；参观上海科技馆，感受科技创新与进步。

第七节　河北省支援平武县

2008年6月，中共中央、国务院确定河北省对口支援平武县灾后重建。在中央召开的会议上，河北省与会领导表示：“唐山遭受过大地震，得到过党中央、国务院的亲切关怀，得到了全国人民的无私援助。这次对口支援平武灾后重建，既是党中央对河北的信任，也是河北义不容辞的责任。我们将不计任何代价地做好对口支援工作”。河北省于2008年七八月间启动支援平武县恢复重建工作，2009年2月以前援建方式以“交支票”为主，以后实行“交支票”工程与“交钥匙”工程相结合，2010年10月15日援建项目整体移交。两年多时间，河北省以学校、医院、道路、城乡住房等群众基本生活设施、基础设施和公共服务设施为援建重点，先后确定了108个对口支援项目，共投资28亿元。河北省住房和城乡建设系统近30家勘察、设计、施工、监理企业远赴平武开展援建，5000余名河北籍建筑工人、工程技术管理人员抛家舍业，奋战在平武县援建一线。先后有1.2万多人、200多个单位参建，全面完成了中央部署的三年目标两年完成的援建任务。

截至2010年10月，河北省援建的108个项目中，5项工程获“天府杯”金奖，10项工程获“天府杯”银奖，21项工程通过“四川省省级安全生产文明施工标准化工地”评审并获得表彰，14个项目获“四优”奖项，受到当地党委、政府和人民群众的肯定和赞誉。

一　部署与组织

2008年6月中央部署河北省对口支援平武县灾后恢复重建后，6月6日，按照河北省委书记张云川和代省长胡春华的指示，副省长宋恩华带队与绵阳市、平武县领导对接，并深入平武县重灾镇查看灾情。16日上午，召开省级领导干部会议研究对口支援。张云川指出，要将对口支援工作列为各级党委政府重要工作内容，切实抓紧抓好。下午，代省长胡春华主持召开对口援建专题会议，强调要不折不扣地完成中央交给的任务。23—27日，按照胡春华的要求，省发改委组织建设、交通、教育、卫生、民政、财政等有关部门负责人再赴平武，与平武县委、县政府和绵阳市政府交换意见，双方协商达成初步意见。河北省提出，在省政府领导下设立专门机构，由省直接组织对口支援工作，统一协调，统一调度，统筹管理资金和项目，统筹安排各市、各部门的实施任务。对口援建的重点领域放在学校、医院等公共服务设施建设和涉及群众直接利益的城镇基础设施（供水、污水和垃圾处理等）建设上，并且在资金项目安排上向重灾乡镇倾斜。双方同意选择一个重灾乡镇和一两个村先启动恢复重建，积累经验，发挥示范作用。为帮助和扶持企业灾后重建、促进产业发展，平武县提出由河北省支持1亿元作为中小企业发展基金。援建工作发挥双方优势特别是当地干部群众的积极性、创造性，充分利用好平武自然资源和劳动力资源，就地就近取材。对既定援建项目由河北省与平武县共同审查，确定建设规模、单位造价和概算，平武县负责工程设计、施工、监理、验收并具体组织实施。项目建设资金根据施工合同、工程进度由河北分期拨付。竣工验收后，河北省依据决算审计结果拨付剩余资金。对平武县组织实施确有难度的项目由河北省负责建设。河北省派驻平武的对口支援联络处全过程参与，并切实做好监督检查。

援建的两年多时间里，河北省委、省政府先后6次召开省长办公会议专题研究部署，省委常委、副省长杨崇勇7次赴平武检查指导援建工作，8次派出督导组赴灾区一线进行督导检查。石家庄、唐山、保定、邯郸4个援建市主要领导多次深入一线靠前指挥。2008年7月12—14日，杨崇勇率省直有关部门负责人至平武，在沟通衔接的基础上制定《河北省对口支援平武县地震灾后恢复重建工作方案》，8月5日经省委常委会通过。方案的总体思路和原则：一是在河北省委、省政府领导下设立专门机构，统筹组织协调各市、省直各部门开展援建工作，为灾区提供人力、物力、财力、智力等多种形式的支援；国家部委下达的对口援建任务，统一纳入河北省援建范围。二是编制河北省对口支援三年规划和年度建设计划，区分轻重缓急，有计划、分步骤组织实施。三是发挥双方特别是灾区干部群众的积极性和创造性，利用好当地自然资源和劳动力资源，就近就地取材，最大限度降低建设成本，提高援建效率，加快建设进度。四是将援建重点放在群众基本生活设施和公共服务设施上，并在资金、项目安排上向重灾乡镇倾斜。

河北省援建方案明确规定在河北省委、省政府领导下，在省发改委设立对口支援办公室，省发改委副主任张平军任办公室主任。成员由省发改委、建设厅、财政厅、教育厅、卫生厅等抽调专人组成。成立河北省驻平武县联络处，由省发改委牵头，成员单位由省建设厅、教育厅、卫生厅等部门组成，主要负责与平武县协商沟通，在当地具体执行对口援建任务；全过程参与并监督援建项目实施，及时反馈和报告有关情况。各市、省直各部门按照省委、省政府的统一部署，明确任务，落实责任。各市政府确定一名副市长负责对口支援工作。

2008年8月27—29日，张云川、胡春华、杨崇勇至四川灾区慰问，看望援建人员，调研指导对口支援工作，听取四川省委省政府、绵阳市委市政府以及平武县对河北省援建工作的要求和意见。张云川在平武要求援建要“动真情、使实劲、见成效”。胡春华指出：“无论预算如何紧，都要保证灾区重建的资金。”28日，河北省与平武县正式签署《河北省对口援建四川平武县地震灾后恢复重建框架协议》。9月23日，省政府召开专题会议，对援建工作再次进行研究部署，决定在保持河北省既定对口支援基本组织形式不变的前提下，对平武县4个重点乡（镇）恢复重建做出调整。10月16日，杨崇勇在保定召集有关市政府和省有关部门负责人，落实9月23日省政府专题会议精神，尽快启动4个市援建工作。会议提出：一是在省统一组织协调下，由石家庄市负责平武县城龙安镇、唐山市负责南坝镇、保定市负责响岩镇、邯郸市负责平通镇的恢复重建。四市援建重点是协助省驻平武前线指挥部做好对口乡镇恢复重建规划实施，帮助做好项目的前期准备、工程招标、施工、监理、验收等工作；派出具有实际工作经验的医疗卫生、教育、工程技术人员到当地帮助工作，从人力、智力上给予支持。二是四市政府明确一名副市长负责，相应成立工作机构。工作机构由发展改革部门牵头，建设、教育、卫生等有关部门组成。三是四市政府要尽快选派具有实际工作经验的管理干部、工程技术等人员3～4名，由一名副县（处）级干部带队，组成驻平武县工作组开展工作。11月初，四市援建工作组相继抵达平武。

中央提出力争在两年内基本完成原定三年的目标任务，让灾区人民早日过上更加幸福美好的生活的要求后，为了贯彻中央的新精神，2009年2月19日下午，胡春华主持召开省长办公会，杨崇勇、副省长付志方及相关厅局领导参加。会议决定完善援建方式，调整原来以平武为主体的援建方式，将龙安、南坝、响岩、平通四镇集镇作为援建重点，由石家庄、唐山、保定、邯郸4个援建市作为业主，对4个镇集镇所在地的主要公共服务设施和基础设施等援建项目，统一规划、连片重建，负责项目招投标、施工、监理，最终将四镇新集镇整体移交给平武县。对四镇集镇之外新确定的援建项目，实行“交支票”工程与“交钥匙”工程相结合，凡500万元及以上的按照项目类型，由河北省负责组织建设，实行“交钥匙”工程；500万元以下的项目继续采用“交支票”工程方式，由平武负责建设。对2008年确定的援建项目，已进入招标程序的仍按原援建方式由平武县负责建设。尚未进入招标程序的按调整后的援建方式执行。四市集中力量打造布局合理、建筑风格各具特色，集贸易、加工、餐饮、旅游于一体的宜居、宜业、宜游特色小镇。河北省援建各市与平武县双方实行领导分包责任制，明确时间目标，明确奖惩措施，实行倒排工期、挂图作战。无论财力多么困难，河北省也要按照中央部署的上年财政收入的1%优先保障援建需要。

2009年5月20—21日，河北省委副书记、石家庄市委书记车俊和杨崇勇率领省直有关部门及石家庄、邯郸、唐山、保定四市副市长到平武考察调研。20日晚，召开河北省对口援建工作座谈会，听取4个对口援建市、省建设厅工作组和前线指挥部的工作汇报。车俊强调，河北省援建工作要做到“保质量、保工期、保安全、保廉洁”。杨崇勇要求2010年5月12日前基本完工，4个对口援建市不仅要完成“交钥匙”工程，同时要督促“交支票”工程，开展质量、安全巡查、监督检查，切实消除安全隐患；加强对河北省援建资金的全过程审计监督。26日召开的省长办公会指出，力争两年时间基本完成原定三年重建的目标任务，任务十分繁重，时间非常紧迫，河北省各级各部门必须站在讲政治、讲大局的高度，坚决落实中央的要求，确保2010年9月底前全面完成援建任务。会议要求对110个援建项目量化目标，倒排工期。原材料供应，由前线指挥部与省住建厅统一协调，对大宗建筑材料实行集中采购、提前采购、统一运输。省财政厅抓紧拨付2009年援建资金满足工程建设需要。省住建厅对所有援建项目的质量和安全负总责，与平武县联合开展质量安全监督检查，消除质量安全隐患，制定与平武的项目联合验收制度。省水利厅派出专业技术人员确保防洪安全。省住建厅监督各援建单位，对工程预算、招投标、施工、监理、工程验收等全过程进行监管。财政厅完善援建资金管理，严格资金拨付使用程序。审计厅派出工作组进驻平武县，对援建工程统一组织审计。前线指挥部加强4个重灾镇之外援建项目的管理和协调，兼顾水观乡等次重灾乡镇恢复重建。省发改委帮助平武县做好产业发展规划和工业园区的选址、定位、论证。

2009年11月，河北省对口支援办组织专家对110个援建项目进行中期评估审查。调整后援建项目共108项，总投资24.9亿元，其中省援建资金24.5亿元，与原投资计划相比，调增援建资金2亿元。

2010年1月，河北省对“交支票”工程组织专门督导检查，要求不能因“交支票”工程影响整体援建进度和效果。10月15日，援建项目整体移交平武，最终投资28亿元。

二　项目援建

河北省对平武县的援建以学校、医院、道路、城乡住房等群众基本生活设施、基础设施和公共服务设施为重点，先后确定108个对口支援项目。

2008年先期项目包括平武县中小企业发展基金、平武县农房重建信用贷款担保风险基金、平武县人民医院原址重建等。2009年2月以后，援建方式实行“交支票”工程与“交钥匙”工程相结合，凡500万元及以上的列为“交钥匙”工程，按照项目类型由河北省负责组织建设；500万元以下项目采用“交支票”工程管理方式，由平武县负责施工。平武县的龙安、南坝、响岩、平通4个重灾镇作为重点，由石家庄、唐山、保定、邯郸四市对口援建，统一规划，连片重建，整体移交平武。（参见图252）河北省住建厅负责“四镇”规划、“三保一控”（保质量、保安全、保工期、控造价）、研究制定项目联合验收制度等，直接进行平武县豆叩镇、古城镇、水晶镇和阔达藏族乡等地项目的建设。

在108个项目中，重要项目20个，主要是平武县中小企业发展基金项目、平武县农房重建信用贷款担保风险基金项目、青平路改建工程项目、豆叩—锁江公路改建项目、平武县南坝中学项目、平武县龙安镇幼儿园重建项目、平武县县城金家湾河堤新建项目、平武县人民医院项目、平武县中学项目、平武县文体中心项目、平武县南坝小学项目、南坝镇滨江路工程项目、平武县南坝场镇工程项目、响岩镇小学项目、响岩镇基础设施项目、响岩镇卫生院项目、平通镇初级中学重建项目、平通镇牛飞村新农村建设项目、平通镇中脊子及周边防灾减灾工程项目。按援建类

图 252　重建后的平武县城

（四川省委宣传部　提供）

型，投资 32432 万元，援建幼儿园、中小学、职业中学等各类学校 12 所，总建筑面积 102666 平方米；投资 19373 万元，新建计生站、保健院、卫生院、医院等医疗服务设施 9 所，增加床位 396 张，建筑面积 39760 平方米；投资 15620 万元，新建桥梁 8 座，新建各类县级公路、通村公路、市政公路共计 109 公里；投资 25061 万元，新建防洪堤 14 公里、供水站 5 座，增强平武县防洪减灾能力，解决了城乡居民饮水问题；投资 3.6 亿元，设立中小企业发展基金、建设河北—平武工业园及南坝工业聚集区等，为平武县产业发展打下坚实基础；投资 1 亿元，设立农房重建贷款担保基金，帮助平武县全面完成农房重建任务；投资 11951 万元，建设了一批文化站、帮扶中心、避难广场，打造了以牛飞村、易阳村、三桥村为代表的 20 个新农村建设示范点。同时，河北省还深入挖掘当地历史文化，将平通、响岩、南坝、龙安 4 个重灾镇打造成为集贸易、加工、餐饮、旅游于一体的宜居、宜业、宜游的特色小镇，为实现可持续发展奠定了基础。主要援建项目如下：

中小企业发展基金项目　设立中小企业发展基金是河北省实施的一个重要项目。汶川地震使平武县中小企业遭受重创，没有抵押物无法取得银行贷款，河北省提出设立中小企业发展基金的设想。2008 年 8 月 21 日，河北省与平武县草签的《平武县恢复重建框架协议》、10 月 15 日印发的《河北省支援平武地震灾后恢复方案》中，确定“采取设立中小企业发展基金、援建工业园等方式，加快平武县企业恢复重建，增强造血功能，促进县域经济可持续健康发展”的支援模式。8 月 25 日，平武县政府颁布《平武县灾后重建中小企业发展基金使用管理办法》。办法规定该项基金由河北省出资设立，基金数额为 1 亿元。基金专款专用，专户存储，专账核算，封闭运行，对企业提供贷款担保的期限原则上是 1 ～ 3 年。办法还规定，1 亿元发展基金中 80% 用于担保，可放大 10 倍发放贷款；20% 用于贴息。河北省政府提供的 1 亿元资金于 8 月、12 月分两次拨付平武县，基金发放工作由农行平武县支行具体操作。

该发展基金促进了平武县中小企业的恢复。绵阳鑫源茧丝绸公司是平武县唯一的丝绸企业，震前覆盖全县养蚕户1万多户。该公司成为河北省中小企业发展基金的第一个受益者，150万元的担保贷款用于回收蚕茧，不仅保护了1万多养蚕户的利益，也筑牢了全县养蚕业的根基。平武锰业集团10万吨焙烧锰分生产线、宏建木业、腾龙水泥公司、馨悦魔芋等52家企业相继得到该发展基金的担保贷款，陆续恢复生产。至2010年4月底，平武县利用中小企业发展基金提供担保额共计1.56亿元，对平武县中小企业的恢复发展发挥了较大作用。2009年3月20日晚，中央电视台“新闻联播”节目对河北省对口援建平武县设立中小企业基金的做法进行了报道。

灾后农房重建信用贷款担保风险基金项目 2008年7月，重建农房项目开始实施，按照先建后批的原则，国家补助36104万元、贷款39715万元、农户自筹39715万元。项目在实施中存在资金不足、建材紧缺、极重灾村农户的宅基地难找三大难点。对此，双方采取措施，由河北省为平武提供1亿元农房重建信用担保基金，按1∶10的比例放大贷款额度，为农户提供10亿元的贷款资金。8月，首批资金拨付平武；至12月，1亿元资金全部到位。该基金70%用于担保，30%用于贴息。风险基金专款专用，专户存储，专账核算，封闭运行。利息收入全额转增风险基金本金。具体操作流程是，县信用联社与农户签订担保资料，担保公司审核资料，县政府确认同意，担保公司出具担保函，县信用联社发放贷款。

针对建材紧缺问题，平武县及时成立了建材特供办公室，出台《平武县支持建材企业灾后恢复重建优惠办法》，支持县内原有建材企业扩大规模、加快生产，支持县内外投资商兴办建材市场和企业。加强同绵阳、江油、三台等地建材企业联系，有序组织车辆和建材运抵平通、响岩、南坝等重灾地区，缓解建材压力。为解决无耕地、宅基地、林地的“三无”农户和异址重建农户建房，宅基地由乡镇政府协调解决并由政府给予适当补助：占用田作宅基地每亩补助1万元，占用耕地为宅基地的每亩补助8000元，占用其他土地为宅基地的每亩补助5000元。

永久性农房建设体现平武县地域风格，在清漪江流域体现羌族风格、火溪河流域体现白马藏民族风格、虎牙河流域体现藏族风格、涪江河流域体现川西民居特色，分别设计了羌式永久建筑、川西北民居、蜀汉三国文化等多种民居图集，供当地群众选择；同时，在户型设计中还预留猪圈、鸡舍、养蚕房、农副土特产品小加工场地，为受灾群众恢复生产、发展多经产业留下空间。平通镇牛飞村在恢复重建中，把羌族民俗元素融入社会主义新农村建设，村民们在农房重建担保贷款的帮助下，纷纷建起了具有羌族特色的民房。12月27日，中共中央总书记胡锦涛到牛飞村，走进利用农房重建信用贷款等资金重建的新房考察，对这种做法给予肯定。新建的牛飞村被四川省确定为“灾区新貌旅游线”上的驿站，每天接待游客1000多人，商贸收入近万元。截至12月，利用农房重建信用贷款担保风险基金，共为全县1.69万户农户提供4.95亿元农房重建贷款，全县1.96万户损毁农房重建全部完工。绵阳市在平武县召开农房重建现场会，推广河北省率先设立农房重建信用担保基金的做法。

水利设施项目 2009年7月22日，河北省水利厅总工程师张法生带领由设计、施工、管理等方面专家组成的水利援建组第一批人员赶赴平武，提供专业技术支持。截至2010年8月31日，河北省援建的14项水利工程，除“交支票”项目金家湾防洪堤、南坝场镇供水站尚有部分尾工外，其余工程项目全部完工。其中，“交钥匙”项目工程及投资完成100%，“交支票”项目共完成投资10926万元，占计划总投资的99%。

援建中，河北省水利厅技术工作组配合平武县水务农机局，对石家庄、保定、唐山和邯郸等各参建单位提供专业技术指导和支持。2010年6月下旬，当地主汛期到来，石家庄市负责援建的东桥施工项目位于涪江金家湾防洪堤段，桥梁施工使涪江过水断面变窄，影响河道行洪，县城东桥、南桥施工现场存在度汛安全隐患。水利厅技术工作组议定：东桥、南桥施工单位要及时报送可行的施工防汛预案；东桥、南桥施工单位立即消除行洪隐患，拆除围堰和施工辅桥；各施工单位要设置安全警示标志，加强防汛值班，确保人员、工程安全。8月11—19日，平武县25个乡（镇）普降暴雨，降雨量普遍在150毫米左右。特别是在13日凌晨和19日凌晨，木皮、木座、龙安、豆叩、大印、锁江、平通、响岩、南坝、水观等乡（镇）近3小时内遭遇超过100毫米的强降雨，涪江最大洪峰流量达1200立方米/秒。暴雨造成平武县部分乡镇大面积山体滑坡，形成泥石流，公路、机耕道、桥梁被冲毁，河流洪水上涨致使部分群众被困，九环线道路交通阻断等。在抗击洪水泥石流灾害过程中，河北省援建的水利工程基础设施发挥了显著效益，为降低洪灾和泥石流灾害损失起到关键作用。特别是唐山市援建的“南坝工业集中发展区基础设施建设”防洪堤工程，尽管由于河道严重偏流造成文家坝堰塞湖出口处石坎河0+330段20米塌方，防洪堤工程整体仍“固若金汤”，成功地保护了石坎河文家坝下游老百姓和工业区企业的安全，受到当地群众的赞扬。

三 四镇建设

平武县平通、响岩、南坝、龙安是汶川地震重灾镇，依次坐落于通往九寨沟的要道九环线上。四镇分别由邯郸、保定、唐山、石家庄四市援建，规划打造成为具有浓郁羌、蜀汉、川西北等民族民俗特色，集居住、商贸、旅游、休闲功能于一体，聚山水、生态、民俗、文化传承于一身的宜居、宜业、宜游小镇。

图253 河北省援建的平武县中学（河北省援建指挥部 提供）

石家庄市援建平武县龙安镇　河北省援建平武县的4个镇中，龙安镇的交通最不便利，从平武县界到龙安镇，全部都是山路，而且只有一条双车道的九环东线公路可以通往绵阳。地震中形成的堰塞湖、山体滑坡、桥梁坍塌和公路毁坏都发生在该路段。石家庄市支援龙安镇重建19个项目，总投资64140万元，其中“交支票”项目3802万元、“交钥匙”项目60338万元，涉及公共服务、社会事业、基础设施、房屋建设、河道整治和堤坝建设等方面。主要项目有平武县人民医院原址重建工程、平武县中医院异地重建工程、平武县妇幼保健院工程、平武县中学异地重建工程（见图253）、平武县职业中学工程、平武县教师进修学校工程、龙安镇北山小学异址重建工程、龙安幼儿园异地重建工程、平武县东桥南桥工程、新老城区基础设施工程、平武县文化体育中心工程、平武县惠民帮扶中心建设工程、防洪堤工程、新农村建设和通村公路等。平武县人民医院原址重建工程投资10287万元，建筑面积20555平方米，5层。平武县中医院异地重建工程采用铅芯橡胶隔震支座技术基础（见图254），工程投资4299万元。平武县妇幼保健院工程投资1873万元，是一所集门诊、医技、手术室、办公用房于一体的综合楼，可满足平武县辖区内妇女、儿童保健需要。平武县中学异地重建工程，建筑面积26327.8平方米，主要包括教学综合楼、宿舍、食堂、多功能厅、室外工程、附属用房、运动场等，投资10143万元。平武县文化体育中心工程，建筑面积10236.09平方米，包括一座5层的文体中心，含2500个座位的体育看台、305个座位的电影放映厅，投资6080万元。

图254　河北省援建的平武县中医院（河北省援建指挥部　提供）

涪江南桥连接城北龙安路与城南涪江南路，横跨涪江。南桥是平武县灾后重建路网规划中的重要桥梁，也是平武县城出入西蜀重要城市绵阳及风景名胜地九寨沟的重要交通节点，规划为城市主干道。工程投入资金4194万元，为新建工程。该桥为三跨预应力连续梁廊桥，造型优美，风味古朴。涪江东桥新建工程的桥位西侧为梯田，人口稀少，东侧城区人口较为密集；沿涪江有一南北向步行道路，为涪江规划防洪堤；桥梁终点处有县城主干道九龙路。涪江东桥投入资金3000余万元，连接平武县城九环线与枕江口地区。该桥为四跨预应力连续梁桥，造型优美。平武县老城区道路重建工程，共计施工飞龙路东段、飞龙路中段、飞龙路西段、北街、平安街、建设街、东街、政府街、红星街、龙安路、西街等 11 条道路，总计投资 4145 万元。

唐山市援建平武县南坝镇 南坝镇位于成（成都）九（九寨沟）旅游环线与成（成都）青（青川）公路交会处，北距平武县城 51 公里，南距绵阳市区 117 公里，镇域人口 2.35 万余人。场镇居民 7800 多人，工业总产值 12580 万元，居民人均可支配收入 8300 元，为平武县人口最多、面积最大、经济实力最强的场镇。地震中房屋倒塌 2.66 万间，工业基础全部损毁，水、电、气、路、通信等基础设施全面瘫痪。有着唐山大地震切肤之痛的唐山市援建受灾极重的南坝镇，同时承担水观、古城、水晶、阔达 4 个边远偏僻乡（镇）的基础设施建设任务。

南坝镇重建以山水城市为切入点，以打造旅游名镇为重点，塑造宜居、宜业、宜游的具有蜀汉风格的特色小镇。编制了落河盖、葛麻岩、桐子梁 3 个社区的居民小区修建性详细规划，同时还结合蜀汉历史文化特点，编制在建民房和既有建筑风貌改造实施方案，以此推动全镇民居建设。通过填堰渠、造河堤，新增建设用地 400 多亩，把南坝镇的场镇用地规模扩大近一倍。旅游产业配套服务设施建设上，将援建项目建设与当地民族文化保护传承相结合，形成以避难广场、江油关、抗震纪念碑等蜀汉特色和抗震文化集中展示区，实现人与自然、历史与现实和谐统一，被四川省旅游局定为九环线上的旅游驻留景点。项目的具体实施方案包括：修建长城墙，在江油关内布置介绍与南坝有关的历史掌故、名人轶事，以及记述南坝震灾和抢险救灾、河北援建成果等文字、绘画、图片展览，在连心广场周边构筑历史文化碑刻墙、文化长廊，将燕赵文化和蜀汉文化有机结合。绵阳市委书记吴靖平评价唐山人是“用心谋事、用心做事的典范”。

南坝镇紧急避难广场及周边设施工程、南坝镇滨江路新建工程（唐山大道）两个援建工程获得“天府杯”金奖。南坝镇街巷道路管网及配套工程、平武县南坝工业集中发展区基础设施建设工程、古城镇基础设施（道路）灾后恢复重建工程等 3 个工程获得“天府杯”银奖。

邯郸市援建平武县平通镇 邯郸市对口支援平通镇灾后恢复重建共 17 个项目，总投资 21626 万元，其中“交支票”项目计划投资 4335 万元、“交钥匙”项目计划投资 17291 万元，被四川省确定为灾后重建的样板。2010 年 5 月 5 日，四川省委、省政府组织全省、市、县党政主要领导、13 个中直部门、18 个对口援建省指挥长共计 600 余人，对邯郸市援建工程进行现场观摩，给予高度评价。

工程招标选定邯郸市华北冶建公司、河北冶建集团、建工集团、邯三建筑公司 4 家河北省建筑业十强企业和优势企业，实施“交钥匙”方式建设。邯郸规划设计院、河北省规划设计院、中煤邯郸建筑设计有限责任公司 3 家设计单位 20 余名专家技术人员，编制完成平通镇灾后恢复重建总体规划、平通镇环境整治和绿化景观规划。平通镇定位为平武县南部门户、以商贸服务业为主的旅游重镇，通过打造景观吸引游客，通过营造羌族风貌招揽游客，通过建设风貌购物街区服务游客，实现引得来、路过必留步，留得住、留下必购物，形成可持续发展的旅游产业链。

在高起点编制规划的同时，围绕基础设施、公共服务、产业发展等 10 类主题，谋划了 2008—2010 年平通镇计划组织实施的 34 个灾后恢复重建项目，总投资 4.2 亿元。援建项目挖掘羌族元素，融入川西北建筑与羌族文化特色，形成独具特色的羌族村寨。四川省委书记刘奇葆、省长蒋巨峰先后两次到平通考察，对邯郸援建“急百姓所急、想百姓所想”，把道路修至老百姓每家每户的做法给予高度赞扬。

按照打造兼顾文化、旅游、餐饮、娱乐、茶业贸易于一体，多行业、多渠道纵深发展格局的规划，四川省旅游局把平通列为九环旅游线、灾后亲情关怀旅游线、灾后重建成就展3条旅游线路的重要节点。九环线旅游每天平均有20辆大巴1000多人到牛飞村游览观光、购物就餐，带动当地农家12户，每天收入3万多元。由于环境的改善，牛飞村建成能养殖20多万只土鸡的山林生态养殖鸡场；四川香叶尖茶叶公司投资2100万元、年加工800吨茶叶的生产线投产；羌绣产业园投资600万元。小学建筑面积由震前的5000平方米增加到8000平方米，学生由300人增至500多人；中学占地面积由10亩扩大到70亩，学生由500人增加到1100人。平通卫生院由震前的800平方米增加到2000平方米，病床由不足5张增加到20多张，年收入由不足15万元增至180万～216万元。场镇面积由过去不足0.46平方公里2000人扩大到1.46平方公里近5000人，增加了1倍多。恢复重建惠及清漪江流域三乡三镇。

保定市援建平武县响岩镇　保定市对口援建平武县响岩镇实体项目10个，资金补助项目1个，总投资13109万元，均为“交钥匙”工程。

从满足灾区群众最基本的生活生产需要出发，染村子沟综合治理项目将明沟设计改为暗沟设计，场镇连成一体，增加土地近30亩，解决了响岩镇最棘手的移民安置问题。根据响岩镇依山傍水的特色，打造“田园山水融入城、生态林地楔入城、公园广场点缀城”风貌。挖掘当地文化内涵，提炼出“坡屋顶、小青瓦、白粉墙、红窗套”的当地建筑特色，把具有200多年历史的绵阳市重点保护文物廊桥古桥迁入新场镇，为新场镇增添了浓郁的文化氛围。为了体现冀蜀一家情，在援建项目中融入保定文化元素，在入口广场建有仿全国十大名园之一的古莲花池牌楼，在避难广场有全国雕刻之乡曲阳的雕塑作品。三桥村新农村试点工程，以“小而全、小而特、小而美、小而安、小而富”成为四川省新农村建设的试点工程，也成为响岩镇展示川西北民俗文化、宣传抗震救灾精神、弘扬精神文明新风的一张名片和九环线上的一个亮点。

四　软件援助

河北省积极为灾区提供人力、物力、财力、智力等多种形式的支援，先后选派561名医疗卫生防疫人员分5批到灾区开展医疗卫生防疫和义务诊治；接收1146名中职在校生到河北就读，选派12名优秀教师赴平武中学支教；帮助1010名灾区劳动者在河北就业；安排15名卫生专业技术人员和7名教师到河北进修培训；拨付100万元应急救灾资金帮助平武县战胜2009年“7·15”洪涝灾害；抽调298名公安干警在平武维护社会治安。

规划援助　援建初期，河北省先后派出国土、测绘、建设、规划、交通、水利等有关方面专家和多个工作组，以城镇建设、项目布局、民房重建为重点，立足山区实际，突出民族特色，着眼于可持续发展，帮助平武县编制了《灾后恢复重建总体规划》《灾后重建生产力布局规划》《工业灾后重建规划》等9个专项规划；编制了平通、豆叩、坝子、高村、古城、水晶等6个乡（镇）场镇总体规划，并对龙安、南坝、响岩、平通4个重灾镇规划多次进行修改完善，为灾后恢复重建的有序推进奠定基础。编制中，在河北后方两次召开专门会议，邀请国内著名规划专家对四镇灾后重建规划进行审查，就乡镇规划深化完善情况征求专家及平武县委、县政府的意见和建议。在总体规划的基础上，四镇镇区规划建设用地的修建性详细规划编制完成，规划在农房重建、场镇建设上，充分考虑预留发展空间，做到规划、设计、建设与打造旅游业紧密结合，分别突出羌式、川西北、蜀汉等传统风格，集贸易、加工、餐饮、旅游功能于一体，使之成为宜居、宜业、宜游的特色小镇。

教育援助　2008年10月6日，河北省12名教师到平武中学支教。作为北方人，他们要克服余震不断、潮湿多雨、对家人的思念等困难。支教的教师中，有的刚结婚，有的家里孩子还小，有的家人有病，但最后都毅然决然地坚持在平武工作。

平武县学校尽可能发挥河北教师的作用，安排的工作量非常饱满，特别是数学、语文和外语三科，工作量大约相当于在石家庄正常工作量的150%，支教教师没有怨言。他们知道灾区的教师经过大地震的灾难，身心都受到伤害，大家都是自愿到灾区的，都做好了克服困难、干好工作的心理准备，理应分担尽可能多的工作，给灾区的教师一点帮助。

卫生医疗援助　河北省先后组建了由5个批次561名医疗技术人员组成的对口支援平武的医疗卫生防疫队伍，分别驻扎在平武县25个乡（镇），在医疗卫生重建、业务培训及宣传教育等方面做了大量工作。

2008年6月27日，首批231名医疗卫生人员到达平武，帮助建立健全“三横两纵点对点”的组织构架。“三横”，即河北省卫生厅工作组与平武县卫生局，省医疗卫生防疫队与县疾控中心、县卫生监督所、县医院等县级医疗卫生防疫机构，援建各市医疗卫生防疫分队与乡镇卫生院一一对应。“两纵”，即省卫生厅工作组、省医疗卫生防疫队、援建各市医疗卫生防疫分队为一纵，平武县卫生局、县级专业机构、乡镇卫生院为另一纵。援建过程中，河北省医疗队共出动人员8926人次、车辆1684辆次，走访1298个次乡（镇）、2012个次村、1276个次安置点，入户1.64万户、帐篷板房1.75万顶（间），接诊7万人次，出诊568次，急诊617人次，手术1812人次，会诊673人次，查房3446人次，开展疑难病例讨论244次，举办培训讲座370次、培训人员4004人次。医疗队成功进行了双侧卵巢囊性肿瘤剥除、腹腔镜剖腹探查及甲状舌管囊肿摘除等手术，填补了当地临床手术的空白。

河北省医疗队培训涉及心肺复苏技术、TCD临床应用、骨折诊疗、腹腔镜手术、鼻窦炎诊疗、护患沟通技巧、妊娠期糖尿病的筛查及宫外孕早期诊断等。医疗防疫队帮助平武县疾控中心完成150多个水样和餐具的大肠菌群检验，启用非色散原子荧光光度计完成实验室检验水中砷、硒205份，为在全县开展地方性砷中毒防控工作打下基础；启用原子吸收光度计，开展镉、铜、锰、铁、锌、铅等金属的检测；启用氟电极完成离子选择电极法对氟化物的检测，并完成测汞仪的安装调试。震后，平武县疾控中心艾滋病初筛工作基本停滞，河北省第三批卫生防疫队帮助恢复重建了艾滋病初筛试验室，检测57份血清的初筛试验和质控检测，检测10份质控盲样，建立健全艾滋病实验室检验规范，整理完成资料归档，顺利通过绵阳市疾控中心组织的现场考核。

进驻平武后，按照防疫队工作方案要求，确定医疗卫生、冬季呼吸道传染病、生活饮用水、学校和餐饮业卫生5个工作重点，监督指导县医院、县中医院、县妇幼保健院、4个乡镇卫生院和3个村卫生室、3所学校、12家餐馆饭店、3家生活饮用水供应单位，针对存在的问题提出整改措施，再由平武县卫生执法监督所下达监督意见书。加大对中小餐馆、医疗机构、中小学校等的饮用水源、食品卫生和消毒卫生的监督指导力度，为平武县居民的卫生安全提供保障。

对口支援卫生防疫队通过举办讲座、设立咨询台、走村入户等方式，广泛开展公众健康教育和灾后心理干预。深入各乡镇卫生院指导健康教育工作，深入大骨节病高发区向村民宣传生活饮用水消毒和防治大骨节病相关知识。建立和完善县、乡、村三级卫生防疫服务体系，传染病疫情和突发公共卫生事件监测体系，免疫规划服务体系和公共卫生实验室检测体系等4个体系。医疗防疫队采用一带一、手把手方式传帮带业务骨干，帮助当地培养出一支技术过硬的医疗骨干队伍。2009年，河北省资助平武县15名医疗业务骨干到河北三级甲等医院进行为期半年或一年的业务培训。

第八节　辽宁省支援安县

2008年6月，中共中央、国务院确定辽宁省对口支援安县灾后恢复重建，辽宁省委、省政府高度重视，决定将安县视为辽宁省的第45个县，举全省之力援助安县灾后重建。截至2010年9月30日，援建任务基本完成。辽宁省援建安县项目102项，投入资金40.27亿元。安县99329农户喜迁新居，38所学校、医院、文化馆、敬老院等公共服务设施投入使用，辽宁大道、辽安路竣工通车，辽安工业园、辽安现代农业科技示范园、华晨汽车等产业项目运行良好。通过对口援建，安县城乡居民基本生活条件和经济社会发展超过灾前水平，基础设施及公共服务设施建设实现数十年跨越发展。

一　部署与组织

中共中央、国务院确定辽宁省对口支援安县灾后恢复重建工作后，2008年7月3日，辽宁省委、省政府成立辽宁省对口支援安县恢复重建工作领导小组，负责全面组织领导对口支援安县灾后恢复重建工作。领导小组组长由省长陈政高担任，副组长由省委常委、常务副省长许卫国与省委常委、总工会主席王俊莲担任，成员由28个省直部门主要负责人组成。领导小组下设办公室与规划综合组、生活救助组、城乡建设组、交通建设组、医疗卫生组、教育文化组、农业水利组、资金管理组、生产恢复组、劳务输出组、人才智力组和宣传组等12个工作组，负责对口支援工作的综合协调与督导检查等有关事宜。领导小组办公室主任由省政府副秘书长陈建安担任。2008年8月8日，省委、省政府决定成立辽宁省驻安县对口支援指挥部，负责指挥协调安县援建工作，推动落实领导小组确定的事项，省政府副秘书长张征任对口支援安县前线指挥部总指挥。

2008—2010年援建安县灾后重建期间，辽宁省援建工作领导小组共召开19次会议，确定了援建原则、援建机制、援建方案、援建计划以及援建总体目标与阶段性目标等重大问题。省领导深入一线调查研究与推进援建工作。

2008年6月9—15日，许卫国率省直13个部门主要负责人赶赴安县，7天行程2000多公里，走遍安县18个乡（镇）、学校、医院及重点企业，进村入户考察灾情，研究制定对口支援工作方案。26—28日，省委书记张文岳赶赴安县查看灾情，研究对口援建工作，代表辽宁省表态：将安县视为辽宁第45个县，举全省之力做好对口援建工作。2010年5月8—9日，新任省委书记、省人大常委会主任王珉率辽宁省党政代表团赴安县，考察了县中医院、县社会福利中心、桑枣中学、辽安路、晓坝镇新场址等项目建设。9月29—30日，陈政高率辽宁省党政代表团赴安县考察对口援建工作，先后考察了县社会福利中心、县人民医院、晓坝镇、辽宁广场等援建项目建设，并出席辽宁省对口援建安县工作基本完成总结大会。对口援建期间，省委、省人大常委会、省政府、省政协领导共12人26次、省有关部门领导160人次深入安县调查研究，有效促进各项援建工作。主管对口援建工作的领导小组副组长许卫国与王俊莲先后18次赴安县调查研究，检查、指导援建工作。辽宁援建开展的主要工作有：

为灾区办10件实事。2008年7月1日晚，陈政高主持召开辽宁省援建工作领导小组会议，议定集中力量为灾区办10件实事：一是立即组织力量，帮助安县编制村镇灾后恢复建设规划和危房鉴定工作；二是立即启动道路、桥梁的抢修和受损鉴定工作；三是按照国家要求，完成100所学校临时过渡房建设任务，确保7月底前中小学复课需要；四是继续向灾区派驻医疗、救助、防疫队伍；五是向灾区拨付农村住房重建援助资金，支持安县做好农村住房重建工作；六是严格建立对口支援资金拨付渠道，确保资金安全有效使用；七是帮助安县制订工业生产恢复计划，促进安县企业早日恢复生产；八是积极帮助安县扩大就业；九是着力解决受灾群众基本生活困难问题，做好群众安全过冬物资准备；十是全面启动安县病险水库鉴定和除险加固设计工作。

率先启动10大援建项目。2008年9月1日，许卫国主持召开辽宁省援建工作领导小组会议，确定在国家援建方案出台前，率先启动10大民生与公共服务设施援建项目，即晓坝镇九年一贯制学校、雎水镇九年一贯制学校、沸水镇九年一贯制学校、花荄镇初级中学，安县人民医院、安县中医院、晓坝镇卫生院，晓坝镇敬老院、安县社会福利中心、安县广播电视综合大楼。9月23日，10大项目在安县启动。

确定辽宁省援建安县项目计划。2008年12月3日，辽宁省援建工作领导小组批准省发改委制订的《辽宁省对口支援安县灾后恢复重建援建项目计划》，共138个项目，援建资金39.9亿元。2009年4月国家发布四川灾后恢复重建项目计划，省发改委对《辽宁省对口支援安县灾后恢复重建援建项目计划》进行调整，最终确定援建项目共分12大类102个项目，援建资金40.27亿元。

确定对口支援安县灾后重建工作方案。2008年12月16日，辽宁省援建工作领导小组制定并印发《辽宁省对口支援安县灾后恢复重建工作方案》，确定了援建工作目标、基本原则、主要任务及援建机制。

工作目标：全面做好辽宁对口支援安县恢复重建的各项工作，帮助安县城乡居民基本生活条件和经济、社会发展达到或超过灾前水平。

基本原则：坚持以人为本、民生优先的原则，政府主导、社会参与的原则，“软件”与“硬件”结合、“输血”与“造血”并重的原则。

主要任务：2008年完成学校、医院、居民所需过渡性板房建设，编制安县18个乡镇建设总体规划，完成病险水利设施鉴定和部分修复任务，基本完成永久性住房建设，启动晓坝镇异地重建、县人民医院、中医院、花荄初级中学、广播电视大楼等工程建设，完成损毁道路保通工程，加快乡村供水工程建设等。2009年，全面启动实施中小学校和乡镇以上医院、卫生院、计生站、民政福利设施等恢复重建项目。2010年，完成各项援建工程收尾工作，全面完成国家下达的各项援建任务。

省县互动的援建机制。辽宁省确立“援建工作实施以安县县委、县政府为主导，以灾区干部群众为主体，辽宁全力支持、全力配合”的省县互动援建机制，充分体现安县县委、县政府负责项目实施的主体作用与主体责任。对重要工作与重要项目，辽宁省驻安县指挥部与安县县委、县政府一起策划、一起部署、一起落实、一起检查，援建过程中双方共召开项目推进会近百次。在具体工作中，辽宁省驻安县指挥部坚持参与不决策、监督不越位、帮助不添乱、好事要做好，形成援建工作的强大合力，让安县干部队伍在灾后重建实践中得到锻炼和磨砺，极大地提高了综合统筹、规划设计、项目建设、质量监管等方面的能力和水平。这种省县互动的援建机制在全国19个援建省（市）中是独有的。绵阳市委主要负责人评价：“就绵阳四个受灾地方的援建模式而言，辽宁是最有特色的、最有效率的。”

二 项目援建

辽宁援建项目坚持科学重建的原则，援建的102个项目形成以民生项目为主、“输血”与“造血”并重的框架体系。具体项目以民房、教育、卫生、文化、社会福利、城镇基础设施、晓坝镇援建、工业园区建设为支撑，分为12大类，其中农村住房重建6项、城镇住房重建1项、教育项目11项、卫生项目14项、文化项目3项、晓坝镇项目15项、社会福利项目10项、城镇基础设施项目12项、农村和农业基础设施项目6项、产业重建项目13项、防灾减灾项目1项、其他类项目10项。项目中农房建设、学校、医院、敬老院等与灾区群众生活密切相关的公益设施项目占84%，资金占总量的90%。辽宁援建的102个项目中，安县桑枣初级中学校、黄土九年一贯制学校、安县人民医院、安县中医院、安县社会福利中心、安县沙汀实验中学、安县文化和职工活动中心等7个援建项目获四川省“天府杯”奖；辽宁省建筑规划设计院完成的《四川省绵阳市安县恢复重建总体规划》获2009年全国优秀城乡规划设计灾后重建村镇规划二等奖，设计的安县中医院获2010年四川省工程勘察设计“四优”一等奖（总计6项一等奖）。

城乡住房援建项目 城乡住房重建项目共7项，其中农村住房重建6项、城镇住房重建1项。农村住房重建总投资72464万元，其中辽宁援建资金69645万元。农房建设是辽宁省援建安县的“一号工程”，2008年7月到位的第一笔援建资金即用于农房建设。为解决灾区群众建房的资金困难，辽宁省按照每户5000元标准对重建农房进行补贴，为安县99329户灾区群众建起新房；辽宁省还专项投入2500万元，用于改善灾区群众生活环境。地处深山、地震中房屋尽毁的晓坝镇黄羊村家家户户建起风格各异、具有旅游接待功能的漂亮川西民居，受到温家宝等的充分肯定。

2008 年 10 月，在安县召开的四川省农房建设现场交流会上，辽宁省实施的农房建设经验被推广。

在城镇住房建设方面，辽宁省投入 6396 万元用于 9 个廉租住房项目，共修建 1022 套 46164 平方米廉租房。2010 年 5 月，城镇廉租房建设全部竣工。

教育援建项目 教育项目 11 项，约占援建项目的 11%。援建的学校有：花荄镇初级中学、沸水镇九年一贯制学校、睢水镇九年一贯制学校、秀水中学、桑枣初级中学、黄土镇九年一贯制学校、千佛镇小学、安县沙汀实验中学、安县花荄幼儿园、安县职业中学。教育援建项目总投资 33636 万元，其中辽宁援建资金 32292 万元。除安县花荄幼儿园、安县技术人才教育培训学校外，其他项目中辽宁省投资最少的也在 1000 万元以上。其中，超过 5000 万元的学校有 3 所：安县职业中专 6657 万元、安县沙汀实验中学 5336 万元（见图 255），全部为辽宁援建资金；桑枣初级中学总投入 5379 万元，其中辽宁援建资金 5254 万元。桑枣中学是辽宁援建工程的重点“交钥匙”工程，由辽宁省城乡建设规划设计院设计，中冶集团华冶资源开发有限责任公司辽宁分公司承建。桑枣中学新校区规划占地 62 亩，总建筑面积 1.79 万平方米，其中教学楼面积 7600 平方米、两幢学生宿舍楼 8500 平方米、学生食堂 1800 平方米，运动场、篮球场、乒乓球场、教学仪器设备保管室、图书资料室和围墙等设施齐全，可容纳 1800 名学生、36 个教学班。被誉为“史上最牛校长”的桑枣中学校长叶志平自豪地说：“辽宁投入 5200 多万元援建，让桑枣中学成为西南地区硬件最好的初中，与辽宁任何一所初中相比，硬件也毫不落后！”桑枣中学项目获四川省灾后重建项目“天府杯”金奖。

图 255　辽宁省援建的沙汀实验中学

（辽宁省援建指挥部　提供）

医疗卫生援建项目　医疗卫生援建项目14项，总投资35022万元，其中辽宁援建资金30273万元，主要用于安县人民医院、乡镇卫生院、村卫生站及计生站建设及医疗设备购置；在重点强化县级医疗卫生机构的建设基础上，实现县、乡镇、村三级医疗卫生服务网络全覆盖。卫生援建14个项目包括安县人民医院、安县中医院（见图256）、安县第二人民医院、安县妇幼保健院、花荄镇卫生院、黄土镇中心卫生院、安县疾病预防控制中心、137个村卫生站、安县计生服务站及秀水、河清、清泉、桑枣、塔水计生站。建成后的安县人民医院总投资12738万元，其中辽宁援建资金9569万元，开放床位300～360张；新建业务综合楼2.6万平方米，维修加固4100平方米；配备了消防设施、中央空调、中央负压、中央吸引等设施，增添了核磁共振、16排GE螺旋CT机、彩超、腹腔镜、CR\DR、全自动生化仪、电子胃肠镜、血液透析机、麻醉机、骨科动力系统、手术显微镜、荧光免疫分析仪、病理多媒体、纤维支气管镜等设备，提高了医院医疗条件。

图256　震后新建的安县中医院

（辽宁省援建指挥部　提供）

社会福利援建项目　社会福利援建项目共10项，主要包括安县社会福利中心及塔水镇、秀水镇、黄土镇、花荄镇、界牌镇、高川乡、乐兴镇、宝林镇8所敬老院等，总投资9456万元，其中辽宁援建资金8101万元。项目总投资3390万元的安县社会福利中心是四川省内援建档次较高的集医疗、疗养、康复、养老等多种服务功能于一体的综合性社会福利机构，为辽宁首批援建安县的10大民生项目之一。该项目占地38亩，建筑面积10550平方米，有400张床位，其中社会福利院200张、光荣院150张、救助站50张；建筑设计融入钢结构、玻璃幕墙等现代设计元素，具有川西民居四合院的建筑风格。该院主要用于接待全县孤老、孤残等重点优抚对象。援建的8个乡镇敬老院方便了居住在乡镇的老人，使其在本乡本土即可颐养天年。

文化援建项目 文化援建项目共3项，主要是安县文化和职工活动中心、安县广播电台业务用房（广播电视大楼）及有线电视前端、光缆主干网重建及设备等。文化项目总投资20820万元，其中辽宁援建资金12990万元。安县文化和职工活动中心是辽宁对口援建10大重点项目之一，总投资13069万元，其中辽宁援建资金9190万元。项目主要包括安县文化馆、安县图书馆、博物馆、文化广场、剧团、体育馆、老年活动中心、新华书店、文物管理所、健身广场铺装、绿化、健身长廊、管网配套、设备购置等。安县文化和职工活动中心集各种文化场所于一体，与安县原文化广场相互连接，在县城中心区域形成总面积超过140亩的群众文化活动中心，提升了安县公共文化服务功能。安县广播电视大楼是辽宁援建的10大重点项目之一，建筑面积3807平方米，总投资2600万元，其中辽宁援建资金2180万元。安县广播电视大楼是集广播电视节目接收、拍摄、制作、编辑、播出于一体的综合性基础设施，内设电视新闻演播室、电视专题演播室、节目编辑制作室、电台播音室、前端机房、播出机房等设施。

2010年5月12日汶川地震发生两周年之际，安县县委、县政府在文化广场立碑，镌刻《感恩辽宁援建记》："四千三百万辽宁人情系灾区……辽安携手同心建家园。夜以继日，助九万九千余户农房重建；披星戴月，援建二十六所学校医院；高瞻远瞩，增强造血功能建辽安工业园；心系民生，帮万余民众就业暖心坎。晓坝异址重建，集川西北精品民居，彰显辽宁情怀。提升文化素养，建活动中心丰富群众精神家园。打通辽安路，福泽六镇民众；修筑辽宁大道，拓展南北干线。无私奉献，安县跨越三十年！高山仰止，碧水长吟，安县子孙后代永志辽宁恩情！万鳌高歌，千秋功炳，安县秉承辽宁精神激流勇进！"

城镇及农村基础设施项目 城镇基础设施项目12项，以城镇道路重建改建为主，总投资11124万元，其中辽宁援建资金7979万元。项目包括滨河路、金鸿路东向延长段、金鸿路中段、文苑路东向延长段、玉林路、滨河带一号路、县城新城区道路、应兴与解放街、广元街、花兴路东段道路改造工程以及沸水镇安置点基础设施项目。

农村基础设施项目6项，总投资85716万元，其中辽宁援建资金83725万元。项目主要以公路修建为主，包括辽宁大道（永安路）、辽安路（江油界至秀水段，又称江秀路）、秀茶路、辽安路二期（花荄至金家林快速通道）项目、黄土大桥重建项目、道路抢修保通工程。辽安（江秀）路是提高安县路网等级，构建县域半小时经济圈，打造安县新的枢纽交通的一条重要路网干线公路，是辽宁省援建项目中的重点工程与最大单体援建项目，总投资4.1亿元，路长30.16公里，沥青混凝土路面60.2万平方米。全线共设置大桥2座375延米、中桥3座156延米、小桥9座292.94延米、涵洞86道、通道桥1座、渡槽6道、平面交叉68处、改路24处、改渠10处。辽安（江秀）路作为安县路网规划中东西向的主骨架，路线布设结合城镇规划，以方便快捷、经济适用、促进地方经济发展为主要原则，将安县县城与花荄镇、界牌镇、兴仁乡、乐兴镇、塔水镇、秀水镇等6个乡（镇）紧密连接在一起，结束了安县县城到秀水不得不绕道安昌、桑枣甚至北川新县城的历史，缩短路程15公里左右，节省时间三分之二，方便了群众出行，并极大提升了沿途百姓的生活质量。

晓坝镇援建项目 晓坝镇异地重建是辽宁省援建安县的重点工程，是四川省两个异地重建镇之一。根据晓坝新镇区位于罗浮山旅游区、千佛山国家森林公园、白水湖国家水利风景名胜区三大景区核心部位的区位优势，辽宁省城乡建设规划设计院在《晓坝镇总体规划》中将晓坝新镇区功能定位为以绵阳丰富旅游资源为依托，以旅游服务、温泉度假为支撑，建设成以川北民居风格为特色的国家灾后恢复重建试点小城镇、绵阳市温泉之乡、安县中西部地区旅游服务型小镇。

晓坝镇项目共15项，投资总额25018万元，其中辽宁援建资金24932万元。项目主要有九年一贯制学校、卫生院、敬老院、供水设施、道路设施、堤防建设、防洪沟建设、镇场地回填平整、镇区基础设施建设、垃圾处理场、污水处理厂、集贸市场等建设工程。晓坝镇异址重建项目由辽宁省城乡规划设计院设计，县城采用“水韵生态家园”与“中国院子”相结合模式，注重体现民俗风貌。民居建筑大多采用原色木门、特色店招、剪纸装饰画、曲延回廊、墙体绘画、图腾柱等，既体现川西北民俗韵味，又融合了辽宁文化元素。民居旁休闲广场上36根柱子，寓意六六大顺，祈愿风调雨顺。柱子上面刻有沈阳故宫、二人转等辽宁特色图案。新晓坝镇学校、医院、敬老院等配套设施齐备，镇内街路都以辽宁城市命名，如沈阳路、大连路、鞍山路等。

产业援建项目　产业援建项目共13项，总投资85990万元，其中辽宁援建资金69113万元。产业援建项目主要是辽安工业园、辽安现代农业科技示范园和旅游产业三大产业支持项目。主要项目包括辽安工业园区标准厂房及配套设施工程、工业园区农民搬迁安置住房基础设施、工业园区华晨小区道路工程、辽安现代农业科技示范园、桑枣旅游基础设施建设、安县罗浮山环山公路（景区道路北环线和自行车道路建设）、千佛山景区项目道路及防洪工程等。

辽安工业园项目。为产业援建重点项目，项目总投资73480万元，其中辽宁援建资金58663万元。2008年10月25日，辽宁省与安县签署《华晨集团援建安县汽车零部件投资意向书》，确定在辽安工业园内建设华晨汽车及零部件工业园。园区内可承接约150家企业入住，有保险杠、仪表盘、油箱、限速器、消音器、冲压件等多个零配件招商项目。工业园建成后（见图257），可实现年税收8亿元，同时能提供5000余个就业岗位。

图257　辽安工业园（辽宁省援建指挥部　提供）

辽安现代农业科技示范园项目。项目总投资2000万元，全部为辽宁援建，占地1.2万亩，2010年6月落成。园区内分为蔬菜、园艺、农作物新品种新技术试验与杂交水稻制种标准化生产、体验农业五大核心示范基地。项目可对深层次调整安县农业产业结构、提升农产品附加值、加速推进农业实现科学发展起到重要作用，可以直接带动基地农民2.95万户、8.5万人增收致富，同时可辐射全县及周边近10万农民受益。

旅游业项目。地震中，罗浮山温泉度假区、千佛山风景区、白水湖生态观光区均受到重创。辽宁援建以罗浮山风景区功能恢复为重点，先后投入3000万元，用于改善桑枣景区基础设施、道路、停车场建设，完善景区服务功能。

三　软件援助

辽宁省援助安县的软件项目，包括规划编制与评估鉴定、干部培训、医疗卫生、教育文化、就业、农业科技支援等方面的智力支持及软实力支援。

规划编制与评估鉴定　辽宁省城乡建设规划设计院先后选派400多人次工程技术人员，高质量完成安县18个乡（镇）1∶500地形图测绘，18个乡（镇）灾后重建规划（包括总体规划和控制性详细规划），晓坝镇修建性详细规划，安县30多所学校、医院及福利设施的建筑工程设计；完成《安县县城滨河两岸修建性详细规划》《安县县城九曲花荄设计》《安县县城旧城改造规划》《安县五县城路口地区城市设计》《安县产业发展规划》以及《白水湖—罗浮山省级风景名胜区规划及分区规划》等专项规划。抽调、组织14名工程技术人员参与危房鉴定，完成安县中学11栋建筑、8.4万平方米校舍的检测鉴定。

干部培训　为帮助安县提升干部的管理水平，3年里，辽宁省通过采取集中理论学习、下派各市挂职锻炼、实地考察参观等方式，分3批对安县4名县级领导干部、76名科级及20名副科级党政干部进行挂职锻炼及学习培训。挂职锻炼干部分赴沈阳、大连、鞍山、本溪、丹东等市、县的经贸、招商、民政、组织等部门任职并参与部门工作，参加由辽宁省委组织部、省行政学院安排的理论与实际相结合的集中课程学习。2009年10月，首批安县21名科级党政干部赴沈阳、大连、鞍山、本溪、丹东等12个市、县参加培训及学习考察，安县同时有10名副科级干部到辽宁5个市分别挂任市、县部门副职。

医疗卫生支援　2008年6月25日至2009年5月，辽宁省卫生厅先后派出8批工作队共436名医疗卫生防疫人员到安县对口支援，其中医疗队员130名、疾控队员129名、监督队员177名，支援车辆43台，投入支援经费1100余万元。各批次医疗卫生队共出动人员1万余人次，出动车辆3000余台次、行驶20余万公里，全面开展卫生监督、疾病控制、医疗服务等对口支援。实现在安县18个乡（镇）、234个行政村的卫生防疫工作全覆盖，共救治和诊治伤病员1322人次，实施卫生宣传和健康教育6万人次，培训医务人员610人次，发放宣传材料2.1万份，监督检查灾区群众安置点、食品经营单位、学校以及传染病防治单位590个次。省卫生厅还选派心理医生到安县，利用门诊对病人进行心理疏导，开办心理健康讲座，对近千人进行心理健康状况评估，进行心理干预6785人次。辽宁省医疗卫生工作队还重点开展了对安县县级医疗卫生机构骨干、专业人员、乡镇卫生技术人员的培训工作，派专家到安县讲学，到乡镇、社区为卫生技术人员进行面对面辅导、举办培训班，共培训万余人次。

教育文化支援　教育培训。2008 年 7—8 月，辽宁省教育厅两次向安县派出工作组，并组织有关教育专家成立对口支援安县中小学教师暑期培训工作组，到安县开展教师、校长培训。9 月下旬，省教育厅、教育基金会组织优秀教师讲学团 15 人抵达安县，通过教学示范课、探究式研讨课、心理学辅导课及教育教学讲座等方式开展活动。2009 年、2010 年，省教育厅对安县中小学校长、教师共开展 5 批学校行政管理、教学管理及基础教育课程改革、学科教学等专题培训。至 2010 年 4 月底，辽宁省共派出 30 余名优秀教师或教育专家，培训安县校长及管理干部 100 名、教师 3000 余名。

师生心灵抚慰。2008 年 7 月 20—27 日，由辽宁省教育厅主办、省教育基金会承办的“川娃看辽宁”夏令营活动在沈阳、大连等地举行，79 名安县师生参观沈阳故宫、大帅府、东陵、大连极地馆、旅顺等地，与辽宁省中小学师生进行友好交流，听心理教师辅导报告；在大海边放行心愿船、点燃心愿灯，祈祷国泰民安。师生们在辽宁期间，受到副省长鲁昕的接见。

就业支援　2008 年 6 月 30 日起，辽宁省政府与四川省政府共签订 3 期帮助安县对口就业援助协议书，制定了援助规划，累计为安县灾区劳动者提供 14958 个有效岗位信息，帮助异地转移就业人员实现四川省境内就地就近就业 8590 人；通过援建项目吸纳灾区劳动者就业 10548 人，接收 106 名灾区技校学生至辽宁就读。

2008 年 7 月，辽宁省人力资源和社会保障厅在安县召开 5 场现场招聘洽谈会，51 家企业提供 2593 个岗位，达成就业意向率为 41.4%。8 月，辽宁企业派人深入安县乡镇举办小型招聘会。沈阳市开通 3 条远程专线进行视频面试，方便灾区劳动者到沈阳应聘。

农业科技支援　为扶持安县农业特色产品魔芋生产的恢复和发展，辽宁省科技厅组成科技特派团至安县进行农业技术培训和对口帮扶。特派团与绵阳豪茂魔芋食品有限公司合作，先后从云南、贵州、陕西、重庆等地调入种芋 100 吨，无偿送给当地农民，扶持安县建立魔芋品种选育示范田，引进高产、抗病毒魔芋新品种 10 余个；在桑枣镇大竹村、铜钱村、齐牛村建立种芋示范基地 100 亩，在永昌新建 300 亩无公害魔芋生产示范田，逐步实现种芋本地化。特派团科技人员 70 余次深入魔芋种植田，进行现场辅导与解答疑难，培训农民 1500 人次。省科技厅还组织专家编写《魔芋栽培实用技术》一书，印制 3000 册发放给农民。

为普及科技知识，辽宁省科协组织省内专家历时 3 个月，编写了通俗易懂的《辽蜀同心科技进家平安幸福》科普系列丛书。2009 年 1 月 11 日，1 万套（每套 10 本）10 万本科普书运往安县。辽宁省农委制定《辽宁省农委援助安县软实力建设培训方案》，对安县恢复农村沼气池建设和蔬菜生产技术开展指导培训；省农委组织专家组，为安县培训沼气施工人员 300 人，每个乡镇 10 ～ 20 人参加培训；帮助安县建起农村集中沼气气化站；依托当地优势产业开展食用菌、小拱棚西瓜和魔芋的规模化和标准化生产技术培训，提高了技术含量，扩大了生产规模。

水利协助病险隐患排查。辽宁省派出由 23 名水利专家组成的 4 个工作组深入安县，完成 28 座水库、4 条主要河流堤防及主要损毁堤段、4 个中型灌区渠首枢纽及干支渠、45 个集中供水处的现场勘察，启动病险水库的鉴定和除险加固设计工作；协助安县水务局完成桑枣镇香溪村应急集中供水工程的勘察、设计、施工等工作，并于2009年7月10日完工供水，解决了2300多名受灾群众的吃水难题。

辽宁省先后派出2批20多人组成的公路交通专家队伍，对受损的26座桥梁和1座隧道进行检测评价，制定加固技术方案和工程排险方案，并指导采取相应的工程措施消除隐患，避免次生灾害发生。

第九节　福建省支援彭州市

2008年6月，中共中央、国务院明确福建省对口支援彭州市灾后恢复重建，福建省委、省政府迅速制定工作方案，确定由福州、厦门、漳州、泉州、三明、莆田、南平、龙岩、宁德等9个设区市分别对口支援彭州市20个镇的灾后重建。从2008年6月到2010年12月，福建省全体援建人员围绕省委、省政府确定的“心系灾区、共渡难关”的援建主题，努力实现“管理优化、工程优质、干部优秀、灾区人民满意”的援建目标，选调140名干部组成福建省对口支援彭州市灾后恢复重建前方指挥部和9个设区市分指挥部，常住彭州；组织福建省建筑设计研究院等11家设计单位、福建省九龙建设集团有限公司等44家施工企业参加项目援建，采取“交钥匙”和“交支票”两种方式，建成居民住房、基础设施、公共服务设施等领域的项目146个，总投资33.77亿元；先后派出规划管理人员、医疗防疫人员、中小学教师、公安干警等共938名，参与彭州市规划、支医、支教和支警援助，圆满完成中共中央、国务院部署给福建省的对口援建任务。

一　部署与组织

中央明确福建省对口支援彭州市灾后恢复重建后，2008年6月16日上午，福建省委召开常委（扩大）会议，研究部署对口支援彭州市灾后恢复重建工作，决定成立福建省对口支援彭州市灾后恢复重建领导小组、福建省对口支援彭州市灾后恢复重建领导小组办公室、福建省对口支援彭州市灾后恢复重建前方指挥部，要求各设区市分别成立相应机构，并初步确定福建省对口支援彭州市灾后恢复重建工作方案及对口支援的内容和方式。省委书记卢展工主持会议并讲话，要求牢固树立全国一盘棋的观念，不折不扣，坚决完成中央交给的各项任务；要凝聚各方力量支持参与灾区建设，持续展现海峡西岸的良好形象和福建人民的深切情怀。省长黄小晶作了具体部署。会议决定，福建省对口支援彭州市灾后恢复重建领导小组组长由黄小晶担任，省委常委、宣传部部长唐国忠，省委常委、组织部部长于伟国，省委常委、副省长陈桦和副省长张志南任副组长；省援建领导小组办公室主任由省政府副秘书长、办公厅主任刘明担任，省前方指挥部指挥长由省政府副秘书长庄稼汉担任。

2008年6月16日下午，福建省援建领导小组召开第一次会议，对福建省对口支援彭州市灾后恢复重建工作作出具体部署和安排。18—20日，黄小晶率领导小组成员到彭州开展调研对接工作。考察期间，援建领导小组一行深入龙门山镇等彭州市受灾最为严重的7个山区镇查看灾情，先后3次与成都市委、市政府和彭州市委、市政府有关负责人会商，与四川省委书记、省长座谈，全面了解当地受灾情况和灾后重建工作思路，就抗震救灾和对口支援工作交换意见。18日和19日晚，援建领导小组在彭州当地分别召开援建领导小组第二次和第三次会议，在实地调研的基础上，对援建前方指挥部的组织架构、援建工作体系、援建项目规划编制及第一批启动项目、“软件”援助内容和方式、救灾援助与灾后援建衔接、援建工作方案调整等进行研究部署。会议强调，彭州的事就是福建的事，要急灾区之所急，帮灾区之所需，学习灾区人民自强不息、不屈不挠的精神，与彭州干部群众密切配合，相互协作，重建美好家园。

根据彭州市受灾情况，福建省委办公厅、省政府办公厅于2008年6月17日印发《福建省对口支援彭州市灾后恢复重建工作方案》，确定由福建9个设区市承担对口支援彭州市全部20个镇的灾后恢复重建任务。具体安排是：厦门市对口支援龙门山镇、白鹿镇、天彭镇和致和镇，福州市对口支援小鱼洞镇、磁峰镇、桂花镇和丽春镇，泉州市对口支援通济镇、新兴镇、丹景山镇和葛仙山镇，漳州市对口支援敖平镇和三界镇，龙岩市对口支援隆丰镇和军乐镇，三明市对口支援红岩镇，南平市对口支援九尺镇，宁德市对口支援升平镇，莆田市对口支援濛阳镇。20日，福建对口支援彭州市灾后恢复重建前方指挥部在彭州正式挂牌。24日，省援建领导小组召开第四次会议，要求各设区市抓紧抽调得力人员成立市对口支援领导小组及办公室、市前方指挥部；抓紧制定援建规划及实施方案，在此基础上形成福建援建彭州市的总体规划及实施方案；援建规划出台前，选择一批社会各界未认建的、重建条件成熟的中小学校、乡镇卫生院作为福建第一批援建项目，尽快启动建设，尽早投入使用。会议还根据教育部、人力资源社会保障部的部署，对援助彭州市10所中学的仪器设备、援建军乐职业中学、搭建彭州受灾教职工安置房、接受彭州受灾初中毕业生到福建就读中职学校等工作进行部署。27日，省前方指挥部和9个设区市前线指挥部人员全部到位，具体负责福建在彭州市区及村镇第一线的援建工作，主要包括协调制定恢复重建规划、进行对口支援项目建设、规范项目资金管理等。

2008年6月27日至7月初，福建省委常委、副省长陈桦，省委常委、厦门市委书记何立峰，省委常委、福州市委书记袁荣祥，以及其他设区市主要领导，相继率队至彭州调研和部署对口援建工作。通过调研，进一步明确了省、市对口援建的工作重点和主要任务。陈桦在调研中指出，从优先解决灾区群众基本生活问题入手，因地制宜确定一批中小学校、卫生院、敬老院、自来水厂等援建项目，尽早开工早见实效；加快过渡安置房建设，确保受灾群众7月25日前入住；坚持援建工作项目化、援建项目具体化的原则，注重集中资金援建一批对灾区恢复重建有重大影响的项目；积极帮助灾区招商引资和转移劳动力，扩大就业。7月7日，省援建领导小组召开第五次会议，原则同意对口援建首批启动项目计划，并对完善计划内容、实施项目建设管理、建立项目建设管理制度、协助彭州招商引资等工作提出了具体要求。8日，省前方指挥部与彭州市政府举行首批援建项目签约仪式，确定了20个与灾区群众生产生活密切相关的援建项目和支医支教、规划援助等5个“软件”援助项目，揭开福建省援建项目建设的序幕。9日，福建省在彭州成立对口支援彭州就业援助中心，帮助当地受灾群众在福建等地实现就业，并提供就业培训、劳动维权等服务。12日，福建省对口支援彭州市灾后重建首批8个项目正式动工，标志福建援建项目进入实施阶段。20日，福建省在彭州安装的36522套过渡安置房全部竣工交付，提前20天完成中央下达的安置房建设任务。

2008年8月12日，福建省援建领导小组召开第六次会议，要求把建设和修复城乡居民住房、城区往返乡镇的主干线道路、公共服务设施作为援建工作的重中之重。会议确定按照每年对口援助实物工作量不低于上年财政收入1%的要求，先按3年23亿元的资金安排援建盘子，其中初步安排12亿元资金用于灾区群众永久性住房援建。29日，福建省委常委会议决定，福建省援建彭州资金盘子由3年地方财政性资金安排1%，另外再加上10亿元左右的社会各界捐赠资金。

2008年9月，福建省前方指挥部完成《福建省对口支援彭州市灾后恢复重建项目建设规划》的编制工作。10月14日，省援建领导小组召开第七次会议，研究援建项目建设规划、援建项目建设管理和援建资金拼盘等事宜。会议对项目设计、项目监管、项目建设标准、工程招投标和项目资金提出具体要求。30日，省援建领导小组正式印发《福建省对口支援彭州市灾后恢复重建项目建设规划》。规划包括城乡住房、公共服务设施、基础设施、产业发展、就业、技术、医疗卫生和教育8个方面的援建和援助任务及项目，援建项目覆盖彭州市全部20个镇。援建规划根据中央确定的8个方面的援建内容和彭州市的灾情特点，合理确定福建援建项目的体系和每个援建项目的建设内容、布点、规模和时序。援建规划突出“三个优先、两个重点”。“三个优先”，即优先解决受灾群众基本生活条件，优先解决灾区就学、就医问题，优先解决灾毁基础设施建设，这三方面的援建项目数占福建援建项目总数的85%。“两个重点”就是在援建资金上，重点支持城乡居民住房、公共服务设施和供（排）水、道路（桥梁）等基础设施建设和修复项目，安排这些项目建设资金占援建资金总额的87%；重点向北部和中部极重灾区和重灾区倾斜，安排这些区域的重建资金占援建资金总额的70%以上。

2009年1月17—18日，春节前夕，卢展工、黄小晶及省政协主席梁绮萍等率福建省党政代表团至彭州慰问考察，推进项目建设。考察期间，卢展工提出，要按照“精品工程”要求建好对口支援项目；对口支援项目工程要保证一年365天不停工，春节期间工程也不能停。为了贯彻中央三年目标任务两年基本完成的援建新精神，福建省前方指挥部于5月13日在彭州举行加快推进对口援建工作宣誓仪式，对援建工作进行再动员、再部署。22日，陈桦在与彭州市代表团举行的灾后重建工作座谈会上强调，按照“重在持续、重在提升、重在运作、重在实效”的要求，力争到2009年年底完成100个援建项目建设。8月22日，省委常委、秘书长杨岳到彭州听取省前方指挥部的工作汇报，要求援建人员不断增强责任意识，扎实推进各项工作。10月27日、28日，福建省委及省委办公厅、省政府办公厅分别发文，任命余军担任福建省前方指挥部党组书记、指挥长，庄稼汉返闽履新。

2009年11月，孙春兰任福建省委书记。2010年1月6—7日，受孙春兰和黄小晶委托，陈桦及省人大常委会副主任郑道溪、省政协副主席郭振家等至彭州与援建人员、当地干部代表就如何进一步做好2010年的援建工作进行座谈。陈桦强调，2010年是援建工作的决战之年，确保5月12日前基本完成工程建设任务，9月底前圆满完成对口支援的主要任务，向灾区人民交上一份满意的答卷。至2010年2月，福建援建的“交钥匙”项目均已开工建设，竣工率77%。2月26日和3月1日，黄小晶、陈桦分别作出批示，肯定援建彭州工作成效突出，要求善始善终完成援建任务。4月14日，陈桦第五次至彭州看望福建援建人员，调研对口援建工作。26日，孙春兰在会见专程至闽考察的成都党政代表团时表示，福建省将继续全力支持灾区重建，努力建立长效机制，推动两地交流合作，实现互利共赢。28—29日，黄小晶、陈桦再次就做好援建收尾工作分别作出批示，要求援建工作要经得起历史检验，要善始善终。6月20日，福建省援建的彭州市人民医院等7个市属社会事业项目竣工交付，援建工作转入收尾阶段。9月16—17日，在福建省即将全面完成对口支援彭州市灾后恢复重建任务之际，受孙春兰、黄小晶的委托，陈文清、陈桦、郑道溪及省政协副主席叶继革等率领福建省党政代表团到彭州市总结检查援建工作。在此期间，签署了经济社会战略合作协议，拟在巩固援建成果、互利共赢的基础上，进一步加强人才及人力资源、特色优势产业和园区、农业、旅游、商贸及现代服务业、科技、环保等9个方面的合作，建立长期合作机制。

2011年11月24日，福建、四川两省在福州举行经济社会发展情况交流座谈会。孙春兰和四川省委书记刘奇葆出席座谈会并讲话。孙春兰建议总结对口援建经验，推动建立交流合作长效机制，落实福建省20个乡（镇）与彭州市20个镇全面“结对子”合作协议，推动两省在经济、科技、文化、教育、卫生、人才、劳务等领域的合作；深化区域合作，推动区域互动发展，大力支持福建企业积极投身到天府新区的开发建设，欢迎四川的大企业、大集团积极参与福建平潭建设开发；深化产业合作，推动优势互补，积极推进传统行业的有序转移与加快升级，加强战略性新兴产业的战略合作，推动现代服务业双向投资、共同发展；发挥区位优势，携手开拓市场，开辟出新的交通物流通道，推动两省交流合作取得更加丰硕的成果。

二　项目援建

福建省援建项目146个，总投资33.77亿元，其中115个为“交钥匙”项目、31个为“交支票”项目，覆盖彭州市全部20个镇。援建项目体系以灾区群众永久性住房、公共服务设施和基础设施项目为主，同时又有产业援助项目；以灾区人民迫切需要的建设项目为重点，又有就业培训、支医支教和协助招商引资等援助内容；以财政性资金投入为主体，又包含社会各界捐赠资金；以省和设区市前方指挥部主导实施为主，积极组织企业参与产业援助；体现了“硬件”与“软件”结合、“输血”与“造血”结合、当前与长远结合、政府主导与社会参与结合原则。2010年9月，福建省对口援建彭州市的115个“交钥匙”项目全部建成并移交彭州市运行管理；12月，31个“交支票”项目资金全部拨付到位；同时，支医支教、就业援助、产业援助等各项“软件”援助任务全面完成，实现中央三年目标任务两年基本完成的要求。福建省援建的清平中学、九尺中学、清平小学、彭州市人民医院病房综合楼、彭州市妇幼保健院医技病房综合楼、彭州市群众艺术馆6个项目获得四川省“天府杯”金奖，另外6所学校项目获得“天府杯”银奖。彭州市广电中心工程被评为四川省结构优质工程。

城乡居民住房项目　城乡居民住房项目为“交支票”项目。彭州市需恢复重建住房约12万户，福建采用资金补助的方法，按照每户平均补助1万元的标准，切块12亿元财政援助资金由彭州市统筹安排，实现受灾群众100%住房保障安置目标。城乡居民住房项目涉及彭州市20个镇

图 258　福建省援建的彭州市小鱼洞镇小鱼洞安置点

（四川省委宣传部　提供）

图 259　重建的彭州市龙门山镇新农村

（四川省委宣传部　提供）

近 500 个灾区群众安置点的永久性住房及公建配套设施建设，住房总建筑面积 500 万平方米，可安置 5.9 万户受灾居民。援助资金最多的是极重灾镇通济镇，为 18386 万元；其次是重灾镇葛仙山镇，为 1.3 亿元；最少为轻灾镇九尺镇，888 万元。（参见图 258 ~ 259）

教育设施项目　教育设施共 41 个项目，包括 9 所中小学、30 所幼儿园的基本建设和 2 所职业中学的专业教学设备配置。

中小学校项目 11 个，涉及基本建设的学校有成都石室白马中学、九尺中学、敖平中学、清平中学、利安中学、军乐职业中学、清平小学、利安小学、西郊小学，占彭州市灾后新建中小学数量的三分之一；涉及石化和电子专业教学设备配置的分别是军乐职业中学、彭州职业中学。9所新建中小学项目于2009年8月13日新学年开始前全部竣工交付使用，总建筑面积13.7万平方米，建设投资合计32503万元，学校可容纳学生16960名；分别占彭州市灾后新建中小学校总建筑面积、建设总投资和总容纳学生数的47%、49%和51%。中小学项目配合彭州市“小学下山、初中进镇、高中进城”的教育资源整合要求布局建设，投资最多是成都石室白马中学，约8366万元。该校总建筑面积38706平方米，可容纳4000名学生，是彭州市灾后重建的一所规模最大的完全中学，接纳的学生包括彭州市原西郊中学、天彭中学、通济中学、丽春中学等4所学校的学生。莆田市援建者按照“建精品工程、树海西形象”（指台湾海峡西岸，以福建为主体包括周边地区）的要求，实行三班倒日夜施工和无节假日施工，仅用275天就将这所功能全面、环境优雅、质量上乘的现代化庭院式花园学校建成，满足了3200名白马中学学生新学年就读于新学校的愿望。

福建省援建幼儿园项目30个，占彭州市灾后新建公办幼儿园的100%，覆盖彭州市20个镇。具体有利安幼儿园、天清幼儿园、致和幼儿园、白鹿幼儿园、清平幼儿园、西郊幼儿园、丽春幼儿园、北君平幼儿园、庆兴幼儿园、桂花幼儿园、小鱼洞幼儿园、磁峰幼儿园、丰乐幼儿园、葛仙山幼儿园、楠杨幼儿园、丹景山幼儿园、新兴幼儿园、通济幼儿园、思文幼儿园、三界幼儿园、敖平幼儿园、军乐幼儿园、隆丰幼儿园、九尺幼儿园、濛阳幼儿园、三邑幼儿园、竹瓦幼儿园、红岩幼儿园、升平幼儿园、龙门山幼儿园，总建筑面积4.83万平方米，建设投资合计12046万元，可设班级174个，容纳幼儿5220名。建设规模最大的为升平镇中心幼儿园，总建筑面积2600平方米，投资680万元，宁德市援建者仅用100天时间即完成建设任务。其他幼儿园援建项目也都在2009年5月汶川大地震一周年之际全部建成，为彭州市实现“城乡适龄学前幼儿入园率达95%以上”的目标做出了重大贡献。

医疗卫生设施项目　医疗卫生设施项目包括彭州市人民医院、彭州市妇幼保健院、彭州市精神病医院、彭州市计划生育服务站、彭州市三界镇公立卫生院和丽春镇计划生育服务站共6个新建项目，总建筑面积8.5万平方米，建设投资合计41184万元。彭州市人民医院是彭州市公共卫生事业建设的最大一个项目，也是福建援建项目中投资规模最大的一个项目，总投资27802万元，设置床位499张，总建筑面积48171平方米，配置有先进的医疗专业设备。该医院的建成，使彭州市医疗卫生体系的硬件水平大幅提升，充满现代感的门诊医技楼、病房综合楼及“医院街”已成为当地的标志性建筑。灾后重建的彭州市妇幼保健院建设投资11195万元（其中福建援建资金7145万元、国家专项资金4050万元），在福建援建项目中投资规模位居第三位，总建筑面积19122平方米，是该院震前建筑面积的5.8倍；设置床位200张，是该院震前开放床位的4倍。为了提高医院建筑的抗震性能，彭州市人民医院病房综合楼和彭州市妇幼保健院医技病房综合楼基础均采用了橡胶隔震支座体系。

文化广播电视设施项目　文化广播电视设施包括22个项目，涉及彭州市群众艺术馆、彭州市广电中心的建筑安装工程及专业设备配置和小鱼洞、磁峰等20个镇文化广播电视站的基本建设，总建筑面积2.8万平方米，建设投资合计15994万元。其中建设规模最大的项目是彭州市群众艺术馆，总建筑面积9719平方米，建设投资5117万元，体现了传统与现代建筑风格的完美结合，已成为彭州市中心区域具有地标性的建筑物。投资最多的项目是彭州市广电中心，共6680

万元，总建筑面积5225平方米。文化广播电视站项目20个，即每镇1个，目的是帮助恢复和提升覆盖彭州市的广播电视网络功能。除龙门山镇广播电视站建筑面积604平方米外，其他19个镇的广播电视站建筑面积均为648平方米，每站投资200万元左右，按标准化设计图纸建设，是各镇具有特色的“亮点”建筑。

社会福利救济及其他设施项目 社会福利救济及其他设施项目26个，具体是彭州市老年福利中心、彭州市残疾人综合服务中心、彭州市红十字备灾救灾中心、彭州市灾后恢复重建规划展示馆、彭州市第三消防站、濛阳镇就业和社会保障服务中心、隆丰镇敬老院、军乐镇敬老院、通济镇客运中心、通济镇公共停车场、小鱼洞大桥地震遗址公园和15个镇残疾人康复医疗站。龙门山、小鱼洞和通济等15个镇的残疾人康复医疗站按每站安排15万元用于场地器材购置及安装，共计225万元。其他11个项目为基本建设工程。建设和投资规模最大的是彭州市灾后恢复重建规划展示馆，总建筑面积9376平方米，建设投资4497万元；其次是彭州市老年福利中心（包括老年活动中心和老年大学两栋建筑），总建筑面积5904平方米，投资1840万元，其建成结束了彭州市老年人缺乏集中学习和活动场所的历史。这两个项目均获四川省灾后援建项目“天府杯”金奖。小鱼洞大桥遗址公园作为彭州市三大地震遗址之一，已成为游客到彭州地震灾区参观缅怀的一个重要景点。

基础设施项目 基础设施项目共42个，涉及干线公路、桥梁、市政道路、水厂及供水管网、防洪堤和援建项目配套设施的恢复重建和新建。援建项目配套设施为“交支票”项目，建设资金2800万元用于福建援建的“交钥匙”项目的水、电、路等地方配套工程的建设。

干线公路项目9个，总里程74.105公里，占彭州市损毁干线公路里程的52%，总投资49720万元。具体包括川西环线敖平至红岩段、彭龙路国坪段、什彭路升平段、汉彭路天彭至九尺段、彭敖路、彭白路关口至龙门山段、彭白路改线工程、福建路（彭白路中线工程）、金沙路，主要是灾区镇通往彭州市的干线公路。这些项目按平原或山区二级公路标准设计，建成后恢复、打通了龙门山镇、九尺镇等12个镇的对外连接通道，提高了彭州市干线公路的通行能力。

桥梁项目6个，总长度773米，总投资3577万元，涉及4座干线公路桥梁和2座市政道路桥梁。干线公路桥梁包括重建小鱼洞大桥、加固修复川西大桥、新建红岩镇双江桥和西北桥，市政道路桥梁分别是清源路1#桥和南平路2#桥。投资1961万元的小鱼洞大桥是桥梁项目中投资规模最大的项目，也是福建援建的基础设施项目中施工难度最大、建设任务最艰巨的项目。旧小鱼洞大桥在地震中断为三截，完全垮塌，使小鱼洞镇、龙门山镇近3万老百姓出行和每年数十万游客进出银厂沟风景区的唯一干线公路中断。福州市援建者克服地质结构复杂、洪水影响等一系列施工技术难题，仅用6个月时间（比设计工期提前4个月）就在旧桥上游400米处建成一座桥长276米、桥宽13米、两岸引线全长1426米的新小鱼洞大桥，创造了福建省桥梁建设史上的奇迹。2009年5月12日小鱼洞大桥建成通车之日，当地老百姓用“踩桥”这种朴实的方式庆祝新桥落成，期望获得新生后的小鱼洞大桥能让灾区来年吉祥。当日，近万灾区群众自发赶到新桥，带着农作物、建材等物资和各种感恩标语走过大桥，并以燃放鞭炮礼花、放飞和平鸽、赠送土特产等形式，向援建人员及社会各界表达感恩之心。并排而立的老桥、便桥和新桥，代表着彭州创伤的昨天、重振的今天和美好的明天。

市政道路项目16个，总长度22.166公里，总投资19757万元，涉及9个镇的镇区道路，按城市干道或支道标准设计，建有供排水管道和路灯、绿化等配套设施。市政道路项目的主要功能是恢复和优化灾区镇镇区的路网结构，构建镇区恢复重建的主骨架，支撑镇区灾区群众永久性安置房建设。具体有丹景山镇镇区道路、三界镇龙江路、升平镇镇区道路、敖平镇镇区道路、濛阳镇西纵北延线、新兴镇镇区道路、丽春镇福州路、葛仙镇镇区道路，以及通济镇的榕城路、三明路、桥楼路、南平路、清源路、鼓浪屿路、漳州路、闽东路。

供水设施项目 9 个，总供水能力 1.95 万吨 / 日，供水管网总长 117.5 公里，总投资 6774 万元，涉及 6 个镇的水厂及供水管网建设和 3 个镇的供水管网建设。新建供水设施保证了这些受灾镇群众的饮用水安全供应。具体项目有小鱼洞水厂、葛仙山镇水厂及管网、桂花镇水厂及管网、磁峰镇水厂及管网、通济镇水厂及管网、龙门山镇水厂及管网、军乐镇供水管网、红岩镇供水管网、九尺镇供水管网。建设及投资规模最大的项目是通济镇水厂及管网，设计日供水能力 5000 吨，投资 1351 万元；规模最小的项目是小鱼洞水厂，设计日供水能力 2500 吨，投资 385 万元。龙门山镇水厂及管网和军乐、红岩、九尺 3 个镇的供水管网工程为“交支票”项目，每个项目安排建设资金 700 万元，合计 2800 万元。

水利基础设施项目 2 个，分别是湔江（通济段）左岸防洪堤工程和湔江（通济段）右岸防洪堤修复工程。新建左岸防洪堤堤长 4000 米，由福州市援建，建设投资 2866 万元。右岸防洪堤修复工程为“交支票”项目，由彭州市当地负责建设，投资 230 万元。

产业发展援助项目　产业发展援助项目 7 个，总建筑面积 68571 平方米，总投资 19664 万元。具体项目有纺织服装（西南）创新中心、彭州市林业综合服务中心、闽彭产业园标准厂房、彭州市珍稀食用菌试验示范培训基地、升平镇食用菌科技产业园配套工程、通济镇农贸市场、新兴镇综合市场，着重提高地方特色产业在创新、培训和服务等方面的基础设施水平，增强产业发展后劲，促进农民增收。三明市援建者利用红岩镇梨花村居民迁出后的 4800 平方米活动板房，改造建成彭州市珍稀食用菌试验示范培训基地，既变废为宝、节约投资，也为灾区恢复重建创出了新路。投资 8788 万元建设的闽彭产业园标准厂房，总建筑面积 4 万平方米，是福建产业援助项目中规模最大的项目。（参见图 260）

图 260　福建省援建的彭州工业园区

（四川省委宣传部　提供）

三 软件援助

规划援助 援建初期，福建省组织福建省工程咨询中心、福建省城乡规划设计院、福州市规划设计研究院和泉州市城市规划设计院等单位，深入彭州市重灾镇实地踏看灾情，对各镇的灾后恢复重建规划编制提供咨询意见，编制了龙门山、白鹿、丹景山、磁峰、葛仙山等5个极重灾镇的旅游发展规划和三界镇总体规划（修编）、濛阳镇控制性详规、龙门镇镇区修建性详规、升平镇永久性安置区修建性规划、龙门山片区概念规划、国坪片区概念规划，部分规划成果被收录进四川省灾后重建规划图集。此外，福建省还选派12位规划专家和管理人员协助彭州市开展项目规划审批工作，并捐赠网上规划审批系统软件，指导彭州市规划局建立规划审批业务数据库。

医疗卫生援助 在赴彭州实地调研的基础上，福建省卫生厅制定印发《福建省医疗卫生对口支援四川省彭州市实施方案》，成立医疗卫生对口支援工作领导小组，并派出前方管理协调组。福建省在对口援建彭州市人民医院、妇幼保健院等6个项目的同时，利用项目建设的结余资金10778万元，为彭州市人民医院、妇幼保健、精神病院和三界镇公立卫生院、丽春镇计生服务站购置医疗专业设备、信息系统设备和医疗家具用具；安排专款购置10辆卫生防疫车赠送给彭州市卫生部门，购置1套进口内窥镜设备赠送给彭州市中医院；安排彭州市24名医疗人员分别到福建省立医院、福建医科大学附属协和医院和附属第一医院、省妇幼保健院、省人民医院、厦门市中医院等三级医疗机构进修；先后派出8批619名医疗卫生人员，与彭州市医疗卫生人员合力开展灾后卫生防疫监督、医疗技术援助、医疗卫生机构协作等恢复重建工作。

2008年6月20日至10月15日，福建省派出320名卫生防疫、卫生监督等人员与当地卫生防疫监督人员混合编组，共消杀处理安置点1650个、垃圾点1.5万个、临时厕所2.84万个、饮用水点消毒1993个，累计消杀面积约429万平方米；检查餐饮单位1298家、食品供应点918个、供水点796个，监测水样671份、检测项目1075个，实现了“大灾之后无大疫”的目标。10月15日后，又分批派出40多名资深的卫生防疫和监督专业技术人员到彭州市疾病预防控制中心、执法监督大队承担带教和指导任务。为恢复彭州医疗保障能力和提升医疗技术水平，福建省卫生厅先后从省内三级医疗机构选派250多名医疗专家和技术骨干，分别进驻彭州市人民医院、中医院、妇幼保健院、结石病专科医院和精神病院，采用“传、帮、带、教”等多种形式，对受援医院和镇、社区、村级卫生服务人员进行技术指导和专业培训，坚持定期到彭州市龙门山、小鱼洞、通济等重灾镇开展大型义诊和巡诊。两年多时间里，福建支医队伍累计巡诊4500人次、诊治患者10万人次，专家门诊2.53万人次，会诊3780次，手术3100余例，受到灾区群众和当地卫生部门、医务人员的高度赞扬；累计举办业务讲座、培训班1060期，共1.59万人次接受培训，努力为彭州市建立一支带不走的医疗卫生专业技术队伍。福建医疗专家还发挥专业特长，在彭州市属医疗机构只有一、二级综合性医院或专科医院的条件下，开展胸段食管癌三野根治术、腹腔镜下肾囊肿切除术、后腹腔镜下腹腔巨大肿瘤切除术、纤支镜检查治疗、持续性肾脏替代治疗、巨大脑膜瘤切除术等新技术新项目310项，填补了彭州市医疗卫生领域的空白。

福建省先后有6家医疗卫生机构与彭州医疗卫生机构结为协作单位，构建起支持彭州卫生系统发展以及闽彭双方医疗卫生共同发展的合作平台，探索建立长效帮扶协作机制。2008年7月，厦门市中医院率先与彭州市中医院结为协作医院。2009年8月，福建省立医院和厦门市第一医院与彭州市人民医院、福建省疾控中心与彭州市疾控中心、厦门市妇幼保健院与彭州市妇幼保健院、厦门市仙岳医院与彭州市精神病医院分别结成姐妹医院。

教育援助　福建省在援建彭州市白马中学、九尺中学等11个中小学和30个幼儿园项目的同时，注重长远的教育发展性援建和对口帮扶机制的建立，通过选派教师到彭州授课与培训、接收灾区学生到福建免费就读、组织两地学校合作交流、进行校际间网络教育教学研讨等，开展全方位的教育援助工作。

2008年8月至2010年6月间，福建省共有2批38名骨干教师赴彭州16所学校支教，其中有9名教师到村镇中小学支教、5名教师到职业中学支教。两年间，全体支教队员认真贯彻陈桦“牢记使命、扎实工作、树立形象”的要求，以及“多开展新课程改革经验交流活动，为彭州教育改革与发展多做贡献”的精神，一方面全身心投入顶岗教学工作中，用爱心、智慧和汗水培育着灾区学生；另一方面，主动帮助开展师资培训，共开设120多节示范课，举办40多场讲座，送课下乡40多节次，通过师徒结对子和培训等方式指导840多名青年或骨干教师，完成了支教任务。38名支教老师均被彭州市政府授予“优秀支教教师”称号。为了提升彭州市中小学教师业务水平，福建省教育厅分别于2008年9月、2009年11月和2010年7月，选派3批共24名优秀教师、高校教授组成福建教师讲师团开展师资培训，集中培训了1500多名彭州市中小学骨干教师。

为了解决灾后彭州市部分职业中学学生一时难于复学的问题，2008年新学年，福建省主动接收彭州灾区544名初中毕业生到福建省24所国家级、省级中职学校就读。3年就读期间，学生免交全部学费、书本费和住宿费，每年报销一次回川的往返交通费，并享受国家助学金、顶岗学习补助以及必需的生活用品和生活补助费，学习优异的还可得到奖学金，毕业后由学校推荐就业。除此之外，还接收51名受灾孤贫学生免费就读于福州阳光学校，接收14名中职教师到福建省5所国家级重点中专学校进行为期一个月的免费跟班培训。

为建立对口支援的长效机制，福建省从2009年5月起先后组织全省24所优质中小学（中职学校）与彭州市18所中小学（中职学校）签订“手拉手”活动协议，闽彭两地支援学校与受援学校间通过互访交流、交换教学资料、学术讲座、网上教研、课题合作等多种方式，在教学管理、师资培训方面进行长期协作，互学互助，共同提升办学水平。两批支教队共有20位教师与彭州受援校的25位青年教师签订师徒结对子协议，形成长期的师徒关系。

就业援助　福建省把为灾区群众提供就业援助和劳务输出作为对口援建的一项重要工作。省劳动和社会保障厅制定《福建省对口支援彭州市就业援助工作方案》，要求全省各级劳动保障部门帮助彭州市有劳动技能、有至闽就业愿望的城乡劳动力实现在闽就业。同时，省劳动和社会保障厅、省财政厅联合下发《关于彭州地区入闽就业人员开展就业援助的意见》；省劳动和社会保障厅先后下发《关于地震灾区入闽就业人员对口就业援助有关政策的通知》《关于对口支援彭州市就业援助有关事项的通知》，明确和落实援助目标、援助政策和援助资金，保证彭州灾区至闽就业者都能按规定享受就业政策援助。福州市为灾区劳动者到榕就业提供免费接送、跟踪管理等全过程服务，龙岩市、宁德市为灾区到闽务工群众提供免费体检，缴纳医保、社保和人身意外保险费等贴心服务。

2008 年 7 月 10 日，福建省对口支援彭州市就业援助中心在彭州成立。15 日，省前方指挥部会同福建、四川两省劳动和社会保障厅及彭州市政府，举办了福建省对口支援彭州市就业援助大型招聘会，福建省 174 家上规模企业提供 3.5 万余个劳动岗位，现场有 3726 人签订就业协议或就业合同。随后，省前方指挥部和福州、厦门、龙岩等 9 个设区市陆续在彭州市各自对口援建镇共举办 13 场大型和 18 场小型就业援助招聘会；两年间，累计提供就业岗位 6 万余个，有 2131 名彭州市群众到福建省内企业就业。同时，组织福建省建筑施工企业招聘当地群众参与福建援建项目建设，通过“以工代赈”等多种形式解决彭州市群众就地就近就业，累计就地转移就业 2 万余人。福州市与彭州市签订《福州市对口就业援助彭州市劳务对接协议书》；漳州市与对口援建的敖平镇、三界镇签订《对口支援就业援助协议书》；厦门市、龙岩市、宁德市等与对口援建镇进行劳动就业援助座谈，建立起长期劳动就业协作关系，为彭州劳动力入闽就业提供了持续稳定的渠道。

在彭州灾区设立劳动力实用技术培训基地是福建就业援助的新做法。为消除当地有些群众“不懂技术、不想出去”的思想顾虑，在福建省前方指挥部的指导下，泉州市分指挥部惠安县工作队率先在其对口支援的葛仙山镇建立起劳动力实用技术培训基地，为当地年龄在 18 ～ 45 周岁的群众开办以电瓶车操作工为主的培训班。培训期满经考核合格者，发给农村劳动力转移培训结业证书，由惠安县组织规模大、信誉好、效益佳的企业进行对接，确保就业率达 90% 以上，并制定培训补贴、推荐就业、劳务维权和子女入学等多项优惠政策，帮助受灾群众在出外务工前能掌握一门实用技术，拓宽转移就业渠道，增加就业机会，提高劳务收入。惠安县培训基地共举办技能培训班 8 期，有 421 名学员参加培训。福州市前方分指挥部依托彭州市白翔职业技能培训学校，派出专人对有意前往福州务工的彭州群众进行就业指导，设立彭州务工就业服务专线电话，在对口支援的小鱼洞、磁峰、桂花、丽春四镇分别设立就业援助服务点，形成两地劳动保障部门劳务协作和对接的长效机制。莆田市以对口援建的濛阳镇劳动就业培训中心为基地，协助开展农产品加工、制鞋、制衣、电子、针织等多行业的职业培训，提升当地群众的就业技能。厦门、三明等市也采取有针对性地派遣培训机构及人员到彭州举办培训班的措施，开展职位技能培训，两年多时间累计培训当地劳动力约 3000 人次。

产业发展援助 地震使彭州市 94 户规模工业企业不同程度受灾，旅游资源遭到严重破坏，经济一度下滑。福建省在安排援助资金 19664 万元建设闽彭产业园标准厂房等 7 个产业项目的同时，积极探索“政府推动、企业主体、市场运作、多元投资”的援助机制，采取“请进来”和“走出去”等多种渠道，为彭州市提供各类招商引资载体和平台，引导福建省企业和在川闽籍企业参与彭州市灾后重建，促进彭州的产业发展和产业结构升级，增加当地的就业机会和财政收入。

2008 年 8 月 25—26 日，福建省政协副主席、省工商联主席李祖可率工商联系统部分负责人及 61 家闽籍企业负责人赴彭州市考察投资环境，寻求合作项目。援建期间，省前方指挥部会同福建省经贸委、工商联等有关部门，福建各设区市分指挥部，四川省福建商会、福州商会、闽南商会等福建省在川商会，先后组织 10 批次涉及机械、电子、石化、建材、纺织、服装鞋业、食品、农产品种植加工、商贸流通等行业的200多家福建企业，组织在川闽籍100多家企业，到彭州考察对接项目；多次组织彭州市有关部门和乡镇到福建走访相关行业的龙头企业，开展招商引资活动；协助彭州市组团参加“4·18”中国（石狮）海峡两岸纺织服装博览会、“4·19”中国（晋江）国际鞋业博览会、“5·18”中国（福州）海峡经贸交易会、“9·7”海峡旅游博览会和“9·8”中国国际投资贸易洽谈会（厦门）、“11·6”海峡两岸（福建三明）林业博览会、“11·18”海峡两岸（福建漳州）花卉博览会、中国龙岩投资贸易洽谈会，免费为其提供展位、展台和投资说明会会场。至2010年9月，已有21家闽籍企业与彭州市签订投资协议，协议投资24亿元；已经开工建设或投资的项目11个，实际到资6.5亿元；有14家闽籍企业到四川省其他市、县投资兴业，总投资超过10亿元。由福建永辉集团在全国蔬菜基地彭州投资1.3亿元建设的“永辉农产品加工和物流配送中心”，2010年2月开工，建成后可实现年产值1亿元以上，并至少带动彭州当地2000户菜农发展蔬菜生产。3月开工建设的“福建亚通（四川彭州）年产3万吨塑胶管道项目”，总投资1.5亿元，是入驻彭州塑胶产业园的第一家行业龙头企业。

第十节　山西省支援茂县

2008年6月中共中央、国务院明确山西省对口支援茂县灾后恢复重建后，山西省委书记张宝顺在第一时间主持召开省委常委会议，专题研究部署对口援建工作。同月中旬，山西省对口支援四川省茂县灾后恢复重建工作领导组成立。之后，领导组从28个相关单位抽调28名局、处级干部组成对口援建办公室，组织协调和处理对口援建工作。省委、省政府及对口支援工作领导组的领导多次带队至茂县考察调研，推进援建工作。在两年多的援建工作中，山西省采用“以茂县政府为主体、业主，统分结合，共同参与，双向控制”的方式，先后建成包括农村住房、城镇居民住房、通乡道路、教育基础设施、卫生基础设施、城镇基础设施、农村基础设施、广播电视、羌族博物馆、工业经济园区等10类、226个民生项目，投资总额21.62亿元。省领导张宝顺、王君、薛延忠、李兆前、牛仁亮多次至一线指导工作，山西援建队伍轮换达1.2万人次，涉及省发改委等33个厅局、部门及11个设区市。2010年12月26日，省委、省政府在茂县举行对口援建项目竣工交付仪式，向茂县交付226个竣工项目的“金钥匙”，完成援建任务。工程质量、援建理念、管理方式、软件支援、长效机制、晋茂关系等得到中央、国家部委、四川省等各级领导的表扬和新闻媒体、茂县当地群众的好评。

一　部署与组织

山西省是一个地处中西部地区的省份，财力不富余，有35个国家级贫困县、17个省级贫困县，自身还需要国家的扶持，但依然挑起了对口援建茂县的重担。山西是革命老区，有着光荣的革命传统，做好对口支援工作是省委、省政府讲政治、讲大局、讲责任、讲感情的爱心行动，是山西3500多万人民的共同愿望。四川省对口援建办副主任王雨顺说："山西援建能力相对较弱，还要承担这个重担，非常不容易。"

2008年6月17日，山西省委召开常委会议，宣布成立省对口支援重建工作领导组。会议决定，省委副书记、省政协主席薛延忠任组长，副省长牛仁亮、张建民任副组长。领导组下设办公室，办公室设在省发改委，全面负责对口支援茂县的组织协调工作，办公室主任张建民（2009年9月改由李宝卿担任）。省发改委副主任段进存任办公室常务副主任兼前线指挥部总指挥。领导组办公室设立综合协调、规划项目、宣传报道、监督检查4个工作组。省财政、民政部门负责全省对口援建资金、物资的筹措、归集、划拨等工作。省纪委、监察厅、审计厅组成监督检查组，对山西省援建的项目、资金、物资进行全过程监督。同日，省委常委会议宣布领导组成立的同时，专题研究了援建方案。会议指出，要尽快帮助灾区群众解决好亟须解决的生产生活问题；帮助制定重建规划；帮助茂县上一些有市场、带动性强的好项目，鼓励山西企业去茂县投资兴业；完成好国家下达的医疗救治、卫生防疫、安置房建设等任务；营造山西人民与灾区人民心连心、同呼吸、共命运的氛围，举全省之力支援灾区恢复重建。

援建期间，山西省委书记张宝顺、省长王君及薛延忠、牛仁亮等领导多次召开专题会议研究部署对口援建，多次至茂县了解情况、指导援建工作。

2008年6月21—22日，薛延忠带领省政府办公厅、省发改委等有关部门负责人至茂县调研援建工作，先后深入茂县凤仪镇甘清村、南新镇白水村和县城受损较重的单位，实地查看灾情，同当地干部群众商讨重建大计，提出"抓急需、抓重点、抓规划"的思路，强调以优先解决民生问题为基点，以城乡住房、基础设施、公共服务设施、产业体系恢复为重点，抓紧落实项目的勘探、设计、施工、监理等工作。24日以后，省发改委、建设厅、交通厅、广电厅、地勘局、地震局等部门分别在很短时间内抽调专家和技术人员组建考察调研小组，就茂县恢复重建总体规划和市政建设、城乡道路、广播电视等专项规划进行调研座谈、搜集资料。前线总指挥段进存会同交通厅、建设厅援建工作小组与茂县县委、县政府召开6次专题座谈会，分析研究灾情，在援建工作安排、重点领域以及设立援建资金专户等方面交换意见。7月14日，薛延忠主持召开省领导组会议，决定再派国土、地震、地质、供电、供水等方面的专业队伍至茂县，帮助开展安全评估、环境调查。强调要抓紧确定教育、卫生等援建项目，以保障群众基本生产生活。21日，张宝顺主持召开省委常委会议，指出要把解决受灾群众基本生活问题放在首要位置，完善基础设施，坚持高标准、严要求，每个援建项目都要做到既好又快，让灾区人民受益，让中央满意。8月4日，省政府第十六次常务会议听取《关于我省对口支援茂县恢复重建工作的汇报》，研究山西省首批援建项目的启动和实施方式问题。会议强调要加强领导、精心规划、精心组织、精心实施。6日，省委常委会议决定根据中央要求和灾后恢复重建的重点领域，启动首批7类21项援建项目。考虑茂县为少数民族聚居区，援建方式既要兼顾少数民族的利益，尊重少数民族的习惯和情感，也要结合山西的省情。12日，段进存就对口援建方式与茂县县委、县政府相关领导座谈，进一步确定了"统分结合、共同参与、双向控制"的援建方式。18—20日，张宝顺等至茂县实地考察，强调抓紧搞好灾区的基础设施建设，及时解决灾区群众生产生活中遇到的实际困难，搞好援建项目对接，尽快组织实施；茂县是恢复重建的主体和援建项目实施的业主，要在四川省、阿坝藏族羌族自治州的领导下，在项目确定的前提下加以推进，要把茂县作为山西第120个县，高质量、高标准地完成援建任务。

2008年7月上旬民政部、发展改革委等部门完成的《汶川地震灾害范围评估报告》，对茂县灾损数评估大幅上升。9月27日，牛仁亮到北京向发展改革委主任张平、副主任穆虹汇报。段进存在参加国务院总理温家宝主持召开的四川省和各省援建总指挥负责人会议以及四川省政府召开的恢复重建工作座谈会时，反映茂县评估损失大幅上升的实际情况，引起中央的重视。12月，在中央提前下达汶川地震灾后恢复重建补助资金中，向茂县下达7.99亿元。国家批复茂县灾后恢复重建投资规模204.35亿元。

援建期间，支援方与受援方密切沟通交流，茂县方面通报“做什么”，山西方面决策“如何做”。2008年10月24日，山西和四川两省政府共同举办四川省灾后重建（山西）投资项目推介会。会议期间，张宝顺、薛延忠、牛仁亮会见四川省副省长张作哈。张宝顺指出，山西、四川都属于中西部地区，经济欠发达，如果双方有合作的机会，各级政府要积极搭建平台，促进双方的合作，实现互利双赢。他希望山西省的企业家能把茂县以及四川当作新的市场和机会，当成相互支持、支援、合作的机会。12月4日，王君主持召开省政府常务会，研究对口援建资金安排和使用问题，决定将援建资金纳入预算予以重点保证。

2010年4月27日，王君再次主持召开省政府常务会议，进一步研究部署支援茂县灾后重建工作，要求坚持突出重点、民生优先的原则，科学安排、全面实施第三批项目，确保三年任务两年完成。5月31日，袁纯清任山西省委书记，上任后3次听取援建工作汇报，对重建后期工作进行部署。12月21日，袁纯清主持召开省委常委会议，与王君均指出要善始善终完成中央交给山西援建茂县的政治任务，向中央交一份满意的答卷。26日，山西省委、省政府在茂县举行对口援建项目竣工交付仪式，标志援建工作基本完成。为了巩固恢复重建成果，此前的10月22日，山西省政府副秘书长崔国红在第十一届西部博览会上，与四川省委常委、纪检委书记欧泽高，以及阿坝藏族羌族自治州州委书记侍俊、州长吴泽刚，副州长、茂县县委书记尼玛木和县长高加军，就建立对口合作长效机制签订框架协议。具体包括：双方保留对口援建协调机构；促进晋茂干部交流培训；建立产业合作机制，组建晋茂两省工业园招商项目库；相互开拓双方农副产品市场，推动农副产品无缝流通；依托山西独特的晋商文化和茂县古羌文化，联手打造双方精品旅游线路；建立双方商贸流通促进机制，促进双方名、优、特、新工业品及鲜活产品的顺畅流通。

2011年5月17—19日，王君至茂县检查指导援建工作，强调再接再厉、善始善终地完成各项援建任务，为茂县各族人民过上幸福美好的生活做出新贡献。

四川省委书记刘奇葆说山西省的援建工作有5个突出的特点：一是注重恢复民生，支持和帮助灾区群众进一步改善了生活条件、提高生活质量；二是注重基础设施建设，建成了一大批交通、能源、水利等基础设施，使茂县城乡面貌焕然一新；三是注重产业发展，特别是茂县—山西工业经济园区的建设使援建工作实现了由“输血”向“造血”的转变；四是注重智力帮扶，在帮助培训教师、医务人员等方面工作主动、措施扎实，并在管好用好援建设施上做了大量的工作，使援建项目成为当地经济社会发展的亮点；五是注重文化重建，在灾后恢复重建过程中，积极保护和弘扬传统文化、民族文化，大力推进现代文化的发展，使灾区群众的精神家园得到同步重建。

二 项目援建

山西省对口支援茂县恢复重建共包括农村住房、城镇居民住房、城乡道路、教育基础设施、卫生基础设施、城镇基础设施、农村基础设施、广播电视、羌族博物馆、工业经济园区等10类、226个民生项目。山西援建注重质量，援建项目中茂县中学（见图261）项目获四川省结构优质工程奖和“天府杯”银奖，茂县人民医院和茂县中医院两项工程均获四川省结构优质工程奖和“天府杯”金奖，茂县广播电视大楼项目获四川省结构优质工程和“天府杯”金奖。

教育项目 山西省首批援建启动了包括茂县中学、茂县同心幼儿园、东兴乡小学、土门乡小学、三龙乡小学、雅都乡小学、石大关乡小学、光明小学等项目。项目业主均为茂县教育局，建设资金全部来源于山西对口援建资金，总投资30522万元。于2009年4月相继开工建设，至12月相继建成，有效地解决了茂县6个乡（镇）小学生的入学及住宿问题。其中，茂县中学是阿坝藏族羌族自治州第一所高级中学，也是对口援建项目中最大的一项工程，由茂县请求山西派出有实力的山西建工集团第八建筑工程有限公司专业施工队伍建设完成。其余项目均由茂县教育局自主招标组织施工队伍修建完成。茂县中学、茂县同心幼儿园、土门乡小学、东兴乡小学全部重建，光明小学、三龙乡小学、石大关小学及雅都乡小学部分重建。山西援建的茂县中学和茂县同心幼儿园创造了两个茂县之最：一个是茂县最漂亮的中学，一个是茂县最大的幼儿园。

茂县中学项目包括教学楼、实验楼、天文台、图书楼、综合办公楼、报告厅、风雨操场、教师宿舍、学生宿舍、附属建筑等20个单项的群体工程。施工中，山西援建人员克服建筑材料和机具设备短缺、运输道路不畅、经常性停电及恶劣天气等困难，放弃所有休假，最紧张的时候，一个馒头一个辣椒就是一顿饭。新建成的茂县同心幼儿园能容纳800人，有多功能厅、美术厅、音乐厅、读书室，每间教室都功能齐全，成为真正意义上的省级示范性幼儿园。

图261 震后新建的茂县中学
（茂县教育局 提供）

医疗卫生项目 山西省把茂县医院和乡镇卫生院的重建列为第一批启动的援建项目。业主均为茂县卫生局，建设资金全部来源于山西对口援建资金，总投资约2.09亿元。茂县人民医院和茂县中医院两项工程是受茂县卫生局委托，由山西省在省内招标，派出施工队伍建设完成；其余项目全部由茂县卫生局自主招标组建施工队伍建设完成。

茂县人民医院和茂县中医院两项工程都是设计标准高、工程造价高、工程结构复杂、技术要求高的工程。茂县卫生局向山西提出增派专业技术强的建筑队伍援建的请求。山西省在省内公开招标，挑选山西建二集团第八建筑工程有限公司专业施工队伍建设完成。山西省在两个项目中分别出资1.4亿元和5800万元。重建后的茂县人民医院（见图262）和茂县中医院，实现了百姓看病“小病不出乡、大病不出县”的愿望。

图262 山西省援建的茂县人民医院（山西省援建指挥部 提供）

农房和城镇居民住房重建项目 农村居民住房维修加固和重建于2008年9月展开。在农村住房重建中，国家规定农户住房按平均每户2万元补助（具体到茂县是国家1万元、四川省0.7万元、州县两级0.3万元），鉴于阿坝藏族羌族自治州、茂县两级财政困难，每户0.3万元的补助无法落实，经阿坝藏族羌族自治州政府、茂县县委县政府请求，山西省按照每户0.5万元给予支持。9月20日，山西省财政划拨9010.5万元资金，按每户5000元标准，为18021户农民建房提供援助。由于茂县属贫困县，当地农民收入水平低，自筹资金能力有限，已落实的资金仍然不能满足农民自建住房的资金需求。为此，阿坝藏族羌族自治州政府、茂县县委县政府先后致函，请求山西省在对口援建资金总盘子中设立灾后重建农业产业发展基金，重点是农房重建的信贷支持，每户贷款限额2万元，贷款期3年，陆续收回的资金纳入灾后产业发展基金或按照援建省的意图使用。12月4日，经山西省政府常务会议研究，同意使用。截至2009年7月，山西省援建的农业产业发展资金共3.6亿元。农房重建中，山西省先后派出120多名有经验的建房技术人员到茂县指导农房重建。他们从选择建筑材料到施工，从房屋地基基础、主体承重结构、楼顶屋面到抗震构造措施等每个细小环节，都认真负责，耐心指导；同时，十分注重藏、羌、回、汉等各族文化、习俗的保护和弘扬。2009年9月，农房重建项目全部竣工。

在农房重建基础上开展茂县羌族文化旅游开发、连户路建设、电网改造、村落保护、社会主义新农村建设，拆除破旧房屋、改厕改圈、修水渠、建人行栈道等，彻底改变了茂县149个村的面貌，使7万多人有房住。与此同时，对有区位优势和文化优势的村，有针对性地进行旅游景区的打造。最有代表性的是坪头村和牟托村两个项目。坪头村、牟托村距成都较近，是典型的传统羌寨。山西对口支援茂县前线指挥部与茂县一道，把坪头村和牟托村打造成原生态文化体验和休闲度假旅游地，成为民族地区及地震灾区旅游转型升级的典范。村内羌雕伫立，雕梁画栋，溪水潺潺。2009年5月牟托村旅游开业，2010年9月17日被评为国家AAAA级景区。2011年5月，国务院总理温家宝考察牟托村，看到风景如画的村容及村民满脸的微笑，高兴地写下“幸福牟托”4个大字。当了解到牟托村在重建中保留了羌族原生态文化和“依山而建、垒石为室”的建筑特色，成为深受游人喜爱的AAAA级景区，他鼓励当地干部群众要培养壮大特色优势产业，促进灾区经济再上新的台阶。

在城镇居民住房的维修加固和重建方面，山西省出资参与修建了一批廉租房，以解决城镇低收入受灾家庭的住房问题。山西省支援廉租房建设7000万元，支援城镇安居房建设5800万元。代表性项目是晋茂新园。晋茂新园是茂县最大的安居房建设项目，由业主茂县规划建设局引入外部资金并按照市场运营方式进行建设，山西省出资1798.73万元。新建的晋茂新园总共39幢楼、894套住房，其中安居房564套、安置房230套、廉租住房100套，全部采用钢筋混凝土和管网结构设计建设，达到8度抗震设防标准。

广播电视和文化项目 山西省把茂县广播电视综合大楼和茂县广播城乡网络覆盖工程的建设列为第二批启动的援建项目。

广播电视综合大楼与城乡网络覆盖工程。茂县广播电视大楼设行政办公区、公共服务区、广播电台、电视台、新闻演播厅、综艺演播大厅等，山西省总投资3200万元。可以播放100套数字电视节目，电视覆盖到全县22个山村乡镇，电视电话会议可以开到乡镇，成为羌山儿女传播先进文化的新平台。茂县广播电视局城乡网络覆盖工程包括城乡广播电视光纤干线建设、城区有线电视网数字化双向改造、数字电视前端搭建、全县数字电视无线覆盖工程、视频会议工程和数据网建设6项内容。山西省投入2740万元。该项目的实施，使茂县广播电视台设施设备、发射台设施设备、有线电视网络、有线电视前端、村村通设施设备、乡镇广播站设施设备及茂县广播电视安全播出监测体系得到全面恢复，确保广大人民群众以多种方式收听收看好广播电视节目。

中国羌族博物馆项目。地震使羌族博物馆遭到严重破坏，文物受到严重损毁。为继承和弘扬羌民族的优秀传统文化，茂县羌族博物馆工程被列入国务院关于灾后重建总体规划和公共服务专题规划。山西对口支援工作领导组把中国羌族博物馆的建设列为第二批启动的援建项目。项目占地60亩，建筑面积1万平方米，包括文物中心库房、展示演示厅、文保科研厅、游客中心与公共活动区域、传承教育区域、设施设备辅助功能区域，总投资13868万元，其中国家投资5983万元、山西省投资7885万元。工程于2010年3月5日开工建设，2012年6月28日上午建成开馆。

农村综合文化服务中心项目。农村综合文化服务中心是农村召开村民大会、操办红白喜事，开展群众性文体活动和普及科技知识的专门场所。山西省把农村综合文化服务中心的建设列入第二批启动的援建项目，分别在149个村3个社区各修建一个文化服务中心，总共建设152个服务中心，其中21个属维修加固；124个村的文化服务中心系重新修建，面积200～500平方米不等，按“七室一中心”方案设计，包括图书室、电教室、会议室、村党支部和村委会办公室、卫生室、警务室、广播室和村民活动中心，总建设面积4.47万平方米，按8度抗震设防，总投资8046万元，其中山西省出资4901万元。工程于2009年5月开工，11月完工。

城乡道路项目　地震中茂县县乡公路122公里和乡村道路全面瘫痪。山西省以恢复修建茂县市政道路为重点，规划启动晋茂路市政道路等9条市政道路及黑虎路、渭永路、安乡路3条通乡道路的建设，以提高茂县交通基础设施规模和等级。

县城市政道路项目。山西省将晋茂大道、云冈路、五台路、恒山路、并州路、太行路、大运路、吕梁路、汾岷路等9条县城市政道路建设列为第二批启动援建项目。业主均为茂县规划建设局，建设资金除晋茂大道（资金来源为中央重建基金和山西对口援建资金）外全部来源于山西对口援建资金，山西总投资5.36亿元，建设地址均为茂县县城凤仪镇，从2009年6月起相继开工，2010年7月相继完工。其中，汾岷路投资5597万元，太行路总投资4627万元，晋茂大道预算总投资3.35亿元（中央重建基金2.31亿元、山西援建资金1.04亿元），大运路总投资1.2亿元，其余投资均在4000万元以下。晋茂大道处于成都经茂县至松潘的九黄旅游环线上，也在茂县城市规划“一带、三心、四轴”的核心景观绿带上。景观绿化带总占地面积163096.67平方米。

通乡道路项目。黑虎路、渭永路为山西省首批启动援建项目之一，安乡路为第二批启动项目。3条通乡道路的业主均为茂县交通局，建设资金全部来源于山西对口援建资金，总投资2.43亿元，于2008年10月相继开工，2009年10月相继交付使用。黑虎路沥青混凝土路面，按双向双车道四级公路标准建设，是通往著名风景名胜区黑虎羌寨碉楼群的唯一通道，工程建设费为2343.07万元。公路修通后，当地羌族大妈高学芳说：“路通以后游客多了，生意自然就好了”。渭永路是渭门、永和两乡百姓出行的必经之路，也是连接国道213线的交通要道。工程建设费4906.96万元。山西路桥一公司300余名援建人员在岷江河畔的高山峡谷中施工作业，异常艰险。最大的困难是滑坡治理，采用多点顶推法施工，挖2米赶紧砌挡风墙，再挖2米再砌挡风墙。安乡路是南新镇原有公路，属等外级公路，是连接南新镇和九顶山的唯一通道，当地海拔在1500～3500米之间，条件异常艰苦，山西投资7490万元。安乡路的建成，推动了九顶山风景区的旅游开发。

工业园区基础设施项目　茂县—山西工业经济园区项目，包括槽木、太安、团结、亚坪、棉簇5个工业集中发展区。园区基础设施建设内容包括道路、桥梁、河堤、供水设施、污水处理设施。建设资金来源于山西省对口援建资金和国家补助，总投资近2.78亿元，其中山西对口援建资金2亿元。2011年5月陆续竣工。槽木工业集中发展区位于茂县富顺乡槽木村，建设费近1.06亿元。建设集中区道路2.679公里；建设桥梁2座，长97.34米和92米；建设给排水和污水处理工程各1处，取水工程规模2.6万吨/天、引水管道8公里，给水处理厂工程设计规模2.6万吨/天；生活污水处理工程规模1000吨/天。太安工业集中发展区位于土门乡太安村，建设费用5782.15万元，建设道路47959米；桥梁5座总长114米，河堤以堤代路长2.03公里。团结工业集中发展区位于富顺乡团结村，建设费用8834.9万元，建设道路长3.45公里，河堤工程长2.539公里；给排水、污水处理工程1处，污水处理厂占地面积2782平方米，规模500吨/天；取水、给水处理厂、配水设计规模各1万吨/天。亚坪工业集中发展区位于东兴乡亚坪村，建设费用1862.64万元，建设道路长1.06公里；桥梁1座，跨度52米；河堤工程长1.22公里。棉簇工业集中发展区位于南新镇棉簇村，建设费用803.55万元，建设道路长0.92公里。

至2011年6月，已有13家企业进驻，提供约5000个工作岗位，使近千名农民工结束了外地打工生涯，在家门口找到了满意的工作。坪头村一位在园区岷江雪盐化有限公司找到工作的青年高兴地说："原来我在山东卖水果，今年就不用到外地去打工了。"

三　软件援助

山西省委、省政府在援建中大力实施规划、技术、智力、商贸等专项帮扶，以及医疗卫生、教育与就业援助。

规划援助　2008年6月，山西省抽调专家和技术人员组建考察调研小组，就灾区恢复重建总体规划、市政建设、城乡道路、广播电视等专项规划等，至茂县开展艰苦的调研、勘探、测量工作，以获取基础数据。6月25日，山西省交通厅组成8人调研规划工作组。50多天里，该小组冒着余震和沿线山体滑坡、崩塌、飞石、泥石流等随时可能发生的危险，在茂县对境内国道213线、省道302线和22个乡（镇）的通乡通村公路以及乡镇客运站场的受损情况进行详细了解。在调查基础上，结合当地重建发展思路和规划，就茂县通乡公路和旅游公路的建设标准、技术指标等有关事宜与茂县县委、县政府进行沟通交流，编制出《茂县交通灾后重建的规划建议书》。建议书明确提出坚持先通后畅、长远考虑，恢复为主、新建为辅，重视地质、科学决策，突出重点、统筹协调，群专结合、协调发展原则；还提出通乡公路重建的建设标准和技术指标，客运场站和码头恢复建设的规模、标准建议。

山西省建设厅于6月抽调3名规划专家、1名建筑结构专家和1名工作人员组成援茂先遣组。利用20多天时间，行程2000多公里，先后与清华大学城市规划设计院汶理茂项目组、四川省建设厅、四川省规划院、四川省建科院进行专题座谈。7月2—10日，对凤仪镇、雅都乡、东兴乡、黑虎乡、南新镇和叠溪镇等6个乡（镇）进行考察调研。步行踏勘了茂县县城凤仪镇5条主要大街、20多条小巷，进入上百个建筑物内部实地了解，对各种结构形式的破坏状态和破坏程度进行分析和判断。在实地调查和研究的基础上，提交了茂县灾后建筑物受损情况调查报告。8月下旬，省建设厅派出20多名专家组成建筑物鉴定专家组，至茂县灾区开展房屋鉴定，两个月完成200余座建筑、40余万平方米的鉴定，使2万多灾区群众在国庆节前打消顾虑重新住进自己的家。

山西省地勘局于7月组建由6名优秀专业技术人员和1名司机组成的地质灾害调查工作组，完成茂县维城、曲谷、三龙、回龙、白溪、洼底等6个乡30个村83个组107个组（寨）原址（永久性安置点）的地质灾害危险性调查评估。

山西省地震局承担为茂县县城的地址进行活断层填图工作，为茂县县城重建选址提供科学依据。7月16—21日，根据茂县县委、县政府的要求，双方决定把茂县境内的龙门山断裂、岷江断裂标绘在1∶5万地形图上，为茂县震后重建提供基础资料。7月25日至9月5日，地震工程勘察院院长安卫平带领由7位专家组成的第二批援建四川茂县地震工作组，完成茂汶—汶川断裂的填图和岷江断裂的填图工作。其间，清华大学城市规划人员提出，茂县县城位于活动断裂带上，建议避让，另行选址重建，而山西省地震恢复重建工作组根据自己标注的 1∶50000 地形图，确定断层并未经过茂县县城，可以在原址重建。清华大学城市规划设计研究院认可了新填的分布图，并决定按照分布图进行茂县的整体重建规划。汶川地震科学考察指挥部总指挥张培震说：“很感谢山西地震局对茂县的支持，他们做出的茂县断裂带分布图对茂县的重建工作有很大意义。”

山西省测绘局分别于 5 月 29 日和 6 月 13 日分两次向省民政厅提供汶川地震抗震救灾综合服务地理信息平台，郫县、茂县震前、震后遥感和航摄影像数据，郫县、茂县影像图及行政区划图数据，灾区范围 1∶50000 DLG（数字线划地图）、DEM（用一组有序数值阵列形式表示地面高程的一种实体地面模型）数据。9 月 16 日，山西省测绘局向茂县捐赠价值 15.6 万元的全站仪 4 套、经纬仪 2 套，在灾后恢复重建工作中起到积极作用。

技术援助　2008 年 8 月下旬，山西省对口支援领导组和茂县共同确定 21 个优先启动实施的援助项目。山西省建筑设计研究院主动请缨，承揽了廉租房建设项目、茂县中学、茂县同心幼儿园、茂县人民医院、茂县中医院等 48 个单项、12 个总图、总建筑面积 13.7 万平方米，涉及茂县县城及土门乡、光明乡、石大关乡、三龙乡、东兴乡和雅都乡等 6 个乡的首批援建项目的可行性研究报告的编制和初步设计任务。9 月，山西省建筑设计研究院用 20 天时间设计完成这些项目的可行性研究报告和规划方案，10 月 11 日至 11 月 10 日又完成 15 个单项工程的施工图设计。

2008 年 9 月，山西省对口援建的农房重建工作全面展开。由于当地的施工技术力量相对薄弱，如何解决当地老百姓传统住房的抗震问题成为当务之急。省建设厅从 10 月 17 日至 2009 年 6 月 29 日，先后从各市的施工、监理单位挑选出专家 120 人，分两批到茂县开展农房重建技术指导。茂县居民的居住地普遍分布在海拔 1500 ~ 2000 米的半高山、高山地区，有的甚至在 3000 米以上地区，机动车辆无法行驶，技术专家们每天只能靠步行走村串户开展指导，历时近 9 个月，工作面覆盖茂县 21 个乡（镇）、120 多个村、1.3 万户，培训工匠 4000 多人次，监督、指导公共建筑单位工程近三项、面积 50 余万平方米；共下发质量问题联系单 400 余份，提出质量问题 1600 余条，消除质量安全隐患近百处；指导工程材料试验 2600 余批次，发出试验报告 5000 余份，对 17 个乡（镇）的‘四改两建”及风貌建设工程进行指导、验收；同时指导、参与国道 213 线茂县段 150 多公里范围内扩建、拆迁房屋的丈量评估。

山西对口支援工作领导组派遣水利水电勘测设计研究院专家，对茂县城区段岷江河堤治理工程进行勘察，完成《四川省茂县城区段岷江河道治理工程初步设计报告》的编制和施工图设计。专家还对茂县安全饮水工程和农田灌溉工程进行损坏情况和工程量统计，帮助茂县对水西灌区设计文本和图纸进行审查，完成亚坪工业园区供水工程的实地踏勘，对水源地建设、管线的走向提出解决方案。

卫生与教育援助　山西省 2008—2011 年陆续派出 14 批 697 人的医疗援助队伍，在茂县人民医院、中医院、疾控中心等医疗机构开展医疗援助工作。援茂医疗队协助诊治病员累计达 35629 人次，仅 2009 年就协助诊治病员 11904 人次。在中小学校、幼儿园督导预防传染病和学生饮食卫生工作，开展手足口、甲型 H1N1 流感防控宣传和演练，对疾控人员、乡镇村卫生院防保人员进行相关的技术培训。

2008 年 8 月，山西团省委将茂县飞虹乡、洼底乡 312 名学生和 15 名老师接至山西借读。其中，212 名学生借读于山西大众传媒学校（另有 10 名老师随行），100 名学生借读于大同希望小学（另有 5 名老师随行）。山西团省委选调多名干部督促落实两校师生的疫情防控、后勤保障等工作，保证了借读学生及随行老师的身心健康和在晋学习任务的顺利完成。

就业援助 援建期间，山西省在全省征集援助茂县灾区的就业岗位，对征集的岗位报酬、种类做出具体规定。提出用人单位要生产经营状况良好、用工规范、能依法签订一年以上的劳动合同，办理相关社会保险，并为援助对象提供食宿；规定岗位工资报酬不低于 1000 元；岗位工种适合灾区劳动者就业，包括农林牧、采掘、建筑、制造、电力、交通运输、保安、餐饮宾馆服务、家政服务等岗位。省劳动保障厅 2008 年 6 月 25 日召开会议布置，一天就收集需求岗位 1468 个，岗位集中在太原铁路局、铁十二局、太原煤气化集团有限公司、山西金诚保险柜制造有限公司等 133 家国省属大型企业和民营企业。由于茂县地区以羌族人为主，考虑到至晋务工的劳动力年龄在 30 ~ 50 岁之间，大多为初中文化水平，企业提供的岗位要求以劳动密集型为主，经过短期培训即可上岗。

截至 2008 年 12 月，山西省共向茂县提供就业援助岗位信息 3851 个，组织至晋就业 561 人，直接帮助茂县通过山西援建项目吸纳本地劳动力就业 816 人；指导茂县组织本地劳动者 7474 人在当地实现就业，并先后两次派出就业援助工作组，帮助当地劳动就业部门积极开发新的就业岗位。2009 年 5 月 21 日，茂县县委、县政府代表茂县 11 万受灾群众致信山西省设在茂县的就业指导中心，对山西省对口就业援助工作表示感谢。信中说："此时，纵有千言万语，只能无语凝咽！此刻，纵有万千恩情，实难倾心表达！"（参见图 263）

图 263 茂县羌乡立碑感恩山西
（茂县灾后恢复重建工作协调小组办公室 提供）

商贸援助 2008 年 9 月 6 日，山西省对口支援茂县工作领导组与茂县县委、县政府在太原联合举办"茂县招商引资暨招才引智推介会"。阿坝藏族羌族自治州领导及茂县职能部门共带去 30 多个重点招商项目，包括工业园区、物流和市场等基础设施项目、工业原材料加工项目、特色农产品深加工项目、文化旅游业开发项目等。山西省经委等 15 个厅（局）和省内 80 多家企业的数百名代表参加推介会。在推介会上，山西省商务厅、水利厅、贸促会与茂县共签订4个意向合作协议项目。大同进出口商品基地总公司、山西远景科技有限公司、汾阳王酒业有限公司、太原浩富经贸有限公司、山西万联会展公司与茂县方面分别签订沙棘深加工、石墨电极、羌酒打造、硅镁合金、旅游产品开发5个合作项目，成交总额达19.45亿元。

10月24日，山西和四川两省政府共同在太原举办四川省灾后重建（山西）投资项目推介会。山西省各市、省直有关部门及省内80多家企业代表参加。推介会上，山西省领导表示，四川灾后恢复重建，需要山西和四川在农产品开发、旅游、高新技术、能源、新型工业等领域密切合作。山西省在能源、建材、新型工业等方面有优势，双方有合作空间。10月底，山西省组团参加在成都举行的第九届西部博览会。山西省工商联整理汇总了茂县的招商引资项目，编印发送给本省企业；省商务厅组织企业签订购销合同，所涉金额达1250万元；省中小企业局组织民营企业参加中小企业投资项目洽谈会。

干部培训　2009年8月12—19日，山西省对口援茂办组织茂县各乡（镇）党委书记、乡（镇）长以及县直各部门的一把手共82人至山西培训，讲授了“当前经济形势和科学发展观战略思路及政策措施”“现代科技与领导艺术”“新农村建设及农业产业相关知识”等课题；省委常委、组织部部长汤涛等领导接见茂县干部；安排茂县干部参观山西省十大重点工程建设、太原富士康工业园区建设、大同市旧城改造和保障住房建设工程、五台山景区搬迁工程、曲沃县小城镇建设、运城黄河治理工程及芮城县花椒生产基地。

对口援建汶川特大地震极重灾县（市）情况一览表

表28

援建省（市）	受援县（市）	援建项目（个）	援建资金总量（亿元）	主要项目
山东省	北川羌族自治县	369	122	北川新县城整体新建和乡镇恢复重建
广东省	汶川县	702	82	汶川县自来水厂、汶川县第一中学、漩口小学、水磨镇禅寿老街居民区重建改造、“阳光家园（一）”住宅小区、汶川县人民医院、汶川县体育馆、麻龙公路、映秀地震纪念馆、广东—汶川工业园、三江水乡藏寨、揭阳·卧龙生态新家园、穗威大桥、大禹故里文化景区
浙江省	青川县	547	86	广元青川—川浙合作产业园建设、东河口地震遗址公园建设、剑青公路灾后修复工程、井田坝大桥灾后恢复重建工程、农村安全饮水工程农房援建“661”工程、乔庄安居工程、青川地震博物馆建设、青川县智慧岛教育园区建设、竹园镇防洪堤工程
江苏省	绵竹市	295	110	官宋硼堰取水枢纽重建工程、汉旺新镇、金陵雅居小区、绵竹江苏高效农业示范园、绵竹经济开发区江苏工业园、绵竹市人民医院、绵竹中学、年画产业基地、绵竹市文体中心、孝德新镇

续表 28

援建省（市）	受援县（市）	援建项目（个）	援建资金总量（亿元）	主要项目
北京市	什邡市	108	70	北京产业园基础设施、广青公路工程、什邡市红白镇原址重建、物华西苑廉租房小区、什邡市北京小学重建、什邡市师古初中（云西初中）重建、什邡市人民医院重建、什邡市社会福利救助中心、什邡市群众文化活动中心、京什旅游文化特色街
上海市	都江堰市	117	82.56	就业创业基地、蒲虹公路、社会综合福利院、10 万亩现代生态农业集聚区、西区自来水厂、向峨小学、都江堰市医疗中心、壹街区、友爱学校、都江堰市中医院
河北省	平武县	108	28	金家湾河堤、南坝镇滨江路、南坝中学、平通镇牛飞村新农村建设、平武公路、豆锁公路、平武县人民医院、文体中心、响岩镇小学、平通镇中脊子及周边防灾减灾工程
辽宁省	安县	102	40.27	花荄镇初级中学校、桑枣初级中学校、沙汀实验中学、县文化和职工活动中心、辽安路、县广播电视大楼、县社会福利中心、县人民医院、辽安工业园、晓坝场镇异址重建项目
福建省	彭州市	146	33.77	成都石室白马中学、九尺中学、军乐职业中学、彭州市妇幼保健院、彭州市老年福利中心、彭州市人民医院、彭州市珍稀食用菌试验示范培训基地、三界镇红十字博爱卫生院门诊综合楼、升平镇中心幼儿园、小鱼洞大桥
山西省	茂县	226	21.62	晋茂路大道、晋茂新园、茂县中学、牟托村、坪头村、羌城古街西段市政道路、中国（茂县）羌族博物馆、县人民医院、县同心幼儿园、县中医院、县广电大楼

说明：此表根据各援建省市上报灾后重建志编纂办公室的资料编制；主要项目的具体情况参见第五篇至第十三篇中的项目选介

第二章　对口支援重灾县市

第一节　河南省支援江油市

2008年6月中共中央、国务院明确河南省对口支援江油市灾后恢复重建后，河南省立即召开全省领导干部会议、全省支援江油恢复重建工作动员大会等进行部署，提出倾全省之力，支援江油市搞好恢复重建。省委、省政府成立领导小组，下设办公室统筹协调，派出省前线指挥部靠前指挥，构建前后联动的工作机制和监督体系；建立18个省辖市对口支援江油市40个乡（镇）的机制，选派干部至江油挂职帮助工作。省四套班子领导先后20多次至江油了解灾情、调研工作、解决问题，激励援建者全身心投入，推动援建工作开展。

两年多时间里，河南省先后派出援建干部职工1.5万余人次，累计投入援建资金30.02亿元，实施以城乡居民住房、学校、医院等民生工程和道路、桥梁、水利、工业园区等基础设施为主的援建项目302个；开展一系列技术援助、产业合作、文化交流等活动。2008年9月28日，第一批援建项目开工建设。在河南、江油两地的共同努力下，截至2010年11月，援建项目全面竣工并正式移交江油市。河南援建任务全面完成，援建工作获得广泛赞扬。

一　部署与组织

2008年6月16日，河南省委召开全省领导干部会议。省委书记徐光春强调："要坚定不移地贯彻中央精神，坚定不移地支援灾区，不惜人力、不惜物力、不惜财力，帮助灾区人民恢复生产、重建家园，让江油人民满意、让党中央放心。"17日，省委副书记陈全国传达省委会议精神，研究省对口支援工作领导机构的设置。20日，徐光春主持召开省委常委会，就援建工作做出安排部署。25日，省委副书记、代省长郭庚茂主持召开省政府常务会议，明确要建立健全支援救灾工作机构，尽快制定援建规划和实施方案，及早做好支援灾区的各项准备。27—29日，徐光春、郭庚茂率团至江油，与四川省、绵阳市、江油市党委、政府主要领导交换意见，确定河南省对口援建的任务和重点，提出“科学重建、民生优先、产业发展”的重建思路。30日，副省长张大卫、宋璇涛主持召开对口支援江油市企业座谈会，对企业支援江油市恢复重建进行部署，动员煤炭、食品、房地产、电力、有色、重工等行业的骨干企业全力做好援建工作。

2008年7月3日，河南省召开抗震救灾英模事迹报告暨河南省支援江油重建工作动员大会，徐光春主持，郭庚茂作动员讲话，陈全国作工作部署。徐光春强调，要坚定不移地贯彻落实中央指示精神，努力夺取支援江油恢复重建工作的全面胜利。郭庚茂提出援建工作原则：坚持政府主导、社会参与，要把对口援建纳入省、市政府经济社会发展全局统筹考虑，整合力量，搞好协调，扎实推进对口援建工作。坚持先急后缓、分步实施，既要明确三年总体目标和任务，又要体现阶段性目标和重点，本着先民生后经济、先生活后生产、先当前后长远的要求，分步安排、分步实施。坚持统分结合，形成合力，即省、市政府及有关部门分工合作。省主要负责对口援建总体规划和方案协调制定、全局性基础设施重建、跨区域公共设施重建等重大工作，各市负责对口援建地区和单位具体方案的制定、关系群众生产生活具体问题的解决。

2008年7月2日，成立河南省对口支援江油市恢复重建工作领导小组，陈全国任组长，省委常委、组织部部长叶冬松及张大卫、宋璇涛任副组长。成员为省委办公厅、省政府办公厅、省发改委等单位负责人。领导小组下设两个指挥部：河南省对口支援江油市恢复重建指挥部，指挥长由宋璇涛兼任；河南省对口支援江油市恢复重建前线指挥部，指挥长由省政府副秘书长张国晖兼任。河南省选派具有抗灾救灾工作经验的卢氏县委书记王振伟挂职任江油市委副书记，兼任前线指挥部常务副指挥长。中组部选派的焦作市水利局副局长、引沁灌区管理局党委书记崔元钊任江油市委常委、副市长、前线指挥部副指挥长。省援建工作领导小组和省援建指挥部同设一个办公室，放在省发改委。省发改委主任张维宁任办公室主任。办公室主要职责是贯彻落实省领导小组决定的援建事项，研究提出援建工作方案和政策措施、资金调配建议；负责援建项目的汇总审查、综合平衡及投资计划下达；配合省前线指挥部督导项目建设、资金管理等；负责与国家部门沟通，并负责省领导小组和指挥部日常工作。同时，从河南全省选拔40名乡（镇）党政正职或曾担任过乡（镇）党政正职的正科级干部到江油市40个乡（镇）担任副乡（镇）长。各省辖市也相应成立前后方组织机构，接受省领导小组及其下设机构的统一指导和协调。省援建前线指挥部设在江油，工作职责是落实省领导小组确定的各项援建任务，负责与江油市衔接对口援建项目等有关事项，统筹安排河南省各方面与江油的衔接、技术服务等事宜，统筹指挥河南在江油的所有援建队伍，督促并掌握各项援建工程的建设进度、质量、安全和资金管理使用等情况，协调解决在援建过程中出现的问题。4日，召开省恢复重建领导小组暨对口支援江油市挂职干部座谈会，陈全国、叶冬松、张大卫、宋璇涛出席会议并讲话，领导小组其他成员、各省辖市负责对口援建的领导、省对口支援江油市的42名挂职干部和部分企业代表与会。当天下午，河南省前线指挥部及所有挂职干部启程赴江油开展工作。2009年3月13日，经省政府常务会议研究，宋璇涛不再兼任省援建工作领导小组副组长、指挥长，省委常委、常务副省长李克兼任省援建工作领导小组副组长，张大卫兼任省援建领导小组副组长、指挥长。

2008年7月2日，河南省委办公厅、省政府办公厅下发《关于对口支援江油市各乡镇恢复重建的通知》，明确由18个省辖市对口支援江油市40个乡（镇），建立“一市帮一受灾乡镇”的对口援建机制。具体对接方案是：郑州市支援三合镇、青莲镇、九岭镇、彰明镇，洛阳市支援中坝镇、太平镇、方水乡、八一乡，新乡市支援马角镇、敬元乡，平顶山市支援武都镇、大康镇，安阳市支援含增镇、香水乡，焦作市支援六合乡、枫顺乡，许昌市支援新春乡、新兴乡，漯河市支援永胜镇、双河镇，开封市支援重华镇、铜星乡，濮阳市支援龙凤镇、东兴乡，鹤壁市支援河口镇、东安乡，南阳市支援雁门镇、石元乡，三门峡市支援新安镇、战旗镇，驻马店市支援二郎庙镇、文胜乡，商丘市支援贯山乡、义新乡，信阳市支援厚坝镇、小溪坝镇，周口市支援大堰乡、西屏乡，济源市支援云集乡、重兴乡。

2008年8月21日，河南省印发《河南省对口支援江油市灾后恢复重建工作方案》，明确对口支援恢复重建的总体要求和原则、对口支援的重点和主要内容、机构设置和与江油职责分工、组织实施、保障措施等。总体要求：坚持立足当前、着眼长远，科学决策、民生为重，政府主导、协调各方，豫川联手、共建家园，统筹调动人力、物力、财力、智力等多种力量，精心规划、精心组织、精心实施。遵循的原则是：全面支持、重点援助；坚持政府主导、社会参与，先急后缓、分步实施，统分结合、形成合力，科学规划、注重实效。援建工作重点：一是九年制义务教育学校、幼儿园、医院、福利院、广播电视等公共服务设施和城乡居民安置住房为重点的民生工程；二是城乡道路、桥梁、供（排）水等公共基础设施；三是提供规划编制、建筑设计、专家咨询、工程建设和监理等技术服务和智力支持；四是按市场化运作方式，引导河南优势企业到江油投资兴业，实施产业援助。主要内容为：建6000套板房，确保中小学2008年9月1日如期开学；派驻180名专业技术人员协助做好危房鉴定、规划编制、建筑设计、专家咨询、工程监理等工作；完善江油市农村党员现代远程教育网络和恢复建设部分受损党员活动室；恢复和完善广播电视网络传输设施；按照市场化运作和互惠共赢、共同发展的要求，加强两地企业合作，帮助江油企业恢复生产；为江油考生提供在河南上学的条件，在国家招生政策允许的前提下，优先录取，同时为中等职业学校学生转学就读提供便利；整合医疗队伍资源，保持100人的医疗防疫队帮助江油开展技术培训、卫生防疫、医疗救治等；整合公路抢通保通队伍，尽快打通江油市西北部3个乡（镇）便利通道；整合公安特警队伍，保持100人的规模，协助做好社会治安工作等。

2008年8月25日，宋璇涛代表省政府与江油市政府签订第一批援建项目实施协议。9月28日，张大卫赴江油出席河南省对口支援江油市恢复重建首批项目开工仪式。至此，援建项目建设全面展开。

援建开始后，河南省四套班子领导先后20多次至江油了解灾情、调研工作、解决问题、慰问群众，激励广大援建工作者倾情投入。各省辖市的党政主要负责人也多次到对口支援地区了解灾情、研究工作。中央提出三年援建任务两年完成要求后，2009年2月2日，徐光春在对口支援江油市恢复重建工作座谈会上指出：“党中央、国务院要求提前完成灾区援建。虽然时间紧迫、任务艰巨，但有信心、有能力向党中央、国务院，向灾区人民和河南人民交上一份不仅满意、而且是满分的答卷”。2009年12月，卢展工调任河南省委书记，到任后即对援建工作做出批示：“希望全体援建人员继续努力，圆满完成中央和省委、省政府下达的任务，为灾区重建做出河南的贡献。”陈全国先后于2008年8月1日、10月7日及2009年1月9日、3月20日，4次主持召开省援建工作领导小组会议，对援建工作重大事项进行研究，并对工作进行部署。

河南省援建工作领导小组确定了“三统一”工作制度，即统一确定援建项目、统一筹集使用援建资金、统一组织项目监管。在援建项目的确定上，由江油市组织各乡镇、各部门在与河南省对口支援市和省直部门衔接后，按照国家规定范围和实际需要，分阶段提出对口援建项目建议名单，经河南前线指挥部与江油市政府共同确认、河南省援建工作领导小组办公室综合平衡后，报省领导小组审定。已经确定建设的援建项目，由河南省领导小组办公室下发援建项目建设任务书，河南省有关部门和江油市有关方面据此组织实施，并纳入河南省上年财政收入1%额度援建资金范围。河南省与江油市建立了合作互信、密切配合的工作机制。2008年8月25日和2009年3月29日，河南省政府与江油市政府先后签订了《河南省对口支援江油市灾后恢复重建工作总体框架协议》《河南省对口支援江油市灾后恢复重建工作总体框架补充协议》。河南省主管部门、河南省前线指挥部、江油市政府、江油市主管部门也分别就具体项目建设签订四方协议。协议明确了河南省政府、江油市政府及两地政府相关部门在项目建设中的权利、责任和义务，建立了完整严密的责任体系。对于不同项目采取“交支票”与“交钥匙”相结合的援建方式，重大工程由河南出资、河南建设，其他工程由河南出资、江油建设。

2009年3月29日，河南省第二批对口支援江油市恢复重建项目交钥匙工程开工仪式在江油举行，张大卫出席，标志河南省对口援建重大项目建设进入全面实施阶段。9月23日，河南省对口支援江油市第三批项目启动仪式在江油举行，陈全国、张大卫出席。11月，按照国家灾后恢复重建总体规划和10个专项规划的要求，河南省会同江油市制定《河南省对口支援江油市灾后重建三年规划实施方案》，进一步明确了援建目标和要求，并对各项援建任务进行细化。2010年11月2日，河南省对口援建江油市恢复重建项目整体移交仪式在江油举行，河南省委副书记、组织部部长叶冬松和副省长张大卫，四川省委常委、宣传部部长黄新初和副省长王宁等出席仪式。在移交仪式上，河南省政府向江油市政府移交项目资产28.72亿元，移交援建资金1.3亿元，合计30.02亿元。

二　项目援建

河南省援建项目共分为7个大类，包括城乡居民住房、市政公用设施、公共服务设施、城乡道路、农业农村基础建设、产业重建和其他项目，共计302个项目，总投资30.02亿元。两年多时间的援建中，河南省践行了“举全省之力援建江油，将江油看作河南的一个县来建设”的承诺，受到社会各方的好评。援建工程质量全部合格，其中有12个援建项目获得四川省“天府杯”奖、13个援建项目获得河南省“中州杯”奖，豫江大堤综合整治工程获水利部“质量创新奖”。

城乡居民住房项目　主要包括城市居民安置房和农村农房重建补助，共6项。其中，城市居民安置房 4 项，包括活动板房、中原爱心小区一期工程、中原爱心小区二期工程、中原爱心小区三期工程；农村农房重建补助 2 项，包括第一期农房重建补助、第二期农房重建补助。

农房重建项目注重与新农村建设、发展特色产业结合起来，按照宜聚则聚、宜散则散的原则，在尊重老百姓意愿的前提下，实行统一规划、统一模式、统一建造、群众监督。集中建房后腾出的旧宅土地实行还耕，根据地理位置和整理后的土地资源分布情况，部分用于发展特色农业种植、乡村农家休闲旅游、畜牧家禽养殖和工业企业发展；部分配套建立乡村幼儿园、卫生站、村民休闲娱乐广场等。青莲镇居民蒋开珍家原有的十几间住房在地震中全部垮塌，她根据自家的人口和经济情况选择了一幢两层小楼，客厅、卧室、厨房、浴室一应俱全，还用上了天然气。全家喜迁新居后，在家门上贴上对联，上联“抗震救灾建农房”，下联“喜迁新居过大年”，横批“感谢政府”。

城市居民安置房项目以中原爱心小区工程作为援建的重点项目，集中解决无房户的苦恼。河南省投入援建资金 2.46 亿元，建成居民安置小区 3 个，包括居民安置房和廉租房共 2034 套、面积约 13 万平方米。中原爱心小区一期工程位于江油市南明月新城范围内，在安居路北侧、栖仙路东侧，建筑面积 7.09 万平方米，由 31 栋多层住宅和 1 栋 3 层幼儿园楼组成，安置 1000 户居住困难的受灾群众。二期工程位于江彰大道西侧、望月路和金沙路间，总建筑面积 32230 平方米，为一独立住宅组团，由 12 栋住宅楼组成，安置 576 户无房居民。该项目建成后被命名为“豫江苑”。三期工程位于白玉路和体育北路交叉口，总建筑面积 23144 平方米，含 9 栋单体楼，全部为廉租住房。一、二、三期中原爱心小区彰显了川西民居的建筑风貌，具有经济实用的特点。入住居民对小区环境、功能、房屋采光通风、噪音控制等给予了充分肯定。

市政公用设施项目　主要包括市区道路、涪江堤防设施，共 7 项，包括中原江油连心桥（涪江三桥）主桥工程、中原江油连心桥东西引道工程、江彰大道工程、江彰大道配套完善工程、涪江二桥维修加固，豫江大堤（涪江大堤）综合整治、中原爱心小区、学校和医院周边基础设施项目。

中原江油连心桥、豫江大堤等项目，对于解决江油市区的交通、水利等难题具有重要作用。江油市建成区主要沿涪江向南延伸，由于城区规模的快速扩展，原有的涪江一、二桥已不能满足城市发展的需要。震前 2007 年 12 月江油市开工建设涪江三桥（现名为中原江油连心桥，见图 264），震后大桥停建。为此，河南省把重建涪江三桥作为恢复重建的重点工程，累计投资 9800 万元。大桥及时竣工通车，为城市发展、市民出行提供了便利条件。涪江大堤建于 20 世纪 70 年代，堤身老化单薄，历史上洪水频发、灾害频繁。地震更使部分堤段沉陷，临水面空壳和裂缝多达 400 余处，危及江油城区群众生命安全。河南省投资 2.5 亿元，对涪江大堤实施综合整治，及时消除隐患，提高了大堤的防洪能力。同时，还增加了大堤的生态文化功能，按照“水空间复合利用”的设计理念，营造滨水景观，修复河流生态环境，集中反映豫（河南）江（江油）两地历史文化。该项目形成“一轴（沿涪江的城市生态景观文化轴）、两带（沿涪江左右岸的防洪堤带和滨水景观带）、两核（体现豫江友谊和两地历史文化的两个核心文化区）、三园（沿江 3 座各具特色的主题景观公园）”的生态景观空间结构，使涪江大堤成为生态文化友谊之堤（工程竣工后改称豫江大堤）。

图264　河南省援建的中原江油连心桥（涪江三桥）

（冯雷、雷乃益　摄）

公共服务设施项目　主要包括教育、卫生、广播电视、文物、社会福利等项目，共87项。项目建成后，初步达到“一乡镇一小学”“一乡镇一卫生院”，基本满足了上学、就医的需要。

教育项目共31项（其中市属4项、乡镇27项），分别是江油职教中心、中原爱心小学、中原爱心中学、市属学校危房维修，青莲镇学校、九岭镇学校、方水乡学校、八一乡学校、马角镇学校、敬元乡学校、含增镇学校、六合乡学校、新春乡学校、新兴乡学校、双河镇学校、重华镇学校、铜星乡学校、龙凤镇学校、东兴乡学校、河口镇学校、东安乡学校、雁门镇初中、石元乡学校、新安镇学校、战旗镇学校、文胜乡学校、贯山乡学校、义新乡学校、小溪坝镇学校、西屏乡学校、云集乡学校。

卫生项目共39项（其中市属3项），分别是江油市人民医院危房维修加固、市人民医院门诊医技楼、市中医院，以及三合镇、青莲镇、九岭镇、彰明镇、中坝镇、太平镇、方水乡、马角镇、敬元乡、武都镇、大康镇、香水乡、六合乡、新兴乡、新春乡、永胜镇、双河镇、重华镇、铜星乡、龙凤镇、东兴乡、河口镇、东安乡、石元乡、新安镇、战旗镇、二郎庙镇、文胜乡、贯山乡、义新乡、厚坝镇、小溪坝镇、大堰乡、西屏乡、云集乡、重兴乡等乡镇卫生院。

广播电视项目共2项，分别是广播电视工程、农民永久性住房收看电视工程。文物项目共2项，分别是李白故居、李白纪念馆。社会福利项目共13项（市属4项、乡镇9项），分别是备灾仓库、豫江老年大学、江油市福利院（新明中心敬老院）、江油市救助站、青莲镇敬老院、八一乡敬老院、新春乡敬老院、新光乡敬老院、双河镇敬老院、新安镇敬老院、二郎庙敬老院、厚坝镇敬老院、大堰乡敬老院。

修复后的李白故居，使太白楼、太白祠、太白碑林、陇西院等古建筑重展纯正的唐式建筑风格，而且新增16组雕塑小品、邀月台等景点。重建的李白纪念馆，大门高8米，仿唐式灰瓦庑殿顶气象宏伟。纪念馆两层阁楼式太白堂极富唐韵，太白堂、太白书屋、陈列室等建筑直追唐代园林风格。（参见图265）新增杜甫堂中的杜甫雕像与太白堂中的李白雕像遥遥相望，成为馆中

图265　河南省援建的江油太白堂（秦曙光　摄）

最大亮点。

农村基础设施项目　共170项工程。

农业提灌站项目24项，分别是青莲镇、九岭镇、彰明镇、方水乡、八一乡、马角镇、敬远乡、含增镇、香水乡、枫顺乡、六合乡、新春乡、新兴乡、龙凤镇、东兴乡、东安乡、石元乡、新安镇、二郎庙镇、文胜乡、义新乡、大堰乡、云集乡、重兴乡等乡（镇）提灌站。

农村基础设施项目39项，分别是三合镇、青莲镇、九岭镇、彰明镇、太平镇、方水乡、八一乡、马角镇、敬元乡、武都镇、大康镇、含增镇、香水乡、枫顺乡、六合乡、新春乡、新兴乡、永胜镇、双河镇、重华镇、铜星乡、龙凤镇、东兴乡、河口镇、东安乡、雁门镇、石元乡、新安镇、战旗镇、二郎庙镇、文胜乡、贯山乡、义新乡、厚坝镇、小溪坝镇、大堰乡、西屏乡、云集乡、重兴乡等乡（镇）农村基础设施。

安全饮水工程项目27项，分别是三合镇、青莲镇、九岭镇、彰明镇、太平镇、方水乡、敬元乡、大康镇、含增镇、香水乡、枫顺乡、六合乡、新春乡、重华镇、石元乡、义新乡、小溪坝镇、西屏乡、方水乡场镇、重兴乡等乡（镇）安全饮水工程，以及铜星乡场镇、东安乡场镇、文胜乡场镇供水系统，东兴乡、雁门镇饮用水设施，新安镇城镇饮水工程，战旗镇自来水厂。

农村及场镇基础设施项目共80项，分别是三合镇、青莲镇、九岭镇、彰明镇、中坝镇、太平镇、方水乡、八一乡、马角镇、敬元乡、武都镇、大康镇、含增镇、香水乡、枫顺乡、六合乡、新春乡、新兴乡、永胜镇、双河镇、重华镇、铜星乡、龙凤镇、东兴乡、河口镇、东安乡、新安镇、战旗镇、雁门镇、石元乡、二郎庙镇、文胜乡、贯山乡、义新乡、厚坝镇、小溪坝镇、大堰乡、西屏乡、云集乡、重兴乡等乡（镇）居民集中安置点基础设施，以及三河镇、青莲镇、九岭镇、彰明镇、中坝镇、太平镇、方水乡、八一乡、马角镇、敬元乡、大康镇、含增镇、香水乡、枫顺乡、六合乡、新春乡、新兴乡、永胜镇、双河镇、重华镇、铜星乡、龙凤镇、东兴乡、战旗镇、二郎庙镇、文胜乡场镇、贯山乡、义新乡、厚坝镇、小溪坝镇、大堰乡、西屏乡、云集乡、重兴乡、武都镇、石元乡、新安镇、河口镇、东安乡、雁门镇等乡（镇）场镇基础设施。

工业重建与城乡道路项目 工业重建项目主要是江油—河南工业园基础设施项目。江油市是国家“三线”建设的重要基地，有良好的工业基础，地震对江油的工业造成巨大破坏。建成后的江油河南工业园，控制面积6.7平方公里，核心区2.5平方公里。园内有9条共约14.8公里的市政道路、3栋共1.2万平方米的标准厂房、1栋6000平方米的创业中心、1座雨污水泵站等配套基础设施。六合汽轮机专用锻材锻件、豫蜀夜视丽反光材料、洛阳轴承加工、河南天丰节能板材等项目先后落户于此。

城乡道路项目主要包括24项工程（其中市属项目13项、乡镇项目11项），分别是安梓路、新太路、玻武路、中绵路、许青路、三江路、厚六路、中雁路、神龙河大桥、杨家旋桥、河西路、香青路、乾元山哪吒大桥、三河镇玻武路、彰明镇中绵路、武都镇团山大桥、含增镇万花路和万阿路、枫顺乡东雁路、新春乡海鲤路、永胜镇武马路和红永路、雁门镇东雁路、文胜乡银河大桥和厚文路、厚坝镇厚玄路和厚老路、大雁乡中大路。

三　软件援助

在实施项目援建的同时，河南省还在产业合作、技术援助、文化交流、心理重建等方面给予江油市大力支持。

产业合作 2008年6月30日，河南省对口支援江油市企业座谈会召开，张大卫、宋璇涛到会并讲话。全省煤炭、食品、房地产、电力、有色、重工等行业的52家企业与会。会议提出，企业对口援建产业合作的原则是“企业主体、市场运作、政府协调、互惠双赢”，基本思路是以优先支援当地国有骨干企业、受损严重企业和事关当地人民群众基本生产生活的企业为重点，以市场和产品、技术和管理、资本和股权等方面的合作为主要形式，以尽早恢复重建、构建长期合作机制、促进两地经济快速发展为目的，实现优势互补、互惠互利。产业合作期间，河南省先后组织10余批50多家企业至江油考察对接项目，多次召开各种座谈会，对产业合作项目进行筛选和磋商。河南、江油两地先后举办3次大型签约活动，共有31家河南企业与江油签订产业合作协议，总投资额达30多亿元。河南煤化集团、义煤集团、天丰集团、中平能化集团等一批骨干企业的优势项目在江油落地。

2008年7月22—25日，宋璇涛带领中国一拖、安阳钢铁、中国神马、平顶山煤业、永城煤电、义马煤业、鹤壁煤业、郑州煤炭工业、省投资集团、白象食品、思念股份、宇通客车、新乡天丰钢板、河南心连心化工、天瑞集团、三全食品、建业集团等17家企业的23名高管至江油考察。他们深入江油机械工业园区、四川矿山机器、中恒特钢、李白故里酒厂、中国石油西南油气田公司川西北甲醇厂、四川汇通科技实业公司、江油黄龙破碎输送设备制造公司、四川天利科技公司等8家企业了解情况。其间，召开了河南、江油两地企业合作对接工作座谈会，双方达成合作意向10余项。

2008年10月6—9日，江油市市长宋开慧率该市党政代表团至河南招商，先后至漯河、郑州、洛阳等地考察双汇集团、澳的利集团、银鸽集团、宇通客车、思念食品、三全食品、中国一拖、中信重机等企业，并于8日在郑州举行江油市灾后重建座谈会，提出建设江油—河南工业园的构想。

16—17日，四川省委常委、省国资委书记王少雄率领由四川省、绵阳市、江油市有关负责人组成的党政代表团，在郑州举行“四川省灾后重建暨绵阳市灾后重建（河南）投资说明会”。四川省推介项目685个，绵阳市推介项目183个。双方签署了11项投资与合作意向书，总投资额达8.5亿元。具体合作项目包括：河南双汇集团投资生猪屠宰和肉食加工项目3.4亿元，受资方绵阳市投资促进局；河南双汇集团投资3000万元开展5万头生猪养殖项目，受资方江油市投资促进局；河南永城煤电（集团）公司投资轴承加工项目4000万元，受资方江油工业园区；中国一拖集团投资电控变几何涡轮增压器应用合作项目，成立民品产业化公司项目，共2亿元，受资方中国燃气涡轮研究院；义马煤业（集团）公司投资江油夜视丽反光材料技改项目4000万元，受资方江油工业园区；河南天丰集团投资钢结构建材项目7000万元，受资方江油工业园区；河南燕南实业公司投资新型建材项目5000万元，受资方江油市投资促进局；白象集团公司投资原材料采购项目3000万元，受资方江油市投资促进局；河南邮政物流公司投资产品配送合作项目5000万元，受资方江油李白故里酒厂。

2009年5月20日，江油—河南工业园开工暨首批河南企业入园仪式隆重举行。河南省首批入驻园区的河南煤化集团轴承加工项目、义煤集团反光材料技改项目、河南天丰外墙保温装饰板生产研发项目和燕南实业钢结构生产4个项目揭牌入驻，总投资2.4亿元。11月23日上午，“四川省绵阳市灾后重建投资推介会”在郑州举行，双方达成15项投资与合作意向，并签署意向书，总投资额达16.22亿元。具体项目包括：巩义市矾土粉加工厂、金岭耐火材料公司投资铝钒土开采加工项目1.8亿元，巩义市益丰耐火材料公司投资碳化硅精细粉生产项目1.8亿元，郑州市裕丰耐材公司投资冶金辅料生产项目1.2亿元，河南金阳铝业公司投资氧化铜项目2亿元，郑州市豫立实业有限公司投资稳定氧化锆生产线项目8000万元，郑州市华中建机公司投资起重机生产项目1亿元，新马电动汽车公司投资教练电动车生产项目8000万元，河南心连心化肥公司投资复合肥生产项目5000万元，洛阳北方玻璃股份有限公司投资低辐射镀膜玻璃生产项目2.6亿元，中国一拖投资特种专用车辆项目2.6亿元，洛阳机床厂投资弹簧生产项目2000万元，中信重工机械股份有限公司投资技术工艺管理合作项目2200万元，以上项目受资方均为江油—河南工业园区；此外，河南长垣集团投资鹅养殖深加工项目3000万元，受资方江油市敬元乡；郑州市柯拉莫生态园餐饮公司投资生态园项目1800万元，受资方江油市投资促进局。

2010年3月3日，按照河南省常务副省长李克提出的“加大江油—河南工业园建设力度，促进产业合作有新的突破，在2010年‘5·12’之前，动员更多的河南优势企业入驻江油—河南工业园，推动产业援建工作取得新的更多的成绩，增强江油经济的造血功能”的意见，江油市委、市政府统筹安排，整合工业园区与该市投资促进局人员，抽调25人组成11个项目对接小组到河南磋商。小组历时一月，分赴河南省18个省辖市洽谈企业合作事宜，在18个省辖市分别召开投资推介会，与437家企业进行对接，邀请近10批河南企业至江油考察。5月，在纪念汶川大地震两周年之际，张大卫率20余家河南企业代表先后至江油河南工业园和江油洛轴轴承有限公司，考察对口援建基础配套设施和产业合作项目等工程建设情况，出席河南省对口援建江油市恢复重建项目基本建成暨产业合作签字仪式，提出要把江油—河南工业园作为江油对外招商引资的平台，进一步奠定双方优势产业合作坚实基础。5月12日，河南省对口支援江油市恢复重建项目基本建成暨产业合作签字仪式在江油—河南工业园举行，双方签订5个项目合作意向书，投资总额达4.6亿元。具体项目包括：河南威龙空分设备集团公司投资制氧设备生产制造项目3000万元，河南胜利物流有限公司投资建立江油工业物流园区项目7000万元，河南华工重型机械有限公司投资起重机械制造项目1.1亿元，河南久久铜业有限公司投资铜线生产制造项目2亿元，河南鑫华夏矿业有限公司投资5000万元，项目受资方全部为江油市政府。

建筑水利交通技术支援 河南省累计派出专业技术人员200余人，对江油市境内部分震损水库进行安全鉴定及勘察设计，帮助江油市完成195座小型震损水库安全鉴定，包括21座小（一）型溃坝及高危水库的勘察报告、安全鉴定报告、初步设计报告（含概算）及附图和10座小（二）型溃坝及高危水库的勘察报告，164座小（二）型溃坝及高危水库的初步设计报告（含概算）及附图；同时，对流经江油的涪江大堤在检测的基础上提出详细的修复意见和建议。

派出的6个危房鉴定小组，以学校、医院、敬老院及有关政府机关办公楼为主，对开裂严重的危险房屋进行鉴定，共完成315项，鉴定建筑面积共330299.1平方米。其中，学校项目116项，建筑面积127473平方米；医院、卫生院项目7项，建筑面积12534平方米；敬老院项目6项，建筑面积4065平方米；政府机关办公楼等项目137项，建筑面积107415平方米；住宅楼项目49项，建筑面积78812.1平方米。

2009年9月14日，河南省应江油方面请求，再次派出10名水利、建设、交通等方面的专业技术人员长驻江油一年，在道路规划、水利堤防建设、城市基础设施建设、居民区规划建设等方面进行勘测。

医疗卫生支援 2008年6月22日，河南省抗震救灾医疗防疫救援总队进驻江油市区和10个乡（镇），开展卫生防疫、医疗救治和卫生监督。医疗支队充分发挥专家优势，开展日常诊疗、带教和培训等工作，完成肝癌、胆管癌、微创手术等复杂手术数百例，累计诊治病人53419人次，巡诊10432人次，手术2225台次，引入新技术、新方法44项，开展各类培训和讲座1100余次，培训人员47550人次。医疗支队帮助江油市人民医院、江油市中医院改进医疗服务管理，优化医疗流程，恢复正常医疗秩序，提高了医院的医疗技术水平。

卫生防疫支队与当地卫生人员一起开展灾后卫生防疫，清淤消毒，清掏消毒水井，使用（发放）消杀灭药品，发放口服预防药，指导食品饮用水消毒，查获并销毁污染变质食品；实施肠道传染病、肺结核、血吸虫、艾滋病抗体、禽流感、手足口病、H1N1流感、食品检验、职业病等体检项目234项；对江油某铁矿一线作业工人进行职业健康检查；参与指导HIV（即人类免疫缺陷病毒）实验室设计及检验新址设计，对职业卫生尿镉检验项目进行可行性论证并提供技术支持，帮助受援单位一次性通过由四川省质监部门组织的计量认证复评审，使其成为绵阳市首家申请并通过的疾控机构；积极协助江油市疾控中心检验室修改布局图纸的设计；指导设计基因扩增实验室结构布局和框架；逐步建立完善食品实验室。

卫生监督支队协助当地有关部门按照“关口前移、重心下移”的要求，对水源、供水点、供餐点、餐饮单位、食品经营点和加工企业、医疗服务机构等单位进行检查。该队还深入乡镇山区以及百姓村舍，向群众解答健康咨询，发放卫生宣传材料。队员们结合当地实际，编写和制定了《江油市灾后重建期间学校食堂卫生监督指导意见》。

教育支援 地震后江油市教室坍塌、桌凳毁坏、教材短缺，学生无法上课。河南省累计接纳

505 名江油中小学生至豫异地就读。江油市中等职业学校 15 名学生到河南郑州工业贸易学校就学，每年所需经费由团省委青少年基金解决，3 年支出 51.3 万元左右。河南社会团体接收部分江油学生到平顶山市借读。河南省还先后派出数批志愿者教师援助江油。他们在边远的乡村中小学任教，为当地带去了先进的教学方法和经验，深受当地群众欢迎。

在 2008 年的高招录取中，河南高校对江油高考生采取一系列优惠政策。凡是江油的学生报考河南的大学，在同等条件下优先录取。郑州大学调整 2008 年对四川省的招生政策，在原定计划招生 70 名的基础上，增加在川招生数，其中优先录取 39 名江油考生。该校对于当年录取的重灾地区新生免收全部学费，并发放助学贷款。河南其他高校也分别对在校的灾区学生采取优先录取、建立“绿色通道”、减免学费、给予生活补助等措施。

就业援助　2008 年 6 月 24 日，河南省劳动和社会保障厅、财政厅下发《关于对地震灾区实施就业援助的通知》，要求各地劳动和社会保障部门摸清来自灾区特别是重灾地区及江油市劳动者在本地务工的人数和工作生活情况。对灾区至豫就业者，劳动保障部门免费对他们进行技术培训，各地公共就业服务机构免费提供政策咨询、职业指导、职业介绍等就业服务。9 月 19 日，河南省在江油举办就业援助现场招聘会，共组织全省 25 家国有企业或上市公司参加，精选用工规范、月工资在 1000 元以上、提供免费住宿等适合灾区劳动者的就业岗位 3988 个，现场发放宣传资料 1 万余份，求职登记者 1535 人，其中初步签订用工协议者 473 人。

河南省政府先后 3 次与四川省政府签订《对地震灾区开展对口就业援助协议书》。2008—2009 年年底，向江油方提供 6000 个待遇较好、条件适合灾区劳动者的就业岗位信息。介绍灾区劳动者到援建地异地就业或通过灾区重建项目吸纳就业，直接帮助灾区劳动者 2800 人实现就业。以多种方式提供支持和帮助，指导 4.9 万人在四川省内就地就近实现就业。

干部挂职与警务援助　根据河南省委、省政府的部署，经与绵阳市委、江油市委沟通，河南省选派一名副厅级县委书记挂职任江油市委副书记和河南省对口支援江油市恢复重建前线指挥部副指挥长、党委副书记，同时从各省辖市选派任过乡镇正职领导的正科级干部到江油挂职任乡镇党委副书记，协助当地市、乡两级党委、政府开展恢复重建工作。河南省选派的 41 名挂职干部平均年龄 35.8 岁，具有大学以上学历的有 34 人，占挂职干部的 82.9%；主要负责监督乡镇援建项目进展情况，监管援助资金的使用情况，按项目进度拨付工程款，确保援建资金专款专用。

河南省还先后向江油选派交警、巡警、治安警等专业警力 200 余人，帮助开展对口警务援助维稳工作。2008 年 11 月 23 日，《人民公安报》整版刊发《“驻”进百姓心坎的河南援川民警》的专题报道，表扬了河南援川警队工作取得的成绩和援川民警“吃苦耐劳、忠诚奉献”的精神。

心灵重建与文化交流　为了表达对灾区人民的深切慰问，增进豫、江两地的情谊，河南文艺界组织河南艺术团至江油工地、乡村、学校、田间地头慰问演出。河南影视集团创作《青少年地震后心理干预与重建》等 5 部科教片，普及科学知识；开展“情系灾区、爱洒人间”公益电影放映活动，放映电影 1000 场次，帮助灾区人民走出心理阴霾。河南省文化厅组织江油市太白书画院艺术家至河南省部分市进行书画巡展，派出本省书画名家至江油李白纪念馆挥毫泼墨，丰富其馆藏。河南省作协在文学双月刊《莽原》上推出“李白故里作家作品小辑”，在《散文选刊》上推出反映江油抗震救灾和灾后发展的系列作品文集。

河南省在顺利完成援建任务基础上，累计向江油市捐赠救灾资金662万元、棉被11.4万床、棉衣14.5万件、面粉150万公斤、图书资料100万册、计算机400台套，投资400万元新建一所幼儿园。

第二节　湖南省支援理县

2008年6月中共中央、国务院明确湖南省对口支援理县灾后恢复重建后，湖南省委、省政府迅速贯彻中央要求，先后召开省委常委会议、省委常委扩大会议和省政府常务会议专题研究部署。省委、省政府主要领导专题听取汇报并提出明确要求。省对口支援理县灾后重建工作领导小组4次召开全体会议，研究解决援建工作中的重大问题。围绕理县提出的“依托一条藏羌文化走廊，构建三大产业基地”的发展战略，根据理县灾后重建及长远发展实际，湖南省确定了从民生恢复到产业建设、从基础设施到智力支撑、从生态保护到文化旅游、从立足当前恢复到着眼长远发展等9类对口援建项目。6月下旬启动援建工作后，两年多时间里，省委常委、常务副省长于来山等湖南援建工作领导小组领导、100余名省直有关部门和部分市州负责人先后赴理县实地调研，解决问题。至2010年9月30日完成援建任务，共援建项目99个，总投资20.39亿元。其中，“交钥匙”工程68个，投资15.27亿元；委托建设项目31个，投资5.12亿元。（参见图266）湖南援建工作受到好评。

图266　震后恢复重建的理县县城全貌

（张建　摄）

一　部署与组织

2008 年 6 月，中央明确湖南省对口支援理县。11 日上午，湖南省省长周强主持召开省政府第九次常务会议进行研究。会议要求及时与理县衔接，科学制定重建规划，参照中央实行省包县的做法，由湖南市州对口帮扶理县乡镇。14 日，省委书记张春贤主持召开省委常委扩大会议，研究部署对口支援。6 月 20—23 日，受张春贤、周强委托，于来山率队至四川，就湖南省对口支援理县恢复重建进行实地考察和初步衔接。理县希望援建能与该县总体规划相结合，重点关注民生，关注老百姓的生活问题，防止重复建设；除财力支援外，希望湖南提供智力支持，派出专家队伍帮助理县搞好建设规划和干部培训；在产业对接方面，希望能帮助理县提高“造血功能”。7 月 2 日上午，张春贤主持召开省委常委会议，要求坚持高起点规划，高质量施工，经得起历史的检验，决不能出现腐败工程；支援工作由湖南援川领导小组统一组织协调，统一调度资源；新建项目要体现当地的民族风情，做到特色鲜明；恢复性的工程要注意保持原有的特色；把握好援建项目的筛选，突出重点；发挥湖南企业和社会组织的作用；按照不低于上年度地方财政收入 1% 的额度，分级次、分市州筹措资金。会议决定湖南援川领导小组下设办公室，组建湖南省对口支援理县灾后重建工作队。

2008 年 7 月 22 日，湖南省委办公厅、省政府办公厅发布《关于印发〈湖南省对口支援理县灾后重建方案〉的通知》。方案明确支援重建的基本原则是：集中力量，统一对口，由省里统筹组织协调，统筹规划衔接，统筹计划安排，统筹项目建设，各市州、部门不单独对口支援；重点支援理县恢复最急需、与老百姓生活最直接的项目和智力支持，优先建设灾区群众基本生产、生活所需的基础设施以及社会事业等民生项目，让理县人民得实惠。严格按照灾后重建的规划布局、选址要求和各类建设标准实施，防止盲目攀比。采用“交钥匙”的方式，从设计、施工、监理到竣工验收实行全过程管理。在产业发展、中介服务、劳动力就业和培训等方面，遵循市场规律，实行市场运作。主要在项目援建、科技人才服务、产业发展三方面对口支援，具体有教育、卫生、民政、文化体育广电、农村安全饮水、交通市政公共设施、科技人才、产业等项目工程。各类项目支持坚持两条原则：一是由理县县委、县政府提出援助要求，经科学论证后，由湖南援建工作领导小组集体研究确定。二是必须符合中央和省里的政策规定，湖南省 3 年内各级援建资金额度按上年地方一般预算收入决算数的 1% 确定，具体资金筹措和管理办法由省财政厅牵头制定。在省财政厅设立对口支援理县专用账户，统一管理对口支援各项资金。湖南援建工作领导小组由于来山任组长，省人大常委会副主任肖雅瑜、省政协副主席谭仲池、省政府秘书长袁建尧任副组长，省委办公厅、省政府办公厅、省发改委等 24 家省直厅局单位的分管领导为成员。小组下设办公室，办公室设在省发改委，由袁乾培兼任办公室主任（后改由黄河兼任）。8 月 4 日，省委组织部发布《关于成立对口支援四川理县灾后重建工作队的通知》，成立省对口支援四川理县灾后重建工作队，具体负责理县灾后重建对口支援的组织实施。工作队队长张银桥，下设综合组、财务组以及 5 个项目组，共计 30 人（后增加到 33 人），队员来自省直 21 个部门和长沙市。

工作队组建后，湖南援建工作迅速开展。湖南援建工作领导小组及有关方面领导冒着余震威胁到理县考察援建工作。2008年8月11日，湖南援川先遣队张银桥等7人赶赴理县。先遣队的主要任务：一是与理县政府建立对口支援领导协调机制以及项目前期工作协调配合机制，包括在征地拆迁、规划选址、环境评估、初步设计、地质勘探、概算评审、施工图设计和审查、招标投标等方面的分工与合作。二是衔接先期启动项目，着手编制对口支援三年规划，提出先期启动项目名单，明确责任人员和分工。三是落实工作队后勤保障。四是开展项目施工前准备，包括进一步了解灾情，了解沙石、砖瓦、钢材、水泥以及电力、交通、用水等保障供应情况。13日，先遣队至桃坪乡佳山村、甘堡乡甘堡屯藏寨和灾区群众集中安置点察看灾情，了解民情民意。下午，与理县四大班子负责人和县直部门、部分乡镇居委会负责人座谈。理县的思路是“做精县城、做活集镇、培育中心、夯实基础”，原则是“规划引导、突出重点、市场运作、全面对接、多方攻坚”，通过湖南对口支援，使理县交通、通信、供水、供电、教育、卫生、广播等基础设施全面恢复，生产力恢复到灾前水平，工农业生产和正常的生活秩序基本恢复。28日，湖南援川工作队全体队员从长沙出发，绕道松潘、红原，于30日抵达理县工作队临时营地，第二天上午举行升旗和灾后重建前期论证阶段项目框架协议签字仪式。

2008年9月1—3日，工作队分两路对理县13个乡（镇）开展实地考察，到受灾最严重的村庄、学校、医院，对损毁严重的路网、水网、电网和少数民族民居进行察看、录像和访谈。6—15日，工作队各项目组对各乡镇的学校、医院、道路、桥梁和人畜饮水工程等涉及灾区群众生产生活的民心工程、德政工程项目进行考察。在桃坪乡，工作队重点对学校和医院的重建进行论证。在米亚罗镇、夹壁乡，工作队考察了二古溪村的跨河大桥工程，决定尽快拿出架桥方案，打通灾后重建的交通“瓶颈”。援川工作队综合组沿都汶线对项目施工主材市场、供应厂家进行考察。18—24日，谭仲池出席在夹壁乡夹壁村嘉绒土司官寨举行的湖南对口援建项目“三湘情——农村安全饮水暨农田灌溉工程”启动奠基仪式。

2008年10月6日下午，湖南援川工作队汇报会在长沙举行。于来山、谭仲池、袁建尧以及湖南援建工作领导小组成员单位负责人出席。会议要求尽快拟定对口援建项目规划，援建项目要打足投资，研究农房重建专业技术指导人员的派遣、建材供应和项目设计单位选择、充实援川办力量等。15日，四川省委常委、常务副省长魏宏率政府代表团至湖南开展致谢投资招商活动。张春贤在会见代表团时说，对理县的援建，尽量按照理县特色把事做好。周强表示，进一步加强湘川经贸合作，实现共同发展。

中央调整三年援建目标两年完成后，2009年3月30日，张春贤在工作队报送的《关于赴江西、湖北、河南、安徽四省前线指挥部考察学习援建工作的调查报告》上批示：“要加大对口支援理县灾后重建的力度，加快重建的进度”。4月10日，周强在同一报告上批示：“加快援建工程进度，出色完成对口支援理县灾后重建工作任务”。3月30日至4月2日，袁建尧考察理县薛城镇小城镇建设、三湘大道等援建项目。4月17—20日，肖雅瑜至理县考察湖南援建项目，并为湖南援建的重点项目理县人民医院和薛城中学开工奠基。

2009年4月30日，《湖南省对口支援理县灾后重建项目三年总体援建计划》由湖南援建工作领导小组批准实施。总体援建计划确定湖南援建的指导思想是：优先恢复重建教育、医疗卫生等与民生紧密相关的公共服务基础设施，统筹有序地恢复完善文化、计划生育、文物保护、新闻出版、广播影视、体育、社会福利、就业和社会保障、公共服务设施和交通、水利等基础设施，综合协调各项基础设施重建，坚持从理县实际出发，精心规划、精心组织、精心实施，又好又快地完成公共服务设施和各项基础设施建设任务，通过3年援建，力争恢复达到灾前水平或超过灾前水平。总体援建计划同时确定湖南援建的4条基本原则：一是坚持一切以民生为大、民生为重、民生为先，首先解决人民群众吃水、住房、就医、上学、行路等问题，把解决灾区群众生活密切相关的基本问题放在首位，让理县人民感受到湖南援建的成果。二是从实际出发，尊重民愿、体现民意、集中民智，量力而行，整合资源，适当集中，提高公共服务设施和附属设施使用效率。三是执行建设、行业、抗震标准规范，将公共设施建设成为最安全、最放心的建筑，提高应对突发事件的保障能力。四是既立足当前的恢复和重建，又为灾区的长远发展打下基础。湖南援建理县3年期间资金计划为18亿元左右；总体援建计划确定14类62个项目，分批安排项目、进度、规模、资金，2010年年底前全部建成投入使用。国务院提出三年任务两年基本完成要求后，湖南省对总体援建计划进行了调整，调整后的总体援建计划合计投资197315万元。

2009年8月13—16日，袁建尧率湖南省政府办公厅、省发改委等10家厅局有关负责人组成的考察团前往理县，对竣工学校项目进行考察，对在建项目进行调研，同时为即将开工建设的三湘大道、文体中心、潇湘大桥、理小路及农村公路建设等项目举行开工奠基仪式，为湖南捐建的通化湖南爱心学校、薛城湘民中学、湖南现代希望小学、理县博爱医院、米亚罗红盾学校冠名。25—26日，张春贤、周强率湖南省党政代表团到理县考察对口援建工作。代表团一行考察了理小路、文体中心、三湘大道、潇湘大桥等重点项目，以及理县人民医院。在理县中学出席湖南援建学校项目整体竣工交付使用仪式时，张春贤指出，下一步对口援建要重点做好7个方面工作，主要是：突出抓好基础设施建设等打基础、强后劲的工作，确保每项工程经得起实践、历史和人民的检验；把生态修复和抢救、保护历史文化作为一项重要工作来抓，做好理县县城规划，建设更加富有特色的新县城，为理县人民开辟新的致富道路；帮助理县培养一批专业人才，提升理县教育医疗等水平；努力把理县打造成藏羌文化及原始生态风光旅游精品县，将理县的资源优势真正转化为经济优势；组织对理县干部进行学习培训，为理县发展奠定人才基础。周强说，农村安全饮水和农田灌溉工程、14所学校整体竣工并交付使用等一批重大民生工程的完工，标志着湖南援建工作已取得阶段性重大成效。周强要求，要把理县当作湖南的理县，要增强理县的可持续发展能力，开展与理县旅游等具有特色和优势的产业合作，促进理县经济社会发展。10月22—26日，袁建尧率队第五次到理县检查指导对口援建工作，考察了古大路、理小路、潇湘大桥、文体中心、公共卫生中心、三湘大道、朴头卫生院等项目的建设情况，重点了解理县中学（见图267）、营盘街小学等学校项目的使用管理和设施设备的完善配套情况。

2010年1月20日，周强在听取湘川情社会服务工作汇报后批示："湘川情社会服务工作队发扬奉献精神，利用专业知识服务理县灾区重建、经济社会发展与和谐社会建设，发挥了独特作用，做出了积极贡献"。4月6—8日，省人大常委会副主任蔡力峰、湖南援建工作领导小组副

图 267　湖南省援建的理县中学

（湖南省　提供）

组长袁建尧到理县考察指导援建工作，听取援建工作队的汇报，要求善始善终，优质高效地夺取援建工作的全面胜利。要精心周到，扎实有序地做好各类项目的交接工作。强调要做到 4 个“交清”，即交清项目手续、交清资金账目、交清资料图纸、交清善后。6 月 20—23 日，袁建尧第八次至理县，重点考察了桃坪羌寨、文体中心、潇湘大桥和理小路等在建项目。10 月 10 日，“十全十美”的日子，湖南省对口支援理县恢复重建项目竣工交接仪式在理县文体中心举行。湖南省人大常委会副主任、湖南援建工作领导小组副组长肖雅瑜将象征项目竣工的“金钥匙”交到理县县长蔡清礼手中，意味着湘、川两省向中共中央、国务院交出了“三年援助理县灾后重建任务两年基本完成”的答卷。在下午举行的湖南省对口支援理县灾后重建工作汇报会上，湖南省与理县政府正式签订建立对口合作长效机制协议，双方在人才交流培训、产业、旅游等方面建立共同发展机制。（参见图 268）

图 268　湖南省援建人员针对理县高半山区发展畜牧业开展灾后重建项目推介活动

（农业部　提供）

二　项目援建

根据2008年7月2日湖南省委常委会议提出援建要“真正突出重点”的要求，“三湘情”农村安全饮水暨农田灌溉工程、理县中学、理县人民医院、理县农村公路、理县商贸中心、理县文体中心、理县三湘大道、理小路、甘堡藏寨、桃坪羌寨、理县工业园区项目、“湘川情”社会工作服务等12个项目被确定为援建重点项目。

具体投资情况是：学校项目14个，投资20921万元；医院和卫生项目9个，投资14199万元；农村安全饮水及农田灌溉项目投资5000万元；通过委托贷款方式发放给急需恢复重建住房的农民资金活动于2008年11月20日启动，2009年年底6952户重建户、3318户维修户全部完工搬进新房，共补助受灾农户损毁房屋恢复重建资金14550万元；文物项目2个，投资22150万元；文化体育项目8个，投资19381万元；按照藏羌文化的特点，把理县打造成为具有浓郁藏羌民族特色的文化走廊，具体包括理县县城风貌改造投资4461万元，古尔沟镇、米亚罗镇、薛城镇风貌改造投资4500万元；交通项目2个，投资42383万元；市政公益设施项目2个，投资15296万元；产业扶持项目4个，投资17095万元，其中湖南下孟工业集中区和绿色工业集中区决算投资11162万元，县城贸易中心决算投资4433万元，理县特色农产品示范点建设决算投资1500万元；电力项目1个，理县110千伏输变电站及配套工程投资4968万元；理县工会阵地建设投资855万元；福利中心投资2109万元；社会工作与心理援建投资733万元；公安、卫生、教育等服务项目投资3384万元；光电光纤项目投资1600万元；征地拆迁和地勘环评等投资6000万元；村支两委阵地建设投资2500万元；暖冬工程投资200万元；其他委托理县建设项目投资1643万元。

“三湘情”农村安全饮水暨农田灌溉工程　为湖南省对口援建的第一个项目。2008年9月24日，首先在理县薛城镇沙金村、下孟乡楼若村、木卡乡九子村、夹壁乡夹壁村4个村进行试点，11月14日在全县全面铺开。2009年4月底，工程全部完工。主要工程为：新建水池490口，水池容量21699立方米；安装PE管道793241米、钢管36964米；新修水渠164436米。“三湘情”农村安全饮水暨农田灌溉工程投资5000万元。该项目的建成，使严重困扰理县13个乡（镇）81个村3.5万农民的饮水问题和近3万亩农田的灌溉问题得到解决。民生项目“三湘情农村安全饮水暨农田灌溉工程”，帮助理县人民实现了祖辈热切盼望但一直未能实现的愿望，藏羌同胞满怀喜悦和感激之情，十几个村寨老百姓纷纷以写感谢信、贴门联、送锦旗、立纪念碑的形式，感谢湖南人民为他们解决了饮水及灌溉的困难。羌历新年，理县下孟乡藏民在家门口贴上门联“吃水不忘挖井人、感恩永记湖湘情”，“党恩沐浴情似海、甘泉涌动藏羌情”。薛城镇沙金村通水的那一刻，几十双羌族同胞的手伸向水龙头体验着泉水流过指尖的感觉。他们自发立起一块石碑，写着：“饮水不忘援建人、幸福永记湖南情”。2008年12月30日，中央电视台专题报道了“三湘情——湖南对口援建安全饮水工程”。

教育项目　学校项目14个，其中理县中学投资5845万元，其他13所学校（米亚罗九年制学校、古尔沟镇中学、朴头乡小学、营盘街小学、薛城镇中学、薛城镇小学、上孟乡中心小学、下孟乡中心小学、蒲溪乡中心小学、甘堡乡中心小学、木卡乡中心小学、通化九年制学校、桃坪乡中心小学）投资15076万元，包括中学2所、九年一贯制学校2所、小学10所，总建筑面积78842平方米。2009年4月20日前项目全部开工建设，8月25日全面竣工并交付使用。9月1日前，理县中小学生告别板房临时校舍搬进宽敞、明亮的永久性校舍中学习，地震后到湖南、浙江等地就读的理县学子也回到家乡上课。新建的教学楼功能齐全，配有电子备课室、图书室、音乐室、形体室，还有塑胶跑道、体育馆等文体设施。理县中学项目建设还运用了“真创科技真空环保厕所源头分离技术”等新技术。

医疗卫生项目 医疗卫生项目9个，其中理县人民医院（见图269）投资10503万元，理县公共卫生服务中心（县疾控中心、妇幼保健站、执法监督所、县计生站）和古尔沟镇、薛城镇、桃坪乡、通化乡、上孟乡、蒲溪乡、夹壁乡7个乡镇中心卫生院投资3696万元；总建筑面积35122平方米，其中医疗用房31229平方米、医护人员周转房3893平方米。所有医疗卫生项目于2009年12月竣工，比国家和四川省规定的时间提前一年左右建成。同年7月29日，卫生部在成都召开卫生援建项目协调会，部长陈竺对湖南省援建的卫生项目给予高度评价。建成后的理县人民医院集医疗、预防、保健、康复、教学、科研于一体，为大型二级综合医院。

图269 湖南省援建的理县人民医院（张建 摄）

交通项目 地处川西高原的理县，境内崇山峻岭，沟壑纵横，道路崎岖难行。全县仅有一条国道317线与外界相连，81个行政村中有9个村寨不通公路，百姓出行极为不便。援建中，建设交通项目2个，其中理县—小金县公路理县段投资23503万元，地震受损公路与桥梁修复投资18880万元。

湖南省投资兴建理县—小金公路和43条农村公路、6座桥梁，总长272公里，其中理小路理县段全长39.7公里，成为理县人民应对自然灾害的第二条“生命通道”。2009年8月16日，理小路建设在米亚罗镇开工。2010年9月30日，理小路竣工验收。理小路沿途不少地段地处深山无人区，森林植被覆盖较好，如何在工程建设中更多地保护生态环境，是代建单位湖南省建筑设计院管理工作的重点。在工程 K33 ~ K40 施工段，原设计为半山多处回头弯道，鉴于施工会对整面山的植被带来极大破坏，经过修改优化方案，7 万多平方米的森林植被得以完整保存。

援建的农村公路项目涉及全县 13 个乡（镇）、43 条公路，总长 232.3 公里。农村公路具体是木尼村路、一颗印村路、清流村路、山寨路、沙吉路、日打路、猛古路、官田村路、营克路、小沟村路、古大路、木村组路、佳山路、院三路、小沟路、熊耳村路、箭山路、列列路、蒲溪路、长河坝路、大朗坝路、日波林路、仔达林路、胆杆村路、沙坝村路、新桥路、新店子路、梭罗沟路、日底村路、通化村路、卡子村路、木卡村路、四南达村路、养獐场路、日京村路、色尔村路、南沟村路、萨门村路、班达村路、东山村路、汶山村路、马山村路、奎塞村路。6 座桥梁是日京村桥、萨门村桥、班达村桥、卡子村桥、八角碉桥、七家寨桥。农村公路项目的设计按照地形、地质条件及通达地区受益人口与耕地数量，结合当地乡村干部、群众意愿和工程实际情况，采取利用原路优先、少占耕地或不占耕地、合理绕避农民建筑物的原则修建。路面分为混凝土路面、沥青表处和泥结碎石 3 种，有效宽度 3.5 米、4.5 米和 6.5 米，设计速度 15 公里 / 小时。农村公路项目属“交钥匙”工程的，采用代建制建设，其中一标段最长的营克路长 6.896 公里，路面宽 6 米；二标段最长的薛城小沟路，全长 11.581 公里。两个标段均于 2009 年 7 月 1 日开工、12 月 15 日交工验收，工期 6 个半月。

湖南援建人员为理小路建设付出辛勤汗水感动了沿线群众，祖祖辈辈从未走出过深山的藏族同胞背上自家种的蔬菜，徒步十多公里送到施工队的食堂。有的把自己舍不得吃的牦牛肉扛到工地犒劳湖南援建者。理县木卡乡列立村羌族村民杨仲培说：“我今年 88 岁了，还记得起 1933 年的叠溪大地震，那个时候根本没人理我们。这次大地震，湖南的兄弟姐妹这么远来支援我们，帮我们从高半山迁到河坝，房子也修得宽敞漂亮，用电、卫生条件、吃水用水都好了。”

文体、福利、贸易中心和工会阵地项目 文体中心项目由文化馆、图书馆、影剧院、体育馆、广电中心、接待中心、博物馆、阅览室 8 个项目组合而成（见图 270），总用地面积 28118 平方米，总建筑面积 32525 平方米。福利中心项目由儿童福利院、敬老院、收容站等组合而成，总规划用地面积 6074.3 平方米，建筑占地面积 2656.4 平方米，总建筑面积 6875.48 平方米；儿童福利院可容纳约 50 人，敬老院可容纳约 200 人，救助站可容纳约 50 人。贸易中心项目总建筑面积 14827 平方米，地下有一层车库，地面共 5 层，一层为购物超市，二、三层为百货商场。工

图 270　湖南省援建的理县文体中心

（湖南省　提供）

会阵地项目由职工活动中心、职工培训中心、困难职工帮扶中心组合而成，总建筑面积3000平方米。

文物保护项目 文物项目2个，投资22150万元。

甘堡藏寨项目。甘堡藏寨恢复重建项目包括守备衙署、标志性建筑、寨内基础设施和服务功能配套设施，共1.1万平方米，连同农房重建共4.2万平方米，总建筑面积9800平方米，总投资8000.62万元，其中湖南援建资金4000万元，采取委托方式由理县建设。2009年12月15日，甘堡藏寨项目竣工验收，一个“嘉绒藏族藏区文化生态体验旅游最佳目的地”呈现在世人面前。湖南援川工作队队长张银桥说：“我们委托理县重建，还有一个重要目的，就是在重建过程中，培训当地的藏民工匠，发扬石头建筑工艺，传习‘博巴桑格’，传承屯兵文化。”

桃坪羌寨项目。桃坪羌寨被誉为“神秘的东方古堡”，2006年被国务院批准为国家级文物保护单位。湖南省对口支援理县后，将恢复重建桃坪羌寨纳入援建项目。桃坪羌寨按照“承接历史、保护历史、创造历史”的原则，紧扣“山寨”这个核心主题，把握桃坪古堡“对外的防御性、对内的依赖性、文化的神秘性”特点，把新羌寨作为承接历史的符号和标志，打造成真正的西部地标和令人神往的旅游目的地，包括景点恢复重建、服务功能配套设施、景区基础设施建设等，在充分考证传承羌寨古老文化的前提下，建设集“古羌文化展示、民族文化体验、旅游度假休闲”于一体的新景区。与古堡有机地融为以羌民族文化为主题的AAAA级旅游景区。新区建有古羌文化演艺中心、古羌历史博物馆、古羌文化传习所、萨朗歌舞广场、大型释比文化祭坛与羌族文化景观小区等一批设施，同时建设有105栋羌族特色民居。2010年3月桃坪羌寨新区建设开工，9月30日竣工。项目总投资18150万元，全部为湖南投资，建筑面积46322平方米。

市政项目 市政公益设施项目2个，其中县城主干道三湘大道投资10903万元，县城潇湘大桥（百栈房大桥）和磨子沟大桥投资4393万元。

为改变国道317线从县城擦边而过，不利于理县旅游业发展的局面，湖南省将三湘大道纳入援建规划。工程于2009年8月18日开工，次年9月30日竣工。建设中，将大道周边的学校、医院、居民小区排污全部纳入到大道主排污管道，汇入污水处理厂；优化大道起点处的边坡设计，为国道317线连接大道处避免地质灾害和长远发展预留空间。三湘大道作为理县县城唯一一条南北主干道，贯通杂谷脑城南北，跨杂谷脑河，把老街片、新街片连为一体，与国道317线相接，拓展县城北向延伸，城区规划面积从0.56平方公里扩大到1.7平方公里。

工业园区项目 湖南理县工业园区项目分为湖南下孟工业集中区和湖南绿色经济集中区配套基础设施建设，其中湖南下孟工业集中区配套基础设施主要包括3711米河堤堡坎、3900米滨河道路及支干道、4000吨/日自来水厂1座、2000吨/日污水处理厂1座；湖南绿色经济集中区配套基础设施主要包括1304米河堤堡坎、982米滨河道路、2000吨/日自来水厂1座。

通过公开招标，湖南省轻工纺织设计院为该项目的代建单位，湖南省建筑材料研究设计院有限公司为设计单位，湖南省建筑工程集团总公司为施工单位。2009年11月15日，理县工业园项目在理县杂谷脑镇徐宁河坝举行开工仪式，2010年9月15日竣工验收。

三　软件援助

援建期间，湖南省先后组织 101 名专业警力、派出 10 批 275 名医疗卫生队员到理县开展对口援助。派出 30 人的专家组到理县对受损房屋进行检测和鉴定，鉴定面积 30 万平方米。帮助做好受损房屋维修加固设计，面积 11 万余平方米。接收理县 610 名中小学生到湖南就读。组织理县 178 名干部到湖南、广东、福建、山东学习培训。组织 395 名教师、医生到湖南进修培训。安置 160 多名理县务工人员到湖南就业，累计吸纳 3000 多名理县劳动者就地参与援建工程建设。

“湘川情”社会工作服务队的心灵抚慰、康复训练工作尤其令人称道，被誉为“真正的民心工程”“功德无量的大好事”，被中国社工协会确定为全国 5 个“社会服务组织示范”试点单位之一。项目于 2009 年 3 月 17 日确立，通过心灵抚慰、康复训练等方式，帮助伤亡家庭走出地震阴影，后被民政部评为社会工作人才队伍建设示范点，被中国社会工作协会评为示范性社会工作服务点。同年 5 月组建的“湘川情”社会工作服务队，启动“重建心灵家园、构建和谐理县”社会工作和心理援助项目。服务队拥有音乐治疗室、心脑训练室、个案室、沙盘室、宣泄室、推拿按摩室，建立康复训练基地。截至 2010 年 3 月，为 33 户地震伤亡家庭、30 名党政干部、60 余名青少年、8 名残疾人、8 名社区人员提供个案服务，为 5 户地震伤亡家庭、1200 余名党政干部、2000 余人次青少年、45 名残疾人、103 名社区人员提供团体辅导。

第三节　吉林省支援黑水县

2008 年 6 月中共中央、国务院明确吉林省对口支援黑水县灾后恢复重建后，吉林省委、省政府迅速成立省对口支援黑水县恢复重建工作领导小组并派出工作机构，确定援建项目及工作方案。通过两年多的援建，截至 2010 年 11 月，201 个援建项目除垭口山隧道尚在建外（2012 年 10 月正式通车），其余全部完工，累计完成投资 12.05 亿元，援建资金到位 11.9 亿元，完成中央部署的对口援建任务。援建工作受到广泛好评和黑水百姓的称赞。

一　部署与组织

2008 年 6 月 16 日，吉林省委书记王珉和省长韩长赋分别主持召开省委常委会议和省政府常务会议，专题研究吉林省对口支援灾区恢复重建工作，决定成立吉林省对口支援黑水县恢复重建工作领导小组。23 日，领导小组成立，主要负责与受援方协商确定对口支援的内容、方式及其他重大事项，对支援工作的组织实施实行统一领导、统一指挥、统一调度。该领导小组由省委省政府主要领导、省委省政府主要部门领导、各市州政府主要领导组成。韩长赋任组长，常务副省长竺延风，副省长金振吉、王祖继，省长助理赵振起，省政府秘书长王云岫任副组长。30日，领导小组办公室组建，省政府副秘书长张宝田任主任，发改委主任李福春任常务副主任。下设前方工作组（吉林省对口援建领导小组办公室黑水联络处）和后方工作组，成员由省政府办公厅、发改委等部门抽调20余人组成，主要负责组织、协调、实施领导小组下达的各项工作任务，包括援建项目的统筹规划、投资计划、资金管理、组织协调等。发改委副主任张克负责领导前方组工作。发改委副主任常明负责领导后方工作组工作。同时，各市州、主要对口援建厅局也都成立对口援建的领导机构。2009年6月17日，领导小组办公室成立对口援建黑水县前方指挥部。发改委副主任张克、秦福义先后任总指挥长。

2009年11月和12月，吉林省委、省政府主要领导相继调整。新任省委书记孙政才十分关注援建工作，多次询问、了解援建部门工程进度、资金情况、灾区需求等，明确要求吉林省各援建部门一定要把援建工作做好、做实，向黑水人民和吉林人民交上满意的答卷。2010年7月下旬，吉林省遭受特大洪涝灾害。在严峻的抗洪抢险、灾后重建任务面前，孙政才代表吉林人民对黑水人民作出庄严承诺："吉林援建黑水县的目标不能改，决心不能变，力度不能减！"新任省长王儒林要求各有关部门，一定要把黑水县当成"吉林第一县"来建设，把援建作为一项长远的工作来抓，不仅做好三年援建工作，更要立足长远发展，着力在人才培训、技术援助和产业合作方面搭建交流协作平台，建立对口合作的长效机制。

援建中，吉林省讨论、通过、发布了《吉林省人民政府关于对口支援四川省黑水县恢复重建工作的指导意见》和《吉林省对口支援四川省黑水县恢复重建工作方案》两个指导性文件。文件内容包括援建的基本原则、主要任务、工作分工和援建方式等。

援建基本原则：一是统一规划与分步实施相结合。按轻重缓急梳理排序援建任务，合理配置各类资源，分步实施。二是恢复重建与长远发展相结合。把居民住宅、城乡基础设施、公共服务设施作为即期重建重点，同时对长远发展的重大事项精心规划论证，努力在重建基础上破解制约黑水县发展的瓶颈。三是突出民生，优先解决灾区迫切需要解决的衣食住行问题，在此基础上尽最大努力支援黑水发展交通、水电、旅游等支柱产业，建设关系发展全局的重大基础设施和生产经营项目。四是统一组织与对口援建相结合。对口援建由吉林省援建领导小组组织，在统一规划下，实行省支援县、市州支援乡镇、省直部门系统帮扶的对口援助。五是政府主导与社会参与相结合。充分发挥政府主导作用，充分调动社会各界积极性，集中各方面力量完成援建任务。

援建主要任务：一是协助黑水县编制恢复重建以及经济社会发展规划，包括长远规划和阶段性规划、总体规划和专项规划，重点做好城乡基础设施、公共服务、中小学、医疗卫生设施、经济发展等规划编制。二是两年完成全部居民住房建设和修复任务。尽快运送急需的物资，帮助新建县城供水厂及修复安全饮水设施，满足基本生活和医疗需要。三是对全县中小学倒危校舍建设临时板房，新建县寄宿制中小学，两年完成损毁校舍重建、改建和扩建任务。帮助建设县医院，加固修复妇幼保健院和疾控中心，完成乡镇卫生院和村卫生室修复加固和改扩建。争取当年恢复广播、电视、通信网络，第二年升级改造。逐步建设群众性文体设施，新建垃圾处理场。四是恢复道路交通及农田水利设施。当年恢复县乡临时通车，第二年完成"村村通"油路100公里。协助谋划垭口山隧道项目建设。帮助修复色尔古引水灌溉、震毁农田2000亩等农田水利设施。重建、修复乡镇农技站。五是选派教师、医生、勘察设计及农村科技人员等开展对口支援人才培训工作。六是协助当地研究经济发展和重点项目建设。

援建工作分工和援建方式：吉林省援建领导小组负责与受援方协商对口支援的内容、方式及其他重大事项，统筹领导对口支援工作。领导小组办公室负责组织、协调和实施领导小组下达的各项任务。省直有关部门按照职责分工，承担对口支援系统恢复重建任务的规划、建设和指导。市州按照经济实力排序和黑水县乡镇受损程度分配任务，黑水县 17 个乡（镇）分别由吉林省 9 个市（州）负责对口支援，长春市 4 个（后实际为芦花镇、扎窝乡、麻窝乡、红岩乡、晴朗乡 5 个）、吉林市 3 个（后实际为知木林乡和沙石多乡 2 个）、延边朝鲜族自治州 2 个（维古乡和木苏乡）、松原市 2 个（后实际为石碉楼乡 1 个）、四平市 2 个（后实际为龙坝乡 1 个）、通化市 1 个（后调整为慈坝乡和双溜索乡 2 个）、白山市 1 个（洛多乡）、辽源市 1 个（后调整为色尔古乡和瓦钵梁子乡 2 个）、白城市 1 个（卡龙镇）。省直部门和各市州在领导小组统一安排下开展对口支援工作，避免重复和多头进行。充分利用当地市场和资源建设，降低援建成本。资金安排和筹措方式是，吉林省对口支援期限按 3 年安排，每年实物工作量不低于上年地方财政收入的 1%，鼓励吉林省内中央和省直以及其他企事业单位进行定向帮扶。

重建工作部署方面。按照 2008 年 6 月 16 日吉林省政府常务会议的部署，17—24 日派出以副省长王祖继为组长，由省发改委等 17 个部门领导和专家共 51 人组成的对口支援考察组，对黑水县开展灾后恢复重建进行考察和衔接。根据各部门的职责分成综合规划衔接与重点项目、交通、农业水利、教育卫生、城乡建设等 5 个考察小组，分别与黑水县相关部门衔接、座谈。王祖继带领考察小组到海拔 3600 多米的受灾现场考察。工作组在黑水县总计行程 1000 多公里，考察县城和 11 个乡（镇）的农民住房、交通、农业、水利、教育、卫生、市政基础设施、过渡安置房选址、地震灾害防治以及环保等方面的情况，重点与黑水县对接县中学、县医院、雁江中学、县供水厂、垭口山隧道选址、慈坝乡乡道、双溜索乡 3 个道班、哈姆山堰塞湖除险、色尔古引水灌溉工程、农村饮水安全等重点项目建设问题。与黑水县政府讨论 4 次，共同研究灾后恢复重建问题。与四川省政府进行沟通和征求意见，统一恢复重建对口支援黑水的工作思路，初步拟订了工作方案。26 日，省委、省政府在长春召开全省表彰支援四川地震灾区抢险救援先进集体和个人暨对口支援地震灾区恢复重建工作动员大会。王珉、韩长赋等出席。会议号召各级党委、政府和部门迅速行动起来，帮助灾区群众尽早重建家园、恢复正常生活生产，把对口支援黑水县恢复重建工作作为当前和今后一个时期的主要任务，举全省之力抓紧抓好。

2008 年 7 月 1 日，赵振起带领省发改委、建设厅和长春市政府等有关单位负责人 44 人赴黑水考察，基本确定吉林省的主要援建任务。7—10 日，王珉、韩长赋、赵振起及省委常委、长春市委书记高广滨，带领长春、吉林、延边、省直有关部门和部分大企业负责人 45 人至黑水，先后考察瓦钵梁子乡桃枝村和芦花镇卓格都村藏寨拟建的县城道路、县自来水厂改造、县中学高中部新建、县医院迁建、县文体广场建设、过渡安置房建设等工程项目，看望慰问吉林省援建人员，听取前方工作组及其他有关部门有关项目前期考察论证对接等方面的工作汇报。9 日，吉林省和黑水县举行恢复重建工作座谈会暨首批 21 个援建项目签约仪式。王珉代表吉林省委、省政府向黑水县赠送财政捐款 500 万元。韩长赋代表吉林省政府与黑水县县长张培云签署首批援建项目协议，这标志着吉林省对口支援黑水县首批恢复重建项目全面启动。在项目签约仪式上，王珉与韩长赋分别讲话。王珉指出，要统筹恢复重建与持续发展，支持黑水县立足现有基础和自身优势，结合推进工业化、城镇化，支持发展旅游产业，实现“三年大变样、五年展新貌”的目标。韩长赋指出，要举全省之力，急灾区之所急、帮灾区之所需，尽力而为，量力而行，抓紧启动急需的重点基础设施和民生项目，帮助灾区尽快恢复重建。他表示，吉林省将积极推进建设签约项目，选派优秀的教育、医疗等方面人才支援黑水，推动劳动力培训和转移，为灾后重建和长远发展提供支撑。王珉、韩长赋在成都与四川省委书记刘奇葆、省长蒋巨峰交换意见。21 日，省领导小组举行会议，竺延风就如何以重点突破带动全局、建立健全工作制度进行部署，张宝田就首批援建项目情况、任务分配、资金来源、责任分工进行说明。会议明确了各市州和省直有关部门及部分企业的援建任务。按照“省支援县城、市州支援乡镇”的原则，省里重点支援县城基础设施和重点项目重建；各市州支援乡镇基础设施、居民住宅及所属中小学校舍重建；省直有关部门根据行业特点在人力、智力、物力、财力等方面进行援助和咨询服务。24 日，吉林省纪委在长春召开省对口支援抗震救灾资金物资监督检查工作领导小组会议。省委常委、省纪委书记李法泉强调，要将对口支援资金物资的监督检查工作纳入到反腐倡廉的总体布局中。8 月 5 日和 14 日，竺延风主持召开省政府专题会议，就黑水援建工作中的重建规划、项目动态管理、资金筹集和使用、省直有关部门对口援助等具体问题和工作进行研究和部署。19 日，省领导小组召开专题会议，就尽快明确各项目的建设规模和投资概算，突出项目建设重点，明确任务落实监管责任，加强行业管理，抓好项目施工的组织、检查、验收工作，支持黑水县推进产业发展等工作进行研究和落实。

2009 年 2 月 23 日，受竺延风委托，赵振起主持召开省政府专题会议。会议对援建项目招投标、目标责任制、进度、前期工作、委托工程管理公司和其他有关部门的工作等进行了研究和部署。4 月 29 日召开省政府专题会议，研究了援建项目建设进度、资金筹措、具体项目调整及智力援助工作。9 月 18—22 日，竺延风、赵振起带领省直有关部门负责人至黑水，考察芦花镇竹格多村灾情和文化体育广场、雁江寄宿制学校、团结路（吉林大道）、达古冰川输电线路等援建项目，看望慰问吉林省援建人员和成都一汽基地员工，出席县医院奠基仪式，参加黑水县恢复重建及对口支援工作汇报会，与四川省副省长张作哈和阿坝藏族羌族自治州、黑水县领导进行援建工作交流。竺延风代表吉林省委省政府向黑水县政府移交了赠送车辆手续和过冬自建房补助资金。19 日，竺延风在黑水主持召开省领导小组会议。会议就援建资金的合理安排和使用，全省援建工作实行统一管理，协调一致，加快推进项目建设等问题进行部署。

2010 年 4 月 19 日，赵振起带领吉林省援建领导小组办公室和一汽集团、修正集团等企业负责人至黑水考察阿坝工业园区建设。11 月 8—9 日，竺延风、赵振起率吉林省党政代表团至黑水考察并总结对口援建工作。竺延风一行先后出席渔客旅游公路、吉林大道竣工典礼仪式。在垭口山隧道施工现场，竺延风进入隧道内查看施工建设情况。竺延风还考察了由吉林省援建的黑水县人民医院、达古冰川景区红军湖景观，参观汶川特大地震黑水县灾后重建展馆，看望慰问吉林省支援黑水县医护人员；考察期间，出席吉林省对口支援黑水县工作座谈会暨吉林黑水长期合作框架协议签约仪式。竺延风说，虽然对口援建工作即将结束，但吉林省将会善始善终地做好对口援建的后续工作。

2011 年 8 月 23 日，竺延风、赵振起率领吉林省党政代表团在四川省委常委、副省长钟勉等的陪同下至黑水县考察。竺延风表示，吉林省将以落实吉林、黑水两地长期合作框架协议为契机，进一步加强与黑水县和阿坝藏族羌族自治州在人才培训、技术援助、产业合作等方面宽领域、深层次的交流与合作，实现优势互补、合作共赢和共同发展。

二　项目援建

黑水县地处青藏高原边缘过渡带，最低海拔 1790 米，最高海拔 5286 米，平均海拔 3544 米，县城驻地芦花镇海拔 2350 米。全县地质构造复杂，地形地貌特殊，高山峡谷纵横，道路崎岖狭隘；气候相当独特，气温随海拔高度不同，昼夜变化差异很大，县城地区最大日温差达 28 摄氏度；生态环境脆弱，干旱、洪水、冰冻、泥石流等自然灾害频发，吉林省对口支援难度大。但在吉林省与黑水县的共同努力下，对口支援涵盖了基础设施建设、社会事业、民生工程、产业发展等多个领域。

根据 2008 年 7 月吉林省与黑水县达成的援建协议，共确定总投资为 12.9 亿元的援建项目，其中首批援建项目 21 大类共 185 个项目，涵盖了教育、卫生、文化、农村住房、交通、水利、旅游等方面。主要采取两种援建方式，一是由援建方提供设计、技术、资金（有的包括设备），由黑水县政府组织建设的"交支票"项目 131 个；二是由援建方提供技术、资金并组织施工建设的"交钥匙"项目 54 个。第二批援建项目 16 个，全部为"交支票"工程，援建资金 8200 万元，包括 8 个特色魅力乡镇项目建设、5 个精品旅游村寨项目建设、2 个信用联社网点建设和省道 302 线风貌塑造建设。

交通项目　黑水县共有省、县、乡道路 1428 公里，地震造成 1048 公里道路损坏。吉林省对口援建黑水后，确定了渔客旅游公路（渔巴渡至客龙沟）、垭口山隧道工程、通村公路建设、公路道班房建设等 4 个项目，其中渔客旅游公路和垭口山隧道是吉林省交通厅具体负责的两大重点工程项目，通村公路建设是长春、吉林、延边、松原、四平、通化、白山、辽源、白城等 9 个市（州）负责的重点工程项目，公路道班房是应黑水县请求、委托黑水自建项目。黑水县属典型的高山峡谷地貌，山高坡陡、河谷深切、水流湍急，全县 85% 以上的农村群众居住在海拔 2800 米以上的高半山区，2005 年前全县村路基本上是机耕道，恢复重建施工条件极为恶劣。2008 年 7 月 2 日，吉林省交通厅成立领导小组，全面负责对交通援建项目的领导与指挥。截至 2010 年 10 月，除垭口山隧道仍在建外，其他 3 个项目全部完成。

渔客旅游公路项目。渔客公路是连接黑水县城与知木林乡、卡龙镇及客龙沟风景区的唯一快捷通道，是黑水县路网规划中重要的组成部分。项目建设对改善沿线乡镇震后急需的出行条件，促进客龙沟风景名胜区旅游开发，改善沿线乡镇与黑水县之间的交通运输状况，以及发展藏羌民族风情旅游、特色农产品和畜牧业等资源开发具有很大意义。项目全长 37.815 公里，主线 35.445 公里，采用设计速度 30 公里 / 小时的三级公路标准。连接线 2.37 公里，采用设计速度 20 公里 / 小时的四级公路标准。工程实际投资 1.15 亿元。吉林省交通科学研究所负责勘测设计。吉林中通路桥工程有限公司与吉林广信公路建设有限公司中标建设。2009 年 8 月 10 日开工建设，2010 年 9 月 30 日完工通车。

垭口山隧道项目。垭口山隧道是四川省道 302 线黑水县马桥至红原县壤口段的重要组成部分，位于黑水县与红原县交界处，是黑水县与阿坝藏族羌族自治州州府所在地马尔康联系的唯一通道。项目为黑水县“生命线”工程。全长 3.886 公里，其中隧道长度 2302 米，采用设计速度 40 公里 / 小时的二级公路标准建设。预算投资 2.51 亿元。吉林省公路勘测设计院负责勘测设计。山西路桥建设集团有限公司与中铁二十三局集团有限公司中标建设。2009 年 7 月 1 日开工，2012 年 6 月隧道贯通，10 月正式通车。

工程开工后，施工遇到一系列难题。一是地质结构差。隧道地处青川断块的小金弧形构造带上，岩体破碎、裂隙发育，地下水丰富，岩体遇水极易软化、滑移，开挖面经常发生塌方和涌水、涌渣，截至 2010 年 9 月已发生塌方 10 次，其中大塌方 3 次、小塌方 7 次、大型涌水 1 次，导致工程进度缓慢。二是电力供应一直得不到保障。从 2009 年 7 月 1 日隧道正式供电到 10 月 20 日 112 天的施工期内，有 79 天全天或半天停电。三是施工环境恶劣。垭口山隧道海拔约 3900 米，是中国目前海拔最高的公路隧道之一，冬季漫长，有效施工期短；高原缺氧，施工人员不同程度有高原反应，呼吸困难、恶心呕吐、腹泻、四肢无力，人员和机械工作效率很低。四是交通运输不便。四川省近两年自然灾害频发，通往黑水的几条道路经常发生大面积塌方、泥石流，造成交通中断。自 2009 年 7 月开始，通往隧道的交通要道国道 213 线和省道 302 线均在进行改造施工，造成施工机械和材料运输的极大困难。

截至 2010 年 10 月 25 日，垭口山隧道累计完成洞身掘进 608 米，占总量的 26.4%；累计完成二衬混凝土浇筑 310.8 米，占总量的 13.5%；累计完成投资 7400 万元。至 2012 年 6 月 16 日，历时 1081 天，垭口山隧道实现全线贯通，完成投资 16042 万元。垭口山隧道的全面贯通，打破了黑水县交通的“瓶颈”，为实现黑水交通“畅通东西、贯通南北、覆盖乡村”的目标奠定了基础。

通村公路建设项目。黑水县乡村公路施工环境艰险。长春市承建的 30 段、196.3 公里通村公路，最低海拔 2500 米、最高 4000 米，最大仰角 14 度，最窄的地方路基宽不足 3 米，越野车靠崖的一侧轮胎要悬空三分之一方可通过。施工时遇到窄路基时，运料车要倒行 1.2 公里才能到达作业面，平均不到 100 米就有一个回头曲线。卓格都、四美两条通村公路 2008 年 10 月 5 日开工建设，施工 40 天。施工人员克服高山缺氧、地势险要的困难，至 11 月，铺成两条水泥路。两路共长 15.38 公里，为长春市 2008 年年内援建必须完成的实验路、样板路，也是吉林省对口援建黑水县通村公路的首期工程。至 2009 年 11 月 20 日，由吉林省 9 个市（州）援建的 500 公里通村水泥路中的 492 公里建设任务全面完成。2010 年 8 月，由黑水县代建的最后 9.8 公里特殊路段也彻底完成。500 公里通村水泥路共 80 条（实际里程 502.285 公里），四级公路，路基宽度 4.5 米，路面宽度 4.0 米，200 ~ 300 米处设置一错车道，路面为水泥砼。每公里投资 70 万元，总投资 3.52 亿元。吉林省援建的通村公路使得致富路通达农家。订单农业、公司 + 基地 + 农户等现代农业理念逐步深入人心，中华寿桃、紫色马铃薯、美国蓝莓、水果番茄、道地中药材等特色产业发展正在黑水推进。布多村村民康珠基说：“我们村海拔 3300 多米，以往下山一趟要走六七个小时，所有生产资料都靠人背。一个人最多也就能背 25 公斤，每次春耕播种都要一个月左右的时间才能完成。

现在，拖拉机、摩托车和10吨的载重卡车都能开进村子，春耕播种只需要两三天。我们的生活更是发生了翻天覆地的变化。以前有很多老人甚至一年都下不了一次山，要是有病就完了。现在开车上下山一趟也就一个小时。”

吉林大道项目。吉林大道连接着黑水县城的新旧城区，既是一条市政路，也是一条过境路，全长3.16公里，宽12米（左右人行道各宽1.5米、路面宽9米），设计桥梁6座，工程总投资达18548万元。项目于2009年8月15日开工，2010年11月3日交付使用。中铁十三局负责施工。为了克服冬季混凝土浇筑不易凝固的困难，施工方专门购买了锅炉，所有混凝土全部用热水拌和，以保证水温和凝固时间及质量。吉林大道的建成缓解了县城街道交通“瓶颈”的问题，提升了城区功能，增强了达古冰川景区的可进入性。

农村饮水安全与引水灌溉工程项目　农村饮水安全工程项目。黑水县地广人稀，全县5.8万人中有农村人口51355人，其中绝大多数居住在高半山区，大地震造成部分村寨供水工程进水池、压力池、饮水埋管损毁，致使全县17个乡（镇）84个村的饮水安全发生问题。对口援建开始后，吉林省水利厅及具体负责援建的9个市（州）水利部门领导、技术人员20余人至受灾村寨勘测，决定由黑水县水利局代建，并层层落实责任，将项目分解落实到乡、镇、组、户。工程于2009年3月开工，2010年9月30日完成，总投资2193万元。项目的建成，解决了6811户30396人的饮水安全问题，同时解决了8万余头牲畜饮水问题，从此改变黑水县高半山区农户吃水长期靠人背马驮和吃溪沟水的历史，家家户户都喝上了清洁、干净的纯净水，减少了疾病，大大提高了老百姓的生活质量。

色尔古引水灌溉工程全长23公里，共建有3条管线，分别从瓦钵梁子乡渔沙沟村、色尔古乡竹别村和色尔古村引水，总投资1201万元，其中吉林省投资840万元。项目于2010年4月23日移交给黑水县。项目的建成，解决了2159亩农田的灌溉和3000人、1.7万头牲畜饮水困难问题，为顺利打造色尔古新藏寨提供了保障，改善了当地群众的生产生活条件。

黑水县大多数乡村特殊的两山夹一沟的地理，使得只有在接近山顶的山泉和山底的河里才能够取到水。以往村民们每人背一桶水来回至少要一个小时，一天人畜饮用、农田灌溉最少也要两桶水，每天背的水刚刚够吃的，洗脸洗澡、生活卫生根本无法考虑。吉林省援建的居民安全饮水工程，让黑水县告别了吃水难的历史。铁别村村民杨忠说：通水给人们带来的好处太多了，过去背水要走吊桥、走山路，遇上阴雨天经常有摔伤或被山上滑落的石头砸伤的，每年都有人因背水而摔死。过去为了省水，一个人只有过年时才洗一次澡，经常十天半月洗一次脸。现在通水了，大家都买了热水器，和城里人一样随时都能洗上澡了。

教育与卫生项目　新建县人民医院项目。项目地处新老城区结合部，工程总投资7029万元，其中吉林省投资4746万元；总建筑面积11390平方米，设立病床160张。该项目于2010年4月23日移交黑水县。新建县人民医院改变了黑水县广大群众的就医环境，是造福黑水县17个乡（镇）广大群众和过往游客的民生工程，可辐射服务8万人。新医院还担负起黑水县及临近县的医疗卫生防疫、妇幼保健、地方病防治、计划生育等区域卫生服务责任。

黑水县中学高中部项目（见图271）。迁建后的学校高中部规划学生数800人，18个教学班。项目占地面积48.15亩，总投资4781万元，其中吉林省投资2849万元；总建筑面积12009.94平

图 271　吉林省援建的黑水县中学高中部

（吉林省援建指挥部　提供）

方米，其中宿舍楼 6427.46 平方米、教学行政办公楼 5582.48 平方米；有教学楼、综合楼、实验大楼、学生宿舍、学生食堂、标准的体育场馆和配套设施。工程于 2010 年 4 月 23 日移交给黑水县。

搬进援建的黑水县中学高中部新校舍，学校教育教学面貌有了很大改观，老师说："搬进新学校后，学生的学习兴趣更浓了，家长送子女入学的积极性也高了。灾后教育事业的恢复重建，对黑水的民族教育的发展是一次极大的促进"。黑水县以灾后重建为契机，按照"高山向河坝集中、小学联办并校、建立寄宿制学校"的思路，调整学校布局。随着县中学高中部、雁江中学宿舍楼、城关幼儿园、木苏中心校等学校灾后重建项目的竣工，从根本上改善了黑水县基础教育薄弱的状况。

精品旅游村寨建设项目　按照阿坝藏族羌族自治州州委、州政府决定在全州农牧区建设特色鲜明、环境优美、设施完善、功能配套的 100 个特色魅力乡镇、100 个精品旅游村寨和 100 个幸福美丽村寨的"三百"示范工程的要求，吉林省投入援建资金 3115 万元，采用以工代赈方式，于 2010 年年初开始，实施 7 个精品旅游村寨的建设，分别是卡龙镇俄寨村、才盖村，芦花镇谷汝村、三达古村，沙石多乡奶子沟村，色尔古乡色尔古藏寨和色尔古新藏寨（色尔古集中安置点）。

芦花镇谷汝村项目。投资 811.3 万元，实施旅游综合广场（青片石铺装）2500 平方米、园林休闲区（步游道、长廊、亭子等）1.5 万平方米建设；整治河道 1000 平方米；建村寨大门、山顶观光台及步游道（1000 米石板步游道）、乡村绿化景观点 4 处；修补乡村旅游道路，其中过车道 3 公里、户间道 3 公里；重点打造 4 户旅游接待示范户。

芦花镇三达古村项目。三达古村位于达古冰川景区，投资 423 万元，建设通车石板路 6600 平方米、石板步游道 1600 平方米；新建人行桥梁 1 座、装饰桥梁 2 座；安装太阳能路灯 40 盏，打造亲水平台 400 平方米、栏杆 100 米、迭水 1 处、转经木屋 2 座、煨桑台 10 座等景观；新建旅游导示系统。

色尔古乡色尔古藏寨项目。投资 1568 万元，重点实施 210 幢房屋风貌塑造，街道铺装、安全设施改造，安装太阳能路灯 28 盏，大桥装饰，电力设施改造等。新建白塔、锅庄广场、游人服务中心、生态停车场、旅游导示系统。

色尔古乡色尔古新藏寨项目。色尔古新藏寨（色尔古集中安置点）投资 2003 万元，其中 1485 万元用于村寨道路、电力、给排水、市政等基础设施建设，用 518 万元进行精品旅游村寨建设。主要统一了村寨特色风貌，新建村寨大门，打造景观点 6 处，完善村寨旅游导示系统，增强村寨旅游服务功能。色尔古乡属典型的干旱河谷气候区，气温温暖少雨，是黑水的“小江南”，境内有黑水县中华寿桃种植示范区，还出产葡萄、甜樱桃等水果，适宜开发农事体验游。

卡龙镇才盖村项目。依托卡龙沟风景名胜区旅游资源优势，投资 188.47 万元重点进行村寨风貌塑造，集中展现浓郁的安多藏寨民俗文化特色。主要完成生态河堤的建设和绿化、民居生态围栏建设、19 户民居接待户店招的制作安装、电力设施的改造和路灯安装、游客接待中心的装饰和标识牌的制作安装等。

卡龙镇俄寨村项目。投资 104.6 万元，实施生态石墙建设、庭园建设、生态河堤及一座桥梁装饰、生态园绿化、导向标识标牌制作、游客接待中心的装饰等。

精品旅游村寨建设不仅改变了黑水县的面貌，同时改变了黑水县的产业结构，村寨旅游业得以开发。从省道 302 线一路进入黑水，色尔古藏寨、色尔古新藏寨、子母河村、木日窝村、铁别村、昌德村、干斯坝村、马河坝村等一个个风格独特、错落有致、干净整洁、充满生气的新村不时映入眼帘，呈现出温馨和谐的景象。

三　软件援助

两年多时间里，吉林省派出支医队伍 10 批累计 239 人次、支教人员 4 批累计 128 人次、公安干警 3 批累计 150 人次（参见图 272）、科技人员 2 批 6 人次，开展各种帮扶。吉林省还向黑水县派出交通、规划建设、广电、国土等专业技术人员予以智力援助，并接收黑水县 10 名科级干

图 272　黑水县群众送别吉林赴黑水支援的警队

（吉林省援建指挥部　提供）

部至吉林省学习锻炼，接收78人到长春市各企业务工，接收236名初、高中毕业生免费就读于吉林省重点中等职业学校，援建项目吸纳6000多人就业。

教育援助 2008年6月18日，吉林省政府对口支援考察组教育小组实地勘察了黑水县4个乡（镇）7所中小学校，确定对黑水县高中、雁江中学、色尔古寄宿制学校等6所学校的迁建、改扩建等硬件项目实行援助建设，同时进行软件支援：吉林省每学期选派教师到黑水县支教，不定期派教师到黑水开展教师培训。邀请黑水县教师到吉林省优秀学校考察学习，黑水县组织校级领导到对口援助学校挂职锻炼。接受黑水县初中毕业生、高考进入当地最低控制录取线的应届毕业生到吉林省中等职业学校、高等学校免费就读。吉林省从2008年8月至2010年7月底，有4批累计128人次支教人员到黑水支教，接收236名初高中毕业生免费就读于吉林省重点中等职业学校。2009年六一儿童节来临之际，吉林电视台与省慈善总会共同开展了“白山连黑水、爱心一加一”活动，向黑水县中小学生送去4000份六一儿童节礼物。

医疗卫生援助 吉林省派出支医队伍进驻黑水县人民医院、县疾控中心、县卫生执法监督所、县妇幼保健所和乡镇。2008年7月1日，第一批医疗卫生支援队一行27人进驻黑水县。截至2010年10月，已经到位10批239人次支医人员。吉林医务人员深入农村开展义诊、健康咨询、体格检查、心理咨询等，同时还在县医务工作者中积极开展“一帮一、手牵手”活动，通过传、帮、带、言传身教或理论授课等方式，向当地卫生人员传授新的医疗技术与方法。据不完全统计，医疗分队共接诊患者2万多人次，手术700多台次，巡回医疗20余次。在黑水县医务人员中开展《彩超在临床上的应用》等业务知识培训60余次，在县电视台开展《冠心病的健康教育》等健康知识讲座10余次，帮助县医疗单位进一步规范诊疗常规、手术基本操作，完善各种规章制度；协助县疾控中心开展结核病、艾滋病、麻风病、黑热病、包虫病、碘缺乏病等防治监测工作及消杀工作；协助县卫生执法监督所开展食品卫生、公共场所卫生、学校卫生、医疗机构等综合执法与监管。

科技援助 吉林省国土资源厅派出4名专家对黑水县8个地质灾害隐患点、3条地裂缝、6处岩石危险体、3处地面塌陷、1处土体滑坡的分布点和危害程度进行勘测，利用6个月时间编制了1份综合研究报告和8个专项调查报告。组织省内有关专家会同黑水县相关部门，对《黑水县灾后恢复重建总体规划》进行修改完善。吉林省多次派专家至黑水指导种植中药材。

第四节 安徽省支援松潘县

2008年6月中共中央、国务院明确安徽省对口支援松潘县灾后恢复重建后，安徽省委、省政府决定举全省之力，将松潘县视作安徽省的第62个县予以全力支援。松潘县受地震直接破坏程度相对较小，但由于松潘以旅游业为产业支柱，灾后旅游基本停滞，恢复重建难度不小。安徽对口支援松潘定位于提升型建设、跨越式发展，按照打造松潘国际旅游胜地的目标，依据科学重建、民生为先、发展至上、合作共建的原则，共安排应急民生、基础设施和人才智力援建等6类

320个项目，累计投入援建资金21.3亿元。截至2010年9月28日，在全面开工500余天、有效工期不到400天的时间内，克服自然环境恶劣、物资技术保障困难等艰难险阻，经过3.6万名（人次）援建者的努力，如期实现中央提出的三年援建任务两年基本完成的目标要求，为松潘国际旅游胜地建设奠定良好基础。安徽省的援建工作得到中共中央、国务院、国家部委及四川省、阿坝藏族羌族自治州、松潘县各级领导的表扬和新闻媒体、松潘群众的好评。

一　部署与组织

安徽省委、省政府高度重视援建工作，省委书记王金山、省长王三运等领导多次至松潘指导援建工作，省政府秘书长、省对口支援办主任梁卫国先后38次到松潘，抓协调调度，砥砺士气。成立安徽省对口支援领导小组，省委、省政府主要领导担任组长，省直各厅局主要负责人任成员，并从各部门抽调专人在后方组成省对口支援办公室。安徽援建人员扎根松潘一线，与松潘广大干部群众携手并肩，艰苦重建。

安徽援建大致经历了3个阶段。第一阶段以2008年7月10日王金山、王三运考察松潘为标志，省委、省政府对援建松潘工作进行全面部署，并及时启动事关民生的应急工程，年底顺利完成，松潘县的生产生活秩序在最短时间内恢复正常，受灾群众过冬问题得到解决。第二阶段为2008年7月底到2009年3月，针对松潘实际，进一步完善工作机制和组织架构，制定援建工作规划、方案，开展援建项目前期工作。第三阶段从2009年3月23日省对口支援领导小组会议确定第二批（启动）项目和资金安排开始至援建完成。

2008年6月12日，安徽省成立省对口支援松潘县恢复重建工作领导小组，由王三运任组长，省委常委、常务副省长孙志刚任第一副组长，省政府秘书长方宁、省长助理梁卫国、省发改委主任沈卫国任副组长，全面负责安徽省对口支援松潘县各项工作。省纪委、省委组织部、省发改委等省直单位主要负责人为成员。省援建工作领导小组在省发改委下设办公室。发改委副主任孔晓宏任办公室主任。办公室负责在援建前线统筹安排、协调指挥安徽对口支援松潘工作，承担与松潘县、阿坝藏族羌族自治州及四川省有关部门的工作联络，协助组织和督促恢复重建项目的实施，跟踪、掌握恢复重建资金的使用；根据工作需要和进展情况，适时提请安徽省各市、各部门派员赴松潘；及时向省对口支援办报告工作情况，反映松潘县的意见和要求。7月10日，王金山、王三运率省直有关部门主要负责人至松潘实地查看灾情，为安徽省驻松潘县援建办公室揭牌。省驻松潘援建办下设综合、规划、建设、保障、宣传5个工作组，常驻工作人员30人，分别来自省直组织、宣传、纪检、发改等部门、单位，《安徽日报》、安徽广播电视台等媒体选派4名记者常驻松潘。为切实加强与松潘县的无缝对接，安徽省与松潘县共同组织成立松潘县恢复重建与发展建设指导委员会、指挥部及监察审计委员会。安徽省驻松潘县援建办公室人员与松潘县有关负责人合署办公，共同负责松潘县灾后恢复重建与发展项目的建设和管理工作。

2008年8月30日，安徽省驻松潘县援建办与松潘县委、县政府召开项目协调会。10月，安徽省纪委、监察厅在安徽省驻松援建办成立临时纪委。同月，安徽省驻松潘县援建办公室临时纪委和松潘县纪委、监察局、审计局共同成立“松潘县恢复重建与发展建设监察审计委员会”（简称监察审计委员会），松潘县纪委书记担任主任，安徽省驻松潘县援建办公室临时纪委副书记和负责审计工作的人员担任副主任。同时明确，凡是由安徽代建的工程项目，以安徽省驻松潘县援建办为主，负责项目招投标和施工管理的监督，松潘县相关部门参与监督。

项目援建采取安徽代建与松潘自建相结合方式进行，重点建设松潘中学、松潘县人民医院、川黄公路、新城基础设施、松潘县民族文化展览馆、松潘县委党校、松潘县自来水厂等项目。

2009 年 2 月 16 日，松潘县灾后恢复重建与发展建设指挥部召开会议，专题研究第二批（启动）项目招标工作。28 日，两地组成联合招标考察组在合肥召开“拟邀请投标企业考察座谈会”。3 月 13 日，梁卫国主持召开第二批（启动）项目招标工作专题会议，要求所有项目必须首先邀请专家就招标文件进行严格评审。26 日，援建代建项目——岷江川主寺段生态护岸项目招标工作顺利完成。27 日，援建代建项目——川黄公路、川主寺过境路、北松路招标工作完成。4 月 12 日，松潘县城北片区一期道路管网工程招标工作顺利完成。19 日，安徽省对口支援松潘县恢复重建项目全面开工暨松潘新城奠基仪式在松潘新城区举行，标志着援建松潘进入项目建设阶段。29—30 日，援建代建项目松潘中学、医院、福利院项目开标在合肥完成。5 月 16 日，梁卫国在松潘主持召开指挥部安徽援建松潘第一批启动项目实施协调会。2010 年 5 月 9 日，“纪念 5·12 两周年暨安徽省援建松潘县首批竣工项目交付使用仪式”举行。7 月 29 日至 8 月 2 日，安徽省交通厅副厅长程跃辉至松潘检查安徽援建松潘交通重点项目，并主持召开协调会，研究部署工作。

2011 年 5 月 10 日，在松潘县城新区人民广场隆重举行安徽省对口支援松潘县灾后恢复重建项目移交仪式。安徽省省长王三运、四川省省长蒋巨峰出席大会并讲话。王三运将象征安徽援建项目全面完成的“金钥匙”交到松潘县委书记何强手上，经皖、川两地通力合作，如期实现中央提出的“灾区经济社会发展和群众生活水平超过灾前”的援建目标。10 月 16 日，松潘县隆重召开欢送安徽援建工作人员座谈会，标志着安徽援建松潘建设任务完成。

二 项目援建

松潘县位于川西北、青藏高原边缘地带，县城所在地平均海拔超过 3000 米。松潘县自然条件恶劣，历史上曾发生过多次大地震，如民国 22 年（1933 年）8 月 25 日 7.5 级的茂汶叠溪地震，1976 年 8 月 16 日和 23 日松潘、平武之间相继发生的两次 7.2 级强烈地震。汶川地震波及松潘县全部 25 个乡（镇），其中 9 个乡（镇）受灾较重。安徽援建坚持以人为本、民生为先，在恢复灾区群众生产生活条件的基础上，紧紧围绕打造松潘国际旅游胜地的战略目标进行规划并建设项目。

安徽援建项目分 3 批实施。重点规划和重大项目的规划设计依托国内一流的咨询研究设计机构编制。从 2008 年 10 月开始，安徽省邀请国内知名专家对规划设计进行论证，确保规划设计高水平、有特色、出精品，做到“不留败笔、少留遗憾”；聘请同济大学建筑设计研究院（集团）有限公司、中国建筑西南设计研究院有限公司、安徽省建设工程勘察设计院、安徽省交通规划设计研究院、安徽省水利水电勘测设计院、成都市市政工程设计院、重庆市市政设计院等单位进行规划和项目具体设计，并通过严格的招标审批程序，精选出中铁四局、中建四局、中城建六局、安徽三建、安徽二建、重庆渝海、安徽路桥、安徽路港、川交路桥、攀枝花路桥、成都三建、上海园林、合肥园林、成都园林等一大批“国字号、排头兵、业绩优、有责任”企业参与援建。截至2011年7月，安徽省援建的8个房建工程均被评为“四川省结构优质工程”，岷江川主寺河段生态护岸工程、川主寺镇游客服务中心、松潘县新城区市政基础设施、松潘县人民医院工程等4个重点项目获得四川省“天府杯”金奖，松潘县市政中心主楼工程、岷江川主寺河段生态护岸（二期）绿化及景观工程、松潘县民族文化展览馆工程、松潘县委党校基础设施建设工程、松潘中学新校区初中部教学楼和科教楼工程等5个重点项目获得四川省“天府杯”银奖。

应急工程项目 从民生出发，2008年7月初安徽援建力量进入松潘后，即与松潘县委、县政府沟通，确定将民房恢复重建、水利工程修复、校舍修复、村道修复、社会福利设施建设以及供电改造等6类21个项目作为灾后恢复重建应急工程，总投资3.8亿元，其中安排援建资金1.7亿元。应急项目建设任务于2008年年底顺利完成，使松潘县生产生活秩序在最短时间内恢复正常，作为重中之重的受灾群众过冬问题得到解决。其中，对全县11799户农牧民住房进行维修加固，原地重建和易地迁建农牧民住房2147户，世代居住在高半山区的群众都得到集中和分散安置；修建11条41公里的“村村通”公路，所有的行政村通上水泥路，新建的北松公路使松潘最后一个不通路的乡镇——白羊乡通上等级公路；水利方面，兴修水利设施，改善13693亩农田的灌溉条件。

安全饮水工程，使所有村民喝上清洁卫生水。工程包括林坡村、八十沟村、漳腊一村、漳腊二村、黑斯村、漳腊四村、漳腊三村、东山村1组和2组、东山村3组水源一、东山村3组水源二、解放村大、小沟、丁谷村红花寺组、龙潭村大咕噜沟、新塘村空捞坡、刘家村万家院组、三舍驿村、新光村乱石窑组、新光村迭台沟组、四望村上下街组、四望村茅草山组、四望村院子组、长沟村2～4组、见培村、永和村上下组、郭学寨村、大沟村、格基村上格基、纳坡村、木西村、卡卡村卡卡、木西村2组、木西村1组乃尔水源、木西村1组木西水源、西门顶村西门顶、俄寨村、上泥巴寺庙、新丰村烂庙子、埃溪村埃溪、西宁关、北定关青岗嘴、新塘村刘拉沟、若尔村四磨子沟、三村半边街、八村下河坝、双泉村苗圃安置点、镇坪村、热窝村热窝、丁谷村冰崖河坎、丁谷村牛居河坎、下纳眯村白德河坎、下纳眯村申可河坎、下纳眯村白玛若河坎、下纳眯村扑洞河坎、木石村小寨子河坎、上泥巴村上泥巴组、上泥巴村工恶组、三岔坝麻子寨、元坝子安置点、双河村旧铺子、丰坪村达磨岭、丰河村西们河坝、建新村八磨子沟、地藏组、窑沟村和仓坪村、大巴山、县牧场、阿窝村阿关组、阿窝村阿窝组、阿窝村阿基组、阿藏村、克藏村克藏组、克藏村下藏组、克藏村小下藏组、索花村索花组、阿藏村秋洛组、格亚村、沙代村沙代、豆沟村豆沟、色贡、卡龙、卡亚村、两河口村等饮水工程。

民房恢复与重建项目包括农牧民住房维修加固，农牧民住房就地分散重建和集中安置异地迁建。具体有：就地分散重建农牧民住房、平安村烂庙子安置点、埃溪村埃溪坪坝安置点、西宁关村西宁关安置点、半边街村半边街安置点、下河坝村下河坝安置点、解放村苗圃安置点、镇坪村大平坝村安置点、热窝村安置点、云昌村安置点、木石村安置点、丁谷村安置点、下纳咪村安置点、草原村安置点、窖沟村和昌坪村安置点、大巴山迁到羊芋屯安置点、高屯子村水塘坝安置点、上泥巴村上泥巴组安置点、上泥巴村工恶组安置点、三岔坝村麻寨安置点、水桶村牙石沟安置点、两河口村安置点、原坝子村安置点、黑斯村安置点、丰河村西门河坝安置点、青木口安置点、建新村八磨子沟安置点、建新村安置点、新塘村刘拉沟安置点、若尔村四磨子沟安置点、北定关青岗嘴安置点、红扎村地藏组安置点。

农田灌溉工程项目。具体有：树地沟灌溉工程、1组下马达灌溉工程、1组沙子坝灌溉工程、大坪坝沟右灌溉工程、大坪坝沟左灌溉工程、大沟灌溉工程、小沟灌溉工程、大坪坝沟灌溉工程、沙坝灌溉工程、2组改土地灌溉工程、1组大地灌溉工程、马场沟灌溉工程、1组格早沟灌溉工程、西格沟灌溉工程、平坝寺灌溉工程、麻柳沟灌溉工程、东龙沟灌溉工程、沙地灌溉工程、磨林边灌溉工程、蒲口洞灌溉工程、龙溪沟灌溉工程、热溪沟灌溉工程、小红岭灌溉工程、龙达沟灌溉工程、下头沟，小扎尔工程、上头沟灌溉工程、登上灌溉工程、牛拉沟灌溉工程、空捞坡灌溉工程、尕伦俄灌溉工程、色格洛、亮依卡洼灌溉工程、木洛洼洼灌溉工程、大沟灌溉工程、甲娃沟灌溉工程、沙代村2组灌溉工程、沙代村1组灌溉工程、西格村1组灌溉工程、德格村1组和2组灌溉工程、红扎村1组灌溉工程、红土村小寨子灌溉工程、红土村纳衣灌溉工程、红土村马拉墩灌溉工程、红土村沙玛灌溉工程、则术村1组朗术沟灌溉工程、热窝村1组粮站后、2组灌溉工程、河坝地灌溉工程、下河坝灌溉工程、飞机坝灌溉工程。

校舍维修加固、村道修复与其他项目。校舍维修加固项目具体有下八寨中心校、毛尔盖中小学校、燕云中心校、红扎中心校、红土中小学校、黄龙中心校、施家堡中心校、小河中小学、山巴中心校、水晶中心校、漳腊希望小学、川主寺镇小学、福田中学、十里中心校、川主寺镇幼儿园、藏文中学、城关二小、城关幼儿园、城关一小、青云中心校、松潘中学、大姓中心校、岷江中心校、牟尼中心校、安宏中心校、丹增小学、解放村小学、镇坪中心校、镇江中小学、白羊中小学、小姓乡中心校、岷江乡中心校。村道修复与其他项目具体有茶园坪村道、上大湾村道、吴家梁村道、纳坡村道、丁谷村道、李泉村道、水桶村道、木石村道、白定村道、人行桥。乡村电网基础设施包括毛儿盖输电线路工程、毛儿盖35千伏变电站、白羊乡输电线路工程；松潘县医院应急设备购置、救灾物资。

交通基础设施项目 项目包括川黄公路改扩建、牟尼沟隧道及连接线、川主寺过境路、北松路改扩建、乡村道路（传八路、林五路、川麻路、长沟路、见培路、寒盼路、高大路、十大路、雄谷路、外下路、解大路、半边路、下河路、茶园坪路、坪坝路、丰岩路、沙代路）。

打造松潘国际旅游胜地，必须下决心改善交通条件。安徽省投入3.5亿元全面改建被誉为“天路”的川黄公路，使进出黄龙景区更加安全和快捷。川主寺至黄龙段起于松潘县川主寺镇，沿平武至松潘公路经传子沟、林坡、黑账房、雪山梁子垭口、三岔子至黄龙风景区，全长46公里，为二级公路，另加黄龙景区5公里路面铺装。此外，投入2.6亿元修建牟尼沟隧道（见图273）。该隧道是四川省所有援建工程中仅有的两条隧道工程之一（另一条是吉林省援建黑水县的垭口山隧道），地质条件复杂，施工难度高。线路全长6.827公里，其中中桥2座、小桥2座、涵洞9道。隧道净空5米，全宽10.5米，路基宽8.5米、路面宽7米，沥青混凝土路面；岷江桥宽20米，其余桥宽16米。隧道打通后可将县城与牟尼沟景区的路程由40多公里缩短为10公里，为全面启动牟尼胜境休闲度假旅游开发打下坚实基础。这两条通道的修建，极大地提升了松潘旅游基础设施承载力。

图273　安徽省援建的松潘县牟尼沟隧道施工现场

（陈明　摄）

松潘新城建设　在高原上造出一座城，这个想一想都让人激动的梦想，在安徽援建队伍的手中得以实现。松潘新城是安徽省援建的最大亮点。按照高起点规划，投入 7 亿元建设 1.41 平方公里的新城，完成新城市政道路、管网、桥梁、景观等基础设施建设，兴建 11 万平方米的社会事业用房和保障性住房，建成现代化的松潘县中学、松潘县人民医院、松潘县社会福利院、松潘县文化中心、松潘县政务中心、徽苑小区等一大批公益社会设施，其中新城基础设施投资 2.61 亿元、松潘县中学投资 1.56 亿元、松潘县人民医院投资 8200 万元。经过努力，一座山水生态、布局合理、功能完善、环境优美、现代理念和民族文化完美融合的松潘新城巍然落成。松潘新城有许多安徽元素，如宽敞的江淮路和安徽大道、松安广场等。松潘古城是四川省历史文化名城之一，在国内外有较高的知名度，具有很高的旅游品位，是打造松潘国际旅游胜地的重要节点。建设新城同时也为保护开发古城创造了条件，提升了古城旅游的文化魅力。作为松潘未来的行政、文化中心，新城与古城将成为各具特色、功能互补的有机整体。

川主寺镇项目　"南有映秀镇，北看川主寺"，这是阿坝藏族羌族自治州州委、州政府提出的灾后重建目标。居于九环线（从成都前往九寨沟的必经线路是全长 913 公里的成都至九寨沟的环线，简称九环线）枢纽位置的川主寺镇，是通往九寨沟、黄龙风景区、川西北大草原及松潘古城和毛尔盖地区的重要枢纽。针对川主寺镇地域位置的重要性和独特性，改造川主寺是对口援建的重点。安徽省投入 4.5 亿元，倾力打造高原明珠川主寺，完成川主寺过境通道、岷江生态护岸、水街、景观绿化等旅游开发工程，建设游人服务中心，加上松潘县实施的道路管网和沿街店面风貌改造等工程，对川主寺镇进行脱胎换骨的改造，与新老县城形成相互辉映的整体开发态势，极大提升了松潘旅游文化的吸引力（见图 274）。其中，按照生态环保理念，投入 1.8 亿元对镇区岷江两岸地带进行综合改造，将岷江河道整治与生态环境优化有机结合，建设生态护岸、特色水街、餐饮街、桥梁及绿化景观，融地方民族民俗文化、都市文化休闲于一体。岷江川主寺河段护岸整治 7.6 公里（一期工程生态护岸、二期工程水街），沿河设置 4 级蓄水低堰，重建岷江源桥、

图 274　重建后的松潘县川主寺镇夜景

（松潘县川主寺镇政府　提供）

红星桥、石嘴桥，新建吊桥及岷江东西源汇口廊桥各 1 座，另外还有景观绿化与水街建设等。投入 1.14 亿元新建 7 公里长的川主寺镇绕城公路及兴川大桥，彻底改善了旅游车辆的通行条件。该路等级高、线形美，宛如环绕川主寺镇的一条黑色项链。

民族文化长廊项目　坚持“外观民族化、内部现代化”的原则，投入 2800 万元，配合松潘县对全县约 1.2 万余户农房进行风貌改造，打造具有多元民族特色的 46 个文化村寨。重点对九环沿线县城至南界、安宏至牟尼沟、县城至川主寺沿线 9 个乡（镇）进行民族文化长廊设计改造，打造川主寺镇东北村、山巴乡上磨村等 5 个民族文化旅游示范村，对民居的房屋、门面按照民族风格进行统一改造和配套。上磨藏族村全部 84 户农房通过风貌改造，整个村寨村容村貌更加美观，民族风格更加鲜明，家家住新楼、户户搞旅游，形成新型藏家乐旅游产品，接纳游客，增加收入，改善生活条件。

教育卫生设施项目　为改善松潘学校办学条件，安徽省共投入 1.85 亿元新建、改扩建和维修加固各类中小学，使松潘所有在校学生都搬进安全整洁的新校舍。其中，松潘中学新校区是援建的标志性建设项目之一，共建成教学楼、综合楼、学生宿舍楼、食堂楼、体育馆等 8 个建筑单体，总建筑面积 5.2 万平方米，可容纳 3500 名学生在校就读、2500 名学生在校寄宿。投资 4400 万元改扩建 8 所乡镇中心学校。投入 8200 万元，新建标准二级甲等的松潘县人民医院，占地 1.87 万平方米，建筑面积 1.65 万平方米，病床床位 160 张。新医院的投入使用，提高了松潘医疗水平和应急救治能力，为松潘和周边县群众及广大游客提供了全面的医疗保障。

公益设施项目　安徽省投入近 2 亿元兴建各类公益设施，其中新建 1.2 万平方米松潘县政务中心，将原古城内所有党政机关和事业单位迁入，为古城改造提供条件，同时为公众提供便利的行政服务场所；新建 4500 平方米松潘县委党校；新建 8300 平方米松潘县民族文化展览馆，集历史文化展览、图书馆、文化馆和档案馆于一体，提供全面展示松潘历史文化的平台；为公、检、

法、司系统配备各类设备 200 多台套；新建广播电视网，全县 25 个乡（镇）及 136 个村寨实现广播电视“户户通”和藏传佛教寺庙广播电视“舍舍通”，使松潘成为西部地区有线电视“村村通”第一县；新建徽苑小区廉租房 210 套 1.98 万平方米；改建和新建县城自来水厂，保障县城、川主寺镇及周边村镇居民饮水安全；改建和新建县社会福利院，增加床位 140 张。

三　软件援助

在软件支持方面，安徽重点开展支教、支医、支警、技援、干部挂职培训，累计选派 64 名教师、163 名医护人员、158 名警察、23 名工程技术专家赴松潘对口支援，分 3 批接受松潘中小学教师、4 批接受松潘医护人员至皖进修。

智力援助　按照把松潘县打造成国际旅游胜地的目标，安徽省住建厅派出专业规划队伍至松潘，拟制了《松潘县灾后国际旅游胜地建设战略思路》（初稿），完成北区建设总体规划思路研究。省教育厅派出教师开展教育援助，安排松潘应届初中毕业生至安徽新华电脑专修学院等重点中等职业学校接受职业教育，3 年资助 1060 名松潘应历届初、高中毕业生在四川省内中等职业学校接受职业教育。同时，接收松潘中小学教师到安徽重点中小学进修，进行“一对一”帮扶培训。省卫生厅派出医疗卫生专家赴松潘开展卫生援助。省公安厅从合肥、淮北、安庆等市选派民警组成特警队至松潘，弥补松潘警力的不足（见图 275）。省交通厅建立交通工程设计、施工和监理等援建专家库，派出交通规划设计专家到松潘，现场调研牟尼沟隧道工程、川黄公路等交通援建工程项目。省人力资源社会保障厅从省内协调 2.1 万个就业岗位，在松潘举办 2 次大型现场招聘会。省委宣传部派出宣传组与松潘县新闻宣传系统工作人员结对子，做好传、帮、带。团省委组织大学生志愿者到松潘开展志愿服务。安徽省的一些事业单位和民营学校也以强烈的社会责

图275　安徽省公安民警在松潘县巡逻（安徽省援建指挥部　提供）

任感，主动投入人才智力支援。安徽新华电脑专修学院与合肥团市委联合建立“新华·青年皖川爱心班”，向四川灾区的青少年提供40个免费学习的“365国家紧缺型人才培养计划”名额。巢湖幼儿师范学校免费为松潘培训13名幼儿教师等。此外，安徽省行政学院分别于2009年6月4日起为期10天、2009年11月17日起为期10天、2011年6月2日起为期9天，为松潘县公务员举办培训班。

医疗援助　援建期间，安徽省分别于2008年6月和9月、2009年3月和9月、2010年3月和9月选派6批医疗卫生防疫队共163人次对口支援松潘县人民医院等县直医疗卫生机构，使得当地医疗卫生服务能力得到提高。一些松潘县原来不具备的技术现在有了，一些原来需要转诊的患者在当地就可以得到医治，绝大部分急危重、疑难病例能够就地得到救治处理，医院床位的使用率由原来的20%上升到80%。同时，安徽省医疗专家还热心为当地医务人员进行业务培训，开设专业讲座。通过结对帮扶、手把手传帮带、选派医疗卫生骨干至安徽进修等方式，为松潘打造一支带不走的医疗卫生队伍。分4批组织松潘医护人员至皖进修，其中2009年4月13日15人、2009年9月19日8人、2010年3月17日25名、2010年9月19日7人。

教育援助　安徽省分别于2008年7月、2009年7月、2010年7月选派3批64名优秀中小学教师至松潘支教。支教教师一手抓教育教学，一手抓传帮带，既有效提高松潘学生的学习成绩，又为松潘培养年轻骨干教师。在支教工作的推动下，松潘教育质量明显提高，高考成绩连续实现重大突破，2009年高考一本达线6人，创历史最高；2010年专科以上达线率达80.5%，其中本科上线46人；2011年专科以上达线率98.8%，其中本科上线78人。此外，还分别于2008年9月15日、2009年10月12日、2010年10月13日分3批组织松潘中小学教师至皖进修。

技术援助　2008年6月13—22日，安徽省环境监测中心站对松潘县城和23个农村集中式饮用水源地水质进行监测，组织工程质量监督专业技术人才1364人随时为支援松潘提供保障。9月1—5日，安徽省水利厅人员至松潘考察后提出灾后水利基础设施设计方案。15—17日，省交通厅厅长梅劲、总工程师程跃辉率省交通规划设计院的专家至松潘，指导松潘县灾后交通恢复重建工作。2009 年 9 月，援建项目建设进入关键时期，从省内抽调 23 名工程技术人员至松潘开展项目技术援助。援建期间，省住建厅、交通运输厅、水利厅牵头建立支援松潘县恢复重建专业人才库，帮助规划、编制村镇建设、勘察设计、招标投标、工程监理、风景园林、环境卫生等专项规划。

产业扶持　立足松潘长远发展，根据松潘产业结构和资源特点，组织开展松潘县产业发展战略研究。安徽省驻松潘县援建办公室协调省有关部门组织 17 名专家至松潘，围绕高原农业、中药材、旅游业和特色工业发展进行专题调研，提出松潘县产业发展的战略思路和一批重点项目。引导安徽企业参与松潘产业发展。组织省内部分重点企业进行项目考察和对接，省内 5 家企业与松潘签订锰系列产品开发、锑矿开采、畜产品深加工等 6 个项目投资意向书。协助四川省、阿坝藏族羌族自治州、松潘县搞好投资推介活动。在阿坝藏族羌族自治州暨松潘县至皖开展投资推介活动中，组织 200 多家企业参与项目对接，签订 16 个项目投资意向。在四川省和阿坝藏族羌族自治州至皖活动期间，组织安徽省 80 多家企业参与企业家座谈会，为安徽企业参与松潘灾后产业恢复重建和发展牵线搭桥。开展对口进修培训。根据松潘需求，安徽省相关部门组织力量，通过“请进来、走出去”的方式，对松潘各类专业技术人员开展进修培训，包括项目规划设计、产业发展、旅游管理、教育、卫生、广播电视、信息网络、地质勘探、档案管理、支警维稳以及行政干部挂职等，培训总人数 1.5 万余人次。松潘县与安徽省广德县联合召开“县域经济发展和公共服务体系建设”专题研讨会，请安徽专家为松潘农业结构调整、工业集中区建设、工业体系完善把脉会诊。启动安徽产业园区和小河工业集中区基础设施建设，全力做好与安徽企业的对接协调，大力招商引资，努力引进龙头企业。

就业援助　安徽省驻松潘县援建办公室协调配合省人力资源社会保障厅从省内协调 2.1 万个就业岗位，于 2008 年 6 月 15 日至 8 月底开展“川皖手牵手送岗到松潘”专项就业援助活动，举办两场就业援助现场招聘会。8 月 6—10 日，省人力资源社会保障厅组织省内有关企业共 80 余人至松潘，组织开展“皖川携手送岗到松潘”大型现场招聘会，共签订意向用工 1000 余人。有 536 名松潘务工人员至皖就业，对他们免费进行职业培训，还提供社保补贴、岗位补贴、生活补助。组织省内 16 所技校 21 个相关专业，免费为松潘县培养技术人员 300 名，并推荐就业。

文化援助　慰问演出。为增进安徽、松潘两地人民的友谊，给援建人员鼓劲，2009 年 1 月 21 日、12 月 5 日，梁卫国及省委宣传部、省经协办、对口支援办相关领导两次带着安徽省慰问演出团至松潘慰问演出，表达安徽省委、省政府和全省人民对松潘灾区人民的深切关怀。为表达对安徽省无私援建的感谢之情，四川省、阿坝藏族羌族自治州、松潘县也分别于 2010 年 2 月 9 日、2011 年 1 月 25 日和 7 月 8 日组织艺术人员至安徽开展“安徽松潘一家亲——新春联谊会”活动。此外，松潘人民也以自己的方式向援建者表达感激之情。累计为安徽援建队送水 317 天的羌族汉子王洪泉说，只要安徽的援建队在松潘，他就会一直把水送下去。援建 3 年间，松潘藏羌回汉各族干部群众用自己最朴素的方式，表达对安徽援建者的感激：邀请援建者到家做客；共同参加各民族的重大节日庆典和锅庄、唱坝；镇坪乡解放村羌族村民送去亲手缝制的鞋垫；川主寺镇飞机坝种菜大户送来整车的大白菜；镇江关农户送来自家的高原香猪。

赠书与采风。2008 年 11 月 14 日，安徽新华发行集团向松潘县捐赠价值 100 万元可读性强的政治、经济、文学、社科、科普等各类图书、音像制品，其中图书 13962 种 37056 册、音像 1137

种6064盒。

2010年汶川地震两周年纪念之际，安徽省参事室（省文史馆）会同省经济协作办，于8月中下旬组织近30余名省内艺术家分两批前往松潘，开展“安徽省国画摄影文学名家赴松潘采风考察”活动，创作出近200幅生动画卷留在当地；为当地摄影爱好者举办摄影讲座，并于11月18日在合肥举办“聚焦松潘见证重建——松潘灾后安徽对口援建采风作品展”。2011年5月10日，省政府参事室、省文史馆在松潘举办“安徽艺术家松潘采风书画作品展暨作品捐赠仪式”和书画创作表演活动，共向松潘捐赠60余幅书画作品。

第五节　江西省支援小金县

2008年6月中共中央、国务院明确江西省对口支援小金县灾后恢复重建后，江西省把小金县当作是江西的第100个县，举全省之力进行支援。小金县气候恶劣、风沙大、水质硬、紫外线强，加之滑坡、泥石流、飞石、塌方等各种自然灾害频繁，一年有效工期不足8个月。为早日竣工，造福灾区人民，江西援建者顶风沙、战（高原）低温，克服余震不断、高原反应、原材料短缺、施工期短等困难，采用机械施工、昼夜施工、科学施工等措施，全力以赴抓质量、赶工期、保进度。江西省对口援建小金县的援助范围包括基础设施、软件支持、经济技术合作等方面，安排援建项目42个（128个子项目），项目总投资107182万元；安排不可预见费用（含项目预备资金）22818万元，总计对口支援小金县资金13亿元。对口援建，使小金县群众生产生活条件比灾前有较大改善，城乡面貌比灾前有较大变化，做到了让灾区群众满意、当地政府满意，赢得了各方赞誉。小金县县长泽仁达瓦接受媒体采访时赞扬：“通过江西两年的援建，小金建起了有史以来最宽阔的街道、最漂亮的学校、最现代化的医院；小金建起了第一条塑胶跑道、第一个现代化影院、第一个电视演播大厅。这些明显改善了小金县群众的生产生活条件，加强了城乡基础设施，提升了经济发展后劲，改变了干群精神面貌。为小金经济社会长远发展，促进民族地区的繁荣与稳定做出了应有的贡献。”

一　部署与组织

2008年6月接到援建任务后，江西省委、省政府坚决贯彻、迅速启动。省委主要负责人提出：“把小金县看作是江西第100个县全力做好援助工作。要优先解决与灾区群众生活密切相关的基本问题，优先恢复建设居民群众的住房和供水设施，优先恢复建设涉及群众切身利益的学校、医院、社会福利等公益性设施。”省长吴新雄批示：“必须全面按中央要求完成援建任务，让中央满意，灾区人民满意，江西人民满意。”援建期间，省委、省政府领导40多次就援建工作做出指示和批示，有10位省领导先后17次至小金一线研究解决对口援建工作遇到的困难和问题，50多位省直厅局领导实地检查指导援建工作。

2008年6月9—11日，根据江西省委、省政府的布置，省长助理胡幼桃率团至小金实地考察，听取小金县灾情通报和灾后重建的请求。14日，吴新雄主持召开江西省对口支援小金县灾后恢复重建工作会议。会议听取考察情况汇报，决定成立江西省对口支援四川省小金县灾后恢复重建工作领导小组，在小金县成立江西省对口支援四川省小金县灾后恢复重建现场指挥部。会议还决定立即派出先遣工作组至小金。15日，省发改委、民政厅、建设厅、国土资源厅、地勘局一行12人组成的对口支援先遣工作组至小金开展灾情评估、前期规划。7月1日，吴新雄主持召开省支援灾区共建家园领导小组第四次成员会议。会议以先遣工作小组的汇报和小金县委、县政府的请求为基础，研究讨论对口支援小金县地震灾后恢复重建三年实施方案。在此基础上，4日，省委再次召开常委会，讨论支援小金县恢复重建实施方案。8日，吴新雄等率有关厅局主要负责人至小金查看灾情、慰问受灾群众，并与小金县签订《江西省对口支援四川省小金县地震灾后恢复重建协议》，正式启动对口援建工作。省委主要负责人批示："'以人为本、民生优先，立足当前、着眼长远，突出重点、统筹兼顾，尽力而为、确保效果'是江西省援建小金县的指导原则，把小金县看作是江西第100个县全力做好援助工作。"吴新雄批示："所有工程必须科学规划、科学设计，确保安全、优质、实用。所有工程必须进行认真的概算，不能一哄而上，形成半拉子工程。必须按照轻重缓急，先保灾民生活再考虑其他工程的原则来安排建设程序。"江西援建优先解决与灾区群众生产生活密切相关的基本问题，优先恢复建设城乡居民住房和公共服务设施，优先恢复建设涉及群众切身利益的学校、医院、社会福利等公益性设施。根据国家汶川地震灾后重建的有关规定，并广泛征求小金县干部群众和社会各界的意见，11月11日，江西省政府发布《江西省对口支援四川省小金县地震灾后恢复重建三年规划实施方案》。

组织机构方面，2008年6月14日，江西省对口支援四川省小金县灾后恢复重建工作会议决定，成立江西省支援灾区共建家园领导小组，省长吴新雄任组长，省委常委、常务副省长凌成兴，副省长洪礼和、史文清，省长助理胡幼桃等任副组长，成员由省直有关部门负责人组成。在省政府办公厅设援建办公室，由省建设厅厅长陈俊卿任主任，省政府办公厅副秘书长蔡玉峰任副主任，统一协调、调度相关援建事宜。27日，领导小组调整，省委常委、副省长陈达恒任常务副组长。

2008年7月3日，江西省对口支援四川省小金县灾后恢复重建现场指挥部成立，由陈俊卿任指挥长。指挥部下设综合协调组、规划设计组、工程管理组、工程费用控制组、后勤保障组、资金管理组、对口协作组、保卫组和成都联络处，江西援建指挥部负责与小金县受援指挥部对接，统一指挥对口援建工作。在援建小金县期间，江西省援建指挥部共召开各种会议136次，下发文件136份。

江西援建中做好"两个考虑""两个尽量"。"两个考虑"，即考虑增强防震抗灾能力的要求，考虑小金县山多地少的特点；"两个尽量"，即尽量利用坡地、空闲地、岗地、荒地重建，尽量避开地震活动断层或者生态脆弱和可能发生地质灾害的区域。经过规划设计人员加班加点工作，江西省援助编制的小金县城新城区、两河口集镇、达维集镇、夹金红军村等详细规划全部提前完成。江西省还组织规划设计人员深入阿坝藏族羌族自治州13个县实地考察，归纳和总结出嘉绒藏族建筑“结构方正、四角朝上、窗楣突出、图腾崇拜、色彩鲜艳”的五大特征，并运用于项目设计和建设之中。在规划设计小金县城新街区建筑风格上，以传统的嘉绒藏式建筑风格为主，充分融入当地民族文化元素，体现新旧城区的和谐统一。援建队伍积极开展学习藏文化的“四个一”活动，即“学唱一首藏歌、学吟一首藏诗、学跳一支藏舞、学一套藏族礼仪”。

在援建方式上，综合考虑恢复重建项目性质和特点，以及小金县特定的建设条件和施工环境，经与受援方沟通协商，江西省采取的援建方式主要是：一是选取10个重大建设项目为示范工程，由小金县政府与江西省有关部门共同组织实施，其中小金县政府主要负责前期工作和协调施工过程中的有关问题，江西省援建指挥部主要负责项目工程规划、设计、监理和施工，即“交钥匙”工程。二是对一般恢复重建项目，采用合作建设方式，由小金县政府负责规划、设计和施工，由江西省审核工程规划和设计，并负责监督指导。三是对点多面广、投资规模较小的援助项目，实行直接补助资金的方式，由小金县政府全面负责项目规划设计、监理和施工；江西省采取适当方式，加强对补助资金、工程质量和工程进度的监督。四是对采用智力、技术等方式援建的项目，由江西省有关部门牵头组织实施，所需费用在对口支援资金中统筹安排。五是对经济技术合作的有关项目，由江西省合作办牵头，与小金县对口洽谈，通过招商引资方式进行市场化运作。

江西省援建小金县被四川省领导概括为“四个最”，即“江西的援建工作海拔最高、条件最苦、运输最难、工期最短”。“海拔最高”，小金县位于四川省西北部、阿坝藏族羌族自治州南端，处于巴朗山、夹金山、梦笔山、二郎山等几座海拔4000米以上高山的环绕之中。对口援建的128个项目建设工地的平均海拔达3500多米。特别是美汗公路被称为四川省的“天路”，最高点木壳壳梁子达4916米，是19个对口援建省（市）援建项目中海拔最高的，在那里施工是对生命极限的挑战。美汗路开工当天，汗牛乡、窝底乡、潘安乡的乡亲们自发赶到工程指挥部，燃放无数的爆竹，带来堆成小山的土豆、腊肉。乡亲们激动地拉着施工人员的手说：“感谢你们啊，你们要建设一条通天之路，让我们得到‘第二次解放’。”2009年7月17日凌晨，因连降暴雨，美汗路项目C标段物资中转站发生特大泥石流次生灾害，5名江西援建人员在泥石流中失去宝贵生命，其中一位年仅19岁。江西省景婺黄高速公路管理处养护中心副主任沈小三于2009年3月起，长期驻守在海拔4000多米的美汗路工程现场，由于长期缺氧，加上工期紧张、生活艰苦，被确诊为肺癌后不久去世。“条件最苦”，小金地属高山峡谷地貌，一天有四季，一山有四季，气候恶劣，变化无常，特别是高原特有的强烈阳光和猛烈风沙，给援建人员工作、生活带来极大影响。小金住房设施有限，不少援建人员一直住在板房或简易帐篷里（见图276）。小金水质很硬，许多援建人员水土不服，援建现场指挥部80%人员患上结石病。美汗路工地，晚上气温最低时零下20摄氏度，几乎每晚都有雨雪，冬天积雪最厚的时候没过膝盖。“运输最难”，小金县与外界的联系主要依靠4条山路，且都要翻越4000米以上的崇山峻岭，山高路陡，险象环生，必经红军长征翻过的夹金山雪山。人员往返和材料运输常常被堵上四五天，最长的被困途中11天。指挥长陈俊卿先后翻越夹金山42次，几乎每次都遇到飞石和泥石流。“工期最短”，小金县气温一年之中有4个月低于0℃，不能正常施工，使援建施工期大大缩短，一年之中有效工期不足8个月。因此，可以说江西省对口援建工作实际上不是“三年任务两年完成”，而是“三年任务一年半完成”。

图276　江西援建工作者在艰苦的环境下工作

（王瑾雯　摄影）

2009年5月10日，吴新雄批示："按照'争分夺秒抓进度、一丝不苟保质量、万无一失保安全、全心全意为灾区'的要求，进一步强化措施、攻坚克难、狠抓落实，科学高效地推进对口援建各项工作，让小金人民早日过上安定幸福的生活"。2010年6月1日，江西省与小金县签订《江西小金对口合作长效机制框架协议》。2日，江西省委主要负责人将一把象征胜利竣工的"金钥匙"交到小金县委书记李洪勇手中。江西省对口支援小金县的13亿元资金100%到位，由江西省投资并组织实施的"交钥匙"工程100%交付使用；由江西省投资、小金县组织实施的项目85%完成。这标志着江西省提前4个月顺利实现中共中央、国务院提出的"三年援建任务两年基本完成"的要求。

二　项目援建

江西援建项目包括民生工程、教育项目、卫生项目、广播电视项目、城市基础设施项目、农业和农村基础设施项目、文化旅游项目、产业发展基金与其他、经济技术合作项目等42项。

援建"一号工程"　江西省把受灾居民住房恢复重建、地质灾害易发地灾区群众集中安置补助、地震灾区群众和困难群众过冬生活补助确定为对口援建"一号工程"，确保受灾群众有房住、有饭吃、有干净水喝。2008年7月15日，吴新雄批示："当前必须将灾民住房问题作为一号工程来抓"。在2008年严冬到来之际，为了让8万小金受灾群众温暖过冬，江西人民捐赠了10万床棉被和10万件棉衣，确保小金人民每人一床棉被、一件棉衣。不少小金群众手捧衣被热泪盈眶、感动不已。江西省分3次共安排1062万元资金，帮助38844人次困难群众解决过冬基本生活困难和春荒生产困难。将社会各界向小金县捐赠的大米、帐篷、药品、棉衣、棉被等价值4037万元的各类救灾物资全部发放到受灾群众手中。为尽快推进"一号工程"，安排资金601万元帮助小金县8614户农户完成受损农房维修加固；建立1亿元农房重建贷款基金；拨付农房重建补助资金2572万元。至2009年11月3日，随着最后一户农房重建户搬进新居，小金县7428户重建户全部入住新居，入住率达 100%。

十大示范工程 江西省在援建项目中选择 10 项投资规模大，且事关当地长远发展的重点项目，集中力量进行建设，称为“十大示范工程”，总投资 4.8 亿元。十大示范工程是新城区城市道路工程（简称江西路）、小金县旅游产业发展服务中心、县人民医院、居民休闲公园、小金县群众文化体育中心（又称懋功博物馆，简称文体中心）、县广播电视中心（简称广电中心）、城关二小、美沃乡至汗牛乡农村公路（简称美汗路）、红军长征两河口会议会址（简称两河口会议会址）、县三院一中心（县福利院、光荣院、敬老院和救灾应急中心）。十大示范工程分 3 批开工，2008 年 7 月 26 日，小金县旅游产业发展服务中心一期项目首先动工。10 月 29 日，三院一中心、江西路、城关二小、县人民医院 4 个项目开工。2009 年 3 月 22 日，广电中心、文体中心、美汗路、综合防灾广场、两河口会议会址纪念馆开工。其中，小金县城关二小等 4 个示范工程于 2009 年年底正式竣工并交付使用。2010 年 5 月 7 日，最后一个示范项目——两河口会议会址通过竣工预验收。江西省对口援建小金县的十大示范工程历经一年半的建设，宣告全面完工。十大示范工程全部获四川省或交通运输部优良工程奖。

民生工程与教育、卫生、广电项目 民生工程共 5 项，总投资 18172 万元。其中，受灾居民住房等应急救灾资金项目，用于受灾居民住房恢复重建和地质灾害易发地灾区群众集中安置补助；地震灾区群众和困难群众过冬生活补助；新建县级“三院一中心”项目（见图 277），建筑面积 12380 平方米，专项设备及配套设施，入住“五保”人员 260 名；两河口敬老院扩建项目，建筑面积 3300 平方米，专项设备及配套设施，入住“五保”人员 100 名；新建小金县旧城区居民避险广场项目，建设集停车、娱乐休闲、商业消费于一体的居民避险广场；地质灾害防治监测体系建设方面，建设县级地质环境监测站、4 个区级地质环境监测站及相关设备设施，以及其他专业设备等。

教育项目共 13 项，总投资 12910 万元。其中，达维中学恢复重建项目，建设教学大楼、办公用房、学生宿舍、体育场及配套设施等，建筑面积 10720 平方米；沙龙小学恢复重建项目，建

图277 江西省援建小金县的“三院一中心”

（江西省援建指挥部 提供）

设教学大楼、办公用房、学生宿舍、体育场及配套设施等，建筑面积4300平方米；美兴小学恢复重建项目，建设教学大楼、办公用房、学生宿舍、体育场及配套设施等，建筑面积2200平方米；新建城关二小校舍建设项目，建设教学大楼、办公用房、学生宿舍、体育场及配套设施等，建筑面积4500平方米；双柏小学校舍建设项目，建设教学大楼、办公用房、学生宿舍、体育场及配套设施等，建筑面积500平方米；21个乡（镇）28所学校校舍加固项目，加固建筑面积40887平方米；日尔乡三村小学建设项目，建设教学用房、教师宿舍160平方米；窝底乡窝底小学重建项目，建设教学用房、教师宿舍160平方米；中小学教学仪器设备、图书、课桌购置项目，购置仪器设备33套，课桌椅1288套；教学用活动板房项目，建设教学用房、学生宿舍等共15860平方米；高考活动板房项目，建设教室22个、办公室4个、厕所2个，共1480平方米，供小金县、茂县、汶川县三县536名考生高考使用。

卫生项目共4项，总投资12960万元。县人民医院建设项目，按国家二级甲等标准新建1.76万平方米，其中业务楼1.6万平方米（门诊部2700平方米，住院部6400平方米、床位200张，医技科室3700平方米，行政保障系统用房3200平方米）、传染病房1600平方米（住院部640平方米、床位20张，门诊、保障、行政用房960平方米），购置价值3000万元的医疗设备；7个乡镇卫生院恢复重建项目，日隆、两河口、美兴、结斯卫生院，达维、抚边、汗牛中心卫生院建筑面积1.5万平方米；加固维修3745平方米，设备购置500万元；支医项目，派出医疗卫生人员100人；人才培训项目，培训医疗卫生人员100人，时间100天。

广播电视项目1项，即县广播电视中心建设项目，总投资1900万元。建设演播室、录音室等办公、业务用房3000平方米，广播电视采、编设备购置；建设播出系统和灯光系统、网管系统；UPS电源系统；60套有线前端播出系统；100公里光纤干线修复。

基础设施项目　城市基础设施项目共8项，总投资26630万元。新城区城市道路工程项目，其中新城区主干道命名为“江西路”，建设新城区城市道路网络及其配套工程；小金县旅游产业服务中心项目，建筑面积9000平方米，建设地下车库和配套设施；居民休闲公园项目，建设生态环境灾害避险场所及居民休闲活动场所（参见图278）；垃圾填埋场建设项目，建设挡土墙、前池、垃圾大坝、渗滤液调节池及推土机等设备；新城区供水设施项目，建设3000吨水池2座，取水管13公里，供水管网8.4公里，管理用房等配套设施1200平方米；新老城区配套市政设施项目，建设公厕5座，绿化带5800平方米，生态环境治理3处，灾害避险4处，建筑面积8000平方米；城市设施建设规划编制项目，组织编制县城新城区详细规划；受灾房屋灾损评估项目，派出专业技术人员60人左右开展受灾房屋灾损评估工作。

农业和农村基础设施项目共4项，总投资8050万元。其中，美沃乡至汗牛乡农村公路项目，道路55.2公里，建设标准为四级，路基宽4.5米、路面4米，泥结碎石路面。长坪第一村基础设施配套建设项目，包括砼道路1.5公里、沥青路面7公里、供水管网1.8公里、排水管网3公里、广场500平方米等建设。夹金民俗文化村基础设施项目，包括100吨/日水塔1座、道路1.2公里、给排水管网4.2公里、电力通信线路7公里、垃圾中转站2座等公共基础设施建设。双桥民俗文化村基础设施项目，包括100吨/日水塔1座、道路1.5公里、给排水管网4.52公里、电力通信线路7.2公里、垃圾中转站2座等公共基础设施建设。

图278　新建的小金县官寨村休闲广场（四川省委宣传部　提供）

文化旅游、产业基金、经济合作项目　文化旅游项目共5项，总投资12060万元。红军长征两河口会议会址项目，包括陈列馆、会址广场、会址园林等配套设施建设；小金县群众文化体育活动中心（懋功博物馆）建设项目，建设集少儿活动、老年人活动、群众文化、图书馆、博物馆等功能于一体的文化中心，建筑面积5000平方米；日隆镇旅游基础设施建设项目，建设景区道路、供水、绿化等设施；日隆镇自来水厂（旅游景区）建设项目，建设取水口、前池、蓄水池2座及管理用房等；沃日嘉绒古寨修复项目，包括南经楼和雕楼加固维修，恢复北经楼，沃日土司主体楼建设。旅游产业发展服务中心一期项目，创造了118天竣工的“江西小金速度”。

产业发展基金与其他1项，总投资1亿元。产业发展基金，用于受灾群众自力更生、重建住房的信贷支持；受灾县支柱产业和特色产业的发展基金；跨县域的灾后重建项目。

其他方面总投资27318万元。主要用于援建项目征地、拆迁和补偿费；考虑到不确定因素较多，恢复重建项目可研报告和初步设计工作在拨付经费时尚未完成，以及有部分项目要待研究论证后再行启动等方面情况，安排有不可预见费。

经济技术合作项目共10项，通过招商引资投资46433万元。矿产资源开发项目2个，即“竹叶青”花岗岩开发、大理石开发项目；农副产品深加工项目2个，即畜产品深加工、油菜籽色拉油加工；旅游开发项目6个，即夹金山红军长征文化体验区项目、县城旅游接待中心、日隆镇山洞五星级宾馆、两河民俗文化旅游接待项目、两河口星级宾馆群项目、达维乡红色旅游陈列馆项目。

三　软件援助

江西省对小金县的“软件”支持，包括支医、支教、人才培养、干部培训和警务援助等方面。

医疗卫生援助　2008年6月27日，江西省首批对口支援医疗队抵达小金。至2009年3月24日，先后派出医疗、疾控、监督、管理等医疗卫生专业人员组成6批105人的对口支援小金县医疗卫生防疫队，其中高级职称 43 人、中级职称 61 人，卫生管理人员 1 人、医疗人员 78 人、疾控人员 22 人、卫生监督人员 4 人，主要配合小金县人民医院、妇幼保健院、中藏医院和各乡镇卫生院开展工作，共诊治患者 3.31 万余人次，指导和培训乡村卫生防疫人员 620 余人次，举办各类医学知识讲座 37 场次，培训人员 1.7 万余人次，推广新技术 21 项，开展新手术 16 项、微创手术 2 项，开展集中式卫生宣传 3 次，张贴宣传画 11050 张，发放宣传单 1.92 万余份，下乡开展巡回医疗服务 51 次，并为 3000 余名援建工人建立健康档案。10 月 12 日，在江西省医疗卫生队的推动下，小金县中藏医院中西医结合风湿科和针灸科正式挂牌成立。为提高小金县医疗技术水平，2009 年 3—11 月，在江西培训 2 批 32 名小金县医务人员。

教育援助　2008 年 8 月 21 日，江西省从南昌市范围内选派 9 名具有较高教学水平的语文、数学、英语、政治、历史、地理、物理、化学、生物学科教师至小金支教。支教人员均为具有丰富教学经验的高中老师，在小金中学集中开设两个“江西班”，开展上一节公开课、帮扶一名贫困生、关注一个潜能生、蹲点一个寝室、开好一次讲座、带好一个徒弟的“六个一”活动。“江西班”的教学质量迅速提高，考试成绩位居全校前列。学生家长表示：能进“江西班”是孩子的福气！谢谢江西老表！江西省委教育工委、省教育厅还精心组织南昌第一中等专业学校、江西渝州科技职业学院等 6 所院校，免费招收 394 名小金高中、初中学生至赣学习，并承担其在赣学习期间的生活费用。

服务业援助、干部培训与维稳　服务业援助。江西省的星级宾馆、饭店派出 8 ~ 10 名相关的管理、服务、技术等援助人员赴小金，免费培训具有星级宾馆管理、服务等专业技能的人员 36 名。为进一步提升小金县旅游管理水平，促进小金县旅游业发展，2009 年 3—9 月，选派小金县四姑娘山风景区管理局 30 名旅游资源保护及管理人员至江西省三清山、龙虎山风景管理局进行为期 6 个月的旅游管理培训。

干部培训。为拓宽小金县干部视野，促进小金县干部思想重建，为灾后恢复重建及长远发展提供坚实的人才保障，在江西省委组织部的高度重视和大力支持下，2009 年 5 月 12 日至 6 月 11 日，江西省援建指挥部共组织 72 名小金县科级干部分 3 批至江西省委党校参加为期 10 天的学习、培训。课程有“认真学习深入贯彻科学发展观”“红色、特色旅游开发相关知识”等，红色旅游开发课程由井冈山市相关旅游管理专家授课。同时还特别设置“灾难后的心理危机干预”课程，帮助小金县干部进行心理调适。11 月 17 日，小金县选派 10 名科级干部到江西进行为期 3 个月的挂职锻炼。

公安支援。根据公安部的统一部署，江西省先后抽调 151 名公安民警参与小金县的社会维稳工作。2008 年 7 月 20 日，第一批从 7 个设区市公安局抽调的 100 名公安民警抵达小金。执行支援任务的江西民警与当地民警同吃、同住、同工作、同管理，配合协助当地公安机关查处各种案件 149 起，抓获处理违法犯罪嫌疑人 262 人，处置交通事故 48 起，为当地派出所基础建设捐款 35 万余元，收到单位和群众赠送的锦旗 123 面。协助侦破丹巴县岳扎乡八科村爆炸案，参与并成功侦破震惊小金、轰动阿坝的“7・27”杀人案、“9・4”绑架杀人案等重大刑事案件。在广安执行奥运安保警戒任务时，成功处置一起破坏圣火传递的突发事件。事后，广安市副市长兼公安局长魏常平对江西赴川民警训练有素、迅速反应、果断处置突发事件的能力表示高度赞扬，并代表广安市委、市政府赠送一面写有“驰援奥运圣火传递、共保小平故里平安”的锦旗以示感谢。9月27日，江西省援川警队在全国援川警队工作电视电话会议上发言介绍经验，受到公安部副部长刘金国的肯定。他说：“江西援川工作做得很好，你们的事迹感人，我很受启发、很受鼓舞。”江西省援川民警被阿坝藏族羌族自治州公安局记集体三等功，有30人荣立个人三等功、23人受到阿坝公安局嘉奖。小金县委、县政府给33人个人记三等功。江西省公安厅给13人个人记二等功、20人个人记三等功。

经济技术合作与就业援助 经济技术合作。在江西省援建指挥部的推动下，阿坝藏族羌族自治州州委、州政府决定在成都—阿坝工业集中发展区内划出2平方公里土地作为“小金工业园”，并划拨1亿元作为小金县产业发展基金。为配合成都—阿坝工业发展集中区小金工业园招商，江西省援建指挥部利用外省江西商会、江西外省商会宣传成都—阿坝工业发展区小金工业园，先后至重庆、广州、南昌、成都等地招商，联系境内外多家企业，帮助小金县成功引进樱桃酒厂、医疗器械厂、大理石厂等企业，正式签约投资7800多万元，项目签约履约率达100%。

就业援助。2008年6月30日，江西省委常委、副省长陈达恒代表江西省政府与四川省签订《江西省对地震灾区开展对口就业援助协议书》。6月下旬开始，陆续有小金县群众前往赣州等地企业工作。7月6—11日，江西省人保厅组织南昌市、九江市、新余市、吉安市、上高县5个市、县就业服务机构和44家企业至小金举办就业援助现场招聘会。8月2日，招聘会确定的首批163人抵达江西。11月2日，江西省煌上煌集团、仁和集团、四特酒有限责任公司等9家企业派代表专程前往小金县日隆镇举行江西企业小金县现场招聘会，共招收448人到江西工作。至2008年年底，江西省共提供岗位信息12523个，帮助1876名灾区劳动者到江西就业，并在江西援建项目中安排1200余名当地群众就业。

2008年9月5—6日，全国旅游灾后恢复重建对口支援工作会议在成都召开，江西省旅游局与小金县旅游局就帮助小金恢复发展旅游市场等签订合作协议。江西省旅游局邀请小金县参加中国（江西）红色旅游博览会和中国（江西）红歌会，协助小金县在江西发放2万张小金旅游景点门票，努力帮助小金旅游业走出困境。

第六节　湖北省支援汉源县

2008年6月，中共中央、国务院明确湖北省对口支援汉源县灾后恢复重建。按照中央和四川省的要求，原汉源县城须于2009年年底前整体搬迁至新县城所在地萝卜岗，确保瀑布沟电站按期下闸蓄水发电。汉源县灾后重建与库区移民迁建同步、灾区与库区重合、拆旧与新建交替、移民与灾区群众安置交织，恢复重建工作繁重复杂。湖北省迅速成立对口支援领导组织和机构，在汉源新县城和22个重灾乡（镇）全面开展灾后重建对口支援工作。经过湖北省30多家建筑企业、1.1万名干部职工两年的建设，截至2010年6月25日，总投资23亿元援建的116个项目全部完工交付使用。萝卜岗新县城初具规模，智力援助和产业合作取得明显成效，实现了中央提出的“三年援建任务两年完成”的目标。在援建过程中，形成了“湖北模式”“湖北特色”，创造了“湖北速度”，铸就了“湖北形象”。

一　部署与组织

湖北省委于2008年6月7日成立湖北省抗震救灾对口支援工作领导小组，负责灾后重建工作的规划、协调、实施。省长李鸿忠任组长，省委常委、常务副省长李宪生和副省长田承忠、张岱梨任副组长；省委办公厅、省政府办公厅等33家单位主要负责人任领导小组成员。小组下设办公室，负责援建的指导、协调、督促和服务工作。办公室定编25人，省政府副秘书长尤习贵任主任。援建办下设综合组、工程组、秘书组、后勤组、宣传组，并在汉源设立基地。按照“省直和武汉市帮县城、其他地区帮乡镇”的原则，建立对口支援机制。省直及15个市对口支援汉源县23个乡（镇），具体对接是：省直部门和武汉市对口支援富林镇（县城所在地）；宜昌市对口支援大堰乡、安乐乡；襄樊市对口支援清溪镇、皇木镇；黄石市对口支援永利彝族乡、大岭乡；黄冈市对口支援马烈乡、黎园乡；荆州市对口支援前域乡、富乡乡；孝感市对口支援白岩乡、建黎乡；咸宁市对口支援河西乡、小堡藏族彝族乡；十堰市对口支援唐家乡、双溪乡；荆门市对口支援富泉乡、市荣乡；随州市对口支援万里乡；鄂州市对口支援万工乡；仙桃市对口支援三交乡；潜江市、天门市对口支援大树镇（各市援建乡镇后局部调整）。各市对口支援工作，由省对口支援办公室统一管理和服务。

2008年6月11日，湖北省再次组织力量，省发改委连同民政、建设、卫生和教育等部门及有关方面专家组成灾后重建工作专班，至汉源了解灾情及重建需求。工作专班到汉源县不到一个月，湖北省委召开两次常委会，全省两次召开市州党政一把手会议，专题研究部署对口支援工作。24日，省委书记罗清泉、省长李鸿忠到汉源考察，与当地党委、政府共商对口支援工作，先后至瀑布沟水电站、汉源县城、受灾村镇以及萝卜岗滨河路一号工地、坛子顶六号工地，看望并慰问援建汉源县人员。罗清泉强调，要进一步协助灾区一手抓临时居所的配套完善，解决好灾区群众生活方面的突出问题，一手抓援建规划的制定，统筹灾区的经济、复建、生态、民生、福利，把规划制定好。要按照先基础设施建设后项目建设、先民生后其他的要求，一手抓有条件的公共基础设施项目建设，包括学校、幼儿园等，一手抓重要基础设施建设的准备工作。同时，要一手抓灾区的恢复重建，一手抓推进两地经济社会深度合作。李鸿忠说，要把有限的财力、物力和无可限量的精神财富结合起来，做到有序推进。援建的项目一定要经济、实用、安全。罗清泉、李鸿忠还代表湖北省委、省政府再次向汉源县捐赠1000万元。湖北、汉源双方形成“结合汉源移民搬迁的实际，将灾后恢复重建与移民迁建有机结合”的共识；重建规划与国家对口支援总体规划相衔接，与当地经济社会发展水平相协调，与原有的移民搬迁规划相结合。7月7日，省委、省政府在武昌召开抗震救灾对口支援工作会议。张岱梨宣读《湖北省对口支援汉源县灾后重建总体方案》，要求援建重点抓好5个方面工作：一是力求做到项目规划和实施方案切合实际、合理可行；二是各承建单位要立即展开前期工作，切实抓好项目建设；三是抓质量，留下经得起历史检验的“湖北品牌”；四是抓民生，千方百计完成灾区就业任务；五是抓资金，困难再大也要确保援建工作要求，绝不能因为钱的问题延缓援建工作进度。会议决定在3年之内，筹措20亿元资金用于支援汉源重建，再建一个新汉源。根据“按本省市上年地方财政收入1%来安排对口支援的实物工作量”的要求，援建资金筹措渠道是：省政府8亿元，武汉市政府5亿元，其他市州政府共计7亿元。《湖北省对口支援汉源县灾后重建总体方案》下发后，20多位省领导、15个市的书记、市长以及20多个省直有关部门的负责人多次到汉源现场办公。

2008年7月20—22日，李宪生、张岱梨带领调研组在省援建指挥部召开现场办公会。李宪生强调，项目规划建设要统筹兼顾、着眼长远；已完成规划、选址的受灾群众安居工程要抓紧对接、尽快启动。确保“向汉源送岗位”活动取得实效。抓好过渡安置房建设，确保8月10日前完成中央下达的任务，保证受灾群众顺利安全入住。21日上午，调研组出席援建汉源灾区的首个永久性工程——汉源新城主干道开工典礼及湖北援汉企业招聘会开幕式。25日，湖北省在汉源召开乡镇援建现场会。15个地市援建办负责人与对口乡镇面对面沟通，商议支援方案。尤习贵强调，要打好“速度牌”“满意牌”“深度合作牌”3张牌。援建的总体要求是援建走在前列、群众早日安居、社会稳定发展。援建工作的最终目标是：中央满意、湖北人民满意、汉源人民满意。29日，省政府在武昌召开会议，就全省对口支援汉源县乡镇重建工作进行再动员、再部署，对各市承担的对口支援乡镇项目和资金予以进一步明确。李鸿忠强调各市要继续发扬“讲政治、讲大局、讲感情”的优良传统，科学规划设计，落实招标程序，加强工程监管，确保援建项目质量。会后，14个市迅速行动，组建援建专班常驻汉源，主动与受援乡镇做好项目对接，确定了63个项目分别采取“交钥匙”和“交支票”方式进行建设。30日，在省委九届四次会议上，省委再次提出要一手抓湖北经济发展，一手抓汉源恢复重建。

湖北援建总体进程是：2008年下半年，主要协助做好灾后重建规划，完成一期县城和部分乡镇援建项目的前期工作，开工建设一期援建项目，确定二期援建项目方案。2009年，建成已开工项目和所有乡镇援建项目及村级组织活动场所；开工建设体育馆、电视台、福利院等项目，实现第二批援建项目开工。2009年秋季开学前，26所学校项目确保全部交付使用。8月31日，22个乡（镇）涉及教育、交通、文化、卫生、体育、水利、电力及社会福利等方面的63个援建项目全部竣工并交付使用。11月，汉源县新县城萝卜岗53万平方米安居工程全部交付使用。年底，新县城萝卜岗十大工程及其他援建项目完成主体工程。

2010年6月25日，湖北省援建汉源县灾后恢复重建项目整体移交仪式在新落成的汉源县体育馆举行，湖北省政协主席、代表团团长宋育英代表湖北人民向汉源县移交援建工程钥匙。此举标志着湖北援建涉及交通、民生、教育、卫生等12个类别、116个项目全部完工并交付使用，完成对口援建任务。

二　项目援建

湖北省对口支援汉源县灾后重建项目共116个，总投资规模约23亿元（包含湖北援建资金21亿元及汉源县拨付的中央灾后重建资金和移民资金），其中14个对口援建市负责22个乡（镇）

的 63 个援建项目；省直单位和武汉市负责新县城（萝卜岗）的 53 个援建项目，其中省援建办直管项目 40 个。主要项目有汉源二中、富林镇小学等 28 所中、小学和幼儿园，汉源县人民医院等 10 所医院和乡镇卫生院，8 个计生服务站，17 项水利电力设施，县城环湖路等 8 个城乡道路、龙潭沟大桥等桥梁建设项目以及 54 万平方米居民住宅等。援建项目有 18 项获四川省“结构优质工程奖”，其中汉源三中教学综合楼、富林镇第一小学教学楼、汉源职高教学综合楼、汉源职高实验楼、清溪镇中小学一体化综合教学楼、白鹤中小学、汉源一中教学综合楼等 15 个项目获四川省“天府杯”奖，汉源三中项目获得“天府杯”金奖。

新县城援建工程　新县城萝卜岗建设面积为 5 平方公里，由湖北省直单位和武汉市负责援建。项目总投资约 10.1 亿元，2010 年 6 月基本完工。汉源新县城一期估算总投资 4.7 亿元，一期十大援建工程分别是：汉源县人民医院建设工程、汉源县中心小学建设工程、汉源县富林幼儿园建设工程、汉源县富林镇小学建设工程、新县城主干道及亮化工程、汉源县广播电视台建设工程、汉源县体育馆建设工程、新县城龙潭沟大桥建设工程、汉源二中建设工程、汉源县武昌爱心福利院建设工程，其中汉源二中和汉源县武昌爱心福利院由武汉市负责援建。经与汉源县协商，二期根据实际情况，对十大工程适当调整，将新县城环湖公路、文化大厦等项目也一并纳入县城十大援建工程中。

建成的富林镇第一小学项目被评为四川省优质工程，获“天府杯”奖；文化大厦获“天府杯”金奖。作为新县城标志性建筑，汉源县广播电视台建设工程将县广电中心、博物馆、图书馆进行整合，集广播电视、文化娱乐、文物馆藏功能于一体。体育馆建设工程有篮球场、羽毛球场、乒乓球场等，室内四周看台能容纳 4000 名观众，可同时进行各种大中小型文艺演出，工程造价约 1.04 亿元，获四川省“结构优质工程奖”。汉源人把它形象地称为汉源“鸟巢”。环湖路工程完全是在陡峭的岩壁上开凿的，山体坡度基本都在 70 ~ 90 度。环湖路建成后，打通了县城居民第二“生命通道”，在改善市政交通的同时促进了汉源旅游业和外向型经济发展。

至 2010 年 11 月底前，新县城 53 万平方米、159 幢居民住房全部交付使用。（参见图 279）

图 279　重建的汉源县新县城

（廖仕林　摄）

农村完成4346户13277人移民搬迁入住，新县城完成1892户4466人搬迁，7749人完成过渡，自主过渡率达99%以上。完成库区的移民迁建，确保瀑布沟电站2009年10月30日下闸蓄水，12月3日第一台机组提前发电，为当地带来良好的经济、社会效益。

乡镇对口援建工程　乡镇援建工程项目63个，总投资4.2亿元，其中学校24所、医院和计生服务站16个、水利项目16个、交通项目4个、其他项目3个。工程项目中，51个为“交钥匙”工程，12个为“交支票”工程，分别由黄石等14个市对口援建。

黄石市投资5231万元，建成汉源三中、宜东镇中心小学、永利彝族乡中心小学、宜东中心卫生院、宜东镇计生服务站等5个项目，单体建筑22栋，总建筑面积1.8万平方米，附属工程配套齐全。

襄樊市对口援建清溪镇、皇木镇7个项目，为“交钥匙”工程，总建筑面积近1万平方米，包括道路13.34公里、整治维修渠道11公里。清溪镇项目3个，具体是清溪镇中小学、清溪镇计生服务中心站、幸福堰维修整治工程，总投资1365万元。皇木镇项目4个，具体有皇木镇中心小学、皇木镇计生服务中心站、皇木镇红花小学、皇乌公路，总投资2137万元。清溪镇中小学4栋教学楼粉墙黛瓦，与清溪古镇风貌相协调。

荆州市援建前域乡、梨园乡“两校两渠一路”5个项目。梨园乡包括赖梨公路、梨园乡中心小学项目。前域乡包括后河出口整治和新堰整治项目、白鹤荆州学校项目等。梨园乡中心小学地处山区，桩基施工时发现地下都是碗口大的顽石及硕大的岩石，有时用风炮都无法处理，石头打上去只能出现一个小白点。由于离居民区太近，又不能采取爆破手段施工，施工人员就用手锤和凿子一点一点地往下抠，以蚂蚁啃骨头般的毅力，硬是将42根挖孔桩牢牢地嵌入山体之中。

宜昌市投入资金5582万元，援建包括上游堰、红旗堰、大平堰3个水利整治项目，汉源县职业高中、大树宜昌希望小学、富泉乡卫生院3个房建项目，再加上松林移民安置点连接道路共7个“交钥匙”项目，以及大树中心小学、大树镇卫生院、大树镇计生服务站3个“交支票”项目。上游堰被称为汉源县的“生命水渠”，分布在海拔1700多米的崇山峻岭之间，投入1880万元进行维修整治，在长达22公里的渠道上组织800多民工，征用骡马200多匹，硬是用最原始的人背马驮方式，将1万多吨水泥、沙石等物资运到工地。经过108天艰苦战斗，于2008年12月31日抢通这一“生命水渠”，解决了汉源4个乡（镇）3万人生产生活用水。（参见图280）渠道年供水能力由5000万立方米提高到8000多万立方米，水利用系数由0.45提高到0.85左右，有效灌溉面积由4.5万多亩提高到5万多亩。

十堰市投资5280.82万元，援建5个项目。其中，新建流沙河唐家乡段防洪堤7.2公里，湖北省下达安排投资4553.82万元；新建和维修唐家乡河坝堰渠道2公里，投资160万元；维修唐家乡顺水堰渠道5公里，投资160万元；建设双溪乡中心小学综合楼及配套设施，投资252万元（其中汉源县政府安排80万元）；唐家乡计划生育服务站为“交支票”项目，投资155万元。

孝感市援建富庄镇和白岩乡，项目8个，总投资2734.88万元。项目施工场地十分狭窄，地形复杂，为不影响周边居民的正常工作和生活，施工人员发扬蚂蚁搬家、愚公移山精神，钢筋一根一根地扛，沙石一篓一篓地背，混凝土一斗一斗地运，通过2次、3次甚至4次转运，才把建筑材料运到施工现场。

图280　汉源县农村堰渠建设

（张燕　摄）

荆门市负责万里乡110千伏变电所、市荣乡中心小学、市荣乡卫生院3个项目的援建，总投资3599万元。市荣乡中心学校和卫生院是汉源灾后异地新建项目，地处高山之上的萝卜岗市荣新集镇，到2008年11月底，整个市荣新集镇规划仍未完全出来，学校、卫生院工地现场还是一片荒坡坟地，无路、无电、无场地。为确保市荣乡援建项目尽早开工，通过与汉源县委、县政府和武汉市政集团多次协商，促成荆门市政总公司与武汉市政集团组成项目联营体，共同承担市荣新集镇建设。

鄂州市对口支援九襄镇，援建资金总任务是3082万元，其中2381万元用于九襄镇所在地3所学校（汉源县第一中学、汉源县职业高级中学、汉源县九襄镇小学）和2所医院（汉源县中医院、汉源县九襄镇卫生院）建设，总建筑面积17502.8平方米，采购100万元康复医疗设备。鄂州市是援建汉源县14个乡（镇）的市中唯一全部采取“交支票”方式实施工程建设的，但实施过程中确保做到全程跟踪、全程服务、全程监管到位。

黄冈市对口支援大堰乡和马烈乡，具体援建3个“交钥匙”项目，即大堰乡中心小学重建工程、马烈乡中心小学重建工程、跃进埝维修整治工程。大堰中心小学建好后，原来的课桌课椅已无法再使用了，学校没有一件体育器材，师生宿舍没有床铺，学生没有校服。黄冈市建委、教育局、体育局、山河集团等为学校送去床被、食堂桌椅、体育器材、学生服装。

咸宁市对口援建河西乡和小堡藏族彝族乡。具体项目包括整治前进堰、岗子堰，以及在河西乡中心小学建一栋教学楼。前进堰整治工程，全长13公里，设计流量0.99立方米/秒，总投资430万元。整治后，沿线大岭、河西、市荣3个乡10个村3.6万余人受益，灌溉农田4000亩。河西乡中心小学教学楼投资180万元。岗子堰整治工程含整治堰道6.1公里、架设人饮管道7.5公里，总投资330万元，经整治后，满足了1500亩农田灌溉、新集镇建设用水及5000多名群众生活用水的需要。

随州市援建安乐乡初级中学教学综合楼，为“交钥匙”工程，建设面积2940平方米，总投资440万元。

天门市援建建黎乡天门小学项目，投资240多万元，为“交钥匙”项目。学校占地面积3131平方米，其中主教学楼总投资180万元、附属工程投资63万元，包括操场、食堂、厕所、围墙、门房、通校道路、校园绿化等工程。

仙桃市援建万工乡卫生院、万工乡计划生育服务站和万工乡裕泰堰等项目。裕泰堰整治工程，增设自排口25个、沿线群众淘米洗衣埠头60个、节制闸3个，方便了老百姓的生产生活。卫生院和计生服务站建设，增加X光室80平方米，硬化场地300平方米，安装给排水管网260米，增设室外污水处理池2个，绿化面积150平方米，确保了援建项目的设施配套和功能完备。援建的卫生院和计生服务站工程需异地建设，施工中没有施工用水，自建3个蓄水池，从4公里外挑水；施工无电，与友好单位协调，自备电线和变压器，抱团供电；无运输条件，组织200人的马帮队伍，采取人背马驮方式运输建筑材料；机械作业不具备条件，就用最原始的人工炒板方式施工；红砖供应紧张且价格飞涨，就从200公里外采购预制砖或空心砖替代。

潜江市援建的清溪镇至建黎乡1.9公里通乡公路，2009年6月底顺利完工。潜江援建人员陈铁良到建黎乡后，白天奔波在工地，晚上坚持写作和创作，每天工作到深夜两点多钟，先后写下25万字的《援川日志》，用纪实的手法介绍了受援地的人文风貌和当地百姓对湖北人民的感恩之心，忠实地记录了潜江市援建的全过程。

受灾群众安居工程　《湖北省对口支援汉源县灾后重建总体方案》提出总投资约7.55亿元，在汉源新县城援建50万平方米居民住房工程（其中武汉市负责援建20万平方米），将灾后重建与移民迁建有机结合，突出对口支援特色。同时，对汉源县3.5万因灾倒房户，按每户5000元给予建房补助，帮助受灾群众实现“安居”。对口支援市根据汉源县受灾乡镇的实际，帮助援建灾后重建示范村（点）。武汉市援建的20万平方米住房建设项目位于汉源县新县城萝卜岗，属移民项目，由汉源县发改局等22个机关事业单位职工住房、蜀通运输公司职工住房、康源电力公司职工住房3个组团组成。至2009年11月，汉源新县城萝卜岗53万平方米居民住房安居工程全部交付使用。

三　软件援助

湖北省在实施项目援建的同时，全力开展智力技术援助和产业援助。通过现场培训、进修学习和操作指导，为汉源县培养农业、卫生、教育等专业技术人才。抓住汉源农业资源、地理矿产资源以及重建后形成的旅游资源开展援助。汉源水果、花椒等特色农产品进入湖北超市；在当地发现9条铅、锌、银矿化带，5条锌矿化带等丰富的矿产资源。开展旅游规划、旅游项目和旅游培训，帮助当地开发旅游资源。开展就业援助工程，帮助1500多人在鄂就业。东风公司在雅安合作生产改装汽车及零部件项目，引领雅安汽车产业的发展。组织湖北企业至汉源考察，促进雅安产业园发展。

智力援助　2009年3月18日，湖北省印发《湖北省对口支援汉源县智力技术支援工程实施方案》，明确由省委组织部及省建设厅、卫生厅、农业厅、科技厅等12个单位分别对口承担汉源智力技术支援任务，开展“35510”工程。“3”是指3个全覆盖，即所有中小学师资力量培训全覆盖、所有乡镇中心卫生院业务指导全覆盖、所有乡镇农业技术人员培训全覆盖；第一个“5”是指智力技术支援投资5000万元，第二个“5”是指选派500人（次）技术人员到汉源；“10”是指实施十大智力援助项目，即干部培训、教育、卫生、农业、科技服务、建筑技术支援、旅游事业支援、矿业技术支援、宣传文化援助、志愿服务与智力援助工程。4月10日，汉源县召开承接湖北省智力技术支援动员会，正式与湖北省对接十大智力技术支援项目，标志着湖北省援建汉源县的所有项目全部启动。

通过近两年的智力援助，形成农业远程教育网络、医疗远程会诊等长效互动平台；建立农业、教育、卫生、建筑、科技等永久性培训基地；确立知名院校、三甲医院等一流院校对接机制；引进马铃薯种植、高山蔬菜、环保节能等实用高新科技。2010年5月15日，新华社《国内动态清样》刊发《湖北探索对口支援地震灾区长效模式》，宣传有关做法。

干部培训工作由湖北省委组织部组织实施。2011年8月8日，汉源县科级干部第一期湖北专题培训班在湖北省委党校开班，为期20天，共有82名乡（镇）党委书记、乡（镇）长和县级部门主要负责人参加，学习“坚持科学发展主题，攻坚转变经济发展方式难题”“加强党性修养、做人民满意公仆”“加强和改进农村基层党组织建设”“群众工作的科学与艺术”等17个专题，内容涉及政治理论、党性修养、领导艺术、工作方法、心理疏导等方面。9月14日，第二期科级领导干部培训班在武汉大学开班，为期17天，共有84名乡（镇）党委书记、乡（镇）长和县级部门主要领导参加，内容涉及国际国内政治经济形势、转型期中国经济的机遇与挑战、基层政府公关服务体系创新研究、灾后重建与环境保护、社会建设与社会管理创新等。自此，汉源县科级干部赴湖北培训工作全面完成。从2012年起，汉源县每年还将安排10名中青年干部到湖北挂职锻炼。

教育援助工作由湖北省教育厅负责组织实施，完成派员驻点进行技术指导任务。2009年4月起，从武汉科技大学和湖北工业大学选派两名年轻的工程技术骨干常驻汉源近半年时间，协助汉源县完成全县教育系统学校灾后恢复重建规划。“送教上门”活动方面，从8月起，省教育厅组织湖北第二师范学院、湖北省中小学教师继续教育中心从“湖北省农村教师素质提高工程”近600人师资库里，遴选出50名骨干参与汉源培训项目，在汉源开展小学语文、数学和初中语文、数学、物理、化学、英语7个学科及骨干教师培训，为汉源集中培训了1210名中小学教师。免费提供培训所需器材、教材、资料、学习用具，并为每位学员每天补助100元，用于进餐和住宿。另外有24名骨干教师与湖北专家结成对子，通过E-mail、QQ、电话等方式进行跟踪交流指导。在培训方式上，分学科组成8个培训团队，聘请特级教师担纲课程设计和过程监控，注重对话互动，提供相应的心理疏导和个人发展咨询与指导。参训学员纷纷表示，收获很大。汉源教师进修学校向讲师团赠送了“大渡作墨，书不尽湖北无私援助情；龙塘有意，表不完汉源无限感恩心”的字幅。形成学校结对支援。武汉二中与汉源一中结成帮扶对子，并汇款20万元支持汉源一中电脑教室的建设。襄樊五中对口支援汉源二中，从教学内容、方法和资料上进行帮扶。2009年高考，汉源二中学生一举夺得雅安地区文理科状元桂冠。中国地质大学（武汉）捐资200万元，援助九襄镇中心小学灾后重建。武汉工业学院工商学院捐资56.8万元，援助大岭乡中心小学灾后重建。湖北第二师范学院开设“汉源师范生班”，免费为汉源培养50名师范本科学生。

医疗卫生援助由湖北省卫生厅负责组织实施。一是派遣卫生技术人员驻点支援。二是接受汶源县医护人员进修培训。每年接受10名医护人员进行为期半年的进修学习，两年共20名。三是进行“一对一”帮扶指导。抗震救灾应急期后，省卫生厅先后派出9批医疗卫生防疫队共计457人次，坚持在汉源县连续开展对口支援卫生智力技术支持工作。通过两年的技术指导，促使当地医疗卫生水平逐步提高；在援川医疗卫生防疫队完成日常医疗卫生任务的同时，更加注重医务人员的知识更新、业务培训，截至2010年5月，在汉源开展医务人员培训30多次，参加培训2818人次。同时，接受汉源县到武汉地区三甲医院进修医护人员2批共20人。根据智力援建方案，湖北省直5家医疗卫生单位对口帮扶汉源县直5家医疗卫生单位，对汉源县23个受援乡（镇），按每个乡镇卫生院确定湖北一家市州医院、疾病预防控制中心和妇幼保健院作为对口支援单位。协助制定三年发展规划和工作计划，帮助医疗卫生单位建立健全医疗卫生管理工作规范、方案和工作制度，并建立湖北—汉源远程视频系统，与汉源县、乡28家医疗卫生单位实现专家面对面视频会商和远程会诊。

农业技术援助。2009年1月23日，湖北省农业厅提出《对四川省汉源县农业智力技术支援实施“1185工程”计划》：扶持1个马铃薯产业发展，建立1个农业远程教育网络平台建设项目，建设8个农业科技示范场（园）项目，开展5000名骨干农民培训。3月18日，湖北省印发《湖北省对口支援汉源县智力技术支援工程实施方案》，确定农业技术支援由湖北省农业厅负责组织实施。8月11日，省政府采购中心确定湖北新昊天科技有限公司为援建“1185工程”实验室设备采购的成交供应商；18日，省农业厅确定湖北省工业建筑总承包集团第三建筑工程公司为基建项目中标公司。9月25日，省政府采购中心确定湖北金祥云科技有限公司为援建“1185工程”设备采购项目的中标供应商。至10月28日，援建的农业智力技术“1185工程”——农业远程教育平台系统项目通过公开招标、单一来源采购等政府采购方式完成相关设备、系统平台以及节目制作的采购。9月2日，“1185工程”基建项目在汉源县九襄镇园艺场举行启动仪式（见图281）。

图281 湖北省农业厅智力技术支援“1185工程”基建项目启动仪式在汉源县九襄镇园艺场特色水果示范场举行（湖北省农业厅 提供）

经过半年左右的努力，工程建设各项工作全部到位，完成建设任务。2010 年 6 月 23 日，湖北省和四川省组成 4 个验收专家组，完成马铃薯产业发展项目、农业远程教育网络平台建设项目、乡镇农业科技示范场建设项目、5000 名骨干农民培训项目的验收。24 日，“1185”工程项目在汉源县马铃薯良种繁育中心举行交接仪式。“1185”工程投资 1719.6 万元，其中扶持 1 个马铃薯产业发展项目投资 525 万元，8 个农业科技示范场建设项目投资 764.2 万元，农业远程教育网络平台建设项目投资 220.4 万元，5000 名农民骨干培训项目投资 210 万元。

科技服务工作由湖北省科技厅负责组织实施，确定了 8 个项目，项目完成起止时间为 2009 年 8 月至 2010 年 5 月，援建经费 880 万元。8 个项目是：一是果树产业灾后重建科技示范项目。由湖北省农科院、华中农业大学和四川农业大学的专家组成科技特派团，对果树修剪、套袋、施肥和病虫害综合防治技术等技术开展 4 次专题集中培训，培训果农 500 余人次，引进果树新品种 35 个；在安乐乡洪福村（黄果柑）、九襄镇大木村（金花梨）、建黎乡（甜樱桃）建立果树科技示范园 205 亩。甜樱桃示范园果实已采收，示范园的产量提高 5%，质量也得到明显提升，每亩效益增加 500 元。二是樱桃果酒系列产品开发项目。依托汉源县樱桃种植基地，开发了半干型、甜型和利口型樱桃果酒。华中农业大学帮助建立了樱桃果酒及其综合利用分析测试实验室。该项目取得的成果于 2009 年 12 月经过鉴定，处于国际先进水平。三是生态型高山蔬菜种植技术服务项目。制定了一套无公害高山蔬菜生产技术规程和产品质量标准，其中包括 5 项高山蔬菜技术规程和 5 项高山蔬菜无公害食品湖北省地方标准。这 10 项高山蔬菜标准为国内首次制定。专家组在汉源当地筛选出 14 个大宗高山蔬菜配套专用品种、38 个精细蔬菜推荐品种，并优选出 28 种可在高山商品种植的高效蔬菜作物新种类，研制出大宗蔬菜和精细菜合理搭配布局的 9 种高效种植模式。四是城镇生活污水处理厂示范建设项目。该项目采用武汉新天达美环境科技有限公司的工艺，旨在解决九襄镇甘溪坝安置点居民生活污水直接排放造成的沙河水质污染严重、水体功能下降的问题。五是烧结页岩砖增产与节能技术项目。该项目已申请专利 3 项，建立了 2 条（汉源县兴浩砖厂、汉源县伟业建材责任公司）年产超过 4000 万块标砖规模的工艺改造示范线；并针对汉源县不同页岩砖厂提出相应的节能增产措施，生产出满足国家标准要求的烧结砖，企业产量提高 15% ~ 25%，能耗降低 15% ~ 20%；开发出 MU15 等级以上，满足 GB 5101—2003 的自保温页岩烧结制品。项目成果已在汉源县多家砖厂推广示范。六是建筑垃圾高效利用开发项目。该项目生产出的路缘石和彩色地面砖产品，已在汉源新县城环湖公路和住宅小区建设中推广示范。七是 LED 太阳路灯应用示范，安装完毕 100 盏，2010 年 3 月交付使用。八是建设汉源县科技服务平台项目。为汉源县示范区整体配置了各类设备设施 140 余台（件、部），并成立 4 个乡（镇）“农业 110”综合信息服务示范站，组建 6 个农业信息采集发布示范点，做到了农村科技信息归类集并、去伪存真。

建筑技术援助工作由湖北省建设厅及相关单位负责组织实施。具体情况是：一是指导灾区农房重建。向汉源县 23 个乡（镇）选派技术人员 23 人，驻点指导、监督农房重建工作，培训农村建筑工匠 200 名，时间半年至一年。二是派驻专业人员进行技术支援。从全省质量安全监督人员中选派水、电专业工程师各 1 名、路桥专业工程师 1 名、工民建专业工程师 3 名，援助汉源县质量安全监督站。三是开展建设工程质量安全与技术培训。对汉源县工程质量安全管理部门和建筑企业质量安全管理人员进行法律、法规和技术培训，分3期培训150人。四是规划编制。湖北省城市规划设计研究院帮助汉源编制《汉源县城镇体系规划》《汉源县新县城总体规划（修改）》和《汉源县旅游发展总体规划》等5部规划。五是危房鉴定和维修加固。协助汉源县完成地震中受损学校、医院危房鉴定，根据鉴定结果制定相应的维修加固工程设计方案。为此，省建设厅结合汉源县实际需求，派遣23名技术人员在汉源县12个受灾乡（镇）进行灾后农房重建技术指导与培训，3个月时间里，共技术指导农村建房面积82980平方米、培训技术人员984人。帮助汉源县建设规划局建立并完善安全和质量监督管理体系，采用集中培训和岗位练兵方式培训安全质量管理人员121人，提高了汉源建筑市场安全质量监管水平。

旅游业援助由湖北省旅游局负责组织实施。具体情况是：一是指导汉源县编制了《雅安市汉源县旅游发展规划》《汉源县旅游管理信息系统建设项目》。二是按照《汉源县旅游发展总体规划》，帮助聘请专家策划旅游项目，并在旅游项目宣传推介、招商引资方面提供援助。三是建立旅游人才培训和交流机制，采取短期培训、送教上门、帮助培养旅游管理人员等多种形式，加强旅游人才培训和交流。2010年4月14—19日在汉源举办对口支援汉源县旅游开发与管理培训班。汉源县主要旅行社、酒店、农家乐等管理人员，部分乡镇主要负责人和村组干部，县旅游局行政人员及县相关部门负责人共72人参加培训。武汉大学、华中师范大学、中南财经政法大学、三峡大学等湖北省相关院校的专家、教授就旅游开发、规划与管理、乡村旅游、酒店管理等内容进行授课。

矿业技术援助工作由湖北省地质矿产勘探开发局负责组织实施。省地质矿产勘探开发局于2009年5月初选派专家组至汉源开展野外勘探，完成1∶2.5万地质检测56平方公里、槽探6046立方米、钻探176米，基本查明天井坝、唐家富源预留区的成矿地质条件，在天井坝预查区发现9条铅、锌、银矿化带，在唐家富源发现5条锌矿化带。

宣传文化支援由湖北日报传媒集团、湖北广播电视总台、省文物事业管理局负责组织实施。具体情况是：一是帮助《新汉源报》开展采编，提高出版水平。湖北日报集团选派4人常驻汉源，设立“湖北日报传媒集团汉源记者站”，并通过媒体开展援建工作宣传。二是帮助汉源县广电局及汉源电视台提高新闻制作水平。省广播电视总台选派7名新闻业务骨干常驻汉源，对汉源广电局新闻业务工作进行指导和帮助，并多次对湖北省援建工作进行报道。三是省文物事业管理局协助编制清溪文庙、九襄石牌坊保护总体规划，提供修缮工程设计。

志愿服务与助学支援由湖北团省委负责组织实施。选派了两批100人在汉源开展志愿者工作。开展“希望工程助学行动”，计划按照每人每年2000～5000元的标准，资助汉源县100名家庭经济困难的大学新生。2009年7月，湖北省青少年发展基金会、楚天都市报社联合在汉源县实施希望工程助学行动，按每人5000元的标准资助汉源县100名贫困大学生。8月27日，汉源县100名品学兼优、家境贫寒的大学生每人领取到5000元希望工程助学金。

产业与就业援助 产业援助。2008年11月1—5日，第五届中国武汉农业博览会在武汉召开，湖北省农业厅邀请汉源县农业局组织农业企业到武汉参展。在免费提供展台、减免一切手续费的基础上，拨出10万元专项资金，用于汉源企业参展和汉源农业局到恩施土家族苗族自治州南方马铃薯研究中心考察。汉源县农业局提出要改良1万亩马铃薯，希望湖北提供鄂马铃薯5号种薯，恩施南方马铃薯研究中心在仅有10万粒种薯保省内供应的情况下，当场决定调2万粒种薯支援汉源县，种薯费用和邮费全部由省农业厅承担。湖北省同时利用媒体对汉源的特色农产品贡椒、牦牛肉、花椒油等进行宣传，武汉超市也就汉源企业、汉源特色农产品进入湖北市场进行协商，多渠道扩大汉源特色农产品在湖北市场的影响。2009 年 6 月 20 日，“雅安暨汉源县农副产品进湖北超市”活动在武汉举行，雅安市的 27 家供应商与武汉、荆州、黄冈等地的 27 家大型采购集团成功对接，共签订 1.15 亿元购销合同。2010 年 5 月 10 日，汉源农产品展销周在武汉中百超市举行，汉源农副产品得到武汉市民好评。

推进湖北企业进汉源。2009 年 6 月 28 日，由湖北民营企业投资在汉源县建设的年产砖 5000 万匹的楚源砖瓦厂正式点火开工。东风汽车公司与雅安通工汽车委托改装已经形成合作协议。四川省湖北商会、北京市湖北商会与雅安、汉源达成一批投资合作意向。

就业援助。建立对口就业援助工作机制，开展“向汉源送岗位”活动。开设专门就业“绿色通道”，广泛宣传发动省内企业积极提供适合灾区求职者需求的有效用工信息，并以现场招聘会、媒体公布、专场招聘会等多种方式，帮助汉源县适龄劳动者在四川省内就地就近实现就业或在湖北省实现异地转移就业。同时，动员全省各级各类职业院校、技工学校开展对口支援行动，对汉源灾区适龄劳动者开展多种形式的就业和创业培训，帮助提高劳动技能，实现就业。湖北省劳动保障厅制定就业援助工作方案，在汉源挂牌成立就业援助服务站。2008 年 7 月 21—23 日，由李宪生、张岱梨率领东风汽车公司、江汉油田、湖北电力、烽火科技、葛洲坝等中央、省属大中型企业和湖北宜化、华新水泥等上市公司，以及金龙泉啤酒厂、武汉亢龙太子酒店、劲牌公司、襄阳汽车轴承公司等 144 家鄂企组成 2008 年招聘专班，分别在汉源县、荥经县和雅安市举办 3 场灾区对口就业援助现场招聘会，从省直、中央在鄂企业和 8 个城市提供的 2 万多个岗位中挑选出 5130 个优质就业岗位，岗位工种近百个，既有数控机床、电工、钳工、模具等技术工种，也有保安、服务员等普通工种，吸引了 2.1 万余人进场求职，当场意向性录用3090 人。截至2008 年8 月，共帮助 1300 多名汉源劳动者至鄂就业。同时组织当地群众参与援建项目的建设，通过以工代赈等多种形式解决灾区群众就地就近就业。

第七节 重庆市支援崇州市

2008 年 6 月中共中央、国务院明确重庆市对口支援崇州市灾后恢复重建后，重庆市委、市政府高度重视，在本市同样遭受地震灾害的情况下，仍举全市之力支援崇州市恢复重建。3 年间，重庆市实施完成援建项目 112 项，设立对口支援发展基金 2 个，完成对口支援实物工作总量 17 亿元，实现中央提出的三年任务两年基本完成的工作目标和重庆市委、市政府提出的“建设四大工程、实现三个满意”的工作要求。重庆援建，无论是在工作机制、建设规划方面，还是在项目管理、工程进度和质量保障方面，都得到中央、四川省、成都市、崇州市等各级领导的肯定和好评，赢得社会各界和崇州市干部群众的认同和赞誉。

一　部署与组织

中央确定重庆市对口支援崇州市灾后恢复重建后，重庆市委、市政府先后召开3次市委常委会、1次市委传达会和1次市政府常务会、1次市长办公会，研究部署全市对口支援工作，成立以市长为组长、常务副市长和分管副市长为副组长的重庆市对口支援崇州市地震灾后恢复重建工作领导小组，制定《重庆市对口支援崇州市地震灾后恢复重建总体实施方案》，形成“一个口子对接”的全市对口支援工作机制，并提出了建设“四大工程”（民生工程、优质工程、安全工程、廉洁工程）、实现“三个满意”（让党中央满意、让崇州人民满意、让重庆人民满意）的工作要求。3年间，市委、市政府等14位市领导多次至崇州灾区检查指导工作，为全市对口支援工作提供决策保障。

2008年6月14日，重庆市委、市政府召开专题会议，学习传达中共中央、国务院对口支援精神，研究部署贯彻意见。17日，副市长刘学普率19个市级部门负责人至崇州考察对接，确定了重庆对口支援工作的近期工作重点和八大基本原则，即崇州为主、重庆援助，统一领导、统一行动，规划统揽、有序推进，突出重点、帮其所需，充分酝酿、共识共办，软硬并重、长短结合，政府引导、市场运作，良性互动、合作共赢。19日，市委主要负责人及市委秘书长范照兵率领市级有关部门负责人至崇州灾区进一步了解灾区实情。在重庆市对口支援崇州市灾后恢复重建工作座谈会上，重庆市委主要负责人表示：“在灾后重建工作中，3200万重庆人民就是崇州的坚强后盾，重庆将全力以赴，全力帮助崇州进行灾后重建”。7月7日，《重庆市对口支援崇州市地震灾后恢复重建工作方案》经市委第39次常委会、市政府第11次常务会议审议通过。方案对全市对口支援工作进行了总体部署，确定成立由市长王鸿举任组长、常务副市长黄奇帆和分管副市长刘学普任副组长、各有关部门主要负责人为成员的重庆市援建崇州工作领导小组，并在市发改委设立重庆市对口支援崇州市地震灾后恢复重建工作领导小组办公室。同日，市援建领导小组第一次会议召开，审议通过《重庆市对口支援崇州市地震灾后恢复重建工作近期实施方案》。15日，市援建领导小组第二次会议召开，研究主城九区对口支援崇州重灾乡镇工作机制，对全市对口支援工作进行了总体安排。刘学普提出：“硬件援助项目要坚持规划统揽项目、重点带动一般，坚持‘三为主’——以灾后重建为主、以民生为主、以政府行为为主，坚持与崇州方面充分酝酿。”22日，重庆市对口支援崇州市恢复重建工作座谈会和“重庆市对口支援崇州市地震灾后恢复重建首批行动计划启动仪式”在重庆举行。渝崇双方签订《重庆市对口援建崇州市地震灾后恢复重建首批行动计划书》和涉及医疗、教育、物资供应、农产品、金融、商业、技术和永久安置房等8个方面工作协议（以下简称“1+8”对口支援工作协议）。在仪式上，重庆市委主要负责人表示：“巴蜀一家亲，面对地震灾情，重庆举全市之力支援四川，重庆市委、市政府将按照中央要求，充分发挥自身优势和潜力，尽最大努力把对口支援工作做好做实”。王鸿举要求重庆对口支援工作必须坚持四条基本原则，即尊重科学、尊重规划，把握重点、不遗余力，找准关键、提供支持，长期合作、携手并进。

2008年8月15日，重庆市援建崇州工作领导小组第三次会议召开。会议确定了重庆市援建崇州办的组织机构和工作职责，审议通过重庆市对口支援系列管理办法，要求市级各相关部门单位尽快启动对口支援规划编制工作，迅速推进项目前期工作，确保重大基本建设项目及时开工建设。25日，由重庆市政府驻四川办事处牵头组成的重庆市对口支援崇州市地震灾后恢复重建前方指挥部在崇州正式挂牌，总体协调前方援建队伍的日常管理和与灾区党委政府的工作衔接。马开宇、陈晓儒先后担任前方指挥部指挥长。9月1日，经第九次市长办公会审议通过，重庆市对口支援规划计划管理办法、资金管理办法、驻崇人员管理办法、社会帮扶工作管理办法、跟踪审计管理办法、资金物资监督检查工作实施方案等9个规章制度正式印发。18日，在重庆市总工会举行的对口支援崇州市总工会"金秋助学"捐助仪式和专用交通工具交接仪式上，市人大常委会副主任胡健康要求全市各人民团体全力以赴支持崇州灾后恢复重建工作。23日，重庆市援建崇州领导小组办公室召开全市社会援建资金及项目管理工作会议，统一部署全市社会力量对口支援崇州市灾后重建工作。10月6日，《重庆市对口支援崇州市地震灾后恢复重建总体实施方案》经重庆市委第45次常委会审议通过。方案进一步明确了全市对口支援工作的总体要求、援助方式和保障机制，提出重庆市对口支援崇州市地震灾后恢复重建三年实物工作总量为17亿元的援助目标。14日，市援建崇州工作领导小组第四次会议召开。刘学普在会上要求各部门单位要狠抓重庆为主实施的重大事项，严把质量关，确保援建项目都建成优质工程、标志性工程和民心工程；并以资金管理为重点，全面加强对口支援物资、资金、项目的管理，建立"谁实施、谁为主、谁负责"的督察机制。17日，渝崇双方政府在渝签署《重庆市对口支援四川省崇州市地震灾后恢复重建协议》。

2009年，灾后重建工作全面提速。1月6日，重庆市援建崇州工作领导小组第五次会议召开。会议统一部署了全市2009年的援建工作重点和"春到崇州"送温暖活动。16日，王鸿举率重庆市党政代表团至崇州出席重庆市对口支援重点项目——重庆路、崇州市人民医院和崇州市妇幼保健院的开工奠基仪式，并开展"春到崇州"送温暖活动。王鸿举向四川省委书记刘奇葆、省长蒋巨峰表示："川渝一家亲，四川受灾，重庆施以援手义不容辞；重庆市委、市政府高度重视对口支援工作，将把对口支援工作作为一项光荣任务尽心尽力完成。"在3月12日全国两会召开之际，重庆市各援建单位按照中央提出的三年任务两年基本完成工作目标，在科学论证的基础上及时调整了援建工作目标，提出了"2010年5月12日前完成'两院两路'项目路基和建安装饰工程，2010年9月30日前全部援建项目竣工投用"的建设目标。5月8日，市人大常委会副主任郑洪至崇州检查对口支援工作，要求重庆市各参建队伍要细化援建项目管理，科学安排工作进度，确保项目施工安全。

2010年2月7日，张轩、刘学普率市级相关部门赴崇州市指导灾后重建工作。张轩要求重庆市各援建单位把最强的技术团队派到崇州，按最高标准实施援建工程；援建人员要视灾区人民为亲人，视项目为己任。4月9日，市援建崇州工作领导小组第六次会议召开。刘学普要求各参建单位按照中央提出的三年任务两年基本完成工作目标，严把工程进度时间节点，强化项目质量、安全、投资、进度和廉洁管理，确保援建工作目标按时圆满完成。17日，市人大常委会副主任余远牧至崇州检查对口支援工作，要求各援建单位强化质量和安全管理，确保工程进度。18日，重庆市纪委书记徐敬业、刘学普陪同中央纪委副书记、监察部部长马馼至崇州调研重庆市援建项目建设情况。5月11日，重庆市委主要负责人与常务副市长黄奇帆、市政协主席邢元敏、市委常委统战部部长范照兵和副市长童小平、刘学普等市领导至崇州检查指导对口支援工作。7月22日，市援建崇州工作领导小组第七次会议召开。刘学普要求各援建单位切实做到任务未完、责任不卸，钥匙未交、岗位不离，项目不完、力度不减，确保对口援建工作目标圆满完成。9月3日，刘学普率重庆市主城九区政府和市级相关部门负责人至崇州检查援建工作，就援建项目预备费的使用、建立援建工作长效机制，援建项目移交和维护等问题与崇州市党委政府交换意见，并现场召开重庆市援建崇州工作领导小组第八次会议，要求重庆市各部门单位加快援建项目竣工验收和审计决算，做好援建项目整体移交相关工作。28日，市委副书记张轩、常务副市长马正其等率重庆市党政代表团至崇州参加重庆援建项目整体移交仪式，并签署《渝崇长效合作机制框架协议》。协议确定用重庆市援建结余的项目预备费资金设立总额1亿元的2个对口支援发展基金，专项用于推动渝崇两地交流与合作，继续为灾区经济社会发展注入新的动力。根据协议内容，重庆市卫生局与崇州市卫生局于10月9日签订建立卫生医疗长效合作机制实施方案，明确了渝崇两地卫生医疗未来合作重点、实施步骤和长效合作基金管理等事项。2011年3月31日，重庆市援建崇州办下达1000万元医疗卫生长效合作专项资金计划，重庆市对口支援崇州市卫生医疗长效合作机制全面启动。6月28日，经渝崇两地相关部门审议，《重庆市扶持崇州市中小微型企业担保基金管理办法》由崇州市政府下发执行。7月8日和11月1日，重庆市援建崇州办分两批下达总计9171.87万元的重庆市扶持崇州市中小微型企业贷款担保基金资金计划。12月8日，四川省金融办向崇州市中小企业融资担保有限公司下达同意增资的批复。2012年3月初，经崇州市中小微型企业贷款担保基金领导小组审核，重庆市扶持崇州市中小微型企业贷款担保基金首批担保贷款发放到位，基金运营正式启动。

2011年4月18日，重庆市援建崇州工作领导小组第九次会议召开。刘学普要求市级审计部门加大对全市援建项目审计工作的投入力度，确保重庆市对口支援工作向中央、向灾区和重庆人民交一本明白账和清白账。8月29日，重庆市对口支援四川崇州地震灾后恢复重建工作总结表彰大会在重庆市委小礼堂举行。至此，重庆市对口支援崇州市地震灾后恢复重建工作全面完成。

二　项目援建

交通基础设施项目　实施项目31个，总投资6.29亿元，建成县、乡、村公路329公里，占崇州市震毁公路的87%；修建桥梁18座，占崇州市震毁桥梁的84%。其中，沿山救灾应急通道、三龙路和四宝路是以重庆为主实施的重点援建项目，3条路首尾相连，起于崇州市与都江堰市交界处的泊江河大桥，与成青旅游快速通道相连，止于崇州市白头镇，接成温邛高速公路，总长53.27公里，总投资5.43亿元，被命名为“重庆路”。在实施过程中，项目业主单位重庆市交通投资有限公司坚持“以人为本、民生为先”的原则，设置客车停靠站，修建居民梯步、车行道、自行车摩托车道等惠民工程，便利了沿线居民的出行；同时充分考虑经济社会发展带动作用，将沿山9个乡（镇）及各旅游景点有机串联，社会经济效益明显，被沿线群众誉为生命之路、致富之路、发展之路，被网友评为“中国最美乡村公路”。

除“重庆路”外，重庆市还投资8650万元为崇州灾区建设28条乡镇道路，主要集中于崇州市9个重灾乡（镇），投资额较大的有九峰路1160万元、公议乡村级道路550万元、鸡冠山乡村级道路560万元。

医疗卫生项目　崇州市人民医院和崇州市妇幼保健院迁建项目（见图282），总投资26844万元，是以重庆为主实施的重点援建项目。人民医院建筑面积4.59万平方米，病床450张；妇幼保健院建筑面积1.17万平方米，病床120张。两院先后获“天府杯”“芙蓉杯”“巴渝杯”“三峡杯”和“山城杯”等优质工程奖，成为当地的地标性建筑。另外，重庆市还为两院配置包括核磁共振、CT、海扶聚焦刀、三维彩超、智能内窥胶囊等100多台价值近5000万元的医疗仪器设备，并指定重庆市第二人民医院等3家三甲医院实施对口智力帮扶，全面系统地对两院医技人员进行培训。项目建成投用后，经四川省卫生厅评审，两所医院升级为三级乙等医院。

图282　重庆市援建的崇州市人民医院及妇幼保健院

（重庆市援建指挥部　提供）

受灾群众永久安置房项目　根据渝崇双方签订的灾后恢复重建协议，重庆市按照国家确定的3000元/户标准实施受灾群众永久安置房建设直接补助事项，先后向崇州市11917户灾区群众发放本应由崇州市地方配套的灾后永久安置房建设定额补助，帮助受灾群众加快推进永久安置房建设，解决了崇州财政的燃眉之急。另外，重庆市投资9603.27万元，实施怀远镇、鸡冠山乡、街子镇、三郎镇和文井江镇5个重灾乡（镇）受灾群众永久安置房统规自建点配套基础设施建设项目，安置受灾群众3654户12746人，改善了受灾群众人居环境条件；投资4458.62万元建设7个受灾群众永久安置点标准化农贸市场，便利灾区群众的日常生活，解决当地5000多名受灾群众就业。

市政设施项目　包括9个污水处理厂及配套设施建设、4个水厂及配套管网建设和3个场镇基础设施建设项目，总投资2.63亿元。其中，街子镇、元通镇、怀远镇、王场镇、道明镇、公议乡、鸡冠山乡、三郎镇和文井江镇9个污水处理厂新建项目及其344公里配套污水管网建设项目，总投资2.06亿元，新增日处理生活污水和工业废水能力2万吨，在满足当地10万多人日常生活污水处理需求的同时，为崇州市长远经济社会发展提供了有力保障。另外，道明镇、三郎镇、王场镇安顺社区和东关社区4个水厂及其197公里配套供水管道建设项目，总投资3208万元。怀远镇、鸡冠山乡和元通镇3个重灾乡（镇）中心场镇基础设施改造项目，总投资2505万元。项目的建成使4万多灾区群众用上了干净的自来水，并彻底改变了3个重灾乡（镇）中心场镇原有街道脏乱差的状况，美化了当地人居生活环境，成为深受灾区人民群众欢迎的民心工程。

社会服务项目 包括教育、文化、就业、民政、规划、科技等领域29个民生项目，总投资1.19亿元。其中，新建幼儿园（参见图283）和敬老院各5个，可解决当地1800名儿童入托和1100名农村“五保”对象集中安置问题；新建崇州市图书馆1个和乡镇文化站9个，帮助崇州市形成较为完备的市、乡、村三级公共文化服务网络，丰富了当地群众的文化生活；新建农业科技成果推广转化中心5个，推动当地农业科技成果推广，促进灾区群众的增收和灾后市场的稳定；建设崇州市人力资源与劳动保障综合信息服务管理系统和崇州市地理综合信息管理系统，促进了崇州市社会经济的可持续发展。

图283 重庆援建的崇州市实验幼儿园秋季开学仪式

（重庆市援建指挥部 提供）

重庆市作为地震的受灾省（市）之一，在全力做好灾后重建的同时，主动请缨，全力以赴支援崇州市灾后重建，充分体现了“川渝一家亲”的兄弟情谊，赢得社会的好评。重庆市援建的崇州市人民医院和妇幼保健院迁建项目先后获得“重庆市优质结构工程”“成都市优质结构工程”和重庆市“巴渝杯”“三峡杯”“山城杯”及四川省“天府杯”奖荣誉，得到灾区人民的认可，已成为崇州市重要的地标建筑。

三　软件援助

按照“硬件有一个规划到位的过程、软件要率先行动”的工作思路，2008 年 6 月 25 日，重庆市卫生局向崇州灾区派出由 69 人组成的对口支援卫生医疗队。7 月 20 日，由市公安局在全市抽调 100 名公安干警组成的首支公安民警援助工作队抵达崇州开展工作。8 月 14 日，重庆市规划系统首批 15 名测绘技术人员抵达崇州开展地形图测绘作业。19 日，市残联、市残疾人福利基金会与崇州市残联签订对口支援崇州市残疾人灾后重建合作协议书。3 年间，重庆市先后有 40 多个部门单位参与到智力物资“软件”援助实施中，援助涉及劳动就业、医疗技术、应急警务、地形测绘、规划编制、金融服务、师资培训、环保培训、志愿服务、教学设备、工作车辆、文化设施、技术设施、康复设施、工会设施、慈善设施等方面，共计完成实物工作总量 5682 万元，形成深受灾区群众欢迎、具有重庆特色的对口支援“十大智力援助”和“十大物资援助”。2011 年 6 月 30 日，重庆市政府集中采购的最后一批援助物资运抵崇州，重庆市对口支援物资、智力援助事项至此全面完成。

规划援助　2008 年 8 月 23 日，重庆市规划局在全市精心挑选规划编制援助人员组成工作队至崇州市开展灾情评估，并根据灾后恢复重建需求制定详细的规划工作建议书。按照对口支援援助计划书的相关要求，重庆市规划编制人员不分白天黑夜，加班加点工作，于 9 月初向崇州市政府提交第一批 11 个灾后重建安置点和 18 个灾后重建旅游小村的规划设计方案，为首批援建项目的迅速确定打下基础。其中，会元、欢喜和天国安置点的设计方案被成都市规划局评为“成都市灾后重建优秀规划设计成果”。2009 年 6 月中旬，重庆市规划援助工作队会同崇州市规划局完成的羊马镇、怀远镇总体规划修编顺利通过崇州市政府的评审。2009 年年底，在灾后重建项目规划工作基本完成后，工作队继续为灾区提供规划援助，帮助崇州建设灾后重建决策信息保障平台。2010 年 4 月，重庆市规划局与四川省建设厅、崇州市政府等合作完成“5·12 抗震救灾感恩碑”的选址工作。

地形测绘与环保培训　在中央确定重庆市对口支援崇州市灾后重建后，重庆市规划局立即派出测绘技术人员至崇州开展地形测绘，先后完成崇州市羊马镇、怀远镇和街子镇 6 个永久安置点 120.7 平方公里建设用地和 660.21 平方公里平坝区农用地、桤泉现代农业园区 18 平方公里、花果山生态观光农业园区 19 平方公里、丰丰现代循环农业园区 10 平方公里、三江无公害蔬菜生产示范园区 10 平方公里的地形测绘任务，为崇州市灾后恢复重建工作的全面展开打下基础。另外，重庆市规划局还选派专家为崇州市规划测绘人员举办专业培训班，帮助崇州当地提高测绘技术水平。

2009年6月15日，重庆市环保局与崇州市环保局就环保技术管理人才培训事项达成协议，为崇州市环保局培训专业技术干部16名。根据崇州的要求，重庆市环保局以环境监测、环境监察、环境执法为重点，有针对性地制订详细培训计划，通过理论讲解、跟班作业、操作实践、多岗锻炼的方式，使崇州参训人员在较短时间内专业技能得到较大幅度的提高，为崇州环保部门培养了一批技术业务骨干。

医疗卫生援助 重庆市卫生局根据崇州市的实际需求，实施开展了医疗卫生援助、医技人员培训、医疗卫生长效合作三大类援助。在医疗卫生援助方面，先后组织9批258名卫生医疗队员至崇州灾区，开展医疗服务和卫生防病工作，帮助崇州市疾病控制中心启动实验室计量认证工作。在医技人员培训方面，通过“派出去”与“走进来”相结合，重庆市各三甲医院、疾病预防控制中心、市卫生局卫生执法监督所先后接收崇州市5批250名医疗卫生机构卫生专业技术人员至渝培训；聘请全国知名专家学者举办3期短期培训班，对522名崇州市医疗卫生机构的管理人员和业务骨干进行专题培训。在医疗卫生长效合作方面，重庆市卫生局启动了“一对一”卫生帮扶行动，支持崇州市各级医院进行重点专科建设，打造在成都市范围内具有优势的特色专科。

教育援助 重庆市教委全面整合全市优质培训资源，通过“心理抚慰为基础、教学技能为重点、送培到校为手段”三位一体培训方式，对崇州市师资进行培训。重庆市教委聘请重庆大学、西南大学、第三军医大学以及重庆市荣格心理咨询所的知名教授、专家，分批次对灾区部分教师进行心理援助，让灾区教师尽快从灾难带来的心理阴影中走出来；同时根据《重庆市教育系统后期援助四川省崇州市教育系统灾后恢复重建的协议书》要求，在重庆教育学院开展多期“震后灾区中小学教师心理干预培训”“中小学教师学科技能专项培训”，分年度分学科对崇州市中小学教师进行培训。另外，重庆市教委还组织重庆市教育专家至崇州灾区开展“中小学教师学科技能专项培训”项目，帮助地震灾区教师更新教育教学理念，掌握最新的学科教育教学新知识、新技能、新技术，先后为崇州市中小学培养了240名骨干教师。通过师资培训整体“打包”，实施“送培到灾区”项目。重庆市教委专门组建一支由重庆市知名教育专家、特级教师、优秀教研员和一线教师共23人组成的培训团到崇州，先后培训崇州市9个学科高中教师854人。

劳动就业援助 2008年8月和2009年1月，重庆市劳保局先后组织重庆市重点国有、民营企业赴崇州举办了两次大型就业援助专场招聘会，为崇州灾区提供就业岗位4000多个。据统计，3年援建期间，重庆市各级就业管理部门先后接收灾区学员200人赴渝培训，选派2批共18名支教老师到成都市技师学院崇州分院高级技工职业学校开展技工职业技能培训，向崇州灾区提供就业岗位信息3.47万个，帮助灾区劳动者3704人在重庆就业，指导灾区劳动者1.36万人就地就近就业。

金融帮扶 2009年11月30日，重庆银行在崇州设立分支机构，承担起落实和结算重庆对口援建资金的重要职责。在3年援建期间，该行发挥信贷资金对地方经济建设的帮扶作用，建立灾后重建项目绿色通道，实行“三优先”（优先申报、优先审查、优先放款），先后为崇州永和安置区灾区群众永久性安置房项目、崇州市工业集中发展区东区（明湖片区）基础设施及农迁房建设项目、崇州市国家级农业产业化龙头企业、崇州龙头酿酒企业、崇州市安居房建设项目、崇州市的皮革业龙头企业、崇州市建筑施工类企业、崇州市农业类企业等项目投放各类信贷资金 7.08 亿元，有力地支持了当地的灾后重建和产业恢复。在援建项目相继建成后，重庆银行又根据渝崇两地政府 2010 年 9 月 28 日签署的《关于建立重庆市对口支援四川省崇州市工作长效合作机制框架协议》，参与到重庆市扶持崇州市中小微型企业贷款担保基金的运营管理工作中，充分发挥金融杠杆作用，继续为崇州市经济社会可持续发展提供金融支持。

警务支援　为确保崇州灾区的交通畅通，维护当地的社会稳定，重庆市公安局从全市各分局、队、所抽调 160 名民警组成援建工作队，于 2008 年 7 月 20 日和 8 月 19 日分两批至崇州开展援助工作。根据分工，重庆市交警总队对口支援崇州市交警大队，负责设置卡点，纠正车辆违法违规行为；重庆市刑警总队、治安总队、渝中区分局、九龙坡分局、巴南分局和渝北分局分别对口支援怀远镇派出所、街子镇派出所和崇庆路派出所辖区内 6 个受灾群众安置点的安保巡防工作。重庆市警务援助工作队根据崇州治安状况，采用重庆市社区警务室建设的成熟模式，实施“大巡防警务模式”，通过对安置点受灾群众分门别类建档，发放警民联系卡等方式，维护了崇州灾后的社会稳定，受到灾区人民群众的广泛赞扬。

志愿服务　3 年援建期间，共青团重庆市委先后选派 3 批 52 名大学生志愿者在崇州市的乡镇和机关单位，从事乡镇政府办公室、乡镇计划生育、社区服务、社会保障、城建规划、经济普查、招商引资等工作，协助当地政府统计灾情、发放救灾物资、救助安置灾区群众。其间，共青团重庆市委联合长安汽车公司捐资 100 万元捐建“崇州市何家长安希望小学”。2009 年春节，重庆市志愿服务工作指导中心与《重庆时报》共同启动了“风雨家园・温暖牵手——向崇州灾区送温暖”活动。重庆大学、西南大学、四川美术学院等在重庆的高校，利用寒暑假组建医疗防疫、心理调适等大学生志愿者服务队，连续 3 年在灾区开办流动学校，从事艺术指导，与崇州市怀远镇政府、怀远茂祥藤器公司共同建立社会实践基地和教学实践基地，不定期对怀远藤编提供技术咨询，帮助怀远藤编进行产品造型、包装、工艺的整体设计。在四川美术学院师生的帮助下，怀远藤编取得明显的艺术提升，产品销往全国各地和东南亚地区。

第八节　黑龙江省支援剑阁县

2008 年 6 月，中共中央、国务院明确黑龙江省对口支援剑阁县灾后恢复重建。黑龙江省本着“救灾、救民、救急”的原则，坚持城乡住房重建优先，学校、卫生等公益设施优先，基础设施优先，产业重建优先等“四个优先”，与剑阁县“无缝隙对接、无障碍合作”，分两批建设包括救灾救民、教育、卫生、公益、基础设施、产业发展等 6 类 146 个援建项目，投入资金 15.5 亿元。至 2010 年 9 月，三年援建任务两年完成的目标任务全面完成，援建中体现的“龙江速度”“龙江精神”“铁人精神”受到社会广泛赞扬。

一 部署与组织

中央确定黑龙江省对口支援剑阁县后，黑龙江省委、省政府“闻令而行”。省委书记吉炳轩和省长栗战书于 2008 年 6 月 13 日中央工作会议期间专门打电话回省进行部署，指示要坚决完成好中共中央、国务院交给的援建剑阁县灾后重建的光荣任务。14 日，中央工作会议召开后第二天，黑龙江省援助剑阁灾区考察团（对接组）22 人，于 23 时抵达剑阁开展受灾情况调查，3 天内走访 42 个重灾乡（镇）、67 个村庄、216 个家庭，为对口援建做准备。17 日，在省委常委扩大会上，吉炳轩指出，全省各级党委、政府要把支援灾区重建当作自己的事情来做、当作分内的任务来办。省委、省政府要组成强有力的领导工作机构，抽调精干力量专门负责组织领导和协调工作。抓紧制定援助工作方案，把中央的要求和部署落到实处。作为对口支援省份，一定要急灾区人民之所急、想灾区人民之所想，要把援建工作办快、办实、办好。要尽最大努力满足灾区急需，凡是能做的一定全力去做，凡是能帮的一定要诚心去帮，让党中央放心，让灾区人民满意。19 日，召开省长办公会，听取对接组汇报。栗战书指出，要按照项目安排和时间节点推进，最主要的是资金及时到位。有关部门随时给予支持，需要什么支持就给予什么样的支持，不能打任何折扣，全省的一切工作应优先保证援建工作的需要。省委常委、常务副省长杜家毫就援建工作进行部署：强力推进民生工程建设，实现灾区群众安全越冬，抓紧农村灾区群众自建房建设快速推进；2009 年年底前援建项目开工达到 100%，完成援建实物工作量 80% 以上，力争完成 90% 的工作目标。7 月 1 日上午，受栗战书、杜家毫委托，省政府副秘书长韩冬炎主持召开对口支援剑阁县相关单位协调会，明确全省灾后重建的工作均要纳入省援建工作领导小组办公室统一协调和管理。3 日、4 日、7 日，分别组织召开全省中直大企业、金融机构、民营企业 3 个座谈会。与会企业负责人表示，将以高度的社会责任感和使命感全力以赴投入到援建中。24 日，财政厅制定《黑龙江省支援四川省剑阁县灾后恢复重建资金管理暂行办法》。8 月 6 日，省政府召开支援剑阁县恢复重建工作推进会。受栗战书委托，杜家毫对重点工作进行部署，强调全力以赴落实好已确定的援建项目，突出抓好 5.2 万户灾区群众永久性住房的恢复重建，抓紧谋划 2009 年的援建项目，广泛动员全省社会力量参与到援建中去。12 月 26 日，杜家毫在省政府接见援建剑阁县前线指挥部第二批成员，指出 2009 年将是援建工作关键一年，大批项目将开工建设，大部分援建任务要在 2009 年完成，希望援建人员把黑龙江 3800 万人民对灾区人民的关爱带到四川、送到剑阁。

黑龙江省援建采用“交支票 + 全过程参与监督 + 全方位援建”的模式，建设主体是当地政府，没有带去黑龙江省的施工队伍、项目建设物资，也没有提出任何附加条件。这种模式把税收、就业机会和建设物资的生产等经济发展资源和机遇全部留给当地，使剑阁县财政和农民在援建中受益。

吉炳轩担任黑龙江省抗震救灾和灾后重建工作领导小组组长，下设援建办公室于省发改委。办公室主任由省发改委主任唐修亭担任。省发改委副主任刘国会任省援建前线指挥部总指挥。《黑龙江省人民政府关于切实做好对口支援四川省剑阁县灾后恢复重建工作的实施意见》明确选派去剑阁的干部原则上半年一轮换，重要岗位需连续工作3年。重建工作开始后，还与剑阁县共同组建了剑门大厦、剑阁职中、沙溪中学、渡口大桥、普安垃圾处理场、剑门关关楼、体育中心、龙江大道等8个建设指挥部。

两年间，黑龙江省援建工作坚持指挥靠前，通过专题会议、文件、现场调研和领导讲话等方式予以推进。栗战书于2008年9月3—4日至剑阁慰问灾区人民，了解受灾群众安置和恢复重建情况，并就受灾群众自建房等对口支援有关重点问题进行调研，对援建工作提出要求。杜家毫先后于2008年9月3—4日和12月3日、2010年1月4—6日3次到剑阁调研、指导援建。

黑龙江援建以2009年为援建决战年、2010年为援建决胜年。抓住2009年5月12日前气候回暖、白天时间长、雨水少的施工黄金季节，于2月1日至5月12日开展“百日会战”，施工企业24小时不间断施工，做到歇人不歇机器，确保完成决战年既定的各项目标任务。10.8公里的剑昭公路，仅用100天的有效工期即建成并投入使用，被称为广元交通重建的“剑昭速度”；剑门关景区建设14个月竣工并对外开放，被称为“剑门关速度”。由于黑龙江省援建工作坚持又快又好，被人们称为“龙江援建速度”。2010年9月27日，当黑龙江省援建者离开剑阁新县城时，3万群众自发地涌上街头形成6里长的欢送队伍，从指挥部门口一直排到绵广高速入口，依依告别：“龙江大哥辛苦了！”“再见了，黑龙江亲人们！”一位老人感叹：“这种场面，我一生只见过两次，第一次是1949年解放军进城了；第二次就是援建结束了，援建干部走了。”

二　项目援建

安居项目　两年间，黑龙江省坚持民生优先、安民第一，把受灾群众安居乐业放在首位。震后第一个寒冬到来之前，黑龙江全省动员，及时捐赠20万套越冬衣服及食品、药品，帮助受灾群众温暖过冬。支援水、电、路、园等配套项目建设，援助10多个集中安置点配套设施建设。2008年10月22日，黑龙江省为剑阁县提供农村受灾群众自建过渡性住房补助款2374万元、自建永久性住房补助金8718万元，作为重建信用担保基金，按照1∶10比例放大贷款额度，帮助灾区群众贷款建房，放大10倍为农村受灾重建户贷款出资1500万元帮助建立农房重建信贷担保基金，加快了剑阁县城乡住房重建步伐，17万多农村受灾群众提前一个月搬进永久性住房。至2009年8月底，48所乡镇学校教学楼、宿舍楼项目建设全部完成，10万师生在秋季开学时如期告别板房，搬进宽敞明亮、功能配套的教室。新建县计生站和5个乡镇计生站，为群众提供更好生育服务奠定了基础。于10月全面建成2个县级医院、57个乡镇卫生院和100个村卫生站，方便了群众就医治病。修建敬老院5个，辐射31个乡（镇），为近千名老人提供了颐养天年的舒心住所。整合文化项目等21个，新建的剑门大厦、体育活动中心、残疾人活动中心等城市功能性项目，不仅为群众更好地提供政务、休闲娱乐服务，同时提升了城市品位。援建18个未联网乡（镇）骨干网建设，实现全县57个乡（镇）100%收看有线电视，2万多户群众受益。黑龙江人民全方位援建，帮助剑阁人民实现了安居安定。

基础设施与公用设施项目　黑龙江省先后援建了剑南路、剑昭公路、剑门关隧道、翠云廊道路改线工程等80公里干线公路，清江河一、二号大桥等桥梁建设，提升了道路通行能力。投资1亿多元，修建7公里长的龙江大道，连通“成西高铁”剑门关站与剑门工业园区，使县城五大片区融为一体，为新县城建设发展拉大骨架、夯实了基础。新建的沙溪、渡口两座大桥，将县城沙溪、大仓、拐枣、修城四地连成一体，新增城市建设用地约134公顷，拓展了城市发展空间，提高了清江河城区段防洪能力，对县城发展有重要的促进作用；同时解决了两岸群众过河难的问题，让摆渡过河成为历史。援建的剑南路、剑昭路、西河中桥等8个交通项目，解决了群众出行难的问题，被当地群众亲切称为致富路。援建中，黑龙江省组织专家对全县震损水库进行鉴定，制定并落实了应急抢险方案，实施英雄水库等3座病险水库除险加固工程，避免了次生灾害发生，新增有效灌溉面积1.7万亩。在震后迅速援建剑门关镇、白龙镇等11个乡镇供水站（见图284），解决了6.4万人安全饮水问题。援建清江河8.2公里河堤，投资兴建县城污水处理厂等项目，完善了城市配套功能，提升了新县城建设品位，增强了城市发展带动力。投入2000万元实施普安垃圾处理场项目，解决了老县城垃圾处理难的问题。投资援建乡镇农贸市场，改善了小城镇环境。援建沙溪中学、剑阁职中等教育项目53个。而救灾物资储备库的修建则改写了剑阁没有救灾物资储备仓库的历史，为该县今后应对大的自然灾害提供了保障物资储备场所。

图284　黑龙江省援建的剑阁县剑门关供水站
（四川省委宣传部　提供）

旅游业重建项目　在促进旅游县建设方面，实施的剑门关古镇一期改造工程、关楼恢复重建工程、索道站建设、剑昭公路、翠云廊改线工程等项目，促进剑阁县顺利完成剑门关景区文化旅游产业重建。援建的剑门关景区标志性建筑——关楼、剑门关古镇改造等5个项目，总资金1.5亿元。其中援建的剑门关隧道、国道108线翠云廊改道解决了长期制约景区发展的交通安全隐患、过境游等问题，提升了景区品位，提高了服务档次。剑门关古镇基础设施灾后重建项目，全力实施“旅游大镇”“豆腐大镇”的战略，突出抓好林园宾馆至剑门道1200米道路两侧单位和243户个体户门面、576间临街建筑物风貌整治工程，南北入口广场、衙门广场等建设工程，以及石牌坊、石碑楼等单体景观建设工程。项目建成后，成为旅游观光、探寻三国遗迹、休闲购物的目的地之一，成为剑门蜀道和剑门关景区游人集散中心和旅游基地，带动和促进剑阁县旅游产业统筹协调发展。

闻名遐迩的剑门关关楼（见图 285），在地震中成为危楼，被迫关闭，急需重建。援建中，剑门关景区开发建设项目被列为“重中之重”，完成投资 3.5 亿元。建成后的关楼，凌空出世，居高临下，重现了剑门关当年那种“一夫当关、万夫莫开”的“雄”“险”气魄。2010 年 4 月 29 日，举办了“中国蜀道 · 剑门关文化旅游节”，许多国际友人到景区游览后称道不已。剑门关景区正式对外开放后，接待能力、门票及旅游总收入超过震前水平的 10 倍以上，真正成为一只“下金蛋”的“母鸡”。自 2010 年 4 月 29 日景区重建竣工对外开放起，已接待国内外游客 60 多万人次，实现政府性票务收入 810 万元、旅游综合收入 4.4 亿元，帮助 2000 多人实现就业。

图 285 黑龙江省支援修复的剑门关景区

（黑龙江省援建指挥部 提供）

工业园区基础项目 援建中，黑龙江省同剑阁县签订《黑龙江省支持剑门工业园区发展备忘录》。该项目提供 1.2 亿元援建资金，修建道路、管网等基础项目，建成 10 万平方米标准化厂房，有力改善了剑门工业园区投资环境。通过改善园区基础设施和开展招商活动，园区吸引力明显增强，被四川省政府批准为中小企业创业基地。剑门工业园区短短两年内引进企业 21 家，协议引进资金 22 亿元，入园企业中的四川琦龙矿业有限公司、广元市鑫茂农业科技有限公司、四川川煤广旺水泥股份有限公司 120 万吨水泥厂、四川三人塑胶管业有限责任公司、四川震宇电力设备有限公司等 10 家企业已建成投产，建筑建材、轻工机电等主导产业基本形成格局。2009 年 1—8 月，园区实现工业产值 5 亿多元、税收 3000 多万元，新增就业人口 2000 人。

公共服务设施项目 黑龙江省援建的剑门大厦高 22 层，成为剑阁县建筑“第一高”。大厦整合了县政务服务中心、文化馆、图书馆、档案馆、青少年活动中心、妇女儿童活动中心、职工活动阵地、老年人（老干部）活动中心、婚姻登记中心、农业技术推广中心、劳动技能鉴定服务中心、工商联、成人教育中心、剑门关旅游人才交流培训中心、党校阵地、地震观测业务用房及应急指挥中心、人民银行等20余个项目。援建的剑阁县多功能体育馆项目，改变了剑阁县没有专门大型体育活动场所的历史。该项目占地2万平方米，建筑面积3000平方米，包括室内篮球场、健身房、乒乓球室、综合训练房及附属设施。2011年4月，震后广元市第一个全市运动会就是在剑阁县体育馆举办的。

三　软件援助

医疗援助　从2008年7月至2009年10月，黑龙江省前后共有5批91名卫生、防疫、疾控人员至剑阁支援医疗卫生工作，开展诊疗服务21374人次，其中门诊19877人次，参与抢救危重病人135人次；下乡义诊22次，就诊者达2.4万余人次。其中，使用远程专家会诊等手段，共开展较大、较难、较复杂手术1600台次。针对剑阁县卫生服务水平相对落后的现状，援建小分队举办了28次专题学术讲座，剑阁县各级医疗卫生机构9000余名医务工作者听课；举办"灾后较常见流行病的预防和治疗""医疗机构预防性消毒效果监测方法""实验室安全防护""乡镇灾后疾病控制和卫生应急""病原菌的分类鉴定和梅里埃API20E的操作原理""地震灾区流行病及卫生事件预防与控制""志贺氏菌检验方法""气相色谱的原理与使用"等培训班41期，参加培训的人员有县卫生局、县疾控中心、各级医疗机构、基层疾控人员，累计培训1553人次。援建医疗队伍还为剑阁县引进新技术18项。剑阁县4名骨干医生被邀请至黑龙江参加培训。

教育援助　2008年8月1日，黑龙江省教育厅从黑龙江职业院校选派13名骨干教师进驻剑阁县职业高中支教。教师赵喜明利用网络技术专长，创建了剑阁职中与黑龙江支教教师互动的网络论坛，将电大远程教育资源和网络教育手段方法与剑阁职业中学共享。两年间，前后3批38名支教人员在剑阁职中支教，增设专业和实验课程，所带的学生2009年、2010年连续两年在广元市举办的职业大赛中取得好成绩。（参见图286）2008年8月11日，共青团哈尔滨工业大学委员会与剑阁中学签署"哈工大—剑阁中学共建大学生社会实践基地协议书"，随后举行了哈工大学生爱心基金发放仪式，资助9名学生共计9000元；此项活动每年开展一次。黑龙江省还邀请剑阁县11名骨干教师至黑龙江接受培训。

农房自建与城镇危房鉴定服务　震后剑阁县3万余户受灾群众自建住房急需技术指导。2008年7月18日，黑龙江省从全省建设系统抽调由24名中青年业务骨干组成的受灾群众自建住房技术指导组，分成12个小组至剑阁县57个乡（镇）指导受灾群众住房自建。指导组把10个受灾群众集中安置点作为重点，全程指导服务，向施工队详细讲解施工图纸和施工要求，对村民代表进行现场技术培训。指导组和剑阁县建设局配合，开展技术培训50余次，完成对7000余名农民工匠的技术培训。30多天里，专家们因高温潮湿，遭受中暑、湿疹、胃肠炎、感冒的侵袭，但没有一个人退缩。

7月27日起，黑龙江省地震局4人参加中国地震局工程力学研究所组成的房屋鉴定工作队，

图 286　剑阁县学生欢送黑龙江支教老师

（黑龙江省援建指挥部　提供）

26 人鉴定剑阁县城及 57 个乡（镇）的房屋，识别危房近万间。在剑阁工作期间，指导组还完成 9 类 68 个项目 122 个单项工程的招标控制价评审。

就业援助　受世界金融危机影响，截至 2008 年年底，剑阁县失业返乡农民工 3018 人。测算 2009 年全县将有近 4 万人需要就业，剑阁县仅能解决 4000 人。黑龙江采用“交支票 + 全过程参与监督 + 全方位援建”的模式，援建项目中没有一支黑龙江工程队，每一份与施工单位签订的合同中，都有一条硬性附加条款——“使用当地农民工的比例在 30% 以上”。据统计，黑龙江省援建项目解决就业岗位 1.5 万个，增加农民收入 1.5 亿元；至 2010 年，农民人均现金收入 3335 元。中央电视台、四川电视台等多家媒体对此作了跟踪报道。

此外，2009 年 7 月 15 日，由黑龙江省就业局组织哈尔滨、齐齐哈尔、牡丹江、佳木斯、大庆、鸡西、鹤岗、双鸭山、七台河 9 个市就业局、人力资源市场及用工企业参加的就业援助工作队，带着 33 个工种 2250 个就业岗位至剑阁举办就业招聘大会。凡被聘用者，均为其缴纳社会保险金，并免费提供食宿，月工资标准均在 1000 元以上。共有 649 人求职登记，517 人签订意向协议。大庆华拓公司在剑阁专门成立“大庆华拓四川剑阁人才培训基地”，在当地招聘 14 名员工至大庆本公司工作。至8月10日，黑龙江省接收安置剑阁县受灾群众68人，全部上岗就业。两年间，通过定向招聘，帮助剑阁县及邻近县区1000多名群众到黑龙江企业就业。

警力援助 黑龙江省警队进驻剑阁后，参与余震抢险1次、火灾抢险8次、抗洪救灾2次、事故抢险4次，抢救遇险群众14人，为群众办好事1331件，资助剑阁县特困民警5名，捐助贫困家庭100户、贫困学生71名，与贫困家庭、贫困学生结成长期帮扶对子13对，捐助款物9万余元，无偿献血1.3万毫升。与此同时，完成国务院总理温家宝青川考察、四川省文联剑阁慰问演出、中央电视台“温暖灾区行”大型直播、青川县东河口地震遗址公园开园仪式、广旺能源发展集团百万吨水泥项目施工等重大保卫任务。《人民公安报》“援川警队”专栏第一期以《巴蜀大地呕心沥血的95个日夜》为题，刊发了黑龙江省警队事迹。中央及省市级广播、电视、网络、报刊等媒体，先后播发警队工作和队员事迹135条（篇）。国务委员、公安部部长孟建柱及公安部副部长刘金国先后批示，肯定该警队工作。

精神家园重建援助 2008年7月14日，黑龙江团省委组织的黑龙江省大学生“三下乡”志愿者灾区服务团，到剑阁开展为期一个月的支教、卫生防疫和心理疏导等方面的服务，24名大学生志愿者分别来自哈尔滨工业大学、哈尔滨医科大学和哈尔滨理工大学。

黑龙江省妇联在“同心牵手”情感关爱行动中，招募102户志愿家庭与剑阁县涂山乡102户因震导致单亲和特困家庭结成帮扶对子，每户志愿家庭每年给予结对家庭500元现金资助，并通过打电话、发慰问卡、寄物品等方式进行爱心抚慰。省直机关23名女干部带头为剑阁县的受灾孩子编织毛衣500余件。

企业及其他各界款物援助 黑龙江省人口计生委支持剑阁县计生服务站和5个中心服务站的建设，援助便携式B超机16台，落实人口计生系统援建资金1150万元。省红十字会援建剑阁县学校6所，建筑面积11814平方米；援建剑阁县乡镇卫生院和妇幼保健院共15家，建筑面积1.42万平方米。省文化厅向剑阁县捐赠一套音响设备。省新闻出版局向剑阁县援建7个农家书屋，捐赠84件爱心图书。

第九节　深圳市支援甘肃省重灾区

2008年6月初，中共中央、国务院明确深圳市对口支援陇南市的文县、康县、武都区和甘南藏族自治州的舟曲县（以下简称“三县一区”）的恢复重建。作为全国唯一一个肩负“三县一区”对口援建任务的副省级城市，深圳市委、市政府始终把对口支援工作作为“感恩改革开放、回报全国人民”的一次行动。6月上旬启动援建工作，安排对口支援资金30亿元，确定对口援建项目165个，其中甘肃省代建项目141个，24个直接援建项目于2010年9月全部完成（参见图287），并移交当地政府，体现了“深圳速度”“深圳效率”和“深圳精神”，得到中央、国家部委、广东省、甘肃省各级领导的肯定，以及新闻媒体和灾区人民的好评。

图287 深圳援建甘肃项目工地
（深圳市援建指挥部 提供）

一 部署与组织

获知援建任务后，为了解灾情，明确援建重点，2008年6月7日，广东省委副书记、深圳市委书记刘玉浦率深圳市党政代表团至甘肃灾区查看灾情，研究对口支援工作。刘玉浦对灾区干部群众说："深圳是小平同志亲自倡导建立的经济特区，是在党的改革开放政策指引下发展起来的，是全国人民支援建设起来的，特区人民与灾区人民心连心、情同一家人。对口支援甘肃重灾区是深圳的头等大事，深圳市委、市政府一定会全力推进对口支援工作，满怀热情地帮助灾区群众渡过难关，恢复生产，重建家园。"回到深圳，刘玉浦于10日主持召开市委常委会议，研究部署对口支援工作。市委常委、常务副市长李锋，市委常委、副市长吕锐锋分别就"对口支援甘肃省受灾严重地区的有关情况"和"援建四川省什邡市过渡安置房的有关情况"作报告。刘玉浦强调，加强组织协调，做好资金安排、物资调拨、人员选派、规划与建设等决策，制定对口支援工作方案；探索对口支援工作方式；突出重点，有序推进，把民房、中小学校舍以及医疗设施的规划建设作为当务之急和重中之重优先落实。15日，刘玉浦主持召开市委常委会议，提出"统一领导、突出重点、分工负责、分步实施和确保实效"的援建工作原则，要求加强组织领导、建立工作机制、保障资金投入和后勤服务。16日召开的市政府常务会议，决定在深圳市抗震救灾工作领导小组基础上成立深圳市抗震救灾对口支援工作领导小组，刘玉浦任组长，政府主要负责人和市委副书记白天任常务副组长；李锋，吕锐锋，市委常委、宣传部长王京生，副市长闫小培、李铭任副组长。领导小组下设办公室，李锋兼任办公室主任。办公室下设综合协调组、前方联络组（前方指挥部）等12个专项工作组。17日，市委、市政府决定，对领导小组进行调整，增加市委常委、市纪委书记谭国籍为副组长；领导小组办公室由市应急指挥中心改设于市政府办公厅。6月19日，正式印发《深圳市对口支援甘肃受灾严重地区恢复重建工作方案》。

2008年6月18—22日，李锋率深圳市对口援建考察团抵陇考察，确定了直接援建的重点（包括项目、实施地点等）、衔接对口帮扶、援建方式，决定先行启动文县中庙乡中坪村、康县王坝乡李家庄村、康县一中学生公寓等直接援建项目。23日，李锋召开会议成立市对口支援领导小组办公室综合协调组，作为市委、市政府对口支援工作的中枢和参谋部，并赋予该组统一协调、指挥、调度、督察、落实等8项工作职责，市政府办公厅抽调干部林居正担任专职组长。该组还从市委办公厅、市发改局等部门抽调15名工作人员专事日常工作。为加强深甘两地沟通协调，市领导小组决定将对口支援组织机构关口前移、靠前指挥。24日，刘玉浦主持召开市委常委会议，听取李锋至甘肃“三县一区”的调研汇报，对支援工作进行具体部署。刘玉浦强调，重点解决好灾区群众过冬、孩子上学、就医防疫等紧迫问题。28日，李锋、吕锐锋召开会议，研究深圳首批援建项目。会议初步确定首批20个援建项目，其中农村居民点建设项目10个，学校、卫生院等公共服务设施项目10个。李锋、吕锐锋要求，尽快组织首批援建项目的设计、施工、监理等单位进入，倒排工期，确保灾区群众安全过冬。7月上旬，为做好农房重建，确保灾区群众安全过冬，应甘肃省要求，深甘两地制定了援建标准，即每户60平方米、补助资金2万元，其余由灾区群众自筹和贷款解决。

2008年7月3日，深圳市在陇南市武都区设立抗震救灾对口支援工作前方指挥部，市政府副秘书长张文任总指挥，市人大常委会副秘书长李廷忠任副总指挥。8日，深圳市抗震救灾阶段性总结暨对口支援动员大会召开。刘玉浦再次强调，举全市之力确保对口支援恢复重建任务圆满完成。李锋具体部署对口支援工作。10—11日，中共中央政治局委员、广东省委书记汪洋，省长黄华华以及刘玉浦等省、市领导到达陇南灾区，慰问受灾群众和深圳市前方援建工作人员，与甘肃省委、省政府领导座谈。11—13日，吕锐锋带队至陇南考察深圳援建项目，并与陇南市市长郭玉虎联合主持召开深圳市对口支援陇南灾后重建工作协调会议，研究和协调援建项目、援建方式、规划设计、建材运输、资金调度等工作。根据粤、甘两省对口支援恢复重建工作座谈会精神和《框架协议》要求，经协商，双方就过渡安置房（活动板房）建设问题达成共识，并确认了2008年深圳直接援建15个项目，包括陇南市人民医院、陇南市第一中学，武都区城关中学，文县中庙乡中坪村、中庙乡联丰村、尖山乡宋坝新村、城关镇元茨头村清水坪社、碧口小学教学楼和宿舍楼、文县第二中学教学楼、文县一中及康县王坝乡李家庄村，康县第一中学学生公寓、康县敬老院、康县中医院、康县人民医院。11日，广东、甘肃两省对口支援灾后恢复重建工作座谈会在陇南召开，汪洋、陆浩、黄华华、徐守盛、刘玉浦等主要领导出席会议。深圳方面明确：2008年将追加3.4亿元，共安排10亿元资金用于支持灾区恢复重建，其中2.5亿元用于深圳直接援建项目，其余款项交由甘肃省统筹安排和协调分配，定向用于“三县一区”恢复重建。11日，深、甘两地签署《广东省深圳市对口支援甘肃省受灾严重地区恢复重建工作框架协议》。粤、甘、深领导还出席了陇南农产品采购仪式和广东深圳·陇南劳务合作招聘会暨首批劳务人员赴深就业欢送仪式等活动。22日，中共中央政治局常委、国务院副总理李克强在深圳市委、市政府《关于深圳对口支援甘肃受灾地区恢复重建有关情况的报告》上作出批示：在中央确定深圳对口支援甘肃重灾区后，深圳市委市政府雷厉风行，主要领导第一时间赶赴甘肃灾区实地考察，全市上下高效开展各项援助工作，创造对口支援的“深圳速度”；希望深圳市继续贯彻落实党中央国务院决策部署，精心组织，统筹安排，突出重点，有序推进，务求实效，发挥特区优势，在对口支援工作中走在前列。同日，市四届人大常委会第二十次会议全票通过了市人大常委会《关于市政府支援地震灾区抗震救灾和灾后恢复重建工作情况报告的决议》，同意市政府提出的关于对口支援工作的总体思路和工作安排。31日，刘玉浦主持召开市委常委会，传达贯彻李克强批示精神。刘玉浦要求，全市上下一定要做好对口支援工作，绝不辜负中共中央、国务院和李克强副总理的期望，向纪念改革开放30周年和深圳经济特区成立28周年献上一份厚礼。会议要求，尽快完成支援总体方案的编制，出台支援工作制度，加快第一批项目建设，滚动实施对口支援项目建设，持续实施专项帮扶。

2008年8月4日，确定5名挂职干部赴灾区挂职。20日，成立深圳—甘肃抗震救灾对口支援领导小组及其办公室，统一领导和协调对口支援工作。21日，深圳市抗震救灾对口支援工作领导小组办公室综合协调组会同市发改、财政等部门研究制定了《深圳市对口支援甘肃省受灾严重地区恢复重建项目和实物工作量确认规程》《深圳市对口支援甘肃省受灾严重地区恢复重建资金管理办法》《深圳市对口支援甘肃省受灾严重地区项目管理办法》等规程和办法，并研究讨论了相关部门提出的对口支援工作方案。在援建工作开展中，前方指挥部相继制定了工程招投标管理办法、工程合同管理办法、审计监督管理办法等15项管理办法和规定。上述管理办法经深甘灾后重建领导小组同意后，分别于9月27日、10月14日和11月21日，以深援、深甘、深援办等名义颁布实施。

2008年9月10日，深圳—甘肃抗震救灾对口支援领导小组第一次会议在兰州召开。会议对援建实施方案、工作重点、资金和项目安排、两地协调衔接机制等问题进行讨论。李锋和甘肃省委常委、常务副省长冯健身以及副省长泽巴足出席会议。11月21日，成立深圳—甘肃抗震救灾对口支援资金物资联合监督检查协调领导小组及其办公室。

2009年4月5—7日，刘玉浦第三次率深圳市党政代表团，利用清明节假期至陇南市和甘南藏族自治州，实地考察深圳直接援建项目，要求坚决落实对口支援资金，加快项目建设，扩大合作与交流，实施专项帮扶，开展人才培训、干部交流，优质高效地完成援建任务。

2009年10月26—29日，广东省委常委、深圳市代市长王荣率团出席舟曲县直接援建项目竣工交付仪式。为进一步加强及深化医疗、能源、教育、劳务、经贸、旅游等方面的交流合作，深、甘两地以“市场主导、政府推动、优势互补”为合作原则，共同签署了《甘肃省人民政府、深圳市人民政府长期战略合作框架协议》。王荣强调，在深圳经济全力保增长的同时，将克服各种困难，全力以赴，坚决落实对口支援资金，加快推进项目建设，做到支援力度不减弱、速度不放慢、效果不打折。12月28日，在与甘南藏族自治州党政考察团会晤时，刘玉浦、王荣表示，深圳市将积极探索、建立与甘肃合作的长效机制，鼓励支教、支医，加强多种形式的经济合作。2010年7月8日，深圳市政府和陇南市政府在兰州签订了《深圳市人民政府、陇南市人民政府经济文化合作交流框架协议》。9月6日，深圳市委副书记、市长许勤会见陇南市委书记王玺玉一行，双方就加强对口援建、深化交流合作、共建陇南—深圳工业园区等事宜进行协商并达成共识。10月，市委、市政府对深圳市抗震救灾对口支援领导小组成员进行调整，王荣、许勤任领导小组组长；市委常委、市委组织部部长戴北方，吕锐锋，市人大常委会副主任周光明，副市长袁宝成、张文、吴以环，市政协副主席姚欣耀任副组长。截至2010年10月9日直接援建项目完成交付，两年间深圳市共召开 20 次专题会议部署落实援建工作；刘玉浦、王荣等市主要领导 15 次率考察组至灾区一线，协调、检查、推进援建工作；许勤、白天等多次研究部署对口支援工作。

二　项目援建

深圳市会同甘肃省共同确定对口援建项目 165 个，其中深圳市直接援建项目 24 个、甘肃省代建项目 141 个。至 2010 年 10 月，深圳市直接援建项目全部完成，主要以整村重建、学校、医院、三孤院等民生项目为主，建设标准适度超前，力争打造成展示中国改革发展成果、体现深甘合作共建特点、富有当地鲜明文化特色的援建示范品牌。

过渡安置房建设　2008 年 8 月 2 日，住房城乡建设部副部长陈大卫在深圳主持召开深圳市援建甘肃省受灾严重地区过渡安置房专题会议。会议决定，深圳市在前期建设 4400 套永久性住房的基础上，再建设 1.46 万套活动板房，其中在陇南自建 5600 套、甘肃省代建 9000 套，深圳市先期垫付 1 亿元作为甘肃省建设厅代建活动板房启动资金。7 日，深圳市拨付首批对口支援甘肃重灾区恢复重建资金 3.3 亿元。经过 13 天连续奋战，8 月 24 日，深圳市对口援建文县、康县学校的活动板房交付使用。至此，深圳市在陇南市搭建“活动板房教室”4170 套（含高考教室 600 套），其中文县2507套、康县1063套。文县活动板房建筑面积50140平方米，分布在20个乡（镇）138 个教学点上；康县活动板房建筑面积 21260 平方米，分布在 21 个乡（镇）87 个教学点上。9 月 12 日，住房城乡建设部召开援建地震灾区活动板房建设总结表彰电视电话会议，表扬了深圳援建过渡安置房工作。

教育项目　共 30 个项目，涉及 29 所学校基本建设和 1 项装备配套项目。其中，深圳市直接援建项目有：文县碧口小学、文县第二中学（碧口中学）、文县第一中学，舟曲县第一中学 2 号教学楼、舟曲县第一中学宿舍楼，康县第一中学公寓，武都深圳中学（见图 288），陇南市第一

图288　深圳市援建的陇南市武都深圳中学

（深圳市　提供）

中学（一期）；甘肃省统筹项目有：文县职教中心、文县城关初级中学、文县堡子坝乡福场小学、文县横丹九年制学校、文县临江东风小学、文县梨坪乡玉坪小学、文县桥头乡丰坡小学、文县桥头乡张家湾小学、文县尚德镇金口坝小学，陇南市一中，武都区东江中心小学、武都区江南小学，康县城关镇第一小学、康县城关镇嘴台初级中学，舟曲县城关二小教学综合楼、舟曲县第二初级中学教学楼、武坪乡中心小学教学楼、拱坝乡中心小学教学楼、曲告纳乡大年中心小学教学楼、舟曲县立节中心小学教学楼、舟曲县幼儿园。投资最多的是陇南市第一中学，计 1.16 亿元。

医疗卫生项目　共 28 个项目，涉及 26 所医院和 2 项装备配套项目。其中，深圳市直接援建项目有：文县第一人民医院、舟曲县第二人民医院、康县人民医院、康县中医院（二期）、陇南市人民医院（一期）；甘肃省统筹项目有：文县第二人民医院、文县中医院，陇南市第一人民医院，武都区人民医院，舟曲县人民医院、舟曲县疾控中心综合业务楼、舟曲县妇幼保健院综合业务楼、舟曲县卫生监督所综合业务楼、博峪乡中心卫生院、武坪乡中心卫生院、八楞乡中心卫生院、巴藏中心卫生院、插岗乡中心卫生院、峰迭乡中心卫生院、憨班乡卫生院、曲瓦乡中心卫生院、南峪乡中心卫生院、江盘乡卫生院、大峪乡卫生院、中牌卫生院、社区卫生服务中心（东城、西城），以及陇南市第一人民医院儿童重症监护病房设施（ICU）、中藏医院设备购置。

城乡安居房项目　城乡安居房共 13 个项目，其中深圳市直接援建 5.01 万平方米。深圳市援建项目有：文县中庙乡联丰村一村、中庙乡联丰村二村、中庙乡中坪村、尖山乡宋坝新村、城关镇元茨头村清水坪社，康县王坝乡李家庄村（东庄、西庄），武都东江新区安居房。甘肃省统筹项目有：文县农村居民住房、武都区农村居民住房、康县农村居民住房、舟曲县农村居民住房、武都区城镇保障性安置住房、陇南市东江新区保障性安置住房。2008 年 11 月 11 日，康县李家庄新居建成。李家庄村 84 户新居大门都贴上了大红对联，“地震无情人有情，深甘人民心连心”“灾难无情毁我安宁家园，深圳有爱援建美好新居”。

城镇基础设施项目　城镇基础设施共 45 个项目。其中，深圳市直接援建项目有：文县城关镇元茨头村清水坪社防洪堤；甘肃省统筹项目有：文县县城供水工程、文县碧口镇供水工程、文县城区江南桥、文县城区北门桥、文县深圳友谊（西园）大桥、文县县城垃圾处理场，武都城区供水工程、武都城区建设路口大桥、武都城区东江水拱桥、武都区城郊乡阴湾坝堤路修复工程、武都区马街镇姜家山道路及人饮工程、武都区钟楼滩水源地至北峪河供水主管道工程，陇南市区避难场所及“5·12”地震抗震救灾灾后重建主题展览园、东江新区灾后重建亮化工程、东江水沟沟口综合治理工程、东江水安置一二区村民避难场，武都城区灾后重建电子宣传系统、武都区东江水沟堤路工程、武都区东江水沟排污工程、武都区东江新区供水工程、武都区杨家坝大桥、武都区东江新区七村道路硬化工程、武都区建民大桥引道工程、武都区东江新区三期安置区基础设施建设、武都区 2 号公路铺油工程、武都城区集中供热工程、武都区农机服务体系建设、武都城区交通管理信息化体系建设，康县城区防洪河堤工程、康县城关镇—王坝乡道路工程、康县阳坝镇区基础设施建设，立（节）拉尕公路、两（河口）至峡（子梁）公路、博（峪）铁（坝）公路、立（节）前（麻）公路白龙江大桥、武都关大桥、通村道路桥梁、县城污水处理工程，舟曲县城区供水厂建设工程、舟曲城区北环路恢复重建工程、舟曲县白龙江防洪堤、舟曲县拱坝河流域堤防、舟曲县博峪河流域堤防。

公共服务设施项目 公共服务设施共34个项目。其中，深圳市直接援建项目有舟曲县曲告纳乡“三孤”院、舟曲县峰迭乡“三孤”院，康县敬老院；甘肃省统筹建项目有，文县公安消防设施建设、文县武警中队营房、文县广播电视台设施、文县武装部业务用房、文县体育场、文县残疾人康复中心、文县剧院，陇南市青少年活动中心、陇南市妇女儿童活动中心、陇南市残疾人康复中心、陇南市文化馆、陇南市困难职工救助中心、陇南市新华书店灾后重建工程、陇南市东江粮库、军粮配送中心仓库及设施、陇南市公安局指挥中心大楼、武警陇南市支队机关搬迁工程、陇南军分区武都区武装部弹药库搬迁工程、陇南市工青妇综合服务中心配套设施、陇南市博物馆档案馆配套设施建设，武都区乡镇农贸市场建设、武都区城关（深圳）中学新增供暖设施，文县一中等新增供暖设施、第一人民医院，康县戏剧院、康县计划生育服务机构、康县爱国主义教育基地建设，舟曲县乡镇计划生育服务所、舟曲县农牧技术综合服务中心、舟曲县乡镇综合文化站、舟曲县法律援助服务中心。

其他项目 共9个项目：陇南市徽成工业集中区、西成经济开发区基础设施建设，舟曲县丁字河口余热利用养殖基地、舟曲县丁字河口综合农贸市场、舟曲县“三台合一”通信技术指挥中心、舟曲县职工培训中心综合服务楼、舟曲县城东城区尖子石大桥、舟曲县农村供水、舟曲县信息服务中心。

三　软件援助

深圳市在加快援建项目建设的同时，社会各界发挥各自优势开展对甘肃重灾区的软件智力援助，包括规划、医疗、教育、培训、劳务、经贸、旅游、文化等方面。

规划援助 陇南市政府、深圳市规划局签订《深圳市对口支援规划合作协议》，任务是在援建初期的一年内编制完成陇南市城镇体系规划，在陇南市城镇体系规划完成后的两年内为规划的实施和深化提供必要的技术咨询，以及培训主管领导、技术人员和实地开展勘察设计技术服务，费用由援建资金统一解决。深圳市成立由市规划局牵头，深圳市城市规划设计研究院、深圳市城市发展研究中心、深圳市交通发展研究中心等单位技术骨干组成的甘肃省陇南市城镇体系规划项目编制组，帮助陇南市编制《陇南市城镇体系规划》。2008年6月18日，李锋率4个工作组至“三县一区”，筛选援建项目及勘察选址。9月11日，第一个援助规划《陇南市城镇体系规划》形成。2010年7月，市规划和国土资源委员会先后组织规划技术人员5批60余人至陇南，对陇南市相关县区进行实地勘察、调研和座谈。8月下旬，深圳市城市规划设计研究院组成20多人的技术团队再赴陇南进行10余天的现状基础调研。2010年9月至2011年3月，项目组完成了概念编制阶段的规划草案，并形成初步方案。2011年4月，陇南市、成县、文县政府和陇南市规划局共同组织召开深圳援助陇南市规划编制项目专家评审会。会议认为，规划策略和方案合理，具有前瞻性和可操作性，原则上予以通过。深圳市市政设计研究院主持编制了《夏河县城市总体规划（2010—2030）》《夏河县城乡一体化规划》《夏河县王格尔塘、科才、麻当、桑科乡镇总体规划》等城乡规划；深圳市市政建筑设计总院为舟曲县峰迭乡“三孤院”、曲告纳乡“三孤院”、舟曲县第二人民医院、舟曲一中等援建项目做了建筑设计，受到当地干部群众好评。

医疗援助　援建中，深圳市通过捐赠药品，带教、讲座、会诊，设立实习基地、挂职和进修等多种方式，帮助“三县一区”提高医疗卫生水平。深圳市卫生系统共接受甘肃地震灾区 3 批累计 147 名医务人员至深圳进修学习，接收部分受援单位 10 余名业务骨干至深圳短期考察，累计派出 2 支共 20 人次的援甘医疗卫生服务工作队到灾区开展为期半年至一年的挂职锻炼和巡回医疗卫生服务。医疗队在陇期间举办各类培训班、学习班近 20 期（次），组织和参加较大规模的下乡义诊活动近 10 次。鉴于甘肃中医药种植优势，深圳市与甘肃省积极进行医药产业合作，共同开发医药企业融资、研发、生产销售对接平台，实现专业技术互补。2008 年 6 月 7 日，刘玉浦、李锋、戴北方等率团至甘肃地震灾区考察，捐赠消炎药品、帐篷等一批救灾医疗物资。2009 年上半年，深圳第一批医疗队到武都区坪垭藏族乡为藏族群众体检、诊疗，捐赠常用药品，到舟曲县曲瓦乡、峰迭乡等 4 个偏远乡（镇）为 200 多位受灾群众送医送药，传播健康知识。次年下半年，第二批援甘医疗队进入康县进行巡回医疗和技术帮扶，向灾区群众提供免费医疗服务，赠送价值万余元的家庭健康药包。8 月 6—15 日，“陇南免费复明行动”启动，深圳眼科专家组成爱心医疗队免费为陇南地震灾区的 118 位贫困白内障患者施行手术，使当地近半数失明老人重见光明。11 月 11 日，深圳第二批援甘医疗队再次深入康县进行为期 3 天的巡回医疗，义诊 200 多人次，培训县、乡医院、卫生院长 40 余人。陇南同行赞扬他们“工作做到点子上、温暖送到心坎里”。

支教、志愿者与培训　志愿者援助。2008 年 6 月至 2010 年 2 月，深圳市向甘肃地震灾区派出 5 批共 20 名社工参与灾后重建，在陇南成立社工工作站。深圳社工对当地 1000 多名贫困学生、365 所学校、33 座医院和 305 所村卫生室的受灾情况进行调查核实，协助深圳开发援助项目，对有需要的受灾群众进行资助。2009 年 3 月，深圳“关爱行动”第七批“募师支教”启动。活动以“融聚希望、播撒爱心”为主题，面向全国公开招募 80 名支教志愿者。7 月 2 日，13 名参加团中央“志愿服务西部计划”的深圳大学义工启程奔赴甘肃，开展为期一年的义工服务。2010 年 6 月 2 日，深圳西部计划志愿者到武都区龙坝九年制学校，开展以“心手相连、快乐成长”为主题的关爱农民工子女志愿者服务活动。7 月 16 日，深圳 10 名大学生志愿者启程至陇南等地开展为期一年的志愿者服务工作。

教育系统支教。2009 年 3 月 8 日，深圳市教育系统第一批 15 名教师至“三县一区”支教。9 月 27 日，深圳市教育系统第二批支教教师 20 人抵达“三县一区”进行为期 3 个月的支教。12 月 12 日，深圳市教育局派出名师讲师团一行 9 人至甘肃重灾区讲课，讲师团成员均为深圳各学科带头人，所到之处深受当地教育工作者和受灾群众欢迎。2010 年 3 月 12 日，深圳市第三批共 15 名援甘支教队伍启程前往陇南，于 14 日到岗，进行为期 3 个多月的支教帮扶工作，效果明显。

干部培训。3 年间，组织举办各类专业培训班、学习班近 20 期（次），累计培训陇南、甘南地区各类干部 1000 余名。接受“三县一区”的 30 多名中小学校长、50 名骨干教师到深圳市相关学校挂职锻炼；为 97 名甘肃灾区医务人员、50 名计划生育技术服务人员和干部提供业务培训。2008 年 12 月 21 日，甘肃（深圳）青年干部培训班在深圳开办，来自陇南团市委、市直机关和陇南八县一区的团委书记及部分企业、学校、乡镇团委的基层团干部 35 人，参加为期 5 天的培训。

2010年9月10日，由深圳市对口办、甘肃省重建办和甘南藏族自治州组织部共同组织的“甘南藏族自治州灾后重建领导干部创新能力培训”第一期“区域经济发展与经济管理”专题培训班在兰州大学开班。10月10日，“甘南藏族自治州灾后重建领导干部创新能力拓展研究项目行政管理专业研究生课程”进修班在兰州大学开班。此后，为甘南培训各级干部共500多人。

劳务合作 3年间，深圳市8次举办现场招聘会、远程招聘会，解决了1.66万名灾区务工人员的就业问题，有数百名甘肃籍务工人员被招调入户深圳。

2008年7月11日，汪洋、黄华华、刘玉浦等省、市领导出席广东深圳·甘肃陇南劳务合作招聘会暨首批劳务人员赴深就业仪式，163家深圳企业提供2.5万个岗位，首批240名劳务人员启程赴深。9月，深圳市通过举办现场招聘会、远程招聘会等形式招聘3040名灾区务工人员在深圳125家企业稳定就业；直接援建项目招聘680名务工人员就地就业，深圳援建企业累计吸纳当地劳动力2760名。11月11—15日，在陇南、天水和定西举办劳务招聘会，现场签约6034人。2009年4月6日，深圳—舟曲劳务合作现场招聘会在舟曲开幕。招聘会上，30多家深圳企业提供了1.8万多个岗位，共有2410人达成就业意向。

商贸援助 震后，甘肃省农产品销售和农产品加工陷入困境，深圳市贸易工业局分别与甘肃省商务厅、陇南市商务局签订《关于加强两省市经贸合作促进灾后重建框架协议》，为深、甘商贸流通搭建合作平台。深圳市在农业特色产业中扩大特色农产品的生产和采购力度，扩大生产基地规模，尤其是无公害和有机特色农产品的生产、商标注册、质量认证和配送。深圳市还支持陇南市发展中药材、油橄榄、银杏、花椒、核桃等特色产品加工业，并为深加工的深圳企业提供所需原料和其他经营条件。

2008年6月18日，李锋率队实地考察甘肃重灾区，并与甘肃就农副产品销售和招商引资达成初步意向。7月11日，深圳市在陇南举行农副产品采购签约仪式，两地首批20家企业共签订合作协议45份，累计价值3100万元。马铃薯、洋葱、木耳等甘肃农特产品不断进入深圳市场，定向采购甘肃农产品的长效机制逐步形成。深甘还通过“兰（州）洽会”“西（安）洽会”“成（都）洽会”以及多种招商引资推介形式，引导两地企业加强合作。其中，2009年6月中旬，王顺生、吕锐锋、陈应春率深圳代表团至兰州参加第十五届中国兰州投资贸易洽谈会，签约项目115个，成交金额149.21亿元。

文化援助 两地文艺工作者以灾区重建为己任，以摄影、书法、美术、文学等形式讴歌对口援建。深圳市还邀请甘肃文化界参加深圳文化博览会，宣传推介先秦文化、三国文化、民族民俗文化，在陇南市建设“5·12”地震主题纪念园，专门设立深圳援建陇南纪念区，全面反映深圳援建成果，并建设陇南的爱国主义教育基地。

2008年6月12—16日，深圳市前后两次发起举办“丹青寄情、鹏城有爱——深圳书画界赈灾作品精品汇展、义卖、竞拍活动”，组织发起400多位书画家参与，募集美术作品280幅、书法作品300幅参加汇展、义卖、竞拍，共募集善款120万元，其中100万元统一捐给陇南市财政，20万元用于陇南文艺事业的重建。2009年1月5日，在深圳市文联的组织下，深圳文艺工作者与陇南文艺界共同策划在深圳举行陇南书画作品展览。5月12日，“特区灾区·心手相连——深圳甘肃陇南抗震援建图片展”在深圳举行。2010年3月28日，“爱在陇南——深圳援建灾后陇南摄影展”在深圳开展。5 月 11 日，甘肃省地震重建暨深圳援建工作图片展在甘肃省博物馆隆重开幕，展示了两年间深圳援建工作的成效和特区、灾区人民的深情厚谊。14 日，“爱让我们相逢——情系陇南、感恩深圳”将军书画展在深圳文博会陇南展厅举行。

旅游业援助 旅游开发中，深、甘两地互推特色旅游精品线路、旅游项目建设、人才培养培训，鼓励跨地区投资经营，共同营造良好的旅游环境，促进两地旅游产业规模的壮大。深圳组织有实力的旅游企业支持陇南旅游业，重点开发先秦文化、三国文化、民族民俗文化和红色旅游、生态旅游及森林景观项目，同时打造深圳—陇南特色旅游精品线路，融合深圳现代都市、主题公园、滨海风光和陇南历史文化、民族民俗文化、森林度假、乡村旅游、科考探险、红色旅游的特色，实现资源共享、客源互送，充分发挥两地旅游合作中人文历史、自然风光和现代都市、滨海风光的旅游资源优势互补特色，加强旅游业的合作。2009 年 12 月 28 日，甘南藏族自治州旅游资源和招商引资新闻发布会在深圳召开。甘南藏族自治州提供了旅游、畜产、藏药、工业等领域 109 个项目，总投资 8.9 亿元，重点推介“兰州—甘南—九寨沟”和“兰州—甘南—香格里拉”专线游两条旅游线路开发。2010 年 5 月 1 日，“多彩甘肃——民族风情旅游宣传周暨甘南香巴拉风情节”在深圳锦绣中华民俗村开幕。甘南藏族自治州组织了 120 人的宣传团队，同时举办甘南风光民俗成就图片与宣传片展览、甘南民族手工艺制品与土特产系列产品展销、甘南非物质文化遗产展示等活动。

关爱援助 为帮助甘肃灾区人民顺利过冬，深圳市捐助中心分别于 2008 年 10 月和 2009 年 11 月在全市范围内组织了“送温暖、献爱心”活动，倡导社会各界向灾区人民捐赠衣被等生活物资，其中 2008 年募集衣被约 43 万件。2008 年 6—11 月，深圳市发起“温暖红领巾”“捐特殊队费、建手拉手学校”“手拉手重建灾区”“深甘一家亲夏令营”等活动，组织青少年为灾区青少年捐款捐物、结对帮扶、资助交流。9 月 3 日，广东省、深圳市两级政协在深圳举行慈善晚会，以“一切为了灾区的孩子”为主题，共募集善款 1830 万元。

2009 年 4 月 26 日，深圳市盐田区妇联和区有关单位在陇南校场小学开展“携手同行、明天更美好”学术交流和文化扶贫活动，为该校赠送 10 万元的学习、体育、文化用品和书籍。5 月，深圳市妇女儿童心理咨询中心将 500 套《心灵美学系列——勇敢向前行》（每套 6 本）心灵美学系列丛书及其他书籍共 9000 册，捐赠给陇南市的多所小学。5 月 31 日至 6 月 6 日，深圳市慈善基金会组织开展“送孩子一双鞋、阔步成长路”活动，将募集的 129101 双新鞋，作为六一儿童节的特殊节日礼物，捐赠给“三县一区”几十所学校的孩子们。10 月 28 日，王荣、李锋、吕锐锋、张文参加深甘支教交接及图书电教设备捐赠仪式，深圳市向陇南市捐赠 1.5 万册图书及一批学校电教设备。2009 年，深圳市慈善基金会共资助陇南灾区贫困大学生 127 人，资助金额达 63.5 万元。深圳职业技术学院在 2008 年招收 30 名甘肃学生的基础上，2009 年再次面向甘肃扩招 58 名学生。在贫困学生资助计划中，深圳市发放资助金数百万元，资助贫困学生 1 万多名。深圳市向陇南、甘南灾区累计捐赠棉衣、棉被、帐篷、食品等物资超过 770 万箱（件），累计价值 4907.27 万元，运送 62 车皮救灾应急物资。

深圳市的援建工作得到了社会各界、人民群众和新闻媒体的好评。2009 年 3 月 23 日，舟曲县委书记范武德、县长迭目江腾以及汉、藏两族群众代表，赶到深圳对口支援工作前方指挥部，向深圳市委市政府敬赠“援建恩情世代铭记”的匾牌，并向援建者敬献哈达。舟曲县八旬老人张希骞撰写对联称赞道：“海内存知己，深圳朋友跨越千山资舟曲，名留史册；天涯若比邻，特区亲人涉渡万水救灾民，碑树民间。”

第十节　天津市支援陕西省重灾区

2008年6月，中共中央、国务院明确天津市对口支援陕西省重灾区，具体是宁强、略阳两个重灾县。天津市委、市政府迅速成立援建领导组织和机构，投入资金21.56亿元，两年间完成9类295个民生项目。2010年4月12日，天津市与陕西省举行“天津对口支援陕西震后重建项目交接仪式”，全面实现三年援建任务两年完成的目标，受到社会各界的赞扬。

一　组织部署

2008年6月16日，天津市召开区县局领导干部会议，传达贯彻中共中央、国务院对口援建精神。中共中央政治局委员、市委书记张高丽主持会议。他指出：“有重点、分步骤、高质量地做好对口支援陕西省重灾区恢复重建工作。要优先解决当地群众的基本生活条件，集中力量建设和修复群众住房、公共服务设施、基础设施、工农业生产设施，帮助灾区群众及早重建家园，恢复正常生活生产。同时，继续完成好过渡安置房的建设任务。要加强对对口支援工作的领导，搞好恢复重建的总体规划和专项规划，提高建筑质量，把恢复重建与促进当地经济社会发展相结合，让灾区人民满意。”16—17日，副市长李文喜率团至宁强、略阳进行先期考察。17—19日，张高丽及市长黄兴国率天津市代表团考察宁强、略阳。张高丽表示，先解决受灾群众的基本生活条件，积极提供人力、物力、财力、智力等各种形式的支持，有重点、分步骤、高质量地完成援建任务，帮助灾区人民及早重建家园，努力交出一份满意的答卷。19日，津、陕两地党政领导签署《天津市对口支援陕西省地震灾后恢复重建框架协议》。协议规定：一是建立恢复重建对口支援机制。天津市发扬一方有难、八方支援的传统，陕西省发扬自力更生、艰苦奋斗的精神。二是按照建设社会主义新农村的要求，通过恢复重建，促进经济社会发展，改善民生，完善城乡布局，保护生态环境。三是重点支援宁强县、略阳县，力争用两年时间基本实现三年灾后恢复重建规划的目标。国家规定的对口支援资金保证落实到位，每年支援额度为天津市上年财政收入的1%，连续安排3年。陕西省在足额拨付中央专项资金、督促两县用好捐助资金的基础上，对不足部分予以保证。抓紧实施陕西省确定的4个整建制村的搬迁重建，建设一所学校、一座医院。在两县各建一座规模化的砖瓦厂，在一个镇建一座香菇加工厂。四是天津市提供规划编制、建筑设计、专家咨询、工程建设和监理等服务，帮助灾区建设和修复城乡居民住房、建设和修复学校、医院、广播电视等公共服务设施，建设和修复道路、桥梁、供水、供电等公共基础设施，及早重建家园、恢复正常生活生产。对就地重建的居民住房于 2008 年入冬前完工；需整体迁建的村庄在 2009 年年底前完成。需重建的中小学校在 2009 年 8 月底前完成，提高抗震设防标准，使学校成为最安全的应急避难场所。五是帮助灾区发展特色经济。政府推动，采取市场化方式促进天津企业到陕西，特别是到宁强、略阳两县兴办企业，围绕当地优势资源的开发与转化，搞好项目建设，培育特色经济。加强对两县的人才培训，扩大劳务输出，不断拓展合作领域。六是两省（市）分别建立对口支援工作领导小组，由省市领导任组长，相关部门负责人为成员，协调解决有关重大问题。建立两省（市）联席会议制度，形成联系紧密的工作机制。选派两个副厅级领导带队的工作组和有关工程技术人员到两县协助灾后恢复重建工作。

随后，天津市成立对口援建领导机构和工作机构。天津市援建工作领导小组由副市长只升华任组长，副市长李文喜任副组长，市政府办公厅等 18 家委办局的主要负责人为成员。领导小组办公室设在市政府经济协作办（2009 年 5 月更名为市政府合作交流办公室），主任由庞金华兼任。工作机构为“驻宁强县和略阳县工作组”。2008 年 6 月 20 日，市援建工作领导小组第一次会议明确要求各成员单位于 23 日前确定驻两县工作组成员。决定选派由东丽区委常委、副区长张传捷和津南区委常委、副区长李树义带队，以市纪检委、发改委、财政局、建委、规划局、经协办领导为成员的天津市对口支援宁强县、略阳县震后恢复重建工作组，张传捷任宁强工作组组长，李树义任略阳工作组组长。30 日，驻宁强、略阳两县援建工作组进驻两县后，立即参加津陕两地联席会议，决定充分整合津、陕两地力量；天津工作组与当地党委、政府建立津陕联合工作组，下设资金保障及监管、项目管理、经济合作等 5 个小组；实行一个项目一套班子的办法，津陕全面对接；明确重点援建项目依靠天津援建工作组实施为主，其他援建项目以两县实施为主的运作方式。

2008 年 7 月 2 日，津陕联席会议提出重建项目，最终形成了《天津市对口支援陕西省宁强略阳灾后恢复重建项目规划》。规划明确，宁强、略阳两县恢复重建项目首先考虑受灾群众安居工程和灾区教育、卫生设施恢复重建，保证受灾群众安全过冬，争取两年内基本完成两县恢复重建任务。7 日上午，天津市援建领导小组召开会议，传达张高丽关于援建工作批示：下功夫首先把规划设计搞好，确保质量和进度；要精打细算用好资金，使两县灾后重建圆满完成，让群众满意。同时传达了黄兴国批示：在协议框架内，高质量高效率做好对口支援重建工作。会议要求确保三年援建任务两年完成，让灾区人民满意。9 日，天津市首批 35 名规划设计专家起程赶赴灾区，开始震后恢复重建整体规划和援建项目规划设计工作，主要包括宁强、略阳两县“2241”工程规划建筑设计任务，即 2 所医院、2 所中学、4 个农民集中安置点、1 所职教中心的规划设计。8 月 19—20 日，天津市对口支援重点建设项目宁强县天津中学、宁强县天津医院及宁强汉源页岩砖厂开工建设。砖厂建成后可以缓解宁强恢复重建用砖紧缺、价格上涨的局面，吸纳当地剩余劳动力，增加农民务工收入。12 月 9—11 日，只升华率队至宁强、略阳实地考察援建的 11 个重点项目和分散户房屋重建情况。至此，加固受损房屋工作结束，重建户住房开工率达 95% 以上，宁强竣工率达到 98%、略阳达到 94.3%。至 12 月 7 日，受灾群众全部搬进新居或温暖过冬房。

2009 年 4 月 20—22 日，以天津市人大常委会副主任孙海麟为团长的天津市代表团一行 16 人至略阳、宁强考察。在宁强县天津高级中学、宁强县天津医院、略阳县天津高级中学、略阳县天津职教中心、略阳县天津中医医院等项目的施工现场，孙海麟要求加快工程进度，力争实现三年任务两年完成的目标。截至4月底，宁强县天津高级中学的17个单体建筑已有5个封顶，宁强天津医院B、C、D区住院楼封顶，略阳县天津高级中学的9个单体建筑7个封顶，略阳县天津中医医院主体封顶，宁强汉源页岩砖厂、广坪机砖厂、略阳粉煤灰蒸压砖厂投产，宁强庙子岭村和金山寺村主体工程和河堤护岸建设全部完工，略阳徐家坪上坪、白水江走马湾集中安置点建设项目全部完工。6月，天津市北辰区委常委、宣传部部长张建国，大港区委副书记王建分别接替张传捷、李树义担任宁强和略阳工作组组长。14日，李文喜到略阳县检查援建工作。9月2—5日，天津市委常委、组织部部长史莲喜与李文喜率天津市代表团出席援建项目竣工仪式。至此，援建两县9类295个项目全部开工建设，竣工率达80%。

2010年1月25日，由天津民营企业捐资700万元兴建的略阳县嘉陵江天津光彩大桥竣工。天津市人大常委会副主任、市工商联主席张元龙率天津市代表团出席竣工仪式。29日，中共中央总书记胡锦涛批示：天津援建陕西灾区工作做的富有成效，尤其是学校、医院建设是一流的。2月1日上午，天津市委召开常委扩大会议，张高丽传达了胡锦涛的批示。2日，市援建工作领导小组召开座谈会，学习胡锦涛批示、传达张高丽讲话精神。

至2010年4月，天津市实现援建工作三年任务两年完成的目标。两地《框架协议》确定的9类295个项目全部竣工，其中宁强县174个、略阳县121个。4月12—13日，天津市党政代表团至陕西进行对口援建项目竣工交接。张高丽出席交接仪式并讲话，陕西省委书记赵乐际主持仪式并讲话。黄兴国与陕西省省长袁纯清签订《关于天津市对口支援陕西省震后恢复重建项目交接暨进一步加强全面合作交流的会谈纪要》。李文喜与陕西省副省长朱静芝签署《天津市对口支援陕西省震后恢复重建项目交接备忘录》。《会谈纪要》确定，援建结束后两地要把天津的技术、区位优势与陕西的资源优势结合起来，促进双方产业结构的调整和发展方式的转变，增强产业发展的互补性，充分发挥两地高校、科研院所在专业方面的互补优势，开展重大课题的联合攻关，促进科研成果的相互转化。天津方面继续加大教育、卫生等方面的支持和服务力度，在商贸流通、文化旅游、金融服务、交通口岸、劳务输出等方面进一步加强合作，推动天津滨海新区与陕西西咸新区的交流共建。

二 项目援建

天津市援建宁强县和略阳县9类295个项目，其中宁强县174个、略阳县121个；投入援建资金21.56亿元，其中财政拨付20.37亿元、社会定向捐赠0.51亿元、“特殊党费”0.68亿元。21.56亿元中，向宁强投入9.43亿元、略阳8.814亿元，剩余3.316亿元作为后续资金拨付。援建中，两县共新建和维修加固9万多户房屋，新建30座桥梁和16条道路，新建和维修56所学校、19所卫生医疗机构，新建97个党员活动室、18个农家书屋、22个敬老院等基层党建和社会公益设施，还建设了砖瓦厂、药材基地、循环经济产业园区等产业发展项目。重建项目采取援建方（津）与受援方（陕）共同投资，共同建设，形成“领导重视，社会参与；规划先行，注重民生；依靠当地，联合推动；长短结合，科学援建”的“天津模式”。

宁强县援建项目　宁强县灾后恢复重建项目174项，总投资18.37亿元，为援建方与受援方合资建设，其中天津投入9.43亿元。重建主要类别包括农房项目、教育与广电项目、卫生项目、廉租房项目、民政项目、交通项目、经济合作与农业基础设施项目、基层组织建设项目、古镇恢复及旅游开发项目九大类。174项中有6个重点项目，即东丽村集中安置点配套基础设施，总投资3112万元，天津投资700万元，新建公共设施建设及堤防护岸、堡坎、排洪渠等；金山寺村集中安置点配套基础设施总投资271万元，全部由天津投资，新建饮水管网、道路等公共设施建设及堤防护岸、堡坎、排洪渠等；宁强县天津高级中学总投资2.42亿元，其中天津投资2.25亿元，建筑总面积5.7万平方米，建成后覆盖33.96万人；宁强县天津医院总投资1.86亿元，其中天津投资1.76亿元，新建业务楼34048平方米；汉源页岩砖厂总投资720万元，其中天津投资440万元，新建年产3000万块页岩砖厂；广坪机砖厂总投资763万元，其中天津投资160万元，新建年产2000万块页岩砖厂。

农村房屋建设项目7项，总投资5.74亿元，其中天津投资3.8亿元。项目主要包括农村倒损房屋恢复重建、农村受损房屋维修加固、53个20户以上灾区群众集中安置点配套基础设施、东丽村集中安置点配套基础设施、金山寺村集中安置点配套基础设施、青竹砭北辰小区等。

教育与广电项目33项，总投资4.97亿元，其中天津投资3.47亿元。项目具体是宁强县天津高级中学、宁强县职教中心、逸夫中学、宁强一中、大安镇初级中学、汉源镇金家坪小学、广坪镇初级中学、铁锁关镇初级中学、宽川乡中心小学、高寨子镇中心小学、曾家河乡中心小学、太阳岭乡中心小学、南街小学、北关小学、大安镇桑树湾小学、代家坝镇中心小学、阳平关镇中心小学、燕子砭镇中心小学、铁锁关镇中心小学、毛坝河镇中心小学、毛坝河镇三道河小学、巨亭乡中心小学、阳平关镇三道河小学、舒家坝乡沙河子小学、二郎坝乡中心小学、毛坝河镇初级中学、宁强二中、胡家坝镇中心小学、毛坝河镇中心小学、苍社乡中心小学、代家坝镇徐家坝小学、阳平关镇唐渡小学、宁强广播电台等。

卫生项目13项，总投资2.17亿元，其中天津投资1.933亿元。项目具体是宁强县天津医院、胡家坝镇中心卫生院、广坪镇中心卫生院、青木川镇卫生院、燕子砭镇中心卫生院、巴山镇中心卫生院、安乐河乡卫生院、高寨子镇卫生院、关口坝卫生所、宁强县医院维修加固工程、代家坝镇中心卫生院、阳平关镇中心卫生院、巩家河乡卫生院等。

廉租房项目总投资2879万元，其中天津投资500万元。

民政项目2项，即宁强县中心敬老院、基层派出所建设，总投资1944万元，其中天津投资574万元。

交通项目22项，总投资1230万元，其中天津投资1230万元。项目具体是大托公路郭家湾桥、大托公路风响沟桥、大青公路黄梁湾桥、大青公路土地坝桥、宁康公路陡沟子桥、滴庙公路花桥坝桥、代桃公路赵家坎桥、安阳公路张家坝桥、大青公路坎子上桥、阳青公路韩家垭桥、石羊栈村道石羊栈桥、汉宁公路蚂蟥沟桥、汉宁公路罗村坝桥、何万公路高桥、宁康公路孟家沟桥、滴庙公路两河口桥、滴庙公路二里坝桥、代桃公路两河口桥、毛张公路仙女桥、茅关公路王家院桥、大南公路燕尔沟桥、两东公路堰坝桥。

经济合作与农业基础设施项目3项，总投资4.69亿元，其中天津投资6100万元。项目具体是汉源页岩砖厂、广坪机砖厂、循环经济产业园区配套基础设施建设及规划设计。

基层组织建设项目，建设场所90个，总投资2200万元，其中天津投资2200万元，主要是村级党组织活动场所。

古镇恢复及旅游开发项目4项，总投资2737万元，其中天津投资2100万元。项目具体是回龙寺观景台旅游步道工程、新街房屋仿古改造工程及青木川古镇重建项目设计、魏氏宅院门前景观恢复重建及入口绿化工程、青木川古镇规划编制。

略阳县援建项目 略阳县灾后重建项目121项，总投资14.64亿元，为援建方与受援方合资建设，其中天津投入8.814亿元。重建主要类别包括农房项目、教育与广电项目、卫生项目、廉租房项目、民政项目、基础设施建设项目、交通项目、经济合作与农业基础设施项目、基层组织建设项目、规划编制项目10类。121项中有重点项目7个，即徐家坪镇上坪集中安置点基础设施建设，总投资452.6万元，其中天津投资406.6万元，新建供水、供电、道路、护坡、河堤、排洪渠等；白水江镇权力村走马湾集中安置点基础设施建设，总投资504万元，其中天津投资454万元；天津高级中学，总投资1.85亿元，其中天津投资1.65亿元，面积4.5万平方米；天津职教中心，总投资1.2亿元，其中天津投资1.067亿元，面积3.27万平方米；天津中医医院，总投资1.074亿元，其中天津投资9948万元，面积1.7万平方米；接官亭新区基础设施建设，天津投资1亿元，建设内容包括供水、道路、河堤、桥梁、排水渠、电力电信等；粉煤灰蒸压砖厂，总投资1665万元，其中天津投资770万元，年产砖5000万块的生产线。

农村房屋建设项目36个，总投资5.33亿元，其中天津投资1.39亿元，包括农村受灾群众住房建设和农村中度受损房屋维修加固，主要项目点有徐家坪镇上坪、徐家坪镇药木院村上院、徐家坪村街上、徐家坪镇朱儿坝村朱儿坝、徐家坪镇秦家坝村下坝、徐家坪镇周家坝村马家湾、徐家坪镇刘家庄村罗家梁、马蹄湾乡吕家坪、马蹄湾乡禅觉寺村老峰坝、白水江镇权力村走马湾、白水江镇小河村柿庄沟、白水江镇林家山村东西坪、白水江镇封家坝村陆地湾、西淮坝乡梁家河村半山、西淮坝乡东淮村麻地窝、西淮坝乡梁家河村大湾、郭镇镇谭家庄村谭家梁、郭镇镇西沟村穆家坝、郭镇镇木瓜院村七里碥、郭镇镇谭家庄村龙湾坝、郭镇镇街下街、郭镇镇街庄子坝、九中金乡金池院村上街、横现河镇白家坝村侯家坝、白石沟乡牌坊坝村寺坝、金家河镇三岔子村瓦房坝、金家河镇惠家坝、硖口驿镇硖口驿组、硖口驿镇陈家坝村陈家坝组、何家岩镇西街组、接官亭镇蹇家坝村下湾、接官亭镇街上、鱼洞子乡上营村上营组、鱼洞子乡王家庄村大山等集中安置点基础设施建设。

教育与广电项目31个，总投资4.994亿元，其中天津投资3.91亿元。项目具体是天津高级中学、天津职教中心、县二中、横现河初级中学、何家岩初级中学、两河口初级中学、徐家坪初级中学、郭镇初级中学、白水江初级中学、乐素河初级中学、高台小学、东关小学、嘉陵小学、横现河镇中心小学、硖口驿镇中心小学、两河口镇中心小学、徐家坪镇中心小学、乐素河镇中心小学、白水江镇中心小学、郭镇镇中心小学、金家河镇大港小学、鱼洞子乡中心小学、观音寺乡中心小学、史家院乡中心小学、白雀寺乡中坝子完小、乐素河镇瓦舍沟初小、徐家坪镇秦河完小、县幼儿教育中心、白水江镇青泥河小学、接官亭镇麻柳铺小学、县广播电台改造更新。

卫生项目13个，总投资1.3亿元，其中天津投资1.16亿元。项目具体是天津中医医院（见

图 289）、郭镇中心卫生院住院综合楼、何家岩镇中心卫生院业务综合楼、黑河坝乡卫生院业务综合楼、观音寺乡卫生院业务综合楼、史家院乡卫生院业务综合楼、西淮坝乡卫生院业务综合楼、徐家坪镇中心卫生院业务综合楼、金家河镇卫生院业务综合楼、白石沟乡卫生院业务综合楼、接官亭镇卫生院、白石沟乡龙洞沟村卫生室、横现河镇中心卫生院。

廉租房项目 2 个，总投资 2800 万元，其中天津投资 1900 万元。项目具体是菜籽坝廉租房、后沟廉租房。

民政项目 6 个，总投资 2830 万元，其中天津投资 2088 万元。项目具体是中心敬老院、金家河敬老院、郭镇敬老院、徐家坪敬老院、接官亭敬老院、仙台坝敬老院。

基础设施建设项目 14 个，总投资 1.36 亿元，其中天津投资 1.36 亿元。项目具体是接官亭新区基础设施建设，菜籽坝新区基础设施建设，建设内容分别包括供水工程、道路工程、河堤工程、桥梁工程、排洪渠工程、土方换填工程安置点建设工程、电力电信工程、市政设施、防洪河堤工程、城市桥梁工程等。

交通项目 7 个，总投资 4909 万元，其中天津投资 2410 万元。项目具体有中五公路改建工程 A 段、徐木路建设工程、陈铁路改建工程、徐（家坪）上（坪）公路、嘉陵江天津光彩大桥、九中金乡枫箱沟桥、中五公路改建工程 B 段。

图 289　天津市援建的略阳县天津中医医院

（天津市援建指挥部　提供）

经济合作与农业基础设施项目6个，总投资4033万元，其中天津投资1870万元。项目具体有粉煤灰蒸压砖厂、农业综合开发（接官亭）、农业综合开发（九中金）、略阳乌鸡种源基地建设、中药材基地建设、九中金氏羌民俗村基础设施重建。

基层组织建设项目5个，总投资1732.1万元，其中天津投资1417万元。项目包括35个村级活动场所恢复重建、6个社区活动场所恢复重建、关爱慰问受灾党员干部、困难党员干部培训、产业帮扶。

县城及新区建设规划编制项目1个，总投资268万元，其中天津投资268万元。

三　软件援助

特色产业帮扶　天津市会同宁强县围绕当地特色产业进行专题调研，初步确定有资源、品牌、经济基础优势的30多个产业合作项目作为重点招商引资项目。向宁强方面推荐一批天津市向中西部转移的产业链帮扶项目。协助汉中市、宁强县组团至天津进行招商引资，先后邀请天津、北京等地企业和韩国、澳大利亚客商至宁强考察，签订投资额11亿多元的经济合作项目7个。天津丽兴钢铁贸易有限公司、天津市宏茂建材有限公司、天津众建公司、天津德尔斯生态农业科技发展有限公司等知名企业落户宁强。天士力集团采取基地加农户的模式，发展丹参基地6000亩。宁强的土特产品在天津设点销售。采取“请进来”“走出去”的方式，先后组织8次团组互访，接待、走访企业近百家，筹备举办了3次略阳赴天津经济协作暨招商引资项目推介会，签约中药材开发、生态旅游开发等14个项目，协议金额达4.04亿元。在略阳投资建立200亩绿色无公害中药材出口基地，每年可出口优质中药材近百吨。注入320万元资金，在5个乡（镇）30个村建设乌鸡种源基地，2009年带动全县发展乌鸡养殖210万只，年产值逾2亿元。安排300万元资金，实施羌族民俗村建设，建成具有浓郁民族特色的民居250套。出资1100万元建设中五公路，将沿线的五龙洞国家级森林公园、羌族民俗村和八渡河生态旅游带连成一体。

宁强县处在“西三角”（以西安、成都、重庆为核心的经济圈）经济板块的物流节点和国家规划的汉中循环经济产业集聚区位置。规划建设5平方公里的宁强县循环经济产业园区，并调整部分援建资金用于园区水电路等配套基础设施建设。园区以农副产品加工、医药、生物、食品、饮料制造为主，同时积极开拓轻工、商贸服务等行业；援建中推进基础设施建设。

就业与文化援助　先后组织多家天津企业到宁强开展专场务工招聘活动，接纳698名灾区富余劳动力到天津企业务工。组织230名职专学生到天津就学，输送约1000名劳务人员到天津或在略阳的天津企业中务工。

先后邀请天津市卫生局、天津市培训中心等30多位专家至略阳开展卫生、民政管理等方面的培训；组织略阳教育、卫生系统管理人员和技术骨干至天津进行中长期学习培训，累计培训各类管理技术人员1500余名。

2008年10月19—21日，天津市委常委、宣传部部长肖怀远在陕西省副省长吴登昌陪同下，冒雨到宁强、略阳考察援建工作，开展“情系灾区・津陕同心——天津市‘海河情’艺术团赴陕西汉中地震灾区慰问演出”活动。肖怀远一行出席了由天津援建的宁强和略阳广播电台恢复开播仪式，为两县群众发放100台彩色电视机和2000余台收音机，并打开收音机，告诉村民如何收听天津人民广播电台和当地人民广播电台的节目。19—21日，“海河情”艺术团分别在宁强天津医院工地、略阳县一中操场和汉中天汉广场各进行一场大型慰问演出，同时还组成演出小分队冒雨深入到宁强县广坪镇金山寺村等受灾群众安置点慰问演出。19日下午，艺术团冒雨在宁强县天津医院工地首演，现场气氛热烈。天津市委组织部、工商联、团市委、妇联、广电局、民政局、津南区、大港区等单位和有关企业，开展了多种形式的对口支援，捐款捐物2900多万元，援助范围涉及学校、路桥、文化设施等。

在灾后援建过程中，天津理工大学管理学院相关专家，组成“灾后恢复重建项目建设管理研究”课题组，对援建的决策系统、资金管理、建设管理、绩效评价4个方面进行研究。对此，陕西省省长袁纯清批示：“这既是天津市援助援建工作的真实写照，也是你们心血的精神成果，更是矗立在三秦人民心中的不朽丰碑。再一次感谢天津援建工作组的同志们！”

对口援建汶川特大地震重灾县（市）情况一览表

表29

援建省（市）	受援县（市、区）	援建项目（个）	援建资金总量（亿元）	主要项目
河南省	江油市	302	30.02	江油—河南工业园基础设施、市人民医院门诊医技大楼重建、李白故居修复、李白纪念馆重建、豫江大堤综合整治工程、中原爱心小区、中原爱心学校、中原爱心医院（江油市中医院）、中原江油连心桥及引道工程、中原职教中心
湖南省	理县	99	20.39	“三湘情”安全饮水灌溉工程、理县中学、理县人民医院、理县农村公路、理县商贸中心、理县文体中心、三湘大道、理小路、甘堡藏寨、桃坪羌寨、理县工业园项目、“湘川情”社会工作服务项目
吉林省	黑水县	201	12.05	渔客旅游公路、垭口山隧道、通村公路建设、吉林大道、农村饮水安全工程建设、县医院、县中学高中部、色尔古引水灌溉工程、精品旅游村寨建设
安徽省	松潘县	320	21.30	川主寺过境公路、牟尼沟隧道及连接线、川黄公路改扩建工程、松潘新城市政设施工程、岷江川主寺河段生态护岸工程、松潘县民族文化展览馆、松潘县政务中心主楼
江西省	小金县	128	13.00	县城关二小、县广播电视中心、新城区城市道路工程（江西路）、县旅游产业发展服务中心、红军长征两河口会议会址、美汗路、县三院一中心、县文化体育活动中心、县人民医院、居民避险广场

续表 29

援建省（市）	受援县（市、区）	援建项目（个）	援建资金总量（亿元）	主要项目
湖北省	汉源县	116	23.00	龙潭沟大桥、新县城环湖公路、体育馆、文化大厦、白鹤中学、汉源二中、汉源县人民医院、汉源中心小学、富林幼儿园、武昌爱心福利院
重庆市	崇州市	112	17.00	市人民医院和妇幼保健院、重庆市对口支援崇州专项资金项目、重庆路及延伸段建设
黑龙江省	剑阁县	146	15.50	剑门大厦、龙江大道、剑门工业园区、剑门关景区关楼恢复重建工程、剑阁县体育馆、剑门关古镇改造、剑阁县职业高级中学、普安城市生活垃圾处理场、剑门关高级中学、剑南路工程
深圳市	文县、康县、武都区、舟曲县	165	30.00	陇南人民医院、舟曲县第一中学、康县人民医院、武都深圳中学、康县第一中学、康县王坝乡李家庄村、文县第一人民医院、陇南一中、舟曲县第二人民医院、文县第二中学
天津市	宁强县、略阳县	295	21.56	宁强县天津高级中学、宁强县天津医院、宁强县第二中学、宁强县城镇廉租住房、宁强县桥梁新建和维修加固、略阳县天津高级中学、略阳县天津中医医院、略阳县中心敬老院、略阳县天津职教中心

说明：此表为中央确定并部署对口支援的重灾县（市、区），根据各援建省市上报灾后重建志编纂办公室的资料编制，项目具体情况参见第五篇至第十三篇中的项目选介

第十六篇

恢复重建社会支持

汶川特大地震造成四川、甘肃、陕西等省损失惨重，除中央部署19个省（市）对口支援20多个极重灾和重灾县（市、区）外，社会各界主动参加援建和支援。社会各界援建的灾区主要是中央对口支援没有涉及、但重建困难的重灾县（市）。支援主体广泛，包括“特殊党费”、军队、工会、共青团、妇联、红十字会、慈善总会、香港和澳门特区政府、港澳非政府机构、港澳台同胞、海外华侨华人、外国和国际社会组织等。

地震发生后，全国共有4557.89万名党员交纳“特殊党费”97.3亿元，相当于中华人民共和国成立后党费的总和。除援助灾区赈灾外，主要用于灾后重建，具体是向136.5万户房屋倒损户发放住房补助，援建90所中小学校、11665个村级组织活动场所和8905个远程教育站点、214个乡镇卫生院和敬老院等民生项目，向牺牲人员家属发放慰问金进行心灵重建。支援灾后重建的“特殊党费”展现了中国共产党人的独特魅力，在灾区群众心中筑起一座座巍然屹立的丰碑，成为灾区的党心工程、民心工程。

地震中灾区军队营房设施同样遭受损毁，在修复自建的同时，人民军队首先想到的是灾区群众。在中央军委领导下，成都军区、济南军区、兰州军区、海军、第二炮兵、空军、武警部队在灾区建起8所以“八一”冠名的中小学，在成都市温江区建起一座“八一”冠名的康复中心，为地震伤残人员和其他残疾人员服务，体现了中央军委领导、人民军队对灾区人民的深情厚谊，显现的是军民“鱼水深情”。

工会、共青团、妇联等群众团体调动各类恢复重建力量，积极开展援建与支援。工会系统开展“抗震救灾、重建家园”十大帮扶行动及“工人先锋号”创建活动，从资金、物资、技术、信息、生活、就业、助学、医疗、法律、文化等10个方面，对灾区职工群众和工会组织提供帮扶。共青团实施“三支一扶”（大学生毕业后到农村基层从事支农、支教、支医和扶贫工作）、“特岗教师”“西部志愿者”等计划，组织各种灾后重建志愿者服务团在四川等灾区开展形式多样的灾后重建服务。妇联组织配合政府重点推进六大帮扶举措，包括开展资金帮扶、加大培训力度、实施项目援助、扶持创业就业、关爱妇女儿童健康、维护妇女儿童权益，积极推进“千村妇女重建家园计划”。群众团体的援建、援助增添了重建的人才和重建力量。广大志愿者、西部计划实施者、“三支一扶”的大学生从天南地北赶赴灾区，以多种方式为灾区提供帮助。许多社会人士以及广大群众志愿者，则以财力和劳动奉献等多种方式热情参与灾后重建。中国红十字会、中华慈善总会等各类社会组织充分发挥自身优势，在资金募集、企业重建、技能培训和中介服务等方面发挥重要作用。红十字会和慈善基金总会按照捐赠人的意向，将社会捐赠的55.2亿元中的43.2亿元，用于优先安排捐赠者认领的重建项目，在灾区援建了一大批农房、红十字博爱学校和医院、农村新村、敬老院等。社会的全面支援让灾区百姓真切感受到社会主义大家庭的温暖，感受到社会主义制度的优越性。

中央没有安排欠发达省市对口支援，但内蒙古自治区、海南省仍主动伸出援助之手，援建四川省的大邑县和宝兴县两个重灾县。截至 2011 年 12 月 16 日，内蒙古自治区筹集资金 3.3 亿元援建大邑县的桃源安置小区、妇幼保健院、文化艺术中心、新体育中心、第四自来水厂和内蒙古大道 6 个灾后重建项目全面竣工。海南省委、省政府主动向中央申请，拿出 1.5 亿元资金支援宝兴县重建 7 个项目，包括宝兴县中学、宝兴县人民医院、宝兴县灵关小学、中坝小学、219 户受灾农民住房建设项目等。

大型企业除对灾区震损企业恢复生产提供必要装备技术外，还通过捐赠款物等给予强大后援。企业捐赠 251 亿元，成为灾后重建资金的重要来源。

港澳台同胞、海外华侨华人慷慨解囊，倾情支援。截至 2011 年 5 月，香港、澳门特区政府和社会组织分别投入 100 亿港元和 55 亿澳门元。香港、澳门特区（含非政府机构）两地共援建四川省项目 295 个，其中香港 190 个、澳门 105 个。项目覆盖绵阳、德阳、广元、阿坝等 12 个市（州）共 65 个县（市、区），包括学校、医院、民房、公路、文化、体育设施等，受惠群众达 3000 多万人。台湾同胞捐款重建总项目 213 项，其中四川省 189 项，甘肃省、陕西省、重庆市共 24 项，主要是教育、医疗卫生、社区和社会福利事业。台湾红十字组织实施的“寒梅计划”、海外华侨援建的“侨爱工程——双百项目”爱心工程，均成为联系广大港澳台同胞、海外华侨华人和灾区群众的桥梁与纽带。这一切让灾区干部群众充分感受到中华民族大家庭的温暖，充分感受到港澳台同胞、海外华侨华人与内地群众血浓于水的骨肉亲情。

灾后重建同时获得国际社会的支援。国家和地区、国际社会组织、友好人士和民间团体帮助灾区群众重建家园，提供援助资金。红十字会与红新月会国际联合会和美国、加拿大、日本、德国、英国、韩国、泰国、新加坡、马来西亚、澳大利亚等国家红十字会、红新月会，积极通过中国红十字会向地震灾区捐赠款物，援助灾后恢复重建。将捐款用于灾区修建永久性住房、倒塌毁损的学校、卫生院或村级卫生站，开展社区备灾和能力建设。红十字会与红新月会国际联合会和各国红十字会、红新月会，共募集资金 27.45 亿元，其中用于灾后恢复重建项目资金约 21.91 亿元；涉及四川、甘肃、陕西三省，重建项目 700 余个。日本、韩国、马来西亚、泰国、卡塔尔、德国、瑞士、美国、加拿大提供金额不等的资金援助灾后重建，包括改水、卫生院、学校、太阳能、医疗设备、备灾物资等项目。三年重建期间，世界银行、亚洲开发银行、欧洲投资银行、国际农业发展基金、法国开发署 5 家金融机构提供贷款 15 亿美元，专项用于川、甘、陕三省 51 个县（市、区）城镇和农村公益性设施、水利生态恢复等领域恢复重建。震后，科技部通过外交部联系中国驻外使领馆，获得美国、英国、意大利、欧盟、日本、澳大利亚、葡萄牙、乌克兰等国家政府、组织有关部门和社会研究机构的帮助和支援，为灾后重建提供卫星图片和数据、灾情资料分析以及重建经验。联合国向国际社会发出“支持中国汶川地震灾区早期恢复重建的呼吁”，联合国人居署通过合作在名山县农村共建抗震示范小学。

全国共产党员、人民军队和社会各界倾情倾力的支援，饱含深情厚谊，凝聚民族大爱，承载美好祝愿。香港和澳门特区、港澳台同胞、海外华侨华人的无私支援，流淌着血浓于水的血脉真情。国际社会的援助体现了人类同舟共济、患难与共的人道主义精神，也是对中国政府和人民灾后重建的有力支持。所有这些，灾区人民将永远铭记在心！

第一章　“特殊党费”支持

汶川特大地震发生后，经中央领导同志同意，中组部开展了党员自愿交纳“特殊党费”支援抗震救灾的活动，全国共有4557.89万名党员交纳“特殊党费”97.3亿元，主要用于5个方面，即向136.5万户房屋倒损户发放住房补助，援建90所中小学校，援建11665个村级组织活动场所和8905个远程教育站点，援建214个乡镇卫生院、敬老院等民生项目，向56名牺牲人员家属发放慰问金。截至2011年7月，“特殊党费”援建项目全部完成。结余资金及利息6.5亿元全部划拨给四川省，用于援建村级组织活动场所1893个、社区服务中心286个、远程教育站点2909个，并于2012年5月12日前全部建成。

“特殊党费”承载着全体共产党员的大爱深情，经灾区各级党组织和广大党员干部群众、援建省市的共同努力，产生了巨大的经济、社会、政治效应。广大群众特别是受到援助的灾区群众，通过“特殊党费”体会到党的关怀和温暖，纷纷表达对党的感激之情。灾区随处可见“永远跟党走、人民幸福长”“‘特殊党费’解急难、党的恩情记心间”等对联。“特殊党费”援建项目不仅推动了灾后重建，同时增强了党同人民群众的血肉联系，坚定了人民群众跟党走、建设中国特色社会主义的决心和信心。

2010年10月，中组部会同四川省委组织部开展“特殊党费”援建项目查看活动（见图290），全国94名党员代表到四川查看“特殊党费”援建项目，实地检验“特殊党费”使用成果。所到之处，灾区干部群众像迎接亲人一样载歌载舞、欢声雷动，灾区人民发自内心地喊出“共产党好！社会主义好！”的口号，称赞“特殊党费”用得好、管得好，认为“特殊党费”的管理模式值得在制度层面总结推广，值得写进党史和各类教材进一步发扬光大。中共中央政治局常委、中央纪委书记贺国强专门批示，要求总结推广“特殊党费”使用管理的成功经验。

图 290 2010 年 10 月，中组部组织全国共产党员代表到四川集中查看“特殊党费”援建项目
（中组部 提供）

第一节 “特殊党费”援建决策与安排

一 党员呼声与中央决策

2008 年 5 月 13 日，地震发生的第二天，浙江省绍兴县柯岩街道梅墅村一位普通共产党员、民营企业家祁友富向柯岩街道党工委提出，交纳 10 万元党费支援四川抗震救灾。与此同时，北京、安徽等地党员纷纷打电话，希望通过交纳党费支援地震灾区。

因无先例，浙江省委组织部即请示中组部。中共中央政治局委员、中央书记处书记、中组部部长李源潮批示：应鼓励党员交纳“特殊党费”，用于救灾帮困。同时将这一情况向中共中央总书记胡锦涛作了报告，胡锦涛批准中组部带头交纳“特殊党费”，并鼓励广大党员自愿交纳“特殊党费”支援抗震救灾。根据中央领导同志指示精神，5 月 18 日，中组部明电下发《关于做好部分党员交纳“特殊党费”用于支援抗震救灾工作的通知》，后又下发《关于抗震救灾“特殊党费”收缴、使用和管理的暂行办法》《关于做好“特殊党费”审计监督工作的通知》。交纳“特殊党费”活动开展后，在全党全社会引起强烈反响。胡锦涛、江泽民、吴邦国、温家宝、贾庆林、李长春、习近平、李克强、贺国强等中央领导同志带头交纳“特殊党费”。全国广大党员积极响应，纷纷自愿交纳“特殊党费”。这次交纳“特殊党费”是中国共产党党员的一次自觉行动。

二 项目规划与安排

在整个“特殊党费”援建项目建设期间，李源潮多次批示，多次至灾区实地考察，要求把“特殊党费”援助项目建设成为“优质工程、安全工程、廉政工程”，达到“看得见、用得上、质量好、得民心”的实际效果，还亲笔给援建的“七一”学校师生写信，鼓励他们抗灾自救、感恩奋进。中组部常务副部长沈跃跃等也多次到灾区调研，对“特殊党费”使用进行督察指导。

四川省将“特殊党费”援助项目纳入全省灾后恢复重建总体规划，向重灾地区倾斜，着力解决灾区“群众有房住”“学生有学上”等最现实的问题。一是援助灾区困难群众倒损住房建设。投资概算 47.83 亿元，占“特殊党费”援助四川总额的 59.56%。农村低保户每户补助 1 万元，其他农户每户补助 3000 元；城镇“三无”（无劳动能力、无生活来源、无法定赡养人）家庭和城镇低保家庭平均每户补助 6000 元。二是帮助重灾地区中小学校恢复重建。投资概算 19.94 亿元，占“特殊党费”援川总额的 24.83%；共规划重建 49 所中小学校，可容纳灾区 10.85 万名中小学生就读，生均投资 1.83 万元，生均面积 9.51 平方米。三是援建灾区村级组织活动场所和远程教育站点。投资概算 10.82 亿元，占“特殊党费”援川总额的 13.47%。按 120 平方米建筑面积标准测算，对修复重建的分别按山区、丘陵、平坝 3 类给予 12 万～ 18 万元补助；对维修加固的根据损坏程度分别给予 2 万～ 5 万元补助；远程教育站点按每个 1.2 万元实行定额补助。四是向抗震救灾因公牺牲人员家属发放慰问金，每人发给家属慰问金 3 万元。

川、甘、陕、渝、滇五省（市）灾区利用“特殊党费”援建的学校项目坚持校舍建设优先，充分发挥实用性和示范性；坚持校舍建筑、教育教学设备设施等学校主体建设由“特殊党费”投资，征地拆迁、场地平整等配套工程建设由地方政府统筹中央重建基金和地方财政性资金解决。学校项目按照灾后教育重建的整体布局规划，实行定点、定规模、定功能，在达到国家规定的校舍及教学设施标准的前提下满足基本需求，不建豪华学校。在具体实施过程中，还按照国家关于灾后恢复重建中期规划调整的要求，结合学校项目建设的实际需求，进行合理调整，共调减规划资金近 5000 万元。对村级组织活动场所项目，将“特殊党费”补助资金与国家灾后重建专项资金统筹安排使用，尽可能一次性建成室内面积 300 平方米、室外面积 600 平方米的多功能、综合性的为民服务中心，实现综合利用。在城乡住房重建补助项目规划中，结合灾后群众集中居住和新农村建设的需要，允许和鼓励“特殊党费”资金与其他资金统筹安排，并注意与农村水利、通村道路、通信工程、农网改造、改水改厕、建沼气池等配套建设，使灾区群众安居乐业、舒适幸福。

三　“特殊党费”援建项目标志

四川省委组织部提出“特殊党费”援建项目标志设置方案，中组部复函同意，并转发给其他灾区省市党委组织部参考。具体是在援建学校铭刻或吊挂标志，由各承建单位在援建中小学校正大门或教学楼的醒目位置，镌刻或吊挂“七一”学校标志（如都江堰市七一聚源中学），并在援建学校的主教学楼或主建筑镌刻“特殊党费”援建项目标识牌。同时，选择具有较强代表性的学校，如地处震中的汶川映秀中学（见图 291），立碑铭刻“特殊党费”赋文。在援建村级组织活动场所铭刻标志，由各承建单位在村级组织活动场所和远程教育站点室外墙壁的醒目位置镌刻，式样与学校援建标识相同。在受援村落集中地（村民活动中心）公示并立碑铭记，由县（市、区）民政局分别核定各村公布栏的公布内容，与村务公开栏设置相结合，以喷绘的形式发布一次性公示公告。同时，在村委会所在地设立永久性石碑，或在活动场所显要位置依墙铭刻标记。

图 291 “特殊党费”援建学校——汶川县七一映秀中学举行竣工典礼

（中组部 提供）

第二节 “特殊党费”援建项目

一 “特殊党费”援建项目安排

2008 年 7 月 18 日，中组部决定，交纳抗震救灾“特殊党费”活动告一段落。在书面征求各省（区、市）党委组织部、中央有关部门同意及组织开展网上调查的基础上，由中组部会同发展改革委、民政部、财政部、审计署研究提出“特殊党费”的使用意见。经报中央领导同意和国务院抗震救灾总指挥部同意，中组部、发展改革委、民政部、财政部联合下发《关于抗震救灾“特殊党费”使用管理有关问题的通知》，明确“特殊党费”全部用于支援四川、甘肃、陕西、重庆、云南 5 个灾区省（市）的抗震救灾和恢复重建工作。

资金计划投入：四川省 80.3 亿元，其中帮助极重灾和重灾县（市、区）重建中小学 49 所计 19.94 亿元，补助房屋倒损农户 135 万户计 49.41 亿元，重建和修复村级组织活动场所 8847 个、农村党员干部现代远程教育接收站点 10536 个计 10.81 亿元，为抗震救灾中因公牺牲人员家属发放金额计 1400 万元。甘肃省 10 亿元，其中帮助重灾县（区）重建中学 8 所，维修加固部分中学及建设学校附属配套设施计 1.48 亿元，补助房屋倒损农户 5.87 万户计 5.87 亿元，重建和修复村级组织活动场所 2507 个、农村党员干部现代远程教育接收站点 483 个计 2.65 亿元。陕西省 5 亿元，其中帮助重建中小学 28 所计 2.46 亿元，补助房屋倒损农户 1086 户（建设灾区群众集中安置点配套工程 61 处）计 800 万元，重建和修复村级组织活动场所 510 个、农村党员干部现代远程教育接收站点 1331 个计 1.38 亿元，重建和修复乡镇卫生院 182 所及修复村基础设施等项目计 1.07 亿元，为因公牺牲人员家属发放慰问金计 100 万元。重庆市 1 亿元，其中帮助重建中学 1 所计 1600 万元，补助房屋倒损农户 3200 户计 4100 万元，帮助重建敬老院、社会福利中心、卫生院等 31 座计 4300 万元。云南省 1 亿元，其中帮助重建中小学 5 所计 5400 万元，补助房屋倒损农户 200 户计 900 万元，重建和修复村级组织活动场所 102 个计 3700 万元。

据中组部提供的数据，截至 2011 年 7 月底，"特殊党费"援建项目基本完成。项目类型分布：五省（市）房屋倒损户住房补助 136.5 万户，其中农村 132.4 万户、城镇 4.1 万户，补助全部发放；建中小学校 90 所，其中四川省 49 所、陕西省 27 所、甘肃省 8 所、云南省 5 所、重庆市 1 所；村级组织活动场所和远程教育站点设施，活动场所共 11665 个，其中四川省 8670 个、甘肃省 2507 个、陕西省 386 个、云南省 102 个；远程教育站点设施共 8905 个，其中四川省 7275 个、陕西省 1147 个、甘肃省 483 个；乡镇卫生院、敬老院等民生项目 214 个，其中陕西省 184 个、重庆市 30 个；牺牲人员家属慰问金，四川省 56 名牺牲人员慰问金均发放。结余资金安排：四川省"特殊党费"结余资金 5.9 亿元，加上暂存中组部"特殊党费"账户的 6000 万元利息，共结余 6.5 亿元。根据组通字〔2008〕49 号文件规定，经中组部、发展改革委、民政部、财政部审定，6.5 亿元结余资金已全部划拨给四川省，用于援建村级组织活动场所 1893 个、社区服务中心 286 个、远程教育站点 2909 个，并于 2012 年 5 月前全部建成。

二　"特殊党费"项目类别

房屋倒损户住房补助　"特殊党费"援助受灾五省（市）房屋倒损户住房补助136.5万户，其中农村 132.4 万户、城镇 4.1 万户，补助全部发放。四川省"特殊党费"补助房屋倒损农户 135 万户、49.41 亿元。"特殊党费"在农村使用中，注意将农房建设与农村水利、通村道路、通信工程、农网改造、改水改厕、沼气池等配套设施建设统筹安排，使受灾群众不仅住上宽敞明亮的新房，生活环境也得到很大改善，把援建农房项目建成人民群众满意的惠民工程。（参见图 292）

茂县光明乡马蹄村 2 组李友珍家墙壁上贴有一张特殊名单："马蹄村'特殊党费'援助项目公告名单，共 254 户。"光明乡共 7 个村 24 个村民小组，已经领取由"特殊党费"支援的灾后农

图 292　"特殊党费"援建的安县乐兴镇民生村

（中组部　提供）

房恢复重建资金 335.7 万元。2009 年 11 月 30 日下午，广汉市三水镇三城村村民王会群将一面绣着“困难支持伸援手、党的恩情深似海”的锦旗送到广汉市委，以最普通的方式表达一个“特殊党费”受益者对党的感激之情。广汉市“特殊党费”援建项目资金总计 8834.9 万元，其中用于农房重建项目补助资金 2107.5 万元，涉及农户 6346 户。截至 2009 年 11 月底，广汉市 100% 的重建住房农户拿到补助款。北川羌族自治县漩坪乡瓦厂村黄成虎的房屋在地震中全部被唐家山堰塞湖淹没。很短时间内，黄成虎就拿到了国家发放的 1.6 万元建房补助，同时顺利贷款 2 万元。有了这些钱，房子顺利动工。但由于建材成本太高，即使按照政府特供价格购买建材，这些钱还是不够。正在发愁时，漩坪乡党委送来“特殊党费”，解决了他的燃眉之急。2009 年春节前夕，北川羌族自治县曲山镇石椅村村民一副“‘特殊党费’解急难，党的恩情记心间”的对联格外引人注目。村民陈蓉逢人就讲：“对联写得不咋个好，却表达了我的心声。过去，我住的是两间低矮的小青瓦房，地震更使我家变得一无所有，要不是党组织的关怀，我连生存都困难，更不要说住上新房了。”广元市元坝区陈江乡金宝村 4 组村民、残疾人张克忠对“特殊党费”给予的援助感激万分，每每向来看望他的各级干部诉说：“‘特殊党费’救了我们的急、解了我们的难，不然的话，我们别指望这辈子能住上这么好的新房了”。茂县牟托村村民刘兰兵在自家房屋墙壁上写下了“勤劳是感恩，苦干是报国，继承老先烈，跨越新时代”。在“特殊党费”援助下，什邡市“川西民居风格”农房集中点，成为灾后重建亮点之一。蓥华镇竹溪村普通党员、14 组组长乔明章，借助“特殊党费”援助政策，凝聚集体力量，组织 11 户农民共同修建起集餐饮、住宿、乡村观光旅游于一体的特色木结构式农家乐——“乔家大院”，带动了附近产业发展。农家乐帮助他们实现户均年增收上万元，实现重建与产业发展的结合。

陇南市武都区蒿坪村异地重建项目竣工后，群众在自发举行的集体入住仪式上，高高悬挂党旗，张贴感恩的对联，主动要求把蒿坪村改名为“感恩村”。舟曲县巴藏乡尕布村村民杨书代深情地说：“党给了我们比地震以前更好的生活，共产党就是太阳，我们要永远跟党走！”

七一中小学校项目 截至 2011 年 7 月，灾区利用“特殊党费”24.91 亿元建设中小学校 90 所，其中四川省 49 所、甘肃省 8 所、陕西省 27 所、云南省 5 所、重庆市 1 所。四川省利用“特殊党费”帮助重建中小学投资 19.94 亿元。

“特殊党费”援建的都江堰市七一聚源中学，上海援建设计者特意在项目中融入中共一大建筑元素。青灰色外墙，红灰色砖带，蓝灰色屋顶，一座四手紧紧相握的雕塑高高耸立，寓意“聚八方之爱、汇力量之源”的“聚源”精神。标准的红色塑胶跑道、碧绿的人工草坪球场、宽敞坚固的教学大楼，学校大楼外墙镌刻着“‘特殊党费’援建项目”烫金大字。2009 年 9 月 1 日，升国旗，奏唱国歌，七一聚源中学迎来新校园开学第一天。当天，中组部发去贺信，衷心祝愿七一聚源中学的明天更加美好，同时希望同学们立志报效祖国，倍加珍惜时光，更加刻苦学习，早日成为党和人民需要的有用之材。四川省 49 所“特殊党费”援建学校，都统一冠以“七一”之名；一所所学校，都铭刻上“特殊党费”援建项目标识。（参见图 293）

截至 2009 年 4 月 8 日，安县共投入“特殊党费”援建资金 6960 余万元，分别对安县中学、文星阁小学修建加固，购置教学仪器，受益学生 6300 余人。文星阁小学校长刘国凤说：“我们决不辜负全党同志的殷切希望，要抢抓发展机遇，开创学校发展的新篇章。”怀着对党的热爱和感

图 293　“特殊党费”援建的广元市利州区宝轮七一小学
（张玉洁　摄）

激，怀着对新校园美好生活的向往和憧憬，罗江县潺亭七一实验中学 7 名学生在老师指导下，历时 31 天，在临时教室里完成长 5 米的“特殊党费”感恩画卷的制作。祖国在我心中、我在祖国怀中，感谢党、感谢“特殊党费”的真情感言，倾诉了 2300 余名学生对各级党组织、全体党员大爱与关怀的感激之情，表达了师生们立志在党的领导下，铭记党恩、众志成城，重建美好家园的信念与决心。

“今天是令我们青川县七一凉水九年制学校全体师生欢欣鼓舞的日子。由‘特殊党费’援建的学校揭牌了，我们搬进了美丽新校园，我们不再为没学校读书而发愁。今后的日子里，我们将牢记党的嘱托，不忘千千万万党员的爱心，勤学苦练，创造更加美好的明天。”2009 年 12 月 24 日，由“特殊党费”援建的七一凉水九年制学校揭牌仪式举行。在揭牌仪式上，李琴说出了全校学生的心声。初二（3）班学生尹泓燕在日记中写道：“‘特殊党费’帮助我们修起了新教室、新食堂、新宿舍，我会珍惜这来之不易的幸福，怀着感恩之心好好学习，以优异的成绩回报党，回报老师，回报社会。”初一学生陈廷科画了一双紧握的手，手心是一座学校。他说：“‘特殊党费’就像一双手，托起了我们的学校，托起了我们的未来。”从教 22 年的茂县七一民族中学教师温海涛说：“作为一名老师，经历了大地震，亲身感受到了党和国家的亲切关怀，感受到了党员的无私奉献。如今学校正在大踏步前进，软硬件都发生了很大变化，自己感到非常幸运，更是荣幸和自豪。”

2010 年 7 月 1 日，中国共产党建党 89 周年之际，李源潮给北川羌族自治县七一职业中学的同学们回信。信中说：希望你们能喜欢这个由中国共产党党员的“特殊党费”建起来的知识天地。你们是在特大地震严酷考验和全国人民大爱关怀下成长起来的一代北川新人，你们可能也应该比你们的同龄人更加优秀，艰难困苦、玉汝于成，青少年时期受过苦难磨炼的人更容易成长为社会需要的优秀人才。衷心希望你们听党的话，努力学习，健康成长，立志成才，回报祖国，新北川的希望在你们身上。

“七一”冠名的学校，一批看得见、用得上、效果好、得民心的“特殊党费”援助项目，成为凝聚党的力量、展示党的形象、增添党的光彩的标志性、示范性工程。（参见表 30）

投资5000万元以上“特殊党费”援建的七一学校项目统计表

表30

学校	建设方式	学校性质	学生人数（人）		建设内容			规划投资概算（万元）					
					建设规模（平方米）		图书（册）	小计	校舍		教学仪器设备	图书	基础设施
			小计	其中住宿生	新建面积	维修加固面积			新建	维修加固			
都江堰市七一聚源中学	异地新建	初级中学	2160	1600	25500	—	43200	7034	5500	—	514	112	908
都江堰市七一青城山学校	原址重建	九年制义务教育学校	2700	680	15000	8385	54000	5303	3895	95	405	108	800
北川羌族自治县七一职业中学	异地新建	中职学校	4000	4000	46490	—	140000	9923	8573	—	—	210	1140
江油市七一中学	部分重建	普通高中	7013	7013	21700	14475	163938	6404	3341	1070	389	192	1412
梓潼县七一高级职业中学	部分重建	中职学校	3000	3000	29700	340	2500	7667	5649	20	1455	4	539
德阳七一中学	部分新建	完全中学	7350	5450	31886	52517	13800	7364	3893	1642	633	138	1058
绵竹市七一中学	原址重建	普通高中	2400	2400	33360	—	100000	9804	7339	—	300	200	1965

续表 30

学校	建设方式	学校性质	学生人数（人）		建设内容			规划投资概算（万元）					
					建设规模（平方米）		图书（册）	小计	校舍		教学仪器设备	图书	基础设施
			小计	其中住宿生	新建面积	维修加固面积			新建	维修加固			
中江县七一初级中学	异地新建	初级中学	2800	2334	26998	—	84000	6400	4702	—	291	84	1323
什邡市七一中学	异地新建	普通高中	3000	1800	38534	—	150000	9640	7543	—	669	300	1128
青川县七一高级中学	异地新建	普通高中	2300	2300	26940	—	—	8004	5750	—	330	—	1924
宝兴县七一初级中学	异地重建	初级中学	1300	1205	14452	—	—	5370	3634	—	362	—	1374
南江县七一中学	异地新建	普通高中	6000	5820	61775	—	—	9607	8585	—	—	—	1022
阆中市七一学校	部分重建	完全中学	8456	6250	50148	10698	70000	8929	5552	533	946	70	1828
茂县七一民族中学	原址重建	初级中学	3000	3000	40409	—	—	8890	7129	—	571	—	1190

说明：此表数据由中组部提供

村级组织活动场所和远程教育站点设施　截至 2011 年 7 月底，四川、甘肃、陕西、重庆、云南五地灾区利用“特殊党费”建设的村级组织活动场所（参见图 294）和远程教育站点设施全

图 294 “特殊党费”援建的广元市曾家镇中柏村活动场所
（中组部 提供）

部竣工投入使用，其中活动场所 11665 个、远程教育站点设施 8905 个，总投资 14.84 亿元。四川省投入 10.81 亿元。

四川省调配给茂县“特殊党费”18173.1 万元，援建该县 149 个村、3 个居委会 152 个综合服务楼。用“特殊党费”新建的茂县蓝店村综合服务中心，内设文化室、广播室、图书室等设施。羌族姑娘张振娥说：“我们的生活更加丰富多彩了。”

青川县房石镇市坪村党员银登青，震后一直盼望能恢复党员的“家”。当建设村活动阵地的工程队把钢筋水泥准备齐全后，发现建筑用砖特别紧张，要半个月后才能拿到。银登青主动延后自家新房的工期，将刚买的 1 万多块砖以原价转让给党员之家施工队，连运费都自己掏。石坝乡八一村王耀文，知道村活动室是全国广大党员共同援建之后，让家人义务为外来民工烧水、看守建筑材料。他说：“全国那么多的共产党员捐钱，我付出这点算什么！更何况这房子是给我们修的，我更要出一点力。”“党心与爱心共存，感恩与奋进同在”，一个个“特殊党费”建设的村级组织活动场所成为教育人、鼓舞人、凝聚人的党员之家、群众之家。

精神家园重建及牺牲人员家属“特殊党费”慰问金 “是党的温暖让我有了继续活下去的信心”，这是宋雪母亲的话。绵竹市土门镇邓林小学学生宋雪在地震中为了挽救两名同学生命而英勇牺牲，被评为全国抗震救灾英雄少年、追认为革命烈士。2009 年 5 月，宋雪的母亲瞿明香、父亲宋光华收到 3 万元“特殊党费”慰问金，瞿明香感激地说：“宋雪牺牲以后，党和政府一直都在关心我们，从精神上、物质上给予了我们极大的支持和鼓励”。夫妇俩走出了痛失亲人的阴影，用“特殊党费”援助资金在家经营小生意，瞿明香在灾区“再生育”工程关怀下，孕育了新的生命。

地震中，什邡市龙居小学教师向倩，为保护学生献出了 21 岁的生命。两年后，当向倩的父亲向忠海领到“特殊党费”慰问金时，他饱含热泪动情地说：“向倩尽了一个共产党员应尽的职责，党组织给了她这么高的荣誉，给了我们这么多的关心，我为我的女儿感到自豪！”

四川省用“特殊党费”累计向地震中 56 位因公牺牲人员家属发放慰问金 165 万元，充分体现了党的关怀与温暖，体现出鲜明的价值导向，在社会上产生了强烈反响。

第二章　解放军和武警部队支持

2008年6月20日，中央军委常务会议讨论了关于解放军和武警部队援建地震灾区学校和康复中心问题，形成军委常务会议纪要。援建学校的经费由总后勤部和援建大单位共同筹措，各项目建设具体地点、规模、标准，由总参谋部协调总政治部、总后勤部商国家机关和地方政府确定，具体建设工作由承建单位负责，总后勤部负责工程质量的具体检查落实。中央军委确定，成都军区在都江堰市、济南军区在北川羌族自治县、武警部队在茂县、兰州军区在陇南市武都区各援建一所高中学校；海军在绵竹市汉旺镇、空军在什邡市蓥华镇、第二炮兵在汶川县映秀镇援建一所初中学校，兰州军区在宁强县广坪镇援建一所小学。6月23日，总参谋部、总政治部、总后勤部进一步明确援建学校于2009年“八一”建军节前全部完工，学校统称“地方名+八一学校”，落款为援建大单位。截至2010年4月29日，军队援建的8所学校全部交付使用。

2008年6月20日，中央军委常务会议确定总后勤部负责援建康复中心，建成后以四总部名义署名。最终建成的康复中心位于成都市温江区永宁镇八一路81号。

第一节　支援灾区学校与康复中心重建

一　援建学校

解放军援建学校　2008年7月10日，根据中央军委常务会议纪要关于军队援建灾区学校的决定，总后勤部下发《关于加强援建地震灾区学校工程质量管理问题的通知》，要求各援建大单位牢固确立质量第一思想，抓紧前期论证，精心组织勘察设计，切实加强施工管理，严格全过程质量监督。17日，武警部队副政委崔景龙率联合考察组至茂县就援建八一中学有关事宜进行考察，并就援建工作与当地有关部门达成初步协议。7月下旬，武警部队再次召开党委常委会确定援建规模，决定出资8000万元援建茂县八一中学，具体由武警交通指挥部承担援建。10月7日，成都军区援建的都江堰市聚源八一中学首先开工建设。至2009年3月28日，军队援建的8所学校全部开工建设。

2009年1月12日，总参谋部、总政治部、总后勤部联合下发《关于进一步明确军队援建地震灾区学校有关问题的通知》，明确了各校援建地点、规模、建设标准和经费筹措等问题。4月27—30日，中央军委领导考察成都军区部队灾后恢复重建和援建工作，指示各援建单位要从大局出发，切实把好事办好。5月10日，中央军委委员、第二炮兵司令员靖志远考察第二炮兵援建的汶川县水磨八一小学，对援建工作进度和施工质量给予肯定，要求在确保质量的前提下加快工程进度。至9月，这些学校陆续竣工交付地方（见表31）。

解放军和武警部队援建的主要学校情况统计表

表31

援建单位	援建学校名称	开工时间（年.月.日）	竣工交付时间（年.月.日）	占地面积（亩）	建筑面积（万平方米）	可容纳学生数（名）
成都军区	都江堰市聚源八一中学	2008.10.7	2009.8.24	116.00	3.70	2400
济南军区	北川羌族自治县擂鼓八一中学	2008.10.17	2009.7.22	108.00	3.20	2200
海　军	德阳市东汽八一中学	2008.10.29	2009.7.19	100.00	2.80	1500
第二炮兵	汶川县水磨八一小学	2008.11.17	2009.7.31	51.00	1.78	1080
空　军	什邡市蓥华八一中学	2009.1.11	2009.8.27	47.60	1.90	1200
武警部队	茂县八一中学	2009.3.18	2009.9.12	100.00	2.87	2300
兰州军区	陇南市武都八一中学	2009.3.26	2010.4.29	50.00	2.90	2000
兰州军区	宁强县广坪八一小学	2009.3.28	2009.12.6	12.40	0.40	650

2010年4月29日，兰州军区援建的陇南市武都八一中学竣工交付（见图295），至此，军队（包括武警部队）援建的8所学校全部交付使用。8所学校，规模最大的是都江堰市聚源八一中学，最小的是宁强县广坪八一小学。都江堰市聚源八一中学、北川羌族自治县擂鼓八一中学、德阳市东汽八一中学、茂县八一中学占地均在100亩以上。建筑面积在3万平方米或接近3万平方米的有聚源八一中学、擂鼓八一中学、茂县八一中学和武都八一中学，四校均可容纳学生2000人以上。

武警部队援建学校　武警部队方面，除按照中央军委常务会议纪要部署在茂县建设八一中学的同时，2008年7月1日，武警总部政治部向武警陕西省总队、甘肃省总队下发《关于援建爱民小学有关问题的通知》。武警陕西省、甘肃省总队接到通知后，分别抽调骨干力量成立援建领导

图 295　兰州军区援建的陇南市武都八一中学

（张浩　摄）

小组，部署援建工作。7 月下旬，武警部队党委常委会决定在出资援建茂县八一中学的同时，再出资 200 万元援建宁强县铁锁关武警爱民小学，出资 210 万元援建康县吴家坝武警爱民小学。会议提出了“质量有保证、经费不超支、工期不延误”和“高起点规划、高质量建设、高水平管理、高标准完成”等援建要求。

承担茂县八一中学援建任务的武警交通指挥部先后 3 次召开会议，选调 32 名干部组成援建项目部。武警陕西省、甘肃省总队分别成立主要领导挂帅的援建领导小组组织援建。2009 年 1 月 26 日，武警部队副政委崔景龙率工作组至茂县检查指导援建工作。3 月 17—19 日，武警部队后勤部副部长姬延芳带领总部机关、交通指挥部和四川省总队有关人员，到茂县出席八一中学项目开工奠基典礼。23 日，武警部队司令员吴双战到茂县八一中学项目部检查指导，要求精心施工，以高质量、高效率的实际行动表达对羌族同胞的关心和帮助。

2008 年 10 月 16 日，武警甘肃省总队援建领导小组在康县吴家坝召开武警爱民小学建设项目招投标会议，确定由兰州第一建筑工程公司承建。11 月 3 日，武警陕西省总队确定宁强县铁锁关武警爱民小学项目由陕西省顺华建筑有限公司承建。16 日，康县吴家坝武警爱民小学正式开工。12 月 19 日，宁强县铁锁关武警爱民小学举行奠基仪式。

2009 年 3 月 1 日，武警交通指挥部援建八一中学项目部进驻茂县凤仪镇。18 日，茂县县委、县政府在茂县八一中学举行开工典礼，武警部队后勤部副部长姬延芳出席典礼并讲话。4 月 23 日，武警总部政治部派员检查康县吴家坝武警爱民小学建设工程。6 月 23 日至 8 月 31 日，茂县八一中学学生公寓楼、综合教学楼、学生宿舍楼和食堂主体建筑陆续竣工。9月8日，宁强县铁锁关武警爱民小学举行落成典礼。9月12日，茂县政府在新落成的八一中学举行竣工典礼和“交钥匙”仪式，武警部队后勤部政委姚立功出席典礼并讲话。9月24日，康县吴家坝武警爱民小学举行落成典礼。11月20日，武警总部后勤部工程质量监督站派员赴茂县八一中学组织竣工验收。至此，武警部队援建的四川省、陕西省和甘肃省3所学校全部竣工落成。

茂县八一中学初二（2）班羌族学生赵德莉说：“武警叔叔们为我们建成这么好的学校，还购买了学习用品，我们一定珍惜这来之不易的幸福生活，好好读书，以此来回报社会。”宁强县铁锁关镇夏家河村党支部书记、连续3届县人大代表、73岁高龄的李含仁老人和兰沟村三组杨德茂老人代表铁锁关镇3万多名群众，向武警总部和陕西省总队赠送了“警民携手、共建校园”的牌匾。他们激动地说：“感谢武警部队，特别是陕西省总队对我们的关心，对我们的援助，我们祖祖辈辈、子子孙孙将永远铭记在心，山中清水长流，警民感情永存。”在2009年9月24日康县吴家坝武警爱民小学竣工典礼上，陇南市委常委、政法委书记刘应昌深情地说：“武警官兵无私的行动在甘肃地震灾区铸就了爱的丰碑，历史不会忘记，陇南280万人民不会忘记”。

二　援建康复中心

2008年6月20日召开的中央军委常务会议确定总后勤部负责援建康复中心，建成后以四总部名义署名；设计和建设工作要求注意多听取四川省和中国残联的意见；康复中心建设经费由总后勤部筹措；项目建设具体地点、规模、标准，由总参谋部协调总政治部、总后勤部商国家机关和地方政府确定，具体建设工作由承建单位负责，总后勤部负责工程质量的具体检查落实。10月16日，总后勤部、中国残联、四川省政府在北京举行“军队援建四川省八一康复中心项目合作协议签字仪式”。全国政协副主席、中国残联主席邓朴方与总后勤部部长廖锡龙、四川省副省长张作哈签署援建协议。项目于12月9日开工，规划为三级甲等康复医院，位于成都市温江区永宁镇八一路81号。中心占地面积185亩，建筑面积5万多平方米，开办病床500张，人员编制数暂定400人。中心功能齐全，设有门（急）诊部、康复部和住院部，开办临床、康复、医技科室30多个。中心遵循“康复为主、医康结合”的思路，立足四川、辐射西南、面向全国，发展建设成为“以康复医学为特色，集康复、医疗、科研、培训为一体的现代化大型综合性区域性康复治疗中心、技术资源中心和人才培养中心”，为汶川地震伤残人员和其他各类残疾人提供综合性医疗康复服务，开展康复训练与服务、残疾人辅助器具配置与研发、康复技术人才培养、社区康复服务指导、康复信息咨询服务、康复知识宣传普及、康复科学研究和残疾预防等工作。

2010年6月9日，经中央军委主席胡锦涛和中央军委批准，解放军四总部、中国残联、四川省政府在成都举行军队援建四川省八一康复中心落成暨交接仪式（见图296）。邓朴方、廖锡龙，副总参谋长侯树森、总政治部副主任贾廷安、总装备部副部长韩延林，成都军区司令员李世明、政治委员田修思，四川省委书记刘奇葆、省长蒋巨峰出席交接仪式。该中心的建设，凝聚着中共中央和中央军委对灾区人民的深情厚爱，是人民子弟兵奉献给地震灾区的一项政治工程、爱心工程、福祉工程，成为援建地震灾区项目中具有特殊重要意义的标志性项目。

图 296　2010 年 6 月 9 日举行的解放军援建四川省八一康复中心落成暨交接仪式

（罗顺裕　摄）

第二节　支援灾区恢复教育

汶川特大地震发生后，解放军 63820 部队党委贯彻总装备部的部署，把建设“总装备部·绵阳八一帐篷学校”作为义不容辞的政治责任。“总装备部 · 绵阳八一帐篷学校”师生于 2008 年 6 月 9 日上午告别帐篷，迁入装有空调的板房。两年间，学校共接收受灾师生 1620 名，毕业学生 718 名，该校连续两年获得绵阳市小学教育教学质量综合评估特等奖，33 名教师和 13 名学生受到国家部委和省、市、县各级表彰，相关工作赢得了驻地党委政府、人民群众的赞誉。

63820 部队先后出动兵力 3200 余人次，搭建 22 间 1467 平方米“板房教室”、108 间 2500 平方米师生宿舍，可供 1100 名师生就餐的室内餐厅；配套保温送餐车、保温分餐台、太阳能浴室、热水洗漱间、洗衣房、舞台、厕所等设施；修建 6000 余平方米水泥道路；为学生配发被褥、蚊帐、洗漱用具、校服、战备包等日常生活用品。为学校开通“班班通”远程教育系统、广播音响系统、闭路电视系统；建成计算机网络教室、多媒体教室；制作 1000 套学生课桌椅；新建健身运动器材齐全的塑胶运动场；添置激光打印机、复印机、速印机和书包、文具盒、篮球、羽毛球等用品。为解决受灾失学儿童上学问题，设置 6 个年级、16 个教学班，分别接收来自北川羌族自治县曲山镇和陈家坝、太洪、漩坪、邓家等 10 个受灾极重地区的师生；为解决北川籍返乡农民工子女上学问题，先后招收返乡农民工子女 68 名。为体现军地联合办学的特点，成立组织机构，办理申办手续，使学校成为灾区“帐篷学校”中唯一一所少年军校。

63820 部队与北京实验二小、上海宝山区长江路小学等学校结对交流，邀请驻地名师到校示范教学；探索实施新教育系列教研活动，建立实验基地，形成展示个性风采、发挥特长优势、激发智慧创造的全新教育模式；制定教学实施方案，组织教学检查评估，落实备、教、批、辅、考等教学工作。两年间，学校毕业考试优生率、及格率、平均分均名列北川前茅。开展“真情感恩、励志成才”教育，开展诗文诵读比赛、读书心得交流、优秀日记展评、小博士评选活动。注重展现少年军校特色，配有军人课外辅导员，开设军事和国防知识课程，定期组织军事训练，强化师生国防意识和作风养成；组织师生与航天英雄杨利伟、翟志刚等面对面交流。选派学生参加“航天员体验营”、奥运火炬传递活动和天安门广场升旗仪式，现场观看“神七”发射。以“感恩·励志·益智·成才”为主题，以传承禹羌文化为特色，以打造书香校园为抓手，以展现少年军校风采为亮点，建设具有特色的校园文化。设计校旗、制作校徽，凝练校训、创作校歌，以统一规范的标识展示学校独特的文化精神。创设“沐浴关怀、自立奋进”感恩墙、“践行闪光教育”成果窗、“传承禹羌文化”宣传栏、“我爱读书”书香园；开设红领巾广播站，建立学校阅览室、班级读书角；成立少儿羌族艺术团，开展说羌语、唱羌歌、跳羌舞、织羌绣等活动；创作排练《明天，羌山风景依然》《闪亮的红五星》等节目，参加中央电视台“非常 6+1”栏目和总装备部、63820 部队文艺会演。

部队还对 1600 余名师生进行心理普查，组织军地专家对普查结果进行分析研究和集体会诊，针对师生震后表现出的应激障碍综合征、焦虑症、抑郁症、分离症等症状，制定不同的心理救助计划，确定重点救助对象 14 名，建立健全服务。投入 20 万元建成学校心理咨询室，协调中科院心理研究所、中山大学专业心理咨询师进驻学校，协同部队、学校心理骨干开展工作。每月编辑 1 期“心灵之窗”简报，开展专家讲座、团体辅导、个体咨询、心理素质拓展训练，使师生掌握烦恼宣泄、情绪转移等 24 种自我调节方法。将舞蹈、绘画、朗诵、演讲、唱歌、游戏融入心理健康教育课程。组织师生与中国青少年发展基金会、中央电视台青少中心等社会团体和姚明、李宁、金晶、牛群等各界知名人士开展心理互助活动。

63820 部队抽调 6 名干部、4 名战士常驻学校负责安全管理，组织火灾、雷击等紧急情况下的疏散演练；安装电视监控系统，配备防暴和消防器材，配套校园避雷设施；强化周末学生接送安全管理，制作学生家长接送责任卡，组织检查运乘车辆。开通学校管理网站，实施少年军校准军事化管理。参照战士伙食标准精心制定食谱，严把食品采购、生产、供应、食用关。设置学校医务室，安排医生、护士各一名 24 小时值班，开展防病知识教育，消毒杀菌，防控流行性疾病。2009 年 5 月中旬甲型 H1N1 流感（为急性呼吸道传染病）暴发期间，学校启动应急预案，坚持零报告制度，实施封闭式管理，加强体温监控，及时注射疫苗。为确保师生安全度过震后第一个冬天，及时对板房进行保温处理，新建温水洗漱棚，购置保温送餐车，并为师生加配被褥，发放防寒衣物。

针对“绵阳八一帐篷学校”拆分为永昌一小和一所希望小学的命令，2010 年 7 月 27 日，部队将 38 类 4100 余件（套）物资无偿捐赠学校。部队出动官兵 300 余人次、车辆 60 余台次帮助拆运，用 5 天时间完成大型设备设施搬运工作；组织科技干部至新校区帮助安装调试计算机多媒体教室、“班班通”远程教育系统、广播音响系统和太阳能热水供应系统。编印学校志书《大爱》，制作《绿帐篷的记忆》电子相册和电视纪录片，赠送关心、支援“帐篷学校”的社会各界和全校师生。

中共中央政治局常委李长春，中共中央政治局委员、中央书记处书记、中宣部部长刘云山，中共中央政治局委员、国务委员刘延东，中央军委委员、总装备部部长常万全，总装备部政委迟万春以及副部长朱发忠等先后到该校看望慰问师生。

第三章 群众团体支持

第一节 工会支持

汶川特大地震发生后，全国总工会组织动员各级工会以及广大工会干部、会员与职工群众，按照中共中央、国务院的部署，协助党委和政府做好灾后恢复重建工作；同时做好工会系统的对口援建，帮助灾区工会恢复重建。

一 全国总工会组织支援灾后重建

2008 年 6 月 2 日，全国总工会下发《关于认真做好地震灾区工会组织恢复和重建工作切实发挥工会作用的通知》，强调灾区各级工会要努力把工会组织恢复重建工作纳入当地恢复生产、重建家园的总体规划，努力争取为基层工会组织重建提供政策、资金、人员、物资等方面的支持。通知要求灾区工会抓紧做好对县区、乡镇（街道）、企业工会受损情况的排查摸底工作，恢复健全在地震灾害中受损的工会组织；可以按点分片建立临时工会组织，成立工会工作委员会，把安置点上的会员组织起来，及时吸收安置点上的职工加入工会。

随着抗震救灾转入灾后重建阶段，全国总工会组织部署，在工会系统开展形式多样的帮扶援建活动；组织开展“工人先锋号”创建活动和全国五一劳动奖章、奖状评选表彰活动；开展“抗震救灾、重建家园”十大帮扶行动；部署做好灾区工会组织恢复重建工作，等等。

2008 年 5 月 30 日，全国总工会下发通知，部署在全国职工中开展以“抗震救灾做贡献、重建家园立新功”为主题的“工人先锋号”创建活动。在灾后重建期间，将“抗震救灾重建家园‘工人先锋号’”授予积极参加灾后重建的先进集体。

2008年6月12日，全国总工会下发《关于开展“抗震救灾、重建家园”十大帮扶行动的实施意见》，提出在全国各级工会开展以资金帮扶、物资帮扶、技术帮扶、信息帮扶、生活帮扶、就业帮扶、助学帮扶、医疗帮扶、法律帮扶、文化帮扶为基本内容，以结对帮扶为基本载体的十大帮扶行动。19日，根据国务院办公厅11日印发的《汶川地震灾区恢复重建对口支援方案的通知》，全国总工会对之前确定的相关地方工会与灾区县工会结对帮扶安排进行调整。工会对口支援方与受援方改为遵照国务院办公厅通知的安排，要求各支援地总工会制定对口支援方案，落实援建项目和资金，开展援助对接工作。

随着灾后恢复重建工作的推进，2009年5月18日，全国总工会召开全国工会对口支援地震灾区工作电视电话会议。会议对各级工会提出五点要求：加快实施对口支援项目，积极为灾区恢复重建提供经济技术和智力支持，突出做好灾区失业人员和农民工就业再就业工作，切实做好对灾区困难职工的帮扶和维权服务，进一步加强对工会系统灾后恢复重建的组织领导和协调工作。根据全国总工会关于灾区灾后重建工作的部署安排，受灾省市工会积极行动起来，组织本地工会开展以“无灾”支援“有灾”、“轻灾”支援“重灾”为特点的救灾互助行动和走访慰问受灾职工群众，开展劳动竞赛等活动，推动了灾后重建工作的进行。（参见图297）

图297　2009年1月13日，全国总工会负责人在德阳东汽慰问恢复生产的职工（全国总工会　提供）

二　支援灾后恢复重建活动

工人先锋号创建活动　2008年5月30日，全国总工会下发通知，部署在全国职工中开展以“抗震救灾做贡献、重建家园立新功”为主题的“工人先锋号”创建活动。6月5日，东汽等一批先进集体被授予“抗震救灾重建家园‘工人先锋号’”称号，标志着以“抗震救灾做贡献、重建家园立新功”为主题的“工人先锋号”创建活动正式启动。7月14日，全国总工会下发《中华全国总工会关于命名“抗震救灾重建家园‘工人先锋号’”的决定》，命名北京大学医学部抗震救灾医疗队等1199个先进集体为“抗震救灾重建家园‘工人先锋号’”。许多省（区、市）总工会和全国产业工会也先后开展了省、市级和全国产业工会级抗震救灾重建家园工人先锋号评选表彰活动。

劳动竞赛　全国各级工会结合灾后恢复重建的重点工程和重点项目，围绕重点、难点、关键环节，组织职工开展形式多样的劳动竞赛、技术比武活动。

2008年11月，四川省总工会下发《关于举行四川省“灾后重建再立新功”劳动竞赛启动仪式的通知》，并举行启动仪式，中国二重、东汽等企业职工代表600人参加。竞赛活动广泛展开，遍及87%以上规模企业，参赛职工达220万人。

2009年1月15日，四川省总工会下发《关于在全省开展“灾后重建做贡献同舟共济保增长”劳动竞赛的通知》。全省1.33万家企业参加此活动，参与面达90.38%；参加竞赛活动的职工人数达354.72万人次。同时，四川省总工会在扩内需、调结构、保增长的重点行业和重点工程中组织开展专项竞赛：一是联合省交通厅开展映汶高速、都汶高速、广巴高速、绵遂高速等“灾区生命线公路网交通大环线”劳动竞赛；二是联合省旅游局、省旅游协会启动“振兴天府旅游、重塑熊猫故乡”劳动竞赛；三是联合省电信、省移动工会开展“地震灾区通信重建工程和数据灾备中心工程”建设劳动竞赛；四是联合省国资委在国有企业职工群众中开展“增收节支、降本增效”竞赛活动；五是联合中铁二局工会开展成都至都江堰“灾后重建做贡献、成灌铁路立新功”竞赛活动；六是根据国家、四川省“十一五”规划、全省灾后重建规划，继续开展“展主力军时代风采建跨越式精品工程”劳动竞赛。2009年，四川省总工会除直接主抓规模大、有影响的15项重点工程外，还引导各市州结合本地区实际，在582项重点工程中开展劳动竞赛，占已开工建设项目的71%。“灾区生命线公路网交通大环线”竞赛主要在广巴高速、都汶高速、成灌（都江堰）快速铁路等重建工程项目中开展。此外在重灾地区6个市（州）的200多个重建项目和70多所学校重建中也开展了竞赛，参赛职工1062.6万人次。

2009年4月27日，为在灾后恢复重建中充分发挥工人阶级主力军作用，四川省总工会下发《关于进一步组织动员全省广大职工推进“灾后重建、再立新功”劳动竞赛的决定》，在全省企业中组织开展“灾后重建、再立新功”劳动竞赛主题活动，参加的企业达1.3万家，参赛职工达336万人（次）以上。

除四川省外，其他省市也开展了类似活动。为贯彻落实中央、重庆市委“一手抓抗震救灾，一手抓经济社会发展”的指示精神，重庆市总工会组织开展“万众一心、众志成城，抗震救灾夺损失”劳动竞赛活动，号召广大职工最大限度地夺回地震灾害给国家和人民造成的损失。2008年6月，根据河北省总工会发出的《关于在生产抗震救灾紧缺物资企业开展建功立业劳动竞赛的紧急通知》，对表现突出的车间、班组、工段即时授予“工人先锋号”称号，激励广大职工为灾后重建贡献力量。

“抗震救灾、重建家园”十大帮扶行动　2008年6月13日，全国工会“抗震救灾、重建家园”十大帮扶行动正式启动，目标是：“力争在三到五年内，切实帮助受灾地区工会重建起帮扶和服务职工群众的能力，通过提供技术支持帮助受灾地区骨干企业尽快恢复生产，帮助灾区职工群众基本解决生产生活中的实际困难，重建美好家园”。

资金帮扶。2008—2009年，全国总工会向四川、甘肃、陕西三省总工会拨付帮扶资金1.08亿元，向四川省总工会拨付困难职工子女金秋助学专项资金2000万元。截至2009年1月底，各受援地方工会共收到兄弟省市工会援助金2867.5万元。同时，援建地省市工会还意向性出资8200余万元以支持灾区建设困难职工帮扶中心、职工培训中心、文化中心建设项目。

技术帮扶。2008年6月起，全国总工会共发动全国9个省（市）的职工技协组织了10支技术帮扶队支援灾区，涉及焊接、机械加工、管理维修、房屋建设、儿童心理救助等多个专业。全国总工会还组织3批劳模技术服务队赶赴灾区，每批工作7—10天，帮助东汽等受灾严重企业尽快恢复生产（见表32）。

2008年6—9月全国总工会组织的劳模技术服务队情况一览表

表32

批　次	组成人员	出发时间与服务地点	服务内容
第一批	上海机电工会、上海李斌技术学院和齐齐哈尔第一、第二机床厂及北京机电公司的高技能工人志愿者为主体，由全国劳模李斌任队长	2008年6月26日，东汽	为受灾企业提供技术指导和技术咨询，进行受损设备评估、调试维修，开展技术交流和培训
第二批	一汽集团、武汉重型机床集团、桂林机床、齐重数控等机械制造单位，共18名行业技术骨干，由全国劳模、一汽铸造公司维修电工、高级技师李黄玺带队	2008年7月28日，东汽	根据企业需要，主要以热处理、焊接、数控工种为主
第三批	东风汽车集团、大连重工·起重集团、昆明机床、沈阳液压机等10家国内优秀企业的17名技术能手组成，队长由高级技师杨建华担任	2008年9月17日，东汽、东方电机公司	为东汽提供技术咨询、受损设备评估、调试维修、技术培训等针对性技术帮扶，同时对东方电机公司提供技术援助

各灾区工会也积极开展技术帮扶工作。2008年6月，四川省总工会启动了“手牵手重建家园”帮扶工程，先后组织1000个技协组织、1万名能工巧匠（工会会员），通过技术协作和对口帮扶为受灾企业提供设备维修和技术援助。陕西省总工会也组织了多批技术服务人员支援四川灾区建设。7月8—22日，在陕西省总工会组织协调下，秦川机床工具集团13人组成的“抗震救灾重建家园工人先锋号突击队”，从宝鸡出发，分赴位于四川重灾地区绵竹市汉旺镇的东汽和德阳市的东汽工模具厂，为东汽维修各类设备，帮助东汽早日恢复生产。第一批突击队完成援助任务后，东汽再度向陕西省总工会发出紧急求援函。8月24日，陕西省总工会组织秦川发展、汉江机床、汉江工具等7家单位精心选拔出来的技师、高级工共计22人组成的“抗震救灾恢复生产技术援助队”，抵达德阳东汽新总部，展开第二次技术帮扶。25日，援助队分别到德阳金工一分厂、焊接分厂和中江县机修分厂投入抢修战斗，一直工作到9月5日，完成大批中小型设备、大型数

控镗铣床等的维修、调试。

就业帮扶。2008 年 6 月 23 日，全国总工会办公厅印发《关于对地震灾区实施就业帮扶工作的通知》，决定开展跨地区劳务协作活动，对受灾地区职工和农民工组织实施就业帮扶。全国总工会组织部分经济较为发达的劳动力输入大省市赴四川开展就业帮扶活动。6 月 29 日至 7 月 2 日，江苏、浙江、广东、福建、天津五省（市）工会及 10 个主要用工城市工会和 30 多家大企业，参加全国工会爱心就业帮扶行动招聘会，赴绵阳、剑阁、绵竹、彭州招聘，黑龙江、福建、江西等地劳动行政部门和部分企业也到现场参加招聘。4 场招聘会平均每场都有上万人参加，许多求职者冒雨前来，有的甚至从几十里外赶来应聘。4 天时间，共有 4.7 万人进场应聘，2.5 万人洽谈咨询，7049 人达成求职意向。2009 年 2 月 20 日，陕西省总工会也在本省举办了大型免费就业招聘洽谈会，提供就业岗位 61014 个，进场求职者 132737 人，达成用工意向 36605 人次，报名参加免费培训者达 19313 人。

生活帮扶。全国各地工会帮扶中心向灾区工会支援必要、急需的生活日用品，保障灾区职工的基本生活。各灾区工会尽快恢复困难职工帮扶中心的正常运转，为本地困难职工送温暖。2008 年 11 月 14 日，由四川省总工会、团省委、省妇联主办，德阳市总工会、绵竹市总工会承办的向灾区“送温暖、献爱心”活动正式启动。12 月 22 日，四川省工青妇组织“温暖冬天”联合大行动在北川正式启动。2009 年元旦、春节期间，全国总工会送温暖活动将因汶川地震致贫的困难职工纳入重点走访慰问范围，加大帮扶救助工作力度，确保不让一户困难职工因为受灾或金融危机影响生活而过不下去。

信息帮扶。各地方工会和产业工会加强与灾区工会的信息沟通，为灾区企业重建或恢复生产过程中急需的物资、技术、产品销路等方面提供信息帮助；向灾区工会和职工提供异地就业、就业创业和技能培训等方面信息；提供国家和各地政府有关抗灾重建的各种补助、补贴和优惠政策信息等。中国职工技术协会从 2008 年 5 月 21 日起在中国工会经济技术工作网上开设“抗震救灾职工技协在行动”专栏。该专栏在灾后重建期间提供了大量信息。

助学帮扶。2008 年 8 月 26 日，“全国工会 2008 年金秋助学活动启动仪式暨新闻发布会”在成都举行。四川省总工会接收全国总工会拨付的 2700 万元金秋助学专款，并当场向参加仪式的 40 名困难职工（农民工）子女每人发放 4000 元助学金，为 6 个重灾区考上大学的困难职工（农民工）子女赠送 200 个行李箱。会上宣布，对于灾区当年考取省外高校和灾区籍省外高校在读的困难职工和困难农民工子女，由就读所在地工会负责组织与其结成帮扶对子，帮其解决困难；对于留在本省内就读的灾区困难职工（农民工）上学子女，由参加对口帮扶的省市总工会分别帮扶。2008 年，深圳市总工会招收陇南灾区 38 名学生到深圳第三职业技术学校学习，在 3 年学习期间，学生免交所有学习费用，每人每月可领取 300 元生活补贴，每年领取 1000 元路费补贴，合计 110 万元帮扶资金均由深圳市总工会支付。灾区工会则配合政府部门，搞好调查摸底，落实国家的各项助学政策。

医疗帮扶。灾后重建期间，各级工会积极协助政府部门，对在地震灾害中致残致病的职工，切实落实各项医疗工伤保险、医疗救助政策，并对灾区没有参加医疗保险的大病伤残职工和享受重大灾害医疗待遇、基本医疗待遇后仍面临较大困难的职工，通过职工医疗互助互济、大病医疗补助等途径，为他们提供补充医疗救助。

法律帮扶。灾后重建期间，灾区各级工会为职工提供法律援助和服务，开通24小时职工法律咨询热线。四川省总工会法律部于2008年6月30日向灾区工会发出《关于灾后重建有关职工群众权益问题立法建议的函》；7月14日，向省人大常委会提交《关于灾后重建有关职工权益保障的立法、政策制定建议的函》。同时，四川省总工会法律部组织编印了涉及灾后重建、劳动权益、民事赔偿等相关法律法规、政策问答的《抗震救灾恢复重建法律法规、政策及问答》4万册，向职工群众发送，放入灾区职工书屋。12月3日，四川省、成都市、都江堰市三级工会联合行动，为都江堰"勤俭人家"和"翔凤桥"两个地震灾区群众集中居住区的工会活动室、职工书屋，送去最新的各类劳动法律书籍和政策文件汇编3000多本（份），并开展了送法律和现场宣传咨询活动。2009年5月18日，四川省总工会根据省政府的要求，在成都、德阳、绵阳、广元、雅安、阿坝6个重灾市（州）开展汶川地震灾后重建涉法问题调研，6月3日形成工会系统的调研报告上报省政府法制办。

文化帮扶。灾后需要重建精神家园。2008年6月23日，全国工会抗震救灾重建家园文化帮扶行动启动仪式在都江堰市受灾群众安置点——"勤俭人家"举行。文化帮扶内容：一是在受灾群众相对集中的安置点援建工会文化活动室；二是开展文艺演出；三是出版抗震救灾相关书籍，赠送给灾区的工会和职工群众；四是其他文化援助活动。截至2008年11月，全国总工会共拨付近千万元，在受灾群众相对集中的安置点援建131个工会文化活动室，配置图书、文体器材、电视机等物品。组织各地工会组建6支移动电影放映小分队，赴灾区放映电影300余场次；全国总工会直接拨付70余万元资金，向受灾严重的21个县（市）赠送数字电影放映机共计21套，赠送电影拷贝1150余场次；拨付资金80余万元，组织文艺小分队赴灾区进行慰问演出10场。此外，6月7日，辽宁省工会电影放映队每天行车十五六个小时，途经五省一市，用两天时间走完原本要走三天三夜的路程，在从沈阳赶到安县的当晚就开始工作。此后，安县群众几乎每天晚上都能看上辽宁省工会电影放映队为他们放映的电影。

2009年2月4日，陕西省总工会职工艺术团小分队冒着寒冷，驱车近500公里到宁强县进行慰问演出，演出反映农民工外出务工、维权讨薪的小品《大年夜》等节目，2000多名群众和天津援建者观看演出。5月9日下午，在汶川特大地震一周年即将到来之际，由四川省总工会主办，绵阳市总工会、自贡市总工会承办，自贡市职工艺术团演出的"我们永远在一起"大型文艺慰问演出在绵阳市五一广场举行。中国工人出版社出版了《感动·奋起——5·12抗震救灾纪事》、《震后防病防疫实用手册》和《抗震减灾知识读本》3种图书，并以全国总工会的名义赠送给灾区工会和职工群众。

抢险救灾期间各地工会还开展了"物资帮扶"活动。相关情况见有关卷的记述，本卷从略。

三　对口帮扶灾区工会

组织兄弟省市工会对口帮扶　全国总工会于2008年6月12日下发《关于开展"抗震救灾、重建家园"十大帮扶行动的实施意见》。19日，全国总工会根据国务院办公厅11日印发的《汶川地震灾后恢复重建对口支援方案》，印发《关于开展"抗震救灾、灾后重建"十大帮扶行动的补充通知》，对12日印发的实施意见中关于对口援建的安排作了相应调整，结对帮扶安排为（前为支援方）：山东省总工会—北川羌族自治县总工会，广东省总工会—汶川县总工会，浙江省总工会—青川县总工会，江苏省总工会—绵竹市总工会，北京市总工会—什邡市总工会，上海市总工会—都江堰市总工会，河北省总工会—平武县总工会，辽宁省总工会—安县总工会，河南省总工会—江油市总工会，福建省总工会—彭州市总工会，山西省总工会—茂县总工会，湖南省总工会—理县总工会，吉林省总工会—黑水县总工会，安徽省总工会—松潘县总工会，江西省总工会—小金县总工会，湖北省总工会——汉源县总工会，重庆市总工会—崇州市总工会，黑龙江省总工会—剑阁县总工会，深圳市总工会、长春市总工会、大连市总工会、厦门市总工会、武汉市总工会—甘肃省重灾县（区）总工会，天津市总工会、青岛市总工会、哈尔滨市总工会、宁波市总工会、南京市总工会—陕西省重灾县（区）总工会。

灾区工会对口帮扶　2008 年 7 月 4 日，甘肃省总工会下发通知，确定由部分省级产业（系统）及企业工会分别与陇南市、甘南藏族自治州的重灾县（区）工会结成对子，本着先重灾、后轻灾的原则，实施重点帮扶与兼顾一般相结合。具体安排（前为支援方）为：酒钢（集团）公司工会—文县工会，兰州市总工会—康县工会，长庆油田公司工会—成县工会，兰州铁路局工会—武都区工会，玉门石油管理局工会—西和县工会，甘肃省电力工会—徽县工会，金川公司工会—舟曲县工会，兰州石化公司工会—迭部县工会，华亭煤业集团公司工会—崇信县工会、华亭县工会；其他市州、产业和大企业工会按照非灾区支持灾区、轻灾区支持重灾区的原则，积极主动安排抗震救灾工作。同时，甘肃省总工会组织“甘肃省总工会抗震救灾重建家园建筑志愿者服务队”，已于 2 日奔赴陇南市 9 个县（区）、27 个灾后重建示范村，开展重建志愿服务。

7 月 17 日，四川省总工会下发《关于进一步做好灾后重建对口支援工作的通知》，具体安排（前为支援方）为：宜宾市总工会—广元市朝天区总工会，达州市总工会—绵阳市游仙区总工会，南充市总工会—梓潼县总工会，乐山市总工会—中江县总工会，凉山彝族自治州总工会—罗江县总工会，泸州市总工会—广元市元坝区总工会，自贡市总工会—苍溪县总工会，内江市总工会—盐亭县总工会，资阳市总工会—三台县总工会，眉山市总工会—九寨沟县总工会，广安市总工会—宝兴县总工会，遂宁市总工会—金川县总工会，攀枝花市总工会—旺苍县总工会。

7 月，陕西省总工会确定由西安市总工会对口帮扶宝鸡市总工会。

对口帮扶成效　灾后重建工会对口帮扶有两种类型。一类是以工会为主进行援建“交钥匙”。如上海市总工会在上海市援建都江堰的壹街区内，援助都江堰市总工会新建都江堰市工人文化宫。该工程委托同济大学设计，由上海绿地集团承建，占地 8551 平方米、建筑面积 16862 平方米，总投资为 7300 万元，上海市总工会出资 3000 万元。该项目于 2010 年 8 月 19 日交付使用。文化宫集办公会议、休闲娱乐、教育培训、援助帮扶功能于一体，设置有多功能会议中心、健身中心、职工帮扶中心、职工法律援助中心、职工培训中心、职工展示厅、职工书屋、劳动模范之家、职工娱乐室和职工文化广场等功能区。广东省和广州市总工会分别出资 1200 万元和 1000 万元，援助汶川县总工会在原址重建了汶川县工人文化宫综合大楼。该工程由核工业西南建设集团有限公司承建，2010 年 4 月 20 日正式投入使用。该文化宫占地 2453 平方米，建筑面积 5279 平方米，内设职工文化中心、职工教育培训和困难职工中心等。又如江苏省总工会根据省委、省政府的统一部署和全国总工会的要求，经与四川省总工会和绵竹市总工会商定，支援绵竹市总工会新建一座占地10亩、建筑面积4000平方米、造价3600万元（土地划拨不计价，四川省总工会补助600万元），集职工文化中心、教育培训中心和困难职工帮扶中心“三中心”于一体的办公大楼。江苏省总工会先后3次送去项目建设资金和慰问金。该项目于2010年10月交付使用。大连市、厦门市总工会经考察，确定将甘肃甘南地区的夏河、临潭两县困难职工帮扶中心建设作为对口援建项目，两项目总建筑面积为3594平方米，总投资665万余元。前者于2009年8月动工，后者于12月动工，大连市总工会先后3次共出资170万元，厦门市总工会先后共出资230万元。

另一类是工会只出援建资金“交支票”，援助项目及其实施统一由所在省援建机构负责安排，实行与党委和政府一起的“捆绑式”援建。这样的情况较多，如辽宁省总工会为安县总工会出资3000多万元，援建于2009年上半年竣工投入使用的安县工人文化宫项目；湖北省总工会出资932万元和武汉市总工会援助汉源县总工会，建成面积为8000多平方米的汉源县职工文体活动中心项目；湖南省总工会出资1000万元建设理县总工会“三中心”合一的工会阵地项目，该项目于2010年10月底全部竣工交付使用；山东省总工会对口援建北川羌族自治县总工会大楼项目；吉林省总工会援建黑水县职工俱乐部项目；武汉市总工会和长春市总工会援建陇南市总工会职工活动中心和工会办公大楼项目等，均采取这一援建方式。

工会对口援建项目，主要按全国总工会组织的十大帮扶行动的范围商定。除援建（包括重建、新建、修缮或改扩建）工会办公大楼、工人文化宫、职工活动中心大楼等建筑工程外，还援建工会困难职工帮扶中心、职工书屋、学校、工会活动阵地，以及捐助车辆、电脑、电子显示屏、图书等物资。浙江省总工会援助青川县总工会，除出资800万元用于青川县总工会职工服务中心建设外，还出资10万元用于建设青川县板桥乡马上小学，出资50万元在灾区群众集中安置区建设10个职工文化活动室，出资100万元用于帮扶困难职工，出资50万元资助困难学生，出资23万元慰问工会干部和职工，并援建了价值50万元的10套活动板房解决县总工会干部的后顾之忧。哈尔滨市总工会捐资100万元，在勉县援建一座“哈尔滨工会·二道河中心小学”，还向略阳县贫困大学生捐款10万元。厦门市总工会除对口援建甘南藏族自治州总工会，援建夏河县总工会职工帮扶中心综合楼和临潭县总工会工人俱乐部，还出资在彭州市的4个镇建立“职工书屋”，出资援助固原市总工会建设固原市文化体育中心。到2010年年底，除陇南市总工会大楼重建因选址等原因尚未开工外，工会灾后重建对口援建项目大都按期完工。

第二节　共青团支持

一　共青团中央组织团员青年参加灾区重建

2008年8月12日，共青团中央下发《共青团中央抗震救灾和灾后重建下一阶段工作计划》，根据党政关注、灾区青年急需、共青团能为的原则，确立支援灾后重建的主要任务、具体安排和工作要求。14日，中共中央政治局委员、全国人大常委会副委员长王兆国对团中央抗震救灾及灾后重建工作作出批示："团中央组织各级团组织，团结动员广大团员青年积极支援四川抗震救灾方面做出了突出的贡献，特别是青年志愿者活动社会效果很好，支援四川灾后重建的各项工作，做得实，效果好，这对团组织、团干部、团员青年是很重要的锻炼和考验，又能提高团组织的凝聚力，号召力和影响力"。

2008年6月24日，中宣部、中央文明办、教育部、共青团中央、全国学联联合下发《关于开展2008年全国大中专学生志愿者暑期文化科技卫生"三下乡"社会实践活动的通知》。7月3日，团中央下发《2008年暑期"大学生志愿者灾区服务团"实施方案》，对各服务团至地震灾区开展支教支医等志愿服务活动做出部署，要求开展"一团对一校"的定点服务和基地化、长期化的对口帮扶。

通知下发后，全国各高校积极响应，广大学生踊跃报名。来自全国22个省（市）168所高校的189支服务队和来自四川高校的400支服务队共计9800余名大学生奔赴四川、甘肃、陕西灾区一线，开展支教培训、医疗卫生服务、心理援助、灾区规划、灾区调研等多项志愿服务。北京市有55支团队到阿坝、成都、绵阳等受灾地区开展各种形式的灾后志愿服务。四川大学组建50支"三下乡"灾区服务队，到什邡、都江堰、彭州等地开展灾后重建规划评估、疾病预防控制、支教等服务。2008年7月17日，在团中央和各省级团组织的统筹安排下，首批189支全国大学生志愿者经"三下乡"灾区服务队抵达四川等灾区，近2000名大学生志愿者经集中培训后，立即前往青川、安县、绵竹、什邡等灾区。团中央对首批"三下乡"灾区服务队明确提出3个"充分结合"的原则：一是结合相关部门的抗震救灾方案开展灾区服务。团中央根据国务院制定的对口支援方案，要求灾区志愿服务采取定点包片、流动服务的方式。中国气象学会通过中国农业大学、中国林业大学等首都高校的大学生科普志愿者小分队，将《抗震救灾减灾气象实用手册》发放到灾区人民手中。二是结合当地灾后重建的实际需要开展灾区服务。四川师范大学志愿者帮助当地村民搭建帐篷、收麦插秧、防疫和心理安抚，还协助当地政府下乡进行灾情统计。华北水利水电学院结构工程专业志愿者协助江油市房管局，跟随专家参与房屋安全鉴定。三是结合专业特点，开展有特色、有成效的灾区志愿服务。遵循"按需设项、据项组团"的原则，各团队在与服务点充分沟通并全面了解当地具体需求后，有针对性地选拔相关专业的学生和指导老师参加，并事先进行相关知识培训和演练。湖南大学在了解到灾区许多家庭希望有专业队伍帮助鉴定房屋受损后，该校土木学院的9名志愿者带上专业检测设备至服务地帮助检测。

据统计，有357支团队开展支教培训服务工作，139支团队开展灾后心理援助服务工作，97支团队开展灾后重建规划调研工作，194支团队开展卫生防疫宣传教育工作，还有多支团队提供如灾区房屋安全检测、生态考察等专业要求高、灾区需求大的志愿服务工作。一个月的志愿服务期间，大学生志愿者共走访农户超过30113家；累计开展医疗服务74476人次，开展医疗卫生宣传2378次；开展心理帮扶11352人次；当地参与志愿者支教培训学生人数达到70672人，共计开展支教培训124620课时；人均参加生产劳动超过125小时；超过265支队伍在灾区捐资捐物，捐赠金额达307.1052万元。

高校共有279支队伍和受援地签订协议，确定一些稳定的"三下乡"社会实践基地，同时建立“一对一”（即一所高校对应一所灾区中小学校）的定点帮扶和志愿服务接力机制。复旦大学服务队在都江堰市聚源中学建立“聚源复旦书阁”，在该校建立长期的社会实践基地。浙江大学在北川启动“情系灾区爱心圆梦活动”，签订结对帮扶协议书。四川师范大学与安县睢水镇签订校镇合作协议，通过大学生志愿者顶岗实习，让当地教师到四川师大学习，对受援学校灾后重建进行软硬件支持等，多途径帮助受援学校提高教学水平。

灾区服务团的志愿服务活动产生了广泛的社会影响。《人民日报》、新华社、《光明日报》、中央电视台、中央人民广播电台、《中国青年报》《中国教育报》等中央主要新闻媒体和新华网、新浪网、中青网等主要网络媒体分别对志愿者“三下乡”赴灾区服务团进行报道，地方各类媒体有关报道超过 1.6 万多条。为树立典型、表彰先进，2008 年 12 月 15 日，中宣部、中央文明办、教育部、共青团中央、全国学联联合下发《关于表彰 2008 年全国大中专学生志愿者暑期“三下乡”社会实践活动优秀组织工作奖、先进单位、优秀团队和先进个人的决定》，对赴地震灾区服务的优秀团队及个人进行表彰。

2009 年 4 月 10 日，为积极引导大学生志愿者参与灾后重建，西部计划全国项目办下发通知，将 2008 年开始实施的西部计划抗震救灾专项行动更名为灾后重建专项行动，行动仍采取“对口支援”的方式进行招募，根据灾区灾后重建的要求，继续从 23 个省（市）招募选拔基础教育、心理咨询、医疗卫生、农业科技、计算机、公共事业管理类的应届本科及本科以上高校毕业生、在读研究生到四川、甘肃、陕西灾区服务。2009 年，西部计划全国项目办共派遣 1126 名志愿者继续服务地震灾区。2010 年又新招 2133 名西部计划志愿者到四川灾区，参与支教、支医、支农、基层青年工作等 10 个专项行动。在 2009 年全国大中专学生志愿者暑期文化科技卫生“三下乡”社会实践活动中，全国高校重点组织了 200 支灾后重建服务团，在四川等灾区开展形式多样的灾后重建服务。

二　恢复灾区团组织和活动阵地

恢复灾区团组织　震后灾区大量团员与组织失去联系，团的工作一度处于瘫痪状态。为了促进共青团对口支援地震灾区相关工作的开展和参与灾区的恢复重建，全团选派百名优秀团干部到地震灾区挂职。此项工作从 2008 年 7 月 2 日开始，12 月底结束。

7 月 2 日，共青团中央在北京举行全团选派百名优秀干部支援地震灾区基层团组织工作动员会。团中央第一书记陆昊指出，团中央决定在全团选派百名优秀干部支援灾区基层团组织工作，这是灾区共青团组织在灾后重建过程中落实各项工作任务的现实需要，是年轻干部在复杂环境和艰苦条件下锻炼成长的重要途径。希望选派干部努力为灾区人民办实事、办好事，为灾区重建贡献力量。3 日，来自全国 29 个省（区、市）团委以及中央企业、铁道系统、民航系统、中直机关团委和团中央机关的 101 名科级团干部分赴四川、陕西、甘肃三省灾区，在 59 个受灾县（市、区）团委挂职担任团县（市、区）委副书记，开展为期半年的支援灾区建设工作。在 101 名挂职团干部中，有专职团干部 78 名、兼职团干部 23 名，平均年龄 28.6 岁，最大的 35 岁，最小的 24 岁。

7 月以后，考虑到灾区乡镇、企业、学校的团组织建制已经打乱、团员青年集中在灾区群众安置点的实际情况，四川团省委把集工作、服务、活动于一体的青少年服务中心建在安置点，建立临时团支部、志愿服务站、心灵驿站、希望书屋、手拉手红领巾书屋的“三位一体”工作阵地，将共青团资源向服务中心集中。在灾区积极开展团员发展、推优入党等工作，使团的组织在灾区不留空白，使灾区青少年都能感受到团组织的温暖。在绵阳，团市委组建起临时团支部、少先队组织，实现“团旗插在安置点、支部建在帐篷里”，在各个安置点建立 40 多个青少年活动室、红领巾书屋，搭建临时课堂，组织 2000 余名学习辅导志愿者、心理疏导志愿者等为安置点的受灾青少年开展学习辅导、心理疏导等志愿服务，组织受灾青少年开展丰富多彩的团的活动。汶川县漩口中学的 85 名学生抵达成都青羊体育中心的临时安置点。青羊区团委组织同学们成立临时团支部，这是四川灾后第一个临时团支部，同学们的感受是：“有了临时团支部，我们仿佛回到了学校！”震后一个月，抗震救灾优秀团干部马晓燕带领团县委其他干部在北川 23 个安置点分别建立一个临时团支部、一个志愿者服务站、一个手拉手红领巾书屋。刘杨和林舜谦是广东省挂职汶川县团委的干部，在他们的协助下，汶川县团委巩固和恢复乡镇、村、社区、学校、机关团组织 200 多个，基本达到基层团组织全覆盖。

全国 29 个省（区、市）团委的挂职干部到灾区后，按照团中央要求，立即着手团组织的恢复重建，建立临时办公场所，重新选拔和充实团干部，并在居民安置点、活动板房区和志愿者服务队中普遍建立临时团组织，半年间使这些地区团的工作基本恢复。中江县为加强基层团组织建设，任命 385 名大学生村官兼任农村团干部，这一举措在德阳市 6 个县（市、区）得到推广。什邡市引进北京团市委在奥运志愿者管理上的成功经验，建立志愿服务的项目化管理体系。汶川县在乡镇一级建立团委、志愿者服务站、红领巾书屋和青少年活动中心“四位一体”的灾区基层团组织阵地。

挂职团干部针对震后大量民工返乡、青年就业创业压力增大的现实问题，协调各类职业教育资源进行青年技能培训，联系开展各类转移就业项目，并帮助农村青年争取小额创业贷款。上海汽车集团延锋伟、世通汽车饰件系统有限公司邹海川，挂职到重灾县旺苍县团委工作。延锋伟协调上海团市委为灾区团干部免费开设培训班，从当地选拔 20 名优秀团干部前往上海参加为期一周的免费培训，回川后成为“接力培训员”。旺苍县当地土特产资源尤其是茶叶相当丰富，邹海川运用自身在工商管理硕士课程中学到的知识，协助旺苍当地筹划“旺苍青年创业自救项目”，打开茶叶市场，帮助灾区农村青年就业创业。在盐亭县挂职的李奕铭借助互联网建立县、镇两级团组织 QQ 群，提高了对基层团干部、团员青年的工作覆盖面。

在灾后重建期间，四川省团组织加大在一线发展团员和“推优入党”工作力度，有 1617 名青年火线入团、1302 名团员加入中国共产党。

援建青少年活动阵地和学校　2009 年 8 月 11 日，团中央第一书记陆昊主持召开共青团第十六届中央书记处第二十六次会议，研究使用“特殊团费”支持灾区集中建设青少年活动场所有关工作。会议原则同意团中央抗震救灾工作联合办公室关于“特殊团费”支持灾区集中建设青少年活动场所的方案，要求联合办公室在选址方面进一步加强与灾区的沟通，以便更好地体现全国广大团员青年在抗震救灾和灾后重建工作中展现出来的爱心和社会责任。8 月，团中央划拨“特殊团费”1272万元修建汶川青少年活动中心，建成的中心汇集教育、展览、艺术培训、娱乐活动、成长体验、爱国教育、交流锻炼等功能于一体。11月，团中央下拨援建宝鸡市青少年宫阵地建设款135万元。12月31日，团中央下拨200万元“特殊团费”援建甘南藏族自治州青少年活动中心；之后，又划拨经费65万元，用于该青少年活动中心设施添置、活动开展及师资培训。

“特殊团费”援建四川青少年活动中心。2009年8月，团中央决定划拨“特殊团费”1272万元援建汶川灾区青少年活动阵地。四川团省委分管领导带队专程至北川、青川、都江堰、汶川等地考察，经团中央同意，在汶川地震震中映秀镇修建汶川青少年活动中心。中心选址位于汶川地震遗址——漩口中学斜对面河口纪念广场，为映秀镇核心区域。中心建筑红线内的用地面积3339平方米，总建筑面积4300平方米，建有共青团抗震救灾展示室、4D电影室、地震体验室、多功能室、电影院、图书中心、培训室等设施，按照“服务灾区、面向全国、兼顾国际”的原则建设。中心邀请世界知名的贝氏设计工作室进行设计，力求整体形象和功能设计符合映秀镇城市景观规划和青少年特点。2010年10月15日开工建设，2011年6月28日投入使用。在开工仪式上，四川团省委书记张彤说，汶川青少年活动中心凝聚了全国共青团员的爱心，是共青团组织参与抗震救灾的标志性工程，也是全国青少年弘扬抗震救灾精神的重要阵地和服务地震灾区青少年健康成长的重要场所。

“特殊团费”援建甘南藏族自治州青少年活动中心。汶川地震给甘南藏族自治州的卓尼县、夏河县、舟曲县、迭部县的县、乡镇青少年活动中心造成不同程度的损坏。

甘南青少年活动中心建设规划用地3000平方米，总建筑面积2400平方米。活动中心设立艺术活动部、体育活动部、科技活动部、技能培训部，重点对青少年进行思想道德教育和科教技能教育，同时开展外语、琴、棋、书、画、音乐、舞蹈、体育、运动、健身、健美等方面的培训活动。2009年12月31日，团中央援建甘南藏族自治州青少年活动中心的资金200万元经民政部拨付甘肃省民政厅。

援建陇南市青少年活动中心。陇南市震前一区八县均无青少年活动中心。援建的陇南市青少年活动中心建筑面积4800平方米，计划投资968万元，建设内容包括美术室、学生作品陈列室、团队活动室、图书阅览室、多媒体教室、自然科学馆、社会科学馆、健身训练厅、多功能报告厅等。青少年活动中心地处陇南市武都区新城区，面向全市青少年开展校外教育培训、科技普及、文化娱乐、文化会演以及组织比赛等多种活动。深圳团市委利用全市团员交纳的抗震救灾“特殊团费”和市青基会募得的抗震救灾专项善款定向捐建陇南青少年活动中心。

“特殊团费”援建宝鸡市青少年宫。震后，团宝鸡市委专门向宝鸡市委、市政府汇报，规划新建的宝鸡市青少年活动中心位于市高新区，主体建筑为主楼6层、两翼附体楼3层，建筑面积1.9万平方米。建成后集教育、科普和娱乐等功能于一体，每年可为2万多人（次）青少年提供社会教育，总建设费用为6900万元，2012年建成并投入使用。2009年11月，团中央下拨援建宝鸡市青少年宫建设款135万元。

“特殊团费”援建略阳县青少年活动中心。2009年年底，陕西团省委向团中央递交《关于我省略阳县请求解决完善该县青少年活动中心基础设施经费的报告》，团中央一次性划拨经费65万元，用于青少年活动阵地设备的添置、活动开展及师资培训。截至2010年9月，陕西团省委投入资金 45 万元，购置了钢琴、古筝、架子鼓、萨克斯等一批乐器。4 个教室扩展到 7 个教室，分别是电脑室、美术室、器乐室、民乐室、钢琴室、音乐室、舞蹈室等。阵地配备三角钢琴、立式钢琴、电子钢琴、架子鼓、萨克斯、小号、手风琴、古筝、二胡、单簧管、长笛、扬琴等多种音乐器材；绘画室、舞蹈室也配备有专业器材。

中国青少年发展基金会启动“希望工程紧急救灾劝募行动”支持灾区重建。2008 年 11 月，中国青基会通过“希望工程紧急救灾劝募行动”，联合全国 33 家省级青基会，面向社会募集善款支持灾区重建，为灾区捐建希望小学（中学）211 所，建筑面积 17.5 万余平方米；为 15 万余名学生提供两三年过渡性教学用房。该会为建成的“抗震希望小学（中学）”配置了课桌椅、图书室、数字影院、电风扇、电脑室。以“抗震希望小学（中学）”为平台，至 2008 年年底，资助中小学生 3320 名、大学新生 1597 名、困难家庭 95 户。截至 2010 年 10 月，建成 160 所永久性希望小学，92% 的学校项目投放在国务院对口援建规划、地方财政困难的地区。每所学校平均造价 221.3 万元，其中希望工程学校每所捐资 79.85 万元，政府每所投入 141.45 万元。中国青基会还建立“5·12 心灵守望计划”专项基金，募集 500 多万元，对 10 个极重灾县（市）100 所学校的 50 万名学生和 3 万名教师提供专业心理干预服务。派遣 20 多名专家对彭州、绵竹、什邡、罗江等 6 个县（市）80 所学校的 84 名教师提供专业心理培训，对 10 万余名学生进行直接心理治疗。该项目获 2008 年度中华慈善奖“最具影响力慈善项目”。同时，实施“希望工程社工项目”，2008 年 9 月启动后，建立 15 个基地，包括 9 所“社工驻点希望学校”和 6 所“社工服务互助学校”。来自 16 所高校社工系的教师和学生 185 名计 278 人次为广元、德阳两市灾区学校的师生提供专业服务。截至 2010 年 9 月，项目服务超过 10 万人次。

组建重建青年突击队 各地团组织在煤、电、油、运、建等行业的团员青年中组织青年突击队。他们发扬特别能吃苦、特别能战斗、特别能奉献的精神，援建期间完成急难险重任务。

上海市对口支援都江堰市灾后重建，1.2 万人的援建队伍有一大半是年轻人。为充分调动广大青年建设者的积极性，上海团市委开展了“都江堰杯”立功竞赛活动。2009 年 3 月 7 日上午，上海对口支援都江堰市灾后重建“都江堰杯”立功竞赛活动动员大会在灾后重建工地举行。大会上，10 位青年突击队队长接过青年突击队队旗，标志着上海市对口支援都江堰市灾后重建青年突击队正式组建。首批组建的 10 支青年突击队分别由上海建工集团、城建集团、中铁二十四局和中建八局等援建工程重点参建单位的青年建设者组成，涵盖了永久性安置房、学校、医院、蒲虹公路、质量检测等多个重点工程和项目。4 月 30 日上午，中铁二十三局集团三公司在成昆铁路货车外绕线举行青年突击队授旗仪式。三公司承建的管段内，集中了成昆铁路货车外绕线重难点建设项目，桥梁群集中、桥梁结构形式多样、技术要求高、施工干扰多、协调难度大。从 4 月 1 日起，该项目开展“大干一百天，确保成昆外绕线节点工程进度目标实现”劳动竞赛活动，并成立了 6 支青年突击队，负责施工管段内重难点工程的攻坚任务。成灌铁路是四川省灾后重建的第一个铁路项目，对属于极重灾县（市）的都江堰市具有重大意义。为了支持灾后重建，中铁二局举全局之力，把以往至少 3 年的工期压缩在 1 年之内。为了按时完成任务，项目部组织青年突击队，用 3 个 100 天，在全线打响基础工程会战、桥梁隧道攻坚战、轨道站点决胜战三大战役。青年突击队 24 小时三班倒作业，工程高峰期时，有 1.8 万余名青年同时在工地上挥汗如雨。青年人在工地上“比、学、赶、帮、超”，创造了“成灌速度”，铸就了“奋勇当先、攻坚克难、时不我待、舍我其谁”的“成灌精神”。成灌铁路于2009年3月开始建设，2010年3月完工。

三　团组织对口支援

共青团中央组织的“百名优秀团干”支援　灾区基层对挂职团干部提供重建支持充满期待：“你是团中央派来的，应该能给我们带来资金和项目吧？”挂职团干部动用各种组织和个人的社会资源尽力满足灾区干部群众的期望。由铁道团委选派到城固县挂职担任团县委副书记的郎春荣，一方面与派出单位联系，一方面向亲朋好友和社会各界宣传，终于在全国铁道援助中心的支持下，为城固县桔园镇明德小学校争取到一套学校快乐体育园地和一个希望书屋，并为58名贫困家庭的孩子争取到每人500元的助学金，总计2.9万元。

在青川县团委挂职的李驷发现一个政策盲点——关于灾区大学生资助，不是新生怎么办？读大专的怎么办？许多家长到团县委求助。“我家隔壁的情况跟我差不多，为什么他的小孩有钱拿，我们没钱？”李驷留下求助者的名字，一共115个。他为此向对口支援青川县的浙江省的青基会打报告申请，最终获准追加专项款46万元。

2008年12月13日《中国青年报》头版报道，在平均日照不到两小时的金川县马奈乡小学，孩子们收到285套过冬的衣服。中山大学团委挂职干部谭杰在这座全州最冷小学蹲点，把那里真实的情况报给上级团委，争取到组织的支持。谭杰还主动筹措资金25万余元，引入各类重建项目11个，建立基金资助受灾儿童300余人。12月，谭杰获四川省抗震救灾优秀志愿者称号。川、陕、甘三省灾区，多数是欠发达的边远山区，县及县以下团组织工作条件普遍都很差。挂职团干部们多方联系，积极争取，使多数挂职地团县（市、区）委实现办公信息化，有的还配备了工作用车，新建了团组织活动阵地。满洲里团市委的高焱在甘肃省甘谷县（一般灾区）挂职，积极联系满洲里市富豪公司捐赠2台电脑、1台打印传真机。宕昌县挂职干部梁槐初争取广东团省委专项帮扶资金10万元为团县委购买工作用车1辆，还争取广东团省委支持工作经费2万元购买电脑、办公桌椅和文件柜。11月中旬，中央国家机关团工委书记吴海英带队到陕西省岐山县，带去5万元的“特殊团费”，这是在岐山县挂职的刘雅琼利用“十一”回京的机会，向中央国家机关团工委汇报工作、积极争取团工委资金支持的结果。经岐山团县委研究后决定，将这笔“特殊团费”用以加强基层团组织的有形化建设，为全县14个乡（镇）团委配发制度牌、团旗、团徽、门牌和档案柜，同时还向14个县团委直属学校分别捐赠了价值1000元的文体用品，帮助受灾学校恢复重建。

据团中央组织部的不完全统计，半年间，挂职团干部们争取到的援助资金和物资总计价值3.37亿元，联系希望学校援建项目72个（参见图298），落实希望卫生室项目71个，协调捐建团队活动阵地和红领巾书屋171个。

各省（区、市）团组织对口援助　支教与募捐支援灾区学校重建。2008年7月，重庆市大学生志愿服务西部计划项目管理办公室从全市普通高校中招募志愿者30名赴重庆市对口支援的崇州市开展服务。志愿者分别来自西南大学、重庆师范大学、重庆医科大学、重庆工商大学、解放军后勤工程学院等院校，包括资源环境与城乡规划管理、工程管理、财会统计、应用心理学、预

图298　重庆市团组织对口援助崇州市希望小学
（刘朝伟　摄）

防医学、劳动与社会保障、公共事业管理等 19 个专业类别。同期，重庆市还组织大中专学生开展暑期“三下乡”社会实践活动。共青团重庆市委、重庆市学生联合会引导组建了以医疗防疫、心理调适、支教培训为主要内容的 12 支赴灾区的重点服务团和 100 余支返乡小分队，300 余名师生奔赴北川、安县、绵竹、绵阳、崇州等地开展为期一个月的服务活动。

2009 年 4 月 10 日，江苏省委组织部、省教育厅、省人事厅、省援建指挥部、团省委联合启动 2009 年江苏大学生志愿服务绵竹计划，从应届大学毕业生中招募 100 名志愿者，组织 5 支团队，到江苏省对口支援恢复重建的绵竹市直机关、乡镇（街道）从事为期一年的灾后重建志愿服务，包括到绵竹的广济中学、城南学校、富新学校、东汽中学等 4 所学校开展为期 30 天的支教服务。5 支团队包括中国矿业大学、苏州大学、扬州大学和盐城师范学院组成的灾区支教培训服务团，以及江苏大学灾区卫生防疫服务团。每个支教培训服务团以一个学校为驻地，根据乡镇实际定点包片、流动服务。医疗防疫服务团主要开展健康检查、康复治疗和卫生防疫知识宣传咨询等工作。

2009 年 5 月 16 日，由陕西团省委、陕西人民广播电台共同发起“托起希望——灾后学校重建行动”，募捐款项纳入希望工程用于灾毁学校的重建工作。至 6 月底，陕西团省委、陕西省希望工程办公室同天津团市委、天津市青基会积极联系协调，落实捐款 1000 多万元，分别在宁强、略阳、凤翔三地进行对口支援，援建希望小学 9 所，建立“海河快乐家园”3 个、“希望卫生室”6 所，创建爱心书屋 31 个。9 月 23 日，河南希望工程向江油市中原爱心小学捐赠资金 1200 万元，用于添置体育器材，设立电脑室、电教室。河南团省委、河南省青基会向江油市部分学校捐赠了体育器材、电脑室、电教室，帮助灾区基础教育设施建设。湖南团省委在理县援建 2 所小学。

援建红领巾书屋。按照全国少工委的要求，2008 年 9 月开学起，上海团市委在全市少先队员中倡导开展“手拉手一本书传友情”——为地震灾区小伙伴援建“手拉手红领巾书屋”活动，让全市百万少先队员每人每年为地震灾区小伙伴捐赠一本自己已阅读过并且非常喜欢的课外读物，并在每本书的扉页留下一句祝福语，同时还有一张“手拉手友情卡”邮资明信片。当灾区的少年儿童收到书的时候，可以通过这张“友情卡”把通信地址和想说的话写在上面，寄到指定信箱。上海市邮政公司为此特地开通“绿色通道”。上海市的少先队员根据明信片上的姓名、地址，可直接与灾区小伙伴开展书信交友活动。上海市的少先队员积极参加捐书活动，总共募集各类课外读物7万余册。一本书、一张卡，成为联系两地少年儿童的纽带。上海团市委、市少工委在活动中还联合有关方面，为都江堰灾区51所“帐篷学校”的少先队组织援建“手拉手红领巾书屋”，丰富灾区少年儿童的课外生活。

江苏省少工委开展援建绵竹市地震灾区中小学校少先队大队“五个一”活动，援建一个少先队队室、一支鼓号队、一个红领巾书屋、一份队报队刊、结对一批少先队员。依托“红领巾手拉手书屋”建设，组织开展援赠和受助双方少先队员共读好书活动。截至2009年6月，累计建设“手拉手红领巾书屋”103个、书架1152个、书角12499个。甘肃团省委组织兰州、酒泉、嘉峪关、张掖、金昌、武威等地区与受灾严重的文县等4个重灾县结成“手拉手”帮扶对子，为灾区捐建50个红领巾书屋，赠送图书5万册。陕西省少工委针对本省受灾的小学，鼓励校与校之间、城市与农村少先队组织之间、县级少先队组织之间互助援建、共建书屋。截至2009年6月，该省共建“手拉手红领巾书屋”678个、红领巾书架1613个、红领巾书角2566个。

第三节　妇联支持

一　全国妇联组织对口支援

2008—2009年，全国妇联先后两次下发实施意见，就妇联参与灾后重建工作作出安排。2008年8月11日，全国妇联下发《关于妇联系统参与汶川地震灾后恢复重建对口支援工作的意见》，提出5个方面的要求：配合党委政府承担灾后恢复重建的社会责任；加强协调合作，提高对口支援工作的针对性；加大培训力度，提高灾区妇女和妇联干部的发展带动能力；强化项目运作，增强援助行动的实效性；开展就业扶持，增强灾区妇女发展的可持续性。2009年4月27日，全国妇联在成都召开灾后重建对口支援工作会议。会上，全国妇联、对口援建省市妇联和爱心企业、爱心人士向地震灾区捐赠资金3.366亿元用于灾区重建。出台《关于妇联系统参与地震灾后重建对口支援的实施意见》，确定了妇联组织配合政府重点推进的六大帮扶举措，包括开展资金帮扶、加大培训力度、实施项目援助、扶持创业就业、关爱妇女儿童健康、维护妇女儿童权益。

全国妇联领导多次到灾区调研，指导妇联组织参与灾区重建。2008年9月24日，第十届全国人大常委会副委员长、第九届全国妇联主席顾秀莲专程到山东省日照市的日照安康家园，看望从四川灾区转移到那里安置的孩子们。2009年1月6日，全国人大常委会副委员长、全国妇联主席陈至立率队到四川地震灾区开展全国妇联“送温暖·三下乡”活动，考察受灾妇女儿童集中安置点和学校，深入村户慰问地震灾区妇女儿童和贫困家庭，并为灾区带去4类15个支援灾后重建项目的资金1.359亿元。8日，全国妇联副主席、全国妇联书记处第一书记黄晴宜等到陕西灾区慰问受灾妇女儿童和贫困家庭，捐赠项目资金和物资折合377万余元。2010年5月10—13日，汶川地震两周年之际，全国妇联党组书记、副主席、全国妇联书记处第一书记宋秀岩先后到成都、资阳、眉山、阿坝、德阳等地，就灾后家园重建、妇女居家灵活就业等进行考察。

二 推进"千村妇女重建家园计划"

全国妇联推进"千村妇女重建家园计划"。各级妇联多方筹集资金，帮助地震灾区妇女解决发展生产、重建家园过程中所需的资金问题。据北京、天津、上海等14个省（区、市）的不完全统计，2009年各地妇联共筹措对口支援专项资金4043.5万元。北京、上海分别筹集资金1000万元，为什邡市、都江堰市各建一座妇女儿童活动中心，帮助当地恢复妇女儿童活动阵地。广东省妇联投资1400多万元，帮助汶川县兴建第一幼儿园。天津市妇联筹资320万元，帮助宁强县援建3所春蕾小学，资助困难学生200名。这些资金在一定程度上缓解了灾区妇女儿童的燃眉之急，改善了灾区妇女儿童生产生活条件。

全国妇联依托中国妇女发展基金会和中国儿童少年基金会两个基金会，在帮助灾区改善住房基础设施、医疗卫生条件、学校重建、安全饮水等方面加大扶持力度。一是实施"灾区母亲安居工程"，为帮助灾区妇女解决居住问题，全国妇联筹措资金近2000万元，在政府补贴建房款的基础上，为每户家庭补贴1万元建房款，为四川省、甘肃省、陕西省重灾地区近2000户家庭援助建造永久性安居住房。二是支持四川、甘肃、陕西"三八"绿色工程、"双学双比"等项目资金118万元，建立各类基地9个，辐射带动灾区妇女增收致富。三是实施春蕾计划，在灾区新建春蕾学校45所，总捐赠额4822万元，资助1万多名春蕾学生。四是在灾区实施"安康计划"，通过"安康家园"专项基金继续资助灾区700多名单亲家庭或父母震亡的困难学生的学习生活。五是争取国内外妇女发展机构援助项目，国务院妇女儿童工作委员会办公室与联合国儿童基金会在四川省8个受灾市（州）的21个县（市、区）建设并运行40所"儿童友好家园"，启动总捐赠额2000万元的"利乐爱心助学会"项目，资助灾区的7000名职高生和3000名高中生完成学业；争取美国友邦保险爱心基金捐赠640万元，在德阳建立"友邦德阳儿童福利院"；争取安利中国、开发银行等单位捐赠1400万元，用于救助地震灾区、贫困地区、城市打工子弟学校儿童。

三 提高灾区妇女重建能力

全国妇联组织开展形式多样的培训，由支援方妇联提供培训资金、教材、师资等支持，受援县（市、区）妇联积极配合，不断加强灾区妇女重建能力。培训内容主要包括3类：一是开展灾区农村妇女的生产技能培训，培养其自力更生、艰苦奋斗的意识，增强自我发展能力，发挥她们在灾后恢复重建中的主体作用。与国际劳工组织合作实施"灾区大龄女童助学"项目，帮助40名地震中失去父母的女童到技校学习；争取联合国妇女发展基金会捐赠15万美元，合作实施养殖，帮助地震灾区妇女，使1500多人受益。二是开展灾区妇女骨干经营管理培训，培育已有的

“妇”字号龙头企业、合作经济组织领办人、女经纪人等妇女骨干，通过她们影响和带动妇女群众恢复生产、重建家园。三是开展以村妇代会主任为重点的灾区妇联干部培训，提高她们为灾区妇女服务的能力和水平，帮助灾区妇女开展生产自救、进行心理疏导、维护合法权益，使妇代会主任成为常驻灾区妇女身边的志愿者。培训灵活多样，全国妇联举办了“地县妇女干部社会工作专题培训班”，川、甘、陕三省100名妇联干部参加培训，主要培训有效管理与沟通技巧、社会工作者务实操作、女性的身心健康等。启动了“玫琳凯四川妇女创业就业培训计划”，投入600万元资金，用3年时间，帮助受灾妇女学习并提升相关产业技能，在传承民族文化的同时，自强自立，获得可持续发展的能力，解决灾区妇女就业难的问题；先后举办32期灾区幼教工作者、教师、家政服务员、中医按摩技师等职业技能培训，培训学员3200多名，提升了灾区儿童教育工作者水平和妇女就业能力。上海、江西、广东等省（市）妇联还拨出专款，帮助灾区妇女开展劳动力转移就业培训、藏绣技术培训及妇女干部培训，培训妇女500人。

四　妇女儿童精神家园援助

2009年7月14日，全国妇联下发《关于实施“四川大地震灾区重建——心理援助人才培养项目”的通知》，从2009年6月起历时5年，为川、甘、陕三省开展灾区心理援助骨干培训，组织从事心理援助工作的专业人员赴日本研修，在灾区建立心理援助示范点，开发心理援助培训教材。全国妇联与教育部、卫生部合作，成立由全国妇联国际联络部、儿童工作部及教育部基础教育一司、卫生部妇幼保健与社区卫生司组成的全国项目指导委员会，负责对项目实施进行管理协调。截至2010年9月，有3批共60多人至日本参加研修，在国内共培训四川省、甘肃省和陕西省的420多名心理援助工作骨干。

2011年5月9日，成都市妇联、华南师范大学、四川师范大学联合举办了汶川地震灾区心理援助成果发布会。成都市4个重灾县（市、区）、中心城区妇联等有关单位负责人，以及华南师大、四川师大心理干预研究方面的专家和心理援助志愿者代表60余人出席发布会。发布会总结了大地震后市妇联、华南师大、四川师大开展的心理援助，展示了灾区心理重建工作成效，为进一步为灾区群众建设好精神家园进行了研究和座谈，并向重灾地区有关部门、学校代表等赠送了《照亮生命，传递坚强——5·12地震灾区心理援助成果集》。震后3年间，在成都市妇联、华南师大、四川师大共同努力下，将群众工作与专业心理抚慰相结合，通过围绕一个重点（都江堰市地震灾区）、依托一个平台（以心理援助站为平台）、面向三个群体（以地震伤亡家庭、灾区妇女、青少年儿童为主要服务对象），有效协助政府化解矛盾，帮助灾区群众重振生活信心，形成一系列科学处置应急突发事件的心理研究成果，为灾区群众的精神家园建设提供有力的专业支持，也为提高防灾抗灾能力、健全公共危机应对战略体系发挥了较为积极的作用。

2011年7月，“中日合作四川大地震灾区重建心理援助人才培养项目”——陈仓区试点工作启动仪式暨骨干培训会在宝鸡市陈仓区举行。陕西省、宝鸡市、陈仓区妇联负责人出席培训会，心理援助工作者、妇联干部、基层街道及社区工作人员和卫生、教育系统共计100余人参加活动。会后为陈仓心理咨询活动室揭牌，对心理援助骨干进行了为期两天的培训。

第四章　省区主动援建

汶川特大地震灾后重建，在中央没有安排欠发达省市对口支援任务的情况下，内蒙古自治区、海南省仍主动伸出援助之手，援建四川省大邑、宝兴两个重灾县，充分体现了“一方有难、八方支援”的精神。截至 2011 年 12 月 16 日，内蒙古自治区筹集资金 3.3 亿元援建大邑县的桃源安置小区、妇幼保健院（见图 299）、文化艺术中心、新体育中心、第四自来水厂和内蒙古大道 6 个灾后重建项目全面竣工。海南省委、省政府主动向中央申请，拿出 1.5 亿元资金支援宝兴县重建 7 个项目，包括宝兴县中学（见图 300）、宝兴县人民医院、宝兴县灵关小学、中坝小学及 219 户受灾农民住房建设项目等。

图 299　内蒙古自治区援建的大邑县妇幼保健院

（内蒙古自治区建设厅　提供）

图 300　海南省援建的宝兴县中学

（四川省委宣传部　提供）

第一节　内蒙古自治区援建

内蒙古自治区援建大邑重建工作启动后，自治区党委政府结合援建前期调研情况，通过与大邑县商定明确重建项目，涉及民生、公共服务和市政基础设施等 6 个方面，项目命名为“芙蓉新村”“蒙源水厂”“内蒙古大道”“蒙邑体育场”等，援建资金规模 3.3 亿元。根据四川省将内蒙古自治区援助四川省的资金全部用于大邑县灾后重建的安排，为确保援建资金用到大邑县最需要的地方，自治区党委政府成立援建项目领导小组，负责资金协调、监管、项目选址和施工单位的选定；不定期检查项目实施和质量落实情况。51 万大邑人民为铭记援建恩情，将内蒙古自治区援建的第一个重建项目——全长 2000 米“官渡大道”改为“内蒙古大道”。

第二节　海南省援建

海南省先后 5 次安排规划人员，冒着随时遇到泥石流的危险，深入宝兴灾区开展灾情和援建调研，为科学制定援建工作方案倾心尽力。重建启动后，海南省及时安排资金 685 万元，先期启动灵关小学和中坝小学教学楼建设。随后陆续安排资金启动农村住房、公共服务设施和市政基础设施等建设项目。海南省和宝兴县商定，项目建设由宝兴县负责实施。海南省多次组织民政、建设、教育、卫生等部门的有关人员到宝兴县，对项目建设的进展和质量情况进行检查监督。海南省主动请缨、真情援建的精神使宝兴人民深受感动，在海南省援建宝兴县项目洽谈会上，宝兴县县长韩冰深有感触地说：“国家没有安排任务，海南主动申请援建，这样的精神真是让宝兴人难忘”。

第五章　慈善机构支持

第一节　红十字会支持

截至2011年2月28日，红十字会组织募集的地震捐赠款投入重建项目123亿元，待拨付项目资金12亿元。境内资金原则上按照援建农户住房占45%、援建学校及防灾减灾设施等占30%、援建卫生院（站）占25%分配。农户住房重建标准原则上按每户平均补助1万～1.5万元，对于整村重建的项目可在需要的前提下投入不超过10万元，援建村级博爱卫生站及村民活动室等。

一　红十字总会支持

根据国务院总体灾区重建部署，中国红十字会除整合中国红十字中心、改水工程等硬件建设项目，还开展心理支持、健康知识宣传、地方红十字会能力建设、艾滋病预防、助学金发放等软件项目支援。

2008年6月27日，设在成都的中国红十字会总会抗震救灾前线指挥部更名为“中国红十字会总会驻川灾后恢复重建办公室”，并在四川省重灾地区成都、德阳、绵阳、广元、雅安、阿坝6个市（州）设立重建工作组。在中国红十字会总会的统一安排下，与该会签署重建项目协议的受援地区成立灾后恢复重建项目领导小组，由地方政府领导牵头，红十字会、民政、教育、卫生、建设、审计等相关部门参加，共同实施红十字会筹集资金投资的灾后恢复重建项目建设。2010年5月18日，中国红十字会总会境外资金项目组成立，负责境外资金援助的灾后恢复重建双边项目的开展和实施。

2008年6月上中旬，在中共中央、国务院部署对口支援灾后重建后，中国红十字会总会要求各省红十字会对灾情较重的四川省6个市（州）实行对口支援。17日，中国红十字会总会制定《关于加强汶川地震灾后重建资金使用管理的指导意见》，明确该会恢复重建资金使用的原则，即尊重意愿，专款专用；统一规划，依法使用；突出重点，科学安排；公开透明，加强监督。23日，中国红十字会总会召集川、甘、陕三省红十字会及香港、澳门红十字会和台湾红十字组织在北京召开灾后恢复重建工作座谈会，研究灾后恢复重建工作计划，商讨香港、澳门红十字会和台湾红十字组织参与灾后恢复重建的具体方案，引导将所募资金按照国家和中国红十字会的统一规划合理安排。会上，香港红十字会、澳门红十字会明确表示，将积极支持和参与灾后恢复重建，并按照中国红十字会总会灾后恢复重建工作计划，制定和实施重建方案。台湾红十字组织表示，要进一步整合岛内资源，通过中国红十字会的渠道，在川、甘、陕灾区各选择和认建一批红十字博爱学校和医院。25日，中国红十字会总会召集全国各省（区、市）和新疆生产建设兵团红十字会主要负责人在北京召开座谈会，根据中央关于灾后恢复重建的总体要求和红十字会的特点，明确各级红十字会按照中央部署，独立开展灾后恢复重建。参与国家统一规划的项目，要符合《中华人民共和国红十字会法》和《中国红十字会章程》的要求。重建项目应标有明显的红十字会名称和标志，便于政府有关部门、社会各界及捐款人的检查监督。定期公布重建项目资金使用情况，为捐赠者负责，给捐赠者一个满意的交代。会议确定，红十字会重点支持四川省、陕西省、甘肃省经济欠发达、地处偏远的重灾地区。针对一些没有得到19个省（市）对口支援、恢复重建任务较重、资金缺口较大的灾区予以支持。红十字会援建项目的重点是：对需要整村重建或易地重建、房屋全部倒塌或严重损毁农户的住房给予平均每户1.5万元的补助，兴建乡、村两级的学校、卫生院站（以教学用房和业务用房为主），也可以参与部分社会福利设施和社区防灾减灾设施建设。对于整村重建的项目，每村再增加10万元用于村卫生室和村民活动室的建设。7月17日，中国红十字会总会和红十字会与红新月会国际联合会在西安联合召开汶川地震灾后恢复重建工作国际会议（见图301）。中

图301 2008年7月17日，中国红十字会总会等在西安组织召开汶川地震重建计划西安国际会议（中国红十字会总会 提供）

国红十字会、红十字会与红新月会国际联合会东亚地区代表处以及来自美国、加拿大、日本、德国、英国、韩国、泰国、新加坡、马来西亚、澳大利亚等国家红十字会、红新月会的代表，红十字国际委员会东亚地区代表处、香港红十字会代表出席会议。通过此次会议，有参与灾后恢复重建工作意向和承诺的国家、地区红十字会（红新月会）根据川、甘、陕灾情和灾后恢复重建需求，初步确定援助计划。为确保援助项目顺利实施，中国红十字会听取和了解各捐款国红十字会（红新月会）的援助规模和援助资金使用意向，初步确定重建合作协调机制。24日，中国红十字会总会制定《中国红十字会参与汶川地震灾后恢复重建项目实施意见》，明确了红十字会灾后恢复重建项目实施的基本原则：明确定位，突出特色；因地制宜，分类指导；尊重意愿，专款专用；统一规划，依法使用；突出重点，合理安排；公开透明，加强监督。10月8日，中国红十字会总会向四川省、甘肃省、陕西省红十字会下发《关于加强汶川地震重建项目财务管理的通知》，规范中国红十字会总会汶川地震重建项目的财务管理，提高捐赠资金使用效益。

2009年5月，中国红十字会援助的灾后恢复重建项目绝大部分已在川、甘、陕等地震灾区启动实施。13日，中国红十字会总会制定《中国红十字会关于加强汶川地震灾区灾后恢复重建工作的意见》，要求红十字会各级组织建立项目监督、检查、上报机制；强化目标考核，强化项目管理，提高项目管理水平；主动接受社会监督。22—24日，中国红十字会汶川特大地震灾后恢复重建工作会议在天水举行。会议提出力争2009年入冬前完成农村住房重建，2009年秋季开学前大部分学校完成重建，2010年年底前所有灾后重建项目基本完成；组织和引导捐赠者参与项目监督、竣工验收等。中国红十字会总会常务副会长江亦曼指出，对于被纳入政府统筹使用的红十字会资金，相关红十字会要了解资金的投向和使用情况，对尚未制订具体重建计划的社会捐赠资金，要尽快做出合理安排并抓紧实施。12月7日，全国人大常委会副委员长、中国红十字会会长华建敏及中国红十字会总会党组书记、常务副会长王伟一行，考察大邑县鹤鸣乡红十字博爱小学。2010年1月12日，中国红十字会2010年工作会议召开。会议要求真正把红十字会援建的项目建成民心工程、放心工程、廉政工程、样板工程。

二　省（区、市）基层红十字会对口支持

从2008年6月国务院明确对口支援灾区恢复重建起，至年底，江苏、上海、天津、海南等省（市）红十字会组织本省（市）基层红十字会，与四川、陕西、甘肃等地红十字会联合开展灾后重建项目的调研、审查、立项。（参见表33）在中国红十字会总会的指导下，对口支援方各级红十字会人员深入川、甘、陕灾区督导检查红十字会重建项目。11月25—28日，海南省红十字会人员专程至宝兴检查红十字博爱学校及红十字博爱医院项目。2010年6月8日，深圳市红十字会、深圳市泰和美投资发展有限公司人员到舟曲检查督导深圳市红十字会援助的重建项目。11日，江苏省无锡市红十字会考察捐资援建的绵竹市汉旺人民医院。8月12日下午，上海市红十字会与上海市爱心人士代表一行23人考察由爱心人士通过上海市红十字会援建的都江堰市妇幼保健院、市精神卫生中心、计生服务站等8个灾后重建项目。9月14—16日，浙江省红十字会检查捐赠资

金援建的青川医院、学校、福利院以及红十字冠名情况。

2010年1月12日召开的中国红十字会总会2010年工作会议决定，2010年春节前，中国红十字会总会，各省（区、市）红十字会接收的社会捐赠资金用于重建项目的情况要向社会公示。

基层红十字会系统对口支持地震灾区情况一览表

表33

受援单位		对口支援省（区、市）红十字会
四川省	成都市	河北省、山西省、内蒙古自治区、黑龙江省、上海市、湖南省
	德阳市	北京市、江苏省
	绵阳市	辽宁省、吉林省、山东省、河南省
	阿坝藏族羌族自治州	天津市、安徽省、福建省、江西省、广东省、广西壮族自治区
	广元市	浙江省
	雅安市	湖北省、海南省
甘肃省	陇南市	北京市
	甘南藏族自治州	天津市
陕西省		贵州省、西藏自治区、青海省、宁夏回族自治区、新疆维吾尔自治区、新疆生产建设兵团

三　红十字会募集资金援建项目

中国红十字会募集资金援助的主要是四川、甘肃、陕西地震灾区经济条件差、地处偏远的县以下农村受灾地区。境内捐赠资金主要用在四川省的绵阳、成都、阿坝、雅安、广元、德阳6个受灾极为严重的市（州）和南充、内江、自贡、遂宁、乐山、甘孜6个重灾市（州），甘肃省的甘南、陇南、天水，以及陕西省的宝鸡、汉中、安康等地。重点支持的重建项目为民房、乡镇卫生院、村卫生室、中小学校、幼儿园、残疾人康复中心；此外，还支持用于开展心理支持、健康知识宣传、地方红十字会能力建设、艾滋病预防、助学金发放等软件项目。

2008年8月14日，德阳市旌阳区黄许小学重建项目奠基（见图302），拉开了红十字会灾后重建项目开工建设的序幕。该小学由中国红十字会总会出资援建。10月17日，中国红十字会援建汶川县草坡乡学校奠基仪式在阿坝举行。藏族、羌族群众为红十字会人员献上洁白的哈达和鲜艳的羌红。一位羌族老大妈走了十几里山路，为红十字会员工送上一双亲手绣制的布鞋。2009年5月11日，中国红十字会援建的柳林瑞华红十字博爱实验学校在成都市温江区落成。在温江区首批援建的5个灾后重建项目，包括3所学校和2所卫生院。落成典礼上，全国抗震救灾英雄少年陈浩作为学生代表向中国红十字会和各界爱心人士致谢，并向全区学生发出倡议：好好学习，用

图 302　2008 年 8 月 14 日，中国红十字会举行援助德阳市旌阳区黄许小学重建项目奠基仪式

（中国红十字会总会　提供）

行动回报社会各界的关爱之情。师生们还表演了国学经典诗文诵读、合唱、集体舞蹈以及“板房学校”广播体操等节目。

除支援博爱学校建设外，中国红十字会、中国红十字基金会在绵阳市游仙区援建的 4 个博爱新村项目，分别为街子乡岳家村、太平乡芦桥村、柏林镇洛水村、新桥镇同福村，受援农户 533 户。2008 年 10 月 14 日下午，街子乡岳家博爱新村举行了“灾后农户新居乔迁仪式”，5 户受灾重建户喜气洋洋地搬进了新居。11 月 6 日，街子乡岳家村、柏林镇洛水村被确立为四川省灾后恢复重建永久性农房建设参观示范点。中国红十字会在援建过程中，重视弱势群体重建项目建设。12 月 6 日上午，阿坝藏族羌族自治州“红十字博爱”康复中心在马尔康奠基。“红十字博爱”康复援助项目由中国红十字会总会、香港红十字会和台湾红十字组织共同捐款援建，以帮助四川地震灾区建设一批残疾人康复机构，为因震受伤人员和残疾人提供康复服务。建成的阿坝“红十字博爱”康复中心为该州 7 万余名残疾人，尤其是为部分大骨节病致残者提供康复服务。

2009 年 4 月 10 日，由中国红十字基金会援建的“明星博爱学校”奠基暨开工仪式在邛崃市聋哑学校举行。章子怡等 20 位艺术家和明星资助该校重建资金 275 万元，学校于 9 月 1 日新学期开学前建成并投入使用，中国红十字基金会募集资金援建该校基础教学用房。5 月 9 日，李锦记集团捐资 480 万元通过中国红十字基金会援建的李锦记博爱学校在平武县大桥镇学校举行开工仪式。该校项目为中国红十字基金会援助绵阳市第三批地震灾后重建项目之一。

截至 2011 年 2 月，中国红十字会总会（含中国红十字基金会）在汶川地震灾区共援建民房 43538 户、学校 663 所、卫生院 827 所、村卫生站 2531 所，以及部分村民活动室及防灾减灾设施。全国红十字组织募集捐款在灾区共援建民房 183179 户、学校 2114 所、卫生院（站）5123 所，以及部分康复中心、敬老院、福利院及防灾减灾设施等。至5月，通过红十字会系统实施援建的民房、学校、卫生院（站）等主要项目96.7%已经竣工，红十字会参与汶川地震灾区的硬件重建任务基本完成。（参见表34～36）

红十字会募集捐赠资金援建四川省的部分博爱中小学项目一览表

表34

项目所在地	重建项目	投资金额（万元）	捐赠者	捐赠金额（万元）
汉源县前域乡	白鹤红十字博爱初中	960	鞍山钢铁集团公司	1000
石棉县新棉镇	新棉红十字博爱学校	600	中国铁建股份有限公司	600
宝兴县陇东镇	陇东红十字博爱中学	415	广东省豪爵慈善基金会	400
三台县中新镇	中新镇红十字博爱小学	330	微软（中国）有限公司及员工	330
江油市重华镇	重华镇红十字博爱学校	300	SONY公司	300
德阳市旌阳区	黄许镇红十字博爱小学	510	中国船舶工业集团公司	1142.6
罗江县鄢家镇	鄢家镇红十字博爱中学	580		
绵竹市什地镇	什地镇红十字博爱中学	420	ABB（中国）有限公司	420
广汉市连山镇	连山镇红十字博爱中学	500	北京现代汽车有限公司	500
广元市利州区宝轮镇	石龙红十字博爱小学	280	体育总局体育彩票管理中心	600
广元市利州区大石镇场镇	大石红十字博爱学校	320		
宝兴县蜂桶寨乡	蜂桶寨红十字博爱小学	200	汉江水利水电（集团）有限责任公司	200
广元市朝天区沙河镇	沙河镇红十字博爱小学	270	中国航空工业规划设计研究院	270
广元市朝天区陈家乡	陈家乡红十字博爱小学	220	中国驻法国使馆	440
广元市元坝区明觉乡	明觉红十字博爱学校	220		

说明：此表由中国红十字会总会提供；援建的学校全部冠以“红十字博爱”之名

红十字会募集捐赠资金援建四川省的部分博爱卫生院项目一览表

表 35

项目所在地	重建项目	投资金额（万元）	捐赠者	捐赠金额（万元）
都江堰市聚源镇	聚源红十字博爱卫生院	335	中国移动手机用户短信捐赠	335
安县沸水镇	沸水镇红十字博爱卫生院	300	江苏省徐州矿物集团职工	300
成都市青白江区弥牟镇	弥牟红十字博爱卫生院医技、公共卫生业务综合楼	300	汇中天恒投资有限公司	300
松潘县川主寺镇	川主寺镇红十字博爱卫生院	235	内蒙古伊泰集团	235
广元市朝天区沙河镇	沙河红十字博爱卫生院	200	陶氏化学（中国）投资有限公司	200
广元市朝天区麻柳乡	麻柳乡红十字博爱卫生院	200	招商银行	200
汶川县绵虒镇绵丰村	绵虒镇红十字博爱卫生院	220	中国夏普企业集团	200
壤塘县南木达乡	南木达乡红十字博爱卫生院	180	中国信达资产管理公司	200
大邑县晋原镇鸳鸯村	银屏红十字博爱卫生院	165	中国移动手机用户短信捐款	165
旺苍县水磨乡	水磨乡红十字博爱卫生院	150	江苏江阴兴澄特种钢铁有限公司	150
黑水县色尔古乡	维古红十字博爱中心卫生院	150	中国农业发展银行	150
旺苍县木门镇	木门镇红十字博爱卫生院	150	电装集团	120
汉源县两河乡	两河红十字博爱卫生院	85	龙德置地有限公司	100
梓潼县小垭乡	小垭乡红十字博爱卫生院	90	好来化工（中山）有限公司	100
剑阁县田家乡田苗村	田家乡红十字博爱卫生院	90	荣盛房地产发展股份有限公司	100

说明：此表由中国红十字会总会提供；援建的卫生院全部冠以“红十字博爱”之名

红十字会募集捐赠资金援建的部分博爱新村项目一览表

表 36

项目所在地	重建项目	捐赠金额（万元）	捐赠者	捐赠金额（万元）
江油市武都镇五通村	江油市武都镇五通村新村	721.50	国家电网（全体员工）	—
安县晓坝镇五福村	安县晓坝镇五福村新村	678.00		3052.00
安县黄土镇柴育村	安县黄土镇柴育村新村	588.00		
盐亭县麻秧乡胜利村	盐亭县麻秧乡胜利村新村	579.00		
盐亭县麻秧乡下月圆村	盐亭县麻秧乡下月圆村新村	450.00		
彭州市龙门山镇国坪村	彭州市龙门山镇国坪村新村	480.00	中国有色矿业集团有限公司	500.00
绵竹市东北镇天河村	绵竹市东北镇天河村新村	1003.50	爱心人士捐助	1003.50
绵阳市游仙区街子乡岳家村	游仙区街子乡岳家村新村	207.00	上海市闵行区光彩事业促进会	200.00
九寨沟县漳扎镇中查村	九寨沟县漳扎镇中查村新村	66.00	中讯计算机系统（北京）有限公司员工	67.00
			新田石油中国有限公司	
金堂县栖贤乡盐井片区	金堂县栖贤乡盐井片区新村	90.00	中国移动手机用户短信捐款	90.00
大邑县西岭镇云华村	大邑县西岭镇云华村新村	229.50	英特尔基金会	765.00
彭州市白鹿镇白鹿场镇社区	彭州市白鹿镇白鹿场镇社区新村	75.00		
彭州市新兴镇阳平村	彭州市新兴镇阳平村新村	294.00		
彭州市升平镇银雀村	彭州市升平镇银雀村新村	91.50		
邛崃市大同乡会龙村	邛崃市大同乡会龙村新村	75.00		
南郑县	南郑县 37 个村	1591.50	中国联通手机用户短信捐款	1591.50
宁强县二郎坝乡罗家坝村	宁强县二郎坝乡罗家坝村	108.00	内蒙古包钢稀土高科技股份有限公司	100.00

说明：此表由中国红十字会总会提供；除九寨沟县漳扎镇中查村新村冠名刻碑外，其他村均冠以“红十字博爱”之名

四　港澳红十字会支持

香港红十字会支持　香港特区除16个非政府机构向香港特区“支援四川地震灾区重建工作信托基金”申请拨款参与重建工作外，香港红十字会利用其自有资金积极参与四川灾后重建。（参见图303）

图303　香港红十字会援建的彭州市太清乡龙泉村
（四川省委宣传部　提供）

2008年9月8日，香港红十字会与绵阳市签署第一批援建项目协议，援建资金达10059万元，项目包括11所学校、6所卫生院、82个卫生站、2所敬老院；11日，与德阳市红十字会和绵竹市、什邡市政府签署协议，援建德阳市极重灾区灾后重建项目，包括在什邡市的八角、湔氐和绵竹市的九龙、孝德4个镇建立2所卫生院、22个村卫生站、3所学校幼儿园及敬老院等公用设施，援建资金4800多万元。2009年3月26日，香港红十字会签署协议，援建四川地震灾后民房重建项目，包括安县、江油、平武部分乡镇农户农房重建款，援建总额为12069万元。4月1日，香港红十字会签署协议，援助汶川县和理县地震灾后2000户农户重建民房。8日，香港红十字会与四川省政府、绵阳市政府、平武县政府等在绵阳签署援助四川省地震灾后重建——农房重建协议书，援建平武县水观乡农房重建1013户、豆叩镇农房重建677户，每户补助6000元。其中，水观乡1013户中35户“三无户”每户补助2万元，预计总投入1063万元。6月22日，汶川县、香港红十字会、广东省援川工作组三方磋商（广东对口支援汶川重建），明确了香港红十字会7000万元捐赠资金的项目安排。除3600万元用于汶川县第一人民医院建设外，余下的3400万元资金按照香港红十字会与广东援建资金各占50%的配额，安排用于汶川县威州、克枯、龙溪、雁门、草坡、漩口、映秀、水磨等8个乡镇卫生院和除县中医院以外的其他县级医疗机构建设。香港红十字会另出资2600万元帮助汶川县采购医疗设备，同时为汶川县各级医疗卫生机构提供长期的技术支持和人才培训；在汶川县第一人民医院建立汶川县康复中心，免费为汶川县因地震致残的群众安装假肢及提供后续康复医疗。12月2日，香港红十字会捐赠4600万元修建的汶川县医院康复中心完工。

2010年3月1日，由香港红十字会捐资565万元援建的平武县水观乡中心小学竣工。该项目包括教学楼、学生公寓、学生食堂和教师宿舍、运动场、厕所等，占地3000平方米，全部为钢筋混凝土框架结构。香港红十字会投资323万元修建的学校河堤也同期竣工。31日，香港红十字会捐资779万元援建的三台县长乐学校教学楼竣工。教学楼以传统的川西民居风格为主，大楼两侧特意修建了盲道，供残疾人专用。5月19日，由香港红十字会出资78.2万元援建的罗江县新盛镇金岭村堰塘、沟渠备灾项目开工。该项目是红十字会援建德阳市第一个社区备灾项目，修成后预计辐射2个村、8个村民小组，约521户、1627人，灌溉面积达1130亩。7月30日，由香港红十字会出资200万元援建的平武县水观乡卫生院竣工验收。该项目建筑面积848.36平方米，8月初接待就诊。工程共用资金283万元，其中香港红十字会出资200万元、中央援建资金83万元。8月3日，香港红十字会援建的德阳市旌阳区黄许镇卫生院项目门诊综合楼一期工程通过验收。该项目援建金额上限390.49万元，中标315.3965万元，建设面积2574.9平方米。9月7日，香港红十字会援助的平武县豆叩博爱中心卫生院项目交付使用。项目包括卫生院门诊、住院综合楼，总建筑面积2000平方米，总投资5454676元，其中香港红十字会出资280.76万元。

澳门红十字会支持　2008年11月10日，澳门红十字会在绵阳分别与绵阳市红十字会及安县政府签订《澳门红十字会援建绵阳灾后重建项目协议书》《援助安县塔水镇灾后援建项目合作意向书》，标志着澳门红十字会援建绵阳市灾后重建项目正式启动。援建安县的14个项目分别是塔水镇第二小学、塔水中心卫生所、三泉博爱新村、柏庵博爱新村以及10个村卫生所，总资金达1580余万元。2009年1月8日，博爱新村完工。新村由原三泉村、柏庵村427户农房重建户组成，村内配套设施齐全，每户都安装了沼气，交通便利、环境宜居。捐资535万元援建的塔水镇第二小学校是寄宿制小学，环境幽雅，学校虽地处农村，但交通便利，可容纳学生650余名，其中住校生约360名。

2009年1月7日，澳门红十字会主席黄如楷与绵竹市签约，澳门红十字会在绵竹市什地、玉泉、广济、金花4个镇援建2个农村博爱小学、2个镇卫生院、7所颐康博爱中心，项目总建筑面积8640平方米，援建资金1000余万元。8日，澳门红十字会又在成都金牛宾馆举行仪式，向荣县雷音乡博爱小学捐资85万元。新教学楼于秋季开学投入使用，荣县政府将学校更名为“荣县雷音乡澳门红十字博爱小学”。

截至2009年3月，澳门红十字会首批援建四川地震灾区签约重建项目援建款4000多万元，分布在德阳、绵阳、自贡、阿坝4个市（州），涉及民房、学校、乡镇卫生院和村卫生室。4月11日，援助绵阳市第二批地震灾后重建项目签约仪式在成都举行。此次签约项目为澳门红十字会援助安县永河卫生院、北川羌族自治县永安卫生院项目，援建总额348万元。16日，援助汶川县映秀镇重建项目协议书签字仪式在映秀镇举行。项目包括渔子溪澳门红十字博爱新村、渔子溪村澳门红十字颐康博爱中心、张家坪澳门红十字博爱新村、张家坪村澳门红十字博爱卫生站、枫香树澳门红十字博爱新村、老街村澳门红十字博爱卫生站。此次援建项目估算总金额为1122万元。6月23日，澳门红十字会签约援助四川灾区第三批项目。项目涉及北川羌族自治县永安镇14个村卫生站，内江市市中区、东兴区2所学校及自贡市自流井区三十五中学小学部。2010年4月8日，澳门红十字会签署协议　捐资95万元重建内江市市中区凤鸣初级中学。

五　红十字会专项援助与软件支持

在灾后重建期间，中国红十字会除项目支援外还开展了包括防灾避险、救护培训、心理支持、健康教育、发展生计等在内的“博爱家园”软件支持，支持中国残联和人口计生委在四川灾区开展红十字博爱康复援助项目和红十字博爱家庭关爱行动项目，以及红十字乐和家园项目、大邑灾后产业恢复项目、汶珑县特困受灾户扶助与贫困社区和谐发展项目、海惠彭州地震灾后生计与社区发展项目、生态旱厕保护水源地的示范和推广项目、心灵阳光工程、乡村医生培训、和谐家庭公益基金等民生项目。

红十字乐和家园项目在彭州市通济镇大坪村实施。该村是个有200多农户的山村，位于龙门山南海拔1600米的大坪山。当地农民主要经济来源靠种植中药黄连，没有粮食作物。中国红十字基金会投入365万元　北京地球村环境教育中心和彭州当地政府、村民及众多志愿者、爱心人士共同努力，以“集体自强、个人自主、生存自然、道德自律、乡村自豪”为理念，在大山里就地取材，以低碳木屋和轻钢龙骨木屋为主要建筑形式，建成红十字博爱卫生站、农民会馆、手工作坊、商品交易中心、小小有机农艺园、猪舍、鸡舍，铺设了公用道路，修建了公用饮水工程、单户污水处理池、沼气池、环保旱厕，为灾后恢复重建和社会主义新农村建设走上生态文明的轨道提供了范例。

心灵阳光工程项目在硅谷清华联网和中国红十字招商证券博爱基金支持下，于2009—2010年在汶川映秀、什邡等地建立30个“心灵阳光关爱中心”，配备书架和优秀图书，派遣专家担任学校教师，对学生进行一年的心理援助。

大邑县灾后产业恢复项目由四川大邑兔王扶贫研究中心实施，实施地点在夬石、新乐、盐井、七里、六坪5个村，中标金额52.84万元。320户426人参与，发放兔笼、配套设施、种兔640组3200只。在饲养和销售兔子过程中，农民意识到只有团结和有组织地面对市场才可以获益。农村妇女通过自己劳动致富，提升了在家庭的话语权和社会地位，使得区域性社会更加和谐。

2009年5月12日至2010年9月1日，由中国红十字基金会、卫生部中国乡村医生培训中心主办，四川、甘肃、陕西、云南、宁夏等省（区）红十字会协办的地震灾区乡村医生培训班分别在成都、兰州、西安、昆明、银川举办。成都中医药大学、昆明医学院、甘肃医学院、第四军医大学、宁夏医科大学、甘肃中医学院承担教学任务。中国红十字基金会赠给云南省、陕西省和甘肃省参训乡村医生配有基本诊疗器械、急救药物和包扎用品的便携式药箱。共主办7期地震灾区乡村医生培训班，开设临床技能、常见疾病诊断、预防保健、中医药知识、临床检验等课程。学员在模拟医院实地学习，并参观了三甲医院、社区医院。

中国红十字会在支持灾区重建中，还开展了心灵阳光工程“生活素质教育”“做个受欢迎的人”“情绪万花筒”“我所了解的父母”“我们是一家人”、建立健康纯真友谊、关爱中心师生心理干预治疗、“我和世界不一样”“让梦想成为现实”、沙盘游戏治疗等中小学精神家园重建活动。

中国红十字基金会还建立了和谐家庭公益基金。2009 年 7 月 12 日上午，四川地震灾区重组家庭集体婚礼暨中国红十字基金会和谐家庭公益基金启动仪式在北京举行。15 对来自地震灾区的新人重组家庭。这是震后第一场专为灾区重组家庭举办的跨省市集体婚礼。新人年龄跨度从 20 多岁到 60 多岁，有汉族、羌族，也有藏族。2010 年 1 月 24 日上午，中国红十字基金会和谐家庭公益基金为四川地震灾区重组家庭送楹联活动在北京市少年宫举办，当场书写楹联 739 幅，于 2010 年春节前夕送到绵阳市、阿坝藏族羌族自治州、广元市、德阳市的重组家庭。5 月 6 日，中国红十字基金会和谐家庭公益基金、圣元营养食品有限公司、家庭期刊集团和四川省妇联等共同举办公益捐助活动，其受捐对象是汶川地震两周年之前所有失子家庭再育的新生儿。圣元营养食品有限公司通过和谐家庭公益基金，捐助价值 400 多万元的优质婴儿乳品、辅助食品和科学育儿书籍。来自彭州市的两户失子再育家庭代表还与北京市两户爱心家庭结成帮扶对子，4 个活泼可爱的孩子在各方领导和媒体的见证下，分别在印泥上印上了小手印——号召“爱心宝宝手拉手”。此次公益活动还收到 23 个国家的驻华女大使或使节夫人以书面形式发来的祝福语。24 日，由中国红十字基金会和谐家庭公益基金会、圣元营养食品有限公司等共同举办的“圣元之爱——为四川震区再育家庭新生命送礼”活动在绵阳举办，来自北川 28 个家庭的父母怀抱着自己的新生儿出席活动仪式，现场接受主办方捐赠的爱心大礼包。

第二节　慈善总会支持

中华慈善总会和四川省慈善总会、甘肃省慈善总会、陕西省慈善协会以及重庆市、云南省慈善总会用于地震灾区灾后重建项目的社会捐赠资金共计近 37 亿元。（参见表 37 ～ 41）这些资金全部来自境内外社会各界的捐赠。其中，中华慈善总会募集灾后重建资金 6 亿多元，安排四川省 4 亿余元、甘肃省 0.7 亿元、陕西省 0.68 亿元、重庆市 0.2 亿元、云南省 0.2 亿元；四川省慈善总会募集 30.67 亿元。

中华慈善总会和四川、甘肃、陕西、重庆、云南慈善组织在地震灾区资助的灾后重建项目共计 1510 个，其中四川省 1146 个、甘肃省 140 个、陕西省 207 个、重庆市 12 个、云南省 5 个。项目分布根据灾区的实际需要，主要集中在极重灾县（市、区）、重灾县（市、区），兼顾一般灾区。至 2011 年 9 月底，1510 个灾后重建项目中全部建好并投入使用的 1074 个，基本完工的 289 个，尚在实施中的 147 个。

中华慈善总会募集捐款援建部分新农村建设项目一览表

表 37

援建项目	捐　款　者	捐赠金额（万元）
平武县新村建设	澳门慈善会主持的“川澳同心委员会”	5000
平武县新村建设	香港郑家纯	3000
广元市朝天区朝天镇新村建设	宁夏回族自治区财政厅、伊川电力集团总公司、东莞市欧珀电子工业有限公司、净空法师、二六三网络通信股份有限公司、大连第一互感器有限责任公司、张北县政府、孝义市金岩电力煤化工有限公司、山西三元煤业股份有限公司、中国长城计算机深圳股份有限公司、泛海集团有限公司、北京大康国际鞋城有限公司、远东控股集团有限公司、宏碁集团、凯风公益基金会、慈溪市慈善总会、国投华靖电力控股股份有限公司、南京中燃城市燃气发展有限公司、镇江大照集团有限公司、北京富华金定中心有限公司	2000

中华慈善总会募集捐款援建四川省部分学校项目一览表

表 38

援建项目	捐　款　者	捐赠金额（万元）
广元市朝天区第二中学	北京兴大豪科技开发有限公司	1000
石棉县擦罗彝族乡中心学校、雅安市雨城区第二中学、名山县新店初级中学、荥经县宝峰彝族乡中心学校	马万祺、马有礼、何鸿燊等	1860
西充县关文镇学校	香港郑家纯	465
绵竹市南轩中学	江苏沙钢集团	4000
什邡市回澜慧剑寺小学	戴姆勒东北亚投资有限公司及关联公司	515
德阳四川省孝泉师范学校	荣宝斋	400
中江县富兴镇小学	荣宝斋	300
罗江县蟠龙学校	荣宝斋	327
大英县育才中学	阿斯利康制药有限公司等	705
眉山市东坡崇礼中学	CLEVER STREET TRADING LTD（段永平）	500
彭山县谢家一中	CLEVER STREET TRADING LTD（段永平）	500
仁寿县东方红小学	CLEVER STREET TRADING LTD（段永平）	500
资阳县职业技术教育中心	CLEVER STREET TRADING LTD（段永平）	500

续表 38

援建项目	捐　款　者	捐赠金额（万元）
名山县蒙顶山镇初级中学实验楼	北京诺华制药有限公司	100
资阳市雁江区第二中学	内蒙古鄂尔多斯羊绒制品股份有限公司	300
乐山市实验小学	浙江吉利控股集团有限公司	1000
射洪县太和镇第一小学	中国海洋石油总公司	800
安岳县岳源乡九年义务教育学校	韩国公益金、北京国际投资信托有限公司	170
仪陇县丁字桥镇希望小学	新疆天地集团昆仑房地产开发有限公司	100
广元市朝天区转斗乡小学	南方李锦记有限公司	100
广元市利州区龙王小学	南方李锦记有限公司	100
安县沸水镇九年一贯制学校	南方李锦记有限公司	100
北川羌族自治县贯岭乡小学	李宁基金会	100
安县花荄镇中学	李宁基金会	100
绵阳市涪城区石洞乡小学	李宁基金会	100
绵阳中学	李宁基金会	100
江油市双河镇中学	李宁基金会	100
什邡市双盛镇小学	北京电视台	100
洪雅县东岳学校（国兰学校）	广东日升集团邓培星	50
荥经县青龙乡中心小学	北京葡苑酒尚国际文化传播公司	20
雅安荥经三合乡小学	北京葡苑酒尚国际文化传播公司	29

中华慈善总会募集捐款援建四川省部分卫生设施项目一览表

表 39

援建项目	捐　款　者	捐赠金额（万元）
都江堰市中医院	大连万达集团股份有限公司	6000
西充县中医院	香港郑家纯	1420
绵竹市东北镇卫生院	江苏沙钢集团	1000
壤塘县人民医院	福建省晋江市慈善会	330

中华慈善总会募集捐款援建四川省部分福利设施项目一览表

表 40

援建项目	捐　款　者	捐赠金额（万元）
绵竹市东北镇敬老院	江苏沙钢集团	1000
洪雅县中心敬老院	深圳市利联太阳百货有限公司	900

续表 40

援建项目	捐　款　者	捐赠金额（万元）
成都市、雅安市等 9 个市（州）20 个社会救助福利中心	武汉钢铁（集团）公司 750 万元、秦皇岛市慈善协会 600 万元、广东步步高电子工业有限公司 500 万元、中国福利彩票发行管理中心 500 万元、百胜咨询上海有限公司 297 万元、延安市救灾募捐办公室 282 万元、民生人寿保险股份有限公司 260 万元、华捷联合信息（上海）有限公司 200 万元、中南控股集团有限公司 200 万元、红牛维他命饮料有限公司 200 万元、萍乡钢铁有限公司 200 万元、沈阳华美变压器制造有限公司 10 万元，等等	约 4000
南充市第一社会福利院	百度在线网络技术（北京）有限公司 100 万元、中国护理基金会 76.618 万元，等等	约 180
南部县南隆镇敬老院	百度在线网络技术（北京）有限公司 100 万元、北京银基天创投资有限公司 200 万元、帝斯曼（中国）有限公司 150 万元	450
雅安市儿童福利院	中国护理基金会	270
资阳市社会福利院	北京兴荣基房地产开发有限公司	270
三台县西平镇敬老院	李宁基金会	100
梓潼县马鸣乡敬老院	李宁基金会	100
绵阳市涪城区石洞乡敬老院	李宁基金会	80
绵阳市游仙区柏林镇敬老院	李宁基金会	80
盐亭县黄甸镇敬老院	李宁基金会	80
北川羌族自治县片口乡敬老院	李宁基金会	60
彭州市天彭镇敬老院	福建省厦门市慈善总会	350

四川省慈善总会募集捐款援建项目情况统计表

表 41

援建类型	项　目　数（个）	金额（万元）
学校	347	130377.20
卫生设施	79	51476.65
福利设施	216	68738.88
社区建设	12	12087.90
住房、基础建设	12	1850.00
文化设施	22	6121.70
服务中心	15	7700.00

一　中华慈善总会和四川省慈善总会支持

中华慈善总会根据中共中央、国务院的统一部署和有关规定，按照“尊重意愿、专款专用，统一规划、突出重点，公开透明、加强监督”的原则，确定捐赠资金在灾后重建中重点用于农房、学校、福利设施和医院等重建项目的资助。

2008年11月11日，中华慈善总会副会长李本公在中央纪委、监察部举办的抗震救灾捐赠资金物资管理使用和监督检查工作座谈会上明确表示，中华慈善总会在确定援建项目后，均采取项目管理的办法开展重建工作。20日，中华慈善总会向四川省慈善总会下发《关于安排抗震救灾捐款重建资金及加强项目监督管理的通知》，要求所有重建资金都必须与有关责任方签订具有法律效能的协议书，对于资金运行、工程质量、建设管理、竣工验收等重要环节进行严格监控，确保资金使用的安全有效和项目的顺利实施；分清社会捐赠资金性质和财政资金性质，不能混同管理和使用。12月29日，中华慈善总会会长范宝俊和四川省副省长、四川省慈善总会会长张作哈签署《中华慈善总会援助四川地震灾区四亿元重建家园项目捐款合作协议书》(见图304)，确定部分灾后重建项目和捐款的分配原则，通报了捐款者名单和捐赠者的意愿。

图304　2008年12月29日中华慈善总会援助四川地震灾区重建家园捐赠签约仪式在北京举行
(中华慈善总会　提供)

灾后重建期间，中华慈善总会与各地慈善会多次组织捐赠者到灾区实地考察灾后重建项目，并向社会公示灾后重建资金使用和灾后重建项目完成情况，得到捐赠者的认可和好评。

四川省慈善总会办公室组织精干力量，建立健全项目资料审核、项目资金按进度拨付、项目督察问责等工作制度，优化项目管理流程，强化内部管控机制，使慈善项目监督检查工作常态化。各重建项目所在地的慈善机构成立监督小组，认真落实项目业主负责制，严格执行项目监理制，对项目施工采取全程跟踪监督制度，确保所有援建项目质量合格。

灾后重建期间，四川省慈善总会与各级慈善机构组织专门力量实地检查督办，坚持将质量、安全、资金作为监管重点，严把工程造价、材料、隐蔽工程和内容变更关，对监督检查中发现的问题，及时纠正，督察到底，确保了监督检查工作的全覆盖。2011 年 4 月 14 日，四川省民政厅、省慈善总会联合发出《关于开展“5·12”灾后重建慈善援建项目督察工作的通知》，要求各市州慈善会对所辖区域的援建项目进行摸排、自查。各地民政部门和慈善组织积极会同当地教育、卫生等有关职能部门和审计、监察部门共同进行督察，基本做到了重点项目有专题报告、重要流程有专门说明。从自查的总体情况看，各级慈善组织实施的慈善援建项目在招投标、工程管理、工程监理、资金专款专用、专账管理、档案资料管理、承发包双方遵守廉政协议等方面没有出现违法违规问题，保障了捐赠人的合法权益，彰显了慈善机构的诚信度和公信力。

二　慈善总会募集资金援建项目

平武县南坝、平通、响岩三镇新村基础设施项目　为支持平武县农村新村建设，中华慈善总会将澳门善明会主持的“川澳同心委员会”近 5000 万元捐款和香港新世界发展有限公司董事总经理郑家纯 3000 万元捐款共 8000 万元，通过四川省慈善总会定向用于平武县南坝镇、平通镇和响岩镇的受灾农户农房和基础设施重建。农房重建户每户按修建沼气池 2500 元、生活设施改造费 1500 元、建材费 2000 元进行补助。基础设施建设主要用于所涉及村的通村通户道路、桥梁、饮水、排污排水、场地平整、硬化、堡坎、村级公共服务设施建设等。具体项目和资金安排是：平通镇农房重建户 2086 户，安排资金 1251.6 万元；涉及 10 个村的基础设施重建安排资金 1163.6 万元。南坝镇农房重建户 4786 户，安排资金 2871.6 万元；涉及 9 个村的基础设施重建安排资金 1404.6 万元。响岩镇涉及 7 个村的基础设施重建安排资金 1160 万元。制作纪念牌、纪念碑和其他基础设施项目，安排资金 148.6 万元。竣工后，新农房和新设施都在醒目位置统一安装和竖立有捐赠者资助标志的牌匾和纪念碑。

洪雅县中心敬老院项目　洪雅县新建敬老院建筑面积为 3989.61 平方米，建有生活和休闲房、办公楼、会议室等，能够满足柳江、花溪、桃源 3 个乡（镇）“五保”老人居住需求。具体有 1 ~ 4 号楼，设计床位 200 张。总投资 1300 万元，其中中华慈善总会捐赠 900 万元。该项目主体工程于 2010 年 3 月 25 日动工，2011 年 3 月 30 日完成、6 月 15 日投入使用。施工过程中，范宝俊等多次到中心敬老院检查指导。中心敬老院本着“以人为本，共建幸福家园”的办院宗旨，解决了“五保”老人的吃、穿、住、医、葬等后顾之忧，让入住老人老有所养、老有所乐。

都江堰市中医院项目　为支持都江堰市中医院灾后恢复重建，中华慈善总会将大连万达集团 6000 万元捐赠款，通过四川省慈善总会、成都市慈善总会和都江堰市政府定向用于都江堰市中医院迁址重建项目。新院于 2011 年元月投入使用，由门诊大楼、住院大楼、医技大楼、药剂大楼、行政大楼五部分组成，具有川西民居风格。

什邡市回澜镇慧剑寺小学项目 为援助什邡市灾后重建，戴姆勒东北亚投资有限公司向中华慈善总会捐赠515万元援建什邡市回澜慧剑寺小学，并于2008年12月30日与四川省慈善总会、什邡市教育局、什邡市慈善会签订定向捐赠协议。该项目于2009年5月26日开工，2010年5月9日，公司董事长兼首席执行官华立新、中华慈善总会会长范宝俊至回澜慧剑寺小学参加落成剪彩（见图305）。该校建成后冠名为“什邡市梅赛德斯—奔驰小学”。

图305 2010年5月9日，什邡市梅赛德斯—奔驰小学举行落成仪式

（李玉林 摄）

中国中铁汶川幼儿园项目 地震发生后，中国中铁员工怀着对灾区人民的深情厚谊踊跃捐款。中铁总公司从所捐款项中拨出1004.56万元给四川省慈善总会，由四川省慈善总会、汶川县教育局和中铁西南科学研究院有限公司（简称中铁西南院）签订三方协议，在汶川县定向捐建一所幼儿园。所有资金由四川省慈善总会通过汶川县教育局分3次拨付给中铁西南院，工程建设由中铁西南院全面负责实施。汶川县教育局提出高起点、高规格、高标准及够用、实用、足用的要求。该园建筑面积6000余平方米，有教师35人，接纳幼儿260人，有多功能教室、图书馆、球场、食堂、医务室和教师休息室，初步预算1015.6万元，按8度抗震设防标准设计。

2009年4月22日，中铁西南院与汶川县教育局签订“中国中铁汶川幼儿园”项目捐赠建设补充协议书。补充协议书规定：中铁西南院受中国铁路工程总公司委托，将中国铁路工程总公司捐赠的1004.56万元定向用于援建汶川县第二幼儿园，确定建于汶川县映秀镇，属“交钥匙”项目，由公司建设好后完整交给映秀镇。幼儿园冠名“中国中铁汶川幼儿园”，幼儿园名称、标识和纸质、电子文档名称保留50年不变。2010年7月8日，“中国中铁汶川幼儿园”顺利竣工交付使用。

第六章　港澳台援助

汶川特大地震发生后，香港、澳门特区政府及社会各界积极参与抗震救灾，提出在3—5年内，分别援助四川省100亿港元（含香港特区政府90亿港元和香港赛马会10亿港元）和55亿澳门元（含澳门特区政府50亿澳门元、澳门基金会5亿澳门元），支持四川省灾后恢复重建。台湾同胞发扬“人溺己溺、人饥己饥”的精神，积极参与汶川地震灾后重建。

第一节　香港、澳门特别行政区参与灾后重建

根据四川省政府与香港、澳门特区高层协调机制达成的共识，以及川港、川澳灾后重建合作安排、合作协议明确的原则，香港、澳门特区援助项目纳入国家和四川省灾后恢复重建规划，在符合国家法律法规的前提下，按照港、澳援建方的意愿选定项目。香港和澳门特区援助资金主要用于四川省39个极重灾和重灾县（市、区）除内地19个省（市）对口支援县外的重灾县和12个省定重灾县，适当兼顾88个一般灾区县中受灾特别严重、又无资金来源的恢复重建项目。项目筛选以川方统筹推荐为主、少数由港澳方提出。川方提出推荐项目名单后，港澳方分别组织专责小组、专家实地考察、论证评估，最终签署协议确定援助项目。截至2011年5月，香港、澳门特区共确定援建四川项目295个，其中香港190个（特区政府151个、赛马会6个、非政府组织33个）、澳门105个（特区政府102个、澳门基金会3个），项目覆盖德阳、绵阳、广元、阿坝等12个市（州）共65个县（市、区），包括学校、医院、民房、公路、文化、体育设施等。此外，香港红十字会计划5年内投入5000万港元，免费为地震伤残人士安装假肢；澳门红十字会制定

了约5600万元的重建计划，覆盖北川、绵竹、安县等地震极重灾县（市）或重灾县（市、区）。

援助四川省灾后重建是香港、澳门特区首次运用特区政府财政资金支援内地，不仅帮助灾区群众重建家园、恢复生产生活，也探索了“一国两制”下内地地方政府与香港、澳门特区政府合作赈灾的新模式。

一　港澳援建组织部署

中央支持香港和澳门特别行政区援助四川　2008年6月27—29日，香港特区行政长官曾荫权和澳门特区行政长官何厚铧率团至四川地震灾区，考察彭州市和都江堰市受地震破坏的城镇，探望彭州市小鱼洞镇的灾区群众。28日晚，曾荫权和何厚铧在都江堰受到国家副主席习近平的接见，提出希望参与援助四川灾后重建工作。习近平介绍了内地19个省（市）对口支援灾区恢复重建情况后说，援建工作应尊重港澳意见，要和四川省政府沟通，找一些符合当地需要的项目，体现实效，造福灾区人民，成为川港澳地区联络的桥梁，见证友谊，增加同心力和认同感。

2009年5月12日，中共中央总书记胡锦涛在纪念四川汶川特大地震一周年讲话中提出加大力度，加快速度，攻坚克难，力争用两年时间基本完成原定三年的目标任务的要求。内地对口援建省市纷纷加快援建项目的实施进度，力争三年任务两年完成。特区援建工作不同于内地对口援建，具有一定的特殊性。与国内其他地方政府投资项目相比，香港、澳门特区援建项目既要遵循国家法律、法规和基本建设程序，执行灾后重建的强制性标准，同时又要符合香港、澳门特区基本法的要求。特区援建项目的实施管理涉及省内各级相关部门与香港、澳门特区多个政策局，工作环节较多，工作程序叠加，工作周期也相对较长。19日，全国政协副主席、港澳办主任廖晖在北京主持召开香港、澳门特区参与四川灾后恢复重建协调会。廖晖指出，特区参与四川灾后重建工作以四川省政府和当地政府为主导，恢复重建是一个系统工程，既要讲科学，又要注意实效，充分依靠当地政府做好各环节的监督。为加快特区援建项目的实施，2010年6月11—13日，廖晖至四川考察并在成都主持召开香港、澳门特区参与四川灾后重建工作座谈会。廖晖实地考察成都、广元、绵阳、阿坝的7个港澳援建项目，以及都江堰市沪都家园、汶川县映秀镇漩口中学遗址和映秀新镇。在座谈会上，廖晖首先传达习近平的指示：灾后重建工作不容易，要给大家鼓劲、打气；要在确保质量的前提下，尽可能加快港澳援建项目的建设速度，大体上与整个灾后重建进度保持一致。廖晖提出两个要求和两条建议。两个要求：一是关于香港、澳门特区援助四川灾后重建工作的总体要求。要在确保质量和安全的前提下，适当加快工程进度，尽可能与中央确定的灾后重建总体安排相适应。二是关于香港、澳门特区援助四川灾后重建工作的进度要求。2011年年底，除绵茂公路、卧龙自然保护区等个别项目外，要力争全部竣工。绵茂公路、卧龙自然保护区项目要在2012年年底或最迟2013年上半年完工。两条建议：一是建议设立基金。确实难以确定的项目，无论当地或特区政府原因，建议不再考虑，涉及的资金及重建完成后剩余的资金，建议香港、澳门特区政府出面，搞一个基金，用于专门扶持特别困难的群体，特别在教育和医疗方面，请香港、澳门特区和四川省研究，包括怎样注册、怎样管理及用于哪些方面。二是建议香港、澳门特区行政长官率负责援建工作部门的官员2010年7—8月专程赴灾区实地考察援建项目，召开现场办公会，与四川省政府相关部门交换意见，督导整个灾后重建工作。

香港、澳门特别行政区政府及社会各界筹组参与四川灾后重建　2008年6月抗震救灾转入灾后重建阶段，香港、澳门特区赴川抗震救灾的救援队在完成任务后陆续返回。为进一步支援四川灾后重建工作，香港、澳门特区政府向中央提出参与灾区重建工作，并积极进行筹备。6月12日，香港建造界商会和专业团体及多个政府工务部门自发筹建成立香港建造界"5·12"重建工程联席会议，凝聚香港特区政府及民间专业力量，组织义工网络，参与四川灾后重建。26日，曾荫权宣布正式成立由政务司司长唐英年主持的香港特区支援四川地震灾区重建督导委员会，成员包括财政司司长以及相关的政策局局长和部门首长，负责督导和统筹特区支援四川地震灾区重建工作，以及联系内地相关对口部门，以推动实施重建。7月18日，香港特区"支援四川地震灾区重建工作信托基金"成立。28日，《澳门特别行政区公报》公布行政长官批示，设立澳门特区支持四川地震灾后重建协调小组，负责跟进并协调四川地震灾后重建的工作。31日，唐英年率领香港特区政府代表团至成都，与四川省商讨香港参与四川灾后重建事宜。8月1日，唐英年与四川省委常委、常务副省长魏宏在成都主持召开"香港特别行政区参与四川灾后恢复重建协调机制"第一次会议，双方就特区参与灾后重建的筹备工作展开交流，并达成初步共识。2009年2月20日，香港立法会财务委员会批准"支援四川地震灾区重建工作信托基金"承担额由20亿港元增至60亿港元，开展香港特区支援四川地震灾区第二阶段的重建工作。7月3日，立法会批准注入30亿元，将"支援四川地震灾区重建工作信托基金"的承担额提高至90亿元，开展香港特区支援四川地震灾区第三阶段的援建工作。

广元市利州区在地震中损失严重，65人死亡，直接经济损失241.246亿元，近14万户房屋亟须重建，灾情列国家确定的川、甘、陕51个极重灾和重灾县（市、区）第13位。利州区重建任务异常艰巨，又未纳入内地省市对口援建的范围。根据四川方面推荐，鉴于灾区的紧急需求，2008年8月14日，何厚铧在澳门特区立法会上正式公布澳门首批援助广元市利州区17个项目预案，总额为11.7亿元。在8月16日召开的四川省和澳门特区首次援建协调机制会议上，澳方宣布特区支持四川灾后重建的方案，会议提出签署总体合作协议并就援建项目签署单独协议书。首批援建项目宣布时，四川省和澳门特区仍未就援建总体协议内容完全达成一致，也没有签署任何协议文本，充分体现了特区对灾区群众实际需求的深切关怀，以及特区政府和同胞对内地地方党委、政府的高度信任。

双方签署援建总体协议　2008年8月16—18日，澳门特区政府社会文化司司长崔世安赴川宣布澳门首批援建项目。9月27日，香港特区政府政制及内地事务局常任秘书长罗智光及香港赛马会公共发展事务执行总监麦建华，与四川省发改委、省港澳办进行会谈。赛马会主要谈了参与援建的范围和方式等问题。罗智光等就灾后重建的时间、方式以及项目和资金管理、非政府组织参与的方式等问题进行会商，初步确定首批援建的20个项目。10月11日，香港特区在成都与四川省政府签署《就香港特区支援四川地震灾后恢复重建合作的安排》，开始接受非政府机构的拨款申请，支援四川地震灾区重建。《安排》确定了香港特区支援四川地震灾后恢复重建的基本原则、项目与资金管理的具体方式和工作程序，明确川港双方高层协调会议、工作协调小组会议、项目专责小组会议3个层面的沟通协调机制。香港特区政府宣布首批20个项目的清单，包括基础设施、医疗、教育、社会福利设施等，预计财政承担约 18.97 亿港元。28 日，澳门特区在成都与四川省政府签署《关于澳门特别行政区支援四川地震灾区重建的合作协议》，确定了澳门特区援助四川灾后恢复重建的资金总额、援建项目安排、资金拨付、项目管理等内容。合作协议明确了双方高层领导定期或不定期召开协调机制会议，审定援助资金和项目的年度计划，协调解决援建项目实施中所出现的重大问题，审查年度资金使用和援建项目的实施进度等内容。此外，广元市市长马华受省政府委托与崔世安签署利州区爱心民居工程单项协议。

香港、澳门特别行政区社会各方参与四川省灾后重建　2008 年 11 月 7 日，四川省发改委主任刘捷与香港赛马会公共发展事务执行总监麦建华签署《香港赛马会支援四川地震灾后恢复重建“绵阳市第三人民医院”“绵阳市游仙区忠兴镇初级中学”及“德阳市五中高中部中学”项目意向书》，四川省体育局局长朱玲与麦建华签署《香港赛马会支援四川地震灾后恢复重建四川奥林匹克运动学校项目意向书》。12 月 22 日，香港特区“支援四川地震灾区重建工作信托基金”公布首批获资助的非政府组织援建项目，包括香港童军总会申请的德阳青少年宫项目，金额为 1044.9 万港元。

2010 年 8 月 20 日，香港赛马会在北京人民大会堂举行援助四川灾后重建 3 个项目签字仪式。赛马会行政总裁应家柏与四川大学校长谢和平签署《四川大学—香港理工大学灾后重建与管理学院及香港马会灾害管理研究中心合作安排》，与雅安市副市长廖磊签署《雅安市香港马会职业技术学院合作安排》，与中国残疾人福利基金会理事长汤小泉签署《四川省八一康复中心合作安排》。

截至 2011 年 5 月底，香港特区政府共批准非政府机构申请参与的 33 个项目。2009 年 4 月 11 日，四川省发改委副主任刘媛与澳门基金会行政委员会主席吴荣恪在都江堰签署《澳门基金会援助都江堰市青城山古建筑群落灾后恢复重建项目的合作协议》。该项目包括 16 个独立的子项目，主要对青城山景区 15 处道教宫观的楼殿、庙宇建筑、文物和 1 所道教学院的教学楼、学生宿舍、图书馆以及重要殿宇进行原址重建、修复加固，估算总投资 1.796 亿元，由澳门基金会全额援助。援助协议的签署标志着澳门基金会的援建工作进入启动实施阶段。同时，川方还推荐了三星堆博物馆恢复重建项目。9 月 10 日，刘媛与澳门基金会行政委员会委员何桂玲签署《澳门基金会援助北川羌族民俗博物馆项目的合作协议》和《澳门基金会援助三星堆博物馆及三星堆遗址灾后重建项目的合作协议》，估算总投资分别为 8588 万元和 1.2 亿元。

二　港澳援建项目

香港、澳门特区政府援助四川灾后重建项目采取分批次确定、按阶段实施的方法。截至 2011 年 5 月，香港特区政府确定 3 个批次的项目共计 151 个，澳门特区政府确定 4 个批次的项目共计 102 个，均已开工，开工率达 99%，其中在建 220 个、完工 73 个。

香港特别行政区援建项目　香港特区政府援助四川灾后重建项目共 151 个，分 3 个批次确定。第一批项目 20 个，涉及基础设施、医疗、教育、社会福利设施等领域，投资估算 16.65 亿元；第二批项目 100 个，其中教育项目 51 个、卫生项目 20 个、社会福利项目 7 个、卧龙自然保护区重建项目 22 个，估算投资 34.46 亿元；第三批项目 31 个，包括绵茂公路、24 个县级残疾人康复中心、6 个医疗卫生项目，总援助金额约 25 亿元（约合 29 亿港元）。（参见图 306）

图306　香港特区援建的德阳市东汽香港医院
（四川省政府港澳事务办公室　提供）

香港特区政府援助的151个项目，加上香港赛马会6个项目及非政府机构申请的33个项目，香港特区共援建190个项目，总援建金额约100亿港元，达到特区援建工作预期的整体目标（见表42）。

香港特别行政区援建四川项目一览表

表42

所属市（州）	受援县（市、区）	项　　目	援建金额（万元）
成都	市区	四川大学华西医院远程医学网络平台	5660
	市区	四川省人民医院川港康复科技综合大楼	22454
	双流	四川大学—香港理工大学灾后重建与管理学院	11968
	都江堰	四川省奥林匹克运动学校	13500
	崇州	残疾人康复服务中心	1200
	大邑	残疾人康复服务中心	1200
	大邑	大邑县悦来敬老院	778
	武侯	四川灾后心理康复培训及服务计划	789
	武侯	四川灾后康复支持网络计划	402
	武侯	四川地震灾区物理治疗及职业治疗专业培训支持计划	611
	武侯	四川地震灾区假肢及矫形专业培训支持计划	432
	武侯	四川地震灾区社区复康资源中心	784

续表 42

所属市（州）	受援县（市、区）	项　　目	援建金额（万元）
成都	青羊	川港康复培训及发展中心	9000
	金堂	港青小学	1000
	崇州	幼儿园重建	500
德阳	旌阳	德阳市第一小学	1481
	旌阳	华山路小学	1604
	旌阳	社会福利综合服务中心	4720
	旌阳	第二人民医院（一期工程）	7701
	旌阳	第二人民医院（二期工程）	4529
	旌阳	中医院（人民医院）	4529
	旌阳	东汽小学	4310
	旌阳	中西医结合医院	3149
	旌阳	德阳市东汽职工医院	11570
	旌阳	德阳市五中高中部	14900
	旌阳	残疾人康复服务中心	1200
	旌阳	袁家小学	150
	旌阳	青少年宫重建及支持	1000
	广汉	广汉市人民医院	2460
	广汉	社会福利综合服务中心	2400
	罗江	罗江县中医院	761
	罗江	金山镇一小	2734
	罗江	略坪小学	1636
	罗江	社会福利综合服务中心	1732
	绵竹	绵茂公路	200000
	绵竹	残疾人康复服务中心	1200
	中江	残疾人康复服务中心	1500
	中江	联合镇中心学校群星分校灾后重建及师资培训	437
	中江	石泉乡九年一贯制中心校灾后重建及师资培训	410
	中江	永丰乡中心学校永丰小学灾后重建	165
	中江	兴隆中心校	165
	罗江	人民医院设备	40

续表 42

所属市（州）	受援县（市、区）	项　　目	援建金额（万元）
德阳	罗江	万安镇康复中心	244
	罗江	金山镇 17 个村卫生站及设备	239
	罗江	乡镇卫生院设备	456
	罗江	御营镇卫生院设备	96
绵阳	游仙	魏城镇中心小学	3052
	游仙	社会福利综合服务中心	2554
	游仙	绵阳市三医院	8000
	游仙	忠兴镇初级中学	3672
	涪城	绵阳中学	7436
	涪城	绵阳市中心医院	4000
	涪城	绵阳市中医院	8700
	涪城	绵阳市妇幼保健院	1400
	涪城	吴家镇中心卫生院	525
	涪城	残疾人康复服务中心	1200
	三台	三台县第一中学	7737
	三台	三台县中医院	3500
	三台	残疾人康复服务中心	1376
	盐亭	云溪初级中学	3982
	盐亭	盐亭县人民医院	9650
	盐亭	盐亭县中医院	1985
	盐亭	残疾人康复服务中心	1107
	梓潼	梓潼县中医院	4307
	梓潼	文昌初级中学	4654
	梓潼	梓潼县人民医院	6228
	梓潼	残疾人康复服务中心	1107
	平武	残疾人康复服务中心	732
	安县	残疾人康复服务中心	1200
	北川	残疾人康复服务中心	1262
	江油	残疾人康复服务中心	1500
	三台	上新乡初级中学	165

续表 42

所属市（州）	受援县（市、区）	项　　目	援建金额（万元）
绵阳	涪城	绵阳民族初级中学	165
	三台	乐加初级中学	165
	涪城	青少年活动中心重建及支援	2000
	三台	里程乡卫生院	242
	涪城	河边镇卫生院	417
	北川	擂鼓社区服务	576
	北川	通口镇防疫康复中心	450
	北川	通口镇 13 个村救急及康复中心	100
广元	元坝	元坝区中医院	1249
	元坝	元坝区人民医院	1343
	元坝	社会福利综合服务中心	2989
	朝天	朝天区人民医院	5545
	朝天	朝天区中医院	2378
	朝天	社会福利综合服务中心	2998
	苍溪	苍溪中学校	6523
	苍溪	社会福利综合服务中心	2424
	旺苍	旺苍县中医院	3955
	旺苍	旺苍县人民医院	3600
	旺苍	社会福利综合服务中心	2974
	剑阁	残疾人康复服务中心	1200
雅安	雨城	严桥三九学校	921
	雨城	兴贤小学	1745
	雨城	合江中心校	568
	雨城	雅安市中医院	4596
	雨城	雅安市保健院	1240
	雨城	雅安职业技术学院	8970
	宝兴	陇东中学	624
	宝兴	蜂桶寨小学	1500
	宝兴	五龙九年一贯制中心校	585
	宝兴	残疾人康复服务中心	593

续表 42

所属市（州）	受援县（市、区）	项　　目	援建金额（万元）
雅安	天全	仁义初级中学	665
	天全	天全县初级中学	3086
	天全	乐英初级中学	886
	荥经	荥经中学	4375
	荥经	泗坪中学	786
	荥经	荥经县人民医院	2400
	芦山	隆兴中心校	864
	芦山	芦山县初级中学	3137
	芦山	残疾人康复服务中心	691
	石棉	城北中学	1074
	石棉	小河坝中学	1044
	石棉	石棉县幼儿园	1116
	石棉	残疾人康复服务中心	732
	名山	永兴镇初级中学	1294
	名山	名山县人民医院	4220
	名山	百丈中心卫生院	482
	汉源	残疾人康复服务中心	1200
阿坝	汶川	省道 303 线映秀至卧龙	76560
	汶川	汶川水磨中学	5570
	卧龙保护区	卧龙规划编制	653
	卧龙保护区	都江堰大熊猫救护与疾病防控中心	9124
	卧龙保护区	灾后电力能源	32546
	卧龙保护区	中国大熊猫研究中心	13327
	卧龙保护区	管理局办公和职工用房	10443
	卧龙保护区	耿达九年一贯制学校	3998
	卧龙保护区	卧龙中心学校	2055
	卧龙保护区	医疗保健	2027
	卧龙保护区	卧龙社会福利院	584
	卧龙保护区	垃圾处理和转运系统	836
	卧龙保护区	供排水设施	11118

续表 42

所属市（州）	受援县（市、区）	项　　目	援建金额（万元）
阿坝	卧龙保护区	（五一棚）大熊猫野外生态观察站重建	845
	卧龙保护区	邓生保护站	3730
	卧龙保护区	木江坪保护站	—
	卧龙保护区	三江保护站	—
	卧龙保护区	自然与地震博物馆	5372
	卧龙保护区	巡护监测路网	457
	卧龙保护区	大熊猫栖息地植被恢复	11099
	卧龙保护区	道路交通设施	1111
	卧龙保护区	地质灾害治理与防治	15467
	卧龙保护区	乡土文化遗产	2230
	卧龙保护区	标牌、标桩设施	205
	卧龙保护区	“数字卧龙”系统工程	11371
	九寨沟	残疾人康复服务中心	593
	小金	残疾人康复服务中心	593
	松潘	残疾人康复服务中心	593
	茂县	残疾人康复服务中心	732
	理县	残疾人康复服务中心	593
	黑水	残疾人康复服务中心	593
	九寨沟	马家乡基础设施	606
南充	高坪	白塔中学	3496
	顺庆	涪江路小学	1531
	仪陇	仪陇中学	3600
	仪陇	新政初级中学	960
	仪陇	马鞍中学	950
	仪陇	仪陇县保健院	905
	南部	南隆镇一小	2710
	南部	南部中学	4900
	阆中	残疾人康复服务中心	1376
	高坪	第三初级中学教学楼灾后重建	1000
	高坪	白塔中学初中部灾后重建	990

续表 42

所属市（州）	受援县（市、区）	项　　目	援建金额（万元）
南充	蓬安	龙蚕初级中学	1000
	西充	人民医院综合业务楼灾后重建工程项目	1000
巴中	巴州	巴中中学	3110
	巴州	巴州区第一小学	2239
	巴州	玉井中心小学	1468
	巴州	恩阳中学	4712
	巴州	巴州区第四中学	4845
	平昌	邱家小学	1200
	平昌	平昌县第二中学	1885
	平昌	平昌中学	1898
	平昌	平昌县实验小学	1500
	平昌	平昌县人民医院	2898
	通江	通江县第二中学	3796
	通江	麻石镇中心小学	1713
	南江	小河职业中学	4600
	南江	朝阳中学	3180
	南江	南江县人民医院	4725
	南江	残疾人康复服务中心	1107
眉山	仁寿	书院路初级中学	1200
	仁寿	宝飞镇初级中学	954
	仁寿	精神卫生保健院	1400
	彭山	青龙镇初级中学	1460
达州	通川	西罡学校	813
	通川	北外九年一贯制中心校	1050
	渠县	渠县中学	1620
	宣汉	宣汉县人民医院	3500
乐山	夹江	夹江中学	2038
资阳	乐至	石湍中心卫生院	773

说明：此表格资料由国务院港澳办提供。投资资金为人民币，总额折合约 100 亿港元

香港非政府机构援建项目。香港特区政府按照“政府牵头、全民参与”的方针，允许非政府机构从“支援四川地震灾区重建工作信托基金”申请拨款，参与部分项目的实施，并在两地《重建合作的安排》签署后开始接受非政府机构的拨款申请。香港特区政府共批准16个非政府机构申请的33个项目。非政府机构援助项目涉及教育、卫生、文化、基础设施、康复及培训等领域，资金来源渠道多，包括非政府机构自筹资金、特区政府信托基金支持、业主单位自筹及财政资金配套等。从实际情况看，项目实施取得较好效果。九龙西区扶轮社和工程界社促会联合向信托基金申请援建的德阳市旌阳区袁家小学灾后重建项目，包括信托基金150万港元、自筹131万元及政府配套90万元，顺利完工，解决了700多名学生的入学问题。无国界社工实施的北川羌族自治县擂鼓镇社区服务处项目，积极开展心理辅导、社区服务、就业培训等活动，在帮助灾区群众走出地震阴影、就业等方面发挥了一定作用。从项目影响看，项目的实施推动和深化了非政府机构与川方合作伙伴、项目业主单位的合作。德阳市旌阳区袁家小学、金堂县港青学校、蓬安县龙蚕初级中学等项目在实施过程中，非政府机构与业主单位进一步拓展合作范围，在川港教育交流、师资培训及贫困生资助等领域签署系列协议，建立了长效互助合作机制。四川灾后心理康复培训及服务计划、四川灾后复康支持网络计划及四川地震灾区小区复康资源中心等项目的实施，为川港进一步加深在医疗卫生领域的合作，为四川省医疗卫生系统引进特区先进的诊疗技术及康复理念，加强两地康复领域的交流合作起到了积极的促进作用。非政府机构援助的工程类硬件项目可达到与香港、澳门特区援助的其他项目同步的进度要求，康复治疗、社区服务及培训类软件项目由于服务和培训覆盖周期长，部分项目实施计划延长至2012年后。

非政府机构援建项目包括：南充市高坪区第三初级中学教学楼灾后重建、南充市高坪区白塔中学初中部灾后重建、四川灾后心理康复培训及服务计划、四川灾后康复支持网络计划、中江县联合镇中心学校群星分校灾后重建及师资培训、中江县石泉乡九年一贯制中心校灾后重建及师资培训、中江县永丰乡中心学校永丰小学灾后重建、中江县兴隆中心校、三台县上新乡初级中学、绵阳市涪城区绵阳民族初级中学、三台县乐加初级中学、四川地震灾区假肢及矫形专业培训支持计划、四川地震灾区物理治疗及职业治疗专业培训支持计划、四川地震灾区社区复康资源中心、德阳市青少年宫重建及支援、绵阳市青少年活动中心重建及支援、川港康复培训及发展中心、九寨沟县马家乡基础设施、三台县里程乡卫生院、绵阳市涪城区河边镇卫生院、金堂县港青小学、蓬安县龙蚕初级中学、崇州市幼儿园重建、西充县人民医院综合业务楼灾后重建工程项目、北川羌族自治县擂鼓社区服务处、罗江县人民医院设备、罗江县万安镇康复中心、罗江县金山镇17个村卫生站及设备、罗江县乡镇卫生院设备、罗江县御营镇卫生院设备、北川羌族自治县通口镇防疫康复中心、北川羌族自治县通口镇13个村救急及康健中心、德阳市旌阳区袁家小学。

香港部分商人还通过内地侨办系统援建侨爱工程项目。香港华文影视有限公司捐资160万元援建盐亭县玉龙镇天垣侨爱小学，华达集团董事长李晓华捐资450万元援建广汉市西外乡侨爱医院，等等。

澳门特别行政区援建项目 澳门特区政府分4批共确定102个项目。第一批共36个项目，包括两个阶段，2008年8月确定首阶段17个项目，2009年3月确定第二阶段19个项目。

2009 年 4 月、11 月分别确定第二批 23 个项目、第三批 36 个项目。2010 年 6 月确定第四批 7 个项目。

2008 年 10 月 28 日，第一批第一阶段 17 个项目宣布并签署《合作协议》。这 17 个项目中，旨在解决 1.4 万户农村居民住房问题的“澳门爱心民居工程”项目成为重中之重，澳门特区援助的建房资金共 3.08 亿元迅速投入灾区重建，解决了广元市利州区 1.4 万农户的震后安置及冬季住房问题。该项目于 2008 年 12 月开工，2009 年年底全部完工，受援农户搬进了宽敞、明亮的新居。（参见图 307）

图 307　澳门特区援建的爱心民居工程——广元市利州区宝轮镇紫兰新村

（张玉洁　摄）

首批项目签约后，四川省与澳门特区加快了援建项目的筛选工作。2009 年 3 月 30 日下午，川澳第二次协调机制会议宣布澳门特区援助四川灾后恢复重建首批第二阶段的 19 个项目，具体包括 18 个教育项目和 1 个体育中心项目，援助金额达 9.38 亿元，覆盖德阳、绵阳、广元、雅安等 7 个市（州）。4 月 28 日，受澳门特区行政长官何厚铧委托，崔世安致函四川省，正式公布特区援建四川第二批援建项目名单，项目共 23 个，其中教育项目 14 个、卫生项目 3 个、文体项目 6 个，援助资金总额 11.29 亿元。

2010 年 2 月 27 日上午，川澳第三次协调机制会议签署了《澳门特别行政区政府援助四川省灾后恢复重建第三批援助项目合作协议》。第三批项目共 36 个，援助金额 10.32 亿元，主要集中在卫生、教育、社会福利等民生领域。6 月 2 日，澳门特区政府正式宣布援助四川灾后重建第四批项目名单，项目共 7 个，总援助金额约 1.74 亿元。其中，教育项目 5 个，援助金额约 1.32 亿元；

图 308　澳门特区政府援建的广元市利州区宝轮镇滨江大道

（赵辉　摄）

卫生项目 2 个，援助金额约 0.42 亿元。第四批 7 个项目确定后，澳门特区政府援助四川灾后重建项目达 102 个，总援助金额约 42.3 亿元（折合澳门元约 50 亿元），特区政府的援助资金安排完毕。（参见表 43）

澳门特别行政区援建四川项目一览表

表 43

所属市（州）	受援县（市、区）	项　目	援建金额（万澳门元）
成都	市区	成都大学医护学院	5999
	双流	四川省旅游学校	1000
	大邑	沙渠学校	2931
	大邑	大邑县人民医院	3328
	大邑	大邑县社会福利院	1880
	都江堰	青城山古建筑群落	17960
	邛崃	邛崃市高何中学	840
	彭州	彭州市乡村公路	2600
德阳	旌阳	淮河路小学	5130
	旌阳	德阳市第八中学	7688

续表 43

所属市（州）	受援县（市、区）	项　目	援建金额（万澳门元）
德阳	旌阳	旌阳区文化中心	1584
	旌阳	德阳市口腔医院	1838
	旌阳	德阳市精神卫生中心	911
	中江	凯江中学	4301
	中江	东北初级中学校	2960
	中江	中江县文化馆	781
	中江	中江县体育活动中心	4400
	中江	中江县继光大桥	4500
	广汉	广汉市向阳学校	3976
	广汉	广汉市文体中心	9100
	广汉	三星堆恢复重建项目	12000
	广汉	广汉市兴隆镇中学校	3478
	罗江	深雪堂初级中学校	4612
	罗江	深雪堂小学	3881
绵阳	游仙	魏城镇初级中学	2595
	游仙	南山中学	5476
	涪城	高水九年一贯制学校	3106
	涪城	绵阳四零四医院	4441
	涪城	绵阳市肛肠病医院	2620
	涪城	涪城区文化中心	2040
	涪城	绵阳市人民医院	4020
	盐亭	盐亭中学	4996
	梓潼	梓潼中学	7668
	三台	紫河学校	4577
	三台	三台县芦溪中学	6799
	三台	三台县精神卫生中心	1645
	三台	三台县文化体育中心	5750
	北川	北川羌族民俗博物馆	8588
广元	利州	爱心民居	30800

续表 43

所属市（州）	受援县（市、区）	项　　目	援建金额（万澳门元）
广元	利州	西湾水厂工程	9600
	利州	陵江至宝轮快速通道	13300
	利州	广元—天台山—三堆公路	7280
	利州	金洞乡场镇	2405
	利州	宝轮镇城镇道路河堤	14171
	利州	大石镇城镇道路河堤	2961
	利州	嘉陵江大桥	7499
	利州	宝轮镇污水处理厂	4598
	利州	宝珠至清河公路	4338
	利州	利州区盘龙镇场镇	3502
	利州	城北职业中学	2862
	利州	宝轮中学	3202
	利州	东城实验中学	3065
	利州	残疾人康复中心	800
	利州	利州区中心敬老院	1306
	利州	澳源体育中心	20000
	利州	精神卫生中心业务房	4868
	元坝	元坝中学	2970
	元坝	元坝镇第一小学	1711
	元坝	元坝区职业高级中学	3822
	元坝	元坝区体育中心	1800
	朝天	朝天中学	6451
	朝天	朝天区文化中心	1776
	旺苍	旺苍东城中学	3916
	苍溪	五龙中学	2294
雅安	雨城	雅安中学	3386
	雨城	大兴中学	2217
	雨城	雅安市人民医院	8673
	雨城	职业技术学院附属医院医教结合大楼	3680

续表 43

所属市（州）	受援县（市、区）	项 目	援建金额（万澳门元）
雅安	雨城	雅安市文化馆	1910
	芦山	太平中学	1219
	芦山	芦山县人民医院	3120
	芦山	芦山中学	5527
	宝兴	灵关中学	3041
	石棉	石棉县中学	1660
	天全	天全县文化馆	874
	天全	天全县中医院	2600
阿坝	九寨沟	永丰中心学校	3827
南充	顺庆	舞凤中学	2593
	高坪	高坪第五小学	2980
	嘉陵	嘉陵区第二人民医院	1627
	南部	南部县中医院	3780
	仪陇	仪陇县人民医院	2465
	仪陇	仪陇县中医院	1651
	阆中	阆中市体育活动中心	6970
	营山	营山县中学	3049
	蓬安	蓬安中学	2999
	西充	西充县第一实验小学	1372
巴中	巴州	鼎山中学	3861
	巴州	渔溪镇和平场小学	2745
	巴州	观音井镇中心小学校	3380
	巴州	巴中市妇幼保健院	1063
	巴州	巴州区精神病院	2120
	巴州	雪山中心卫生院	890
	巴州	巴州区人民医院	1738
	南江	南江县实验小学	5831
	南江	长赤中学	5837
	平昌	平昌县中医院	1684

续表43

所属市（州）	受援县（市、区）	项　　目	援建金额（万澳门元）
巴中	平昌	白衣镇中心卫生院	450
	通江	通江县中医院	1800
	通江	通江县人民医院	2800
眉山	仁寿	仁寿县职业教育中心	7680
	丹棱	丹棱县人民医院	2695
达州	通川	通川区人民医院	3900
	渠县	渠县人民医院	4999
乐山	夹江	夹江县人民医院	3000

说明：此表资料由国务院港澳办提供

澳门基金会援建项目。澳门基金会2008年年底启动援助四川灾后重建工作，先后共确定3个项目，包括青城山古建筑群落灾后恢复重建项目、北川羌族民俗博物馆和三星堆灾后恢复重建项目。

2009年4月11日，澳门基金会行政委员会主席吴荣恪和四川省发展改革委副主任刘媛，分别代表澳门基金会和四川省政府，在都江堰青城豪生酒店签署《澳门基金会援助都江堰市青城山古建筑群落灾后恢复重建项目的合作协议》。青城山古建筑群落恢复重建项目由澳门基金会全额援助，包括16个独立的子项目（上清宫、老君阁、圆明宫、玉清宫、祖师殿、朝阳洞、天师洞、全真观、天鹤观、建福宫、飞仙观、药王庙、八角庙、九龙观、太清宫及道教学院），主要是对青城山景区15处道教宫观的楼殿、庙宇建筑、文物和1所道教学院的教学楼、学生宿舍、图书馆以及重要殿宇进行原址重建、修复加固。青城山恢复重建项目是澳门基金会援助四川灾后重建的第一个项目，援助协议的签署标志着澳门基金会的援建工作进入启动实施阶段。签署仪式后，澳门基金会初步表达了援建北川羌族博物馆项目的意向。四川方面向基金会推荐了三星堆博物馆恢复重建项目。

2009年4月下旬，澳门基金会明确表达了对北川羌族民俗博物馆和三星堆灾后重建项目的援助意向，愿为项目提供援助资金。9月10日，刘媛和澳门基金会行政委员会委员何桂玲，代表四川省政府和澳门基金会，分别在北川羌族自治县安昌镇和广汉市三星堆博物馆签署了《澳门基金会援助北川羌族民俗博物馆项目的合作协议》和《澳门基金会援助三星堆博物馆及三星堆遗址灾后重建项目的合作协议》。北川羌族民俗博物馆项目由澳门基金会全额拨款援助，在规划的北川新县城文化核心区内，新建总面积约8000平方米，包括展示展演区、库房储藏区、研究管理区、接待服务区及辅助设施备用房等五大功能区，估算总投资8588万元（约1亿澳门元）。三星堆博物馆及三星堆遗址灾后重建项目由澳门基金会全额拨款援助，包括六大功能设施工程的重建，主要有三星堆博物馆展厅震后维修，三星堆博物馆综合馆安防监控系统震后维修及馆区远程安防监控系统建设工程，三星堆文物中心库房（文物保护修复中心）恢复重建、文化遗产防震减灾研究中心（三星堆研究院）恢复重建，三星堆遗址灾后保护，广汉市文物修复及陈列展览，估算总投资 1.2 亿元。

第二节 台湾同胞援助灾后重建

台湾同胞高度关注汶川特大地震灾情，台湾众多社会团体、企业和人士，纷纷向中共中央台湾工作办公室、海峡两岸关系协会（以下简称海协会）表达捐款意愿，支援灾区恢复重建。经财政部、民政部批准，海协会设立临时赈灾账户接受台湾同胞捐款。截至 2008 年 11 月，海协会共接受台胞捐款 67221.61 万元。四川省内各相关部门接受台湾慈善团体及台资企业捐款 8.02 亿元。这些捐款除用于灾区生活安排、伤员医疗救治外，其余用于灾后重建。截至 2010 年 11 月，海协会和四川省共接受台湾同胞捐建资金 13.2 亿元，其中海协会转交四川省 5.18 亿元，四川省内各级政府、相关部门接受台胞捐资 1.06 亿元，台湾红十字组织、宗教界、慈善团体及四川省内台资企业捐资 6.96 亿元。资金分布于 189 个援建项目，主要涉及中小学校、卫生院、福利院和居民安置小区。2011 年 5 月 23 日，在台北圆山饭店举办的以“发展振兴、合作共赢”为主题的川台“灾区发展振兴与经贸合作论坛”上，四川省省长蒋巨峰表示，台湾同胞捐资援建项目全部竣工，绝大部分项目交付使用。至 11 月，台湾同胞捐款实际在四川省、甘肃省、陕西省和重庆市援建各类项目 213 个，全部投入使用。

一 台办系统协调台湾同胞援助灾后重建

中央台办根据《国务院办公厅关于加强汶川地震抗震救灾捐赠款物管理使用的通知》和《关于汶川地震抗震救灾捐赠资金的使用指导意见》要求，经与四川、甘肃、陕西、重庆等省（市）台办协商，要求四省（市）台办按照灾区重建规划并依照台湾同胞捐赠意愿，制定捐款使用方案，使用项目及向捐赠者通报使用情况的意见报送中央台办。2008 年 8 月 7 日、9 月 25 日、12 月 1 日，中央台办分 3 次将全部捐款上缴民政部救灾账户，并将选定的重建项目送民政部、财政部审核。经核准，中央台办接受的台胞捐款用于四川、甘肃、陕西、重庆等地震灾区 134 个恢复重建项目（后略有调整）。其中，51766.4 万元用于四川省 96 个重建项目，2395.5 万元用于甘肃省 7 个重建项目，2741.14 万元用于陕西省 7 个重建项目，2073.05 万元用于重庆市 10 个重建项目。另经与住房城乡建设部协商，将 7978 万元用于甘肃、陕西两省重灾区 865 户农民住房重建。另有 260 余万元用于其他有关赈灾事项。四川省内接受台胞捐款 8.02 亿元用于 93 个重建项目。民政部、财政部批转中央台办接受的台胞捐款后，中央台办即电告四川省、陕西省、甘肃省和重庆市台办，要求各地积极配合民政部门，做好台胞捐款援建工作。各有关省市台办即与当地民政部门沟通，建立协调机制，明确责任划分，全面展开台胞捐款援建工作。

2008年10月20日，四川省台办召开由该省民政厅、省慈善总会参加的协调会，落实中央台办、民政部、财政部关于台胞捐建项目的有关要求。会议决定，省台办负责核实和确定捐建项目，省慈善总会负责捐赠资金的管理和划拨，项目施工前期下拨80%，验收合格后下拨20%；项目实施由所在地政府负责；各地台办配合当地政府工作，以确保项目顺利实施和资金有效使用。11月11日，四川省台办下发《关于认真做好台湾同胞捐助灾后重建项目工作的通知》，要求各地台办严格调查核实项目预算和实施方案，确保项目真实可靠。在此基础上，省台办与各地台办逐一签订《重建项目工作目标责任书》，规范资金划拨使用和项目监督指导等工作。针对部分已批准项目被内地省市援建的情况，中央台办要求各有关省市台办及时整理上报变更情况，由中央台办、海协会协调台湾捐赠方，办理变更手续，确保捐赠方权益。

2009年4月7日，四川省台办召开专题会议，研究台胞捐款重建项目进度。会议确立了集中力量解决问题、全力加快建设进度的工作方针，要求各地在2010年7月前完成全部重建项目。4月9日，四川省台办下发《关于加快台湾同胞捐款重建项目建设进度的通知》，要求各地台办主动协调相关单位和部门，制定工作进度表，推动项目尽早开工，按期完工。5月15日，地震一周年之际，四川省台办下发《关于认真做好台胞捐建项目检查工作的通知》，全面梳理台胞捐建项目情况，要求各地台办深入项目现场实地查看工程进度，了解资金使用情况，发现问题及时解决，确保台胞援建项目圆满完成。8月10日，四川省台办下发《关于认真做好台胞捐建项目竣工验收相关工作的通知》，要求各地台办会同相关部门，做好检查验收工作；根据验收情况申请划拨剩余项目资金；主动邀请台湾捐建方考察项目情况，听取台方意见和建议，确保援建工作顺利完成。甘肃、陕西、重庆等省（市）台办也积极配合当地民政部门，保障台胞援建项目完成。

二　台胞援建项目

3年间，台湾社会各界、慈善组织、民间团体、台资企业和台商纷纷以各种方式奉献爱心，“视如己亲”，与灾区人民共建灾后美好新家园。（参见图309）

灾后半月，以台湾文化大学教授廖庆隆为团长的“台湾工程界协助川震重建家园服务协会”一行70人，先后4次入川，帮助论证四川省的灾后重建项目。台湾工程师们冒着酷暑，奔波于成都、德阳等地数个重灾城镇，对遭地震破坏的城市民居、办公大楼、工矿厂房、道路桥梁等设施进行探测与评估，为灾后重建工程提供数据和建议。

台湾顶新集团捐资3000万元，分别在都江堰、绵竹新建小学校，从设计、施工到装修全程负责。海基会通过海协会捐款15152.03万元，援建北川白什小学、平武枕流中心小学、江油西屏小学、梓潼文昌二小、三台郪江小学等31个项目。台湾红十字组织多次至广元市朝天区察看灾情，落实灾后重建项目资金6000万元；在援建的7所学校中实施“寒梅计划”，对困难学生予以资助；通过海基会转交台湾同胞捐赠重建项目资金共2.31亿元，其中在四川省的重建项目主要用于雅安、广元、眉山、都江堰，共15152.03万元；另外，甘肃省6105.77万元、陕西省1873.14万元。

图 309　台湾红十字组织灾后援建成都市解放北路第一小学奠基仪式

（中国红十字会总会　提供）

据中央台办、四川省台办、甘肃省台办、陕西省台办提供的资料，除以上都江堰顶新新建小学等项目外，台湾同胞捐建的教育项目还有四川省的什邡市禾丰镇小学，中江县南华初中，广汉市南兴镇中心小学，罗江县御营小学教学楼，绵阳市涪城区杨家镇小学，安县宝林镇九年制学校、清泉镇初中、界牌镇小学，江油市太平三小、西屏小学，平武县徐塘羌族乡中心小学，绵竹市富新镇富新小学、孝德镇齐福小学和齐福幼儿园，广元市剑阁县柳垭小学，广元市利州区大石镇小学、盘龙二小，广元市元坝区红岩镇小学、清水乡中心小学，旺苍县三江镇中心小学、白水镇中心小学，广元市朝天区花石乡小学、转斗乡小学，雅安市雨城区实验小学，芦山县芦阳小学，汉源县三交乡中心学校、永利彝族乡中心学校、小堡藏族彝族乡中心学校，石棉县民族中学、草八牌小学，荥经县安靖乡中心小学，名山县联江乡中心小学，宝兴县穆坪兴隆小学、永富乡中心学校、盐井中心学校，阆中市白塔初中教学楼综合用房，彭州市新兴镇亚东小学，邛崃市夹关镇九年制学校，大邑县子龙街小学、邮江镇九年制学校、大邑县职业教育中心、大邑县职业教育中心学生实习基地，理县古尔沟小学，九寨沟县勿角中心学校住宿楼，攀枝花市仁和区平地镇辣子哨小学，盐边县红果彝族乡中心小学 5 所村小，米易县垭口镇安全小学，南江县正直镇小学教学楼、碾盘九年义务教育学校教学楼、东榆镇小学教学楼，巴中市巴州区万安乡中心小学教学楼，会东县姜州中学教学楼，会理县普隆乡中心小学，盐源县梅雨小学教学楼，仁寿县北斗镇初级中学、曲江乡初级中学，彭山县武阳二小莲湖村小学，洪雅县花溪中学学生宿舍楼，丹棱县

图 310　台湾金门县捐资的宁强县阳平关镇中心小学教学楼竣工典礼现场

（陕西省　提供）

张场镇小学教学楼，眉山市东坡区永寿镇初级中学，青神县汉阳中学教学综合楼；陕西省的宝鸡市陈仓区陈仓小学，城固县盘龙乡团结村小学（幼儿园）、盘龙乡中心学校，略阳县郭镇镇干河坝小学，宁强县燕子砭镇袁家梁小学、燕子砭中坝小学、阳平关镇中心小学（参见图 310），勉县新街子中学，南郑县歇马乡中心小学，宝鸡市金台区逸夫小学教学楼、仝家沟小学，旬阳县桂花乡中心学校、甘溪镇初级中学；甘肃省的文县石鸡坝初级中学，康县铜钱乡旺旺希望小学、望关乡中心小学、碾坝初级中学，天水市麦积区元龙中学，舟曲县立节乡中心小学；重庆市的梁平县聚奎镇初中、城东乡龙磨一小，大足县中敖镇九石村小学、重庆复隆中心小学、回龙镇安居初小，丰都县暨龙镇乌羊完全小学，南川区兴隆中心小学，云阳县东城小学、凤鸣镇凤鸣小学、江口镇第二小学。

台湾同胞捐建的医疗卫生项目，四川省有什邡市洛水镇卫生院，江油市新安中心卫生院、三合镇卫生院，剑阁县元山中心医院，青川县乔庄镇卫生院、房石镇中心卫生院和三锅乡卫生院，名山县新店敬老院，汉源县乌斯河镇卫生院、富林镇卫生院、大树镇卫生院、富泉乡卫生院，天全县城厢镇卫生院，石棉县新棉镇卫生院；陕西省有城固县盘龙乡团结村卫生所；甘肃省有两当县人民医院。

都江堰市新建小学在地震中损毁严重，200 多名师生被夺去生命。2008 年 5 月 13 日，国务院总理温家宝在都江堰考察灾情时专程前往该校，鼓励被压埋在废墟中的孩子们坚持下去，等待救援。29日，从媒体上得知新建小学灾情的台湾顶新集团董事长魏应行前往该校，当即承诺捐款2000万元重建该校。新校舍由台湾设计师姚仁禄整体设计，占地48亩，建筑面积8485平方米，可容纳36个教学班1500名学生。整个建筑按9度抗震设防，采用钢筋混凝土框架结构，教室二至三层，双通道设计，满足防震、防火及紧急疏散需求。2009年7月15日，海协会会长陈云林和海基会董事长江丙坤专程前往新建小学，了解学校建设进度。9月1日，顶新新建小学举行竣工典礼，中央台办常务副主任郑立中、海协会副会长王富卿及四川省委有关负责人、顶新集团董事长魏应行等出席。校长王华群在发言中说："我接过的不仅仅是一把钥匙，更重要的是接受了一份沉甸甸的责任和台湾同胞的深情厚谊！"25日，温家宝第三次至顶新新建小学看望同学们，并亲笔为该校题写校训：求真、向善、尚美。

都江堰台湾爱心家园社区是由全国台湾同胞投资企业联合会（下称台企联）发起，海基会会同岛内同胞捐建的灾后重建安居工程，是震后台胞捐建项目中最大的一个。项目总投资约1.2亿元，其中台胞捐资8997万元，都江堰市政府配套剩余资金。社区占地5.25万平方米，总建筑面积约6万平方米，共14栋住宅楼，可容纳744户居民入住。建筑结构为砖混结构，按8度抗震设防。爱心家园社区在把好硬件关的同时，更关注对社区居民的心理辅导。社区建成之初，便启动由"失亲儿及特困家庭服务""残疾儿童家庭照顾""卫教医疗服务""爱心银行与物资银行""义工培训辅导"构成的爱心软件，对社区居民进行全方位关怀。台企联副会长于曰江介绍，启动爱心软件是希望把救援、安置和重建三阶段串成一根线，把这种心手相连的同胞亲情一直延续下去。2009年7月15日，海协会会长陈云林和海基会董事长江丙坤考察项目现场时，陈云林表示，"台湾爱心家园社区将成为凝结两岸同胞交流交往的重要纽带"。2010年5月3日，中国国民党副主席蒋孝严到现场考察，对项目建设情况也给予很高评价。2011年1月12日，"台湾爱心家园"社区落成仪式在都江堰举行。中央台办常务副主任、海协会常务副会长郑立中，海基会副董事长高孔廉出席仪式。高孔廉表示，爱心家园这一充满温情与爱心的社区，是两岸携手合作的成果，体现了台湾同胞大爱无疆的情意。

地震发生后，台湾同胞通过各种渠道捐助1.6亿余元，支援甘肃灾区医疗卫生、民政福利、农村学校、农民住房等重建。在援助的1.6亿余元资金中，台湾红十字组织共捐助9300万元，用于西和县损毁的19个乡镇卫生院和21所农村学校建设。项目全部竣工并投入使用。从2009年开始，台湾红十字组织在援建区实施"寒梅计划"，对21所学校中符合条件的每名高中生、初中生及小学生提供不同金额资助，共资助学生1000余人次，资助金额逾57万元。台湾红十字组织还在西和县卢河乡薛集村实施"社区与生活重建中心"项目，通过技能培训、妇女儿童疾病普查、老年人残疾人心理教育等，开展灾后社区文化恢复与重建。将"寒梅计划"和社区服务中心等软件项目继续做下去，支持贫困地区社会进步，支持贫困学生继续学业，为社会培养有用人才。

重庆市的云阳县海峡小学是海基会捐赠1043万元建设的一所学校，地处新县城北部新区。它的建成，缓解了现有城区小学办学容量严重不足的问题，满足县城中西部及附近农村移民子女、进城务工子女的入学需求。重庆市台办主任王泰来在落成典礼上致辞说，海峡小学的落成充分展现了两岸同胞血浓于水的同胞爱、手足情，希望学校不断提高管理水平，提升教学质量，回报台湾同胞的深情厚谊。

汶川地震后，“台湾支持四川灾后重建行动联盟”在地震隔天开始动员，并于2008年5月21日正式成立。作为台湾支持四川灾后重建的平台，在民间捐款先行的基础上，联盟将台湾“9·21”地震灾后重建的教训、小区规划、设计以及与原住民的互动等反省性经验提供给大陆各地的建筑学院、建筑设计院的专业同行，共同投入汶川地震的灾后重建工作。

“台湾支持四川灾后重建行动联盟”在住房城乡建设部村镇建设办公室（现村镇司）和陕西、甘肃两省建设厅的统筹与安排下，在中国城市规划设计研究院城建所教授级高级城市规划师罗赤等的协助下，与西安建筑科技大学合作，对陕西、甘肃两省部分受灾村庄进行民宅重建援助。该项目选择媒体关注少，一般社会资源投入难以触及的甘肃南部和陕西南部地区，针对受灾严重（整村震毁），农民社会经济条件较低（人均年收入2000元以下）的农村村落，在考察陕西宁强、略阳及甘肃武都、文县、康县、舟曲等县（区）辖下受灾乡镇的村落后，对其中14个村落计856户进行援建。“台湾支持四川灾后重建行动联盟”陕甘项目组与西安建筑科技大学开展勘察与规划设计工作，落实具体工作流程和工作项目；针对该地域乡镇的未来城乡定位、地方服务设施规划、小区规划、住屋设计的整个过程，与地方政府（包括州、市、县、镇、村及规划建设相关局处）、小区、居民直接互动讨论，达成援助永久家园的重建共识。重建中注重当地传统的保存，关注无形社会关系与农村共同生活意义的重建。相关项目完成后，为了感谢台湾同胞的援建，宁强县青木川镇金溪新村中心广场立着一块“功德碑”，用小篆刻写着：“彼岸台胞本炎黄一脉，同气连枝，血浓于水……”这些词句，不仅镌刻在石碑上，更深深印在每个村民的心里。

截至2011年11月，台湾同胞捐款实际援建四川省、陕西省、甘肃省和重庆市各类项目211个，主要是教育、医疗卫生、社区和社会福利事业项目。（参见表44～45）其中，在四川省援建学校153所，占总援建项目的72.5%，医疗卫生机构29所，占总数的13.7%；其他社会福利机构7所；在陕西省援建学校6所，社会福利机构1所；在甘肃省援建学校5所；在重庆市援建学校10所。各省援建项目已全部完成并投入使用。

台湾同胞捐款援建部分重建项目一览表

表44

捐款方	捐赠金额（万元）	捐建项目
国泰人寿慈善基金会	3500	大邑县子龙街小学
		大邑县职教中心（职业高级中学）
		广汉市南兴镇中心小学
台湾海峡交流基金会	6000	都江堰市“爱心家园”社区
国泰人寿慈善基金会	1500	
“中国信托慈善基金会”	997（143.8万美元）	

续表 44

捐款方	捐赠金额（万元）	捐建项目
裕隆集团	1005	广元市元坝区红岩镇小学
		广元市元坝区清水乡中心小学
		旺苍县福庆乡中心小学
		旺苍县三江镇中心小学
		苍溪县岳东镇中心小学
		苍溪县白桥镇中心小学
		广元市朝天区花石乡小学
		广元市朝天区转斗乡小学
宁波奇美电子有限公司	1200	石棉县美罗乡中学
南亚电子材料（昆山）有限公司	847	★剑阁县公兴中心卫生院
南亚电子材料（昆山）有限公司	1021	★青川县中医院
长荣集团	950	
长荣集团	6963（1000 万美元）	大邑县职业教育中心学生实作实习基地
		广元市利州区盘龙二小
		汉源县小堡藏族彝族乡中心校
		邛崃市夹关镇九年制学校
		什邡市隐峰中心学校
		什邡市洛水镇卫生院
		汉源县白岩乡卫生院
		汉源县马烈乡卫生院
		汉源县小堡藏族彝族乡卫生院
		汉源县大岭乡卫生院
		汉源县前域乡卫生院
		天全县新场中心卫生院
必成玻璃纤维（昆山）有限公司	805	汉源县三交乡中心校
		天全县新华一小
		宝兴县永富乡中心校
		石棉县草八牌小学
必成玻璃纤维（昆山）有限公司	239	★麟游县两亭初级中学
南亚电路板（昆山）有限公司	1812	大邑县邮江镇九年制学校
联发科技中国有限公司（香港）	999.2	★绵竹市富新镇富新小学
和舰科技（苏州）有限公司	1963（288 万美元）	绵竹市孝德镇齐福小学、齐福幼儿园

续表 44

捐款方	捐赠金额（万元）	捐建项目
台湾海峡交流基金会	11675.0275	雅安市雨城区中里郑湾小学
		雅安市雨城区中里中心小学
		雅安市雨城区中里中学
		石棉县民族中学
		旺苍县檬子乡中心小学
		梓潼县文昌二小学教学楼工程
		三台县郪江小学
		罗江县御营镇小学教学楼
		芦山县芦阳小学
		九寨沟县勿角中心校住宿楼
		攀枝花市仁和区平地镇辣子哨小学
		盐边县红果彝族乡中心学校及 5 所村小
		米易县垭口镇安全小学
		巴中市巴州区万安乡中心小学教学楼
		南江县下两镇小学援建教学楼及学生宿舍
		南江县正直镇小学教学楼
		南江县东榆镇小学教学楼
	3477	南江县南江镇碾盘九年义务教育学校教学楼
		会东县姜州中学教学楼
		会理县普隆乡中心小学
		盐源县双河小学教学楼
		盐源县梅雨小学教学楼
		阆中市白塔初级中学教学楼综合用房
		眉山市东坡区永寿镇初级中学
		仁寿县北斗镇初级中学
		仁寿县曲江乡初级中学
		彭山县武阳二小莲湖村小学
		洪雅县花溪中学学生宿舍楼
		丹棱县张场镇小学校教学楼
		青神县汉阳中学教学综合楼

续表 44

捐款方	捐赠金额（万元）	捐建项目
台湾海峡交流基金会	1043.06	云阳县海峡小学
	2065.6955	文县 205 户
		一个历史建筑保护项目
	2532.2082	陇南市武都区 309 户
	809.0976	舟曲县 89 户
		一个村民活动中心
	698.7713	康县 72 户
	1433.7783	宁强县 140 户
	439.3571	略阳县 50 户
顶新集团	2000	都江堰市新建小学
	1200	绵竹市富新二小
旺旺集团董事长蔡衍明	333.4（港元）	广元市利州区嘉陵小学
	333.3（港元）	金川县马奈中心校
	333.3（港元）	茂县叠溪镇小学校
法鼓山	3169	安县秀水镇中心小学
		安县秀水镇卫生院
		安县秀水镇自来水管网工程
台湾佛教慈济慈善事业基金会	19667	名山县一中
		名山县前进小学
		德阳市旌阳区孝泉中学
		什邡市方亭中学
		什邡市洛水镇洛水中学
		什邡市洛水镇洛水小学
		什邡市洛水镇洛水幼儿园
		中江县富兴镇光明村农房
		学校、寺院板房
		什邡市洛水镇、绵竹市汉旺镇小区服务中心
		绵竹市游仙区九年一贯制学校
		绵竹市游仙区朝阳九年一贯制学校

续表 44

捐款方	捐赠金额（万元）	捐建项目
台湾佛光会	3100	江油市彰明中学教学楼和食堂
		青川县木鱼镇中学
		青川木鱼镇卫生院
国际佛光会	1100	省内佛教道场恢复
		彭州市三昧水慈善医院
台湾红十字组织	11939	广元市朝天区宣河乡小学
		广元市朝天区麻柳小学
		广元市朝天区西北乡小学
		广元市朝天区李家乡小学
		广元市朝天区汪家乡小学
		广元市朝天区曾家镇小学
		广元市朝天区临溪乡小学
		广元市朝天区红十字会博爱医院
		广元市朝天区汪家乡卫生院
		广元市朝天区青林乡卫生院
		广元市朝天区转斗乡卫生院
		广元市朝天区柏杨乡卫生院
		广元市朝天区小安乡卫生院
		广元市朝天区陈家乡卫生院
		广元市朝天区马家坝乡卫生院
		广元市朝天区西北乡卫生院
		名山县中锋乡初级中学
		雅安市雨城区外国语实验小学
		绵竹市天河小学
		德阳市旌阳区寿丰中学
		阿坝藏族羌族自治州红十字博爱康复中心
		成都市金牛区解北小学

续表 44

捐款方	捐赠金额（万元）	捐建项目
财团法人爱心第二春文教基金会	940	巴中市巴州区柳林七颗石小学
		巴中市巴州区第十小学
		南江县光雾山镇白滩小学
		平昌县驷马镇小学
		南江县乐坝镇小学
		南江县第四小学
		南江县寨坡乡小学
		南江县元潭乡中心小学
		青川县金子山乡中心小学
		广元市利州区石羊小学
		广元市利州区栖凤小学
		三台县立新镇拦河中心小学
		绵阳市游仙区游仙镇第二小学
		盐亭县林山乡小学
		眉山市东坡区龙兴小学
		青神县瑞峰镇中心小学
		青神县河坝子镇中心小学
		青神县罗波乡罗波学校
		青神县青城镇学道街新华爱心小学
		罗江县回龙小学
		冕宁县爱心学校
		会理县江普乡中心小学
		会理县木古乡中心小学
		南部县花罐镇中心小学
		阆中市东兴乡井溪中学小学
南亚铜箔（昆山）有限公司	1148	城固县盘龙乡团结村农村基础设施
台湾远东集团亚东水泥有限公司	1600	彭州市新兴镇亚东小学

说明：此表资料由中央台办提供。标★项目为多家台湾企业或社团共同捐建，未列出全部捐款方

台湾海峡交流基金会转交台湾同胞捐款重建项目一览表

表 45

捐款金额（万元）	捐建项目	使用捐款（万元）
四川省共计 15152.03	都江堰市“爱心家园”社区	6000
	罗江县御营镇小学教学楼	300
	梓潼县文昌二小学教学楼工程	155
	三台县郪江小学	152
	旺苍县檬子乡中心小学	342
	雅安市雨城区中里中心小学	1351.12
	雅安市雨城区中里中学	903
	雅安市雨城区中里郑湾小学	305
	石棉县民族中学	2773.91
	芦山县芦阳小学	300
	九寨沟县勿角中心校住宿楼	300
	眉山市东坡区永寿镇初级中学	100
	仁寿县北斗镇初级中学	75
	仁寿县曲江乡初级中学	75
	彭山县武阳二小莲湖村小学	100
	洪雅县花溪中学学生宿舍楼	100
	丹棱县张场镇小学校教学楼	100
	青神县汉阳中学教学综合楼	100
	阆中市白塔初级中学教学楼综合用房	300
	巴中市巴州区万安乡中心小学教学楼	100
	南江县下两镇小学援建教学楼及学生宿舍	150
	南江县正直镇小学教学楼	50
	南江县东榆镇小学教学楼	50
	南江县南江镇碾盘九年义务教育学校教学楼	50
	攀枝花市仁和区平地镇辣子哨小学	96
	盐边县红果彝族乡中心学校及 5 所村小	339
	米易县垭口镇安全小学	85
	会东县姜州中学教学楼	100
	会理县普隆乡中心小学	200
	盐源县双河小学教学楼	50
	盐源县梅雨小学教学楼	50

说明：此表资料由住房城乡建设部、四川省台办提供

第七章　华侨华人与国际社会支持

第一节　华侨华人支持

一　华侨华人关注灾后重建

汶川地震发生后，广大海外华侨华人积极向灾区捐款捐物表达爱心。据不完全统计，截至2008年10月14日，海外华侨华人通过中国侨务部门、各驻外机构、中国红十字会、中华慈善总会等各种途径捐赠款物约合13亿元，除用于灾区群众的生活外，主要用于灾后重建。

不少海外华侨华人在捐赠的同时又表达了支持灾后重建的意愿。他们向各级侨务部门表示，希望能在灾区捐建学校和卫生院。中国侨商投资企业协会副监事长、上海豪都房地产开发经营有限公司董事长屠海鸣于5月22日通过国侨办向灾区捐款100万元。他在致国侨办主任李海峰的信函中表示，该款项将转交灾区用于帮助灾区人民重建抗震学校和医院。新加坡天府会13日上午召集紧急理事会发起为家乡四川地震赈灾捐款活动，该会5月底与四川省侨办达成将所募捐款用于援建一所学校的协议。5月下旬，中国驻法国大使馆收到法国华侨华人会捐款33.5万欧元，捐赠方希望将该款项用于帮助四川地震灾区兴建一所中学，让灾区的学生早日重返课堂。26日，德国青田同乡会致函国侨办表示，希望将该会交由中国驻德国大使馆转交的捐款67328欧元用于在四川灾区建造一所爱心学校。27日，中国侨商投资企业协会会长、泰国正大集团董事长谢国民在致四川省委、省政府的信中表示："灾区孩子们的学习最是让人牵挂的。当看到灾区孩子那一双双渴求回到课堂的眼睛，当听到一声声来自家长、老师及社会各界'用爱给灾区孩子一个课堂'的呼唤，谁能不为之动容！""孩子是祖国的未来和希望，为他们支起一张课桌，就是支起一个新的希望和未来"。谢国民希望将泰国正大集团于13日通过国侨办"侨爱工程——抗震救灾温暖行动”捐给四川灾区的1000万元款物中的500万元现金全部用于中小学校建设；价值500万元的捐赠物资部分若受自然环境、运输条件等方面限制不能及时送到灾区群众手中，泰国正大集团也愿全部折现用于中小学校建设。5月底，中国驻法国大使馆函告国侨办称，收到法国华人服装业总商会捐款26万欧元、法国华人胡振国及其家族全体成员捐款11万欧元。捐赠者的共同心愿是将捐款用于四川地震灾区兴建学校。震后，国侨办国内司与中国国际广播电台华语台抗震救灾报道小组联合开展“华人同心——抗震救灾温暖行动”，国际广播电台通过普通话广播、方言广播、华语广播网等渠道发布调查信息，收到来自许多国家的华侨华人反馈意见。加拿大华侨华人听众建议加快医院、学校、交通、通信设施等与灾区人民切身利益息息相关的项目重建。巴拿马听众建议鼓励海外华侨华人以侨团或个人名义捐赠学校和医院。美国美西《星岛日报》主编梁建锋希望重建后学校等公共机构和住房的防震能力得到大大的提高。

6月11日，柬埔寨中国商会会长高华致函国侨办表示，该会会长、副会长等8人捐款38万元拟在四川地震灾区捐建一所“希望小学”，为帮助灾区失学儿童重返校园尽一份力量。18日，西班牙华商协会致函国侨办表示，该会赈灾捐款125320欧元由中国驻西班牙大使馆转交四川省广安市侨办，用于武胜县旧县初级中学重建，希望新学校命名为“西班牙华商爱心学校”。7月2日，中国驻澳大利亚布里斯班总领事馆致函国侨办，澳大利亚昆士兰州华侨华人通过义演、义卖、捐赠营业收入等方式向四川灾区捐款80万澳元，拟在灾区捐建一所小学。31日，中国侨商投资企业协会副会长、东莞玖龙纸业董事长张茵致函国侨办表示，通过“侨爱工程”捐款支持地震灾区的侨爱学校建设。8月1日，美国全美中文学校协会会员学校与当地部分侨团响应“侨爱工程”号召，捐建崇州市元通小学。9月18日，蒙特利尔华侨总会主席邵礼平致函中国驻加拿大大使馆，该会决定将所募捐款15万加元用于在地震灾区兴建一所小学，校名拟为“加拿大蒙特利尔白求恩纪念小学”。22日，毛里求斯华人、峻龙国际有限公司董事长刘国宪捐款100万元用于为地震灾区兴建两所侨爱学校，他向中国驻毛里求斯大使馆表示希望通过国侨办代为联系建校地点等事宜。美国纽约四川同乡会、西班牙华侨华人李汝龙等一批海外华侨华人、侨团亦致电或致函四川省侨办表示愿在灾区捐建“侨爱学校”。

二　华侨华人响应国侨办援建方案

国侨办在充分尊重捐赠人意愿的基础上，决定集中海外华侨华人的定向爱心捐款投入“侨爱工程”项目，建设灾区人民所急需的学校和卫生院。国侨办通过电视访谈、新闻发布会等各种方式及时公布援建方案，听取海外华侨华人意见，引导海外华侨华人捐赠。2008年5月25日，国侨办副主任马儒沛在接受中央电视台中文国际频道“抗震救灾”直播栏目专访时首次表示，国侨办将充分尊重和认真履行海外华侨华人的捐赠意愿，按照国家和当地政府灾后重建的规划，选择一批与人民群众生活息息相关的项目帮助灾后重建。马儒沛指出，国侨办将把广大海外华侨华人的捐赠款物管理好、监督好、使用好，真正用在支持抗震救灾、灾区重建家园的刀刃上，计划在3 ~ 5年内资助灾区建设百所侨爱学校和百所侨爱卫生院。新华社、中国新闻社、美国中文电视、新华网、中国网、中国新闻网、中国政府网、美国《侨报》、美国《星岛日报》、加拿

大《环球华报》、法国《欧洲时报》等多家媒体、网站对此次专访进行报道。国侨办的援建计划引起广大海外华侨华人的强烈共鸣，法国华文媒体《欧洲时报》28日刊发题为《好钢用在刀刃上》的评论员文章：华侨华人爱心款项向教育与卫生倾斜，堪称“好钢用在了刀刃上”。该文同时希望“侨爱工程”成为经得起历史考验的百年工程、千秋功业。6月2日16时，国新办举行第21次新闻发布会，由国侨办介绍海外华侨华人支持中国抗震救灾情况。马儒沛在发布会上介绍国侨办实施“侨爱工程——抗震救灾温暖行动”情况。中央电视台中文国际频道、英语国际频道以及中央人民广播电台、中国国际广播电台进行现场直播。新华网、中国政府网、中国网全程图文直播。通过此次新闻发布会，将国侨办引导海外华侨华人爱心捐赠投入灾区“双百项目”建设的消息向社会广为传播，激发更多华侨华人积极参与支持“侨爱工程——抗震救灾温暖行动”。

国侨办“侨爱工程——双百项目”援建方案发布后，许多海外华侨华人及其社团以及侨资企业家关注灾后重建进程，纷纷赶赴灾区，或查看项目受损情况，或落实捐建项目，或为捐赠项目奠基（剪彩）。仅据四川省侨办统计，2008年该办共接待来自30多个国家和地区的海外华侨华人2000余人次、团组30多个。2009年接待来自50余个国家和地区的海外华侨华人3000余人次，2010年接待来自50余个国家和地区的海外华侨华人3500余人次。另据四川省侨办负责涉侨捐赠事务的国内处不完全统计，2008年6—10月，该处共接待前来考察灾后重建和办理捐赠事宜的海外华侨华人30多批次，2009年接待39批、238人次，2010年接待19批、109人次。此外，还有许多华侨华人通过其他渠道或自行前往灾区考察，以各种方式助力重建。

海外华侨华人对侨务部门实施的“侨爱工程——双百项目”给予高度评价。屠海鸣表示：“海外很多华人、华侨华人、侨资企业，通过国务院侨办送往灾区的爱心捐款，国务院侨办制定了非常严格的捐助使用制度和渠道。李海峰主任说：‘海外同胞、港澳同胞的每一元捐款，都是爱心、都是热血，我们一定要非常珍惜。’此景此情，我们捐款人都感到放心、舒心、称心。爱心善款的透明，使人们普遍感到了‘三满意’——政府满意、灾区人民满意、捐款人更满意。”出资援建眉山市东坡区尚义中心小学的中国侨商投资企业协会常务副会长、香港世茂集团董事局主席许荣茂在为该校落成剪彩时表示：“没有想到这么快，孩子们已经可以使用这栋教学楼了，又恢复了往日的欢声笑语。”许荣茂感谢国侨办为海外华侨华人参与抗震救灾搭建了“侨爱工程”的平台，让海外华侨华人的爱心得以实现。他还说，“侨爱学校”的落成，将作为新的凝聚点和爱心纽带，让与祖国血脉相连的海外华侨华人更加关注和支持灾区的重建和发展。印度尼西亚金光集团总裁黄志源通过黄奕聪基金会捐款2000万元援建彭州市通济中学。该基金会秘书长苏蔷华对项目建设速度和效率非常满意，感谢国侨办给予该基金会援建灾区学校的机会，称赞有效的监管机制保证了学校在短时间内开建，让善款得以落实。

三　国侨办组织华侨华人赴灾区调研考察

为确保把海外华侨华人捐赠款物用在灾区最急需的地方，2008年5月29—31日，马儒沛率国侨办有关部门负责人到四川考察灾情，与四川省有关部门共商“侨爱工程”灾后重建计划实施

方案。他们先后考察绵竹体育场灾区群众安置点、绵竹市城北中学、绵竹市汉旺镇、安县秀水镇秀水中心卫生院、安县秀水综合市场、安县秀水镇汉昌小学、绵阳市九洲体育馆“九洲帐篷学校”等地，听取实施“侨爱工程——双百项目”意见。8月25—27日，马儒沛等前往汶川映秀、北川、江油、广汉等地考察侨爱学校选址，对接建设项目。

为汇聚海外华侨华人的力量支持地震灾区灾后重建，国侨办先后集中组织海外华侨华人和知名侨资企业家考察灾区灾情和灾后重建工作，凝聚侨心，汇集侨爱，为灾后重建添砖加瓦。

“携手共建——知名侨资企业家四川行” 2008年7月4—7日，国侨办和四川省政府共同举办以“关爱四川、携手共建、合作发展”为主题的“携手共建——知名侨资企业家四川行”活动。国侨办主任李海峰、副主任任启亮与来自7个国家的侨商36人到四川考察灾后重建，为灾后重建建言献策、了解捐建项目落实情况、洽谈经贸合作项目。四川省委书记刘奇葆、省长蒋巨峰分别会见考察团，听取侨商在川项目投资情况汇报以及做好灾后重建工作的建议，感谢全球华侨华人对抗震救灾的无私奉献，欢迎侨资企业参与四川灾后重建。5—6日，李海峰及侨资企业家先后到受灾严重的绵竹汉旺、北川县城、都江堰等地考察，与成都、德阳、绵阳三市政府分别举行座谈会。成都市市长葛红林、德阳市代市长陈新有、绵阳市代市长曾万明分别介绍三市抗震救灾情况和灾后重建工作规划。侨商们对灾后重建工作提出意见建议并对接部分援建项目。7日，中共中央政治局委员、国务院副总理王岐山在北京中南海紫光阁会见参加“携手共建——知名侨资企业家四川行”活动的侨商代表。王岐山表示，抗震救灾斗争取得了重大的阶段性胜利，灾后恢复重建工作正在逐步展开，希望侨商们建言献策，通过各种方式参与灾区重建，帮助灾区群众早日恢复生产、重建美好家园。同日晚，国侨办在钓鱼台国宾馆举行宴会答谢参加活动的侨商。李海峰向通过“侨爱工程——抗震救灾温暖行动”捐助款物支援灾区的海外华侨华人、侨资企业家颁发捐赠证书及“侨爱工程惠泽桑梓”荣誉牌匾。

“感恩侨爱——知名侨资企业家和海外华文媒体四川行”活动 在汶川地震一周年之际，国侨办、四川省政府于2009年5月10—15日举办“感恩侨爱——知名侨资企业家和海外华文媒体四川行”系列活动，来自十几个国家海外华侨华人、侨资企业家代表以及海外华文媒体代表100多人参加。11日，由海外华侨华人援建的地震灾区首个“侨爱家园”在极重灾区青川县关庄镇、竹园镇落成，160户受灾农民陆续喜迁新居。李海峰与国侨办副主任赵阳、马儒沛及四川省副省长为侨爱新家园剪彩。12日，由许荣茂出资93.8万元捐建的眉山市东坡区尚义中心小学举行落成典礼，李海峰、赵阳、马儒沛、许荣茂等为新建成的学校剪彩。12日下午，参加活动的代表在成都参加由国侨办和四川省政府共同举办的座谈会，赵阳主持会议，马儒沛介绍海外华侨华人支持抗震救灾和灾后重建情况。四川省副省长承诺，四川省将加强对侨捐资金各个环节的监督检查，确保每一笔捐款都用在捐建项目上，每一个侨捐项目都保质保量建好，让海外华侨华人的善举发挥出最大的效益，使华侨华人放心、满意。四川省侨办主任周敏谦汇报了四川省灾后重建“侨爱工程”捐建项目实施情况。施恭旗、刘雅煌、李玉玲、温锦华、杜志强、屠海鸣等海外华侨华人和侨商代表先后就支持灾区重建发言。13日上午，参加“感恩侨爱——知名侨资企业家和海外华文媒体四川行”的代表参观汶川地震震中映秀镇牛圈沟、阿坝藏族羌族自治州震后重建规划展厅，并到映秀镇漩口中学举行悼念仪式。

四 海外华侨华人援建项目

国侨办实施“侨爱工程——双百项目” 在组织实施“侨爱工程——双百项目”过程中，国侨办（国内司侨政处承担主要业务）组织专家制定设计导则，用于指导侨爱学校和侨爱卫生院重建；与灾区省市侨办签订《“侨爱工程——双百项目”责任书》，明确各方义务和责任，保护华侨华人捐赠者的合法权益；加强监管，及时公开相关信息，自觉接受监督。

2008年6月11日，受国侨办委托，四川省侨办与彭州市政府签订利用海外华侨华人捐款援建彭州市通济中学协议书，海外华侨华人参与灾后重建工作进入实施阶段。为用好海外华侨华人捐赠资金，确保工程质量，加强重建项目的监督管理，国侨办专门成立抗震救灾捐赠款物管理使用领导小组、制定《加强抗震救灾捐赠款物管理使用办法》，确保工程建筑质量和抗震设防级别，充分体现“侨”的特色和海外华侨华人的爱心。“侨爱工程——双百项目”建成后统一悬挂“侨爱学校”“侨爱卫生院”牌匾，体现捐赠者意愿，立碑铭载捐赠人爱心。同日，李海峰在西安向陕西省转交海外华侨华人捐款1000万元，用于支援陕西省受灾地区的学校和卫生院重建。陕西省委书记赵乐际表示，陕西省会用好侨界捐赠的款项，尤其是学校建设要提高抗震标准。13日，马儒沛在兰州向甘肃省副省长咸辉转交海外华侨华人捐款1000万元及价值500多万元的救灾物资。除上述两笔款项外，海外华侨华人通过国侨办捐赠的款项均转往四川省侨办，根据捐赠者意愿投入“双百项目”建设。

6月初，华侨大学建筑学院根据国侨办要求选派专业教师10人组建“支援灾区灾后重建工作组”。6月下旬，经与国侨办多方商讨，设计小组提交“侨爱工程——双百项目”建筑设计的前期工作成果。6月底至7月初，设计小组前往汉中和青川、彭州等地考察。经设计人员与各地项目负责人反复商讨、修改，制定《“侨爱工程”标识设计》《侨爱学校设计导则》及《侨爱卫生院设计导则》。两个《导则》通过挖掘海外华侨文化的建筑元素以体现华侨捐赠特性，突出建筑结构的安全性及使用功能的人性化以表现“侨爱工程”内涵。《导则》作为捐赠人意愿的重要内容，用于指导受赠单位工程设计人员设计具体施工图纸。《导则》分为指令性要求及指导性要求两部分，其中指令性要求中的统一标识、标准色彩、统一风格及抗震标准4项作为强制性要求实施，指导性要求则可根据当地实际需求加以体现。7月23日，国侨办将《导则》下发各省市侨办执行。

7月16日，国侨办国内司致函民政部救灾救济司，将国侨办接收的海外华侨华人及其社团捐款余额1098.29万元拨付民政部救灾捐赠专户，同时建议民政部将该笔捐款根据海外华侨华人捐赠人的意愿（用于捐建四川灾区侨爱学校和侨爱卫生院项目）及时转拨四川省侨办。7月中旬，国侨办与四川、甘肃、陕西等省（市）侨办分别签署《“侨爱工程——双百项目”责任书》，同时转交海外华侨华人捐款约1.16亿元，用于在地震灾区建设66所侨爱学校和54所侨爱卫生院。责任书规定，国侨办组织实施的“侨爱工程——双百项目”运作按照分级负责的原则，国侨办负责“双百项目”的总体规划、统筹协调，灾区省市侨办负责本行政区域内“双百项目”的具体实施并与受赠单位及其上级主管部门签订相关协议。灾区省市侨办对来自国侨办下拨及其他华侨华人的捐助款加强管理和监督，建立监管制度。国侨办提供“双百项目”建设的总体设计导则，作为

每个捐建项目工程设计的指导和规范。灾区省市侨办负责协调受赠单位落实设计导则要求，明确项目责任人，检查工程质量，督促工程进度，保证项目严格按工程计划所规定的技术规格和工程图纸施工，不得任意降低工程质量或减少工程项目。建设工程按有关工程质量标准，完善规划、设计、立项、招标、施工、监理、验收等环节，确保工程建筑质量。项目完工后，灾区省市侨办负责监督验收并将工程质量及验收情况向国侨办和捐赠人反馈。为体现华侨捐赠特色，“侨爱工程——双百项目”所建学校和卫生院按照统一建筑风格建造，统一悬挂“侨爱工程”标识。

8月28日，“侨爱工程—双百项目”建设工作会议在西安召开，马儒沛在会上要求各级侨办在“双百项目”实施工作中要做到“三个到位”（配套资金到位、选址定点到位、工程监管到位）、“三个结合”（把反映侨捐特点的元素与当地的民俗文化相结合、把满足功能需求与满足抗震设防标准相结合、把侨爱工程与灾后重建和社会总体发展相结合）、“三抓”（一抓监管、二抓工期、三抓质量）、“三重”（重细节、重落实、重效率），把“侨爱工程”做成灾后重建精品。截至12月15日，“侨爱工程——双百项目”落实侨爱学校208所、侨爱卫生院157所。多数项目完成规划设计工作，165所学校、83所卫生院开工建设，其中5所学校完成主体工程建设。截至2010年12月底，地震灾区所有“侨爱工程——双百项目”均已竣工。

各省市侨办落实“侨爱工程——双百项目” 2008年5月20日，四川省侨办召开会议提出“侨爱工程——四川地震灾区灾后重建计划”，即在服从政府统一规划的前提下，集国侨办和四川省侨办（侨联）接收的海外华侨华人定向捐款，重点投入学校、卫生院等公益事业的恢复重建。7月10日，四川省侨办向国侨办报送《关于实施“侨爱工程——四川地震灾后重建计划”第一期项目的请示》，四川省侨办通过实地考察以及委托重灾地区侨办与当地政府协商等多种方式，按照捐款人意愿，确定30所小学、30所卫生院、2所中学重建项目，四川省侨办与灾区各县（市）政府的捐建协议全部签订。13日，国侨办批复四川省侨办“侨爱工程——双百项目”建设方案。陕西省侨办认真组织项目筛选和考察工作，该办6名领导率考察组分别到受灾的汉中、宝鸡、安康、咸阳、西安、商洛六市，结合捐赠人意愿，对备选项目进行实地考察。各考察组联合当地市、县侨办及教育、卫生部门逐一考察项目，在此基础上确定10所学校和10所卫生院作为“侨爱工程——双百项目”捐助对象。8月20日，陕西省侨办在西安举行“侨爱工程——双百项目”签约仪式。陕西省侨办与汉中、宝鸡、咸阳、安康、商洛、西安六市侨办以及宁强、凤翔、永寿、宁陕、镇安、周至等20多个县政府分别签订“双百项目”协议，将国侨办转交海外华侨华人捐款1350万元全部投入灾区支援重建。9月22日，甘肃省侨办在兰州举行签字仪式，向陇南市、天水市转交海外华侨华人捐款1400万元，该笔捐款主要用于陇南市、天水市学校、医院灾后重建。

“侨爱工程”之一——侨爱家园 “侨爱家园”是在国侨办领导下，由俄罗斯中国和平统一促进会会长温锦华和四川省侨办共同发起实施的“侨爱工程”项目。“侨爱家园”项目利用海外华侨华人抗震救灾定向捐款资助受灾农民兴建抗震、环保、经济、美观、实用的木质结构永久性住房，是侨务部门在“双百项目”基础上，将“侨爱工程”予以拓展的新平台。

为把“侨爱家园”建设成为灾后美好新家园的样板，李海峰亲自选定设计方案。2009年2月23日，李海峰在北京会见温锦华，听取“侨爱家园”建设情况介绍。四川省侨办把建设“侨

爱家园”首期工程作为引导华侨华人支持、参与灾后新农村建设的民生工程和示范工程来抓，成立领导小组并与青川县政府签订项目协议书，明确责任和义务，国内处对项目实施进行全程跟踪管理。“侨爱家园”突出几个特色：一是把灾区农民住房重建与新农村建设相结合。按照有利生产、方便生活、就地重建的原则，统一选址、统一规划、统一建设，依山就势相对集中成片建设，对山、水、林、田、路、园合理布局，对乡村环境进行综合治理，既保留田园风光，又集约用地，体现现代乡村社区风格。二是打造富有山区特色的新家园，温锦华请有关设计单位设计联排式、独户型的平房和楼房等多种住房户型建设方案供农民自主选择。新农房采用木质结构和现代抗震技术，每户套型设计为 90 ～ 120 平方米，有独立厨房、卫生间和沼气池等，有效使用寿命 40 ～ 50 年。新农房融汇川西、川北民居和欧美民居的建筑风格，富有浓郁的地方特色。三是科学重建、节约重建。根据山区特点，本着节约资源的原则，选用从俄罗斯进口的高品质的木材重建农房，以标准化的钢木结构和作业方式进行统一施工，具有成本低、建设速度快、居住舒适环保以及抗震性能好等特点。四是统一做好新村环境建设和公共配套设施建设。四川省侨办在“侨爱家园”首期项目青川县关庄镇和竹园镇两个片区统一配备澳大利亚侨胞邱维廉捐赠的净水设备，解决村民的卫生饮用水问题。五是把灾区农民住房重建与帮助农民增收致富结合起来。考虑到“侨爱家园”首期项目地处公路旁，又靠近青川县东河口地震遗址公园，项目实施方在功能布局上配套安排乡村旅游和种养殖业项目，增强当地农民就业增收的造血功能。

四川省侨办促成广元市政府与温锦华签订进口俄罗斯优质的樟子松型材 15.5 万立方米的协议。樟子松型材纤维长、韧性强、防虫防腐，是优质建房木材。为落实木材，温锦华冒着零下 40 摄氏度的严寒三次到俄罗斯远东地区林场协调货源，获得当地州政府的大力支持。木材运往国内时正值 2009 年年初春运高峰，按照常规，由俄罗斯远东伊尔库茨克、克拉斯诺亚尔斯克等地运至广元，全程 4000 多公里需耗时 17 天。四川省侨办请求国侨办商请铁道部支持，铁道部迅即把广元从俄罗斯进口的木材作为灾区重建急需物资列入运输保障计划，把从满洲里和二连浩特口岸入关的 178 车俄罗斯木材直接运至青川县竹园坝车站，大大节省了运行时间和转运费用。木材运抵后，温锦华再次前往青川，住在现场抓农房建设进度。

侨爱家园首期支持青川县关庄镇和竹园镇 160 户农房重建。项目资金包括，国侨办转交的海外华侨华人捐款 110 万元、俄罗斯中国和平统一促进会主席温锦华捐款约 20 万元、四川华侨凤凰集团捐款 50 万元、香港豪都国际有限公司董事长屠海鸣捐款 14 万元、四川省侨办转交其他华侨华人捐款 10 万余元。农户建房资金由国家政策补助户均 2 万元左右，华侨华人捐款资助户均 1 万元，其余由农户自筹。四川省侨办还利用华侨华人捐款在两个“侨爱家园”配套修建 200 平方米的村民文化活动室和村级卫生站等公共设施。刘奇葆、蒋巨峰等在考察“侨爱家园”后均对“侨爱家园”建设给予充分肯定，希望能作为灾后新农村建设的模式在四川地震灾区推广。

2009 年 5 月 11 日，地震灾区第一个“侨爱家园”项目在青川县关庄镇、竹园镇落成（见图 311），160 户受灾农民陆续喜迁新居。李海峰等出席落成仪式并揭幕。李海峰说：“‘侨爱家园’让我们看到了侨爱成果，看到了地震灾区社会主义新农村的美好前景。”《人民日报》等媒体对首个侨爱家园落成进行了报道。2010 年 11 月 6 日中央电视台“新闻联播”节目《重建启示录》也

图311 首个“侨爱家园”项目在青川灾区落成

（廖攀 摄）

对华侨华人支持侨爱家园建设的事迹作了报道：“在四川灾后重建的工作中，爱心在海内外华人华侨和港澳台同胞间心手相传，是这血浓于水的同胞深情铸就了新的家园。”

截至2010年12月底，四川省侨办使用海外华侨华人和港澳台同胞的定向捐款560余万元，在地震灾区实施“侨爱家园”项目5个，支持570户农民重建新家园，有力地推动了地震灾区农村农房重建进程。5个侨爱家园项目具体是青川县关庄镇侨爱家园、青川县竹园镇侨爱家园、青川县红光乡侨爱家园、青川县前进乡侨爱家园、彭州市葛仙山镇花园村侨爱家园。住进关庄镇侨爱家园的沙坝村71岁老人徐世金说，这辈子没想过能住上这么好的房子。

“侨爱工程”项目除“侨爱家园”项目外，还涉及学校（参见图312）、卫生院等建设，有关情况参见表46～47。

图312 2009年5月12日，中国侨联援建的北川新县城北川中学举行奠基仪式

（四川省委宣传部 提供）

海外华侨华人捐资兴建的部分侨爱学校情况统计表

表 46　　单位：万元

捐赠者	捐赠项目	捐赠金额	总投资额	开工时间（年、月）	竣工时间（年、月）
印尼盐仓集团蔡道行家族	绵竹市侨爱道行中学	2077.71	5529.08	2009.5	2009.12
印尼金光集团董事长黄志源	彭州市金光通济中学	2000.00	4158.00	2009.2	2009.8
菲律宾上好佳（中国）有限公司董事长施恭旗	茂县光明乡学校	100.00	1784.00	2009.2	2009.7
	茂县石大关学校	100.00	807.00	2009.2	2009.7
	文县中庙乡后渠小学	50.00	50.00	2009.4	2010.6
	文县中庙乡强坝小学	50.00	80.70	2009.4	2010.6
	文县中庙乡李家坝小学	50.00	65.50	2009.4	2010.6
	陇南市武都区佛崖乡贾店小学	50.00	52.40	2008.8	2010.8
	陇南市武都区蒲池乡上巩家小学	50.00	71.01	2009.8	2010.8
	陇南市武都区五马乡河口小学	50.00	74.96	2009.8	2010.8
	陇南市武都区五马乡陈家坝小学	50.00	79.78	2009.8	2010.8
	陇南市武都区郭河乡八海小学	50.00	79.07	2009.8	2010.8
	陇南市武都区三仓乡草河小学	50.00	75.69	2009.8	2010.8
	陇南市武都区洛塘镇三才坝小学	50.00	77.35	2009.8	2010.8
菲律宾世纪金源集团董事长黄如论	青川县孔溪乡中心小学	100.00	1000.00	2008.9	2009.8
	青川县楼子乡中心小学	100.00	699.00	2008.12	2009.5
	青川县茅坝乡中心小学	100.00	200.00	2009.1	2009.8
	青川县乐安寺乡中心小学	100.00	740.00	2008.7	2009.9
	青川县板桥乡小学	100.00	200.00	2009.9	2010.5
	宁强县铁锁关中学	60.00	405.54	2008.12	2009.8
	略阳县城关镇谢家坪小学	60.00	210.00	2008.11	2009.8
	勉县茶店镇艾叶口小学	60.00	120.00	2009.5	2010.3
世茂集团董事局主席许荣茂	彭州市北君平中学	100.00	1265.00	2008.12	2009.8
	彭州市敖平中心小学	100.00	2183.00	2008.12	2009.8
	德阳市旌阳区天元侨爱学校	100.00	260.00	2008.12	2009.8
	崇州市观胜小学	100.00	905.00	2008.8	2009.9

续表 46

捐赠者	捐赠项目	捐赠金额	总投资额	开工时间（年、月）	竣工时间（年、月）
世茂集团董事局主席许荣茂	崇州市白头小学	100.00	580.00	2008.12	2009.7
	崇州市崇平小学	100.00	256.00	2008.8	2009.9
	大邑县大邑中学	100.00	2100.00	2008.12	2010.12
	广汉市新平联合侨爱学校	100.00	403.00	2008.12	2009.6
泰国正大集团董事长谢国民	都江堰市蒲阳中学	1000.00	1000.00	2008.9	2009.8
海外华侨华人	江油市香水中心小学	100.00	480.00	2008.10	2009.8
	绵阳市涪城区玉皇镇小学	100.00	250.00	2009.4	2009.10
	文县碧口镇李子坝小学	50.00	188.50	2009.4	2010.5
	文县碧口镇响浪小学	50.00	65.20	2009.4	2010.6
海外华侨华人	文县玉垒乡黄路小学	50.00	76.18	2009.4	2010.5
	康县长坝镇白杨树坝小学	50.00	64.66	2009.8	2010.8
华夏董氏兄弟商贸集团董事长董佩永	汶川县龙溪乡中心小学	100.00	2600.00	2008.11	2009.8
法国华人胡振国及其家族	茂县洼底乡学校	100.00	530.00	2009.3	2009.7
法国华侨华人会	什邡市隐峰侨爱学校	100.00	6000.00	2009.8	2010.8
	罗江县略坪镇侨爱小学	100.00	173.00	2010.7	2010.12
法国华人服装总商会	汶川县克枯乡中心校	100.00	2700.00	2009.3	2009.8
印尼《国际日报》报业集团董事长熊德龙及《国际日报》读者	绵阳市游仙区朝真乡中心校	100.00	600.00	2009.10	2010.3
	三台县柳池镇中心小学	100.00	390.00	2009.10	2010.3
巴拿马中华总会	宝兴县明礼中心校	100.00	155.00	2010.1	2010.7
	汉源县片马中心校	100.00	465.00	2010.1	2010.8
毛里求斯刘国宪	略阳县鱼洞子上营小学	20.00	183.29	2008.12	2009.9

说明：此表所列捐赠项目截止时间为2010年年底，为海外华侨华人及其社团直接通过国侨办“侨爱工程——双百项目”办理的在51个极重灾和重灾县（市、区）援建的学校

海外华侨华人捐资兴建的部分侨爱卫生院情况统计表

表 47　　　　单位：万元

捐赠者	捐赠项目	捐赠金额	总投资额	开工时间（年、月）	竣工时间（年、月）
菲律宾上好佳（中国）有限公司董事长施恭旗	陇南市武都区柏林乡卫生院	30.00	158.00	2009.2	2010.6
	陇南市武都区池坝乡卫生院	30.00	118.00	2008.10	2009.8
	陇南市武都区马营中心卫生院金厂分院	30.00	50.00	2008.10	2009.5
	陇南市武都区坪垭藏族乡卫生院	30.00	108.00	2008.10	2009.5
	陇南市武都区玉皇乡卫生院	30.00	126.00	2008.10	2009.5
	成县苏园乡卫生院	30.00	30.00	2009.3	2009.9
	成县沙坝乡卫生院	30.00	30.00	2009.3	2009.9
泰国 TCC 集团董事长苏旭明	青川县乐安寺乡卫生院	50.00	568.00	2008.12	2009.5
	青川县板桥乡卫生院	50.00	406.00	2008.12	2009.12
	青川县楼子乡卫生院	50.00	231.00	2009.2	2009.9
	青川县孔溪乡卫生院	50.00	295.00	2008.11	2009.7
	青川县茅坝乡卫生院	50.00	329.00	2009.1	2009.9
菲律宾世纪金源集团董事长黄如论	宁强县燕子砭镇中心卫生院	40.00	150.00	2008.11	2009.4
	宁强县青木川镇中心卫生院	40.00	199.61	2009.11	2009.12
	略阳县徐家坪镇中心卫生院	40.00	220.00	2009.4	2009.10
东莞玖龙纸业有限公司（美商投资）董事长张茵	彭州市磁峰镇公立卫生院	50.00	645.00	2009.1	2009.10
	彭州市白鹿镇公立卫生院	50.00	504.00	2009.1	2009.10
	崇州市桤泉镇公立卫生院	50.00	144.00	2009.2	2009.9
	崇州市锦江乡公立卫生院	50.00	594.00	2009.2	2009.9
印度尼西亚华人	平武县大印镇卫生院	50.00	400.00	2009.12	2010.7
	平武县虎牙藏族乡卫生院	50.00	372.00	2009.12	2010.7
	江油市石元乡卫生院	50.00	185.00	2009.2	2009.9
	江油市六合乡卫生院	50.00	158.00	2009.6	2010.3
	梓潼县许州镇中心卫生院	50.00	211.11	2008.12	2009.10
无添加贸易（上海）有限公司董事长陈志明、法国川渝同乡会	广汉市西高镇侨爱卫生院	80.00	134.00	2009.6	2009.12

续表 47

捐赠者	捐赠项目	捐赠金额	总投资额	开工时间（年、月）	竣工时间（年、月）
法国华侨华人会	汶川县雁门乡卫生院	50.00	595.00	2009.3	2009.10
	罗江县调元镇侨爱卫生院	50.00	298.00	2009.9	2010.5
	罗江县御营镇侨爱卫生院	50.00	379.00	2009.6	2010.5
意大利米兰华侨华人工商会、意大利米兰华侨华人妇女会、意大利米兰浙江华侨华人会	茂县黑虎乡卫生院	50.00	175.00	2009.2	2009.12
	茂县维城乡卫生院	50.00	334.00	2009.8	2009.12
意大利米兰诺拉市华侨华人、俄罗斯滨海边疆区华人工商联合会、新加坡华源会、意大利伦巴第区华侨华人	茂县渭门乡卫生院	50.00	190.00	2009.2	2009.12
意大利米兰诺拉市华侨华人、俄罗斯滨海边疆区华人工商联合会、新加坡华源会	彭州市丽春镇公立卫生院	50.00	172.00	2009.1	2009.11

说明：此表所列捐赠项目截止时间为 2010 年 7 月 1 日，为海外华侨华人及其社团直接通过国侨办“侨爱工程——双百项目”办理的在 51 个极重灾和重灾县（市、区）援建的卫生院

第二节　国际社会援助

一　国际红十字会与红新月会组织援助

红十字会与红新月会国际联合会和一些国家的红十字会、红新月会，积极通过中国红十字会向中国四川汶川地震灾区捐赠款物，援助灾后恢复重建。红十字会与红新月会国际联合会向国际社会发出的捐款呼吁，得到国际社会的积极响应。

为进一步了解各捐款国红十字会的援助规模和资金使用计划，确保重建项目的实施效果，2008 年 7 月 17 日，中国红十字会总会和红十字会与红新月会国际联合会联合召开汶川地震重建计划西安国际会议。中国红十字会常务副会长江亦曼、红十字会与红新月会国际联合会东亚地区代

表处主任卡尔·罗克乐以及来自美国、加拿大、日本、德国、英国、韩国、泰国、新加坡、马来西亚、澳大利亚等国家红十字会、红新月会的代表，红十字国际委员会东亚地区代表处等代表出席会议。

会议期间，有参与地震重建工作意向和承诺的各红十字会根据川、甘、陕灾情和灾后恢复重建需求，商讨并初步确定此次地震灾后恢复重建阶段的国际援助计划。各国红十字组织代表初步确定重建合作协调机制。为更好地整合利用援助资源，会议同意中国红十字会建议，将援助国红十字会捐款中的40%用于为重灾地区的农村受灾群众修建永久性住房，20%用于修建倒塌毁损的乡镇、村级学校，20%用于修建倒塌毁损的乡镇卫生院或村级卫生站，20%用于开展社区备灾和能力建设项目。按照受灾程度，国外援款按7∶2∶1的比例支援川、甘、陕三省灾区的上述重建项目。红十字会与红新月会国际联合会、各国红十字会（红新月会）援助项目主要为学校、乡镇卫生院、村卫生室、民房、生计项目（职业培训和小额贷款）、卫生和心理支持、水和卫生（水厂和卫生培训）、备灾项目等。捐款国红十字组织不仅给予灾区资金支持，还提供技术人员和专业设备方面的援助。

截至2008年9月，红十字会与红新月会国际联合会以及美国、加拿大、日本等国家红十字会明确表示，通过双边或多边渠道参与灾后重建。红十字会与红新月会国际联合会多次派专家组至灾区考察评估，在深入调查走访的基础上明确恢复重建的重点，制定援建计划。自2008年7月至2011年，红十字会与红新月会国际联合会及美国、日本、加拿大、英国、韩国、卡塔尔、马来西亚等国红十字会或红新月会派出人员至灾区评估灾情、签署重建协议，参加项目奠基，检查项目冠名立碑和宣传情况。

英国、日本红十字会代表于2008年10月中旬在四川了解灾后重建双边项目准备情况。10月13日下午至绵竹市九龙镇、遵道镇考察灾情，落实重建援助项目。14日，日本红十字会又深入德阳市红十字会医院（德阳市地震伤员康复分中心）、德阳汉旺东汽板房区实地考察，并对绵阳市游仙区游仙镇二小、瓦子小学、魏城镇中心卫生院、忠兴镇中心卫生院及东宣乡飞龙村卫生站进行考察。2009年2月18—20日，红十字会与红新月会国际联合会秘书长比开利·格雷塔先后到汶川映秀、都江堰、绵竹等重灾地区了解灾后恢复重建情况，并出席红十字会与红新月会国际联合会援助绵竹市九龙、遵道、板桥3个镇民房重建的签字仪式。

2009年4月9日，日本红十字会援助的灾后恢复重建项目在绵阳市游仙区魏城镇中心卫生院、新桥镇瓦子小学举行奠基仪式。日本红十字会援助四川省灾后恢复重建项目主要分布在绵竹市、绵阳市游仙区、三台县、青川县、广元市元坝区。援建项目包括乡镇学校、乡镇卫生院、村卫生站、中日友好博爱新村。绵阳市游仙区魏城镇中心卫生院投资700万元异地重建，完工后近6万村民受益；新桥镇瓦子小学360万元原址重建，完工后300名学生受益。日本红十字会人员介绍说，此次募捐充分展现了日本人民对友好邻邦中国的关爱，希望日本人民的爱心在四川地震灾区通过恢复重建得到很好实现。

2010年1—6月，中国红十字会总会先后接待加拿大红十字会、德国红十字会、日本红十字会项目考察团及马来西亚圣约翰救伤队项目考察及协议签署团、日本红十字会“5·12”地震两周年项目考察团等共计5个团组21人次前往灾区考察。

二 境外资金支持

汶川地震发生后，红十字会与红新月会国际联合会和许多国家的红十字会通过中国红十字会向地震灾区捐赠款物援助灾后恢复重建。2008年5月30日，国际红十字会发出紧急呼吁，计划筹集9300万美元用于未来3年的救灾和恢复重建项目的实施。

中国红十字会总会境外资金项目组自2010年5月18日组建后，一直负责境外资金援助的汶川地震重建双边项目的开展和实施。中国红十字会总会不仅与境外红十字会（组织）或红新月会签署项目合作协议（备忘录），还就每个项目分别与省、市、县红十字会及当地政府签署五方项目执行协议，与美国红十字会签署援建四川改水项目协议，与马来西亚圣约翰救伤队签署援建陕西省村卫生室项目，与加拿大红十字会签署援建陕西省卫生院和学校项目，与日本红十字会签署援助绵阳市仙游区魏城镇卫生院医疗设备项目及援建魏城镇项目资金变更事项等。

红十字会与红新月会国际联合会和各国红十字会或红新月会，共为地震募集资金27.45亿元，其中用于重建项目资金约21.91亿元，涉及四川、甘肃、陕西三省，重建项目700余个。（参见表48）

世界银行、亚洲开发银行、法国开发署等国际金融贷款机构也支持中国地震灾区恢复重建。经发展改革委与财政部运作，与世界银行、亚洲开发银行等在贷款规模、贷款条件、使用领域方面达成意向。2008年11月7日，《汶川地震灾后恢复重建利用优惠紧急贷款规划》实施。在三年重建期间，世界银行、亚洲开发银行、欧洲投资银行、国际农业发展基金、法国开发署5家金融机构贷款15亿美元，专项用于四川、甘肃、陕西三省重灾地区51个县（市、区）城镇和农村公益性设施、水利生态恢复等领域恢复重建。此外，联合国粮农组织和中国农业部投入230万美元在四川灾区实施农业恢复重建项目。联合国计划开发署捐赠资金90万元、乐施会捐赠59.51万元用于广元市利州区马口村扶贫重建。联合国计划开发署投入15万美元支持国务院扶贫办组织的防灾减灾培训。国际奥委会与中国奥委会、北京奥组委捐款800万美元。欧盟委员会资助192.5万欧元帮助都江堰等8个县（市）开发竹产品。日本政府计划于2010—2015年无偿援助6亿日元用于四川灾后植被恢复。意大利环境领土与海洋部赠送价值100万欧元的14辆环境监察用车及监测设备。全球环境基金（GEF）理事会紧急捐赠200万美元。

生计行动计划是红十字会与红新月会国际联合会及各捐款国红十字会或红新月会对四川汶川地震救灾项目的一部分，于2008年年底开展，目的是满足地震后最弱势人群恢复提高生活生存能力。2009年7月，中国红十字会报告了生计项目背景、当地政府意见、目前状况、中国红十字会意见。四川省红十字会报告了生计项目计划、能力建设、利益各方的角色和职责。红十字会与红新月会国际联合会及各国家红十字会在帮助地震灾区援建房屋外，将未指定用途的部分资金用于帮助解决地震灾区群众生产生活需要。该项目从地震灾区民房基本完工后的2009年9月起实施。

联合国人口基金会、联合国儿童基金会、英国国际发展部、世界卫生组织在灾区设立心理干预点支持灾区群众精神家园重建。

部分境外资金（双边）援助汶川地震灾后恢复重建项目一览表

表 48

国家、地区	项目内容	项目数（个）	地点	金额（万元）	完成情况
美国	改水项目	7	广元	1454.92	完成 50%
	红会能力建设、红十字知识培训、卫生知识宣传	3			
加拿大	乡镇卫生院、麻风病院	14	陇南	1024.88	完成 100%
	卫生院、村小学	3	咸阳	744.38	完成 75%
	艾滋病预防（3 年）	1	德阳、南充	66.00	完成 75%
	太阳能、锅炉房	2	陇南	90.00	完成 80%
日本	卫生院、学校（分 5 批执行）	123	川甘陕	13898.00	完成 80%
	医疗设备援助	1	绵阳	295.00	完成 100%
	基层红会能力建设（3 批）	27	川甘陕	109.00	完成 50%（第一、二批已完成）
韩国	学校、卫生院	4	德阳	2770.16	完成 75%
	配套项目（待定）				
马来西亚	村卫生室	10	德阳	110.00	完成 95%
	医疗设备援助	1			
泰国	学校、卫生院	2	汉中	262.83	完成 90%
	配套项目（待定）				
卡塔尔	民房（384 户）	2	广元	587.52	完成 100%
德国	卫生院	3	绵阳、成都、广元	713.00	完成 90%
	配套项目（待定）				
瑞士	备灾物资（家庭包）	1	成都	41.12	完成 100%

说明：此表统计数据截至 2008 年 12 月 31 日

三　国际科技合作援助

汶川地震发生后，为学习和借鉴一些国家在抢险救灾和恢复重建等方面所积累的经验，科技部组织并联络国外有关机构，收集相关技术数据和信息。同时，许多国家也提出灾后考察等协作意向，有的还表示愿派遣救援队和技术组至灾区支援，尽可能提供帮助和援助。

国务院总理温家宝作出可根据需要组织一些国际合作的批示。科技部迅速与地震局进行沟通、协商，了解国际合作需求内容，并专门与国内相关专家进行研讨。同时，科技部向驻外各使

领馆科技处（组）发出紧急通知，要求积极联络外国有关机构，提供相关技术数据和信息，并希望给予中国更多的技术支持和咨询建议。在转移安置与恢复重建阶段，科技部组织开展国际科技合作，利用国外先进技术和管理经验；通过中国驻外使领馆科技处（组）积极联系国外建筑、环保、地震和公共卫生等方面的机构和专家，召开座谈会，收集灾后重建工作所需的相关技术和信息资料，组织与国外相关机构开展合作。

科技部所属中国科学技术发展战略研究院与挪威有关机构合作开展汶川地震受灾群众需求快速调查，形成"汶川地震灾后重建居民政策需求快速调查报告"，并报送国务院抗震救灾总指挥部和有关部门，为制定重建规划提供参考。美国环保局希望把该国抗震救灾方面的技术手册和指南无偿援助中国，提供给地震灾区恢复重建使用。科技部组织专家与日本有关协会组织、美国科学基金会组成的汶川地震灾后重建技术国际服务团的专家代表座谈，围绕震后有关灾害监测预警、受损建筑物修复、新型抗震建筑物开发等问题进行探讨。

中国驻外使领馆科技处（组）开展科技合作主要情况如下：

美国科技援助 2008年5月12日，中国驻美国大使馆科技处报回美国地质调查局（USGS）发布的四川汶川地震震源位置、震级信息。14日，驻美使馆科技处与美国地质调查局和美国科学基金会6位专家座谈，并迅速把美方专家提供的震因、灾害评估、次生灾害等咨询意见和资料报回国内。驻美使馆科技处又报回《建筑抗震标准和设计指南》《学校老师和学生抗震手册》《灾区饮水处理技术资料》《大坝安全和堰塞湖处理专家意见和技术报告》等原文资料。整理汇编了美国卫生部关于地震灾后恢复的相关信息和指南，完成《美国依靠科技抗震减灾的经验和启示》。驻美使馆科技处15日拜会美国国务院、地质勘探局、海洋大气局（NOAA）、航空航天局（NASA）等单位。美国地质勘探局召集全美专家电话会议，研究提供卫星图像支持的具体方案，并继续在互联网上向中方提供卫星图片和数据。海洋大气局提供灾区上空云图及夜间灯光照片，同时提供Digital Globe公司快鸟（Quickbird）卫星有关信息。至27日，美国提供高分辨率卫星图像14景、震区断层图7幅、灾害评估图9幅、震区遥感分析图11幅及四川省紫坪铺大坝溃坝模拟图和堰塞湖处理技术要点、灾区饮水处理等技术资料。

英国科技援助 中国驻英国大使馆科技处接收英国关于四川地震灾区卫星图片及相关资料，通过与英国自然环境研究理事会及其他相关机构及时联系，得知伦敦帝国理工大学博士刘建国向欧洲太空局提交报告，要求获取地震区的图像数据，刘建国在获取后及时向驻英使馆科技处提供。此外，科技处2008年5月21日还紧急与伦敦大学学院本菲尔德·格里格危机研究中心联系磋商，英方向科技处提供了获取到的四川地震卫星图像和有关分析材料。

意大利科技援助 中国驻意大利大使馆科技处积极与意方联系，获得意大利空间局地中海卫星群拍摄的都江堰市灾情图片，为提供卫星数据争取了时间。驻意使馆科技处还组织人员至意大利民事保护局、意大利火山与地球物理研究所等单位进行调研，为国内抗震救灾和灾后重建提供参考资料。

欧盟科技援助 中国驻欧盟使馆科技处与欧盟研究总司及时沟通，欧盟派出3名专家前往中国进行灾害情况的先期评估，并愿在泥石流监测、大坝安全评估等方面向中国提供帮助。欧盟通过中欧网络快速通道，由欧洲联合研究中心将所有汶川地震卫星图片及资料直接传输到中国科技

部和中国地球观测中心。

日本科技援助　中国驻日本大使馆科技处在地震后，重点调研日本抗震救灾的措施、经验及教训。2008 年 5 月 14 日，完成《日本防震救灾的经验教训及启示》调研报告，这是中国驻外科技处（组）最早报回的抗震救灾调研报告。同时，驻日使馆还与日本新华侨华人会共同研究，组织四川大地震震灾对策特别委员会，发动在日华侨华人学者紧急开展人命应急救助、次生灾害评估治理调研。特别委员会下设道路桥梁、斜面、水库大坝、医疗（包括心理）4 个工作组。此外，驻日使馆科技处还与日本“四川地震重建技术交流与支援联络会议”积极联系沟通，广泛动员日本地震防灾相关学术团体的研究人员、工程技术人员与中国同行合作，并介绍日本阪神淡路大地震、中越地震等抗灾重建经验，提供结构物与建筑物的安全性诊断技术等灾后重建技术支援等。至 25 日，驻日使馆科技处向国内报回《日本神户市应对地震灾害的环境保护管理系统与措施》、日本内阁府《灾害重建手册》(原文)、日本《大规模灾害应急救助指南》《次生地质灾害的对策及技术》、专家汪发武和王功辉介绍的日本处理地震堰塞湖工程经验等调研报告和资料。驻日本名古屋总领事馆征集到日本中部 6 个县震灾中、灾后救灾、重建等部分资料送回国内，及时将日本专家提出可能出现堰塞湖险情的信息向国内通报，转报旅日专家提出的堰塞湖处理意见和方案；将日本权威机构发布的四川地震监测数据及时传输回国内；筛选有参考价值的《日本能登半岛地震灾后重建计划》报回国内。

澳大利亚科技援助　中国驻澳大利亚大使馆科技处访问澳大利亚专家和澳大利亚紧急事务管理局，与澳大利亚的学者、卫生部官员、澳国际援助局的官员等进行商谈，了解澳大利亚紧急情况处理的经验以及伤员救治和群众安置办法。

葡萄牙科技援助　中国驻葡萄牙大使馆对如何修复灾区大坝裂缝进行重点调研。葡萄牙三化公司向中国驻葡萄牙大使馆推荐混合型环氧树脂黏合剂，以用于灾区大坝裂缝的修复。驻葡使馆科技处对三化公司进行考察，并参观利用黏合剂所修复的大坝。驻葡使馆科技处根据调研情况，撰写了《推荐维修地震灾区水坝裂缝的材料》《葡萄牙帕拉卡纳水坝修复状况实地调查》《混合型环氧树脂黏合剂 Trirev Iso 详细数据》等调研报告。

乌克兰科技援助　中国驻乌克兰大使馆科技组收集到一些地震领域的相关信息、处置地震灾害发生和灾后事宜的建议及乌克兰科技部和乌克兰国家知识产权局批准的 75031 号关于地震预报方法的专利说明书。

其他国家科技援助　中国驻智利大使馆科技处收集到智利抗震救灾及灾后重建的有关资料，撰写了《智利抗震救灾及灾后重建的主要做法及借鉴意义》调研报告。驻捷克大使馆科技处搜集到捷克生产的麻醉机、监护仪、移动式 B 超、心电监护仪、心电图机等 10 余种医疗器械资料，并报送了医疗器械清单。驻韩国大使馆科技处从韩方得到地震灾区卫星图片并送到科技部。

中英科技合作　中英科技合作成果——“北京一号”小卫星在汶川地震灾情监测、灾情分析评估等抗震救灾中发挥了积极作用。“北京一号”由中国与英国萨里卫星技术公司合作研发，2005 年 10 月在俄罗斯成功发射升空。“北京一号”的成功发射，提升了中国对资源环境和自然灾害的动态监测能力。2008 年 5 月 12 日汶川地震发生后，利用“北京一号”发回数据进行抗灾救灾应急工作机制立即启动。中国自主运、管、控的“北京一号”在 12 日晚即为抗灾减灾提供遥感信息支持，先后向国务院办公厅、国家减灾委、地震局、国土资源部及中科院遥感所、中国军事医学科学院等提供大

量地震灾区的中分辨率多光谱和高分辨率全色卫星影像存档数据，为抗灾救灾提供重要的信息支持。同时，“北京一号”建立的国际合作渠道也得到充分利用。15—18日，英国、尼日利亚两颗国际灾害监测星座（DMC）成员卫星，也被调动起来为地震灾区服务，共获取约30万平方公里数据。

四　联合国支援

联合国支持恢复重建　汶川地震发生后，2008年7月26日，中国常驻联合国大使王光亚在联大发起的支持中国汶川地震灾区早期恢复重建呼吁的会议上称：在抗震救灾过程中，约170个国家、20多个国际和地区组织向中方提供了援助。联合国以最快速度从中央紧急应对基金向中方提供了800万美元的紧急援助，秘书长潘基文于5月24日亲赴灾区走访慰问，支持并赞扬中国的抗震救灾工作。联合国有关组织和机构纷纷向中国灾区紧急调拨帐篷、医疗设备、净水设备、食品等物资，援助总额达1700万美元，其中联合国人居署提供22.6万美元参与重建名山县涌泉村抗震小学。来自各方的慰问和支援充分体现了人类同舟共济、患难与共的人道主义精神，也是对中国政府和人民抗震救灾的有力支持。7月3日，中国国务院发布《关于做好汶川地震灾后恢复重建工作的指导意见》，指出将在科学规划的基础上，统筹安排，有计划、分步骤地开展恢复重建工作；广泛动员社会各界力量，采取多种形式，力争用3年左右时间完成灾后恢复重建。作为对中国实施庞大的灾后重建计划的一种补充和支持，中方赞赏联合国就支持汶川地震的早期恢复重建向国际社会发出呼吁。中方将与联合国密切配合，使联合国的援助与中国灾后恢复重建工作紧密结合起来，发挥最大的效益。

联合国呼吁中确定的短期和长期需要支持的领域：一是生计；二是临时住所；三是生活用水、公共卫生和卫生设施；四是健康、营养和防治艾滋病；五是教育；六是保护弱势群体；七是环境；八是少数民族；九是协调和沟通。在每个领域，联合国和其他国际组织都与中国政府紧密合作开展工作。（参见表49）

联合国“支持中国汶川地震灾区早期恢复重建的呼吁”情况一览表

表49

领　　域	联合国和其他国际组织	中国政府合作部门
生　计	国际劳工组织、联合国粮食计划署、联合国开发计划署	农业部、人力资源社会保障部、发展改革委、国务院扶贫开发领导小组、科技部、中国国际经济交流中心
	通过向政府恢复生产项目提供技术援助、物资支持，帮助受灾群众恢复工作。重点是支持灾区恢复的综合规划和特困村的转移安置	
临时住所	联合国开发计划署、联合国人居署	发展改革委、国务院扶贫开发领导小组、住房城乡建设部、商务部、能源局、中国国际经济技术交流中心、民政部
	重点是向政府的灾区群众临时住所规划及实施工作提供技术援助	

续表 49

<table>
<tr><th>领　域</th><th>联合国和其他国际组织</th><th>中国政府合作部门</th></tr>
<tr><td rowspan="2">生活用水、公共卫生和卫生设施</td><td>联合国儿童基金会、世界卫生组织、联合国人居署</td><td>爱卫会办公室、水利部、住房城乡建设部</td></tr>
<tr><td colspan="2">重点是保证临时安置和分散居住在偏远村庄的群众的生活用水和公共卫生</td></tr>
<tr><td rowspan="2">健康、营养、艾滋病</td><td>世界卫生组织、联合国儿童基金会、联合国人口活动基金会、联合国艾滋病项目</td><td>卫生部、中国疾控中心、全国妇联、商务部、住房城乡建设部</td></tr>
<tr><td colspan="2">增强受灾地区卫生服务系统，关键是监控、预防和控制传染病，恢复被毁坏的卫生设施和基础设施，保证受伤人员尽快康复</td></tr>
<tr><td rowspan="2">教　育</td><td>联合国儿童基金会、联合国教科文组织</td><td>教育部等</td></tr>
<tr><td colspan="2">鉴于地震对学校造成的巨大破坏，该部分重点是使受灾害影响的孩子们尽快回到正常的学习环境，开始正常学习生活，使老师和儿童看护人克服自身精神紧张，使他们有能力帮助学生和儿童</td></tr>
<tr><td rowspan="2">保护弱势群体</td><td>联合国儿童基金会、世界卫生组织、联合国人口活动基金会、国际移民组织、联合国志愿者组织</td><td>卫生部、公安部、国务院妇女和儿童工作委员会、全国妇联、中国老龄委员会、中国青年志愿者协会等</td></tr>
<tr><td colspan="2">保证弱势人群的正常生活和精神健康，疏于保护将会对他们的灾后恢复带来长期影响</td></tr>
<tr><td rowspan="2">环　境</td><td>联合国环境署、联合国开发计划署、世界卫生组织、联合国工业发展组织</td><td>中国建筑材料科学研究院、环境保护部、国务院扶贫开发领导小组、卫生部、住房城乡建设部、发展改革委、中国国际经济交流中心</td></tr>
<tr><td colspan="2">地震带来了环境问题。该部分强调用安全环保的方法清理废墟和整理重建用地，并且为社区提供废品再利用技术和相关培训</td></tr>
<tr><td rowspan="2">少数民族</td><td>联合国教科文组织、联合国开发计划署</td><td>商务部、国务院扶贫开发领导小组、中国国际经济交流中心、中国联合国教科文组织全国委员会、国家民族事务委员会</td></tr>
<tr><td colspan="2">强调通过建立社区中心保护灾区少数民族社区。这种社区中心可在提供信息、教育、精神社会关怀，以及保护当地语言、特质和社会凝聚力等方面发挥重要作用</td></tr>
<tr><td>协调和沟通</td><td>联合国地区办公室</td><td>—</td></tr>
</table>

说明：此表资料来源于民政部、财政部、亚洲开发银行 2008 年 12 月《汶川地震应急响应技术援助项目报告》

联合国人居署重建项目　2009 年 12 月，中国 21 世纪议程管理中心与联合国人居署签署合作协议，启动“中国四川省名山县涌泉村抗震小学恢复重建暨能力建设项目”。项目通过在灾区选择试点建立一所抗震示范小学，开展抗震能力培训活动，提高当地公众抗震设防意识，推广有效适用的抗震建造技术和有益经验。在四川省科技厅的协助下，经多次选点，最终确定在名山县涌

泉村小学进行抗震样板小学建设。

涌泉村学校在地震中遭到严重破坏，没有进一步使用的可能。涌泉村抗震小学重建工程于2010年4月15日正式动工。根据项目预算，联合国人居署提供22.6万美元用于教学楼建设和抗震能力培训，当地政府出资32万元用于操场建设和教学设备配置。重建的涌泉村抗震小学体现出安全抗震、节能环保、健康和谐和公众参与等特点。项目实施，得到了科技部、四川省科技厅、名山县政府的支持。该小学规划设计方案由中国建筑设计研究院专家团队无偿提供；中国可持续发展研究会发动多家企业为学校捐款捐物。同时，在项目实施过程中，开展两期抗震能力培训活动，120余人参加培训。涌泉村抗震小学的建设为当地科学恢复重建提供了样板，促进了先进设计技术和节能环保建材在灾区恢复重建中的推广应用。12月28日，项目完成，竣工仪式在新校园举行。联合国人居署亚太办事处Bruno及中国21世纪议程管理中心、雅安市、名山县领导和捐赠企业代表出席仪式。

文献辑存

国家发展改革委办公厅
关于印发国家汶川地震灾后重建规划组
第一次会议纪要的通知

（特急　发改办厅〔2008〕1197号）

四川省人民政府、住房城乡建设部、教育部、工业和信息化部、民政部、财政部、国土资源部、环境保护部、交通运输部、铁道部、水利部、农业部、商务部、文化部、卫生部、人民银行、税务总局、广电总局、体育总局、林业局、旅游局、中科院、工程院、扶贫办、地震局、气象局、银监会、证监会、保监会、电监会、能源局、文物局办公厅（办公室）：

2008年5月28日，国家汶川地震灾后重建规划组召开了第一次会议。现将会议纪要印发你们，请认真贯彻落实。

附件：国家汶川地震灾后重建规划组第一次会议纪要

二〇〇八年五月三十日

附件

国家汶川地震灾后重建规划组第一次会议纪要

2008年5月28日晚，张平同志主持召开了国家汶川地震灾后重建规划组第一次全体会议。会议传达了国务院抗震救灾总指挥部第13次会议关于组建灾后重建规划组的决定和灾后重建工作必须及早规划、抓紧实施的指示精神，对《国家汶川地震灾后重建规划工作方案（讨论稿）》（以下简称《规划工作方案》）进行了讨论，明确了灾后重建规划工作的任务分工和时间要求。

会议指出，四川汶川的特大地震，对人民生命财产造成重大损失。目前，抗震救灾工作的重

点正逐步转到安置受灾群众，解决居住、医疗、防疫、防治次生灾害等问题上来，下一步则要转到灾后恢复重建上来。党中央国务院对此高度重视，作出了明确指示，提出了明确要求。高质量高效率地完成灾后重建任务，使灾区尽快恢复生产生活条件，而且要在原有基础上得到更好的发展，是灾区人民的期盼，也是全国人民的希望。为此，必须首先抓紧做好规划，为大规模的恢复重建奠定良好基础和条件。

会议明确，灾后重建规划组由发展改革委主任张平任组长，四川省省长蒋巨峰、住房城乡建设部部长姜伟新任副组长，成员包括教育部、工业和信息化部、民政部、财政部、国土资源部、环境保护部、交通运输部、铁道部、水利部、农业部、商务部、文化部、卫生部、人民银行、税务总局、广电总局、体育总局、林业局、旅游局、中科院、工程院、地震局、气象局、银监会、证监会、保监会、电监会、能源局、文物局、扶贫办的负责同志。规划组办公室设在发展改革委，下设综合、起草、政策、筹资和专家等五个小组。

会议指出，这次规划工作的责任重、时间紧、难度大，各有关地区和部门一定要高度重视，把思想统一到党中央国务院的决策部署上来，切实承担好政治责任和历史责任。受灾严重地区大多位于山区，恢复重建的条件非常严酷，且地理环境、地质条件非常脆弱。在这样的环境中重建，选址和基础设施建设难度很大，异地搬迁的难度也很大。如何既搞好恢复又实现发展，同时确保未来安全，都需要认真研究破题。规划能否编制好，决定恢复重建能否有好的基础。一定要坚持科学规划、以人为本、可持续发展，编制出高质量的规划，经得起历史的检验。

会议强调，要按照《规划工作方案》明确的任务分工，落实力量、抓紧时间，确保按时完成。为此，会议提出了三点要求：一是明确责任分工。规划编制的具体工作以四川省为主，各部门要承担指导、协调、帮助、配合的责任。四川省政府要抽调足够力量投入到规划工作中去，要保证所有规划都要有专门人员负责。各部门也要抽调专门力量集中精力专司规划工作。四川省政府要按照与国务院有关部门分工大体对应的原则，做好省级各部门规划编制工作的责任分工。二是要把握时间进度。要按3个月完成的要求制定工作计划，本月底前，各规划编制牵头单位要明确参与规划编制的人员。6月5日前要确定各规划的具体工作方案，6月10日前提出规划提纲。6月10日左右，召开规划组第二次会议，对各规划编制的工作方案和相关内容进行衔接协调。在7月20日前，还将召开几次会议进行衔接。然后，还要广泛征求各方面意见，做好规划的修改完善和审批工作。三是要保证规划质量。《规划工作方案》明确的指导思想和原则要充分体现在各项规划中，提出的目标、任务和政策措施等要有可操作性。

会议要求，规划组各成员单位在灾后重建规划工作中无论是牵头还是参与，都要积极主动。要从大局出发，从全局上看待这项工作，确保抽调人员到位，保证集中精力做这项工作。规划组办公室要与各单位联络人保持紧密联系，进一步细化职责，保证上下左右、横向纵向及时沟通。各专项规划的编制工作不能等，要做到齐头并进，积极主动地相互配合，并做到信息和成果的及时共享。

会议提出，《规划工作方案》是规划工作的基础性文件，要根据这次会议的意见，进一步修改完善，尽快上报国务院批准下发。

二〇〇八年五月二十八日

国家发展改革委办公厅关于印发国家汶川地震灾后重建规划组第二次会议纪要的通知

（特急　发改办厅〔2008〕1347号）

四川、陕西、甘肃省人民政府办公厅，教育部、科技部、工业和信息化部、国家民委、民政部、财政部、人力资源社会保障部、国土资源部、环境保护部、住房城乡建设部、交通运输部、铁道部、水利部、农业部、商务部、文化部、卫生部、人民银行、国资委、税务总局、广电总局、体育总局、林业局、旅游局、中科院、工程院、地震局、气象局、银监会、证监会、保监会、电监会、能源局、文物局、扶贫办办公厅（办公室）：

2008年6月13日，国家汶川地震灾后重建规划组召开了第二次全体会议。现将会议纪要印发你们，请认真贯彻落实。

附件：国家汶川地震灾后重建规划组第二次全体会议纪要

二〇〇八年六月十六日

附件

国家汶川地震灾后重建规划组第二次会议纪要

2008年6月13日下午，张平同志主持召开国家汶川地震灾后重建规划组第二次全体会议，各成员单位有关负责同志和联络员出席了会议。会议听取了灾后重建规划组办公室关于《汶川地震灾后恢复重建总体规划大纲》和《灾后恢复重建规划范围的初步意见》的汇报，四川、陕西、甘肃省灾后重建总体规划以及各专项规划、政策研究进展情况的汇报。会议充分肯定了第一次全体会议以来各成员单位工作的进展和成效，讨论审议并原则通过《汶川地震灾后恢复重建总体规划大纲》。

会议明确，灾后恢复重建总体规划和各专项规划的规划期为3年。恢复重建规划目标是一个以恢复重建为主的有限目标，要积极可行，经过努力可以实现，表述要力求准确。主要任务是尽快使灾区人民群众的生活生产条件恢复达到和超过灾前水平，同时为灾区未来的发展提高奠定必要的基础。规划的指导思想和基本原则都要体现以地方为主，中央和全国大力支持，激发灾区干部群众自力更生、重建家园的内在动力。要体现因地制宜、突出重点、分步实施的要求。

会议要求，在科学评估的基础上，处理好原地重建和易地重建的关系。能原地重建的在原地重建。需要易地重建的，要尊重科学、尊重专家意见、尊重评估结论，新址的选择要慎之又慎，要经得起历史检验。坚持规划先行，灾区重建项目的实施总体上要以规划为依据，以规划为指导。一些与群众生产生活密切相关、前期工作比较充分的项目，可以先行启动。

会议要求，做好总体规划、专项规划以及专项评估工作之间的衔接协调，要顾全大局，打破常规，平行推进。承担工作任务的有关地区、部门和专家团队要协作配合，充分理解和支持，主动加强沟通，做好信息资源和成果的共享。规划的编制要充分发挥受灾地区的积极性，依托地方力量，尊重地方意见。规划的体例不求千篇一律，可以根据不同规划的特点确定。规划环评、土地评估等工作要与规划编制工作同时进行，不能影响规划进度。

关于规划的范围，要在《灾后恢复重建规划范围的初步意见》基础上，进一步广泛听取专家及各受灾地区等方面的意见，以科学评估为依据，经充分会商后尽快确定下来。

会议要求，参加规划编制工作的有关省、有关部门要继续按照国务院同意的《国家汶川地震灾后重建规划工作方案》，在保证工作质量的前提下，尽量加快规划编制和政策措施研究的进度。

二〇〇八年六月十三日

国家发展改革委办公厅关于印发国家汶川地震灾后重建规划组第三次会议纪要的通知

（特急　发改办厅〔2008〕1605号）

四川、陕西、甘肃省人民政府办公厅，教育部、科技部、工业和信息化部、国家民委、民政部、财政部、人力资源社会保障部、国土资源部、环境保护部、住房城乡建设部、交通运输部、铁道部、水利部、农业部、商务部、文化部、卫生部、人口计生委、人民银行、国资委、税务总局、广电总局、体育总局、林业局、旅游局、中科院、工程院、地震局、气象局、银监会、证监会、保监会、电监会、能源局、文物局、扶贫办办公厅（办公室）：

2008年7月14日，国家汶川地震灾后重建规划组召开了第三次全体会议。现将会议纪要印发你们，请认真贯彻落实。

附件：国家汶川地震灾后重建规划组第三次全体会议纪要

二〇〇八年七月十八日

附件

国家汶川地震灾后重建规划组第三次会议纪要

2008年7月14日下午，张平同志主持召开国家汶川地震灾后重建规划组第三次全体会议，各成员单位有关负责同志和联络员出席了会议。会议通报了国务院抗震救灾总指挥部第23次会议审议通过的《关于灾后恢复重建规划范围的意见》，审议了民政部提出的《汶川地震灾害损失汇总与评估报告》和中科院提出的《资源环境承载能力评价报告》。会议充分肯定了第二次全体会议以来各成员单位工作的进展和成效，并对下一阶段工作提出了明确要求。

会议明确，《国家汶川地震灾后恢复重建规划》的范围包括四川、陕西、甘肃三省的51个严重受灾的县（市、区）。国家规划的编制工作要按照这个范围来进行规范。对未纳入国家规划范围的一般受灾县（市、区）的恢复重建工作，请有关省自行组织。中央给予地震灾区的一些政策，如城乡居民倒房和严重损毁住房的补助政策同样适用一般受灾地区。

会议指出，《汶川地震灾害损失汇总与评估报告》所遵循的原则、依据、方法以及得出的结论，总体来看经过了认真研究分析，具备了很好的基础。请民政部会同国家汶川地震专家委员会在进一步征求有关地方和部门意见的基础上继续修改完善，并报灾后重建规划组审定后，上报国务院抗震救灾总指挥部。

会议认为，《资源环境承载能力评价报告》对受灾地区的水土资源、生态重要性、自然灾害危险性、环境容量、经济发展水平等进行了综合评价，是规划编制的重要参考，请中科院继续按照已经确定的51个县（市、区）的规划范围加以完善。灾民的安置要和当地实际相结合，因地制宜，分类指导，坚持就地就近分散的原则，充分考虑资源环境承载能力。对于确需异地安置的，要深入论证，慎重决策，控制数量，避免出现大规模的搬迁移民问题。

会议强调，要做好总体规划和专项规划的汇总整合工作。总体规划的整合由灾后重建规划组办公室组织三省有关人员在各省规划的基础上共同研究形成。专项规划的整合，先由负责专项规划编制的各有关部门在三省工作基础上，汇总平衡提出相关领域的规划，然后再由会议议定的有关部门负责进一步整合。其中，城镇体系规划、农村建设规划、城乡住房建设规划由住房城乡建设部负责；基础设施建设规划、公共服务设施建设规划、生产力布局和产业调整规划由国家发改委负责；市场服务体系规划由商务部负责；土地利用规划由国土资源部负责。防灾减灾和生态修复规划分为两个规划，其中防灾减灾规划由民政部负责，生态修复规划由林业局负责。各专项规划牵头单位务必按照工作方案确定的时间，在7月20日前完成汇总任务并报送灾后重建规划组办公室。

会议要求，按照《汶川地震灾后恢复重建条例》和《国家汶川地震灾后重建规划工作方案》的规定，各专项规划以及相关领域的规划未经国务院批准不得擅自发布。

二〇〇八年七月十四日

国家发展改革委办公厅
关于印发国家汶川地震灾后重建规划组
第四次会议纪要的通知

（发改办厅〔2008〕1753号）

四川、陕西、甘肃省人民政府办公厅，教育部、科技部、工业和信息化部、国家民委、民政部、财政部、人力资源社会保障部、国土资源部、环境保护部、住房城乡建设部、交通运输部、铁道部、水利部、农业部、商务部、文化部、卫生部、人口计生委、人民银行、国资委、税务总局、广电总局、体育总局、林业局、旅游局、中科院、工程院、地震局、气象局、银监会、证监会、保监会、电监会、扶贫办、能源局、文物局、扶贫办办公厅（室）：

2008年8月4日，国家汶川地震灾后重建规划组召开了第四次全体会议。现将会议纪要印发你们，请认真贯彻落实。

附件：国家汶川地震灾后重建规划组第四次全体会议纪要

二〇〇八年八月七日

附件

国家汶川地震灾后重建规划组第四次全体会议纪要

2008年8月4日下午，张平同志主持召开国家汶川地震灾后重建规划组第四次全体会议，各成员单位负责同志和联络员出席了会议。现将有关事项纪要如下：

一、会议审议了《国家汶川地震灾后恢复重建总体规划（讨论稿）》（以下简称总体规划），认为总体规划充分体现了《汶川地震灾后恢复重建条例》和《国务院关于做好汶川地震灾后恢复重建工作的指导意见》的要求，体现了以人为本、尊重自然、统筹兼顾、科学重建的方针，很好地吸收了四川、甘肃、陕西三省和各部门恢复重建规划的成果，内容翔实、结构合理、文字简练，是一个理念先进、目标明确、操作性强的规划。

二、会议原则同意总体规划，要求重建规划组办公室在充分研究吸纳各成员单位意见的基础上修改完善后报国务院抗震救灾总指挥部审议。

三、会议对关系规划编制和灾后恢复重建的重大问题进行了研究。会议指出，对于灾区人口安置，原则上要以就地就近安置为主，不要搞大规模外迁；对于总体规划和专项规划、地方规划间的衔接问题，要在资金来源和需求测算的基础上进一步做好综合平衡。

国家发展改革委办公厅关于印发国家汶川地震灾后重建规划组第五次会议纪要的通知

（发改办厅〔2008〕2032号）

四川、陕西、甘肃省人民政府办公厅，教育部、科技部、工业和信息化部、国家民委、公安部、民政部、财政部、人力资源社会保障部、国土资源部、环境保护部、住房城乡建设部、交通运输部、铁道部、水利部、农业部、商务部、文化部、卫生部、人口计生委、人民银行、国资委、税务总局、广电总局、新闻出版总署、体育总局、林业局、旅游局、中科院、工程院、地震局、气象局、银监会、证监会、保监会、电监会、能源局、文物局、食品药品监管局、扶贫办，汶川地震专家委员会、测绘局办公厅（室）：

2008 年 9 月 12 日，国家汶川地震灾后重建规划组召开了第五次全体会议。现将会议纪要印发你们，请认真贯彻落实。

附件：国家汶川地震灾后重建规划组第五次全体会议纪要

二〇〇八年九月十六日

附件

国家汶川地震灾后重建规划组第五次全体会议纪要

2008 年 9 月 12 日，张平同志主持召开国家汶川地震灾后重建规划组第五次全体会议，各成员单位负责同志和联络员，国家汶川地震专家委员会和国家测绘局的负责同志参加了会议。

会议充分肯定各成员单位和支持单位为高质量完成《汶川地震灾后恢复重建总体规划》（以下简称《总体规划》）编制工作付出的艰辛努力。

会议指出，《总体规划》获国务院常务会议原则通过后的一项最紧要工作，是根据总体规划明确的指导思想、工作原则、恢复重建目标、任务及其相关要求，抓紧修改完善并及时印发各专项规划，为灾后恢复重建提供分领域、更细化、可操作的规划基础，与总体规划和四川、甘肃、陕西三省实施规划共同组成完整的灾后恢复重建规划体系，保证灾后恢复重建各项工作的顺利开展。

为保证各专项规划编制、审定和发布工作的顺利进行，会议提出如下工作部署：

一、做好衔接工作。各专项规划要符合《汶川地震灾后恢复重建条例》和《国务院关于做好汶川地震灾后恢复重建工作的指导意见》的总体要求，同时做好四个方面的衔接：一是做好与《总体规划》的衔接。规划范围、主要目标和建设任务要与总体规划保持一致，在核实总体规划明确的重建工作量的基础上，进一步细化落实重建任务和工作量、资金筹措方式和来源等。二是做好相关专项规划之间的衔接。要避免内容的交叉重复，特别是要避免相互矛盾。三是做好与中央财政资金的衔接，统筹安排好各类资金。四是做好与地方实施规划的衔接。

二、数据要真实、可靠。灾害损失情况分析要以民政部正式提供的数据为基础，经济社会发展情况的分析要以国家统计局数据为基础，其他方面的数据要以主管部门调查的数据为基础，各有关部门要对数据的真实性负责。各专项规划之间也要注意做好数据的衔接工作，避免使用的数据出现矛盾。

三、按规定程序审定、发布。专项规划的审定、发布工作由灾后重建规划组负责，未经规划组同意，任何部门不得自行发布实施。规划审定后，由国家发展改革委发布或会同相关部门联合发布。

四、明确牵头责任。会议再次对各专项规划的牵头部门进行明确，城镇体系、农村建设和城乡住房建设专项规划由住房城乡建设部牵头，基础设施建设、公共服务设施建设、生产力布局和产业调整专项规划由国家发改委牵头，市场服务体系专项规划由商务部牵头，防灾减灾专项规划由民政部牵头，生态修复专项规划由林业局牵头，土地利用专项规划由国土资源部牵头。牵头部门要切实负起责任，充分听取各有关方面特别是相关领域专家的意见建议，确保规划的科学性和可行性。在专项规划正式报送规划组前，要会签各参与编制部门，并对各部门意见建议的采纳情况予以说明。

五、明确时间要求。各专项规划在9月20日前完成修改完善工作并送规划组，争取9月底前完成审定、发布工作。

各成员单位经讨论后，一致同意上述工作安排。张平同志代表规划组向各成员单位、支持单位前一阶段的出色工作表示衷心感谢，并希望大家继续以高度的政治责任感，抓紧时间，克服困难，互相支持，服从大局，善始善终地做好各项后续工作，按时保质完成各专项规划工作任务。

国家发展改革委办公厅关于印发国务院汶川地震灾后恢复重建工作协调小组第一次全体会议纪要的通知

（发改办西部〔2008〕2623号）

教育部、科技部、工业和信息化部、国家民委、公安部、民政部、财政部、人力资源社会保障部、国土资源部、环境保护部、住房城乡建设部、交通运输部、铁道部、水利部、农业部、商务部、文化部、卫生部、人口计生委、人民银行、国资委、税务总局、广电总局、体育总局、国务

院扶贫办、林业局、旅游局、地震局、气象局、银监会、能源局、文物局办公厅（室）：

2008年11月27日，国务院汶川地震灾后恢复重建工作协调小组召开成立暨第一次全体会议。现将会议纪要印发你们，请认真贯彻落实。

附件：国务院汶川地震灾后恢复重建工作协调小组第一次全体会议纪要。

二〇〇八年十一月二十八日

附件

国务院汶川地震灾后恢复重建工作协调小组成立暨第一次全体会议纪要

2008年11月27日，国务院汶川地震灾后恢复重建工作协调小组（以下简称“协调小组”）召开成立暨第一次全体会议，会议由国家发展改革委主任、协调小组组长张平主持。协调小组成员、联络员出席会议。四川、甘肃、陕西省发展改革委负责同志列席会议。现将会议议定事项纪要如下：

一、经国务院批准，成立国务院汶川地震灾后恢复重建工作协调小组。协调小组主要职责：负责协调灾后恢复重建有关政策问题，指导重建规划落实。组织重建规划实施的中期评估和规划实施结束时的全面总结工作。加强同灾区省灾后恢复重建工作领导小组的工作联系。及时向国务院报告有关重大事项。

根据国务院批准的组建方案，协调小组组长由发展改革委主任张平担任，副组长由发展改革委副主任穆虹、财政部副部长张少春、住房城乡建设部副部长仇保兴担任，成员由国务院33个部门、单位的分管领导组成。

协调小组各成员单位确定一位负责灾后恢复重建工作的司局级领导为协调小组联络员，参与有关协调工作。

二、协调小组下设办公室，负责日常联络协调工作。具体组织灾后恢复重建有关政策协调、指导规划落实、组织规划中期评估和全面总结等工作。协调小组办公室设在发展改革委。

三、会议审议并原则通过《国务院汶川地震灾后恢复重建工作协调小组工作规则》和《国务院汶川地震灾后恢复重建工作协调小组办公室工作规则》。

四、会议认为，在党中央、国务院坚强领导下，灾区干部群众艰苦奋斗，各部门积极支持，城乡住房建设扎实推进，对口支援有效展开，灾区群众过冬已做妥善安排，灾后恢复重建正在稳步有序推进。但由于恢复重建工作的艰巨性、复杂性，目前也存在不少困难和问题。会议提出，要统筹兼顾，突出重点，切实做好民生工程恢复重建、加快整体进度、落实政策措施、做好对口支援、维护灾区社会稳定等方面的协调工作。

五、会议对当前需要研究解决的问题进行了深入分析，要求近期重点做好以下工作：

（一）请各有关部门加大对灾后恢复重建的支持力度，全面推进灾后恢复重建各项工作，特别是总体规划和专项规划的实施。

（二）请民政部、人力资源社会保障部密切关注灾区群众过冬问题和灾区群众就业问题，确保灾区群众平安过冬和社会稳定。

（三）请人民银行、银监会会同有关部门抓紧研究解决灾区贷款难问题和对灾区农村信用社的支持政策。

（四）请工业和信息化部、财政部、人民银行等部门共同研究对灾区中小企业贷款和担保机构的支持政策。

（五）请住房城乡建设部、教育部、卫生部等部门加强城乡住房和教育、卫生等民生工程恢复重建的协调和指导，优先保障灾区群众的住房建设，安排好学校、医院等公共服务设施的恢复重建工作。

（六）请国土资源部、环境保护部协调落实好有关土地、环保等方面的政策措施，加快推进恢复重建项目的建设进度。

（七）请交通运输部帮助研究如何组织专门力量，支持灾区做好公路恢复重建项目前期工作，有效推进交通重点工程的实施。

（八）请各成员单位在年底前及时总结恢复重建进展情况和有关政策落实情况，研究提出需要解决的重点问题和相应措施，安排好明年的工作。

六、会议要求，协调小组各成员单位要统一思想认识，高度重视灾后恢复重建工作，做到“见事早、协调快、工作实、效率高”。树立大局观念，增强服务意识，加强工作配合，通过与灾区广大干部群众的共同努力，全面完成灾后恢复重建各项任务，夺取这场抗震救灾斗争的全面胜利。

国家发展改革委办公厅
关于印发国务院汶川地震灾后恢复重建工作
协调小组第二次全体会议纪要的通知

（发改办西部〔2009〕810号）

教育部、科技部、工业和信息化部、国家民委、公安部、民政部、财政部、人力资源社会保障部、国土资源部、环境保护部、住房城乡建设部、交通运输部、铁道部、水利部、农业部、商务部、文化部、卫生部、人口计生委、人民银行、国资委、税务总局、广电总局、体育总局、林业局、旅游局、地震局、气象局、银监会、能源局、文物局、国务院扶贫办办公厅（室），四川、

陕西、甘肃省人民政府办公厅：

2009年3月23日，国务院汶川地震灾后恢复重建工作协调小组召开第二次全体会议，对当前灾后恢复重建有关问题进行了研究，会议议定的意见已报经国务院批准。现将会议纪要印发你们，请认真贯彻落实。

附件：国务院汶川地震灾后恢复重建工作协调小组第二次全体会议纪要

二〇〇九年四月十四日

附件

国务院汶川地震灾后恢复重建工作协调小组第二次全体会议纪要

2009年3月23日，国务院汶川地震灾后恢复重建工作协调小组（以下简称“协调小组”）召开第二次全体会议，会议由国家发展改革委主任、协调小组组长张平主持。协调小组成员、联络员出席会议。四川、甘肃、陕西省恢复重建机构有关负责同志参加会议。现将会议议定事项纪要如下：

一、会议认为，在党中央、国务院的坚强领导下，灾区各级党委、政府带领广大干部群众艰苦奋斗，对口支援省市和社会各界广泛支持参与，协调小组各成员单位加强规划实施指导和政策落实，灾后恢复重建各项工作进展顺利，灾区社会稳定，群众平安祥和地度过了灾后第一个冬天。

截至2009年2月底，四川、甘肃、陕西省农村居民住房重建开工157万户、竣工118万户，分别占总任务量的86%和65%；城镇住房重建开工8.9万套、加固39.5万套，分别占总任务量的25%和27%；学校开工2396所、竣工562所，分别占总任务量的50%和12%；医院开工244个、竣工83个，分别占总任务量的14.6%和5%；高速公路基本恢复到灾前水平，干线公路101个项目已开工72个，农村公路需重建约4万公里，已完成6900公里；宝成线、成昆线等严重受损的铁路设施完成修复加固，成都至都江堰城际铁路、成绵乐客运专线等已开工建设；工业企业基本恢复生产，农业、旅游、文化产业恢复重建项目大部分已开工；生态修复和防灾减灾工程等抓紧实施。对口支援省市已确定援建项目1943个，援建资金总额450亿元，其中758个援建项目已开工建设，195个项目建成投入使用，援建资金到位154亿元。三省灾后恢复重建项目累计开工12000余个，完成投资约3000亿元，占规划投资任务的30%左右。

二、会议总结了协调小组成立以来的工作，认为协调小组各成员单位把做好灾后恢复重建工作作为深入学习实践科学发展观的具体行动，及时协调解决了灾后恢复重建中出现的有关问题。一是协调农房建材供应和价格，开辟了红砖运输应急“绿色通道”；二是做好学校、医院等公共

服务设施建设指导工作，提出了加强统筹协调、引导资金投向、强化项目管理、严格建设标准、确保建设质量、加强监督检查等6个方面的工作措施；三是研究解决贫困户农房重建困难的工作思路；四是指导和鼓励各地特别是经济发达地区到灾区定向招工、由政府提供一批就业岗位、在恢复重建过程中有组织安排灾区劳动力，统筹安排灾区群众就业等。

同时，协调小组成员单位还会同受灾省就缓解灾区贷款难和对灾区农村信用社的支持政策、提高中小企业贷款担保机构能力、加强民生工程恢复重建的指导和协调、落实土地环保政策措施和组织力量支持交通设施恢复重建等方面的问题进行了深入调研，提出了初步解决方案。

三、针对灾后恢复重建目前存在的困难和问题，会议经过认真讨论研究，就有关问题议定以下意见：

（一）关于农村贫困户住房重建问题。在落实好现有补助政策的基础上，对解决农村贫困户住房重建的资金困难，应保持政策的连续性和稳定性。请灾区省统筹安排一部分中央农房重建补助的结余资金和可以调剂的地方财政配套资金、对口支援资金、特殊党费和社会捐赠等资金，建立专项担保基金，对金融机构向农村贫困户发放的住房重建贷款提供担保；请人民银行、银监会加强对金融机构的指导和协调，切实解决好农村贫困户住房重建所需贷款；金融机构对不符合贷款条件的贫困农户住房重建贷款单独建账、分账考核；农村贫困户如出现还款困难，可先通过贷款担保基金等归还，在贫困户有还款能力后逐步归还欠款。同时倡导因地制宜，合理分期建设，继续采取动员社会力量支持和地方政府、党员干部帮助等措施。

（二）关于给予农村信用社支持政策问题。请人民银行安排优惠利率支农再贷款，增加灾区农村信用社的资金实力；从今年起将免征灾区农村信用社所得税的政策延长5年，请财政部、税务总局做好落实工作；请银监会、人民银行、财政部牵头研究支持促进灾区农村信用社理顺关系、规范管理、搞好农业服务、增强发展能力的政策措施。

（三）关于中小企业信贷资金落实问题。请人民银行、银监会督促金融机构增加对灾区中小企业贷款支持力度，积极开发信贷产品，建立中小企业金融服务专营机构，有效加大对中小企业的信贷投放；请财政部、工业和信息化部继续支持灾区中小企业贷款担保工作，中央财政用于支持中小企业贷款担保的业务向灾区倾斜；请灾区省安排部分支持产业重建的中央重建基金，用于支持中小企业贷款担保机构提高担保能力。

（四）关于地质灾害和河道治理问题。请财政部、国土资源部及时安排重建规划确定的地质灾害治理资金；国土资源部会同灾区省提前做好地质灾害防治项目安排，加快地质灾害特别是隐患严重灾害点的治理；请水利部会同灾区省加强河道壅塞体、堰塞湖的治理，近期要把直接影响今年汛期防洪安全的项目作为重中之重。请灾区政府和有关部门加强监测预警，落实工作责任，确保今年不出现危及群众生命财产安全的重大问题。

（五）关于加强技术力量支持问题。请灾区省根据恢复重建实际需要，提出村镇规划、交通、建筑、工程管理等方面需要的专业技术人员具体数量，与有关部门联系对接；请交通运输部、住房城乡建设部和水利部等相关部门负责做好协调工作，通过安排所属规划设计单位或从其他省市组织专业技术力量，全力支持解决灾区的需要。

（六）关于城镇住房恢复重建问题。请住房城乡建设部加强对城镇住房重建工作的指导和协

调，指导灾区省及时研究落实有关政策和协调处理好城镇住房产权关系，加快城镇住房恢复重建进度；请人民银行、银监会指导和协调金融机构加大对城镇住房重建的金融支持力度。

（七）关于青川县政府驻地迁移问题。鉴于各方面形成共识，同意四川省灾后重建委员会的意见，青川县人民政府驻地不搬迁，保持乔庄镇作为县城的基本功能。请四川省政府抓紧开展县城恢复重建工作，加强地质灾害治理，提高抗震能力，保障居民安全；统筹规划建设竹园镇，加强防洪设施建设，县城的部分教育机构和工业企业向竹园镇适当分流，减轻乔庄镇的承载压力。

（八）关于恢复重建项目调整问题。加强灾后恢复重建总体规划和专项规划的实施，首先要确保规划内重建项目的建设。对地方建议专项规划中部分项目的调整或整合，灾区省可商相关部门根据实际情况，在做好基础工作和必备条件的前提下，认真研究确定调整方案；涉及总体规划内容的调整，根据《汶川地震灾后恢复重建条例》规定，需报国务院批准。对属于今后发展需要的新建项目，根据具体情况另行研究安排。关于地震遗址博物馆的建设，数量布局不宜过多，要突出重点，量力而行，集中力量抓好有代表性的地震遗址建设。请地震局、文物局给予指导。

（九）关于规划外其他灾区重建问题。对国家总体规划范围以外其他灾区的恢复重建，主要落实好国务院确定的有关政策，通过现行体制加大中央财政转移支付、扶贫开发等方面力度给予支持；与此同时，请各部门在职责范围内扩大内需资金、项目安排中，加大对其他灾区的支持力度，不因有灾后重建基金而减少其他资金安排，只做加法不做减法，特别是学校、卫生基层服务体系建设等要体现向其他灾区倾斜。

（十）关于加快进度时间界限问题。认真贯彻落实温家宝总理在今年《政府工作报告》中关于灾后重建要加大力度、加快进度的要求，力争在两年内基本完成原定三年的目标任务，让灾区人民早日过上更加幸福美好的生活。关于时间进度的安排，考虑到重建总体规划和专项规划在2008年9月至11月印发完成，两年时间界限原则上从2008年10月1日起至2010年9月30日止。各部门、灾区省要按此做好任务计划安排，统筹资金、物资和人力保障。特别要强调，在加快恢复重建工作进度时，必须坚持实事求是，防止忽视质量和安全，防止超标准和超规模建设。同时，抓紧安排规划实施中期评估。

四、会议要求，各成员单位要切实落实好灾后恢复重建各项政策措施，加强规划实施的指导和协调，按工程进度需要及时拨付重建资金，加大金融信贷力度，加强物资供应保障，全力给予支持。大力推进灾区金融创新，统筹研究建立产业发展基金、银行贷款担保基金等，带动银行信贷资金投入。进一步完善灾区城乡低保、医疗救助等政策，加强与相关医疗保障制度的衔接，妥善解决灾区困难群众医疗费用等问题。加大对灾区农业生产的帮扶力度，抓紧农田水利建设和复垦整理，组织好今年农业生产。落实对灾区建材企业支持措施，支持灾区建材生产企业扩能技术改造，在扩大内需的资金和项目安排中予以统筹解决。在贯彻执行现有政策措施的同时，各部门还应根据灾后恢复重建的新情况、新问题，及时研究制定新的政策措施。

灾区各级政府要统筹安排好中央灾后恢复重建基金、地方财政投入、社会捐赠、对口支援、银行贷款等各类资金，优先保证民生工程恢复重建，加快项目前期工作，在项目必要条件具备的基础上，按照特事特办的原则，能合并简化的程序应尽量合并简化，确保规划任务全面完成。已经落实对口支援资金或社会资金的项目，不要再重复安排中央重建基金。

各对口支援省市要抓好实施方案的落实，扎实做好项目前期工作，及时安排对口支援资金，加快项目建设进度。保证援建项目建设质量，防止超标准建设，尽可能形成更多的实物工作量，为灾区人民办更多的实事。加大对灾区产业扶持力度，提高灾区可持续发展能力。

国家发展改革委办公厅 关于印发国务院汶川地震灾后恢复重建工作协调小组第三次全体会议纪要的通知

（发改办西部〔2009〕1793号）

教育部、科技部、工业和信息化部、国家民委、公安部、民政部、财政部、人力资源社会保障部、国土资源部、环境保护部、住房城乡建设部、交通运输部、铁道部、水利部、农业部、商务部、文化部、卫生部、人口计生委、人民银行、国资委、税务总局、广电总局、体育总局、林业局、扶贫办、旅游局、地震局、气象局、银监会、能源局、文物局办公厅（室），四川、甘肃、陕西省人民政府办公厅：

2009年8月14日，国务院汶川地震灾后恢复重建工作协调小组召开第三次全体会议。现将会议纪要印发你们，请认真贯彻落实。

附件：国务院汶川地震灾后恢复重建工作协调小组第三次全体会议纪要

二〇〇九年八月二十四日

附件

国务院汶川地震灾后恢复重建工作协调小组第三次全体会议纪要

2009年8月14日，国务院汶川地震灾后恢复重建工作协调小组（以下简称“协调小组”）召开第三次全体会议，会议由国家发展改革委主任、协调小组组长张平主持。协调小组成员、联络员出席会议。四川、甘肃、陕西省恢复重建机构有关负责同志参加会议。现将会议议定事项纪要如下：

一、会议认为，灾后恢复重建工作在各方面共同努力下，总体进展顺利，取得了重要阶段性成果。

据四川、甘肃、陕西三省统计，截至 7 月底，三省灾后恢复重建项目已开工 26000 多个、完工项目 16000 多个，完成投资 4600 多亿元，占规划总投资的 46% 左右。

按照十个专项规划，所完成的投资及占规划估算投资的比重分别为：城乡住房 1969.6 亿元、72.2%，城镇体系建设 289.2 亿元、29.7%，农村建设 387.2 亿元、39.9%，公共服务设施 484.9 亿元、40.4%，基础设施 788.9 亿元、47.3%，生产力布局和产业调整 510.6 亿元、36.2%，市场服务体系 91.6 亿元、32.1%，防灾减灾 28.5 亿元、9.5%，生态修复 33.6 亿元、16.6%，土地利用 17.6 亿元、20.2%。

对口支援工作出色并取得新进展，除农村住房重建外，已确定对口支援项目 2726 个，援建金额633亿元，其中1585个项目已开工建设，援建资金到位323亿元，有632个项目已建成投入使用。

二、会议总结了协调小组第二次全体会议议定措施的落实情况，认为协调小组各成员单位和灾区省认真贯彻会议精神，讲政治、顾大局，10 项措施均取得了积极进展。

为解决农村贫困户住房重建问题，四川、甘肃省建立了专项担保基金，金融机构将加快贷款发放进度。民政部等部门在“特殊党费”安排时，对贫困户住房重建给予了重点倾斜；财政部、税务总局正抓紧落实延长免征灾区农信社所得税 5 年的政策；为解决灾区中小企业贷款难问题，银监会、人民银行督促指导金融机构建立了中小企业金融服务专营机构，财政部、工业和信息化部将中央财政用于支持中小企业贷款担保的业务向灾区倾斜；国土资源部、水利部深入推进地质灾害和河道治理工作，基本消除堰塞湖重大隐患；住房城乡建设部、水利部、交通运输部、国土资源部等部门加大对灾区技术力量支持力度，有效弥补了灾区技术力量不足问题；住房城乡建设部加强督促指导检查，人民银行、银监会积极落实贷款优惠政策，城镇住房重建进度明显加快；明确青川县人民政府驻地不再搬迁后，青川县恢复重建工作有序开展；按照数量布局不宜过多、突出重点、量力而行的要求，地震局、文物局会同四川省积极做好地震遗址博物馆规划工作；有关部门加大了对规划外其他灾区恢复重建的支持力度；按照“力争在两年内基本完成原定三年的目标任务”要求，灾区省进一步明确了恢复重建进度安排。

三、会议审议研究了《关于汶川地震灾区部分在外务工经商人员及其家属在就业地落户的指导意见》《关于灾后恢复重建规划项目调整的指导意见》和《关于落实十一届全国人大常委会第九次会议审议意见和建议的工作分工》，一致同意如下安排意见：

协调小组办公室会同人力资源社会保障部根据会上讨论意见，将《关于汶川地震灾区部分在外务工经商人员及其家属在就业地落户的指导意见》修改完善后，尽快上报国务院。

协调小组办公室根据会上讨论意见，抓紧修改完善《关于灾后恢复重建规划项目调整的指导意见》，并以国家发展改革委名义尽快上报国务院。

各有关部门和四川、甘肃、陕西三省要按照《关于落实十一届全国人大常委会第九次会议审议意见和建议的工作分工》确定的任务和分工，落实工作责任，制定具体措施，并将研究办理情况在 10 月底前以书面形式提交办公室，由办公室汇总后如期完成上报。

四、会议根据各方面反映的情况和问题，经过认真讨论研究，就有关问题议定以下意见：

（一）关于加强重建资金的统筹使用。当前需要加大恢复重建资金统筹使用的力度，使有限的资金发挥最大的效用，特别是请灾区省在政策规定允许的范围内，根据农房重建和维修加固的

实际调整情况，加强农房重建各类资金的有效统筹使用。在组织农房重建时，要认真执行规划重建标准，量力而行，不片面追求“一步到位”，可以一次设计，分期建设；先做好“雪中送炭”，不急于“锦上添花”，首先解决最急需的基本居住问题，待农户经济状况改善后，再逐步扩建。请民政部、财政部、住房城乡建设部加强指导工作。

（二）关于规划实施的中期评估。抓紧委托中国国际工程咨询公司组织专家开展规划实施评估工作，11 月底前提交评估报告。为做好中期评估工作，请三个灾区省、对口支援省市和参与总体规划及专项规划编制、实施的有关部门，对规划实施、政策落实和项目调整情况进行阶段性总结（进展情况数据截至 8 月底），9 月底前以书面形式提交办公室。

（三）关于加强灾区干部群众心理援助。请卫生部牵头，发展改革委、教育部、财政部、人力资源社会保障部共同参与，统筹研究支援灾区心理服务援助力量，帮助开展技术人员培训，尽力支持实施四川省重建委员会上报的《四川省地震灾区心理服务规划方案》。

（四）关于社会捐赠资金使用反馈工作。请民政部牵头，联合发展改革委、财政部等部门，共同制定下发一个文件，强调规范社会捐赠资金特别是国外、华人华侨、港澳台捐赠资金的使用和信息反馈问题。请三个灾区省和各对口支援省市充分尊重捐赠人（组织）的意见，用好资金，理清账目，及时向社会和捐赠人（组织）反馈捐赠资金使用管理状况。

（五）关于审计署提出的有关问题。对审计署提出的极重和重灾县财政保运转比较困难、恢复重建项目审批程序较长、部分灾区环保和生态恢复力度不够、资金使用效率不高、管理制度不够规范等问题，请三个灾区省和财政部、林业局、环境保护部、国土资源部、农业部等尽快研究解决措施，并将研究落实情况报送协调小组。

（六）关于延长灾后恢复重建支持政策。根据四川省提出继续延长五项政策的建议，按照三年任务两年基本完成的目标，会议建议支持灾后恢复重建的有关政策先统一延长至 2010 年年底。这些政策包括：延长新增建设用地土地利用年度计划指标预支、追加认定政策；延长支持灾后恢复重建有关财税政策；延长灾前贷款延期偿还的“四不政策”执行期限；延长灾区家庭经济困难学生特别资助政策；延长灾后恢复重建对口就业援助政策。以上五项政策的研究办理，属于部门职责范围内的，由牵头部门负责落实；如需报请国务院批准的，请牵头部门或会同有关部门向国务院请示报告。

（七）关于灾区省提出的新要求。对会上灾区省新提出需要解决的问题，请灾区省会后先与相关主管部门进行沟通衔接，各单位都要本着积极主动的精神，能解决的尽量帮助解决；如意见不一致，或涉及几个部门需要协调的，可提请协调小组予以协调。

五、会议要求，各成员单位和三个灾区省，要坚持民生优先，立足灾区实际，着眼长远发展，完善规划政策，推进各项工作。

在加快进度时一定要保证质量安全、施工安全和资金安全。在坚持质量第一的前提下，加快恢复重建进度，正确处理进度与质量的关系，确保工程质量。坚决克服麻痹思想和畏难情绪，高度重视地质灾害防治和隐患治理，重视施工组织和现场管理，确保施工人员的生命安全。要采取更加严格的监管措施，切实做到制度到位、措施到位、责任到位，加强项目立项审批、工程建设程序、招标投标、合同履约、资金使用、检查验收等各环节的督察审计，确保各类资金使用安全。

各成员单位要根据灾后恢复重建的重点任务，经常深入灾区调查研究，加强指导服务和监督检查，落实既定政策措施。与此同时，要根据新情况、新问题，进一步研究完善相关政策措施。对灾区提出的实际困难，各单位和对口支援省市均要积极主动给予帮助，并要提高解决问题的工作效率。

各灾区省要高度重视恢复重建进展情况统计工作，落实统计责任，注重统计质量，杜绝出现数据不准确、前后不一致、漏报或重报、不符合逻辑等现象。加强地方与部门统计工作的协调沟通，统计上报的数据资料，要力争做到准确、及时、全面反映恢复重建进展情况，作为各级领导科学决策的重要依据。

国家发展改革委办公厅
关于印发国务院汶川地震灾后恢复重建工作
协调小组第四次全体会议纪要的通知

（发改办西部〔2010〕339号）

教育部、科技部、工业和信息化部、国家民委、公安部、民政部、财政部、人力资源社会保障部、国土资源部、环境保护部、住房城乡建设部、交通运输部、铁道部、水利部、农业部、商务部、文化部、卫生部、人口计生委、人民银行、国资委、税务总局、广电总局、体育总局、林业局、扶贫办、旅游局、地震局、气象局、银监会、能源局、公务员局、文物局办公厅（室），四川、甘肃、陕西省人民政府办公厅，中国国际工程咨询公司办公厅：

2010年2月1日，国务院汶川地震灾后恢复重建工作协调小组召开第四次全体会议。现将会议纪要印发你们，请认真贯彻落实。

附件：国务院汶川地震灾后恢复重建工作协调小组第四次全体会议纪要

二〇一〇年二月十一日

附件

国务院汶川地震灾后恢复重建工作协调小组
第四次全体会议纪要

2010年2月1日，国务院汶川地震灾后恢复重建工作协调小组（以下简称“协调小组”）召开第四次全体会议，会议由国家发展改革委主任、协调小组组长张平主持。协调小组成员、联络

员出席会议。四川、甘肃、陕西省恢复重建工作负责同志，中国国际工程咨询公司、国家公务员局有关负责同志参加会议。

一、会议认为，经过灾区广大干部群众的积极努力和社会各界的大力支持，2009年灾后恢复重建加快推进，取得了重要进展，为2010年9月底前基本完成重建任务打下了坚实基础。

据四川、甘肃、陕西三省统计，截至2009年年底，三省灾后恢复重建项目已开工34700多个、完工项目25600多个，完成投资6545亿元，约占规划总投资的65.5%。对口支援已确定援建项目3424个、援建金额744亿元，其中3139个项目已开工建设，援建资金到位449亿元，1833个项目建成投入使用。

从中期评估的初步结论、审计情况及有关机构的调查分析，灾后恢复重建进展顺利，灾区生产生活条件得到较大改善，灾区群众对灾后恢复重建普遍感到满意。

二、会议总结了协调小组第三次全体会议议定事项落实情况。

关于灾区部分在外务工经商人员及其家属在就业地落户问题，已经研究形成指导意见，有关部门正在会签中，将抓紧印发；按照第三次全体会议确定的工作分工，如期完成十一届全国人大常委会第九次会议审议意见和建议涉及的事项；卫生部组织加大了对灾区干部群众的心理援助力度，重点为51个受灾县区建立完善灾后心理卫生服务网络，各受灾省逐步形成了五级心理援助工作网络；民政部会同有关部门及时开展专项检查，加强对社会捐赠款物接收使用的公告和反馈，实现捐赠款物接收和使用账目清楚、手续完备；协调小组召开对口支援第二次工作座谈会，交流进展情况及经验做法，加强对口支援工作指导协调，深入推进对口支援整体工作。

按照协调小组第三次全体会议要求，国土资源部、财政部、税务总局、人民银行、银监会、教育部、人力资源社会保障部等部门积极做好有关政策落实工作。目前，新增建设用地土地利用年度计划指标预支追加认定政策、支持灾后恢复重建有关财税优惠政策、灾后恢复重建对口就业援助政策、有特殊困难的灾前贷款延期偿还的“四不政策”已经落实；灾区家庭经济困难学生特别资助政策，因现有政策已可替代，基本解决了灾区反映的问题。对于灾区省新提出的其他方面政策要求，各有关部门也正在采取积极的态度，继续抓紧研究提出解决意见。

三、会议听取了四川、甘肃、陕西三省关于规划项目调整、中国国际工程咨询公司关于中期评估和协调小组办公室关于对口支援总结表彰等问题的汇报和说明，并形成如下意见：

（一）关于规划项目调整。再次明确灾区省级人民政府是规划项目调整的责任主体。项目调整要“坚持灾后恢复重建的指导思想和工作原则不变，坚持总体规划和专项规划确定的规划范围、主要任务和重建目标不变，坚持中央财政地震灾后恢复重建基金地方包干资金总规模及使用管理办法不变”的基本原则。规划项目调整不宜增加铁路、水利工程等新的发展类项目，不能减少防灾减灾、生态修复、土地复垦等事关灾区民生和安全的重大建设项目和中央资金规模，中央包干资金原则上不作跨类别大幅度调整。请灾区省按上述原则和要求，综合考虑各有关部门意见，会后将规划项目调整方案进一步梳理，再正式报协调小组和有关部门备案。

对于中央部门垂直管理的灾后恢复重建项目，请各主管部门3月底之前将分布在三省里的项

目及时和省里沟通，搞好协调衔接，并将项目的安排或调整、实施进展情况，今后定期向灾区省通报，同时抄送协调小组和财政部。

（二）关于中期评估。请各部门抓紧对中咨公司提供的《汶川地震灾后恢复重建规划实施中期评估报告》（征求意见稿）研究提出意见，并于2月10日前反馈协调小组办公室，在此基础上修改完善后，尽快上报国务院。

（三）关于对口支援总结表彰。会议一致同意在9月底对口支援工作任务基本完成后进行全国性总结表彰。具体表彰形式，请发展改革委、人力资源社会保障部（国家公务员局）抓紧研究提出建议方案，报请党中央、国务院决定。

关于表彰条件，要设立明确、严格的标准。凡有下述情况的不能参加评比、表彰：一是援建任务没有按时保质完成；二是未执行有关规定违规建设楼堂馆所；三是超标准超规模建设搞形象工程等。

四、会议根据各方面反映的情况和问题，经过认真讨论，确定了下一步重点工作事项：

（一）高度重视工程质量安全。灾后恢复重建工程质量关系到灾后恢复重建的成败，关系到灾区群众的安全，关系到党和政府的声誉，国内外都非常关注。目前，虽然没有发现大的质量问题，但也不能掉以轻心。有关部门要切实负起责任，灾区省和对口支援省市均要大力加强质量管理和安全督察。请住房城乡建设部牵头，在春节后组织一次灾后恢复重建工程质量全面检查，确保工程质量和安全。

（二）加快推进城镇居民住房重建。城镇居民住房是当前灾后恢复重建的重点与难点之一。灾区各级政府和有关部门要将城镇居民住房重建与棚户区改造、解决城市困难群众住房问题统筹考虑，在廉租房建设安排中更多关注和支持地震灾区。金融机构要全面落实贷款优惠政策，向灾区特困户居民提供购房信贷支持。要多方面创造条件，加快建设进度，务必在今年9月30日前完成城镇住房重建。

（三）逐步完善集中安置点配套设施。一些整村迁建点供水、供电、供气、污水处理和边坡加固等基础设施尚未完成，一定程度影响了群众入住和今后生活。解决这个问题除有效使用灾后恢复重建资金以外，有关部门和地方政府还要认真研究，通过转移支付、以工代赈、争取援建单位支持、银行贷款等多渠道多方式解决。结合建设社会主义新农村的要求，在今后农村建设资金的安排和扶贫资金的使用上，都应向灾区集中安置点的配套基础设施倾斜，并引导农民积极投工投劳，靠自身努力改善条件。

（四）妥善处理贫困农户房贷还款问题。目前出现的农房重建贷款欠息情况，一方面有部分贫困农户确实困难，另一方面也存在有能力还款农户等待观望，如不及时采取措施，易引发信用和道德风险，有关部门和地方政府应予高度重视。一是对确实无力还贷的极少数特困农户，地方政府可在担保基金里帮助解决一部分；二是请地方政府和金融管理部门酌情制定一些鼓励还款的政策措施；三是发挥基层组织和群众作用，认真组织评议，把真正困难农户甄别出来，对有能力还贷的，要加强宣传教育，并有约束措施，促其积极还款。

（五）重视加强地质灾害防治。对灾区地质灾害防治问题，一是继续加强群防群测，有关部门要加强指导，地方要落实责任；二是实施好重建规划中确定的地质灾害防治项目，确保相关

资金落实；三是切实做好地质灾害危险性评估和风险分析，科学进行重建工程的勘测设计和前期工作。

（六）妥善安排好当前群众生产生活。春节将至，请灾区省和民政部门务必安排好灾区市场供应、扶贫救助和走访慰问等活动。特别是对于尚不能搬入新居的城乡居民、异地搬迁农户和困难群众要深入细致做好工作，安排好他们的生产生活，使他们能够平安、温暖过年过冬。

会议强调，2010 年是灾后恢复重建的攻坚、决战之年，各项任务十分繁重、艰巨。协调小组各成员单位要一如既往地大力支持，加强指导和协调，切实帮助解决灾区的实际困难和问题。中央重建基金要根据灾后恢复重建进度及时拨付，各部门在安排常规工作年度计划时，对灾区也要多给予一些倾斜支持。灾区省要加强前期工作，坚持科学态度，确保质量安全、施工安全和资金安全，已下达各地方但尚未安排使用的到位资金要尽快落实到具体项目。通过各方面的共同奋斗，到今年 9 月底基本完成灾后恢复重建主要目标任务，努力夺取抗震救灾斗争的全面胜利。

国家发展改革委办公厅
关于印发国务院汶川地震灾后恢复重建工作协调小组第五次全体会议纪要的通知

（发改办西部〔2010〕2252号）

教育部、科技部、工业和信息化部、国家民委、公安部、民政部、财政部、人力资源社会保障部、国土资源部、环境保护部、住房城乡建设部、交通运输部、铁道部、水利部、农业部、商务部、文化部、卫生部、人口计生委、人民银行、国资委、税务总局、广电总局、体育总局、林业局、旅游局、地震局、气象局、银监会、能源局、公务员局、文物局、扶贫办办公厅（室），四川、甘肃、陕西省人民政府办公厅：

2010 年 8 月 30 日，国务院汶川地震灾后恢复重建工作协调小组召开第五次全体会议。现将会议纪要印发你们，请认真贯彻落实。

附件：国务院汶川地震灾后恢复重建工作协调小组第五次全体会议纪要

二〇一〇年九月十四日

附件

国务院汶川地震灾后恢复重建工作协调小组第五次全体会议纪要

2010年8月30日，国务院汶川地震灾后恢复重建工作协调小组（以下简称“协调小组”）召开第五次全体会议，会议由国家发展改革委主任、协调小组组长张平主持。协调小组成员、联络员出席会议。四川、甘肃、陕西省恢复重建工作负责同志，国家公务员局有关负责同志参加会议。

一、会议认为，按照第四次会议工作部署，住房城乡建设部会同灾区省组织开展了恢复重建项目工程质量检查，为确保恢复重建工程质量采取了必要措施；发展改革委、财政部、住房城乡建设部在棚户区改造、公共租赁房、廉租房建设安排中加大对灾区的支持力度，多方面创造条件，加快了城镇住房恢复重建进度；人民银行、银监会指导金融机构全面落实贷款优惠政策，加大支持灾区住房重建和企业重建力度；国土资源部、水利部、地震局、气象局等部门加强指导，努力推进灾区防灾减灾工作；交通、农业、扶贫、民政等部门积极配合灾区省完善集中安置点配套设施建设，安排好群众生产生活；审计、纪检、监察部门组织开展了新一轮审计、检查工作，督促灾区省对发现的问题及时进行整改，保证了恢复重建工作顺利推进。

总体看，在党中央、国务院正确领导下，在各对口支援省市的大力支持下，经过灾区干部群众艰苦奋斗，汶川地震灾后恢复重建顺利推进，灾区人民生活改善，社会保持稳定，城乡面貌正在发生巨大变化。据四川、甘肃、陕西省统计，截至2010年7月底，三省汶川地震灾后恢复重建项目已开工39800多个、完工项目30400多个，分别占规划项目的96.6%和73.8%；完成投资7770多亿元，占规划总投资的81.4%。到9月底，能够实现“力争在两年内基本完成原定三年的目标任务”。

二、会议根据各方面反映的情况和问题，经过认真讨论研究，就有关问题议定以下意见：

（一）关于农房重建贷款还款问题。继续总结经验，采取综合性措施，帮助灾区农户解决住房重建贷款还款问题。一是根据实际情况，将还款期延长2～3年；二是根据农民收入特点，合理调整还款方式，尽量减轻农户压力；三是地方安排部分资金，采取“以奖代补”的办法，对积极还款的农户给予奖励性补助；四是加强宣传，做好政策解释，提高农户还款积极性；五是对个别特别困难的农户，经认真审核确认后，担保基金予以适当代偿。

（二）关于加强灾区扶贫工作。针对灾区实际，继续做好扶贫帮困工作。一是将汶川地震灾区特别是困难较大的山区作为集中连片特殊困难地区，予以重点支持；二是指导灾区省制定专项扶贫规划，并纳入当地经济社会发展“十二五”规划；三是加大中央财政专项转移支付、行业部门投入、扶贫资金、社会帮扶资金等对灾区的支持力度。请扶贫办牵头抓好协调落实工作。

（三）关于防灾减灾和应急保障能力建设。灾区防灾减灾和应急保障能力建设，要纳入正在编制的中小河流治理和山洪地质灾害防治规划，进行统筹安排。请国土资源部进一步加强指导，把地震灾区地质灾害防治放在更加突出的位置。一是各灾区省对地震灾后恢复重建项目选址进行全面复查，对有问题、有隐患的，要及时采取调整或防护措施；二是灾后恢复重建规划中有关防灾减灾、生态建设等建设内容，要抓紧实施，并作为考核重建任务是否全面完成的重要内容；三是国土资源部和灾区省做好地质灾害隐患排查，加强治理工作。

（四）关于应对山洪泥石流灾害影响。灾区省和有关部门要采取有效措施，切实防控山洪泥石流对恢复重建的影响，确保群众生命安全和重建工程安全。请对口支援省市与受援方密切配合，组织力量修复遭受山洪泥石流破坏的援建工程，继续帮助和支持灾区做好恢复重建工作。

（五）关于第三批跟踪审计反映的有关问题。审计署跟踪审计反映的问题，绝大部分已整改落实。请灾区省继续加强工作力度，把正在落实和还没有进行整改的问题全部尽快整改到位，保质保量完成恢复重建任务。

（六）关于“三川一镇”资金缺口问题。在灾后恢复重建规划编制时，四川省“三川一镇”选址尚未明确，有关建议项目未确定。但在安排中央财政恢复重建基金时，对所需建设资金已有所考虑。请财政部加强指导，在中央财政恢复重建基金四川省包干资金中统筹考虑，并根据“三川一镇”的实际困难，积极予以支持。

（七）关于灾区发展振兴规划。灾区的长远发展是巩固重建成果、改变灾区面貌、提高群众生活水平的根本大计。有关省提出的研究编制灾区发展振兴规划问题，请灾区省根据各地实际，安排开展相关工作，并在“十二五”规划中统筹考虑。

三、会议研究审议了汶川地震灾后恢复重建对口支援工作总结表彰有关建议方案。会议认为，对口支援省市按照党中央、国务院的统一部署，把灾后恢复重建当作自己的责任和义务，把对口支援作为学习实践科学发展观的具体行动，全民动员、全情投入、全力以赴，克服了重重困难，为灾后恢复重建做出了突出贡献，对对口支援先进集体、先进个人进行表彰十分必要。对口支援总结表彰可与灾后恢复重建总结表彰统筹安排。考虑到对口支援任务已基本完成，对口支援先进集体和先进个人可先期开展评选工作。请发展改革委、人力资源社会保障部根据会议意见，进一步研究评选和表彰工作方案，抓紧联合上报国务院。

四、会议指出，随着大批重建项目陆续建成，要做好项目竣工验收，办理规范的资产移交与划转手续。在硬件水平提高的同时，要着力提高软件管理水平，切实做好重建项目投入使用后的维护和管理。同时，灾区省、各对口支援省市及协调小组各部门要认真做好恢复重建工作的阶段性总结。

会议强调，当前汶川地震灾后恢复重建处于决战决胜的关键时期，灾区省、对口支援省市和各部门，要继续密切配合，善始善终做好各项工作，确保到今年 9 月底如期实现“力争在两年内基本完成原定三年的目标任务”的要求，努力建设人民安居乐业、城乡共同繁荣、人与自然和谐相处的幸福美好的新家园。

二○一○年九月十四日

国家发展改革委办公厅关于印发国务院汶川地震灾后恢复重建工作协调小组第六次全体会议、玉树地震灾后恢复重建协调小组第三次全体会议、舟曲灾后恢复重建指导协调小组第三次全体会议纪要的通知

（发改办西部〔2011〕650号）

教育部、科技部、工业和信息化部、国家民委、公安部、民政部、财政部、人力资源社会保障部、国土资源部、环境保护部、住房城乡建设部、交通运输部、铁道部、水利部、农业部、商务部、文化部、卫生部、人口计生委、人民银行、审计署、国资委、税务总局、质检总局、广电总局、体育总局、林业局、扶贫办、旅游局、宗教局、中科院、地震局、气象局、银监会、电监会、能源局、民航局、文物局、全国总工会、总参、中国红十字会总会办公厅（室），四川省、甘肃省、陕西省、青海省人民政府办公厅：

2011年3月17日，国家发展改革委主任、协调小组组长张平主持召开国务院汶川地震灾后恢复重建工作协调小组第六次全体会议、国务院玉树地震灾后恢复重建协调小组第三次全体会议、国务院舟曲灾后恢复重建指导协调小组第三次全体会议。现将会议纪要印发你们，请认真贯彻落实。

附件：国务院汶川地震灾后恢复重建工作协调小组第六次全体会议、玉树地震灾后恢复重建协调小组第三次全体会议、舟曲灾后恢复重建指导协调小组第三次全体会议纪要

二〇一一年三月二十七日

附件

国务院汶川地震灾后恢复重建工作协调小组第六次全体会议、玉树地震灾后恢复重建协调小组第三次全体会议、舟曲灾后恢复重建指导协调小组第三次全体会议纪要（摘要）

2011年3月17日，国家发展改革委主任、协调小组组长张平主持召开国务院汶川地震灾后恢复重建工作协调小组第六次全体会议，[……] 听取四川、青海、甘肃省灾后恢复重建进展情

况的汇报，对2010年灾后恢复重建工作进行总结，研究当前灾后恢复重建需协调解决的有关问题，推进2011年灾后恢复重建工作。协调小组副组长、成员以及联络员出席会议。四川、甘肃、陕西、青海省灾后恢复重建工作有关负责同志参加会议。

会议指出，按照党中央、国务院的部署，四川、甘肃、陕西、青海省以及协调小组各成员单位，各司其职、各负其责，团结协作、密切配合，努力推动汶川地震灾后恢复重建实现“三年任务两年基本完成”目标，[……]灾后恢复重建工作取得了阶段性成果。[……]

会议认为，汶川地震灾后恢复重建“三年任务两年基本完成”目标已经实现，2011年将全面完成恢复重建任务[……]。各成员单位和灾区省要继续相互支持、合力推进，以对灾区人民高度负责的态度，努力完成党中央、国务院交付的光荣任务。2011年要做好五个方面的工作：一是进一步加强组织领导。灾区省级人民政府要切实对灾后恢复重建工作负总责，始终把灾后恢复重建摆在重要议事日程。汶川地震灾后恢复重建要做到领导力度不减弱、工作不放松，切实抓好各项收尾工程和竣工验收工作，并着手对恢复重建工作进行全面总结。[……]二是抓紧做好施工准备。[……]三是科学组织实施。[……]前方指挥协调机构要统筹施工协调，认真落实各项保障方案，做好建材供应、交通运输、电力供应等施工保障，确保灾后恢复重建有序推进。四是组织开展“回头看”活动。四川、甘肃、陕西省要结合当地实际，组织开展汶川地震灾后恢复重建“回头看”活动，对灾后恢复重建项目和工作进行全面检查，查找问题、发现隐患，明确整改要求，及时解决处理。五是确保质量安全。坚持质量第一，进度服从质量，强化监管措施，确保灾后恢复重建质量安全、施工安全和资金安全。

会议对各方面反映的情况和问题，经过认真讨论，议定以下意见：

一、关于灾区地质灾害防治问题。四川、甘肃、陕西、青海省各级政府要高度重视灾区山洪泥石流等次生地质灾害防治工作，要在今年汛期到来前，进一步做好次生地质灾害隐患再排查，加强对地质灾害的监测预警，制定严密的应急预案。请国土资源部、水利部、气象局加强对地震灾区地质灾害防治的指导工作。汶川、玉树、舟曲灾区已纳入灾后恢复重建规划的地质灾害防治项目，一定要严格按照规划组织实施好。对未列入重建规划和新发现地质灾害隐患的治理工程，在《全国中小河流治理和中小水库除险加固、山洪地质灾害防治、易灾地区生态环境综合治理总体规划》中统筹考虑。请国土资源部、水利部、环境保护部、林业局将灾区作为规划的重点区域，在项目安排、建设时序和投资补助等方面给予优先考虑。

二、关于用地政策问题。原则同意四川省根据灾后恢复重建需要，在节约和从严的原则下统筹调剂使用灾后恢复重建土地利用专项规划确定的新增建设用地规模指标。建设用地要优先保障民生工程和重大基础设施恢复重建需要，城镇恢复重建用地指标不足的，可调剂使用基础设施、独立工矿恢复重建剩余用地指标。灾区土地尤其是耕地缺乏，灾后恢复重建要千方百计保护耕地，努力做到节约用地。请国土资源部做好相关指导协调工作。

三、关于教育、卫生领域人才支持问题。为解决灾区人才不足矛盾，并充分发挥重建公共设施的作用，要进一步加大汶川地震灾区教育、卫生领域人才支持力度。请教育部继续在“农村义务教育阶段学校教师特设岗位计划”“国培计划——中西部农村骨干教师培训项目”中，对汶川地震灾区给予倾斜支持，并积极选派免费师范院校毕业生到灾区基层学校工作。请卫生

部继续在卫生人才招聘、城市支援农村、农村定单定向免费培养医学生、万名医师支援农村和大医院帮扶乡镇卫生院等项目中，加大对灾区的倾斜照顾，充实灾区卫生人才队伍。请四川省提出所需人才的具体类型和数量，尽快与教育部、卫生部对接，做好人才选派和接收工作。同时，四川省要主动加强与对口支援省市的联系，争取对口支援省市在教育、卫生人才培养方面给予更多的后续支持。

四、关于加大灾区扶贫力度问题。原则同意将汶川地震极重灾县和重灾县中符合划分标准的县，纳入相应的集中连片特殊困难地区予以重点扶持，并体现在新一轮农村扶贫开发纲要中。对北川、汶川、青川县，可参照国家扶贫工作重点县政策给予特殊支持。对未纳入集中连片特殊困难地区范围的受灾县，灾区省也应统筹予以扶持。请扶贫办做好相关指导协调工作。

五、关于玉树灾后恢复重建建设成本问题。[……]

六、关于玉树电力供应问题。[……]

七、关于兰州秦王川转移安置区建设问题。[……]

八、关于灾后恢复重建资金问题。关于四川省“三川一镇”征地拆迁费用，由四川省在统筹使用中央财政重建包干资金中解决，对个别确有资金缺口的具体建设项目，待有关部门对灾后恢复重建进行审计后，再行研究解决。[……]

（与汶川地震灾后恢复重建无关内容已删节——编者按）

二〇一一年三月二十七日

国家发展改革委办公厅关于印发国务院汶川地震灾后恢复重建工作协调小组第七次全体会议、玉树地震灾后恢复重建协调小组第四次全体会议、舟曲灾后恢复重建指导协调小组第四次全体会议纪要的通知

（发改办西部〔2011〕3278号）

教育部、科技部、工业和信息化部、国家民委、公安部、民政部、财政部、人力资源社会保障部、国土资源部、环境保护部、住房城乡建设部、交通运输部、铁道部、水利部、农业部、商务部、文化部、卫生部、人口计生委、人民银行、审计署、国资委、税务总局、质检总局、广电总局、体育总局、林业局、扶贫办、旅游局、宗教局、中科院、地震局、气象局、银监会、电监会、能源局、民航局、文物局、全国总工会、总参、中国红十字会总会、中国国际工程咨询公司

办公厅（室），四川省、甘肃省、陕西省、青海省人民政府办公厅：

2011 年 12 月 9 日，国家发展改革委主任、协调小组组长张平在京主持召开国务院汶川地震灾后恢复重建工作协调小组第七次全体会议、国务院玉树地震灾后恢复重建协调小组第四次全体会议、国务院舟曲灾后恢复重建指导协调小组第四次全体会议。现将会议纪要印发你们，请认真贯彻落实。

附件：国务院汶川地震灾后恢复重建工作协调小组第七次全体会议、玉树地震灾后恢复重建协调小组第四次全体会议、舟曲灾后恢复重建指导协调小组第四次全体会议纪要

二〇一一年十二月二十九日

附件

国务院汶川地震灾后恢复重建工作协调小组第七次全体会议、玉树地震灾后恢复重建协调小组第四次全体会议、舟曲灾后恢复重建指导协调小组第四次全体会议纪要（摘要）

2011 年 12 月 9 日，国家发展改革委主任、协调小组组长张平主持召开国务院汶川地震灾后恢复重建工作协调小组第七次全体会议［……］，审议《汶川地震灾后恢复重建工作总结》，［……］研究协调当前灾后恢复重建的有关问题，部署 2012 年灾后恢复重建工作。协调小组副组长、成员以及联络员出席会议。四川、甘肃、陕西、青海省人民政府有关负责同志参加了会议。

会议认为，三年来，在党中央、国务院的坚强领导下，在全国人民的大力支持下，汶川地震灾区广大干部群众自力更生、艰苦奋斗，深入贯彻落实科学发展观，胜利完成灾后恢复重建，灾区基本生产生活条件和经济社会发展水平得到全面恢复并明显超过灾前水平，实现了“家家有房住、户户有就业、人人有保障、设施有提高、经济有发展、生态有改善”的灾后恢复重建目标。会议审议并原则通过了《汶川地震灾后恢复重建工作总结》，在进一步修改完善后上报国务院。国务院汶川地震灾后恢复重建协调小组已完成国务院赋予的工作任务，在报请国务院同意后予以撤销。支持汶川地震灾区发展振兴的后续工作，将纳入相关地区和部门正常工作渠道。

［……］

会议经过讨论，议定以下意见：

一、要确保灾区群众安全过冬。［……］

二、继续加强组织协调。［……］

三、要确保工程质量安全。［……］

四、做好城乡重建住房分配工作。［……］

五、认真做好 2012 年攻坚各项准备工作。［……］

六、做好玉树灾后恢复重建规划实施中期评估工作。［……］

七、要切实维护灾区社会稳定。[……]

八、做好汶川地震灾后恢复重建项目收尾工作。汶川地震灾后恢复重建虽已胜利完成，但还要认真做好竣工验收、财务结算、项目移交等收尾工作。灾区生态修复、地质灾害治理是长期任务，要继续抓好生态环境保护、地震灾害治理及配套工程的建设；进一步加强除险加固和因灾毁损耕地的复耕利用；巩固好灾后恢复重建成果，规范运营管理制度，落实运营管理经费，把建成的项目运营好、维护好、管理好，使恢复重建的成果长期有效地服务灾区人民。

九、促进汶川地震灾区发展振兴。汶川地震灾区发展振兴关系到灾区群众的长远生计，是一项长期任务。灾后各省要着力保障和改善民生，加大促进就业和扶贫帮困力度，把促进就业作为灾区发展振兴的优先目标，千方百计解决好就业问题。继续抓好特殊困难群体帮扶工作，切实解决灾区群众建房还贷、上学、就医、再生育中遇到的困难，继续做好心理抚慰和再生育服务工作。同时，要与对口支援省市探索建立长效合作机制，促进优势互补，共同拓展发展空间，继续拓宽区域协调发展、实现共同富裕的新路子。

十、关于玉树灾后重建工程造价和资金缺口问题。[……]

十一、关于玉树灾后重建规划项目调整问题。[……]

十二、关于玉树灾后重建施工、规划和技术力量薄弱问题。[……]

十三、关于电力供应不足问题。[……]

十四、关于国有资本经营预算收入资金安排问题。[……]

十五、关于甘肃“两江一水”流域综合治理工程问题。[……]

十六、关于舟曲灾后恢复重建征地拆迁资金缺口问题。[……]

（与汶川地震灾后恢复重建无关内容已删节——编者按）

二〇一一年十二月二十九日

国家发展和改革委
关于加快汶川地震灾后恢复重建
对口支援工作的通知

（发改投资〔2008〕3069号）

四川、甘肃、陕西并各对口支援省、直辖市人民政府：

根据11月5日国务院常务会议精神，当前要加快灾后恢复重建的各项工作。对口支援是灾后恢复重建的重要力量，为加快推进对口支援工作，现将有关意见通知如下：

一、充分认识加快对口支援工作的重要性。中央部署对口支援工作以来，各有关省市认真贯彻落实，以高度的政治责任感积极开展援建工作，与受援重灾县密切配合，启动了一批建设项

目，取得了积极成效。为加快灾区恢复重建步伐，尽快恢复正常生产生活条件，当前要毫不放松地继续推进对口支援工作。各支援省市人民政府要加强领导和组织协调，把加快对口支援工作的措施落到实处。

二、尽快落实对口支援实施方案。各支援省市要根据灾后恢复重建总体规划、专项规划和受援地区的实施规划，在与受援方充分协商的基础上，尽快制定并细化对口支援实施方案。根据三年完成对口支援任务的总体要求，抓紧安排援建项目年度计划，落实建设资金。

三、优先实施灾区急需的民生项目。各支援省市安排援建项目时，要把住房、学校、医院、供水、道路等解决群众基本生活条件和公共服务设施项目放在优先位置，优先启动、优先保障。县、乡党政机关办公设施一律不纳入对口支援建设范围。实施中优先利用当地的劳动力资源和施工力量。

四、加快援建项目前期工作进度，尽早开工建设。各支援省市要充分发挥自身优势，抽调骨干力量，尽快完成援建项目前期工作。对已确定的援建项目，要加快勘察、设计等工作，保证资金及时到位，争取早开工、早建设、早受益。

五、援建项目要讲求实效，确保工程质量。要遵循安全、节约、实用、经济、省地的原则，不追求不切实际的高标准和形象效果。在加快进度的同时，要严把工程质量关，选择信誉良好、技术过硬、管理严格的施工队伍承担建设任务。

六、受援省要为对口支援工作创造良好条件。四川、甘肃和陕西三省要加强与各支援省市的沟通协调，尽快落实实施规划，简化审批手续，积极配合协助支援方做好供地、供材和运输等方面保障工作，为对口支援营造良好环境和有利条件。同时加强对受援县（市、区）的指导，及时协调解决对口支援工作中出现的问题，协力加快推进对口支援工作。

二〇〇八年十一月十二日

国家发展和改革委员会、教育部、卫生部、住房和城乡建设部关于切实做好学校医院等公共服务设施灾后恢复重建工作的通知

（特急　发改西部〔2009〕251号）

四川、甘肃、陕西省人民政府，灾后恢复重建对口支援省（市）人民政府，国务院有关部门：

根据国务院《汶川地震灾后恢复重建总体规划》及有关专项规划，灾后恢复重建正在稳步推进。目前，在学校、医院等公共服务设施的灾后恢复重建中，出现了一些建设标准不一、超标准建设的现象。为保证灾后恢复重建有序开展，防止因实际建设标准过高、差异过大而产生新的矛盾，现提出以下要求：

一、加强统筹协调。高度重视当前灾后恢复重建存在的问题，始终坚持以人为本、尊重自然、统筹兼顾、科学重建的指导思想。灾区省级人民政府要切实落实国务院关于省级政府对恢复重建负总责的要求，充分发挥组织领导和协调机制的作用，加强对市（州）、县（区）恢复重建工作的指导、督促和检查，做好与对口支援省（市）和社会捐助方的沟通与协调，及时研究解决恢复重建中存在的突出问题，落实建设资金，确保按期完成国家总体规划和专项规划确定的学校、医院等公共服务设施恢复重建任务。

二、引导资金投向。充分利用并合理引导社会各界支持学校、医院等公共服务设施恢复重建的积极性，把握好加大投入与厉行节约的关系，按照安全、适用、经济、环保的原则，发扬艰苦奋斗、勤俭节约的精神，把资金主要用在保障建设项目安全和恢复完善功能上，建设节约型校园、院区，不追求不切实际的高标准和形象效果，不超标准、不盲目攀比、不铺张浪费，用好有限的各类资金，确保灾后恢复重建顺利推进。

三、强化项目管理。灾区各级人民政府要严格按照灾后恢复重建项目建设程序对学校、医院等公共服务设施恢复重建项目进行审批或核准。省有关部门要对不同地区、不同资金来源之间的项目建设标准进行综合平衡，尽快建立规划实施项目库，对恢复重建项目进行动态跟踪监管，及时掌握进展和落实情况。

四、严格执行标准。学校、医院等公共服务设施恢复重建要严格执行《汶川地震灾后重建学校规划建筑设计导则》《农村普通中小学校建设标准》《城市普通中小学校校舍建设标准》《中小学建筑设计规范》和《综合医院建设标准》《乡镇卫生院建设标准》《中医院建设标准》及《建筑工程抗震设防分类标准》《建筑抗震设计规范》等国家有关标准、规范。省有关部门要结合实际，对学校、医院的建筑装修提出设计指导和具体要求，既不能降低建设标准，又要防止盲目超标准建设。

五、确保建设质量。严格执行建设程序，认真落实项目法人责任制、招标投标制、合同管理制、工程监理制和质量责任终身制；切实把好设计等前期工作质量关、建筑材料质量关、工程施工质量关。严禁盲目追求进度而降低工程质量标准，坚决杜绝出现重大安全事故或工程质量问题，确保重建学校、医院等公共服务设施达到设计使用年限，建成最安全、最牢固、群众最放心的建筑，经得起实践、人民和历史的检验。

六、加强监督检查。灾区省级人民政府近期要对学校、医院等公共服务设施恢复重建项目组织一次集中检查、复核。对已开工建设的项目，在不影响建设进度的前提下，主要检查工程实施是否符合国家专项规划和相关建设标准、规范，对擅自扩大规模和超标准的建设项目，要及时进行整改，能够调整设计的要及时调整。对尚未开工建设的项目，主要检查项目审批或核准工程设计是否符合国家专项规划和相关建设标准、规范，对不符合的建设项目，要进行调整或重新设计。请灾区省于 2009 年 2 月底前，将复核及整改情况报送国务院汶川地震灾后恢复重建工作协调小组。

灾区各级人民政府、对口支援省（市）和国务院有关部门要加强工作协调配合，加强对社会各方面的正确引导，总结经验教训，举一反三，共同做好学校、医院等公共服务设施的恢复重建工作，又好又快地完成恢复重建各项任务。

二〇〇九年一月十五日

国家发展和改革委员会办公厅、国土资源部办公厅关于进一步做好汶川、玉树地震灾区地质灾害防治工作的紧急通知

（特急　发改办西部〔2010〕1953号）

四川、甘肃、陕西、青海省人民政府办公厅：

汶川、玉树地震灾区山体松动、岩体破碎，遭遇强降雨极易引发崩塌、滑坡和泥石流等地质灾害。8月7日，甘肃甘南州舟曲县突发特大泥石流灾害，给广大人民群众生命和财产安全造成了巨大损失。为切实加强汶川、玉树地震灾区地质灾害防治工作，最大限度保障灾区人民群众的生命财产安全，现就有关事项通知如下：

一、充分认识当前地震灾区地质灾害防治工作的重要性

受地震灾害的影响，汶川、玉树等地震灾区山体松动、岩石破碎现象严重，形成大量地质灾害隐患。当前正值主汛期，加之今年极端天气频发，若遇瞬时暴雨和强降雨，极易导致山体崩塌、滑坡，形成泥石流灾害。同时，地震灾区因地震形成的壅塞体、堰塞湖等其他安全隐患尚未彻底排除。地震灾区地质灾害隐患分布广、数量多、危害大、险情重、治理难度高，不仅严重威胁着群众生命财产安全，还严重影响着灾后恢复重建的顺利实施和灾区经济社会可持续发展。

地震灾区各级人民政府要认真吸取甘肃舟曲县特大泥石流灾害的深刻教训，充分认识地质灾害的隐蔽性、复杂性、长期性和突发性，高度重视地质灾害防治工作，真正把加强地质灾害防治作为一项重要任务，特别是进一步部署和落实好地质灾害防范应对的各项工作。

二、进一步加强地震灾区地质灾害隐患排查和监测预警工作

要坚决克服麻痹思想和侥幸心理，切实强化防范地质灾害的各项措施。重点针对可能引发地质灾害的城镇、乡村等人员聚集区，公路、铁路等交通要道沿线地区和重大项目施工区，迅速开展地质灾害隐患再排查工作，确保不留死角。加强地质灾害监测预警，重点抓住泥石流、崩塌和滑坡等成灾快、防范难度大的灾种，加大汛期巡查监测频率，对各重大隐患点实行24小时监测，对所有威胁群众和重要设施安全的地质灾害隐患点采取更有针对性的监测手段和方法，一旦发生险情及时发出预警。地方各级人民政府要负起地质灾害防治工作的责任，加强县乡两级责任制的落实，把责任层层落实到基层和人员。

三、加快实施地震灾后恢复重建规划确定的灾区地质灾害防治项目

地质灾害防治是汶川、玉树灾后恢复重建规划确定的重要任务。灾区各级人民政府和主管部门要按照预防为主、治理与避让相结合的原则，采取切实可行的地质灾害防治措施，积极开展地质灾害综合治理，认真实施好地质灾害防治项目，加强防灾减灾体系和综合减灾能力建设，提高灾害预防和紧急救援能力。地震灾区各级政府要认真贯彻执行地震灾后重建条例、地震灾后恢复重建防灾减灾专项规划和本省制定的管理办法以及国务院、省政府的规范性文件，按照“三年

任务两年基本完成”的总体要求，对已确定的地质灾害防治任务倒排时间表，调动社会各方面力量，确保按时完成地质灾害防治的各项任务。地震灾区各省要确保地质灾害防治经费资金到位率，加快地质灾害防治专项规划中的地质灾害防治任务实施，将新发现的隐患点全部纳入监测范围，强化监测预警和应急处置，最大限度保障群众生命和财产安全。

灾后重建过程中要切实加强地质灾害危险性评估。对位于地质灾害易发区内的灾后恢复重建建设项目，必须开展地质灾害危险性评估，尽量不要将城镇村等人员集中区建立在地质灾害危险区内。对确实无法完全避让的，必须采取工程措施排危除险。对存在地质灾害隐患，未开展工程治理的，不得批准建设用地。

考虑到地震灾区地质灾害的突发性、动态性，地质灾害治理项目条件多有变化，灾区省可根据实际情况，在资金总量不变和防灾效益不减的前提下对恢复重建规划中的地质灾害防治项目进行动态调整。对由专业地勘单位和专家论证后提出的部分规划项目防灾手段发生改变的，可相应调整防灾措施和部署；对突发或新增而未纳入规划但对后期恢复重建项目有严重威胁的地质灾害点可及时纳入规划并付诸实施，以确保恢复重建项目的地质安全，确保人民群众的安全。

二〇一〇年八月十五日

国家发展改革委办公厅
关于汶川地震灾区发展振兴规划的复函

（特急　发改办西部〔2011〕1031号）

四川省人民政府办公厅：

你省人民政府《关于报送〈汶川地震灾区发展振兴规划（2011—2015年）〉的函》（川府函〔2010〕259号）收悉。经汶川地震灾后恢复重建工作协调小组全体会议研究，现函复如下：

一、汶川特大地震发生后，在党中央、国务院坚强领导下，在全国人民大力支援下，经过灾区广大干部群众自力更生、艰苦奋斗，灾后恢复重建取得了决定性胜利，创造了人类救灾和灾后恢复重建史上的奇迹。针对灾区仍存在自我发展能力薄弱、生态环境脆弱、就业形势严峻、贫困发生率较高等问题，为实现灾区经济社会进一步发展和振兴，你省编制实施《汶川地震灾区发展振兴规划》（以下简称《振兴规划》）十分必要。

二、《振兴规划》坚持以邓小平理论和“三个代表”重要思想为指导，全面贯彻落实科学发展观和加快转变经济发展方式的要求，着力巩固灾后恢复重建成果，着力保障和改善民生，着力加强生态环境治理与保护，着力增强自我发展能力。我委原则赞成《振兴规划》，相信通过规划的实施，将为灾区经济社会可持续发展和全面建设小康社会奠定坚实基础。

三、支持汶川等灾区发展，已列入国民经济和社会发展“十二五”规划纲要和新一轮西部大

开发有关政策规划中。请你省做好《振兴规划》与国家“十二五”规划及有关专项规划的衔接。《振兴规划》所涉及的重大建设项目，请认真做好前期工作，按国家有关规定程序审核批准。对所涉及的有关政策措施，请加强与有关部门的沟通衔接。

四、建议《振兴规划》经你省人民政府批准后组织实施。我委将会同有关部门对灾区发展振兴继续给予积极支持。

特此函复。

二〇一一年五月六日

回良玉在汶川地震灾后恢复重建总结表彰大会上的讲话

（2011年10月14日）

同志们、朋友们：

“5·12”汶川特大地震，是新中国成立以来破坏性最强、波及范围最广、救灾难度最大的一次地震。在党中央、国务院和中央军委坚强领导下，全党全军全国各族人民众志成城，迅速开展了气壮山河的抗震救灾斗争，奋勇夺取了抗震救灾的重大胜利。经过三年的顽强拼搏，我们又取得了灾后恢复重建的全面胜利，实现了地震灾区翻天覆地的历史巨变，创造了世界灾后重建史上的又一次奇迹，书写了中华民族从灾难到进步、从悲壮到豪迈的恢宏篇章！

今天，我们隆重召开汶川地震灾后恢复重建总结表彰大会，就是要全面总结灾后恢复重建工作，表彰做出突出贡献的先进集体和先进个人，弘扬伟大的抗震救灾精神，激励全党全军全国各族人民以先进人物为榜样，奋力推进改革开放和社会主义现代化建设，努力夺取全面建设小康社会新胜利、开创中国特色社会主义事业新局面。

在这里，我们代表党中央、国务院和中央军委，向受到表彰的先进集体、先进个人和奋战在恢复重建第一线的广大干部群众，致以崇高的敬意！向大力支持恢复重建的全国各条战线的广大干部群众、各界人士和港澳同胞、台湾同胞、海外侨胞，表示衷心的感谢！向关心、支持灾区建设的国际友人和有关组织，致以诚挚的谢意！

同志们、朋友们！

汶川地震灾后恢复重建，是人类救灾史上罕见的浩大工程，是中国人民应对自然灾害的伟大壮举。恢复重建范围广，涉及13万多平方公里地域，涵盖经济、社会、生态等方方面面；恢复重建规模大，近2000万受灾群众需要安置，大量损毁的基础设施和公共服务设施急需恢复，支离破碎的山川田园需要重新整治；恢复重建难度高，灾区山高沟深、地质结构复杂，次生灾害频

发，施工环境恶劣；恢复重建时间紧，在3年内要全面完成各项任务。但“任何困难都难不倒英雄的中国人民”，以胡锦涛同志为总书记的党中央，团结带领全国各族人民，万众一心，迎难而上，展开了一场艰苦卓绝、感天动地的灾后重建斗争。

面对灾后恢复重建的艰巨任务，党中央、国务院总揽全局、科学决策，坚强地组织领导各项重建工作。胡锦涛总书记多次主持召开中共中央政治局会议和政治局常委会议，对灾后恢复重建作出重大部署。温家宝总理多次主持召开会议，研究制定灾后恢复重建规划和政策措施。全国人大及时审议批准调整中央财政年度预算支出结构，支持建立中央财政汶川地震灾后恢复重建基金。全国政协多次组织调研协商，集智聚力助推灾后恢复重建。党中央、国务院领导同志心系灾区、情系群众，一次次深入灾区指导恢复重建工作。中央的深切关怀、有力部署，极大地鼓舞了灾区人民重建家园的信心，为灾后恢复重建注入了强大动力！

面对灾后恢复重建的艰巨任务，灾区干部群众不等不靠、奋发图强，用自己的双手重建家园。灾区各级党委和政府加强领导、一线指挥，统筹各方力量，完善工作机制，强力推进灾后恢复重建。基层党组织充分发挥战斗堡垒作用，广大党员以身作则、冲锋在前，团结带领灾区群众从悲痛中坚强地走出、从废墟上顽强地站起，用实际行动诠释共产党人的先进性。灾区广大群众以不屈不挠的意志和强烈的主人翁意识，主动投身恢复重建。在残垣断壁、废墟瓦砾上建起的美好新家园，凝聚着灾区广大干部群众的汗水和智慧！

面对灾后恢复重建的艰巨任务，对口支援省市顾全大局、勇挑重担，大力帮助灾区开展恢复重建。对口支援省市的党委、政府以高度的政治责任感，迅速成立对口支援工作领导小组，果断调整财政支出结构，有效动员人力物力支援灾区。精心挑选的援建干部和援建人员，不怕苦、不怕难、不怕险，与灾区人民携手并肩、同甘共苦地奋战在一线，付出了大量的心血与汗水。19个援建省市、35万援建大军的无私奉献，为恢复重建立下了汗马功劳、做出了巨大贡献！

面对灾后恢复重建的艰巨任务，人民军队和社会各界齐心协力、广泛动员，合力推进灾后恢复重建。人民解放军指战员、武警部队官兵坚决听从党的召唤，及时抢运重建物资，精心施工援建项目。没有对口支持任务的省区市通过各种方式大力支援灾后恢复重建。红十字会等各类社会组织充分发挥自身优势，在资金募集、企业重建、技能培训和中介服务等方面发挥了重要作用。广大志愿者从天南地北赶赴灾区，以多种方式为灾区提供帮助。港澳台同胞、海外侨胞，慷慨解囊，倾情支援。人民军队和社会各界的宝贵支持，饱含深情厚谊，凝聚民族大爱，承载美好祝愿，灾区人民将永远铭记在心！

经过一千多个日日夜夜的艰苦奋战，恢复重建取得了决定性胜利。灾区基本生产生活条件和经济社会发展水平得到全面恢复并超过灾前水平，实现了“家家有房住、户户有就业、人人有保障、设施有提高、经济有发展、生态有改善”的重建目标，呈现出勃勃生机与活力。可以说，恢复重建的三年，是灾区生活条件大变样的三年，是灾区社会事业大跨越的三年，是灾区基础设施大提升的三年，是灾区产业结构大调整的三年，也是灾区自强不息精神大弘扬的三年。如今的灾区，漂亮的农村安置点错落有致，崭新的城镇安居房拔地而起，高水准的学校、医院等合理分布，公共服务设施质量和均等化程度跃居西部地区前列，一个安居乐业、生态文明、安全和谐的

新家园呈现在世人眼前。如今的灾区，交通、水利、能源、通信等基础设施日趋完善，特色优势产业顺势而起，经济结构优化升级，主要经济指标超过震前水平，可持续发展能力显著提升。如今的灾区，干部群众乐观向上、奋发进取，开放意识、创业意识、文明意识大大增强，曾经饱受创伤的灾区人民正满怀信心地创造新的生活。我们不仅重建了一个物质家园，也重建了一个精神家园。傲然耸立地震废墟之上的，不仅仅是一幢幢建筑，还有无比的信心、非凡的勇气和磅礴的力量。这是一笔巨大的宝贵财富，必将极大地鼓舞和激励全国各族人民团结奋进，创造出无愧于历史和时代的伟业！

同志们、朋友们！

三年负重前行，我们穿越灾难、加快发展，经受住了重重考验；三年坚韧奋斗，我们同心协力、顽强拼搏，战胜了千难万险。灾后恢复重建中展现的制度优势、凝聚的民族智慧、创造的鲜活经验，值得我们深入总结和发扬光大。

中央统筹、分级负责是恢复重建的体制保障。党中央、国务院对灾后恢复重建的坚强领导，再次向世人展示了党和政府强大的应急动员能力、资源调配能力、统筹协调能力和驾驭复杂局面的能力。上万亿元重建资金的顺利筹措，几十万建设大军的迅速组织，四万多个重建项目的快速推进，再次向世人证明了社会主义制度决策高效、组织有力、集中力量办大事、办难事的巨大优越性。灾区省对恢复重建负总责，灾区各级党委和政府紧密结合当地实际，创造性地开展重建工作。恢复重建的伟大实践充分表明，中国共产党是中国特色社会主义事业的坚强领导核心，中国特色社会主义制度是当代中国发展进步的根本制度保障，只要我们坚持发挥政治和制度优势，就一定能够战胜前进道路上的一切艰难险阻！

以人为本、民生优先是恢复重建的核心理念。我们始终坚持思想上尊重群众、感情上贴近群众、行动上依靠群众。从快速建成城乡住房到优先建设学校、医院，从保障群众基本生活到提供更多就业岗位，从关怀“三孤”人员到做好再生育服务，从崭新的城镇到漂亮的乡村，事事关系群众利益，件件惠及受灾群众。恢复重建的伟大实践充分表明，群众利益高于一切，民生重于泰山，只要我们以最快速度恢复灾区生活秩序、以最大限度集中资源建设民生设施、以最大力度改善灾区生活条件，就一定能够赢得人民群众的拥护和支持、夺取对自然灾害斗争的最后胜利！

尊重自然、遵循规律是恢复重建的重要原则。面对灾区地质条件复杂、生态环境脆弱、自然灾害多发的严酷现实，我们以科学严谨的态度对生产生活设施和生态环境系统进行恢复重建。坚持科学布局，根据资源环境承载能力，充分考虑潜在灾害威胁，确定不同区域的主体功能，优化城乡体系、人口分布、产业结构。坚持科学选址，安全至上，积极避让断裂带、地质灾害隐患点、泄洪通道。坚持科学治理，在部署生态环境恢复重建任务中，强调自然修复与人工治理相结合、生物措施与工程措施相结合，最大限度减少次生灾害。恢复重建的伟大实践充分表明，人类必须懂得认识自然、尊重自然、把握规律，只要我们注重经济发展与资源环境相协调，就一定能够实现人与自然和谐相处，促进可持续发展！

科学规划、统筹兼顾是恢复重建的根本方法。恢复重建是一项复杂的系统工程，我们本着对灾区人民负责、对子孙后代负责、对历史负责的态度，坚持深入调研、广纳民意，科学制定灾

后恢复重建规划。在规划理念上，努力体现科学发展观的要求，强调灾后恢复重建不是简单地“克隆”复制，而是功能的完善、结构的优化、特色的彰显，是更高起点的建设、更高水平的发展；在规划程序上，坚持开门开放、公开透明，充分发挥国家汶川地震专家委员会的作用，努力集中全国乃至国外的智慧，确保布局和设计的合理性、先进性、科学性；在规划内容上，将恢复重建与转变经济发展方式、优化经济布局、改善城乡基础设施、保护生态环境相结合，与新型工业化、新型城镇化和农业现代化、新农村建设相联动，确保了生活与生产、当前与长远、物质与精神的全面协调可持续发展；在规划体系上，坚持目标明确、层次分明、全程覆盖的原则，将总体规划与专项规划、行业规划紧密衔接，确保了上下联动、协调统一，所有灾后恢复重建项目均严格按规划实施。同时，做好中期评估，及时对部分项目进行必要调整，使规划更加符合灾区实际。恢复重建的伟大实践充分表明，对事关群众切身利益和地区长远发展的建设工程必须周全考虑、缜密组织，只要我们坚持规划先行、科学指导，就一定能够高水平、高质量地顺利推进，做到不留遗憾、不留隐患、不留包袱，经得起实践和历史的检验！

依靠群众、激发活力是恢复重建的决定力量。在恢复重建中，我们坚持依靠灾区群众，充分发挥他们的主体作用。通过宣传引导，调动灾区群众战胜困难、互帮互助、共建家园的自觉性。通过民主决策，调动灾区群众参与规划设计、重建选址、工程施工等各个环节的积极性。通过财税政策，调动灾区群众建房兴业、创业就业、增收致富的主动性。恢复重建的伟大实践充分表明，人民群众是抗击自然灾害最深厚的基础、最牢固的支撑、最强大的依靠，只要我们尊重人民群众的主体地位和首创精神，就一定能够从人民群众中获得不竭的力量源泉，永远立于不败之地！

对口支援、多方参与是恢复重建的关键举措。中央确定的“一省帮一重灾县（市）”的对口支援举措，将19个省（市）与灾区紧紧连在一起，这是我国抗灾史上的第一次，也是世界救灾史上的首创。我们注重创新对口支援形式，有效调动援建省市与灾区省的积极性；丰富对口支援内容，推动恢复重建与发展提升双赢；扩大对口支援效应，不仅使灾区群众生产生活在较短时间内得到恢复和提升，而且促进东中西部经济大合作、文化大交流、理念大融合、民族大团结。恢复重建的伟大实践充分表明，中华民族具有生死与共、守望相助的优良传统，只要我们和衷共济、携手并肩、不懈奋斗，就一定能够巍然屹立于世界民族之林！

依法推进、加强监管是恢复重建的有力保障。国务院颁布施行了《汶川地震灾后恢复重建条例》，一部法规因一场灾害而立，开我国立法史和救灾史上的先河。中央和各省出台一系列配套制度，受灾省制定了一系列地方性法规和政府规章，使灾后恢复重建纳入法制化轨道，确保灾后恢复重建的责任落实。同时，强化工程质量、资金和施工安全，监督检查工作及时有效跟进，严格落实管理制度，严格执行法定的基本建设程序，严格进行工程质量监督。纪检监察、审计部门全过程加强对资金、物资筹集使用的监管和审计，确保重建资金按照规定专款专用。充分利用信息网络平台，及时公布重建规划、项目、资金等相关信息，主动接受社会监督。恢复重建的伟大实践充分表明，规章制度是组织重大工程建设的生命线，只要我们坚持依法依规办事，做到政策公开、规划公开、规范操作、透明运行，就一定能够又好又快地建成德政工程、民心工程，取信于天下！

开拓进取、勇于创新是恢复重建的强大武器。灾后恢复重建中遇到的很多困难和问题是前所未有的。我们坚持以科学发展观为指导，结合实际积极推进体制机制和工作方式方法的创新。通过创新资金筹措方式，将政府的引导作用和市场配置资源的基础性作用有机结合，以有力的财政金融政策和市场化运作模式，激发金融机构和民间资本的投资热情；通过创新住房重建方式，开拓出原址重建、统规统建、统规自建、开发重建、异地安置，以及业主联建等成功模式，充分满足了群众的不同意愿，切实维护了群众的合法利益；通过创新产业重建方式，将产业恢复重建与优化布局、转型升级结合起来，增强了核心竞争力和发展后劲。正是这些积极的探索创新，使灾后恢复重建中的一个个难题迎刃而解、一个个困境迅速突破，推动各项工作有力有序有效进行。恢复重建的伟大实践充分表明，创新是事业成功的法宝，只要我们坚持解放思想、实事求是、与时俱进，勇于探索、大胆创新，就一定能够克服各种困难和障碍，不断把各项事业推向前进，从胜利走向新的胜利！

同志们、朋友们！

灾后恢复重建任务的胜利完成，确实可喜可贺。但也要清醒看到，巩固恢复重建成果、全面提升灾区发展水平，任重而道远，需要我们再接再厉、继续奋斗。

受灾地区要奋力开创发展振兴新局面。要牢牢把握科学发展的主题和加快转变经济发展方式的主线，抓住实施“十二五”规划和西部大开发战略的新机遇，促进灾区经济社会发展再上新台阶。要着力巩固灾后恢复重建成果，把建成的项目运营好、维护好、管理好，使恢复重建的成果长期有效地服务灾区人民。要着力保障和改善民生，把促进就业作为灾区发展振兴的优先目标，继续抓好特殊困难群体帮扶工作，切实解决好灾区群众建房还贷、上学、就医等实际困难，继续做好心理抚慰和再生育服务工作。要着力加强生态环境治理与保护，加大灾区中小河流治理和中小水库除险加固，加强地质灾害防治，坚持不懈抓好生态修复。要着力增强自我发展能力，充分发挥自身优势，培育壮大特色优势产业，推进产业结构升级，为灾区经济社会可持续发展奠定坚实基础。

援建省市要积极探索区域合作新机制。对口支援省市要推进与灾区省的长期合作，探索建立长效合作机制，促进优势互补，共同拓展发展空间，继续拓宽区域协调发展、实现共同富裕的新路子。参加援建工作的单位及干部职工，要珍惜、传承和发展与灾区人民建立的深厚情谊，继续关心和帮助灾区人民。中央有关部门要继续支持灾区发展，在项目、资金、政策、人才等各方面对灾区给予扶持，为灾区发展振兴创造良好条件。

全社会要从恢复重建的伟大壮举中汲取新动力。要深入总结恢复重建中的创新和探索，进一步完善我国应急管理机制、防灾减灾体系、灾害救助规范、区域合作途径、社会动员模式。要在全社会掀起向恢复重建先进集体和模范人物学习的热潮，学习他们无私奉献、团结奋进的崇高品质，不怕吃苦、不畏艰难的优良作风，开拓创新、锐意进取的拼搏精神。要继续弘扬“万众一心、众志成城，不畏艰险、百折不挠，以人为本、尊重科学”的抗震救灾精神，总结挖掘“一方有难、八方支援，自强不息、感恩奋进，以人为本、崇尚科学”的恢复重建精神，丰富和发展以爱国主义为核心的民族精神。要通过总结、学习、宣传活动，进一步鼓舞斗志、凝聚力量，促进经济社会又好又快发展。

同志们、朋友们！

三年前，汶川抗震救灾伟大斗争可歌可泣，让世界为之动容。三年后，灾后恢复重建取得的

辉煌成就，被誉为全球灾后重建的最佳典范。这些伟大胜利，再次展示了中国速度、中国力量、中国优势，进一步增强了民族自尊心、自信心、自豪感；再次昭示出，在中国共产党领导下，伟大的中国人民能够创造任何人间奇迹。让我们紧密团结在以胡锦涛同志为总书记的党中央周围，高举中国特色社会主义伟大旗帜，以更加坚强的意志、更加坚定的行动、更加坚实的步伐，为创造汶川地震灾区更加幸福美好的明天，为实现中华民族伟大复兴而努力奋斗！

（载《人民日报》2011 年 10 月 15 日第 5 版）

人力资源和社会保障部、国家发展改革委员会、解放军总政治部关于表彰汶川地震灾后恢复重建先进集体和先进个人的决定

（人社部〔2011〕108号）

汶川特大地震是新中国成立以来破坏性最强、波及范围最广、救灾难度最大的一次地震，给灾区人民生命财产和经济社会发展造成了巨大损失。在党中央、国务院和中央军委坚强领导下，全党全军全国各族人民和衷共济、同心协力，夺取了灾后恢复重建的全面胜利，创造了人类灾后恢复重建史上的伟大奇迹。

在汶川特大地震灾后恢复重建中，灾区广大干部群众自力更生、顽强拼搏，对口支援省市全力以赴、无私援助，解放军和武警部队广大官兵牢记宗旨、勇挑重担，社会各界勠力同心、倾情支援，涌现出一大批做出突出贡献的先进集体和先进个人。三年灾后恢复重建，充分展示了党和人民的强大力量，弘扬了中华民族的伟大精神，彰显了社会主义制度的巨大优越性。

为大力弘扬伟大的抗震救灾精神，进一步增强中华民族的凝聚力、向心力，激励全国各族人民奋力推进我国改革开放和社会主义现代化建设事业，人力资源和社会保障部、国家发展和改革委员会、解放军总政治部决定，授予汶川县灾后恢复重建委员会等 200 个集体“汶川地震灾后恢复重建先进集体”荣誉称号；授予李光辉等 295 名同志“汶川地震灾后恢复重建先进个人”荣誉称号，被授予“汶川地震灾后恢复重建先进个人”的同志享受省部级先进工作者和劳动模范待遇。希望被授予荣誉称号的先进集体和先进个人珍惜荣誉，积极进取，再立新功。

全国广大干部群众、解放军和武警部队指战员要以受表彰的先进集体和先进个人为榜样，学习他们艰苦奋斗、勇于奉献的崇高精神，更加紧密地团结在以胡锦涛同志为总书记的党中央周

围，高举中国特色社会主义伟大旗帜，以邓小平理论和“三个代表”重要思想为指导，深入贯彻落实科学发展观，努力开创中国特色社会主义事业新局面！

附件：

一、汶川地震灾后恢复重建先进集体名单

二、汶川地震灾后恢复重建先进个人名单

人力资源和社会保障部

国家发展改革委员会

解放军总政治部

二〇一一年十月十日

一、汶川地震灾后恢复重建先进集体名单（共200个）

四川省

汶川县灾后恢复重建委员会

都江堰市发展和改革局

崇州市街子镇人民政府

大邑县雾山乡人民政府

成都红旗连锁股份有限公司

成都市兴蓉集团有限公司

自贡市发展和改革委员会

攀枝花市发展和改革委员会

攀枝花市教育局

泸州老窖集团有限责任公司

德阳市旌阳区“5·12”地震灾后恢复重建委员会

广汉市“5·12”地震灾后恢复重建委员会

中共什邡市师古镇委员会

四川剑南春集团有限责任公司

德阳市发展和改革委员会

北川羌族自治县人力资源和社会保障局

四川六合锻造股份有限公司

安县财政局

平武县南坝镇人民政府

绵阳市发展和改革委员会

广元市汶川地震灾后恢复重建委员会办公室

苍溪县国土资源局
旺苍县“5·12”地震灾后恢复重建委员会
剑阁县“5·12”地震灾后恢复重建委员会
青川县“5·12”地震灾后恢复重建委员会
射洪县民政局
内江市发展和改革委员会
夹江县发展和改革局
阆中市住房和城乡建设局
宜宾市发展和改革委员会
达州市民政局
广安市发展和改革委员会
四川省南江中学
芦山县审计局
宝兴县城乡规划建设和住房保障局
石棉县城乡规划建设和住房保障局
汉源县“5·12”地震灾后恢复重建委员会
仁寿县汶川地震灾后恢复重建工作领导小组
资阳市发展和改革委员会
中共阿坝州纪律检查委员会
茂县发展和改革局
中共黑水县沙石多乡委员会
阿坝州公路管理局
甘孜州发展和改革委员会
康定县发展和改革局
凉山州人民政府办公室
会理县地震灾后重建委员会
四川天彭电力开发有限公司
四川路桥大桥分公司
中国华西企业股份有限公司第十二建筑工程公司
四川省发展和改革委员会固定资产投资处
四川省财政厅灾后恢复重建资金管理办公室
四川省城乡规划设计研究院
四川省水利厅规划计划处
德阳市工商行政管理局
四川日报地方记者部
阿坝师范高等专科学校灾后重建指挥部

甘肃省

陇南市武都区交通运输局
中共康县岸门口镇委员会
文县中庙乡肖家坝村党支部
中共文县天池乡委员会
成县店村镇新村党支部
徽县江洛镇人民政府
中共西和县汉源镇委员会
两当县杨店乡人民政府
陇南市发展和改革委员会
陇南市民政局
甘南藏族自治州住房和城乡建设局
舟曲县民政局
甘肃省民政厅救灾处
甘肃省住房和城乡建设厅勘察设计处

陕西省

宁强县燕子砭镇东丽村村民委员会
宁强县发展和改革局
中共略阳县纪律检查委员会
略阳县徐家坪镇人民政府
勉县发展和改革局
勉县阜川镇人民政府
宝鸡市陈仓区教育体育局
陕西省地震灾后恢复重建领导小组办公室

山东省

潍坊市住房和城乡建设局
济宁市发展和改革委员会
威海市城乡建设委员会
青岛市对口支援北川灾后恢复重建领导小组办公室
淄博市委、市政府对口支援北川灾后恢复重建工作领导小组办公室
济南城建集团有限公司
山东万达建安股份有限公司
烟建集团有限公司

广东省

广东省对口支援四川省汶川县恢复重建工作组
广州市对口援建威州前线工作组
深圳市抗震救灾对口支援工作前方指挥部
深圳市抗震救灾对口支援工作驻前方纪检监察组
深圳市第二批援甘医疗队
佛山市对口支援地震灾区灾后恢复重建工作领导小组办公室
东莞市援建映秀工程管理处
中山市对口支援汶川县漩口镇灾后恢复重建工作组
惠州市对口支援汶川县三江乡恢复重建工作组
湛江市对口支援汶川县龙溪乡恢复重建工作组

浙江省

浙江省支援青川县灾后恢复重建指挥部
杭州市支援青川县灾后恢复重建指挥部
宁波市支援青川县灾后恢复重建指挥部
温州市支援青川县灾后恢复重建指挥部
浙江建设投资集团
浙江省发展和改革委员会援建办
浙江省教育技术中心
浙江省人民医院

江苏省

江苏省第一批赴四川绵竹支教团
江苏省对口支援四川绵竹医疗卫生总队
南京市对口援建四川省绵竹市剑南镇地震灾区建设指挥部
无锡市对口支援四川省绵竹市汉旺镇天池乡现场指挥部
徐州市对口支援绵竹市富新镇恢复重建前线指挥部
苏州市对口支援绵竹地震灾后恢复重建指挥组
扬州市对口支援四川绵竹九龙镇地震灾后恢复重建援建指挥部
江苏省住房城乡建设厅驻绵竹对口支援规划工作组

北京市

北京市对口支援地震灾区指挥部前线分指挥部
北京市建设工程安全质量监督总站
北京建工集团有限责任公司什邡人民医院工程项目部

北京城建集团有限责任公司什邡市渔江村安置房项目部
北京住总集团什邡职业中专项目部
北京市政集团一公司广青公路项目部

上海市

上海市对口支援都江堰市灾后重建指挥部
同济大学建筑与城市规划学院
上海城建第二市政对口支援都江堰市灾后重建指挥部
上海市医疗卫生系统对口支援都江堰灾后重建工作领导小组前方工作组
上海市教育技术装备部
上海孙桥现代农业联合发展有限公司
上海社工灾后重建服务团

河北省

河北省交通运输厅公路管理局
石家庄市行政事业单位项目建设管理中心
保定市发展和改革委员会
邯郸市建设局建筑业管理办公室

辽宁省

辽宁省建筑设计研究院项目管理咨询公司
辽宁省发展和改革委员会固定资产投资处
辽宁省水利水电科学研究院

河南省

郑州市发展和改革委员会
洛阳市住房和城乡建设委员会
河南省对口支援江油市恢复重建工作领导小组办公室
河南煤业化工集团有限责任公司洛阳 LYC 轴承有限公司

福建省

厦门市对口支援彭州市四镇灾后恢复重建前方指挥部
福建省第五建筑工程公司
龙岩市政府办公室
福建省立医院

山西省

山西省对口支援四川省茂县前线指挥部

山西八建集团有限公司

山西路桥一公司援茂公路项目部

湖南省

湖南省对口支援理县灾后重建工作队

湖南长顺工程建设监理有限公司

湖南省建筑设计院四川理县灾后重建代建项目部

湖南华罡规划设计研究院有限公司

吉林省

吉林省对口支援黑水县恢复重建工作领导小组办公室

吉林省住房和城乡建设厅援建黑水县项目办公室

吉林省交通运输厅对口支援黑水县恢复重建工作办公室

安徽省

安徽省驻松潘县援建办公室

安徽省公路桥梁工程公司

六安市人民医院

江西省

江西宏盛建业集团有限公司

江西中恒建设集团有限公司

江西省发展和改革委员会固定资产投资处

湖北省

湖北省抗震救灾对口支援工作领导小组办公室

荆州市抗震救灾对口支援领导小组办公室

咸宁市抗震救灾对口支援领导小组办公室

宜昌市抗震救灾对口支援领导小组办公室

重庆市

重庆市交通投资公司

重庆城建控股（集团）有限责任公司

重庆市卫生局卫生应急办公室

黑龙江省

黑龙江省发展和改革委员会西部开发处

黑龙江省教育厅对口支援四川省剑阁县灾后恢复重建办公室

黑龙江省突发公共卫生事件应急指挥中心办公室

天津市

天津市人民政府合作交流办公室对口支援处

天津市规划院陕西宁强灾后重建规划设计项目组

天津人民广播电台技术部

中国人民解放军

95538 部队

第二炮兵后勤部基建营房部基建工程处

77118 部队

78187 部队

78526 部队

78638 部队

中国人民武装警察部队

武警四川省总队阿坝藏族羌族自治州支队汶川县中队

武警水电第三总队十一支队四中队

武警交通直属工程部援建茂县八一中学项目部

中央直属机关和单位

中共中央纪委第五纪检监察室二处

中共中央组织部干部一局调配处

中国华侨公益基金会

中央电视台新闻中心新闻频道

中国国际广播电台华语环球节目中心中文环球节目部

新华社参考新闻编辑部清样室

中央国家机关和单位

国家发展和改革委员会西部开发司经济发展处

工业和信息化部规划司发展规划处

民政部救灾司救灾处

财政部驻四川省财政监察专员办事处二处

人力资源和社会保障部规划财务司综合规划处
环境保护部规划财务司投资处
中国城市规划设计研究院北川新县城规划工作前线指挥部
农业部发展计划司投资处
文化部全国文化信息资源建设管理中心规划发展处
中国银行业监督管理委员会德阳监管分局

中央企业

东方电气集团东方汽轮机有限公司
中国第二重型机械集团公司装备部
国家电网四川电力送变电建设公司
中国电信集团四川省电信公司

社会团体

华民慈善基金会

二、汶川地震灾后恢复重建先进个人名单（共200个）

四川省

李光辉 （羌族） 中共北川羌族自治县擂鼓镇委员会书记
卞再斌 都江堰市文物局党总支书记
韩　铁 中共彭州市委员会书记
熊　伟 崇州市城乡建设局建筑业管理科副科长
黄孝良 大邑县西岭镇云华村党支部书记
李正林 彭州市民政局办公室主任
曾九利 （女） 成都市规划设计研究院高级工程师
曾小平 四川远建建筑工程设计有限公司工程师
李洪宁 （女） 自贡市第三人民医院马吃水社区服务中心主任
陈　立 四川攀枝花规划建筑设计研究院有限公司高级工程师
赵科军 攀枝花市第二小学校高级教师
童建树 泸县第二中学高级教师
陈富强 叙永县公路养护一段道桥工程师
周乐志 德阳市旌阳区教育局局长
邓紫东 广汉市发展和改革局局长

邓英华　什邡市水务局局长
杨成富　中共绵竹市孝德镇委员会书记
袁大志　中江县住房和城乡规划建设局副局长
冯远迈　罗江县交通运输局局长
廖必辉　德阳经济技术开发区拆迁安置办公室副主任
任万里　平武县人民医院医务科主任
赵迎春　中共安县委员会书记
李　海　江油市投资促进局局长
杨兰珍（女）绵阳市游仙区柏林镇洛水村党支部书记
黄　维　绵阳市建设工程质量监督站副站长
陈　勇　绵阳市水务（集团）有限公司机电维修工
向坤道　广元市利州区交通局局长
李江山　广元市元坝区交通局局长
郑　刚　中共广元市朝天区羊木镇委员会书记
李荣健　剑阁县城乡规划建设和住房保障局局长
陈明忠　中共青川县乔庄镇委员会书记
李　政　青川县物价局局长
罗义碧　青川县黄坪乡农业服务中心科员
朱昌建　遂宁市安居区民政局局长
付　俭　射洪县发展和改革局局长
罗炳云　内江市人民政府应急管理办公室综合科科长
游建清　内江市建设工程质量安全监督站副站长
曾　昆（女）乐山市第七中学高级教师
刘其昕（女）夹江县卫生局局长
黄孝红　四川南充康源水务集团有限责任公司招标合同部主任
何邦良　南部县交通运输局局长
程培良　宜宾市翠屏区农牧局办公室主任
聂立超　达州市政府应急管理办公室副主任科员
王云峰　达州市市政工程有限公司审计师
龚尚银　广安市工程技术服务中心高级技术工人
陈志林　广安实验学校小学一级教师
文　静　巴中市公路管理局副局长
王　欣（女）雅安市雨城区审计局局长
宋如伟　名山县前进乡中心小学校长
赵　敏（女）中共天全县委员会副书记
莫仁菊（女）荥经县红十字会秘书长

孙红兵　雅安市发展和改革委员会项目管理协调科科长
黄湘荣　洪雅县民政局局长
黄　科　眉山市公路管理局工程养护管理科副科长
刘万权　资阳市民政局救灾科科长
黄世强　乐至县住房和城乡规划建设局副局长
何　飚　阿坝州人民政府秘书长
黄晓瑜（藏族）理县交通运输局局长
邓真介（藏族）松潘县山巴乡上磨村党支部书记
李生国　小金县人民政府办公室主任
王　强（藏族）九寨沟管理局旅游营销处处长
刘显凡（藏族）中共金川县沙耳乡委员会书记
祁继明　九寨沟县教育局中学高级教师
金卫兵　甘孜州住房和城乡规划建设局城乡建设管理科科长
唐　英（女）康定县财政局主任科员
陈　力　凉山州建设工程质量安全监督站副站长
杨碧武　凉山州民政局救灾科副科长
赵文杰　四川省紫坪铺开发有限责任公司紫坪铺水力发电厂工程师
章一萍（女）四川省建筑设计院总工程师
龙　武　四川省水电投资经营集团永安电力股份有限公司高级工
何　成　四川都汶公路有限责任公司工程部经理
秦红兵　四川省灾后重建监督检查组派驻茂县黑水县检查小组组长
孙　强　四川省委、省政府接待办公室副主任
徐　旭（女）四川省人民政府办公厅办公室主任
高立新　中共四川省委组织部机关党委副书记
蔡　勇　四川省公安厅交警总队公路巡警指导科科长
冉敬军（土家族）四川省救灾物资储备中心主任
汪友平　四川省国土资源厅办公室副主任
全应红　四川省交通运输厅公路局农村公路建设管理处副处长
陈本林　四川省林业厅发展规划与资金管理处副调研员
王剑平　四川省卫生厅规划财务处处长
赵京东　共青团四川省委员会办公室主任
刘　猛　成都市“一天公益”社会工作服务中心讲师

甘肃省

王松青　中共陇南市武都区裕河乡委员会副书记
王小平　陇南市武都区城关镇钟楼滩社区党支部书记

卯军林　陇南市武都区住房和城乡建设局副局长
杨仲金　中共文县中庙乡委员会书记
班兴仁（藏族）文县铁楼乡麦贡山村党支部书记
范登奎　中共康县阳坝镇委员会书记
王慧霞（女）康县第一人民医院院长
何新艳（女）康县碾坝乡安家坝村党支部书记
何　远　成县民政局局长
铁　武　徽县嘉陵镇嘉陵村党支部书记
王　忠　西和县教育局局长
高　山　中共两当县站儿巷镇委员会书记
杨　林　陇南市国土资源局地质勘查队队长
许　伟　文县范坝初级中学校长
尹永政（藏族）舟曲县扶贫办主任
姚刘代成　舟曲县峰迭乡坝子村党支部书记
张爱军　天水市道路运输管理局副局长
赵四辈　甘肃省发展和改革委员会处长
杨东生　甘肃省财政厅处长
谈应亭　甘肃省公路管理局科长
蒋　泽　甘肃省电力公司陇南供电公司基建部主任
张　锋　徽县农村信用合作联社理事长

陕西省

刘光祥　宁强县汉源镇七里坝村党支部书记
冯素梅（女）宁强县民政局局长
李　阳（女）中共宁强县广坪镇委员会书记
王建国　略阳县林业局局长
朱立勇　略阳县卫生局党总支书记
张善杰　略阳县马蹄湾乡马蹄湾村党支部书记
李义生　勉县温泉镇中心小学副校长
张保平　中共勉县勉阳镇委员会书记
周　华　勉县森林资源勉阳中心管护站站长
王西全　宝鸡市陈仓区灾后重建领导小组办公室副主任
韩小兵　宝鸡市陈仓区周原镇坡子村党支部书记
张小民　宝鸡市陈仓区现代农业科技示范园建设工作领导小组办公室主任

山东省

杨振华　山东省发展和改革委员会经济贸易处副处长
杜洪岭　山东省住房和城乡建设厅执法监察处副调研员
谷正强　枣庄市工程建设监理公司工人
张华玉　泰安市发展和改革委员会铁路办副主任
曹现营　日照市民政局军休所办公室主任
尚怀亮　莱芜市建筑业管理处计划财务科科长
任强廷　临沂市发展和改革委员会服务业办规划科科长
王立华　德州市规划局德城分局副局长
常继刚　聊城市住房和城乡建设委员会机关服务中心副主任
张英才　滨州市财政局经济建设科副科长
李庆喜　菏泽市城乡建设局重点工程建设办主任

广东省

陈　序（女）共青团增城市委员会书记
林居正　深圳市政府办公厅调研员
罗树生　深圳市少年宫总工程师
唐振忠　深圳市住房和建设局建设工程质量检测中心部长
吴柏文　深圳市监察局纠风处主任科员
瞿能友　深圳市第一职业技术学校培训部主任
张　彤　珠海市政府投资工程建设管理中心主任科员
杨焕新　共青团汕头市委员会副书记
卢伟敏　江门市公安局特警支队副主任科员
梁品超　佛山市禅城区财政局常务副局长
梁　涛　茂名市建设工程监督管理局主任科员
欧子标　肇庆市交通工程质量监督管理站主任科员
谢昭茂　潮州市公路规划设计中心工程师
黄伟忠　揭阳市工程建设监理有限公司副经理
吕成蹊　广东省发展和改革委员会投资处处长
李　坤　广东省审计厅财金处主任科员

浙江省

吴　升（女）杭州市发展和改革委员会主任科员
薛　斌　宁波市规划设计研究院杭州湾新区分院副院长
马善林　湖州市农业科学研究院副所长
钱永铭　海盐县发展和改革局副局长

马永良　绍兴市交通运输局党委书记、局长
杨竹山　东阳市南马镇镇长
毛建国　中共开化县委员会副书记
詹信良　舟山市农林局副局长
厉　峰　台州市财政局办公室主任
黄亦良　丽水市人民防空办公室监督管理处副处长
章西福　浙江省交通投资集团第三交通工程有限公司项目施工员

江苏省

赵亚夫　江苏丘陵地区镇江农科所高级专家
沈国芳　苏州市经济和信息化委员会主任
刘　云（女）江苏省人民医院医务处副处长
姚应平　南京市江宁区丹阳学校校长
王纪明　无锡华仁建设集团副总经理
周东平　常州市建设工程质量监督站科长
尹建伟　镇江市公安局行政财务处处长
陈汉忠　南通市财政局监督检查处副处长
盛雪东　昆山市规划局副局长
周　冰　江苏省交通规划设计院股份有限公司院长助理
季　鸣　江苏省发展和改革委员会援藏援疆处处长

北京市

韩　钢　北京市住房和城乡建设委员会施工安全管理处调研员
段丽娜（女）北京市财政局副主任科员
于俊祥　北京市工程咨询公司副总经理
李新荣（女）北京住总集团有限责任公司项目部支部书记
周剑梁　北京市纪委监察局纠风室副主任
祁　伟　北京市公联公路联络线有限责任公司什邡援建工程指挥部副指挥
任克强　北京城乡建设集团有限责任公司紫荆市政分公司常务副经理
李建平　北京市政路桥控股集团公司司机
宋　兵　北京中联环建文建筑设计有限公司副总经理

上海市

王爱国　上海市政工程设计研究院项目负责人
戴军华　中交三航局兴安基建筑工程有限公司项目负责人
马国彦（女，彝族）上海交通大学附属实验小学艺术总指导

潘启超　上海市疾病预防控制中心主任助理
杨璐蔚（女）上海广播电视台记者
段慧霞（女）上海市浦东新区社会工作者协会常务副会长兼秘书长
袁克俭　上海交通大学医学院附属瑞金医院副院长
杨志方　上海市市政规划设计研究院院长
李志宏　上海市第四建筑有限公司副总经理
何怀青　上海市人民政府合作交流办公室处长
朱勤忠　上海市卫生局副处长

河北省

沙振华　河北省发展和改革委员会副处长
符睿敏　唐山市燃气集团有限公司正高级工程师
雒振林　河北省建筑科学研究院工程师
曹文鹏　石家庄市发展和改革委员会对口支援办公室副主任
毛元利　河北建设集团有限公司副总裁

辽宁省

庞光辉　辽宁省城乡建设规划设计院所长
王洪新　辽宁省援建办调研员
李　强　辽宁省公路勘测设计公司副总工
许　赢　辽宁省公安厅政治部科员
李　壮　辽宁省卫生厅党组秘书

河南省

刘文辉　河南省交通科学技术研究院有限公司房建研究室副主任
罗亚飞　河南省直属机关第一门诊部助理工程师
李凌翔　河南省水利第二工程局项目经理
武彦明　河南省城市规划设计研究总院有限公司副总经理
赵　刚　河南省古代建筑保护研究所勘察设计部主任

福建省

陈圆锋　福建省国土资源厅省级土地登记中心干部
詹国方　南平市住房和城乡建设局建筑业科科长
黄俊斌　龙海市建设局副局长
马和平　闽侯县青口镇科技副镇长
杨国英　宁德市城乡规划设计院副院长

山西省

崔元峰　山西省审计厅副调研员

杨海龙　山西路桥第一工程有限责任公司董事长

赵志伟　山西八建集团有限公司分公司经理

贾文焕　同煤集团宏远有限公司项目经理

李艳峰　吕梁市人民医院主任医师

湖南省

吴小月（女）湖南省发展和改革委员会投资处处长

王先佑　湖南省地图出版社党委书记

朱里标　湖南省就业服务局副局长

虢　柱　湖南省潭邵高速公路管理处副处长

田永春　湖南建工集团三公司工人

吉林省

姜　军　吉林省发展和改革委员会主任科员

王　军　吉林省交通基本建设质量监督站科长

仲维志　吉林市交通运输局公路管理处副处长

陈　芮（女）辽源市妇婴医院儿科主任

安徽省

彭新建　安徽省旅游局质量监督管理所副所长

管早临　安徽省住房和城乡建设厅副总工程师

郜德平　铜陵市第十八中学教师

罗　宝　安徽日报报业集团记者

王亮亮　合肥市公安局特警（巡警）大队巡警七大队科员

江西省

许智强　江西省建筑设计研究总院副科长

查淑萍（女）江西省建设信息中心干部

杨玉杰（女）江西省建设工程造价管理局科长

曾志杰　江西省支援灾区共建家园领导小组办公室副科长

湖北省

黎　强　荆门市教育局后勤办副主任

严友福　仙桃市住房和城乡建设委员会纪委书记

彭耀华　黄石市政府副秘书长
陈铁良　潜江市交通运输局纪委书记
李新星　葛洲坝集团技术员

重庆市

邸小勇　重庆市交通规划勘察设计院工程师
周　涛　重庆市对口支援崇州市灾后恢复重建工作领导小组办公室调研员
朱　鹏　重庆医科大学附二院副主任医师
陈　立（女）重庆市公安局指挥中心民警
李大圣（女）重庆江北区教师进修学院研究员

黑龙江省

夏忠玉　黑龙江省建设安全监督管理总站总支部书记
杨渊沛　黑龙江省民政厅调研员
陈　霖　黑龙江省发展和改革委员会科员
于　广　黑龙江省公安厅科员

天津市

杜道亮　天津市发展和改革委员会副处长
张祥青　天津荣程联合钢铁集团有限公司董事长
陈宝贵　天津市武清区中医医院名誉院长
汪　郢（满族）天津市人民政府合作交流办公室处长
张宗潮　天津市城市规划设计研究院高级规划师

中国人民解放军

黄　静（女）防空兵学院基础部军队政治工作教研室讲师
吴振波　总后勤部建筑设计研究院高级工程师
李　俊　63833部队管理处处长
邓亦敏　91099部队高级工程师
孙程光　成都军区空军后勤部机场营房处高级工程师
谭可可　96657部队高级工程师
李毅清　兰州军区联勤部基建营房部基建工程处助理员
李　戈　兰州军区兰州广武门第一干休所助理员
张　进　济南军区联勤部基建营房部老干部住房建设管理处原助理员
杨国飞　77100部队后勤部营房处助理员
李呈琦　四川省绵阳军分区后勤部助理员

刘国元　78465 部队部队长

中国人民武装警察部队

尹　刚　武警水电第三总队十支队司令部工程技术股高级工程师
程五胜　武警交通第二总队六支队司令部中心试验室工程师

中央直属机关和单位

周　波　中共中央组织部干部二局调研员、副处长
王江岩　中共中央台湾工作办公室主任科员
刘裕国　人民日报社四川分社主任记者
黄英锋　团中央青年志愿者工作部处长
郭　晓　中国儿童少年基金会秘书长助理
王小利（女）国家广播电影电视总局规划财务司调研员、副处长
车玉明　新华社国内部经济采访室副主任
练玉春　光明日报社教育部副主编
黄志凌　中国日报社四川记者站主任记者

中央国家机关和单位

张志青　国家发展和改革委员会西部开发司经济发展处副调研员
于　洋　教育部发展规划司副处长
王　雄　财政部社会保障司优抚救济处副处长
邓红蒂（女）中国土地勘测规划院研究员
李晓龙　住房和城乡建设部城乡规划司规划管理处处长
范振宇　交通运输部综合规划司公路规划处调研员
杨秀峰（满族）铁道部运输局调度部调度处处长
沈雪建　水利部水土保持司监督管理处处长
陈跃红（女）商务部市场建设司工业品流通处处长
李志新　卫生部中国疾病预防控制中心慢性非传染病预防控制中心副研究员
薛丽娜（女）中国人民银行金融市场司信贷政策管理一处主任科员
谭志武　审计署固定资产投资审计司三处处长
闫春丽（女）国家林业局发展规划和资金管理司工程财务处处长
樊　杰　中国科学院地理科学与资源研究所研究员
黄承伟　国务院扶贫办全国贫困地区干部培训中心研究员

中央企业

彭正福　中国石油西南油气田分公司川西北公共事务管理中心副主任

谭永生　中国石化西南油气分公司川西采气厂厂长助理兼调度科科长
徐祝山　中国华电四川华电杂谷脑水电开发有限责任公司总经理
俸　奕　中国铁建中铁二十三局集团有限公司第四工程有限公司副总经理
陈祖德　中国水电建设第十工程局有限公司灾后重建办公室高级工程师
刘贵平　中国建材集团北新建材集团有限公司副总经理
卿　勇　中国联通绵阳市分公司工程师

社会团体

王　军　中国扶贫基金会“5·12”灾后重建办公室主任
张晓毅　中国人寿慈善基金会秘书处高级经理

编纂始末

根据国务院批准的《〈汶川特大地震抗震救灾志〉编纂工作实施方案》，由发展改革委牵头承担《汶川特大地震抗震救灾志》第九卷《灾后重建志》（以下称“本卷”）的编纂工作。在《汶川特大地震抗震救灾志》编委会的领导下，在《灾后重建志》分卷编委会的具体领导和指导下，本卷按照“稳步前行，循序渐进，不走回头路”的总体工作要求，根据灾后重建的实际，采取边恢复重建，边收集资料，边整理资料长编，边编写初稿，边修改完善，边分纂、总纂成书的编纂工作模式，协调组织全卷编纂人员勠力同心，辛勤笔耕，四易寒暑，整理了3000万字的资料长编，搜集了数千幅照片。在资料长编的基础上，组织撰写初稿，合拢后多次征求意见、修改、统稿、评议，完成送审稿。

2009年1月，在全志编委会办公室于河北省香河组织的编纂业务培训后，本卷着手组建分卷编纂委员会。经过筹备，2009年4月27日成立由75家单位组成的本卷编委会，并举行第一次全体会议。发展改革委主任张平任编委会主任，发展改革委副主任穆虹、财政部副部长张少春、住房城乡建设部副部长仇保兴、四川省常务副省长魏宏、甘肃省常务副省长冯健身和陕西省常务副省长赵正永任副主任，国务院有关部门和19个对口支援省（市）的领导担任编委会委员。编委会下设办公室，依托国务院汶川地震灾后恢复重建工作协调小组办公室，挂靠发展改革委西部开发司。随后，办公室依托中国计划出版社，成立编纂工作室。

办公室成立后，即全面展开本卷的编纂工作。编委会副主任穆虹多次听取汇报，并要求编纂人员发扬抗震救灾精神，克服困难，抓好篇目设置工作，选择最有价值的资料，全面、客观、准确地反映灾后恢复重建工作，避免对项目、规划和政策进行简单照相；要对编纂工作进行阶段性控制，避免大返工。2009年办公室组建之初，办公室主任马力强提出要充分利用灾后恢复重建正处于进行之中的有利时机，抓紧研究技术路线、编纂方式和培训方案；各承编单位要保持编纂机构和人员稳定，保障编纂工作的连续性、稳定性。办公室副主任秦玉才多次组织召开协调会和专题会，解决编纂过程中的重大问题，对主要编纂内容进行审核。办公室副主任费志荣具体负责协调工作，2011年9月接任办公室主任，多次强调要稳扎稳打，不走回头路，保证编纂质量和进度，在6次编纂业务培训会上对编纂工作提出具体要求，对编纂内容进行审核。编纂室主任徐平具体负责编纂室的建设，组建编纂队伍，抓分纂、总纂与统稿工作，保障编纂工作顺利进行。在编委会领导的关心支持下，办公室和编纂室共同努力，一步一个脚印，扎实推进本卷编纂工作。

篇目是志书编纂的蓝图，搜集资料与撰稿离不开这个蓝图。2009年4月，在筹备编委会第一

次全体会议前，国务院汶川地震灾后恢复重建工作协调小组办公室以总体规划为主、专项规划为辅，在征求有关专家意见的基础上，拟定出本卷篇目大纲。在编委会第一次全会上，篇目大纲征求意见稿向会议散发。马力强对篇目大纲进行了简要说明。2009 年 6 月，汶川特大地震抗震救灾志编委会办公室在成都召开篇目研讨会，根据专家和承编单位意见，对篇目大纲进行局部修订。9 月 19 日，印发基本篇目，并将电子版加载在发展改革委网站主页“通知通告”和“下载专区”栏目内继续征求意见。结合恢复重建工作实际，本卷根据“科学分类与现代社会分工相结合”的志书设计原则，以灾后恢复重建总体规划和 10 个专项规划为篇目框架基础，按事类立目为主、援建主体立目为辅的原则谋篇布局。16 篇基本篇目形成后，又将基本篇目细化到目，并据此编制代码分解布置资料收集和资料稿编纂任务。进入分纂阶段后，根据资料实际又对篇目进行局部调整。

本卷编纂内容涉及中央和地方、经济社会各部门，灾区与对口支援各省市，还有部队和众多的社会组织，参与者广泛，从事者众多，编写方法众说纷纭。为了统一认识、统一体例、统一进度，办公室分阶段、有步骤地开展了 6 次较大规模的业务培训（其中个别承编单位也开展了培训）。2009 年 7 月 19—20 日，办公室在北京昌平举办资料收集、资料长编编纂和志稿编写基本知识培训班，75 个承编单位 94 人参加培训。7 月 31 日，办公室在发展改革委召开编纂工作情况通报会，委属 24 个单位负责人和联系人参加会议，启动发展改革委内相关资料收集工作。12 月 17—18 日，在成都召开重点项目入志培训会，讲解资料长编和重点项目初稿的撰写方法，川甘陕 3 个灾区省、20 个对口支援省、市（含深圳市）和三省严重受灾地区 51 个县（市、区）153 人参加培训。2010 年 4 月 25—26 日，办公室在北京怀柔召开规划政策措施入志培训会，讲解规划政策措施资料长编制作及初稿撰写的方法，回答承编单位在试写过程中遇到的问题，评点试写稿；国务院 50 个部门、100 名编纂人员参加培训。10 月 18—19 日，办公室在北京首农香山会议中心召开条目初稿撰写培训会，专家讲授条目初稿撰写的基本要求和方法，对承编单位提交的条目初稿进行点评；国务院 50 个部门、3 个灾区省和 20 个对口支援省、市（含深圳市）的 161 名编纂人员参加培训。2011 年 5 月 17—19 日，办公室在成都举办概述撰写业务培训班，以上海市和水利部提供的试写稿为例，讲授专项重建和对口援建、社会支援概况稿撰写的基本要求和方法，对安徽、湖南、江苏、辽宁、山东、山西、天津、浙江、国务院侨办、全国总工会、工业和信息化部、共青团中央、测绘局、红十字会、电监会、水利部等提供的概况试写稿进行点评；水利部、电监会、人力资源社会保障部和江苏、天津、四川介绍了编纂工作经验；国务院 50 个部门、3 个灾区省和 20 个对口支援省、市（含深圳市）的 150 人参加培训。

资料是志书编纂的基础，是志书质量的根本。按照全志编委会的要求，本卷认真做好资料收集和资料长编整理的工作。从 2009 年 7 月开始至 2011 年 10 月，本卷布置各承编单位、参编单位开展资料长编编纂和资料性初稿（本卷称“条目初稿”）的整理和撰写，并对承编单位提交的资料长编和条目初稿进行审查，及时回复审查意见。长编工作分为两个层面：第一个层面，由承编单位根据本卷办公室印发的《灾后重建志非图照资料长编编纂示例》《灾后重建志图照资料长编编纂示例》《灾后重建志检索关键词》以及长编示范稿，根据篇目代码分类收集整理资料长编。第二个层面是在长编基础上，编纂室根据成书篇目进一步整理归类。本卷整理编辑了文字资料长

编、图照资料长编以及概况资料长编。在资料长编工作基础上，办公室制定了《灾后重建志入志重点项目筛选以及资料收集整理工作要求》，并布置承编单位编纂重点项目和重要规划政策条目初稿，每个条目3000字左右。为了做好资料长编的收集整理工作，本卷在编纂之初还开发了资料长编编纂软件，根据编纂需要，利用关键词（人名、地名等）对资料长编进行整理，从而有力地保证了后期编纂工作对长编资料的查询、调阅。

本卷始终坚持实事求是、注重质量的原则，紧张有序、循序渐进。截至2011年10月，承编、参编单位提交的汇总资料稿达521万字（条目初稿）。在此基础上，从2011年10月到2012年11月，广泛吸收专家、承编单位、参编单位的意见，按照由表及里、由粗及精、由分散到整体、流水作业的方式进行分纂、总纂。其间，3次征求意见、评读志稿，3次分纂和4次总纂统稿，直至定稿。由于长达521万字的汇总稿为各地、各承编单位资料稿的汇总，行文风格迥异，内容重复芜杂，部分章节缺漏，要项要素缺少，为了统一编纂认识，在志稿撰稿和分纂、总纂前，2011年10月11—17日，编纂室在上海召开分纂工作务虚会，审读资料稿，研究分工分纂的要求和原则，形成《灾后重建志分纂工作要求》《灾后重建志分纂阶段工作分工的建议》《灾后重建志分纂统一规则》。在坚持灾后恢复重建总体规划、10个专项规划的框架基础上，按照“主线明确、体裁多样、软硬件重建结合、自成体系”的要求，采用“分、删、并、改、增、调、挪”的办法，决定对不同汇总篇章进行撰稿、分纂。撰稿人员放弃节假日，加班加点，经过近4个月的忘我工作，于2012年2月中旬提交分纂稿，计280万字，比汇总稿减少240万字，并以此征求专家意见。3月，在研究分纂稿优缺点和专家评读意见基础上，针对篇幅仍然较大，内容仍有重复、文风不统一、局部不规范等问题，进一步明确交叉处理的内容关联点，要求共性内容集中前置，突出个性和特点，确定重建项目选介规模、特点、平衡3个入选标准，统一实施综合性叙述、典型项目加表格的基本记述方法，强调进一步概括事物、精简文字。经过各分纂人员的修改加工，至2012年5月，完成220万字的初审稿，当月听取专家意见，进一步列出16篇内容的交叉重复点，明确了修改意见。

2012年6月起进入分纂修改和总纂统稿阶段。在编纂组织方面，分纂、总纂采用流水作业方式，分纂一篇总纂统稿一篇，入数据库保存并备份。至9月，修改形成120万字的征求意见稿，征求各承编单位和全志专家意见。10月20日起，梳理消化各方面意见，进行二次统稿，并插图编辑，11月18日形成114万字、297幅图照、50份表格的复审稿。在随后近一个月里，又重点处理了个别重复内容，补充缺失内容，删除内容过细、要素缺乏、史实错误、典型性不足的内容，进一步核实数据、规范文字、修改文字、润色文字、统一文风。27日通过复审后，按照复审意见进行第三次统稿。

本卷在编纂过程中集思广益，吸收了多方面的意见，包括各参编单位、专家学者等的意见，前后开展了2次评读和3次审稿工作。2012年3月1日，召开初审会，认为志稿观点正确，结构合理，同意通过初审。11月27日，本卷通过复审。

志书要求横分门类、纵述史实，以类叙事、以事系人，依时记述、述而不论，既有资料性又有著述性。尽管不少参与编纂工作的同志之前没有或很少接触修志工作，但大家克服困难，努力摸索，结合灾后重建工作的特殊性，在实践中逐渐形成“化整为零、众手成志，先点后面、前

分再总，选好专家、加强培训、推出实例，突出重点、狠抓要素，重视资料、坚信长编、加强沟通、统一思想、整体推进、循序渐进、科学运作”的编纂思路，保障了编纂工作的顺利进行。

本卷编委会主任张平、副主任穆虹在百忙中对编纂工作提出明确要求。办公室马力强、秦玉才、费志荣、徐平等领导具体指导本卷编纂工作，协调解决编纂过程中遇到的困难，确保了编纂工作顺利进行。杨伟民组织原规划办田锦尘、曹文炼、费志荣、董煜、苏崇波等对条目初稿进行了审查，提出了修改完善的意见建议。在编纂的每一个关键阶段，中国地方志指导小组秘书长、全志办主任田嘉到会予以指导、提出要求，邱新立副主任多次到培训班讲话，提出具体要求。全志办对篇目确定、初审安排、专家评读等工作给予了大力支持。国务院应急办处长贾群参与评审，提出意见和建议。正是由于领导的重视，才确保了本卷编纂力量、财力物力的投入和编纂工作的顺利进行。

各承编单位成立编纂工作机构，组织参编单位和编纂人员开展本部门、本地区相关资料的收集、资料长编编纂、条目初稿撰写、概况撰写、图照提供等工作，认真审读中间成果，提出修改意见。四川省经济信息中心在人手十分紧张的情况下，配合开展两次培训，协助开展重建规划区调研，介绍规划区重建情况，提供大量资料。甘肃省经济信息中心与深圳市密切合作，共同挑选、确定重点项目，提供资料长编。陕西省发展改革委经济研究所协助开展调研，挑选重点项目，提供大量资料。19个对口支援省（市）采用多种形式参与本卷的编纂工作。有的由对口支援灾后重建前线指挥部提供资料，编纂任务由政府部门承担，如北京市、河北省、河南省、辽宁省、湖北省、湖南省、重庆市、天津市等；有的委托给当地地方志办公室，如上海市、江西省；有的由政府所属事业单位承担，如黑龙江省、吉林省、浙江省、广东省；有的由政府机构（大多数放在发展改革委）组织聘请专家编写，如江苏省、山东省。国务院有关部门和社会团体采取多种形式参与编纂工作。有的依托所属事业单位，组织人力，收集资料，编纂资料长编和条目初稿，如团中央、工业和信息化部、人力资源社会保障部、教育部、农业部、水利部、住房城乡建设部、国土资源部、商务部、交通运输部、铁道部、卫生部、文化部、林业局、旅游局、气象局、电监会、中国红十字会等；审计署谭志武、财政部赵鹏、税务总局何云春、国务院扶贫办海波、人口计生委黄贵平等组织系统力量采用集中攻坚的形式，在短时间内突击整理资料长编和撰写条目初稿。国务院扶贫办、体育总局等依托四川省的相关部门承担编纂任务；中组部、国务院法制办、税务总局、港澳办、侨办、全国妇联等由负责实际工作的人员提供资料长编和条目初稿。在编纂过程中，住房城乡建设部、财政部等部门成立了专门编纂机构，组织专门编纂班子；江苏省、人力资源社会保障部、水利部、财政部、审计署、国土资源部、交通运输部、税务总局、人口计生委、住房城乡建设部、国资委、国务院扶贫办等组织了集中培训。发展改革委外资司动员川甘陕发改委外资处编纂资料长编、撰写条目初稿，司长孔令龙、副司长刘旭红主持召开国外优惠贷款资料收集、长编编纂和条目初稿撰写培训工作会议。发展改革委西部开发司、规划司等有关司局提供了涉及规划编制、灾后恢复重建工作协调的全部资料，规划司董煜撰写了规划编制的试写稿供编纂室参考。交通运输部葛亮、铁道部李卫民、水利部张志吾联系系统内专业制图机构制作了交通、铁路和水利主要工程项目布局图。

办公室承担了决策组织、规划编制与部分资料收集整理、资料长编编纂和条目初稿撰写以

及编纂工作通讯编发、中间成果审查等。不同阶段编纂任务不同，力量配置相应不同。在资料长编阶段，工作主体是承编单位，办公室和编纂室主要力量放在规则的制定和编纂业务培训上，配置的力量较少，而承编单位配置力量较多。进入分纂阶段，办公室和编纂室的力量配置较多，集中力量进行分纂，承编单位配置的力量减少。进入总纂阶段，统稿任务以及资料整理任务较为繁重，办公室和编纂室在力量构成上，有撰稿、分纂、总纂统稿、录入、制图等各方面人员共同参与。指导专家直接参与撰稿和统稿工作，了解实际，及时指导。办公室副主任、编纂室主任徐平除组织协调编纂工作外，全志专家组成员梅森从本卷编纂工作一开始就融入其中，提出了编纂思路和各阶段的编纂建议，从篇目制定、业务培训、初稿编纂、志稿总纂统稿，全程给予编纂指导。5次授课，提供自己编选、撰写的资料长编、条目初稿和概况初稿的样稿进行示范，并对承编单位提交的试写稿进行评点；同时承担了第15篇和16篇的撰写任务，将两篇从100多万字的资料稿改写成为29万字左右的书稿；担任本卷志书的执行总纂，4次对全卷进行总纂统稿，为本卷编纂竭尽心力。刘通承担了办公室日常工作及历次会议准备、组织协调和编纂任务安排等工作，还承担了资料征集、分纂、总纂工作。编纂室陈俊生、张先禄参与了全卷资料长编的分类整理、部分篇章撰稿与分纂工作。吕兰英参与了部分篇章的撰稿与分纂工作。赵凡参与资料长编工作。武凤翔参与编纂联络、编纂室日常管理等工作。种冲承担了全部资料的录入、校对、排版等工作。刘闯参与了图照的筛选和插图工作。西部开发司张志青校阅了各阶段成果，提出了修改意见和建议，协调解决会议、经费、资料等方面的困难。于红给予了资料方面的支持。郭旭杰、韩旭、刘军、杨帆等为会议筹备、会务组织等提供支持。蒋毅给予编纂工作大力支持。发展改革委办公厅、机关服务中心为文件印发、资料印制和资金保障提供了支持。

本卷概述、第三篇、第六篇、第十篇由刘通撰稿，第一篇、第十二篇由张先禄撰稿，第二篇、第七篇由陈俊生撰稿，第四篇、第十三篇由周慧撰稿，第五篇由吕兰英撰稿，第八篇由翟辉撰稿，第九篇、第十一篇由王卫香撰稿，第十四篇由刘雪芹撰稿，第十五篇、第十六篇由梅森撰稿。张先禄、陈俊生对第四篇、第八篇、第九篇、第十一篇、第十三篇和第十四篇做了后期分纂工作。徐平、梅森负责总纂，刘通协助。

不少同志参与了资料长编的撰写工作，他们是：丁应建、弓玉泉、马建、马勇、王川、王万平、王军、王郁荣、王湘、牛绍强、巴薇、邓贤奇、邓定祥、邓诚、龙尧华、卢红、冯思龙、冯宝山、朱鹏、伍鑫、仲柏宇、向锦、刘建、刘亮、刘堂云、江青云、孙权、孙浩、牟乃红、杜萍、李开强、李冬梅、李成元、李志、李洪、李莎、李晓林、李雪龙、李慧蓉、杨竹梅、杨海、肖阳华、吴文琦、吴守建、邱登成、何子勇、何忠凤、何荣贵、何彦青、余永全、余江、余勇、宋旭阳、宋勤、张玉婷、张龙贵、张林、张清秀、张维平、张琳、陈文早、陈光松、陈寅、陈福寿、范小群、易红谷、岳占仁、周江、周凯、周学立、周烈平、郑方南、郑冬青、赵亚周、赵柯、赵梦、胡世凯、昝玺、姜静、胥瀛、姚勇、贺强、骆铭、贾安国、贾波、倪维新、徐元礼、徐成、徐志诚、徐晓华、黄长芳、黄永、黄海峰、曹旭、章世鹏、梁颖飚、董泽茂、蒋永双、蒋晓琳、程树立、曾承林、谢小夏、谢东阳、赖天国、满粤虹、廖晗钧、谭友良、谭启明、丁卫国、马小春、马正宏、马正涛、马铁铮、马娟、马彩兰、马露琴、王广林、王开琮、王东育、王永红、王迎春、王沛强、王宏桥、王明勤、王艳明、王晓霞、王凌玉、王涛、王海明、王惇、王

辉、王瑜、韦亚雄、牛建军、仇正平、邓宏兵、石文峰、石特临、石富全、卢云钊、卢建平、田凌宇、田海燕、田瑞萍、冯少毓、冯仁君、冯武、冯瑜、司继平、成立、吕爱军、吕敏妠、任华、任艳红、任朝辉、刘二银、刘永利、刘宏洲、刘启舒、刘国庆、刘炜、刘宝峰、刘雪峰、刘德会、米小海、孙大明、牟贵安、严文学、苏文夫、苏文选、李小平、汪永红、李正和、李关君、李守文、李芳、李欣瑶、李宗明、李肃林、李峰、李倩倩、李鹏、李新民、杨平、杨永富、杨永强、杨亚妹、杨英文、杨宝山、杨建辉、杨晓勇、杨浩动、杨晨雨、杨瑞峰、杨鑫、来一凡、连振祥、吴庭栋、吴艳娟、何红亮、何昌德、何峰、何继峰、沈璐、宋娜、张兰忠、张向辉、张志东、张芳、张明、张泓、张俊玲、张振华、张倩、张涛、张婷、张满红、张鹤、陈长俊、陈宏、陈泳、陈俊、陈晓军、武石拜、林阔、罗志强、金张红、周者军、周智信、郑露薇、赵作忠、赵国栋、赵凌凤、赵雪琼、郝炜、郝波、胡亚锋、独军民、贾小学、党海新、徐仲英、徐爱龙、徐斌、徐睿、郭飞、郭志勇、郭良勇、郭越炜、唐丽萍、姬跃红、桑俊杰、黄桂英、黄爱平、黄辉、曹希英、麻利全、阎赤、屠国玺、谢军、路金兰、简富缵、骞飞龙、蔡忠懿、潇文、撒爱文、薛天禄、薛芦涛、魏列广、马永生、马西琴、马孝智、马祥金、马维玺、王天平、王文彦、王礼军、王永明、王志文、王周科、王建业、王亮、王勇、王晓霞、王清礼、王强、王耀珍、文万通、邓伟、邓磊、石加才、龙忠明、叶娜、任秉科、庄加银、庄军华、刘玉林、刘永安、刘志英、刘建国、刘晓平、刘德昌、闫永强、孙玮、孙莹、纪永红、苏宝明、杜志军、杜宏波、杜逢斌、李永祥、李伟、李晓东、李菲、杨志宏、杨秀嵘、杨秀斌、杨明清、杨海峰、吴永健、吴晓丛、吴锦洋、何金科、余志勇、沙新荣、沈钟、沈雪斌、宋春荣、宋晓丽、张小宁、张义林、张丹、张志强、张林山、张明镜、张金峰、张彦明、张彦峰、张鸽、张鼎、张强、陈卫勉、陈永庆、陈静、林喜乐、罗兴军、罗武才、周华、周怀福、郑飞、郑玮、郑林智、郑建明、赵忠锋、赵贺平、赵晓峰、赵峰、赵强、胡小荣、胡廷贵、胡明泉、胡顺平、胡维忠、南礼怀、侯代勤、侯杴霞、姜菊宁、胥建平、姚红新、姚清荣、袁自荣、袁君、袁学鹏、贾丽、倪平、徐世芳、徐永平、徐宗利、高红霞、高金海、高建信、高虹、高海红、郭继荣、黄益民、曹惠聪、崔小平、崔完生、梁芯瑗、尉利军、彭绍亮、董青峰、董斌霞、蒋华、喇婷、程旭、窦绍江、裴贵忠、翟文勇等。

还有一批同志参与了条目撰写工作，他们是：马勇、王术德、王军、王扶民、巴薇、邓定祥、石英、龙尧华、冯思龙、任利军、刘建、孙权、杜萍、李开强、李成元、李洪、杨立新、杨郑旭、杨海、余永全、宋加平、张玉婷、张清秀、陈光松、陈寅、陈福寿、范小群、周凯、周烈平、赵柯、赵伟、赵梦、胥瀛、贺强、徐元礼、徐志诚、黄长芳、黄海峰、章世鹏、梁颖飚、蒋晓琳、程树立、曾承林、谢小夏、谭友良、王敦、任艳红、刘大千、李倩倩、宋娜、党海新、阎赤、简富缵、马永生、马孝智、马祥金、马维玺、王天平、王文彦、王永明、王志文、王周科、王建业、王勇、王晓霞、王清礼、王强、文万通、邓伟、龙忠明、叶娜、任秉科、刘玉林、刘志英、刘怀、刘建忠、刘晓平、刘德昌、杜志军、杜宏波、李伟、李晓东、李菲、杨志宏、杨秀斌、杨明清、杨贵明、杨修嵘、余志勇、沙新荣、沈钟、沈雪斌、宋春荣、张志强、张林山、张明镜、张鼎、张强、陈卫勉、陈静、罗兴军、周怀福、郑玮、郑林智、郑建明、赵忠锋、赵贺平、赵峰、胡顺平、胡维忠、侯代勤、侯林霞、姜敬宁、胥建平、姚红新、袁自荣、袁君、徐永

平、高金海、高建信、高虹、高海红、郭继荣、黄益民、曹可俭、崔小平、梁芯瑗、彭绍亮、董斌霞、蒋华、喇婷、程旭、裴贵忠、翟文勇、马升海、王发起、尤明涛、任强廷、李世志、时江、张凤菊、张昕、尚存领、赵烨、梁宏强、随国庆、王霁宇、吴冉彬、张连普、梁凤梅、赖丽芳、黎汉钊、吴洁珍、郭鹏程、包健、吴福林、赵中星、徐建荣、王祥麟、姜文、李洪珍、肖春燕、张玉叶、张丽娟、梅森、刘义平、杜晓文、杨明清、张月光、张敏、张锋华、赵泉明、侯锐、韩晖、张峰、陆勇川、赵丽、郭尚武、陶再国、尹鉴、龙尧华、田世荣、刘期军、李熙、吴洪、贺强、莫代军、唐明俊、梁楠、熊启红、瞿娅、孙月娥、张平、胡东乐、王坤、叶森鑫、任智勤、许永华、李坚、陈明、陈晓峰、陈家明、林淼鑫、洪耀发、黄旺树、王卫香、任凯、王晓天、龙林、卢凯旋、刘运华、孙银生、杨盛让、张银桥、饶琴、曹全民、赵峰、马晋武、王飞、刘小林、芮黄顺、李桂林、吴正生、吴勇、吴峰、汪劲松、张永友、张振江、陈小平、范高礼、罗庆、赵永宏、贺宏文、高文举、唐仲宏、阎仕璠、彭新建、苗建林、涂小福、熊军、马千惠、卢申涛、付琴、刘化文、张静、胡蓉、常红权、代奕、杨刚、幸雅妮、欧阳林、易小光、周涛、徐庆州、云发、甘国强、刘志闯、张建明、陈艳谊、陈鸿、滕琰、左松、孙学民、李建萍、侯明等。

本卷结撰是集体智慧的结晶，在此，谨向所有参与、关心和支持本卷编纂工作的同志表示诚挚的谢意！因涉事浩繁、成书时紧，不足之处在所难免，敬请批评指正。

《汶川特大地震抗震救灾志·灾后重建志》
编纂委员会办公室
二〇一三年二月

汶川特大地震抗震救灾志　卷九　灾后重建志（上、下）

编　　者：《汶川特大地震抗震救灾志》编纂委员会
责任编辑：徐　宏

出 版 人：冀祥德
出 版 者：方志出版社
地址　北京市朝阳区潘家园东里 9 号（国家方志馆 4 层）
邮编　100021
网址　http://www.fzph.org
发　　行：方志出版社发行中心
电话　（010）67110500
经　　销：各地新华书店
设　　计：北京古涧文化艺术传播有限公司
排　　版：北京中文天地文化艺术有限公司
印　　刷：北京华联印刷有限公司

开　　本：889×1194　1/16
印　　张：78
字　　数：1992 千字
版　　次：2015 年 8 月第 1 版　2015 年 8 月第 1 次印刷
印　　数：0001 ～ 5000 册

ISBN　978-7-5144-1222-2　　定价：1339.00 元
审 图 号：川 S（2015）17 号